中共山东省委主办

2007

中共山东年鉴

黄河出版社

责任编辑 林志军 程 鹏 **封面设计** 席 伟

图书在版编目(CIP)数据

中共山东年鉴.2007卷/中共山东省委主办.—济南：黄河出版社,2007.8
ISBN 978-7-80152-864-3

Ⅰ.中... Ⅱ.中... Ⅲ.中国共产党—工作—山东省—2007—年鉴 Ⅳ.D235.52-54

中国版本图书馆CIP数据核字（2007）第123276号

中共山东年鉴(2007)

中共山东省委主办

《中共山东年鉴》编辑部

出版发行:黄河出版社

通讯处:济南市英雄山路21号 **邮政编码**:250002

印 刷:山东新华印刷厂

889×1194毫米 16开本 53印张 2040千字

2007年8月第1版 2007年8月第1次印刷

印数:3000册

ISBN 978-7-80152-864-3/D·122

定 价:268.00元

《中共山东年鉴》编审委员会

《中共山东年鉴》(2007)

《中共山东年鉴》理事会

《中共山东年鉴》编辑部联络员

2006 年 1 月 28 日，中共中央政治局常委、国务院总理温家宝在菏泽市看望慰问中原油田职工。

2006年11月24日，中共中央政治局常委、国家副主席曾庆红在东营市广饶县丁庄镇牛圈村与幼儿园小朋友在一起。

2006年4月21日，中共中央政治局常委、中央纪委书记吴官正在济南考察中国重汽集团济南动力基地。

2006年9月3日，中共中央政治局委员、全国人大常委会副委员长、中华全国总工会主席王兆国在费县考察国电项目。

2006 年 9 月 16 日，中共中央政治局委员、国务院副总理回良玉在荣成考察现代农业示范基地。

2006年8月20日，中共中央政治局委员、北京市委书记、北京奥组委主席刘淇在青岛奥林匹克帆船中心拉响“好运北京——2006青岛国际帆船赛”开幕汽笛。

2006年8月24日，中共中央政治局委员、国务委员、公安部部长周永康在烟台市莱山区黄海社区考察。

2006年6月9日，中共中央政治局委员、国务院副总理曾培炎在济南钢铁集团总公司考察。

2007年6月28日，中共山东省第九届委员会举行第一次会议选举产生新一届省委领导班子。图为新当选的省委常委合影。左起：李群、李玉妹、王敏、王军民、阎启俊、刘伟、李建国、姜大明、杨传升、王仁元、禹荣竹、柏继民、谈文虎。

2007年6月28日，中共山东省第九届委员会第一次会议批准产生中共山东省纪律检查委员会新一届领导班子。图为新当选的省纪委常委合影。左起：刘凤岐、谢慧峰、宋卫国、崔瑛、高守勤、杨传升、王维新、郭建昌、徐东萌、王喜远、王凯祥。

目　录

特　载

中共山东省委工作概况

政治纲要

大　事　记

省委各部门及工青妇工作概况

党风和党纪

武装工作

党建论坛

执政论坛

市委工作概况

县（市、区）委工作概况

高校党委工作概况

企业党建

农村党建

社区党建

机关党建

改革和创新

光荣榜

山东省党组织发展统计资料

附　录

特 载

科学发展 和谐发展 率先发展
在新起点上实现富民强省新跨越

——在中国共产党山东省第九次代表大会上的报告

（2007 年 6 月 24 日）

李建国

同志们：

现在，我代表中国共产党山东省第八届委员会向大会作报告。

一、过去五年工作的回顾

省第八次党代表大会以来，省委和各级党组织团结带领广大党员干部群众，高举邓小平理论和“三个代表”重要思想伟大旗帜，认真落实科学发展观，全面贯彻党的十六大和十六大以来历次中央全会精神，开创了山东各项工作的新局面。这五年，是经济社会全面发展、城乡面貌显著变化、人民群众得到更多实惠的五年；是思想解放、观念更新、社会充满生机活力的五年；是在全面建设小康社会、建设“大而强、富而美”社会主义新山东征程上阔步前进的五年。

经济综合实力明显增强。在注重质量、提高效益的基础上，全省生产总值年均增长14.1%，先后迈上1万亿元、2万亿元两个大台阶，人均占有位次前移。农业基础地位不断增强，工业和服务业快速发展，财政收入较快增长。节能降耗、治污减排和节约集约用地取得初步成效，经济增长方式加快转变。

人民生活不断改善。城镇居民人均可支配收入由7101元增加到12192元,农民人均纯收入由2805元增加到4368元。新增城镇就业486.6万人,社会保障体系进一步健全。取得了抗击非典和防控禽流感的胜利,保证了人民群众的生命财产安全。

改革开放取得重要进展。农村综合改革、国有企业改革、投资体制改革、财税体制改革、金融体制改革、行政管理体制改革、事业单位改革等不断深化。非公有制经济健康发展。实际利用外资大幅度增长,进出口贸易更加活跃,对外开放迈出重大步伐。

城乡区域发展统筹推进。城镇化进程加快,规划、建设和管理水平明显提高。山东半岛城市群聚集辐射能力增强。青岛龙头带动作用进一步发挥。实施东部突破烟台、中部突破济南、西部突破菏泽决策初显成效。县域经济发展加快。农村"路、水、电、气、医、学"等基础设施建设得到加强,农民生产生活条件进一步改善,社会主义新农村建设起步良好。

各项社会事业繁荣进步。科学技术发挥着更加重要的作用,创新型省份建设步伐加快。各级各类教育快速发展,教育结构逐步优化。文化、卫生、体育、广播电视、新闻出版、计划生育、残疾人、老龄等各项事业全面发展。

和谐稳定局面巩固发展。社会主义民主法制建设稳步推进。各级人大和政协的作用进一步发挥,爱国统一战线日益巩固,基层民主不断扩大。"平安山东"建设取得明显成效,社会持续稳定。社会主义荣辱观教育广泛开展,"文明山东"建设成效显著。工会、共青团、妇联等群团工作得到加强。国防动员和民兵预备役建设富有成效,双拥共建活动深入开展。

党的建设全面加强。保持共产党员先进性教育活动取得丰硕的实践成果、理论成果和制度成果。各级领导班子和干部队伍整体素质不断提高,市县乡三级党委换届顺利完成。全省党员队伍发展到560万人,基层党组织的创造力、凝聚力和战斗力明显增强。干部作风进一步转变,党风廉政建设和反腐败斗争取得新的进展。

五年来,中央领导同志多次来山东视察,对我省工作给予及时指导和有力支持。胡锦涛总书记两次视察山东,并把寿光市作为保持共产党员先进性教育活动联系点,对我省工作提出了明确要求和殷切期望,全省广大党员干部群众倍受鼓舞,更加满怀信心、奋发有为地创造美好生活,建设幸福家园。

省第八次党代会以来取得的成就,是党中央坚强领导、亲切关怀的结果,是全省各级党组织、广大共产党员和人民群众同心同德、艰苦奋斗的结果,是社会各界、各方面和老同志热情关心、大力支持的结果。在此,我代表中共山东省第八届委员会,向全省广大党员干部和人民群众,向各民主党派、各人民团体和各界爱国人士,向离退休的老同志,向驻鲁人民解放军和武警部队官兵,向中央国家机关驻鲁单位,向所有关心支持山东改革开放和现代化建设的海内外朋友,致以崇高敬意,表示衷心感谢!

回顾过去的五年,我们深深地体会到,做好山东的各项工作,必须坚持在思想上、政治上、行动上同以胡锦涛同志为总书记的党中央保持高度一致,以邓小平理论和"三个代表"重要思想为指导,以科学发展观统领经济社会发展全局,全面贯彻中央的路线方针政策和决策部署。必须坚持解放思想,实事求是,与时俱进,努力把中央精神与山东实际结合起来,创造性地开展工作。必须坚持以经济建设为中心,紧紧抓住发展这个第一要务,深化改革,扩大开放，调整经济结构，转变增长方式，努力实现又好又快发展。必须坚持以人为本，始终维护人民群众的利益，维护社会公平正义，激发社会创造活力，切实让人民群众享受到改革发展的成果。必须坚持正确处理改革发展稳定的关系，把改革力度、发展速度和社会可承受程度统一起来，努力促进社会和谐稳定，为现代化建设创造良好环境。必须坚持全面加强党的执政能力建设和先进性建设，切实转变领导干部作风，形成朝气蓬勃、奋发有为的领导层，持之以恒地抓好基层党组织和党员队伍建设，坚持不懈地推进反腐倡廉工作，为经济社会发展提供坚强保障。实践证明，八届省委提出的“一二三四五六”的发展目标和工作思路等一系列决策部署，是正确的、行之有效的。成就来之不易，经验尤为宝贵。我们一定要倍加珍惜，承前启后，再接再厉，把山东现代化建设各项事业不断推向前进！

我省经济社会发展取得了巨大成就，但也存在一些薄弱环节，面临许多新的情况和新的问题。主要是，经济结构性矛盾比较突出，服务业发展相对滞后，城乡区域发展不够平衡；经济增长方式比较粗放，自主创新能力还不够强，资源能源消耗比较大，环境污染较为严重；体制机制性障碍依然存在，市场化程度不够高；群众关心的一些问题还没有解决好，部分群众生活仍比较困难；社会稳定、安全生产方面存在一些隐患，社会管理亟待加强；有些领导干部的思想观念、执政能力和作风不适应新形势新任务的要求，一些领域的消极腐败现象时有发生，极少数领导干部的腐败行为影响恶劣。我们必须保持清醒头脑，增强忧患意识，正视存在问题，认真加以解决。

二、今后五年的目标任务

不断深化对科学发展观的认识，是我们正确判断形势、确定发展目标任务的思想前提。科学发展观是以胡锦涛同志为总书记的党中央提出的重大战略思想，是对邓小平理论和“三个代表”重要思想的坚持、丰富和发展，是马克思主义中国化的最新成果。科学发展观创造性地回答了什么是发展、为什么发展、靠谁发展、怎样发展等一系列重大问题，是一个科学的思想体系，有着极其丰富的理论内涵。在发展道路上，强调科学发展、又好又快发展、全面协调可持续发展；在发展布局上，强调以经济建设为中心，社会主义经济建设、政治建设、文化建设、社会建设四位一体，全面推进；在发展动力上，强调毫不动摇地坚持改革开放、依靠科技进步和创新；在发展目的上，强调以人为本，坚持发展为了人民、发展依靠人民、发展成果由人民共享，促进人的全面发展；在发展的外部条件上，强调坚定不移地走和平发展道路，推进建设和谐世界；在发展的领导力量上，强调继续推进党的建设新的伟大工程，加强党的执政能力建设和先进性建设，等等。实践充分证明，科学发展观是指导发展的世界观和方法论的集中体现，是我们推进社会主义现代化建设必须长期坚持的重大战略思想和根本指导方针。我们要继续深入学习领会科学发展观的深刻内涵，准确把握科学发展观的本质要求，自觉地用科学发展观武装头脑、指导实践、推动工作，真正成为科学发展观的坚定信仰者、忠诚实践者和科学发展的积极推动者。

目前，我省经济社会发展已经站在新的历史起点上，正处在一个关键时期。全省人均生产总值将由3000美元向5000美元攀升，进入加快推进工业化、城镇化、市场化、国际化进程的新阶段，呈现出一系列阶段性特征：一是经济总量持续扩张，但人口基数比较大，人均占有水平比较低。保持经济平稳较快增长，不断壮大全省经济综合实力，努力提升人均水平，仍然是我们的主要任务。二是资源比较丰富，但产业结构偏重，服务业比重较低，能源资源消耗较大，经济发展与资源、环境的矛盾越来越突出。转变经济增长方式，尤其是节能降耗、治污减排、保护环境的任务十分紧迫。三是工业总量居全国前列，但农业所占比重偏高，农村人口较多。统筹城乡发展、工业反哺农业、加快城镇化进程、建设社会主义新农村的任务相当艰巨。四是劳动力资源丰富，但众多的人口数量尚未转化为人力资源优势。加快教育科技等社会事业发展，全面提高劳动者素质，培养更多优秀人才越来越重要。五是市场在资源配置中的基础性作用日益突出，但体制机制约束还比较严重，改革面临着更深层次的矛盾，开放面临着更复杂的局面。深化改革，扩大开放，仍然是增强经济发展动力的关键所在。六是欠发达地区发展加快，但区域经济发展不平衡问题依然突出。加强区域合作，缩小东西差距，促进协调发展，成为关系全局和长远的重大战略任务。七是城乡居民收入增长较快，但收入差距较大，物质文化要求趋向多元化，民生问题出现新的表现形式。把发展成果更加充分地体现在提高人民群众生活水平上，促进共同富裕和人的全面发展的任务十分繁重。八是社会活力不断增强，但经济社会结构及其组织形式深刻变化，利益关系深刻调整，社会矛盾进入凸显期、多发期。维护稳定、促进和谐的难度加大，社会建设和管理面临一系列新课题。这些阶段性特征，是我省现阶段经济社会发展客观矛盾的反映，也是我们谋划山东今后发展的基本依据。

今后五年全省工作的总要求是：高举邓小平理论和“三个代表”重要思想伟大旗帜，认真学习贯彻党的十七大精神，坚持以科学发展观统领全局，按照胡锦涛总书记对山东提出的“三个走在前面”的殷切期望，解放思想，实事求是，与时俱进，围绕建设“大而强、富而美”社会主义新山东的宏伟目标，在工作指导上进一步从加快发展转到科学发展、又好又快发展上来，着力调整经济结构和转变增长方式，着力加强资源节约和环境保护，着力推进改革开放和自主创新，着力促进社会发展和解决民生问题，全面推进社会主义经济建设、政治建设、文化建设、社会建设和党的建设，努力做到科学发展、和谐发展、率先发展，在新起点上实现富民强省的新跨越。

富民，就是坚持优先改善广大人民群众的生活，更加体现以人为本，更加关注民生，使全体人民过上富足、殷实的生活。今后五年，城镇居民人均可支配收入和农民人均纯收入年均增长8%左右，社会就业不断扩大，城镇登记失业率控制在4%以内。社会保障体系更加完善，困难群众的基本生活得到有效保障。居民家庭财产普遍增加，衣食住行用条件明显改善，普遍享有公共卫生基本医疗服务和比较丰富的文化生活，公民思想道德素质、科学文化素质和健康素质不断提高。

强省，就是通过调整优化经济结构，依靠科技进步和创新，使全省国民经济的整体素质、综合实力和竞争力明显增强。今后五年，生产总值年均增长10%，地方财政收入年均增长15%。自主创新能力显著增强，高新技术产业产值比重有较大提高。单位生产总值能耗降低22%左右,二氧化硫和化学需氧量排放分别下降20%和18%,污染得到有效治理,生态环境明显改善,可持续发展能力增强。欠发达地区的发展进一步加快,城乡面貌发生显著变化,城市化率达到50%以上。体制机制创新取得新突破,社会主义市场经济体制更加完善。经济国际化程度不断提高,实施“走出去”战略迈出更大步伐。精神文明建设扎实推进,各项事业繁荣发展,社会更加和谐稳定、充满生机活力。

实现富民强省的新跨越,就是加快由总体小康向全面小康跨越,由经济大省向经济强省跨越,由资源消耗和污染排放较多省份向资源节约型、环境友好型省份跨越,由人口大省向人力资源强省跨越,由文化资源大省向文化强省跨越。让山东在实现“大而强、富而美”的宏伟目标进程中迈出新步伐,展现出经济繁荣兴旺、人民生活富裕、生态环境优美、文化特色鲜明、社会安定和谐的新面貌。

达到这个奋斗目标,关键要在工作指导上进一步从加快发展转到科学发展、又好又快发展上来,努力做到科学发展、和谐发展、率先发展。科学发展,就是要转变发展观念,创新发展模式,提高发展质量,促进经济社会又好又快发展。这决不是忽视快,更不是放弃快,而是好字当头,好中求快,又好又快。和谐发展,就是要正确处理各种利益关系,充分调动一切积极因素,努力实现人与人、人与社会、人与自然和谐相处,在维护稳定、增进和谐中发展。率先发展,就是要紧紧抓住重要战略机遇期,率先调整经济结构,率先转变增长方式,率先深化改革扩大开放,率先构建和谐社会,努力在国家实施东部率先发展战略中,保持强劲态势,始终走在前面。

同志们,想富裕、盼发展、求和谐,是9300多万山东人民的共同愿望。我们的目标是宏伟的,任务是艰巨的。我们相信,有以胡锦涛同志为总书记的党中央的坚强领导,有科学理论的正确指引,有历届班子打下的坚实基础,有全省党员干部群众的团结奋斗,我们完全有条件、有能力战胜一切困难,做到科学发展、和谐发展、率先发展,在新起点上实现富民强省的新跨越!

三、努力实现经济又好又快发展

富民强省,发展是根本。要始终坚持以经济建设为中心,紧紧抓住发展这个执政兴国的第一要务,坚决贯彻中央宏观调控政策,加快调整经济结构和转变经济增长方式,努力做到又好又快发展。

(一)扎实推进社会主义新农村建设。山东是农业大省,农业的基础地位尤为重要,任何时候都必须把解决“三农”问题放在重中之重的位置。要按照生产发展、生活宽裕、乡风文明、村容整洁、管理民主的要求,以发展现代农业为着力点,突出增加农产品有效供给和农民收入两大基本任务,全面落实工业反哺农业、城市支持农村和多予少取放活的方针,扎实推进社会主义新农村建设。围绕增加农民收入,调整优化农业结构,深入推进农业产业化,完善农产品加工体系和市场流通体系,积极发展农业龙头企业和农村合作经济组织,增强农村集体组织经济实力,繁荣发展农村二三产业,加快农村劳动力转移。围绕提高农业综合生产能力,认真落实各项支农政策,积极推广先进适用农业技术,确保粮食等主要农产品产量稳定增长,加快推进农业标准化,进一步提高农产品质量安全水平和国际化水平。围绕改善生产生活条件,加大农村投入,加强农田水利等基础设施建设,促进公共服务向农村延伸,加快农村教育、文化、卫生、体育等社会事业发展。围绕进一步解放和发展农村生产力,积极推进乡镇机构、农村义务教育、县乡财政管理体制和农村金融体制等各项改革。加大财政转移支付力度,保证乡村组织正常运转。围绕提高农民素质,加大教育和培训力度,培养有文化、懂技术、会经营的新型农民。围绕促进城乡协调发展,进一步发挥城市对农村的辐射带动作用,搞好小城镇建设,突出抓好村镇规划和村庄整治,加快城乡一体化进程。建设社会主义新农村是一项长期任务,既要有紧迫感,又要从实际出发,因地制宜,量力而行,充分尊重农民的主体地位,切实维护农民的合法权益,扎扎实实地稳步推进。

(二)加快调整优化经济结构。坚持把结构调整作为经济工作的主线,在结构优化中提高经济发展的质量、效益和竞争力。一是加快推进工业化进程。坚持走新型工业化道路,以信息化带动工业化,以工业化促进信息化。大力发展先进装备制造业和高新技术产业,坚持用高新技术和先进适用技术改造提升传统产业,着力打造制造业强省。继续实施大企业和大企业集团战略,壮大骨干企业,发展支柱产业,努力延长产业链条,积极培育产业集群,不断培植新的优势。大力实施品牌工程,巩固传统品牌优势,培植新的名牌产品,增强山东品牌在国际、国内市场上的竞争力和影响力。二是把繁荣发展服务业放在更加突出的位置。进一步完善体制机制,优化发展环境,加大资金投入,重点发展现代服务业,规范提升传统服务业,促进服务业拓宽领域、增强功能、优化结构,提高其在国民经济中的比重。济南、青岛要率先形成以服务经济为主的产业结构,全面提高服务业发展水平。三是积极发展非公有制经济。坚持以公有制为主体、多种所有制经济共同发展,完善政策,营造环境,鼓励有条件的民营企业做强做大。放手发展中小企业特别是民营科技企业,扩大就业,繁荣经济。四是全面启动内需。正确处理消费、投资、出口的关系,把扩大内需作为促进经济发展的基本立足点和长期战略方针,充分发挥消费对经济增长的拉动作用。完善消费政策,改善消费环境,优化消费结构,积极培育消费热点。加强农村商贸流通和市场体系建设,扩大农村消费需求。坚持突出重点、区别对待、有保有压,调整优化投资结构,保持合理投资规模,增强经济发展后劲。

(三)强化节能环保和土地集约利用。以大量消耗资源和污染环境为代价的粗放型增长方式不改变,资源支撑不住,环境容纳不下,社会承受不起,经济发展难以为继。只有转变经济增长方式,坚持节约生产、清洁生产、安全生产,才能实现经济又好又快发展。要把节能减排任务落实情况,作为检验科学发展观是否落实、经济发展是否"好"的重要标准。切实抓好重点行业和企业的节能降耗工作,坚持开发节约并重、节约优先,大力发展节约型产业和技术,加快发展循环经济,推进高耗能、高耗水行业和企业的技术改造,坚决淘汰落后生产能力。要切实减少污染排放,严格控制新的污染源形成。以治理水和大气污染为重点,抓好环境保护,深入推进生态省建设。继续实施"两湖一河"碧水行动计划,加大南水北调工程沿线和其他重点流域、区域的污染治理,加强自然保护区、生态功能保护区和湿地建设。搞好植树造林，提高林木覆盖率。要抓好节约集约用地，全面落实中央关于严格土地管理、加强土地调控的政策措施，坚决实行最严格的土地管理和耕地保护制度，推动土地利用方式和管理方式的转变，盘活存量土地，开发后备资源，提高土地利用效率和集约化水平。认真落实目标责任制，完善监督管理机制和问责制度，依法依纪查处违法违规行为，注重运用价格、税收、利率等经济调节手段，确保各项约束性指标如期实现。广泛宣传动员，强化节约意识，总结推广节能环保和土地集约利用方面的先进经验，在全社会形成节约一滴水、一度电、一寸地的良好风尚。着手编制和实施国土综合整治规划，使土地、矿产、河流湖泊、海洋等各种资源得到更合理的保护和利用，使各种污染源得到更有效的控制和治理，使齐鲁大地山川更秀美，人与自然更和谐。

（四）大力增强自主创新能力。深入实施科教兴鲁战略，加快推进科技进步，不断提高原始创新、集成创新和引进消化吸收再创新能力，建设创新型山东。完善促进高技术产业发展的政策措施，围绕信息技术、新材料、海洋经济、装备制造、生物与新药、能源与环保等重点技术领域，实施重大科技专项和重点高技术产业化专项，着力做强高技术产业。强化企业在技术创新中的主体地位，推进大中型企业研发中心和工程技术创新平台建设，建立健全以企业为主体、市场为导向、产学研结合的技术创新体系。充分发挥高等院校、科研机构在自主创新中的骨干作用，完善科学研究与高等教育有机结合的知识创新体系。大力推进社会化和网络化的创新服务推广体系建设，加强知识产权管理与保护，构建创新创业公共服务平台，加速科技成果的转化和产业化。加大财政对科技的投入，建立以财政投入为引导、企业投入为主体、社会投入为补充，多元化、多渠道、高效率的科技投入体系。实施人才强省战略，制定完善发现、培养、引进人才和充分发挥人才作用的政策措施，抓好“泰山学者”工程、“首席技师”活动和创新团队建设，积极引进海内外人才智力，努力造就高素质人才队伍。

（五）积极促进区域经济协调发展。抓紧编制实施全省主体功能区规划，完善区域发展政策，统筹重点产业和重大基础设施建设，推动区域经济一体化发展，努力形成东中西各具特色、优势互补、良性互动、共同繁荣的区域发展新格局。一是进一步发挥青岛龙头带动作用，继续推进胶东半岛制造业基地建设，把山东半岛城市群打造成在全国开放程度高、发展活力足、核心竞争力强的区域之一。二是促进济南省会城市群经济圈加快发展，增强辐射带动作用，推进中西部崛起。三是抓紧启动鲁南经济带规划建设，加强资源开发利用，培育壮大优势特色产业，尽快建成重要的能源和煤化工基地、优质农产品加工基地、建材基地和商贸物流集散地。四是大力推进山东环渤海地区综合开发，加强黄河三角洲高效生态经济区规划建设，促使资源优势尽快转化为发展优势，在环渤海经济圈的合作与发展中发挥更大作用。实施海岸带规划，开发和保护海洋资源，努力建设海洋经济强省。五是落实和完善各项政策措施，继续大力实施突破菏泽战略，支持欠发达地区和革命老区加快发展。六是进一步壮大县域经济，继续实施“双30”工程，促进欠发达县改变面貌，争取有更多的县进入全国百强行列。七是加快城镇化进程，推进特大城市和大城市建设，重视发展中小城市，积极培育中心镇，形成大中小配套、功能特点突出、结构合理的城镇发展格局。加强城镇规划工作，不断提高建设和管理水平。完善城市基础设施，发展公用事业，确保供水、供电、供气、供热安全，提高承载能力，充分发挥城市在经济社会发展中的重要作用。

（六）坚定不移地深化改革扩大开放。建立健全贯彻落实科学发展观的体制机制，是深化改革的紧迫任务。继续推进国有企业改革，着力建立规范的现代企业制度，完善法人治理结构和激励约束机制，加快转变经营机制，增强企业发展活力和竞争力。建立国有资产经营预算制度，加强国有资产监管。深化金融、财税、投资、价格等体制改革，积极发展资本、人才、劳动力等要素市场，健全和完善市场体系。优化金融生态环境，运用现代金融促进经济发展。推进事业单位改革，完善事业单位管理体制。坚持把扩大开放作为拓展发展空间、增强发展动力的一项基本政策，不断扩大对外交流与合作，大力开拓两个市场，充分利用两种资源。积极推进招商引资，更加注重优化利用外资结构，提高利用外资质量，引导外资更多地投向高新技术产业、先进制造业、节能降耗、环境保护、现代服务业和现代农业等领域。继续加强各类园区建设，发展园区经济。转变外贸增长方式，优化出口商品结构，推动加工贸易转型升级。加快发展服务贸易，积极承接国际服务外包。加快实施“走出去”战略，引导优势企业开展跨国经营，为全省经济可持续发展提供支撑。

（七）继续搞好基础设施建设。以能源、水利和交通建设为重点，进一步增强基础设施的支撑能力。加快能源建设，优化能源结构，提高能源效率，大力发展可再生能源，构筑稳定、经济、清洁的能源供应体系。加强水资源综合规划，搞好水资源开发利用、防洪减灾、节约用水工程建设，继续抓好南水北调东线、治淮东调南下续建和胶东输水干线工程，努力破解水资源制约，确保城乡居民用水安全。加快构建“五纵四横一环”的高速公路网，大力推进高速铁路建设，加强港口建设和资源整合，搞好重点空港的配套建设，完善综合交通网络。加强宽带通信网、数字电视网和下一代互联网建设，积极推进国民经济信息化，保障信息安全，完善覆盖全省的信息网络体系。

四、积极推进社会主义政治建设

发展社会主义民主政治，建设社会主义政治文明，是中国特色社会主义事业的重要组成部分。要坚持党的领导、人民当家作主和依法治省的有机统一，加强社会主义民主法制建设，大力营造民主团结、生动活泼、安定和谐的政治局面。

（一）坚持和完善社会主义民主制度。健全民主制度，丰富民主形式，从各个层次扩大公民有序的政治参与，保证人民当家作主。坚持和完善人民代表大会制度，健全党委对人大领导的工作机制，支持人大及其常委会依法履行职能，注重发挥各级人大代表的作用，加强各级人大常委会制度建设，使立法、监督、决定重大事项和人事任免等工作更好地体现人民的意志，维护人民的利益。坚持和完善共产党领导的多党合作和政治协商制度，加强党委、政府与人民政协的联系和沟通，支持政协围绕团结和民主两大主题履行政治协商、民主监督、参政议政的职能。进一步扩大基层民主，扎实推行民主选举、民主决策、民主管理、民主监督，保证人民依法直接行使民主权利。完善村党组织领导的充满活力的村民自治机制，规范村级重要事务决策内容和决策程序。推进城市居民自治工作，建设管理有序、服务完善、文明祥和的新型社区。坚持职工代表大会和其他形式的企业民主管理制度，落实职工民主管理权利，维护职工合法权益。抓紧建立和完善非公有制企业职工民主管理制度。深入推进政务公开、村务公开、厂务公开以及公用事业单位办事公开，依法保障广大群众的知情权、参与权、监督权。

（二）加强社会主义法制建设。全面贯彻依法治国基本方略，大力推进依法治省进程。完善地方立法程序和机制，制定和完善与国家法律法规体系相配套、与我省经济社会发展相适应的地方性法规。坚持依法行政，建立科学规范的行政执法体制，加快建设法治政府。支持审判机关和检察机关依法独立行使审判权和检察权。积极稳妥地推进司法体制及其工作机制改革，全面加强政法队伍建设，促进司法为民、公正执法。加强法制宣传教育，提高全民法律素质，尤其要增强公职人员的法制观念和依法办事能力，营造人人自觉守法用法的社会氛围。

（三）深化行政管理体制改革。按照经济调节、市场监管、社会管理、公共服务的要求，推动各级政府进一步转变职能。改进管理与服务方式，积极推进政企分开、政资分开、政事分开以及政府与中介组织分开。充分尊重市场主体的地位，减少行政审批事项，强化政府社会管理和公共服务职能。按照精简、统一、效能的原则，完善机构设置，理顺职能分工，提高行政效率，降低行政成本，推进政府职责、机构和编制的科学化、规范化、法定化。健全政府决策机制和自我约束机制，实行政府行为责任追究制度，做到有权必有责、用权受监督、侵权要赔偿，加快建立行为规范、运转协调、公正透明、廉洁高效的管理体系。

（四）充分调动各个方面的积极因素。巩固和壮大最广泛的爱国统一战线。坚持长期共存、互相监督、肝胆相照、荣辱与共的方针，进一步加强同各民主党派、工商联和无党派人士的团结合作。全心全意依靠工人阶级，发挥工人、农民、知识分子作为推动经济社会发展根本力量的作用，鼓励和支持包括新的社会阶层在内的全体社会主义事业建设者为富民强省贡献力量。认真贯彻党的民族政策，坚持共同团结奋斗、共同繁荣发展。全面贯彻党的宗教政策，依法管理宗教事务，积极引导宗教与社会主义社会相适应。做好侨务工作和对台工作，加强鲁港、鲁澳、鲁台的经济文化交流和人员往来，凝聚人心，汇聚力量，为促进祖国和平统一、实现中华民族伟大复兴作出应有贡献。

五、繁荣发展富有山东特色的先进文化

山东文化资源丰富，具有建设文化强省的良好基础和条件。要坚持社会主义先进文化的前进方向，弘扬优秀传统文化，积极构建和谐文化，形成与经济社会发展相适应的文化优势，努力建设文化强省。

（一）加强社会主义核心价值体系建设。社会主义核心价值体系是和谐文化的根本。坚持用马克思主义中国化的最新成果武装全党、教育人民，巩固马克思主义在意识形态领域的指导地位。实施马克思主义理论研究和建设工程，繁荣发展哲学社会科学。加强科学理论的普及工作，回答人民群众关心的重大理论和实际问题。抓好爱国主义、集体主义、社会主

义思想教育，加强国情省情和形势政策教育。深入开展以“八荣八耻”为主要内容的社会主义荣辱观教育，强化未成年人思想道德建设和大学生以及各类人员的思想政治工作，倡导和谐理念，培育和谐精神，形成知荣辱、讲正气、促和谐的良好社会风尚。深入挖掘和整合山东丰富的文化资源，继承和发扬齐鲁儿女忠厚正直、豁达淳朴、崇礼尚义、勇敢坚韧、勤劳智慧的优良传统，着力培育改革创新、开放包容、忠诚守信、务实拼搏、敢为人先的新时期山东精神。

（二）努力提高全社会的文明程度。全面推进“文明山东”建设，大力实施公民道德建设工程，积极倡导爱国、敬业、诚信、友善等基本道德规范，提升公民的思想道德素质。广泛开展和谐创建和文明创建活动，继续抓好文明城市、文明村镇、文明单位等各种形式的创建工作。坚持以城带乡、城乡共建，统筹城乡精神文明建设。坚持团结稳定鼓劲、正面宣传为主，牢牢把握正确的舆论导向。宣传各行各业涌现出来的先进典型。加强网络文化建设和管理，形成文明的网络环境，维护网络文化信息安全。深入推进“诚信山东”建设，以政务信用为关键、商务信用为重点、社会信用为基础，建立和完善全社会的信用体系。普及科学知识，弘扬科学精神，开展移风易俗，破除封建迷信，引导群众养成健康文明的生活方式。加强人文关怀，促进人的心理和谐，塑造自尊自信、理性平和、积极向上的社会心态。

（三）健全公共文化服务体系。把发展公益性文化事业作为满足人民群众基本文化需求、保障群众文化权益的主要途径，按照结构合理、发展平衡、网络健全、运行有效、惠及全民的原则，以政府为主导、以公益性文化单位为骨干，鼓励全社会积极参与，努力建设覆盖城乡的公共文化服务体系。突出抓好公共文化设施建设，优先安排关系群众切身利益的文化建设项目。以基层图书馆、博物馆、文化馆为重点，构建配套完善的公共文化设施网络。强化公共文化服务功能，着力抓好广播电视村村通、社区和乡镇综合文化站建设、文化信息资源共享、农村电影放映、农家书屋“五大工程”，丰富活跃基层特别是农村的文化生活。加强文艺精品创作和文化遗产保护工作。坚持一手抓繁荣、一手抓管理，深入开展“扫黄打非”斗争，进一步规范文化市场秩序。

（四）积极发展文化产业。建设文化强省必须有强有力的产业支撑。要不断深化文化体制改革，完善相关政策，激发文化产业发展的活力。加快文化产业结构调整，调动社会力量参与文化发展，形成以公有制为主体、多种所有制共同发展的文化产业格局。优化文化产业布局，加强重点文化产业带、文化园区建设，构建鲁文化、齐文化、红色文化、运河文化、滨海文化、泰山文化以及民俗文化等产业聚集区，打造一批具有山东特色的文化品牌。坚持走规模化、集约化发展之路，培育一批主业突出、实力雄厚、具有较强竞争力的大型文化企业集团，做大做强媒体产业、出版产业、影视产业和演艺娱乐业。积极推进文化创新，提高文化发展科技含量，大力发展文化创意、文化博览、多媒体技术等新兴文化产业。切实提高对外传播能力，开展多种形式的对外文化交流，实施孔子文化品牌带动和文化“走出去”战略，努力使齐鲁文化在中华文化走向世界进程中有更大作为。

六、共建共享社会主义和谐社会

社会和谐是中国特色社会主义的本质属性，构建社会主义和谐社会是造福全体人民的伟大事业。要按照民主法治、公平正义、诚信友爱、充满活力、安定有序、人与自然和谐相处的要求，团结带领广大人民群众共同建设、共同享有社会主义和谐社会。

（一）切实解决群众关注的实际问题。牢固树立以人为本、更加关注民生的执政理念，把解决人民群众最关心、最直接、最现实的利益问题作为构建和谐社会的着力点，扎扎实实地为群众办实事、做好事、解难事。(1)千方百计扩大社会就业。把充分就业作为经济社会发展的优先目标，采取综合措施，多渠道增加就业岗位。(2)加快完善社会保障体系。逐步做实养老保险个人账户，健全城镇基本养老、医疗、失业保险等制度，探索建立农村社会养老保险和被征地农民基本养老保险制度，实现城乡“低保”应保尽保，完善社会救助制度。(3)促进教育公平。重点帮助城乡困难家庭子女享受应有的教育，决不让他们因贫困而失学、辍学。(4)建设覆盖城乡的基本卫生保健制度。健全完善新型农村合作医疗制度，进一步扩大城市卫生服务的覆盖范围，为城乡居民身体健康提供基本服务。(5)推进安康居住工程。以中小户型为重点调整住房供应结构，积极推进廉租房建设，完善经济适用房制度，加快棚户区改造，着力解决城镇低收入家庭住房困难。(6)认真解决环境污染问题。对群众反映强烈的环境污染问题，必须高度重视，明确责任，依法切实加以解决。(7)保障食品药品安全。严格依法办事，强化源头监控和市场监管，坚决查处违法行为。(8)做好受灾和困难群众的救助安置工作。积极主动地防灾减灾救灾，进一步减少农村贫困人口，安排好老区、库区、滩区、蓄滞洪区和山区困难群众的基本生活。(9)维护包括进城务工人员在内的广大职工的利益。确保工资按时足额发放，加强劳动保护，保障他们享受应有的政治文化权利。(10)坚决纠正各种侵害群众利益的行为。在土地征用、房屋拆迁、企业改制、医疗卫生、教育收费等方面，坚决维护群众的合法权益。各级党委和政府都要根据实际情况和群众意愿，确定要为群众办的实事，落实措施，确保兑现。只要我们始终牢记党的宗旨，心里装着群众，真心为群众办事，让群众得到实惠，就一定能够得到人民群众的信任和拥护。

（二）加快发展各项社会事业。坚持教育优先发展，强化政府公共教育职责，增加教育投入，调整教育结构，合理配置资源，促进城乡区域教育均衡发展。全面实施素质教育，巩固提高基础教育，大力发展职业教育，提高高等教育质量。坚持医疗卫生事业的公益性质，深化医疗卫生体制改革，完善公共卫生防治体系，健全有利于群众及时就医、安全用药、合理负担的医疗卫生制度，不断提高基本医疗服务水平。加强人口和计划生育工作，稳定低生育水平，提高人口素质，统筹解决人口问题。加强妇女儿童、青少年和老龄工作，积极发展社会福利事业、慈善事业和残疾人事业。大力开展全民健身活动，增强竞技体育实力，全力办好青岛奥帆赛和十一届全运会。加强国防教育和国防动员，抓好民兵预备役工作，深入开展双拥共建活动，支持军队和武警部队建设，巩固和发展军政军民团结。

（三）维护和促进社会公平正义。公平正义是社会主义的首要价值，也是促进社会和谐的根本保证。逐步建立以权利公平、机会公平、规则公平、分配公平为主要内容的社会公平保障体系。完善公共财政制度，调整财政支出结构，新增财力重点向农村、基层、困难群体和公共服务领域倾斜，逐步实现基本公共服务均等化。坚持按劳分配为主体、多种分配方式并存的分配制度，规范收入分配秩序，适当提高初次分配中劳动报酬的比重，着力提高低收入者收入水平，逐步扩大中等收入者比重，有效调节过高收入，坚决取缔非法收入。合理调整和严格执行最低工资制度，完善职工工资正常增长机制，加快建立农民工工资支付保障机制，努力缓解地区之间和部分社会成员之间收入分配差距扩大的趋势。

（四）全力维护社会稳定。任何社会都不可能没有矛盾，人类社会总是在矛盾运动中发展进步的。构建社会主义和谐社会，是一个不断化解社会矛盾的持续过程。各级党组织要把发展作为第一要务，把维护稳定作为第一责任，尽职尽责，确保一方平安。坚持工作重心下移，强化基层基础工作，狠抓落实，持之以恒，深入推进“平安山东”建设。抓好矛盾纠纷的排查化解，注重从源头上预防和解决社会矛盾。加强社会治安综合治理，依法严厉打击各种犯罪活动，着力整治突出治安问题，完善社会治安防控体系，切实增强人民群众的安全感。坚决打击境内外敌对势力的渗透、破坏活动，深入开展同邪教组织的斗争，维护国家安全和社会稳定。严格落实安全生产目标责任制，坚决遏制重特大安全事故的发生。完善社会突发事件应急管理体制机制，增强应对公共突发事件的能力。创新社会管理体制，整合社会管理资源，健全党委领导、政府负责、社会协同、公众参与的社会管理格局，提高社会管理水平。

（五）加强和改进群众工作。坚持马克思主义的群众观点和党的群众路线，带着深厚的感情做好新时期的群众工作。善于宣传群众、组织群众、教育群众、引导群众，把广大人民群众凝聚在党的周围。正确处理人民内部矛盾，积极探索新形势下做好群众工作的新思路、新机制和新办法，综合运用法律、政策、经济、教育、协商等手段处理好涉及群众利益的问题，切实提高群众工作水平。加强和改进党对工会、共青团、妇联等人民团体和其他群众团体的领导，充分发挥他们在群众工作中的优势和作用。建立信访工作新格局、新秩序、新机制，畅通群众反映诉求的渠道，使各阶层各方面群众的意见和呼声得到及时反映，能够解决的问题得到及时解决，最大限度地增加和谐因素，最大限度地减少不和谐因素，形成促进和谐人人有责、和谐社会人人共享的生动局面。

七、全面加强和改进党的建设

新时期加强党的建设的任务十分繁重，要以加强党的执政能力建设和先进性建设为重点，全面加强党的思想、组织、作风和制度建设，为实现富民强省的新跨越提供坚强保证。

（一）自觉用马克思主义中国化的最新成果武装头脑。把思想理论建设放在首位，深入学习马克思列宁主义、毛泽东思想，深入学习邓小平理论，深入学习“三个代表”重要思想和《江泽民文选》，深入学习科学发展观等重大战略思想，提高贯彻落实的自觉性和坚定性。要坚定共产主义理想信念，把握正确的政治方向，在思想上、政治上、行动上同以胡锦涛同志为总书记的党中央保持高度一致。要坚决贯彻执行党的基本路线，坚持以经济建设为中心不动摇，坚持四项基本原则不动摇，坚持改革开放不动摇，坚定不移地走中国特色社会主义道路。要坚持党的思想路线，不断推进新的思想解放，坚决破除一切不符合科学发展观要求的思想观念，坚决改革一切不符合科学发展观要求的体制机制，坚决纠正一切不符合科学发展观要求的行为做法，努力为富民强省注入新的生机和动力。大力弘扬理论联系实际的学风，加强对重大现实问题的调查研究，把科学发展观的要求转化为谋划发展的正确思路，转化为促进发展的政策措施，转化为领导发展的实际能力。

（二）建设善于领导科学发展的领导班子和干部队伍。坚持干部队伍“四化”方针和德才兼备原则，坚持五湖四海、任人唯贤，坚持正确的用人导向，认真落实《党政领导干部选拔任用工作条例》和《公务员法》，公道正派地选人用人。要关心支持那些锐意进取、政绩突出的干部，埋头苦干、注重为长远发展打基础的干部，长期在条件艰苦、工作困难的地方工作的干部，真正把自觉坚持科学发展、善于领导科学发展的优秀干部选拔到领导班子中来。要进一步优化领导班子的年龄、文化、专业和能力结构，把各级领导班子建设成为朝气蓬勃、奋发有为的坚强领导集体。深化干部人事制度改革，扩大干部工作中的民主，注重民意，注重形象，注重公论，认真落实群众对干部选拔任用的知情权、参与权、选择权、监督权。加大公开选拔、竞争上岗力度，拓宽选人用人渠道。坚持用落实科学发展观的成效评价干部，健全完善综合考核评价办法，加快形成公平公正、充满活力、有利于优秀干部脱颖而出的用人机制。贯彻党管人才原则，坚持党政人才、企业经营管理人才、专业技术人才三支队伍一起抓，切实加强高层次人才、高技能人才和社会工作人才、农村实用人才队伍建设。鼓励大学毕业生到基层到农村发挥聪明才智。继续加强干部教育培训，在更高层次上抓好大规模培训干部工作。关心爱护基层干部，完善激励保障机制。重视培养选拔优秀年轻干部、女干部、少数民族干部和党外干部。继续做好老干部工作。

（三）以改革创新的精神完善领导体制和工作机制。各级党委要坚持科学执政、民主执政、依法执政，按照总揽全局、协调各方的要求，集中精力管方向、谋全局、抓大事，着力研究解决全局性、战略性和前瞻性的重要问题。加强民主集中制建设，科学规范全委会、常委会议事决策的职责、范围、规则和程序，形成科学高效的工作机制。完善集体领导和个人分工负责相结合的制度，坚持重大问题集体讨论决定，充分发挥班子每个成员的作用。倍加珍视和维护党的团结特别是领导班子的团结，同心同德、齐心协力干事业、谋发展。扩大党内民主，积极开展批评与自我批评。认真贯彻执行地方党委委员、纪委委员开展党内询问和质询办法，探索党的代表大会闭会期间发挥代表作用的途径和形式。推进党务公开，保障党员权利，增强党组织的内在活力。

（四）不断增强基层党组织的创造力、凝聚力、战斗力。适应经济社会深刻变革的要求，调整基层党组织设置，创新工作内容，改进工作方式。深化拓展农村党的建设“三级联创”活动，加强以党组织为核心的村级组织配套建设，增强带领群众建设社会主义新农村的本领。推动国有、集体企业党组织有效参与企业重大问题决策，充分发挥政治核心作用。坚持以服务群众为重点，着力构建社区党建工作新格局。积极探索在新经济组织新社会组织中建立党的组织、开展党的工作的有效途径。继续抓好机关和学校、科研院所、文化团体等事业单位的党建工作。认真做好发展党员工作，加强和改进对党员特别是流动党员的教育、管理和服务。巩固和发展先进性教育成果，健全落实党员长期受教育、永葆先进性的长效机制。整合资源，管用并举，发挥好党员干部现代远程教育网络的综合功能。落实基层党建工作责任制，提高基层党建整体水平，充分发挥基层党组织凝聚人心、推动发展、促进和谐的作用。

(五)围绕密切党群干群关系加强党的作风建设。面对执政环境的深刻变化和富民强省的艰巨任务,必须大力加强作风建设。广大党员干部特别是各级领导干部,要始终牢记"两个务必",弘扬胡锦涛总书记倡导的八个方面良好风气,全面加强思想作风、学风、工作作风、领导作风和干部生活作风建设。进一步增强忧患意识,认真看待工作中的差距和问题,充分认识前进中的困难和挑战,居安思危,始终保持永不自满、永不懈怠的精神状态。进一步增强公仆意识,坚持立党为公、执政为民,自觉做到权为民所用、情为民所系、利为民所谋,始终保持同人民群众的血肉联系。进一步增强节俭意识,坚持勤俭办一切事业,坚决抵制拜金主义、享乐主义和奢靡之风,始终保持共产党人艰苦奋斗的政治本色。要发扬民主作风,提倡民主商量问题,谦虚谨慎,不骄不躁,平等待人,以诚待人,坚决反对简单粗暴、专横跋扈、压制民主、打击不同意见的现象。要弘扬求真务实的精神,说实话、办实事、求实效,坚决反对形式主义、官僚主义,坚决反对弄虚作假、急功近利、作表面文章,努力创造对得起人民、无愧于历史、经得起检验的政绩。

(六)深入开展党风廉政建设和反腐败斗争。充分认识反腐败斗争的长期性、艰巨性、复杂性,旗帜鲜明、毫不放松地抓好党风廉政建设。认真贯彻标本兼治、综合治理、惩防并举、注重预防的战略方针,进一步完善教育、制度、监督并重的惩治和预防腐败体系,切实把反腐倡廉工作融入经济建设、政治建设、文化建设、社会建设和党的建设之中,拓展从源头上防治腐败工作领域。加强对领导干部的反腐倡廉教育,筑牢拒腐防变的思想道德防线。严格执行廉洁从政各项规定,严格禁止利用职务上的便利谋取不正当利益。加大查办案件工作力度,依纪依法惩处腐败分子。加强专项治理,坚决纠正损害群众利益的不正之风。严肃党的纪律,坚决防止和查处跑官要官、买官卖官、拉票贿选等违规违纪行为。深化体制改革和制度创新,积极推进治本抓源头工作。强化党内监督,坚持和完善民主生活会、述职述廉、经济责任审计、诫勉谈话和函询等制度,严格执行党员领导干部报告个人有关事项的规定。加强和改进巡视工作,健全监督机制,形成监督合力,重点加强对党员领导干部特别是主要领导干部的监督。坚持反腐败领导体制和工作机制,严格落实党风廉政建设责任制,巩固和发展齐抓共管的局面,以反腐倡廉工作的实际成果,赢得人民群众的支持和信任。

今年,我们党要召开第十七次全国代表大会。迎接十七大,学习贯彻十七大精神,是当前和今后一个时期工作的主线。全省各级党组织和广大共产党员一定要振奋精神,扎实工作,为党的十七大胜利召开作出应有的贡献。

同志们,科学发展、和谐发展、率先发展,在新起点上实现富民强省的新跨越,是历史赋予我们光荣而艰巨的任务。让我们紧密团结在以胡锦涛同志为总书记的党中央周围,高举邓小平理论和"三个代表"重要思想伟大旗帜,深入贯彻落实科学发展观,加快构建社会主义和谐社会,为富民强省,建设"大而强、富而美"的社会主义新山东而努力奋斗!

中共山东省第九届委员会组成人员名单

书　记：李建国

副书记：姜大明　刘　伟

常　委：李建国　姜大明　刘　伟　杨传升　阎启俊　王仁元
王军民　焉荣竹　王　敏　柏继民　李玉妹　谈文虎
李　群

委　员：（按姓氏笔画为序）
于建成　才利民（满族）　马平昌　王　敏　王仁元
王文升　王军民　王培廷　王维新　尹慧敏（女）
邓向阳　吕在模　吕明辰　刘　伟　刘长允　刘玉功
刘玉祥　刘慧晏　齐　涛　安世银　许立全　许振超
孙永春　孙守刚　孙德汉　杜昌文　李　群　李玉妹（女）
李兆前　李建国　李洪峰　李登海　杨　军　杨子强
杨传升　杨焕彩　连承敏　吴翠云（女）　宋远方
张万青　张少军　张心骥　张光峰　张伟龄（女）
张江汀　张建华　张建国　张秋波　张振川　张敬涛
张新起　陈　光　陈　伟　林峰海　国家森　季缃绮
周清利　法进衍　赵玉兰（女）　赵彦修　赵润田
柏继民　战树毅　姜大明　姜铁军　耿文清　贾万志
贾学英　夏　耕　郭兆信　谈文虎　展　涛（回族）
焉荣竹　黄　胜　崔曰臣　阎启俊　彭绪进　傅绍万
雷建国　谭成义　翟鲁宁（女）　颜世元　戴肃军

候补委员：（按得票多少为序，得票相等的按姓氏笔画为序）
王立新　王进诚　王春秋　吕春泉　刘中会　李海舰
张　华　张　运　张永霞（女）　赵豪志　柴铁民
徐建培　席秀海　于钦彦　马文艺（回族）

中共山东省纪律检查委员会组成人员名单

书　记：杨传升

副书记：王维新　高守勤　郭建昌　崔　瑛

常　委：杨传升　王维新　高守勤　郭建昌　崔　瑛　徐东萌　宋卫国　王喜远　谢慧峰　王凯祥　刘凤岐

委　员：(按姓氏笔画为序)

于晓明　马永胜　马登雨　王元榜　王文升　王邵军

王凯祥　王晓敏　王维新　王喜远　左　敏(女)

卢保民　丛大鸣　刘凤岐　刘建华　孙成良　孙海亭

杜昌祚　李　民　李书玉　李永晶　李华理　李建军

李胜玉　杨传升　何建平　宋卫国　宋文军　迟丽华(女)

张兴华　张志华　邵明贵　周玉华　赵启全　南兵军

侯英民　徐　涛　徐长玉　徐东萌　徐向红　徐国力

高守勤　郭述禹　郭建昌　崔　瑛(女)　盖国强

葛　伟　董天祥　董国勋　蒋文彩　焦连合　谢慧峰(女)

裴建华　滕茂功　薛　克

中共山东省委工作概况

2006年，在以胡锦涛同志为总书记的党中央的坚强领导下，山东省委团结带领全省各级党组织和广大党员干部群众，坚持以邓小平理论和“三个代表”重要思想为指导，以科学发展观统领全局，认真贯彻党的十六大和十六届三中、四中、五中、六中全会精神，按照胡锦涛总书记对山东工作提出的“三个走在前面”的总要求，积极推进社会主义经济建设、政治建设、文化建设、社会建设和党的建设，各项工作取得新的进展，实现了“十一五”的良好开局。

一、用马克思主义中国化的最新成果武装头脑，认真贯彻落实中央决策部署

坚持学习实践邓小平理论和“三个代表”重要思想，认真组织学习《江泽民文选》。深入学习胡锦涛总书记一系列重要讲话，不断加深对树立和落实科学发展观、构建社会主义和谐社会、加强党的先进性建设等重大战略思想的认识，用马克思主义中国化的最新成果武装头脑，自觉在思想上、政治上、行动上同以胡锦涛同志为总书记的党中央保持高度一致。认真学习贯彻胡锦涛总书记视察我省的重要讲话和对寿光市先进性教育活动的重要批示精神，按照胡锦涛总书记对山东提出的“三个走在前面”的总要求，引导各级增强政治意识、机遇意识、创新意识，增强使命感、责任感、紧迫感，抓住机遇，乘势而上，努力开创各项工作新局面。认真贯彻党中央、国务院关于做好经济工作的决策部署，坚决落实国家宏观调控政策，引导全省各级转变发展观念、创新发展模式、提高发展质量，切实把经济社会发展转入科学发展的轨道。按照十六届六中全会关于构建社会主义和谐社会的重大部署，省八届十三次全委会议作出《关于认真学习贯彻党的十六届六中全会精神努力构建社会主义和谐社会的决定》，从十个方面扎实推进和谐社会建设。

二、坚持以科学发展观统领全局，努力推动经济又好又快发展

牢固树立和认真落实科学发展观，始终把发展作为执政兴国的第一要务，全面贯彻落实国家宏观调控政策，聚精会神搞建设，一心一意谋发展，全省经济呈现出又好又快发展态势。2006年国内生产总值达到21846.7亿元，增长14.7%，其中一二三产业分别增长5.2%、16.8%和14.2%；规模以上工业实现增加值11122.8亿元、利税4283.6亿元、利润2634亿元，分别增长23.6%和28.2%、26.3%；固定资产投资11134.6亿元，增长19.6%；社会消费品零售总额7122.5亿元，增长16.3%；进出口总值952.9亿美元，其中出口586.5亿美元，分别增长23.9%和26.8%；实际利用外商直接投资100亿美元，增长11.5%；财政总收入4110.2亿元，增长22.7%，其中地方财政收入1355.3亿元，增长26.3%；城镇居民人均可支配收入12192元，增长13.5%；农民人均纯收入4368元，增长11.1%。

在工作中，主要把握了以下几个方面：

（一）坚决贯彻国家宏观调控政策，努力消除不健康不稳定因素 制定出台了《关于做好当前经济工作的意见》，严把土地信贷闸门和市场准入门槛，努力把宏观调控的各项政策落到实处。一是治理整顿土地市场秩序。对近几年出台的不符合土地管理法律法规政策的文件予以废止和修改；对土地方面存在的问题，认真进行纠正和处理，拖欠的征地补偿费已全部清欠到位。搞好开发区清理整顿，全省共撤销各类开发区739个，减幅为74.6%。二是严格控制固定资产投资规模和增速。对2005年新开工项目进行了全面清理，对查出存在问题的项目采取了停建、缓建、限期整改等措施。三是调整投资结构，做到区别对待、有保有压。严禁给予国家确定的禁止类和高污染、高耗能等行业或项目发放贷款，严格控制对过度投资行业、产能过剩行业的贷款。

（二）把“三农”工作作为重中之重，扎实推进新农村建设 大力深化农村改革，推动由传统农业向现代农业转变，由农业大省向农业强省转变，由抓农村经济向城乡统筹、工农联动、城乡联动转变，新农村建设迈出了实质性步伐。突出抓好五个方面：一是坚定不移地抓好中央一系列支农惠农政策的落实。全部免征农业税。2006年省级财政安排“三农”方面的投入64.4亿元，比上年增长24.3%；安排粮

食直接补贴资金9.15亿元,安排种粮农民生产资料增支补贴9.11亿元,全省近6500万农民受益。二是坚定不移地稳定粮食生产。实施最严格的耕地保护制度,省里确定了基本农田8000万亩、粮食播种面积1亿亩、粮食总产700亿斤"三条底线",实施粮食增产工程,确保粮食安全。2006年粮食总产4048.8万吨,增长3.4%。三是坚定不移地调整农业产业结构。大力发展效益农业,积极推进农业产业化经营和标准化生产,增强农产品市场竞争力。全省规模以上农业龙头企业达到5800多家,各类农民专业合作经济组织达1.64万家。四是坚定不移地统筹城乡就业、提高城镇化水平。加快发展县城和中心镇,提高小城镇产业集聚和人口吸纳能力。全省城市化率达到45%。农民务工的工资性收入占人均纯收入的比重提高到36%以上。五是坚定不移地加大对农业和农村的投入。以加快实施"路水电气医学"工程为重点,着力改善农民生产生活条件。在村村通电、通电话的基础上,93.5%的行政村通了柏油路,98.1%的行政村通了客车;农村自来水普及率达71.5%;新建和改造农村中小学校舍845万平方米;新型农村合作医疗试点县88个,受益农民4067.7万人。

(三)着力调整优化经济结构,大力转变经济增长方式 把加强宏观调控作为调整结构、转变增长方式的机遇,从山东实际出发,抓住关键,突出重点,努力调高、调优、调强、调好。一是抓好外经外贸、高新技术、民营经济"三个亮点"。已有120多家世界500强企业在山东投资,全省外资企业达到4.43万家,"走出去"的企业有1200家。推进原始创新、集成创新和引进消化吸收再创新,2006年高新技术产业实现增加值2585.2亿元,增长31.9%,比规模以上工业增速快8.3个百分点;实现利润547.2亿元,增长28.5%,净增利润占规模以上工业净增利润的22.1%。进一步优化环境,完善政策,促进民营经济快速发展。非公有制经济占全省生产总值的比重达到52%。二是培植一批支柱产业、一批大型企业集团和一批知名品牌"三个一批"。重点做大做强汽车、船舶、食品、纺织服装、石油化工、家电、电子信息七大支柱产业和产业链,其工业增加值占全省规模以上工业增加值的比重达到58%左右。全省有310家企业进入"2006年度中国大型工业企业"名单。积极实施名牌战略,中国名牌总数达到190个,驰名商标53个。三是建设胶东半岛制造业基地。加快建设胶东半岛制造业基地,培植壮大制造业产业群,促进制造业升级换代,加快建设现代制造业基地。四是大力发展服务业。抓住思想观念、体制机制、工作力度三个关键问题,重点培植金融证券、科技教育、现代物流、商贸餐饮、文化体育、房地产业、旅游休闲、中介服务等服务业。成功举办了首届山东(国际)文化产业博览会,召开了全省旅游大会,促进了文化和旅游产业发展。2006年全省服务业增加值6890亿元,增长14%。

(四)抓好节能降耗和环境保护,加快推进生态省建设 一是抓好重点行业和重点企业的节能降耗。落实节能降耗责任制,突出抓好电力、冶金、化工、建材、造纸等十大重点行业节能降耗,特别是抓好1000户重点企业节能降耗,取得明显进展。全省万元工业增加值能耗比上年下降9%。二是从源头上消除环境污染。坚持环保优先,严格环境准入,着力削减污染物排放总量,改善环境质量。2006年全省主要污染物 SO_2 和COD排放目标基本实现。三是加强生态保护和建设。突出抓好以南四湖、东平湖和小清河为重点的"两湖一河"碧水行动计划,颁布实施了生态省建设规划纲要,促进人与自然和谐发展。全省森林覆盖率达到24%,17城市空气质量良好率达到96.1%。

(五)实施重点突破战略,促进区域经济协调发展 继续实施龙头带动、重点突破、促强扶弱的区域发展战略,提升东部地区发展水平,推动中部地区加速崛起,促进西部地区跨越式发展。山东半岛城市群生产总值占全省的64.1%,对全省经济增长的贡献率为63.6%,以青岛、烟台、威海三市为主体的胶东半岛制造业实现增加值占全省制造业的36.9%。召开第二次加快菏泽发展现场会,研究制定了进一步促进菏泽发展的政策措施。继续加大对菏泽的扶持和对口帮扶力度,累计开工建设项目184个,完成投资84.3亿元。召开县域经济发展现场会议,出台了《关于在新的起点上推进县域经济又快又好发展的意见》,继续推动县域经济发展。2006年县级地方财政收入平均增幅达到27.6%,30个强县和30个欠发达县财政收入增幅均在30%以上,全省有22个县(市)进入全国百强县,比上年增加2个。省会城市群经济圈和黄河三角洲高效生态经济区规划编制完成。

(六)不断深化市场取向的改革,提高对外开放整体水平 一是深化企业公司制改革。按照建立现代企业制度要求,推进国有大中型企业的规范化公司制改造,放开搞活中小企业。国有中小企业改制基本完成,国有大企业投资主体多元化步伐加快,办社会职能逐步分离。国有资产监督管理体制也基本形成。二是推进投资体制改革。制定出台了投资体制改革实施意见、推进资本市场改革开放和稳定发展的意见,健全投资决策和项目法人约束等机制。全省境内外上市股票达到119只,直接融资额累计813.8亿元。三是加快市场体系建设。结合开展市场秩序整顿,加快培育发展独立公正、规范运作的专业化市场中介服务组织,推动垄断市场体制改革,建设社会信用体系。四是进一步转变政府职能。适应市场经济发展的要求,进一步明确政府职能定位,改善政府经济调节和市场监管职能,强化政府社会管理和公共服务职能。同时,在推进农村综合改革、财税体制改革、分配制度改革、社会保障制度改革等方面取得新的进展。五是全方位高水平扩大对外开放。坚持利用外资与提升经济结构、增强自主创新能力相结合,提高了利用外资的规模、质量和水平。调整出口商品结构,努力提高国际市场竞争力。

三、从解决群众最关心的问题入手,扎实构建社会主义和谐山东

坚持以人为本,找准突出问题,抓好重点工作,积极推

进社会主义和谐社会建设。

(一)切实解决群众关心的热点难点问题 紧紧抓住人民群众最关心、最直接、最现实的问题,为群众诚心诚意办实事、尽心竭力解难事、坚持不懈做好事。一是认真抓好救灾工作。认真做好抗旱救灾工作,全省累计投入抗旱资金8.2亿元,建设各类应急水源工程4万多处,出动2万多辆车次为群众拉水送水,妥善解决了灾区群众的生产生活问题。二是做好就业和社会保障工作。连续四年实现城镇就业大于失业,连续三年城乡新增就业均突破100万人。2006年城镇新增就业107万人,城镇登记失业率为3.3%,新增农村劳动力转移就业150万人。全省200.6万企业离退休人员养老保险金按时足额发放;参加养老、医疗、失业保险的人数分别达到1103.8万人、986.4万人和786万人。三是切实维护群众利益。认真解决好农村土地征用、城镇房屋拆迁、企业改制重组中侵犯群众利益的问题。受理投诉掌握的拖欠农民工工资已全部解决,企业工资历史拖欠已基本解决。四是注重解决群众看病难、上学难问题。共筹资7.19亿元用于农民防病治病补偿。全省纳入国家助学贷款范围的高校70所,有6.09万名贫困大学生获得贷款3亿元。对农村贫困家庭和城市低保家庭的义务教育阶段77万学生实行"两免一补",利用助学贷款、社会救助等多种形式帮扶困难学生。五是加大对基层财政扶持力度。实施对下"五奖一补"政策,转移支付达到141.2亿元,改善了基层财政状况。

(二)扎实开展"平安山东"建设 按照胡锦涛总书记"一要狠抓落实,二要持之以恒"的重要批示要求,大力推进"平安山东"建设,取得新的成绩。2006年,全省刑事立案同比下降6.75%,治安案件下降8%,群体性治安事件下降45.5%,群众来省上访批次下降11.7%,各类安全事故起数、死亡人数分别下降15.1%和9.5%,人民群众对社会治安的满意率达到96%。一是坚持工作重心下移。坚持抓基层、抓基础、抓队伍,实行领导精力、工作力量、具体措施、责任制"四个下移",确保各项工作有人抓、有人管、有人干。二是正确处理各种社会矛盾。健全矛盾排查调处组织网络和信息预警机制,实行分级负责、归口调处、及早化解、妥善处置的方法,急事急办一批,防范控制一批,主动化解一批,把问题解决在基层和内部,解决在始发状态,最大限度地消除不安定因素。三是狠抓社会治安综合治理。深入开展以"打黑除恶"为重点的"严打"斗争,严厉打击各种刑事犯罪活动。对群众反映强烈的黑恶势力,由省、市挂牌督办,限期打掉。贯彻"打防结合、预防为主"的方针,抓好日常治安防范,深入排查治安乱点和突出治安问题。严密防范和严厉打击"法轮功"等邪教的捣乱和破坏活动。四是积极预防和妥善处置群体性事件。各级都制定了预防和处置群体性事件的应急预案,加大了信息采集和预防工作力度,建立健全了应急处置机制。五是切实搞好安全生产。牢固树立安全责任重于泰山、群众生命安全高于一切的观念,认真开展以煤矿、非煤矿山、危化品为重点的安全生产大检查,全省安全生产形势稳定。

(三)努力推进精神文明和民主法制建设 认真贯彻落实胡锦涛总书记视察我省时的重要讲话精神,大力加强社会主义文化建设和思想政治领域的工作。一是牢牢把握正确的舆论导向。坚持正面宣传为主的方针不动摇,牢固确立马克思主义在意识形态领域中的指导地位。不断强化对宣传舆论的引导和管理,加强网上舆论管理和引导,建立互联网管理的长效机制。二是加强思想道德建设。深入开展社会主义荣辱观教育,开展爱国主义、集体主义、社会主义教育。认真贯彻《公民道德建设实施纲要》,积极推进社会公德、职业道德、家庭美德建设。加强和改进未成年人思想道德建设,重视和关心青少年健康成长。以"文明山东"建设为总抓手,在全省统一启动"十大行动",扎实开展文明创建活动,2006年全国评选出的9个文明城市中,青岛、烟台两个城市当选。三是加快文化大省建设。坚持一手抓繁荣,一手抓管理,组织开展"扫黄打非"集中行动,进一步净化文化市场。按照积极稳妥、突出重点、扎实推进的要求,分层次推进文化体制改革试点。加快文化产业的发展,着重抓了文化体制改革。四是推进依法治省进程。支持和保证人大及其常委会依法履行立法、监督、重大事项决定和人事任免职能。省委召开全省人大工作会议,制定了关于进一步加强人大工作的意见。支持政协认真履行政治协商、民主监督、参政议政职能,召开全省政协工作会议,按照中发[2006]5号文件精神,制定进一步加强新形势下人民政协工作的意见。加强公、检、法工作,坚持依法行政,促进司法公正。制定了关于贯彻中发[2006]11号文件精神,进一步加强人民法院人民检察院工作的意见,深入开展普法宣传教育,重点加强了对领导干部、司法和行政执法人员、企业经营管理人员及青少年的法制教育,全省学法、守法、用法的氛围日益浓厚。五是加强基层民主政治建设。全省各市、县普遍制定并实施了依法治理规划,99%的村实行了村民直选,90%以上的行政村实行了村务公开,91%的国有、集体企业实行了厂务公开,政府机关普遍推行了政务公开。

(四)切实加强社会建设和管理 一是着力建设服务型政府。大力推进政企分开、政事分开,改进政府管理方式,加快社会基本公共服务体系建设。优化政府机构设置,整合社会管理资源,规范社会管理部门职能,建立健全各部门互相支持、紧密配合、共同促进社会事务管理的联动机制。二是更加重视发展社会事业。坚持把教育摆在优先发展的战略位置,巩固提高基础教育,大力发展职业教育,不断提高高等教育质量。全省共有普通高校109所,普通本专科在校生117.1万人。加快科技改革和发展。2006年全省专利申请量38284件,增长32.8%;授权专利15937件,增长48.3%。积极做好人口和计划生育工作,继续保持低生育水平,2006年末全省总人口9309万人,人口出生率为11.6‰,死亡率6.1‰,自然增长率5.5‰。推进体育强省建设,做好十一届全运会筹办工作和青岛奥帆赛的筹备工作,成功举办了第二十一届省运会。我省体育健儿在多哈亚运会上获得21枚金牌、10枚银牌和7枚铜牌，取得了历史最好成绩。三是完善基层服务管理网络。出台《关于加强和改进社区工作的意见》，按照管理有序、服务完善、文明祥和的要求，切实加强城市和农村社区建设。

(五)积极营造风正气顺心齐的良好氛围 注意引导各级不断增强又好又快发展的危机感、责任感和紧迫感，努力做到观念新、思路清、机制活、环境好、作风实、班子强，把大家的积极性保护好、引导好、发挥好。牢固树立马克思主义的群众观，坚持倾听群众呼声，反映群众意愿，集中群众智慧，认真研究和把握新形势下群众工作的特点和规律，不断提高做好群众工作的水平。加强民族工作，全省各族人民共同奋斗、共同繁荣发展。把维护团结作为发展的重要保证，重视加强各级党政一把手的团结、领导班子的团结、几套班子之间的团结、新老干部的团结、上下级的团结，不断营造风正气顺心齐、团结和谐稳定、想干会干干好，聚精会神搞建设、一心一意谋发展的浓厚氛围。

四、全面加强党的先进性建设，大力提高执政能力和领导水平

坚持以邓小平理论和"三个代表"重要思想为指导，认真贯彻党中央关于党建工作的一系列重大战略部署，以加强党的执政能力建设和先进性建设为重点，全面推进党的思想、组织、作风和制度建设。

(一)认真开展保持共产党员先进性教育活动 按照中央部署，从2005年1月到2006年6月，全省分三批在全省22.5万个基层党组织、520万名党员中，开展了以学习实践"三个代表"重要思想为主要内容的保持共产党员先进性教育活动。摆查问题584万个，绝大部分已得到整改；整顿基层组织5.8万个；全省要求入党的人数同比增长17%。通过对175万名党员群众进行先进性教育满意度测评，群众满意率为99.85%。在先进性教育活动中，全省各级党组织坚持以胡锦涛总书记在寿光联系点和视察山东重要讲话精神为统领，以建设群众满意工程为目标，做到思想认识、领导表率、工作措施"三个到位"，力求取得重要实践成果、制度成果、理论成果。先进性教育活动结束后，认真总结经验，下发了《关于进一步调整和完善农村基层党组织设置的意见》、《关于创建基层党建工作示范点的意见》、《关于规范完善基层党组织党员公开承诺制度的意见》等文件，建立完善保持党的先进性长效机制。

(二)加强领导班子和干部队伍建设 认真执行党的干部路线方针政策，坚持正确的用人导向，努力建设"政治坚定、求真务实、开拓创新、勤政廉政、团结协调"的领导班子和高素质干部队伍。一是切实加强领导班子思想政治建设。省委常委多次对思想政治建设方面的工作进行研究，制定下发了《关于加强领导班子思想政治建设的意见》。组织党员干部学习邓小平理论、"三个代表"重要思想和以胡锦涛同志为总书记的党中央提出的一系列重大战略思想。扎实推进大规模培训干部工作，全省共培训各级各类干部188.5万人，占五年培训任务的75.7%。二是不断深化干部人事制度改革。认真学习贯彻《公务员法》和中央出台的一系列法规文件，普遍实行了民主推荐、考察预告、差额考察、任前公示、试用期、票决制等制度，推行公开选拔、竞争上岗制度，对县以上党政正职，纪检、组织和法、检、公安等部门主要领导干部实行避籍交流。三是认真做好地方党委换届工作。下发了《关于认真做好2007年市、县(市、区)党委换届工作的通知》和加强县(市、区)党政正职队伍建设的《意见》，认真落实中央提出的换届政策规定。坚持干部队伍"四化"方针和德才兼备原则，用科学发展观看干部，以群众公认选干部，凭正确政绩用干部，把那些政治坚定、能力突出、作风过硬、群众信任、善于领导科学发展的干部选进班子，把各级领导班子选好配强。严肃换届组织人事纪律，积极营造风清气正的换届环境。到2006年底，全省已完成1536个乡镇党委、22个县(市、区)党委换届选举工作。四是大力加强人才工作。坚持党管人才原则，以人才资源能力建设为核心，以加强高层次、高技能人才队伍和创新团体建设为重点，制定《关于加强高技能人才队伍建设的意见》，组织实施"泰山学者"建设工程，鼓励各类人才干事创业。

(三)全面推进基层党组织建设 一是深入开展"三级联创"活动。充分发挥县、乡党委的作用，加强对基层后进班子的整顿。对农村党员干部进行了科技知识培训，着力提高带领群众致富奔康的能力。二是认真抓了有关试点工作。中组部在我省开展了农村党员干部现代远程教育、在新的社会阶层中发展党员和党的代表大会常任制等试点工作。目前这些试点工作有的已经完成，有的扩大了试点范围，有的完成试点任务后在全省面上推开。三是进一步加强国有企业、城市社区、新经济社会组织、机关、学校等领域党的建设。改善企业班子结构，完善监督约束机制，增强了国有企业党组织的战斗力。召开了社区建设和社区党建工作会议以及座谈会，制定《关于加强社区建设和社区党建的意见》，探索建立社区党建工作新格局。以提高执政意识和执政能力为重点，开展创建学习型、创新型、创业型、服务型、廉洁型机关活动，推进了机关党建工作。进一步加强了高校党的建设。在非公有制经济组织开展了党建示范点试点工作，全省具备条件的99.4%的非公有制企业、79%的社会团体、80%的社会力量举办学校建立了党组织。

(四)深入开展党风廉政建设 认真贯彻中央关于党风廉政建设的决策部署，加大反腐倡廉力度，提高拒腐防变能力。一是努力构建惩治和预防腐败体系。认真贯彻落实中央《建立健全教育、制度、监督并重的惩治和预防腐败体系实施纲要》，制定了落实《实施纲要》的具体意见、分工方案和2007年底前工作要点。二是加强对领导机关和领导干部的监督。省、市、县党政主要负责同志都向社会公开作出廉政承诺。普遍实行了"八打招呼"、谈话、诫勉、函询、述职述廉、民主评议、领导干部个人重大事项报告等制度，试行了干部监督工作巡视制度、用人失察失误责任追究制度和领导干部选拔任用监督检查制度。认真扎实开展治理商业

贿赂专项工作。加强经济责任审计，全省共对6028名党政领导干部、国有企业负责人进行了审计。三是加大案件查处工作力度。2006年全省各级纪检监察机关共受理信访举报53110件次，立案10457件，其中大案要案2280件，涉及厅级干部案件14件，县处级干部案件196件。通过办案挽回经济损失2.53亿元。全年结案10807件，给予党纪处分9562人，占党员总数的1.7‰；给予政纪处分1235人；涉嫌犯罪被移送司法机关的189人。四是不断推进治本抓源头工作。深化行政审批制度改革，落实建设工程招投标、经营性土地使用权出让、产权交易和政府采购四项制度，深入推行政务、厂务、村务公开和公用事业单位办事公开。五是认真落实党风廉政建设责任制，形成了“一把手”负总责、分管领导各负其责、党政齐抓共管的领导责任体系。

（五）努力推进机制和制度创新 致力于建立决策目标、执行责任、考核监督“三个体系”，并在实践中不断充实、完善、提高。一是建立民主科学的决策目标体系。进一步完善了议事规则和程序，完善了重大决策事项论证制度，重大决策要经过调查研究，了解基层情况，听取专家、干部和群众的意见。二是建立责权明确的执行责任体系。制定了省委常委责任明细表，将目标任务尽可能量化、细化，逐一落实到每位常委身上，明确责任，恪尽职守，分工负责，推动落实。三是建立严格的考核监督体系。加强对领导班子和领导干部的经常性考察监督，并作为干部使用、奖励的重要依据。制定了体现科学发展观要求的综合考核指标体系，重点考核各级领导班子和领导干部贯彻科学发展观的成效。

五、正视问题保持清醒头脑，不断把山东各项工作推向前进

山东改革发展稳定还存在不少薄弱环节和矛盾问题，主要是结构性矛盾仍较突出，特别是服务业发展相对滞后；经济增长方式还比较粗放，自主创新能力有待提高，节能降耗和环境保护的压力大；区域经济发展不够平衡，东西部地区的差距较大；重点领域的改革任务繁重，体制性障碍依然存在；社会稳定和安全生产也还存在薄弱环节；有的干部作风比较漂浮，工作不落实，腐败现象仍然存在，反腐倡廉的任务十分艰巨。对存在的问题和差距，一定高度重视，居安思危，保持清醒头脑，在今后的工作中努力克服、改进和解决。

按照中央经济工作会议的部署，2007年山东经济工作的总体要求是：坚持以邓小平理论和“三个代表”重要思想为指导，深入学习贯彻党的十六大和十六届三中、四中、五中、六中全会精神，全面落实科学发展观，以胡锦涛总书记对山东提出的“三个走在前面”的总要求为统领，坚决贯彻落实国家宏观调控政策，集中抓好“四个着力”、“三个协调”，坚持行之有效的工作思路，突出转变经济增长方式、调整经济结构、深化改革、扩大开放，更加注重速度和结构、质量、效益、后劲相统一，更加注重节能降耗、自主创新、环境保护和土地集约利用，更加注重经济社会民生、人与自然、改革发展稳定相协调，促进经济又好又快发展，加快构建社会主义和谐社会，为党的十七大和省第九次党代会胜利召开创造良好的经济环境、政治环境和社会环境。在工作中，要把握全局、统筹兼顾，努力在八个方面取得新进展：一是在贯彻国家宏观调控政策上取得新进展；二是在建设社会主义新农村上取得新进展；三是在增强自主创新能力上取得新进展；四是在节能环保和集约利用土地上取得新进展；五是在繁荣发展现代服务业上取得新进展；六是在区域经济协调发展上取得新进展；七是在扩大消费需求上取得新进展；八是在深化改革扩大开放上取得新进展。

在新的一年里，山东广大党员干部群众将更加紧密地团结在以胡锦涛同志为总书记的党中央周围，高举邓小平理论和“三个代表”重要思想伟大旗帜，以科学发展观统领全局，加快构建社会主义和谐社会，加强党的先进性建设，团结一致，求真务实，扎实工作，为全面建设小康社会，建设“大而强、富而美”的社会主义新山东而努力奋斗，以优异的成绩迎接党的十七大胜利召开。

政 治 纲 要

（2006 年）

中共山东省委组成人员

书　记：	张高丽※	李建国☆			
副书记：	韩寓群	姜大明	赵春兰(女)	杜世成※	高新亭
常　委：	张高丽※	李建国☆	韩寓群	姜大明	赵春兰(女)
	杜世成※	高新亭	林廷生	杨传升	刘　伟
	阎启俊	焉荣竹	张秉德	王　敏	柏继民
委　员	(排名以姓氏笔画为序)				
	王　敏	王仁元	王军民	王宗廉	王春涛
	王修智	尹忠显	石　军※	曲植凡	朱正昌
	乔延春	刘　伟	刘玉功	刘忠泉	刘宗元
	刘振华	刘慧晏	齐　涛	齐乃贵	孙守璞
	孙淑义	杜世成※	李玉妹(女)	李明先	李建国☆
	李登海	李新泰	杨传升	张传林	张秉德
	张高丽※	张敬涛	张瑞敏	陈延明	林廷生
	国家森	周秋田	赵玉兰(女)	赵克志※	赵春兰(女)
	赵彦修	柏继民	姜大明	姜开文	贾万志
	夏　耕	倪永康	徐熙玉	高挺先	高新亭
	郭兆信	展　涛(回族)	焉荣竹	黄　胜	曹学成

	崔曰臣	阎启俊	董昭和	韩寓群	曾昭起
	鲍志强				
候补委员：	于洪文(回族)	董丕久	王春秋	法进衔	黄天俊
	于　明	张术平	张伟龄(女)	张江汀	王进诚
	尹慧敏(女)				

附：省委秘书长、副秘书长名单

秘书长：	杨传升※	王　敏☆			
副秘书长：	李天军	彭绪进	于晓明	颜世元	王成波
	于建修	倪明元	唐传喜	张晓东	孙建功

※　2006年4月，赵克志调离山东。

※　2006年10月，石军调离山东。

※　2006年10月，杨传升不再担任中共山东省委秘书长职务。

☆　2006年10月，王敏任中共山东省委秘书长。

※　2006年12月，免去杜世成的中共山东省委副书记、常委、委员职务。

☆　2007年3月，李建国任中共山东省委委员、常委、书记。

※　2007年3月，张高丽不再担任中共山东省委书记、常委、委员职务。

重 要 会 议

全省深入开展平安山东建设电视电话会议

1月6日，全省深入开展平安山东建设电视电话会议在济南召开。会上，省委、省政府与各市党委、政府签订了2006年度社会治安综合治理暨平安山东建设责任书，表彰了平安山东建设先进县（市、区）、先进基层单位及先进个人，人民满意的政法单位和政法干警，全省见义勇为先进集体和先进分子。省委书记张高丽出席会议并讲话，省委副书记、省长韩寓群主持会议。省政协主席孙淑义，省委副书记高新亭，省委常委、秘书长杨传升等出席会议。省委副书记姜大明、杜世成，省委常委、烟台市委书记焉荣竹在分会场参加会议。参加全省政法工作会议的各市委分管副书记、政法委书记、综治办主任，四大企业党委分管副书记、政法委书记，省直各部门主要负责人参加了济南主会场的会议；各市、县（市、区）党委、政府主要领导和分管领导，综治委主任、副主任，乡镇党委书记、乡镇长和市、县（市、区）有关部门负责人分别参加了各市、县分会场的会议。

省委常委会议　1月7日，省委召开常委会议，传达学习中央纪委六次全会精神，研究贯彻落实意见。省委书记张高丽主持会议并讲话，省委副书记、省长韩寓群，省政协主席孙淑义，省委副书记姜大明、赵春兰、高新亭及其他省委常委参加会议。省人大常委会、省政府、省政协有关负责人和有关部门负责人列席会议。会上，传达学习了胡锦涛总书记在中央纪委六次全会上的重要讲话和吴官正书记的工作报告，听取了山东省2005年党风廉政建设和反腐败工作情况汇报，研究了贯彻落实中央纪委六次全会精神的意见。

省纪委第七次全委会议　1月11日至12日，省纪委第七次全委会议在济南召开。省委副书记、省纪委书记赵春兰代表省纪委常委会作工作报告。省委书记张高丽在会上作重要讲话。会议强调，各级纪委要维护党的纪律，加大防治力度，推进党风廉政建设和反腐败工作。省委副书记、省长韩寓群，省政协主席孙淑义，省委副书记姜大明、高新亭，在济南的省委常委，省人大、省政府、省政协和省法院、检察院的领导人出席会议。省委副书记、省纪委书记赵春兰主持会议。

省政协九届四次会议　1月14日至19日，省政协九届四次会议在济南山东会堂隆重举行。会议补选谢玉堂为九届省政协副主席，毕泗生为九届省政协秘书长。会议通过了政协第九届山东省委员会第四次会议政治决议，通过了省政协九届四次会议关于常务委员会工作报告的决议，通过了省政协九届四次会议关于提案工作报告的决议，通过了省政协提案委员会关于九届四次会议提案审查情况的报告。省政协主席孙淑义等出席会议。省委书记张高丽，省委副书记、省长韩寓群，省委副书记姜大明、赵春兰、杜世成、高新亭出席开幕式和闭幕式。

省十届人大四次会议　1月15日至20日，山东省第十届人民代表大会第四次会议在山东会堂举行。省长韩寓群代表省政府向大会作政府工作报告。会议期间，代表们认真履行职责，积极参政议政。会议批准了《政府工作报告》和"十一五"规划纲要，表决通过了有关决议，选举陈延明为省十届人大常委会副主任，选举于学田、王春涛、邢乐成、刘忠泉、刘宗元、张长森为省十届人大常委会委员，选举贾万志、李玉妹为副省长。省委书记、省人大常委会主任张高丽，其他省人大常委会副主任，韩寓群、孙淑义、李春亭、韩喜凯、姜大明、赵春兰、杜世成、高新亭等省领导出席会议。

省委常委会议　1月16日，省委召开常委会议。会议传达学习了全国科技大会精神，研究了贯彻落实意见，听取了《山东省中长期科学和技术发展规划纲要（2006—2020）》的汇报。会议强调，要坚持以邓小平理论和"三个代表"重要思想为指导，以科学发展观统领全局，认真学习贯彻全国科技大会精神，坚持实施科教兴鲁和人才强省战略，开创全省科技工作的新局面。省委书记张高丽主持会议并讲话。省委副书记、省长韩寓群，省政协主席孙淑义，省委副书记姜大明、赵春兰、杜世成、高新亭和其他省委常委出席会议，省人大、省政府、省政协有关负责人和省直有关部门负责人列席会议。

全省警备区、军分区、预备役师旅党委第一书记述职会议　1月16日，全省警备区、军分区、预备役师旅党委第一书记述职会议在济南召开。省委书记、省军区党委第一书记张高丽，济南军区副政委陈章元出席会议并讲话。省委副书记、青岛市委书记杜世成，省委副书记高新亭，省军区司令员谈文虎出席会议。省委常委、省军区政委张秉德主持会议。会上，宣读了省委、省军区党委表彰党管武装好书记的通报和省委、省政府、省军区表彰先进人武部和先进预备役旅团的通报。4名党委第一书记作述职报告，13名党委书记作书面述职。10位党管武装好书记、33个人武部和预备役旅团受到表彰。省委常委杨传升、刘伟、焉荣竹出席会议。

全省人口资源环境工作座谈会　1月18日，省委、省政府在济南召开全省人口资源环境工作座谈会。省委书记张高丽出席并讲话。会议强调,要进一步增强责任感和紧迫感,坚持用科学发展观统领人口资源环境工作,把以人为本作为根本立足点,把促进经济社会又快又好发展作为基本出发点,把人口资源环境工作作为“十一五”发展的重要任务,紧紧围绕转变经济增长方式,大力推进资源节约型、环境友好型社会建设,为“十一五”开好局、起好步作出新的更大贡献。省委副书记、省长韩寓群主持会议。省领导孙淑义、姜大明、赵春兰、杜世成、林廷生、杨传升、焉荣竹、张秉德、赵克志、王军民,各市市委书记、市长,省直和各市有关部门主要负责人出席了会议。

省委常委扩大会议 1月31日,省委召开常委扩大会议,传达学习中共中央政治局常委、国务院总理温家宝来山东省与群众共度春节并视察指导工作时的重要讲话精神,研究贯彻落实意见。省委书记张高丽主持会议,省委副书记、省长韩寓群,省政协主席孙淑义,省委副书记姜大明、高新亭和其他省委常委,省人大常委会、省政府、省政协、省纪委、省法院、省检察院、省武警总队和省直有关部门的负责人参加了会议。张高丽就学习贯彻讲话精神讲了意见。会议要求,要深入学习胡锦涛总书记2005年视察山东重要讲话和这次温家宝总理的重要讲话精神,进一步振奋精神,抓住机遇,乘势而上,努力开创山东省各项工作的新局面。

省委常委会议 2月8日,省委召开常委会议,深入学习贯彻胡锦涛总书记和温家宝总理视察山东重要讲话精神,听取省若干重大问题调查研究情况的汇报,讨论研究推进2006年各项工作,促进全省经济社会又快又好发展的措施。省委书记张高丽主持会议并讲话,省委副书记、省长韩寓群,省政协主席孙淑义,省委副书记赵春兰、高新亭和其他省委常委出席会议。省人大、省政府、省政协和省高级人民法院、省人民检察院领导人及省有关方面负责人列席会议。张高丽就贯彻落实2006年工作讲了重要意见。一是扎实推进社会主义新农村建设。二是扎实推进自主创新、节能降耗和环境保护。三是扎实推进服务业发展。四是扎实推进区域经济协调发展。五是扎实推进社会主义和谐社会建设。六是扎实推进城乡规划建设管理。七是扎实推进各项改革。八是扎实推进党的先进性建设。会议还听取了春节期间全省有关工作情况的汇报。

全省科学技术大会 2月22日,全省科学技术大会在济南召开。会议的主要内容是,深入学习贯彻全国科学技术大会精神,部署实施《山东省中长期科学和技术发展规划纲要(2006—2020年)》,动员全省努力建设创新型省份,开创科技发展新局面。省委书记张高丽,省委副书记、省长韩寓群,科技部副部长尚勇出席会议并作重要讲话。省政协主席孙淑义,省委副书记赵春兰、杜世成、高新亭出席会议。省委副书记、济南市委书记姜大明,省委常委、常务副省长林廷生分别主持会议。会上宣读了全国人大常委会副委员长、中国科学院院长路甬祥和全国政协副主席、中国工程院院长徐匡迪发来的贺信,宣读了《山东省人民政府关于2005年度山东省科学技术奖励的决定》,向获得省科学技术最高奖的中国科学院海洋研究所研究员、中国工程院院士张福绥颁发了证书和奖金,对获得2005年度国家和省科技奖励的人员和单位进行了表彰。尚勇代表科技部对大会的召开表示热烈祝贺,并表示将加强与山东的省部合作共建。省委常委,省人大常委会党组副书记,省政府副省长、特邀顾问、党组成员,省政协党组副书记,省法院院长,省检察院检察长,省武警总队总队长、政委,各市、县(市、区)党政主要负责人和省直有关部门单位主要负责人参加了会议。省直各单位和各市、县(市、区)、乡镇组织收看了大会直播。

中共山东省八届十二次全委会 2月23日,中共山东省八届十二次全委会在济南举行。全委会坚持以邓小平理论和“三个代表”重要思想为指导,以科学发展观统领全局,进一步分析了形势,就扎实推进2006年重点工作作了研究部署。省委常委主持会议。省委书记张高丽作重要讲话。出席会议的省委委员53名,候补委员8名。不是省委委员、候补委员的市委书记列席了会议。张高丽在讲话中指出,当前,山东面临着艰巨繁重的任务。各级党组织和领导干部必须坚定正确的政治方向,坚定地贯彻落实中央的路线方针政策。要坚持以邓小平理论和“三个代表”重要思想为指导,以科学发展观统领全局,深入学习贯彻党的十六大和十六届三中、四中、五中全会精神,深入学习贯彻胡锦涛总书记和温家宝总理视察山东时的重要讲话精神,进一步增强使命感、责任感和紧迫感,抓住机遇,乘势而上,努力在以科学发展观统领全局、构建社会主义和谐社会、加强党的先进性建设上走在全国前面,开创山东各项工作的新局面。张高丽还对认真贯彻落实中央和省委的部署,扎实推进2006年全省重点工作提出了要求。

省委常委会议 2月23日,省委召开常委会议。会议传达学习了中央省部级主要领导干部“建设社会主义新农村”专题研讨班精神,学习贯彻了《中共中央关于加强人民政协工作的意见》。省委书记张高丽主持会议并讲话,省委副书记、省长韩寓群,省政协主席孙淑义,省委副书记姜大明、赵春兰、杜世成、高新亭和其他省委常委出席会议。省人大、省政府、省政协部分领导和省有关方面负责人列席会议。会议要求,要认真学习领会胡锦涛总书记关于“两个趋向”的重要论述,坚持把解决好“三农”问题作为全党工作重中之重,按照“生产发展、生活宽裕、乡风文明、村容整洁、管理民主”的总要求,统筹城乡经济社会发展,落实工业反哺农业、城市支持农村和“多予少取放活”的方针,推动由传统农业向现代农业转变,由农业大省向农业强省转变,由抓好农村经济向城乡统筹、工农联动、城乡联动转变,全面推进农村经济建设、政治建设、文化建设、社会建设和党的建设,努力建设繁荣、富裕、文明、和谐、民主的社会主义新农村。在学习贯彻《中共中央关于加强人民政协工作的意见》时,张高丽强调,要按照中央的要求和部署,高度重视,狠抓落实,切实把《意见》精神贯彻落实到实际工作中去。

全省农村工作会议 2月24日至25日,全省农村工作会议在济南召开。会议认真贯彻落实了党的十六届五中全会、中央农村工作会议和省部级主要领导干部建设社会主义新农村专题研讨班精神，总结了全省"十五"及2005年农业农村工作，安排部署2006年和今后一个时期的社会主义新农村建设和"三农"工作。省委书记张高丽发表书面讲话，省委副书记、省长韩寓群出席会议并讲话，省政协主席孙淑义，省委副书记、济南市委书记姜大明，省委副书记、青岛市委书记杜世成出席会议，省委副书记高新亭主持会议。张高丽在讲话中提出了当前和今后一个时期全省社会主义新农村建设的目标和要求，指出了下一步要突出抓好的六项工作：一是建设现代农业，形成产业发展新格局。二是增加农民收入，促进生活水平新提高。三是发展农村社会事业，培育造就新农民。四是搞好规划建设，形成乡村新面貌。五是深化农村各项改革，建立完善新机制。六是加强基层基础工作，展现和谐农村新气象。会上，烟台等6个市县区作了大会发言，部分县市区书面交流了新农村建设的经验做法。省委常委林廷生、杨传升、焉荣竹，省人大常委会副主任陈延明，副省长、济宁市委书记贾万志，副省长、莱芜市委书记李玉妹，济南市委副书记、市长鲍志强，青岛市委副书记、市长夏耕等出席会议。

省委常委会议 4月4日，省委召开常委会议，集体学习党章，听取2006年一季度全省经济工作情况汇报，安排部署近期工作。省委书记张高丽主持会议，省委副书记、省长韩寓群，省政协主席孙淑义，省委副书记赵春兰、高新亭和省委常委出席会议，省人大、省政府、省政协部分负责人列席会议。张高丽就学习党章和一季度全省经济情况分别讲话。

省委常委扩大会议 4月22日，省委在济南召开常委扩大会议，传达学习中共中央政治局常委、中央纪委书记吴官正视察山东时的重要讲话，研究贯彻落实措施。省委书记张高丽主持会议并讲话，省委副书记、省长韩寓群通报了一季度全省经济社会发展情况。省政协主席孙淑义，省委副书记、济南市委书记姜大明，省委副书记、省纪委书记赵春兰，省委副书记、青岛市委书记杜世成，省委副书记高新亭和其他省委常委出席会议。会议首先认真学习了吴官正视察山东时的重要讲话。张高丽在讲话中，要求认真学习吴官正同志这次视察山东时的重要讲话，把思想高度统一到中央的要求上来，认清形势，明确任务，努力开创山东各项工作的新局面。讲话中，还对党风廉政建设和领导干部的作风建设提出了要求。韩寓群通报了全省一季度经济社会发展情况，并强调指出了当前需要抓好的几项工作。省人大常委会副主任，副省长，省政协副主席，省法院院长、省检察院检察长，省武警总队总队长、政委；省长助理，省人大常委会、省政府、省政协、省纪委秘书长，省委副秘书长，省纪委常委；各市市委书记、市长、纪委书记；省直有关部门主要负责人参加了会议。

省委常委扩大会议 5月10日，省委召开常委扩大会议。会上韩寓群首先传达了有关精神，大家进行了认真学习讨论。张高丽代表省委作重要讲话。会议强调，要深入学习邓小平理论和"三个代表"重要思想，全面落实科学发展观，朝气蓬勃，脚踏实地，始终保持奋发有为、昂扬向上的精神状态，求真务实，真抓实干，进一步增强做好工作的使命感、责任感和紧迫感，努力开创各项工作的新局面。省委书记张高丽主持会议。省委副书记、省长韩寓群，省政协主席孙淑义，省委副书记姜大明、赵春兰、杜世成、高新亭，其他省委常委和省人大常委会副主任，副省长，省法院院长、省检察院检察长，省政协副主席，省武警总队总队长，各市市委书记、市长，省直有关部门主要负责人参加会议。

全国公路养护管理工作会议 5月11日，交通部在济南召开全国公路养护管理工作会议，总结"十五"公路养护管理工作，表彰"十五"全国干线公路养护管理先进单位，安排部署"十一五"养护管理工作。会议要求，"十一五"期间要以科学发展观为统领，坚持建养并重，以改革创新为动力，以依法治路为保障，构建更安全、更畅通、更环保、更高效的公路交通网络，更好地满足经济发展和人民群众的需求。交通部部长李盛霖，山东省委书记张高丽，省委副书记、省长韩寓群出席会议，交通部副部长冯正霖主持会议。韩寓群代表山东省委、省政府向大会致辞。

全省旅游发展大会 5月22日，省委、省政府召开全省旅游发展大会。会议强调，要坚持以邓小平理论和"三个代表"重要思想为指导，以科学发展观统领全局，进一步解放思想，开拓创新，扎实工作，努力把山东省建设成为旅游经济强省。省委书记张高丽，省委副书记、省长韩寓群出席大会并讲话。省政协主席孙淑义，省委副书记、济南市委书记姜大明，省委副书记、省纪委书记赵春兰，省委常委林廷生、杨传升，省领导墨文川、才利民、孙守璞、贾万志出席大会。会上宣读了国家旅游局为大会发来的贺电。四川省副省长王怀臣介绍了四川省旅游发展的经验。会议表彰了全省旅游系统先进集体、先进个人。

全省政协工作会议 5月23日至24日，全省政协工作会议在济南召开。会议的主要任务是，认真学习贯彻《中共中央关于加强人民政协工作的意见》，以邓小平理论和"三个代表"重要思想为指导，以科学发展观统领全局，总结和交流近年来山东省政协工作的经验，研究制定进一步加强政协工作的措施，更好地发挥政协的重要作用，推动全省经济建设、政治建设、文化建设、社会建设。省委书记、省人大常委会主任张高丽，省政协主席孙淑义讲话；省委副书记、省长韩寓群主持会议；省委副书记、济南市委书记姜大明，省委副书记、省纪委书记赵春兰出席会议。下午，与会人员分组讨论了《中共山东省委关于进一步加强新形势下人民政协工作的意见(征求意见稿)》和省委、省政协领导同志的讲话。省委常委林廷生、杨传升、刘伟、王敏，省人大常委会副主任陈延明，副省长才利民、李玉妹，省检察院检察长国家森，省政协副主席王修智、王久祜、谢玉堂、林书香、周鸿兴、张敏、乔延春、王宗廉、齐乃贵、苗淑菊、王志民；省政府、省政协秘书长；各市市委书记、市政协主席、市委统战部部长、市政协秘书长，部分县(市、区)委书记和政协主席；省直有关部门、单位主要负责人，高等院校党委书记；省政协各部门负责人；省级各民主党派、工商联负责人等出席会议。

省委落实党风廉政建设责任制领导小组会议 5月25日，省委召开落实党风廉政建设责任制领导小组会议，研究部署近期对全省各市党委、政府领导班子和领导干部落实党风廉政建设责任制情况进行检查考核工作。省委书记张高丽出席会议并讲话，省委副书记、省纪委书记赵春兰主持会议。张高丽在讲话中强调了这次检查考核工作的重大意义，要求各级、各有关方面要高度重视，加强组织协调，精心安排实施，圆满完成检查考核任务。省委常委、秘书长杨传升，省委常委、组织部长刘伟，省委落实党风廉政建设责任制领导小组成员出席会议。

全省县域经济现场会 6月3日至7日，全省县域经济现场会召开，会议分为现场考察和全体会议两个阶段。3日至6日，省委副书记高新亭、副省长王仁元率17市常务副市长、省直有关部门主要负责人和65个县的县委书记，先后到无棣、庆云、陵县、济阳、章丘、邹平、桓台、广饶、寿光、昌邑、蓬莱、龙口12个县(市)的94个考察点，参观考察了工业经济、服务业、新农村建设和农村经济结构调整等方面情况，现场学习交流了三年来山东省发展县域经济的好理念、好思路、好举措。7日，省委、省政府在龙口召开全省县域经济现场会议。省委书记张高丽，省委副书记、省长韩寓群出席会议并作重要讲话；省委副书记姜大明、赵春兰、杜世成出席，省委副书记高新亭主持会议。会议提出了进一步加快县域经济发展的总要求，即：坚持以邓小平理论和“三个代表”重要思想为指导，以科学发展观统领全局，紧紧围绕建设全面小康社会和社会主义新农村的总要求，按照省委“一二三四五六”的发展目标和工作思路，大力实施“促强扶弱带中间”的发展战略，做到城市农村、三次产业、经济社会“三个联动”，加快农业产业化、工业化和城镇化“三化进程”，着力抓好外经外贸、高新技术、民营经济“三个亮点”，强化自主创新、节能降耗、环境保护“三个关键”，努力实现社会就业、农民收入、财政收入“三个增加”，使全省县域经济实力显著增强，经济结构显著优化，社会事业显著发展，城乡面貌显著改善，人民生活水平显著提高，基层组织建设显著加强，全面开创县域经济社会发展的新局面。省委常委，省人大、省政府、省法院、省检察院、省政协、省武警总队有关负责人，各市市委书记、市长、常务副市长，各县(市、区)委书记、县(市、区)长，省委各部委、省政府组成部门、直属单位主要负责人，部分中央驻鲁单位主要负责人，以及龙口市市直部门和乡镇党委、政府主要负责人在主会场参加会议。各市和县(市、区)设分会场，市县各部门和乡镇党委、政府主要负责人在当地收看了会议直播。

省委庆祝中国共产党成立85周年暨保持共产党员先进性教育活动总结表彰大会 6月29日，省委在济南召开大会，隆重庆祝中国共产党成立85周年，对历时一年半的保持共产党员先进性教育活动进行回顾总结，对近年来特别是先进性教育活动中涌现出的先进基层党组织、优秀共产党员、优秀党务工作者进行表彰。省委书记、省委先进性教育活动领导小组组长张高丽出席会议并讲话。省委副书记、省长韩寓群主持会议。省政协主席、党组书记孙淑义，省委副书记姜大明、赵春兰、高新亭和其他省委常委出席会议。张高丽首先回顾了党85年来紧紧围绕革命、建设、改革的中心任务，不断推进党的先进性建设的光辉历史，充分肯定了山东省各级党组织和广大党员对党的事业作出的突出贡献。在讲话中，张高丽还对山东省保持共产党员先进性教育活动取得的丰硕成果和宝贵经验作了全面总结。讲话中，张高丽就新时期新阶段，全省各级加强党的先进性建设，全面推进党的建设“新的伟大工程”提出了要求。韩寓群主持会议并就贯彻张高丽讲话精神提出了要求。会上，省委常委、组织部长刘伟宣读了省委表彰决定，授予章丘市宁家埠镇向高村党总支等200个基层党组织“山东省先进基层党组织”荣誉称号；授予许振超等100名共产党员“山东省优秀共产党员”荣誉称号；授予刘荣喜等50名党务工作者“山东省优秀党务工作者”荣誉称号。受表彰的先进集体和先进个人代表在会上发言。省人大、省政府、省政协有关领导；省委先进性教育活动领导小组成员；驻济省直部门单位、省属高校、省管企业、中央驻鲁单位党组(党委)书记；各市委组织部负责人；受表彰单位和个人代表；部分党员干部代表1600人参加了会议。

省委常委扩大会议 7月2日，省委召开常委扩大会议，传达学习中央召开的庆祝中国共产党成立85周年暨总结保持共产党员先进性教育活动大会精神和全国组织部长座谈会精神，研究贯彻意见。省委书记张高丽主持会议并讲话，省委副书记、省长韩寓群，省政协主席孙淑义，省委副书记姜大明、赵春兰、杜世成、高新亭，省委常委，省几套班子负责人，各市市委书记、市长，省直部门主要负责人出席会议。张高丽在讲话中指出，中共中央总书记、国家主席、中央军委主席胡锦涛在庆祝建党85周年暨总结先进性教育活动大会上的重要讲话，高屋建瓴，总揽全局，内涵丰富，精辟深刻，理论性、政策性和指导性非常强。中共中央政治局委员、书记处书记、中组部部长贺国强对学习贯彻胡锦涛总书记重要讲话讲了重要意见。我们一定要认真学习领会，切实抓好贯彻落实。

全国监察厅(局)长会议 7月7日至8日，全国监察厅(局)长会议在青岛召开。中共中央政治局常委、中央纪委书记吴官正出席会议并讲话。他强调，各级纪检监察机关要以邓小平理论和“三个代表”重要思想为指导，全面贯彻落实科学发展观，按照构建社会主义和谐社会的要求，适应新的形势和任务，充分发挥行政监察职能作用，勇于进取，扎实工作，深入推进廉政勤政建设，为改革发展稳定作出新的贡献。中央纪委副书记、监察部部长李至伦在会上作了题为《把握大局、服务中心，努力开创行政监察工作新局面》的工作报告。中央纪委常委、秘书长干以胜，监察部副部长陈昌智，中央纪委常委、监察部副部长黄树贤，监察部副部长屈万祥出席会议。山东省委书记张高丽，省委副书记、省长韩寓群，省委副书记、省纪委书记赵春兰，省委副书记、青岛市委书记杜世成，省委常委林廷生、杨传升，青岛市委副书记、市长夏耕出席会议。

省委常委扩大会议 7月10日，省委召开常委扩大会议，认真学习贯彻中共中央总书记、国家主席、中央军委主席胡锦涛在庆祝建党85周年暨总结先进性教育活动大会上的重要讲话，传达学习胡锦涛总书记关于寿光市开展保持共产党员先进性教育活动的重要批示，研究贯彻落实意见。省委书记张高丽主持会议，省政协主席孙淑义，省委副书记姜大明、赵春兰、高新亭，省委常委，省几套班子、省法院、检察院、省武警总队负责人，各市市委书记，省直有关部门、驻济高校、省属企业主要负责人出席会议。在传达学习了胡锦涛总书记重要批示后，张高丽作了讲话。

省委常委扩大会议 7月10日，省委召开常委扩大会议，认真传达学习中共中央政治局常委、中央纪委书记吴官正在全国监察厅(局)长会议上的重要讲话和在山东省部分大型企业负责人座谈会上的重要讲话，研究贯彻落实意见。省委书记张高丽主持会议，省政协主席孙淑义，省委副书记姜大明、赵春兰、高新亭，省委常委，省几套班子、省法院、检察院、省武警总队负责人，各市市委书记，省直有关部门、驻济高校、省属企业主要负责人出席会议。在传达学习了吴官正的重要讲话后，张高丽讲话。他强调，各级要认真学习领会，充分认识深入开展反腐倡廉工作的极端重要性，把思想统一到党中央和中央纪委的决策部署上来，坚决抓好贯彻落实。

山东省妇女第十一次代表大会 7月11日，山东省妇女第十一次代表大会在济南隆重开幕。大会的主要任务是：以邓小平理论和“三个代表”重要思想为指导，全面落实科学发展观，认真总结省妇女十大以来山东省妇女工作，确定今后五年妇女发展目标和任务，动员全省妇女为实施“十一五”规划作出新贡献。省委书记张高丽，全国妇联副主席、书记处书记莫文秀出席会议并讲话；省政协主席孙淑义，省委副书记姜大明、赵春兰、高新亭，省委常委杨传升、刘伟、阎启俊、柏继民，以及邵桂芳、时立军、李玉妹、国家森、苗淑菊、南兵军、冯金安等省和军队领导出席大会。张高丽作重要讲话。莫文秀代表全国妇联向大会祝贺并讲话。省妇联主席赵玉兰代表省妇联第十届执委会作了工作报告。省武警总队、省总工会、团省委、省文联、省作协、省科协、省社科联、省侨联、省残联等部门负责人以及来自全省各条战线的841名各界妇女代表和特邀代表出席了大会。

省委常委会议 7月25日，省委召开常委会议，分析2006年上半年经济形势，研究部署下半年经济工作。省委书记张高丽主持会议，省委副书记赵春兰、高新亭和省委常委出席会议，省人大、省政府、省政协、省法院、省检察院领导和省直有关部门负责人列席会议。在听取了省发改委关于本年上半年经济形势和下半年经济工作安排的汇报后，张高丽讲了话。他指出，中央对经济工作高度重视，就当前经济形势和经济工作作出了决策部署。我们一定要认真学习，深刻领会，抓好落实。要坚持以邓小平理论和“三个代表”重要思想为指导，以科学发展观统领全局，切实提高对当前经济形势的认识，提高对调整结构、转变经济增长方式的认识，把思想高度统一到中央的决策部署上来。要更加注重速度和结构、质量、效益、后劲相统一，更加注重自主创新、节能降耗和环境保护，更加注重经济社会、人与自然、改革发展稳定相协调，切实引导好、保护好、发挥好各方面的积极性，推动经济社会又快又好发展。

全省经济形势分析会 7月26日，在收听收看了国务院通报全国经济形势电视电话会议后，省委、省政府在山东分会场召开全省经济形势分析会，总结上半年的经济工作，对下半年的经济工作进行部署。省委书记张高丽主持会议，省委副书记、省长韩寓群就学习贯彻国务院会议精神、做好下半年经济工作作了重要讲话。副省长王军民以及省直有关部门的负责人参加了会议。会议提出了贯彻落实好这次会议精神要着力把握的九个问题。一是把学习落实科学发展观引向深入，不断提高落实科学发展观的能力。二是大力发展农村生产力，增加农民收入。三是努力优化调整经济结构。四是进一步加大投资方向调整。五是切实做好节能降耗和环保工作。六是继续深化改革扩大开放。七是大力推进区域经济协调发展。八是积极构建社会主义和谐社会。九是扎实抓好防汛和安全生产工作。各市、县设立分会场，收听收看了国务院和省分会场的会议。

全省发展服务业座谈会 7月28日，省委书记张高丽主持召开发展服务业座谈会。座谈会上，省直有关部门和单位负责人作了发言，就如何加快山东省服务业发展提出了意见和建议。在听取了大家的发言后，张高丽讲了话。他指出，与全省经济总体发展水平相比，与先进省区市相比，山东省服务业还存在较大差距。各级各部门领导一定要充分认识发展服务业是落实科学发展观的必然要求，是调整经济结构、转变经济增长方式的迫切需要，是扩大就业和增加收入的重要途径，也是经济发展的客观规律。要切实增强加快服务业发展的紧迫感、责任感，加强领导，深化改革，突出重点，狠抓落实，加快山东省服务业发展步伐。省委、省政府有关部门和科技、教育、文化、体育、交通、信息、旅游、商业、银行、保险等部门单位的负责人参加了座谈会。

全省党外人士座谈会 7月31日，省委召开党外人士座谈会，通报山东省当前经济形势，听取省各民主党派、工商联负责人和无党派人士对繁荣发展服务业的意见建议。省委书记张高丽主持会议并讲话。省各民主党派负责人在座谈会上先后发言。大家对省委、省政府作出繁荣发展服务业的决策表示坚决拥护，并围绕提高对发展服务业的认识、深化体制改革、完善政策措施、搞好规划管理、培养使用人才、创造良好环境等问题提出了意见和建议。张高丽通报了山东省当前经济形势，并在听取大家发言后讲了话。省政协副主席、省委统战部部长齐乃贵出席座谈会。

省委落实党风廉政建设责任制检查考核工作汇报会 8月10日，省委召开落实党风廉政建设责任制检查考核工作汇报会，听取对17市党政领导班子及其成员落实责任制工作检查考核情况的汇报，研究部署下一步落实责任制工作。省委书记张高丽讲话，省委副书记、省纪委书记赵春兰主持汇报会。省委常委杨传升、刘伟，省委落实党风廉政建设责任制领导小组成员参加汇报会。张高丽对这次检查考核工作予以充分肯定。张高丽要求，要从加强党的执政能力建设和先进性建设的高度，进一步提高对落实党风廉政建设责任制重要性的认识。要坚持“两手抓，两手都要硬”的方针，加强对反腐倡廉工作的领导，完善领导体制、工作机制和责任体系。要坚持治本抓源头，推进改革创新，抓好省委贯彻落实《实施纲要》具体意见和2007年底前工作要点的落实，努力构建惩治和预防腐败体系。

省委常委扩大会议 8月16日，省委召开常委扩大会议，认真学习胡锦涛总书记在中央举办的学习《江泽民文选》报告会上的重要讲话，讨论通过了《中共山东省委关于认真组织学习〈江泽民文选〉的决定》，对深入学习《江泽民文选》作出全面部署。省委书记张高丽主持会议并讲话，省委副书记、省长韩寓群，省委副书记姜大明、赵春兰、杜世成、高新亭和省直部分部门负责人作了发言。张高丽在讲话中强调了学习《江泽民文选》的重大意义，要求各级党组织和广大党员干部群众要系统学习研读《江泽民文选》，深刻领会把握其基本内容和精神实质。要把学习《江泽民文选》与学习马列主义、毛泽东思想、邓小平理论结合起来，与学习科学发展观、构建和谐社会、党的先进性建设等一系列重大战略思想和重大任务结合起来，与学习胡锦涛总书记视察山东重要讲话结合起来，进一步提高思想认识。要结合学习《江泽民文选》和中央有关精神，认真总结先进性教育活动的经验，巩固和扩大先进性教育活动成果，建立保持党的先进性的长效机制。要坚持理论联系实际的马克思主义学风，努力推动各项工作的开展。张高丽强调，学习《江泽民文选》是当前和今后一个时期党的思想政治建设和党员干部理论学习培训的重要任务。各级党组织要加强对学习活动的组织领导，作出周密安排。省委常委，省人大、省政府、省政协等省几套班子领导，省检察院检察长，各市市委书记、市长，省直部门主要负责人参加会议。

省委常委扩大会议 8月16日，省委召开常委扩大会议，学习贯彻中央关于经济工作的决策部署，努力促进经济平稳较快协调发展。省委书记张高丽，省委副书记、省长韩寓群作重要讲话；省委副书记姜大明、赵春兰、杜世成、高新亭，其他省委常委，省人大、省政府、省政协等省几套班子领导，省检察院负责人，各市市委书记、市长，省直有关部门主要负责人出席会议。在传达学习中央精神后，张高丽讲了话。他强调，贯彻中央的决策部署，做好当前和今后一个时期经济工作，必须结合山东实际，把中央确定的政策措施落到实处。一是认真落实宏观调控政策；二是扎实推进社会主义新农村建设；三是集中抓好节能降耗、自主创新、环境保护，进一步促进县域经济发展，大力繁荣发展服务业三项重点工作；四是把扩大内需作为基本立足点，积极引导消费需求；五是进一步深化改革扩大开放；六是认真解决涉及群众利益的突出问题。韩寓群全面分析了全省经济形势，就如何结合山东实际贯彻中央指示精神，保持山东持续平稳发展讲了意见。

最高人民检察院、山东省委授予孟红伟荣誉称号命名表彰大会 8月19日，最高人民检察院、山东省委在济南联合召开授予孟红伟荣誉称号命名表彰大会。最高人民检察院检察长贾春旺，省委书记张高丽出席会议并讲话，省委副书记、省长韩寓群出席会议。会上，最高人民检察院政治部副主任尹晋华宣读了高检院授予孟红伟“全国模范检察官”荣誉称号的决定，省委常委、组织部长刘伟宣读了省委授予孟红伟“优秀共产党员”荣誉称号的决定。会前，贾春旺、张高丽、韩寓群等领导亲切会见了孟红伟。省委副书记姜大明、赵春兰，省委常委、政法委书记阎启俊，莫振奎、尹忠显、国家森、谢玉堂等领导出席会议并参加会见。省委副书记高新亭主持大会。省政法各部门负责人，济南市领导、市直各部门和检察干警代表600多人参加了命名表彰大会。

省委召开领导干部会议 9月28日，省委召开领导干部会议，研究部署当前工作。省委书记张高丽主持会议并讲话。省委副书记、省长韩寓群讲话。省政协主席孙淑义，省委副书记姜大明、赵春兰、杜世成出席会议。张高丽指出，全省认真贯彻落实科学发展观，经济建设、政治建设、文化建设、社会建设和党的建设取得了新的成绩。越是形势好，越要居安思危，保持清醒头脑，看到问题和差距，克服满足情绪、松懈情绪、畏难情绪，进一步增强机遇意识、危机意识、创新意识，抓住机遇，开拓进取，巩固发展好形势。要坚持以科学发展观统领全局，努力促进经济社会又快又好发展。要从讲政治、讲大局的高度出发，认真做好国庆节和党的十六届六中全会期间的社会稳定工作。要进一步加强领导班子建设，按照中央和省委的要求，精心组织好换届工作。要认真学习党中央关于党风廉政建设和反腐败工作的一系列重要论述，深刻认识反腐败斗争的长期性、艰巨性、复杂性，不断增强拒腐防变的能力。韩寓群通报了2006年以来全省经济形势，对进一步落实中央宏观调控政策，做好当前经济工作提出了明确要求。省委常委，省人大常委会副主任，副省长、省政府特邀顾问，省政协副主席，省检察院检察长，省武警总队总队长；济南和青岛市的人大常委会主任、政协主席；山东大学校长；各市市委书记、市长；省直有关部门主要负责人参加会议。

省委常委扩大会议 10月13日，省委召开常委扩大会议，传达学习党的十六届六中全会精神，研究贯彻落实意见。省委书记张高丽主持会议并讲话。省委副书记、省长韩寓群，省委副书记姜大明、赵春兰、高新亭，省委其他常委，省人大、省政府、省政协等省几套班子领导，省检察院检察长，省直部门主要负责人参加会议。会议传达学习了胡锦涛总书记在十六届六中全会上受中央政治局委托所作的工作报告和在全会上的重要讲话，吴邦国委员长就《中共中央关于构建社会主义和谐社会若干重大问题的决定（讨论稿）》向全会作的说明和《中共中央关于构建社会主义和谐社会若干重大问题的决定》精神。张高丽在讲话中指出，学习十六届六中全会精神是当前各级党组织和广大党员干部群众的重大政治任务，要通过认真学习胡锦涛总书记的工作报告和重要讲话，学习全会文件，深刻认识构建社会主义和谐社会的重大意义，深刻认识社会和谐是中国特色社会主义的本质属性，深刻认识构建和谐社会的指导思想、目标任务、工作原则和重大部署，深刻认识构建和谐社会关键在党，把思想认识高度统一到六中全会精神上来，把力量凝聚到构建和谐社会上来。

省委常委会议 10月21日，省委召开常委会议，听取国务院新开工项目督查组对山东省新开工项目清理督查情况和前三季度山东省经济社会发展形势的汇报，研究贯彻落实意见。省委书记张高丽主持会议并讲话；省委副书记、省长韩寓群，省委副书记姜大明、赵春兰、杜世成、高新亭及其他省委常委出席会议。省人大常委会、省政府、省政协等省几套班子领导，省直有关部门主要负责人列席会议。张高丽在讲话中指出，各级党委、政府和领导干部一定要深化对科学发展观的认识，充分认识宏观调控的必要性和重要性，提高贯彻宏观调控政策的自觉性。要严格遵守经济工作纪律，执行国家法令法规和各项政策，确保中央的决策部署不折不扣地落到实处。要进一步增强清理新开工项目的责任感、紧迫感，认真对照国务院督查组提出的意见建议，深入搞好项目清理工作。会议听取了省发改委关于2006年前三季度经济发展情况的汇报。张高丽在讲话中指出，要进一步提高贯彻落实科学发展观的自觉性、坚定性，努力推进经济增长方式的转变。要切实转变发展观念，创新发展模式，提高发展质量。要在“好”上下大功夫、抓落实、见成效、上水平，做到结构优化、质量提高、效益改善、环境优美，实现又好又快发展。

省党外人士座谈会 10月中下旬，省委召开党外人士座谈会，就《中共山东省委关于贯彻落实党的十六届六中全会精神努力构建社会主义和谐社会的决定（征求意见稿）》，征求省各民主党派、工商联领导人和无党派人士的意见和建议。省各民主党派、工商联领导人和无党派人士在座谈会上先后发言，一致认为：《中共山东省委关于贯彻落实党的十六届六中全会精神努力构建社会主义和谐社会的决定（征求意见稿）》，充分体现了中共十六届六中全会精神，符合科学发展观要求，符合山东实际，对构建和谐社会具有重要指导意义。同时，也提出了修改意见和建议。省委书记、省人大常委会主任张高丽主持会议并讲话。省领导赵春兰、杨传升、齐乃贵出席会议。

中共山东省八届十三次全委会议 10月23日至25日，中国共产党山东省第八届委员会第十三次全体会议在济南举行。出席会议的有省委委员49人，省委候补委员9人。省纪委常委和有关方面负责人列席了会议。会议由省委常委主持。省委书记张高丽作了重要讲话。全委会认真传达学习了党的十六届六中全会精神；听取和讨论了张高丽受省委常委委托作的工作报告；审议通过了《中共山东省委关于贯彻落实党的十六届六中全会精神努力构建社会主义和谐社会的决定》。全委会充分肯定了省委常委一年来的工作。全委会指出，当前山东省总体上是和谐的，但也存在不少影响社会和谐的突出矛盾和问题。要始终保持清醒头脑，居安思危，把构建和谐社会摆在更加突出的位置，科学分析影响社会和谐的矛盾和问题及其产生的原因，更加积极主动地正视矛盾、化解矛盾，最大限度地增加和谐因素，最大限度地减少不和谐因素，不断促进社会和谐。全委会审议通过的《中共山东省委关于贯彻落实党的十六届六中全会精神努力构建社会主义和谐社会的决定》，从十个方面提出了实施意见：（一）加强学习领会，提高对构建和谐社会的认识；（二）明确目标任务，把握好构建和谐社会重大问题；（三）更加注重社会事业，推动经济社会进步；（四）坚持统筹兼顾，全面提高协调发展水平；（五）围绕建设和谐文化，做好思想政治领域工作；（六）加强民主法制建设，维护社会公平正义；（七）推进社会建设管理，激发社会创造活力；（八）深化平安山东建设，切实维护社会稳定；（九）维护和发展群众利益，加强改进群众工作；（十）加强党的先进性建设，提高领导和驾驭本领。

全省金融工作座谈会 11月10日，全省金融工作座谈会在济南召开。省委书记张高丽出席会议并讲话。他强调指出，金融部门要继续贯彻国家宏观调控政策，把好信贷闸门，更好地支持山东经济实现科学发展。一要支持经济结构调整优化，坚持区别对待、有保有压，着力调整优化信贷结构，坚决防止高耗能、高污染和产能过剩行业盲目扩张，加大对国家重点扶持产业的信贷支持力度，促进经济增长方式转变，实现经济发展的良性循环。二要支持社会主义新农村建设，深化农村金融改革，支持农业产业化、农业结构调整、农村基础设施建设和农村社会事业发展，为农民提供更有效的金融服务。三要支持节能降耗、自主创新和环境保护，大力支持循环经济发展，促进企业节能改造，促进自主创新，促进环保和生态建设，不断提高经济质量和效益。四要支持服务业繁荣发展，加大对现代物流、旅游会展、中介服务、信息资源开发等新兴服务业的金融扶持。五要支持中小企业发展。在继续支持大企业、大集团的同时，进一步加大工作力度，多措并举，切实解决中小企业融资难的问题。省委常委、常务副省长林廷生主持会议。中央驻鲁金融管理部门、政策性银行、国有商业银行驻鲁分行、股份制商业银行、保险公司和省直有关部门负责人出席座谈会。

中共山东省八届十四次全委会议 11月14日，中共山东省八届十四次全委会议在济南举行。会议审议通过了《关于召开中国共产党山东省第九次代表大会的决议》。确定：中国共产党山东省第九次代表大会定于2007年6月在济南召开。中国共产党山东省第九次代表大会的代表名额为920名。出席这次代表大会的代表，由各设区的市党委、四大企业党委、省委省直机关工委、省委高校工委、省国资委党委、省军区党委、武警山东省总队党委，按照《党章》和中央有关规定，分别召开党代表大会或党代表会议选举产生。代表应是中国共产党党员中的优秀分子。代表应具有先进性，构成应具有广泛性。省委常委主持会议，省委书记张高丽讲话，省委委员46人，省委候补委员7人参加会议，省纪委常委和不是省委委员的市委书记列席会议。

全省领导干部会议 11月14日至15日，全省领导干部会议在济南召开。省委书记、省人大常委会主任张高丽作了重要讲话。省政协主席孙淑义，省委副书记姜大明、赵春兰、杜世成、高新亭出席会议。省委常委、常务副省长林廷生对当前经济工作作了安排。17个市和4个省直部门负责人在会上发了言。张高丽在讲话中要求，促进经济又好又快发展，要正确认识和处理好六个关系：一是要正确认识和处理"好"与"快"的关系，努力在"好"上下功夫。二是要正确认识和处理"保"与"压"的关系，严把土地、信贷闸门和市场准入门槛，坚决把固定资产投资增长过快的势头降下来。三是要正确认识和处理投资与消费的关系，坚持扩大内需的战略方针。四是要正确认识和处理改革与发展的关系，加大改革力度，突出改革重点，加快改革步伐，努力创新建立落实科学发展观的体制机制。五是要正确认识和处理局部与全局的关系，坚定不移地落实中央宏观调控的各项政策，为全国又好又快发展做出贡献。六是要正确认识和处理当前与长远的关系，认真谋划长期性的重大发展战略，同时扎扎实实做好当前工作，为长远发展打下坚实基础。张高丽强调，要坚持从解决群众最关心的问题入手，扎实构建社会主义和谐社会。要找准群众普遍关心的矛盾和问题，抓住关键，突出重点，突破难点，有效化解社会矛盾。要继续加强农村"路水电气医学"工程建设，改善农村生产生活条件，切实为群众办好事、办实事、解难事。要把确保社会稳定工作放到更加重要的位置，继续推进"平安山东"建设，认真抓好安全生产，坚决防止重特大安全事故的发生。要千方百计做好城市低保人员、农村五保户、特困户、下岗失业人员、零就业家庭和残疾人的救助工作。张高丽还就加强领导班子和基层组织建设，做好换届工作提出了要求。

省红十字会第七次会员代表大会 11月16日，省红十字会第七次会员代表大会在济南召开，大会总结了五年来山东省红十字会工作，选举了新一届理事会，对今后工作进行了部署。全国人大常委会原副委员长、中国红十字会会长彭佩云，省委书记张高丽，省委常委、秘书长王敏，省领导邵桂芳、王道玉、王军民、张敏等出席会议。彭佩云对山东省红十字会工作给予充分肯定，并要求各级红十字会要认真学习党的十六届六中全会精神，进一步提高做好红十字会工作的责任感和使命感。要坚持依法建会、依法治会、依法兴会，认真总结经验，从本地实际出发，继续推进县一级红十字会理顺管理体制，建立开放式、社会化的运行机制，推动中国特色红十字事业快速、健康、持续向前发展。王军民作了讲话。同日下午，省红十字会七届一次理事会在济南召开，会议选举了新一届省红十字会常务理事、会长、常务副会长、副会长，聘请了名誉会长、名誉副会长。王军民任山东省红十字会会长，张心宝任常务副会长。

省委、省政府加快菏泽发展第二次现场会 11月20日至21日，省委、省政府召开加快菏泽发展第二次现场会。会议主题是以邓小平理论和"三个代表"重要思想为指导，以科学发展观统领全局，深入学习贯彻党的十六届六中全会精神，总结交流突破菏泽工作情况，研究部署今后的工作任务，努力促进菏泽经济社会又好又快发展。省委书记张高丽出席会议并讲话。省委副书记、省长韩寓群主持会议并讲话。省委常委、常务副省长林廷生书面通报了对口帮扶工作进展情况。省委副书记高新亭，省人大常委会副主任邵桂芳，省政协副主席朱铭出席会议。20日，与会人员在菏泽市9个县区考察了工业园区、企业、在建项目。张高丽在讲话中对突破菏泽战略取得的阶段性成果予以充分肯定。同时指出，突破菏泽的任务仍然十分繁重艰巨。要求一定要从全局和战略的高度，深刻认识新形势下加快菏泽发展的重要性紧迫性，按照十六届六中全会的要求，加大措施，狠抓落实，促进菏泽经济社会又好又快发展，不断开创新的局面。一是更加注重以人为本，从广大人民群众的根本利益出发谋发展、促发展。二是更加注重城乡统筹，大力推进城市化进程，扎实搞好社会主义新农村建设，逐步形成以工促农、以城带乡、协调发展的格局。三是更加注重把改革的力度、发展的速度和社会可承受的程度统一起来，通盘考虑，统筹兼顾，全面推进。四是更加注重结构优化，围绕建设"三大基地"和培植"六大产业"，集中力量发展一批骨干企业和名牌产品，推动结构优化升级。五是更加注重改革开放，找准切入点和突破口，加大招商引资力度，加快发展外向型经济，不断提高对外开放水平。韩寓群就实施突破菏泽战略的各项工作任务落实作了讲话。会上，菏泽市及对口帮扶的8个市分别作了发言。省直有关部门主要负责人和各市有关负责人参加会议。

省委常委扩大会议 11月26日，省委召开常委扩大会议，传达学习中共中央政治局常委、国家副主席曾庆红在山东视察时的重要讲话精神，研究贯彻落实意见。省委书记张高丽主持会议并讲话，省委副书记、省长韩寓群，省政协主席孙淑义，省委副书记姜大明、赵春兰、高新亭，其他省委常委，省人大常委会、省政府、省政协等几套班子领导，省法院院长、省检察院检察长,省武警总队总队长、政委,省直有关部门负责人出席会议。在传达学习了曾庆红同志重要讲话后,张高丽对学习贯彻讲了意见。他指出,曾庆红同志的重要讲话对学习贯彻十六届六中全会精神,推进社会主义和谐社会建设和新农村建设,加强党的执政能力建设和先进性建设,具有十分重要的指导意义。我们一定要认真学习,深刻领会,抓好贯彻落实。要把学习贯彻曾庆红同志的重要讲话,与深入学习贯彻胡锦涛总书记等中央领导同志视察山东重要讲话紧密结合起来,与学习贯彻党中央提出的一系列重大战略思想和战略任务紧密结合起来,与学习贯彻十六届六中全会精神紧密结合起来,加深理解,提高认识,进一步把思想认识高度统一到中央的重大决策部署上来。

全省党员领导干部会议 12月8日,省委召开党员领导干部会议,传达学习中央经济工作会议精神,研究贯彻落实意见。省委书记张高丽主持会议并讲话,省委副书记、省长韩寓群,省政协主席孙淑义,省委副书记姜大明、赵春兰、高新亭,其他省委常委,省人大常委会、省政府、省政协等几套班子领导及省直部门主要负责人出席会议。会议传达学习了胡锦涛总书记在中央经济工作会议上的重要讲话和温家宝总理两次重要讲话。张高丽在讲话中指出,认真学习贯彻中央经济工作会议精神,对于深入贯彻落实科学发展观,加快构建社会主义和谐社会,统一思想,提高认识,做好2007年经济工作,具有十分重要的意义。党员领导干部一定要带头认真学习领会,切实抓好贯彻落实。张高丽强调,学习贯彻中央经济工作会议精神,首先要把思想认识高度统一到中央的决策部署上来;要紧密结合实际,努力把中央经济工作会议精神落到实处;要加强和改善对经济工作的领导,不断提高落实科学发展观的能力。

省党外人士座谈会 12月14日,省委召开党外人士座谈会,就2007年经济工作听取了省各民主党派、工商联领导人和无党派人士的意见和建议。省委书记张高丽主持会议并讲话。省委副书记、省长韩寓群通报了山东省2006年经济工作情况和2007年经济工作的打算。省政协主席孙淑义,省委副书记赵春兰,省委常委、秘书长王敏及省政府、省政协领导出席了会议。在听取全省经济工作情况后,省各民主党派、工商联领导人和无党派人士先后发言。大家对全省经济平稳较快增长、社会和谐稳定的好形势给予高度评价,并就转变经济增长方式、发展循环经济、节能降耗、提高自主创新能力、发展教育文化卫生等社会事业、推动县域经济发展、繁荣发展服务业、建设社会主义新农村、建立健全社会保障体系等方面提出了意见和建议。最后,张高丽作了讲话。首先代表省委、省政府向各民主党派、工商联和无党派人士,向统一战线广大成员表示衷心感谢。并希望大家继续发扬风雨同舟、通力合作、肝胆相照、荣辱与共的优良传统,围绕经济社会发展的重大问题和人民群众关心的切身利益问题,开展广泛调研,进行深入思考,不断提高建言献策水平,更好地发挥在全省经济发展中的重要作用,为落实科学发展观和构建社会主义和谐社会作出更大贡献。

全省经济工作会议 12月18日至19日,全省经济工作会议在济南召开。会议深入学习贯彻了党的十六届六中全会和中央经济工作会议精神,以科学发展观统领全局,认真分析形势,总结了2006年经济工作,部署了2007年经济工作。省委书记张高丽,省委副书记、省长韩寓群出席会议并作重要讲话。省政协主席孙淑义,省委副书记姜大明、赵春兰、杜世成、高新亭出席会议。会议对2006年以来的经济发展情况给予充分肯定,并指出2007年山东省经济工作的总体要求是:坚持以邓小平理论和“三个代表”重要思想为指导,深入学习贯彻党的十六大和十六届三中、四中、五中、六中全会精神,全面落实科学发展观,以胡锦涛总书记对山东提出的“三个走在前面”的总要求为统领,坚决贯彻落实国家宏观调控政策,集中抓好“四个着力”、“三个协调”,坚持行之有效的工作思路,突出转变经济增长方式、调整经济结构、深化改革、扩大开放,更加注重速度和结构、质量、效益、后劲相统一,更加注重节能降耗、自主创新、环境保护和土地集约利用,更加注重经济社会民生、人与自然、改革发展稳定相协调,促进经济又好又快发展,加快构建社会主义和谐社会,为党的十七大和省第九次党代会胜利召开创造良好的经济环境、政治环境和社会环境。省委常委,省人大常委会副主任,副省长、省政府特邀顾问,省政协副主席,省人民法院院长、省人民检察院检察长,省武警总队总队长、政委;省长助理,省人大常委会、省政府、省政协秘书长,省委、省政府副秘书长,省纪委副书记;各市市委书记、市长、发改委主任;省人大、省政协各专门委员会有关副主任,省直各部门、单位、省属企业和中央驻鲁单位主要负责人等参加了会议。

省委外事工作会议 12月20日,省委外事工作会议在济南召开。会议的主要任务是,深入贯彻中央外事工作会议精神,结合山东省实际,研究部署加强和改进外事工作的措施,统一思想,明确任务,努力开创山东省外事工作的新局面。省委书记张高丽出席会议并讲话。省委副书记、省长韩寓群主持会议。省政协主席孙淑义,省委副书记姜大明、赵春兰、杜世成出席会议。张高丽在讲话中指出,当前和今后一个时期,要重点把握和努力做好以下工作:一是服从和服务于国家的总体外交。二是深入实施互利共赢的开放战略。三是积极扩大对外文化交流。四是重视维护国家利益和社会稳定。五是进一步加强外事管理工作。六是重视抓好群众性涉外教育。下午的总结会议由省委常委、秘书长王敏主持,副省长孙守璞作了讲话。省委常委,省人大常委会、省政府等几大班子有关负责人,省法院院长,各市市委书记、市长、分管副市长、外办主任,省直有关部门、单位和中央驻鲁单位主要负责人,部分高校党委书记参加会议。

省纪委常委扩大会议 12月21日,省纪委召开常委扩大会议,传达学习中央纪委领导重要指示,就进一步推进党风廉政建设提出要求。省委书记张高丽到省纪委、省监察厅机关调查研究，并参加省纪委常委扩大会议。会上，在认真传达学习了中央纪委领导重要指示后，张高丽强调，全省各级党委和纪检监察机关要认真学习中央纪委领导同志的重要指示精神，统一思想，提高认识，进一步增强做好反腐倡廉工作的使命感、责任感和紧迫感，紧密结合实际，研究提出贯彻落实的具体意见。要深入贯彻落实《实施纲要》，坚持标本兼治、综合治理、惩防并举、注重预防的战略方针，全面推进惩治和预防腐败体系建设。扎实开展反腐倡廉教育，促进领导干部廉洁从政。健全完善反腐倡廉各项制度，加强对权力运行的制约和监督，确保权力正确行使。要认真贯彻执行党内监督条例，切实加强对各级领导班子和领导干部的监督。要继续深化干部人事、行政审批、财政税收等体制机制改革，把反腐倡廉融入到政治建设、经济建设、文化建设和社会建设之中，不断拓展从源头上防治腐败工作领域，力争取得新成效。在调研中，张高丽看望了省纪委、省监察厅机关干部，代表省委、省政府对大家的工作表示感谢，并向全省纪检监察机关的广大干部表示亲切问候。省委常委、省纪委书记杨传升主持省纪委常委扩大会议，省委常委、省委秘书长王敏陪同调研。

省委常委扩大会议 12月23日，省委召开常委扩大会议，宣布中央关于对杜世成严重违纪问题立案检查的决定和有关人事任免决定，传达中央领导的重要指示，通报有关案件情况。经查，杜世成的行为已构成严重违犯党的纪律，经中共中央纪委研究并报中共中央批准，决定对杜世成的问题立案检查，免去其山东省委副书记、常委、委员和山东省青岛市委书记职务。中共中央批准阎启俊任山东省青岛市委书记。会上，中央纪委副书记夏赞忠宣布中央决定，传达中央领导重要指示，中央纪委七室副主任黄晓薇通报了案件情况，夏赞忠作重要讲话。张高丽主持会议并讲话，省委副书记、省长韩寓群，省政协主席孙淑义，省委副书记姜大明、赵春兰、高新亭出席会议。省委常委和省人大、省政协领导人在会上作了发言，大家一致表示，坚决拥护中央的决定，一定认真学习、深刻领会中央领导同志的指示精神，严于律己，廉洁勤政，努力做好各项工作。张高丽代表省委讲了重要意见。他强调，中央决定对杜世成同志严重违纪问题立案检查，再次表明了我们党坚持从严治党、坚决惩治腐败的坚强决心和鲜明态度。我们一定要旗帜鲜明地同以胡锦涛同志为总书记的党中央保持高度一致，坚决拥护中央的决定，并积极支持配合做好相关工作。省委常委，省人大常委会党员副主任，副省长，省政协党员副主席，省法院院长、省检察院检察长，省武警总队政委，正省级老同志，省纪委副书记，省有关方面负责人参加会议。

青岛市委常委扩大会议和党员领导干部会议 12月24日，青岛市委先后召开常委扩大会议和党员领导干部会议，宣布中央对杜世成严重违纪问题立案检查的决定，宣布中央关于免去杜世成山东省委副书记、常委、委员和青岛市委书记职务，批准阎启俊任青岛市委书记的决定，通报杜世成案件有关情况。省领导张高丽、韩寓群、刘伟、阎启俊，省直有关部门负责人出席会议。青岛市委常委、市人大、市政府、市政协党员领导成员，市中级法院、市检察院“两长”参加常委扩大会议；各区市、市直各部门单位党员领导干部参加了会议。青岛市委副书记、市长夏耕主持会议。会上，张高丽宣布了中央决定，传达了中央领导同志的重要指示，代表省委作了重要讲话。张高丽充分肯定了青岛市经济社会发展取得的显著成就，充分肯定了青岛市各级党委、政府和广大党员干部群众所作的工作。阎启俊和青岛市委常委分别作了发言。

省委常委会议 12月25日，省委召开常委会议，深入学习中央有关决定，学习中央和中央纪委领导同志重要指示精神，总结经验教训，分析党风廉政建设形势，研究加强领导干部廉洁自律，全面推进反腐倡廉工作。省委书记张高丽主持会议并讲话。省委副书记、省长韩寓群，省政协主席孙淑义，省委副书记姜大明、赵春兰、高新亭和省委常委出席会议。会议讨论了《中共山东省委关于加强领导干部廉洁自律的通知》。大家一致认为，在改革开放和发展社会主义市场经济条件下，领导干部自觉抵御腐朽思想侵蚀，提高拒腐防变能力十分重要。要认真吸取杜世成严重违纪的教训，进一步增强廉洁自律意识，深入开展党风廉政建设和反腐败斗争，经受住执政和改革开放的考验。张高丽在讲话中指出，以胡锦涛同志为总书记的党中央对加强党风廉政建设高度重视，中央领导同志的重要指示提出了明确要求，我们一定要认真学习贯彻落实。全省各级党委、政府和纪检监察机关，要按照中央关于反腐倡廉工作的决策部署，认真贯彻反腐倡廉战略方针，落实党风廉政建设责任制，努力构建惩治和预防腐败体系，促进领导干部廉洁从政。省人大常委会、省政府、省政协党组副书记，省纪委副书记和有关方面负责人列席会议。

省委常委会议 12月28日，省委召开常委会议，传达学习中央农村工作会议精神，研究贯彻落实意见。省委书记张高丽主持会议并讲话，省委副书记、省长韩寓群，省政协主席孙淑义，省委副书记姜大明、赵春兰、高新亭，省委常委，省几套班子部分负责人出席会议。在传达中央农村工作会议精神后，张高丽讲话。他指出，这次中央农村工作会议是贯彻落实党的十六届六中全会和中央经济工作会议精神的重要举措，对于发展现代农业，扎实推进社会主义新农村建设具有重要指导意义。我们一定要认真学习领会，提高思想认识，抓好贯彻落实。张高丽指出，要大力发展现代农业，继续坚持粮食生产“三条底线”不动摇，确保粮食安全。同时，要大力调整优化农业结构，积极发展优质、高效、生态、安全农业。要坚持统筹城乡经济社会发展，落实工业反哺农业、城市支持农村和多予少取放活的方针，以发展农村经济为中心，以增加农民收入为核心，扎实推进社会主义新农村建设。要进一步加大对“三农”的投入力度，认真落实中央提出的“两个重点、两个主要、一个加大”和“三个继续高于”的要求，切实做到把基础设施建设和社会事业发展的重点转向农村。同时，要进一步扩大对外开放，吸引外资、金融资本、企业资本、社会资本和民间资本参与新农村建设。要继续以推进“路水电气医学”建设为重点，切实解决农民群众最关心、最直接、最现实的利益问题。要进一步加强农村基层组织建设、民主法制建设、和谐文化建设，确保新农村建设深入扎实地推进。

省直老干部情况通报会 12月28日，省委、省政府在济南召开省直老干部情况通报会。张高丽通报了全省经济社会发展情况及2007年的工作打算，省委副书记、省长韩寓群主持会议。省委书记张高丽首先代表省委，省政府和省几套班子，向各位老同志和全省广大离退休干部表示衷心感谢和崇高敬意。并通报了全省经济社会发展情况及2007年的工作打算。讲话中他强调，老干部是党和国家的宝贵财富，省委、省政府高度重视老干部工作，坚持把老干部工作摆上重要位置，切实从政治上尊重老干部，思想上关心老干部，生活上照顾老干部，注意充分发挥老干部的作用。各级各部门要继续认真做好老干部工作，进一步落实各项政策，切实搞好服务。省委常委王敏出席会议。省里的老同志苏毅然、梁步庭、赵志浩、李振，驻济副省级老同志，省直离退休干部代表和老干部工作联络员参加会议。

全省统战工作会议 12月28日至29日，全省统战工作会议在济南召开。会议以邓小平理论和“三个代表”重要思想为指导，以科学发展观统领全局，深入学习贯彻全国统战工作会议精神，总结工作，表彰先进，部署当前和今后一个时期全省统战工作任务，努力开创全省统战工作新局面。省委书记张高丽出席会议并讲话，省委副书记、省长韩寓群，省政协主席孙淑义，省委副书记、济南市委书记姜大明出席会议。省委副书记赵春兰主持会议。会上，省政协副主席、省委统战部部长齐乃贵宣读了《关于表彰全省统战系统先进集体和先进工作者的通报》，省领导向全省统战系统先进集体和先进工作者颁了奖。省委常委林廷生、杨传升、刘伟、焉荣竹、王敏、柏继民，省人大常委会副主任陈延明，省军区副政委南兵军等出席会议。各市委、省属大企业、高等院校分管统战工作的副书记、统战部长，省直有关部门和省军区、省武警总队的负责人，济南军区政治部有关负责人参加了会议。潍坊、青岛、烟台、临沂和胜利油田管理局，山东大学负责人在会上作了发言。

重大活动

张高丽在济南看望慰问干部群众 1月1日,省委书记张高丽在济南看望慰问社区群众和节日期间坚持生产的干部职工,代表省委、省政府向群众致以节日祝贺和问候。他首先到济南市历下区中创开元山庄居民小区,察看了居委会党员活动室、阅览室、老年活动室、人口学校、健身房等,同小区干部群众亲切交谈,详细了解居委会工作情况。在济南高新区山东法因数控机械有限公司,张高丽深入生产车间,仔细察看了产品生产过程,了解了技术创新情况。接着,张高丽来到济钢集团 考察了冷轧薄板生产线和热轧薄板生产线,看望了坚持节日生产的职工,详细了解了生产线建设情况。随后,听取了企业负责人工作汇报。他指出,要坚持以科学发展观统领全局,抓住机遇,乘势而上,团结一心,真抓实干,进一步营造团结和谐、科学发展的浓厚氛围,促进全省经济社会又快又好发展。省委副书记、济南市委书记姜大明,省委常委、秘书长杨传升陪同看望。

省委举行民主协商会 1月12日,中共山东省委在济南举行民主协商会。省委书记张高丽主持会议并讲话。受中共山东省委委托,省委常委、组织部长刘伟,向省各民主党派、工商联、无党派代表人士和省级人民团体负责人,通报了省十届人大四次会议、省政协九届四次会议议程安排和省委拟向"两会"推荐的候选人有关情况。会议进行了民主协商,听取意见和建议。

张高丽、韩寓群走访慰问广大指战员 1月23日,省委书记张高丽,省委副书记、省长韩寓群到驻鲁部队和武警山东总队走访慰问广大指战员,代表山东省委、省政府和全省人民向驻鲁部队和武警官兵表示亲切慰问。在济南军区、济南军区空军、省军区和武警山东总队,张高丽、韩寓群一行分别与济南军区司令员范长龙、政委刘冬冬、副政委寇宪祥、政治部主任杜恒岩,济南军区空军司令员刘忠兴、政委芮清凯,省军区司令员谈文虎、政委张秉德,武警山东总队总队长杨正武、政委冯金安等部队领导进行了座谈。

省委召开省各民主党派、工商联负责人和无党派人士座谈会 1月24日,省委召开省各民主党派、工商联负责人和无党派人士座谈会,欢庆新春佳节。省委书记张高丽,省委副书记、省长韩寓群,省政协主席孙淑义,省委副书记、省纪委书记赵春兰,省委常委、秘书长杨传升等出席座谈会。会上,大家畅所欲言、亲切交谈,对全省经济持续快速协调健康发展、社会和谐稳定、人民安居乐业的好形势给予高度评价。一致表示,要更加紧密地团结在以胡锦涛同志为总书记的中共中央周围,在中共山东省委的领导下,团结率领广大会员,参政议政,建言献策,为顺利实施"十一五"规划,建设"大而强、富而美"的社会主义新山东而共同努力。

省委、省政府领导走访慰问省级老同志 1月24日,省委、省政府领导分成九路,分别走访慰问了省直住济退下来的省级老同志,看望了已故省级老同志遗属。省委书记张高丽,省委副书记、省长韩寓群,走访慰问了苏毅然、梁步庭、赵志浩、李振、陆懋曾5位正省级老同志,看望了部分正省级老同志遗属。走访中,省领导向各位老领导、老同志致以节日的祝贺和亲切的问候,对各位老领导、老同志为山东发展打下的好基础和给予省委、省政府工作的关心支持表示感谢。省领导向老同志介绍了2005年山东省经济社会发展情况,并征求了老同志的意见和建议。姜大明、赵春兰、高新亭等省领导参加了走访活动。

2006年山东军民春节联欢晚会举行 1月25日,2006年山东军民春节联欢晚会在山东会堂举行。省委书记张高丽,省委副书记、省长韩寓群,济南军区司令员范长龙,济南军区政委刘冬冬等党政军领导与2000多名观众欢聚一堂,喜迎新春佳节。晚会开始前,军地领导互致新春问候和祝愿,共叙军政军民团结的鱼水情谊。整台晚会气势恢弘,高潮迭起,场面热烈,精彩的表演赢得了观众热烈的掌声。演出结束后,军地领导走上舞台与演职人员亲切握手,祝贺演出成功。出席联欢晚会的还有孙淑义、姜大明、赵春兰、高新亭、杨传升、刘伟、张秉德、王敏、柏继民等省领导。

省委、省政府举行各界人士迎春茶话会 1月25日,省委、省政府在济南南郊宾馆举行2006年各界人士迎春茶话会。省党政军领导和各界代表430多人欢聚一堂,回顾"十五"和2005年经济社会发展成就,畅谈"十一五"和2006年发展的美好前景,共迎新春佳节。省委书记、省人大常委会主任张高丽,省委副书记、省长韩寓群,省政协主席孙淑义,省委副书记姜大明、赵春兰、高新亭,省委常委杨传升、张秉德、王敏、柏继民,各界人士代表,驻济省直部门、单位、省属企业、中央驻鲁单位和高等院校主要负责人430多人出席茶话会。茶话会由张高丽主持。韩寓群在茶话会上讲话。茶话会后,放映了国产影片《太行山上》。

温家宝与山东群众共度春节 1月28日至29日,中共中央政治局常委、国务院总理温家宝来到山东菏泽、济宁农村,与群众共度春节。28日下午,在山东省委书记张高丽,山东省委副书记、省长韩寓群陪同下,温家宝到济宁市疃里镇朱井村，看望慰问了村民，并到村卫生所详细了解了农民的看病就医情况。29日，温家宝先后到菏泽市郭庄村、五里墩村、牛楼村看望了五保户老人和困难群众，并到菏泽市牡丹嘉园小区、环卫小区看望劳模、环卫工人和居民，考察了鲁能副食品超市，了解了节日市场供应情况。同日，温家宝一行还到位于菏泽市牡丹区的中国石化集团公司中原油田白65井，看望慰问了正在工作的石油工人，到工人宿舍详细询问了工人的生产、生活情况，和工人们一起共度春节。国务院副秘书长尤权，总理办公室主任丘小雄随行看望慰问。山东省委常委林廷生、杨传升，山东省副省长王仁元、贾万志和济宁市、菏泽市主要负责人参加活动。

省委党校举行2006年春季开学典礼 2月23日，省委党校举行2006年春季开学典礼。省委书记、省委党校校长张高丽在开学典礼上讲话，他强调，要认真学习贯彻党章，不断增强党性修养，永葆共产党员先进性，促进经济社会发展，开创各项工作新局面。省委副书记、省纪委书记赵春兰，省委常委杨传升、刘伟、王敏出席开学典礼。

张高丽听取济南市城市建设和重点规划设计情况汇报 2月25日，省委书记张高丽听取了济南市城市建设和重点规划设计情况汇报。他强调，要以科学发展观统领全局，适应新起点新发展的要求，进一步提高城市规划建设管理水平，促进经济社会又快又好发展。省委副书记、省长韩寓群出席汇报会并讲话，省委副书记、济南市委书记姜大明主持会议。省委常委林廷生、杨传升等出席会议。

张高丽在寿光市检查第三批先进性教育活动 2月27日，省委书记、省委先进性教育活动领导小组组长张高丽在寿光市检查第三批先进性教育活动。在寿光市文家街道桑家村，张高丽召开基层党员干部座谈会，听取了潍坊市、寿光市和桑家村开展先进性教育活动情况的汇报，并讲了重要意见。此外，张高丽还考察了部分企业建设项目和农村建设情况。潍坊市党政主要负责人参加了活动。调研中，张高丽强调，要坚持以胡锦涛总书记视察山东时的重要讲话为统领，紧紧围绕建设社会主义新农村，扎扎实实地搞好第三批先进性教育活动，促进改革发展稳定各项工作。省委常委、组织部长、省委保持共产党员先进性教育活动领导小组副组长刘伟随同调研。

张高丽在淄博市调查研究 4月5日，省委书记张高丽到淄博市进行调查研究。他首先来到淄博市高新区石桥街道办事处王北社区，主持召开了先进性教育活动座谈会，听取了市、区、街道和村负责人的汇报，并就深入扎实搞好第三批先进性教育活动讲了重要意见。随后，张高丽来到社区居民家中走访，深入田间地头检查春季农业生产，同群众亲切交谈，希望他们的生活更加富裕，夏粮生产获得丰收。并到刘西社区卫生室，向医务人员和患者仔细询问了合作医疗的经费来源、参合人数、支出状况、服务设施、药价公开、人员配备等情况，要求提高服务水平，把好事办好。此外，还考察了部分工业企业和城市建设项目。调研中，张高丽强调，要牢记党的宗旨，坚持以人为本，全心全意为人民谋利益，把党的先进性建设的成效，切实体现在解决群众最现实、最直接、最紧迫的问题上，体现在促进经济社会又快又好发展上，体现在构建社会主义和谐社会上。

周永康在山东调查研究 4月5日至8日，中共中央政治局委员、书记处书记、国务委员周永康在山东省委书记、省人大常委会主任张高丽，省委副书记高新亭陪同下，先后到寿光市、安丘市公安局、基层派出所、农村和社区警务室、看守所、刑警大队、武警中队看望慰问了一线公安民警和武警官兵，同基层公安民警和干部群众进行了座谈，就加强公安基层基础建设开展了调查研究。8日上午，周永康在潍坊市召开座谈会，听取了省委、省政府和潍坊市的工作汇报，同省、市、县公安机关的有关人员进行了座谈。周永康充分肯定了山东改革发展稳定工作取得的成绩。他强调，公安机关要深入贯彻全国“两会”精神，以“三个代表”重要思想和科学发展观为指导，积极实施社区和农村警务战略，建立与新型社区管理体制、新农村建设相适应的社区、农村警务机制，维护社区、农村的和谐稳定，为建设社会主义新农村、全面建设小康社会、构建社会主义和谐社会做出新贡献。公安部党委委员、部长助理孙永波参加调研。省委常委、政法委书记阎启俊等陪同考察和参加座谈会。

张高丽召开第三批先进性教育活动座谈会 4月6日，在胡锦涛总书记视察山东一周年之际，省委书记、省委保持共产党员先进性教育活动领导小组组长张高丽在寿光市主持召开第三批先进性教育活动座谈会。他听取了潍坊市委和寿光市委工作汇报，并在讲话中要求各级党组织和广大党员深入学习贯彻胡锦涛总书记视察山东时的重要讲话，坚持高标准严要求高质量，扎扎实实抓好第三批先进性教育活动。

吴官正在山东考察工作 4月17日至22日，在中共山东省委书记张高丽，省委副书记、省长韩寓群陪同下，中共中央政治局常委、中共纪委书记吴官正先后到烟台、临沂、泰安、聊城、济南等地考察。吴官正在农村与村民交谈，听取群众意见，了解了党风建设情况。在企业，询问了自主创新、降低能耗和治理商业贿赂的做法。在城市社区，听取了开展社会主义荣辱观教育和廉政文化建设的介绍。在行政审批和资金结算中心，了解了办事公开、方便群众和加强监管的经验。在工商、税务、公安等行政执法部门，了解了公正执法和加强队伍建设情况。22日，吴官正在济南听取了山东省委、省政府的工作汇报，对山东工作给予充分肯定。考察中，他对深入开展党风廉政建设和反腐败工作提出要求，要求必须学习贯彻邓小平理论和“三个代表”重要思想，全面落实科学发展观，努力拓展防治腐败工作领域。中央纪委常委、秘书长干以胜，中央纪委常委吴玉良，省委副书记、纪委书记赵春兰，省委常委、秘书长杨传升等陪同考察。省委副书记、济南市委书记姜大明，省委常委、烟台市委书记焉荣竹分别陪同在当地的考察。

山东省举行庆祝“五一”国际劳动节暨富民兴鲁劳动奖章(状)获得者表彰大会 4月24日,山东省庆祝“五一”国际劳动节暨富民兴鲁劳动奖章(状)获得者表彰大会在济南隆重召开。省委书记、省人大常委会主任张高丽,省委副书记、省长韩寓群,省政协主席孙淑义,省委副书记、纪委书记赵春兰,省委常委、组织部长刘伟,省人大常委会副主任邵桂芳出席了会议,并为全国五一劳动奖章(状)和山东省富民兴鲁劳动奖章(状)获得者代表颁奖。省委常委、省总工会主席柏继民主持会议。省总工会常务副主席吕明辰宣读了山东省总工会关于颁发山东省富民兴鲁奖章和奖状的决定。省富民兴鲁劳动奖章获得者代表在会上发言并就在全省开展“学振超精神,做金牌工人,当好主力军,建功‘十一五’”活动向全省职工发出倡议。省直有关部门主要负责人出席会议。来自全省各行各业的全国五一劳动奖章、奖状获得者,山东省富民兴鲁劳动奖章、奖状获得者代表以及各界职工代表近500人参加大会。会前,省领导张高丽、韩寓群、孙淑义、赵春兰、刘伟、柏继民、邵桂芳会见了全国五一劳动奖章(状)和山东省富民兴鲁劳动奖章(状)获得者,并合影留念。当晚 省委常委、省总工会主席柏继民在山东大厦欢送山东省赴京参加全国“五一”庆祝活动的5名全国五一劳动奖章和一个全国五一劳动奖状单位获得者代表。

国务委员陈至立在山东考察 5月11日至14日,国务委员陈至立来山东考察工作。在山东省委书记张高丽,省委副书记、省长韩寓群等陪同下,考察了海信集团、海尔集团、潍柴动力工业园、力诺集团以及齐鲁软件园、中科院海洋研究所、科考船东方红2号、寿光蔬菜高科技示范园,并与有关专家和企业代表进行了座谈。她充分肯定了山东省在支持高新技术企业发展、培育民族品牌和加强自主创新方面取得的成绩。在山东期间,陈至立还考察了青岛奥林匹克帆船中心以及有线数字电视建设工程、素质教育基地和山东大学、中国石油大学(华东)等高等院校,并主持召开了教育工作座谈会。考察中,她强调,要高度重视企业在自主创新中的重要作用,大力推进以企业为主体的技术创新体系建设,切实增强自主创新能力。教育部部长周济、国务院副秘书长陈进玉、科技部副部长刘燕华、国家广电总局副局长张海涛、中科院副院长陈竺参加考察。省委副书记、济南市委书记姜大明,省委副书记、青岛市委书记杜世成,省委常委、秘书长杨传升,副省长王军民先后陪同考察。

全国政协副主席董建华来山东省考察 5月16日至20日,全国政协副主席董建华来山东省就企业和农村发展情况进行考察调研,期间先后考察了青岛奥帆委、青岛城市规划展、前湾港和海尔集团,济南、章丘城市建设和章丘桑园村,寿光蔬菜博览会,以及泰安、曲阜等地。董建华对山东经济社会发展给予充分肯定。5月18日,省委书记张高丽在济南主持召开汇报会,省委副书记、省长韩寓群代表省委、省政府就山东省近几年经济社会发展、“十一五”规划和社会主义新农村建设情况做了汇报。省政协主席孙淑义,省委副书记、济南市委书记姜大明,省委副书记、青岛市委书记杜世成,省委常委、秘书长杨传升分别陪同。

省委书记张高丽接受新华社记者采访 5月中旬,省委书记张高丽接受新华社记者采访。他表示,开展保持共产党员先进性教育活动,是新的历史条件下加强党的先进性建设的重大举措和成功实践,当前要深化和拓展先进性教育活动成果。同时,保持党的先进性是一项长期的战略任务,关键在于建立健全长效机制。具体包括:一是以思想理论建设为重点,建立健全党员学习教育制度;二是以密切党群干群关系为重点,建立健全党员联系和服务群众的制度;三是以增强党组织的生机与活力为重点,建立健全党内生活制度;四是以发挥党员先锋模范作用为重点,建立健全对党员的激励制度;五是以落实“党要管党、从严治党”方针为重点,建立健全党员监督管理制度;六是以强化基层基础工作为重点,建立健全抓基层党建工作的制度。

省直机关“慈心一日捐”活动启动 5月21日,由省慈善总会、省民政厅、省文化厅、省广播电视局主办的2006“齐鲁慈善之光”文艺晚会在山东会堂隆重举行,2006年省直机关“慈心一日捐”活动同时拉开帷幕。省委书记张高丽,省委常委、秘书长杨传升,省委常委、宣传部长王敏等有关领导出席晚会,并为出资1000万元以上设立慈善专项基金的单位和大额捐款单位、个人颁发了纪念奖牌和捐赠证书。22日,省委书记张高丽,省委副书记、省长韩寓群,省委副书记、省纪委书记赵春兰,省委常委杨传升、王敏、柏继民等在省委、省政府机关现场捐款。省委副书记、济南市委书记姜大明,省委副书记、青岛市委书记杜世成,省委副书记高新亭等省委、省人大、省政府、省政协领导,或委托工作人员捐款,或参加了所在市及部门的捐款活动。下午,省几套班子领导、部分退下来的省级老同志和机关干部职工,陆续在本单位设立的捐赠现场捐款,奉献爱心。据统计,本日省几套班子机关共有3978名干部职工参加募捐,共募集善款38.34万元。据报道,自5月10日全省“慈心一日捐”活动启动以来,社会各界积极响应,纷纷参与到“慈心一日捐”活动中来,掀起了一股爱心奉献的热潮。截至26日下午4时,全省已接收捐款累计2.01亿元。

济南奥林匹克体育中心破土动工 5月28日,备受关注的济南奥林匹克体育中心破土动工。省委书记张高丽出席奠基仪式,并下达开工令。国家体育总局局长刘鹏,省委副书记、省长韩寓群在奠基仪式上讲话。奠基仪式由省委副书记、济南市委书记姜大明主持。国家体育总局副局长段世杰,济南军区副政委寇宪祥,省委常委杨传升、王敏等出席奠基仪式。济南市委副书记、市长鲍志强致辞,设计、施工单位代表发言。

张高丽在新泰、沂源就发展县域经济调查研究

5月31日至6月1日，省委书记张高丽在新泰、沂源就发展县域经济调查研究。张高丽先后考察了新泰众泰发电、百川纸业、赛特电工材料、鲁能泰山电缆、泰峰起重机械，沂源药玻集团、鲁阳集团、瑞阳集团等企业，深入生产车间、田间地头、居民家庭，详细了解了生产发展和群众生活情况，还走访察看了社区、学校、幼儿园、城建项目和文化设施。5月31日，张高丽到新泰市实验幼儿园看望了少年儿童，参加庆祝活动，并代表省委、省政府向全省少年儿童致以节日祝贺，向广大少年儿童工作者表示亲切慰问和衷心感谢。调研中，他强调，要坚持以科学发展观统领全局，认真贯彻中央和省委、省政府的决策部署，统筹城乡，分类指导，努力实现县域经济全面协调可持续发展。

曾培炎在济南考察并召开节能座谈会 6月9日，中共中央政治局委员、国务院副总理曾培炎在济南考察并召开节能座谈会。在省委书记张高丽，省委副书记、省长韩寓群陪同下，考察了济南城市节能建筑和济南钢铁集团总公司节约能源、发展循环经济的情况，并在济钢召开了座谈会。在听取了山东省领导和部分企业负责人发言后，曾培炎作了讲话。他指出，山东省认真落实科学发展观，高度重视节能工作，在节能降耗、发展循环经济方面取得了显著成效。同时，针对节能工作，曾培炎提出四项要求：一是抓紧建立节能目标责任制和评价考核体系；二是突出抓好重点领域节能工作；三是完善能源节约的保障机制；四是深入开展全民节能宣传教育。他强调，要正确认识当前节能工作形势，增强紧迫感、责任感，突出抓好重点领域节能工作，抓紧建立节能目标责任制和评价考核体系，努力实现“十一五”节能降耗目标。国务院副秘书长张平，国家发改委副主任姜伟新，科技部副部长李学勇，建设部副部长仇保兴，环保总局副局长祝光耀，国务院研究室党组成员宁吉喆参加调研并出席座谈会。省委副书记、济南市委书记姜大明，省委常委、秘书长杨传升等陪同调研并参加座谈会。

省委、省政府领导集体学习公务员法讲座

6月12日，省委、省政府领导集体学习公务员法讲座在济南举行。人事部原副部长侯建良应省委、省政府的邀请，作学习公务员法辅导报告。省委书记张高丽出席，省委副书记、省长韩寓群主持讲座。省政协主席孙淑义，省委副书记姜大明、赵春兰，省委常委，省人大、省政府、省政协领导和省直各部门、单位的主要负责人参加了学习。在讲座中，侯建良介绍了公务员法的立法背景、简要过程与出台的重大意义，阐述了公务员法的基本内容，并就下一步学习贯彻公务员法提出了指导性意见。韩寓群在主持讲座时要求，各级各部门都要从全局和战略的高度充分认识贯彻实施公务员法的重要意义，进一步加大公务员法的学习、培训和宣传力度，努力营造学法、用法、执法、守法的良好氛围，使广大公务员尤其是各级领导干部准确理解和把握公务员法的基本精神、基本原则和具体规定，使社会各界了解公务员法，为实施好公务员法打下坚实的基础。

第三届中国企业文化论坛成功举办 6月15日至16日，第三届中国企业文化论坛在济南召开。论坛就企业思想政治工作和文化建设如何贯彻落实社会主义荣辱观，进一步促进企业的改革发展稳定，推动社会主义和谐社会建设，进行了研究探讨。中共中央政治局委员、书记处书记、中宣部部长刘云山，国家经贸委原主任、中国政研会名誉会长袁宝华向论坛致信祝贺。中共中央宣传部副部长欧阳坚，中国政研会顾问、中共中央宣传部原常务副部长徐惟诚，省委书记张高丽，省委常委王敏、柏继民等出席开幕式。中国政研会秘书长荆惠民主持开幕式。来自全国30个省（自治区、直辖市）和新疆生产建设兵团的中国政研会理事，省、区、市政研会及有关全国性行业（系统）政研会秘书长、企业代表，中央有关部门、高等院校、研究院所的专家学者，共300多人与会。

“鲁信之夜·齐风鲁韵”大型文艺晚会举行

6月15日，“鲁信之夜·齐风鲁韵”大型文艺晚会在山东会堂上演。全国政协副主席阿不来提·阿不都热西提等观看演出。整台晚会以泰山和孔庙大殿为背景，晚会由“序：有朋自远方来”和“山魂泉韵”、“大河之恋”、“海神之舞”3个乐章13个节目组成，3个乐章分别以红、黄、蓝三个色调展现山东中、西、东三方文化。省委书记张高丽，省委副书记、省长韩寓群，省政协主席孙淑义，济南军区副政委陈章元，省委副书记姜大明、赵春兰、高新亭和省委常委，省人大常委会、省政府、省政协及省军区、省武警总队的领导，省里的老同志赵志浩、李振、陆懋曾观看了演出。前来参加山东首届文博会的中外嘉宾观看了演出。

2006山东（国际）文化产业博览会开幕 6月16日，2006山东（国际）文化产业博览会在济南舜耕国际会展中心隆重开幕。中共中央政治局委员、中央书记处书记、中宣部部长刘云山，全国人大常委会副委员长、民进中央主席许嘉璐，全国政协副主席、致公党中央主席罗豪才分别发来贺信。全国政协副主席阿不来提·阿不都热西提出席开幕式。文博会以“文化的盛会、人民的节日”为理念，以“文化·创意·财富”为主题，安排了博览交易、项目招商、文艺演出和文化论坛等重点活动59项，来自海内外的535家客商应邀参展。省委书记、省人大常委会主任张高丽宣布2006山东（国际）文化产业博览会开幕。省委副书记、省长韩寓群致辞。省政协主席孙淑义，济南军区副司令员钟声琴，省委副书记、济南市委书记姜大明，省委副书记、省纪委书记赵春兰，省委副书记高新亭出席。省委常委、宣传部长、文博会组委会主任王敏主持开幕式。中宣部副部长欧阳坚、文化部副部长赵维绥、国家广电总局副局长雷元亮、国家版权局副局长阎晓宏、中国侨联副主席林淑娘、中国文联副主席李牧、云南省委副书记丹增等领导，香港立法会主席范徐丽泰、香港大公报社社长王国华等香港主要嘉宾，韩国前副总理赵淳、古巴驻华大使阿鲁菲、越南驻华大使陈文律、泰国驻华大使祝立鹏等主要外国嘉宾，著名书法家欧阳中石、中国音乐文学学会会长乔羽等文化名人出席了开幕式。前来参加开幕式的还有：山东省委常委、省人大、省政府、省政协和省军区、省武警总队有关领导,论坛嘉宾,参展商,兄弟省市和香港地区的参观团,以及山东各界代表,共5000多人。与会领导和嘉宾参观了文博会主会场展区。三天活动期间,参观文博会各项展览和参加各项活动的总人数达96.5万人次;合同类项目签约137个,投资总额316亿元,融资总额217亿元。其中,投资额过亿元的项目66个,过20亿元的项目2个。

张高丽在烟台调查研究 6月21日至22日,省委书记张高丽和随行的省委常委、秘书长杨传升,省委常委、烟台市委书记焉荣竹,冒雨先后实地考察了海阳核电前期工程、富尔达地温空调有限公司、旅游度假区、工业开发区以及部分城市建设项目,听取了海阳市工作情况汇报,并召开了部分乡镇、街道负责人座谈会。张高丽代表省委、省政府向工作在一线的广大党员干部群众表示衷心感谢和亲切问候。调研中,他强调,要以科学发展观统领全局,抓好节能降耗、自主创新、环境保护,加强基层组织和领导班子建设,促进经济社会又快又好发展。22日,张高丽在烟台召开烟台县(市、区)党政主要负责人座谈会。在座谈会上,张高丽就贯彻落实全省县域经济现场会议精神、繁荣发展服务业、加强党的基层组织和干部队伍建设等听取了意见和建议并提出要求。

山东省建设节约型社会成果展暨节能技术产品博览会开幕 6月22日,山东省建设节约型社会成果展暨节能技术产品博览会在济南舜耕国际会展中心隆重开幕。省委书记张高丽致信祝贺。省委副书记、省长韩寓群,省委常委、宣传部长王敏等出席了开幕式。副省长、节博会组委会主任王仁元宣布大会开幕。本次节博会由省政府主办,省委宣传部、省经贸委、省发改委等15个单位共同承办,以"提高全民节约意识、大力发展循环经济、加快建设节约型社会"为主题,共设计安排了山东省建设节约型社会成果展、节能技术博览会和2006山东资源节约与可持续发展高层论坛三大部分内容,共安排展位236个,186家国内外企业到会参展。山东省17个市和相关企业分别组织了展台。23日,省领导孙淑义、赵春兰、高新亭、阎启俊、柏继民参观了展览。

张高丽在青岛莱西市调查研究 6月23日,省委书记张高丽在青岛莱西市就发展服务业调查研究。本日,张高丽和随行的省委常委、秘书长杨传升,在青岛市委副书记、市长夏耕的陪同下,实地考察了莱西湖生态保护与休闲旅游开发项目、青岛九联集团股份有限公司、青岛雀巢有限公司、青岛海升果业有限公司、莱西市第一中学、利客来购物中心等,听取了青岛市、莱西市工作情况汇报。调研中,他强调要牢固树立和落实科学发展观,进一步解放思想,改革创新,促进服务业繁荣发展。

国家发展和改革委员会主任马凯来山东省调研 6月21日至25日,国家发展和改革委员会主任马凯率领有关司局人员来山东省,就当前经济运行情况和下半年经济工作问题进行调研。省委书记、省人大常委会主任张高丽,省委副书记、省长韩寓群分别会见了马凯。在山东期间,马凯一行到青岛、威海、烟台和潍坊等市和企业、农村、国家重点建设项目进行了调研。24日,马凯参观了山东省建设节约型社会成果展暨节能技术产品博览会。25日,马凯在济南主持了辽宁、河北、江苏和山东四省经济形势座谈会。调研期间,马凯召开了一系列座谈会,详细了解了山东省固定资产投资及结构、金融运行、外经外贸和企业开展自主创新、节能降耗等情况。

王玉玺收藏的450方珍贵砚台展出 6月25日,中国墨子学会名誉会长、中国书法家协会理事王玉玺收藏的450方珍贵砚台在济南珍珠泉公园展出,其中的441方捐赠给了山东大学滕州市墨子研究中心。其中王玉玺藏砚中的世界最大铜砚"墨子砚",本日获得世界基尼斯之最证书。省委书记、省人大常委会主任张高丽参观了王玉玺藏砚展;省委副书记、省长韩寓群,省政协主席孙淑义,省委副书记赵春兰、高新亭等出席捐赠仪式。高新亭在捐赠仪式上讲话。

山东省党政代表团赴广东、云南、上海学习考察 6月21日至27日,在省委副书记姜大明、杜世成和省委书记张高丽的先后率领下,山东省党政代表团赴广东、云南、上海学习考察。考察期间,山东省党政代表团,受到了粤、滇、沪三省市党委、政府高度重视、热情接待、周到安排。在广东考察期间,中共中央政治局委员、广东省委书记张德江,省长黄华华等省领导亲切会见代表团成员,充分表达了加强两省合作、共同发展的愿望。在云南考察期间,云南省委书记白恩培、省长徐荣凯等省领导出席两省座谈会并陪同考察。在上海期间,代表团在上海市党政领导陈良宇、韩正的陪同下,先后考察了磁悬浮列车、上海期货交易所、卢湾区田子坊、8号桥园区、上海职业培训指导中心、上海青少年校外活动营地东方绿舟,并举行了上海山东经济社会发展情况座谈会。省委常委、秘书长杨传升,副省长孙守璞、李玉妹参加了考察活动。通过学习考察,各市和省直部门人员深受教育和震撼,眼界进一步开阔,思想进一步解放。大家表示,三省市的好经验、好做法,非常值得山东省学习借鉴。一定要对这次学习考察进行认真消化吸收,进一步解放思想,更新观念,结合山东实际,更加扎实地做好工作。全省17个市的市委书记、常务副市长,省直有关部门主要负责人参加了学习考察。

山东省保持共产党员先进性教育活动 到2006年6月底,山东省保持共产党员先进性教育活动基本结束。2005年1月以来,按照中央的统一部署,全省保持共产党员先进性教育活动分三批在城乡依次展开。第一批集中学习教育,从2005年1月开始到6月底基本结束,县及县以上党政机关及部分企事业单位的5.8万个基层单位党支部、110万余名党员参加;第二批从2005年6月底开始到12月底基本结束,城市基层和乡镇机关的8.4万个基层党支部、

180万余名党员参加;第三批从2005年12月底开始到2006年6月底基本结束,农村和部分党政机关的8.3万个基层党支部、230万名党员参加,其中农村党组织8.2万个、党的关系在村的党员220万名。针对参学单位多、情况复杂、党员的从业状况、职业构成、活动方式和思想状况差异比较大的实际,本次教育活动坚持一把钥匙开一把锁,一类党员一种法,按照"六分法",实行分行业、分领域指导,分职业、分岗位指导,分年龄、分文化层次指导,分经济状况、分经营情况指导,分党建基础、分工作基础指导,分阶段、分环节指导,有效保证了教育活动的质量和效果。在先进性教育活动中,各级既坚持"规定动作"不走样,又从实际出发,大胆探索创新,多做"自选动作",努力增强教育活动的针对性、创造性和实效性。在"规定动作"上,主要做到"四个一定要":一是中央规定的学习内容和必读篇目一定要读完;二是40个学时的学习培训时间一定要保证;三是每个党员参加活动、受到教育的要求一定要实现,切实提高参学率;四是学习培训一定要联系思想实际、联系工作实际,带着问题学、结合实际议,防止"空对空"。在"自选动作"方面,主要是做到"四个创新":创新学习内容;创新学习方式;创新学习手段;创新活动载体。这次教育活动,较好地实现了"提高党员素质、加强基层组织、服务人民群众、促进各项工作"的目标要求。通过这次教育活动,广大党员普遍受到了一次深刻的马克思主义教育,理想信念进一步坚定,实践"三个代表"重要思想、落实科学发展观的自觉性进一步提高,党的观念、党员意识进一步增强,先锋模范作用更加突出。通过这次教育活动,各级党组织特别是基层党组织初步解决了群众反映强烈的一些突出问题,一些软弱涣散或不够健全的基层组织得到整顿和加强,党组织的创造力、凝聚力、战斗力进一步提高,服务人民群众、促进科学发展的行动更加自觉。通过这次教育活动,各级领导班子思想政治建设得到加强,实践"三个代表"重要思想和用科学发展观统领经济社会发展全局的自觉性有了提高,党政机关服务基层、服务群众、服务社会的工作力度明显加大,党员干部的思想作风、工作作风进一步改进,有力地促进了各项工作。与此同时,探索建立保持共产党员先进性长效机制和党的先进性建设理论研究工作也取得了重大进展。通过在175万名党员中进行群众满意度测评,山东先进性教育活动的群众满意度为99.85%。

省委理论学习中心组读书会进行集中学习讨论 7月1日至2日,省委理论学习中心组读书会进行集中学习讨论。这次读书会认真学习了胡锦涛总书记在庆祝建党85周年暨总结先进性教育活动大会上的重要讲话,深入学习了党中央一系列重大战略思想和决策部署,学习了中央领导人视察山东时的重要讲话,研究了事关全省经济社会发展的有关重大问题。读书会期间,还先后到广东、云南、上海三省市学习考察。集中学习时,部分省领导和各市的负责人作了发言。大家畅所欲言,结合实际谈了体会感受、思路措施,提出了意见建议。省委书记张高丽,省委副书记、省长韩寓群作了重要讲话。省政协主席孙淑义,省委副书记姜大明、赵春兰、杜世成、高新亭,其他省委常委,省几套班子主要负责人,各市市委书记、市长、常务副市长,省直有关部门主要负责人参加了学习。会议认真学习了胡锦涛总书记在庆祝建党85周年暨总结先进性教育活动大会上的重要讲话,深入学习了党中央在新时期的重大决策部署和中央领导视察山东时的重要讲话精神。省委强调,学习贯彻胡锦涛总书记的重要讲话,要深刻领会85年来党保持和发展先进性实践的宝贵经验,切实把握保持党员队伍先进性的根本、重点和关键,按照"四个紧密结合"的要求和胡锦涛总书记视察山东重要指示精神,结合实际,开拓奋进,创造性开展工作。

张高丽、韩寓群在青岛调查研究 7月6日,省委书记张高丽,省委副书记、省长韩寓群在青岛就发展服务业进行调查研究。他们在省委副书记、青岛市委书记杜世成陪同下,来到青岛文化一条街,向市场负责人和经营业户详细询问了市场建设、经营情况,随后来到威海路商业步行街,听取了有关负责人的汇报,考察了步行街和万达国际电影城。考察中,张高丽、韩寓群强调,各级党委、政府要认真学习贯彻省委理论中心组读书会精神,按照省委、省政府关于繁荣发展服务业的决策部署,着力突破薄弱环节,明确主攻方向,实施重点突破,大力发展金融保险、物流配送、文化旅游、信息中介、会展等现代新兴服务业,改造提升传统服务业。5日,张高丽、韩寓群和杜世成还考察了山东出入境检验检疫局综合设施和电子执法监控中心。省委常委、秘书长杨传升,副省长孙守璞参加了调研。

张高丽在寿光市出席寿光党员领导干部会议 7月9日,省委书记张高丽在寿光市出席寿光党员领导干部会议。他强调,要认真贯彻落实胡锦涛总书记在庆祝建党85周年暨总结先进性教育活动大会上的重要讲话和重要批示,增强使命感、责任感、紧迫感,求真务实,扎实工作,努力取得新成绩。会议认真传达学习了胡锦涛总书记关于寿光市先进性教育活动的重要批示。潍坊市委、寿光市委主要负责人,寿光市直部门和农村党员干部代表作了发言。省委常委、秘书长杨传升出席座谈会,省委常委、组织部长刘伟主持会议。

吴官正在青岛视察 7月7日至8日,中共中央政治局常委、中央纪委书记吴官正在青岛视察。他先后视察了海信集团、华欧海水淡化有限责任公司、青岛港前湾集装箱码头、海尔工业园、海洋石油工程(青岛)有限公司和中石化大炼油项目工地、中船重工海西湾造船基地,还视察了城市规划展、政务办理大厅、居民社区、奥帆赛设施等。7日,召开了山东省部分大型企业负责人座谈会。会上,他强调,要坚持以邓小平理论和"三个代表"重要思想为指导,全面树立和落实科学发展观,围绕促进国有企业改革发展,进一步加强国有企业党风建设和反腐倡廉工作。山东省委书记张高丽主持座谈会。山东省委副书记、省长韩寓群,中央纪委常委、秘书长于以胜，国务院国资委副主任王勇、纪委书记贾福兴，山东省委副书记、省纪委书记赵春兰，省委副书记、青岛市委书记杜世成，省委常委林廷生、杨传升，副省长王仁元，青岛市委副书记、市长夏耕参加座谈会并陪同视察。

张高丽在滨州无棣和德州庆云、临邑调查研究 7月13日，省委书记张高丽在滨州无棣和德州庆云、临邑就发展县域经济和服务业进行调查研究。张高丽在滨州考察了开发区、汽车工业园、大高通用航空城；在无棣考察了获多项国家发明专利、具有自主知识产权的珍贝瓷业公司，全国首批循环经济试点单位鲁北企业集团，查看了碣石山镇坡宋村通自来水工程；在庆云，张高丽实地考察了中澳工业园、宝艺服装城、酒水副食城、小商品城；在临邑县考察了恒源石化集团、索通碳素有限公司、金德工业园，到临盘镇双庙村考察了村村通柏油路、通自来水工程和推广沼气工作，深入农户同群众亲切交谈，详细了解生产生活情况。他强调，要认真学习贯彻胡锦涛总书记在庆祝建党85周年大会上的重要讲话和重要批示，深入贯彻落实全省县域经济现场会和省委理论学习中心组读书会精神，坚持以科学发展观统领全局，努力走出科学发展新路子。

肖扬在山东考察法院工作 7月11日至15日，最高人民法院院长肖扬在山东考察法院工作。他先后到青岛、日照、东营、济南，考察了行政服务中心、港口、企业、科技园，深入中级法院、基层法院和人民法庭，就民事、商事审判进行了调研。省委书记张高丽在济南汇报了山东的工作情况，省委副书记姜大明、杜世成、高新亭先后陪同考察。肖扬在听取省委、省政府和省法院的工作汇报后，对山东工作给予充分肯定。省委常委、政法委书记阎启俊，以及莫振奎、李玉妹、尹忠显、王宗廉等省领导出席汇报会。

张高丽在济南检查防汛工作 7月14日，省委书记张高丽在省委副书记、济南市委书记姜大明，副省长贾万志陪同下，来到黄河大堤徐庄段察看了险工险段，到山东黄河物资储备中心检查了防汛物资准备情况，在黄河防汛指挥中心听取了有关汇报。然后在省防汛指挥调度中心召开汇报会，观看了山东防汛指挥信息系统汇报演示，听取了省气象局、山东黄河河务局、省水利厅主要负责人的工作汇报。他强调，要从落实科学发展观高度，以对人民群众高度负责的精神，立足防大汛、抢大险、抗大灾，未雨绸缪，防患未然，全面落实各项措施，抓紧抓好防汛工作。济南市委副书记、市长鲍志强，省军区副司令员冯祥来，省武警总队政委冯金安，省直有关部门负责人参加了检查活动和汇报会。

张高丽在长岛县调查研究 7月20日，省委书记张高丽在长岛县调查研究。在华能中电长岛风电场，张高丽实地察看了总控室和输变电设施，了解了风力发电建设和运营情况；又来到海产品养殖基地捕捞现场，详细询问了海产品养殖情况，并到明珠广场和海蕴广场，考察了长岛的城市建设。调研期间，张高丽主持召开了长岛县领导干部座谈会，听取了县委、县政府工作汇报。他对长岛县解放思想、更新观念、抢抓机遇，经济社会发展取得的显著成绩给予充分肯定。并指出，要坚持以科学发展观为指导，发挥海岛优势，调整优化结构，促进海岛特色经济又快又好发展，努力把长岛建设成为山东的海上明珠。

济南军区、山东省暨济南市举办庆祝中国人民解放军建军79周年暨纪念红军长征胜利70周年大型音乐会 7月31日，济南军区、山东省暨济南市联合举办大型音乐会《铁血征程》，热烈庆祝中国人民解放军建军79周年暨纪念红军长征胜利70周年。济南军区司令员范长龙，政委刘冬冬，省委书记张高丽，省委副书记、省长韩寓群，省领导孙淑义、姜大明、高新亭、林廷生、李明先、李玉妹及济南军区、省军区的领导出席音乐会。

张高丽在枣庄调查研究 8月1日至2日，省委书记张高丽在枣庄调查研究。他首先考察了枣庄经济开发区、泰国工业园和威能数字机床项目；在台儿庄区，先后到海扬王朝纺织公司和泥沟镇、吉庄调研，了解了生产经营和农村基层组织建设情况，考察了运河改造工程和旅游项目。调研中，张高丽强调，要坚持以科学发展观统领全局，认真贯彻中央关于当前经济工作的决策部署，促进经济社会全面协调可持续发展。

张高丽在临沂市调查研究 8月2日至4日，省委书记张高丽在临沂市就落实科学发展观、繁荣发展服务业、加强领导班子建设等工作进行调查研究。在临沂市委、市政府主要负责人陪同下，张高丽在苍山县，考察了代村沼气推广项目、神大集团农产品深加工项目。在郯城县，考察了新村银杏园、恒通化工集团、沂河刘家道口枢纽工程。在临沭县，考察了工艺品有限公司、常林机械集团、金沂蒙集团、丰岭村、史丹利化肥有限公司、金正大生态工程股份有限公司。在平邑县，考察了经济开发区、临工汽车桥箱有限公司和旅游开发项目。8月2日，在临沭县召开临沂市各县区委书记座谈会，听取了市委、市政府工作汇报。张高丽充分肯定了临沂市的工作。调研中，他强调，要加强各级领导班子建设，提高执政能力和领导水平，提高落实科学发展观的能力，认真贯彻中央的决策部署，促进经济社会又快又好发展。

张高丽到省直宣传文化系统调查研究 8月8日，省委书记张高丽到省直宣传文化系统调查研究。上午，张高丽与省委常委、宣传部长王敏，副省长张昭福一起，先后到省社科院、省广电局、大众报业集团、省歌舞剧院、省京剧院、山东艺术学院、省出版集团和省图书馆等省直宣传文化单位调研考察。在下午召开的座谈会上，省委宣传部和省宣传文化部门负责人作了发言，提出了意见和建议。张高丽作了讲话。他要求全省宣传文化系统认真落实科学发展观，进一步解放思想，更新观念，大力发展文化事业和文化产业，不断满足人民群众日益增长的文化需要。

贾春旺到济南市检察院调研 8月19日，最高人民检察院检察长贾春旺来到济南市检察院进行调研。省委副书记、济南市委书记姜大明，省委副书记高新亭，省委常委、政法委书记阎启俊，省检察院检察长国家森陪同调研。济南市检察院检察长丁瑞云介绍了济南市检察工作情况，济南市检察院副检察长王建演示了该院信息化建设情况。贾春旺还就济南市检察机关人员编制、查办职务犯罪、司法考试等进行了详细询问。贾春旺强调，检察机关要以《江泽民文选》为教材，深入学习“三个代表”重要思想，以科学发展观为指导，推动检察工作全面发展。要牢固树立社会主义法治理念和社会主义荣辱观，认真贯彻中央有关文件和全国检察机关第十二次检察会议精神，深入实践“强化法律监督，维护公平正义”的检察工作主题，进一步开创检察工作新局面。特别是要加大查办职务犯罪力度，全面正确履行法律监督职责。要坚持业务和队伍“两手抓”，自觉接受党的领导、人大的监督以及人民群众的监督，使检察工作健康发展。

好运北京——2006青岛国际帆船赛开幕 8月20日，好运北京——2006青岛国际帆船赛开幕式在青岛奥帆中心奥运纪念墙码头旁专门搭建的大厅内举行。开幕式上，中共中央政治局委员、北京市委书记、北京奥组委主席刘淇拉响了象征比赛开幕的汽笛；国家体育总局局长、中国奥委会主席、北京奥组委执行主席刘鹏，山东省委副书记、省长韩寓群，山东省委副书记、青岛市委书记杜世成共同摇动象征升起胜利之帆的缆绳。出席开幕式的还有：国家体育总局副局长、中国奥委会副主席、北京奥组委执行副主席段世杰，北京奥组委执行副主席、北京市副市长刘敬民，北京奥组委执行副主席杨树安、王伟，山东省委常委、秘书长杨传升，青岛市委副书记、市长夏耕。随后，在开幕式大厅外的海滨进行了精彩的激光焰火表演，赢得了许多市民的掌声、喝彩声。

刘淇在青岛考察奥帆委工作 8月20日，中共中央政治局委员、北京市委书记、北京奥组委主席刘淇在青岛考察奥帆委工作。国家体育总局局长、中国奥委会主席、北京奥组委执行主席刘鹏，山东省委副书记、省长韩寓群，省委副书记、青岛市委书记杜世成出席并陪同考察。刘淇与山东省和青岛市领导进行了座谈，参观了青岛城市规划展、极地海洋世界，视察了青岛奥林匹克帆船中心、银海国际游艇俱乐部，看望了正在紧张备战2008年奥运会的国家帆船帆板队的运动员、教练员，乘船视察了青岛城市建设和海上竞赛区，并考察了海尔集团、青岛啤酒厂。刘淇在讲话中对山东省、青岛市在贯彻落实科学发展观，构建社会主义和谐社会，促进经济社会协调发展等方面做的工作给予充分肯定，并介绍了北京经济社会发展情况和2008年奥运会筹备情况。他希望山东省、青岛市与北京市共同努力，把2008年奥运会办好，向世界展示中华民族的精神风貌。

周永康在烟台会见全国综治干部研讨培训班全体学员 8月25日，中共中央政治局委员、国务委员、中央综治委副主任周永康在烟台亲切会见了全国综治干部研讨培训班全体学员，并与大家进行了座谈。山东省委书记张高丽，中央综治委副主任、中央政法委秘书长王胜俊，中央综治委副主任、中央政法委副秘书长、中央综治办主任陈冀平，山东省委副书记高新亭出席座谈会。周永康指出，平安建设是构建社会主义和谐社会的重要基础。大家要从实践“三个代表”重要思想、全面贯彻落实科学发展观、全面建设小康社会和构建社会主义和谐社会的战略高度，进一步增强责任感和紧迫感，坚定信心，迎接挑战，与时俱进，开拓创新，抓好平安建设各项措施的落实，确保平安建设健康稳步推进。山东省委常委杨传升、阎启俊、焉荣竹出席会议。会上，学员代表谈了自己的学习收获和体会。各省（区、市）、副省级市、地（市）级、新疆生产建设兵团师级综治办主任和解放军保卫干部共400多人参加了座谈会。会议期间，周永康在张高丽、高新亭等陪同下，考察了莱山黄海社区、芝罘区辛庄居家警务室和烟台开发区。

张高丽、韩寓群接见山东鲁能泰山队全体运动员、教练员 8月27日，山东鲁能泰山足球队1:0战胜北京国安，提前六轮夺得2006赛季中超联赛冠军。这是继1999年泰山队夺得“双冠王”后，再次问鼎中国足球顶级联赛冠军。省委、省政府致电表示祝贺。省委书记张高丽，省委副书记、省长韩寓群在现场观看了比赛，并在赛后接见了山东鲁能泰山队全体运动员、教练员。省委常委、秘书长杨传升，省人大常委会副主任邵桂芳、莫振奎，济南市委副书记、市长鲍志强等参加了接见。

顾秀莲在济南参加全国“平安家庭”创建活动现场推进会并考察 8月30日至9月1日，全国人大常委会副委员长、全国妇联主席顾秀莲在济南参加全国“平安家庭”创建活动现场推进会。会议期间，省委书记、省人大常委会主任张高丽，省委副书记、省长韩寓群会见顾秀莲，并汇报介绍了山东有关工作情况。8月31日，张高丽等陪同顾秀莲一行到章丘双山镇办事处三涧溪村、相公镇桑园村，济南钢铁集团，中华女子学院山东分院，济南市槐荫区青年公园街道办事处、历下区燕子山社区等“平安家庭”示范点，考察了“平安家庭”创建活动情况。省委副书记姜大明、高新亭，省委常委杨传升、阎启俊、柏继民，省人大常委会副主任莫振奎，济南市委副书记、市长鲍志强参加了有关活动。

王兆国在山东考察工作 9月1日至5日，中共中央政治局委员、全国人大常委会副委员长、中华全国总工会主席王兆国在山东考察工作。王兆国和随行的全总副主席、书记处第一书记孙春兰，在山东省委书记、省人大常委会主任张高丽，省委副书记、省长韩寓群等陪同下，先后到聊城、济南、临沂等地，考察了聊城信发集团、时风集团，济南力诺集团、济南高新技术开发区、济南钢铁集团和第二工人文化宫，费县国电项目、新时代药业公司、临沂批发城、久泰化工和华盛中天集团等企业、高新区和职工文化设施，详细了解了企业的工会建设、生产经营、自主创新和发展循环经济情况，并看望了部分困难职工。5日，王兆国与山东省党政领导和工会干部进行了座谈，听取了山东工作和工会工作汇报，对山东经济社会发展取得的成绩和山东工会工作给予充分肯定。考察中，他强调，各级工会组织要全面贯彻落实科学发展观，坚持围绕中心、服务大局，积极引导广大职工为全面建设小康社会、构建社会主义和谐社会多作贡献。省委副书记、济南市委书记姜大明，省委常委、秘书长杨传升，省委常委、省总工会主席柏继民，省人大常委会副主任陈延明、曹学成，副省长王仁元分别陪同考察和参加座谈会。

省委党校举行2006年秋季开学典礼 9月6日，省委党校举行2006年秋季开学典礼。省委书记、省委党校校长张高丽在开学典礼上讲话。他强调，要认真贯彻落实党中央的重大战略部署，深入扎实学习运用《江泽民文选》，用发展着的马克思主义指导新的实践，坚持理论联系实际，努力开创各项工作的新局面。省委副书记、省纪委书记赵春兰，省委常委杨传升、刘伟、王敏出席开学典礼。

张高丽到济南西藏中学看望慰问汉藏教师和藏族学生 9月7日，第二十二个教师节到来之际，省委书记张高丽与省委副书记、济南市委书记姜大明，副省长王军民一起，来到济南西藏中学，代表省委、省政府亲切看望慰问汉藏教师和藏族学生，先后察看了济南西藏中学的教室、实验室、图书室、餐厅、宿舍，与老师和同学们亲切交谈，详细了解了学校发展情况和学生的学习、生活、健康情况。随后召开座谈会，听取了学校负责人汇报和老师们的发言，并向全省广大教师和教育工作者致以亲切的问候和节日的祝贺。张高丽指出，胡锦涛总书记在给北京大学已故教授孟二冬的女儿回信中，高度评价了孟二冬作为一位平凡的学者、普通的教师所具有的学识魅力和人格魅力，要求各行各业学习他的崇高精神和思想品德。全省各行各业特别是教育系统要认真学习贯彻胡锦涛总书记的回信精神，学习孟二冬的先进事迹和崇高品德，全面加强教师队伍建设，推动全省教育工作取得更大成绩。各级党委、政府要从落实科学发展观、构建和谐社会的高度，充分认识发展教育的重要性、紧迫性，把发展教育作为战略任务，认真研究解决教育发展中的重大问题，确保人民享有受教育的机会，努力办人民满意的教育。

中央督查组来山东督查工作 9月3日至8日，中央督查组对山东省贯彻落实《中共中央、国务院关于进一步加强和改进未成年人思想道德建设的若干意见》和《中共中央、国务院关于进一步加强和改进大学生思想政治教育的意见》情况进行督查。4日上午，督查组在济南听取了山东省工作情况汇报。8日上午，督查组在济南向省委、省政府反馈督查情况。省委书记张高丽主持会议并讲话，中央督查组组长、中宣部副部长欧阳坚反馈情况。欧阳坚对山东省委、省政府贯彻落实中央文件精神情况予以充分肯定，认为山东未成年人思想道德建设和大学生思想政治教育各项工作扎实推进，取得了比较明显的成效，呈现出积极健康向上的良好发展态势，走在了全国的前列。并要求树立长久的思想准备，坚持不懈地抓好青少年思想道德建设工作。张高丽在讲话中要求各地各部门要认真学习和落实中央督查组的重要意见，认真查找工作中存在的突出问题和薄弱环节，进一步落实措施，深入抓好整改，切实把加强未成年人思想道德建设和大学生思想政治教育工作作为落实科学发展观、构建和谐社会、促进全面建设小康社会的一项重要举措来抓，加大工作力度，务求取得更大成效。省委常委、秘书长杨传升，省委常委、宣传部长王敏，副省长王军民、张昭福，省直有关部门负责人出席会议。

胶济铁路电气化改造工程暨济南站无柱雨棚改造工程竣工开通仪式举行 9月8日，胶济铁路电气化改造工程暨济南站无柱雨棚改造工程竣工开通仪式在济南火车站举行。省委书记张高丽，省委副书记、省长韩寓群，铁道部党组成员、副部长陆东福，省政协主席孙淑义，济南军区副司令员叶爱群，省委副书记、济南市委书记姜大明出席仪式，并为济南站无柱雨棚竣工开通剪彩。省委常委、秘书长杨传升，省人大常委会副主任曹学成，副省长王仁元出席。副省长王仁元和铁道部副部长陆东福分别讲话。

"2006中国发达县域经济论坛"举行 9月17日，"2006中国发达县域经济论坛"在荣成市举行。中共中央政治局委员、国务院副总理回良玉出席论坛并作重要讲话。山东省委书记张高丽致辞。国家统计局局长邱晓华主持。中财办副主任、中农办主任陈锡文，国家发改委副主任杜鹰，财政部副部长廖晓军，农业部副部长尹成杰，国家统计局副局长张为民，山东省委常委、秘书长杨传升，副省长贾万志出席开幕式。回良玉在讲话中强调，县域涵盖城镇与乡村、兼有农业与非农业，是宏观与微观，城市与农村的接合部，是统筹城乡发展的重要载体，在中国经济社会发展中具有举足轻重的地位。大家要全面落实科学发展观，以战略眼光谋划县域经济发展，以全局意识统筹县域经济发展，以科学态度抓好县域经济发展，加快发展壮大县域经济，促进社会主义新农村建设。张高丽在致辞中指出，山东县域经济综合实力和竞争力不够强，与先进省区市还有较大差距。我们一定要牢固树立科学发展观，认真学习贯彻中央的决策部署和回良玉副总理的重要讲话，虚心学习兄弟省区市的好思路、好经验、好做法，进一步落实全省县域经济现场会议精神，解放思想，更新观念，克服满足、松懈、畏难情绪，增强机遇、危机、创新意识，实施城市农村、三次产业、经济社会联动，推进自主创新、节能降耗、环境保护，抓住机遇、乘势而上，求真务实、埋头苦干，努力开创县域经济社会发展的新局面。"2006中国发达县域经济论坛"由国家统计局主办，山东省统计局、国家统计局山东调查总队协办，荣成市委、市政府承办。全国70多个百强县(市、区)的300多名代表参加了论坛。

回良玉在山东考察农业和农村工作 9月12日至17日，中共中央政治局委员、国务院副总理回良玉在山东考察农业和农村工作。考察期间，回良玉在山东省委书记张高丽，省委副书记、省长韩寓群陪同下，先后深入莱阳、栖霞、蓬莱、长岛、文登、荣成等地，考察了现代农业示范基地、农业高新技术园区、产业化龙头企业、农产品出口基地和新农村建设示范点；并在烟台主持召开全国部分省市农村政策座谈会。他强调，建设现代农业，是实现粮食稳定发展、农民持续增收的重要途径，是推进社会主义新农村建设的首要任务。我们要全面落实科学发展观，大力加强现代农业建设，着力转变农业增长方式，积极拓展农业的多种功能，不断提高农业综合生产能力，切实增强农产品竞争力，着力夯实新农村建设的物质基础。中农办主任陈锡文，国家发改委副主任杜鹰，财政部副部长廖晓军，农业部副部长尹成杰随同考察。省委常委、秘书长杨传升，省委常委、烟台市委书记焉荣竹，副省长贾万志陪同考察。

山东省首届老年人运动会开幕 9月19日，山东省首届老年人运动会在济南省体育中心开幕。省委书记张高丽宣布开幕。省委副书记、省长韩寓群，省政协主席孙淑义，济南军区副政委寇宪祥，中国老年体协副主席林淑英，省领导杨传升、邵桂芳、张昭福、谈文虎，省里的老同志苏毅然、梁步庭、赵志浩、李振、陆懋曾、刘鹏、谭福德、郭长才、周星夫、丁方明、王裕晏、宇培杲、孟庆丰等出席开幕式。开幕式由省老年体协主席董凤基主持。本届老年人运动会组委会执行主任、省体育局局长张洪涛致欢迎词，林淑英代表中国老年人体育协会致贺词。

张高丽在长清大学科技园调查研究 9月21日，省委书记张高丽在长清大学科技园进行调查研究。在省委副书记、济南市委书记姜大明，省委常委、秘书长杨传升及朱正昌、王军民等省领导陪同下，张高丽来到长清大学科技园，先后考察了山东交通学院、山东轻工业学院、大学科技园商业街、山东师范大学，实地察看了学生宿舍和教学设施，详细询问了各校区建设和学校教学情况。考察中，张高丽对长清大学科技园的规划建设管理给予充分肯定。他说，长清大学科技园用新模式、新机制建设，办出了水平，办出了特色，展现出一流大学园区的勃勃生机。他强调，要坚持以科学发展观统领全局，始终把教育摆在优先发展的战略地位，从全局和战略的高度充分认识发展高等教育的重要性，努力实现由高等教育大省向高等教育强省转变。在驻济部分高校负责人座谈会上，张高丽认真听取了省教育厅和山东大学、山东师范大学、山东中医药大学、山东轻工业学院、山东工艺美术学院负责人的汇报和发言，代表省委、省政府向全省高等教育战线的教职员工表示衷心感谢和亲切问候并提出要求。省直部门和济南市有关负责人参加调研。

张高丽到临朐县、青州市看望慰问企业职工和农村群众并调查研究 9月30日至10月1日，省委书记张高丽到临朐县、青州市看望慰问企业职工和农村群众，并进行调查研究。他先后考察了临朐经济开发区、山东华建铝业有限公司、临朐华雅达雕塑公司、潍坊弘润石化助剂有限公司和青州花卉博览交易会，并到青州市东坝村了解了群众生产生活情况，代表省委、省政府向基层干部群众表示节日祝贺和亲切问候。调研中，他强调，要进一步增强贯彻落实科学发展观的自觉性和坚定性，在调整优化经济结构、转变增长方式、提高质量效益，特别是节能降耗、自主创新、环境保护、发展服务业和培育新的经济增长点上不断取得新成绩。省委常委、秘书长杨传升，潍坊市委、市政府和省直有关部门主要负责人参加了调研活动。

全省广大干部群众认真学习十六届六中全会公报 10月12日，省直机关领导干部和工作人员，17市党政领导干部，全省各高等院校和企业纷纷通过报纸、广播、电视、网络，认真学习了十六届六中全会公报。在学习中，大家一致认为，这次全会是在中国改革发展关键时期召开的一次十分重要的会议。全会审议通过的《决定》，是对构建社会主义和谐社会具有重大指导意义的纲领性文件，反映了建设富强民主文明和谐的社会主义现代化国家的内在要求，体现了全党全国各族人民的共同愿望。贯彻落实好这次会议精神，对于构建社会主义和谐社会，全面建设小康社会，不断推进建设中国特色社会主义伟大事业，具有极其重要的意义。大家纷纷表示，要认真贯彻落实好全会精神，深刻理解构建和谐社会的重大意义，科学把握其深刻内涵，明确需要坚持的原则和要完成的任务，按照民主法治、公平正义、诚信友爱、充满活力、安定有序、人与自然和谐相处的总体要求，努力做好本部门、本单位的工作，力求在构建社会主义和谐社会上取得实实在在的进展，为人民群众带来实实在在的利益。

国务院督查组来山东省督查新开工项目清理工作 10月14日至17日，以国家环保总局副局长潘岳为组长的国务院督查组来山东省督查新开工项目清理工作。14日下午，省委、省政府在济南向督查组汇报了山东省新开工项目清理工作。省委书记张高丽主持汇报会，省委副书记、省长韩寓群汇报了山东省清理情况。随后，国务院督查组分三组，分别对山东省聊城、莱芜、潍坊、烟台、威海、青岛等市21个项目进行了现场检查。17日下午督查组在青岛向山东省委、省政府反馈了督查意见。潘岳在反馈意见时说，山东省认真贯彻落实科学发展观和国家宏观调控政策，严格按照国务院统一部署开展新开工项目的清理，清理和控制新开工项目措施比较得力，取得阶段性重要成果，达到了预期目的，固定资产投资增长过快的势头得到遏制，投资结构的优化调整取得积极成效，可以说山东省新开工项目清理工作已经取得重要进展。具体体现在四个方面：一是认识到位，领导有力。二是分工负责，联动把关。三是依法清理，严肃查处。四是落实调控政策，完善长效机制。督查组还就清理工作存在的问题提出了具体的意见和建议。

要求进一步增强对新开工项目清理工作的责任感、使命感，增强各级政府依法行政的理念，真正把国家宏观调控政策落到实处。省委常委、常务副省长林廷生，副省长才利民、孙守璞以及省委、省政府有关部门的负责人分别陪同检查，并参加了汇报会和意见反馈会。

张高丽在济宁市调查研究 10月17日至18日，省委书记张高丽在济宁市调查研究。先后到金乡县鱼山镇崔口村、鱼台县鱼城镇卜桥村、泗水县泗河街道水泉村，与村干部和群众亲切交谈，详细了解农民收入、合作医疗、子女上学等方面的情况，勉励他们围绕发展农村经济、提高农民收入，积极推进社会主义新农村建设。在微山县，他实地察看了湖区开发和南水北调工程，对湖区开发建设提出了明确要求。沿途还考察了部分企业。17日晚上，张高丽在微山县召开济宁市、县主要负责人座谈会，听取了学习贯彻六中全会精神情况汇报，充分肯定了济宁市和各县市区改革发展稳定工作取得的成绩。调研中，他强调，要认真学习贯彻党的十六届六中全会精神，以科学发展观统领全局，全面落实构建和谐社会的任务，努力建设富强民主文明和谐的社会主义和谐山东。省委常委、秘书长杨传升，济宁市委、市政府主要负责人和省直有关部门主要负责人参加调研。

全省各级集中走访慰问老红军 10月中旬，在纪念中国工农红军长征胜利70周年之际，按照中央、省委要求，全省各级集中走访慰问老红军。张高丽、韩寓群、孙淑义、高新亭、杨传升、刘伟、李玉妹等省领导，走访慰问了山东省部分老红军。张高丽在走访慰问老红军时指出，老红军是党和国家的功臣和宝贵财富，他们不畏艰险，不怕牺牲，艰苦卓绝，英勇奋斗，为中国革命、建设和改革作出了巨大的历史贡献，建立了不朽的功绩，党和人民永远不会忘记。各级党委、政府要关心爱护老红军，多为他们办实事、办好事、解难事，使他们生活愉快，身心健康，安度晚年。各级党组织和广大党员干部要发扬红军精神，认真落实科学发展观，始终保持共产党员先进性，为构建社会主义和谐社会、建设“大而强、富而美”的社会主义新山东作出新贡献。各级党委、政府负责人对每位老红军逐一上门走访，传达中央、省委的问候，嘘寒问暖，认真听取意见建议，帮助解决老红军各方面的实际困难和问题。老红军们非常感谢党和国家对他们多年来的关心和照顾，表示要继续发挥余热，把红军的光荣革命传统和伟大的长征精神一代一代传下去。

山东省举办文艺晚会隆重纪念中国工农红军长征胜利70周年 10月20日，山东省在山东会堂举办文艺晚会，唱响《长征组歌——红军不怕远征难》，隆重纪念中国工农红军长征胜利70周年。省委书记张高丽，省委副书记、省长韩寓群，省政协主席孙淑义，济南军区副政委陈章元出席文艺晚会。出席晚会的还有：省和省军区领导姜大明、赵春兰、杨传升、张秉德、王敏、朱正昌、张昭福、谈文虎；省里的老同志苏毅然、赵志浩、李振、陆懋曾。晚会开始前，军地领导互致问候、亲切交谈，深切缅怀为中国人民的解放事业作出贡献的革命先烈，热情畅谈红军两万五千里长征的伟大意义。老红军、老党员、老战士代表，各界群众代表，驻济部队和武警官兵代表，共计1600余人观看了演出。

第十一届全国运动会组织委员会成立大会暨筹备工作会议举行 10月26日，第十一届全国运动会组织委员会成立大会暨筹备工作会议在济南举行，这标志着整个筹备组织工作进入了一个新的阶段。国家体育总局局长刘鹏出席会议并讲话，省委书记张高丽出席会议并为组委会揭牌，省委副书记、省长韩寓群对十一运会的承办工作进行了全面部署。国家体育总局副局长胡家燕、段世杰，省委副书记高新亭，省委常委、宣传部长焉荣竹等出席会议。副省长张昭福主持会议。针对下一步的筹备工作，韩寓群提出三点具体意见。第一，创新办赛理念，把十一运会办出特色、办出水平。第二，遵循办赛规律，高质量、高标准地做好各项筹备工作。第三，切实加强对十一运会承办工作的领导。会议确定，十一运会组委会由国家体育总局局长刘鹏任主任，省委副书记、省长韩寓群任执行主任。

张高丽在寿光调查研究 10月27日，省委书记张高丽在寿光调查研究。他首先来到洛城街道洛西村，与镇村干部和群众亲切座谈，对镇村联系实际贯彻六中全会精神，抓住群众反映的五个重点问题，努力为群众办十件实事，积极创建和谐村镇的做法给予了充分肯定。中午，张高丽主持召开了寿光市领导干部座谈会，听取了潍坊市委和寿光市委有关情况汇报，就深入学习贯彻胡锦涛总书记重要批示和六中全会精神，构建社会主义和谐社会，做好当前工作讲了意见。他强调，要深入学习贯彻胡锦涛总书记关于寿光保持共产党员先进性教育活动的重要批示和党的十六届六中全会精神，深化认识，凝聚力量，突出重点，抓住关键，扎扎实实推进社会主义和谐社会建设。省委常委刘伟、王敏，潍坊市委、市政府和省有关部门负责人参加调研。

山东省庆祝老人节文艺晚会举行 10月27日，山东省庆祝老人节文艺晚会在山东剧院举行，山东省老年艺术团参加演出。省委书记张高丽，省政协主席孙淑义出席晚会并向全省老年人祝福。省领导刘伟、王敏、李明先、李玉妹出席晚会。省级老同志苏毅然、赵志浩、李振、陆懋曾、马仲才、谭福德、苗枫林、董凤基、何法祥、丁方明、金宝珍、王裕晏、孟庆丰等出席晚会。李玉妹代表省委、省政府向全省1293万老年人致以亲切的问候和节日的祝贺。

张高丽在泰安市肥城、宁阳调查研究 11月2日，省委书记张高丽在泰安市肥城、宁阳调查研究。张高丽先后到肥城市仪阳乡社会化供水站、新城办事处、阿斯德化工公司、王瓜店镇东大封村实地考察，与干部群众亲切交谈，并召开座谈会了解情况；在宁阳县察看了伏山镇桑庄村、振挺精工活塞有限公司、新农村合作医疗办公室、超威电源有限公司等。调研中，他强调要深入学习贯彻党的十六届六中全会精神，坚持以科学发展观统领全局，努力为和谐社会建设提供坚实的物质基础，促进形成和谐社会建设人人参与、人人共享的局面。

张高丽在滨州市阳信县、惠民县调查研究 11月9日，省委书记张高丽在滨州市阳信县、惠民县调查研究。阳信县河流镇刘庙街是回族群众聚居地。张高丽来到刘庙街，与回族干部群众座谈，详细了解了落实六中全会精神和生产生活情况，代表省委、省政府向他们表示亲切问候。张高丽对抗旱工作十分关心，先后到阳信县河流镇西四庙村和惠民县孟家水库工地检查了抗旱工作，察看了村村通自来水项目。张高丽还考察了阳信诺瑞织品有限公司、长威电子公司、盟威集团惠民工业园等企业，了解企业生产经营情况，对滨州市和阳信县、惠民县经济社会发展取得的成绩给予充分肯定。强调要全面贯彻落实党的十六届六中全会精神，紧密联系实际，集中精力抓好当前各项工作，努力促进社会和谐，不断推动科学发展。

省直机关广泛开展向困难群众“送温暖、献爱心”活动 11月10日，省直机关广泛开展向困难群众“送温暖、献爱心”活动。省委、省人大常委会、省政府、省政协、省纪委办公厅干部职工参加了捐助活动。省领导张高丽、韩寓群、孙淑义、姜大明、赵春兰、杜世成、高新亭和省委常委、省人大常委会副主任、省政府副省长、省政协副主席等省几套班子领导带头捐助。许多老同志也纷纷参加捐助，表达对灾区人民和困难群众的一片深情厚谊。

张高丽在济南看望慰问即将退伍的武警战士 11月17日，省委书记张高丽到武警济南一支队二中队亲切看望慰问即将退伍的武警战士，代表省委、省政府向他们表示亲切慰问和衷心感谢。张高丽深入到值班室、战士宿舍，与战士们促膝交谈，详细询问战士的生活、学习和训练情况。他对广大武警官兵为全省改革发展稳定作出的重要贡献表示感谢，并勉励大家发扬部队的好思想、好传统、好作风，为加强部队建设、维护社会稳定、促进社会和谐再立新功。省委常委、秘书长王敏，省武警总队总队长戴肃军、政委冯金安一同看望慰问。

张高丽在菏泽市单县、东明、鄄城调查研究 11月20日，省委书记张高丽在菏泽市单县、东明、鄄城调查研究。入秋以来，山东省降雨偏少，加之气温偏高，旱情发展迅速，抗旱形势严峻。张高丽对旱情十分关注，对抗旱工作非常重视，多次作出重要指示。在单县谢集镇大高庄村，张高丽深入田间地头，详细了解旱情，对抓好抗旱工作提出要求。他要求各级要切实加强组织领导，深入发动，全力做好抗旱救灾工作，主要领导要深入抗旱救灾第一线，加强对抗旱工作的指导和督查。要积极筹措抗旱资金，加大抗旱投入，重点用于干旱地区水源打井、人畜吃水工程建设和抗旱应急输送水设备购置。各有关部门要按照各自职责分工，积极配合，通力协作，形成抗旱工作合力。要按照六中全会精神，围绕构建和谐社会，认真解决群众最关心、最直接、最现实的利益问题，努力为群众办好事、办实事、解难事。当前，要有针对性地做好对困难群众和受灾群众的救助，高度重视受灾群众的过冬问题，帮助解决实际困难，切实安排好他们的生产生活。张高丽还考察了单县泰信纺织公司、国能生物发电项目工地，东明洪业化工集团、玉皇化工公司、石化集团和鄄城东方生物工程有限公司、潍坊工业园，对菏泽市和单县、东明、鄄城认真实施“突破菏泽”战略进行了调研。菏泽市委、市政府和省有关部门负责人参加调研。

曾庆红在山东考察调研 11月22日至25日，中共中央政治局常委、国家副主席曾庆红在山东考察调研。在山东省委书记张高丽，省委副书记、省长韩寓群，省委副书记高新亭等陪同下，曾庆红等到临沂、潍坊和东营等地的农村、社区、企业、学校，以贯彻落实十六届六中全会精神，扎实推进社会主义和谐社会建设情况为重点，深入水利工程现场和田间地头，实地调查了解了抗旱工作，并专程到胜利油田考察了石油生产情况。中石化总经理、中石化股份有限公司董事长陈同海参加陪同在油田的考察。曾庆红十分关心社会主义新农村建设情况。他先后深入到沂蒙山区的费县大田庄乡及周家庄村，诸城市密州街道白玉山子村，广饶县大王镇刘集后村、石村镇张庄村和丁庄镇牛圈村，同当地干部和群众共商新农村建设大计。并就进一步加强党的执政能力和先进性建设，为和谐社会建设和新农村建设提供坚强的政治和组织保证的问题，同省、市、县、乡负责人进行了座谈。调研中，曾庆红对山东近年来贯彻落实科学发展观、推动经济社会全面发展的思路和成效给予了充分肯定。他强调，党的十六届六中全会《决定》和保持共产党员先进性教育活动启示我们，在新世纪新阶段，党领导的伟大事业要把和谐社会建设和新农村建设放在更加突出的地位，党的建设新的伟大工程要把执政能力建设和先进性建设放在更加突出的地位。考察期间，曾庆红参观了沂蒙革命历史博物馆，瞻仰了革命烈士陵园，并敬献了花篮。中央组织部副部长欧阳淞、中央政策研究室副主任何毅亭、国家发改委副主任朱之鑫、水利部副部长鄂竟平随行考察。省委常委林廷生、刘伟参加了在东营召开的座谈会。省委常委王敏陪同考察并参加了座谈会。

张高丽到淄博市周村区调查研究 11月29日，省委书记张高丽到淄博市周村区调查研究。他先后来到周村古商城、丝绸路街道胜利社区，实地了解了服务业发展和构建和谐社区情况，对淄博市及周村区认真贯彻十六届六中全会精神，扎实推进和谐社会建设，因地制宜发展服务业，综合经济实力不断提高，各项工作取得的成绩给予充分肯定。同时强调，要深入学习贯彻党的十六届六中全会精神，按照科学发展观要求，进一步调整优化经济结构，大力繁荣发展服务业，促进经济又好又快发展。淄博市委、市政府和省直有关部门负责人参加了调研。

2006济南国际幽默艺术周活动 12月8日至14日，2006济南国际幽默艺术周活动举办。中国文联党组书记、副主席胡振民，副主席冯远、刘兰芳、夏菊花；省委书记张高丽，省委副书记、省长韩寓群，省委副书记、济南市委书记姜大明，省委常委杨传升、刘伟、焉荣竹、王敏，副省长张昭福，济南市市长鲍志强出席8日举行的开幕式。该活动由中国文联和山东省政府共同主办。艺术周期间，举办了国外幽默艺术专场、东北二人转专场、相声专场晚会等演出和幽默艺术进企业下基层、幽默艺术与传统文化展示等活动。举办幽默艺术周在国内尚属首次。姜大明在开幕式上致辞。开幕式上，国内外艺术家表演了相声、小品、戏曲、曲艺、笑话、哑剧、魔术、杂技等精彩节目，博得了观众的热烈掌声。开幕式前，张高丽会见了胡振民一行。

张高丽在青岛市调查研究 12月24日，省委书记张高丽在青岛市调查研究。张高丽先后考察了青岛市的扶桑化工、朗讯青岛等外资企业，了解企业生产经营和研发情况，与企业负责人和员工进行了座谈。调研期间，张高丽对青岛市经济社会发展所取得的成绩给予了充分肯定。调研中，他强调，要深入学习贯彻党的十六届六中全会和中央经济工作会议精神，全面落实科学发展观，促进经济又好又快发展，把改革开放和现代化建设不断推向前进。省委常委、组织部长刘伟，省委常委、青岛市委书记阎启俊，省和青岛市有关方面负责人参加调研。

省委重要文件目录

顺序号	文件形成日期	文件标题	文件号
1	2006-4-3	中共山东省委　山东省人民政府关于贯彻《中共中央、国务院关于推进社会主义新农村建设的若干意见》的实施意见	鲁发(2006)1号
2	2006-2-8	中共山东省委　山东省人民政府关于转发《省纪委、省监察厅关于2006年全省党风廉政建设和反腐败工作实施意见》的通知	鲁发(2006)3号
3	2006-4-3	中共山东省委　山东省人民政府关于实施科技规划纲要增强自主创新能力建设创新型省份的决定	鲁发(2006)4号
4	2006-6-6	中共山东省委　山东省人民政府关于转发《省委宣传部、省司法厅关于在全省公民中开展法制宣传教育的第五个五年规划》的通知	鲁发(2006)7号
5	2006-6-8	中共山东省委关于深化农村党的建设“三级联创”活动推进社会主义新农村建设的意见	鲁发(2006)8号
6	2006-6-8	中共山东省委关于深入学习实践社会主义荣辱观切实推进思想道德建设的实施意见	鲁发(2006)9号
7	2006-7-2	中共山东省委关于认真学习贯彻胡锦涛总书记在庆祝中国共产党成立85周年暨总结保持共产党员先进性教育活动大会上的重要讲话的通知	鲁发(2006)11号
8	2006-7-14	中共山东省委关于印发《山东省“十一五”期间社会主义精神文明建设规划》的通知	鲁发(2006)12号
9	2006-8-3	中共山东省委　山东省人民政府关于在新的起点上推进县域经济又快又好发展的意见	鲁发(2006)13号
10	2006-8-3	中共山东省委　山东省人民政府关于进一步促进服务业发展的若干意见	鲁发(2006)14号
11	2006-8-3	中共山东省委　山东省人民政府关于建立和完善党政领导班子和领导干部综合考核指标体系的意见	鲁发(2006)15号
12	2006-10-13	中共山东省委关于认真学习贯彻党的十六届六中全会精神的通知	鲁发(2006)21号
13	2006-10-25	中共山东省委关于贯彻落实党的十六届六中全会精神努力构建社会主义和谐社会的决定	鲁发(2006)23号
14	2006-11-30	中共山东省委　山东省人民政府关于印发《山东省建设社会主义新农村总体规划(2006—2020年)》的通知	鲁发(2006)24号
15	2006-12-27	中共山东省委关于进一步加强领导干部廉洁自律的通知	鲁发(2006)25号
16	2006-12-31	中共山东省委关于学习贯彻《干部教育培训工作条例(试行)》的实施意见	鲁发(2006)26号
17	2006-12-31	中共山东省委关于印发《2006—2010年山东省干部教育培训规划》的通知	鲁发(2006)27号

省委办公厅重要文件目录

顺序号	文件形成日期	文　件　标　题	文件号
1	2006－3－24	中共山东省委办公厅转发《山东省总工会关于开展创建“劳动关系和谐企业”活动的意见》的通知	鲁办发(2006)7号
2	2006－4－1	省委办公厅　省政府办公厅关于改进机关工作作风的意见	鲁办发(2006)9号
3	2006－4－19	省委办公厅　省政府办公厅关于印发《山东省“十一五”人才队伍建设总体思路及实施意见》的通知	鲁办发(2006)10号
4	2006－6－20	中共山东省委办公厅印发《关于进一步调整和完善农村基层党组织设置的意见》等五个文件的通知	鲁办发(2006)15号
5	2006－7－2	中共山东省委办公厅关于认真贯彻落实中央《关于加强党员经常性教育的意见》等四个保持共产党员先进性长效机制文件的通知	鲁办发(2006)18号
6	2006－7－10	省委办公厅　省政府办公厅印发《关于进一步加强和改进未成年人校外活动场所建设和管理工作的意见》的通知	鲁办发(2006)19号
7	2006－11－8	中共山东省委办公厅转发《省委宣传部关于深入开展全面落实科学发展观努力构建社会主义和谐社会宣传教育活动的意见》的通知	鲁办发(2006)20号
8	2006－12－31	省委办公厅　省政府办公厅关于加强农村基层党风廉政建设的实施意见	鲁办发(2006)24号
9	2006－12－31	省委办公厅　省政府办公厅关于贯彻中办发[2006]33号文件进一步规范党政机关公务接待管理工作的实施意见	鲁办发(2006)25号

重要文件选编

中共山东省委 山东省人民政府
关于实施科技规划纲要增强自主创新能力
建设创新型省份的决定

鲁 发〔2006〕4 号

(2006 年 4 月 3 日)

为全面贯彻落实《中共中央、国务院关于实施科技规划纲要增强自主创新能力的决定》(中发〔2006〕4 号)、《国务院关于实施〈国家中长期科学和技术发展规划纲要(2006-2020)〉若干配套政策的通知》(国发〔2006〕6 号),认真实施《国家中长期科学和技术发展规划纲要(2006-2020 年)》(国发〔2005〕44 号)和《山东省中长期科学和技术发展规划纲要(2006-2020 年)》(鲁政发〔2006〕17 号)(以下简称《规划纲要》),增强我省自主创新能力,建设创新型省份,实现经济社会又快又好发展,特作如下决定。

一、建设创新型省份是全面落实科学发展观的重大战略举措

1. 科学技术是第一生产力,是推动人类文明进步的革命力量。进入 21 世纪,科学技术发展日新月异,科技进步与创新愈益成为经济和社会发展的主要推动力量,依靠科技创新实现资源的可持续利用、促进人与自然和谐发展愈益成为战略选择,科学技术作为核心竞争力愈益成为竞争的焦点。科学技术作为发展先进生产力、发展先进文化和实现最广大人民群众根本利益的内在动力,其重要性和紧迫性愈益凸显。要认真贯彻落实党中央、国务院做出的建设创新型国家的重大战略决策,坚决执行《中共中央、国务院关于实施科技规划纲要增强自主创新能力的决定》和《国家中长期科学和技术发展规划纲要》以及配套政策,实施好我省的《规划纲要》,以科学发展观统领全局,大力增强自主创新能力,到 2020 年之前,使我省在全国率先进入创新型省份行列。

2. 建设创新型省份是实践“三个代表”重要思想,全面落实科学发展观,提高党的执政能力的重大战略举措,是实现又快又好发展,全面建设小康社会的必由之路。在历届省领导班子打下的良好基础上,全省上下按照省委“一二三四五六”的发展目标和工作思路,大力实施科教兴鲁和人才强省战略,科技事业快速发展,自主创新能力不断提高。高新技术产业产值占规模以上工业产值的比重连续 4 年增长两个百分点以上,全省综合创新能力在全国位于前列,已经具备建设创新型省份的基础条件。同时,要清醒地看到,我省在经济社会发展中,仍存在科技投入不足、高层次创新人才缺乏、创新平台建设滞后以及资源、环境、人口“瓶颈”制约等困难和问题。认真实施国家和省中长期科学和技术发展规划纲要,增强自主创新能力,建设创新型省份,有利于转变经济增长方式、创新发展模式、提高发展质量,走新型工业化道路;有利于建设资源节约型、环境友好型社会,缓解资源、环境、人口制约矛盾;有利于社会主义新农村建设,促进农民增收和农业发展;有利于弘扬民族精神和时代精神,增强民族自信心和凝聚力。全省各级各部门必须进一步增强机遇意识、危机意识、创新意识,充分认识建设创新型省份的极端重要性和紧迫性,以胡锦涛总书记对我省提出的“三个走在前面”要求为动力,切实把这一关系全局的重大战略任务抓紧抓好。

3. 建设创新型省份的总体要求。以邓小平理论和“三个代表”重要思想为指导,认真贯彻党的十六大和十六届三中、四中、五中全会精神,全面落实科学发展观,坚持“自主创新,重点跨越,支撑发展,引领未来”的新时期国家科学技术发展指导方针,全面实施科教兴鲁和人才强省战略,以提高科技自主创新能力为重点,实施高新技术带动、大企业名牌带动、知识产权带动;加快具有山东特色的科技创新体系建设,实现我省科技综合竞争力位次前移,为提前全面建成小康社会和基本实现现代化提供科技支撑。

4. 建设创新型省份的主要目标。到“十一五”末,基本建立起适应社会主义市场经济体制、符合科技和产业发展规律的区域自主创新体系。到 2020 年,实现“三个显著增强,一个提前进入”,即自主创新能力显著增强,科技促进经济社会发展的能力显著增强,科技综合竞争力显著增强,提前进入创新型省份行列。

“十一五”期间,全社会 R&D 投入占 GDP 的比重达到 2%以上,高新技术产业固定资产投资占固定资产投资比重达到 15%以上,高新技术产业产值占规模以上工业产值的

比重达到35%,科技进步对经济增长的贡献达到55%以上,发明专利申请达到申请总量的30%,对外技术依存度降低到35%,高新技术产品出口额占工业制成品额的比重达到30%,培植产值过百亿元的高新技术企业10家,过十亿元的高新技术企业150家,过亿元的省级以上农业科技龙头企业300家。

到2020年,全社会R&D投入占GDP的比重达到2.5%以上,科技进步对经济增长的贡献达到65%以上,对外技术依存度降低到30%以下,高新技术产业产值占规模以上工业产值的比重达到50%以上,本省区域内发明专利年度授权量和向国外申请专利量均进入全国前5位。全省综合创新能力在全国测评中再前移1至2位。

5.建设创新型省份的重点任务。全面实施《规划纲要》,配套推进人才、专利、技术标准"三大战略";大幅度提升原始创新、集成创新和引进消化吸收再创新"三个能力";积极构建知识创新、技术创新和创新服务"三个体系";在高新技术自主创新、建设节约型社会、建设社会主义新农村、提高公共安全能力与人口健康水平、推进现代服务业发展等方面组织实施140个重大科技项目;深化改革,扩大开放,形成有利于自主创新的体制机制,大力推进理论创新、制度创新、科技创新,调动广大科技人员的积极性,提高广大人民群众的科学素质,激发全社会的创新精神,培养高水平创新人才,推动由经济大省向经济强省转变,由经济增长方式粗放型向集约型转变,由抓好经济发展向经济社会全面协调可持续发展转变。

二、认真实施《规划纲要》,加强科技自主创新

6.认真组织实施《规划纲要》。我省制定的《规划纲要》,是一个立足省情、放眼未来,以增强自主创新能力为主线,以建设创新型省份为奋斗目标,对我省未来15年科学和技术的发展做出全面规划与部署的纲领性文件。《规划纲要》体现了建设创新型省份的要求,是提高自主创新能力和建设创新型省份的具体部署,必须在建设创新型省份过程中得到全面实施,在我省国民经济和社会发展中长期规划中得到充分体现。

7.实施《规划纲要》的原则和目标。坚持六个原则,即统筹规划,突出重点原则;自主创新与引进技术相结合原则;市场导向,发挥企业主体作用原则;以人为本,优化创新环境原则;优化资源配置,推进产学研结合原则;可持续发展原则。通过实施纲要,实现九个重要目标,即自主创新能力显著增强,科技活动产出居国内先进水平;高新技术快速发展,经济增长方式发生重大转变;强化农业科技优势,基本建立社会主义新农村科技支撑体系;大力开展节能、节水、节材、节地、节矿和循环生产,科技成为资源节约和循环经济发展的主要推动力量;建立起稳固的多渠道科技投入机制,提高高新技术和科技投入在整个固定资产投资中的比重;建立起吸纳科技人才的有效机制和良好环境,科技人才队伍日益壮大;大力创建企业技术中心、工程技术研究中心、重点实验室,加强科技创新平台建设;进一步深化科技体制改革,建立起山东特色的科技创新体系;初步建立社会化科普工作格局,提高人民群众的科学素质和创新意识。

8.实施《规划纲要》要把握自主创新这条主线。加强自主创新是科学技术发展的战略基点,是调整产业结构、转变经济增长方式的中心环节,是提高综合竞争力的核心,是统领未来科技发展的主线。要坚持有所为、有所不为,突出重点,在资源与环境、新能源技术、农业高新技术、海洋技术、社会发展、电子信息技术、生物技术与创新药物、新材料技术与产业发展、先进制造技术、综合交叉学科与管理科学等10大领域64个主攻方向实施科技创新。围绕国家需求和区域经济社会发展需求开展原始创新、集成创新和引进消化吸收再创新。努力在若干优势领域掌握一批核心技术,拥有一批自主知识产权,造就一批具有自主创新能力的企业和具有国际竞争力的品牌,努力提升我省主导产业和优势产业的核心竞争力。

9.围绕经济社会发展中应用基础研究、战略高新技术研究和重要公益研究的需要,集中建设一批重点实验室。积极探索省市共建重点实验室的新模式。鼓励科研机构、高等院校和企业联合共建公共实验室,与省外、国外研究开发机构合作建设实验室。集中力量支持海洋、农作物、眼科、心脑血管、优生优育等12个重点实验室建设,争取若干个实验室进入国家重点实验室行列。

10.进一步强化我省农业科技优势,构建社会主义新农村科技支撑体系。围绕解决"三农"问题,继续实施良种工程、农业科技特派员、农业科技成果转化和农业科技信息"村村通"工程。以省农科院为依托,积极争取建设"国家农业科技黄淮海创新中心",创新运行机制,打造黄淮海地区农业科技联盟。按照"一县一品"或"一县多品"的要求,加快县域特色农业科技发展,加强农业、林业、水利、农机、畜牧等科技创新,全面提升农业自主创新能力。发挥我省海洋科技的优势,加快青岛国家海洋科学中心建设,带动"海上山东"建设。加快建设50家国家级省级农业科技园区,重点建设10家省级农业高新技术产业示范园(区),纳入省级高新区建设体系,实行动态管理的新机制,办成农业高新技术成果转化基地、农业技术辐射源和涉农名牌企业发展基地。依靠科技进步与创新,建设农业科技强省。

三、实施高新技术带动、大企业名牌带动和知识产权带动

11.大力发展高新技术产业,带动自主创新能力提高。围绕"三个一批"、"七大产业链"和六大支柱产业,实施"双百工程",重点扶持100个企业技术中心,培植100个分别居全国前3位的重点优势产品,实施"高新技术自主创新工程",提升高新技术产业的创新水平。积极培植高新技术企业,开发高新技术产品,实现高新技术产业产值占规模以上工业产值的比重年增两个百分点以上的目标。加快山东半

岛高新技术产业带建设，建设一批高新技术特色产业基地，加快产业聚集，带动30个欠发达县高新技术产业发展实现新突破。抓好《山东省高新技术发展条例》的贯彻落实，推动用高新技术和先进适用技术改造传统产业，提高自主知识产权高新技术产品的比例和高新技术产品出口的比重。

12. 实施大企业名牌带动和农业知名品牌带动。到"十一五"末，争创中国名牌200个，国家质检中心20家和一批驰名商标。建立国家级企业技术中心50家，省级企业技术中心350家，省级行业技术中心15家，国家级工程技术研究中心力争达到10家。努力培育一批以国家企业技术中心为核心的大企业集团，一批以行业技术中心、工程技术研究中心为支撑的支柱产业和一批以自主知识产权为依托的知名品牌。加快农业标准化示范区建设和地理标志农产品培育，培植农业科技龙头企业。通过名牌带动，推动产业升级，促进增长方式的转变。

13. 实施知识产权带动。认真落实《山东省知识产权战略纲要(2005－2010)》，提高全社会的知识产权意识，培养知识产权人才，加强知识产权保护，把获取知识产权作为科技项目立项、科技奖励评审以及重点实验室、企业技术中心、高新技术企业认定的重要条件，大幅增加发明专利的比重。定期发布应掌握自主知识产权的核心技术、关键技术和重要产品目录，对列入目录的技术开发和产品研制、专利申请、标准制定、国际贸易和合作等予以重点支持。全面推广海尔集团公司开展知识产权工作的经验，在百家省重点工业企业、省级以上高新技术企业和专利明星企业开展培育和提升知识产权优势的活动，在中小型工业企业开展创造知识产权和建立知识产权制度的活动。省级以上专利明星企业可享受省级以上高新技术企业的优惠政策。逐步建立支柱产业、重点行业和企业集团知识产权服务终端。积极推进知识产权兴贸工程的实施，增强贸易支撑力；推动以我为主形成技术标准，抢占产业制高点。完善知识产权保护制度，加大保护知识产权的执法力度。建立各主导产业的知识产权信息服务网络和预警机制，对出口可能遭遇的技术性贸易措施进行实时监测和预警发布，及时为企业投资经营、对外贸易、科技经济交流等提供知识产权维权服务。支持产学研联合研制技术标准，鼓励推动企业标准和地方标准争创国家标准和国际标准。积极推动国家知识产权试点城市、知识产权试点园区的发展，建设一批创新活力迸发、维权保护有力、服务体系完善、效益产业集聚的知识产权强市强县(市、区)。切实保障科技人员的知识产权权益，职务技术成果完成单位应对职务技术成果完成人和在科技成果转化中作出突出贡献的人员依法给予报酬。依法保护非职务发明成果完成人的合法权益。

四、进一步创新科技体制机制，大力推进产学研结合

14. 强化企业在技术创新中的主体地位。积极构建以企业为主体、市场为导向、品牌为目标、产学研结合的科技创新体系；以制定和实施自主创新的政策为重点，促进企业成为研究开发投入主体、技术创新活动主体、创新成果转化应用主体。鼓励企业加快研发机构建设，重视发挥民营企业和科技型中小企业在自主创新、发展高新技术产业中的作用。加强企业技术创新服务体系建设，为中小型科技企业创新提供条件。促进科研机构、高等院校的科研力量与企业联合建立研发机构、产业技术联盟等创新组织。

15. 深化科研机构改革，促进科研院所发展。积极推进科研机构建立现代院所制度，完善科研机构业绩考核办法。深化科研院所内部人事、分配制度改革，实行人员聘用制，分配向优秀人才、关键岗位倾斜。从体制、机制、投入和平台建设等方面，稳定支持从事基础研究、前沿技术研究和社会公益研究的科研机构。进一步完善竞争激励机制，采取三位一体、责任考核等措施，促进科研机构提升创新能力。

16. 大力推进产学研结合。充分发挥政府的主导作用，充分发挥市场在科技资源配置中的基础性作用，充分发挥企业在技术创新中的主体作用，充分发挥科研机构的骨干和引领作用，充分发挥高校的基础和生力军作用，促进产学研结合，促进科技与经济结合。精心办好产学研洽谈会。高等院校、科研机构要积极承担地方和企业重大科技项目，销售收入过亿元的企业都要和省属高等院校、科研机构建立产学研结合的技术联盟。

17. 积极推进国内外科技合作与交流。继续加强与中国科学院、中国工程院、北京大学、清华大学等科研院校的合作，搭建合作平台，加强科技合作信息网建设。大力推进省科学院与中国科学院沈阳分院的全面合作，争取与中国科学院在我省联合建立研究机构，重点面向我省先进制造业或新能源产业，构建新的创新平台。组织实施国际科技合作计划，积极实施"走出去"战略，支持有实力的企业到国外办研究机构，提高在国际市场上的竞争力。充分发挥高等院校学科综合、人才荟萃、教学科研紧密结合的优势，建设若干所高水平研究型大学。

五、认真落实鼓励自主创新的财政税收优惠政策

18. 加大财政科技投入。调整财政支出结构，大幅度增加财政科技投入。切实落实中央和省有关增加科技投入的各项规定，建立财政性科技投入稳定增长机制。各级政府要把科技投入作为预算保障的重点，年初预算编制和预算执行中的超收分配，都要体现法定增长的要求，确保"十一五"期间财政科技投入增幅明显高于财政经常性收入增幅。2006年省级财政科技投入大幅度增长，应用技术研究与开发经费在原有预算基础上，再增加2亿元，重点用于支持重大战略产品和重大科技工程，加强科技创新平台建设。

19. 发挥财政资金对企业自主创新的激励作用。引导和支持大型骨干企业开展战略性关键技术和重大装备的研究开发，加强面向企业技术创新的服务体系建设。加大对

科技型中小企业创新发展专项资金等的投入力度，鼓励中小企业自主创新。建立政策性信用担保机构风险准备金制度，完善担保代偿评估体系，有条件的地方可实行财政有限补偿担保代偿损失制度。列入省财政专项资金扶持名单的高新技术企业，享受2年的财政专项资金扶持政策。对省级以上的新产品，自列入省财政专项资金扶持名单的年度起，实行国家级新产品享受3年、省级新产品享受2年的财政专项资金扶持政策。加大对企业技术中心和工程技术研究中心等研发机构的扶持力度，使之成为产业关键技术和共性技术研发的重要载体。鼓励企业在高等院校设立实验室或研发机构，使产学研结合点前移。支持有条件的企业通过与高等院校、科研机构联合，组建研究开发院（所）、科技研发中心和博士后工作站等，使之成为产业核心技术和共性技术研发的重要平台。省级各类科技计划要更多地反映企业重大科技需求，更多地吸纳企业参与，在具有明确市场应用前景的领域，建立企业牵头组织、高等院校和科研机构共同参与实施的有效机制。

20．鼓励企业加大技术开发经费的投入。研究制定激励企业技术创新的政策，明确企业负责人对企业技术创新的责任，将企业技术研发投入和创新能力建设作为企业负责人评选荣誉称号和业绩奖惩考核的重要内容。加大对企业自主创新投入的所得税前抵扣力度。允许企业按当年实际发生的技术开发费用的150%抵扣当年应纳税所得额。实际发生的技术开发费用当年抵扣不足部分，可按税法规定在5年内结转抵扣。企业提取的职工教育经费在计税工资总额2.5%以内的，可在企业所得税前扣除。落实好国家促进产学研结合的税收政策。企业用于研究开发的仪器和设备，单位价值在30万元以下的，可一次或分次摊入管理费，其中达到固定资产标准的应单独管理，但不提取折旧；单位价值在30万元以上的，可采取适当缩短固定资产折旧年限或加速折旧的政策。

21．完善促进高新技术企业发展的税收政策。推进对高新技术企业实行增值税转型改革。切实落实国家和省有关高新技术企业的优惠政策。国家高新技术产业开发区内新创办的高新技术企业经严格认定后，自获利年度起2年内免征所得税，2年后减按15%的税率征收企业所得税。继续完善鼓励高新技术产品出口的税收政策。完善高新技术企业计税工资所得税前扣除政策。落实好国家对软件、集成电路等方面的税收优惠政策。

22．支持企业加强自主创新能力建设。对符合国家规定条件的企业技术中心、国家工程技术研究中心等，进口规定范围内的科学研究和技术开发用品，免征进口关税和进口环节增值税；对承担国家重大科技专项、国家科技计划重点项目、国家重大技术装备研究开发项目和重大引进技术消化吸收再创新项目的企业，进口国内不能生产的关键设备、原材料及零部件，免征进口关税和进口环节增值税。

23．完善促进转制科研机构发展的税收政策。对整体或部分企业化转制科研机构免征企业所得税，科研开发自用土地、房产的城镇土地所得税、房产税的政策到期后，根据实际需要加以完善，以增强其自主创新能力。

24．支持创业风险投资企业的发展。对主要投资于中小高新技术企业的创业风险投资企业，实行投资收益税收减免或投资额按比例抵扣应纳税所得额等税收优惠政策。

25．扶持科技中介机构。对符合条件的科技企业孵化器、国家大学科技园，自认定之日起，一定期限内免征营业税、所得税、房产税和城镇土地使用税。落实好国家对其他符合条件的科技中介机构开展技术咨询和技术服务的税收扶持政策。

26．鼓励社会资金捐赠创新活动。企事业单位、社会团体和个人，通过公益性的社会团体和国家机关向科技型中小企业技术创新基金和经国务院批准设立的其他激励企业自主创新的基金的捐赠，属于公益性捐赠的，可按国家有关规定，在缴纳企业所得税和个人所得税时予以扣除。

六、认真落实激励自主创新的金融政策

27．加强政策性金融对自主创新的支持。政策性金融机构对国家和省重大科技专项、重大科技产业化项目的规模化融资和科技成果转化项目、高新技术产业化项目、引进技术消化吸收项目、高新技术产品出口项目等提供贷款，给予重点支持。

国家开发银行山东分行在国家批准的软贷款范围内，向高新技术企业发放软贷款，用于项目的资本金和参股投资。中国进出口银行青岛分行设立特别融资账户，在政策允许范围内，对高新技术企业发展所需的核心技术和关键设备的进出口，提供融资支持。中国农业发展银行山东分行对农业科技成果转化和产业化实施倾斜支持政策。

28．引导商业金融支持自主创新。政府利用基金、贴息、担保等方式，引导各类商业金融机构支持自主创新与产业化。商业银行对于省级以上立项的高新技术项目，应根据国家投资政策及信贷政策规定，积极给予信贷支持。商业银行对有效益、有还贷能力的自主创新产品出口所需的流动资金贷款，要根据信贷原则优先安排、重点支持，对资信好的自主创新产品出口企业可核定一定的授信额度，在授信额度内，根据信贷、结算管理要求，及时提供多种金融服务。

29．改善对中小企业科技创新的金融服务。商业银行与科技型中小企业建立稳定的银企关系，对创新活力强的予以重点扶持，加快建设企业和个人征信体系，促进各类征信机构发展，为商业银行改善对科技型中小企业的金融服务提供支持。

政府引导和激励社会资金建立中小企业信用担保机制，建立担保机构的资本金补充和多层次风险分担机制。探索创立多种担保方式，弥补中小企业担保抵押物不足的问题。政策性银行、商业银行和其他金融机构开展知识产权权利质押业务试点。

30．加快发展创业风险投资事业。制定《创业投资企

业管理暂行办法》配套规章，完善创业风险投资法律保障体系。依法对创业风险投资企业进行备案管理，促进创业风险投资企业规范健康发展。鼓励有关部门和地方政府设立创业风险投资引导基金，引导社会资金流向创业风险投资企业，引导创业风险投资企业投资处于种子期和起步期的创业企业。在法律法规和有关监管规定许可的前提下，支持保险公司投资创业风险投资企业。允许证券公司在符合法律法规和有关监管规定的前提下开展创业风险投资业务。允许创业风险投资企业在法律规定的范围内通过债券融资方式增加投资能力。

完善创业风险投资外汇管理制度，规范法人制创业风险投资企业外汇管理，明确对非法人制外资创业风险投资企业的有关外汇管理问题。

31．建立支持自主创新的多层次资本市场。支持有条件的高新技术企业在国内主板和中小企业板上市。积极引导、大力推进我省科技型中小企业上市。推进高新技术企业股份转让工作。争取国家批准的未上市高新技术企业进入证券公司代办系统进行股份转让试点工作。在总结试点经验的基础上，支持具备条件的国家高新技术产业开发区内未上市高新技术企业按照国家规定进入代办系统进行股份转让。通过财政支持等方式，逐步建立和完善产权交易市场，拓宽创业风险投资退出渠道。支持符合条件的高新技术企业发行公司债券。

32．支持开展对高新技术企业的保险服务。支持保险公司发展企业财产保险、产品责任保险、出口信用保险、业务中断保险等险种，为高新技术企业提供保险服务。

完善高新技术企业的外汇管理政策。外汇管理部门可根据高新技术企业的实际需要，充分满足高新技术企业货物贸易和服务贸易用汇需求。支持省内企业设立海外研究开发设计机构、收并购国外研究开发机构或高新技术企业。

七、建立政府采购制度，支持自主创新能力建设

33．建立财政性资金采购自主创新产品制度。建立自主创新产品认证制度，建立认定标准和评价体系。由科技部门会同综合经济部门按照公开、公平、公正的程序对自主创新产品进行认定，并向全社会公告。财政部门会同有关部门在获得认定的自主创新产品范围内，确定政府采购自主创新产品目录（简称“目录”），实行动态管理。

加强预算控制，优先安排自主创新项目。各级政府机关、事业单位和团体组织（通称“采购人”）用财政性资金进行采购的，必须优先购买列入目录的产品。采购人在编制年度部门预算时，应当标明自主创新产品。财政部门在预算审批过程中，在采购支出项目已确定的情况下，优先安排采购自主创新产品的预算。发挥财政、审计与监察部门监督作用，督促采购人自觉采购自主创新产品。

国家和省重大建设项目及其他使用财政性资金采购重大装备和产品的项目，有关部门应将承诺采购自主创新产品作为申报立项的条件，并明确采购自主创新产品的具体要求。在省、市、县政府投资的重大工程中，国产设备采购比例一般不得低于总价值的60%。不按要求采购自主创新产品的，财政部门不予支付资金。

34．改进政府采购评审方法，给予自主创新产品优先待遇。在政府采购评审方法中，须考虑自主创新因素。以价格为主的招标项目评标，在满足采购需求的条件下，优先采购自主创新产品。其中自主创新产品价格高于一般产品的，要根据科技含量和市场竞争程度等因素，对自主创新产品给予一定幅度的价格扣除。自主创新产品企业报价不高于排序第一的一般产品企业报价一定比例的，将优先获得采购合同。以综合评标为主的招标项目，要增加自主创新评分因素并合理设置分值比重。

经认定的自主创新技术含量高、技术规格和价格难以确定的服务项目采购，可在报经财政部门同意后，采用竞争性谈判采购方式，将合同授予具有自主创新能力的企业。

完善自主创新产品政府采购合同管理，拒绝接受和提供合同约定自主创新产品的，财政部门应责令其纠正，否则不予支付采购资金。

35．建立激励自主创新的政府首购和订购制度。省内企业或科研机构生产或开发的试制品和首次投向市场的产品，符合国民经济发展要求和先进技术发展方向，具有较大市场潜力并需重点扶持的，经认定，政府进行首购，由采购人直接购买或政府出资购买。

政府对于需要研究开发的重大创新产品或技术，应当通过政府采购招标方式，面向全社会确定研究开发机构，签订政府订购合同，并建立相应的考核验收和研究开发成果推广机制。

建立本省货物认定制度和购买外国产品审核制度。采购人应根据《中华人民共和国政府采购法》规定，优先购买本省产品。财政部门会同有关部门制定本省货物认定标准。采购人需要的产品在中国境内无法获取或者无法以合理的商业条件获取的（在中国境外使用除外），在采购活动开始前，需由国家权威认证机构予以确认并出具证明。采购外国产品时，坚持有利于企业自主创新或消化吸收核心技术的原则，优先购买向我转让技术的产品。

八、鼓励和支持引进消化吸收再创新

36．坚持自主创新与引进技术相结合。充分利用国内国外两种资源，积极吸引和借鉴国外先进科技成果，扩大和深化国际科技交流与合作，努力在若干重要领域掌握一批具有自主知识产权的关键技术和核心技术，提高创新能力。省有关部门要积极实施促进自主制造的装备技术政策。针对国民经济、社会重点发展领域和重点工程，由综合经济部门牵头，并由使用部门和制造部门共同参与制定国家装备技术政策，积极推进重大装备的自主制造。各级重点工程建设项目采用重大装备和技术，应符合装备技术政策。

37．加强对技术引进和消化吸收再创新的管理。凡由

国家有关部门和省政府核准或使用政府投资的重点工程项目中确需引进的重大技术装备，由项目业主联合制造企业制定引进消化吸收再创新方案，作为工程项目审批和核准的重要内容，报请国家和省有关主管部门审批（核准）后实施。

加强对引进技术工作的咨询和评估。重大技术和重大装备的引进消化吸收和再创新方案，须经有关部门联合组织的专家委员会进行咨询论证，明确消化吸收和再创新的计划、目标和进度。把通过消化吸收是否形成了自主创新能力作为对引进项目验收和评估的重要内容。

38. 限制盲目、重复引进。限制进口国内已具备研究开发能力的关键技术；禁止或限制进口高能耗、高污染和已被淘汰的落后装备和技术。

对国内尚不能提供、且多家企业需要引进的重大装备，鼓励统一招标，引导外商联合省内企业投标；在进口装备的同时，应当引进先进设计制造技术，并支持省内企业有足够的分包比例。

39. 对企业消化吸收再创新给予政策支持。对消化吸收再创新形成的先进装备和产品，纳入政府优先采购范围。对订购和使用国产首台（套）重大装备的重点工程，省里优先予以安排。建立由项目业主、装备制造企业和保险公司风险共担、利益共享的重大装备保险机制，引导项目业主和装备制造企业对国产首台（套）重大装备投保。

40. 支持产学研联合开展消化吸收和再创新。对重大装备的引进，用户单位应吸收制造企业、科研院所和高等院校参与，共同跟踪国际先进技术的发展，并在消化吸收和国产化的基础上，共同开展自主创新活动。在科技基础设施建设中，优先支持在重点产业中由产学研合作组建的技术平台，承担重大引进技术消化吸收再创新任务。

九、加强人才队伍和创新基地与平台建设

41. 深化人才管理制度改革，充分调动创新人才的积极性。改革和完善学术技术和管理干部交流制度。科研事业单位可以自主设立各级创新岗位，自主聘用相关人员。实行固定岗位与流动岗位相结合，人员使用与项目、课题相结合的制度。除涉密岗位外，推行关键岗位和科研项目负责人面向国内外公开招聘制度。积极引进海外优秀人才，结合重大科技专项和重点创新项目，采取团队引进、核心人才带动等多种方式引进海外优秀人才。海外高层次留学人才回国工作不受用人单位编制、增人指标、工资总额的限制。企业招聘国内高等院校毕业生和吸引优秀人才不受户籍限制。引导和规范高等院校、科研机构科研科技人员到企业兼职。妥善解决回国工作的海外优秀人才的医疗保险、配偶就业、子女上学等问题。

组织实施“泰山学者”建设工程和“创新人才培养工程”。改进和完善学术交流制度，健全同行认可机制，使中青年优秀人才脱颖而出。

42. 继续加强高新技术创业服务中心等各类孵化器建设。不断深化和完善孵化服务体系，延伸孵化链条，使之真正成为高新技术创新和高层次人才培养基地。大力发展专业孵化器，建设高水平的共用技术服务平台。鼓励以产学研相结合的形式联建科技企业孵化器。支持山东大学、中国石油大学（华东）等国家大学科技园的建设。按照资源整合、技术集成、突出特色的原则，规划建设长清大学科技园区，发挥大学创新优势，促进产学研结合，形成研究开发、中间试验、产品试制、产业培育一体化的创新链条。高新区内的高新技术创业服务中心和大学科技园等各类孵化器的毕业企业继续在高新区内建厂经营的，享受高新区新建企业的优惠政策。

43. 把高新区建成推进集成创新的重要基地。继续大力推进以自主创新为主线的高新区“二次创业”，充分利用产业聚集优势和区域环境优势，以特色园区和高新技术特色产业基地为载体，建立和完善各类共用技术创新平台，引导和鼓励企业建立企业联盟，以重大项目为纽带，推进联合攻关。支持以高新区、特色园区或高新技术特色产业基地为牵头单位承担重大专项。高新区要不断完善和优化管理体制，落实市级经济管理权限，努力建立有利于集成创新的运行机制。

44. 按照整合资源、统一规划、重点支持、共享共用的原则，建设科技资源共享平台。发挥大型科学仪器设备共享平台的作用。整合集成相关部门、行业现有科技图书、专利、标准等科技文献信息资源和积累的科技数据资源，充分运用信息、网络等现代技术，搭建科技资源共享平台、网络科技环境平台和标准检测服务平台。以山东省网上技术市场网络平台为基础，建设集科技培训、技术产权交易、科技风险投资、科技评估咨询和人才智力交流等于一体的技术转移公共服务平台。各类科技创新平台要向全社会开放。

45. 建立和完善科技信用制度和考核评价体系。对承担国家和省科技计划项目和从事相关管理的人员、机构进行信用监督，增强道德规范，促进学风建设。鼓励科研机构及其工作人员参加社会保险，积极推进事业单位养老保险制度改革，完善科技人员向企业流动的社会保险关系接续办法。

建立符合科技人才规律的多元化考核评价体系，对科学研究、科研管理、技术支持、行政管理等各类人员实行分类管理，建立不同领域、不同类型人才的评价体系，明确评价的指标和要素。在科技计划项目评审验收、科技成果鉴定评奖、重点实验室评审、科研基地建设的绩效评估中，把自主创新、知识产权、创新人才培养作为重要考核指标。在高新技术产业开发区、高新技术企业、专利明星企业、民营科技企业、企业技术中心和重点实验室的考评、认定、复审管理中，将技术创新投入、创新能力建设、知识产权列入必备条件。

十、加强领导，全民动员，努力推进创新型省份建设

46. 各级党委政府特别是党政主要领导干部务必解放思想、与时俱进，站在时代的前列，把增强自主创新能力、建设创新型省份作为新时期的战略任务全力抓紧抓好，努力营造自主创新的良好舆论环境、体制机制环境、政策人才环境。各有关部门要切实履行职能，加强统筹协调，增强服务意识，顾大局，识大体，发扬团队协作精神，及时研究和解决建设创新型省份和实施《规划纲要》中的问题。要充分发挥各级科教领导小组的作用，进一步完善绩效考核体系，把高新技术发展、知识产权创新、科技投入、人才培养等指标纳入考核内容。省委办公厅、省政府办公厅要加强督查力度，适时做好对省直各部门贯彻落实本决定的督查工作。

47. 要充分发挥高等院校在自主创新中的重要作用。深化高等教育改革，调整高等教育结构，加强重点学科建设，培养高水平研究人才。适应经济社会发展对各类专门人才的需求，优化学科专业布局，促进学科交叉融合，抓紧培养社会急需的紧缺人才。创新高校人才培养机制，着力培养创新精神与实践能力，坚持产学研结合，鼓励和支持高等院校同企业、科研机构建立多渠道、多形式的紧密型合作关系，共同培养创新人才，联合开展创新活动。大力发展与改革职业教育，加快技能型紧缺人才的培养和农村转移劳动力的培训。切实加强职业教育基础能力建设，扩大中等职业教育办学规模，提高高等职业院校办学质量，大力推行“双元制”、工学结合、校企合作的人才培养模式。全面推进素质教育，深化基础教育课程和教学改革，积极开发、合理利用校内外各种课程资源，加强和改进德育、智育、体育和美育教育。切实加强科技教育，注重培养学生独立思考、追求新知、敢于创新、敢于实践的作风，拓宽中小学生的科技知识面。加强中小学科技创新教育实践基地建设，提高中小学生的动手实践能力。

48. 提高全民科学文化素质和创新能力。要重视科普工作，实施《全民科学素质行动计划纲要》，为全社会提供各种形式的创新教育和培训。鼓励科普文化产业的发展，放宽民间资本和海外资金发展科普事业的准入限制，制定扶持政策，形成发展科普事业的多元化投入机制。在全社会大力弘扬科学精神，宣传科学思想，推广科学方法，普及科学知识，大力倡导爱科学、学科学、用科学的社会氛围，在全社会形成尊重知识、尊重人才、尊重创造、尊重劳动的良好风尚。

49. 大力培育创新文化。积极开展和大力表彰群众性创新活动，强化创新意识，培养创新能力，树立创新的文化价值观。培育企业家精神、团队精神、合作精神，倡导勇于创新、宽容失败、崇尚竞争、力戒浮躁的创新文化，使一切有利于经济发展和社会进步的创造愿望得到尊重，创造活动得到鼓励，创造才能得到发挥，创造成果得到肯定，创造财富得到保护。在全社会营造勇于创新、尊重创新和激励创新的文化氛围。

50. 各市、县(市、区)党委、政府要结合实际，依据法定权限制定相应的政策措施。省直各部门要依据本决定制定必要的实施细则。

中共山东省委关于印发《山东省“十一五”期间社会主义精神文明建设规划》的通知

鲁　发〔2006〕12号

(2006年7月14日)

各市党委，省军区党委，省委各部委，省政府各部门党组(党委)，各人民团体党组，各高等院校党委：

《山东省“十一五”期间社会主义精神文明建设规划》已经省委同意，现印发给你们，请结合实际，认真贯彻执行。

中共山东省委

2006年7月14日

“十五”时期，全省社会主义精神文明建设工作以邓小平理论和“三个代表”重要思想为指导，以科学发展观为统领，认真贯彻落实党的十六大，十六届三中、四中、五中全会和省八次党代会精神，围绕省委“一二三四五六”的发展目标和工作思路，以建设“文明山东”、构建和谐社会为主线，以加强全社会的思想道德建设、弘扬和培育民族精神为核心，以整体推进群众性精神文明创建活动为重点，开拓创新，狠抓落实，取得了新成绩，开创了新局面，为推动全省经济社会协调发展、全面进步提供了强大的精神动力、智力支持和思想保证。“十一五”时期是我省抓住机遇、应对挑战，站在新起点、实现新发展的关键时期。为实现《山东省国民经济和社会发展第十一个五年规划纲要》确定的目标任务，促进全省经济建设、政治建设、文化建设和社会建设协调发展，努力构建和谐社会，加快“大而强、富而美”社会主义新山东建设步伐，现结合我省实际，制定本规划。

一、明确指导思想和目标任务

1. “十一五”期间全省精神文明建设的指导思想。高举邓小平理论和“三个代表”重要思想伟大旗帜，坚持以科学发展观统领全局，围绕省委“一二三四五六”的发展目标和工作思路，以促进经济社会发展、满足人民群众的物质文化需求为核心，以提高全体公民的思想道德素质和科学文化

素质为重点，以群众性精神文明创建活动为载体，适应新形势，探索新途径，创造新经验，使全省精神文明建设的机制更加完善、基础更加扎实、水平更加提高、效果更加明显，全省的现代文明程度和人民群众文明素质提高到一个新阶段，为构建和谐社会，建设“大而强、富而美”的社会主义新山东营造良好舆论氛围，提供强大精神支撑。

2.“十一五”期间全省精神文明建设的目标任务。牢固树立中国特色社会主义理想信念和正确的世界观、人生观、价值观，认真践行社会主义荣辱观，巩固全省人民团结奋斗的共同思想基础；恪守社会公德、职业道德、家庭美德，弘扬新时期山东精神，建立比较完善的富有山东特色又反映时代要求的思想道德体系；实施科教兴鲁战略，繁荣文化事业，发展文化产业，公民的科学文化素质显著提高；深化群众性精神文明创建活动，推进“文明山东”建设，城乡现代文明程度大幅度提升；加强文化设施建设，规划建成一批高标准、标志性设施，进一步展现和谐发展的新形象；努力营造开拓创新的发展环境、廉洁高效的政务环境、公平正义的法制环境、规范守信的市场环境、健康向上的人文环境、安居乐业的生活环境、可持续发展的生态环境，把山东建设成为民主法治、公平正义、诚信友爱、充满活力、安定有序、人与自然和谐相处的地区。

二、切实加强思想道德建设

3.实施理论普及工程，打牢团结奋斗的共同思想基础。把学习贯彻邓小平理论和“三个代表”重要思想，同开展党的基本理论、基本路线、基本纲领和基本经验教育结合起来，同学习运用党的最新理论成果结合起来，用科学发展观教育广大党员干部群众，推动理论武装工作向深度广度拓展。抓好理论教育，加强和改进县以上党委（党组）理论学习中心组学习，强化基层党员干部理论教育，搞好知识分子和青年学生的理论学习，促进马克思主义中国化最新成果进课堂、进教材、进头脑。创新理论宣传，办好“齐鲁讲坛”、“社科普及周”，创作出版一批马克思主义基本理论知识连环画、优秀传统文化动漫系列片。强化理论研究，深化邓小平理论和“三个代表”重要思想、科学发展观、构建社会主义和谐社会等重大理论和实践问题研究，加强社科理论阵地和队伍建设，加强对哲学社会科学类研究机构和研究活动的管理，完善社科规划和成果评奖机制。

4.营造又快又好发展的浓厚氛围。围绕中心，服务大局，着眼实现又快又好发展这一目标，突出科学发展观这条主线，努力营造以科学发展观统领经济社会发展全局的浓厚氛围；开展“树立和落实科学发展观，营造良好发展环境”主题教育活动，为科学发展观的落实提供重要保证；围绕中央和省委的重大决策部署开展形势政策教育，不断增强干部群众抓住机遇、加快发展的紧迫感和责任感。

5.弘扬民族精神和时代精神。大力弘扬以爱国主义为核心的伟大民族精神，普及“忠诚守信、勤劳勇敢、务实苦干、开放创新”的新时期山东精神。精心组织重大纪念活动，不断深化革命教育和传统教育。实施爱国主义教育示范基地建设工程，创办山东爱国主义教育网站，积极开展红色旅游活动。开办“形势政策教育网上论坛”。加大典型宣传力度，建好先进典型储备库，推出一批促进经济社会又快又好发展、体现时代精神的先进典型。

6.开展科学知识、科学方法、科学思想、科学精神教育。贯彻《全民科学素质行动计划纲要》，制定山东省纲要实施方案，广泛开展群众性、经常性、社会性科普活动。实施未成年人科学素质行动，全面推动学校科技素质教育，建设山东省科技馆新馆，加大市、县科技场馆建设力度，为青少年全面发展提供良好环境。实施农民科学素质行动，形成“一站、一栏、一员”三位一体的农村科普体系。实施城镇劳动人口科学素质行动，为建立创新型社会提供人才保障和智力支持。实施公务员和领导干部科学素质行动，提高公务员科学素质和科学民主决策水平。全面启动科普资源库建设，实现全省科普资源共享。健全完善各级科协科普组织网络和队伍，建立政府投入为主、社会多元支持的科普工作投入机制。

7.开展民主法制教育。以深入开展平安山东建设为载体，坚持法制教育与法治实践相结合，法制教育与道德教育相结合，深入开展以宪法为核心的法制宣传教育和社会主义法治理念教育，不断增强法制宣传教育的针对性和实效性。坚持重心下移，切实搞好基层普法和依法治理工作，加强基层民主法制建设，推动法律进农村、进社区、进学校、进企业、进机关。广泛开展学法律、讲权利、讲义务、讲责任活动，进一步增强公民的遵纪守法意识，增强公务人员依法治理观念，提高各级政府依法行政、依法管理的水平，促进依法治省再上新台阶。

8.加强和改进思想政治工作。紧密结合全省经济社会发展的实际和广大党员干部群众的思想实际，不断创新思想政治工作的方式方法。突出抓好以农村、城市社区、民营企业、流动人口为重点的基层思想政治工作。深入开展企业文化建设“五重一创”活动，创办企业思想政治工作网站，组织全省思想政治工作创新奖评选。从关心人、体贴人、爱护人出发，切实维护群众利益，帮助解决实际困难，办好事、办实事，把解决思想问题和解决实际问题相结合，增强思想政治工作的感染力、吸引力和实效性。

9.加强社会公德建设。广泛开展社会主义荣辱观教育活动，引导广大党员干部群众明确是非、善恶、美丑界限，把“八荣八耻”的具体要求，落实到社会生活的方方面面。精心组织实施公民道德建设工程，深入贯彻《公民道德建设实施纲要》，制定《山东省社区志愿者服务管理办法》，建好城市社区道德宣传教育长廊、农村道德宣传教育专栏、公民道德建设示范点。加强马克思主义唯物论、无神论宣传教育，倡导科学文明，克服愚昧落后，抵制邪教，形成社会主义新风尚。

10.加强职业道德建设。立足于构建与社会主义市场经济相适应的职业道德体系，结合行业实际，制订行业规范、企业公约和岗位守则,培育以爱国、爱厂、爱家为基本内容、体现产业特色和时代特点的行业职业道德。深入开展“创建学习型组织,争做知识型职工”活动,全面提升职工素质。开展系统的职业道德基础知识培训,着重做好新上岗职工和转岗职工的培训。突出诚信重点,深入开展全省职工职业道德“双十佳”评选、“职业道德先锋岗”、“百城万店无假货”等职业道德实践活动,引导职工自觉树立“无欺、守诺、践约”的诚信观念,努力践行诚信准则。

11. 加强家庭美德建设。以提高家庭成员的思想道德和科学文化素质为重点,深化多种形式的家庭美德教育和实践活动。广泛开展“美在家庭”、“文明家庭”、“平安家庭”、“学习型家庭”、“绿色家庭”、“节约型家庭”、“婚育新风进万家”、“好媳妇”、“好婆婆”、“关爱女孩行动”等创评活动,把家庭美德建设渗透到家庭生活的方方面面。加强“巾帼文明队”建设,“十一五”末,全省60%的村和70%的社区(居委会)建立“巾帼文明队”。

12. 加强未成年人思想道德建设。充分发挥学校、家庭、社会在未成年人思想道德建设中的作用,建立健全学校、社会、家庭“三结合”的未成年人教育网络,形成全社会共同关心未成年人健康成长的良好氛围。按照“教书育人、育人为本,德智体美、德育为先”的要求,全面推进素质教育。认真解决青少年思想道德建设工作的薄弱环节,积极为青少年办一批作用大、影响好的实事。进一步落实《未成年人保护法》,完善未成年人法律保障机制,努力做好预防青少年违法犯罪的各项工作。

三、深入开展群众性精神文明创建活动

13. 全面推进“文明山东”建设。按照省委、省政府关于“文明山东”建设的部署,扎实推进“十大行动”。积极探索“文明山东”建设的长效机制,构建科学完善的“文明山东”考评指标体系。充实和完善市民公约、村规民约、职业操守等道德规范,研究制定《山东省公民文明公约》。结合迎接在青岛举办的2008年奥运会帆船赛,在全省组织开展文明礼仪宣讲演示和知识竞赛活动,拍摄“文明山东”建设专题片,开展“齐鲁文明一家人”推荐评选活动。

14. 深入开展创建文明城市活动。开展创建文明城市“回头看”活动,总结创城经验,围绕保障措施、科学管理、表彰激励等内容,建立完善创城工作的长效机制。研究制定创建文明城市工作规划,把精神文明创建工作的目标任务、措施和工作要求纳入城市建设总体规划,落实到各地各部门各单位。围绕深化思想教育、改善生活环境、提高服务功能、倡树文明新风,深入开展文明社区创建活动,夯实创建基础。广泛开展科教、文体、法律、卫生“四进社区”活动,组织省级文明社区评选。评选表彰第二批省级文明城市(县、区),在2008年中央文明委组织的全国文明城市评选中保持全国领先地位。

15. 深入开展创建文明村镇活动。按照“生产发展、生活宽裕、乡风文明、村容整洁、管理民主”的目标要求,以城镇为龙头、村庄为关键、农户为细胞、共联共建为纽带,全面推进农村精神文明建设。制定实施《关于深化农村精神文明创建活动推进社会主义新农村建设的意见》、《山东省文明村镇测评体系》和《山东省文明村镇建设管理条例》,规范农村精神文明创建活动。深入开展“文明村镇”、“文明生态村”、“文明小康村”、“文明一条街”、“十星级文明户”等创建活动,建设“民富、村美、风正”的新农村。实施城乡统筹精神文明建设工程,组织动员各级文明城市、文明单位、文明机关与农村开展结对共建,以城带乡。认真贯彻落实《中共中央办公厅、国务院办公厅关于进一步加强农村文化建设的意见》,切实加强农村文化设施建设,努力满足广大农民群众的精神文化需求。发挥农民群众的主体作用,开展农村道德评议活动,推广农民养老金制度,促进乡风文明。推出一批建设社会主义新农村的先进典型。继续开展文化、科技、卫生“三下乡”活动,探索建立“常下乡”的有效机制。

16. 深入开展文明单位、文明机关、文明风景旅游区等创建活动。完善文明单位、文明机关、文明风景旅游区管理办法,强化动态管理,增强创建工作的活力。发挥精神文明品牌效应和先进典型的辐射效应,抓好样板社区、文明示范街、文明信用工程、“和谐校园”、城市交通“三让”等精神文明建设品牌。加大对行业精神文明创建活动的指导力度,组织行业开展各具特色的创建活动。

四、繁荣发展先进文化

17. 繁荣精神产品创作生产。按照建设文化强省的要求,制定全省文化发展纲要。大力实施精品工程,组织好重点文学、电影、电视剧、戏剧、歌曲作品的创作生产和展映展播,策划创作能够代表山东形象的大型歌舞。加强文艺理论研究和文艺评论工作,规范文艺评奖,扶持推介新人新作。加大对我省列入非物质文化遗产保护项目剧种的保护力度。省直艺术院团要承担起创作精品剧目的责任,发挥带头和示范作用,每年要创作、改编1-2台有较高艺术水平和有艺术创新的作品,力争到“十一五”末,全省推出10台左右在全国有影响、体现山东地域特色、代表山东艺术水平,在全国“五个一”工程、“国家舞台艺术精品工程”、“文华奖”等重大艺术活动中获奖的剧目。

18. 发展社会文化事业。深入开展创建“社会文化先进县”、“社会文化先进乡镇”活动,全国“文化先进县”、全省“社会文化先进县”、“社会文化先进乡镇”数量逐届增加。制定进一步活跃文艺演出的意见,广泛开展群众性文化活动,形成一批群众文化活动名牌项目。保护农村非物质文化遗产,发展农村特色文化,继续扩大农村民间艺术之乡的评选活动。发展社区文化、广场文化、校园文化、企业文化,“十一五”时期,全省经常参加各类文化活动的群众要达到人口总数的35%左右。加大财政对农村文化发展的投入,加强农村文化基础设施建设,“十一五”末,实现县县有较高水平图书馆和文化馆,乡乡有集文化、体育、科普、广播为一体的乡镇综合文化站,村村有文体娱乐场所。实施农村电

影放映“2131”工程,加大政府财政投入,增加农村公益电影放映场次。结合开展农业科教影片“千片进村”活动,基本实现全省农村一月放一场电影的目标,丰富广大农民的精神文化生活。实施文化信息资源共享工程与农村党员干部现代远程教育共建共享,把优秀文化信息资源传递给农民群众。

19.强化文化市场管理。坚持一手抓繁荣、一手抓管理,“十一五”时期,初步建成与我省市场经济发展相一致、门类齐全、结构合理、统一开放、竞争有序的文化市场体系。加强文化市场管理,探索建立文化市场长效管理机制。按照控制总量、合理布局、优化结构的原则,加强网络文化市场的管理和监督工作。进一步完善音像市场监管制度,建立音像市场动态监管体系,积极开展音像市场专项治理行动,坚决打击非法经营行为,为正版音像制品经营保驾护航。加快演出市场改革开放进程,鼓励社会资本进入演艺市场,支持一部分演出团体、演出场所和演出经纪机构联合、联办、兼并,形成跨地区、跨部门、跨所有制,具有规模性、导向性,主业突出、核心能力强的演艺产业集团。严格控制歌舞娱乐市场总量,优化结构,净化规范,在大中城市适度发展一批规模大、多功能、适合群众消费需求的歌舞娱乐场所。规范艺术品经营秩序,推出品牌化的经营示范单位。加强对电影发行放映市场管理,规范电影市场准入制度,扩大电影集约化经营,运用市场机制合理配置电影资源。依法实施对文化类民间组织的管理,加强城乡文化市场特别是农村文化市场的管理。

20.发展文化产业。制定加快文化产业发展意见,搞好全省文化产业发展规划。建立山东省文化产业项目库,对重点文化项目给予政策和资金扶持。加强文化产业中介组织建设,成立山东省文化产业联合会,引导协调组建文化产业行业协会。充分发挥齐鲁文化底蕴深厚的优势,培育和建设一批出版、电子音像、影视、动漫、工艺品研发、生产和分销基地,大力发展文艺演出业、艺术培训业、休闲娱乐业、会展业等传统文化产业和动漫游戏、音像、网络等新兴文化产业。认真贯彻执行《国务院关于非公有资本进入文化产业的若干决定》,编制发布《山东省文化产业投资指导目录》,完善文化产业政策,鼓励支持社会力量兴办文化产业,引导和支持非公有资本进入文化产业,形成以公有制为主体、多种所有制共同发展的文化产业格局。打造大型文化交流和经贸合作平台,办好山东(国际)文化产业博览会,推出一批示范性强、市场前景好的文化产业项目,提升我省文化产业档次,推动文化产业健康快速发展。“十一五”时期,文化产业增长速度明显高于同期国民经济的增长水平。

21.扩大对外文化交流。整合外宣资源,发挥整体合力,形成全方位、多层次、宽领域的大外宣格局。组织好“十一五”经济社会发展情况和重大涉外经贸、文化、旅游活动的对外宣传。实施对外宣传“走出去”工程,不断扩大山东声音的对外输出。抓好外宣“灯下亮”工程,办好外语节目和外文期刊,做好向来鲁外国专家、留学生、投资合作者和旅游观光者的宣传。推进新闻发布工作,健全完善新闻发言人制度,提高新闻发布数量和质量。积极开拓国际文化市场,培植具有齐鲁文化内涵、特色鲜明的文化产品和文化服务,进入国际文化市场,占据和扩大市场份额,打响齐鲁文化品牌。打好“孔子牌”,对外推广孔子、孟子雕像,举办孔孟文化展、“孔子世界行”、“青州佛教造像展”、“艺术剪纸国际巡展”、“山东杂技京剧国际巡展”等文化交流活动。培养扶持有较强创新能力和竞争实力的国有文化企业,组建国有资本、集体资本、非公有资本等参股的混合型文化出口企业,形成开拓国际文化市场的主力军。不断开拓新的对外文化交流渠道,每年选择一二个国家和地区,推介、传播中华传统优秀文化,“十一五”时期,争取推出10个左右具有山东特色的大型对外文化交流项目。

22.加强文化设施建设。围绕满足人民群众文化活动和文化消费需要,规划建设一批国际一流、国内领先、体现山东文化风貌的大型文化设施。建设山东省博物馆新馆、齐鲁文博中心、山东演艺中心、泉城文化娱乐园和山东书城等省城重点文化设施。加强基层文化设施建设,重点扶持30个欠发达县的基础文化设施建设,缩小与发达县市的差距,重视和加强工人文化宫俱乐部建设,推动职工文化体育工作的深入开展。“十一五”末,全省70%以上的文化馆、80%以上的图书馆达到国家等级馆,全省乡镇综合文化站(中心)的文化活动阵地普遍不少于200平方米,村村有文体娱乐场所。

23.加强文化遗产保护。坚持“保护为主、抢救第一、合理利用、加强管理”的方针,推进文物资源的永续利用和可持续发展。全省各级文物保护单位总量达到5000处,其中,全国重点文物保护单位由51处增至100处左右,省级文物保护单位由397处增至600处左右。加强不可移动文物、馆藏文物的保护与管理,启动已列入国家“十一五”重大遗址保护规划纲要的临淄齐国故城、两城镇遗址、城子崖遗址、桐林遗址、大辛庄遗址、曲阜鲁国故城六大遗址的保护工程。修订《山东省文物保护管理条例》,依法强化文物保护“五纳入”工作。重视和加强非物质文化遗产保护工作,开展非物质文化遗产资源普查,建立我省非物质文化遗产保护名录体系,加强非物质文化遗产的研究、认定、保存和传播,建立科学有效的非物质文化遗产传承机制。

24.推进文化体制改革。认真贯彻《中共中央、国务院关于深化文化体制改革的若干意见》和全国文化体制改革试点工作会议精神,制定深化我省文化体制改革的意见和实施方案,重点突破、项目带动、基地示范,积极稳妥地推进文化体制改革。进一步解放和发展文化艺术生产力,政府文化行政部门转变职能,实现政事分开、政企分开、管办分开,逐步形成党委领导、政府管理、行业自律、企事业单位依法运营的文化管理体制和运营机制。积极推进经营性文化事业单位转企改制,培育市场竞争主体,整合文化资源,扶植一批文化产业集团。文化企业以“创新体制、转换机制、面向市场、壮大实力”为重点,逐步建立现代企业制度。

五、发展壮大社会事业

25. 发展新闻出版事业。进一步提高山东出版业的竞争力和影响力。报纸期刊,重点立足于存量资源的充分利用,调整优化结构,避免重复建设和同质化竞争,推进由数量型向规模型、特色型、品牌型、效益型转变。图书出版,重点是优化结构、创新品牌。音像电子网络出版,重点是扩大规模、调整结构、自主创新、提高效益,加快数字化、网络化、电子商务化进程。积极培育新的经济增长点,加快发展包装装潢印刷企业和可录类光盘企业,积极发展版权贸易,发展动漫、互联网游戏出版、互联网教育出版、互联网学术文献出版,大力支持跨地区、跨部门、跨所有制出版物连锁经营,鼓励传统出版向网络出版拓展,发展出版物发行电子商务,改变传统营销方式,推动出版发行的进、销、调、存、管及服务方式变革。抓好山东书城、四大报业集团、山东出版集团、山东新华书店发行集团、民营发行业工程、"金钥匙"富民出版工程、发行网络建设工程、青岛动漫游戏产业基地等重点项目。建立完善版权保护体系,加强对出版活动和出版物市场的监管。深入开展"扫黄打非"斗争,把"扫黄打非"工作纳入当前正在深入开展的平安建设,纳入对治安混乱地区突出治安问题的排查整治,纳入社会治安综合治理工作的检查和考核范围,严格兑现奖惩,确保全省新闻出版业健康有序、繁荣发展。

26. 发展广播电视事业。坚持新闻宣传精品打造战略,创建2-3个在全国有较大影响的精品频道。影视剧创作力求思想性、艺术性和观赏性的完美统一,每年确保有2-3部剧目进入"三性统一"、"双效"俱佳的优秀电视剧行列,2-3部获"五个一工程"、"华表奖"、"飞天奖"等国家级政府奖。确保广播电视播出安全。加强基础设施建设,加快推进广播电视网络资源整合开发,全面提高广播电视覆盖面,争取2010年广播电视综合覆盖率达到99.5%以上,全省有线电视入户率达到65%。不断推动科技创新,努力实现广播电视数字化,争取2008年奥运会和2009年全运会能够播出高清节目,2010年省属高山转播台实现无线数字多节目播出。

27. 发展教育事业。坚持教育优先发展,促进各级各类教育全面、协调、健康发展,扩大教育供给,调整教育结构,提高教育质量,全面提升劳动者素质。巩固提高基础教育,重点加强义务教育特别是农村义务教育,强化政府对义务教育的保障责任。2007年全部免除农村义务教育阶段学生学杂费,对农村贫困家庭学生提供免费课本和寄宿生生活补助费,认真解决城市低收入群众的子女就学困难问题。全面改善办学条件,建立农村义务教育阶段中小学校舍维修改造长效机制。深化教育模式和教学内容改革,全面推进素质教育。积极发展高等教育,推进办学体制与管理体制改革,优化结构,提高质量,实现以内涵拓展为主的工作重心转移,支持高水平大学和重点学科建设。适应人才需求结构变化,调整优化人才培养的层次和专业结构,加快紧缺人才的培养,稳步提升高等教育大众化水平。大力发展职业教育和成人教育,构建与普通教育互通互补的职业教育体系,力争到2010年,提高职业教育在高中阶段教育和高等教育中的比重。积极发展继续教育、成人教育和老年教育,形成开放式、多样化的终身教育体系,发展现代远程教育。加大教育改革力度,明确各级政府提供公共教育服务的职责和重点,落实《民办教育促进法》,改革过于集中的政府办学体制。完善非义务教育办学成本分担机制,严格规范各类学校招生和收费制度,着力解决上学难、上学贵的问题。

28. 发展卫生事业。以改革、发展、监管为重点,以优化结构为主线,不断提高卫生服务能力和水平,为全省人民健康服务。建立健全公共卫生防治体系,搞好重点疾病预防控制机构、传染病救治机构和紧急救援中心建设,构建完善"三个体系",提高应急处置能力。加强农村卫生队伍建设,强化农村卫生基础设施建设,提高农村医疗卫生服务水平,力争到2010年完成县乡级医疗卫生机构改造建设。稳步扩大试点范围,建立覆盖全省农村人口的新型农村合作医疗制度,继续深化城市医疗体制改革,维护医疗行业的公益性质,落实政府保障群众基本医疗的职责。积极推进名医、名专科、名医院建设。大力发展城市社区卫生服务,建立健全以社区卫生服务为基础的新型城市卫生服务体系。开展城镇居民合作医疗试点。继承、创新和发展中医药事业,充分发挥中医药在城乡居民保健中的优势作用,加快推进中医药现代化。切实加强医药监管,规范医疗服务收费,整顿药品生产和流通秩序,提高医疗服务效率和质量,着力解决看病难、医药贵的问题。支持发展红十字事业,大力弘扬"人道、博爱、奉献"的红十字精神,积极倡导救死扶伤、扶危济困、尊老助残、助人为乐的社会风尚。推进无偿献血,使捐血助人成为公民的自觉行动。进一步加强造血干细胞捐献者资料库建设,积极宣传和普及捐献造血干细胞知识,争取到2010年,我省造血干细胞检测数据入库率达到8万人份。积极推动红十字社区服务工作,在社区开展博爱助医、助学和建立博爱互助中心(超市)等帮困活动,扩大服务范围,推动红十字示范市区建设。在高校和社区积极开展预防艾滋病知识和远离毒品、远离烟草的宣传教育活动。

29. 发展体育事业。深入贯彻《全民健身计划纲要》和《山东省全民体育健身条例》,提高全民健康水平。加强体育设施的建设和管理,人均体育场地数量和面积有较大增长,规划建设一批高水平的体育场馆。大力实施《奥运争光计划纲要》,结合迎接在青岛市举办的奥帆赛和在济南市举办的第十一届全运会,开展丰富多彩的迎奥运和十一运文化活动,传播现代奥林匹克精神,鼓励我省体育健儿在北京奥运会和第十一届全国运动会上争创佳绩。全面开展"人人都是东道主,我为十一运做贡献"精神文明争创活动和社会公德教育,为两项重大赛事活动创造良好的人文环境。

30. 发展科学技术。按照"自主创新,重点跨越,支撑发展,引领未来"的指导方针,大力实施科教兴鲁和人才强省战略，形成结构合理、重点突出的科技发展总体布局，全省综合科技实力显著提升，综合科技进步水平指数进入全国前列，为全面建设创新型省份奠定基础。加强科学研究与开发，争取取得一批具有国际先进水平的科研成果。建立适应市场经济需要、符合科学发展观和科技自身发展规律的科技创新体系，建立稳固的多渠道科技投入机制，建立起吸纳科技人才的有效机制。以提高科技自主创新能力为中心，大力发展高新技术产业。以实现优势领域的技术突破和重点领域的技术跨越为重点，大力开发具有自主知识产权的关键技术和核心技术，在资源与环境、新能源技术、农业高新技术、海洋技术、电子信息技术、生物技术与创新药物、新材料技术与产业发展等方面重点自主创新。深化科技体制改革，整合科技资源，加强科技基础条件平台建设，加强科技合作与交流，加强科学技术创新文化建设，加快社会主义新农村科技支撑体系建设，实施知识产权战略和技术标准战略，提高全省科技综合实力。

31. 发展环保事业。深入贯彻《国务院关于落实科学发展观加强环境保护的决定》，大力发展循环经济，促进产业结构调整和经济增长方式根本性转变，强化环境执法监督能力，维护人民群众环境利益，着力解决环境污染和生态破坏问题，加快建设资源节约型、环境友好型社会。切实加大污染防治，以饮用水安全和重点流域治理为主，加强水污染防治；以消减二氧化碳、烟尘、粉尘排放量为主，推进大气污染防治；以加强农村环境保护，防治土壤污染为主，发展有机食品，让人民群众“喝上干净的水，呼吸上清洁的空气，吃上放心的食物”。大力发展环保产业，完善“政产学研”科技创新体系，形成一批具有自主知识产权的核心技术和主导产品。以“绿博会”和环保产业论坛为平台，融合国际技术和社会资金，建立规范的环保市场运作体系。加快地方环境法规、规章和标准建设。继续开展环保专项执法行动，严肃查处各类环境违法行为，保障人民健康和社会稳定。加大环境信息发布力度，保障公众环境知情权。深入开展环境友好企业、环保模范城市、环境优美乡镇、绿色学校、绿色社区等多类型、多层次的环保系列创建活动，倡导生态文明，促进人与自然相和谐。开展环境文化研究和创作，成立环境文化协会，组织环境文化论坛，出版环境文化丛书，推动环境文化的普及和繁荣。

32. 繁荣发展哲学社会科学。大力推进理论创新体系建设工程、重点学科建设工程、人才队伍建设工程、网络信息化建设工程，形成具有时代特点、结构合理、门类齐全的学科体系，形成人尽其才、人才辈出的人才培养选拔和管理机制，充分发挥哲学社会科学认识世界、传承文明、创新理论、资政育人、服务社会的重要作用，努力推动哲学社会科学事业有新的更大发展。

33. 加强互联网管理。充分发挥政府网站作用，加大网上正面宣传力度。加强重点新闻网站基础设施建设，筹建大众网日文、韩文频道，加强和改进山东新闻网英文频道。加大网上信息日常监管力度，加强互联网登载新闻信息、提供时政类电子公告服务的管理，强化对网上论坛、新闻跟帖、电子邮件、聊天室、手机新闻短信息等互动性栏目的监管。建立省互联网协会新闻信息服务工作委员会和网上不良信息举报中心网站，制订山东互联网新闻信息服务自律规范，完善互联网管理体系，健全联防联控机制。

34. 推进新闻出版广播影视业改革。深化新闻出版体制改革，积极推动确定转制为企业的新闻出版单位深化改革，确保转制工作稳妥有序进行。继续推进公益性新闻出版单位深化三项制度改革，认真落实中央有关新闻出版产业政策，确保对新闻出版产业的各种优惠政策落实到位。鼓励支持社会力量兴办新闻出版产业，形成新闻出版业投资主体多元化、多渠道、多种所有制发展的格局。

六、加强和改善对精神文明建设的领导

35. 切实把精神文明建设摆上更加突出的地位。各级党委政府要从落实科学发展观、构建社会主义和谐社会的高度，充分认识加强精神文明建设的重要性，把精神文明建设真正摆上重要议事日程，纳入各地各部门各单位总体规划。把是否重视和善于抓好精神文明建设，作为衡量各级领导干部政治上合格不合格、领导水平高不高的重要标准，作为衡量地区、部门、单位工作成效的重要标志。

36. 健全精神文明建设领导体制和工作机制。按照建立完善决策目标、执行责任、考核监督“三个体系”的要求，逐步建立党委统一领导、党政群齐抓共管、文明委组织协调、有关部门各负其责、全社会积极参与的领导体制和工作机制。实施精神文明建设目标管理，建立科学的评估机制和激励竞争机制。组织人大代表和政协委员对精神文明建设情况进行视察，加强群众监督和新闻舆论监督。

37. 加大对精神文明建设的投入。切实增加对精神文明建设的投入，确保财政对科技、文化和教育事业的投入随着财力的增加而稳步增长。进一步落实文化经济政策，做好文化事业建设费的征收工作，保证精神文明建设有可靠的物质基础。加强对文化事业各项资金的管理，突出重点，提高资金使用效益，促进宣传文化事业发展。进一步拓宽筹资渠道，鼓励和争取社会力量对精神文明建设的支持和捐赠，形成适应社会主义市场经济的筹资机制和多渠道投入机制。

38. 建设一支高素质的精神文明建设工作队伍。按照“政治强、业务精、纪律严、作风正”的标准，不断提高精神文明建设队伍的凝聚力、创新力、战斗力。各级党委政府要从政治上、工作上、生活上关心他们，为他们更好地履行职责创造宽松的环境。加大对精神文明工作队伍的业务培训力度，不断提高他们的思想素质和业务能力。坚持高标准、严要求，推动各项工作不断上新水平，开创全省精神文明建设工作的新局面。

中共山东省委　山东省人民政府
关于进一步促进服务业发展的若干意见

鲁　发〔2006〕14 号

（2006 年 8 月 3 日）

为进一步优化服务业发展环境，促进我省服务业又快又好发展，特制定如下意见。

一、提高认识，明确任务，扎实推进服务业发展

服务业发达程度是衡量一个国家和地区综合竞争力和现代化水平的重要标志。加快发展服务业是全面贯彻落实科学发展观和构建和谐社会的必然要求，对提高居民收入、增加财源、扩大就业具有重要作用，是转变经济增长方式，有效化解资源环境约束，实现可持续发展的迫切需要，也是顺应经济国际化趋势、扩大对外开放的客观要求。各级各部门要进一步解放思想，充分认识加快发展服务业的极端重要性，增强紧迫感和责任感，把发展服务业作为各项工作的重中之重来抓。

要按照拓展生产性服务业、丰富生活性服务业、突出发展现代服务业的总体要求，紧紧抓住金融保险、现代物流、现代流通、信息服务、商务服务、旅游文化、科教卫生、社会中介等 8 个重点，促进服务业高水平、跨越式发展。到“十一五”末，全省服务业增加值要达到 1 万亿元以上，占 GDP 的比重要达到 37% 以上。各地区要突出特色，发挥优势，加快服务业发展，东部地区服务业要发展更快一些。中心城市要逐步形成以服务经济为主的产业结构，以服务业发展促进工业、农业的快速发展，增强对全省经济社会发展的带动力。

二、放宽市场准入

（一）除国家法律、法规禁止进入的，各类资本均可进入所有服务业领域。

除国家法律、法规或者国务院决定规定的企业登记的前置审批外，其他一切审批项目均不得作为服务业企业登记的前置审批项目。服务业企业异地设立的分支机构新增经营项目需前置审批许可的，经企业申请，由分支机构向所在地工商行政管理部门提交本分支机构经营此项目的前置许可证件，可以在经营范围内增加该项目。

（二）凡是来我省投资创办生产性服务企业的，注册资本均可按法定最低注册标准执行。

服务业企业在办理年度检验和工商登记事项时，依法从快从简办理。

鼓励个体文化演出进城发展服务业。鼓励个体行医者在社区卫生服务和建立民营医疗机构方面的发展。

（三）认真落实“十一五”期间国家支持文化事业发展的若干经济政策。非公有制文化企业在项目审批、资质认定、融资等方面与国有文化企业享有同等待遇。

三、实施税费优惠

（四）从事货运代理、拆迁代理、商标代理、广告代理、会展代理业务的单位，以实际取得的报酬为营业额计算缴纳营业税，具体扣除项目按有关规定执行。保险代理公司从事保险代理业务取得的全部收入，允许按扣除支付给保险公司保费收入后的余额计算缴纳营业税。

单位和个人从事技术转让、技术开发和与之相关的技术咨询、技术服务业务取得的收入，免征营业税、城市维护建设税和教育费附加。

（五）社会力量（不含外商投资企业和外国企业）通过境内非营利的社会团体、国家机关资助非关联的科研机构和高等学校的研究开发新产品、新技术、新工艺所发生的研究开发经费，按规定在当年度应纳税所得额中扣除。

在社区新办的物业管理、家政服务、幼托养老、就业培训、文教卫生、体育健身等服务业，按国家税收规定免征企业所得税 1 年。

（六）“退二进三”企业，不改变土地权属关系，符合土地利用总体规划，经城市规划部门批准的改建项目，免收城市基础设施配套费等行政事业性收费，符合国家规定的按新办企业享受企业所得税免收 1 年的优惠政策办理。

（七）凡未列入国家和省行政事业性收费目录的项目一律不得收费（含各类保证金）；对服务企业的行政事业性收费，凡是收费标准有上、下限幅度规定的，一律按下限额度收取。

（八）免收省内金融（保险）机构在以资抵贷、抵贷资产接受和变现办理资产过户、登记、抵押等事项过程中所发生的房屋所有权登记费、房产交易手续费、机动车辆安全检验费。

（九）对省内集资、贷款建设的收费路桥（政府还贷、合同期内的除外），自收回投资之日起，取消收费。

（十）民办学校可以接纳社会捐助，学校建设在减免建设配套费等方面，享受与公办学校同样的优惠政策。

四、加大财政、金融、价格支持力度

（十一）为支持服务业的发展，自 2006 年起至 2010 年，省级财政设立服务业发展引导资金，数额为上年度全省 GDP 的万分之零点五；主要用于对国家服务业发展引导资金的配套，落实省扶持服务业发展的政策，扶持省里确定的

重点服务企业集团、服务名牌企业和符合省服务业发展规划的服务业聚集区、重点项目，对服务业发展成效显著的市、县(市、区)进行奖励；使用办法另行制定。各市、县(市、区)政府要按照经济总量的比例在预算内安排相应的服务业发展引导资金，促进服务业全面快速发展。

省级中小企业信用担保机构每年安排一定比例的担保资金用于扶持发展中小服务企业。

对引进国内外著名服务企业总部、地区总部、采购中心、研发中心等自建、购买或租赁办公用房的，由所在地政府给予补贴。银行、保险、证券类金融机构在我省设立总部或地区总部，省财政给予一次性补贴。

(十二)对各地承办的国际性、全国性会展，文艺、体育等重大节庆活动，承办单位取得的广告收入，依法缴纳营业税后，由税收入库地政府按一定比例给予补贴。

(十三)在城市改造中，涉及老字号店铺原址动迁的，原则上应原地安置。对现存的老字号商号、商标采取保护性措施，为老字号申请注册商标提供相关法律法规方面的帮助。对具有发展前景的老字号连锁企业给予财政支持。

(十四)全国各地旅游车辆的行驶路线和停车区域，在全省范围内均享受与当地客运车辆的同等待遇。对通往列入红色旅游规划景点、国家4A级及以上旅游景区、国家和省级风景名胜区、国家级农业旅游示范点的连接道路建设，由交通部门给予一定支持。

(十五)在国家预算投资、国信投资、国债转贷、国债贴息资金中，优先支持发展潜力大的现代物流、电子信息平台、旅游、现代流通、养老服务等项目；在技改贴息项目的申报中，适当对现代物流项目进行倾斜，加快培育具有国际竞争力的大型物流企业集团。

(十六)服务业(桑拿、洗浴、洗车除外)的用水、用气价格，在与工业用水、用气执行同价的原则下，由各市在2年内调整到位。服务业的动力用电与普通工业用电执行相同价格，逐步缩小服务业照明用电与普通工业用电价格的差价，2年内实现并轨。进一步完善峰谷用电管理办法，降低服务企业用电成本。

对新产品研发、工业设计、商务服务等生产性服务业项目用地，实行与工业项目用地同等的供地方式。

五、优先安排土地供应

(十七)对利用存量土地建设的服务业项目，在符合土地利用总体规划和城市规划的前提下，依据有关政策优先办理建设用地供地手续。现代服务业项目建设需占用农用土地的，国土资源部门要优先安排用地指标，优先办理用地手续。实力雄厚的国内外大企业来我省投资兴建大型旅游项目，在符合土地利用总体规划、城市总体规划和旅游规划的前提下，按有关政策要求提供用地。对列入省服务业发展规划的服务业聚集区、重点项目优先满足土地指标供应。

服务企业有形场所因城市建设需要依法拆迁时，须按国家规定进行补偿。

六、积极引进培养人才

(十八)留学回国人员到我省从事服务业工作的，工龄与出国前的工龄合并计算为连续工龄；其在国外取得的学历、学位，经国家教育部门承认的，可根据本人实际专业技术水平和能力，申报评审或报考相应专业技术职务任职资格。

各级政府对引进的服务业高级专业人才在住房、子女入学等方面给予支持。外籍人士子女经主管部门批准，可优先在当地外籍人士子女学校或就近在具有接收外国学生资格的学校学习。

(十九)按实际需要，选派公务员到服务业发达国家和地区学习培训，列入全省引进国外智力项目年度计划，学习培训费用由各级政府和派员单位共同承担，省财政对经济欠发达县给予适当补贴。在省政府自筹经费资助出国留学计划中，优先安排服务企业留学项目。

对科技服务企业内部的职务结构比例，由单位根据自身需要自主设置专业技术岗位和职务等级；事业性质的科技服务机构，可在批准的岗位数额内，自主设置专业技术创新岗位，确定岗位责任和任职条件。

七、深化改革扩大开放

(二十)加快推进事业单位、机关后勤服务社会化和政企、政事分开改革，破除制约服务业发展的体制机制性障碍。尽快完成政府机关所属的招待所、宾馆改企转制工作。财政供养单位经批准的公务活动和采购，凡能通过市场化手段解决的，应委托社会中介或直接向社会进行招标购买。允许旅行社代理财政供养单位经批准的公务活动。逐步将公共服务纳入政府集中采购范围，积极推进国库集中支付改革。

(二十一)紧紧抓住我国入世过渡期结束和现代服务业国际转移的有利时机，利用好CEPA的政策，扩大服务业对外开放和招商引资力度。对从事港口、码头建设的中外合资经营企业，经营期15年以上的，经企业申请，所在地省国家税务局批准，从获利年度起，第1年至第5年免征企业所得税，第6年至第10年减半征收企业所得税。

(二十二)金融部门要大力支持服务业项目，符合当年度服务业产业导向目录的新建、扩建、改建项目，优先安排贷款资金。支持符合条件的服务企业进入资本市场，通过股票上市、企业债券、项目融资、产权置换等方式筹措资金。

八、优化环境，规范管理

(二十三)推行政府管理一条龙服务，提高服务质量，规范服务行为。推广行政部门联合执法，除涉及公共安全的检查和执行特殊任务外，行政执法部门不得随意到服务企业进行突击检查。除法律、行政法规有明确规定外，行政管理部门不得要求企业到指定中介机构办理验资、资产评估报告等证明性文件；正常性抽取商品检查，须向企业支付商品货款。各级政府要认真清理、修订限制服务业发展的不合理的规章制度,并向社会公示,接受社会监督。对企业举报的乱摊派、乱罚款、乱检查、乱评比行为,纪检监察机关要加大查处工作力度。

(二十四)进一步深化价格和收费改革,规范收费公示制度,实现价格监督检查关口前移,完善价格社会监督机制;健全价格举报工作机制,提高快速反应能力,对涉及向服务业乱收费的举报案件,努力做到受理迅速、处理恰当、回复及时;适时开展行政事业性收费专项检查,对查出的价格违法和乱收费行为,依法做出处理。

(二十五)建立健全服务业统计制度,改进统计方式,理顺统计渠道,强化统计力量,重点解决好目前存在的瞒报、漏报等问题。各级统计部门要充分发挥统计工作"反映发展、宣传发展、评价发展、促进发展"的职能,及时反映服务业发展动态,为各级政府和有关部门提供决策依据。

(二十六)科学编制全省"十一五"服务业发展规划,服务业专项规划,重大项目要与其进行衔接协调;加快生产性服务业和面向大众的生活性服务业等综合性聚集区的建设步伐,对列入省"十一五"服务业发展规划的服务业聚集区等,给予财政、信贷及其他方面的扶持和优惠。

九、切实加强对服务业工作的领导

(二十七)各级政府成立服务业发展领导小组,研究提出服务业发展战略、规划和政策,统筹协调解决服务业发展中的重大问题。各级各部门要进一步转变观念,强化服务意识,落实国家和省已经出台的政策,制定和细化相关配套政策措施。自2006年起,把服务业发展纳入对地方政府考核的内容,考核办法另行制定。

本意见自下发之日起实施,此前相关文件规定的优惠政策,企业可选择最适用的政策执行。各市要根据本意见制订具体实施意见,省有关部门要在本意见下发后2个月内制订配套政策并认真组织落实。

中共山东省委 山东省人民政府
关于建立和完善党政领导班子和领导干部综合考核指标体系的意见

鲁 发〔2006〕15号

(2006年8月3日)

在邓小平理论和"三个代表"重要思想指引下,在以胡锦涛同志为总书记的党中央的领导下,为全面贯彻落实科学发展观,进一步加强领导班子和干部队伍建设,依据中组部印发实施的《体现科学发展观要求的地方党政领导班子和领导干部综合考核评价试行办法》和省委关于健全完善"三个体系"的要求,就建立和完善党政领导班子和领导干部综合考核指标体系,提出如下意见。

一、指导思想和基本要求

建立和完善党政领导班子和领导干部综合考核指标体系,坚持以科学发展观统领全局,围绕全面落实省委"一二三四五六"的发展目标和工作思路,着力引导和激励党政领导班子和领导干部牢固树立科学发展观和正确政绩观,解放思想、干事创业,努力创造经得起实践、历史和人民群众检验的政绩,加快建设朝气蓬勃、奋发有为的领导层和高素质的干部队伍,为实现全省经济社会又快又好发展提供有力保证。

建立和完善党政领导班子和领导干部综合考核指标体系,要坚持辩证唯物主义和历史唯物主义,努力做到符合社会主义物质文明建设、政治文明建设、精神文明建设、和谐社会建设和党的建设的内在规律;坚持发展这个党执政兴国的第一要务,促进经济社会全面、协调、可持续发展;坚持继承与创新相结合,遵循党和国家法律法规和有关文件的规定,在实践中不断创新完善;坚持定量考核与定性考核相结合,统筹兼顾,分类考核,综合评价,发挥激励、引导作用;坚持实事求是,力求做到全面、客观、公正,简明、实用、方便,保证对党政领导班子和领导干部的考核准确、有效。

二、考核指标体系

按照以科学发展观统领全局,全面推进社会主义经济建设、政治建设、文化建设、社会建设和党的建设的要求,党政领导班子和领导干部综合考核指标分为5大类、30项内容。

(一)关于经济建设 按照党中央、国务院的决策部署,围绕促进落实省委、省政府重大决策部署和经济社会发展"十一五"规划,实现国民经济又快又好发展,主要考核八个方面的内容:1. 生产总值。主要考核经济发展规模、经济增长速度,包括地区生产总值(GDP)、人均GDP和GDP增长率三项指标。2. 财政税收。主要考核经济整体素质、经济运行质量和政府的调控能力,包括地方财政收入、人均地方财政收入、地方财政收入增长率、地方财政收入占GDP比重、税收占地方财政收入比重、税收占二三产业增加值比重六项指标。3. 结构优化。主要考核产业结构优化程度、外向型经济发展实力和对外开放水平,包括服务业增加值占GDP比重、非公有制经济增加值占GDP比重、高新技术产业产值占规模以上工业产值比重、进出口总额占GDP比重、进出口总额增长率、实际利用外商直接投资额、实际利用外商直接投资额增长率、规模以上工业企业实现利税增长率八项指标。4. 投资消费。主要考核经济发展后劲、消费市场繁荣程度,包括城镇规模以上固定资产投资总额、城镇规模以上固定资产投资总额增长率、社会消费品零售总额、人均社会消费品零售总额四项指标。5. 科技创新。主要考核科技创新投入、科技创新条件和科技创新能力，包括R&D经费支出增长率、高新技术产业产值增长率、万人发明专利授权数、万人拥有科技活动人员数量四项指标。6. 节能降耗。主要考核资源利用效率、能源节约利用效果，包括万元GDP能耗降低率、万元GDP水耗降低率、规模以上工业企业万元增加值能耗三项指标。7. 生态环境。主要考核生态保护、环境治理、环境条件改善，包括耕地保有量和基本农田面积、森林覆盖率、城市污水集中处理率、工业废水排放达标率、二氧化硫排放减少幅度五项指标。8. 人民生活。主要考核群众物质生活改善情况，包括城镇化率（城镇人口占总人口比重）、城镇居民人均可支配收入、城镇居民人均可支配收入增长率、农民人均纯收入、农民人均纯收入增长率、城镇居民人均消费性支出六项指标。

（二）关于政治建设 围绕坚持党的领导、人民当家作主和依法治国的有机统一，不断提高发展社会主义民主政治的能力，巩固发展民主团结、生动活泼、安定和谐的政治局面，主要考核五个方面的内容：1. 加强和改善党的领导。发挥党委对同级人大、政府、政协等各种组织的领导核心作用。支持人大、政府、政协和审判机关、检察机关依照法律和章程独立负责、协调一致地开展工作。2. 决策科学化、民主化。完善重大决策的规则和程序。广泛集中民智，充分发扬民主。3. 基层民主政治建设。扩大基层民主，完善基层政权、基层群众性自治组织、企事业单位民主管理制度。坚持和完善政务公开、厂务公开、村务公开和公用事业单位办事公开制度。4. 坚持依法执政、依法行政。树立法制观念，带头维护宪法和法律的权威。严格依法办事，确保改革发展的各项政策措施符合法律规定。严格执法，规范行政执法行为。促进司法公正，维护公平正义。5. 机关服务水平和行政效能。深化行政管理体制改革，政府公共行政服务机制健全，服务质量和工作效率高，行政效能投诉渠道畅通，行政过错责任追究制度落实。

（三）关于文化建设 围绕大力建设社会主义先进文化，为经济社会发展提供精神动力、智力支持，主要考核五个方面的内容：1. 坚持马克思主义在意识形态领域的指导地位。加强对马克思主义理论的学习、宣传、教育和研究。繁荣发展哲学社会科学。2. 把握正确舆论导向。加强党的路线方针政策和形势任务教育。培育和宣传先进典型。对群众关心的热点难点问题进行正确引导。把握好对重大突发事件的新闻报道。3. 加强思想道德建设。深入开展党的基本理论、基本路线、基本纲领、基本经验教育，社会主义荣辱观教育，爱国主义和集体主义教育，弘扬民族精神和时代精神。深入开展道德实践活动和社会公德、职业道德、家庭美德建设。加强和改进未成年人思想道德建设。深入开展公民法制宣传教育和科学普及教育。4. 发展文化事业和文化产业。建立社会公共文化服务体系，加强文化阵地建设，加强文化市场管理。深化文化体制改革，促进文化产业快速发展。丰富城乡文化生活，深入开展群众性文体活动。5. 开展群众性精神文明创建活动。全面落实"文明山东"建设十大行动。扎实开展文明城市、文明村镇、文明单位、文明社区、文明机关等创建活动。

（四）关于社会建设 围绕落实省委、省政府关于和谐山东"八大建设"的部署要求，促进经济社会全面协调发展，实现社会和谐稳定，主要考核六个方面的内容：1. 就业和社会保障。主要考核城镇新增就业人数、农村劳动力转移人数、城镇登记失业率、城镇基本养老保险覆盖率、城镇基本医疗保险覆盖率、农村新型合作医疗覆盖率等指标。2. 社会事业发展。主要考核教育经费支出占财政支出比重、义务教育巩固率（辍学率不超过2%）、初中升入高中段比例、职业教育占高中段比例、教师工资及时足额发放且不低于当地公务员水平；每万人拥有医生数、每万人拥有病床数、社区卫生服务网络普及率；人口自然增长率、出生性别比、出生缺陷率等指标。3. 深化平安山东建设。主要考核刑事案件立案数、治安案件立案数、群体性治安案件发案数、到省进京集体上访总量、重大安全生产事故起数和死亡人数、人民群众社会治安满意率，以及深化社会治安综合治理，加强社会治安防控机制建设、社会治安管理等指标和内容。4. 加强基层基础工作。坚持工作重心下移，完善基础工作制度。健全社会矛盾排查调处网络，加强基层政法综治干部队伍建设，推进基层基础工作创新。落实维护社会稳定领导责任制。5. 预防和妥善处置重大事件。健全信息预警机制和突发性事件处置预案。健全群体性事件处置工作机制，妥善处置群体性、突发性事件。加强突发公共卫生事件应急系统建设。6. 加强和改进新形势下的群众工作。实施"民心工程"，切实保护群众利益，做好扶贫济困工作。重视发挥工青妇等群众团体的作用。落实信访工作责任制，做好信访工作，主要考核重复信访率、越级上访率、非正常上访率、交办重点信访案件处理情况。

（五）关于党的建设 围绕坚持党要管党、从严治党，认真落实党建工作责任制，大力推进党的执政能力建设和先进性建设，主要考核五个方面的内容：1. 思想建设。坚持以邓小平理论和"三个代表"重要思想武装党员干部头脑。讲政治、顾大局，自觉与以胡锦涛同志为总书记的党中央保持高度一致。落实理论学习制度。加强对理论和实践问题的研究。2. 组织建设。认真贯彻干部队伍"四化"方针和德才兼备原则，严格执行《干部任用条例》，选准用好干部，配强配好领导班子。认真实施《公务员法》，深化干部人事制度改革，切实加强干部教育、管理、监督，建设高素质的干部队伍。以加强执政能力建设为重点，全面推进党的基层组织建设，基层党组织创造力、凝聚力、战斗力不断增强，建立健全党员"长期受教育、永葆先进性"的长效机制。坚持党管人才原则，抓好人才队伍建设。3. 作风建设。教育引导各级党员干部坚持立党为公、执政为民，牢记"两个务必"，求真务实，真抓实干，反对官僚主义和形式主义，不搞劳民伤财的"形象工程"、"政绩工程"。健全落实深入基层、联系群众制度。健全完善决策目标、执行责任、考核监督“三个体系”。4. 廉政建设。坚持标本兼治、综合治理,惩防并举、注重预防,建立健全教育、制度、监督并重的惩治和预防腐败体系。认真落实党风廉政建设责任制。抓好领导干部廉洁自律,加大违纪违法案件查处力度,坚决纠正损害群众利益的不正之风。5. 领导班子自身建设。按照政治坚定、求真务实、开拓创新、勤政廉政、团结协调的要求,对党政领导班子,侧重考核思想政治建设、领导能力、党风廉政建设、执行民主集中制、选人用人等情况。对党政领导班子成员,按照德、能、勤、绩、廉的要求,侧重考核政治态度、思想品质、工作思路、组织协调、依法办事、心理素质、精神状态、工作作风、履行职责成效、解决复杂问题、廉洁自律等情况。

在对以上五个方面进行考核的同时,还要按照实践标准和群众标准的要求,通过民意调查了解对党政领导班子、领导干部工作成效和形象的社会评价。

三、组织实施

1. 组织领导。党政领导班子和领导干部综合考核指标体系的实施,在各级党委、政府的领导下,由有关部门各负其责,共同抓好落实。

2. 适用范围。本指标体系适用于各级党政领导班子和领导干部综合考核。实际考核中,可根据不同地区、不同发展类型的实际情况和对不同层次领导班子、领导干部考核的实际需要,对有关指标作适当调整,提高本指标体系运用的科学性、针对性、有效性。

3. 考核办法。对五大类考核内容,按科学发展观和正确政绩观要求,合理确定相应权重,作出综合评价。各类定量考核的指标,由上一级统计部门和相关部门通过法定渠道获取。各类定性考核的指标,根据相关职能部门提供的情况和民意调查情况作出评价。

4. 考核结果运用。本指标体系的考核结果,是评价各级党政领导班子和领导干部的重要依据,也作为党政领导班子配备和领导干部选拔任用、奖励惩戒的重要依据。

附件:综合考核指标体系构成及评价要点表

综合考核指标体系构成及评价要点表

项类	序号	主要指标	评价要点	指标属性
经济建设	1	生产总值	地区生产总值(GDP)及增长率、人均 GDP	定量
	2	财政税收	地方财政收入及增长率、人均地方财政收入、税收占地方财政收入比重、税收占二三产业增加值比重	定量
	3	结构优化	服务业增加值占 GDP 比重、非公有制经济增加值占 GDP 比重、高新技术产值占规模以上工业产值比重、经济外向度、实际利用外资额及增长率	定量
	4	投资消费	城镇规模以上固定资产投资总额及增长率、社会消费品零售总额、人均社会消费品零售总额	定量
	5	科技创新	高新技术产业产值增长率、R&D 经费支出增长率、万人发明专利授权数量、万人拥有科技活动人员数量	定量
	6	节能降耗	万元 GDP 能耗和水耗降低率、规模以上工业企业万元增加值能耗	定量
	7	生态环境	耕地保有量和基本农田面积、森林覆盖率、城市污水集中处理率、工业废水排放达标率、二氧化硫排放减少幅度	定量
	8	人民生活	城镇化率、城镇居民人均可支配收入、农民人均纯收入、城镇居民人均消费性支出	定量

（续表）

项类	序号	主要指标	评价要点	指标属性
政治建设	9	加强改善党的领导	发挥党委领导核心作用，支持人大、政府、政协和审判、检察机关工作	定性
	10	决策科学化民主化	完善决策规则和程序、充分集中民智和发扬民主等	定性
	11	基层民主政治建设	完善民主管理制度、坚持和完善办事公开制度等	定性
	12	坚持依法执政、依法行政	树立法制观念、依法办事、严格执法、促进司法公正等	定性
	13	机关服务水平和行政效能	深化行政管理体制改革、健全政府公共行政服务机制等	定性
文化建设	14	坚持马克思主义在意识形态领域指导地位	马克思主义理论的学习、宣传、教育和研究等	定性
	15	把握正确舆论导向	弘扬主旋律、培养宣传先进典型、进行正确舆论引导等	定性
	16	加强思想道德建设	社会主义荣辱观教育、开展道德实践活动、开展公民法制宣传和科技普及教育等	定性
	17	发展文化事业和文化产业	文化服务体系建设、文化市场管理、文化产业发展、城乡文化生活等	定性
	18	深化城乡精神文明创建活动	“文明山东”建设十大行动和文明城市、村镇、单位、社区、机关等创建活动等	定性
社会建设	19	就业和社会保障	城镇新增就业数、城镇登记失业率、农村劳动力转移数，城镇养老保险、医疗保障、农村新型合作医疗覆盖率	定量
	20	社会事业发展	教育经费占财政支出比例、义务教育巩固率、初中升入高中段比例、职业教育占高中段比例、万人拥有医生数和病床数、城市社区卫生网络普及率、人口自然增长率、出生性别比、出生缺陷率	定量
	21	深化平安山东建设	刑事案件立案数、治安案件立案数、群体性治安案件发案数、到省进京集体上访总量、重大安全生产事故起数和死亡人数、人民群众社会治安满意率等	定量定性
	22	加强基层、基础工作	基础工作制度、队伍建设、责任落实情况等	定性
	23	预防和妥善处置重大事件	预警机制、预案准备、处置措施等	定性
	24	加强和改进群众工作	实施“民心工程”、落实信访责任制，重复信访率、越级上访率、非正常上访率、交办重点信访案件处理情况，重视发挥工青妇等群众团体的作用等	定量定性

（续表）

项类	序号	主要指标	评 价 要 点	指标属性
党的建设	25	思想建设	理论武装、政治态度、理论学习制度等	定性
	26	组织建设	领导班子和干部队伍建设、党的基层组织和党员队伍建设、人才队伍建设等	定性
	27	作风建设	求真务实、健全落实深入基层联系群众制度、健全完善“三个体系”等	定性
	28	廉政建设	惩治和预防腐败体系、党风廉政建设责任制、纠正不正之风等	定性
	29	领导班子自身建设	思想政治建设、领导能力、执行民主集中制、党风廉政建设、选人用人及班子成员德、能、勤、绩、廉方面的情况等	定性
	30	群众满意程度	社会层面对领导班子在经济建设、政治建设、文化建设、社会建设和党的建设方面工作状态和成效的直接感受。群众对领导干部在工作作风、履行职责、公众形象等方面的直接感受等	定量

中共山东省委关于贯彻落实党的十六届六中全会精神努力构建社会主义和谐社会的决定

鲁 发〔2006〕23 号

（2006 年 10 月 25 日中国共产党山东省第八届委员会第十三次全体会议通过）

中国共产党山东省第八届委员会第十三次全体会议，认真传达学习了党的十六届六中全会精神，结合山东实际，着重研究了构建社会主义和谐社会的问题，作出如下决定。

一、加强学习领会，提高对构建和谐社会的认识

党的十六届六中全会，是在我国改革发展关键时期召开的一次极其重要的会议。全会充分肯定了党的十六届五中全会以来中央政治局的工作，着重研究了构建社会主义和谐社会的若干重大问题。全会通过的《中共中央关于构建社会主义和谐社会若干重大问题的决定》，以邓小平理论和“三个代表”重要思想为指导，贯彻落实科学发展观，全面把握我国发展的阶段性特征，深刻分析影响我国社会和谐的突出矛盾和问题，明确提出当前和今后一个时期构建社会主义和谐社会的指导思想、目标任务、工作原则和重大部署，是指导我们构建社会主义和谐社会的纲领性文件。胡锦涛总书记的重要讲话，高屋建瓴、总揽全局，深刻透彻、客观全面，对我们进一步抓好经济建设、政治建设、文化建设、社会建设和党的建设，具有重大而深远的指导意义。全省各级党组织一定要把学习贯彻全会精神作为当前首要的政治任务，周密安排，精心组织，切实抓紧抓好，进一步提高广大党员干部群众的思想认识，为构建和谐社会奠定坚实的思想基础。

不断深化对构建和谐社会重大意义的认识。充分看到社会和谐是中国特色社会主义的本质属性，是国家富强、民族振兴、人民幸福的重要保证，是我们党不懈奋斗的目标；充分看到构建和谐社会是我们党从中国特色社会主义事业总体布局和全面建设小康社会全局出发提出的重大战略任务，反映了建设富强民主文明和谐的社会主义现代化国家的内在要求，体现了全党全国各族人民的共同愿望；充分看到构建和谐社会是我们党在改革发展的关键时期带领人民抓住机遇、应对挑战，把中国特色社会主义伟大事业推向前进的必然选择。要深刻理解构建和谐社会的重要性和紧迫性，更加自觉坚定地抓好和谐社会建设的各项工作。

全面分析我省和谐社会建设面临的形势。党的十六大以来，全省各级党组织团结带领广大党员干部群众，坚持以邓小平理论和“三个代表”重要思想为指导，树立和落实科学发展观，在历届领导班子打下的良好基础上，努力奋斗，真抓实干，各方面工作取得了新的成绩。经济持续平稳协调较快发展，社会事业积极推进，群众生活不断改善，民主法制建设得到加强，平安山东建设成效显著，党的先进性建

设取得重要成果。我省经济社会发展已经站在了一个新的历史起点上，拥有了构建和谐社会的各种有利条件。我省总体上是和谐的，但也存在不少影响社会和谐的突出矛盾和问题，主要是城乡差距仍较明显，东中西发展不平衡，体制机制尚不完善，就业、社会保障、上学难、看病难等涉及群众切身利益的问题还没能完全解决好，不稳定不安全因素依然存在，干部作风有待进一步转变，腐败现象在有些地方和部门仍然易发多发等。随着经济体制、社会结构、利益格局和思想观念的深刻变化，我们面临的发展机遇前所未有，面对的挑战也前所未有，统筹兼顾各方面利益的任务更加艰巨繁重。全省各级党组织一定要居安思危，保持清醒头脑，进一步提高责任感和使命感，把构建和谐社会摆在更加突出的位置，更加积极主动地正视矛盾、化解矛盾，最大限度地增加和谐因素，最大限度地减少不和谐因素，不断促进社会和谐，切实把构建和谐社会作为贯穿中国特色社会主义事业全过程的长期历史任务和全面建设小康社会的重大现实课题抓紧抓好。

二、明确目标任务，把握好构建和谐社会重大问题

党的十六届六中全会明确提出了我国到2020年构建社会主义和谐社会的目标任务，为我们建设和谐社会指明了方向。紧密联系山东实际，当前和今后一个时期，我省和谐社会建设的指导思想和主要目标任务是：坚持以马列主义、毛泽东思想、邓小平理论和“三个代表”重要思想为指导，以科学发展观统领经济社会发展全局，按照民主法治、公平正义、诚信友爱、充满活力、安定有序、人与自然和谐相处的总要求，坚持和完善被实践证明行之有效的发展目标和工作思路，以改革促进和谐，以发展巩固和谐，以稳定保障和谐，以公正维护和谐，以道德素质孕育和谐，以党的先进性引领和谐，全面构建社会主义和谐山东，力争提前实现全面建设小康社会的宏伟目标，努力形成全体人民各尽其能、各得其所而又和谐相处的局面。

——坚持富民优先，统筹城乡和区域发展，完善收入分配制度，着力发展社会事业，千方百计扩大就业，健全社会保障体系，普遍增加家庭财产，不断提高群众生活水平，努力建设“富足山东”。

——坚持依法治省，进一步发展社会主义民主，加强地方立法工作，推进依法治理，切实尊重和保障人民的权益，努力建设“法治山东”。

——坚持深化改革，完善体制机制，提高政府行政效率和管理服务水平，激发全社会创造活力，加快建设创新型省份，努力建设“活力山东”。

——坚持正确处理改革发展稳定的关系，更加注重社会管理体系建设，更加注重协调各方面利益关系，更加注重化解矛盾，确保社会安定有序，努力建设“平安山东”。

——坚持人与自然相和谐，大力发展循环经济，集约利用资源，降低能源消耗，加强环境治理和保护，搞好国土绿化，努力建设“生态山东”。

——坚持社会主义先进文化前进方向，弘扬齐鲁优秀文化传统，不断提高全体社会成员的思想道德、科学文化和健康素质，营造和谐的人际关系与社会风尚，努力建设“文明山东”。

在全面推进构建和谐社会的各项工作，逐步实现上述目标任务的过程中，尤其要科学把握好以下重大问题。

第一，坚持用党的理论创新成果武装头脑。面对构建和谐社会艰巨而繁重的历史任务，要坚持不懈地用马克思主义中国化的最新成果武装头脑、指导实践，确保各项工作沿着正确方向健康发展。要深入学习邓小平理论和“三个代表”重要思想，尤其要抓好对《江泽民文选》的学习，深入学习以胡锦涛同志为总书记的党中央提出的科学发展观、构建社会主义和谐社会、加强党的执政能力建设和先进性建设等一系列重大战略思想，全面系统准确地理解党的理论创新成果包含的新思想、新观点、新论断，领会精神实质，掌握科学内涵，自觉运用其指导工作实践，不断把各项工作推向前进。

第二，深入贯彻胡锦涛总书记对山东工作要求。深入理解和全面落实胡锦涛总书记在视察山东时对我省工作提出的“三个走在前面”的总要求，更加自觉地坚持以科学发展观统领全局，促进经济又好又快发展，为和谐社会建设创造雄厚的物质基础；更加自觉地把加强党的领导作为构建和谐社会的关键，扎实深入地搞好党的先进性建设，为构建和谐社会提供坚强有力的政治保证；更加自觉地做好化解社会矛盾、增进社会和谐的各项工作，把“三个走在前面”统一起来，全面推进，全面落实。

第三，努力用发展的办法解决前进中的问题。社会要和谐，首先要发展。要坚持以经济建设为中心不动摇，切实抓好发展这个党执政兴国的第一要务，以科学发展观统领发展全局，促进经济又好又快发展，特别要在好上狠下功夫。更加注重速度和结构、质量、效益、后劲相统一，更加注重自主创新、节能降耗和环境保护，更加注重经济社会民生、人与自然、改革发展稳定相协调。着力抓好创新节能环保、推动县域经济发展、繁荣发展服务业三项重点工作，转变增长方式，提高发展质量，高度重视土地的集约利用，推进节约发展、清洁发展、安全发展，以经济的和谐发展促进和保障社会和谐发展。认真贯彻中央宏观调控政策，坚决维护中央宏观调控的统一性、权威性和有效性，努力消除经济运行中的不稳定、不健康因素，避免出现大起大落，实现又好又快发展。

第四，必须把人民群众的利益放在首位。坚持以人为本，始终把最广大人民的根本利益作为一切工作的出发点和落脚点。构建和谐社会的各项工作，必须充分体现和代表广大人民的意愿，认真解决群众最关心、最直接、最现实的利益问题，注意兼顾各方面的利益、照顾各方面的关切，把群众满意作为最高标准，做到发展为了人民、发展依靠人民、发展成果由人民共享，促进人的全面发展。

第五，着力解决影响社会和谐的突出矛盾。构建和谐社会是一个不断化解社会矛盾的持续过程，需要进行长期的艰苦努力。必须立足当前、着眼长远，量力而行、尽力而为，着力解决突出矛盾，有重点、分步骤地持续推进。各地情况千差万别，发展水平有高有低，存在的矛盾和问题不同，解决的办法和途径也不同。要坚持一切从实际出发，因地制宜，分类指导，从当前应当办、也能够办的事情做起，扎实有效地做好和谐社会建设的各项工作。

第六，更加积极主动地加强制度建设。完善的体制机制和制度体系，是促进社会和谐、实现社会公平正义的重要保证。要按照六中全会关于制度建设的总体部署，根据我省和谐社会建设的客观要求，进一步深化重要领域和关键环节的改革，大力推进体制创新，建立完善制度机制，努力在保障人民权益、促进社会协调发展、强化政府社会管理和公共服务职能等方面取得新进展。

三、更加注重社会事业，推动经济社会进步

把社会事业放到更加突出的位置，明确政府责任，深化体制改革，制定政策措施，加大工作力度，尽快改变社会事业相对滞后的状况，促进经济社会协调发展。

坚持教育优先发展。按照办好人民满意教育的要求，深化教育改革，提高教育质量，建设现代国民教育体系和终身教育体系，保障人民享有接受良好教育的机会。巩固提高义务教育，大力发展职业教育，提高高等教育水平，全面实施素质教育。合理配置公共教育资源，推动公共教育资源向农村和欠发达地区倾斜，促进教育公平。明确政府提供教育公共服务的职责，保证财政性教育经费增长幅度明显高于财政经常性收入增长幅度，逐步使财政性教育经费占国内生产总值的比例达到4%。将农村义务教育经费纳入公共财政保障范围，从2007年起免除农村义务教育学杂费，继续对农村贫困家庭学生免费提供课本并补助寄宿生生活费，对享受城市低保政策家庭的义务教育阶段学生实施“两免一补”政策，保障农民工子女接受义务教育。提高农村义务教育公共经费保障水平，2010年达到国家规定的中小学公用经费基准定额标准。加强农村中小学危房改造，改善农村学校和城镇薄弱学校的办学条件，用5年左右的时间，完成对农村中小学教学仪器设备的补充和更新。加快发展城乡职业教育和培训网络，积极发展继续教育，努力使劳动者人人有知识、个个有技能，建设学习型社会。

提高医疗卫生服务水平。坚持医疗卫生的公益性质，深化医疗卫生体制改革，建设覆盖城乡居民的基本卫生保健制度，为群众提供安全、有效、方便、价廉的公共卫生和基本医疗服务。把卫生工作的重点放在农村，加快农村三级卫生服务网络建设，使农村乡镇卫生院的基础设施、设备、队伍等得到有效改善，医疗服务能力和水平得到较大提高。积极推进新型农村合作医疗，到2007年覆盖80%以上的农村人口，有效缓解农民看病难、看病贵的问题。大力发展城市社区卫生服务，健全以社区卫生服务中心、服务站为主体的服务网络，2010年服务人口覆盖率达到80%以上。加强医疗质量管理和药品价格监管，规范医疗卫生服务秩序，强化医疗收费管理，控制医药费用过快增长。加强医德医风建设，建立和谐的医患关系。推进疾病预防控制体系和突发公共卫生事件救治体系建设，强化食品、药品、餐饮卫生监管，保障人民群众健康安全。

繁荣文化事业和文化产业。坚持把社会效益放在首位，把发展公益性文化事业作为保障群众文化权益的主要途径，推动文化事业和文化产业共同发展，努力建设文化强省。加大对公益性文化设施建设的投入，落实税收、融资、配套费用减免等优惠政策，优先安排关系群众切身利益的文化建设项目，逐步建立覆盖全社会的公共文化服务体系。实施文化信息资源共享工程，规划建设一批大型文化设施，策划建设中华文化标志城和一批特色文化名城。加强基层文化基础设施建设，到2010年实现县县有较高水平的图书馆和文化馆、乡乡有规范的文化站、村村通广播电视的目标。加快推进文化体制改革，制定实施支持文化产业发展的政策，培育一批骨干文化企业。鼓励社会资本兴办文化实体。健全文化市场管理机制，创造文化繁荣的良好社会环境。加强文化遗产保护。广泛开展全民健身活动，提高竞技体育水平，认真做好十一届全运会的筹备工作。

四、坚持统筹兼顾，全面提高协调发展水平

适应我省经济社会发展的客观要求，更加注重解决发展中的不平衡问题，着力推动城乡区域发展相协调、人与自然相和谐、国内发展与对外开放相促进。

扎实推进新农村建设，促进城乡协调发展。以发展农村经济为中心，坚持农村基本经营制度，推进农村综合改革，进一步解放和发展农村生产力，促进农业不断增效、农村加快发展、农民持续增收。加快现代农业建设，完善农业基础设施，强化农业科技支撑，稳定粮食生产，推进农业结构调整，发展农业产业化经营，培育农民专业合作组织，提高农业的比较效益和竞争力。大力发展农村二三产业，加快小城镇建设。坚持统筹城乡规划建设，积极推动城市基础设施向农村延伸，形成城乡一体的基础设施体系。加强农村环境基础设施和新能源建设，搞好村庄整治，改善农村面貌。强化支农惠农政策，建立财政支农资金稳定增长和以工促农、以城带乡的长效机制，把基础设施建设和社会事业发展的重点转向农村，新增教育卫生文化等事业经费和固定资产投资增量主要用于农村，逐步提高政府土地出让金用于农村的比重。毫不放松地做好减轻农民负担工作。培养有文化、懂技术、会经营的新型农民，提高农民的整体素质，发挥广大农民在新农村建设中的主体作用。

落实区域发展战略，促进区域协调发展。加快实施龙头带动、重点突破、促强扶弱的区域发展战略，提升东部地区发展水平，推动中部地区加速崛起，促进西部地区跨越式

发展，形成东中西相互促进、优势互补、协调发展的新格局。加快建设山东半岛城市群、省会城市群经济圈、鲁南城市带，发挥区位优势，发展特色产业，形成分工明确、重点突出、比较优势得到有效发挥的区域产业结构，促进大中小城市和小城镇协调发展。充分发挥青岛区位、产业、品牌等优势，在全省发展中更好地起龙头带动作用。支持烟台加快改革开放步伐，增创新优势，再上新台阶。充分发挥济南作为省会城市的优势，强化规划建设管理，提升综合服务功能，带动周边地区加快发展。认真落实“突破菏泽”的政策措施，加大对口帮扶力度，促进资源优势向经济优势转变，改善公共服务设施，增强内在发展活力。加快实施“双30”工程，积极推动县域经济发展。搞好黄河三角洲开发和海上山东建设，积极参与环渤海经济圈区域合作，进一步拓宽我省经济发展空间。

加强环境治理保护，促进人与自然相和谐。以解决危害群众健康和影响可持续发展的环境问题为重点，加快建设环境友好型社会。坚持环境优先原则，严格新上项目的环境准入，大力发展循环经济，推行清洁生产，从源头上控制环境污染。加强水、大气、固体废物污染防治，深入实施“两湖一河”碧水行动，严格排污总量控制和排污许可证管理，逐步提高工业污染物排放、城市生活污水处理等收费标准，改善重点流域、区域和城市的环境质量。全面整顿矿产资源开发秩序，建立健全资源开发有偿使用制度和环境补偿机制。加强生态保护和建设，强化对生态脆弱和退化区的综合治理，建立一批自然保护区、重要生态功能保护区、生态示范区。完善经济发展评价体系，将环保纳入各级政府和领导干部考核的重要内容。严格环境执法，严肃查处各类环境违法行为。加强人口和计划生育工作，稳定低生育水平，有效治理出生人口性别比升高等问题，提高人口素质。

提高开放水平，统筹国内发展和对外开放。进一步扩大利用外资规模，不断提高利用外资的质量和效益，推进大企业与世界500强合资合作，引导外资更多地投向高技术产业、现代服务业、高端制造环节、基础设施和生态建设。加快转变对外贸易增长方式，实施出口品牌和市场多元化战略，扶持机电产品、成套设备、高新技术产品出口，扩大纺织品、农副产品出口，大力发展服务贸易。充分利用两个市场、两种资源，积极推动企业到境外资本市场上市融资，鼓励更多有实力的企业到国外重要资源产地进行战略投资，积极发展对外工程承包和外派劳务，加快“走出去”步伐。

五、围绕建设和谐文化，做好思想政治领域工作

牢牢把握社会主义先进文化前进方向，以建设社会主义核心价值体系为根本，继承和发扬齐鲁优秀文化传统，倡导和谐理念，培育和谐精神，建设和谐文化，筑牢和谐社会建设的思想道德基础。

坚持马克思主义在意识形态领域的指导地位。把学习运用邓小平理论和“三个代表”重要思想同学习运用党的最新理论成果结合起来，引导全社会牢固树立中国特色社会主义共同理想。强化基层党员干部理论教育，抓好知识分子和青年学生的理论学习，促进马克思主义中国化的最新成果进教材、进课堂、进头脑。认真实施马克思主义理论研究和建设工程，有计划、有重点地组织一批重大研究课题，推动全省哲学社会科学繁荣发展。运用干部群众熟悉的语言、通俗易懂的形式宣传普及马克思主义基本理论和基本方法，继续开展社会科学普及周活动，增强理论的影响力、说服力、感召力，最大限度地形成社会思想共识。

大力弘扬社会主义荣辱观。深入开展“八荣八耻”社会主义荣辱观教育，引导党员干部群众明确是非、善恶、美丑界限。大力弘扬以爱国主义为核心的民族精神、以改革创新为核心的时代精神和“忠诚守信、勤劳勇敢、务实苦干、开放创新”的新时期山东精神。深入贯彻公民道德建设实施纲要，建设好城乡道德宣传教育专栏、公民道德建设示范点，努力形成知荣辱、讲正气、促和谐的社会风尚。深入开展全省职工职业道德“双十佳”评选活动，在全社会倡导形成爱岗敬业的职业道德规范。深化多种形式的家庭美德教育。贯彻全民科学素质行动计划纲要，普及科学知识，弘扬科学精神，养成健康文明的生活方式。以政务诚信、商务诚信、社会诚信为重点，打造诚信山东品牌。

牢牢把握正确的舆论导向。坚持党管新闻媒体的原则，把握团结和谐、昂扬向上的宣传基调，精心组织策划重大主题宣传和重点活动报道，唱响主旋律、打好主动仗。加强对热点问题的舆论引导，把握好重大突发事件的新闻报道，弘扬社会正气，通达社情民意，加强和改进舆论监督。重视加强互联网新闻宣传，充分发挥政府网站作用，完善重点新闻网站基础设施，落实对互联网的监管，倡导网络文明，形成网上正面舆论强势。健全社会舆情汇集分析机制，加强对宣传舆论和各类思想文化阵地的管理，形成有利于社会和谐的思想舆论氛围。

切实加强青少年思想道德建设。健全学校、社会、家庭“三结合”的未成年人思想道德教育网络，积极营造未成年人健康成长的良好环境。按照“教书育人、育人为本，德智体美、德育为先”的要求，全面推进素质教育。建好用好青少年校外活动场所，发挥爱国主义教育基地和科技馆、图书馆、博物馆等公益性场所的作用，创建一批具有山东特色的青少年思想道德实践活动基地。积极为青少年办一批作用大、影响好的实事，促进青少年在和谐社会的氛围中全面发展、健康成长。

广泛开展群众性和谐创建活动。着眼于增强公民、企业、各种组织的社会责任，突出思想教育内涵，广泛吸引群众参与，扎实推进和谐家庭、和谐社区、和谐企业等基层和谐创建活动，推动形成我为人人、人人为我的社会氛围。以相互关爱、服务社会为主题，深入开展城乡社会志愿服务活动，制定社区志愿者服务管理办法，加强与政府服务、市场服务相衔接的社会志愿服务体系建设。注重促进人的心理

和谐,加强人文关怀和心理疏导,健全心理咨询网络,塑造自尊自信、理性平和、积极向上的社会心态。

六、加强民主法制建设,维护社会公平正义

坚持党的领导、人民当家作主与依法治省的有机统一,加强社会主义民主法制建设,保证人民群众的愿望充分表达,保证人民群众的权利和利益得到实现,逐步形成社会公平正义的保障体系。

坚持和完善人民代表大会制度。健全党委对人大领导的工作制度,解决好人大及其常委会行使职权中遇到的问题,支持和保证人大及其常委会依法履行立法、监督、重大事项决定和人事任免职能。完善立法草案公开征集意见制度,建立健全公民旁听法规审议制度、立法听证制度和专家参与立法制度,推进立法的科学化民主化。加强地方法规建设,重视完善社会管理和公共服务、保障公民权利、协调利益关系等方面的法规体系。改进执法检查、述职评议等监督方式,加强和改进监督工作。优化代表结构,提高代表素质,支持代表执行职务,充分发挥人大代表作用。

进一步加强人民政协工作。加强党委、政府与人民政协的联系和沟通,支持政协围绕团结和民主两大主题履行职能。规范和完善政治协商的内容、形式、程序,健全民主监督机制,加强知情、沟通、反馈等环节的制度建设,建立政协民主监督交办事项工作责任制,提高民主监督的质量和成效。支持人民政协围绕和谐社会建设,开展调查研究,反映社情民意,进行协商讨论。促进参加人民政协的各民主党派、无党派人士的团结合作,重视发挥界别作用,扩大团结面,增强包容性。

扎实搞好基层民主政治建设。完善村党组织领导下的村民自治机制,完善城市居民自治,坚持和完善职工代表大会和其他形式的企业民主管理制度,维护职工合法权益。积极推进县乡政务公开,依法保障公民的知情权、参与权、表达权、监督权。扩大基层民主,健全村务公开、厂务公开等办事公开制度,发挥社会自治功能,保证人民群众依法直接行使民主权利。

坚持依法行政公正司法。加快法治政府建设,将依法行政贯穿于政府工作的各个方面、各个环节,切实做到职权法定、依法行政、有效监督、高效便民。推行行政执法责任制,建立执法过错责任追究和评议考核制度,加强行政复议应诉工作,严格执行行政赔偿和补偿制度。坚持司法为民、公正司法,认真组织实施中央关于司法体制和工作机制改革的方案,从群众反映的突出问题和影响司法公正的关键环节人手,强化监督制约,建设公正、高效、权威的司法制度。加强司法救助,减免困难群众诉讼费,依法扩大简易程序适用范围,落实司法便民措施,加强和改进执行工作。建立完善司法工作社会评价体系,增强司法工作的透明度和公信度。

广泛深入开展普法教育。认真实施法制宣传教育第五个五年规划,突出社会主义法治理念教育,突出以宪法为核心的基本法律法规宣传教育,以各级领导干部、公务员、青少年、企业经营管理人员、农村“两委”成员和农民工为重点,全面提高干部群众法律素质。积极探索地方、行业和基层依法治理的新形式,开展法治市、法治县(市、区)创建活动,推进法律进机关、进农村、进社区、进学校、进企业。教育各级干部依法履行职责,引导群众自觉学法守法用法,维护自身合法权益。

七、推进社会建设管理,激发社会创造活力

坚持党委领导、政府负责、社会协同、公众参与的社会管理格局,按照社会建设和管理的特点和规律,大力推进改革创新,充分调动广大社会成员的主动性积极性创造性,努力形成团结和睦、充满活力的生动局面。

深化行政管理体制改革,建设服务型政府。进一步转变政府职能,继续推进政企分开、政事分开,改进政府管理方式,更加注重社会管理和公共服务,加快社会基本公共服务体系建设,在服务中实现管理,在管理中体现服务。优化政府机构设置,整合社会管理资源,规范社会管理部门职能,完善社会管理制度,建立健全各部门互相支持、紧密配合、共同促进社会事务管理的联动机制。加强市、县综合行政服务中心建设,规范行政许可事项,积极推行承诺制,拓展服务功能。推行为民服务代理制,在乡镇(街道)、村(社区)建立为民服务代理中心、服务代理室,形成覆盖城乡、功能完善的县乡村三级为民便民服务网络。开展基层党政机关和窗口单位为民服务创优活动,打造一批为民服务品牌。

推进社区建设,完善基层服务和管理网络。按照管理有序、服务完善、文明祥和的要求,广泛深入开展和谐社区建设示范活动,切实加强城市和农村社区建设。整合社区资源,充分发挥基层党组织、城乡基层自治组织、民间组织、专业合作组织、驻区单位等在社区建设中的作用,加快推进社区工作者职业化、专业化。完善社区公共服务设施,加强城市街道和居委会服务中心和服务网络建设,在乡镇和具备条件的中心村建设农村社区综合服务中心,促进公共服务向农村延伸。

健全社会组织,增强管理服务功能。坚持培育发展与管理监督并重的方针,按照控制总量、提高质量、突出重点、协调发展的要求,科学规划,合理布局,积极培育农村经济协会、行业协会、公益类民间组织和社区民间组织。研究制定规范和扶持各类社会组织发展的政策,鼓励支持社会力量在教育、科技、文化、卫生、体育等领域兴办非企业单位。推进政社分开,加快政府部门事务性、服务性职能向社会中介组织转移,探索建立政府向民间组织购买服务的机制。加强监督管理,引导各类社会组织搞好自身建设,增强自律性和诚信度,发挥提供服务、反映诉求、规范行为的作用。

落实“四个尊重”方针,激发全社会创造活力。尊重劳动、尊重知识、尊重人才、尊重创造,发挥人民群众的首创精

神。坚定不移地推进改革，消除一切束缚人的创造活力的体制机制性障碍，营造平等竞争、共谋发展的法治环境、政策环境和市场环境，使一切有利于社会进步的创造愿望得到尊重、创造活动得到支持、创造才能得到发挥、创造成果得到肯定，不断解放和发展生产力。打造适合人们干事创业的平台，保护创新热情，鼓励创新实践，宽容创新挫折，鼓励人们干事业，支持人们干成事业。

调动一切积极因素，形成构建和谐社会的合力。充分发挥统一战线在促进社会和谐中的独特优势，加强同民主党派和无党派人士合作共事。坚持全心全意依靠工人阶级的方针，发挥包括知识分子在内的工人阶级、广大农民推动经济社会发展根本力量的作用，鼓励和支持包括新的社会阶层在内的全体社会主义事业的建设者为经济社会发展贡献力量。重视发挥工会、共青团、妇联等人民团体联系群众的桥梁和纽带作用。加强国防和民兵预备役建设，搞好双拥共建，增强军政军民团结。全面贯彻党的民族政策、宗教政策，坚持民族平等，加强民族团结，推动民族互助，促进民族和谐。鼓励和支持宗教界继承爱国爱教、团结进步、服务社会的优良传统，依法管理宗教事务，积极引导宗教与社会主义社会相适应。积极开展鲁台经贸合作，加强鲁台人员往来和经济文化交流合作。做好海外侨胞和归侨侨眷工作。

八、深化平安山东建设，切实维护社会稳定

继续把平安山东建设作为促进全省社会稳定的有效形式和重要载体，研究新情况，解决新问题，在深入开展区域性平安建设的同时，扎实推进平安行业建设，确保人民安居乐业、社会安定有序。

从源头上预防和减少社会矛盾。坚持把改革的力度、发展的速度和社会可承受的程度统一起来，处理好改革发展稳定的关系，出台与群众利益相关的政策，要充分听取和反映民意，充分进行决策听证和社会稳定风险评估，提高决策的科学性、协调性、普惠性。适应社会结构和利益格局的变化，妥善协调不同阶层、不同群体的利益，避免因决策不当引发社会矛盾。健全社会利益表达、协调、引导和基本利益保障机制，最大限度地满足不同群体的合理利益诉求。积极探索新形势下化解人民内部矛盾的正确途径和有效方法，积极解决群众反映的突出问题。认真贯彻信访条例，健全和落实信访工作责任制，坚持领导干部接待群众制度，提高信访工作效率和信访管理水平，教育引导群众以理性、合法的形式表达利益要求，解决利益矛盾。

强化社会治安综合治理。深入开展严打整治斗争，把严重影响社会稳定和人民群众安全的暴力犯罪、“两抢一盗”等多发性侵财犯罪以及黑恶势力和有组织犯罪作为打击重点，始终保持对刑事犯罪的高压态势。坚持打防结合、预防为主，专群结合、依靠群众，加强人防物防技防相结合的社会治安防控体系建设，大力推行社区警务战略，最大限度地减少可防性案件的发生。建立健全治安混乱地区和治安突出问题的定期排查制度，加强综合整治和专项整治，尽快改变面貌。认真贯彻宽严相济的刑事司法政策，加强社区矫正工作，健全刑释解教人员安置帮教工作制度。严密防范、坚决打击境内外各种敌对势力的渗透、破坏活动，加强和深化与“法轮功”等邪教组织的斗争。加强政法队伍建设，完善政法保障机制。严格落实维护稳定领导责任制和责任追究制度。

加强基层基础工作。坚持工作重心下移，把抓基层、抓基础、抓队伍的各项措施落到实处。整合基层维护社会稳定的力量，健全完善以基层党组织为核心、基层自治组织为基础、基层政法综治组织为骨干的维护稳定组织体系，筑牢维护社会稳定的第一道防线。大力加强公安派出所、司法所、人民法庭等基层政法组织建设，建立健全各项规章制度，完善办事程序，提高基层基础工作规范化水平。综合发挥人民调解、司法调解、行政调解的作用，加强县乡矛盾调解中心建设，健全矛盾纠纷排查调处工作机制，有效化解各种社会矛盾。

妥善处置各类突发事件。建立健全社会应急管理体制机制，严格重大情况报告制度，完善应急预案，加强专业化应急救援队伍建设，实现社会预警、社会动员、快速反应、应急处置整体联动，有效应对自然灾害、事故灾难、公共卫生事件、社会治安事件。积极预防和依法妥善处置群体性事件，努力把群体性事件的影响和损失减少到最低程度。加强重点领域公共安全工作，高度重视生态破坏、环境污染等问题。全面落实安全生产责任制，加大安全生产监管力度，坚决防止重特大事故发生。

九、维护和发展群众利益，加强改进群众工作

牢固树立和落实马克思主义群众观，努力把握新形势下群众工作的特点和规律，拓宽工作思路，创新方式方法，提高组织群众、宣传群众、教育群众、服务群众的本领，把群众凝聚到党的周围，巩固和扩大构建和谐社会的群众基础。

努力扩大社会就业。实施积极的就业政策，构建省内就业、省外就业、境外就业统筹发展的格局，积极增加城镇就业，扩大农村劳动力转移，城镇登记失业率控制在4%以内。高度重视和充分发挥非公有制经济、中小企业特别是第三产业的作用，加快发展金融保险、社区服务、休闲旅游、文化体育、交通运输、信息咨询、中介服务等，有效增加就业岗位。强化政府促进就业职能，完善促进就业再就业的财税金融政策，落实就业再就业各项优惠政策，实施就业再就业培训、创业培训和农村劳动力转移就业培训工程。加强大学毕业生、退役军人就业指导和服务，建立以就业困难人员、长期失业人员和零就业家庭为重点的就业援助制度。继续实施省内“西输东接”工程，支持和规范发展劳务中介组织，引导农村劳动力有序转移。完善劳动关系协调机制，确保工资按时足额发放，加强劳动保护，规范企业裁员行

为，预防和妥善处理各类劳动争议案件，维护劳动者特别是农民工的合法权益。

健全社会保障制度。以确保发放、扩大覆盖和完善制度为重点，建立完善社会保险、社会救助、社会福利、慈善事业相衔接的覆盖城乡居民的社会保障体系。建立可靠、稳定、规范的社会保障资金筹措机制，多渠道筹集社会保障基金。完善城镇社会保障制度，把城镇低保范围扩大到符合条件的所有群体，企业基本养老保险逐步覆盖城镇所有从业人员，逐步做实个人帐户，积极推进省级统筹。建立失业保险个人缴费记录和预警制度，全面实行市级统筹。完善城镇职工基本医疗保险，建立以大病统筹为主的城镇居民医疗保险，推进失业、工伤、生育保险制度建设。加快建立适应农民工特点的社会保障制度。建立农村最低生活保障制度，合理确定保障标准，探索建立农村社会养老保险和失地农民基本养老保险制度，到2010年，适龄农民养老保险参保率达到70%以上。做好城乡社会福利和社会救济工作，重点帮扶弱势群体和低收入群体，在大中城市建立困难群众专项救助制度。完善农村五保集中供养制度，加强农村敬老院建设改造。完善社会捐赠免税减税政策，鼓励社会各界积极参与慈善事业和社会救助活动。发展残疾人事业、老龄事业和红十字事业。

完善收入分配制度。落实收入分配宏观调节，提高低收入者收入水平，扩大中等收入者比重，有效调节过高收入，取缔非法收入，促进共同富裕。完善企业工资指导线、劳动力市场指导价位、人工成本预测预警制度，建立企业工资收入正常增长机制。规范国有企业经营管理者收入，合理确定管理者与职工的收入比例。对垄断行业收入严格实行工资总额控制。建立健全国有资本经营预算制度，保障所有者权益。完善公共财政体制，调整和优化财政支出结构，加大对“三农”、社会事业、社会保障等方面的投入。按照财力与事权相匹配的原则，合理调整政府间收入划分，明确各级政府的事权、财权，完善省级财政的统筹调控功能，提高市级财政的公共服务功能，增强县乡财政的基本保障功能。加大转移支付力度，平衡地区间财力差异，做到转移支付规范化、法制化。完善财政奖励补助政策和县乡财政管理机制，努力缓解基层财政困难，增强基层政府提供公共服务能力。

切实维护群众利益。坚决纠正侵害群众切身利益的行为。着力解决涉地问题，稳定完善土地承包经营制度，维护农民土地承包权益，做好土地征用补偿和失地农民安置工作，建立健全失地农民生活保障制度和政策措施，严禁截留、挪用、贪占土地补偿费用，保证被征地农民原有生活不下降、长远生计有保障。着力解决涉房问题，改进城镇房屋拆迁管理工作，按照法律法规和市场定价，合理确定拆迁补偿标准，确保补偿金足额到位，坚持先补偿安置、后实施拆迁，保障拆迁户中困难家庭的住房需要。着力解决涉企问题，严格履行政府监管职能，规范国有企业改制破产工作，企业资产变现收入优先用于职工安置和经济补偿，更加有效地维护改组改制和破产企业职工的合法权益。着力解决涉及环境污染问题，重点搞好水、大气、土壤等污染防治，大力开展严肃查处环境违法行为、保障群众健康专项行动，让群众喝上干净的水、呼吸清洁的空气、吃上放心的食物。

关心城乡困难群众生产生活。开展对困难职工的帮扶活动，建立健全困难职工帮扶网络，解决好他们就医、子女上学、冬季取暖等实际问题。加快廉租住房建设，规范和加强经济适用房建设。妥善安排受灾群众生活，保证他们吃得饱、穿得暖、有住处、有病能医，帮助他们生产自救、重建家园。加强城市流浪乞讨人员救助工作，实施依法救助，完善救助设施，细化救助程序，体现社会温暖。重视做好家庭贫困大学生的资助工作，开辟助学“绿色通道”，减免部分学费，提供助学岗位，不让一个大学生失学。

十、加强党的先进性建设，提高领导和驾驭本领

构建社会主义和谐社会，关键在党。必须进一步加强党的执政能力建设和先进性建设，提高各级党组织的创造力凝聚力战斗力，为构建和谐社会提供坚强有力的政治保证。各级党组织要把握方向，提出任务，制定政策，整合力量，营造环境，切实担负起领导和谐社会建设的责任。

巩固扩大先进性教育活动成果。深入贯彻胡锦涛总书记视察山东重要讲话和对寿光市先进性教育活动的重要批示精神，按照中央关于加强党的执政能力建设和先进性建设的要求，总结先进性教育活动的经验，继续抓好整改措施的落实，努力促进各项工作。深入落实中央关于先进性长效机制建设的四个文件，充分运用教育活动取得的实践、制度和理论成果，结合实际，完善制度，建立健全党员长期受教育、群众长期得实惠的长效机制。针对当前党员队伍的实际状况，突出抓好理想信念教育，深入研究和正确解答影响党员信念的现实问题，教育广大党员牢固树立正确的世界观、人生观和价值观，坚定中国特色社会主义共同信念和共产主义远大理想，永葆党的先进性。

加强领导班子和干部队伍建设。坚持干部“四化”方针和德才兼备原则，深化干部人事制度改革，认真贯彻中央关于领导班子配备改革的各项措施，精心组织和切实做好地方党委换届工作，选好配强各级领导班子。坚持和完善民主集中制，严格党的纪律和党内生活，维护党的团结和统一，以党内和谐促进社会和谐。各级领导干部要深入学习和研究社会管理和社会政策，不断提高管理社会事务、协调利益关系、开展群众工作、激发社会创造活力、处理人民内部矛盾、维护社会稳定的本领。扎实做好干部教育培训工作，大幅度提高干部素质。加强社会工作人才队伍建设，为公共服务和社会管理部门充实配备社会工作专门人才，提高专业化社会服务水平。

提高基层组织的创造力凝聚力战斗力。围绕建设社会主义新农村，深化拓展“三级联创”活动，搞好农村基层组织

建设。进一步做好机关、学校、企事业单位和城市社区党建工作,推进新经济组织和新社会组织的党建工作,扩大党的工作覆盖面,发挥基层党组织凝聚人心、推动发展、促进和谐的作用。加强和改进对党员的教育管理,动员组织党员做促进社会和谐的表率。加大城乡基层组织阵地建设投入,健全保障机制,确保基层组织正常运转。加强基层干部队伍建设,做好关心照顾老劳模、老党员和帮扶困难党员工作,鼓励年轻干部和大学毕业生到基层建功立业,不断优化基层干部队伍结构。

严格遵守党的纪律。各级领导干部要始终保持清醒头脑,进一步增强纪律观念,严格遵守党的政治纪律、组织纪律、经济工作纪律、群众工作纪律,严格遵守党章和党内政治生活若干准则,自觉用党章和党的纪律规范和约束自己。要提高政治鉴别力和政治敏锐性,始终保持坚定正确的政治立场,自觉服从党和国家大局,确保中央政令畅通,在思想上政治上行动上同以胡锦涛同志为总书记的党中央保持高度一致,确保我省和谐社会建设沿着正确的方向不断向前推进。

进一步转变作风。把改进党员干部作风作为促进和谐社会建设的重要切入点,按照"两个务必"和"八个坚持、八个反对"的要求,认真解决党员干部在思想作风、学风、工作作风、领导作风等方面的突出问题,大兴求真务实之风,激励干部真抓实干。深入实际、深入群众,广泛开展调查研究,察实情、说实话、办实事,重点解决群众反映的突出问题,务求取得实效。坚持正确的政绩观,坚决防止和克服形式主义、官僚主义。在和谐社会建设过程中,不提不切实际的高指标,不喊哗众取宠的空口号,不搞劳民伤财的政绩工程、形象工程,说到做到,取信于民。

深入开展党风廉政建设和反腐败斗争。坚持党要管党、从严治党,贯彻标本兼治、综合治理、惩防并举、注重预防的战略方针,继续推进教育、制度、监督并重的惩治和预防腐败体系建设。深入开展党章和法纪学习教育,加强党员干部党性锻炼和思想道德修养,推进廉政文化建设,筑牢党员干部廉洁从政的思想道德基础。坚持关口前移,落实监督制度,强化对领导干部特别是主要领导干部的监督,加强对腐败易发多发部位和领域的监督。深化体制机制改革和创新,加大治本抓源头工作力度。依纪依法查办案件,坚决惩处腐败分子。切实纠正损害群众利益的突出问题,进一步密切党同人民群众的血肉联系。

用"三个体系"确保工作落实。构建和谐社会,重在建设,重在落实。进一步完善决策目标、执行责任、考核监督"三个体系",明确工作分工,分解落实责任,加强综合协调,搞好督促检查,建立科学高效的和谐社会建设领导体制和工作机制。落实党政领导班子和领导干部综合考核评价指标体系,把领导和谐社会建设的情况列为考核内容,引导各级干部扎实做好构建和谐社会的各项工作。

全省各级党组织和广大党员干部,一定要更加紧密地团结在以胡锦涛同志为总书记的党中央周围,高举邓小平理论和"三个代表"重要思想伟大旗帜,以科学发展观统领全局,深入贯彻党的十六大和十六届六中全会精神,同心同德,艰苦奋斗,开拓进取,扎实工作,团结带领全省人民,努力构建社会主义和谐社会,为建设"大而强、富而美"的社会主义新山东而不懈奋斗。

中共山东省委　山东省人民政府
关于印发《山东省建设社会主义新农村总体规划(2006—2020年)》的通知

鲁　发〔2006〕24号

建设社会主义新农村,是党中央从历史和全局高度作出的重大战略决策,是落实科学发展观、统筹城乡发展的重要举措,是加快推进现代化建设、全面建设小康社会的必然要求,也是构建社会主义和谐社会的重要基础。为全面贯彻落实中央和省委关于社会主义新农村建设的方针政策,扎实推进我省社会主义新农村建设,依据《山东省国民经济和社会发展第十一个五年规划纲要》,制定本规划。

一、建设社会主义新农村的基础与条件

改革开放以来,我省经济社会发展取得了巨大成就,特别是省八次党代会以来,全省上下认真贯彻党的十六大和十六届三中、四中、五中、六中全会精神,以科学发展观统领全局,按照省委"一二三四五六"的发展目标和工作思路,解放思想,干事创业,全省综合经济实力显著增强,社会更加文明进步,总体上进入了工业反哺农业、城市支持农村的发展阶段。全面推进社会主义新农村建设,我省已经具备了良好的基础和条件。

(一)国民经济健康快速发展,统筹城乡发展的整体实力显著提高　"十五"以来,全省经济发展速度明显加快,生产总值于2002年和2004年连续登上1万亿元和1.5万亿元两个台阶,2005年达到18468.3亿元,年均增长13.2%,人均生产总值达到2447美元。发展效益明显提高,地方财政收入达到1072.7亿元,同口径年均增长22.5%。发展后劲明显增强,5年累计完成固定资产投资29816亿元,超过前20年投资总和。国民经济的持续协调快速发展,为社会主义新农村建设奠定了坚实的经济基础。

(二)工业化、城市化水平不断提高,以工补农、以城带乡的能力明显增强　通过实施制造业强省战略,全省工业企业整体素质明显提高,发展机制日趋完善,形成了一批优

势产业群,涌现了一批核心竞争力强的大企业,培养了一批国内外知名品牌。到2005年,全省工业实现增加值9563亿元,占全省生产总值比重达到51.8%。城市化的实施,促进了全省城市现代化水平的不断提高,增强了城市的辐射带动能力,2005年全省城镇化水平提高到45%。工业化、城市化进程的加快,拓展了农村人口转移和农民就业空间,增强了工业反哺农业、城市支持农村的能力。

(三)区域经济协调发展,县域经济成效显著 省委、省政府确定的“东部突破烟台、中部突破济南、西部突破菏泽”战略的实施,促进了东中西联动发展,全省已经形成东部地区率先发展、中部地区加速崛起、西部地区跨越式赶上的新局面。“双30”工程加速推进,形成了30个经济强县增创新优势、30个欠发达县加快发展的新局面,全省县域经济综合实力和竞争力不断增强,县域经济生产总值由2002年的7967亿元增加到2005年的14650亿元,年均递增18.7%;县域财政收入从277亿元提高到502亿元,年均递增26.9%。有22个县(市)进入全国百强县,居全国第二位。区域经济和县域经济的快速协调发展,为城乡联动、工农联动、统筹发展创造了良好条件。

(四)农业农村经济结构不断优化升级,农民收入稳步提高 全省农业总体上进入了由传统农业向现代农业的加速转型期。农业综合生产能力显著增强,2005年农业增加值达到1928亿元,畜牧业和水产业占农业总产值的比重提高到42.5%。粮食总产连续多年稳定在700亿斤以上。外向型农业快速发展,农产品出口达到70亿美元,占全国的四分之一。农业科技素质进一步提高,科技对农业贡献率达到52%以上。农业产业化经营向纵深推进,规模以上龙头企业发展到5800多家。农村二三产业整体实力进一步提高,实现增加值7500亿元,实现利税2250亿元,从业人员1630万人。农业和农村经济的健康发展,有力地促进了农民收入的提高。2005年全省农民人均纯收入达到3931元,收入增幅自2002年以来连续3年保持在10%以上,非农收入比重提高到56%。农村经济整体素质的提高,为新农村建设打下了良好的产业基础。

(五)农村生产生活条件逐步改善,社会事业健康发展 农业和农村基础设施建设进一步加强,全省农田有效灌溉面积已达到7185万亩,节水灌溉面积2820万亩;农业机械总动力达到9199万千瓦,机耕、机播、机收面积分别达到10841万亩、8075万亩和5570万亩,农机化综合水平达到70%。农村基本实现了村村通电、通广播电视、通沥青(水泥)路,自来水受益村达到52%,有线电视覆盖面接近50%。农民生活质量逐步改善,正由温饱型向宽裕型转变。2005年,农民人均生活消费支出1736元,住房、教育和生活耐用消费品等消费增幅均在20%以上,恩格尔系数降为39.8%。农村社会事业发展步入快车道。“十五”期间,共改造农村中小学危房733万平方米,新建校舍629万平方米,农村教育“两免一补”政策全面落实,义务教育普及率达到98%。农村新型合作医疗取得明显成效,参加农民达到2863万人。失地农民基本生活保障制度初步建立,农村社会养老保险、社会救助、最低生活保障覆盖面不断扩大。农村基础设施建设和社会事业的发展,为新农村建设提供了有力支撑。

(六)农村改革不断深化,农村基层组织建设进一步加强 农村税费改革取得重大成果,全面取消了农业税和除烟叶以外的农业特产税,全省农民累计减负220多亿元,累计对种粮农民直接补贴16.3亿元。乡镇机构和人员得到精简,社会管理和公共服务职能进一步强化。农产品流通体制改革取得突破,粮食、棉花等农产品市场全面放开。以小型水利设施为重点的农村产权制度改革取得明显进展。农村保持共产党员先进性教育活动深入开展,基层党的思想建设、组织建设和作风建设进一步加强,基层党组织的凝聚力、战斗力进一步提高。村民自治机制逐步健全,民主选举、村务公开和财务公开等各项制度不断完善,农民权益得到有效保障,干群关系进一步改善。小康村、文明村创建等活动广泛开展,2005年全省有28个村镇荣获“全国文明村镇”称号。涌现了一批民富村强的先进典型,创造了一批各具特色的成功经验,造就了一批引领群众发家致富的带头人。农村改革的深化和基层组织战斗力的增强,为新农村建设提供了体制和组织保障。

建设社会主义新农村,我省已具备了良好的经济基础和社会基础,但还面临着许多问题和挑战:城乡分割的二元体制还没有完全打破,统筹城乡发展的体制和机制还没有完全建立,城乡差距扩大的趋势还没有得到有效遏制。农业基础还比较薄弱,资源和市场约束日趋突出,农业大而不强的状况还没有根本改变。农村二三产业发展还不够快,“三农”投入稳定增长和农民增收的长效机制还没有形成,农村改革有待进一步深化。农村基础设施还不完善,农村社会事业发展相对滞后,农村社会保障体系还不健全。农民整体文化素质不高,农村劳动力转移压力较大。有些基层组织软弱涣散,村级集体经济薄弱。全省上下必须充分认识新农村建设的长期性、艰巨性和复杂性,坚定信心,抢抓机遇,坚持不懈,积极工作,扎实推进社会主义新农村建设。

二、建设社会主义新农村的指导思想与任务目标

(一)指导思想与工作原则 “十一五”及今后一个时期,我省新农村建设的指导思想是:坚持以邓小平理论和“三个代表”重要思想为指导,全面贯彻落实科学发展观,统筹城乡经济社会发展,坚持工业反哺农业、城市支持农村和“多予少取放活”的方针,按照“生产发展、生活宽裕、乡风文明、村容整洁、管理民主”的要求,以农村经济发展和农民增收为中心任务,以改革开放和科技创新为动力,以基础设施建设和村容村貌整治为突破口,突出发展县域经济,培养造就新型农民,加速推进农业现代化、新型工业化和特色城镇化进程,着力构建城乡统筹的政策体系、城乡一体的公共服

务体系、城乡联动的产业体系和城乡对接的基础设施体系，全面推进农村经济建设、政治建设、文化建设、社会建设和党的建设，努力建设繁荣、富裕、文明、和谐、民主的社会主义新农村。

在新农村建设中，着重把握以下原则：

坚持城乡统筹，协调发展。建立健全统筹城乡发展的管理体制和运行机制，通盘谋划城乡经济社会发展，调整国民收入分配格局，加大对"三农"的支持力度，逐步缩小城乡差距，实现城乡协调发展，共同繁荣进步。

坚持以人为本，突出发展主题。以农民增收为核心，始终把大力发展农村生产力和提高农民生活水平摆到重要位置，创新发展思路和发展模式，转变经济增长方式，促进农业和农村经济快速健康发展，让广大农民过上更加富足的生活。充分发挥农民主体作用，尊重农民意愿，维护农民利益，切实解决农民生产生活中的实际问题，让农民得到实惠。

坚持政府主导，规划先行。充分发挥政府在制定规划、配置公共资源、提供公共服务等方面的主导作用，优化新农村建设环境，调动社会各方面的积极性，形成新农村建设的整体合力。科学制定新农村建设规划，强化规划的龙头地位，立足当前，着眼长远，突出重点，分步实施。

坚持因地制宜，分类指导。充分发挥各地的比较优势，探索行之有效的建设模式和途径，突出特色，注重实效，典型引路，量力而行，尽力而为，不强求一律，杜绝形式主义。

坚持改革驱动，市场拉动。全面深化农村改革，消除制约"三农"的体制和机制障碍，坚持用市场经济的方法解决新农村建设中的问题，为新农村建设注入生机和活力。

（二）主要任务目标 2010年建设目标。"十一五"期间，新农村建设要起好步、开好局。主要目标为：

农村生产力得到较大发展。初步形成农村三次产业结构合理、相互促进、协调发展、持续发展的新格局。到2010年，农业增加值达到2400亿元，畜牧业和渔业占农业增加值的比重达到50%以上。粮食稳定在700亿斤以上。年均转移农村劳动力120万人，非农产业劳动力占农村全部劳动力的比重达到50%以上。

农民收入和生活质量显著提高。逐步建立农民收入稳定增长机制，2010年人均纯收入达到5500元，非农收入比重达到70%，逐步缩小城乡居民收入差距。农民消费结构更加合理，农民生活质量明显提高，恩格尔系数降到37%以下，人均居住面积达到30平方米左右。

农村基础设施和人居环境得到进一步改善。到2010年，实现所有具备条件的行政村通沥青（水泥）路、通电、通有线电视、通客车，全省农村公路总规模达到19.5万公里，农村沥青（水泥）路通达率达到99%，自来水普及率达到85%，饮用水国标符合率达到70%，农田灌溉水利用率达到60%，水土流失治理率达到78%，广播电视普及率达到95%，适宜地区20%的农户用上清洁能源。农村居住环境得到有效改善，70%以上行政村主要街道实现硬化、绿化和亮化。

农村社会事业全面发展。到2010年，九年义务教育进一步巩固，小学、初中阶段学生辍学率控制在2%以内，农村高中段教育基本普及，职业教育、继续教育全面发展；全省基本建立设施配套、功能完善的农村三级卫生服务网络；新型农村合作医疗覆盖85%以上农村人口。农村社会保障体系初步建立，全省适龄农民养老保险参保率达到70%，农村最低生活保障实现应保尽保，农村五保户集中供养率达到80%，建立健全失地农民基本生活保障制度。农村文化建设取得明显进展，文化设施进一步完备。

农村民主政治和精神文明建设进一步加强。建立起比较完善的民主政治制度和健全的乡规民约，文体生活活跃，人际关系和睦，村务管理民主，形成良好的村风民风，80%以上的乡村基本达到文明乡村标准。

2020年主要预期目标。2011年到2020年，要加速推进新农村建设。主要目标为：

农村生产力水平大幅提高。基本建成现代农业体系。全省农业增加值达到3600亿元，粮食稳定在700亿斤以上。农机化水平达到90%。非农产业劳动力占农村全部劳动力的比重达到70%以上。

农民生活宽裕，村庄环境优化。农民人均纯收入达到12000元以上，非农收入比重达到85%，恩格尔系数降到33%以下，城乡居民收入差距明显缩小。行政村的主要街道实现硬化、绿化、亮化。

城乡一体化发展格局基本形成。基本建成城乡一体的路网、水网、电网、通讯网、卫生服务网和防灾、环保、新能源等基础设施体系，实现高质量的村村通沥青（水泥）路、通自来水、通电、通有线电视、通宽带网。全省农村公路总规模达到21.5万公里，农村自来水普及率和饮用水国标符合率达到95%以上。基本形成县城－中心镇－农村社区（中心村）－居住点（村）特色鲜明的村镇布局。城乡一体的社会保障体系基本建立，新型农村合作医疗制度覆盖率、适龄农民养老保险参保率和农村五保户集中供养率均达到95%，农民大病医疗费用公共负担比例明显提高。

农村和谐稳定。农民科技文化素质显著提高，文明健康的现代生活方式更加普及，民主政治制度更加完善。

新农村建设（村级）综合评价指标体系见附件2。

（三）村级分类及其发展要求 针对全省农村发展的不平衡性，按照整体推进、分类指导的原则，以行政村为基本单位，以2020年规划指标为目标值，以主要的23项指标及其权重为依据，测定全省各行政村的综合实现指数，据此将全省农村分为三大类：

一类村：综合实现指数达到70以上，目前占全省行政村总数的14%。

二类村：综合实现指数在50—70之间，目前占全省行政村总数的45%。

三类村：综合实现指数在50以下，目前占全省行政村总数的41%。

根据不同类型村的实际，制定有针对性的政策措施，加以扶持和引导，培优做强一类村，加快转化二类村，重点扶持三类村。以2020年规划值为测算尺度，到2010年，全省一类村比例达到25%，二类村达到45%，三类村30%，全省综合实现程度由2005年的56%提高到70%；到2020年，一类村达到90%，二类村10%。

在区域发展上，按照"促强扶弱带中间"的思路，实现全省新农村建设东、中、西整体推进。东部地区特别是30个经济强县率先发展，在体制机制创新上出经验，在发展模式上探路子，到2010年，40%以上的村达到一类村标准；西部地区特别是30个欠发达县跨越式赶上，发挥土地、人力资源优势，加快经济结构调整，在发展速度上要快于东中部地区，到2010年，15%以上的村达到一类村标准；中部地区主要是"双30"之外的县加快发展，发挥本地比较优势，增强发展后劲，到2010年，30%以上的村达到一类村标准。东部地区要率先提前达到2020年新农村发展目标，中西部地区也要力争提前完成2020年发展目标。

三、以推进农村产业结构优化升级为主线，建设生产发展、经济繁荣的社会主义新农村

加快推进农业现代化进程，促进传统农业向现代农业转变；加快发展县域经济，突出发展农村二三产业；加快农村经营机制创新，努力增强村级经济实力。

(一)大力发展现代农业 提高农业综合生产能力。坚持粮食生产"三条底线"(保持基本农田8000万亩，粮食播种面积1亿亩，粮食产量700亿斤)不动摇，落实最严格的耕地保护制度，切实保护好耕地资源。加强以农田水利为重点的农业基础设施建设，抓好国家大型商品粮生产基地和优质粮食产业工程建设，搞好农业综合开发，大力改造中低产田，建设高产稳产的标准农田。继续实施大中型灌区续建配套和节水改造工程，搞好水源工程建设，大力发展旱作农业和节水灌溉，"十一五"末，全省有效灌溉面积稳定在7000万亩以上。

培植结构优化、布局合理的现代农业产业体系。以高产、优质、高效、生态、安全为目标，种植业做大做强蔬菜、棉花、水果、油料四大传统优势产业，努力培植花卉、中药材等新兴产业；畜牧业稳定生猪、肉鸡和禽蛋生产，扩大肉羊、肉牛、奶牛生产，推行规模化生产、标准化养殖、企业化经营，努力把我省建成全国最大的畜牧业基地。水产业要加快推进山东半岛现代渔业经济区建设，加大渔业资源修复和保护力度，大力发展海珍品养殖业、远洋渔业和海产品精深加工业，把我省建成全国最大的水产品生产基地、加工出口基地和水产品物流贸易中心。搞好规划，加大投资力度，加快渔港建设。林业要突出特色，加快建设一批优质林果、种苗、花卉等生产基地。依托现有造纸企业，建设原料林基地，提高林纸、林板一体化水平。加快农业区域布局调整，实施"山东省优势农产品竞争力提升计划"，促进优势产业和优势产品向优势区域集中，努力培育一批产业优势大、骨干企业强、集群效应突出的特色产业带，力争"十一五"期间形成8大优势产业带(区)、11大优势农产品和100个名牌产品。加强优势农产品出口基地建设和重点出口龙头企业培育，建立部门协调、行业主导、企业参与、科技支撑的农产品出口预警系统，提高我省农业应对国际贸易争端的能力。重点推广节地、节水、节肥、节药、节种生产技术，农业废弃物综合利用技术和可再生能源开发利用技术，大力发展循环农业和生态农业。

构建农业科技支撑体系。加快农业科技创新推广体系建设。进一步深化农业科技体制改革，加大对全省农业科研资源的整合力度，积极创建国家区域性农业科技创新中心，建立相互协调、运转高效的农业科技创新体系，力争在若干重要领域研究开发一批具有自主知识产权的农业高新技术，加快推动我省由农业科技大省向农业科技强省转变。实施农业良种工程，以良种攻关和源头创新为重点，强化种质资源保护、引进和利用，支持具有自主知识产权的农业良种育种技术研究，加快农业新品种升级换代。到"十一五"末，具有自主知识产权和重大开发前景的农业高技术成果占农业科技总成果的40%，农业科技成果配套率提高20%以上，每年农业发明专利授权占全国的15%以上。加快建立新型农业技术推广体系。按照强化公益性、放活经营性的要求，构建以公益性农技推广机构为主体，农民专业合作组织为基础，农业科研教育单位和涉农企业广泛参与的多元化农技推广体系。进一步加强农业实用技术的开发与推广，抓好农业科技成果的转化应用。"十一五"期间，围绕节本增效技术、进口替代品开发技术、生态农业技术和农产品储藏保鲜、深度加工技术，重点研发100项重大农业应用技术，主推100项农业先进实用技术，提高科技对农业的贡献率。

推进农业产业化经营向纵深发展。加快培植壮大农业产业化龙头企业，认真落实国家和省里有关政策措施，扩大扶持资金规模，引导社会资金和外资从事产业化经营。支持农产品加工企业搞好存量调整，通过资产重组、资本运营、兼并联合等方式，着力培植一批发展前景好、企业规模大、经济效益高、带动能力强的龙头企业集群。到"十一五"末，全省规模以上农业产业化龙头企业发展到7000家，其中年销售收入过亿元的达到1500家，过10亿元和50亿元的分别达到100家和10家。完善龙头企业、农村经济协会、专业经济合作组织与农户有机结合的组织形式和经营机制，引导农民以土地使用权、资本和技术等要素参股企业和经济合作组织，使农民从产业化经营中得到更多的实惠。加快培育发展农村经济协会，积极引导农村经济协会开展行业自律和协调，发挥其在政策咨询、信息交流、招商引资、扶贫等方面的优势和作用，为农民、企业和合作经济组织提供服务。

建立健全农业社会化服务体系。一是建立完善动植物防疫体系，搞好病虫害防治，抓好动物强制免疫和计划免

疫,加强无规定疫病区建设,不断提高防治能力和水平。二是加快建立和完善农产品质量标准体系、农产品质量检测体系和农产品质量认证体系,大力推行市场准入制度和农产品质量追溯制度,提高农产品质量安全水平。三是进一步提高农业物质技术装备水平,积极研发推广高效农业机械,扩大农机作业领域,发展新型农机合作服务组织,提高农机利用效率和社会化服务水平。四是建立农业防灾减灾服务体系,加强灾害监测设施和水利、人工影响天气、病虫害等防御设施建设,增强对自然灾害尤其是干旱、洪涝、暴雨、大风等气象灾害的防御能力。

(二)突出发展农村二三产业 加大"双30"战略实施力度,进一步落实促进县域经济发展的各项政策措施,以县城和中心城镇为依托,以各类经济园区为载体,突出发展农村二三产业。

积极推进农村新型工业化进程。创新县乡工业管理体制、运行机制和发展思路,完善现代企业制度和产权制度,加快科技进步,转变县乡工业增长方式,走新型农村工业化道路。一是集中培育支柱特色产业。落实扶持政策,加大对规模以上企业技术改造、市场开拓、新产品开发和名牌培育等方面的支持力度,重点改造提升食品、造纸、轮胎、服装纺织、农用机械、化肥等产业,促进资源优势尽快转化为竞争优势。引导支持创新能力强、名牌效应大、产业关联度高的大型骨干企业,通过横向联合、并购重组等形式,形成一批综合素质高、抗风险能力强的企业集群。二是大力发展中小企业。抓紧制定和实施《山东省中小企业促进法实施办法》,进一步优化乡村中小企业发展环境。逐步扩大省级有关促进中小企业发展专项资金规模,有条件的市、县建立中小企业发展专项资金。放手发展民营经济,培育一批小而专、小而强的农村中小企业。坚持走"一村一品、一乡一业"和"特色化、专业化、大市场"的发展路子,加强对专业村、专业乡的扶持和引导,强化区域内企业的相互协作和产品配套,发展产业集群,形成特色产业和特色经济。三是推进县乡工业向园区集聚发展。依托农村丰富的农副产品资源和劳动力资源,结合全省工业产业结构调整和区域布局调整,加快城市的资源加工型、劳动密集型、初级加工型产业向小城镇和资源丰富地区转移。支持专业乡和专业村与城市大中型企业实施产业对接、配套联合,实现借力发展。加强政策引导,推动乡村工业向城镇和园区集中。四是建立健全农村工业服务体系,重点加强融资担保、企业诚信评价、人才培训、创业辅导、行业协会、法律服务六大服务体系建设,为农村工业发展提供良好环境。

大力发展农村服务业。繁荣发展商贸、餐饮、交通运输等传统服务业,加快发展农村金融、文化、教育、信息等现代服务业,突出发展农村商品流通、乡村旅游,拓展农民就业和增收空间,形成农村新的经济增长点。

全面搞活农村流通业。围绕农民生产和生活需要,以城市大型商贸企业、农村供销社和邮政物流系统为依托,积极构筑农产品购销、农业生产资料和农村日用消费品供应三大流通网络。一是建立畅通高效的农产品流通体系。加快改造提升大型农产品交易市场,提高现代化、网络化、信息化水平,培育经营规模大、管理水平高、具有价格形成能力的大型农产品交易市场。积极创造条件,发展农产品期货市场。加强农村集贸市场质检、仓储等设施建设,增强其农产品集散和便民服务功能。大力培育农产品营销主体,努力培育一批大型农产品流通企业,支持农民创办农产品流通专业合作组织,鼓励发展农产品收购、运输、存储、加工、配送等功能一体化的新型流通业态,促进农产品流通。二是规范发展农用生产资料经营市场。对已取得经营资格的企业,加大支持和培育力度,尽快形成一批大型农用生产资料流通连锁企业。全面加强市场监管,建立农资质量追溯制度,净化农资市场。三是提升农村消费品营销水平。实施"万村千乡"市场工程和"超市下乡"工程,以县城和中心镇为重点,以连锁超市、便利店为主要流通业态,以城区店为龙头、乡镇店为骨干、村级店为基础,构建城乡一体的新型农村消费品流通体系。加强农村市场监管,整顿市场秩序,严厉打击制造和销售假冒伪劣产品行为。

培育发展农村特色旅游业。城市周边农村,积极开发当地的山峦、水域、特色农业等资源,发展短期休闲旅游。远离大城市的农村,从当地历史文化底蕴和资源条件出发,积极发展民俗游、生态观光游、"农家乐"、"渔家乐"、"水上乐"等特色旅游形式,走特色路,打特色牌。地处名胜旅游区周边的农村,借助品牌效应,发展配套性旅游。

(三)积极发展村级集体组织经济 适应农村新的生产方式和组织方式,采取综合措施,积极发展村级集体组织经济,增强农村集体组织的服务功能。一是积极发展农民专业合作经济组织,提高农民组织化程度。赋予农民专业合作经济组织市场主体和企业法人地位,在市场准入、融资条件、税收政策等方面制定扶持政策,设立专项扶持资金,引导广大农民发展多种形式的专业合作经济组织。农业科技推广、农业综合开发等财政专项资金要向农民专业合作经济组织有关建设项目倾斜;对农民专业合作经济组织内的生产、销售活动,给予税费优惠;农业银行和农村信用社等金融机构应积极为农民专业合作经济组织的生产经营提供信贷支持。积极鼓励和支持各类农民专业合作组织参与国家财政扶持项目建设,符合条件的要优先纳入扶持范围。加大示范引导力度,选择一批特色明显、运行规范、带动作用大的农民专业合作经济组织,帮助其完善内部管理机制,提高规范化运作水平,树立典型,指导和带动合作组织的发展。二是创新村级集体组织经济发展模式,走村级经济多元化发展路子。引导鼓励农民以资金、土地、技术等生产要素入股,形成股份制、股份合作制的经营模式,走共同致富的道路。有条件的村可积极探索村企合一的新型组织管理机制,在"自愿、公平、平等、透明"的基础上,推行村级公共资源的企业化,农民作为股东享有受益权。三是盘活农村集体存量资产。对由财政资金和农村集体投资建设的小型农田水利设施、渔港码头、山、林和闲置集体资产等,通过拍卖、承包、租赁、入股等形式予以盘活，所得收入用于村级集体组织经济发展和农村公益事业。

四、以增加农民收入为核心，建设生活宽裕、保障有效的社会主义新农村

在生产发展的基础上，采取综合措施，努力增加农民收入。积极发展农村社会事业，着力提高农村社会保障水平，切实改善农民生活质量。

（一）努力拓宽农民增收渠道 认真贯彻“多予少取放活”的方针，落实国家和省里促进农民增收的各项政策措施，在充分挖掘农业内部增收潜力、大力发展农村二三产业的同时，进一步减轻农民负担，努力拓宽农民增收渠道，提高农民收入。

加快发展劳务经济。强化政府促进农村劳动力转移职能，扩大政策扶持范围，统筹城乡劳动力管理与就业。实施劳动力市场信息网络“镇镇通”工程，健全城乡就业管理服务网络，建立劳动力资源信息库，逐步建立城乡统一的劳动力市场和就业、失业登记制度。建立东西部劳动力信息交流制度，加强用人单位、培训机构、服务组织之间的信息对接。大力发展劳动密集型产业，强化就业技能培训，解决农村劳动力就业结构性矛盾。积极开发城市劳务市场，大力发展保姆、保安、清洁、维修、家政和病人看护等社区化服务。完善农民工劳动合同制度，严格执行国家劳动标准，加强职业安全卫生保护，健全劳动保障监督检查体制和劳动争议调处仲裁机制，维护农民工合法权益。加强对农村劳动力转移的组织引导，支持和规范发展劳务中介组织，引导农村劳务输出向集中、有序方向发展。“十一五”期间，每年转移农村劳动力120万人。

促进农民自主创业。加大财政扶持力度，引导和鼓励农村信用社等金融机构为农民创业提供资金支持，激发农民创业活力，支持农村能人创业。落实中央的“放活”方针，进一步优化农村民营经济的发展环境，降低民营经济的产业进入门槛，为农村民营经济的发展扫除体制性和机制性障碍。对农民创办个体工商企业、民营企业，在工商登记、注册资本、财政税收等方面实行优惠政策。

加大对农民的直接补贴力度。在巩固农村税费改革成果、全部免征农业税及附加的基础上，完善和强化对农民的各项补贴政策，进一步扩大补贴范围，改进补贴方式。积极探索建立农民种粮收益综合补贴制度，完善粮食定单收购制度和对种粮农民的支持保护制度，逐步提高补贴标准。增加政府投入，重点用于支撑粮食价格和抑制农用生产资料价格上涨。探索完善政府财政补贴机制，变补贴农资生产企业等环节为直接补贴农民。认真落实大中型水库移民后期扶持政策，提高库区移民生活水平。

进一步加大扶贫开发力度。按照“村为基础、整乡推进、统一规划、产业开发”的方式，对全省226个重点贫困乡镇给予集中扶持，重点帮助贫困乡村加强基础设施建设，着力改善生产生活条件，发展特色产业。制定优惠政策，引导农业产业化龙头企业到贫困村镇设立生产和加工基地，带动当地生产发展和农民增收。扶持贫困地区建立农村劳动力转移培训示范基地，扩大“技能扶贫”招生规模，将更多符合条件的农村贫困家庭子女，选送到技工学校免费培训，做到培训一人，就业一人，脱贫一户。进一步加大对口帮扶力度，制定帮扶目标，落实各项具体帮扶措施，加快脱贫步伐。增加扶贫资金投入，进一步完善扶贫贴息贷款政策，增强扶贫开发资金的拉动效应。到2010年，基本实现全省贫困人口全部脱贫。

（二）积极发展农村卫生事业 围绕提高农村疾病预防控制能力、医疗救治水平和妇幼保健水平，建立健全县乡村三级医疗卫生服务体系，逐步实现小病不出村，常见病不出乡，大病不出县，全面改善农村医疗卫生条件。

优化卫生资源配置。增加政府投入，将新增卫生资源主要放到农村，促进城乡卫生资源的均衡配置，建立、完善城乡一体的卫生服务体系。加强以县级重点医疗机构和乡镇卫生院为重点的农村医疗卫生基础设施建设，集中力量在每个乡镇办好一所卫生院，到2010年，力争实现县乡级医疗卫生机构改造建设目标。采取财政补贴、政策优惠等多种形式，鼓励乡镇卫生院在农村设立卫生所（室），推进县乡村三级医疗卫生一体化。鼓励各种社会力量参与农村卫生事业建设。

推行新型农村合作医疗制度。合理确定农村合作医疗缴费标准，进一步完善医疗费用补助办法，提高财政补助标准，扩大覆盖范围，力争2007年底在全省基本建立起新型农村合作医疗制度，2010年覆盖85%以上农村人口，有效缓解农民看病难、看病贵、因病致贫、因病返贫的问题。建立和完善各级财政共担的农村医疗救助制度，对因患大病经合作医疗补助后个人负担仍然较高、影响家庭基本生活的，给予适当救助。规范农村医疗服务，切实加强农村药品监督、供应网络建设和农村医疗服务监管。有条件的地方可推行农村基本医疗保险，并逐步与城镇职工基本医疗保险相衔接。

提高农村公共卫生服务和救治水平。坚持预防为主，巩固发展计划免疫成果，加大对地方病、传染病、职业病和人畜共患疾病等重大疾病的防治力度，提高农村处理重大疫情和突发公共卫生事件的能力。加强对农村老年人和妇女儿童的卫生服务工作，提高保健水平。加强政府对农村卫生人才工作的宏观管理，发挥各方积极性，多渠道推进农村卫生人才培养和队伍建设。加强乡村医生在岗培训，逐步建立起乡村医生继续教育的平台，促进县、乡、村卫生机构之间的交流与合作。制定政策鼓励农村医务人员安心工作，引导医学院校毕业生以多种形式到农村基层开展卫生服务，全面提高农村医疗救治水平。建立城市医疗卫生事业支援农村的长效机制，加强城市医院对县、乡、村医疗机构的定点帮扶，建立城市高中级卫生人员定期到基层服务制度。

做好农村人口和计划生育工作。加强农村人口发展战

略研究,以控制出生人口数量、提高出生人口素质、综合治理出生人口性别比偏高问题为核心,切实稳定低生育水平,提高农村人口素质,改善人口结构,提升农村育龄人群的生殖健康水平。继续实行人口和计划生育目标管理责任制,实施农村计划生育家庭奖励扶助制度和“少生快富”扶贫工程。加大利益导向机制建设,在制定实施城乡社会保障、社会救助、扶贫、农村医保、教育扶助等政策时,对符合条件的计划生育家庭给予倾斜。突出抓好流动人口和计划生育薄弱村、重点户等的计划生育工作,控制农村新增人口数量。

(三)建立健全农村社会保障体系 逐步建立以养老保险、新型农村合作医疗、社会救助、最低生活保障和失地农民基本生活保障为主要内容的城乡一体的社会保障体系。

积极探索建立农村养老保险制度。从我省经济社会发展水平出发,参考农民人均纯收入和最低生活保障水平,进一步规范我省农村养老保险工作,积极探索适合农村居民的养老保险办法。2010年,东部和其他有条件的地区基本建立起农村社会养老保险体系,全省适龄农民养老保险参保率达到70%以上。

加强农村社会救助制度建设。建立和完善以最低生活保障、农村五保和灾民救助为基础,以医疗、教育、住房、司法等专项救助为重点,协调有序,保障有力,与经济社会发展水平相适应的农村社会救助制度体系。健全完善优抚法规政策并抓好落实,切实解决全省抚恤定补优抚对象生活、医疗、住房、教育等问题。完善农村最低生活保障制度,到2010年,将所有符合最低生活保障条件的农村困难居民全部纳入保障范围,实现动态管理下的应保尽保。贯彻《农村五保供养工作条例》,落实供养经费,加强农村五保供养服务机构建设,提高农村五保供养对象生活水平。推行农村五保户集中供养,到2010年,集中供养率达到80%。

建立健全失地农民基本生活保障制度。将失地农民纳入社会保障制度,做到即征即保,确保被征地农民原有生活水平不降低、长远生计有保障。建立和完善失地(海)农民保障资金的筹集与管理制度,实行保障资金收支两条线管理,保证专款专用。被征地农民的社会保障费用,按有关规定纳入征地补偿安置费用,不足部分由当地政府从国有土地有偿使用收入中解决。社会保障费用不落实的不得批准征地。采取扶持政策,加强对失地(海)农民的就业技能培训,鼓励其以多种形式实现就业。

五、以培养造就新型农民为根本,建设乡风文明、和谐向上的社会主义新农村

全面提高农民综合素质,积极培养新型农民,大力发展农村文教体育事业,加强农村精神文明建设,努力塑造健康向上、和谐文明的村风民风,为社会主义新农村建设创造良好的社会氛围。

(一)培养造就新型农民 要把培养造就有文化、懂技术、会经营的新型农民放到重要位置,大力发展农村职业教育和农民技能培训,努力提高农村劳动力素质,将农村人口压力转化为人力资源优势。加快建立政府扶助、面向市场、多元办学的培训机制,整合各方面教育资源,形成覆盖全省农村的教育和培训网络,广泛开展多层次、多门类、适用性强的职业技术教育培训。充分发挥各类大中专院校的培训教育功能,鼓励支持其拓展为农民服务的渠道和方法,积极为新农村建设培训人才。各级政府要建立农民培训专项资金,重点搞好四个方面的培训:一是加强对基层干部特别是村支书和村委会主任的培训,对三类村的干部实行定期免费培训,培养一批新农村建设的带头人。二是搞好农民创业培训,选拔培训一批有一定产业、文化和经济基础的经营大户、村组干部或外出打工返乡人员,努力培养更多的农民企业家和创业明星。三是抓好新型农民科技培训,提高农民运用先进实用技术的能力。实行“一村一名大学生计划”,为农村输送人才。四是强化农民转移就业技能培训,扩大阳光工程、蓝领工程等实施规模,使农民有一技之长或一专多能。

(二)发展农村教育事业 统筹基础教育、职业教育和成人教育,完善县乡村三级教育网络,逐步实现城乡教育统筹协调发展。

巩固提高农村义务教育。根据区划调整、人口变化、经济基础和城镇化水平等因素,进一步优化中小学结构布局,推动基础教育资源在县域内城乡之间的均衡配置。实施农村基础教育提升工程,建立农村中小学校舍维修改造长效机制,加强农村中小学教学设施建设,强化对农村教师的资格认证和教育培训,建立城镇教师定期支援农村教育的制度,全面提升农村办学条件与师资水平。建立健全农村义务教育经费保障机制,严格义务教育收费“一费制”,2007年全部免除义务教育阶段农村学生的学杂费,对贫困家庭学生免费提供教科书并补助寄宿生生活费,逐步提高农村义务教育阶段中小学公用经费保障水平。继续完善“以县为主”的义务教育管理体制,加大省、市财政对农村义务教育的转移支付力度,农村教师工资全部纳入县级财政预算,确保农村教师工资及时足额发放。切实解决好进城务工农民子女的义务教育问题,进城务工农民子女上学享受城镇居民子女同等待遇,按就近原则选择学校。全省农村小学、初中适龄人口入学率分别保持在99%和98%以上,初中三年保留率保持在98%以上。积极发展农村幼儿教育,开发儿童智力,学前三年毛入园率达到60%。

加快普及农村高中段教育。规划和整合县域内普通高中、职业中专、普通中专、电大分校、职工中专、技工学校等教育资源,强化和膨胀优质教育资源,保持县域内普通高中与中等职业规模大致相当,努力提高农村高中段教育的规模与质量。到2010年,力争使绝大多数建在农村的普通高中达到省级规范化学校要求,每个县至少建成1处适应当地发展需要、具有特色和市场竞争力的中等职业学校,基本普及高中段教育。大力发展农村职业教育和成人教育,组织实施好中等职业教育基础能力建设工程,支持和鼓励社会力量兴办农民职业教育,到2010年全省农村初、高中毕

业生参加工作前接受专业技术培训的达到80%以上。切实加强各类学校对农村学生收费行为的监管，建立和完善贫困学生助学机制，切实解决上学难、上学贵的问题，有效减轻农民的教育负担。

(三)发展农村文体事业　以发展社会主义先进文化为方向，以载体建设为重点，大力发展农村文化体育事业，努力满足广大农民群众多层次、多样化的文体生活需求。加大对农村文化发展的投入，加强农村文化设施建设，完善县乡村三级公共文化服务体系，逐步做到县有文化馆、图书馆，乡镇有综合性文化设施，村有文化大院(室)。实施广播电视村村通工程，加大投入力度，完善广电网络，尽快实现村村通有线电视，降低收费标准，提高有线电视入户率，争取到2010年全省农村广播和电视普及率达到95%以上。积极开展群众性文体活动，鼓励和扶持农村题材文艺创作。以行政村为单位，采取政府补助、体育彩票公益金支持、农民自愿投工投劳等形式，建设经济、实用的农村小型健身场地。加强非物质文化遗产保护，充分挖掘和弘扬有地方特色和民族特色的优秀传统文化。创新农村文化生活的载体和手段，推进文化信息资源共享工程建设，开展送戏下乡活动，扶持发展农村业余文化队伍，鼓励农民兴办文化产业。依法加强农村文化市场管理，促进农村文化市场的健康发展。

(四)加强农村精神文明建设　提高农民道德素质，倡导健康文明新风尚，建设和谐村镇，为新农村建设提供稳定、平安、和谐的社会环境。大力弘扬以爱国主义为核心的民族精神和以改革创新为核心的时代精神，以学校和家庭为重要载体，加强思想政治教育，树立以“八荣八耻”为主要内容的社会主义荣辱观，弘扬艰苦奋斗、自力更生的传统美德，为新农村建设提供精神动力和思想保证。贯彻实施《公民道德建设实施纲要》，完善乡规民约，大力开展社会公德、家庭美德和职业道德教育，倡导尊老爱幼、邻里和睦、见义勇为、扶贫济困的社会新风尚，广泛开展文明信用户、文明一条街、文明村镇等群众性精神文明创建活动。引导农民崇尚科学，抵制迷信，移风易俗，破除陋习，树立良好的道德风尚。

六、以基础设施建设和环境整治为重点，建设村容整洁、环境优美的社会主义新农村

进一步加大投入力度，统筹城乡基础设施建设，加快构筑新型村镇体系，搞好农村环境整治，着力改善农民生产生活条件。

(一)加强基础设施建设　打破城乡在规划、建设和投入等方面的分割局面，把基础设施建设投入重点转向农村，积极推进城市基础设施向农村延伸，以路网、水网、电网、信息网建设为重点，努力形成城乡一体的基础设施体系。农村公路建设，进一步提高农村公路建设质量和等级水平，加强农村公路的维护管理，重点抓好村庄与干线公路的连接，到2010年，实现所有具备条件的行政村通沥青(水泥)路、通客车。水网建设，重点实施好村村通自来水工程，优先解决高氟、苦咸、污染严重地区的饮水安全问题。到2010年，全省85%以上村庄用上干净清洁的自来水。电网建设，重点完善电网布局，搞好配套设施建设，减少损耗、降低成本，争取到2008年基本实现城乡同网同价，到2010年农村供电可靠率接近100%。信息网络建设，在实现村村通广播电视、宽带网的基础上，大力发展农村现代远程教育，提高农村电话普及率、有线电视入户率和宽带网络覆盖率，加速农村信息化进程。加强环保设施建设，到2010年大、中城市周边农村的污水和垃圾全部纳入城市统一处理的范围，国家重点镇、省级中心镇及其他工业项目较多的小城镇和城市水源地周边村镇，建设简易实用的小型污水处理设施，多数乡镇都要配置垃圾收集和运输设施，有条件的村逐步实现垃圾统一收集处理。加快农村新能源建设步伐，在适宜地区积极推广沼气、秸秆气化、太阳能、风能等清洁能源技术，以沼气池建设带动农村改圈、改厕、改厨。到2010年，力争全省适宜地区20%的农户用上清洁能源。

(二)构建现代村镇体系　顺应城市化快速发展、农村人口加速转移的趋势，科学制定村镇建设规划，引导形成以县城为核心、小城镇为骨架、中心村和农村社区为基础的新型村镇结构，为农村基础设施城镇化、生活服务社区化和生活方式市民化创造条件。

搞好村庄规划。按照有利生产、方便生活的原则，科学规划村内居住、供水、排水、通讯、交通、防灾、供电等基础设施。充分考虑不同行政村的自然禀赋、发展水平、风俗习惯和区位优势，因地制宜，量力而行，选择各具特色的新农村建设模式。城镇郊区农村要立足城乡产业对接，可建设城郊社区型新农村；村级集体组织经济较强的村可建设村企合一型新农村；有条件的平原地区可推进村庄整合和人口集聚，建设社区集聚型新农村；山区农村要发挥生态优势，积极建设生态环保型新农村。省里安排专项资金用于支持编制村庄规划，组织力量设计多种类型美观大方、经济实用、节地节能节材的住宅图样供农民无偿选用。依据国家发布的村庄建设和人居环境治理的指导性目录，合理确定村庄整治的具体项目。

调整优化村镇布局。以规划为龙头，分类指导，合理布局小城镇、农村社区和村庄。本着“各方自愿、互惠互利、优势互补、共同发展”的原则，引导强村、强企兼并联合小村、弱村，逐步建立布局合理、特色突出、经济繁荣、功能配套的现代村镇格局。按照工业向园区集中、农民向城镇集中、居住向社区和中心村集中的思路，加快小城镇、农村新社区和中心村建设。小城镇镇区人口规模应在15000人以上，中心村的人口规模应在3000人以上。小城镇建设，要突出产业集聚、功能配套，增强人口吸纳能力。城中村和城郊村，要按照城市社区的标准进行建设和管理。农村社区和中心村建设，要按照因地制宜、节约用地、安全环保、有利生产、方便生活和群众自愿的原则，从各地的经济实力和自然条

件出发，搞好试点，示范引路，分步实施。注重村庄安全建设，提高防御地震、水涝、风雹等自然灾害的能力。注重对古老村居、人文遗迹保护。有条件的地方，可从实际出发，撤并弱小村，改造空心村，培植特色村。

（三）加强农村人居环境综合整治和生态家园建设 以农村环境优化美化为目标，积极推进环境保护和村庄整治。实施“三清四改五化”工程。以“三清”（清理粪堆、清理垃圾堆、清理柴草堆）、“四改”（改水、改厕、改灶、改圈）为重点，以“五化”（硬化、净化、亮化、绿化、美化）为目标，从最容易解决和投入少、见效快的问题入手，努力解决农村“脏、乱、差”问题，改善农村生活环境和村容村貌，创造整洁、舒适、文明的生活环境。到2010年，农村卫生厕所普及率达到80%，70%以上的行政村主要街道实现硬化、绿化和亮化。搞好农村生态体系建设，组织实施山区绿化、平原绿化、绿色通道、沿海防护林、村镇绿化等工程，建设绿色生态家园。加强农村污染治理。实施农业“两减（减少农药、化肥施用量）三保（保产量、保质量、保环境）行动计划”，引导农民科学使用化肥、农药，禁止使用高毒、高残留化学农药，鼓励秸秆还田和综合利用，加快机械化秸秆还田、秸秆气化、固化成型、青贮氨化、发电、养畜等综合利用技术推广步伐，严禁秸秆焚烧。切实解决农用地膜污染问题，加快开发应用降解膜，鼓励并推广农膜回收利用，有效控制白色污染。搞好规模化畜禽养殖场的废水废物处理，实施规模化养殖治污示范工程，努力降低养殖污染。鼓励农村工业企业积极采用清洁生产技术，努力降低污染物排放。严格执行建设项目环保准入制度，防止城市污染向农村转移，坚决禁止在农村建设高污染、高能耗项目。

七、以加强基层组织建设和村民自治为保障，建设管理民主、法制健全的社会主义新农村

积极推进农村民主政治建设和法制建设，增强农村基层组织战斗力，努力构建和谐村庄和平安村居，为新农村建设提供良好的政治保障和法制环境。

（一）加强基层组织建设 进一步巩固农村基层党员先进性教育活动成果，提高农村广大党员和基层干部科学发展、致富群众的本领，执行政策、依法办事的本领，化解矛盾、促进和谐的本领，艰苦奋斗、务实创新的本领，使他们在带头致富、带领群众共同致富中体现先进性，在科学发展、又好又快发展中体现先进性，在建设社会主义新农村、促进乡村繁荣和谐稳定中体现先进性。进一步开展“三级联创”活动，按照“五个好”要求，积极推进农村基层组织体系网络化、党员干部教育管理科学化、组织活动规范化，切实加强农村党支部建设，努力提高基层党组织的创造力、凝聚力、战斗力，使农村基层组织真正成为新农村建设的组织者、推动者和实践者。实施基层党组织建设“堡垒工程”，着力选拔和培养具有带头致富能力和带领群众致富能力的“双带型”党员，政治素质强、发展能力强的“双强型”干部，真正把那些想干事、会干事、干成事而又能共事、不出事的人，选进基层党组织领导班子中，尤其要选好配强村党支部书记。全面实施党建“递进培养工程”，鼓励优秀机关干部驻村任职，鼓励大学毕业生到基层建功立业，不断优化农村干部队伍结构。进一步理顺和规范村“两委”关系，健全完善村党组织领导的充满活力的村民自治机制。进一步加强党员队伍建设，改进党员教育管理方式，建立有效的激励机制，创新党员发挥先锋模范作用的载体和平台，使党员成为农村经济发展的促进者、人民群众利益的维护者，成为社会主义新农村建设的骨干力量。进一步创新基层组织设置，适应农村生产方式、生产力配置形式的新变化，探索建立以经济合作组织、龙头企业、专业协会为依托的产业型，跨行政村、跨行业的组合型，以强村、强企为依托的带动型等新型组织设置形式，着力解决农村经济市场化与基层党组织设置行政化的矛盾。

（二）加强农村基层民主制度建设 进一步完善民主选举、民主决策、民主监督和民主管理为主要内容的村民自治制度，尊重农民民主权利，不断增强农民自我管理、自我教育、自我服务的能力。一是进一步完善农村民主选举制度，尊重农民的推选权、选举权和提名权，保证民主选举的公开、公正、公平，真正体现大多数农民的意愿。二是健全完善村民代表会议制度。建立健全村民会议、村民代表会议议事规则，从深化村务民主决策入手，对涉及群众切身利益的事项，包括农村土地征用补偿及分配、农村机动地和“四荒地”发包、村集体债权债务、农村税费改革和村内“一事一议”筹资筹劳以及各类救灾和补贴等，都要由村两委会联席会议商议后，提交村民会议或村民代表会议讨论决定，切实保障农民充分行使民主决策权、管理权和监督权。三是健全完善村务公开制度，充分尊重农民的生产经营权、集体事务的知情权和参与决策权，最大限度地激发和调动农民的积极性与创造性。完善村务公开的形式、时间和程序，及时丰富和拓展村务公开内容，不断提高村务工作的透明度，做到事前、事中、事后全过程公开。四是加强村民民主理财制度建设。建立民主理财小组制度，制定村级集体财务计划，规范村级财务管理，重点强化集体财务收支审批制度，按照财务公开原则，加强群众监督。乡镇人民政府及业务主管部门要对村级财务活动加强指导和监督。推行村集体会计委托代理制度，争取到2010年，全面实现村级财务规范化管理。五是加强农村民主监督制度建设。推行民主监督、民主评议村干部工作制度。村“两委”干部定期向村民会议或村民代表会议报告工作，由村民会议或村民代表会议成员进行民主评议。建立村务公开监督小组，全面推行村干部任期届满或离任审计制度，实现群众对村“两委”班子和村干部的全方位、全过程监督。

（三）加强农村民主法制建设 深入开展农村普法教育，引导农民牢固树立法制观念，增强依法维护权益的能力和履行义务的自觉性。积极开展农村民主与法制培训，实行村干部结对帮教责任制，突出“平安村”的典型示范作用，

为新农村建设创造和谐的社会环境。培养农民的民主意识、主人翁意识、平等意识、法制意识,积极倡导依法办事、依法治村的良好风尚。教育广大农民群众自觉做到知法、懂法、用法、守法。依法保障农村妇女儿童的合法权益。加强村“两委”与农民之间的民主沟通和协商,密切党群关系、干群关系,化解各类矛盾;制定完善村规民约,引导农民自觉遵章守纪,自觉遵守公民道德建设规范。针对农村存在的不稳定因素,以整治黄赌毒为重点,加大对农村社会治安的综合治理力度,加强乡村集义务消防、治安巡逻、抢险救灾“三位一体”的群防群治队伍建设。完善农村矛盾纠纷排查调处机制和涉农案件的妥善处理机制,努力把各种隐患解决在基层、解决在萌芽状态。

八、以改革创新为动力,为社会主义新农村建设提供政策支持和体制保障

进一步深化农村各项改革,积极推进体制创新、机制创新和政策创新,运用市场经济手段解决发展中的问题,在体制创新中寻找办法,在机制转换中激发活力。

(一)建立完善城乡统筹的发展机制 按照科学发展观的要求,创新发展思路和模式,把统筹城乡发展理念贯穿于新农村建设的全过程,促进城乡全方位对接与融合,形成城乡互动、工农联动的发展机制。

统筹城乡生产力布局。统筹城乡资源配置,把城乡发展衔接起来,促进城乡产业与基础设施的对接。制定国民经济发展总体规划和区域发展规划,必须切实落实城乡统筹的基本方略,优化城乡生产力布局。充分考虑城市和农村不同的自然条件和产业形态,因地制宜,发挥比较优势,优化产业布局。通过产业政策和税收等措施,引导资本密集、技术密集型产业向城市集中,劳动、土地等资源密集型产业向农村发展。安排重大产业项目要统筹考虑城乡需求,实现城乡产业结构的互补共存,形成城乡互补、城乡互动、既有分工、又有合作的一体化发展格局。国家和省投资建设的交通、能源、水利、通讯、环保和社会事业等基础设施项目,要统筹考虑城乡发展,重点加强农村基础设施建设,实现城乡基础设施的有效连接。在生产力要素配置上,既要发挥市场的基础性作用,又要发挥政府宏观调控的能动作用,制定优惠政策,引导资本、技术、人才和市场等要素向农业农村倾斜,提高农业和农村经济的整体素质和自主发展能力。制定和完善农村人口集聚政策和产业布局政策,引导农村人口向中心村、小城镇及县城集中。

统筹城乡公共产品和公共服务。扩大公共财政在农村的覆盖面,推进公共资源向农村倾斜,增加对农村的公共产品和公共服务供给,优先发展农村基础设施和社会事业,完善农村公共服务体系。要把对县以下中小型基础设施和公益事业建设的投资,作为政府公共财政支持的重点,实现投入增量的逐年提高。按照城乡一体化的要求,引导城市服务业向农村拓展和延伸,支持城市流通、邮电、通讯、金融、科技、教育、文化和医疗卫生等机构到农村建网布点,增强对农业和农村的服务能力。

统筹城乡社会管理。逐步打破和消除城乡二元分割体制,加快建立城乡一体化的社会管理体制,实现城乡居民地位平等、就业平等、机会平等。加快推进户籍制度改革,以促进农村人口进城稳定就业为重点,降低进城门槛,逐步建立起城乡统一、自主择业、自由居住的人口登记制度和城乡一体的劳动力就业市场体系。清理和取消各种针对务工农民进城就业的不合理规定,优化农民务工环境。建立农民工工资合理增长机制和工资支付保障制度,严格执行最低工资制度,依法查处拖欠克扣农民工工资和随意延长劳动时间的行为。加快建立适应农民工特点的社会保障制度,将农民工全部纳人工伤保险范围,探索符合农民工特点的养老保险办法,把农民工计划生育、劳动就业、医疗保健、卫生防疫和治安管理等纳入城镇社区统一管理,保障农民工合法权益。

(二)建立多元化的新农村建设投入机制 进一步加大财税支持力度。调整国民收入分配格局,优化财政支出结构,按照存量适度调整、增量重点倾斜的原则,不断增加对农业和农村的投人。建立财政支农资金稳定增长机制,确保各级财政每年对农业总投入的增长幅度高于财政经常性收入的增长幅度,地方财政收入的新增部分重点用于新农村建设。做到财政新增教育、卫生、文化等事业经费主要用于农村,基本建设资金增量主要用于农村,政府土地收益用于农村的比例要逐步提高。水利建设基金、水资源费和新增建设用地有偿使用费等确保用于农业。积极研究探索通过调整电价、水价和高速公路收费等筹集新农村建设资金的有效办法。研究制定有关地方法规,确保财政支农资金稳定增长。进一步加大税收支持力度,在全面免除农业税的基础上,对涉及农业、农村经济和农村建设的领域,实行更为优惠的税收政策。整合现有支农资金,按照“管理体制不变、投入渠道不变”的原则,建立政府综合部门牵头、相关部门联动的协调机制,制定各级支农资金总体规划,逐步形成支农资金立项科学、安排规范、使用高效、运行安全的使用管理机制,提高投资效益,避免重复投资,集中资金办大事。

加大金融机构支农力度。构建各金融机构功能完善、分工合理、相互配合、监管有力的农村金融体系,增强对新农村建设的金融支持功能,引导资金投入农业和农村。一是扩大农业发展银行的业务范围,将其从单纯的“粮食银行”转变为支持农业开发、农村基础设施建设、扶贫、农村结构调整和农产品进出口的综合性政策性银行。二是充分发挥商业银行的作用,建立有效机制,探索建立省级财政金融支农风险基金,通过贴息、补助等形式,鼓励更多的金融资金投向农户、农业、乡镇企业及农业产业化龙头企业。在确保资金安全的前提下,对县级以下商业银行机构吸收存款的新增部分,确定一定比例用于农村信贷投入。三是深化农村信用社改革,完善治理结构,加强政策扶持和监督管

理,着重解决好农民贷款成本高、额度小、难度大的问题,充分发挥其为农民提供便捷、高效金融服务的主力军作用。四是加快农村信用担保体系建设。支持和鼓励兴办多种形式的农村信用担保机构,鼓励现有商业性担保机构开展农村担保业务,减少农村融资障碍。五是尽快建立政府补助、农民参加的农业保险制度,鼓励金融机构积极开展农业保险业务。

积极扩大利用外资。加强对世界银行、亚洲开发银行等国际金融机构投资政策的研究,充分利用国际金融机构对农业农村特殊的信贷政策,努力扩大中长期信贷规模,增加优惠信贷资金的利用。积极开展政府间的农业和农村经济技术合作,努力争取外国政府赠款和双边优惠贷款。扩大农业农村的对外开放领域,引导外资参与农业生产、农村教育培训、信息服务、基础设施建设等,不断扩大利用外资规模。

努力开拓其他形式的融资渠道。按照"以无偿带有偿、以政府带社会"的思路,充分发挥财政资金的导向和示范作用,采取财政贴息、贷款担保、投资参股、税收优惠、民办公助、以奖代补、以物抵资等政策,带动企业、民间等社会资金投入新农村建设。支持各类企业参与农村综合开发、基础设施建设和中心村改造,对企业帮助农村公益事业建设的费用依照税法规定在税前列支。借助企业的力量推动新农村建设。继续推进小型农田水利工程产权制度改革,按照"谁投资、谁管理、谁受益"的思路,鼓励和引导社会资金投向农田水利建设,改善农业生产条件。

(三)建立农业科技自主创新的长效机制 加大农业科技投入力度。进一步拓宽农业科技投入渠道,逐步形成政府引导、企业主导、农民参与的农业科技多元化投入机制。扶持和发展农业科技型企业。设立农业科技专项资金,重点扶持解决现代农业发展中遇到的重大科技问题。逐步扩大良种工程和农业科技成果转化资金规模,加快科技成果转化、推广与再创新。鼓励企业、个人等社会力量捐资成立农业科技基金,专门用于支持农业科技研究、开发、推广和奖励农业科技人员。

优化农业科技发展政策环境。建立健全农业科技政策与法规体系,加强金融、税收、保险等对农业科技的支持,为农业科技发展营造良好的政策环境。对农业科研单位通过技术成果转让、技术培训、技术咨询、技术服务、技术承包所取得的技术性收入,依法减免所得税和营业税。鼓励农业科技机构转制创业,引导农业科技人员创办、领办农业科技企业或以技术入股农业企业。鼓励农业企业自主进行农业科技攻关,对企业用于农业科技投入的资金和经费,按国家有关规定在贷款、税收等方面给予政策优惠。加大农业知识产权保护力度,增加知识产权的保护内容,切实保护知识产权人的合法权益。

创新农业科技发展机制。进一步整合全省农业科技资源,建立农业科技信息、科研资源及科技人才共建共享机制。探索建立政府引导,农业科研机构、大专院校和农业企业共同参与,集研发、孵化、产业化于一体的科技创新联合体,加速农业科技创新步伐。完善科技项目首席专家负责制,建立项目实施与人才培养同步发展的新机制。正确处理自主创新与引进技术的关系,在加强自主创新的基础上,积极引进和借鉴国外先进农业科技成果。鼓励农业企业引进高新技术、先进适用技术,加强消化、吸收和再创新,形成自主知识产权。支持和鼓励国外农业科研机构和农业企业在我省设立研发中心,合作建立实验室、中试基地,提高我省农业科技的国际化水平。

(四)深化农村综合配套改革 按照统筹城乡发展的要求,积极推进农村综合改革,为新农村建设提供体制保障。

深化县乡财政体制改革。建立和完善覆盖农村的公共财政体制,向农村提供更多的公共产品和服务。合理划分各级财政收支范围,财权与事权相匹配,以事权定财权,以责任定财权,切实增强县乡政府履行职责和提供公共服务的能力,提高基层财政保障水平。一是切实增强县乡财政支付能力。进一步完善转移支付制度,增加一般性转移支付,规范专项补助。中央和地方财政给基层的税费改革转移支付和公务员工资改革、发展农村教育等补助要落实到位,不把支出缺口留给乡镇一级。驻地市属企业因核算办法和纳税方式改变而影响县乡财政收入的,由市财政给予适当补助。农村税费改革转移支付资金要向基层倾斜,用于村级的补助比例不得低于20%。二是全面推行"乡财县管乡用"制度。在保持乡镇资金所有权、使用权和财政审计权不变的情况下,逐步在全省推广"预算共编、账户统设、集中支付、采购统办、票据统管"的管理模式。三是积极创造条件,稳步推进省管县财政体制改革试点工作。逐步减少财政管理层次,提高行政效率和资金使用效益。进一步扩大县级经济管理权限,给予30个经济强县(市)的经济管理权限,逐步扩大到其他县(市)。对省政府确定的30个经济强县,进一步扩大理财自主权和收入分配权。对30个经济欠发达县,每年上缴省、市两级财政的营业税和企业所得税比上年增长部分,由省、市财政全额返还。四是严格规范乡镇经济管理行为。严禁乡镇政府以任何名义向金融机构或其他单位、个人借款用于弥补收支缺口,为企业贷款提供担保和抵押,举债兴办各种工程等行为,从源头上防止新的债务发生。要积极稳妥地化解历史债务,在摸清底数的基础上,开展化解债务试点工作,逐步探索化解乡村债务的有效途径。

积极稳妥地推进乡镇机构改革。转变政府职能,努力构建"行为规范、运转协调、公正透明、廉洁高效"的基层行政管理体制和运行机制,坚持依法行政,搞好为农服务,提高乡镇政府的社会管理水平和公共服务能力。把不应该由政府承担的社会事务交给市场、中介组织和村民自治组织。合理调整乡镇政府机构,改革和整合乡镇事业站所,创新运行机制,实行公益化管理与市场化运作相结合,增强服务"三农"功能。进一步精简乡镇机构和人员,妥善安置分流人员,2010年前乡镇机构编制只减不增。

改革土地经营管理机制。稳定和完善以家庭承包经营为基础、统分结合的双层经营体制，努力建立适应农村生产力发展要求的土地经营管理机制。一是积极发展适度规模经营。在依法、自愿、有偿的前提下，有条件的地方要推动土地经营权向种田能手和种田大户集中，促进土地经营的规模化和专业化。打破传统的小生产观念，通过发展农业产业化经营、农村合作经济组织、协会等形式，提高农业的规模化、集约化、组织化程度，促进土地集约化、规模化经营。二是研究建立土地置换制度。积极探索和建立在不同所有制之间、不同村集体之间的土地置换制度，为偏远村庄向中心村集中和农村工业向小城镇与县城集中创造条件。三是改革农村土地征用制度。对公益性用地，要严格执行国家规定的占地补偿标准；对商业性用地，要按照市场机制运作，并将征地补偿资金全部交付给农民。城市规划区内的失地农民，要纳入城镇统一就业和社会保障体系。对有稳定预期收入的项目，被征地农民可以土地使用权作价入股，参与企业利益分配。要进一步提高土地征用补偿标准，探索确保农民现实利益和长期稳定收益的有效途径。

深化农村社会化服务体系改革。推动城市社会服务机构向农村延伸，增强为新农村建设服务的能力。培育农村新型社会化服务组织，进一步建立和完善农村社会化服务体系，积极发展农村科技、劳务中介、供销等社会化服务组织，培育农民经纪人队伍，为农民提供产前、产中、产后等全方位服务。

（五）建立完善新农村建设工作推进机制 要把社会主义新农村建设作为一项长期的历史任务，树立长期奋斗的思想，健全组织机构，建立工作机制，加大工作措施，扎实推进，务求实效。

加强组织领导。各级党委政府要从立党为公、执政为民，落实科学发展观、构建和谐社会，全面建设小康社会、推进现代化建设的战略高度，统一思想，提高认识，切实把建设社会主义新农村作为重中之重，列入重要日程。建立党委领导、政府负责、部门齐抓共管、全社会积极参与的新农村建设工作推进机制，创造性地开展工作。要坚持注重实效，不搞形式主义；量力而行，不搞盲目攀比；民主商议，不搞强迫命令；突出特点，不搞千篇一律；引导扶持，不搞包办代替，把好事办好，把实事办实，真正把新农村建设办成惠及广大农民群众的民心工程。

建立目标责任制度。各级各部门要严格执行全省社会主义新农村建设总体规划，建立新农村建设工作评价体系和激励机制，按照决策目标、执行责任、考核监督“三个体系”的要求，把执行规划情况纳入工作目标考核体系，科学决策，落实责任，严格考核和奖惩。要制定分年度的工作计划和实施方案，把有关目标任务细化分解。重点考核规划提出的农民收入、农村公共服务、农村基础设施、财政转移支付等关键指标。各级政府要立足当地实际，在深入调查研究的基础上科学编制新农村建设规划，研究制定新农村建设有关政策，落实新农村重大基础设施建设项目。各有关部门要按照职责分工，各负其责，搞好配合，做到新农村建设组织到位、责任到位、投入到位、措施到位，切实把新农村建设的各项工作落到实处。

抓好试点示范工作。要认真总结推广各地在统筹城乡发展、发展农村经济等方面的好经验、好典型，通过典型引路，全面推进新农村建设。组织实施全省村镇整治“百镇千村示范工程”，选择100个镇，从一、二、三类村中选择1000个村先行试点，探索路子，总结经验，指导面上工作。制定全省新农村建设试点办法，培育一批各具特色、有代表性和示范作用的新农村建设示范镇、示范村。各级财政要安排专项资金用于新农村建设试点，保证试点工作顺利进行。

抓好重点工程建设。各级各部门要高度重视“十一五”期间新农村建设重点工程建设（见附件1），制定措施，落实任务，积极筹措建设资金，加强项目管理，保证项目建设顺利进行。

实行分类指导。针对全省一、二、三类村的发展实际，突出工作重点，按照“培优做强一类村、加速转化二类村、重点扶持三类村”的思路，一类村重点提高其自我发展能力，二、三类村重点加大扶持力度，在资金、政策、基层组织建设等方面制定有针对性的措施，扎实推进新农村建设。

建立和完善规划评估修订机制。鉴于新农村建设规划实施期较长，许多方面存在不确定性，应建立新农村建设规划中期评估修订机制。当农村经济社会运行环境发生重大变化、新农村建设偏离规划目标过大时，各级应及时提出调整方案，对规划目标和政策措施进行调整。总体规划由省政府组织评估和修订，专项规划由有关部门组织评估和修订。

营造新农村建设良好的社会氛围。加强对社会主义新农村建设的宣传工作，充分利用报纸杂志、广播电视、信息网络等舆论工具，积极开展多种形式的宣传活动，形成全社会关心支持社会主义新农村建设的良好氛围，使新农村建设成为全社会的自觉行动。

附件：1.“十一五”期间全省新农村建设重点工程
2. 新农村建设（村级）综合评价指标体系

附件1 “十一五”期间全省新农村建设重点工程

一、农业综合生产能力提高工程

继续在粮食主产区实施国家大型商品粮基地和优质粮食产业工程，改善粮食主产区生产条件。抓好农业综合开发项目的实施，继续落实好国有土地出让金纯收益的20%以上用于农业土地开发和高标准基本农田建设的政策，搞好土地复垦和整理，到2010年，全省改造中低产田1000万亩。继续实施水库除险加固工程，基本完成大中型病险水库和重点小型病险水库的除险加固任务，增加调蓄能力2.5亿立方米。继续实施大中型灌区续建配套与节水改造工程，搞好节水灌溉示范工程建设，进一步提高水资源利用效率，到2010年全省有效灌溉面积稳定在7000万亩以上，新增节水灌溉面积500万亩，农业灌溉用水有效利用系数提高到0.6。大力实施畜牧业规模化、标准化养殖，到2010年，畜禽规模化、标准化饲养量达到60%以上。加快推进农业科技进步，实施农村科技信息村村通工程和农业良种工程，重点推广100项重大农业技术，提高农业科技贡献率。加强渔港建设，重点建设国家级中心渔港8处、国家一级渔港6处、国家内陆重点渔港2处。

二、优势产业提升工程

按照《山东省优势农产品区域布局规划》，实施“优势农产品竞争力提升计划”，到“十一五”末，在全省形成特色鲜明、市场竞争力较强的8大优势产业带（区）、11大优势农产品和100个名牌产品。实施农业产业化龙头企业500强培育工程，培育形成一批支柱产业、一批大型企业集团、一批知名品牌。建立健全农产品质量标准、认证、检测体系和动植物防疫体系，提高农产品质量安全水平。

三、生态农业建设工程

实施荒山荒滩造林工程、沿海防护林体系建设工程、高标准农田林网建设工程，到2010年全省森林覆盖率达到28%。加强农村沙化治理和水土保持工程建设，以生态环境脆弱、水土易于流失的山区丘陵、黄泛平原为重点，开展水土保持综合治理，“十一五”期间全省治理水土流失面积10000平方公里。实施渔业资源修复计划，继续支持人工增殖放流、人工鱼礁和省级水生生物保护区建设，建设渔业资源增殖保护区40个，国家级濒危水生动物救护中心3处，省级人工鱼礁示范区10处，逐步建立渔业资源保护和修复体系，促进渔业可持续发展。

四、农村扶贫开发工程

坚持村为基础、整乡推进的扶贫开发方式，重点对省政府确定的29个扶贫开发重点县和5个扶贫开发重点区给予扶持，帮助贫困乡村加强基础设施建设，发展特色产业。开展贫困农民科技和职业技能培训，扩大“技能扶贫”计划招生规模，将更多符合条件的农村贫困家庭子女，择优选送到技工院校免费培训，力争培训一人，就业一人，脱贫一户。进一步完善扶贫贴息贷款政策，增强扶贫开发资金的拉动效应。到2010年，基本实现全省贫困人口全部脱贫。

五、村村通沥青路、通自来水、通有线电视、通宽带网“四通”工程

进一步提高农村公路建设质量和等级，加强农村公路的维护管理，重点抓好村庄与干线公路的连接，到2010年，实现所有具备条件的行政村通沥青（水泥）路、通客车。继续实施村村通自来水工程，按照“规模化发展、标准化建设、市场化运作、企业化经营、专业化管理”的思路，推进区域（联片）集中供水、城市管网延伸供水等工程建设，努力实现“农村供水城市化、城乡供水一体化”，“十一五”期间，解决1778万农村人口饮水安全问题，新增自来水受益人口2567万人，农村自来水普及率达到85%。加大农村信息网络建设力度，到2010年，全省实现村村通有线电视和宽带网，并进一步提高有线电视入户率和宽带网络覆盖率，加速农村信息化进程。

六、新型农民培训工程

加强农村劳动力转移培训，构建市场化、社会化、多元化的农村劳动力转移就业培训体系。继续实施阳光培训工程和蓝领培训工程。加强对农村劳动力转移的引导，促进农村劳动力合理有序流动。“十一五”期间，全省农村劳动力转移年均新增120万人，农村劳动力转移培训年均55万人。加强农民科技培训，培养有文化、懂技术、会经营的新型农民和农村科技致富“带头人”。搞好农民创业培训，选拔培训一批有一定产业、文化和经济基础的经营大户、村组干部或外出打工返乡人员，努力培育更多的农民企业家和创业明星。

七、村镇环境综合整治工程

按照村镇建设规划，以“百镇千村”示范工程为切入点，以“三清”（清理粪堆、垃圾堆和柴草堆）、“四改”（改水、改厕、改灶、改圈栏）为重点，以“五化”（硬化、净化、亮化、绿化、美化）为目标，全面整治农村“脏乱差”问题。大力发展农村沼气、秸秆气化、太阳能、风能等新能源，创造良好的人居环境。“十一五”期间，全省新建户用沼气180万户，大中型沼气工程3300处，到2010年，全省适宜地区20%的农户用上清洁能源。加强村镇道路、供排水、垃圾、污水处理等基础设施建设。到2010年，全省70%以上行政村主要街道实现硬化、绿化和亮化。

八、农村公共卫生服务体系建设工程

重点支持360所乡镇医院改善房屋、设备和引进人才，提高医疗服务水平。到2010年，基本建立起较为完善的县、乡、村农村公共卫生服务体系。加速推进新型农村合作医疗制度建设，到2007年全省基本建立新型农村合作医疗制度，覆盖80%以上农村人口，县级以上政府对参加新型农村合作医疗农民的补助总额，从2007年起每人每年不低于40元。

九、农村文化繁荣工程

实施文化信息资源共享工程，实现县（市、区）有规范化的技术服务平台，乡镇、村有终端接收站点，实行全省联网，为农民提供文化服务。省里继续安排资金用于科普挂图印制，免费发放到全省所有行政村，尽快实现全省村村建成一处标准化科普宣传栏。继续推进农村电影“2131”工程建设，到2010年实现全省农村一村一月放映一场电影的目标。

十、农村义务教育提升工程

实施农村中小学校舍维修改造工程。建立农村中小学校舍维修改造长效机制，将校舍维修改造资金列入各级财政预算并予以重点保障，把校舍维修改造工作纳入制度化轨道。继续实行农村中小学“两免一补”，完善贫困家庭学生救助机制。实施农村中小学现代远程教育工程，到“十一五”末，全省农村中小学基本配备成套教学光盘和播放设备，农村小学具备卫星教学收视能力，农村初中基本拥有计算机教室。启动农村中小学设备更新工程，解决农村中小学教学和实验仪器设备匮乏问题，改善农村办学条件。

附件2　新农村建设（村级）综合评价指标体系

指标名称	单位	权重	2005年实际	2010年目标值	2020年目标值	2005年		
						综合指数大于70的村	综合指数50－70的村	综合指数小于50的村
一、生产发展	—	28						
人均村级集体经济收入	元	6	147.2	300	800	564.2	114.5	41.9
农村劳动力非农就业比重	%	8	38.1	50	75	61.5	39.5	28.7
农业机械化综合水平	%	3	70.0	75	90	77.0	72.3	65.1
有效灌溉面积占耕地面积比重	%	3	69.6	75	80			
农村人均粮食产量	公斤	3	557.2	560	560			
农业组织化程度	%	5	11.8	20	50	30.9	14.3	2.5
二、生活宽裕	—	31						
农民人均纯收入	元	12	3930.6	5500	12000	5150.1	4120.1	3308.0
恩格尔系数	%	3	39.8	37	33	33.8	39.2	42.5
居住质量指数	%	5	36.0	50	75	57.7	39.5	26.2
生活信息化指数	%	2	51.5	60	80	56.4	51.6	48.0
农村合作医疗覆盖率	%	5	64.5	85	95	89.3	76.7	42.5
适龄农民养老保险覆盖率	%	4	41.0	70	95	55.6	41.2	35.8
三、村容整洁	—	18						
村庄建设统一规划率	%	3	77.0	90	100	97.7	92.1	53.3
村干道硬化率	%	5	72.8	85	100	96.6	82.4	54.1
村干道绿化率	%	3	35.9	60	95	87.4	44.6	8.7
适宜地区一池三改覆盖率	%	4	1.0	23	80			
村庄垃圾集中处理率	%	3	23.8	40	70	89.1	23.0	2.5

（续表）

指 标 名 称	单位	权重	2005年实际	2010年目标值	2020年目标值	2005年		
						综合指数大于70的村	综合指数50－70的村	综合指数小于50的村
四、乡风文明	—	14						
文化站(室)拥有率	%	2	36.6	70	95	77.7	45.2	13.2
体育设施拥有率	%	2	25.2	50	95	71.4	30.2	3.9
卫生室拥有率	%	2	87.6	95	100	98.9	90.7	80.4
农村人口平均受教育程度	年	5	8.4	10	12	9.1	8.6	7.9
农民对社会安全的满意度	%	3	89.0	95	95	91.8	90.3	86.5
五、管理民主	—	9						
农民对村政务公开的满意度	%	9	92.8	95	95	96.1	94.0	90.3
综合指标计算值	—		56.0	70.8		71.8	56.9	44.2
各分组的村数占总村数的比重	%		100.0			13.9	45.1	41.0

主要指标解释：

1. 纯收入：指农村住户当年从各个来源得到的总收入相应地扣除所发生的费用后的收入总和。“农民人均纯收入”的计算方法：纯收入＝总收入－家庭经营费用支出－税费支出－生产性固定资产折旧－调查补贴－赠送农村外部亲友支出。

2. 村级集体经济收入：指可以用来为村集体统一支配使用的全部收入，包括村集体各种经营收入及财政转移收入等。

3. 农村劳动力非农就业比重：指农村从事二、三产业劳动就业的劳动力人数占农村总劳动力就业人数的比重。

4. 农业机械化水平：是衡量现代农业的重要指标，用机耕、机播、机收面积等综合计算。

5. 农业组织化程度：指农户参加各种行业协会、专业合作社、联合社、经联社等农村合作经济组织形式的户数占总农户数的比重。

6. 恩格尔系数：指食物支出占生活消费总支出的比重。计算公式为：恩格尔系数＝食物支出/生活消费总支出。恩格尔系数越大，表示生活越贫困；反之，表示生活越富裕。根据国际经验，恩格尔系数0.6以上为贫困，0.5－0.6为温饱，0.4－0.5为小康，0.3－0.4为富裕，0.3以下为最富裕。

7. 居住质量指数：是反映农村居民居住条件好坏的指标。由人均住房面积、住房结构、饮用水状况、使用清洁能源、卫生厕所配套状况等5个方面加权计算得到的综合评价指数。

8. 生活信息化指数：用来反映农民对信息产品的消费能力和信息获取能力的综合指标。由有线电视普及率、电话普及率和计算机(上互联网)普及率三个指标加权计算而成。

9. 农村合作医疗覆盖率：指参加农村合作医疗的人口占农村总人口的比重。计算公式为：农村合作医疗覆盖率＝(参加农村合作医疗的人口/农村总人口)×100%。

10. 适龄农民养老保险覆盖率：指农村60岁以上老年人中享受到足额社会养老保险的人数占农村60岁以上老年人总数的比重。计算公式为：适龄农民养老保险覆盖率＝(农村60岁以上老年人享受到足额社会养老保险的人数/农村60岁以上老年人总数)×100%。

11. 村镇建设统一规划：指有一个科学合理的村镇建设规划，结合村镇特点，整体规划，合理布局，配套安排。

12. 村内干道硬化、绿化率：村内干道硬化、绿化指村内的主要干道进行了硬化处理，并在道路两旁栽植了花草树木等，而且村内至少有两条硬化、绿化的主要干道。

13. 垃圾集中收集、处理：指村内建有垃圾池，村民将垃圾统一堆放在垃圾池内，村里能采取环保手段定期将垃圾集中处理或运走。

14. 村庄文化、体育、卫生设施拥有率。村镇建有公共文化、卫生、体育设施，经常开展健康向上的群众性文化体育活动。

15. 农村人口平均受教育程度：指农村6岁及6岁以上人口平均受教育年限。人口平均受教育年限按小学6年、初中9年、高中和中专12年以及大专以上16年计算。计算公式为：农村人口平均受教育年限＝小学人口比重×6＋初中人口比重×9+高中及中专人口比重×12+大专及大专以上人口比重×16。

16. 农民对社会安全满意程度:指对社会安全满意或基本满意的农村成年居民占农村成年居民总数的比重。它是用来反映社会法制健全和治安情况的主观指标。

17. 农民对村政务公开的满意度:指在村民自治中对村政务公开满意或基本满意的成年(18周岁以上,下同)公民占农村成年居民总数的比重。用来反映基层民主政治和农民民主权利的主观指标。

大 事 记

1月

1日 省委书记张高丽在济南看望慰问社区群众和节日期间坚持生产的干部职工。

1日 省委副书记、省长韩寓群在济南会见前来出席全国重点煤炭产运需衔接会议的国家发改委副主任欧新黔、交通部副部长徐祖远一行。

1日 《大众日报》报道，2005年山东省地方财政收入首次突破千亿元大关，达到1072.71亿元，增长29.50%，省级和各市县都超额完成了全年预算任务。

4日 省委副书记、省长韩寓群到省财政厅、国税局、地税局调研，强调要大力培植财源，努力提高两个比重，充分利用好财政和税收的杠杆作用，服务于经济建设，服务于社会发展。

4日 《人民日报》头版报道：截止到2005年12月30日，山东枣庄500千伏变电站一次送电成功，山东的变电容量建设和线路连续两年实现"双过千"。从2003年起，山东已连续3年不缺电，成为东部沿海唯一不缺电的省份。

5日 省委决定：阎启俊兼任中共山东省委政法委员会书记；高新亭不再兼任中共山东省委政法委员会书记职务。

5日 省委副书记、省长韩寓群到省国土资源厅调研，强调要牢固树立和认真落实科学发展观，围绕促进全省经济社会又快又好发展这个中心，坚持依法行政，深入全面地整顿矿产资源开发秩序，切实保护耕地，保障山东省经济社会持续健康协调发展。

5日 全省政法工作会议在济南召开。会议认真传达学习全国政法工作会议精神，总结2005年工作，分析形势，对2006年的政法工作任务进行了研究部署。省委副书记高新亭出席会议并讲话。

5~6日 全省职业教育工作会议在济南召开。省委副书记、省长韩寓群作重要讲话。会议指出，十一五期间是山东省加快经济社会发展的重要时期，迫切需要大力发展职业教育。各级各部门要着重转变观念，突出加大投入、深化办学体制改革、加强农村职业教育"三项重点"。会议表彰了全省职业教育先进集体和先进个人。

6日 全省深入开展平安山东建设电视电话会议在济南召开。

6日 省委副书记、省长韩寓群到省国资委调研。要求围绕山东经济社会发展的总体目标，不断发展壮大国有经济，实现国有资产保值增值，培育发展大企业集团，完善公司治理结构和国资监管体系，提高企业核心竞争力，促进国有资产监管和企业改革发展更上新水平。

7日 省委召开常委会议，传达学习中央纪委六次全会精神，研究贯彻落实意见。

7日 省委印发中共山东省委常委会2006年工作要点。

7日 全省国土资源工作会议在济南召开。会议强调，要继续实行从严从紧的用地计划，突出抓好资源节约利用、监管保护、改革创新和完善体制提高素质四个关键环节，推动国土资源利用方式由粗放型向集约型转变，由浪费资源向厉行节约转变，大幅度提高国土资源利用效率和可持续发展能力。会前，省委书记张高丽，省委副书记、省长韩寓群接见了参加全省国土资源工作会议的代表。

7日 省委书记张高丽在济南会见国家发展和改革委员会主任马凯一行。

7日 省委副书记、省长韩寓群签发《山东省车用乙醇汽油推广使用办法》。

7日 全省政法系统执法档案建设现场会在济南结束。会议总结推广了济南市政法系统建立执法档案的做法，对进一步加强和改进执法监督工作，规范执法行为、促进执法公正和执法规范化建设进行了研究部署。省委副书记、济南市委书记姜大明致辞，省委副书记高新亭出席会议并讲话。

7日 省纪委召开常委会议，传达学习中央纪委六次全会精神，学习胡锦涛总书记重要讲话和吴官正书记工作报告，研究贯彻落实意见。省委副书记、省纪委书记赵春兰主持会议并讲话。

8日 《人民日报》头版以《威海："三化"描绘新农村》

为题,报道了威海率先实行农村企业化、农产品国际化、农民保障社会化的先进经验。

9日 全省外经贸工作会议在济南召开。省委书记张高丽给大会发来进一步做好外经贸工作的批示,省委副书记、省长韩寓群发来贺辞。

9日 全省公安局处长会议在济南召开,会议传达了全国公安厅局长会议精神,对山东省公安工作任务和措施进行了部署。会前,省委书记张高丽,省委副书记、省长韩寓群,省委副书记高新亭听取了省公安厅关于全国公安厅局长会议精神和贯彻意见的汇报,并作出指示。

上旬 省新年春节拥军优属慰问团成立。省委副书记、省长韩寓群任团长。慰问团于1月上旬赴青岛、烟台、潍坊等地,代表省委、省人大、省政府、省政协和全省人民,会同各地慰问分团,慰问部队领导机关和驻守在生活条件比较艰苦的边海防和高山哨所部队官兵,感谢人民解放军和武警部队在支援山东省两个文明建设和各项事业中作出的巨大贡献。

上旬 中共中央批准:柏继民任中共山东省委常委。

11日 山东省军区党委六届八次全体会议在济南闭幕。省委书记、省军区党委第一书记张高丽在书面讲话中,要求省军区各级党委班子要着眼忠实履行新的历史使命,切实加强党委自身建设,加强党对军队的领导,不断推进部队、民兵预备役建设的全面、协调、可持续发展,为建设"大而强、富而美"的社会主义新山东作出更大的贡献。省军区党委书记、政委张秉德主持会议并作工作报告,省军区党委副书记、司令员谈文虎讲话。

11~12日 省纪委第七次全委会议在济南召开。

12日 中共山东省委在济南举行民主协商会。

13日 省委副书记、省长韩寓群在济南会见新加坡教育及贸易工业部部长、鲁新经贸理事会新方联合主席曾士生一行。

13日 全省依法行政工作会议在济南召开。会议强调,要正确把握形势,全面贯彻落实科学发展观,推进政府各项工作向依法决策、依法管理、依法运行转变。全面加快山东省依法行政进程,为十年基本建成法治政府奠定坚实基础。省委副书记、省长韩寓群出席会议并讲话。

13日 省委副书记、省长韩寓群主持召开省政府第62次常务会议,研究贯彻全国科学技术大会精神,并原则通过了《山东省中长期科学和技术发展规划纲要(2006—2020年)》。

13日 省委副书记、济南市委书记姜大明先后来到商河县贾庄镇胡集敬老院和马集村,看望慰问部分孤寡老人、农村老党员和生活困难家庭,并给他们送去慰问金和节日用品。

14日 省委书记、省人大常委会主任张高丽,省委副书记、省长韩寓群,省政协主席孙淑义在山东大厦会见出席省政协九届四次会议的港澳委员。

14~19日 省政协九届四次会议在济南山东会堂隆重举行。

15~20日 省第十届人民代表大会第四次会议在山东会堂举行。

16日 省委召开常委会议,传达学习全国科技大会精神,研究贯彻落实意见,听取《山东省中长期科学和技术发展规划纲要(2006—2020)》的汇报。

16日 全省警备区、军分区、预备役师旅党委第一书记述职会议在济南召开。

16日 省委副书记、省长韩寓群在济南会见韩国威东航运有限公司社长李钟洵一行。

18日 省委、省政府在济南召开全省人口资源环境工作座谈会。

18日 武警山东总队党委二届五次全体(扩大)会议在济南召开。省委副书记高新亭出席会议。会议强调,全省武警部队要坚持以科学发展观为统领,狠抓部队党的建设和思想政治工作,用党的创新理论武装广大官兵头脑,全面加强部队训练,努力提高官兵军事和政治素质,更好地履行维护国家安全和社会稳定的神圣使命。

20日 中共山东省委发出《关于向王乐义同志学习的决定》。

20日 省十届人大四次会议闭幕后,省委书记、省人大常委会主任张高丽向辞去省人大常委会副主任职务的张宗亮和辞去省人大常委会委员职务的刘秀胜、易炳炎、曾繁仁颁发了荣誉证书;向新当选为省人大常委会副主任的陈延明和新当选为省人大常委会委员的刘忠泉、张长森、于学田、刘宗元、王春涛、邢乐成颁发了当选证书。

20日 全省公安边防总队党委扩大会议在济南召开。省委副书记高新亭出席会议并讲话。他强调指出,全省边防部队要以科学发展观为统领,切实增强做好公安边防工作的责任感和使命感,不断加强和改进公安边防工作,全力维护沿海地区社会政治稳定,为山东省现代化建设作出新的更大贡献。

20日 全省建设工作会议在济南召开。会议总结了山东"十五"建设成就,出台了"十一五"建设规划,并就2006年建设工作作出部署。省委书记张高丽,省委副书记、省长韩寓群致信,要求以科学发展观统领全局,解放思想,与时俱进,创新发展理念,创新体制机制,全面落实建设工作的各项任务。

20日 《人民日报》头版时代先锋专栏以《他把蔬菜大棚推向全国》为题介绍了山东省寿光市三元朱村党支部书记王乐义的先进事迹。

21日 省委副书记、省纪委书记赵春兰在东阿县看望慰问建国前入党的老党员、困难党员和城乡困难群众,代表省委、省政府向他们致以节日的亲切问候。

22日 省委副书记、济南市委书记姜大明到济南二机床集团有限公司走访慰问企业和劳模、困难职工。

23日 省委书记张高丽,省委副书记、省长韩寓群到驻鲁部队和武警山东总队走访慰问广大指战员。

23日 省政府召开全省安全生产电视会议。省委副书记、省长韩寓群出席会议并讲话。会议强调，各级各部门要以科学发展观统领全局，以落实安全生产责任制为核心，以基层和基础工作为总抓手，创新监管方式，狠抓工作落实，切实减少各类安全事故的发生，为建设"平安山东"、构建和谐社会做出新的贡献。

23日 省直机关2006年党风廉政建设和反腐败工作任务分工会议在济南召开，会议贯彻落实了中央纪委六次全会和省纪委七次全会精神，讨论《关于2006年全省党风廉政建设和反腐败工作实施意见》，对2006年的反腐倡廉工作进行了任务分工。省委副书记、省纪委书记赵春兰主持会议并讲话，省委副书记高新亭出席会议。

24日 省委召开省各民主党派、工商联负责人和无党派人士座谈会，欢庆新春佳节。

24日 省委、省政府领导分成九路，分别走访慰问了省直住济退下来的省级老同志，看望了已故省级老同志遗属。

24日 省政府在济南举行驻鲁金融机构2006年新春座谈会和山东省金融工作办公室挂牌仪式。省委副书记、省长韩寓群出席并讲话。

24日 省委副书记、省长韩寓群在济南会见韩国驻青岛总领事辛亨根。

24日 省严打整治工作汇报会在济南召开。会议认真总结前段全省集中开展打击刑事犯罪和"黄赌毒"活动的情况，对近期的政法稳定工作进一步作出部署。

25日 2006年山东军民春节联欢晚会在山东会堂举行。

25日 省委、省政府在济南南郊宾馆举行2006年各界人士迎春茶话会。

25日 省委副书记、省长韩寓群到山东大学看望两院院士艾兴、蒋民华、张运、彭实戈、王文兴和潘承洞、邓从豪的遗属，代表省委、省政府致以新春的问候，并向全省教职员工和广大科技工作者拜年。

25日 省委副书记、省长韩寓群到济南长途汽车总站、济南火车站检查春运工作。

25日 省委副书记高新亭到大众报业集团走访慰问，对大众报业集团2005年的工作给予充分肯定，并向全体员工致以节日祝贺。

26日 省人大常委会机关在济南举行迎新春联欢会。省委书记、省人大常委会主任张高丽与省人大常委会机关全体干部职工及离退休老同志欢聚一堂，互致问候，共庆佳节。

28～29日 中共中央政治局常委、国务院总理温家宝来到山东菏泽、济宁农村，与群众共度春节。

29日 《人民日报》头版报道：按照山东省煤炭局要求，山东各煤炭企业纷纷为井下采煤工放假三天，以满足他们与家人团聚过大年的心愿，体现出山东煤炭企业的人文关怀。

31日 省委召开常委扩大会议，传达学习中共中央政治局常委、国务院总理温家宝来山东省与群众共度春节并视察指导工作时的重要讲话精神，研究贯彻落实意见。

2月

1日 《人民日报》头版报道了济南市各区踊跃开展扶贫救助送温暖活动的情况。活动内容包括"送新衣"、"送岗位"、"送保险"等"三送"活动，提高救助标准、发放慰问救助金等，共救助特困户10000多个。

6日 省委副书记、省长韩寓群主持召开省政府第63次常务会议，讨论并原则通过了《山东省著名商标认定和保护办法(草案)》。

6日 《人民日报》头版以《山东初步形成全方位社会救助体系》为题报道了山东省社会救助体系建设开展的主要工作和取得的初步成果。据报道，2005年，山东全省各级预算安排救助资金达14.2亿元，初步形成了全方位、多层次、广覆盖的社会救助体系。

8日 省委召开常委会议，深入学习贯彻胡锦涛总书记和温家宝总理视察山东重要讲话精神，听取省若干重大问题调查研究情况的汇报，讨论研究推进2006年各项工作，促进全省经济社会又快又好发展的措施。

8日 省委、省政府转发《省纪委、省监察厅关于2006年全省党风廉政建设和反腐败工作实施意见》。

9日 全省审计工作会议在济南结束。省委副书记、省长韩寓群出席会议并讲话。他强调，2006年是实施"十一五"规划的开局年，开好头、起好步对全省经济社会发展非常重要。各级审计机关要进一步围绕中心，突出重点，实现审计工作新的突破。

10日 全省司法行政工作会议在济南召开，省委副书记高新亭出席会议并讲话。会议要求，司法行政机关和广大司法干警要以科学发展观为统领，以平安建设为己任，进一步增加责任感和使命感，服务大局，维护稳定，为"十一五"规划顺利实施和构建和谐社会创造良好的法治环境。省委常委、政法委书记阎启俊出席会议。

10日 省政府在济南召开全体(扩大)会议暨廉政工作会议，贯彻落实全省经济工作会议精神和省十届人大四次会议通过的《政府工作报告》要求，认真分析山东省经济形势，安排当前工作，部署省政府系统廉政工作，对进一步加强省政府系统作风建设提出要求。省委副书记、省长韩寓群出席会议并讲话，省委副书记、省纪委书记赵春兰出席会议。

10日 省政府召开全省安全生产工作电视会议，省委副书记、省长韩寓群出席会议并讲话。会上，副省长赵克志宣读了省安委会《关于表彰2005年度全省安全生产工作先进单位和先进个人的通报》，副省长王仁元主持会议并传达了全国安全生产工作会议精神。

11日 省委副书记、省长韩寓群在省科学院调查研究。他指出，要加快秸秆发电、沼气发电等新能源的研究开发,努力发展循环型经济,建设资源节约型社会,促进社会主义新农村建设。

13日 省委书记张高丽,省委副书记、省长韩寓群在济南会见武警部队司令员吴双战一行。省委副书记高新亭,省委常委杨传升、阎启俊等参加会见。

13日 武警山东总队召开宣布命令干部大会,武警部队司令员吴双战上将宣布了国务院、中央军委对总队党委班子部分成员的调整命令,并提出要求。根据命令,山东总队总队长杨正武少将提升任武警工程学院院长,江苏总队总队长戴肃军调任山东总队总队长。会上,省委副书记高新亭代表省委、省政府和张高丽书记、韩寓群省长对国务院、中央军委关于武警山东总队党委班子主要成员调整安排的命令,表示坚决拥护。省委常委、政法委书记阎启俊等出席大会。

13日 《人民日报》头版介绍了枣庄市在新农村建设中分类治村的先进经验。根据各地农村发展不平衡的现状,枣庄市实施"三百工程"进行分类帮扶,其中百个弱村帮扶转化,百个强村比学赶超,百个村争创"文明生态村",取得了显著成效。

14~15日 省委副书记高新亭在邹平县围绕"三农"工作和社会主义新农村建设进行调研。

16日 受韩寓群委托,常务副省长林廷生主持召开第64次省政府常务会议,研究了2005年度山东省科学技术奖评审、莱钢集团向阿赛洛公司转让部分国有法人股、《山东省人民政府2006年度立法计划草案》,以及齐鲁动物保健品有限公司违法生产销售禽流感疫苗案件。

16日 《求是》杂志2006年第4期刊登中共山东省委书记张高丽的署名文章《增强自主创新能力 建设创新型国家 努力打造自主品牌》。文章分为三个部分:一是积极实施大企业品牌带动战略;二是加快推进农业知名品牌建设;三是努力构建自主品牌的创新体系。

17日 中共中央政治局委员、国务院副总理回良玉在北京人民大会堂接见王乐义先进事迹报告团成员一行,并与他们合影留念。农业部部长杜青林,山东省委书记张高丽,中宣部副部长欧阳坚,国务院副秘书长张勇,山东省委常委、宣传部长王敏陪同接见。

17日 全省公安消防总队党委会议在济南召开。省委副书记高新亭在会上强调,要以科学发展观为统领,充分认识当前消防安全面临的严峻形势,进一步增强责任感和使命感,居安思危,警钟长鸣,强化消防安全措施,大力提升社会防控火灾能力和公共消防安全水平,努力把山东省的消防工作提高到一个新水平。

19日 《人民日报》头版介绍了山东引黄供水的新模式,即"工农用水分供,价格区别计算",以促进节约使用黄河水,缓解引黄供需矛盾。这种供水新模式堵塞了农水工用的漏洞,有效地提高了有限黄河水资源的利用率。

21日 省委副书记、省长韩寓群签发《山东省著名商标认定和保护办法》。

21日 全省对台工作会议在济南闭幕。会议传达了全国台办主任会议精神和省委书记张高丽关于对台工作的重要指示,总结了2005年全省对台工作,研究部署了2006年的工作任务。省委副书记、省纪委书记赵春兰出席会议并讲话。

21日 全国检察机关第六次先进集体和先进个人表彰电视电话会议在京举行。省委副书记高新亭出席了山东分会场会议。在这次表彰大会上,山东省有3人进京受奖,有两个检察院被表彰为"模范检察院",3人被表彰为"模范检察官",6个集体被记集体一等功,7人被记个人一等功。李美兰被评为第六届"中国十大杰出检察官"。电视电话会议结束后,高新亭等在分会场为受到高检院表彰的其他15个先进集体和先进个人颁奖。

22日 省委书记张高丽在济南会见国家环保总局局长周生贤一行。

22日 全省科学技术大会在济南召开。

23日 中共山东省八届十二次全委会在济南举行。

23日 省委召开常委会议,传达学习中央省部级主要领导干部"建设社会主义新农村"专题研讨班精神,学习贯彻《中共中央关于加强人民政协工作的意见》。

23日 省委党校举行2006年春季开学典礼。省委书记、省委党校校长张高丽在开学典礼上讲话。他强调,要认真学习贯彻党章,不断增强党性修养,永葆共产党员先进性,促进经济社会发展,开创各项工作新局面。省委副书记、省纪委书记赵春兰,省委常委杨传升、刘伟、王敏出席开学典礼。

23日 省委决定:孙守刚任中共济宁市委委员、常委、书记,贾万志不再担任中共济宁市委书记、常委、委员职务;于建成任中共莱芜市委委员、常委、书记,李玉妹不再担任中共莱芜市委书记、常委、委员职务。

24日 省政府在济南组织收听收看国务院第四次廉政工作电视电话会议,并在国务院会议结束后召开全省政府系统廉政工作电视会议。省委副书记、省长韩寓群到会讲话,省委副书记、省纪委书记赵春兰应邀出席,省委常委、常务副省长林廷生主持。

24日 省委副书记、省长韩寓群出席莱钢集团与阿赛洛公司的合作协议签字仪式,并会见阿赛洛高级常务副总裁罗兰·雍克一行。

24~25日 全省农村工作会议在济南召开。

25日 省委书记、省人大常委会主任张高丽在山东大厦会见台湾知名人士郑逢时。

25日 省委书记张高丽听取济南市城市建设和重点规划设计情况汇报。

25日 全省海洋与渔业工作会议在济南召开。会议总结了"十五"期间全省海洋与渔业工作,表彰了海洋与渔业先进集体,对下一步工作进行了研究部署。省委副书记高新亭出席会议并讲话。

26日 全省农业工作会议在济南召开。会议对2005

年全省粮食生产先进单位进行了表彰，对2006年农业和农村经济工作作出部署。省委副书记高新亭出席会议并讲话。

27日 省委书记、省委先进性教育活动领导小组组长张高丽在寿光市检查第三批先进性教育活动。

27日 省委、省政府在济南召开全省维护社会稳定工作电视电话会议。会议认真分析了当前形势，对维护当前社会稳定作出了部署。省委副书记高新亭出席会议并讲话。

27日 省委副书记高新亭亲切接见从全国检察机关第六次“双先”表彰会载誉归来的先进集体和先进个人代表，并代表省委书记张高丽、省长韩寓群，代表省委、省政府向他们表示祝贺，提出殷切期望。省委常委、宣传部长王敏等陪同接见。李美兰代表受到接见的先进集体和先进个人发言。

28日 省委副书记、省长韩寓群，省委副书记赵春兰等在济南会见即将赴京出席全国政协十届四次会议的住鲁全国政协委员，为大家送行。

28日 全省国防教育工作电视会议在济南召开。会议回顾总结了2005年度山东省国防教育工作情况，表彰了2005年全省关心国防建设十佳单位和十佳个人，命名了第二批山东省国防教育基地，部署了2006年度工作任务。省委副书记、省长、省国防动员委员会主任韩寓群出席会议并讲话。省委常委、省军区政委、省国防动员委员会副主任张秉德在会上作了工作报告。

3月

1日 亚洲安全社区网络中心主席赵峻峮教授代表世界卫生组织（WHO）社区安全推广协进中心主任温斯朗宣布，济南市槐荫区青年公园社区被正式命名为安全社区，并为其授牌。青年公园社区是中国大陆首个、世界第97个安全社区。

1日 省政府召开全省建设节约型社会工作电视会议。会议总结交流了经验，部署了2006年的工作任务。省委副书记、省长韩寓群出席会议并讲话。省委常委、常务副省长林廷生主持会议。

1日 省委副书记、省长韩寓群，省委副书记赵春兰等在济南会见即将赴京出席十届全国人大四次会议的住鲁全国人大代表，为大家送行。省委常委、秘书长杨传升等参加了会见。

1日 住鲁全国政协委员乘火车顺利抵达北京，向大会报到。委员们离开济南时，省委副书记高新亭等到济南火车站送行。

1日 省委副书记高新亭在济南亲切接见王乐义先进事迹报告团。省委常委、宣传部长王敏等参加会见。2日，王乐义先进事迹报告会在山东会堂举行。

2日 出席十届全国人大四次会议的山东代表乘火车抵达北京，向大会报到。离开济南时，省委副书记赵春兰等到济南火车站送行。

2日 省委副书记高新亭会见全国总工会副主席、党组副书记孙宝树一行。

3日 省委、省政府在济南召开全省减轻农民负担和农村税费改革工作检查动员会议。省委副书记高新亭出席会议并讲话。

3日 省委副书记高新亭在济南接见获得第二届“中国法官十杰”荣誉称号的李昆仑。省委常委、宣传部长王敏参加接见。

3～13日 中国人民政治协商会议第十届全国委员会第四次会议在人民大会堂举行。中共中央政治局常委、全国政协主席贾庆林向大会作《常委会工作报告》。41名住鲁全国政协委员参加会议。截至3月8日，共向大会提交议案128份，提案数量和质量都好于往年。13日，住鲁全国政协委员圆满完成大会各项议程，乘车返回济南。省委副书记高新亭等到车站迎接。

4日 王乐义先进事迹报告会在青岛举行。报告会前，省委副书记、青岛市委书记杜世成接见了报告团成员。

5～14日 第十届全国人民代表大会第四次会议在北京举行。温家宝代表国务院向大会作政府工作报告。以张高丽为团长的由180人组成的山东代表团参加了会议。代表们对政府工作报告、国民经济和社会发展第十一个五年规划纲要草案进行了认真审议。14日，山东代表圆满完成大会各项议程，乘火车返回济南，省委副书记赵春兰等到济南火车站迎接。

8日 出席十届全国人大四次会议的山东代表团召开女代表座谈会，热烈庆祝“三八”妇女节。全国人大常委会副委员长、全国妇联主席顾秀莲出席座谈会并讲话。省委书记、省人大常委会主任张高丽讲话，省委副书记、省长韩寓群出席。

9日 省政府与国家科技部在北京举行建立工作会商制度议定书签字仪式，决定成立“部省合作委员会”，科技部部长和山东省省长共同担任委员会主任，每年会商一次，协调重大合作事项，合力推动山东科技事业的健康、可持续发展。科技部部长徐冠华，山东省委副书记、省长韩寓群出席签字仪式并讲话。

9日 由山东省和国家有关部门共同建设的青岛国家海洋科学研究中心（海洋科学与技术国家实验室）协调领导小组第二次会议在北京召开。省委副书记、省长韩寓群，国家科技部副部长尚勇，教育部副部长赵沁平，国土资源部副部长鹿心社，中国科学院副院长李家洋、国家海洋局副局长陈连增和农业部有关领导出席会议。

9日 省委副书记、济南市委书记姜大明等到省广播电视局考察正在建设中的山东广电中心工程，听取了省广电局负责人的工作汇报。

11日 由中宣部、中华全国总工会、国家广电总局、交通部、山东省委、青岛市委联合举办的以许振超为原型的数字电影《金牌工人》首映式暨振超精神座谈会在北京钓鱼台国宾馆举行。中共中央政治局委员、全国人大常委会副委员长、中华全国总工会主席王兆国出席首映式和座谈会，亲切接见许振超和电影主创及演职人员并讲话。省委常委、宣传部长王敏代表山东省委、省政府在会上发了言。

13日　省军区举办师旅党委书记集训班。省委副书记高新亭出席并讲话，他指出：要坚持用科学发展观统领经济社会和国防建设，进一步提高国防后备力量建设水平，充分发挥民兵预备役部队在现代化建设和构建和谐社会中的重要作用，大力发展社会生产力，提高部队战斗力，推动全省经济社会和国防后备力量建设全面协调发展。省委常委、省军区政委张秉德主持会议。

15日　中央先进性教育活动巡回检查组组长、安徽省人大常委会党组成员、副主任朱成林在济南向省委反馈先进性教育活动检查情况。省委副书记、省长韩寓群提出贯彻落实意见。省委常委、组织部长、省委先进性教育活动领导小组副组长、办公室主任刘伟参加。朱成林对山东省先进性教育活动给予充分肯定，并提出了进一步要求。

17日　国家电力监管委员会华北监管局济南监管办公室成立。国家电监会党组书记、主席柴松岳，省委副书记、省长韩寓群出席成立大会并为济南监管办公室揭牌。16日下午，省委副书记、省长韩寓群会见柴松岳一行。

17日　省委副书记高新亭等到省水利厅、省农业厅调查研究，听取有关工作情况汇报，就新农村建设和加强农业及水利工作提出要求。

19日　山东省户户通电十周年纪念大会在济南举行。山东省委副书记、省长韩寓群，国家电网公司党组书记、总经理刘振亚，山东省委常委、常务副省长林廷生等出席大会。本日上午，韩寓群会见了刘振亚一行。省委常委、常务副省长林廷生等参加会见。

19～20日　省委副书记、省长韩寓群到烟台市调查研究，考察了长岛县海岸线、南长山镇连城村、蓬莱市海岸线、山东省海洋水产研究所和在建的烟大铁路轮渡项目。

21日　省委副书记、省长韩寓群在济南会见中国国电集团公司党组书记、总经理周大兵一行。

21日　省委副书记、省长韩寓群主持召开省政府第65次常务会议，讨论通过了《山东省无线电管理条例（草案）》。

21日　省委副书记、省长韩寓群签发《山东省人民政府办公厅关于完善在济省直机关住房制度的通知》。

22日　省委副书记、省长韩寓群在济南会见全国政协副主席罗豪才一行。省政协主席孙淑义，省委常委、秘书长杨传升等参加会见。

22日　省委副书记、省长韩寓群在济南会见世界著名物理学家丁肇中教授。

22日　国家统计局山东调查总队成立，国家统计局原局长李德水，山东省委副书记、省长韩寓群，省委常委、常务副省长林廷生等参加揭牌仪式。

22日　省委副书记高新亭到省农科院调查研究，听取有关工作情况汇报，实地考察了农科院高新技术研究中心、科技服务中心、棉花研究中心、玉米研究所等科研院所和单位，看望了科研工作者。

23日　第21次全省法院工作会议在济南召开。省委书记张高丽，省委副书记、省长韩寓群，省政协主席孙淑义，省委副书记、省纪委书记赵春兰向大会致信，对全省法院近年来取得的成绩给予充分肯定并提出要求。省委副书记高新亭就加强新形势下的法院工作讲了意见。省委常委、政法委书记阎启俊等出席会议。

24日　省政府在淄博召开经济工作座谈会。省委副书记、省长韩寓群主持会议并讲话。他强调，各级各部门要充分认清当前形势，振奋精神，真抓实干，努力保持经济发展的良好势头，为完成全年任务打实基础。23日至24日上午，韩寓群还实地调研了淄博市经济社会发展情况。

24日　全省纪检监察宣传教育工作座谈会在青岛召开。省委副书记、省纪委书记赵春兰出席会议并讲话。会议要求，要认清形势，提高认识，增强做好反腐倡廉宣传教育工作的紧迫感和责任感。

26日　《人民日报》头版介绍了山东实施“西输东接”工程，化解求职招工“两难”，从而促使全省近九成农村转移劳动力省内就业的先进经验。

27日　由中国工程院副院长沈国舫院士率领的中国工程院院士专家组来到山东，就《山东省农业科学院科技创新工程“十一五”规划》进行论证。本日下午，省委副书记高新亭在山东大厦会见了专家组一行。

28日　省委书记、省人大常委会主任张高丽在北京会见韩国京畿道知事孙鹤圭一行。

28日　省委副书记、省长韩寓群在济南会见由中国工程院副院长沈国舫院士率领的中国工程院院士专家组一行。

28日　省双拥工作领导小组第22次全体会议在济南召开。省委副书记、省双拥工作领导小组组长高新亭出席会议并讲话，省委常委、省军区政委、省双拥工作领导小组副组长张秉德对做好2006年双拥工作讲了意见。

28日　省委副书记高新亭在山东大厦会见由最高人民法院副院长苏泽林率领的最高法院调研组一行。调研组此次将专程就山东省法院司法实践经验展开调研。省委常委、政法委书记阎启俊等参加了会见。

28日　《人民日报》头版对山东省农产品出口过百亿美元进行了报道。

28～31日　全国人大常委会副委员长兼秘书长盛华仁在山东省调研县乡人大换届选举工作。盛华仁一行在省委副书记、省长韩寓群的陪同下，先后在济南、潍坊召开了座谈会，视察了齐鲁石化公司和寿光蔬菜高科技示范园等，就在本次换届选举工作中如何加强党的领导、保障流动人口的选举权利、处理好代表结构与代表素质的关系、实现县乡同步换届等问题进行了深入细致的调研。

29日　省委副书记、省长韩寓群主持召开维护人民群众切身利益工作座谈会。他强调，各级各部门要切实抓好社会主义荣辱观的教育，更加注重社会公平和公正，进一步转变作风，改进服务，认真解决涉及群众切身利益的矛盾和问题，促进社会和谐，维护社会稳定。

30日 山东省与韩国京畿道增进交流合作共同宣言签字仪式在济南举行，省委副书记、省长韩寓群，京畿道知事孙鹤圭出席签字仪式。签字仪式前，韩寓群会见了孙鹤圭一行。

30日 省委副书记高新亭到章丘市就加强“三农”工作、推进新农村建设进行调研。

30日 省委副书记高新亭在章丘会见前来山东省参加全国部分省市城市水利工作现场会的水利部副部长胡四一一行。

30日 省十届人大常委会第十九次会议在济南闭会。会议表决通过了《山东省安全生产条例》和《山东省村务公开条例》，表决通过了有关人事任免案等。表决批准了《济南市城市客运出租汽车管理条例》、《淄博市农业综合开发项目管护办法》和《淄博市烟草专卖管理办法》。

31日 全省干部教育培训工作会议在济南召开。会议认真学习了胡锦涛总书记关于加强干部教育培训工作的重要指示，贯彻落实了《干部教育培训工作条例(试行)》视频会议精神，对全省干部教育培训工作进行了部署安排。省委书记张高丽就加强干部教育培训工作作出重要批示，省委副书记、省长韩寓群在省委常委会上就贯彻落实干部教育培训条例提出明确要求。

31日 省政府在省司法厅召开关于做好维护群众合法权益工作座谈会。省委副书记、省长韩寓群主持会议并讲话。他指出，要进一步增强做好维护群众合法权益工作的责任感和紧迫感，扎实工作，不懈努力，为和谐山东建设作出新的更大的贡献。

31日 省委副书记、省长韩寓群在济南会见墨西哥奇瓦瓦州州长巴埃萨一行，宾主双方共同签署了山东省与奇瓦瓦州加强友好交往与合作的协议书，并出席了两省州教育合作协议书的签字仪式。

31日 省委副书记、省长韩寓群在济南会见澳大利亚昆士兰州中国理事会主席汤姆·伯恩斯一行。

31日 全省水利防汛气象工作会议在济南召开。省委副书记高新亭出席会议并讲话。他要求水利、河务和气象等农口部门，要站在战略和全局的高度，充分认识新农村建设的重大意义，充分认识在新农村建设中担负的重要使命，全面发挥职能作用，为服务“三农”和建设新农村作出更大贡献。

31日 全省林业畜牧农机工作会议在济南召开。省委副书记高新亭出席会议并讲话。他强调，各级党委、政府和有关部门要充分认识林业畜牧农机工作在新农村建设和整个国民经济发展中的重要地位和作用，切实增强责任感、使命感，找准自身位置，明确肩负的责任，尽职尽责做好工作，促进全省林业、畜牧业和农机事业站在新起点，实现新发展。

31日 全省预防道路交通事故工作会议在济南召开。省委副书记高新亭出席会议并讲话。他强调，要从全面落实科学发展观、建设平安和谐山东的高度，充分认识做好道路交通事故预防工作的极端重要性，牢固树立以人为本理念，关注安全，关爱生命，坚持不懈把预防道路交通事故的各项工作抓细抓实抓好，坚决遏制重特大道路交通事故的发生，确保人民群众生命财产安全。

31日 全国造林绿化表彰动员大会在北京召开，威海等12个城市荣膺“全国绿化模范城市”称号。威海是山东省获此殊荣的惟一城市。

下旬 省委副书记高新亭到省海洋与渔业厅、林业局、气象局和山东黄河河务局等农口部门调查研究，听取了有关工作情况汇报。

4月

1日 烟台招远七六一有限公司(炸药厂)炸药包装车间发生爆炸事故，造成20人死亡，2人受伤。事发后，省委书记张高丽，省委副书记、省长韩寓群立即作出指示，要求查明原因，做好善后，严禁再次发生此类事故。

3日 省委、省政府下发《关于贯彻〈中共中央、国务院关于推进社会主义新农村建设的若干意见〉的实施意见》。《实施意见》要求：一、充分认识建设社会主义新农村的重大意义；二、明确社会主义新农村建设的总体要求和目标任务；三、突出重点全面推进社会主义新农村建设；四、立足当前做好社会主义新农村建设各项工作；五、切实加强对社会主义新农村建设的领导。其中，指出新农村建设的目标任务是：农村产业结构不断优化；农村社会事业全面发展；农村基础设施进一步完善；农民收入和生活质量显著提高；农民居住环境明显改善；农村民主政治和精神文明建设进一步加强。

3日 省委、省政府作出关于实施科技规划纲要增强自主创新能力建设创新型省份的决定。内容包括：一、建设创新型省份是全面落实科学发展观的重大战略举措；二、认真实施《规划纲要》，加强科技自主创新；三、实施高新技术带动、大企业名牌带动和知识产权带动；四、进一步创新科技体制机制，大力推进产学研结合；五、认真落实鼓励自主创新的财政税收优惠政策；六、认真落实激励自主创新的金融政策；七、建立政府采购制度，支持自主创新能力建设；八、鼓励和支持引进消化吸收再创新；九、加强人才队伍和创新基地与平台建设；十、加强领导，全民动员，努力推进创新型省份建设。

3日 省政府召开全省安全生产电视会议。会议通报了2006年一季度安全生产形势和4月1日烟台招远七六一有限责任公司发生的特大爆炸事故，学习贯彻了党中央、国务院领导关于加强安全生产的重要指示精神。省委副书记、省长韩寓群出席会议并讲话。

4日 省委召开常委会议，集体学习党章，听取2006年一季度全省经济工作情况汇报，安排部署近期工作。

4日 省委副书记、省长韩寓群在济南会见美国国际纸业公司总裁庄华驰，并出席山东省兖州市太阳纸业公司与美国国际纸业公司合资合同签字仪式。

5日 省委书记张高丽在淄博市调查研究。

5日 省委副书记、省长韩寓群在山东大厦会见国家税务总局副局长钱冠林一行。

5~6日 省委副书记、省纪委书记赵春兰在冠县、莘县、东阿就经济社会发展和纪检监察情况进行调研。

5~8日 中共中央政治局委员、书记处书记、国务委员周永康在山东调研。

6日 省委书记、省委保持共产党员先进性教育活动领导小组组长张高丽在寿光市主持召开第三批先进性教育活动座谈会。

7日 省委副书记、省长韩寓群在济南会见德国西门子股份公司董事吴贺乐一行，并代表省政府向吴贺乐颁发"山东省人民政府经济顾问"聘书。

8日 《人民日报》头版对山东设立山东省节能奖的做法进行报道。

10日 以省委副书记、济南市委书记姜大明为团长的济南市友好经贸代表团在访问了英国、瑞典、德国后返回济南。出访期间，代表团访问了济南市友好城市英国考文垂市与德国奥格斯堡市，与考文垂市市长莱姆·拉卡和奥格斯堡市市长保罗·文格特就进一步加强友城间经贸、教育、科技、文化等领域的交流与合作进行了友好交谈。代表团在英国期间，拜会了中国驻英国大使馆，并与查培新大使就加强中英经贸合作进行会谈。代表团还到英国里斯特派特公司、瑞典沃尔沃集团、德国MAN公司、瑞特太阳能公司等企业进行了参观考察，就上述企业与济南市有关企业的合作进行了洽谈，并推动了有关项目合作协议的签署。

10日 《人民日报》头版以《山东半数农民喝上自来水》为题报道了2005年山东省实施"村村通自来水工程"取得的可喜成绩。2005年，全省农村自来水普及率已由42%提高到52%，使全省半数农民喝上了自来水。

12日 省委副书记、省长韩寓群在山东大厦会见由中宣部副部长欧阳坚带队前来山东省检查指导第二次农业普查工作的国家督查组一行。省委常委、宣传部长王敏等参加会见。

12日 省委副书记、省长韩寓群在济南会见中国科学院施尔畏副院长一行，双方就省与院合作事宜进行了会谈。

12日 省社会治安综合治理委员会全体会议在济南召开。省委副书记、省综治委主任高新亭出席会议并讲话。会议提出，要认真学习贯彻周永康同志在山东调研时的重要讲话精神，大力加强基层基础工作，狠抓社会治安综合治理各项措施落实，推动平安山东建设深入健康发展，确保全省大局和谐稳定。

13日 省委副书记、省长韩寓群到章丘市调研，考察了中国重汽产业园的发动机生产车间和铸造车间、章丘大电厂二期工程施工现场、海尔电机工业园等。省委副书记、济南市委书记姜大明陪同调研。

13日 省政府召开一季度经济形势分析会。会议分析研究了一季度经济形势，对下一步的工作作出了安排部署。省委副书记、省长韩寓群出席会议并讲话。

14日 省政府举行新闻通报会，通报省委、省政府决定为农民群众办十件实事的有关情况。2006年省委、省政府决定为农民群众办的"十件实事"包括：一、实施农业增产增效工程。重点推广30项重大农业技术和40个主导品种；二、落实农民"一免四补"政策。全省筹集资金12亿元用于粮补等；三、巩固提高农村义务教育。落实"两免一补"，改善办学条件；四、加快实施农民健康工程。新农合试点覆盖60%以上，补贴标准提高到30元；五、加快村村通柏油路、通自来水工程建设。95%行政村通柏油路或水泥路，自来水普及率达70%；六、加快农村劳动力培训和转移就业。完成劳动力培训25万人，转移就业120万人以上；七、全面开展科技文化卫生下乡活动。省财政安排专项资金支持"三下乡"；八、加强扶贫开发和农村贫困群众生活救助。力争实现1000个贫困村、50万人口脱贫；九、实施渔业资源修复和渔港建设工程。投入资金5.3亿元，直接受益群众70万人；十、实施村镇容貌整治工程。新建沼气10万户，建成100个沼气规模化乡镇。

14日 第十一届全国运动会山东筹委会在济南召开第二次会议，研究部署下一阶段筹备工作。省委副书记、省长韩寓群主持会议并讲话。会议强调，办好全国十一运，是山东省"十一五"期间一件大事，事关山东省形象，要认清形势，明确任务，加强领导，强化措施，确保各项筹备工作顺利进行。

14日 省委副书记、省长韩寓群在山东大厦会见北电网络公司大中华区总裁毛渝南一行。

14日 省委副书记、省长韩寓群主持召开第66次省政府常务会议，研究了对《南水北调东线第一期工程可行性研究总报告》的意见、南水北调工程南四湖至东平湖段调水与航运结合的意见、济南省会城市群经济圈发展调研工作、加快鲁北沿海开发战略，以及全省残疾人竞技体育工作。

15日 由全国人大常委会副委员长韩启德带队的执法检查组抵达济南，检查山东省贯彻实施《中华人民共和国归侨侨眷权益保护法》情况。晚上，省委书记、省人大常委会主任张高丽在山东大厦向韩启德一行介绍了山东情况；16日上午，执法检查组在济南听取了省政府的工作汇报。此后，执法检查组赴济南、潍坊、烟台、威海、青岛等市进行了执法检查。

15日 省委副书记、济南市委书记姜大明到舜耕国际会展中心参观山东省住宅与房地产十年成就展暨首届住博会。

16日 省委副书记、省长韩寓群到烟台考察第21届省运会筹备情况。省委常委、烟台市委书记焉荣竹等陪同考察。

16日 《求是》杂志2006年第8期刊登中共山东省委

的署名文章《坚持以科学发展观为统领　促进山东经济社会全面发展》。文章分为三部分：一是抓住发展这个第一要务，促进经济社会全面协调发展；二是结合经济社会发展实际，努力构建社会主义和谐山东；三是切实加强思想理论建设，提高执政能力和领导水平。

17日　全国信访干部先进事迹报告会在济南举行。省委副书记高新亭出席会议并讲话。副省长张昭福主持报告会。江苏省泰州市人民政府副秘书长、信访局局长张云泉，湖北省武汉市武昌区人民政府巡视员吴天祥，北京市宣武区信访办主任耿惠芳，广东省恩平市政府办公室副主任、信访局局长吴美娟，分别讲述了他们信访事业中的感人事迹。

17～22日　中共中央政治局常委、中央纪委书记吴官正在山东考察工作。

18日　最高人民法院和省委在东营召开大会，对东营市中级人民法院进行表彰。此前，最高人民法院为东营市中级人民法院记集体一等功，省委作出了对东营市中级法院予以表彰的决定。省委副书记高新亭出席大会并讲话。

18日　省十届人大常委会第二十次会议在济南举行。会议决定任命才利民为山东省副省长，决定接受赵克志辞去山东省副省长职务的请求。

20日　省委副书记、省长韩寓群在济南会见荷兰海尔德兰省省长考涅列率领的政府及经贸代表团一行。

20日　省委副书记、济南市委书记姜大明在山东大厦会见美国霍尼韦尔特殊材料集团总裁兼首席执行官杜诗兰博士一行。

20日　省委农村工作领导小组全体会议在济南召开。省委副书记、省委农村工作领导小组组长高新亭出席会议并讲话。会议要求，各级各部门要充分认识新农村建设的重大历史意义和现实意义，真正把思想统一到中央和省委的决策部署上来，切实增强责任感和紧迫感，进一步明确思路，强化措施，扎实推进山东省的新农村建设。

22日　省委在济南召开常委扩大会议，传达学习中共中央政治局常委、中央纪委书记吴官正视察山东时的重要讲话，研究贯彻落实措施。

24日　山东省庆祝“五一”国际劳动节暨富民兴鲁劳动奖章（状）获得者表彰大会在济南隆重召开。

27～28日　山东省临沂、枣庄、菏泽、济宁、聊城、济南等市遭受大风冰雹灾害，造成人员伤亡、房屋倒塌、农作物受灾、水电交通中断等损失。省委书记张高丽，省委副书记、省长韩寓群分别就抗灾救灾工作做出重要批示，要求把灾害损失降低到最小程度，全力以赴夺取抗灾救灾工作胜利，并要求有关部门协助地方政府安排好受灾群众生活，切实安排好受伤群众特别是重伤员的救治，确保群众生产生活正常。为帮助灾区恢复生产、安排群众生活，山东省迅速投入了500万元财政救灾应急资金。

29日　第二届山东企业家高峰论坛暨企业家活动日庆祝大会在济南举行。中国企业联合会、中国企业家协会会长陈锦华为大会召开发来贺信。省委书记张高丽，省委副书记、省长韩寓群给大会发来贺信，要求切实加强企业自主创新能力，为建设创新型省份作出应有贡献。本届企业家高峰论坛的主题是“自主创新·核心竞争力”，莱芜钢铁集团等企业作了典型发言。大会还表彰了万连步等50名山东省优秀企业家。

29日　全省纪检监察案件审理暨申诉复查工作座谈会在济南召开。省委副书记、省纪委书记赵春兰出席会议并讲话。会议要求，全省各级纪检监察机关和广大审理干部，要认真学习、深刻领会、全面贯彻落实吴官正书记视察山东时重要讲话精神，从讲政治、讲大局的高度，认识案件审理和申诉复查工作的重要性，进一步增强做好新形势下案件审理和申诉复查工作的责任感和使命感。

30日　“五一”劳动节前夕，国务院总理温家宝给青岛港劳动模范许振超亲笔回信。来信写道：“振超同志：来信收读，看到你们不断进步，心里十分高兴。你们争创世界一流的远大目标令人鼓舞，你们顽强拼搏的进取精神令人感奋。我相信，你们一定会努力奋斗，取得更辉煌的成绩。值此‘五一’劳动节到来之际，我谨向青岛港全体工人致以节日的问候。”省委书记张高丽，省委副书记、省长韩寓群，对学习贯彻落实温家宝总理给许振超的亲笔回信作出重要指示。

30日　省委副书记、省长韩寓群主持召开省长办公会议，紧急部署救灾工作。会议强调，灾区各级政府和省有关部门要从实践“三个代表”重要思想和对人民群众利益高度负责出发，采取有效措施，把做好当前救灾工作摆在重要位置抓紧抓实抓好，努力把灾害造成的损失减少到最低限度，尽快恢复灾区正常生产、生活秩序，确保灾区经济社会发展和社会稳定。会议对救灾工作进行了具体部署。省委常委、常务副省长林廷生出席会议。

5月

2日　在济南“五三惨案”78周年纪念日到来之际，济南市举行蔡公时烈士铜像安置暨“五三纪念堂”奠基仪式。省委副书记、济南市委书记姜大明，省委常委、宣传部长王敏等省领导及新加坡中华总商会代表，蔡公时烈士之女蔡今明，蔡公时烈士家乡江西省九江市的代表等出席仪式。

7日　《人民日报》头版报道了青岛市加强阵地建设，创新精品剧目，均衡城乡发展，稳步实施文化事业产业工程的先进做法。

9日　省委副书记、省纪委书记赵春兰在济南南郊宾馆会见出席华东六省一市工商联会长工作研讨会的工商联会长。

10日　省委召开常委扩大会议。

10日　省委书记张高丽在济南会见交通部部长李盛霖、副部长冯正霖一行。

11日　交通部在济南召开全国公路养护管理工作会议，总结“十五”公路养护管理工作，表彰“十五”全国干线公路养护管理先进单位,安排部署"十一五"养护管理工作。

11日 省委副书记、省长韩寓群主持召开省政府第67次常务会议,讨论并原则通过《山东省依法行政第四个五年规划(2006-2010年)(草案)》。会议还讨论并原则通过了《山东省城市房屋拆迁管理条例(修订草案)》。

11~14日 国务委员陈至立在山东考察。

12日 全省社会主义法治理念教育电视电话会议在济南召开。省委副书记高新亭出席会议。会议强调,要以邓小平理论和"三个代表"重要思想为指导,全面落实科学发展观,深入开展社会主义法治理念教育,坚持马克思主义在政法意识形态领域的指导地位,进一步加强政法队伍的思想政治建设,努力推进政法稳定工作。省委常委、政法委书记阎启俊主持会议。

12日 《人民日报》头版报道了山东以"泰山学者"工程为龙头,以首席技师制度、山东省有突出贡献的中青年专家评选等为辅助,本土培养与外来引进并举,积极改革人才培养使用制度,不拘一格选拔使用高层次人才的典型做法。

12~13日 全国创建规范教育收费示范县经验交流会议在济南召开。

14日 《人民日报》头版报道了山东各市县以建设行政审批服务中心为抓手,加快行政审批制度改革的情况。通过行政审批工作的集中办理,政府部门工作效率大为提高,服务质量得到改进,赢得了群众的满意。

15日 省法院召开社会主义法治理念研讨会,对全省法院开展教育活动作出部署。省委副书记高新亭出席会议并讲话。会议强调,要全面贯彻中央和省委有关会议精神,深入开展社会主义法治理念教育,进一步加强政法队伍的思想政治建设,为经济社会发展提供有力的司法保障和高效的法律服务。

15日 中国赴苏丹维和部队出征欢送仪式在济南国际机场举行。济南军区司令员范长龙,省委副书记高新亭出席会议并讲话。

16日 省委副书记、省长韩寓群在济南会见新加坡金鹰国际集团董事局主席陈江和一行。

16日 全省市级检察院建设检查交流现场会在临沂召开。会议传达了最高人民检察院检察长贾春旺和省委书记张高丽的批示,对各市分院建设检查情况进行了交流。最高人民检察院党组副书记、常务副检察长张耕,省委副书记高新亭出席会议并讲话。省委常委、政法委书记阎启俊出席会议。

16~20日 全国政协副主席董建华来山东省就企业和农村发展情况进行考察调研。

18日 山东警察学院在济南召开大会,热烈庆祝建校60周年。中共中央政治局委员、书记处书记、国务委员、公安部部长周永康,省委副书记、省长韩寓群分别致信祝贺,省委副书记高新亭出席并讲话。公安部为大会发来贺信。

18日 省政府召开全省信息化工作电视会议,全面部署"十一五"期间信息化建设工作。省委副书记、省长韩寓群出席会议并讲话。

18日 第四届APEC中小企业技术交流暨展览会在青岛开幕。中共中央政治局委员、国务院副总理曾培炎发来贺信,全国人大常委会委员、财政经济委员会副主任委员石广生,国务院稽查特派员刘吉,国家发改委副主任欧新黔,海关总署总工程师杨国勋,国家质检总局副局长葛志荣,省委副书记、青岛市委书记杜世成出席。

19日 省委副书记、省长韩寓群到财政部驻山东监察专员办事处和审计署驻济南特派员办事处走访调研。

19日 省委副书记、省长韩寓群签发《山东省人民政府关于支持人民政协履行职能的意见》。

20日 社会主义新农村建设研讨会在枣庄召开。省委书记张高丽,省委副书记、省长韩寓群致信表示祝贺,省委副书记高新亭出席会议并致辞。

20日 济南高新区建区十五周年庆典在济南举行。省委副书记、省长韩寓群代表省委、省政府致贺信,省委副书记、济南市委书记姜大明出席庆典。

20日 《人民日报》头版介绍了临沂市发展农村合作经济组织,变"单枪匹马"为"联合舰队",从而带富百万农户的生动事例。

中旬 省委书记张高丽接受新华社记者采访。

21日 2006"齐鲁慈善之光"文艺晚会在山东会堂隆重举行。

22日 省委、省政府召开全省旅游发展大会。

22日 山东省省直机关"慈心一日捐"活动正式启动。

22~29日 为抢抓发展机遇,加快发展县域经济,按照省委、省政府的部署,省委副书记高新亭、副省长王仁元率山东省党政学习考察团先后赴浙江、江苏、上海、湖北进行学习考察。17市的常务副市长,30个经济强县的县(市、区)长,省直有关部门负责人参加了这次学习考察。四省市负责人先后会见了学习考察团,出席座谈会并介绍情况。中共中央政治局委员、湖北省委书记俞正声亲切会见了学习考察团全体成员。

23~24日 全省政协工作会议在济南召开。

24日 省委书记张高丽在济南会见来山东省出席全国创建平安边界现场会并考察工作的中央综治委副主任陈冀平一行。省委常委、政法委书记阎启俊参加会见。

24日 省委副书记、省长韩寓群在青岛会见国防科工委主任张云川一行。

24日 省委副书记、省长韩寓群在青岛会见韩国外交通商部次长柳明桓一行。

24日 全省纪检监察工作为落实科学发展观、构建社会主义和谐社会提供有力保证理论研讨会在济南召开。省委副书记、省纪委书记赵春兰出席会议并讲话。

25日 省委召开落实党风廉政建设责任制领导小组会议,研究部署近期对全省各市党委、政府领导班子和领导干部落实党风廉政建设责任制情况进行检查考核工作。

25日 韩国驻青岛总领事馆新馆开馆仪式在青岛举

行。省委副书记、省长韩寓群,省委副书记、青岛市委书记杜世成发来贺信,韩国外交通商部次长柳明桓出席开馆仪式。

25日 省十届人大常委会第二十一次会议在济南闭会。会议表决通过了《山东省无线电管理条例》、《山东省2006—2010年依法治省规划》和有关决定决议等。

25日 国防科技工业科技工作会议在青岛召开。会议深入贯彻落实了全国科技大会精神,部署实施了《国防科技工业中长期科学和技术发展规划纲要》,动员国防科技工业战线干部职工,切实增强自主创新能力,努力建设创新型国防科技工业。国防科工委主任、党组书记张云川作工作报告,山东省委副书记、省长韩寓群到会致辞。

26日 由中央人民政府驻香港特别行政区联络办主任高祀仁、副主任黎桂康为特别顾问的香港知名人士访问团来山东省考察。本日下午,省委、省政府在济南举行经济社会发展情况介绍会,省委书记张高丽主持,省委副书记、省长韩寓群介绍情况。省政协主席孙淑义,省委副书记姜大明、赵春兰,省委常委杨传升、王敏等出席会议。考察团先后考察了力诺集团、齐鲁软件园、济钢集团、济南大学科技园和济南城市建设,并赴泰安、济宁、滨州、潍坊、青岛等地考察。

28日 备受关注的济南奥林匹克体育中心破土动工。

29日 中共山东省委书记张高丽在济南会见新党主席郁慕明率领的经贸考察团一行。省委常委、常务副省长林廷生参加会见。

29日 省委副书记、省长韩寓群到武警山东总队进行调查研究。

29日 省委副书记、省长韩寓群在济南会见法国卢瓦尔大区主席雅克·奥克希特,并共同签署了山东省与卢瓦尔大区建立友好合作关系意向书。

30日 省委下发《关于进一步加强新形势下人民政协工作的意见》。内容包括:一、充分认识人民政协的重要地位和作用;二、完善和规范人民政协的政治协商;三、支持和加强人民政协的民主监督;四、充分发挥人民政协的参政议政作用;五、切实抓好人民政协的自身建设;六、进一步加强和改善党对人民政协的领导。

30日 省政府与天津大学开展全面合作签约仪式在济南举行。省委副书记、省长韩寓群,天津大学校长单平出席签约仪式。双方商定,从本年开始的五年内,双方在经济与技术方面建立全面合作关系。

30日 2006年山东省产学研展洽会在济南举行。展洽会主题是展示十五年产学研联合成就,推进企业自主创新向更高层次发展。省委副书记、省长韩寓群等出席开幕式。

30日 省委副书记、省长韩寓群在济南会见西班牙里奥哈大区主席阿隆索一行。

31日 省政府召开第68次常务会议,就全省交通发展、高校毕业生就业、治理商业贿赂等情况听取了有关部门的汇报,并审议通过了《山东省地方储备粮管理办法(草案)》和《山东省人民政府关于进一步加强安全生产管理工作若干问题的通知(讨论稿)》。省委副书记、省长韩寓群主持会议。省委常委、常务副省长林廷生等出席会议。

31日 在"六一"儿童节前夕,省委副书记、省长韩寓群分别致信济南市社会福利院、夏津县精华聋儿语训希望学校,向两校学生和全省少年儿童致以节日祝贺,向全省广大少年儿童工作者表示亲切慰问。

31日~6月1日 省委书记张高丽在新泰市调研,期间到市实验幼儿园看望少年儿童,参加庆祝活动。

6月

1日 省委副书记、省长韩寓群到济南市永长街回民小学,代表省委、省政府向孩子们致以节日的祝贺,向广大教育工作者表示亲切慰问和衷心感谢。省委副书记、济南市委书记姜大明等参加了活动。

1日 省委副书记、省长韩寓群在山东大厦会见由内蒙古自治区党委副书记杨利民、自治区副主席余德辉带队的内蒙古自治区考察团一行。省委常委、政法委书记阎启俊参加会见。

2日 省文化工作调研座谈会在济南召开。省委副书记、省长韩寓群出席座谈会。会议强调,当前和今后一个时期,山东省文化工作要以发展为主题,以改革为动力,一手抓公益性文化事业,一手抓经营性文化产业,解放和发展文化生产力,创造更多更好适应群众需求的精神文化产品,切实增强山东省文化事业和文化产业的影响力和竞争力,加快文化强省建设步伐。

2日 全国城市商业银行工作会议在济南召开。中国银监会主席刘明康,省委副书记、济南市委书记姜大明,中国银监会副主席唐双宁,省委常委、常务副省长林廷生参加会议。

3~7日 全省县域经济现场会召开。

4日 省委下发《关于加强和改进党对政法工作领导的意见》。

4日 省委书记张高丽在济南会见国家防总副总指挥、水利部部长汪恕诚,黄河水利委员会主任李国英一行。

5日 省委副书记、省长韩寓群在济南长清区察看夏收工作。

5日 省委落实党风廉政建设责任制检查考核组全体人员会议在济南召开,省委副书记、省纪委书记赵春兰出席会议并讲话。

6日 省委、省政府转发《省委宣传部、省司法厅关于在全省公民中开展法制宣传教育的第五个五年规划》。

8日 省委下发《关于深化农村党的建设"三级联创"活动推进社会主义新农村建设的意见》。内容包括:一、深化"三级联创"活动对于建设社会主义新农村具有重要意义;二、明确深化"三级联创"活动的指导思想、基本原则和目标;三、健全落实农村党员和党组织保持先进性长效机制;四、完善创建标准和考核办法,促进社会主义新农村建设各项任务落实；五、加强组织领导。

8日 省委下发《关于深化学习实践社会主义荣辱观切实推进思想道德建设的实施意见》。《意见》要求：一要提高对践行社会主义荣辱观重要性的认识；二要大力加强社会主义荣辱观的宣传教育；三要扎实开展社会主义荣辱观实践活动；四要努力营造学习实践社会主义荣辱观的浓厚氛围；五要把践行社会主义荣辱观各项任务落到实处。

8日 省委书记、省人大常委会主任张高丽在烟台会见广东省委常委、深圳市委书记、市人大常委会主任李鸿忠率领的深圳市考察团一行。省委副书记高新亭，省委常委杨传升、焉荣竹等参加会见。

8日 省委副书记、省长韩寓群在龙口市就提高企业科技自主创新能力和加快社会主义新农村建设等问题进行调研。

9日 中共中央政治局委员、国务院副总理曾培炎在济南考察并召开节能座谈会。

9日 第十二次全省普法依法治理工作会议在济南召开。会议传达贯彻了第六次全国法制宣传教育工作会议精神，总结了“四五”普法经验，表彰了先进，研究部署了“五五”普法依法治理工作。会前，省委书记张高丽对做好普法依法治理工作提出要求。省委副书记、省普法依法治理工作领导小组组长高新亭出席会议并讲话。

12日 省委、省政府领导集体学习公务员法讲座在济南举行。

12日 省政府召开第69次常务会议，研究落实曾培炎副总理来山东视察时重要讲话精神和第六次全国环境保护大会精神。省委副书记、省长韩寓群出席会议并讲话。会议要求，要认真学习和贯彻落实好中央领导重要讲话精神，进一步提高思想认识，建立节能降耗和环境保护工作目标责任制和评价考核体系，确保完成“十一五”期间的各项目标任务。会议还研究通过了《山东省科学技术奖励办法(修订草案)》，确定以省政府令发布施行。省委常委、常务副省长林廷生等参加了会议。

13日 省国防动员委员会召开会议，专题研究讨论《山东省国防动员发展第十一个五年规划(审议稿)》。省委副书记、省长、省国防动员委员会主任韩寓群出席会议并讲话。省委常委、省军区政委、省国防动员委员会副主任张秉德主持会议。

13日 省政府召开全省农村交通建设表彰动员大会，总结三年来全省农村交通建设成就，表彰先进集体和个人，安排部署“十一五”农村交通建设工作。省委副书记、省长韩寓群出席会议，并为先进集体、个人颁奖。

13日 省人大常委会原副主任张竹生因病在济南逝世。

13日 《人民日报》头版对山东以举办文博会为契机，以项目整合可经营性资源，积极推进文化产业发展的做法进行报道。

14日 省委副书记、省长韩寓群在济南会见山东省政府经济顾问、英国乔立福集团董事长安东尼·乔立福爵士。

14日 省委副书记、省长韩寓群签发《山东省地方储备粮管理办法》。

14日 全省信访工作会议在济南召开。省委副书记高新亭出席会议。会议强调，各级各部门要充分认识做好新形势下信访工作的极端重要性，进一步增强责任感和紧迫感，不断强化信访工作基层基础，提高依法信访工作水平，切实维护群众的合法权益，为建设平安山东、构建和谐社会作出积极贡献。省委常委、秘书长杨传升出席会议。

15日 省委书记张高丽在济南会见中共中央宣传部副部长欧阳坚和中国政研会顾问、中共中央宣传部原常务副部长徐惟诚一行。

15日 “鲁信之夜·齐风鲁韵”大型文艺晚会在山东会堂上演。

15日 省政府在济南举行招待酒会，热烈欢迎出席2006山东(国际)文化产业博览会的嘉宾和朋友。省委副书记、省长韩寓群出席酒会，省委常委、宣传部长王敏致辞。

15日 省委书记、省人大常委会主任张高丽在济南会见全国政协副主席阿不来提·阿不都热西提。省委常委、秘书长杨传升参加会见。

15日 省委书记、省人大常委会主任张高丽在济南会见韩国前副总理赵淳、韩中亲善协会会长李世基一行。省委常委、宣传部长王敏参加会见。

15日 省委副书记、省长韩寓群在济南会见应邀出席2006山东(国际)文化产业博览会的外国驻华使节。

15日 省委副书记、省长韩寓群在济南会见荷兰王国北荷兰省常务副省长胡吉玛一行。

15日 省委农村工作领导小组全体会议在济南召开。会议学习贯彻了全省县域经济现场会议精神，听取了对各市落实中央和全省农村工作会议精神的督查调研汇报，对进一步推进全省新农村建设作出了部署安排。省委副书记、省委农村工作领导小组组长高新亭出席会议并讲话。

15～16日 第三届中国企业文化论坛在济南召开。

16日 2006山东(国际)文化产业博览会在济南舜耕国际会展中心隆重开幕。

16日 省委书记、省人大常委会主任张高丽在济南会见香港特别行政区立法会主席范徐丽泰一行。省委常委、宣传部长王敏参加会见。

16日 省委书记、省人大常委会主任张高丽在济南会见美国国际管理高级合伙人罗伯特·劳伦斯·库恩博士一行。省委常委、宣传部长王敏参加会见。

16日 省委副书记、省长韩寓群在济南会见澳大利亚驻华大使阿兰·托马斯博士一行，并为中创软件公司与澳大利亚环球风险系统公司合资成立的环球金融系统公司(GFS)剪彩。

17日 省委副书记、省长韩寓群检查黄河防汛和济南市防汛工作。他强调，各级各部门要从保障人民群众生命财产安全、维护经济社会稳定大局出发，立足于防大汛、抢大险、抗大灾，全力做好各项防汛准备工作，确保全省安全度汛。省委副书记、济南市委书记姜大明参加检查。

18日 省委书记、省人大常委会主任张高丽在济南会见胡文虎基金会主席、香港崇正总会会长胡仙一行。省委常委、宣传部长王敏参加会见。

19日 省委下发《关于认真做好2007年市、县(市、区)党委换届工作的通知》。

20日 省防指2006年第一次全体成员会议召开。会议对2006年山东省防汛工作进行了部署。省委副书记、省长韩寓群出席会议并讲话。会议要求，要充分认识2006年防汛形势的严峻性和抗洪工作的复杂性，高度警惕，万万不可掉以轻心，做好防汛的各项基础性工作和抢险的各方面准备，确保防汛万无一失。

21日 省委副书记、省长韩寓群在烟台市福山区就节能降耗、发展循环经济进行调查研究。

21～22日 省委书记张高丽在烟台调查研究。

21～25日 国家发展和改革委员会主任马凯率领有关司局人员来山东省，就当前经济运行情况和下半年经济工作问题进行调研。

21～27日 山东省党政代表团赴广东、云南、上海学习考察。

22日 山东省建设节约型社会成果展暨节能技术产品博览会在济南舜耕国际会展中心隆重开幕。

22日 省委副书记、省长韩寓群在济南会见中国远洋运输集团总裁魏家福一行。

23日 省委书记张高丽在青岛莱西市就发展服务业调查研究。

24日 《人民日报》头版报道：由于农业科技的创新和机械化程度的提高，山东小麦机收率达到九成以上，夏收夏种一次完成，使得“三夏”变“两夏”，大大减少了农民的劳动时间和强度。

25日 中国墨子学会名誉会长、中国书法家协会理事王玉玺收藏的450方珍贵砚台在济南珍珠泉公园展出。

26日 省委副书记、省长韩寓群在烟台就全面落实科学发展观，加强环境保护整治，建设和谐社会进行调研。省委常委、烟台市委书记焉荣竹陪同调研。

27日 全省维护农民合法权益电视电话会议在济南召开。省委副书记、省委农村工作领导小组组长高新亭出席会议并讲话。

27～28日 省政协九届二十一次常委会议在济南召开。省政协主席孙淑义出席会议并讲话。省委副书记高新亭应邀出席会议，听取大会发言。

28日 省委副书记、省长韩寓群主持召开第70次省政府常务会议，听取了国家发改委主任马凯在山东调研情况的汇报，研究了《中共山东省委山东省人民政府关于进一步促进服务业发展的若干意见(讨论稿)》和外经贸工作、外事工作、村村通自来水工作以及山东省征地统一年产值标准和征地区片综合地价问题。

28日 山东省法学会第五次代表大会在济南召开。大会推举高新亭、莫振奎为省法学会名誉会长，选举阎启俊为省法学会第五届会长，选举陈明甫为省法学会第五届常务副会长。会议通过了第四届理事会工作报告和修订后的《山东省法学会章程》。省委副书记高新亭出席会议并讲话。

28日 纪念中国共产党成立85周年——中共山东历史图片展在山东省党史陈列馆开展。这次展览经省委批准，由省委宣传部和省委党史研究室联合举办，分为“新民主主义革命时期”、“社会主义革命和建设时期”、“改革开放和社会主义现代化建设时期”三个部分。省委常委、组织部长刘伟，省委常委、宣传部长王敏同各界群众参观了展览。

29日 省委在济南召开大会，隆重庆祝中国共产党成立85周年，对历时一年半的保持共产党员先进性教育活动进行回顾总结，对近年来特别是先进性教育活动中涌现出的先进基层党组织、优秀共产党员、优秀党务工作者进行表彰。

29日 省委副书记、省长韩寓群主持召开第71次省政府常务会议，研究了大中型水库移民后期扶持政策问题。

30日 省委书记、省人大常委会主任张高丽在济南会见菲律宾众议院议长、基督教穆斯林民主力量党总裁何塞·德贝内西亚一行。

30日 省委副书记、省长韩寓群签发《山东省科学技术奖励办法》。

7月

1～2日 省委理论学习中心组读书会进行集中学习讨论。

2日 省委召开常委扩大会议，传达学习中央召开的庆祝中国共产党成立85周年暨总结保持共产党员先进性教育活动大会精神和全国组织部长座谈会精神，研究贯彻落实意见。

2日 省委发出《关于认真学习贯彻胡锦涛总书记在庆祝中国共产党成立85周年暨总结保持共产党员先进性教育活动大会上的重要讲话的通知》。

2日 全国党政系统机要密码先进工作者事迹报告会在济南举行。会前，省委书记张高丽会见了由国家密码管理局局长张彦珍率领的报告团全体成员。省委常委、秘书长杨传升参加会见并出席报告会。

3日 省委副书记、省长韩寓群在济南会见出席全国人口早期教育工作座谈会的国家人口计生委主任张维庆一行。

3日 历时8天的省纪委理论学习中心组读书会交流心得、进行总结。省委副书记、省纪委书记赵春兰参加读书会并讲话，要求各级纪检监察机关和广大纪检监察干部，认真学习胡锦涛总书记在庆祝中国共产党成立85周年暨总结保持共产党员先进性教育活动大会上的重要讲话，学习中央领导同志重要指示精神，围绕中心，服务大局，为贯彻落实科学发展观提供有力保证。

4日 省委副书记、省长韩寓群在济南会见国务院国资委副主任邵宁一行。

4日 中国质量认证中心山东优秀获证企业表彰暨提高认证有效性经验交流会议在青岛召开。中国认证认可协会会长王凤清出席会议并讲话,省委副书记、青岛市委书记杜世成出席会议。

5日 全省村镇建设暨村庄整治工作会议在青岛市城阳区召开。省委副书记高新亭出席会议并讲话。会议强调,要充分认识搞好村镇建设和村庄整治工作的重大意义,切实增强责任感和紧迫感,进一步加大工作力度,强化工作措施,把新农村建设各项工作不断推向深入,促进全省经济社会又快又好发展。

5日 山东出入境检验检疫局综合设施暨电子执法监控中心在青岛正式启用,中国认证认可协会会长王凤清,省委副书记、青岛市委书记杜世成出席启用仪式。

5~6日 省委副书记高新亭在青岛城阳区、胶南市就县域经济发展进行调研。

6日 省委书记张高丽,省委副书记、省长韩寓群在青岛就发展服务业进行调查研究。

6日 省委书记张高丽在青岛会见朗讯科技公司副总裁、朗讯科技中国公司董事长沈心平一行。省委副书记、青岛市委书记杜世成,省委常委、秘书长杨传升参加会见。

6日 进入7月份以来,山东省开始进入主汛期和集中降雨期,菏泽、枣庄、东营等部分市县先后遭受洪涝灾害和冰雹灾害。为动员全省进一步做好防汛抢险救灾工作,本日,省长韩寓群致信省防汛抗旱指挥部,对当前的防汛救灾工作作出重要指示。

7日 2006中国国际消费电子博览会在青岛国际会展中心开幕。中共中央政治局委员、国务院副总理曾培炎致信祝贺。商务部副部长魏建国,信息产业部副部长娄勤俭,科技部副部长马颂德,省委常委、常务副省长林廷生出席开幕式。

7日 2006中国济南国际儿童联欢节暨儿童用品博览会开幕。来自15个国家和地区的儿童代表与泉城儿童交流欢乐,畅谈友谊。团中央书记处常务书记杨岳,省委副书记、济南市委书记姜大明出席开幕式。

7~8日 中共中央政治局常委、中央纪委书记吴官正在青岛视察。

7~8日 全国监察厅(局)长会议在青岛召开。

8日 省委副书记高新亭在济南会见摩洛哥进步与社会主义党总书记伊斯梅尔·阿拉维为团长的代表团一行,宾主在亲切友好的气氛中进行了交谈。

9日 省委书记张高丽在寿光市出席寿光党员领导干部会议。

9~22日 省委副书记、省长韩寓群率山东省政府代表团访问奥地利、埃及、南非三国。访问活动进一步加强了与三国的友好省州关系,扩大了与三国经济的交流与合作,在一些重要领域和重大项目合作上取得了实质性进展,签订了一批合作项目,推动了山东与欧非三国友好省州关系和经贸合作向更高层次发展。11日至12日,韩寓群出席了在奥地利举行的第三届友好省州领导人峰会。

10日 省委召开常委扩大会议,认真学习贯彻中共中央总书记、国家主席、中央军委主席胡锦涛在庆祝建党85周年暨总结先进性教育活动大会上的重要讲话,传达学习胡锦涛总书记关于寿光市开展保持共产党员先进性教育活动的重要批示,研究贯彻落实意见。

10日 省委召开常委扩大会议,认真传达学习中共中央政治局常委、中央纪委书记吴官正在全国监察厅(局)长会议上的重要讲话和在山东省部分大型企业负责人座谈会上的重要讲话,研究贯彻落实意见。

10日 受省委副书记、省长韩寓群的委托,省委常委、常务副省长林廷生主持召开第72次省政府常务会议,研究了《山东省深化文化体制改革工作方案》、《山东省高速公路交通安全条例(草案)》、《山东省渔业港口和渔业船舶管理条例(草案)》、《山东省企业工资支付规定(草案)》等。

上旬 省委副书记、省长韩寓群就山东省村村通自来水工程作出重要批示,要求各级政府高度重视,创新发展机制,总结推广成功模式,确保让广大农民群众喝上安全放心的自来水。

11日 山东省妇女第十一次代表大会在济南隆重开幕。

11~15日 最高人民法院院长肖扬在山东考察法院工作。

12日 省委书记、省人大常委会主任张高丽在济南会见委内瑞拉全国代表大会主席马杜罗一行。

12日 省纪委召开常委扩大会议,认真传达学习中共中央总书记、国家主席、中央军委主席胡锦涛关于寿光市开展保持共产党员先进性教育活动的重要批示,传达学习中共中央政治局常委、中央纪委书记吴官正在全国监察厅(局)长会议和部分大型企业负责人座谈会上的重要讲话,传达学习省委常委扩大会议精神,研究贯彻落实意见。省委副书记、省纪委书记赵春兰主持会议。

12日 全省社会治安综合治理工作会议在临沂市召开。会议认真学习胡锦涛总书记在庆祝建党85周年暨总结保持共产党员先进性教育活动大会上的重要讲话和关于寿光市先进性教育活动重要批示,传达贯彻全国社会治安综合治理工作会议精神,传达学习省委书记、省人大常委会主任张高丽和省委副书记、省长韩寓群关于加强平安山东建设的意见,总结前段平安建设情况,交流经验,分析形势,对进一步深化平安山东建设作出部署。省委副书记、省综治委主任高新亭出席会议并讲话。省委常委、政法委书记阎启俊出席会议。

12日 省委副书记高新亭在莒南县就发展农业和农村经济,加快新农村建设问题进行调查研究。

13日 省委书记张高丽在滨州无棣和德州庆云、临邑就发展县域经济和服务业进行调查研究。

14日 省委印发《山东省"十一五"期间社会主义精神文明建设规划》。《规划》明确了山东省"十一五"期间社会主义精神文明建设的指导思想和目标任务。要求切实加强思想道德建设;深入开展群众性精神文明创建活动;繁荣发展先进文化;发展壮大社会事业;加强和改善对精神文明建设的领导。

14日 省委书记张高丽在济南检查防汛工作。

16日 省委书记张高丽在烟台会见国家统计局局长邱晓华一行。省委常委、烟台市委书记焉荣竹参加会见。

18~20日 省委副书记、省纪委书记赵春兰在日照、枣庄两市就党风廉政建设和反腐败工作进行调查研究。

19日 《人民日报》头版对青岛第四个"市民月活动"进行报道。该项活动以"问情于民、问意于民、问计于民、问策于民"为主旨,促进了市民与政府之间的沟通和交流,有效推动了和谐社会建设。

19日 《人民日报》头版报道,山东积极兑现惠农政策,粮食直补资金已全部落实到位。

20日 省委书记张高丽在长岛县调查研究。

20日 省委副书记高新亭在省水利厅和山东黄河河务局检查防汛工作。

20~21日 全国审计工作座谈会在青岛召开。国家审计署审计长李金华出席会议并讲话。省委书记张高丽,省委副书记、省长韩寓群为大会发来贺信。省委副书记、青岛市委书记杜世成出席会议。省委常委、常务副省长林廷生出席会议并讲话。国家审计署副审计长刘家义主持会议。

24日 省委书记张高丽在济南会见中国建设银行党委书记、董事长郭树清一行。省委常委、常务副省长林廷生参加会见。

24日 全省市厅级党员领导干部学习贯彻党章培训班在济南举办。省委副书记、省纪委书记赵春兰出席开班仪式并讲话。

25日 省委召开常委会议,分析2006年上半年经济形势,研究部署下半年经济工作。

25日 省十届人大常委会第二十二次会议在济南召开,会议听取了有关法规草案审议结果的报告、有关议案的说明等。省委书记、省人大常委会主任张高丽主持会议。

26日 在收听收看了国务院通报全国经济形势电视电话会议后,省委、省政府在山东分会场召开全省经济形势分析会,总结上半年的经济工作,对下半年的经济工作进行部署。

27日 山东—境外驻华机构商务联谊会在北京举行,大会宣传山东投资环境,推介重点对外合作项目,进一步加强了与境外驻华机构的交流与合作。省委副书记、省长韩寓群出席联谊会并致辞。125家外国驻华使馆、跨国大公司、国外大商社、大社团、投资性公司、工商金融界人士和投资促进机构220名代表出席了联谊会。

27日 省委、省政府在北京慰问在黎巴嫩遇难人员杜照宇的亲属。

27日 省委副书记、省长韩寓群在北京分别会见前来参加山东—境外驻华机构商务联谊会的部分外方代表。

28日 省委书记张高丽主持召开发展服务业座谈会。

28日 武警山东总队在南郊宾馆隆重举行英模事迹报告会。会前,省委书记张高丽亲切接见了第五届"中国杰出青年卫士"薛若卫,第九届"中国武警十大忠诚卫士"孙志强,见义勇为、勇斗歹徒的一等功臣夏纪龙,第五届"中国优秀青年卫士"闵令强等英模代表。省委副书记高新亭,省委常委、政法委书记阎启俊等参加会见。武警山东总队总队长戴肃军主持报告会。武警山东总队的4名同志,分别介绍了他们牢记宗旨、一心为民、忠于职守、不怕牺牲的感人事迹。省委常委、政法委书记阎启俊出席会议。

28日 省委副书记高新亭等代表省委、省政府走访慰问军队离退休干部。

29日 2006东亚投资论坛在威海开幕。全国人大常委会副委员长成思危,省委副书记、省长韩寓群出席了开幕仪式。成思危在开幕式上致辞,韩寓群致欢迎辞并作了《山东"十一五"产业发展目标与投资重点》的主题演讲。

31日 济南军区、山东省暨济南市联合举办大型音乐会《铁血征程》,热烈庆祝中国人民解放军建军79周年暨纪念红军长征胜利70周年。

31日 省委召开党外人士座谈会,通报山东省当前经济形势,听取省各民主党派、工商联负责人和无党派人士对繁荣发展服务业的意见建议。

31日 省委书记张高丽在济南会见中国华能集团公司党组书记、总经理李小鹏。

31日 省委副书记、省长韩寓群主持召开省长办公会议,研究贯彻落实国务院通报全国经济形势电视电话会议精神的具体意见和措施。省委常委、副省长林廷生参加会议。

31日 省委副书记、省长韩寓群签发《山东省企业工资支付规定》。

8月

1日 全省各民主党派、工商联负责人暑休研讨班在临沂开班。省委副书记、省纪委书记赵春兰出席并讲话。

1日 省委副书记高新亭等亲切看望慰问连日来冒着高温酷暑坚持值班值勤的济南公安局交警支队民警,代表省委、省政府向大家致以亲切的问候和崇高的敬意。省委常委、政法委书记阎启俊等一同看望慰问。

1~2日 省委书记张高丽在枣庄调查研究。

2日 省委副书记、省长韩寓群在济南会见中国联通党组书记、董事长常小兵一行。

2日 省委贯彻《中共中央关于进一步加强人民法院、人民检察院工作的决定》会议在济南举行。省委副书记高新亭出席会议并讲话。省委常委、政法委书记阎启俊主持会议。

2~4日 省委书记张高丽在临沂市就落实科学发展观、繁荣发展服务业、加强领导班子建设等工作进行调查研究。

3日 省委、省政府下发《关于在新的起点上推进县域经济又快又好发展的意见》。《意见》要求:一要充分认识加快县域经济发展的重大战略意义;二要进一步明确县域经济发展的总体要求和目标任务;三要进一步深化县域经济体制改革;四要扩大和落实县级经济管理权限;五要进一步健全完善支持政策;六要切实加强对县域经济发展的领导。其中,指出县域经济发展的总体要求是:坚持以邓小平理论和"三个代表"重要思想为指导,以科学发展观统领全局,紧紧围绕建设全面小康社会和社会主义新农村的总要求,按照省委"一二三四五六"的发展目标和工作思路,大力实施"促强扶弱带中间"的发展战略,做到城市农村、三次产业、经济社会"三个联动",加快农业产业化、工业化和城镇化"三化进程",着力抓好外经外贸、高新技术、民营经济"三个亮点",强化自主创新、节能降耗、环境保护"三个关键",努力实现社会就业、农民收入、财政收入"三个增加",使全省县域经济实力显著增强,经济结构显著优化,社会事业显著发展,城乡面貌显著改善,人民生活水平显著提高,基层组织建设显著加强,全面开创县域经济社会发展的新局面。

3日 省委、省政府下发《关于进一步促进服务业发展的若干意见》。意见包括:一要提高认识,明确任务,扎实推进服务业发展;二要放宽市场准入;三要实施税费优惠;四要加大财政、金融、价格支持力度;五要优先安排土地供应;六要积极引进培养人才;七要深化改革扩大开放;八要优化环境,规范管理;九要切实加强对服务业工作的领导。

3日 省委、省政府下发《关于建立和完善党政领导班子和领导干部综合考核指标体系的意见》。考核指标按经济建设、政治建设、文化建设、社会建设和党的建设分为5大类、29项内容。其中经济建设主要考核生产总值、财政税收、结构优化、投资消费、科技创新、节能降耗、生态环境、人民生活8个方面内容;政治建设主要考核加强和改善党的领导,决策科学化、民主化,基层民主政治建设,坚持依法执政、依法行政,机关服务水平和行政效能5个方面内容。文化建设主要考核坚持马克思主义在意识形态领域的指导地位,把握正确舆论导向,加强思想道德建设,发展文化事业和文化产业,开展群众性精神文明创建活动5个方面内容;社会建设主要考核就业和社会保障、社会事业发展、深化平安山东建设、加强基层基础工作、预防和妥善处置重大事件、加强和改进新形势下的群众工作6方面内容;党的建设主要考核思想建设、组织建设、作风建设、廉政建设、领导班子自身建设5方面内容。

3日 第八次全省环境保护大会在济南召开。会议指出,要把环境保护摆到经济社会发展优先位置,在确定生产力布局和调整产业结构时要优先考虑生态环境承载力,发展经济决策和城市建设要优先考虑生态环境容量,在经济活动和新上项目时要优先考虑环境准入。省委书记张高丽向大会致信,对全省环保工作提出明确要求。省委副书记、省长韩寓群出席会议并讲话。省委常委、副省长林廷生主持会议。分管市长和山东鲁能发展集团有限公司等单位负责人签订了"十一五"二氧化硫总量削减目标责任书。

3日 省委副书记、省长韩寓群在济南会见中国驻韩国大使宁赋魁一行。

3日 省委副书记、省长韩寓群在济南会见中国人寿保险集团公司总裁杨超一行。

4日 省政府召开全省节能工作电视会议,传达贯彻全国节能工作会议精神,分析节能形势,安排部署全省此后一个时期的节能工作。会议强调,要进一步落实科学发展观和节约资源的基本国策,推进经济增长方式的根本转变,强化目标措施,狠抓任务落实,五年基本建立起节约型产业体系。省委书记张高丽对会议作重要批示,省委副书记、省长韩寓群出席并讲话。会议由省委常委、常务副省长林廷生主持。会上,副省长王仁元代表省政府与各市政府签订了建设节约型社会目标责任书。

4日 省委副书记、省长韩寓群在济南会见韩国大宇国际社长李泰镕一行。

4日 《人民日报》头版以《寿光有家"蔬菜网络医院"》为题,对寿光市利用网络技术,以遍布全市农村的农资站为依托,建立"蔬菜网络医院",让广大菜农不出村就能及时诊疗蔬菜各种疾病的做法进行了报道。

6日 《人民日报》头版以《山东签订节能"军令状"》为题,报道了山东省为促进节能降耗,由副省长王仁元与各市分管市长签订节能目标责任书,在全省开展节能大行动的做法。

7~8日 全省部分市新农村建设座谈会在平原县召开。省委副书记高新亭出席会议并讲话。与会人员考察学习了平原县开展新农村建设的经验。高新亭对德州等地的经验做法给予充分肯定。

8日 省委书记张高丽到省直宣传文化系统调查研究。

8日 省纪委在济南召开全省市纪委书记座谈会,总结分析上半年党风廉政建设和反腐败工作情况,研究部署下一步工作。省委副书记、省纪委书记赵春兰出席会议并讲话。

8~11日 省委副书记、省长韩寓群在济宁市、泰安市就落实科学发展观、建设社会主义新农村、繁荣发展服务业等工作进行调查研究。

9日 省委书记张高丽,省委副书记高新亭在济南分别会见农民日报社党委书记、社长沈镇昭一行。省委常委、宣传部长王敏参加了两次会见活动。

10日 省委召开落实党风廉政建设责任制检查考核工作汇报会,听取对17市党政领导班子及其成员落实责任制工作检查考核情况的汇报,研究部署下一步落实责任制工作。

10日 《江泽民文选》开始在山东省发行，受到广大读者热烈欢迎。

11日 省委书记张高丽在济南会见杜邦钛白科技亚太区运营总经理贺伯。

12日 第十六届青岛国际啤酒节拉开帷幕。省委副书记、青岛市委书记杜世成出席开幕式。45个参节的啤酒品牌中，国外品牌41个，体现出较高的国际化水平。

13日 《人民日报》头版对山东东西联动，促强扶弱，构建区域经济协调发展新格局的做法进行报道。

14日 省委书记张高丽在济南会见中央电视台台长赵化勇一行。省委常委、宣传部长王敏参加会见。

14日 省政府召开第73次常务会议，学习讨论中共中央、国务院《转发〈国家发改委关于上半年经济形势和做好下半年经济工作的建议〉通知》。省委副书记、省长韩寓群主持会议并讲话。会议还听取讨论了关于《山东省出口农产品质量安全规定(草案)》等其他议题的汇报。省委常委、常务副省长林廷生出席会议。

15日 2006年全国电视新闻年会在济南召开。本次年会的主题是，提高节目质量，提升舆论引导能力。省委书记张高丽出席，中央电视台台长赵化勇讲话。省委常委、宣传部长王敏致辞。各省、自治区、直辖市电视台负责人参加了会议。

15日 中国第三支赴海地维和警察防暴队光荣凯旋。省委书记张高丽，省委副书记、省长韩寓群在济南接见了全体队员。公安部党委委员、纪委书记、监察长祝春林，省委副书记高新亭，省委常委、秘书长杨传升，省委常委、政法委书记阎启俊参加接见。

15日 山东省在章丘召开大会，表彰被公安部批准荣立集体一等功的先进集体，省委副书记高新亭出席会议并讲话。省委常委、政法委书记阎启俊出席会议。

15日 公安部和省委、省政府在济南召开大会，隆重表彰赴海地执行维和任务胜利归来的中国第三支维和警察防暴队，省委副书记高新亭出席会议并讲话。省委常委、政法委书记阎启俊主持会议。

16日 省委召开常委扩大会议，认真学习胡锦涛总书记在中央举办的学习《江泽民文选》报告会上的重要讲话，讨论通过了《中共山东省委关于认真组织学习〈江泽民文选〉的决定》，对深入学习《江泽民文选》作出全面部署。

16日 省委召开常委扩大会议，学习贯彻中央关于经济工作的决策部署，努力促进经济平稳较快协调发展。

16日 省委发出通知，要求认真学习贯彻《中共中央关于印发〈全党保持共产党员先进性教育活动总结报告〉的通知》。

16日 省委、省政府制发《关于做好当前经济工作的意见》。

16日 省委书记张高丽在济南会见总后勤部副部长王谦率领的中央军委总部联合工作组和武警总部副政委贾润兴一行。省委副书记高新亭参加会见。

17日 全省大企业集团建设座谈会在济南召开。座谈会传达了中纪委在青岛召开的部分大企业负责人座谈会精神和省委常委扩大会议精神，研究了新形势下做大做强大企业集团的思路措施，要求全面落实科学发展观，调整结构，转变方式，着力提高核心竞争力，为全省经济社会又快又好发展做出新贡献。省委副书记、省长韩寓群出席会议并讲话。

17~18日 东部地区新农村建设座谈会在淄博市临淄区召开。省委副书记高新亭出席会议并讲话。会议强调，各地要深入贯彻落实中央和省委、省政府关于新农村建设的一系列重要指示精神，充分认识搞好新农村建设的重大意义，全面贯彻落实科学发展观，按照统筹城乡发展的要求，切实增强机遇意识、责任意识和领先意识，突出重点，强化措施，进一步加快新农村建设步伐。

18日 省委、省政府制发《关于进一步加强民族工作促进民族团结进步事业发展的意见》。

18日 省委副书记、省长韩寓群在济南会见以韩国全国经济人联合会会长姜信浩为团长的代表团一行。

19日 最高人民检察院、山东省委在济南联合召开授予孟红伟荣誉称号命名表彰大会。

19日 最高人民检察院检察长贾春旺在济南市检察院进行调研。

19日 省委副书记、省长韩寓群在青岛会见国家旅游局局长邵琪伟。省委常委、秘书长杨传升等参加会见。

20日 好运北京——2006青岛国际帆船赛开幕式在青岛奥帆中心奥运纪念墙码头旁专门搭建的大厅内举行。

20日 中共中央政治局委员、北京市委书记、北京奥组委主席刘淇在青岛考察奥帆委工作。

中下旬 省委副书记、济南市委书记姜大明同省直有关部门和济南市负责人先后到淄博、莱芜、泰安、聊城、德州、滨州，就促进省会城市群经济圈发展、加强济南与各市的合作与交流进行调研。

23日 全国平安建设研讨培训班在烟台举办。中央综治委副主任、中央政法委副秘书长、中央综治办主任陈冀平作动员讲话，省委副书记、省综治委主任高新亭代表省委、省政府致辞。这次研讨培训班由中央综治委举办。中央政法委副秘书长周本顺，省委常委、政法委书记、省综治委常务副主任阎启俊出席，省委常委、烟台市委书记焉荣竹代表烟台市委、市政府致辞。

24日 省政府第74次常务会议讨论通过《山东省经济适用住房管理办法》。

25日 中共中央政治局委员、国务委员、中央综治委副主任周永康在烟台亲切会见全国综治干部研讨培训班全体学员，并与大家进行了座谈。

25日 省委副书记、省长韩寓群在济南会见韩国LG电子(中国)有限公司总裁禹南均一行。

25日 省委副书记、省长韩寓群在济南会见中国电力投资集团公司总经理王炳华一行。省委常委、常务副省长林廷生参加会见。

25～26日 省委副书记高新亭在威海调查研究，并参加威海市委常委民主生活会。

25～27日 委内瑞拉总统乌戈·查韦斯·弗利亚斯在对中国进行国事访问期间，访问山东省济南和泰安两市。访问期间，省委书记张高丽、省长韩寓群在济南会见并宴请了查韦斯总统一行。26日下午，山东省与委内瑞拉经贸合作洽谈会在济南举行，查韦斯总统和韩寓群省长分别讲话。兖矿集团、浪潮集团、福田重工、黄金集团、常林集团等大企业作了情况介绍。双方就加强经济文化交流以及加大企业间合作力度进行了深入探讨，达成了共识。访问期间，查韦斯总统参观访问了省农科院、游览了泰山。8月27日下午，查韦斯总统结束访问回国，韩寓群省长和我驻委内瑞拉大使居一杰等到机场送行。省委常委、秘书长杨传升参加会见。

26日 省委副书记、省长韩寓群在济南会见水利部副部长矫勇、国务院南水北调办公室副主任宁远一行。

26日 省委副书记、省长韩寓群在济南会见中国进出口银行总行行长李若谷一行。李若谷此行主要是对山东省进出口情况、企业"走出去"情况进行调研，了解企业的政策需求。

27日 山东鲁能泰山足球队提前六轮夺得2006赛季中超联赛冠军，省委书记张高丽，省委副书记、省长韩寓群接见了山东鲁能泰山队全体运动员、教练员。省委常委、秘书长杨传升参加了接见。

27日 省委书记张高丽在济南会见由中国国民党副主席江丙坤率领的台湾工商界山东经贸考察团一行。

29日 省委副书记、省长韩寓群在济南会见来访的英国苏格兰财政、公共服务改革部长汤姆·麦卡毕一行。会见结束后，韩寓群与麦卡毕签署了两省区建立友好合作关系协议书。

30日～9月1日 全国"平安家庭"创建活动现场推进会在济南召开。全国人大常委会副委员长、全国妇联主席顾秀莲出席会议并讲话，全国妇联副主席、书记处第一书记黄晴宜主持会议，中央综治委副主任、中央综治办主任陈冀平对深入开展"平安家庭"创建活动提出要求，省委副书记高新亭致辞。全国妇联副主席莫文秀，省委常委、政法委书记阎启俊等出席会议。会议期间，省委书记张高丽，省委副书记、省长韩寓群会见顾秀莲，并汇报介绍了山东有关工作情况。

31日 全国政协副主席张克辉，中共山东省委副书记、省长韩寓群，海峡两岸关系协会常务副会长李炳才在潍坊会见前来参加第十二届鲁台经贸洽谈会的中国国民党副主席江丙坤等台湾知名人士和台商代表。

31日 省委副书记、省长韩寓群在济南会见中国华能集团公司党组书记、经理李小鹏一行。会见结束后，韩寓群、李小鹏出席了中国华能集团公司、山东里能集团有限公司合作框架协议签字仪式。

31日 作为北京2008年奥运会所有项目中的第一个测试赛，备受关注的青岛国际帆船赛落幕。国家体育总局副局长、中国奥委会副主席肖天，北京奥组委执行副主席杨树安，山东省委副书记、青岛市委书记杜世成出席了颁奖暨闭幕晚会。

31日～9月1日 省委副书记、省纪委书记赵春兰在滨州调查研究。

下旬 国家建设部公布"中国人居环境奖"获奖名单，山东省青岛、烟台、潍坊、威海、德州、蓬莱六城市榜上有名。

9月

1日 全省县域财源建设现场经验交流会在新泰召开。省委副书记、省长韩寓群致信，提出推动全省县域财源建设再上新台阶，力争经过三到五年的努力，在全省形成一个县域财源比较充实、县乡财政状况明显改善的新局面。

1日 由山东省人民政府主办，国务院台办重点支持，山东省台办、潍坊市人民政府承办的第十二届鲁台经贸洽谈会暨2006海峡两岸制造业博览会在潍坊隆重开幕。全国政协副主席张克辉，省委副书记、省长韩寓群，海峡两岸关系协会常务副会长李炳才等出席开幕式。出席大会的还有中国国民党副主席江丙坤等1000多名台湾知名人士和工商界人士。张克辉、韩寓群、李炳才、江丙坤共同为博览会揭幕。省领导孙守璞致开幕辞。同日，作为第十二届鲁台经贸洽谈会的序幕，第三届台商大会在潍坊召开，张克辉、韩寓群、李炳才等出席大会。

1～5日 中共中央政治局委员、全国人大常委会副委员长、中华全国总工会主席王兆国在山东考察工作。

3～8日 中央督查组对山东省贯彻落实《中共中央、国务院关于进一步加强和改进未成年人思想道德建设的若干意见》和《中共中央、国务院关于进一步加强和改进大学生思想政治教育的意见》情况进行督查。

4日 在收听收看国务院加强政府自身建设、推进政府管理创新电视电话会议后，省政府召开电视电话会议，省委副书记、省长韩寓群讲了话。要求进一步加强政府自身建设，深化行政管理体制改革，切实转变职能，推进管理创新，建设为民、务实、清廉的政府。

5日 省委书记、省人大常委会主任张高丽在济南会见全国政协副主席张克辉一行。省政协主席孙淑义，省委常委、秘书长杨传升等参加会见。

5日 省委副书记、省长韩寓群主持召开省政府第75次常务会议，讨论通过了《山东省南水北调工程沿线区域水污染防治条例(草案)》和《山东省药品使用条例(草案)》。

5日 省委副书记、省长韩寓群在济南会见荷兰王国北荷兰省省长博候茨率领的政府及经贸代表团一行。会见后，韩寓群与博候茨共同签署了山东省与北荷兰省进一步加强合作备忘录。

5日 省委副书记、省长韩寓群在济南会见奥地利钻石飞机制造公司总经理鲁美尔一行。客人此次来访，是考察其在滨州投资的钻石飞机项目，探讨下一步展开合作的可能性。

6日 省委党校举行2006年秋季开学典礼。

6日 省委书记、省人大常委会主任张高丽在济南会见日中经济协会副会长、JUKI株式会社社长山岗建夫率领的日本知名企业代表团一行。省委常委、秘书长杨传升等参加会见。

6日 省政府举行座谈会，与来山东省考察访问的日本知名企业代表团进行座谈。省委副书记、省长韩寓群出席座谈会，向客人介绍了山东省"十一五"发展规划，提出了双方加强交流合作的建议。

6日 省委副书记、省长韩寓群在济南会见来山东访问的卢森堡大公亨利一行。

6～7日 省委副书记、省纪委书记赵春兰就学习《江泽民文选》和胡锦涛总书记重要讲话，树立和落实科学发展观，深入推进反腐倡廉工作在德州进行调查研究。

7日 第二十二个教师节到来之际，省委书记张高丽与省委副书记、济南市委书记姜大明等一起，来到济南西藏中学，代表省委、省政府亲切看望慰问汉藏教师和藏族学生。

7日 省委书记、省人大常委会主任张高丽在济南会见卢森堡大公亨利。

7～19日 省委副书记高新亭率领山东省代表团应邀成功访问加拿大、巴西和阿根廷。20日返回济南。

8日 胶济铁路电气化改造工程暨济南站无柱雨棚改造工程竣工开通仪式在济南火车站举行。

8日 省委决定：刘玉祥任中共枣庄市委书记，马金忠不再担任中共枣庄市委书记、常委、委员职务；张新起任中共潍坊市委书记，张传林不再担任中共潍坊市委书记、常委、委员职务。

9日 山东省庆祝2006年教师节大会在山东大厦隆重召开。会上传达了省委书记张高丽在济南西藏中学和省委副书记、省长韩寓群在潍坊一中教师节座谈会上的讲话。会议宣读了山东省人民政府关于命名青岛市李沧区等10县市区为教育工作示范县市区、关于授予李振华等三人山东省人民教师荣誉称号、关于表彰第六批山东省特级教师三项通报和山东省教育厅关于表彰第二届山东省教学名师的决定。受表彰的先进单位和个人代表发了言。省委常委、秘书长杨传升出席会议并讲话。

9日 省委书记、省人大常委会主任张高丽，省委副书记、省长韩寓群在济南分别会见著名美籍华人、美国国际合作委员会主席陈香梅一行。会见时，韩寓群向陈香梅女士颁发了山东省海外交流协会名誉会长聘书。

10日 省委书记、省人大常委会主任张高丽在济南会见全国政协副主席李贵鲜一行。全国政协常委、全国政协经济委员会副主任委员陈清泰、刘廷焕一同考察。孙淑义、杨传升等省领导参加会见。

10日 省委书记、省人大常委会主任张高丽在济南会见由国家体育总局副局长胡家燕和全国人大常委赵地率领的全国"两纲"评估督导组一行。省委常委杨传升、柏继民参加会见。

11日 省委书记、省人大常委会主任张高丽在济南会见全国政协副主席张思卿一行。

11日 省委书记张高丽在济南会见公安部副部长刘金国、公安部消防局局长郭铁男少将一行。公安部消防局副局长李世雄少将、杨建民少将，省委常委、政法委书记阎启俊等参加会见。

11日 省委书记、省人大常委会主任张高丽在济南会见韩国驻青岛总领事辛亨根。

11日 《人民日报》头版对济南市以乡镇机构、农村义务教育和县乡财政管理体制等为主要内容，全面推开农村综合改革的做法进行报道。

12日 省委、省政府印发《山东省实施〈中华人民共和国公务员法〉工作方案》。

12日 省委副书记、省长韩寓群在海阳市调查研究。省委常委、烟台市委书记焉荣竹参加了调研活动。

12～17日 中共中央政治局委员、国务院副总理回良玉在山东考察农业和农村工作。

13日 受省委、省政府委托，省政协主席孙淑义在济南会见新疆伊犁州党委书记张继勋率领的伊犁州党政代表团一行。省委常委、省总工会主席柏继民参加会见。

14日 省委书记、省人大常委会主任张高丽在烟台会见台湾鸿海集团总裁郭台铭、副总裁黄秋莲一行。省委常委、秘书长杨传升会见时在座。

14日 滨州学院飞行学院揭牌暨首届新生开学典礼在滨州学院礼堂举行。省委副书记、省长韩寓群发来贺信，省委常委、省政法委书记阎启俊等省领导以及美国国际飞行学院首席执行官罗镇等出席仪式。

14日 中共中央原顾问委员会委员、济南军区原司令员饶守坤因病医治无效在济南逝世。

14日 山东省原副省长、省政府原特邀顾问宋一民因病医治无效在北京逝世。

15日 总投资4470万欧元的德国斯蒂尔集团安德烈斯蒂尔动力工具(青岛)有限公司在青岛出口加工区开业。省委副书记、省长韩寓群发来贺信。

15日 全国"两纲"中期评估督导组结束对山东省实施《中国妇女发展纲要2001—2010年》和《中国儿童发展纲要2001年—2010年》情况的督导检查工作。督导组组长、国家体育总局党组副书记、副局长胡家燕在青岛对山东省贯彻落实"两纲"情况进行了反馈，省委副书记、青岛市委书记杜世成主持会议并讲话。胡家燕在反馈意见中充分肯定了山东省实施"两纲"取得的成绩，并就进一步推动山东省妇女儿童发展提出了建设性意见。柏继民等省领导分别陪同督导组进行了考察。

15日 《人民日报》头版对山东以结构调整为主线，以自主创新、节能降耗和环境保护为重点，推动经济增长方式由粗放型向集约型转变的做法和取得的初步成果进行了报道。据报道,2006年上半年全省万元GDP能耗、化学需氧量排放分别减少1.5%和3.1%。

17日 “2006中国发达县域经济论坛”在荣成市举行。

17日 中国科学院与山东省共建中国科学院青岛生物能源与过程研究所、中国科学院烟台海岸带可持续发展研究所签字仪式在济南举行。全国人大常委会副委员长、中国科学院院长路甬祥,山东省委副书记、省长韩寓群,青岛市常务副市长崔锡柱、烟台市市长孙永春分别代表中国科学院、山东省人民政府、青岛市人民政府、烟台市人民政府签署了共建协议书。路甬祥在山东期间还参观考察了济南高新技术开发区。

17日 中国海洋大学崂山校区启用,该校一校三区办学格局形成。省委副书记、青岛市委书记杜世成出席启用仪式。

18日 泰山成为第三批世界地质公园。

19日 山东省首届老年人运动会开幕。

19日 省委副书记、济南市委书记姜大明在济南会见前来出席2006中国百名IT青岛精英论坛的国家信息产业部副部长娄勤俭,共青团中央书记处书记尔肯江·吐拉洪,以及参加论坛的主要嘉宾。省委常委阎启俊、王敏参加会见。

20日 2006中国百名IT青岛精英论坛在济南开幕。团中央书记处第一书记周强发来贺信;信息产业部副部长娄勤俭,省委副书记、济南市委书记姜大明,团中央书记处书记尔肯江·吐拉洪出席论坛并讲话。在论坛上,向第三届“中国软件行业杰出青年”获得者颁了奖。出席论坛的嘉宾围绕IT产业的发展进行了深入探讨,并到山东大学、省实验中学和浪潮集团、齐鲁软件园与青年学子和IT从业者进行了广泛交流。

21日 省委书记张高丽在长清大学科技园进行调查研究。

21日 省委书记、省人大常委会主任张高丽在济南会见全国政协副主席张榕明带领的中华海外联谊会港澳海外知名人士“寻根之旅”访问团一行。中央统战部常务副部长朱维群,省领导孙淑义、杨传升参加会见。

21日 省委书记张高丽在济南会见越南共产党中央委员、岘港市委书记阮伯清一行。省委常委、秘书长杨传升参加会见。

21日 省委书记张高丽在济南会见中国工程院院士、中华医学会会长钟南山一行。省委常委、秘书长杨传升参加会见。

21日 全省社区工作会议在济南召开。会议要求,要切实做到社区“有人办事”、“有钱办事”和“有地方办事”。会上,表彰了全省和谐社区建设示范单位。省委副书记、省长韩寓群,民政部副部长李立国出席会议并讲话。

21日 第三届中国(济南)国际信息技术博览会在济南隆重开幕。全国政协副主席、中国工程院院长徐匡迪发来贺信;省委副书记、省长韩寓群宣布本届信博会开幕;省政协主席孙淑义,信息产业部副部长娄勤俭,中国工程院副院长旭日干,共青团中央书记处书记尔肯江·吐拉洪等出席了开幕式;王仁元代表省委、省政府致辞。开幕式前,韩寓群会见了出席开幕式的部委领导、知名公司总裁以及参加相关论坛的部分与会嘉宾。

22日 山东省农村综合改革工作电视电话会议在济南召开。会议要求,各级各部门要自觉把思想和行动统一到中央的指示精神上来,统一到省委、省政府的工作部署上来,把农村综合改革作为一项全局性工作摆上突出位置,明确目标,突出重点,扎实推进,确保农村综合改革取得实质性进展。省委副书记、省长韩寓群出席会议并讲话。

22日 全国深入开展社会主义法治理念教育电视电话会议在北京召开,山东省在分会场组织收听收看。省委副书记高新亭出席省分会场会议,并对学习贯彻会议精神提出要求。省委常委、政法委书记阎启俊主持山东分会场会议。

23日 省委、省政府印发《山东省深化文化体制改革工作方案》。

23日 省委副书记高新亭在山东大厦会见国际知名华裔刑侦专家、美国康州警政厅荣誉厅长、康州警政刑事科学中心总监李昌钰一行。

24日 省委书记、省人大常委会主任张高丽在济南会见香港特别行政区立法会主席范徐丽泰一行。省委常委、秘书长杨传升参加会见。

24日 省委副书记、省长韩寓群在山东大厦会见以中国人民银行副行长刘士余为组长的国务院房地产市场调控政策检查组。省委常委、常务副省长林廷生参加会见。

24日 省委副书记、省长韩寓群在济南会见伊朗哈马丹省省长莫拉迪率领的代表团一行。

24日 山东警察学院举行聘请李昌钰博士为客座教授仪式,省委副书记高新亭出席并讲话。

25日 省十届人大常委会第二十三次会议举行。第一次全体会议听取了关于《山东省城市房屋拆迁管理条例(修订草案二次修改稿)》修改情况的说明和关于《山东省药品使用条例(草案)》的说明等。省委书记、省人大常委会主任张高丽主持了本日上午的全体会议。

25日 省委书记、省人大常委会主任张高丽在济南会见全国人大常委、金利来集团董事局主席曾宪梓。

25日 省政府第77次常务会议讨论通过《山东省行政区域界线管理办法》。

26日 齐鲁正气歌——山东省庆祝建国57周年暨廉政歌曲大家唱大型文艺演出在济南举行。

26日 全省财政税务工作会议在济南召开。省委副书记、省长韩寓群出席会议并讲话。他强调,各级要准确把握当前财政经济形势,切实抓好2006年后几个月的增收节支工作,确保收入分配制度改革等重大政策落实,促进全省经济社会又快又好发展。

26日 省政府隆重集会纪念山东人民治理黄河六十年暨山东黄河河务局建局60年。省委副书记、省长韩寓群，黄河水利委员会主任李国英出席会议并讲话。

26日 省委、省政府在济南召开全省维护社会稳定工作电视电话会议，传达贯彻中央有关会议精神，对维护社会稳定工作作出部署。省委副书记高新亭出席会议并讲话。省委常委、秘书长杨传升主持会议。省委常委、政法委书记阎启俊等分别传达了中央有关会议精神。

26～27日 全省民兵预备役政治工作会议在济南召开。济南军区副政委寇宪祥，省委副书记高新亭，省委常委、省军区政委张秉德，省军区司令员谈文虎等出席会议并讲话。会上，东营军分区等先进单位和先进个人介绍了经验，威海军分区政治部等23个先进单位和齐秀生等37名先进个人受到通报表彰。与会代表参观了章丘市人武部、济南某预备役高炮团开展民兵预备役政治工作现场。

27日 济南军区国防动员委员会第五次全体会议在济南召开。会议的主要任务是:坚持以科学发展观为指导，深入贯彻落实胡锦涛主席关于加强国防动员建设的一系列重要指示和国家国防动员委员会第五次全体会议精神，总结战区“十五”时期国防动员建设工作，研究部署此后五年国防动员建设任务，推动战区国防动员工作创新发展。中国人民解放军副总参谋长张黎、济南军区司令员范长龙、政委刘冬冬，山东省省长韩寓群，河南省省长李成玉等出席会议并讲话。

27日 省委书记张高丽在济南会见国家发展改革委员会主任马凯一行。

27日 省委副书记、省长韩寓群在山东大厦会见国家安监总局局长李毅中一行。

27日 省委副书记高新亭在山东大厦亲切接见荣获第二届“我最喜爱的十大人民警察”称号的王峰和荣获“全国特级优秀人民警察”称号的范素云。省委常委、政法委书记阎启俊参加接见。

27～28日 省委副书记高新亭在潍坊市调查研究并看望基层政法干警。

28日 省委召开领导干部会议，研究部署当前工作。

28日 全国国有重点煤矿安全基础管理工作座谈会在兖矿集团召开。国务委员、国务院秘书长华建敏，省委书记张高丽，省委副书记、省长韩寓群向大会发来贺信。

28日 省委书记张高丽在济南会见韩国驻青岛新任总领事金善兴。

28日 2006中国(青州)花卉博览交易会在青州市开幕。省委副书记高新亭宣布花博会开幕。全国政协经济委员会副主任、中国扶贫基金会会长段应碧，省政协副主席、省委统战部部长齐乃贵出席开幕式。本届花博会以“花与文化”为主题，以“花为媒、共同发展”为宗旨，充分展示国内外花卉产业发展的最新成果，广泛开展国际交流与合作。

29日 山东省暨济南市在南郊宾馆俱乐部礼堂举行国庆电影晚会，热烈庆祝中华人民共和国成立57周年。

29日 山东建筑大学建校50周年暨挂牌庆典隆重举行。全国人大常委会副委员长何鲁丽，国家教育部、建设部，省委书记、省人大常委会主任张高丽，省委副书记、省长韩寓群发来贺信。

29日 省委副书记、省长韩寓群在济南市调研社区建设情况。

29日 国家统计局发布2005年度百强县中，山东有22个县入围，总数居全国第二；新增3个百强县，是近年新增百强县个数最多的省份。

30日～10月1日 省委书记张高丽在临朐、青州看望慰问企业职工和农村群众，并进行调查研究。

10月

1～2日 省委副书记、省长韩寓群深入菏泽城乡，与干部群众一起欢度国庆节，并就“突破菏泽”，加快菏泽经济社会又快又好发展进行调查研究。

国庆节前后 省委书记张高丽给省红领巾理事会主席姜婉琪回信，向全省广大少先队员致以亲切的问候，希望广大少先队员继承伟大的长征精神，学习实践社会主义荣辱观，为建设“大而强、富而美”的社会主义新山东贡献力量。

3日 《人民日报》头版对泰安市连续20年采取机关干部挂职包村的办法扶农惠农，共帮扶600多贫困后进村脱贫致富的先进事迹进行了报道。

8日 年产45万吨新闻纸生产线在华泰集团顺利投产。至此，华泰集团新闻纸生产能力达120万吨，成为全球最大的新闻纸生产基地。省委副书记、省长韩寓群发来贺信。

8日 省委农村工作领导小组全体会议在济南召开。省委副书记、省委农村工作领导小组组长高新亭出席会议并讲话。会议要求把省委、省政府确定的十件实事作为新农村建设的重点，下大力气抓好抓实，推动新农村建设深入健康发展。

9日 山东省第21届运动会开幕式在烟台隆重举行。省委书记张高丽致电祝贺，省委副书记、省长韩寓群宣布开幕，国家体育总局副局长王钧致贺辞。省委常委、烟台市委书记焉荣竹在开幕式上宣读了张高丽给大会的贺电。

9日 省委副书记、省长韩寓群在烟台会见前来参加山东省第21届运动会的国家体育总局副局长王钧一行。省委常委、烟台市委书记焉荣竹等参加会见。

10日 全省群众体育表彰大会在烟台举行。烟台市体育局等60个单位被授予全省体育系统群众体育先进集体称号，另有60位体育工作者被给予二等功和三等功奖励。会议开始前，省委副书记、省长韩寓群，国家体育总局副局长王钧会见了与会代表。参加会见的还有省委常委、烟台市委书记焉荣竹。

10日 军地共建平安山东、构建和谐社会经验交流会在泰安市召开。会议强调，各级各有关部门要按照中央要求，深入开展军地共建平安山东、构建和谐社会工作，努力为山东经济社会又快又好发展创造更加和谐稳定的社会环境。济南军区副政委寇宪祥,省委副书记高新亭出席会议并讲话。

11日 《人民日报》头版对青岛市实施农村劳动力有效转移、提高农民收入取得的好成绩进行了报道。据报道,2006年前三季度,青岛市农民现金收入人均预计5291元,同比增长13.9%。

12日 全省广大干部群众认真学习十六届六中全会公报。

12日 “山东省纪念红军长征胜利70周年”图片展在省党史陈列馆拉开帷幕。省委常委、组织部长刘伟,省委常委、宣传部长王敏,省里的老同志苏毅然、李振、陆懋曾、朱永顺、周星夫,社会各界代表200多人参观了展览。这次展览是经省委批准,由省委组织部、宣传部、党史研究室联合举办的。展览按时间顺序共展出317幅照片、图表、诗词、题词,全面反映了红军长征的全过程,体现了伟大的长征精神。

13日 省委召开常委扩大会议,传达学习党的十六届六中全会精神,研究贯彻落实意见。

13日 省委下发《关于认真学习贯彻党的十六届六中全会精神的通知》。《通知》要求:一、用十六届六中全会精神统一和提高思想认识;二、全面落实构建和谐社会的各项任务;三、大力加强舆论宣传和理论研究;四、以贯彻落实六中全会精神推动当前工作;五、加强对学习贯彻六中全会精神的组织领导。

13日 省委副书记、省长韩寓群在济南会见沃尔沃集团公司执行总裁约玛·海罗那一行。客人此行主要是就与山东临工合作事宜开展进一步协商。

14日 省委书记张高丽在济南会见国家社保基金理事会理事长项怀诚、原电力工业部部长史大桢、中华环境保护基金会理事长曲格平和台湾大学前校长孙震、台湾鸿海精密集团董事长郭台铭等客人。省委常委、秘书长杨传升等参加会见。

14日 省委副书记、省长韩寓群在山东大厦会见香港山东商会会长蒋丽莉和中国外交学会会长杨文昌率领的香港山东商会代表团一行。

14~17日 以国家环保总局副局长潘岳为组长的国务院督查组来山东省督查新开工项目清理工作。

16日 省委印发《关于贯彻中发[2006]11号文件精神进一步加强人民法院人民检察院工作的意见》。

16日 山东省第21届运动会闭幕式在烟台大学多功能体育馆隆重举行。省委、省政府发来贺电,祝贺大会取得圆满成功。省委常委、烟台市委书记焉荣竹等出席闭幕式并向获奖单位和个人颁奖。

16日 山东省原副省长、省政府原特邀顾问朱奇民因病在济南逝世。

17~18日 省委书记张高丽在济宁市调查研究。

18日 省委副书记、省长韩寓群签发《山东省农产品质量安全监督管理规定》。

19日 省委副书记、省长韩寓群签发《山东省行政区域界线管理办法》。

19~20日 全省监管执勤改革现场会在枣庄、日照召开。省委副书记高新亭出席会议并讲话,并分别在两地进行了调研。

20日 山东省在山东会堂举办文艺晚会,唱响《长征组歌——红军不怕远征难》,隆重纪念中国工农红军长征胜利70周年。

20日 省政府召开经济形势分析会,总结分析前三季度经济社会发展情况,安排部署此后一段时间工作。省委副书记、省长韩寓群主持会议并讲话。省委常委、常务副省长林廷生出席会议。

20日 省委书记张高丽在济南会见建设部部长汪光焘。

20日 省委副书记、省长韩寓群在济南会见中国工程院常务副院长潘云鹤一行。

20日 省委决定:杨传升任中共山东省纪律检查委员会委员、常委、书记,赵春兰不再担任中共山东省纪律检查委员会书记、常委、委员职务;孙永春任中共烟台市委书记,焉荣竹不再担任中共烟台市委书记、常委、委员职务;王敏任中共山东省委秘书长,杨传升不再担任中共山东省委秘书长职务;焉荣竹任中共山东省委宣传部部长,王敏不再担任山东省委宣传部部长职务。

中旬 在纪念中国工农红军长征胜利70周年之际,按照中央、省委要求,全省各级集中走访慰问了老红军。

21日 省委召开常委会议,听取国务院新开工项目督查组对山东省新开工项目清理督查情况和前三季度山东省经济社会发展形势的汇报,研究贯彻落实意见。

23~25日 中国共产党山东省第八届委员会第十三次全体会议在济南举行。

24日 省委副书记、省长韩寓群在济南会见加拿大魁北克省国际关系部部长、法语地区负责人莫尼克·全布雷一行。

25日 省委决定:张秋波任中共东营市委委员、常委、书记,石军不再担任中共东营市委书记、常委、委员职务。

25日 省委作出关于贯彻落实党的十六届六中全会精神努力构建社会主义和谐社会的决定。内容包括:一要加强学习领会,提高对构建和谐社会的认识;二要明确目标任务,把握好构建和谐社会重大问题;三要更加注重社会事业,推动经济社会进步;四要坚持统筹兼顾,全面提高协调发展水平;五要围绕建设和谐文化,做好思想政治领域工作;六要加强民主法制建设,维护社会公平正义;七要推进社会建设管理,激发社会创造活力;八要深化平安山东建设,切实维护社会稳定;九要维护和发展群众利益,加强改进群众工作;十要加强党的先进性建设,提高领导和驾驭本领。

26日 省社会治安综合治理委员会全体会议在济南

召开。省委副书记、省综治委主任高新亭出席会议并讲话。会议强调,各级各部门要认真学习贯彻党的十六届六中全会和省八届十三次全委会议精神,深刻认识构建社会主义和谐社会的重大意义,切实增强责任感、使命感和紧迫感,狠抓社会治安综合治理各项措施落实,扎实推进平安山东建设,努力构建和谐社会。省委常委、政法委书记、省综治委常务副主任阎启俊主持会议,并就贯彻落实会议精神提出要求。

26日 第十一届全国运动会组织委员会成立大会暨筹备工作会议在济南举行。

26日 省委书记张高丽,省委副书记、省长韩寓群在济南会见国家体育总局局长刘鹏一行。国家体育总局副局长胡家燕、段世杰,省委副书记高新亭,省委常委、宣传部长焉荣竹等参加会见。

26日 省委书记张高丽在济南会见国家质检总局局长李长江一行。

26日 2006青岛国际农产品交易会在青岛市城阳区开幕。全国人大常委会副委员长蒋正华,省委副书记、青岛市委书记杜世成等出席开幕式。

26～27日 促进全国食品农产品出口现场会在济南召开。会议总结了山东应对国外技术贸易壁垒特别是应对"日本肯定列表"制度的做法,分析了出口食品农产品面临的形势和任务。国家质检总局局长李长江出席会议并讲话,省委副书记、省长韩寓群到会致辞。国家质检总局副局长葛志荣主持会议,山东省副省长孙守璞在会上介绍了山东省食品农产品出口工作的做法。李长江与韩寓群为山东检验检疫科学技术研究院揭牌。会议还宣布了国家质检总局促进食品农产品出口的若干措施,并为首批获得出口食品农产品免检资格的17家企业颁发证书。

26～31日 中国残联主席邓朴方一行来山东调研。期间,省委书记张高丽,省委副书记、省长韩寓群,省委副书记高新亭,省委常委王敏、柏继民,副省长李玉妹会见了邓朴方一行。在济南市调研期间,省委副书记、济南市委书记姜大明会见了调研组全体成员。调研组先后考察了东营、潍坊、济南三市的残疾人基层组织建设、无障碍设施建设及残疾人康复工作,并分别听取了省政府和济南、东营、潍坊市政府关于残疾人工作情况的汇报,与有关党政领导就发展残疾人事业交换了意见。邓朴方对山东残疾人工作取得的成绩给予充分肯定。

27日 省委书记张高丽在寿光调查研究。

27日 山东省庆祝老人节文艺晚会在山东剧院举行,山东省老年艺术团参加演出。

27日 省委书记张高丽在济南会见卫生部部长高强一行。

27日 全国第22届副省级城市卫生局长联商会议在济南召开,会议围绕构建社会主义和谐社会、解决群众"看病难、看病贵"问题,就加快公共卫生、农村卫生和城市社区卫生发展,建设覆盖城乡居民的基本卫生保健制度等进行了广泛深入的研讨和交流。卫生部部长高强,省委副书记、省长韩寓群出席会议并讲话。

27日 以"平等、参与、自强、共进"为主题的山东省第七届残疾人运动会在烟台开幕。省委副书记、省长韩寓群致信祝贺。

27日 省委副书记,省长韩寓群在济南会见中国华电集团总经理贺恭一行。

27日 省委副书记高新亭在山东大厦会见以赵锡燊总检察长为团长的新加坡检察代表团一行。

28日 省委副书记、省长韩寓群在济南会见英国乔利福集团董事长安东尼·乔利福爵士。

28日 第十二届全国城市职工歌手大赛颁奖晚会暨闭幕式在济南举行。全国总工会副主席、书记处书记黄彦蓉,山东省委副书记、济南市委书记姜大明,省委常委、省总工会主席柏继民出席晚会并为获奖选手颁奖。

29日 山东省暨济南市联合组织宣传活动,纪念《人民防空法》颁布十周年。省委书记张高丽,省委副书记、省长韩寓群发来贺信,代表省委、省政府表示祝贺,并向全省人防战线工作人员表示问候。

30日 国家发展改革委和国家海洋局在青岛联合召开海水利用现场经验交流会。省委副书记、青岛市委书记杜世成,省委常委、常务副省长林廷生等在青岛会见了出席此次会议的国家发改委副主任姜伟新和国家海洋局局长孙志辉等。

31日 来中国出席中国—东盟建立对话关系15周年纪念峰会及中国—东盟博览会的柬埔寨首相洪森一行来山东访问。11月1日下午,省委书记、省人大常委会主任张高丽,省委副书记、省长韩寓群在济南会见了洪森首相一行。

31日 省委副书记、省长韩寓群主持召开第79次省政府常务会议,研究了促进省会城市群经济圈发展、全省机关事业单位工资收入分配制度改革、全省兽医管理体制改革方案、《全省基础测绘"十一五"规划》、《改进和加强政务工作的若干规定(讨论稿)》等。

31日～11月1日 省委副书记、省长韩寓群考察小清河流域水污染治理情况。

下旬 省委召开党外人士座谈会,就《中共山东省委关于贯彻落实党的十六届六中全会精神努力构建社会主义和谐社会的决定(征求意见稿)》,征求省各民主党派、工商联领导人和无党派人士的意见和建议。

11月

1日 省委副书记高新亭、省军区司令员谈文虎、副司令员尚书国在济南市济阳县检查征兵体检情况。

2日 省委书记张高丽在泰安市肥城、宁阳调查研究。

2日 山东省与韩国全罗北道友好合作签字仪式在济南举行,省委副书记、省长韩寓群与韩国全罗北道知事金完柱共同签署了合作协议,并举行友好会谈。

3日 省委副书记、省长韩寓群在济南会见美国卡特彼勒集团总裁斯蒂文·沃宁一行。

5日 山东省渔业协会成立大会在济南召开，省委副书记高新亭出席会议并讲话。

6日 省委召开2007年度全省重点党报党刊发行工作电视电话会议，贯彻落实中央和省委有关精神，对2007年度《人民日报》、《求是》杂志和《大众日报》、《支部生活》等重点党报党刊发行工作进行动员部署。省委书记张高丽作重要批示，省委常委、宣传部长焉荣竹出席会议并讲话。

6日 省政府召开第80次常务会议，专题研究事关人民群众生产生活的有关问题，部署抗旱节水工作。省委副书记、省长韩寓群主持会议并讲话。

7日 省委副书记、省长韩寓群在济南会见国务院南水北调办公室主任张基尧。

8日 出席全国第八次文代会、第七次作代会的山东代表团启程赴京。行前，省委书记张高丽，省委常委焉荣竹、王敏代表省委、省政府为出席会议的代表送行。

8日 全省预防青少年违法犯罪工作会议在东营召开。省委副书记高新亭，省委常委、政法委书记阎启俊出席会议，并接见了全省“未成年人零犯罪社区”创建活动先进单位和先进个人。

9日 省委书记张高丽在滨州市阳信县、惠民县调查研究。

9日 省暨济南市“119”消防宣传活动启动仪式在泉城广场举行。省委副书记高新亭，省委常委、政法委书记阎启俊等参加了活动。

9日 省委副书记高新亭在济南接见载誉归来的全国公安消防部队首届英模表彰大会的英雄群体和个人代表。省委常委、政法委书记阎启俊参加会见。

10日 全省金融工作座谈会在济南召开。

10日 省直机关广泛开展向困难群众“送温暖、献爱心”活动。

10日 省委书记、省人大常委会主任张高丽在济南会见美国杜邦公司全球副总裁暨大中国区总裁欧瑞克一行。

10日 省委副书记高新亭到省体育局调查研究。

上旬 省委副书记高新亭在东营就和谐社会建设进行调查研究。省委常委、政法委书记阎启俊参加调研。

11～23日 省委副书记、省长韩寓群率山东省政府代表团访问委内瑞拉、秘鲁、智利，通过与南美三国政府和工商界人士的广泛交流，加深友谊，增进互信，签署了一批项目合同协议，进一步推动了山东与拉美国家的友好关系和经贸合作发展。

12日 省委书记张高丽在济南会见国家税务总局党组书记、局长谢旭人一行。省委常委、秘书长王敏参加会见。

14日 省委书记、省人大常委会主任张高丽在济南会见日本朝日啤酒公司最高咨询主席濑户雄三一行。省委常委、秘书长王敏参加会见。

14～15日 全省领导干部会议在济南召开。

16日 省红十字会第七次会员代表大会在济南召开，大会总结了五年来山东省红十字会工作，选举了新一届理事会，对下段工作进行了部署。

16～17日 全省公安机关“三基”工程建设工作会议在潍坊召开，对有关工作进行了部署。省委书记张高丽，省委副书记、省长韩寓群会前提出要求，省委副书记高新亭出席会议并讲话，省委常委、政法委书记阎启俊主持会议。

17日 省委书记张高丽到武警济南一支队二中队亲切看望慰问即将退伍的武警战士。

17日 由人事部、国家外国专家局和山东省人民政府联合主办的中国山东第四届海内外高端人才交流暨技术项目洽谈会在济南开幕。省委书记张高丽，省委副书记、省长韩寓群给大会发来贺信，人事部副部长、国家外国专家局局长季允石，省委常委、常务副省长林廷生，人事部副部长王晓初，省委常委、省纪委书记杨传升出席开幕式。这次洽谈会，共邀请500多名海内外高端人才和外国专家(企业家)到会设立展位，当天近万名人员到场洽谈交流。

17～18日 全省组织部长会议在济南召开。会议深入学习贯彻党的十六届六中全会精神，传达学习中央、中组部和省委有关会议精神，对做好党代会代表选举、市县乡领导班子换届等各项组织工作进行了安排部署。省委书记张高丽提出要求，省委常委、组织部长刘伟出席会议并讲话。

18日 山东财政学院建校20周年庆典在济南校本部举行。省委书记、省人大常委会主任张高丽，省委副书记、省长韩寓群发来贺信。

18日 山东鲁能泰山足球队2:0战胜大连实德队，如愿夺取2006年中国足协杯冠军，再度荣膺“双冠王”。省委、省政府向山东电力集团公司并鲁能泰山足球俱乐部致信表示祝贺。

18日 青岛港吞吐量再次实现历史性跨越，全港吞吐量突破2亿吨。该吞吐量达到全省港口总吞吐量的一半以上，跻身世界十大港口之列。

19日 省委书记、省人大常委会主任张高丽在济南会见全国政协副主席、中国工程院院长徐匡迪一行。省委常委、秘书长王敏等参加会见。

20日 省委书记张高丽在菏泽市单县、东明、鄄城调查研究。

20日 省委副书记、省长韩寓群带领省直有关部门负责人到泰安、济宁等地检查指导抗旱和麦田管理工作。

20日 由中宣部、中央综治委、公安部、中华见义勇为基金会举办的“全国见义勇为英雄”评选活动在北京揭晓。曾四次跳入冰河救起三乡亲的海军军官张荣涛被评为“全国见义勇为先进分子”。山东省获得这一荣誉称号的还有：置自身安全于不顾、与抢劫金店歹徒搏斗的鲁中冶金矿业集团公司工人刘峰；见到邻居被砍伤、毅然与持刀歹徒斗争的莱阳市农民孙令军。

中旬 省委副书记高新亭到潍坊市检查指导抗旱

工作。

20～21日 省委、省政府召开加快菏泽发展第二次现场会。

22日 省政府召开全省粮食购销企业改革总结暨粮食产业发展电视会议，全面总结国有粮食购销企业改革工作，安排部署山东省粮食产业化发展任务。省委副书记、省长韩寓群向大会致信。

22～25日 中共中央政治局常委、国家副主席曾庆红在山东考察调研。

24日 省委副书记、省长韩寓群签发《山东省经济适用住房管理办法》。

26日 省委召开常委扩大会议，传达学习中共中央政治局常委、国家副主席曾庆红在山东视察时的重要讲话精神，研究贯彻落实意见。

27日 省委副书记、省长韩寓群主持召开省政府第81次常务会议，讨论并原则通过《山东省艾滋病防治办法(草案)》。

28日 《人民日报》头版以《山东"平安建设"助推社会和谐》为题报道了山东省在"平安建设"中，注重做细、做实、做周密，防微、防渐、防意外，取得显著效果，从而推动和谐社会建设的先进经验。

29日 省委书记张高丽到淄博市周村区调查研究。

29日 省委书记张高丽在济南会见由天津市委副书记、市长戴相龙率领的天津市政府代表团一行。山东省委常委、秘书长王敏等参加会见。

29日 山东省与天津市在济南召开经济社会发展工作座谈会，省委副书记、省长韩寓群，天津市委副书记、市长戴相龙出席会议并讲话。

29日 省委、省政府举办学习《中华人民共和国各级人民代表大会常务委员会监督法》和构建和谐社会法律问题讲座。全国人大常委会委员、法律委员会主任委员杨景宇作了辅导报告，省委副书记、省长韩寓群，省委常委、常务副省长林廷生分别主持上下午的会议。省领导赵春兰、柏继民等出席报告会。

29日 全省刑事审判工作会议在济南召开，省委副书记高新亭出席会议并讲话。省委常委、政法委书记阎启俊等出席会议。省高级人民法院院长尹忠显对刑事审判工作作了具体部署。

30日 省委、省政府印发《山东省建设社会主义新农村总体规划(2006—2020年)》。

30日 省委副书记、省长韩寓群在济南会见阿塞洛·米塔尔集团首席执行官特别顾问、高级管理委员会委员罗兰·雍克一行。

30日 省十届人大常委会第二十四次会议作出决定：山东省第十届人民代表大会第五次会议于2007年2月上旬在济南召开，会期约6天。

30日 山东省首座生物质发电厂国能单县生物发电项目正式投产发电。这是中国首个投产的农林生物质发电项目，也是首个国家级生物质发电示范项目。

12月

2日 由全国工商联主办的全国民营企业文化建设工作会议在济南召开。来自全国各地的200多名民营企业家汇聚泉城，交流民营企业文化建设的经验和做法，研究提出新世纪新阶段民营企业文化建设工作的任务及要求，努力把民营企业文化建设工作提高到一个新的水平。全国政协副秘书长、全国工商联党组副书记、副主席张龙之，省领导姜大明等出席开幕式。

2～3日 供销合作社与新农村建设暨莒南经验高层论坛在临沂市举行。全国政协副主席、中华全国供销合作总社理事会主任白立忱出席论坛并讲话。山东省委书记、省人大常委会主任张高丽，省委副书记、省长韩寓群致信表示祝贺，省委副书记高新亭出席论坛并致辞。

3日 《人民日报》头版对济南市完善为民服务机制，化解群众关心的热点难点问题，从而赢得群众满意，促进社会和谐的先进经验进行了报道。

4日 省委副书记、省长韩寓群签发《山东省艾滋病防治办法》。

5日 省委副书记高新亭在济南就贯彻十六届六中全会精神，建设社会主义和谐社会进行调研。

5日 《人民日报》头版对山东实施新型农村合作医疗，有效解决农民看病难、看病贵问题的做法和经验进行了报道。

6日 省农业科技创新中心举行启动仪式。省委副书记高新亭出席。

7日 省委副书记高新亭在省教育系统调研。

8日 省委召开党员领导干部会议，传达学习中央经济工作会议精神，研究贯彻落实意见。

8日 2006年济南国际幽默艺术周开幕式在山东大厦举行。

8日 省委副书记、省长韩寓群主持召开第82次省政府常务会议，研究了2007年经济社会发展的初步意见，全省新型农村合作医疗工作，以及动支2006年第四批预备费事宜。

11日 省委书记、省人大常委会主任张高丽，省委副书记、省长韩寓群在济南分别会见日本驻华特命全权大使宫本雄二及夫人一行。省委常委、秘书长王敏等参加会见。

11日 省委副书记、省长韩寓群签发《山东省人民政府关于进一步做好农村综合改革工作的通知》。

12日 省委副书记、省长韩寓群在济南会见深圳证券交易所党委书记、理事长陈东征一行。陈东征一行此次来鲁，主要就山东中小企业上市工作进行专门调研。

12日 《人民日报》头版对青岛市在农村社会救助中实施"一户一策"帮扶工程的做法进行了报道。据报道，共有四千多个单位和个人参与结对帮扶，共帮助贫困户两万多个。

13 日 省政府召开座谈会，征求部分省人大代表、省政协委员和经济专家对全省经济社会发展的意见和建议。省委副书记、省长韩寓群主持会议并讲话。省委常委、常务副省长林廷生等参加座谈会。

13 日 省委副书记、省长韩寓群在济南会见韩国驻青岛总领事金善兴一行。

13 日 省委召开有关部门负责人会议。会议要求，各级各部门要深入贯彻落实党的十六届六中全会精神，按照构建和谐社会的要求，深入开展平安山东建设，确保全省大局持续和谐稳定。省委副书记高新亭出席会议。省委常委、政法委书记阎启俊主持会议。省委常委、秘书长王敏等出席会议。

14 日 省委召开党外人士座谈会，就 2007 年经济工作听取了省各民主党派、工商联领导人和无党派人士的意见和建议。

16 日 山东大学齐鲁医院门诊保健综合楼奠基仪式在济南举行。省委副书记、省长韩寓群出席奠基仪式。奠基仪式后，韩寓群省长还视察了齐鲁医院心血管病实验室。

18 日 省委副书记、省长韩寓群在济南会见东北亚地区地方政府联合会秘书长李海斗一行。

18～19 日 全省经济工作会议在济南召开。会议深入学习贯彻了党的十六届六中全会和中央经济工作会议精神，以科学发展观统领全局，认真分析形势，总结了 2006 年经济工作，部署了 2007 年经济工作。

19 日 省委副书记、省长韩寓群在济南会见由国土资源部副部长贠小苏为组长的国务院整顿和规范矿产资源开发秩序检查验收组一行。

19 日 山东与突尼斯苏斯省建立友好关系签字仪式在山东大厦举行。省委副书记、省长韩寓群会见了苏斯省省长塔伊布·拉古比，并共同出席了签字仪式。

19 日 《人民日报》头版对青岛市按照“政府引导，政策扶持，典型带动，农民自愿”的思路，积极引导农民兴办专业合作组织的做法和取得的成果进行了报道。

20 日 省委外事工作会议在济南召开。

20 日 山东黄河第二期标准化堤防建设工程正式开工。省委副书记、省长韩寓群出席仪式并宣布开工。

21 日 省纪委召开常委扩大会议，传达学习中央纪委领导重要指示，就进一步推进党风廉政建设提出要求。

21 日 省委副书记、省长韩寓群在省委副书记、济南市委书记姜大明等陪同下，带领省政府有关部门负责人在济南就社会救助体系建设问题进行调研。

21 日 总投资22.7亿元的杭州支路——鞍山路快速路实现主线通车，这是青岛市第二条投入使用的快速路。省委副书记、青岛市委书记杜世成出席通车仪式。

22 日 全省经贸工作会议在济南召开。会前，省委书记张高丽，省委副书记、省长韩寓群分别作出指示。

22 日 全省财税工作座谈会召开。省委副书记、省长韩寓群主持会议。会议要求全面贯彻落实科学发展观，深化财税体制改革，充分发挥好财政和税收的经济杠杆作用，努力促进全省经济社会又好又快发展

22 日 省委副书记、省长韩寓群签发《山东省人民政府关于落实〈山东省国民经济和社会发展第十一个五年计划规划〉主要目标和任务工作分工的通知》。

23 日 省委召开常委扩大会议，宣布中央关于对杜世成严重违纪问题立案检查的决定和有关人事任免决定，传达中央领导的重要指示，通报有关案件情况。经查，杜世成的行为已构成严重违犯党的纪律，经中共中央纪委研究并报中共中央批准，决定对杜世成的问题立案检查，免去其山东省委副书记、常委、委员和山东省青岛市委书记职务。中共中央批准阎启俊任山东省青岛市委书记。

24 日 青岛市委先后召开常委扩大会议和党员领导干部会议，宣布中央对杜世成严重违纪问题立案检查的决定，宣布中央关于免去杜世成山东省委副书记、常委、委员和青岛市委书记职务，批准阎启俊任青岛市委书记的决定，通报杜世成案件有关情况。

24 日 省委书记张高丽在青岛市调查研究。

24 日 省委副书记、省长韩寓群在青岛调研社区工作。

25 日 省委召开常委会议，深入学习中央有关决定，学习中央和中央纪委领导重要指示精神，总结经验教训，分析党风廉政建设形势，研究加强领导干部廉洁自律，全面推进反腐倡廉工作。

25 日 省委副书记、省长韩寓群在济南会见香港华润集团总经理宋林一行。

25 日 省委副书记、省长韩寓群主持召开第 83 次省政府常务会议，研究了 2007 年全省财政收支计划和省级预算安排意见、贯彻中央农村工作会议和第 12 次全国民政会议精神的意见、《山东省节能奖励暂行办法(送审稿)》和《山东省节能目标责任书考核办法(送审稿)》，以及《山东省海岸带规划》。

25 日 省工商联十届六次执委会在济南召开。省委副书记赵春兰出席会议并讲话。会议表彰了工商联系统和民营企业参与“民企帮村”推进社会主义新农村建设先进单位和个人。省工商联、省总工会、省劳动和社会保障厅联合表彰了全省就业与社会保障先进民营企业先进单位。会议期间，举行了旨在维护广大非公有制企业合法权益的省工商联维权服务中心成立揭牌和授牌仪式。

26 日 省委书记张高丽在济南会见中国华电集团公司党组书记、总经理曹培玺。省委常委、秘书长王敏等参加会见。

26 日 省政府与中国华电集团签署战略协议，双方将加强能源领域的节能环保合作，进一步促进资源节约型、环境友好型社会的建设。省委副书记、省长韩寓群，中国华电集团公司党组书记、总经理曹培玺出席协议签字仪式。协议签字前，韩寓群会见了曹培玺一行。

26 日 省委副书记、省长韩寓群主持召开第 84 次省政

府常务会议，讨论了2007年《政府工作报告（讨论稿）》，研究了第一批省级非物质文化遗产保护名录。

26日 山东省民防协会在济南正式成立。省委副书记、省长韩寓群致信祝贺。

26日 平安山东建设检查考核情况汇报会在济南召开。省委副书记高新亭出席并讲话。

27日 省委下发《关于进一步加强领导干部廉洁自律的通知》。要求：一要充分认识加强领导干部廉洁自律的重要性；二要进一步加强学习更加坚定理想信念；三要严格遵守领导干部廉洁自律各项规定；四要自觉接受党组织和人民群众的监督；五要严肃查处违反廉洁自律规定的行为；六要切实加强对领导干部廉洁自律的领导。

27日 省检察院召开“深入开展社会主义法治理念教育规范执法专项整改大检查”活动会议。

27日 全省油区工作表彰工作会议在济南召开。省委副书记高新亭等出席会议并为获奖的先进单位和先进个人颁奖。

27日 山东省2006年度教育创新人物（班主任）颁奖暨教师迎新晚会在山东剧院举行。省委副书记高新亭出席并为10名获奖教师颁奖。

28日 省委召开常委会议，传达学习中央农村工作会议精神，研究贯彻落实意见。

28日 省委、省政府在济南召开省直老干部情况通报会。

28～29日 全省统战工作会议在济南召开。

29～30日 省政协九届二十三次常委会议在济南召开。省委副书记、省长韩寓群作关于《政府工作报告》起草情况的说明，省政协主席孙淑义主持会议。。

29～30日 全省组织部长会议在济南召开。会议传达学习了全国组织部长会议精神，回顾总结了2006年主要工作情况，研究部署了2007年全省组织工作。省委书记张高丽就做好全省组织工作提出明确要求；省委常委、组织部长刘伟出席会议并讲话。

30日 省委副书记、省长韩寓群分别到省发展改革委员会、省政府外事办公室和省政府调研室调研，并向广大干部职工和离退休老同志表示节日慰问。省委常委、常务副省长林廷生等参加调研。

31日 省委下发《关于学习贯彻〈干部教育培训工作条例（试行）〉的实施意见》。

31日 省委印发《2006—2010年山东省干部教育培训规划》。

31日 省委书记张高丽在济南会见中国华能集团公司党组书记、总经理李小鹏。省委常委、秘书长王敏等参加会见。

31日 省委副书记、省长韩寓群主持召开省长办公会议，传达了省委书记张高丽关于当前社会稳定和安全生产工作的要求，并进行了专题部署。省委常委、常务副省长林廷生等参加会议。

31日 华能山东里能煤电有限公司揭牌仪式在济南举行，省委副书记、省长韩寓群，中国华能集团公司党组书记、总经理李小鹏为公司成立揭牌。同日，韩寓群会见了李小鹏一行。

31日 《人民日报》头版对山东调整优化投资结构取得的明显成效进行了报道。据报道，2006年，山东资源消耗类投资大幅下降，属国家重点调控行业的煤炭、钢铁、纺织、电力行业分别回落98、49、28、35个百分点；与此相对照，农业、高新技术企业、社会事业投资分别增长25%、30%和30%。这对比鲜明的“一降一增”，表明山东省调整优化投资结构，带动经济发展质量逐步提高，经济总体格局转型。

省委各部门及工青妇工作概况

省委办公厅工作概况

省委副秘书长、办公厅主任　李天军

2006年，省委办公厅在省委的坚强领导下，在省委秘书长的直接领导和指导下，坚持以邓小平理论和“三个代表”重要思想为指导，以科学发展观为统领，认真学习贯彻党的十六大和十六届三中、四中、五中、六中全会精神，围绕中心，服务大局，团结协作，开拓进取，在原有工作基础上，较好地完成了各项工作任务，自身建设迈出了新的步伐。

一、加强政务服务，当好参谋助手

2006年是实施“十一五”规划的开局之年。省委团结带领全省广大党员干部群众，积极推进社会主义经济建设、政治建设、文化建设、社会建设和党的建设，各项工作取得新的进展。省委办公厅紧紧围绕省委中心工作，出主意、当参谋，恪尽职守，扎实工作，积极为省委领导决策和决策落实提供服务。一是努力提高文稿服务质量。工作中强化精品意识，加强学习调研，吃透上情下情，准确领会、把握和体现领导意图，努力做到又好又快，文稿起草水平和服务质量不断提高。同时，积极做好随同省委领导同志考察、到基层调研、参加会议活动等文字起草和新闻稿审核工作。全年共起草各类文稿1510多篇，其中领导讲话397篇、省委文件和工作汇报237篇。二是着力搞好信息服务。围绕省委工作重点和领导关注的问题，加强信息调度反馈，及时总结推广各地在贯彻落实科学发展观过程中的创新做法，积极为省委领导了解情况、科学决策、指导工作搞好信息服务。认真做好向中办报送信息工作，全面反映山东经济建设、政治建设、文化建设和社会建设情况。及时做好紧急信息的收集和传报，为妥善处理问题赢得了时间、争取了主动。全年共编发各类信息786期，总文字量300多万字。三是积极搞好督促检查。以专项查办和决策督查为重点，完善批件办理制度和程序，加强实地复核，探索开展阶段性综合分析，抓好各类情况报告的综合上报。全年共办理中央和省委领导同志批示件1481件，其中省委主要领导同志批示件991件；向省委领导同志和中办报送《督查专报》、《山东督查专报》60期。四是切实加强调查研究。围绕落实科学发展观、构建社会主义和谐社会、节能降耗、自主创新、环境保护、发展第三产业、促进县域经济发展等省委中心工作，开展了大量调查研究，撰写了一批有分量的调研报告，为领导决策发挥了重要的参谋助手作用。五是高度重视做好维稳工作。充分发挥维稳办综合和指导作用，随时控制全省各个方面的情况和动态，协调组织有关地方和部门采取措施，化解了一大批可能影响社会稳定的矛盾和问题。协调督促有关部门制定防范和处置群体性事件的预案，全力做好重要和敏感时期维护社会稳定工作。中央维稳办对省委维稳办工作给予充分肯定和高度评价，并给予了奖励。

二、强化综合协调，促进高效运转

充分发挥综合协调作用，完善制度，严格要求，狠抓落实，确保省委日常工作规范、有序、高效运转。一是精心组织好省委重要会议和活动。去年中央领导同志来山东视察及召开的会议比较多，规格高、规模大、时间紧、任务重，全厅各处室团结协作，精心组织会议活动，全力做好服务工作，圆满完成了各项任务。全年组织省委重要会议140余次，协调安排省委常委公务活动320余次。二是精心搞好政务接待工作。强化接待工作“第一窗口”意识，整合现有接待资源，合理调配接待力量，着力提高接待工作水平。全年共接待来宾418批4600余人次。其中接待党和国家领导人73批948人次，为历年来最多；接待中央巡视组、督导组、考察组、调研组以及兄弟省区市党政考察团31批820余人次，均圆满完成了任务。三是精心做好文电制发和安全传递。健全完善公文制发、办理和管理工作规程，努力提高文电制发质量，实现了文件发行准确率、中央绝密级文件和省委主要领导同志亲启件清退率、17市和省直部门密级文件清退率“3个100%”。全年共处理各种来文2000余件，审核制发文电981件，登记送印中央、省委文件643件，收集整理各类档案4320件（份）。抓好机要交通文件的传递工作，做好为省委领导跟踪服务工作，实现了文件安全保密无缺失。全年共执行文件押运任务363次，押运、递送、经转、接收机密级以上文件16559件，没有发生压件、误件、漏件、错件的情况。四是精心抓好机要保密工作。围绕“确保密码绝对安全、确保密码通信绝对畅通”，扎实开展全省机要系统内部整顿工作，做好机要干部考察政审和密码保密检查，优质高效地完成各项密码业务工作。全年共收发电报9111份，办理69870份，未发生错办、漏办和压误电报的情况。扎实推进电子党务工作，成立了办公厅信息化建设领导小组和信息中心。加强保密教育和培训，积极开展面向社会层面的保密教育。规范保密要害部门管理，强化防范措施，加强对重要会议、重大活动、重点涉密场所的保密检查，没有发生大的泄密事件。

三、做好行政保卫老干部工作，提高服务和经营管理水平

重点抓了四个方面工作：一是着力提高后勤服务保障水平。做好省委重大会议的筹备和服务工作，精心安排食宿和车辆，圆满完成服务保障任务。搞好机关及宿舍区的维修、通信、伙食、车辆等方面的服务保障，组织实施了供暖方式的改革，加强水电管理，狠抓节能降耗，在后勤维修、办公用品采购等方面精打细算，节约型机关建设迈出新步伐。同时，高度重视改善机关工作生活条件。对机关大院和宿舍区进行绿化美化，完成机关大院东南楼、西南楼整修工程和蔬菜基地扩建工程，协调济南市煤气公司对煤气管道进行了改造，改善机关大楼卫生间的使用条件，对各宿舍的破损道路、供暖管网、供电线路等进行了维修改造，组织全厅干部职工进行了健康查体和流感疫苗接种。二是切实加强安全保卫工作。加强综合协调，狠抓措施落实，注意方式方法，省委门前秩序明显改观。严格执行人员、车辆、物品进出制度，严格落实安全工作责任制，强化宣传教育和培训，做好机关保卫工作。强化人防、物防和技防措施，加强安全隐患的排查整改，警卫工作周密细致，确保了安全无纰漏。三是热情周到地为老干部搞好服务。加强老干部支部建设，落实相关政治待遇。全年组织老干部外出参观考察240余人次，参加重大会议活动130余人次。定期组织健康查体，做好老同志的夏季疗养工作。协调济南市有关部门，解决老同志看病就医的交通问题。开展健康有益、丰富多彩的文体活动，举办了“省委办公厅首届老年健身运动会”。年底组织办公厅离退休干部进行满意度测评，满意率达100%。四是加强各企事业单位的经营管理。各企事业单位加强管理，完善制度，改进服务，开拓进取，经营管理水平和经济效益不断提高。

四、深入开展处室建设，不断增强机关活力

为搞好机关自身建设，进一步增强机关活力，按照省委“抓基层、抓基础、抓队伍”的指示精神，去年3月29日至4月5日，分动员学习、专题讲座、总结提高三个阶段，在全厅集中开展了以打造综合素质好、工作绩效好、团队精神好、运行机制好、各方面反映好的“五好处室”为主要目标的处室建设活动。明确提出了要充分发挥处室承上启下、参谋助手、综合协调、培育人才、系统指导“五大作用”，重点搞好思想政治建设、业务建设、制度建设、作风建设、党的先进性建设、文化建设“六项建设”，建立完善目标管理、调度通报、评先选优、轮岗锻炼、学习培训、组织协调“六项机制”。通过开展处室建设活动，有效促进了机关自身建设的制度化、规范化，机关面貌呈现出新气象。经中央办公厅领导同志同意，中办秘书局《业务通讯》〔2006〕16号向各省区市及中直部门印发了《山东省委办公厅大力加强处室建设》一文，全面介绍了我厅开展处室建设活动的主要做法。张高丽书记对此作出重要批示，要求转发各市县和省直各部门学习借鉴。省直机关工委对我厅处室建设取得的成果在《机关党讯》上作了刊登，并授予全省“机关党建工作创新奖”。这项活动在全省和省直部门产生了积极影响。围绕深入开展处室建设，着力抓了以下几项工作：

（一）加强思想政治建设，坚定政治立场和理想信念 一是注重加强理论学习。组织全厅深入学习以胡锦涛同志为总书记的党中央提出的树立和落实科学发展观、构建社会主义和谐社会、加强党的执政能力建设和先进性建设等重大战略思想，用马克思主义中国化的最新成果武装头脑，自觉在思想上、政治上、行动上同党中央保持高度一致。二是注重加强对中央和省委重大决策部署的传达学习。每次省委的重要会议结束后，我们都结合办公厅的实际，提出具体贯彻意见，使大家及时了解大局，准确把握大局，全力服务大局，努力维护大局。三是注重把加强思想政治工作与解决好干部职工的实际困难相结合。

（二）加强业务建设，努力提高岗位工作技能 按照建设学习型机关的要求，采取多种形式组织大家学习业务知识和技能，着力提高文字写作能力、协调办事能力和把握业务工作规律的能力，努力造就学习型、知识型、创新型的干部群体。选送了18名厅处级干部参加省委组织部、省委党校的学习培训，组织处（室）主要负责人和各市委秘书长、主任分两批4路赴8个省（自治区）学习考察。为办公厅处以上干部发放全国干部培训教材。部分处室结合各自的工作实际，举办公文写作培训班、岗位练兵、技术比武等丰富多彩的技能培训活动，大大提高了干部职工的综合素质和业

务能力。

(三)加强干部队伍建设,增强党组织的凝聚力战斗力 一是自觉加强领导班子建设。坚持民主集中制,进一步完善了议事规则和决策程序,努力做到科学决策、民主决策。在广泛征求意见的基础上,召开民主生活会,开展批评和自我批评,认真研究解决干部职工关心的热点、难点问题。二是扎实做好干部工作。严格依照规定和程序要求,做好干部的选拔、调配、考察、考核、任免工作。提拔交流厅级干部6名,处级干部25名,提拔科级干部16名,调入公务员14名,接受军转干部2名,新录用公务员2名。做好公务员登记、所属事业单位改革和专业技术人员职称评聘工作,完成了本年度厅机关事业单位法人登记和劳动年检工作。三是切实抓好机关党的建设。调整充实了机关党建工作领导小组,对44个到期届满或主要负责同志调整的支部进行了换届;依托工青妇群团组织,吸收近150名干部职工组建了7个文体队组,丰富了机关业余文化生活。精心组织开展争创"五个好"活动,注重做好结合文章,全面提高争创活动质量。机关工会、共青团、妇女组织积极开展各类文体活动,活跃了职工文化生活,推进了全厅精神文明建设。

(四)加强作风建设,营造团结和谐、务实清廉的浓厚氛围 着力抓好处室领导班子和处室同志之间的团结,大事讲原则,小事讲风格,相互信任,坦诚相见,团结协作,密切配合,努力营造和谐、融洽、健康向上的人际关系。加强社会主义荣辱观教育,积极开展以"知荣辱、倡廉政、促工作、树新风"为主题的"五个一"教育活动,即召开一次座谈会,举行一次演讲比赛,参观一次济南战役纪念馆,搞一次征文活动,发一本革命英雄人物事迹选编。开展了"戒满、戒惰、戒粗、戒浮"活动,大力倡导永不自满、积极进取的作风,好学上进、勤奋努力的作风,严谨细致、虑事缜密的作风,埋头苦干、脚踏实地的作风。认真学习贯彻中纪委六次全会和省纪委七次全会精神,制定了《党风廉政建设和反腐败工作实施意见》。切实搞好廉政教育,开展"勤政廉政、科学发展"主题教育活动,组织观看了《忏悔录》、《居安思危——苏共亡党的历史教训》等警示教育录像。加强内部管理,严格工作程序,在用人、用工、办事、服务等方面都坚持做到公开、透明,努力从制度上预防问题的发生。全厅没有发生违法违纪和在社会上造成不良影响的事件。

2006年,办公厅各项工作都取得了显著成绩,涌现出一大批先进集体和先进个人。省委领导同志对我们的工作给了充分肯定,有关方面也给予我们许多好的评价。省委办公厅连续四年被评为"省级文明机关",被授予"省直部门决算先进单位"、"省直人防工作先进单位",被评为"全国'四五'保密普法教育先进单位"。机关党委被评为"省直机关宣传工作先进单位",省保密办被国家保密局评为全国保密工作先进集体,机要交通处被中办机要交通局连续第五年授予"全国机要交通业务质量优胜单位"称号,老干部处被评为全省老干部调研工作先进单位,山东大厦获省直机关"劳动关系和谐企业"光荣称号,省委机关幼儿园继续保持了"省级文明单位"、"省级青年文明号"荣誉称号,机关文印中心、机关第二幼儿园通过了"省直文明单位"复查,山东大厦被确定为"白金五星级酒店"试点单位,档案室被评为"省特级档案综合管理先进单位"。还有部分单位和个人荣获国家或省级荣誉称号。

附:省委办公厅领导成员名单

主　　任:李天军

副 主 任:王治水　王春虹　王守涛　孙振华　李德臣

机要局局长:于　江

保密局局长:张文杰

副 巡 视 员:扈光礼　任培金　贺奎忠　郭　芬　周　勇　贾景林　陈保亚

全省组织工作概况

省委常委、组织部部长　刘　伟

2006年,在中央、中组部和省委的坚强领导下,全省各级组织部门坚持以邓小平理论和"三个代表"重要思想为指导,全面落实科学发展观,深入学习贯彻党的十六大和十六届三中、四中、五中、六中全会精神,深入学习贯彻以胡锦涛同志为总书记的党中央提出的一系列重大战略思想,按照加强党的执政能力建设和先进性建设的要求,紧紧围绕中央、中组部和省委、省政府的重大决策部署,进一步解放思想,开拓创新,求真务实,狠抓落实,各项工作取得新的进展。

一、以胡锦涛总书记视察山东重要讲话为统领,深入扎实地开展保持共产党员先进性教育活动

按照中央、省委部署,组织农村和承担先进性教育活动组织指导任务的部分党政机关,共8.3万个基层党组织、230万名党员开展第三批先进性教育活动。工作中,坚持以胡锦涛总书记视察山东重要讲话为统领,以建设群众满意工程为目标,突出建设社会主义新农村这个主题,突出学习实践"三个代表"重要思想这条主线,突出落实科学发展观、构建社会

主义和谐社会这个根本,突出取得实效这个关键,突出建立长效机制这个保证,认真扎实地抓好每个阶段、每个环节、每个步骤的工作,全省第三批先进性教育活动取得了明显成效。7月7日,胡锦涛总书记在省委《关于寿光市保持共产党员先进性教育活动的总结报告》上作出重要批示,指出"寿光市先进性教育活动开展得认真扎实、成效显著、群众满意",对我省先进性教育活动给予充分肯定。

一是加强政策和具体指导。制定下发第三批教育活动实施意见和学习动员、分析评议、整改提高阶段实施方案,进一步健全完善督导制度、联系点等制度。每个阶段及时召开会议,总结交流经验,分析存在问题,研究部署任务,第三批教育活动取得丰硕成果。

二是认真解决涉及农民群众切身利益的突出问题。省直63个涉农部门和单位,列出为农村农民要解决的175项任务,实行省、市、县、乡、村五级联动,上下结合解决了一大批涉及农民增收、落实土地承包政策、减轻农民负担、土地征用、房屋拆迁、失地农民补偿、劳动力转移、医疗保险和劳动保障、弱势群体救助、改进基层干部作风等十个方面的问题,受到农民群众的欢迎。

三是切实抓好长效机制建设。召开全省先进性长效机制建设研讨会,对在全省推进先进性长效机制建设作出安排部署。认真总结先进性教育活动的成功经验和有效做法,起草下发《深化农村党的建设"三级联创"活动,推进社会主义新农村建设的意见》、《调整和完善农村基层党组织设置的意见》、《创建基层党建工作示范点的意见》、《规范和完善基层党组织和党员公开承诺制度的意见》、《规范和完善无职党员"设岗定责"的意见》、《关于做好对不履行党员义务、不具备党员条件党员教育转化和不合格党员处置工作的意见》等长效机制文件。同时,指导各地抓好长效机制建设。

四是加强党的先进性建设理论研究。组织开展"保持共产党员先进性教育活动与加强党的先进性建设"征文活动,在省级刊物刊发理论研讨文章70多篇。召开党的先进性建设理论研讨会,编辑出版《建设群众满意工程》,集中反映我省先进性教育活动取得的丰硕成果。在全国先进性教育活动理论研讨会上,山东省委、寿光市委作了大会发言。

组织全省党员群众175万人进行全省先进性教育活动群众满意度测评,满意率达99.35%,整个先进性教育活动达到了提高党员素质、加强基层组织、服务人民群众、促进各项工作的预期目标。

二、以地方党委换届为契机,大力加强领导班子和干部队伍建设

根据中央、中组部和省委的统一部署,从下半年开始,认真组织实施市县乡党委换届。工作中,坚持干部队伍"四化"方针和德才兼备原则,严格按照《干部任用条例》和换届政策规定办事,严肃组织人事纪律,坚持用科学发展观看干部,以群众公认选干部,凭正确政绩用干部,真正把那些政治坚定、能力突出、作风过硬、群众信任、善于领导科学发展的优秀干部选拔进各级领导班子。一是运用体现科学发展观要求的综合考核评价办法进行换届考察。认真贯彻中组部《体现科学发展观要求的地方党政领导班子和领导干部综合考核评价试行办法》和省委实施意见,采用民意调查、实绩分析、综合评价等方法和手段,认真落实党员群众对干部选拔任用的知情权、参与权、选择权和监督权,全面深入地了解干部的德才表现和工作实绩。坚持把落实科学发展观的实际成效作为衡量干部政绩的根本标准,作为评价、选拔、使用干部的基本依据,树立正确的用人导向。二是积极推进领导班子配备改革。严格按照中央、省委关于领导班子配备改革的政策规定开展换届工作,市县乡党委班子职数得到精简,领导班子结构得到优化,整体功能进一步增强。一批综合素质好、领导经验丰富、驾驭能力强、实绩突出的优秀干部担任了市县党政正职。采取提拔、转任、交流、改任常委(委员)等多种渠道,妥善安排市县乡党委副书记。积极扩大市县乡党政领导班子成员交叉任职,除政府正职外,各市县委常委与政府副职均交叉任职2名。大力选拔使用优秀年轻干部,优化专业知识结构。省委批复的市委换届人事安排方案中,每个班子45岁以下的干部有3名,40岁左右的至少有1名。同时,注意合理使用其他年龄段的优秀干部。在选拔使用女干部、非党干部方面也取得新的进展。三是大力推进干部交流。把推进干部交流作为合理配置人才资源、优化班子结构、促进干部健康成长、推动区域经济协调发展的重要措施来抓。按照中央和省委要求,交流的重点是主要领导干部、关键岗位干部、有培养前途的优秀年轻干部以及因工作需要交流的干部。市委领导班子成员在同一职位上任职满10年的、在同一市党政班子担任同一层次领导职务满10年的,均实现了交流任职。为促进全省区域经济协调发展,从17个市各选拔1名45岁以下的优秀干部跨市交流担任县(市、区)委书记。同时,按照任职回避的要求,全省市县党政正职、纪委书记、组织部长、"法检"两长、公安局长全部实现了任职回避。四是努力营造风清气正的换届环境。加强思想政治工作,严肃换届纪律,坚持正确的用人导向,营造了风清气正的换届环境,保证了换届工作健康顺利进行。

切实加大干部监督工作力度。为保证地方党委换届工作顺利进行,进一步加强对干部选拔任用工作和领导干部的监督,派出督查组对各市党委换届工作进行了专项检查。继续开展对《党内监督条例》、《干部任用条例》等有关法规执行情况的监督检查。认真做好"12380"举报电话的受理工作,严肃查处涉及选人用人、违反组织人事纪律的案件。今年以来,全省共受理举报1694件,涉及选人用人、违反组织人事纪律的565件,对有关问题进行了认真查处。会同省纪委对3个市、7个省直单位进行了巡视。

进一步加强干部教育培训工作。切实抓好《干部教育培训工作条例(试行)》的贯彻落实,召开全省干部教育工作会议作出部署。在充分调查研究的基础上,研究制定了具

体贯彻实施意见，以省委文件印发。结合全省“十一五”经济社会发展的总体规划和全省干部队伍建设的实际，紧贴省委的中心任务和重点工作，制定下发《全省“十一五”干部教育培训规划》，在培训规模、培训形式、培训效果上，作出新的规划安排。继续落实大规模培训干部的要求，分期分批对党员干部进行轮训，教育引导党员干部特别是领导干部坚持用马克思主义中国化的最新理论成果武装头脑、指导实践、推动工作。全省共培训干部53.7万人次，其中，完成中组部调训任务399人次；轮训县处级以上干部74270人次，厅局级干部2258人次。到2006年底，已完成五年培训任务的81.6%。同时，认真抓好出国培训、专题培训和新任市厅级领导干部培训。

三、以《公务员法》的组织实施和落实中央一系列法规文件为重点，不断深化干部人事制度改革

认真做好《公务员法》的组织实施工作。召开全省实施《公务员法》工作会议，深入贯彻全国会议精神，对全省实施《公务员法》工作进行动员部署。积极稳妥地做好公务员的登记、职务和级别确定、非领导职务设置和参照管理等入轨工作，确保《公务员法》的顺利实施。

细化完善干部综合考核指标体系。按照“三个体系”建设要求，结合实际制定《关于建立和完善党政领导班子和领导干部综合考核评价体系的意见》，将综合考核指标体系分为经济建设、政治建设、文化建设、社会建设和党的建设5个部分、30项细化指标，进一步引导、规范领导班子和领导干部的施政行为，提高科学发展、和谐发展、率先发展的能力和水平。

切实抓好干部人事制度改革各项措施的落实。认真学习中组部贯彻落实《党政领导干部职务任期暂行规定》等五个法规文件视频会议精神，制定下发《关于认真学习贯彻〈党政领导干部职务任期暂行规定〉等三个法规文件的通知》，对法规文件的学习贯彻提出具体意见。把贯彻执行这批法规文件，与贯彻落实《干部任用条例》、《公务员法》和“5+1”法规性文件结合起来，对已有的制度进行一次认真梳理，对各地、各单位执行干部人事工作法规文件的情况进行检查。同时，在部分单位进行干部选拔任用工作记实制度试点工作。

四、以高层次和高技能人才队伍建设为突破口，大力加强人才工作

制定全省“十一五”人才队伍建设总体思路。根据省委、省政府确定的“十一五”时期经济和社会发展战略目标及建设重点，对人才工作进行科学分析和预测，制定印发《山东省“十一五”人才队伍建设总体思路及实施意见》，明确了“十一五”时期我省人才工作的目标任务和工作思路，提出了人才队伍建设的“五大任务”、“六条措施”和“七项人才工程”。

扎实推进高层次人才队伍建设。把“泰山学者”建设工程作为培养、吸引、使用高层次人才的总抓手和突破口，会同有关部门从140名国内外知名专家中遴选确定了企业院所领域首批18名泰山学者特聘专家。进一步扩大设置领域，在高校和企业院所领域设置了第二批59个泰山学者岗位，面向海内外公开招聘泰山学者特聘教授(专家)。围绕提高自主创新能力，大力加强创新团队建设，制定了《关于推进创新团队建设的意见》。认真落实领导干部及组织部门联系专家制度，省委、省政府领导和省委组织部联系专家、学者218人。

不断加强高技能人才工作。认真落实首席技师制度，选拔表彰了首批100名山东省首席技师。深入开展争当“首席技师”活动，全省17市、70%以上的省属企业、50%以上的县(市、区)均建立了首席技师制度。

五、以扩大覆盖面、增强凝聚力为着力点，整体推进基层党组织建设和党员队伍建设

紧紧围绕社会主义新农村建设的要求，认真抓好省委《深化农村党的建设“三级联创”活动推进社会主义新农村建设的意见》的贯彻落实，指导各地深入开展“三级联创”活动。全省“五个好”乡镇党委和村党组织比例分别达到61%和55.4%。认真总结推广寿光产业建支部的经验，制定下发《关于进一步调整和完善农村基层党组织设置的意见》，积极创新基层党组织的设置方式。下气力抓好村级组织活动场所建设工作。省财政下拨4978万元专项资金，省管党费拿出1000万元，补助全省村级组织活动场所建设。全省各级投入5.4亿元财政和党费资金，解决村级组织活动场所2257处，在建的3238处。

扎实推进国有企业、街道社区、学校、新经济社会组织等领域党的建设，不断扩大党的组织覆盖和工作覆盖。在国有企业，认真落实国有企业党建工作责任制，大力推行国有企业领导人员“双向进入、交叉任职”制度，公司制企业交叉任职比例达到80%。在城市社区，以关怀服务群众为重点，完善社区党建工作领导体制和工作运行机制，提高社区工作者素质，深入开展创建“党建工作示范社区、社区党员示范岗”活动，推广了社区党员“网格化”管理办法。同时，继续抓好新经济社会组织组建党组织工作。全省2.4万家非公有制企业建立了党组织，具备建党组织条件的企业党组织组建率达到98.8%。同时，不断推进机关、党校等党的建设。

以永葆共产党员先进性为目标，大力加强党员队伍建设。结合健全落实保持共产党员先进性长效机制，总结推广了在农村无职党员中开展“设岗评星”的经验做法，在各行业、各领域无职党员中大力推行无职党员“设岗定责”和党员公开承诺制度。召开全省为民服务代理制现场会，总结推广为民服务全程代理制的做法，在全省建立了覆盖县乡村的为民服务代理工作网络。认真做好关心老党员、老

红军的工作。2006年,各级用于老党员补贴资金达1.2亿元。认真做好发展党员工作,总结推广集中公开推荐入党积极分子的经验做法,指导各地大力加强入党积极分子队伍建设,提高新党员的质量。2006年,全省发展党员15.5万名。

坚持建管学用并举,扎实做好党员干部现代远程教育工作。全面完成了全省城市街道、社区(居委会)终端站点建设任务,积极推进终端接收站点“上网直通车”工程,全省站点上网率达到85%以上,初步形成了功能比较完备、“天地网合一”的网络体系。积极开发教学资源,策划制作了《阳光政策进农家》、《放眼新农村》、《齐鲁红色游》等一大批富有山东特色的系列节目,组织发行了3000余套系列教材。加强管理员队伍建设,开展“规范化站点建设”活动,远程教育工作的制度化、规范化水平和使用效果都得到进一步提高。全省通过远程教育网络培训农村党员干部和农民群众达亿人次,有效发挥了远程教育网络培训主渠道的作用。

六、以服务大局、促进工作为出发点,深入开展调查研究和对外宣传工作

围绕党的建设和组织工作中的热点、难点问题,研究确定2006年度全省组织系统重点调研课题10个。进一步改进调研方式,对重大调研项目,组织省、市、县三级进行集中攻关,力求搞深、搞透、搞扎实,形成了一批有价值的调研成果。完成了中组部《全面落实科学发展观对党的组织工作提出的新要求》重点调研课题并获奖。重视做好成果转化工作,努力使调研成果对实际工作产生积极促进作用。进一步加强组织工作的对外宣传,在中央和省级新闻媒体发表了一批新闻稿件和理论文章,及时宣传全省在党的建设和理论研究方面的成果。

七、以公道正派和能力建设为核心内容,坚持不懈地抓好组织部门自身建设

按照“标准更高、要求更严、效果更好”的要求,以“坚持公道正派,加强能力建设,永葆共产党员先进性”主题实践活动为载体,在全省组织系统扎实开展了先进性教育活动。切实加强领导班子自身建设,严格执行民主集中制的各项制度规定,不断增进领导班子的团结和活力。结合巩固和扩大先进性教育活动成果,以学习先进典型为抓手,深入开展“学先进、创一流、永葆共产党员先进性”主题实践活动。省党员干部远程教育中心、干部培训中心正式启用。围绕提高组工干部政治鉴别、政策运用、知人善任、组工业务和拒腐防变“五种能力”,切实抓好组工干部的教育培训和实践锻炼,组工干部队伍整体素质有了新的提高。

附:省委组织部领导成员名单

部　　长:刘　伟

常务副部长:刘玉功

副　部　长:董国勋　贺可存　于　刚(女)　焦连合　孙述涛　厉彦林

副 巡 视 员:胡文容　刘维寅

全省宣传思想工作概况

省委宣传部部长　李　群

2006年,全省宣传思想战线在省委的领导下,高举邓小平理论和“三个代表”重要思想伟大旗帜,全面贯彻党的十六大和十六届三中、四中、五中、六中全会精神,认真落实科学发展观,围绕中心、服务大局,牢牢把握正确导向,各项工作取得新的进展,为实现“十一五”时期的良好开局、促进经济社会又好又快发展作出了新的贡献。

一、深入推进理论武装工作

组织党员干部群众认真学习《江泽民文选》,认真学习十六大以来党中央提出的科学发展观、构建社会主义和谐社会等一系列重大战略思想。组织举办省委理论学习中心组读书会,认真抓好党委中心组学习制度建设,广泛开展理论宣讲、党课集中教育和“三进”工作。推进马克思主义理论研究和建设工程,抓好社科规划课题申报和管理,组织开展重大课题研究,推出了一批研究成果。组织开展“社会科学普及周”、“齐鲁讲坛”、理论下基层等多种形式的理论普及活动,推动马克思主义中国化的最新成果深入人心。

二、牢牢把握正确舆论导向

紧紧围绕中央和省委重大决策部署,做大做强正面宣传,精心组织开展了落实科学发展观、构建社会主义和谐社会、建设社会主义新农村、落实中央宏观调控政策、发展县域经济、节能降耗、保护环境、自主创新、加强党的先进性建设以及学习贯彻党的十六届六中全会、省八届十三次全委会议精神等重大主题宣传,充分反映我省贯彻落实科学发展观的新进展新成效,为促进经济社会又好又快发展营造了浓厚氛围。加强新闻出版管理,认真把握好敏感时期、突发事件的舆论引导,有力地维护了社会稳定。加强互联网管理和引导,强化评论引导和日常监管,及时有效地引导了网上舆论。

三、切实加强思想道德建设

深入开展社会主义荣辱观教育实践活动,积极推进和谐文化建设,形成知荣辱、讲正气、促和谐的社会风尚。深化公民道德建设工程,我省未成年人思想道德建设工作得到中央督查组的充分肯定。加强和改进典型宣传,推出王乐义、孙永胜、周正等一批全国先进典型,王乐义被中宣部确定为全国重大先进典型。精心组织纪念建党85周年、红军长征胜利70周年的宣传教育,开展"回顾'十五'辉煌成就、展望'十一五'美好前景"、"全面落实科学发展观,努力构建社会主义和谐社会"宣传教育活动。组织评选第三届全省思想政治工作创新奖,承办第三届中国企业文化论坛,深化"五重一创"活动,培育树立了一批企业文化建设示范单位。推进"诚信山东"建设,深入开展"百城万店无假货"活动,推出了一批示范街和示范店。

四、扎实推动"文明山东"建设

制定《山东省"十一五"期间社会主义精神文明建设规划》,建立"文明山东"建设测评指标体系,推进"文明山东"建设"十大行动"的落实。"文明山东"建设经验得到中央领导的充分肯定,在全国进行了集中宣传。以文明城市创建为龙头,广泛开展群众性精神文明创建活动,组织评选省级文明单位、文明机关、文明村镇,推出了文明示范街、文明一条街、城市交通"三让"等精神文明建设品牌。加强社会主义新农村精神文明建设,扎实开展文明村镇、文明生态村、文明户创评活动,总结推出一批统筹城乡精神文明建设的典型经验。

五、大力繁荣发展文化事业

繁荣文学艺术创作,制定重点文艺作品创作生产规划,推出了一批有影响的文艺精品,抓好电视连续剧《闯关东》和《乐意为人》的创作拍摄,儿童剧《宝贝儿》被评为国家舞台艺术十大精品剧目。举办庆祝建党85周年系列文化活动,深入开展文化科技卫生"三下乡",组织全省庄户剧团调演、广场文化活动优秀节目展演、"万场电影下乡进社区"等活动。围绕构建公共文化服务体系,规划建设了一批关系群众切身利益的文化设施项目,加快省博物馆新馆建设进度。进一步加强农村文化建设,开展"农村书屋"主题活动,扶持群众业余文艺创作出版和演出,推动农村文化繁荣。加大"扫黄打非"力度,加强文化市场管理,有效净化了城乡社会文化环境。

六、加快文化产业改革发展

制定下发《山东省深化文化体制改革工作实施方案》,研究起草相关改革配套政策,探索建立文化产业统计指标体系,制定发布了《山东省社会资本投资文化产业指导目录》。成功举办首届山东(国际)文化产业博览会,举办文艺演出、高层论坛、艺术展出等80多项重点活动,参观展览和参加各项活动的总人数达96.5万人次,签约197个文化项目,合同投资总额316亿元。建立"山东省文化产业项目数据库",征集1600多个文化产业招商项目。采取市场化运作,成功打造了中国戏曲服饰意象艺术展演"大羽华裳"。整合省直和济南市的文化资源,举办"泉城大舞台"系列演出活动,进一步活跃了演艺市场。

七、扩大对外宣传和文化交流

围绕省委、省政府中心工作,充分利用中央外宣媒体、海外媒体和山东外宣期刊,加大对外新闻宣传力度,积极输出山东声音,进一步树立山东改革发展的良好形象。成功举办"中国网络媒体山东行"大型网络采访活动,精心策划组织了重大文化经贸活动的集中宣传,积极推进新闻发布工作,抓好外宣品规划制作和对外发行工作,进一步扩大对外文化交流,对外赠送孔子铜像,积极推动齐鲁文化走向世界。

八、加强调研和舆情信息工作

完善调研和舆情信息网络,健全工作机构和队伍,组织落实科学发展观、构建社会主义和谐社会、社会主义先进文化建设、文化产业发展等重大课题调研,推出一批有深度、有价值的调研成果。认真做好舆情信息汇集报送工作,加强专题性、综合性、针对性舆情分析,为领导决策和工作大局服务。

九、建设高素质的干部队伍

扎实开展保持共产党员先进性教育活动,在圆满完成集中教育阶段工作任务基础上,制定完善了机关建设有关规章制度,巩固和扩大先进性教育整改成果。加强党风廉政建设,建设和谐机关。继续抓好"四个一批"人才培养工作,举办"三项学习教育"培训班、理论骨干和基层党校校长培训班。完善宣传思想工作"三个体系",落实工作责任,加强日常督查,推动各项工作任务落到实处。

附:省委宣传部领导成员名单

部　　长:王　敏(2006年10月离职)
禹荣竹(2006年10月任职,2007年2月离职)
李　群(2007年2月任职)

常务副部长:姜铁军

副　部　长:王凤胜(兼省文联主席)
徐向红　张全新　刘宝莅
高玉清　刘保聚

副巡视员:聂宏刚

省文明办主任:姜铁军(兼)

专职副主任:王红勇

省委外宣办主任:黄泽存

省互联网信息研究中心主任：李建军
省委讲师团团长：张全新（兼）

全省统战工作概况

省政协副主席、省委统战部部长　齐乃贵

2006年，在省委的正确领导下，全省统战工作坚持以邓小平理论和"三个代表"重要思想为指导，全面落实科学发展观，深入贯彻党的十六大及十六大以来历次中央全会精神，认真学习全国统战工作会议精神，坚持围绕中心，服务大局，统一战线各个领域的工作都取得新的进展，多项工作走在全国前列，为全面建设小康社会、建设"大而强、富而美"的社会主义新山东做出了积极的贡献。

一、认真学习贯彻全国统战工作会议精神

全国统战工作会议结束后，把贯彻落实会议精神作为大事，行动快，力度大，取得了良好的效果。一是省委高度重视。省委对学习贯彻会议精神非常重视，张高丽同志对贯彻落实会议精神提出了明确要求，省委常委会研究了贯彻落实意见。二是在全省统战系统迅速掀起学习贯彻全国统战工作会议精神的热潮。为更好地贯彻落实会议精神，在全国率先邀请中央统战部陈喜庆副部长和研究室有关领导同志分别来我省作了专题辅导报告，受到了中央统战部的充分肯定。在8月初召开的全省统战工作会议上，对学习贯彻会议精神进行了集中部署。通过分层次召开会议和举办培训班、学习班等方式，集中抓好学习。为加大宣传力度，编写了《新世纪新阶段统一战线知识简明读本》，组织开展了全省统一战线知识竞赛，45万余人参加了答题活动，收到了良好效果。各级统战部门也都制定了详细的学习计划，密切结合统一战线各个领域的实际，通过举办培训班、学习班、邀请上级有关部门领导辅导讲课等形式，进一步加强了会议精神的学习培训。三是深入开展专题调研。9至10月，省委统战部组成三个调研组，分别由部领导带队，深入到17个市和部分企业、高校，就上次全省统战工作会议以来的统战工作情况进行了深入调研，认真总结了进入新世纪6年来，我省统战工作取得的新成绩、新经验、新做法，就统一战线工作中出现的新情况、新问题进行了深入的研讨。四是召开了全省统战工作会议。经过精心筹备，于12月28日至29日召开了全省统战工作会议，张高丽同志作了重要讲话，赵春兰同志主持了会议，在济南的省委常委全部出席了会议；研究制定了我省贯彻落实《中共中央关于巩固和壮大新世纪新阶段统一战线的意见》的实施意见。与省人事厅共同对全省统战系统先进集体和先进个人进行了隆重表彰，这在我省统一战线历史上还是第一次。

二、认真贯彻落实中央[2005]、[2006]两个5号文件精神，多党合作事业不断推进

一是认真抓好文件的贯彻落实。代省委办公厅、省政府办公厅起草了《关于印发〈省直有关部门贯彻落实鲁发[2005]33号文件重要举措分工方案〉的通知》，并狠抓落实。进一步建立健全了广交深交党外朋友、民主党派与政府有关部门对口联系、邀请民主党派参加重要内外事活动、民主党派考察调研、意见信息专报、特约人员工作及谈心等七项制度，进一步疏通了民主党派参政议政和民主监督的渠道。认真落实民主协商会、通报会、双月恳谈会等制度。全年以省委名义召开协商会、座谈会、情况通报会等共12次，其中张高丽书记、韩寓群省长主持参加的7次。加强民主党派工商联领导班子建设。会同省委组织部，首次对民主党派工商联省级机关23名厅级干部进行了年度考察，进一步调动了大家的积极性。举办了省各民主党派工商联负责人暑休研讨活动、民主党派市级组织领导干部培训班和民主党派中青年骨干培训班，组织省各民主党派驻会负责同志分两批赴省外和国外学习考察。协助各民主党派加强基层组织建设。与各民主党派共同召开了全省民主党派基层组织建设经验交流会，对70个先进集体和52名先进个人进行了表彰。二是积极做好换届的各项准备工作。认真学习贯彻中央和省委关于换届工作的文件精神，在对省级领导班子人选进退留情况进行认真分析预测的基础上，代省委起草了关于协助各民主党派省委和省工商联做好2007年换届工作的意见，研究制定了换届工作方案，召开了全省民主党派工作会议和工商联工作会议。加强对各民主党派市级组织换届工作的指导，对7个市新进的12名主委人选进行了考察。积极协助各民主党派省级组织做好换届前期准备工作，先后到9个市和4所高校进行了调研，广泛听取各方面的意见，并利用各民主党派召开主委会之机，就新任主委人选进行了民主推荐。指导各市建立了非公有制经济代表人士综合评价体系，为做好换届工作奠定了坚实基础。三是党外干部工作取得新成效。17个市政府领导班子全部配备了党外领导干部、140个县（市、区）政府领导班子中有131个配备了党外领导干部；41个省政府部门配备了20名党外领导干部，达到49%。结合2008年各级人大、政府、政协换届，对各级各部门党外干部安排情况进行了统计摸底，建立了全省处以上党外干部电子档案，完善了党外人物数据库，为换届工作储备了一批高素质人选。建立并实施了党外领导干部述职制度，56名厅级党外干部进行了述职述

廉,受到中央统战部的充分肯定和党外领导干部的一致好评。四是努力为党外人士解决实际问题。去年11月,新的民主党派办公大楼举行奠基仪式,顺利开工。为党外人士申请华夏英才基金8万多元。

三、围绕构建社会主义和谐社会和建设社会主义新农村,积极做好为经济建设服务工作

一是组织统一战线广大成员深入学习十六届六中全会精神和中央、省委的一系列重要文件,准确把握统一战线为构建和谐社会和新农村建设服务的着力点,发挥自身优势,积极建言献策。全国、全省"两会"期间,各民主党派、工商联和无党派人士共提交提案500多件,不少提案和建议受到中央和省委领导的重视,进入省委、省政府的决策。民主党派社会服务和"三引进"工作成效显著,捐资扶贫工作取得新的进展。据不完全统计,各民主党派共引进资金约30亿元,捐资4000多万元,安置下岗职工2万余人。二是深入开展为建设社会主义新农村服务活动。各级统战部门深入开展了为新农村建设服务活动。省工商联率先在会员企业中开展了"民企帮村"活动,召开了经验交流会,研究制定了"民企帮村"五年规划纲要。截止到2006年底,全省已有6900家民营企业帮扶3300个村庄,其中结成帮扶对子1952个,带动当地农民增收35.7亿元;实施帮扶项目689个,总投资7.7亿元,产生了良好的经济效益和社会效益。三是光彩事业和招商引资工作全面发展。召开了省光彩会一届二次理事会,对我省光彩事业有突出贡献的20个先进集体和50名企业家受到表彰。协助省工商联及时召开帮扶宁津座谈会,向全国各省市工商联推介了宁津的项目,组织引导省内会员企业到宁津考察投资项目,动员民营企业家捐款100万元,改建了5所希望小学,达成了2个投资意向,投资额近6亿元。经积极争取,向中国光彩会申请"光彩教育资助"名额24个,24名贫困大学生每年将得到1万元的贫困资助,山东成为全国受资助额最多的省份。与德州市一起,成功举办了第四届海内外知名企业家"齐鲁行"活动,来自16个省、市、区和10多个国家和地区的186家知名企业、400余人参加了活动,共签约项目77个,投资总额137.7亿元。协助省工商联圆满完成了2006年"鲁港经贸合作活动周"的各项活动,共签约合同、协议、意向29个,总金额达156亿元,受到省领导的充分肯定。据不完全统计,市县两级统战部门引进投资项目1000多个,实际实施项目700多个,实际到位资金70亿元。

四、以构建社会主义和谐社会为目标,扎实做好民族、宗教工作

一是深入贯彻落实中央、省委民族工作会议精神,代省委、省政府起草了《中共山东省委、山东省人民政府关于进一步加强民族工作促进民族团结进步事业发展的意见》。就贯彻落实中央、省委民族工作会议的情况进行了督查调研,召开了全省民族工作经验交流会,表彰了30个民族团结进步模范村(居)。紧紧围绕"共同团结奋斗、共同繁荣发展"的主题,深入开展了第六次民族团结进步宣传月活动,取得了显著成效。二是宗教工作坚持以天主教工作、宗教界代表人士队伍建设和抵御宗教渗透为重点,狠抓工作落实,取得显著成效,多次受到中央统战部、国家宗教局和省委领导的表扬。其中张高丽、赵春兰等省领导同志对宗教工作的批示达23次,对各级统战部的工作给予了充分肯定。天主教工作方面,召开了天主教工作座谈会,对下一步工作提出了明确要求。按照中央统战部和国家宗教局的安排,动员我省5位主教参加了江苏、云南、安徽、辽宁四省五教区的主教祝圣活动,积极协助4省做好工作,圆满完成了任务,受到了中央统战部、国家宗教局、中国天主教"一会一团"和四省领导的高度评价。张高丽、赵春兰等省委领导同志看望了我省5位主教,对他们的表现给予了充分肯定。召开了天主教专项工作座谈会,成立了省05专项工作领导小组,指导、协助各有关市制定了选圣工作方案,经反复协商,确定了主教人选并进行了考察。帮助天主教界解决实际问题。经多方协调,张高丽、韩寓群、赵春兰同志分别作出批示,帮助临沂、聊城2个天主教教区分别解决资金100万元、80万元。为解决部分教区主教府建设问题,在我们的积极努力下,中央统战部向我省拨出天主教专项补助资金550万元。中央统战部、国家宗教局向全国推广了我省天主教工作的经验。在中央统战部、国家宗教局召开的巩固祝圣成果推进05专项工作调研会上,我省作了重点发言。认真抓好爱国宗教团体负责人和宗教界代表人士的教育培训。坚持爱国宗教团体负责人季度学习制度,围绕宗教界为建设社会主义新农村服务、践行社会主义荣辱观等重要课题进行了深入探讨和交流;以服务"十一五"规划和构建社会主义和谐社会为主题,举办了两期宗教界人士培训班,培训宗教人士150余人。向中央统战部推荐了62名中青年宗教界人士。召开了第六次沿海城市抵御渗透工作联席会,研究探讨了抵御境外宗教渗透的工作对策,抵御境外宗教渗透取得了新的成绩。对我省落实宗教房产政策进行了深入调研,并向中央统战部、国家宗教局写出了调研报告。

五、党外知识分子工作取得新的进展

一是全面贯彻落实中央统战部关于党外知识分子工作的5个政策性文件,对全省党外知识分子工作进行了大检查。进一步加大了无党派代表人士选拔培养力度,确定了91人的无党派知识分子重点联系对象,畅通了联系渠道。对全省留学人员的基本情况进行了摸底,初步建立了200余人的代表人士队伍。举办了80余人参加的全省新的社会阶层人士、党外知识分子联络员和留学人员研讨班。二是努力做好新的社会阶层党外知识分子工作。认真指导已建立联谊组织的10个市积极开展工作,初步形成了新的社会阶层党外知识分子工作网络。充分发挥联谊会的作用,

开展了"献良策、送爱心、六帮扶,为建设社会主义新农村服务"主题活动,增强了联谊会的凝聚力。在中央统战部召开的为全面建设小康社会服务经验交流暨表彰大会上,我省新的社会阶层党外知识分子联谊会获"先进集体"荣誉称号,1名同志被评为先进个人。贾庆林主席对我省新的社会阶层党外知识分子工作提出表扬。三是企业、高校统战工作成效显著。继续深入开展全省高校统战工作创新成果评比表彰活动,年底,对19名优秀创新成果先进单位进行了表彰。对国有企业的统战工作进行了深入调研,会同省国资委在全省大中型国有企业统战成员中开展了"爱企业、献良策、做贡献"主题活动,取得了良好效果。与省委组织部、高校工委和省国资委联合举办了全省企业、高校、科研院所统战工作研讨班。这是我省第一次举办由企业、高校、科研院所分管书记、统战部长参加的研讨班,规模大、规格高,中央统战部副部长陈喜庆专程为研讨班作了辅导报告,取得了良好效果。

六、港澳台和海外统战工作取得新的成绩

牢固树立海外统战工作一盘棋的思想,坚持解放思想、开拓思路、创新活动、力求实效,"请进来、走出去",积极开展以港澳台社团为依托,以代表性人士为重点的交往交流活动,建立健全港澳台海外统战工作的新机制。一是加强同港澳台和海外各界人士的联系。协助省委认真筹备、精心组织接待了由香港中联办组织的香港知名人士访问团和中华海外联谊会港澳海外知名人士"寻根之旅"访问团。这两个团规格高、人数多、影响大,省委专门举行了情况介绍会,张高丽书记亲自主持、韩寓群省长介绍情况,省几大班子领导一起出席,省领导全程陪同,所到各市党政主要领导都亲自出面接待。通过这次活动,加强了鲁港之间的深层次交流,提高了我省的影响力和知名度。协助成立了澳门山东联谊会,进一步畅通了鲁澳之间联系的渠道。二是认真学习中央关于新形势下发展两岸关系的一系列方针政策,努力做好争取台湾民心的工作。连续三年承办了台胞青年夏令营活动,取得圆满成功。接待了台湾教授访问团和北京海联华裔青少年夏令营一行80人等,进一步加深了台胞对祖国大陆的了解。认真做好在鲁台商台生和定居台胞的工作,设立了专项老台胞生活补助和贫困台胞的扶贫救济经费,积极帮助下岗台胞解决就业困难。加强了对定居台胞的培养教育,切实发挥他们在祖国统一大业中的特殊作用。三是充分发挥台联、海联会和黄埔同学会等团体的窗口作用,切实履行职能,为各市经济发展服务。有计划、分批次地组织有关市赴港澳考察访问,帮助充实朋友资源,打造了各市与港澳交流交往的新平台。

七、统战部门自身建设得到进一步加强

一是狠抓政治理论学习,提高党员的思想政治素质。建立健全了相关学习制度,严肃了学习纪律,丰富了学习内容,拓宽了学习渠道和活动形式,切实增强了教育的实效性。按照党的先进性要求,努力加强机关基层党组织建设。认真贯彻《中国共产党党和国家机关基层组织工作条例》和省委《实施意见》,结合处室调整,新增设了一个党支部,18个支部进行了换届调整,推动了机关党建工作的规范化、制度化建设。及时对部机关工会进行了调整,狠抓活动开展,切实增强了部机关工作的向心力、凝聚力。认真组织开展保持共产党员先进性教育活动满意度测评工作,我部满意率达100%。继续深入开展文明机关创建活动,大力加强党风廉政建设,狠抓党风廉政责任制的落实,研究制定了贯彻落实《建立健全教育、制度、监督并重的惩治和预防腐败体系实施纲要》具体意见,加强了反腐倡廉、惩防腐败体系的长效机制建设,强化经常性教育,筑牢党员干部的思想防线,推动了统战机关党风廉政建设的深入开展。认真实施《公务员法》,完成了省直统战系统各单位201名机关干部的登记工作。积极适应统战工作新的形势和任务的需要,努力建设高素质的统战干部队伍。经积极争取,单设了民族宗教处和党外知识分子处,充实调整了一批干部,进一步调动了广大干部的积极性。深入开展文明机关创建活动,我部再次被评为省直文明机关。二是全省统战理论调研宣传信息工作取得新的成绩。深入开展了统一战线为建设社会主义新农村服务工作大调研,召开了全省县区统战工作为建设新农村服务座谈会,就县级统战工作为新农村建设服务等进行了深入研讨,形成了一批研究成果。继续强化"四新工程"工程载体建设,坚持课题下达、中期推动、成果评审、表彰奖励、成果推广和转化等制度,"四新工程"取得新的成绩。在全国评比表彰中,我省荣获统战理论研究优秀组织奖,同时获4项优秀调研报告和理论成果奖,其中二等奖1项,三等奖1项,优秀奖2项。

统战信息工作取得新成绩。中央统战部2006年度采用我省信息243条,名列全国第四,其中贾庆林主席批示1条,刘延东副主席批示14条。我省荣获全国统战信息工作二等奖,1名同志被评为全国统战信息工作先进个人。

附:省委统战部领导成员名单

部　　长:齐乃贵
常务副部长:黄天俊
副 部 长:张心骥
巡 视 员:张殿洪
副 部 长:徐凡渠　高镇东
　　　　　孙传宏　崔　巍
副巡视员:刘胜华　亓同秋

全省政法与社会治安综合治理工作概况

省委政法委员会

2006年,全省政法综治部门坚持以邓小平理论和"三个代表"重要思想为指导,认真贯彻党的十六大和十六届六中全会精神,按照落实科学发展观、构建社会主义和谐社会的要求和省委的部署,凝聚各方面力量,充分发挥职能作用,为全省经济社会又好又快发展创造了和谐稳定的社会环境。全省反映社会稳定的重要指标在连续两年下降的基础上继续下降,其中刑事立案同比下降6.75%,治安案件下降8%,群体性治安事件下降45.5%,来省上访批次下降11.7%,安全事故起数下降17.1%。重要会议、重大活动以及节假日期间,全省社会稳定,没有发生影响稳定的重大问题,人民群众对治安稳定的满意率进一步提高。

一、深入推进平安山东建设

全省各级各部门按照中央和省委、省政府的决策部署,牢固树立大稳定、大平安理念,深入开展平安山东建设,狠抓各项工作措施落实,取得明显的阶段性成果。

(一)各级领导更加重视 各级党委、政府始终把平安山东建设作为一项硬任务抓在手上,做到了主要领导高度重视亲自抓,分管领导全力以赴具体抓,其他领导"一岗双责"共同抓。1月,省委、省政府召开全省深入开展平安山东建设电视电话会议,张高丽同志亲自动员部署,韩寓群同志主持会议;省委办公厅、省政府办公厅转发了《省委政法委、省综治委关于贯彻落实中办发[2005]25号文件精神深入开展平安山东建设的意见》。7月,省委、省政府召开全省综治工作会议,着重研究平安山东建设的推进问题,张高丽、韩寓群同志分别作了指示。10月,省委、省政府又与济南军区联合召开会议,对深化军地共建平安山东进行研究部署。省综治委每季度召开一次全体会议,有重点地研究部署平安山东建设的推进和深化问题。政法经费保障有了很大改善,省委、省政府将综治经费1500万列入财政预算。

(二)舆论宣传更加深入 各级各部门坚持把宣传发动群众作为推进平安山东建设的重要措施,始终牢牢抓在手上。3月,省、市、县、乡普遍开展了社会治安综合治理和平安山东建设宣传月(周、日)活动;各级新闻媒体以平安山东建设成效为重点,常年进行不间断的宣传报道,大大提高了人民群众对平安山东建设的知晓率。"平安家庭"、"平安校园"、"平安社区"、"平安村庄"、"平安交通"等基层创建活动和平安山东建设杰出(优秀)青年卫士评选等活动的开展,进一步调动和激发了广大群众参与平安山东建设的积极性。9月,全国"平安家庭"创建活动现场推进会在济南召开,推广总结了山东的经验做法。2006年,全省各级政法机关在中央级新闻媒体发表宣传平安山东建设的稿件7100余篇(次),在省部级新闻媒体发表稿件27000余篇(次),举办各类宣传活动500多场(次),收到了良好的宣传效果。

(三)齐抓共管更加有力 在按照"属地管理"原则抓好区域平安建设的同时,更加重视发挥条条的作用。年初,省综治委与各成员部门签订了年度平安建设责任书,向成员部门下发了对平安山东建设重点工作实行立项督查的文件;下半年,下发了《关于深入开展建设平安行业活动的通知》,组织督导各部门狠抓了行业平安建设。对省综治委成员部门的组成人员进行了调整,成员部门由47个增加到了51个,对预防青少年违法犯罪、学校及周边治安综合治理、流动人口治安管理、刑释解教人员安置帮教和铁路护路联防等5个专门工作领导小组的成员进行了充实调整,新成立了省综治委企业治安、宣传、军地共建、维护妇女权益等4个专门工作领导小组,进一步壮大了省综治委的力量,拓宽了专门工作的领域。

(四)督导考评更加有效 各级党政和有关部门领导经常深入基层,深入一线,进行调查研究,加强工作指导,及时发现、培植、总结、推广先进典型,切实帮助基层解决工作中遇到的实际困难和问题。指导力度的加大,推动了平安山东建设整体水平的提高,涌现出了一大批先进典型。在4月召开的全国综治工作会议上,省委、省政府和济南军区分别介绍了加强基层基础建设和军地共建的经验,另有13个典型被收入全国经验汇编,是全国最多的省份;8月,中央综治委在烟台市举办全国平安建设研讨培训班,我省6个基层单位介绍了经验;在11月召开的中央综治委全会上,我省又介绍了加强农村平安建设的经验。按照"三个体系"的要求,加大了检查考核力度。重新修订了《平安山东建设检查考核实施意见》,增加了一些新的硬性规定,增加了对省综治委成员部门的考核,有力地促进了各项工作的落实。年底,省委、省政府隆重表彰了35个平安山东建设模范县(市、区),50个平安山东建设先进县(市、区),28个平安山东建设先进单位,20名平安山东建设先进个人(记一等功)。

二、积极预防和化解各类社会矛盾

全省各级各部门始终把社会矛盾纠纷排查调处摆在维护社会稳定工作的突出位置,坚持关口前移、重心下移,多措并举、齐抓共管,积极做好矛盾纠纷的预防和排查化解工作,妥善处置各种群体性突发事件,有效维护了社会和谐稳定。

(一)注重抓好源头预防 坚持以人为本、执政为民,妥善协调各方面的利益关系,维护人民群众最关心、最直接、最现实的各种利益。正确处理改革发展稳定的关系,认真落实中央和省委、省政府关于企业改制、社会保障、城镇拆迁、土地征用、维护劳动者合法权益等方面的政策规定,认真解决群众就业难、上学难、看病难等实际困难和问题。2006年,全省城市低保对象基本实现了应保尽保,拖欠农民工工资现象基本杜绝。

(二)注重排查化解矛盾纠纷 畅通社情民意反映渠道,建立了信访周通报、月分析、领导谈话和一把手来省接访等制度,开展了集中处理涉法上访、重复信访专项治理、信访法规宣传教育等活动。2006年,中央联席会议交办的646件涉法涉诉上访案件全部办结,有效维护了司法公正和社会和谐稳定。按照省里的部署要求,各地各部门积极开展政法"四长"和信访局长联合接访活动,市、县两级共组织联合接访760余次,接待上访群众9600余人次,受理群众上访案件2660余件,当场解决940余件,其余均进行了交办。坚持定期与经常性排查调处相结合,先后在全省组织了为期三个月的矛盾纠纷集中排查调处和为期两个月的边界纠纷集中排查调处活动,对多件重大矛盾纠纷跟踪督办。济宁市与徐州市建立边界纠纷联防联调机制,积极化解历史纠纷,促进了鲁苏边界稳定。中央综治办和中央维稳办在济宁市召开全国平安边界建设会议,进行了总结推广。2006年,全省各级共调处各类矛盾纠纷23万件,调解成功率达96%。

(三)注重及时妥善处置群体性事件 加强信息预警工作,建立覆盖城乡基层的信息网络,确保早发现、早介入、早控制。对已经发生的群体性突发事件,党政主要领导、有关部门的主要负责同志及时赶赴现场,靠前指挥,面对面地做好群众工作。严格区分两类不同性质的矛盾,对插手利用人民内部矛盾蓄意制造事端的敌对分子,对幕后操纵和实施打、砸、抢的违法犯罪分子,坚决依法打击。2006年,全省共防止群体性事件、民转刑案件和集体上访4000多起。

三、继续深化社会治安综合治理

针对治安案件和刑事案件处于"高发期"的实际,按照打防结合、预防为主,政府主导、市场运作,专群结合、依靠群众的思路,继续深化社会治安综合治理,确保了全省社会治安大局的持续稳定。

(一)深入开展严打整治斗争 以深入开展"打黑除恶"专项斗争为龙头,依法严厉打击危害国家安全和严重危害社会治安的犯罪活动,特别是黑社会性质组织犯罪、严重暴力犯罪以及严重影响人民群众安全感的多发性犯罪,始终保持对刑事犯罪的高压态势。2006年,全省侦破各类案件151037起,全省检察机关批捕各类刑事犯罪嫌疑人45237人,全省法院审结一审刑事案件42165件,判处犯罪分子57580人。加强对治安混乱地区和突出治安问题的整治,2006年,全省对治安问题较多的1716个部位进行了重点整治,使这些地方的治安面貌得到了根本改变。认真开展整治油气田及输油气管道生产治安秩序专项行动,切实加强对流动人口、出租屋、旅馆、饭店的治安管理,坚决打击黄、赌、毒等各类社会丑恶现象,进一步净化了社会环境。

(二)大力加强治安防控体系建设 针对治安防范存在的薄弱环节,积极整合资源,推进物防、技防、人防工程建设,发展壮大群防群治队伍。在城市,积极推进社区警务战略,大力发展保安服务业和物业管理公司等专业保安组织。在农村,进一步完善推广了治安防范承包责任制、民警包村、保安驻村、治安保险、选派治安员驻村等经验做法。2006年,全省保安队员达45000多人,治安巡逻员近50万人,群防群治队伍100多万人。大力加强基层政法组织建设,强力推进警力下沉。2006年,全省一线和实战单位警力已占公安机关总警力的90%以上,其中派出所警力占全省县级公安机关总警力的45%,基本实现了"一村一警"、"一区一警"或"一区多警"。以规范化建设为突破口,在全省4076个村庄进行了规范化建设试点,并在全省面上普遍推开,进一步提高了基层维护稳定的能力和水平。2006年,全省可防性案件明显下降,其中抢夺案件下降4%,入室盗窃、入室抢劫分别下降28.3%和16%。

(三)切实加强安全管理监督 针对安全事故频繁发生的实际,着力加强对重点行业的安全监管。制定下发《山东省重特大生产安全事故隐患排查治理办法》,以防火灾、防爆炸、防重大交通事故、防重大安全生产事故为重点,层层落实安全事故控制指标和"一岗双责"安全生产责任制,强化源头管理,加强安全生产监督检查和安全生产法制建设,深入开展安全生产专项整治,及时检查和组织整改安全隐患,有效地预防和减少了安全事故的发生。2006年,全省共发生各类安全事故40921起、死亡7080人,同比分别下降17.1%和10.4%。

四、积极服务经济社会发展

全省各级政法机关紧紧围绕发展这个第一要务和全省工作大局,认真研究制定为"十一五"时期经济社会发展服务的意见和措施,坚持打击和保护并重,惩治和预防并举,管理和服务并行,充分发挥职能作用,为全省经济社会发展创造了良好的法治环境。

(一)依法严厉打击经济领域的犯罪活动 积极参与整顿和规范市场经济秩序工作,认真化解经济领域的各种不稳定因素,依法严厉打击各种经济犯罪活动。2006年,全省公安机关立查破坏社会主义市场经济秩序的犯罪案件6784件,为国家和集体挽回经济损失10.9亿多元。全省检察机关立查各类职务犯罪案件2712件3529人,其中大案要案2014件;查办国家工作人员涉嫌商业贿赂犯罪案件593件,其中涉及教育、医疗等事关民生的案件295件,对解决群众"上学难、上学贵"和"看病难、看病贵"的问题,发挥了积极作用。全省法院依法履行审判职能,审结一审破坏社会主义市场经济秩序的犯罪案件950件,贪污贿赂以及挪用、侵吞国有资产等犯罪案件1658件,为国家和集体挽回经济损失20279.6227万元。

(二)依法调节各种经济社会关系 全省各级法院结合实际,进一步加强民商事案件的审判和执行力度,依法调节各种经济社会关系,有效地维护了经济安全。2006年,全省法院审结一审民商事案件467024件,结案标的额587亿多元。认真贯彻落实《中央政法委关于切实解决执行难问题的通知》,积极构建执行工作联动机制、威慑机制,深入开展清理执行积案活动,有效维护了人民群众的合法利益。2006年,全省各级法院共清理各类积案165975件,标的额153亿元,执结新收案件222774件,标的额295亿元。

(三)切实加强律师公证等法律服务工作 各级司法行政机关积极搭建平台,引导法律服务机构和人员为国有企业改革、外经外贸、重点工程建设、民营经济发展等提供全方位、跟踪式法律服务。2006年,全省法律服务人员共办理各类法律服务事项117万余件,为公民、法人避免和挽回经济损失220多亿元;全省公证机构办理各项公证事项455717件,涉及金额700多亿元。加强对律师参与刑辩、代理社会敏感案件的协调指导,积极推进律师参与涉法信访工作向市县两级延伸。2006年,市、县两级共组建涉法信访律师团121个,疏导化解各类涉法信访案件4158起。围绕为社会主义新农村建设服务,开展法律服务"进农村"、"进农户"等活动。成立农民工维权法律服务中心,积极开展"民工讨薪"等专项法律援助行动。2006年,全省共办理法律援助案件1.8万余件,为农民工追回欠薪544万多元。深入开展"司法鉴定机构规范建设年"活动,目前全省共核准登记司法鉴定机构221家、司法鉴定人3236名,办理司法鉴定事项28860件,鉴定结论被各级法院采信率达95%以上。

五、大力加强政法队伍建设

2006年,各级党委政法委和政法各部门认真贯彻落实中央和省委关于加强政法队伍建设的一系列指示精神,以提高服务和谐社会建设的能力为主线,深入开展社会主义法治理念教育,狠抓执法规范化建设,严格落实加强政法部门领导班子和队伍建设的各项措施,取得显著成效。

(一)深入扎实开展社会主义法治理念教育活动 根据中央和省委的部署要求,全省各级政法机关和武警部队深入扎实地开展了社会主义法治理念教育活动。各级各部门认真研究制定活动实施方案,成立专门领导小组及其办公室,建立健全各项规章制度,精心筹划开展了全省社会主义法治理念培训班、先进事迹报告会、"理念·规范·公正"讲坛等大型活动,组织开展了评选"人民满意政法单位(干警)"和"公正执法先进单位(标兵)"活动,并及时发现总结基层创造的好经验好做法,推动了教育活动的扎实开展,取得了明显成效。政法队伍的整体素质进一步提高,政法干警违法违纪人数同比下降了5.8%。

(二)大力推进执法规范化建设 按照中央的部署要求,狠抓执法规范化和信息化建设工作,取得积极进展。研究制定《关于2006年全省政法系统执法规范化建设的实施意见》,提出了执法规范化建设的指导思想、目标原则、方法步骤和基本要求。省政法各部门进一步细化各个岗位和各个环节的执法责任和责任查究制度,进一步健全了执法责任体系。对执法的每个岗位和环节进行跟踪管理,严格考评,进一步健全了执法质量和效率考评体系。政法各部门修订完善执法公开制度,积极推行执法告知、公开听证制度,全面建成干警执法档案并注重发挥其作用,促进了执法监督体系的健全完善。研究制定年度干警培训计划,完善岗位练兵长效机制,大力推行执法资格认证及升级制度,探索加强优秀人才库建设的有效途径和措施,进一步健全完善了教育培训和优秀人才培养体系。省政法各部门加大投入力度,就各项主要执法业务开发应用软件,把信息技术更充分地应用到执法办案上来,以信息化提升了规范化建设的水平。

(三)加强政法部门领导班子建设 把加强领导班子建设作为政法队伍建设的关键来抓,把那些社会主义法治理念树立得牢固、践行得自觉、指导工作富有成效的优秀干部,及时充实到各级领导岗位,进一步优化了各级政法领导班子结构。根据省委《关于加强和改进领导班子、领导干部经常性考察的意见》和省委组织部的具体部署,对省委管理的政法各部门领导班子和75名领导干部进行了年度考察。2006年,政法各部门新提拔重用正副厅级领导干部17名。根据干部管理权限,各级分层次对政法部门领导班子和领导干部进行了经常性考察,有效地激发和保护了干部的积极性、创造性。在全面考察考核的基础上,注重加强各级政法部门领导班子的能力建设,进一步提高了贯彻落实科学发展观的能力、驾驭全局的能力、处理利益关系的能力、务实创新的能力。各地立足实际,着手探索加强政法基层组织建设的新途径,取得一些成熟的经验。

(四)切实加强对政法队伍的日常教育、管理和监督 健全完善干部人事管理制度,认真落实《公务员法》、《法官法》、《检察官法》、《人民警察法》的有关规定,严把政法干部队伍的入口关,严格考试考核制度和审核审批制度,队伍的政治业务素质和工作水平得到有效提高。抓住容易发生问题的关键环节,积极探索切实有效的管理措施,防止了问题的发生。健全完善执法活动全程控制机制,把执法权的整个运行过程,都纳入纪检监察和法律监督部门的控制之中。积极探索建立符合政法机关特点,符合政法队伍实际的全方位惩治和预防司法腐败体系,提高了有效防治司法腐败的能力。贯彻从优待警的方针,切实解决政法干警在工作生活方面的实际困难,重点改善了基层和一线政法干警的生活待遇和工作条件。积极开展了立功创模活动,涌现出了一批有重大影响的先进典型。2006年,全省共有79个单位和70名干警受到省部级以上表彰奖励。

附:省委政法委领导成员名单

书　　　　记:阎启俊(2006年12月离职)
常务副书记:李建军
副　书　记:姚成林
　　　　　　宋新生(兼省综治办主任)
省综治办副主任:窦广平
副　巡　视　员:巩忱　乔华星

省委政策研究室工作概况

省委副秘书长、政策研究室主任　颜世元

2006年，在省委的坚强领导下，省委政研室坚持以邓小平理论和“三个代表”重要思想为指导，以科学发展观统领全局，认真落实胡锦涛总书记对山东工作提出的“三个走在前面”的总体要求，按照张高丽书记对我室工作作出的“真正围绕省委的工作中心、真正提出情况意见、真正起参谋助手作用”的重要批示精神，进一步理清“明确职责、服务中心、把握重点、出好成果、起大作用”的工作思路，齐心协力、扎实工作，完成了省委交给的各项任务，自身建设也有了新的进展。

一、紧紧围绕省委中心工作开展调查研究

坚持用马克思主义中国化的最新成果指导调研工作，突出落实科学发展观、构建社会主义和谐社会、加强党的执政能力建设和先进性建设，紧紧围绕省委决策部署和工作安排，开展调查研究。全年共完成各类调研报告58篇。张高丽、韩寓群等省委、省政府领导同志批示25件次。重点抓了四个方面的调研：

(一)就繁荣发展我省服务业开展系列调研　根据省委部署，集中力量就加快我省服务业发展问题进行调查研究，及时形成了《关于我省服务业发展情况的调研报告》、《我省服务业发展的基本情况及与有关省市的比较》两个材料，高丽书记阅后给予充分肯定，作出重要批示：“这两个材料很好。这是真正围绕省委的工作中心、真正提出情况意见、真正起参谋助手作用，应按这样的要求来做好工作，这样政研室就可以起大作用、作出新贡献。”在此基础上，又形成了《关于突出发展我省现代服务业的思考与建议》，起草了《山东省党政代表团赴广东云南上海考察学习情况的报告》，为省委制定繁荣发展服务业的决策提供了重要依据。围绕贯彻省委、省政府加快服务业发展的决策部署，又就发展创意产业、推动我省文化旅游业融合发展等问题进行深入调研，有针对性地提出了对策建议。

(二)组织开展了促进省会城市群经济圈发展调研　根据高丽书记、寓群省长和大明书记等领导同志的重要批示，与省政府调研室共同牵头，就充分发挥省会城市的辐射带动作用，促进省会城市群经济圈发展，在上年调研的基础上，组织相关7市和16个省直部门进行深入调研。形成了1个综合调研报告、5个专题调研报告和17个分报告，省内外专家学者对调研成果进行了认真鉴定，给予高度评价。调研成果已经省政府第79次常务会议审议通过，并就促进省会城市群经济圈发展的有关问题作了安排部署。根据这次会议纪要，由省委政研室、省政府调研室和省发改委等部门代拟《省委、省政府关于促进省会城市群经济圈发展的意见》，近期将报送省委、省政府审定后下发贯彻执行。

(三)围绕建设社会主义新农村开展调研　重点摸清全省农村经济社会发展的基本情况和当前新农村建设面临的突出问题。在此基础上，形成了《全省社会主义新农村建设县级分类指标体系研究及分类建议》等7个专题报告和《关于对全省新农村建设加强分类指导的调研报告》1个综合报告，提出了分类指导的总体构想目标任务和对策措施，为全省对不同区域、层次、水平的县分类指导新农村建设提供了科学依据。同时，围绕深化农业产业化经营、建立城乡统筹发展机制、建立健全农村社会保障体系、建立多元化的农村投融资机制、建立完善农业科技支撑体系等问题展开专题调查，为指导我省新农村建设提供了参考。

(四)着眼于推进和谐社会建设就加强和改进群众工作进行调研　围绕构建社会主义和谐社会，由省委政研室牵头，组织省直有关部门和部分市县，通过问卷调查、专题调研、综合分析等方式，深入了解我省群众工作的基本情况、面临的主要问题，在总结经验的基础上，探索提出加强和改进新形势下群众工作的办法。按照十六届六中全会精神，就建立社会转型时期和谐的劳动关系、建设农村和谐社会、加快我省社会事业发展等问题，开展调查研究，相关调研成果对起草省委领导同志的讲话起了参考作用。还会同省建设厅总结了我省在旧城改造工作中维护群众利益的主要做法，引起建设部的高度重视。

二、认真完成省委领导同志文稿和省委文件起草任务

起草省委领导同志的讲话、文稿和省委有关文件，是我室担负的一项重要任务，也是调研成果直接进入决策的重要途径。对此，我们高度重视，全力以赴确保优质高效完成任务。

(一)起草省委领导同志的文稿　全年约20件。主要是高丽书记的讲话、文章等材料。包括在中央先进性教育活动与党的建设理论研讨会议上的书面发言，在全省农村工作会议、全省领导干部会议、加快菏泽发展第二次现场会议、全省经济工作会议、全省县域经济发展现场会议、庆祝中国共产党成立85周年暨保持共产党员先进性教育活动总结表彰大会等重要会议上的讲话，以及《关于构建和谐社会问题的调查与思考》、《建立健全保持共产党员先进性长效机制》等文章，就山东贯彻落实科学发展观、开展先进性教育活动等接受中央媒体的采访稿。

(二)起草省委、省政府重要文件　全年共起草省委、省

政府文件15件。主要有:《省委常委会2006年工作要点》、《关于贯彻〈中共中央国务院关于推进社会主义新农村建设的若干意见〉的实施意见》、《关于在新的起点上推进县域经济又快又好发展的意见》、《省委、省政府关于建立和完善党政领导班子和领导干部综合考核指标体系的意见》、《省委、省政府关于做好当前经济工作的意见》、《省委关于认真学习贯彻党的十六届六中全会精神的通知》、《省委关于贯彻落实党的十六届六中全会精神努力构建社会主义和谐社会的决定》、《关于贯彻实施省八届十三次全委会〈决定〉分工方案》。另外,还起草了若干件省委、省政府"两办"文件。

(三)起草其他重要材料 全年共起草各类重要专题材料26件。主要是省委给中央的有关情况汇报、调研报告等,向中央领导同志及中央考察组、督查组的工作汇报,以及提交给中央重大问题调研组的《关于党的十六大以来党和国家事业的新进展新经验》等四个专题研究报告,完成了中央有关部门交办的关于五大文明建设若干重点问题研究提纲。

三、积极主动反映和宣传山东的各项工作

在认真搞好调研工作的同时,积极主动加强与中央政研室、中央新闻媒体的联系和沟通,围绕贯彻落实科学发展观、构建和谐社会、加强党的先进性建设等重大问题,反映和宣传山东的各项工作进展及主要做法。配合省委有关部门,全年共撰写各类新闻素材稿件40多篇,向中央驻鲁新闻单位提供新闻素材和线索200余篇(件)、约50万字。一是围绕贯彻落实科学发展观,撰写了《坚持用科学发展观统领经济社会发展》、《"又快又好发展新看点"县域经济大型采访活动新闻素材》等综合类新闻素材16件。二是下半年围绕贯彻落实国家宏观调控政策,撰写了《山东省贯彻中央宏观调控政策努力促进经济增长方式转变》、《从调整提高回落降低看山东经济良好发展态势》、《山东积极做好优化投资结构文章》等新闻素材,集中反映我省促进经济又好又快发展的情况与做法。三是围绕转变经济增长方式,宣传我省自主创新、节能降耗、环境保护和土地集约利用等方面的措施和成效。如《山东省认真贯彻落实科学发展观扎实做好节能降耗和环境保护工作》、《山东省自主创新情况》等。四是围绕和谐社会建设,撰写了《山东省构建和谐社会基本情况》、《坚持把群众利益放在首位保障人民群众共享改革发展成果》等新闻宣传材料。五是围绕新农村建设,向中央媒体提供了《山东省新农村建设情况》、《山东发展农村经济扎实推进社会主义新农村建设》等典型材料。六是围绕加强党的执政能力建设和先进性建设,重点就我省开展先进性教育活动、建立健全先进性长效机制和基层党建工作等情况,向中央先进性教育办公室和新闻媒体提供了一批典型材料。同时,我们还加强与中央政研室的联系和沟通,及时全面地介绍我省的工作,征得了解和支持。针对部分媒体对我省土地、环保等方面的报道,室负责同志先后几次到中央政研室进行专题汇报,做好解释和说明工作,使上级全面了解有关情况,化解了可能带来的一些负面影响。

四、努力完成省委交办的其他重要事项

参与筹备省委一系列重要会议和活动。全年大约20次,主要有:全省农村工作会议、省会城市群经济圈调研工作会议、省委农村工作领导小组会议、中央政研室加快农村全面小康建设进程暨城阳经验座谈会、全省县域经济发展现场会议、省委理论学习中心组读书会议、加快菏泽发展第二次现场会议、新农村建设座谈会等。承担了省委农村工作领导小组办公室的日常工作,为省委加强对社会主义新农村建设的领导、做好"三农"工作当好参谋助手。参与省党政代表团赴广东、上海、江苏、湖北考察学习县域经济,赴广东、上海、云南考察学习服务业等重大活动的服务工作。完成中央调研组来我省为党的十七大召开就有关重大问题开展调研活动的服务和协调任务。承担了省委组织的《"三个体系"建设经验对建立健全长效机制的启示》、《山东生态省建设研究》、《建设社会主义新农村的探索与实践》等8部书稿的撰写任务。两位室领导班子成员分别担任省委保持共产党员先进性教育活动领导小组和巡视组的有关工作,很好地完成了任务。

认真做好省委《山东通讯》的编辑出版发行工作,在宣传省委、省政府决策和工作部署,交流全省各地工作情况,总结和宣传推广典型经验等方面发挥了重要作用。

五、大力加强省委政研室内部建设

坚持以思想政治建设为重点,以素质能力建设为核心,以提高调研水平为目的,通过班子建设带动队伍建设,通过加强学习提高思想理论素养,通过狠抓作风建设促进工作落实。一是突出抓好班子建设。采取室主任办公会议、民主生活会、中心组理论学习等形式,及时传达学习中央、省委的会议精神和工作部署,增强贯彻落实的自觉性和坚定性。坚持民主集中制,充分发扬民主,实行正确集中,形成了团结和谐、干事创业的良好局面。二是着力加强干部队伍建设。坚持用马克思主义中国化的最新成果武装干部头脑,指导调研工作。认真组织学习邓小平理论、"三个代表"重要思想和《江泽民文选》,深入学习贯彻党的十六大和十六大以来历次中央全会精神,深入学习贯彻以胡锦涛同志为总书记的党中央提出的一系列重大战略思想,学习贯彻省委重大决策部署,牢固树立政治意识、大局意识和服务意识。加强业务培训,全面提高干部的思想理论素养和调研能力。坚持正确的用人导向,按照德才兼备原则和干部选拔任用《条例》做好干部工作。在省委领导的关怀与支持下,有一名处长提拔交流为烟台市委常委、宣传部长;11名干部分别提拔为处长、副处长、调研员和副调研员,并对部分处长作了岗位交流。三是认真抓好机关党建工作。在全室党员干部中开展了学习贯彻《党章》、树立社会主义荣辱观和勤政廉政教育活动,加强党性修养,巩固开展保持共产党员先进性教育活动的成果,建立和完善长效机制。四是

努力营造干事创业的良好氛围。在全室大力倡导"认真学习、勤于思考、干事创业、和谐共事、乐于奉献、清正廉洁"六种风气,形成了团结奋斗、积极向上、风正气顺的良好环境。五是强化机关内部管理。健全制度,狠抓落实,提高服务质量和工作效率。积极改善全室人员的工作和生活条件,关心、帮助有困难的同志。

存在的问题和不足:一是思想理论水平和业务素质需进一步提高,调查研究和文稿起草工作的质量和水平离省委要求有差距。二是作风还不够深入扎实,到基层、群众中深入开展调研比较少。三是干部队伍建设和机关内部管理有待进一步加强和改善。

在新的一年里,我们一定要在省委的正确领导下,坚持以邓小平理论和"三个代表"重要思想为指导,全面落实科学发展观,认真学习贯彻十六大以来党中央提出的一系列重大战略思想,以扎实的举措学习贯彻好十七大精神,按照胡锦涛总书记对山东工作提出的"三个走在前面"的总要求,紧紧围绕省委中心工作,聚精会神地搞好调查研究。以迎接党的十七大和省第九次党代会召开为主线,抓住全省经济社会发展和党的建设中全局性、前瞻性、制约性问题,积极参与省第九次党代会报告起草,服务、协调、配合好围绕省第九次党代会召开进行重大问题调研活动,着力抓好加快建设鲁南经济带、繁荣发展服务业、促进社会事业发展、加强党的建设等课题调研,力争拿出更多有情况、有对策、有建议的调研成果,完成省委交给的各项任务,为全省各项工作不断开创新局面做出应有的贡献。

附:省委政策研究室领导成员名单

主　　任:颜世元

巡 视 员:王泽厚

副 主 任:孙建生　傅汝仁　朱建和

副巡视员:谭晓备

全省对台工作概况

省委台办主任　杨庆文

2006年,是我省对台工作蓬勃发展的一年。在省委、省政府的坚强领导和中央台办的正确指导下,在各地、各部门的大力支持下,全省各级台办坚持以邓小平理论和"三个代表"重要思想为指导,以科学发展观为统领,认真贯彻中央对台方针政策和省委、省政府工作部署,积极稳妥、扎实有效地开展工作,全省对台工作呈现新的局面。

一、扎实开展反对和遏制"台独"斗争,深入做好台湾人民工作

通过各种渠道,运用各种手段,积极开展反对和遏制"台独"的斗争。相继邀请、接待国民党副主席江丙坤、章仁香,国民党前副主席林澄枝,新党主席郁慕明,亲民党政策研究中心主任张显耀等台湾政界重要人士和郭台铭、黄茂雄等一大批台湾工商经济界知名人士以及台湾南部农会代表等相继来鲁参访。继续深化青岛市委与国民党彰化县党部的对口交流。积极落实中央惠及台湾同胞的政策措施,开展创建台胞服务品牌活动,推动设立21家台胞定点医院,为在鲁台胞开辟"绿色通道",实行"一卡通"等服务措施,与华夏银行济南分行、国家开发银行山东分行进行合作,为台资企业提供融资支持和服务,发放贷款1.3亿元,承诺贷款4.1亿元。

二、鲁台经贸合作持续快速发展,累计实际使用台资超过100亿美元

继续办好以"鲁台会"为龙头的对台招商活动,着力推进"引进大项目、发展壮大现有台资企业、加强台湾园区建设"三大工程,主动适应国家宏观调控和产业结构调整的新形势,引导台资投向现代制造业、高新技术产业和服务业,鲁台经济合作取得了四个方面的突出成果。第一,"鲁台会"再获成功,成效卓著。第十二届鲁台会盛况空前,举办了台商大会、博览会、行业洽谈、台协会长齐鲁行等10多项大活动,岛内政商界知名人士、三大工商团体负责人和1100多名台商以及大陆91家台资企业协会的会长应邀参加,签约项目435个30多亿美元,其中合同台资额近18亿美元。鲁台会在海峡两岸的影响不断扩大,品牌效应日益突出,已

成为促进两岸经贸交流合作的重要平台。第二，引进台资又一次实现新跨越。全年全省新批台资项目427个，合同利用台资37.3亿美元，实际使用台资24.7亿美元，在连续6年快速增长的基础上，又实现增幅19%。截止2006年底，全省累计批准台资项目7031个，合同台资额180亿美元，实际使用台资106亿美元，首次突破100亿美元大关，标志着我省对台经贸合作迈上一个新台阶，进入了发展的新阶段。第三，对台经济合作水平显著提高。台商投资结构发生了可喜变化，大项目、高新技术和服务业项目日趋增多，台资项目的平均规模达到723万美元，增长24%；1000万美元以上的项目、服务业项目分别占项目总数的25.3%和23.4%；高新技术项目投资额已占台资总量的23%以上；现有台资企业发展良好，增资扩产成为新的增长点，全年有244家台资企业增资6.4亿美元，占全省实际使用台资的26%。台资项目质量和层次的不断提升，促进了我省产业结构的调整优化和地方经济又好又快的发展。第四，台湾园区建设发展强劲。在办好平度海峡两岸农业合作试验区、栖霞台湾农民创业园2个国家级农业园区的基础上，制定了省级台湾工业园区标准，推动设立了7个省级台湾工业园，成为吸引台资的新热点，为今后对台经济合作创造了有利条件。

三、涉台活动规模大、层次高，鲁台交往交流成效显著

2006年是鲁台各领域交流最为活跃的一年，全省各地组织了一大批涉台交流活动，活动层次之高、涉及领域之广、参与面之宽、成效之大均超过历年，形成了三大系列三大亮点。一是鲁台文化交流好戏连台。我们充分利用齐鲁文化为媒介，经过精心策划，成功举办了“两岸孔子文化交流周”、“妈祖文化节”等大型文化交流活动，其中“孔子文化交流周”首次实现两岸同步祭孔，来自岛内外60多家新闻媒体的200多名记者进行现场报道，在海内外引起轰动，成为两岸交流的佳话。二是科技交流富有实效。以“第二届鲁台科技交流合作周”为代表的科技交流活动，邀请了山东和台湾科技界的重要团体、企业和专家参与，研讨了电子信息等产业的最新成果，达成了一批合作意向。三是青少年交流丰富多彩。鲁台校际间的双向交流形成规模，举办了“海峡两岸师生孔孟故里寻根夏令营”、“新世纪成功有约海峡两岸大学生研习营”、“海峡两岸大学生黄河文化夏令营”等一系列各具特色的对台交流活动，仅“鲁台青年交流季”期间就举办了27项活动，鲁台两地40多所高校的2000多名师生共同参加，大大增进了两岸青少年的了解、共识和友谊。全年来鲁台胞达13.8万人次，全省应邀赴台258批团组1118人次，比上年增加18.9%和11%。截至2006年底，累计来鲁台胞135万人次，应邀赴台1903项9162人次。

四、涉台稳定工作力度大、措施实，台胞合法权益得到有效维护

我们把涉台稳定作为工作重点加以推动，突出抓了台胞投诉协调工作和涉台突发事件的防范处理工作。省政府成立了省台胞投诉协调处理工作领导小组并召开会议，对台胞投诉调处工作进行全面部署。省台办先后召开全省台胞投诉协调及服务工作现场会和全省处理涉台突发事件工作会议，推广了临沂、威海等地的工作经验和青岛市妥善处理涉台突发事件的做法，从基础、基层工作入手，不断加大工作力度。积极沟通协调有关市县党委、政府和相关部门，对台胞投诉重点案件和积案集中进行排查处理，全年共受理台商投诉132起，结案120起，结案率达91%，有效维护了台胞的正当权益。进一步建立健全涉台突发事件工作协调机制，制定应急预案，积极做好防范工作，并及时、妥善处理了台生溺水死亡和台湾演员被殴致伤等涉台突发事件，确保了新形势下全省对台工作大局的稳定。

五、台办系统两个建设得到加强，对台工作的基础进一步巩固

在全省突出抓了台办建设和对台工作基础建设，制定下发了《关于加强全省台办系统两个建设的意见》，明确了两个建设的指导思想、目标任务和工作要求。举办了全省台办主任培训班，对全省各市、县(市、区)台办主任、省直有关部门、各大企业对台工作机构和省级台湾工业园区负责人进行形势教育和业务培训，并围绕加强两个建设的主题，交流经验，参观现场，部署工作。同时，不断完善激励机制，省台办会同省人事厅授予25个单位为全省台办系统先进集体，为52位同志记功。省台办首次授予30个市、县(市区)台办主任为优秀台办主任，37个市、县为“全省对台招商引资排头兵”，为14位从事对台工作20年以上的同志颁发了纪念奖。全省各级台办认真推进两个建设，台办机构进一步健全，履行职责的能力进一步提高，台办系统凝聚力进一步增强，为对台工作的开展提供了有力的保证。

2006年全省对台工作取得了长足的发展，主要是省委、省政府高度重视，全党全社会关心支持对台工作的结果。省委、省政府把对台工作摆上重要议事日程，切实加强对台工作的领导。年初，省委召开常委会和全省对台工作会议，专门研究部署全省对台工作，对做好全年工作打下坚实基础。省委、省政府主要领导和分管领导多次出席重要涉台活动、会见台湾客人，协调解决对台工作中的重大问题。一年来，省领导就对台工作作出重要批示54次，并对我们的工作多次给予肯定和勉励。同时，对台工作也越来越得到各有关部门和社会各方面的关心和支持，大家以高度的责任感和极大的热情积极参与各项对台工作，形成了对台工作的强大合力。

附:省委台办领导成员名单

主　　任:杨庆文

副 主 任:张志强　张桂芝　嵇建宝

副巡视员:马心俭　马仁江

全省老干部工作概况

省委组织部副部长、老干部局局长　董国勋

一、离休干部基本情况

截至2006年底,全省离休干部总数为11.90万人(不含易地安置),其中地方管理的10.62万人(省直单位1.35万人,各市9.27万人),中央驻鲁单位1.28万人。在全省离休干部中,行政机关3.39万人,事业单位3.44万人,企业单位5.07万人。全省离休干部平均年龄为78.6岁。

近年来离休干部增减详细情况对比表

项目 年份	离休干部总数	年新办理离休人数	年死亡人数	年死亡率(%)
2001年	151255	99	6328	4.02
2002年	144548	54	6681	4.41
2003年	138222	28	6401	4.42
2004年	131723	126	6433	4.65
2005年	125179	23	6555	4.98
2006年	119030	7	6213	4.96

在全省离休干部中,第二次国内革命时期的78人,抗日战争前期的6944人,抗日战争后期的2.03万人,解放战争时期的9.17万人。

全省共有离退休干部党员539614人,其中离休干部党员89516人。建立离退休干部党委30个,离退休干部党总支494个,离退休干部党支部14263个,离退休干部党小组29512个。

二、老干部工作阵地建设情况

全省老干部活动中心、老年大学、干休所、老干部党校情况一览表

项目＼数量	乡镇	县(市、区)	市	省直及部属	省级	总计
老干部活动中心(站、室)	2047	144	16	5648	1	7856
老年大学(学校)	1435	132	17	536	1	2121
干休所		86	17	5	3	111
老干部党校	282	127	17	41	1	468

三、老干部工作情况

6月22日,省委常委、组织部长刘伟主持召开省委离休退休干部工作领导小组会议,研究部署了当前的老干部工作。11月7日,省委书记张高丽主持召开省委常委会听取老干部工作情况汇报,并作重要讲话。12月14日,召开了全省老干部工作会议,刘伟同志代表省委作重要讲话。全省各级老干部部门紧紧抓住落实老干部政治、生活待遇这个重点,切实从政治上尊重老干部,思想上关心老干部,生活上照顾老干部,着力加强自身能力建设,各项工作取得了显著成绩。

(一)加强离退休干部党支部建设,落实老干部政治待遇工作取得新进展　各级认真贯彻中组部《关于进一步加强和改进离退休干部党支部建设工作的意见》,省、市、县层层建立了老干部党校,离退休干部党支部组织建设、培训教育和考评表彰"三项制度"更加完善。通过举办培训班、交流会等形式,组织老干部认真学习党的十六大和十六届三中、四中、五中、六中全会精神,学习《江泽民文选》,学习以胡锦涛同志为总书记的党中央提出的科学发展观、社会主义荣辱观、构建社会主义和谐社会、加强党的执政能力建设和先进性建设等重大战略思想,进一步巩固和发展先进性教育活动成果。

(二)确保离休干部"三个机制"有效运行,落实老干部生活待遇取得新成效　省委老干部局、省财政厅、省劳动和社会保障厅联合对各市离休干部"三个机制"的运行情况进行了调研评估。省财政连续第4年向部分困难市县下达6000万元专项转移支付资金,用于支持离休干部"两费"的落实。各市普遍拉平了企业与机关事业单位之间的离休干部离休费,并建立了同步增长机制;根据离休干部就医需求和各地经济发展水平,普遍提高了离休干部医药费统筹金基数。召开了全省改制重组和关停破产企业离休干部管理服务工作汇报会,认真贯彻中办厅字[2005]12号和鲁厅字[2005]8号文件,改制企业离休干部安置管理服务工作扎实推进。省有关部门对省属特困和困难单位离休干部的"两费"进行了审核,并出台了省属企业离休干部住宅采暖补贴发放的文件,下发了《关于省直企业离休干部增加有关待遇

问题的通知》。军休干部调整生活待遇所需资金得到及时落实。

(三)搞好窗口阵地建设,丰富老干部精神文化生活取得新成果 召开了全省老年大学和老干部活动中心工作会议,促进了面上的工作。一些市县新建了老年大学和老干部活动中心。对第三批省级老年大学示范校、第一批省级示范老干部活动中心和省级示范干休所进行了验收。100个市县、大企业和省直单位的老干部活动中心被命名为"省级示范老干部活动中心",38家干休所被命名为"省级示范干休所",又有13所老年大学被命名为"省级老年大学示范校"。举办了《我健康我快乐——全省离退休干部风采大赛》,全省24支代表队、500余名离退休干部参加了比赛,充分展示了老有所学、老有所乐的风采。省老干部活动中心成功举办了第12届省直老干部金婚庆典。在中组部召开的全国老干部活动中心、老年大学工作座谈会上,我省介绍了典型经验。

(四)深化亲情服务活动,老干部"双高期"管理服务工作得到新加强 坚持分类指导、典型带动、强化服务、整体推进,面向基层,依托社区,指导各级建立老干部就近学习、就近活动、就近得到关心照顾、就近发挥作用的管理服务体系。省里下发了《关于进一步做好易地安置离休干部工作的通知》,对全省军休干部及家属、遗属进行了调查统计。会同省有关部门组织医疗保健专家举办了健康讲座和为老干部义诊活动。有的市还建立了离休干部特殊困难、重大疾病补助和离休干部遗属特殊困难救济制度。各级老干部工作部门主动变上访为下访,妥善解决老干部反映的问题。

(五)强化引导和示范,老干部发挥作用呈现新面貌 各级大力宣传老干部和离退休干部党支部的先进事迹,充分发挥好先进典型的引导和示范作用。组织老干部认真学习《最美夕阳红——山东省离退休干部先进事迹》一书,以先进事迹为教材、以先进人物为榜样,引导老干部老有所为、再立新功。围绕改革、发展、稳定的大局,为离退休干部发挥作用提供支持、创造条件。"建言献策"、"关心下一代"、"我为'十一五'发展做贡献"等活动进一步深入,广大离退休干部参与平安、文明、和谐山东建设的自觉性进一步提高。

(六)加强组织领导,老干部工作形成齐抓共管新局面 各级十分重视发挥离退休干部工作领导小组的作用。省委常委、组织部长刘伟同志主持召开了省委离休退休干部工作领导小组会议,研究部署了当前的老干部工作。领导小组各成员单位认真履行职责,积极主动地为老干部办实事,妥善解决了老干部的一些特殊困难和问题。省里对19个驻济外省直一级单位和30个省直二级单位落实老干部工作目标责任制情况进行了调查考核。按照中组部和省委的要求,全省已有15个市、110多个县(市、区)实现了组织部副部长与老干部局局长相互兼(任)职。

(七)注重能力提高,老干部工作队伍自身建设展现新气象 各级老干部工作部门努力巩固和发展保持共产党员先进性教育活动的成果,积极开展了党章"五个一"专题教育,争创"五个好党支部"和"五个好党员"活动,以及社会主义荣辱观学习教育活动。以培养学习型干部和人才为目标,加强老干部工作人员培训工作,省里先后举办了全省老干部局长理论学习读书会及省属和中央驻鲁高校老干部处长培训班,组织举办了全省首届老干部工作者乒乓球比赛。通过学习推动、活动带动,各级老干部工作者的业务能力显著提升,呈现出了良好的精神状态。我省和中央驻鲁单位8个老干部工作部门、18名老干部工作者被中组部、人事部授予全国老干部工作先进集体、先进工作者荣誉称号,其中,淄博市委老干部局局长陈继华被授予"全国优秀老干部工作者"荣誉称号。省委老干部局还被中组部评为全国离退休干部统计工作先进集体。

附:省委老干部局领导成员名单

局　　长:董国勋
副 局 长:张传堂(兼山东老年大学校长)
　　　　　陶　克　杨欣沂　邓海燕
巡 视 员:吕怀亭
副巡视员:石真祥

全省信访工作概况

省委副秘书长、省信访局局长　于晓明

2006年,全省信访工作在省委、省政府的领导下,紧紧围绕建设平安和谐山东,认真贯彻落实党中央、国务院关于信访工作的指示精神,抓住深入贯彻实施《信访条例》这条主线,把维护群众合法权益、维护社会稳定作为根本任务,坚持重心下移、标本兼治,强化责任落实,创新工作机制,妥善处理群众来信来访,积极化解人民内部矛盾,取得明显成效。全省信访总量稳中有降,群众进京上访、来省上访和集体上访等各类信访指标均大幅度下降,进京非正常上访得到有效遏制,信访秩序明显好转。我省群众到国家信访局上访批次和人次比上年分别下降38%和34.7%;其中集体上访批次和人次分别下降57.9%和40.7%。全省县以上党委、政府受理群众来信来访数量比上年下降2.6%。省委、省政府受理群众来信数量上升

6.4%；接待群众来访批次和人次分别下降11.7%和7.4%；接待集体上访批次和人次分别下降26.4%和1.7%。

一、强化领导责任，构建齐抓共管信访工作格局

省委、省政府高度重视信访工作，省委书记张高丽、省长韩寓群亲力亲为，多次作出重要批示和指示，亲自主持召开专题会议，对信访工作提出明确要求。省委、省政府分管领导靠上抓，研究部署和具体指导信访工作开展，并亲自过问处理重大信访问题。其他领导同志对信访工作也都倾注了很大精力。各级各部门认真落实中央和省委、省政府的部署要求，进一步加大信访工作领导力度，普遍把信访工作纳入重要议事日程，纳入"三个体系"建设，纳入干部政绩考核，建立了党政一把手负总责、分管领导具体抓、其他领导"一岗双责"，一级对一级负责的信访工作领导责任制。各地各部门领导同志坚持亲自阅批群众来信、公开集中接访、巡回接访和带案下访，亲自包案处理群众信访反映的突出问题。2006年，全省市、县党政主要领导同志亲自办理信访事项3670件。全省进一步形成了党委、政府高度重视，领导班子成员各负其责，信访部门组织协调，职能部门发挥作用，社会各方积极参与，条块结合，齐抓共管的大信访工作格局。

二、强化依法信访，深入贯彻实施《信访条例》

一是继续抓好与《信访条例》相配套的制度建设。省政府办公厅下发文件，出台了《山东省信访事项听证办法(试行)》，明确了听证范围、听证会人员组成及职责、听证程序等，促进了复杂疑难信访问题的解决。同时，进一步规范了信访事项复查复核办法。各地各部门也都结合实际，对《信访条例》和省里制定的规范性文件层层分解细化，健全规章制度，完善配套措施，推动了条例的贯彻实施。二是继续抓好《信访条例》的学习培训工作。以"双教育双规范"为目标，教育干部依法行政、依法做好信访工作，规范受理、办理群众信访事项的行为。同时，教育群众依法提出信访诉求，规范群众信访行为。三是认真开展《信访条例》实施一周年宣传活动。全省统一行动，利用4、5月份的时间，通过组织集中宣传日、在接待场所发放宣传品、现场解答问题和举办知识竞赛等多种形式，进一步深入宣传《信访条例》，多次组织新闻媒体深入基层采访报道，收到较好效果。

三、强化"事要解决"，突出抓好非正常上访的处理

认真抓好向各市和省直有关部门交办的11个方面共3699件重点信访案件的处理工作，全省重点信访案件结案率达到98.5%，一大批信访突出问题得到妥善解决。按照中央和省委、省政府的部署，从6月份开始，在全省广泛开展非正常上访集中整治行动。省委、省政府三次召开全省信访工作专题会议进行研究部署。各级各部门普遍制定实施方案，集中时间、集中力量处理中央和省交办的非正常上访案件，严格落实"四定四包"工作措施，对重点疑难案件实行"三不限、三重新"工作法，逐案研究，分类施治，妥善解决。省信访局加强组织协调、情况控制和督促检查，定期向各市通报情况，取得了明显成效。集中整治活动开展以来，我省进京非正常上访数量逐月下降，中央交办我省的非正常上访案件按期结案上报率达到100%。

四、强化基层基础，提高就地化解矛盾的能力

坚持抓基层、抓基础、抓队伍，不断推进信访工作重心下移。一是建立健全定期排查和重点排查相结合的工作制度，全年共组织开展了10余次大范围的集中排查活动。二是继续在县、乡两级深入开展两个层次的创"三无"(无来省进京上访、无越级集体上访、无信访积案)活动，全省80%以上的乡镇(街道)实现"三无"目标。三是进一步畅通和拓宽信访渠道。深入实施群众来信"绿色邮政"工程，广泛建立"阳光办信"制度，全省收到通过"绿色邮政"的来信3万余件。大力开展律师参与涉法信访工作，积极引导群众通过法律手段解决利益诉求。全省参与接待群众来访的律师达到2000多人，通过律师咨询息诉罢访的信访群众有1万多人。一些地方和部门还通过动员和组织相关社会团体、社会志愿者共同参与解决信访问题。同时，加快全省信访信息化建设，全省实现数据传输互联互通，顺利完成了信访信息系统中心数据库建设，并在全国率先完成设备安装、系统调试和数据交换测试任务。各级各部门通过开辟网上信访，建立热线电话、"省长、市长信箱"，受理电子邮件等形式的信访投诉，切实为群众信访提供便利。2006年"省长信箱"开通后，受理群众来信1.6万多件，全部按程序及时妥善地进行了办理，社会反响良好。四是在全省信访系统组织开展了"创学习型机关、建高素质队伍"活动，大力学习和宣传全国信访干部先进事迹报告团的模范事迹，全省信访干部队伍整体素质明显提高。

五、强化典型示范，带动信访工作整体上水平

一是在源头预防和化解社会矛盾方面，推广了济南市完善领导体制和工作机制，加强和改进新形势下群众工作的经验；日照市创新"少发生、事解决"、"情到位、法到位"工作思路，着眼超前防范，形成"防患于未然、化解于初始、解决于有情"的工作模式的经验。二是在解决信访突出问题方面，推广了滨州市开展非正常上访百日会战和实行"五步工作法"督办解决信访问题的经验；新泰市健全机构，扎实做好信访案件复查复核工作的经验；济南市历城区强化"跟进四抓"措施，集中处理非正常上访问题的经验；以及省农业厅探索实施信访工作"六步工作法"的经验。三是在加强信访工作组织业务建设方面，推

广了青岛市打造“信通访和”品牌，深入开展高绩效信访机关建设的经验等。在总结经验的同时，注重把基层创造的经验和做法提炼升华，形成制度，转化为长效机制，促进了信访工作整体水平的提高。

对我省信访工作，中央联席会议和国家信访局给予充分肯定。中央联席办、国家信访局以及中央新闻媒体多次在全国总结推广山东的做法和经验。去年底，国家信访局专门下发文件，在全国推广我省总结的做好农村基层信访工作的“日照模式”。省委、省政府领导同志多次作出批示，对信访工作给予表扬和鼓励。

附：省委省政府信访局领导成员名单

局　　长：于晓明

副 局 长：赵　进　杜永富　徐　强

王少亮（兼省政府驻北京办事处副主任）

巡 视 员：陈利发

副巡视员：方迎水

省直机关党建工作概况

省委省直机关工委书记　张敬涛

2006年，在省委的正确领导下，省直机关各级党组织坚持以邓小平理论和“三个代表”重要思想为指导，以科学发展观统领全局，紧紧围绕省委、省政府的重大决策部署，以加强党的执政能力和先进性建设为重点，以强化基层组织建设为基础，以深化文明创建活动为总抓手，以提高广大党员思想政治素质为根本，以转变机关作风、树立领导机关良好形象为目标，全面加强机关党的思想、组织、作风和制度建设，着力建设一流的队伍，培养一流的作风，创造一流的业绩，做到了“中心工作有特色、业务工作出经验”，在促进全省经济社会发展中充分发挥了领导机关和广大党员干部的表率作用。

一、抓住根本，进一步深化了理论武装工作

一是重点抓了各单位党组（党委）理论中心组和处以上干部的学习。省直机关工委及时转发了省委理论中心组的学习安排意见，切实加强了对学习情况调度和工作指导。各单位以党组（党委）理论中心组的学习带动机关全体党员的学习，采取集中学习、举办读书会等方式，深入学习近年来党中央一系列重大战略思想和最新理论成果。据统计，省直各单位党组（党委）理论中心组全年集中学习时间均在12天以上，举办读书会286次；党员领导干部撰写理论文章和学习心得3320篇。举办各类培训班669期，培训人员50910人次，其中脱产培训处以上干部5286人次。厅局级党员领导干部为机关和直属单位上党课819次。二是运用多种形式，倡树先进典型，深化学习教育。我们会同青岛海关总结推广了周正同志的先进事迹，组织了专场报告会。在教育活动中，省直机关共召开座谈会、宣讲会1500余个，树立推广先进典型357个，请先模人物作报告300场次；组织演讲比赛、知识竞赛260场次。三是组织开展了以“弘扬爱国主义精神，唱响社会主义主旋律”为主题的纪念建党85周年和长征胜利70周年文艺汇演活动，讴歌党的丰功伟绩，颂扬社会主义建设和改革开放的丰硕成果，起到了凝聚人心、鼓舞士气良好效果。

二、夯实基础，切实加强了基层党组织建设

一是认真组织开展了争创双“五好”活动。根据省委要求，我们重点抓了对各单位争创活动的工作指导和督促检查，总结经验，查找不足，提出改进意见，有力地推动了活动的开展。二是认真抓了基层党组织建设和换届选举工作。举办了省直机关基层党组织建设情况交流会，总结推广了省公安厅等单位的经验做法，收到很好的效果。“七一”前夕，隆重召开了省直机关庆祝建党85周年暨新党员宣誓大会，广大党员受到了一次深刻的党性教育。建立了《省直机关各单位机关党委组成人员及任期情况数据库》，实行动态管理，增强了工作针对性。三是按照省委要求，及时督促各单位党组（党委）按时召开党员领导干部民主生活会，不断加强了对省直机关党员领导干部民主生活会的管理。四是积极开展机关党建工作的调研活动。围绕年初提出的10个方面的调研课题，利用多种形式，组织省、市机关党建研究会会员单位开展了理论调研活动，先后召开了全省机关加强党的先进性建设理论研讨会，对45个机关党建调研工作先进单位和87篇优秀论文进行了表彰；完成了全省《党建研究系列丛书》中《机关党建经验汇编》一书的组稿、编辑工作，全书共收录省市县乡四级经验材料约30万字。五是认真做好省直机关社会稳定工作。各单位高度重视，各负其责，各尽其职，密切配合，齐抓共管，在省直机关努力实现了“四个确保”和“五个严防”的目标，促进了平安山东建设。认真办好《机关党建》月刊和《机关党讯》简报。一年来，宣传报道全省各级机关基层组织建设经验、信息160多篇，总结推广优秀党员典型27个，《机关党建》月刊被评为全省优秀期刊，充分发挥了传递信息、交流经验、指导工作的作用。

三、树立形象，坚持不懈地推进机关党风廉政建设

一是广泛开展反腐倡廉教育。在省直机关组织开展了“学习贯彻党章”和“勤政廉政、科学发展”教育活动，营造了一个学习党章、遵守党章、贯彻党章、维护党章的浓厚氛围。充分发挥省直机关警示教育基地的作用，2006年安排90余批次共计25000多人接受了警示教育。二是强化措施，落实责任，进一步构建惩防体系。对省直机关贯彻落实《实施纲要》和省委《具体意见》的情况进行了一次全面检查，督促各部门各单位党组(党委)抓住责任的分解、考核和追究三个关键环节，把加强惩治和预防腐败体系建设纳入单位部门各项工作的总体规划。目前，省直已有108个单位下发了贯彻落实《实施纲要》的具体意见和工作方案。三是认真做好群众来信来访工作，严肃查处违法违纪案件。积极参与“阳光政务热线”上线工作，督促协调省直厅局负责同志到电台直播节目现场，为听众解读相关政策法规，现场回答听众提出的问题，深受群众欢迎。2006年，省直机关工委共处理人民来信52件，接待群众来访44人次，纪工委直接审理违纪案件12起，处分处以上党员干部10人。

四、以文明创建活动为抓手，全面推进机关建设

按照“充实创建内容、完善创建机制、扩大创建影响、提升创建水平”的总体思路，认真总结了开展文明创建以来的工作经验，加强了对文明创建工作的领导。调整充实了省直文明委，成立了资格审查委员会，切实加强了对活动的组织、协调、督促和检查。对《省直文明机关(单位)管理条例》和《考核细则》重新作了修订，使之更加完善、更具可操作性。在工作机制上，坚持齐抓共管，形成创建活动的合力；在工作原则上，体现以人为本，调动了广大党员干部职工共同参与的积极性；在工作内容上，突出围绕中心，服务大局，提高党员干部职工的素质。目前，创建文明机关(单位)活动已成为省直机关工委开展工作的一项具有凝聚力、向心力和影响力的品牌工程。现在省直机关共有省级文明机关38个，省级文明单位62个；省直文明机关47个，省直文明单位217个。

五、积极发挥群团组织联系群众的优势，努力建设和谐机关

省直机关工会组织围绕和谐社会、和谐山东、和谐机关建设，广泛开展了创建“劳动关系和谐企业”和“学振超精神，做金牌工人，当好主力军，建功‘十一五’”竞赛活动。2006年省直又有2个单位和10名个人分别荣获全国五一劳动奖章(状)和省富民兴鲁劳动奖章荣誉称号。为配合学习贯彻党的十六届六中全会精神，推动和谐机关建设，精心组织开展了以“做表率、谋发展、促和谐”为主题的省直机关职业道德建设成果展。通过图片展板、模型和实物的展出，生动展示了省直机关广大干部职工爱岗敬业、开拓进取、乐于奉献的精神风貌。围绕“结穷亲、解民忧、受教育、促发展”主题，积极开展送温暖活动。据统计，省直各单位共筹集送温暖资金268.3万元，走访慰问困难职工1256户，同时为42户劳动模范发放了慰问金，并继续开展了“金秋助学”活动。为活跃职工文体活动，在省直机关推行了广播操和太极拳健身活动。机关团组织开展了“爱心图书室”捐书助学活动，捐书近20万册，有89个厅局冠名建立了“爱心图书室”，首批有89所小学4万多名贫困孩子读上了本次捐助的课外书，受到基层干部群众的好评。举办了第四届“青年了望”论坛，评选表彰了“省直机关杰出(优秀)青年岗位能手”和“十大杰出青年”，社会反响强烈。机关妇女组织围绕社会主义新农村建设，组织省里有关农业方面的专家到革命老区送科技下乡活动，受到农民群众的欢迎。连续六年开展资助贫困女童活动，为结对救助的113名贫困女童送去学费和学习用品。

六、适应新形势，不断用改革的办法来改进和加强机关党的工作

面对新形势、新任务，各级机关党组织坚持用改革的思维、发展的眼光，不断研究新情况、采取新措施、建立新机制，增强了党建工作的实效性。38个单位荣获省直机关工委表彰的“机关党建工作创新奖”，如：省委办公厅创新工作思路，提出“全面工作抓处室，党的工作抓支部”的构想，深入开展以打造优秀处室为主要内容的“处室建设”活动，实现了机关业务工作和党建工作互相促进、相得益彰的目标，整个机关呈现出新的气象。省人大机关以党建带动整个机关建设，实施“一把手”工程，拓展了机关党的工作领域。滨州、东营市直机关工委在菏泽、日照等市之后，又以正式文件明确了市与县(区)机关工委工作上的指导关系，创新了机关党建工作的领导体制，提升了工作水平。

附：省委省直机关工委领导成员名单

书　　记：张敬涛
副 书 记：马以芳　周惠英　赵修东　李茜
纪工委书记：邵明贵
巡 视 员：李广德
副巡视员：李言学　李玉清

全省高校党建工作概况

省委高校工委书记　齐　涛

2006年，按照中央和省委的统一部署，全省高校以邓小平理论和“三个代表”重要思想为指导，树立和落实科学发展观，认真学习贯彻党的十六大和十六届六中全会精神，与时俱进，开拓创新，高校党的建设、思想政治工作和稳定工作取得了新的进展。

一、重视思想理论学习

深入学习贯彻邓小平理论、“三个代表”重要思想、科学发展观、构建社会主义和谐社会和社会主义荣辱观等重要战略思想。先后组织召开了高校学习六中全会精神、构建社会主义和谐社会座谈会、社会主义荣辱观教育座谈会、学习胡锦涛在全国科学技术大会上的重要讲话座谈会、纪念中国共产党成立85周年座谈会。制定下发了《关于深入学习〈江泽民文选〉的决定》等一系列学习通知，对全省高校学习活动提出明确要求。

重点抓好高校领导干部学习。举办了全省高校党委书记、校长暑期研讨班，组织了高校领导干部学习邓小平理论和“三个代表”重要思想优秀论文评选活动，评出优秀论文198篇。

积极推进马克思主义中国化最新理论成果“进课堂、进教材、进学生头脑”工作。在高校组织了多场马克思主义理论中国化最新成果报告会。

二、加强高校领导班子和干部队伍建设

对部分高校的领导班子进行了充实调整。全年共充实调整省管领导干部116名。对43所高校的448名省管领导干部进行了年度考察。

加强高校领导班子制度建设。制定下发了《山东省高等学校实行党委领导下的校长负责制的实施办法(试行)》，并认真抓好督促落实和情况调度，促进了高校领导班子民主集中制建设。制定下发了《关于高校党委组织部部长和校长助理充实调整有关问题的通知》，进一步规范了高校校(院)长助理及党委组织部部长任免工作。

加强高校处级干部管理工作。对860余名高校处级干部进行了审查备案。组织启动了从普通高等专科学校和职业技术院校选调处级领导干部到普通本科高校挂职锻炼工作。指导高校党委组织部门严格按照《干部任用条例》的规定任用干部。坚持标准，严格制度，规范程序，认真把关，使全省高校处级领导干部选拔任用工作整体提高到一个新的水平。

加强干部教育培训工作。选调13名高校校级干部、13名高校处级干部和1名机关处级干部，分别参加了国家教育行政学院领导干部进修班和国家行政学院的中青年干部培训班。选调17名高校中青年干部到省委党校进行了为期一年的培训。举办了两期全省高校处级干部培训班，自2001年以来已连续举办了11期，共培训处级领导干部1610多人。

三、加强高校思想政治工作和德育工作

认真贯彻落实中央16号文件。向中央督查组汇报大学生思想政治工作情况，得到中央督查组的高度评价。建立了12个德育研究基地，先后召开了全省高校宣传工作会议、全省高校德育工作研究基地建设座谈会。组织开展了600名教师和1000名大学生思想状况滚动调研，产生了一批高校思想政治工作和德育工作研究成果。举办了首届山东高校校长德育论坛。

精心组织实施校园文明、德育工作和大学文化建设三大工程。积极推动校园文化建设，对聊城职业技术学院等4所高职院校进行了文明校园检查评估；积极推动全省高校德育工作检查评估，对山东工商学院等3所高校进行了德育工作检查评估，举办了高校辅导员工作论坛；积极推动全省高校大学文化建设，与中国教育报社联合召开了全国高校“美育与校园文化建设”理论研讨会。在全国高校校园文化建设成果表彰暨专题工作会议上，我省作了典型发言。

切实加强高校政工干部队伍建设。召开了全省高校辅导员队伍建设工作会议，制定下发了《关于进一步加强山东省高等学校辅导员队伍建设的意见》，评选和表彰了全省高校“十佳百优”辅导员，组织十佳辅导员出国考察。举办了全省高校学生政治辅导员培训班、大学生心理健康教育培训班和互联网宣传思想教育骨干队伍培训班，共培训宣传思想政工干部700多名，与省委宣传部、省委党校联合培训哲学社会科学教学骨干110多名。

加强对大学生教育管理和服务工作。组织举办了全省高校纪念红军长征胜利70周年系列活动。制定下发了《关于进一步加强高校形势与政策教育工作的实施意见》，邀请著名国际问题专家为高校师生作形势报告。制定了《关于进一步加强社会主义荣辱观教育的意见》，组织全省十大优秀学生向全省大学生发出《要做社会主义荣辱观的倡导者、践行者、示范者的倡议》。

加强对优秀典型进行宣传报道。制定下发了《关于向赵东营同学学习的决定》，举办赵东营同学先进事迹报告会，在全省高校开展了赵东营先进事迹学习宣传活动。评

选表彰宣传了全省高校“十佳教师”。在《中国教育报》、《光明日报》、《大众日报》和《现代教育导报》等媒体发表新闻稿件45篇,3个头版头条,推出了青岛滨海职业学院重大典型。发挥了舆论的导向引领和激励作用,推动了全省高校党建和大学生思想政治工作。

坚持做好经济困难学生帮扶工作。与省慈善总会、省银行业协会联合开展了“朝阳助学”、“银光助学”活动,资助优秀特困生1000多名;与济南市政府和山东教育报刊社联合开展了第9届优秀特困生奖学金评选活动,表彰资助优秀特困生220多名。

四、加强高校党的组织建设

指导部分高校成功召开了党代会。会同省委组织部制定下发了《关于普通专科学校、职业技术学院、高级技工学校召开党代会的意见》,指导山东师范大学等8所普通本科高校召开党代会进行了换届选举。指导高校开好党员领导干部民主生活会。

做好两级党代会代表推选工作。召开了高校组织工作会议,对十七大和省九次党代会代表的推荐工作进行了部署。

抓好先进性教育活动巩固扩大成果工作。指导高校建立健全了保持党组织和党员先进性长效机制的规章制度4692个。下发了《关于在全省高校党组织和广大党员中进一步学习贯彻党章的通知》,组织开展了“五个一”专题活动。对全省高校78个先进基层党组织、183名优秀共产党员和优秀党务工作者进行了表彰。

积极抓好学生党建工作。加强对学生党支部建设、大学生党员发展及入党积极分子的选拔培养。普通本科高校已基本实现了“一年级有党员,二年级有党小组,三年级有党支部”的目标。同时,在学生公寓、学生社区建立了一批党的基层组织。

加强对民办高校党组织建设的指导工作。起草了《关于进一步加强民办高校党组织建设的意见》,协调有关市党委组织部门和教育部门,理顺了民办高校党组织的隶属关系。青岛滨海学院作为全国民办高校唯一代表在全国第15次高校党建会上做了大会发言。

认真做好高校统战和其他工作。进行了高校统战工作创新优秀成果评选,并进行了表彰。在全国首家创办并开通了高校妇女网“山东高校妇女网”;参加了省直机关工委组织的以“做表率,谋发展,促和谐”为主要内容的职业道德成果展,我委的展览内容被评为省级机关一等奖。

五、确保高校安全稳定

确保高校的政治稳定。在全国和省“两会”、党的十六届六中全会、重要节假日和“台独”势力宣布“废统”、日本小泉参拜靖国神社、安倍首相访华、中非峰会等敏感时期,召开多次高校安全稳定工作情况分析会,及早部署,掌握动态,努力做好敏感时期稳定工作。在外省高校发生学生群体性事件期间,向省委、省政府及时上报情况,对全省高校的矛盾纠纷和不稳定因素进行了排查,制定积极的应对措施,严格落实责任,切实维护了学校的稳定。深入开展同“法轮功”邪教组织的斗争。在师生中深入开展“崇尚科学,反对邪教”教育活动,对涉及人员进行摸排,落实监控措施,抓好反宣品收缴,严防有害信息传播和“法轮功”分子捣乱破坏活动。应对新情况,采取有效措施,积极做好防范非法宗教势力渗透工作。

积极推进“平安校园”建设。对全省高校近三年来开展“平安校园”创建活动以及加强技术防范措施建设的情况进行了检查评估,授予山东大学等47所高校“平安校园”称号。制定下发了《关于深入开展平安校园建设的意见》,提出了推动“平安校园”建设向纵深发展的指导思想和具体意见,加强长效机制建设。

切实加强学校的安全防范和法制教育工作。制定下发了《关于在全省集中开展“禁止刀具进校园”活动的通知》、《全省教育系统集中开展火灾隐患普查整治工作实施方案》,对全省学校安全工作进行了检查、抽查。加强应急管理,制定《山东省教育系统突发公共事件应急预案》,督导各高校制定完善突发事件应急工作预案并进行演练,指导各地、各高校妥善处置各类突发事件。开展把安全教育和逃生演练纳入新生军训工作试点并组织推广。

学校周边治安综合治理工作成效显著。与有关部门配合,加大对学校及周边治安秩序的整治力度。全省共清理整顿校园周边娱乐场所、宾馆、网吧、游戏厅9万余家,出租户5万余户;进行消防检查83000余次,督促整改火灾隐患5600余处;侦破发生在校园及周边的刑事案件604起,查处治安案件1156起,抓获各类违法嫌疑人372名,打掉犯罪团伙15个。全省学校及周边的治安状况明显改善。

六、深入开展反腐倡廉工作

指导高校深入开展反腐倡廉教育。在全省高校党员领导干部中开展了“勤政廉政、科学发展”教育活动;在全省高校纪检干部队伍中开展了“做党的忠诚卫士,当群众的贴心人”活动。进一步加强对高校纪检监察干部培训,做好信访工作。组织指导高校开展党纪条规教育、警示教育,提高拒腐防变的能力。组织全省高校处级以上党员领导干部观看《忏悔录》、《居安思危——苏共亡党的历史教训》等警示电教片,取得了良好教育效果。

认真组织全省高校开展治理商业贿赂专项工作。成立了 山东省教育系统治理商业贿赂专项工作领导小组,印发了《关于做好全省教育系统开展治理商业贿赂专项工作的通知》、《关于加强教育系统重点部门和岗位预防职务犯罪工作的具体意见》,分片召开了高校纪委书记座谈会,加强督导。全省高校共查处违纪违法案件11起,涉案人员中有厅级干部1人,处级干部13人。受到教育部督导组肯定。

开展清理整顿规范职工住房活动。成立高校清理整顿住房工作领导小组,下发通知,组织力量对全省高校房改以来建购房情况进行调查摸底上报，按照合法、公平、惠民原则予以审核规范。

附：省委高校工委领导成员名单

书　记：齐　涛

副书记：田建国　宋焕新　傅华峰　邢善萍

省国资委党委工作概况

常务副省长、省国资委党委书记　王仁元

2006年，省国资委党委坚持以邓小平理论和“三个代表”重要思想为指导，深入学习贯彻党的十六大和十六届四中、五中全会及省委工作会议精神，以科学发展观统领全局，全面履行省委赋予的职责，解放思想，实事求是，开拓进取，与时俱进，切实加强省管企业党的建设、领导班子建设和党风廉政建设，有力地推进了省管企业的改革发展，促进了国有资产的保值增值。省管企业经济效益继续保持较快增长，盈利能力普遍增强，资产运行质量和效率普遍提高。全年，共实现销售收入2341.15亿元，同比增长19.5%；实现利润155.92亿元，同比增长45.5%；上交税金184.72亿元，同比增长20.7%；所有者权益达到718.73亿元，同比增长23.1%；国有资产保值增值率为106.5%；资产总额达到3948.82亿元，同比增长17.7%。净资产收益率平均为7.34%，同比提高2.17个百分点。

一、党建和领导班子建设不断加强，企业党组织政治核心作用进一步发挥

认真组织企业学习科学发展观和十六届五中、六中全会精神，深入开展“五个好”基层党组织、“五个好”党员争创活动，省管企业中共有6个先进基层党组织、6名优秀共产党员和3名优秀党务工作者受到中央或省委表彰。扎实做好企业思想政治工作、精神文明建设、企业文化建设和群众工作，省管及二级企业中有4户被评为国家级文明单位、34户被评为省级文明单位、8户被评为全省思想政治工作先进单位、20户被评为全省企业文化建设示范单位。省管企业扎实开展了“四好”领导班子创建活动，企业领导班子思想政治建设进一步加强。兖矿集团被评为全国国有企业创建“四好”领导班子先进集体，13户省管及二级企业被评为全省国有企业创建“四好”领导班子先进集体。积极配合省委组织部搞好省委管理的企业领导班子管理的同时，调整充实了31户企业的81名领导人员，组织4户省管企业公开招聘了4名高级经营管理人员，成功举办了企业总经理、国有产权代表和外部董事培训班、党建和人才工作研讨班。

二、以构建惩治和预防腐败体系为目标，积极推进省管企业党风建设和反腐倡廉工作

认真贯彻《实施纲要》，加快构建惩防体系。紧密结合企业实际，制定下发了《关于省管企业建立健全教育、制度、监督并重的惩治和预防腐败体系的指导意见》。积极督促企业做好构建惩防体系的基础性工作，共有32户企业制定出了构建惩防体系的实施细则，建立起了领导体制和有效的工作机制。扎实推进治理商业贿赂专项工作，制定下发了3个自查自纠文件，各企业通过自查自纠共发现纠正不正当交易行为90件，涉及155人，金额133.61万元；给予纪律处分15人，组织处理3人，移送司法机关12人。加强对企业领导人员的廉洁从业教育，强化对企业领导人员用权行为的监督，配合有关部门继续开展了清理纠正国有企业负责人在煤矿投资入股工作，与21名企业正职领导人员进行了廉政谈话，委托企业党政正职与119名副职领导人员进行了廉政谈话。加大惩治腐败力度，共受理信访举报321件次，办结315件次，初核11起，要求省管企业或市国资委查报结果16起，向国务院国资委、省纪委、省政府办公厅等上级部门报送调查处理结果8起，并对1起安全责任事故案件的3名责任人进行了政纪处分。深入开展效能监察工作，省管企业共实施效能监察项目695项，提出改进管理意见2203条，制定完善规章制度1240项，避免和挽回经济损失4.35亿元。

三、推动省管企业改革发展，促进国有资产保值增值

省国资委积极推进省管企业改革发展，改革重组实现突破。钢铁集团组建已基本完成资产核实、章程起草和公司注册的有关准备工作；里能集团引进中国华能集团5.5亿元资金，双方合资合作成立了华能山东里能煤电有限公司；华鲁集团重组了新华鲁抗集团；重汽集团红筹上市工作取得重要进展。积极推进主辅分离。截止2006年底200个需分离改制的辅业单位中，119个辅业单位的主辅分离改制实施方案已得到批复，其中临矿、肥矿、潍柴、鲁抗和新华制药等5户企业基本完成了辅业改制任务，妥善分流安置职工2.2万人。分离办社会职能工作涉及的17户省管企业，目前多数已完成与所在市政府的对账工作。稳步实施改制退出。实施改制退出的9户困难企业和其他3户企业，有6户企业的改制退出方案已经批复，6户企业的改制方案正在审批论证。9户困难企业涉及资产总额77.8亿元，职工3.8万人。关闭破产成效显著。2006年终结破产

项目10个，基本终结9个，新进破产程序2个，又协调21个项目列入了破产计划。除新增政策性关闭破产项目外，到2006年底全省136个关闭破产项目中，已终结108个，涉及资产总额61.8亿元，核呆金额34.3亿元，安置职工21.9万人，争取中央财政补助资金59.85亿元。其中53个省属项目，已终结33个，核呆金额4亿元，安置职工15.5万人。扎实推进公司治理结构建设。启动了公司治理结构建设试点工作，向试点企业选派了6名外部董事，向部分国有控股、参股企业派出了国有产权代表，制定出台了加强外部董事管理的具体办法。股权分置改革全面完成。我省40户国有控(参)股上市公司的股改工作已全部完成，对价水平低于全国平均水平，股改工作得到了流通股东和资本市场的认同。华鲁恒升、中国重汽、金岭矿业成功完成增发，共募集资金13.63亿元；高速集团、济钢等7户企业发行债券141.7亿元。至2006年12月29日，省管企业控(参)股的17户A股上市公司，国有股75.07亿股，占总股本的52.52%，国有股净账产账面值227.22亿元，市值506.41亿元。

四、积极维护稳定，努力为企业营造和谐发展环境

加大了对进京非正常上访问题的整治力度，对中央及省联席会议交办的10起非正常访案件，全部逐案重新调查核实，重新研究处理，结案率70%，结服率20%。牢牢守住驻京值班这一最后防线，全年及时劝返了10余人。100%完成省信访局交办的140余件重点信访案件，防止了新非正常访的产生。2006年，省国资委共办理来信来访667件次，重复信访242件次，同比分别下降9.1%、15.7%。完善了信访三级信息网络和信访值班制度、信息报告制度、现场巡回接访制度。各企业积极完善网络、健全机制，为维护企业稳定和谐做了大量工作。省国资委积极开展困难企业困难职工救助工作，成立以来共筹集近3500万元专项救助资金，救助了42000多名困难职工。各企业也积极开展各种形式的扶贫送温暖活动，进一步密切了党群干群关系。

五、机关自身建设取得明显成效，干部队伍整体素质进一步提高

部署开展文明机关创建活动，积极推进机关思想、组织和作风建设，印发了《关于认真组织学习党的十六届六中全会和省八届十三次会议精神的通知》，制定了《关于在委机关开展"五个好"基层党组织和"五个好"党员争创活动的意见》，积极组织了委机关共产党员先进性教育"回头看"，举办了机关运动会、书画展等群众性活动，丰富了干部职工的生活，增强了机关的凝聚力。制定了节约型机关建设方案，倡导干部职工勤俭节约。省国资委被评为2006年度省直文明机关、节约型机关。加大干部培养锻炼力度，建立了机关干部到省管企业挂职锻炼制度，首批选派5名处级干部到企业挂职锻炼，同时，多次组织全体干部深入省管企业考察学习，加深了机关干部对企业的了解，增强了服务意识。创新干部培训方式。坚持并完善了一年两次的集中培训，聘请全国知名的专家学者进行授课，提高了干部职工履职能力。创新举办了"每月一讲"论坛，由各处室围绕全委工作重点轮流主讲，形成了研讨工作、交流思想的平台；建立了机关干部出国培训渠道，组织委机关25名副处以上干部，赴新加坡进行"国有资产监管与运营"专题培训。积极组织干部职工开展献爱心活动，向巨野县实验小学"爱心图书室"捐赠了价值16000余元的图书，组织两次慈心捐赠活动，共捐款28670元、捐衣物204件。

附：省国资委领导成员名单

书　　记：王仁元(兼)
副 书 记：于　刚(女)　谭成义　裴建华
党委委员：王仁元　于　刚(女)
谭成义　裴建华　宋文平
汲斌昌　孔凡太
副巡视员：韩成峰　李　红(女)

全省党校工作概况

省委党校常务副校长　安世银

2006年，全省党校在省委和各级党委的正确领导下，坚持以邓小平理论和"三个代表"重要思想为指导，以科学发展观为统领，深入学习贯彻中央、省委关于党校工作的一系列重大战略决策，认真落实胡锦涛、曾庆红同志和省委领导同志关于党校工作的指示批示，紧紧围绕省委和各级党委的中心任务，充分发挥"主阵地、主渠道"作用，开拓进取，扎实工作，各项工作都取得了显著成绩。

一、深化改革，教学质量有了新的提高

一是坚持用马克思主义中国化的最新成果武装干部，继续完善教学新布局，不断深化教学内容改革，丰富了"四个单元、十大板块"的教学内容，强化了能力培养和省情教育，进一步增强了教学的针对性和实效性。

二是积极探索教学新布局的具体实现形式，在坚持以

课堂教学为主的同时,还根据分类别、分层次的要求,不断推进了研究式、案例式、菜单式、模拟式、现场教学式、体验式教学,教学质量显著提高。

三是编写了一批既反映时代精神,又具有山东地方特色和党校风格的基本教材和辅助教材,全省党校共编写出版教材80本,进一步完善了我省党校主体班次教材体系。

四是为“大规模培训干部,大幅度提高干部素质”做出了新的贡献。全省各级党校共培训轮训各级各类干部227059人次。其中,进修班94592人次,培训班107068人次,理论班2771人次,研讨班22628人次。省委党校共举办各类班次49个,培训轮训学员5097人次,创历史新高。在办好主体班次的同时,还加大为中心、为大局服务的力度,与其他部门联合办学,培训各级干部99823人次。

二、坚持“四个服务”方针,科研工作有了新的突破

一年来,全省各级党校认真贯彻落实科研工作为提高教学质量服务、为党委和政府决策服务、为社会主义物质文明和精神文明建设服务的方针,坚持“强服务、重现实、争课题、出精品”,开创了党校科研工作的新局面。

一是在争课题出精品上狠下功夫,推出了一批内容好、质量高、社会影响大的研究成果。全年在省级以上报刊发表论文2422篇,出版学术著作74部,出版教材80册,获省级科研奖励316项。省委党校立项国家课题4项,省社科规划课题25项,省软科学课题5项,全国党校系统课题6项,省委委托课题8项。

二是积极为党委政府决策服务,被中央、省(部委)和市、县领导批示转发、采纳批办,进入各级党委决策的调研报告共有399篇。仅省委党校被省领导签批采用的成果有20余项,其中张高丽书记亲自签批的就有9项。

三是着力发挥系统优势,下大力气抓好协作攻关,科研管理服务水平有了新的提高。省委党校和市、县区党校都加强了科研组织策划,开展了课题调研、学术会议、学术论坛等科研活动,较好地发挥了科研基地、学会和研究所等平台作用。

三、坚持为教学科研服务,信息化建设取得新的成效

初步建立起了全省远程教学课件制作师资库,完善了信息化管理的各项规章制度、管理体制和运行机制,规范了全省党校远程教学网站的二级管理体系,提高了基层党校远程教学网的使用率。7月份在胜利油田党校举办近140人参加的全省党校系统信息化建设技术骨干培训班。下半年,通过卫星远程教学网络组织了全省党校系统C级站的技术培训,全省市县党校100多人参加了培训。加大《党政领导干部执政科学数据库》的建设,开通了以17个案例为前期成果的《经典案例子库》,还在对全省党校图书馆数字化建设情况进行调研摸底的基础上,制定了《山东省市级党校图书馆数字化建设工作评估内容及计分标准》。

四、实施“人才强校”战略,队伍建设有了新的进展

在领导班子建设方面,适应新形势下党校工作需要,市县党校领导班子的年龄、专业结构得到进一步优化。2006年底班子成员中45岁以下的共382名,占总数的43%,研究生以上学历的106人,占总数的12.3%。

在师资队伍建设方面,继续实施人才引进、培养提高、自学成才“三大工程”,2006年底全省党校共有博士26人,硕士246人,具有研究生学历的224人;经济、管理专业的教师1260人,占教师总数的32.8%;45岁以下的教师2900人,占教师总数的85.7%。与此同时,还选派750人次到上级党校或高校培训进修。省委党校先后组织28所先进党校校长赴华东4省市学习考察、部分市级党校分管后勤工作的校长赴西北学习考察、教务处长出省学习考察。省委党校先后举办了学习五中全会远程师资培训班、学习《江泽民文选》理论骨干培训班、学习六中全会理论骨干培训班,为全省党校培训了师资力量。2006年对全省244名申报党校教师高级职务资格的人员进行了评审,评审通过教授30人,副教授36人,高级讲师86人,共计152人。

五、加快基础设施建设,后勤保障能力有了新的增强

全省党校2006年基本建设拨款9398.7万元,比上年增加1853.75万元;校园占地面积5279.57亩,比上年增加149.02亩;建筑面积331554平方米,比上年增加74354平方米。济南、青岛、淄博、济宁、威海等党校都有大的基建项目,滨州新校建设已部分使用,省委党校、枣庄、潍坊市委党校新校建设已经列入计划,新校校址已经确定;聊城所属县市区委有2所党校建了新校,3所党校进行了改造;乳山市委党校新校主体工程已经进入装修阶段;泰山区委党校已经批准立项。还有一些区县党校正在酝酿筹建或改造建设当中。

六、加强业务指导,为基层服务水平有了新的提升

一年来,先后召开了全省党校校长会、分管业务指导工作校长会、工作处处长会、教学改革研讨会、科研工作会议、信息化建设工作会议、图书馆馆长会,举办教务处长培训班,传达了上级精神,研究部署了工作,指导了基层的实践。在全省党校系统继续开展“争创一流党校”和“评优选先”活动。先后组织了全省市级党校业务指导先进单位、优秀科研组织奖和优秀教学奖评选,有力地促进了基层党校工作和全省党校事业的发展。

附:省委党校领导成员名单

校　　　长：张高丽（兼，2007 年 4 月离职）
　　　　　　李建国（兼，2007 年 4 月任职）
常务副校长：李新泰（2007 年 2 月离职）
　　　　　　安世银（2007 年 2 月任职）
副 校 长：鲁大奎　商志晓　王士富
　　　　　　衣　芳　李永清
副 巡 视 员：王延超　葛泉滋

全省党史工作概况

省委党史研究室主任　姚学政

2006 年，在省委的正确领导和中央党史研究室的有力指导下，全省各级党史部门和广大党史工作者以“三个代表”重要思想为指导，全面贯彻落实科学发展观，按照中央和省委关于党史工作的一系列重要指示精神，充分发挥党史工作以史鉴今、资政育人的作用，围绕中心、服务大局，深化党史研究，推进党史工作，取得了显著成效，各项工作迈上一个新台阶。

一、认真贯彻落实中央文件和省委领导批示精神，搞好党史工作规划，健全党史工作机制

2006 年是进一步加强和改进党史工作的重要一年，中央和省委对党史工作作出了一系列重要指示。中办发[2006]23 号文件下发后，省委书记张高丽，省委常委、组织部长刘伟作出重要批示。根据省委领导批示精神，室主任办公会专题研究落实意见，制定了《关于贯彻落实中办发[2006]23 号文件及省委领导批示的意见》。《意见》对《山东省 2006—2010 年党史工作规划》从扩大党史部门工作职责、加强资料的管理和利用工作、认真做好党委布置的工作及其他部门委托的工作、全面开展革命遗址普查、参与对红色旅游工作和革命纪念场馆的指导、加强横向联系与交流等六个方面做了补充完善。修订后的党史工作五年规划突出体现了“围绕中心、服务大局”的基本要求，党史部门作为党委工作部门的职责更加明确。为推动《意见》的贯彻落实，我们召开全省党史研究室主任会议进行了传达贯彻，室领导深入市、县（市、区）就意见的落实情况进行督查和调研。

为形成目标明确、责任清晰、权责一致的工作机制，进一步提高工作成效，确保党史工作各项任务的全面落实，按照省委“三个体系”建设的要求，修订完善了《省委党史研究室建立和完善“三个体系”建设的实施意见》，成立了由室领导班子成员组成的“三个体系”建设领导小组。在目标决策上建立了调查研究、征求意见、专家咨询和评估等制度，在责任执行上实行执行情况定期通报、协调调度、责任追究等制度，在考核监督上实行党内监督、群众监督和绩效考核监督相结合。同时，进一步修订完善了加强领导班子建设和干部队伍建设、加强思想政治工作和机关党的建设、加强人才培养和业务研究、加强廉政建设等方面的相关制度。

二、突出重点、落实责任，全面推进党史研究工作

（一）继续深化新民主主义革命时期山东党史研究　为整合全省党史优势资源，深化新民主主义革命时期山东党史研究，我们在上年形成《山东抗日战争大事记》（征求意见稿）的基础上，印发全省 17 市、140 个县（市、区）党史研究室和省内有关专家，以征求意见的形式广泛吸纳全省有关抗战时期研究成果，订正、增补了 1371 个条目。作为集中反映这一时期山东党史研究成果的地方党史第一卷也进入编辑出版的收获期：编辑出版了《中共鲁中地方史》；完成了《中共滨海地方史》征求意见稿的编写；济南、青岛、东营、泰安、威海、日照、莱芜等 7 个市所辖县（市、区）全部完成地方史第一卷的编辑出版工作。

（二）大力加强社会主义建设时期山东党史研究　首先，突出重点，着力加强《中共山东地方史》第二卷的编写工作。我们在完成《中共山东地方史》第二卷初稿的基础上，组织骨干力量查阅档案 2600 多卷、收集文献资料 300 余万字，加强了相关专题的研究，对初稿进行了部分修改，为完成征求意见稿打下了坚实的基础。各市全面启动了地方史第二卷的编写，其中青岛、淄博、济宁、莱芜、滨州等市完成地方史第二卷征求意见稿，济南、枣庄、烟台、威海、泰安、日照、临沂、聊城、菏泽等市完成第二卷部分初稿或专题。其次，按照开门办史的工作思路，我们与省国资委联合编纂出版了《中国共产党山东省省管企业及中央驻鲁企业组织史资料》（1949.10—2004.12），首次全面系统地记述了中共党组织在齐鲁大地上领导企业发展的奋斗历程，为加强国有企业党建研究和建国后我省各个时期企业发展研究奠定了基础。省委领导同志对该书的编纂出版工作非常重视，省委常委、组织部长刘伟任编委会主任，并为该书作序。第三，按照《山东省志》的续修计划，组织力量基本完成了《共产党志》的续修任务。

（三）积极推进改革开放新时期山东党史研究　省里已出版了《省委书记苏毅然话山东改革开放》、《谭启龙纪念文集》，完成了《省委书记姜春云话山东改革开放》口述史的编写任务。各市、县（市、区）在完成省里部署的任务的同时，结合本地实际，先后启动了党委主要负责同志口述史的编

写。青岛市采访了4位市委主要领导和10位副市级领导同志，整理了17万字的口述史文稿，出版口述史资料丛书《回忆与思考》第一、二集；淄博市编辑了《书记工作实录》资料；泰安市整理了两位老书记的口述史资料；日照、莱芜、临沂、聊城、菏泽等市已采访了部分老领导。

三、以重大纪念活动为载体，举办丰富多彩的党史宣传教育活动

2006年是建党85周年、红军长征胜利70周年，我们按照省委要求和2006年全省党史工作安排，精心组织谋划，以重大纪念日为平台的党史宣传教育活动好戏连台：举办了庆祝建党85周年大型图片展，从近3千幅图片中精选出360幅，以图文并茂的形式全面系统地展示了中共山东党组织85年的光辉历史、辉煌成就；举办了纪念红军长征胜利70周年大型图片展，接纳机关、学校、部队和社会各界人士参观3万余人次；组织人员撰写了《长征——70年后再回首》、《罗荣桓夫人林月琴——赤心一片献给党》和《长征精神是中华民族的精神丰碑》等文章；召开了庆祝建党85周年学术研讨会，收到来自高校、党校、社科系统论文117篇，内容包括党的先进性建设、党的执政规律研究、科学发展观研究、平安山东建设、小康社会建设和毛泽东思想研究等六个方面，评选出优秀论文70篇；举办了黎玉同志百年诞辰纪念活动，出版了《黎玉》一书，同时在《大众日报》发表了《深切怀念黎玉同志》的纪念文章；编辑出版了《中共山东历史图集》和《中共山东党史人物》(第七卷)；举办了华东七省市党史工作协作会和党史期刊工作会议，扩大了山东党史和其他工作的影响；协助中央党史研究室、中国中共党史学会等单位在临沂市成功举办了“革命老区与社会主义新农村建设理论研讨会”。

各市、县(市、区)党史部门结合当地实际，采取多种形式宣传、讴歌党85年来领导全国各族人民进行革命、建设、改革的光辉历史和丰功伟绩，宣传长征精神，使广大党员干部群众，特别是青少年更加拥护党的领导，更加坚定跟党走建设中国特色社会主义道路的信念。

四、打造资政平台，提高党史工作服务中心、服务现实的水平

(一)进一步强化《中共山东年鉴》的资政功能 为打造一个全方位、立体化、大容量的党建和执政信息交流平台。《年鉴》(2006卷)围绕省委的中心工作，紧扣时代脉搏和实践要求，选取了胡锦涛等中央领导同志视察山东的8幅照片；特载了省委书记张高丽“在山东省庆祝中国共产党成立85周年暨保持共产党员先进性教育活动总结表彰大会上的讲话”；收录了全省各级党组织党的建设、执政能力建设的最新理论成果和实践成果；记述了各级党组织加强执政能力建设和先进性建设，加快经济发展和构建和谐社会中的突出亮点与典型经验。特别是集中体现《年鉴》宗旨和方向的“党建”、“执政”两个论坛，紧紧抓住节能降耗、好中求快等科学发展中的关键问题和医疗、就业等民生关注的热点问题，选取了一批高层次的文章，从理论和实践上起了很好的引导作用。目前，全省已有7个市、县(市、区)仿照省里的办法编纂出版了《年鉴》，除济宁市、兖州市、曲阜市、诸城市、潍坊市潍城区外，2006年又有昌乐县、定陶县编纂出版了《年鉴》，并收到良好效果。

(二)出版了一批贴近现实、为党的中心工作服务的专题书籍 我们积极拓展党史工作的资政空间，在总结编写《“三农”现代化之路》第一卷经验的基础上，出版了质量更高、指导性更强的《“三农”现代化之路》第二卷，确定了《社会主义新农村建设带头人》专题丛书编纂计划。编辑出版了《新世纪 新亮点——高速发展的山东高新技术》等书籍、画册。各市、县(市、区)也编撰出版了一批贴近现实的党史书籍，在配合当地党委工作和资政育人方面发挥了很好的作用。

(三)推出了一批有深度、有分量、可资借鉴的资政报告和理论文章 按照省委领导指示精神和中央党史研究室的有关要求，在充分调研、精心准备的基础上，我室成立课题组，认真落实省委领导交办的资政课题《党内历次整党整风及集中思想教育活动的历史考察与思考》。根据省委组织部的要求，省委党史研究室撰写了理论文章《我们党先进性建设的生动实践和历史经验》，已编入省先进性教育活动办公室主编的《建设群众满意工程》丛书。同时，还组织我省高校部分教师撰写了理论文章，送省委有关领导参阅。

五、履行神圣职责，精心搞好抗战课题大型调研活动

2006年，全国统一部署开展《抗战时期中国人口伤亡和财产损失》课题调研工作。这既是一项非常重要的政治任务，又是一项十分严谨的历史研究、学术研究工作。省委书记张高丽，省委副书记、省长韩寓群，省委常委、组织部长刘伟多次作出重要批示，提出明确要求。按照省委领导批示精神和全国统一部署要求，2006年3月至7月，我们首先在30个县(市、区)部署了调研试点工作，在试点基础上制定了《山东省抗战时期人口伤亡和财产损失课题调研工作方案》及相关配套文件。省委成立了省委常委、组织部长刘伟任组长，省直11个党政部门为成员单位的大型调研活动领导小组，下设课题研究办公室。各市、县(市、区)成立了相应的领导及办事机构。省委办公厅下发了《关于做好山东省抗战时期人口伤亡和财产损失课题调研工作的通知》。省委召开了省市县三级课题领导小组组长及成员近3000人参加的电视电话会议。全省组织起由300余名省、市、县党政领导同志、3910名档案文献查阅人员、32万余名走访调查取证人员参加的调研队伍，迅速形成了纵向省、市、县、乡、村五级联动、步调一致，横向十几个党政部门优势互补、携手攻关的工作格局。数百名市、县党政领导同志担负起第一责任人的职责，为调研工作创造了良好环境；数千名调研工作人员认真查阅浩如烟海的历史档案文献，仔细搜集

日军罪证记录;数十万名调查取证骨干队伍和退休老干部、老教师、老党员遍访千家万户,奔波在调研工作的第一线。省、市、县课题研究办公室抓住关键严格督办,业务指导一丝不苟,夜以继日顽强拼搏。省抗战课题研究办公室先后召开工作调度会、专家咨询会8个,下发传真电报12封,编印工作简报124期,其中有16期被全国课题办公室转发。这次课题调研取得了丰硕成果,达到了省委提出的"精品工程"的要求,向中央、省委交出了一份高质量的答卷:全省走访调查1927个乡镇、83317个行政村、5070663名70岁以上老人,收集规范有效证言证词791951份,形成了大量的人证材料;查阅档案238742卷、复印档案资料406912页,查阅抗战期间及战后出版的书报刊10402种、61301册,复制文献资料220177页,形成了丰富的书证材料;拍摄照片资料7376幅、录像资料49678分钟,制作声像资料光盘2037张,形成了大量弥足珍贵的声像资料;形成包括姓名、籍贯、被害经过等内容的473419名伤亡人员的名录;形成了10项专题的丰富史料;利用司法手段对301个重大惨案进行了司法公证;全省县乡形成了由12892个案卷组成的系统规范、独具特色的抗战时期人口伤亡和财产损失史料库。这次调查范围之广、调研成果之大都达到了前所未有的程度,全国课题办公室称"山东的调研成果为全国提供了宝贵经验,做出了重大贡献。"

六、加强党史部门自身建设,提高党史工作队伍整体素质

(一)加强理论建设,提高党史工作为大局服务的水平 一年来,我们始终把学习好邓小平理论、"三个代表"重要思想、党的十六大和十六以来历次全会精神,学习好《江泽民文选》,学习好胡锦涛同志在庆祝中国共产党成立85周年大会上的重要讲话作为首要的政治任务。室机关党委按照中央和省委的部署,采取多种形式,组织党员干部认真学习。在学习中,进一步完善了理论学习中心组、机关党委、党支部学习制度和考核措施,形成了自觉学习理论、持之以恒抓理论武装的长效机制。全室党员干部理想信念更加坚定,政治意识和大局意识进一步增强。

(二)加强机关作风建设,营造干事创业的良好环境 以机关作风建设为重点,深入开展了"五个一"专题教育活动和"八荣八耻"学习教育活动。在"八荣八耻"专题教育活动中,室主要领导带头上党课,提出了党史工作者践行"八荣八耻"社会主义荣辱观必须履行的道德准则和行为规范,使全体党员从思想认识和具体行动上增强了践行"八荣八耻"的自觉性。室机关党委还组织开展了以"寻访革命足迹、激发工作热情"为主题的专题实践活动,全室党员通过实地考察革命纪念地接受革命传统教育。按照省直机关工委的统一部署,室机关党委组织党员开展了整改措施落实情况的专题检查,进一步查找差距和不足,制定完善改进措施。通过各项教育活动的扎实开展,全体党员的党性觉悟和践行"三个代表"重要思想的自觉性和坚定性大大增强,机关作风有了很大转变,形成了想干事、争任务、自我加压、默默奉献的良好风气。

(三)加强业务建设和人才培养,增强党史事业的可持续发展能力 针对党史队伍高素质后继人才匮乏的现状,室领导班子把建设一支政治强、业务精、作风正、富有战斗力的党史工作队伍作为当前和今后一项非常迫切的任务,在认真分析研究党史研究人才队伍现状的基础上,出台了"全面提升青年党史工作者的整体素质、大力培养党史研究后备人才与增强党史事业的可持续发展能力"的青年学者工程。2006年3月全面启动后,通过专家定期指导、听取工作汇报、交流项目进度、张榜公示研究成果等措施,督促45岁以下的"青年学者"早出成果、多出成果,出好成果。省及各市、县(市、区)党史部门还分别采取自办、联办培训班和请进来指导、派出去学习等形式,加大干部培训力度,全省党史系统的业务水平、工作能力进一步增强。

(四)加强全省党史工作的指导,提高履行省委工作部门职能的能力 在认真贯彻中办发[2006]23号文件精神,积极落实中央和省委赋予党史部门的管理职能的同时,通过研究制定全省党史工作规划、召开全省党史研究室主任会议、开展学术研究和课题合作、总结推广典型经验、培训党史业务干部、评选党史优秀成果、深入基层督导检查工作等多种方式和途径,切实加强了对市县党史工作部门的业务指导。一年来,组织全省20名党史业务骨干参加了中央党史研究室举办的4期培训班,组织24名市、县党史研究室负责同志到省外考察学习先进经验。推荐评选出4个全国党史工作先进集体、11名全国党史工作先进个人。督导各市县区完成了地方党史第一卷的编辑出版,举办了全省地方党史第二卷编写工作培训班,培训市、县两级党史业务骨干76名。组织指导市、县(市、区)启动了党委主要负责同志口述史的编写。开展了对党史纪念地和革命遗址的摸底调查,加强了对党史纪念场馆和党史教育基地的保护、修缮、开发、利用工作,全省17个市全部完成了党史纪念地和革命遗址摸底调查,普查统计党史纪念地和革命遗址371处。

附:省委党史研究室领导成员名单

主　　任:姚学政
副 主 任:常连霆　魏训洲
副巡视员:邱传贵

大众报业集团(大众日报社)工作概况

大众报业集团(大众日报社)
党委书记 傅绍万

大众报业集团(大众日报社)【以下简称集团(报社)】是以中共山东省委机关报——《大众日报》为旗帜和核心，经中宣部和国家新闻出版总署批准，于2000年挂牌成立的。集团(报社)目前拥有《大众日报》、《农村大众》、《齐鲁晚报》、《生活日报》、《鲁中晨报》、《半岛都市报》、《经济导报》、《城市信报》、《现代交通报》、《山东法制报》、《新晨报》十一张报纸和《青年记者》、《成长先锋》、《半岛新生活》、《山东人事》、《山东劳动保障》五份刊物及一个网站——大众网，形成了以母报《大众日报》为龙头，系列子报刊繁衍发展的母子报刊体系。近些年来，集团(报社)紧紧抓住新闻宣传和改革创新两个着力点，不断推动集团(报社)事业发展。《大众日报》及系列子报刊在坚持正确舆论导向、深化新闻改革、提高舆论影响力方面，进行了一系列探索创新，取得了良好效果，初步培育起以报纸为依托的广告、发行、印刷、信息、物资、酒店等产业，经济实力不断增强，已经发展成为报刊种类齐全、经济实力雄厚、产业功能完备的大型报业集团。

2006年，是贯彻落实科学发展观、构建社会主义和谐社会的关键一年，是我国"十一五"规划起步之年，也是集团(报社)事业发展的关键年。集团(报社)工作的总体目标，就是要坚持高标准，再上新水平，实现新发展，抓住有利时机，推进集团(报社)事业上一个大的台阶，为实现集团(报社)党代会提出的五年目标打下一个坚实基础。2006年，在省委的正确领导下，集团(报社)党委团结带领全体职工，围绕这一目标，奋发努力，开拓进取，新闻宣传、经营管理和其他各项事业取得显著成效。

一、舆论影响力明显提升

2006年，新闻宣传工作以推动经济社会又好又快发展为主线，把握正确导向，围绕大事报道，打好重点战役。对胡锦涛总书记视察山东一周年、贯彻六中全会精神、构建和谐社会、建设社会主义新农村、纪念建党85周年、红军长征胜利70周年和省委、省政府"一个目标"、"三个转变"、"三个更加"、"做好三件大事"的总体部署，做了浓墨重彩的报道。主题鲜明，声势浩大，高潮迭起。中宣部、省委宣传部《新闻阅评》多次给予肯定。坚持版面和内容创新，不断增强报道的吸引力和感染力。《大众日报》巩固扩大改版成果，得到领导机关、广大读者和业界的广泛认可。7月，在中宣部举办的"提高主流媒体舆论引导能力研讨会"上，中宣部领导指出："《大众日报》改版以来，坚持特色立报、新闻强报，突出报纸新闻纸的本质，可读性、影响力明显增强"。在第十六届中国新闻奖评选中，《大众日报》获2个一等奖，1个二等奖，创历史参评最好成绩。《齐鲁晚报》提升报纸品位，推进竞争力再造，品牌影响力进一步显现。在新闻出版总署主办的第三届中国报业竞争力年会上，进入中国晚报都市类报纸竞争力20强，位居第三。2007年《大众日报》、《齐鲁晚报》等集团(报社)主要报刊发行量全面增长。省委书记张高丽同志对集团(报社)各项事业发展给予充分肯定，指出，《大众日报》舆论导向把握得很好，服务大局服务得好，尤其是贴近中心工作贴得紧；报业集团抓住机遇、乘势而上，实力不断壮大，《齐鲁晚报》也进入全国三强，这很不简单。

二、"管理效益年"活动成效显著

集团(报社)把发展牢牢抓在手上，转变发展模式，提高发展质量。实行了以目标利润和现金流量为导向，以成本控制为重点的全面预算管理，执行情况良好。出台并落实了《全面预算管理办法》、《合同管理办法》、《采购管理办法》和《纸张管理规定》等重要规章制度，推进了经营管理规范化，集团(报社)控制能力和风险防范能力大大增强，增收节支成效显著。实行新闻纸公开招标采购，压缩库存，加强纸张调拨、验收、结算等环节的管理，节约资金2800多万元。对印刷环节实施成本控制，仅PS版、胶片费用就减少990万元。加强资金管理调度，调整贷款结构，压缩贷款规模，减少财务费用598万元。在2006年报业经营形势并不乐观的情况下，集团公司实现利润同比增长79.45%，创历史最高水平。

三、事业拓展迈出新步伐

集团(报社)发挥现有媒体优势，积极开拓新的发展领域。《大众日报》既充分利用公益性文化事业政策，又面向市场开拓创新。《齐鲁晚报》实施了与大众网的资源整合，优势互补。《山东法制报》正式划转集团(报社)主管主办。成功收购《家庭生活报》，更名为《新晨报》，是集团(报社)主管、经济导报社主办的文摘类报纸。引进高斯环球75高速轮转胶印机，报纸印刷能力明显增长。品牌经营实现新突破。成功组织我省首届(国际)文化产业博览会，圆满完成了招展、策展、布展、参展、宣传等任务，展示了集团(报社)良好形象，扩大了社会影响，得到省委充分肯定。

四、监督体系建设进一步加强

集团(报社)健全大监督体系，全面实施监督监察。认真落实中央《建立健全教育、制度、监督并重的惩治和预防腐败体系实施纲要》，制定了具体实施意见。进一步强化党风廉政建设，积极开展反腐倡廉教育，认真排查处理群众来信来访，加大违法违纪案件查处力度。发挥集团监事会派出监事作用，对印点新闻纸库存超量、账实不符等问题进行了核查。紧密围绕“管理效益年”总体目标，做好财务预算审计、经济责任审计、工程项目审计和广告、发行统计与监督，及时发现解决问题。

五、党的建设、队伍建设有新气象

立足集团（报社）长远发展，着眼干部队伍健康成长，实施了较大力度的采编、经管、党群系统中层干部轮岗交流。开展争创“五个好”基层党组织和党员活动，巩固和扩大先进性教育成果，促进基层党组织建设和党员队伍建设。采编队伍作风建设富有成效。坚持重要宣传信息通报制度，举行导向把关培训、考试和研讨，提高了各媒体的导向把握能力。通过举办原创新闻大赛、采编作风交流会、先进事迹报告会等活动，提高了采编队伍整体素质。以学习研讨、歌咏比赛、体育比赛等各种活动为载体，加强集团（报社）文化建设，树立大众报人良好社会形象。一年来，集团（报社）涌现出一批政治强、业务精、纪律严、作风正的典型。《齐鲁晚报》记者张刚的事迹引起李长春同志的高度重视，中宣部、全国新闻工作者协会把张刚同志作为新闻战线的典型向全国推广。集团（报社）内部开展了‘向张刚同志学习，做优秀大众报人”活动，对激发广大干部职工立足岗位、干事创业起到了积极推动作用。

六、解决了影响稳定发展的突出问题

经济支柱单一，债务负担过重等，一度成为影响集团（报社）稳定发展的突出问题。通过集团（报社）的大力扶持，青岛分社收缩战线，突出主业，《半岛都市报》已经成为重要的利润中心。结合审计整改，对青岛分社及相关公司、新闻大厦子公司等进行了清理整顿，理顺了母子公司体制，消除了风险隐患，维护了集团（报社）利益。加强资金运筹，加大还贷力度，集团（报社）本部债务已经降到较小规模。这些问题的解决，为集团（报社）事业又好又快发展扫清了障碍，奠定了基础。

附：大众报业集团（大众日报社）党委成员名单

书　记：傅绍万

副书记：许衍刚　张瑞云　李壮利

常　委：傅绍万　许衍刚　张瑞云　李壮利　吕德一　王海清　魏　武　赵念民

全省工会工作概况

省委常委、省总工会主席　柏继民

2006年，全省各级工会在省委、省政府和全国总工会的坚强领导下，深入学习贯彻党的十六届五中、六中全会和胡锦涛总书记关于工会工作的一系列重要指示精神，以科学发展观统领全局，认真落实全总“组织起来、切实维权”的工作方针，紧紧围绕省委“一二三四五六”的发展目标和工作思路，突出重点，勇于创新，狠抓落实，工会工作在许多方面都取得了新的突破和发展。

一、紧紧围绕全省工作大局，组织动员广大职工为经济社会发展做出积极贡献

围绕全省经济社会发展目标，以“学振超精神，做金牌工人，当好主力军，建功‘十一五’”活动为载体，积极组织动员广大职工为建设“大而强、富而美”的社会主义新山东建功立业。

（一）大力实施职工素质工程　组织了“工人有技术才能更有力量”大讨论和演讲比赛，营造了浓厚活动氛围。深入开展了“创建学习型组织，争做知识型职工”、“职工素质提升，争当首席技师”、全省百万职工“技能培训、技能练兵、技能竞赛”等活动和“知荣辱，当主人，做贡献”主题教育，全省420多万名职工参加了各类技能培训。制定下发了《关于申报富民兴鲁劳动奖章的行业性职工职业技能比赛工作的意见》，指导开展了7个行业职工职业技能比赛，成功举办了全省第二届职工技能大赛，广大职工的思想道德素质和职业技能素质不断提高。

（二）大力实施职工经济技术创新工程　围绕增强企业自主创新能力、发展先进制造业、节能降耗、环境保护等关键环节，广泛组织职工开展技术创新和合理化建议活动。全省职工共提出合理化建议76万件，实施32万件。组织全省184万职工开展了以“安全、质量、廉政、进度、创新”为市以上重点工程立功竞赛活动。

（三）大力弘扬新时期劳模精神　“五一”前夕，温家宝总理给许振超同志亲自复信后，在全省上下组织进行了认真学习和宣传，使广大职工深受鼓舞、倍感振奋。圆满完成了701个省富民兴鲁劳动奖章获得者和187个省富民兴鲁劳动奖状获得单位的评选表彰工作。

**（四）成功举办了以“当好主力军、建功‘十一五’、和谐

奔小康"为主题的全省职工美术书法摄影展,共收到参展作品1000余件,展出500多件获奖作品,弘扬了社会主义先进文化,丰富了职工精神生活,展示了全省工人阶级主力军风采

(五)加强工会劳动安全卫生监督检查工作,组织全省780多万职工开展了"安康杯"竞赛活动,促进了全省安全生产形势的稳定好转

二、积极推动和谐社会建设,创建"劳动关系和谐企业"活动取得了明显成效

围绕构建社会主义和谐社会,在全省各类企业中广泛开展了创建劳动关系和谐企业活动。截至年底,全省已有9.1万家企业,906万名职工参加了创建活动。

(一)加强组织领导 年初,省委办公厅转发了《山东省总工会关于开展创建"劳动关系和谐企业"活动的意见》。省和各市相继成立了由党委或政府负责同志任组长的创建活动领导小组和办公室,14个市转发或下发了开展创建活动的意见、规划。

(二)加强宣传发动 各级工会充分利用新闻媒体和宣传阵地,组织开展专题宣传,努力扩大创建活动的社会影响,激发了广大职工、各类企业和有关方面的参与热情。

(三)务求工作实效 在创建活动中,坚持把创建劳动关系和谐企业纳入和谐社会建设大格局,统一部署,整体推进;坚持从不同类型、不同规模、不同基础的企业实际和职工愿望出发,区分层次,分类指导;坚持"促进企业发展,维护职工权益"的原则,着力解决职工群众最关心、最直接、最现实的利益问题。一年来,参加创建活动的企业为职工补缴基本养老保险费47451万元,新签订劳动合同73万份,职工月工资收入同比平均增长121元。

三、认真贯彻落实《企业工会工作条例(试行)》,基层工会组织建设取得了明显进展

以贯彻落实《企业工会工作条例》为契机,大力加强基层工会特别是企业工会建设,工会组建和会员发展工作实现新的突破。至年底,全省已建立工会组织109026个,新增15894个,会员总数达到1384.48万人,新增189.03万人。其中,农民工会员发展到409万人。(一)认真贯彻"组织起来,切实维权"的工作方针和"强县乡、固基层、抓维权、促发展"的工作思路,坚持"党建带工建、党工共建",以非公有制企业、外商投资企业和农民工为重点,不断创新组织形式和建会方式,积极借助政府有关部门的力量,采用区域性、行业性工会联合会等形式,不断加大在小型、分散、流动单位组建工会和发展农民工、劳务派遣工入会的力度。(二)认真落实中央领导同志关于外商投资企业工会建设的重要批示,依法推动外资企业工会组建工作,沃尔玛在我省的四家分店全部成立了工会,全省外商投资企业工会组建迈出新步伐,全年新建外资企业工会3166个,发展会员48万人,外资企业的建会率已达到75.2%。(三)深入开展县、乡、基层工会"三级联创"活动,注重发挥乡镇(街道)工会的作用,不断健全"小三级"工会网络 坚持一手抓组建、一手抓规范,指导和帮助基层工会建立健全了职工入会、会员管理、财务管理等各项工作制度,实现了建立工会与成立经费审查委员会、女职工组织同步,建会、建制、建家并行,使大部分规模以上企业工会达到了规范化要求,保证了基层工会作用的发挥。

四、着力推进工会社会化维权体系建设,工会维权工作深入持久发展

(一)进一步加大了源头参与力度 各级工会积极推进涉及职工利益的地方法规、政策的出台和修订工作,配合政府有关部门开展专项执法检查,从整体上维护职工的合法权益。省总工会参与了《山东省企业工资支付规定》、《山东省城镇企业职工生育保险规定》、《山东省安全生产条例》等法规的制定修改和最低工资标准的调整。省政府办公厅转发了省总工会等18个部门《关于加强农民工素质教育的意见》。充分发挥协调劳动关系三方会议制度的作用,省总工会与省劳动和社会保障厅等单位联合制定下发了《全面推进劳动合同制度三年行动计划实施方案》。

(二)大力维护职工的民主政治权利 认真抓好《山东省企业职工代表大会条例》的贯彻,进一步完善职代会星级创建活动实施办法,加强分类指导和考核检查,努力提高企事业单位职代会的质量。全省建立职代会制度的企事业单位达64515家,比上年增加19574家。扎实推进借鉴ISO9000标准、建立厂务公开民主管理质量体系工作。我省实行厂务公开制度的企事业单位达58377家,在建立工会组织的23986家非公有制企业中,有16401家实行了厂务公开民主管理制度。

(三)积极维护广大职工的劳动经济权益 大力推进工资集体协商,积极推行签订女职工权益保护专项集体合同工作,增强集体合同的针对性和实效性。全省签订集体合同8.03万份,覆盖企业16.9万家、职工840多万人,有23762家企业开展了工资集体协商谈判,35227家企业签订了女职工权益保护专项集体合同。

(四)突出维护农民工的合法权益 全省工会深入开展了农民工问题专题调研,从政策制定上积极维护农民工的合法权益,协助解决农民工工资清欠和支付问题。探索实行农民工输出地源头入会、集体登记入会、在农业产业链上组建工会等多种形式,积极发展农民工入会。大力开展农民工素质教育。把农民工纳入了工会评先树优、帮扶救助的范围,广泛开展了以"送政策、送健康、送安全、送文化、送清凉"为主要内容的"关爱农民工"活动,全省共筹集慰问资金1137.19万元,走访慰问农民工310737人次。

(五)扎实做好工会帮扶工作 认真贯彻落实省政府出

台的就业再就业工作的一系列政策规定，发挥工会优势，着力解决下岗失业人员、零就业家庭的就业问题，实现了就业工作和经济发展的良性互动。充分发挥工会五级帮扶网络的作用，努力实现送温暖工作的制度化、经常化和社会化。全省各级工会共筹集发放送温暖资金1.56亿元，走访慰问困难企业6657家，帮扶救助特困职工和困难劳模32.4万人。联合社会有关方面，进一步扩大了"金秋助学"活动的规模，全省各级工会筹集发放助学金2719.61万元，资助11259名困难职工子女上了大学。

（六）积极做好工会信访工作　省市两级工会共接处职工群众来信来访7051件，办结率达95%以上。"12351"职工热线认真接听、处理职工来电，为维护职工队伍和社会稳定做出了积极贡献。

五、努力推动工会理论和实践创新，工会自身建设得到了进一步加强

（一）认真学习贯彻全国工会领导干部高级研讨班精神，通过举办领导干部读书会等形式，进一步加强了工会理论研究工作，深入开展了"加强企业工会工作"专题研究，及时总结推广基层的新鲜经验，加大典型指导的力度。省总工会先后在威海市和胶州市召开现场会，总结推广了威海市总工会创建劳动关系和谐企业和胶州市总工会开展农民工素质教育的经验，有力地推动了全省工会工作的创新与发展。（二）按照省委关于建立决策目标、执行责任、考核监督"三个体系"的要求，结合开展创建"文明机关"和学习贯彻《党章》、"勤政廉政、科学发展"等教育活动，省总工会进一步完善了规章制度，把责任落实和任务完成情况作为工作考核和评先树优的基本依据。各级工会也结合自身实际，建立了"三个体系"，促进了机关作风的转变，提高了工作效率和质量，调动了广大工会干部的积极性，确保各项工作部署落到实处。（三）全省各级工会大力抓好新闻宣传工作，精心策划组织了弘扬劳模精神、创建"劳动关系和谐企业"、维护农民工合法权益等多项专题宣传活动，为推进工会重点工作营造了浓厚的舆论氛围。（四）各产业工会立足产业（行业）特点，发挥自身优势，积极参与劳动标准制定，开展职业技能竞赛、经济技术创新活动，并签订了全国第一份省级行业集体合同，为促进企业发展、维护职工权益做出了积极贡献。（五）其他各项工作全面发展。进一步加大了对工会经费收缴工作政策协调的力度，争取省高级人民法院下发了《关于工会组织向人民法院申请拨缴工会经费适应督促程序等问题的意见》，积极稳妥地推进工会经费由财政划拨和税务代收工作，探索乡镇（街道）工会经费解决办法，加强财务检查监督和经费审查工作，保持了经费收入的持续稳定增长。工会外事工作取得新成绩，我省工会与国外和台港澳工会及劳动界的交流合作进一步加强。工会信息化建设、职工劳福事业及史志工作等都取得了新的进步。

附：省总工会领导成员名单

主　　席：柏继民
常务副主席：吕明辰
副 主 席：王祝玉　齐太生　陈先宏　王利华
纪检组组长：王绍钟
副 巡 视 员：刘凤喜　伊戈扬

全省共青团及青少年工作概况

共青团山东省委书记　张光峰

2006年，在省委和团中央的正确领导下，全省各级团组织坚持以邓小平理论和"三个代表"重要思想为指导，全面贯彻落实科学发展观，紧紧围绕全省工作大局和青年发展需求，在加强青少年思想道德建设、服务经济社会发展、服务青年成长成才和团的自身建设等方面取得新的突破，呈现出全面活跃、成果丰硕的良好局面。

一、大力加强和改进青少年思想政治教育工作

（一）坚持不懈地用马克思主义中国化的最新理论成果武装全团、教育青年　全省各级团组织组织广大团员青年认真学习《江泽民文选》和《科学发展观学习读本》，帮助广大团员青年全面把握"三个代表"重要思想的科学体系，推动青年用科学发展观武装头脑。组织团员青年认真学习贯彻党的十六届五中、六中全会和省八届十三次全会精神，学习贯彻构建社会主义和谐社会的重大决策部署，把团员青年的思想和行动不断统一到构建社会主义和谐社会的伟大实践中来。

（二）引导青少年树立和践行社会主义荣辱观　向全社会发出《知荣辱、树新风、兴文明、促和谐、携手共创美好祖国的壮丽明天》的倡议书，结合实际开展了"我与祖国共奋进"主题歌征集、"生活中的荣与耻"征文、"十美十丑"行为征集评选、"践行八荣八耻　争做时代先锋"校园文明行动、"十佳中学生"评选、"青工情系少年　赠报开启梦想"、"青春中国"寻访实践等活动，引导广大青少年明荣知耻，树立良好的道德品质。

（三）深入开展理想信念教育　利用纪念中国共产党成立85周年、五四运动87周年、红军长征胜利70周年等有

利契机,深入开展“民族精神代代传”、“祖国发展我成长”、“新长征　我能行”、“成才报祖国　永远跟党走”、“传承长征精神　弘扬民族精神”18岁成人仪式等主题实践活动,引导青少年大力弘扬民族精神、时代精神。在纪念红军长征胜利70周年之际,省委书记、省人大常委会主任张高丽给少先队员回信,充分肯定了少先队组织开展的各项纪念活动。中央督导组对山东开展青少年思想政治教育工作进行了督导检查,并给予了充分肯定。

二、围绕全省工作大局,在构建和谐社会中建功立业

(一)围绕建设社会主义新农村,开展“青春建功新农村”活动　一是联合省信用社联社实施“百千万农村青年创业计划”,为农村青年创业提供贷款优惠。截至2006年12月,已总计扶持农村青年创业项目1200余个,落实创业贷款3.2亿元。二是积极引导农村青年转移就业。深入开展“农村青年转移就业创业服务月”活动、“万名有为进城务工青年反哺乡村行动”、“千校百万”进城务工青年培训工程,促进农村青年转移就业。

(二)围绕构建资源节约型、环境友好型社会,深入实施保护母亲河行动　从团中央争取到130万元资金,在济南市建起华东地区首片“解放军青年林”。在检查评估的基础上,团省委、省林业局新命名16处第二批省级青少年绿化基地。规范发展高校生态环保社团,组织大学生环保社团开展“百村结对”活动,促进农村地区生态环境建设。

(三)围绕建设“平安山东”,加强青少年违法犯罪预防工作　2006年11月,在东营召开全省预防青少年违法犯罪工作会议。会议对《山东省预防青少年违法犯罪(2006—2010)规划》、《山东省创建“为了明天工程示范县(市、区)”暂行办法》进行了讨论修订。加强青少年舆情监测站建设,建立健全预防青少年违法犯罪的预警机制。2006年1～6月份,全省抓获25岁以下刑事案件作案成员数同比下降20.5%,这是近年来首次出现明显下降。

(四)围绕建设“和谐山东”,深入实施志愿者行动　与省人大内司委联合就《山东省青年志愿服务规定》颁布实施情况进行执法调研。贵州、宁夏志愿扶贫接力计划等重点项目顺利结束。团省委负责组织实施中国青年志愿者海外服务计划——津巴布韦服务项目经过宣传、招募、面试和复试等环节,最终确定了赴津的15名志愿者,通过培训后将赴津开展为期一年的志愿服务活动。

(五)围绕建设“文明山东”,大力开展青年科技文化活动　扎实开展新世纪读书计划,中央文明办将该计划作为重要新闻线索进行了宣传。深化“文明山东——青年文明号先行”活动,举办全省青年文明号负责人培训班,不断提高青年文明号工作的水平。做好第五届“挑战杯”中国大学生创业计划竞赛承办工作,同时,获得2金、9银、10铜的好成绩,团省委获省级优秀组织奖。深入开展大中学生“三下乡”社会实践活动,5000余支服务队、近20万名青年学生,开展了多种形式的志愿服务活动。

三、竭诚服务青少年成长成才,积极维护青少年合法权益

(一)深化青春创业行动　与国家开发银行山东省分行共同成立青春创业行动开行项目联席会,形成有效的沟通交流机制。举办团干部金融培训班,不断提高团干部的业务素质。加快创业贷款融资、担保和平台建设,不断完善项目的操作模式。争取省政府配套设立总额为600万元的青春创业行动贷款贴息专项资金,举办SIYB(“创办和改善你的企业”)创业培训,做好山东YBC工作,不断帮助青年解决创业中遇到的难题。中宣部以“四轮马车驶进社会主义新农村”为题,将山东青春创业行动在全国进行了集中宣传。

(二)服务大学生就业创业　一是全力推进“学士后流动站”建设。争取人事部门支持,把“学士后流动站”建设与国家人事部推出的“大学毕业生就业见习制度”有效地结合。举办全省性“学士后流动站”招聘会10场,各市、各高校也分别组织了30多场次的专场招聘会。二是积极开展大学生基层就业导航系列活动。组织开展了“山东省高校优秀毕业生公开举荐”活动,向社会发布了1000名优秀大学毕业生信息。开展了“第三届山东省高校毕业生十大成功创业者”评选和“青春在基层创业中闪光”大型集中宣传活动,引导青年学生到基层建功立业。三是举办“2006暑期大学生勤工俭学推介会”。共有100余家企事业单位提供了2000余个勤工俭学岗位。

(三)实施“青工技能振兴计划”　深入开展导师带徒、拜师学艺等活动,通过岗位练兵、技能比武、同业交流和绝招绝技观摩以及“五小”活动、QC小组等途径,开展青工技能大比武。启动第二届山东省青年职业技能大赛,举行了维修电工、工具钳工、多媒体制作员和计算机网络管理员的省级决赛。开展山东省青年突击队、青年岗位能手、青年安全生产示范岗评选表彰活动。2005年度,山东1名同志被评为杰出青年岗位能手,4名同志被评为全国青年岗位能手。山东推荐的4个单位被评为第四届全国青年安全生产示范岗。

(四)维护青少年合法权益　开展“未成年人远离网吧”暑期行动,联合有关部门对网吧进行检查。开通12355青少年维权热线第8功能键,专门用于接转网吧接纳未成年人投诉。承接了“戒除网瘾全国行”济南站公益活动。开展优秀青少年维权岗互查互检和第六届“山东省杰出(优秀)青年卫士”评选活动。

(五)大力实施希望工程　截至2006年12月,全年累计筹资1400余万元,援建希望小学37所,资助学生9286名。为帮助特困高考新生实现上大学的梦想,适时推出了“山东省希望工程圆梦行动”,共筹集资金232万余元,资助特困大学新生482名。

四、共青团自身建设进一步加强

(一)切实加强基层组织建设　一是深入实施“服务新农村团建基础工程”。开展县、乡、村三级团组织负责人专项培训工作,广泛开展结对帮扶活动;二是集中开展“双百双千”全省农村基层团建活动月活动。全省共整顿农村团组织8000多个,重建4000多个,建成500多个“五四红旗团支部”团建示范村,2000多名团干部为15000余人次基层团干部、团员青年讲团课;三是首创开展高校共青团规范化建设评估工作。联合省委高校工委分批次对全省普通高校团的建设进行全面评估,初见成效。四是加大基层团组织典型的选树力度。济南市市中区交警大队女子中队团委获2006年度“全国五四红旗团委标兵”荣誉称号;9个基层团委、15个基层团支部获2006年度“全国五四红旗团委”、“全国五四红旗团支部”荣誉称号;4个县级团委获2006年度“全国团建先进县(市)”荣誉称号。“全国五四红旗团委”、“全国五四红旗团支部”和“全国团建先进县(市)”数量均列全国首位。

(二)深化团员意识教育活动　5月份,增强共青团员意识主题教育活动结束。山东获“全国增强共青团员意识主题教育活动优秀组织奖”。通过教育活动的深入开展,进一步加大了“推优”工作的力度,建立健全了团员队伍建设的各项规章制度,形成了团员“长期受教育、永远跟党走”的长效机制。

(三)加强团干部队伍建设　一是共青团系统选调生工作不断深化。经过严格考选,2006年又有49名优秀大学毕业生充实到各级基层团组织。不断强化山东省共青团系统选调生之家网站建设。完成2006级选调生初录培训工作,不断加大对选调生的培养使用力度。二是扎实推进农村优秀团支部书记培养计划。首批大专班97名学员在省团校圆满完成学习培训。完成第二批大专班学员的招录工作,59名学员被录取。三是团干部培训教育工作进一步拓展。成功举办第一期中部六省团干部培训班。

(四)大力加强青年中心建设　争取党政支持,把城市青年中心建设写入《山东省人民政府关于加强和改进社区工作的意见》。实施“全省城市青年中心建设‘攻坚年’”活动,截至2006年11月底,全省400个街道共建成城市青年中心381个,占全省街道总数的95.3%。农村青年中心建设不断规范优化,继续开展青春大舞台活动,建设4处“农村青年中心中国移动支援计划示范点”,29处“移动爱心书屋”和3个“全国农村青年中心(新中)基金项目”,争取扶持资金145.6万元,服务农村青年全面发展。

五、其他工作全面推进

(一)少先队工作蓬勃发展　联合省人事厅、教育厅制订出台了《山东省少先队辅导员管理办法》。2006年度全国“三十佳”表彰会上,山东的李梦梦和王永君分别获得第十一届“全国十佳少先队员”和第六届“全国十佳少先队志愿辅导员”荣誉称号。

(二)青联、学联工作不断加强　开展第17届山东十大杰出青年评选活动。成立山东省“十大杰出青年”联谊会,成功举办2006中国百名IT青年精英论坛、首届山东十大杰出青年论坛。开展十杰青年进校园活动、青联委员“文化、卫生、科技”三下乡等活动。

(三)广泛开展青年统战和外事交流工作　开展信教青年调研活动,完成《山东省青年信教情况调研报告》,全国政协副主席、中央统战部部长刘延东同志对报告作出重要批示。继续做好新疆、云南、贵州等地的6名西部少数民族挂职干部的接收工作。召开全省青联对台工作座谈会,举办“2006鲁台青年创业交流周”和第六届两岸青年中秋联欢等活动,密切与台湾青年组织的联系。做好国外青年组织的来访接待工作,2006年共接待来自日本、韩国、俄罗斯、英国等国的10个青年团体来访。同时,不断选拔优秀青年代表出访交流。

附:团省委领导成员名单

书　记:陈　伟(2006年9月离职)
　　　　张光峰(2006年9月任职)
副书记:王　磊(女)　孙爱军　张　涛

全省妇女工作概况

省妇联主席　赵玉兰

2006年是全省妇女工作开拓创新、实现新突破的一年。成功召开了省妇女第十一次代表大会。全省各级妇联组织紧紧围绕中央、省委的工作部署,落实省妇女十一大提出的各项任务,组织动员广大妇女为科学发展、社会和谐做贡献,全省妇女工作实现新发展。

一、参与经济建设取得新成绩

(一)组织妇女参与新农村建设　先后召开会议、下发文件,对组织妇女参与新农村建设作出部署。各级妇联加强培训、服务、示范“三大网络”服务体系建设,帮助妇女提高素质、增收致富。一是加大培训。加强培训网络建设,发展妇女远程教育阵地,创办网上妇女学校等,增强妇女致富能力。二是开展服务。开展群众性科技推广活动。在“巾帼科技齐鲁行"活动中,全省各级共组织16000多名专家、技术人员,送科技下乡2300余次,举办培训班、讲座、播放科普影视2700多场,受益群众150多万人。三是加强示范。全省巾帼示范基地建设呈现出基地规模化、效益综合化的良好发展态势,带动妇女参与产业化经营。四是促进联合。积极发展妇女合作经济组织,提高妇女生产经营的组织化程度。五是促进转移。引导农村妇女发展二三产业,促进妇女劳动力转移。各级妇联转移农村妇女劳动力10余万人。省及各地评选表彰"科技致富女状元"、"农村创业女状元"等,激励妇女科技致富、创业致富。

(二)促进妇女创业就业 加强妇女就业服务体系建设,依托"大姐"服务机构,面向城乡妇女开展信息咨询、技能培训、就业安置、创业指导、权益维护等服务,统筹推进城乡妇女创业就业。全省妇联系统培训城乡妇女15万余人次,帮助一大批妇女实现了创业就业。省里表彰了"齐鲁十大创业女性",营造妇女创业氛围。

(三)推动职业女性岗位建功 深入开展"巾帼文明岗"、"岗位明星"争创活动。省妇联与卫生等行业联合开展了评选表彰。各级广泛开展技术革新、节能降耗、技能比武、礼仪风采展示等活动,组织妇女立足本职建功立业。加强女企业家协会工作,开展优秀女企业家评选表彰,推动女企业家队伍发展。

二、参与文明山东建设做出新贡献

(一)加强宣传思想工作 深入开展社会主义荣辱观宣传教育,引导妇女自觉践行社会主义荣辱观。宣传树立妇女先进典型,评选表彰"齐鲁巾帼十杰"、"三八"红旗手,与有关部门联合表彰行业标兵,十佳女警官、法官、检察官,优秀母亲,好军嫂,兵妈妈、"巾帼文明岗"等。

(二)推进和谐家庭建设 以建设和谐家庭为目标,深化"美在家庭"创建。广泛开展文明家庭创评、优秀家庭角色评选、家庭美德实践等活动,加强家庭美德建设;创建学习型家庭,开展家庭文化艺术节、家庭运动会、才艺大赛等活动,加强家庭文化建设;实施"家庭节约行动",开展绿色家庭创建活动,加强家庭环境建设,倡导科学文明健康的生活方式。

(三)发展文明和谐创建队伍 加强"巾帼文明队"建设,以"服务妇女、奉献社会、共创和谐"为主题,组织引导全省5万多支"巾帼文明队",广泛开展文艺宣传、体育健身、美化环境、科技服务、扶贫帮困等活动。"三八"节期间,全省上下联动,开展"关爱贫困母亲"爱心奉献活动。省里将"巾帼文明队"建设纳入精神文明建设"十一五"规划,中央、省文明办在《精神文明建设通讯》上介绍了我省"巾帼文明队"的经验,中央和省有关新闻媒体作了报道。

三、参与平安山东建设实现新突破

(一)以家庭平安促进社会平安 深化"平安家庭"创建活动。各级广泛开展"平安进万家"、"零家庭暴力创建"等活动,推进普法宣传、平安承诺、治安防范、安全措施、纠纷化解、维权服务"六进家"。加强创建机制建设,省里将"平安家庭"创建纳入各级平安建设总体规划和考核体系,创建活动深入扎实开展。全国妇联、中央综治办在我省召开全国"平安家庭"创建活动现场推进会。张高丽书记、韩寓群省长、高新亭书记分别对"平安家庭"创建作出批示。省妇联先后在全省社会治安综合治理工作会议、省综治委全委会议、省政协开创平安山东建设新局面议政会上发言。

(二)推动基层平安网络建设 积极发展纠纷调解、家暴防控、法律服务、心理咨询四个网络和巾帼调解、巡逻、禁赌、帮教、平安信息员五支队伍。组织妇女参与群防群治,调解纠纷,化解矛盾,促进安全防范,构筑社会稳定的基层防线。

(三)加强法制宣传教育 2006年是修改后的妇女法实施第一年。省妇联与省人大内司委联合召开贯彻妇女法座谈会。开展"法制宣传年"活动,各级妇联加大妇女法宣传,层层培训。县以上举办培训班140多期,培训12000多人。深化"千万妇女学法律、千万家庭创平安"活动,引导妇女学法守法,依法维权,促进社会稳定。

四、维护妇女儿童权益、促进妇女儿童发展取得新成效

(一)推动妇女儿童发展纲要实施 开展妇女儿童发展纲要宣传月等活动,营造促进妇女儿童发展的舆论氛围。省及各地在"两纲"中期监测评估基础上,形成评估报告,运用评估成果,推动重点难点问题解决。认真做好迎接全国"两纲"中期评估督导检查工作,推动各级总结经验,查找薄弱环节,促进目标落实。全国督导组对我省"两纲"实施给予较高评价。筹备召开省妇儿工委成员会议,部署推动"两纲"实施工作。顾秀莲副委员长,张高丽书记、韩寓群省长及赵春兰、柏继民、王军民等省领导作出批示,对"两纲"实施取得的成绩给予充分肯定。

(二)加强妇女维权工作 继续加强领导协调、预警分析、司法保护、维权服务、表彰激励等维权机制建设,推动发展司法保护、维权服务、社会救助等维权网络。省里成立了山东省综治委维护妇女权益工作领导小组。全省县以上妇联接待来信来访8100多件,处结率达99%。省及17个市开通12338妇女维权专线,部分市设立了网上接访热线。开展妇联系统陪审员、劳动执法监督员和信访信息员的培训。省及各地进行"优秀妇女维权岗"和"维护妇女权益先进个人"的评选表彰,调动各界参与维权工作积极性。

(三)促进儿童健康成长 深化争做合格父母、培养合格人才和小公民道德实践活动。举办了省第三届"齐鲁新苗"、"三项全能宝宝之星"大赛,全省3.5万名儿童参加。召开省家庭教育研究会理事会,举办家教工作骨干培训班,成立家教讲师团,实施"齐鲁健康儿童跟踪指导计划"等项目,推进家庭教育工作。在全省进行农村留守儿童问题调查,启动"关爱留守儿童"行动,创办"农村父母课堂",开展

"关注农民工子女家庭教育"系列活动。继续实施"春蕾计划",省里募集资金新建两处"春蕾小学",为万名贫困孤儿办理了平安医疗保险。一年来全省各级捐款 1050 多万元,资助 31000 多名贫困女童;举办大龄女童实用技术培训班 115 期,培训 5000 多人。

五、妇联自身建设实现新发展

加强基层妇女组织建设,健全乡镇、社区妇联,推进村妇代会整建。深入开展争创先进妇联、先进妇代会(妇委会)活动。制定下发了省妇联执委工作制和省妇女代表联系制的意见。加强妇联干部队伍建设,开展争当学习型组织、学习型干部活动。举办全省市妇联主席、妇联执委,妇联维权干部,家教骨干,"巾帼文明岗"负责人等培训班,培训 800 余人。在全省开展"新农村、新女性、新发展"研讨活动,理论研究工作受到全国妇联和省社科部门表彰。积极推进社会化工作、市场化运作、品牌化效能、科学化管理工作机制建设。全省妇联系统理论水平、实践能力、基础建设、创新性工作等方面都有新提高、新发展。

2006 年,我省"双学双比"、"平安家庭"、妇女维权、儿童工作、理论研究等工作分别受到省和全国表彰;省妇联被省委、省政府表彰为"平安山东建设先进单位",被评为省直机关文明单位;"两纲"实施、"平安家庭"、"巾帼文明岗"、儿童工作等先后在全国和省会议上发言;全国"平安家庭"创建活动现场推进会、全国学习型家庭创建示范城市工作推进会在我省召开。顾秀莲副委员长,张高丽书记、韩寓群省长等省领导分别作出批示,给予充分肯定。

附:省妇联领导成员名单

主　　席:赵玉兰

副 主 席:高贵云　翟黎明　仇兴玉　宋立华　任月英

纪检组长:王存兰

副巡视员:董新敏

党风和党纪

中共山东省纪律检查委员会向省第九次党代表大会的工作报告

（2007年6月28日　中国共产党山东省第九次代表大会通过）

现将本届省纪律检查委员会的主要工作情况和对今后工作的建议，向中共山东省第九次代表大会报告如下，请予审议。

一、省第八次党代表大会以来的主要工作情况

2002年6月省第八次党代表大会以来的五年，是我省经济社会和各项事业又好又快发展的五年，也是党风廉政建设和反腐败工作不断取得新进展新成效的五年。五年来，省纪委和各级纪委在中央纪委和省委的领导下，坚持以邓小平理论和"三个代表"重要思想为指导，全面落实科学发展观，深入贯彻党的十六大和十六大以来历次中央全会精神以及省第八次党代会精神，认真履行党章赋予的职责，贯彻反腐倡廉战略方针，落实《建立健全教育、制度、监督并重的惩治和预防腐败体系实施纲要》，加大从源头上防治腐败力度，深入开展党风廉政建设和反腐败斗争，为加强党的执政能力建设和先进性建设，推动科学发展、促进社会和谐做出了积极贡献。

（一）加强监督检查，促进了科学发展观等中央重大决策和省委重要部署的贯彻落实　各级纪委按照科学发展观的要求，采取有力措施，加强对党的路线方针政策和决议执行情况的监督检查，坚决维护中央权威。围绕中央关于落实科学发展观、构建社会主义和谐社会、加强宏观调控、做好"三农"工作、保护资源环境等一系列重大决策和省委的部署，认真开展监督检查，严肃查处违背科学发展观要求的行为，积极为经济社会又好又快发展创造良好环境。坚持把维护党的纪律特别是政治纪律放在突出位置，坚决制止有令不行、有禁不止、各行其是的行为，维护党的团结统一，确保政令畅通。严肃组织人事纪律，加强对市、县、乡党委集中换届工作的监督检查，切实防止和纠正选人用人上的不正之风。围绕加强领导干部作风建设进行监督检查，认真贯彻"八个坚持、八个反对"的要求，大力弘扬八个方面的良好风气，切实解决领导干部在作风方面存在的突出问题，各级领导班子和党员领导干部作风进一步转变。

（二）认真解决损害群众利益的突出问题，人民群众反映强烈的不正之风逐步得到有效治理　坚持把解决群众最关心、最直接、最现实的利益问题作为反腐倡廉工作的重点，认真纠正损害群众利益的不正之风。在征收征用土地、城镇房屋拆迁、企业重组改制和破产中侵害群众利益以及拖欠和克扣农民工工资、企业违法排污等问题得到有效解决和遏制，全省共偿付拖欠征地补偿费14.25亿元、工程款143.78亿元、农民工工资37.9亿元。深入治理教育乱收费，全面推行义务教育"一费制"收费办法和公办高中招收择校生"三限"政策，进一步规范高校收费行为，查处和清退教育乱收费7786.24万元。继续纠正医药购销和医疗服务中的不正之风，积极推行药品集中招标采购，全面落实政府定价药品价格调整，医疗机构的诊疗、用药和收费行为进一步规范。配合农村税费改革，认真落实取消农业税等支农惠农政策，坚决治理不合理收费，清理废止了一批涉农负担项目，减轻农民负担220多亿元，查处涉农负担案件2775件。加大治理力度，实现并保持了全省公路基本无"三乱"。

坚持标本兼治、综合治理，在深入开展专项治理的同时，注重加强政风行风建设。全省各级普遍建立了"一站式"行政服务中心或审批大厅，行政效能进一步提高。省、市和大部分县（市、区）开通了"政风行风热线"，解决了大量与群众生产生活密切相关的问题。建立健全领导干部接访、网上信访举报等制度，畅通诉求表达渠道，及时了解社情民意，努力把问题解决在基层。深入开展创建文明行业和民主评议行风活动，健全和完善纠风工作长效机制，部门

和行业风气进一步好转。

(三)坚决查办违纪违法案件,维护了党纪的严肃性 以查处发生在领导机关和领导干部中滥用权力、谋取私利的违纪违法案件为重点,严厉惩处腐败分子。2002年6月至2007年5月,全省纪检监察机关共受理信访举报285994件,立案53656件,结案53426件,给予党纪政纪处分51004人,其中开除党籍9604人。被开除党籍并受到刑事追究的4721人。共挽回经济损失11.65亿元。在受处分的党员干部中,市(厅)级干部45人,县(处)级干部1099人。其中,严肃查处了济宁市原副市长李信为他人谋取利益、收受巨额贿赂案;莱芜市人大常委会原副主任兼山东华冠集团原董事长王士范贪污、受贿案;齐鲁石化公司原经理张深受贿案;烟台市芝罘区委原书记魏秀田受贿、巨额财产来源不明案等一批典型案件。特别是中央纪委严肃查处杜世成严重违纪问题并将其开除党籍开除公职,表明了我们党惩治腐败的鲜明态度和坚强决心。深入开展治理商业贿赂专项工作,全省共查处商业贿赂案件2304件,涉案总金额1.75亿元。通过查办案件,惩处了违纪违法行为,教育了广大党员干部,推动了党风政风建设。

各级纪委把严格依纪依法办案的要求贯穿于办案工作的各个环节,严格办案程序,严明办案纪律,不断提高办案工作能力和水平。进一步完善办案工作组织协调机制,整合执纪执法部门力量,突破大案要案。认真剖析案件发生的深层次原因,提出完善机制、制度的建议,发挥办案的治本功能。加强信访举报工作,不断拓宽发现案件线索的渠道。认真搞好案件审理工作,及时受理党员的控告和申诉,注意为一些受到诬告、错告的党员干部澄清是非,保障了党员干部的合法权益。

(四)扎实开展反腐倡廉教育和廉洁自律工作,领导干部从政行为更加规范 充分发挥反腐倡廉教育的基础性作用,加大反腐倡廉宣传教育力度,健全机制,完善制度,全省反腐倡廉"大宣教"工作格局进一步形成。紧密结合保持共产党员先进性教育活动,组织党员干部认真学习党章,深入开展理想信念、从政道德、正确权力观、社会主义荣辱观和党纪国法教育,筑牢拒腐防变的思想道德防线。根据形势发展和党员干部思想实际,始终抓住党员领导干部这个重点,坚持每年一个主题,相继开展了"为民、务实、清廉"、"勤政廉政、科学发展"、"加强作风建设、促进社会和谐"等主题教育活动,引导党员干部特别是领导干部坚定理想信念,树立科学发展观,增强执政为民意识,提高廉洁从政的自觉性。坚持集中教育与经常性教育相结合,改进方法,创新载体,综合运用主题教育、典型示范、警示教育等多种方式,不断增强教育的针对性、实效性。按照建设社会主义和谐文化的要求,大力加强廉政文化建设,深入开展廉政文化"六进"活动,努力营造以廉为荣、以贪为耻的社会风尚。

坚持思想教育与制度建设、加强管理相结合,进一步健全完善领导干部廉洁从政行为规范。严格执行廉洁从政各项规定,严肃查处领导干部违反规定收送现金、有价证券和支付凭证问题,收缴款额427.53万元;查处"跑官要官"问题,给予组织处理和纪律处分14人;纠正和查处领导干部放任纵容配偶、子女和身边工作人员谋取非法利益55人;查处借婚丧嫁娶等事宜收钱敛财50人;查处参加赌博的党员干部588人。从我省实际出发,对影响领导干部廉洁从政的突出问题开展专项清理,先后清理清退国家公职人员借欠公款6.25亿元,党政机关和事业单位违反规定用公款为个人购买商业保险4850万元,党政机关事业单位工作人员虚报冒领工资补贴5034万元。坚决纠正违规建购住房、超标超编配备使用小汽车、领导干部违反规定在企业兼职、用公款出国(境)旅游、用公款大吃大喝和进行高消费娱乐,以及国家机关工作人员和国有企业负责人投资入股煤矿等问题。严格落实领导干部不准利用职权违反规定干预和插手建设工程招标投标、经营性土地使用权出让、房地产开发与经营等市场经济活动的规定,认真贯彻《国有企业领导人员廉洁从业若干规定(试行)》,进一步巩固了专项治理成果。

(五)深入推进制度改革和创新,从源头上防治腐败工作取得新成效 坚持用发展的思路和改革的办法,积极推进治本抓源头工作。深化干部人事制度改革,严格执行《党政领导干部选拔任用工作条例》,建立健全干部选拔任用和管理监督机制;积极推进司法体制和工作机制改革,支持司法机关依法独立公正地履行职责;深入推进行政审批制度改革,认真贯彻落实行政许可法,省级取消行政审批项目510项,对依法保留的行政许可项目向社会公布并加强日常监督管理;深入推进财政管理制度改革,认真落实"收支两条线"管理规定,全面推行部门预算管理制度,省直143个部门和896个二级单位全部编制了部门预算,省政府所有组成部门全部纳入国库集中支付;投资体制、金融体制改革不断向纵深推进。健全市场机制,充分发挥市场在资源配置中的基础性作用。各市和88个县(市)建立了有形建筑市场,工程建设项目全部实行了招标投标。全省以招标拍卖挂牌方式出让经营性土地占出让土地总面积的22.9%,纯收益占土地出让总收益的59.9%。完成国有资产产权交易金额79.28亿元。政府采购金额691.66亿元,资金节支率15.59%。一些地方和部门还对政府资金管理制度、行政事业单位资产管理、业务管理体制机制等改革,进行了积极探索。

(六)加强对权力运行的制约和监督,对领导干部特别是主要领导干部监督力度不断加大 认真执行民主集中制和《党内监督条例(试行)》,严格落实民主生活会、述职述廉、诫勉谈话、领导干部报告个人有关事项等制度。继续落实谈话制度,省纪委常委先后与新任市厅级党政主要领导干部谈话168人次,县级以上纪委常委与下级党政主要负责人谈话5.3万人次。扎实开展巡视工作,健全组织机构,完善工作制度,注意总结经验,不断提高水平,加强了对党政领导班子特别是党政主要负责人的监督。省委开展巡视工作4年来,已对17个市和22个省直部门进行了巡视。

积极稳妥地推进纪检监察派驻机构统一管理工作，省纪委、省监察厅对省直29个纪检监察派驻机构实行了统一管理，派驻机构职能作用进一步发挥。各级坚持把党内监督与人大、政府专门机关、司法、政协、群众以及舆论等方面的监督紧密结合，逐步形成监督合力。深入开展领导干部经济责任审计，扎实推进政务、厂务、村务公开以及公用事业单位办事公开，逐步推进党务公开，积极拓宽监督渠道，增强监督效果。

（七）严格执行党风廉政建设责任制，反腐倡廉整体合力进一步形成 各级把党风廉政建设责任制作为反腐倡廉工作的总抓手，坚持和完善反腐败领导体制和工作机制，党政齐抓共管的局面不断巩固和发展。各级党委、政府对反腐倡廉工作高度重视，主要领导不仅亲自抓，而且带头作出廉政承诺并认真践行，切实担负起领导责任。认真落实建立健全惩治和预防腐败体系《实施纲要》、省委《具体意见》，全面推进各项工作。职能部门各司其职，主动抓好牵头或配合的反腐倡廉工作。各级纪委积极履行组织协调职责，抓住责任分解、责任考核、责任追究等关键环节，完善配套制度，加强对各级党政领导班子和领导干部的检查考核，推动党风廉政建设责任制的落实。全省因违反党风廉政建设责任制受到责任追究的领导干部共5278人，其中市厅级干部6人、县处级干部365人。通过认真落实党风廉政建设责任制，有力促进了反腐倡廉工作的深入。

在党风廉政建设和反腐败斗争的实践中，全省纪检机关自身建设进一步加强。广大纪检干部认真学习邓小平理论和“三个代表”重要思想，认真学习以胡锦涛同志为总书记的党中央提出的科学发展观等一系列重大战略思想，认真学习贯彻党章，深入开展保持共产党员先进性教育活动，进一步提高了政治理论素养，增强了“做党的忠诚卫士、当群众的贴心人”的自觉性。努力学习法律法规和经济、科技、管理等知识，认真开展理论与实践研讨活动，加大干部培训力度，改善知识结构，业务水平不断提高。深入调查研究，创新工作思路，改进方式方法，求真务实作风进一步发扬。强化内部管理，健全规章制度，严格工作纪律，自觉接受监督，维护了纪检机关的良好形象。大力加强领导班子建设，优化干部队伍结构，纪检队伍整体素质进一步提高，为深入开展反腐倡廉工作提供了有力的组织保证。

经过五年来的共同努力，全省党风廉政建设和反腐败工作保持了健康平稳、向纵深发展的良好态势，标本兼治取得阶段性成效，从源头上防治腐败工作领域不断拓展，腐败现象在一些领域滋生蔓延的势头逐步得到遏制，人民群众对党风政风的满意程度进一步提高。

二、工作实践中的主要体会

回顾五年来党风廉政建设和反腐败工作的实践，主要有以下认识和体会：

（一）必须坚持以科学发展观为统领，始终保持党风廉政建设和反腐败斗争正确的政治方向 科学发展观是对邓小平理论和“三个代表”重要思想的坚持、丰富和发展，是新形势下深入开展党风廉政建设和反腐败斗争的强大思想武器。反腐倡廉新的实践证明，必须坚持以科学发展观为指导，紧紧围绕加强党的执政能力建设和先进性建设这个主题，坚持立党为公、执政为民的本质要求，认真贯彻党要管党、从严治党的方针，毫不放松地加强党风廉政建设和反腐败斗争；必须坚持党在反腐倡廉实践中形成的基本经验，不断解放思想、实事求是、与时俱进，深入探索新时期反腐倡廉的特点和规律，积极推动反腐倡廉工作在继承中创新、在改革中发展；必须坚持党的领导，有效动员和组织各方面的力量反对腐败，保证党风廉政建设和反腐败斗争始终沿着正确的政治方向健康发展。

（二）必须坚持围绕中心、服务大局，为经济社会又好又快发展提供有力保证 各级纪委坚持把推动科学发展、促进社会和谐作为党风廉政建设的重要内容，将反腐倡廉纳入经济社会发展的整体进程去谋划、部署和落实；坚持将防治腐败寓于完善社会主义市场经济体制、发展社会主义民主政治、建设社会主义先进文化和构建社会主义和谐社会的各项重要政策措施之中，积极推进反腐倡廉改革和制度创新；坚持深入改革开放第一线和市场经济新领域，及时发现和解决妨碍改革发展的突出问题，大力支持和保护党员干部干事创业的积极性，切实维护政治和社会稳定，积极为科学发展、和谐发展创造良好环境。这样做，既有力地推动了反腐倡廉工作不断深入，又促进了科学发展、社会和谐。

（三）必须坚持立党为公、执政为民，着力解决损害群众利益的突出问题 党风廉政建设的核心问题，是保持党同人民群众的血肉联系。各级纪委在反腐倡廉工作中，把维护群众利益放在更加突出的位置，深入开展专项治理，坚决纠正损害群众利益的突出问题；建立健全维护群众利益的长效机制，保障人民群众在经济、政治、文化、社会等方面的合法权益；大力加强干部作风建设，促进广大党员干部做到为民、务实、清廉。我们深深感到，只有把实现好、维护好、发展好人民群众的根本利益作为反腐倡廉工作的出发点和落脚点，坚决纠正不正之风，才能维护社会公平正义，密切党同人民群众的血肉联系。

（四）必须坚持党要管党、从严治党，坚决查办违纪违法案件 坚决惩治腐败是从严治党的重要体现。在当前反腐败斗争形势依然比较严峻的情况下，纪检机关必须始终保持查办案件工作力度，认真检查和处理重要或复杂的案件，维护党纪的严肃性；必须牢固树立依法执纪、依法办案的意识，严格办案程序，严明办案纪律，努力提高执纪办案水平；必须正确运用政策和策略，综合运用法律、纪律、组织处理等手段处理违纪问题；必须深入剖析重大典型案件，针对暴露出来的问题，提出完善制度的建议，发挥办案的治本功能。只有这样，才能震慑腐败分子，振奋人心，增强办案的政治、经济和社会效果。

（五）必须坚持战略方针、构建惩防体系，不断加大预防腐败力度 实践表明，在发展社会主义市场经济和对外开放条件下，面对腐败现象在一些领域依然易发多发的态势，只有坚持标本兼治、综合治理、惩防并举、注重预防的战略方针，抓紧构建惩治和预防腐败体系，才能既坚决惩治腐败，又有效预防腐败。因此，必须立足教育，抓住树立正确的权力观这个关键，增强教育的针对性和有效性，筑牢拒腐防变的思想道德防线；健全制度，形成用制度规范从政行为、按制度办事、靠制度管人的机制，不断提高反腐倡廉法制化水平；强化监督，综合运用党内监督和党外监督多种形式，主动监督、依法监督、科学监督，有效防止权力失控、决策失误和行为失范。只要切实做到教育扎实、制度管用、监督有效，发挥惩防结合、综合治理的整体效能，就一定能够减少腐败现象的滋生和蔓延。

（六）必须坚持反腐倡廉领导体制和工作机制，巩固和发展齐抓共管的局面　坚持和完善反腐败领导体制和工作机制，是形成全党动手反腐败局面最重要的体制保证。实践证明，落实这一体制机制，各级党委、政府必须增强抓反腐败的政治责任感，把反腐倡廉纳入经济社会发展和党的建设总体工作之中，统一部署、统一实施，切实加强领导；各级领导干部必须自觉坚持清正廉洁，对职责范围内的反腐倡廉工作敢抓敢管，真正负起领导责任；职能部门必须把反腐倡廉与业务工作紧密结合起来，抓好本部门本系统的党风廉政建设，并按照责任分工完成好承担的反腐倡廉任务；纪检机关必须积极协助党委研究、部署、督促反腐倡廉各项工作，加强与各方面的联系和沟通，认真履行好组织协调职责。只有方方面面齐心协力，紧紧依靠群众参与，充分调动一切积极因素，才能形成反腐败的强大合力，确保党中央反腐倡廉重大决策和省委各项部署落到实处。

我们要倍加珍惜五年来取得的成绩和有效做法，并在新的实践中加以发展和创新。但也必须清醒地看到，当前反腐败斗争形势仍然比较严峻，有些消极腐败现象还没有从根本上得到有效遏制，大案要案时有发生，极少数领导干部的腐败案件影响恶劣；损害群众利益的不正之风仍然不同程度地存在，一些地方和部门形式主义、官僚主义和弄虚作假、铺张浪费现象还比较严重。有的地方和单位的领导干部对党风廉政建设和反腐败斗争的长期性、复杂性、艰巨性认识不足，“一手硬、一手软”的问题还没有完全解决，有些反腐倡廉任务落实不够得力。纪检机关特别是省纪委对新形势下腐败与反腐败的特点和规律研究得还不深，采取的对策和措施还不够有力，组织协调反腐败工作的力度还需要进一步加大。我们要发扬成绩，克服不足，更加勤奋努力、扎实有效地做好工作，决不辜负党和人民的期望。

三、关于进一步加强反腐倡廉工作的建议

今后五年，是我们党和国家发展史上具有重要意义的关键时期，也是我省科学发展、和谐发展、率先发展，在新的起点上实现富民强省新跨越的重要阶段。新形势新任务对反腐倡廉工作提出了新的更高要求。全省党风廉政建设和反腐败工作，要坚持以邓小平理论和“三个代表”重要思想为指导，全面落实科学发展观，认真贯彻党的十七大精神，认真贯彻以胡锦涛同志为总书记的党中央关于反腐倡廉的一系列重大决策部署，认真贯彻省第九次党代会对反腐倡廉工作提出的新要求。要坚持反腐倡廉战略方针，构建惩治和预防腐败体系，深入落实《实施纲要》和省委《具体意见》，努力拓展从源头上防治腐败工作领域，在政治领域抓住正确行使权力这个关键，在经济领域抓住建立健全正确利益导向机制这个核心，在文化领域抓住加强思想道德教育这个基础，在社会领域抓住充分依靠人民群众这个根本，切实把反腐倡廉工作融入经济建设、政治建设、文化建设、社会建设和党的建设之中，整体推进教育、制度、监督、改革和惩处等各项工作，在坚决惩治腐败的同时，进一步加大预防腐败力度，形成有效预防腐败的体制机制。各级纪律检查机关要全面履行党章赋予的职责，突出重点，加大力度，开拓创新，扎实工作，深入开展党风廉政建设和反腐败斗争，为实现省第九次党代会确定的工作目标和任务提供有力保障。

（一）围绕推动科学发展、促进社会和谐加强监督检查，保证经济社会又好又快发展　落实科学发展观、构建社会主义和谐社会，关键在于搞好党的建设，包括党风廉政建设。各级纪委要不断增强贯彻落实科学发展观的自觉性和坚定性，把推动科学发展、促进社会和谐作为纪检工作的重要任务，更加自觉地以科学发展观统领反腐倡廉各项工作。按照以人为本的要求，把尊重人、理解人、爱护人贯穿于严格执纪的全过程，支持和保护各级领导干部干事创业、谋划发展、勇于实践的积极性和创造性。深入研究在改革开放和发展社会主义市场经济条件下腐败现象产生的特点和规律，积极探索有效地惩治和预防腐败的思路和对策，进一步转变思想观念、思维方式和工作思路，实现反腐倡廉工作的与时俱进。

加强对科学发展观贯彻落实情况的监督检查，促进社会主义和谐社会建设。紧紧围绕加强和改善宏观调控、做好“三农”工作、促进社会发展和解决民生问题、调整经济结构和转变增长方式、提高自主创新能力、加强资源节约和环境保护等政策措施，加强监督检查，促进各项任务的落实。坚决纠正违背科学发展观、违背和谐社会建设要求的行为，确保政令畅通，维护中央权威。加快建立体现科学发展观要求的政绩评价标准、考核办法和奖惩制度，形成正确的政绩导向，促进各级领导班子和领导干部牢固树立科学发展观、提高领导社会主义和谐社会建设的本领。

严肃党的纪律特别是政治纪律，确保各级党组织和广大党员干部在指导思想、路线方针政策和重大原则问题上同党中央保持高度一致。认真组织广大党员学习党章，进一步强化党章意识和党员意识。切实维护党章和其他党内法规，督促各级党组织和党员干部认真执行党的纪律，严肃查处对党的决议和政策阳奉阴违、各行其是的行为，维护党的团结统一，确保党的路线方针政策和省委重大决策的贯

彻执行。

(二)切实抓好领导干部教育、监督和廉洁自律,促进领导干部做到为民、务实、清廉 以党员领导干部为重点,进一步加强反腐倡廉教育。坚持社会主义核心价值体系,用马克思主义中国化的最新成果武装头脑,坚定理想信念。深入开展党的基本理论、基本路线、基本纲领、基本经验教育,扎实开展党章和法纪、党的光荣传统和优良作风、正确的权力观和政绩观、社会主义荣辱观、廉洁自律等教育,不断夯实廉洁从政的思想道德基础。完善反腐倡廉"大宣教"工作格局,整合教育资源,拓宽教育覆盖面,形成思想道德教育的合力。深入开展反腐倡廉主题教育活动,善于运用正反两方面典型,积极探索新思路新方法,增强宣传教育效果。扎实推进廉政文化建设,广泛开展廉政文化进机关、进社区、进家庭、进学校、进企业、进农村活动,不断增强全社会的廉洁意识。

按照"为民、务实、清廉"的要求,深入推进领导干部廉洁自律工作。严格执行"四大纪律八项要求",认真落实中央和省委关于领导干部廉洁从政各项规定,继续开展经常性检查和专项治理,切实解决领导干部廉洁从政方面存在的突出问题。认真执行《中共中央纪委关于严格禁止利用职务上的便利谋取不正当利益的若干规定》,坚决清理纠正违反八项严格禁止性要求的行为。适应新形势新情况,不断提出廉洁自律的新要求,健全和完善领导干部廉洁从政行为规范,促进领导干部廉洁自律工作深入开展。

大力弘扬胡锦涛总书记倡导的八个方面良好风气,切实加强领导干部作风建设。继续按照"八个坚持、八个反对"的要求,全面贯彻省委关于加强领导干部作风建设的实施意见,认真解决思想作风、学风、工作作风、领导作风、生活作风等方面存在的突出问题。发扬求真务实的精神,坚决克服形式主义、官僚主义和弄虚作假行为。大力提倡勤俭节约的风气,牢记"两个务必",始终保持艰苦奋斗的政治本色。加强对领导干部作风的监督检查,促进领导干部作风进一步转变。

(三)坚持以人为本,认真治理和纠正损害群众利益的不正之风 把关注民生、改善民生放在更加突出的位置,认真解决群众最关心、最直接、最现实的利益问题,坚决治理和纠正损害群众利益的不正之风,进一步密切党同人民群众的血肉联系,大力促进社会和谐。

继续认真开展专项治理工作。深入治理教育乱收费,认真纠正医药购销和医疗服务中的不正之风,着力解决上学难、看病贵等民生问题。进一步整顿规范药品生产、流通秩序,加强对安全生产的监督检查,加大对企业违法排污查处力度,开展房地产市场秩序专项整治,认真解决食品药品安全、劳动安全、坑农害农等突出问题。严肃查办在征地拆迁、农村土地承包、教育收费、医疗服务、企业重组改制、安全生产、社保基金管理、环境保护、库区移民等方面严重侵害群众利益的案件,维护群众切身利益。

建立和完善维护群众利益的长效机制。继续办好"政风行风热线",深入开展民主评议政风行风活动,畅通各种监督渠道,使人民群众的合理诉求得到及时解决,合法权益得到有效维护。充分发挥基层组织作用,运用教育、协商、调解等方法,把矛盾解决在基层、化解在萌芽状态。坚持纠建并举,加大防治力度,加强政风行风建设,促进党和政府与人民群众及社会各方面关系的和谐。

切实加强农村基层党风廉政建设。认真贯彻中央和省委的部署,深入开展督促检查,坚决纠正少数基层干部工作方法简单粗暴、作风不实、办事不公和损害农民群众利益等问题,推动农村基层党风廉政建设。进一步加强国有企业党风建设和反腐倡廉工作,严格执行国有企业领导人员廉洁从业规定,切实维护企业职工合法权益,加强企业效能监察,促进国有资产保值增值。

(四)坚持从严治党方针,加大查办违纪违法案件工作力度 严肃党的纪律,以查办大案要案为重点,维护社会和谐、公平正义。继续重点查办领导干部滥用权力、贪污贿赂、腐化堕落、失职渎职的案件,严肃查办利用人事权、司法权、审批权、行政执法权谋取私利的案件。严肃查办官商勾结、权钱交易的案件,以各种手段侵吞国有资产的案件。深入开展治理商业贿赂专项工作,认真查办发生在工程建设、土地出让、产权交易、医药购销、政府采购、资源开发和经销以及其他领域的商业贿赂案件。坚持纪律和法律面前人人平等,不论谁触犯了党纪国法,都要受到严肃追究和惩处。

认真研究违纪违法案件的新特点,进一步加强信访举报、案件检查、案件审理及案件管理和申诉复查工作,建立对受处分党员和干部的思想教育和回访制度,保障党员、干部权利。坚持依纪依法、安全文明办案,坚持惩前毖后、治病救人,做到宽严相济、区别对待。完善办案协调机制,加强对执纪执法机关的组织协调工作,形成办案合力。重视对重大典型案件的剖析,针对暴露出来的问题提出完善制度、堵塞漏洞的措施,发挥查办案件的治本功能,促进预防腐败机制的完善。

(五)积极推进体制机制制度创新,进一步加强对权力运行的监督和制约 坚持以改革统揽预防腐败工作,以制度建设为重点,继续抓好各项改革,推进制度创新,努力形成用制度管权、按制度办事、靠制度管人的有效机制。进一步深化干部人事制度、司法体制和工作机制、行政审批制度、财政管理制度、投资体制、金融体制、政府采购管理体制等方面的改革,建立健全结构合理、配置科学、程序严密、制约有效的权力运行机制。结合各地实际,积极探索并稳步推进行政机构、政府资金管理制度、行政事业单位资产管理及领导干部职务消费等改革。充分发挥市场配置资源的基础性作用,全面落实工程建设项目招标投标、经营性土地和工业用地使用权出让、国有产权进场交易、政府采购等制度,努力减少腐败现象滋生蔓延的土壤和条件。

切实执行党内监督各项制度,完善监督机制,促使领导干部正确行使权力。认真贯彻民主集中制,严格执行党内监督条例。积极推进党务公开,认真执行党内重要情况通报和报告、情况反映等制度。加强对民主生活会、述职述廉、诫勉谈话和函询等制度执行情况的监督检查。严格执行党员领导干部报告个人有关事项的规定。进一步落实纪委常委同下级党政主要领导同志谈话制度。认真实行党委委员、纪委委员开展党内询问和质询的制度。深入开展巡视工作,加强对领导班子特别是主要负责人的监督。进一步开展对领导干部的经济责任审计。把党内监督与党外监督结合起来,围绕涉及群众切身利益的事项,深入推进政务公开、厂务公开、村务公开,完善公用事业单位办事公开。充分发挥人大、政府专门机关、政协等监督主体的积极作用,依靠人民群众的支持和参与开展反腐倡廉。

(六)适应新形势新任务的需要,切实加强纪检机关自身建设 按照"政治坚强、公正清廉、纪律严明、业务精通、作风优良"的要求,坚持不懈地抓好纪检机关自身建设。要认真学习党中央提出的科学发展观等一系列重大战略思想,从全局上深刻认识党风廉政建设和反腐败斗争的极端重要性,增强做好反腐倡廉工作的责任感和紧迫感。全面履行职责,坚决维护党章和其他党内法规,切实加强对党的路线方针政策和决议执行情况的监督检查,认真协助党委加强党风建设、组织协调反腐败工作,在推进党的建设新的伟大工程中发挥更加积极的作用。坚持求真务实、与时俱进,深入探索新形势下反腐倡廉的特点和规律,不断增强纪检工作的科学性、预见性和针对性。切实加强纪委领导班子和干部队伍建设,提高政治素质,转变思想作风,改进工作方法。做好干部培训和轮岗交流工作,优化纪检干部队伍结构。进一步加强派驻机构统一管理工作,理顺管理体制,充分发挥作用。强化纪检机关内部的管理和监督,建立健全规章制度,严肃工作纪律特别是办案纪律和保密纪律,认真执行省纪委《关于纪检监察干部严格遵守党的纪律加强廉洁自律的暂行规定》,自觉保持清正廉洁的良好形象。广大纪检干部要牢记使命,恪尽职守,永远做党的忠诚卫士,当群众的贴心人。

各级党委对反腐倡廉工作要高度重视,切实加强领导。要坚定不移地贯彻反腐倡廉战略方针,认真落实《实施纲要》和省委《具体意见》,抓紧完善惩治和预防腐败体系。领导班子和领导干部要严格执行党风廉政建设责任制,自觉履行反腐倡廉工作职责,加大对责任制执行情况的检查考核和责任追究力度,保证党风廉政建设和反腐败任务真正落到实处。要大力支持纪检机关履行职责,关心、爱护纪检干部,帮助解决实际问题,为纪检机关开展工作创造条件。

省第九次党代会为全省经济社会发展描绘出新的蓝图,全省各级党的纪律检查机关肩负着光荣而艰巨的使命。我们要紧密团结在以胡锦涛同志为总书记的党中央周围,高举邓小平理论和"三个代表"重要思想伟大旗帜,全面落实科学发展观,以更加开放的思想观念、更加执着的奋斗精神、更加扎实的工作作风,奋力开创党风廉政建设和反腐败斗争新局面,为实现党的十七大和省第九次党代会确定的宏伟目标做出新贡献!

全省纪检监察工作概况

省委常委、省纪委书记 杨传升

2006年,在省委、省政府的正确领导下,各级党委、政府和纪检监察机关认真贯彻中央关于反腐倡廉工作的重大决策和部署,全面落实中央纪委六次全会和吴官正同志视察山东重要讲话精神,把学习贯彻党章作为一项重大任务来抓,坚持反腐倡廉战略方针,深入贯彻《实施纲要》和省委具体意见,积极推进惩治和预防腐败体系建设,加大从源头上防治腐败力度,反腐倡廉工作取得了新的明显成效。

一、加强监督检查,促进了中央和省委重大决策部署的贯彻落实

各级纪检监察机关围绕中央和省委关于加强宏观调控、做好"三农"工作、保护资源环境等一系列重大决策部署,认真履行监督检查职能,保证政令畅通。督促并会同有关部门开展整顿和规范市场经济秩序、严格土地管理等30多项专项治理和检查工作,严肃查处了1167起土地违规违法案件和1335起环境违纪违法案件。加强农村基层党风廉政建设,推动了中央支农惠农政策的落实。加强对党委集中换届工作的监督检查,努力防止领导干部"带病提拔"、"带病上岗",为营造风清气正的换届环境积极发挥作用。

二、专项治理和纠正不正之风工作取得新成效

各地各部门不断加大工作力度,继续坚决纠正征收征用土地、城镇房屋拆迁、企业重组改制和破产中损害群众利益、拖欠和克扣农民工工资、企业违法排污等问题,维护了群众的合法权益。坚持把群众关心的热点难点问题作为工作重点,着力解决群众在上学、看病等方面反映的突出问题,查处教育乱收费1261.98万元,落实农村贫困家庭学生"两免一补"资金3.6亿元、资助77.4万人,药品集中招标采购总金额达52.32亿元,减轻农民负担38.24亿元。注重听取群众意见,畅通诉求表达渠道,省、市和部分县开通了"政风行风热线",健全领导接访、网上信访举报等制度,及时了解社情民意,努力把矛盾和问题解决在基层。

三、查办案件工作保持了强劲势头

2006年全省各级纪检监察机关共受理信访举报53110件次，立案10457件，其中大案要案2280件，涉及厅级干部案件14件，县处级干部案件196件。通过办案挽回经济损失2.53亿元。全年结案10807件，给予党纪处分9562人，占党员总数的1.7‰；给予政纪处分1235人；涉嫌犯罪被移送司法机关的189人。对腐败分子的惩处，增强了广大干部群众反腐败的信心。特别是中央决定对杜世成严重违纪问题立案检查，表明我们党惩治腐败的鲜明态度和坚强决心。扎实开展治理商业贿赂专项工作，全省共查处商业贿赂案件2125件，涉案金额1.62亿元。通过严格依纪依法办案，有力地维护了党的纯洁性和先进性，促进了党风廉政建设和经济社会发展。

四、领导干部廉洁从政意识进一步增强

加强以党员领导干部为重点的党风廉政教育，结合保持共产党员先进性教育活动，认真开展学习贯彻党章、社会主义荣辱观教育和"勤政廉政、科学发展"主题教育等活动，促进了领导干部从政道德建设。按照建设和谐文化的要求积极推进廉政文化建设，广泛开展廉政文化"六进"、廉政文化理论研讨、廉政歌曲传唱、廉政短信征集等活动，努力形成以廉为荣、以贪为耻的良好社会风尚。严格执行领导干部廉洁从政各项规定，认真治理"五个方面突出问题"，506名领导干部登记上交收受的现金314万元，219名党员干部因赌博受到查处。全省开展了清理整顿党政机关事业单位违规建购干部职工住房工作，共处理违规住房8200多套，挽回经济损失3亿多元。

五、治本抓源头工作不断深入

坚持以规范权力运行为着力点，继续推进改革和制度创新，干部人事、司法体制、行政审批、财政管理、投资体制、金融监管等方面的改革不断深化。以健全市场机制为着力点，充分发挥市场在资源配置中的基础性作用，工程建设项目招标投标、经营性土地使用权出让、产权交易、政府采购等制度进一步完善。以加强制度建设为着力点，积极拓展工作领域，将防治腐败寓于政治、经济、文化和社会建设之中，从源头上防治腐败工作取得新的成效。

六、党内监督工作取得新进展

认真执行党内监督条例，党员领导干部报告个人有关事项、述职述廉等制度进一步落实。各级共有10.6万名领导干部进行了述职述廉。县以上纪委负责人同下级党政主要负责人谈话4535人次，各级任前廉政谈话2.45万人次，诫勉谈话1142人次。加强对党风廉政建设责任制执行情况的监督检查，促进领导干部进一步增强了责任意识。巡视工作深入开展，省委巡视组对3个市和7个省直部门进行了巡视。派驻机构统一管理工作逐步完善，对驻在部门领导班子和领导干部的监督得到加强。政务、厂务、村务公开以及公用事业单位办事公开的力度加大，党务公开逐步推行。认真贯彻中央纪委在我省召开的山东部分大型企业反腐倡廉工作座谈会精神，国有企业党风建设和反腐倡廉工作不断加强。

七、行政监察职能作用得到较好发挥

开展专项执法监察项目581个，查出违规资金12.96亿元。受理和查处行政效能投诉4905件，1293人因不作为、乱作为受到处理。配合省政府有关部门制定了政务大厅管理办法、行政许可听证办法和行政责任追究办法，督促各级健全规章制度，规范行政行为。认真清理纠正国家机关工作人员和国有企业负责人投资入股煤矿问题，清理出投资收益4208.8万元。

八、纪检监察机关自身建设进一步加强

深入开展保持共产党员先进性教育活动，认真解决在思想、组织、作风以及工作方面存在的问题，增强了"做党的忠诚卫士、当群众的贴心人"的自觉性。坚持与时俱进，加强学习、研究和干部培训，不断提高适应新形势、解决新问题的能力。强化内部管理，健全规章制度，自觉接受监督，维护了纪检监察机关的良好形象。

回顾反腐倡廉工作实践，从中得到这样一些重要启示：

——必须坚持以科学发展观为统领，为促进经济社会又好又快发展提供保证。纪检监察机关只有按照科学发展观的要求开展反腐倡廉工作，坚持围绕中心、服务大局，用严明的纪律为贯彻落实科学发展观提供有力保证，才能使反腐倡廉工作保持正确方向，不断取得新的成效。

——必须坚持立党为公、执政为民，着力解决损害群众利益的突出问题。反腐倡廉工作的核心问题，是要保持党同人民群众的血肉联系。只有把实现好、维护好、发展好人民群众的根本利益作为反腐倡廉工作的出发点和落脚点，切实解决损害群众利益的不正之风，才能维护社会公平正义，密切党群干群关系。

——必须坚持从严治党，不断加大查办案件力度。查办案件是惩治腐败的重要手段。只有保持惩治腐败的强劲势头，严格依纪依法办案，注重查办案件的综合效果，才能充分发挥查办案件在防治腐败中的重要作用。

——必须坚持反腐倡廉战略方针，积极推进惩治和预防腐败体系建设。这是新形势下深入开展反腐倡廉的新要求，是从源头上防治腐败的根本举措。只有深入贯彻《实施纲要》和省委《具体意见》，充分发挥各部门的职能作用，全面落实反腐倡廉各项任务，拓展从源头上防治腐败工作领域，才能推进党风廉政建设和反腐败斗争不断深入。

——必须紧紧依靠党委的统一领导，积极主动地开展工作。我们反腐倡廉取得的一切成就，都是党委和政府高度重视、加强领导的结果。纪检监察机关必须自觉贯彻党委、政府的工作思路，重大问题及时请示汇报，在协助党委

加强党风建设、组织协调反腐败工作等方面，积极发挥参谋助手作用，以实际行动赢得党委、政府的重视和支持。

附：省纪委领导成员名单

书　记：赵春兰（女）※　杨传升☆

副书记：张国琛※　王维新☆　惠萩林　高守勤☆　郭建昌☆

常　委：赵春兰（女）※　杨传升☆　张国琛※　王维新☆　惠萩林　高守勤☆　郭建昌☆　徐东萌　崔　瑛（女）　宋卫国　王喜远　张希凡

委　员（按姓氏笔画为序）：

于国安　王文升　王兆成　王和先
王祖和　王维新　王喜远　左　敏（女）
田玉茂　毕可仁　朱绪平　刘池水
刘建华　刘曙光　李　敏　李广德
李成明　李建军　李荣芝（女）
李桂春　李淑敏（女）　连广生
杨传升　宋卫国　张　凯　张之荣
张希凡　张国琛　张建华　张春禄
陈明甫　周玉华　周焕文　赵春兰（女）
柏继民　徐东萌　徐守斌　徐国力
高守勤　高维敏　高惠民　高儒林
郭建昌　崔　瑛（女）　崔锡柱
矫学柏　董立兴　董国勋　惠萩林
焦连合　谢国忠

秘书长：徐守斌

※　2006 年 10 月，赵春兰同志不再担任中共山东省纪律检查委员会书记、常委、委员职务。

☆　2006 年 10 月，杨传升同志任中共山东省纪律检查委员会委员、常委、书记。

※　2006 年 9 月，张国琛同志不再担任中共山东省纪律检查委员会副书记、常委职务。

☆　2006 年 11 月，王维新同志任山东省监察厅厅长。

☆　2006 年 10 月，高守勤同志任中共山东省纪律检查委员会副书记，11 月，不再担任山东省监察厅副厅长职务。

☆　2006 年 10 月，郭建昌同志任中共山东省纪律检查委员会委员、常委、副书记。

重要会议及决议

中共山东省纪委第七次全体会议　1 月 11 日至 12 日，省纪委第七次全体会议在济南召开。会议认真传达学习了胡锦涛总书记在中央纪委第六次全体会议上的重要讲话和吴官正书记的工作报告，总结了 2005 年全省反腐倡廉工作，研究部署了 2006 年全省党风廉政建设和反腐败工作任务。省委书记、省人大常委会主任张高丽出席会议并讲话。省委副书记、省纪委书记赵春兰代表省纪律检查委员会常务委员会作工作报告。省委副书记、省长韩寓群，省政协主席孙淑义，省委副书记姜大明、高新亭，在济的省委常委，省人大、省政府、省政协和省法院、省检察院的领导同志出席会议。省纪委委员出席会议。不是省纪委委员的省监察厅副厅长，市纪委书记、监察局局长，大企业纪委书记，省纪委、省监察厅各派驻派出纪检组组长、纪工委书记、监察专员，省委各部委负责同志，省直各部门、单位党组（党委）书记、纪检组组长（纪委书记），驻济各高等院校党委书记、纪委书记，省委巡视工作机构负责人，省纪委、省监察厅机关各厅室主任、副厅级检查员和单位负责人列席了会议。

省直机关党风廉政建设和反腐败工作任务分工会议　1 月 23 日，省委反腐败工作领导小组在济南召开省直机关党风廉政建设和反腐败工作任务分工会议。省委副书记、省纪委书记赵春兰出席会议并讲话，省委副书记、政法委书记高新亭，省人民检察院检察长国家森出席会议，省委反腐败工作领导小组其他领导成员，省直反腐败工作责任部门和单位主要负责同志参加了会议。会议讨论通过了《关于 2006 年全省党风廉政建设和反腐败工作实施意见》，将反腐倡廉任务分解为 7 大部分 55 项，分别由 73 个省直部门和单位负责，2 月 8 日省委、省政府以鲁发〔2006〕3 号文件批转各地、各部门贯彻执行。

省政府全体（扩大）会议暨廉政工作会议　2 月 10 日，省政府全体（扩大）会议暨廉政工作会议在济南召开。会议主要任务是贯彻落实全省经济工作会议精神和省十届人大四次会议通过的《政府工作报告》，认真分析我省经济形势，安排部署当前工作，部署全省政府系统廉政建设和反腐败工作，就进一步加强省政府系统作风建设提出要求。省委副书记、省长韩寓群出席会议并讲话。省委副书记、省纪委书记赵春兰，副省长王仁元、王军民、张昭福、孙守璞、贾万志、李玉妹等出席会议，副省长赵克志主持会议。

山东省治理商业贿赂领导小组第一次会议　3 月 17 日，山东省治理商业贿赂领导小组第一次会议在济南召开。省委常委、常务副省长林廷生主持会议并讲话。会议传达了中办、国办《关于开展治理商业贿赂专项工作的意见》，研究制定了《山东省开展治理商业贿赂专项工作实施方案》。

全省纪检监察宣传教育工作座谈会　3 月 24 日，全省纪检监察宣传教育工作座谈会在青岛召开。省委副书记、省纪委书记赵春兰出席会议并讲话。会议传达了全国纪检监察宣传教育工作座谈会精神，总结了 2005 年宣传教育工作，研究部署了 2006 年反腐倡廉宣传教育工作任务。会议通报表彰了青岛市纪委宣教室等 87 个“2005 年度全省反腐倡廉宣传教育工作先进集体”、223 名“反腐倡廉宣传教育工作先进个人”，授予山东电视台、省纪委驻文化厅纪检组“全省反腐倡廉宣传教育工作突出贡献奖”、济南市等22个单位“全省反腐倡廉宣传教育专项工作奖”。

全省纠风工作电视电话会议 4月18日，全省纠风工作电视电话会议在济南召开。省委常委、常务副省长、省政府纠风工作领导小组组长林廷生出席会议并讲话。会议传达了全国纠风工作会议精神，总结了2005年全省纠正部门和行业不正之风工作情况，就2006年全省纠风工作作出部署。

全省纪检监察案件审理暨申诉复查工作座谈会 4月29日，全省纪检监察案件审理暨申诉复查工作座谈会在济南召开。省委副书记、省纪委书记赵春兰出席会议并讲话。会议传达了全国纪检监察案件审理暨申诉复查工作年会精神，总结了2005年全省纪检监察案件审理工作情况，研究部署2006年工作任务。

全省纪检监察工作为落实科学发展观、构建社会主义和谐社会提供有力保证理论研讨会 5月24日，全省纪检监察工作为落实科学发展观、构建社会主义和谐社会提供有力保证理论研讨会在济南召开。省委副书记、省纪委书记赵春兰出席会议并讲话。

省委落实党风廉政建设责任制领导小组会议 5月25日，省委落实党风廉政建设责任制领导小组会议在济南召开。省委书记、省人大常委会主任、省委落实党风廉政建设责任制领导小组组长张高丽出席会议并讲话，对深入落实党风廉政建设责任制提出具体要求。省委副书记、省纪委书记、领导小组副组长赵春兰主持会议，省委常委、秘书长、领导小组副组长杨传升，省委常委、组织部部长、领导小组副组长刘伟及其他领导小组成员出席会议。会议对《关于各市落实党风廉政建设责任制工作进行检查考核的方案》进行了讨论，研究部署了对全省各市党委、政府领导班子和领导干部落实党风廉政建设责任制情况进行检查考核工作。

全省治理商业贿赂领导小组负责人会议 6月1日，全省治理商业贿赂领导小组负责人会议在济南召开。省委常委、常务副省长林廷生出席会议并讲话。会议传达了中央领导同志讲话和全国治理商业贿赂领导小组负责人会议精神，就全省深入开展治理商业贿赂专项工作，建立健全防治商业贿赂长效机制作出部署。

省委落实党风廉政建设责任制检查考核组全体成员会议 6月5日，省委落实党风廉政建设责任制检查考核组全体成员会议在济南召开。省委副书记、省纪委书记赵春兰出席会议并讲话。会议对全省17个市党委、政府领导班子及其成员落实党风廉政建设责任制工作进行检查考核作出部署。

省直部门贯彻落实惩防体系《实施纲要》具体意见工作进展情况汇报会 6月20日，省直部门贯彻落实惩防体系《实施纲要》具体意见工作进展情况汇报会在济南召开。会议听取了省直部门贯彻落实中央《建立健全教育、制度、监督并重的惩治和预防腐败体系实施纲要》和省委《具体意见》及2007年底前工作要点情况的汇报，就进一步抓好各部门承担的反腐倡廉工作任务，推进部门和系统党风廉政建设作出部署。

山东部分大型企业负责人座谈会 7月7日，山东部分大型企业负责人座谈会在青岛召开。中央政治局常委、中央纪委书记吴官正出席会议并作重要讲话。中央纪委常委、秘书长干以胜，国务院国资委副主任王勇、国资委纪委书记贾福兴，省委书记张高丽，省委常委、秘书长杨传升和副省长王仁元等出席会议。

全国监察厅(局)长会议 7月7日至8日，全国监察厅(局)长会议在青岛召开。中央政治局常委、中央纪委书记吴官正出席会议并作重要讲话。中央纪委副书记、监察部部长李至伦作工作报告。中央纪委常委、秘书长干以胜，中央纪委常委、监察部副部长黄树贤，监察部副部长陈昌智、屈万祥，省委书记张高丽，省委副书记、省长韩寓群，省委副书记、省纪委书记赵春兰，省委常委、常务副省长林廷生，省委常委、秘书长杨传升出席会议。

全省市、县(市、区)纪委换届工作座谈会 7月31日，全省市、县(市、区)纪委换届工作座谈会在济南召开。省委副书记、省纪委书记赵春兰出席会议并讲话。会议传达了中央纪委关于地方纪委换届工作的意见和省委关于认真做好市、县(市、区)党委换届工作的通知，就2007年市、县(市、区)纪委换届工作作出部署。

全省市纪委书记座谈会 8月8日，全省市纪委书记座谈会在济南召开。省委副书记、省纪委书记赵春兰出席会议并讲话。会议深入学习贯彻胡锦涛总书记在庆祝建党85周年暨总结先进性教育活动大会上的重要讲话和吴官正同志视察山东重要讲话精神，总结交流了2006年以来反腐倡廉工作进展情况，就进一步加大工作力度，深入推进党风廉政建设和反腐败工作进行研究部署。各市、各大企业纪委书记，省直机关纪工委、省委高校纪工委、省国资委纪委书记作了汇报发言。

省委落实党风廉政建设责任制领导小组会议 8月10日，省委落实党风廉政建设责任制领导小组会议在济南召开。省委书记、省人大常委会主任、省委落实责任制领导小组组长张高丽同志出席会议并讲话。省委副书记、省纪委书记、省委落实党风廉政建设责任制领导小组副组长赵春兰主持会议。会议听取了各检查考核组对各市落实党风廉政建设责任制工作进行检查考核情况的汇报，并就检查考核的情况反馈、搞好整改等工作作出部署。

全省国有企业效能监察工作座谈会 9月12日，省纪委、省监察厅、省国资委联合召开全省国有企业效能监察工作座谈会。会议就进一步加强和改进国有企业效能监察工作，加强企业党风建设和反腐倡廉工作作出部署。

山东省庆祝建国57周年暨廉政歌曲大家唱大型文艺演出 9月26日，由省纪委、省委组织部、省委宣传部、省监察厅、省广电局、省文化厅、兖矿集团联合举办，山东电视台承办的“齐鲁正气歌——山东省庆祝建国57周年暨廉政歌曲大家唱大型文艺演出”在济南举行。省委书记、省人大常委会主任张高丽,省委副书记、省长韩寓群,省委副书记、济南市委书记姜大明,省委副书记、省纪委书记赵春兰,省委副书记高新亭,省委常委、秘书长杨传升,省委常委、组织部部长刘伟,省委常委、宣传部部长王敏等出席晚会。

全省纪检监察机关案件检查工作座谈会 11月1日至2日,全省纪检监察机关案件检查工作座谈会在烟台市召开。省委常委、省纪委书记杨传升出席会议并讲话。会议就贯彻从严治党、从严治政方针,继续保持和加大办案力度,坚决惩处腐败分子,正确把握政策,严格依纪依法,建立健全查办大案要案的组织协调机制,进一步加强案件检查工作作出部署。

中央纪委、中央组织部在山东召开实施《地方党委委员、纪委委员提出罢免或撤换要求处理办法(试行)》试点工作会议 11月2日,中央纪委、中央组织部在济南召开实施《地方党委委员、纪委委员提出罢免或撤换要求处理办法(试行)》试点工作会议。中央纪委、中央组织部调研组领导同志,省委、省纪委、省委组织部和淄博市委、市纪委、市委组织部负责同志参加会议。

全省党员领导干部“勤政廉政、科学发展”教育视频会议 11月8日,省委召开全省党员领导干部“勤政廉政、科学发展”教育视频会议。省委常委、省纪委书记杨传升出席会议并讲话,省委常委、组织部长刘伟主持会议,省委常委、宣传部长焉荣竹出席会议。济南、淄博市委和荣成、滕州市委作大会发言。

全省纪检监察申诉复查工作座谈会 12月14日,全省纪检监察申诉复查工作座谈会在济宁召开。会议传达学习了全国纪检监察申诉复查工作经验交流会精神,就进一步做好新形势下的纪检监察申诉复查工作作出部署。

全省农村基层党风廉政建设工作电视电话会议 12月15日,全省农村基层党风廉政建设电视电话会议在济南召开。省委常委、省纪委书记杨传升出席会议并讲话,副省长贾万志主持会议。会议传达学习了全国农村基层党风廉政建设工作座谈会精神和省委书记、省人大常委会主任张高丽的重要批示,就加强全省农村基层党风廉政建设工作作出部署,20个单位在会上介绍了经验。

全省纪检监察信访举报工作座谈会 12月28日,全省纪检监察信访举报工作座谈会在济南召开。会议传达学习了全国纪检监察信访举报工作座谈会议精神,对2004年至2006年开展“信访举报工作质量年”活动情况进行了总结表彰,围绕加强党风廉政建设,维护社会和谐稳定,促进经济社会发展,对2007年信访举报工作作出部署。

省委书记张高丽对巡视工作作出批示 12月29日,省委书记张高丽对省农业厅、省海洋与渔业厅、省广电局、省劳动保障厅、省物价局开展巡视工作情况作出批示:“三农”是全党工作的重中之重,山东农业要做大做好,应总结经验、大胆探索、科技兴农,在农业产业化上再上新水平;山东海洋资源丰富,基础条件很好,要做好规划,深入研究“海上山东”上新台阶,创新水平;广播电视应在体制、机制、开拓创新和培养使用优秀人才上下点功夫,要争创一流,走在全国前列;劳动和社会保障直接关系人民群众的切身利益,一定要严格管理,确保资金安全,万无一失;物价在宏观调控中有不可替代的作用,要根据中央的精神,结合山东实际,好好把握运用。

重要文件目录

1.中共山东省委、山东省人民政府转发《省纪委、省监察厅关于2006年全省党风廉政建设和反腐败工作实施意见》的通知(鲁发〔2006〕8号)

2.中共山东省委关于进一步加强领导干部廉洁自律的通知(鲁发电〔2006〕70号)

3.中共山东省委、山东省人民政府关于成立山东省治理商业贿赂领导小组的通知(鲁委〔2006〕119号)

4.中共山东省委关于调整省委落实党风廉政建设责任制领导小组组成人员的通知(鲁委〔2006〕340号)

5.中共山东省委关于调整省委反腐败工作领导小组组成人员的通知(鲁委〔2006〕341号)

6.省委办公厅、省政府办公厅关于印发《山东省开展治理商业贿赂专项工作实施方案》的通知(鲁办发〔2006〕8号)

7.省委办公厅、省政府办公厅关于加强农村基层党风廉政建设的实施意见(鲁办发〔2006〕24号)

8.张高丽同志在省纪委第七次全体会议上的讲话和赵春兰同志在省纪委第七次全体会议上的工作报告(鲁办通报〔2006〕第4期)

9.林廷生同志在省治理商业贿赂领导小组第一次会议上的讲话(鲁办通报〔2006〕第11期)

10.张高丽同志在省委落实党风廉政建设责任制领导小组会议上的讲话(鲁办通报〔2006〕第15期)

11.党员领导干部要做学习贯彻党章的表率——赵春兰同志在市厅级党员领导干部学习贯彻党章培训班上的讲话(鲁办通报〔2006〕第24期)

12.赵春兰同志在省清理整顿违规建购干部职工住房工作领导小组第三次会议上的讲话(鲁办通报〔2006〕第26期)

13.省委办公厅 省政府办公厅印发《关于贯彻中办厅字〔2006〕5号文件确保改革公务员工资制度和规范公务员收入分配秩序工作顺利进行的意见》的通知(鲁厅字〔2006〕20号)

14.关于印发张高丽同志在落实党风廉政建设责任制检查考核工作汇报会上的讲话的通知(鲁责发〔2006〕1号)

15.关于印发张高丽同志在省委常委会议上的讲话的

通知(鲁纪发〔2006〕1号)

16.省纪委、省委组织部、省委宣传部《关于认真学习贯彻中纪发〔2006〕2号文件的通知》(鲁纪发〔2006〕3号)

17.省纪委、省委统战部、省监察厅《关于转发中纪发〔2006〕3号文件的通知》(鲁纪发〔2006〕4号)

18.省纪委、省委组织部、省委宣传部《关于在全省党员领导干部中开展"勤政廉政、科学发展"教育活动的意见》(鲁纪发〔2006〕5号)

19.关于转发中纪发7号文件深入开展社会主义荣辱观教育的通知(鲁纪发〔2006〕6号)

20.关于转发中纪发〔2006〕9号文件的通知(鲁纪发〔2006〕7号)

21.关于印发《省直有关单位贯彻落实2006年反腐倡廉宣传教育工作部署的分工意见》的通知(鲁纪发〔2006〕8号)

22.关于印发赵春兰同志在全省纪检监察案件审理暨申诉复查工作座谈会上的讲话的通知(鲁纪发〔2006〕9号)

23.省纪委、省高级人民法院、省人民检察院、省监察厅、省司法厅、省安全生产监督管理局、山东煤矿安全监察局《关于转发中纪发13号文件认真对重特大安全事故责任追究落实情况开展检查的通知》(鲁纪发〔2006〕10号)

24.关于转发中纪发〔2006〕15号文件的通知(鲁纪发〔2006〕11号)

25.关于转发省委落实党风廉政建设责任制领导小组会议纪要的通知(鲁纪发〔2006〕12号)

26.关于认真学习贯彻吴官正同志重要讲话精神的通知(鲁纪发〔2006〕13号)

27.中共山东省纪委关于认真做好2007年市、县(市、区)纪委换届工作的意见(鲁纪发〔2006〕14号)

28.关于印发赵春兰同志在全省市纪委书记座谈会上的讲话的通知(鲁纪发〔2006〕15号)

29.关于在全省纪检监察系统深入学习《江泽民文选》的通知(鲁纪发〔2006〕16号)

30.省纪委、省高级人民法院、省监察厅《关于转发中纪发〔2006〕16号文件进一步加强纪检监察机关与人民法院在办理党员和行政机关公务员非法干预人民法院执行工作的案件中沟通情况及建立典型案例通报制度的通知》(鲁纪发〔2006〕17号)

31.中共山东省纪委关于认真学习贯彻党的十六届六中全会和省八届十三次全委会精神的意见(鲁纪发〔2006〕18号)

32.关于印发杨传升同志在省纪委常委会议上讲话的通知(鲁纪发〔2006〕19号)

33.关于建立省农村基层党风廉政建设工作联席会议的通知(鲁纪发〔2006〕20号)

34.关于印发杨传升同志在全省党员领导干部"勤政廉政、科学发展"教育视频会议上的讲话的通知(鲁纪发〔2006〕21号)

35.省纪委、省监察厅、省财政厅、省农业厅《关于认真贯彻落实中纪发〔2006〕24号文件进一步规范乡村财务管理工作的通知》(鲁纪发〔2006〕22号)

36.关于印发《省纪委省监察厅派驻机构干部管理工作暂行办法》和《省纪委省监察厅派驻机构业务工作联系及管理暂行办法》的通知(鲁纪发〔2006〕23号)

37.省纪委、省委组织部、省监察厅、省财政厅、省人事厅、省审计厅关于印发《山东省规范公务员津贴补贴实施方案》的通知(鲁纪发〔2006〕24号)

38.关于印发杨传升同志在全省农村基层党风廉政建设工作电视电话会议上的讲话的通知(鲁纪发〔2006〕25号)

39.关于在全省党员领导干部中开展"廉洁奉公、执政为民"教育情况的通报(鲁纪通〔2006〕1号)

40.赵春兰同志在省纪委常委会议上的讲话(鲁纪通〔2006〕2号)

41.赵春兰同志在全省纪检监察工作为贯彻落实科学发展观构建和谐社会提供有力保证理论研讨会上的讲话(鲁纪通〔2006〕3号)

42.围绕中心、服务大局,为贯彻落实科学发展观提供有力保证——赵春兰同志在省纪委理论学习中心组读书会上的发言(鲁纪通〔2006〕4号)

43.杨传升同志在全省纪检监察机关案件检查工作座谈会上的讲话(鲁纪通〔2006〕5号)

44.全省党员领导干部"勤政廉政、科学发展"教育情况通报(鲁纪通〔2006〕6号)

45.杨传升同志在听取关于全国部分省区市纪检监察申诉复查工作经验交流会精神汇报时的讲话和王维新同志在全省纪检监察申诉复查工作座谈会上的讲话(鲁纪通〔2006〕7号)

46.杨传升同志在省纪委常委扩大会议传达学习中央和全省经济工作会议精神时的讲话(鲁纪通〔2006〕8号)

47.杨传升同志在省纪委省监察厅派驻机构工作总结汇报会上的讲话(鲁纪通〔2006〕9号)

48.关于认真学习贯彻吴官正同志视察山东重要讲话精神的通知(鲁纪发电〔2006〕1号)

49.省纪委、省委组织部、省监察厅、省财政厅、省人事厅、省审计厅关于进一步严肃津贴补贴工作纪律的通知(鲁纪发电〔2006〕3号)

50.关于2007年元旦春节期间加强党风廉政建设的通知(鲁纪发电〔2006〕4号)

51.省纪委、省委组织部《关于转发〈中共中央纪委、中共中央组织部关于在地方党委换届工作中进一步严肃组织人事纪律的通知〉的通知》(鲁组通字〔2006〕13号)

52.省纪委、省委组织部《关于转发中共中央纪委、中共中央组织部〈坚决防止和查处换届选举中搞非组织活动的行为——关于胡友建、王运凡、林文良案件的通报〉的通知》(鲁组通字〔2006〕17号)

53.省纪委、省委组织部《关于开好2006年度县以上党

和国家机关党员领导干部民主生活会的通知》(鲁组通字〔2006〕22号)

54.关于转发监发1号文件认真做好2006年执法监察工作的通知(鲁监发〔2006〕1号)

55.省监察厅、省人民检察院、省安全生产监督管理局《关于转发监发〔2006〕2号文件的通知》(鲁监发〔2006〕2号)

56.关于转发监发〔2006〕5号文件进一步做好监察机关行政复议和行政应诉工作的通知(鲁监发〔2006〕3号)

57.省监察厅、省国土资源厅《转发监察部、国土资源部关于开展查处土地违法违规案件专项行动的通知的通知》(鲁监发〔2006〕4号)

58.印发《中共山东省纪委、山东省监察厅关于纪检监察机关实施信访双向承诺工作办法》的通知(鲁纪办发〔2006〕2号)

59.印发《中共山东省纪委、山东省监察厅关于纪检监察机关办理实名举报办法(试行)》的通知(鲁纪办发〔2006〕3号)

60.关于印发《省纪委、省监察厅机关落实2006年党风廉政建设和反腐败工作任务分解意见》的通知(鲁纪办发〔2006〕4号)

61.关于认真贯彻落实中央纪委办公厅《关于做好使用"两规"措施向中央纪委报批或备案工作的通知》的通知(鲁纪办发〔2006〕5号)

62.中共山东省纪委办公厅印发《关于在县和县以下基层单位推行信访举报工作办事公开的实施意见》的通知(鲁纪办发〔2006〕6号)

63.关于印发《山东省纪检监察机关网上举报工作管理规定(试行)》的通知(鲁纪办发〔2006〕7号)

64.印发《关于省纪委监察厅机关和省纪委、省监察厅派驻机构领导干部报告个人重大事项的意见》的通知(鲁纪办发〔2006〕9号)

65.关于转发中纪办发〔2005〕22号文件进一步加强行政复议行政应诉工作的通知(鲁纪办发〔2006〕10号)

66.转发中央纪委办公厅《关于印发〈何勇同志在部分中央国家机关政务公开工作现场会上的讲话〉的通知》的通知(鲁纪办发〔2006〕11号)

67.关于深入学习贯彻胡锦涛总书记重要指示进一步做好信访举报工作的通知(鲁纪办发〔2006〕12号)

68.关于印发《省纪委、省监察厅机关落实省八届十三次全委会〈决定〉任务分工意见》的通知(鲁纪办发〔2006〕13号)

69.关于转发中纪办发〔2006〕15号文件认真学习贯彻《安全生产领域违法违纪行为政纪处分暂行规定》的通知(鲁纪办发〔2006〕14号)

70.惠菽林同志在省直部门贯彻落实《实施纲要》和《具体意见》工作情况汇报会上的讲话(鲁纪办通报〔2006〕第13期)

71.王维新同志在全省国有企业效能监察工作座谈会上的讲话(鲁纪办通报〔2006〕第17期)

72.关于举办《齐鲁正气歌——山东省庆祝建国57周年暨廉政歌曲大家唱大型文艺演出》情况的通报(鲁纪办通报〔2006〕第19期)

73.王维新同志在全省纪检监察机关案件检查工作座谈会上的报告(鲁纪办通报〔2006〕第21期)

74.郭建昌同志在省农村基层党风廉政建设工作联席会议第一次会议上的讲话(鲁纪办通报〔2006〕第22期)

75.关于做好信访矛盾集中排查调处工作的通知(鲁纪办〔2006〕1号)

76.关于做好使用"两规"措施报批或备案工作的补充通知(鲁纪办〔2006〕22号)

77.关于转发中纪办〔2006〕68号文件的通知(鲁纪办〔2006〕24号)

78.关于转发中央纪委办公厅《关于加强对干部选拔任用工作监督检查促进换届工作顺利进行的函》的通知(鲁纪办〔2006〕34号)

79.转发中央纪委七室《关于进一步加强"两规"安全工作的通知》的通知(鲁纪办〔2006〕39号)

80.关于继续开展行政许可法贯彻执行情况监督检查的通知(鲁监办发〔2006〕7号)

81.关于转发监办发〔2006〕11号文件的通知(鲁监办发〔2006〕8号)

82.关于印发林廷生、张国琛同志在全省纠风工作电视电话会议上的讲话和工作报告的通知(鲁政纠办发〔2006〕1号)

83.省政府纠风办、省发展改革委、省经贸委、省物价局、省劳动保障厅、省卫生厅、省工商局、省食品药品监管局《转发国务院纠风办等部门2006年纠正医药购销和医疗服务中不正之风专项治理工作实施意见的通知》(鲁政纠办发〔2006〕5号)

84.关于2005年度民主评议行风情况的通报(鲁政纠办发〔2006〕7号)

85.关于表彰2005年度全省政风行风建设先进单位的通报(鲁政纠办发〔2006〕8号)

86.印发关于2006年度民主评议行风活动的实施意见的通知(鲁政纠办发〔2006〕9号)

87.关于印发林廷生同志在纠风工作领导小组会议上的讲话的通知(鲁政纠办发〔2006〕10号)

88.转发国务院纠风办关于进一步深化和规范民主评议政风行风工作的指导意见的通知(鲁政纠办发〔2006〕12号)

89.关于印发王维新同志在省治理教育乱收费联席会议第五次会议上的讲话的通知(鲁政纠办发〔2006〕13号)

90.关于印发杨传升、王维新、刘长允同志在"阳光政务热线"开播一周年直播活动上的讲话的通知(鲁政纠办发〔2006〕16号)

91.关于印发王维新同志在全省清理评比达标表彰活

动工作电视电话会议上的讲话的通知(鲁政纠办发〔2006〕17号)

92.关于进一步办好"阳光政务热线"节目的通知(鲁政纠办发电〔2006〕1号)

93.关于转发全国政务公开领导小组办公室2006年全国政务公开工作要点的通知(鲁政公组办〔2006〕2号)

94.关于转发何勇同志在中央治理商业贿赂领导小组第三次会议和查办商业贿赂案件座谈会上的讲话的通知(鲁治贿办发〔2006〕1号)

95.关于转发中央治理商业贿赂领导小组《关于组织开展不正当交易行为自查自纠的实施意见》和《关于依法查处商业贿赂案件的实施意见》的通知(鲁治贿办发〔2006〕2号)

96.关于印发《关于在查处商业贿赂案件中加强协作配合的意见》的通知(鲁治贿办发〔2006〕4号)

97.关于转发中央治理商业贿赂领导小组《关于商业贿赂违法犯罪典型案件的通报》的通知(鲁治贿办发〔2006〕7号)

98.关于转发省国资委《关于组织开展产权交易中不正当交易行为自查自纠的通知》的通知(鲁治贿办发〔2006〕8号)

99.转发中央治理商业贿赂领导小组等四部门《关于在治理商业贿赂专项工作中及时移送和受理涉嫌犯罪案件的通知》的通知(鲁治贿办发〔2006〕12号)

100.关于省纪委省监察厅机关开展"做党的忠诚卫士、当群众的贴心人"主题实践活动的实施意见(鲁纪先组发〔2006〕7号)

101.关于印发惠萩林、李广德同志在委厅机关先进性教育活动总结大会上的讲话的通知(鲁纪先组发〔2006〕13号)

武 装 工 作

山东省军区工作概况

省委常委、省军区政委　张秉德

2006年，在济南军区党委和省委、省政府的领导下，省军区各级党委认真学习邓小平理论和"三个代表"重要思想，全面贯彻落实科学发展观，突出抓根本、抓中心，注重打基础、求实效，圆满完成了以战备训练为龙头的各项任务，有力推进了部队、民兵预备役全面建设的协调发展。

一、政治工作

（一）党的创新理论学习　2006年，全区部队坚持把学习贯彻科学发展观作为首要政治任务和长期战略任务，按照"学习创新理论、指导创新实践、推进创新发展"的思路，努力在武装思想、更新观念、理清思路上下功夫、求成效，牢固确立了科学发展观在部队、民兵预备役建设中的指导地位。全年先后组织学习了胡锦涛主席关于加强部队建设的一系列重要论述、党的十六届五中全会、十届全国人大四次会议、全国政协十届四次会议和十六届六中全会精神。各级共举办团以上干部读书班45期，轮训率达85%。全区部队以《基层军官理论学习读本》、《士兵理论学习读本》为辅助教材，组织广大官兵认真学习党的创新理论，促进科学发展观向基层延伸、向实践拓展。

（二）党委班子建设　围绕提高贯彻科学发展观能力，按照抓书记带班子、严制度强素质的基本思想，加大团以上各级党委班子建设力度，党委班子能力建设和先进性建设得到加强。组织召开省军区党委六届八次、九次全会，统一了思想，明确了任务，理清了年度建设发展的思路。指导各师级单位普遍召开了党委全会和党委常委民主生活会。3月份，集中6天时间，组织省军区党委常委和师旅级单位党委书记进行了学习贯彻科学发展观集训，取得良好效果。济南军区刘冬冬政委对这次集训给予充分肯定，作了批示，军区政治部转发了集训的做法。从2月下旬开始，组织开展了学习党章、遵守党章、贯彻党章、维护党章活动，组织参加了总政、军区"学党章、知党章、用党章"知识竞赛。结合纪念建党85周年，"七一"期间对先进团党委、先进基层党组织和优秀共产党员进行了表彰。抓了保持党员先进性机制的贯彻落实。

（三）干部队伍建设　注重加强对现役干部队伍的管理教育，根据济南军区政治部的统一部署，广泛深入开展了"学习杨业功'四种精神'，忠实履行我军历史使命的教育"，取得良好效果。认真贯彻落实济南军区《老干部管理机构编制调整》命令，对所属干休所进行了调整。进一步加强了老干部的管理。军转安置工作进展顺利。2006年全省共接收转业干部8168人（含武警、公安现役部队），其中师职69人，团职1097人，营以下和技术干部7002人。计划分配7623人，自主择业545人，随调家属755人。转业干部总数、计划分配数和团以上干部数都属全国首位，是1998年以来山东接收军队转业干部数最多的一年。地方各级党委认真落实安置政策，职务安排比较合理，行业去向比较理想，对立功受奖人员在安置上给予优先照顾，军转干部比较满意。

（四）以党支部为核心的基层建设　认真贯彻济南军区《帮建旅团、帮抓连队三年规划》，以《军队基层建设纲要》为依据，按照全面过硬、持续发展、整体提高的目标，高标准抓好基层全面建设，部队整体建设水平明显提高。按照板块治理、重点突破的思路抓好基层全面建设。指导师旅团级单位按照三年一个周期的要求继续抓好帮建帮抓，"四个基本"和"三个一线"建设得到加强。组织召开了海防部队基层建设观摩会。认真抓了"指导员之家"和连队荣誉室建设。深入学习贯彻《党支部工作条例》，基层党组织功能得到强化。在指导海防四区对指导员进行集中培训的基础上,4月底在泰安召开了学习贯彻《党支部工作条例》座谈会,总结交流了经验,制定了措施。在指导师团级党委机关蹲点帮抓的基础上,6月份,省军区党委机关组成12个组,到团级单位进行蹲点帮抓,制定下发了《关于深化帮建帮抓工作、促进基层全面建设的意见》。同时,各级注重抓好青年工作,广泛开展了多种多样活动,促进了共青团建设。

(五)党管武装工作 1月16日,组织召开了全省警备区、军分区、预备役师旅党委第一书记述职会议,省委张高丽书记,杜世成、高新亭副书记,省委常委杨传升、刘伟、焉荣竹等领导同志出席会议;军区陈章元副政委到会指导。组织参观了501指挥工程,部分党委第一书记进行了大会述职发言,通报表彰了党管武装好书记和先进人武部、预备役旅团,进一步强化了各级党委、政府和领导干部特别是人武系统党委第一书记的思想认识,增强了履行党管武装职责的积极性。5月中旬,向总部推荐上报了滨州市委书记孙德汉为党管武装工作先进典型。大力宣扬烟台市委关心支持国防建设等先进典型,党管武装工作进一步加强。

(六)部队思想政治教育 认真贯彻落实胡锦涛主席重要指示,密切关注形势的发展变化,关注部队的动态,关注官兵的思想反映,深入开展我军历史使命、理想信念、战斗精神和社会主义荣辱观几项重大教育。4月份,在全区官兵中开展了"忠实履行新世纪新阶段我军历史使命"主题教育活动。在全区部队和民兵预备役人员中深入开展了"树立社会主义荣辱观"学习教育活动,引导广大官兵坚定理想信念、确立正确的人生观和价值观。同时着眼形势任务发展变化和官兵思想实际,有针对性地抓好时事政策教育、形势战备教育、法纪教育等部队经常性思想教育,确保了部队高度稳定和集中统一。

(七)民兵、预备役部队思想政治教育 根据总政民兵政治工作要点,按照《参训民兵政治教育纲目》要求,利用民兵组织整顿的有利时机,组织民兵、预备役部队开展了创新理论、光荣传统、职能任务、形势战备等学习教育活动。对全区民兵、预备役部队政治教育18个先进单位和19名先进个人进行了通报表彰,促进了全区民兵、预备役部队政治教育的深入开展。

(八)全民国防教育 2月份,组织召开了全省国防教育工作电视会议,命名了第二批"山东省国防教育基地",使全省国防教育基地数量达到25个;表彰了2005年度全省关心国防建设"双十佳"。5月份,迎接了国家国防教育办公室对我省贯彻落实《国防教育法》情况进行检查,检查组对我省开展国防教育情况给予了充分肯定。8月份,在"全国国防后备力量建设十大新闻人物"评选活动中,东营市委书记石军当选。9月份,青岛市委宣传部等7个单位和聊城市市长张秋波等4名个人被表彰为全国国防教育先进单位和先进个人。在全省开展了以"弘扬长征精神,共建钢铁长城"为主题的全民国防教育日系列活动,系列活动时间长、声势大、范围广、形式活、效果好,有效增强了全民国防观念。

(九)政法工作 认真贯彻上级关于加强军队政法工作的指示要求,深入落实《预防犯罪工作条例》,坚持经常性预防教育。组织各级广泛开展尊干爱兵教育、夏防教育和安全预防警示教育,强化官兵安全观念和防范意识。3个单位和6名个人被军区表彰为预防犯罪工作先进单位和个人。组织部队集中进行"四反"教育整顿,并对驻地敌社情进行检查调研。组织对全区新兵进行了政治复审。对全区民兵装备仓库和连队兵器室的安全预防工作落实情况进行了检查整治,对师旅级单位机关、部分团级单位和省军区直属单位的安全预防工作进行了抽查。指导各级深入学习贯彻党支部保卫委员和思想工作骨干培训《大纲》,抓好"两支队伍"培训。组织7个不同类型的团级单位,探索总结学习贯彻两个《大纲》,发挥"两支队伍"作用,做好基层预防犯罪工作经验做法。组织发动民兵预备役人员积极参加"平安山东"建设,配合地方有关部门维护社会治安,打击不法行为,完成急难险重任务。在军地共建平安山东经验交流会上,省军区政治部等3个单位作了大会发言,4个单位书面交流了经验。

(十)双拥共建工作 按照省双拥工作领导小组会议部署和《2006年全省双拥工作要点》要求,以促进经济社会发展、服务军事斗争准备和军民共建和谐社会为重点,以创建双拥模范城(县)为牵引,扎实工作,开拓创新,有力地促进了军政军民团结,为全省改革发展稳定和部队现代化建设做出了新贡献。一是用党的创新理论武装军民,树立双拥工作新观念。军地结合双拥实际,以科学发展观、构建和谐社会、保持党的先进性等创新理论为指导,强化了"以人为本、共建和谐、共谋发展"的双拥新理念,提出了铸造"双拥文化"、打造"双拥品牌"、营造"双拥窗口"等新的双拥工作思路。结合纪念长征70周年和第六个国防教育日,开展了以"弘扬光荣传统,共建钢铁长城"为主题的国防双拥宣传活动。协调省委、省政府共同开展了"兵妈妈"、"好军嫂"评选活动,各地表彰的先进单位和个人1800多名。二是围绕构建和谐社会,积极支援地方经济社会建设。研究制定了《关于加强和改进民兵预备役政治工作的实施意见》和《关于组织发动部队、民兵预备役人员参加社会主义新农村建设的意见》,对部队、民兵预备役人员参加和谐社会建设和驻地新农村建设提出了明确要求。在全省深入开展了"军民共建平安山东"、"军民共建和谐社区 "、"军民共建社会主义新农村"、"军民共树社会主义荣辱观"等活动,成立各种结对挂钩点2000余个,有效地推动了"和谐山东"、"平安山东"建设。积极响应党和国家的号召,出资50万元在陕西省宁陕县龙王镇对口援建了一所"八一爱民学校"。组织官兵积极参与"慈心一日捐"和"送温暖、献爱心"等社会捐助活动,全区共捐款200余万元,衣被4000余套件。三是积极发挥协调作用,推动国防和军队建设又好又快发展。协调地方各级党委、政府围绕推进中国特色军事变革,实现军队跨越式发展,认真做好部队在完成演习、驻训、海训等任务时的支前保障工作，积极支持部队重点军事工程和人才战略工程建设。配合地方积极开展系列化拥军，社会化服务工作，在转业退伍军人安置、随军家属就业、子女入托入学、特困干部救助、军人军属维权等方面，均取得了可喜成效。四是借助“创城”活动平台，促进基层双拥工作落实。组织部队积极参与驻地双拥模范城县争创活动，成立各种便民服务小组2000余个，为农村赠送科技、法律书籍5万余册，为群众义诊2万余人次，有效地推动了教育、科技、文化、法律、卫生、济困“六进基层”活动的开展。结合参加全省双拥工作和创建双拥模范城县活动检查，组织部队召开113个座谈会，检查军地单位128个，总结了经验，发现了典型，促进了双拥工作在基层的落实。

二、军事工作

（一）战备工作 2006年我区战备工作，紧密结合省军区作战任务特点，加大组织领导力度，严格落实战备制度，加强应急指挥演练，突出战备设施建设，保持良好战备状态，确保了海防稳定和部队高度集中统一，扎实推进了军事斗争准备的发展。

重视加强军情研究，及时掌握周边国家和地区的军事动态，全年编印下发情报信息资料330余册（套、盘）、外军参考资料200余册，为各级首长机关和部队军情研究提供了依据。3月份，省军区组织2期首长机关封闭集训，就新时期军事战略方针、新军事变革及国防动员有关问题进行深入探讨。省军区作战值班室坚持每周二、四和节假日，对重要警卫目标值班执勤情况进行抽查。海防部队坚持对重要地段进行巡逻，对海雷达观察所每天开机执勤，保持了较高的海防戒备水平。

海防部队师级单位重视加强战备演练，结合节日战备和不同阶段任务重点，组织灭火救灾、抗洪抢险、警戒执勤、治安巡逻、设卡封堵等内容的演练。3月30日，烟台警备区组织进行了军地联合灭火救灾演习；6月份，省军区应急指挥领导小组组织进行防汛应急指挥演练；7月份，省军区首长机关及有关部队参加了山东河务局组织的黄河防汛课目演练；7月份，沿黄9个军分区和预备役炮兵师，按照防汛预案，分别组织黄河（内河）的防汛抢险救灾课目演练。10月份，省军区、济南警备区防指成员及济钢民兵应急分队参加山东省军地联合地震应急救援演练。全区共参加地方扑救山火、抗洪抢险、协助救援等突发情况62起，出动部队、民兵预备役兵力12570人次，动用车辆413台次，抢救转移群众52180人，维护了社会稳定，保护了人民群众的生命财产。4月19日晚，龙口市七甲镇附近发生山林火灾，内长山要塞区海防三团、烟台警备区海防四团先后出动兵力540人，车辆35台，连续奋战7小时，圆满完成了灭火救灾任务。7月17日，东营黄河口海域，5艘船只遇险，东营军分区迅速启动应急指挥预案，组织胜利石油管理局民兵应急分队进行海上救援，使96名遇险人员全部获救。

在山东省委、省政府的支持下，投入1880万元，完成省军区501指挥防护工程三期建设改造，新建地下车库、连接通道和备用电站，建设改造工程三个口部，对工程内部进行标准化整修，完成工程内部设备智能化控制与管理系统建设，为2007年全国国防工程建设工作会议奠定了良好基础。各军分区在地方政府支持下，加强战时指挥防护工程配套建设。充分利用现有军用干线光缆网，采取军民合建的方式，建成国防动员三级指挥信息网，使全区191个团以上单位纵向与全军视频会议网、指挥自动化三期网、综合信息网相联，横向与地方政府有关部门相通，为省军区作战指挥、情报传递、网上训练、国防动员、征兵及办公自动化提供了稳定可靠的保障。为全区侦察渔船安装船载侦察情报及海事卫星通信系统，为海防雷达观察所引接光缆90余公里，实现了海防情报信息远程传输及实时共享。

8至10月份，潍坊、烟台、东营、滨州军分区出动3285人次，动用车辆1213台次，以保障军区“砺剑－防空2006”演练为契机，军地联合练支前、练保障。9月18日至28日，预备役76师炮兵团动用人员1200人，轻武器86支，火炮24门，车辆55台，成建制完成实兵实装快速动员集结演练。11个军分区（警备区）按照四年一个周期完成部分实兵演习，预备役部队完成了首长机关演习，共动用兵力7775人、轻武器4142支（挺、具）、火炮226门、车辆490台。

（二）军事训练 2006年军事训练工作，以反“台独”军事斗争准备为龙头，以作战任务为牵引，坚持从实战需要出发，从难从严训练打基础，加强使命课题针对性训练求突破，突出首长机关训练强素质，研究信息化特点规律谋发展，圆满完成了年度军事训练任务，部队和民兵预备役整体训练水平有了新的提高。

年内，内长山要塞区完成了实兵检验性演习，烟台、青岛警备区和威海军分区完成了带部分实兵检验性演习。内长山要塞区参加军区组织的军事训练一级师考评，海防六、九团参加省军区组织的一级团考评，均取得优异成绩。

11个军分区（警备区）围绕保障机动、支前保障、维稳反恐、抢险救灾等课题，完成了部分实兵演习。预备役部队围绕快速动员、远程机动、攻防作战等课题，完成了首长机关演习，组织1个团实兵实装快速动员演练。通过使命课题训练，提高了综合作战及保障能力。1月份，全区38个团以上单位进行了信息化条件下冬季野营训练，参演兵力5530人。其中，1月12日至17日，省军区首长机关带济南预备役高炮团、舟桥团、泰安预备役高炮团和淄博预备役工兵团，集中在济南、泰安、莱芜地区组织冬季野营训练，并进驻战时指挥防护工程，运用国防动员指挥信息系统，进行了多种课目的演练和研究探索。7月26日，省军区在青岛组织了海上适应性训练现场观摩活动，研究讨论了省军区《海防部队海上适应性训练规定》，统一了海上适应性训练的内容、标准和方法。

通过组织集训，系统地学习军事理论和有关知识，强化了科技信息观念，提高了“两个能力”。省军区结合“前卫—206”演习，结合军事实践，组织交流30多篇价值较高的研究成果,为全区军事斗争准备和军事训练发展提供了科学理论指导。3至4月份,省军区首长机关在滨州组织2期封闭集训,邀请军队院校专家和省国动委四个办公室领导进行军事理论和指挥技能辅导,组织首长机关进行基本技能训练和室内战役演练。海防部队、军分区系统及预备役部队,按照省军区统一计划,共组织封闭集训24期、676人。5月份,省军区首长机关率有关部队,参加了军区"前卫—206"网上演练,提高了首长机关实际指挥能力,检验了指挥工程综合保障能力。预备役师(旅)首长机关第一次配属集团军在确山基地参加军区统一组织的使命课题演练,为遂行作战任务奠定了坚实基础。9月份,潍坊、东营、滨州军分区和烟台警备区参加了"砺剑-防空2006"演练。11月份,烟台警备区首长机关和海防四团、船运大队、莱州人武部共850人,动用船艇7艘、车辆33台,参加军区"前卫—206B"演习,提高了各级首长机关的组织指挥能力。

10月8日至13日,省军区统一组织海防和民兵预备役高(地)炮部(分)队赴潍北靶场进行实弹战术演习,17个炮兵连综合成绩14个优秀、3个良好,19个高炮连击落拖靶29具、成绩均为优秀,是近年来实弹射击成绩最好的一年。8月17日至9月16日,全区海防部队20个85加农炮连、25个130加农炮连及火箭炮连,结合阵地完成带战术背景的实弹射击任务,连队总评成绩均为优秀。年内,全区共有3个团、12个营、40个连被评为军事训练一级单位,2014名官兵被评为优等指挥军官和优等士兵。内长山要塞区在一级师考评中,取得总分第二名的好成绩。通过等级考评,全面检验了部队的训练质量和战斗力水平,促进了军事训练有效落实。

(三)通信工作

值勤管理。全区通信部队先后开展了"值勤作风纪律教育整顿"、"优秀值机员"等评选活动,进一步规范了值勤秩序,提高了服务质量和服务水平,确保了济南军区和省军区组织的重大军事演习通信保障任务的完成。10月份,省军区通信站、烟台警备区通信连及全区10名优秀值勤人员,被济南军区通报表彰为通信值勤维护管理先进单位和个人,年内全区无严重通信差错和通信事故发生。

专业训练。注重训练基础设施建设,完成了聊城军分区两个通信训练室和一个通信训练场建设,为我区民兵预备役部队通信专业集中训练提供了条件;潍坊军分区建立了网络训练基地,为民兵预备役网络分队集中训练奠定了基础。组织海防部队积极探索复杂电磁环境下通信对抗能力训练。强化了骨干队伍专业训练,突出了新技术、新装备、新专业、新技能骨干训练。10月份,在济南军区组织的"四新"优秀通信士官考核中,全区有15人被通报表彰。

通信工程建设。3月至8月,与山东省网通公司合作,圆满完成了全省国防动员三级指挥信息网建设任务,167个团级单位加入了全军电视电话会议网,并具备了加入全军军事综合信息网和指挥自动化三期网的条件,使省军区指挥信息系统硬件建设跨入了全军先进行列。完善了501工程指挥控制系统建设,新建了坑道内总控制室至智能化管理系统控制室信息系统,安装了显示、监视和音响设备。完成了部分海防团战时指挥所及雷达观察所的光缆引接任务及司令部直属队网络建设任务,并为直属队培训了网络管理与应用技术骨干。

(四)部队管理 2006年部队管理工作始终坚持以军委胡主席和总部、济南军区关于依法从严治军的重要指示为指导,以做好新时期军事斗争准备为牵引,着眼巩固提高部队战斗力,认真贯彻落实科学发展观,抓学习强化法规意识,抓管理正规部队秩序,抓整治突破难点弱项,抓督导增强落实效益,机关部队正规化建设水平进一步提高,部队保持了高度稳定和集中统一。年初,下发了《二〇〇六年部队管理教育工作指示》,对年度管理教育工作进行了总体安排部署。坚持每季度召开管理教育工作电视电话会议,总结讲评季度部队管理情况,有针对性地提出对策措施。贯彻济南军区依法治军会议精神,注重把条令条例和规章制度作为依法从严治军、加强部队管理教育的基本依据,大力营造学法、懂法、用法的浓厚氛围。上半年,根据军区统一部署,开展了依法治军探索实践活动,研究探讨解决问题的对策和机制,促进了依法治军、从严治军有效落实。深化"五项治理"(治理执行条令条例随意性大的问题;治理作风纪律松散的问题;治理安全制度不落实的问题;治理基层建设中带倾向性的问题;治理领导机关教育管理薄弱的问题)、"三项整治"(整治车辆使用管理不严的问题;整治领导机关超编超占人员的问题;整治基层管理简单粗暴和侵占士兵利益的问题),下力纠正克服部队管理教育工作的薄弱环节。开展作风纪律教育整顿,有效解决了干部在教育管理方面存在的问题,维护了纪律的严肃性。狠抓机关直属单位管理,落实省军区《加强机关直属单位正规化管理实施方案》,使小散远单位"四个秩序"进一步正规。年初,组织车勤人员教育整顿,强化驾驶员的法规观念和安全意识,打牢安全行车基础。7月份,在烟台召开全区车辆安全管理工作会议,集中研究车辆安全管理对策措施,提高了安全管理效益。

兵员管理。认真开展征接新兵、士官选取、学兵选调、士官考学工作,不断优化士兵队伍结构。开展士官队伍教育整顿,士官队伍的整体素质进一步提高。在全区开展了争做优秀士官活动,10名优秀士官受到济南军区表彰,40名优秀士官受省军区表彰。

编制管理。落实干休所调整改革方案,完成了全区39个干休所的级别调整和中国人民解放军山东省军区济南军职以上干部休养所的成立工作。

警备纠察。加大对外出军人军车的检查纠察力度,全年共检查军人1860人、军车360辆,维护了部队纪律和声誉。

安全防事故。深入学习《安全工作条例》,进行安全常识教育,不断增强各级安全责任意识和忧患意识。突出抓了部队野营拉练、野战化训练、封闭式集训、网上演习等大项军事活动中的安全管理工作,部队安全工作基础更加牢固。4至6月份,按照总部、军区统一部署,开展武器弹药、油料等危险品库(室)安全教育整顿和隐患排查活动,消除了安全隐患。注重安全设施建设。民兵武器装备仓库普遍实现了红外报警、电视监控、脉冲电网、110联动"四位一体"管理,人武部兵器室建设达到了上级有关要求,安全防范能力进一步增强。

三、国防后备力量建设

(一)预备役部队调整改革进一步深化 根据中央军委、总参谋部和济南军区关于国防后备力量建设的总体部署,全省预备役部队本着"规模适当、布局合理、结构科学、重点突出、注重实效、协调发展"的原则和省军区首长提出的"按照系统建模块、区分行业建连队、横向联建作补充、武装部门不脱钩"的思路,通过直编、抽编、选编和跨地区编的编组办法和组建地区编主力、对口行业编骨干等措施,提高了部队"两率"(复转军人预编率、专业对口率)水平,部队兵员结构得到优化;通过把编组范围不断向新兴企业扩展、向第三产业扩展,向社区街道扩展,向大专院校和科研机构扩展,部队编组布局趋于合理。

(二)动员基础工作更加扎实 根据国务院、中央军委《我军后备力量建设发展"十一五"规划》和济南军区《后备力量建设发展"十一五"计划》,围绕反"台独"军事斗争需要和省军区系统未来担负的任务,在科学论证的基础上,编制了全省后备力量建设"十一五"计划。据此,通过年度民兵整组,初步压缩了基干民兵组织规模,调整了基干民兵组织结构。同时,根据总参谋部和济南军区赋予我省的应急作战武装动员任务和要求,核对了转业退伍军人预备役登记、地方与军事专业对口人员登记和预备役军官登记,掌握了人员数质量和分布情况,积极会同海军、空军和第二炮兵,按规划具体落实了各类武装力量动员任务。

为全面贯彻"许昌会议"精神,积极推进后备力量建设深入发展,5月28日至29日,省军区在聊城市召开了全省军分区(警备区),人武部全面建设达标观摩会议。8月21日至9月1日,省军区组成六个检查组,对49个人武部全面建设情况进行了达标检查。通过检查,促进了人武部全面建设的整体跃升。

(三)军事训练质量逐步提高 全省各级人武部门和预备役部队认真贯彻军委胡锦涛主席关于大抓军事训练的重要指示,从组织领导、计划部署、骨干培训、训练保障等方面加大了工作力度,推动训练由传统模式向信息化条件下转变。首长机关,突出了"四新"(新理论、新知识、新装备、新技能)和快速动员有关内容的训练;基干民兵,强化了防空分队、专业技术分队和应急分队"三支骨干队伍"训练;预备役部队,加强了与现役部队的挂钩训练。通过训练,使全省民兵预备役部队信息化条件下的战斗力水平进一步提高。

(四)兵役工作健康发展 各级党委、政府和兵役机关认真贯彻国务院、中央军委征兵命令,以《中华人民共和国兵役法》、《征兵工作条例》为依据,以确保新兵质量为核心,针对新形势下兵役工作出现的新情况、新问题,进一步加强了征兵工作的组织领导,加大了国防观念的教育力度,注重了政审、体检的严格把关,改进落实了优抚安置政策,圆满完成了国务院、中央军委赋予的征兵任务。被批准入伍的新兵中,党团员占73%,高中以上文化程度的占60.3%,其中大专以上文化程度的占1.2%,兵员质量好于往年。

(五)学生军训工作成绩显著 根据国家人才发展战略和国防后备力量建设的需要以及《山东省学生军训工作发展规划》的要求,全省高等院校和高级中学普遍展开了军事训练和国防教育。各级教育、人武部门和各级、各类学校,适应全面普及学生军训的新形势,着重在抓普及、抓提高、抓规范、抓落实上下功夫。通过加强军事教员队伍建设、规范军事理论教学和严格按纲施训,军训工作质量明显提高。广大青少年学生通过军训,增强了国防观念,打牢了军事理论和军事技能基础,促进了全面素质的提高。9月份,全军学生军训检查组来我省检查指导工作,对我省学生军训工作给予了充分肯定。

四、后勤工作

我区后勤工作以科学发展观为指导,以反"台独"军事斗争后勤准备为牵引,以精细化管理为主线,坚持为战备训练、为部队、为基层服务的方向,注重协调发展,强化服务意识,较好地完成了供应保障任务,全区后勤建设呈现出稳步发展的良好局面。

(一)后勤战备训练 指导各级狠抓了军事斗争准备三年规划的落实,修订完善了战备计划方案,充实了战备物资器材,加强了库房规范化管理。拟制下发了《山东省军区黄河防汛抢险后勤保障方案》,修订完善了《司训大队战时扩编方案》,并组织了演练。运用新软件修订了《全区部队战备铁水路输送方案》,配合省交战办,组织编制了19个战备重点目标保障方案,后勤战备建设质量进一步提高。狠抓了后勤机关干部的业务能力建设,后勤针对性、适应性训练逐步加强。年内,各级后勤组织干部和专业兵集训60余期,锻炼提高了后勤机关组织指挥和后勤综合保障能力。

(二)后勤业务工作扎实 认真贯彻落实军区"全区机关事业单位职工收入分配制度改革工作会议"精神,省军区及时组织了全区业务集训,劳动人事制度改革逐步深入。组织全区直供单位对2006年综合预算编制和2005年经费预算执行情况进行了审评,并参加了军区组织的年度预算评审,省军区被评为预算管理工作先进单位。开展了财经专项治理整顿。全面落实了省军区《关于进一步加强财务管理的规定》,财务管理更加规范。

加强了基层伙食和农副业生产管理,进一步巩固海防部队"菜篮子工程"建设成果,基层生活条件不断改善,业余生产效益稳中有升。全区全年产菜390万斤、肉类38万斤,生产收益378万元,补助伙食227万元。

深入开展了"军车交通安全月"活动、"油料节约年"活动，车辆、油料管理更加规范。

召开了驻济直属单位卫生工作会议，制定下达了2006年驻鲁部队无偿献血计划，组织了省军区机关、直属队“无偿献血日”活动。组织全区卫生机构对医疗设备进行了普查。

按计划组织了机关营房整修改建、离退休干部住房改造工程建设。抓了营区房地产正规化管理达标单位的巩固，为基层连队更新维修各类营具1500余件，检修设施设备4000余件。开展了“用花卉装扮军营”活动，全区四旁植树4.7万棵、植草坪6万平方米、各类花卉12万株，支援地方义务植树近10万棵。

对全区21个单位和5名负有经济责任的团职主官进行了审计，取得审计成果2192.2万元。维护了财经秩序、促进了党风廉政建设。

认真贯彻落实军区后勤设施升级改造和管理现场观摩会议精神，突出抓了后勤战备、训练、基层生活设施、服务设施建设的升级改造。重点抓了海防团生活服务中心、建制营连食堂、卫生所、农副业生产等服务设施的配套完善，基层保障条件逐步改善。

（三）开展资源节约活动 坚持把建设“节约型军营”活动作为一项长期工程来抓，各师团级单位分别制定了《关于建设“节约型机关、节约型营区、节约型部队”的意见》，进一步细化了接待、经费、物资、车辆、水电、燃料、油料等相关规定，明确了节约指标和要求，规范了程序。年内，全区平均单位节水13%，节电18%，节粮5%，节煤20%以上，船艇油料标准节约率4%以上，标准节油率地面装备达到5%以上，行政消耗性开支减少10%以上。

五、装备工作

认真贯彻军委、总部和军区关于装备建设的一系列指示精神，按照“装备战备按标准、装备训练上质量、装备管理讲科学、装备队伍强素质”的工作思路，科学筹划，精心组织，狠抓落实，装备建设水平和保障打赢能力进一步提高。年内共维修各类轻武器××××支（挺）、火炮×××门、雷达指挥仪××部、各类观测器材×××具、保养车辆××××台（次）、船艇××艘、大型工程防化装备××部，购置、请领、制作修理器材60多种5800余件，武器装备完好率、配套率、战备出动率得到明显提高。积极探索海防部队军械装备保障“大修不出岛、中修不下阵地”的新路子，6月份，保障了全军《边海防部队通用武器雷达装备现地修理管理办法》宣贯暨规范化修理集训，内长山要塞区介绍的经验以及汇报演示课目，得到了参训人员好评和总装通保部军械局领导的高度评价。针对新形势下部队装备管理的特点规律，大抓了装备保障训练转变，装备队伍能力素质明显提升。上半年，根据军区统一部署，省军区装备部带内长山要塞区、烟台、青岛警备区的船运大队装备处以及船艇修理分队，参加了军区装备部组织的“前卫－206D”网上联训联演，“营区精修、野外能修、战场快修”能力得到提高。重点抓了民兵装备保障大队规章制度的建立健全、高技术人员的调整配备和保障设备的配套完善，形成了“人员编组规范、教育训练规范、战备设施规范、管理秩序规范，发挥军民一体战役装备保障功能”的“四个规范一个功能”建设思路。8个修理队22个分队基本做到了“三个落实”和“四个规范”要求，战役装备保障能力明显提高。积极推进民兵预备役装备建设，民兵高炮大修和技术改造任务通过了总部、军区组织的检查验收。认真贯彻总部“贵阳会议”、军区“许昌会议”精神，抓了民兵仓库和修械所正规化建设。指导聊城军分区进行了民兵仓库规范化建设试点，并召开现场观摩会予以推广，下发了“部库合一”式仓库正规化建设标准。组织预备役部队对大口径火炮进行技术整治，有效恢复了火炮的技术性能。

附：省军区党委领导成员名单

第一书记：张高丽（2007年4月离职）
李建国（2007年4月任职）
书　　记：张秉德
副 书 记：谈文虎
常　　委：李建国　张秉德　谈文虎　尚书国　冯祥来　南兵军　鲁建华　金培昌　孙一军　葛焕宾　王　岱

党 建 论 坛

认真学习贯彻六中全会精神 努力构建社会主义和谐社会

张高丽

一、认真学习贯彻十六届六中全会精神，努力构建社会主义和谐社会

党的十六届六中全会，是在全面建设小康社会、加快推进社会主义现代化的关键时期召开的一次十分重要的会议。贯彻落实好六中全会精神，对于构建社会主义和谐社会，全面建设小康社会，开创中国特色社会主义新局面，具有十分重大的意义。全省各级党组织和广大党员干部，要把学习贯彻六中全会精神作为当前的重大政治任务，切实把思想高度统一到六中全会精神上来，把力量凝聚到构建和谐社会上来。对学习贯彻六中全会精神，这次全委会通过的《决定》作了全面部署，各级各部门要认真贯彻落实。在贯彻中，要注意把握好以下几点：

（一）深化认识 要把学习全会文件与学习邓小平理论和“三个代表”重要思想紧密结合起来，与学习《江泽民文选》紧密结合起来，与学习以胡锦涛同志为总书记的党中央提出的一系列重大战略思想紧密结合起来，与学习胡锦涛总书记视察山东时的重要讲话和重要批示紧密结合起来，从理论和实践、机遇和挑战、成绩和问题等方面，提高对构建和谐社会重要性、必要性和紧迫性的认识。要深刻认识社会和谐是中国特色社会主义的本质属性，是我们党不懈奋斗的目标。要深刻认识构建和谐社会是以胡锦涛同志为总书记的党中央以马列主义、毛泽东思想、邓小平理论和“三个代表”重要思想为指导提出的重大战略任务，反映了建设富强民主文明和谐社会主义国家的内在要求，体现了全党全国各族人民的共同愿望。要深刻认识构建和谐社会是我们党带领人民全面推进中国特色社会主义伟大事业的必然选择，明确我们面临的机遇前所未有，挑战也前所未有，抓住机遇，应对挑战，必须把构建和谐社会摆在更加突出的地位，全面推进社会主义经济建设、政治建设、文化建设、社会建设。要深刻认识构建和谐社会是一个不断化解社会矛盾的持续过程，是一项长期的历史任务，充分看到这个过程的长期性、复杂性和艰巨性，居安思危，保持清醒头脑，科学分析影响社会和谐的矛盾、问题及其产生的原因，提出切实有效的政策措施，努力促进社会和谐。

（二）明确任务 建设社会主义和谐社会，必须坚持以马列主义、毛泽东思想、邓小平理论和“三个代表”重要思想为指导，坚持党的基本路线、基本纲领、基本经验，坚持以科学发展观统领经济社会发展全局，按照民主法治、公平正义、诚信友爱、充满活力、安定有序、人与自然和谐相处的总要求，推动社会建设与经济建设、政治建设、文化建设协调发展。中央《决定》从九个大的方面提出了到2020年构建和谐社会的目标和主要任务，这个目标任务既与十六大提出的全面建设小康社会的目标相衔接，又反映了构建和谐社会的总要求。各级各部门要围绕这个目标任务，紧密结合各自实际，进一步深化细化量化，切实把构建和谐社会的各项目标任务落到实处、见到实效。构建和谐社会，必须坚持以人为本，做到发展为了人民、发展依靠人民、发展成果由人民共享；必须坚持科学发展，牢固树立和全面落实科学发展观，实现经济社会全面协调可持续发展；必须坚持改革开放，推进经济体制、政治体制、文化体制、社会体制改革和创新，进一步扩大对外开放；必须坚持民主法治，通过加强民主法制建设来促进社会公平正义；必须坚持正确处理改革发展稳定的关系，切实做到以改革促进和谐、以发展巩固和谐、以稳定保障和谐；必须坚持在党的领导下全社会共同建设，形成促进和谐人人有责、和谐社会人人共享的生动局面。

(三)找准问题 近年来，我们按照中央的部署，扎实推进和谐社会建设，取得了实实在在的效果，全省形成了团结和谐稳定的局面。同时，我们也要清醒地看到，影响我省社会和谐的问题还不少。从大的方面看，主要是城乡、区域、经济社会发展不平衡，人口资源环境压力比较大；体制机制还不完善，民主法制不健全；敌对势力的渗透破坏仍然存在，危及国家安全和社会稳定。从具体问题看，就业、社会保障、收入分配、教育、医疗、社会治安等方面群众关注的问题比较多，就业难、上学难、看病难、打官司难等问题仍然存在；有些干部的素质、能力和作风还不适应新形势发展的要求，一些领域存在腐败现象，等等。我们一定要充分地看到矛盾、正视矛盾、化解矛盾，最大限度地增加和谐因素，最大限度地减少不和谐因素，扎扎实实推进和谐社会建设。

(四)抓住重点 构建和谐社会是一项复杂的系统工程，必须统筹兼顾、突出重点，坚持把群众利益放在首位，着力解决好群众最关心、最直接、最现实的利益问题。要认真解决群众最关心的热点、难点问题。高度重视就业这个民生之本，广开渠道促进就业；加大社会保障和社会救助力度，做到应保尽保、应助尽助；有效调节社会分配，加大转移支付向基层和农村倾斜的力度；实施"民心工程"，办好向群众承诺的实事。要努力满足群众最现实的利益诉求。促进教育公平，降低医疗费用，维护司法公正，认真解决群众上学难、看病难、就业难、打官司难等问题；继续抓好农村"路水电气医学"工程，不断改善农民生产生活条件；坚决纠正城镇房屋拆迁、农村土地征用、企业重组改制、农民工工资发放等方面侵害群众利益的行为，维护人民群众的合法权益。要切实解决影响社会和谐最紧迫的突出矛盾。完善信访工作责任制，畅通社情民意的反映渠道，积极稳妥地做好矛盾化解工作。立足于抓早、抓小、抓苗头，有效预防和化解群体性、突发性事件。坚持工作重心下移，继续推进"平安山东"建设，坚决防止重大恶性治安案件的发生。加强和落实安全生产各项措施，严防重特大安全事故的发生。

(五)把握关键 构建和谐社会，既要全面部署，又要把握关键，采取有效措施，加大工作力度，促进在关键领域率先取得大的进展。要更加自觉地推进新农村建设，发展县域经济，推动社会事业全面进步，加强环境治理保护，搞好土地集约利用，促进城乡、区域、经济社会、人与自然协调发展。要深化改革，完善民主权利保障制度、法律制度、司法体制机制、公共财政制度、收入分配制度、社会保障制度，建立促进社会和谐的制度保障，维护社会公平正义。要建设社会主义核心价值体系，树立社会主义荣辱观，广泛开展和谐创建活动，努力建设和谐文化，巩固社会和谐的思想道德基础。要加强社会管理，创新社会管理体制，整合管理资源，提高管理水平，努力保持社会安定有序。要尊重劳动、尊重知识、尊重人才、尊重创造，最大限度地激发社会活力，调动社会各方面的积极性，增进社会团结和睦。

(六)加强领导 各级党委要把构建和谐社会摆在重要议事日程，加强对社会建设重大问题的调查研究，经常分析社会形势，研究社会发展，及时解决影响社会和谐的突出矛盾和问题。坚持和完善民主集中制，扩大党内民主，推进党务公开，严格党内生活，严肃党的纪律，增进党的团结统一，以党内和谐促进社会和谐。要完善领导机制和工作机制，加强综合协调、宏观指导和督促检查，建立健全工作责任制，确保把和谐社会建设的各项任务落到实处。要不断提高各级领导班子和领导干部管理社会事务、协调利益关系、开展群众工作、处理人民内部矛盾、激发社会创造活力、维护社会稳定的本领。要充分发挥基层党组织凝聚人心、推动发展、促进和谐的作用，加强基层基础工作，调动一切积极因素，汇聚起促进社会和谐的强大合力。构建和谐社会是一项长期的历史任务，必须从实际出发，量力而行、尽力而为，扎实工作、稳步推进，坚决防止操之过急、急于求成，坚决反对搞形式主义、作表面文章。

二、坚持以科学发展观统领全局，扎实促进经济又好又快发展

构建社会主义和谐社会，必须坚持以科学发展观统领全局，大力发展社会生产力，为社会和谐创造雄厚的物质基础。各级党组织要按照十六届六中全会精神和胡锦涛总书记对山东工作提出的总要求，紧紧围绕经济建设这个中心，切实抓好发展这个党执政兴国的第一要务，努力促进经济又好又快发展。

(一)不断增强落实科学发展观的自觉性 胡锦涛总书记在六中全会结束时的重要讲话中强调指出："我们要坚持以科学发展观统领经济社会发展全局，准确把握我国经济社会发展的形势，进一步统一认识、完善措施、抓好落实，切实把各方面的积极性引导到实现科学发展上来。"这一重要论述非常深刻精辟，为我们进一步做好经济工作指明了努力方向。全省各级各部门各方面一定要认真学习，切实领会，紧密结合我省实际，很好地把握、贯彻、落实。一是坚持用科学发展观武装头脑。科学发展观是马克思主义中国化的最新成果，是指导发展的世界观和方法论的集中体现。学习贯彻科学发展观是当前的紧迫工作，也是长期的战略任务。要全面理解和把握科学发展观的深刻内涵，自觉用科学发展观统一思想，不断增强贯彻落实科学发展观的自觉性和坚定性。二是坚持用科学发展观指导实践。面对新任务新挑战，必须转变发展观念，创新发展模式，提高发展质量，在转变经济增长方式上下功夫，在"好"上见效果，努

力实现经济又好又快发展;必须切实改变那种过分依靠投资拉动和消耗能源资源的粗放型增长方式,把经济发展转到科学发展的轨道上来;必须努力消除经济运行中的不健康、不稳定因素,坚决防止经济增长由偏快转入过热,避免大起大落,努力实现经济发展的良性循环。三是坚持用科学发展观推动和检验工作。当前,我省经济已经进入新的发展阶段,形势总体上是好的。我们在坚持"一二三四五六"的发展目标和工作思路的同时,根据形势的发展变化,不断注入了新的内涵,强调要围绕"一个目标"、推动"三个转变"、做到"三个更加"、实现"三个走在前面";在全面抓好经济工作的同时,突出抓了节能降耗自主创新环境保护、发展县域经济、繁荣发展服务业三项重点工作。实践证明,这些工作思路和重大举措符合科学发展观的要求,符合山东的实际,实践中也取得好的效果,我们要继续坚定不移地贯彻落实,努力抓出新的成效。同时,也要保持清醒头脑,充分看到存在的问题,充分看到经济社会发展中的差距和薄弱环节。特别是我们的经济增长方式还比较粗放,三次产业结构不够合理,企业自主创新能力和竞争力有待提高,节能降耗、环境保护的压力比较大,如何扩大内需还缺乏有效的措施和办法。解决这些问题,根本在于把科学发展观的要求转化为发展的具体思路、政策、措施,贯穿于发展的全过程,体现到发展的方方面面。

(二)坚决贯彻落实中央宏观调控政策 加强宏观调控是党中央、国务院从全局出发作出的正确决策,是长期的战略任务。各地各部门一定要清醒认识加强宏观调控的重要性和紧迫性,善于从全局上看问题,严格遵守经济工作纪律,确保中央加强宏观调控的各项政策不折不扣地得到贯彻落实。要按照中央的决策部署,坚持控制总量、优化结构,突出重点、区别对待、有保有压,严把土地、信贷两个"闸门"和市场准入门槛,采取强有力的措施,坚决控制固定资产投资规模,坚决防止高耗能、高污染和产能过剩行业盲目扩张,坚决把固定资产投资增长过快的势头降下来。要加大投资结构调整力度,引导投资向符合科学发展观要求、符合国家产业政策的项目倾斜,向国家重点支持的节能降耗、高新技术、环境保护等领域倾斜,向农业、社会事业、服务业等行业倾斜,努力培植新的经济增长点。要认真解决经济运行中存在的突出问题。按照国家清理新开工项目的六条标准和要求,全省对今年上半年新开工项目进行了清理,对发现问题的项目进行了严肃查处。各级各部门各单位一定要认识到位、措施到位、工作到位,按照国务院督查组和省里的要求,对在产业政策、立项、土地、环保、安全和信贷等方面存在问题的项目,继续认真清理整改,该规范的要认真规范,该停建的要坚决停建,该处理的要严肃处理。要坚持实事求是,相互理解,相互支持,加强协调,积极配合,有什么问题就解决什么问题,解决问题的过程也是贯彻落实科学发展观的过程,不断增强工作的主动性和自觉性。

(三)更加注重经济结构的调整优化 贯彻落实科学发展观要抓住宏观调控的有利时机,集中精力加快推进经济结构调整和经济增长方式转变。一要抓好节能降耗。突出抓好重点行业和企业的节能降耗工作,大力发展循环经济,推广重大节能技术、节能装备,实施节能示范项目,努力完成今年全省节能降耗目标任务。二要抓好自主创新。把支持科技进步和自主创新的政策措施落到实处,健全激励机制,着力提高原始创新能力、集成创新能力和引进消化吸收再创新能力,推动高新技术产业发展再上新台阶。三要抓好环境保护。严格环境保护标准和环境保护执法,加强重点流域和区域污染治理,确保实现环境保护的目标。四要抓好土地集约利用。在加强土地管理和调控的同时,注意盘活闲置土地,提高现有建设用地效率,促进土地节约和集约利用。特别要优先保证国家和省重点工程项目用地,优先保证国家产业政策鼓励发展的项目用地,优先保证经济社会发展薄弱环节项目用地,优先保证高科技产业化项目用地,优先保证重点利用外资项目用地。五要抓好服务业发展。我省服务业发展相对滞后,发展的潜力大、空间大。要抓住思想观念、体制机制和工作力度三个关键问题,突出现代物流、金融保险、旅游休闲、文化产业、信息服务、社会中介等重点,落实各项政策措施,推动服务业繁荣发展。要把消费作为扩大内需的重要着力点,重点提高居民特别是农民和城镇中低收入者的收入和消费水平。六要抓好区域经济协调发展。加快实施龙头带动、重点突破、促强扶弱的区域发展战略,继续加大县域经济发展力度,统筹城乡,分类指导,工农联动,优势互补,不断推进东、中、西和城乡经济的协调发展。山东的经济结构比较重,总量也比较大,调整优化有一个过程,要坚持不懈努力,扎扎实实工作,积极稳妥推进,务必取得实效。

(四)扎实推进社会主义新农村建设 山东是个农业大省,新农村建设的任务相当繁重艰巨。在六中全会上,胡锦涛总书记进一步就新农村建设提出了要求,我们要很好地学习领会,把新农村建设不断引向深入。要坚持以发展农村经济为中心,坚持农村基本经营制度,贯彻工业反哺农业、城市支持农村和"多予少取放活"的方针,进一步解放和发展农村生产力。要始终绷紧粮食生产这根弦,确保粮食安全。要加快建设现代农业,推进农业产业化经营,发展农村二三产业,千方百计增加农民收入。要深化农村综合改革,巩固农村税费改革成果,继续深化乡镇机构改革,进一步转变乡镇政府职能;深化农村义务教育改革,发展农村教育事业;深化县乡财政体制改革,提高县乡财政保障能力。通过深化改革,提高农村经济社会发展活力。要不断提高农民素质,积极发展农村职业教育,广泛开展农民技能培训,提高农民发展农业和农村经济的本领,增强农民外出务工就业的能力,培养有文化、懂技术、会经营的新型农民。要实行最严格的耕地保护制度,从严控制征地规模,加快征地制度改革,提高补偿标准,探索确保农民现实利益和长期稳定收益的有效办法,解决好被征地农民的就业和社会保障。要因地制宜,分类指导,坚决防止把新农村建设作为一项短期工作,坚决防止把新农村建设等同于新农房建设,坚决防止不顾农民意愿、不同群众商量,搞强迫命令、一刀切。

(五)提高驾驭经济全局的能力 不发展不行,不科学发展也不行,必须又好又快发展。现在已经进入需要科学发展的新阶段。面对新的任务和挑战,如何沉着应对,用心工作,变挑战为机遇,进一步发展好形势,是对各级领导班子和领导干部驾驭能力、执政水平的严峻考验。要科学判断形势,加强对经济运行的分析研究,用全面的联系的发展的观点看问题,自觉贯彻落实科学发展观。要加强调查研究,深入实际、深入基层、深入群众,掌握第一手材料,虚心听取专家和群众的意见,依法办事,科学决策,民主决策。要推进改革创新,努力建立好的体制机制,切实消除体制机制性障碍,解决深层次的矛盾和问题。要转变工作作风,求真务实,真抓实干,摸实情、说实话、干实事、求实效,坚决反对弄虚作假、虚报浮夸,坚决反对搞不合实际、劳民伤财的"形象工程"、"政绩工程"。要完善"三个体系",建立健全体现科学发展观要求的综合考核评价体系,明确责任,恪尽职守,团结一致,凝聚人心,调动各方面的积极性,把各项工作落到实处。要注意当前,谋求长远,认真抓好今后两个多月的经济工作,圆满完成各项任务,并认真做好明年经济工作的准备。

三、加强思想政治领域工作,全面推进党的建设新的伟大工程

在改革发展的关键时期,我们一定要高度重视做好意识形态领域的工作,更加扎实推进党的建设新的伟大工程,筑牢和谐社会建设的思想道德基础,为经济社会发展提供坚强有力的政治和组织保证。

(一)重视做好意识形态工作 胡锦涛总书记强调:"意识形态工作是党的一项十分重要的工作。经验告诉我们,经济工作搞不好要出大问题,意识形态工作搞不好也要出大问题。"各级领导干部一定要充分认识意识形态领域斗争的长期性和复杂性,始终保持高度警觉,不断加强和改进对意识形态工作的领导,牢牢掌握意识形态工作的领导权和主动权。要牢牢把握正确的政治方向,深入进行党的基本理论、基本路线、基本纲领、基本经验教育,不断巩固马克思主义在意识形态领域中的指导地位。当前,尤其要抓好《江泽民文选》的学习、宣传、研究,认真学习以胡锦涛同志为总书记的党中央提出的科学发展观、构建社会主义和谐社会、建设社会主义新农村、建设创新型国家、树立社会主义荣辱观、推动建设和谐世界、加强党的先进性建设等一系列重大战略思想,用马克思主义中国化的最新成果武装头脑、指导实践。要深入开展"八荣八耻"社会主义荣辱观教育,加强公民道德建设,实施公民道德普及教育工程,努力形成知荣辱、讲正气、促和谐的良好社会风尚。要坚持党管媒体的原则,加强对宣传舆论和各类思想文化阵地的管理,坚持团结和谐、昂扬向上的宣传基调,做强做大正面宣传,营造积极向上的舆论环境。积极推进文化事业全面繁荣和文化产业快速发展,满足人民群众日益增长的精神文化需要。大力推动文化产业发展,推进文化体制改革,积极探索运用市场手段激活文化产业的办法措施,努力推动文化资源优势转化为文化产业优势。

(二)深入做好新形势下的群众工作 群众观点是我们党的根本政治观点,群众路线是我们党的根本工作路线。在新的形势下,必须更加重视做好群众工作。要牢固树立马克思主义的群众观,一切相信群众,一切依靠群众,一切以民为先,一切以民为重。注重了解社情民意,倾听群众呼声,把人民群众满意不满意、高兴不高兴、答应不答应作为想问题、作决策的出发点和落脚点,依据最广大人民的根本利益来检验和推动各项工作。要坚持立党为公、执政为民,坚持全心全意为人民服务的宗旨,坚持权为民所用、情为民所系、利为民所谋,关心群众疾苦,扎扎实实为人民群众办实事、办好事、解难事。要不断提高做好群众工作的水平,认真研究和把握新形势下群众工作的特点和规律,做深做细做实宣传群众、教育群众、组织群众、动员群众的工作。加强和改进党对工会、共青团、妇联等人民团体的领导,支持他们发挥联系群众、服务群众、教育群众、维护群众合法权益的作用。以增强社会服务功能和提高社会管理、依法办事能力为重点,大力加强基层政权建设。要严格要求、真心爱护基层干部,积极帮助他们解决工作生活中的困难。

(三)加强党的执政能力和先进性建设 认真落实胡锦涛总书记关于寿光市保持共产党员先进性教育活动重要批示精神,不断巩固先进性教育成果,建立保持党的先进性的长效机制。以加强党的执政能力建设和先进性建设为重点,全面加强党的思想、组织、作风和制度建设。一要切实加强思想政治建设。加强理论学习,严守党的政治纪律,始终在思想上政治上行动上同以胡锦涛同志为总书记的党中央保持高度一致。认真学习胡锦涛总书记在纪念红军长征胜利70周年大会上的重要讲话,继承和发扬红军长征的光荣革命传统,大力弘扬革命理想高于天的崇高精神,始终保持对马克思主义的坚定信仰、对中国特色社会主义的坚定信念、对改革开放和社会主义现代化建设的坚定信心。要按照全国干部教育培训规划要求,全面提高干部教育培训工作整体水平,努力提高干部素质。二要切实加强领导班子建设。当前领导班子建设的主要任务是做好各级党委换届工作,选好配强各级领导班子。要把体现科学发展观要求的综合考核评价办法运用到干部考察工作中,以对干部和事业高度负责的精神,认真做好考察工作。要坚持干部队伍"四化"方针和德才兼备原则,用科学发展观看干部,以群众公认选干部,凭正确政绩用干部,发扬民主,公道正派,五湖四海,好中选优,把那些政治坚定、能力突出、作风过硬、群众信任、善于领导科学发展的干部选拔到各级领导班子。要加强思想政治工作,教育引导各级领导干部讲政治、讲大局、讲党性,牢记"三个倍加"、"三个正确对待",坚决克服浮躁情绪,严格遵守党的组织人事纪律,经得起党和人民的考验。要坚决反对和严肃查处"跑官要官"、"买官卖官"和搞拉票贿选等非组织活动,营造风清气正的换届环境。

三要切实加强党风廉政建设。要按照中央和省委的部署，贯彻标本兼治、综合治理、惩防并举、注重预防的反腐倡廉战略方针，切实加强党风廉政建设和反腐败斗争。要加强干部的教育和管理，各级领导干部要率先垂范，严格执行中央和省委关于廉洁自律的各项规定，自重、自省、自警、自励，经得起金钱、美色、权位等诱惑的考验，确保在廉洁上不出问题。要管好自己，管好亲属子女，管好身边工作人员，管好下属单位，把党风廉政建设责任制落到实处。要加强对领导干部的监督，有苗头早打招呼，有问题及时解决，防止出现大的问题，促进党风廉政建设不断深化。

（本文系张高丽书记在省委八届十三次全会第三次全体会议上的讲话摘要，题目为编者所加）

党员领导干部要做学习贯彻党章的表率

赵春兰

今年1月6日，胡锦涛总书记在中央纪委第六次全体会议上发表重要讲话，从加强党的执政能力建设和先进性建设的战略高度，深刻阐述了新的历史条件下学习贯彻党章的重大意义，明确提出要始终把学习党章、遵守党章、贯彻党章、维护党章作为全党的一项重大任务抓紧抓好。中央纪委、中央组织部、中央宣传部和省纪委、省委组织部、省委宣传部先后下发通知，对认真学习胡锦涛总书记重要讲话、深入学习贯彻党章作出了具体部署。广大党员干部特别是领导干部，要带头认真学习贯彻党章，为全体党员做出表率。

一、认真学习胡锦涛总书记重要讲话精神，进一步增强学习贯彻党章的自觉性和坚定性

胡锦涛总书记在中央纪委第六次全体会议上发表的重要讲话，是加强党的建设的纲领性文献。党的最高领导人专门就学习贯彻党章发表重要讲话，这在我们党的历史上还是第一次。这表明我们党对党章重要地位的认识更加深刻，也表明我们党与依法治国、依法执政方略相适应的“以章治党”的自觉性更加坚定。我们一定要从全局和政治的高度，充分认识在新的历史条件下学习贯彻党章的重大意义，不断增强学习贯彻党章的自觉性和坚定性。

深入学习贯彻党章，是推进党风廉政建设和反腐败工作的重要举措。党章强调：“我们党的最大政治优势是密切联系群众，党执政后的最大危险是脱离群众。党风问题、党同人民群众联系问题是关系党生死存亡的问题。党坚持不懈地反对腐败，加强党风建设和廉政建设。”这不仅深刻阐述了党风廉政建设和反腐败斗争的重大意义，也为深入开展反腐倡廉工作明确了任务，指明了方向。党章还对党内政治生活、组织生活的所有重大原则问题都提出了明确要求，规定了党内各项基本制度，并为制定党内其他规章制度提供了根据和基础。只有深入学习贯彻党章，才能更好地坚持党要管党、从严治党的方针，保证全党严格执行党的制度和纪律，推动党风廉政建设和反腐败斗争不断向纵深发展。正如胡锦涛总书记指出的：“加强党的建设，必须认认真真学习贯彻党章；加强党风廉政建设和反腐败工作，也必须认认真真地学习贯彻党章。”

深入学习贯彻党章，是加强党的先进性建设的必然要求。党章是对党的先进性的集中概括，蕴含着对党的先进性建设的基本要求。党的十六大通过的党章，根据马克思主义建党学说的基本原理，总结了党在长期实践中形成的重要经验，吸收了党的最新理论创新成果，突出了“三个代表”重要思想的指导作用，赋予党的先进性以鲜明的时代内涵和标准。加强党的先进性建设，必须通过学习贯彻党章，全面了解党的先进性，认真践行党的先进性，永远保持党的先进性。这次保持共产党员先进性教育活动，以实践“三个代表”重要思想为主线，全面落实科学发展观，以学习贯彻党章为重点，用发展着的马克思主义武装全党，取得了显著成效。先进性教育活动的成功经验告诉我们，只有把党章学习好、遵守好、贯彻好、维护好，才能不断促进党的思想建设、组织建设、作风建设和制度建设，增强党的创造力、凝聚力、战斗力，巩固党的执政地位和保持党的先进性，确保我们党始终成为中国特色社会主义事业的领导核心。

深入学习贯彻党章，是我们党始终沿着正确方向前进的根本保证。党章对党的性质和宗旨、党的路线和纲领、党的指导思想和奋斗目标都作了明确规定，集中表达了我们党的理论基础和政治主张，集中体现了我们党的整体意志和共同理想。无论过去还是现在，党章都是我们党全部活动的总章程，是把握正确政治方向的根本准则。在当前国际形势深刻变化、国际竞争日趋激烈、国内改革开放日益深化的条件下，我们党团结和带领人民搞社会主义现代化建设，遇到许多新情况新考验，面临许多新任务新要求，更需要通过认真贯彻执行党章，使全党统一思想、统一行动，抓住机遇、应对挑战，始终沿着正确的方向前进，顺利实现全

面建设小康社会的宏伟目标。广大党员特别是领导干部要深刻认识新的历史条件下学习贯彻党章的重大意义,各级党组织要把学习贯彻党章作为一项重大任务,高度重视,常抓不懈,切实抓出成效。

二、全面把握党员领导干部的基本要求,自觉加强党性修养

党章规定了党员的八项义务、八项权利和党的各级领导干部的六项基本条件,这是我们必须遵守的行为准则,也是衡量党员是否合格、领导干部是否称职的基本标准。我们要按照党章要求,切实加强党性修养。

(一)坚定理想信念,时刻保持清醒头脑 党章明确要求,中国共产党党员必须是有共产主义觉悟的先锋战士,必须全心全意为人民服务,为共产主义奋斗终身;党的各级领导干部必须具有共产主义远大理想和中国特色社会主义坚定信念。我们学习贯彻党章,首先要解决理想信念问题。理想信念是思想和行动的"总开关"。崇高的理想、坚定的信念,是共产党员安身立命之本,是保持党的先进性、纯洁性的精神动力。理想的滑坡是最致命的滑坡,信念的动摇是最危险的动摇。极少数党员领导干部堕落为腐败分子,往往都是从丧失理想信念开始的。许多正反两方面的事实表明,一个人一旦放松了世界观改造,背弃了理想信念,势必导致思想蜕化变质;只有不断坚定理想信念,才能在日益复杂的环境中经得起考验。坚定理想信念,必须加强理论学习,提高政治素养,掌握和运用辩证唯物主义和历史唯物主义的强大思想武器,善于通过认识规律保持清醒头脑,通过把握规律辨明前进方向,任何时候任何情况下都确保在理想信念上不犹疑、不含糊、不动摇。必须加强实践锻炼,把坚定的理想信念化作全面建设小康社会的实际行动,立足本职岗位,创造一流业绩,努力在立党为公、执政为民中体现自己的价值,在干事创业、加快发展中实现自己的追求。

(二)加强道德修养,永葆共产党人的高风亮节 党章明确规定,党员必须履行发扬社会主义新风尚、提倡共产主义道德的义务。先进的党性和高尚的人格是统一的,一个合格的共产党员也必然是道德修养的楷模。每个党员特别是领导干部,要自觉加强道德修养,常修为政之德、常思贪欲之害、常怀律己之心,模范遵守社会公德、职业道德、家庭美德,做一个高尚的人、纯粹的人、有道德的人、脱离了低级趣味的人、有益于人民的人。要牢固树立社会主义荣辱观,把"八荣八耻"作为自己的行为准则,努力提升道德境界,筑牢思想道德防线,坚决抵御各种腐朽落后的思想文化侵蚀。要严格要求自己,努力做到"四自":一要自重,就是时刻不忘党员领导干部的应有形象和神圣职责,讲究人格,注重品德,珍惜名誉,爱惜形象,绝不干那些违背党章要求、与党员领导干部身份不相符的事情。二要自省,就是严于解剖自己,经常反思、检查自己的思想和行为,看看是不是符合"三个代表"重要思想的要求,是不是符合党员领导干部的基本标准,是不是符合党内生活的各项准则,一旦发现有所背离,立即自觉纠正,而不能迁就自己,更不能放纵自己。三要自警,就是时时刻刻以党章的要求、他人的教训来警示和告诫自己,防微杜渐,增强对腐朽思想和生活方式侵蚀的免疫力。四要自励,就是经常用奋发向上的革命精神激励和鞭策自己,始终保持共产党人的蓬勃朝气、昂扬锐气、浩然正气。

(三)发扬优良作风,树立党员领导干部的良好形象 江泽民同志说过:"党的作风是党的形象。"人民群众往往是通过党员、干部的作风来看待和评价我们这个党的。各级领导干部要按照"八个坚持、八个反对"的要求,发扬党的优良作风,树立党员干部的良好形象。党的作风包括思想作风、学风、工作作风、领导作风和干部生活作风等等,这里我着重强调三点:一是在工作作风上坚持求真务实。空谈误国,实干兴邦;为政之道,贵在实干。要大力弘扬求真务实精神,紧紧围绕中央和省委的工作部署,把求真务实体现到各项工作中去,创造性地开展工作,务求取得实效。要勤于调查研究,深入基层一线,尤其要到最困难的地方去,到群众意见多的地方去,到工作推不开的地方去,破解发展难题,打开工作局面。要牢固树立科学发展观和正确的政绩观,坚持重实际、讲实话、出实招、求实效,坚决反对形式主义、官僚主义和弄虚作假,以求真务实的精神创造一流业绩,让人民群众满意。二是在领导作风上坚持发扬民主。党内民主是党的生命,是保持党的生机和活力的关键,也是搞好党风廉政建设和反腐败工作的根本途径。发扬党内民主,必须坚持民主集中制。要自觉执行民主集中制的各项具体制度,认真落实领导班子议事规则,凡属重大决策、重要干部任免、重大项目安排和大额度资金使用,必须由领导班子集体作出决定。要认真贯彻党员权利保障条例,把督促党员履行义务与保障党员行使权利统一起来,既督促党员敢于发表不同意见,勇于揭露和纠正工作中的缺点和错误,坚决同腐败现象作斗争,又切实保障党员行使党章赋予的各项权利,为讲真话、讲实话的同志提供支持和保护,充分调动广大党员推进党内民主建设的积极性和主动性。要把弘扬民主作风与健全民主机制统一起来,积极探索发展党内民主、发扬民主作风的有效途径,健全制度,完善措施,推动党内民主制度化、规范化。三是在生活作风上坚持艰苦奋斗。艰苦奋斗是我们党的传家宝。经过几十年艰苦努力,我们现在工作、生活条件尽管得到了很大改善,但前进中的困难和问题还很多,仍然需要大力发扬艰苦奋斗的优良传统。要正确认识和处理奉献精神与利益原则、党的事业和个人价值、全局利益和局部利益的关系,淡泊名利、无私奉献,做到"先天下之忧而忧,后天下之乐而乐"。要弘扬艰苦朴素、勤俭节约的精神,不讲排场、不比阔气,不挥霍浪费,尤其不能用公款大吃大喝、游山玩水和进行高消费娱乐活动。要坚持以俭养德,采取正确的生活态度,保持健康向上的生活情趣,自觉抵制赌博等歪风,净化自己"八小时之外"的生活圈。

（四）严守党的纪律，维护党的团结统一 党的纪律是执行党的路线方针政策的重要保证，是维护党的团结统一、保持党的先进性和纯洁性的有力武器。自觉接受党的纪律约束，是党章对党员提出的基本要求。党员领导干部必须增强纪律意识，模范遵守党的纪律。一要严守党的政治纪律。党章规定的各项纪律都必须严格遵守和执行，而最重要、最核心的就是要严格遵守和执行党的政治纪律。要坚定政治信念，严格遵守党章和党内政治生活准则，坚持党的基本理论、基本路线、基本纲领和基本经验不动摇，坚决维护党中央的权威，自觉同以胡锦涛同志为总书记的党中央保持高度一致，决不允许在群众中散布违背党的理论和路线方针政策的意见，决不允许发表同中央决定相违背的言论，决不允许对中央的决策部署阳奉阴违，决不允许以任何形式泄露党和国家的秘密，决不允许传播政治谣言。要自觉服从党和国家的大局，确保政令畅通，决不能片面强调特殊而对中央的方针政策打折扣，搞“上有政策、下有对策”。对违反党的政治纪律、有令不行、有禁不止的行为，要严肃批评教育；对屡教不改的，要作出组织处理；对造成严重后果的，要按照党纪国法予以惩处。二要严守党的组织人事纪律。按照中央、省委统一部署，今明两年，省、市、县、乡领导班子将集中换届。要认真执行党政领导干部选拔任用工作条例，按党的干部政策选好人、用好人，真正把那些政治上靠得住、工作上有本事、作风上过得硬、群众信得过、想干事会干事干成事的优秀干部选拔进各级领导班子。要讲政治、顾大局，正确对待自己，正确对待调整，正确对待个人的进退留转，自觉服从组织的安排。要坚决防止用人上的不正之风，坚决防止“带病上岗”、“带病提拔”，坚决防止各种违纪违法行为。对“跑官要官”的，不仅不能提拔重用，还要批评教育，在重要岗位上的要予以调整，已得到提拔的要坚决撤下来。对“买官卖官”的，要发现一个，处理一个，依纪依法予以严惩。对在选举中贿赂代表拉选票、搞非组织活动的，要按照有关规定严肃处理。三要严守党的经济工作纪律。遵守党的经济工作纪律是维护社会主义市场经济秩序、保证改革顺利进行的必然要求。党员领导干部要自觉遵守廉洁自律各项规定，严防商品交换原则侵入党的政治生活和国家机关的公务活动，不准违反规定干预和插手工程建设、土地出让、产权交易、医药购销、政府采购、资源开发利用和经销等市场经济活动，不准放任、纵容配偶、子女及其配偶和身边工作人员利用领导干部的职权和职务影响经商办企业或从事中介活动谋取非法利益。对党员领导干部利用权力参与企事业单位经营活动、牟取非法利益、索贿受贿的，必须严肃查处，决不姑息。四要严守党的群众工作纪律。要加强和改进新形势下的群众工作，牢记群众利益无小事，妥善处理改革发展过程中涉及的群众利益问题，努力把关系群众切身利益的事情做细、做实、做好。要增强群众观念、法纪观念和廉洁奉公意识，坚决制止吃拿卡要、与民争利的行为，坚决纠正损害群众利益的不正之风。对群众反映强烈的问题长期得不到解决、关系群众切身利益的工作长期见不到成效的地方和部门，要追究有关领导的责任。

（五）正确行使权力，自觉接受各方面的监督 党章明确规定，要加强对党的领导机关和党员领导干部的监督，不断完善党内监督制度；每个党员都必须接受党内外群众的监督，不允许有任何不参加党的组织生活、不接受党内外群众监督的特殊党员。加强对党员领导干部的监督，是发展党内民主、强化党内监督的内在需要，也是惩治和预防腐败的重要举措。党员领导干部一定要强化监督意识，增强接受监督的自觉性。首先，要树立正确的权力观。要牢记手中的权力是人民赋予的，只能用来为人民谋利益，而不能用来为个人或小团体谋私利；牢记权力是把双刃剑，正确行使权力，坚持“权为民所用”，就可以做到为官一任、造福一方，得到人民群众的拥护和支持，而滥用权力，以权谋私，就会有害于党和人民，最终也害了自己；牢记行使权力必须接受监督，接受监督才能防止权力失控、决策失误、行为失范，不受监督的权力必然导致腐败。其次，要正确认识和对待监督。自觉接受监督是领导干部政治上成熟的重要标志之一。邓小平同志曾说过，领导干部一要怕党，二要怕群众。这里所说的“怕”，就是对组织、对群众要有敬畏之心，时刻将自己置于组织和群众的监督之下。有所“怕”，就会在行使权力时有一种如临深渊、如履薄冰的感觉，就能在关键时刻经受住考验。要树立“严是爱、松是害，严格监督是关爱”的观念，把组织和群众的监督看作是对自己的爱护和帮助，真诚地接受来自各方面的监督。第三，要执行好各项监督制度。近年来，中央先后颁布了《党内监督条例（试行）》、《党员纪律处分条例》等党内监督法规，实施了党内监督的十项制度。我们省也相继出台了领导干部个人重大事项报告、述职述廉、民主评议、经济责任审计、谈话和诫勉等制度规定。现在重要的是要把这些制度切实落到实处，充分发挥制度对加强监督的保证作用。第四，要认真履行监督责任。领导干部既要接受监督，又要认真履行监督责任。要健全党内生活制度，加强领导班子内部监督，党委主要领导同志要做出表率，班子成员之间要勇于开展批评。要加强对干部的教育、管理和监督，带出高素质的干部队伍，形成清正廉洁的良好风气。

三、紧密联系实际，把学习党章的成果转化为做好当前各项工作的强大动力

学习贯彻党章是共产党员保持先进性的根本保证，是党员领导干部终身的必修课。我们要坚持经常学、深入学、联系实际学，学以致用，注重实效。当前，要把学习贯彻党章与学习贯彻党中央一系列重大战略思想和决策部署结合起来，与学习贯彻胡锦涛总书记在庆祝建党85周年大会上的重要讲话结合起来，与学习贯彻中央领导同志视察山东重要讲话结合起来，加深理解，提高认识，把学习成果转化为强大精神动力，认真做好当前各项工作。

第一，全面落实科学发展观，推动经济社会又快又好发

展。科学发展观是指导我国经济社会发展的战略思想和基本方针。坚持以科学发展观统领经济社会发展全局，切实抓住发展这个党执政兴国的第一要务，推动经济社会又快又好发展，是对党员领导干部学习贯彻党章的必然要求。我们要全面把握科学发展观的丰富内涵和基本要求，增强落实科学发展观的自觉性和坚定性，努力把科学发展观转化为谋划发展的正确思路、促进发展的政策措施、领导发展的实际能力。要认真实施"十一五"规划，落实省委"一二三四五六"的发展目标和工作思路，把经济工作的着力点放在深化改革、调整结构、转变经济增长方式上，努力推动我省由经济大省向经济强省转变、由经济增长方式粗放型向集约型转变、由抓好经济发展向经济社会全面协调可持续发展转变。要深入开展"勤政廉政、科学发展"主题教育活动，引导各级党员领导干部牢固树立科学发展观和正确的权力观、政绩观，求真务实、艰苦奋斗、干事创业，为贯彻落实科学发展观提供思想和作风保证。要加强对宏观调控、转变经济增长方式、增强自主创新能力、节约能源资源、保护生态环境、建设社会主义新农村等一系列重大政策和改革措施落实情况的监督检查，坚决克服和纠正盲目投资、重复建设、追求脱离实际的高指标的问题，以牺牲能源、资源和环境为代价、换取一时经济增长的问题，搞劳民伤财的"形象工程"、"政绩工程"以及弄虚作假的问题，讲排场、比阔气、大手大脚、奢侈浪费的问题，违反民主集中制原则、造成决策严重失误的问题等等，为贯彻落实科学发展观提供纪律保证。要深化决策目标、执行责任、考核监督"三个体系"建设，完善经济社会发展评价体系，健全体现科学发展观和正确政绩观的干部考核、评价、激励机制，认真落实省委、省政府关于建立和完善党政领导班子和领导干部综合考核指标体系的意见，为贯彻落实科学发展观提供制度保证。

第二，深入推进和谐社会建设，切实维护好人民群众的根本利益。构建社会主义和谐社会，既代表了广大人民群众的共同愿望，又体现了我们党全心全意为人民服务的宗旨。我们要把维护人民群众的根本利益作为构建和谐社会的重点，关心群众的生产生活，认真解决广大群众最关心、最直接、最现实的利益问题，在加快经济发展的基础上实现社会公平和正义，让人民群众共享改革发展的成果。要建立有效的社会分配调节机制，完善社会保障体系，为群众提供更多更优的公共项目、公共产品和公共服务，特别是对下岗职工、农村贫困人口和城市贫困居民等弱势群体予以更多的帮助，让他们感受到党和政府的温暖。要深入抓好"平安山东"建设，加强社会治安综合治理。高度重视信访工作，依法妥善处理群众上访，及时排查化解各种矛盾，努力把问题解决在基层和内部，解决在始发状态。要坚决纠正征收征用土地、城镇房屋拆迁、企业重组改制和破产中侵害群众利益以及拖欠农民工工资等问题，切实纠正教育乱收费、医药购销和医疗服务中的不正之风，着力解决群众在上学、看病、食品药品安全、生态环境和安全生产等方面反映强烈的突出问题。严厉打击制售假冒伪劣农资，截留、侵占、贪污支农资金等坑农、害农的行为，确保中央支农惠农政策落到实处。要完善群众对部门和行业作风建设的监督机制，逐步建立起维护群众利益的长效机制。

第三，建立健全惩治和预防腐败体系，深入开展反腐倡廉工作。坚持标本兼治、综合治理、惩防并举、注重预防的战略方针，建立健全与社会主义市场经济体制相适应的惩治和预防腐败体系，是党中央在新形势下对反腐倡廉工作作出的重大战略决策。为贯彻落实党中央颁布的《建立健全教育、制度、监督并重的惩治和预防腐败体系实施纲要》，去年省委先后下发了《具体意见》、《分工方案》、《2007年底前工作要点》三个文件。今年以来，省委又多次召开常委扩大会议、全省领导干部会议研究部署反腐倡廉工作。特别是中央政治局常委、中央纪委书记吴官正同志今年两次来我省视察工作，省委认真学习贯彻吴官正同志重要讲话，进一步加强了对反腐倡廉工作的领导。省委书记张高丽同志多次强调，要把贯彻中央领导同志视察山东重要讲话精神同落实《实施纲要》结合起来，加大预防腐败力度，确保在廉政建设上不出问题，为加快科学发展、建设和谐山东提供坚强的政治保证。各级党员领导干部要按照中央和省委的要求，切实抓好反腐倡廉工作，在继续严厉惩治腐败的同时，进一步加大预防力度，着力构建惩治和预防腐败体系。在政治领域，要树立正确的权力观，强化对权力运行的制约和监督，建立健全防止权力滥用的有效机制；在经济领域，要树立正确的利益观，更大程度地发挥市场在资源配置中的基础性作用，建立健全防治商业贿赂等违法犯罪行为的有效机制；在文化领域，要树立正确的道德观，大力加强廉政文化建设，形成以廉为荣、以贪为耻的良好风尚；在社会领域，要树立正确的群众观，建立健全服务群众、群众民主监督的有效机制。通过在各个领域深化防治腐败工作，推动党风廉政建设和反腐败工作不断取得新成绩。

（本文系省委副书记赵春兰2006年7月24日在市厅级党员领导干部学习贯彻党章培训班上的讲话要点）

树立和践行社会主义法治理念
扎实推进社会主义和谐社会建设

高新亭

党的十六届六中全会从构建社会主义和谐社会的高度，强调树立社会主义法治理念，建设社会主义法治国家。社会主义法治理念第一次载入党的历史性文献，充分表明了以胡锦涛同志为总书记的党中央对社会主义法治理念教育的高度重视，说明了社会主义法治理念在构建和谐社会中的重要作用。深入贯彻落实十六届六中全会精神，一定要充分认识社会主义法治理念的本质属性及其与和谐社会根本特征的内在一致性，牢固树立和自觉践行社会主义法治理念，并将其贯穿于建设社会主义法治国家的全过程，贯穿于服务构建社会主义和谐社会的全过程，促进社会主义和谐社会建设。

社会主义法治理念是人类历史上最先进的法治理念，是法治建设必须遵循的指导思想

在人类社会的法治进程中，产生了各种各样的法治理念。以依法治国、执法为民、公平正义、服务大局、党的领导为基本内涵的社会主义法治理念，是人类社会发展史上最具先进性的法治理念。这种先进性，不仅是社会主义制度的优越性所规定的，而且是由其自身属性所决定的。表现在：一是法律性。社会主义法治理念不同于一般的政治意识、道德观念，它是以马克思主义关于国家和法的学说为指导，在建设中国特色社会主义法治国家的实践过程中，继承和发扬我国传统法律文化的优秀成果，吸收借鉴西方法治文明合理因素的基础上逐步形成的，包含超越时空的对法治建设一般规律的认识，因而具有普遍性的指导意义。社会主义法治理念的提出，标志着我们党对建设中国特色社会主义法治国家的规律、中国共产党执政规律有了更加深刻的认识和把握。只有把握了这种规律性，我们才能增强法治建设的能动性，避免或少走弯路。二是政治性。社会主义法治理念，是反映和坚持马克思主义指导地位，贯彻邓小平理论和"三个代表"重要思想，强调党的领导，旗帜鲜明地体现社会主义本质要求的法治理念。它是我们党政治理想、政治原则、政治路线在法治领域的具体化，是社会主义法治观。讲政治，强调政治，突出政治，是社会主义法治理念的内在属性。三是人民性。社会主义法治理念体现人民主权原则，确认人民的主体地位，强调以人为本，反映最广大人民的根本利益，坚持把人民满意作为衡量法治效果的根本标准，始终把实现人民当家作主和维护最广大人民群众的根本利益作为永恒的价值追求。社会主义法治的重要使命，是服务于社会主义经济建设、政治建设、文化建设、社会建设四位一体的总体格局，服从服务于党、国家、民族、人民利益的大局。社会主义法治理念，忠实体现了党的宗旨和"立党为公、执法为民"要求，具有鲜明的人民性。四是实践性。社会主义法治理念来源于中国特色社会主义民主法治建设的伟大实践。特别是党的十一届三中全会以来，国家法律体系的逐步健全，司法制度的日臻完善，法律意识的普遍增强，法学研究的不断深入，依法治国方略的确立和实施，为社会主义法治理念的孕育、形成和发展奠定了坚实的基础。社会主义法治理念不是一句空洞的政治口号或空泛的学术概念，而是有着很强的可操作性，可以践之于行的思想、观念，对法治实践有直接的指导作用。落实社会主义法治理念，是一个需要付出不懈努力、主观见之于客观的实践过程。五是科学性。社会主义法治理念充分反映了我国的宪法和法律制度、我国当前所处的社会历史发展阶段，以及我国的法律文化，体现了社会主义先进生产力的发展要求和社会主义核心价值观的道德要求，吸收了人类法治文明的优秀成果，是一种主观认识符合客观实际的科学理论。社会主义法治理念是一个开放的、能够不断融入鲜明时代精神的理论体系，有着马克思主义与时俱进的理论品格，其科学性是其它法治理念所无法比拟的。

具有上述先进品质的社会主义法治理念，很好地解决了坚持什么、澄清什么，反对什么、更新什么的问题，科学地回答了"建设什么样的法治国家，怎样建设社会主义法治国家"等一系列重大问题。它是社会主义法治的精髓和灵魂，是立法、执法、司法、守法和法律监督等法治领域的基本指导思想。开展社会主义法治理念教育，对于统一执法思想、永葆政法队伍的政治本色，对于牢牢掌握政法工作领域马克思主义意识形态的主导权，坚定不移地坚持政法工作的社会主义政治方向，对于坚持党对政法工作的领导，实施依法治国方略，落实科学发展观，构建社会主义和谐社会，都具有重大而深远的意义。必须深刻认识党中央作出开展社会主义法治理念教育重大决策的极端重要性，深刻把握社会主义法治理念的本质属性，深刻理解开展社会主义法治

理念教育对政法工作和政法队伍建设的根本性、基础性、长远性作用，不断增强学习、树立、践行社会主义法治理念的自觉性。

社会主义法治理念是以社会和谐为目标的理念，是构建和谐社会的指导原则之一

社会主义法治理念是以社会和谐为目标的理念。社会主义法律的产生，是为了解决矛盾、化解矛盾、预防矛盾，使社会归于平和，实现社会和谐。维护和促进人与人、人与社会、人与自然的和谐，是社会主义法治理念的终极价值所在。

社会主义法治理念的基本内涵与和谐社会的本质特征有着内在的统一性，在构建社会主义和谐社会中具有极其重要的指导作用。胡锦涛总书记指出："我们所要建设的社会主义和谐社会，应该是民主法治、公平正义、诚信友爱、充满活力、安定有序、人与自然和谐相处的社会。"民主法治，要求我们全面贯彻有法可依、有法必依、执法必严、违法必究的社会主义法制原则，确保依法治国基本方略得到贯彻落实，使国家权力的行使和社会成员的活动处于严格依法办事的状态，为经济、政治、文化发展与社会全面进步提供良好的秩序保障。公平正义，要求我们严格公正文明执法，强有力地制裁邪恶、克服偏私、弘扬正气；要求以最广大人民的根本利益为出发点，依法确定利益主体、界定利益范围、指导利益分配、协调利益关系、完善利益诉求表达机制，妥善处理和协调各种利益关系，在全社会形成合理的利益格局；要求筑好筑牢司法这条社会正义的最后一道防线，以司法公正维护社会公平正义。诚信友爱，要求我们依法制裁违约、侵权、欺诈等民事行为，依法严厉打击诈骗、渎职、侮辱、诽谤等刑事犯罪行为，充分运用法律手段规范社会行为，引导在全社会建立诚实信用、平等友爱、融洽相处的人际关系。充满活力，要求我们创设相关的法律制度，尊重劳动、尊重知识、尊重人才、尊重创造，调动一切积极因素，充分发挥各方面的创造活力；要求依法确认和维护劳动者的创业动力、经济利益和创造成果，调动劳动者的积极性和主动性，努力创造一个公平竞争、鼓励创造、保护创新的社会环境和法治环境。安定有序，要求我们树立正确的稳定观，积极化解社会矛盾，依法打击和预防犯罪，加强以对"社会人"、社会组织和虚拟社会为重点的社会管理，认真落实维护国家安全的各项措施，深入推进平安创建工作，确保社会秩序良好，不断提高人民群众的安全感。人与自然和谐相处，要求我们加大对自然环境和物质资源的法律保护力度，依法保障资源节约型、环境友好型社会的建设，促进实现生产发展、生活富裕、生态良好。社会主义和谐社会的本质特征，与以社会主义法治理念为指导的政法工作有着内在的一致性，二者统一于全局与局部、目的与手段、过程与结果的互动之中。

构建社会主义和谐社会，对政法机关树立和践行社会主义法治理念提出了更高的要求。政法机关在执法办案和从事社会管理的过程中，不仅要着眼于社会稳定，更要着眼于社会和谐，转变思想观念，调整工作思路，改进工作方式，把工作标准定位在促进社会和谐上，善于把各种消极因素转化为促进社会和谐的积极因素。这就要求政法机关必须进一步处理好专政与民主、打击与保护、管理与服务、法律效果与社会效果的关系，严格执法与维护群众利益、惩治犯罪与保障人权、实体正义与程序正义、做好本职工作与服务大局的关系，依法履行职务与接受监督的关系，继承与创新、立足国情与借鉴外国法治经验的关系，坚持党的领导与依法独立行使审判权、检察权的关系，以更好的执法质量、更低的执法成本、更便捷的执法形式，为社会营造更多的和谐因素。因此，要自觉地把社会主义法治理念放在构建社会主义和谐社会的总体目标之中来研究，提升到促进社会和谐这个更高的起点、更高的层次、更高的水平上来探索追求。

在构建和谐社会的生动实践中既要牢固树立社会主义法治理念，更要自觉践行社会主义法治理念

政法机关既是和谐社会的保障力量，也是和谐社会的建设力量，在构建社会主义和谐社会中担负着重大历史使命和政治责任。政法机关要认真学习贯彻中央的一系列指示精神，以构建社会主义和谐社会为主题，不断深化社会主义法治理念教育，进一步增强广大政法干警践行社会主义法治理念的自觉性。

要把社会主义法治理念具体化为服务和谐社会建设的自觉性。紧密结合政法工作实际，组织政法干警认真研读十六届六中全会精神，加深对社会主义法治理念的理解与把握。把社会主义法治理念教育与建设社会主义核心价值体系教育、反腐倡廉教育、领导干部作风建设等活动有机结合起来，深化学习教育效果。在抓好普遍教育的同时，重点抓好领导干部、一线干警和年轻干警的教育。通过深入扎实有效的学习教育，引导广大干警特别是政法领导干部，真正把是否有利于促进社会和谐作为衡量政法工作的重要标准，把维护人民群众合法权益作为促进社会和谐的出发点和落脚点，把维护公平正义作为促进社会和谐的生命线，把化解社会矛盾贯穿执法办案的始终，不断强化服务和谐、促进和谐、保障和谐的意识和自觉性。

要以社会主义法治理念为标准着力提高服务和谐社会建设的能力。履行好服务和谐社会建设的使命，必须大力推进执法规范化建设，不断提高公正执法的能力。要根据社会主义法治理念的基本原则、主要内容和要求，抓住容易发生问题的每一个岗位和每一个执法环节，围绕与人民群众生产生活最密切、最直接、最实际的问题，健全完善执法责任体系、执法质量和效率考评体系、执法监督体系，建好执法档案并充分发挥其作用，提高执法规范化建设水平。高度重视执法信息化建设，把信息化手段使用到执法办案

的各个环节，做到以信息化规范执法程序、落实执法制度、强化执法监督、提高执法质量和效率。积极稳妥地推进司法体制和工作机制改革，推进司法民主、保障司法公正、促进社会和谐。坚持从严从高要求，抓好经常性的查摆整改，认真解决与社会主义法治理念不相适应、不相符合的问题，特别是下大力气解决人民群众反映最强烈、最关心、最现实的执法问题，确保公正执法、规范执法。按照中央关于加强干部培训的要求，以提高实战能力和执法水平为目标，进一步修订培训内容，创新培训方式，抓好经常性教育培训，不断加大岗位练兵力度，全面推行执法资格认证升级制度。着力培育和谐政法文化，大力加强作风建设，实现政治性、纪律性与和谐性的有机统一，提高政法机关服务和谐社会建设的能力和水平。

要把社会主义法治理念的要求融入促进社会和谐的任务措施之中。紧紧围绕促进社会和谐这个核心，树立正确的稳定观，拓宽视野，完善思路，强化措施，充分发挥职能作用。扎实推进依法治国进程，加强民主法治建设，夯实社会和谐的根基。坚持执法为民，事事、时时、处处以维护人民群众权益为重，调动和保护人民群众构建和谐社会的积极性。牢记公平正义理念，严格执法，热情服务，主持公道，伸张正义，维护社会公正。自觉服从服务于党和国家工作大局，为经济社会又好又快发展营造良好法治环境，激发社会活力。高度重视矛盾纠纷调处化解工作，善于运用宽严相济的刑事司法政策遏制、预防和减少违法犯罪，积极改进社会管理，努力消除各种不和谐因素，最大限度地增加和谐因素，促进社会安定有序。

（本文作者系中共山东省委副书记）

统筹兼顾　开拓创新
把组织工作提高到一个新水平

刘　伟

一

2006年全省各级组织部门坚持以邓小平理论和“三个代表”重要思想为指导，全面落实科学发展观，深入学习贯彻党的十六大和十六届三中、四中、五中、六中全会精神，深入学习贯彻胡锦涛总书记视察山东重要讲话精神，深入学习贯彻党中央提出的一系列重大战略思想，按照加强党的执政能力建设和先进性建设的总体要求，紧紧围绕全省工作大局，进一步解放思想，干事创业，求真务实，开拓进取，各项工作取得了新的进展。

——深入扎实地抓好保持共产党员先进性教育活动。坚持以胡锦涛总书记视察山东重要讲话为统领，以建设群众满意工程为目标，突出建设社会主义新农村这个主题，认真做好第一、二批先进性教育活动成果的巩固提高工作，扎实开展好第三批先进性教育活动，注意从理论上、制度上总结先进性教育活动的成功经验和做法，制定印发了一系列文件规定。探索建立了保持共产党员先进性的长效机制。组织175万名党员群众对先进性教育活动进行满意度测评，满意率达到99.85%。组织力量，对落实中央、省委长效机制文件情况进行了检查。7月7日，胡锦涛总书记在省委关于寿光市先进性教育活动总结报告上作出重要批示，对我省的先进性教育活动给予充分肯定，提出了更高的要求。

——以党委换届工作为重点进一步加强领导班子和干部队伍建设。按照中央、中组部和省委的部署，超前谋划，精心组织，周密安排，严格按照《干部任用条例》办事，积极扩大干部工作中的民主，运用《综合考核评价试行办法》切实改进考察工作，大力推进领导班子配备改革，进一步优化领导班子结构，深入做好思想政治工作，严肃组织人事纪律，努力营造风清气正的换届环境。把思想政治建设和日常考察调整结合起来，各级各部门领导班子凝聚力、战斗力进一步增强。切实加强县（市、区）党政正职队伍建设。

——积极推进干部教育培训工作。深入学习《干部教育培训工作条例（试行）》，省委印发了贯彻落实意见，召开全省干部教育工作会议作出部署，制定下发了全省“十一五”干部教育培训规划。继续落实大规模培训干部的要求，全省共培训干部53.7万人次。截至目前，已完成五年培训任务的81.6%。认真抓好出国培训、专题培训和新任市厅级领导干部培训。

——大力加强人才队伍建设。研究制定《山东省“十一五”人才队伍建设总体思路及实施意见》。以实施“泰山学者”建设工程为重点，扎实推进高层次人才队伍建设，确定了首批18名“泰山学者”特聘专家，设置第二批59个“泰山学者”岗位。大力加强创新团队建设，制定下发《关于推进创新团队建设的意见》。加强高技能人才工作，实行首席技师制度。选拔表彰了首批100名山东省首席技师。全省17市、70%以上的省属企业、50%以上的县（市、区）建立了首席技师制度。

——**不断深化干部人事制度改革。**认真学习贯彻中组部党政领导干部职务任期、交流、任职回避等五个法规文件，会同人事部门积极稳妥地推进《公务员法》的组织实施。按照“三个体系”建设要求，制定《关于建立和完善党政领导班子和领导干部综合考核评价指标体系的意见》，扎实做好领导班子和领导干部经常性考察工作。探索建立干部选拔任用工作记实制度，选择部分市、县进行了试点。

——**切实加大干部监督工作力度。**为保证地方党委换届工作顺利进行，进一步加强对干部选拔任用工作和领导干部的监督，派出督查组进行了专项检查。继续开展对《党内监督条例》、《干部任用条例》等有关法规执行情况的监督检查。认真做好“12380”举报电话的受理工作，严肃查处涉及选人用人、违反组织人事纪律的案件。

——**整体推进基层党组织建设和党自队伍建设。**进一步深化农村党的建设“三级联创”活动。加强村级组织活动场所建设，各级投入5.4亿元，建成村级组织活动场所2257处，在建3238处。推广农村产业建支部经验，积极创新基层党组织设置方式。宣传了王乐义等先进典型。扎实推进国有企业。街道社区、学校、新经济社会组织等领域党的建设，扩大党的组织覆盖和工作覆盖。开展扩大基层领导班子成员直选、党代会常任制试点。加强党员队伍建设，大力推行无职党员“设岗定责”和党员公开承诺制度，积极推广为民服务代理制。认真落实老党员生活补贴政策。继续做好发展党员工作，2006年全省发展党员15.5万名。

——**坚持“建、管、学、用”并举，扎实做好党员干部现代远程教育工作。**全面完成城市街道、社区(居委会)终端站点建设任务，积极推进终端接收站点“上网直通车”工程，全省站点上网率达到85%以上。配合第三批先进性教育活动，认真做好教学资源开发工作，努力提高节目质量。加强管理员队伍建设，开展“规范化站点建设”活动，远程教育工作的制度化、规范化水平和使用效果都得到进一步提高。

——**继续做好老干部工作。**认真落实老干部政治待遇，离退休干部党支部组织建设、培训教育和考评表彰“三项制度”更加完善。抓好“三个机制”建设，认真落实老干部生活待遇，加大向困难市、县专项资金转移支付力度。深化亲情服务活动，老干部“双高期”管理服务得到新加强。深入开展“我为‘十一五’发展做贡献”等活动，老干部作用得到进一步发挥。

二

2007年全省组织工作总的要求是：坚持以邓小平理论和“三个代表”重要思想为指导，以科学发展观为统领，深入贯彻党的十六大和十六届三中四中五中六中全会精神，全面落实全国组织部长会议、全省经济工作会议提出的各项任务，按照加强党的执政能力建设和先进性建设的要求，以“迎接党的十七大和省第九次党代会胜利召开、学习贯彻会议精神”为主线，突出重点，统筹兼顾，求真务实，开拓创新，努力把组织工作提高到一个新水平，为推动全省经济社会又好又快发展，全面建设小康社会、构建社会主义和谐社会。实现我省“十一五”规划和建设“大而强、富而美”社会主义新山东的宏伟目标，提供坚强的组织保证和人才支持。

(一)切实做好迎接党的十七大和省第九次党代会的有关准备工作，及时组织好会议精神的学习贯彻 这是2007年全省组织工作的重中之重，是一项重大的政治任务。一要继续做好十七大和省第九次党代会代表候选人推荐提名和代表选举工作。要坚持代表条件，严把思想政治素质关，全面深入地考察人选的现实表现，确保选出政治素质好、议事能力强的代表；要坚持代表的结构要求，注意把握代表的构成比例，使代表的分布更为合理，使各方面党员的意志都能得到充分反映；要坚持按程序办事，发动基层党组织和党员广泛参与，充分尊重选举人意志，保证选举人充分行使民主权利，确保代表具有先进性和代表性。二要认真做好省“两委”人选的酝酿、提名、考察工作和省第九次党代会相关的筹备组织工作。坚持把政治标准放在首位，全面深入考察，确保提出的人选符合中央、省委要求。配合有关部门做好会议的筹备工作；对人事安排说明、选举办法等，要充分体现党章和地方党组织选举工作条例的有关规定，充分体现扩大民主的要求；要认真研究新情况，搞好分析预测，提前考虑工作预案；要严明纪律，坚决防止和杜绝各种非组织活动，确保大会选举圆满成功。同时，配合人大、政协做好省十届人大五次会议和九届省政协五次会议的有关组织工作。三要切实做好舆论宣传和学习贯彻会议精神的工作。要围绕迎接十七大和省第九次党代会召开，适时做好十六大、省第八次党代会以来组织工作和一线先模人物宣传工作，努力营造良好的舆论氛围。十七大和省第九次党代会召开后，要结合实际研究贯彻落实意见，抓好学习宣传和教育培训，迅速掀起学习贯彻的热潮。

(二)继续抓好换届工作，大力推进领导班子和干部队伍建设 按照中央、中组部和省委的部署，2007年4月底前，17个市党委进行换届选举；3月底前，县(市、区)党委换届工作全面完成；下半年，地方人大、政府、政协领导班子换届工作将陆续展开。一是要认真指导市县乡开好党代会，搞好大会选举。要坚持充分发扬民主与严格照章依法办事相结合，周密组织好大会选举，确保换届人事安排方案顺利实现。对换届选举中发现的问题，要认真做好工作，并及时请示报告。二是要积极探索地方党委新的领导体制、工作机制和运行方式。要根据领导班子配备改革后的新情况，进一步明确全委会、常委会的议事范围，健全完善议事规则，规范决策程序，改进决策方法，提高班子的议事决策水平。要研究探索常委分工负责的制度规定，形成职责具体、分工明确、配合密切、运转高效的工作运行机制。三是要切实加强领导班子换届后的思想政治建设。这是换届后领导班子建设的重点。要加强理想信念教育，认真组织学习邓小平理论和“三个代表”重要思想，学习《江泽民文选》，学习以胡锦涛同志为总书记的党中央提出的科学发展观、构建社会主义和谐社会等一系列重大战略思想，坚持用马克思主义中国化的最新成果武装头脑；加强宗旨观念教育，引导各级领导干部牢固树立群众观点，高度关注民生问题，努力解决好群众生产生活中的实际困难；加强民主集中制教育，增强领导干部的团结和谐意识，提高解决自身问题的能力；加强廉洁勤政教育，筑牢反腐倡廉、拒腐防变的思想防线，努力展现新班子的新作风、新气象、新风貌。四是要认真做好地方人大、政府、政协领导班子换届工作。要认真贯彻落实全国市县乡换届选举工作座谈会精神，综合分析班子情况，全面准确理解政策，掌握工作的主动权。要结合党委换届，全面贯彻干部队伍“四化”方针和德才兼备原则，坚持正确的用人导向，认真实施《综合考核评价试行办法》，通盘考虑换届人事安排方案，严肃换届纪律，真正把那些坚定贯彻落实科学发展观、德才兼备、群众拥护、清正廉洁的优秀干部选拔到领导岗位上来。同时，要结合换届，切实加强部门、单位、高校、科研院所、企业领导班子建设。

要继续做好女干部、少数民族干部和党外干部工作。重视做好援藏援疆和选调生工作。切实加强对口帮扶挂职干部管理工作，充分发挥挂职干部在对口帮扶工作中的作用。

（三）健全落实先进性长效机制，切实加强党的基层组织建设和党员队伍建设 一是认真抓好中央、省委保持党员先进性长效机制文件的落实。要深入贯彻落实中央《关于加强党员经常性教育的意见》等4个长效机制文件和省委基层党建工作《纲要》等长效机制文件，进一步健全完善党员“长期受教育、永葆先进性”的长效机制。研究制定全省2008—2012年农村党建、社区党建、“两新”组织党建、党员队伍建设四个“五年规划”。以践行社会主义核心价值体系为重点，切实加强党员队伍思想道德建设。进一步做好新形势下的发展党员工作，不断优化党员队伍的年龄、文化和分布结构。继续做好关心照顾老党员和帮扶生活困难党员工作。

二是深化“三级联创”活动，切实加强农村基层组织建设。紧紧围绕社会主义新农村建设，抓好乡镇党委领导班子思想作风建设，加大农村基层党员干部教育培训力度。适时抓好村“两委”换届选举工作。调整完善农村基层组织设置，大力推行产业建支部的做法。扎实抓好村级组织活动场所建设，确保6月底前全面完成中央安排的建设任务。进一步落实抓农村党的建设领导责任制，健全完善农村基层组织建设常抓不懈的领导体制和运行机制。

三是以扩大党的组织覆盖和工作覆盖为着力点，不断提高城市街道社区、国有企业、新经济社会组织等领域党建工作水平。在城市街道社区，要建立健全党的建设工作协调议事机构，探索运作规范的城市社区领导体制、管理体制和运行机制，完善社区党建“网格化”管理、创建党建示范点等制度。在国有企业，坚持和完善“双向进入、交叉任职”的企业领导体制，探索国有企业党组织发挥政治核心作用的途径和形式。在新经济社会组织，加大组建党组织工作力度，上半年，全省95%以上的规模以上非公有制企业要单独建立党组织，各级组织部门要直接抓一批联系点；加快以社会中介组织为重点、兼顾民办非企业单位和其他社会团体的党组织组建步伐。认真贯彻落实第十五次全国高等学校党的建设工作会议精神，切实抓好高校党的建设。上半年，41所高专高职学校全部召开党代会。

（四）加大干部教育培训力度，保质保量地完成五年大规模培训干部的任务 要深入贯彻落实中央政治局会议和胡锦涛总书记关于干部教育培训工作的一系列重要指示精神，贯彻落实《干部教育培训工作条例（试行）》，抓好全省“十一五”干部教育培训规划的实施，切实把干部教育培训作为一项战略性、基础性工作抓紧抓好。一是要坚持把政治理论培训作为首要任务，以马克思主义中国化的最新成果为干部教育培训的中心内容，进一步加大理论武装力度，突出抓好科学发展观、新时期领导干部道德观、社会建设理论和社会政策的教育培训，抓好党的十七大和省第九次党代会精神的学习培训，同时，全面加强政策法规、业务知识、文化素养培训和技能训练，不断提高广大干部科学执政、民主执政、依法执政的水平和推进经济社会又好又快发展的本领。二是要进一步提高干部教育培训质量，改进培训方式，拓宽培训渠道，把干部教育培训的普遍性要求与不同类别、层次、岗位干部的特殊需求结合起来，增强教育培训的针对性和实效性，努力实现规模和质量、效益的统一。三是要确保如期完成大规模培训干部的任务。围绕工作大局和中心任务搞好专题培训，抓好换届后新进领导班子成员的培训，适时举办市、厅（局）主要领导干部和县（市、区）党政正职专题培训班，继续做好中青年干部出国（境）培训工作。2007年，省委组织部计划培训市厅级领导干部400名、县处级领导干部6500名。

（五）围绕实施“十一五”规划和建设创新型省份，努力提高人才工作水平 要坚持党管人才原则，以人才资源能力建设为核心，以高层次、高技能、创新人才为重点，以体制机制创新为动力，全面推进人才强省战略的实施，推动创新型省份建设。一方面，要在巩固、完善和提高上下功夫，继续实施“泰山学者”建设工程，在高校和企业院所领域再设置50-60个“泰山学者”岗位，做好特聘教授、特聘专家的遴选工作；进一步规范完善首席技师选拔管理制度，在全省开展争当首席技师活动，选拔表彰100名“山东省首席技师”；扎实推进创新团队建设，在全省评选一批优秀创新团队；修订完善《关于加强农村实用人才队伍建设的意见》，为社会主义新农村建设提供人才保证。另一方面，要在探索、拓展和创新上下功夫，按照构建社会主义和谐社会的要求，抓紧研究提出加强我省社会工作人才队伍建设的政策措施，努力培养造就一支结构合理、素质优良的社会工作人才队伍；研究制定加强高层次企业经营管理人才队伍建设的意见，探索建立职业经理人资格认证体系，实施“千名企业经营管理人才培养工程”；建立实施省委直接掌握联系高层次人才制度，选拔各类领军人才，建设高层次人才库。同时,要积极探索加强县域人才工作的新途径。

(六)狠抓各项政策法规的落实,不断深化干部人事制度改革 近年来,中央、中组部非常重视干部人事制度改革,在认真总结完善实践经验的基础上,及时配套推出了一批法规文件,主要体现为"一法、一纲要、三条例和十一个法规性文件"。对这些重要政策法规,我们要加强学习宣传,使广大党员干部特别是领导干部熟悉基本精神,了解基本内容,掌握基本要求,养成按制度、按规矩办事的习惯,营造落实制度的良好氛围;要不折不扣地贯彻执行有关规定,真正做到坚持原则不动摇,履行程序不变通,遵守纪律不放松;要加强督促检查,及时了解贯彻执行情况,坚决纠正和处理各种违反政策法规的行为,维护政策法规的权威性和严肃性。结合我省实际,本着积极稳妥的要求,当前和今后一个时期,一是重点组织实施好《公务员法》,严格掌握有关政策规定,做好省直六类机关公务员登记和人民团体、群众团体机关参照管理工作,加强对市以下机关公务员登记工作的指导,抓好公务员信息系统建设,做好《公务员法》配套法规的贯彻实施和我省配套法规建设。二是按照"三个体系"建设的要求,进一步加强和改进经常性考察工作,认真总结市县党委换届考察工作的经验,按照中组部《综合考核评价试行办法》和省委《综合考核评价指标体系的意见》要求,进一步调整指标设置,规范程序,努力提高经常性考察工作质量。研究完善高校、科研单位、省管企业领导班子和领导干部的综合考核评价指标体系。三是积极探索省管企业领导人员选拔任用制度改革,在省委管理的国有重要骨干企业中,拿出部分副职岗位进行公开招聘。

(七)健全完善强化预防、及时发现、严肃纠正机制,进一步加强干部监督工作 要认真贯彻中纪委、中组部《关于在地方党委换届工作中进一步严肃组织人事纪律的通知》精神,落实好严重违规用人问题立项督查制度和调查结果复核制度,探索建立干部选拔任用工作记实制度和党政领导干部选拔任用工作考核评价办法,充分发挥"12380"举报电话的作用,严肃查处跑官要官、买官卖官、突击提拔干部和拉票贿选等非组织活动,坚决防止干部"带病提拔"、"带病上岗"。继续抓好对各市换届选举工作的督查。下半年,对部分市和省直部门贯彻执行条例情况进行检查。要加强对领导干部特别是"一把手"的日常教育、管理和监督,认真落实党员领导干部任职谈话、廉政谈话、诫勉谈话、函询、述职述廉和有关事项报告制度,会同纪检机关重点做好巡视省市直部门、反腐倡廉宣传教育等工作,继续做好领导干部经济责任审计工作。

(八)抓管理、抓使用、抓延伸,深入做好党员干部现代远程教育工作 经过三年的努力,我省的党员干部现代远程教育工作已经有了一个很好的基础。今后的重要任务是要切实管好、用好,发挥出远程教育系统的最大效益。在管理上,要继续开展好"规范化站点创建"活动,进一步落实站点管理责任,促进设备、场所、学习培训等方面的规范化管理。大力推进全省一体化网站建设和终端接收站点上网工程,进一步加强设备维护,完善站点功能。健全站点运行维护保障措施,切实落实好站点运行维护经费和技术维护力量,确保站点设备正常运转。抓好骨干队伍建设,有计划地开展管理员系统培训,进一步完善考试、考核、晋级、报酬和奖惩等管理制度,为远程教育工作提供可靠的人力、技术保障。在使用上,要围绕宣传贯彻党的十七大和省第九次党代会精神,落实"十一五"规划、构建和谐社会、建设新农村、培养新型农民等工作任务,制定运用远程教育网络加强教育培训的工作规划。进一步整合资源,抓好教学资源建设,协调有关部门、指导基层组织,有计划地对农村党员干部群众进行教育培训,最大限度发挥好远程教育网络体系的综合作用。在延伸上,要根据条件和可能,向机关事业单位延伸,向企业高校延伸,扩大远程教育的覆盖面和影响力。

(九)坚持以认真落实政治待遇、生活待遇为重点,切实做好老干部工作 要全面落实好老干部的政治待遇,继续坚持和完善老干部政治学习、组织生活、情况通报、参加会议、走访慰问、实地参观、领导联系老干部等制度,重视抓好离退休干部党支部建设。要认真落实好老干部生活待遇,凡是中央、省委有明确规定要求的,都要确保不折不扣落实好,特别要抓好贫困地区、困难行业、困难单位的老干部生活待遇的落实,对参加革命时间早、家庭收入低、身患重病不能自理等有特殊困难的离休干部及遗属,要给予特别的关心和照顾。要按照中央和省委要求,通过分类指导、完善制度、加强督查等措施,积极推进离休干部"三个机制"正常运转。要从老干部的兴趣爱好和个性特点出发,精心组织离退休干部开展丰富多彩、喜闻乐见的文体活动,不断丰富老干部的精神文化生活,使老同志活动充实、益寿益智。要进一步改善老干部活动中心、老年大学、干休所的基础设施和整体环境,加强管理,深化亲情服务,使其真正成为服务老干部的重要场所,成为老干部学习科学知识、开展文体活动、参与精神文明建设的重要阵地。

(十)进一步加强组织部门自身建设,始终保持良好精神状态和公道正派形象 要紧紧围绕"迎接、学习、贯彻十七大和省第九次党代会",围绕组织工作的中心任务,继续扎实开展"学先进、创一流、永葆共产党员先进性"主题实践活动,进一步巩固和发展先进性教育活动成果,努力健全落实先进性长效机制。要认真落实《2006—2010年全国组工干部教育培训规划》,加强组工干部的教育培训和实践锻炼,重点抓好换届后新任市、县(市、区)党委组织部长的培训,扎实做好中组部在我省进行的组工干部在职网络学习试点工作。要大力弘扬组织部门的优良传统和作风,坚持"两个务必",坚持从严治部,加强组织部门和组工干部的党风廉政建设,努力把组织部门建设成为党性最强、作风最正、工作出色的部门,使广大组工干部真正经受住执政、改革开放和市场经济的考验。

三

组织工作事关全局,责任重大。面对新形势、新任务、新情况，全省各级组织部门的同志一定要切实增强责任感和紧迫感，增强工作的自觉性和主动性，增强工作的针对性和实效性，不断更新工作理念，把握工作规律，改进工作方法，高标准、高质量、高效率地履行好职责、完成好各项工作，努力把全省组织工作提高到一个新水平。

（一）一定要善于从政治上认识、思考、把握和处理问题，始终保持政治上的清醒和坚定 组织工作从来都是为完成党的历史使命和中心任务服务的，是政治性很强的工作。这就要求我们组织部门的同志在任何时候，任何情况下，都要把讲政治放在首要位置，努力把讲政治的要求贯穿于想问题、做决策、办事情的全过程，贯彻到组织工作的各个方面和各个环节，始终保持组织工作的正确方向。这是做好组织工作的根本前提。组织部门讲政治，最根本的要严守政治纪律，始终与以胡锦涛同志为总书记的党中央保持高度一致，凡是中央、省委要求做到的，必须不折不扣地落实好，确保令行禁止，确保政令畅通，确保在重大原则性问题上不含糊、不动摇；要切实增强政治敏锐性和政治鉴别力，善于从政治上明辨是非，对一些苗头性、倾向性问题，要坚持运用马克思主义的基本立场、观点和方法进行分析和把握，见之于未萌，防之于未发；要牢固树立群众观点，坚持立党为公、执政为民，想群众之所想，急群众之所急，办群众之所需，切实注意解决群众最关心、最直接、最现实的利益问题，努力实现好、维护好、发展好最广大人民群众的根本利益。

（二）一定要增强大局观念，自觉地维护大局、服从大局，更好地服务大局 要坚持把组织工作放在大局上思考，放在大局下谋划，放在大局中推进，跳出组织工作看组织工作，力求站得更高、看得更远，力求视野更宽、定位更高，力求工作更到位、服务更有效。要准确把握世情、国情、省情，准确把握党情、政情、民情，准确把握中央、省委的各项决策部署，努力做到宏观在握、全局在胸。要切实找准组织工作服务大局的切入点、结合点和着力点，把中央、省委的各项决策部署与本地本单位实际结合起来，进一步使组织工作与大局的要求相一致、目标相协调、部署相呼应，不断增强工作的原则性、系统性、预见性和创造性；要把服务大局的实践成效作为衡量组织工作的根本标准，使组织工作在促进党的执政能力建设和先进性建设，促进改革发展稳定，促进贯彻落实科学发展观、实现经济社会又好又快发展上，有更大进步、更大作为、更大贡献。

（三）一定要把坚持原则与贯彻以人为本有机结合起来，讲究工作方法，注重实际效果 对组织部门的同志来说，党关于干部工作、组织工作的政策，就是党的组织工作的生命，就是我们开展工作、履行职责的依据和准绳，就是我们做好组织工作的法宝。必须真正了解、掌握、熟悉和精通各项政策规定，严格按照标准条件、程序步骤办事，凡是政策规定有明确要求的，必须坚决贯彻执行，不能随意取舍，更不能有丝毫的违背。政策是组织工作的高压线，也是底线。同时还要看到，组织部门是做人的工作的，党员、干部、知识分子的切身利益都是具体的、实际的，我们组织部门的同志也都是具体的、活生生的人，都有自己的感情世界，都有自己的喜怒哀乐，都有自己的要求、追求。我们在执行各项政策规定时，在推进各项工作的过程中，要坚持以人为本，注意讲究工作方式方法，注意把原则性与灵活性有机结合起来，进行充分的换位思考，充分考虑别人的感受，充分考虑其承受能力，真诚待人，真心对人，真情感人，把思想政治工作做深、做细、做活、做扎实，努力在政策的限度内，把事情做到最好，让别人心悦诚服地接受政策又感受到组织的关心和温暖。

（四）一定要突出工作重点，抓住关键环节，统筹兼顾，整体推进 近年来，组织部门的任务很重，工作领域越来越宽，要求越来越高。把繁重的工作摆布好，很重要的一点就是要统盘考虑，科学谋划，善于抓住主要矛盾和矛盾的主要方面，善于抓住重点工作和重点环节，抓点带面，纲举目张，实现组织工作整体推进。突出工作重点，就是要把重点工作摆上重要位置，加强领导，加强调度，加强协调，集中精力，集中人力物力财力，紧紧抓在手上，紧紧抓住不放，抓紧抓实抓出成效。这些年，我省先进性教育活动、党委政府换届、远程教育等工作，之所以取得了好的成效，很重要的一条就是我们确实把这几项工作作为重中之重来抓。抓住关键环节，就是要做工作上的“明白人”，善于把握规律，把握来龙去脉，把握发展方向，抓住可以牵一发而动全身的环节，抓住工作中的难点和薄弱点，以科学的对策、扎实的办法、有力的措施，求突破、上水平、促提高，这样才能“四两拨千斤”，事半而功倍。统筹兼顾，整体推进，就是要学会“弹钢琴”，善于“弹钢琴”，突出重点而不忘一般，抓住关键而不忘全盘，考虑好工作布局，安排好工作力量，使各项工作、每项工作的各个环节有机衔接、首尾兼顾、环环相扣、整体推进，真正做到忙而有序，忙而不乱，忙而有效。

（五）一定要勇于创新，不断增强工作的创造性，不断增强组织工作的生机与活力 这是我省组织工作的一条成功经验。这些年来，全省组织系统的同志们适应新形势新任务的要求，创造了许多新鲜经验和好的做法。比如，干部工作上的经常性考察、干部任前档案审查，出国培训上的任职实习、新任市厅级干部的集中学习培训，人才队伍建设上的“泰山学者”工程和“首席技师”评选，农村党建上的“递进培养工程”、村党组织书记和村委会主任“一肩挑”、“产业建立党组织”、“为民服务代理”，非公有制企业党建“五衔接双带动两覆盖”等等。这些工作已成为我们工作中的特色、亮点和精品，工作效果和社会影响都很好。我们一定要继续加大创新力度，始终保持一种创造的热情，一种超越自我的激情，把创新作为一种责任，作为一种素质，作为一种境界；要敢创新，看准了的，就要大胆地闯，大胆地试，大胆地实践，大胆地探索；要会创新，就要从工作实际需要出发，选准创新的切入点，善于做好结合文章，善于抓试点抓典型，善于总结基层群众创造的新鲜经验。通过不懈的努力，不断推动观念创新、政策创新、机制创新和方法创新，使组织工作更好地体现时代性、把握规律性、富有创造性。

(六)一定要有良好的精神状态,瞄准一流的工作目标,尽职尽责,尽心尽力 第一,精神状态至关重要。态度决定一切。首先要保持一种良好的精神状态,自我加压,勇担重任,对工作倾心投入,对困难毫不畏惧,始终有一种高度的责任感和事业心,有一种执着坚韧的精神,有一种不达目的不罢休的劲头。第二,工作标准至关重要。组织部门的同志做任何工作都要有高标准,都要以争创全国、全省一流为目标,力求把工作做得更精,做得更好,不断有所进步,有所提高。第三,做好本职工作至关重要。对本职工作一定要用心把握,用心领会,用心落实。组织工作要求周延、周密,要尽量地减少失误,不出或少出问题。原则性问题决不能出,出了,就是致命的;技术性问题不应该出,出了,就是没用心;常识性问题不值得出,出了,就是没尽到责任。总之,就是要尽职尽责,尽心尽力,做好工作。

(七)一定要做好基础性工作,加强制度建设,努力提高工作质量和工作效率 要重视抓基础、打基础的工作。基础数据、基础信息、基础资料一定要健全、完善、准确。要把现代管理手段引入组织工作,提高装备水平,充分利用现代计算机技术、网络技术和信息技术提高组织工作的效率和质量。要注重细节,养成习惯。细节决定成败。我们一定要养成关注细节的习惯,养成善于举一反三、总结提高的习惯。要注重制度建设,建立健全制度,严格地落实制度。要按照健全落实"三个体系"的要求,进一步健全组织部门工作规范,努力形成衔接紧密、责任明确的制度体系,形成科学、高效的工作运行机制,从制度和机制上为做好组织工作提供有力保证。

(本文系省委常委、组织部长刘伟2006年12月29日在全省组织部长会议上的讲话摘要,题目为编者所加)

全面加强领导干部作风建设
切实把反腐倡廉工作引向深入

杨传升

2007年全省党风廉政建设和反腐败工作的指导思想是:要坚持以邓小平理论和"三个代表"重要思想为指导,全面落实科学发展观,深入贯彻党的十六大及十六大以来历次中央全会精神,深入贯彻以胡锦涛同志为总书记的党中央关于反腐倡廉的一系列重大部署和要求,认真落实中央纪委七次全会部署的各项任务。要进一步统一思想,深刻认识党风廉政建设和反腐败斗争的长期性、复杂性、艰巨性,适应中国特色社会主义事业总体布局的要求,把反腐倡廉工作融入经济建设、政治建设、文化建设、社会建设和党的建设之中,拓展从源头上防治腐败工作领域。要坚持标本兼治、综合治理、惩防并举、注重预防的战略方针,贯彻落实《实施纲要》和省委提出的具体意见,推进惩治和预防腐败体系建设。要全面加强领导干部作风建设,促进领导干部作风进一步转变。要全面履行党章赋予的职责,突出重点,继续抓好领导干部的教育、监督和廉洁自律,继续抓好大案要案的查处,继续抓好纠正损害群众利益的不正之风,继续抓好源头治理、推进体制机制制度创新。以更坚决的态度、更有力的措施、更扎实的工作,深入开展党风廉政建设和反腐败斗争,为党的十七大和省第九次党代会胜利召开营造良好的政治氛围。

一、围绕贯彻落实科学发展观加强监督检查,促进社会主义和谐社会建设

要教育和引导广大党员干部特别是领导干部牢固树立科学发展观,深刻认识又好又快发展是全面落实科学发展观的本质要求,不断增强以科学发展观指导各项工作的自觉性和坚定性。要按照全面贯彻落实科学发展观、加快构建社会主义和谐社会的要求,以解决人民群众最直接、最关心、最现实的利益问题为重点,紧紧围绕中央和省委重大政策措施,加强监督检查。支持和保护各级领导干部谋划发展、勇于实践的积极性,配合有关部门坚决纠正违背科学发展观、违背和谐社会建设要求的行为,确保政令畅通,维护中央权威。

要认真落实领导干部接待群众制度,配合有关部门建立维护群众利益的相关制度,健全利益协调机制,畅通诉求表达渠道,积极预防和化解矛盾,维护社会和谐稳定。要切实加强反腐倡廉建设,深化改革,完善制度,严格管理,加强对各项规定落实情况的监督检查,认真执行党风廉政建设责任制,促进各级领导班子和领导干部提高领导社会主义和谐社会建设的本领。

二、全面加强领导干部作风建设,促进领导干部作风进一步转变

广大党员干部特别是领导干部要认真学习胡锦涛同志

在中央纪委七次全会上的重要讲话，充分认识全面加强新形势下领导干部作风建设的极端重要性和紧迫性，深刻领会胡锦涛同志所倡导的八个方面良好风气的精神实质，切实把思想和行动统一到讲话精神上来。

要继续按照“八个坚持、八个反对”的要求，全面贯彻省委关于加强领导干部作风建设的意见，认真开展“作风建设年”活动，切实解决领导干部在思想作风、学风、工作作风、领导作风、生活作风等方面存在的突出问题。要大力发扬求真务实的精神，切实抓好工作落实，坚决克服形式主义、官僚主义，严格控制各种名目的节庆、达标评比活动；改进会风和文风，精简会议和文件，认真执行会议、公务接待和差旅费管理有关规定；对搞脱离实际的“形象工程”、“政绩工程”，弄虚作假、虚报浮夸获取荣誉和利益的，要按照有关规定严肃处理。要大力提倡勤俭节约的风气，牢记“两个务必”，始终保持艰苦奋斗的政治本色。认真执行中央和省委有关厉行节约、反对铺张浪费的规定，坚决制止奢侈浪费行为；严格控制党政机关修建楼堂馆所，经批准的要严格执行有关规定和标准；严禁用公款大吃大喝、游山玩水和进行高消费娱乐；坚决纠正以学习考察、招商引资等名义公款旅游特别是出国(境)旅游的不正之风。对违反规定的，视情节予以组织处理或纪律处分。要切实加强对领导干部作风建设的监督检查，抓好作风建设各项制度、措施的落实，促进领导干部作风建设。

三、深入开展反腐倡廉教育，严格执行领导干部廉洁自律各项规定

要组织广大党员干部认真学习《江泽民文选》特别是江泽民关于反腐倡廉的论述，学习中央和省委关于反腐倡廉的重要决策部署，坚持用马克思主义中国化的最新成果武装头脑、指导实践，坚定理想信念，严守政治纪律，做到讲政治、讲正气，不信谣、不传谣。严肃查处对党的决议和政策阳奉阴违、各行其是的行为，维护党的团结统一。

各级党组织要继续深入开展理想信念教育、党章和法纪学习教育、社会主义荣辱观教育、廉洁自律教育和警示教育，筑牢廉洁从政的思想道德基础。要进一步完善反腐倡廉“大宣教”工作格局，表彰先进典型，坚持正确导向，加强反腐倡廉宣传。深入推进廉政文化建设，增强全社会的廉洁意识。

严格执行“四大纪律八项要求”，认真贯彻省委《关于进一步加强领导干部廉洁自律的通知》，切实解决领导干部廉洁从政方面存在的突出问题。一是认真解决领导干部以权谋私问题。对领导干部利用职权和职务影响，在商品房买卖置换中以明显低于市场价格购置或以劣换优谋取不正当利益的，以借为名占用他人住房、汽车的，参与赌博或以变相赌博等形式收钱敛财的，借委托他人投资证券或其他委托理财的名义获取不正当利益的，为本人谋取预期的不正当利益或以各种方式为配偶、子女和其他亲友谋取不正当利益的，要坚决清理纠正，并视情节作出组织处理或纪律处分；涉嫌犯罪的，移送司法机关依法处理。二是继续严肃查处领导干部违反规定收送现金、有价证券和支付凭证等问题。三是加强对领导干部配偶、子女从业情况的监督检查，开展申报登记，坚决纠正存在的问题。领导干部要严格管好自己的亲属。各级各部门要坚持原则，决不允许对领导干部的亲属搞特殊照顾，决不允许为他们谋取不正当利益提供任何方便。四是坚决防止和纠正超标准超编制配备使用小汽车、违规集资建房、违规超标准多占住房等问题。配合有关部门做好规范津贴补贴工作。协助有关部门整顿规范地方党政机关和国有企业驻京办事机构，切实加强监管。五是继续对地方各级领导班子换届工作中执行纪律情况开展监督检查，确保换届工作顺利进行。

四、贯彻从严治党方针，坚决查办违纪违法案

要继续保持查办案件工作力度，重点查办党员领导干部滥用职权、贪污贿赂、腐化堕落、失职渎职的案件，利用人事权、司法权、审批权、行政执法权谋取私利的案件。严肃查办官商勾结、权钱交易、权色交易的案件，特别是违规发放、核销贷款的案件，在政府投资项目中搞虚假招标投标的案件，非法批地、低价出让土地或擅自变更规划获取利益的案件，违规审批探矿权和采矿权、参与矿产开发的案件，在企业重组改制中隐匿、私分、转移、贱卖国有资产的案件。严肃查办严重违反津贴补贴有关规定的案件，在征地拆迁、企业重组改制、安全生产、社保基金管理、环境保护、库区移民等方面严重侵害群众利益的案件，领导干部和执法人员为黑恶势力充当“保护伞”的案件。坚持纪律和法律面前人人平等，不论谁触犯了党纪国法，都要受到严肃追究和惩处。

要把依纪依法、安全文明办案的要求，贯穿到查办案件工作的各个环节。认真研究当前违纪违法案件的规律和特点，进一步加强信访举报、案件检查、案件管理和审理工作。搞好乡案县审和审复分设，建立对受处分党员的思想教育和回访制度，保障党员权利。发挥查办案件的治本功能，促进预防腐败机制的完善。建立和完善查办案件的组织协调机制和制度，进一步做好纪委协助党委组织协调反腐败的各项工作。

继续深入开展治理商业贿赂专项工作。加强对各部门各行业的督促检查，推动自查自纠深入开展。认真查办发生在工程建设、土地出让、产权交易、医药购销、政府采购、资源开发和经销以及其他领域的商业贿赂案件。完善法律制度，强化监管手段，积极探索并形成防治商业贿赂的长效机制。

五、加强党风政风建设，认真治理和坚决纠正损害群众利益的不正之风

坚持以人为本，把治理和纠正损害群众利益的不正之风作为构建社会主义和谐社会的重要任务，督促和会同有

关部门重点解决当前群众反映的突出问题。认真纠正医药购销和医疗服务中的不正之风,继续整顿规范药品生产、流通秩序,严厉打击制售假冒伪劣食品药品、非法行医和虚假违法医药广告,以及制售假劣农资和哄抬农资价格等行为。继续治理教育乱收费,全面落实免除农村义务教育阶段学生杂费的政策规定。深入开展整治违法排污企业、保障群众健康专项行动,严肃查处环境保护方面的违纪违法行为。加强对安全生产的监督检查,严肃查处不顾群众生命安全的失职渎职行为。开展房地产市场秩序专项整治,对房地产开发企业依法进行审计和检查,发现违规违法、权钱交易的,要严肃查处。进一步做好减轻农民负担工作,坚决查处农村乱收费,切实解决农村土地承包和征收征用中侵害农民土地权益的突出问题。深入开展民主评议政风行风活动,进一步办好"政风行风热线"。坚持纠建并举,加大防治力度,建立纠风工作长效机制。

认真贯彻中央和省委关于加强农村基层党风廉政建设的意见,加强督促检查,抓好工作落实。要采取有效措施,坚决纠正少数干部工作方法简单粗暴、作风不实、办事不公和损害群众利益等问题。

六、深化体制改革和制度创新,积极推进从源头上预防腐败工作

要按照中央和省委的部署,以制度建设为重点,继续推进各项改革。一是深化干部人事制度改革,认真实施地方党政领导班子和领导干部综合考核评价办法,落实和完善相关制度、措施,防止考察失真和干部"带病提拔"、"带病上岗"。二是推进司法体制和工作机制改革,实行人民陪审员、人民监督员制度,健全司法机关依法接受外部监督的机制,强化内部监督制约,进一步加强司法机关的反腐倡廉工作。三是深化行政审批制度改革,继续清理行政许可项目和非行政许可审批项目,加强对行政审批的规范和监督。四是推进财政管理制度改革,深化部门预算和全面实施政府收支分类改革,进一步落实"收支两条线"各项规定,逐步把政府非税收入纳入财政预算管理,扩大实施国库集中收付制度范围。继续清理"小金库",严格公共资金的使用和管理。五是推进领导干部职务消费改革,切实降低行政成本。六是深化投资体制改革,完善政府投资监管体系,加强对政府投资决策和资金安排、企业投资项目核准和备案的监督管理。七是加快金融体制改革,强化金融机构内控机制,健全反洗钱法律制度,形成对大额资金外流有效监控的预警机制。

要不断改进和完善规章制度。一是完善工程建设项目招标投标法律法规,强化对政府投资工程招标投标的监督管理,规范建筑市场交易行为。二是落实经营性土地和工业用地使用权招标拍卖挂牌出让制度,实行划拨和协议出让土地公示制度。三是落实企业国有产权进场交易制度,加强对交易活动全过程的监管。四是完善政府采购管理体制,严格实行"管采分离",进一步扩大政府采购范围和规模。五是推进诚信体系建设,加强行业自律和行业监管,健全市场准入和退出机制,严格规范市场中介行为。

七、认真落实党内监督制度,强化对领导干部特别是主要领导干部的监督

认真执行党内监督条例,抓住正确行使权力这个关键,完善监督和制约机制。加强对监督制度执行情况的检查,促进党员领导干部严格执行报告个人有关事项、民主生活会、述职述廉、谈话、诫勉和函询等制度规定。认真落实地方党委委员、纪委委员开展党内询问和质询的制度。加强对各市和省直部门的巡视工作,继续将巡视范围向县(市、区)延伸,逐步开展对国有大型企业和高等院校的巡视工作。要认真总结巡视工作经验,完善工作机制,改进方式方法,不断提高巡视工作质量。继续加强对纪检监察派驻机构的统一管理,充分发挥派驻机构对驻在部门领导班子及其成员的监督作用。加大对领导干部经济责任审计工作的力度。

认真贯彻民主集中制,大力发展党内民主,积极推进党务公开,认真执行党内重要情况通报和报告、情况反映等制度。围绕涉及群众切身利益的事项,深入推进政务公开、厂务公开、村务公开以及公用事业单位办事公开。拓宽监督渠道,充分发挥民主党派和无党派人士、人民群众、新闻舆论的监督作用,依靠人民群众的支持和参与开展反腐倡廉工作。

国有企业要严格执行企业领导人员廉洁从业规定,建立和完善薪酬管理、业绩考核等方面的制度,规范工资、津贴补贴和职务消费行为。完善职工代表大会制度,发挥职工群众的民主监督作用,切实维护企业职工合法权益。加强企业效能监察,促进国有资产保值增值。

积极开展执法监察。加强对国家宏观调控政策措施落实情况、《公务员法》和《行政许可法》等法律法规执行情况的监督检查,积极推行行政问责制。加强效能监察,健全行政效能投诉受理机制。

(本文摘自省委常委、省纪委书记杨传升 2007 年 1 月 23 日在省纪委第八次全体会议上的工作报告,题目为编者所加)

充分发挥人民法院职能作用
为构建和谐社会提供司法保障

尹忠显

构建社会主义和谐社会，充分反映了建设富强民主文明和谐的社会主义现代化国家的内在要求，集中体现了全党全国各族人民的共同愿望，开辟了中国特色社会主义事业的新境界，必将对推进中国特色社会主义事业和全面建设小康社会产生重大而深远的影响。如何使人民法院的各项审判执行工作更加符合构建和谐社会的要求，在构建和谐社会中发挥好职能作用，是人民法院面临的一项全新的课题和重要的任务。

一、充分认识人民法院在构建社会主义和谐社会中担负的重要职责，准确把握构建和谐社会对法院工作提出的新要求

六中全会确立的到2020年构建社会主义和谐社会的目标和主要任务，第一项就是社会主义民主法制更加完善，依法治国基本方略得到全面落实，人民的权益得到切实尊重和保障。这充分揭示了法治和司法工作对于构建社会主义和谐社会的重要意义。

(一)人民法院在构建和谐社会中担负着重大职责 从和谐社会六个方面的特征以及六中全会提出的构建和谐社会九个方面的任务目标来看，每一项都与人民法院的职能息息相关。司法可以使体现人民意志的法律得到一体遵守和正确适用，依法保障人民群众实现对国家事务管理的平等参与，促进民主法治；通过及时处理人民群众通过诉讼途径表达的利益诉求，依法维护人民群众合法权益，最大限度地实现公平正义；通过制裁违约失信行为，促进和保障社会诚信机制的建立，引导人们重诺守信、彼此信任、关爱他人，实现社会的诚信友爱；通过保护人们的创造愿望、创造活动和创造成果，使社会充满生机和活力；通过依法惩罚犯罪、保障人权、定分止争，维护社会和谐稳定，实现社会的安定有序；司法还可以通过制裁破坏生态、浪费资源、污染环境等违法行为，促进资源合理利用和生态环境保护，实现人与自然的和谐发展。因此，人民法院在构建和谐社会过程中发挥着不可替代的重要作用，既是和谐社会的重要建设力量，也是和谐社会建设的重要保障力量。

(二)构建和谐社会对人民法院工作提出了新任务新要求 多年来，全省法院系统紧紧围绕党和国家工作大局。充分发挥职能作用，每年审判、执行各类案件80多万件，为经济发展和社会全面进步提供了有力的司法保障和司法服务。当前，我国社会主义现代化建设正处在关键时期，既是重要战略机遇期、黄金发展期，又是人民内部矛盾凸显期、矛盾纠纷多发期。随着社会主义市场经济的蓬勃发展，我国原有的利益格局正在发生深刻的调整，特别是由于经济转轨和社会转型，出现了一些新的社会阶层和日益多样化的利益诉求，各种利益冲突更加复杂尖锐，带来了一系列影响社会和谐的突出矛盾和潜在隐患。这些矛盾和问题，将大量以诉讼形式进入司法渠道，从而对人民法院调整经济社会关系，促进改革发展稳定，保障人民群众利益等带来了新的任务，对人民法院加强自身建设、增强司法能力提出了更高的要求。

(三)构建和谐社会为人民法院工作发展带来了新机遇 构建和谐社会这一重大理论创新，为人民法院开展工作提供了新的视角，进一步丰富了法院工作的指导思想，有利于人民法院以和谐理念为指导，以和谐状态为目标，对新形势下法院工作的目标任务进行新的思考和认识；进一步丰富了法院工作的内涵，把人民法院的审判执行工作有机地融入到经济、政治、文化和社会建设等各个方面，有利于人民法院在更广的领域、更高的层次为经济社会又好又快发展搞好司法保障和服务。

二、坚持以科学发展观为统领，牢固树立与和谐社会建设相适应的司法指导思想

在构建社会主义和谐社会的新形势下，人民法院必须按照科学发展观的要求，转变思想观念，调整工作思路，以社会主义法治理念为指导，进一步丰富和完善司法工作的指导思想，在强化公正司法意识的同时，牢固树立"司法和谐"的理念，在审判、执行工作中始终着眼于和谐，一心谋和谐，全力促和谐。

所谓"司法和谐"，是指司法的观念、司法的过程、司法的机制、司法的方式、司法的结果等都应当以协调、和谐为目标，使司法工作更加有利于维护社会稳定、有利于促进经济发展、有利于保护群众利益、有利于实现社会和谐。司法和谐与司法公正既有联系，又有区别。司法和谐主要是从司法理念、司法方法、诉讼秩序、工作作风、办案效果等方面来强调司法工作的价值取向，而司法公正主要是从司法的

具体程序、实质内容和客观标准上来反映司法的本质要求。司法和谐是司法公正的深化和发展。是对司法工作提出的更高的目标和要求;司法公正是司法和谐的前提和基础,不论是判决、调解还是其他结案方式,都应以公正为基础。因此。既不能以公正排斥和谐,也不能以和谐取代公正,而是要把二者紧密结合起来,以司法和谐开拓司法公正的新境界,以司法公正确保司法和谐健康发展。

结合司法实践,人民法院要实现司法和谐,必须在审判、执行工作中始终做到"五个坚持":

一是坚持把促进社会和谐作为衡量法院工作的重要标准。衡量人民法院工作成效如何,不仅要看办了多少案件,办案的质量和效率如何。更要看办案的效果怎样,看是否化解了矛盾纠纷,是否理顺了群众情绪,是否促进了社会安定有序。人民法院的最大政绩,就是通过司法手段维护社会稳定和谐。因此,各级法院都要树立正确的纠纷解决观,紧紧围绕和谐社会建设大局来开展工作,把工作目标定位在促进社会和谐上,使法院工作始终与和谐社会建设的大局同心、同力、同步。

二是坚持把维护人民群众的合法权益作为促进社会和谐的出发点和落脚点。和谐社会是全体人民共同建设、共同享有的社会。群众的认同度、参与度、满意度如何,决定着和谐社会的广度、深度和进度。人民群众的合理诉讼需求能否得到满足,合法权益能否得到保护,反映的问题能否得到解决,对于维护社会和谐至关重要。因此,人民法院参与、服务和谐社会建设,必须突出人民群众的主体地位,牢固树立正确的群众利益观,事事、处处、时时把实现好、维护好、发展好最广大人民的根本利益作为全部工作的出发点和落脚点,切实解决好人民群众最关心、最直接、最现实的诉讼问题,最大程度地保障人民群众的合法权益,促进全体人民在共建中共享、在共享中共建和谐社会。

三是坚持把维护公平正义作为促进社会和谐的生命线。没有社会公平正义,就没有社会和谐。人民法院作为裁判是非曲直的专门机关,坚持司法公正、维护公平正义、促进社会和谐是基本职责。因此,各级法院必须始终把公正作为司法工作的生命线,恪守法律面前人人平等的原则,坚持以事实为依据,以法律为准绳,严格依法办案,使法律得到严格执行,使法律的功能和价值得以实现,使每一起案件的处理都成为维护社会公平正义的生动实践,让群众切实感受到司法公正,维护法律的统一和权威。

四是坚持用正确的稳定观指导法院工作。稳定是和谐的基本要求,和谐是稳定的更高境界。人民法院作为维护社会稳定的重要力量,在构建和谐社会的新形势下,必须对稳定有新的认识,牢固树立正确的稳定观。把维护社会稳定放在构建和谐社会这个更大的背景和更高的目标中去研究部署,全面加强刑事、民事、行政审判、执行、信访等各项工作,充分发挥惩治、保护、规范、预防、教育等各个方面的职能作用,积极化解和预防各类矛盾纠纷,推动社会实现全面、动态、可持续的稳定和谐。

五是坚持把建立公正高效权威的社会主义审判制度作为服务和谐社会建设的制度保证。人民法院要充分发挥维护社会和谐的职能作用,必须确保司法的质量、效率与效果。而要实现司法的公正与高效,必须以良好的司法制度为保证。十六届六中全会提出要建设公正、高效、权威的社会主义司法制度。公正、高效、权威三者之间,公正是灵魂、高效是要求、权威是保证。各级法院必须正确理解三者的辩证关系,积极深化法院改革,不断推进机制创新,全面加强各项工作,努力建立完善有利于确保司法公正、高效、权威的社会主义审判制度,保障人民法院更好地服务和谐社会建设。

三、进一步加强和改进审判执行工作,努力为构建社会主义和谐社会提供有力的司法保障

审判执行工作是人民法院的主业,是法院为和谐社会建设服务的基本途径和主要手段。全省法院要紧紧围绕中央和省委关于构建和谐社会的要求。以维护稳定、促进发展、保障和谐为追求,以化解和预防社会矛盾为主线,以解决人民群众最关心、最直接、最现实的诉讼问题为出发点。充分发挥司法职能作用,为构建和谐社会提供更加有力的司法保障。

(一)积极参与平安山东建设　全力维护社会和谐稳定。社会主义和谐社会应当是秩序良好、人民群众安居乐业的社会。人民法院要继续积极参与平安山东建设,坚持"严打"不动摇。依法严惩危害国家安全犯罪,黑恶势力犯罪,杀人、绑架、爆炸等严重暴力犯罪,盗窃、抢劫、抢夺等严重影响人民群众安全感的多发性犯罪,依法惩处重大生产安全责任事故、制售假冒伪劣食品药品等危害公共安全的犯罪,全力保障人民群众的生命财产安全和社会秩序和谐。注重发挥诉讼调解的作用,对各类案件尽可能多地适用调解、和解、协调等方式结案。增强庭审和裁判文书的透明度和说理性,实现定分止争、胜败皆明、案结事了。坚持惩治与预防相结合的方针,采取司法建议、法律宣传、回访帮教等形式,积极参与基层平安创建和社会治安综合治理,营造安定有序的社会环境。

(二)依法调节经济关系,促进经济又好又快发展　社会要和谐,首先要发展。人民法院要通过依法审判执行案件,调整理顺经济关系,保护干事创业,优化经济发展法治环境。依法严厉打击金融、证券、期货等领域的严重犯罪,制售假冒伪劣商品犯罪,洗钱、金融诈骗、非法集资等犯罪,维护金融安全和市场经济秩序。审理好买卖、租赁、企业破产、改制、重组等各类商事案件,妥善协调各方面利益,促进经济健康发展;审理好各类涉外、涉台、涉港澳案件及海事海商案件,促进外向型经济的发展;妥善审理和执行好土地承包、农副产品买卖、假冒伪劣产品坑农害农等案件,促进新农村建设;审理好各类著作权、商标权、专利权纠纷,加强网络环境下的知识产权保护,制裁盗版、专利侵权和不正当

竞争等行为，促进自主创新；认真审判好有关生态建设和资源开发、环境保护等方面的案件，依法制裁污染环境、浪费资源、破坏生态的违法犯罪行为，促进人与自然的和谐发展。

（三）落实司法为民要求，依法保障群众权益 人民群众任何一个最关心、最直接、最现实诉讼问题的解决，都有利于减少不和谐因素、增加和谐因素。人民法院和广大法官要切实解决好对人民群众的感情和态度问题，依法审理好婚姻家庭、损害赔偿、相邻关系等各类民事案件，特别是妥善审判好涉及农民工、企业下岗职工、低保失业人员、农村五保户等弱势群体和特困群体的案件，切实做好涉诉信访工作，使人民群众最大程度地实现各项合法权益，最大程度地享受到和谐社会建设的成果。坚持和发展近年来推出的一系列便民利民措施，进一步巩固、完善"立案大厅"、"执行大厅"的功能，健全便民诉讼网络、巡回办案、休息日办案、裁判文书公开查阅、开展司法救助等各项制度，在立案、审理、执行、信访等各个环节为当事人提供实实在在的便利。继续完善人民陪审员制度，更好地发挥陪审员作为"审判员、监督员、联络员、宣传员、调解员"的作用，弘扬司法民主，实现人民群众对司法活动的有序参与。

（四）促进民主法制建设，保障社会公平正义 民主是和谐社会的政治基础，法制是和谐社会的基本保障，公平正义是和谐社会的基本条件。人民法院要妥善审理好涉及公民生存权、发展权、教育权、劳动权等基本权利的案件，促进人的自由全面发展；审理好涉及选举的各类案件，保障人民群众政治参与的权利；审理好涉及土地、城建、劳动和社会保障、治安、工商等各类行政诉讼案件，保护行政相对人的合法权益，监督支持行政机关依法行政，增强行政行为的透明度和政府决策的民主程度；处理好各类国家赔偿案件，使合法权益受到侵害的当事人依法得到赔偿，维护党和政府的形象，树立法制的权威。

四、大力加强人民法院自身建设，努力提高为和谐社会建设服务的水平

人民法院参与和谐社会建设，既要充分发挥审判职能作用，为构建和谐社会提供司法保障，又要大力加强自身建设，努力提高为和谐社会建设服务的能力和本领。

（一）进一步提升班子队伍整体素质 能不能做好法院工作、促进社会和谐，关键在队伍。必须始终把思想政治建设放在首位，深入开展社会主义法治理念教育活动，端正司法指导思想，保持法院工作的正确方向；必须牢牢抓住领导班子建设这个关键，把领导班子建设成为领导法院工作的坚强核心；必须大力加强司法能力建设，在队伍管理中贯彻和体现以人为本的要求，形成干事创业、争创一流的良好氛围。

（二）进一步加强作风建设 人民法院要认真贯彻胡锦涛总书记关于倡导八个方面良好风气的要求，以开展"作风建设年"活动为载体，全面加强和改进人民法官的思想作风、学风、领导作风、审判作风和生活作风。特别是各级法院领导干部要进一步增强忧患意识、公仆意识和节俭意识，牢记"两个务必"，始终保持良好的精神状态，想干事、能干事、干成事；广大法官要着力培养"公正司法、一心为民"的审判作风，切实做到司法为民、便民、护民，树立亲民爱民的形象；要大力加强党风廉政建设，建立健全教育制度监督并重的惩防腐败体系，以司法廉洁确保公正司法。

（三）进一步完善法院工作运行机制 六中全会强调要完善司法体制机制，保障社会公平正义。对人民法院来说，就是要继续推进司法体制和工作机制改革，建立公正、高效、权威的社会主义司法制度，发挥司法在维护公平正义方面的重要作用。要把法院改革的重点放在完善内部管理机制上，健全办案质量效率管理机制和评价体系，理顺人民法院内部不同司法权力以及不同审判组织之间的关系，使法院内部更加和谐，工作运行更加顺畅有序。

（四）进一步营造和谐的诉讼秩序和良好的司法环境 和谐的诉讼秩序、良好的司法环境，是保证人民法院充分发挥职能作用的必要条件。要处理好法院、法官与当事人之间的关系，对各方当事人一视同仁、平等适用法律、语言行为文明，赢得当事人的尊重和信任，积极倡导和推动当事人之间的诉讼诚信。要协调好人民法院与公安机关、检察机关、司法行政机关的关系，保证诉讼活动健康、有序进行。要始终坚持党的领导，自觉接受人大及其常委会的监督，进一步争取政府、政协、有关部门及社会各界的关心、支持，确保各项工作健康有序开展。

（本文作者系山东省高级人民法院党组书记、院长）

坚持科学发展 构建和谐济南 为全面建设小康社会而不懈奋斗

焉荣竹

一、济南市八次党代会以来工作回顾

市八次党代会以来，在中央和省委的坚强领导下，市委坚持以邓小平理论和“三个代表”重要思想为指导，深入贯彻党的十六大和十六届三中、四中、五中、六中全会精神，全面落实胡锦涛总书记“三个走在前面”的要求，团结带领全市人民，牢固树立和认真落实科学发展观，发挥省城优势，发展省会经济，促进社会和谐，推进党的建设，全市经济、政治、文化、社会建设和党的建设取得了新的成绩。

国民经济平稳较快发展。2006年，全市生产总值达到2185.1亿元，地方财政一般预算收入达到128.4亿元，分别比2002年增长77%和93.9%。产业结构不断优化，增长方式发生积极变化。三次产业比例调整为6.6:45.9:47.5，高新技术产值占规模以上工业的比重达到32.3%，现代服务业占第三产业的比重达到43.2%，非公有制经济占经济总量的比重达到40.2%；科技进步贡献率提高到51%，万元生产总值综合能耗不断下降。

城乡面貌发生新的变化。完成了新一轮城市规划修编，新的城市发展框架基本形成。完成了国际空港二期扩建、玉绣河和泉城公园综合整治、经十路综合改造等一批重点工程。市区背街小巷得到全面治理，环境综合整治取得阶段性成果。农村中小学危房改造基本完成，乡镇卫生院建设全面展开，村村通公路、通自来水、通有线电视率分别达到96.8%、76.5%、68.5%。

人民生活水平有了新的提高。2006年城市居民人均可支配收入15340元，农村居民人均纯收入5480元，分别比2002年增长52%和63.3%，城乡居民存款余额增长83.7%。城、乡居民人均住房面积分别增长12.7%和15.4%，城市集中供热普及率、用气普及率、绿化覆盖率分别达到48%、98%和39.2%，空气质量良好以上天数比率达到84.1%。城镇登记失业率连续四年低于控制目标，新型农村合作医疗参合农民达到91%。

和谐济南建设扎实推进。民主政治建设不断加强，人大工作、政协工作呈现新的局面，爱国统一战线不断巩固和壮大。民族、宗教、对台、侨务工作取得新的成绩。党的群众工作体制不断完善，工会、共青团、妇联等人民团体的桥梁纽带作用积极发挥。宣传思想工作不断深入，创建全国文明城市工作进展顺利。信访工作全面加强，社会治安综合治理成效明显，安全生产形势保持稳定。创新型城市建设扎实推进，教育、文化、卫生、体育等各项事业加快发展。国防后备力量建设得到加强，双拥工作深入开展，军政军民关系更加密切。

改革开放取得新的进展。国有资产监督管理新体制初步建立，首批纳入监管的市属企业改革改制比例达到93.3%。农村综合改革顺利推进，乡镇机构撤并全面完成，农村义务教育和县乡财政体制改革有序进行。事业单位改革全面启动，城市供水、供气、公交、热电等公用事业改革取得积极进展。政府机构、行政审批制度、财税管理体制、资金资产管理制度改革不断深化。对外开放水平有了新的提高，利用外资、外经外贸步伐加快。

党的建设进一步加强。先进性教育活动成效显著，广大党员的精神面貌发生深刻变化。干部培训工作不断加强，党员干部的思想理论水平进一步提高。干部人事制度改革深入推进，领导班子、干部队伍、人才队伍建设取得新的进展，党的基层组织建设不断加强。党风廉政建设不断深入，惩防体系建设全面推进，反腐倡廉的领导体制和工作机制不断完善。

同志们，过去的四年，是我们深入贯彻落实科学发展观、全市经济社会又好又快发展、人民群众得到更多实惠的四年。四年来取得的成绩，是中央和省委正确领导的结果，是全市广大党员干部群众团结奋斗的结果，是各民主党派、工商联和社会各界人士共同努力的结果，是省直机关、驻济部队、武警官兵及中央和省驻济单位大力支持的结果。在此，我代表中共济南市委，向辛勤劳动在全市各条战线上的广大党员干部群众、向所有关心支持省会改革开放和现代化建设事业的同志们、朋友们，致以崇高的敬意和衷心的感谢！

在看到成绩和进步的同时，我们也清醒地认识到存在的问题和不足。主要是：对科学发展观和构建和谐社会等重大战略思想学习理解得不够深透，贯彻落实的自觉性需要进一步提高；综合经济实力不强、发展后劲不足、开放程度不高、区域发展不平衡的问题仍较突出；影响发展的体制机制性障碍远未消除，发展环境有待改善；社会建设和管理体制还不健全，社会稳定、安全生产仍存在一些隐患；社会保障体系不够完善，部分群众生活还比较困难；领导干部作风建设不够适应，腐败现象和损害群众利益的不正之风时有发生。对此，我们一定要以对党和人民高度负责的精神，采取切实有效的措施，认真加以解决。

二、今后五年的指导思想和目标任务

面向未来，济南的发展进入了一个新的时期。省委、省政府对济南的发展高度重视，人民群众对济南的发展寄予殷切期望，我们面临着良好的发展机遇，也面对着严峻的挑战。我们一定要科学分析形势，准确把握形势，抓住机遇，乘势而上，坚定信心，扎实工作，不失时机地把省会现代化建设推向前进。

今后五年全市工作的指导思想是：**高举邓小平理论和“三个代表”重要思想伟大旗帜，认真贯彻中央一系列重大战略思想和胡锦涛总书记“三个走在前面”的要求，坚持科学发展、和谐发展，发挥省城优势，发展省会经济，努力改善民生，协调推进经济建设、政治建设、文化建设、社会建设和党的建设。团结带领全市人民，加快全面建设小康社会进程，为把济南建设成为实力强大、人民富裕、社会和谐、生态良好的现代化省会城市而努力奋斗。**

根据这一指导思想，今后五年全市经济社会发展的主要目标是：

——经济转入科学发展轨道。经济总量和效益再上新的台阶，全市生产总值年均增长13%，地方财政一般预算收入年均增长15%。经济结构进一步优化，增长方式明显转变，到2010年，高新技术产值占规模以上工业的比重提高到40%，现代服务业占第三产业的比重提高到52%，科技进步对经济增长的贡献率提高到55%以上，万元GDP能耗、水耗分别比“十五”末降低22%、14.5%，主要污染物二氧化硫、化学需氧量排放总量分别比“十五”末降低12%和18%。

——社会更加文明和谐。民主法制建设全面加强，人民的权益得到切实保障。精神文明建设再创新水平，科技、教育、文化、卫生等事业长足发展。全社会的创造活力明显增强，创新型城市建设取得显著成效。社会管理体系不断完善，平安济南建设取得新的成绩。

——人民生活向全面小康迈进。城乡居民收入继续保持较快增长，收入分配制度不断完善，收入差距扩大趋势逐步扭转。社会就业更加充分，城乡社会保障体系基本建立。住房、教育、医疗等群众关切的突出问题得到有效解决，人民群众的幸福指数和对自身生活的满意度进一步提高。

实现上述奋斗目标，我们必须坚持以科学发展观统领全局，把科学发展观的各项要求转化为谋划发展的正确思路、促进发展的政策措施、领导发展的实际能力、干部群众的自觉行动；必须坚持解放思想、实事求是、与时俱进的思想路线，做好上级指示精神同济南实际结合的文章，努力使各项工作取得新成效、开创新局面；必须坚持立党为公、执政为民，把人民群众的根本利益作为一切工作的出发点和落脚点，认真解决人民群众最关心、最直接、最现实的利益问题，充分调动群众的积极性、创造性，形成千军万马共建小康的生动局面；必须坚持社会主义市场经济的改革方向，深化重点领域的改革，全方位扩大对外开放，为经济社会又好又快发展提供体制机制保障，增添新的生机和活力；必须坚持以加强党的执政能力和先进性建设为重点，全面推进党的建设新的伟大工程，努力为省会现代化建设提供坚强的政治保证。

三、推动省会经济又好又快发展

发展是党执政兴国的第一要务，又好又快发展是全面落实科学发展观的本质要求。我们要不断增强贯彻落实科学发展观的自觉性、坚定性，充分发挥省城优势，努力提高省会经济的综合实力，增强省会经济的发展后劲，提升省会的对外开放水平，为建设现代化省会城市奠定坚实的物质基础。

扎实推进社会主义新农村建设。建设社会主义新农村，是全面建设小康社会的重大历史任务。要全面把握中央关于新农村建设的总体要求，以发展农村经济、促进农民增收为中心，科学规划，因地制宜，突出重点，抓住关键，有计划有步骤地扎实推进。要把发展县域经济放到战略地位，加大招商引资力度，大力发展县乡(镇)工业，推动强县(区)提升水平，扶持欠发达县加快发展，切实增强县域经济整体实力和统筹城乡发展的能力。坚持用现代发展理念引领农业，积极推进农业结构调整，培育发展各具特色的都市型农业，加快传统农业向现代农业的转变；大力推进农业产业化经营，建立完善农民专业合作组织，着力培植农业龙头企业和知名品牌；加快用现代物质条件、先进适用技术装备和改造农业，提高农业的水利化、机械化和信息化水平。围绕培养有文化、懂技术、会经营的新型农民，强化对农民的知识技能培训，提高广大农民的就业创业能力，多渠道增加农民收入。进一步完善各项支农惠农政策，全力抓好新农村建设“十大行动”，加强农村基础设施建设，发展农村教育、卫生、文化等各项事业，提升农村公共服务能力。加大扶贫力度，促进区域经济协调发展。继续深化以乡镇机构、农村义务教育和县乡财政体制改革为主要内容的农村综合改革，加快建立适应“三农”特点的农村金融体系，为新农村建设提供有力保障。

积极推进经济结构战略性调整。要坚定不移地走新型工业化道路，大力实施工业强市战略，增强工业对省会经济发展的支撑作用。加快产业结构优化升级，逐步形成以高新技术产业、先进制造业和现代服务业为主导的省会产业新格局。大力发展信息技术、生物制药、新材料、新能源等高新技术产业，特别是充分发挥国家信息通信国际创新园、国家服务外包基地城市、国家软件出口创新基地的品牌作用，提高研发能力，推进产业聚集，培植骨干企业，形成产业发展的新优势。把发展先进制造业作为重要任务，以骨干企业和名牌产品为龙头，提高集中度，延长产业链，形成一批有影响力的知名企业，全面提升济南制造业的竞争力。加快用高新技术、信息技术改造传统产业，进一步提升传统产业的档次和水平。积极办好高新技术产业开发区、经济开发区等各级各类园区，创新体制，增加投入，使之成为全市工业经济发展的隆起带和增长极。把繁荣发展现代服务业放在更加突出的位置，着力扶持金融业发展，优化金融生态环境，吸引外资银行入驻，推进资本市场建设；大力发展物流、旅游、会展以及服务外包、文化创意等产业，加快建立与新型工业化相配套、与城市化进程相同步、与城乡居民需求相适应的服务业体系。

加快经济增长方式转变。要充分发挥济南科教人才智力优势，全面推进创新型城市建设，集中力量在支柱产业和关键领域掌握一批核心技术、解决一批技术难题，增强自主创新能力，推动经济发展由资源依赖型向创新驱动型转变。加快推进资源节约型、环境友好型社会建设，把淘汰落后生产能力、强化政府责任、完善市场调节、加强依法治理统一起来，节约利用资源特别是集约节约利用土地资源，发展循环经济，确保实现节能节水降耗减排的约束性指标。强化从源头上防治污染和保护生态，加大重点领域、重点行业、重点企业的监督管理，坚决查处各种违法违规行为，努力实现经济发展与环境保护的良性互动。

全面提高城市规划建设管理水平。要按照建设现代化省会城市的要求，坚持高起点规划、高水平建设、高效能管理，全面提升省会的现代化水平。充分发挥规划在城市建设发展中的引领作用，提高城市规划的前瞻性和权威性。在搞好城市新区开发建设的同时，更加注重老城区的改造提升，增强服务功能，凸显文化底蕴，改善工作生活环境。更加关注城市西部、北部的发展，加快基础设施建设和综合环境整治，促进城区协调发展。围绕承办第十一届全运会，高标准高质量地抓好运动场馆和配套设施建设，为全运会举办提供一流的硬件设施。继续抓好城市基础设施建设，加快完善市政公用设施体系和城市防灾减灾体系。适应城市经济社会发展需要，实施公交优先发展战略，加快大型交通枢纽和公共智能交通规划建设。加大节水保泉力度，加强风景名胜区保护开发，加快老城区传统街巷有机改造，保护历史文化遗产，彰显泉城特色，提升城市文化品位。继续抓好环境综合治理，提升背街小巷整治层次，搞好城市绿化美化亮化。以实施数字化城管系统为抓手，深化城市管理体制改革，推行网格化管理，实现城市管理由粗放向精细化的转变，使城市管理走上经常化、制度化、科学化的轨道。

进一步深化改革扩大开放。要加大行政管理体制改革力度，坚持政企分开，加强社会管理和公共服务，规范行政审批和权力运行，转变政府职能，提高行政效率，增强政府的执行力和公信力。深化国有企业改革，推进竞争性领域国有企业的重组改造，引进战略投资伙伴，推动企业快速膨胀。完善国有资产监管体制，规范国有企业改制和国有产权转让行为，防止国有资产流失，维护职工合法权益。大力发展个体、私营等非公有制经济，鼓励和支持非公有制经济做强做大。稳步推进市政公用事业改革，放宽市场准入，引入竞争机制，增强发展活力。更加注重利用国际国内两个市场、两种资源，更加注重招商引资和开拓国际市场，提高济南对外开放整体水平。进一步聚焦重点领域，积极吸引跨国公司和国内大企业集团，引进培植一批科技含量高、附加值高、带动力强的大项目、好项目，加快招商引资向招大引强的转变。充分发挥各级各类开发区和工业园区的作用，办好现有外商投资企业，建好招商平台，以商招商、以外引外。进一步拓展海外市场，增加机电产品、成套设备和高新技术产品出口。要下大气力改善投资环境，特别是更加注重软环境建设，改进服务，提高效率，大力营造亲商、富商、安商的浓厚气氛。

四、努力建设和谐济南

社会和谐是中国特色社会主义的本质属性。在全面建设小康社会的历史进程中，必须以经济建设为中心，把构建社会主义和谐社会摆在更加突出的地位，坚持在共建中共享、在共享中共建，解决人民群众最关心、最直接、最现实的利益问题，立足现实基础，积极创造条件，最大限度地增加和谐因素。最大限度地减少不和谐因素，努力促进社会和谐。

加强民主政治建设，深入推进依法治市。坚持和完善人民代表大会制度、中国共产党领导的多党合作和政治协商制度，支持人大及其常委会依法履行国家权力机关的职能，支持人民政协认真履行政治协商、民主监督、参政议政的职能，加强同各民主党派的合作共事。进一步做好新形势下的民族、宗教、对台和侨务工作，巩固发展最广泛的爱国统一战线。健全民主制度，丰富民主形式，推进社会主义民主的制度化、规范化、程序化，从各个层次扩大公民有序的政治参与，保障人民依法管理国家事务、管理经济和文化事业、管理社会事务。扩大基层民主，进一步完善政务公开、厂务公开、村务公开制度，依法保障公民的知情权、参与权、表达权和监督权，保证人民群众依法直接行使民主权利。加强地方立法工作，全面推进依法行政。积极推进司法体制机制改革，深入开展普法教育，提高干部群众的法律意识和依法办事能力。

加快社会事业发展，解决人民群众关切的突出问题。把扩大就业放在经济社会发展的突出位置，多渠道增加就业岗位，着力帮助零就业家庭和就业困难人员就业，提高低收入人群的收入水平。坚持教育优先发展，积极促进教育公平，更加注重教育的普惠性，推动公共教育资源向农村和薄弱地区倾斜，大力加强素质教育，提高各级各类教育发展水平。加快社会保障体系建设，扩大城镇职工养老、失业、医疗、工伤、生育等社会保险覆盖面，完善城市最低生活保障制度，建立健全农村最低生活保障制度，探索建立多种形式的农村养老保险制度。加强对弱势群体和城乡困难群众的救助，大力发展社会福利和慈善事业，不断改善困难群众的基本生活。深化医疗卫生体制改革，整合医疗卫生资源，提高城市社区卫生服务水平，推进新型农村合作医疗，努力解决人民群众关心的看病就医问题。加强对房地产市场的调控和管理，增加住房有效供给，合理调整住房供应结构，加快经济适用房、廉租房建设，完善低收入家庭住房保障体系，力争用3年时间基本完成老城区的棚户区改造。发展老龄和妇女儿童事业，做好人口和计划生育工作。

加强社会建设和管理，统筹协调各方面利益关系。加强社区建设，积极推进社区自我管理。健全社会中介组织，发挥行业协会、商会、学会等社会团体的社会功能。加强对流动人口的服务与管理。促进流动人口同当地居民和谐相处。积极构建和谐劳动关系，维护劳动者特别是农民工的合法权益。拓宽社情民意表达渠道，加强信访工作，完善矛盾纠纷排查调处机制。要调动各方面积极性，努力增进社会团结和睦，在为基层、为群众搞好服务的同时，进一步加强与省级机关、两级军区和中央首属驻济单位的沟通与服务，为他们创造良好的工作生活环境，把方方面面的积极性凝聚到加快省会建设发展上来。

深入开展平安建设，保持社会安定有序。牢固树立正确的稳定观，坚持以和谐理念为指导，以和谐状态为目标，深入推进平安济南建设，努力实现省会全面、动态、可持续的和谐稳定。实施宽严相济的刑事司法政策，既有力地打击和震慑犯罪，又最大限度地减少社会对立面，实现法律效果和社会效果的统一。加强社会治安综合治理，完善社会治安防控体系，依法严厉打击严重刑事犯罪、多发性犯罪，着力整治突出治安问题和治安混乱部位，进一步增强人民群众的安全感。牢固树立国家安全意识，严厉打击境内外敌对势力和"法轮功"等邪教组织的渗透、颠覆、破坏活动。建立健全社会预警机制、突发事件应急机制和社会动员机制，不断提高保障公共安全和处置突发事件的能力。全面落实安全生产责任制，加强对煤矿、食品、药品、易燃易爆物品和消防、交通等方面的安全监管，坚决遏制重特大安全事故的发生，保证人民群众的生命财产安全。

五、大力发展社会主义先进文化

发展社会主义先进文化，是全面建设小康社会的重要内容。要坚持马克思主义在意识形态领域的指导地位，牢牢把握先进文化的前进方向，全面提升先进文化的引领能力、服务能力和创新能力，筑牢人民群众团结奋斗的思想道德基础。

加强社会主义核心价值体系建设，统一思想、凝聚人心。坚持不懈地用马克思主义中国化的最新成果武装党员、教育群众，用中国特色社会主义共同理想统一思想、凝聚力量，用民族精神和时代精神鼓舞斗志、激发活力，用社会主义荣辱观规范人们行为、引领社会风尚，使社会主义核心价值体系成为全市人民奋发向上的精神力量、团结和睦的精神纽带。精心实施马克思主义理论研究和建设工程，繁荣发展哲学社会科学，研究回答干部群众普遍关心的重大理论和实际问题，更好地用党的理论创新成果析事明理、解疑释惑、统一思想，把各方面的智慧和力量凝聚到全面建设小康社会的伟大事业上来。

开展社会主义荣辱观教育，培育文明道德新风尚。把树立以"八荣八耻"为主要内容的社会主义荣辱观作为思想道德建设的基础工程和长期任务。深入开展"八荣八耻"学习宣传实践活动，努力在全社会形成知荣辱、讲正气、促和谐的社会风尚。高度重视做好未成年人思想道德建设和大学生思想政治工作，引导广大青少年在遵守基本行为准则的基础上，追求更高的思想道德目标。加强对创建全国文明城市活动的组织领导，努力实现创城目标。加强国防后备力量建设，深入开展双拥共建活动，巩固军政军民团结。继续广泛深入地开展群众性精神文明创建活动，特别是围绕迎接第十一届全运会，大力加强文明礼貌和社会公德教育，引导广大群众增强主人翁责任感，自觉从我做起，提高思想道德水平，出色地做好各项工作，充分展现新时期泉城人民的精神风貌，为山东、为济南增光添彩。

加强宣传舆论工作，营造健康向上的舆论环境。坚持团结稳定鼓劲、正面宣传为主的方针，旗帜鲜明地宣传党的重大战略思想、路线方针政策，大张旗鼓地唱响科学发展、共创和谐的主旋律。坚持不懈地加强宣传主阵地建设，有效整合各种宣传资源，增强主流媒体的宣传导向作用。进一步改进舆论宣传方法，弘扬社会正气，通达社情民意，提高舆论引导能力。

深化文化体制改革，发展文化事业和文化产业。大力发展公益性文化事业，加强公益性文化设施建设，规划建设一批体现省会和历史文化名城特色的标志性文化设施。大力繁荣文艺创作，推出一批精品力作。加大政策扶持力度，建立多元投入机制，积极推进经营性文化事业单位转企改制，鼓励非公有资本进入文化产业，为人民群众提供形式多样的文化产品和服务。大力发展广播影视、新闻出版、文化旅游、文化创意、文化博览等重点产业，培育一批有实力的文化企业和文化传媒集团。健全文化市场体系，加强文化市场管理和版权保护。加快发展体育事业，加强城乡体育设施建设，提高竞技体育水平和全民健康水平。

六、全面推进党的建设新的伟大工程

推动科学发展，构建和谐济南，必须坚持党的领导、加强党的建设。要围绕提高执政能力和永葆先进性，全面推进党的思想建设、组织建设、作风建设和制度建设，为全面建设小康社会提供坚强的政治保证。

着眼于提高党员干部的理论素养和解决实际问题的能力，坚持不懈地用马克思主义中国化的最新成果武装头脑。坚持把党的思想理论建设放在首位，认真学习邓小平理论和"三个代表"重要思想，认真学习以胡锦涛同志为总书记的党中央提出的一系列重大战略思想，深刻领会党的理论创新成果包含的新思想、新观点、新论断，不断增强贯彻落实党的基本理论的自觉性和坚定性，提高运用马克思主义立场、观点和方法分析解决问题的能力。各级党委中心组要带头抓好学习，党员领导干部要做学习的表率，不断提高理论素养，丰富知识储备，进一步增强工作的原则性、预见性、系统性和创造性。大力弘扬理论联系实际的学风，增强用科学理论指导实践、推动工作的能力，切实做到思想上有新提高、实践上有新进步。加强学习型政党建设，抓好大规模培训干部工作，努力提高各级领导班子和领导干部贯彻落实科学发展观的能力和管理社会事务、协调利益关系、开展群众工作、激发社会活力、处理人民内部矛盾、维护社会稳定的本领。

着眼于提高执政能力和领导水平，加强领导班子和干部队伍建设。全面贯彻干部队伍“四化”方针和德才兼备原则，认真落实《党政领导干部选拔任用工作条例》，全面实施《体现科学发展观要求的地方党政领导班子和领导干部综合考核评价试行办法》，真正把那些坚定贯彻落实科学发展观、德才兼备、政绩突出、作风优良、群众拥护的优秀干部选拔到领导岗位上来。高度重视对县以上党政主要领导干部的选拔配备，大胆提拔使用优秀年轻干部，认真做好对妇女干部、党外干部和少数民族干部的选拔培养工作，合理使用不同年龄段的优秀干部，进一步优化领导班子结构。深化干部人事制度改革，稳步推进干部公开选拔工作，扩大干部工作中的民主，使干部工作切实体现公道、充分反映民意。坚持正确的用人导向，匡正用人风气，防止考察失真、“带病提拔”和跑官要官、买官卖官等不正之风。适应党委班子配备改革的新要求，建立健全新的工作机制和运行方式，进一步理顺党代会、全委会和常委会的关系，健全完善党委内部议事规则和决策程序，强化党代会和全委会对经济社会发展全局性、战略性重大问题的决策职能，加强全委会对常委会及其成员的监督，形成权责明确、协调配合、有效制约的科学领导体制。完善集体领导与分工负责相结合的制度，充分发挥班子成员的工作积极性。坚持党管人才的原则，进一步加强党政人才、企业经营管理人才和专业技术人才“三支队伍”建设，促进各类人才队伍协调发展，努力发挥各方面优秀人才的作用。重视和做好老干部工作，积极发挥老同志的作用。

以建立保持共产党员先进性长效机制为抓手，进一步加强基层组织建设和党员队伍建设。认真贯彻中央下发的四个长效机制文件，适应经济社会的深刻变化，逐步建立起符合本单位实际，全面、具体、配套的党员“长期受教育、永葆先进性”的长效机制。切实加强党的基层组织和党员队伍建设，做好农村、企业、事业、机关、社区和新经济组织、新社会组织的党建工作，进一步增强基层党组织功能，充分发挥基层党组织凝聚人心、推动发展、促进和谐的作用。要切实抓好党员经常性教育，做好发展党员工作，探索建立城乡一体的党员动态管理机制，做到党员流动到哪里、党组织的管理就覆盖到哪里。

以改革和制度建设为重点，深入开展党风廉政建设和反腐败斗争。坚持党要管党、从严治党的方针，全面落实惩治和预防腐败体系《实施纲要》，以更坚决的态度、更有力的措施、更扎实的工作，不断把党风廉政建设和反腐败工作引向深入。加强对党员干部的理想信念和思想道德教育，引导党员干部分清是非荣辱，明辨善恶美丑，讲操守，重品行，筑牢拒腐防变的思想道德防线。以改革统揽预防腐败的各项工作，把反腐倡廉工作融入经济建设、政治建设、文化建设、社会建设和党的建设之中，拓展从源头上防治腐败工作领域，进一步抓好反腐倡廉体制机制的创新。加强干部选拔任用、经济活动、干部生活作风等方面的制度建设，加强对党的路线方针政策特别是科学发展观落实情况的监督检查，加强对领导机关和领导干部的监督管理，强化权力运行的制约和监督，堵塞以权谋私的漏洞，有效防范腐败现象的发生。严肃查办领导干部滥用权力、谋取私利、贪污贿赂、腐化堕落、买官卖官、失职渎职等方面的案件，严肃查办在征地拆迁、安全生产、社保基金管理、环境污染等方面侵害群众利益的案件。加强对纪检监察工作的领导，抓好纪检监察队伍建设，支持纪检监察机关全面履行职责。各级领导干部要率先垂范，严格执行廉洁自律的各项规定，管好亲属、子女和身边工作人员，自觉接受党组织和群众的监督。要把领导干部作风建设摆在更加突出的位置，大力弘扬胡锦涛总书记提出的“八个方面”的良好风气，进一步增强忧患意识、公仆意识、节俭意识，弘扬新风正气，抵制歪风邪气，以优良的党风促政风带民风。

按照“总揽全局、协调各方”的原则，改革和完善党的领导方式。充分发挥党委在同级人大、政府、政协等各种组织中的领导核心作用，发挥好这些组织中党组的领导核心作用。统筹协调好党委行使领导权与人大行使国家权力、政府行使行政管理权、政协参政议政、司法机关依法行使职权的关系，支持各方独立负责、协调一致地开展工作。进一步完善重大事项集体决策制度、社情民意反映制度、专家咨询制度、公示听证制度和决策责任追究制度，对事关全局的重大问题，坚持党委集体研究决定，通过人大决议和法规更好地体现党的主张、维护人民的利益，通过政协充分听取各方面意见建议，通过政府变为具体政策举措和工作部署，提高领导水平和执政能力。要加强党的群众工作，进一步改进对工会、共青团、妇联等人民团体的领导，支持其依照法律和章程独立自主地开展工作，团结和动员各自所联系的群众为推动科学发展、促进社会和谐建功立业、做出贡献。

（本文系省委常委、济南市委书记焉荣竹 2007 年 4 月 7 日在中共济南市第九次代表大会上的报告摘要）

以科学发展观统领全局
努力建设富强文明和谐的现代化国际城市

阎启俊

一、第九次党代会以来的工作回顾

市第九次党代会以来，在中央和省委的正确领导下，市委坚持以邓小平理论和"三个代表"重要思想为指导，认真贯彻党的十六大及十六大以来历次中央全会精神，全面落实胡锦涛总书记"三个走在前面"的要求以及省委的决策部署，带领全市人民圆满完成了中央和省委部署的各项工作以及市第九次党代会确定的各项任务。

——**经济发展取得新成就。**坚持科学发展，认真落实中央宏观调控政策，稳定优化一产，调整提高二产，加快发展三产，着力壮大优势骨干产业，培育发展特色产业，突出发展先进制造业集群，一批国家级大企业落户青岛，经济结构进一步优化。切实转变经济增长方式，加快建设创新型城市，着力发展现代服务业，大力加强资源节约型和环境友好型社会建设，抓好节能降耗和环境保护工作，经济增长的质量和效益逐步提高。与2002年相比，全市生产总值、地方财政一般预算收入均实现翻番，2006年生产总值达到3206.6亿元，年均增长16.4%；地方财政一般预算收入达到225.8亿元，年均增长28.8%；税收总收入达到637亿元，年均增长24.2%。三次产业比例调整为5.7:52.3:42，城市综合实力进一步增强。

——**城乡面貌发生新变化。**搞好城市规划、建设和管理，城市功能不断完善，空间布局进一步优化，管理体制机制逐步健全，城市化水平提高到58.6%。滨海公路北段、东西快速路、流亭机场扩建等重大基础设施项目相继竣工，胶州湾海湾大桥、湾口海底隧道、火车站改造工程进展顺利，城市综合功能和承载力、辐射力显著增强。深入开展土地市场清理整顿工作，促进土地节约集约利用。奥帆赛筹备工作全面展开，奥运场馆及相关设施建设稳步推进，工作体制机制不断完善。坚持统筹城乡发展，着力发展现代农业，积极推进农村工业化和城市化进程，社会主义新农村建设成效明显，郊区五市综合实力全部进入全国百强县(市)行列，位次不断前移。

——**改革开放取得新成果。**国有企业改革、国有资产管理体制改革、投融资体制改革、农村综合改革、行政管理体制改革、社会事业领域改革和资本市场建设不断加快，市场经济体制进一步完善。民营经济快速发展，民营企业上市工作实现新突破。对外交流合作不断扩大，招商引资和对外贸易迈上新台阶，实施"走出去"战略取得新进展，投资环境不断优化，外事工作取得新进步，开放城市的优势更加突出。四年累计实际利用外资151.4亿美元，利用内资934.8亿元，出口635亿美元。

——**人民生活水平有了新提高。**人民生活水平在总体小康的基础上继续提高，城市居民人均可支配收入和农民人均纯收入分别达到15328元和6546元，年均增长15.1%和11.8%。推进多层次住房供应和保障体系建设，城市居民人均住房建筑面积达到23.7平方米。集中供热面积比2002年增加90.8%。抓好背街小巷改造、村村通自来水、城区河道治理等惠民实事。全面实施素质教育，推动城乡教育均衡发展。努力建设城乡基本医疗卫生服务体系，城市公共卫生服务水平和应急能力不断提高。就业和再就业工作成效显著，连续四年实现就业增速大于失业增速，城镇登记失业率降至3%以下。社会保障体系不断完善，企业养老、医疗、失业、工伤、生育五项保险参保人数均突破100万。城乡社会救助体系进一步健全，社会福利事业快速发展，困难群体合法权益得到有效维护。物价总水平保持稳定。成功防控非典、禽流感等重大疫情，公共安全应急体系基本形成，食品药品安全管理进一步强化。人口和计划生育工作成效显著。

——**文明和谐创出新业绩。**精神文明创建活动取得丰硕成果，涌现出一批先进典型，人文奥运、学习型城市建设扎实推进，公共文化服务体系日趋完善，倡导和践行社会主义荣辱观，军警民共建、国防后备力量建设和双拥工作取得新进展，荣获首批全国文明城市称号。认真落实中央关于构建社会主义和谐社会的要求，全面加强和谐社会建设。深入推进"平安青岛"建设，加大矛盾纠纷排查调处力度，强化社会治安防控体系建设，开展严打整治斗争，加强社区建设，改进社会管理，规范信访秩序，抓好安全生产，人民群众安全感不断增强。老干部、老龄、妇女儿童、残疾人、仲裁等各项工作都有新的进步。

——**民主法制建设再上新水平。**人民代表大会制度与共产党领导的多党合作和政治协商制度进一步完善，基层民主政治建设不断加强，民族、宗教、侨务、对台工作取得新成绩，爱国统一战线不断发展壮大。坚持依法治市、依法行政,促进公正司法。工会、共青团、妇联等人民团体的作用得到进一步发挥。

——党的建设取得新进展。深入开展"三个代表"重要思想学习实践活动和保持共产党员先进性教育活动,广大党员干部的思想政治觉悟和领导干部的执政能力进一步提高。深入推进干部人事制度改革,领导班子和干部队伍建设取得新成绩。以农村、社区、企业、机关为重点,全面加强基层组织建设。积极推进"决策、执行、监督"体系建设,不断完善经济社会管理、权力运行、干部人事等各项制度。加强党风廉政建设和反腐败斗争,着力构建惩治和预防腐败体系,严厉查处违纪违法案件,党风、政风和社会风气进一步好转。

我们取得的一切成绩和进步都是中央和省委正确领导的结果,是全市党员干部群众团结一心、拼搏进取、开拓创新的结果,也是历届市委继往开来、扎实工作的结果。在此,我代表九届市委向所有为青岛发展做出贡献的同志们,向驻青各单位、部队官兵和社会各界,向所有关心帮助青岛建设的朋友们,表示衷心的感谢和崇高的敬意!

回顾过去四年的历程,我们深刻体会到,要实现青岛又好又快的发展,必须与党中央保持高度一致,始终坚持以邓小平理论和"三个代表"重要思想为指导,牢固树立和全面落实科学发展观,认真贯彻中央宏观调控政策,切实转变经济增长方式,提高经济增长的质量和效益;必须善于抢抓机遇、用好机遇,变压力为动力、变挑战为机遇,牢牢把握发展的主动权;必须坚持从实际出发、锐意创新,善于把中央和省委的各项决策部署与青岛实际紧密结合,自觉做到解放思想、实事求是、与时俱进;必须坚持以人为本,努力实现、维护和发展好人民群众的根本利益,做到发展依靠人民、发展为了人民、发展成果惠及人民;必须坚持团结一切可以团结的力量,巩固和发展最广泛的爱国统一战线,凝聚各方面力量共同把各项事业推向前进;必须坚持党要管党、从严治党,大力加强党的执政能力建设和先进性建设,深入开展党风廉政建设和反腐败工作,为经济社会发展提供根本保证。

在肯定成绩的同时,也要清醒地看到发展中存在的问题和不足:领导干部的思想观念、工作水平和创新能力还不能完全适应形势的要求;经济结构调整任务依然艰巨,服务业发展相对滞后,县域经济水平还不够高,增长方式比较粗放,发展模式还不能适应能源、资源和环境的要求;群众收入水平较低,医疗、教育、住房、分配等民生问题还没有得到很好解决;社会事业发展相对滞后,城市文明和谐程度还有待提高;在发挥龙头带动作用、促进区域经济发展方面,离省委的要求还有一定差距,等等。特别是个别领导干部严重违纪违法案件的发生,暴露出我们在党风廉政建设方面还存在制度不严、监督不力等问题,教训十分深刻。对此必须高度重视,采取切实有力的措施,认真加以解决。

二、面临的形势和目标任务

我们正处在全面建设小康社会、率先基本实现现代化的关键时期,既面临诸多发展机遇,也面临许多严峻挑战。从世界范围看,全球经济继续较快增长,区域经济合作不断深化,为我们扩大开放、更好地参与国际经济循环创造了良好条件;从国内看,我国经济将继续保持平稳较快发展,为我们创造了更大的发展空间。更为重要的是,胡锦涛总书记提出"三个走在前面"的要求,为我们指明了前进的方向。省委作出发挥青岛龙头带动作用的重大部署,给予青岛更多的关心和支持。所有这些,都为我们带来了前所未有的发展机遇。同时也应当清醒地认识到,当前国际经济环境仍存在较大的不确定性,国内经济增长方式转变、经济体制转轨、社会结构转型带来了许多新情况新问题。如何化解矛盾、趋利避害、抢抓机遇、科学发展,是摆在我们面前的一个重大课题。科学发展、和谐发展是时代的主旋律,以人为本、民生优先是全社会的共同追求。经过多年的不懈努力,青岛已经具备了率先实现又好又快发展的条件,如何在新的起点上向更高水平迈进,是我们面临的一项十分光荣而艰巨的任务。

面对新形势、新任务、新挑战,今后一个时期全市工作的总体要求是:高举邓小平理论和"三个代表"重要思想伟大旗帜,坚持以科学发展观统领全局,按照"三个走在前面"的要求,全面推进经济建设、政治建设、文化建设、社会建设,不断加强党的建设,努力站在高起点,瞄准大目标,实现新跨越,更好地发挥在全省的龙头带动作用,把青岛建设成为富强文明和谐的现代化国际城市。

围绕上述要求,今后五年的主要目标任务是:

——着眼于富民强市的目标,切实转变经济增长方式,提高发展的质量和水平。全面落实中央宏观调控政策,推动产业结构持续优化升级,先进制造业和现代服务业蓬勃发展,民营经济迅速壮大,循环经济发展水平不断提高,资源节约型和环境友好型社会建设取得明显进展。到2011年末,全市生产总值超过6000亿元,年均增长13%左右,三次产业比例调整为3:50:47,地方财政一般预算收入超过500亿元。城市居民人均可支配收入和农民人均纯收入分别超过24000元和10000元。万元生产总值综合能耗下降20%左右,化学需氧量和二氧化硫排放量分别下降10%和20%。

——不断提高自主创新能力,建设创新型城市。完善创新的体制机制和政策环境,突出国家海洋科研中心地位,建立具有青岛特色的科技创新体系,企业的技术创新主体作用得到充分发挥,全社会创新活力不断增强,成为重要的自主创新基地。2011年末,全社会研发投入占地区生产总值的比重达到2.7%以上,高新技术产业产值占全市工业总产值的比重达到45%以上。

——促进区域协调发展,加快建设社会主义新农村。坚持统筹城乡发展,大力发展现代农业,加快农村工业化、城镇化进程,社会主义新农村建设取得突破性进展。优化城市空间布局和生产力布局,缩小南北差距、协调东西发展,城市综合服务功能和辐射带动能力显著增强,实现城乡共同繁荣进步。

——进一步深化改革，提高开放水平。建立健全落实科学发展观的体制机制，国有企业和国有资产管理体制改革、行政管理体制改革、投融资体制改革和社会领域体制改革全面推进。扩大对外交流与合作，外贸增长方式进一步转变，利用外资质量明显提高，投资环境不断优化。继续扩大对内开放，推动区域经济合作取得新进展。

——坚持以人为本，积极构建社会主义和谐社会。努力为群众提供均等化的公共服务、普惠性的社会保障、公平性的发展机会、生态型的人居环境，城乡居民收入大幅度提高，居住条件和生活环境进一步改善，社会公平正义得到切实维护，社会事业全面进步，社会管理高效有序，和谐文化蓬勃发展，民主法制建设全面加强，城市文明程度和市民文明素质显著提升。到2011年末，城镇登记失业率控制在4%以内，社会保障覆盖范围进一步扩大。

——加强党的执政能力建设，永葆先进性。各级领导班子的执政能力和领导水平明显提高，干部作风进一步改善，党员先锋模范作用得到充分发挥，党风廉政建设和反腐败工作取得显著成效。

实现上述目标任务，必须坚持以科学发展观为统领，全面落实中央和省委的各项决策部署，紧紧抓住发展这个第一要务，在又好又快发展中不断增强城市硬实力和软实力；坚持民生为重、富民优先，进一步明确发展目标，始终把提高人民生活水平作为发展的出发点和落脚点，把满足人民需要、实现人民利益作为衡量发展质量和水平的根本标准，在推动经济社会协调发展中促进人的全面发展；坚持把促进社会和谐作为城市的更高追求，把构建社会主义和谐社会的要求贯穿于现代化建设的全过程和各个环节，最大限度地增加和谐因素、减少不和谐因素；坚持把创新作为发展的最大动力，不断完善创新体系，营造创新氛围，增强创新能力，以创新引领发展；坚持把充分发挥龙头带动作用作为光荣职责，进一步增强使命感、紧迫感和责任感，更好地发挥在全省的示范、辐射、带动作用；坚持不断加强和改进市委对各项工作的领导，切实提高贯彻科学发展观的能力、驾驭全局的能力、处理利益关系的能力、务实创新的能力，团结带领全市人民不断开创改革开放和现代化建设的新局面。

三、夯实富民强市的经济基础，加快建设富强青岛

坚持把富民强市作为经济工作的中心任务，进一步转变经济增长方式，调整优化经济结构，提高经济增长的质量和效益，走出一条以自主创新、集约发展、节能降耗、环境保护为特色的科学发展之路，积极打造先进制造业基地、高新技术产业基地、现代服务业基地和区域性经济中心、东北亚国际航运中心、国家海洋科研中心，推动综合经济实力和竞争力不断增强，人民生活水平稳步提升。

要在发展先进制造业和现代服务业上实现新突破。坚持把发展先进制造业作为经济结构调整的重点，实施集群化发展战略，高起点承接国际产业转移，加快核心项目与配套产业的引进和建设，发挥骨干企业和龙头项目的集聚带动作用，推动产业链向上下游延伸，打造一批高端产业集群和先进制造业园区，建设融入国际产业链、在国内具有重要影响力的船舶及海洋工程、汽车、机车、石油化工、家电电子、纺织服装等生产基地。加快发展服务经济，培育壮大现代物流、会展、创意、信息服务、中介服务、金融保险证券等现代服务业，改造提升商贸流通、餐饮娱乐、港口、航运、旅游、房地产等传统服务业，培育服务业骨干项目和知名品牌，提升服务业发展层次和水平。壮大提升品牌经济，重点扶持自主品牌发展，推进传统品牌振兴，培育形成更多的知名品牌。

要在发展高新技术产业、增强自主创新能力上实现新突破。健全科技与经济社会发展紧密结合、相互促进的机制，集中力量引进一批高端科研机构，建设一批重点科研基地，积极领衔和承接国家重点计划项目和示范试点任务，在事关青岛长远发展的重点产业和领域形成一批拥有自主知识产权的技术、产品、标准和品牌。大力发展高新技术产业和高附加值产业，突出发展信息、生物技术、新材料、新能源、环保、海洋科技等新兴产业。广泛应用高新技术和先进适用技术改造提升传统产业。引导创新要素向企业特别是行业支柱企业集中，推进中小企业创新创业服务平台建设，加快形成以企业为主体、市场为导向、产学研相结合的技术创新体系。深化科技体制改革，完善科技风险投资体系，落实各项扶持政策，促进科技成果产业化。理顺青岛高新技术产业开发区等科技园区管理体制，推动重点科技园区向国家一流园区迈进。加大知识产权保护力度。全面实施《全民科学素质行动计划纲要》。营造鼓励创新、宽容失败、兴业光荣的浓厚氛围，激发全社会创新创业活力，以创新强市，以创业富民。

要在节能降耗减排、保护环境、节约集约利用土地上实现新突破。切实做好节能降耗工作，严格落实约束性目标。强化节水措施，发展海水淡化，提高污水处理和中水利用率，建设节水型城市。大力发展循环经济，加强资源综合利用，完善再生资源回收利用体系，全面推进清洁生产，加大生物质能源、风能、太阳能、地热能、海洋能源等清洁能源和可再生能源的开发应用，力争率先建成循环经济示范市。以污染减排、污染整治和强化管理为重点，切实加强环保工作，加快胶州湾污染治理，建设生态市。坚持节约集约利用土地，认真执行土地利用总体规划，依法严格管理用地，落实年度控制指标，提高土地利用效率和集约化程度，建立依法依规用地的长效机制。规范土地出让金收支管理，使土地收益更多地惠及群众。

要在推进社会主义新农村建设上实现新突破。全面贯彻建设社会主义新农村的20字要求，落实工业反哺农业、城市支持农村和多予少取放活的方针，积极推进城乡互动、协调发展，在建设社会主义新农村方面走在全国前列。坚

持把发展现代农业作为推进新农村建设的首要任务，完善现代农业产业体系、市场体系、科技服务体系和支撑保障体系，加快转变农业增长方式，不断提高农业素质、效益和竞争力。加快农村工业化进程，特别是加大对平度、莱西工业化的扶持力度，不断提高县域经济实力，使郊区成为全市经济发展的重要增长极。加快农村基础设施建设步伐，改善农村生活与生产环境。调整财政支出结构，建立财政支农稳定增长机制。扩大公共财政覆盖农村的范围，强化对农村的公共服务，加快农村社会事业发展。深化农村综合改革，发展农村集体经济和各类专业合作组织，为农村经济社会发展注入新的活力。完善对农民的培训和就业服务体系，引导农村劳动力有序转移，鼓励和扶持农民创业。健全促进农民增收的长效机制，推动农民收入持续较快增长。

要在深化改革上实现新突破。加大改革攻坚力度，提高改革决策的科学性和改革措施的协调性，健全完善符合科学发展观要求的要素资源配置与使用制度。加快推动国有企业改革，重点建立和完善国有企业法人治理结构，建立健全对企业经营者的激励约束和监督制衡机制，促进国有企业战略重组和资产经营公司改革，引导和规范国有企业经营和投资行为，健全国有资产管理、监督和运营体制，防范经营和财务风险。推进财税体制改革，加快公共财政体系建设。深化行政管理体制改革，切实转变政府职能，建设服务政府、法治政府、廉洁政府和高效政府。深化投融资体制改革，推进事业单位改革，积极发展要素市场，强化诚信体系建设。加快发展民营经济，拓宽民营经济投资经营领域，推进民营企业改革，培育和引进更多知名民营企业，引导民营企业参与产业集群发展，从机制、政策、舆论上营造良好发展环境，努力把民营经济做大做强，使之成为增加群众收入的主力军。

要在提高对外开放水平上实现新突破。调整和完善对外经贸发展模式，不断拓宽对外交往渠道，增创对外开放新优势。以引进先进技术、先进管理和海外智力为重点，创新招商方式，改善投资环境，不断提高利用外资的质量和水平。深入实施科技兴贸和市场多元化战略，优化进出口商品结构，加快转变外贸增长方式。搞好经济园区建设，将经济技术开发区、高新技术产业开发区、保税区和出口加工区建设成为承接先进制造业和现代服务业转移的重要载体、自主创新的重要平台和出口加工的重要基地。继续实施“走出去”战略，不断拓宽对外交往渠道，扩大对外影响。加大对内招商力度，做好国内经济合作和对口支援工作。

要在提高城市规划建设管理水平上实现新突破。按照规划科学化、建设集约化、管理精细化的原则，坚持依托老城区、建设新城区以及组团发展、形成各具特色城市群的思路，进一步加强城市规划建设管理，使城市功能更加完善、更加体现以人为本、更加适宜居住。重视提升建成区的档次和内涵，严格保护老城区特色，充分挖掘老城区资源，完善基础设施，展现历史文化名城风貌，高水平规划建设经济繁荣、特色鲜明、功能完善、充满生机活力的城市新区。坚持科学布局、组团发展，加快东西部新城区和环胶州湾产业集聚区建设，有序推进滨海城市组团建设，扶持发展卫星城镇，形成各具内涵特色的城市组团，打造现代化国际城市框架。严格执行城市规划，维护规划的权威性。加大城市基础设施建设力度，加快构建城市快速交通系统和区域交通网络，完善城市公共服务设施，抓好机场、铁路、港口以及滨海公路、胶州湾海湾大桥、湾口海底隧道、青平高速公路等重点项目建设，不断提升城市综合承载力和辐射带动能力。加快缩小南北差距，协调东西发展。创新资本运作模式，拓宽城市基础设施建设融资渠道。加强环境整治，做好重点区域的绿化、净化、美化、亮化工作。积极申办世界园艺博览会。创新城市管理理念和体制机制，推进城市管理信息化建设，提高城管执法效率，完善长效管理机制，实现精细化、人性化管理，营造最佳人居、创业和发展环境。

四、积极推进政治文明和精神文明建设，努力建设文明青岛

坚持科学执政、民主执政、依法执政，巩固和发展民主团结、生动活泼、安定和谐的政治局面。大力建设和谐文化，不断提升城市软实力。

坚持党的领导、人民当家作主和依法治国的有机统一，按照总揽全局、协调各方的原则，充分发挥党委的领导核心作用，规范党委与人大、政府、政协和人民团体的关系。坚持和完善人民代表大会制度，支持人大及其常委会依法履行职能、行使职权，保证立法和决策更好地体现人民的意志。支持政协履行政治协商、民主监督、参政议政职能，规范和完善政治协商的内容、形式和程序。坚持和完善共产党领导的多党合作和政治协商制度，推进多党合作和政治协商的制度化、规范化、程序化，不断巩固和壮大最广泛的爱国统一战线，切实做好民族、宗教、对台、侨务工作。加强和改进党对工会、共青团、妇联等人民团体及各类群众团体的领导，支持他们依照法律和章程独立自主地开展工作。

不断提高民主法制建设水平。积极稳妥地推进党内民主建设，健全党内民主制度，保证党员更多地了解和参与党内事务。完善基层政权、基层自治组织及企事业单位的民主管理制度，畅通民主渠道、丰富民主形式，更好地保障群众的知情权、参与权、表达权和监督权。坚持民主施政，完善重大事项集体决策、专家咨询、社会公示与听证、决策评估、责任追究、纠错改正等制度，拓宽社情民意表达渠道，推进决策的科学化、民主化。全面推进依法治市，加强党对立法工作、依法行政和司法工作的领导，完善立法制度，规范立法程序，提高立法质量，理顺行政执法体制，推进司法体制和工作机制改革，建设公正高效权威的司法体制。加大对司法的监督力度，维护社会公平正义。改进法律服务，做好普法工作，发挥仲裁积极作用。

努力建设社会主义核心价值体系。坚持用邓小平理论、“三个代表”重要思想和科学发展观、社会主义和谐社会等马克思主义中国化的最新理论成果武装头脑、教育党员

干部群众，巩固马克思主义在意识形态领域的指导地位。加强理想信念教育，不断增强建设中国特色社会主义的信念和信心。弘扬以爱国主义为核心的民族精神和以改革创新为核心的时代精神，践行以“八荣八耻”为主要内容的社会主义荣辱观，推进社会公德、职业道德和家庭美德建设。坚持正确的舆论导向，营造积极健康的思想舆论氛围。增强宣传思想工作的针对性、实效性，加强对未成年人的思想道德教育和大学生思想政治工作。

进一步完善创建全国文明城市的长效机制。将文明城市创建活动与构建和谐社会紧密结合起来，不断提升市民整体素质和城市文明程度。深入挖掘城市文化内涵，营造艰苦奋斗、勇于创业、积极向上、敢为人先、诚实守信、文明和谐的浓厚氛围。加强国防教育和国防后备力量建设，推进双拥共建，进一步密切军政军民关系。

不断繁荣文化事业与文化产业。把发展公益性文化事业作为保障人民群众文化权益的主要途径，实施精品工程，促进哲学社会科学、文学艺术事业的繁荣与发展。立足优秀传统文化和特色文化资源，打造城市文化品牌。加强文化遗产保护。建立覆盖城乡的公共文化服务体系，加强文化设施建设，广泛开展群众性文化活动。完善文化产业规划，健全扶持政策，做大做强出版发行、演艺娱乐、文化旅游、影视传媒、节庆会展、动漫游戏等重点产业，培育优势文化企业和文化品牌。加快国有文化企业和公益性文化单位改革，建立多元化的文化投融资体制。深入开展“扫黄打非”斗争，规范文化市场秩序，营造良好的文化产业发展环境。积极开展对外文化交流活动。

举全市之力办好2008年奥帆赛。突出“新青岛、新奥运”主题，实践“绿色奥运、科技奥运、人文奥运”理念，高水平做好场馆建设、宣传推介、城市运行、赛事组织、服务保障、队伍建设等各项工作，成功举办一届有特色、高水平的奥运会帆船比赛。抓住奥运机遇，全面实施《奥运行动规划》，充分发挥奥运拉动作用，打造帆船之都，留下丰厚的奥运文化遗产。

五、加快构建社会主义和谐社会，积极建设和谐青岛

坚持以富民和谐为主线，牢牢把握构建和谐社会的指导思想、目标任务、工作原则和重大部署，在共建中共享、在共享中共建，努力在构建社会主义和谐社会方面走在全国前列。

更加注重改善民生。认真解决人民群众最关心、最直接、最现实的利益问题，真正做到重民生、解民忧、促民富。完善政策导向，优化资源配置，加大财政投入，促进各项社会事业加快发展，重点抓好医疗卫生、教育、住房、收入分配、社会保障、公共交通、供热、食品安全、老龄、城乡环境整治等民生工程，让人民群众得到更多实惠。深化医疗卫生体制改革，建立覆盖城乡的基本卫生保健制度和覆盖所有困难群体的医疗救助制度，完善公共卫生和医疗服务体系，努力解决“看病难、看病贵”问题，提高群众健康水平。坚持把教育摆在优先发展的战略地位，不断提高财政保障水平，加快各级各类教育发展，促进教育公平。加强素质教育，保障青少年身心健康成长。深化教育改革，强化教师队伍建设。严格规范教育收费行为，完善困难家庭子女就学保障机制。均衡配置义务教育资源，保障义务教育经费，提高义务教育特别是农村义务教育质量。大力发展职业教育、高等教育，扶持成人教育和民办教育，普及高中阶段教育。健全多层次住房供应和保障体系，突出抓好经济适用房、廉租房的建设和管理，发展普通商品住房，稳定住房价格，逐步解决低收入家庭住房问题。健全城乡社会保障体系，构建覆盖全体城市居民的医疗保险体系，加快推进农村新型养老保险，农村合作医疗在实现全覆盖的基础上不断提高保障水平。完善收入分配政策，稳步提高城乡居民特别是低收入者收入水平。健全城乡最低生活保障制度和社会救助制度，发展社会福利和慈善事业。积极发展公共交通，努力扩大集中供热面积，加快城乡环境综合整治，改善居民生活条件。重视人口老龄化问题，完善养老保障机制，推进老年服务社会化，倡导建立积极老龄社会。大力发展妇女儿童和残疾人事业。整顿规范食品、药品生产和流通秩序，保障群众健康安全。做好人口与计划生育工作，统筹解决人口问题。

积极扩大就业。坚持在发展中解决就业问题，促进经济发展与扩大就业良性互动。强化全社会创业意识，引导群众创业致富，以创业促就业。适度发展劳动密集型产业，壮大服务业，发展非公有制经济，多渠道、多形式增加就业岗位。搞好人才市场和劳动力市场建设，规范发展就业服务机构。强化政府促进就业职能，加强职业技能培训，统筹做好城镇新增劳动力就业、农村富余劳动力转移就业、失业人员再就业工作，加强大学毕业生、退役军人就业指导和服务。发展和谐劳动关系，维护劳动者特别是农民工的合法权益。

深入推进平安青岛建设。以化解社会矛盾为主线，从更高起点、更高水平上推进平安创建工作，营造稳定和谐的社会环境和公正高效的法治环境。严厉打击境内外敌对势力的渗透、颠覆、破坏活动，坚持不懈地加强反邪教工作。完善社会治安防控体系，深入开展平安创建活动，严厉打击严重刑事犯罪活动，加大对经济犯罪案件的查处力度，加强对互联网的管理，扫除黄赌毒等社会丑恶现象，增强人民群众的安全感。搞好矛盾纠纷排查调处，健全信访工作责任制，积极预防和妥善处理群体性事件。加强安全生产监管体制、机制和法制建设，加大隐患治理投入，坚决遏制重特大事故发生。

切实提高社会管理水平。正确处理政府、市场与社会的关系，创新社会管理体制，整合社会管理资源，培育和引导各类社会组织健康发展，加强社会工作人才队伍建设，构建党委领导、政府负责、社会协同、公众参与的社会管理格局。创新公共服务机制，改进公共服务方式，推行电子政

务，加强公共设施建设，优化公共资源配置，促进公共服务均等化。健全应急管理体制，进一步完善预案，强化应急保障，提高危机管理和处置突发公共事件的能力。提升城市社区建设水平，加快推进农村社区建设，促进政府行政管理与社区自我管理有效衔接、政府依法行政与居民依法自治良性互动。

六、全面加强党的建设，为建设富强文明和谐的现代化国际城市提供强有力的政治保证

全面推进党的建设新的伟大工程，把执政能力建设和先进性建设贯穿于党的思想建设、组织建设、作风建设和制度建设的全过程，贯穿于全面建设小康社会、构建和谐社会和现代化建设的全过程，使全市党组织和全体党员始终保持先进性，不断提高执政能力和领导水平。

坚持把思想政治建设放在首位。强化政治理论学习，不断提高广大党员干部的综合素质，增强科学判断形势的能力、驾驭市场经济的能力、应对复杂局面的能力、依法执政的能力和总揽全局的能力。坚定正确的政治方向，自觉与党中央保持高度一致。自觉学习党章、遵守党章、贯彻党章、维护党章，以党章为根本依据，完善保持共产党员先进性长效机制，推动党员思想政治建设的经常化、制度化。

加强领导班子和人才队伍建设。认真贯彻执行《党政领导干部选拔任用工作条例》，优化班子结构，提高整体素质。坚持和健全民主集中制，加强集体领导，营造党内不同意见平等讨论的环境，防止和克服个人独断专行和软弱涣散现象。严肃党的纪律特别是政治纪律，保证政令畅通。积极推进干部人事制度改革，完善体现科学发展观和正确政绩观要求的干部考核、评价、激励机制，落实群众对干部工作的知情权、参与权、选择权和监督权，切实把各级干部教育好、管理好、使用好、监督好。加大干部公开选拔、竞争上岗力度，把综合素质高、群众信任、想干事、能干事、干成事的干部选拔到各级班子中来，大力培养选拔优秀年轻干部、女干部、少数民族干部和党外干部。加强干部教育培训工作。坚持党管人才原则，将优秀干部队伍建设和高素质人才队伍建设有机结合起来，努力建设一支在各行各业发挥核心骨干作用的党员人才队伍。

加强基层组织和党员队伍建设，更好地发挥基层党组织的战斗堡垒作用和共产党员的先锋模范作用。深入开展“三级联创”活动，不断增强农村基层党组织带领群众致富奔小康和建设社会主义新农村的本领。完善社区党建工作格局，创新社区工作体制机制，为社区基层党员更好地发挥作用提供制度保障。积极探索国有企业党组织发挥政治核心作用的有效途径，进一步做好高校、科研院所和各类新型经济社会组织党建工作。加强机关党建工作，建设为民务实、廉洁高效的党政机关和诚信文明、人民满意的公务员队伍。按照提高素质、增强党性、发挥作用的要求，切实加强党员队伍建设，积极探索加强流动党员管理和发挥流动党员作用的有效途径，始终保持党的纯洁性和先进性。

深入推进党风廉政建设。坚持标本兼治、综合治理、惩防并举、注重预防的方针，继续推进惩治和预防腐败体系建设，拓展从源头上防治腐败工作领域。深入开展党风廉政教育，加强廉政文化建设，筑牢拒腐防变的思想道德防线。加强制度建设，不断完善针对性强、有约束力、可操作的规章制度。认真落实党风廉政建设责任制，坚持和完善反腐倡廉的领导体制和工作机制。严格落实领导干部个人重大事项报告、述职述廉、民主评议、诫勉谈话、民主生活会、巡视、经济责任审计和质询、问责等党内监督制度。加强对权力运行的制约和监督，特别要强化对各级领导班子和主要领导干部以及权力运行的重点部位和关键环节的监督，强化班子内部相互监督，切实增强防范意识，铲除腐败滋生的土壤和条件。加大查办案件力度，坚决依纪依法惩处腐败分子。加强党风政风建设，认真治理和坚决纠正损害群众利益的不正之风。各级党员领导干部要带头执行廉洁自律的各项制度规定，以自身的模范行动带出好班子、好队伍、好风气。

全面加强作风建设。大力弘扬胡锦涛总书记倡导的八个方面的良好风气，突出抓好领导干部的思想作风、学风、工作作风、领导作风、生活作风建设，督促各级干部增强忧患意识、公仆意识、节俭意识，自觉转变作风，加强调查研究，完善“决策、执行、监督”体系，狠抓工作落实，做到重实际、重实干、重实效。牢记全心全意为人民服务的宗旨，坚持党的群众路线，提高群众工作水平，以实际行动赢得人民群众的信赖和拥护。各级党员干部特别是主要领导干部要以身作则、率先垂范，自觉按照八个方面的要求规范自己的言行，切实担负起加强作风建设的责任，以作风建设的新成效推动各项工作再上新水平。

（本文系省委常委、青岛市委书记阎启俊 2007 年 4 月 7 日在中共青岛市第十次代表大会上的报告摘要）

坚持科学发展 构建和谐社会 全面建设文明富庶新烟台

孙永春

一、过去四年工作的回顾与总结

市第十次党代会以来的四年，全市上下在邓小平理论和“三个代表”重要思想伟大旗帜指引下，全面贯彻落实科学发展观，解放思想，高点定位，团结一致，扎实工作，改革开放和现代化建设事业取得了新成绩，经济社会发展跃上了新台阶。这四年是烟台经济持续快速健康发展、社会全面繁荣进步的四年，是城乡面貌发生深刻变化、人民群众得到更多实惠的四年，是全市上下精神振奋、思想解放、奋发努力干事创业的四年，也是广大市民自信心、自豪感大为增强的四年。

综合实力显著增强，赶超发展、科学发展取得重要成果。地区生产总值继 2002 年迈上 1000 亿元台阶后，2005 年突破 2000 亿元，2006 年达到 2402 亿元，连续四年保持 17%以上的增幅。地方财政收入年均增长超过 30%，2006 年达到 112.4 亿元。在经济翻番增长的同时，能源消耗、污染排放等约束性、控制类指标逐年下降。经济总量在全省 17 个市中上升到第 2 位，在全国首批 14 个沿海开放城市中前移一个位次，规模以上工业主要指标和实际利用外资、外贸进出口等多项指标也实现了位次前移。

改革开放成果丰硕，发展的支撑力和后劲显著增强。农村综合改革取得新进展，国有资产监管和企业改革取得新突破，政府职能转变和事业单位改革迈出新步伐。对外开放规模不断扩大、质量显著提高，四年累计实际利用外商直接投资 71 亿美元，年均增长 39%；对外贸易快速增长，2006 年进出口总额达到 150.8 亿美元，年均增长 35.5%，机电和高新技术产品出口比重大幅度提高。以烟台经济技术开发区为龙头的园区经济获得突破性发展，成为对外开放的高地、引领发展的中坚力量。全市产业结构得到优化，机械制造、电子信息、食品加工和黄金四大支柱产业快速提升，汽车、手机、电脑三大产品集群迅猛发展，高新技术产业产值占规模以上工业产值比重突破 30%。烟大铁路轮渡等一批重点工程建成运营，海阳核电等一批重大项目顺利推进，加快发展的支撑体系日臻完善。

城乡面貌变化深刻，人民生活更加殷实。中心城市“拓展东西两翼、贯通南北山海”取得新的重要进展，城市基础设施和公益设施建设进一步完善，旧城区改造取得明显成效，“五年大变样”目标如期完成。县级城市和小城镇建设再上新台阶。新农村建设稳步推进。城乡居民收入较快增长，农民负担大幅度下降。社会就业再就业持续增长，社会保障体系不断完善。爱心捐助和安康居住工程等发挥了扶贫济困的重要作用。

社会事业繁荣发展，精神文明和民主法制建设取得新进展。科技、教育、文化、卫生、体育、广播电视和人口与计划生育等事业长足进步，民主法制和社会稳定工作提高到新水平，统一战线、双拥共建、民族宗教、外事、侨务、对台、人防工作取得新进展。先后获得“最佳中国魅力城市”、“全国文明城市”、“全国社会治安综合治理优秀城市”和中国投资环境“金牌城市”等荣誉称号，赢得“长安杯”、“中国人居环境奖”和“联合国人居奖”，城市美誉度和影响力不断提升。成功承办了国际果蔬·食品博览会、亚欧旅游合作发展论坛暨展览会、省 21 届运动会和 7 届残运会等一系列重大活动，既取得了丰硕成果，又展示了城市形象。

党的建设进一步加强，党的先进性充分体现。认真开展了保持共产党员先进性教育活动，党的建设提高到新水平。不断深化干部人事制度改革，领导班子和干部队伍建设迈出新步伐。深入开展“万人评机关”和“万名干部下农村”活动，机关作风有了新转变。全面推进基层党建工作创建活动，基层党组织的创造力、凝聚力和战斗力进一步增强。贯彻从严治党方针，坚持教育、制度、监督并重，加强源头防治腐败工作，坚决惩处了一批腐败分子，党风廉政建设和反腐败斗争取得新成效。

四年来我们取得的成绩和进步，是在党中央和中共山东省委的正确领导下，在历届市委辛勤工作的基础上，全市各级党组织和广大共产党员与干部群众同心同德、开拓前进的结果，是各民主党派、人民团体和社会各界人士共同努力的结果，是中央和省属驻烟单位、人民解放军驻烟部队、武警官兵大力支持的结果，也是港澳台同胞、海外侨胞和海内外各界朋友关心帮助的结果。在此，我代表十届市委，向所有为烟台的建设和发展作出贡献的同志们、朋友们表示衷心的感谢和崇高的敬意！

回顾四年来的工作，我们有许多深刻体会和宝贵经验：

(一)必须坚持解放思想、提升境界，不断获取奋发进取的动力 境界是一种精神、胸怀和品格。四年来，我们紧紧围绕提升境界、转变观念，坚持不懈地开展了一系列解放思想活动，有力地促进了经济社会发展。解放思想无止境。我们要在新起点上实现新发展，必须在解放思想上不断开辟新境界。

（二）必须以科学发展观为统领，坚定不移地走又好又快的发展路子 科学发展观是指导发展的科学世界观和方法论。只有坚定不移地贯彻落实科学发展观，发展的路子才会越走越宽。科学发展的本质要求是又好又快。在实践中，既不能把两者分割开来，更不能对立起来，必须以"好"为基础，同时保持必要的速度，使"好"与"快"有机统一，推动经济社会全面协调可持续发展。

（三）必须善于把握大势、抓住机遇，坚持改革开放，从全局和战略上谋划发展、推动工作 过去的四年，我们坚持从重要战略机遇期和全方位开放的国际环境中把握大势，赢得了以开放促改革促调整促发展的重要优势；从中央、省委的一系列战略决策和明确要求中把握大势，开创了科学发展、赶超发展的新局面；从激烈的区域竞争和良好的干群基础中把握大势，营造了争先奋进、干事创业的浓厚氛围。这是需要长期坚持的重要思维和工作方法。

（四）必须整体推进经济政治文化和社会建设，使现代化建设谋局合理、惠及群众 坚持经济政治文化和社会建设"四位一体"，是中国特色社会主义事业总体布局与时俱进的新扩展。过去的四年，我们努力贯彻这一思想，在经济发展上取得了长足进步，在其它各项建设上收获了丰硕成果。在今后的工作中要更加坚持这一重要指导方针。

（五）必须不断加强和改善党的领导、做好新形势下的群众工作，凝聚发展的强大合力 过去的四年，面对发展处于关键时期、改革进入攻坚阶段的繁重任务，面对科学发展、"又好又快"的新要求，面对发展中的机遇和挑战、"矛盾凸现期"的困难和问题，我们正确处理改革发展稳定的关系，始终坚持发展为了群众、发展依靠群众、发展成果由群众共享；坚持把解决群众最关心、最直接、最现实的利益问题摆到突出位置；坚持按群众满意标准加强执政能力和先进性建设，创造了万众一心攻坚克难、众志成城推动发展的良好局面。

事实反复证明，有着光荣传统和辉煌业绩的烟台各级党组织是坚强有力的，始终走在时代前列的我市广大党员干部是奋发有为的，勤劳智慧的烟台人民是富有觉悟和创造力的。有了这些，我们的事业就会无往而不胜！

在肯定成绩的同时，我们还要清醒地看到存在的问题和不足。主要是：面对新的形势，我们的思想观念和工作方法还有诸多不适应，执政能力和领导水平需要进一步提高；又好又快发展的支撑保障体系还不够牢固，结构性矛盾仍比较突出；社会事业发展相对滞后，人民群众关心的一些热点难点问题解决得还不够好；精神文明、民主法制和党的建设仍然存在薄弱环节，一些消极腐败现象仍然存在，维护社会稳定的任务还比较艰巨。对此，必须高度重视，在今后的工作中认真加以解决。

二、全面建设文明富庶新烟台

过去四年的发展，将以其辉煌成就载入史册。在此基础上全面建设文明富庶新烟台，是摆在我们面前的庄严使命。建设文明富庶新烟台的基本内涵和总体要求是：**以邓小平理论和"三个代表"重要思想为指导，全面贯彻落实科学发展观，努力构建和谐社会，按照中央领导提出的"走在前面"、省委提出的"三二一"和"东部突破"的目标要求，在初步富裕起来的基础上，向着更高水平的物质文明、政治文明、精神文明和社会文明迈进，把城乡富庶、人民幸福和共同富裕程度提高到新水平，努力创造赶超发展新成就、幸福安康新生活、和谐宜人新环境。在"十五"奋斗的基础上，力争到2010年基本建成小康社会，全市地区生产总值在2005年的基础上再翻一番，人均突破7000美元；再经过5年奋斗，人均地区生产总值突破万美元大关，基本接近世界中等发达国家水平，使经济社会发展进入更高层次，向着基本实现现代化的目标挺进。**

（一）保持快速发展，更加注重质量效益，在提升综合竞争力上走在前面 经济增长速度高于全省和全国首批14个沿海开放城市平均水平。地方财政收入力争提前完成"十一五"规划，在省内和14个沿海开放城市中位次前移。科技综合实力达到国内同类城市领先水平，加快建设创新型城市。

（二）突出经济建设中心，更加注重社会建设，在经济社会协调发展上走在前面 经济与社会发展的协调性明显增强，科教文卫各项事业全面发展。全民思想道德素质、科学文化素质明显提高。巩固和提高一系列文明创建成果，提升城市层次和水平。全面落实民主法制、公平正义、诚信友爱、充满活力、安定有序、人与自然和谐相处总要求，和谐社会建设走在全国、全省前列。

（三）加快城市化进程，更加注重农村发展，在统筹城乡发展上走在前面 把新农村建设摆到更加突出的位置，加快发展现代农业，努力增加农民收入，逐步缩小城乡差距。构建以中心城市为龙头、县域中等城市为骨干、小城镇为延伸、新农村为基础的城乡协调发展新格局，统筹城乡发展迈出实质性步伐。

（四）大力推进生产发展，更加注重生态文明，在可持续发展上走在前面 加强生态建设与保护，大力开展植树造林，全面提高城乡绿化水平，初步建成生态城市。循环经济模式得到大范围推广，资源、能源消耗和主要污染物排放控制在国家、省下达指标以内，环境友好型、资源节约型社会建设取得明显成效。

（五）积极创造社会财富，更加注重惠及群众，在实现最广大人民根本利益上走在前面 城乡居民收入有较大幅度增长，社会就业比较充分，城镇登记失业率低于全国、全省平均水平。社会保障体系更加健全，保障水平不断提高。民主法制建设进一步加强，人民群众的政治、经济、文化权益得到切实尊重和保障。

实现各项工作走在前面，最关键的是要在党的建设上走在前面。全市各级党组织和广大共产党员，一定要不辱使命、不负重托，始终站在时代前列，以党的先进性激发和调动人民群众积极性，向着全面建设文明富庶新烟台的目标奋勇前进！

三、以科学发展观为统领努力实现又好又快发展

全面建设文明富庶新烟台，根本的是要坚持以经济建设为中心，实现又好又快发展。综合考虑各方面因素，今后五年全市经济建设的基本思路和工作重点是：

（一）坚持加快转变增长方式，推动经济进入科学发展新轨道 贯彻落实科学发展观，必须认真贯彻国家宏观调控政策，把经济工作的着力点放在调整优化经济结构上，放在推进经济增长方式转变上，放在速度、结构、质量、效益、后劲相统一上。要优化投资结构，严格市场准入标准，对高耗能、高污染和产能过剩、盲目扩张项目，要坚决限制、坚决禁止；对符合产业政策、符合科学发展要求的重点项目，要全力推动，尽快干上去。要努力提高效益，降低消耗，珍惜每一寸土地、每一滴水、每一度电、每一升油，努力使有限的资源得到更好的利用、创造更多的效益。要在更多增加社会财富的同时，最大限度减少污染排放，走出一条投入少、能耗低、污染轻、产出高、可持续发展能力强的新路子。要加快向高新技术产业、新兴产业、特色产业和现代经济领域进军，尽快从落后的生产力、生产方式和产业领域中退出，进入充满生机活力的新领域、新空间。要从科学发展的高度，加快半岛制造业基地和北部沿海经济产业带建设步伐，着力推进和提升机械制造、电子信息、食品加工和黄金四大支柱产业，汽车、手机、电脑三大产品集群，同时重视培育石化、冶金、生物制药三大潜力产业和船舶、特种化纤、葡萄酒三个新的产品集群，带动全市经济更好更快发展。要大力实施大企业、大集团发展战略，强化骨干企业带动能力、企业核心竞争能力和品牌形象建设。同时，积极扶持发展中小企业。要集中开发实施一批重大节能技术、工程和项目，培育一批节能示范园区和企业，发展煤炭开采、汽车制造、黄金冶炼和农副产品加工等10大循环经济链条。要强化政府责任，把节能降耗和污染减排作为约束性指标，纳入政绩考核，确保把推动经济增长方式转变的各项目标任务落到实处。在膨胀发展制造业的同时，大力加强农业的基础地位，加快现代服务业发展步伐，形成科技含量高、经济效益好、资源消耗低、人力资源得以充分发挥的新的经济发展体系。

（二）坚持改革开放与科技创新紧密结合，增创竞争发展新优势 坚持靠改革激发活力、靠开放借助外力、靠科技提升核心竞争力，使改革、开放、科技三大动力紧密结合，形成推动发展的强大合力。继续把对外开放摆到全局战略位置，积极扩大利用外资规模，着力提高利用外资的质量和水平，大力引进高新技术、装备制造、节能环保等产业龙头项目和配套项目，高度重视引进发展总部经济和研发中心。在继续扩大制造业利用外资的同时，把一、三产业和基础设施建设利用外资突出出来，争取实现大的突破。大力培植出口骨干企业、优化出口商品结构，积极增加紧缺资源、先进技术和关键设备进口。坚持实施走出去战略，鼓励和支持企业走出烟台谋求发展。积极探索和运用外资并购等新的吸引外资方式，推动大中型国有和民营企业的产业资本与国际金融资本的融合，提高企业国际化水平和竞争力。应对国际服务业加快转移的新趋势，加大政府财政支持力度，加快信息产业园建设，积极承接国际服务外包业务，达到提高外资质量和改善出口结构的目的。加快“创新型城市”建设步伐，坚持政府支持、企业主体、产学研结合，重视发挥驻烟高校和科研院所的作用，大力提高自主创新能力，努力在原始创新上有新的作为，在集成创新上有新的成效，在引进消化吸收再创新上获得新的成果。突出抓好科技成果转化应用，依托高新技术提升支柱产业、改造传统产业、发展新兴产业，促进增长方式转变。在电子信息、新材料、生物制药和先进制造等优势领域，大力发展自主知识产权，提高“烟台创造”比重，形成高新技术产业化优势，力争到2010年，高新技术产业产值比重达到40%。努力创新建立落实科学发展观的体制机制，加快行政管理体制改革，稳步推进事业单位改革，深化农村综合改革，抓好财税和金融领域等各项改革。金融是现代经济的核心。要抓住入世过渡期结束的有利机遇，努力引进各类金融机构，做大做强金融产业。积极推进企业境内外上市，扩大直接融资规模和搞好资本运营。继续搞好国有资产监管体制和国有企业改革，使经营性国有资本向基础设施、公用事业、高新技术产业和重点骨干企业集中，大力提高国有经济的竞争力和控制力。

（三）坚持城市与农村统筹发展，构筑城乡共同繁荣发展新格局 建设文明富庶新烟台，必须把解决“三农”问题摆到重要位置。农业丰则基础强，农民富则全市兴，农村稳则社会安。以发展农村经济为重点，扎实推进社会主义新农村建设。突出优化农村经济结构、促进农民增收，纵深推进农业产业化，大力发展现代农业，把特色农业和农村二、三产业放在增加农民收入的重要位置来抓，拓展农村发展、农业增效、农民增收新空间。认真落实各项支农惠农政策，加快发展农村“路水电医学”和社会保障事业，提高农村经济政治文化社会和党的建设水平。要从统筹城乡和区域发展的大局着眼，加快发展城市经济。深入实施中心城区“东进西拓、适度南扩”战略，构筑大城区的城市网络。继续按照“三高”要求搞好城市规划建设管理，完善功能，提升形象，彰显特色，建设充满魅力的现代海滨城市。突出开发区、港区和重点骨干企业“三大板块”，现代制造业、现代服务业和现代社会事业“三大领域”，理顺体制、科学定位、整体规划“三个环节”，突破性发展中心城市经济，力争经过5年努力，使中心城市经济总量占全市比重达到50%以上。把县城和小城镇建设与县域和镇域经济发展融为一体，推

动7个县级中心城市成为半岛城市群重要组成部分；建设一批综合实力强、聚集程度高、辐射作用大的小城市和中心镇，使之成为带动县域和镇域经济发展的有效载体。落实支持县域经济发展的各项政策，鼓励强县强市率先发展，支持中等县市崛起发展，扶持困难县市赶超发展，鼓励走各具特色的发展路子，争取有更多的县市区进入全国百强、全省30强，并在全国、全省县域经济发展格局中位次前移。把园区经济作为推进城市化和统筹城乡发展的重要载体来抓。烟台开发区要以挺进国家级一流开发区和当好全市发展"龙头"为目标，站在高起点、实现新跨越。高新区、出口加工区和各级各类园区，也要充分发挥自身优势，加快发展步伐。

（四）坚持把民营经济与服务业作为突破重点，激发经济增长新活力 要把发展民营经济作为富民强市的重要措施来抓，坚持在思想层面实行大发动，引导全市上下破除一切陈旧观念的束缚，放心、放手、放胆、放量地发展民营经济，真正形成能人创企业、百姓创家业、干部创事业的浓厚氛围；在政策层面实施大推动，落实"非禁即入"政策，在资金、人才和技术引进上树立"烟台以外都是外"的理念。要构建融资担保、信用评价、人才培训、技术信息和法律维权服务体系，营造民营经济大发展的宽松环境；在落实层面采取大行动，各级领导要把民营经济工作真正抓在手上，既培育"顶天立地"带动一方的大型骨干企业，又发展"铺天盖地"惠及千家万户的个体私营经济，支持发展一批自主创新型和原创型民营企业。要善于发挥民营经济的群体优势，抓出一批有特色和竞争力的产业镇、专业村，促进民营经济在量上充分扩展、质上显著提高，成为推动全市发展的重要力量。加快发展服务业是科学发展与和谐发展的内在要求。我市第三产业比重较低，与现代经济社会发展的要求不适应，必须强化力度大力突破。要按照生产与生活并重、传统与新兴结合的思路，全力突破旅游会展、商贸餐饮、现代物流和金融保险四大重点产业，加快发展信息服务、文化传媒、社区服务三大新兴产业，大力推进大南山旅游开发等50个服务业重点项目，做大做强50户服务业龙头骨干企业，带动全市服务业进入全面繁荣发展的新阶段。争取到2010年，使服务业增加值比重达到36%以上，在全市新增生产总值中贡献40%以上的份额。

（五）坚持临港产业与海洋经济互为依托，拓宽发展新空间 我市有2.6万平方公里海域面积和900多公里海岸线，这是我们得天独厚的宝贵资源和潜力巨大的发展空间。今后在更好地利用陆地资源的同时，要充分利用丰富优越的港口和海洋资源优势，抓住国家重点开发环渤海经济圈、烟大铁路轮渡开通等重大战略机遇，推动"以港兴市"，发展海洋经济。以烟台港为龙头，培育协同竞争、错位发展的港口群。以构建东北亚地区区域性大型枢纽港为目标，加快推进烟台港西港区建设，带动全市港口功能调整和港航业发展。到2010年，全市港口吞吐量力争突破2亿吨，集装箱达到300万标箱。抓好开发区、蓬莱、龙口和莱州等临港产业园区建设，培育发展石化、船舶、汽车、铝业、电子信息和食品加工六大临港工业。加快大宇造船等大项目建设，尽快提高我市造船能力和水平，力争在"十一五"末达到300万吨。继续引进建设一批大进大出的产业项目，实现产业与港口良性互动。规划建设烟台港西港区、芝罘湾港区和龙口港区三大核心港区的物流园区，逐步形成面向东北亚地区的大型物流中心。要把长岛的繁荣发展作为我市特色经济的重要突破口，开发与保护并重，长远与近期并举，建设好美丽海岛。大力膨胀发展海洋渔业、滨海旅游、海洋机械制造三大支柱产业，培育海洋生物制药、海水综合利用、海洋矿产、海洋能源和海洋服务五大新兴产业，推动海洋经济进入全面发展的"快车道"。经过5年努力，使海洋产业增加值占全市生产总值比重达到25%以上。

（六）坚持软硬环境配套并举，打造赶超发展新环境 经济社会越发展，越需要强有力的环境要素支撑。要继续从战略高度抓好硬环境特别是重大基础设施建设。要把事关我市经济命脉和长远发展的德龙烟铁路建设作为首要项目全力推进。要搞好烟大铁路轮渡运营、争取中韩铁路轮渡立项，加快推进烟台港西港区、海阳核电、胶东引黄调水、机场和火车站改扩建等重大工程项目，争取早见成效。高度重视新型能源、水源的开发利用。按照国家确定的投资方向，强力推进战略性重大项目建设。从今年起，全市要几年一贯地开展"项目推进年"活动，使发展的支撑力不断增强、后劲充足。在软环境建设上，要全面加强机关建设，加强公务员队伍建设，探索建立公务员队伍的选用和"退出"机制。推行行政执法责任制，提高办事效率，优化政务环境；巩固提高"魅力城市"、"文明城市"、"平安城市"、"金牌城市"和"长安杯"、"人居奖"等创建成果，提升综合发展环境。当今世界的竞争，说到底是人才的竞争。必须牢固树立人才是第一资源的观念，坚持党管人才原则，以构筑制造业人才高地、培养创新型人才群体、打造农村人才集群为重点，大力实施"人才强市"战略，全面推进引才、育才、聚才工程，形成人尽其才、才尽其用、人才辈出的人才工作新格局。

四、坚持以人为本全面建设和谐烟台

构建社会主义和谐社会，建设和谐烟台，既是建设文明富庶新烟台的重要内容，也是重要保证。必须着力实现发展的和谐，着力实现动态的和谐，着力实现长远的和谐，着力实现全面的和谐。要把和谐烟台建设摆到全局工作的突出位置，扎实有效地向前推进。

（一）加快发展社会事业，以发展的协调性促进社会和谐 社会和谐取决于发展的协调性。要坚持不懈地大力发展社会生产力，同时加快解决社会事业发展相对滞后问题。坚持教育优先发展，全面加强基础教育，免除城乡学生义务教育阶段学杂费，实现真正意义上的义务教育；大力发展职业教育，稳步发展高等教育，积极发展继续教育，建设学习型社会。坚持把社会效益放在首位，把发展公益性文化事业作为保障人民文化权益的重要途径，加大对文化事业的投入，逐步形成覆盖城乡、功能完备的公共文化服务体系。完善文化产业政策，加快发展新闻出版、现代传媒、文化娱乐、文化旅游等主体文化产业。坚持公共医疗卫生的公益性质，以人人享有基本卫生保健服务为目标，全面加强疾病预防控制体系、医疗救治体系和卫生应急处置机制建设，建立安全、有效、方便、价廉的公共卫生和基本医疗服务网络。夯实农村和社区卫生基础，使新型农村合作医疗尽快覆盖全市农村，同时加快建设以社区为基础的新型城市医疗卫生服务体系。加强食品药品监管，保障人民群众饮食用药安全。广泛开展全民健身运动，大力提高竞技体育水平。认真组织好参加第6届全国城市运动会和承办第3届亚洲沙滩运动会各项准备工作，展示现代开放城市新形象。全面加强人口与计划生育工作。着眼于群众需求，继续加大科教文卫体等社会事业项目建设力度，增加财政投入，促进社会事业的全面繁荣与发展。

（二）扎实推进和谐文化建设，弘扬“创新、拼搏、协作、包容”的烟台精神 加强社会主义核心价值体系建设，大力推进科学理论的宣传、推广和普及，深入抓好用社会主义共同理想凝聚力量、用民族精神和时代精神激发活力、用社会主义荣辱观培育文明道德风尚的工作。在全社会倡导老实做人、真诚待人，孝敬父母、尊老爱幼，团结互助、移风易俗，喜事新办、丧事从简，勤俭持家、厉行节约等文明新风气，以党风促政风，政风带民风，使文明新风在胶东大地劲吹。牢牢把握正确的舆论导向，提高舆论引导水平，营造积极健康向上的思想舆论氛围。扎实开展双拥共建活动，巩固军政军民团结。大力培育和弘扬新时期的“烟台精神”，努力用创新精神激发境界高远、追求卓越的进取动力，用拼搏精神凝炼坚韧不拔、攻坚克难的坚强意志，用协作精神锻造胸怀全局、和谐团结的优秀品格，用包容精神展现海纳百川、诚信友善的良好形象。要通过新闻媒体、典型示范等大力宣传烟台精神，利用文明创建、和谐创建活动等充分彰显烟台精神，组织各级各单位和广大干部群众，立足岗位自觉践行烟台精神，使烟台精神成为高扬于市民心中的一面旗帜、独具特质的城市竞争力和凝聚群众、推动发展的强大力量。

（三）妥善处理各方面利益关系，最大限度地增加和谐因素 创业是财富之源，就业是民生之本，保障是安民之策。我们要高度关注民生，切实解决人民群众最关心、最直接、最现实的利益问题，把实践党全心全意为人民服务的宗旨，体现在解决好人民群众就业、保障、分配等具体问题上，体现在让广大人民群众共享改革开放、经济发展的成果上。坚持按劳分配为主体、多种分配方式并存的分配制度，加强收入分配调节，解决贫富差距扩大问题。要努力扩大就业，力争用三年时间，在全市全面建立起城乡统一的就业管理制度和公共就业服务体系，努力实现每个家庭至少一人就业的目标。深入开展“万家企业和谐劳动关系”创建活动，夯实社会和谐基础。全面发展养老、医疗、失业、工伤、生育保险，以非公有制经济从业人员、灵活就业人员和农民工为重点，扩大社会保障覆盖范围。加快推进农村养老保险、做好“五保”供养工作。健全最低生活保障制度，完善随城乡居民收入增长相应提高城乡“低保”标准的机制。健全社会救助体系，发展社会福利、慈善、残疾人和红十字事业，深入开展“爱心捐助”、部门包帮和个人联系等主题实践活动，动员全社会力量帮贫扶弱、救难济困，走共同富裕的发展道路。

（四）加强民主法制建设，努力营造和谐稳定的社会环境 坚持和完善人民代表大会制度，坚持和完善共产党领导的多党合作和政治协商制度，发挥好工青妇等人民团体的桥梁纽带作用。认真贯彻依法治国方略，大力发展基层民主政治，以民主实现公正，凭公正凝聚人心。围绕保证人民群众依法直接行使民主权利，健全各项民主管理制度，完善各项公开办事制度。继续组织好政府与市民多条渠道对话，不断丰富民主政治实现形式。把发展基层民主政治同建立有效的利益协调机制、诉求表达机制、矛盾调处机制、权益保障机制结合起来，扎实做好维护群众合法权益工作。以预防和化解社会矛盾为主线，以深化平安建设为载体，加强社会治安综合治理，深入开展严打整治斗争，严密防范和打击境外敌对势力的渗透破坏活动，防范和惩治邪教组织非法活动。支持政法机关依法履行职责，认真做好群众信访工作，重视做好民兵预备役工作，保持社会全面动态可持续稳定。高度重视安全生产，坚决防止和努力杜绝重特大安全生产事故发生，切实保障人民群众的生命财产安全。

五、全面加强和改进党的建设

事业发展关键在党。要坚持以执政能力和先进性建设为主线，全面推进党的建设新的伟大工程，用伟大工程促进伟大事业、开辟美好未来。

（一）加强理论武装，始终保持思想上的先进性 思想建设是党的建设首要任务。必须坚持不懈地做好用马克思主义理论武装党员、教育干部的工作。要把学习邓小平理论和“三个代表”重要思想，同学习贯彻科学发展观、构建和谐社会等重大战略思想结合起来，坚持用马克思主义中国化的最新成果指导新实践。要大力弘扬理论联系实际的马克思主义学风，坚定正确的政治方向，严肃政治纪律，做“三个代表”和科学发展观的坚定实践者；善于进行理论思维和战略思维，努力用宽广的眼界观察世界，做解放思想、率先发展的有力推动者；不断提高理论应用水平，以我们正在做的事情为中心，研究规律性，克服片面性，增强创造性，不断开启思想和工作的新境界。

（二）建设高素质的干部队伍，形成朝气蓬勃、奋发有为的领导团队 全面建设文明富庶新烟台，必须全面建设高素质的党员干部队伍。各级领导同志都要适应新的形势和任务要求，加强思想政治素质和执政能力建设，形成朝气蓬勃、堪当重任的领导团队。要深入抓好大规模培训干部、大幅度提高干部素质工作，全面推进“干部能力跃升”工程。大力优化干部队伍结构，积极推进领导班子配备改革，突出选好配强“一把手”，提高整体功能。适应经济社会协调发展，注重培养选拔熟悉经济建设和社会管理的优秀干部。积极培养选拔优秀年轻干部，进一步做好女干部、党外干部培养选拔工作，切实做好老干部工作。认真落实《党政领导干部选拔任用工作条例》和《公务员法》，深化干部人事制度改革，建立健全体现科学发展观要求的用人机制和激励机制，完善民主推荐、竞争择优的选人用人机制。继续加强决策目标、执行责任、考核监督"三个体系"建设，坚持以贡献论英雄、凭实绩用干部，充分调动各级干部干事创业的积极性和主动性。坚持和完善民主集中制，稳步推进党务公开，健全完善党委内部议事规则和决策程序，提高总揽全局、协调各方的能力和水平。

(三)加强基层组织和党员队伍建设，着力夯实执政基础 我市有1.9万个基层党组织、49万名共产党员。这支队伍坚强有力，我们的发展就有了坚实可靠的基础和保证。要按照围绕中心、服务大局、拓宽领域、强化功能的要求，全面推进"强基工程"。深入开展"三级联创"活动，以推动新农村建设、提高富民本领为着力点，加强农村基层党组织建设；以建设和谐社区、服务社区居民为着力点，加强社区党建工作；以发挥政治核心作用、维护职工利益为着力点，搞好国有企业党的建设；以扩大覆盖面、提高影响力为着力点，加大在新经济社会组织建立党组织的工作力度。进一步搞好机关和事业单位党的建设，实现党对各个领域的有效领导。广大基层干部身处改革发展一线，肩负着凝聚群众、推动发展、促进和谐的重任，面临的矛盾多、压力大。要真正重视、真情关怀、真心爱护基层干部，紧紧依靠基层干部做好基层基础工作。健全落实基层党组织负责人选配和管理机制，大力培养选拔政治素质好、发展能力强的干部，提高基层组织整体战斗力。

加强党的先进性建设，必须始终抓好保持和发展党员队伍先进性这个基础工程。每位党员都要牢记党的宗旨，牢记宣誓誓词，经常想一想为啥入党、为谁干事、向谁看齐这些基本问题，切实增强党性观念和先进性意识，在全面建设文明富庶新烟台的征程中发挥先锋模范作用。要积极巩固和扩大先进性教育活动成果，健全落实使党员长期受教育、永葆先进性的长效机制。把集中教育与经常性工作结合起来，激发党员自我教育、自我提高的内在动力。积极探索对各类党员实施有效管理的途径，做好新形势下发展党员工作，严肃处置不合格党员。健全落实领导干部联系基层、党员联系群众以及"3+1"联手共建新农村等制度，凝聚和激励广大群众共同前进。

(四)加强作风建设，以为民务实清廉的良好形象取信于民 胡锦涛总书记在中纪委七次全会上突出强调了全面加强思想作风、学风、工作作风、领导作风、生活作风建设，明确提出要在各级领导干部中大力倡导八个方面的良好风气，我们一定要深入学习领会，务必落到实处。加强党的作风建设，核心是保持党同人民群众的血肉联系。我们党的根基在人民，血脉在人民，力量在人民。必须始终把一切为了人民作为最根本的工作导向，树立正确的政绩观，视名利淡如水，看事业重如山，以待人民为父母的深厚感情和强烈责任感，认认真真访民情、诚诚恳恳听民意、实实在在帮民富、兢兢业业保民安、寝食难安解民忧，努力使广大人民群众在经济社会发展中得到更多实惠、过上幸福生活；必须始终把一切依靠人民作为最根本的工作方法，建立健全畅通的民意汇集机制、广泛的群众服务机制、有效的群众动员机制，凝心聚力推动事业前进；必须把人民满意作为衡量各项工作的根本标准，务必保持谦虚谨慎、不骄不躁的作风，务必保持艰苦奋斗的作风，克服形式主义和官僚主义，深入调查研究，狠抓工作落实，使我们作出的各项决策、采取的各项措施、推行的各项工作，都能更加符合客观实际和规律，符合人民的愿望和要求。

加强党风廉政建设，深入开展反腐败斗争，事关党的生死存亡，必须毫不放松、持之以恒地抓紧抓好。要坚持标本兼治、综合治理、惩防并举、注重预防的方针，建立健全惩治和预防腐败体系，把反腐倡廉工作融入经济社会发展和党的建设之中，不断拓展从源头上防治腐败工作领域。深化党风廉政教育，推进廉政文化建设，筑牢党员干部廉洁从政的思想道德基础。用改革的办法推进反腐倡廉制度建设，健全防范腐败的体制机制。把党内监督与各方面监督结合起来，突出抓好对领导机关和领导干部的监督工作，进一步规范从政行为。加大查办案件工作力度，严惩腐败分子。认真落实党风廉政建设责任制，不断取得党风廉政建设和反腐败斗争的新成效。

全面建设文明富庶新烟台，是惠及全市650万人民的伟大工程，是关系烟台近期竞争力、长远可持续力的重大战略举措。实现这一宏伟目标，我们有基础、有机遇、有条件；同时又充满压力、极具挑战。优秀的烟台儿女曾创造了一个个历史辉煌。无论是战争年代还是社会主义建设时期，烟台各级党组织和广大共产党员都站在时代潮头，创造了许多人间奇迹，闪耀着群星灿烂的光芒。以先模人物、优秀党员为代表的当代烟台儿女，也一定能够担当起历史重任，再创新的辉煌！全市各级党组织和每一个共产党员，都要切实增强大局意识。建设文明富庶的新烟台是当前和今后的大局。各级党组织和广大共产党员要带领广大干部群众，在各自的岗位上为全市大局做出自己应有的贡献。烟台的文明富庶归根到底要靠烟台全体人民不懈追求和共同努力，每一个共产党员和每一位烟台人民，都要想烟台、爱烟台、奉献烟台；同时，我们还必须以博大胸怀接纳一切有利于烟台发展的因素，利用一切有利于烟台发展的条件。要切实增强责任意识，抓住机遇而不可丧失机遇，开拓进取而不可因循守旧，勇攀高峰而不可自满自足，做出无愧于历史、无愧于人民的新业绩！要切实增强忧患意识，清醒地看到激烈的竞争和严峻的挑战，同心同德攻坚克难，开拓前进务求必胜！实现了这个目标，烟台大地将更加富饶美丽，人民生活将更加幸福美满，我们的明天会更加光辉灿烂！

(本文系烟台市委书记孙永春2007年3月22日在中共烟台市第十一次代表大会上的报告摘要)

全面落实科学发展观
努力实现菏泽经济社会发展新突破

陈 光

一、四年来的工作回顾

市第十次党代会以来，在省委的坚强领导下，市委坚持以科学发展观统揽全局，团结带领全市人民，全面实施“突破菏泽”战略，解放思想、开拓创新，和衷共济、干事创业，我市经济社会发展进入了改革开放以来最好最快的时期。

过去的四年，经济持续健康发展，综合实力显著增强。2006年实现生产总值、地方财政收入537.7亿元和30亿元，年均分别增长17.1%和47.4%；固定资产投资四年累计超过1300亿元，第二产业比重提高了15个百分点，主要经济指标增幅均高于全省平均水平，实现了省委省政府提出的“三个高于”目标。工业经济迅猛发展，六大产业初具规模，骨干企业迅速膨胀，九县区工业园被批准为省级工业园，规模以上工业企业达到1043家、新增733家，完成增加值年均增长45%，经济效益综合指数提高79个百分点，万元GDP能耗2006年降低4.5%，一批产品被评为“名牌”和“驰名商标”。农村经济稳步增长，去年粮食总产达到96亿斤，有林地面积达到450万亩，规模以上农业产业化龙头企业发展到418家。第三产业日趋繁荣，2006年完成增加值123.5亿元，比2002年增长2.02倍。

过去的四年，社会事业全面进步，精神文明稳步推进。大力实施科教兴菏和人才强市战略，基础教育更加巩固，职业教育发展迅速，多元化办学格局初步形成，建成了第一所本科院校。科技进步步伐加快，对经济增长的贡献率达到42%。文化事业健康发展，文艺创作日益繁荣，《山东汉子》荣获国家舞台艺术精品大奖。疾病预防控制体系和传染病救治体系初步建立，农村卫生院、卫生室规范化建设全面启动，新型农村合作医疗正在实施。环境保护效果明显，污染排放得到有效治理，河流水质、空气质量进一步好转。文明创建活动扎实有效，“求实、创新、诚信、奋进”的菏泽精神得到弘扬，爱国主义、集体主义和社会主义思想深入人心，干部群众精神面貌发生了巨大变化。广播电视、新闻出版、计划生育、气象、体育等事业都有了较快发展。

过去的四年，基础设施日益完善，城乡面貌明显改观。菏关高速已经建成，济菏、德商高速正在建设，京杭运河洙水河航道一期工程正式动工，口岸新址投入使用并与青岛港实现直通，公路通车里程跃居全省前列，交通运输网络更为完善。四年来投入财政性城建资金36亿元，带动社会投资100多亿元，城市化水平提高6个百分点。完成了新一轮《菏泽市城市总体规划》，城区控制性详规覆盖率达到85%。实施了环城公园、赵王河公园、引黄供水、污水处理厂、城区道路及管网等一大批重点工程，营建了环城林带和近百处街头绿地、广场，城市功能进一步强化，人居环境进一步改善。新农村建设稳步推进，“四四四一”工程效果良好，农村改厕经验在全省、全国推广并被评为2006年度“中国十大政府创新典型”。

过去的四年，各项改革继续深化，对外开放不断扩大。国企改革进一步深入，财政管理体制和国有资产管理体制改革扎实推进，国有资产经营纳入市场化轨道，建立和完善了财政集中收付制度。社会公益事业改革步伐加快，环卫管理实现了“拿钱养人”到“拿钱养事”的历史性转变。农村改革稳步推进，集体土地使用权、小型水利设施建设和林业产权改革在探索中不断深化，全部免除了农业税。政府采购体制进一步完善，采购范围进一步扩大，四年来节约资金1.7亿元。对外开放程度进一步提高，进出口总额由1.7亿美元增加到6.5亿美元，累计实际利用外资4.3亿美元。成功举办了四届国际牡丹花会和三届中国林产品交易会，促进了对外交流，扩大了菏泽影响。

过去的四年，群众收入稳步增加，生活质量大幅提升。城乡就业更加充分，社会保障日趋完善，救助体系初步建立。城镇居民人均可支配收入、农民人均纯收入分别达到8137元和3480元，年均增长11.3%和10.9%；金融机构存款余额、社会消费品零售总额分别达到496.5亿元和275.2亿元，城镇居民人均住房面积增加7.9平方米，居民的教育、文化、旅游支出比重不断增大，移动电话、互联网、小汽车进入普通百姓家庭。新增农村公路8805公里，基本实现了行政村村村通油路、通客车，近10万户农民看上了有线电视，24.6%的农业人口用上了自来水。

过去的四年，民主法制不断进步，社会形势平安和谐。认真落实人民代表大会制度和政治协商制度，决策的民主化、科学化水平明显提高。爱国统一战线不断巩固扩大，民族、宗教、侨务和对台工作得到加强。村民和社区居民自治制度逐步完善，厂务、村务、政务公开日趋规范，基层民主建设走上制度化轨道。依法行政步伐加快，信访工作重心下移，安全生产形势趋好，社会治安综合治理全面加强，群众关心的热点难点问题得到较好解决，平安建设取得明显成效。同时，圆满完成了“非典”和禽流感防治、抗洪抢险、黄河滩区移民迁建、标准化堤防建设、滩区灾后重建等重大任务，有效地维护了人民群众的生命财产安全和切身利益。

过去的四年，党的建设全面加强，执政能力显著提高。扎实开展先进性教育活动，初步建立了保持共产党员先进性长效机制，收到了党员受教育、群众得实惠的良好效果。强化基层党组织建设，农村、企业、机关、社区和新型社会经济组织的党建工作得到加强，农村无职党员“设岗评星”做法在全省推广，村班子“防瘫动态管理机制”和“农村卸任干部规范管理机制”研究成果成为中央党校教学案例。深入开展“解放思想、干事创业”大讨论，较好地解决了干部群众的观念更新问题。狠抓干部作风集中教育整顿，“十坚持十反对”和基层干部“二十个不准”的要求得到较好落实，干部作风发生了巨大变化。狠抓“三个体系”建设，强化经济实绩考核和岗位目标责任制，激发了干部群众干事创业的积极性。坚持按《党政领导干部选拔任用工作条例》和“八用八不用”标准选用干部，狠刹选人用人上的不正之风，牢固树立了正确的用人导向，“凭实绩用干部”被人民网确定为“2006年度地方党建亮点”。坚持从严治党方针，加强惩治和预防腐败体系建设，加大案件查处力度，党风廉政建设取得新的进展，经济责任审计经验被中央五部委向全国推广。工会、共青团、妇女、老干部、人民武装等工作都取得了显著成绩。

过去的四年，是全市人民大力实施“突破菏泽”战略、精诚团结、奋力拼搏的四年，也是经济社会发展取得重大成就的四年。这些辉煌成就的取得，是在中央和省委的正确领导下，在历届领导班子打下的良好基础上，广大党员干部群众顽强拼搏、艰苦奋斗的结果，是各民主党派、工商联、人民团体、驻菏部队、武警官兵、中央和省驻菏单位、海内外朋友们积极奉献、热情支持的结果。在此，我代表中共菏泽市第十届委员会向所有为菏泽改革发展稳定作出贡献的同志们、朋友们，表示衷心感谢，并致以崇高敬意！

回顾四年来的工作，有许多经验值得总结，其中感受最深刻的是：

——必须坚持正确的政治方向，在思想上行动上始终与党中央和省委保持高度一致。几年来，无论形势多么复杂，任务多么繁重，对上级的指示精神，我们都始终不渝、不折不扣地贯彻执行，从不搞上有政策、下有对策，牢牢把握正确的政治方向。这是做好各项工作的根本保证。

——必须坚持一切从实际出发，科学确立发展思路。我们始终坚持把上级指示精神与菏泽具体实际相结合，在充分调研论证的基础上，相继提出并坚持了做好“三篇文章”、“建设三大基地、培植六大产业”、“以工促农，以城带乡，科学发展”、经济工作“一二三四”和“八个更加注重”等一系列重大工作思路，促进了经济社会快速健康发展。

——必须借助外力、启动内力，最大限度地调动干部群众干事创业的积极性。这几年，我们始终把加快发展的着力点放在借助外力启动内力上，狠抓了思想观念、干部作风和政府职能“三个转变”，极大地激发了干部群众干事创业的热情，促进了“突破菏泽”战略顺利实施，也为菏泽的长远发展打下了坚实基础。

——必须总揽全局、突出重点，在关键领域和关键环节率先突破。我们始终把加快经济发展作为压倒一切的头等大事，把推进工业化进程作为加快经济发展的最佳突破口，把招商引资、项目建设、园区建设和发展特色板块经济作为加快工业化进程的关键措施，收到了以重点带全局的良好效果。

——必须坚持以人为本，切实实现好、维护好、发展好人民群众的利益。在发展过程中，我们始终着眼于满足人民群众的需要和促进人的全面发展，着眼于解决群众最关心、最直接、最现实的利益问题，让人民群众得到实实在在的实惠，充分调动人民群众的积极性、主动性和创造性。先后实施的十大“民心工程”和六个“万字号工程”，深受群众欢迎。

——必须转变干部作风，扎扎实实抓落实。作风实则事业兴。我们持之以恒地抓干部作风教育整顿，树立正确的用人导向，不断完善“三个体系”，健全工作落实机制。形成了求真务实、真抓实干、注重实效的良好风气。

——必须加强和改进党的领导，充分发挥党委总揽全局、协调各方的作用。事业兴衰，关键在党，关键在人，我们高度重视加强党的建设，充分发挥党委总揽全局、协调各方的核心作用，着力提高各级党组织的执政能力和执政水平，为经济社会发展提供了有力保证。

在肯定成绩、总结经验的同时，我们也清醒地认识到存在的问题和不足。主要是：经济总量小，结构不合理；经济增长方式粗放，自主创新能力不强；城市功能不够完善，社会事业欠账较多；农村经济社会发展缓慢，农民增收难度较大；社会矛盾复杂，不稳定因素依然不少；精神文明与民主法制建设还存在一些薄弱环节，重点领域改革任务依然繁重；部分领导干部作风不够扎实，驾驭市场经济的能力不强，基层组织建设、党风廉政建设还有待于进一步加强等。对于这些问题，我们一定高度重视，认真加以解决。

二、当前的形势和今后五年工作目标

布局首先谋势。未来五年，是我市克难攻坚、奋力赶超、实现突破的战略机遇期，也是全面实施“十一五”规划、推动经济社会又好又快发展、扎实构建和谐社会的关键期，在全面建设小康社会进程中具有承上启下、继往开来的重大意义。当前，挑战和机遇并存，刚性约束和促进因素同在。从国际看，虽然经济不稳定因素增多，竞争日趋加剧，贸易摩擦不断，但世界范围内科学技术革命日新月异，经济全球化浪潮加速推进，资本流动、结构调整、产业转移和企业重组规模空前，这必将使我市在更广范围、更大领域、更深程度上受到影响，有利于我们更加广泛地利用国际国内两个市场、两种资源。从国内看，虽然面临经济体制转轨、社会结构转型、增长方式转变带来的压力，但国家加强和完善宏观调控，实行区别对待、扶优汰劣、有保有压政策的实质，是为了更加有力地贯彻科学发展观，推动经济又好又快发展，我们无论是从制订战略规划的宏观层面上，还是从选择发展项目的微观环节上，都与科学发展观的要求相适应，都与宏观调控的政策相符合。从省内看，虽然东部地区继续领先，中部地区加速崛起，周边地区竞相发展，各种生产要素聚集的“马太效应”还十分明显，但省委省政府“突破菏泽”的力度不断加大，不仅赋予我们更大的政治责任，也给予我们更多的外力支持，在东部强市的示范、激励、带动下，我市的发展一定会进一步激发活力、增加动力、聚集合力。从市内看，尽管目前我们整体实力较弱，群众收入不高，经济仍欠发达，但与发达市之间的差距正逐步缩小，已经进入了经济社会发展的快车道，具备了加快发展的基础条件。在新的形势面前，我们一定要坚定信心，鼓舞斗志，抓住机遇，乘势而上，集全民之智、聚全市之力，谋发展之策、求发展之实，努力实现经济社会发展新突破。

今后五年工作总的要求是：**高举邓小平理论和“三个代表”重要思想伟大旗帜，以科学发展观统领经济社会发展全局，紧紧围绕全面建设小康社会总目标，继续坚持“以工促农，以城带乡，统筹协调，科学发展”的工作思路，全力推进“突破菏泽”战略，着力构建社会主义和谐社会，不断加快城镇化步伐，扎实推进社会主义新农村建设，加强和改进党的领导，统筹三个文明协调发展，为站在新起点、谋求新发展、实现新突破而努力奋斗。**

根据上述要求，今后五年我市经济社会发展的总体目标是：发展势头更加强劲，主要经济指标增幅高于全省平均水平，2010年地区生产总值达到1000亿元以上，年均增长16%以上，财政收入超过100亿元，其中地方财政收入超过60亿元，年均增长20%；增长方式更加科学，生态环境明显改善，资源利用率显著提高，科技进步步伐加快，万元GDP能耗年均降低3.5个百分点；城市功能更加完善，以“花城水邑”为依托的中国平原森林城市特色更加突出，2010年城镇化率达到35%，中心城市面积达到65平方公里，人口达到55万人；群众生活更加殷实，城镇居民人均可支配收入、农民人均纯收入分别达到11300元和4550元，居住条件进一步改善，城乡就业更加充分，保障体系更加完善；社会发展更加和谐，民主政治不断推进，社会事业全面发展，公共服务得到加强，公民素质普遍提高，党的建设和精神文明建设进一步加强，团结安定和谐的局面进一步巩固。

实现上述目标任务，必须把握以下指导原则：一是必须坚定不移抓发展。发展是科学发展观的第一要义，是党执政兴国的第一要务，也是我们摆脱欠发达状态、解决各种困难问题的根本所在。不发展就谈不上科学发展，必须坚持用发展的办法解决前进中的问题，抓住一切机遇和条件，千方百计加快经济发展，确保始终有一个较快的发展速度，进一步缩小与发达地区的差距。二是必须又好又快发展。把质量和效益放在更加突出的位置，着力在“好”上做文章，突出抓好节能降耗减排、自主创新、环境保护等关键措施，进一步优化调整结构，努力实现经济社会城乡相协调，速度质量效益相协调，消费投资出口相协调，人口资源环境相协调。三是必须坚持以人为本。让人民群众最大限度地享受到经济社会发展的成果，做到发展为了人民、发展依靠人民、发展成果由人民共享，不断实现好、维护好、发展好最广大人民的根本利益。四是必须确保社会安定和谐。加强和改进新形势下的思想政治工作，将改革的力度、发展的速度与广大人民群众的可承受程度统一起来，协调好社会各阶层的利益关系，妥善处理各类人民内部矛盾，确保人民群众的心情更加舒畅，关系更加融洽，精神更加振奋，积极性和创造性更加充分地迸发。

三、以科学发展观统领全局，坚定不移地推动经济又好又快发展

坚定不移地加快工业化进程。“突破菏泽”的关键在于工业突破。紧紧围绕建设“三大基地”、培植“六大产业”，着力优化经济结构、转变增长方式，走新型工业化道路，努力实现发展速度、结构、质量和效益的有机统一。进一步抓好招商引资和项目建设，尽快膨胀经济总量、壮大经济实力。进一步抓好大项目带动，重点扶持60家骨干企业，加快培育成长性好的企业，搞好煤炭资源开发，抓好大项目引进，不断提高工业经济的规模和档次。进一步抓好园区建设，加大园区投入，完善配套功能，增强聚集效应。进一步抓好民营企业发展，鼓励引导民营企业建立完善现代企业制度，提高市场竞争能力。进一步抓好节能减排，控制新上项目能耗，加快现有项目技术改造，淘汰落后生产能力、工艺、技术和设备，大力发展循环经济，搞好生态环境建设。进一步抓好高新技术产业发展，加大对高新技术骨干企业的培育力度，不断提高科技对工业增长的贡献率。进一步抓好“人才强市”战略实施，加强人才队伍特别是企业家队伍建设，努力造就一大批企业领军人物，千方百计培养、引进、组织、借用企业急需人才，推动经济快速发展。

坚定不移地推进社会主义新农村建设。围绕发展农村经济、增加农民收入、改善农村生产生活条件这一目标，以工业化致富农民，以城市化带动农村，以产业化提升农业，积极稳妥地推进新农村建设。加快发展现代农业，用现代物质条件装备农业，用现代科学技术改造农业，用现代产业体系提升农业，用现代经营形式推进农业，用现代发展理念引领农业，用培养新型农民发展农业，加快实现传统农业向现代农业转变。坚持以农民为主体，以市场为导向，以效益为中心，大力发展符合本地实际、具有比较优势和市场竞争力的特色板块经济，培育县域经济特色。围绕农业优势产业，大力培植龙头企业，发展精深加工，拉长产业链条，辐射带动广大农民奔康致富。按照“农民自愿，民办民管，因地制宜，形式多样”的原则，大力发展农村合作经济组织，提高农业和农民的组织化程度。大力发展劳务经济，加强劳务

培训，打造劳务品牌，不断提高劳务输出质量和效益。深化农村土地制度、农村金融制度和农村管理体制等各项改革，切实增强农村经济发展活力。进一步加大对农业和农村的投入，加大政府土地出让金用于农村的比重，积极探索农村基础设施建设和社会事业投入的长效机制，努力形成农民积极筹资投劳、政府持续加大投入、社会力量广泛参与的多元化投入格局。继续抓好"四四四一"工程，培育新型农民，倡导文明新风，改变村容村貌，优化生活环境。

坚定不移地加快发展服务业。把做大做强服务业作为优化经济结构、转变增长方式、扩大社会就业、增加财政收入的重要措施，加强规划指导，加大有效投入，狠抓政策落实，确保到2010年服务业增加值达到300亿元，年均增长25%，占GDP的比重达到30%。抓住工业化进程加快的机遇，加快发展物流、科技、金融保险、信息、商务等生产性服务业，推动二三产业协调并进、联动发展；改造提升餐饮、文体娱乐、物业管理、搬家、装修、家政、医疗、保健、托老托幼、教育培训等生活性服务业，在满足群众日常生活需求的同时吸纳更多的劳动力就业；加快建设区域性商贸物流基地，突出专业批发市场建设，大力构建物流设施、物流信息、物流配送平台，培育物流龙头企业，促进物流业迅速发展；充分发挥牡丹、水浒、武术、戏曲、书画、平原森林等资源优势，大力培育"一城三乡一生态"特色旅游品牌，不断扩大菏泽旅游业的知名度。

坚定不移地增强消费和外经贸对经济的拉动力。正确处理投资和消费、内需和外需的关系，促进消费、投资、出口相协调，切实解决消费和外经贸对经济拉动乏力的问题。要通过多种渠道努力提高城乡居民特别是低收入者收入水平，调整居民收入分配格局，完善社会保障制度，优化消费环境，最大限度地启动居民消费特别是农民消费。进一步扩大对外开放，在继续加大对外招商引资力度的同时，不断提高外经贸工作水平，确保对外贸易有一个长期的较快增长。加快转变出口方式，努力实现生产企业由出口供货向自营出口转变，由市外代理向市内代理转变。尽快调整出口结构，引导企业发展精深加工，生产高附加值和技术密集型产品。大力实施品牌战略，实现由"贴牌"向"创牌"的跨越，提高出口企业市场竞争力。加强对外经济技术合作，鼓励有条件的企业"走出去"，拓展发展空间。加快对外劳务基地建设，推进对外劳务合作，提高劳务输出层次。

坚定不移地提高自主创新能力。认真落实市委市政府《关于实施科技规划纲要增强自主创新能力建设创新型城市的决定》，不断推进自主创新，力争到2010年科技进步对全市经济增长的贡献率达到50%以上。坚持以企业为主体、以市场为导向、以品牌为目标，加快推进企业技术中心、高新技术中试基地和产学研联合体三大技术创新体系建设，不断增强企业自主创新能力。抓住国家外汇储备充足和人民币升值的机遇，加快高新技术的引进、消化和吸收，重点在科技成果转化和运用上下功夫，在先进适用技术的再创新上求突破。把自主创新与用现代科学技术改造传统产业结合起来，着力推进传统产业的技术改造，真正把创新成果体现到促进企业发展上来。加快创新基地和平台建设，完善鼓励创新的体制机制和政策环境，建立健全科技信用制度和考核评价体系，积极营造支持创新、鼓励创新的良好氛围，激发全社会自主创新的积极性、主动性，不断推进创新型社会建设。

坚定不移地提高城镇化水平。按照工业化、城镇化双轮驱动的要求，进一步加快城镇化步伐，努力改变我市中心城市小、县城带动能力弱、城镇化水平低的局面。坚持高起点、高标准、高品位规划城市，突出"花城水邑林海"特色，形成独特"名片"，增强城市魅力。坚持标准化、规范化、工艺化建设城市，每年集中力量抓几项重点项目、重点工程，力争使每一项工程都成为精品，不断完善城市功能。坚持市场化、精细化、人性化管理城市，提高执法水平，倡导城市文明，打造最佳人居环境，使菏泽成为宜游、宜居、宜商、宜创业的美丽城市。加快推进小城镇建设，拓宽小城镇发展空间，充分发挥小城镇联结城乡、辐射农村的作用。广泛吸引社会各类资本参与小城镇建设，配套完善小城镇基础设施，大力发展小城镇社会事业，不断增强城镇整体功能。加快中心城镇综合开发步伐，鼓励引导农民向中心城镇集中。

坚定不移地优化发展环境。充分利用省里的帮扶政策，多渠道扩大投入，大力加强能源、路水电、商贸流通以及与大项目配套的基础设施建设，加快济菏、德商、东新、徐菏等高速公路建设步伐，着力打造区域性陆路交通大枢纽。加快转变政府职能，积极开展政府"提速增效"活动，减少和规范行政审批，提高工作效率和服务水平，大力整顿和规范市场秩序，消除各种"中梗阻"现象。全方位开展行政效能监察，坚决纠正部门和行业不正之风，严厉整治权力部门以权谋私、"吃拿卡要"等群众反映强烈的问题。加快政府、企业、公众全方位的诚信体系建设，努力营造诚信公平的发展环境。积极推进信用担保体系建设，鼓励民营企业发展各类担保机构，拓宽中小企业融资渠道。

四、强化执政为民理念，扎实推进和谐社会建设

构建和谐社会，既是全面建设小康社会的重要内容，也是促进经济社会又好又快发展的重要保证。必须高度重视社会公正、公平与正义，高度重视关系群众利益的突出问题，不断提高人民群众的满意度。

切实维护群众根本利益。坚持"立党为公、执政为民"，抓住就业这个民生之本，实施积极的就业政策，完善就业服务体系，拓宽就业空间，千方百计扩大城乡就业。以确保发放、扩大覆盖和完善制度为重点，增加财政社保投入，提高保障水平，建立与我市经济发展水平相适应的社会保障体系。加强对困难群众的社会救助，建立和完善低保对象救助体系，切实解决弱势群体在医疗、教育、住房等方面的困难。2007年在全市范围建立农村最低生活保障制度，在市

区和县城镇全部建立廉租住房制度。坚持不懈地抓好农民减负工作，严格执行城镇房屋拆迁安置补偿政策，加大对劳动关系协调、最低工资和劳动保障的监察力度，切实维护群众合法权益。

加快推进社会事业发展。贯彻教育优先发展的方针，深化教育改革，优化教育结构，扩大教育投入，今年全部免除义务教育阶段学杂费。加强义务教育资源统筹，鼓励城区优质教育资源向农村辐射，鼓励城区优秀教师到农村任教，促进教育协调均衡健康发展。继续深化医疗卫生体制改革，逐步加大对公共卫生事业的投入，加快构筑公共疾病预防控制体系和突发公共卫生事件救治体系，加强预防保健，强化医疗监管，扎实做好农村、社区卫生工作，2007年底新型农村合作医疗实现全覆盖，为群众提供安全有效、方便价廉的公共卫生和基本医疗服务。发展社会福利事业，维护和保障妇女、儿童、老年人和残疾人的权益。加强城乡社区体育设施建设，开展全民健身运动，提高竞技体育水平。积极实施文化精品战略，健全公共文化体系，搞好文化资源开发，大力发展文化产业，尽早完成菏泽大剧院、市图书馆等一批文化重点工程。加强广播电视、新闻出版、党史史志、档案管理等工作，促进各项社会事业全面进步。

全面加强民主法制建设。坚持和完善人民代表大会制度，支持人大及其常委会依法履行职能，加强对"一府两院"的监督。坚持和完善中国共产党领导的多党合作和政治协商制度，支持人民政协充分发挥政治协商、民主监督和参政议政作用。加强与各民主党派、工商联和无党派人士的团结合作，广泛听取他们的意见和建议。认真落实党的民族、宗教、侨务和对台政策，巩固和发展最广泛的爱国统一战线。坚持和完善职工代表大会及其他形式的企事业民主管理制度，充分发挥工、青、妇等人民团体的桥梁纽带作用。健全民主制度，推进民主选举、民主决策、民主管理、民主监督，坚持和完善政务、厂务、村务公开，保证人民群众依法管理公共事务、公益事业的权利。认真抓好"五五"普法，提高全民法律素质，全面推行依法行政，努力建设法治政府。切实维护司法公正，提高执法水平。高度重视国防教育和国防后备力量建设，增强全民国防意识，巩固和发展"双拥"成果。

认真抓好精神文明建设和意识形态领域工作。坚持用邓小平理论、"三个代表"重要思想武装党员、教育人民，加强社会主义核心价值体系教育，不断巩固马克思主义在意识形态领域的主导地位。深入贯彻《公民道德建设实施纲要》，广泛开展社会主义荣辱观教育，扎实推进社会公德、职业道德和家庭美德建设，加强未成年人思想道德建设和青少年学生思想政治工作，努力形成"知荣辱、讲正义、树新风、促和谐"的文明风尚。积极开展形式多样的文明创建活动，扫除各种有悖科学、有害健康、有损形象的不文明行为，不断提高社会文明程度。大力弘扬菏泽精神，进一步增强全市人民爱我菏泽、建我菏泽、兴我菏泽的主人翁意识。

努力维护社会稳定。进一步强化"稳定压倒一切"的观念，正确处理改革发展稳定的关系，紧紧抓住利益调节这个关键，依法维护广大人民群众的根本利益。强化基层基础工作，畅通社情民意反映渠道，健全社会矛盾纠纷排查调处机制，依法规范信访秩序，及时解决群众反映强烈的焦点问题，预防和妥善处置群体性事件，最大限度地化解人民内部矛盾。健全社会治安防控体系，严厉打击黑恶势力、"两抢一盗"等各类刑事犯罪以及"法轮功"等邪教组织和非法宗教活动。牢固树立安全重于泰山的信念，加强对食品、药品、交通和社会服务等方面的监管，坚决防止重特大安全事故发生。健全社会预警机制和突发事件应急机制，落实维护社会稳定工作责任制，促进社会长治久安。

扎实做好人口资源环境工作。坚持节约发展、清洁发展、安全发展和可持续发展，加快建设资源节约型、环境友好型社会，促进经济与人口资源环境协调发展。合理配置和利用水资源，提高矿产资源的综合利用率，严格耕地保护制度，推进资源节约集约利用。大力建设"生态菏泽"，加强环境污染防治和生态保护，抓好老污染源治理和新建项目管理，健全环境污染应急处理机制，积极发展循环经济，提升人居环境质量。坚持计划生育基本国策，建立健全人口发展组织体系和社会服务网络体系，稳定低生育水平，改善出生人口结构，提高人口素质。

五、坚持从严治党方针，把党的建设新的伟大工程不断引向深入

实施"突破菏泽"战略、加快经济社会发展关键在于坚持和完善党的领导。要以保持党的先进性为核心，以提高党的执政能力为重点，全面推进党的建设新的伟大工程，不断增强各级党组织的凝聚力、战斗力和创造力。

切实加强党的思想政治建设。坚持以邓小平理论和"三个代表"重要思想武装头脑、指导行动、推动工作，坚持以科学发展观统领经济社会发展全局，认真学习十六大以来党中央提出的一系列重大战略思想，增强政治敏锐性和政治鉴别力。紧密结合不断变化的新形势，深刻领会新世纪新阶段党的最新理论成果，不断深化对人类社会发展规律、共产党执政规律和社会主义建设规律的认识，始终在思想上保持和发展先进性。广大党员干部要不断学习新知识、积累新经验、掌握新本领，努力提高理论思维、战略思维和创新思维水平。

切实加强党的制度建设。进一步巩固扩大先进性教育活动成果，把先进性教育活动中创造的好做法好经验用制度确定下来，形成长效机制。进一步完善各级党组织内部运行机制，不断强化党代会和党委全委会的功能，完善全委会、常委会工作规则，积极探索党代会闭会期间发挥代表作用的形式和途径，建立健全充分反映党员和党组织意愿的党内民主制度，保障党员的民主权利，激发党内活力，促进团结统一。进一步完善党委议事和决策机制，以坚持民主集中制为根本，把科学执政、民主执政、依法执政和廉洁施政的要求落到实处。积极探索党委领导班子副职减少后的

集体领导工作机制，形成各司其职、各负其责、相互协调、相互支持的整体合力。

切实加强各级领导班子和干部队伍建设。严格执行《党政领导干部选拔任用工作条例》和“八用八不用”标准，切实把那些政治坚定、能力突出、作风过硬、群众信任、善于领导科学发展的优秀干部选拔到领导岗位上来。继续深化干部人事制度改革，扩大干部工作中的民主，保障党员和群众对干部选拔任用工作的知情权、参与权、选择权和监督权。建立健全体现科学发展观和正确政绩观要求的干部实绩考核体系，以经济社会发展的成效评价干部、识别干部，真正让各级干部有想干的激情、会干的本领、真干的作风、善干的艺术。进一步完善干部选拔任用管理监督机制，坚决防止和纠正干部考察失真、“带病提拔”和跑官要官、买官卖官等问题。注重培养年轻干部、女干部、专业技术干部、少数民族干部和党外干部。

切实加强党的基层组织建设。坚持重心下移，扎实推进“强基工程”，使各级党组织真正成为“突破菏泽”的组织者、推动者和实践者。扎实做好农村党建工作，继续深化和拓展“三级联创”活动，认真解决农村党员老龄化问题，努力建设一支能够带头创业、引领致富的农村干部队伍；扎实做好社区党建工作，全面提升社区党组织服务群众、服务基层的能力；扎实做好厂矿企业党建工作，积极探索适合企业特别是非公有制企业特点的党组织活动方式和工作方法；扎实做好机关党建工作，充分发挥机关党组织的示范带动作用。积极发展包括新型经济组织和社会组织中的优秀分子入党，不断巩固党的阶级基础，扩大党的群众基础。

切实加强党的作风建设。继续发扬实事求是的作风，认真做好上级指示精神与本地实际相结合的文章，想问题、做决策、办事情，多做调查研究，多听取基层和群众意见，反对本本主义和教条主义，反对主观决策和凭个人好恶办事；继续发扬求真务实的作风，不提不切实际的空口号，不搞沽名钓誉的政绩工程，把主要精力用在解决问题上，把注意力放在化解矛盾上，把政绩建立在人民满意上，集中力量抓落实、谋发展、求突破；继续发扬艰苦奋斗的作风，坚持勤俭办事，自觉抵制铺张浪费、贪图享乐的不良思想和行为，永葆共产党人的政治本色；继续发扬密切联系群众的作风，坚持从群众中来，到群众中去，深入实际、深入基层、深入群众，认认真真访民情、勤勤恳恳帮民富、踏踏实实解民忧、兢兢业业保民安，始终与人民群众同呼吸、共命运、心连心。要按照胡锦涛总书记提出的大力弘扬八个方面良好风气的要求，突出抓好领导干部作风建设，以领导干部作风的转变促党风、带政风，进而推动全社会风气的进一步好转。

切实加强党风廉政建设。强化廉政教育，引导广大党员特别是领导干部牢固树立科学的世界观、人生观、价值观和正确的权力观、地位观、利益观，常修为政之德、常思贪欲之害、常怀律己之心、常弃非分之想，坚决抵制各种腐朽落后思想的侵蚀，永葆共产党人的高风亮节。严格落实党风廉政建设责任制，进一步建立健全教育、制度、监督并重的惩治和预防腐败体系。加强对权力运行的监督，建立健全结构合理、配置科学、程序严密、制约有效的权力运行机制，坚决纠正部门和行业不正之风，切实解决损害群众利益的突出问题。加大对大案要案的查办力度，严厉惩处腐败分子，重点查办党员领导干部滥用职权、贪污贿赂、腐化堕落、失职渎职等案件，以反腐败的实际成果取信于民。

（本文系菏泽市委书记陈光2007年3月13日在中共菏泽市第十一次代表大会上的报告摘要）

“坚持从严治党方针　全面加强党的建设”五人谈

刘慧晏(淄博市委书记):

建设殷实小康,构建和谐淄博,党的领导是关键。要坚持以党的先进性建设为主线,以党的执政能力建设为重点,全面推进党的建设新的伟大工程,为建设殷实小康、构建和谐淄博提供坚强的政治组织保证。

切实加强思想政治建设,进一步用党的最新理论成果武装党员干部。思想上的与时俱进是我们党保持先进性的前提。要深入开展邓小平理论、“三个代表”重要思想、科学发展观的学习教育,不断增强贯彻落实党的基本理论、基本路线、基本纲领的坚定性和自觉性,始终在思想上、政治上与党中央保持高度一致。坚持把科学发展观、构建社会主义和谐社会等重大战略思想,作为思想理论建设的突出重点,列入各级党员干部培训规划,作为各级党委理论学习中心组和党员干部学习的重要内容,始终用马克思主义中国化的最新理论成果指导实践、推动工作。大力弘扬理论联系实际的学风,努力把科学发展观的要求转化为谋划发展的正确思路、促进发展的政策措施,切实提高贯彻落实科学发展观的实际能力。坚持不懈地推动思想解放,坚决破除一切背离科学发展观的思想,坚决纠正一切偏离科学发展观要求的行为,使各级领导干部始终保持与时俱进的理论品质和奋发有为的精神状态。理论学习要与现代科技、金融、法律等专业知识学习结合起来,不断提高党员干部综合素质。

切实加强领导班子和干部队伍建设,进一步提高执政能力和领导水平。建设一支高素质的干部队伍,形成朝气蓬勃、奋发有为的领导层,是社会主义现代化建设的根本大计。要适应换届后领导班子配备改革的新形势,健全完善地方党委新的领导体制、工作机制和运行方式。切实强化党代表大会、全委会对经济社会发展全局性、战略性重大问题的决策职能,积极探索党代表大会闭会期间发挥党代表作用的方式和途径。进一步明确全委会、常委会议事范围,健全完善议事规则,规范决策程序,改进决策方法,提高班子的议事决策水平。研究探索常委会分工负责制的制度规定,形成职责具体、分工明确、配合密切、运转高效的工作运行机制。进一步深化干部人事制度改革,严格执行领导干部任期、交流、回避等有关规定,建立健全体现科学发展观要求的综合考核评价体系。坚持正确的用人导向,切实选拔任用那些政治坚定、能力突出、作风过硬、群众信任、善于领导科学发展的干部。大力培养选拔优秀年轻干部,合理使用各年龄层次的干部,重视培养妇女干部、少数民族干部和党外干部。积极推进后备干部队伍建设。认真做好老干部工作。切实加强党管人才工作,进一步落实人才政策,建立健全选才、聚才、用才机制。各级领导班子和领导干部要有求贤若渴的爱才之心、不拘一格的用才之道、虚怀若谷的容才之量,既干出一番事业,又培养出大批人才,使我们的事业始终充满朝气、蓬勃发展。

切实加强党的基层组织和党员队伍建设,进一步夯实党的执政基础。党的基层组织是党的全部工作和战斗力的基础。要深入实施“强基工程”,创新基层党组织设置、工作方式和活动内容,完善保持先进性的长效机制,不断增强基层党组织的凝聚力和战斗力。农村党建要紧紧围绕社会主义新农村建设,以深化“三级联创”活动为抓手,不断加强乡、村两级领导班子和党员干部队伍建设。街道社区党建要以服务群众、建设和谐社区为重点,健全新型社区管理和服务体制,构建资源共享、优势互补、共驻共建的党建工作新格局。国有企业党建要适应建立现代企业制度的要求,着力抓好政治核心作用的发挥。加大在非公有制企业、新经济组织和新社会组织中建立党组织的工作力度,不断拓展党建工作的范围和领域。全面推进机关和学校、科研院所等事业单位党建工作。进一步做好发展党员工作,注意在生产、工作第一线和知识分子、青年、妇女中发展党员,积极稳妥地在其他社会阶层先进分子中发展党员。继续推进党员“亲情式”管理,充分激发党员队伍活力。广大共产党员要胸怀远大理想,立足本职工作,充分发挥先锋模范作用,在建设殷实小康、构建和谐淄博的实践中,奋发有为,建功立业。

切实加强党员干部队伍作风建设,进一步形成和谐融洽的党群干群关系。作风建设是新时期党的建设十分重要的内容。要按照胡锦涛总书记倡导的“八个方面良好风气”和强化忧患意识、公仆意识、节俭意识的要求,认真解决我市党员干部队伍作风建设中存在的突出问题,促进党风政风进一步好转。重点在三个方面取得明显成效。一是亲民爱民安民。要自觉践行党的宗旨,树立正确的政绩观,始终把群众需要作为第一信号,把群众利益作为第一追求,把群众满意作为第一标准,殚精竭虑地为群众办实事、谋利益、增福祉。坚持深入基层、深入群众,倾听群众呼声,关心群众疾苦,做群众的贴心人。每个党员领导干部都要永远做平民干部、亲民干部。二是认真专业务实。要以认真负责的工作态度、专业精湛的工作技能、求真务实的工作作风,高水平地履行岗位职责。始终树立强烈的事业心、责任感,把全部精力和心思用到学习上、工作上,不图虚名,不务虚功,扑下身子,踏踏实实做人做事。每个党员领导干部都要努力成为学习的表率、实干的表率。三是清正廉洁自律。要以带头践行社会主义核心价值理念为重点,切实加强党员干部思想道德建设。各级党员干部要讲操守、重品行,培养健康的生活情趣,保持高尚的精神追求。发扬艰苦奋斗的优良传统,生活朴素,勤俭节约。始终严于律己,言行一致,表里如一。每个党员领导干部都要争做高尚道德情操的典范、艰苦奋斗的典范。

深入开展反腐败斗争是党的建设的重要任务。要坚持标本兼治、综合治理、惩防并举、注重预防的方针,把反腐倡廉工作自觉融入经济建设、政治建设、文化建设、社会建设和党的建设之中,建立健全教育、制度、监督并重的惩治和预防腐败体系,坚定不移地把党风廉政建设和反腐败斗争推向深入。要加强党风党纪教育,引导广大党员干部筑牢反腐倡廉的思想道德防线。认真落实领导干部廉洁自律的各项规定和党风廉政建设责任制,进一步规范各级领导干部的从政行为。继续保持查办案件的工作力度,坚决以党纪国法惩处腐败分子。对重点行业、重点领域进行专项治理,切实纠正损害群众利益的不正之风。各级党委要以更坚决的态度、更有力的措施、更扎实的工作,抓好党风廉政建设和反腐败斗争,使我们党的事业永远立于不败之地。

张秋波(东营市委书记):

加强党的建设,是实现黄河三角洲开发宏伟目标的关键所在。要以执政能力建设和先进性建设为重点,全面推进党的思想、组织、作风和制度建设,充分发挥各级党委的领导核心作用、基层党组织的战斗堡垒作用和广大党员的先锋模范作用。

加强思想政治建设,用马克思主义中国化的最新成果武装党员干部。坚持不懈地用马列主义、毛泽东思想、邓小平理论和"三个代表"重要思想武装头脑,指导实践,推动工作。把科学发展观、构建社会主义和谐社会等马克思主义中国化的最新成果作为思想理论建设的重点,列入干部培训规划和各级党校教学计划,作为各级中心组学习和理论学习考核的重要内容,做到真学、真懂、真信、真用。弘扬理论联系实际的学风,特别要把科学发展观的要求转化为谋划发展的正确思路、促进发展的政策措施、领导发展的实际能力。各级党组织和广大党员要认真学习贯彻党章,坚定理想信念,加强党性修养,严格遵守党的纪律,自觉与以胡锦涛同志为总书记的党中央保持高度一致,坚决维护中央权威。

加强领导班子和干部队伍建设,提高干部队伍素质。认真贯彻《干部任用条例》,坚持正确的用人导向,大力营造风清气正的用人环境,把那些政治坚定、能力突出、作风过硬、群众信任、善于领导科学发展的干部选拔进各级领导班子,特别要选好配强各级党政主要负责人。加强后备干部队伍建设,大力选拔使用优秀年轻干部,注重选拔配备女干部、少数民族干部和非中共党员干部。认真做好老干部工作,充分发挥老干部的作用。深入开展大规模干部培训,着力提高领导班子和领导干部推动科学发展的能力、驾驭全局的能力、处理利益关系的能力和务实创新的能力。深化干部人事制度改革,严格执行体现科学发展观要求的干部考核评价办法,坚持和完善民主推荐、差额考察、考察预告、任前公示等制度,扩大干部工作中的民主。加大公开选拔、竞争上岗工作力度,落实领导干部辞职、职务任期等制度,及时调整不称职领导干部,真正形成干部能上能下的机制。加强对领导班子和领导干部的管理监督,认真查处违反《干部任用条例》的行为,坚决防止"带病上岗"、"带病提拔"现象发生,严厉惩治用人上的不正之风。

加强党的基层组织建设,夯实党执政的组织基础。围绕建设社会主义新农村这一总目标,深化和拓展"三级联创"活动,重点抓好政治素质强、发展能力强的"双强"型领导班子和具有带头致富能力、带领群众致富能力的"双带"型党员队伍建设。充分运用现代远程教育等各种形式,加强农村党员干部培训,提高农村党员干部执行政策、加快发展、服务群众、依法办事、维护稳定的本领。加强街道社区党建工作,提高社区党组织公共管理服务的能力和水平。适应企业改革发展的新形势,探索党建工作新机制,发挥党组织的政治核心作用。加大新型经济社会组织中党建工作的力度,扩大党的工作覆盖面。加强机关、学校、科研院所、社团组织等领域的党建工作。积极发展党的新生力量,巩固党的阶级基础,扩大党的群众基础。加强党员教育培训,提高党员综合素质,建立城乡一体的党员动态管理机制。各级党组织要关心爱护党员,增强党员的荣誉感和归属感。广大基层干部处在一线,矛盾多、压力大,对他们要切实关心、真情爱护、严格教育、有效激励,充分调动他们干事创业的积极性。

加强党的制度建设,形成保持和发展先进性的长效机制。认真总结先进性建设的成功经验,结合新的实践探索新的途径和方法,推进制度创新,着力健全扩大党内民主、党员教育管理、党员联系服务群众等方面的制度。适应领导班子配备改革后的新情况,完善党委内部议事规则和决策程序。充分发挥党委全委会的作用,积极探索党代会闭会期间发挥代表作用的途径和方式。各级党委要按照"总揽全局、协调各方"的要求,集中精力研究解决全局性、战略性、前瞻性问题,加强和改进对重大事务的综合协调,支持各方独立负责、步调一致地开展工作。健全民主集中制,完善党内生活制度,认真开展批评和自我批评,积极推进党务公开，营造平等讨论、心情舒畅的党内生活环境，形成党内意志统一、团结和谐的良好局面。

加强党的作风建设，始终保持与人民群众的血肉联系。倡树胡锦涛总书记提出的“勤奋好学、学以致用，心系群众、服务人民，真抓实干、务求实效，艰苦奋斗、勤俭节约，顾全大局、令行禁止，发扬民主、团结共事，秉公用权、廉洁从政，生活正派、情趣健康”的良好风气，推动领导干部作风进一步转变。广大党员干部尤其是领导干部要牢记全心全意为人民服务的宗旨，认真坚持群众路线，始终做到权为民所用、情为民所系、利为民所谋，始终与人民群众同呼吸、共命运、心连心，始终保持党同人民群众的血肉联系。要深入基层，深入群众，特别要注意多做雪中送炭的工作，到困难多的地方帮助群众解决实际问题。要善于做好新形势下的群众工作，理顺情绪，化解矛盾，凝聚力量。牢固树立正确的政绩观，大力弘扬求真务实精神，重实际、说实话、出实招、求实效，坚决反对形式主义、官僚主义，坚决反对急功近利、与民争利，坚决反对铺张浪费、浮躁浮夸，努力使各项工作经得起实践检验、经得起群众检验、经得起历史检验。深入开展“解放思想，改进作风，全面落实科学发展观”教育活动，建立健全巩固教育活动成果的长效机制。

加强党风廉政建设，提高拒腐防变能力。坚持党要管党、从严治党，认真贯彻标本兼治、综合治理、惩防并举、注重预防的方针，推进教育、制度、监督并重的惩治和预防腐败体系建设。加强党员干部党性锻炼和思想道德修养，推进廉政文化建设，筑牢拒腐防变的思想防线。加大监督管理力度，重点围绕管好人、管好权、管好钱，推进反腐倡廉制度建设。严格落实领导干部个人重大事项报告、述职述廉、任期经济责任审计和谈话诫勉等制度，拓展从源头上防治腐败的领域，特别要加大社会监督和群众监督力度，真正让权力在阳光下运行。严肃查办违纪违法案件，严厉惩处腐败分子。实行纠建并举、综合治理，切实纠正损害群众利益的不正之风。认真落实党风廉政建设责任制，形成推动党风廉政建设的合力。各级领导干部要带头加强思想道德修养，带头廉洁自律，带头接受监督，切实管好亲属和身边工作人员，特别要牢记“两个务必”，发扬艰苦奋斗、勤俭节约精神，坚决反对拜金主义、享乐主义和奢靡之风，始终保持共产党人的蓬勃朝气、昂扬锐气、浩然正气，自觉做到为民、务实、清廉，使我们的事业永远立于不败之地。

孙守刚（济宁市委书记）：

实现建设新济宁的奋斗目标，必须坚持不懈地加强党的先进性建设和执政能力建设，全面推进党的建设新的伟大工程，使各级党组织成为推进改革发展的坚强领导核心。

着眼于永葆党的先进性，加强思想政治建设。思想政治建设是党的建设的灵魂。坚持用马克思主义中国化的最新成果武装全体党员，深入学习马列主义、毛泽东思想、邓小平理论、“三个代表”重要思想，深刻领会党中央提出的一系列重大战略思想，坚定理想信念，加强党性修养，增强贯彻科学发展观的自觉性。在新的形势下，各级领导干部务必增强忧患意识、公仆意识和节俭意识，筑牢为民、务实、清廉的思想基础。健全党的先进性建设长效机制，巩固和发展先进性教育成果。继续开展好党章学习教育，引导广大党员切实增强党的观念，在建设新济宁的实践中当先锋、做表率，努力成为引领科学发展和社会进步的组织者、实践者和推动者。

着眼于提高执政能力，加强干部队伍建设。建设新济宁，关键在于造就一支作风过硬、能够担当重任、经得起各种考验的高素质干部队伍。全面贯彻干部“四化”方针和德才兼备原则，深化干部人事制度改革，坚持正确的用人导向，完善干部实绩考核评价体系，以科学发展论英雄，凭工作实绩用干部，注重在改革发展实践中发现干部，在重大工程、重点项目、重要事件和艰苦环境的考验中识别干部，真正让想干事的有机会、能干事的有舞台、干成事的有地位。不断优化各级领导班子结构，突出选好配强党政“一把手”，积极选拔优秀年轻干部、女干部、党外干部，加强后备干部队伍建设，切实做好老干部工作。在发展压力较大、矛盾困难较多的时期，尤其要关心爱护干部，调动广大干部的积极性和创造性。加大干部教育培训和锻炼培养力度，五年内把全市在职干部轮训一遍，有计划地安排干部到复杂环境和基层一线锻炼成长，继续实行干部驻村包村制度和干部选拔深造系列工程。坚持党管人才原则，重视各类人才的培养、引进和使用，创造有利于优秀人才脱颖而出的环境和机制，努力在全市形成人尽其才、人才辈出的良好局面。

着眼于健全领导体制和工作机制，加强党的制度建设。各级党委要充分发挥总揽全局、协调各方的领导核心作用，把主要精力用在把方向、议大事、管全局上，认真谋划思路和工作重点，加强和改进对经济社会重大事务的综合协调，确保中央大政方针和省委决策部署的贯彻落实。完善民主集中制的各项制度，重大问题、重要事项和干部任免，坚持集体领导、民主集中、个别酝酿、会议决定。完善党委内部议事规则和决策程序，建立健全社情民意反馈制度和重大事项公示制度、听证制度、决策咨询制度，提高决策的民主化、科学化水平。改进领导方式，适应党委领导班子配备改革的新要求，积极探索更有效的工作机制，完善集体领导与分工负责相结合的制度和办法，形成推进工作的整体合力拓宽党内民主渠道，积极推进党务公开，完善党内通报、重大决策征求意见制度，使党员更好地了解和参与党内事务，着力营造敢讲真话、敢讲实话、敢讲心里话的氛围。只要全市党员同志勇于对党负责、甘于为党奉献，我们的事业就无往而不胜。

着眼于巩固党的执政基础，加强基层组织建设。党的基层组织是党的全部工作和战斗力的基础。继续深化农村基层组织“三级联创”活动，切实强化农村党组织的领导核心作用。加大对村干部的教育培训力度，逐步改善困难地方村干部经济待遇，从政治上、工作上、生活上真情关心基层干部。高度重视社区党组织建设，建立社区党建“网格化”管理新格局。加强机关、企业、学校、事业单位党组织建设，积极探索在非公有制企业、各类社会团体和社会中介组织中开展党建工作的有效途径和方法，加强和改进对流动党员的管理，不断扩大党建工作覆盖面。继续完善党建带团建、工建、妇建的工作机制。做好新时期党员发展工作，注意把符合党员条件的社会各阶层、各个群体中的先进分子吸收到党内来，扩大党的群众基础。加强党内关怀，热忱帮助下岗失业党员、生活困难党员和老党员排忧解难，让他们充分感受到党组织的温暖。

着眼于增强拒腐防变能力，加强党风廉政建设。党风关系党的生死存亡，关系人心向背。坚持党要管党、从严治党，坚持标本兼治、综合治理，惩防并举、注重预防，健全完善教育、制度、监督并重的惩治和预防腐败体系。深入开展党风廉政教育和廉政文化建设，引导广大党员干部筑牢拒腐防变的思想道德防线。拓展从源头上防治腐败的工作领域，进一步加强制度建设，全面落实中央和省、市委一系列制度规定，强化对权力运行、领导干部从政行为以及个人生活的监督。严厉查办大案要案，严肃查处各种违法违纪行为，对一切腐败分子和腐败行为，都要坚决依法惩治，决不手软，以反腐倡廉的实际成果取信于民，不断巩固风清气正、和谐稳定的良好局面。

在建设新济宁的创业实践中，群众既看我们如何说，更看我们如何做。广大党员干部特别是领导干部，一定要自觉践行胡锦涛总书记倡导的“八个方面”良好风气，坚决纠正在作风方面存在的突出问题，始终保持昂扬向上的精神状态。大力弘扬密切联系群众之风。始终保持同人民群众的血肉联系，把群众的疾苦放在心上，把群众的需要当成分内职责，经常到困难多、问题多、条件艰苦的地方去，设身处地为群众解难题，满腔热情为群众办实事。老百姓的事情办不好，我们领导干部要感到寝食难安。大力弘扬求真务实之风。办好济宁的事情，最根本的就是脚踏实地、埋头苦干，最紧要的就是一件事一件事地抓落实。各级领导干部一定要察实情、听实话、办实事、重实效，少说多做、不事张扬，坚决反对坐而论道、华而不实、急功近利；把主要精力放在解决问题上，把注意力放在推动工作上，多做谋长远、打基础、做人梯的事，决不允许搞脱离实际的“形象工程”，决不允许搞劳民伤财的“政绩工程”。大力弘扬拼搏奉献之风。开创性的事业需要开拓的锐气和精神，需要攻坚克难、愈挫愈奋的韧性和斗志，需要拼搏进取、雷厉风行的顽强作风，需要不畏风险、甘于奉献的政治品格。坚决反对不思进取、懒惰消极、做“太平官”的不良习气。大力弘扬艰苦奋斗之风。始终牢记“两个务必”，做到勤俭办一切事情，不讲排场，不求奢华，淡泊名利，吃苦耐劳，经得起各种考验，抵御住各种诱惑，保持共产党员的应有本色。全市广大党员特别是党员领导干部要珍惜党和人民的信任，珍惜干事创业的舞台，努力创造经得起实践、群众和历史检验的新业绩，把建设新济宁的事业一步一个脚印地推向前进。

崔曰臣（威海市委书记）：

突出永葆先进性这个主题，全面加强党的思想、组织、作风、制度和执政能力建设。各级党组织要进一步增强创造力、凝聚力和战斗力，真正成为我市改革开放和现代化建设的坚强领导核心。

以增强落实科学发展观自觉性为重点，加强思想政治建设。坚持用发展着的马克思主义武装头脑。要认真学习邓小平理论和“三个代表”重要思想，自觉学习、遵守、贯彻、维护党章，始终在思想上、政治上、行动上与党中央保持高度一致。认真学习以胡锦涛同志为总书记的党中央提出的科学发展观、构建社会主义和谐社会等一系列重大战略思想，深刻领会党的理论创新成果包含的新思想、新观点、新论断，真学、真懂、真信、真用，努力转化为坚定信念、科学方法和行为准则。

大力推进观念创新和理论创新，始终保持永不自满、永不懈怠的精神状态。坚决摒弃不符合科学发展的思想观念，革除不利于科学发展的体制弊端，解决影响科学发展的突出问题，真正使率先发展、科学发展、和谐发展的理念在思想上生根、在实践中落实。全市共产党员，首先是党员干部要自觉防止和破除满足、松劲情绪，始终保持饱满的创业激情；防止和破除畏难、埋怨情绪，振奋精神攻坚克难；防止和破除死板、狭窄的思维方式，努力使发展的思路更宽、方法更活；防止和破除低要求、慢节奏的行为习惯，坚持工作高标准、高效率，不断创造更大的业绩。各级领导同志都要努力学习理论，在科学理论的指导下，加强对新情况、新问题、新矛盾的思考与研究，大胆进行理论创新，使各项工作更好地体现时代性、把握规律性、富于创造性。

以提高执政能力为重点，加强领导班子和干部队伍建设。坚持正确的用人导向。全面贯彻干部队伍“四化”方针，严格按德才条件、工作实绩和任用程序选干部。突出选好配强党政“一把手”，把政治上强、立志为民创业、民主作风好、清正廉洁、群众公认的优秀干部选拔到“一把手”岗位上。进一步优化领导班子结构，加大年轻干部、女干部和党外干部培养选拔力度，支持、保护和重用迎难而上、敢于负责的干部，大胆提拔使用安心基层、奉献基层、在基层作出突出成绩的干部。

不断创新党的工作机制。按照党委领导班子配备改革的要求，健全党委内部运行机制，强化党代会和全委会功能，加强全委会对常委会及其成员的监督。健全集体决策机制，完善重大问题决策的刚性规则和必经程序，推进决策的科学化、规范化。健全责任分工机制，科学确定班子成员的职责权利和目标要求，充分调动每个成员的工作积极性。尊重党员的主体地位，大力推行党务公开制度，保证党员的民主权利落到实处。

进一步深化干部制度改革。完善民主公开、竞争择优的选人用人机制。认真落实领导干部职务任期、辞职等制度，及时调整不称职的干部，推进干部能上能下的机制尽快形成。认真实施《公务员法》，建设人民满意的公务员队伍。积极推进干部交流，有计划地安排中青年干部到艰苦地区、复杂环境经受锻炼和考验。认真做好离退休干部工作，充分发挥老干部的作用。

以提高战斗力为重点，切实加强党的基层组织建设。进一步拓宽党建工作领域。推动党的组织全覆盖和工作全覆盖，认真扎实做好在非公有制经济组织、行业协会和社会中介组织中建立党组织工作；加强社区党组织建设，促进社区党建和社区建设有效对接，努力做到经济社会发展到哪里，党的组织就建设到哪里，党的工作就开展到哪里，党员的作用就发挥到哪里。

坚持把服务发展、服务群众作为第一功能，不断提高基层党组织的战斗力。积极做好农村党支部班子换届工作，不断深化“三级联创”活动，加强以村党组织为核心的村级组织配套建设，把农村党员干部的先进性要求落实到带头创业致富、带领农民致富的实践中。强化国有企业党组织的政治核心作用，引导非公有制企业党组织积极有效地开展工作。更加重视社区党的建设，以服务群众为重点，开创城市社区党建新局面。全面做好机关和学校、科研院所、文化团体等党组织建设工作。

充分发挥共产党员的先锋模范作用。坚持不懈地开展保持共产党员先进性教育，探索完善保持党员先进性的长效机制，做到党员标准具体化、民主评议制度化、新陈代谢经常化、教育管理多样化。重点做好在工人、农民、知识分子、军人和干部中发展党员的工作，重视在生产、工作第一线和高知识群体及青年中发展党员。要把经过一定时期的考验、符合党员条件的其他社会阶层的先进分子吸引到党内来，增强党组织在全社会的影响力和凝聚力。

以加强作风建设为重点，密切与人民群众的血肉联系。进一步强化公仆意识。坚持“一切为了人民、一切依靠人民”，自觉地站在群众立场上研究工作，围绕群众的利益开展工作，汲取群众的智慧改进工作，以群众的满意度检验工作。认真研究新形势下的群众工作规律，不断提高组织群众、宣传群众、教育群众、服务群众的本领。既要到形势好的地方去总结经验，更要到问题较多、矛盾尖锐的地方同干部群众一起解决问题；既要引导和支持先富地区和先富群众进一步发展，更要关心和帮助贫困地区和困难群众尽快脱贫致富。

大力发扬优良传统和作风。大兴调查研究之风，坚持深入基层、深入群众、深入实际，努力掌握第一手资料，对实际情况力求做到亲知、真知、深知。大兴艰苦奋斗之风，厉行节约，反对浪费，尽力而为，量力而行，精打细算，勤俭办一切事业。大兴雷厉风行之风，高效率、快节奏，说了就干，干就干好，防止扯皮拖拉。大兴求真务实之风，坚持重实际、求实效，抓具体、具体抓，少说多做、只做不说，确保各项工作落实横向到边、纵向到底、全程到位。

深入开展党风廉政建设和反腐败斗争。坚持标本兼治、综合治理、惩防并举、注重预防，建立健全教育、制度、监督并重的惩治和预防腐败体系。深入开展反腐倡廉教育，大力加强廉政文化建设，建立起思想道德教育的制度保障；推进从源头上防治腐败的制度改革和创新，建立起反腐倡廉的制度体系；增强制度的约束力，加强对领导机关、领导干部特别是主要负责人的监督，加强对重点环节、重点部位权力行使的监督，建立权力运行的监督机制；加大惩治力度，严厉查处发生在领导机关和领导干部中滥用权力、谋取私利的违法违纪案件，打击歪风，弘扬正气，不断巩固党风正、民心顺、事业兴的大好局面。

雷建国（德州市委书记）：

实现新崛起、建设新德州，必须坚持党的领导，围绕提高执政能力和永葆先进性，全面加强党的思想、组织、作风和制度建设，为全面建设小康社会提供坚强的政治保证。

大力加强思想政治建设。认真学习邓小平理论和“三个代表”重要思想，系统掌握以胡锦涛同志为总书记的党中央提出的一系列重大战略思想，不断增强贯彻落实党的基本理论的自觉性和坚定性，提高运用马克思主义立场、观点、方法分析解决问题的能力。进一步健全完善党员干部理论学习制度，扎实开展创建学习型领导班子、学习型党组织活动。党员领导干部要做学习的表率，进一步增强工作的原则性、系统性、预见性和创造性。坚持解放思想，实事求是，与时俱进，开拓创新，自觉把思想认识从那些不合时宜的观念、做法和体制的束缚中解放出来，从对马克思主义的错误和教条式的理解中解放出来，从主观主义和形而上学的桎梏中解放出来。自觉用科学理论指导实践、推动工作，把思想理论成果转化为谋划发展的正确思路、促进发展的有力措施、领导发展的实际本领。切实抓好大规模培训干部工作，努力提高广大干部特别是各级领导干部推动科学发展、构建和谐社会的能力。

大力加强领导班子和干部队伍建设。全面贯彻干部队伍"四化"方针，坚持德才兼备、实绩突出、群众公认的原则，认真落实《党政领导干部选拔任用工作条例》，牢牢把握正确的用人导向，坚决调整无所作为、工作平庸的干部，严格防止"带病提拔"和跑官要官、买官卖官等不正之风，真正把那些政治坚定、能力突出、作风过硬、群众信任、善于领导科学发展的干部选拔进各级领导班子。不断优化领导班子结构，大力培养选拔优秀年轻干部，把他们放到艰苦而重要的岗位上经受考验，增强实际工作本领。合理使用各个年龄段的干部，重视培养选拔女干部、少数民族干部和党外干部。深化干部人事制度改革，稳步推进公开选拔和竞争上岗工作，扩大干部工作中的民主，使干部工作切实体现公道、充分反映民意。坚持党管人才原则，以建设宏大的社会工作人才队伍为着力点，进一步加强党政人才、企业经营管理人才和专业技术人才三支队伍建设，抓紧培养专业化高技能人才和农村实用人才。切实做好老干部工作，积极发挥老同志的作用。

大力加强基层组织和党员队伍建设。认真贯彻中央下发的四个长效机制文件，适应新情况新变化，创新组织设置、工作方式和活动内容，不断增强党组织的创造力、凝聚力和战斗力。继续开展农村党的建设"三级联创"活动，深化完善"星级化"管理体制，大力培养"双带双强"型农村干部，特别要把有能力、有活力、有号召力的年轻党员充实进乡村领导班子，为新农村建设提供坚强的组织保证。切实抓好机关、社区、企事业单位、新经济组织、新社会组织的党建工作，扩大党的工作覆盖面。严格党的组织生活，加强流动党员管理，重视做好发展党员工作。广大基层党员干部长期工作在生产建设第一线，任务重、压力大、待遇低，对他们要真正重视、真情关怀、真心爱护，鼓励他们扎根基层，干事创业，造福百姓。

大力加强党风廉政建设。积极倡导和弘扬胡锦涛总书记提出的八个方面的良好风气，切实抓好思想作风、学风、工作作风、领导作风和生活作风建设，不断强化忧患意识、公仆意识、节俭意识，始终保持奋发有为的精神状态，培育与党的优良传统相承接、与广大群众要求相一致的好作风。大兴为民之风，时刻把人民群众的衣食住行、安危冷暖挂在心上，多深入基层调查研究，多为人民群众办实事、办好事、解难题。大兴务实之风，坚持正确的政绩观，引导各级把主要精力集中在推动工作上，把满腔热情倾注在为民造福上，把工作实绩建立在苦干实干上，使工作成效经得起历史和群众的检验。大兴节俭之风，牢记"两个务必"，坚决反对追求奢华、铺张浪费的不正之风。坚持党要管党、从严治党的方针，全面落实惩治和预防腐败体系《实施纲要》。加强对党员干部的理想信念和思想道德教育，筑牢拒腐防变的思想道德防线。以改革统揽预防腐败的各项工作，把反腐倡廉工作融入经济建设、政治建设、文化建设、社会建设和党的建设之中，拓展从源头上防治腐败工作领域，健全完善教育、制度、监督并重的惩治和预防腐败体系。加强干部选拔任用、经济活动、干部生活作风等方面的制度建设，加强对党的路线方针政策特别是科学发展观落实情况的监督检查，加强对领导机关和领导干部的监督管理，强化权力运行的制约和监督，堵塞以权谋私的漏洞，有效防范腐败现象的发生。认真解决损害群众利益的突出问题，严肃查办各类违纪违法案件。加强对纪检监察工作的领导，抓好纪检监察队伍建设，支持纪检监察机关全面履行职责。各级领导干部要率先垂范，严格执行廉洁自律的各项规定，管好家属、子女和身边工作人员，自觉接受党组织和群众的监督。

大力加强党的领导体制和工作机制建设。坚持和完善民主集中制，进一步健全各级党组织的内部运行机制，建立健全充分反映党员和党组织意愿的党内民主制度，增强党的活力和团结统一。健全完善党委内部议事规则和决策程序，进一步理顺党代会、全委会和常委会的关系，强化党代会和全委会对全局性、战略性重大问题的决策职能，加强全委会对常委会及其成员的监督，形成权责明确、协调配合、有效制约的科学领导体制。完善集体领导与分工负责相结合的制度，充分调动和发挥班子成员的工作积极性。进一步完善地方党委领导经济社会发展的体制和方式，总揽全局、协调各方，切实把工作重点放到把方向、议大事、管全局上，推动经济社会又好又快发展。

"构建社会主义和谐社会"五人谈

张新起(潍坊市委书记):

实现社会和谐,建设美好社会,是人民群众的共同愿望,也是我们党不懈追求的奋斗目标。构建和谐社会要坚持以人为本,扎实推进,以解决人民群众最关心、最直接、最现实的利益问题为出发点和落脚点,在促进社会和谐的进程中不断取得新成效。

(一)发展社会事业,保障社会公共利益 社会事业与群众利益息息相关。促进社会和谐,必须高度重视民本民生,加快社会事业发展。要进一步强化政府责任,在经济发展、财力增长的同时,加大公共财政对社会事业的投入,引导更多的社会资金投向社会事业领域,提高社会事业发展水平,不断增强解决群众切身利益问题的能力。坚持教育优先发展,巩固提升基础教育,以较高标准普及高中段教育,加快建设高职人才培养基地,扩大高等教育规模,推动城乡教育均衡发展,促进教育公平。加快发展医疗卫生事业,建立较高水平的农村和社区卫生服务体系,完善覆盖城乡、人人享有的基本卫生保健制度,努力解决好群众看病难、看病贵问题。加强城乡体育设施建设,广泛开展全民健身活动。始终把人口和计划生育作为促进全面协调可持续发展的战略问题抓紧抓好,落实基本国策,稳定低生育水平,不断提高人口素质。积极扩大就业,重点促进困难群体就业、大中专毕业生就业和失地农民就业,努力实现相对充分就业。加快完善城乡社会保障体系,逐步提高保障水平。健全社会救助制度,积极发展社会福利和慈善事业,使城乡困难群众及时得到政府帮扶和社会关爱。

让人民群众共享发展成果,是实现经济发展和社会和谐的基础。从现阶段发展水平出发,在收入分配、劳动就业、社会保障、公共服务等方面积极探索建立各种与经济发展成就相对应的利益共享机制。推进改革、发展和建设,要统筹兼顾各方利益,保障好因为建设事业需要直接受到影响、做出贡献的群众所拥有的合法权益。要优化公共资源配置,各级政府财政转移支付要向农村和困难群众倾斜,向解决人民群众最关心、最直接、最现实的利益问题倾斜。注重提高低收入和困难群众的保障水平,使群众生活随着经济的发展而不断的改善,努力促进经济增长、惠风和畅,让发展成果惠及全市人民群众。

(二)加强民主法治,维护社会公平正义 推进民主法治是政治建设的基本要求,维护公平正义是促进社会和谐的重要任务。积极推进社会主义民主政治建设,扩大公民有序的政治参与,保证人民依法行使民主权利。坚持和完善人民代表大会制度,支持人大及其常委会依法行使重大事项决定权和监督权。坚持和完善中国共产党领导的多党合作和政治协商制度,充分发挥人民政协政治协商、民主监督和参政议政的职能。全面贯彻落实党的民族、宗教、对台和侨务政策,巩固和发展爱国统一战线。深入推进依法治市,广泛开展社会主义法治理念和普法教育,弘扬法治精神,提高法律素质。全面推进依法行政,稳步推进司法体制改革,加强对行政机关、司法机关的监督,确保严格执法、公正司法。深化政务、厂务和村务公开,扩大群众的知情权、参与权和监督权。加强制度建设,把社会各项管理逐步纳入法制化轨道。加快建立社会公平保障体系,促进规则公平、机会公平、权利公平。

(三)弘扬和谐文化,促进社会诚信友爱 要以倡导和谐理念、培育和谐精神、建设和谐文化来促进社会和谐。坚持马克思主义在意识形态领域的指导地位,把社会主义核心价值体系融入国民教育和精神文明建设全过程,巩固全市人民团结奋斗、科学发展、共建和谐的思想基础。倡树以"八荣八耻"为主要内容的社会主义荣辱观,倡导爱国、敬业、诚信、友善等道德规范,强化社会公德、职业道德、家庭美德教育,形成知荣辱、讲正气、促和谐的社会风尚。完善政府、企业和社会信用体系,增强全社会诚实守信意识,努力建设"诚信潍坊"。繁荣哲学和社会科学,大力发展文化事业和文化产业,加快推进文化体制改革,建设"文化名市",为广大群众提供优质精神产品。坚持正确的舆论导向,为改革发展稳定营造和谐的思想舆论氛围。

(四)建设"平安潍坊",保持社会安定有序 稳定是和谐的基础,和谐是稳定的升华。按照促进社会和谐的要求,扎实做好平安建设工作,努力实现全面的可持续的稳定。要深化社会治安综合治理,加强基层基础基本功,健全完善防控体系,搞好严打整治,提高社会治安控制力。正确处理人民内部矛盾,加强和改善群众工作,健全完善矛盾纠纷调处机制,最大限度地把矛盾纠纷化解在基层和初始状态。拓宽社情民意表达渠道,落实信访工作责任制,积极解决群众合理诉求,最大限度地化解不和谐因素。加强预警和应急机制建设,提高应对处置突发性、群体性事件的能力和水平。强化生产、消防、交通和食品药品安全管理,坚决防止重特大事故的发生。动员全社会广泛参与,携手共建"平安潍坊"。

(五)建设"生态潍坊",保护社会环境和谐 实现人与自然和谐相处,是和谐社会的客观要求。坚持生态建设与经济建设一起推进,环境效益与经济效益一起考核,全面加强环境保护和生态建设,努力建设宜居城市、优美乡村,让人民群众呼吸上新鲜的空气,喝上干净的水,享有更多的青山绿地。实行最严格的环境保护制度,严格进行环境监管,对造成污染者,加大法律、行政、经济惩罚力度,确保完成污染物减排目标。要切实抓好污染防治,加快整治重点污染产业、区域、流域,控制农村面源污染,严格保护饮用水源。进一步促进环境基础设施建设,形成多元化的环保投入和市场化的运营机制。加快推进生态市建设,大力实施国土绿化工程,建设一批生态市县、环境优美乡镇和文明生态村,努力创建环境保护模范城市群。

构建和谐社会是社会共建工程,需要全社会的共同努力,全市人民要在共建中共享、在共享中共建,广泛开展和谐村庄、和谐社区、和谐单位、和谐家庭的创建活动,动员全社会共同参与和谐社会建设。各级党委、政府要切实加强组织领导,支持和谐创建活动,工会、妇联、共青团、民兵及各群众组织、各社会团体都要积极主动地投身到和谐创建活动中去。要把群众性精神文明创建活动、新农村建设、双拥共建等活动与和谐创建活动紧密结合起来,努力形成丰富多彩、生动活泼的和谐创建工作新局面。全市广大党员、干部和群众都要自觉追求和谐,积极促进和谐,努力维护和谐,我们的社会一定会更加文明和谐进步。

耿文清(泰安市委书记):

建设富裕文明和谐泰安,既需要雄厚的物质基础,也需要可靠的政治保障、有力的精神支撑,必须营造良好法制环境和人文环境,促进人的全面发展。

(一)完善民主加强法制 坚持党的领导、人民当家作主和依法治国的有机统一。认真落实市委加强人大、政协工作和法院、检察院工作的意见。坚持和完善人民代表大会制度,支持和保证人大及其常委会依法履行地方国家权力机关的职能,充分发挥人大代表的作用。坚持和完善中国共产党领导的多党合作和政治协商制度,支持人民政协围绕团结和民主两大主题,履行政治协商、民主监督和参政议政职能。支持各民主党派、工商联、无党派人士参与重大方针政策的讨论协商及其履行职责的各种活动,充分发挥他们在经济社会发展中的作用,形成推进科学发展、构建和谐社会的整体合力。加强基层民主政治建设,完善村(居)民自治制度,推行政务公开、厂务公开、村务公开,依法保障公民的知情权、参与权、表达权、监督权。认真做好民族、宗教、对台、侨务工作。发挥工会、共青团、妇联、科协、文联、社联、侨联等人民团体联系群众的桥梁纽带作用。坚持司法为民、公正司法,从人民群众反映的突出问题和影响司法公正的关键环节入手,强化监督制约,维护司法廉洁,建设公正、高效、权威的司法制度,严肃查处执法犯法、徇私枉法的违法行为。规范法律服务,加强司法救助,抓好"五五"普法和"四五"依法治市。

(二)加强精神文明建设 用邓小平理论、"三个代表"重要思想、科学发展观武装党员、教育人民。加强新闻宣传工作,树立正确的舆论导向,加强对宣传舆论和各类思想文化阵地的管理。深化理想信念教育和爱国主义、集体主义、社会主义教育,进一步弘扬民族精神、时代精神。大力弘扬社会主义荣辱观,坚持"八荣八耻"。认真落实公民道德建设实施纲要、全民科学素质行动计划纲要,切实加强未成年人思想道德建设,全面提升社会公德、职业道德、家庭美德建设水平,形成良好社会风尚。积极探索新时期思想政治工作的新途径、新载体。继续深入开展"三城联创"和群众性精神文明创建活动。加强人文关怀,促进人的心理和谐,塑造自尊自信、理性平和、积极向上的社会心态,树立泰安人文明新形象,提升城市文明程度。

(三)发展文化事业和文化产业 坚持先进文化方向,深化文化体制改革,不断满足人民群众日益增长的精神文化需求。弘扬泰山文化,大力实施精品工程,创作一批有较高水平、反映泰安深厚文化底蕴、突出泰山神韵的文艺作品和文艺节目。加强历史文化名城和泰山非物质文化遗产保护工作,做好重点文物保护和维修工作。加强文化设施建设,完善公共文化体系,建成泰山博物馆,规划建设一批标志性设施。认真实施文化信息资源共享工程。市县都建立文化馆、图书馆,社区、乡镇建立文化中心,形成市县乡村四级文化网络。加强市场监管,开展扫黄打非,净化文化市场。加强网络文化建设和管理。推进文化改革,发展文化产业,着力培植大型文化龙头企业,培育一批文化知名品牌,建设一批文化产业基地,提高文化产业竞争力。

李兆前(日照市委书记):

把构建和谐社会摆在更加突出的位置,把建设“富裕日照、文明日照、平安日照、生态日照”作为核心内容和战略任务,坚持以发展推动和谐,以文明孕育和谐,以公正维护和谐,以稳定保证和谐,以良好的生态环境促进和谐,不断开创和谐社会建设的新局面。

(一)建设富裕日照,增进民生福祉 发展是解决一切问题的关键,也是促进社会和谐的前提和基础。必须把富民强市放在首位,坚持发展经济与造福百姓相统一,更加关注民生,切实保障民生,努力改善民生,把经济发展的成果体现到财政增加、群众增收、就业增长上来,让人民群众在改革发展中得到更多的实惠。

高度重视就业和社会保障工作。坚持以发展促进就业,多渠道、多形式培育新的就业增长点。积极实施就业培训和创业培训工程,建立以就业困难人员、长期失业人员和零就业家庭为重点的就业援助制度。进一步完善养老、医疗、失业等社会保险制度,全面实施农村居民最低生活保障,扩大社会保障覆盖面。大力发展社会福利和慈善事业,积极开展社会救助。妥善安排好困难群众的生产生活,确保城乡群众老有所养、病有所医、难有所助、贫有所帮。

认真解决涉及群众切身利益的突出问题。坚决纠正在土地征用、城镇房屋拆迁、企业重组改制和破产中损害群众利益的行为,做好失地农民就业和社会保障工作。以改善中低收入家庭住房条件为重点,构建多层次的住房供应体系。下大力气解决城乡群众在上学、就业、就医等方面存在的实际困难。把实施为民办实事重点项目作为制度坚持下去,不断加大财政投入,切实解决群众最关心、最直接、最现实的利益问题,让人民群众共享发展成果。

(二)建设文明日照,提升全社会文明程度 文明是和谐的内在要求。构建社会主义和谐社会,必须倡导和谐理念,培育和谐精神,建设和谐文化,推动物质文明、政治文明、精神文明协调发展。

切实加强民主政治建设。坚持和完善人民代表大会制度,支持和保证各级人大及其常委会依法履行职权,充分发挥各级人大代表的作用。坚持和完善中国共产党领导的多党合作和政治协商制度,支持政协围绕团结和民主两大主题履行职能,巩固和发展新时期爱国统一战线。做好民族、宗教、对台和侨务工作。深入开展政务公开、村务公开、厂务公开,完善村民自治、社区居民自治和企业职工代表大会等民主管理制度,依法保障公民的民主权利。充分发挥工会、共青团、妇联等人民团体的桥梁和纽带作用,为和谐社会建设奠定最广泛的群众基础。

大力加强精神文明建设。着力培育社会主义核心价值体系,坚持马克思主义在意识形态领域的指导地位,树立和践行社会主义荣辱观,认真实施《公民道德建设实施纲要》。深入开展群众性精神文明创建活动,争创文明城市。积极塑造以“开放包容、求实创新”为主要内容的城市人文精神,以海纳百川的气度和追求卓越的境界,引领和谐社会建设。

全面发展社会事业。坚持教育优先发展原则,巩固提高“普九”成果,全面实施素质教育,加快发展职业教育、成人教育和高等教育。以公共卫生、农村卫生和城市社区卫生为重点,努力为群众提供安全、有效、方便、价廉的医疗卫生服务。以承办中国水上运动会等大型体育赛事为契机,全力打造水上运动之都,深入开展全民健身运动,促进体育事业加快发展。健全公共文化服务体系,深化文化体制改革,繁荣文化市场,实施精品文化工程,促进新闻出版、广播电视、信息网络、文学艺术健康发展。

高度重视党管武装工作。认真贯彻国防建设与经济建设协调发展的方针,深入开展国防教育,增强全民国防观念。健全完善国防动员体制,不断提升国防动员建设质量。深入开展双拥共建活动,巩固和发展军政军民团结。

(三)建设平安日照,维护社会稳定 稳定是和谐的基础,和谐是稳定的更高境界。要坚持稳定压倒一切的方针,进一步增强责任意识,深入推进平安日照建设。

切实加强法治建设。牢固树立社会主义法治理念,支持审判机关和检察机关依法独立公正地行使审判权和检察权,支持仲裁机构独立办案,发挥司法维护公平正义的职能作用。规范法律服务,强化法律援助。建立完善司法工作社会评价体系,增强司法工作的透明度和公信力。深入实施“五五”普法规划,提高全民法律素质。

狠抓平安建设各项措施的落实。坚持打防结合、预防为主、专群结合、依靠群众,进一步加强社会治安综合治理。深入开展严打整治斗争,始终保持对各类犯罪的高压态势,增强人民群众的安全感。严密防范境内外敌对势力的渗透和破坏活动,加强与“法轮功”等邪教组织的斗争。高度重视新时期人民内部矛盾,做好信访工作。全面推行以“公开承诺、公开村务、公开听证、公开规程”为主要内容的农村基层信访工作机制,抓基层、打基础,加强矛盾纠纷排查化解,努力把问题解决在基层、化解在当地。加强和改进安全生产监督管理,坚决遏制重特大事故发生,确保人民生命财产安全。健全完善公共突发事件应急处理机制,增强全社会防范风险、抗御危机、减灾避害的能力。

加强和完善社会管理。建立健全党委领导、政府负责、社会协同、公众参与的管理格局,提高社会管理水平。加强对社会组织的管理,充分发挥各类社会组织提供服务、反映诉求、规范行为的作用。按照管理有序、服务完善、文明祥和的要求,全面提升城市社区建设水平,积极推进农村社区建设。

(四)建设生态日照,实现人与自然和谐相处 优良的生态环境是日照最重要的战略资源,也是全市人民引以为豪的城市品牌，必须保护好、利用好、发挥好生态环境优势，真正实现人与自然和谐发展。

加强生态保护和生态建设。增强环保意识，倡导绿色生产生活方式，加快构建环境友好型社会。认真实施生态市建设规划，搞好城区生态走廊、傅疃河入海口湿地及沿海岸带生态保护和建设。实施碧海行动计划，保护海洋生态环境。大力开展植树造林，提高森林覆盖率和城市绿化覆盖率，加强森林资源保护、小流域治理、山体植被恢复和水土保持，为子孙后代留下蓝天、绿地、碧水、青山。

合理开发利用资源。加快建设资源节约型社会，提高资源利用效率，积极开发利用清洁能源，建立节约型生产模式、消费模式和城市发展模式。切实加强土地管理，落实最严格的耕地保护制度，扩大国有土地有偿使用范围，实现节约集约用地。贯彻落实计划生育基本国策，稳定低生育水平，提高出生人口素质，统筹解决人口问题，实现人口与环境、资源协调发展。

切实维护人民群众的环境权益。坚持环保优先，加强环境监管，严格新上项目的环评把关。依法加强对水、大气和固体废弃物的污染防治，控制农业面源污染。严肃查处环境违法行为，着力解决危害群众健康的突出问题，确保人民群众喝上干净水，呼吸上清洁空气，吃上放心食品。

宋远方（聊城市委书记）：

按照民主法治、公平正义、诚信友爱、充满活力、安定有序、人与自然和谐相处的总要求，着力解决事关群众切身利益的问题，推动经济社会、城乡区域、人与自然的和谐发展。

（一）把民生放在首位，不断提高人民生活水平 民生乃和谐之根本，必须真情关注民生，高度重视民生，切实保障民生，努力改善民生。

坚持把扩大就业放在突出位置。实施积极的就业政策，加强创业培训指导，让每一个有劳动能力、有就业愿望的城镇居民都享有就业机会，实现全市无零就业家庭的目标。认真落实各项劳动制度，完善劳动关系协调机制，提高劳动保障综合服务水平，维护劳动者特别是农民工的合法权益，建立和谐的劳动关系。建立健全企事业单位职工收入分配规则和监管机制，完善企业工资增长机制，严格执行和逐步提高企业最低工资标准，引导企业在生产发展的同时增加职工工资。

切实加强社会保障体系建设。以扩大社会保障覆盖面和提高保障能力为重点，健全城镇职工基本养老和基本医疗、失业、工伤、生育保险制度，鼓励有条件的企业建立年金制度，支持发展社会保险事业。完善被征地农民特别是无地农民的基本生活保障制度。健全城乡社会救助体系，全面推行城乡低保、医疗救助制度，资助农村特困群众参加新型农村合作医疗，建立由省市县乡财政分担的农村五保供养机制。推进乡镇中心敬老院、社区老年服务机构、儿童福利机构建设，鼓励社会慈善、社会捐赠、群众互助等社会扶助活动。

努力提高群众生活质量和健康水平。加大各级财政对城乡公共服务的投入力度。进一步改善城市背街小巷、城中村、城乡结合部的人居环境。完善住房公积金、经济适用房和廉租住房制度，增加中低收入群体的住房供给。大力推进卫生事业发展，健全公共卫生服务、三级医疗卫生服务和社区卫生服务体系，完善新型农村合作医疗制度，促进人人享有公共卫生和基本医疗服务。加强食品、药品、餐饮卫生监管，保障食品药品安全。稳定人口低生育水平，推进人口现代化。高度重视人口老龄化问题，积极发展老龄事业。

（二）弘扬和谐文化，努力打造文化名市 社会要和谐，文化是灵魂。作为国家历史文化名城，聊城的文化底蕴深厚。黄河哺育的农业文明，运河滋养的商业文明，在鲁西大地相生相济、相融相合。要发挥这一比较优势，推进传统文化与现代文明的融合，打造文化名市，为构建和谐社会注入强大精神动力。

加强思想文化建设。以建设社会主义核心价值体系为根本，坚持马克思主义在意识形态领域的指导地位，牢固树立中国特色社会主义共同理想，倡导“八荣八耻”的社会主义荣辱观，弘扬“自强不息、务实创新、包容开放、诚实守信”的聊城人文精神，为构建和谐聊城提供重要支撑。以创建文明城市为龙头，深入开展群众性精神文明建设活动。引导人们正确对待自己、他人和社会，正确对待困难、挫折和荣誉，实现心理和谐。

大力发展文化事业和文化产业。繁荣文化艺术创作，推出一批有分量的文艺作品，发展一批高水平的文艺团体，组织开展富有特色和影响力的文化活动，打造知名文化品牌。充分挖掘乡土文化资源，加强重点文物和非物质文化遗产保护。规划建设古城区民俗文化市场、工人之家、妇女儿童之家、青少年宫、科普馆、体育馆等一批文体设施。加强基层文化基础设施建设，实现县县有较高水平的图书馆和文化馆、乡乡有规范的文化站、村村有文化大院的目标。加强新闻出版、广播电视、网络文化建设和管理。积极推进文化体制改革，制定实施支持文化产业发展的政策，鼓励社会资本兴办文化实体，培育一批富有活力的文化企业，利用市场机制推进文化产业发展。健全文化市场依法管理机制，创造文化繁荣的良好社会环境。

推进教育现代化。坚持把教育放在优先发展位置，重点抓好基础教育，高度重视职业教育，积极支持高等教育，继续发展成人教育、继续教育和老年教育，构建现代国民教育体系和终身教育体系。深化教育体制改革，优化教学培养模式，积极实施素质教育。调整优化学校布局，合理配置城乡教育资源，推动教育均衡发展，促进教育公平。建立教育经费保障机制，保证财政性教育经费增长幅度明显高于财政经常性收入增长幅度，将农村义务教育经费纳入公共财政保障范围。在农村全部免除义务教育阶段的学杂费，对农村贫困家庭学生免费提供教科书并补助寄宿生活费，解决好城市困难家庭和农民工子女接受义务教育问题。鼓励民办教育发展和中外合作办学。加强科普教育，提高人民群众的科学素养。

加强国防教育，搞好国防后备力量建设，关心支持驻聊人民解放军和武警部队建设，推进双拥共建活动，实现蝉联“全国双拥模范城”。

（三）加强民主政治建设，提高法治化水平 大力弘扬法治精神，营造政治文明、法制健全、社会安定的良好环境，保障人民享有广泛的民主权利。

加强民主政治建设。坚持和完善人民代表大会制度、中国共产党领导的多党合作和政治协商制度，扩大公民有序的政治参与，保障人民依法管理社会公共事务。依法推进民主监督和舆论监督。巩固和发展新时期爱国统一战线，加强同各民主党派、工商联、无党派人士的合作共事。进一步做好民族宗教工作，依法管理民族宗教事务。加强对台工作和侨务工作。支持工会、共青团、妇联等人民团体依照法律和章程，独立自主、创造性地开展工作。扩大基层民主，推进政务公开、厂务公开、村务公开，完善基层政权、基层群众性自治组织、企事业单位的民主管理制度，保证人民群众依法直接行使民主权利。

加强法治聊城建设。支持政府依法行政，推行行政执法责任制，切实做到职权法定、依法行政、有效监督、高效便民。支持司法机关依法独立行使职权，维护司法权威；推动司法体制改革，强化监督制约机制，保证公正司法。推进基层和行业依法办事，规范市场秩序。搞好法律服务，开展法律援助，推进社区矫正试点工作。加强普法教育，提高全民法律素质。

加强平安聊城建设。强化社会治安综合治理，完善防控体系，依法打击犯罪和境内外敌对势力的各种破坏活动，深入开展与“法轮功”等邪教组织的斗争，维护国家安全和社会稳定。加强和改进信访工作，引导群众以合法理性的方式表达利益诉求。健全社会矛盾纠纷“大调解”机制，提高基层组织化解人民内部矛盾的能力和水平。构建统一高效的公共安全应急体系，全面落实安全生产责任制，预防和遏止重大安全生产事故，保障人民群众的生命财产安全。

加强社会管理。创新社会建设和管理体制机制，健全党委领导、政府负责、社会协同、公众参与的社会管理格局。加大财政对公共产品和服务的投入，推动社会事业领域对社会资本开放，加快构建与经济发展和群众需求相适应的公共服务体系。加强社区建设和社团、行业组织、社会中介组织建设，提高群众自我管理、自我教育、自我约束、自我服务的能力。尊重劳动、尊重知识、尊重人才、尊重创造，激发全体社会成员干事创业的热情。

孙德汉（滨州市委书记）：

坚持发展为了人民、发展依靠人民、发展成果由人民共享，积极解决群众最关心、最直接、最现实的利益问题，化解社会矛盾，加快和谐社会建设。

（一）进一步改善民生 坚持富民第一目标，加快建设“小康滨州”、“民本滨州”。更加重视就业再就业工作，建立健全公共就业管理服务体系，努力使各类人员充分就业。更加重视社会保障工作，进一步完善养老、医疗、失业等保险制度，完善城乡社会救助体系和全覆盖的社会保障体系，鼓励发展多种形式的慈善事业。更加重视弱势群体，切实解决好他们的生存、生产、生活、生态、生育、生病等现实问题。优先发展教育事业，普及巩固义务教育，加快发展职业教育，着力提高高等教育质量。完善农村义务教育经费保障机制，让所有孩子都能上得起学，都能上好学。今年要在农村全部免除义务教育阶段学杂费。加快卫生事业改革和发展，建立覆盖城乡居民的基本卫生保健制度。大力发展体育事业，办好第11届全运会滨州分赛场比赛。

（二）进一步发扬民主 坚持和完善人民代表大会制度、中国共产党领导的多党合作和政治协商制度，加强同民主党派、工商联、无党派人士的合作共事，发挥工会、共青团、妇联等人民团体桥梁纽带作用，调动和发挥一切积极力量，共同推进各项事业发展。深入开展“民主议政日”活动，巩固和扩大基层民主。认真开展“五五”普法教育，推进依法治市进程。

（三）进一步保障民安 完善维护社会安定和谐长效机制，提高“平安滨州”建设水平。强化矛盾纠纷排查调处，依法及时解决群众反映的问题，维护人民群众的合法权益。完善应急管理体制机制，切实提高危机管理和抗风险能力。推进治安防控体系建设，加强社会治安综合治理，深入开展“严打”整治行动。高度重视安全生产，坚决遏制重特大安全事故发生。强化食品、药品、餐饮卫生监管，保障人民群众生命财产安全。

（四）进一步凝聚民心 大力弘扬“奋斗、和谐、超越”的新滨州精神，加强社会公德、职业道德、家庭美德和青少年思想道德教育，创建国家精神文明城、优秀旅游城，打造“文明滨州”、“诚信滨州”。大力发展文化事业和文化产业，繁荣新闻出版、广播电视、党史市志、档案管理等事业，满足人民群众文化需求。加强和改进新闻宣传工作，正确引导社会舆论。开展油地共建，发展油区经济，实现油地双赢。切实做好国防和双拥工作，密切军政军民关系。广泛开展民族团结进步活动，依法加强宗教事务管理，促进各民族和睦相处、和衷共济、和谐发展。

执政论坛

正确把握形势　积极创新思路
推进海洋经济又好又快发展

韩寓群

一、正确把握形势,进一步增强发展海洋经济的使命感、责任感和紧迫感

我省是海洋大省,海岸线长度、海域面积等资源条件都位居沿海省市前列。历届省委、省政府都十分重视海洋经济发展。早在上世纪90年代初,我省就在全国率先提出建设“海上山东”的发展战略,并把它与黄河三角洲开发并列为两大跨世纪工程。十几年来,省委、省政府多次召开专门会议,出台了一系列政策文件,对“海上山东”建设的领导不断加强,措施不断强化,投入不断增加,有力地推动了全省海洋经济快速健康发展。海洋产业增加值,2006年达到1380亿元,占全省国内生产总值的比重达到6.3%;2000年以来年均增长19.5%,高于全省经济增长率6个百分点。海洋产业结构不断优化,三次产业比例2006年达到19:38:43。海洋经济已成为我省国民经济重要的增长点。

(一)海洋渔业持续稳定发展　我省水产品总产量、产值、出口创汇等指标连续十多年保持全国首位。2006年,全省海洋渔业产量达到640万吨,总产值达到1260亿元;海水养殖产量达到373.5万吨,远洋渔业产量达到20万吨,水产品出口达到32.4亿美元,占全省农产品出口的40%。

(二)海洋工业规模不断扩大　2006年全省海洋工业产值达到1020亿元,其中水产品加工产值502亿元,盐及盐化工产值197亿元,海洋油气产值68亿元,海洋船舶修造产值108亿元。原盐、纯碱、烧碱、溴素等产量均居全国第一位。海洋资源精深加工规模不断扩大,海洋精细化工、海洋油气、海洋生物制药等海洋新兴工业发展速度不断加快。

(三)滨海旅游开发力度加大　沿海各市新建、改建和扩建了一批新的旅游景区,景区管理水平、旅游资源品位和档次明显提高,海滨4A级旅游景区(点)达到9家、3A级12家、2A级24家,有7个城市被评为中国优秀旅游城市。初步形成了以青岛、烟台、威海、日照为主体的“黄金海岸”旅游线。2006年全省滨海旅游业收入达到718.5亿元,其中外汇收入8.4亿美元。

(四)基础设施建设日臻完善　2006年,全省沿海港口达到24个,深水泊位136个,港口货物吞吐量达到4.7亿吨,海运客运量1417万人次。陆海交通网络建设进程加快,九条高速公路建成通车,烟大跨海轮渡投入运营,德龙烟铁路正在建设。海洋灾害监测预警体系、海上救援体系、防潮堤建设得到加强,海洋防灾减灾能力进一步增强。

(五)“科技兴海”支撑作用明显增强　我省海洋科技力量雄厚。多年来,中国海洋大学、中科院海洋研究所一直是我国海洋教学和研究的中心。农业部黄海研究所、国家海洋局第一研究所、国土资源部海洋地质研究所都设在我省,是海洋研究的重要力量。目前中科院海岸带可持续利用研究所又正式落户烟台,青岛国家海洋科学研究中心正在筹建,海洋科学与技术国家实验室已正式进入审批程序。我省已经拥有涉海独立科技机构56家,约占全国四分之一,驻鲁海洋界两院院士16人,占全国的一半。承担了国家攀登计划、"973"计划和"863"计划等海洋科技项目60多项。1998年以来全省共取得海洋重大科技成果1200多项,其中有280多项获省部级以上科技奖励。海洋科技贡献率达到60%。

(六)海洋综合管理进一步强化 近年来,国务院批复了《山东省海洋功能区划》,省里通过了《海域使用管理条例》和《海洋环境保护条例》等法规,海域开发秩序显著改善,海洋综合管理步入法制化的轨道。全省共选划海洋自然保护区31处,建立了28个国家级生态示范区建设试点,沿海各市共建成污水处理厂40余座,近岸海域环境质量恶化趋势得到遏制。大力开展海上联合执法,严厉打击海上走私,加强了海上安全生产、防灾减灾、抢险救助工作,维护了我省海洋权益。

在充分肯定成绩的同时,必须清醒地看到,我省海洋经济发展还存在很多制约因素,特别是海洋经济粗放增长方式没有转变。一是对全面发展海洋经济的意义认识远远不够。偏重海洋生物资源开发,海洋二三产业发展相对滞后,海洋物流、海洋调查、海洋教育、海洋环境监测和保护、海洋信息服务业发展等方面目标不明确,措施不够配套。二是对海洋经济巨大的发展潜力认识远远不够。科技兴海意识不强,靠科技创新开发利用海洋资源、保护海洋资源、培育海洋资源的观念没有真正树立起来,海洋科研、成果开发、产业化生产都存在很大差距。三是对海岸线资源有序开发、资源整合的重要作用认识远远不够。基础设施建设配套不完善,海洋研究开发设施、陆海一体交通设施、港口设施及腹地建设需要进一步整合加强。四是对近海海域生态面临的环境威胁认识远远不够。近岸局部海域污染严重,海洋生态、海洋资源环境保护形势比较严峻。渤海海域近十多年来,多次发生赤潮和原油污染,我省境内几条主要入海河流水质非常不稳定,部分近海海域养殖密度过大,造成水质富营养化,海洋可持续发展压力很大。这些问题必须引起我们高度重视,采取有效措施,认真加以解决。

二十一世纪是海洋的世纪,海洋承载着人类生存与发展越来越多的希望。纵观当前国内外海洋经济的发展,呈现出一些新的趋势和特点:一是海洋科技飞速发展。海洋科技的发展正在从单纯注重单项技术的研发向重大技术集成转变,从单纯注重海洋传统产业向海洋新兴产业转变,从单纯注重资源利用向与陆海统筹、综合开发并重转变。海洋生物、海水深度利用、深海探测等一大批新技术的不断涌现,催生了一批海洋新兴产业,进一步拓展了海洋经济的发展空间,海洋经济开发的深度、广度和领域都发生了深刻变化。海洋正更多地成为人类未来经济的载体、交流的通道、资源的宝库,越来越显示出巨大的发展潜力和广阔的发展前景。有关专家预测,到2010年全球海洋经济产值将达到4.5万亿美元,2020年将达到10万亿美元。二是临港经济迅速崛起。世界海洋经济的发展历程和趋势表明,港口以其特殊的区位优势和经济优势,不仅能够为沿海城市带来大量的物资流、技术流、资金流、信息流,还以其强大的资源集聚和整合能力,带动城市及其周边地区制造业的快速发展,进而为银行、保险等生产性服务以及旅游、商业等消费性服务业的快速发展提供巨大空间,使港口与沿海城市及其周边城市群之间形成区域经济的良性互动。据业内人士初步测算,我国沿海港口每百万吨吞吐量可创造1亿元以上的GDP和2000人的就业机会。环视我省周边,港口建设呈现出大型化、集群化、信息化和集装箱化的趋势。韩国、日本高度重视港口建设,韩国规划要把釜山港建成"21世纪环太平洋中心港",日本也明确提出要把神户港建成"亚洲母港"。国内竞争更为激烈,拿环渤海湾地区来说,天津港、大连港都提出了更高的定位,加大了投入,加快了建设速度,我省面临强大的竞争之势。三是海洋生态保护越来越受到重视。工业化和城市化进程的加快、人类海上活动的日益频繁,对海洋生态环境造成了巨大的压力。近海渔业资源严重衰退,赤潮等海洋灾害的频繁发生,使人们越来越认识到加强海洋环境保护的极端重要性。人们对海洋的态度,正在从单纯的开发向开发保护并重转变,从一味追求商业利益最大化的海洋观,转变为生态文明的"蓝色家园"观。建设和谐海洋,保持良好的海洋生态环境,实现人与海洋的和谐共存,保持海洋经济的可持续发展,正越来越成为人们的共识。四是海洋经济领域的竞争日趋激烈。当前,为取得海洋开发的主动权,世界各国纷纷调整海洋经济政策。美国提出海洋是"地球上最后的疆域",未来50年要从外层空间转向海洋,制定了《21世纪海洋蓝图》和《美国海洋行动计划》;加拿大出台了《海洋法》,制定了《加拿大海洋战略》;英国则把发展海洋科学作为迎接新世纪的一次革命。我国周边国家也在加快海洋开发方面采取了重大举措。韩国建立了一体化的海洋综合管理体制,提出了加快海洋经济发展的新目标;日本确定了利用科技加速海洋开发的措施;东南亚各国也都加快了海洋资源开发的步伐。在国内,我国沿海省份也纷纷出台了一系列促进海洋经济发展的政策措施,提出了新的思路和目标。历史和现实都证明,谁对海洋经济认识深刻,具有远大的战略眼光,谁就会在海洋经济发展中占领先机,增强经济发展的竞争实力。胡锦涛总书记强调指出:"开发海洋是推动我国经济社会发展的一项战略任务","要增强海洋意识,做好海洋规划,完善体制机制,加强各项基础工作,从政策和资金上扶持海洋经济发展"。我们一定要站在全局和战略的高度,高度重视海洋经济发展,认真贯彻落实科学发展观,牢固树立忧患意识,科学把握海洋经济发展的新趋势、新特点,进一步解放思想,抢抓机遇,乘势而上,做大做强海洋经济,努力实现从海洋大省到海洋强省的转变。

二、积极创新思路,推进海洋经济又好又快发展

当前及今后一个时期,我省海洋经济发展的总体思路是:坚持以邓小平理论和"三个代表"重要思想为指导,以科

学发展观统领海洋经济发展全局，牢固树立海洋经济既是水体经济又是产业经济和区域经济的观念，努力促进海洋一、二、三产业发展相协调；海洋经济与陆地经济发展相协调；海洋资源开发与保护相协调；海洋国内开发与国际合作相协调；构筑规模大、素质高、竞争力强的现代海洋经济体系，实现海洋经济增长方式转变，努力把我省建成区域布局合理、产业结构优化、生态环境良好的海洋经济强省。

主要目标是实现“一个扩大，三个增强”：

一是海洋经济规模明显扩大。海洋经济增长高于全省经济增长5个百分点以上，成为全省经济新的增长点。到2010年，海洋产业增加值达到3000亿元，占全省GDP的比重达到10%。

二是核心竞争能力明显增强。科技进步对海洋经济增长的贡献率大幅提高，海洋经济整体素质显著增强。到2010年，海洋科技自主创新能力、主要海洋资源的开发利用能力、海洋产业技术装备水平和海洋管理水平达到国内领先水平，二、三产业所占比重达到85%。

三是区域带动能力明显增强。陆海之间资源互补、产业互动、布局互联的局面基本形成，经济关联更加紧密。到2010年，全省海港吞吐能力达到6亿吨，成为全省乃至黄河中下游广大地区的对外开放平台、重要物资集散基地和产业承接与聚集基地。

四是可持续发展能力明显增强。海洋生态环境显著改观，和谐海洋建设取得较大进展。到2010年，90%的近岸海域水质达到国家一、二类标准，重点生态功能区得到初步修复，海洋物种资源、环境资源、岸线资源等得到有效保护，海洋经济与海洋资源、海洋环境的关系更为协调。

为实现上述目标，要重点抓好以下几方面的工作。

（一）做大做强海洋主导产业，优化海洋经济结构 发挥优势，重点突破，加快培育发展一批产业层次高、核心竞争力强、带动作用大的海洋主导产业。一是大力发展海洋渔业。海洋渔业是我省重要的优势产业之一，沿海地区经济发达、人民富裕，得益于改革开放，也得益于海洋渔业的发展。我们要认真总结十多年来“海上山东”建设的经验，努力建设科技含量高、产业素质强、生态环境好的山东半岛现代渔业经济区。要加快修复近海资源，正确处理好质与量的关系，大力发展海珍品健康养殖，培育名牌、宣传名牌，在提高价值、提高效益上下功夫。对野生的优质海产品，要正确处理好保护和捕捞的关系，同时要积极研究人工繁育技术。要依靠科技进步，开发更多海洋生物产品，实现海洋产品多次增值。要大力开拓国内外市场，扩大山东海产品的市场占有率。要大力发展远洋渔业，壮大远洋捕捞加工船队，积极探索到国外发展海水养殖，增强我省海洋渔业的整体竞争实力。二是突出发展临港物流业。要充分发挥港口作为现代物流核心和国际物流供应链主要环节的作用，把发展临港物流业摆到突出的战略位置，进一步优化沿海港口布局。整合现有物流资源，集中培育青岛、烟台、威海、日照四大临港物流中心，培植一批大型物流企业集团，建立和完善现代海洋运输体系，努力建成国际性集装箱转运基地、国内重要的矿石进口转运基地、原油装卸与储备基地以及煤炭出口基地，建成东北亚地区重要的国际航运中心。三是加快发展船舶工业。“十五”以来，胶东半岛装备工业的发展比较迅速，汽车、电子信息、造船等产业初具规模，“十一五”期间胶东半岛制造业要有更大的发展，特别是加快造船产业发展。要积极承接日韩等国船舶修造业转移，加强技术引进吸收与集成创新，提高独立设计、独立制造现代化船舶的能力，着力发展现代化总装造船，大力发展船舶零部件制造业，突出抓好青岛、烟台、威海三大修造船基地建设，努力建成我国北方最大的修造船基地。青岛港与我国北方、南方几个大港相比有着独特的自然优势，要大力支持中船重工在青岛的发展，同时引进国际造船以及相关零部件企业，努力扩大集装箱的生产。四是优化发展海洋石油和盐化工业。要以大型化、集约化、基地化、精细化为方向，以骨干企业和大项目为依托，积极开发油气和盐卤资源及其深度加工产品。积极推进石油化工和盐化工两大产业链有机结合，形成可循环、高效益的发展新格局，建成全国重要的海洋化工生产基地。青岛市和省直有关部门要全心全意支持中石化大炼油项目建设，争取一期工程结束后尽快上马二期工程。沿海有条件的市都要积极与中石化、中石油、中海油开展广泛合作。五是积极发展滨海旅游业。要按照优化组合、资源共享、突出特点、错位发展的思路，合理开发和保护旅游资源，加强旅游基础设施建设，积极推动半岛地区“无障碍滨海旅游区”建设，集中建设一批特色鲜明、知名度高、影响力大的海洋旅游精品工程，努力打造“黄金海岸”和“旅游度假胜地”两大品牌。

（二）优化区域布局，打造山东半岛蓝色经济区 沿海地区要根据各自资源状况、产业基础和开发潜力，科学进行功能区划，立足优势，错位竞争，加快发展，努力构建功能定位明晰、产业优势突出的山东半岛蓝色经济区。一是加快黄河三角洲高效生态经济区的开发建设。黄河三角洲是我国环渤海湾乃至沿海地区中未利用的土地最多的地区，这是一笔十分珍贵的资源。要把黄河三角洲湿地保护、生态建设放在突出位置。要遵循循环经济理念，坚持生态优先和集约高效发展，统筹规划利用好后备土地资源，依托和对接天津滨海新区，重点发展高效生态农业、生态重化工业、现代加工制造业、临港物流业和生态旅游业，努力建设全省新的经济增长极和全国重要的高效生态经济区。二是加快沿莱州湾、沿胶州湾、沿荣成湾综合经济区的开发建设。要立足现有基础，充分发挥地理优势和资源优势，大力发展各具特色的海洋经济。沿莱州湾地区要加快发展养殖业和水产品的精深加工，并有选择地发展一批重化工业，沿胶州湾地区要重点发展临港工业、旅游业和生态健康养殖业、沿荣成湾地区要重点发展船舶制造业、现代渔业、海洋生物产业和旅游业，努力把沿三湾经济区打造成为我省具有鲜明区域特点和产业优势的海洋经济版块。三是加快建设四大临港经济区。要以青岛、烟台、威海、日照四大港口为依托，紧密结合胶东半岛制造业基地建设，充分发挥半岛港口群的优势和邻近日韩的区位优势，积极承接国际产业转移，以产业集群化、基地化发展为方向，大力发展临港现代制造业和临港物流业，加快培植一批高素质的主导产业、一批具有较强核心竞争力的大企业集团、一批具有较高市场占有率的知名品牌。青岛保税区要加快在日照潍坊扩区，积极推进区港联动，建设保税港区。要以青岛为中心，南北展开，打造黄海西岸经济带，积极争取建设国际性的区域自由贸易区。要高度重视对外开放和对内联合相结合，四大港区发展要加强与省内其他地区乃至沿黄中下游地区的合作。四是高度重视开发海岛经济。要在不影响军事需要、确保国防安全的前提下，抓紧修订完善全省海岛开发总体规划。要重点发展海岛旅游业和海珍品养殖业，有条件的岛屿可以加强风能、潮汐能等清洁能源开发。要坚持生态保护优先的原则，科学有序开发岛屿资源。没有条件开发或暂时没有规划好的以保护原生态为原则，不要轻举妄动，不要给后人留下遗憾。日照前三岛的开发，要本着顾大局、识大体，着眼于鲁苏两地人民共同富裕的原则，和谐开发发展。

（三）加强基础设施建设，增强支撑保障能力 要抓住薄弱环节，突出建设重点，加快构筑快捷通畅的现代交通运输体系、配套完善的水利设施体系和保障稳定的能源供应体系。一是突出港口建设。要进一步加大投入力度，大力提升港口吞吐能力，着力打造青岛港、日照港、烟台港三个亿吨大港。要顺应现代航运船型发展趋势和运量需求，加快建设大型专用码头，形成集装箱、矿石、煤炭、石油天然气及制品四大运输体系。加快港口资源整合，增强港口综合竞争力，统筹规划干线港、支线港、喂给港和中转港，进一步优化港口功能结构，着力构建以青岛港为龙头、日照港和烟台港为两翼，半岛港口群为主体的现代化港口体系，努力建成东北亚地区重要的国际航运中心。二是加快推进立体疏港交通体系建设。围绕强化区域内部联系和拓展港口腹地，加快铁路、公路、海路和航空建设，着力构建海陆空一体的立体疏港交通体系。铁路建设要以扩大路网规模，完善路网结构为重点，加快干线铁路、港口支线和专用铁路建设，加快形成纵贯南北、横贯东西的“三纵三横”铁路网。加强航空空港建设，重点抓好青岛机场扩建工程，提高沿海地区航空运输能力。公路建设要重点完善“五纵四横一环”高速公路网。三是加强港口腹地建设。我省海岸线长，天然良港多，港口优势大，但腹地窄。要加快通往港口的几条主要高速公路、干线铁路与周边省份、黄河中下游地区乃至大西北、大西南地区的联网，把济南、菏泽等陆路口岸建设好，进一步增强服务功能。济南铁路局、省发改委、省交通厅等有关部门要把已经规划好的线路尽快开工，还没有规划的要加快与外省地联系，做好规划。四是加强海水综合利用和海洋新型能源建设。要把发展海水利用作为缓解沿海地区水资源短缺矛盾的重要措施，依托海阳核电站、大型电厂集中实施一批海水淡化项目。积极开展海水直接利用工作，不断扩大临海工业和城乡生活直接利用海水的范围。要大力推广鲁北化工、寿光海洋化工发展海洋循环经济的经验，提高海洋资源利用效率。加快发展核电，大力发展风能、潮汐能发电，完善沿海地区电网，提高能源保障能力。五是加强公共服务基础设施建设。规划建设一批国家级中心渔港和国家一级渔港，加快各级水产品质量检测中心和病害防治中心建设，抓好省级海洋防灾减灾中心建设，加强海洋气象工作，健全风暴潮、赤潮等海洋灾害的预警预报系统，提高预警预报准确率。完善沿海防潮工程和海上应急救助体系，加强沿海防护林体系建设。

（四）大力实施“科技兴海”战略，提高海洋经济核心竞争力 要充分发挥我省海洋科技力量雄厚的优势，扎实推进“科技兴海”战略，大力建设海洋科技强省。一是加快完善海洋科技创新体系。要坚持体制机制创新，有效整合海洋科技资源，组建跨行政区域、跨所有制形式的各类海洋科技研究中心，形成海洋科技发展的整体合力。进一步确立企业在技术创新中的主体地位，鼓励企业以各种方式与科研机构进行联合与合作，加快建立以企业为主体的政产学研金相结合的海洋科技创新体系。充分发挥国家海洋教学科研机构的作用，加快青岛国家海洋科学研究中心、海洋科技国家实验室、中科院海岸带可持续利用研究所等国家重点科研机构建设，争取科学考察船深潜基地等国家重大科研平台项目在山东实施。二是大力推进自主创新。坚持引进和自主研发紧密结合，强化海洋科学基础研究，夯实海洋技术创新基础。要集中力量围绕海洋生物资源可持续利用技术、海洋环境保护技术、海底资源勘探技术等进行联合攻关，不断提高原始创新、集成创新和引进消化吸收再创新能力，加快形成一批具有自主知识产权、国际领先的科技成果，全面提高海洋经济产业的科技素质，为海洋经济快速发展提供强大技术支撑。三是加快海洋科技产业化。要立足优势领域，围绕经济社会发展需要，组织实施一批高新技术产业化示范工程，加快培育一批具有良好成长前景的海洋高新技术企业；着力突破一批产业化关键技术，切实推进科技成果产业化。加快建立和完善风险资本市场。积极培育为企业提供科技创新服务的中介机构，健全以促进科技成果转化为重点的创新服务体系。四是加强人才队伍建设。要坚持培养和引进并举，完善人才政策，创新人才工作机制，营造各类人才充分施展才能的空间和平台，努力打造高素质的海洋科技队伍和海洋产业技工队伍，为海洋经济强省建设提供强大的人才保证和智力支持。

（五）加大海洋资源和环境保护力度，提高可持续发展能力 要牢固树立生态海洋、和谐海洋发展理念，增强全民生态意识，加强资源、环境保护和生态建设，走生产发展、生态良好、生活富裕的文明发展道路。一是加强海洋污染防治。认真组织实施“碧海行动计划”，严格执行陆源污染物达标排放制度，在重点海域推行入海污染物总量控制。要实行明确的目标责任制，切实控制好入海河流的水质。加大对重点污染行业的治污力度，坚决关停不能稳定达标排放的污染企业，杜绝沿海地区新上重污染项目。加快沿海城市污水处理厂建设,海区污染防治与沿海陆域环境整治相结合,搞好污染区域防治。推广科学养殖方式,切实降低海洋养殖面源污染。提高船舶、港口、海上石油平台防污设备的配备率,控制海上污染源排放。建立健全海洋环境监测网络,常规监测和应急监测相结合,逐步实现自动监测。二是加强海洋生态保护。要坚持开发与保护并重,统筹规划,合理布局,强化海洋资源的保护性开发和综合利用,最大限度地提高资源利用率。积极开展海洋生态保护及开发利用示范工程建设,巩固和发展海防林,修复和保护近岸湿地,重点搞好莱州湾、胶州湾、黄河口等生态功能区的修复与治理,逐步形成良性循环的海洋生态系统。加强典型海洋生态系保护,规划建设一批水生野生动物保护区和海洋自然保护区,维护海洋物种多样性。建立近海主要渔业资源捕捞总量控制制度,保护和涵养近海渔业资源。对生态功能保护区、自然保护区、生态环境脆弱区和黄河入海口,严格限制各类开发建设活动。按照谁开发谁保护、谁受益谁补偿的原则,加快建立生态补偿机制。三是加强岸线资源保护。岸线资源是不可多得、不可再生的宝贵资源。要加强岸线资源的调查摸底,制定全省岸线资源开发保护规划。岸线开发与利用要坚持科学论证、严格审批,有选择、有重点,既要鼓励各地发展临港产业,又要防止乱占乱建、浪费资源,做到统筹推进、高效利用,绝不能造成海域资源和环境的破坏。

三、加强组织领导,形成加快海洋经济发展的强大合力

加快海洋经济发展,建设海洋经济强省是一项事关全局、功在千秋的系统工程。各级各部门要以高度负责的态度,采取切实有效的措施,扎实做好各项工作,促进海洋经济健康快速发展。

(一)加强组织协调,努力形成齐抓共管的工作格局 省政府将成立海洋经济工作领导小组和办公室,加强对发展海洋经济的指导和组织协调,强化对全省海洋经济重大决策、重大工程项目和政策措施的督促落实。各有关市县也要建立相应的领导机构。各涉海市、县党政主要领导要亲自抓海洋经济工作,明确责任分工,加强检查监督,狠抓工作落实。要把发展海洋经济列入重要议事日程,及时研究解决工作中遇到的困难和问题。要加强宣传工作,及时总结各地发展海洋经济的好做法、好典型、好经验,推动海洋经济强省建设向纵深发展。

(二)推进体制机制创新,不断增强发展海洋经济的动力和活力 要进一步深化改革,扩大开放,加快体制机制创新,充分发挥市场配置资源的基础性作用,动员调动全社会的力量投资开发海洋。要进一步加大财政资金投入力度,优化投资方向,重点用于重大科技攻关、渔港建设、良种繁育、质量检测、灾害防治、资源探测、环保治理等公益项目建设。积极推进海域产权改革,依法规范海域使用权的出租、入股、转让和抵押,提高海域利用效率。加快改革政府投资的渔港等基础设施管理体制和经营机制。实行全方位的对外开放政策,加强海洋领域的对外合作,着力搞好软硬环境建设,积极开展招商引资,吸引外部资金投向我省海洋产业。要积极支持民营企业参与海洋基础设施建设、海洋资源开发和海洋产业发展,努力形成多元化的投入机制。要积极向国家争取在我省设立海洋经济发展基金。

(三)抓好重大项目建设,加快带动海洋经济发展 省直有关部门和各级政府要突出抓好重大项目的组织协调,对已经开工建设的项目,要加强协调调度,及时解决建设中出现的各种问题,争取早日建成投产;对尚未开工的项目,要落实领导责任,加快前期工作进度,力争早定位、早立项、早开工;要继续筛选储备一批符合国家产业政策、有利于结构调整优化的好项目。对事关海洋生态与环保的重大项目,要认真进行项目论证和可行性研究,确保项目建设符合节能环保要求。

(四)实施依法治海,加强海洋综合管理 目前省里已经制定和下发了海洋经济"十一五"发展规划、海洋功能区划和海岸带规划,要坚决维护规划的权威性和严肃性,切实抓好规划的组织实施。在开展近海海洋综合调查与评价,建立海域使用动态监管系统的基础上,严格执行海洋功能区划、权属管理和有偿使用三项制度,加强海域使用管理,实施海域资源的集约有序利用。加强涉海执法队伍建设,理顺执法队伍管理体制,提高执法工作水平。加强海洋信息服务,整合海洋信息资源,建设和完善海洋管理信息系统,保证信息资源共享共用。加强和规范海洋经济统计工作,改善海洋经济统计手段,建立海洋经济信息数据库,为科学决策提供依据。坚持海洋经济发展与国防建设统筹兼顾,保证国防建设用海需要,保护好海上军事设施。

(本文系韩寓群省长2007年5月10日在全省海洋经济工作会议上的讲话要点,题目为编者所加)

大力推进产学研合作创新 加快创新型山东建设步伐

姜大明

一、进一步统一认识，切实增强加快创新型山东建设的责任感和紧迫感

2006年以来，我省认真贯彻全国科技大会精神，按照“自主创新、重点跨越、支撑发展、引领未来”的科技发展指导方针，全面实施中长期科学和技术发展规划，积极开展产学研合作创新，大力推进创新型省份建设，全省科技工作取得了显著成效。一是自主创新能力有了新提高。全省共取得重大科技成果2313项，获国家科学技术奖21项，其中国家科技进步一等奖1项，国家技术发明二等奖4项，获国家科技奖励数量继续位居全国前列。专利申请和授权量分别达到3.8万件和1.6万件，增长32.8%和48.4%。二是高新技术产业实现新发展。2006年，全省高新技术产业产值达到10279.9亿元，首次突破万亿元大关，占全省规模以上工业总产值的比重达到26.2%，连续五年保持年增2个百分点。三是创新平台建设迈出新步伐。全省已有国家工程技术研究中心10家，国家级企业技术中心51家，济南国家信息通信国际创新园、中科院青岛生物能源与过程研究所、烟台海岸带可持续发展研究所着手建设，青岛海洋科学与技术国家实验室建设开始启动。四是产学研合作取得新成效。自1991年以来，我省已连续举办了十六届产学研洽谈会，有2000多项高新技术成果在我省转化为现实生产力，为我省企业解决了1000多项关键技术难题。五是科技队伍建设取得新进展。在全省高校、企业和科研院所设置“泰山学者”岗位121个，107名特聘教授和专家成为自主创新与学科建设的领军人物。六是创新环境进一步优化。省及各地出台了一系列鼓励自主创新的政策措施，省里修订了科学技术奖励办法，改革了科技计划管理和奖励评审办法，全省上下重视自主创新、加快科技发展的氛围日益浓厚。

在充分肯定成绩的同时，也要清醒地看到我省科技发展存在的困难和问题：一是综合创新能力还不强。在2006年国家科技部科技创新综合能力的排名中，我省列第六位。高新技术产业总体规模偏小，对经济社会发展的支撑和带动作用不足，完成高新技术产业产值占规模以上工业总产值的比重全年增加3个百分点的任务非常艰巨。二是科技投入还相对不足。2006年全省研发经费总投入占GDP的比重仅为1.07%，应用技术研发经费占财政支出的比重仅为1.43%，低于先进省市的水平。创业投资、风险投资总量偏小，也不够活跃。三是体制机制还不够完善。企业自主创新主体作用发挥不够，科研院所改革推进不快，科技服务体系尚不健全，高科技成果转化率偏低。四是高层次科技人才还比较缺乏，国家重点实验室、工程技术研究中心数量较少，科技创新平台建设有待进一步加强。这些问题必须引起我们高度重视，采取有效措施，认真加以解决。

胡锦涛总书记在全国科技大会上指出：“我们必须下更大的气力、做更大的努力，进一步深化科技改革，大力推进科技进步和创新，带动生产力质的飞跃，推动我国经济增长从资源依赖型转向创新驱动型，推动经济社会发展切实转入科学发展的轨道。这是摆在我们面前的一项刻不容缓的重大使命。”当前，我省经济社会发展正处在一个新的起点上，已进入工业化转型、城市化加速、市场化完善和国际化提升的新阶段，呈现出经济总量较大但人均水平不高，资源比较丰富但能耗较大、污染较重等阶段性特征。省委八届十五次全委会，作出了在工作指导上进一步从加快发展转到科学发展、又好又快发展上来的重大决策。实现这一转变，必须不断提高自主创新能力，依靠科技进步促进节能降耗和环境保护，促进结构调整和经济增长方式转变，促进现代服务业发展和新农村建设，促进社会事业进步和和谐社会建设。我们一定要从贯彻科学发展观、构建社会主义和谐社会的高度，充分认识做好科技创新工作的重要性和紧迫性，以建设创新型山东为目标，深入实施科教兴鲁和人才强省战略，大力推进理论创新、制度创新、科技创新，全面提高原始创新、集成创新和引进消化吸收再创新能力，为科学发展、和谐发展、率先发展，实现富民强省的新跨越提供强有力的科技支撑。

二、大力推进产学研合作创新，加快创新型山东建设步伐

建设创新型山东是一个长期的奋斗目标，也是一项紧迫的现实任务。实现这一目标任务，推进产学研合作创新是重要途径。各级各部门要充分认识产学研合作对于建设创新型山东的重要作用，把建立以企业为主体、产学研结合的技术创新体系作为科技工作的重要突破口，进一步明确目标，突出重点，落实责任，强化措施，把这项工作不断推向

新的水平。

第一，推进产学研合作创新必须发挥企业的主体作用。要全面落实促进企业自主创新的各项政策措施，使企业真正成为研究开发投入的主体、技术创新活动的主体和创新成果应用的主体。一要引导企业加大技术创新投入。采取积极措施，帮助企业用足用好政策，落实好高新技术企业研发投入占销售总收入5%，重点企业占3%，一般企业占1%的规定。要把税收抵顶、设备折旧、政府采购等优惠政策落实到位，充分调动企业增加技术创新投入的积极性，推动企业技术研发经费逐年递增，滚动发展。二要加快推进企业技术中心建设。鼓励大中型企业建立技术开发中心，重点扶持一批行业技术突出、实验设施齐全、主攻方向明确的企业技术开发中心办出特色、提高水平。省级重点企业要瞄准国际同行业先进水平，高起点推进企业技术中心建设，提高自主研发能力，促进技术成果的有效转化。支持鼓励有条件的企业积极参与或承担各类科技计划，探索建立由企业牵头实施重大科技项目的机制。三要注重发挥中小企业在技术创新中的独特作用。一些国家的发展实践表明，中小企业特别是科技型中小企业，是技术创新的重要力量。各级各部门要高度重视中小企业的技术创新，制定相关政策，优化发展环境，支持中小企业的技术创新活动，形成企业自主创新的强大合力。

第二，推进产学研合作创新必须强化高等院校、科研机构服务企业的能力。科技成果源于知识创新，推进产学研合作，要把加强高校与科研机构的基础研究和应用研究放到重要位置。一是科研要面向经济社会发展主战场。科研院所和高等院校要牢固树立服务经济建设的观念，切实提高科研选题的针对性和应用性，面向市场，面向企业，多出科技含量高、市场需求大、产业化前景广阔的科技成果。加强科技成果的中试环节，提高科技成果的成熟度，加快成果转化进程。二是高度重视和加强基础研究。基础研究是技术发明的先导，是应用开发的源泉。高校和科研机构要充分发挥人才优势，加快重点学科建设，为应用研究和技术开发提供雄厚扎实的基础理论。三是主动加强与企业的合作。高校和科研机构要面向社会，加强与企业的横向联合。对于关系产业发展的重大课题，从立项开始，就要积极与企业合作，进行联合开发，发挥双方优势，提高科技成果的研发质量和转化效率。四是深化科技体制改革。科研机构要按照“职责明确、评价科学、开放有序、管理规范”的原则，形成与国际接轨、与市场经济和科技发展规律相适应的现代科研院所制度。重点高等院校要立足学科综合、人才荟萃的优势，建设高水平的研究型院校。要进一步深化事业单位改革，着力优化岗位设置，重点支持拔尖人才和关键岗位，鼓励竞争，最大限度地调动科技人员的积极性。

第三，推进产学研合作创新必须实现体制创新。要使产学研合作具有旺盛持久的发展活力，建立合作各方紧密联系的利益共同体，形成风险共担、成果共享、合作共赢的运行机制至关重要。一要理顺工作体制。充分发挥各级产学研领导小组的作用，建立和完善政策体系，定期研究产学研发展规划，及时解决产学研合作中的重大问题。二要完善合作机制。充分发挥中介机构和行业协会的服务作用，建立健全技术市场，推动产学研三方交流活动的制度化、经常化。完善知识产权保护政策，鼓励科研机构以技术入股，解决好技术产权的利益分配问题。促进信息共享，沟通由市场产品需求，到企业技术创新需求，再到科研机构、高等院校的技术供给传输。鼓励产学研基地共建，支持企业与高校、科研机构合作建设中试基地、重点实验室、工程技术研究中心和博士后流动站。大力推进高端人才的市场化运作和柔性流动，鼓励企业、高校和科研单位科技人员相互兼职或挂职。三要创新合作模式。探索合作形式、拓宽合作领域，产学研各方要在继续加强科技成果和人才交流的同时，积极开展资金、管理、市场等方面的合作。在合作项目选择上，要突出我省6大支柱产业、7条产业链、15个高新技术产业群和20个特色产业基地，以及现代农业、节能环保、循环经济、可再生能源等重要产业，着力开发具有自主知识产权的高新技术。在合作对象上，有关企业要在与省内外科研机构、重点院校加强合作的基础上，进一步加强与国际著名大学、科研机构、世界500强企业的科技合作，逐步建立长期稳定的合作关系。四要构建产业技术创新联盟。鼓励产学研各方按照平等自愿的原则，发挥各自优势，以共性技术、知识产权、品牌和产品标准的开发、创造、获取、共享为目标，以大中型企业和行业龙头企业为骨干，在若干重点行业和领域，建立起风险共担、利益共享、权责明确、合作紧密的产业技术创新联盟，推动产学研合作由短期、松散、单项，向长期、紧密、系统合作转变。

第四，推进产学研合作创新必须强化人才支撑。科技创新，人才为本。要牢固树立人才资源是第一资源的观念，大力加强科技人才队伍建设，为我省科技发展提供强有力的智力支持和人才保证。一是加强高层次创新型人才队伍建设。要围绕我省经济社会发展重大战略，面向科技创新的关键领域，依托重大科研项目、重点学科和重点实验室，加快培养造就一批具有较强创新能力的科技领军人物，形成具有山东特色的优秀人才群体和创新团队。充分发挥驻鲁院士吸引、聚集、培养高层次人才不可替代的作用，不断壮大我省高端人才队伍，积极吸引外省院士来鲁工作。认真实施“泰山学者”建设系列工程，逐步扩大在企业设置“泰山学者”岗位的领域和数量，形成学科建设、产业优势与人才作用的良性互动。创新博士后培养工作，引进和培养高层次后备人才。要抓紧培养青年科技人才，为更多青年科技人才脱颖而出创造有利条件。二是大力引进海外人才智力。要培养与引进并举、引才与引智结合，积极参与国际人才竞争，充分开发国际国内两个人才市场、两种人才资源。要完善相关政策，制定引进海外人才办法，吸引更多的优秀海外留学人员来鲁创业。要根据我省经济社会发展需要，对引进国外优势智力项目进行重点资助，吸引更多的外国专家为我省现代化建设服务。要充分发挥企事业单位引才引智的主渠道作用，积极引进重点行业的紧缺人才。三是努力营造有利于人才干事创业的良好环境。要密切关注国内外人才竞争的发展变化，学习借鉴先进省市人才工作的经验做法，构建以人才评价、培养、激励、流动为主要内容的人才政策体系。要在全社会形成尊重人才、尊重创造、公平竞争、鼓励合作、注重实效的创新文化，倡导敢为人先、敢冒风险、宽容失败的创新精神，不断优化人才成长的学术环境、工作环境、创业环境和舆论环境。

三、切实加强领导，把建设创新型山东的各项任务落到实处

（一）要进一步加大政府对科技的投入 各级政府要认真落实中央和省有关增加科技投入的各项规定，建立财政性科技投入稳定增长的机制，充分发挥财政科技投入的引导作用，不断增强政府投入调动全社会科技资源配置的能力。要继续用好各种与科技创新有关的专项资金。从今年开始，省财政设立自主创新成果转化重大科技专项资金1亿元，重点用于产学研合作创新项目，吸引国内外高新技术成果落户山东。各市县也要从实际出发，拿出适当财力，加强对自主创新和产学研合作的支持。积极探索定额补助、资金配套、贷款贴息等多种科技资金配置形式，引导企业和社会增加科技投入。

（二）要充分发挥金融对科技创新的保障作用 金融是现代经济的核心，也是科技创新的重要保障。政府职能部门要与金融机构建立高效便捷的联系机制，建立项目推介制度，定期举办项目发布会，引导金融机构扩大对科技创新特别是中小科技企业的贷款支持。要深化我省风险投资机构改革，加快建立高新技术产业投融资平台，培育风险投资资本市场。健全完善产权交易市场，鼓励国内外创业投资机构到我省投资。加大对高新技术企业上市的培育和辅导，重点推介一批竞争力强、成长性好的高新技术企业到中小企业板上市。

（三）要落实好对科技创新的扶持政策 去年全国科技大会以来，国务院出台了实施《国家中长期科学和技术发展规划纲要》的60条配套政策，涉及财税、金融、政府采购、技术引进、知识产权、以及创新环境建设等诸多方面，含金量很高。省委、省政府也相继出台了《关于实施科技规划纲要增强自主创新能力建设创新型省份的决定》的若干配套政策和《山东省自主创新产品认定管理办法(试行)》。各有关部门要进一步完善具体实施办法，不折不扣地落实好各项政策。

（四）要积极打造推动科技创新的各类平台 加强科技服务平台建设，加大对技术市场、生产力促进中心、高新技术孵化器、科技成果推广中心、科技咨询机构、创业风险投资服务机构和行业协会等科技中介机构的扶持，实现科技创新服务的社会化。加强资源共享平台建设，积极推动重大科研设备的共享共用，逐步实现科学数据、科技文献、科技成果等各类科技资源向社会开放。加强对外合作平台建设，继续加强与中国科学院、中国工程院、北京大学、清华大学等的科技合作，针对重点行业、企业的重大技术难题和制约发展的技术瓶颈问题开展联合攻关。积极实施“走出去”战略，鼓励有实力的企业到国外创办研究机构，提高国际市场竞争力。加强交流平台建设，按照打造品牌、注重实效的原则，办好各类产学研洽谈会和科技成果展会，为产学研合作创新牵线搭桥，搞好服务。

（五）要切实加强对科技创新的领导 各级党委政府要高度重视科技工作，把提高自主创新能力作为关系全局的大事，摆上重要议程，切实抓紧抓好。要充分发挥各级科教领导小组的作用，强化对科技创新的宏观指导和综合协调，及时研究解决科技创新中遇到的重大问题。各有关职能部门要密切配合，认真履行好各自工作职责。要加强对各市、县科技进步工作的绩效考核，考核结果应作为评价政府工作业绩的重要内容。

（本文系省委副书记、代省长姜大明2007年6月21日在全省产学研合作创新暨科技奖励大会上的讲话要点，题目为编者所加）

提高认识　加强领导
全面加快我省电子政务建设步伐

王仁元

一、肯定成绩，找出差距，进一步提高对做好电子政务工作重要性的认识

省委、省政府对电子政务工作十分重视。特别是"十五"以来，认真贯彻国家信息化战略部署，把电子政务工作作为信息化建设的重要内容，提出了明确的发展思路和工作重点，在电子政务规划建设、业务应用、安全保障、人才培养等方面，制定采取了一系列政策措施，并取得了明显成效。主要表现在三个方面：

一是全省电子政务的总体框架基本形成。2002年，省信息化工作领导小组在充分调研的基础上，制定了《山东省电子政务建设规划》，提出了重点建设"两网一站、十四个重点业务系统和五大基础数据库"的工作任务，要求利用3年左右的时间建立起"运转协调、行为规范、反应快捷的全省电子政务体系"。目前，这一任务目标已经基本实现。省政府和90%的省直部门、100%的市级政府、75%的县（市、区）政府已经建立了门户网站，75%的政府部门建立了行业数据库，人口、法人单位、空间地理、宏观经济统计、"诚信山东"五大基础数据库也已全面启动并初步发挥效益，为下一步发展打下了坚实基础。

二是电子政务应用水平明显提高。坚持建设与应用并重原则，积极推动各级政务部门利用网络平台进行综合监管、公共服务和行政办公，促进信息共享和政务公开，电子政务应用范围不断扩大。在综合监管方面，"金税"工程已将98%的税款和95%的纳税人纳入计算机征收与管理，"金关"工程已为近3万家进出口企业提供电子通关服务，"金质"工程监管范围已经覆盖了80%以上的工业企业和经销企业，安全生产监管系统的建设2006年也取得重要突破。在公共服务方面，我省文化信息资源共享工程在全国率先建立起了覆盖城乡的服务网络，养老、医疗等5种社会保险业务已经可以实现"一站式"办理和服务，中小学"校校通"工程已在90%以上的市开展，育龄妇女信息管理系统已将1800万育龄妇女纳入管理与服务，有效推动了和谐社会建设。在行政办公方面，济南市行政审批信息化工程、烟台市国产软硬件综合信息平台等一批项目成为国家电子政务推广项目，全省市、县级政府门户网站在2005年国信办组织的政府网站绩效评估中，平均绩效水平分别处于第三、四位。内网建设和应用水平也有很大提高。

三是电子政务发展环境不断完善。近年来，围绕推进电子政务建设，我省重点加强了组织领导、政策法规、人才培养、支撑机构等方面的基础性工作。各级党政机关相继完善了一把手挂帅的信息化领导机构，并定期就重大问题进行专门研究，为做好电子政务工作提供了重要的组织保障。省里先后在信息化推进、信息安全保障、信息资源开发利用、电子政务项目管理等方面制定出台了十多个政府规章和政策文件，举办了多种形式的信息化与电子政务培训班，共培训各级公务员和信息化主管10万余人次。同时，发展了一批软件评测、数字认证、标准化研究、信息安全测评、信息化培训等支撑机构，对电子政务工作的开展起到了重要的推动作用。

在充分肯定成绩的同时，也要清醒地看到，我省电子政务建设与中央和省委、省政府的要求相比，与先进省市相比，还有不少差距，存在一些困难和问题。主要是：电子政务建设体制机制尚未完全理顺，基础网络和信息系统建设分散，资源整合、信息共享存在一定困难，法律、法规、标准化工作相对滞后，信息安全保障能力有待提高，电子政务整体水平与经济社会快速发展的要求不相适应，与企业和社会公众的期望、与政府加强自身管理和转变职能的需求还存在差距。因此，对我省电子政务建设取得的成绩绝不能估价过高。

"十一五"是全省经济社会发展的重要时期，也是电子政务由规划建设向以深化应用与资源整合转变的关键时期。要解决目前存在的问题，推进我省电子政务持续健康发展，从根本上讲还是要提高对发展电子政务重大意义的思想认识，切实增强加快发展的责任感和紧迫感。

首先，要深刻认识到，加强电子政务建设，是贯彻落实科学发展观，促进经济发展，构建社会主义和谐社会的必然要求。党的十六大和十六届三中、五中、六中全会，对电子政务建设都提出了明确要求。六中全会《决定》中要求，要"推行政务公开，加快电子政务建设，推进公共服务信息化，及时发布公共信息，为群众生活和参与经济社会活动创造便利条件"。通过电子政务建设，不仅可以让人民群众及时便捷地了解党和政府重大方针政策，反映人民群众生产生活需求，推进民主政治建设，促进党群、干群关系和谐，而且可以改善经济发展环境,降低企业生产经营成本。比如,"金税"工程的实施,方便了企业纳税,也提高了征管水平。"电子口岸"的建成,提高了通关效率,加强了外贸监管。某种意义上讲,电子政务工作的开展情况,代表了一个地区、一个部门的对外形象。

第二,要深刻认识到,加强电子政务建设,是提高党的执政能力和政府行政能力,深化行政管理体制改革,支持各级党委、人大、政府、政协、法院、检察院履行职能的有效手段。有利于各级机关依法行政,提高决策科学化、民主化水平,增加透明度,加强社会监督和防治腐败;有利于转变政府职能,推进政府管理创新,提高工作效率,更好地进行经济调节、市场监管、社会管理和公共服务;有利于各部门加强沟通,密切配合,形成政务工作的合力。特别是各市通过建立行政服务中心,实行"一站式"、"一条龙"服务,简化了审批手续,赢得了企业和群众的欢迎。

第三,要深刻认识到,加强电子政务建设,是推进国民经济和社会信息化的重要内容,在信息化建设中具有先导和带动作用。如果没有完善的电子政务系统,电子商务和其他社会信息系统就很难正常运行。各级行政机关是信息资源最大的采集者、拥有者和使用者,对这些信息资源进行深度开发和高效利用,必须大力发展电子政务。同时,发展电子政务,也为信息产业提供了新的市场需求,对我省信息设备制造业和软件业的发展都一分有利。

因此,各级、各部门一定要从战略和全局的高度,统一思想认识,深刻理解加强电子政务建设的重大意义,清醒认识肩负的历史使命,研究采取切实有效的措施,把当前和今后一个时期的电子政务工作做好,做出更大成效。

二、明确目标,突出重点,全面加快我省电子政务建设步伐

为贯彻落实全国电子政务座谈会精神,做好我省"十一五"期间的电子政务工作,省信息化领导小组办公室会同有关部门,在充分调研的基础上,研究提出了《关于加快推进我省电子政务建设的意见》,并由省委办公厅、省政府办公厅以鲁办发[2006]22号文件下发实施。这是我省"十一五"时期电子政务工作的纲领性文件,各级各部门都要结合实际,认真抓好贯彻落实。总的要求是,以邓小平理论和"三个代表"重要思想为指导,全面贯彻落实科学发展观,按照国家电子政务工作的统一部署和我省信息化建设的总体规划,以强化公共服务为宗旨,以提高应用水平为重点,以信息资源开发利用为主线,以统一的电子政务网络为依托,全面加快我省电子政务进程,努力实现电子政务由规划建设为主向整合应用为主的重大转变,提高政府经济调节、市场监管、社会管理和公共服务的能力与水平,为推动经济社会又好又快发展和构建和谐社会发挥好应有的作用。

工作目标有5个:一是到2010年,建成上下贯通、纵横互联、功能完善、安全可靠的电子政务网络;二是部门间相关业务系统基本实现互联互通,重点业务系统建设取得显著成效;三是基础性、战略性政务信息数据库建设取得重大进展,政务信息资源目录体系与交换体系基本形成,规范的信息资源公开与共享机制初步建立;四是信息安全保障体系进一步健全,法律、法规和标准化体系基本满足业务发展需求,公务员电子政务培训实现制度化;五是电子政务体系基本满足和适应各级党政部门管理、决策、服务的需要,应用水平走在全国前列。

为实现上述总体要求和工作目标,当前和今后一段时期,推行电子政务建设要统筹兼顾,突出重点,着力抓好四方面工作:

(一)进一步理顺管理体制,加快完善电子政务网络体系 网络是电子政务建设的基础。要按照国家的统一部署,理顺管理体制,明确职责分工,进一步做好我省电子政务网络的建设、运行和管理工作,为深化电子政务应用提供良好的网络环境。一是按照鲁办发22号文件的规定,理顺电子政务管理体制。全省电子政务建设在省信息化工作领导小组的领导下,由省信息办负责总体规划和组织协调。其中,政务外网的建设,由省信息办会同省发改委统筹协调网络的建设与管理,并负责组织省级政务外网交换体系的建设。政务内网的建设,由省委办公厅会同省政府办公厅,以省政府电子政务专网为基础构建全省电子政务内网,并统筹协调省级政务内网交换平台的建设和管理,逐步实现省委、省人大、省政府、省政协、省法院、省检察院政务网络的互联互通。省委办公厅、省人大办公厅、省政府办公厅、省政协办公厅、省纪委办公厅、省法院、省检察院分别负责电子政务内网中各自业务网络的建设和管理。二是加快省直部门和各市网站的资源整合,切实解决各自为政和重复建设的问题。今后,省直部门和各市发展电子政务,都要基于全省统一的电子政务网络,按需要分别在政务内网和外网中部署,未经许可省直部门不得单独建设行业专网。已经建成应用的行业专网,除特殊情况外,要逐步整合到政务内、外网平台上来。各市、县电子政务网络已经建成的,要尽快实现与省级电子政务网络的互联互通。三是突出抓好政府门户网站建设。到目前为止还有20多个县(市、区)没有建立政府门户网站,各市要加强重点指导,争取到明年上半年全部建成,并与省政府门户网站相链接,形成以"中国山东"门户网站为枢纽、以部门和市、县(市、区)网站为节点的政府网站群,使其成为发布政务信息、提供在线服务、促进业务协同和实现交流互动的综合业务平台。

(二)深化业务系统建设与应用,提高公共管理和服务能力 应用是电子政务建设的关键。要立足经济社会发展的实际需求,以"十四金"工程为切入点,协调推进应用系统建设和互联互通,提高各级政府的综合管理和服务能力。一是大力推进机关办公信息化建设。积极完善政务执行监督、公文流转管理、预测与决策、人事管理、财务管理、文件管理、档案管理等政府机关内部办公信息系统,提高政府核心业务运行的有效性和科学性。今明两年,要争取实现各市政府、省直单位上行公文和平行公文的网上传送,逐步推

行公文处理全程无纸化。二是大力推进经济调控与监管信息化。优先支持财政、金融、经贸、税收、统计、进出口管理、质量技术监督、安全生产和食品药品监管、工商行政管理等业务系统建设，完善信息汇总与分析、经济运行监控、资源配置调控等方面的功能，提升国民经济预测、预警和监测水平，切实增强政府经济调节和市场监管的能力。三是大力推进社会服务与管理信息化。重点支持国防动员、公共安全管理、司法保障、突发公共事件应急救援与指挥、文化、教育、卫生、民政、劳动就业、社会保障等业务系统建设，并通过计算机、电视、电话等多种载体，逐步将服务延伸到社区和农村，惠及全民，进一步提高政府的社会综合管理和公共服务水平。当前，要立足"平安山东"和"和谐社会"建设，重点加快建立突发公共事件应急处置指挥系统、安全生产应急求援体系建设，切实发挥信息技术的优势，确保应急指挥及时、可靠、多手段、不间断，保证应急处置反应快速、灵活机动、稳定可靠、指挥统一，切实提高政府应对公共危机的能力。四是大力推动应用系统互联互通。对已经建成的应用系统，要根据相关部门共同的业务需要，通过法规规范、政策引导、行政协调、技术支持等手段，推动互联互通。今后，对新建的应用系统，要加强规划指导，把互联互通作为立项审批的重要条件。同时，省信息办要会同有关部门，继续搞好政务网站绩效评估，不断提高全省各级政务网站的建设应用水平。

（三）加强信息资源开发，提高综合利用水平　信息资源开发利用是电子政务建设的主线。要进一步完善信息资源管理体系，积极推动政务信息公开和共享，为经济社会发展提供有效的信息支持。一是深化基础信息数据库的建设与应用。目前，我省五大基础信息库已经全部部署启动，要进一步丰富数据内容，理顺数据采集渠道，加强数据的更新维护，并要逐步实现基础信息的统一管理、共享共用，以此带动全社会各类信息资源的开发利用，促进信息服务业发展。二是切实促进政务信息公开。各级政府要以公开为原则，以不公开为例外，尽快完善政府信息公开制度，编制政府信息公开目录，明确信息公开的权利和义务。信息化主管部门要积极联合人事、纪检监察等部门，以政府网站绩效评估为切入点，将政务信息公开作为考核机关工作的重要内容，并逐步形成机制。三是重点抓好政务信息共享应用。尽快构建政务信息资源目录体系与交换体系，建立健全政府部门间的政务信息交换机制。以需求迫切、效益明显的跨部门、跨地区信息共享应用为突破口，逐渐实现政府信息按需共享。当前，要着重推广工商、税务、质监等部门间的企业基础信息共享，开展财政、税务、银行、国库间税款信息共享，推动城市间的企业信用信息互联共享，扩大电子口岸通关信息交换范围，继续推动文化信息资源共享工程、农业信息服务"进村入户"工程，推进居民身份、个人征信、社会保障等方面的信息共享，逐步开展企业办证并联审批、市民一卡通、公检司法联网等试点工作。

（四）构筑网络与信息安全保障体系，确保网络信息安全　信息安全是国家安全的重要组成部分。省信息办要积极牵头，组织科技、公安、安全、保密、机要等部门，认真贯彻"积极防御、综合防范"的方针，尽快建立健全我省信息安全保障体系。一是抓紧完善信息安全基础设施。加强和规范电子政务网络信任体系建设，进一步完善我省密钥管理和数字认证中心，建立起有效的身份认证、授权管理和责任认定机制。建立健全信息安全监测系统，加快信息安全应急响应与灾难备份建设，健全信息安全管理体制和应急处理协调机制，提高我省信息安全事件的整体应对能力。今年底到明年初，要针对网络与信息安全应急预案组织一次信息安全应急行动演练。各级、各部门要积极配合，及时发现预案中存在的问题，并认真加以整改。二是积极实施信息安全风险评估和等级保护。按照"谁主管谁负责，谁运行谁负责"的要求，根据网络的重要性和应用系统的涉密程度、安全风险等因素，确定安全保护等级，明确信息安全责任。省信息办、公安厅、保密局等部门要加强配合，搞好信息安全风险评估和等级保护工作试点，取得成功经验后，3年内逐步向全省推开。三是加强信息安全核心技术研发和产业化发展。解决信息安全问题的关键是要有自主的知识产权和关键技术，从根本上摆脱对外国技术的依赖。要切实加大对信息安全关键技术研发和自主创新、集成创新的支持力度，积极推动研究成果的市场转化，促进信息安全产业发展，力争尽快自主建设具有可靠技术、设备和软件的网络与信息安全保障体系。

三、加强领导，密切配合，确保电子政务工作顺利开展

推行电子政务是政务管理方式的一场深刻变革，涉及方方面面的利益调整，必须树立全省"一盘棋"的思想，统一领导，统一步调，共同做好工作。

第一，加强组织领导，搞好协调配合。要把电子政务工作纳入各级党委、政府的重要议事日程，根据全省总体部署，制定和调整完善各自的电子政务发展规划，研究解决推进过程中的一些重大问题。各级信息化领导小组，要把电子政务建设作为优先发展的重点，加强具体研究和工作指导。省信息化办公室要在省信息化领导小组的领导下，切实履行综合协调职能，抓好部门间的协调配合和对下督促检查。省直各部门都要支持信息办的工作，主动做好沟通和协调，形成推进电子政务发展的合力。各市也要进一步健全工作机构，明确职责任务，切实发挥好综合协调作用。

第二，推行绩效考核，务求取得实效。信息化主管部门要会同组织、人事部门，尽快将电子政务建设和应用成效纳入对部门和公务员的考核范畴，并逐渐建立起一套科学的电子政务绩效考核指标，以促进各级政务部门和公务员的电子政务应用。各级、各部门要树立正确的政绩观，坚持统筹规划、突出重点，分步实施、分类指导，切忌急功近利，切忌急于求成，切忌搞"形象工程"和"政绩工程"。明年上半年，国家要对各地区、各部门贯彻落实国家电子政务工作部

署的情况，开展一次检查和评估。我们要扎实工作，做好迎接检查的准备。

第三，加大资金投入，完善项目管理。各级政府要根据实际需要，不断加大对电子政务建设的资金投入，并要探索建立投资主体多元化、建设与运行维护社会化的电子政务发展机制，提高电子政务发展的效率和效益。信息化主管部门要联合发展改革部门，抓紧完善电子政务项目管理机制，逐步规范立项审核、采购招标、工程监理、系统测评、验收评估等环节，确保项目取得实效。特别需要强调的一点是，为避免重复建设，促进互联互通，今后，所有的电子政务项目立项前都要由信息化主管部门提出评估意见，评估通过后相关部门才能予以立项。

第四，完善支撑体系，保证健康发展。要加快完善政务网络建设、信息资源开发利用、信息安全保障等方面的规章办法，形成电子政务建设、运行和管理的激励约束机制。认真实施人才战略，加大电子政务管理与技术人才队伍的培养，强化对各级公务员的电子政务培训，满足电子政务快速发展的需要。省信息办要和组织、人事部门共同研究，抓好省直各部门信息中心主任（处长）这支队伍的培训与考核，使其发挥好骨干作用。要抓好关键技术研发与创新，推动政府管理与服务创新，实现信息技术创新与政务改革的相互结合、相互促进，为电子政务深入发展提供持续动力。要加强舆论宣传，加大对电子政务的宣传力度，形成全社会关心电子政务、参与电子政务的良好氛围。要建立完善各类支撑机构，有效开展行业自律、技术咨询、人才培训等活动，为电子政务健康发展创造良好环境。

（本文系王仁元副省长2006年12月8日在全省电子政务工作座谈会上的讲话要点，题目为编者所加）

认真学习贯彻新义务教育法
用科学发展观统领教育工作全局

王军民

一、以科学发展观为指导，统一思想，进一步明确我省教育工作的目标任务和发展思路

在历届省领导班子打下的良好基础上，这几年我省教育事业又跨上了一个新台阶，各方面工作取得了显著成绩。

一是各级各类教育取得显著进展。基础教育进入了以内涵发展为主的新阶段。在完成普及九年义务教育的基础上，“普九”水平进一步提高，小学、初中适龄人口入学率分别保持在99%、98%以上，辍学率控制在2%以内；普通高中稳步发展，在校生由2000年的108.6万人增加到2005年的196.6万人，比2000年增加88.6万人；初中毕业生升入高中段的升学率由2000年的40%提高到72%，比2000年提高了32个百分点。学前教育、特殊教育得到进一步发展。高等教育实现了新跨越。高等教育在校生由2000年的30万人，增加到2005年的117万人，五年间在校生人数增长了近3倍。高层次人才培养能力增强，在校研究生由2000年的1.85万人，增加到2005年的3.68万人。全省职业教育得到较快发展，高职在校学生29万人，是2000年的22倍，中职在校学生139万人，比2000年增长36%。有206所中等职业学校被认定为国家级重点学校。全省各级各类全日制民办学校（幼儿园）已达5217所，在校（在园）学生184.9万人。

二是教育改革不断深入，教育结构不断优化。管理体制改革取得重大突破，基本确立了“以县为主”的农村义务教育管理体制。140个县（市、区）已经全部将教师工资发放上收到县，其中68个县统一为一个标准，64个县为2个标准，8个县为多个标准。根据教育部的要求，我省2005年以来两次高考自行命题，实现了平稳过渡。未成年人思想道德建设和大学生思想政治教育工作切实得到加强和改进。

三是教师队伍建设进一步加强。我省对7000名骨干教师进行了省级培训，对十几万名骨干教师进行了市、县级培训，全面启动了中小学教师校本培训，教师队伍整体素质明显提高。实施“齐鲁名师”建设工程和“泰山学者”建设工程，高层次人才队伍建设成效显著。

四是办学条件得到明显改善。全省共筹集资金39.6亿元，消除农村中小学危房781万平方米，新建校舍662万平方米。农村中小学课桌凳更新工程在全省已经全面启动，两年内将有144万农村中小学生用上政府统一配发的新课桌凳。中、小学教育信息化建设步伐加快，信息技术教育普及程度明显提高。全省高校“十五”期间累计完成基本建设投资198.2亿元，建成校舍3300万平方米，绝大多数高校建设了新校区。截止2005年，全省普通高等学校占地面积共2558万平方米，比2000年增长了3.2倍，校舍建筑面积达3823万平方米，比2000年增长了2.3倍。高校固定资产总值达436亿元，比2000年增长了3.1倍，其中教学科研仪器设备资产总值74亿元，增长了2.9倍。图书资料达到

8096万册，比2000年增长了1.8倍。

五是对外交流与国际合作不断扩大。中外合作办学规模扩大，办学层次提高，办学模式也趋于多样化。到目前，我省共有中外合作办学机构和项目149个，其中专科以上高等学历教育机构和项目58个，已经形成了一批办得好、质量高、有特色、受欢迎的中外合作办学机构或项目。

六是总结推广了一批教育典型经验和先进模范人物。如潍坊、青岛市南区教育均衡发展的经验、南山职业学院发挥企业办学优势的经验。一生贡献给教育事业的日照一中校长王玉华、为保护学生生命安全身负重伤的阳信二中副校长王玉贵等7名教师被授予山东省人民教师光荣称号。

七是社会关注的一些热点问题切实得到重视和解决。从2002年开始，省政府每年提供800万元用于向农村家庭经济困难的中小学生发放助学金，每年提供500万用于向学生提供免费教科书。2004年，这两项经费分别提高到1000万元。2005年以来，财政转移支付2.6亿元，对77万学生实行“两免一补”；高校助学贷款已经在70所高校展开，已经为6.09万名大学生实际发放贷款3.11亿元(到账数)。在义务教育阶段实施了“一费制”收费办法，严格对公办高中招收择校生实施“三限”政策。2006年5月全国开展创建规范教育收费示范县经验交流会在我省召开，陈至立国务委员出席会议，对我省规范教育收费工作给予了充分肯定。城市外来务工就业人员子女就学问题得到较好解决。中小学、幼儿园周边环境的专项治理收到明显成效。

但是，我省教育事业的改革与发展也面临一些突出问题和困难，如城乡、区域之间教育发展还不均衡，教育结构与我省经济建设和社会发展还不够适应，教育投入机制有待完善加强，教师队伍水平和素质有待进一步提高。

教育在现代化建设中具有基础性、先导性、全局性的地位和作用，是实现人的全面发展、提高综合竞争力的根本途径，是建设社会主义新农村的重要内容和基础工程，是我省建设制造业强省的有力支撑，也是建设创新型省份的重要力量。“十一五”期间，我省教育工作总的要求是，以邓小平理论和“三个代表”重要思想为指导，树立和落实科学发展观，全面贯彻党的教育方针，坚持教育为人民服务的宗旨，坚持“巩固、深化、提高、发展”的方针，认真学习贯彻新义务教育法等教育法律法规，坚持教育创新，切实推进素质教育，深化教育改革，优化调整教育结构，合理配置教育资源，努力完成“巩固提高义务教育，大力发展职业教育，提高高等教育水平”三大任务，努力构建现代化教育体系，创建学习型社会，办好让人民满意的教育，为全面实现小康社会提供强有力的人才支撑。

具体目标是：到2010年，在巩固提高基础教育方面，小学、初中入学率保持在99%以上，全面实现县级统一标准发放工资，初中升高中段入学率达到85%以上；在大力发展职业教育方面，全面完成省委、省政府《关于大力发展职业教育的决定》提出的各项任务，中等职业教育与普通高中的比例大体相当。在提高高等教育质量方面，在校大学生达到160万人，在校研究生5万人左右，毛入学率达到26%左右。

面对新的目标任务，必须坚持用科学发展观统领教育事业的全局，把落实科学发展观贯穿到教育改革和发展的全过程，落实到教育工作的方方面面。

一是坚持优先发展，坚持“巩固、深化、提高、发展”的八字方针，努力满足人民群众的教育需求。我省有着重教兴学的光荣传统，人民群众对教育有着强烈的需求。特别是进入新世纪新阶段，社会对劳动者素质的要求不断提高，就业竞争日趋激烈，独生和少生子女时代的到来，使全体人民对教育机会和教育质量更加关注。人力资源是最宝贵的资源，是第一资源。我省总人口为9248万人，是人口大省。这么多人口，如果素质低，就是沉重的人口负担；如果素质高，就是丰富的人力资源。教育搞好了，就可以把沉重的人口压力转化为丰富的人力资源，转化为宝贵的人才财富。这就要求教育必须坚持八字方针，巩固就是巩固成果；深化就是深化改革，不断解决教育发展中的新情况新问题；提高就是提高质量；发展就是坚持优先发展、持续发展、适度超前发展，实现由教育大省向教育强省的转变。

二是坚持以人为本，注重内涵发展，努力提高教育质量和办学水平。对教育事业来说，扩大规模是发展，提高质量也是发展，是一个问题的两个方面，缺一不可。今后一个时期，提高质量是教育工作的重心。这个工作重心，既是教育发展一个新阶段的内在需要，也是我们贯彻落实科学发展观的必然选择。各级各类教育都要把提高质量摆在突出位置。要坚持两个为本，即学生为主体、以育人为本，教师为主体、以人才为本。

三是坚持四个统筹，促进协调发展，加快构建现代国民教育体系。要统筹教育规模、质量、结构、效益；统筹各类教育协调发展；统筹城乡、区域教育协调发展；统筹改革、发展、稳定。加快构建我省现代国民教育体系，必须把握好各级各类教育的发展重点和节奏。当前，要着力提高九年义务教育，大力发展职业教育，稳步发展高中教育和高等教育，重视幼儿教育和特殊教育，不断完善和加强国民教育体系。同时，大力发展成人教育，为全体社会成员创造更多终身学习的机会。加快发展民办教育，尽快形成以政府办学为主体，公办学校和民办学校共同发展的新格局。

四是推动教育均衡发展，促进教育的公平公正。胡锦涛总书记、温家宝总理多次强调，没有教育机会的均等，就谈不上社会公平。随着人民群众物质文化生活水平的迅速提高，人民群众对教育机会、教育过程、教育质量和教育结果是否公平更加关注，对享受优质教育的愿望越来越强烈。加快教育发展，我们要进一步强调在一定范围内的均衡发展，力促教育公平。城乡之间的均衡主要是改造薄弱学校，加强农村教育，实现城乡教育的协调发展。在城区内的主要解决择校高收费问题。

二、认真贯彻新义务教育法，全面推进素质教育，不断提高基础教育水平

6月29日，第十届全国人大常委会第22次会议审议通过了新修订的《中华人民共和国义务教育法》（以下简称义务教育法），并确定于2006年9月1日起实施，新义务教育法的公布和实施，是我国教育事业发展史上的新的里程碑，我国义务教育发展史也将因此翻开崭新的一页。这对于保障公民接受义务教育的权利、提高全民族素质、实施科教兴国战略和人才强国战略，对于落实科学发展观、推进社会主义和谐社会建设和实现全面建设小康社会的目标，具有重大的现实意义。新义务教育法为进一步完善中国特色教育法律法规体系、全面实施依法治教提供了法制基础。我们要认真学习和贯彻落实新义务教育法，并以此为契机，全面推动素质教育的实施，不断提高基础教育水平。

（一）认真学习、深刻领会新义务教育法的内涵和重大意义 我们要从全面贯彻科学发展观和依法行政的高度，深刻认识新义务教育法的重大意义和深刻内涵，依法履行职责，遵守法律规定。

一是新法进一步明确了我国义务教育的公益性、统一性和义务性。这是义务教育的三个基本性质。所谓公益性，就是明确规定，义务教育将逐步做到"不收学费、杂费"。所谓统一性，就是新法从始至终强调在全国范围内实行统一的义务教育，包括制定统一的义务教育阶段教科书设置标准、教学标准、经费标准、建设标准、学生公用经费的标准等。所谓义务性，就是指让适龄儿童、少年接受义务教育是学校、家长和社会的义务，谁违反这个义务，谁就要受到法律的规范。

二是新义务教育法明确国家将义务教育全面纳入财政保障范围。新义务教育法进一步明确了义务教育的性质和培养目标，规定了义务教育是公益性事业，将义务教育经费保障机制以法律的形式固定下来，明确义务教育不收学费、杂费。明确了各级人民政府及有关部门等主体的职责和义务，规定了相应的法律规范，为我国在新的起点上更好的实施义务教育，提供了有力的法制保障。

三是新义务教育法将素质教育上升为法律的规定。新义务教育法规定要根据适龄儿童、少年身心发展的状况和实际情况，确定教学制度、教育教学内容和课程设置，改革考试制度，注重培养学生独立思考能力、创新能力和实践能力，推进素质教育实施。新义务教育法还对教育教学和教师予以专章规定，为推进实施素质教育提供教育教学和师资保障。

四是新义务教育法将促进义务教育均衡发展作为方向性要求确定下来。新义务教育法明确各级政府应当合理配置教育资源，改善薄弱学校的办学条件，并从师资流动、预算编制、设立专项资金等方面规定了促进义务教育均衡发展的措施，将有利于进一步完善政府推进义务教育均衡发展的体制机制，保障农村地区、民族地区实施义务教育，保障家庭经济困难的和残疾的适龄儿童接受义务教育，推动各级政府、教育行政部门和学校切实办好每一所学校、关注每一个学生的健康成长。

（二）进一步推进素质教育实施，切实提高基础教育质量 一是坚持育人为本，德育为先，构建全面育人的工作机制。第一，推进德育课程改革，充分发挥课堂教学的主渠道、主阵地作用。认真贯彻落实《中共中央国务院关于进一步加强和改进未成年人思想道德建设的若干意见》和《公民道德建设实施纲要》，坚持教育创新，使教学内容更加贴近学生生活实际，培养学生学习实践的兴趣。加强对大中小学校德育课程相衔接的研究，注重中小学生的公民道德素质培养。第二，加强校园文化建设，开展丰富多彩的思想道德实践活动。各中小学校要结合自身实际，加强少先队大队辅导员队伍建设，建设德育室、少先队活动室等校内教育阵地，积极开展校园文化建设，营造浓厚的教育氛围。大力开展"弘扬民族精神、培育爱国情怀"主题教育活动，加强诚信教育和行为规范教育，努力提高学生的道德情操和文明素质。第三，加强社会主义荣辱观教育。把社会主义荣辱观教育融入学校教学、科研和管理的各个方面，贯穿于青少年思想道德建设的各个环节，因地制宜，注重实效，教育广大青少年学生努力成为有理想、有道德、有文化、有纪律的一代新人。

二是坚持因材施教，切实减轻中小学生课业负担，为实施素质教育创造宽松的氛围。首先，要狠抓教学管理，强化教学研究，改进教学方法和评价方式。在教学对象上，要强调面向全体学生均衡发展，倡导根据学生差异因材施教，使每个学生得到真正的发展。其次，要科学合理安排学生家庭作业的分量和难度，科学安排学生在校学习时间。在法定节假日和寒暑假不得组织学生到校上课或进行其他形式的集体补课，更不得收费上课和有偿补课。再是，要加强和改进学校体育、卫生、美育和国防教育工作，认真落实"两课两操两活动"，保证中小学生每天1小时的体育活动时间。第四是要加强对学生用书的管理。按照国家有关规定做好教材和教辅材料管理，严禁任何单位和个人以任何形式强迫学生购买或向学校摊派教辅资料。第五是要严格依法治理，建立和完善"减负"工作的监督和评估机制。今年上半年，省教育厅印发了鲁教基字[2006]7号文件，进一步明确了"减负"工作的保障和监督机制。各市要严格按照这个文件的要求，做好监督检查。

三是加强教师队伍建设，全面提升教师的能力和水平。深入组织实施以师德教育和业务素质为主要内容的新一轮中小学教师全员培训，从改进培训方式和内容入手，努力增强教师教育的针对性和实效性。继续指导学校建立校本培训制度，鼓励教师开展教学创新，建立教师岗位成长机制，促进教师专业化发展。实施"齐鲁名师"建设工程，发挥典型示范作用，实现全省中小学者素质的整体提高。去年在全省范围内评选表彰了10名年度教育创新人物，对于鼓励和促进教师开展创新，推动素质教育的深入实施发挥了积

极作用。

四是坚持学校、社会、家庭三结合，创造有利于素质教育的良好氛围。各级党委政府要改变“抓经济就是GDP，抓教育就是升学率”的教育政绩观和评价标准。前段时间，淄博市在全市教育系统开展了“素质教育与提高教育质量大讨论”，分析现状，统一思想，在领导层主要是端正办学指导思想，在校长层主要是处理好素质教育与升学率的关系，在教师层主要是提高学生创新精神和实践能力。省政府办公厅已将淄博的做法和经验转发全省，供各地学习和借鉴。要加强青少年校外活动场所建设。目前，我省已争取中央和省财政补助8000多万元，新建、改建青少年学生校外活动场所79所。最近省委办公厅专门发了19号文件，要求各地加强和改进未成年人校外活动场所建设管理。青岛、潍坊积极建设青少年科技创新和社会实践劳动基地，为青少年学生参加社会实践、培养动手能力，增强创新意识发挥了积极作用。今年5月，陈至立国务委员在视察了青岛和潍坊的青少年活动基地后，对两市的做法给予了较高的评价。要引导学生家长树立正确的素质教育观念，积极探索建立家长、社区有效参与素质教育的新机制，充分利用和挖掘社区内实施素质教育所需要的资源，形成有利于素质教育的良好社会环境。前不久，省政府在内情通报第58期对青岛市市南区走优质+均衡的素质教育科学发展、和谐发展的经验予以转发，供各地学习借鉴。

（三）合理配置教育资源，促进义务教育均衡发展 近年来，我省不断采取措施，促进义务教育均衡发展，取得了明显成效，但目前义务教育发展不平衡的现象没有根本消除。促进教育均衡发展应以科学发展观为指导，均衡发展是可持续的发展，是动态发展的过程，不是简单的削峰填谷，不能以牺牲优质教育资源为代价，必须走保峰填谷、补差促优、整体提升的道路。各级政府要加大教育投入，从促进教育公平的角度提高经费使用效率，重点抓好薄弱环节，对农村学校和城镇薄弱学校制定更加优惠的资助政策，切实加大扶持力度，使其达到义务教育的办学基本要求，保证义务教育的均衡发展和可持续发展。

一是依法合理配置公共教育资源，加强对薄弱学校的改造。新的义务教育法规定，国务院和县级以上人民政府应当合理配置教育资源，促进义务教育均衡发展，改善薄弱学校办学条件；县级人民政府编制预算，应当向农村地区和薄弱学校倾斜。各地要把消除不合格学校、加强薄弱学校建设作为当前推进义务教育均衡发展的紧要任务来抓，认真研究解决薄弱学校问题。要组织力量对当地薄弱学校逐校进行评估分析，找出存在的突出问题，制订加强建设规划，提出切实可行的措施。要充分发挥优质教育资源的辐射带动作用。继续开展以教育思想现代化、办学条件标准化、学校管理规范化、学生素质优良化为目标的规范化学校建设工作，不断扩大优质教育资源的比例，让更多的孩子享受到更好的教育。章丘市教育局在认真实施农村中小学标准化改造工程的基础上，重点加强了偏远地区农村薄弱学校的改造，今年市财政投资600万元，集中精力对全市20个乡镇（街道）的23处薄弱学校进行改造，整个改造工程将于11月底前全部完成。

二是加强农村中小学危房改造，切实改善农村学校和城镇薄弱学校的办学条件。截止到目前，全省未改造的危房存量有169.5万平方米，其中D级危房104.5万平方米。完成现有危房改造任务，必须全省上下共同努力，现在，省里专项资金已经到位，有的市、县没有按规定及时到位，要尽快改变这一状况，进一步加大财政投入力度，尽快完成现有危房的改造任务。同时，要继续完善农村中小学布局结构，要方便群众，不再撤并学校和教学点。（附表1：全省中小学危房改造资金落实情况统计表）

三是加大教师对口支援力度，整体提升中小学教师队伍素质。各地要进一步组织好城镇教师支援农村教育的工作，完善相关政策，建立经常性的渠道和机制，鼓励更多的城镇教师到农村学校开展支教、送课、指导教研等多种形式的帮扶活动，带动农村义务教育发展。要积极组织农村学校教师到城镇办学水平高的学校跟岗学习、进修提高。要加强教师统筹管理工作，合理配置城乡教师资源，适当提高农村中小学中、高级教师的结构比例。要积极鼓励并组织落实高校毕业生支援农村教育工作。

四是加快进行农村学校和特殊教育学校办学条件的改善。针对目前农村中小学校教学仪器设备陈旧、短缺和配备水平低的问题，省安排了专门投资，各市、县也要投入相应的资金，用5年左右的时间，完成对农村中小学教学仪器设备的补充和更新，使农村中小学教学仪器设备等设施达到省定条件标准。继续抓好农村中小学课桌凳更新工作，省财政安排了专门资金，各市、县（市、区）也要安排相应配套资金，共同解决好这一问题。

（四）进一步完善“以县为主”义务教育管理体制 新义务教育法对义务教育管理体制有了明确规定。新法第七条规定：“义务教育实行国务院领导，省、自治区、直辖市人民政府统筹规划实施，县级人民政府为主管理的体制。县级以上人民政府教育行政部门具体负责义务教育实施工作，县级以上人民政府其他有关部门在各自的职责范围内负责义务教育实施工作。”我们要认真贯彻落实这一规定，进一步完善“以县为主”义务教育管理体制，不断提高义务教育质量和水平。到2005年底，全省140个县（市、区）教师工资全部上收到县发放，但还有一些县没有纳入县财政预算，要尽快调整县、乡财政体制和支出结构，将教师工资全额纳入县本级财政预算，并确保不低于当地公务员水平。

（五）切实增加基础教育投入，努力构建和完善农村义务教育经费保障机制 一是建立和完善我省农村义务教育经费保障机制。《国务院关于深化农村义务教育经费保障机制改革的通知》（国发[2006]43号）提出建立农村义务教育经费保障机制，这是党中央、国务院关于教育工作的一项重大决策，是我国教育史上具有里程碑意义的重大改革。《通知》的主要内容是自2007年全部免除农村中小学杂费，并继续对贫困家庭学生实施“两免一补”政策，逐年提高农村中小学公用经费保障水平，2008年达到省定最高标准，2010年达到中央提出的中小学公用经费基准定额标准，并建立农村义务教育阶段中小学校舍维修改造长效机制，进一步巩固农村教师工资发放管理体制。当前和今后一段时期，我省将把建立和完善农村义务教育经费保障机制作为农村教育工作的重中之重，按照中央提出的工作标准和步骤，抓好调研，抓好试点，抓好各阶段工作落实，实现农村义务教育工作的历史性突破。各市、县(市、区)要充分研究形势和政策，做好各方面准备，确保免杂费工作落实到位，尽快建立和完善农村义务教育经费保障机制。

二是依法加大教育投入，为教育事业的改革和发展提供必要的条件保障。2005年全省地方教育经费总收入为475.74亿元，比上年增加77.84亿元，增长19.56%。财政性教育经费收入287.52亿元，比上年增加49.14亿元，增长20.61%。非财政性教育经费收入188.22亿元，比上年增加28.70亿元，增长17.99%。总的说，教育投入还远不能满足教育事业改革和发展的需求。要牢固树立依法保障教育投入的观念，合理安排教育经费预算，确保预算内教育经费的增长高于财政经常性收入的增长。按照中央和省关于新增教育经费主要用于农村的要求，各级财政部门在年初预算安排的新增教育经费和预算执行当中用超收安排的教育经费，应主要用于支持农村教育事业的发展。要依法足额征收和管好、用好教育费附加。在巩固城市教育费附加征收的基础上，经积极争取，财政部批准我省自2005年开始征收地方教育附加。教育费附加是教育经费的重要来源，各级财税部门加大征管力度，切实做到足额征收，及时入库。通过教育综合督导和专项检查，督促各级财政部门按规定将征收入库的教育费附加及时足额拨付给教育部门。2005年，城市教育附加拨付教育部门24亿元，比2004年增加5亿元，增长26.8%。地方教育附加征收5.6亿元。教育费附加的征收和及时拨付在一定程度上缓解了教育投入不足的矛盾，今后一定要依法征足，确保管好、用好。

三是贯彻落实好“一费制”，坚决制止学校乱收费。农村义务教育阶段学校只能按“一费制”规定的额度收取课本费(不含按规定享受免费教科书的学生)、作业本费两项代收费和寄宿学生住宿费，除此之外各级教育行政部门不得出台任何收费项目，学校不得向学生收取任何费用。要严格按照国务院文件规定，规范收费行为，坚决杜绝各种形式的教育乱收费。要及时研究解决改革实施过程中出现的新情况、新问题。建立新机制的各项专项资金必须按照国家规定的开支范围使用，不得用于偿还以往债务，不得将公用经费用于人员工资、津贴、补贴、奖金等，严禁挪用农村义务教育经费保障机制改革专项资金。

(六)加强管理和监督，切实解决义务教育阶段“上学难、上学贵”问题 一是加强管理和监督，依法保障学生公平接受义务教育的权利。新义务教育法明确规定，县级以上人民政府不得将学校分为重点学校和非重点学校。学校不得分设重点班和非重点班。县级以上人民政府及其教育行政部门不得以任何名义改变或者变相改变公办学校的性质，这就为清理名目繁多的教育收费创造了良好的法制环境。教育部规定，不得再审批新的改制学校，对已改制学校进行清理规范，不搞“一校两制”，具有优质教育资源的公办学校不得改为民办或以改制为名实行高收费。义务教育阶段不再举办或变相举办重点学校，不再以重点中学的名义开展招生宣传等活动。不得用实验班、特长班等名义搞乱收费。

二是多渠道开展救助贫困生工作，保障弱势群体学生接受义务教育的权利。认真贯彻落实好省政府办公厅转发的《省财政厅教育厅关于对农村义务教育阶段贫困家庭学生实施“两免一补”工作的意见的通知》(鲁政办发[2005]49号)和《省财政厅、省教育厅关于对享受城市居民最低生活保障政策家庭的义务教育阶段学生实施“两免一补”工作的意见的通知》(鲁政办发[2006]34号)2个文件精神，对农村义务教育阶段的部分家庭困难学生和享受城市居民最低生活保障政策家庭的义务教育阶段学生实施“两免一补”。继续推广青州、临沭、东明等地教科书循环使用工作经验，完善助学金、奖学金制度，确保不让一个学生因家庭经济困难而辍学。

三是切实解决好进城务工人员子女教育问题。输入地政府承担农民工同住子女义务教育的责任，纳入当地教育规划，列入教育经费预算；以全日制公办中小学为主接受农民工子女入学，并在收费、管理等方面与当地学生同等对待；输出地政府负责解决农民工托留在农村子女的教育问题。

(七)深化评价制度改革，积极推进高中新课改 一是改革完善考试评价制度，引导和促进基础教育发展。要坚持和完善小学“划片招生、就近入学”和初中“免试就近入学”的制度，稳定义务教育就学秩序。改革和完善中考和普通高中评价制度。实施《山东省普通高中学生发展报告》。为了加强教育教学质量监测，实行普通高中学生学业水平考试制度。

二是积极稳妥地推进普通高中新课程改革工作。继续发挥8个省级基础教育课程研究中心的作用。积极开展教学研究和课堂教学改革。积极采用现代教育手段，运用信息技术，激发学生学习兴趣，提高课堂教学效率。

三是改革和完善高校招生考试制度。我省2007年度高考方案经过专家的反复论证，已经由省教育厅鲁教招字[2004]10号文件发布，这个方案广泛征求了社会各方及教育部的意见，较好地解决了学生偏科问题，有利于促进素质教育的开展，有利于提高学生的基本能力，注重了学生个性的发展，有利于减轻学生负担。这个方案已经得到教育部的批复，高考“指挥棒”的调整将有力地促进学生全面发展，较好地解决片面追求升学率倾向。

(八)加强信息化建设，提升基础教育现代化水平 一是加快实施农村中小学“校校通”工程，推进教育信息化建设,促进信息技术在教学过程中的应用以及与新课程的紧密结合。要从实际出发,有计划、有组织、有步骤地推进教育信息化,充分、合理地利用农村党员干部远程教育等现有各种信息资源,有序接入、规范管理。

二是积极推进中小学现代远程教育工程,构建起较为完善的远程教育网络。要从实际出发,充分利用现有的农村党员干部现代远程教育资源,加快农村中小学现代远程教育工程建设。

三、大力发展职业教育,构建和完善现代职业教育体系

(一)明确指导思想,转变"三个观念" 今后一段时期,我省职业教育的办学指导思想是:坚持以服务为宗旨,以就业为导向,突出两个面向,重视两个结合,大力推进我省职业教育的改革与发展。突出"两个面向",即职业教育必须面向社会,面向市场,建立与劳动力市场密切联系的机制。重视"两个结合",即职业教育必须与我省产业布局相结合,与企业需要相结合。要着重转变"三个观念",一是政府转变重普教、轻职教的观念。目前,各级政府不同程度地存在轻视职业教育的观念。要充分认识发展职业教育的重大意义,把发展职业教育纳入当地经济社会发展总体规划,把基础教育、职业教育和高等教育放在同等重要位置,合理配置教育资源,加大扶持力度,统筹兼顾,协调发展,最大程度地满足社会成员多样化的求学愿望。二是学校转变办学观念。职业院校要面向市场,面向社会,大力促进教学与生产实践、技术推广、社会服务紧密结合,尽快由传统的学院式教育模式向就业导向型模式转变。要积极创新办学模式,加强实践性教学,调整专业结构,深化课程改革,着力培养学生的动手能力和专业技能,围绕就业搞培养。三是社会转变成才观念。要积极引导群众形成正确的成才观、择业观,大力宣传职业教育的重要作用,宣传为职业教育发展作出突出贡献的单位和个人的先进事迹,宣传职业院校优秀毕业生、优秀技能人才的社会贡献,进一步提高技能型人才的社会地位和经济待遇,努力营造尊重技能人才和能工巧匠的良好社会氛围。今年职业教育发展的目标是,中职招生56万,在校生达150万,高职招生15万,在校生达37万。

(二)加大投入,抓好"五项工程" 各级政府要逐步增加公共财政对职业教育的投入,加强职业教育基础能力建设。一是重点抓好30个经济欠发达县职业教育专项建设工程。用3年左右时间,在每县建成1所基本满足当地技能型人才培养和农村劳动力转移培训需要的职业技术学校。省财政已安排3000万元专项建设资金用于扶持欠发达县职业教育,有关市、县都要安排相应的专项资金和配套资金,30个对口帮扶县也要积极给予支持。要加强调度和督查,实行责任制,确保按时保质完成任务。省里将对任务完成较好的县给予奖励。二是继续抓好职业教育"十、百、千"建设工程。目前,这项工程已取得阶段性成果,10处实训基地初具规模,骨干职业院校和专业建设得到明显加强。省财政、教育部门等有关行政部门要进一步加强工作措施,尽快建成一批具有现代职业教育特色的示范基地、院校和专业。三是启动职业教育实训基地建设工程。大力提倡"把学校建在车间,把车间建在学校",用3至5年时间,在全省建成200个装备水平较高、资源共享的省级职业教育实训基地,为提高学生的实际操作能力创造条件。有关部门要加强合作,共同制定实训基地的建设标准,共同认定,共同挂牌。四是实施职业院校教师素质提高工程。尽快建立和完善职业院校教师定期到企业实践和职业教育兼职教师聘用的相关制度,加快"双师型"教师队伍建设。五是启动职业学校贫困家庭学生资助工程。关于职业教育贫困家庭学生资助问题,省委、省政府在《大力发展职业教育的决定》中已有明确规定,各地要切实安排专项资金,落实好资助政策,使困难家庭的孩子能够通过职业教育掌握一门技能。

(三)深化改革,创新教育教学模式 一是进一步推广"双元制"办学模式。要大力推广平度"双元制"办学模式,加强职业教育实训环节,加强实训基地建设。高等职业教育至少要保证半年的专业实训时间,中等职业教育至少保证半年到一年的实习、实训时间。职业院校必须尽快转变观念,从区域经济社会发展的需要出发,跟踪进行毕业生就业状况调查,不断创新办学理念,突出专业特色,建设实训基地,创一流专业,办一流的职业学校。要积极推进教学改革,坚持以能力为本位,优化教学和训练环节,强化职业能力培养。菏泽市卫生学校坚持以市场为导向,发挥护理教育优势,培养高素质的家政服务人才,成为家政服务人才培养基地。这种做法值得提倡。

二是大力推进校企合作。要鼓励有条件的企业与职业院校建立紧密型的合作关系。省教育厅、劳动保障厅和经贸委要落实好已出台的"校企合作计划",年销售额10亿元以上的310家企业都要至少确定一所职业院校作为校企合作伙伴。市、县两级政府也要引导协调销售收入亿元以上或就业人数500人以上的企业搞好与当地职业院校的合作。各级政府对目前尚未开展校企合作的学校、企业要提出要求,帮助其牵线搭桥。通过校企合作,大力发展"订单"培养。

三是加快实施"双证互通"制度。要认真贯彻执行《劳动法》和《职业教育法》,坚持"先培训、后就业"、"先培训、后上岗"原则,强化职业技能的训练和考核,使学生获得学历证书的同时获得相应的职业资格证书,为就业提供必备的"通行证",逐步建立和完善"双证"互通制度。

四是开展"初三分流"职业教育试点。为了巩固"普九"成果,支持经济欠发达县发展职业教育,省里在宁津、安丘等县,开展"初三分流"职业教育试点,鼓励当地初中学校与职业学校合作办学,指导初三学生到中职学习。

(四)深化"农科教结合",加大服务"三农"力度 要进一步深化"农科教结合",大力开展农村劳动力转移培训和农村实用技术培训;加强东西部合作,加大城市与农村对口

支持。继续推进东部与西部、城市与农村职业院校的联合招生、采取2+1等形式合作办学，鼓励有条件的职业学校多培养欠发达地区学生，并提供就业帮助。各地要进一步加强统筹协调，把职业教育对口支援工作与劳动力转移、教育扶贫和促进就业紧密结合起来。充分利用多种教育方式（电大、农广校、远程教育、网络教育），发挥县乡村三级培训网络的作用，加强示范性农村成人学校与科技培训基地的结合，提高农民科技文化素质。

（五）加强“双师型”教师队伍建设 要大力实施职业院校教师素质提高工程，建立职业学校教师与企业工程技术人员交流以及职业学校专业教师定期到企业轮训的制度，努力形成具有“双师”素质的师资队伍。力争到2010年全省中等职业技术学校“双师型”教师占专业教师总数的比例达到60%以上。

四、加强领导，改进作风，为教育发展创造良好的社会氛围

（一）明确教育工作在政府职责中的定位 教育的先导性、基础性、全局性作用，决定了教育是最为重要的社会事业之一。教育工作是一项社会系统工程，要建立起政府领导、部门协作、全社会共同参与的工作机制。充分发挥各级科教领导小组的作用，按照职责分工，加强部门配合，形成支持教育事业发展的强大合力。教育部门要加强作风建设，充分发挥职能作用，主动与有关部门加强沟通与协商，进一步提高教育管理水平。要加强舆论宣传，大张旗鼓地宣传教育的重要地位和作用，宣传优秀教师和先进集体的事迹，在全社会营造尊师重教、关心教育、支持教育的良好氛围。

（二）加大投入，确保教育健康、协调、快速发展 要依法加大对教育的投入，确保“三个增长”，即《中华人民共和国教育法》规定的各级政府教育财政拨款的增长应高于财政经常性收入增长，按在校学生人数平均的教育费用逐步增长，保证教师工资和学生平均公用经费逐步增长。

（三）完善领导机制，提高工作能力和水平，当好分管领导 首先，要增强责任心，全身心投入工作。随着政府职能向“经济调节、市场监管、社会管理、公共服务”的转变和农村义务教育“以县为主”管理体制的落实，教育在县市区政府工作中的位置更加突出，群众关心、社会关注，面广量大、任务艰巨。希望分管教育的同志不要辜负组织的信任、人民的重托，增强光荣感、使命感、责任感和紧迫感。李岚清同志讲，要带着感情抓教育，工作才有作为。希望同志们以高度的责任感和饱满的热情，热爱教育，研究教育，服务教育，发展教育，为官一任，兴教一方，惠及当代，造福后代。

其次，要转变工作作风，为群众办实事。一是增强服务意识，提高服务质量，坚持群众路线，牢固树立全心全意为人民服务的宗旨，克服官僚主义、主观主义、命令主义。要建设高效的机关服务流程，整合部门内部职能、实施“阳光工程”、理顺内部分工、优化办事流程、提高服务效能。二是处理好改革与发展和稳定的关系，积极解决关系群众切身利益问题。要抓好以市为主管理的高职学院贫困学生助学贷款工作，确保今年新录取的贫困家庭大学生顺利入学；要防范个别民办学校集资风险，认真落实民办教育法，依法对学校资金安全进行监管，严禁集资或变相集资；要高度重视学校安全工作，落实各项安全制度和措施，及时消除危害学生安全的因素，维护学校的安全和稳定，努力办让人民群众满意的教育。

第三，要善于协调，当好分管领导。一要争取一把手的帮助和支持。我们首先要有全局观念，大局意识，站在一把手的高度看问题，确定汇报争取的内容和时机，提高一把手的关心度和注意力。要有高度负责的勇气，锲而不舍的精神，对需要解决的重大问题，要千方百计争取解决。二要协调好有关部门。教育工作涉及的部门多，需要分管县市长协调部门的事情很多，有时难度还很大。要熟悉有关部门的情况，充分调动他们的积极性。要建立各种联席会议制度，互通信息，交换意见，解决问题。三要积极争取人大、政协的支持，听取他们的意见和建议，不断改进工作。四要正确引导社会舆论，为教育创造良好舆论环境。

（四）要加强学习，提高能力和水平 要加强政治理论学习，增强政策观念。加强法律知识学习，增强依法执政、依法行政的能力。就教育工作来讲，就是要认真学习并贯彻落实各项教育法律法规，坚持依法治教，改革教育行政审批制度，规范教育行政执法行为，完善教育行政执法和决策的程序。积极开展解放思想大讨论，引导广大干部职工创造性地开展工作，敢于突破旧框框，变革旧思维，改革旧体制。通过学习、总结，切实提高应对复杂局面的能力，善于理清头绪，理顺关系，带动事业整体发展。

（五）建立完善“三个体系”，抓好教育督导，加强责任考核 要按照省委的部署要求，加快建立完善“三个体系”，不断推动教育事业改革与发展。一是加强调查研究，转变政府职能，实现教育决策和管理的民主化、科学化。二是建立健全教育工作目标管理责任制。党政一把手要对教育工作负总责、亲自抓，分管负责同志要具体靠上抓。要细化每一项工作任务，把责任落实到每个部门、单位，保证各项工作措施落到实处。三是进一步加强教育督导，保障教育发展与改革目标的实现。要认真贯彻落实《山东省教育督导条例》，坚持督政与督学相结合，建立和完善对市、县级人民政府教育工作的督导评估机制，并将督导评估结果作为考核政绩和表彰奖励的重要依据。

（本文系王军民副省长2006年8月11日在全省分管教育工作县市区长理论研讨班上的讲话要点）

突出重点　统筹兼顾
全面完成“十五”时期民政工作任务

李玉妹

一、“十五”以来全省民政工作基本情况

“十五”以来，我省经济和社会发展取得显著成绩。在省委、省政府正确领导下，全省各级树立和落实科学发展观，按照“一二三四五六”发展目标和工作思路，解放思想、干事创业、加快发展。全省经济持续协调平稳较快发展，各项事业积极推进，社会安定和谐，为民政事业发展创造了良好条件。省委、省政府高度重视民政工作，张高丽书记、韩寓群省长多次就城市低保、救灾、农村低保和五保、双拥共建、社区建设、慈善事业等作出重要指示，提出明确要求。各有关部门和社会各界密切配合、大力支持，有效保证了民政工作健康发展。全省各级民政部门围绕中心、服务大局，创新思路、拓宽领域，以民为本、为民解困，团结拼搏、锐意进取，实现了难点工作有突破、重点工作有创新、整体工作上水平，为促进全省经济和社会发展作出了重要贡献。

——救助制度初步完善，社会救助体系建设取得新成效。城乡低保、农村五保、灾民救助等制度逐步完善，资金投入逐年增加，救助水平不断提高。城市低保巩固了动态管理下应保尽保，在保人数、月人均补助水平由2001年的42.59万人、49元，发展到2006年的62万多人、83元，人均月补助水平跻身全国前10名，累计发放低保金25亿多元，保障360多万人次。在农村，积极推动定期定量救济向低保制度过渡，普遍建立农村低保制度，救助特困群众310多万人次。建立农村五保财政供养制度，启动敬老院建设改造三年规划，28.5万农村五保对象实现应保尽保，2006年底集中供养17万人，集中供养率达60.7%。建立自然灾害应急救助机制，加强救灾物资储备，投入救灾资金15亿元，救济灾民2030多万人次。开展了城乡医疗、教育、住房、司法等专项救助。实现收容遣送向救助管理的转变，救助城市生活无着的流浪乞讨人员18万余人次。

——农村基层民主政治建设进一步深化，和谐社区建设迈出新步伐。完成第七、八届村委会换届选举工作，普遍实行直接选举，初步健全民主选举制度，保证了村民民主选举权利。制定出台《山东省村务公开条例》、《村务公开民主管理工作规范》等，推出一批典型经验，全省村务公开民主管理制度不断规范。在城市，合理调整社区规模，改革社区体制，初步搭建起城市基层新型管理和服务平台。省政府召开和谐社区建设和社区工作会议，各级不断加大政府投入，加强社区基础设施建设，理顺社区管理体制，切实解决社区工作者生活补贴、社区居委会办公经费、社区工作和服务用房等问题，省财政投入4600多万元，重点扶持欠发达地区社区基础设施建设，推动落实社区工作“有人办事、有钱办事、有地方办事”。组织开展社区建设示范、和谐社区创建等活动，逐步扩大社区居委会直选范围。大力发展社区服务，社区服务网点和设施更加完善。

——双拥共建活动深入扎实，优抚安置政策落实取得了新进展。着眼支持部队军事斗争准备，重点做好部队重大军事演习、军事工程建设等支前保障，在“和平使命—2005”中俄联合军事演习保障工作中，创造了高科技条件下拥军支前的新经验，受到胡锦涛总书记批示表扬。广泛开展科技、文化、社区等拥军活动，双拥共建水平不断提高，15个市（县）获全国双拥模范城（县）称号。认真落实新的《军人抚恤优待条例》，各级财政共安排发放抚恤补助金、优待金124亿元，支出优抚医疗保障金4.85亿元，确保了重点优抚对象生活水平与经济社会发展同步提高。制定实施扶持城镇退役士兵自谋职业优惠政策，深化退役士兵安置改革，安置退役士兵19.25万人，自谋职业率达到49%。认真落实军休人员生活待遇和政治待遇，圆满完成军队离退休干部、无军籍职工、复员军队干部接收安置任务。扎实做好部分军队退役人员稳定工作，促进了平安山东建设。迁建、改建、扩建烈士陵园40余处。

——社会福利事业蓬勃发展，福利彩票发行连创新高。加快老年福利社会化工作进程，投入21亿多元，实施“社区老年福利服务星光计划”，兴建“星光老年之家”2066个，完成12所国办社会福利院的改扩建，鼓励、引导社会力量兴办490多家福利机构，全省城区养老福利机构总床位数达4.9万多张。实施“残疾孤儿手术康复明天计划”，探索建立孤残儿童寄养示范基地，为孤残儿童提供了多方面的救助。全省初步形成以居家为基础、社区为依托、机构为补充的社会福利发展格局。加强社会福利企业管理，安置残疾职工4.95万人。坚持创新经营、规范管理，福利彩票年销量稳步提高，连年位居全国第一，2005年突破50亿元大关，民政部发来贺电，省政府为省福利彩票发行中心记集体一等功。全省共发行福利彩票210多亿元，筹集彩票公益金71亿元，有力地促进了社会福利事业发展。

——专项社会事务管理不断加强，管理和服务水平得到了新提升。坚持培育与监管并重，大力发展民间组织，全省社团和民办非企业单位达4.5万多个、基金会26个。登记、备案农村经济协会6500多个，吸收农民会员490多万人，促进了农村经济发展和农民增收。坚持年检制度，探索建立社会评估机制，开展自律与诚信建设活动，依法查处了非法和违法民间组织。民间组织的布局、结构不断优化，服务社会的作用得到进一步发挥。组织开展行政区域界线联合检查，全面完成了省界、县界勘定任务。开展县城驻地设立街道办事处试点和乡镇规模调整工作，全省乡镇、街办总数由2541个调整为1915个，平均人口和行政区域面积分别扩大到4.9万人、95平方公里。基本完成城市标准地名标志设置任务，初步健全地名公共服务体系。落实新《婚姻登记条例》，规范收养登记工作，巩固殡葬改革成果，严格公墓审批与管理。

——社会捐赠活动广泛开展，慈善事业发展开创了新局面。坚持依法、自愿捐赠原则，2004年以来每年在全省组织开展“慈心一日捐”活动，募集善款13.5亿元。动员大型企业出资2亿多元，设立有关专项基金。省慈善总会向海外募捐3900万元，开辟了慈善募捐的新渠道。有计划地实施了朝阳助学、夕阳扶老、情暖万家、康复助医、爱心助残等五大救助工程，使用善款6.65亿元，救助各类困难群众200多万人。集中开展了慈善物品捐助活动，健全完善经常性捐赠制度，建立社会捐赠站（点）2900多处，累计接收衣被等物资折款6.8亿多元。建立慈善超市160多个，给予困难群众粮油、衣物等生活用品救助。

经过“十五”以来的发展，全省民政工作初步形成了一定的工作和管理制度体系，城乡社会救助体系、双拥共建、村务公开民主管理、农村经济协会培育发展、福利彩票发行、慈善、地名公共服务工程建设等多项工作，受到国家有关部门和省委、省政府表彰。这些成绩的取得，是省委、省政府正确领导的结果，是民政部长期以来精心指导的结果，是地方各级党委、政府高度重视和社会各界积极参与的结果，也是各级民政干部继往开来、同心同德、奋力拼搏的结果。借此机会，我谨向民政部多年来对我省工作的大力支持，表示衷心的感谢！向全省民政战线广大干部职工，表示亲切的问候！

回顾“十五”以来民政工作的实践，有许多值得认真总结并在今后工作中继续坚持和发扬的经验，主要有：

一是必须坚持围绕中心、服务大局。围绕党和政府的中心工作，服从、服务全局，是开展民政工作的基本前提。只有强化大局意识，把民政工作融入党委、政府工作大局，在大局指导下明确民政工作方位，理清发展思路，找准服务大局的切入点、结合点，民政工作才能有作为、有地位。

二是必须坚持以民为本、为民解困。以民为本，是民政工作的本质要求；为民解困，是民政工作的第一职责。只有认真实践“以民为本，为民解困”工作宗旨，把群众呼声作为第一信号，把群众需要作为第一选择，把群众满意作为第一标准，切实为人民群众办实事、解难题，民政工作才能赢得人民群众好评，让人民群众满意。

三是必须坚持改革创新、与时俱进。改革创新是推动民政事业发展的不竭动力。面对新形势、新情况，只有坚持解放思想、与时俱进、开拓创新，努力破除思想观念上的束缚，创新工作思路，改进工作方法，适时调整完善有关政策法规，探索解决热点难点，并根据新任务、新要求，开拓新领域，培育新亮点，民政工作才能不断向前发展。

四是必须坚持广泛动员、社会参与。争取全社会的支持和参与，是做好民政工作的重要方法。只有坚持党委、政府领导，加强协调，左右配合，上下联动，不断加大社会开放度、增强社会透明度、扩大社会参与度，积极引导和吸纳社会力量参与，才能壮大民政事业发展力量，营造有利于民政工作发展的良好环境。

五是必须不断加强作风建设、提高工作能力。民政工作直接服务于人民群众特别是困难群体，对民政干部特别是领导干部的作风和能力有较高的要求。只有注重大力培养艰苦奋斗、联系群众、干事创业、廉洁自律等优良作风，坚持抓班子、带队伍，全面提高民政干部思想政治素质和工作能力，才能为民政事业发展提供有力保证。

在充分肯定民政工作突出成绩的同时，也要清醒地看到存在的问题和薄弱环节：民政工作机制不够优化，制度运行、工作管理、经费保障等机制尚不完善；民政管理和服务社会的手段与方式创新不够，与新的形势和任务要求还不相适应；基层民政工作在一些地方比较薄弱，人员力量不能满足日益繁重的工作任务和加强基层社会管理与服务的需要；依法行政落实不够，存在有法不依、执法不严现象，与全面推进依法行政的要求有一定差距等等。我们务必高度重视，采取切实措施逐步加以解决。

二、认清形势，统一思想，进一步增强做好民政工作的责任感、使命感

进入“十一五”，我们站在一个新的发展起点上。党的十六届六中全会明确提出我国社会主义和谐社会建设的指导思想、目标任务、工作原则和落实举措。省委八届十三次全会作出《关于贯彻落实党的十六届六中全会精神努力构建社会主义和谐社会的决定》，全面部署和安排了我省社会主义和谐社会建设工作。我们一定要认真学习贯彻落实党的十六届六中全会和省委八届十三次全会精神，深刻理解社会和谐是中国特色社会主义的本质属性，是国家富强、民族振兴、人民幸福的重要保证；深刻理解构建和谐社会是我们党在改革发展的关键时期带领人民抓住机遇、应对挑战，把中国特色社会主义伟大事业推向前进的必然选择；进一步增强构建和谐社会的紧迫感和使命感，更加自觉地把民政工作作为促进和谐社会建设的基础性工作，摆上重要位置，创新工作思路，调整工作重心，推动民政工作不断发展。

第一,要在思想认识上再深化。民政工作具有群众性、多元性、社会性等特点,涉及人民群众利益和社会方方面面。当人民群众遇到困难时,想到的第一个部门往往就是民政部门,要找的第一个干部往往就是民政干部。做好民政工作,事关人民群众最关心、最直接、最现实的利益,是强化政府社会管理和公共服务职能的重要体现,有利于统筹协调各方利益,维护社会稳定,推动社会进步。民政工作在社会主义和谐社会建设中具有不可替代的重要基础作用。可以说,随着社会主义市场经济的发展,随着社会主义和谐社会建设的加快,民政的职责将更加重要,任务将更加繁重,作用将更加突出。

第二,要在工作开展上再突破。构建和谐社会为民政工作开展提供了更加广阔的空间和舞台。围绕和谐社会建设大局,进一步研究、思考、推动民政工作创新发展,是做好当前民政工作的迫切要求。要不断推动社会救助和社会福利工作发展,坚持"以民为本、为民解困、为民服务"工作理念,把维护人民群众权益作为开展各项民政工作的着眼点和落脚点,加强各项救助制度之间的衔接配套,综合利用社会救助资源,提高救助整体水平和效益,不断推动社会救助向依法、规范和经常化、制度化方向发展,最大限度地满足困难群众基本的生活需要。要不断加强基层服务和管理,进一步完善村(居)民自治,健全基层服务和管理网络,建设城乡新型社区,实现政府行政管理与社区自我管理的有效衔接、政府依法行政与居民依法自治的良性互动,努力夯实和谐社会建设基础。要不断提高民间组织服务社会能力,根据经济和社会发展需要,加快民间组织培育发展,积极引导民间组织发挥提供服务、反映诉求、规范行为的作用,逐步建立政府与民间组织分工协作的社会管理格局,增强行业协会、学会、商会等社会团体的社会服务功能,促进和谐社会建设。

第三,要在体制机制上再创新。要认真研究新形势下民政工作面临的新情况、新问题,积极探索促进民政工作持续发展的新方法、新机制。按照健全"三个体系"的要求,建立完善科学民主决策、责任落实、日常管理、考核监督等工作制度,努力构建执行主体清晰、目标责任明确、一级抓一级、层层抓落实的工作机制。要建立健全人民群众特别是困难群众利益诉求表达和汇集、分析机制,坚持领导干部联系群众制度,健全信访工作责任制,建立多层次、动态性人民群众信息反馈网络,及时了解、分析群众所思、所想、所盼,增强工作的预见性、针对性、实效性。要完善救灾、稳定等工作应急反应和处理突发事件机制,及时、快速、有力处置出现的重大问题。全省民政系统要完善"分级实施、各负其责、上下配合、相互协调"的工作体制,增强整体合力,提高执行能力,一心一意抓好工作落实。要从加强专业培训、岗位设置和建立职业制度等入手,建立健全培养、评价、使用、激励机制,努力建设数量宏大、结构合理、素质优良的社会工作人才和志愿者服务队伍。

总之,民政工作在构建社会主义和谐社会的伟大进程中,肩负着重要使命,承担着繁重任务。我们要从落实科学发展观的高度,充分把握和利用构建和谐社会的大好机遇,不断发展民政、完善民政、提高民政,进一步开创全省民政工作新局面。

三、突出重点,统筹兼顾,全面完成"十一五"时期民政工作任务

根据和谐社会建设的总要求,全省"十一五"时期民政工作发展的指导思想是:坚持以邓小平理论和"三个代表"重要思想为指导,以科学发展观为统领,以服务社会主义和谐社会建设为主题,认真落实"以民为本、为民解困、为民服务"工作理念,坚持健全制度、优化管理、提升服务、完善设施,突出重点、统筹推进,求真务实、开拓创新,全面提高民政工作整体水平,为建设"大而强、富而美"的社会主义新山东做出新的贡献。

总体目标是:到 2010 年,城乡一体的社会救助体系更加完善,城市社区工作水平全面提高,农村社区建设稳步实推进,拥军优抚安置保障扎实有力,社会福利事业多元化发展新格局初步形成,民间组织发展规范有序,区划地名、婚丧等社会事务管理水平进一步提高。民政法制建设更为加强、财力保障更加有力、基础设施更加完善、人才队伍素质不断提高。民政事业发展水平适应经济社会发展需要。

围绕上述目标,要努力做好以下几个方面的重点工作:

(一)着力完善城乡社会救助体系 坚持创新体制机制、优化整合资源、强化资金保障,科学规划、稳步推进,进一步完善城乡社会救助体系。要确保城市低保动态管理下的应保尽保,根据经济和社会发展水平,逐步提高补助标准和救助水平。完善农村低保制度,把符合条件的农村困难群众全部纳入低保范围,形成长效保障机制。完善五保财政供养制度,加强敬老院建设和管理,逐步提高供养水平和集中供养率。全面建立和完善城乡医疗救助制度,突出做好城市困难群众医疗救助、农村医疗救助制度与新型农村合作医疗的衔接,缓解城乡困难群众看病难问题。积极推进教育、住房救助和法律援助等专项救助制度建立。认真落实城市生活无着的流浪乞讨人员救助制度,加快流浪未成年人救助保护中心建设,实施主动、分类救助,重点做好流浪未成年人和患重病、精神病的流浪乞讨人员救助工作。

(二)着力提高灾害救助水平 坚持"政府主导、分级管理、社会互助、生产自救"救灾工作方针,完善救灾工作分级管理体制,加大救灾资金投入,加强救灾资金使用管理。完善全省自然灾害应急预案,健全灾害管理应急救助机制,切实提高灾害应急响应和紧急救援能力,确保重大自然灾害发生后 24 小时内各项救助措施落实到位。完善各级救灾物资储备管理体系,健全管理制度,形成比较健全的救灾物资储备保障网络。完善灾民救助卡制度,制定落实灾民救助和倒房恢复重建规程,妥善安排受灾群众生活,保证他们吃得饱、穿得暖、有住处、有病能医。

(三)着力发展社会福利事业 建立和完善养老服务优

惠扶持政策，积极推行养老服务机构“民办公助”、“公办民营”管理方式，引导社会力量参与兴办社会福利机构；加大财政和福彩公益金投入，在县城和大中城市建设一批福利服务中心；开展养老服务社会化示范活动，搞好居家养老和集中养老服务，逐步建立起比较完善的老年福利服务体系。加大儿童福利院建设力度，落实孤儿养育、医疗、教育、就业等综合救助政策，建立残疾孤儿手术康复长效机制，推行集中供养、家庭收养、社会寄养等多种孤儿养育方式，努力形成以家庭养育为基础、社区照顾为依托、机构养育为骨干的孤残儿童福利保障体系。完善福利企业发展政策，推动福利企业健康发展。强化领导，创新思路，科学经营，稳步扩大福利彩票发行规模，巩固提高销量，管好、用好彩票资金，确保福利彩票健康快速发展。

（四）着力深化农村基层民主政治建设 健全村级民主选举制度，规范选举程序，确保村委会换届选举工作依法有序进行，保障农民群众的选举权。贯彻落实《山东省村务公开条例》，深化村务公开和民主管理，广泛开展村务公开民主管理示范活动。完善民主决策和民主监督机制，保障农民群众知情权、决策权、参与权和监督权，促进管理民主的落实。加强对村委会干部的培训，努力提高他们建设社会主义新农村的能力。逐步推进农村社区建设，建设农村社区综合服务中心，健全便民服务网络，提升农村社区功能，促进公共服务向农村延伸，推动农村基层社会管理体制创新。

（五）着力推进城市和谐社区建设 以提高城市基层社会管理和公共服务水平为着眼点，大力推进和谐社区建设，完善城市服务管理网络。认真落实省政府《关于加强和改进社区工作的意见》，加强社区组织、制度、队伍和设施建设，完善社区工作经费投入机制，落实社区干部生活补贴和养老、医疗等社会保险待遇，切实做到社区“有钱办事、有人办事、有地方办事”。不断扩大社区居民委员会直接选举比例，实行居务公开，调动居民群众参与社区事务的积极性、主动性和创造性，提高社区居民自治水平。建立社区服务设施建设政策支持体系，搭建公益性、福利性服务平台，完善信息服务网络，扩大社区服务覆盖面和惠及面，推动社区服务业繁荣发展。

（六）着力做好双拥共建工作 扎实做好支持部队军事训练演习、重点军事工程建设、高素质新型人才培养及军营文化建设等工作。深入开展军民共建平安山东活动，加强军警民联防联治，建立健全联防协作和应急处置机制，促进社会和谐稳定。坚持强化基层，及时发现并解决影响军政军民关系的矛盾和问题，引导军民在建设和谐社区和社会主义新农村中共育共建。落实军事训练演习群众损失补偿、预防和处理军民纠纷等政策规定，完善双拥模范城（县）创建命名管理办法，不断提高双拥工作制度化、法制化水平。坚持高标准、严要求，努力创建出一批更高水平的全国双拥模范城（县），展示我省军政军民团结和谐的新风采。

（七）着力落实优抚安置政策 健全完善与新的《军人抚恤优待条例》相配套的政策法规，逐步建立优待金纳入财政预算制度，完善抚恤优待自然增长机制，探索优抚医疗保障办法，切实保障广大优抚对象的合法权益。积极推进优抚安置事业单位改革，切实提高管理、服务和保障水平。深化退役士兵安置改革，建立以政策扶持就业和培训促进就业为主体，发放退役金、安排工作、退休、供养等多种方式相结合的城乡一体化退役士兵安置制度，做好部分军队退役人员稳定工作。进一步落实军休干部政治和生活待遇，完善交接办法。探索军休服务管理新路子，逐步建立起国家保障与社会化服务相结合的军休服务管理模式。加强军供工作，提升服务保障能力。维护和建设好各类烈士纪念建筑物，发挥教育群众、增强爱国情感、培育民族精神的作用。

（八）着力引导民间组织健康发展 建立与经济社会发展水平相适应的民间组织体系和法制健全、分类管理、分级负责的民间组织管理体制。大力培育发展社区民间组织、公益性民间组织，积极鼓励社会力量兴办科、教、文、卫、体等民办非企业单位，发展各类行业协会。从严把好民间组织登记审批关口，加大执法查处力度，建立和完善社会监督网，开展民间组织诚信建设活动，健全民间组织内部产权、财务等制度，促进民间组织健康发展。大力培育发展各类农村经济协会，积极协调解决资金筹措难、信贷担保难等问题，指导建立健全规章制度，服务农村经济发展。

（九）着力加强区划地名和婚姻殡葬管理工作 慎重稳妥审核重要行政区划调整，科学推进市镇设置，扩大县城驻地城区撤镇设办事处试点。建立边界纠纷矛盾排查、定期巡查、提前预警和快速反应机制，提高行政区域界线法制化、规范化管理水平，巩固勘界成果，建设平安边界。推进地名公共服务工程建设，完善地名信息化服务体系。加强婚姻登记处规范化建设，完善婚姻登记管理服务，建立婚姻登记依法行政监督机制。深化殡葬改革，确保全省火化率保持在98%以上。加快殡葬设施改造，加强殡葬行业管理服务制度建设。进一步做好收养登记工作。

（十）着力促进慈善事业健康发展 加大宣传力度，弘扬慈善意识，在全社会营造浓厚慈善氛围。创新完善社会捐助机制，落实慈善捐赠税收减免优惠政策，建立慈善事业激励机制。组织开展“慈心一日捐”活动，广泛发动社会捐赠，搞好集中性捐助，健全完善经常性社会捐赠制度，加强与国外慈善组织和人士的交流与合作。建立上下联动的慈善组织网络，完善慈善组织规章制度，加强慈善组织诚信建设，提高慈善组织劝募能力。坚持捐助结合，积极开展慈善救助活动，帮助困难群众解决生活、教育、医疗等实际难题。

四、加强领导，狠抓落实，确保民政工作健康发展

全面完成“十一五”时期全省民政工作目标任务，必须强化措施、狠抓落实。

一要加强领导，协调配合。 各级政府要把民政工作作为加强社会管理和公共服务的重要方面，摆上重要议事日

程，纳入经济社会发展规划。政府负责同志要经常过问民政工作情况，加强指导，特别是关系人民群众基本生活的重点民政工作，要常抓不懈，加强督查，确保各项政策措施落实到位。民政工作业务面广、涉及环节多、工作难度大，需要做好协调配合，增强工作合力。民政部门要主动加强与有关方面的联系、沟通、协调，寻求理解，密切合作；各有关方面要树立大局意识，积极给予配合支持，努力形成上下联动、左右协调、齐抓共管的工作格局。

二要加大投入，保障资金。要按照省委八届十三次全会关于完善公共财政体制、调整和优化财政支出结构、加大对社会事业和社会保障等方面投入的要求，切实保证灾害救助、最低生活保障、农村五保供养、社会福利和抚恤补助所需资金财政主渠道投入，建立与财政收入同步增长的民政事业投入机制。同时，还要按照社会化、市场化的思路，积极拓宽筹资方式和途径，抓好福利彩票发行销售，加快慈善事业发展，搞好社会捐赠，完善社会力量参与社会福利和社会公益事业优惠政策，不断增强民政事业资金实力。要加强对民政事业经费分配、使用和发放的管理与监督，严格实行专户管理、专款专用，严禁挤占和挪用。

三要完善制度，依法行政。要着眼于工作规范、资金管理监督和业务工作的全过程，制定切实可行、有效管用的规章制度，规范运作，堵塞漏洞，严格约束。要按照建设法治政府的要求，加强民政法制建设，做好立法调研、起草和修订工作，扩大公众参与，注重制度创新，加快形成与社会主义市场经济体制相适应的较为健全的民政法律法规体系。要增强广大民政干部的法律意识和法制观念，加强和改进民政部门执法和执法监督等工作，落实行政执法责任，不断提高依法行政水平。要深化政务公开，畅通与群众沟通的渠道，方便群众办事，自觉接受广大人民群众和有关方面监督。

四要抓好班子，带好队伍。建设一支思想政治素质高、业务能力强、工作作风正的民政干部队伍尤其是领导干部队伍，是做好民政工作的根本保证。要注重加强民政部门领导班子建设，坚持讲政治、讲团结、讲学习、讲正气、讲廉洁，努力提高总揽全局、统筹兼顾、善于应对复杂局面和处理突发性事件的能力，使班子真正成为团结协作、务实高效、开拓创新、廉洁自律的领导集体。要适应建设、管理、服务社会的需要，加强对民政干部职工的教育培训，优化知识结构，提高服务社会和群众的能力。要弘扬“孺子牛”精神，大力倡导埋头实干、争创一流的工作作风，形成干事创业的浓厚氛围。要将“八荣八耻”作为每个民政干部的行为规范和准则，坚持“为民、务实、清廉”，牢记“两个务必”，增强拒腐防变能力，不断加强党风廉政建设。

五要重心下移，夯实基础。民政工作的对象、重点、根基都在基层，实效也体现在基层。民政工作在基层的落实才是真正的落实。疏于基层建设，民政工作的推进就会成为无本之木，民政事业的发展就会成为空中楼阁。要强化抓基层、打基础的观念，高度重视加强和改善基层工作，真正把工作重点放到基层，把精力聚集到基层。部署重要工作、制定重大政策，要经常深入基层，广泛听取基层同志的意见建议；安排资金、调配物资，要以基层为着眼点，注重向基层倾斜。各级政府要努力探索解决基层民政工作力量薄弱的问题，关心基层民政干部生活和成长，真心实意地为他们办实事、解难题。只有打牢基层民政工作基础，才能确保民政工作在基层得到有效落实。

（本文系李玉妹副省长2007年1月16日在第二十二次全省民政会议上的讲话要点，题目为编者所加）

审时度势 突出重点
努力开创农产品质量安全工作新局面

贾万志

一、审时度势，充分认识农产品质量安全工作的极端重要性

民以食为天，食以安为先。农产品质量安全事关人民健康和生命安全，事关经济发展和社会稳定，事关农产品国际竞争力和政府形象、国家声誉。近年来，随着生活质量提高，人民群众在对农产品数量和品种需求不断增多的同时，对农产品质量安全提出了更高的要求，农产品质量安全问题已经成为社会各方面广泛关注的热点问题。对此，省委、省政府高度重视，把这项工作放在战略和全局的高度统筹考虑，全面部署，采取了一系列切实可行的重大举措。各级各部门认真贯彻落实省委、省政府的部署和要求，做了大量工作，全省农产品质量安全工作取得了明显成效。一是农产品质量安全水平显著提高。最近几年，农业部每年都对全国37个大中城市进行农产品质量例行监测，我省被抽检的3个城市农产品质量安全水平一直名列全国前茅。从我省多年的检测结果看，目前全省农产品有害物质残留检测合格率已达到95%以上，比2001年提高了近10个百分点。因农药、兽药、鱼药残留超标导致的食用农产品中毒事件明显减少，农产品污染严重的状况得到了有效遏制。二是农业标准化工作全面展开。全省已组织制定农业地方标准432项，地方规范1117项，共建立国家、省、市农业标准化示范区360个，各类标准化基地1200多个，据省质监部门统计，全省基地面积达到2600多万亩。三是农产品生产质量安全检验检测和疫病防治体系基本形成。各级各类农业质检中心已达到100个，其中40个通过国家或省级计量认证，部分检测机构的检测能力已达到了国家同类质检机构的水平。初步建立起了省、市、县、乡四级动物防疫体系，覆盖10市69个县(市、区)的胶东半岛无规定动物疫病区建设进展顺利。四是农业品牌认证步伐加快。截至目前，全省已认证无公害农产品1203个，绿色食品731个，有机食品200多个。获得国家名牌农产品称号的农产品12个，省级名牌农产品90个。全省注册农产品商标1.8万件，其中地理标志商标12件、涉农驰名商标10件、涉农著名商标226件。发展品牌农业已经成为提高我省农产品质量水平、增加农民收入的重要途径。五是依法监管农产品质量安全的格局初步建立。不少地方成立了农产品质量安全综合协调机构，加强了统一协调和指导，部门各负其责，相互支持，统分结合，整体推进，形成了良好的工作机制。深入扎实的农产品质量安全工作，有力促进了我省农产品出口，许多出口农产品取得了欧美日等国家的质量认证。目前，我省农产品出口的国家和地区已达到165个，连续7年增幅在20%左右，2006年出口额达到80.9亿美元，分别占全国农产品出口的1/4和我省外贸出口的1/4。

近年来我省农产品质量安全状况总体上有很大改善，但存在的问题和不足也很明显，突出表现为：农产品从产前、到产后运销、到餐桌这一完善的全程质量安全监管体系还不健全，各部门齐抓共管、形成合力的长效机制还没有建立起来；农产品整体质量安全水平不够高；农业标准化生产有待于进一步推广，粗耕粗种特别是滥施农药化肥的现象在有些地方还比较普遍；农业投入品监管存在较大漏洞，违禁销售、使用高毒、高残留农药以及饲料添加剂的现象屡禁不止；资金投入严重不足，基础设施和必要的监管手段不到位，质量监督机制、市场准入制度和质量安全追溯制度等都未有效建立，等等。这些困难和问题，如不及时研究，尽快加以解决，将会严重制约我省农业又好又快发展。特别是当前农业进入新的发展阶段，农产品质量安全问题已经到了非解决不可的地步，各级政府和有关部门要站在落实科学发展观的高度，深刻认识新形势下做好农产品质量安全工作的重大意义。

第一，做好农产品质量安全工作，是维护消费安全和社会稳定的重要保障。搞好农产品质量安全工作，是贯彻落实党中央共同建设、共同享有和谐社会重要思想的具体行动。以人为本，首要的就是以人民群众的健康安全为本。近年来，因农产品药物残留超标等问题引发的农产品质量安全事件时有发生，“红心鸭蛋”、“有毒黄瓜”等事件不仅造成了严重的产业损失，还引起了人民群众的消费恐慌。随着经济的发展和社会的进步，群众对农产品质量安全状况会越来越关注。在当前全面构建社会主义和谐社会的进程中，只有进一步提高农产品质量安全水平，让老百姓吃上健康营养、质量安全的放心农产品，才能有效消除影响社会稳定的不利因素，更好地维护广大人民群众的根本利益。

第二，做好农产品质量安全工作，是加快发展现代农业的有效途径。现代农业的基本特征是高产、优质、高效、生态、安全。深入推广农产品质量安全生产和管理技术，不断强化农产品安全生产法制观念和经营理念，切实转变广大农民生产经营意识，实现数量与质量、安全与效益的有机结合，是建设现代农业的内在要求。我省主要农产品产量多年来一直居全国前列，特别是蔬菜、水果等优势农产品种养面积大、产量高、产值大，去年全省蔬菜产量8309万吨，水果产量2524万吨，水产品产量757万吨，这三项占到全省农业总产值和农民人均纯收入的近三分之二。但是，大不一定强，多不一定好，市场经济条件下，没有质量安全作保障的产业，迟早要被挤垮、被淘汰。从更深层次上讲，没有质量安全作保障的农业产业，规模越大，风险就越大，一旦出问题，损失惨重。这已被实践多次证明。因此，建设现代农业，必须加快构建起生产规范、监管有力的农产品质量安全保障体系，全面提高农产品的质量安全水平。

第三，做好农产品质量安全工作，是提升农产品市场竞争力的必然选择。从国际市场看，重视农产品质量安全已是大势所趋。特别是近年来随着"二恶英"、"疯牛病"等农产品质量安全事件的发生，发达国家对农产品质量安全的监管体系、监管模式都进行了改革，要求越来越严格。同时，由技术性贸易措施引发的农产品贸易壁垒日趋严重。以日本为例，去年5月29日起正式实施了"肯定列表制度"，涉及579种农药、5万多项标准，对我省农产品出口影响很大。从国内市场看，随着《农产品质量安全法》的贯彻实施，北京、上海、广州、天津等大城市已陆续实施了市场准入制度。我省农产品对外依存度比较高，这既是山东的优势，也是面临的挑战。如果不能尽快建立起有效的质量控制体系，给我省农产品加上质量安全身份证，不但不能开拓新的市场，原有的市场份额也会失去，这对我省农业发展和农民增收都将产生非常不利的影响。因此，全面加强农产品质量工作势在必行。

第四，做好农产品质量安全工作，是强化政府监管职能的现实要求。强化政府的监管职能，提高公共服务能力，是政府转变职能，构建法制政府、服务政府、责任政府的主要任务。《农产品质量安全法》的出台，标志着我国农产品质量安全工作进入了依法监管的新阶段。一方面强化了各级政府农产品质量安全监管的职责和权力，提升全社会农产品质量安全的法制水平，另一方面也增加了压力和责任，对政府的公共服务能力提出了更高的要求。各级各部门务必充分认识做好农产品质量安全工作的极端重要性和紧迫性，切实增强责任感、使命感，不断转变工作思路和方法，进一步强化工作措施，努力推动农产品质量安全工作尽快走上依法行政、依法监管的轨道。

二、突出重点，努力开创农产品质量安全工作的新局面

当前和今后一个时期，我省农产品质量安全工作总的指导思想是：以科学发展观为指导，以推进产业升级、加快现代农业建设、促进农民增收为目标，以贯彻实施《农产品质量安全法》为契机，以健全农产品质量安全体系为支撑，牢固树立"高效、生态、品牌"的发展理念，深入实施"优势农产品竞争力提升工程"，不断创新机制，完善制度，强化监管，全面提高农产品质量安全水平和市场竞争力。"十一五"末要努力实现以下目标：

——农产品质量安全水平全面提高。大型批发市场、大型农贸市场以及超市、专卖店的鲜活农产品质量安全抽检合格率达到96%以上。

——农业标准化水平全面提高。基本建立起配套、完善的质量安全标准体系。"菜篮子"产品、出口农产品基本实现生产基地化、标准化，其中90%以上的产品达到无公害标准，培育一批省或国家名牌产品。

——农产品质量安全检测能力明显增强。建成结构协调、布局合理、功能齐全、运行高效，能够满足从产地到餐桌各环节管理的检验检测体系。

——农产品质量全程监管能力明显增强。初步建立从产地到餐桌全程监管制度和可追溯制度；建立健全监管机构和执法队伍，健全完善产前、产中、产后监管体系。

围绕上述目标，工作中要突出抓好五个方面：

（一）大力推行农业标准化　按标准组织生产是规范生产经营行为的重要措施，是工业化理念指导农业的重要手段，是确保农产品质量安全的根本之策。可以说，只要在农业标准化方面抢先一步，就可能在激烈的农产品市场竞争中抢占制高点。具体工作上，一要加快完善标准体系。制定标准是实施标准化的基础。过去几年，我省已经制定了一批农业标准或技术规范，但数量不足、滞后需求的问题仍比较突出，今后几年必须加大力度，有计划、有步骤地加以推进。要加快农业标准制修订速度，按照"有标贯标、无标补标"的原则，尽快完成空白标准的制定，对已有国际、国家、行业和地方质量标准的农产品，要结合实际，加快制订标准化生产技术操作规程。各类农业产业化龙头企业，要积极采用国际标准，制订与国际接轨的企业标准。力争经过5年左右的努力，使我省各类农产品生产有标可依。二要加快标准的组织实施。要加快各类农业标准化示范区、标准化生产（养殖）基地的建设，各级应结合产业发展制定出切实可行的基地建设规划和实施方案，层层抓，级级抓，加快实现我省主要农产品生产的基地化、规模化、标准化、品牌化。要充分发挥我省农业产业化发展较快的优势，积极推广"龙头+基地+农户"的基地建设模式，提高生产组织化程度，带动农户提高标准化意识和标准化生产水平。三要适应市场需求提高实施标准的层次和档次。生产、加工和流通各环节要严格执行强制性国家标准和行业标准，鼓励采用国际标准或者国外先进标准。良好农业规范（GAP）涵盖了当今农产品生产源头的全过程，是国际上公认的农产品生产标准，要积极开展良好农业规范（GAP）试点工作。

（二）加快推进农产品质量认证和产地认定　农产品取得质量认证，一定意义上讲就是取得了市场通行证。各地

必须高度重视农产品认证工作，加快农产品商标注册，对生产管理比较规范、质量保障体系比较完善的生产（养殖）基地和生产加工企业，鼓励推行实施种养殖 GAP 认证、加工领域 HACCP 认证和无公害农产品、绿色食品和有机农产品认证。特别是城乡居民倍加关注、与群众饮食消费密切相关的菜、果、茶、肉、蛋、奶、鱼、虾等鲜活农产品，各地要制定激励政策，鼓励进行大规模产地认定和产品认证，力争通过3-5年的不懈努力，逐步形成以无公害农产品、绿色食品认证为主体，有机农产品、农业投入品认证为补充的认证体系，使我省大部分"菜篮子"产品能够获得质量身份证，实现我省农产品的无公害化、品牌化。在加快产品质量认证的基础上，要加快品牌、名牌的培育和发展，加大品牌整合、市场开拓和诚信体系建设力度，支持做大做强优势产业。

（三）着力增强科技服务能力 提高农产品质量安全水平，科技的作用至关重要。要充分利用现有农业高等院校、科研机构、农业企业、社会团体等科研资源，围绕农产品质量安全各个环节，加大研发力度，着力提升科技服务能力。要强化农产品质量安全的风险评估研究，加强对农产品质量安全技术标准的研究，加速农产品质量安全生产技术、检测仪器和技术方法的研发，加快引进、消化、吸收和自主创新步伐。要强化对制约农产品质量安全发展的关键性问题和导向性、前瞻性技术问题的研究，包括农业生态环境保护、农药和化肥无害化使用、生物防治、农产品加工包装工艺等。要强化对我省主导产业关键技术的研究。对园艺、水产和畜禽产业，重点加强优质专用品种的自主创新能力，加快主推良种的国产化步伐，围绕设施农业和规模小区养殖，尽快研发、建立优质农产品安全生产配套技术体系。对食品加工业，重点加强农产品精深加工技术、产后减损技术和绿色供应链产业化技术的研发，加快保鲜、储运、加工技术及其设备的自主研发。同时，加速开发农药、兽药和鱼药残留等有毒有害物质快速准确监测仪器设备和方法，研制农产品有毒有害物质快速降解技术，创制一批生物农药、生物肥料、动物生物制品等高效安全农业生物制剂，在实现绿色植保、促进农业向无害化发展等方面迈出较大步伐。要将农产品质量安全技术服务作为农业技术推广的重要内容，组织农业科技人员深入农村，广泛开展农产品质量安全服务指导，推广生态、安全的农业生产技术和农业投入品，促进标准化生产。

（四）进一步强化全程监管力度 一是要加强产地环境监管。要严格控制工业"三废"和城市生活垃圾对农业生态环境和农产品的污染，建立农产品产地环境普查和定点监测制度，尽快实施基本农田质量普查监测计划，摸清现状，有针对性地加大农产品产地环境的整治和净化工作，为农产品产地的生态化、标准化、无害化创造条件。二是要加强对农业投入品的监管。要严格按照国家有关法律法规规定，建立健全市场准入制度，加大市场监管，整顿和规范市场秩序，严厉打击制售、使用假冒伪劣农资的违法行为。要加大对剧毒、高毒农药的监管力度，大力推广高效低残毒农药品种。紧紧围绕生产过程控制，继续推进种植业产品、畜产品、水产品三个专项整治，确保突出问题能管住，关键措施能到位，整治工作有成效。要积极开展放心农资下乡进村活动，大力推行农资连锁经营、农资直供等多种模式，加快推进农资信誉体系建设，不断完善农资监管长效机制。三是要加强动植物疫病的监控。各级农业、渔业、畜牧技术推广部门，要坚持"预防为主、综合防治"的方针，切实加大对水、陆生动植物保护工程的实施力度，加快无规定动植物疫病区建设，提高区域动植物疫病控制能力。四是要强化对"菜篮子"产品质量安全的监管。针对当前农产品质量安全的突出问题，要重点抓好"菜篮子"产品，主要是瓜果菜、肉蛋奶、水产品的监管，监控的重点项目是农药、兽药、鱼药残留以及饲料添加剂等有毒有害物质。各级都要建立健全农产品质量安全监测制度，制定专项监测计划，有针对性地开展监督或专项抽查。要强化对农产品质量安全的一线监管，农产品必须监管到企业和产品，防止个别企业、产品出现质量安全问题，给全行业甚至整个农产品供给带来不良影响，造成不应有的损失。要建立全省统一的农产品质量安全信息发布制度，定期向社会公布农产品质量安全信息，自觉接受社会和舆论的监督。要严格信息发布规范，及时澄清不实报道和谣传，切实维护好生产者和消费者的合法权益，决不允许因失实报道而造成农民损失惨重、产业遭到冲击甚至毁灭性灾难等惨痛事件的发生。五是要加强市场监管。要按照先行试点、逐步推开的原则，加快推进市场准入制度建设。选择重点农产品生产企业或农民专业合作经济组织，重点农产品生产基地以及批发市场或超市，引导他们对基地生产的产品进行自检，做到产地准出；帮助农产品批发市场、超市建立监测报告制度，做到产品准入；引导农产品生产企业、农民专业合作经济组织推行产品包装上市，做到产品可追溯。六是要加强监管能力建设。坚持资源整合、布局合理的原则，强化检验检测体系建设。在建设完善省级检测机构的基础上，重点优化健全市、县两级的农产品质量安全检验检测机构。力争在"十一五"期间，建成以省级检测中心为龙头、区域性检测机构为补充、县（市、区）级为骨干，企业、基地、市场、超市布局合理、职能明确、专业齐全、运行高效的农产品质量安全检测体系。

（五）深入贯彻实施《农产品质量安全法》 《农产品质量安全法》的颁布实施，标志着农产品质量安全管理从此走上了有法可依、依法监管的轨道，实现了农产品质量安全管理从被动管理、弹性管理向主动管理、刚性管理的转变。贯彻实施好这部法律，是当前和今后一个时期做好农产品质量安全工作的重要任务。一要继续做好宣传引导，营造良好的社会氛围。《农产品质量安全法》涉及的主体主要是农民、农民专业合作经济组织、农产品加工企业以及农产品批发市场等，面对的行为群体比较复杂和特殊，要采取多种措施，有针对性地开展学习宣传活动，做到家喻户晓。尤其要结合典型案例进行说服教育工作，以活生生的事实，教育广大生产者、消费者知法、懂法、守法、用法，逐步培育全社会的农产品质量安全意识。二要强化培训，明确各行为主体的权力、责任和义务。对《农产品质量安全法》的学习贯彻，各级要有计划、有重点、分层次地逐级搞好培训。农业等行政主管部门是实施这部法律的主体和基本力量，要带头学、系统地学，明确法律赋予的权力、责任和义务。要加大对广大生产、销售企业和农民，特别是农业龙头企业、农产品批发市场法人的培训力度，举办不同类型、不同层次的普法培训班，做到送法到基层、到市场、到基地。三要搞好配套制度建设。各地要尽快清理现有规章制度，与《农产品质量安全法》要求不一致的，要及时修订或废止，没有配套制度的要尽快制定完善。国家已经颁布了一部分与该法配套的有关规章，要抓紧研究落实我省的配套实施办法，力争2008年初出台。各地也要结合本地实际，制定完善相关的配套制度，尽快建立起健全、科学、先进、适用的农产品质量安全法律法规体系。四要加大执法力度。各地要充分运用《农产品质量安全法》这一法律武器，依法对农产品生产、加工、销售的各环节进行监管。加强农产品质量安全执法，必须不断强化执法能力建设。要尽快建立健全省、市、县三级农业执法队伍，进一步充实人员，完善手段，加强执法人员的素质教育和能力培训，尽快提高执法水平。农业、海洋与渔业、畜牧、工商、出入境检验检疫、质监等各有关部门要建立健全沟通渠道，完善工作机制，加强部门联合执法，提高农产品质量安全监管的效率。

三、加强领导，确保农产品质量安全工作的各项措施落到实处

（一）加强组织领导 农产品质量安全工作是一项系统工程，贯穿于农业生产、流通和消费的全过程，与广大群众利益密切相关。各级各部门要把农产品质量安全工作摆到更加突出的位置，明确工作目标和工作任务，加强领导，精心组织。要建立地方首长负责制，一把手是第一责任人。省里拟建立农产品质量安全监管协调会议制度，各级也要成立相关的组织协调机构，尽快形成政府主导、部门配合、上下联动、社会各方面参与的齐抓共管、合力推进的局面。

（二）加大财政投入 农产品质量安全工作是一项公益性、基础性、战略性的工作，需要大量的资金投入。近年来，省财政和部分市财政都安排了专项资金重点用于基础体系建设、标准化基地建设以及农产品例行监测等工作，有力地促进了农产品质量安全水平的提高。但资金投入与实际需要相比远远不足。从今年起，各级要将农产品质量安全管理工作纳入本级国民经济和社会发展规划，加大对农产品质量监管工作的财政支持力度。要统筹调整农业资金的投入结构和支持重点，向农产品质量安全体系、标准体系建设倾斜。要鼓励和引导企业和社会资金投入农产品质量安全体系建设，完善农产品质量安全管理投融资渠道。逐步形成政府投入为引导、企业投入为主体、社会投入为补充的多渠道、多元化投入机制。同时，要加强对农产品质量安全专项资金的管理，强化专项资金的审计检查，确保专款专用。

（三）加强队伍建设，形成监管合力 这是保障农产品质量安全管理行政有力、政令畅通的关键。各级有关行政主管部门要充分发挥农产品质量安全监管工作的主体作用，农口部门和工商、卫生、食品药品监督、质监等部门都要在各自的职责范围内建立相应的农产品质量安全管理体系，按照《农产品质量安全法》等有关法律法规的规定，各司其职，各负其责。农业、海洋与渔业和畜牧部门要重点抓好初级农产品生产环节的质量安全监管、农产品批发市场的监督抽查以及农业投入品的监督抽查等工作；工商部门主要负责流通环节农产品、农业投入品的经营秩序整顿，重点抓好市场准入、市场监管等；质监部门主要负责加工环节的质量监管和名牌农产品推广工作；出入境检验检疫局主要做好出口农产品检验检疫工作；食品药品监管部门负责依法协调组织查处重大农产品质量安全事故工作。要加强部门间的信息沟通，相互支持，主动配合，既要防止职能上的扯皮、掣肘，又要杜绝管理上的盲点、失职。要将农产品质量安全工作纳入对各级政府和有关部门的重要考核内容，加强督促检查，加大考核力度，严格责任追究。要进一步转变工作职能，按照农产品质量安全管理工作的需要，调整部门内部分工和机构设置，没有机构的要抓紧建立机构，人员不足的要尽快充实。特别是县、乡两级，要明确专人负责农产品质量安全工作，尽快建立乡镇农产品质量信息员、联络员制度。要加强管理队伍培训，不断提高行政能力和管理水平。

（本文系贾万志副省长2007年4月3日在全省农产品质量安全工作会议上的讲话要点，题目为编者所加）

坚持以民为本
积极解决群众就业和社会保障问题

矫学柏

一、积极做好就业再就业工作

2002年以来，全省城镇新增就业经历了77.8万人、92万人、103万人、106.5万人、107.3万人逐步扩大的过程。我省已连续4年实现就业增长大于失业增长，连续3年实现城乡就业双过百万，连续3年实现城镇登记失业率小幅回落，城镇登记失业率从2003年的3.7%下降到2006年的3.3%，全省就业局势基本稳定。

（一）坚持把就业工作纳入各级政府政绩考核体系，形成统一领导、齐抓共管的工作格局 从2002年起，我省就把就业再就业工作纳入省委、省政府对各级领导班子、领导干部目标责任管理和经常性考察的重要内容，制定了6大类22项的考核指标。省、市、县三级政府分别签订了目标责任状，每年都对各市就业工作目标完成情况进行打分排名并通报。省政府已连续4年对各级地方政府和各相关职能部门进行年度就业工作"双考核"。同时，各级政府普遍建立了就业联席会议制度，各职能部门和工青妇组织在联席会议的统一组织下，积极发挥各自优势，齐心协力促进就业，形成了统一领导、分工协作、部门联动的工作机制。

（二）紧紧抓住经济发展与就业工作的结合点，实现经济增长与扩大就业的良性互动 近年来，我省在大力发展民营经济、县域经济、劳务经济和制造业、服务业、旅游业的同时，把扩大就业作为重要内容进行统一部署。目前，民营经济成为我省新增就业的主渠道，已占人力资源市场总需求的70%左右；县域经济已成为扩大城乡就业和农民就近就地转移就业的主要载体，一大批经济强县和新兴工业强县吸纳了60%以上的转移农民；服务业和制造业成为人力资源市场需求的主产业，需求数量持续上升。新增城镇就业达107.3万人。

（三）全面贯彻落实国家积极就业政策，不断完善符合我省实际的政策体系和执行落实机制 2002年国家实施积极就业政策以来，我省结合实际制定了50多个促进就业再就业的政策性文件，许多政策都在国家规定的基础上有新的突破，形成了涉及税费减免、社会保险补贴、小额贷款、再就业援助、主辅分离、企业裁员、灵活就业、财政投入等方面的政策体系。各级各部门认真贯彻落实积极就业政策，充分释放政策效应。2002年以来，全省各级财政共安排就业资金27.2亿元，发放《再就业优惠证》99万个，减免各种税费14.7亿元，惠及下岗失业人员149万人次。

（四）深入开展专项援助帮扶活动，有效解决困难群体就业问题 以精准化援助、精细化服务为标准，在全省组织开展了"零就业家庭"专项援助活动。到2006年底，全省累计有"零就业家庭"11602户，目前已帮扶11022户实现了"一户一人就业"。同时，进一步把一户两代、夫妻双方、抚养未成年子女的单亲家庭再就业困难的人员作为援助帮扶重点，积极促进困难群体再就业。2002年以来，全省帮助下岗失业人员再就业215万人，"4050"等困难群体再就业40万人。同时，统筹做好其他群体的就业工作，率先在全国启动全省范围的统筹城乡就业试点工作，首批确定了5个市和20个县为试点城市。认真做好高校毕业生就业工作，以加强教育引导、扩大供需信息交流和广泛开展就业推荐为重点，进一步加大了毕业生就业指导服务力度。2006年全省省内高校共有非师范类毕业生23.1万人，比上年增长23.5%；其中本科生就业率为81.7%、专科生就业率为69.1%，均高于全国平均水平。

（五）大力开展职业培训工作，积极推动规模就业向素质就业的转变 坚持以就业为导向，着力完善多层次、市场化、社会化的职业培训体系，突出抓好技能培训、创业培训和高技能人才培养，城乡劳动者的就业竞争能力和转岗能力明显增强。一是加大技能培训力度。通过开展针对下岗失业人员的再就业培训、针对农村劳动力的转移就业培训，2003年以来，全省共培训下岗失业人员103万人，培训农村劳动力196.5万人。特别是通过实施"西输东接"工程，促进了我省东西部地区资金、技术与劳动力资源的有效配置。据统计，仅菏泽市向东部市输送农村劳动力就达56万人。二是加大创业培训力度。各有关部门和社会各界充分发挥自身优势，大力引导和推动各种形式的创业活动。如劳动部门举办的"创业十杰"评选表彰活动，团省委组织的"青春创业"活动，省总工会组织的"工友创业行动"和省妇联开展的"巾帼创业行动"，都对鼓励创业起到了较好效果。据统计，全省每年组织创业培训4万人，创业成功1人平均带动3人就业，就业倍增效应明显。三是加大高技能人才培养力度。进一步加强公共实训基地建设，开展首席技师选拔表彰活动，实施"金蓝领"培训，积极发展技工教育。到2006

年底，全省高级工以上的高技能人才占技能劳动者的比例达到16.6%，比2002年提高10个百分点。

（六）加快就业服务“新三化”建设步伐，初步形成覆盖城乡、上下贯通的四级公共就业服务体系 按照就业服务“制度化、专业化、社会化”的要求，制定实施了山东省人力资源市场建设规划，先后投入专项资金1.3亿元，全面加强了省市县街道（乡镇）四级公共就业服务体系。目前，全省80%的人力资源市场得到了全面升级改造，到2007年底将有95%以上达到规划标准。每年在各级公共职业介绍机构登记求职的有200多万人次，介绍成功率60%以上。加快推进就业服务信息化建设，全省基本实现“一点登录，全市查询”。加强基层劳动保障平台建设，街道、乡镇全面建立了基层劳动保障服务中心（站、所），重点城市已延伸到社区，主要从事社区就业岗位开发、困难群体再就业援助等工作，实现了就业工作重心下移。

二、加大力度，初步建立全省社会保障体系

（一）确保养老金按时足额发放，社会保障水平进一步提高 到2006年底，全省企业离退休人员203万人，比2002年增加40万人，年均增加10万人。为确保他们的养老金按时足额发放，各级党委、政府实行了“一把手”负责制，多渠道筹措资金。2002年至2006年，全省共发放基本养老金840.2亿元，做到了一分不欠，一天不拖。为使广大离退休人员及时分享经济社会发展成果，充分体现待遇水平与经济水平相适应的社会保障原则，建立了养老金正常调整机制，坚持每年为企业离退休人员调整待遇，并重点向退休早、待遇低的人员倾斜。目前，全省企业离退休人员养老金人均917.3元，比2002年增长24%。

（二）加大社会保险扩面力度，社会保障范围进一步扩大 坚持以非公有制经济组织、个体工商户和灵活就业人员为重点，加大社会保险扩面力度，积极推动各类企业和单位参保。社会保险覆盖范围已由国有集体企业扩大到城镇个体私营企业、外商投资企业、规模以上乡镇企业、城镇灵活就业人员以及绝大部分机关事业单位。截至2006年底，全省参加城镇基本养老、医疗、失业、工伤、生育保险参保人数分别达到1106.5万人、995.9万人、789.7万人、647.3万人和488.8万人，分别比2002年底增加268.6万人、370.5万人、88.5万人、369.6万人和166万人。同时，积极稳妥地发展农村社会养老保险事业，全省参加农村养老保险的农民达到1059万人，占到了全国的1/5。

（三）加强社保基金征收、管理和监督，社会保障能力进一步增强 各地高度重视社会保险基金征收、管理和监督工作，强化征收措施，提高基金收缴率，努力做到应收尽收。2002年以来，全省社会保险基金连续实现收大于支，收入稳步增长，结余不断增多，社会保障能力进一步增强，参保人员的各项社会保险待遇得到了落实。截至2006年底，全省养老、失业、医疗、工伤、生育5项社会保险基金总收入573亿元，比2002年增收293.4亿元，翻了一番多；累计结余已达531.8亿元。同时，按照“保证基金安全完整、实现保值增值、促进可持续发展”的目标要求，进一步完善制度、加强监督，基金监管力度不断加大，形成了内控、行政、专门与社会监督相结合的社会保障监督体系。

（四）加快推进社会保险制度改革，社会保障体系进一步完善 各级认真贯彻国务院38号文件精神，进一步完善城镇职工基本养老保险制度，做实个人账户试点、养老金计发办法改革等工作取得积极进展。关闭破产企业退休人员医疗保障有新的突破，有近9万关闭破产企业退休人员纳入当地基本医疗保险，占关闭破产企业退休人员总数的60%。在逐步完善城镇职工基本医疗保险制度的前提下，开始着手解决城镇居民的医疗保障问题，目前全省有4个市实施了以大病统筹为主的城镇居民医疗保障制度。失业保险保生活、促就业的作用进一步发挥，全省有47.8万名失业人员享受到失业保险待遇。着眼建立覆盖城乡居民的社会保障制度，加快建立新型农村社会保险制度和被征地农民基本生活保障制度。全省有66万参保农民和15万被征地农民领取养老金。以工伤保险和大病医疗保障为突破口，认真解决农民工的社会保障问题。全省参加工伤保险和医疗保险的农民工分别达到121万人和104万人。

三、存在的主要问题

（一）就业形势依然严峻 当前严峻的就业形势主要表现在，劳动力供求总量矛盾与结构性矛盾并存，城镇就业压力大与农村富余劳动力转移速度加快同时出现，新成长劳动力就业与下岗失业人员再就业问题相互交织。预计“十一五”期间，我省城镇每年劳动力供给量达180万人，五年供给总量达900万人，同时农村还有800多万富余劳动力需要转移就业。按照现在的经济增长速度和经济结构，城镇每年能提供就业岗位约130万个左右，年度供求缺口在50万个左右，劳动力供求矛盾突出。同时，劳动者素质与经济发展和岗位需求不相适应的结构性矛盾日渐突出，特别是高技能人才严重短缺。这不仅影响了就业的增加，而且制约着产业结构的升级。体制转轨遗留的下岗失业人员再就业更加困难。这部分人员自身素质偏低、市场竞争能力弱，大多成为就业困难群体，再就业难度越来越大。另外，青年群体就业问题日益凸显。未能升学的初高中毕业生和未实现就业的高校毕业生构成新的青年失业群体，人数逐年上升，成为当前和今后一个时期就业工作的重点和难点。

（二）社会保障体系不够完善 当前，社会保障面临着人口老龄化、城镇化和就业形式多样化带来的压力。一是人口老龄化的压力。我省60岁以上人口已达1200多万人，占全省总人口的13%，按国际通行标准，已进入老龄化社会。预计到2010年，我省老龄人口比重将达到15%，城镇的养老负担系数将大幅增加，目前我省已达到3:1；医疗费用也随之大大加重。二是城镇化的压力。目前，我省进城务工的农民已达1237万人，被征地农民有250多万人，

还有大量的农民在乡镇企业从事二三产业，他们已成为产业大军中的重要力量。而我国的就业和社会保障制度主要是针对城镇人口设计实施的，如何适应城镇化进程中大量的农村转移劳动力的需求，是一个重大的理论和实践课题。大量青壮年农民进入城市后，农村老弱人群的基本保障问题更加突出。我省必须按照统筹城乡发展的要求，抓紧建立健全城乡衔接的社会保障制度。三是就业形式多样化的压力。当前，非公有制经济已成为吸纳新生和存量劳动力的主渠道，大量劳动者以灵活方式就业。传统的以“单位”为本位的社会保障体系不能适应这种分散化、流动性强的就业格局，为数众多的非公有制经济从业人员、灵活就业人员尚未纳入社会保障覆盖范围。

四、几点启示和对策

（一）牢固树立就业是民生之本的思想，始终把就业再就业工作摆在经济社会发展更加突出的位置 我省是人口大省，做好就业再就业工作的难度更大。因此，解决就业问题，必须跳出就业抓就业，综合施策，分类指导，充分发挥各方面的作用。

一是强化经济的拉动作用，把加快发展作为促进就业的根本途径。要确立经济发展与扩大就业并举的发展观，正确认识和处理经济发展、结构调整、企业改革与扩大就业的关系。按照“又好又快”的要求，把繁荣发展服务业特别是现代服务业作为扩大就业的主攻方向，进一步增加就业容量；大力发展个体、私营等非公有制经济，落实鼓励扶持政策，优化发展环境，广开就业门路；在积极发展资本密集型产业和高新技术产业的同时，更加注重结合我省实际发展劳动密集型产业，打造半岛制造业基地，拓宽就业渠道，努力实现经济发展和扩大就业良性互动。

二是强化市场的调节作用，走有中国特色的市场就业之路。从近年我省就业情况看，每年城镇新增就业总量的2/3是通过劳动力市场实现的，其就业主渠道作用十分明显。要按照“科学布局、辐射带动、功能完善、机制健全”的原则，加快建设一批综合服务水平高的劳动力市场，形成布局合理、辐射力强、资源共享、服务高效的公共就业服务体系。

三是强化政府的促进作用，坚持促进就业的领导责任制，做到“三个纳入”：一个是将就业指标纳入经济社会发展中长期规划；一个是将就业纳入政府宏观调控的重要目标；再一个是将就业纳入对党政领导干部政绩考核的重要内容。政府要把促进就业再就业的着力点放在制定就业规划、引导和调节劳动力供求；实施积极的就业政策，对特殊困难对象实施就业援助；健全劳动力市场体系，依法维护劳动力市场秩序；改善就业环境，提供就业服务上。

四是强化政策的推动作用，努力改善劳动者就业环境。要从积极促进就业出发，切实抓好各项扶持政策的贯彻落实。运用税收政策和社保补贴政策，鼓励企业吸纳更多的下岗失业人员运用小额贷款和税收减免政策，支持下岗失业人员自谋职业和自主创业；运用就业服务和培训补贴政策，帮助下岗失业人员；增强就业能力；运用主辅分离、辅业改制的税收优惠政策，鼓励国有大中型企业发挥内部潜力安置富余人员。同时，把那些经过实践证明行之有效的专门性、过渡性政策上升为普惠性、长效性制度，建立起促进就业的长效机制。

五是强化宏观政策的调控作用，进一步减少失业。要建立健全宏观调控机制，将失业调控作为宏观调控的主要目标，纳入目标责任体系，明确政府及相关职能部门的责任。要建立失业预警机制，做好应对高失业率的预案。进一步规范企业裁员行为，职工安置方案必须经过企业职工代表大会或职工大会讨论通过。凡职工安置方案和社会保障办法不明确、资金不落实的企业，不得进入重组和破产程序。要落实国有企业主辅分离、辅业改制分流安置富余人员的扶持政策，做到多分流、少失业，缩短失业周期。

（二）加快完善社会保障体系，进一步提高社会保障水平 一是加快完善社会保险制度。在完善养老保险制度方面，重点做实养老保险个人账户，实现由现收现付向部分积累的制度模式转换，做好应对人口老龄化高峰的制度和资金准备。在完善城镇医疗保险制度方面，重点是在继续巩固城镇职工医疗保险制度的同时，针对城镇居民缺乏基本医疗保障的突出问题，按照“保大病、低费率”的原则，启动实施以大病统筹为主的城镇居民医疗保险试点，逐步建立以个人和家庭缴费为主、政府对困难群体给予适当补助的城镇居民医疗保险制度。在统筹城乡社会保障制度方面，重点是加大工作力度，切实将农民工纳入工伤保险，积极推进农民工参加大病医疗保险，探索农民工养老保险，做好被征地农民就业培训和社会保障工作，并在有条件的地方，积极推进建立农村社会养老保险制度。

二是进一步扩大社会保险覆盖范围。要把让更多的人享有社会保障，作为推进社会保障事业发展的优先目标。根据所有制结构调整和就业形式变化的需要，以混合所有制、非公有制经济组织从业人员、灵活就业人员和农民工为重点，扩大社会保险覆盖范围。到“十一五”末，全省养老、医疗、失业、工伤、生育保险参保人数要分别达到1300万人、1300万人、900万人、900万人、600万人。

三是加强基金征缴和管理。进一步加强基金征缴管理，强化社会保险稽核和执法监察，建立激励机制，加强基金征缴，做到应收尽收。力争“十一五”期间，社保基金年均增长14%。积极调整财政支出结构，加大对社会保障的资金投入，逐步提高财政支出中用于社会保障的比重。加强对社会基金管理使用的监督，发挥劳动保障行政监督，财政、审计等专门监督，群众、舆论等社会监督的作用，共同维护基金安全，提高保障能力，确保社会保障基金安全完整和保值增值。

四是加强社会保障法制建设。抓紧制定完善符合我省实际的社会保障地方性法规，将社会保障体系建设纳入规范化、法制化轨道。着重解决社会保险费收缴问题，加大强制收缴社会保险费的力度，对欠缴、拒缴社会保险费的，追究相应的法律责任。同时对社会保障资金的管理运营、财政对社会保障支出的比例等作出明确规定。充分利用各种新闻媒体，加强对社会保障法律法规的宣传，增强全社会的社会保障意识，使参加社会保险成为企业和个人的自觉行动。加大社会保障执法力度，严肃查处不参加社会保险、不为职工缴纳社会保险费的单位，维护法律的严肃性。

（作者系山东省劳动和社会保障厅厅长、党组书记）

四年发展迈大步　执政为民谱新篇

——各市党代会报告关于发展成就的总结

《中共山东年鉴》编辑部

济南市

国民经济平稳较快发展。2006年，全市生产总值达到2185.1亿元，地方财政一般预算收入达到128.4亿元，分别比2002年增长77%和93.9%。产业结构不断优化，增长方式发生积极变化。三次产业比例调整为6.6:45.9:47.5，高新技术产值占规模以上工业的比重达到32.3%，现代服务业占第三产业的比重达到43.2%，非公有制经济占经济总量的比重达到40.2%；科技进步贡献率提高到51%，万元生产总值综合能耗不断下降。

城乡面貌发生新的变化。完成了新一轮城市规划修编，新的城市发展框架基本形成。完成了国际空港二期扩建、玉绣河和泉城公园综合整治、经十路综合改造等一批重点工程。市区背街小巷得到全面治理，环境综合整治取得阶段性成果。农村中小学危房改造基本完成，乡镇卫生院建设全面展开，村村通公路、通自来水、通有线电视率分别达到96.8%、76.5%、68.5%。

人民生活水平有了新的提高。2006年城市居民人均可支配收入15340元，农村居民人均纯收入5480元，分别比2002年增长52%和63.3%，城乡居民存款余额增长83.7%。城、乡居民人均住房面积分别增长12.7%和15.4%，城市集中供热普及率、用气普及率、绿化覆盖率分别达到48%、98%和39.2%，空气质量良好以上天数比率达到84.1%。城镇登记失业率连续四年低于控制目标，新型农村合作医疗参合农民达到91%。

和谐济南建设扎实推进。民主政治建设不断加强，人大工作、政协工作呈现新的局面，爱国统一战线不断巩固和壮大。民族、宗教、对台、侨务工作取得新的成绩。党的群众工作体制不断完善，工会、共青团、妇联等人民团体的桥梁纽带作用积极发挥。宣传思想工作不断深入，创建全国文明城市工作进展顺利。信访工作全面加强，社会治安综合治理成效明显，安全生产形势保持稳定。创新型城市建设扎实推进，教育、文化、卫生、体育等各项事业加快发展。国防后备力量建设得到加强，双拥工作深入开展，军政军民关系更加密切。

改革开放取得新的进展。国有资产监督管理新体制初步建立，首批纳入监管的市属企业改革改制比例达到93.3%。农村综合改革顺利推进，乡镇机构撤并全面完成，农村义务教育和县乡财政体制改革有序进行。事业单位改革全面启动，城市供水、供气、公交、热电等公用事业改革取得积极进展。政府机构、行政审批制度、财税管理体制、资金资产管理制度改革不断深化。对外开放水平有了新的提高，利用外资、外经外贸步伐加快。

青岛市

经济发展取得新成就。坚持科学发展，认真落实中央宏观调控政策，稳定优化一产，调整提高二产，加快发展三产，着力壮大优势骨干产业，培育发展特色产业，突出发展先进制造业集群，一批国家级大企业落户青岛，经济结构进一步优化。切实转变经济增长方式，加快建设创新型城市，着力发展现代服务业，大力加强资源节约型和环境友好型社会建设，抓好节能降耗和环境保护工作，经济增长的质量和效益逐步提高。与2002年相比，全市生产总值、地方财政一般预算收入均实现翻番，2006年生产总值达到3206.6亿元，年均增长16.4%；地方财政一般预算收入达到225.8亿元，年均增长28.8%；税收总收入达到637亿元，年均增长24.2%。三次产业比例调整为5.7:52.3:42，城市综合实力进一步增强。

城乡面貌发生新变化。搞好城市规划、建设和管理，城市功能不断完善，空间布局进一步优化，管理体制机制逐步健全，城市化水平提高到58.6%。滨海公路北段、东西快速路、流亭机场扩建等重大基础设施项目相继竣工，胶州湾海湾大桥、湾口海底隧道、火车站改造工程进展顺利，城市综合功能和承载力、辐射力显著增强。深入开展土地市场清理整顿工作，促进土地节约集约利用。奥帆赛筹备工作全面展开，奥运场馆及相关设施建设稳步推进，工作体制机制不断完善。坚持统筹城乡发展，着力发展现代农业，积极推进农村工业化和城市化进程，社会主义新农村建设成效明显，郊区五市综合实力全部进入全国百强县(市)行列，位次不断前移。

改革开放取得新成果。国有企业改革、国有资产管理体制改革、投融资体制改革、农村综合改革、行政管理体制改革、社会事业领域改革和资本市场建设不断加快，市场经济体制进一步完善。民营经济快速发展，民营企业上市工作实现新突破。对外交流合作不断扩大，招商引资和对外贸易迈上新台阶，实施"走出去"战略取得新进展，投资环境不断优化，外事工作取得新进步，开放城市的优势更加突出。四年累计实际利用外资151.4亿美元，利用内资934.8亿元，出口635亿美元。

人民生活水平有了新提高。人民生活水平在总体小康的基础上继续提高，城市居民人均可支配收入和农民人均纯收入分别达到15328元和6546元，年均增长15.1%和11.8%。推进多层次住房供应和保障体系建设，城市居民人均住房建筑面积达到23.7平方米。集中供热面积比2002年增加90.8%。抓好背街小巷改造、村村通自来水、城区河道治理等惠民实事。全面实施素质教育，推动城乡教育均衡发展。努力建设城乡基本医疗卫生服务体系，城市公共卫生服务水平和应急能力不断提高。就业和再就业工作成效显著，连续四年实现就业增速大于失业增速，城镇登记失业率降至3%以下。社会保障体系不断完善，企业养老、医疗、失业、工伤、生育五项保险参保人数均突破100万。城乡社会救助体系进一步健全，社会福利事业快速发展，困难群体合法权益得到有效维护。物价总水平保持稳定。成功防控非典、禽流感等重大疫情，公共安全应急体系基本形成，食品药品安全管理进一步强化。人口和计划生育工作成效显著。

文明和谐创出新业绩。精神文明创建活动取得丰硕成果，涌现出一批先进典型，人文奥运、学习型城市建设扎实推进，公共文化服务体系日趋完善，倡导和践行社会主义荣辱观，军警民共建、国防后备力量建设和双拥工作取得新进展，荣获首批全国文明城市称号。认真落实中央关于构建社会主义和谐社会的要求，全面加强和谐社会建设。深入推进"平安青岛"建设，加大矛盾纠纷排查调处力度，强化社会治安防控体系建设，开展严打整治斗争，加强社区建设，改进社会管理，规范信访秩序，抓好安全生产，人民群众安全感不断增强。老干部、老龄、妇女儿童、残疾人、仲裁等各项工作都有新的进步。

民主法制建设再上新水平。人民代表大会制度与共产党领导的多党合作和政治协商制度进一步完善，基层民主政治建设不断加强，民族、宗教、侨务、对台工作取得新成绩，爱国统一战线不断发展壮大。坚持依法治市、依法行政，促进公正司法。工会、共青团、妇联等人民团体的作用得到进一步发挥。

淄博市

过去的四年，是综合实力大幅提升、城市竞争力显著增强的四年。全市上下紧紧抓住发展第一要务不放松，认真贯彻执行国家宏观调控政策，推动国民经济平稳较快发展。2006年，全市地区生产总值达到1645.16亿元，是2002年的1.85倍，人均达到4648美元；境内财政总收入达到200.53亿元，地方财政总收入达到80.70亿元，分别是2002年的2.44倍、2.43倍；全市金融机构存款余额达到1228.77亿元，是2002年的1.82倍。固定资产投资结构进一步优化，一批重点项目建成投产。区县域经济发展强劲，各区县在全国、全省的位次不断前移，临淄区综合实力跃居全省三十强首位，8个镇跨入全国千强镇行列。淄博市综合实力升至全国百强城市第47位，被评为中国投资环境五十优城市。

过去的四年，是经济增长方式不断转变、基本实现老工业城市转型的四年。淄博市坚持以科学发展观为指导，坚定不移地走新型工业化道路，结构调整、自主创新、节能降耗、环境保护都取得明显进展。工业整体规模和水平大幅度提升，2006年，规模以上工业企业达到2501户，是2002年的2.22倍；实现销售收入3441.38亿元、利润193.20亿元，分别是2002年的3.35倍、5.26倍；高新技术产业产值突破千亿元大关，占规模以上工业总产值的比重达到29.10%，比2002年提高7.84个百分点；拥有中国名牌22个、中国驰名商标14件。服务业加速发展，社会消费品零售总额达到499.81亿元，文化、旅游、物流、金融、信息等现代服务业初具规模。农业综合生产能力稳步提高，产业化、标准化、基地化建设取得新成绩。狠抓节能降耗和环境保护，扭转了前几年单位能耗上升、主要污染物排放总量增长的状况，空气质量有较大改善。2006年，化学需氧量、二氧化硫排放量比2002年分别削减22.24%、6.40%。

过去的四年，是城市化进程加快、城乡面貌发生显著变化的四年。按照"中心凸显、十字展开、组团发展"的思路，支持中心城区做大做强，协调发展五个组团城区，稳步推进新区建设，大力加强小城镇建设，中心引领、组群协和的特色优势日渐强化。建成区面积扩大到229.53平方公里，城区人口增加到179.48万人。完成了一大批水、电、路、气、暖、通讯等基础设施工程和环境保护工程，城市功能显著增强，城市形象进一步改善。突出加强城市绿化，城市建成区绿化率提高到39.75%，创建为国家园林城市。按照"城乡一体、统筹发展"的思路，务实稳健地推进社会主义新农村建设。认真落实各项支农惠农政策，加大"三农"投入，实施"十百千万工程"和"联手共建行动"，新农村建设取得阶段性成果。

过去的四年，是改革开放向纵深推进、发展活力进一步增强的四年。继续深化企业改革，全市大中型企业基本建立起现代企业制度，市内上市公司股权分置改革全面完成。国有资产战略性调整基本到位。非公有制经济占国民经济比重达到59.06%。扎实推进农村税费改革，全部免除农业税，取消"三提五统"。财税、金融、投资、流通体制改革稳步推进，社会保障、医疗卫生、科技教育、文化体制改革进展顺利，行政管理体制改革迈出新步伐。对外开放水平进一步提高,外向型经济较快增长。四年实际利用外商直接投资12.70亿美元,出口总值69.86亿美元,年均分别增长18.15%、35.23%。

过去的四年,是广大群众得到更多实惠、生活水平明显提高的四年。实施积极的就业政策,努力增加群众收入,不断完善社会保障。2006年,城市居民人均可支配收入达到13794元,农民人均纯收入达到5641元,分别是2002年的1.76倍、1.55倍;城乡居民人均储蓄存款达到17346元,是2002年的1.73倍;城市居民每百户拥有汽车9.33辆、电脑54台、移动电话152部,分别是2002年的13.93倍、3.18倍、3.30倍。四年累计新增就业再就业42.95万人,转移农村劳动力31.73万人,城镇登记失业率下降到2.74%。城镇养老保险覆盖率达到95.10%,城市低保和农村低保覆盖率均为100%,试点区县新型农村合作医疗农民参合率达到89.81%。社会救助活动广泛开展,农村扶贫工作扎实有效。

过去的四年,是城乡更加文明进步、社会更加和谐稳定的四年。社会主义精神文明建设进一步加强,理论学习教育、思想道德建设和群众性精神文明创建活动扎实推进,市民素质和城市文明程度有新提高。2005年,淄博市创建为首批省级文明城市。基础教育巩固提高,高中段教育普及率达到91.43%,高等院校发展到12所,普通高校和高等职业学校在校生达到10.52万人。成功战胜"非典"、"禽流感"等重大疫情,基本建立起疾病预防控制体系和突发公共卫生事件医疗救治体系,初步建立起食品、药品安全监督体系。文化事业繁荣发展、文化产业初具规模。科技、体育、人口和计划生育、新闻出版、广播电视等社会事业取得显著成绩。广泛开展普法教育,积极推进依法治市,法制建设迈出新步伐,深入开展平安淄博建设,正确处理新形势下的人民内部矛盾,深化社会治安综合治理,严厉打击刑事犯罪和"法轮功"等邪教组织,保持了全市社会政治稳定和治安大局持续稳定。人大、政协职能得到充分发挥,民主政治建设不断加强。党管武装、人民团体、统一战线、民族宗教等工作都取得了新的成绩

枣庄市

经济建设实现平稳快速健康发展。2006年,全市GDP完成758亿元,是2002年的2.41倍,年均增长16%,人均占有突破2万元;地方财政收入完成37亿元,是2002年的2.74倍,年均增长28.6%,人均占有突破1千元;完成规模以上工业增加值394亿元、利税170亿元、利润93亿元,分别是2002年的4.31倍、4.96倍和7.39倍。与枣庄市周边的几个市比较,枣庄市的发展速度和质量都是比较好的,在全省的位次也都实现了不同幅度的前移。三次产业比例由2002年的14.6:51.7:33.7调整到2006年的9:63.8:27.2,产业结构不断优化,市场竞争能力不断增强。高新技术产业产值占规模以上工业产值的比重逐步提高。各类开发区、经济园区建设成效显著,枣薛经济带、沿运经济带建设开始启动,煤化工基地建设初具规模。农业结构调整成效明显,小麦单产连续三年居全省第一,新农村建设扎实推进。服务、旅游业平稳较快发展。

改革开放和招商引资成效显著。国有企业改革稳步推进,一大批企业通过转换机制焕发了生机。农村综合改革逐步深入,各项惠农政策落实到位。市、区(市)党政机关机构改革顺利完成,财政管理、国有资产管理、投融资、粮食流通、煤炭安全生产体制,行政审批制度,综合行政执法和事业单位改革扎实推进。民营经济快速发展,全市民营经济纳税额占全市税收总额的56%以上。招商引资和外经贸工作成果丰硕,据统计,四年来累计实际利用市外资金574亿元。国泰醋酸、新源热电、北新建材和"八一"子午线轮胎等一大批重大工业项目建成投产。2006年,全市实际利用境外资金1.03亿美元,进出口总额达到4.74亿美元,分别是2002年的2.21倍和2.58倍。成功举办了四次国际石榴节暨投资贸易洽谈会、湿地红荷节等招商洽谈活动,枣庄经济的外向度和知名度不断提高。

城乡面貌发生较大变化。枣薛中心城区哑铃型组群式城市框架已现雏形,按照省政府1999年批准的城市规划,市级行政中心实现西移,已累计完成投资29.7亿元,建成区面积达3.5平方公里。东城区改造步伐不断加快,2002年以来,已累计完成投资67亿元。区(市)驻地、中心镇建设管理不断加强,城市环境明显改善。城乡交通道路建设取得新成绩,光明大道、店韩路、枣曹路、枣台复线等拓宽改造工程顺利完成,在全省率先实现市到区(市)之间一级以上高等级公路互连互通,基本实现了村村(行政村)通客车。百个经济强村竞赛、百个经济薄弱村帮扶转化、百个文明生态村创建深入开展。资源能源节约、环境保护工作扎实有效,生态环境质量明显提高,森林覆盖率达到29%。城市化水平达到47%,比2002年提高5个百分点。

人民生活水平不断提高。2006年,全市城镇居民人均可支配收入达到11020元、农民人均纯收入达到4687元,分别是2002年的1.7倍和1.5倍。城乡居民储蓄余额达262亿元,是2002年的1.87倍。城镇登记失业率控制在3.8%以内。社会救助体系不断完善,社会保障能力持续增强。城乡低保标准逐步提高,全市有6.2万城镇居民和3.2万农民享受最低生活保障。城乡居住条件明显改善。偏远山区群众行路难、吃水难得到较好解决,上学难、看病难有了不同程度的缓解。

和谐社会建设扎实推进。民主政治建设不断加强,人大、政协紧紧围绕全市工作大局,充分行使法律监督和民主监督职能。搞好与各民主党派、工商联和无党派人士的合作共事,巩固和扩大了新时期爱国统一战线。民族、宗教、对台等工作进一步加强。坚持党管武装的各项制度,全面落实各项优抚政策,双拥共建工作取得新进展。宣传工作、思想道德建设和精神文明创建取得了比较好的成效。教育、科技、文化、卫生、体育、计划生育、新闻出版等各项社会

事业协调健康发展，枣庄学院创建成功，结束了枣庄市无本科院校的历史；抗击“非典”、“禽流感”斗争取得决定性胜利；柳琴戏入选第一批国家非物质文化遗产名录，北辛遗址被国务院列为第六批全国重点文物保护单位。工会、共青团、妇联、科协、党校、党史、档案、老龄、老干部、社科等工作全面发展。坚持依法治市，“四五”普法扎实有效。安全生产成效显著，信访工作不断加强，反邪教、扫黄打非斗争逐步深入。“平安枣庄”建设扎实开展，社会治安秩序逐年好转，政法工作和平安建设的一些经验做法在全国、全省推广。

东营市

经济实力迈上新台阶。2006年全市实现生产总值1450.3亿元，是2002年的1.9倍，年均增长17.1%；地方财政收入达到48.09亿元，是2002年的2.6倍，年均增长26.7%。经济结构不断优化，质量和效益明显提高。农业综合生产能力进一步增强，产业化进程明显加快。积极实施统筹城乡发展战略，新农村建设取得初步成效。工业速度质量同步提高，2006年规模以上工业产值2462.6亿元，利税769.8亿元，分别是2002年的3倍和4.4倍。第三产业特别是现代服务业呈现良好发展态势。高新技术产业持续快速发展，2006年高新技术产业产值385.2亿元，占规模以上工业总产值比重达到15.6%。科技创新能力不断提高，节能降耗取得新的成效。县域经济快速发展，经济实力明显增强。

改革开放实现新突破。企业改革继续深化，以税费改革为重点的农村综合改革深入推进，政府职能进一步转变，事业单位改革稳步推进，其他各项改革也逐步展开。非公有制经济快速发展，增加值占全市生产总值的比重达到35.4%。招商引资深入推进，对外开放不断扩大，开放型经济较快发展。累计利用外资7.2亿美元；2006年实现进出口总值18.8亿美元，其中出口11.2亿美元，分别是2002年的3.6倍和3.8倍。建起了一批经济园区，成为对外开放和经济增长的重要平台。

社会文明取得新进步。思想道德建设扎实推进，创建文明城市取得重要成果，“信用东营”建设成效明显，小康文明村创建活动健康发展。科技、教育、文化、卫生、体育等事业全面进步，广播电视、新闻出版、社会科学等工作取得新成绩，双拥共建和民兵预备役建设富有成效，人口、资源、环境工作进一步加强。东营市先后获得国家卫生城市、国家环保模范城市、全国双拥模范城市等荣誉称号。

城乡面貌发生新变化。城市规划建设管理水平不断提高，中心城形成了十纵八横的道路框架，建成区面积达到70.2平方公里，城市绿化覆盖率达到30.3%。县城和小城镇快速发展，全市城镇化率达到57.1%。基础设施进一步改善，建成东营黄河公路大桥，改造东营永安机场，启动实施东营港扩建工程。建成城东和垦东防潮大堤，构筑起了沿海生态安全屏障。“数字化东营”建设步伐加快，城市信息化水平逐步提升。农村基础设施建设和环境整治全面推进，农村面貌得到改观。

人民生活水平有新提高。2006年全市城市居民人均可支配收入16742元，农民人均纯收入5157元，比2002年分别增长83.1%、62.8%。四年城镇新增就业14.5万人，转移农村劳动力10.6万人，全市城镇登记失业率一直控制在2%以内。社会保障体系不断完善，“五保五救助”取得明显成效，较好地解决了困难群众的基本生活问题。基本实现村村通自来水、通柏油路、通客车、通有线电视、通互联网，群众生活质量明显改善。

团结发展开创新局面。油地军校共同建设重大基础设施项目，规划建设经济科技园区，整合人才资源，转化科研成果，推进创建文明城市工作，形成了推动区域发展繁荣的合力。地方各级各部门积极支持胜利油田、石油大学、济军生产基地的改革和发展，特别是大力维护油区治安稳定，支持油田存续企业改革，营造了良好环境。油地军校团结一心，开创了共建美好家园的新局面。

民主法制建设取得新进展。社会主义民主政治建设不断加强，人大和政协的重要作用得到充分发挥，爱国统一战线进一步巩固壮大。各级政府转变职能、依法行政，在管理经济与社会中发挥了重要作用。工会、共青团、妇联等人民团体作用得到充分发挥。民族、宗教、外事、侨务、对台等工作取得新进步。依法治市积极推进，平安东营建设取得明显成效，全市社会大局稳定，人民群众安居乐业。

烟台市

综合实力显著增强，赶超发展、科学发展取得重要成果。地区生产总值继2002年迈上1000亿元台阶后，2005年突破2000亿元，2006年达到2402亿元，连续四年保持17%以上的增幅。地方财政收入年均增长超过30%，2006年达到112.4亿元。在经济翻番增长的同时，能源消耗、污染排放等约束性、控制类指标逐年下降。经济总量在全省17个市中上升到第2位，在全国首批14个沿海开放城市中前移一个位次，规模以上工业主要指标和实际利用外资、外贸进出口等多项指标也实现了位次前移。

改革开放成果丰硕，发展的支撑力和后劲显著增强。农村综合改革取得新进展，国有资产监管和企业改革取得新突破，政府职能转变和事业单位改革迈出新步伐。对外开放规模不断扩大、质量显著提高，四年累计实际利用外商直接投资71亿美元，年均增长39%；对外贸易快速增长，2006年进出口总额达到150.8亿美元，年均增长35.5%，机电和高新技术产品出口比重大幅度提高。以烟台经济技术开发区为龙头的园区经济获得突破性发展，成为对外开放的高地、引领发展的中坚力量。全市产业结构得到优化，机械制造、电子信息、食品加工和黄金四大支柱产业快速提升，汽车、手机、电脑三大产品集群迅猛发展，高新技术产业产值占规模以上工业产值比重突破30%。烟大铁路轮渡等一批重点工程建成运营，海阳核电等一批重大项目顺利推进，加快发展的支撑体系日臻完善。

城乡面貌变化深刻，人民生活更加殷实。中心城市"拓展东西两翼、贯通南北山海"取得新的重要进展，城市基础设施和公益设施建设进一步完善，旧城区改造取得明显成效，"五年大变样"目标如期完成。县级城市和小城镇建设再上新台阶。新农村建设稳步推进。城乡居民收入较快增长，农民负担大幅度下降。社会就业再就业持续增长，社会保障体系不断完善。爱心捐助和安康居住工程等发挥了扶贫济困的重要作用。

社会事业繁荣发展，精神文明和民主法制建设取得新进展。科技、教育、文化、卫生、体育、广播电视和人口与计划生育等事业长足进步，民主法制和社会稳定工作提高到新水平，统一战线、双拥共建、民族宗教、外事、侨务、对台、人防工作取得新进展。先后获得"最佳中国魅力城市"、"全国文明城市"、"全国社会治安综合治理优秀城市"和中国投资环境"金牌城市"等荣誉称号，赢得"长安杯"、"中国人居环境奖"和"联合国人居奖"，城市美誉度和影响力不断提升。成功承办了国际果蔬·食品博览会、亚欧旅游合作发展论坛暨展览会、省21届运动会和7届残运会等一系列重大活动，既取得了丰硕成果，又展示了城市形象。

潍坊市

经济持续快速健康发展，综合实力跨上新的台阶。地区生产总值四年翻了一番，地方财政收入增长1.3倍。经济增长质量和效益明显提升，结构调整和增长方式转变取得重要进展。农业综合生产能力不断提高，农业的基础地位得到加强；工业经济快速发展，一批优势产业和大企业集团加速崛起，高新技术产业迅速成长，对经济的支撑和带动作用显著增强；现代服务业发展加快。完成了一批重大基础设施和产业项目，全面启动了新一轮沿海开发，为科学发展积蓄了后劲，开拓了空间。

城镇化进程明显加快，城乡面貌发生显著变化。全市城市化率从39%提高到45%。中心城市规划、建设和管理力度持续加大，发展布局更加合理，功能进一步完善，形象和品位迅速提升，竞争力显著增强，现代化中心城市的框架基本形成。城镇体系不断完善，县城和中心镇规划建设管理水平普遍提高。新农村建设实现良好开局。生态市建设初见成效。荣获中国特色城市奖，潍坊和寿光获得中国优秀旅游城市和国家环保模范城市称号。

改革开放深入推进，发展活力明显增强。企业改革取得重要成果，行政管理体制改革成效显著，公用事业改革取得突破，农村综合改革继续深化，环境创新收到明显成效。民营经济迅速发展，年纳税额突破100亿元，成为经济增长的主力军。对外开放成果丰硕，四年利用外商直接投资18.89亿美元，外贸进出口总额增长近2倍，对外交流合作不断加强，经济外向度提高到新水平。

各项事业全面发展，社会更加和谐进步。民主法制建设不断加强，人大和政协的重要作用充分发挥，爱国统一战线进一步巩固壮大，民族、宗教、外事、侨务、对台工作以及工会、共青团、妇联等人民团体工作取得新进展。依法治市水平提高，平安建设扎实推进，社会保持安定有序。宣传思想和新闻舆论工作有效加强，精神文明创建活动蓬勃开展，公民素质和城乡文明程度提高。"科教兴潍"战略深入实施，科技实力不断增强，素质教育走在全国前列，职业教育、高等教育健康发展。文化、卫生、体育、计划生育、双拥、残疾人和老龄等事业取得新的成绩。被评为"全国科技进步先进市"，荣获"全国双拥模范城"称号。

发展成果惠及广大群众，人民生活明显改善。全市城镇居民人均可支配收入和农民人均纯收入分别是2002年的1.6倍和1.5倍，居民储蓄存款增长近1倍。居民消费结构加快升级，衣食住行等得到较大改善，生活质量明显提高。就业岗位大量增加，新增城镇就业41.8万人。城镇登记失业率控制在3.2%以内，38万农村劳动力实现转移就业。社会保障体系进一步完善，保障覆盖面不断扩大，城乡保障水平稳步提高。新型农村合作医疗参合率达到88.2%。社会救助力度不断加大，困难群众基本生活得到较好解决。

济宁市

综合经济实力快速提升。地区生产总值达到1456亿元，年均增长16.8%，人均达1.8万元；地方财政收入81.6亿元，年均增长20%，综合实力进入全国百强城市行列。固定资产投资累计完成2050亿元。项目带动成效显现，一批基础设施和产业项目落地投产，促进了结构优化和发展后劲增强。工业主导地位更加突出，五大产业和骨干企业得到提升，规模以上企业突破2000家，高新技术产业占比由11.8%提高到25.6%，成为国家级生物技术、工程机械、纺织新材料产业基地。农业综合生产能力不断增强，特色产业体系建设成效明显。服务业呈现良好发展势头，济宁市荣膺"中国优秀旅游城市"称号。

改革开放迈出坚实步伐。农村综合改革深入推进，彻底取消农业税，"一免四补"政策全面落实。企业产权制度改革继续深化，各类企业改制面达到97%。行政审批制度、财政管理体制、投融资体制、国有资产管理体制、城市管理体制等改革扎实推进，教育、科技、文化、城市公共事业等改革取得重要进展。所有制结构不断优化，民营经济逐步壮大，占全市经济总量的比重由24.3%提高到53.7%。外向型经济快速发展，累计直接利用外资9.1亿美元，年均增长37.3%；累计进出口总额66.6亿美元，年均增长38.7%，全方位对外开放格局初步形成。

城乡面貌明显改观。济宁中心城区规划建设迈出新步伐，一批重点基础设施项目相继开工或建成，河湖水系治理全面展开，城市环境质量逐步改善，荣获省级园林城市称号。县城和中心镇建设成效显著，全市城市化水平达到42%，提高4个百分点。社会主义新农村建设扎实起步，基本实现村村通电、通客车、通电话，农村自来水普及率达到88.1%。统筹城乡发展力度加大，县域经济发展更具活力。

社会文明程度不断提高。坚持和完善人民代表大会制度、共产党领导的多党合作和政治协商制度，各级人大、政协工作富有成效。爱国统一战线不断壮大。工会、共青团、妇联、科协等群团组织作用充分发挥。对台、侨务、民族、宗教工作取得新成绩。依法治市积极推进，基层民主不断扩大。以构建社会主义核心价值体系为根本，宣传思想工作不断加强。深入开展爱国主义、集体主义和社会主义荣辱观教育，精神文明建设取得新成果。

和谐社会建设扎实推进。城乡居民收入持续增加，城镇居民人均可支配收入达到11966元，农民人均纯收入达到4590元，年均分别增长13.5%和11.2%。城镇登记失业率控制在4%以内。社会保障体系进一步健全，城乡低保基本做到动态管理下的应保尽保，困难群体得到有效帮扶，坚持每年都办一批让人民群众满意的实事好事。教育优先发展战略全面实施，各类教育协调发展，济宁师专迁建新校并晋升本科学院。创新型城市建设扎实推进，科技进步贡献率不断提高。文化事业繁荣发展。公共卫生“两大体系”建设基本完成，新型农村合作医疗全面推开，城市社区卫生服务逐步完善。人口和计划生育工作连年获得省目标管理一等奖。体育、新闻出版、广播电视、党史、文物、档案等项事业取得新成绩。国防动员教育、民兵预备役建设和双拥工作扎实开展，荣获全国双拥模范城“四连冠”。平安济宁建设深入推进，社会治安综合治理取得明显成效，鲁苏边界微山湖地区和谐安定。

泰安市

经济发展实现历史性跨越。2006年全市生产总值达到1012.2亿元，是2002年的2.1倍。地方财政收入51.7亿元，是2002年的2.2倍。工业经济、民营经济、招商引资三大重点实现较大突破。规模以上工业实现销售收入、实缴税金达到1375亿元、64.4亿元，分别是2002年的4倍和3.2倍。民营经济注册资本188亿元，是2002年的4.5倍。通过招商引资等途径，四年来共新开工投资亿元以上的工业、商贸和旅游项目273个，投资总规模663亿元。

改革开放取得重大进展。有效实施了国有集体企业改制、泰安高新区管理体制改革、泰山景区管理体制改革、行政审批改革、城区警务体制改革、城市综合行政执法体制改革、计划生育公共管理体制改革、农村税费改革、以县为主的教育管理体制改革、新型农村合作医疗改革、国有资产管理体制改革等，一些影响发展的体制性障碍得到消除，经济社会发展的活力不断增强。利用外资规模不断扩大，2006年全口径实际利用外资7.97亿美元，是2002年的11.4倍。

城乡建设和社会事业加快发展。泰城及县市驻地每年都按照规划实施一批基础设施和环境综合整治工程。泰山世界遗产保护和管理工作得到加强，荣获“世界地质公园”称号，被评为全国首批5A级旅游景区和十佳“全国文明风景旅游区”。泰安被列为国家级历史文化名城。泰安高新区快速搭起了发展框架，建设了一批大项目好项目。进一步整合教育资源，基础教育得到加强，职业教育和高等教育加快发展，教育综合发展水平居全省前列。科技事业实现新的进步，市以上高新技术企业达到665家，拥有国家火炬计划无机非金属材料和输变电器材两个产业基地，省以上名牌产品86个、驰名著名商标62个。新农村建设扎实推进，农业和农村经济实现较快发展，乡村财源建设成效明显，行政村通油路率达到95.1%，自来水普及率83.8%，新型农村合作医疗农民参合率91.2%。人口和计划生育工作成效显著，进一步稳定了低生育水平，连年获得全省考评一等奖。公共卫生体系建设迈出新步伐，传染病防治和突发公共卫生事件应急能力得到加强。爱国卫生运动深入扎实开展，泰城顺利通过国家卫生城市复审。环境保护力度加大，全部关闭了草浆造纸生产线和其他一批污染严重企业，全面启动了创建国家环保模范城市和生态市建设工作。文化、体育、新闻出版、广播电视、党史、地方史志等各项社会事业繁荣发展。

群众生活明显改善。2006年市区居民人均可支配收入11966元，农民人均纯收入4642元，分别是2002年的1.6倍和1.5倍。金融机构各项存款余额750亿元，其中城乡居民储蓄余额467.6亿元，是2002年的1.9倍。人居条件明显改善，消费水平明显提高，家用电脑、移动电话、互联网用户快速增长。社会保障体系逐步完善，保障能力不断增强，困难群众救助水平有较大幅度提高。社会就业不断扩大，城镇登记失业率3%。

精神文明建设和民主法制建设扎实推进。大力倡导公民基本道德规范，农村道德评议会的经验在全国推广。文明平安卫生“三城联创”活动不断向纵深发展，群众性精神文明创建活动丰富多彩。平安建设成效显著，实现了“三无两确保”目标（无重大恶性治安案件、无重大群众性事件、无重大安全事故，确保群众有充分的安全感、确保正常的社会秩序）。社会主义荣辱观教育深入开展，青少年思想道德建设成效明显。民主政治建设取得新进展，各级人大及其常委会依法行使职权，各级政协政治协商、民主监督、参政议政作用得到更好发挥，基层民主政治建设得到加强。依法治市、依法行政工作稳步推进。司法机关维护社会公平正义的职能作用得到较好体现。工会、共青团、妇联等群团组织联系群众的桥梁和纽带作用进一步发挥。民族宗教工作取得新的成绩，少数民族帮扶工程扎实有效，市委被国务院授予“全国民族团结进步模范集体”称号。坚持党管武装，开展双拥共建，民兵预备役工作不断创新发展。

威海市

过去四年，是经济综合实力跨越发展的四年。生产总值年均增长17.1%，2005年实现本世纪头二十年第一个翻番，2006年人均超过6000美元；地方财政收入增长2.1倍，占生产总值的比重由4.2%提高到5.1%，在全省排名前移5位；三次产业比重由13.6∶55.3∶31.1调整到8.5∶62.1∶29.4；规模以上工业增加值、利税、利润年均分别增长26%、32.9%和26.4%，销售收入过亿元的企业从289家发展到706家，其中过10亿元的40家，过50亿元的3家；固定资产投资年均增长46.7%，投资率由27.7%提高到50.9%。威海市跨入中国大陆城市综合竞争力30强行列，乳山市跻身全国百强县，两年前移42位，2006年名列54位，荣成市和文登市分别由21位、22位前移至13位和19位。

过去四年，是科学发展成效显著的四年。增长方式进一步转变。万元GDP能耗、水耗均降低3%，化学需氧量减少8%，二氧化硫排放量减少1.2%；高新技术产业产值比重由14.7%提高到27%。工业固体废弃物综合利用率达到90%，工业用水重复利用率达到75%；每公顷建设用地平均产出GDP由80万元增加到160万元，已审批的建设占用耕地基本实现了占补平衡。生态环境进一步改善。森林覆盖率由29%提高到37%，建成区绿化覆盖率由35.7%提高到46.2%；地表水及近岸海域水质达到功能区标准，城市污水处理率由72.6%提高到83.1%，空气质量优于国家二级标准。在全省城市环境综合整治考核中连续8年名列首位，被列为国家级生态示范区，三个县级市全部通过生态县省级验收。

过去四年，是各项改革继续深化的四年。国有集体企业产权制度改革基本完成，改制企业的销售、投入、效益、职工收入全面增加。企业法人治理结构进一步完善，6家公司成功上市。国有资产监管体系基本完善。民营经济发展环境进一步优化，新增个体业户和私营企业1.6万家，非公有制经济增加值占生产总值比重达到60.3%，出现了一批像华夏、华隆、荣喜、银丰等综合实力增长快、产业层次提高快、对国家和社会贡献大的民营企业。全面落实了农村土地延包政策，取消了各种提留统筹，提前取消了农业税和农林特产税，增加了农民收入。深化了行政体制改革，率先建立了市、县、镇三级行政审批服务体系，市级精减了331项审批事项，审批时限平均缩短80%。推行了公务用车制度改革，建立了建筑招投标市场，实行了“收支两条线”、政府采购、行政收费“票款分离”等制度。财政管理体制、投融资体制和事业单位改革扎实推进，综合行政执法改革顺利实施。

过去四年，是开放水平快速提升的四年。实际利用外商直接投资年均增长23.1%，累计44.9亿美元，占全省的比例由2002年的9.2%提高到13.1%。实际利用国内资金年均增长50.2%，累计712亿元。引进投资过千万美元的外资项目321个，过亿元的内资项目190个，三星重工、美敦利医疗器械、贝卡尔特钢丝帘线、库珀轮胎、东鑫电子、台湾科技园等一批外资项目，魏桥纺织、华泰汽车、东安黑豹等一批内资项目先后落地、投产。外贸进出口总值年均增长34.3%，2006年达到95.2亿美元。机电和高新技术产品出口年均分别增长49.3%和53.8%。对亚洲以外市场出口年均增长50.2%。开放领域开始向农业和服务业拓展。外向型经济贡献率明显提高。

过去四年，是人居品牌更加靓丽的四年。全面完成了城市发展战略规划和总体规划，拉开了一体化威海百年建设的大框架。城市化率由42%提高到56%，中心城市建成区面积由44平方公里扩大到92平方公里。相继改建了世昌大道、青岛路，新建了国际展览中心、新外滩公园、刘公岛博览园、赤山法华院等一批精品工程。以荣成滨海公园、文登新中心区建设、乳山银滩开发等为代表的一批重点工程，成为三市城市建设的新亮点。成功举办了三届中国威海国际人居节。先后成为全国第一个“国家环境保护模范城市”群、“中国优秀旅游城市”群、全省第一个“园林城市”群，荣获中国人居环境奖、联合国人居奖、全国绿化模范城市等一系列荣誉称号。

过去四年，是干事创业亮点频现的四年。威海至韩国国际航班正式开通，空港开放多年夙愿变成现实，客流量三年翻了三番；青威高速公路即将通车；威海港与青岛港成功联合、扩建工程加速建设，石岛港扩建工程顺利竣工；“退城进区、退二进三”战略的实施，使一批工业企业迅速做大做强，城市面貌发生了深刻变化；被评为中国最具魅力金融生态城市；千公里幸福海岸的规划建设，400公里滨海生态旅游公路的快速推进，展示了旅游业发展的美好前景；荣成石岛管理区的成立，威海工业园的创办，拓展了新的发展空间；科技新城、临港工业园为经济又好又快发展增加了新的板块；威海职业技术学院和威海工程技术学院新校园迅速崛起，为人才培训创造了新的条件。

过去四年，是群众生活显著改善的四年。农民人均纯收入年均增长11.7%，2006年达到6842元；城镇居民人均可支配收入年均增长10.5%，达到13975元，居民消费价格总体平稳。城市人均居住面积由14.7平方米提高到18.3平方米；集中供热面积增加一倍，达到1618万平方米。新增就业再就业人员17.8万人，转移农村劳动力10万人，城镇登记失业率控制在1.7%以内；企业养老、医疗、失业、工伤、生育保险覆盖面保持了全省领先水平；农村适龄人口养老保险和合作医疗覆盖面分别达到65%和95.3%，城乡低保标准大幅提高，低保对象基本实现了应保尽保。

过去四年，是社会全面和谐进步的四年。各级人大、政协发挥了很重要的作用，各民主党派和工商联为经济社会发展做出了独特的贡献，民族、宗教、侨务和对台工作进一步加强，工会、共青团、妇联等群众团体的工作取得了新的成绩。自主创新能力不断提高，累计取得国内领先科技成果350项；高等教育快速发展，高等院所由3所增加到7

所,在校大学生由1.6万人增加到4万人;文化产业蓬勃发展,群众文化与专业文化全面繁荣,并出现了象"梦海"这样地方特色突出、深受社会欢迎的精品剧目;建立健全了四级医疗卫生网络体系,城乡医疗服务能力逐年增强;竞技体育与群众体育相互促进,广播电视、新闻出版等其它各项事业全面发展,人口、资源、环境工作水平持续提高。国防后备力量建设和双拥工作富有成效,连续五次荣获"全国双拥模范城"称号。平安建设成效显著,跨入"全国社会治安综合治理优秀地市"行列。三市一区在全省精神文明建设先进县市区评选中连续四届实现"一片红",威海市荣获"创建全国文明城市工作先进城市"称号。

日照市

综合实力显著增强,人民生活明显改善。2006年,地区生产总值达到505.87亿元,四年年均增长17.2%,国民经济步入又好又快发展的轨道。地方财政收入达到20.76亿元,年均增长29.6%。以临港工业迅速崛起为重要标志,经济结构实现战略性调整,工业主导地位得到确立并日益突出,成为经济增长的首要推动力;以钢铁、粮油加工、机械制造、木器加工和能源化工为基本框架,初步构建了具有日照特色的临港工业体系。2006年,规模以上工业企业达到727家,比2002年增加494家,主营业务收入、增加值、利税分别是2002年的5倍、3.2倍、5.4倍,年均分别增长50.5%、34.8%和55%,年均增幅均居全省第一。服务业呈现出强劲的发展势头,旅游、大学、体育、房地产等成为新的亮点。接待境内外游客突破1000万人次,全市各项贷款余额超过500亿元,分别是2002年的2.3倍和2.8倍。县域经济快速发展,农村经济结构进一步优化,新农村建设扎实推进。城乡居民生活水平明显提高,消费结构呈现多元发展的新趋势。城镇居民人均可支配收入达到11040元,农民人均纯收入达到4645元,年均分别增长10.4%和10.5%。

基础设施日臻完善,城乡面貌深刻变化。制定了城市发展战略规划,完成了新一轮城市总体规划,争取设立了岚山区,搭起了"双城一区、轴向拓展"的城市框架,城市功能分区和布局更加合理。港口规划建设实现重大突破,设施水平和通过能力迅速提高,吞吐量由2002年的3800万吨提高到1.1亿吨,日照港成为我国大陆沿海第九个亿吨大港。胶新铁路、同三高速、南北沿海公路建成通车,境内国道、省道全部升级改造,新建改造农村公路4000多公里,全市98%的村通上了柏油路、水泥路,实现了村村通客车。以日照水库、青峰岭水库为重点的百座水库除险加固全面完成,城市调水供水工程顺利实施,为城市长远发展提供了用水保障。村村通自来水工程扎实推进,农村自来水普及率提高到67.4%。城乡电网改造、通讯设施建设卓有成效。新的城市建设框架全面拉开,四年新增城市道路、建筑和绿化面积分别为上一个四年的4.5倍、5.6倍和3.8倍。万平口生态广场、灯塔广场、世帆赛基地、奥林匹克水上公园等,成为日照重要的标志性工程。高标准建成了垃圾无害化处理厂和两个污水处理厂,城乡环境综合整治取得明显成效。城镇建设得到进一步加强,城市化水平达到43.4%。争创了中国优秀旅游城市、国家环保模范城市、国家卫生城市、国家园林城市、国家节水型城市,成为国家循环经济试点市和生态示范区。

改革开放深入推进,发展活力加速释放。行政管理体制改革取得较大进展,设立了行政服务中心,审批事项明显减少,行政效率明显提高,发展环境明显优化。企业改革深入推进,日照港股份有限公司、昌华集团成功上市,体制机制创新和市场化取向改革成效明显。农村综合改革全面展开,各项政策得到落实。对外开放全面推进,招商引资成果丰硕,四年累计实际外商直接投资4.6亿美元,招引到位内资731.8亿元。投资4.9亿美元的现代威亚汽车发动机项目,是山东省有史以来制造业规模最大的利用外资项目。对外贸易大幅度增长,出口商品结构进一步优化,2006年完成进出口总值39.2亿美元,是2002年的4.2倍。对外交流与合作不断加强,开通了至韩国平泽的客箱班轮航线,设立了青岛国际机场虚拟空港,接轨青岛收效明显。新增3个省级开发区,拓展了日照经济开发区、高新技术产业园发展空间,园区经济蓬勃发展,成为最具活力的经济增长点。

社会发展更加和谐,各项事业全面进步。各级人大、政协在政治、经济和社会发展中发挥了重要作用,民族、宗教、对台、侨务、外事工作取得新进展,爱国统一战线进一步巩固。平安创建成效明显,日照成为全省最安全、最稳定的地区之一。精神文明建设有效加强,宣传思想、新闻舆论工作发挥了良好的导向作用,科技、教育、文化、卫生、体育等各项事业全面发展。九年制义务教育进一步巩固,四年累计改造中小学危房25万平方米,办学条件显著改善。高中段教育普及率又有新的提高,教育质量全面提升,四年累计向各大专院校输送人才5.2万人。大学科技园有6所大学已经招生,在校大学生达到5.5万人。成功举办了世界帆船锦标赛等一批重大体育赛事。在全省率先编制实施了生态市建设规划、循环经济发展规划,环境资源保护、人口与计划生育工作不断加强。新型农村合作医疗试点工作在全省率先全面展开,农民参合率达到92%。工会、共青团、妇联等人民团体工作富有成效。党管武装和双拥共建取得新成绩,再次被命名为全国双拥模范城。

莱芜市

经济实力跃上新台阶。2006年,全市地区生产总值、地方财政收入、社会消费品零售总额分别达到287.3亿元、19.3亿元、94.5亿元,是2002年的1.9倍、3倍、1.8倍。三次产业结构由11.1:53.3:35.6调整为6.8:67:26.2。规模以上企业由122家增加到246家。

改革开放实现新突破。四年引进外来固定资产投资183.9亿元,其中外资3.8亿美元。2006年实现进出口总额

12.2亿美元，是2002年的4.8倍。个体私营业户达到4.3万户，增加近2万户；缴纳税金占总税收的比重由8%提高到12%。农村税费改革全面完成，企业改制面达到95%，事业改革开始起步，市场体系逐步完善。

新农村建设开局良好。农村经济总收入由25.4亿元增加到35.4亿元，农民非农收入比重由40%提高到60%，地方财政收入过千万元乡镇由1个增加到13个。基本实现村村通油路、通客车。村村通自来水率、无线数字电视覆盖率分别达到71%和80%。“新农合”实现行政村全覆盖，农村最低生活保障、“五保户”供养、贫困生“两免一补”等社会保障面不断扩大。

城市面貌明显变化。城市规划建设得到加强。济青高速南线建设进展顺利，牟汶河治理成效明显，长勺路和凤凰路改造加快推进，“一线连四区”格局初步形成，城市大发展的新框架基本搭起，中心城面积由40平方公里增加到55平方公里。成功创建“山东省园林城市”，城市绿化覆盖率达到38.9%。城市环境综合整治效果明显，建设管理水平不断提高。

人民生活水平不断提高。城镇居民人均可支配收入、农民人均纯收入、城乡居民人均储蓄分别达到11588元、5200元和12578元，比2002年增加4164元、1578元、6821元。四年转移农村劳动力10万多人，新增城镇就业近7万人。各项社会事业快速发展，群众就学、就医、文化娱乐等条件不断改善。

精神文明和民主法制建设扎实推进。精神文明创建活动蓬勃开展，全社会思想道德水平和文明素质明显提升。依法治市水平不断提高，以社会治安、信访等为重点的“平安莱芜”建设成效显著。成功创建“全国双拥模范城”。

临沂市

四年来，临沂市致力于“富裕临沂”建设，富民强市的目标得到较好的实现。坚持把加快发展、建设富裕临沂作为第一要务，认真贯彻国家宏观调控政策，不断调整优化结构，转变经济增长方式，实现了经济又好又快发展。2006年实现生产总值1404.9亿元，地方财政收入58.3亿元，规模以上固定资产投资530.2亿元，社会消费品零售总额554.7亿元，分别比2002年增长88%、1.7倍、3倍和81%。培植了一大批优势明显、特色突出、具有较强竞争力的企业集团，全市产值过十亿元的企业达到26家，利税过亿元的22家，比2002年分别增加22家和15家，有5家企业集团进入中国大企业集团竞争力500强。中国驰名商标从无到有，达到5件，创中国名牌产品6个。坚持发展成果让人民共享，人民生活水平大幅提高。城镇居民人均可支配收入10772元，农民人均纯收入4083元，年均增长分别为12.9%、11.9%；四年累计城镇新增就业再就业35万人，转移农村剩余劳动力70万人次；社会保障覆盖面进一步扩大，最低生活保障制度和社会救助制度不断健全，城乡居民住房条件显著改善，人均住房使用面积分别达23.8平方米和28.4平方米。

四年来，临沂市致力于“开放临沂”建设，发展的外向度进一步增强。坚持以开放增生机、促发展。开放的基础设施条件更加坚实。2006年末全市公路通车里程2万公里。其中国、省道2千公里；胶新铁路和兖石铁路复线建成通车；临沂机场开通了多条国内航线，人民群众出行更加方便快捷。开放的软环境得到优化和改善。深化行政审批制度改革，健全完善市、县两级政务大厅，加强行风建设，营造了让外来投资者放心、安心、舒心的好环境，仅浙江来临沂投资经商的就有6.2万人，2005年被浙商行会评为最具投资潜力城市，2006年列跨国公司眼中最具投资价值中国城市第21位。外经外贸实现了大的突破。实际利用外资和市外资金都比2002年增长4倍，全市国外投资企业达721家；2006年外贸进出口总额和出口总额分别比2002年增长2.4倍、2.6倍；对外技术交流与合作不断扩大，对口支援、联合协作取得新成效。

四年来，临沂市致力于“生态临沂”建设，人居环境显著改善。坚持人与自然和谐发展，大力推进绿色沂蒙建设。节能降耗和资源管理取得新进展。万元GDP能耗明显下降；积极探索节约集约用地的新路子，创造了“腾地、造地、节地”并举，促进保护耕地、保障经济发展的成功经验。大气和水污染防治成效显著。二氧化硫、烟尘和工业粉尘排放量都大幅度下降，城区空气质量优良率达98%；水环境质量有了明显改善，沂、沭河水质在淮河流域率先达标，成为全省出境河流水质最好的城市，2006年沂河环境综合治理工程被建设部评为“中国人居环境范例奖”，临沂滨河湿地跻身国家级城市湿地公园。城乡绿化取得重大进展。全市森林覆盖率达27.9%，其中，临沂城区达29.2%。坚持高起点规划，初步建立了临沂中心城市、县城、小城镇和村庄四级城乡规划体系。城区道路改造、滨河防洪工程、临沂经济开发区、南坊片区和祊河、涑河、青龙河、陷泥河整治开发等一批重大工程顺利实施，营造了“天蓝、地绿、水清、街净、路畅、灯明、墙洁、楼美”的生态环境，在全国革命老区城市中第一个通过了国家环保模范城考核验收。

四年来，临沂市致力于“文明临沂”建设，社会文明程度全面提高。加强思想道德建设，广泛开展社会主义荣辱观教育，公民文明素质不断提高。打响了沂蒙文化品牌。成功举办了四届书圣文化节、蒙山长寿旅游节和首届诸葛亮文化旅游节，书圣文化节成为“全国十大文化艺术类节庆”和“中国十大最具潜力节庆”之一；沂蒙精神晋京展产生了良好影响。广播电视、哲学社会科学、文学艺术、新闻出版等项事业繁荣活跃。“一创六建”成效显著。成功创建了全国双拥模范城、中国优秀旅游城市、省级园林城市、省文明城市创建工作先进市。文明社区、文明一条街、文明生态村创建和环境优美乡镇建设取得了新进展，有效改善了城乡基础条件和生活环境。全市96.6%的行政村通硬化路，99%的村通客车，91%的村通了有线广播电视，58.2%的村通了自来水;户用沼气发展到22万户;"科技信息村村通工程"普及到1081个村;农村电网改造工程全面完成。社会事业取得明显进步。基础教育不断巩固,职业教育发展加快,高等教育质量提高,2006年高等教育、职业教育在校生人数分别是2002年的2.8倍和1.6倍。疾病预防控制和传染病救治"两个体系"建设取得重大进展,城乡预防、保健、医疗网络进一步健全;新型农村合作医疗省级试点县参合率达86%。群众性文化活动丰富多彩,全民健身活动更加普及,体育竞技和体育产业发展水平有较大提高。人口和计划生育工作进一步加强,低生育水平继续保持稳定,人口素质得到全面提高。

四年来,临沂市致力于"平安临沂"建设,社会稳定的局面不断巩固和发展。始终把为人民群众创造安居乐业的环境作为一项重要任务。以创建"平安临沂"为总抓手,落实社会治安综合治理各项措施,积极组织开展严打斗争、治安专项斗争、六项秩序综合整治和行业平安创建活动,扎实解决治安、信访、安全生产等方面的突出问题;加强社会矛盾的排查和调处,努力从源头上化解社会不和谐因素;落实人防、物防、技防等措施,强化社会管理控制,基层基础工作更加巩固,重大刑事案件、信访量和安全事故等连续下降。2006年与2002年相比,安全生产事故起数、死亡人数、受伤人数、经济损失分别下降76.1%、42.2%、73.5%、75%。全市政治安定、社会稳定、团结和谐。

四年来,临沂市致力于"活力临沂"建设,形成了积极性和创造性充分迸发的良好局面。坚持以改革增活力。国有企业改革不断深化,如期完成上市公司股权分置改革,上市企业达16家;农村综合改革取得了新进展,特别是农村流通体系建设、水利产权改革等成效明显;公益事业市场化改革和金融、投资、财税、流通及其他各项改革迈出新步伐。注重依靠民主法制建设调动方方面面的积极性。人民代表大会制度和政治协商制度进一步完善;依法治市扎实推进,基层民主不断扩大;工会、共青团、妇联等群团组织作用充分发挥,统战、民族、宗教、侨务和对台工作取得新进展;双拥共建富有成效,党管武装和国防后备力量建设不断加强。认真贯彻尊重劳动、尊重知识、尊重人才、尊重创造的方针,营造了公平竞争、共谋发展的良好环境;连续开展了四次解放思想大讨论活动,营造了干事创业、加快发展的浓厚氛围,使广大人民群众的创造活力得到充分发挥。

德州市

综合实力持续攀升。2006年,全市地区生产总值达到1003亿元,比2002年翻了一番。工业总资产达到1173亿元,年销售收入达到1510亿元,分别是2002年的3.4倍和3.9倍。地方财政收入达到36亿元,比2002年增加16亿元。累计完成固定资产投资1900多亿元,超过建国以来到2002年的总和。坚定不移地贯彻执行国家宏观调控政策,经济结构调整和增长方式转变取得重要进展。积极培植大产业、大企业、大品牌,中国太阳城、中国功能糖城、中国中央空调城三大城市品牌初步形成。农业综合生产能力稳步提高,产业化进程不断加快。第三产业特别是新兴服务业有了长足发展,商贸流通更加活跃。

发展活力日益增强。思想解放向纵深推进,体制机制不断创新,发展环境日趋优化。民营经济进一步增创新优势,对全市经济总量、财政收入、新增就业的贡献率均超过80%。对外开放和招商引资连年突破,累计引进市外资金730亿元,实现出口创汇20多亿美元。园区建设步伐加快,12个省级开发区的带动集聚作用日趋明显。市经济开发区建设规模不断扩大,发展活力与后劲持续增强。县域经济各展所长,一批特色产业、优势企业竞相成长。国有企业改革、事业单位改革、财税体制改革不断深化,政府职能加快转变。以税费改革为重点的农村综合改革稳步推进,支农惠农政策得到全面落实。

城乡面貌焕然一新。坚持高起点规划、高水平建设、高效能管理,有效提升了城市功能和品位,被建设部授予水环境治理优秀范例城市。中心城区新一轮规划全面实施,老城改造加快推进,铁西开发效果明显,河东新城顺利启动。环境整治取得阶段性成果,城市管理步入规范有序的轨道。新农村建设全面展开,农村公路建设、植树绿化走在全国全省前列。交通、能源、水利、信息以及供电、供水、供热等基础设施更加完善,创业环境进一步优化。

群众生活明显改善。城镇居民人均可支配收入、农村居民人均纯收入持续增长,财政供养人员工资增长了近一倍。就业再就业工作取得新成绩,累计新增城镇就业20余万人。社会保障及救助体系逐步完善,覆盖面持续扩大。城乡教育资源得到优化整合,办学条件明显改善,基础、高等、职业和民办教育全面发展。公共卫生和医疗服务体系建设进一步加强,城区三大医疗中心和覆盖全市农村的中心卫生院相继建成。生态建设成效显著,城乡环境明显改善。

社会政治更加和谐。宣传思想和新闻舆论工作全面加强,"三城联创"等精神文明创建活动蓬勃开展。民主政治建设稳步推进,人大和政协的重要作用得到充分发挥,爱国统一战线进一步巩固壮大。民族、宗教、对台、侨务、外事工作取得新进展。工会、共青团、妇联等人民团体的作用得到充分发挥。平安德州建设深入推进,人民群众的安全感普遍增强。依法治市提高到新水平。国防动员、民兵预备役建设和双拥工作进一步加强。科技事业明显进步,自主创新能力有了新提高。文化、体育、广播电视、新闻出版、计划生育、残疾人、老龄和关心下一代工作稳步发展。

聊城市

跨越发展,经济实力迈上新台阶。全市各级认真落实科学发展观,坚决贯彻国家宏观调控政策,着力优化投资结构,实现了经济持续快速协调健康发展。2006年全市实现生产总值839.45亿元,比2002年增长87.7%,年均增长17.1%;经济运行质量和效益不断提高,实现财政总收入76.14亿元,其中地方财政收入33.64亿元,分别是2002年的2.22倍和2.02倍;三次产业比例调整到16.5:58.6:24.9,二三产业比重比2002年提高9.1个百分点。工业化步伐进一步加快,全市规模以上工业企业达到1301户,比2002年增加885户;规模以上企业完成工业增加值、主营业务收入、利税、利润分别为2002年的2.7倍、4倍、4.1倍和4.43倍;形成了一批支柱产业、一批重点企业集团、一批名牌产品;高新技术企业达到73家,高新技术产值达到285.76亿元。服务业快速发展,商贸流通、房地产业、旅游业和金融、信息、中介服务业等日益繁荣。粮食生产连年丰收,蔬菜、畜禽、食用菌、水果、花卉等主导产业不断壮大,休闲观光农业、高效生态农业、外向型农业迅速发展。在全省率先实施科技特派员工程,初步形成了科技、农业、市场相结合的新型农村经济运行机制。大力发展劳务经济,外出务工人员达到111.56万人,对农民增收的贡献率达到60%。

激发活力,改革开放迈出扎实步伐。始终坚持和不断深化市场取向的各项改革。国企改革、政府管理体制改革和财税体制改革取得新进展,粮食、棉花流通体制改革继续深化,农村综合改革扎实推进,城市管理执法体制改革迈出实质性步伐。民营经济完成增加值占全市GDP的比重达到57%,缴纳税金占全市税收的比重达到47.3%,已成为全市经济的"半壁江山"。突出招商引资工作,四年累计引进项目6349个,到位资金524.4亿元,形成固定资产464.1亿元,同期社会投资总额中引进外资达到"三分天下有其一"。对外贸易迅速增长,出口创汇能力明显增强。

创优环境,城乡面貌发生巨大变化。提出并打响"江北水城"品牌,带动城乡面貌焕然一新,城镇化水平由2002年的28.1%提高到2006年的36.9%。集中力量建设了一批城市基础设施工程和精品工程,城市功能不断完善,水城特色日益鲜明,城市品位和知名度大幅提升,聊城已成为最适宜人们居住的城市。积极开展"五城同创",被评为中国优秀旅游城市和省级园林城市,创建国家卫生城市、国家环保模范城市分别通过国家技术核查,创建省级文明城市取得显著成效。县市城区和小城镇建设取得重大进展。社会主义新农村建设稳步进行,实施"百千万"工程初见成效,基本实现了村村通油路、村村通客车和城乡用电同网同价。村村通自来水和村村通有线电视工程也已取得显著进展。加强公路等基础设施建设,基本建成了全市"半小时经济生活圈"。

关注民生,人民生活水平显著提高。高度重视群众增收,2006年全市城镇居民人均可支配收入、农民人均纯收入分别达到10474元和3948元,城乡居民人均存款余额7033元,比2002年分别增长68.7%、57.7%和58.5%。卫生管理体制改革不断深化,参加新型农村合作医疗人数达到202.8万人。以县为主的义务教育管理体制逐步完善,素质教育稳步推进。建立救灾救助长效机制,落实"三证一卡"制度,加强敬老院建设,农村"五保"对象生活得到有效保障。全面落实积极就业政策,四年新增城镇就业23.03万人,城镇登记失业率控制在3.46%以内。社会保障体系逐步健全,养老保险金、失业救济金发放率均为100%,城市低保实现了应保尽保,低保标准逐步提高。农村低保建制工作基本完成。

共铸和谐,社会更加文明进步。各级党委总揽全局、协调各方,各级人大、政府、政协在全市政治、经济和社会发展中发挥了重要作用,各民主党派和工商联为全市经济社会发展作出了积极贡献,民族、宗教、侨务和对台工作进一步加强,工会、共青团、妇联、科协、残联等群众团体的工作取得了新的成绩。科技、教育、文化、卫生、体育、新闻出版、广播电视、人口和计划生育等各项事业全面发展,党史、档案、信访、保密、老龄、老干部等方面的工作都取得新的成绩。社会主义精神文明建设成果丰硕,文化大市建设扎实推进,江北水城文化旅游节越办越活,群众性文化活动丰富多彩,城乡文化日益繁荣。民主法制建设切实加强,政务、厂务和村务公开有序推进,群众民主权利和合法权益得到维护。国防后备力量建设和"双拥"工作富有成效,荣获全国"双拥模范城"。平安聊城建设深入开展,人民群众关心的热点难点问题得到较好解决,全市上下呈现出政通人和、团结和谐的良好局面。

滨州市

综合实力重大跨越。2006年全市GDP、规模以上工业增加值、地方财政收入、国税收入、地税收入,分别是2002年的2.4倍(现价)、4.6倍(现价)、3.2倍、3.7倍、2.9倍,主要经济指标增幅连续四年保持全省前三位,总量已基本进入全省第二方队。其中,地方财政收入连续三年增幅在40%以上,人均列全省第8位。以飞机上天、轮船下海、汽车上路、芯片研发成功、铁路过河、火车进城等为主要标志,十大产业(链)集群正在加速形成,三产比例由18.5:50.6:30.9调整为11.7:62.1:26.2。规模以上工业企业达到1097家,净增712家,省级以上高新技术企业发展到91家。

改革开放重大突破。坚持改革开放、放开搞活,融通资金,破解难题,激发活力。四年累计引进市外资金1495亿元,其中境外资金11.7亿美元;全社会固定资产投资累计完成1603亿元,年均增长53.5%;民营经济总户数达到21.3万户,实交税金占总税收的57.9%。农村税费及粮食购销企业改革全面完成,投资、财税、住房、教育、医疗卫生等改革进展顺利。

城乡面貌重大变化。随着"四环五海"、"北带"开发、高速路、铁路、万吨位级港口等一系列重大工程的实施,城乡发展大框架基本形成,中心城区人口由18.2万猛增到63万,全市城市化水平达36.6%,森林覆盖率达22.7%,滨州入选"中国魅力城市200强",成为"全国水土保持生态环境建设示范城市"。邹平县进入全国百强,无棣县被誉为"全省促强扶弱战略的成功范例。"新农村建设扎实推进，村村通自来水、通柏油路、通客车、通有线电视目标基本实现。

人民生活重大改善。城乡居民收入连续四年保持两位数增长，2006年城镇居民人均可支配收入11725元、农民人均纯收入4370元，分别比2002年增加4352元、1700元。就业再就业工作力度不断加大，社会保障体系日趋完善，"小康滨州"建设进程进一步加快。

社会事业重大进步。坚持"五个统筹"，全面打造系统"九州"。国家级双拥模范城、环保模范城、优秀旅游城、卫生城和省级精神文明城同争同创、富有成效，科技、教育、文化、卫生、体育、民政、档案、人防、广播电视、新闻出版、计划生育、残疾人和老龄等各项社会事业协调发展。

和谐稳定重大推进。在全省率先提出"平安建设"，连续开展"平安和谐稳定年"活动，"联合大接访"、"民主议政日"、城区治安防控体系建设等经验，在全省乃至全国推广。积极支持人大履行职责，充分发挥政协作用，加大法律监督和工作监督力度。加强各方面团结，民族、宗教、对台、侨务、外事、国防后备力量建设等工作取得新进展，工会、共青团、妇联等人民团体工作取得新成绩。全市上下始终保持了团结和谐稳定的良好氛围。

菏泽市

过去的四年，经济持续健康发展，综合实力显著增强。2006年实现生产总值、地方财政收入537.7亿元和30亿元，年均分别增长17.1%和47.4%；固定资产投资四年累计超过1300亿元，第二产业比重提高了15个百分点，主要经济指标增幅均高于全省平均水平，实现了省委省政府提出的"三个高于"目标。工业经济迅猛发展，六大产业初具规模，骨干企业迅速膨胀，九县区工业园被批准为省级工业园，规模以上工业企业达到1043家、新增733家，完成增加值年均增长45%，经济效益综合指数提高79个百分点，万元GDP能耗2006年降低4.5%，一批产品被评为"名牌"和"驰名商标"。农村经济稳步增长，2006年粮食总产达到96亿斤，有林地面积达到450万亩，规模以上农业产业化龙头企业发展到418家。第三产业日趋繁荣，2006年完成增加值123.5亿元，比2002年增长2.02倍。

过去的四年，社会事业全面进步，精神文明稳步推进。大力实施科教兴菏和人才强市战略，基础教育更加巩固，职业教育发展迅速，多元化办学格局初步形成，建成了第一所本科院校。科技进步步伐加快，对经济增长的贡献率达到42%。文化事业健康发展，文艺创作日益繁荣，《山东汉子》荣获国家舞台艺术精品大奖。疾病预防控制体系和传染病救治体系初步建立，农村卫生院、卫生室规范化建设全面启动，新型农村合作医疗正在实施。环境保护效果明显，污染排放得到有效治理，河流水质、空气质量进一步好转。文明创建活动扎实有效，"求实、创新、诚信、奋进"的菏泽精神得到弘扬，爱国主义、集体主义和社会主义思想深入人心，干部群众精神面貌发生了巨大变化。广播电视、新闻出版、计划生育、气象、体育等事业都有了较快发展。

过去的四年，基础设施日益完善，城乡面貌明显改观。菏关高速已经建成，济菏、德商高速正在建设，京杭运河洙水河航道一期工程正式动工，口岸新址投入使用并与青岛港实现直通，公路通车里程跃居全省前列，交通运输网络更为完善。四年来投入财政性城建资金36亿元，带动社会投资100多亿元，城市化水平提高6个百分点。完成了新一轮《菏泽市城市总体规划》，城区控制性详规覆盖率达到85%。实施了环城公园、赵王河公园、引黄供水、污水处理厂、城区道路及管网等一大批重点工程，营建了环城林带和近百处街头绿地、广场，城市功能进一步强化，人居环境进一步改善。新农村建设稳步推进，"四四四一"工程效果良好，农村改厕经验在全省、全国推广并被评为2006年度"中国十大政府创新典型"。

过去的四年，各项改革继续深化，对外开放不断扩大。国企改革进一步深入，财政管理体制和国有资产管理体制改革扎实推进，国有资产经营纳入市场化轨道，建立和完善了财政集中收付制度。社会公益事业改革步伐加快，环卫管理实现了"拿钱养人"到"拿钱养事"的历史性转变。农村改革稳步推进，集体土地使用权、小型水利设施建设和林业产权改革在探索中不断深化，全部免除了农业税。政府采购体制进一步完善，采购范围进一步扩大，四年来节约资金1.7亿元。对外开放程度进一步提高，进出口总额由1.7亿美元增加到6.5亿美元，累计实际利用外资4.3亿美元。成功举办了四届国际牡丹花会和三届中国林产品交易会，促进了对外交流，扩大了菏泽影响。

过去的四年，群众收入稳步增加，生活质量大幅提升。城乡就业更加充分，社会保障日趋完善，救助体系初步建立。城镇居民人均可支配收入、农民人均纯收入分别达到8137元和3480元，年均增长11.3%和10.9%；金融机构存款余额、社会消费品零售总额分别达到496.5亿元和275.2亿元，城镇居民人均住房面积增加7.9平方米，居民的教育、文化、旅游支出比重不断增大，移动电话、互联网、小汽车进入普通百姓家庭。新增农村公路8805公里，基本实现了行政村村村通油路、通客车，近10万户农民看上了有线电视，24.6%的农业人口用上了自来水。

过去的四年，民主法制不断进步，社会形势平安和谐。认真落实人民代表大会制度和政治协商制度，决策的民主化、科学化水平明显提高。爱国统一战线不断巩固扩大，民族、宗教、侨务和对台工作得到加强。村民和社区居民自治制度逐步完善，厂务、村务、政务公开日趋规范，基层民主建设走上制度化轨道。依法行政步伐加快，信访工作重心下移，安全生产形势趋好，社会治安综合治理全面加强，群众关心的热点难点问题得到较好解决，平安建设取得明显成效。同时，圆满完成了"非典"和禽流感防治、抗洪抢险、黄河滩区移民迁建、标准化堤防建设、滩区灾后重建等重大任务，有效地维护了人民群众的生命财产安全和切身利益。

科学发展求好快 五年蓝图系民生

——各市党代会报告确定的五年奋斗目标集粹

《中共山东年鉴》编辑部

济南市

今后五年全市工作的指导思想是：**高举邓小平理论和“三个代表”重要思想伟大旗帜，认真贯彻中央一系列重大战略思想和胡锦涛总书记“三个走在前面”的要求，坚持科学发展、和谐发展，发挥省城优势，发展省会经济，努力改善民生，协调推进经济建设、政治建设、文化建设、社会建设和党的建设。团结带领全市人民，加快全面建设小康社会进程，为把济南建设成为实力强大、人民富裕、社会和谐、生态良好的现代化省会城市而努力奋斗。**

根据这一指导思想，今后五年全市经济社会发展的主要目标是：

——经济转入科学发展轨道。经济总量和效益再上新的台阶，全市生产总值年均增长13%，地方财政一般预算收入年均增长15%。经济结构进一步优化，增长方式明显转变，到2010年，高新技术产值占规模以上工业的比重提高到40%，现代服务业占第三产业的比重提高到52%，科技进步对经济增长的贡献率提高到55%以上，万元GDP能耗、水耗分别比“十五”末降低22%、14.5%，主要污染物二氧化硫、化学需氧量排放总量分别比“十五”末降低12%和18%。

——社会更加文明和谐。民主法制建设全面加强，人民权益得到切实保障。精神文明建设再创新水平，科技、教育、文化、卫生等事业长足发展。全社会的创造活力明显增强，创新型城市建设取得显著成效。社会管理体系不断完善，平安济南建设取得新的成绩。

——人民生活向全面小康迈进。城乡居民收入继续保持较快增长，收入分配制度不断完善，收入差距扩大趋势逐步扭转。社会就业更加充分，城乡社会保障体系基本建立。住房、教育、医疗等群众关切的突出问题得到有效解决，人民群众的幸福指数和对自身生活的满意度进一步提高。

青岛市

面对新形势、新任务、新挑战，今后一个时期全市工作的总体要求是：**高举邓小平理论和“三个代表”重要思想伟大旗帜，坚持以科学发展观统领全局，按照“三个走在前面”的要求，全面推进经济建设、政治建设、文化建设、社会建设，不断加强党的建设，努力站在高起点，瞄准大目标，实现新跨越，更好地发挥在全省的龙头带动作用，把青岛建设成为富强文明和谐的现代化国际城市。**

围绕上述要求，今后五年的主要目标任务是：

——着眼于富民强市的目标，切实转变经济增长方式，提高发展的质量和水平。全面落实中央宏观调控政策，推动产业结构持续优化升级，先进制造业和现代服务业蓬勃发展，民营经济迅速壮大，循环经济发展水平不断提高，资源节约型和环境友好型社会建设取得明显进展。到2011年末，全市生产总值超过6000亿元，年均增长13%左右，三次产业比例调整为3:50:47，地方财政一般预算收入超过500亿元。城市居民人均可支配收入和农民人均纯收入分别超过24000元和10000元。万元生产总值综合能耗下降20%左右，化学需氧量和二氧化硫排放量分别下降10%和20%。

——不断提高自主创新能力，建设创新型城市。完善创新的体制机制和政策环境，突出国家海洋科研中心地位，建立具有青岛特色的科技创新体系，企业的技术创新主体作用得到充分发挥，全社会创新活力不断增强，成为重要的自主创新基地。2011年末，全社会研发投入占地区生产总值的比重达到2.7%以上，高新技术产业产值占全市工业总产值的比重达到45%以上。

——促进区域协调发展，加快建设社会主义新农村。坚持统筹城乡发展，大力发展现代农业，加快农村工业化、城镇化进程，社会主义新农村建设取得突破性进展。优化城市空间布局和生产力布局，缩小南北差距、协调东西发展，城市综合服务功能和辐射带动能力显著增强，实现城乡共同繁荣进步。

——进一步深化改革，提高开放水平。建立健全落实科学发展观的体制机制，国有企业和国有资产管理体制改革、行政管理体制改革、投融资体制改革和社会领域体制改革全面推进。扩大对外交流与合作，外贸增长方式进一步转变，利用外资质量明显提高，投资环境不断优化。继续扩大对内开放，推动区域经济合作取得新进展。

——坚持以人为本，积极构建社会主义和谐社会。努力为群众提供均等化的公共服务、普惠性的社会保障、公平性的发展机会、生态型的人居环境，城乡居民收入大幅度提高，居住条件和生活环境进一步改善，社会公平正义得到切实维护，社会事业全面进步，社会管理高效有序，和谐文化蓬勃发展，民主法制建设全面加强，城市文明程度和市民文明素质显著提升。到2011年末，城镇登记失业率控制在

4%以内，社会保障覆盖范围进一步扩大。

——加强党的执政能力建设，永葆先进性。各级领导班子的执政能力和领导水平明显提高，干部作风进一步改善，党员先锋模范作用得到充分发挥，党风廉政建设和反腐败工作取得显著成效。

淄博市

今后五年全市工作的总体要求是：**高举邓小平理论和“三个代表”重要思想伟大旗帜，以科学发展观统领经济社会发展全局，在更高起点上实施科教兴市、结构优化、经济国际化、城市化和环境立市战略，突出结构调整、节能降耗和环境保护，更加注重自主创新和转变经济增长方式，更加注重深化改革和提高对外开放水平，更加注重城乡统筹和区县域经济发展，更加注重社会进步和改善民生，进一步加快经济强市、文化大市、绿色城市建设和“两提前、一率先”步伐，全面加强党的建设，为建设殷实小康、构建和谐淄博而努力奋斗。**

今后五年全市经济社会发展的主要预期性目标是：到2011年，地区生产总值达到2900亿元，年均增长12%，人均达到9000美元；农民人均纯收入达到9000元，城市居民人均可支配收入达到20000元，年均分别增长10%。主要约束性目标是：万元地区生产总值综合能耗累计下降22%以上，化学需氧量、二氧化硫排放量分别削减16%以上、29%以上。

——建设殷实小康，就是以发展为基础，以富民惠民为目标，扎实推进全面小康社会建设进程。要确保全市到2010年完成全面小康社会的各项指标，市域总体上建成全面小康社会；要确保群众收入稳定增长，家庭财产普遍增加，社会保障更加健全，大多数城乡家庭生活殷实、保障无忧。在此基础上，经过不懈努力，逐步实现县县小康、镇镇小康、村村小康，群众生活更加富足，社会保障更加有力，为提前基本实现现代化奠定良好基础。

——构建和谐淄博，就是按照科学发展观的要求，协调推进经济建设、政治建设、文化建设、社会建设。要努力追求经济发展中一、二、三次产业间和产业内部结构的和谐，经济发展和社会事业发展的和谐，城镇建设与乡村建设的和谐，人的活动与自然生态的和谐，使淄博市进一步形成科学发展、和谐发展的良好局面。

实现建设殷实小康、构建和谐淄博的奋斗目标，必须切实提高贯彻落实科学发展观的能力。科学发展是基础，共享和谐是目标。要深刻理解和把握科学发展观的丰富内涵，切实提高社会生产力发展水平和发展的协调性，在科学发展的基础上，加快殷实小康、和谐淄博建设进程。要突出结构调整、节能降耗和环境保护，坚持把结构调整作为经济社会发展的主线，把节能降耗作为经济社会发展的关键，把环境保护作为经济社会发展的“命门”，紧紧抓住改革发展的主要矛盾，重点突破，带动全局。要更加注重自主创新和转变经济增长方式，坚持不懈地转变发展理念，创新发展模式，提高发展质量，推动经济社会进一步转入全面协调可持续发展轨道。要更加注重深化改革和提高对外开放水平，坚持抓改革破除体制障碍，抓创新破解发展难题，抓开放拓展发展空间，不断增强经济社会发展的动力和活力。要更加注重城乡统筹和区县域经济发展，坚持以工促农，以城带乡，城乡互动，推动全市经济社会健康协调发展。要更加注重社会进步和改善民生，坚持以人为本、富民优先，始终把群众利益放在首位，最大限度地使改革发展成果惠及广大人民群众，充分调动方方面面的积极性，进一步形成改革发展的强大合力。各级要进一步健全完善落实科学发展观的思想保证、体制保证、制度保证，使科学发展观真正成为我市经济社会发展的强大思想理论武器。

枣庄市

今后五年，全市经济社会发展的总体要求是：**坚持以邓小平理论和“三个代表”重要思想为指导，紧紧围绕实现又好又快科学发展和全面建设小康社会两大任务，切实把握好以科学发展观统领全局、构建和谐社会、干部作风建设、抢抓机遇、加快工业化步伐、调整和优化经济结构六个方向性问题，突出抓好“三农”工作、服务业发展、提高招商引资质量和效益、加快县域经济发展、优化发展环境、推进城市化进程、改革开放、就业和社会保障、社会稳定和谐九项重点工作，实现速度、质量、效益、后劲相统一，人与自然、城市与农村相协调，经济、政治、文化、社会建设全面发展，努力朝着富强、文明、和谐的新枣庄的目标迈进。**

今后五年，全市经济社会发展的主要奋斗目标是：到2011年，全市GDP达到1500亿元，年均增长15%，比2006年翻一番，人均达到5000美元；地方财政收入达到85亿元，年均增长18%，比2006年翻一番以上，人均占有2200元。再经过几年的努力，到2020年，全市GDP、地方财政收入在2011年的基础上再翻一番以上，使全市人民过上物质更加丰富、精神更加充实、环境更加优美、发展更加全面、社会更加和谐的小康生活。

东营市

今后五年工作的总体要求是：**高举邓小平理论和“三个代表”重要思想伟大旗帜，以科学发展观统领全局，全面实施黄河三角洲开发总战略，建设高效生态经济区，着力调整经济结构，加快推进工业化；着力统筹协调发展，加快推进城镇化；着力创造发展优势，加快推进环境生态化；着力扩大对外开放，加快推进经济国际化；着力整合各方资源，加快推进区域经济社会一体化；着力关注改善民生，提高人民生活水平，努力构建和谐社会；全面推进党的建设新的伟大工程，团结带领全市人民，为建设富裕文明和谐幸福的社会主义新东营而努力奋斗。**主要奋斗目标是：

——经济综合实力明显增强。经济总量不断壮大,发展质量明显提高,初步构建起高效生态产业体系,成为重要的加工制造业基地、能源基地、区域性枢纽中心和物流中心。今后五年,生产总值年均增长10%以上,地方财政收入年均增长15%以上。

——经济增长方式明显转变。经济结构进一步优化,现代农业建设取得明显成效,新型工业化水平显著提高,现代服务业取得重大进展,自主创新能力明显增强,区域经济协调发展。体制机制更具活力,非公有制经济规模和水平进一步提高,经济的市场化和国际化达到新的水平。生态环境不断改善,单位生产总值能耗降低20%以上,化学需氧量排放总量减少13%,二氧化硫排放总量减少38%,资源节约型、环境友好型社会建设取得显著成效。

——城市品位明显提升。城市功能更加完善,城市特色更加明显,中心城的地位和作用更加突出,辐射带动能力显著增强,文化魅力日益彰显,初步建成一座知名的"黄河水城"。城镇化率达到65%以上。

——人民群众生活明显改善。社会就业更加充分,社会保障水平不断提高,家庭财产普遍增加,人民生活更加宽裕,城乡居民居住条件和生活环境明显改善。城市居民人均可支配收入年均增长9%以上,农民人均纯收入年均增长9%左右。

——社会和谐明显进步。城乡发展更加协调,各项社会事业全面进步。市民素质和城乡文明程度全面提高。民主法制建设有序推进,公平正义充分体现,社会政治和谐稳定,群众的安全感和满意度明显提高。

——党的建设明显加强。各级党组织的创造力、凝聚力、战斗力进一步提高,科学执政、民主执政、依法执政的能力明显增强,广大党员的先进性充分发挥,党政机关和党员干部作风不断改进,党群干群关系更加融洽。

烟台市

建设文明富庶新烟台的基本内涵和总体要求是:**以邓小平理论和"三个代表"重要思想为指导,全面贯彻落实科学发展观,努力构建和谐社会,按照中央领导提出的"走在前面"、省委提出的"三二一"和"东部突破"的目标要求,在初步富裕起来的基础上,向着更高水平的物质文明、政治文明、精神文明和社会文明迈进,把城乡富庶、人民幸福和共同富裕程度提高到新水平,努力创造赶超发展新成就、幸福安康新生活、和谐宜人新环境。在"十五"奋斗的基础上,力争到2010年基本建成小康社会,全市地区生产总值在2005年的基础上再翻一番,人均突破7000美元;再经过5年奋斗,人均地区生产总值突破万美元大关,基本接近世界中等发达国家水平,使经济社会发展进入更高层次,向着基本实现现代化的目标挺进。**

——保持快速发展,更加注重质量效益,在提升综合竞争力上走在前面。经济增长速度高于全省和全国首批14个沿海开放城市平均水平。地方财政收入力争提前完成"十一五"规划,在省内和14个沿海开放城市中位次前移。科技综合实力达到国内同类城市领先水平,加快建设创新型城市。

——突出经济建设中心,更加注重社会建设,在经济社会协调发展上走在前面。经济与社会发展的协调性明显增强,科教文卫各项事业全面发展。全民思想道德素质、科学文化素质明显提高。巩固和提高一系列文明创建成果,提升城市层次和水平。全面落实民主法制、公平正义、诚信友爱、充满活力、安定有序、人与自然和谐相处总要求,和谐社会建设走在全国、全省前列。

——加快城市化进程,更加注重农村发展,在统筹城乡发展上走在前面。把新农村建设摆到更加突出的位置,加快发展现代农业,努力增加农民收入,逐步缩小城乡差距。构建以中心城市为龙头、县域中等城市为骨干、小城镇为延伸、新农村为基础的城乡协调发展新格局,统筹城乡发展迈出实质性步伐。

——大力推进生产发展,更加注重生态文明,在可持续发展上走在前面。加强生态建设与保护,大力开展植树造林,全面提高城乡绿化水平,初步建成生态城市。循环经济模式得到大范围推广,资源、能源消耗和主要污染物排放控制在国家、省下达指标以内,环境友好型、资源节约型社会建设取得明显成效。

——积极创造社会财富,更加注重惠及群众,在实现最广大人民根本利益上走在前面。城乡居民收入有较大幅度增长,社会就业比较充分,城镇登记失业率低于全国、全省平均水平。社会保障体系更加健全,保障水平不断提高。民主法制建设进一步加强,人民群众的政治、经济、文化权益得到切实尊重和保障。

潍坊市

今后五年,全市工作总的指导思想是:**高举邓小平理论和"三个代表"重要思想伟大旗帜,以实现科学发展、促进社会和谐、保持党的先进性统领全局,全面推进经济、政治、文化、社会和党的建设。坚定不移地以经济建设为中心,科学发展工业经济、加快建设先进制造业基地,科学发展城市经济、加快建设现代化中心城市,科学发展县域经济、加快建设社会主义新农村;更加注重科学发展社会事业,不断解决好人民群众最关心、最直接、最现实的利益问题,促进社会和谐;坚持不懈地抓好党的先进性建设,提高党的执政能力和领导水平,领导和推进经济社会又好又快发展,努力建设富裕文明和谐的现代化强市。**

全市总的奋斗目标是,全面完成"十一五"规划任务,全面建设小康社会,为建设现代化强市奠定坚实的基础。科学发展要取得新成果,工业经济实力显著增强,先进制造业基地形成规模;城市经济发展水平显著提升,区域带动力得到强化;县域经济发展步伐显著加快,新农村建设呈现出新面貌;经济增长方式显著转变,经济结构、质量和效益进一步优化和提高,到2011年,地区生产总值和地方财政收入力争比2006年翻一番,城乡居民收入持续较快增长,家庭生活状况和生活水平普遍改善和提高。促进社会和谐取得新成就,社会事业全面发展,利益共享机制基本建立,公共服务基本实现网络化、全覆盖,群众最关心、最直接、最现实的利益问题得到较好解决;城乡面貌发生较大变化,环境恶化得到遏制和较大改善,生态环境切实得到保护;民主法制进一步健全,社会保持安定有序,人民群众增加安全感;精神文明建设进一步加强,和谐文化深入人心,和谐创建深入开展,全社会文明程度普遍提高,社会更加和谐。党的先进性建设取得新成效,保持共产党员先进性长效机制更加健全,基层党组织薄弱环节全面加强,党的领导更加坚强有力,党组织的创造力、凝聚力、战斗力进一步增强,党员的先锋模范作用充分发挥,党群干群关系更加密切,人民群众对各项工作比较满意和更加满意。

济宁市

今后五年全市工作总的要求是:**以邓小平理论和“三个代表”重要思想为指导,全面落实科学发展观,以推进经济战略转型为主线,大力实施新型工业化、城市化、教育优先、生态济宁和区域协调发展五大战略,着力打造科技创新、外向合作、金融物流、人力资源、发展环境五大区域竞争力支撑体系,构建以高新技术为先导、优势产业集群为主体的先进制造业基地,以孔孟文化为品牌、河湖名胜为特色的文化旅游名城,以立体交通网络为依托、运河黄金水道为纽带的区域商贸物流中心,以组团布局为骨架、生态宜居为特征的鲁南中心城市,加快全面建设小康社会进程。努力建设产业发达、城乡秀美、文化繁荣、民生殷实、社会和谐的新济宁。**

确定这样的总体思路,是建设“经济强市、文化名市、组群结构大城市”战略任务的延续和深化,是发展的必然,是全市人民的强烈愿望。今后五年的奋斗目标是:

——**建设产业发达新济宁**。加快推进经济战略转型,构建以高新技术产业为先导,先进制造业和现代服务业为支撑,现代农业为基础的科学合理的产业格局,走出资源型城市创新发展之路、可持续发展之路和环境友好之路。争取用五年多一点的时间,实现地区生产总值和地方财政收入“双翻番”,单位GDP能耗力争年均降低5%,三次产业比例调整为8:55:37,煤电产业增加值占工业增加值的比重调整到35%以下,制造业占规模以上工业比重达到60%,高新技术产业比重达到40%,实现区域竞争力和综合实力明显提升。

——**建设城乡秀美新济宁**。加快构筑以中心城市为龙头、组团布局为特色、优势产业为支撑的城镇体系,全市城市化水平达到50%,都市区一体化取得实质进展,中心城区建成区达到100平方公里,县城和小城镇建设水平全面提升,新农村建设取得新成效。努力实现全国文明城市、国家卫生城市、国家园林城市、国家环保模范城市、全国双拥模范城“五城同创”目标。

——**建设文化繁荣新济宁**。充分发挥先进思想文化引领作用,整合、发掘丰富的传统文化资源,努力实现由文化资源大市向文化名市的跨越,文化综合实力和竞争力进入全省全国先进行列。

——**建设民生殷实新济宁**。城乡居民生活质量明显改善,幸福指数不断提高。全市城镇居民人均可支配收入和农民人均纯收入分别达到1.8万元和7000元,城镇登记失业率控制在4%以内,社会保障体系健全,多数县市区和城镇达到小康社会的主要指标要求。

——**建设社会和谐新济宁**。民主法制建设稳步推进,公平正义得到切实维护。各项社会事业全面发展,市民素质不断提高。社会更加安定有序,人民群众安居乐业,和谐社会建设走在全省前列。

泰安市

今后五年全市工作的总要求是:**坚持以邓小平理论和“三个代表”重要思想为指导,全面落实科学发展观,加快构建和谐社会,牢牢抓住发展第一要务不放松,突出增长方式转变,突出体制机制创新,突出解决民生问题,突出城乡协调发展,全面推进经济建设、政治建设、文化建设、社会建设和党的建设,保持好势头,开创新局面,为建设富裕文明和谐泰安而奋斗。**

今后五年的主要目标任务是:

建设富裕泰安。综合实力再跨一个大台阶,经济总量力争实现翻一番,运行质量显著提升。现代农业快速发展,现代工业形成雄厚基础,旅游服务业全面繁荣,基础设施更加完善,崛起一批大型企业集团,建成一批特色产业基地。政府财力大幅增长,调控能力明显增强。群众生活更加殷实,收入和消费水平有较大提高,家庭财产普遍增加。区域经济发展实现相对平衡。

建设文明泰安。物质文明、政治文明、精神文明相互协调,社会主义核心价值体系得到全面建设,文化事业、文化产业繁荣发展。人民群众精神文化生活更加丰富,受教育程度普遍提高。各民族和睦相处,人际关系融洽,社会风尚良好。社会成员的思想道德素质、科学文化素质和健康素质不断提高。各项社会事业全面进步。

建设和谐泰安。社会主义民主进一步发展,依法治市深入推进,人民权益得到有效保障,公平正义得到切实维护。社会管理体系日趋完善,公共服务质量不断改善。不和谐因素不断减少,和谐因素不断增加,平安建设成果进一步巩固。民生得到明显改善,人民群众共享改革发展成果。建立起比较完善的、覆盖全社会的社会保障体系和社会救助体系。社会就业比较充分。人口资源环境协调发展,环境保护取得明显成效,节能降耗实现较大突破。

威海市

今后五年工作总的要求是：**以邓小平理论和“三个代表”重要思想为指导，以科学发展观统领全局，把发展作为第一要务，把富民作为第一导向，把创新作为第一动力，把和谐作为第一追求，大力推进经济又好又快发展，协调推进政治、文化和社会建设，全面加强党的先进性和执政能力建设，进一步发挥人居环境优势，丰富幸福文化内涵，努力打造人居福地，全面建设经济繁荣发达、政治昌明公平、文化特色鲜明、社会安定有序、人民幸福殷实的新威海，在全面小康和现代化建设的征程中迈出更加坚实的步伐。**

今后五年的主要奋斗目标：

——综合实力更加雄厚。全面完成“十一五”规划，生产总值年均增长15%以上，人均突破1万美元；地方财政收入力争达到180亿元，占生产总值的比重超过全省平均水平；实际利用外资、外贸进出口保持全省前三位。

——增长方式更加科学。服务业增加值增幅明显高于生产总值的增长，三次产业比重达到5:60:35；能耗、水耗、污染物排放等指标保持全省先进水平，城市环境综合整治达到全国领先水平；科技综合实力进入国内同类城市前列，全社会研发投入占生产总值的比重提高到3%以上，高新技术产业产值比重达到40%。

——城乡发展更加协调。城市化率达到60%以上，中心城市建成区面积扩大到120平方公里以上。农产品商品化率、非农产业占农村经济总收入的比重每年提高2个百分点。财政支农资金年均增长15%以上。环境优美镇达到90%，沼气普及率达到20%以上，农村自来水、油路和互联网村村通工程全面完成。

——人民生活更加殷实。城镇居民人均可支配收入达到2.4万元，农民人均纯收入达到1万元；年均分别增长8%，城乡恩格尔系数分别下降到27%和32%；基尼系数控制在0.3以内；城镇登记失业率控制在2%以内，转移农村劳动力10万人，城乡居民实现充分就业。

——社会发展更加和谐。城镇基本养老、医疗、失业、工伤、生育保险参保人数累计分别新增10万人以上，基本实现新型农村合作医疗及城乡卫生服务体系全覆盖；高中段教育普及率达到95%；稳定低生育水平；人民群众对社会治安满意率保持在90%以上；三市一区进入省级村民自治先进市区行列；争创全国文明城市。

日照市

今后五年，全市工作的总体要求是：**高举邓小平理论和“三个代表”重要思想伟大旗帜，认真贯彻落实科学发展观，努力构建社会主义和谐社会，在新的起点上深入实施“港口立市、工业强市、科教兴市、生态建市”战略，加快建设“富裕日照、文明日照、平安日照、生态日照”，推动科学发展、跨越发展，全面推进党的建设新的伟大工程，团结带领全市人民，开拓创新，真抓实干，奋力赶超，为早日跨入全省先进行列而努力奋斗。**

经济社会发展的主要目标是：

——经济增长更加强劲。在优化结构、提高质量、增加效益、降低消耗、保护环境的基础上，经济增长速度明显高于全省平均水平，到2011年，地区生产总值比2006年翻一番以上，突破1000亿元，地方财政收入超过50亿元。

——城乡发展更加协调。基础设施进一步完善，城市辐射带动能力不断提高。县域经济实力明显增强，新农村建设取得较大进展。城市化水平达到50%，城乡一体化发展迈上更高层次。

——社会事业更加进步。公共服务体系日益健全，社会就业更加充分，社会保障水平明显提高。形成较为完善的国民教育、科技创新、全民健身和医疗卫生体系。和谐文化和民主法制建设进一步加强，社会安定祥和，群众安居乐业。

——人民生活更加宽裕。到2011年，城镇居民人均可支配收入超过16000元，农民人均纯收入超过6500元。群众物质文化生活日益丰富，生活水平和质量明显提高。

——人与自然更加和谐。经济增长方式实现重大转变，生态市建设扎实推进，循环经济体系进一步完善，环境资源保护富有成效，可持续发展能力不断增强，日照大地山更绿、水更清、空气更洁净，生态建设水平显著提升。

莱芜市

今后五年工作的指导思想是：**高举邓小平理论、“三个代表”重要思想伟大旗帜，全面落实科学发展观，紧紧围绕“又好又快”发展这一主题，大力实施工业立市、生态建市、科教强市、和谐兴市战略，全力加快城市化、市场化、国际化进程，扎实推进党的建设新的伟大工程，全面加强经济建设、政治建设、文化建设、社会建设，加快建设富强文明和谐新莱芜。**

今后五年的主要奋斗目标是：

确保“两个高于”：经济增长速度、主要经济指标人均占有高于全省平均水平。

实现“两个翻番”：地区生产总值突破600亿元，增长1倍以上；地方财政收入突破50亿元，增长1.5倍以上。

做到“三个明显”：一是民生状况明显改善。城镇居民人均可支配收入、农民人均纯收入分别达到18000元和8000元以上；城镇失业率控制在3.5%以内；城乡社会综合保障面达到85%以上；群众的精神文化需求得到较好满足。二是环境质量明显提高。万元GDP综合能耗每年下降5个百分点，城乡绿化覆盖率达到35%以上，创建“国家环保模范城市”、“国家园林城市”。三是社会进步明显加快。依法治市、文明创建、平安建设处于全省先进水平，和谐社会建设走在全省前列。

临沂市

今后五年工作总的要求是：**坚持以邓小平理论和“三个代表”重要思想为指导，全面落实科学发展观和构建社会主义和谐社会的战略思想，围绕全面建设小康社会，积极推进工业化、城镇化、市场化和经济国际化进程，全面加强经济、政治、文化、社会和党的建设，努力实现经济发达、民生殷实、社会和谐、城乡秀美的目标，不断把富强美丽的“大临沂、新临沂”建设事业推向前进。**

主要战略目标是：

——打造与人口大市相匹配的经济大市。临沂只有经济大、经济强，才能成为名副其实的大市、强市。努力把临沂建设成经济大市、进而成为经济强市，始终是临沂人追求的最大目标。按照这一目标要求，全市各级要致力于落实市“十一五”发展规划，努力实现“一二三”的经济发展指标，即到2010年，地方财政收入超过一百亿元(力争实现120亿元)，地区生产总值超过二千亿元(力争实现2500亿元)，人均GDP超过三千美元。同时，进出口总额、实际利用外资、社会消费品零售总额比2006年分别增长97%、97%、80%，城镇居民人均可支配收入和农民人均纯收入要分别达到14000元和5800元，向区域经济大市大步迈进。

——打造“物流天下”的商贸强市。商贸物流是临沂的优势产业，从某种意义说，商贸兴则临沂兴。临沂市现在的批发市场人流每天达30万人，2006年批发城成交额达到450亿元，培育了近2万业主，产生了广泛的社会影响力。但是，随着现代物流业的竞相发展，该市又面临着全新的形势和严峻的挑战。要巩固临沂市商贸业发展的优势地位，必须居安思危，居大思强，全面实现传统商贸物流向现代商贸物流转变，用现代物流理念和业态改造提升传统商贸业，真正建成全国一流的商贸物流中心，长久形成“南有义乌、北有临沂”的格局。

——打造滨水生态环境优越的宜居城市。城水相依是临沂的生态环境优势，也是临沂能够成为一流魅力城市、宜居城市的条件所在。经过几年的努力，临沂滨水生态城的框架已经拉开，特色日渐鲜明。在此基础上，要再接再厉，一鼓作气，把临沂市建成以水为魂的最佳宜居城市。要以中心城市为主体，对两系(沂河、沭河)、九河(祊河、涑河、青龙河、柳青河、陷泥河、李公河、汶河、汤河、分沂入沭)加大整理力度，形成多层次、可贯通的水网系统。按照建设“大水城”的目标，完成刘家道口枢纽工程，沿沂河东岸沂水至郯城，沿祊河到平邑，沿汶河到蒙阴建成330公里的滨水道路连线，形成城乡一体、水路一体、防洪安全与生态保护一体的滨水新城。

——打造古今文化相辉映的文化名市。临沂有厚重的历史文化、丰富的文化资源。汉晋文化、红色文化与当代文化共存互依；书法文化、兵学文化、孝文化、商文化根深叶茂。这些文化填实了城市的内涵，也成为城市的卖点。要站在“文化立市”的高度，大力保护、挖掘、整合文化资源，积极推进一批与文化名市相称的重点文化设施建设，打造一流的历史文化名城，创建全国文明城市，使临沂市尽快从文化资源大市走向文化强市。

德州市

今后五年全市工作总的指导思想是：**高举邓小平理论和“三个代表”重要思想伟大旗帜，以科学发展观统领全局，以赶超全省平均发展水平，全面建设小康社会，争当全省西部地区发展最快、实力最强、环境最好的城市为目标，大力实施工业强市、科教兴市、民营推动、开放带动战略，更加注重转变增长方式，更加注重统筹城乡发展，更加注重促进社会进步，更加注重解决民生问题，着力构建和谐社会，全面推进党的建设新的伟大工程，为实现新崛起、建设新德州而努力奋斗。**

根据以上指导思想，今后五年全市经济社会发展的主要目标是：

——综合实力进一步提升。到2011年底，全市地区生产总值达到2000亿元，年均增长15%以上，人均超过4000美元；地方财政收入达到80亿元，民营经济注册资金超过500亿元，累计引进外资10亿美元，实现进出口60亿美元。

——增长方式进一步转变。产业结构日趋合理，资源利用注重节约，生产经营不断集约，科技创新明显进步，高新技术产业产值占工业总产值的比重达到30%，万元GDP能耗降低25%。

——生活质量进一步提高。城镇居民年人均可支配收入和农村居民年人均纯收入分别超过16000元和6800元。社会就业比较充分，保障体系基本完善，城镇五大保险全面覆盖，各类社会群体得到多层次保障。城市功能更加完善，城市化率达到48%。人口自然增长率控制在7.5‰以内。

——社会发展进一步和谐。民主法制建设全面加强，人民的权益得到有力保障。精神文明建设协调推进，各项事业全面发展。创新型城市建设成效显著，全社会创造活力明显增强。平安创建深入开展，社会管理水平显著提高。

聊城市

今后五年工作的指导思想和总体要求是：**坚持以邓小平理论和“三个代表”重要思想为指导，以科学发展观统领经济社会发展全局，围绕省委确定的全省奋斗目标和工作思路，紧密结合聊城实际，以又好又快发展为主题，以调整经济结构、转变增长方式为主线，以改革、开放、创新为动力。以建设先进制造业基地、现代服务业基地、现代农业基地、卓越秀美江北水城和改善民生为重点。加快建设强市名城、实现跨越发展，到2010年全面建成小康社会，为2020年基本实现现代化打下坚实基础。**

今后五年的主要目标是：

——经济实力更加壮大。全市生产总值年均增长15%，实现五年翻一番，达到1700亿元；地方财政收入年均增长20%以上，达到90亿元，力争突破100亿元；完成全社会固定资产投资年均增长18%以上；三次产业结构调整为10:60:30。

——改革开放更加深入。各项改革向纵深推进，发展环境更加优化，对内对外开放进入更高层次，市场化程度和国际化水平进一步提高，各种经济成分和各项社会事业更具发展活力。

——城乡发展更加协调。基本完成江北水城大框架构筑，城市功能更加完备，组团式城市群建设加快推进，产业集聚和人口集中取得显著效果，城镇化水平达到50%。统筹城乡发展，城乡联动格局初步形成，新农村建设取得显著成效。

——生态环境更加宜人。单位生产总值能耗降低22%，化学需氧量降低22.5%，二氧化硫排放减少13.2%，森林覆盖率提高到31%。尽快建成国家环保模范城市、国家卫生城市、国家园林城市。

——人民生活更加殷实。城镇居民可支配收入和农民人均纯收入增长速度超过全省平均水平，分别达到15390元和5800元，群众的家庭财产普遍增加，物质文化生活水平和健康素质明显提高。

——社会发展更加和谐。科技、教育、文化、卫生、体育等社会事业协调发展。社会就业比较充分，每年新增就业再就业6万人以上，城镇登记失业率控制在4%以内；社会保障体系比较健全，城乡一体的社会救助体系全面建立，社会建设管理进一步完善，创造活力不断增强，城乡文明程度、公民思想道德素质显著提高。

滨州市

今后五年全市工作的总体要求是：**以邓小平理论和"三个代表"重要思想为指导，全面落实科学发展观，继续贯彻执行"30字"工作方针，锁定"一个目标"（巩固提高全省第二方队地位、力争初步跨入第一方队），突出"三大任务"（加快科学发展、构建和谐社会、加强党的建设），在更高起点上实施"五大战略"（工业兴市、科技强市、三产活市、生态立市、统筹富市），着力推进全市经济社会科学发展、超越发展、和谐发展、全面发展、合力打造系统"九州"，加快建设民富市强、文明和谐的现代滨州。**主要发展目标是：在优化结构、提高效益和降低消耗、保护环境的基础上，地区生产总值、地方财政收入年均分别增长15%、25%以上，城镇居民人均可支配收入、农民人均纯收入年均增长都在9%以上。

菏泽市

今后五年工作总的要求是：**高举邓小平理论和"三个代表"重要思想伟大旗帜，以科学发展观统领经济社会发展全局，紧紧围绕全面建设小康社会总目标，继续坚持"以工促农，以城带乡，统筹协调，科学发展"的工作思路，全力推进"突破菏泽"战略，着力构建社会主义和谐社会，不断加快城镇化步伐，扎实推进社会主义新农村建设，加强和改进党的领导，统筹三个文明协调发展，为站在新起点、谋求新发展、实现新突破而努力奋斗。**

根据上述要求，今后五年菏泽市经济社会发展的总体目标是：发展势头更加强劲，主要经济指标增幅高于全省平均水平，2010年地区生产总值达到1000亿元以上，年均增长16%以上，财政收入超过100亿元，其中地方财政收入超过60亿元，年均增长20%；增长方式更加科学，生态环境明显改善，资源利用率显著提高，科技进步步伐加快，万元GDP能耗年均降低3.5个百分点；城市功能更加完善，以"花城水邑"为依托的中国平原森林城市特色更加突出，2010年城镇化率达到35%，中心城市面积达到65平方公里，人口达到55万人；群众生活更加殷实，城镇居民人均可支配收入、农民人均纯收入分别达到11300元和4550元，居住条件进一步改善，城乡就业更加充分，保障体系更加完善；社会发展更加和谐，民主政治不断推进，社会事业全面发展，公共服务得到加强，公民素质普遍提高，党的建设和精神文明建设进一步加强，团结安定和谐的局面进一步巩固。

“全面落实科学发展观　实现富民强省新跨越”六人谈

刘慧晏(淄博市委书记):

建设殷实小康,构建和谐淄博,最根本的是坚持科学发展不动摇,大力发展先进生产力。要牢牢把握又好又快发展主题,切实转变经济增长方式,着力提高经济发展质量和水平,不断夯实殷实小康、和谐淄博建设的物质基础。

(一)全面推动结构优化升级,加快构筑新型产业体系　产业发展是淄博发展的根本。在基本实现老工业城市转型的基础上,我们要适时把经济发展的着力点放到现代农业、先进制造业、现代服务业上,进一步抓住宏观调控的机遇,加大结构调整力度,奋力推进淄博向现代化工业城市迈进。要坚持走新型工业化道路,建设先进制造业基地。集中培育新材料、石油化工等支柱产业,大力发展生物医药、机电一体化等高新技术产业,建设高水平的国家新材料产业化基地、国家生物医药产业化基地和全国重要的石油化工基地。积极运用先进技术、信息化手段和现代管理理念,改造提升纺织、建材、冶金等传统产业,发展壮大一批拥有自主知识产权、核心竞争力强的大企业、大集团,培育一批在国内外市场有影响的知名品牌,规划建设一批市场前景好、科技含量高、符合国家产业政策的重点项目。坚决限制淘汰落后生产能力。进一步优化产业布局,强化各类园区建设,重点扶持淄博高新区、齐鲁化工区、东岳国际氟硅材料工业园做大做强。要坚持市场化、社会化、产业化方向,构筑现代服务业经济体系。突出发展物流、信息、金融、商务面向生产的服务业,推动二、三产业衔接融合,以先进制造业拓展现代服务业,以现代服务业提升先进制造业。大力发展连锁经营、电子商务等现代经营业态,改造提升商贸、餐饮等传统服务业,积极发展文化、旅游、社区服务等面向民生的服务业,有效拉动消费和启动内需。今后五年,服务业占国民经济的比重要每年提高一个百分点以上,文化、旅游、物流、信息等要逐步发展成为国民经济新的支柱产业。要进一步强化农业基础地位,大力发展现代农业。继续深化农业结构调整,稳定粮食生产,培育壮大畜牧、林果、蔬菜三大优势产业。加强农业科技推广,组织实施“金农工程”,全面推行标准化生产、产业化经营、市场化运作,使设施农业、标准农业、生态农业成为淄博农业的鲜明特色。

(二)加强自主创新能力建设,大力提升核心竞争力　在资源约束趋紧、科技竞争加剧的形势下,自主创新具有特别重要的意义。我们必须不断提高自主创新能力,加快实现经济发展由资源依赖向科技支撑、投资拉动向创新驱动的转变,使“淄博制造”与“淄博创造”相互支撑、比翼齐飞。推进自主创新,科技是重点,企业是主体,政府是主导,人才是关键。要加快科技进步步伐,坚持走以应用开发为特色的自主创新之路,以引进消化吸收再创新为主渠道,带动原始创新和集成创新,抓好一批重大科技专项和关键技术攻关,集中力量在应用领域实现重点突破,力争有更多的自主知识产权和自有品牌。要加快建设以企业为主体、市场为导向、产学研相结合的技术创新体系,全面推进大中型企业建立研发中心,积极鼓励中小企业建立技术依托,支持企业与高等院校、科研院所建立技术联盟,培育更多的高新技术企业和创新型企业。要进一步完善改革,加大科技投入,发展创业风险投资,加强孵化载体建设,不断提高科技服务水平。要深入实施科教兴市战略,深化科技体制改革,加快培养一批科技创新的领军人物和中青年科技专家,培养一批创新团队和较高水平的研发机构,培养一支具有现代经营管理理念、国际化视野和富有创新精神的企业家队伍。面向国内外引才、引智,把更多的优秀人才吸引到淄博来创业,把更多的技术成果引进到淄博来转化,使淄博成为科技创新、人才创业的“热土”。

(三)优化生态环境,努力促进可持续发展　淄博的发展,不仅要经济繁荣,更要环境优美。环境质量的改善,将更好地释放我市各行各业的发展潜力,将使我市的各种比较优势更加彰显。必须切实统一思想认识,以不添“新账”、多还“旧账”为原则,实行最严格的环境保护措施,促进生态环境持续好转,使淄博的水更清、地更绿、天更蓝、气更爽。要切实加强污染防治,重点抓好大气净化和水污染治理,抓好孝妇河、猪龙河等重点流域和张店东部化工区、南部建材区等重点区域的污染整治,抓好重污染企业的搬迁改造。全面实行污染物排放总量控制和排放许可制度,进一步完善环保基础设施,确保主要污染物达标排放。严格执行环境影响评价制度,坚决杜绝新上污染项目。进一步加大执法力度,对各类环境违法行为依法严厉处罚,决不让污染者钻空子、得便宜!环境保护与节能降耗密不可分。对于我市而言,节能降耗的要求特别紧迫,任务特别艰巨。必须把节能降耗摆上突出位置。下大气力抓实抓好。要以节能、节水、节地、节材为重点,强化资源管理,优化资源配置,提高资源使用效率和土地集约利用水平。大力发展循环经济,全面推行清洁生产,努力形成低消耗、低排放和高效率的节约型增长方式。着眼于国际、国内先进标准，尽快健全完善地方强制性节能降耗法规，加强执法监察，确保节能降耗目标早日实现。作为老工矿区，还要高度重视生态修复，大搞植树造林、荒山绿化，加强重点区域综合治理，促进生态良性发展。

（四）坚持统筹城乡发展，全面推进社会主义新农村建设 淄博是组团发展的城市，工农互助、城乡互带的优势明显。我们要坚定不移地走“城乡一体、统筹发展”的路子，力争成为全国、全省新农村建设的排头兵。要统筹城乡发展规划，坚持城乡规划“一张图”，科学调整镇村布局，突出发展中心镇和城镇组团，引导小而散的村庄适当合并，促进农村工业向园区集中、人口向城镇集中、居住向社区集中，形成一批富有实力的中心镇和特色鲜明的农村社区。要统筹城乡产业发展，大力发展现代农业，加快发展农村二、三产业，积极鼓励一镇一业、一村一品，促进农村经济稳定增长。要统筹城乡劳动就业和社会保障，建立全市统一的人力资源市场和公平竞争的就业制度，加强农民技能培训，建立农村劳动力向城镇转移和非农就业的畅通渠道，增加农民非农收入；逐步衔接城乡社会保障体系，建立完善新型农村基本养老、新型农村合作医疗、最低生活保障、被征地农民生活保障、“五保户”集中供养等保障制度。要统筹城乡基础设施建设，加快城市基础设施向农村延伸，着力建设覆盖城乡的水、电、路、气、信息、环保等网络，逐步实现城乡基础设施共建共享；在完善提高村村通油路、通客车、通自来水、通有线电视的基础上，逐步实现村村骨干街道硬化、垃圾集中收集处理，村村建设标准化卫生室和文体活动场所。要统筹城乡社会事业发展和精神文明建设，加快发展农村科技、教育、文化、卫生、体育事业，加强农村民主政治建设，提高农民素质，培育新型农民。要进一步深化农村综合改革，完善农村基本经营制度，发展壮大集体经济。要建立财政支农资金稳定增长机制，扩大公共财政对农村的覆盖范围。社会主义新农村建设是一项长期任务，既要积极推进，又不能急于求成，更不能搞形式主义。要遵循客观规律，尊重农民意愿，发挥农民主体作用，一步一个脚印地把新农村建设推向深入。

（五）加快城市现代化建设，进一步提高城市化水平 我们的城市正处在一个重要的发展阶段。根据形势发展的要求和人民群众的愿望，要在城市发展定位、发展理念、发展重点、发展布局上，进行新的完善提高。在发展定位上，要发挥鲁中区位优势，有机融入省会都市圈和半岛城市群建设，做好“圈”、“群”的衔接过渡，拓展发展空间，把我市建设成为特色突出、功能完善、适宜人居的现代化区域中心城市。在发展理念上，要突出以人为本，既注重城市景观建设，使我们的城市进一步靓起来，又注重老城区改造，切实改善大多数普通市民的生活环境和居住条件。在发展重点上，要积极稳健地推进新城区建设，进一步做大、做强、做美、做畅中心城区，协调发展组团城区和中心镇，重在完善提升城市功能上下功夫，切实增强城市的承载力、辐射力。在发展布局上，要切实优化城市功能分区，促进产业发展、城市建设、生态建设和谐一致，防止“污染围城”。要按照上述工作思路突出工作重点，强化工作措施。要进一步修订完善城市发展规划，并一以贯之地抓好落实。加快基础设施建设，重点抓好城市路网、供水供气和环境保护等设施的升级改造，建设体育中心等重点公共设施。优先发展公共交通，努力形成方便快捷的交通体系。加快数字城市建设，提高城市信息化水平。着力建设便民绿地、环城绿化带和城区间绿色走廊，进一步搞好城市绿化，争创国家生态园林城市。实施骨干河道综合治理，推行综合用水，加快水系建设改革，理顺城市管理体制，强化城市综合执法，完善社会管理功能，切实提高城市管理水平。

（六）进一步推进改革开放，加快发展区县域经济 推进又好又快发展，制度创新是根本。要努力消除一切影响科学发展的体制机制弊端，更好地发挥市场配置资源的基础性作用。要进一步推进国有资产战略性重组，加强国有资产监督管理。继续深化企业改革，规范完善公司治理结构，促进企业健全完善现代企业制度。加大政策支持力度，推进企业上市。加强服务引导，促进非公有制经济健康发展。深化投资、财税、金融体制改革，加快发展要素市场，特别是资本、人才、产权交易市场和各类市场中介组织，加快建设现代市场体系。继续深化行政管理体制改革，强化政府公共服务和社会管理职能，进一步减少和规范行政审批事项，加快政府管理方式转变。积极稳妥地推进事业单位分类改革。对外开放要向更高层次推进。要坚持利用外资规模与质量并重，引导外资投向高新技术产业、现代农业、现代服务业、基础设施等领域，全面提高利用外资水平。加快转变外贸增长方式，优化出口商品结构，着力提高对外贸易的质量和效益。积极扩大进口先进技术装备和短缺资源、能源，努力缓解我市技术、资本、人才、资源等要素制约。不失时机地加快“走出去”步伐，支持有条件的企业开展境外投资和跨国经营。

区县域经济是我市国民经济的重要支撑。区县域兴则淄博兴，区县域强则淄博强。要加强对区县域经济发展的管理和引导，注重发挥比较优势，进一步形成特色鲜明、优势互补、协调联动、错位发展的格局。强区县要瞄准更高目标，进一步做大做强；其他区县要增强赶超意识，进一步加快发展；各区县在全国、全省的位次都力争实现前移。进一步加大对高青、沂源的扶持力度，不断提升两县综合实力。大力发展经济强乡镇，争取更多的乡镇跨入全国千强镇行列。加强对偏远山区、黄河滩区和库区的扶贫工作，促进共同发展、共同富裕。

推动国民经济持续健康协调发展，对于全面建设小康社会、构建社会主义和谐社会具有决定性意识。只要我们牢牢把握又好又快发展主题，坚持科学发展、和谐发展，就一定能够完成经济建设的各项任务，开创我市社会主义现代化建设的新局面！

张新起(潍坊市委书记):

(一)科学发展工业经济,加快建设先进制造业基地 当前,我们正处在工业化的关键时期,同时又具备了科学发展工业经济的良好基础和条件。加速推进工业化,是推动经济又好又快发展的主导力量;实施工业强市,是潍坊科学发展的重点战略。要坚持全党抓经济、重点抓工业,坚持走新型工业化道路,加快建设先进制造业基地。

要大力实施高新技术产业赶超战略,加快工业结构优化升级。高新技术引领未来,决定潍坊的发展前景。要立足促进产业升级和引领未来发展,坚持整体追赶、局部超越,选择优先目标全力突破,努力实现提高创新能力的跨越,力争用五年左右的时间,使高新技术产业达到全省一流水平,成为工业经济的主要支撑力量。以发展电子信息、生物医药、新材料等产业为重点,突出抓好现有高新技术企业的培强做大,突出抓好传统产业和企业的信息化、高新化改造,突出抓好带动力强的高新技术项目的引进,促进集群发展,壮大高新技术产业规模。着力完善有竞争力的高新技术创新体系,建设一批国内一流的公共和企业高新技术研发平台,促进创新成果与各类要素融合,集中力量在重点产品的关键技术和规模化生产上取得突破。现阶段高新技术产业的加快发展,需要政府的强力推动,各级政府必须加大对高新技术产业发展的支持力度,创新完善金融服务、人才聚集和知识产权保护等政策,引导企业资本、政府采购、发展空间等发展的优势资源向高新技术产业集中,为高新技术产业快速成长营造良好环境。

继续实施优势产业、大企业集团和知名品牌带动战略,全面增强工业经济整体实力。进一步壮大机械装备、重化工业、纺织服装、食品加工、造纸包装等优势产业,着力培育石化、能源、钢铁等基础产业,形成具有自身特色、结构合理、充满活力、有竞争优势的产业体系。突出大项目带动作用,在重点制造业领域和区域着力发展一批产业龙头项目,拉长产业链条,发展产业集群。突出资本市场的作用,创造条件推动各类企业尤其是成长性好的企业加快进入资本市场,促进素质提升,实现规模效益。突出加快国际化进程,引导企业特别是大企业积极参与国际分工合作与竞争,逐步实现资本、市场、资源的国际化,促进产品、技术、管理水平提高,发展一批拥有自主知识产权、国际竞争力较强的大企业集团和知名品牌。

加快实施沿海开发战略,拓展工业经济发展空间。沿海地区是潍坊新一轮经济发展最重要的战略空间。要把沿海开发放在发展全局的重要位置,紧紧抓住历史机遇,坚持综合开发、科学发展,注重节约资源和保护环境,大力发展先进制造业,加快建设外向度高、综合实力强、生态环境好的现代化经济新区。依托四个项目区,突出培育骨干产业链,开拓石油化工、电力能源等战略性基础产业,加快项目聚集和现有企业发展,奠定高层次产业结构和集群发展的基础。按照完善配套、适度超前的原则,加快区内重要基础设施建设,畅通与周边地区和环渤海重要城市及开发区域的陆海交通,超前谋划可靠的资源渠道,为沿海开发提供有力支持。要坚持以港兴区,全力支持港口建设,加快发展临港经济。要协调发展生态农业和海洋经济,切实加强资源管理和生态保护,努力取得良好的经济效益、社会效益和生态效益。

积极实施循环经济发展战略,加快转变工业增长方式。发展循环经济是潍坊工业强市的基础。我市经济增长方式比较粗放,又处在工业化进程加快的历史阶段,资源环境与工业经济发展的矛盾十分突出,必须树立绿色工业理念,积极发展循环经济。要制定和实施好循环经济发展规划,从企业、园区、产业、社会四个层面,构筑循环经济体系,推动企业循环式生产、产业循环式组合、资源循环式利用,加快发展资源节约型、环境友好型工业。落实节约优先的方针,以节地、节水、节能为重点,突出抓好生产和建设环节的节约,优先发展节能环保产业,积极用先进节能环保技术改造传统产业,加快淘汰高污染、高耗能企业和行业,完成节能降耗任务,提高资源能源利用效率,加快形成节约型环保型工业增长方式,确保工业经济发展路子越走越宽。

(二)科学发展城市经济,加快建设现代化中心城市 城市是效率高、辐射带动力强的经济体,是区域经济社会发展的重心和龙头。城市经济的又好又快发展,影响着一个区域的发展水平和竞争力。要站在赢得区域竞争的高度,以更广阔的视野谋划城市发展,进一步明确目标、科学规划、加快建设、科学发展,全面提升各级区域性中心城市的功能、品质和产出能力,增强城市体系的竞争力,显著提高潍坊在半岛城市群中的地位。

坚持产业先导战略,重点发展高新技术产业和现代服务业,提升城市的产业规模、层次和竞争力。要加快中心城区“四大板块”产业集群发展,东部高新区要牢记自身使命,奋力推进高新技术产业的跨越式发展,争取成为全省一流的高科技园区。西部要加快引进大型物流项目,尽快形成鲁东物流中心的规模,打造全省乃至华东地区的重要物流节点。中部要加快发展现代服务业,促进金融、商贸、文化、咨询、娱乐、房地产及各类中介等服务行业的繁荣健康发展。北部滨海项目区要在沿海开发中走在前面,努力成为先进制造业示范区。

加大规划建设力度,提升城市功能和品质。强化规划的龙头作用,引入先进理念,完善前瞻性、科学性、权威性的城市体系规划,引领城市科学发展。进一步完善城市基础设施,加快构筑立体化、现代化交通体系,优先发展公共交通。继续推进市政公用事业的改革和发展,加快科技、教育、文化、卫生等重大公共服务项目建设，增强城市综合服务功能。绿色是潍坊的城市本色，整洁是潍坊的城市面容，文化是潍坊的城市底蕴，繁荣是潍坊的城市价值，创新是潍坊的城市精神。要弘扬城市建设与发展的时代精神，丰富城市文化内涵，促进城市经济繁荣，改善城市生态环境，积极创建国家卫生城市和园林城市，提升城市品质，彰显世界风筝都风采。

推进管理重心下移，提高城市管理水平。城市管理重在社区。要按照现代化城市管理的要求，切实加强社区建设管理。理顺社区建设管理的组织领导体制，明确社区职能设置，科学调整社区布局，配套完善基础设施，加快社区企业改革。把城中村、旧居住区改造同社区建设结合起来，争取用三年左右的时间基本完成改造任务。健全完善城市管理体制和运行机制，优化公共管理资源配置，推动公共服务功能和公共执法体系向社区全面延伸，提高服务和管理水平，努力建设整洁、有序、安全、文明的和谐社区，让市民群众安居乐业。

实施城乡统筹与区域合作的发展战略。遵循中心城市的发展规律，加快基础设施对接和重要资源共享，促进要素聚集、功能互补、集约发展。中心城区要加快发展“半小时都市圈”，滨海经济开发区和昌乐县要加快融入中心城市，寿光市、昌邑市、安丘市要与中心城市相向发展。寿光市、诸城市、高密市、青州市要加快发展成为中等城市，安丘市、昌邑市、临朐县要建设成为规模合理、各具风貌的特色城市。要构筑市域“一小时经济圈”，加强与半岛城市群特别是青岛的战略合作，积极投入环渤海经济圈建设，加强与长三角、珠三角重要城市的合作，努力实现共同发展、合作共赢。

(三)科学发展县域经济，加快建设社会主义新农村 建设社会主义新农村是党中央作出的重大决策，是新时期解决“三农”问题的总抓手。县域经济是以农业为基础，以工业化、城镇化为带动，城乡统筹、一体化发展的区域经济。现阶段，县域经济承载着推进工业化、城镇化、农业现代化，加快建设新农村的历史重任，地位十分重要、十分突出。必须把发展县域经济作为新农村建设的主导力量，坚持工业强县，坚持统筹发展，大力发展现代农业，促进农民增收，扎实推进新农村建设。

要加快壮大县域经济实力。加速工业化是县域经济发展的首要任务，是农业现代化的重要支撑。要坚定不移地实施工业强县战略，增强县域经济实力，提高工业反哺农业的能力。加强工业园区集中建设，着力抓好大项目、骨干企业和特色产业发展，拉长产业链，做大产业规模，抓好节能环保，促进工业集约发展。注重发展劳动密集型产业和农产品加工业，拓宽农村劳动力转移渠道，增强农产品增值能力。要搞好城镇建设，抓好县城和中心镇的建设和发展，稳妥推进镇、村集中发展，适度扩大乡镇和中心村规模，逐步完善基础设施建设，增强产业、人口的承载功能。各县市要在县域经济发展中有更大作为，寿光市、诸城市要向更高目标迈进，青州市、高密市、昌邑市要奋力追赶，安丘市、昌乐县、临朐县要在经济总量上奋力突破。各县市都要努力实现在全省、全国的发展位次不断前进。

要大力发展现代农业。发展现代农业是增加农民收入的基本途径，是新农村建设的产业基础。要用现代发展理念引领农业，用现代物质条件装备农业，用现代科学技术改造农业，用现代产业体系提升农业，用现代经营形式推进农业，用培养新型农民发展农业。要加大对农业的投入，强化农业的物质技术支撑。重点加强农田水利建设，优化水资源配置，提高农业防灾抗灾能力；重点强化农业科技服务，建立起服务于每个农民的科技服务机制和网络，加强对农民的技术培训和新技术的推广应用，促进农业增长向科技推动型转变；重点提高农业生产装备水平，大力发展农用工业，增加农机具购置补贴，加强农业装备，提高农业生产效率；重点防范和控制农业面源污染，保护农业生态，提高农业可持续发展能力。要继续实施农业“三化三带动”战略，大力发展优质高效种养业，全面推行标准化生产，严格加强农产品质量管理，确保质量安全；大力发展农业龙头企业，提高农产品加工率和加工水平；大力开拓农产品市场，努力突破国际市场和国内高端市场，引领现代农业发展。要注重发展农业经济专业合作组织，提高农业生产组织化程度，提高市场竞争力。要实施品牌战略，全面提高农产品市场美誉度，做好潍坊农业品牌，巩固和扩大潍坊农业优势地位，推动潍坊由农业大市向农业强市转变。

要扎实推进社会主义新农村建设。按照中央“20字”方针，以发展农村经济、增加农民收入为核心，坚持因村制宜、科学规划，生产先行、各有所为，稳步推进、创新发展，推动新农村建设不断取得新进展，切实提高农民生活水平。要科学制定新农村建设的规划，认真落实党的支农惠农各项基本政策，改善农村基础设施条件，促进农业生产。要搞好镇村环境综合整治，改善农民居住条件，推进有条件的村实现居住社区化。要加大公共财政对农村公益事业的投入，不断提高医疗、教育、就业、养老等服务和保障水平。加强农村新文化建设，大力倡导健康、文明、科学的生活方式，积极培育新型农民。完善村民自治制度，提高农村民主管理水平，组织引导广大农民共同建设美好家园。

同志们，要全面实现潍坊经济又好又快的发展目标，我们必须坚持把科学投入和改革创新作为实现科学发展的动力，坚持加大科学投入，坚持推进改革创新，确保经济建设又好又快扬帆奋进。

必须加大科学投入力度，努力做大“好”的增量。科学投入的总量和速度，决定结构优化水平和经济实力强弱，是科学发展的关键所在。必须坚持科学发展观，抓住新一轮发展机遇，做快做大“好”的增量，确保经济又好又快发展。充分发挥市场的主导作用、政府的引导作用、企业的投资主体作用，促进科学投入稳定增长。坚定不移地抓好招商引资，扩大对外开放，注重提高引进外资的质量，着力引进产业关联度大、技术含量高、辐射带动力强、节能环保型的项目，同时注重更多地引进先进技术、管理经验和高素质人才；努力承接国际服务外包，积极扩大对外承包工程与劳务合作，支持自主品牌、高附加值产品和农产品扩大出口，不断提高对外经贸的质量和水平。坚定不移地做强做大现有企业，支持现有企业按照国家产业政策和自身发展规律，加大技改投入，做大企业规模，鼓励企业兼并收购，发展战略合作伙伴，扩大银企合作，积极上市融资，多渠道增加投入。坚定不移地发展民营经济，强化政策扶持，完善服务体系，鼓励民营企业技术改造和提升管理，鼓励科技型民营企业加快发展，最大限度地激活民间资本，鼓励人民群众创业致富。认真贯彻国家宏观调控政策，坚持节约用地、节能降耗和环境保护，引导各类资金主要投向高新技术产业、先进制造业、现代服务业和节能环保基础设施建设，切实优化投资结构。各级政府要把科学投入作为重中之重，紧紧抓住不放，努力抢占先机，务求更大成效，不断为科学发展积蓄力量、增强后劲，促进经济持续增长。

必须加大体制改革力度，进一步增强发展活力。要坚持社会主义市场经济的改革方向，加快消除制约科学发展的体制机制性障碍，进一步解放生产力。继续深化行政管理体制改革，创新政府管理方式，全面提高行政效率。加快事业单位的改革，分类指导实行企业化产权改革和事业规范化管理。积极推进现代企业制度建设，进一步健全法人治理结构，推进企业管理运营制度创新。强化经济园区的体制创新，建设高度开放、运行高效的运行机制，使园区经济发展充满活力。全面推进农村综合改革，为搞好“三农”工作提供机制保障和提高服务能力。通过改革，努力构建充满活力的体制机制，充分激发全社会发展经济、创新创业的活力。

必须加大环境创新力度，不断提升环境竞争力。在资源全球化的新形势下，环境竞争力成为区域竞争力的核心。要进一步强化“环境就是生产力，改善环境就是提高生产力”的观念，把环境创新作为科学发展的生命线来抓，着力创造让投资者放心、顺心、安心的发展环境。深化行政审批制度改革，减少审批事项，规范审批行为，提高审批效率。创新完善投资管理服务机制，在把握好规划、环保、安全、节能准入标准及国家产业政策的基础上，全面放开搞活投资市场；建立高度集中、高度权威、高度便捷的投资受理服务机构，让每一个投资者都能得到公平、顺畅、有效的服务。强化机关效能监察中心、经济发展软环境投诉中心职责，对不作为、乱作为等破坏发展环境、损害潍坊形象的行为严惩不贷，切实维护发展环境。各级各部门主要负责人都要亲自抓环境建设，出现问题要承担领导责任。全社会都要自觉维护潍坊的发展环境，努力提升环境竞争力，让优良的环境展现出潍坊宽阔的胸怀、高尚的风范、优秀的美德，为经济又好又快的发展保驾护航。

孙守刚(济宁市委书记)：

大力培育新型支柱产业。把新型工业化作为战略转型的主攻方向，在以工业为主体的产业发展上取得重大突破。走“项目带动、园区集聚、集群发展”的路子，加快推进传统产业新型化、优势产业集群化和新兴产业规模化，科学配置各类要素，优化调整产业布局。按照大型化、一体化方向，拉长煤化工产业链条，布局建设一批重大煤化工项目，加快建设国家级煤化工基地。围绕培植工程机械、农业机械、矿山机械、重型汽车专用车和内河船舶制造等优势品牌，发展终端集成产品，尽快建成全国重要的装备制造业基地。纺织新材料产业加快向品牌化、高端化、国际化方向发展，努力建成全国重要的高端服装家纺生产基地。膨胀优势产品规模，延伸产业链条，提升国家级生物技术产业基地在同类产业分工中的地位。争取再培育2至3个在国际国内有影响的绿色农产品深加工基地，形成多元支柱产业竞相发展的格局。积极推动电子信息、机电一体化、新材料新能源和节能环保等新兴产业加速成长，不断提高高新技术产业比重。运用高新技术和先进适用技术，加大传统产业改造力度，提升传统产业的技术水平。

大力实施项目带动。每年促成一批投资规模大、技术含量高、带动能力强的产业项目落地，实施一批重大技改项目，保持投产一批、在建一批、运作一批的良性循环。大力推进园区建设。坚持规模化、集约化原则，完善园区功能，增强承载和聚集能力，争取五年内新增6个销售收入“百亿园区”，园区经济占地区生产总值比重达40%以上。大力推行集群发展模式。依托大企业大集团拉长增厚产业链条，提高配套能力，带动产业聚集。大力培育“梯次强企方阵”。加快实施创百亿工程，积极培育专精特新中小企业，力争经过五年努力，全市销售收入过百亿元的企业达到10个以上，形成一批销售收入过50亿元、30亿元的企业群体，培育100家产品质量、技术工艺处于全国同行业领先水平的新型中小企业。

推动现代服务业跨越发展。发展现代服务业是我市创造发展新优势的战略重点，也是推进经济战略转型的重要支撑。充分发挥比较优势，加快建设现代服务业高地，力争五年内服务业总量实现翻番。强力推进旅游业发展。整合旅游资源，加快建设孔孟文化、运河文化、水浒文化、佛教文化和微山湖生态休闲旅游五大重点景区，实施精品线路牵动，实现景点景区联动共享，打响“儒家文化旅游名城”和“运河之都”品牌。保护开发南四湖生态区，建设景观独特的“水草型湖泊湿地”。支持京杭大运河申遗，搞好大运河开发保护和沿河设施建设，打造百里运河经济带、生态带、旅游带、景观带,使济宁成为知名的国际旅游目的地。全面振兴文化产业。打好孔孟文化牌,确立我市“世界儒学研究交流中心”地位,扩大对外文化交流,推动济宁在更宽广的领域走向世界。积极推进中华文化标志城规划建设。发展一批新型文化产业集团,规划建设一批体现时代精神的大型文化设施,培育富有影响力和竞争力的文化产业群体。加快发展金融服务业。突出抓好金融生态环境建设,培育区域金融市场,加快引进市外金融机构,创建“全国金融生态示范区”;大力发展保险业,支持鼓励各类保险公司和中介代理公司设立服务机构,扩大业务规模和覆盖面。做大做强现代物流业。着力打造“运河物流”品牌,整合水陆铁空运输资源,高标准规划建设一批大型仓储物流园区和基础设施,大力发展第三方物流,形成精准快捷、低耗高效的现代物流配送体系。积极发展证券、商务、信息、中介、会展、休闲健身、演艺、娱乐等新兴服务业,提升商业批零、酒店餐饮等传统服务业,引导房地产业健康发展。

扎实推进社会主义新农村建设。建设社会主义新农村是建设新济宁的一项基础性工作。要始终把增收富民作为最重要最根本的任务。贯彻工业反哺农业、城市支持农村的方针,推动公共财政和信贷向农村倾斜,基础设施向农村延伸,社会保障向农村覆盖,不断改善农村整体面貌。大力发展现代农业,加快培植大蒜蔬菜、渔湖水产、畜禽肉奶、优质林果等优势特色产业,扶持壮大一批层次高、带动能力强的龙头企业和农村合作经济组织,培育绿色有机产品基地,规模化创建“农产品质量安全示范区”。千方百计增加农民收入,充分挖掘农业内部增收潜力,注重发挥二、三产业和劳务输出对农民就业增收的促进作用。着力改善农村生产生活条件,大力发展农村教育、科技、文化、卫生等事业,加快普及“路水电气医学”工程,做好后续提升和管理工作,搞好村镇规划建设,不断提高农民的生活质量。实施“百万农民培训”计划,培养造就更多有文化、懂技术、会经营的新型农民。健全以党支部为核心的村级配套组织,完善村务公开和村民自治制度,充分发挥农民群众的主体作用,引导广大农民共建美好家园、共创幸福生活。

积极扩大对外开放。坚持走以开放促转型、在开放中崛起的赶超之路,在更高层次、更大范围利用好国际国内两种资源、两个市场。主攻日韩、欧美和港澳台地区,主动接轨“长三角”和“环渤海”,更有效地吸纳承接产业和资本转移。继续举全力狠抓招商引资,创新招商思路,提高招商成效,发挥企业的招商主体作用,舍得拿出优良资产和优势项目,联外联高联强,争取更多的世界500强企业落户济宁。办好国际孔子文化节、中国(济宁)专利高新技术产品博览会、中国(兖州)农博会、中国(梁山)专用汽车展销会、中国(嘉祥)石雕艺术节、孟子故里(邹城)中华母亲文化节等活动,创新拓展招商平台,积极策划各种形式的对外交流活动。引导扶持有条件的企业“走出去”开拓市场、占有资源、扩大贸易,促进外贸出口由数量扩张型向质量效益型转变,构建外向型经济新格局。

深入推进改革创新。深化市场取向的各项改革,为经济战略转型注入新的动力。深入推进公共服务型政府建设,增强政府的执行力和公信力,建设人民满意的政府。继续深化国有企业改革,全面完成市县属企业产权制度改革,建立完善现代企业制度。健全国有资产监管体系,确保国有资产保值增值。深入推进投融资体制改革,提高投融资能力和水平。重视利用资本市场,扩大直接融资规模,五年内实现15个以上企业成功上市。巩固农村税费改革成果,推动农村综合配套改革。积极推进社会保障、事业单位综合配套改革,努力在一些重点领域和关键环节实现新突破。大力推进科技创新,加快建设以企业研发机构为主体的自主创新平台,以产学研结合为主的科技创新服务平台、科技成果转化平台,不断提高科技综合实力和自主创新能力,新建一批省级以上工程技术中心,围绕支柱产业创建国家级和省级检测中心。注重培养引进领军型科技人才、创新型企业家和多层次专业人才,加快建设创新型城市。

切实增强可持续发展能力。我市是资源大市,促进人与自然相和谐、发展与资源环境相协调,是一项艰巨的任务,也是我们坚定不移的目标追求。加快生态市建设步伐,统筹发展与资源环境、“地上”与“地下”、当前与长远的关系,对煤炭和其他矿产可采区、限采区、禁采区进行科学规划,强化政府监管,杜绝无序开采、浪费资源、破坏生态的现象。大力发展循环经济,在产业发展、城乡建设、区域开发、居民消费等各个领域,推进资源节约和综合利用。加大污染防治力度,严格实施环境影响评价和排污总量控制制度,综合整治工业点源污染、农业面源污染和生活污染、交通污染,强化人口密集区、南四湖和重点河流断面的监管,严厉查处违法排污行为,下决心解决危害群众健康的突出环境问题。对消耗高、污染重、技术落后的工艺和产品,实施强制性淘汰,坚决控制低水平重复建设。加快生态修复治理,采取综合措施对采煤塌陷地进行治理,实施自然资源修复计划和“蓝天碧水计划”,搞好植树造林和小流域综合治理,科学规划建设南四湖保护区,建设一批生态功能区和示范区,构筑运河和南四湖清水走廊、绿色走廊,全市森林覆盖率达到30%,二氧化硫排放量年均下降8%,COD排放量年均下降6.2%,空气质量优良率达到90%以上。通过坚持不懈的努力,在可持续发展的道路上,写下我们浓墨重彩的一笔,为子孙后代留下蓝天绿地、青山碧水。

着力优化创业发展环境。建设新济宁是全市人民的共同事业,必须把各方面的创业热情激发出来,把全社会的创业潜能释放出来,掀起全民创业热潮。以优化发展环境为切入点,增强区域竞争“软实力”。强化机关效能建设,着力营造廉洁高效的政务环境;严格规范执法行为,着力营造公平公正的法治环境;打响“孔孟之乡、诚信之源”品牌,着力营造守法诚信的市场环境;强化人人是招商形象、处处是投资环境的理念,着力营造安商富商的社会环境。下决心整治妨碍发展的各种环境因素,对破坏发展环境的行为有报必查、查实必究、有究必严。毫不动摇地鼓励、支持、引导民营经济发展，促进中小企业不断做大做强。坚持放手、放宽、放活原则，制定落实促进全民创业的政策措施，拓宽创业空间，发掘创业资源，强化创业服务，支持经营管理和科技人才带头创业，吸引外出务工经商人员返乡创业，扶持下岗失业人员自立创业，鼓励高校毕业生自主创业，引进海内外各类人才来济宁创业，努力在全市上下形成百姓创家业、能人创企业、干部创事业的生动局面，让济宁大地成为本地人自豪、外地人向往的创业热土。

崔曰臣（威海市委书记）：

（一）大力推进结构调整，加快产业优化升级 加快调整产业布局。充分发挥我市独特的环境、资源和区位优势，打破行政区域和城乡二元格局，把威海作为一个整体，统筹规划建设以“两区两带”为支撑的区域发展板块。以经区、威海工业园和荣成、文登、乳山市区为节点，建设加工制造业聚集区；以中心市区、高区为重点，建设高新技术产业聚集区；以海洋产品、畜牧产品、农产品为重点，分别在荣成、文登、乳山三市培育各具特色的农副产品深加工产业带；以千公里幸福海岸建设为载体，将旅游景区、景点串联成线，打造现代旅游度假产业带。两个国家级开发区要加快要素积聚，强化对中心城区的两翼拉动。威海工业园、石岛管理区和各省级开发区要集约利用资源，强化产业招商，大力培育关联度高、产业链长、带动力强的产业集群。文登市南海新区已拉开全面开发的序幕，要以重化工产业为重点，加快开发建设步伐，使之尽快成为区域增长新的强势板块。

进一步优化产业结构。坚持工业强市不动摇，以先进制造业为龙头，以现代服务业为支撑，以现代农业、现代渔业为基础，形成一二三产业上拉下促、三大基地齐头并进的产业新格局。以五大产业群为重点，突出发展现代制造业，改造提升传统优势产业，推动重点行业、重点企业和重点产品向产业链高端集聚；优先发展高技术、高效益、低消耗、低污染的先进产业，重点发展电子信息、生物医药、新材料等高新技术产业，积极培植清洁绿色能源产业。加快发展现代服务业，大力发展亲海旅游，深度发掘、全面整合山海岛林泉城旅游资源，加快由传统观光旅游向休闲度假旅游转变；提升传统服务业，培育发展金融保险、会展、文化等新兴服务业；以生产性服务业为重点，加快发展第三方物流，在沿海、沿路建设一批公共物流基地，形成与现代制造业基地相配套的区域物流体系。加快推进新一轮农业结构调整，大力发展高效、外向、生态农业，积极培育龙头企业，壮大合作组织，创建绿色品牌，提高现代农业的规模化、产业化、标准化、市场化水平。

大力发展海洋经济。充分发挥海洋、岸线和区位资源优势，促进海洋三次产业协调发展，加快由渔业大市向海洋经济强市跨越。大力发展名特优水产品养殖，加快发展远洋捕捞，积极发展水产品精深加工，突破发展海洋生物技术，培育主导产品，打造知名品牌。积极培植造船、修船、石化等高成长性产业，抓住当前世界船舶市场需求旺盛的大好时机，集约利用岸线资源，加快皂埠湾、俚岛湾、石岛湾等造船基地的建设步伐；镆铘岛石化基地建设要加大工作力度，尽快取得突破性进展。加大“以港兴市”的实施力度，引进战略性投资伙伴，科学规划、加速推进威海新港、石岛港、龙眼港、乳山口港建设，积极扩大口岸开放，大力发展海洋运输，加快海陆物流对接，努力把港口建设成为经济发展的重要引擎、临港产业的强力支撑和现代物流业发展的良好平台。

提高经济运行质量和效益。认真落实国家宏观调控政策，大力推进经济增长方式由粗放型向集约型转变。实行最严格的资源保护制度，以节地、节能、节水、节材和资源综合利用为重点，加快形成节约型的生产、消费和城乡建设模式；以减量化、再利用和资源化为原则，大力发展循环经济，降低废物排放，以最小的环境资源代价谋求经济社会最佳效益。坚持抓大扶小方针，按照骨干企业膨胀带动、中小企业协作配套的要求，加快培育产业链条，提高产业素质和竞争力。潜心研究税收政策，积极培植税源，加大财税征管力度，强化综合治税，把经济运行质量的提高体现在财税“三个比重”稳步提高上。

（二）推进改革开放创新，增强经济发展活力 坚持把自主创新作为又好又快发展的第一驱动力。大力推进创新载体建设，健全完善政府推动、企业主导、借智引才、校企联合、资金扶持的“政企才学金”科技创新体系。积极实施“百项重点技术创新项目计划”，加快形成以科技创新型产业为先导的产业结构、以自主创新型企业为核心的企业结构、以自主品牌为主体的产品结构，推动经济增长由投资拉动向科技创新拉动转变，产品由威海制造向威海创造转变。坚持人才是第一资源的战略思想，加强党政人才、企业管理人才、高科技人才、高技能人才四支队伍建设，大力营造人才引得进、留得住、用得好的良好环境，让更多的高层次、高技能、创新型人才在威海建功立业，让更多的科技创新成果在威海加速转化，让更多的科技创新企业在威海快速成长。

对外开放是发展的加速器，是我国的国策，也是我市的优势和潜力所在，要坚定不移地推进开放，突出提高开放质量和水平。继续大搞招商引资，更加注重招商选资，加快引进一批投资规模大、科技含量高、资源消耗少、产业带动力强的大项目，加大对引进技术的消化吸收。继续坚持“以质取胜”，大力优化出口产品结构，积极支持具有自主品牌和高附加值的产品出口，扩大服务产品和农产品出口，促进加工贸易转型升级。加快“走出去”步伐，在巩固劳务出口、境外工程承包的同时，积极稳妥地发展境外投资，尽可能多地利用国际资源,占领外部市场。坚持"威海以外都是外",大力引进国有骨干企业、大型民营企业和上市公司,在国内招商上实现更大的突破。更加重视环境建设,不断提高基础设施配套水平和园区承载能力,努力提供优质高效的服务。

积极推进市场取向改革。进一步创新企业发展机制,推动重点企业的战略重组,加快资本向优势产业、优质企业和优秀企业家集中,形成新的竞争优势。研究制定促进各类企业跨越发展的政策措施,鼓励企业做大做强。进一步巩固和发展公有制经济,加快公用行业、公共事业产权多元化改革,健全国有资产监管、运营机制,推动国有资本向战略性、基础性、先导性、公益性产业集中。深入推进投融资体制改革,增强投融资平台功能。健全现代市场体系,加强商品市场和各类要素市场建设,努力形成制度完善、竞争开放的市场体系。

(三)完善城市功能,提升城市现代化水平 积极实施城市规划。坚持规划的严肃性和权威性,充分发挥规划在城乡建设中的指导和调控作用。重视中心城市与次中心城市规划衔接,中心城市要按照"一线多核多组团"的思路,整合空间资源,优化空间布局、基础设施布局和人居环境布局;四个次中心城市(区)既要主动承接中心城市辐射,又要不断增强功能、优化环境、突出特色,发挥好区域带动作用,加速城际对接,形成一体化威海的同城效应。科技新城、临港工业区和威海工业园与主城区要统筹规划,成为中心城区的重要组成部分。坚持扩大规模与求精求美同步,以建设世界精品城市为目标,城市分区规划、小区规划及每个项目的设计,都要挖掘文化底蕴,突出地方特色,重视整体协调,提高城市品位,努力做到建一项工程添一个景观,件件是精品、处处有文化,为建设世界精品城市不断增添新的亮点。

加快基础设施建设。按照适度超前、突出重点、配套完善的要求,建立覆盖全市的现代化基础设施主体框架。加快推进米山、坤龙邢水库除险加固,米威调水三期、胶东引黄调水等水利设施项目;加快推进华能电厂三期,华能、国华、鲁能风力发电,昆嵛山抽水蓄能电站,石岛湾、红石顶核电站等电力设施项目;加快推进青威高速、荣乌高速、桃威铁路改建、机场扩建改造等交通设施项目,青威高速要确保2007年"七一"准时通车。紧紧抓住建设青烟威城际铁路的机遇,以实现交通一体化为切入点,更好地融入半岛城市群,为未来发展开辟更加广阔的空间。

提升城市建设管理水平。按照先规划后建设、先储备后开发、先征地后配套、先地下后地上、先做环境后出让的要求,统一配置土地资源,适度超前建设公共设施,保证城市可持续发展。加强城市公共设施建设,优先发展城市公共交通,完善城市生态绿化、安居保障、防灾应急功能。加快发展经济适用房、廉租房,适度发展高档精品住宅,加快住宅产业现代化。加强城市管理行政执法队伍建设,完善条块结合、以块为主的管理体制,进一步健全"两级政府、三级管理、四级网络"城市管理体系。

争创国家级生态城市。进一步强化"没有生态化就没有现代化"、"没有绿水青山就没有金山银山"的意识,以创建生态市为抓手,将改善生态与保护环境同步规划、同步推进。加快建立以循环高效为特征的生态产业体系,调整产业结构、企业布局和发展模式,努力走出一条投入少、效益高、可持续发展的道路。加快建立以造林绿化为重点的生态安全体系,深入实施"五林工程",扩大绿化范围,提高绿化水平。加快建立以污染防治为重点的环境保护体系,突出水、大气和土壤污染防治,把威海建设得天更蓝、水更清、山更绿、地更美、空气更清洁,人与自然更和谐,力争在新一届市委任期内建成国家生态城市。

(四)坚持统筹发展,加快新农村建设 明确新农村建设的指导方针。坚持以城带乡、以工促农和"多予少取放活"的方针,坚定不移地以产业化提升农业,以工业化致富农民、以城市化带动农村,全面落实支农惠农政策,走政府引导、农民主体、社会支持、合力推进的新农村建设路子。

促进农民持续增收。坚持"向农业本身要效益、向农业外部找出路",千方百计拓宽增收渠道。充分挖掘农业内部潜力,大力发展设施农业、装备农业、科技农业,不断增强农业综合生产能力,提高土地产出率和农业比较效益。积极实施"春风行动"、"再就业援助行动",加快农村剩余劳动力的转移和剩余劳动时间的利用,进一步增加农民工资性收入。大力发展"能人经济",积极引导农民务工经商,通过自主创业增加收入。实施开发式扶贫战略,促进低收入农民加快脱贫致富。积极研究壮大村级集体经济的新途径、新办法,完善城乡互补双赢的帮促机制,夯实新农村建设的基础。

协调推进新农村建设。坚持规划先行,按照"建设中心村、培植特色村、合并弱小村、保护历史文化村"的原则,加快制定完善镇村建设规划,优化村庄布局。坚持分类指导,城中村和城郊村要打破村际界限,统筹规划、集中建设居住小区,一步实现城市化;经济发展好的村要积极创造条件,与邻近村联合兼并,集中建设新村;其它村要完善相关政策,引导现有宅基地依法有偿流转,集约利用土地资源。坚持促强扶弱带中间,促进发达镇村率先发展、中等镇村加快发展,扶持欠发达镇村急起直追,形成你追我赶、竞相发展的良好局面。

延伸覆盖公共服务。健全完善财政支农投入稳定增长机制,财政对农业投入的增长要高于经常性收入的增长幅度,确保新增教育、卫生、文化的财政支出主要用于农村。统筹规划城乡公共设施建设,加快城市基础设施向农村延伸,构建城乡衔接、惠及长远的水电、交通、通讯、环保等基础设施体系;积极推进"万村千乡"和"双百"市场工程,建设城乡一体化的流通网络;促进城市公共服务向农村覆盖、城市现代文明向农村传播。

(五)坚持富民优先,让群众共享发展成果 积极推进全民创业。大力倡导自主创业、艰苦创业、和谐创业,鼓励人们干事业、支持人们干成事业、帮助人们干好事业,形成万众一心创大业的生动局面。民营经济既是富民经济，又是实现新发展的活力和潜力所在，是当前和今后一个时期又好又快发展的重要增长点。要认真落实鼓励民营经济发展的政策，进一步完善以创业辅导、融资担保、技术支持、人才培训、信息咨询为主要内容的综合服务体系，为民营经济跨越发展创造良好的服务环境。进一步扩大创业主体，鼓励公务人员辞职创业、农村和社区干部带头创业、科技人才兼职创业、在外能人回乡创业、下岗失业人员自主创业、个体工商户和民营企业"二次创业"，支持更多的有志创业者走上致富之路。

实施更加积极的就业政策。多渠道、多形式增加就业岗位。完善城乡一体的就业服务体系，加快形成市场主导就业、政府促进就业、个人自主择业相结合的长效机制，让有创业本领的人自主创业，有技能特长的人尽展所长，有劳动能力的人各得其所。完善困难群体就业援助制度，为"零就业"家庭至少提供一个就业岗位。加强就业再就业知识与技能培训，突出对失地、失业劳动力和外来工的培训，让更多具有劳动能力和工作意愿的劳动者就业。

不断增加群众收入。调整积累与消费的关系，逐步提高劳动分配在生产总值中的比重。坚持"一次分配讲效率，二次分配讲公平，三次分配讲责任"，在效率优先、防止平均主义的同时，更加注重社会公平，逐步缩小贫富差距。加强对收入增长的指导，努力增加低收入者的收入，扩大中等收入者的比重，有效调节过高收入，取缔非法收入。在经济又好又快发展的同时，实现收入水平的普遍提高和人民共同富裕。

连承敏(临沂市委书记)

(一)着力推进社会主义新农村建设 始终把解决"三农"问题作为全党工作的重中之重，以发展农村经济和增加农民收入为中心，以落实支农惠农政策为前提，以深化农村改革为抓手，以壮大县域经济为支撑，扎实推进社会主义新农村建设。一是加快建立城乡统筹的体制机制。全面贯彻"工业反哺农业、城市支持农村"的方针，统筹城乡产业发展，不断优化农村产业布局，逐步形成城市与农村紧密连接、优势互补的产业链条。统筹城乡社会发展，推动公共服务体系向农村覆盖，逐步建立城乡统筹的户籍、就业、养老、医疗和教育制度，不断消除城乡劳动力在教育培训、劳动就业和医疗保健等方面的差别。统筹城乡财政资金投入，扩大公共财政支出覆盖范围，把基础设施建设和社会事业发展的重点转向农村，继续推进"路水电气医学"工程建设，不断改善农村生产生活条件。二是加快传统农业向现代农业转变。把发展现代农业作为新农村建设的首要任务。运用工业理念谋划农业、指导农业。加大对新农村建设的投入，改造提升传统产业，加快发展新兴产业，开发农业多种功能，逐步提高农业的科技含量、综合效益和市场竞争力。立足资源优势，以粮食生产、特色种植、健康养殖、加工业、休闲观光、生物质产业和生态农业为重点，加快构筑现代农业产业体系。积极推进农业产业化经营，加强农村流通服务体系建设，着力提高农业科技和装备水平。发展劳务经济，加快农村劳动力转移，继续做好扶贫开发工作，千方百计增加农民收入。加强对农民的教育培训，培养有文化、懂技术、会经营的新型农民，全面提高农民素质。三是加快发展县域经济。县域经济总量小、实力弱是我市农村经济发展面临的主要矛盾。在推进新农村建设中，要围绕推进工业化、城镇化，大力发展特色产业、农产品深加工和劳动密集型产业，推动苍山蔬菜等有影响的产业成为支柱产业，做大做强县域经济。积极推动条件较好的县区进入全省30强；支持5个弱县尽快走出欠发达县行列。加快乡镇经济发展，建设一批特色专业镇、专业村，促进农村经济全面繁荣。

(二)着力打造先进制造业强市 工业化主导着整个产业结构的层次和水平，没有强大的工业支撑就没有临沂的现代化。要坚持走新型工业化道路，促进产业结构优化升级，推进增长方式转变，努力打造先进制造业强市。一是坚持以市场为导向优化结构，提高工业的层次和水平。坚持以信息化带动工业化，依靠科技进步推动制造业向高端发展，优先发展资本、技术、知识密集型产业，重点发展以电子信息、生物工程和新材料为重点的高新技术产业，增强其在工业发展中的引领作用；运用先进适用技术和信息技术改造提升传统产业，做大做强支柱产业；限制淘汰落后产业，限制高耗能、高污染和产能过剩项目上马，积极发展资源消耗少、环境污染小、经济效益高的新型工业。二是加大培植力度，把优势产业和骨干企业做强。按照做大产业、做强企业、做优产品的要求，大力推动优势产业集群发展，重点培育食品、木业、化工等产业集群，打造"航空母舰"。加快壮大企业个体规模，重点加大对100家骨干企业的扶持力度，培植一批块头大、竞争力强、知名度高的企业集团，到2010年，力争有10家企业销售收入过百亿元，确保有50家以上企业利税过亿元。认真实施中小企业成长计划，支持发展潜力大的200家中小企业加快发展。大力实施名牌和标准化战略，形成一批具有自主知识产权、较高品牌知名度和较强市场竞争力的产品。高度关注企业家队伍建设，一方面帮助他们排忧解困，一方面加强教育培训，为他们的成长"打气输氧"。三是完善功能，把园区建设成工业发展的重要载体。加强规划管理和园区土地的节约集约利用，加快产业配套和基础设施建设，推进新上生产性项目优先进园区，促进工业园区成为聚集产业、人才、资金的重要平台，科技创新、体制创新、管理创新的重要基地，结构调整和经济发展的先导区。临沂经济开发区和高新技术产业开发区要瞄准更高目标,努力建成全省一流、有较强竞争力的园区。

(三)着力培育服务业发展新优势 坚持把加快服务业发展放在产业结构调整的突出位置,培植新亮点、增创新优势,全面提升服务业发展水平,力争第三产业增加值年均增长17%。一是更加重视物流业发展。加快用现代物流理念和业态改造提升传统市场,搞好现代物流园区建设,加快建立交通、信息和仓储三个平台,健全和完善交易网络,积极推进传统物流向现代物流、城市物流向农村物流、国内物流向国际物流延伸。以连锁经营、物流配送、便民超市为重点,推进现代商贸流通体系建设。以莒南县"十百千工程"为样板,加快建设覆盖全市的县、乡、村三级便民超市网络。以优化资源配置为手段,大力培育重点市场、重点企业,形成"大龙头"带动大物流的发展局面。要进一步扭紧二、三产业的联结,以物流业拉动加工业,以加工业支撑物流业,打牢物流业发展的根基。二是更加重视旅游业发展。继续突出"绿色沂蒙、红色风情、文韬武略、地质奇观"四大主题。重点打造"蒙山沂水"旅游品牌,努力把蒙山打造成养生长寿的名地、休闲观光的名山。平邑、蒙阴要借蒙山的魅力和地理优势,建成省城济南及周边地区人们假日旅游的首选之地。要推广沂水旅游经验,放大"沂水现象",集全市之资源,发展最具活力的临沂旅游经济。三是更加重视文化产业发展。大力发展现代传媒、出版发行、文艺演艺、文博会展等板块产业,发展一批文化龙头企业,培育一批文化拳头产品,打造一批文化知名品牌。大力发展特色鲜明的演艺业,全力提升推介大型风情歌舞《蒙山沂水》等演艺精品;继续办好书圣文化节、诸葛亮文化旅游节,形成集"节、会、展、演、赛"为一体的特色会展品牌;壮大印刷、包装装潢、图书发行等文化产业,建设区域性文化物流中心;发展动漫、传媒等文化创意产业,提高文化产业科技含量。四是更加重视休闲业发展。坚持发展休闲娱乐业与餐饮业、文化旅游业相结合,充分挖掘优势资源,把休闲业做成大产业。合理利用沂河广阔的水面、滩涂,构建集休闲、娱乐、餐饮、观光、健身于一体的水上休闲娱乐走廊和沿路健身长廊。借助沂河滨水通道的开通,建设更具吸引力的郯城银杏观光区。依托茶山自然资源,开发四十平方公里休闲娱乐功能区,形成临沂的后花园。利用河东、沂南、沂水、费县和平邑优越的温泉条件,打造温泉休养功能区,建设一两处全国一流的温泉疗养、休闲度假胜地。在城区繁华地带和居民聚集区兴建购物一条街、特色餐饮一条街、文体娱乐一条街,繁荣夜市,丰富夜生活。五是更加重视新兴服务业发展。要把会展业作为引领我市二三产业发展的龙头来培育,以会展促商流、人流、物流、资金流、信息流,拉动相关产业发展,形成新的经济增长点。加快发展金融保险、中介服务、典当担保等新兴服务业,积极培育汽车、住房、信息服务等消费热点,提升商贸、餐饮等行业的服务水平,满足多样化消费需求,增强消费对经济增长的拉动作用。

(四)着力加快城市现代化进程 以建设鲁南区域性中心城市为目标,突出滨水、商贸、文化特色,着力塑造城市个性,全面提升城市品位。一是突出中心城市规划建设。坚持"北山(茶山)、南闸(刘家道口闸)、东泉(汤头温泉)、西路(京沪高速公路)"的空间格局,全面搞好控制性规划。坚持"以河为轴、跨河东进",把河东打造成与河西相对应的"半壁江山";坚持"一河五片、组团发展",着力把"南坊片区"建成现代化的标志区。坚持"南工"(工业和高新技术产业)、"北文"(文化、办公)、"中商"(商贸、物流)的功能布局,重点把涑河建设成新兴服务业聚集带,打造"江北的秦淮河"。以产业为纽带,加强费县、临沭、沂南与中心城的联结,推动三县更紧密地融入市区一体化建设。二是加快城市基础设施建设。构建立体交通网络,全面完成青莱、长深、枣岚高速公路临沂段建设,形成以"二纵三横七放射"为主骨架的公路网;搞好县际公路规划建设,形成方便快捷的县际公路交通环线。实施菏兖日铁路电气化改造,建成临沂至枣庄、沂水至青州、平邑至东都三条铁路线。以建设航空城、打造国际空港为目标,完成新机场建设任务,用三年多的时间,建成集客、货运于一体的大客流、大物流的4D级新机场。加强信息基础设施建设,建设功能完备的信息网络。继续加强城乡电网建设与改造,进一步提高城市承载力。三是加强城市现代化管理。坚持有利于生产发展、方便群众生活的原则,积极探索、大胆改革城市管理体制和机制,走政府引导、市场运作和民间参与相结合的路子,深入推进城镇公用事业改革,建立多元化投资机制,促进城市管理向产业化方向发展。综合运用行政、法律、市场、科技和数字化等多种手段,推进城市管理现代化。

(五)着力提升对外开放水平 顺应经济全球化浪潮,在激活内在动力的同时,以更加积极的态度,努力在全面开放中汇聚国际国内优质要素,在广泛参与国际分工中找准自身的位置,在主动融入国际经济大循环中实现更大的发展。一是加快转变外贸增长方式。实施市场多元化和以质取胜战略,加快调整出口产品结构,培植具有自主品牌和知识产权的出口主导产品,加大对骨干商品出口的扶持力度,增强市场竞争力。抓住国家大力支持进口的有利时机,扩大先进技术、重大装备、关键零部件及重要资源、原材料进口,提高装备水平,助推产业升级。二是提高利用外资规模和质量。调整招商引资策略,由以优惠政策招商向优势资源、优质服务和优良环境招商转变。坚持内外并举,在国内继续坚持"面向江南",主动吸纳由南到北的产业转移。积极引进外地金融机构到临沂发展信贷业务,注重通过境外上市、跨国并购、利润转投资和高新大项目投资,吸纳国外优质金融资本和产业资本。拓展开放领域,积极引导外资投向基础设施、农业、社会事业等领域,投向高新技术、装备制造、节能环保等产业,投向旅游、文化、餐饮、物流等服务业,促进各行各业全面开放。三是加快"走出去"步伐。推动有资金实力、产品优势或有自主知识产权的企业到境外承包工程、开发资源、加工制造,建立生产和销售基地。充分利用我市临海近港尤其是紧靠岚山港的优势,积极争取和利用好沿海对外开放的有关政策,大力发展以莒南为主体的临港经济,把全市推向对外开放的前沿。

(六)着力抓好节能降耗和环境保护工作 要从对临沂未来负责、对子孙后代负责的高度,把节约能源资源、保护环境放在更加突出的位置,严格落实节能、减排、绿化目标责任制,坚定不移地实现“十一五”规划的各项指标。一是狠抓节能降耗。严格执行能耗标准,坚决控制不达标项目建设,坚决淘汰落后生产能力,大力发展循环经济,促进重点行业和重点企业节能降耗。突出抓好全市100家重点企业节能工作,搞好循环经济重点企业和重点园区建设,培育循环经济示范企业和环境友好型企业。到2010年,全面完成单位GDP能耗下降25%的目标。二是狠抓资源节约利用。全面搞好节水、节地、节材和资源综合利用,突出在土地和水资源的保护、开发上作出大文章、新文章。严格执行土地利用总体规划和年度计划,从严控制新增建设用地,保持耕地总量的动态平衡。严格执行节约集约用地标准和建设用地税费政策,落实投资强度等控制性指标,继续实行经营性土地招拍挂,提高土地利用效率。进一步搞好土地开发整理复垦、挂钩试点及存量用地挖潜工作,最大限度地为大项目、好项目用地提供保证。要以高度的前瞻性,把水资源作为最重要的战略资源紧紧抓在手上。借鉴小流域拦截蓄水的经验,搞好沂河、沭河、祊河等大河、大水的梯级开发,建闸蓄水,力争建成后一次性蓄水达2.7亿立方米,年调节蓄水达6亿立方米,为我市经济发展和居民用水提供有力的水资源保障。三是狠抓环境保护。重点抓好污染治理和污染物排放控制、环保基础设施建设、植树造林和生态保护等工作,巩固国家环保模范城创建成果。按计划完成列入省“两湖一河”、“南水北调”工程的项目,加快城市污水处理厂、垃圾处理厂和配套设施建设。到2010年,化学需氧量和二氧化硫排放量分别减少到3.27万吨和9.63万吨,比“十五”末分别下降18.3%和10%。加大退耕还林和水土流失综合治理力度,加强生态功能区和重点区域的保护。开展创建环境优美乡镇、文明生态村活动,加快生态市建设步伐。

孙德汉(滨州市委书记):

(一)加快推进结构调整,进一步提升产业竞争力 坚持走新型工业化道路,以发展高新技术产业、先进装备制造业和现代服务业为主导,着力调整优化结构,推进产业升级。一是大力延伸十大产业链。依托已经形成的产业基础和重点骨干企业,按照做大产业、做强企业、做优品牌的要求,推动产业链向两头延伸,价值链向高端攀升,培育壮大十大产业集群。加快实施“1238”工程和中小企业成长计划,面向国内外两种资源和两个市场,鼓励支持企业加强自主创新,增加研发投入,狠抓品牌经营,培育一批主业突出、核心竞争力强的大企业集团,形成一批拥有自主知识产权和较强市场竞争力的名牌产品。二是加快发展服务业。改革体制,加大投入,完善政策,大力发展生产性服务业,加快提升传统服务业,重点发展物流、金融、信息、咨询、会展、社区服务等现代服务业,着力培育以信息技术及高科技为先导的新兴服务业,深度开发独具特色的旅游业。力争服务业增加值占地区生产总值的比重年均提高2个百分点以上。三是积极发展临港产业。充分发挥港口岸线、盐碱荒地、电力能源、区位交通等比较优势,大力发展临港产业区,依法按规制定以开发整理盐碱荒地换资金、换项目的优惠政策,快速崛起一批盐油化工、电力、造船、装备制造及建材、粮油、煤炭等仓储物流产业,培育沿海特色产业集群,进一步带动“北带”跨越发展。

(二)加快推进城乡统筹,进一步提升城市竞争力 按照“一个中心—— 一个龙头——南北城市带”组团式、连带型城市群的总体规划,坚持城镇建设与发展城市产业、完善城市功能、实现城乡一体化相结合,加快构筑布局合理、设施完善、生态良好的城镇发展体系。一是提高中心城市辐射带动能力。科学完善城市规划,更多依靠招商引资,优先发展西区,加快发展东区,改造提升老城区,积极推进“城中村”改造,做大做强、做优做美中心城市,做成集聚先进生产要素、高新技术产业和现代服务业的重要载体。加快县城和中心镇建设,完善城镇空间布局。力争到2011年城市化水平达到60%左右。二是增强城市服务功能。加快高速公路、万吨大港、铁路、航空城、渤海大桥、套尔河大桥等重大基础设施建设,完成火车客货站和西区汽车站建设,完善城市快速干道及网络化体系,全力打造华北、华东结合部的交通枢纽。改建扩建骨干电厂,完善市域天然气管网,加强城市供排水体系建设,优先发展城市公共交通,加快市政公用事业产业化步伐,推动城市管理服务高效化。三是加快新农村建设。围绕农民持续增收,切实抓好“三农”工作。按照中央“20字”方针,把握经、水、电、路、医、学、保、讯“八字要诀”,突出一个好规划、好书记、好班子、好政策,好机制“五个好”,分类分批、讲求实效地加快新农村建设。全面推进农村综合改革,扩大公共财政覆盖农村的范围,重点发展农村基础设施、医疗卫生、文化教育、社会保障等公共事业。大力发展特色农业、现代农业,不断提高农业产业化、市场化水平。积极组织引导农民群众跳出农业、走出农村,发展二三产业,全面实现72万农户都有务工经商者的目标。强化支农惠农政策,切实保护农民利益。四是推进南北协调发展。进一步加快“北带”开发,加大对口帮扶力度,借好外力、激发内力,合力突破阳信、惠民。力争北部四县及早跨入全省中上游行列。

(三)加快推进改革开放,进一步提升体制机制竞争力 坚持改革开放、市场运作、放开搞活,努力在竞争挑战中把握主动权。一是提高对外开放水平。创新招商引资方式,外资、内资、民资一齐招,技术、人才、管理一齐引,更多地引进高新技术、服务业和基础产业项目。充分发挥九个省级经济园区的载体和集聚作用,创新机制,完善功能,打造特色,使之真正成为“深化改革的试验区、扩大开放的示范区、高新技术的中心区”。加快转变外贸增长方式,优化结构,注重品牌,规避风险,扩大出口。积极鼓励有条件的企业“走出去”。抢抓黄河三角洲开发、海上山东建设的机遇,加快与济南都市圈、环渤海经济圈、半岛城市群特别是天津滨海新区的对接融合,借势发展、借力突破。二是推进放开搞活、市场运作。主动适应调控,积极运用市场机制破解土地、资金、载体、人才等瓶颈制约。进一步优化发展环境,加强服务体系建设,激活民间资本,促进民营经济铺天盖地大发展。积极吸引市外股份制金融机构入驻滨州,增强各投资公司的投融资能力,推动企业上市融资,广泛吸引各类资金,加快建立多层次的投融资体系。三是深化各项改革。创新政府管理制度和方式,着力建设服务政府、法治政府和创新型政府。保持知识产权,促进公平贸易,完善现代市场体系,形成开放、透明、法治、高效的投资环境。完善国有资产监管体制,推进企业调整重组,健全公司法人治理结构,分类推进社会事业改革,增强企事业单位创新发展的动力和活力。

(四)加快推进节能减排,进一步提升资源环境竞争力
坚持节约优先、环保优先,坚持“四思而后干”,大力建设资源节约型和环境友好型社会,打造“生态滨州”。一是大力抓好节能降耗。以节能、节地、节水、节材、资源综合利用和发展循环经济为重点,推行节约型产业结构和生产方式,建成一批循环经济示范典型和环境友好型企业。加强水资源管理,狠抓节水。强化基本农田保护,依法用地,节约用地,集约用地。二是加大环境保护和生态建设力度。狠抓污染治理设施建设,综合治理各类污染,果断淘汰高耗能、高排放、高污染企业。完善水系,激活水体。严控工业污水排放,改善城乡水体质量。实施生态市建设规划,进一步推动鲁北平原及干道、生产区、住宅区的植树造林,加强自然保护区、生态功能区和风景名胜区的保护与管理,改善城乡生态环境。三是加强人口计生调控与管理。严格人口管理目标责任制,切实稳定低生育水平,提高人口素质,优化人口结构,实现人口与产业、资源、环境的协调发展。

“总结执政经验　提高执政能力”六人谈

刘慧晏(淄博市委书记):

回顾四年来的工作,我们对科学发展、和谐发展有了更加深刻的认识和理解,积累了许多宝贵的经验。我们深深体会到:

——必须始终坚持与党中央和省委保持高度一致,走符合淄博实际的发展路子。我们坚定不移地贯彻执行党的路线、方针、政策和省委的工作部署,努力吃透市情,虚心学习先进,创新发展思路,做好结合文章。特别是提出和实施环境立市战略,确立建设经济强市、文化大市、绿色城市和“两提前、一率先”的目标任务,进一步丰富完善了我市改革发展的总体思路,全市经济社会发展既保持了连续性,又增强了前瞻性,体现了与时俱进的时代特征。

——必须始终坚持以科学发展观统领全局,推动经济社会全面协调可持续发展。我们坚定不移地把科学发展观贯穿于经济社会发展的全过程,落实到工作的方方面面。在任何时候、任何情况下,都咬住科学发展不放松,抓住一切机遇加快发展。在发展中,坚持经济建设、社会进步、改善民生相统一,坚持经济增长、节能降耗、环境保护相统一,坚持速度、质量、效益、后劲相统一,取得了经济社会又好又快发展的阶段性成果。

——必须始终坚持改革创新,着力解决影响经济社会发展的深层次矛盾和关键问题。我们坚定不移地把改革创新作为经济社会发展的主动力,着力消除体制障碍,破解发展难题。通过实施工业“双百”工程、流通“三0”工程、碧水蓝天行动计划、循环经济综合试点等重大举措,推进国有企业战略重组、农村税费改革、行政管理体制改革等重大改革措施,有效解决了老工业城市的体制性、机制性、结构性矛盾,盘活了工作全局。

——必须始终坚持以人为本,不断激发全社会创造活力。我们坚定不移地把群众利益放在首位,把充分就业、增加收入、完善保障作为经济社会发展的优先目标,坚持不懈地为人民群众办实事、谋利益、增福祉。尊重群众的首创精神,营造良好的创业氛围。坚持实干不争论,苦干不张扬,一心一意谋发展,凝神聚力干事业。

——必须始终坚持加强和改善党的领导,切实提高执政能力。我们坚定不移地推进党的建设新的伟大工程,坚持科学执政、民主执政、依法执政,不断加强党对经济社会重大事务的领导。各级党组织总揽全局、协调各方,充分发挥领导核心、战斗堡垒作用。广大党员保持先进性,充分发挥先锋模范作用。党的建设为改革发展提供了坚强的政治组织保证。

耿文清(泰安市委书记):

四年来的工作,为我市今后的发展奠定了坚实基础,也积累了一些具有指导意义的经验和启示。

——必须全面落实科学发展观,保持泰安工作的正确方向。始终坚持发展第一要务,坚决执行国家宏观调控政策,在转变增长方式上狠下功夫,使发展成果最终体现在优化结构、改善质量、提升技术、增强后劲、培植财源上。坚持"四个建设"一起抓,实现泰安全面进步。

——必须坚持科学有效的工作思路,既保持工作连续性又与时俱进开拓创新。认真坚持"一个目标、三大重点、四个坚定不移"的发展思路,坚持党委政府强力推动与市场化相结合,主动适应国家政策调整和形势变化,努力破解难题,始终保持发展的良好势头。

——必须坚持以人为本更加关注民生,让人民群众共享发展成果。把提高人民群众生活水平作为发展的首要任务,想问题、作决策优先考虑群众急需,坚持不懈为群众办实事办好事,以实际行动赢得群众的信任和拥护。

——必须持之以恒优化发展环境,为加快发展创造有利条件。努力为投资者营造"投资泰安、稳如泰山"的投资环境,为广大干部营造无后顾之忧、心情舒畅的工作环境,为城乡居民营造整洁优美、适宜居住的生活环境,形成齐心创业的浓厚氛围。

——必须牢固树立以稳定保发展的思想,在社会和谐中推进各项事业。深刻认识只有稳定工作做好了,才能腾出更多精力抓发展。把维护稳定作为构建和谐社会的基础性任务,标本兼治、重在治本,防范在先、把握主动,切实做好维护稳定的各项工作。

——必须充分发挥党委总揽全局协调各方的作用,不断完善领导方式。市委集中精力抓大事,"出主意、用干部、抓督查、造环境",支持各大班子独立负责、步调一致地开展工作,形成推动发展的强大合力。

崔曰臣(威海市委书记):

我们在丰富的实践中为今后发展积累了宝贵经验:

——坚持做好上级指示与威海实际结合的文章,创造性地开展工作。必须坚定不移地与中央保持高度一致,同时找准中央、省委指示精神与当地实际的结合点和着力点,用心领会、用心工作、用心落实。要善于从扬长和补短两个方面,研究确定符合实际、针对性和可操作性强的思路与措施。坚持目标坚定不移、方法灵活多样,善于向市场、向群众、向结果、向竞争对手、向学习对象要思路、要办法。重视保持目标思路的连续性与创新性,一届接着一届干,不断完善思路、丰富经验,创造新的成绩。

——坚持在解放思想中统一思想,为又好又快发展提供强大的精神动力。思想观念是总开关。实践无止境,思想解放也无止境。必须坚持以解放思想为先导,及时清除影响发展的旧思想、旧观念的束缚,不断汲取先进文化的营养,牢固树立促进又好又快发展的思想观念;重视对发展实践及时总结和理论概括,坚持以先进的理论统一认识、指导工作。必须不断增强忧患意识、机遇意识、危机意识和创新意识,始终保持与时俱进的精神状态,保持激情创业的朝气与活力。

——坚持靠环境和机制激发活力,调动好、发挥好、保护好干部群众的积极性。环境是第一竞争力。必须积极培育创业文化,鼓励创新创造,营造全社会竞相创业的春天;大力建设投资机会多、交易成本低、市场秩序好的发展环境,让各种生产要素充分聚集和释放;不断转变政府职能,自觉服务、主动服务、超前服务,形成尊商爱商富商的社会风气。坚持学习先进、引入竞争,重视指导、督促、评价考核机制的创新,依靠科学的机制促进工作任务的落实,促成自加压力、争先恐后,想干事、会干事、干成事的良好氛围。

——坚持加强党的先进性和执政能力建设,造就一支干事创业的干部队伍。必须坚持立党为公、执政为民,把群众利益作为一切工作的出发点和归宿,树立一辈子为人民建功立业的追求和志向。必须以干事创业为导向,坚持德才兼备,坚持五湖四海,让事业选择人,凭实绩用干部,让想创业的有机会,能创业的有舞台,创大业的受尊敬,不创业的没市场。

李兆前(日照市委书记):

跨越发展的宏伟实践,历练了干部队伍,提升了思想境界,积累了宝贵经验。经验弥足珍贵,是我们今后工作的重要遵循。

——必须坚持以解放思想为先导,不断增强机遇意识、危机意识和创新意识。我们始终把解放思想贯穿改革发展全过程,先后开展了"革除障碍、跨越发展"和"周边大发展、我们怎么办"系列思想解放活动,着力解决思想观念、体制机制、发展环境等方面存在的突出问题,引导各级切实增强加快发展的紧迫感、压力感,千方百计抢抓各种发展机遇。面对宏观调控的新形势,面对又好又快发展的新要求,面对区域发展的激烈竞争,我们立足新起点、谋划新发展,引导各级在更高起点上解放思想、开阔眼界,提高了各级在新形势下抓机遇、谋发展、促和谐的能力,起到了统一思想、凝心聚力、开拓前进的作用。解放思想永无止境,坚持在解放思想中统一思想,是我们推动跨越发展的持久动力。

——必须坚持以科学发展观统领全局,坚定不移地实施跨越发展的工作思路。我们牢牢抓住发展这个第一要务,认真总结历届领导班子指导经济社会发展的成功经验,用科学发展的理念指导跨越发展,从日照的基本市情出发,正确处理"好"与"快"的关系,好中求快,快中求好,围绕建设"美丽富强、文明开放"的新日照,深入实施"四大战略",加快建设"富裕日照、文明日照、平安日照、生态日照",不断深化和完善跨越发展的思路。追赶先进、跨越发展已经成为全市人民的共识。实践证明,顺应人民群众的发展愿望,始终不渝地推动跨越发展,是解决前进中问题的关键所在,也是落实科学发展观、从根本上维护群众利益的重要前提。

——必须坚持以新型工业化为主攻方向,走以工业化带动城市化、进而迈向现代化的发展路子。我们始终把"工业强市"放到战略位置来抓,以招商引资推动项目建设,以项目建设促进工业振兴,以工业振兴带动全面发展。工业总体实力和竞争力显著增强,特别是临港工业的重大突破,成为拉动经济快速增长、优化经济结构的重要力量,极大地提升了城市综合竞争力。我们深刻认识到,工业化是现代化建设进程中不可逾越的阶段。坚定不移地实施"工业强市"战略,加快新型工业化进程,是尽快改变沿海欠发达面貌、实现经济腾飞和社会全面进步的根本出路。

——必须坚持真抓实干、埋头苦干,建立健全狠抓落实的工作机制。面对改革发展稳定的繁重任务,面对"非典"和禽流感的严峻考验,我们始终教育引导党员干部发扬求真务实作风,察实情、办实事、求实效,坚持少说多干、埋头苦干,坚持领导在一线指挥,干部在一线工作,问题在一线解决。加强"三个体系"建设,实施目标管理绩效考核和镇域经济考核办法,实现了目标责任明细化,工作推进具体化,奖惩兑现制度化,建立起真抓实干、狠抓落实的工作机制。实践证明,有了好的思路、好的决策,还需要好的机制、好的作风,才能动员和凝聚群众,形成加快发展的强大合力。

——必须坚持把群众利益放在首位,让人民共享发展成果。我们始终把实现人民利益作为一切工作的出发点和落脚点,坚持不懈地为群众干实事、解难事、办好事。连续四年实施为民办实事重点项目,党在农村的各项支农惠农政策全面落实,就业再就业、城乡低收入家庭基本生活保障、新型农村合作医疗试点、经济适用房货币直补和廉租房补贴、村村通柏油路和自来水等一些群众最现实、最关心、最直接的利益问题得到较好解决,受到群众普遍欢迎。我们越来越深刻地认识到,以民为本、关注民生、保障民生、改善民生,是推动跨越发展的根本目的,是执政为民的具体体现。我们必须始终坚持发展为了人民、发展依靠人民、发展成果由人民共享,让全市人民从发展中得到更多实惠。

——必须坚持正确的用人导向,努力建设一支高素质干部队伍。我们坚持在干事创业的实践中考察、识别、使用干部,更加注重工作实绩,注重群众公认,注重任人唯贤、德才兼备,让想干事的有机会、能干事的有舞台、干成事的有地位,激励党员干部勇于负责、乐于奉献、善于创新。各级干部始终保持了昂扬的精神状态、良好的工作作风,在急难险重任务面前经受了严峻考验,在促进改革发展稳定的各项工作中发挥了重要作用。实践证明,树立正确的用人导向,建设一支素质高、作风硬、善于驾驭复杂局面、敢于破解发展难题的干部队伍,是推动事业前进、永葆发展活力的坚强保证。

于建成(莱芜市委书记):

回顾过去四年工作,我们深刻体会到,实现莱芜又好又快发展,必须坚持以下几点:

一是坚持发展第一要务不动摇。我们始终坚持发展是硬道理,引导全市上下聚精会神搞建设,一心一意谋发展。钢铁产业快速发展,生产规模由200万吨提高到1200万吨。两区实力快速提升,莱城区、钢城区的地方财政收入在全省县(市、区)排名分别前移34位和58位。高新区快速崛起,主要经济指标四年翻了一番多。实践证明,发展才有出路,发展才有希望。任何时候、任何情况下,都必须把加快发展作为最根本的任务,咬定发展不放松、加快发展不动摇。

二是坚持解放思想不动摇。我们始终以解放思想为先导，引导各级用透视、环视、俯视的眼光审视莱芜，广泛开展解放思想大讨论，推动思想观念和工作思路创新。探索形成了深入推进“工业立市”、发展开放型经济、城乡一体建设新农村、建设“创新型城市”等一系列符合我市实际的思路、办法，不断开创经济社会发展新局面，地区生产总值和地方财政收入增幅一直位居全省前列。实践证明，思想解放的程度决定着发展的质量和速度。只有持续不断地解放思想，才能为经济社会发展注入不竭动力。

三是坚持扩大开放不动摇。我们把招商引资作为经济社会发展的“一号工程”，四年引建项目2000多个，招商引资对全社会固定资产投资的贡献率达到40%以上。举全市之力建设开发区，高标准规划建设莱城工业区、钢城开发区、雪野旅游度假区，培育钢铁博览会品牌，对外开放日益成为经济社会发展的重要推动力量。实践证明，大开放才能大发展。只有在更高层次、更宽领域扩大开放，才能不断增强竞争的新优势、发展的新优势。

四是坚持改革创新不动摇。我们始终坚持以市场化为取向的各项改革，加快推进招商引资与改制相结合的企业改革，以“事改企、企改制”为重点的事业单位改革，以货币直补方式为特点的城市低收入家庭住房保障制度改革，建立四级行政服务体系促进政府职能转变，增强了经济社会发展活力。实践证明，改革出活力、出效益。只有大力推进各项改革，才能赢得发展先机，掌握发展主动权。

五是坚持执政为民不动摇。我们坚持把人民群众利益放在首位，抓好就业和社会保障工作，繁荣发展社会事业，畅通社情民意诉求渠道，维护群众民主权益，丰富群众精神文化生活，每年都为群众办一批实事，努力满足群众的多元化需求。实践证明，执政为民是立党之本。只有坚持发展依靠人民，发展为了人民，发展成果由人民共享，才能汇集民智、凝聚民力、共创和谐。

六是坚持加强和改善党的领导不动摇。我们按照先进性要求，大力加强思想、组织和作风建设，深入开展反腐败斗争，努力提高各级干部的执政能力和拒腐防变能力，强化基层党组织的战斗堡垒作用和党员的模范带头作用，形成了凝心聚力干事业的浓厚氛围。实践证明，事业成败关键在党。只要不断加强和改善党的领导，永葆党的先进性，我们的事业就能无往而不胜。

连承敏（临沂市委书记）：

实践中，我们积累了丰富的经验，这是我们宝贵的精神财富，在今后工作中应当认真借鉴和汲取。

（一）必须与时俱进、抢抓机遇　四年来，我们审时度势，准确把握国家宏观调控带来的机遇，准确把握国内外产业转移带来的机遇，准确把握新技术革命带来的机遇，坚持在解放思想中增强机遇意识，在抢抓机遇中求得发展。如果没有抓住机遇，就没有我们园区的大发展，就没有项目的大突破，就没有城市建设的大变化。实践证明，抢抓机遇是意识的先进，善抓机遇是行为的创新，抓住机遇方能加快发展。

（二）必须自强自立、勇争一流　在百舸争流、竞相发展的形势下，临沂作为欠发达地区，要实现赶超目标，就必须有想创一流的远见卓识、敢创一流的雄心壮志、能创一流的能力水平。这几年，我们的许多工作都高起点定位，高标准要求，咬住目标不放松，精益求精抓落实，不干则已，干则成功。创城工作就是在空白的基础上，一个接一个地创出来的。经验告诉我们，不畏艰难，自强自立，劣势能变优势，优势能变强势，敢想敢干，就能争先进位。

（三）必须凝心聚力、团结创业　我们始终视团结为生命，注重加强“三个倍加”教育，以事业凝聚人心、统合力量，把全市人民的思想和力量凝聚到了“抢抓机遇、加快发展”上，凝聚到了建设“大临沂、新临沂”的宏伟目标上，凝聚到了市委、市政府每个阶段的工作部署上，全市上下团结一心，干事创业，才使我们的工作年年有起色、年年上台阶。

（四）必须以人为本、关注民生　我们始终坚持群众利益至上，把实现人民的愿望、满足人民的要求、维护人民的利益作为一切工作的出发点和落脚点，实施民心工程，重视解决群众关心的就业、社会保障、教育、医疗、住房等实际困难和问题，重视营造干事创业的环境，得到了人民群众的拥护和支持。实践证明，一级党委谋一域发展，必须把以人为本的要求落实到各项工作中去，在科学决策中尊重民意，在加快发展中改善民生，在为民办事中凝聚民心，在鼓励创业中激活民力，在文明创建中提升全民素质，让全体人民共享改革发展成果。

市委工作概况

中共济南市委工作概况

省委常委、济南市委书记　焉荣竹

一、组织概况与党的建设

截止到2006底，全市共有县(市)区委10个；市委工委3个；市直部门党委30个、党组49个；基层党组织18676个，其中党委828个、党总支1409个、党支部16439个。全市共有党员376358名，占全市总人口的6.24%，年内新发展党员8618名。

2006年，中共济南市委坚持以加强党的先进性建设和执政能力建设为重点，全面推进党的思想、组织、作风和制度建设，为推动省会现代化建设提供坚强的政治保证。一是重视抓好党员干部教育培训。认真落实"大规模培训干部、大幅度提高干部素质"的要求，教育培训的力度、规模、效果明显提高。二是突出抓好领导班子和干部队伍建设。认真贯彻《党政领导干部选拔任用条例》，树立正确的用人导向，大力选拔政治上靠得住、工作上有本事、作风上过得硬的干部；精心指导、周密组织、圆满完成了县乡两级党委换届工作，各级领导班子的结构进一步优化，整体功能明显增强。三是大力加强党的基层组织建设。全面深化农村基层党组织建设"三级联创"活动，切实加强国有企业、社区、机关、学校和新经济新社会组织的党建工作，积极探索加强党员教育管理的新途径，有效增强了基层党组织的战斗力。四是深入开展党风廉政建设和反腐败斗争。坚持党要管党、从严治党的方针，抓好反腐倡廉教育，全面推进权钱交易多发领域体制机制改革，进一步落实领导干部述职述廉、民主评议、经济责任审计和重大事项报告制度，积极开展巡视工作，加大违法违纪案件查处力度，深入开展纠风工作，反腐倡廉的领导体制和工作机制不断完善。

二、重大决策与主要工作

2006年，在中央和省委的坚强领导下，市委坚持以邓小平理论和"三个代表"重要思想为指导，深入学习贯彻中央一系列重大战略思想和省委的决策部署，以科学发展观统领全局，按照"发挥省城优势，发展省会经济"的总体思路，求真务实，开拓进取，全面推进经济建设、政治建设、文化建设、社会建设和党的建设，全市各项工作取得了显著成绩，实现了"十一五"规划的良好开局。

(一)坚持用党的理论创新成果武装干部、指导实践　市委把学习贯彻"三个代表"重要思想和十六大以来党中央提出的一系列重大战略思想作为重大政治任务和长期战略任务，及时作出部署，扎实深入推进，教育引导广大党员干部自觉用马克思主义中国化的最新成果武装头脑、指导实践、推动工作。按照中央和省委的部署要求，坚持以学习实践"三个代表"重要思想作为主线，以建设群众满意工程为目标，善始善终抓好先进性教育活动，注重实效，强化整改，着力解决思想工作作风方面的突出问题，实现了提高党员素质、加强基层组织、服务人民群众、促进各项工作、建立长效机制的预期目标。集中教育活动基本结束之后，及时对学习、研究、宣传《江泽民文选》作出部署，进一步把学习贯彻"三个代表"重要思想引向深入。大力弘扬理论联系实际的马克思主义学风，以解决实际问题为重点，认真研究关系省会建设发展的重大问题，相继召开一系列会议，分别就发展省会经济、构建和谐济南、推进新农村建设、建设创新型城市，以及加强和改进新形势下的群众工作、加强党的先进性建设和执政能力建设等，进行深入研究，制定政策措施，提出明确的任务要求，努力把党的理论创新成果转化为推动经济社会发展的强大动力和思想保证。

(二)推动省会经济又好又快发展　紧紧抓住发展第一

要务，坚决贯彻落实中央宏观调控政策，加快推进经济结构调整，着力转变经济增长方式，全市经济社会呈现出又好又快的发展势头。2006年，全市实现生产总值2185.1亿元，比上年增长15.7%；地方财政一般预算收入128.4亿元，增长21.0%；城市居民人均可支配收入15340.2元、农民人均纯收入5480元，分别增长13%和13.9%。一是扎实推进新农村建设和县域经济发展。坚持以发展农村经济和增加农民收入为中心，大力发展现代农业和农村各项事业，全市新农村建设开局良好、进展顺利。粮食连续四年实现稳定增产，农林牧渔各业全面发展，农业综合生产能力和产业化水平不断提高；农民人均纯收入连续四年保持两位数增长、连续三年超过城镇居民增收幅度。“6521”农民增收工程和“1020”财政支农工程确定的主要目标任务提前一年完成；农村基础设施和社会事业不断加强，村村通公路、通客车、通自来水、通有线电视率分别达到96.8%、99.5%、76.5%、68.5%。按照“提升中心区、做强近郊区、突破远郊区”的发展思路，引导各县(市)区立足实际、发挥优势、加快发展，县域经济整体实力有新的增强，县(市)区财政收入占全市的比重达到53.6%。二是大力实施新型工业强市战略。集中力量扶持骨干企业，大力发展高新技术产业，加快对传统工业的改造提升，工业结构进一步优化升级。全市规模以上工业企业发展到1856家，过亿元企业366家，交通装备、电子信息、冶金钢铁、石化化纤、机械装备、食品药品六大产业集群实现主营业务收入、利税、利润均占规模以上工业的70%以上。全市高新技术企业达到843家，高新技术产业产值占规模以上工业产值的比重达到32.3%。国家信息通信国际创新园、全国软件服务外包城市、全国软件出口基地成功落户济南。三是大力发展现代服务业。坚持把服务业特别是现代服务业放在突出位置，大力发展金融、物流、会展以及软件、文化等现代服务业。第三产业增加值占全市生产总值的比重达到47.5%，比上年提高0.7个百分点，其中现代服务业占服务业比重达到43.3%，提高2.5个百分点。四是着力推进资源能源节约和环境保护。提出了节能降耗和污染减排的约束性指标，普遍建立了节能减排目标责任制，不断强化从源头上防治污染和保护生态。万元GDP能耗、电耗、水耗分别下降4%、4.7%和7%；市区环境空气质量良好以上天数达到307天。

(三)全面提升城市综合服务功能 以承办第十一届全运会为契机，坚持高起点规划、高标准建设、高效能管理，全面加强城市规划建设管理工作，城市综合服务功能明显增强。一是突出抓好规划修编工作。按照“东拓、西进、南控、北跨、中疏”的发展战略，完成了城市总体规划修编并报国务院待批，土地利用总体规划修编全面启动，中心城区50多个片区控规编制完成70%，经十路发展规划策划、奥体中心等规划方案和综合交通规划等专业规划编制完成，新的城市发展框架正在形成。二是突出抓好重点工程和基础设施建设。奥体中心、鹊山龙湖、北园大街、大明湖和泉城广场周边整治等重点工程进展顺利，东、西两个新区基础设施网络基本形成，大学科技园初具规模，城市燃气普及率、集中供热率、绿地覆盖率分别达到98%、48%和39.2%。三是全面推进城市现代化管理。深化完善城市管理综合执法，大力实施背街小巷整治工程和城乡环境综合治理，整治背街小巷2499条，改善了居民的生活条件，提升了城市形象。

(四)扎实推进和谐济南建设 坚持以经济建设为中心，把构建社会主义和谐社会摆在更加突出的位置，采取有力举措，努力促进社会和谐。一是集中精力解决群众最关心、最直接、最现实的利益问题。扎实做好就业再就业工作，全年安置城镇就业再就业13.3万人，转移农村劳动力18万人，城镇登记失业率连续五年控制在4%以内。积极促进城乡教育事业均衡发展，大力实施振兴农村教育行动计划，对农村贫困家庭和城市低保家庭实行了“两免一补”和“爱心助学工程”。健全城乡卫生服务体系，高标准完成34所乡镇卫生院改造，设立社区卫生服务机构114家，建立惠民门诊44个、惠民病房21个。加快完善社会保障体系，基本养老、医疗、失业、工伤、生育保险不断扩大，新农合参合率、农村低保覆盖率分别达91%和86%。加快普通商品房、经济适用房、拆迁安置房建设，城市居民人均住房使用面积达到20.1平方米。二是深入推进民主法制建设。支持人大、政协依法履行职能，巩固和壮大爱国统一战线，充分发挥人民团体的桥梁纽带作用，重视做好民族、宗教、侨务和对台工作，不断完善基层民主管理制度，深入推进依法治市，形成了团结和谐的政治局面。三是大力加强和谐文化建设。坚持社会主义核心价值体系，深入开展以“八荣八耻”为主要内容的社会主义荣辱观教育，大力弘扬“诚信、创新、和谐”的济南精神，积极推进公民思想道德建设，广泛开展群众性精神文明创建活动，被命名为“全国创建文明城市工作先进城市”和“全省文明城市”。深入推进双拥共建工作，军政军民团结进一步巩固发展，荣获了全国双拥模范城“五连冠”称号。四是深入开展“平安济南”建设。深化社会治安综合治理，不间断开展“严打”专项行动，广泛开展基层创安活动，毫不放松地抓好安全生产，人民群众的安全感不断增强。加强群众来信来访工作，积极推广政法机关群众涉法诉求工作站，普遍推行为民服务代理和工会职工诉求代理，使大量矛盾化解在基层和萌芽状态。

三、改革与创新

(一)着眼于转变政府职能，深化行政管理体制改革 认真组织实施资金管理制度、机关(事业)分配制度、行政审批制度、财税体制、统计制度和城市管理制度等十项行政体制改革，政府职能有了新的转变，特别是通过政府资金管理制度改革，累计11多万笔收支项目均未发生违规违纪问题，节约支出8600多万元。

(二)着眼于提高国有经济的发展活力和竞争力，推进国有企业改革 首批纳入市国资委监管的255户企业完成改革改制238户，监管外企业完成18户，实现了市委、市政府确定的“到2006年底基本完善市属国有(集体)企业改革改制任务”的目标。其中,25户企业通过与优势骨干企业的战略重组,实现了进一步做大做强;165户企业通过股权多元化,实现了放开搞活和国有产权基本退出;66户企业通过清算或破产稳步退出市场。

(三)着眼于统筹城乡发展,搞好农村体制改革 加强对农村综合管理体制改革的组织领导,指导完成了济阳县农村综合改革试点,在认真总结经验的基础上在全市推开,全市乡镇机构改革基本完成,农村义务教育和县乡财政体制改革有序进行。稳步推进农村金融改革,培育多种形式的小额信贷组织。扩大新型农村合作医疗覆盖范围,提高大病统筹水平。积极开展统筹城乡就业工作试点,加快建立城乡一体化的就业政策、职业培训、就业服务体系,多渠道、多层次、全方位地解决城乡劳动力就业问题。

(四)着眼于密切同人民群众的血肉联系,建立健全群众工作领导体制和工作机制 召开全市群众工作会议,制定了《关于加强和改进新形势下群众工作的意见》和《关于严肃群众工作纪律的八项规定》,建立健全了党委统一领导、组织部门牵头抓总、各部门齐抓共管、全社会广泛参与的领导体制和工作机制,制定实施了纪委、组织、宣传、政法、统战、信访、民政等部门以及工青妇等群众团体参加的群众工作联席会议制度,推动群众工作逐步走上了制度化经常化轨道。

附:济南市委书记、副书记、常委名单

书　记:姜大明(2007年3月离职)
　　　　焉荣竹(2007年3月任职)

副书记:张建国　杨鲁豫

常　委:焉荣竹　张建国　杨鲁豫　徐长玉
　　　　殷鲁谦　郭作贵　王　良　李家政
　　　　雷　杰　钱道书　孙晓刚　陈先运
　　　　徐学武

中共青岛市委工作概况

省委常委、青岛市委书记　阎启俊

一、组织概况与党的建设

截至2006年底,全市共有市(区)委12个,市委工委6个,市直党委(党组)148个,基层党委1168个,党总支1441个,党支部22973个。党员581314人,占全市总人口的7.76%,新发展党员16134人。

2006年,中共青岛市委坚持把执政能力建设与先进性建设贯穿于党的思想、组织、作风和制度建设的全过程,不断增强各级党组织和党员干部的执政能力和领导水平。切实加强思想政治建设,坚持用马克思主义中国化的最新理论成果武装头脑、指导实践,深入开展保持共产党员先进性教育活动,积极探索建立“党员长期受教育、永葆先进性”的长效机制,扎实推进干部教育培训工作,领导班子综合素质得到新的提高。切实加强组织建设,深化农村基层党组织“三级联创”,加强企业、机关、高校、社区和新经济组织、新社会组织中的党建工作,全面推行为民服务代理制和基层党组织、党员承诺制,基层党组织的战斗堡垒作用和共产党员的先锋模范作用进一步增强。切实加强作风建设,大力践行胡总书记倡导的八个方面的良好风气,突出抓好领导干部的思想作风、学风、工作作风、领导作风、干部生活作风建设,努力塑造为民、务实、清廉的执政形象。继续完善教育、制度、监督并重的惩治和预防腐败体系,制定并实施《关于进一步加强党风廉政建设和反腐败工作的意见》,加大专项治理和源头治理的力度,反腐倡廉各项工作取得新成效,为推进全市经济社会发展提供了有力的政治保证。

二、重大决策与主要工作

坚持以邓小平理论和“三个代表”重要思想为指导,全面落实科学发展观,按照胡锦涛总书记提出的“三个走在前面”的要求,认真落实省委省政府“一二三四五六”的发展目标和工作思路,以及充分发挥青岛龙头带动作用的要求,解放思想,干事创业,加快发展,各项工作都取得了新的成绩。2006年全市生产总值完成3206.58亿元,增长15.7%;地方财政一般预算收入225.8亿元,增长28%;城市居民人均可支配收入15328元,农民人均纯收入6546元,分别增长18.6%和12.7%。综合经济实力在全国城市中居第10位,在15个副省级城市中居第4位。相继荣获中国投资环境"金牌城市"、"城市竞争力全球百强"、"中国十大国际化都市"等荣誉称号,城市知名度和核心竞争力进一步提升。

(一)全面落实科学发展观,努力推动经济社会又好又快发展 坚持把科学发展观作为推进发展的根本指导思想,与时俱进地调整、完善和丰富发展思路,推动经济社会发展转入以人为本、全面协调可持续发展的轨道。

一是加快推进结构调整,促进产业优化升级。认真落实中央宏观调控政策,加强土地管理和节约集约利用,优化信贷投向,努力抑制房价过快增长,全市固定资产投资增幅比上年回落25.6%。进一步加大结构调整力度,以信息化带动工业化,完成了11个传统工业信息化改造示范项目。积极发展符合国家产业政策的制造业集群,大炼油、海洋石油工程基地、海西湾造修船基地、招商局国际集装箱码头等重大项目顺利推进,家电、电子、石化、造船、汽车机车集装箱等产业集群不断壮大,全市规模以上工业实现利润增长25%以上,轻重工业比例达到1∶1。繁荣壮大现代服务业,区域性金融中心建设步伐加快,引进各类金融机构7家,实现税收增长33.4%。港口货物和集装箱吞吐量分别达到2.24亿吨和770万标准箱,增长19.8%和22%,跻身世界十大港口行列。旅游业加快发展,极地海洋世界、国际会展中心二期等旅游大项目建成启用,高端旅游产品发展迅速,旅游产业结构进一步完善,旅游总收入达325.2亿元,增长26.7%。中国国际消费电子博览会、青岛国际啤酒节等重要展会的影响进一步扩大。总部经济稳步发展,创意产业取得突破。全市已拥有世界知名品牌2个、"中国驰名商标"19件、中国名牌产品55个,再次荣获"中国品牌之都"。

二是千方百计提高自主创新能力,加快转变经济增长方式。加快建设创新型城市,2006年市财政科技支出增长17%。引进中科院生物能源与过程研究所等6家国家级科研机构,海尔、海信成为国家创新型试点企业,高新区顺利扩区,"一区四园"格局基本形成,高新技术产业产值占规模以上工业总产值的比重达到44%。循环经济和清洁能源建设成效显著,青岛奥林匹克帆船中心太阳能、风能和华电青岛公司海水源热泵等项目竣工使用,海水淡化、铬渣利用、白泥利用、农用沼气等循环经济项目加快推进,节能降耗和环境保护进一步加强。规模以上工业万元增加值综合能耗降低4.5%,市区空气质量优良率达到91%,建成国家环保模范城市群。

三是深化改革扩大开放,不断增强经济发展的活力。积极推进和深化重点领域改革,青岛啤酒等10家上市公司股权分置改革、黄海橡胶等6家企业调整重组全面完成,康大集团、青岛软控、青岛金王成功上市,国有资产监管体系进一步完善。民营经济加快发展,增加值所占比重提高到全市的一半。对外开放取得新进展,全年实际利用外资36.6亿美元,引进内资300亿元,外贸进出口总额365亿美元,增长19.8%。投资和发展环境进一步改善,西海岸出口加工区获国家批准,海尔—鲁巴经济区成为我国首个境外经济合作区,荣获世界银行中国投资环境"金牌城市"称号。

四是扎实推进社会主义新农村建设,农村经济社会发展保持良好势头。坚持城乡统筹发展,大力发展现代农业,农业产业化经营规模进一步扩大,平度、莱西工业化取得新成效,郊区五市全部进入国家综合实力百强县(市)。全面落实支农惠农政策,市本级财政支农资金达到13.7亿元,比上年增长44.2%,发放粮食直补等三项补贴和农资综合直补1.3亿元,农村社会事业全面发展,农村社会保险和最低生活保障水平显著提高。

五是加强城市规划建设管理,城市功能不断完善。坚持"规划科学化、建设集约化、管理精细化"原则,突出特色,彰显个性,高水平搞好城市规划,重点区域和领域的规划编制进展顺利。胶济铁路电气化改造、滨海公路北段等工程顺利竣工,海湾大桥、胶州湾海底隧道开始建设,机场扩建、火车站改造、即平高速等项目进度加快,杭州支路——鞍山路快速路主线通车。加快推进城市绿化和环境综合整治,顺利通过国家卫生城市复审。

(二)加快发展社会事业,全面推进社会主义和谐社会建设 坚持以解决人民群众最关心、最直接、最现实的利益问题为重点,着力发展社会事业、完善社会管理、促进社会公平正义、增强社会创造活力,努力营造全体人民各尽所能、各得其所又和谐相处的局面。一是切实维护社会稳定。积极推进平安青岛建设,完善社会治安防控体系,搞好矛盾纠纷排查调处,切实做好信访工作,确保社会政治稳定。荣获"全国社会治安综合治理先进城市"称号。二是大力发展各项社会事业。加快教育、卫生、文化、体育等社会事业发展,推进社会公共服务的均等化,不断满足群众的物质文化需求。认真做好奥帆赛筹办工作,成功举办2006青岛国际帆船赛,打造"全民健身与奥运同行"活动品牌,竞技体育与群众体育协调发展。三是着力解决群众的切身利益问题。重点解决好居民住房困难问题,做好中低收入家庭住房保障工作。大力推进旧城区和城中村改造。积极促进就业,不断完善社会保障体系,率先建立社会保险储备金制度,提高养老金标准和城乡低保标准,进一步改善人民群众的生活环境和质量。四是切实加强社会管理。坚持把社区建设作为和谐社会建设的重要切入点,健全社区基层党组织和自治组织,积极构建党委领导、政府负责、社会协同、公众参与的社会管理格局。国家民政部在全国推广了青岛建设和谐社区的经验。

(三)大力推进和谐文化建设,为经济社会发展提供精神动力 积极建设社会主义核心价值体系,坚持用邓小平理论、"三个代表"重要思想、科学发展观等一系列马克思主义中国化的最新理论成果武装头脑、教育群众,进一步巩固马克思主义在意识形态领域的指导地位。深入开展以"八荣八耻"为主要内容的社会主义荣辱观教育，进一步形成全社会共同的理想信念和道德规范。广泛深入地开展群众性文明城市创建活动，健全创建文明城市工作长效机制，巩固和发展全国文明城市创建成果。繁荣发展文化事业，围绕打造“帆船之都”、“音乐之岛”、“影视之城”等文化品牌，成功举办亚洲电影文化合作国际论坛等文化节庆活动，国际音乐大师班、中国国际小提琴比赛、“金凤凰”奖等重大活动永久落户青岛，加快推进凤凰岛影视基地、青岛大剧院等文化建设项目，成为全国第一个完成有线电视数字化整体转换的城市。进一步深化文化体制改革，切实抓好经营性文化产业发展，不断提升青岛文化产业实力和竞争力。青岛文化街、达尼画家村被命名为“国家文化产业示范基地”。

三、改革与创新

坚持把创新作为落实科学发展观、推动青岛又好又快发展的根本动力，用创新的意识超越自我，用创新的实践破解难题，用创新的机制争创新优势。

(一)大力推进产业集群发展，打造国家重要制造业基地 坚持把产业集群建设作为经济发展的基础来抓，注重发挥大型骨干企业和龙头项目的集聚带动作用，加快家电、通讯、石化、造船、汽车、纺织等核心项目与配套产业的引进与建设，大力发展先进制造业，形成融入国际产业链、在国内具有重要影响力的新型产业基地。2006 年，全市重点产业有规模以上工业企业近千家，吸纳就业 30 余万人，实现工业总产值 2006 亿元，占全市规模以上工业企业总产值的 38.1%；利税总额 115.3 亿元，占全市规模以上工业企业 28%。产业集群的快速发展，为我市“十一五”期间打造具有国际先进水平的制造业基地、构建可持续发展的经济体系奠定了坚实基础。在亚洲制造业论坛上，青岛被授予“2006 中国制造业十大最具竞争力城市”称号。

(二)加快新能源和可再生资源建设步伐，建设资源节约型社会 坚持把发展循环经济作为推进经济结构调整、转变经济增长方式的重要途径，围绕投入、产出和排放三个重点，着力突出资源替代、节能降耗、再生利用和废物治理等核心技术，把培育发展新能源技术和产业摆上更加突出的位置。加强对重点领域、重点行业和重点耗能大户节能降耗的责任落实和监督考核，大力推进生物能源、风力发电、海水能源、太阳能四大新能源产业建设，加快实施节能、节水、园区生态化改造、清洁生产、清洁能源建设、再生资源回收、生态物流、再生水利用等 70 个循环经济项目，搞好相关设备制造基地建设，循环经济和清洁能源建设成效显著。建成全国第一个副省级国家环保模范城市群。

(三)建立矛盾纠纷社会化“大调解”工作机制，促进社会和谐稳定 在全市建立了由政法综治部门牵头，有关部门参加的司法调解、行政调解、人民调解、行业调解、中介调解、社团调解“六位一体”的社会化“大调解”工作机制，在 12 个区市全部建立“12348 调解服务中心”，组建新型调解组织 1162 个，全市调解组织达到 3.6 万余个，走出了一条有效化解社会矛盾纠纷的创新之路，形成了富有青岛特色的调解工作体系。2006 年，各级调解组织调处社会矛盾纠纷 8.6 万余件，成功调处率 98% 以上。这一做法，被中央有关部门确定为构建社会主义和谐社会的一项重要创新举措。

附：青岛市委书记、副书记、常委名单

书　记：杜世成(2006 年 12 月免职)
　　　　阎启俊(2006 年 12 月任职)
副书记：夏　耕　张若飞　王文华(挂职)
常　委：阎启俊　夏　耕　张若飞
　　　　王文华(挂职)　王　伟　张泽忠
　　　　李增勇　张　惠　王书坚　臧爱民
　　　　姜　杰　姜忠玉　牛俊宪　何建平

中共淄博市委工作概况

淄博市委书记　刘慧晏

一、组织概况与党的建设

截至 2006 年底，全市共有市委直属党委、党组 121 个，其中区县委 8 个，市委工委 5 个；基层党委 674 个，党总支 898 个，党支部 11884 个；党员 275776 人，占全市总人口的 6.59%，年内新发展党员 6755 人。

(一)坚持用党的理论创新成果武装头脑 面对新的形势和任务，市委坚持全面贯彻落实科学发展观，坚持用党的理论创新成果来武装头脑，始终在思想上、政治上、行动上与中央和省委保持高度一致。认真抓好各级领导班子和党员干部的理论学习，在全市广泛开展以学习贯彻党章、学习胡锦涛总书记的重要讲话精神和《江泽民文选》为主要内容的教育活动。突出加强对区县及部门党政主要负责人、新任领导干部和年轻干部的学习培训，举办各类主体班次 18 期，培训干部 1469 人。

(二)积极巩固和扩大先进性教育活动成果 认真学习贯彻胡锦涛总书记重要讲话和批示精神，不断巩固扩大第一、第二批先进性教育活动成果，突出抓好第三批先进性教育活动整改工作。各级累计落实整改措施 6 万多条，解决群众生产生活中的实际问题近 10 万件。按照中央和省委的部署要求，组织开展了群众满意度测评试点工作，群众满意率达到99.5%。中央先进性教育活动办公室和省委对我市的主要做法和测评结果给予高度评价。不断建立完善保持先进性长效机制建设,深入开展理论研究和探索。全市各级党组织围绕先进性教育的总体目标,建立和完善保持党员先进性长效机制7911个,保持基层党组织先进性长效机制7116个。

(三)切实加强干部队伍和基层组织建设 严格按照《党政领导干部选拔任用工作条例》规定的标准、条件和程序选拔使用干部,认真执行党政领导班子和领导干部综合考核评价试行办法,形成正确的选人用人导向。高度重视县乡党委换届工作,严格执行换届工作的各项规定和纪律,顺利完成了县乡党委换届。深入实施强基工程,不断深化以"三级联创"为主要内容的基层组织建设,进一步夯实基层基础工作。着力抓好集体经济薄弱村扶持转化工作。目前,全市各级共帮扶经济薄弱村256个,扶持新上项目266个。

(四)深入开展党风廉政建设和反腐败斗争 严格落实党风廉政建设责任制。对领导班子和领导干部承担的党风廉政建设任务目标细化分解为48项,逐项分解落实到市领导以及25个牵头部门和59个责任部门。针对主要领导在责任制中的特殊地位和作用,要求各级"一把手"带头做、亲自抓、负总责。市委常委带头遵守各项廉政规定,并再次向全市作出廉政承诺,努力做到为民、务实、清廉。

二、重大决策与主要工作

2006年,全市生产总值完成1645.16亿元,增长15.8%。境内财政收入完成200.7亿元,增长24.8%;地方财政收入完成80.7亿元,增长25.84%。城市居民人均可支配收入和农民人均纯收入达到13794元、5641元,分别增长14.6%、12.5%。

(一)坚决贯彻执行中央宏观调控政策,促进经济增长方式转变 全面贯彻落实科学发展观,坚持把贯彻执行中央宏观调控政策作为转变经济增长方式的重要机遇来抓,严把土地、信贷两个闸门和市场准入门槛,切实把各项部署要求落到实处。认真落实土地管理和耕地目标责任制,严格控制土地增量。坚决杜绝高耗能、高污染、产能过剩行业盲目扩张,经济发展中的不健康不稳定因素得到有效抑制。坚持区别对待、有保有压。对符合科学发展观要求和国家产业政策的好项目、新项目,全力帮扶支持,促其做大做强,推动经济增长方式转变。

(二)坚持以科学发展观为指导,全力推动经济又好又快发展 围绕年初确定的目标要求,突出抓了五项重点工作:一是扎实推进新农村建设。制定了《关于统筹城乡发展加快推进社会主义新农村建设的意见》,以城乡一体化为总抓手,全面实施"十百千万工程",努力在新农村建设方面走在全省前列。全年粮食总产达143.51万吨,创6年来最高水平。二是扎实抓好节能降耗和环境保护。选择冶金、电力、化工、建材等四大耗能行业,积极开展节能工作试点,广泛推广节能技术和产品,有4个项目入选国家发改委环境和资源节约综合利用项目。坚持环境立市、环保先行的方针,以建设生态市、创建国家环保模范城为目标,深入实施碧水蓝天行动计划,突出加大对猪龙河、齐鲁石化排海管线、中心城区东部化工区的治理力度,各项主要控制指标明显改善。2006年,全市化学需氧量、二氧化硫排放量分别下降5.3%和4.28%,空气质量二级以上天数达到310天。三是扎实推进现代服务业特别是旅游业发展。陶瓷科技城、香港五金家居城等80个重点流通项目顺利建设或投入运营。对推动全市旅游业发展作出进一步部署和安排,确立了深入挖掘齐文化、蒲文化、商埠文化、足球文化等传统旅游资源,全力打造区域性人文名城的发展目标,有力地推动了旅游业快速发展。全市服务业完成增加值503.38亿元,增长17.5%。四是扎实推进区县域经济发展。按照"抓两头、带中间"的工作思路,狠抓各项扶持政策和措施的落实。临淄区综合竞争力跃居全省30强首位,共有4个区县受到省委、省政府重奖;沂源县在全省经济社会综合排名比2002年前移了27个位次;其它区县发展速度明显加快,在全省综合竞争力排名不同幅度上升;有8个乡镇跨人全国千强镇行列。五是扎实推进城市现代化建设。按照"中心凸显、十字展开、组团发展"的总体思路,认真搞好新一轮城市总体规划修编工作,突出抓好新城区专项规划和旧城区改造规划,积极稳妥地推进新区建设和旧城改造。共完成市政公用设施投资20亿元,城市基础设施不断完善。不断巩固提高国家园林城市创建成果,积极争创国家生态园林城市。全市共完成城市绿化投资5.01亿元,新增绿地面积460公顷。

(三)以建设文明淄博、平安淄博为抓手,积极推进和谐社会建设 一是加快文明淄博建设。以创建文明城市为主线,大力实施城乡环境综合整治、创建服务品牌、城乡社区建设、市民素质教育"四大工程",不断巩固发展省级文明城市创建成果。深入开展文明和谐社区创建活动,积极推进农村精神文明建设。大力加强以"八荣八耻"为主要内容的社会主义荣辱观教育,不断深化市民素质教育和未成年人思想道德建设。二是深入推进平安淄博建设。紧紧围绕土地征用、拆迁安置、企业改制重组等影响稳定的突出问题,组织开展了四次以"解矛盾、排纠纷、促和谐、保稳定"为主题的集中排查调处矛盾纠纷活动,共排查矛盾纠纷1205起,调处率达97.5%。坚持实行领导干部下访、公开接访制度,进一步完善信访网络,畅通信访渠道。不断深化社会治安综合治理,大力加强治安防控体系建设,适时开展严打专项斗争,保持了治安大局的持续稳定。见义勇为事业蓬勃发展,市见义勇为基金会被表彰为"全国见义勇为工作先进单位"。严格落实安全生产责任制,进一步强化对重点领域的安全监管。三是加强民主法制建设。坚持党委总揽全局、协调各方的原则,不断加强和改进对人大、政协、统战工作的领导,充分发挥群团组织的桥梁纽带作用。认真学习贯彻《人大监督法》,保证人大及其常委会依法履行职能。

召开全市政协工作会议，制定出台《关于进一步加强人民政协工作的意见》，支持政协充分发挥作用。四是积极发展各项社会事业。加快文化基础设施和精品工程建设，大力发展文化产业。有26个项目在省文博会上签约，招商金额达44亿元，占全省融资总额的20.3%。教育水平不断提高，本科录取万人比居全省第四位。加强疾病预防控制和突发公共卫生事件医疗救治体系建设，食品安全监督体系初步建立。竞技体育水平进一步提高，在第21届省运会上，金牌总数、总分、奖牌总数均列全省第四位，并成功申办山东省第22届运动会。积极开展双拥共建活动，扎实推进民兵预备役建设。

(四)认真解决群众关心的利益问题，努力使发展成果惠及广大人民群众 围绕人民群众最现实、最直接、最关心的问题，大力实施“民心工程”，积极为人民群众办实事、好事。一是做好就业和保障工作。组织开展了“再就业援助月”、“春风行动”等活动，多渠道、多形式开发就业岗位。全面落实“两个确保”、“一个低保”措施，做好“三条保障线”的衔接，构筑起了社会保障“安全网”。全面实施农村最低生活保障制度，农村低保工作的规范化水平进一步提高。扎实做好城市低保提高标准工作，从2006年1月起，将城市低保标准由每人每月190元提高到220元，共发放保障金5933.29万元，全市低保实现应保尽保。进一步提高医疗保险支付水平，将基本医疗保险最高支付限额由3万元提高到5万元，大额医疗救助最高支付限额由12万元提高到20万元。二是努力解决群众关心的热点难点问题。不断扩大新型农村合作医疗，参合农民达到188.81万人，参合率达到89.81%。大力发展社区卫生服务，全市社区卫生服务机构达112个，覆盖率达84.71%。认真落实义务教育“两免一补”政策，补助资金1000万元。实施安康居住工程，建成经济适用房33.6万平方米。实施村村通自来水工程，新增受益群众40.15万人。实施有线数字电视“村村通”工程，已完成33万户。三是切实关心困难群众生产生活。广泛组织开展“扶贫济困万人行”、机关干部“一对一”帮扶活动，深入实施送温暖工程，推广实行灾民救济卡制度，组织开展了“情暖万家”、“朝阳助学”、“爱心助残”等慈善救助活动，受益困难群众10万人。

三、改革与创新

(一)深入推进改革开放 坚持全方位、高水平扩大对外开放，不断提高利用外资质量，促进外贸增长方式转变。全年实际利用外商直接投资3.7亿美元，增长22.3%。完成进出口总值37.6亿美元，增长19.9%，其中出口总值完成25.09亿美元，增长24.4%。对华光陶瓷实施重大资产重组，全面完成了上市公司股权分置改革，鲁阳股份成功上市。农村综合改革稳步推进，民营经济增加值占GDP的比重达到59.1%。服务业和农业利用外资实现较快增长，外资并购和股权转让成为利用外资的新亮点。

(二)不断提高自主创新能力 确立了到2020年建成“科技优势强、引领作用大、人才名牌多、创新环境优”的创新型城市的目标，突出抓好提高自主创新能力、推进创新体系建设、培育创新型人才、优化创新环境等重点工作。全市已建成省级以上工程技术研究中心65个、企业技术中心33个，总数分别居全省第一位、第四位。在国家统计局发布的2005年度全国50个行业的工业企业创新能力前十强中，我市有9家企业入围，数量居全省第一。全市高新技术产业实现产值1035.38亿元，增长31.45%。东岳集团承担的“全氟离子交换材料研究”课题通过国家级验收，被列入首批国家“十一五”规划重点项目。目前，全市拥有中国名牌22个、中国驰名商标12个，总数均居全省第二位。

(三)实行党员“亲情式”管理 在全市各级党组织和广大党员中广泛开展党员“亲情式”管理工作，主要内容就是将以人为本思想引入党的建设，在要求党员守纪律、尽义务的同时，采取政策引导与资金扶持、党内互助与社会保障、面上帮扶与重点救助相结合等多种方式，从物质层面和精神层面，对党员政治、工作、生活的各个方面，实行全方位、立体式的亲情关怀，激励党员更好地发挥先锋模范作用，增强基层党组织的创造力、凝聚力和战斗力。

附：淄博市委书记、副书记、常委名单

书　记：张建国(2007年2月离职)
　　　　刘慧晏(2007年2月任职)
副书记：周清利　侯法生
常　委：刘慧晏　周清利　侯法生　陈家金
　　　　韩世幸　王顶岐　周连华　宋军继
　　　　赵启全　刘星泰　郭利民　陈　勇
　　　　魏艳菊(女)

中共枣庄市委工作概况

枣庄市委书记　刘玉祥

一、组织概况与党的建设

全市共有党员187168人，基层党委369个，其中地方党委7个，基层党委362个；基层党组织9340个，其中基层党委369个，总支部745个，支部8226个；全市乡镇党委47个，城市街道党委17个；全市共有建制村2095个，其中1个行政村建立党委，9个行政村建立党总支部，2085个行政村建立党支部。

（一）强化理论武装，努力提高党员干部的思想政治素质　坚持用马克思主义中国化的最新成果武装头脑，“两个务必”、科学发展观、构建和谐社会学习教育活动深入扎实。坚持市委理论学习中心组读书会和常委学习制度，认真学习《党章》和胡锦涛总书记一系列重要讲话，提高思想政治素质，用党的最新理论成果指导实践。讲党性、讲政治，守纪律、顾大局，坚决同以胡锦涛同志为总书记的党中央在思想上、政治上、行动上保持高度一致。认真贯彻中央加强宏观调控政策，确保党的方针政策在枣庄不折不扣地贯彻落实。

（二）树立正确的用人导向，加强各级领导班子和干部队伍建设　严格按照《党政领导干部选拔任用工作条例》规定的程序、步骤选人用人，树立正确的用人导向，一批德才兼备、政绩突出、群众公认的优秀干部被提拔或重用到领导岗位。市、区（市）、乡镇党委换届圆满成功，市委班子全票当选，6个区（市）委书记、区（市）长全部高票当选。进一步加强对县级领导班子和领导干部的经常性考察，对6个区（市）和104个市直领导班子、1123名县级以上领导干部进行了年度考核。加强对领导干部特别是党政“一把手”的监督，选择两个区开展了党政主要负责人经济责任审计试点，对37名县级领导干部进行了离任审计。大力实施“三个一批”、“12345”人才培养计划。从县级后备干部中选拔一批学历层次较高的优秀年轻干部作为重点培养对象，到党校、高校培训，到经济薄弱村对口帮扶；选调13名外贸口年轻干部赴日本进行为期3个月的培训；选拔3名领导干部赴美国进行为期半年的学习培训；选调一批研究生、本科生充实到各级党政干部队伍，提高了党政干部队伍的学历和知识层次。

（三）深入开展第三批先进性教育活动，加强党的基层组织建设　扎实开展第三批先进性教育活动，围绕新农村建设，提出为农民群众办好村村通公路通客车、村村通自来水、搞好镇村规划、推行新型农村合作医疗、解决农村上学难问题等“十件实事”，进一步密切了党群干群关系。制定了《关于围绕建设社会主义新农村进一步加强农村基层党组织建设的意见》，不断深化农村党的建设“三级联创”活动。进一步加强现代远程教育工作，加大对农村基层干部的培训力度，在江苏江阴市先后举办了4期社会主义新农村（华西）培训班，对430名村支部书记进行了集中培训。同时，研究探索保持党员先进性的长效机制和基层党组织建设常抓不懈的工作机制，大力加强企业、学校、机关、社区和非公有制经济组织中党的建设。

（四）加强党风廉政建设和反腐败工作，树立良好的党风政风　在全市党员干部特别是领导干部中开展了树立正确的利益观集中教育活动，在全市开展了“学党章、用党章”有奖征文活动。研究制定了《市级党政领导干部党风廉政建设工作责任目标》，进一步落实党风廉政建设责任制。充分发挥领导干部的带头作用，市、区（市）党政领导干部带头作出廉政承诺，接受群众监督。深入开展纠正行业和部门不正之风，认真开展治理商业贿赂专项工作。严肃查处违法违纪案件。2006年，全市共立查案件681件，其中县级干部案件9起，科级干部案件42起，万元以上经济案件123起；通过办案挽回经济损失1187.1万元。

（五）大力弘扬求真务实、真抓实干作风　制定了《市委常委职责分工及今年工作任务分解明细表》，建立了市级领导联系点制度，明确任务，落实责任，带头深入基层调查研究，面对面指导工作。按照省委、省政府“三个体系”建设的要求，进一步健全完善党政机关目标管理责任制、“四强”（强乡镇、强村、强企、强工业园区）竞赛、重大突发事件预警应急机制，促进了加快发展和维护社会稳定各项任务的落实。

二、重大决策与主要工作

针对国家宏观调控的新形势，市委坚持以科学发展观为指导，不断解放思想，抢抓机遇，用创新的思路、有效的措施破解发展中的难题，推动经济社会实现又好又快发展。2006年，全市国内生产总值完成757.88亿元，比上年增长16.4%，人均GDP突破2万元；地方财政收入37亿元，增长31.37%，人均地方财政收入突破1000元；全社会固定资产投资341.1亿元，增长20.7%，固定资产投资在趋于理性的基础上保持了良好的增长态势；城镇居民人均可支配收入11020元，增长11.5%；农民人均纯收入4687元，增长10.5%。

（一）大力调整优化经济结构，加快工业化步伐　按照科学发展观和国家产业政策要求，努力走新型工业化之路，加快经济转型步伐。枣薛经济带集聚效应初步显现，沿运经济带建设开始起步。总面积6平方公里的泰国工业园已经启动，投资42亿元的10个项目已经开工建设，香港国际科技工业园在滕州奠基,煤化工基地建设初具规模。科技创新能力不断增强,8个项目获国家、省科技进步奖,高新技术产业实现产值占规模以上工业总产值的比重提高2个百分点。服务业平稳较快发展,全年社会消费品零售总额204.4亿元,增长16%。

(二)高度重视“三农”工作,扎实推进新农村建设 始终把解决好“三农”问题作为全局工作的重中之重,本着“态度要积极,操作要稳妥,核心是发展,重点是增收”的原则,以发展农村经济、增加农民收入为重点,扎实推进新农村建设。制定下发了新农村建设意见和10个配套文件,会同国务院发展研究中心农村部举办了“社会主义新农村建设研讨会”。全面推进农业专业化、产业化和标准化,加大劳动力转移步伐,小麦单产连续三年全省第一,累计转移农村劳动力56.2万人。继续实施百个强村竞赛、百个薄弱村帮扶转化和百个文明生态村创建“三百”工程,取得了显著成绩。不断改善农村生产生活条件,搞好沼气池建设,大力发展“生态家园”。严格落实支农惠农政策,2006年落实粮食直补资金3392.9万元,发放柴油、化肥增支补贴3441.37万元,发放良种补贴资金800万元。

(三)千方百计搞好招商引资、推进改革开放、发展民营经济,增强发展活力 把招商引资作为加快发展的必由之路、快捷之路和强大推动力,成功举办了杭州、香港、韩国等招商会和第七届中国枣庄国际石榴节暨投资贸易洽谈会,取得丰硕成果。2006年,全市实际利用外来资金193.5亿元,增长20.8%;实际利用境外资金1.03亿美元,进出口总额达到4.74亿美元。以建立现代企业制度为目标,稳步推进国有企业改革,一大批企业通过转换机制焕发了生机。财政管理、国有资产管理、投融资、粮食流通、煤炭安全生产体制,行政审批制度,综合行政执法和事业单位改革扎实推进。鼓励民营企业在加快发展中提高,在提高中加快发展。2006年,全市销售收入过亿元的民营企业发展到170家;民营经济纳税额37.43亿元,占全市税收总额的56.3%。

(四)狠抓重点项目建设,培植发展后劲 把重点项目建设作为经济发展、财政增长、就业增加的重要支撑,作为调整经济结构、促进产业升级、转变增长方式、推进新型工业化的重要手段来抓。通过召开座谈会、现场会、银企对接会等形式,帮助企业分析形势,研究对策,引导企业在破解难题中把握机遇,加大投入,加快建设步伐。2006年,全市共安排市定重点项目50个,总投资328.9亿元,年度计划投资87.6亿元,累计完成投资89.2亿元。兖矿鲁南化肥厂原料及动力结构调整、新源电厂二期等22个项目按时或超额完成投资进度。

(五)统筹城乡协调发展,加快城市化进程 枣薛中心城区哑铃型组群式城市框架已现雏形。不断加快新城基础设施建设,累计完成投资29.7亿元,建成区面积达到3.5平方公里。旧城改造注重提升城市基础设施建设水平,大力实施硬化、绿化、美化、亮化工程,今年累计完成投资8.83亿元。东沙河治理工程已开工建设。区(市)驻地建设管理不断加强,搞好村镇整体规划,加快村镇建设步伐。扎实推进生态市建设,全市森林覆盖率达到29%。

(六)大力优化经济发展环境,促进实现又好又快发展 以提高枣庄对外吸引力为目标,不断强化软环境建设。充分发挥行政审批服务中心的作用,深入开展机关效能监察、服务经济转变职能大家评等活动,加大对经济环境的监督检查,受到投资经营者的欢迎。在2006年浙商大会暨浙商论坛、首届浙商投资博览会上,枣庄被评为“浙商(省外)投资潜力城市”。

三、改革与创新

按照中央和省委的总体部署要求,制定了《关于贯彻落实十六届六中全会精神加快“和谐枣庄”建设的决定》,在加快经济发展、打牢物质基础的同时,立足当前,突出重点,积极探索,扎实推进。

(一)高度关注民生,让发展成果惠及群众 积极做好就业再就业和社会保障工作,城镇新增就业5.9万人,其中下岗失业人员再就业1.6万人;累计征缴各项社会保险费13.1亿元,发放养老金8.25亿元、失业金5297.9万元,城镇居民最低生活保障人数达到6.2万人,增长14%。认真解决“上学难”、“看病难”问题,搞好学校危房改造,加大对贫困生救助力度,共有3.2万名农村贫困家庭学生享受了“两免一补”;积极推行新型农村合作医疗试点,全市试点乡镇扩大到47个,覆盖面达到81%。大力实施村村通自来水、村村通油路、村村通客车工程,全市74%的自然村通上自来水,95.2%的行政村通了油路或水泥路,基本实现了行政村村村通客车。不断完善社会救助体系,城市低保标准由原来的每人每月143元提高到163元,农村低保标准由原来的每人每年600元提高到700元,全市有60438名城市居民和31984名农村居民得到救助;继续加大对农村敬老院的建设投入力度,五保对象集中供养率达到60%。

(二)以“文明枣庄”建设为抓手,推进和谐文化建设 研究制定了《2006—2010年枣庄市文化强市建设规划纲要》,柳琴戏入选第一批国家非物质文化遗产名录,北辛遗址被国务院列为第六批全国重点文物保护单位;出版了《枣庄运河文化丛书》,全面展现枣庄运河流域物质文化和精神文化;农村电影“2131工程”作为“枣庄经验”在全省推广。以“八荣八耻”社会主义荣辱观为主要内容,社会公德、职业道德、家庭美德教育扎实开展。

(三)协调发展各项社会事业,构筑和谐社会的基础条件 高度重视体育工作,成功承办了全国健身秧歌大赛,举办了全市首届职工运动会。大力发展教育事业,全市本科录取7799人,枣庄学院在校生突破万人,技术学院新校区开工建设。城乡卫生医疗条件得到改善,13个疾病控制和医疗救治项目竣工,列入省“360工程”和市“改貌计划”的20所乡镇卫生院投入使用。人口与计划生育利益导向机制和奖励保障政策体系进一步完善,市人口计生委被评为“全国人口计生系统先进集体”,滕州市被评为全国计划生育优质服务先进县，山亭区、峄城区被评为全省计划生育优质服务先进县。

（四）扎实推进“平安枣庄”建设，营造和谐稳定的社会环境 坚持创新工作思路，改进工作方法，进一步健全完善预警应急处置、“严打”经常性工作、矛盾纠纷排查调处、社会治安防控、基层基础、责任监督考核等机制，不断提高维护社会稳定的能力。积极推进民主政治、民主法制建设，强化社会主义法治理念教育，提高依法治市水平。2006年，平安枣庄建设取得了全市刑事案件发案率、治安案件发案率、群体性治安事件、群众信访总量、安全生产事故下降和无进京集体上访、无重大群体性事件、无重特大安全生产事故“五降、三无”的显著成绩。市中级人民法院被评为“全国优秀法院”，市人民检察院被省检察院记集体一等功。

附：枣庄市委书记、副书记、常委名单

书　记：马金忠（2006年9月离职）
　　　　刘玉祥（2006年9月任职）

副书记：陈　伟　邓滕生

常　委：刘玉祥　陈　伟　邓滕生　张志明
　　　　蒋英健　王兴勤　梁宪廷　周杰华
　　　　张宝民　王邵军　杜英杰　王忠林
　　　　秦元祥

中共东营市委工作概况

东营市委书记　张秋波

一、组织概况与党的建设

市委辖5个县区党委，28个直属党（工）委。基层党委168个，党总支217个，党支部4377个；党员86795名，其中女党员13098名，占15.09%，少数民族党员106名，占0.12%。一年来，以加强执政能力建设和先进性建设为重点，全面推进党的建设新的伟大工程，取得了新的进展。

（一）深入开展保持共产党员先进性教育活动 以建设群众满意工程为目标，认真做好第一、二批先进性教育活动成果的巩固提高工作，突出建设社会主义新农村这个主题，扎实开展第三批先进性教育活动，整个教育活动党员群众满意度达到99.98%。在认真总结成功经验的基础上，建立了党员长期受教育、群众长期得实惠的长效机制。

（二）切实加强基层党组织建设 深化和拓展农村基层组织“三级联创”活动，加强新型经济社会组织和街道社区党建工作。农村各个产业组织、城镇社区、非公有制企业普遍建立了党组织，提高了党的工作的覆盖面和有效性。做好发展党员工作，积极探索流动党员社区管理和党员量化考评制度，提高了党员队伍建设水平。做好党员干部现代远程教育工作，建成远程教育有线电视网、电视信息网，延伸了远程教育工作的覆盖面。

（三）全面加强领导班子和干部队伍建设 严格执行《党政领导干部选拔任用工作条例》，运用体现科学发展观要求的综合考核评价办法，组织开展县区党委换届考察，指导搞好乡镇党委换届工作。深入做好思想政治工作，严肃组织人事纪律，保证换届工作顺利进行。乡镇党委换届工作圆满完成。及时调整充实部分领导班子，调整县级干部248名，其中提拔104名，交流66名，安置军转干部6名，到龄改非16名，到龄免职32名，改善了领导班子结构，增强了领导班子的整体功能。抓好干部教育培训，举办各类干部培训班次931期，培训干部62899人次，完成省以上调训98人次，累计完成大规模培训干部任务的92.7%。加强对人才工作的宏观指导，制定出台《东营市“十一五”人才发展规划》，认真落实引进、培养、使用人才的政策措施，营造了良好的人才工作环境。

（四）认真抓好党风廉政建设 贯彻标本兼治、综合治理、惩防并举、注重预防的方针，着重构筑教育、制度、监督并重的惩治和预防腐败体系，提高干部队伍的拒腐防变能力。进一步完善工程建设项目招标投标、经营性土地使用权出让、产权交易、政府采购等各项制度，深化干部人事、司法体制、行政审批、财政管理、投资体制、金融监管等各方面改革，努力推动从源头上预防和治理腐败。加强领导干部廉洁自律，认真治理领导干部违反规定收送现金、有价证券和支付凭证，以及领导干部配偶、子女违反规定经商办企业等问题。严格落实党风廉政建设责任制，明确工作责任，加强检查考核，保证了反腐倡廉各项任务的落实。

二、重大决策与主要工作

在省委的正确领导下，市委坚持以邓小平理论和“三个代表”重要思想为指导，深入贯彻党的十六大和十六届三中、四中、五中、六中全会精神，以科学发展观统领全局，团结带领各级党组织和广大党员干部群众，埋头苦干，奋力开拓，各项工作取得了新的成绩。

（一）努力推动经济社会又好又快发展 坚决贯彻落实国家宏观调控政策，大力调整优化经济结构，加快转变经济增长方式，深入推进改革开放，促进经济社会又好又快发展。2006年，全市实现生产总值1450.3亿元，比上年增长17%；地方财政收入48.1亿元，增长24.8%。突出抓项目、抓园区，抓科技创新、抓招商引资，加快建设加工制造业基地。全市规模以上工业企业达到603家，其中销售收入过亿元的152家，实现产值2462.6亿元，利税769.8亿元，分别比上年增长28.4%和29.9%。高新技术产业产值占规模以上工业总产值的比重达到15.6%，比上年提高2.1个百分点。万元生产总值能耗降低4.5%，我市被命名为国家节水型城市。实现进出口总值18.8亿美元，其中出口11.2亿美元，分别比上年增长26.8%和31.2%；吸收外商直接投资1.4亿美元，增长20.4%。7个省级开发区建成区面积达到66平方公里，成为对外开放和经济增长的重要平台。服务业呈现良好发展态势，实现增加值204.38亿元，比上年增长20.8%。加强城市和基础设施建设，中心城建成区面积达到70.2平方公里，全市城镇化率达到57.1%。

(二)扎实推进社会主义新农村建设 按照中央关于新农村建设的总要求，认真贯彻工业反哺农业、城市支持农村和多予少取放活的方针，探索实施统筹城乡发展战略，加大新农村建设推进力度。着力建设现代农业，培育了畜牧、水产、蔬菜、冬枣、棉花等优势产业，建成了一批规模化种植养殖基地，农业龙头企业发展到410家。完成了大中型灌区节水改扩建，所有农田全部达到水浇条件。全面开展农民科技培训，60%的农民掌握了一至两门农业实用技术。完成了300人以上村庄的规划编制；基本实现村村通柏油路、通自来水、通客车、通有线电视、通互联网；农村集中供水覆盖80万农民，占农村总人口的77.2%；所有乡镇建立了超市，317个村建立了放心店；3万户农民用上了沼气，农村生产生活条件和环境面貌明显改善。实施农村文明信用工程，全市60%的村成为文明信用村，50%的农户成为文明信用户。

(三)着力提高群众生活水平 牢牢把握执政为民的本质要求，把民生问题放在各项工作的首位，积极为群众办实事、好事，努力提高群众收入水平和生活质量。2006年，全市城市居民人均可支配收入16742元，农民人均纯收入5157元，分别比上年增长12.1%和12%。城镇新增就业3.79万人，新增农村劳动力转移就业5.1万人，城镇登记失业率为1.93%。建立了以"五保五救助"为主要内容的社会保障体系：最低生活保障实现了应保尽保，城镇低保标准两区每人每月280元、三县每人每月250元，农村低保标准每人每年1300元；城镇职工、居民医疗保险参保率分别达到93.5%、71%，农民医疗保险参保率达到95%；城镇企业职工养老保险征缴率达到99.2%，农村适龄人员养老保险投保率达到52%；五保老人集中供养率达到97%，供养标准达到每人每年2800元；失业保险正逐步向城镇各类企业、个体工商户和进城务工农民覆盖。实施贫困学生救助、残疾人救助、自然灾害救助、老年人救助、农村住房特困户救助，有效解决了困难群众的基本生活问题。

(四)积极构建和谐社会 牢牢把握先进文化的前进方向，加强社会主义核心价值体系建设，深入开展社会主义荣辱观教育，大力弘扬"和谐、诚信、创新、卓越"的东营精神，增强了全市人民干事创业的精神动力。积极发展各项社会事业。推进农村中小学标准化建设，促进城乡教育协调发展。加强城乡卫生服务网络建设，公共卫生保障体系进一步完善。加快发展文化事业和文化产业，推进精神产品生产，繁荣文艺创作，丰富群众精神文化生活。认真做好人口和计划生育工作，全市人口自然增长率为4.15‰。大力开展全民健身运动，提高群众健康素质。在山东省第21届运动会上，我市代表团夺得17枚金牌，实现历史性突破。深入推进油地军校团结发展，携手发展石油替代产业，携手推进基础设施和社会事业发展，携手维护区域稳定，形成了共建美好家园的可喜局面。扎实推进平安东营建设，深入开展打黑除恶专项斗争，加强社会治安防控体系建设，维护了社会治安稳定。坚持油区治安重中之重的方针，严厉打击涉油犯罪，为油田生产经营提供了良好环境。建立矛盾纠纷排查调处机制，完善村级定时定点集中办公、乡镇司法调解中心、市和县区"五长"联合接访制度，一些矛盾纠纷得到化解。认真做好安全生产工作，没有发生重特大安全生产事故。

(五)切实加强民主法制建设 保证人大及其常委会依法履行监督、重大事项决定和人事任免职能。支持政协认真履行政治协商、民主监督、参政议政职能，加强与民主党派、工商联和各界人士的团结合作。召开了政协工作会议，研究制定了加强政协工作的措施。以落实政务公开、厂务公开、村务公开、社区事务公开为重点，扎实推进基层民主政治建设。深入开展社会主义法治理念教育，努力提高党委、政府依法执政、依法行政的水平，推进了依法治市进程。

三、改革与创新

面对新的形势，市委在深入调查研究的基础上，确定了黄河三角洲开发的基本思路：实施"一个总战略"，突出"六个重点"，力促"四个突破"。

(一)一个总战略 就是全面实施黄河三角洲开发总战略，拉开大开发、大开放、大发展的新格局。按照建设加工制造业基地、能源基地、区域性枢纽中心和物流中心、休闲度假观光胜地和宜居城市的目标，坚持"高点起步、集中开发、市场运作、扎实推进"，明确建设高效生态经济区的定位，从文化旅游业、高新技术产业和交通物流业起步，集中规划建设重点开发建设区、湿地生态保护区和高效生态农业区，着重运用市场机制推进实施一批大项目，务求实效，不断突破，一步一步向前推进。

(二)六个重点 一是调整优化经济结构，加快转变经济增长方式。着力发展石油装备、汽车零部件等先进制造业和新材料、生物制药、电子信息三大高新技术产业，积极发展现代服务业和现代农业，坚决制止高耗能、高耗水、高污染项目建设，推动经济结构优化升级，尽快构筑起具有较强综合实力、市场竞争力和发展活力的经济体系。二是加强"三农"工作，扎实推进社会主义新农村建设。重点推进现代农业建设，培育规模化标准化生产基地，扶持发展龙头企业和农村二三产业，实施品牌开发，推广应用现代科学技术，提高农业素质、效益和竞争力，建立农民增收的长效机制。实施农田林网、路网、水网三网合一的综合开发，改善农业生产条件和生态环境。加大农民科技培训力度，提高农民的科学文化素质和就业创业能力。三是抓好节能降耗、环境保护、自主创新，切实提高可持续发展能力。抓好重点行业的节能降耗，加强环境保护，坚决治理污染。依托东营高新区、石油大学科技园、东营生产力促进中心构建科技创新平台，坚持走开放发展道路，推进创新型城市建设。四是坚持统筹协调，大力发展各项社会事业。继续改善农村中小学办学条件，尽快普及高中阶段教育和学前教育，积极发展职业教育。努力健全社区卫生服务网络，加强乡镇卫生院建设，逐步建立覆盖城乡居民的基本卫生保健制度。加快城乡文化体育设施建设，积极开展文化体育活动。五是进一步深化改革，全面推进对外开放。深化行政管理体制改革，重点在推进财政预算改革、财政国库管理制度改革、投融资体制改革、城市和公用事业管理体制改革等方面取得重大进展。深入推进招商引资，突出产业招商和专业招商，提高招商引资的质量和成效。六是以人为本关注民生，认真解决关系群众切身利益的问题。实施积极的就业政策，努力增加就业岗位。完善社会保障救助制度，逐步提高保障标准，扩大保障覆盖面。认真解决群众关心的问题，切实维护群众合法权益。

(三)四个突破 一是在发展地方经济特别是市属经济上实现突破。把发展工业作为发展市属经济的重中之重，突出抓好东营经济开发区、东营港经济开发区两大平台建设。二是在发展以生态旅游为重点的现代服务业上实现突破。重点策划运作好黄河口休闲度假旅游，努力把东营打造成为旅游热点城市，争创中国优秀旅游城市。三是在提升城市规划建设管理水平，打造特色城市上实现突破。着力做好“水”的文章，构筑环城和“九横十纵”主干水系，形成水路相行、河湖相连、河海相通、城水相依、水绿共生、人水和谐的独特城市风貌，努力把东营打造成为一座知名的“黄河水城”。四是在改善基础设施和发展环境上实现突破。重点搞好“三路(威乌高速公路、黄大铁路、德龙烟铁路)两港(东营港、广利港)一场(东营永安机场)”建设，构建现代化立体交通网络。同时坚持不懈地抓好软环境建设，不断增强环境竞争力。

附：东营市委书记、副书记、常委名单

书　记：石　军(2006年10月离职)
张秋波(2006年10月任职)

副书记：张建华　刘曙光

常　委：张秋波　张建华　刘曙光　韩宝光
周燕明　王玉君　于永初
张秀香(女)　曹连杰　马登雨
刘赞杰　赵豪志

中共烟台市委工作概况

烟台市委书记　孙永春

一、组织概况与党的建设

烟台市委辖基层党组织19939个，其中党(工)委802个，党总支847个，党支部18290个。全市共有党员490291名。

2006年，烟台市委坚持以实践“三个代表”为主题，以保持先进性和提高执政能力为重点，全面推进党的建设新的伟大工程。一是按照实践标准和群众标准，扎实开展先进性教育活动。教育引导广大党员牢记党的宗旨和入党誓词，切实增强党性观念和先进性意识，解决好思想、工作、作风上存在的突出问题，有力地促进了基层党组织和党员队伍建设，党员群众对先进性教育活动的满意率达到99.98%。二是坚持正确的用人导向，大力加强领导班子和干部队伍建设。切实加强和改进对干部的考核评价，调好、选优、配强各级领导班子，努力形成干事创业、奋发有为的领导层。按照中央和省委的部署要求，精心组织市县乡党委换届工作。认真抓好大规模干部培训工作，培训各级各类干部15万人次。深入开展“万人评机关”和“万名干部下农村”活动，促进了机关作风转变和农村面貌改观。三是强化分类指导，切实加强基层组织建设。深入开展“三级联创”活动，以推动新农村建设、提高富民本领为着力点，加强农村基层党组织建设；以建设和谐社区、服务社区居民为着力点，加强社区党建工作；以发挥政治核心作用、维护职工利益为着力点，搞好国有企业党的建设；以扩大覆盖面、提高影响力为着力点，加大在新经济社会组织建立党组织的工作力度。四是坚持从严治党，深入推进党风廉政建设和反腐倡廉工作。坚持“标本兼治、综合治理、惩防并举、注重预防”的方针，推进惩治和预防腐败体系建设，加强领导干部廉洁自律工作，认真纠正部门和行业不正之风，坚决查处违纪违法案件，党风廉政建设和反腐败斗争取得了新的成效。

二、重大决策与主要工作

2006年，烟台市委坚持以邓小平理论和“三个代表”重要思想为指导，全面贯彻落实科学发展观，按照省委、省政府对烟台作出的“三个明显、两个高于、一个跨越”和“东部突破烟台”的决策部署，以及我们提出的“又好又快、赶超发

展、走在前面"的目标要求,团结带领广大党员干部群众解放思想、高点定位,扎实工作、开拓进取,改革开放和现代化建设取得了新成绩,经济社会发展跃上了新台阶。全市地区生产总值继2002年迈上1000亿元台阶、2005年突破2000亿元大关后,达到2402亿元,连续4年保持17%以上的增幅;境内财政总收入增长29.1%,达到378.6亿元,其中地方财政收入增长29.2%,达到112.4亿元;城市居民人均可支配收入14374元,农民人均纯收入6072元,分别增长15.4%和13.6%。先后获得中国投资环境"金牌城市"、全国创新环境十强城市、全国生活质量十强城市、中国旅游竞争力百强城市等新的荣誉称号。

(一)认真落实科学发展观,努力促进经济又好又快发展 一是坚持有保有压,落实宏观调控政策。进一步优化投资结构,严格市场准入标准,对高耗能、高污染和产能过剩、盲目扩张项目坚决限制、严厉禁止,对符合产业政策、符合科学发展要求的重点项目全力推动、尽快干成,一些事关烟台长远发展的大工程、大项目建设取得重大进展,烟大铁路轮渡等一批重点工程建成运营,海阳核电等一批重大项目顺利推进。二是调整优化结构,提升经济发展层次。集中膨胀发展机械制造、电子信息、食品加工和黄金四大支柱产业,突出抓好汽车、电脑、手机三大产品集群,加快实施骨干和名牌带动战略。2006年,全市四大支柱产业完成增加值、利税、利润均占规模以上工业的50%以上,销售收入过10亿、利税过亿元的企业均达到77户,累计拥有中国名牌产品19个、中国驰名商标11件。繁荣发展服务业,特别在旅游会展和现代流通方面,重点打造蓬莱、长岛、龙口和市区"3+1"板块,全面启动大南山旅游开发项目,大力发展港口物流。2006年,全市服务业增加值增长13.9%;烟台港口货物吞吐量突破1亿吨,成为全国沿海第10个货物吞吐量过亿吨的港口城市,其中集装箱货物吞吐量突破百万标箱,跨入全国十强行列。三是抓好节能环保,建设资源节约型、环境友好型社会。引导全社会珍惜每一寸土地、每一滴水、每一度电、每一升油,努力使有限资源创造出更多效益。在经济保持平稳较快增长的同时,能源消耗、污染排放等约束性、控制类指标持续下降。

(二)加大改革开放和科技创新力度,全面增创竞争发展优势 一是纵深推进各项改革。突出抓好企业产权制度改革,全市完成41户市属国有企业产权制度改革,有9户境内上市企业完成股权分置改革任务,3户企业在境内外成功上市,上市公司累计达到15家,筹集资金102亿元。破除制约民营经济发展的体制障碍,鼓励民营经济"非禁即入",放心、放手、放胆、放量地发展,在全市真正形成能人创企业、百姓创家业、干部创事业的浓厚氛围。2006年,全市个体工商户达到13.6万户,民营经济完成增加值、上交税金分别占全市生产总值、税收总额的78%和66%。二是提高对外开放水平。积极扩大利用外资规模,提高利用外资质量,集中引进高附加值、高技术含量的大项目、好项目;加快转变对外贸易增长方式,促进机电产品、高新技术产品出口和加工贸易转型升级。2006年,全市实际外商直接投资21.6亿美元,比上年增长13%;外贸进出口150.8亿美元,增长31.3%,其中出口88亿美元,增长35.7%;机电产品和高新技术产品出口分别占全市出口总值的39.5%和19.5%。三是加快科技创新步伐。坚持以企业为主体推进创新,努力实现高新技术产业化、传统产业高新化,提高区域经济核心竞争力。全市连续5年获得"全国科技进步先进城市"称号,高新技术产业产值占工业总产值的比重达到30.8%。中科院烟台海岸带可持续发展研究所落户烟台,对促进自主创新、又好又快发展必将产生积极影响。

(三)坚持统筹城乡发展,促进城市与农村共同繁荣 一是按照"三高"要求搞好城市建设。在中心城市,按照"拓展东西两翼,贯通南北山海"的发展战略和建设现代化城市的标准,进一步拉开城市框架,改善城市环境,提升城市品位。国际博览中心、体育公园二期、幸福南路拓宽改造二期、成龙线改造、朝阳街沿海改造等一批重点工程全面完工;在前三年投入6亿多元、对老城区44个社区进行综合整治的基础上,2006年又投入2亿多元,对老城区9个社区进行了综合整治,实现了城市面貌"五年大变样"的目标。二是扎实推进社会主义新农村建设。调整优化农村经济结构,纵深推进农业产业化经营,大力发展特色、高效、创汇农业和农村二、三产业,拓展农村发展、农业增效、农民增收的空间。2006年,全市第一产业增加值比上年增长5.9%;农副产品出口创汇20.5亿美元,增长15.3%;年销售收入过亿元的农业产业化龙头企业达到71家,70%的农户进入产业化经营领域。围绕改善农村生产生活条件,加快发展"路水电医学"和社会保障事业,全市行政村公路硬化率达到96%,自来水普及率达到87%,有线电视入户率达到90%,农村电网建设改造工程全部完工,新型农村合作医疗覆盖面扩大到8个县市区、农民参合率达到85%。在全市开展"3+1"联手共建新农村活动,有5100多个机关事业单位、工商企业和小康村与4700多个村结成共建对子,形成了全社会合力推动新农村建设的浓厚氛围。三是膨胀壮大县域经济实力。坚持鼓劲加压、挑起竞争,促强扶弱、协调推进,努力形成强县率先发展、中等县崛起发展、困难县赶超发展的局面。2006年,8个市县地区生产总值占全市的65.9%,地方财政收入占全市的53.2%。在国家统计局最新公布的全国百强县中,我市有龙口、蓬莱、招远、莱州4个市入围,其中龙口位居16位,比上年上升5个位次。继续开展帮扶栖霞工作,共落实帮扶资金2.65亿元,有力地促进了栖霞发展。

(四)更加注重惠及群众,积极构建社会主义和谐社会 一是努力为群众排忧解难,提高群众满意度。高度关注民生问题,把实践党的宗旨体现在解决好群众就业、上学、看病等具体问题上,体现在让全体人民共享改革发展成果上。2006年,全市新增城镇就业再就业13.5万人,其中失业人员再就业4.3万人。对低保对象到指定医院就医,减免30%至70%的检查费和治疗费。组织开展了第五次爱心捐助活动，收到社会捐款9500多万元，发放5280多万元，救助困难群众17.8万人、困难学生2.8万人。二是推进和谐文化建设，提高社会文明度。加强社会主义核心价值体系建设，深入开展社会主义荣辱观教育和群众性精神文明创建活动，大力弘扬“创新、拼搏、协作、包容”的烟台精神，巩固扩大全国文明城市创建成果，提升了和谐文化和精神文明建设水平。三是打造全国最安全城市，增强群众安全感。进一步强化社会治安综合治理，深入开展平安创建和严打集中整治活动，重视加强信访工作，健全完善矛盾纠纷排查调处机制，抓好安全生产管理，坚决消除安全隐患。2006年，全市98%的城乡基层单位没有发生刑事案件，治安案件、去省进京上访、重大安全生产事故等影响社会稳定的主要指标均有不同程度下降。四是加快发展社会事业，增强发展协调性。加大公共财政支持力度，启动建设烟台大剧院、京剧院新院、群众艺术馆和博物馆新馆、新青少年宫等文化设施。全市连续8年实现人口零增长，高中段教育普及率达到89.3%。承办了山东省第二十一届运动会，不仅取得比赛金牌、团体总分名列榜首的优异成绩，而且充分展示了烟台良好的精神风貌和城市形象。

三、改革与创新

(一)坚持在解放思想中提升境界 为推动经济社会在新起点上实现新发展，我们在全市上下大力强化三种意识：一是机遇意识。引导各级充分看到国家实施宏观调控政策、开发天津滨海新区和振兴东北老工业基地等重大战略，省委、省政府推进半岛制造业基地、城市群建设和东部突破烟台等重大举措，给烟台发展带来的重大机遇，乘势而上，借势发展，努力把自己的事情办好。二是忧患意识。引导各级在横向对比中看到差距，时刻保持清醒头脑，反骄破满、思危奋进，努力追求卓越、争创一流。三是责任意识。引导各级用心把握、用心工作、用心落实，特别在各种困难和挑战面前，勇于探索创新、攻坚克难，真正做到想干会干干好。

(二)坚持以科学发展观统领全局 深刻理解科学发展观的本质和内涵，牢固确立以人为本、全面协调可持续发展的理念，“五个统筹”的理念，速度和结构、质量、效益、后劲相统一的理念。正确把握“好”与“快”的关系，坚持以“好”为基础，同时保持必要的速度，使“好”与“快”有机统一，在“好”中求“快”，努力实现科学发展、和谐发展、赶超发展、可持续发展。

(三)坚持大力弘扬新时期的“烟台精神” 认真总结承办国际果蔬·食品博览会、二十一届省运会和亚欧旅游合作发展论坛暨展览会等三项重大活动的成功经验，在全市大力弘扬新时期“创新、拼搏、协作、包容”的烟台精神，用创新精神激发境界高远、追求卓越的进取动力，用拼搏精神凝炼坚韧不拔、攻坚克难的坚强意志，用协作精神锻造胸怀全局、和谐团结的优秀品格，用包容精神展现海纳百川、诚信友善的良好形象。

(四)坚持竞争择优的选人用人机制 严格贯彻执行《党政领导干部选拔任用工作条例》，深化干部人事制度改革，完善民主推荐、竞争择优的选人用人机制，加强决策目标、执行责任、考核监督“三个体系”建设，坚持以贡献论英雄、凭实绩用干部，充分调动各级干部干事创业的积极性和主动性。

(五)坚持求真务实狠抓落实 引导各级敢于说真话、报真情，善于办实事、求实效，多做少说、不事张扬，脚踏实地、真抓实干，坚决反对形式主义、官僚主义和弄虚作假、虚报浮夸，不提不切实际的空口号，不搞沽名钓誉的“形象工程”。对作出的决策和定下的事情，一抓到底、干出成效，努力创造出实实在在、经得起实践和群众检验的政绩。

附：烟台市委书记、副书记、常委名单

书　记：焉荣竹(2006年10月离职)
孙永春(2006年10月任职)

副书记：张江汀　齐秀生

常　委：孙永春　张江汀　齐秀生　王秀臣
郝德军　赵　强　刘树琪　王晓敏
谭　伟　于爱军　田东流　朱秀香
刘延林

中共潍坊市委工作概况

潍坊市委书记　张新起

一、组织概况与党的建设

潍坊市委辖6市2县4区12个地方党委，936个基层党委，873个党总支，21222个党支部。共有党员512606名，其中，女党员69136名，大专以上文化程度党员126694名。2006年发展党员12576名。在党的建设方面，主要抓了四点：

(一)先进性教育活动取得明显成效 把搞好先进性教育活动作为党建工作的头等大事，认真落实胡锦涛总书记“关键是取得实效”的重要指示，坚持高标准、严要求，努力建设群众满意工程，取得了重要的实践成果、制度成果和理论成果，群众满意率达到99.99%。2006年7月，胡锦涛总书记对寿光市的先进性教育活动作出重要批示，给予充分肯定。全市上下以落实胡锦涛总书记重要批示为动力，积极推进先进性教育长效机制建设，不断巩固扩大了先进性教育成果。

（二）领导班子和干部队伍建设进一步加强 坚持正确的用人导向，按照干部"四化"方针和德才兼备原则，注重在改革发展的实践中识人、选人、用人。认真做好县乡党委换届工作，市委常委带头约法三章，着力营造风清气正的换届环境，圆满完成了党委换届任务，优化了班子结构，增强了班子活力。抓好大规模干部培训，3年共培训科级以上干部15739人，占总人数的81.6%，干部队伍素质不断提高。健全完善干部政绩评价和考核机制，充分调动了干事创业的积极性。

（三）基层党组织的创造力、凝聚力、战斗力进一步提高 以"三级联创"为抓手，加强农村党组织建设，重点促进村级班子转化升级。全面加强机关、企业、学校和新型经济社会组织党建工作，全市具备建立党组织条件的2087家非公有制企业，党组织组建率达到99.86%，2006年发展党员1416名。扎实开展党员干部现代远程教育，在全省评比中名列前茅。

（四）党风廉政建设扎实推进 认真贯彻中央和省委的决策部署，严格落实党风廉政建设责任制，加快构建教育、制度、监督并重的惩治和预防腐败体系，不断加大从源头上治理腐败力度，严肃查处党员干部违纪违法案件，较好地解决了群众反映强烈的热点难点问题。

二、重大决策与主要工作

2006年，在省委、省政府的坚强领导下，坚持以邓小平理论和"三个代表"重要思想为指导，以科学发展观统领全局，深入贯彻党的十六大和十六届三中、四中、五中、六中全会以及胡锦涛总书记视察山东重要讲话精神，认真落实省委、省政府确定的发展目标和工作思路，解放思想，奋发进取，拼搏实干，开创了改革和建设的新局面。

（一）认真落实科学发展观，经济持续快速健康发展 按照科学发展观的要求，创新理念，提高质量，努力推动经济又好又快发展。全市完成地区生产总值1720.9亿元、增长16.5%；实现财政总收入177.7亿元，其中地方财政收入88.5亿元，分别增长26.1%和26.4%。

国家宏观调控政策得到有效落实。坚持突出重点、区别对待、有保有压，坚决限制和禁止高耗能、高污染项目，认真搞好新开工项目清理，坚决把国家产业政策不支持、潍坊资源环境不足以支撑的项目压下来，努力发展国家鼓励支持的产业和项目，培植新的经济增长点。2006年，全市规模以上固定资产投资完成999.5亿元，增长20.3%，增幅比上年回落14.1个百分点。

经济增长方式实现积极转变。工业经济主导地位更加突出，2006年规模以上工业企业实现主营业务收入3527.4亿元，增长30.2%，实现利税287亿元，增长28.9%；新增全国大型企业5家、中国名牌产品9个、中国驰名商标5件，有10家企业主营业务收入过50亿元、4家过100亿元。高新技术产业迅速成长，占规模以上工业总产值的比重达到22%，同比提高6.2个百分点，被评为全国科技进步先进市。服务业快速发展，2006年实现增加值508.4亿元，增长16.1%。沿海开发建设势头强劲，开工建设了一批重要基础设施和产业项目，为科学发展积蓄了后劲、开拓了空间。民营经济发展加快，2006年全市民营经济纳税额达到115.9亿元，占全市税收的比重达71.5%。对外开放迈出新步伐，2006年全市实际利用外资5.6亿美元，完成进出口总额51.9亿美元，其中出口38.6亿美元，分别增长31.6%和30.8%。节能环保力度不断加大，万元GDP能耗呈下降趋势，全市生态环境进一步改善。

新农村建设开局良好。深入实施"三化三带动"战略，农业全面增产增收，综合生产能力不断提高，农民收入持续增长。2006年，粮食总产达到43.3万吨，增长2.5%；新增龙头企业240家，省级以上重点龙头企业达到56家，其中国家级12家，实现销售收入670亿元；农产品出口创汇7亿美元，增长26.1%；实现农业增加值220亿元，增长9%，农民人均纯收入5508元，增长9.8%。农业基础条件得到改善，农村道路硬化率达到85%，农村自来水普及率达到74.2%，村村通客车率达到98%，有线电视通村率达到90%。农村环境明显改善，社会保持和谐稳定。

城市功能和品质进一步提升。中心城区东部高新技术产业、西部物流业、中部服务业、北部先进制造业"四大板块"建设加速推进，城市产业加快向高新化、集约化、服务型发展，城市经济竞争力明显增强；功能性项目规划建设加快推进，高标准完成了风筝都纪念广场、虞河整治、火车站改造等重点工程，金融服务区、娱乐中心、鲁东物流中心建设等一批重点项目进展顺利；城市基础设施进一步完善，环境综合整治力度加大，市容市貌发生新变化。先后获得"中国特色城市奖"、"山东省适宜人居环境奖"、"中国人居环境奖"，被评为中国优秀旅游城市、国家环保模范城市、2006中国特色魅力城市。

（二）认真解决人民群众最关心、最直接、最现实的利益问题，和谐社会建设扎实推进 全面落实十六届六中全会精神，把解决人民群众最关心、最直接、最现实的利益问题作为出发点和落脚点，扎实推进和谐社会建设。

各项社会事业快速发展。坚持把教育摆在优先发展的战略位置，全市普通高考录取总人数、重点本科上线人数居全省首位，素质教育被国家教育部等五部委列为全国典型；大力实施教育"十项惠民工程"，城乡群众上学难问题得到有效解决。全面推行新型农村合作医疗，全市参合农民达到577万人、参合率达88.2%，群众看病难、看病贵问题得到有效缓解。实施积极的就业政策，3年来全市共实现城镇就业再就业30.2万人，城镇失业登记率控制在3.12%以内。健全社会保障体系，城市困难家庭实现应保尽保，90%的城市低保人员享受医疗救助，农村低保标准提高到每人每年800元以上，农村五保户集中供养率达到60%。加快文化、体育事业发展，3年来我市运动员共夺得奥运会金牌

1 枚、世界冠军 8 个、亚洲冠军 10 个、全国冠军 39 个。积极推进计划生育综合改革，连续 3 年荣获省人口责任目标考核一等奖。

群众利益得到有效维护。积极探索建立利益共享机制，通过国民收入"二次分配"，优化公共资源配置，更多地向农村、库区和城乡弱势群体倾斜，让人民群众共享发展成果。认真做好城市拆迁、清理农民工工资拖欠、失地农民保障等工作，进一步完善山区库区帮扶政策，2006 年市级财政安排 100 万元用于扶持库区发展，对纳入扶持范围的库区移民，每人每年补助 600 元。

社会保持和谐稳定。广泛开展和谐社区、和谐村庄、和谐单位、和谐家庭创建活动，初步形成了共建共享的良好局面。全面推行政务、厂务、村务和社区事务公开，深化村级事务契约化、制度化、规范化"三化"管理，全市 98% 的行政村开展了依法治村活动，2 个村被命名为"全国民主法治示范村"，37 个被命名为"全省民主法治示范村"。积极开展矛盾纠纷排查调处工作，认真解决群众利益诉求，群众息访率达到 93.6%。强化社会治安综合治理，健全社会治安防控体系，刑事、治安案件发案率明显下降，人民群众的安全感不断增强。严格落实安全生产责任制，确保了人民群众生命财产安全。

三、改革与创新

（一）坚持把科学发展作为推进经济又好又快发展的根本立足点 适应新形势、新任务的要求，立足科学发展，进一步创新完善发展思路和举措，全力推进又好又快发展。一是科学发展工业经济，加快建设先进制造业基地。坚持全党抓经济、重点抓工业，坚持走新型工业化道路，大力实施高新技术产业赶超战略，加快工业结构优化升级；深入实施优势产业、大企业集团和知名品牌带动战略，全面增强工业经济整体实力；加快实施沿海开发战略，拓展工业经济发展空间；积极实施循环经济发展战略，加快转变工业增长方式。二是科学发展城市经济，加快建设现代化中心城市。把城市经济作为区域经济发展的重心，按照明确目标、科学规划、加快建设、科学发展的要求，全面提升各级区域中心城市的功能、品质和产出能力，增强城市竞争力。三是科学发展县域经济，加快建设社会主义新农村。实施工业强县战略，加快壮大县域经济实力；深入实施"三化三带动"战略，大力发展现代农业；坚持因村制宜、科学规划，生产先行、各有所为，稳步推进、创新发展，加快新农村建设。

（二）坚持把广泛开展和谐创建活动作为加快构建社会主义和谐社会的重要载体 按照人人有责、共建共享的原则，在全市广泛开展了和谐村庄、和谐社区、和谐单位、和谐家庭创建活动。一是坚持以人为本，把解决人民群众最关心、最直接、最现实的利益问题作为开展创建活动的切入点，注重从最棘手的问题着手，从应该办、能够办、能够办得更好的事情着手，让群众得到实实在在的好处。二是积极探索建立和谐创建长效机制。市县都成立了和谐创建工作领导小组，协调解决重大问题，指导督促工作开展；把和谐创建工作纳入"三个体系"建设内容，确保各项任务措施落到实处；积极推进村庄、社区建设管理制度机制创新，强化政府扶持。三是把和谐创建活动与群众性精神文明创建活动、新农村建设紧密结合起来，建设和谐文化，不断提高全社会的文明程度。

（三）坚持把创新完善干部考核机制作为推进工作的重要保证 按照全员目标、全员责任、全员考核的原则，改进对县市区、市属开发区以及市直部门和机关工作人员三个层次考核办法。在考核内容上，对县市区和市属开发区，既考核经济工作，也考核社会事业发展，突出考核体现科学发展、体现民生质量的导向型指标，重点考核增量指标，着重考核实实在在、不掺水分的指标；对市直部门和机关工作人员，全面考核机关作风、服务效率和工作绩效。在考核方式上，实行指标考核与现场点评相结合，奖励考核与"一票否决"相结合，日常考核与年终考核相结合，刚性兑现考核结果，旗帜鲜明地树立干事创业的导向，充分调动各方面的积极性。

附：潍坊市委书记、副书记、常委名单

书　记：张传林（2006 年 9 月离职）
　　　　张新起（2006 年 9 月任职）

副书记：许立全　崔建平

常　委：张新起　许立全　崔建平　胡　岗　蒋文彩　刘明珂　钟少林　徐振溪　曲新佩　解维俊　刘德成　苏立科　张小梅（女）

中共济宁市委工作概况

济宁市委书记　孙守刚

一、组织概况与党的建设

济宁市辖 3 市 2 区 7 县 12 个地方党委。到 2006 年底，全市共有基层党委 607 个，党总支 1591 个，党支部 17919 个，共有党员 425367 名。2006 年，在省委的正确领导下，中共济宁市委坚持以加强先进性建设和执政能力建设为重点，全面推进党的思想、组织、作风建设，不断增强各级党组织的创造力、凝聚力和战斗力。

(一)深入开展保持共产党员先进性教育活动 严格按照中央和省委部署要求,认真做好先进性教育活动成果巩固提高工作,积极推进党员承诺制的落实,狠抓各种问题的整改,集中解决了一大批涉及群众切身利益的突出问题。制定出台了一系列加强基层党建工作和保持党员先进性的制度文件,探索建立了保持共产党员先进性长效机制。全市98%以上的党员填写了党员承诺书,涌现出济宁医学院附属医院等一批先进典型。

(二)切实加强领导班子和干部队伍建设 认真贯彻执行党员领导干部《选拔任用暂行条例》和换届有关规定,大力推进领导班子配备改革和干部交流,努力营造风清气正的换届环境,圆满完成了县市区党委换届考察调整和乡镇党委换届工作,各级领导班子结构进一步优化。大力开展各类干部专题培训,重点抓好对新任领导干部和优秀中青年干部的培训。大力实施"四百人才工程"、"212人才工程"和"万名MBA人才工程",干部教育培训工作水平进一步提高。

(三)大力推进基层组织建设 深入开展农村党的建设"三级联创"活动和基层组织规范化建设活动,大力实施科技知识培训"十、百、万"工程、"百万农民培训工程"和"一村一名大学生"计划。继续抓好新型经济社会组织党的建设,在全市新型经济社会组织中新建党组织238个。全市社区、国有企业、高等院校、机关等领域党的建设取得新进展。

(四)深入开展党风廉政建设和反腐败斗争 建立健全教育、制度、监督并重的惩治和预防腐败体系。认真落实党风廉政建设责任制,从严抓好领导干部的廉洁自律,加大了行业纠风工作力度。坚持领导干部经济责任审计制度,有效遏制经济领域违法违纪现象的发生。大力开展廉政文化"六进"活动,促进了党风廉政建设和反腐败斗争的深入开展。大力倡树胡锦涛同志提出的"八个方面"良好风气,制定了《加强领导干部作风建设的意见》、《党员领导干部廉洁从政十条规定》,狠抓各项制度的落实,推动了党风政风和干部作风的转变。

二、重大决策和主要工作

坚持科学发展观统领全局,大力实施新型工业化、城市化、教育优先、生态济宁建设"四大战略",力求综合实力、产业层次、城市形象、宜居环境、民生水平、社会和谐"六个显著提升",全市经济社会逐步呈现出又好又快发展态势。2006年,全市GDP达到1456亿元,比上年增长16.4%;地方财政收入81.6亿元,增长23.3%;规模以上固定资产投资完成491.2亿元,增长17.6%;规模以上工业增加值607亿元,增长27.2%;实际直接利用外资3.2亿美元,增长33.9%;全社会消费品零售总额499.6亿元,增长16.3%;农民人均纯收入4590元,增长11.2%;城市居民人均可支配收入11996元,增长11.7%。三次产业比例调整为12.8:55.2:32。

(一)着力推进结构调整和产业优化,实现经济量增质升 一是突出壮大支柱产业。构建以高新技术为主导,以煤化工、机械制造、生物技术、医药食品、纺织服装五大产业集群为支撑的新型工业化体系。2006年五大产业完成增加值248.9亿元、增长35.9%,占规模工业总量的41%,带动规模工业增加值增长14.4个百分点。二是实施项目带动。以国家产业政策为导向,集中筛选突破一批重大项目,加速膨胀一批优势产品,扶持催生一批中小企业,带动结构优化和产业升级。2006年,全市规模以上工业企业达到2001家,利税过千万元的企业174家,其中过亿元的38家,成为支撑济宁经济发展的骨干力量。三是下大力气抓开放抓招商。创新招商方式,重点引进市场前景好、符合产业政策的"高大外"项目。积极调整出口商品结构,培植出口创汇骨干企业群体,2006年完成出口额15亿美元,增长30%。四是强力推进县域经济发展。坚持促强扶弱带中间,促进区域协调发展。把加快民营经济发展作为推进县域经济提质增速的重点来抓,强化政策扶持,完善金融、技术等服务体系,进一步激发了创业发展的活力。2006年,全市民营企业达2.2万户,比上年增长23.1%,民营经济上缴税金79亿元、增长40.1%。

(二)积极构建农村经济社会发展新格局,新农村建设扎实推进 按照"五新目标",实施"十大重点工程",完善工作机制,实施示范计划,新农村建设实现良好开局。大力发展富民产业,在全市范围内选择大蒜圆葱、肉蛋鸭、奶肉牛等十大优势特色产业产品,进行集中开发、重点培植。全市规模以上农业产业化龙头企业发展到552家,2006年新增152家;各类规模种养基地达到2600余处,特色产业产品专业村发展到1000多个。加大"水电路医学"建设力度,全市村村通自来水普及率达到79%,村村通公路率达到96.5%,农村电网改造二期工程全部竣工。

(三)大力培植新型支柱产业,现代服务业发展开始提速 按照差异化竞争策略,集中推进旅游业、文化产业、现代物流业、金融服务业四大重点。着力培植旅游支柱产业,重点建设孔孟文化、运河文化、水浒文化、宗教文化及微山湖生态休闲文化五大景区。2006年全年接待境外国内游客1481.8万人次,旅游总收入突破100亿元。积极发展文化产业,成功举办了"国际孔子文化节"等一系列节庆活动。规划建设了一批现代物流园区、配送中心,培植引进一批大型物流集团。全市金融机构存款余额达到1130亿元。2006年服务业增幅首次超过GDP增幅1.5个百分点。

(四)完善城镇发展体系,城市聚集功能和品位日益提升 大力推进"中心城区—次中心城市—中心镇——般建制镇"的城镇体系建设,城市化步伐加快。按照"孔孟之乡、运河之都、水城风貌、生态宜居城市"的特色定位,"东拓、西跨、南联、北延",跨河道跨矿区跨板块展开中心城市空间布局。一批牵动性强的大项目相继开工,军民合用济宁机场正在加紧修建;河湖水系综合整治示范段工程、古运河开发和"一河四带"工程全面铺开。城市路网建设明显加快,沿运河和微山湖贯通南北的滨湖路已开工。中华文化标志城前期基础工作正在抓紧进行，一批体现文化特征时代精神的大型文化体育设施陆续启动。

（五）加大节能减排力度，可持续发展能力有新提高 一是节能降耗力度加大。去年清理各类项目87个，项目投资176.2亿元，关停能耗高、污染重的企业47家。2006年万元GDP能耗降低3.8%，在全省各市中列第三位。二是治污减排取得重大进展。累计投入13亿元完成32家电厂脱硫治理任务，全市年削减二氧化硫8万吨以上，省政府召开现场会推广了我市经验。我市代表山东接受了国务院淮河流域水污染防治工作考评，在参评四省中名列第一。三是生态市建设步伐加快。启动了一批生态重点工程项目，完成投资102亿元。治理塌陷地3.1万亩，人工湿地面积扩大到4.5万亩。

（六）高度重视民生工作，和谐社会建设迈出坚实步伐 一是努力扩大就业。去年全市新增城镇就业8.5万人，城镇登记失业率为3.3%。二是逐步健全社会保障体系。城市居民最低生活保障标准由176元提高到210元，农村“五保”分散和集中供养标准分别达到1360元、2160元，农村最低生活保障标准提高到800元～1100元，被征地农民基本生活保障制度基本建立。三是着力解决就医难和上学难问题。新型农村合作医疗试点范围已扩大到所有县市区，全市农民参合率达到87.8%，补助标准由每人每年30元提高到40元。进一步健全城市社区卫生服务网络。设立困难群众大病救助基金，初步建立起大病救助机制。加大了教育投入和薄弱学校改造力度，改造农村中小学危房15.4万平方米，继续实施特困生救助，年内救助特困生1.67万人。四是积极改善困难群众住房条件。加快棚户区改造和经济适用房建设，全市拆迁改造棚户区147万平方米，建设经济适用房57万平方米，1316户低收入家庭住上廉租房。

（七）各项社会事业协调发展，文明创建活动成效明显 大力实施教育优先战略。市委、市政府作出《关于实施教育优先战略加快建设教育强市的决定》，教师工资全部纳入县级预算，10个县市区实现了县域内统一标准发放，超过省定标准并高于当地公务员工资水平。科技、文化、卫生等事业得到较快发展，坚持以精品带动文化创新，连续荣获全省精神文明“精品工程”组织工作奖，相继荣获中国戏剧梅花奖、中国曲艺牡丹奖等国家级大奖。组建起市疾病防控中心。围绕践行社会主义荣辱观，开展了倡导文明礼仪、打造文明品牌等独具特色的“十大行动”。被授予全省“创建文明城市工作先进城市”。农村“文明一条街”在普及的基础上不断延伸，探索出“文明小康村”、“文明生态村”等新的文明创建形式。

三、改革与创新

（一）深入开展“三学三创”活动，以思想解放引领发展 在全市党政机关开展了“三学三创”教育活动，学习先进地区（单位）的创业精神、干事胆识、科学态度，创新观念、创新机制、创新环境，努力破除影响经济社会发展的思想障碍和落后意识，广大干部队伍的创新意识、责任意识、服务意识明显增强，工作节奏、服务质量、管理水平有了新提高。坚持把“三学三创”成果制度化，积极构建创新发展的长效机制，进一步健全了“三个体系”，重点制定完善了党政领导班子领导干部综合考核办法，在全市党政机关开展了高绩效机关创建活动，机关干部作风和工作效率有了新的提高。

（二）构建要素支撑体系，增创区域竞争新优势 着力构建“四个支撑体系”，破解制约发展的各种“瓶颈”因素，最大限度地吸纳整合资源。一是金融服务支撑体系。加强金融生态环境建设。针对中小企业融资难问题，推进银企共建、资金项目对接，强化担保中介服务体系建设。积极引导企业拓宽融资渠道，鼓励上市融资、发行债券，推动了政府、银行、企业、社会的互动合作。二是技术创新支撑体系。以建设创新型城市为目标，重点强化创新体系建设。连续四次开展“院士济宁行”活动，取得重要科技成果100余项。2006年底，高新技术企业达到390家，其中国家级6家、省级190家，高新技术产业占工业总产值比重达到25.6%。三是人力资源支撑体系。把提高劳动力素质摆在更加突出的位置，加快发展职业技术教育，整合教育资源，组建了新的贸易职工大学。加大在岗培训力度，初步建立起符合我市实际的多层次、市场化、社会化的职业技能培训格局，2006年共培训各类劳动力15万人，转移农村劳动力20.8万人。四是环境支撑体系。把优化环境作为提升区域“软实力”的关键。制定出台了《创新发展环境二十条规定》，加大环境综合整治力度，为经济又好又快发展提供了有力保障。

（三）深入推进各项改革，着力推进体制机制创新 继续深化行政审批制度改革，进一步清理行政审批项目、减少行政审批程序。积极推进财政管理体制改革，在市直91个预算单位推行了国库集中支付和会计集中核算“两集中”改革，进一步规范了财务管理。探索实施投融资体制改革，整合财政专项资金使用，建立贷款风险补偿机制，发挥财政性产业资金引导调节作用。建立城市建设投融资平台，增强城市建设投融资能力。启动煤炭资源有偿使用制度改革试点。积极推进市属国企改革攻坚，农村综合配套改革稳步实施，事业单位改革进展顺利。

（四）深化“平安济宁”建设，切实维护社会稳定 强化社会治安基层基础工作，治安防范和快速反应能力进一步提高，85%以上乡村和基层单位做到常年不发生刑事案件。健全完善了矛盾纠纷排查调处机制、预防和处置突发性群体事件机制、信访工作机制，全面开通群众来信“绿色邮政”，及时妥善处置各类群体性事件。妥善解决鲁苏边界微山湖地区历史遗留问题，建立起边界稳定工作长效机制，解决了长期存在的鲁苏湖区边界纠纷问题。中央综治办在全国推广了我市的经验和做法。

附:中共济宁市委书记、副书记、常委名单

书　记:孙守刚
副书记:张振川　赵树国
常　委:孙守刚　张振川　赵树国　张术平
崔洪刚　孙本清　迟丽华(女)
步士金　陈　民　董书华　刘成文
张开朗　刘明远

中共泰安市委工作概况

泰安市委书记　耿文清

2006年,全市上下以邓小平理论和"三个代表"重要思想为指导,认真贯彻党的十六大和历次全会精神,在省委、省政府正确领导下,坚持以科学发展观统领全局,解放思想,埋头苦干,改革发展稳定和党的建设等各方面工作都取得了新的成绩,经济社会发展是历史上最好最快的时期之一。

一、组织概况与党的建设

泰安市辖6个县市区,86个乡镇(办事处),面积7762平方公里,人口551.7万。共有党委555个,党总支1148个,党支部12127个,党员341235名。

(一)始终把思想政治建设放在首位　在思想上政治上行动上自觉与党中央保持高度一致,坚决贯彻省委、省政府的决策部署,确保政令畅通。加强学习培训,2006年培训干部6.5万人次,不断增强广大党员干部落实科学发展观的自觉性、坚定性。

(二)巩固扩大党员先进性教育成果　围绕"使党员永葆先进、让群众长期满意",从制度建设入手,积极探索建立"教育培训、管理监督、激励引导、权利保障、组织保障和服务群众"的保持党员先进性长效机制,得到中央、省委先进性教育活动办公室的充分肯定。

(三)加强干部队伍建设　坚持"四化"方针和德才兼备的原则,严格按干部条例规定的标准、程序办事,切实把政治上靠得住、工作上有本事、作风上过得硬、善于领导科学发展的优秀干部选拔到各级领导岗位上来。精心组织换届选举,圆满完成了县乡党委换届。进一步深化干部人事制度改革。坚持民主集中制,提高领导班子的科学民主决策水平。努力转变作风,按照胡锦涛总书记倡导的八个方面良好风气的要求和省委指示精神,要求全市各级领导干部,切实做到牢记宗旨执政为民、团结齐心维护大局、严格操守品行端正。

(四)加强基层党组织建设　在农村实施了党建"递进培养工程",认真抓了以规范村级工作运行程序、规范农村干部管理为主要内容的"双规范"活动。在城市社区实施了"双示范工程";在新经济社会组织中实施了"凝聚力工程";在党政机关开展了"创建'五型'机关、干事创业为民"活动等。公开考选60名大学生到村任职。加强农村党员干部远程教育培训。继续实行市级领导联系困难乡镇制度,为基层创造良好的环境。

(五)加强党风廉政建设　加强反腐倡廉教育,加大警示教育力度,筑牢领导干部廉洁从政的思想道德防线。强化制度执行,规范从政行为,严格执行中央和省委廉洁自律的各项规定,认真落实党风廉政建设责任制。强化事前防范,监督关口前移,突出抓了"五个关键环节"监督,建立了"三项制度",从源头上有效预防腐败问题的发生。强化案件查处,对腐败行为始终保持高压态势。

二、重大决策与主要工作

(一)坚定不移促进经济又好又快发展　按照好中求快、又好又快的要求,着力在优化经济结构、转变增长方式、提高经济效益上狠下功夫。2006年全市生产总值达到1012.2亿元,增长16.5%;地方财政收入51.7亿元,增长30.3%;规模以上工业销售收入和实缴税金分别增长33.5%和43%;市区居民人均可支配收入和农民人均纯收入分别增长15.8%和12.6%。

全力推进大项目建设。把项目建设作为实现科学发展的基本抓手,多上科技含量高、市场前景好、纳税能力强的项目,多上带动结构优化、促进持续发展、群众得实惠的项目。(1)突出抓好工业、商贸、旅游这三类能够提供持续税源和扩大就业的新上大项目。2003—2006年,全市共新开工投资亿元以上工业、商贸、旅游项目273个,投资总规模663亿元。(2)突出抓好主营业务收入过亿元的工业企业。2006年主营业务收入过亿元的工业企业267家,比2002年增加202家。(3)突出抓好纳税大户。2006年实缴税金过千万元的企业123家;其中工业企业106家,比2002年增加了75家。

扎实推进新农村建设。大力发展现代农业,突出培植优质粮食、蔬菜、干鲜果、畜禽、苗木花卉、桑蚕六大主导产业。粮食总产增长8.1%;无公害、绿色、有机食品认证总面积334.4万亩,其中有机蔬菜16.8万亩,继续保持全国最大规模;通过加大农业结构调整、实施"奶业富民"工程、搞好农村劳务输出等,不断增加农民收入,去年农民人均纯收入增长是近年来最快的一年。加强乡村财源培植,使乡镇工商税收和村级集体收入不断增加,全市乡镇级地方财政收入增长37.8%,有50%以上的乡镇地方财政收入过千万元。实施了"一县十镇百村示范工程",

一些探索和做法得到了中央财经办、中央农工办和省里的充分肯定。

繁荣发展旅游服务业。围绕建设“旅游名城和旅游经济强市”，努力做好“吸引人、留住人”的文章。去年社会消费品零售总额318.2亿元，增长16.3%。接待海内外游客1244.8万人次，增长23.1%；旅游总收入87.6亿元，增长32%。按照“严格保护、永续利用、实现科学发展”的原则，加强对泰山世界遗产和世界地质公园的有效保护和合理利用，2003年以来，泰山先后荣获首批“十佳全国文明风景旅游区”、“国家地质公园”、“世界地质公园”称号，最近又被评为全国首批“5A级旅游景区”、“中国民间文化遗产旅游示范区”。泰城被列为国家级历史文化名城。坚持从项目入手促进旅游业发展，注重项目的文化内涵、品位和特色，策划启动了一批景区景点项目、配套服务项目、文化体育项目和旅游纪念品项目。发挥泰山龙头作用，把泰山与县市区景区景点串连起来，与市外相关景区景点对接联手，建设大泰山旅游圈。

（二）扎实推进城市建设和社会事业发展 在城乡建设、公共设施项目选择上，优先考虑群众急需，每办一件事，都使群众生活环境改善一步，生活质量提升一步。

努力改善城乡面貌。按照山水园林旅游城市定位，围绕建设“蓝天、碧水、青山”绿色家园目标，坚持“高起点、严管理、广覆盖”，突出规划的龙头作用，规划管理由城市延伸到农村。坚持“以人为本、为民便民”原则，强化精品意识，规划实施了一批基础设施和环境综合整治工程，建设了一批档次较高、环境优雅的住宅小区，推开了一批城中村改造，加强了城市绿化美化，不断改善人居环境。目前，泰城有三大广场、六大公园，新建和配套完善居民小区47个；新增公共绿地390万平方米，人均绿地面积9.4平方米，绿化覆盖率38.3%。

高度关注民生问题。按照省委、省政府要求，千方百计解决群众最关心、最迫切需要解决的困难和问题。2006年，确定了10个方面实事。到2006年底，全市农村自来水普及率达到83.8%；新型农村合作医疗参合率91.2%；村村通油路率95.1%；累计消除农村中小学危房44万平方米，新建校舍71.3万平方米；农村“五保户”集中供养率60%；新增城镇就业再就业7.9万人；新增市外劳务输出8.4万人，城镇登记失业率3%。

加快社会事业发展。进一步整合资源，教育综合发展水平居全省前列。2006年全市高中段入学率85.3%。人口和计划生育工作成效显著，全省考评获得一等奖。公共卫生体系建设取得新进展，疾病预防控制、突发公共卫生事件救治和卫生执法监督体系不断完善。全面启动了“国家环保模范城市”创建和“生态市”建设，加快“绿色泰安”建设，全市森林覆盖率达到29.8%。

深入开展文明平安卫生“三城联创”活动。从发生在群众身边、社会反映强烈、影响面大的问题入手，不断整治交通秩序、社会秩序、旅游秩序、市容市貌、环境卫生、乱搭乱建等，一件事一件事地去办，改善了城市面貌，提高了群众的文明程度。泰安荣获“省级创建文明城市工作先进城市”称号，农村道德评议会的经验作为中宣部精神文明建设的十大典型之一在全国推广。

（三）努力构建和谐社会 按照发展是第一要务、稳定是第一责任的要求，把维护稳定作为构建和谐社会的基础性任务，围绕“不出事、快发展”，全面推进平安泰安建设，实现了“三无两确保”目标（无重大恶性治安案件、无重大群体性事件、无重大安全事故，确保群众有充分的安全感、确保正常的社会秩序）。全市刑事案件和治安案件立案数在连续几年大幅下降的基础上，2006年分别下降3.57%和5.34%。群众到省越级上访、集体上访大幅度下降。

超前化解内部矛盾。一是加强矛盾纠纷排查调处。定期排查梳理各类矛盾，实行台帐管理，做到早发现、早控制、早处理。做好化解工作，坚持归口管理、限期办理，切实把矛盾纠纷解决在基层、萌芽状态。二是畅通群众诉求渠道。落实信访责任制，坚持市县乡三级党政领导干部公开接访和部门联合接访，拓宽社情民意反映渠道，接访的案件绝大部分得到妥善处理。2004年以来，市级党政领导公开接访145人次，共接待群众来访1451起。全面推行“绿色邮政”，方便了群众，促进了信访秩序的好转。三是切实维护群众合法权益。出台政策、推进工作都设身处地考虑群众利益，坚决纠正损害群众利益的行为。特别是在国有集体企业改制、征地拆迁、农民工工资清欠和涉法涉诉中群众反映强烈的问题等方面，都依法、按政策办事。四是认真做好民族团结进步工作。全市少数民族8.3万人，做好民族工作十分重要。坚持一手抓依法处置，坚决打击各类违法犯罪分子；一手抓全力帮扶，组织实施“少数民族帮扶工程”，促进各民族和睦相处。

加强社会治安综合治理。一是突出严打重点。严厉打击严重影响社会秩序的各类黑恶势力犯罪、暴力犯罪、团伙犯罪，严重影响群众安全感的“两抢一盗”等多发性犯罪，特别对各种黑恶势力重拳出击，决不让其坐大成势。二是认真组织专项整治行动。集中开展了道路交通秩序、泰山旅游管理秩序、砂资源管理、泰山资源保护、企业和学校周边治安秩序等一系列专项整治活动，实施了“淘沙行动”和社会治安“网底工程”。三是加强基层基础建设。建立高效治安防控体系，健全完善群防群治各项措施，通过平安创建、治安承包、平安协会、联户联防、邻里守望制等形式，充分调动各个方面维护社会治安的积极性。四是坚持防范在先把握主动。按照社会治安、对敌斗争、人民内部矛盾三个领域，制定了一批体现标本兼治、重在治本原则的社会稳定工作预案和制度，进一步健全应对突发性和群体性事件的处置机制，建立完善维护社会稳定的长效机制。

毫不放松地抓好安全生产。针对全市煤炭、化工、建筑等企业较多、安全生产压力大的实际，严格落实安全生产目标管理责任制，认真开展大检查，严厉查处违法违纪行为。

特别是对煤矿、非煤矿山、危险化学品、易燃易爆物品、食品卫生、道路交通、公共聚集场所等重点部位、重点行业加大专项检查和整治力度,不留死角。对不符合规定的企业坚决关停整改,消除一切事故隐患。近年来没有出现重大安全事故,确保了群众的生命财产安全。

三、改革与创新

(一)坚决执行国家宏观调控政策　凡国家产业政策禁止的项目坚决不上,凡环评不过关和浪费土地等资源的项目坚决不上。严格遵守国家项目建设各项规定,特别是土地方面,严格执行国家和省建设用地节约集约利用控制标准,确保在项目立项、用地、环评等重点环节、程序方面都不出问题。

(二)大力推进自主创新　着重做好"自主知识产权、消化吸收再创新、科技成果转化"三篇文章。去年全市高新技术产业产值增长30.4%。目前,市级以上高新技术企业665家,国家863计划成果产业基地和火炬计划产业基地4个。

(三)努力营造三个环境　为投资者营造"投资泰安、稳如泰山"的投资环境;为广大干部营造无后顾之忧、心情舒畅的工作环境;为城乡居民营造整洁优美、适宜居住的生活环境。

(四)改进领导方式方法　按照总揽全局、协调各方的原则,市委提出市、县两级党委在处理与同级各大班子关系、把握好经济社会发展全局等方面,主要职责就是"出主意、用干部、抓督查、造环境",支持各大班子放手展开工作,形成齐心创业的浓厚氛围。

(五)创造性地开展工作　要求全市每个领导干部、每个工作部门,把上级精神与本地本单位实际相结合,工作要到位,分管的工作要出色完成,和相关领域也要衔接好,不仅想干、敢干,更要会干、干好。同时,强化考核,加大督查考核力度,不间断地强力推进,务求见到实效。

附:泰安市委书记、副书记、常委名单

书　记:耿文清

副书记:李洪峰　黄龙华

常　委:耿文清　李洪峰　黄龙华　王云鹏　白玉翠　杨忠海　邹斌芳　王元榜　朱玉合　徐思礼　李　琥　辛显明　陈　刚

中共威海市委工作概况

威海市委书记　崔曰臣

一、组织概况与党的建设

威海市现有党员208498人,其中女党员34258人,党员人数占全市总人口的8.37%。基层党委458个,党总支250个,党支部7964个。一年来,市委坚持以"三个代表"重要思想为指导,牢牢抓住先进性教育这个根本,全面推进党的建设新的伟大工程。

(一)以长效机制建设为抓手,巩固先进性教育成果　认真抓好第一、二批先进性教育活动成果的巩固扩大,在全市3506个基层党组织和112088名党员中深入开展了第三批先进性教育活动,解决了一大批群众关注的热点难点问题,进一步密切了党群干群关系。制发了《关于深化农村党的建设"三级联创"活动,推进社会主义新农村建设的实施意见》、《党员组织生活细则》等系列文件,为推进全市基层党建工作科学化、规范化奠定了基础。

(二)以干事创业为导向,进一步深化领导班子和干部队伍建设　抓好党员干部教育培训工作,全年培训各级各类党员干部134390人次,干部队伍整体素质进一步增强。积极深化干部人事制度改革,坚持"逢进必考"、"逢提必争",扩大了群众的知情权、参与权,形成了公正用人的良好导向。加强了各级干部的目标绩效管理,完善了"四位一体"考核评价体系,实现了用目标选干部、管干部、促干部。制定了加强干部教育培训、述职述廉、严肃组织人事纪律、经济责任审计等方面的意见,促进了干部工作的制度化、规范化建设。

(三)以扩大覆盖面为切入点,夯实党的工作基础　以"支部进楼宇、支部进市场、支部进协会、支部进园区"为途径,创新社区党组织设置形式,对党员实行分类管理,努力拓展社区党建工作覆盖面。围绕构建大远程教育网络体系,扩大站点互联网覆盖,远程教育接收站点联网率达到95%以上,积极整合资源,在全市65个居委会建成远程教育接收站点,进一步提高了远程教育学习使用水平。

(四)以源头预防为重点,加强党风廉政建设　组织开展了"廉政勤政、科学发展"等主题教育活动,加强了廉政文化建设。制定了《机关效能责任追究暂行办法》和《政府部门行政首长问责暂行办法》,加大了行政效能监察力度。扎实开展纠风和专项治理工作，解决了拆迁、医疗等方面损害群众利益的问题。坚持依纪依法办案，认真组织开展了治理商业贿赂工作，共立案186件，其中大要案63件，给予党纪政纪处分168人，挽回经济损失3658万元。

二、重大决策与主要工作

根据中央和省委的指示精神，我们以科学发展观为指导，认真贯彻落实国家宏观调控政策，全面落实省委“一二三四五六”和市委“一一六一”发展目标和思路，推动了经济持续健康发展和社会全面进步。2006年，全市完成地区生产总值1368.53亿元，比上年增长15.9%；实现财政总收入131.88亿元，地方财政收入70.11亿元，分别增长19.9%和21.8%；城镇居民人均可支配收入13975元，农民人均纯收入6842元，分别增长12.2%和12.5%。突出抓好“七个三”：

（一）严把土地、信贷、市场准入三个关口，在落实调控中优化投资结构 建立完善了发改、国土、环保、建设、金融、统计等部门配套联动机制，把好项目审批核准备案关，进一步提高了投资管理的主动性和有效性；严格按照国家有关规定，对新开工项目进行全面检查和清理，顺利通过国家和省检查验收。坚持区别对待、分类指导、有保有压的原则，引导投资向高技术产业、先进制造业倾斜，向农业等薄弱环节和基础设施倾斜，向与人民生活密切相关的服务业、社会事业等重要领域倾斜。完成固定资产投资697亿元，增长17.9%，增幅同比回落7.2个百分点；其中，农业、高新技术产业和服务业的投资分别增长20.6%、51%和19.2%，分别高于固定资产投资增幅2.7、33.1和1.3个百分点。

（二）加快建设现代制造、旅游度假和海产品出口“三个基地”，促进产业结构优化升级 坚持抓二产带一产促三产，在发展中调整，以调整促发展，三次产业结构由2005年的9.2:62:28.8调整为8.5:62.[illegible]:29.4。坚持“工业立市”，大力实施产业集群、骨干膨胀、品牌带动三大战略，做大做强运输设备、电子信息、机电工具、轻工纺织和食品医药五大产业群，全市规模以上工业实现增加值增长22.4%，五大产业群占工业的比重达到80%以上，销售收入过10亿元的工业企业达到35家。以福文化为主题，以度假目的地为目标，积极组织实施千公里幸福海岸线旅游发展规划，着力打造特色鲜明的幸福海岸、温泉旅游、海权文化和城市旅游四大品牌，加快建设了一批重点旅游项目，服务业实现了新的突破。旅游总收入增长18.5%，社会消费品零售总额增长16.3%。按照产业化、标准化、国际化和科技化的要求，不断推进海洋渔业和种养业结构的优化升级，提高海产品和农副产品的精深加工水平，农副产品出口占出口总值的17%以上。

（三）落实自主创新、节能降耗和环境保护三大举措，积极转变增长方式 坚持“政府推动、企业主体、引才借智、联合共创、资金扶持”的思路，加快创新体系建设，完善创新服务体系和风险投资机制，大幅度增加财政对科技的投入，高新技术产业产值占工业总产值的比重提高2个百分点，达到27%。抓住节能降耗、清洁生产和循环经济“三个环节”，突出节能、节水、节地、节材“四个重点”，万元GDP能耗、水耗均降低3%，化学需氧量和二氧化硫排放量分别削减8%和1.2%。深化土地使用制度改革，严格执行投资强度标准，提高土地集约利用水平，每公顷建设用地平均产出GDP达到160万元。

（四）突出改革、开放和民营经济三个重点，努力增强发展活力 坚持抓改革挖潜力、抓开放借外力、抓民营增内力，不断增强经济发展的活力。国有集体企业产权制度改革基本完成，法人治理结构进一步完善，上市公司达到7家。完善了国有资产监管体系，进一步深化了财政管理体制、投融资体制改革，加快了事业单位改革改制步伐。坚持“重外不轻内、攀高不贬低、抓大不放小”，实际利用外商直接投资13.05亿美元，引进国内资金225.46亿元，分别增长7.9%和20.1%，进出口总额和出口分别增长26.1%和28.1%。按照“平等待遇、开放领域、引导产业、调整结构、创新服务”的思路，研究制定了中小企业贷款支持计划，成立了近30家信贷担保机构，加快了民营经济服务体系建设，民营企业注册资金平均达146万元，民营经济增加值占生产总值比重超过60%。

（五）优化生态、基础设施和服务三大环境，大力提升竞争优势 坚持环境就是生产力、优化环境就是提升竞争力的理念，不断优化发展环境。积极巩固“环保模范城市群”成果，坚持不懈地实施“蓝天、碧海、青山、宁静”四大行动，有80%的镇成为国家级环境优美乡镇。森林覆盖率达到37%，提高1.46个百分点，市区绿化覆盖率达到45%，被评为全国绿化模范城市和国家级生态示范区。积极推进精品城市建设，建设了一批人居精品、文化精品和城建精品，成功地举办了第三届国际人居节。把交通和能源作为重要的基础设施和战略产业来抓，初步形成海陆空立体交通和能源、通讯和生活设施配套齐全的支撑体系。大力倡树威海精神，努力营造务实高效的服务环境、亲商爱商的人文环境、和谐包容的社会环境、公正公平的法治环境、积极向上的舆论环境。在全国最具竞争力城市排名中，由42位提高到27位；在国家统计局首次公布的中国投资环境50优城市排名中列第29位。

（六）突出抓好规划指导、典型示范和均衡发展“三个关键”，扎实推进社会主义新农村建设 坚持适度超前、因村制宜、尊重民意、量力而行的原则，搞好新农村建设总体规划和重点镇、示范村建设规划，启动了“百村示范、千村整治”行动。坚持因地制宜、分类指导，实施“促强扶弱带中间”工程，鼓励发达镇村率先发展，促进中等镇村加快发展，促使欠发达镇村改变落后面貌。组织了大规模的联系村、联系学校、联系敬老院活动。财政用于“三农”方面的支出达到13.8亿元，增长23.1%。认真落实义务教育“两免一补”政策，加大农村基础设施建设力度，完成了农村公路升级改造和广播电视进村入户任务，村村通自来水覆盖率达到95%以上。

(七)加强民主政治、文化建设、民生民计三方面工作，促进社会全面和谐　制定出台了进一步加强和改进人大、政协工作的意见，建立重大事项市民听证会制度，创建"劳动关系和谐企业"活动经验在全省推广。深入开展"政法综治基层基础建设年"等活动，刑事案件、安全事故数量分别下降3.9%和19.9%。加大财政对社会事业的支持力度，预算投入增加到30.9亿元。加强就业和社会保障工作，提高了最低工资标准，城镇新增就业5万人，企业养老、医疗保险参保人数分别增加3.3万人和6.3万人，农村新型合作医疗人口覆盖面达到95.3%。城乡最低生活保障标准分别提高到每人每月300元和每人每年1000元。实施了44项便民利民工程。

三、改革与创新

我们始终坚持以科学发展观统领全局，抓住第一要务不放松，积极探索，勇于创新，通过创新激发了活力，推动了科学发展、和谐发展、全面发展与可持续发展。

(一)坚持做好上级指示与威海实际相结合的文章，创造性地开展工作　坚持正确的政治立场，树立大局意识，自觉维护中央权威和大政方针的统一性、严肃性。从实际出发，找准中央、省委指示精神与当地实际的结合点、切入点和着力点，注重研究符合实际、针对性和可操作性强的具体思路，把上级指示精神落实到具体工作上，把又好又快发展的要求落到实处。

(二)坚持与时俱进，不断在解放思想中统一思想　始终保持思想观念的与时俱进，坚持以解放思想为先导，及时清除影响发展的旧思想、旧观念和旧条条、旧框框的约束。始终保持理论观点的与时俱进，善于对发展实践进行系统总结提炼，升华形成理论成果，更好地指导工作。始终保持精神状态的与时俱进，增强时不我待的机遇意识、不进则退的危机意识和追求卓越的率先意识，在解放思想中开拓发展新路子，在与时俱进中增创发展新优势。

(三)坚持靠环境和机制激发活力，千方百计调动好、发挥好、保护好干部群众的积极性　不断完善竞争竞赛、考核评价、监督激励等机制，营造想干事、会干事、干成事、不出事的良好氛围。在经济社会各个领域广泛引入竞争机制，积极培育创业文化，鼓励创新创造，营造崇尚成功、宽容失败的社会环境。坚持用法制化理念、市场化手段，营造良性竞争态势和诚实守信、尊商爱商的社会风气，让各种发展要素在威海充分聚集和释放。

(四)坚持加强党的先进性和执政能力建设，锻造一支干事创业的干部队伍　始终以先进性建设为抓手，以干事创业为导向，坚持德才兼备，坚持五湖四海，让事业选择人，凭实绩用干部，让想创业的有机会，能创业的有舞台，创大业的受尊敬，不创业的没市场。牢固树立正确的政绩观，转变作风，集中精力抓大事、抓关键、抓落实、抓发展。面向改革发展的实践，以开放的姿态和创新的精神加强党的建设，不断提高各级的执政能力和领导水平。

附：威海市委书记、副书记、常委名单

书　记：崔曰臣

副书记：王培廷、刘玉党

常　委：崔曰臣　王培廷　刘玉党　董天祥　边祥慧　于永吉　张　剑　赵熙殿　马元波　汤光运　王学文

中共日照市委工作概况

日照市委书记　李兆前

一、组织概况与党的建设

日照市共有基层党委247个，党总支479个，党员178727名。全市在职市级干部41人、县级干部953人、科级干部4966人，各类专业技术人员42772人。一年来，市委按照"党要管党、从严治党"的方针，不断加强先进性建设和执政能力建设，党员干部队伍的整体素质不断提高，党组织的创造力、凝聚力和战斗力不断增强，为科学发展、跨越发展提供了坚强组织保障。

(一)巩固和发展先进性教育活动成果，全面提高思想政治建设水平　精心组织开展第三批保持共产党员先进性教育活动，群众满意率达到99.98%。着眼思想政治建设经常化、制度化，巩固先进性教育活动成果，加强长效机制建设，先后制定实施了集中推荐入党积极分子、农村无职党员"设岗定责"、建立健全党内关怀服务机制等五项制度。其中，集中推荐入党积极分子被省委组织部确定为全省党的先进性建设六个长效机制之一，并在全省推广。

(二)加强领导班子和干部队伍建设，努力提高执政能力和领导水平　严格执行领导干部选拔任用工作条例，圆满完成县乡党委换届工作，调整乡镇党委书记28人，新提拔县处级领导干部35人，县乡领导班子结构进一步优化。大规模开展干部培训，全年共举办各类培训班147个，培训干部13189人次，增强了各级干部破解发展难题、应对复杂局面、驾驭市场经济和抓落实的能力。

(三)围绕中心、服务大局，切实加强基层组织和党员队伍建设　坚持新农村建设和农村基层党组织建设同步推进，深入开展"双培双带"先锋工程和"三级联创"活动，选好配强乡镇领导班子和村级组织带头人。扎实做好第三轮包联工作,落实无偿扶持资金、物资折款23446.9万元,帮助企业和村户协调贷款17140.3万元。全面做好新形势下党员发展、教育和管理工作,新发展党员4708人。加强村级组织活动场所建设,2006年市县两级配套资金908.51万元,为194个村改善了村级组织活动场所。积极改进新型经济社会组织党建工作,进一步扩大了党的工作覆盖面。

(四)加强党风廉政建设,密切党同人民的血肉联系 高度重视干部作风建设,认真落实党委理论学习中心组学习制度、机关干部"一月一讲"制度、领导干部基层调研制度等各项措施,干部作风有了明显改善。落实党风廉政建设责任制,完善教育、制度、监督并重的惩治和预防腐败体系,深化行政审批、财政管理、投资体制改革,严格执行建设工程招投标、经营性土地使用权出让和政府采购等制度,对全市重点工程实施派驻监察员制度,不断加大腐败案件和商业贿赂案件的源头治理力度。拓宽监督渠道,强化审计监督,对23名领导干部进行了离任审计和任期内经济责任审计,完成了对区县党政正职任中审计试点工作。

二、重大决策与主要工作

坚持以邓小平理论和"三个代表"重要思想为指导,全面落实十六大以来党中央提出的一系列重大战略思想,积极推动科学发展、跨越发展。2006年全市实现生产总值505.87亿元,按可比价格计算,比上年增长16.9%。全年境内财政总收入110.41亿元,增长27.8%,其中地方财政一般预算收入达到20.76亿元,按可比口径比上年增长42.5%。实现城市居民人均可支配收入11040元、农民人均纯收入4645元,分别增长12.6%和12.7%。全市政治安定,社会稳定,民主法制建设、精神文明建设全面加强。

(一)抓住重点、强化措施,全力推动科学发展、跨越发展 一是坚持以临港大工业项目为重点,壮大工业经济总量。2006年临港工业项目完成投资45.4亿元,临港工业企业实现主营业务收入、利税、利润分别占全市工业总量的60%、67%和72%。新增规模以上工业企业242家、主营业务收入过亿元的企业14家,规模以上工业增加值增长29.1%,增幅居全省第二位;规模以上工业利润、利税分别增长118.2%、93.9%。二是加快港口发展,强化港口集疏运体系建设。全年开工建设投资过千万元的港口基础设施建设项目22个,完成投资27亿元,港口吞吐量突破亿吨大关,成为中国大陆沿海第九个亿吨大港。日照港在上海证券交易所成功上市,成为全国新证券发行与承销管理办法实施后的首家试点企业。三是加快繁荣发展服务业。积极培育旅游经济、大学经济、体育经济、房地产业等特色服务业。全年旅游人数突破1000万人,增长28.9%,实现旅游总收入50.8亿元,增长32.4%。成功承办了470级世界帆船锦标赛、全国帆船锦标赛总决赛等一系列重大赛事。大学科技园有6所大学已经招生,在校学生达到5.5万人。四是深入推进对外开放和招商引资。先后组织赴日本、韩国、香港、北京等地的招商活动,全年实际招引到位内资310亿元。投资4.9亿美元的现代威亚发动机项目,是山东省有史以来制造业规模最大的利用外资项目。对外贸易大幅增长,2006年实现进出口总值39.15亿美元,比上年增长53.7%。对外交流与合作不断加强,成功举办、承办了第三届银企合作促进会和第六次泛黄海中日韩经济技术交流会等一系列重要会议,加快接轨青岛、融入半岛,推进对外开放向多领域、深层次拓展。

(二)因地制宜、突出特色,积极推进县域经济发展和新农村建设 坚持把发展壮大县域经济摆上更加突出的位置,实行市级领导干部包区县责任制,逐个区县调研、剖析,帮助区县明确进位争先的追赶目标和跨越发展的工作措施,引导区县加快工业化、城镇化、农业现代化步伐。制定出台了加快县域经济发展的意见,从道路交通、政策措施、服务手段等方面为县域经济发展创造条件。2006年县域生产总值、规模以上工业增加值、规模以上固定资产投资分别比上年增长17.8%、32.8%和30.5%,县域经济进入加速发展新阶段。

积极推进社会主义新农村建设。一是把发展现代农业作为新农村建设的首要任务。以提高农业科技水平和装备水平为重点,进一步优化农业生产结构,全市高效经济作物面积增长25%,市级以上农业龙头企业新增18家,无公害和绿色食品品牌新增11个。二是统筹发展农村各项社会事业。投资10多亿元加强农村"水电路医学"等基本建设和生态环境建设,98%的村通上了柏油路、水泥路,实现了村村通客车,自来水普及率提高到67.4%。积极改善村容村貌,扎实推进农村精神文明建设,全市共创建省级文明村10个,省级文明镇4个。三是认真落实各项支农惠农政策。全面取消农业税,为农民减负3200多万元,人均减负14元;发放粮食直补资金1889万元,受益农户59.9万户;拨付良种补贴400万元,支持良种推广40万亩。四是突出重点、稳步推进。编制完成了全市新农村建设总体规划、各个专项规划和县乡村规划,把全市54处乡镇街道分为三类,从中确立5个乡镇作为示范点,分类指导、分层推进,保证了新农村建设健康发展。

(三)精心谋划、高效运作,加快建设国际水准的滨海城市 落实"三高"要求,提高城市发展内涵,加快建设国际水准的滨海城市。一是提高城市规划水平。顺利完成了城市战略发展规划编制和城市总体规划修编工作,市区详规覆盖率达到91%,进一步优化了城市功能定位和空间布局,使港口、产业、滨海特色得到充分体现。二是加快城市重点项目建设。牢固树立精品意识,突出重点,打造亮点,加快推进奥林匹克水上公园和城市道路、污水处理等基础设施建设,全年共完成城建投资24.4亿元,城市载体服务功能进一步完善。三是加强城市环境整治。以建设最适宜人居城市为目标,高度重视城市美化、绿化、亮化工作,截至2006年底城市公园绿地面积990公顷,人均公园绿地面积18.1平方米,建成区绿化覆盖率41.4%。坚持旅游、体育、文化一体开发，全面打造“水上运动之都”。努力提高城市管理水平，深入开展城市环境综合治理，城市形象不断提升。我市已先后获得国家级生态示范区、国家园林城市、国家环保模范城市、国家卫生城市等荣誉称号，通过了国家可持续发展实验区和国家节水型城市考核验收。

(四)统筹兼顾、以人为本，扎实构建社会主义和谐社会　认真贯彻落实中央、省委关于和谐社会建设的战略部署，把建设“富裕日照、文明日照、平安日照、生态日照”作为核心内容，努力开创和谐社会建设新局面。一是加快建设富裕日照，不断增进民生福祉。坚持把发展经济与造福百姓相统一，让更多的发展成果惠及人民群众。积极推进就业再就业，全市城镇单位在岗职工就业率增长30.8%。对625户城市中低收入家庭实施了经济适用住房货币直补，对291户城市中低收入家庭落实了廉租房补贴政策。失业救助金制度、农村社会养老保险制度、城乡最低生活保障线制度等不断健全。集中精力推进14件为民实事，一批关系群众切身利益的问题得到有效解决。二是加快建设文明日照，推进社会文明进步。结合创建省级文明城市，深入开展群众性文明创建活动，在全社会形成了知荣辱、讲正气、促和谐的文明风尚。加快科技、教育、文化、卫生、体育等各项事业全面发展，全年取得重要科技成果91项，规模以上工业企业完成高新技术产业产值增长57.8%；全市小学、初中适龄儿童入学率均保持100%，高中段教育普及率达到87%；新型农村合作医疗试点工作在全省率先全面展开，参合率达到92%。三是加快建设平安日照，全力维护社会稳定。坚持抓基层、抓基础、抓队伍，深入推进平安创建活动。2006年全市治安案件下降19%，安全事故下降10.6%，群众对社会治安满意率达到95%。信访总量下降25.3%，去省进京的上访人数和非正常上访人数全省最少，以“公开承诺、公开村务、公开听证、公开规程”为主要内容的农村基层信访工作机制被国家信访局充分肯定，并被作为“日照模式”在全国推广。四是加快建设生态日照，促进人与自然和谐相处。大力发展循环经济，努力实现经济社会与资源环境协调发展。2006年万元增加值能耗、规模以上工业万元增加值取水量、COD排放总量等主要控制指标呈下降趋势。城市环境综合整治定量考核名列全省17城市第一，城市空气质量在全国113个环保重点城市中名列第六。近岸海域水质稳定保持国家一类标准，城市生活饮用水达标率保持在100%。

三、改革与创新

(一)坚持解放思想、更新观念，努力在新的起点上统一认识、提升境界　全面贯彻省委“站在新起点、实现新发展”的重大部署，从年初开始就明确提出了“着眼长远、重点突破、统筹兼顾、和谐发展”的要求，引导各级深化对新起点、新跨越的认识。2006年5月份，组织市党政考察团赴江苏四市区学习考察，并召开了市十届六次全委会议，开展了“学习周边经验、推动新一轮发展”解放思想活动，在全市上下起到了统一思想、凝心聚力、开拓前进的作用。

(二)坚持好中求快、快中求优，坚定不移地推进科学发展、跨越发展　牢牢抓住发展这个第一要务，引导各级全面贯彻科学发展观，严格落实国家宏观调控政策，用科学理念指导跨越发展，正确处理好与快的关系，好中求快，快中求好，始终把推动跨越发展的着力点，放到加快转变经济增长方式，提高经济运行质量上来，全力推动经济又好又快发展。

(三)坚持求真务实、狠抓落实，努力在跨越发展的关键环节求突破　围绕突破临港工业、县域经济、服务业、新农村建设等关键环节，研究确定推进落实的具体措施和办法，进一步完善目标管理绩效考核和镇域经济考核办法，突出工作实绩，突出群众公论，突出考核结果运用，严格考核奖惩兑现，起到了激励争先、鞭策后进的良好效果。

(四)坚持牢记宗旨、执政为民，切实让人民群众共享发展成果　把维护群众根本利益、切实增进民生福祉作为一切工作的出发点，坚持做到发展为了群众、发展依靠群众、发展成果由群众共享。对涉及群众切身利益的工作，定期进行调度和督查，确保事事都落到实处，确保群众得到实实在在的利益。

附：日照市委书记、副书记、常委名单

书　记：李兆前

副书记：杨　军　李守民

常　委：李兆前　杨　军　李守民　周惠平　孙海亭　张建国　赵效为　侯成君　黄金华　张永霞(女)　钱焕涛　王　斌

中共莱芜市委工作概况

莱芜市委书记　于建成

一、组织概况与党的建设

到2006年底，莱芜市共有基层党委100个，党总支181个，支部2693个，党员70929名。2006年，我们通过健全完善决策目标、执行责任、考核监督“三个体系”，大力加强党的建设。

(一)深入开展先进性教育活动，不断完善党员长期受教育、永葆先进性长效机制　按照中央和省、市委部署，认真组织全市1075个党组织、34591名党员参加了第三批保持共产党员先进性教育活动。活动中,坚持以学习促提高、以督导促整改,围绕解决涉及农民切身利益的突出问题,对市直56个涉农部门承诺服务事项,进行了重点调度、抽查,全市先进性教育活动群众满意度达到99.97%。对50个先进基层党组织、100名优秀共产党员、10名优秀党工作者进行了隆重表彰,3个基层党组织、2名优秀党员(党务工作者)受到中央、省委表彰。

(二)深化"三级联创"活动,党的基层组织的战斗力明显增强 制定了《关于深化农村党的建设"三级联创"活动,推进社会主义新农村建设的实施意见》,深入开展了"新农村建设先进村"评选活动,按照量化考核细则,评出30个"新农村建设先进村"。多方筹资410多万元,抓好68个村的组织活动场所建设。积极探索新形势下加强基层党建工作的新路子,制定《关于进一步规范市直机关党建工作的意见》,完善了机关党建工作考核办法;在全市开展创建基层党建工作示范点活动,加快了镇村便民服务体系建设。重视加强非公有制经济社会组织、社区党建和党员发展教育管理工作,全年发展新党员1430名。

(三)抓好市区乡三级换届工作,提高各级领导班子和干部队伍建设水平 针对精减领导班子职数、适当扩大党政领导成员交叉任职等新变化,认真研究区、乡班子人事安排方案,共调整乡镇党委书记24人次,其中提拔重用11人,对两区4名党政正职新任人选进行了跨区交流。认真做好两区和市直部门领导班子和领导干部的日常管理工作,积极推行干部竞聘、竞争上岗。坚持在经济一线培养锻炼干部,年内从市直部门(单位)选调15名优秀年轻干部,充实经济开发区招商引资队伍,从事专业招商。继续深化市级领导干部"联镇包村"工作。依托市委党校加大干部培训力度,年内培训各类干部700人次,成功举办第一期赴新加坡物流与货代管理培训班。

(四)以制度建设为重点,切实加强党风廉政建设 一是继续加强制度建设。认真开展《干部任用条例》贯彻落实情况检查,制定出台《莱芜市县级领导班子和领导干部工作实绩考核办法》,进一步修订和完善了集体领导和个人分工相结合制度,领导干部民主生活会、述职述廉、民主评议、戒勉谈话以及责任追究等制度。全面总结近几年全市"三个体系"建设方面的经验做法,编辑出版《莱芜市"三个体系"建设的探索与思考》一书。二是继续加大对违法违纪案件的查处力度。狠抓了土地征用、城镇房屋拆迁、企业重组改制和破产中损害群众利益以及拖欠农民工工资的专项治理。全市各级纪检监察机关共初核案件75起,立查案件73起,审结73起,结案率100%。处分党员干部94人,其中县处级干部3人,科级干部12人,为国家挽回经济损失近500万元。三是继续在党员干部中深入开展"为民、务实、清廉"主题教育活动。进一步增强了各级党员干部的发展意识、公仆意识、团结意识、廉政意识。四是继续深化行政审批、财政管理体制、投资体制和干部人事制度改革。加强经济责任审计、"三务公开"等工作,增强了权力运行透明度。

二、重大决策与主要工作

2006年,是莱芜站在新起点,实现新发展的关键一年。全市上下坚持以科学发展观为统领,认真贯彻落实国家宏观调控政策和省委、省政府的工作思路,面对钢铁价格波动、企业经济效益大幅下滑的严峻形势,积极应对,主动适应,用心把握,扎实工作,使全市经济保持了平稳较快发展。2006年全市实现GDP287.3亿元,增长16.1%;人均GDP2952美元,增长15.8%;三次产业结构由上年的7.1:67.3:25.6调整为6.8:67:26.2;规模以上固定资产投资140.4亿元,增长20%;地方财政收入19.3亿元,增长32.2%;进出口总额12.2亿美元,增长16.2%,其中出口9.7亿美元,增长47.5%;全社会消费品零售总额94.5亿元,增长16.1%;城镇居民人均可支配收入11587元,增长7.4%;农民人均纯收入5200元,增长11.4%。同时,各项社会事业繁荣进步,社会平安稳定,民主法制建设、精神文明建设和党的建设不断加强。

(一)加快战略性结构调整,努力增强经济发展的稳定性、协调性 坚持把宏观调控作为深化调整的重要机遇,在调整优化钢铁产品结构的同时,做到"钢铁慢了非钢补、生产慢了加工补、省属慢了地方补"。一是钢铁发展水平明显提高。各钢铁企业加快了结构调整步伐,大幅度提高高附加值、高市场占有率的产品比重,钢产量达到1280万吨,比上年增加95万吨;板、带、特材占比提高到75%,吨钢利税平均增加85元。二是非钢产业发展明显加快。在调整优化钢铁产业结构的同时,注重发展纺织、化工、机械等非钢产业,全年新增规模以上企业54家,非钢产业销售收入增长29%,比钢铁产业高8个百分点。三是服务业增势强劲。服务业固定资产投资增长32.9%,占规模以上固定资产投资的比重同比提高42个百分点,盛世嘉园、馨百大厦、银座商城、十八乐超市等一批大型商贸设施开工建设。四是民营经济发展迅猛。全市民营企业发展到5600多家,增加1700多家,增长43.6%,民营企业实现税收增长38%,高于规模以上企业近10个百分点。五是地方工业快速发展。完成地方工业增加值71.5亿元,增长28.8%,比省以上工业高14.5个百分点,占全部规模以上工业增加值的比重由2005年的34.4%提高到41.7%;全年地方单位完成投资127.9亿元,同比增长37.05%,占全社会固定资产投资的比重超过70%。

(二)进一步扩大对外开放,搭建区域发展新框架 一是接轨济南、融入省会城市群经济圈成效明显。依托济青高速南线在辖区内的四个出口,拓展高新区发展空间,高水平规划建设莱城工业区、钢城开发区、雪野旅游度假区等重点园区,初步形成了"一线连四区"的发展新框架。各级各部门主动接轨济南,寻求合作,洽谈项目,莱城区在济南召开招商推介会,钢城区和高新区分别与济南历城区、开发区签订合作协议,市委宣传部、市招商局、科技局、旅游局、经贸委等部门也与济南对口部门进行衔接。全年引进济南投资项目58个、投资额6.8亿元。二是招商引资力度加大。全年共引进各类项目563个,其中过亿元投产、在建项目22个,形成外来固定资产投资71亿元,同比增长50.1%;全年累计完成招商引资93.2亿元,比上年增长39.9%。三是外贸出口高速增长。在出口压力增大的情况下,全年出口9.3亿美元,增长40.9%,增幅居全省第2位。

(三)按照"一体化"思路建设新农村,大力推进城乡融合发展 从莱芜实际出发,理清城乡一体发展的思路,坚持把工业与农业、城市与乡村、市民与农民作为一个整体统筹考虑、协调发展,制定出台城乡一体化建设意见,初步完成城乡空间布局、产业发展等六个一体化专项规划。农村经济发展明显加快,探索了农业产业化带动、工业带动、园区带动等各具特色的新路子,去年实现农业增加值19.3亿元,增长5%;农民人均纯收入5200元,增长11.4%。镇域经济发展有了新的突破,各乡镇大力发展园区经济、"飞地经济",地方财政收入过千万元乡镇达到13个,其中过2000万元的11个。加大对农村"路水电气医学"扶持力度,全年落实各类支农资金6.5亿元,生产生活条件明显改善,村村通油路率、通客车率、通自来水率、新农合参合率分别达96.6%、99%、70%、84%。通过努力,农村变城镇、农民变职工变股民、村庄变社区、村居变公司步伐加快,城乡一体发展态势越来越明显。

(四)加快建设"精品城市",着力优化发展环境 以建设"精品城市"为目标,进一步完善了城市规划,加快了济青高速路莱芜段、长勺路等重点道路和职业技术学院搬迁等重点工程建设。以"双创一巩固"为平台,狠抓了城市环境综合整治。加大治污力度,关停并转土小企业179家,莱城电厂3#、4#机组脱硫工程上马运行,莱芜发电厂老机组脱硫工程基本建成,城市空气质量优良率99%,出境断面水质COD平均值同比下降10.2个百分点。同时,大力发展循环经济,固、液、气废弃物循环利用率分别达78%、86%和90%。继续对市直58个部门开展大范围行风评议,同时借鉴"焦点访谈"形式,对服务环境进行明察暗访。

(五)扎实推进和谐社会建设,努力营造团结和谐干事氛围 一是坚持为民办实事制度,强化民生保障。坚持从群众最关心、最直接、最现实的利益问题入手,搞好就业、就医、就学、养老、住房等工作,年内新增城镇就业近2万人,有组织转移农村劳动力1万人,城镇失业率控制在3%以内。在扩大城镇居民养老覆盖面的同时,采取政府推动与市场化运作相结合的方式,探索建立农村社会养老保险制度;借鉴"新农合"办法,探索建立城镇居民合作医疗制度。抓好城乡最低生活保障和受灾群众、弱势群体救助,去年为1.5万名城乡居民发放最低生活保障金近千万元,为1.2万名贫困生发放"两免一补"资金316万元。年内公开承诺为民办的16件实事,全部落到实处。二是"平安莱芜"建设扎实推进。去年全市万人刑事发案率17.3起,比全省低2.4起,年内没有发生重大安全事故,信访总量大幅下降,其中集体访同比下降14.5%。三是畅通社情民意反映渠道。在全市集中开展了"献计献策"活动,共征集到来自10多个省市的意见和建议1400多条,逐步建立起重大事项、重要决策问计于民制度。同时整合电台"行风热线"、报纸"新闻热线"、网站"政府在线"等栏目,打造沟通社情民意的立体平台。四是党建、精神文明建设得到新加强。认真抓好市、区、乡三级党委换届工作,大力开展精神文明创建活动,各级干部的执政能力、群众的文明素质都有了新提高。文化、教育、卫生、体育等各项社会事业和社会保障工作都有了新发展,计划生育、国防教育和民兵预备役建设、老干部工作以及双拥共建、工青妇工作都得到新加强。

三、改革与创新

以建设"创新型城市"为抓手,扎实开展"工作创新"活动,加快推进观念、理论、体制机制、发展模式、管理方式、工作方式方法及工作绩效创新,创新氛围日渐浓厚。一是改革了经济适用房、廉租房的运作方式,为城市低收入家庭住房保障创出了新路。重点建立了"三个机制",即以货币直补为特点的经济适用房、廉租房保障机制,确定每年对1000户廉租房住房户和235户经济适用房购置户实行货币补贴;廉租房、经济适用房联动机制,让住房困难户自主选择租赁住房或购买经济适用房,自主选择房屋的位置、结构、面积及新旧程度;经济适用房、廉租房退出机制,鼓励将来具备购买商品房能力的家庭主动退出经济适用房、廉租房,形成良性循环,最终实现"居者有其屋"的目标。这项改革受到了住房困难户的欢迎,也得到了社会各界和上级有关部门的广泛关注和高度评价,新华社、《经济日报》、《人民日报》、中央电视台等多家媒体进行了宣传报道。二是企事业改革扎实推进。坚持与招商引资相结合,企业改革稳定推进,改制面达到95%以上。事业改革步伐加快,污水处理、煤气热力、卫生保洁、报纸电视等开始逐步引入市场机制,增强了发展活力。三是社会管理方式改革有了新突破。按照"社区管理网格化、村级资产股权化"思路,加快了城市社区建设步伐。四是自主创新能力明显增强。粉末冶金、新型建材等国家"863"计划项目和自主知识产权项目产业化开发步伐加快,新增省级高新技术企业6家,高新技术产业产值同比增长53.6%。

附:莱芜市委书记、副书记、常委名单

书　记:于建成

副书记:马平昌　牛志春

常　委:于建成　马平昌　牛志春　李胜玉　朱胜运　林殿玲(女)　单增德　郭永利　王光华　徐效珠　黄希俭

中共临沂市委工作概况

临沂市委书记 连承敏

一、组织概况与党的建设

全市共有党委(工委)625个,其中地方(市、县、区)党委13个,乡镇(街道)党委(工委)180个,企业党委193个,事业单位党委101个,其他基层党委(工委)138个。党组639个,其中市直单位党组72个,县直单位党组567个。党总支650个,党支部17284个。党员487478名。

党的建设方面,主要抓了以下工作:

(一)加强思想政治建设 通过理论中心组学习、读书会、专题报告会等形式组织干部群众深入学习邓小平理论、"三个代表"重要思想,学习《江泽民文选》和以胡锦涛同志为总书记的党中央提出的一系列最新理论成果,进一步提高了思想理论水平。加大干部培训力度,市委党校举办培训班19期,培训干部1362人。扎实推进先进性教育活动,全市第三批教育活动上半年圆满结束,共有1.8万个基层党组织,47.3万名党员参加,参学率99.2%,党员群众满意率99.4%。

(二)强化领导班子和干部队伍建设 高度重视市委班子自身建设,坚持民主集中制,坚持集体领导和分工负责相结合。组织广大党员干部认真学习贯彻党章。坚决执行《党政领导干部选拔任用工作条例》,把一批政治上靠得住、工作上有本事、作风上过得硬、群众信得过、想干事会干事干成事的优秀干部选拔到了领导岗位。健全完善"三个体系",着重健全完善党政领导班子和领导干部综合考核指标体系,并将考核机制与干部使用紧密结合。精心组织换届工作,圆满完成了换届任务。

(三)加强基层党组织建设 继续实施"千村帮扶"工程,整顿软弱涣散班子53个,投入扶持资金2000多万元,帮助后进村新上村级收入项目3783个,增加集体收入519万元。"百村示范"建设中,着力在组织学习培训、搞好村庄建设、发挥示范带动作用三个方面下功夫,初步形成了以强帮弱、共同发展的良好局面。

(四)加强党风廉政建设和反腐败工作 严格履行党风廉政建设责任制,全力构筑教育、制度、监督并重的惩治和预防腐败体系。围绕"勤政廉政、科学发展"主题教育,继续开展"十廉"和"六进六上"活动,重点加强社会主义荣辱观教育。持续办好"行风热线",开展"加强行风建设、优化发展环境"专项活动。开展"惩防腐败体系建设推进年"活动,重点加强了推进六项改革、落实四项制度、深化"三务"公开等工作。加强对权力运行的制约和监督,严肃查处违纪违法案件。全年共立案1205起,其中立查县处级干部案件7件,乡科级干部案件65件,处分党员干部1455人,挽回经济损失2600多万元。按照胡锦涛总书记倡导的"八个方面"良好风气的要求,全面加强思想作风、学风、工作作风、领导作风、生活作风建设。

二、重大决策和主要工作

(一)扭住中心不放松,实现了经济又好又快发展 坚持把加快发展、建设富裕临沂作为第一要务,认真贯彻国家宏观调控政策,不断调整优化结构,转变经济增长方式,实现了经济又好又快发展。2006年全市实现生产总值1404.9亿元,增长16.3%;地方财政收入58.3亿元,增长23.5%;城镇居民人均可支配收入10772元,增长18%;农民人均纯收入4083元,增长13.4%;三次产业结构比例调整为12.7:52:35.3。一是工业经济整体竞争力进一步提高。规模以上工业企业达2423家,八大支柱产业、高新技术产业企业实现产值占规模以上工业的比重分别达78.4%和21.5%。上市企业达16家,有5家企业集团进入中国大企业集团竞争力500强,创中国驰名商标5件,中国名牌产品6个。下大力气抓了节能降耗、自主创新和环境保护工作,万元GDP能耗、电耗、水耗分别下降约4.6%、4.5%和5%。投资增幅回落,消费呈上升势头,外经外贸实现大的突破,2006年列跨国公司眼中最具投资价值中国城市第21位,在世界银行发布的中国120个城市竞争力排行榜中,本市政府效率荣登榜首。开发区设立审核工作圆满完成,13个省级开发区通过国家审核。二是新农村建设扎实推进。粮食总产412万吨,增长6.3%。市级以上农业龙头企业达到236家,建成农业标准化基地320多个,各类农民合作组织发展到1.2万个。深入推进"百万农户致富工程",全部取消农业税,各级财政支农资金达42.9亿元,新增农业贷款余额53.2亿元,为全省第一位。进一步完善农村基础设施,重点加强新能源建设,实施了"百村万户沼气示范工程",沼气池建成量全省第一。县域经济不断壮大,兰山区进入全省前10强,沂水县、苍山县分别被评为"全国食品工业强县"和"中国果菜无公害十强县"。三是服务业实现新突破。加快发展以商贸物流、旅游等为重点的第三产业。改造提升传统市场,临沂批发城改造完成投入12亿元,实现交易额450亿元,农村流通服务体系建设成为全国推广的典型。A级以上旅游景区达到27家,在"2006中国最令人向往的地方"评选中,成功入围50强。金融保险、房地产、典当担保、信息服务等传统和新兴服务业健康发展。四是城市建设成效明显。城乡规划全覆盖进程加快,79%的乡镇和40%的村庄完成规划编制,中心城区旧村改造完成33%,城镇化水平达到41.5%。大力实施"畅通、绿化、光亮、蓝天"工程,加快滨水生态城建设，对两系、九河进行开发整理，沂河环境综合治理工程被建设部评为“中国人居环境范例奖”。各类基础设施进一步完善，成为全省第一个宽带网络村村通的市。

(二) 突出地方特色，加快文化建设步伐 一是坚持正确的导向。坚持马克思主义在意识形态领域的指导地位，深入开展了公民道德和“八荣八耻”社会主义荣辱观教育，培养宣传了一批典型，其中孙永胜这一典型被中宣部列为全国重大典型集中宣传。二是搞好节庆活动。成功举办了第四届书圣文化节、蒙山长寿旅游节和诸葛亮文化旅游节等一系列节庆活动，书圣文化节成为全国十大文化艺术节庆和全国最具潜力节庆之一，在美国华盛顿成功举办了“中国临沂(华盛顿)文化展”。在沂蒙精神晋京展的基础上，成功举办了《沂蒙精神大型展览》复展，打响了沂蒙文化品牌。三是不断繁荣文化事业，发展文化产业。加强文化基础设施建设，加大文艺精品创作力度，积极推进文化体制改革，成功组建了临沂日报报业集团，出台了加快文化事业和文化产业发展的《意见》和《政策》，组织建立了文化产业招商项目库，把文化产业作为支柱产业培植。四是深化了文明创建活动。继续推进“一创六建”活动和群众性精神文明创建活动，加强了文明生态村建设。成功创建了中国优秀旅游城市，被评为全省文明城市创建先进市，在全国革命老区城市中第一个通过了国家环保模范城市考核验收，生态园林城、国家卫生城创建工作顺利通过省级验收。

(三) 坚持以人为本，全面推进和谐临沂建设 一是切实改善民生。先后开展了土地征收征用、城镇房屋拆迁、企业改制中损害群众利益以及拖欠克扣农民工工资、教育乱收费、农民负担、公路“三乱”等问题的专项治理，积极落实重点确定的40项涉及人民群众利益的实际问题。新增城镇就业9.2万人，转移农村劳动力30万人次，城镇失业登记率2.93%。社会保障覆盖面进一步扩大，最低生活保障制度和社会救助制度得到落实，上学难、看病难问题得到缓解，城镇困难居民住房条件不断完善。全市经济适用房施工面积达到54.6万平方米；企业基本养老保险、医疗保险和农村养老保险参保人数分别达到41.4万人、54.9万人和56.3万人；全市新农合覆盖农业人口数、参合人数、报销金额及享受补助人数分别达到595万人、513万人、1.7亿元和787万人次。开展了以治理商业贿赂为重点的市场经济秩序整治，共清理拖欠工程款10.5亿元，清理拖欠农民工工资2.87亿元，立案查处商业贿赂案件195件。二是深化“平安临沂”建设。着力强化基层和基础工作，重点抓了六项秩序(治安落后村居、道路交通、矿产开采、安全生产、信访、建筑市场)综合整治，社会治安状况明显好转，八类主要案件和可防性案件分别下降了4.5%和14.4%。全力做好信访工作，把大量矛盾化解在基层和萌芽状态，没有发生重大群体性事件。坚持不懈地抓好安全生产管理，各类安全事故起数、死亡人数、受伤人数、直接经济损失分别下降31.7%、3%、23%和35.3%。三是民主法制建设有序推进。加强了对人大、政府、政协和人民团体工作的领导，统战、民族、宗教、侨务和对台工作取得新进展。双拥共建富有成效，依法治市积极推进，基层民主不断扩大，诚信临沂建设稳步推进。

三、改革与创新

(一)必须与时俱进、抢抓机遇 在全市开展了第四次解放思想大讨论，重点解决“满、窄、庸、浮”四个方面的突出问题，进一步破除了影响发展的思想障碍。实践证明，抢抓机遇是意识的先进，善抓机遇是行为的创新，抓住机遇方能加快发展。

(二)必须自立自强、勇争一流 各项工作都必须高起点定位，高标准要求，咬住目标不放松，精益求精抓落实。事实证明，不畏艰难，自强自立，劣势能变优势，优势能变强势，敢想敢干，才能争先进位。

(三)必须凝心聚力、团结创业 必须始终视团结为生命，把全市人民的思想和力量凝聚到“抢抓机遇、加快发展”上，凝聚到建设“大临沂、新临沂”的宏伟目标上，凝聚到市委、市政府每个阶段的工作部署上，全市上下团结一心，干事创业，才能使我们的工作年年有起色、年年上台阶。

(四)必须以人为本、关注民生 必须始终坚持群众利益至上，重视营造干事创业的环境。实践证明，一级党委谋一域发展，必须把以人为本的要求落实到各项工作中去，在科学决策中尊重民意，在加快发展中改善民生，在为民办事中凝聚民心，在鼓励创业中激活民力，在文明创建中提升全民素质，让全体人民共享改革发展的成果。

附：临沂市委书记、副书记、常委名单

书　记：李　群(2007年2月离职)
连承敏(2007年2月任职)

副书记：孟宪海　张少军　朱绍阳

常　委：连承敏　孟宪海　张少军　朱绍阳
张务锋　杜德昌　李洪海
丁凤云(女)　陈留泉　刘　晓
林祥余　高绪林

中共德州市委工作概况

德州市委书记 雷建国

一、组织概况与党的建设

截至2006年底，德州市委辖11个县市区党委，5个派出工委，467个机关党组；共有基层党委396个，党总支489个，党支部13635个；党员259936名，其中预备党员5863名，新发展党员6033人，计划发展对象7438人。在加强和改进党的建设上主要抓了以下方面：

（一）精心组织先进性教育活动 按照“成为群众满意工程”的要求，圆满完成了保持共产党员先进性教育活动。市委一班人以身作则、带头参加活动，制定和落实了关于加强自身建设的一系列整改意见。通过教育活动，全市1.4万个基层党组织和26万名党员普遍得到锻炼和洗礼，在省委统一组织的先进性教育群众满意度测评中获得了99.84%的较好评价。

（二）切实提高执政能力和施政水平 把思想政治建设放在首位，坚持用理论武装头脑、指导实践，组织党员干部深入学习邓小平理论和“三个代表”重要思想，认真学习落实科学发展观、构建和谐社会等中央一系列重大战略和《江泽民文选》，始终与党中央保持高度一致，确保各项大政方针贯彻落实。同时，不断提高驾驭复杂局势和领导经济发展的能力，更好地肩负起保一方平安、富一方经济的重任。

（三）认真坚持民主集中制 市委高度重视科学决策、民主决策，健全决策程序，完善规章制度，凡重大问题都坚持集体讨论决定，畅所欲言，集思广益，努力造成又有集中又有民主、又有纪律又有自由、又有统一意志又能个人心情舒畅的生动活泼的政治局面。

（四）努力建设高素质的干部队伍 认真抓好市县乡三级党委换届工作，强化思想政治教育，树立正确的用人导向，引导大家把迎接换届变成奋力拼搏、推动经济社会又好又快发展的过程，叫响实干兴德主旋律。健全决策目标、执行责任、考核监督“三个体系”建设，组织了对县市区科学发展现场观摩，严格考核奖惩，充分调动起各级干事创业的积极性。

（五）大力加强党的基层组织建设 积极探索建立基层组织规范化建设的长效机制，深入开展“三级联创”，农村党员干部星级化管理经验在全国、全省推广。搞好农村党员干部现代远程教育试点。切实抓好新经济组织党建工作。扎实做好发展党员工作，积极探索党员教育管理工作的新机制。

（六）坚持不懈地抓好党风廉政建设 加快推进教育、制度、监督并重的惩治和预防腐败体系建设，深入贯彻党内监督条例和纪律处分条例。加强党章和法纪学习教育，严格落实党风廉政建设责任制，严格履行廉政承诺，认真贯彻执行两个《条例》，集中对党员干部进行了2次警示教育。对领导干部违规住房、超标乘车、插手建筑工程、用公款大吃大喝四股歪风进行了专项治理。加大查办案件力度，有效地震慑了违法违纪行为。

二、重大决策与主要工作

2006年是本市实施“十一五”规划的开局之年，在党中央和省委的正确领导下，全市坚持以科学发展观统领全局，聚精会神搞建设，一心一意谋发展，国民经济保持了较好的发展势头。全年完成GDP1003.4亿元，同比增长16.4%；地方财政收入35.7亿元，增长18.1%；城镇居民人均可支配收入10257元，农民人均纯收入4279元，分别增长13.3%和12.6%。

（一）紧抓发展第一要务，综合实力进一步增强 唱响实干兴德主旋律，团结带领全市人民干事创业、加快发展，膨胀经济总量成效明显。工业销售收入、工业总资产和经济总量“三个过千亿”目标均提前一年完成了既定目标，全市规模以上企业达到2320家，总量居全省第6位。全社会用电量突破100亿千瓦时，其中工业用电突破80亿千瓦时。第三产业增加值为周边城市的两到三倍左右。粮食总产占到全省的1/7。县域经济财政收入过3亿的达到4个、过5亿的1个。

（二）切实提高经济运行质量，增长方式进一步转变 坚持以科学发展观为统领，认真执行国家宏观调控政策，坚决避免低水平重复建设、违法占地搞建设和各种不切实际的经济行为，千方百计抓好转变经济增长方式、自主创新、节能降耗和生态市建设，经济社会发展的持续性、稳定性、协调性明显增强。工商税收占GDP的比重比上年提高0.3个百分点。万元GDP能耗降低4.3%，规模以上工业万元增加值能耗下降5.4%，水、气污染物排放总量削减率分别为8%和7.6%，好于全省平均水平。高新技术产业产值占工业总产值的比重由14.3%提高到17.4%。

（三）大力培植“三个一批”，经济结构进一步优化 全力打造中国太阳城、中国功能糖城和中国中央空调城三大城市品牌，三大行业总资产突破百亿元，实现利税30.7亿元。全市中国驰名商标、中国名牌产品分别达到8件和11件。能源、纺织服装、化工、机电、食品生物、林产品加工、新型建材七大支柱产业销售收入均过百亿元。利税过亿元的企业达25家，其中过2亿元的6家，有8家获全国工业行业排头兵企业称号；华鲁恒升定向再融资取得成功，德棉集团在深交所挂牌交易，中南集团在新加坡成功上市。全市三次产业结构达到14:55.8:30.2。

(四)全面加强基础设施建设,发展载体进一步完善 高度重视城市建设对提高地方竞争力的拉动作用和改善群众生活水平的牵引作用,把城市规划建设管理紧密融入经济社会发展全局。加快推进新城建设,行政、商务、教育、医疗中心等一批重大项目相继开工,一个现代化、园林式、生态型的新城粗具雏形。全市共完成基础设施投入89亿元,其中城市建设投入28亿元,是近年来力度最大、效果最明显的一年。2006年我市被建设部授予“中国人居环境奖”,成为全国35个获奖城市之一。

(五)顺利启动新农村建设,“三农”工作进一步加强 立足农业大市的实际,按照“总体规划、分类指导、循序渐进、依次展开”的指导思想,突出抓好“现代农业、乡镇财源、基础设施、社会事业、精神文明、村容村貌、基层组织、和谐乡村”八项重点。在全市筛选出145个示范村作为建设样板,抽调万名市县乡干部下乡驻村,取得了阶段性成果。全市90%以上的村庄明确了发展思路,30%的村庄编制了新一轮建设规划,67%的村庄上了自来水,98%的村庄通了柏油路,农民的生产生活条件进一步改善。

(六)扎实推进和谐社会建设,民生问题进一步改善 高度重视并抓好就业再就业工作,全年新增就业5万人以上。城乡居民收入大幅增长,干部职工工资待遇明显提高,其中市本级月人均增资326元,县乡288元,仅此全市财政增支5亿多元。农民人均纯收入和城镇居民可支配收入连续四年保持两位数增长。牢固树立“北大门”意识,扎实推进“平安德州”建设,刑事案件、群体性事件明显下降,到省信访量下降55.3%,进京集体访连续六年保持零记录;狠抓安全生产,事故起数、死亡人数分别下降17.6%和9.9%,连续四年杜绝了特大安全事故发生,整体稳定形势越来越好。

三、改革与创新

回顾2006年,我们深刻体会到推动经济社会又好又快发展必须做到三点:

(一)加强纪律性,认真落实科学发展观,严格执行国家宏观调控政策 我们重点从四个方面统一干部群众的思想。第一,坚持以科学发展观为指导,就能不走弯路、事半功倍,实现经济的又好又快发展;否则,就会事倍功半、事与愿违。第二,严格执行国家宏观调控政策,遵纪守规就会为发展源源不断地输送动力,实现持久繁荣;违纪越规则会到处受阻,给地方经济发展造成障碍。第三,保持有质量有效益、有需求有可能的经济增长速度,经济发展后劲就能持续增强,综合实力就能不断提升;不切实际、盲目攀比、急躁冒进的速度难免使发展大起大落。第四,扩大固定资产投资规模是一把双刃剑,用好了将有力地促进自主创新、优化产业结构、转变增长方式;用不好则会浪费资源、污染环境,给长远发展埋下隐患。

(二)发挥创造性,紧密结合实际把中央的大政方针和省委、省政府的决策部署具体化 紧密结合德州实际,主要把握了四个结合点和切入点:一是向科学发展要速度。德州总量小、底子薄,决定了我们在解决“好不好”问题的同时,仍然要重视“有没有”的问题。基于这种考虑,我们在去年7月全省三轮科学发展现场观摩之后,自我加压提出了“三年三大步、努力实现三个过千亿”的奋斗目标。二是向科学发展要质量。注意引导各级牢固树立低水平是包袱、高水平是财富的观念,把工作着力点放到转变增长方式、调整优化结构上来,进一步增强经济增长的稳定性、协调性、持续性。三是向科学发展要特色。在当前各种生产要素比较紧张的情况下,加快发展更要讲究轻重缓急,更要集中力量培植起那些有特色、有优势、有成长性的产业和项目。经多年努力,我市已成为太阳能研发和生产中心,中国最大的中央空调和功能糖生产基地。所辖的乐陵市成为亚洲最大的汽车刹车片和体育器材生产基地,武城县成为全国第一玻璃钢大县和汽车零部件产业集群县,宁津县被命名为中国桌椅之乡,夏津县成为全国最大的棉花、小麦加工基地。这些上合国家政策、下合市情民意的特色产业,已逐步成为我们推进科学发展的重要载体。四是向科学发展要后劲。通过清理、整理和开发等措施,全市积累存量土地近3万亩;通过优化投向以及重点推介,全市金融机构累计发放贷款750亿元,仅今年就引进外地资金300多亿元,从而为长远发展进行了资源和资本上的再积累。

(三)增强主动性,以只争朝夕、奋发有为的精神抓好各项工作 面对发展任务重,市县乡党委换届的考验,我们着重抓了两个方面。第一:为了保持好的发展势头,更有效地集中大家的注意力、防止部分同志因换届而分心走神,同时也为了全面检验考核本届的发展成果和工作实绩,我们组织全体市县负责同志共100人,对各县市区落实科学发展观情况进行了一次全面观摩考核。市里特别提出,所有观摩项目必须符合国家产业政策,土地手续齐全,符合环评要求。实践证明这次看似不合时宜的观摩考核非常成功,对落实科学发展观是一次再教育,对执行宏观调控是一次再强调,对各级干部的心态是一次再校正,从而为今后的又好又快发展进行了深入的思想工作准备。第二:为做到党委换届和日常工作两不误、发展和稳定双丰收,我们分别召开全委会和常委会,特别就坚守岗位、落实责任、确保稳定作了强调,要求全市上下务必做到“六个不出问题”。一是严格执行国家政策,确保经济运行不出问题;二是坚持严打严控,确保社会治安不出问题;三是有效化解矛盾,确保信访工作不出问题;四是严防责任事故,确保安全生产不出问题;五是加强警示教育,确保党风廉政建设不出问题;六是加强正面宣传,确保舆论导向不出问题。通过这些引导和防范措施,全市上下人心稳定、各项工作井然有序。

附:德州市委书记、副书记、常委名单

书　记:黄　胜(2007年3月离职)
　　　　雷建国(2007年3月任职)

副书记：吴翠云　刘焕立
常　委：雷建国　吴翠云　刘焕立　史好泉　李艳华　李传武　张甲太　邹德家　袁秀和　陈永华　孙成良　李希信　杨　军

中共聊城市委工作概况

聊城市委书记　宋远方

一、组织概况与党的建设

（一）组织概况　截至2006年底，全市共有党员284074名。其中，女党员40217名，占14.2%；少数民族党员2687名，占0.95%；大专以上文化程度党员54271名，占19.1%；在岗职工党员97491名，占34.3%；新的社会阶层党员1140名，占0.4%；2006年新发展党员7030名。全市共有8个县(市区)委，分别是：东昌府区委、临清市委和冠县、莘县、阳谷、东阿、茌平、高唐6个县委；市委派出工委2个，即市直机关工委、市经济开发区工委；机关党组369个，其中市级机关党组50个，县(市区)级机关党组319个。共有党的基层委员会329个，其中乡(镇、街道)党委132个，企业党委75个，机关党委49个；党总支828个，党支部11856个。其中农村党总支306个、党支部5877个，城市街道党总支143个、党支部1178个。

（二）党的建设　(1)健全和完善保持共产党员先进性长效机制。一是建立加强党员日常教育管理长效机制。把以党员“五个好”(树立好思想、发扬好作风、掌握好本领、创造好业绩、发挥好作用)教育作为搞好先进性教育活动的重要抓手，制定的“五个好”标准更加明确具体，创建措施更加切实可行，动态管理机制更加完善。二是建立了加强基层组织建设长效机制。积极开展“联村自治”试点工作，全市已组建各类联村948个，覆盖行政村2533个，占行政村总数的41.5%。积极推行村“两委”负责人与科技特派员双向任职，已有60多名科技特派员兼任村支部书记或副书记，90多名村支部书记被聘为科技特派员。三是建立了帮扶困难群众的长效机制。坚持领导干部联系点、部门和领导干部包乡包村、机关党员干部驻村蹲点和联系贫困户及下岗职工、党员联系农户、结对帮扶等制度，联系群众更加密切，服务群众更加到位。(2)切实加强各级领导班子和干部队伍建设。按照省委的部署和要求，认真抓好各级党委换届工作。市、县(市、区)、乡(镇、街道)党委换届工作已分别于2007年4月、2007年1月和2006年11月完成，成功召开了各级党代会，各级党委班子的知识、专业、年龄结构得到进一步优化。在干部考察提名、党代会选举等环节，进一步扩大民主，严格按规定程序操作，按照科学发展观的要求改进和完善干部考察考核办法，确保选好、配强、配顺党委班子，确保整个换届过程合法、稳定、有序。(3)切实抓好作风建设。认真落实中央《体现科学发展观要求的地方党政领导班子和领导干部综合考核评价试行办法》和省委、省政府《关于建立和完善党政领导班子和领导干部综合考核指标体系的意见》，进一步完善考核办法，充分运用考核结果，对政绩突出的，大张旗鼓地予以表彰；对工作做得不好的，给予黄牌警告、重点管理，有力地促进了工作任务的落实和良好风气的形成。(4)坚持不懈地抓好党风廉政建设。建立健全教育制度监督并重的惩治和预防腐败体系，全面落实党风廉政建设责任制。市几大班子带头贯彻执行领导干部廉洁自律的各项规定，认真落实“五个不许”等要求。坚持述职述廉制度，认真落实党员领导干部报告个人重大事项制度。在全市党员干部中开展了“勤政廉政，科学发展”主题教育，提高了广大党员干部遵纪守法的自觉性。坚持开展行风评议，对前十名给予表彰，对后三名提出警告，限期整改。2006年，全市共立查各类违纪违法案件810件，处分违纪人员803人，治理商业贿赂案件36件。

二、重大决策与主要工作

坚持以邓小平理论和“三个代表”重要思想为指导，认真贯彻落实党的十六大和十六大以来历次中央全会精神，全面贯彻落实科学发展观，集中抓好新农村建设、自主创新、节能降耗、环境保护、县域经济发展和服务业发展等重点工作。2006年，全市实现生产总值839.45亿元，比上年增长17.3%。境内财政总收入76.14亿元，其中地方财政收入完成33.64亿元，增长30.38%。全市城镇居民人均可支配收入达到10474元，农民人均纯收入达到3948元，分别增长16.1%和14.5%。全市经济和各项社会事业持续快速协调健康发展，实现了“十一五”良好开局。

（一）扎实推进社会主义新农村建设　(1)落实各项惠农政策，全部取消农业税及附加，农民人均政策性受益74.12元。(2)切实抓好粮食生产。全年粮食总产达到423.87万吨，增长5.7%，再创历史新高。(3)积极调整农业结构。突出发展优质小麦、蔬菜、食用菌、水果、花卉等。优质粮食面积达到450万亩；水果面积73万亩；蔬菜面积251.34万亩；食用菌产量占全省的三分之一；畜牧、水产产值达到71.05亿元和4.55亿元。(4)大力实施科技特派员工程。1777名科技特派员和24个法人科技特派员单位奔赴农村经济一线，共带动农户30多万户，引进新品种1287个，推广新技术1141项，年创利润6500多万元，促进了农村经济发展和农民增收。2006年7月,在福建南平召开的全国科技特派员试点工作会议上,我市作了典型发言。(5)大力发展劳务经济。全年新增外出务工人员11.5万人,总数达到111.56万人,对农民增收的贡献率达到60%。(6)认真实施镇村规划。目前全市已有60个乡镇完成了总体规划,300个新农村建设试点村完成了村庄建设规划。市建委设计了39套新型农村住宅,受到农民欢迎。(7)认真实施"百千万"工程。选派100个左右的部门、单位,重点帮促1000个左右不同类型的村庄;选派1万多名干部深入到6100多个行政村,对新农村建设进行帮促和指导。

(二)积极调整经济结构,转变增长方式 按照"转变发展理念,创新发展模式,提高发展质量"的要求,不断调整优化经济结构。三次产业比例达到16.5:58.6:24.9,二三产业比重比上年提高2.18个百分点。全市规模以上企业达到1301户,比上年增加345户;全年全社会固定资产投资完成367.80亿元,比上年增长19.8%;规模以上工业主营业务收入、增加值、利税、利润完成1407.42亿元、393.4亿元、145.64亿元、93.55亿元,分别增长47.26%、28.3%、53.3%和53.2%,增幅列全省第1、4、2、3位。(1)壮大支柱产业。围绕骨干企业和优势产品,拉长产业链条,培植产业集群,初步形成了电力及有色金属、汽车及农业装备、钢铁及压延加工、医药及食品、纺织服装、林浆纸等支柱产业。(2)发展骨干企业。大力实施"5513"工程,着力培植优势产业和大企业、大集团。全市利税过1000万元企业168户,增加23户;其中过亿元的21户,增加3户。(3)培植知名品牌。全市已拥有中国名牌产品9个,居全省第8位;山东名牌产品67个,居全省第7位。(4)繁荣发展服务业。努力把旅游业培植成为支柱产业。2006年,国内旅游收入24.78亿元,创汇872.2万美元。积极发展商贸流通。2006年,社会消费品零售额271.8亿元,比上年增长16.4%。

(三)更加注重自主创新、节能降耗、环境保护 召开全市科学技术大会,提出了建设创新型城市的目标和任务。进一步巩固和发展与高等院校、科研院所的合作成果。以企业技术中心为重点的技术创新体系不断完善,全市现有省级以上技术中心15个,其中国家级2个,博士后科研工作站5个。东阿阿胶、中通客车技术开发中心被列入省政府支持的第一批30个拥有自主知识产权的技术中心。充分发挥市高新技术创业服务中心的作用,新入驻企业15家,新入驻企业累计注册资金5.1亿元。全市高新技术企业达到73家,高新技术产业产值达到285.76亿元,增长47.63%,占规模以上工业产值比重达到19.74%,比上年提高2.09个百分点。2006年,万元生产总值能耗、规模以上工业万元增加值能耗基本完成控制目标。主要污染物化学需氧量、二氧化硫排放量分别较上年减少4.5%和2.5%。

(四)坚持以人为本,着力构建和谐社会 (1)全面发展各项社会事业。坚持把教育摆在优先发展的战略位置。2006年,全市高考本科录取10868人,专科录取12473人,录取率达到60.2%。成功举办了2006中国江北水城合唱节、消夏文化艺术节、欢乐中国行以及激情广场警民一家亲等文艺活动,全市广大群众受到了艺术熏陶。疾病预防控制体系和突发公共卫生事件医疗救治体系建设项目已全部完成。新增东昌府区、高唐、茌平三县(区)为全省农村新型合作医疗试点县,新增参加农村合作医疗人口136.3万,全市参合总人口达202.8万人。积极开展军地共建,为确保实现蝉联全省、全国双拥模范城的目标奠定了基础。(2)下大力改善群众生活。农村教师工资全部上划到县级财政统一发放。全市新增城镇就业再就业7.6万人,城镇登记失业率控制在3.15%以内。养老保险金和失业救济金发放率均为100%。农村低保建制工作基本完成。全市投入农村特困救助资金845万元,救助特困对象38729人。资助贫困生6592人次,救助款项304.41万元。落实"三证一卡"制度,受灾群众生产生活得到妥善安排。对农村"五保"对象实行集中供养与分散供养相结合,18处中心敬老院竣工。(3)切实解决好关系群众切身利益的问题。坚持市场运作,加快解决城市集中供水、供热、供气等问题。"村村通油路"、"村村通客车"基本完成,自来水普及率达到80.6%,农村沼气用户达到2.1万户。统筹财政资金4000万元,争取中央和省危改专项资金830万元,加快农村中心中小学建设。目前,56个农村中心中小学新改建项目全部完工。启动城区中小学改造工程,取得较快进展。(4)建设"平安聊城"。建立了处理信访问题联席会议制度,定期分析研究,及时处理信访案件。2006年,全市群众来访比上年下降11.6%。坚持重心下移,抓基层,抓基础、抓队伍,着力建设"平安县(市区)"、"平安乡(镇)"、"平安社区"和"平安村庄"。高度重视做好安全生产工作,建立企业安全生产市场准入机制,突出抓好安全生产专项整治,着力抓好重点行业、重点部位的管理。实现了刑事案件、治安案件、群体性事件、集体上访、安全生产事故下降和人民群众对治安状况满意率上升的目标。

三、改革与创新

(1)坚持以科学发展观为统领,紧紧抓住发展这个第一要务。按照"区别对待、分类指导、有保有压"的要求,正确处理好与快、增长与降低、当前与长远、抢抓机遇与规范操作的关系,努力实现科学发展、跨越发展。(2)不断解放思想,创新发展思路。以发展的眼光认识新形势,研究新需求;以创新的思路化解新矛盾,解决新问题;以思想的不断解放,促进经济社会又好又快发展。(3)坚持以人为本,着力构建和谐聊城。高度重视解决民生问题,大力发展各项社会事业,着力帮助困难群众解决实际问题;加强民主法治,营造稳定和谐的社会环境,促进社会公平正义。(4)坚持"党要管党、从严治党"。全面抓好党员干部的思想政治建设、组织建设、作风建设和党风廉政建设,积极引导广大党员干部牢固树立正确的政绩观,不断提高各级党组织和广大干部的执政能力和领导水平。

附：聊城市委书记、副书记、常委名单

书　记：郭兆信（2007 年 3 月离职）
　　　　宋远方（2007 年 3 月任职）

副书记：林峰海　金维民

常　委：宋远方　林峰海　金维民　刘加顺
　　　　申长海　卢保民　万志博　王政真
　　　　贾少勇　李胜庆　汪文耀　徐春福
　　　　侯　军

中共滨州市委工作概况

滨州市委书记　孙德汉

一、组织概况与党的建设

滨州市委辖 6 县 1 区 7 个地方党委和 1 个开发区党工委，有 290 个基层党委，315 个党组，742 个党总支，10027 个基层党支部。共有党员 192110 名，其中女党员 25576 名，35 岁以下的 32212 名，高中以上文化程度的 93914 名。非公有制经济组织党组织已发展到 665 个，占应建总数的 98.8%。在加强和改进党的建设上主要抓了以下工作：

（一）深入开展第三批先进性教育活动　按照成为“群众满意工程”和“关键是取得实效”的要求，坚持做到“四个突出”，突出“双跨越”目标、突出督导检查、突出整改落实、突出长效机制，认真组织开展了第一、二批先进性教育活动“回头看”和第三批先进性教育活动，基本实现了“提高党员素质、加强基层组织、服务人民群众、促进各项工作”的目标要求，有 9 个先进基层党组织、3 名优秀共产党员和 2 名优秀党务工作者受到省委表彰，1 个先进基层党组织受中组部表彰，群众满意率达到 99.76%。

（二）扎实推进基层党建工作　以“三级联创”活动为抓手，出台了《关于基层党建工作“双十”目标考核的意见》，进一步完善基层党建教育管理和监督考核体系。拓展深化“民主议政日”活动，制定了《关于在“民主议政日”活动中强化党员联系户制度的意见》，做法先后被中央政策研究室、新华社、人民日报社刊发，省委主要领导批示在全省推广。实施“两票制”推选村干部，整顿软弱涣散基层党组织 555 个，调整充实基层党组织班子成员 764 名。扎实推进科技培训“百、千、万”工程，培训基层党组织负责人 1 万余人。建立了现代远程教育教学管理、学习收看、检查考核等制度，完成了市级远程教育播出平台建设，受到中组部的表彰。切实加强村级组织活动场所建设，确定首批补助建设 921 个村，已建设完工 569 个。

（三）积极抓好非公有制企业和社区党建工作　建立了非公有制企业“党建带工建、党工共建”工作联席会议制度，4 个新型经济社会组织党建工作示范单位被省委组织部确定为工作典型。建立全市规模以上非公有制企业党建工作台账，确定中组部联系点 1 家、省委组织部联系点 5 家。全市 446 家具备单独建立党组织条件的非公有制企业已全部建立。加强社区党建工作，全市共有 36 个社区，其中 21 个建立党总支、15 个建立党支部。

（四）大力加强干部队伍和党风廉政建设　严格标准程序，顺利完成县、乡党委集中换届工作。深化干部人事制度改革，研究出台提高干部选用工作质量的实施意见、党政领导班子和领导干部综合考核实施意见，积极推进《公务员法》的实施。不断改善干部队伍知识结构、素质结构，培训各级干部 943 人，全省干部教育培训工作学习观摩会在我市召开。加大各类人才的引进力度，引进博士 37 名、硕士 250 名，选调优秀大学毕业生 77 名，招录公务员 243 名。深入贯彻落实我市惩防体系《规划》和《实施细则》，扎实推进具有滨州特色的教育、制度、监督并重的惩治和预防腐败体系建设，进一步加大查办案件工作力度，切实纠正损害群众利益的不正之风，确保了各级干部不失察、不失格、不失控、不失误，树立了既干事、又干净的干部队伍形象。

二、重大决策与主要工作

2006 年，市委认真落实科学发展观，坚持“30”字工作方针，“锁定目标争上游，全力冲刺 2006”，经济社会呈现出又好又快发展、全面协调推进的喜人势头，实现了“十一五”的良好开局，尤其是实现了滨州芯片自主研发成功、黄河上第一座公铁两用特大桥合龙贯通、万吨级大港导堤跨过拦门沙、高速公路直通黄骅等重大突破，入选中国特色魅力城市 200 强和财富中国经典城市。全市 GDP 实现 829.02 亿元，增长 17.4%；地方财政收入 45.12 亿元，增长 41.3%，连续三年保持 40% 以上增幅。

（一）突出发展第一要务，奋力实施赶超战略　一是突出重点，调整结构。坚持科技、外向、三产、生态、环保、节约“六个优先”的发展导向，坚定不移地实施工业兴市、科技强市、三产活市、生态立市战略，加快促进“十大产业链”全面拓展升级。全市规模以上工业企业达到 1097 家，比年初增加 100 家，实现增加值 443.8 亿元，增长 28.5%，销售收入过 10 亿的 26 家，其中魏桥创业集团销售收入突破 500 亿元，名列全省前茅；高新技术企业达到 91 家，高新技术产业产值占到规模以上工业总产值的 10.8%；服务业实现增加值 217.0 亿元，增长 20.3%，增速为 1997 年以来最高；万元 GDP 能耗降低 4.5%，节能总量列全省第 5 位。二是抢抓机遇，扩大开放。坚定不移地大招商、招大商，突出大门、思想、手脚“三个敞开”，坚持思路、方式、作风、环境“四个改变”，推进领导、机关、乡镇、村居、企业“五个行动”，积极与省会城市群经济圈、环渤海经济圈和半岛城市群搞好对接，全方位打造“开放滨州”。全年实际利用市外资金462.83亿元，其中外商直接投资1.52亿美元，增长62.6%；目前全市共有境内外上市公司5家，累计融资总额66.6亿元，其中境外上市融资47.6亿元人民币，居全省第1位。三是城乡统筹，南北互动。坚持把富裕百姓作为第一目标，把转移劳动力作为第一措施，紧紧围绕中央“20”字方针，按照“五个好”(好规划、好书记、好支部、好政策、好机制)要求，着力在经(集体收入)、水、电、路、医、学、保、讯八个方面实施突破，扎实推进新农村建设。完成了300个中心村规划编制，对190个村进行了环境综合整治，100个新农村示范村呈现新面貌。把壮大县域经济、实施“北带”开发与推进“渡河战役”作为解决南强北弱、促进区域协调发展的主导措施，努力形成区域经济发展新格局。2006年，重点突破的阳信、惠民两县主要经济指标增幅都在60%以上，邹平县在全国百强县名次进一步攀升，滨城区进入全省30强，无棣县被誉为“全省促强扶弱战略的成功范例”。

(二)着眼打造系统“九州”，积极发展各项社会事业 一是深入实施科教兴市、人才强市战略。着眼形成与滨州科学、和谐、超越、全面发展相适应的创新体系、教育体系和人才体系，矢志不移地抓高新、抓教育、抓人才。全市实际本科录取7344人，再创历史新高。二是大力推进卫生体制改革。优化医疗资源配置，鼓励和引导外资、民营资本投资卫生领域，加强公共卫生体系建设，强化食品、药品、餐饮卫生监管，进一步完善新型农村合作医疗制度，努力建成覆盖城乡居民的基本卫生保健制度。三是积极开展各类争创活动。坚持文体事业、文体产业与精神文明建设等互促互动发展，积极推进社区、乡镇村居文化站(室)、文化大院建设，广泛开展群众性体育、精神文明创建等活动，双拥模范城、精神文明城、优秀旅游城、环保模范城“四城”同争同创工作进展顺利，“奋斗、和谐、超越”的新滨州精神得到进一步弘扬。连续保持省级双拥模范城、全国卫生城市称号，成为全省第四个“全国水土保持生态环境示范城市”，中海被命名为国家级水利风景区，涌现出国家级文明村镇3个、省级文明村镇17个，“孙子兵法、故国神游”、“渤海老区、红色旅游”、“四环五海、生态滨州”三大城市品牌知名度、影响力逐步扩大。

(三)坚持以人为本，着力解决事关群众利益的问题 组织实施重点帮扶、建设新农村示范村等“十项工程”，集中精力抓好就业再就业、社会保障、社会救助等13件实事，先后出台了城乡农村居民最低生活保障、困难群众医疗救助、农民工权益保障等十个暂行办法。城镇新增就业再就业4.64万人，新增劳务输出6.5万人，城镇登记失业率2.9%；新增农村通自来水人口53.14万人，农村自来水普及率达到87%；提高低保标准，为城乡低保人口发放低保金3408万元，实现应保尽保，完成76处乡镇敬老院建设任务，集中供养能力达到70%；完善农村义务教育经费保障机制，在农村全部免除义务教育阶段学杂费，为困难学生发放“两免一补”资金2100万元；完成22家乡镇卫生院的改造，全市农民参合率达89.51%，受益104.47万人次；特别注意保障失地农民的合法权益，实行优先就业政策，采用“一卡通”直接兑付补偿，确保失地农民不失收、不失业、不失保、不失居。

(四)坚持抓基层打基础，全力维护社会平安稳定 连续开展“平安和谐稳定年”活动，深入推进“平安滨州”建设，坚持安全生产警钟长鸣，“严打”整治决不手软，综合治理决不放松，扎实开展每月3日的“联合大接访”与每月5日“民主议政日”活动，切实开展好“千名干部下千村”行动，加大矛盾纠纷排查调处力度，畅通社情民意诉求渠道，积极维护全市和谐稳定。联合大接访使30%以上的案件当场解决，65%以上的案件当场交办、限期处结，做法得到全国人大的充分肯定和推广；集中处理信访突出问题“百日会战”，使排查出的394件时间跨度较长的历史积案和涉法涉诉案件得到圆满处结；公安信访工作长效机制走在全国前列，受到公安部的表彰，城区治安防控体系建设经验在全省推广。全市累计安全事故起数、经济损失分别下降16.2%、11.6%，群众安全感明显增强。

三、改革与创新

(一)正确处理好与快的关系 自觉以科学发展观统领全局，把好与快有机统一于科学发展的全过程，转变发展理念，创新发展模式，提高发展质量，力求做到“五个更加注重”(更加注重又好又快发展、更加注重自主创新、更加注重产业结构优化、更加注重区域统筹协调、更加注重科学实干)，全力促进“八大和谐”(观念和谐、发展和谐、内外和谐、区域和谐、事业和谐、人际和谐、管理和谐、党群和谐)，努力实现“好”字当头、好中求快，速度不减、效益优先。

(二)正确处理改革发展稳定的关系 坚持发展是主题、稳定是基础的工作方针，把改革的力度、发展的速度和社会可承受的程度统一起来。把发展作为解决所有问题和矛盾的根本和关键，始终坚持科学发展不动摇，不断增强民力、增加就业、壮大财力，为化解矛盾、解决问题、保持稳定奠定了坚实的物质基础；通过深化推进农村税费、投资、财税、住房、教育、医疗卫生等各项改革，为发展和稳定破除体制机制障碍；在全省率先提出“平安建设”活动，连续开展“平安和谐稳定年”活动，积极探索实行联合大接访、“民主议政日”等举措，有效地维护了社会平安和谐稳定。

(三)正确处理苦干实干巧干的关系 苦干实干事业才能有成，灵活巧干才能事半功倍。注重苦干实干，要求各级在求真务实上狠下功夫，在攻坚克难上狠下功夫，在改革创新上狠下功夫，努力创造出经得起实践、群众和历史检验的政绩；注重灵活巧干，引导各级不断解放思想，以创新的举措、市场的办法破解发展难题，不仅想干事、敢干事，而且会干事、巧干事；注重督办快干，建立重点工作督察制度，把

“督事”和“督人”结合起来，督导各级干部坚决、果断、有力地执行党委、政府的决策部署。

附：滨州市委书记、副书记、常委名单

书　记：孙德汉

副书记：邓向阳　孙孺声

常　委：孙德汉　邓向阳　孙孺声　曹兴宽　孙承志　燕钦国　祁维华　步乃章　王文禄　谢守忠　葛　伟　于常青　何思清

中共菏泽市委工作概况

菏泽市委书记　陈　光

一、组织概况与党的建设

(一)组织概况　菏泽市共有9个县区委，1个开发区工委；13250个基层组织，其中党委316个，总支部524个，支部12410个；各级地方党委派出工委15个，其中市委派出工委2个，县区派出工委13个；乡镇党委158个；建制村党组织5880个，其中村总支部2个，村党支部5878个。全市共有党员353336人，占总人口的4.0%，其中农村党员241815人，占党员总数的68.4%。

(二)党的建设　一是领导班子建设得到新加强。圆满完成了市、县区、乡镇领导班子换届选举工作，职数配备更加合理，结构更加优化。加强干部的经常性考察，坚持“八用八不用”，对市直单位领导班子进行了调整充实。全面推行干部任前档案审核制度，对拟提拔干部档案进行了审核把关，取得了较好的效果。

二是干部人事制度改革取得新成果。认真抓好“一法、一纲要、三条例和十一个法规性文件”的学习宣传，进一步增强了各级干部的法规意识。积极稳妥地推进《公务员法》实施工作。按照公开、平等、竞争、择优的原则，在全市公开选拔了10名副县级领导干部，面向社会公开招考了160名公务员，选调录用69名优秀大学毕业生到基层工作。加强“三个体系”建设，在市直全面推行了岗位目标责任制。加大对县区工作实绩考核力度，充分利用考核结果，凭实绩用干部，树立了正确的用人导向，调动了各级干部干事创业的积极性，我市这一做法被《人民日报》等多家媒体报道，在全国产生了较大反响，先后有20多个地市来我市学习考察。干部监督工作又有新举措。出台了《经济责任审计实施办法(试行)》等一批规范性文件，坚持提拔重用干部征求意见制度，进一步完善干部监督工作协调配合机制和监督信息收集报送制度，建立了干部监督信息库，实行严重违规用人问题的立项督查和复核制度。继续深化经济责任审计工作，对审计的149名县级领导干部确定了等次，4名干部被取消了提拔重用资格。认真探索县区长经济责任审计工作，在全省县市区党政主要负责人经济责任审计会议上，作了典型发言。中纪委、中组部、审计署等中央五部委联合向全国总结推广了我市实行经济责任审计的经验做法。

三是基层党组织建设创出新特色。认真开展“三级联创”活动，切实落实乡镇党委书记党建工作职责，乡镇党委龙头作用得到进一步发挥。组织开展村级组织“三基”建设和村级党建示范点活动，在全市初步确定了10个村级党建示范点。争取中央、省委配套资金1917万元，全市1237处村级组织活动场所建设进展顺利，目前已建成554处，占44.8%。开展了村级班子防瘫“动态管理”、卸任村干部“规范管理”机制的探索研究，中组部和省委组织部给予了充分肯定，研究成果被中央党校整理成教学案例。同时，在外出务工党员聚集区建立支部、能人治村、支部加协会联农户和为民服务代理制等方面也进行了有益的探索，形成了一批成功经验。大力加强非公有制企业党建工作，规模以上符合建立党组织条件的316家非公有制企业建立了党组织。全市有1个先进基层党组织和1名优秀党务工作者受到了中组部表彰，10个先进基层党组织、3名优秀党务工作者、5名优秀共产党员受到省委表彰。

四是人才工作和人才队伍建设跃上新台阶。加大对人才工作的宣传力度，开展了“人才工作集中宣传月”活动，取得了较好效果，得到了省委组织部的充分肯定。加大人才引进力度，2006年共引进人才4982人，其中博士研究生7人，硕士研究生129人，是我市近年来引进人才数量最多、层次最高的一年。开展了评选市首届优秀农村实用人才、首席技师和优秀技能人才活动，遴选出59名优秀农村实用人才、6名首席技师和40名优秀技能人才。开展了“支企、支农、支医、送科技下乡”和人才建言献策活动。专业技术拔尖人才、农村实用人才和优秀技能人才的选拔管理更加规范，作用发挥得更加明显。

五是党风廉政建设有了新进展。严格落实领导干部廉洁自律各项规定，组织开展了学党章和反腐倡廉制度建设年活动，健全了定期述廉和诫勉谈话制度，纠正和解决损害群众利益的突出问题。2006年共立案查处违法违纪案件3799件，给予党纪政纪处分3768人。收缴现金、有价证券、支付凭证12万元，查处用公款大吃大喝29起，查处党政机关用公款为个人购买商业保险违规人员4304人、参与赌博的党员干部14人，清理各类违规冒领工资补助人员6729人，清理超标车287辆。省纪委对我们的做法给予充分肯定。查处公路和企业“三乱”、中小学乱收费、婚丧嫁娶大操大办、司法不公和加重农民负担、拖欠农民工工资等群众反映强烈的问题2000余起，处理相关人员963人，切实维护了党和政府的形象。

二、重大决策与主要工作

2006年，在省委省政府的正确领导下，我们坚持以邓小平理论和“三个代表”重要思想为指导，以科学发展观统领经济社会发展全局，紧紧抓住“突破菏泽”重大战略机遇，解放思想，开拓创新，转变作风，真抓实干，各项工作呈现出良好的发展态势。全年完成生产总值538亿元、固定资产投资500亿元、地方财政收入30亿元、农民人均纯收入3480元，同比分别增长17%、22.1%、47.4%和12.5%，形成了经济快速发展、社会和谐稳定、人民安居乐业的好局面，实现了“十一五”良好开局。

(一)以科学发展观为指导，促进经济又好又快发展 我们结合菏泽实际，相继提出了经济工作“八个更加注重”、县域经济要实现“五个新突破”、把开发区建设成为全市经济发展的发动机、以实施“四四四一”工程为载体扎实推进社会主义新农村建设、服务业发展“一二三四五”等重大工作思路，有力地促进了经济社会又好又快发展。全市规模以上工业企业达到1043家，完成增加值同比增长29.4%，经济效益综合指数达到184%，万元GDP能耗降低4.5%，COD排放量下降5个百分点。全市规模以上农业产业化龙头企业达到418家，粮食总产量达到1196亿斤，新增13亿斤，有林地面积达到450万亩，新增34万亩，农民工资性收入同比增长19.2%。乡村面貌明显改观，农村改厕工作经验在全省、全国得到推广，并被评为2006年度“中国十大政府创新典型”。

(二)积极主动承接对口帮扶，“突破菏泽”取得阶段性成果 东部八市援建的工业园累计完成基础设施投资4.1亿元，入园项目118个，实际完成投资33.1亿元；“东西联动”项目累计开工184个，完成投资84.3亿元，已竣工投产44个，实现利税1.4亿元；“西输东接”累计向东部八市输出劳动力29.4万人，2006年新增6.3万人，全市在外务工人员总数达到136万人；各帮扶单位累计支援我市资金8.5亿元，其中无偿资金5.1亿元；干部交流在突破菏泽中发挥了积极作用。

(三)大力推进城市化进程，城市规划建设管理上了新台阶 2006年城市建设完成财政性投入4亿元，带动社会投入超过22亿元；实现土地经营纯收益7.3亿元，城市建设步入了以城建城滚动发展的路子。城市规划日趋完善，市区控制性详细规划率达到92%，完成了中心区10大公共建筑规划选址工作，新一轮市、县城市和建制镇规划质量和进度跨入全省前列。基础设施进一步加强，总投资38亿元的16项重点城建工程进展顺利，人民路改造工程全部完成。营建环城林带110公里，街头绿地达到近100处，城市乱摆、乱放、乱停、乱占和背街巷“路灯不明”问题得到较好解决。

(四)全力维护社会稳定，“平安菏泽”建设稳步推进 认真落实《信访条例》，严格市委常委公开接访日制度，建立健全信访信息预警机制、维护信访秩序协作机制和群体性突发事件应急处置机制，加强基层调解网络和巡防体系建设，群众来访和到市集体上访分别降低6.2%和12.1%，进京到省上访量明显下降。深入开展严打整治斗争，加强社会治安综合治理，全年刑事案件同比减少22%。认真落实安全生产责任制，狠抓安全隐患的排查处理，全年各类事故起数、死亡和受伤人数分别下降25.2%、9.7%和16%，指标在全省保持先进水平。

(五)认真解决关系群众切身利益的问题，有力地促进了社会和谐 全面发展社会事业，义务教育、职业教育、民办教育和高等教育有了新进展；新改造乡镇卫生院40处，新型农村合作医疗试点县农民参合率达到88.8%；科技进步对经济增长的贡献率达到42%；计划生育工作完成了省下达的各项指标；新增城镇就业11万人，企业养老、农村养老、失业、工伤等保险参保人数大幅增加，农村低保制度建设试点已经启动。大力实施“民心工程”，支出救灾资金2400余万元，实施了“万只羊减灾救助”等六个“万字号”工程，城市医疗救助困难群众1.5万户，农村医疗实施大病救助2230人。村村通公路新增1425.5公里，村村通自来水普及率提高7.8个百分点。

(六)注重全面发展，宣传思想工作和精神文明建设切实加强 广泛开展了“知荣辱、树新风”主题教育等形式多样的思想道德建设活动。总结推广了王青云、杨金铎、张弓等一批先进典型事迹。加大舆论宣传力度，强化舆情监控，为“突破菏泽”营造了良好舆论环境。积极构建文化大市，加强文化基础设施建设和非物质文化遗产保护工作，加大“扫黄打非”力度，广泛开展各种社会文化活动和文明创建活动，涌现出国家级文明(先进)单位3个，省级文明单位106个。

三、改革与创新

省委、省政府实施“突破菏泽”战略以来，特别是省加快菏泽发展第二次现场办公会后，我们大力弘扬八个方面的良好风气，立足菏泽本地实际，不断加大改革创新力度，切实推动全市经济社会又好又快发展。一是坚持一切从实际出发，科学确立发展思路。我们始终坚持把上级指示精神与菏泽具体实际相结合，深入做好“三篇文章”，在“建设三大基地、培植六大产业”、“以工促农，以城带乡，科学发展”和“八个更加注重”等一系列重大工作上下苦功，促进了经济社会快速健康发展。二是借助外力、启动内力，最大限度地调动干部群众干事创业的积极性。我们始终把加快发展的着力点放在借助外力启动内力上，狠抓了思想观念、干部作风和政府职能“三个转变”，为菏泽的长远发展打下了坚实基础。三是总揽全局、突出重点，在关键领域和关键环节率先突破。我们始终把加快经济发展作为压倒一切的头等大事,把推进工业化进程作为加快经济发展的最佳突破口,把招商引资、项目建设、园区建设和发展特色板块经济作为加快工业化进程的关键措施,收到了以重点带全局的良好效果。四是坚持以人为本,切实实现好、维护好、发展好人民群众的利益。我们始终着眼于满足人民群众的需要和促进人的全面发展,着眼于解决群众最关心、最直接、最现实的利益问题,让人民群众得到实实在在的实惠,先后实施的十大"民心工程"和六个"万字号二程"深受群众欢迎。五是转变干部作风,扎扎实实抓落实。不断完善"三个体系"建设,在全市下发了《2006年县区经济工作实绩考核办法》,同时在借鉴吸收其他兄弟市成功经验的基础上,把市直部门纳人考核范围,研究制定了党政机关关于建立和完善决策目标、执行责任、考核监督体系的《实施办法(试行)》和《关于市直部门岗位责任目标考核的实施办法(试行)》,并健全工作落实机制,对完成任务目标好的县区和单位进行奖励,对完不成任务目标甚至弄虚作假的,严格依政策进行惩处,增强了全市各级干部进一步贯彻落实科学发展观和正确政绩观的自觉性,形成了全市上下求真务实、真抓实干、注重实效的良好风气。

附:菏泽市委书记、副书记、常委名单

书　记:陈　光

副书记:赵润田　刘士合

常　委:陈　光　赵润田　刘士合　王文升　宋新立　王长松　王　浩　杨永昌　支建立　高木斗　李卫国　刘　勇　孙丰华

县(市、区)委工作概况

济 南 市

中共历下区委工作概况

历下区委书记　孟祥桓

一、组织概况与党的建设

历下区位于省会济南东部,是济南市的中心城区和重要窗口。辖区总面积100.89平方公里,辖10个街道办事处、1个镇,65个社区居委会、19个行政村,人口60万。全区共有29个党(工)委、869个基层党组织和19581名党员。

2006年,区委坚持以党的十六大和十六届五中、六中全会精神为指导,认真学习贯彻邓小平理论和"三个代表"重要思想,牢固树立和全面落实科学发展观,不断加强党的思想、组织、作风和制度建设,各级党组织的凝聚力、战斗力和创造力明显增强。按照"提高党员素质,加强基层组织,服务人民群众,促进各项工作"的总体要求,在认真抓好第一、二批党员先进性教育活动巩固扩大成果工作的基础上,组织农村基层党组织和部分区直部门开展了第三批先进性教育活动,并探索建立起保持共产党员先进性长效机制。加大对党员干部的培训力度,共举办各级各类培训班65期,培训干部8473人(次),广大党员干部尤其是领导干部的整体素质明显提高。根据新形势和新任务需要,抓住党委换届的有利契机,合理选拔、交流和使用干部,共组织考察调整处(科)级干部534名,干部队伍结构进一步优化。坚持标本兼治、综合治理、惩防并举、注重预防的方针,按照"八个坚持、八个反对"的要求,建立健全了教育、制度、监督并重的惩治和预防腐败体系。先后制定出台了《关于加强全区党员领导干部廉洁自律工作的意见》、《关于加强全区农村基层党风廉政建设工作的意见》等文件。大力加强民主政治建设,按照"总揽全局、协调各方"的原则,充分发挥区委的领导核心作用,支持人大、政府、政协几套班子的工作,进一步调动民主党派和各界人士加快发展、共谋大计的积极性,形成了党委领导、目标一致、相互支持、团结有力的工作局面。

二、主要工作与成绩

(一)国民经济健康协调发展　坚持抓经济发展不动摇,经济总量不断增加。实现地区生产总值376.85亿元,同比增长14.1%。产业结构进一步优化。三次产业的比重由2005年的0.06:24.38:75.56调整为0.02:22.92:77.06。经济效益明显提高。实现区级财政收入10.56亿元,增长17.1%。增长方式进一步转变。完成重点技术创新45项,列入市以上各类科技计划项目90项,获得省市科学技术奖励12项,专利申请量达到1900件。高新技术产业产值占规模以上工业总产值比重达到28.9%。外向型经济再上新台阶。实际利用外资8397万美元,完成外贸出口29634亿美元,增长36.6%。招商引资拉动作用更加突出。全年引进项目112个,到位资金70亿元,同比增长83.2%。

(二)城市建设管理成效显著　坚持把城市建设和管理放在重要位置来抓,进一步落实区级领导包重点项目责任制。加大指导协调力度,突出抓好征地、拆迁、补偿、安置等重点环节。奥体中心、政务中心、恒隆广场等省市重点工程建设进展顺利。围绕增强城市综合服务功能,改善群众生产生活环境,先后对15条城市主次干道进行了改造和整修,对8个开放式居民小区进行了综合整治,对芙蓉街、后宰门街进行了保护性修复整治,城市交通状况、环境面貌明显改善。建立了历下区城市管理监督指挥中心,在全省率先推行数字化城市管理试点,"两级政府、三级管理、四级网络"的新型城市管理模式基本形成,荣获全国城市管理工作先进集体称号。

(三)社会事业取得新进展 制定实施了《历下区十一五科技发展规划》,全年投入科技三项经费1880万元,创新型城区建设全面启动。教育资源整合成效明显,新增省级规范化学校7所,总数达到26所,教育水平继续保持领先,再次获得全市教育综合督导评估总分第一,荣获全国师德建设先进单位称号。文化体育事业繁荣发展,成功举办了第23届消夏晚会和首届社区运动会。公共卫生体系建设逐步完善,初步探索建立了驻区大医院双向转诊的医疗机制,有效缓解了居民看病难、医药贵的问题。人口和计划生育工作进一步加强,继续保持低生育水平。

(四)居民群众生活水平明显提高 坚持以人为本的执政理念,高度关注民生问题。城区居民人均可支配收入达到15275元,农村居民人均纯收入达到7000元,分别增长12.5%和12.9%。新增城镇就业岗位2000个,实现就业16736人。发放最低生活保障金1213万元,发放低保户住房、医疗、助学三项救助金37万元。免除农村义务教育阶段学生杂费50万元。积极帮助失地农民实现就业,开展就业技能培训1200人次,实现就业850人。居民消费结构发生明显变化,住房、汽车、通信等成为消费重点,旅游、教育、健身、艺术等成为居民群众新的消费需求。

(五)和谐社会建设稳步推进 维护社会公平正义,注重夯实社会和谐基础。启动'五五"普法,全民法律意识和法制观念明显增强。推进政务公开,认真听取人大代表、政协委员和人民群众的意见建议。深入开展文明城市创建活动,积极实施全市统一组织的百件实事工程,社会环境明显改善。国防教育、国防动员、人民防空工作不断加强,实现全省双拥模范区"五连冠"。"平安历下"建设成效显著,社会治安形势进一步好转,全区发案率同比下降1.75%,破案率上升18.3%,被省委、省政府授予"平安山东建设模范区"称号。工矿商贸企业实现安全生产,无重大事故发生。加强物价、食品、药品市场监管,较好地维护了市场秩序。顺利完成政府机构改革,体制机制更加顺畅,发展环境不断优化。加大审计、监察力度,廉政建设和反腐败斗争进一步深入。全区政治稳定,社会安定,人民群众满意度有了新的提高。

三、创新与经验

(一)发挥自身优势,理清发展思路 我们结合区情实际,深入实践市委"发挥省城优势,发展省会经济"的总体思路,抢抓城市"东拓"、"中疏"战略机遇,以城市建设为带动,大力实施三产富区、工业强区、科技兴区、人才立区战略,做大做强服务业,做精做好高新技术产业,做亮做美城市形象,做细做实社会和群众工作,推动经济社会又好又快发展。围绕这一思路,确定了经济社会协调发展的工作重点即:三产服务业抓扩点,城市建设抓重点,工业经济抓亮点,财税工作抓增长点,软环境建设抓需求点,和谐社会建设抓热点。这些思路和工作重点的确定,使全区上下进一步统一思想,为推动当前和今后一个时期经济社会发展奠定了坚实基础。

(二)深化各项改革,增强发展活力 积极适应发展形势需要,锐意进取,深化改革,不断增强发展活力。加大企业改制力度,较好地完成了17家企业改制任务。深化行政审批制度改革,推行集中收费试点制度,强化行政服务,政府依法行政和办事效率明显提高。探索财政体制改革的新路子,加大对办事处的行政支持力度,提高办事处加快发展的能力。加大政府资产整合力度,实行机关办公集约化,降低行政运行成本,腾出更多房产,用于经济发展。

(三)优化内外环境,构建和谐历下 出台了做好新形势下的群众工作、努力构建和谐社会的意见,确定突出抓好和谐班子、和谐机关、和谐家庭、和谐社区、和谐城区五大创建工作,以党内和谐促进社会和谐,最终实现全区和谐。扎实开展"扶危济困社会行动",实行区属党政机关和事业单位与特困家庭长期结队帮扶制度,建立完善实施重点帮扶的新机制。深入开展社区信访代理和政法机关群众涉法诉求等工作,畅通群众诉求渠道,规范信封秩序,维护社会稳定。深入开展"服务环境建设年"活动,强化大局意识和服务意识,为驻区机关、企业和群众营造良好的政务环境、投资环境和生活环境。大力加强领导班子和干部队伍建设。推进区委自身建设、各级班子和队伍建设以及党风廉政建设,努力打造一支创业干事、为民办事、和谐共事、干净做事的干部队伍。

(四)不断改进作风,狠抓工作落实 新一届区委从发展大局出发,大力倡导团结和谐、清正廉洁,大力倡导求真务实、真抓实干,大力倡导在干部队伍中建立正常的同志式的工作关系,大力倡导聚精会神搞建设、一心一意谋发展,推动了思想作风、领导作风和工作作风的转变。按照省市委提出的"决策目标、执行责任、考核监督"三个体系建设的要求,建立了区委常委和政府区长每半年向局级干部报告工作制度以及区几大班子重点工作巡视制度,真正形成一级带着一级干、一级做给一级看的工作机制,有力地推动了各项工作的落实。

附:(一)历下区委书记、副书记、常委名单

书　记:李兴春(2006年10月离职)
孟祥桓(2006年10月任职)

副书记：雷天太　杨　峰
常　委：孟祥桓　雷天太　杨　峰　董宝珂
祖爱民(女)　李光忠　王其广
夏武军　孙常建　孙兆玉　曹　辛

(二)各街道、镇党(工)委书记名单

姚家镇	孙毅福
泉城路街道	崔　涛
大明湖街道	寇少杰
东关街道	张　昕
建筑新村街道	文为民
趵突泉街道	纪　亮
千佛山街道	侯　晓
解放路街道	邓向东
文化东路街道	尹红梅(女)
燕山街道	尹　涛
甸柳新村街道	张谨国

中共市中区委工作概况

市中区委书记　齐建中

一、组织概况与党的建设

市中区位于市区中南部，面积280.2平方公里，户籍人口56.2万人，辖2个镇、13个街道办事处。除汉族外，有回、藏等36个少数民族，其中，回族2.7万多人，占全市回族总人口的近三分之一，为全省回族人口最多的区(县)。辖区是省委、市委、市政府及济南军区等党政军重要机关驻地，金融、保险、通讯和商业等城市服务业比较集中。现有区委直属党(工)委30个，包括13个街道党工委、2个镇党委、15个机关企事业系统党(工)委，二级党(工)委14个(主要是企业党委)，党总支110个，党支部846个，党员23137人。

一年来，区委团结带领全区广大党员干部群众以邓小平理论和"三个代表"重要思想为指导，认真贯彻落实中央和省市委的决策精神，以巩固扩大先进性教育活动成果为主线，建立健全了集中培训与分散自学相结合的党员学习机制、以"网格化"管理和"三卡一证"为主体的党员管理机制、以党员先锋岗为载体的党员发挥作用机制，广大党员的先锋模范作用得到进一步发挥；围绕"建一流班子、带一流队伍、上一流水平、创一流业绩"，努力建设创新型领导班子和干部队伍，各级领导班子和干部队伍领导经济社会发展的能力进一步提高；以"抓基层、强基础、增活力"为主题，大力加强社区、农村、机关、事业单位和新经济社会组织党的建设，基层党组织的创造力、凝聚力、战斗力明显增强；健全惩治和预防腐败体系，完善廉政预情报告、廉政承诺、廉政讲话和述职述廉等制度，严格领导干部廉洁自律，严肃查处违法违纪案件，认真纠正行业不正之风，党风廉政建设不断加强。

二、主要工作与成绩

2006年，全区完成生产总值270.5亿元，同比增长18.5%，实现地域税收81.5亿元，同比增长47.9%；区级财政收入完成9.2亿元，同比增长17.8%，税费比例为95.2:4.8，初步实现了由补贴型财政向上解型财政、工资型财政向发展型财政、机关型财政向社会公共财政的转变。社会消费品零售总额完成135亿元，同比增长15.8%。规模以上工业增加值完成54.76亿元，同比增长36.9%；实现利税16亿元，同比增长80.8%，工业利润增长91%；完成高新技术企业产值179亿元，占规模以上工业企业总产值的83.75%。实际利用外资完成4095万美元，同比增长30.7%；出口创汇完成3.09亿美元，同比增长102.4%。城镇居民人均可支配收入达到15317元，农民人均纯收入达到6133元，同比分别增长12.8%、13.2%。区及区以下单位先后获得国家级荣誉称号24项、省级荣誉称号89项。

(一)坚持内外并举，加快城市化进程　坚持新区开发和老城改造并举，初步形成了以外拉内、以内促外、内外并举的发展格局。新区开发在继续推进柏石峪地区综合改造的同时，完成了九曲生态社区和玉符河原生态观光项目的实施规划，新区开发整体框架已经拉开。老城改造重点抓了老商埠区的规划建设，魏家庄现代商业区与大连万达集团议定实施规划，大观园民俗文化区一期工程已基本完成，馆驿街商务住宅区即将实施开发，老商埠核心区前期策划工作已经完成。同时，加大了市政建设、城管执法、综合整治、环境保护力度。去年，完成了省道103线、英雄山路拓宽改造工程，104国道、济微路主车道已全线通车；整治街巷201条、居民小区11个；新增绿地205万平方米，绿化覆盖率达到41.5%，人均占有公共绿地11.38平方米；辖区空气质量良好以上天数占全年的比例为85.5%，空气质量良好以上天数连续两年名列全市第一。

(二)立足城乡一体化，推进新农村建设　坚持以推进城市化进程为主线，抓好近郊新城区和远郊生态旅游区两个布局，突出城市化改造、镇村经济、基层基础工作三个重点，加强社会事业、精神文明、民主法制和基层党组织四项建设,努力建设富裕、文明、和谐的新农村。一是完善基础设施。加强农村公路和水利设施建设,村庄通车率达到100%,自来水普及率、入户率分别达到93%、90%,新建沼气池200个,改造户厕1780个。二是发展镇村经济。目前,全区建成特色果品、蔬菜、花卉等种植基地6个4.1万亩、养殖小区9处,农产品加工龙头企业9家,规模以上镇村工业企业34家,农村市场、物流园17处。三是推进社会事业。农村低保标准提高到每年1200元;对55个村卫生室进行了标准化改造,为各中心卫生院配备了急救车;建设文明生态示范村16个,建成文化大院20个。

(三)发挥区位优势,发展城市经济 围绕商务、商住和商业开发,发挥中心城区人流、物流、信息流的集聚效应,促进资源向优势产业和区域聚集,初步形成了功能完善、特色明显的服务业聚集区。一是推进现代服务业。2006年,全区现代服务业完成增加值111.2亿元,同比增长17.3%。其中,金融业实现增加值44.34亿元,占全市的35.1%;实现区级税收2.61亿元,占全区财政收入的28.3%。二是壮大传统服务业。2006年,全区传统服务业完成增加值90.65亿元,同比增长15.6%。目前,全区有各类商业网点7100多个,总营业面积220多万平方米,其中过万平方米的大型商场、超市、酒店60余家,初步形成了英雄山路、经十一路、大观园3条特色餐饮美食街和大纬二路、马鞍山路等一批特色商业街。三是抓好社区服务业。全年社区服务收入2500万元,"热心大嫂"、"称心家政"、"中房物业"、"太阳花"等品牌效应进一步增强。

(四)优化发展环境,加大招商引资力度 围绕营造浓厚的政治环境、规范的经济环境、良好的法治环境、健康的文化环境和优质的生活环境,不断完善发改委、招商局、民营局、商贸局、外经贸局、贸促会和环境建设督察局"七位一体"的经济服务体系,推行"一站式"服务、"一卡制"收费、重点项目跟进服务、涉企行政罚款报告和联席会议等制度,积极推进由优化经济环境为主向优化经济和社会环境并重、由单向服务向全方位服务、由简单化服务向优质化服务、由被动服务向主动服务的转变,全区发展环境进一步优化,社会各界对环境的满意率达到94.5%。坚持专群结合、条块结合、上下结合的招商方式,突出招商质量和效益,招商引资工作取得较大成效。2006年全区实际引进市外资金95.6亿元,同比增长30.4%,引进项目637个,其中过亿元的25个。

(五)增强为民服务功能,保持社会和谐稳定 围绕解决群众关心的热点、难点问题,进一步深化完善城乡社会保障、社会救助、社区服务体系,强化13项救助措施。去年,全区用于社会保障和救助的资金达到6171万元,比2004年提高65%,其中,区级投入增长6.8倍。完成社会保险扩面1.61万人,实现就业再就业1.59万人(次),分别完成市下达计划的131%、162%;安置335户零就业家庭中296人就业,城镇登记失业率控制在3.38%以内。同时,进一步完善社区"A"型管理体制,为民服务、社区共建、群众参与三个机制和社区治安、社区党建、城市管理"网格化"工作模式,和谐社区建设稳步推进。以创建全国文明城市为抓手,广泛开展文明社区、村镇、街巷和星级文明户等群众性精神文明创建活动。目前,全区80%以上的社区达到了文明社区标准。围绕"平安市中"建设,加强社会治安综合治理,强化人防、物防、技防,全面推行"网格化"治安防范机制,认真抓好来信来访和矛盾排查调处工作,人民群众对社会治安的满意率达到98%。

三、创新与经验

把创新作为加快发展的主要动力,积极探索体制、机制、制度和运作模式的创新。健全综合分析、课题调研、专家论证、群众参与、政策咨询、法律监督、集体研究的决策机制,完善单位、部门重大事项报审制度,推进了决策的科学化、民主化。成立区几套班子领导成员分别挂帅的重点工程指挥部,确立了全区重点工作、重点领域领导责任体系和重点工程全方位监督制度。成立国有资产运营监管中心、财政集中支付管理中心和投融资管理中心,形成了国有资产和资金管理运营体系。在实践中探索推行了社区"A"型管理体制,为民服务、社区共建、群众参与三个机制和社会治安、社区党建、城市管理"网格化"社区工作模式及社会化服务、产业化发展、市场化运作、企业化管理的社区服务发展模式,形成了全方位和谐社区建设体系。力戒群众工作简单化、表面化、形式化,形成了社情民意处理"三个机制"(社情民意调查、矛盾排查调处、应急预警机制)、为民服务"三个体系"(社会保障、社会救助、社区服务体系)、联系群众"三包一派"(包村驻点、包居联户、包企驻岗、干部下派)、信访工作"三见面"的"四个三"群众工作模式。实行示范拉动、重点扶持、以点带面的农业发展运行机制,统一规划、整体开发、综合配套、生态协调的城市开发运作模式,教育、政策、行政、法律、服务并重的城市拆迁管理模式,收到了较好效果。

附:(一)市中区委书记、副书记、常委名单

书　记: 齐建中

副书记: 苏维泉　王铁志

常　委: 齐建中　苏维泉　王铁志　国承彦　王　壮　梁英为　姚怀祥　吕建新　钟安石　于　红　任晓策

(二)各街道、镇党(工)委书记名单

舜玉路街道　杨洪斗

六里山街道　刘新民

七里山街道　孙永强

二七新村街道　孙振华

四里村街道　韩立海

杆石桥街道　王盛元

大观园街道	蒋济东
魏家庄街道	赵沃进
泺源街道	马　杰
王官庄街道	李广平
舜耕街道	闫　勇
七贤街道	蒋苏军
白马山街道	刘贤江
十六里河镇	徐广玉
党家庄镇	付光鲁

中共槐荫区委工作概况

槐荫区委书记　朱玉臣

一、组织概况与党的建设

槐荫区现有25个区直党(工)委,812个党支部(总支),19914名党员。2006年,区委坚持以“三个代表”和党中央一系列重大战略思想为指导,认真贯彻和落实科学发展观,较好地发挥了“总揽全局、协调各方”的领导核心作用。一是成功召开了区第十次党代会,选举产生了新一届区委和区纪委领导班子,进一步理顺了常委会的议事、决策程序,突出强调常委的责任意识、大局意识和独立开展工作的能力;注重发挥人大、政协的职能作用和优势,人大协助抓经济、政协协助抓稳定的工作机制取得了明显成效。二是认真贯彻《党政领导干部选拔任用工作条例》,健全和完善了领导班子和领导干部的考察、考核和任用体系;调整选拔了一批政治坚定、业绩突出、作风过硬、群众信任的干部,各级领导班子的结构进一步优化。三是切实加强基层组织建设。深入开展了“三级联创”、“双基”工程和“六有”规范化建设等主题活动,农村基层组织建设全面加强;以“党建工作示范社区”创建为载体,拓展了社区党建工作领域。进一步完善了机关干部下派包村居工作机制,选派138名年轻干部到农村和社居挂职,有效地改变了部分村居组织软弱、群众工作基础薄弱的状况。四是立足解决群众关注的突出问题,全面加强了以领导干部为重点的作风建设;以贯彻中央《建立健全教育、制度、监督并重的惩治和预防腐败体系实施纲要》为主线,突出主题教育和防范,全面落实了党风廉政建设责任制和“各具特色、体现部门与行业特点”的惩防体系,各级领导干部和广大党员的廉洁自律意识明显增强。

二、主要工作与成绩

深入贯彻市委“发挥省城优势、发展省会经济”的战略部署,以“抓住新机遇、建设新槐荫”为主线,不断深化和实施“新城提升、新区带动”发展战略和“四园两区”发展思路,突出产业结构优化和重点项目建设,着力构筑大框架、建设大载体,全区经济和社会事业取得了新的成绩。

(一)经济建设呈现出又好又快的良好发展势头　2006年全区实现生产总值107.8亿元,增长15.4%;地方财政一般预算收入3.9亿元,增长16.2%;出口总额1.2亿美元,增长36.6%;实际利用外资4185万美元,增长39.1%;农民人均纯收入6276元,增长12.9%。大力发展提升第三产业,西市场商圈日趋繁荣,新增商业建筑面积5万平方米,成为全市三大商圈之一;以经十路、二环西路沿线为载体,以润华集团为龙头的汽车及配件市场膨胀迅速,汽车制造、配件生产、整车销售、维修服务、汽车文化实现了长足的发展。全面实施工业强区战略,积极推进园区建设、规模膨胀和科技创新,骨干龙头企业和名牌产品优势明显,规模以上工业企业达123家,年销售收入过亿元的企业达到了10家。稳定优化第一产业,产业化经营水平不断提高,高效创汇、生态观光和精种特养三大特色更加突出,粮经比例达35:65,省、市级农业龙头企业增至5个。坚持多渠道招商引资,实际到位资金、形成的固定资产及新增税收大幅增长;大力培植生产型出口载体,外商投资领域逐步扩大。科技创新步伐进一步加快,高新技术产业得到较快发展。

(二)城乡面貌明显改观　一是道路建设成效突出,区域面貌明显改观,完成道路硬化20万平方米,重点实施了担山立交、段店立交等节点绿化,改善了腊山、西市场、机车工厂、段店等地区的综合环境。二是全面启动了旧城连片改造开发,规划和实施了西市场、段店等“五大片区”开发建设,新世界阳光花园、群盛华城、35中地块综合改造等项目进展顺利,人防商城、汽车配件厂等重点项目取得了实质性进展。三是以华联商厦和嘉华购物中心为依托,辐射经一路和纬十二路,改造提升小商品批发市场,推进绿洋食品厂重组,初步形成了具有现代特色的都市商业集群。

(三)精神文明建设和社会事业全面发展　以创建文明城市为载体,以和谐社区建设为依托,深入开展科教、文体、法律、卫生“四进”社区和各种形式的文明创建活动,“一街一特色、一居一品牌”的社区创建格局日臻完善。加大了新闻宣传力度,营造了抢抓机遇、干事创业、加快发展的浓厚氛围。坚持教育优先发展,积极推进教育创新和资源整合,教学质量和现代化水平明显提高,4所学校被命名为省级规范化学校,3个办镇顺利通过了市级教育示范乡镇的评估验收。大力发展卫生事业,疾病预防控制中心及防控网络进一步完善,我区被命名为全国社区卫生服务示范区和红十字服务示范区。劳动保障工作实现新发展,加快了城郊地区养老和医疗保险的扩面进程,全年安置城镇就业

1.04万人,登记失业率控制在3.4%以内,被评为全省就业再就业先进区。人口计生工作稳步发展,新机制建设不断完善,承接了全国人口早期教育工作座谈会、全省流动人口工作现场会。文化、体育等事业也取得明显进步,进一步提升了槐荫的形象。

(四)"平安槐荫"建设日益深入 坚持稳定压倒一切,突出维稳机制、治安防控、"严打"整治等重点,突出以打、防、管、控为重点的社会治安稳定和以矛盾纠纷预、排、调、处为重点的社会平安和谐两条三线,综治基础更加坚实。坚持关口前移,落实维护稳定工作责任制,加大了"严打"整治斗争力度;结合基层"创安",切实加强基层政法、企业内保组织和治安防范机制建设;以建立执法档案为突破,加大了执法监督工作力度。全面执行《信访条例》,理顺了信访工作机制,将大量的社会矛盾化解在基层和萌芽状态。

三、创新与经验

(一)坚持重点项目带动 坚持以重点项目建设带动有效投资,以有效投资带动产业发展,以产业发展带动区域经济总量增长和效益提升,推动了区域经济的发展。腊山南居住片区、段店综合开发项目、外海现代中央花园等新区开发建设项目和群盛华城、槐苑欣城等老城改造开发项目的顺利实施,已成为加快经济发展、增加财政收入、提升经济总量的重要支撑。

(二)加快建设城郊型社会主义新农村 立足槐荫实际,提出并实施了"突出省会城郊特色、加快建设城郊型社会主义新农村"的工作思路和建设生态经济带、新产业带、新社区带的总体规划。坚持城乡互动和城乡融合,积极落实办镇部门包挂帮扶、多元投入、资源整合等措施,实施了以改善农村基础设施建设和农民生活条件为主要内容的"十件实事",取得了阶段性成果。积极试点推行"城中村"居民社会养老保险和医疗保险补贴制,推动公共服务向城郊地区的延伸,加快了城市化进程。

(三)深入开展"服务群众年"活动 坚持以人为本、关注民生,不断强化广大党员干部的群众观念,深入推进工作重心下移,切实为民服务、解难题、办实事。在2005年"联系群众年"的基础上,开展了"服务群众年"活动,完善了"民情日"、结对帮扶"穷亲"、"一线工作法"和帮扶救助的各项长效机制。注重理论指导和具体实践相结合,实现了由具体的群众工作到基础性群众工作互动推进的升华。

(四)积极推进和谐社区建设 在青年公园街道被世界卫生组织命名为中国大陆第一个"安全社区"的基础上,启动了全区整体创建的进程。积极推进社区管理体制改革,突出居民参与社区事项决策的有效性、广泛性,突出社区居民委员会及其服务实体的组织协调功能和实施服务职能,突出居民监督和反馈民意的主体性,探索实施了"决策—执行—监督"三者相互配合制约、居民全程式主体参与的"一个核心、三元互动"的社区管理新体制,有力地促进了文明和谐社区建设。

附:(一)槐荫区委书记、副书记、常委名单

书　记:朱玉臣

副书记:李胜利　郑金松

常　委:朱玉臣　李胜利　郑金松　张曰良　付金峰　李坚强　王　诚　沈永强　张宪武　陈贯鹏　周　静(女)

(二)各街道、镇党(工)委书记名单

街道/镇	书记
振兴街街道	满　斌
西市场街道	杨淑莉(女)
五里沟街道	杨高峰
青年公园街道	董传师
中大槐树街道	朱庆胜
道德街街道	王玉英(女)
南辛庄街道	熊高翔
营市街街道	王　磊
美里湖街道	梁英林
匡山街道	张廷秀
段店北路街道	崔志强
张庄路街道	赵宏海
段店镇	李培杰
吴家堡镇	李　刚

中共天桥区委工作概况

天桥区委书记　张　辉

一、组织概况与党的建设

天桥区委辖29个直属党(工)委,1198个基层党组织(含党委、总支、支部)。一年来,坚持以邓小平理论和"三个代表"重要思想为指导,深入贯彻党的十六大和十六届三中、四中、五中、六中全会精神,全面加强了党的建设,全区各级党组织和广大党员干部较好地发挥了战斗堡垒和先锋模范作用,为实现全区经济社会又好又快发展提供了坚强的组织保证。认真履行牵头抓总职责,高标准、高质量地完成了第三批保持共产党员先进性教育活动,扎实做好第一、第二批先进性教育活动巩固扩大成果工作,党的先进性建设取得新的成效。以开展先进性教育活动为契机,深入扎实地开展了"情注'背街小巷'、构建和谐社区"、"永葆先进性、建设新农村"主题实践活动,全区呈现出党群互动、干群同心、共谋发展、共建美好家园的良好局面,促进了全区各项工作的开展。圆满完成区、镇两级党委换届工作,领导班子和干部队伍建设得到了新的加强。扎实做好出席省、市九次党代会代表人选和党的十七大代表候选人初步人选的推选、选举、推荐工作。认真落实大规模培训干部任务,在区委党校举办了第十期中青年干部培训班、处级领导干部进修班等主体班次,全面完成了年度干部教育培训任务,干部队伍素质有了新的提高。认真贯彻《干部任用条例》,进一步优化了领导班子结构,增强了各级领导班子的整体功能。干部基础性工作得到进一步加强,区委组织部被中组部评定为干部人事档案目标管理一级标准单位,并在全市第四次干部档案工作会议上作了典型发言。研究出台了《巡视考察工作实施办法》,对8个街道办事处进行了巡视考察,促进了被巡视考察单位各项工作健康开展。以"三级联创"活动为抓手,先后投资200余万元,帮助21个村新建或修建了办公服务用房,夯实了农村基层组织建设的基础;以争创"五个好"街道社区党组织活动、实施"凝聚力工程"为抓手,组织开展了志愿者服务、"党员奉献日"等活动,提高了基层党组织的影响力和凝聚力,基层党组织建设有新的发展。以"六个延伸"为切入点,全区群众工作呈现新的局面,我区"六个延伸"的经验做法得到省委副书记姜大明同志的高度评价,并在全市进行了推广。坚持"建、管、学、用"并举,积极拓宽远程教育覆盖面,在山东蓝翔高级技工学校建立了全市第一个民营企业远程教育接收点;全面完成了村(居)网络党校、省级规范化站点等建设任务,党员干部现代远程教育工作水平有了新的提升。

二、主要工作与成绩

(一)经济平稳较快增长 坚持发展为第一要务,实施"三产立区、工业兴区、科技强区"战略,强化载体建设、结构调整、招商引资、环境创新等措施,促进了区域经济持续快速协调健康发展。2006年,完成生产总值134.8亿元,增长14.8%;完成地方财政收入5.1亿元,增长15.2%;实现全社会固定资产投资72.73亿元,增长17.5%;引进市以外资金46.9亿元,占年计划的156.3%;实际利用外资4015万美元,增长25.9%;实现农民人均纯收入5933元,增长13.7%。各项主要经济指标均完成或超额完成了预期目标。全区经济结构进一步优化,一二三次产业比重调整为1.6:31.8:66.6,高新技术产业产值占规模以上工业总产值的比重达47.7%,万元GDP综合能耗下降4.5%。

(二)重点工程、重点项目建设取得重大进展 全区上下紧紧抓住济南市新一轮城市规划建设带来的重大机遇,突出做好老城提升、新区开发"两篇文章"。围绕改造提升老城区,在完成明湖北路、明湖西路、济泺路、无影山北路、历山北路等主要干道综合整治改造的基础上,进一步完善配套设施建设,实施绿化、亮化、美化工程,全区城市面貌和整体形象得到了明显改善和提升。依托明湖北路、明湖西路、济泺路沿线开发,现代服务业发展步伐加快,工鑫商厦、齐鲁鞋城、汇鑫国际商务广场、嘉汇广场等一批现代化商城相继开工建设并成功招商。切实抓好北园大街综合整治改造,确保了工程顺利实施,同时对道路两侧可开发地块进行了策划规划,签订安置和补偿协议1356户,拆除房屋3.4万平方米。小清河综合治理工程各项工作进展顺利,完成了小清河沿线现状调查,制定了整体策划规划方案和泺口、徐李、梁府庄三个片区控制性规划,开发建设进入实质性操作阶段。药山工业片区基础设施建设进一步完善,园区规模档次稳步提升。全力做好鹊山龙湖的策划规划及开发建设,一期工程基本竣工,初步凸显出原生态的滨水景观。加快济南化工产业园区水、电、气、排污以及铁路等配套设施建设,园区承载能力明显提高,招商引资取得新的进展,济南化工新材料、裕兴化工、明湖热电、皇冠油墨等一批大项目将相继落户园区。

(三)新农村建设扎实推进 把发展农村经济、增加农民收入紧紧抓在手上,建立了"村为主体、镇负总责、部门包挂、多方联动"的新农村建设工作机制。积极调整农村经济结构,推进产业化经营,发展农村二、三产业,拓展农村劳动力就业渠道,有效地促进了农村经济发展和农民增收。加大农村基础设施建设投入力度,实施了村村通自来水工程,农村自来水普及率达到44%。大力发展农村教育,将农村中小学办公及人员经费全额纳入了财政预算。大力发展农村医疗卫生事业,新型农村合作医疗参保率达到90.8%。积极开展农村济困救助,农村低保标准由每人每年600元提高到840元,保障了农民基本生活。以党员先进性教育为契机,大力加强农村基层组织建设,农村基层组织建设的整体水平和党员队伍整体素质明显提高,为加快社会主义新农村建设提供了坚强的组织保证。

(四)城市面貌有了新改善 在对城市主要干道和街巷实施综合整治的基础上,深入实施城乡环境综合整治,全区城市面貌和整体形象得到进一步改善和提升。以创建"国家环保模范城"为契机,加大环境保护和污染防治力度,实施了工商河、东西泺河等部分河段截污工程,水体环境质量有了明显改善。切实加强对扬尘的污染防治,全年空气质量良好以上天数达到77.8%,提高3.2个百分点。

(五)和谐天桥建设取得新成效 一是精神文明建设上了新水平。以争创文明城市为契机,广泛开展了文明社区、文明村镇、文明家庭等一系列精神文明创建活动,城乡文明程度和居民群众道德文化素质进一步提高。二是切实维护了群众切身利益。健全完善了社会救助和便民利民服务网络,有效保障了困难群众的基本生活,全年共安置城镇就业15900人。进一步完善社会保障体系,扩大社会保障覆盖面,为全区56647人次落实了最低生活保障,做到了应保尽保。高度重视并妥善解决城市建设项目中拆迁安置和失地农民土地补偿等问题,维护了群众利益。三是社会各项事业全面进步。实施科技强区战略,科技事业进一步发展。高度重视发展教育事业,全区教育教学质量进一步提高。积极发展文化事业,丰富了群众精神文化生活。大力开展全民健身运动,全区群众体育和竞技体育水平不断提高。积极推进城乡公共卫生体系和突发疫情应急机制建设,医疗卫生服务水平进一步提高。切实加强社区建设,社区服务水平进一步提高,被评为“全国社区服务示范区”。其它社会各项事业都取得了新的成绩,被评为“全国社区残疾人工作示范区”和“全省计划生育优质服务先进区”,荣获省双拥模范区“五连冠”等荣誉称号。四是“平安天桥”建设取得新成效。深入开展法制宣传教育,被评为“山东省‘四五’普法依法治理先进区”。全面落实社会治安综合治理各项措施,坚持严打整治斗争,强化治安防范,创造了良好的社会治安环境。认真贯彻执行《信访条例》,妥善处结了一批信访疑难问题和上访老户。高度重视安全生产,保障了人民群众生命财产安全,被省委、省政府评为“平安山东建设模范区”。

三、创新与经验

(一)突出抓好重点工程、重点项目 重点工程、重点项目对改变城市面貌,推动地区经济和社会各项事业发展具有十分重要的作用。近几年来我区实施了一系列对全区长远发展具有重大影响的重点工程和重点项目,加快黄河北地区发展,开发建设了大型生态项目——鹊山龙湖;济南化工产业园被批准为省级工业园区,与18家企业签订了入驻协议,项目全部投产达产后,预计可实现工业增加值120亿元。坚持工程建设与环境整治同步,改造与开发同步,北园大街综合整治改造顺利实施;按照“开发先行,以开发带动治理”的工作思路,小清河综合治理工程顺利推进;济泺路、明湖西路、北路沿线开发建设取得明显成效;以发展都市型工业为方向,药山工业片区建设步伐进一步加快。这些重点工程、重点项目的建设,为加快全区经济社会发展打造出了平台和载体,初步显现出对县域经济和社会发展的巨大的带动作用,拓宽了天桥区未来发展的空间。

(二)以“六个延伸”为切入点,扎实开展群众工作 一是抓基层打基础,向加强基层党组织建设延伸;二是加强综合整治,向营造良好人居环境延伸;三是搭建服务平台,向解决群众关心的“就业难、上学难、就医难”等实际问题延伸;四是树立文明生活风尚,向丰富群众精神文化生活延伸;五是加快富民强村建设,向实现“生产发展、生活宽裕”延伸;六是发挥示范带动作用,向凝聚和调动群众积极性延伸。通过“六个延伸”,党群干群关系进一步密切,充分调动起了群众参与建设的积极性、主动性和创造性。省委副书记姜大明对我区的做法给予了充分肯定,并做了重要批示:“做好新形势下的群众工作,必须从具体事情抓起,找准基层建设和群众需求的结合点,坚持不懈,层层深入,只有这样才能收到好的效果。天桥区的做法值得各地各部门借鉴”。

(三)以“平安建设”为总抓手,实施“五个突破” 一是在加强重点场所和人群管理上实施突破,二是在发挥矛盾调处作用上实施突破,三是在做好新形势下群防群治工作上实施突破,四是在抓好民营企业综治工作上实施突破,五是在创建“和谐家庭”上实施突破。全区治安状况明显改善,基本实现了发案少、秩序好、群众满意的目标,有力地促进了社会和谐稳定,为全区经济社会发展创造了良好的外部环境。

附:(一)天桥区委书记、副书记、常委名单

书　记: 杨庆林(2006年9月离职)
　　　张　辉(2006年9月任职)

副书记: 王建军　吴承丙

常　委: 张　辉　王建军　吴承丙　宋胜玉　刘建忠　赵新生　潘传利　宋　剑　陈　勇　亓　伟　郅　良

(二)各街道、镇党(工)委书记名单

制锦市街道	王晓虎
北坦街道	韩　军
纬北路街道	王联华
天桥东街街道	王新会
官扎营街道	刘仁东
宝华街街道	梁贵堂
堤口路街道	刘文明
无影山街道	巨云兴
南村街道	高广华
北村街道	王　芳
药山街道	侯凤国
北园街道	左永欣
泺口街道	武善欣
大桥镇	刘士浒
桑梓店镇	李大春

中共历城区委工作概况

历城区委书记　谭延伟

一、组织概况与党的建设

历城区委辖44个基层党(工)委，179个党总支，1500个党支部，党员36762名，其中2006年发展党员1035名。

一年来，区委坚持以邓小平理论和“三个代表”重要思想为指导，全面落实科学发展观，以提高党的执政能力建设和先进性建设为重点，善始善终地抓好保持共产党员先进性教育活动，坚持不懈地抓好“三级联创”工作，毫不放松地加强领导班子和干部队伍建设，不断增强各级党组织的创造力、凝聚力和战斗力，为建设富强民主文明和谐的现代化历城提供了思想和政治保证。

(一)圆满完成区委换届工作　成功召开区第十二次党代会，选举产生了新一届区委、区纪委领导班子，提出了今后五年工作的总体要求、奋斗目标、主要任务和重大举措，为建设富强民主文明和谐的现代化历城提供了思想和政治保证。

(二)大力加强基层组织建设　圆满完成镇党委换届，新一届镇党委成员91人，平均年龄38.3岁。全部镇党委、街道党工委达到“五个好”创建标准，11个区直部门党(工)委、192个乡镇站所、556个村和44个社区达到“五个好”创建标准。

(三)强化干部队伍管理培训　共提拔区管领导干部65人，交流(平调)处级领导干部106名，调整科级干部174名；培训处级领导干部321人次，科级及以下干部23903人次，对全区处级以上领导和村支部书记全部轮训了一遍。

(四)干部下派包村工作取得新成绩　区直91个部门共抽调239名干部，进驻南部4镇82个行政村开展帮扶工作。全年共投入帮扶资金761万元，帮助引进项目12个，引进资金3806万元，发展个体私营经济259个，新增加一类文明生态村65个。

(五)深入推进党风廉政建设　严格执行“两个条例”，继续抓好领导干部廉洁自律、查处违法违纪案件、纠正部门和行业不正之风等三项工作，健全教育、制度、监督并重的惩防体系，领导干部廉洁自律意识和拒腐防变能力进一步增强。

二、主要工作与成绩

(一)经济综合实力显著增强　全年实现生产总值445亿元，增长17.2%；地方财政一般预算收入11.67亿元，增长16.1%；全社会固定资产投资200亿元，增长20%；实际利用外资1.98亿美元，外贸出口7.86亿美元，再次被评为全省县域经济发展先进单位。经济结构继续优化。规模以上工业企业达到287家，增加值、销售收入、利税分别比上年增长19%、17.8%、17.9%；新增市级以上高新技术企业10家；民营经济增加值占到全区生产总值的50%；服务业增加值达到132.2亿元，增长20.8%，服务业固定资产投资达到126亿元，占全社会固定资产投资的67.7%，投资比重超过工业，成为经济发展的新亮点。

(二)新农村建设开局良好　都市农业创出新特色，蔬菜、林果、花木、奶牛四大主导产业规模膨胀，分别新增1.2万亩、1.7万亩、1.3万亩、7300头；农业产业化经营和标准化生产水平继续提高，新增市级龙头企业4家，无公害农产品、绿色农产品和有机食品21个。对道路、水利、能源、生态等基础设施的投入力度持续加大，硬化路“户户通”工程扎实推进，226个村、20多万农民告别了“晴天一身土、雨天一身泥”的历史；投资1.2亿元的平原集中供水工程全面完成，彻底解决了211个村、21万农民的饮水安全问题，率先在全省实现了自来水户户通；沼气、秸秆燃气、太阳能等清洁能源加快普及；文明生态村建设深入推进，139个村完成“三化一建”任务；“万村千乡”市场工程快速展开，新增农家超市138个；“三川增绿”工程成效明显，绿化荒山2.3万亩，林木覆盖率提高到40.7%。

(三)片区建设取得新进展　在唐冶新区，累计完成投资3.7亿元，一期路网16.4公里快车道实现通车，6平方公里主干路网基本形成，整个新区的基本框架已经拉开。在临港开发区，25平方公里控制性详规通过论证，14.7公里园区道路得到高标准改造，各类基础设施日渐完善，开发区被评为全省县域经济十大规模企业聚集园区。在洪楼城区，拓宽改造完成5条主次干道，38条背街小巷得到分类整治；一批大型商贸设施投入运营，商务楼宇形成规模；在全市率先推行了“城管执法进社区”和“环卫进社区”，城区管理服务水平有了新的提高。在南部山区，建设了一批新的生态景区，农家乐旅游健康发展，全区实现旅游综合收入12亿元，接待游客460万人次，分别增长39.5%、50.3%。一批省市区重点工程顺利实施，总投资1.3亿元的旅游路历城段竣工通车，北园大街历城段、省道102线历城段拆迁顺利，青银高速、济莱高速、黄河三桥等工程稳步推进，全区环境面貌整体上有了较大提升。

(四)人民生活水平明显提高　农民人均纯收入6041元，增长16.5%，增幅为全市最高；城镇居民人均可支配收入15275元，增长12.5%。新型农村合作医疗工作被列入省级试点，政府配套资金由每人10元提高到30元，46.3万农民参加受益，参合率达到94.3%。全部免除农村义务教育阶段杂费，继续实施“两免一补”政策；投资9000多万元，高标准改扩建农村学校23所。完成了3家镇卫生院改造。深入实施阳光工程等培训活动，培训农民5万人次，转移农村劳动力4.5万人,新增城镇就业1.17万人,城镇登记失业率控制在3.9%。社会保障体系进一步健全,出台了城乡困难群众医疗救助制度;城市低保按每人每月230元标准实现了动态管理下的应保尽保,农村低保标准由年人均840元提高到1080元;新建扩建3处敬老院,30%的五保老人实现集中供养,五保供养标准不断提高,基本达到了集中供养每人每年2400元、分散供养每人每年1400元的标准;解决了179户贫困残疾人家庭住房困难问题,弱势群体得到全社会关爱。

(五)各项改革深入推进 各镇机构改革圆满完成,统一设置行政和事业机构共99个,比改革前减少104个,精简51%;核定事业编制565人,比改革前减少1072人,精简66%。全面落实"以县为主"的农村义务教育管理体制,4400余名农村教师工资全部纳入区财政统筹,由区本级财政统一足额按时发放,学校生均预算内公用经费由区本级财政承担。建立了保障性与激励性相结合的街道办事处财政体制。积极推进人事制度改革,建立了运作规范的新招人员考录制度。实现了科技城整建制移交,成立了济南东环科技城发展服务中心。5家市属下放企业改制进展顺利,16家粮食购销企业改革全面完成。

(六)精神文明建设和民主法制建设取得新成绩 魅力历城、诚信历城、文明历城等创建活动有效开展,创建文明城市工作扎实推进,全区文明程度和群众文明素质有了较大提升。坚持教育优先发展,五所省级规范化高中的品牌影响力进一步增强,各级各类教育全面发展。加大科技进步和创新力度,专利申请量达1471件,居全省县区之首,被评为全省科普示范区。继续稳定低生育水平,强化计生优质服务,全面落实计划生育家庭奖励扶助政策,积极开展"社会主义新农村新家庭"创建活动,人口计生工作取得新成绩。认真做好新形势下的群众工作,建立了群众工作联席会议制度,完善了区级领导联系街镇、部门包村、领导干部信访接待日等制度。各街镇、村居全部建成为民服务代理中心和为民服务代理室。全面展开"五五"普法依法治理,做好群众来信来访,实施"跟进四抓"工作机制,加强社会治安综合治理,切实抓好安全生产。被评为全省"四五"普法依法治理工作先进区、平安山东建设先进区、全省信访工作先进单位、全省安全生产先进单位、全国社区服务示范区,顺利通过省级双拥模范区验收。

三、创新与经验

(一)强化"四个意识",统一思想,凝神聚力 一是强化发展意识,全面落实科学发展观,努力推动经济社会又好又快发展。二是强化机遇意识,积极落实国家宏观调控政策,抓住机遇并转化为新的发展。三是强化转轨意识,主动调整经济结构和转变增长方式,切实转到科学发展的轨道上来。四是强化忧患意识,及时把握宏观环境中的诸多不稳定、不确定因素,坚定信心,攻坚克难,努力开创全区经济社会发展的新局面。

(二)深化"四个三"工作重点,推动全区科学发展 一是全力实施"三个突破",即突破唐冶、突破临港、突破三川,全力打造唐冶、临港、三川等三个经济核心区,营造起局部优势,进而带动整体发展。二是努力实现"三个进展",即新农村建设要有新进展,转变经济增长方式要有新进展,节能降耗要有新进展。三是大力促进"三个提升",即提升对外开放水平,提升现代服务业发展水平,提升城乡管理水平。四是积极推动"三个构建",即构建平安历城、文明历城、生态历城。"四个三"的工作重点,不仅是区委立足区情形成的明确工作思路,也是指导全区工作与时俱进、一以贯之的总抓手。

(三)抓好"五个致力",推进和谐社会建设 一是致力就业创业富民,以改善民生促和谐;二是致力各项事业进步,以协调发展促和谐;三是致力先进文化建设,以精神文明促和谐;四是致力民主法制建设,以团结稳定促和谐;五是致力生态环境建设,以可持续发展促和谐,以和谐理念建设文明历城、平安历城、生态历城。

(四)按照先进性要求全面加强党的建设 切实加强思想政治建设和组织队伍建设,不断强化对党员干部的理想信念教育、宗旨观念教育和"八荣八耻"教育,不断提高党员干部的发展能力和执政能力。切实加强党风廉政建设,牢固树立为民、务实、清廉的良好形象,永葆共产党员先进性。

附:(一)历城区委书记、副书记、常委名单

书　记:谭延伟

副书记:许　强　刘传勇

常　委:谭延伟　许　强　刘传勇　马玉星　杨玉军　王　锐　孙德顺　阴　波　朱云生　路建玲　李国祥

(二)各街道、镇党(工)委书记名单

街道、镇	书记
山大路街道	李富刚
洪家楼街道	王瑞国
东风街道	谢兆村
全福街道	关中秋
华山镇	王长元
王舍人镇	李庆东
仲宫镇	张培明
柳埠镇	李全国
西营镇	韩延才
港沟镇	马延良
彩石镇	韩利师
郭店镇	时连勇
董家镇	李成华
唐王镇	王　平
遥墙镇	张书才

中共长清区委工作概况

长清区委书记 孙瑞祥

一、组织概况与党的建设

长清区委辖41个基层党(工)委,下设党总支181个,党支部1430个,其中非公有制企业设立52个党组织。全区共有党员33841名,其中新的社会阶层175名。2006年,区委坚持以邓小平理论和“三个代表”重要思想为指导,深入贯彻党的十六大和十六届五中、六中全会精神,大力加强党的建设,各级党组织的凝聚力、战斗力进一步增强。

(一)大力加强干部队伍和基层组织建设 深入开展保持共产党员先进性教育活动,继续大力实施“十百千万暖民心工程”,各级干部党员普遍加强了理想信念教育和党性锻炼。加强干部教育培训,大力开展“创新发展年”活动,各级干部的思想政治素质和工作水平不断提高。认真贯彻《党政领导干部选拔任用条例》,圆满完成区、乡两级党委换届工作,各级班子结构、整体功能得到进一步优化和提升。继续深入开展“三级联创”活动,农村基层干部队伍整体素质显著提高。

(二)大力加强区委自身建设 进一步健全完善了常委会工作制度、议事制度、民主生活会制度,努力提高区委班子的凝聚力。坚持总揽全局、协调各方,统筹协调好区委与人大、政府、政协几套班子的关系,形成了分工明确、工作有序、团结和谐的工作格局。

(三)深入开展党风廉政建设和反腐败斗争 深入贯彻执行中央和省、市党风廉政建设各项规定,制定下发了《全区党风廉政建设和反腐败工作实施意见》,落实了党风廉政建设责任制和领导干部廉洁自律各项规定。进一步加大违法违纪案件查处力度,查处了一批影响和损害发展环境的典型案件,优化了经济社会发展环境。

二、主要工作与成绩

(一)积极推进经济结构调整,综合经济实力跃上新台阶 全年完成国内生产总值142亿元、增长18.1%,其中一、二、三产业增加值分别完成19.5亿元、80亿元、42.5亿元,增长4%、21.5%、18.9%;三次产业比重调整为13.7:56.4:29.9,一产比重下降了1.6个百分点,二、三产分别提高0.5个、1.1个百分点。实现财政收入6.94亿元,地方财政收入2.91亿元,分别增长25%、23.3%;财政收入占生产总值的比重达到4.9%,提高0.2个百分点,税收占财政收入比重达到68.8%,提高5.3个百分点。全社会固定资产投资完成123.5亿元,增长30.4%。社会消费品零售额实现44.5亿元,增长16.3%。农民人均纯收入达到5725元,增长15.9%。全区经济呈现出增长加快、结构趋优、效益趋好、后劲增强的良好态势。

(二)大力实施“工业强区”战略,工业经济实现新跨越 坚持走新型工业化道路,工业主体地位日益凸显,初步形成机械装备制造、新型建筑建材、压力容器、电子信息、医药食品等五大特色产业集群,机械制造业跨入全省“十大产业集群”行列。新增规模以上工业企业13家、累计达到163家,鲁能、重汽、济柴、沃德、捷迈、山水、佳宝等名牌名企正在做大做强。骨干企业支撑作用明显增强,销售收入过亿元的达到36家,规模以上工业销售收入、利税达到201.7亿元、21.6亿元,分别增长32.9%和30.7%。传统产业不断优化升级,高新技术产业产值实现57.6亿元,增长32.8%。建安业实现产值39亿元,增长11%,跨入“全省建筑业十强区(县)”行列。

(三)强力推进“五大片区”建设,省会西部新城迅速崛起 “五大片区”规划面积已达160平方公里,加快了与省会中心区的融合,成为引领省会经济快速发展的重要区域。济南经济开发区,以建设先进制造基地为目标,全年投资1.7亿元、累计投资11亿元,基本实现“十通一平”,载体功能日臻完善;加快推进项目建设,济柴、沃德等8个项目相继投产,鲁联、通发等15个项目正在加紧建设,志友变压器、北车集团济南机车车辆厂等一大批项目相继签约落户,主要经济指标连年翻番,龙头作用已经显现。大学科技园,顺利完成高校二期工程以及市政和商业配套设施建设,全年投资36亿元、累计135亿元,入驻新生6万人,师生总数达到13.5万人,建成安置小区2个,安置16个村、1.6万人,成功走出了一条“规划一步到位、集约利用土地、妥善安置农民、带动新区开发,人文、生态、环境、资源与建设协调互动”的路子。政务商住区,投资2.6亿元,加快推进城市基础设施建设、背街小巷整治、旧城改造及城中村改造工程,城市功能日趋完善,人居环境显著改善。五峰山旅游度假区,36平方公里的规划正在逐步实施,齐鲁碑林项目已完成拆迁,具有国际标准的高尔夫球场全面投入使用。农高区,基础设施不断完善,先后入驻佳宝、澳利等农业龙头企业26家,成为全省最大的乳制品生产基地、兽药研发生产基地。

(四)突出抓好招商引资,对外开放实现新突破 全年共引进各类项目266个,计划总投资228.1亿元,实际到位资金70.6亿元,其中投资过亿元的项目33个,过千万元的104个。新增外资项目5个,全年完成出口创汇8512万美元、增长61%;实际利用外资2457万美元,经济的外向度不断提高,被评为“全市外经贸工作先进区”。

(五)着力繁荣消费品市场,第三产业显现新活力 大力提升优化传统服务业,加快发展现代服务业,济南明珠新世纪广场、大学科技园商业公园、银座购物广场等一大批商贸设施项目相继投入使用。做大旅游产业,积极整合旅游资源,创新旅游体制,全年共接待游客120万人次,旅游总收入8.2亿元,分别增长13.2%和21.3%。加快发展民营经济,规模以上民营企业发展到139家,全区非公有制经济比重达到58%。

(六)加大统筹城乡力度,新农村建设迈出新步伐 新农村建设有序推进,率先启动的10个示范村、100个重点村成效明显;大力发展现代农业,林果、畜牧、蔬菜、良种、花卉五大主导产业规模不断壮大;农业龙头企业发展到102家、带动农户6万多户、吸纳劳动力2.8万个;各类农村新型合作组织发展到36个,带动基地20万亩、农户4.2万户;新实施各类农业建设项目1273项,农村生产生活条件不断改善;加大财政支农力度,认真落实各种补贴政策;惠民工程成果显著,农村新型合作医疗参保村达到100%、农民参保率达到94.6%,村村通自来水率达到81%,农村通公路、通客车率均达到100%。

(七)和谐新区建设积极推进,各项社会事业全面进步 高度重视民生工作,全区城镇新增就业5000人,开展"阳光工程"、培训农村劳动力3.7万人;积极推进养老、医疗、失业、工伤、生育保险工作,城乡社会保障能力有了新的提高;大力实施公民道德建设工程和"综治固垒"工程,"文明长清"、"平安长清"建设成效明显,荣获"平安山东建设先进区"称号;教育、科技、卫生等各项社会事业蓬勃发展,被评为"全国科普示范区"、"全国团建工作先进区"、"全省计划生育优质服务先进区"。

三、创新与经验

(一)立足新区实际,不断深化和完善"5321"总体思路 在保持发展思路连续性的基础上,坚持立足新区实际,进一步完善发展了"5321"工作思路,即做大做强五大片区,强力推进工业化、城市化、国际化进程,规划建设104国道和经十西路及延长线两个经济发展新亮点,力争到十一五末接近或达到全国百强水平。实践证明,这一思路符合上级要求和长清发展实际,已成为全区上下的共识和自觉行动,引领长清向更高的目标和层次迈进,推动长清经济社会更好更快发展。

(二)继续深化各项改革,为经济社会发展提供强大动力 以建立现代企业制度为目标,不断加大盘活企业低效闲置资产的力度,使一批传统优势企业焕发了生机;济南经济开发区体制得到理顺,农高区与经济开发区实现了管理职能的合并,为做强济南经济开发区创造了条件;加快城市管理体制改革,设立了31个社区居委会;深化干部人事制度改革,积极推进竞争上岗,使干部选拔任用、机关事业单位招聘工勤人员、转业军人安置走上了规范化轨道;顺利推进了乡镇综合配套改革;财税体制改革不断深化,区乡财政分配关系和发展主体责任更加明确,国库集中支付、政府采购制度、会计核算制度更加完善;教育人事制度改革不断深化,其它各项改革顺利推进。

(三)从制度创新入手,切实把各项工作落到实处 紧紧围绕发展目标和重点工作,进一步健全完善决策目标、执行责任和考核监督"三个体系",将全区重点项目和重点工作细化为"双十工程"(十大重点工程和十件实事),实行区级领导和部门负责制,大兴求真务实、干事创业之风,形成了不折不扣抓落实的良好局面。

附:(一)长清区委书记、副书记、常委名单

书　记: 孙瑞祥

副书记: 覃俊文　江　林

常　委: 孙瑞祥　覃俊文　江　林　毛华铭　李广贤　庞　涛　王福军　刘延文　葛殿起　刘明霞(女)

(二)各乡镇、街道党(工)委书记名单

文昌街道办事处	刘兴刚
平安街道办事处	周　杰
崮云湖街道办事处	杨方明
五峰山街道办事处	韩广峰
归德镇	曹　军
孝里镇	董庆哲
双泉乡	赵健民
马山镇	张振河
张夏镇	王庆波
万德镇	潘兴华

中共章丘市委工作概况

济南市委常委、章丘市委书记　陈先运

一、组织概况与党的建设

章丘市辖14个乡镇、6个街道,908个行政村。全市设党(工)委72个,其中乡镇党委、街道工委20个,市直部门和市属以上企业党(工)委31个,二级党委21个,下设党总支209个,党支部2074个,其中村级党组织904个。全市共有49202名党员,其中乡镇、街道及农村党员32151名,市直部门、单位和市属以上企业党员17051名。

2006年，全市党建工作以"三个代表"重要思想为指导，以科学发展观为统领，大力加强党的执政能力和先进性建设，党员干部队伍的整体素质明显提高，各级党组织的凝聚力、战斗力明显增强。以建设群众满意工程为目标，高标准、高质量开展第三批先进性教育活动，不断巩固和扩大第一、二批教育活动成果，发展农村经济、致富农民群众、维护农村和谐稳定等重点工作得到有力促进。全市109个基层党组织、121名共产党员、28名党务工作者受到中央和省、市委隆重表彰。其中，向高村党总支被评为全国先进基层党组织。圆满完成市乡两级党委换届和省、市党代会代表推选工作。结合先进性教育和新农村建设，整顿软弱涣散村党组织班子43个，新建和改造村办公室120处。实施远程教育"百村千户"示范工程，全面推行农村无职党员设岗定责和承诺服务，打造服务型基层党组织的做法在全国县市委书记培训班上研讨交流。认真落实党员发展制度，全年发展党员979名。扎实开展部门包村"五帮三创"活动，促进了园区村的发展和稳定。建立实行群众工作联席会议制度，形成了服务群众、促进和谐的工作合力。

二、主要工作与成绩

2006年，全市完成GDP266.8亿元，地方财政收入15.18亿元，分别增长22.4%和25.3%；全社会固定资产投资216.3亿元，增长34.4%；城镇居民人均可支配收入10356元，农民人均现金收入6240元，分别增长10.1%和14%。连续两次进入全国综合实力百强县(市)50强和省内前10强，跻身全国中小城市综合实力和最具投资潜力百强县(市)，名列第43位和第10位。

(一)坚持统筹城乡，扎实推进新农村建设 组织市乡两级600名干部，组成200个调研组，开展"千村万户"大型调研活动，为全市1035个自然村逐村建立村情台帐，实施分类指导。投资1.6亿元，集中办好20件实事，解决农民"增收难"、"行路难"、"保障难"、"看病难、看病贵"、"上学难"和"吃水难、水质差"等问题，推进面上新农村建设。实施"十百"工程，对110个村(10个示范村、100个建设村)分类指导，重点扶持，有计划、有步骤、有重点地带动全市新农村建设。实施村容整治工程，使农村环境得到明显改观。实施农民教育工程，编印《章丘市新时期农民教育读本》，对初中毕业未升学的新生劳动力免费进行技能培训。开展新农村新家庭创建活动，积极倡树文明新风。推进村务公开和民主管理，农村社会更加和谐稳定。

(二)以大项目建设为抓手，加快发展先进制造业 坚持走新型工业化道路，大力发展先进制造业；坚持把大项目作为有效投入的载体，推动产业集群加快发展，全面提升工业经济竞争力。全年完成工业投入128.9亿元，完施工业项目287项；全市规模以上企业达到371家，完成工业增加值107.3亿元，实现销售收入332.9亿元、利税43.2亿元、利润24.8亿元，增幅都在25%以上。章丘电厂二期、重汽沃尔沃发动机、可口可乐等大项目建成投产，安臣仓储、安莉芳服装等大项目建设进展顺利。高新技术企业发展到129家，占规模以上工业产值的比重达到37.1%。企业品牌建设实现重大突破，圣泉集团、汇丰集团入选"首届全国大型工业企业自主创新能力行业十强"，省级以上名牌产品达到13个。

(三)着力突破薄弱环节，繁荣发展服务业 积极推进旅游资源整合和项目建设，济南植物园建成开园，百脉泉公园通过4A级景区评定，全年实现旅游业总收入15.8亿元。坚持市场运作、有序开发，完成商住开发18万平方米，中心商贸区初具规模。着力提升十大专业市场辐射带动能力，物流企业营业收入增长21%。实施绣水果品市场等商业街区改造，全面启动"万村千乡"工程，全市社会消费品零售总额实现95.8亿元，增长17.4%。全年实现第三产业增加值89.1亿元，在三次产业中的比重达到33.4%。

(四)着力推进招商选资，全面提升对外开放水平 坚持把招商工作作为全市工作的总抓手和经济工作的生命线，加快招商引资向招商选资、全员招商向专业招商的战略性转变。以"一区三组团"和城东、赭山、刁镇化工等民营园区为主阵地，加快园区路网及配套设施建设，增强承载能力，促进集约发展；规划建设香港客属工业园、台湾工业园，新引进福满多食品、菲宝机车等大高外项目97个，计划总投资212.4亿元。发挥专业招商队伍作用，引进市外投资完成124.2亿元，占全社会固定资产投资的57%；新批外商投资企业18家，实际外商投资5020万美元，增长24.9%。着力优化出口结构，有出口实绩企业新增12家，出口创汇1.2亿美元，增长34.2%。

(五)切实加强资源节约和环境保护，增强可持续发展能力 以建设资源节约型、环境友好型社会为目标，加强督促检查和评价考核，突出抓好重点领域、重点企业和薄弱环节，节能降耗和环境保护工作取得明显成效。全市万元GDP能耗、水耗、规模以上工业万元增加值能耗分别下降14.6%、2.6%和13.8%；空气中三项主要污染物二氧化硫、可吸入颗粒物、二氧化氮的浓度同比分别下降12.7%、1.4%和2.9%；空气质量良好以上天数所占比例达到94.3%。

(六)打造山水园林特色，切实增强城市竞争力 在"一主三辅"城市发展概念性规划的指导下，细化新城服务区、中心商务区、城市水系等20项专项规划。以融入济南为目标，对经十东路章丘段、章丘大道等38条道路实施高标准拓宽改造，形成"三纵六横"快速路网。实施泉水保护，高标准规划建设"两泉三河五湖"城市水系，加快清照词园、东西麻湾贯通等重点工程建设。实施绿化美化提升，城市绿化覆盖率达到39%。开展"城市管理年"活动，城市管理更加规范有序。被评为全国优秀旅游城市、国家环保模范城市、山东省园林城市和"人居环境优秀城市"。

(七)加快社会事业发展，大力推进和谐建设 坚持教育优先发展，投资1.2亿元，对76所农村中小学实施标准化改造。推进高等职业教育基地建设,山东经济学院等13所院校入驻,在校生达到5万人。投资3000万元,对240处镇村卫生院(室)改造升级。推进新型农村合作医疗,覆盖率达到95%,报销金额2000余万元。积极扩大就业,新增就业岗位6578个,城镇登记失业率控制在3%以内。投资1200万元,新建4处乡镇敬老院。提高城乡最低生活保障标准,农村低保达到每人每年800元,城市低保达到每人每月180元,全市10838人纳入最低生活保障。落实专项资金2200万元,对老党员、失地农户、智障残疾人家庭等予以补助,为500户农村贫困家庭改造了危房。成立慈善总会,建立2000万元社会救助资金。大力实施城市文明塑造工程,被评为"山东省文明城市"。加强平安章丘建设,被评为全省"平安建设模范市"。

三、创新与经验

(一)创新工作运行机制 进一步完善"决策目标、执行责任、监督考核"三个体系,突出决策目标科学化、执行责任刚性化、考核监督制度化,激励干部干事创业,督促目标强力落实。完善市乡村三级为民服务网络,构建为民服务绿色通道,为群众提供全方位、全过程代理服务。建立三级联动、整体推进的村务公开工作机制,农村社会管理水平显著提高。

(二)推进市乡两级党委换届和企业改革 圆满完成市乡两级党委换届工作,顺利实现了领导班子配套改革。同时,按照科学发展观要求,进一步完善落实干部考核评价标准,建立实行干部经常性考察和每季度一次的实绩公示制度,有效调动了各级干部干事创业的积极性。加大企业改革力度,推动日月化工有限公司与山西晋煤集团合资合作,企业发展活力明显增强。

(三)创新社会稳定工作机制 实施社会矛盾综合治理,形成了"一把手"负总责,党委、政府统一领导,部门齐抓共管,社会整体联动的工作格局。高度重视信访工作,完善三级信访代理制,实行领导干部接访日制度,深入开展领导干部集中下访活动,通过为群众真心排忧解难,引导群众合理依法表达诉求。实行惠民直通卡制度,确保了各项惠民补助及时发放到位,有力地维护了广大群众的切实利益。

(四)创新财政工作机制 完善"两定一保"制度,加大转移支付力度,保证了镇村工作正常运转。进一步完善园区资源共享、村级税收奖励政策,切实解决因区位、基础等原因造成的发展不平衡问题,充分调动了镇村两级发展经济的积极性。

附:(一)章丘市委书记、副书记、常委名单

书　记:陈先运

副书记:毕筱奇　孙君涛

常　委:陈先运　毕筱奇　孙君涛　张洪武　王道忠　时怀江　李明军　李文秀　窦　虎　都昌林　孟学峰

(二)各乡镇、街道党(工)委书记名单

明水街道　亓　峰
双山街道　袁乃杰
普集镇　丁雪峰
官庄乡　靖永礼
相公庄镇　焦卫星
绣惠镇　李传绪
宁家埠镇　杜忠利
刁　镇　李兴贵
水寨镇　刘建章
龙山街道　许宏光
枣园街道　张国亭
埠村街道　李传武
垛庄镇　魏传勇
文祖镇　杨传军
黄河乡　刘　科
高官寨镇　李厚学
辛寨乡　孟祥宾
白云湖镇　张　刚
圣井街道　李　钢
曹范镇　王　健

中共平阴县委工作概况

平阴县委书记　孙积港

一、组织概况与党的建设

平阴县委辖36个基层党委,下设党总支78个,支部912个,共有党员23113名。一年来,县委坚持以"三个代表"重要思想和党的十六大精神为指导,认真贯彻落实科学发展观,大力加强党的建设,为加快平阴发展提供了强有力的组织保证。一是精心组织开展了第三批保持共产党员先进性教育活动,历时一年半的教育活动圆满结束,实现了各项工作与先进性教育的"两不误、两促进"。二是积极稳妥实施县乡党委换届工作，大力推进领导班子配备改革，达到了精简职数、优化结构、提高素质的目标。认真落实大规模培训干部任务，多渠道培训各级干部1329名，增强了各级干部领导发展的能力。三是坚持抓基层，打基础，以村级干部培训、村级场所建设和村务公开检查为重点深化“三级联创”活动；坚持抓典型，树旗帜，树立了以全国先进基层党组织、全国文明村孝直村为代表的一大批先进典型群体，提高了基层组织建设的整体水平。2006年七一，殷景玉被授予“全国优秀党务工作者”荣誉称号。深入开展远程教育“规范化站点创建”活动，认真抓好管理员培训、教学资源开发和督促检查等工作，为先进性教育活动和新农村建设打造了一个崭新的平台。

二、主要工作与成绩

2006年，在省、市委的正确领导下，坚持以科学发展观统领全局，团结带领全县上下解放思想，扎实苦干，全县经济、政治、文化、社会建设和党的建设都取得了新成绩。全年完成生产总值90.4亿元，同比增长18%；规模以上工业销售收入141亿元、利税18.1亿元，分别增长34.9%和35.1%；地方财政收入2.6亿元，增长24.5%；全社会固定资产投资44.5亿元，增长17.5%；城镇居民人均可支配收入8721元，增长11.2%；农村居民人均纯收入4725元，增长15.6%。先后荣获”全国生态建设示范区”、”全省双拥模范县”、”全省工业产品结构调整示范县”、”全省区域经济协调发展示范县”等称号。

(一)牢牢把握发展第一要务，推动了县域经济快速协调健康发展 大力实施新型工业强县战略，着力培植支柱产业，扶持优势企业，发展名优产品，转变增长方式，工业经济运行质量和总体实力显著提升。全县规模以上工业企业发展到135家，其中销售收入过亿元企业22家，比上年新增6家；中国驰名商标达到3个，市级以上名牌产品达到20个；万元GDP能耗和水耗分别下降4.5%和4%。坚持把招商引资作为经济工作的重中之重，在建设大载体、引进大项目上实现了新突破。平阴工业园区升级为省级开发区，规划启动了40多平方公里的安城片区和孝直片区；全县共引进内资21.6亿元，利用外资579万美元，其中投资过亿元的项目7个。高度重视“三农”工作，着力加大公共投入力度，落实种粮、良种、农机、农资四项补贴1678万元，比上年增加1221万元；整合县以上财政支农资金8502万元，推动实施了“3331”奶业富民、农业综合开发、龙头企业培植、农村饮水安全、“一建三改”等一大批农业重点工程，大力改善农村生产生活条件，提升农业装备水平，持续推进主导产业的规模化、品牌化、产业化，规模以上农业龙头企业发展到32家，绿色、无公害品牌达到18个，新发展农村沼气用户2435户，农村安全自来水普及率达到80.4%，新农村建设实现良好开局。着力提升传统服务业，新建改建标准化农家店112个；超市、连锁经营、物流配送等新型业态快速发展。

(二)大力加强城乡基础设施建设，积极破解发展瓶颈，城乡面貌焕然一新 坚持从破解瓶颈制约、推进加快发展出发，大手笔谋划，大气魄运作，大力度建设，改善人居和发展环境，城乡建设取得显著成绩。按照山水园林城的定位，高起点完成了城市总体规划修编，精心编制了县城中心区控制性规划、重点片区改造详规、工业园区规划、锦东新区包装策划以及新农村建设规划，初步建立起配套衔接的城乡规划体系。超前谋划，科学调度，投资2亿多元，实施了一大批城乡基础设施工程。高标准实施青龙路大修改造和锦东大街建设，打造了城市道路规划建设的新亮点；对城区部分街道主路面、市容市貌、交通秩序等进行综合整治，主要街道绿化、美化、亮化、净化水平显著提升；锦东新区职教中心、劳动大厦、公路大厦、物流客运中心等建设项目快速推进；圣母山生态农业观光园被命名为国家AA级景区，玫瑰湖湿地公园开发实现良好开端，成为代表县城“山水园林”特色的新名片。完成农村公路改造143.7公里，率先在全市实现了村村通客车。105国道创建为国家级“文明样板路”，济菏高速公路进入路面铺设阶段，220国道拓宽改线工程、聊泰铁路建设进入实质性运作阶段，青兰高速纳入省高速公路网中长期规划，重要交通设施加快与大中城市对接。

(三)以解决人民群众最关心、最直接、最现实的利益问题为重点，努力建设和谐平阴 坚持以人为本，高度关注民生，着力解决人民群众最关心、利益最直接的就业、保障、上学、看病等现实问题。就业方面，多渠道开发劳动岗位，安置城镇就业4512人，转移农村劳动力1.6万人。社会保障方面，城镇养老保险新增扩面4595人，总数达到3.73万人；农村社会养老参保人数突破10万人；医疗保险参保范围进一步拓宽，重点解决了破产企业退休人员参保问题；关心帮助弱势群体，较大幅度提高了城乡居民最低生活保障标准；加强乡镇敬老院建设，集中供养率由46%提高到62%。社会救助方面，健全了县乡村三级慈善网络，荣获“中华慈善事业突出贡献奖”；多方筹集助学资金400多万元，解决了5357名家庭困难学生的入学难问题；解决“看病难、看病贵”方面，将新农合财政补贴标准由每人每年11元增加到30元，参保率由80.5%提高到91%。

(四)不断提升公共服务水平，促进社会事业全面发展 加大公共财政建设力度，深化社会事业领域改革，促进了经济社会协调发展。增加科技经费投入，组织实施各类科技计划39项，其中市级以上16项。落实以县为主农村义务教育管理体制，初步建立了教师工资、教学经费和校舍改造资金保障机制；投资5000多万元开工建设了县职业教育和教师培训中心，促进了城乡教育、普通教育与职业教育的协调发展。健全公共卫生和医疗服务体系，开展农民健康促进行动，全民健康保障水平进一步提高。创新计生服务机制，夯实基层工作基础，人口增长继续保持了低水平。在抓好经济社会发展的同时，大力加强党的建设和精神文明建设。深入开展了先进性教育活动，圆满完成了县乡党委换届和乡镇机构改革任务。深入开展“三级联创”活动，基层组织的凝聚力、战斗力、号召力明显增强。坚定不移地推进党风廉政建设，积极构筑教育、制度、监督并重的惩治和预防腐败体系，领导干部廉洁自律、案件查处、纠正部门和行业不正之风工作取得了新的成果。广泛开展群众性精神文明创建活动，公民道德素质和社会文明程度明显提高，党风、政风、社会风气进一步好转。

三、创新与经验

(一)坚持五措并举，扎实推进新农村建设 一是深化文明村创建活动，以建立示范村为突破口，以点带面，加快建设社会主义新农村步伐，涌现出“全国创建精神文明建设工作先进单位”孝直村等一批先进典型。二是壮大特色产业，深入实施“3331”奶业富民工程，加快农业产业化进程，突出重点基地、规模大户和强村建设，形成玫瑰、林果、畜牧、蔬菜四大主导产业。三是拓宽富农途径，落实惠农政策。通过农村劳动力转移培训、沼气示范村的建设以及各项惠农政策的落实，转变农民观念，开拓农民视野，拓宽增收渠道，切实做到让农民增加收入。四是实施项目拉动，将项目建设作为推动新农村建设的切入点，积极争取农村基础设施建设、农业产业化开发、生态林业建设等项目。五是强化科技服务，发挥涉农部门的技术人才优势，通过送科技下乡、举办科技培训班等形式，向农民传授农业技术，切实提高农民群众的科技素质，为新农村建设提供强有力的技术支持。

(二)开展医院药房托管试点，深入推进“惠民医疗工程” 坚持以人为本，以维护广大人民群众的健康为宗旨，以解决群众“看病难、看病贵”问题为着力点，充分发挥市场机制，全面实施了以医院药房托管试点改革、新型农村合作医疗制度、乡镇卫生院整建制上划、建立病人绿色急救通道、中医药参与新型农村合作医疗和开展农民健康促进行动为主要内容的“惠民医疗工程”，多项工作走在了省、市前列，在便民、利民、惠民方面取得了实实在在的成效，受到上级领导和人民群众的一致好评。

(三)强化“四个到位”机制，全面构建和谐平阴 构建和谐社会是一项系统工程，需要统一思想，凝聚全社会力量共同努力。为推进和谐社会快速协调健康发展，从强化机制入手，严格实行“宣传教育到位、责任落实到位、政法综治工作到位、执政为民到位”四个到位工作机制，加强领导力度，建立完善制度，扎扎实实履行职能，以解决人民群众最关心、最直接、最现实的利益问题为重点，科学把握群众物质和精神生活需求，立足现实基础，积极创造条件，在保持社会政治稳定，实现充分就业，完善社会保障、社会救助制度等方面取得了长足进展。

(四)开展“行政效能建设年”活动，不断转变干部作风 紧紧围绕优化环境、促进发展的主题，以“行政效能建设年”活动为载体，以提高办事效率为目的，改革行政管理体制，抓好效能制度建设，转变干部作风，提高干部素质。以健全完善重大事项跟踪考察制度、责任追究制为突破口，大力推行政管理体制改革与创新，建立和完善行政效能制度体系，逐步形成用制度管人、靠制度管事的长效机制，为基层服务，为社会服务，为老百姓服务，促进了经济建设和社会各项事业全面协调发展。

附：(一)平阴县委书记、副书记、常委名单

书　记：孙积港

副书记：朱红方　刘程华

常　委：孙积港　朱红方　刘程华　刘吉利
姜守明　刘业朝　胡茂法　高振宏
尹建海　赵都庆　陈　红(女)

(二)各乡镇党委书记名单

平阴镇　范嘉池
安城乡　邢学忠
玫瑰镇　姜昭辉
东阿镇　吴　强
洪范池镇　张明忠
孔村镇　翟　军
孝直镇　刘美琪

中共济阳县委工作概况

济阳县委书记　张新文

一、组织概况与党的建设

济阳县共有基层党委25个(其中镇、办事处党委9个)，党总支35个，党支部1341个(其中农村党支部841个)。2006年全县共有党员24584人，其中农村党员13980人，占全县党员总数的56.9%；机关、事业单位党员5568人，占22.6%；公有制企业及“两新”组织党员5036人，占20.5%；女党员2474人，占10.1%。2006年发展党员618名，其中35岁以下党员365人，占59.1%；女党员118人，占19.1%；高中以上文化程度的376人，占60.8%。

2006年，济阳县委认真贯彻党的十六届三中、四中、五中、六中全会精神，大力加强党的建设，各级党组织的凝聚力、战斗力和创造力进一步增强。

(一)以增强执政能力为重点,加强了各级领导班子建设 突出抓好县委常委及各级领导班子成员的理论学习,认真做好干部培训工作,引导广大党员领导干部牢固树立科学发展观、正确政绩观和社会主义荣辱观。坚持干部"四化"方针和德才兼备原则,严格执行《干部任用条例》,在全县形成了正确的用人导向。按照市委要求,顺利完成了农村综合改革试点任务,进一步转变了政府职能,理顺了农村工作机制,为全市农村综合改革趟出了路子。在全市率先完成了乡镇党委换届工作,为全市全面铺开积累了经验;圆满完成县委换届任务,保持和巩固了风清气正、心齐劲足的政治环境。

(二)以"三级联创"活动为主线,加强了农村基层组织建设 坚持与时俱进,不断创新思路、创新载体,深入实施"党员素质工程",开展"党员转型"、"递进培养"、"党员联户共富"等活动,加强远程教育站点的管理和使用工作,进一步提高了农村党员队伍的整体素质。针对农村税费改革后村级干部补贴和村级办公经费无保障的问题,研究制定了《关于进一步落实财政转移支付资金,确保村级组织正常运转的意见》,将村干部补贴和村级办公经费纳入财政预算,解决了村级组织正常运转的问题。同时,加强村级组织活动场所建设,落实配套资金,为全县60个村建设了活动场所。进一步规范村级管理,将村级事务纳入了制度化、规范化管理轨道。

(三)以开展党员先进性教育活动为契机,加强了党的先进性长效机制建设 善始善终地抓好党员先进性教育活动,重点做好整改措施落实和长效机制建设,先后建立健全基层党建工作责任制度、农村无职党员设岗定责制度、基层党务干部队伍建设制度、农村党建工作联络员制度和"365"为民服务机制。特别是在"365"为民服务机制建设方面,结合新形势下群众工作的特点,在全县全面推行了"365"为民服务机制,县成立了"365"为民服务中心,各镇(办)和34个县直部门建立了"365"为民服务分中心,850个行政村(居)建立了为民服务室,为群众实行免费全程代理服务,改进了干部作风,密切了党群干群关系。加强党风廉政建设,健全和完善了教育、制度、监督并重的惩治和预防腐败体系,领导干部廉洁自律意识和拒腐防变能力进一步增强;加大案件查处力度,严厉查处腐败分子,党风廉政建设和反腐败工作取得明显成效。

二、主要工作与成绩

2006年,全县完成GDP101.7亿元,比上年增长17.8%,其中一、二、三产业增加值分别完成23.3亿元、55.2亿元、23.2亿元,分别增长7.2%、25.3%和13%;出口创汇3492万美元,增长31.7%;实际利用外资4275万美元,增长28.8%;完成固定资产投资61.6亿元,增长29.8%;实现地方财政收入3.2亿元,可比增长25%;社会消费品零售额完成30.4亿元,增长16%;农民人均纯收入达到4703元,增长16%。先后被授予"全国粮食生产先进县"、"全省对台招商引资排头兵"、"全省计划生育优质服务先进县"和"全市平安建设先进县"等荣誉称号。

(一)新农村建设扎实推进 全县13个示范村和63个先进村的建设有序推进。全县新增冬暖大棚1万个,新造生态防护林2.78万亩,农业龙头企业发展到23家,农村合作经济组织达80多个;全年新转移农村剩余劳动力4.1万人,就地安置1.5万人,农民工资性收入比重大幅提高;全县公路、有线电视、自来水通村率分别达到96%、90%和60%。各项惠民政策全面落实,财政对农业和教育的支出大幅提高。

(二)工业经济迅猛发展 招商引资力度加大,全年共引进各类项目224个,其中过千万元的项目159个。特别是对台招商继续保持强劲势头,新引进力硕电子、真旺包材等项目,全县台资企业达到28家,实际利用台资达到1.44亿美元。骨干膨胀成效显著,全县规模以上工业企业达到166家,形成了食品加工、纺织服装、化工医药、机械电子四大主导产业,规模以上工业完成增加值43.8亿元,销售收入151.7亿元,利税17.2亿元,分别增长37.9%、43.5%和39.7%;非公有制经济活力增强,全县新增个体工商户1124家,新增私营企业113家。非公有制经济实现增加值占生产总值的比重达到70.4%,提高2.5个百分点。

(三)对接融合步伐加快 发挥区位和基础优势,全力推进与省会济南的对接融合。加快规划衔接,按照撤县设区的要求,完成了崔寨片区的总体规划。加快设施对接,全年累计开工基础设施项目26个,竣工23个,特别是新国道220线的建成通车,以及济阳黄河大桥、济南黄河三桥和济南北三环高速公路建设的顺利推进,使交通这一影响济阳发展的主要制约因素正从根本上得到解决。加快园区承接,在加快台湾工业园建设的同时,省外经贸厅、省侨办分别批准在我县设立韩国工业园和华侨工业园,开发区内初步形成"一区三园"的架构。全面启动了老城区建设,实现了新老城区和谐发展。小城镇建设步伐加快,崔寨、孙耿、曲堤等镇驻地面貌发生较大变化。

(四)和谐社会建设成效显著 高度重视解决群众关心关注的问题,努力协调各种利益关系,积极推进经济、政治、文化、社会建设"四位一体"全面发展。坚持教育优先发展战略,全县普通教育、职业教育、成人教育齐头并进,尤其是高考成绩继续在全市名列前茅。在全省率先探索实行下岗失业职工合作医疗,全县6200多名下岗职工得到了医疗保障。制定失地农民永久性补偿办法,做好三条保障线的衔接,社会保障体系进一步完善。广泛开展群众性精神文明创建活动,公民道德素质和社会文明程度明显提高。"平安济阳"建设扎实推进,人民群众安全感普遍增强;加强人民调解与信访工作,矛盾纠纷排查调处实现了"三级三个90%"的目标。

三、创新与经验

(一)坚持与时俱进,不断完善发展思路 2006年,我们坚持从实际出发,把济阳的发展放到省会经济整体发展的大框架、大背景下来审视和谋划,在"融入济南建三区、跨越发展创强县"的总体目标的基础上,又制定并实施了"264"工作目标体系。并继续把规划对接、交通连接、载体承接、产业衔接作为推进工业化、城市化的重要举措,突出重点,全力突破,加速了与省会济南的对接融合。实践证明,这一思路目标符合科学发展观的要求和省、市的决策,切合济阳实际,极大地促进了全县人民思想的解放和观念的转变,为济阳发展奠定了坚实的思想基础,成为鼓舞全县上下团结奋进的强大动力。

(二)坚持突出重点,促进经济社会协调发展 注重抓主要矛盾,针对济阳发展的薄弱环节和制约因素,坚定不移地实施"工业强县"战略,以招商引资为龙头,以开发区建设为载体,促进工业经济快速发展,以重点领域的重点突破,带动全县整体工作上水平。在保持经济加快发展的同时,更加注重加大对社会事业的投入,更加注重加快农村基础设施建设,着力形成统筹城乡发展的有效机制,实现了经济社会持续协调健康发展。

(三)坚持以人为本,维护群众的根本利益 一年来,我们高度重视民生民本,积极为群众办实事、办好事、解难题、送温暖,加大对农村老党员、失地农民和部分困难群众的救助,妥善解决好失业、辍学、农村危房等群众最需要解决的问题,建立起新型农村合作医疗、失地农民生活保障、农村最低生活保障以及城镇职工基本医疗保险和大病医疗救助等长效机制。在各项工作中,坚持相信群众、依靠群众,设身处地为群众着想,积极维护和促进社会公平,努力实现好、维护好、发展好人民群众的根本利益。

(四)坚持加强和改进党的领导,形成干事创业的强大合力 全面贯彻落实党的十六届六中全会精神,大力加强党的思想、组织和作风建设。注重发挥党委总揽全局、协调各方的领导核心作用,基层党组织的战斗堡垒作用和广大党员的先锋模范作用,调动了各方面的积极性;积极推进决策目标、执行责任、考核监督"三个体系"建设,努力营造了齐心协力、团结一致、干事创业、加快发展的良好氛围。

附:(一)济阳县委书记、副书记、常委名单

书　记:苏树伟(2006年9月离职)
　　　　张新文(2006年9月任职)
副书记:张海波　雷卫国
常　委:张新文　张海波　雷卫国　赵东升
　　　　郭　锐　文东河　杜爱君(女)
　　　　郑培瑞　叶维平　刘佩禄　孙战宇

(二)各镇、办事处党委书记名单

济阳镇	于凤翔
孙耿镇	王向军
垛石镇	董树村
曲堤镇	呼廷贵
崔寨镇	王长军
仁风镇	高继锋
太平镇	郭象峥
新市镇	吴　涛
济北办事处	孙良才

中共商河县委工作概况

商河县委书记　李宽端

一、组织概况与党的建设

商河县委辖26个基层党委,下设党总支90个,党支部1342个,其中农村党支部962个。2006年底全县共有党员23857名,其中农村党员17887名,女党员2812名,35岁以下党员5807名,少数民族党员139名,大专以上文化程度党员2975名。

2006年商河县委坚持以邓小平理论和"三个代表"重要思想为指导,全面落实科学发展观,围绕构建社会主义和谐社会、推进社会主义新农村建设,切实提高执政能力和领导水平,使各级党组织的凝聚力、战斗力和创造力进一步增强。

(一)以党委换届为契机,强化领导班子和干部队伍建设 按照中央和省、市委的部署,圆满完成了县、乡两级党委换届工作。换届后,县委委员、候补委员平均年龄42.8岁,比上届下降0.8岁;大学以上学历占67.4%,提高7.4%。乡镇党委班子平均年龄36岁,比上一届下降1岁;大学文化程度比上一届提高12.3%;女干部比上届提高12.6%。对新进班子和优秀中青年干部进行了集中培训。在乡镇(办事处)和县直部门中积极推行中层干部竞争上岗制度,全县12个乡镇(办事处)的499名机关干部通过竞争走上了210个中层岗位,全县干部的整体素质进一步提高。

(二)扎实开展先进性教育活动,切实加强党员队伍建设 认真做好第一、二批先进性教育活动巩固扩大成果工作,扎实组织开展第三批先进性教育活动,取得了实实在在的成效。认真贯彻"坚持标准、保证质量、改善结构、慎重发

展"的方针,做好发展党员工作,全年共新发展党员508名,党员队伍的结构和分布进一步改善。

(三)深化"三级联创"活动,加强农村基层组织建设 结合社会主义新农村建设,深化"三级联创"活动。扎实开展"'两委抓三会'普及年"活动,积极探索建立农村资金互助组织。高度重视建国前入党的农村老党员和城镇无固定收入的老党员的补助工作,大力加强村级活动场所建设。开展了二次"千人访万户"活动,推行了为民服务代理制,基层组织建设得到进一步加强。其中受省委表彰的先进基层党组织1个,受市委表彰的先进基层党组织15个。

(四)深入推进党风廉政建设和反腐败斗争 加强反腐倡廉教育,突出加强制度建设,在全面推行土地使用权招拍挂、建设项目公开招投标、政府集中采购的同时,重点健全完善了政府资金管理制度,为从源头上减少权力寻租提供了制度保障。不断加大监督力度,进一步落实了领导干部述职述廉、民主评议、经济责任审计等制度。深入开展纠风工作,加大违法违纪案件查处力度,进一步筑牢了党员干部反腐倡廉的思想防线。

二、主要工作与成绩

2006年,以科学发展观统领全局,按照"发挥省城优势,发展省会经济"的总体要求,牢牢把握发展第一要务,紧紧围绕经济建设中心,突出构建社会主义和谐社会这项重大战略任务,真抓实干,开拓进取,全县发展保持了良好的势头。全县完成生产总值53.5亿元,比上年增长12.9%;地方财政收入1.3077亿元,增长13.5%;农民人均纯收入4412元,在岗职工平均工资9597元,分别增长6.8%和4%;社会消费品零售总额22亿元,增长14.2%;年末金融机构各项存款余额28.3亿元,增长13%;贷款余额13.2亿元,下降22.9%;外贸出口3449万美元,实际利用外资311万美元。

(一)扎实推进社会主义新农村建设 粮食、大蒜、棉花、大棚菜、林果、畜牧等主导产业巩固壮大,其中大蒜20万亩,棉花20万亩,大棚菜2.34万亩,林果29万亩,畜禽存栏量分别为肉牛18.2万头、奶牛1647头、羊34.5万只、生猪28万头、家禽426万只。培育起了万润肉食、宇飞食品、五得利面粉、瑞海农产等农业加工企业。认真落实支农惠农政策,实施了许商河调蓄水库工程,累计治理长度25.81公里;实施了农村通自来水工程,农村自来水普及率达到51.4%。全面完成了农村低压电网改造和城市低压电网改造,群众负担明显减轻。基本实现了村村通柏油路目标。实施了"一池三改",新建沼气池1600个。农村救助、低保等工作也有新的发展,农村最低生活保障制度不断完善。

(二)进一步增强工业经济实力 完善鼓励政策,突出规划布局、招商引资、民营经济、骨干膨胀、科技创新和优化环境6个重点,各类企业达879家,规模以上企业106家,其中年销售收入过亿元企业7家。个体工商业户发展到9985户。规划面积4.33平方公里的省级开发区,基础设施建设不断完善。

(三)不断加快城市化进程 举办了"温泉·文化旅游"研讨会等系列活动,温泉产业有了较快发展。豪门庄园、涌鑫花园等温泉住宅小区投入使用,齐鲁水郡、星都财富广场等项目正在建设。实施了人民公园建设、城区道路翻修等一批市政工程,县城区面积达14平方公里;玉皇庙、怀仁等小城镇建设进一步加快。

(四)统筹推进社会事业协调发展 坚持优先发展教育,建立了"以县为主"的义务教育管理体制,完成了中小学布局调整,农村中小学校舍改造步伐加快,县一中、二中被评为"省级规范化学校"。人口与计划生育工作在巩固中提高,被授予"省级计划生育优质服务先进县"称号。积极推行企业养老保险、机关事业保险、医疗保险和城乡最低生活保障制度,农村五保户纳入财政供养,社会保障体系进一步完善。积极开展双拥共建活动,国防教育、征兵工作和国防后备力量建设得到加强。

(五)深化"平安商河"建设,社会更加稳定和谐 2006年商河县紧紧围绕深入推进平安建设,坚持广泛开展"平安乡村"、"平安企业"、"平安校园"、"平安单位"、"平安家庭"等基层创建活动,全县12个乡镇办全部达到了平安建设标准。认真抓好县、乡、村三级治安联防,全县共建立专职治安联防队13个。建立健全了领导干部下访、巡访制度,坚持县级政法"六长"集体定期公开接访制度,形成了责任明确、配套联动的矛盾纠纷排查调处机制,被省委、省政府评为"平安山东建设先进县"。有效解决了卷烟制假问题,被授予"全国卷烟打假工作特殊贡献奖"及"全省卷烟打假和整治卷烟市场秩序两个专项行动先进集体"称号。严格落实安全生产责任制,有效遏制了重特大事故的发生。

三、创新与经验

(一)发挥优势,创新发展思路 以科学发展观统领全局,充分利用地热资源丰富、天然气供应充足、用地指标多成本低、农产品量大质优等有利条件,坚持走符合商河实际的兴县之路。明确提出了"打造三地两区、建设区域强县"的定位目标,积极实施了"三二一"工程,进一步突出"三区一带"建设,着重抓好"一区三园",从而把我县建设成为生态林区、投资特区、旅游热区,切实推动经济社会转入科学发展轨道。

(二)以温泉开发为重点,加快推进第三产业发展 一是完善温泉开发基础工作。二是加快发展温泉房地产业,重点推进齐鲁水郡温泉城等引进项目建设进程。三是积极发展鼓乡温泉旅游业,尽快形成一批能体现我县地热特色的温泉景观,力争鼓乡旅游业早日成游,逐步融入省级旅游圈。四是依托发展温泉产业,大力发展服务业,形成布局合理、特色鲜明的商业网络;打造一批带动本县、辐射周边、具有较大影响力的大型专业化市场。

(三)新型农村合作医疗成效显著 为解决农民群众"看病难,看病贵"这一社会难题,在全县农村全面推行新型农村合作医疗制度。成立了以县长为主任的农村新型合作医疗管理委员会,各乡镇、办事处也成立了相应的组织和机构。建立健全医疗服务体系,实现县、乡微机联网,基础资料到人。加大对乡镇(街道)卫生院的资金投入,大力推行县、乡、村卫生服务管理一体化,建立健全了农村三级卫生服务网络。实施农村新型医疗合作制度,缓解了农民大病医疗的经济压力,参加合作医疗的农民就诊率和住院率均明显提高。截止 2006 年底,全县参合人数达到 462062 人,参合率达 89.07%。共为参合农民报销医疗费用 1129.6 万元,受益农民达 23763 人次,有效地避免了因病致贫、因病返贫现象发生,农民的健康和利益得到根本维护。从广大农民群众关切的切身问题出发,推进了全县社会主义新农村建设的进程。

(四)大力推进和谐文化建设 提升博大和谐、乐观进取的"鼓乡文化",弘扬崇尚科学、造福于民的"许商精神",继承爱国奉献、英勇顽强的"红色传统",培育形成了三大地方特色文化。许商铜像和"许商河"风景带,成为文化游览的亮点。人民公园、明辉广场等文化设施提高了县城的品位。广泛深入开展了"革除陈规陋习、倡树文明新风"等活动,进一步转变了党风、政风,醇化了民风。

(五)大力加强干部队伍建设 认真贯彻《党政领导干部选拔任用条例》,以改善结构、提高素质为重点,加强各级领导班子和干部队伍建设。坚持开展了机关"学先进、创一流"和"联村共建"活动,深入开展了农村"两委抓三会"普及年活动,激发了干部队伍的创造活力,促进了城乡互动发展。

附:(一)商河县委书记、副书记、常委名单

书　记:时文进(2006 年 12 月离职)
李宽端(2006 年 12 月任职)

副书记:姜　涛

常　委:时文进　李宽端　姜　涛
李俊英(女)　邵登功　陶加强
李方金　何　斌　张　军　路来良
任立新

(二)各乡镇、街道办事处党(工)委书记名单

许商街道　李和敏
玉皇庙街道　宋玉金
孙集乡　白玉河
龙桑寺镇　齐怀栋
沙河乡　房兴春
韩庙乡　王　彬
殷巷镇　孙德祥
怀仁镇　张英俊
张坊乡　董树登
贾庄镇　李东武
白桥乡　井国华
郑路镇　窦新宏

青 岛 市

中共市南区委工作概况

市南区委书记 郗晋生

一、组织概况与党的建设

市南区现有党组织 873 个,其中党(工)委 68 个,党总支 43 个,党支部 762 个;现有党员 27509 名,其中街道社区党员 21775 名;35 岁以下党员 3102 名,60 岁以上党员 13152 名;大专以上学历党员 10130 名。

2006 年,市南区委在市委的正确领导下,着力加强党的先进性建设和执政能力建设,为全区经济社会发展提供了坚强组织保证。

(一)加强党的先进性建设 结合第二批先进性教育活动“回头看”,扎实开展了先进性教育活动巩固和扩大整改成果工作,着力解决涉及群众特别是困难群众基本利益的突出问题;开展了实践成果、制度成果、理论成果研讨活动,形成了保持共产党员先进性的长效机制;在全省统一组织的先进性教育活动群众满意度测评中,全区满意率为 99%以上。

(二)加强班子队伍建设 圆满完成了党委换届工作;认真贯彻落实干部选拔任用条例,对 19 个区管领导班子进行了经常性考察;提拔处级干部 88 人,交流 51 人;大力开展干部系统培训工作,5800 余人(次)参加了各级各类培训。

(三)加强基层组织建设 全面推进社区党建“组织覆盖、工作覆盖、制度覆盖、影响力覆盖”的“四覆盖”工程。深入开展了基层党建示范单位、基层党建服务品牌创建活动,对 52 个区级基层党建工作示范单位进行了命名表彰。

(四)加强机关绩效建设 坚持一流的工作标准要求,大力加强高绩效机关建设,深入抓好机关文化建设,严格实施目标管理绩效考核,机关作风不断转变,执行力进一步增强。

(五)加强党风廉政建设 认真抓好党的作风建设,扎实开展纠风和专项治理,深化效能监察和执法监察,实行会计集中核算和政府集中采购等制度,落实重点资金、项目效益审计和领导干部经济责任审计。

二、主要工作与成绩

全面落实省、市委一系列重要部署,坚持以科学发展观统领经济社会发展全局,积极构建社会主义和谐社会,深入推进繁荣、平安、洁净、温馨、诚信市南创建,经济社会保持了又好又快发展的良好局面。

(一)区域特色经济发展不断加快 围绕进一步转变经济增长方式和优化产业结构,不断加快以楼宇经济和金融业、软件业、旅游商贸业、文化创意业“一楼四业”为特色的区域经济发展步伐。全年实现全区生产总值 276 亿元,增长 20.3%;第三产业增加值 236 亿元,增长 21.2%;社会消费品零售额 144.3 亿元,增长 15.8%;全口径财政一般预算收入 70.02 亿元、辖内地方财政一般预算收入 40.22 亿元、区级地方财政一般预算收入 15.2 亿元,同比分别增长 33.62%、35.01%、27.51%。市南区在占青岛市 7.0%的人口和 0.3%土地上,创造了约占全市 8.6%的生产总值、13.7%的财政收入和 14.9%的外贸出口总额。

楼宇经济实力不断壮大。区域内投入使用写字楼达到 105 座,面积达到 334 万平方米,楼宇企业达到 7100 家,楼宇税收实现 32.4 亿元,同比增长 45.5%,占区域总税收的 47.8%。全区各级各类企业总部达到 392 家,总部税收实现 32.8 亿元,同比增长 45.5%。

金融业发展继续加快。新引进民生银行、阳光财产、长城人寿等金融保险企业,全区分行、分公司级金融机构总数达到 59 家,占青岛市总数的 98%以上,外资金融机构达到 14 家。成功举办以“金融、服务、发展”为主题的青岛国际商务周,全面加快香港中路“青岛金融街”建设。

软件业实现跨越增长。全区软件企业达到 242 家,完成技工贸收入 72 亿元,产业规模达到全市软件业整体规模的一半。青岛(市南)软件产业基地荣获“全国先进科技创业园”称号,被纳入省、市高新区管理体系。

旅游商贸业日益繁荣。银海国际游艇俱乐部被评为国家 4A 级旅游景区,“时尚闽江”特色商业街区一期改造工程完成,“百年老街”中山路改造工程全面实施,一批旅游设施和五星级酒店建设加快推进。2006 年全区实现旅游收入 168 亿元,同比增长 29.2%。

文化创意业开端良好。启动闽江三路“浮山所 1368”文化街建设,引入全国知名文化企业“荣宝斋”,兰山路礼堂音乐厅建成启用,“创意 100”被列为环渤海重点创意产业园区,中联创意广场等创意产业园区建设加快推进,成功承办了“中国首届青年创意设计节”。

(二)社会管理和公共服务不断深化 平安市南建设不断深化。继续全面加强社会治安防控、矛盾纠纷化解、信访隐患排查调处和安全生产隐患整治等各项工作,居民和企业社会安全感不断提高,人民群众对社会治安环境的满意率达到95.6%,市南区荣获"平安山东建设模范区"称号。

洁净市南建设继续深入。坚持建设和管理双轮驱动,完成了西部城区改造总体规划和三个片区的控制性详细规划,开展了小街小巷综合整治、旧楼院改造、"一户一表"改造、"平改坡"、拆除违法建筑等工作,全区道路硬化率达到96%,市政设施完好率达到90%,城市绿化覆盖率达到37%。市南区城市管理工作走在了全国前列。

温馨市南建设扎实推进。全面实施"四化一加强"社区管理服务新模式,加快推进了社区卫生、文化、养老、就业、便民购物和救助等一系列社区服务项目建设,居民群众的生活质量不断提高。社区管理工作取得新的突破,居民自治规范化、制度化建设进一步加强,社区服务居民的硬件条件得到明显改善。2006年,市南区被评为"全国民政工作先进区"、"山东省和谐社区建设示范区"。

精神文明建设全面加强。扎实开展以社会主义荣辱观为核心的公民道德建设,制定实施人文奥运行动计划,探索建立创城长效机制,推进社区义工"三心敬老"工程,成立全国首家"新市民之家",举办首届社区教育节,市南区再次被评为"全省精神文明建设工作先进区"。

各项社会事业全面发展。2006年,市南区先后荣获"全国区域教育发展特色示范区"、"全国社区红十字服务示范区"等称号;海洋节被评为"中国十大最具潜力节庆","奥运之声周末音乐会"被评为"全国特色广场文化活动"。

三、创新与经验

坚持把社区建设作为城区工作永恒的主题,以人民群众最关心、最直接、最现实的利益问题为重点,突出"社区服务"和"社区管理"两条主线,扎实推进"四化一加强"社区管理服务模式,取得良好成效,受到了社区居民的普遍欢迎。

(一)社区服务项目化 积极打造"一刻钟社区服务圈",今年主要加快推进了六个方面的项目。一是社区卫生服务项目。新建成社区卫生服务中心1个、社区卫生服务站10个,全区各类社区卫生服务机构已达40家,并对15家社区卫生服务机构实施标准化建设,提升服务质量。二是社区养老服务项目。新建养老机构4家,新建爱心护理院1处,完成了30个社区养老服务站的建设,开展了为老年人提供日间照料、精神慰藉、生活帮扶等服务40余项。三是社区文化服务项目。投资700万元,对15处社区文化活动中心进行了改扩建,全区社区文化活动中心总面积由原来的575平方米增加到现在的5047平方米。四是社区便民购物网点项目。建设完善6家社区商业中心,对9处农贸市场进行了升级改造,培育和规范命名了130处社区便民商业网点,建成6条食品安全放心街。五是社区救助服务项目。按时足量向全区2391个低保户、4845人发放低保金1200余万元,做到了"应保尽保",新建救助超市9个,为4200余户社区救助对象发放助困物资折合人民币100多万元。六是社区就业服务项目。全区共完成就业安置28311人,城镇失业人员就业率达到78.6%,组织失业人员职业技能培训2824人(次),帮扶创业2330人,20个社区达到充分就业保障社区标准。

(二)社区管理网格化 对全区未实行物业管理的敞开式旧居民楼院进行网格划分,成立了800余个楼院自管委员会,并利用1000余个公益性岗位组建相应的和谐社区服务队,对网格内楼院实施卫生保洁、治安巡逻、信息采集以及部分社区工作任务的执行检查等工作。建立推广了覆盖全区的"社区一点通"信息综合服务信息平台,为网格化管理提供技术支撑。

(三)居民自治规范化 建成7家社区"邻里中心",打造集居务办公、学习娱乐、社区服务于一体、功能完善的居民参与社区事务的活动平台,开展了社区邻里协会、和睦楼院等形式多样的居民自治建设,建立"社区民主日"制度,有效提高了社区的吸引力和凝聚力。

(四)基础设施标准化 以"邻里中心"建设为标准化样板,积极提高基础设施建设水平,使全区81个社区办公服务用房平均面积由2003年底的平均23平方米增加到现在的155平方米,最大的社区邻里中心面积达到1010平方米。

(五)加强党对社区建设的领导 深入实施党在社区组织覆盖、工作覆盖、制度覆盖、影响力覆盖为主要内容的"四个覆盖",建立81个社区党委(总支)、424个楼院支部、1091个楼栋党小组。

附:(一)市南区委书记、副书记、常委名单

书　记:郗晋生

副书记:万建忠　韩连德

常　委:郗晋生　万建忠　韩连德　辛永年　陈　勇　任宝光　张建刚　赵　斌　孙兆军　宋立清　于同胜

(二)各街道、办事处党工委书记名单

八大峡街道	王孝芝
云南路街道	宿志荣
中山路街道	钟　昆
八大关街道	吕俊川
湛山街道	孔庆春
香港中路街道	杨家喜
八大湖街道	杨荣亮
金门路街道	张守润
珠海路街道	余洪清
江苏路社区	董天庆

中共市北区委工作概况

市北区委书记　王建祥

2006年，市北区委坚持以邓小平理论和“三个代表”重要思想为指导，以科学发展观统领经济社会发展全局，认真贯彻党的十六大以及十六大以来历次中央全会精神和省委各项决策部署，解放思想，开拓创新，干事创业，全区经济社会实现又好又快发展。2006年全区先后荣获国家级表彰和荣誉称号30项，省级60项，市级150项。

一、组织概况与党的建设

市北区现有基层党委44个、党工委20个，党总支117个，党支部942个，共有党员28580名。一年来，区委进一步健全和巩固保持共产党员先进性教育长效机制，全面加强和改进党的建设，为加快发展提供了坚强有力的政治保障。在思想建设上，继续在全区开展解放思想主题教育活动，全区党员干部加快发展的责任感、使命感和紧迫感不断增强，贯彻落实科学发展观的能力不断提高。在组织建设上，狠抓企业、机关、社区党建三个重点，积极推进街道、社区党建体制机制创新和社区党建“双示范”活动，加大新型经济组织和改制企业的党建工作力度，党组织在新型经济社会组织中的覆盖面达100%。在干部队伍建设上，逐步深化干部人事制度改革，大力实施“人才强区”战略，不断优化班子结构，全区干部队伍的整体素质明显加强。在作风建设上，牢固树立执政为民理念，不断探索新形势下为民服务新途径，“党情暖民心”、“情系万家”等主题实践活动深入民心，“为民服务代理制”、“民情室”、“帮扶绿色通道”和“书记区长信箱”等成为听民声、解民忧、帮民难的有效载体。深入开展“万人评机关、万人评干部”和基层行风建设“示范窗口”创建活动，机关作风明显转变。认真落实中纪委提出的领导干部“五个不许”的纪律规定，狠抓党风廉政建设和反腐败工作，共查处党员干部违纪案件8起，保持了党员干部为民、务实、清廉的良好形象。

二、主要工作与成绩

(一)城区经济实力显著增强　2006年，全区生产总值完成179.3亿元，增长21%；区级财政收入完成93666万元，增长26.2%；社会消费品零售额实现126.4亿元，增长16.6%；出口总额5.9亿美元，增长29.8%。深入开展“重点项目建设突破年”活动，六大工程相继实现实质性突破。市北高新区建设进展顺利，园区一期基础设施建设全面完成，总投资35亿元；与香港和记黄埔地产有限公司成功签订了合作开发小港湾区域的协议，项目总投资约100亿元人民币，已完成前期投入9亿元，一期拆迁任务顺利完成，成功破解了老城区大规模成片开发改造的难题。中央商务区已整理土地600余亩，山东路两侧项目建设已初见形象；青岛科技街的颐高数码港、颐中科技大厦、台湾蓝天百脑汇数码资讯广场项目建设进展顺利；浮山商圈进入实质性建设阶段，正大易初莲花购物中心已开业，美国油猴公司中国总部、佳世客浮山后店、好美家超市等项目即将开工。坚持实施“商贸兴区”和“科教兴区”战略，现代服务业和高新技术产业迅猛发展。传统商贸服务业水平得到全面提升，以台东商贸区为中心，以特色街区为支撑、以各类专业市场为骨干的大商贸流通格局基本形成，商业空间和业态布局更加合理高效，青岛市商贸中心区的地位初步确立。积极探索现代服务业发展的新路子，文化产业、旅游业和中介服务等新兴产业实现新进展，青岛文化街被文化部命名为“国家文化产业示范基地”。高新技术产业迅猛发展，自主创新体系建设不断加快，高新技术企业达45家，科技进步对经济的贡献率明显提高。大力实施“中小企业成长计划”，培育出金王、三元等一批成长型高科技企业，全区民营经济对税收的贡献率达42.1%。整合利用闲置资源，新建都市工业园2处，实现产值3.9亿元，较好解决了老城区产业“空心化”问题。

(二)城区人居环境明显改观　按照“统一规划、分片开发、移丰补欠、公开竞争”的原则，推行“政府主导、市场运作、企业主体、群众参与”的改造模式，创造性地实施了改造市北工程。基本完成13处旧城改造前期工作，对11片旧城、3片旧村实施了拆迁，动迁居民约3000户、企业70余家。成功打造出“青岛啤酒街”、“青岛文化街”等六条特色街区，其中有四条被市政府命名为青岛市特色商业街。运用信息化手段，实施城区时效管理，创新市政、环卫、园林、执法等管理机制，达到了“时效管理、清洁市北”的效果。翻建道路34条，整治背街小巷350处，硬化翻修路面40万平方米，整治改造老街坊居民楼36座，拆除违法建筑8.8万平方米，实施自来水一户一表改造3.1万户，加强居民楼院、小区物业管理和环境保护，城区面貌日新月异。

(三)和谐社会建设扎实推进　坚持党委统揽全局、协调各方，人民代表大会制度、共产党领导的多党合作和政治协商制度进一步完善。全面推进普法依法治理，荣获全国“四五”普法先进区。党管武装工作不断加强，国防后备力量建设扎实推进。统战、老干部、工会、共青团、妇联、工商联和科协等工作取得新成绩。“平安市北”创建扎实推进。继续深入开展平安行业创建和“十百千”基层平安创建活动，“严打”和清除“黄赌毒”等专项整治行动成效明显。高度重视矛盾纠纷排查调处和群体性事件，全年无“民转刑”

案件发生。反邪教工作进一步深化。高度重视安全生产工作,杜绝了消防安全重大事故。严格落实领导包案和责任追究制,信访案件数量同比下降50%以上,确保了重大活动和各种节庆期间的社会安全稳定。和谐社区建设逐步深化。创新社区民主自治、民意表达和公共服务等工作机制,社区民主管理不断加强。投入3420万元,建成30个和谐示范社区,全区社区综合服务用房平均面积达到260平方米,荣获“山东省和谐社区建设示范区”荣誉称号。高度重视就业和社会保障工作,共安置就业再就业34540人。大力实施“阳光救助”工程,救助困难家庭65794户次,救助金额达3000多万元,基本实现了困难居民应保尽保。教育、文化、卫生、档案、计划生育和老龄等各项社会事业蓬勃发展,双拥共建活动广泛深入,群众精神文化生活日益丰富。

三、创新与经验

(一)坚持解放思想,不断开拓创新,科学谋划发展思路 区委始终把解放思想放在突出位置来抓,连续四年开展解放思想主题教育活动,形成了坚定不移抓改革、千方百计促发展的良好氛围。妥善处理继承与创新的关系,将开拓创新贯穿于各项工作之中,适时提出了“商贸兴区”、“科教兴区”、“文化兴区”和“人才强区”四大战略,科学确立了今后五年的奋斗目标,为实现科学发展和谐发展率先发展、加快建设现代化新市北奠定了坚实的基础。

(二)坚持奋发有为,勇于争先创优,创造性开展各项工作 全区党员干部群众始终发扬敢想敢干、敢闯敢冒,勇于开拓、永不言败的创业精神,在发展上争快、在位次上争先、在品牌上争优、在特色上争新,促进各项工作跨越式发展。始终把大项目建设作为促进全区可持续发展的重点工作来抓,前瞻性规划了胶州湾新产业基地,成功申报国家级高新区,国家级“生态工业园区”规划已获通过,青岛市成为15年来全国第一个扩大高新区面积的城市;加大都市工业园区建设力度,充分利用园区载体,实现了民营经济发展的新突破;注重发掘城市文化资源,保护城市历史文脉,探索出用特色街区建设改造老城区的新模式,特色街区建设成为实施旧城改造、打造品牌经济和特色商贸的亮点;根据和谐社会建设的要求,积极建设“民主管理型、诚信文明型、服务保障型、平安温馨型、环境优美型、学习创新型”的特色和谐社区,初步形成了独具市北特色的和谐社区创建模式。

(三)坚持以人为本,维护群众利益,促进社会和谐稳定 区委始终坚持发展为了人民,发展依靠人民,发展成果由人民共享,注重解决群众关心的热点难点问题,坚决维护群众的合法权益,不断完善城市基础设施,加快推进“城中村”改造,实施劳动就业“三金”工程,千方百计增加就业岗位,大力实施“阳光救助工程”等举措,让群众在发展中获得更多实惠。

(四)坚持党的领导,加强团结协作,凝心聚力促发展 全区几套班子和各级党组织紧紧围绕区委中心工作,讲大局、识大体,自觉发扬全区“一盘棋”精神,正确处理局部利益与全局利益的关系,坚持以发展论英雄、凭实绩争高低,打造出一支精诚团结、士气高昂、密切协作、奋勇争先的党员干部队伍,形成了群策群力谋发展的良好局面。

附:(一)市北区委书记、副书记、常委名单

书　记: 马世忠(2007年3月离职)
马建祥(2007年3月任职)

副书记: 王京文　张　斌

常　委: 王建祥　王京文　张　斌　宋正义　冯　英(女)　马继世　李海涛　王学极　邵显先　杨旭东　徐　涛(女)

(二)各街道、社区党工委书记名单

冠县路街道	吴晓文
泰山路街道	马永学
胶州路街道	曾祥义
热河路街道	倪文华
辽宁路街道	郝元先
黄台路街道	高　云
华阳路街道	傅贞赞
登州路街道	王丛宝
利津路街道	矫洪武
延安路街道	林　宁
威海路街道	孙若睿
北仲路街道	王　敏
宁夏路街道	程方厚
敦化路街道	马丽娜
辽源路街道	鲁昌俊
合肥路街道	刘金岗
浮山后社区	杜福跃

项工作，有力推动了反腐败工作的深入开展。

中共四方区委工作概况

四方区委书记　吴淑玲

一、组织概况与党的建设

四方区有区直党委5个、党工委10个、党组11个、党总支1个；全区共有基层党委43个，党总支68个，党支部685个；全区有党员21345名，其中城市街道社区党员16713名。

（一）强化领导班子和干部队伍建设　严格落实《区委决策执行监督工作规则》，健全完善重点调研课题区级领导分工负责制、区级领导联系点等各项制度，提高了依法决策、民主决策和科学决策的能力。实施以实绩为重点综合德、能、勤、绩、廉等要素的处级领导班子和领导干部政绩考核评价体系，进一步优化了领导班子结构。扎实开展大规模干部培训工作，实施干部异地挂职锻炼，组织开展MPA核心课程培训，开辟“网上课堂”，高质量举办处级以上干部“每月一讲”培训活动，全区干部队伍的整体素质明显提高。

（二）切实抓好基层组织建设　规范和完善了关于党员管理、服务等22项制度，出台了10个制度性文件，先进性教育活动群众满意率达到100%。积极探索党员管理机制和模式，创新了“楼组党建”、“党员加油站”等党建工作新载体，在91个社区设立了“为民服务代理站”，建立了309个楼院党支部和898个楼座党小组，实现了“横向到边、纵向到底”的党组织网格化管理。继续深化“一管三带一联”、“365党员工作室”等党建品牌，继续推行任职蹲点干部进社区工作，实行了社区党员年度绩效考核，在全市率先完成远程教育进社区工作，探索建立了社区党员服务中心和党员先锋楼等基层党建新载体，激活了党员发挥作用的内在动力。

（三）不断深化党风廉政建设　制定落实《关于加强反腐倡廉宣传教育工作的意见》，大力开展廉政文化“五进”活动，努力营造尊廉崇廉的良好氛围。积极构建教育、制度、监督并重的惩治和预防腐败体系，严格落实领导干部廉洁从政各项制度规定，切实从制度上堵塞了腐败漏洞。深入开展行风建设示范窗口创建活动，区行政服务大厅、兴隆路街道社区事务受理中心被评为市级基层行风建设示范窗口。积极推进纪检信访工作进社区，通过设立信访联系点、聘请信访监督员，推行信访代理、巡访走访等制度，真正为群众化解了矛盾、解决了问题。扎实做好治理商业贿赂专项工作，有力推动了反腐败工作的深入开展。

二、主要工作与成绩

（一）综合实力明显增强　全面贯彻落实科学发展观，坚持“好”字当头，好中求快，逐步把工作重心转移到经济结构调整和增长方式转变上来，实现了区域经济又好又快发展。2006年完成生产总值104亿元，同比增长17.5%；地方财政一般预算收入8.5亿元，同比增长28.6%；区级财政收入4.5亿元，同比增长22.3%。累计引进外资项目22个，其中世界500强企业2家，实际利用外资5063万美元，同比增长24.5%；引进500万元以上市外内资项目18个，实际利用市外内资9.27亿元，同比增长29.7%。

（二）经济结构逐步优化　着力打造新型都市工业，6家企业进入全市工业企业50强，大型工业企业产值占全区规模以上工业产值的比重达到51%。大力实施品牌发展战略，捷能汽轮机成功入选中国名牌，新增省名牌产品、著名商标7个，市名牌产品、著名商标11个。加快发展服务业，四方港区、海云庵民俗文化街区、汽车贸易大道等经济板块初见成效，现代商贸、餐饮娱乐及新兴物流等行业蓬勃发展，2006年完成三产增加值50.1亿元，同比增长20.1%。坚持自主创新，发展都市科技，青岛科技大学都市科技园加快推进，瑞拓橡塑等10余个科技项目落户园区，高新技术产业产值占规模以上工业产值比重达39.1%。积极发展循环经济，加快推进节能降耗，日产淡水10万立方米的海水淡化项目落户四方，辖区企业在海水脱硫、太阳能利用等资源开发利用方面成效明显，规模以上工业增加值综合能耗降低4.85%。不断壮大民营经济，全年实现税收10.33亿元，占全区税收总量的59.3%。

（三）城区面貌日益改观　大力实施老城区、城中村改造、基础设施建设和环境综合整治，扎实推进城区规划、建设和管理，城区综合服务功能不断完善。2006年累计开工建设住宅100.4万平方米，竣工66万平方米。完成了李村河中下游综合整治及杭州路景观改造等工程，实施自来水一户一表改造3万余户，新增供热面积54万平方米。整治改造了373条小街小巷和部分老街坊、旧庭院，清理违法建筑13万平方米，全区30个楼院达到“两无三化”标准，全区绿化覆盖率达到30%。

（四）社会环境更加稳定　继续加强街道“四位一体”调解中心规范化建设，严格落实“一长三员”社区矛盾纠纷化解负责制，深化领导带案下访、社区信访代理、阳光办信等制度，矛盾纠纷调处率和调处成功率分别达到100%和98%。坚持严打、严治、严防多措并举，深入开展基层平安创建和平安行业规范化建设，有效维护了全区平安稳定，“情系未来”、“回归绿洲”成为各级广泛认可的政法工作品牌，被评为全省平安建设先进区。

（五）和谐社区建设稳步推进　扎实开展“三评”、“市民月”等活动，进一步扩大了群众的参与权、表达权和监督权。不断加大和谐社区投入和建设力度，完成了26处社区办公用房、15处社区文化中心改扩建和13处社区卫生服务中心的标准化建设,45%的社区办公活动用房和服务设施面积达到300平方米以上,社区功能更加完善。积极推行"两中心一协会"工作模式,深化"三公开一监督"制度,社区工作更加规范有序。全面推行为民服务代理制,积极实施互助养老、机构养老、居家养老等多种养老模式,被评为全国社区服务示范区、全省和谐社区建设示范区。

(六)社会各项事业全面发展 认真解决涉及民生的热点、难点问题,切实做好就业和社会保障工作,成立了全省首家社区就业广场和全市首家区级劳动协会,全年培训失业人员3500余人,实现就业3.38万人。推进基础教育均衡发展,全区普通中小学省市规范化学校达到77%。深化少儿自绘文化衫大赛等特色文化活动,海云庵糖球会被列入山东省首批非物质文化遗产保护名录。狠抓社区医疗卫生服务,成立了全市首家全科医师培训基地,被评为全国社区卫生服务示范区。计生、双拥等工作都取得了新的成绩,被授予全国社区红十字服务示范区称号,顺利通过全省双拥模范区验收。

三、创新与经验

(一)始终坚持开拓创新的思想理念 坚持把解放思想作为推动事业发展的根本动力,不断在发展思路上、工作定位上、工作措施上开拓创新,在探索中破解难题,在创新中谋求发展。根据中央和省市委重大部署,大力实施"工业立区、三产强区、科教兴区"发展战略,加快推进"七大板块"经济发展布局,先后制定了建设创新型城区、加快服务业发展等政策措施,提出和实施了一系列符合时代要求和四方特点的新路子,都市科技园区建设、企业关键技术研发和产学研结合等领域取得了重大突破。

(二)始终保持奋力拼搏的精神状态 面对老工业区底子薄、基础差、困难多等压力,全区上下没有怨天尤人,没有消极等待,而是以迎难而上、扎实进取的精神风貌,以兢兢业业、无私奉献的工作态度,以求真务实、真抓实干的工作作风,咬定发展不放松,攻坚克难往前冲,换届之年思想不乱、人心不散、干劲不减,全区各项事业呈现出一年一年加快发展、一步一步向前赶超的良好态势。

(三)始终倡导团结实干的工作作风 突出和强化中心意识,把全党全民全社会的力量最大限度地凝聚到发展第一要务上来,落实到真抓实干中去。区委牢牢把握工作中心,充分发挥总揽全局、协调各方的领导作用,把方向、定政策,出思路、抓大事;政府作为具体的组织和实施者,做到心无旁骛、专心致志抓发展、求实效;人大、政协、纪检部门立足自身职能,提供各种保障;各职能部门正确处理业务工作与中心工作的关系,自觉做到一切围绕、服从、服务中心,在全区初步形成了一心一意干事业、一门心思谋发展的强大合力。

附:(一)四方区委书记、副书记、常委名单

书　记:吴淑玲
副书记:卞建平　孙海生
常　委:吴淑玲　卞建平　孙海生　牛鲁平　王　波　王玉胜　肖　育　吕　波　由翠玉　左明国　高　健

(二)各街道党工委书记名单

阜新路(鞍山路)街道	麻兴仁
海伦路(瑞昌路)街道	刘作山
嘉兴路(杭州路)街道	郭　文
兴隆路(平安路、湖岛)街道	庞明刚
水清沟(开平路)街道	王春生
洛阳路(郑州路、盐滩)街道	刘景山
河西(双山)街道	邵新华

中共李沧区委工作概况

李沧区委书记　王作安

一、组织概况与党的建设

李沧区现有区直党委(工委)22个,其中街道党工委11个;社区123个,基层党组织475个;共有党员18527人。

2006年,区委以"三个代表"重要思想和科学发展观为指导,认真贯彻党的十六届五中、六中全会精神,党的建设取得长足进步,为全区经济社会发展提供了坚强的组织保证。

(一)党的先进性不断增强 开展党员先进性"在岗位上闪光,在社会中闪亮"和"零距离、结对子、解难题"主题实践活动,把为民办实事、求实效贯穿始终,为群众解决了许多实际问题,党组织战斗堡垒作用和党员先锋模范作用进一步增强。

(二)基层组织和干部队伍建设水平逐步提高 实施"夯实基层基础工程",实行《党员管理证》制度,开展"两争创一提高"、"三抓两提升"、争创"三好"带头人等活动,基层规范化建设不断完善。实施"干部素质提升工程"加大教育培训力度,大力推行公开选拔和竞争上岗,一批优秀年轻干部脱颖而出。

(三)党风廉政建设切实加强 构筑教育、制度、监督并重的惩治和预防腐败体系。全面推行领导干部廉洁自律承诺、廉政述职、廉政谈话等制度,并逐步覆盖社区等基层单位。实行领导干部经济责任审计制度,对部分街道、社区的财政性专项资金进行监督检查,源头治腐取得显著成效。

二、主要工作与成绩

(一)经济综合实力明显增强 2006年完成区内生产总值161亿元,增长19.5%;实际利用外资1.8亿美元,增长41%;辖区财政总收入27.5亿元,增长30.5%;地方一般预算收入12.8亿元,增长23.4%;区级财政收入实现7.3亿元,增长26%。

(二)可持续发展城区框架初步形成 一是打造青岛都市工业示范区。规划并启动了五大园区(机械制造、精细化工、汽车配套、电子信息和李沧莱西科技产业基地)建设。青钢等基础版块技改大项目陆续投产达产。人民印刷无菌软包装等成长版块增势强劲。凯特太阳能技术改造等未来版块项目顺利实施。二是做强青岛北部商贸中心。高标准规划建设中心商圈,青岛监狱等地块搬迁改造进展顺利。休闲商住区、宝龙城市广场等现代服务业项目正积极推进。三是打造青岛中央居住区。编制完成了东部34平方公里控规和专项规划。启动了三个片区改造,其中投资80亿元的休闲商住区项目实现了当年签约、当年拆迁、当年建设。

(三)城区人居环境日益改善 一是点上建设城市精品。高标准实施了李沧中心商圈、李沧文化公园等建设工程。投资1.6亿元将李沧文化公园建成市区北部新景观。二是线上打造城市景观。在李村河、板桥坊河、楼山河综合整治基础上,投资3亿元将大村河建成城市景观河,并荣获"中国人居环境范例奖"。小街小巷整治完工249条。三是面上完善城市功能。18个村庄改造同步实施。投资1.4亿元启动了李沧中部集中供热应急工程,结束了李村城区没有集中供热的历史。四是城市管理水平不断提高。成立城市公共管理应急指挥中心。城市管理向法制化、人本化、精细化方向迈进。

(四)和谐李沧建设全面推进 一是全力维护社会稳定。连续两年投资600万元加强平安建设。建立了区级领导公开接访、带案下访和街道领访等制度。二是社会各项事业更加繁荣。率先突破教育南北差距。成功举办了首届青岛民俗文化节。先后荣获5个国家级和8个省级荣誉称号。三是城区文明程度明显提升。全面推进以"八荣八耻"为主要内容的"以德治区"工程,总结提炼了"勇字当头、不甘落后、奋发有为"的李沧精神。永青苑、大枣园、百通分别荣获"全国十佳学习型社区"、"全国创建文明村镇工作先进村镇"和全国商业示范社区称号。

三、创新与经验

2007年乃至今后一段时间李沧发展总体思路是:以邓小平理论和"三个代表"重要思想为指导,在省、市委的坚强领导下,抓牢"一条主线",把握"两大机遇",发扬"李沧精神",全面实施"三大战略",深化"三个突破",持续推进"四个十"工程,通过不懈努力,使南北差距明显缩小,努力建设以"繁荣、民主、文明、和谐"为主要内涵的现代化青岛核心区域。"一条主线"即以科学发展观为主线统领工作全局。"两大机遇"即全球新一轮生产力要素重新布局和市委市政府缩小南北差距战略举措给李沧造就的机遇。"三大战略"即"两区一心"(都市工业示范区、中央居住区和北部商贸中心)战略、"以德治区"战略和可持续发展战略。"三个突破"即突破经济增长方式、突破城市形象、突破和谐社会构建。"四个十"工程即十大发展工程、十大民心工程、十大二产工程、十大三产工程。

(一)以科学发展观为统领,突破经济增长方式,经济运行质量明显提升 一是优化提升二产,打造都市工业示范区。引导汽车等基础版块加速技术改造和项目引进,逐步消除白泥、钢渣、铬渣等固废污染,发展循环经济和节能降耗的都市型产业。引导电子信息、精细化工等成长版块向园区集中,加快推进五大园区建设。扶持海水淡化等未来版块做大做强,发展研发、创意等生产性服务业,拓展制造业效益衍生空间。二是突出发展三产,做强北部商贸中心。持续构建"四圈四线",李沧中心商圈建设宝龙城市广场和三星数码大厦;沧口商圈润泰物流项目完工投产;东李商圈突出生活终端产品集约消费的发展方向,建设鞋帽等专业规模市场;苏家商圈重点发展金融、会展、总部经济等高端服务业。完成李村河、大村河两侧商业规划,完善308国道、重庆中路两侧商业功能。做大做强房地产业,着重发展房产交易等现代服务业。超前做好青岛第二客运站规划设计和产业定位。深化编制、完善沧口机场现址规划方案。积极申办世界园博会。

(二)统筹城市建设和管理,提升城区功能环境,突破城市形象 一是树立精品意识,实现多点突破。启动青岛休闲商住区、宝龙城市广场以及中心商圈部分地块建设,实现城市形象突破由量的积累到质的飞跃。二是扮靓视觉通道,打造线上景观。完成10条小河道整治。启动金水路拓宽和楼山路等超期服役道路改造。完成"三线"(重庆路、308国道、青银高速公路)两侧改造规划,做好308国道两侧环境整治。三是完善城区功能,缩小面上差距。加快供热设施建设,实现供热80万平方米。继续推进城中村改造,开工在建100万平方米,竣工60万平方米。改善1000余户居民居住条件。四是加快中央居住区建设。超前进行东部基础设施建设。推进休闲商住区和郑庄、苏家等片区建设,休闲商住区开工48万平方米,完成居民安置房和一期商品房建设。

(三)以社会事业发展为重点,突破和谐社会构建,努力

建成和谐青岛的首善之地 一是在民主法治方面,通过科学、民主决策引领社会和谐发展,扩大和发展基层民主。二是在公平正义方面,以决战课堂为切入点,逐步缩小教育上的南北差距。多渠道、多方式增加就业岗位。构筑布局合理、功能完善、便捷高效的公共卫生体系。三是在诚信友爱方面,完善"以德治区"战略组织协调、共同参与和考核激励机制。开展文明诚信李沧人等系列活动。倡导清新的从政文化、平实的为民文化和健康的经商文化。四是在充满活力方面,继续加强"三支队伍"建设。扎实推进和谐社区创建活动,放大典型示范效应。五是在安定有序方面,2007年再投入600万元用于"平安李沧"建设,建立专群结合、齐抓共管的社会治安防控体系;完善领导公开接访、带案下访和街道领访等制度。六是在人与自然和谐相处方面,加快西部工业区污染整治,推进胶州湾污染治理,继续实施山体恢复和绿化工程。

(四)加强党的先进性建设,不断提升执政能力和领导水平 一是加强执政能力建设。切实提高党员干部五种能力(捕捉信息、综合提升、迅速出击、一以贯之和学习反思能力)。倡导"简单生活,快乐工作"理念,营造"率直、和谐、融洽"的共事氛围和"竞合共荣、创优争先"的工作氛围。二是加强基层组织建设。实施"夯实基层基础工程",开展"三好"带头人(组织纪律好、领导能力好、服务群众好)活动和"两挂一派"(社区干部上挂、社区干部横挂、机关干部下派)。创新党员发展模式,增强党员示范带动作用。三是加强党风廉政建设。推进反腐倡廉工作制度化、规范化。坚决纠正损害群众利益的不正之风,严肃查处违法违纪案件,以风清气正的党风政风带动整个社会风气的持续好转。四是加强作风建设。认真贯彻落实胡锦涛总书记重要讲话精神,强化"群众意识",全面加强领导干部的思想作风、学风、工作作风、领导作风、干部生活作风建设,努力实现领导干部作风的进一步转变。

附:(一)李沧区委书记、副书记、常委名单

书　记:王作安

副书记:傅明先　赵宝玲(女)

常　委:王作安　傅明先　赵宝玲(女)　华玉松　张　杰　管成密　车仁慧　杜云烟(女)　王　波　张　毅　乔宪利

(二)各街道党工委书记名单

李村街道	张树茂
虎山路街道	尤冀鲁
浮山路街道	王　斌
永清路街道	曹义德
振华路街道	李建伟(女)
永安路街道	盛祥柏
兴华路街道	王庆胜
兴城路街道	刘云刚
楼山街道	许振华
湘潭路街道	房　艳(女)
九水路街道	刘会兴

中共黄岛区委工作概况

青岛市委常委、黄岛区委书记　姜　杰

2006年,青岛开发区工委(黄岛区委)在省委市委的正确领导下,团结带领全区广大党员干部,紧紧围绕建设全国最好开发区的目标,牢固树立和全面落实科学发展观,深入贯彻中央和省委、市委的各项部署,反骄破满,干事创业,经济社会实现了又好又快发展。

一、组织概况与党的建设

1992年,根据省委和市委的决定,中共青岛市委经济技术开发区工作委员会和中共青岛市黄岛区委员会体制合一,实行"一套班子,两块牌子"的运作模式。截止2006年底,开发区工委(黄岛区委)辖有党委33个,党总支37个,党支部768个,党员18278人。其中,社区党组织201个;新型社会经济组织党组织186个,党员2781人。全年发展党员486人。

2006年,工委(区委)按照"建好一个班子,带好一支队伍,形成一个好作风"的思路,全面加强党的先进性建设和执政能力建设。切实加强思想政治建设,深化保持共产党员先进性教育活动成果,坚持用邓小平理论、"三个代表"重要思想和科学发展观武装头脑,认真组织学习《江泽民文选》,扎实开展形式多样的宣教活动,党员干部的理论水平和政治素养不断提高。切实加强领导班子和干部队伍建设,工委(区委)常委会严格执行民主集中制,重大问题集体决策,重大决策实行票决制;大规模开展干部培训,广大干部研究新情况、解决新问题的能力进一步提高。切实加强基层党组织建设,分类型、分行业、分领域培育了34个党建工作示范点,其中6个被命名为青岛市基层党建工作示范点。切实加强作风建设,深入开展机关作风明察暗访专项行动,群众对机关的满意度进一步提高。切实加强党风廉

政建设，积极推动以“五进”（进机关、进社区、进学校、进企业、进家庭）为重点的廉政文化建设，狠抓教育、监督、制度、查处、一岗双责“五个关键环节”和经营性土地使用权转让、建设工程招投标、财政资金使用、农村财务管理、干部人事任免“五个重点领域”，党员干部廉洁从政意识进一步增强。

二、主要工作与成绩

（一）经济发展情况 实现地区生产总值470亿元，增长21.5%；全社会固定资产投资197.9亿元，增长15.8%；消费品零售总额52亿元，增长16.5%；全口径财政一般预算收入41亿元，增长26.6%；金融系统存款余额218.5亿元，贷款余额224.4亿元；城镇居民人均可支配收入16443元，农民人均纯收入7363元。外经外贸，实际利用外资8.28亿美元，实际到位内资67亿元。新批准外资项目76个，其中过千万美元项目29个，过亿美元项目2个。外贸进出口总额71.51亿美元，其中出口38.16亿美元。西海岸出口加工区获准设立。工业经济，规模以上工业企业完成总产值1023亿元，增长32.51%；工业增加值296亿元，增长25.13%。高新技术产业，完成高新技术产业产值781.2亿元，占全区规模以上工业总产值的76.4%。品牌经济，新认定省著名商标3个、省级以上名牌14个。个私经济，实现总产值212.7亿元，增长52.8%；完成增加值60.7亿元，增长79.1%；利税总额12.1亿元，增长78.9%。循环经济，规模以上工业万元增加值能耗0.64吨标准煤、水耗6.09吨。

（二）城市建设情况 牢固树立精品意识、人本意识、功能意识，全年完成基础设施投资31.7亿元，建成区面积达73平方公里。高标准实施基础设施配套，建成了银海路、前湾港路西延、奋进路南北延和嘉陵江路西延等一批道路工程；完成了A区热源厂二期扩建工程，全区新增供暖面积达60万平方米。北部工业区道路管网主框架基本形成。积极开展“精品工程建设年”活动，唐岛湾滨海公园、黄岛海滨公园和武夷山路综合改造等成为城市建设新亮点，金沙滩景区等2项工程顺利通过“鲁班奖”专家组复查。协助推进青岛市重点工程，青岛海湾大桥和胶州湾海底隧道开工建设。全面推进生态区建设，成功创建国家级生态示范区，连续两年荣获全国海域管理示范区称号。

（三）和谐社会建设情况 坚持以人为本，突出改善民生，和谐社会建设迈出坚实步伐。积极调整财政支出结构和投向，加大了对科教文卫等社会事业的投入力度。建成启用致远中学与珠江路小学，创建国家省市级示范学校15所。免除2.4万名义务教育阶段学生学杂费。深入推进“西海岸文化家园”工程，新建24个街道、社区文化活动中心。建成公共卫生综合服务楼和食品药品综合检测中心。扎实推进农村社会基本养老保险，参保人员达3.7万人，达到退休年龄的每人每月可以领到380元的退休金。提高新型农村合作医疗保障水平，筹资标准由每人每年80元提到100元，每年度内累计最高报销金额由3万元提到6万元。提高城乡低保标准，城市低保标准每人每月提高到260元，农村低保标准每人每年提高到1800元。统筹城乡就业，实施农村劳动力免费培训，多渠道促就业。扎实推进社会主义新农村建设，集体经济纯收入过千万元的社区17个。农村城市化取得突破性进展，薛家岛示范居住区部分建成。农村社会各项事业协调发展，建成64家市规范化卫生室和2家市标准化街道卫生院。深入推进“平安西海岸”建设，被评为全省安全生产工作先进集体。

三、创新与经验

（一）实施龙头大项目带动战略，产业集群主体框架基本形成 按照“龙头项目－产业链－产业集群”的发展思路，突出抓好龙头大项目建设，着力培育产业集群。丽东化工、中海油海洋工程一期二期、武汉重工柴油机曲轴、新都理光、瑞智精密机电、春源精密机电、欧力重工等一批龙头项目建成投产。1000万吨大炼油、海西湾造修船基地、中石油海洋工程、上汽通用五菱20万辆整车、北汽福田产业园等骨干项目建设顺利。总投资160多亿元的南港区开发全面展开，其中一个10万吨级集装箱泊位建成开港，另一个10万吨级泊位主体完工。目前开发区产业发展的主体框架基本形成，家电电子、石油化工、造修船、海洋工程、汽车、港口等重点产业初具规模。

（二）实施“双十高”工程，区域自主创新能力明显增强 制定多种优惠政策，集中精力实施“双十高”工程，争取3－5年内引进建设10家国内外知名研发机构、国家级和省部级重点实验室、国家级孵化器，10家居国内领先地位的高科技企业。目前已建设省部级以上重点实验室9个、省部级以上工程技术中心和企业技术中心12个，新引进的中科院“资源与环境信息系统”实验室填补了青岛市在国家重点实验室上的空白。全区高新技术企业已达120家。

（三）创建和谐社区建设地方标准，“六型社区”建设加快推进 在开创管理型、自治型、物化型、服务型、文明型、平安型“六型社区”建设模式的基础上，进一步制定和谐社区建设地方标准。该标准将“六型社区”建设的内容细化为5章515条，能量化的全部进行量化，采取百分晋级评价制，被国家民政部专家组誉为“全国首创”。目前以该标准为指导建设的和谐社区达102个，其中高级和谐社区1个，中级和谐社区41个，初级和谐社区60个。开发区被评为“全省和谐社区建设示范区”，长江路街道和黄岛街道被评为“全省和谐社区建设示范街道”，丁家河社区和前湾社区被评为“全省和谐社区建设示范社区”。

（四）创建城镇非医疗保险人员医疗保障制度，实现户籍人口医疗保障全覆盖 该制度是以大病统筹为主要形式的医疗保障制度，主要是解决城镇职工医疗保险和新型农村合作医疗保险不能覆盖的人群——非成建制转非的成年人、非法定退休人员中的老年人、未成年人等城镇非医疗保险人员的医疗保障问题。该制度采取个人缴费与政府补助相结合的筹资方式,筹资标准为每人每年缴费50元,其中10元存入家庭账户,政府按每人每年30元标准进行补助。该制度的实施,使开发区实现了户籍人口医疗保障无缝隙覆盖。

(五)深入开展市民素质提高工程,社会文明程度进一步提高　市民素质提高工程以提高市民的思想政治素质、道德文明素质、科学文化素质、民主法制素质、创业技能素质、生态环保素质等六个方面的素质为重点,以宣传、实践社会主义荣辱观为主要内容,坚持分层施教的原则,通过开展宣讲、培训、咨询、文明礼仪演示、文艺演出等各类活动,提高市民素质和社会文明程度。2006年,全区共开展各类教育活动300多场次,参与的党员群众6万多人次,涌现出爱心救助小杨帆和精神文明义务传播者薛德厚等一批和谐创建典型事迹和先进人物。

附:(一)黄岛区委书记、副书记、常委名单

书　记: 姜　杰

副书记: 纪　敏　马卫刚

常　委: 姜　杰　纪　敏　马卫刚　苟训林　韩忠伟　于钦德　王　谊　车贵正　于成璞　张文晓

(二)各街道党工委书记名单

长江路街道　齐月良

黄岛街道　黄应胜

薛家岛街道　柴方利

辛安街道　管池省

柳花泊街道　李道炳

红石崖街道　宋　军

中共崂山区委工作概况

青岛市委常委、崂山区委书记　李增勇

2006年,区委坚持以邓小平理论和“三个代表”重要思想为指导,以科学发展观统领全局,围绕构建区域性“五个中心”(青岛高新技术产业发展中心、青岛旅游度假中心、青岛现代商贸中心、青岛节庆会展中心、青岛高等教育发展中心)和“四型城区”(经济高效型、人才集聚型、旅游度假型、环境生态型),在发展中加快提升,在创新中继续跨越,全区经济社会发展取得显著成就,实现“十一五”良好开局。

一、组织概况与党的建设

全区共有党组织693个,其中党(工)委25个,党总支55个,党支部613个(村级党组织217个)。党员14211名。区委派出工委6个。一年来,区委始终把加强党的先进性建设和执政能力建设摆在工作重要位置抓紧抓好。一是健全完善保持共产党员先进性的长效机制,抓好理论中心组学习、每月讲坛和形式多样的思想政治教育,全区广大党员干部的凝聚力、创新力、执行力和公信力进一步提高。2006年,崂山区在全市目标绩效考核电话民意调查中列七区第一名。二是加强领导班子和干部队伍建设,认真执行《党政领导干部选拔任用工作条例》,通过党校、高等院校和国外培训等多种形式加强干部教育培训,深入开展优秀科长、优秀科室评选活动,各级执政能力和工作水平显著提高。三是加强基层组织建设,特别是在全区139个社区全面推行了社区采购、民主决策、工程招投标三项制度,农村社区规范化建设水平不断提高。四是加强党风廉政建设和反腐败工作,不断强化制度建设、廉政文化建设和廉政效能督察,全面开展治理商业贿赂专项活动,党风、政风和社会风气进一步好转。

二、主要工作与成绩

2006年,我们按照科学发展观要求,坚持又好又快推进经济社会发展,全区综合实力进一步增强。全年实现生产总值225亿元,增长18%;区级财政收入16.9亿元,增长25%,位居全市第一;固定资产投资110亿元,实际利用外资1.4亿美元,实际利用内资55.3亿元,出口创汇19亿美元。农民人均纯收入、城镇职工平均工资分别达到7518元和2.4万元,均处于全省领先水平。生态和人居环境进一步改善,万元GDP能耗降低5%。

(一)着力追求最优的经济发展路径,初步形成了体现崂山特色的现代新型产业体系 一是以集群化、集约化为特色的高新技术产业规模不断壮大,创新能力显著增强。家电电子通讯、生物制药、软件、新材料"四大产业"呈现出规模化、集群化、高端化发展的新格局。进一步强化以企业为主体、以市场为导向、产学研相结合的区域自主创新体系建设,健全完善了科技孵化、公共技术服务、企业研发、投融资、产学研资源整合、中介服务六大平台,加快推进建设一批具有自主知识产权的专利项目、研发机构、创新孵化基地,区域创新能力实现了显著提升。2006年,全区高新技术企业数、产品数分别为199个和449个,均占到全市的三分之一以上,居12区市之首。崂山区被批准为全省第一家国家知识产权试点园区。二是以楼宇总部、现代商贸为特色的现代服务业项目快速集聚,城市经济日趋繁荣。规划布局了55个重点项目,海尔路商务一区、二区初步展现出新形象。高标准制定了文化产业发展规划,成功举办了首届"中国动漫产业发展与青少年健康成长高峰论坛",积极推进现代艺术中心、动漫基地、科技文化大厦等一批大项目建设,推动崂山在创意文化产业方面快速起步、引领发展。三是旅游业进入精品建设、高端发展、品牌带动的新阶段。立足打造青岛品位高雅、引领时尚、具有国际水准的旅游度假中心,突出加快沿海一线、滨海大道两大旅游产业带和沙子口、北宅、仰口三大旅游组团建设,着力构建海洋、生态、节会、商贸、人文、民俗六大旅游产业发展格局。崂山旅游文化节已办成青岛新的节庆品牌,青岛国际啤酒节成为享誉中外的国际性啤酒盛会,被评为"中国十大节庆品牌"之首。全年共吸纳国内外游客520万人次,实现旅游总收入21.3亿元。四是社会主义新农村建设卓有成效。大力发展都市农业、观光农业、生态农业等现代农业,培育建设了一批农业示范园区和生态旅游项目,高标准举办了第九届国际茶文化研讨会暨第三届崂山国际茶节,崂山区被授予中国江北名茶之乡。在全区26个社区启动了集体资产经营管理体制改革,累计完成了200多家区属、集体企业的改制工作,74个小康示范社区建设积极推进,中韩街道、沙子口街道进入"全国千强镇",城乡经济迸发出新的活力。进一步加大基础投入,投资3亿多元用于社区自来水改造、库区移民致富、道路和市政工程建设等农村基础设施的配套完善,促进城市功能向农村的延伸和拓展。

(二)着力追求最优的城市发展目标,青岛现代特色新城区逐步展现出新魅力 一是立足塑造城市特色,坚持用高水平的规划引领城市建设,调整完善了沙子口总体规划以及王哥庄街道、高新区拓展区等重要区域的控规和重点片区规划,编制完成了关于"十一五"发展的15个专项规划,确保了城市建设发展的科学化和精品化。二是立足提升城市功能,集中推进了一大批基础设施项目、公共设施项目和行政办公项目,现代化新城区形态开始显现出来。三是立足建设宜居城市,坚持组团化推进城中村改造,一批城中村和城郊结合部、滨海一线的重点村庄拆迁完毕、开工建设,进一步改善居民的生活条件和区域环境。四是立足提升城市形象,进一步完善了分级负责、属地管理、条块结合、城乡一体的城管网络和执法机制,结合沿海"一线六点"项目建设和国际帆船赛的举办,开展了大规模的环境综合整治,违法建筑及脏乱差现象得到全面治理。

(三)着力追求最优的社会发展理念,社会更加文明和谐 坚持把社会主义核心价值体系融入国民教育和精神文明建设全过程,广泛开展了以"八荣八耻"为内容的社会主义荣辱观教育,深入开展了丰富多彩的文明单位、文明社区、文明家庭等创建活动,市民素质和全社会文明程度明显提高,涌现出了王明殿、何开功等一大批感人事迹和先进典型。保证政治安全、社会安全、信访安全、生产安全富有成效,平安建设工作深入推进,公安、检察等经验全国推广。2006年,崂山区顺利通过"全省第一批科技强警示范区"验收;成功举办了第四届全国检察长论坛青岛会议和全省刑事技术规范化建设崂山现场会;法院荣立省高院集体一等功。深化信访"六个第一工作法",信访工作连续3年保持全市考核第一。高度关注和维护民生,妥善解决事关群众切身利益的热点难点问题,营造出和谐发展的良好氛围。沙子口街道被评为山东省和谐社区建设示范街道,金家岭、小河东被评为山东省和谐社区建设示范社区。

三、创新与经验

(一)确定"六个领先",走符合崂山实际的特色发展之路 始终坚持把中央、省市委决策部署与崂山实际相结合,进一步发挥自身优势,提出了经济发展效益、城市化建设、高新技术产业、旅游产业、现代城市服务业、社会主义新农村建设"六个领先发展"的工作目标,走出一条符合时代要求、顺应人民意愿、具有崂山特色的科学发展之路。2006年全区经济社会发展综合评价考核有望在全省继续保持领先。

(二)实施"六个统筹",高水平建设社会主义新农村 结合全区实际,着力实施了城乡规划建设、城乡产业发展、城乡基础设施建设、城乡社会保障、城乡社会事业发展、城乡政策机制"六个统筹",加快建设以新街居、新产业、新农民、新风尚、新机制为主要特征的社会主义新农村,真正使新农村建设带给农民实惠,受到农民拥护。全年安排财政资金7亿多元用于新农村建设。

(三)抓好"五项工作",民营经济实现持续快速健康发展 围绕加快民营企业、本土企业发展,突出抓好政策引导、完善监测分析、优化自主创新、培育成长型企业、加强企业家培训"五项工作",2006年全区民营经济预计完成增加值56亿元,同比增长20%;实现税收21.4亿元,同比增长24%。

(四)强化"四个保障",建立起城乡一体化的社会保障体系 着重强化了城乡一体化的社区就业机制、"四保一补”(企业保险、自由职业者保险、农工商社会保险、农村新型养老保险,农村老年生活补助)社会养老保险机制、以新型农村合作医疗制度为重点的医疗卫生保障机制、全覆盖的社会救助机制等“四个保障”,全年实现农村劳动力转移5600多人,“5560”以上人员养老保险综合参保率达到99%,新型农村合作医疗参保率达到98%。

(五)建立“四联机制”,实现“全省双拥模范区”六连冠 在全省率先建立领导联抓、基层联创、军地联建、政策联动的“四联”工作新机制,实施优抚一体化、转业军人货币化安置新模式,先后协调资金4000余万元实施一系列重大拥军工程。今年,崂山区第六次荣获“全省双拥模范区”荣誉称号。

附:(一)崂山区委书记、副书记、常委名单

书　记:李增勇

副书记:慕建民　邓云锋

常　委:李增勇　慕建民　邓云锋　李　明　任敬喜　郭德和　赵兴书　修滩青　刘青华　于惠霞　薛清科

(二)各街道党工委书记名单

中韩街道　袁久亮

沙子口街道　王清源

王哥庄街道　赵　敏

北宅街道　李鸿雁

中共城阳区委工作概况

城阳区委书记　李学海

一、组织概况与党的建设

城阳区设立于1994年6月,总面积553.2平方公里,人口47万,辖8个街道,243个社区(村)。全区共有基层党组织1282个,其中社区(村)级党组织230个,党员26237人。

2006年,区委坚持坚持把党的执政能力建设和先进性建设紧密结合起来,全面推进党的建设,为全区经济社会发展提供了坚强的组织保证和人才支持。

(一)加强思想政治建设 坚持用马列主义中国化的最新成果武装广大党员干部的思想,引导全区广大党员干部牢固树立新的创新观、和谐观、效率观、服务观、时空观,大力发扬求索精神、乐业精神、团队精神,营造了凝心聚力促发展、一心一意干事业的浓厚氛围,有效解决了发展过程中遇到的矛盾和问题,推进了经济社会又好又快发展。

(二)加强基层组织建设 坚持把党的执政能力建设和先进性建设紧密结合,全面推进党的建设。深入实施“凝聚力工程”,充分发挥基层党组织的战斗堡垒作用,凝聚党心、凝聚民心、凝聚社会。深入开展学《党章》和“八荣八耻”教育活动,大力加强党员队伍建设,各级班子和广大党员干部的执行能力、解决复杂问题能力和创新能力不断提高。深入开展创建“四型机关”、“创建高绩效机关、做人民满意公务员”活动,31个机关单位通过ISO9000质量管理体系认证,机关干部的服务能力和水平明显提高。

(三)加强党风廉政建设 严格落实党风廉政建设责任制,全面推进教育、制度、监督并重的惩防体系建设,大力弘扬八个方面良好风气,坚决纠正损害群众利益的不正之风,党风廉政建设和反腐败工作成效明显。

二、主要工作与成绩

2006年,在中央、省、市委的正确领导下,城阳区坚持以科学发展观统领经济社会发展全局,紧紧围绕省委提出的“一二三四五六”的工作思路,突出抓好结构调整、对外开放、城市化“三大亮点”,环境建设、平安城阳、民心工程、品牌工程“四个重点”,素质建设、基层组织建设、廉洁勤政建设、民主法制建设、人才高地建设“五个关键”,加快推进“建设·项目年”、“素质建设年”、“全面小康社会建设加速年”,解放思想、扎实工作,实现了经济社会又好又快发展。2006年全区完成生产总值400.03亿元,增长19.1%;人均国内生产总值1万美元以上,增长21.6%;财税总收入(不含海关税)34.3亿元,增长25.1%;辖内地方一般预算收入15亿元,增长28.6%;农民人均纯收入6806元,增长14.1%;全面小康社会实现程度达到98.8%。目前,已荣获国家可持续发展实验区、全国科技进步示范区、中国人居环境范例奖等省级以上荣誉称号近50项。

三、创新与经验

(一)加快推进经济结构调整,构建可持续发展的经济体系 坚持以产业结构调整为主线,牢牢把握落实国家宏观调控政策的重大机遇,积极推进经济增长方式的转变。

一是构建可持续发展的产业体系。三次产业结构优化调整为3.4:65.4:31.2。大力发展现代服务业。坚持不断优化服务、完善政策、扩大招商,加快现代服务业发展,以宝龙城市广场、万科魅力之城等为代表的一批现代商贸、楼宇项目,以希尔景园、鑫江、凯莱大酒店等星级酒店为代表的一批高档商务酒店项目,以普罗斯物流、山航物流等一批现代物流业项目相继引进或开工建设,积极打造金融中心、商贸商务中心、物流中心、休闲旅游娱乐中心、特色餐饮中心“五个中心”,全区现代服务业发展进入一个快速发展的新时期。积极推进工业集群化发展。新增规模以上工业企业141家,累计达到705家,完成工业总产值706.2亿元,同比增长17.8%;主导产业优势突出,新材料、电子信息、石油化工、机械制造、纺织服装、生物医药食品六大主导产业规模以上企业完成产值593.6亿元,占工业总产值的85.3%以上。着力打造新材料、电子信息、高速列车、饰品、纺织服装、专用汽车、园林动力机械、石油化工、橡胶、水产品加工“十大基地”。加快发展精品农业、旅游农业,六和、佳元、亿路发、浩源、波尼亚等10家企业荣获“2006年度青岛市农产品加工龙头企业”称号,占全市总量的五分之一。

二是完善可持续发展的生产力布局。坚持集约利用资源,推进集约发展,城市中心区板块、青岛出口加工区板块、空港产业区板块、环海新材料工业区板块,“四大板块”开发建设有力推进。2006年,“四大板块”完成投资、引进项目、实际利用外资分别占全区的65%、70%和75%以上。红岛滨海、东部生态、西部生态湿地“三大自然景观带”得到严格保护和科学开发,山、海、林优势得到进一步发挥,成功举办了红岛蛤蜊节、山色峪樱桃山会、惜福生态游。

三是着力提高可持续发展的能力。不断提高自我发展能力,民营经济发展实现新突破。坚持实施“择优扶强”战略和“企业群星培训工程”,加快推进民营经济发展。新增规模以上民营工业企业85家,规模以上民营工业企业累计完成工业总产值390亿元,增长29%。新增民营业户4300户、累计达到2.2万户,新增注册资金16.2亿元、累计达到127.3亿元。23家企业名列全市百强、5家企业名列全省百强。不断提高自主创新能力,高新技术产业发展实现新突破。坚持实施“科教兴区”战略,推进产学研联合。今年以来,实施产学研项目31项,新发展自主知识产权产品229项,有8家高等院校和科研院所在城阳设立科技成果转化基地。全区高新技术企业累计达到98家,拥有自主知识产权产品2500多个。不断提高自身竞争能力,品牌经济发展实现新突破。坚持实施“品牌带动”战略,新增市级以上名牌12个、新增中国名牌3个、中国驰名商标1个。全区累计市级以上名牌55个、市级以上著名商标52个、中国名牌7个、中国驰名商标4个。

(二)全方位推进对外开放,经济国际化进程进一步加快 一是坚持全方位开放,招商引资的规模和质量不断提升。2006年实际利用外资5.4亿美元,到账外资3.5亿美元,实际利用内资93.4亿元,其中投资千万美元以上外资大项目35个,投资过亿元内资大项目26个。城阳区被评为全省唯一的“韩国企业聚集区”。二是坚持全方位抓好项目建设,项目开工投产率明显提高。2006年批准外资项目开工投产率达到60%,新批内资项目开工投产率达到82.3%。三是坚持全方位优化出口结构,贸易增长方式进一步转变。全年外贸进出口总额67.1亿美元,其中出口42.1亿美元,增长22%,机电产品、高新技术产品出口分别占出口总额的42%和15%,外贸出口位居全省县(市)区首位,与地级市相比,列青岛、烟台、威海之后排第四位。

(三)加快推进城市化进程,区域核心竞争力得到新提升 着力建设现代园林生态城市,全区城市化水平达到60%。一是高质量推进城市建设。全年累计投资68亿元用于基础设施建设,全区水网、电网、路网、污水网覆盖面不断扩大,进一步增强了对经济社会发展的承载力和吸纳力。二是高标准推进城乡环境建设。深入开展环境综合整治,实现垃圾定点投放、集中收集、统一清运、集中处理,63%社区卫生达标。城区绿化覆盖率达到41%,全区林木覆盖率达到34%。三是高水平推进旧村改造。坚持班子、群众、经济“三个基础”稳固,操作程序、安置面积、拆迁补偿标准、居住环境、发展前景、实施方案清楚“六个清楚”到位,积极稳妥地推进旧村改造,有28个社区基本完成改造,拆迁面积321万平方米、建设面积376万平方米,有3.2万户居民入住新居,腾出产业发展用地7000余亩,推进了一批三产大项目的开发建设。

(四)坚持以人为本,加快构建社会主义和谐社会 以解决人民群众最关心、最直接、最现实的利益问题为重点,坚持干事为了群众、创业依靠群众、感情贴近群众、利益惠及群众,加快构建社会主义和谐社会。一是强力推进平安城阳建设。全区100%的规模以上企业和社区安装监控系统,达到科技防范标准,群防群治的治安防控体系不断完善,被评为“平安山东建设模范区”、全省“‘四五’普法依法治理先进区”。二是全面发展社会各项事业。区、街道、社区“三位一体”的文化教育中心网络建立健全,市民节、外来务工青年文化节等文化活动成功举办,荣获“全省社会文化先进区”称号;积极发展教育事业,荣获“全省农村教育工作先进区”、“全省职业教育先进区”、“全省现代科技教育研究优秀实验区”称号;积极发展卫生事业,完善突发公共卫生事件应急反应长效机制,形成覆盖城乡的医疗预防保健网络。三是健全社会保障机制。进一步提高农村新型社会养老保险、新型农村合作医疗保险水平,70岁以上老人养老金发放标准提高到每月120元,农村新型合作医疗保险参保率达到97.9%。建立完善了最低生活保障自然增长机制,城镇低保标准达到每人每年2880元,农村低保标准达到每人每年1180元。实施“三帮一”、“樱桃连民心”、“扶贫济困”、“残疾人安居”等帮扶工程,弱势群体基本生活得到有效保障。进一步加快农村劳动力培训转移步伐,新培训转移农村劳动力10708人,被确定为“全国农村劳动力平等就业试点区”。四是全面加强素质建设。坚持把全民大教育作为加强全民素质建设的主线,以弘扬城阳人精神为主题,以建设全面小康、构建和谐社会、建设社会主义新农村为主要内容,切实加强对机关、社区、企业各个层面的干部群众进行素质教育,全年累计宣讲295场次,受教育群众16.5万余人次。

附:(一)城阳区委书记、副书记、常委名单

书　记:李学海

副书记:王鲁明　刘韶明

常　委:李学海　王鲁明　刘韶明　姜军建　葛仁水　潘思晓　薛暖新　林先好　张希田　杨锡祥　吕宇强　覃思源(挂职)

(二)各街道党委书记名单

城阳街道　高尚伦

流亭街道　刘　宁

夏庄街道　刘哲广

惜福镇街道　张　建

棘洪滩街道　徐正岱

上马街道　王宝岚

河套街道　赵　伟

红岛街道　纪尚恩

中共胶州市委工作概况

胶州市委书记　祝　华

一、组织概况与党的建设

胶州市共有党员50131名,72个基层党委,101个党总支,1962个党支部。其中有18个镇、街道办事处党委,795个农村党支部和7个农村党总支和2个村党委;2006年发展党员1060名。党员占全市人口总数的4.56%。2006年,胶州市委十一届领导班子在青岛市委、市政府的正确领导下,及时把握、调整发展思路,坚持以科学发展观统领全局,党的建设取得了显著成效。

(一)加强组织建设,打造一流干部队伍　注重在经济建设的主战场上培养锻炼干部 积极组织各级干部走出国门或深入先进地区考察学习;公开选拔15名30岁以下干部到基层担任副局级职务;大力实施"领头雁"工程、"强基固本"工程和"双培养"工程;深化村民自治制度,进一步完善村级科学管理制度,在全市811个村庄全面推行村级财务代理、资产资源台账式管理、村级小工程招投标等科学管理制度,完善镇村两级民主听证会制度,保障了群众的知情权、监督权和参与权。

(二)加强效能建设,营造干事创业氛围　完善重大决策规则和程序,协调人大、政府、政协和各行各业、社会各界人士集中精力,共同发展,形成了人心思上、人心思进的大好局面。改革考核体制和财政分成办法,营造了干事创业的浓厚氛围。建立实施"诚信平安镇(办)"创建、重点问题督办和激励等长效机制,深入开展"机关服务品牌"创建活动,建立"行政审批电子监察系统",实现实时监控、预警纠错、绩效评估、信息服务四大功能,进一步提高了办事效率。

(三)加强制度建设,打造勤政廉政环境　严格落实党风廉政建设责任制,在建设工程招投标等六个重点领域建立长效监督机制;规范农村"三资"管理,推行"驻村员、信息员"等六项制度,2006年被评为为全国纪检监察系统先进集体。市委领导班子成员带头落实礼品登记、重大事项报告和收入申报三项制度,带头执行公务接待规定;带头按规定支付用车、手机、住宅电话等相关费用,拒收各种有价证券;带头执行经济活动有关规定,努力营造廉政勤政的工作环境。

二、主要工作与成绩

2006年,全市广大干部群众紧紧围绕"3211"奋斗目标(到"十一五"末,地方财政收入达到30亿元,城市居民人均可支配收入达到2万元,农民人均纯收入达到1万元,人均GDP达到1万美元),团结拼搏,扎实工作,全年完成GDP348.6亿元,同期增长17.8%(下同);完成地方财政收入11.3亿元,增长21.7%;完成规模以上固定资产投资168亿元;实现出口创汇22.8亿美元,增长13.9%;城乡居民人均可支配收入13221元,增长18.4%,农民人均纯收入6544元,增长12.7%,政治建设、文化建设、社会建设和党的建设全面进步,经济社会稳健发展的态势日趋良好。

(一)对外开放稳步推进,各级干部推进科学发展的意识更加浓厚　突出表现出三个变化:一是招商引资质量进一步优化。全市全年实际利用外资5亿美元,实际利用内资56.7亿元,其中,新引进过千万美元外资大项目20个,过亿元内资大项目31个。二是项目建设效率进一步提高。一批大项目建成投产,全年国税总收入比2005年接近翻一番。三是工业发展布局更加优化。经济开发区继续被批准为省级开发区,并将北关工业园、营海工业园纳入其中;胶海产业基地设立了省级日本工业园;西南翼省级经济技术开发区已经申报。

(二)发展定位逐步深化,全市上下培育特色经济的思路更加明确　主要呈现出三个效应:一是制造业的集群积聚效应显现。全年新增规模企业89家,总数达到556家;优势产业集群快速发展,产值占工业总产值的65%。二是物流业的龙头带动效应显现,中铁物流项目带动全市已落户物流企业46家。三是商贸业的服务拉动效应显现。西部商贸区建设招商积极推进,南方家园五金建材商贸城进入启动营业阶段,以少海为平台的文化旅游业被确定为青岛市重点推进项目。

(三)城市建设凸现亮点,高起点规划,高水平建设,高效能管理,对接融入青岛的定位更加清晰 呈现出三个势头:一是新城区扩容势头良好。新城大厦竣工启用,行政服务中心全面南迁;投资700万元改造三里河上游;首次引进五星级酒店项目,一批高档次小区投入使用。二是老城区提档势头良好。顺利通过国家卫生城市省级复审,总投资7.5亿元的胶州湾财富中心项目的启动建设。三是少海新城对接青岛势头良好。东部滞洪区6.28平方公里的湖面开挖工程全面竣工。四是城市管理水平有所提高。城市面貌明显改观,全国中小城市管理经验交流现场会在我市召开。

(四)新农村建设顺利启动,各方力量关注支持三农的举措深入实施 新农村建设取得三大成就:一是强势镇办培育成效突出。在全国千强镇排名中,我市7个镇办入围,数量位居全省首位,其中2个镇办进入全国百强;李哥庄镇被批准为青岛市唯一的全国改革试点镇。二是村级发展思路更加清晰。全市半数以上村庄落户工业项目,"一村一品"格局开始形成。三是农民增收水平不断提高。四个"15万亩示范基地"建设顺利推进,高效特色农业在农业总产值中的比重超过80%,"胶州大白菜"等品牌使农业生产附加值大大提高;全年新转移农村劳动力2.6万人。

(五)和谐观念深入人心,广大群众追求和谐生活的愿望更为强烈 形成三个良好氛围:一是发展社会事业的氛围浓厚。成功举办秧歌文化节,胶州秧歌、胶州茂腔被列为国家首批非物质文化遗产;全面推进"教育三统";成功开展"市民月活动";农民工素质培训成果显著,得到韩寓群等省领导批示。二是关注弱势群体的氛围浓厚。"情满胶州"活动、农村合作医疗和失地农民保障工作成效明显。三是共建稳定环境的氛围浓厚。群众安全感调查连续多年居青岛各区市前列,民兵预备役、人民武装建设连续四次被评为省双拥模范城。

三、创新与经验

2006年,胶州市把发展经济作为首要任务,确立了市、镇、村、户"四级联动"发展思路。

(一)做大县域,增强四级联动核心带动力 一是坚持以高目标引导发展。确立了"3211"奋斗目标,进一步提出"大制造、大物流、大商贸"特色经济口号,力争用五年时间把胶州市打造成山东半岛物流中心和全国特色物流基地。二是坚持以高平台推进发展。完善"一城四区两翼"布局,以中心城为中心,以东部工业区、西部商贸区、北部工业及物流产业区、南部城市新区四大功能区为辐射带,以东北翼和西南翼为骨架,构建辐射全市的经济体系和城市框架。三是坚持以高质量带动发展。围绕青岛四大基地和六大产业集群,加快建设七大优势产业集群,并推进各产业体系向镇、村延伸。加大外引内扩力度,力争到"十一五"末,实现"双20强"目标,即全市年销售收入内资过10亿元、外资过1亿美元的企业分别达到20个。

(二)做强镇办,增强四级联动主体爆发力 一是壮大块状经济,推进集约发展。整合形成六个区域经济板块,推进四个对接即:"一环四线"周边镇向环线对接,高速公路出口镇向高速公路对接,李哥庄镇向青岛市区对接,西南三镇借助济青南线向黄岛对接。二是瞄准特色定位,发扬各自优势。对各镇办产业、功能进行重新定位和规划,着力打造一批鞋帽纺织镇、机械电子镇和车船配件镇等特色镇办。三是坚持梯次推进,促进协调发展。将全市18处镇办划分为三大方队,实行动态管理和升降位制度,并与干部任用、奖赏挂钩,力争到2007年,每个办事处财政收入过亿元,每个镇财政收入不低于2000万元。

(三)做活村级,增强四级联动基础推动力 一是改造"城中村",加快农民市民化。出台"城中村"改造办法,所获得收益全部归村集体所有,切实解决村民就业问题、增收问题、保障问题,使城中村农民转化成市民。确保到2007年完成一半以上的城中村改造。二是做强"三边村",加快推进非农化。对城区边、园区边、镇驻地边村庄,坚持"大项目进区,小项目进村",大力推进村级招商,鼓励农民以地入股,稳步推进旧村改造,逐步解决农民保障体系、农村环境整治和农民素质提高问题。三是搞活边远村,加快推进特色化。对边远村鼓励其大力发展特色农业、旅游业、手工业等,形成一村一品格局。同时,对条件成熟村庄通过整体搬迁、小村并大村和富村带穷村等形式改变其面貌。

(四)做富农户,增强四级联动单元发展力 一是强化创业意识。鼓励村党支部班子中创业,建立农民创业担保中心,培植"五个一批"即:一批种养大户、一批农业产业化带头人、一批个体私营纳税大户、一批企业小老板和一批经纪人。二是提升就业层次。整合全市职业教育资源,成立职教中心,建立劳动力转移免费培训和"培训一就业"联动机制,做到"项目奠基、就业培训开始,项目投产、工人就业到位",确保全年转移劳动力2万人以上,转移培训率达75%以上。三是调优农业结构。重点抓好"三转三促":加快促进土地流转促增收、加快农业结构转变促增收、加快生产方式转变促增收,力争到2007年农村经合组织达到200家,农户覆盖率达到30%以上。

附:(一)胶州市委书记、副书记、常委名单

书　记: 李　皓(2006年12月离职)
祝　华(2006年12月任职)

副书记: 刘赞松　王锦妹

常　委: 祝　华　刘赞松　王锦妹　张吉来
庄增大　高振华　孙永红　孙宗子
孙　奇　牛润之(援藏干部)王　进
聂少华　梁爱华(挂职)
李允贵(挂职)

(二)各镇、街道办事处党委书记

阜安街道	孙立春
中云街道	任　强
北关街道	刘　忠
南关街道	兰振明
云溪街道	杨　波
胶东镇	张宗江
李哥庄镇	庄金杰
胶莱镇	臧泽越
马店镇	荆振亮
胶北镇	孙晓兵
胶西镇	吴法先
杜村镇	王海军
张应镇	胡常富
铺集镇	孙书全
里岔镇	张培武
洋河镇	李云峰
九龙镇	唐茂金
营海镇	郝　强

中共即墨市委工作概况

即墨市委书记　张洪训

一、组织概况与党的建设

即墨市现有党委59个,工委8个,党组12个,党总支109个,党支部2220个;党员56522名,其中2006年发展党员1048名。

(一)扎实搞好第三批先进性教育活动的组织指导和整个教育活动的总结收尾工作　高质量地抓好第三批先进性教育活动学习动员、分析评议、整改提高等各个阶段的工作,组织开展了"岗位当先锋、真情暖百姓、永葆先进性"和"双百双促"等主题实践活动,结合健全先进性教育长效机制,召开了经验交流会,推广了党组织和党员整改承诺、无职党员设岗定责等制度。在青岛市委组织的群众满意度测评中,先进性教育活动群众满意率达100%。依托先进性教育活动解决民生问题的经验被中央媒体报道。

(二)进一步加强领导班子和领导干部队伍建设　严格执行《党政领导干部选拔任用工作条例》,按照"两稳定一转移"和"在一线出干部、凭实绩用干部"的干部工作思路,大力加强领导班子和领导干部队伍建设。认真贯彻省委组织部、青岛市委组织部《关于认真做好乡镇党委换届工作的意见》,圆满完成了各镇党委换届工作。深化干部经常性考察工作,完善干部考察与督查考核联动机制,提高了干部考察工作水平。加强干部信息化建设,高质量地完成了党政人才信息库建设和干部人事档案审核工作。

(三)扎实推进基层党组织和党员队伍建设　探讨实施发展党员"推优"制度和"选调制",着力解决了农村发展党员质量不高问题。抓好党员教育阵地建设,整修了烈士纪念馆等10处教育基地;把村级组织活动场所建设纳入社会主义新农村建设规划,对101个经济薄弱村庄组织活动场所进行了整治。加强基层党组织建设和党员干部队伍建设的经验做法得到省委领导的充分肯定。

(四)创新工作思路,夯实新型经济社会组织党建工作基础　切实加强了党组织组建工作,全市符合建条件的"两新"组织全部建立了党组织。开展了"展示党员风采,争创行业先锋"主题实践活动,使党员的先锋模范作用在各行各业得到彰显。主题实践活动的经验被青岛市委组织部推广。

(五)大力提高干部教育培训工作水平　举办了"即墨发展论坛"、公共管理知识(MPA)培训、农村干部大专学历教育等培训班78期,培训干部2万多人次,保证了干部培训的广度和质量,提高了广大干部的综合素质和能力。抓好企业经营管理人才、农村实用人才和专业技术人才队伍建设,评选表彰了第七批专业技术拔尖人才和"即墨市资深专家"。大力推进现代远程教育资源整合,选聘了1000余名教师、村计生主任担任站点操作员,成立科技教学讲师团,加强了远程教育辅导。远程教育工作经验在青岛市推广。

二、主要工作与成绩

2006年,全市完成地区生产总值358亿元、增长18%;地方财政一般预算收入12亿元、增长27.9%;商务部实际利用外资5.08亿美元、外管局到账外资1.75亿美元,均居全省县级第一;外贸出口20.6亿美元、增长29.7%;实际利用内资61亿元,增长27%;各项存款余额173.2亿元,比年初增长17.5%;农民人均纯收入达到6478元、增长12.9%。县域社会经济综合发展指数列全国最发达百强县第38位。

(一)区域经济发展增添新活力　坚持不懈地扩大对内对外开放,日本小西生物、振邦化纤等126个重点内外资大项目顺利引进建设;累计引进世界500强企业14家、国内500强企业22家。着力推动民营企业做大做强,全市新增个体工商户3000户、民营企业1190家,总数分别达到7.5万户和6706家,1812家民营企业与内外资企业实现了合资合作；新创青岛市级以上名牌产品和著名商标19个、总数达到77个；民营经济增加值、税收占全市总量的比重分别达到56.6%和61.5%。

（二）新型产业体系基本形成 针织服装服饰产业集群加快向规模化、国际化方向转型升级，市场商贸产业集群初步构建起"一轴两圈"的发展新格局，全市市场交易额达到455亿元、增长17.9%，传统产业集群的特色优势全面巩固提升；高端旅游业迅速崛起，电子及电子配件、食品饮料产业快速成长，新兴产业集群加快膨胀壮大；新日清制粉等一批重点项目相继引进建设，带动生物科技、新能源、新材料等新产业迅速发展。全市三次产业之比调整为8.5:54.5:37，基本形成了轻型工业、重工业、现代服务业和高新技术产业协调发展的新型产业格局。

（三）东部开发建设凸现新形象 新投入6.8亿元修建了鹤山路东通二期等20多条道路，配套建设了供热、供气、污水处理等设施，拉起了东部新区的发展大框架；新投入2.4亿元，实施了大规模、开放型、立体化、组团式的生态环境建设，东部新区的生态形象和区域品位迅速提升；引进的涉及总投资380亿元的23个高端旅游度假重点项目，有13个已开工建设或投入运营，上述重点项目三年内建成和部分建成运营后，将带动东部真正成为拉动全市发展的新增长极。

（四）可持续发展能力有了新提高 新引进了马斯特造船、菱达机械等5个高水平研发中心，高新技术企业发展到39家，民营科研机构发展到152家；组织专利申请1023件，居全省县级第一；规模以上工业企业发展到645家，完成产值580亿元、增长44%，自主创新能力有了较大提高。全市规模以上工业万元增加值综合能耗和取水量两项指标分别居青岛五市第一和第二，节能降耗工作成效显著。深入开展了"三城并创"活动，新扩大造林绿化面积3.66万亩，全市森林覆盖率达到30.2%；生活垃圾无害化处理率达到100%；空气质量优良率始终保持在98%以上，被评为国家环保模范城、国家生态示范区；建成3个全国重点小城镇、5个省级中心镇，17个镇被评为全国环境优美乡镇。

（五）破解"三农"问题取得新成效 三大农业园区的服务功能进一步提高，海珍品健康养殖基地、无公害蔬菜生产基地建设顺利进行；国家级绿色食品、有机食品和无公害农产品累计达到78个，农村合作经济组织发展到40家，现代农业发展步伐加快。投入23亿元深入实施了农田水利建设和村村通硬化路、通自来水等12大方面356项重点建设工程，新扩大灌溉面积8.2万亩，行政村公路通达率达到77%，村村通自来水率达到100%。全市移到二三产业就业的农村劳动力累计达到38.8万名，非农收入在农民人均纯收入中的比重达到70%，农民收入水平明显提高。

（六）和谐即墨建设迈出新步伐 积极实施统筹城乡劳动力培训和就业安置工程，全年培训农村劳动力4.4万人、转移3.2万人；城镇新增就业6128人、登记失业率下降到0.23%；免除了义务教育阶段中小学生杂费，实现了城乡教师同工同酬，从源头上解决了农民素质提高的问题。全面实施农民健康工程，累计有139万人次从中受益；继续实施了爱心行动和光明行动，37名患先天性心脏病的儿童和683名白内障患者顺利康复。加快推进城乡居民社会保障体系建设工程，城镇基本养老保险、基本医疗保险覆盖率均达到100%；在全省率先推行被征地农民养老保险制度，并被确定为全国唯一试点单位；进一步完善了城乡低保制度，全年为3.6万户城乡困难户发放救助金2659万元；深入抓好"平安即墨"创建工程，被评为平安青岛建设达标市。

三、创新与经验

（一）始终坚持以思路的不断创新引领发展的新跨越 坚持把思路创新作为统揽全局的首要任务和在更高起点上实现新跨越的主动力，与时俱进地提升发展理念、创新发展模式。从"面向青岛、依托青岛、融入青岛、服务青岛，抢抓五年战略机遇期，建设大青岛现代新区"发展定位的确定，到"一二三四五六七"总体发展思路的提出，再到发展的空间布局、发展的动力机制、发展的保障等一系列配套措施的制定和落实，逐步探索形成了一整套切合即墨实际又一以贯之的发展思路，在事关即墨长远发展的关键问题上统一了思想、明确了用力方向，凝聚了全市上下干事创业、加快发展的意志。

（二）始终坚持以坚韧不拔的毅力不断开辟科学发展的新境界 牢牢抓住事关发展全局的主要矛盾和关键问题，着眼长远打基础，一心一意谋发展。持之以恒地加强重点基础设施、重点经济区域和重点产业基地建设，聚力突破了发展载体不足的瓶颈制约，搭建起了新一轮大发展的平台。始终咬定扩大对内对外开放不放松，困难面前不退缩、挫折面前不灰心，使马斯特造船、即发东丽等一大批重点项目相继落户即墨，构建起了以六大产业集群为主体的新型产业体系，强化了产业支撑力和竞争力。

（三）始终坚持以执政为民的实绩不断创造和谐发展的新局面 坚持把发展的着眼点和立足点放在增加全市物质财富、提高人民生活水平上，自觉做到发展为了人民、发展依靠人民、发展成果由人民共享。坚持把每年新增财力重点用于解决民生问题，着力解决了一大批多年来群众关注的热点难点问题，在全市初步实现了"老有所养、病有所医、困有所济、人有所业"，使人民群众得到了看得见、摸得着的实惠，极大地密切了党群干群关系。

（四）始终坚持以管理机制的创新完善不断凝聚全市上下共谋发展的强大合力 坚持把创新管理机制，调动一切积极因素，营造和衷共济、群策群力的团结氛围作为推进发展的核心动力。确立并实施了"两稳定一转移"和"在一线出干部、凭实绩用干部及事权与人权相结合"的干部选拔任用机制，形成了激励干部干事创业的正确用人导向；建立起任务共担、责任相连、全方位覆盖的目标责任管理机制和科学的绩效评估机制，形成了"看发展评功过，以实绩论英雄"的工作导向；围绕加快推进对内对外开放、民营经济、农民增收等重点工作,先后出台了一系列扶持政策,不断优化了发展环境。

附:(一)即墨市委书记、副书记、常委名单

书　记:张洪训

副书记:张德平　王建中　郭新海(挂职)

常　委:张洪训　张德平　王建中　郭新海(挂职)
辛启鑫　于　澎　孙　铸　宋希娟
王伯勤　郑德雁　郭玉娟　郭可汾
何惠贤(挂职)

(二)各镇、区、街道党(工)委书记名单

环秀街道	刘积学
通济街道	彭川松
北安街道	江志学
龙山街道	黄迪勇
即墨经济开发区	乔宪君
田横岛省级旅游度假区	宋宗军
温泉镇	李　辉
店集镇	刘　伟
鳌山卫镇	江黎明
王村镇	赵世鑫
灵山镇	朱　克
刘家庄镇	王永洲
七级镇	王　勇
蓝村镇	于　毅
南泉镇	袁广霄
田横镇	宋宗军
金口镇	邵立晓
华山镇	衣服坡
段泊岚镇	刘永军
大信镇	韩吉鹏
龙泉镇	于成刚
移风店镇	王将德
丰城镇	毕安传
普东镇	李科民

中共平度市委工作概况

平度市委书记　王　中

一、组织概况与党的建设

2006年,平度市共有基层党(工)委70个,党总支42个,支部2998个,党员74441名。其中镇(街道、园区)党(工)委32个,建制村党支部1686个,建制村党员47799名。

一年来,平度市委高举邓小平理论和“三个代表”重要思想伟大旗帜,坚持以科学发展观统领全局,认真贯彻落实党的十六大和十六届三中、四中、五中、六中全会精神,全面落实科学发展观,大力加强党的思想、组织、作风和制度建设,各级党组织的执政水平不断提高,创造力、凝聚力、战斗力进一步增强,为经济社会又好又快发展提供了坚强的政治和组织保障。

(一)深入推进思想政治建设　认真组织广大党员干部学习《江泽民文选》和十六届六中全会精神,坚持用邓小平理论和“三个代表”重要思想武装头脑,牢固树立科学发展观,广泛开展形式多样的思想政治教育活动。巩固和扩大先进性教育成果,党员群众满意度达到99%以上。认真总结先进性教育活动中行之有效的做法,整改承诺制等做法得到上级党委的充分肯定和基层群众的积极拥护。

(二)切实加强领导班子和干部队伍建设　大力加强领导班子建设,认真贯彻《党政领导干部选拔任用工作条例》,完成市、镇两级党委换届工作,进一步优化了领导班子结构。始终坚持正确的用人导向,改进干部选拔任用机制,公开选拔一批优秀青年干部赴苏州县市挂职,对专业岗位领导干部实行了公推公选,对年轻干部实行了双推双考,营造了干事创业的浓厚氛围。

(三)强化党的基层组织建设　加强农村基层组织建设,实施了“金凤工程”,选拔农村后备干部3200多名,新发展农村党员910名。抽调1000余名干部组成了267个致富奔康工作队,与农民“同吃、同住、同谋发展”,增强了农村基层党组织的活力。加强社区党建和“两新”组织党建工作,全市党组织作用发挥较好的“两新”组织达到90%以上。

二、主要工作与成绩

全年完成生产总值305.3亿元,增长16.2%;地方财政收入9.73亿元,可比增长22.5%;城镇居民可支配收入、农民人均纯收入分别达到11768元、6250元,分别增长

14.6%、12.7%。经济综合实力再次跨入全国百强县行列、前进33个位次、居第76位,在全省30强县(市)排名中居第11位。荣获国家级生态示范区、国家环保模范城市、全国粮食生产先进县、平安山东建设先进市等多项荣誉称号。

(一)发挥优势突出特色,着力构建具有核心竞争力的产业体系 抓住青岛集中力量加快平度新型工业化的重大机遇,积极培育五大产业集群、三大企业梯队,构筑城区、平南、平西三大工业板块,启动建设八大特色产业园,推动新型工业强势崛起。新发展规模以上企业175家,规模以上工业增加值、利税分别增长25.1%和20.1%。大力培育现代农业特别是高端特色品牌农业,规模以上农产品加工企业发展到100家,农村合作经济组织达到278家,马家沟芹菜等4种产品被评为青岛市名牌农产品,唱响大泽山葡萄节等文化节庆"四季歌"。积极发展现代服务业,重点抓好高端旅游业、特色职业教育和特色文化产业发展。农机市场连续四年荣膺全国十大农机市场,姜家埠蔬菜市场分别被国家发改委、农业部确定为定点市场,被评为"万村千乡市场工程"试点市。

(二)集中精力狠抓招商引资和项目建设,加快培育壮大财源经济 创新招商方式,完善招商政策,强化专业招商,推动招商引资向大、高、特、强方向迈进。2006年全市完成外管局到账外资1.44亿美元、增长31.8%,实际利用内资36.2亿元、增长47%。全市新引进过千万美元(或亿元)的项目31个;新开工及已投产的过千万美元(或亿元)的项目24个。外贸出口完成6亿美元,增长27%。新发展民营企业692家,民营经济完成增加值160亿元、实现税收6.8亿元,占全市经济总量的52.5%和65%以上。

(三)加强自主创新、资源节约和环境保护,从根本上推动增长方式转变 切实加强环境保护和资源节约集约利用。扎实推进生态城市建设工作,"创模工作"顺利通过了国家环保总局验收;大泽山省级自然保护区获省政府批准。稳步推进循环经济发展。3家企业和1个园区被青岛市确定为循环经济试点单位,4家企业通过清洁生产审核,26家企业通过ISO14001环境管理质量体系认证。新获得省、青岛市名牌产品和著名商标7个。规模以上工业高新技术产业产值增长13.6%。

(四)坚持从实际出发,扎实推进社会主义新农村建设 认真落实中央"20字"方针,坚持分类推进、典型示范,不搞形式主义,不作表面文章,提出产业主导型、资源开发型等六种发展模式。大力改善农村环境。突出抓好街院净化、道路硬化等"四化"工程,特别是着力解决好"三大堆"问题,集中推广农村新型能源综合利用工程,新发展户用沼气1210户。全面发展农村公益事业。投资1.7亿元实施了农村通自来水二期等7项惠农工程;将2.3万名失地农民纳入农村养老保险体系;新型农村合作医疗参合率达到95%以上。

(五)积极推进机制改革和体制创新,增强经济社会发展的活力与动力 坚持用发展和改革的办法解决前进中的问题,加强关键领域、重点环节的制度建设和体制创新。市属企业改革稳步推进。认真落实各项支农惠农政策,2006年发放粮食、良种、大型农机具等各种补贴5045万元。向纵深推进行政管理体制改革,审批事项精简率达到12.9%,为民服务代理制全面推开。

(六)加快城市规划建设步伐,进一步提升城市形象 把平度作为以山水田园生态为特色的现代化中等城市进行研究布局,"一主两次、三大板块、组团发展"的现代中等城市框架逐步展开。全市建成区面积38.5平方公里,城市化率达到40.1%;新一轮城市规划区面积达到126平方公里。积极推进旧城改造与更新,完成拆迁面积6.5万平方米。深入开展城市环境综合整治,城市环境综合整治定量考核列全省县级市第一名。青平高速、荣乌高速等重大基础设施项目顺利实施,激发了城市的内在发展活力。

(七)坚持以人为本,努力构建社会主义和谐社会 大力推进民主法制建设。深入推行和规范政务公开、厂务公开、村务公开和社区事务公开,进一步扩大基层民主。积极推进和谐文化建设。宗家庄木版年画被评为全省非物质文化遗产项目、东岳石文化遗址被列为全国第六批重点文物保护单位。深入开展以"八荣八耻"为主要内容的社会主义荣辱观教育,扎实开展群众性精神文明创建活动。积极实施和谐社区、和谐家庭等"和谐细胞"建设工程。教育、卫生、社会保障等各项事业全面发展。探索完善了未成年人教育管理的成功模式,新华社刊发推广。加强平安平度建设。深入开展"严打"整治及同"法轮功"等邪教组织的斗争,依法惩处各种违法犯罪活动。先后开展了重点信访案件处结月等活动,"畅通规范"的信访新秩序成为信访工作的主流。加强安全生产监管,安全生产事故起数下降15.4%。

三、创新与经验

一是坚持以科学发展观统领全局,认真落实省委省政府"一二三四五六"的发展目标和工作思路,准确把握经济社会发展的阶段性特征,不断地解放思想、更新观念,自觉地按规律办事,适时作出符合平度实际的决策部署;二是全面贯彻省委充分发挥青岛龙头带动作用的要求,牢牢把握"融入青岛、接轨半岛、兼收并蓄、乘势而上"的发展理念,坚定不移地走新型工业化之路,一以贯之而又与时俱进地推进各项重点工作;三是坚持改革创新,积极运用改革的办法解决经济和社会发展中的深层次矛盾和问题,善于将上级最新指示精神、学术界最新研究成果、国内外最新动态、基层最新创造、群众最新诉求与实际工作结合做到"五善于一结合",不断创新思路及工作方式方法;四是坚持扩大对外开放,把招商引资和重大项目建设作为经济发展的生命线,引进建成一批事关全局的重点项目,为经济社会各项事业发展积蓄强有力的后劲;五是坚持立党为公、执政为民,把人民群众利益放在首位,更加关注民生,让人民共享改革发展成果;六是坚持凝聚一切积极力量唱响平度发展"大合唱",为经济社会发展提供良好的舆论环境和强大的精神动力;七是坚持从严治党,认真贯彻"两个务必"和"八个坚持、八个反对"的要求,加强领导班子建设、基层组织建设和作风建设,从根本上提高执政能力,始终保持和发展党的先进性,为实现全市又好又快发展提供坚强的政治保证。

附:(一)平度市委书记、副书记、常委名单

书　记:王　中

副书记:于显祥　王希静

常　委:王　中　于显祥　王希静　吴绍田　杨钊贤　郭　萍　田启功　张　忠　邢福栋　张　健　李晓光　韩世军(挂职)

(二)各镇、街道党(工)委书记名单

城关街道　史洪杰
同和街道　王富军
郭庄镇　严风先
南村镇　王鹏飞
古岘镇　陈玉波
门村镇　马德强
店子镇　张志忠
新河镇　栾庆晓
田庄镇　夏有军
白埠镇　兰彬良
万家镇　刘东生
崔家集镇　侯景波
大泽山镇　张炳伟
云山镇　高鹏绪
旧店镇　赵旭军
李园街道　张作柱
香店街道　王福考
张戈庄镇　孙建明
仁兆镇　张瑜辉
麻兰镇　徐广举
长乐镇　桑学清
灰埠镇　刘宝刚
张舍镇　孙　坚
马戈庄镇　金海龙
蓼兰镇　倪　平
兰底镇　谢劲光
明村镇　肖洪亮
崔召镇　王尧忠
祝沟镇　张树林
大田镇　张建军

中共胶南市委工作概况

胶南市委书记　张大勇

一、组织概况与党的建设

胶南市总面积1846平方公里,海岸线长131公里,总人口81.8万,共有75个党委,12个市委派出工委,78个党总支,2115个党支部,56078名党员。2006年,在上级党委的正确领导下,我们坚持以"三个代表"重要思想和科学发展观为指导,大力加强党的执政能力建设和先进性建设。注重抓好理论学习中心组学习,市委常委带头开展"以讲促学、以学促干"活动,市委理论学习中心组被评为"全省县级党委理论学习中心组先进单位",荣获"全省党员教育工作先进市"称号。严格执行民主集中制原则,严格执行常委会议事和决策程序,重大决策都坚持事前调研、问计专家、征询群众意见。圆满完成了大规模干部教育培训三年目标,全市党政群机关干部人均培训45天以上。严格落实干部选拔任用民主推荐、民主测评、任前公示等制度,健全完善干部考核跟踪档案,科学评价干部实绩,形成了正确的用人导向。不断深化"三级联创"活动,健全完善村级组织"四权"决策机制,为新农村建设提供了坚强组织保证。健全党内关怀服务机制,完善落实村级基本支出保障制度,统筹发放镇村干部工资,调动和保护了基层党员干部的积极性。圆满完成了基层党委换届选举工作,社区党组织实现"一居一支部",新型经济社会组织党组织应建组建率达到100%。认真落实中央《建立健全教育、制度、监督并重的惩治和预防腐败体系实施纲要》,健全完善党风廉政建设责任目标管理考核机制和责任追究机制,突出加强廉政文化建设,大力倡导和践行"八个方面的良好风气",严格落实"一岗双责"责任制,严格执行"四大纪律八项要求",树立了党员干部为民、务实、清廉的良好形象。决策开展了以访民情、听民意、帮民富、保民安为主要内容的"四民"活动,全市1.5万名党员干部转变作风深入基层,集中走访20万农户,构建起了新型和谐的党群干群关系,《经济日报〈内参〉》全面报道了胶南开展"四民"活动的经验做法。

二、主要工作与成绩

2006年,我们团结带领全市广大党员干部群众,坚持以科学发展观统揽全局,立足建设青岛西海岸都市新区、经济新区、科教新区、和谐新区总体目标定位,解放思想、干事创业,推动经济社会发展不断实现新跨越。全市完成GDP343.3亿元,比上年增长17.6%;地方财政收入15.77亿元,增长26.2%;农民人均纯收入达到6470元,增长12.8%;城镇居民人均可支配收入达到12870元,增长15.3%。全市三次产业之比调整为8.9:61.6:29.5,经济综合实力和基本竞争力分别跃居全国百强县(市)第31位和第17位,连续两年荣获"全省县域经济社会发展先进单位"称号。

(一)重大项目、高新技术、产业集群实现新突破 临港经济开发区入驻开工项目106个,50家企业建成投产,完成投资65亿元,被省政府正式批准为"青岛临港经济开发区"。全市引进投资过千万美元的外资大项目35个,实现到账外资1.6亿美元,增长73.7%;完成外贸进出口总额17.5亿美元,其中出口12.6亿美元。高新技术产业蓬勃发展,中国兵器工业集团五三研究所青岛新材料研发基地正式签约入驻,共有9个项目入选国家火炬计划,高新技术产业产值占规模以上工业产值的比重达到29.7%。机械装备制造、橡胶轮胎、家电电子、食品与药物"四大产业群"完成产值占规模以上工业产值的68%,带动新增规模以上工业企业234家,达到697家,其中税收过千万元的23家,过亿元的3家。

(二)工业企业"二次创业"迈出新步伐 市财政安排2000万元鼓励企业科技进步、争创品牌、开展产学研合作,明月集团技术中心被认定为国家级企业技术中心,东佳集团入选全国大中型工业企业自主创新能力行业十强。全市新增专利申请量629件,7种产品创年度山东名牌,"琅琊台"商标被认定为中国驰名商标。企业产权重组、对外合资合作实现新突破,康大食品公司成功上市,成为青岛五市首家上市企业。东佳集团、星火集团、康大外贸集团跨入中国大企业集团竞争力500强行列。全市税收过千万元的企业23家,过亿元的3家。狠抓节能降耗和环境保护,全市规模以上工业企业万元增加值能耗同比下降10%、取水下降12%。荣获"山东省节水型城市"称号。

(三)城市开发建设步入良性轨道 牢固树立融入大青岛、建设新胶南的城市发展理念,狠抓城市规划落实,被建设部列为全国村镇规划工作试点市。加快推进"东接、北扩、南展"城市发展战略,规划开发市区、灵山卫、琅琊、王台四个重点区域,带动提升了农村城市化水平。水城开发快速推进,开工建设经贸大厦、阳光大厦等99栋高层、小高层建筑,提升了东部新区形象和建设品位。扎实推进生态市建设,完成新造林7.5万亩,全市森林覆盖率达到42.8%,城市绿化覆盖率达到42%。荣获"国家环保模范城市"、"国家园林城市"等荣誉称号,11处镇全部荣获"全国环境优美小城镇"称号。

(四)民营经济和现代服务业繁荣发展 认真落实促进民营经济发展的政策措施,全市完成民营经济税收13.5亿元,同比增长29.4%,占全市税收总额的77.7%。开工建设利群胶南购物中心、盛客隆购物广场等一批高端商贸物流项目,成功举办大珠山杜鹃花会、琅琊旅游文化活动周等节庆活动,全年共接待游客325万人次,实现总收入20亿元。金融业健康运行,各项存款余额达到107.2亿元。全市完成第三产业增加值103亿元,同比增长15.7%;完成社会消费品零售总额80亿元,增长15.3%。

(五)新农村建设实现良好开局 牢固树立建设社会主义新农村就是建设社会主义新胶南的理念,市本级财政拿出5.3亿元用于新农村建设,深入实施了"百村示范、千村整治"工程,探索形成了环境整治、拆旧建新、穿衣戴帽、村居改造、合村并点、农民新村等六种新农村建设模式,极大启动了广大农民建设新农村的主体意识和自觉性。坚持富民优先,决策实施了放活农村信贷、放活发展农村商贸流通、放活发展农民专业合作社"三个放活"政策,进一步启动了民间创业活力。全市发放小额支农贴息贷款1亿元,扶持4000户农民创业;建成各类农家店和农村超市587家,总营业面积13.6万平方米;培育各类农村中介组织72个,达到205个。现代农业稳步发展,建成省级无公害农业基地6万亩,通过国家认证无公害农产品16个;新发展标准化畜牧小区203个、养殖大户2013个;新增深海抗风浪网箱430个,达到1206个。

(六)和谐社会建设取得显著成效 高度关注民生,健全完善覆盖2万名弱势群体的社会救助制度和覆盖10万被征地农民的社会养老保险制度。市慈善总会累计募集善款2950万元,集中用于弱势群体救助。免除义务教育阶段8.3万名学生杂费,率先实现城乡免费义务教育,全市职业教育在校生规模达到6.1万人,高中段入学率达到96.1%。市财政安排5000万元用于农村医疗卫生体制改革,初步建立起城乡一体的新型卫生管理运行模式,农民看病难、看病贵的问题正得到逐步解决。新建老党员之家和7处镇中心敬老院,对建国前孤寡老党员和五保户实行集中供养。设立库区移民专项扶持基金,改善了库区移民村生产生活条件。农村文化事业繁荣发展,建成隐珠农民文化艺术中心,培植形成了张家楼达尼画家村等3个特色文化村。大力加强精神文明建设,突出抓了社会主义荣辱观教育,广泛开展群众性精神文明创建活动,构建起了文明城市创建长效机制。扎实推进依法治市,荣获"全省普法依法治理先进市"称号。深入开展双拥共建活动,连续六届荣获"山东省双拥模范城"称号。大力加强"平安胶南"建设,促进城乡社会持续稳定,荣获"平安山东建设模范市"称号。环保、科普、科技、文化、体育、安监、广播电视、人口和计划生育等各项事业全面发展。

三、创新与经验

2006年,我们坚持以科学发展观统揽全局,紧紧围绕制约发展的体制机制性障碍,大胆探索实践,改革创新突破。通过改革理顺工业企业和第三产业发展体制、招商引资和项目推进机制,进一步丰富了突破县域经济发展框架模式的内涵。企业改革不断深化，明月集团、环球集团、康大集团等工业骨干企业产权重组、对外合资合作实现新突破。坚持以创新的举措谋划推进城市发展，通过启动“四个城市组团”开发建设，极大提高了农村城市化水平；通过改革理顺政府投资工程建管机制，探索成立市建筑工务处，进一步提升了城市建设管理水平。牢固树立建设社会主义新农村就是建设社会主义新胶南的理念，加快推进城乡统筹、一体发展步伐，被《经济日报》确定为新农村建设特色县调研基地。深化干部人事制度改革，公开考选82名市管领导干部和机关工作人员，对部分镇和市直部门领导班子进行了调整。启动实施了新一轮干部教育培训工程，选拔120名优秀中青年干部赴北京、韩国进行学习和培训，赴上海参加为期两年的MBA研究生班。组建胶南人才库，入库人才1.6万名，新引进各类人才800名。创新为民服务载体，推行便民服务“直通车”制度，全省为民服务代理制现场会在胶南召开并推广了这一经验。创新农民教育方式，建设社会主义新农村大学堂，搭建起了新时期农民教育的新平台。创造性地推行了“工学结合、半工半读”职业教育办学模式，每年使7000名左右的农家子弟顺利完成学业，全国职业教育半工半读试点工作会议推广了胶南经验。

附：(一)胶南市委书记、副书记、常委名单

书　记：张大勇

副书记：王君庭　吉兴亮

常　委：张大勇　王君庭　吉兴亮　高田义　佟海燕(女)　刘福斌(赴鄄城挂职)　于东明　封洪海　杨东亮　陈大维　李汉洲　吴　振(挂职)　吴桂贞(挂职)

(二)各镇、街道办事处党(工)委书记名单

青岛临港经济开发区	张大勇(兼)
张家楼镇	李志明
琅琊镇	密德生
藏南镇	刘　昕
泊里镇	陈永奎
大场镇	殷式方
海青镇	刘元玉
理务关镇	逄树林
大村镇	毕吉锋
六汪镇	刘记军
宝山镇	臧明运
王台镇	孙艳明
隐珠街道	王本剑
灵山卫街道	杨　文
铁山街道	徐贞建
滨海街道	阚志刚
珠山街道	潘光进
珠海街道	周佳春
经济开发区	李敬云
琅琊台度假区	林兆德
积米崖港区	王延军

中共莱西市委工作概况

莱西市委书记　张锡君

一、组织概况与党的建设

莱西市委辖61个基层党委、5个工委，下设52个党总支、1547个党支部，共有中共党员44821名。2006年，围绕加强党的执政能力建设和先进性建设，主要抓了六方面工作：

(一)全市党员先进性教育活动圆满完成　在进一步巩固扩大第一、二批先进性教育活动成果的基础上，按照“三批次三阶段”的总体部署，认真扎实地组织开展了第三批先进性教育活动。初步建立了保持党组织和党员先进性的长效机制。整个先进性教育活动总体评价满意率为99.99%，达到了“提高党员素质、加强基层组织、服务人民群众、促进各项工作”的目的。

(二)领导班子和干部队伍建设取得了新成效　按照中央、省委和青岛市委的统一部署，超前谋划，精心组织，周密安排，顺利完成了市、镇两级党委换届。通过换届，推进了领导班子配备改革，进一步优化了领导班子结构，为全市经济社会发展提供了坚强的组织保证。完成了30名经济责任审计对象任中审计。认真贯彻落实干部工作监督员制度、与执纪执法部门联系制度、领导干部收入申报、重大事项报告和谈心谈话制度等制度。

(三)基层组织建设迈入了新阶段　以建设社会主义新农村为目标，积极实施百村示范带动工程，选派工作队对全市首批40个社会主义新农村建设重点村进行重点培育。深入开展了基层党建工作示范点创建活动，有9个基层党组织创建成为青岛市级党建工作示范点。完成了12个村庄新建办公场所。建立了“两新”组织和社区党建工作台账。全年新发展党员991名。

(四)干部教育培训取得了新进展 认真贯彻落实《干部教育培训工作条例(试行)》,积极开展大规模培训干部工作,举办了MPA培训班、计算机中级知识培训班和干部人事制度改革法规文件培训班等9期主体培训班次。举办各类培训班67期,组织开展了全市干部每月集中学习日活动,发放学习光盘2300余张,全年共培训干部4万余人次。建立了干部教育培训信息管理数据库,对4700余名干部的教育培训信息实现了入库动态管理。

(五)农村党员干部现代远程教育和党员电化教育工作实现了新突破 深入开展远程教育"一创双增"和"创先争优"活动,建立健全了远程教育站点设备运行技术保障体系,创建省级规范化站点4个;组织研发了远程教育管理员培训考试系统,在青岛市推广应用,并作为山东省远程教育试点工作成果上报中组部。"集体培训系统在站点管理员培训工作中的应用研究"被列入"山东省2006年远程教育工作创新课题",并在全省推广。制作上报各类课件及党建片22部,其中党建片《庄晓田和他的道德书屋》获全国副省级城市党员电化教育工作年会电视片观摩评比精品奖。

(六)人才队伍建设工作开辟了新局面 组织指导第八批专业技术拔尖人才制定了4年奋斗目标和年度实施计划,组织第七批和第八批专业技术拔尖人才进行了专门培训。深入开展了科技之春、科技扶贫、科技攻关和我为发展献计策等活动,充分发挥了拔尖人才的作用。

二、主要工作与成绩

2006年,全市各级以邓小平理论和"三个代表"重要思想为指导,全面落实科学发展观,大力实施工业集群化、农业产业化、乡村城镇化、经济国际化,协调推进经济建设、政治建设、文化建设、社会建设和党的建设,全市保持了经济发展、社会和谐的良好局面。全市生产总值完成234.19亿元,比上年增长17.5%;三次产业结构比例调整为11.5:47.7:40.8;地方财政收入完成80166万元,增长28.1%;城乡规模以上固定资产投资130.2亿元,增长18.2%;社会消费品零售额71.7亿元,增长16.3%;城镇居民人均可支配收入12868元,增长15.6%;农民人均纯收入6259元,增长12.9%。在国家统计局公布的2005年全国百强县(市)排名中,莱西市由2004年的100位上升到64位。还获得全国村务公开民主管理示范单位、全国民政工作先进市、全国农田水利建设先进市和全省县域经济发展先进单位等称号。

(一)工业化水平再上新台阶 加大三大工业组团和五个特色工业小区基础设施配套力度,新开发"五通一平"面积26平方公里,总面积达到112平方公里,园区承载能力明显提高。全市新批准外资项目115个,完成外商直接投资3.27亿美元,外汇到账首次突破1亿美元大关,达到1.02亿美元,比上年增长29%;完成外贸出口9.05亿美元,增长15.2%。引进投资千万美元以上外资项目8个,引进世界500强企业3家、研发中心1家。引进、续建内资项目900个,实际到位资金60.2亿元,增长31.4%,其中投资5000万元以上内资项目103个。全市工业增加值完成99.7亿元,比上年增长23.7%;规模以上工业增加值完成73.3亿元,增长26.2%;高新技术产业产值达到20亿元,增长44.5%。年内净增规模以上工业企业148户,总数达到548户。

(二)新农村建设开创新局面 实施"百村示范带动工程",完成40个重点村庄建设规划和经济社会发展五年规划。进一步调整优化农业产业结构,壮大六大农业产业链条,全市肉蛋奶总产量突破60万吨,居全省县级市首位。投资3500万元,实施农村自来水化工程,新完成268个村庄通自来水工程和48个含高氟水村庄自来水管网、水源改造工程。投资6012万元,硬化农村公路165.5公里,完成135个村庄的通柏油(水泥)路工程,全市农村公路通达率67%。加快农村新型能源建设步伐,新建户用沼气池2100个,中小型沼气池5座,1万多户农民用上清洁能源。全面落实各项惠农政策,共落实惠农资金56430万元。农村劳动力转移步伐加快,全年转移农村劳动力20486人。

(三)城乡建设展现新面貌 新增城区面积1.5平方公里,总面积达到40平方公里。投资8.3亿元,组织实施39项城乡重点基础设施工程,硬化道路47万平方米,铺设雨污管道12万米,铺装人行道板9万平方米,绿化面积141万平方米,安装路灯1183基。城区绿化覆盖率、污水处理率、生活垃圾处理率分别达到44.2%、91%、100%,城市化水平由47.1%提高到49%。

(四)和谐社会建设取得新成就 不断完善新型农村合作医疗制度,结报比例由20%提高到38.2%,参合农民58.74万人,参合率达到95.9%;实施被征地农民养老保险制度,将2万多名被征地农民纳入保障体系。城市最低生活保障标准由每人每月160元提高到180元,农村最低保障标准由每人每年820元提高到1080元,基本实现应保尽保。加大财政投入,实现教师工资"同工同酬"。将农村义务教育经费纳入市本级财政预算,农村义务教育"两免一补"政策得到全面落实,全市共减免中小学生学杂费1360.5万元。投资1.6亿元建成莱西一中北校,高考本科达线率居青岛市各区市首位。社会稳定的局面进一步巩固,刑事案件发案率下降7.3个百分点,交通事故起数、死亡人数和直接经济损失分别下降21.8%、18.6%和33.1%,没有发生影响大的安全事故和群体性事件,确保了政治、社会、信访、生产"四个安全"。

三、创新与经验

(一)坚持以集群化理念推动工业化,初步构筑起可持续发展的工业经济框架 坚持"工业支撑、园区承载、项目主导、集群发展"的工作思路,着力培育壮大食品加工、纺织服装、橡胶化工、机械制造、电子信息、矿产建材六大产业集群。

(二)坚持以工业化理念推动农业产业化,社会主义新农村建设实现良好开局 坚持以发展生产、致富农民为中心,大力发展现代农业,统筹城乡经济社会发展,全面推进社会主义新农村建设。全市农村实现经济总收入261亿元,比上年增长9.7%。

(三)坚持以城市化理念推动城乡建设,湖滨城市的特色日益凸现 坚持规划为先、生态为本,环保为重,配套为基,管理为要,按照建设现代化、生态型湖滨城市的目标和“三点布局、组团发展;科学规划、分步推进;设施配套、功能齐全;工业支撑、人口聚集;环境优美、标准一流”的建设理念,努力打造人民群众安居乐业、幸福生活的空间载体。

(四)坚持以现代化理念推动服务业发展,构筑起较完善的现代服务业体系 把服务业放在更加突出的位置,重点抓了现代物流业、金融保险服务业、商务服务业、乡村旅游业、信息服务业、教育卫生文化服务业、房地产业、商贸流通服务业、社区服务业、特色餐饮业等十个方面。全市服务业增加值完成95.69亿元,比上年增长16.1%,占GDP的比重达到40.9%,比上年提高4.7个百分点。

(五)坚持以和谐理念推动社会发展,和谐社会建设扎实推进 全面落实构建和谐社会28字要求,深入推进“平安莱西”建设,构建文明城市建设长效机制,优化社会发展环境,加快推进社会事业发展。深入开展了村民民主日、村务政务财务公开等活动,基层民主法制建设卓有成效;开展了“基层基础建设年”活动和以“八荣八耻”为主要内容的社会主义荣辱观教育,强化政务诚信、社会诚信建设,推动全社会形成知荣辱、树新风、促和谐的文明风尚。

附:(一)莱西市委书记、副书记、常委名单

书　记:张锡君

副书记:王久军　孙利国　张中东(援藏)

常　委:张锡君　王久军　孙利国　张中东(援藏)　于永才　李兴伟　张　锐　衣立渊　姜水清　赵　燕　王宝善　毕玉广

(二)各镇、街道、经济开发区党(工)委书记名单

水集街道	张　锐
望城街道	刘术林
沽河街道	李　伟
梅花山街	赵先强
李权庄镇	张维振
姜山镇	张言伟
夏格庄镇	张瑞忠
孙受镇	曹杰军
店埠镇	唐惟庆
南墅镇	陈忠学
院上镇	李　波
日庄镇	张　笑
武备镇	张显杰
马连庄镇	张升山
河头店镇	王崇斌
经济开发区	郇国裔

淄 博 市

中共张店区委工作概况

张店区委书记 许建国

一、组织概况与党的建设

2006年，张店区委共有56个基层党委、88个基层党总支和799个基层党支部。其中，区属党委32个，党总支2个，党支部3个。党员23074名，其中农村党员7996名，占34.65%。区委认真贯彻“三个代表”重要思想和党的十六大、十六届四中、五中、六中全会精神，深入开展先进性教育活动，长效机制逐步完善，各级党组织凝聚力、战斗力和创造力明显增强，人民群众满意率达99.8%。狠抓各级领导班子和干部队伍建设，大规模培训干部，共举办科级干部轮训班5期，村居书记主任培训班2期。圆满完成镇党委换届，班子结构进一步优化，干部队伍素质不断提高。深入实施强基工程和社区管理工程，深化“三级联创”活动，狠抓街道、社区、企事业单位和新型经济社会组织党建工作，基层党组织建设取得新成效。选派了114个新农村建设工作组，实施“一村一居一名大学生”计划，非公有制经济党组织发展到174个，党员2430人，党的工作覆盖面不断扩大。严格按照程序要求，扎实做好党员发展和党员教育管理工作，新发展党员480名。认真落实党风廉政建设责任制，积极构建惩防腐败体系，坚持党风廉政教育、工作巡视、廉政承诺等制度，举办党风廉政教育报告会，严肃查处各类违法违纪案件，纠正部门和行业不正之风，集中解决了一批群众关心的热点、难点问题，树立了为民、务实、清廉的良好形象。

二、主要工作与成绩

2006年，张店区坚持以科学发展观统领全局，认真贯彻落实国家宏观调控政策，解放思想，开拓创新，真抓实干，各项工作都取得新成绩，经济社会健康快速协调发展，顺利实现了“十一五”良好开局。

(一)加快发展、科学发展，综合实力不断增强 地区GDP完成370.82亿元，增长16.1%；地方财政收入完成10.24亿元，增长27.9%；规模以上固定资产投资完成105.7亿元，增长14.1%；全社会消费品零售总额完成136.32亿元，增长18.4%；规模以上企业实现销售收入359.74亿元、利税44.2亿元、利润24.08亿元，分别增长29.5%、34.9%、35.9%；全区建设500万元以上生产性项目203个，116个项目竣工，完成投资78.59亿元，主要经济指标全面快速增长。坚持“三二一”产业发展方针，服务业优势地位更加突出，鲁中商都建设亮点频显。过3000万元服务业项目64个，完成投资48.33亿元，中国陶瓷科技城、鲁中五金机电城、开元文化大世界、金五福、风景华庭等一批重点项目竣工开业，现代物流、专业市场、文化产业、休闲娱乐等新兴行业竞相发展，第三产业增加值完成155.76亿元，增长18.9%。科技工业发展壮大，重点产业和骨干企业加快成长，建成省级工程技术研究中心4家，新增中国驰名商标1个，中国名牌2个，山东著名商标、山东名牌14个，省级高新技术企业12家，科汇电气、泰光电力、万丰煤气等高新企业加快成长。新农村建设扎实推进，“路水电气医学”等设施加快建设，旧村改造、环境整治、农民健康等工程进展顺利，率先实现村村通自来水、农村集体财务“双代管”和农村生活垃圾区域化集中处理，全面完成村级卫生组织规范化建设，部分镇村道路建设和农业综合开发工程顺利完工，农村义务教育阶段学杂费全部免除，培训农村劳动力1万余人，转移率达82%。

(二)完善功能、优化环境，城市形象日益改善 加强城市基础设施建设，东二路北延和东四路引道改造、西二路铁路立交桥改造、杏园东路取直改造、西二路、杏园西路改造以及15条支路畅通工程全面完成，西八路、西九路和昌国路立交桥建设、省道102张店段改建顺利推进，洪沟片区排水和东部化工区、南定片区以及涝淄河污水管线工程顺利竣工。狠抓生态环境建设，完成造林4235亩，新建和充实绿地205.5万平方米，建成区绿化覆盖率达38.9%。深入推进碧水蓝天行动计划，实施了猪龙河、涝淄河、玉龙河环保综合整治，完成孝妇河综合治理三期、漫泗河生态示范工程，猪龙河等主要流域水污染整治取得明显成效，各项指标达到省、市要求。大力发展循环经济，推广清洁生产，一批企业被命名为省市级循环经济示范企业。万元GDP综合能耗和规模以上工业万元增加值综合能耗分别下降4.8%和5%,COD、SO_2等主要污染物排放控制在目标要求以内。城市管理进一步深化,管理重心继续下移,长效机制逐步形成,市容环境综合整治深入实施,城乡面貌有了新的改观。

(三)以人为本、协调发展,和谐建设扎实推进 高度重视民生改善,加强就业再就业工作,完善社会保障体系,切实维护群众利益。城镇居民人均可支配收入达14504元、农民人均纯收入达7003元,分别增长9.6%和15.2%;新增就业再就业1.89万人,城镇登记失业率为2.6%;2.66万人参加了失地农民养老保险,新型农村合作医疗保险参合率达90.76%;实施农村低保制度,提高城市低保标准,累计发放低保保障金798.6万元,失业保险金1580万元,生活救助金115.6万元。文明创建持续深化,社会事业繁荣发展,区文化艺术中心建成启用,成功举办市暨张店区第二届邻居节、区第二届文化艺术节和张店地区第二届运动会,13个项目列入全省文化产业项目库,3个项目在首届文博会上签约,被表彰为全省和谐社区建设示范区、省级社区卫生服务示范区。平安创建不断深化,刑事案件、治安案件、群体性事件、安全事故都有明显下降,人民群众对社会稳定满意率达96%以上,警务沉浮战略、"网格化"巡逻防控、军地携手推进平安建设等工作走在了省、市前列,被表彰为全省平安山东建设模范区、全省"四五"普法、"三五"依法治理先进区。

三、创新与经验

2006年,张店区委坚持解放思想,开拓创新,认真贯彻执行党的路线方针政策和中央、省、市委决策部署,在吃透上情、摸准区情、借鉴外情的基础上,努力做好上级精神与张店实际相结合的文章,抓大事、议大事,抓重点、求突破,深入调查研究,借鉴先进经验,明确提出了深入实施"三产强区、环境立区、发展科技工业、推进城市化"四大战略,突出抓好"村企行动、园区带动、融合发展、生态城市、和谐张店"五大重点,加快推进"骨干培植、新区建设、道路畅通、旧村改造、社区管理、创业培训"六大工程,大力开展"招商引资年"活动的总体工作思路,在全区上下得到了共识,取得了明显实效。坚持把招商引资作为加快发展的"一号工程",深入开展"招商引资年"活动,创新理念、思路和举措,成功承办陶博会、世界陶瓷采购大会等大型经贸活动,在建外来投资项目268个,到位区外资金72.5亿元;实际利用外商直接投资3950万美元,增长20%;完成外贸出口2.22亿美元,增长30.8%。园区建设全面推进,张店经济开发区成为省级经济开发区,基础设施不断完善,集聚功能进一步增强。民营经济加速膨胀,新增企业1200余家,民营经济增加值增长65.17%。板块经济加速崛起,深入实施村企行动和"百亿镇、亿元企业、千万元村"培育工程,7个镇全部进入全市强乡镇30强,2个镇进入全国千强镇行列,傅家镇被命名为"山东省搪玻璃化工设备制造业基地",潘庄社区被评为"中国十佳小康村"、全国商业示范社区,城东村被评为"山东十大名村",良乡社区被评为全国文化先进社区。融合发展深入推进,充分发挥驻地企业多的比较优势,加强联合合作,促进优势互补,四通镍业、山铝煤灰砖、C5裂解二期等一批合作项目竣工投产。大力优化发展环境,加强行政效能建设,推行工作质量标准化管理,深入开展"宁静生产日"、"为企业服务月"等活动,发展环境不断优化。坚持真抓实干,狠抓工作落实。按照重激励、严考核、勤督导、硬约束要求,加快决策目标、执行责任、考核监督三个体系建设,制定出台了一系列意见措施,全面推行一名区级领导主抓、一套班子配合、一支队伍攻关、一条龙推进"四个一"工作推进机制,实行领导干部挂包责任制、月通报季考核和"一票否决"、末位淘汰制度,尤其是对招商引资、园区经济、项目建设等重点工作,定期召开调度会、现场会,形成了一整套抓落实的运行机制,有力地推动了各项工作落实。

附:(一)张店区委书记、副书记、常委名单

书　记:黄希俭(2006年12月离职)
　　　　许建国(2006年12月任职)

副书记:王　咏　刘丙伦

常　委:许建国　王　咏　刘丙伦　邵克武
　　　　孔令亮　陈德诚　傅曙光　王立军
　　　　杜振波　陈长鹏　汪德法

(二)各镇、街道党(工)委书记名单

南定镇	邹　洪
傅家镇	贾传祥
马尚镇	徐俊杰
房镇镇	张兴国
中埠镇	王晓平
湖田镇	滕春生
沣水镇	李林顺
车站街道	张晓林
和平街道	黄传营
公园街道	郑亚飞
科苑街道	李　光
体育场街道	夏伟光
杏园街道	王天伟

中共淄川区委工作概况

淄川区委书记　阎西国

一、组织概况与党的建设

淄川区现有基层党(工)委86个,其中直属党委34个,派出工委5个,党组23个,党总支133个,党支部1320个。党员31147名,其中2006年发展党员689名。

2006年,淄川区委认真贯彻中央和省、市委关于加强党的建设的一系列重要指示精神,全面加强党的建设,各级党组织的凝聚力、战斗力和创造力显著增强。在巩固和扩大第一、二批党员先进性教育活动成果的基础上,突出抓了农村先进性教育活动,创新活动形式,丰富活动内容,建立长效机制,取得了阶段性成果。大力加强各级班子和干部队伍建设,圆满完成了乡镇党委换届,17个乡镇共选举产生党委班子成员121名,党委副书记减少26名,女干部和30岁以下年轻干部比例均达到14%,比换届前分别提高了5个和10个百分点。大力加强基层组织建设,深入开展"三级联创"和"强基工程",加快后进村转化步伐,提高了村级工作规范化水平。全面落实党风廉政建设责任制,积极构建教育、制度、监督并重的惩治和预防腐败体系,促进了反腐倡廉工作的深入开展。

二、主要工作与成绩

2006年,淄川区委牢固树立和落实科学发展观,较好地完成了各项目标任务。全区实现地区生产总值219.6亿元,同比增长16.1%;完成地方财政收入7.27亿元,增长25.2%;社会消费品零售总额79.13亿元,增长15.6%;全社会固定资产投资83亿元,增长15.8%;城镇居民人均可支配收入和农民人均纯收入达到12391元和5951元,分别增长17.7%和11.6%,先后荣获全国"平安家庭"创建活动优秀示范区、全国青年中心建设先进区,全省安全生产先进单位、促进就业先进单位、工会工作先进区县等荣誉称号。

(一)强力推进结构调整,工业经济提质增量　牢固树立新的资源观,加快推进结构调整,促进工业提质增量。一是做大优势产业。陶瓷、纺织服装、医药化工和机械制造四大主导产业占全区工业经济的比重达到62.54%,高新技术产值占比达到24.1%,同比提高1.47个百分点。二是狠抓项目建设。投资过千万元的工业项目完成固定资产投资54.91亿元,144个项目竣工或投产。与淄矿集团的联合协作实现共赢,晟地机械、先河机电等企业健康成长。三是壮大骨干企业。全区主营业务收入过亿元的企业达到108家,规模以上工业企业发展到490家,主营业务收入、利税、利润分别增长44.9%、35.2%、33.2%。引导企业实施自主创新和品牌带动战略,新认定省级工程技术研究中心2家,省级企业技术中心1家;新增国家级名牌产品2个,国家免检产品15个,山东名牌和著名商标13个。四是加强节能降耗和环保治理。全面落实节能目标责任制,全区万元GDP能耗下降5.06%,万元工业增加值能耗下降8.26%。深入实施"碧水蓝天"行动计划,依法关停取缔污染企业326家、燃煤锅炉42台。年处理含酚废水20万吨的含酚废水处理厂建成投入使用。

(二)重视强化"三农"工作,新农村建设开局良好　确立了以科学发展观为统揽,以六原则为指导,以构建"十网"为载体,以实现"十新"为目标的新农村建设总体思路,特别是对"十网"建设,逐一确定了牵头部门和责任单位,确保了新农村建设扎实推进。大力发展农村经济,粮食生产稳步发展,经济林、黄烟、中药材、食用菌、畜牧业规模不断壮大,农业产业结构进一步优化。新增市级农业龙头企业5家,农村经济合作组织19家。积极推行农业标准化生产,认证标准化生产基地5万亩,有机食品13个,绿色食品4个,无公害农产品6个,数量居全市首位。村村通自来水、万户沼气工程等重点工程全面铺开,峨庄、东坪农业综合开发项目被评为山东省"精品工程"和"样板工程"。实施阳光工程和新型农民科技培训工程,培训转移各类农村劳动力1万人。

(三)创响鲁中商城、聊斋名城,服务业全面繁荣发展编制完成全区商业网点发展规划,制定出台了加快商贸流通业发展的意见,为商贸发展注入了新动力。着力打造服装城、建材城两大商业圈,两大龙头市场年总交易额突破180亿元,双双跨入全省十强市场。加快新建市场兴市旺市,通乾服装广场、上海商城、财富陶瓷城、五金机电城等新建市场入驻率明显提高。现代物流和连锁经营等新型业态发展迅速,新星集团荣获山东服务名牌,连锁店达到133家,我区被列为全国"万村千乡市场工程"试点区县。大力发展旅游业,全年共接待游客175万人次,实现旅游总收入8.2亿元。

(四)加快推进城市化进程,城市面貌变化明显　完成了城市总体规划修编,建成区面积扩大到23.6平方公里。编制完成了新区中心区修建性详规,新区框架基本拉开。突出抓好城建重点工程建设,17项重点工程累计完成投资11.2亿元,柳泉广场投入使用,孝妇河综合治理城区段清污分流一期工程基本完工。以迎接卫生城复审为契机,深入开展环境综合整治,市容环境明显改观。加快城乡基础设施建设,升级改造松龄西路、商城西街等城区街道,完成了张博路淄川段以及59条120公里乡村道路的改造工程。加快生态淄川建设,全区绿化覆盖率达到38.53%。

(五)加大招商引资力度,对外开放不断扩大　坚持把招商引资作为"一号工程"紧紧抓在手上,重点加强了项目库建设,分产业完成了100余个项目的制作和包装。2006年,先后组织开展了赴港台、中日韩经贸洽谈会、温州全国工业园区招商会等一系列大型招商活动,引进各类外来投资项目153个,实际到位外来资金35.5亿元。完成外贸出口总值7.04亿美元,增长24.2%;出口创汇3.74亿美元,增长16.5%。

(六)各项事业全面进步,社会保持和谐稳定 统筹各类教育发展,全面完成了农村中小学布局调整,城乡教育资源进一步优化。大力开展全民健身运动,荣获全省"全民健身活动月"先进单位和"振兴淄博体育突出贡献奖"。深度发掘具有地域特色的历史文化遗产,《聊斋俚曲》和《孟姜女传说》被列入第一批国家级非物质文化遗产名录,寨里窑址和蒲松龄故居被公布为第六批全国重点文物保护单位。新型农村合作医疗制度稳步推进,覆盖率达到60%。千方百计扩大就业再就业,年内新增就业1.5万人,城镇登记失业率控制在3.5%以内。认真做好社会保障和社会救助工作,社会救助体系更加健全。积极开展群众性文明创建活动,精神文明建设取得新进展。扎实推进"平安淄川"建设,全区信访总量同比下降28.9%,集体访下降54.3%。严格落实安全生产责任制,杜绝了重大安全生产事故的发生。

三、创新与经验

(一)坚持以解放思想为先导,掀起新一轮干事创业的热潮 区委始终把解放思想作为干事创业的先导,深入开展了解放思想大讨论,采取组织赴苏浙五市区参观学习,内部巡视检查乡镇,聘请苏浙先进地区领导同志作经验报告等措施,引导各级对比先进找差距,破除自满、松劲、畏难情绪,盯牢目标,比学赶超,掀起了新一轮解放思想、干事创业、加快发展的热潮。

(二)坚持以科学发展观为统领,推动经济社会又好又快发展 区委牢固树立和认真落实科学发展观,按照全面、协调、可持续发展和"五个统筹"的要求,先后对新农村建设、平安建设、工业和科技、镇域经济发展、商贸流通业发展、和谐社会建设等一系列事关全局的重点工作,进行了研究部署。特别是全面积极地落实中央宏观调控政策,正确分析形势,保持清醒头脑,把全区上下的思想统一到了科学发展、又好又快发展上来。视宏观调控为机遇,着力突破用地、资金、市场准入等瓶颈制约,经济运行质量和效益有了新的提高。

(三)坚持以人为本,扎实推进社会主义和谐社会建设 区委牢牢把握推进和谐社会这个根本,时刻把群众的意愿和要求放在第一位,高度关注民生,努力让广大群众共享发展成果。结合部署新农村建设、构建和谐社会等工作,排出了一批为民办的实事好事,着重解决群众在居住、出行、教育、医疗等方面反映比较突出的实际问题。严肃查处各种与民争利的行为,切实维护群众利益。关心困难群众的生产生活,广泛开展各类扶老、助残、救孤、济困活动,人民群众的生活质量明显改善。

(四)坚持健全完善制度机制,为发展提供坚实保障 突出抓好"三个体系"建设,用好的制度、机制来保障发展、推进发展。树立正确的工作导向,科学合理地分解细化目标任务,落实目标责任制,提高了抓落实的实效。树立正确的考核导向,健全严密有效的考核监督体系,突出对镇域经济发展、重点项目建设、招商引资、"三农"工作、和谐社会等重点工作的考核,激发了各级各个方面的积极性和创造性。树立正确的用人导向,认真贯彻执行《干部选拔任用条例》,以发展论英雄,凭实绩用干部,推动了各项工作的顺利开展。

附:(一)淄川区委书记、副书记、常委名单

书　记:王树槐(2006年12月离职)
阎西国(2006年12月任职)

副书记:刘东军　孙来斌

常　委:阎西国　刘东军　孙来斌　祁连山
陈涟远　阎炳义　胡志峰　马长水
张学锋　冯丽萍　白平和

(二)各乡、镇、街道、开发区党(工)委书记名单

洪山镇	孙月东
昆仑镇	孔祥生
城南镇	司志荣
罗村镇	王永亮
寨里镇	李　宁
双杨镇	宗学兆
龙泉镇	张勉君
东坪镇	杨宏伟
岭子镇	郭守恒
磁村镇	王国书
西河镇	郝光茂
黑旺镇	孙琦昌
商家镇	李　晶
淄河镇	何　勇
张庄乡	张乐川
太河乡	孙传国
峨庄乡	赵程遥
般阳路街道	张宗盛
商城路街道	沈　强
松龄路街道	孙兆兴
经济开发区	张兆兴(副书记,主持工作)

中共博山区委工作概况

博山区委书记　王树槐

一、组织概况与党的建设

博山区现有66个基层党委，其中镇党委11个，街道党委2个，开发区党委1个，区直部门党委19个，区直属企业党委21个；基层党支部1180个，党总支112个，全区共有党员29087人。2006年，博山区委以"三个代表"重要思想和党的十六大、十六大以来历次全会精神为指导，大力加强党的先进性建设，努力提高执政能力和领导水平，为推动各项工作落实提供了坚强的组织保证。

(一)领导班子建设进一步加强　按照上级要求，圆满完成了镇级党委领导班子换届工作，一批思想解放、实绩突出的优秀干部走上领导岗位，班子结构得到优化。大力加强换届后领导班子和干部队伍建设，强化理论学习，执政能力和领导水平明显提高。认真贯彻执行民主集中制，坚持重大事项集体决定，确保了决策程序的规范化。坚持更加务实的工作作风，健全各项工作责任制，区委主要领导带头落实，率先垂范，对分管工作、挂包的重点工程、重点项目，认真负责，千方百计协调解决有关问题，促进了各项工作的落实。

(二)基层党组织建设更加巩固　扎实有效地开展第三批先进性教育活动，农村基层党组织建设明显加强。建立健全保持党员先进性的长效机制，深入开展"十个一"等活动，巩固扩大了先进性教育活动成果。圆满完成群众满意度测评工作，累计落实整改措施2929项，解决群众生产生活难题9000余件。深入实施"强基工程"，农村、企事业、机关和非公有制经济组织、新型经济组织党建工作不断加强。

(三)党风廉政建设深入推进　严格执行党风廉政建设各项规定，认真落实党风廉政建设责任制，区委班子成员充分发挥表率作用，严格要求自己，带头抓好责任部门和单位，推动了党风廉政建设的开展。大力倡导"八个方面"良好风气，认真查处违法违纪案件，密切了党群干群关系。坚持预防为主，注重源头治理，深入开展廉政文化教育活动，充分发挥"博山廉政"网站等平台作用，加强警示教育，党员干部以实际行动维护好了党的形象。

二、主要工作与成绩

2006年，全区实现地区生产总值168.2亿元，增长14.6%；实现地方财政收入5.13亿元，增长22%；全社会固定资产投资完成60.3亿元，增长4.45%；社会消费品零售总额达到54.1亿元，增长14.7%；城镇居民人均可支配收入和农民人均纯收入分别增长13%和11.47%。

(一)工业经济持续增长　以实施工业"三〇"工程为突破口，坚持抓龙头、上项目、创品牌，工业经济实现了速度与效益的同步提高。全区规模以上工业企业销售收入、利润、利税分别增长14.2%、24.8%和26%，实现外贸出口2.62亿美元，增长25.6%。一是坚持抓龙头，培植区域发展的强力支撑。突出扶优扶强，全力支持10大龙头企业和30家重点企业发展，全区新增规模以上企业35家，年销售收入过亿元的企业达到17家，其中过10亿元的2家，骨干企业的支撑带动作用更加突出。二是坚持抓项目，增强工业发展的后劲。23个科技含量高、关联度强的工业重点工程开工建设，其中旭硝子AZS新型电熔砖、纳西姆大型水环式真空泵等10个项目竣工投产，为经济发展注入了新的活力。全面启动机械电子工业园和陶琉新材料工业园建设，完成了首期主干道路及水电等配套设施建设，为新上项目搭建了良好的平台。三是坚持抓名牌，提高知名度和竞争力。积极争创并先后荣获"中国泵业名城"、"中国琉璃之乡"等称号，成功承办了中国泵业发展论坛，全区中国名牌和驰名商标达到5个，国家免检产品达到9个，省级以上著名商标、名牌产品达到38个，城市知名度和综合竞争力明显提升。

(二)服务业发展步伐加快　大力实施旅游带动战略。以开展"文化旅游年"活动为契机，加快旅游资源开发整合，原山、鲁山景区一批旅游重点项目建成投入使用，莲花山森林公园、池上生态旅游开发项目全面开工建设，旅游业规模和档次有了新提高，全年接待游客、旅游综合收入分别增长21%和39%。加快商贸流通业发展。建成了福门购物广场、盛世购物广场、白虎山商业街，营业面积达到18.6万平方米。陶琉商贸城全面开工建设，银座、新一佳、淄博商厦等知名流通企业相继进驻，服务业步入快速发展的轨道。积极弘扬博山饮食文化。聚乐村、清梅居、石蛤蟆被商务部认定为首批"中华老字号"，博山获得"中国鲁菜名城"称号。全区服务业增加值达到56.1亿元，增长20.8%，

(三)城市面貌显著改善　突出抓好城市基础设施建设和城市园林绿化。高速路口立交桥、仲临路源泉至池上段、北山路相继竣工通车；完成了琉璃园一期工程建设，张博路二期绿化工程进入收尾阶段，博山公园二期、迎宾广场、张博附线、高速路口立交等绿化工程进展顺利，全区新增城市绿化面积30万平方米，人均公共绿地面积11.16平方米。实施天然气入户、城区供热扩容等工程，年内实现天然气入户3000户，新增供热能力54万平方米。以迎接国家卫生城市复审为契机，集中加强城市管理。对人民路等重点路

段、重点区域市容市貌进行了综合整治,完成背街小巷改造3万平方米,城市脏、乱、差明显改善。深入实施碧水蓝天行动计划,大力加强环境保护。对博山水泥厂实施了关停,解决了多年来困扰城区居民生活的大气污染问题;集中开展高耗能、高污染直接燃煤工业炉窑整治取缔工作,对61家企业依法关停,城区"冒黑烟"问题得到较好解决,生态环境质量明显改善。

(四)新农村建设扎实推进 按照示范带动、重点突破、分类指导、全面推进的原则,积极稳妥地推进社会主义新农村建设。农村经济稳步发展,农业结构进一步优化,种植业结构调整完成9060亩,经济作物种植面积达到10万亩以上,粮经比例达到4:6,农业总产值达到9.04亿元,增长8.1%。坚持规划先行,以实施"1150"工程为主线,加快小城镇规划建设,重点抓好各镇、镇政府驻地村以及沿城市主要干线两侧村庄的规划编制,对46个村实施旧村改造,开工建设面积35万平方米。实施了交通部通达工程、村村通自来水等工程,完成农村公路27个项目57.9公里建设,完成34个村的吃水工程,完成小流域治理面积14平方公里。积极推广"一池三改",全区建成农村沼气池近300个,部分镇村"三大堆"问题得到初步解决,农村生产生活环境明显改善。

(五)社会保持和谐稳定 深入开展"农村教育建设年"活动,投资7850万元,完成5个镇的教育资源整合,教育资源进一步优化。积极做好新型农村合作医疗省级试点工作,全区农民参合率达到90%以上,镇、开发区卫生院管理体制得到进一步理顺。人口保持稳定低速增长,人口自然增长率控制在3.5‰以内,国家级计划生育优质服务先进区争创工作通过省级验收。文化事业和文化产业繁荣发展,开工建设焦裕禄纪念馆、陶瓷艺术博物馆、琉璃博物馆、孝园蜡像馆,颜文姜祠被公布为全国第六批国家级重点文物保护单位。积极推进"平安博山"建设,大力加强社会治安综合治理,不断强化信访工作,一刻也不放松地抓好安全生产工作,被省委、省政府表彰为平安山东建设模范区。

三、创新与经验

(一)坚持发挥优势、突出特色,创造性的走符合博山实际的发展之路 坚持把上级指示精神和博山实际相结合,不断解放思想,更新观念,制定实施了一系列符合博山特点的发展思路、发展目标和工作措施。发挥工业基础优势,坚持把做大做强机电泵业作为振兴老工业基地的重中之重,打造名副其实的中国泵业名城;发挥文化旅游优势,坚持把发展旅游业作为促进服务业发展的龙头来抓,全力提升服务业的整体发展水平;发挥生态优势,坚持保护生态就是加快发展,全面推进生态博山建设。

(二)坚持抓重点带全局、抓难点求突破,推动全局工作的开展 紧紧围绕经济社会发展,既总揽全局、科学谋篇,又突出重点、强势推进。研究确定了年度重点工程、重点工作,实行集中调度制度,对遇到的困难和问题,及时研究采取措施,区委、区大班子成员分工负责,靠上抓落实,积极协调解决有关问题,保证了重点工程、重点工作的进展,带动和促进了全区面上工作的开展。

(三)坚持以人为本、执政为民,以改善民生促进区域和谐 始终把群众利益作为一切工作的出发点和落脚点,着力解决群众关注的基本生活、养老、医疗、住房以及下岗职工再就业、弱势群体就医上学等难点、热点问题,真心实意为群众办实事、办好事、解难题。努力营造安定有序的社会环境,创造性实施"一村一警"新型警务模式,大力加强信访工作和安全生产,积极化解不和谐不稳定因素,改善了群众生活质量,凝聚了发展合力,促进了社会和谐。

附:(一)博山区委书记、副书记、常委名单

书　记:阎西国(2006年12月离职)
王树槐(2006年12月任职)

副书记:李树民　刘荣喜

常　委:王树槐　李树民　刘荣喜　徐　磊　穆若英(女)　周茂松　韩克新　申维龙　周玉奇　周庆德　王龙辉

(二)各镇、街道、开发区党委书记名单

开发区	韩祥才
池上镇	赵　琦
源泉镇	包希安
峪山镇	赵新年
南博山镇	尹玉刚
北博山镇	司志荣
石马镇	张荣武
八陡镇	徐继明
山头镇	孙永军
夏家庄镇	焦玉星
白塔镇	王　博
域城镇	芦韶祥
城东街道办事处	夏艳华(女)
城西街道办事处	李玉君

中共周村区委工作概况

周村区委书记 王树武

一、党组织概况与党的建设

2006年底，周村区共有基层党委53个，其中镇、街道党委9个，企业党委17个，村党委1个，其他基层党委26个；党总支部46个，其中企业党总支6个，村党总支12个，其他党总支28个；党支部924个，其中企业党支部290个，村党支部217个，其他党支部417个。党员18711人，其中正式党员18344人，预备党员367人；汉族党员18659人，少数民族党员52人；农民党员5456人。2006年发展党员340人。

(一)深入扎实开展先进性教育活动 按照"关键是取得实效"、"确保成为群众满意工程"的要求，在巩固和深化第一、二批教育活动成果的基础上，重点抓了在农村开展的第三批先进性教育活动，突出解决了村级管理不规范、软弱涣散班子和后进村转化等问题，初步建立起了保持先进性的长效机制。

(二)大力加强领导班子和干部队伍建设 坚持把加强思想政治建设放在首位，讲政治、讲大局、讲纪律，坚决贯彻中央和省、市委一系列决策部署，在思想上、政治上、行动上自觉同党中央保持高度一致。严格执行《干部任用条例》，牢牢把握正确的用人导向，坚持以发展配班子，凭实绩用干部。大力加强党员干部教育培训，突出抓了对邓小平理论、"三个代表"重要思想、党章、《江泽民文选》以及科学发展观、构建和谐社会等党的一系列重要思想和理论的学习教育培训，坚持用马克思主义的最新理论成果武装头脑、指导实践、推动工作，被评为全省党员教育先进区。

(三)狠抓基层党组织建设 深入开展农村党的建设"三级联创"工作，加强村级组织活动场所建设，先后投资480多万元，新建村级办公活动场所46处，建设面积6000多平方米，全省村级组织活动场所建设工作现场会在周村召开。按照上级部署要求，圆满完成了镇党委换届。加强农村党员现代远程教育工作，农村远程教育实现全覆盖，上网率达80%以上。坚持实施镇办党委书记工作"三个一"制度，帮助基层办实事解难题，不断提高基层干部发展经济、维护稳定的能力和水平，基层党组织的凝聚力和战斗力明显增强。

(四)毫不放松地抓好党风廉政建设 严格落实党风廉政建设责任制，认真践行廉政公开承诺，坚决把党风廉政建设各项任务落到实处。狠抓制度建设、作风建设，加大民主评议行风制度建设，严肃查处违纪违规问题，始终保持为民、务实、清廉的良好形象。

二、主要工作与成绩

2006年，周村区牢固树立和认真落实科学发展观，大力实施"工业强区、商贸兴区、环境立区"战略，全区呈现出经济加快发展、人民安居乐业、社会和谐稳定的良好局面。全年完成生产总值141.67亿元，比上年增长16.2%；地方财政收入5.01亿元，增长31.01%；三次产业比例调整为3.2:55.5:41.3；全社会固定资产投资完成68.83亿元，增长11.28%；社会消费品零售总额47.39亿元，增长15.09%；城镇居民人均可支配收入和农民人均纯收入分别达到12418元、6265元，增长18.1%、12.7%；规模以上工业万元增加值能耗1.48吨标煤，下降6.9%，万元增加值耗水16.1吨，下降4.93%。被省委、省政府表彰为全省县域经济发展先进单位。

(一)经济结构调整迈出新步伐 立足周村老工业基地和百年商埠实际，加快产业结构调整，努力转变经济增长方式。一是突出发展壮大工业经济。狠抓工业重点项目建设，总投资17.2亿元的23个工业重点项目全部开工建设，累计完成投入10.3亿元。深入实施"三强带动"和品牌战略，鼓励支持优势骨干企业做大做强，8家企业被列入全市"百强企业"，全区中国名牌和中国驰名商标达到6个，山东名牌和山东著名商标37个，规模以上工业企业发展到348家。二是加快发展服务业和文化旅游业。开工建设了总投资28.65亿元的18个商贸流通重点项目，309国道物流产业区初具规模，营业面积超过50万平方米，年交易额突破60亿元。高度重视以周村古商城为龙头的文化旅游业发展。成功举办了第三届中国(周村)旱码头旅游文化节和首届国际牛仔服装节。积极策划运作，由中央电视台、山东电影电视剧制作中心投资，拍摄完成了反映周村近代工商业发展史的电视剧《旱码头》。周村古商城被评为国家3A级景区和山东省"最具发展潜力景区"。三是狠抓招商引资工作。全年共引进外来投资项目272个，实际到位资金41.22亿元，增长15.1%，其中实际利用外资完成2349万美元。外贸出口完成2.96亿美元，比上年增长13.1%。四是做大做强镇域经济。举全区之力加快经济开发区发展，开发区主要经济指标增长40%以上，综合评价列省级开发区第25位。全区4个镇财政收入全部超过2000万元。

(二)社会主义新农村建设开局良好 坚持城乡统筹、分类指导，政府推动、政策引导，全面推进社会主义新农村建设。大力发展现代农业、生态农业、特色农业。"三山一河"生态农业示范区被列入省级财政支农资金整合试点，开工建设了万亩农业综合开发、萌山湖荷花生态园等32个农业重点项目。认真落实各项支农惠农政策，积极拓宽农民增收渠道，培训农村富余劳动力2000人。加强农村基础设施建设。区财政安排1300万元资金为群众办了吃水、道路硬化、通客车等好事实事,建设改造乡村道路40余公里,新建农村文化活动场所62个,村卫生室42处。深入开展农村环境综合整治。启动实施了“十村示范、百村整治”工程,建设改造垃圾收集点2000多个,初步建立起了农村垃圾收集、清运、处理的长效机制。

(三)城市规划建设管理工作成效显著 加强城市基础设施建设,全年共开工建设城建重点工程20项,总投资近10亿元,城市功能进一步完善,承载力和辐射力明显增强。全面启动生态区建设,认真落实碧水蓝天行动计划,开工建设了王村污水处理厂、涿河综合整治工程,全面完成孝妇河综合治理二期工程,对正阳路、张博路附线、309国道等城市主干道实施绿化美化,全年新增绿地面积27万平方米,被评为国家园林城市和国家卫生城市。

(四)人民生活水平进一步提高 加快发展社会事业。坚持打破城乡、镇域界限,整合优化教育资源配置,累计投资9000多万元,新建改扩建学校23处,撤并中小学17处,率先在全市完成农村中小学布局调整。高考文理科上线万人比连续八年居全市第一。淄博职业学院、淄博科技职业学院建成投入使用,山东丝绸纺织职业学院挂牌成立。进一步健全完善社会保障和救助体系。大力加强就业再就业、养老、医疗等工作,新型农村合作医疗参合率达到92.3%,全年新增就业1.07万人,累计发放低保金、五保供养金1437.7万元。高度重视群众食品安全和农村药品“两网”建设,确保人民群众生命健康安全。

(五)和谐社会建设扎实推进 坚持以精神文明建设促进和谐,以民主法制建设巩固和谐,以平安建设保障和谐,为全区经济社会发展创造良好环境。围绕建设文明周村,深入开展“八荣八耻”社会主义荣辱观教育、“争做文明周村人”等活动,地区文明程度和公民文明素质有了新的提高。坚持党委总揽全局、协调各方,落实民主集中制,不断加强和改进党对人大、政协、武装、统战、老干部等工作的领导,充分调动和激发了方方面面的积极性和创造性。以“建设法治周村、打造平安周村”为重点,加强矛盾纠纷排查调处和社会治安综合治理,全面推行村级事务契约化管理,认真做好群众来信来访工作,严格落实安全生产责任制,社会保持了和谐稳定。

三、创新与经验

(一)积极探索加快服务业发展的新路子、新途径 率先在全市制定出台了包括市场准入、土地财税、奖励扶持、优化环境等4大类38项优惠政策,积极对城区老企业、困难企业实施“退二进三”、搬迁改造,支持服务业加快发展,全区上下形成了加快服务业发展的热潮。2006年,全区新上投资过千万元的服务业重点项目32项,累计完成投资21.7亿元,银座商城、天乐园新街广场、国际家居文化广场等一批规模大、档次高的服务业设施建成运营。服务业占生产总值比重比上年提高了0.5个百分点。

(二)全面推行党员“亲情式”管理 针对党员教育管理中出现的新情况、新问题,结合开展先进性教育活动,在全省率先创造性地探索实施了以“党员为本,真情关爱,激励内力,共促和谐”为主题的党员“亲情式”管理,通过从政治上关心、工作上扶持、生活上照顾党员,加强对党员日常生活的关心帮助,做到“惑时有人解、平时有人访、难时有人帮、老时有人惦、病时有人探、终时有人送”,着力构建充满生机与活力的党内关怀服务机制,大大增强了党组织的凝聚力、向心力和战斗力,促进了党内的团结和谐。2006年11月,淄博市在周村区召开现场会议,推广了周村区党员亲情式管理工作的经验。

(三)深入推进工作创新 坚持以改革创新突破发展瓶颈,在全区上下深入开展以创新工作思路、创新工作方法、创新工作程序为主要内容的工作创新活动,激发了各级解放思想、干事创业的积极性,推动了全区经济社会又好又快发展。计划生育工作“上门告知”的经验做法在全省推广,被表彰为全国计划生育工作先进集体;妇女儿童“两纲”实施工作,在妇女参政议政、免费婚检、三优学校建设等方面创出了特色,代表山东省、淄博市顺利通过了国务院中期评估。

附:(一)周村区委书记、副书记、常委名单

书　记:陈　勇(2006年12月离职)
　　　　王树武(2006年12月任职)
副书记:韩昆山　宋振波
常　委:王树武　韩昆山　宋振波　李家玉
　　　　常跃之　刘书宝　李作霖　曲　明
　　　　葛树军　姜林晓　朱　辉

(二)各镇、街道党(工)委书记名单

王村镇	刘长青
萌水镇	张　亮
南郊镇	黄雪颂
北郊镇	王　星
城北路街道	周　勇
丝绸路街道	徐德利
青年路街道	陈　涛
大街街道	刘子稳
永安街街道	牛东升

中共临淄区委工作概况

临淄区委书记　唐福泉

一、组织概况与党的建设

2006年，全区共有党委49个，党总支35个，党支部1083个，党员25900名。一年来，临淄区委始终坚持党要管党，从严治党的方针，全面加强党的执政能力和先进性建设，区委驾驭和引领经济社会发展的能力和水平不断提高。

（一）思想建设不断深入　深入开展了党的十六届六中全会精神学习教育活动，制定了《关于深入贯彻落实党的十六届六中全会精神加快社会主义和谐社会建设的实施意见》，对各级领导干部进行了专题培训。通过外出学习、内部讨论，进一步激发了广大党员干部干事创业的积极性。坚持和完善区委理论学习中心组学习制度，利用党校等阵地，采取多种形式，坚持不懈地加强党员干部的理论学习，对科级干部和新提拔录用人员进行大规模培训，干部综合素质不断提高。

（二）组织建设得到加强　严格落实《干部选拔任用条例》，推行了干部考察预告、任前公示、全委会票决等制度，实行公开选拔、竞争上岗、公推公选，对事业单位人员录用实行"凡进必考"，推进了干部人事工作的公开化、民主化。扎实推进"强基工程"，深入开展"三级联创"活动，顺利完成了乡镇党委和村"两委"换届工作，党的基层基础更加牢固，被评为全省基层组织建设先进区。

（三）作风建设扎实有效　严格落实党风廉政建设责任制，初步建立了惩治和预防腐败体系，加大行业纠风工作力度，严肃查处各类违纪违法案件，党风政风进一步好转。建立完善"三个体系"，形成了责任明确、运转高效、监督有力的工作推进机制，保证了党的路线方针政策和省市区委各项决策部署的有效落实。

二、主要工作与成绩

2006年，全区上下认真落实科学发展观，紧紧围绕建设更具活力、更具实力、更具魅力的临淄，凝心聚力，扎实苦干，经济社会发展在较高平台上取得了新的成绩，"十一五"规划实现良好开局。

（一）综合实力持续增强　面对宏观调控的新要求，全区上下始终以辩证的眼光看待形势，以创新的手段破解难题，推动了经济社会持续快速发展。2006年，全区实现生产总值405.5亿元，增长16%；全区税收收入实现53.7亿元，增长11.8%；地方财政收入实现12亿元，增长29%；城镇居民人均可支配收入达14271元，农民人均纯收入达6371元，分别增长10.6%、11.5%；城乡居民储蓄存款余额达150.8亿元，人均超过2.5万元。

（二）工业经济快速攀升　面对区域之间的激烈竞争，全区上下坚持工业强区不动摇，深入开展"工业发展年"活动，加快齐鲁化工区等重点园区建设，多措并举增投入、上项目、扩规模，工业经济快速发展，各项指标再创新高。2006年续建和新开工过千万元项目260个，净增规模企业91家，总数发展到421家，销售收入、利税、利润分别增长55%、36.8%和45%，区域工业总产值实现1152亿元，增长30.9%。

（三）经济增长质量明显提高　面对科学发展的新任务，全区上下扎实推进经济结构调整和增长方式转变，经济可持续发展的能力不断提高。以自主创新为突破口，大力发展高新技术产业，全区高新技术企业发展到59家，实现产值占规模以上工业总产值的比重达33.3%。进一步加强节能降耗和环境保护工作，全区万元GDP综合能耗和规模以上万元增加值能耗分别比年初下降5.14%和4.95%，耗水量分别下降4.3%和7.8%；化学耗氧量排放量下降42%；工业废水排放达标率、工业固体废物综合利用率均达到100%。加快推进服务业发展，齐文化旅游开发力度不断加大，"申遗"工作取得阶段性成果，成功举办了第三届国际齐文化旅游节等活动，拓宽了服务业发展空间。进一步巩固提升农业，齐城农业高新区的带动作用明显增强，蔬菜、畜牧、林果三大产业的规模和效益不断提高，农业产业化、标准化步伐加快。

（四）镇域经济亮点频现　面对加快发展的艰巨任务，全区各乡镇、街道立足实际，聚精会神谋发展，一心一意干事业，镇域经济实力进一步增强，可用财力进一步壮大，发展活力进一步凸显。2006年全市22个经济强乡镇中，实现增加值前10名我区有4个，完成销售收入前10名有4个，利润总额前10名有3个；全区14处乡镇、街道工业销售收入、利润平均增速超过55%，边河乡五项工业指标均翻了一番多；有5个乡镇、街道财政收入超过3000万元，3个超过5000万元，凤凰镇达1.1亿元。

（五）城乡面貌明显改观　以基础设施建设为重点，加强城乡建设和管理，扎实推进新农村建设，城乡环境得到新的提升。组织实施了凤凰路及凤凰高架桥、102省道改线等重点工程，改造乡村道路29条40公里，城乡交通更加方便快捷。大力实施城乡环境综合整治，完成了辛河路、北外环等绿化工程，新增绿地47万平方米，顺利通过了国家园林城市验收。完成了村庄布点规划，建立完善了城乡一体化的垃圾处理机制，32个试点村建设初见成效，新农村建设实现良好开局。

（六）和谐社会建设迈出新步伐　面对构建和谐社会的

新形势、新任务,全区各级坚持以人为本、执政为民,努力把改革发展成果更多地体现到群众生存发展的各个方面。2006年,全区普通高考文理科上线人数、本科上线人数、上线人数万人比三项指标继续保持全市各区县首位,全区适龄儿童入学率达到100%。理顺医疗卫生管理体制,顺利完成乡镇卫生院上划工作,农村药品"两网"实现了全覆盖,新型农村合作医疗参合率达90.7%。全年发放各类救助金1089万元,全区五保集中供养率达93%,登记失业率下降到2.87%,年初确定的"村村通自来水"、"提高新型农村合作医疗区级补助标准"等"十件实事"全面完成。扎实推进"平安临淄"建设,构建了科技防控、阵地防控、街面防控和灵动指挥调度相结合的"3+1"模式治安防控体系,全区刑事案件发案率下降12.9%,信访和安全生产等工作扎实有效,整个社会更加和谐稳定。

三、创新与经验

(一)坚持解放思想,创新思路,以思想大解放推动经济大发展 始终抓住经济建设中心不动摇,紧扣发展主题不放松,坚持在解放思想中创新思路,用发展的办法破解难题,牢牢把握了工作主动权。围绕争创山东第一经济强区目标,通过开展一系列解放思想大讨论活动、组织到先进地区学习考察、建立健全考核激励机制、表彰奖励优秀企业家等,激发了全区上下自我加压的勇气、干事创业的锐气,营造了争先恐后、竞相发展的浓厚氛围。

(二)坚持立足实际,发挥优势,走特色发展之路 始终坚持立足区情,把握优势,努力把自身潜能转化为发展活力,把静态优势转化为发展强势,推动经济社会持续快速发展。在组织区情大调研的基础上,对全区发展目标、发展布局、发展战略进行了重新定位,提出充分发挥"两齐"优势,大力实施"五大战略",加速构筑"三区一城"发展格局,努力争创山东第一经济强区。

(三)坚持把握规律,突出重点,以局部突破带动全盘 始终坚持尊重规律、把握规律,根据不同发展阶段,确定不同工作重点,在统筹全盘工作的同时,抓住重点,奋力突破,推动了经济社会持续快速协调发展。顺应工业化、城市化加速发展的大趋势,把工业发展作为经济工作的主旋律,加快齐鲁化工区、临淄经济开发区等重点工业园区建设,提出并落实"研究齐鲁、服务齐鲁、借助齐鲁、联合齐鲁"的战略措施,工业经济总量快速膨胀,构筑了城区西部工业经济隆起带;主动适应国家宏观调控要求,确立以齐文化旅游业为龙头,带动服务业发展的思路,通过加强齐文化研究、建设博物馆群、举办齐文化节等,打造形成了"寻根祭祖"和"世界足球起源地"两大品牌,极大地拓宽了服务业发展空间。

(四)坚持以人为本,执政为民,以增进人民福祉促进社会和谐 始终把关注民生作为执政追求,着眼于广大人民群众的根本利益,着力解决好群众的基本生活、基本养老、基本医疗问题,在基础设施建设、就业、社会保障等方面办了大量实事、好事。通过扎实推进"文明临淄"、"平安临淄"、"和谐临淄"建设,保障了人民群众安居乐业,营造了和谐发展的良好环境。

(五)坚持统揽全局,协调各方,以党的坚强领导凝聚起共谋发展的强大合力 始终坚持从思想、组织、作风和制度上全面推进党的先进性建设,着力提高把握方向、谋划全局、引领发展的能力和水平,为持续快速发展提供了强有力的组织保证。区委常委注重加强自身建设,积极支持人大、政府、政协依法履行职责,各大班子相互支持、相互配合,在重大问题上协调一致、通力合作,形成了风正气顺人和、干事创业发展的良好局面;通过加强基层组织建设,发挥工青妇、工商联等群团组织的桥梁和纽带作用,团结各方力量,调动一切积极因素,形成了目标同向、干群同心、工作同力的创业氛围。

附:(一)临淄区委书记、副书记、常委名单

书　记:解维俊(2006年12月离职)
唐福泉(2006年12月任职)

副书记:毕荣青　田建民

常　委:唐福泉　毕荣青　田建民　王秀荣　巩曰锋　申佃军　王召槐　许　刚　王尊庆　聂玉彬　王义朴

(二)各乡镇、街道党(工)委书记名单

齐都镇	赵清栋
金岭回族镇	崔来祥
南王镇	王召槐
敬仲镇	杨晓军
朱台镇	王守国
皇城镇	王德录
梧台镇	刘洪志
凤凰镇	刘　帅
边河乡	何　沛
辛店街道	朱成贵
闻韶街道	刘素梅
雪宫街道	石　峻

中共桓台县委工作概况

淄博市委常委、桓台县委书记 陈 勇

一、组织概况与党的建设

2006年底，桓台县共有党委59个，其中村级党委5个；党总支52个，其中村级党总支9个；党支部1012个，其中农村党支部363个；共有党员26683人，其中农村党员15230人，女党员3582人。

2006年，全县各级党组织紧紧围绕全县工作大局，以加强党的执政能力建设和先进性建设为主线，突出重点，统筹兼顾，求真务实，开拓创新，为全县经济社会又好又快发展提供了坚强的组织保证。

(一)扎实开展第三批先进性教育活动 紧紧围绕加强党的先进性建设和执政能力建设，组织全县335个农村基层党组织、26000多名党员深入开展保持共产党员先进性教育活动。坚持注重实效，加强分类指导，认真解决存在的突出问题，突出抓好保持基层组织和共产党员先进性长效机制建设。不断巩固和扩大先进性教育活动成果，确保了教育活动的时效性。

(二)大力加强领导班子和干部队伍建设 认真抓好领导班子的调整配备，扎实搞好镇党委换届工作。继续深化干部人事制度改革，认真贯彻《党政领导干部选拔任用工作条例》，坚持正确的用人导向，重德才、重政绩、重公论，把那些政治上靠得住、工作上有本事，德才兼备、政绩突出、群众公认的干部提拔到了领导岗位上来。配齐配强了各级领导班子。全县各级领导班子更加珍惜和维护团结共事的大局，努力营造了风正气顺心齐的良好氛围。

(三)切实加强党的基层组织建设 认真落实党建工作责任制，切实加强农村基层组织规范化建设，深化“三级联创”活动，深入开展社区党组织及非公有制创业，党组织规范化创建活动，基层党组织的创造力、凝聚力、战斗力显著增强。认真抓好党员教育管理，党员队伍的整体素质进一步提高。

(四)深入开展党风廉政建设和反腐败工作 坚持党要管党、从严治党的方针，全面落实党风廉政建设责任制，严格执行廉洁自律的各项规定，坚决纠正各种损害群众利益的不正之风，以党风廉政建设实际成效取信于民。深入开展反腐败工作，严肃查处各类违法违纪案件，党风政风进一步好转。

二、主要工作与成绩

2006年，在上级党委政府的正确领导下，桓台县认真贯彻落实党的十六大及十六届五中、六中全会精神和省市委的各项决策部署，以科学发展观统领全局，凝神聚力，干事创业，圆满完成了年初确定的各项目标任务，实现了“十一五”规划的良好开局。全县实现生产总值175.5亿元，比上年增长16.3%；全社会固定资产投资75.5亿元，增长23%；入库税收15.6亿元、地方财政收入7.11亿元，分别增长30%和30.82%。城镇居民人均可支配收入13980元，农民人均纯收入6206元，同比分析，增长16.5%和14%。全县综合经济实力显著提升，连续六届跻身全国百强县，被省委、省政府表彰为“县域经济发展先进单位”。

(一)工业经济强势发展 按照科学发展观的要求，着力优化产业结构，加快转变经济增长方式，走新型工业化道路。全县完成工业生产性固定资产投资65.7亿元，增长13.3%。规模以上企业新增69家，达到271家，实现销售收入395亿元、利税38.3亿元、利润23.7亿元，分别增长41.4%、29%和23%；亿元企业新增8家，达到48家。品牌战略实现历史性突破，“东岳联邦”制冷剂和“云涛”毛巾荣获“中国名牌”称号，“强恕堂”商标被认定为首批“中华老字号”。新增山东名牌8个、山东省著名商标2个，全县省级以上名牌和著名商标总数达到41个。

(二)对外开放取得新成效 全县实际到位县外资金26.6亿元，增长11.9%。出口创汇3亿美元，增长31.6%。投资2450万美元的香港建华管桩、1700万美元的德国雷法耐火材料项目落户桓台。东岳集团与日本新日铁、三菱商事合作投资CDM项目正式开工。东岳氟硅材料产业园区被国家发改委、省政府正式批准设立，并被列为国家首批科技兴贸出口创新基地。

(三)科技创新实现新突破 全县省级以上高新技术企业达到37家，高新技术产业产值130亿元，占工业总产值的35.5%。被鉴定为国际先进、国内领先的重要科技成果9项，实施市级以上科技计划33项，获国家专利46件，荣获“全省科技示范县”称号。全氟离子膜工程技术研究项目被列为国家“十一五”首批科技支撑计划重大项目。东岳集团、宝恩集团分别建成博士后工作站和院士工作站。

(四)农业农村工作全面推进 粮食生产再获丰收。小麦、玉米平均亩产分别达到512.6公斤和615公斤。大力推广农业标准化生产，加快农业龙头企业发展，农业市场化程度和产业化水平稳步提高。荣获“中国玉米收获机械化第一县”。高标准建设农村社区综合服务中心31处，社会主义新农村建设迈出新步伐。

(五)建筑业实力进一步提升 实施骨干企业膨胀计划，建筑业综合竞争力不断增强。全县建安产值历史性突破百亿大关，达到110亿元，同比增长30%。29家企业建安产值过亿元。天齐、万鑫集团在全市率先晋升为国家房屋建筑工程总承包特级资质。质量安全取得新成绩，创“泰山杯"11项、省科技示范工程8项、省安全文明示范工地13项。积极发展房地产、建材等多元经营,实现多元化经营产值28亿元,同比增长22.2%.

(六)服务业繁荣昌盛 强化政策激励,服务业发展呈现良好势头。全县社会消费品零售总额实现50.4亿元,增长15.3%。惠仟佳购物广场、俪都精品步行街、百信商场、三联家电建成投用。和济物流铁路专用线、银座商城桓台分店建设顺利。旅游、信息中介、社区服务、保险等新兴服务业发展步伐加快。马踏湖风景区、桓台宾馆分别晋升为国家3A级景区、三星级旅游酒店。

(七)和谐社会建设开创新局面 坚持以人为本,着力发展社会事业。圆满完成了全县中小学布局调整,县实验学校正式启用。群众医疗保障能力进一步提高,新型农村合作医疗参合率达到93%。全面做好人口与计划生育工作。大力实施碧水蓝天行动计划,加大了对重点污染源的整治力度,关停了一批规模小、污染重的企业,生态环境明显改善。诚信桓台建设成效显著,建成全市金融生态第一县。

(八)城乡一体化进程明显加快 按照"全县一盘棋、规划一张图"的思路,完成了新一轮城市总体规划修编,构建起城乡一体化发展新格局。县城建设步伐加快,县医院新院、县文体中心等城市重点工程顺利建设。城区道路、管网等基础设施进一步配套完善,居民小区开发面积达到80万平方米。大力实施城乡绿化美化净化工程,城乡环境和秩序显著改观。小城镇建设稳定推进。马桥镇荣获"山东十大名镇"称号。

(九)精神文明和民主法制建设迈出新步伐 积极践行"八荣八耻",深入开展社会主义荣辱观教育活动。认真落实《公民道德建设实施纲要》,加强未成年人思想道德教育,全民文明意识不断提高。积极推进民主政治建设,支持人大依法行使权力,全面推进政治协商、民主管理、参政议政规范化、制度化。高度重视信访工作,完善社会矛盾调处机制,强化社会治安综合治理,深入开展严打整治斗争,保持了社会稳定,被省委、省政府表彰为"平安山东建设先进县"。

三、创新与经验

2006年,全县各级党政组织团结带领广大干部群众,坚持以科学发展观统揽全局,真抓实干,奋力拼搏,经济社会发展取得了显著成绩,实现了"十一五"发展的良好开局,为桓台未来发展奠定了坚实基础。一是始终坚持以科学发展观统领全局,不断完善思路、提升目标,推动了经济社会持续快速健康协调发展。二是始终坚持工业立县、环境立县,突出发展工业,统筹发展各业,县域经济实力得到了显著增强。三是始终坚持把科技进步作为转变经济增长方式的关键,着力推进科技创新,有效提升了县域经济发展的内涵和质量。四是始终坚持深化改革,扩大开放,把招商引资作为一号工程来抓,善于用改革的办法和开放的思路解决前进中的问题,为经济社会发展注入了新的生机和活力。五是始终坚持立党为公、执政为民,尽心竭力为群众办实事、办好事,着力构建和谐社会,努力做到了发展成果由人民共享。六是始终坚持团结一致,干事创业,求真务实,真抓实干,营造了齐心协力抓发展的浓厚氛围。七是始终坚持党要管党、从严治党,不断加强党的执政能力和先进性建设,为经济社会发展提供了强有力的政治保证和组织保障。

附:(一)桓台县委书记、副书记、常委名单

书　记: 王树武(2006年12月离职)
陈　勇(2006年12月任职)

副书记: 王可杰　吕永前

常　委: 陈　勇　王可杰　吕永前　王树银
刘春杰　翟惠博　王秀辉　邵明义
伊茂彦　赵　霞(女)　孙长顺

(二)各乡、镇、街道党委书记名单

索镇镇 王金栋
唐山镇 宗志坚
田庄镇 李向东
新城镇 李丙峰
陈庄镇 陈　峰
马桥镇 何向东
荆家镇 张兆武
起凤镇 王子义
邢家镇 李向东
果里镇 高连义
周家镇 荆国诚
城区街道 于克俭

中共高青县委工作概况

高青县委书记 李灿玉

一、组织概况与党的建设

高青县辖9镇1个办事处,767个行政村。共有基层党委27个,党支部1141个,其中农村党支部724个;党员18143名,其中农村党员10798名。

(一)加强党的思想政治建设 始终把思想政治建设放在党建工作的首要位置,坚持县委理论中心组读书会学习制度,深入开展各种类型的教育活动,党员干部的思想进一步统一,认识得到提高,党员干部的政治理论水平有了大幅提高,科学发展观和正确政绩观得到进一步树立,执政意识进一步强化,执政能力明显提高。

(二)加强领导班子和干部队伍建设 严格执行《干部任用条例》,提拔干部重德才、重实绩、重公论,树立了干事创业的用人导向,增强了领导班子的凝聚力和战斗力。大力加强人才工作,制定了吸引、培养、留住、使用好人才的一系列制度,优化了人才环境。积极探索、深化干部人事制度改革,进一步修订和完善了领导干部任前公示、试用期、考察报告等制度,探索试行重大事项及时考察、任前考察与年底考察相结合等多种考察方式,增强了考察考核的科学性、准确性。

(三)加强基层组织建设 深入开展了"三级联创"活动,顺利完成了镇党委换届选举工作。按照"抓两头、带中间"的思路,组织实施了"百村示范、百村整治工程",集中治理了一批后进村,解决了一批影响农村稳定发展的突出问题,培植树立了一批班子好、村风正、发展快的示范村。严格标准,大力加强了党员队伍的教育管理。

(四)加强党的作风和党风廉政建设 认真落实"八个坚持"、"八个反对"的要求,在全县形成了讲原则、讲大局、讲团结、讲正气的风气,密切联系群众、诚心诚意为群众办实事的风气,严格落实党风廉政建设责任制,认真践行廉政公开承诺,坚决把党风廉政建设和反腐败工作的各项工作落到实处,加大执纪执法力度,干部作风明显转变,发展环境进一步优化。

一、主要工作与成绩

2006年,县委以邓小平理论和"三个代表"重要思想为指导,以科学发展观统领全局,团结带领全县广大党员干部群众,牢牢抓住发展第一要务,抓重点、抓关键,经济和社会各项事业都有了新的发展。

(一)牢牢抓住发展第一要务,综合经济实力稳步提升 2006年,全县GDP完成52.9亿元,同比增长16.4%,三次产业比例调整到20:50:30。地方财政收入完成2.8亿元,增长22%。实现社会消费品零售总额12.9亿元,增长16.8%。全社会固定资产投资完成28.1亿元。外贸出口完成7221万美元,增长34.2%。狠抓了重点骨干企业的膨胀发展,规模以上工业销售收入71.7亿元、利税5.8亿元、利润2.2亿元,分别增长22.1%、59.9%、56.9%。规模以上企业达到97家,销售收入过亿元的企业达到20家,利税过千万的企业达10家,7家进入全市百强。我县被命名为全国棉纺织名城,全市18家纺织服装龙头企业我县占8家。培植壮大了一批优势产业、骨干企业和名牌产品,扳倒井、宏远、流云等骨干企业扩张步伐加快,扳倒井股份公司技术中心被评为省级技术研发中心,新认定市级企业技术中心4家,"扳倒井"成为中国驰名商标,"青苑"牌胶版纸被认定为国家免检产品。

(二)坚持抓重点、抓关键,发展后劲进一步增强 始终把招商引资作为全县工作的重中之重来抓,2006年全县招商引资共引进投产、在建、签约项目91个,合同利用外资43.9亿元,实际利用外资完成13.56亿元。成功引进了大鸿制釉、2×12兆瓦秸秆发电等大项目、好项目。经济开发区跻身省级开发区行列,入区项目38个,总投资64.5亿元,到位资金30亿元,其中投资过亿元的企业23家。2006年园区经济实现销售收入16.5亿元,利税1.16亿元,支柱作用进一步显现。油区经济发展加快,全年实现销售收入18.5亿元、利税2.32亿元,分别增长32.3%、65.3%。重点工程和重点项目建设顺利推进,完成投资7.1亿元,德元制革、金海针织等项目投产运营,加快了骨干企业的扩张步伐。民营经济发展势头良好,2006年全县民营经济增加值29.6亿元,增长34.9%;上缴税金2.1亿元,增长31.6%;固定资产投资30亿元,增长10.8%。金融生态县建设成效显著,金融机构存款余额37亿元,分别增长18%。成功地组织了"突破高青"2006'银企合作洽谈会,签约金额18.3亿元,已到位9.98亿元,为企业发展提供了有力的资金支持。

(三)镇域经济活力增强,新农村建设扎实推进 加大支农惠农力度,筹资1000多万元支持新农村建设,全县用于"三农"的各项财政性投入超过1亿元。畜牧、林业两大亮点更加突出,蔬菜、水产、果桑产业规模和效益进一步提高,3个农产品获国家绿色产品认证,被授予全国粮食生产先进县。大力实施农业产业化推进行动计划,大地肉牛、锦源木业、龙大畜禽、小黑牛牧业等农业龙头企业带动能力明显增强。高标准完成2万亩中低产田改造和7500亩土地整理项目,利用日本政府贷款农业综合开发项目通过省级验收,实施了马扎子灌区引水干渠清淤工程,推广了测土配方施肥、保护性耕作等一批科技兴农项目。农村二三产业发展步伐加快,镇域规模以上工业销售收入达29.2亿元,增长22.8%。制定了全县新农村建设总体规划,突出抓了30个村的试点示范,建成户用沼气池1400个,新增农村自来水用户4万人,改造农村公路102公里。新农村建设给广大农民带来了实实在在的利益。

(四)城市和基础设施建设取得重大突破,综合承载能力明显增强 城建投资1.16亿元,高标准完成了芦湖路、清河路等城市重点基础设施建设,芦湖公园建成开放,城市功能和形象大幅提升。进一步修订县城总体规划,对城区7平公里重要区块进行了控制性详细规划。开展了经济开发区功能分区规划,完成了城区商业网点规划和黄河生态旅游区旅游开发规划。全面启动东部居住新区建设,县城商住房开工面积21万平方米,住房供给状况得到较大改善。严格执行经营性用地出让制度,拍卖、挂牌出让土地23宗、1121亩。投资1800万元完成污水主干管工程,实现经济园区雨污分流,污水处理厂全面运营。惠青黄河公路大桥实现试通车。唐北路改造、自来水水质改造等年初确定的8件实事全面完成。

(五)坚持统筹发展,各项社会事业取得新成效 积极推进产学研联合,新增省级高新技术企业2家,高新技术产业产值占工业产值的比重达到9.2%。完善中小学布局调整,农村教师工资实现县财政统筹发放,救助义务教育家庭经济困难学生5461名。全县高考本科上线人数1343人,比上年增加278人。新型农村合作医疗范围扩大到5个镇,受益人口13.7万人。把农村药品"两网"与"新农合"结合起来,被表彰为全省农村药品"两网"建设示范县。全面推行了农村最低生活保障制度。完成了100户农村贫困残疾人安居工程。全年实现就业再就业6868人,转移农村劳动力9660人。加大各类社会保险的扩面征缴力度,"两个确保"巩固率达到100%。县财政投入5000余万元解决了3100多名职工的养老保险、集资、转换身份等问题,维护了职工利益。人口和计划生育工作取得新突破,被表彰为全省计划生育优质服务先进县。农民人均纯收入和城镇居民人均可支配收入分别达到4303元和9330元,分别增长12%、16.3%。土地管理和保障工作扎实有效,生态县建设积极推进,万元GDP能耗下降4.7%。用好"突破高青"的政策和机制,积极做好对上争取工作,争取各类资金2亿元,实施了一批重点工程和项目,增创了发展的新优势。

三、创新与经验

2006年,各方面工作之所以取得较好成绩,主要得益于以下几点:

(一)始终坚持解放思想,开拓创新,走适合高青特点的发展路子 立足实际,着眼长远,坚持把中央的大政方针、省市委的指导精神与高青实际紧密结合起来,努力把握县域经济社会发展规律,制订符合高青特点的指导方针、发展目标和工作措施,努力增强工作的主动性,开创工作新局面。

(二)始终坚持科学发展不动摇,用发展的办法解决前进中的问题 牢固树立科学发展观,注重提高科学发展的能力和水平,努力把科学发展观的要求转化为谋划发展的具体任务和措施。把宏观调控作为调整优化产业结构、转变经济增长方式的机遇,努力推动经济又好又快地发展。

(三)始终坚持以人为本,团结实干,努力形成齐心协力干事创业的强大合力 始终坚持以人为本,尊重民意、集中民智、关注民生、激发民力。始终坚持求真务实、真抓实干,保持奋发有为的精神状态,充分调动各级的积极性、创造性,形成目标同向、干群同心、工作同力的工作局面。

(四)坚持统筹发展,努力促进社会和谐 牢固树立宗旨观念,全力维护群众利益,把发展的速度、改革的力度和社会可承受程度有机统一起来,重视社会事业发展,全力维护社会稳定,加强精神文明建设和民主法制建设,努力推动全县社会建设与政治建设、经济建设、文化建设协调发展。

(五)始终加强党的建设,充分发挥党的政治优势 始终坚持党要管党,从严治党,切实加强党的思想组织制度作风建设,全面加强各级党组织凝聚力、战斗力和号召力,为改革发展提供坚强的政治保证和组织保证。

附:(一)高青县委书记、副书记、常委名单

书　记:蒲绪章(2006年12月离职)
李灿玉(2006年12月任职)

副书记:徐培栋　杨洪涛

常　委:李灿玉　徐培栋　杨洪涛　侯全明
李忠远　边江风　王克海　于　军
李　勇　孙俊斌　于新华

(二)各镇、办事处党委书记名单

田镇镇	高连家
青城镇	刘道德
高城镇	王建永
黑里寨镇	袁　伟
唐坊镇	王晓燕
常家镇	邵先伟
花沟镇	刘清天
赵店镇	徐　伟
木李镇	杜加平
城区办事处	高连家

中共沂源县委工作概况

沂源县委书记　韩国祥

一、组织概况与党的建设

(一)组织概况　沂源县有基层党委37个,其中乡镇党委13个,县直机关事业单位党委13个,企业党委11个;党组40个;党总支89个,其中乡镇党总支37个,县直机关事业单位党总支36个,企业党总支16个;党支部1240个,其中农村党支部632个,机关事业单位党支部399个,企业党支部207个,民办非企业组织党支部2个;党员30791名,其中女党员3269名,非公有制经济组织有党员3739名。

(二)党的建设　一是加强了干部的思想政治建设,党员干部的思想政治素质明显提高。二是加强了领导班子和干部队伍建设,完善了干部考察选拔任用机制,强化了"三个体系"建设,调动了广大干部干事创业的积极性。三是加强了农村基层组织和党员队伍建设,狠抓基层组织建设"三级联创",加强党员培训管理,夯实了基层工作基础。四是加强了干部作风建设,深入开展了机关作风建设活动,进一步密切了党群干群关系。五是加强了党风廉政建设,全面落实党风廉政建设责任制,加大了查处违法违纪案件和治理部门行业不正之风的力度,反腐倡廉工作取得新成效。

二、主要工作与成绩

2006年,我们坚持以科学发展观为指导,加快推进"绿色农业、环保工业、山水城市、生态沂源"建设,全县经济社会实现了持续快速健康协调发展,实现生产总值90.03亿元,同比增长16.4%;境内财政总收入8.7亿元,增长23%,其中地方财政收入4.16亿元,增长25%;城镇居民人均可支配收入10104元,增长13.4%;农民人均纯收入4281元,增长12.2%。

(一)工业立县成效显著　全县规模以上工业企业达到94家,实现增加值33.1亿元、销售收入106亿元、利税16.7亿元、利润10.6亿元,同比分别增长36%、39.4%、38.3%和41.1%。一是推进工业结构调整。重点培育了医药及包装材料、节能材料、高分子材料、食品加工、玻璃纤维、精密铸造等优势产业,高新技术产业产值占规模以上工业总产值的比重达到40.4%。二是推进企业集团化发展。集中培植了药玻、瑞阳、鲁阳等12家企业集团,10家入选淄博市百强企业,3家被评为全国工业重点行业效益十佳企业,鲁阳公司在深圳证券交易所上市。三是推进投资结构优化。加强项目的评审筛选,新上了一批投资大、科技含量高的新项目,高科技项目投资额占工业重点项目投资总额的45.37%。四是加快发展园区经济。规划建设了沂源经济开发区,目前已被批准为省级经济开发区。五是推进乡镇特色工业小板块发展。形成了农产品加工、玻璃纤维、刺绣加工、草条编织等特色板块,壮大了乡镇主体财源。

(二)新农村建设开局良好　一是大力促进农民增收。全县各类果品面积达到67万亩,果品年产量达到7亿公斤,高档果品面积达到46万亩,有19个品种获得无公害绿色食品认证;发展中药材5万亩,桔梗种植基地通过国家GAP认证;全县畜禽年存栏量达到680万头(只);累计转移农村富余劳动力6.1万人。二是加快推进农业产业化经营。培育了以汇源饮料、海达食品2家省级龙头企业为代表的农产品加工营销企业110家,农产品加工贮藏率达到47%。三是狠抓农村基础设施建设。全县633个行政村全部实现了通硬化路、通电、通邮、通客车、通电话和通有线电视,72%的村通了自来水;实施了一批基础设施工程,狠抓植树造林,全县林木覆盖率达到46.9%,被评为"全国造林绿化先进县"。

(三)旅游服务业活力增强　一是突出旅游景点开发建设。狠抓了旅游景点打造、旅游基础设施配套建设和旅游品牌塑造,沂源猿人溶洞群鲁山森林公园被确定为"AAA"级景区,沂源猿人遗址被国务院确定为全国重点文物保护单位,"牛郎织女"传说被认定为省级非物质文化遗产,并正在申报国家非物质文化遗产。二是加快服务业发展。狠抓了流通服务设施建设,一批重点工程完工并投入使用;全县流通企业达到49家,各类商业网点4839处,各类市场发展到188处。金融保险、社区服务等新兴服务业有了新的发展。健全完善了民营经济融资担保体系,民营经济增加值和利税同比分别增长43%和44%。

(四)对外开放水平进一步提高　一是抓好招商引资。不断创新招商方式,扩大招商成效,全县外商投资企业发展到27家。二是抓好外经外贸工作。全县拥有自营进出口权的企业发展到48家,本年实现出口创汇1.05亿美元,同比增长69.9%。三是扎实开展了"投资环境建设年"活动,组建了县行政服务中心,投资环境得到进一步优化。

(五)城乡面貌明显改善　一是加强城市规划编制,修订完善了县城总体规划,编制了县城风貌规划和城北新区等重点区域的控制性详细规划,拉开了城市发展的框架。二是加强城市重点工程建设,先后实施了一大批城建重点工程,增强了城市服务功能,县城建成区面积达到10.6平方公里,城市化水平达到38%,城区绿化覆盖率达到40%。三是加强了城市管理,完善了城市管理行政执法体系,塑造了整洁、文明、有序的城市形象。四是改善了交通条件,完成了139公里的省道和县乡村道路硬化改造,积极配合58.12公里的济青南线高速公路沂源段建设,保证了工程的顺利实施。

(六)社会事业全面进步 一是加快创新型县建设步伐。大力推进科技进步和体制创新,被评为全国科技工作先进县。二是大力推进教育事业发展。完成了沂源一中新校一期工程建设和农村中小学布局调整,基本普及了十五年教育,全县高考本科进线人数一直位居淄博市前列。三是狠抓了卫生和计划生育工作。建立了农民大病救助制度,完成了8个乡镇的新型农村合作医疗试点,试点参合率达到92.5%;计划生育工作获淄博市计划生育考核一等奖,被命名为省级计划生育优质服务先进县。四是大力推进文化事业发展。县文化中心建成投入使用,实现了有线电视"村村通"。

(七)和谐社会建设统筹推进 一是妥善安排困难群众生产生活。建立健全了劳动就业服务体系和城乡困难群众救助体系,广泛开展了多种形式的社会救助活动。二是突出抓好信访工作。健全完善了矛盾纠纷排查调处机制和各项信访工作制度,保持了信访形势的稳定,被评为山东省信访工作先进县。三是加强社会治安综合治理,深入开展"严打"整治斗争,维护了社会政治稳定。四是切实抓好安全生产工作,保持了安全形势的持续稳定。

(八)精神文明建设扎实有效 一是进一步加强思想道德建设,公民思想道德素质有了新的提高。二是广泛开展群众性精神文明创建活动,连续三届获山东省精神文明建设工作先进县称号。三是坚持正确的舆论导向,大力实施外宣"精品工程",扩大了沂源的对外影响。

三、创新与经验

(一)大力培育上市资源,打造了企业发展的"沂源板块" 坚持把上市资源培育作为实施"工业立县"战略和推动县域经济跨越发展的突出重点来抓,按照"上市一批、培植一批、储备一批"的工作思路,建立了"政府引导、企业主导、市场运作、政策扶持"的企业上市工作机制;深化企业改革,促进了企业规范运作;加快结构优化和资源整合,提升了企业规模和盈利水平;推进自主创新,提高了企业核心竞争力;加大扶持力度,创造了宽松的上市环境。到2006年底,有药玻、瑞阳、鲁阳3家企业成功上市,县属企业上市数量居全省区县第一。

(二)加快实现"六化"目标,扎实推进了新农村建设 一是准确定位,理清思路,把新农村建设定位为建设绿色家园、富裕村庄,发展思路和目标是加快实现"六化",努力做到"六到农家";二是把生产发展、富裕农民放在首位,加快推进"三个转变";三是以规划为龙头,努力建设具有沂源特色的新型农村;四是从改善基础设施抓起,实施了农村"八通五有"工程;五是把"一池三改"作为突破点和切入点,推动了生态家园建设;六是着力办好9件实事,建设了"六大为民服务网络";七是坚持因地制宜、分类指导,抓好50个先行带头村建设;八是突出农民素质的提高,强化了对农民的教育培训。

(三)狠抓作风建设,进一步密切了党群干群关系 深入开展了建设一流创新型机关、打造"务实、开放、廉明"机关品牌活动,广大干部保持了昂扬向上的精神状态、干事创业的旺盛活力,形成了求真务实的工作作风、优质高效的服务理念,树立了"清正廉洁、公开透明"的机关形象;建立了县、乡、村三级干部"民情民问民访"联系日制度,为群众解决了大量实际问题。

附:(一)沂源县委书记、副书记、常委名单

书　记:王世庆(2006年12月离职)
韩国祥(2006年12月任职)

副书记:苏　星　谭秀中

常　委:韩国祥　苏　星　谭秀中　赵希忠
陆汉明　陈　茜　刘传新　李明涛
邹宗森　吕　惠　孙激波

(二)各乡、镇党委书记名单

南麻镇	孙激波(兼)
土门镇	刘维刚
鲁村镇	周仕亮
徐家庄乡	任维东
大张庄镇	许　峰
燕崖乡	张志东
中庄镇	刘教武
西里镇	盛功太
东里镇	周国桥
张家坡镇	杨秀军
石桥乡	王贵玉
悦庄镇	桑长城
三岔乡	付金海

枣 庄 市

中共滕州市委工作概况

枣庄市委常委、滕州市委书记 王忠林

一、组织概况和党的建设

滕州市总面积1485平方公里,辖21个镇(街道),1226个村(居),总人口158.7万;全市现有基层党委68个,党总支323个,党支部2878个,各级党组54个,党员62166名。2006年,我们以"三个代表"重要思想和科学发展观为指导,加强和改进党的建设,各级党组织的执政能力明显增强。

(一)切实加强党的思想政治建设 组织广大党员深入学习科学发展观、构建社会主义和谐社会等重大战略思想和现代经济、管理、科技、法律、金融等方面的知识,思想政治素质不断提高。深入开展保持共产党员先进性教育活动,群众满意度达99%以上,达到了收到实效、创建群众满意工程的目标要求。集中开展了"学习党章、遵守党章、贯彻党章、维护党章"活动,广大党员的党性意识、纪律观念明显增强。

(二)进一步加强领导班子和干部队伍建设 严格执行《党政领导干部选拔任用工作条例》,坚持看发展论功过、凭实绩论英雄,着重选拔培养能力突出、德才兼备、群众公认、实绩突出的优秀干部,各级领导班子结构明显优化。建立了决策目标、执行责任和考核监督"三个体系",健全了党政领导班子和领导干部综合考核评价体系,营造了平等竞争、干事创业的良好氛围。认真做好干部教育培训和人才工作,强化对村级党员干部的培训。先后共调训和开办各类培训87班次,参训人员8770余人次,干部队伍的整体素质明显提高。

(三)扎实推进基层党组织建设 深入开展"三级联创"活动,全面实施"三百"工程,由市级领导干部、市直部门、镇街科级干部分别帮促100个经济强村、100个经济薄弱村、100个村级班子软弱村,农村党组织的凝聚力和战斗力不断提高;实行村级干部工资、经济薄弱村办公经费补贴由市财政统筹,农村基层党组织的执政环境不断改善。积极做好企业、街道社区、社会团体、非公有制企业和新型经济组织等领域的基层组织建设,扩大了党的工作覆盖面。

二、主要工作与成绩

2006年,中共滕州市委全面落实科学发展观,认真执行国家宏观调控政策,紧扣发展第一要务,解放思想,真抓实干,全市经济和社会各项事业持续快速健康发展。全市生产总值实现335.2亿元,增长18.1%;境内财政收入30亿元,增长32.5%;地方财政收入12.2亿元,增长32.8%;全社会固定资产投资132.8亿元,增长23.8%,同比回落34.6个百分点;城镇居民人均可支配收入11020元,农民人均纯收入5097元,分别增长11.5%和11%。第六次跻身全国县域经济基本竞争力百强县,列第30位;在"全国中小城市综合实力百强"中列第66位。

(一)招商引资和重点项目建设成效显著 全年引进各类项目353个,其中过亿元项目25个,实际利用市外资金96亿元,增长19.1%;实际利用境外资金3911万美元,增长11.9%。开工建设过亿元重点项目45个,完成投资71亿元。投资27.5亿元的新源电厂二期、投资4亿元的腾达不锈钢制品、投资3亿元的数控精密机床、投资2.5亿元的高档瓦楞纸箱一期、投资1.5亿元的甲醛和乌洛托品一期等项目竣工投产;投资27.6亿元的凤凰大化肥、投资15亿元的盛源苯加氢、投资3.6亿元的滕州烟厂改造、投资3.5亿元的瑞达化工技改等项目进展顺利。开发区建设步伐加快,入区企业达210个,总投资143亿元,154个企业建成投产。

(二)经济结构调整取得新成效 三次产业比例调整到9.8:61.7:28.5。工业经济强势增长。规模以上工业企业达到340家,新增43家,销售收入过亿元企业达到136家,新增37家;全市规模以上工业企业增加值、利税、利润分别实现120.8亿元、62亿元、35.4亿元,分别增长30.6%、38.9%、36.5%。第三产业繁荣活跃。全市社会消费品零售总额实现96.1亿元,增长15.9%。现代流通企业达到328家,大型超市5家,建成标准化"农家店"448家;旅游业发展迅速,滨湖湿地成为全省首家国家级湿地公园,盈泰生态温泉度假村被评为"全国农业旅游示范点"。民营经济快速发展。2006年实现民营经济增加值207亿元,增长28%;实缴税金13.4亿元,增长60.8%;新发展民营企业1326家,总数达到4816家;新发展个体工商户9800户,总数达到

4.6万户。外经外贸成效突出。进出口总额实现1.39亿美元,增长47.5%,其中出口1.31亿美元,增长52.2%。我市被列入山东省外派劳务基地县(市)。

(三)新农村建设扎实推进 农业结构得到调整优化,粮油、蔬菜、畜牧、林果、花卉等优势产业不断发展壮大,我市被评为"全国优势农产品产业带建设示范县(市)";粮食平均亩产540公斤,总产82.6万吨,分别增长4.7%和6.4%;蔬菜播种面积92.8万亩,其中马铃薯60万亩;完成造林面积2.3万亩,新发展各类果树1.2万亩,森林覆盖率达到25.6%;2.8万平方米的鲁南花卉繁育基地建成投入使用;标准化鸡、兔养殖大棚发展到368栋,出栏肉鸡3700万只、肉兔240万只。农业产业化水平全面提高,新发展农产品加工企业35家,总数达到639家;新发展农村合作经济组织214家。农村劳动力转移成效显著,全年转移5.2万人,累计达到35.2万人。农村生产生活条件不断改善,实施了省级高效节水示范工程、"世行三期"开发项目、南四湖湖东堤建设等工程,改善灌溉面积4.2万亩,治理水土流失面积6平方公里;新建改造农村公路234公里,基本实现了村村通硬化路和客车;新增通自来水村185个,自来水普及率达到80%;新发展沼气示范户6690户、沼气工程40处。

(四)城市化取得新进展 委托中国城市规划设计研究院修编了新一轮城市总体规划,规划纲要通过专家评审,进一步理顺了规划管理体制;15个镇、316个村完成了规划编制。新区开发和旧城改造步伐加快,新兴路商业步行街、善国苑小区、政务中心等城市重点工程相继竣工,"两河"(荆河、小清河)改造工程顺利推进。城区房地产开发面积107万平方米,小城镇开发面积138万平方米;新建改造城区道路60公里,城市建成区面积达到41.9平方公里,城市化水平达到41.8%。

(五)社会各项事业繁荣进步 科技进步对经济增长的贡献率达到53%,被评为"国家科技进步先进县(市)"。教育事业快速发展,拆除D级危房1.6万平方米,新建校舍3.6万平方米;7所学校一次性通过省级规范化学校验收,所有高中学校均达到省级规范化学校标准;本科录取达到3117人,增长23.2%。卫生事业得到加强,12处镇街卫生院规范化建设竣工,参加新型农村合作医疗达到24.7万户、75.9万人,参合率达到78.3%。人口与计划生育工作取得显著成效,全面完成人口控制指标,成功创建全国计划生育优质服务先进市。环境保护和节能降耗成效突出,建成省级环境优美镇街2个,主要河流监测断面水质明显改善,城市大气环境质量达到国家二级标准以上的天数超过300天;万元GDP能耗降到1.8吨标准煤、水耗降到101.5立方米,分别下降4.7%、4%。社会保障不断加强,全年实现城镇就业再就业1.8万人,城镇登记失业率控制在3.1%;养老保险社会化发放率达到100%;提高城镇居民最低生活标准,实现了动态管理下的应保尽保。慈善事业健康发展,全年募集款物折合人民币869万元,用于关心和救助困难群众、弱势群体;"五保"供养制度进一步完善,在全省率先建成县级光荣院,被评为"全国民政工作先进市";文化、体育、广电、信息化、政法等各项事业稳步发展,精神文明和民主法制建设进一步加强。

三、创新与经验

(一)探索建立农村土地流转有形市场 为推进农村土地适度规模经营,在西岗镇进行了土地流转有形市场建设试点。以镇经管站为依托,成立农村土地流转服务中心,建设了土地流转交易服务大厅,配置了微机和信息电子显示屏,配备专门的信息联络员、收益评保员、合同鉴证员;每村设立土地流转服务站,由村会计担任信息联络员,及时收集各村土地供需信息,经镇服务中心审查和收益评估后,在服务大厅电子信息显示屏公布,统一组织转包、出让洽谈协商、签订流转和归档管理。土地流转市场平台的建立,极大地方便了农民群众,有力促进了农村土地流转。平台建立以来,已合法流转土地8.6万亩。

(二)大力推进村级综合服务中心建设 针对富裕起来的农民迫切需求各种社会化服务,而农村基层组织管理职能逐步弱化的问题,积极探索建设村级综合服务中心的新路子。由组织部门牵头,以供销社为主体,利用社会力量共同参与、政府扶持、镇(街道)村共建的方式,选择有条件的村建成了集消费购物、农产品购销、科技服务、信息交流、文体娱乐、健身医疗、宣传教育、基层党建活动等功能于一体的村级综合服务中心22个,成为村级党组织凝聚人心的主阵地和服务农民的新平台。

(三)创新精神文明建设机制 探索建立了"三位一体(宣传教育、管理监督、评比奖惩)、配套联动,利益挂钩、以奖为主,明确目标、落实责任"的精神文明建设工作新机制,广泛开展文明家庭、文明标兵等系列评比表彰活动,把文明行为与多项荣誉、多重利益挂钩,大力营造"我文明、我光荣、我受益"的新型文明观念,有力促进了和谐社会建设。

附:(一)滕州市委书记、副书记、常委名单

书　记: 牛启忠(2006年12月离职)
王忠林(2006年12月任职)

副书记: 王　刚　李　健

常　委: 王忠林　王　刚　李　健　杨位明　刘新生　刘　杰(女)　刘中波　王　彬　远义彬　邵　磊(女)　颜景焱

(二)各镇、街道党委书记名单

鲍沟镇 程春常
滨湖镇 张宗辉
柴胡店镇 王　琦

东郭镇　　盛永志
东沙河镇　奚修志
大坞镇　　宗大全
官桥镇　　王印德
洪绪镇　　张铁耀
界河镇　　刘春雨
级索镇　　李广宪
姜屯镇　　翟传虎
龙阳镇　　王顺思
木石镇　　高广胜
南沙河镇　李广耀
西岗镇　　姜繁茂
羊庄镇　　侯　斌
张汪镇　　聂　奇
北辛街道　孙　剑
荆河街道　朱恒科
龙泉街道　马　冀
善南街道　邵长婕

中共薛城区委工作概况

枣庄市委常委、薛城区委书记　秦元祥

一、组织概况与党的建设

薛城区辖6镇1个街道，总面积420.5平方公里，41.1万人。现有27个基层党委，77个党总支，691个党支部，15884名党员。

2006年，区委坚持以“三个代表”重要思想为指导，大力加强和改进党的先进性建设，努力提高执政能力和领导水平，为全区经济社会发展提供了有力的组织保证。

（一）不断巩固和扩大先进性教育成果　牢牢把握“关键是取得实效”的要求，开展了一、二批先进性教育活动“回头看”活动，狠抓整改措施落实和突出问题的解决。精心组织开展了第三批先进性教育活动，圆满完成了三个批次学习教育任务。全区三个批次先进性教育活动群众满意度达99.84%，广大党员的党员意识和党性观念进一步增强。

（二）注重加强领导班子和干部队伍建设　加大对党员领导干部的教育培训力度，先后举办新任科级干部培训班、学习《江泽民文选》培训班等各类培训班17期，党员干部队伍的思想政治素质进一步提高。坚持正确的用人导向，严格执行《党政领导干部选拔任用工作条例》，重政绩、看民意、按程序选拔使用干部，选拔起用了一批政治上靠得住、工作上有本事、作风上过得硬，想干事、会干事、干成事的干部，顺利完成了镇党委换届，配顺配强了各级领导班子。

（三）强化基层组织建设　结合开展先进性教育活动，对全区16个软弱涣散基层党组织进行整顿，新发展党员610名，党的基层组织建设进一步加强。注重加强对农村干部新农村建设知识培训，开办了新农村建设学习培训班，组织了部分村支部书记到华西村学习培训，提高了农村干部带领群众共同致富和建设新农村的本领。大力加强企业、学校、机关、社区和新经济社会组织党的建设，全区有51个新型经济社会组织建立了党组织，进一步增强了党的凝聚力。

（四）狠抓党风廉政建设　认真落实党风廉政建设责任制，加强对党员领导干部的教育、管理和监督。组织开展了“勤政廉政、科学发展”、树立正确的利益观教育和学党章用党章活动，大力实施廉政文化“六进”（进机关、进校园、进社区、进家庭、进企业、进农村）工程，集中治理商业贿赂，严肃查处违法乱纪分子。全区共审结各类案件60起，处分党员干部60人，进一步纯洁了党风、政风和社会风气。

二、主要工作与成绩

2006年，坚持以科学发展观统揽全局，积极应对国家宏观调控形势，努力破解发展难题，锐意进取，真抓实干，全区经济社会保持了良好发展势头。全区生产总值完成57.7亿元，增长17.1%；地方财政收入2.9亿元，增长13.3%；全社会固定资产投资39.8亿元，增长14.5%。

（一）大力实施新型工业化　坚持以“三个一批”为主攻方向，以招商引资为手段，加快推进新型工业化。集中抓好大项目建设，锦辉高速镦锻、德容纸业一期、润王石化、10万吨甲醇等大项目建成投产，进一步优化了工业结构，增强了发展后劲。加大对重点企业的扶持力度，青啤（薛城）公司、锦辉铸钢、联兴玻璃、多乐采暖等一大批骨干企业迅速膨胀。下大力气抓好招商引资，成功举办了杭州招商会、第七届枣庄（薛城）投洽会等大型招商活动，全区实际利用区外资金33亿元，实际利用境外资金1275万美元。加快薛城经济开发区和张范经济园区建设，两大园区新增入园项目24个，投产企业18家，完成项目投资14.9亿元，薛城经济开发区被省政府批准为省级经济开发区。

（二）扎实推进新农村建设　按照新农村建设“二十字”要求和“多予少取放活”的方针，不断强化以工促农、以城带乡措施，新农村建设开局良好。加快农业结构调整，大力发展生态、高效农业，全区获得国家、省级认证无公害和绿色农产品品牌25个。狠抓农业龙头企业建设，夫宇食品、海河食品等龙头企业建成投产，实施了鲁南种猪繁育公司扩建工程，金虹食品、捷利木业、济正保健品等龙头企业实现产销两旺。加强农村合作经济组织建设,新发展合作经济组织25个,提高了农民的组织化程度。不断加大对农业和农村投入,全年兑现粮食直补等五项补贴878万元,建设文明生态村18个、帮扶经济薄弱村10个,村村通油路、通客车、通自来水率分别达到100%、92%和73.7%。

(三)大力发展现代服务业 紧紧围绕服务枣庄新城、枣矿集团和高新区发展,大力发展以旅游、商贸流通和金融业为重点的服务业。铁道游击队纪念园对游人免费开放,全年接待游客20万人次,先后拍了《铁道游击队》、《血沃丰碑》等多部影视剧。铁鹰建材装饰城、皇冠花园大酒店已投入运营,金茂购物广场、枣庄(薛城)港等重点项目正在建设,全区社会消费品零售总额实现21.4亿元。改善金融生态环境,促进金融机构增加信贷投放,金融机构存贷款余额分别达到71.3亿元和33.4亿元,区农村信用联社成功兑付5170万元中央银行专项票据 为支持地方发展奠定了坚实基础。

(四)加快推进城市化进程 以打造枣庄新驻地为目标,狠抓城市规划、建设和管理。重点实施了城市建设"十点十线"工程,黄河路改造、火车站广场改造和城区污水管网配套等工程投入使用,城区主干道改造全部完成,进一步提高了城市的综合服务功能。开发建设了永泰花苑、常安花苑、银河美都等居民小区,完成商住房开发18万平方米。强化城市综合整治,集中开展爱国卫生整治活动,大力实施城市绿化、美化、亮化工程,进一步优化了人居环境。全区建成区面积达15平方公里,区驻地人口达到16万,城市化水平达到46%。

(五)统筹发展各项社会事业 深入开展"做文明市民、树薛城形象"和社会主义荣辱观教育等活动,不断提高城乡社会文明程度。积极争创全省教育"双高"普九县,不断提高教育教学质量,全区高考实录本科1544人,有5名学生考入北大、清华。毫不放松地抓好计划生育工作,强化人口性别比综合治理,全面落实农村计划生育女孩家庭奖励扶助制度,进一步巩固了省级优质服务先进区成果。积极推进新型农村合作医疗,参合率达90%。以"平安薛城"建设为抓手,集中开展严打整治行动,认真解决信访稳定问题,毫不放松地抓好安全生产工作,全区煤炭企业连续4年实现安全生产无重大事故。2006年,我区被评为"平安山东建设先进区"。

三、创新与经验

(一)必须把实施"民心工程"作为构建和谐社会的重点来抓 区委、区政府牢固树立以人为本的执政理念,从践行"三个代表"、建设和谐社会的战略高度,把事关群众切身利益的城乡基础设施建设、就业保障、就医入学、社会稳定等事项确定为"民心工程",明确帮包区级领导和责任单位,限定时间,强化督促,严格考核,强力推进。通过实施"民心工程",较好地解决了关系群众利益的一系列问题,经济发展成果惠及了广大群众和社会弱势群体。2006年的《红旗》杂志刊发了我区实施民心工程、构建和谐社会的经验做法。

(二)必须加强生态环境建设,加快建设环境友好型社会 区委、区政府坚持把生态环境建设作为落实科学发展观的重要内容,编制实施了生态区建设规划,以水污染治理为重点,狠抓生态环境建设,加快建设环境友好型社会。投资3500万元,对薛城小沙河进行了治理,使昔日的臭水沟成为市民休闲、娱乐、健身的主要场所和城区一道靓丽的风景线。投资3000万元,对薛城蟠龙河实施了综合治理,修建了泰山、张桥、华众3座橡胶坝。河水经三级拦蓄净化后,水质得到明显改善。经山东省水环境监测中心监测,三处橡胶坝水质主要污染物COD大幅度削减。治理后的薛城蟠龙河,成为南水北调东线治污的样板工程,得到了省政府主要领导的充分肯定。

(三)必须大力加强民主政治建设,推动三个文明协调发展 区委高度重视民主政治建设,充分发挥人大、政协、民兵武装在三大文明建设中的作用。大力支持人大及其常委会依法履行职能,强化执法监督。区人大从2004年开始,连续三年开展了述职评议和工作评议活动,促进了区直部门和领导干部作风转变和工作质量、水平提高,积极支持政协履行政治协商、民主监督和参政议政职能,促进了党委、政府决策的科学化、民主化。以争创"全国双拥模范城"为目标,大力加强双拥共建工作。薛城区连续五次被省委、省政府、省军区评为"全省双拥模范区"。

附:(一)薛城区委书记、副书记、常委名单

书　记:张旋宇(2006年12月离职)
　　　　秦元祥(2006年12月任职)
副书记:岳德川　赵作亮
常　委:秦元祥　岳德川　赵作亮　韩惊涛
　　　　吴　磊　贾福章　王艳君(女)
　　　　王继启　李宏岚(女)　沙雪斌
　　　　王明先

(二)各镇街党委书记名单

陶庄镇　唐久平
邹坞镇　李丽滨(女)
张范镇　王绍忠
临城街道　胡安海
常庄镇　程　利
沙沟镇　李玉森
周营镇　种法家

中共山亭区委工作概况

山亭区委书记　董沂峰

一、组织概况与党的建设

山亭区地处枣庄市东北部，总面积1018平方公里，辖9乡镇1街道，256个行政村(居)，48.9万人。全区共有党委26个，党支部665个，党员16480名。

2006年，区委坚持“党要管党、从严治党”的原则，大力加强各级领导班子和干部队伍的思想、组织、作风建设，增强了党的凝聚力、战斗力和创造力，为促进经济社会发展提供了坚强的组织保证。

(一)加强党的思想政治建设　高度重视思想政治建设，注重加强对促进科学发展、构建和谐社会等重大问题的学习研究。认真学习《党章》和十六届六中全会精神，提高了党员干部的理论素养。中央加强宏观调控的决策部署出台后，区委及时召开形势分析会，认真学习中央加强宏观调控的政策，正确把握形势，客观分析问题，把宏观调控作为促进发展的机遇，振作精神，苦干实干，努力开创各项工作的新局面。

(二)加强党的干部队伍建设　开展了第三批保持共产党员先进性教育活动，建立了保持共产党员先进性的长效机制，深化了“新农村新党建”活动，探索了“村民监督议事会”等基层民主管理的新机制，基层组织建设得到加强。认真执行《党政领导干部选拔任用工作条例》，客观公正地配备班子、选拔干部。在时间紧、要求高的情况下，圆满完成了乡镇(街道)党委换届工作，优化了班子结构。

(三)加强党风廉政建设　加强反腐倡廉宣传教育，在全区开展了“学党章、正党风”主题教育和利益观集中教育两大活动。重视廉政建设和反腐败工作，坚持”一岗双责”，落实了党风廉政建设责任报告、考核奖励、廉政档案、礼品登记和述职述廉制度，把领导干部个人重大事项纳入个人廉政档案，增强了党员干部廉洁自律意识。加强对违纪违法案件的查处，去年共立查案件100起，处分违法违纪党员53人，树立了良好的党风政风。

二、主要工作与成绩

2006年，全区各级党政、各部门单位和广大干部群众团结一致，干事创业，较好地完成了全年工作的目标任务，取得了经济发展、和谐建设的新成就。

(一)经济增长保持了较快的速度　2006年全区生产总值完成47.38亿元，增长15.1%；全社会固定资产投资完成21.6亿元，增长19.7%；地方财政收入完成1.009亿元，其中税收收入完成8161万元，增长23.9%。年初确定的55个重点项目完成投资11.66亿元，银光抽纱、嘉辉玻璃等14个重点项目建成投产，华源数控机床、天畅玻璃钢、盛大石膏板、韩国纯甄服装、日新纤维和储量2.5亿吨的潘店煤田等项目即将开工建设，台湾惠好陶器等项目的洽谈争取进展顺利。规模以上企业实现销售收入43亿元，增长25.3%；实现利税5亿元，增长29.1%。作为税收主体税种的营业税完成2460万元，比2005年翻了一番；增值税完成1801万元，是2005年的1.5倍。招商引资到位资金15.7亿元，增长25%。金融机构存、贷款余额分别达到7.1亿元和8.3亿元，增长20.3%和24.9%。进出口总额完成5603万美元，完成年度任务的143%，增长52%，其中进口总额完成3042万美元，居全市第一。农业新增标准化示范基地4万亩，10个农产品获得绿色、无公害和有机食品认证。加快了51个市、区文明生态村建设，为55个扶贫开发村和经济薄弱村落实帮扶项目200多个。全面取消了农业税，发放粮食直补等四项补贴620万元，农民人均纯收入达到3646元。城市建设启动了梅园小区、双山公园等工程，经济开发区列为省级经济开发区和省级生态工业园区建设试点。启动了新一轮村镇建设规划，开发小城镇10.4万平方米。店韩公路山亭至西集段建成通车，完成了56公里的村村通油路扫尾工程。旅游开发完成投资2000多万元，建成了抱犊崮客运索道、熊耳山地震科普馆等一批景区景点。流通、保险、房地产等第三产业实现增加值16亿元，增长12.5%。

(二)科学发展迈出了重要的一步　2006年，我们坚持以科学发展观统领发展，从5月份开始，对招商引资项目用地情况进行了清理，对投资强度小、土地利用率低或改变土地用途的20个项目进行限期整改，清出闲置土地1074亩。对29家区级改制企业合同履约情况进行了清理规范，对拖欠产权购买款、承包租赁金和职工社会保险的企业进行了整顿，解决了企业改制不规范、不到位的问题。推进科技创新，实施各类科技创新项目48项，取得科技成果26项，其中欧洲葡萄引种选育等9项达到国内领先水平。“龙牌”纸面石膏板被评为中国名牌产品，冰先制冷等2家企业被评为山东省高新技术企业。重视环境保护，对金城淀粉等9家水污染企业进行了限期治理，取缔了270多家废旧纸浆清洗、塑料颗粒加工和小淀粉加工等“土小”污染企业。发展生态循环经济，华润公司被确定为省级循环经济示范企业建设试点。全区新增有林地面积4万亩，森林覆盖率达到47%，居全省第二位。

(三)和谐建设取得了明显的成效　在抓经济、促发展的同时，更加注重改善民生、促进和谐。全年新增城镇就业再就业9000人，转移农村劳动力3.5万人。为1.66万名城乡低保人员发放了低保金。新建、改建了9处乡镇(街道)

敬老院。征缴各类社会保障费5143万元,发放保障金3813万元,各类参保人员4.9万人,比2005年增加8000多人。完成了123个自然村的通自来水工程,9.1万名农民吃上洁净的自来水。建成了9处乡镇客运站,开辟农村客运线路21条,方便了群众出行。为区直机关事业单位人员增加了20%的住房补贴,人均月增资165元。发展教育卫生事业,创建省、市规范化学校7处,新建、改造校舍1.7万平方米,对7000名贫困学生实行了"两免一补";完成了城头、徐庄等6个乡镇卫生院的建设改造,在店子、桑村、北庄三个镇开展了新型农村合作医疗试点,较好解决了8.2万参合农民医疗保障问题。落实计划生育利益导向机制,为1.7万名农村独生子女父母发放了204万元的奖励金,投资1000多万元加强计划生育服务设施建设,我区被评为全省计划生育优质服务先进区。开展效能监察活动,查处了15起破坏经济发展的行为,优化了经济环境。推进"平安山亭"建设,严打整治、综合治理、信访稳定和安全生产工作成效显著,我区被评为"平安山东建设模范区"。

三、创新与经验

(一)必须坚持发展第一 经济落后是最大的落后,经济发展是最硬的道理。尽管全区经济发展取得了很大成绩,但是目前我们的经济总量还小,家底还很薄,困难还很多,欠账还很大,如果不加快发展,就不能办好山亭的事情,就无力解决群众最关心、最现实的利益问题。我们必须树立强烈的追赶意识,聚精会神搞建设,一心一意谋发展;坚持好字当头,好中求快,最终靠又好又快的发展去解决前进中的一切困难和问题。

(二)必须坚持富民为本 只有发展才能改善民生,只有改善民生才能实现和谐。坚持发展为了人民,发展依靠人民,发展成果由人民共享,让山亭人民的生活一天比一天好,是一切工作的出发点和落脚点。尽管我们现在财力有限,不可能很快解决所有的困难和问题,但是我们要抓住关系群众切身利益的问题,每年集中财力实施一批民心工程,持之以恒地抓下去,竭力为群众办实事,让全区人民从发展中得到更多实惠。

(三)必须坚持务实创新 务实创新是我们思考和推进工作的基本准则。想问题、办事情必须立足区情,把握现实,着眼未来,必须把上级的决策与山亭实际紧密结合起来,必须解放思想,大胆创新,积极在挑战中捕捉机遇,善于在制约中创新求变,不断开创新的局面。

(四)必须坚持艰苦奋斗 山亭23年的建区史,就是一部弘扬山亭精神、矢志艰苦奋斗的创业史。现在全区的建设发展依然处在困难时期和爬坡阶段,必须继续高举山亭精神的旗帜,作好长期艰苦奋斗的准备,兢兢业业干好每一天,扎扎实实抓好每件事,通过不懈的艰苦奋斗,成就不平凡的事业。

(五)必须坚持维护稳定 没有稳定就没有和谐、就不能发展。在把握工作全局上,我们必须正确处理改革、发展、稳定的关系,及时化解各种矛盾,严厉打击各种犯罪,积极开展平安山亭建设,努力使全区群众生活平安、经济秩序平安、社会局势平安,使山亭成为安居创业的一方乐土。

(六)必须坚持党的领导 实践告诉我们,事业兴衰,关键在党。办好山亭的事情,必须加强党的领导,必须建设特别能干事、特别能成事的领导班子和干部队伍,形成同舟共济、团结奋斗的政治优势,进而动员和凝聚全社会的力量,抓经济、求富裕、成和谐。

附:(一)山亭区委书记、副书记、常委名单

书　记:秦元祥(2006年12月离职)
　　　　董沂峰(2006年12月任职)
副书记:李红民　刘志才　王之峰(挂职)
常　委:董沂峰　李红民　刘志才
　　　　王之峰(挂职)　王家云
　　　　丁秀启　李　勇　程海涛
　　　　李季孝(挂职)　樊　瑞(挂职)
　　　　孔祥君　毕志伟　马宏伟

(二)各乡镇、街道党委书记名单

山城街道	单立忠
西集镇	鞠金河
店子镇	赵爱云
桑村镇	张壮伟
北庄镇	孙中川
城头镇	王兆海
冯卯镇	宋振华
水泉镇	李　霞
徐庄镇	徐庆勇
凫城乡	彭庆辉

中共市中区委工作概况

市中区委书记　杜永光

一、组织概况与党的建设

市中区辖5个乡镇、6个街道，98个行政村、82个社区，面积375平方公里，人口49.9万人。全区现有41个基层党委、28个党组、10个党总支、618个党支部、16713名党员。

(一)注重加强思想政治建设　严格执行中心组理论学习制度，提高了区委一班人的政治理论素质和驾驭复杂局面、解决实际问题的能力。按照中央和省、市委的要求，扎实搞好先进性教育成果的巩固和扩大工作，增强了常委班子的创造力、凝聚力和战斗力。

(二)着力建设高素质的领导班子和干部队伍　认真贯彻执行《党政领导干部选拔任用工作条例》，让想干事的人有机会，能干事的人有舞台，干成事的人有地位。目前，全区科级干部中35岁以下的占13.5%，女干部占16.3%，大专以上文化程度的占89.9%。深入推进"强基固本"工程，探索建立加强村、社区班子建设的长效机制，强化了思想基础，夯实了组织基础，壮大了经济基础，巩固了群众基础。

(三)狠抓党风廉政建设　把落实党风廉政建设责任制作为反腐倡廉的总抓手，认真抓好全区党风廉政建设和班子成员的廉洁自律，层层签订责任书，形成了党委统一领导、党政齐抓共管、纪委组织协调、部门各负其责、上下动手抓廉政的局面。开展了"树立正确的利益观"主题教育活动，进一步落实了领导干部述职述廉重大事项报告、民主生活会等制度，领导班子、领导干部执行廉洁自律规定得到了有效监督。

二、主要工作与成绩

2006年，全区各级党组织团结带领广大党员干部群众，坚持以科学发展观统领全局，围绕全面建设富裕、文明、生态、和谐的新市中，求强思进、干事创业，经济社会保持了持续快速协调健康发展的良好态势。2006年，全区生产总值完成76.2亿元，同比增长18%；地方财政收入完成5.45亿元，增长36%；全社会固定资产投资完成70.8亿元，增长20.6%；规模以上工业销售收入完成43.9亿元，增长31.7%；利税23.3亿元，增长37.8%；利润15.1亿元，增长30.2%；社会消费品零售总额完成31.3亿元，增长16.2%。近年来市中区先后荣获全国科技示范区、全国计划生育优质服务先进区、全国群众体育先进区、全国社区残疾人工作示范区、平安山东建设模范区、全省农民增收先进区、全省民族团结进步模范集体、全省科普示范区、全省"两基"工作先进区、全省安全生产先进区等荣誉称号，并被命名为山东省纺织服装产业基地，建材产业入选山东省十大(工业)产业集群。

(一)招商引资和外经贸工作成效显著　2006年，全区共签订项目合同186个，实际利用外来资金30.38亿元，增长20.1%；利用境外资金1765万美元；实现进出口总额1.08亿美元，增长43.9%；出口创汇1.03亿美元，增长48%。

(二)重点项目建设进展顺利　2006年确定的60项区级重点项目开工58项，完成投资31.3亿元，45个项目建成投产，沃丰旋窑水泥生产线等53个项目完成年度建设任务。新增规模以上工业企业35家，总数达到225家。

(三)枣庄经济开发区建设步伐加快　截至目前，入区项目累计达到184个，投资总额157亿元，其中过亿元项目13个，境外项目24个，已有1.8万人在园区就业。去年，实现销售收入18亿元，完成税收8000万元，

(四)民营经济蓬勃发展　全区新发展民营企业507家，个体工商户5052户，总数分别达到2737家和3.08万户，民营经济纳税额达到3.92亿元。全区规模以上高新技术工业企业16家，纳入省级同新技术产业统计范围的企业达到43家，拥有"山东省著名商标"12件。

(五)城乡面貌进一步改善　城市建设和旧城改造步伐加快，明珠花园、开元大街二期、中天步行街等住宅小区和特色商业街已建成使用，国泰花园、文汇嘉园等房地产项目正在建设之中。投资6000余万元，实施了村村通自来水、村村通广播电视、农村中小学校舍改造等工程建设。健全社会保障体系，建立农村低保和城乡医疗补助、大病救助制度，农村新型合作医疗农民参合率达到87.8%。去年全区城镇居民人均可支配收入达到11020元，增长11.5%；农民人均纯收入达到5413元，增长10.1%。

(六)经济社会和谐稳定　深入开展平安市中建设，去年被命名为全省"四五"普法依法治理先进区，今年又被省委、省政府命名表彰为"平安建设模范区"。大力推进计划生育管理与服务无缝隙覆盖，人口和计划生育工作水平得到新提高。认真兑现各项增资政策，区直机关事业单位人员工资待遇与市直机关同步增长，乡镇、街道离退休教师和城区街道在职干部工资待遇与区直机关、市直机关完全一样。

三、创新与经验

(一)优化三大支柱产业，构筑八大产业集群　突出结构调整这条主线，大力实施工业强区战略，坚持走新型工业化道路，注重节能降耗、减污增效，转变经济增长方式，把一产调优，二产调强，三产调活，推动经济切实转入科学发展

的轨道。优化三大支柱产业。稳定发展煤炭、水泥、纺织产业,强固经济发展支柱。做大做深做强煤炭产业,搞好煤炭精细深加工,拉长产业链,提高附加值。做精做强水泥产业和纺织产业,注重发展新型干法水泥,研究开发低碱水泥、特种水泥,逐步淘汰立窑生产工艺,提升水泥产业发展档次,五年全区旋窑水泥年产量超过1000万吨;巩固提高全省纺织服装产业基地,发挥骨干企业的带动作用,调整产品结构,增强纺织产业竞争力,五年争创2个省级以上纺织服装品牌。构筑八大产业集群。大力发展高新技术产业,培育壮大煤电、建材、纺织、机械、化工、电子、新型材料和食品加工等八大产业集群,加快构筑新型工业化体系。

(二)发挥潜在优势,加快建设"四个中心" 一是区域性经济中心。力争五年时间,全区生产总值超过160亿元,人均生产总值超过5000美元,全社会固定资产投资年均增长25%,地方财政收入达到15亿元。综合实力达到全省同类地区发达水平。二是区域性商贸中心。按照"规划先行、设施配套,市区联动、整合市场,优化结构、形成特色"的思路,改造提升商贸流通、运输、餐饮等传统服务业,突出发展现代物流、金融服务、夜市文化等现代服务业,壮大汽车美容、校园服务、信息中介等新兴服务业,力争五年实现服务业总量翻番。三是区域性金融中心。大力发展金融服务业,创新金融产品,改进金融服务,加强银企合作,推进金融资本与产业资本结合,不断增强产业发展的活力。为驻地金融部门竭力搞好服务,优化金融生态环境,有效防范化解金融风险,实现互利双赢、共同发展。四是区域性教育中心。坚持科教兴区,优先发展教育事业,整合驻地教育资源,高质量高水平实施义务教育,全面普及高中阶段教育,积极发展职业、成人教育,规范提高民办教育。

(三)加强城市建设管理和服务,努力把城区做靓做新 积极搞好西郊生态园建设和东西沙河治理,打通解放北路,新修永兴路,改造文化路、青檀路、华山路等城市建设工程,抓好居民小区、背街小巷和城乡结合部的整治,优化人居创业环境。开展区直行政事业单位国有资产管理体制改革,整合城区资源,实行市场化运作,搭建融资平台,筹集更多的资金用于老城区建设,以良好的城市形象,优化发展环境,推动经济社会又好又快发展。

(四)提高项目"招"和"落"的水平,拓展发展空间 注重招商选资和招商实效,努力提高"招"的水平,充分发挥骨干民营企业的作用,以商引商,吸引更多客商来市中投资兴业。着力破解土地瓶颈制约难题。深入做好开发区项目置换清理,目前开发区已对10个项目进行了整合置换,新安置6个项目入区建设,节约土地141亩。今年又安排15家企业进行整改置换。加快推进西昌路以西9个村庄整合,今年计划整合土地3000亩,可腾出2000亩土地用于项目建设。积极盘活市南工业区、市北工业区闲置土地,拓展民营经济发展空间。

(五)关注民生,建设和谐社会 扎实做好就业和社会保障工作,努力扩大城乡就业,健全社会保障体系,努力实现"家家有工作、户户有收入、人人有保障"。发展社会福利事业和慈善事业,让弱势群体更多地感受到社会大家庭的温暖。着力推进社会主义新农村建设,发展农村经济,促进农民持续增收、农村更加和谐。

(六)加强基层组织建设,提升基层党组织的凝聚力和战斗力 重点开展好"四个一百工程"。即实施"一村一名大学生"计划,选派100名大学生到村、社区班子任职,对特别优秀的重点培养使用;举办村干部、农村入党积极分子学历提升班,使100名村干部获得大专以上学历,100名入党积极分子获得中专以上学历;组织100名村、社区党支部书记、主任赴先进地区参观学习,开阔视野。通过有效措施,优化基层组织结构,使其真正成为引领农民致富奔康的坚强战斗堡垒。

附:(一)市中区委书记、副书记、常委名单

书　记: 杜德昌(2006年12月离职)
杜永光(2006年12月任职)

副书记: 朱国伟　于　良

常　委: 杜永光　朱国伟　于　良　刘　勇　杨晓黎　杨继英　刘圣根　许京海　李　鑫　高志勇　徐　刚

(二)各乡镇、街道党委书记名单

税郭镇 赵　琨
孟庄镇 褚洪昌
齐村镇 殷昭焕
永安乡 冯再法
西王庄乡 孙永海
光明路街道 张德忠
文化路街道 王衍山
中心街街道 龚广奇
龙山路街道 高　原
各塔埠街道 刘小龙
矿区街道 赵　云

中共峄城区委工作概况

峄城区委书记　孙欣亮

一、组织概况与党的建设

峄城区位于枣庄市南部，辖5镇2个街道，343个行政村(居)；总人口36.4万人，总面积635平方公里。全区现有25个基层党委，44个总支，742个党支部，14731名党员，其中2006年新发展党员401人。

2006年，区委认真贯彻中央和省、市委关于加强党的建设的一系列重要指示精神，不断创新机制，全面加强党的思想、组织、作风和制度建设，各级党组织的创造力、凝聚力和战斗力不断增强，党员干部队伍整体素质不断提高。

(一)扎实开展第三批保持共产党员先进性教育活动　按照中央和省、市委的部署要求，扎实开展了第三批保持共产党员先进性教育活动，在活动中，全区就近结成致富对子760余对，区直涉农部门组建农业科技服务队120余个，走访老党员、生活困难党员和群众1200余人，发放慰问金、慰问品折合资金100多万元。积极探索建立保持共产党员先进性建设的长效机制，不断巩固扩大先进性教育活动成果，建立城乡一体化的党员动态管理机制，确保党员长期受教育、群众长期得实惠。

(二)切实加强领导班子和干部队伍建设　坚决贯彻民主集中制，不断完善领导班子内部的工作分工、议事、决策程序。认真执行《党政领导干部选拔任用工作条例》，大力选拔任用政治上靠得住、工作上有本事、作风上过得硬、人民群众信得过的干部，增强了干部队伍的战斗力。全年共举办各类培训班100余期，培训干部9300余人次。

(三)大力加强党的基层组织建设　在机关，以改进作风、提升服务水平为重点，把干部队伍建设纳入常规管理，切实增强了服务经济社会发展的能力；在农村，立足于新农村建设，坚定不移地实施农村支部书记星级化管理和"三级联创"工程，农村党员干部的"双带"能力显著增强；在社区，以协调关系和服务群众为重点，增强了党在社区建设和管理中的领导核心作用；在企业，着眼于深化企业改革和提升企业核心竞争力，建立健全了既能充分发挥党组织政治核心作用，又能支持法人依法组织生产经营管理的机制。

(四)大力开展党风廉政建设和反腐败斗争　进一步落实党风廉政建设责任制，不断强化"三个体系"建设，在全区党员干部中先后开展了"为民、务实、清廉"主题教育活动和树立正确的利益观集中教育活动，筑牢拒腐防变的思想防线。大力纠正行业和部门不正之风，对领导干部辞职、提前退休经商和党政机关企事业单位超标配备公务小汽车及违反规定购买商业保险问题，进行了集中清理。坚持惩治与预防相结合，进一步加大对腐败案件的查处力度，2006年全区共立查案件82起，处分党员、干部82人，通过办案挽回经济损失470余万元。

二、主要工作与成绩

2006年，峄城认真贯彻落实全省县域经济发展现场会议精神，把科学发展、加快发展作为第一要务，按照"围绕一个主题、突出五个重点、抓好两个保障、实现一个目标"的工作思路，解放思想，抢抓机遇，经济和各项社会事业实现了又好又快发展。全区实现地方生产总值56.4亿元，同比增长15.5%；地方财政收入1.4亿元，增长7.7%；全社会规模以上固定资产投资20.63亿元，增长27.1%；全区农民人均纯收入4609元，增长10.3%，其他各项经济和社会发展指标均有新的增长。

(一)工业经济发展速度不断加快　全年全区规模以上工业实现增加值26.19亿元，增长29.4%；实现利税13.54亿元，增长26.3%。全区42个重点项目全部开工建设，累计完成投资18.72亿元。开发区建设初具规模，4平方公里起步区内实现了"七通一平"，入区项目71个，其中过千万元项目59个，过亿元项目11个，被省政府批准为"省级经济技术开发区"。

(二)城市建设取得新进展　聘请西安建筑科技大学修编了城市规划，成立了宏达城市经营投资公司，投资5018万元实施了城市集中供暖、供气、供水、丁桥路治理改造、承水河公园建设和城市环境集中整治六大城建工程，城区面貌发生很大变化。

(三)招商引资和民营经济发展成效明显　各级各部门都拿出1/3的时间、1/3的人员、1/3的资金用于招商引资，形成了"千军万马抓招商、千方百计促发展"的浓厚氛围。全年共签订招商引资项目113个，实际到位资金24.59亿元，实际利用境外资金1256万美元，完成了市下达的任务指标。把民营经济作为最具活力、最具潜力的经济增长点，全面落实扶持政策，民营经济实现了规模和档次的进一步提升，全区民营经济完成增加值37.7亿元，增长37.1%；实现利税13.28亿元，增长37.3%；民营经济单位发展到2.1万个，从业人员达10.3万人。

(四)新农村建设开局良好　不断深化农业结构调整，大力推进农业专业化、标准化和产业化建设，蔬菜、林果、畜牧、桑蚕四大特色主导产业得到巩固和发展。全区共建立省级标准化基地1处、市级基地4处，标准化种植面积达到25万亩。农业龙头企业发展到29家，标准化生产基地19个，绿色食品和有机食品13个，农业专业合作组织42家，带动农户36000余户。19个文明生态村和22个经济强村发展势头良好,25个市级经济薄弱村集体经济收入均超过或接近2万元。认真落实各项支农惠农政策,种粮补贴、农机补贴等全部发放到农户手中。

(五)旅游经济发展实现新突破 聘请上海大地奇创旅游规划公司制定了新一轮旅游发展规划,组建了冠世榴园旅游开发公司,初步实现了旅游开发和经营的市场化运作。坚持建设、经营、管理一齐抓,不断提高冠世榴园风景区的质量和档次,景区的环境、设施、功能得到进一步改善,景区28公里旅游主干道路改造完毕,实现东西贯通,全年接待游客达56万人,旅游总收入达3000多万元,以旅游业为重点的现代服务业实现新发展。

(六)和谐社会建设扎实推进 在城市,积极推进就业再就业工作,全区实现就业再就业4952人,安排下岗失业人员876人。扎实推进平安峄城建设,深入开展"树优良作风、创优质环境"活动,营造了良好经济发展软环境。筹资480万元用于困难救助、城市低保和优抚政策落实,解决了困难群众的生活问题。在农村,重点抓好"路、水、电、医、学、视、保、气、老、能"十个方面工作,全区100%的行政村实现了村村通油路和村村通自来水,城乡电网实现了同网同价,93%的农民参加了新型合作医疗,农村教育发放"两免一补"资金200余万元,全区75个村通上有线电视,五保老人集中供养率达70%以上,向二三产业转移农村劳动力7.8万人,占劳动力总数的40.63%。

三、创新与经验

(一)坚持以科学发展观为统领,大力推进新型工业化 大力实施工业立区战略,坚持做大做强骨干企业、发展壮大民营企业、招商引资新上企业三路并进,形成梯次推进、滚动发展、迅速膨胀、全面振兴的良好格局。同时,把生态区建设和发展循环经济放在重要位置,努力推动工业经济增长方式的转变,使工业经济进一步转入良性发展的轨道,在区域经济发展中的支撑和带动作用显著增强。

(二)迅速做大做强特色产业,积极创新农村社会化服务 坚持城乡统筹发展、工业反哺农业、城市支持农村的方针,努力实现由传统农业向现代农业的转变。以产业化、标准化为主攻方向,紧密结合资源特点、区位优势和市场需求,按照"龙头企业+合作组织+基地+农户"的经营模式,加快调整农村经济经营结构,组织农民有序进入流通和加工环节,逐步延长农民增收的链条。进一步强化科技兴农意识,不断强化以科技、信息、经营为重点的农村社会化服务。大力发展农村合作经济组织,积极推广股份制水利、股份制机械的好做法,使农民在自我服务中实现互惠。

(三)着力打造"和谐峄城",不断优化发展环境 牢固树立"环境就是生产力"的观念,把优化经济环境建设作为经济工作的生命线,大力营造充实配套的硬件环境、宽松优惠的政策环境、团结奋进的人文环境、稳定和谐的社会环境、诚信法治的市场环境、务实高效的服务环境、积极向上的舆论环境,吸引八方客商来峄城投资兴业,实现双赢。

(四)健全完善三大机制,大力营造求真务实的良好氛围 进一步健全完善决策目标、执行责任、考核监督三大体系,围绕落实科学发展观,推动经济社会快速、协调、可持续发展,加大经济工作、重点工作在党政机关目标考核中的分值,并将考核结果与干部使用、评先树优和个人工资福利挂钩。坚持领导干部联系点、现场办公和集中督察制度,推动各项目标任务的落实,进一步完善考核奖惩办法,做到既看总量,又看人均,既看绝对值,又看增幅、看后劲,引导全区各级各部门集中力量投入到科学发展、加快发展上来。

附:(一)峄城区委书记、副书记、常委名单

书　记:颜世昌(2006年6月离职)
王忠林(2006年6月任职,2006年12月离职)
孙欣亮(2007年1月任职)

副书记:刘振学　王广部　卞文强(挂职)

常　委:孙欣亮　刘振学　王广部
卞文强(挂职)　任为连
任建民　窦建军　刘树怀
仲崇柱　李兴伟(挂职)
王德明(挂职)　邵士官
王　齐　徐　琰(女)

(二)各镇、街道党委书记名单

底阁镇　李晓东
峨山镇　王厚岩
榴园镇　贾传福
阴平镇　张忠诚
古邵镇　刘　侠(女)
吴林街道　丛树国
坛山街道　狄　飞

中共台儿庄区委工作概况

台儿庄区委书记 刘玉冰

一、组织概况和党的建设

台儿庄区地处苏鲁两省交界，京杭运河横贯全境，是枣庄市最南部的一个市辖区。总面积538.5平方公里，辖5镇、1个街道办事处，211个行政村（居），30.16万人。现设28个基层党委（含8个二级党委），550个党支部，党员12860人，2006年全区发展党员320人。

2006年，区委紧紧围绕加强党的执政能力建设，坚持党要管党、从严治党的方针，积极探索新形势下加强党建工作的新路子。

（一）扎实开展第三批保持共产党员先进性教育活动 围绕社会主义新农村建设这一主题，认真抓好第三批先进性教育活动，集中解决涉及群众利益的各类问题达1670余件次，推广建立了规范化的教育管理、经常化的联系群众、立体化的群众监督、品牌化的服务群众、民主化的科学决策等5个方面的长效机制。

（二）加强领导班子和干部队伍建设，提高党的执政能力 严格执行《党政领导干部选拔任用工作条例》，顺利完成了镇街党委换届工作，镇街党委班子的职数配备、年龄结构、知识结构、性别结构不断改善。加大对领导干部的培训力度，先后举办科级干部、党外干部等各类培训班13期，受训达1500余人次。加强党政人才、企业经营管理人才和专业技术人才队伍建设，注重关心体贴基层干部和企业干部，进一步激发了广大干部的工作热情。

（三）加强基层组织建设，夯实党的执政基础 不断加强农村基层组织建设，积极实施薄弱村帮扶、强村竞赛、文明生态村创建工程，加强机关、社区、新型经济社会组织的党建工作，有效提高了基层组织的战斗力。

（四）加强党风廉政建设，树立廉洁勤政的良好形象 扎实开展树立正确的利益观教育活动，加强对各级干部的廉政教育，强化领导干部党风廉政建设责任制的落实，加大干部违法违纪行为的查处力度，推进了党风廉政建设和反腐败斗争。

二、主要工作与成绩

2006年，区委坚持以邓小平理论和“三个代表”重要思想为指导，以科学发展观统领全局，积极适应宏观调控新形势，抢抓机遇，干事创业，经济和各项社会事业发展实现了新突破。全区生产总值完成62.18亿元，增长16.4%；地方财政收入完成2.02亿元，增长22.5%；全社会固定资产投资完成25.31亿元，增长21.1%。

（一）工业经济持续快速增长 2006年，全区规模以上工业完成增加值31.1亿元，实现利税15亿元，分别增长30.3%和34.2%。先后建成了海华丽纺织、翔宇面粉等一批骨干项目，规模以上工业企业发展到128家。对外交流与合作不断扩大，招商引资实际到位资金19.8亿元，增长39.1%；外贸进出口额完成2866万美元，增长193.9%。经济开发区建设成效明显，完成了开发区入口景观、北三环路硬化等基础设施建设，建成了海扬王朝水洗布、浦辉电池等一批项目，被批准为省级开发区。民营经济快速发展，全年新发展个体工商户1500户、民营企业130家，民营经济纳税额达到2.74亿元，增长22.8%，占全区税收总额的84.9%。

（二）新农村建设成效明显 全年粮食总产29.4万吨，增长34.6%；粮食单产达到437公斤，增长20.5%，被评为“全国粮食生产先进县”。新发展沿运标准化藕池800个，规模养殖场60个，新植林木310万株；新上了祥和乳业一期、森森木业等龙头企业。大力实施“项目农业”，完成了伊运河排涝工程、广济桥橡胶坝建设、马庄桥改造、5万亩低洼地整理等重点农田水利建设工程，改善了农业生产条件。实施了国家级测土配方施肥项目，配方施肥面积达到10万亩。新修“村村通”柏油路70公里，全区211个行政村（居）全部实现了村村通油路；实施了“村村通”自来水工程，全区181个自然村的13.3万农民吃上了自来水；在12个村试点建设沼气池700个。累计投入各项支农资金4600余万元，农民人均得实惠230多元。经济薄弱村帮扶完成投资1120万元，新建市级文明生态村10个。

（三）城乡面貌发生显著变化 调整完善了城市总体规划和景区规划。完成了古运公园、长捷广场建设和林运路、长捷西路、兴中北路等城区道路综合改造。实施了污水处理厂一期、城区污水管网建设工程，新铺和改造城区供水管网6860米。开工建设了金色花园等居民小区，新增房产开发面积8.5万平方米。投资1.27亿元，开发小城镇建设面积5.23万平方米。扎实开展了城乡环境综合整治活动，城市保洁面积达到164万平方米。完成了涧李公路、前薛公路和沂台公路区内段改建工程，启动了206国道区内段拓宽改造工程，城乡交通条件进一步改善。

（四）和谐社会建设扎实推进 社会保障体系进一步完善，全年发放企业离退休职工养老金1535万元、下岗失业人员基本生活费92万元。加大了对困难群体的救助力度，全年发放救灾、救助资金240余万元。认真实施敬老院建设三年规划，新建敬老院房屋182间。全年完成科技成果9项，获得市科技进步奖7项。各级各类教育协调发展，新完成10所学校、9720平方米危房改造任务。全面落实计划生育目标责任制,扎实开展性别比综合治理年活动,全区人口继续保持低增长。“苏鲁边界平安区”建设深入开展,农村“治安双保”经验在全省推广,社会治安综合治理成效显著,安全生产形势平稳,被评为“平安山东建设先进区”。文化、体育、广播电视、民兵预备役等社会各项事业都取得了新进展。

三、创新与经验

(一)坚持科学发展理念,加快培植优势产业 一是狠抓支柱产业规模发展。抓住国家宏观调控机遇,及时调整产业扶持导向,加大资金投入,促进煤炭、建材、纺织、造纸、化工、农副产品加工等六大优势产业结构升级。2006 年,全区新上和续建投资过 1000 万元的重点项目 52 个,总投资 40 亿元,其中过亿元项目 17 个。这些项目的顺利推进,为全区经济快速发展和财源的稳定增长积蓄了强大后劲,提供了强力支撑。二是积极打造产业聚集平台。按照“集中连片、统一规划、分业建园、滚动发展”的思路,加快了台儿庄经济开发区建设步伐。委托山东城乡规划研究设计院重新调整了开发区规划,规划面积由 4 平方公里扩大到 15 平方公里,形成了民营工业园、王晁工业园、纺织工业园、化工工业园、造纸工业园和科技园等 6 个专业园区,成为企业实现集约化、规模化发展的重要载体。三是着力发展配套产业链。围绕骨干企业培植,鼓励现有企业大力引进产业相关配套项目,积极延伸产业链条。全区形成了以王晁煤电集团、张山子煤业为龙头的煤炭产业集群,煤炭产量达到 177 万吨;以上联、泉兴、东源为龙头的水泥产业集群,水泥产量达到 492 万吨,成为鲁南地区最大的旋窑水泥生产基地;以鲁棉纺织、海扬王朝为龙头的纺织产业集群,具有 20 万锭纺纱、5000 万米织布生产能力;以鲁台造纸机械、万通纸业总公司等为龙头的造纸和造纸机械产业集群,机制纸产量达到 24 万吨;以丰元化工、吉强化工为龙头的化工产业集群,化工产量达到 6.1 万吨。

(二)坚持以人为本理念,创新“治安双保”机制。 积极创新理念,把防范和保险结合起来,实行市场化运作,以家庭财产等易侵害物为标的(即被保险物)加入保险,每户交纳保险费用 20 元,然后由保险公司出资,依托公安机关招聘保安,对参保辖区实行昼夜巡逻,建立起“百姓花钱买保单,保险公司出钱雇保安,保安队员保平安”的一种新型社会治安防控模式,有效解决了农村治安防范中存在的义务联防流于形式、专职联防缺乏经费保障等突出问题,被作为“平安山东建设”十大典型经验加以推广。

附:(一)台儿庄区委书记、副书记、常委名单

书　记: 陈兆同(2006 年 12 月离职)
刘玉冰(2006 年 12 月任职)

副书记: 霍媛媛　张永刚

常　委: 刘玉冰　霍媛瑗　张永刚　杜宜俊
张贺泽　朱开国　秦　健　张法远
刘文强　赵学文

(二)各镇、街道党委书记名单

张山子镇　夏同强
涧头集镇　张怀珠
运河街道　赵学文
邳庄镇　姜　妍
马兰屯镇　张克垒
泥沟镇　张礼春

东 营 市

中共东营区委工作概况

东营区委书记 张传胜

一、组织概况与党的建设

2006年底，东营区共有基层党组织544个，其中党(工)委21个，党总支11个，党支部512个；党员12351名，其中女党员1865名，少数民族党员22名；全年发展党员311名。区委按照“抓落实、促创新、树典型、创佳绩”的工作思路，积极创新加强基层组织建设的载体，全面提升基层组织建设工作水平。

(一)围绕建设新农村，提高农村党建工作水平 深化农村党的建设“三级联创”活动，制定《关于深化农村党的建设“三级联创”活动推进社会主义新农村建设的意见》，逐级签订目标责任书，明确区、镇、村三级责任制，健全三级联责、联动、联评、联审的“三级四联”机制，形成了一级抓一级、一级带一级、一级促一级的局面。推行为民服务全程代理，按照“一室受理，全程代办，内部运作，按时办结”的程序，通过村居受理室和镇、街道为民服务工作站，落实承办人，整合相关的行政许可项目，着力构建为民服务长效机制。在无职党员“设岗定责”的基础上，规范完善了“党员服务区”制度，全区共建党员服务区260个，确定党员中心户563个。制定《东营区农村干部规范化管理办法》，建立了集农村干部现任、后备、离任于一体，选、育、管相结合，绩、奖、惩相统一的农村干部规范化管理机制。开展基层党建创新活动，实行课题化运作，明确责任人和完成时限，定期调度，年终总结考核。全区先后涌现了“支部+协会、远教+基地、党员+能人”模式、流动党员“双向两级”管理、村干部“双议双考”、村务决策“五步工作法”、社区党员“议事厅”等工作亮点。

(二)立足建设和谐社区，加强社区党建工作 制定《关于进一步加强和改进社区党建工作的意见》，对社区党建工作的目标任务、工作措施提出了新的要求。制定社区党员分类管理办法，建立了社区所属党员直管、离退复退和下岗失业党员接管、流动党员托管、在职党员协管的“分类四管”模式。整合辖区资源，制定《关于在全区街道社区开展“结对共建”活动的实施意见》，协调街道和社区党组织与驻区单位党组织结成对子，建立健全了以党组织联建、工作任务联做、公益事业联办、党员教育联管、党建活动联动、精神文明联创、社区文化联谊、社区服务联帮为主要内容的“八联”制度。创新活动形式，开展了创建“党建示范社区”、“星级社区”和“十佳文明信用社区”活动，突出社区特色建设，积极培育典型，各街道形成了“一社区一品牌”的格局。

(三)创新管理机制，扩大非公企业党建工作的覆盖面 对登记在册的规模以上企业，全部建立了分类台账，实现了“四有”：有党员活动室、有党员电教设备、有党旗、有党建学习读物。实行党员“无缝隙”管理。对企业中有3名以上党员、有合适支部书记人选的单独建立党支部；对规模小、党员少、不具备单独建立党组织的，与相近的企业建立联合支部；对仅有个别党员的私营企业和个体工商户中的党员，挂靠社区党组织。全区具备建立党组织的54个规模以上企业中，有41家单独建立了党组织。搭建党建活动平台，开展了争创“党建工作示范点”活动，通过开展党员示范岗、党员责任区及“比规范、看谁党性觉悟高，比发展、看谁作用发挥明显”主题实践活动，提升了非公企业党建工作层次。

(四)完善工作制度，规范党员发展和信息化管理 落实“三推两公示、集中培训、预审、谈话”等制度，进一步规范了党员发展程序。建立农村发展党员“销号”制度和农村支部书记发展党员“预警”制度，没有出现3年以上不发展党员的村居。建立以基层党支部为基点、以各基层党委为枢纽的党务管理信息系统，实现了对党员发展、党员管理、党费管理、党内统计等工作的动态管理。

二、主要工作与成绩

2006年，区委认真贯彻党的十六届三中、四中、五中、六中全会精神，以科学发展观统领全局，深入开展“队伍建设年”、“发展改革年”、“稳定安全年”活动，全区经济社会发展取得了新的成绩。获得全省和谐社区建设示范区、全省科技强警先进区、全省双拥模范城、全省民政工作先进区、“平安山东”建设模范区、中国企业信用建设突出贡献单位等荣誉称号。

(一)国民经济保持良好发展势头 全年实现生产总值116.7亿元，比上年增长25.8%。实现地方财政收入8.11亿元，增长31.66%。完成全社会固定资产投资121亿元，增长29.5%。城镇居民人均可支配收入16741元,农民人均纯收入5193元,分别增长12.8%、11.9%。个体工商户和私营企业注册资金分别达到7.4亿元、31.9亿元。完成进出口总额2.4亿美元,增长32.5%。招商引资引进投产(营业)和在建项目430个,到位外来固定资产投资16.5亿元。

(二)重点工程和项目建设扎实推进 新区建设顺利推进,水、电、路、暖、讯等基础设施全面配套,黄河公园、绿化、水系及各类景观设施基本完善,办公区、住宅区投入使用,物业化管理日趋规范,成为拉动东西城对接、提升城市品位的亮点工程。胜利工业园区累计入园项目98个,全年实现工业增加值4.8亿元、利税1.5亿元。中国石油大学科技园1.38万平方米的科技大厦投入使用,5000平方米中试车间、3000平方米仓储设施建设顺利完成。东营商贸园一、二期工程基本配套,三期工程已经市政府正式批准,园区总建筑面积达到85万平方米。城区村居改造稳步推进,完成拆迁面积42.5万平方米,建设面积74.1万平方米。商河路商业步行街中段基本建成,西郊铁路物流中心建设加快推进,蓝海国际大饭店、鸿港医院等服务业设施投入运营。

(三)社会主义新农村建设开局良好 将全区村居划分为"城中村、园区村、中心村、生态村、弱小村"五种类型,把六户镇和24个村居作为示范镇村,实施"三条线三大片"示范工程,科学规划,分类指导,梯次推进,有力推动了新农村建设进程。蔬菜、桑蚕、畜牧、水产等优势产业不断巩固壮大,农业龙头企业总数达到45家,辐射带动农户2.7万户。武家大沟、四干渠综合治理工程及一批农业综合开发、土地整理项目顺利实施,集中供水、"两进"、利民桥、农村公路改造等利民工程圆满完成。"三清四改六化"等工程扎实推进,旧村改造建设和村庄绿化、庭院美化、街道硬化取得明显成效。农村劳动力转移步伐进一步加快,新增转移农村劳动力7045人,非农收入占农民人均纯收入达43.4%。

(四)各项社会事业繁荣发展 社会主义荣辱观教育和文明城市创建工作深入推进。"五五"普法教育活动全面展开。努力提高教学质量和教育现代化水平,顺利通过全省教育工作示范区初检。组建区疾病预防控制中心、卫生监督执法局,加强镇卫生院和社区卫生服务站建设,积极实施健康关爱工程,城乡居民医疗服务水平不断提高。完善社会保障救助体系,提高保障救助标准,城乡困难群众和弱势群体的生活得到保障。大力实施就业再就业工程,全区城镇新增就业2589人,城镇登记失业率控制在1.8%以内。深化双拥共建,连续荣获全省双拥模范城称号。认真落实三项基本国策,人口与计划生育、国土资源和环境保护等工作成效显著。

(五)平安建设取得明显成效 深入开展"打黑除恶"专项斗争,破获了一批危害严重、影响恶劣的案件,摧毁了一批犯罪团伙,人民群众安全感进一步增强。完善治安防控体系,突出抓好治安集中整治和油区治安综合治理,创新出租房屋和暂住流动人口管理机制,全区治安大局持续稳定。认真做好群众来信来访工作,搞好矛盾纠纷排查调处。严格落实安全生产责任制,强化监督检查和事故隐患整改,防止了重特大安全生产事故的发生。加大市场经济秩序整顿力度,组织开展食品药品、医疗、文化、农资等专项整治活动,为经济社会发展营造了良好环境。

三、创新与经验

(一)必须找准发展定位 始终把发展作为第一要务,不断深化对经济社会发展规律和东营区区情的认识,充分利用中心城区的区位优势和资源优势,坚定不移地实施以发展城市经济为主导,统筹城乡发展的战略指导思想,走出了一条符合东营区实际的发展路子。

(二)必须激发发展活力 致力于创建更加科学高效的管理体制和运行机制,大胆突破条条框框的束缚,以创新的思维解决遇到的新情况、新矛盾、新问题,为加快发展提供了强大动力。

(三)必须凝聚发展合力 始终高举团结发展的旗帜,不断深化油地结合、加强地校合作、推进军民共建,调动一切有利于发展的积极因素,有力推动了区域经济社会发展。

(四)必须注重发展成效 坚持求真务实,重实绩、办实事、求实效,不搞形式主义,不做表面文章,使各项工作经得起实践、历史和群众的检验。

(五)必须优化发展环境 牢固树立环境也是生产力的思想,努力营造民主团结的政治环境、健康有序的经济环境、和谐稳定的社会环境,保证了改革开放和现代化建设的顺利进行。

附:(一)东营区委书记、副书记、常委名单

书　记:张传胜

副书记:赵国芳(女)　吕跃庆　韩希忠(挂职)

常　委:张传胜　赵国芳(女)　吕跃庆　韩希忠(挂职)　苟增杰　田和德　刘美华(女)　王希凯　赵　虹(女)　顾修迅　赵　军　张　锋

(二)各镇、街道党(工)委书记名单

辛店街道　盖长祥

胜利街道　马学舜

黄河路街道　赵树平

文汇街道　盖士杰

东城街道　张国辉

胜园街道　王　勇

六户镇　隋湘滨

史口镇　王昌勇

牛庄镇　杜书亮

龙居镇 王建军

中共河口区委工作概况

河口区委书记 郑建军

一、组织概况与党的建设

2006年底，河口区共有基层党(工)委16个，其中乡镇党委6个；党组22个；党总支6个；基层党支部396个，其中农村支部174个；党员6042名，其中农村党员3120名。一年来，区委认真贯彻落实党的十六大及十六届三中、四中、五中、六中全会精神，大力加强党的建设。

(一)以群众满意为最高目标，认真组织开展好保持共产党员先进性教育活动 截至2006年6月份，全区保持共产党员先进性教育活动圆满结束，得到了市委督导组和省委督导组、省委巡回检查组的充分肯定，中央保持共产党员先进性教育活动简报介绍了河口区经验。认真总结第三批先进性教育活动的新鲜经验，形成了规范有效的规章制度和实施办法，提高了党建工作的制度化、规范化水平。

(二)以提高执政能力为核心，全面加强领导班子和干部队伍建设 在全区101个机关事业单位中开展了"作风建设年"活动，把活动开展作为巩固先进性教育活动成果的一项重要举措。通过活动的开展，全区各部门单位工作制度建设进一步加强，工作流程规范和服务标准提高，干部作风明显转变，工作效率进一步提高。研究制定了《河口区科级领导班子和领导干部量化考核办法》，对考核的范围、对象、内容和评分标准、方法、程序、等次评定标准及结果的运用等都作了明确规定。在半年考核中，区委对3个考核结果较差的班子主要负责人进行了调整，对6名科级领导干部进行了调整，交流5名，降职1名。

(三)进一步优化领导班子结构 严格贯彻执行《党政领导干部选拔任用工作条例》，坚持标准条件，严格程序规定，突出对工作实绩的考察考核，大力提拔靠得住、有本事、干成事的领导干部。按照乡镇党委领导班子配备要求，进行了换届调整，调整后的乡镇党委领导班子，30岁以下的9人，比换届前增加了7人，女干部8人，比换届前增加了5人，平均年龄35岁，比换届前降低了2岁，大专以上学历的占96%，比换届前提高了5.3个百分点，领导班子结构进一步优化，战斗力进一步增强。

(四)进一步加强干部培训和实践锻炼 强化思想认识，创新培训理念，改进培训方式，丰富培训内容，扩展培训对象，初步形成了统一规划、归口管理、分工协作、分类实施的干部教育培训新格局。

(五)以先进性教育和"党建示范工程"创建为抓手，大力加强党的基层组织和党员队伍建设 一是抓重点，巩固提高农村基层组织建设。结合农村先进性教育活动的开展，不断深化和拓展"三级联创"活动，重点突出社会主义新农村建设这个中心，落实责任，明确目标，不断巩固区、乡、村"三级争创"、"三联三动"的创建格局。二是抓规范，提升机关党建水平。机关党建工作按照"创新、规范、拓宽、务实"的工作思路，紧紧围绕区委工作中心，在抓规范上狠下功夫，继续抓好阵地建设和制度建设。全区机关党组织中，制度健全、阵地规范的达到80%以上。三是抓创新，不断深化社区党建工作。紧紧围绕"建设社区，服务居民"的目标，进一步健全完善社区党建联系会制度。努力创新载体，搭建平台，做好下岗职工党员、离退休党员、流动党员的管理工作。不断丰富社区党建内容，开展了"四进社区"活动，把党建工作落到实处。四是抓难点，探索发展新型经济组织党建工作。按照"先行组建，逐步提高、分类指导"的工作思路，坚持"四建四抓"(建组织、建班子、建制度、建阵地，抓发展、抓教育、抓活动、抓机制)，找准着力点，全面加强对新型经济组织党建工作的指导和管理，加强非公有制经济组织的党建力度。五是抓基础，严把党员"入口关"。针对发展党员工作中存在的"暗箱操作"，影响党员质量的问题，特别是农村发展党员的"近亲繁殖"现象的出现，在发展党员工作中，每个关键环节上都广泛听取党员和群众代表的意见，自觉接受社会监督。

(六)以开展"五星级"接收站点创建活动为抓手，大力加强农村党员干部现代远程教育工作 对远程教育接收站点探索实行了星级管理，重点把握"建、管、学、用"四个环节，从学教管理、骨干队伍培养、教学效果等方面入手，逐步建立健全了组织保障、资金投入、教学组织与管理的工作运行机制。

二、主要工作与成绩

(一)"工业强区"发展战略稳步推进 全区规模以上工业完成增加值30亿元、主营业务收入90亿元、利税12亿元、利润6亿元，分别增长63%、70%、70%和90%，保持了高幅增长的良好态势。主导产业快速壮大，石化、盐化、纺织、医药等主导产业翻番增长。重点工业项目进展顺利，工业固定资产投资达到30亿元，增长46%；实施投资过1000万元的工业项目39个，其中过亿元的7个。企业集群加快膨胀。全区新增规模以上工业企业9家、达到53家，新增主营业务收入过亿元的企业3家、达到12家。开发区承载功能不断增强，新入驻企业19家，到位投资16亿元，被省政府批准为省级经济开发区。

(二)新农村建设步伐明显加快 农业生产喜获丰收。冬枣、棉花、水产、畜牧、芦苇五大优势产业加快发展，共完成产值11亿元，成为带动农民增收的重要支柱。产业化水平不断提升,农业龙头企业发展到48家,新上农副产品加工项目12个,完成投资1.53亿元。农村商业网络逐步完善,建成乡镇超市9个、村级放心店47个,黄河口冬枣批发市场、黄河口水产品批发市场建成投用。农业基础条件不断改善。完成荒碱地开发4.3万亩,中低产田改造3.6万亩,新增林木面积1.6万亩,挑河疏浚、羊栏河水库衬砌、河王渠改造工程全面完成。乡村面貌逐步改善。村庄建设总体规划和布局调整规划编制完成,村庄搬迁合并顺利起步;农村基础设施建设不断加强,新建沼气池560个、村级文化大院132处,自来水入户率达到40%,农民生产生活条件进一步改善。

(三)城乡面貌发生显著变化　城市总体规划修编完成新一轮评审,路网框架不断完善;水系建设、中心商业区改造、污水处理厂建设等工程进展顺利,城市功能更加完备,城市形象进一步提升;下岗失业职工住宅小区与220户农村特困群众住房顺利完工入住,区直机关安康工程加快推进,群众住房条件明显改善。滨海大道绿色生态河一期工程顺利竣工;通过BOT方式与龙湾港集团合作实施的北部海防大堤建设工程,现已修建进港公路12公里;东营中心渔港一期工程顺利竣工,即将通航;改造乡村道路78条,总长度197.2公里,全区公路通车里程达到1855.7公里;电力、通讯、信息网络建设加快推进,承载能力进一步增强。

(四)社会各项事业取得新进展　科技创新成果显著,实施科技计划项目22个,新申请专利175件,省级以上高新技术企业达到6家。教育事业加快发展,顺利通过省级教育示范区验收;高考重点本科录取率创历史新高;城乡义务教育收费"三免"政策全面落实,财政补贴资金460万元。群众健康关爱工程圆满完成,乡镇卫生院平稳上划。积极开展白内障无障碍区创建活动,残疾人康复工作水平稳步提高。

(五)人民群众生活有了新的改善　城镇居民人均可支配收入15100元、农民人均纯收入5006元,分别增长11.9%、12.1%;城乡人均储蓄存款达到3.3万元,比年初增加940元。新增就业2047人,城镇登记失业率控制在2%以内。社会保障体系逐步完善,城乡低保、城乡居民医疗保障、农村"五保供养"标准进一步提高。失地农民基本生活保障、拖欠农民工工资等问题得到有效解决。为民办的十件实事顺利完成,使广大群众得到了更多的实惠。

三、创新与经验

(一)坚持以解放思想为先导,创新发展思路　面对黄河三角洲高效生态经济区开发建设的新机遇,立足区情,及时调整工作思路,提出了建设化学工业基地、新兴港口经济区和湿地生态家园的总体定位,确定了"一区两园两片"(经济开发区,富海化工园、中海化工园,临港开发片、滨海开发片)的发展布局,拉开了大发展的框架。

(二)转变经济增长方式,科学推进发展　工作中,注重把握大局,调整优化经济结构,集中精力推进工业、招商引资和基础设施建设等重点工作,着力加强三农、服务业等薄弱环节,促进了经济发展速度、质量、效益相统一。注重运用市场手段推进经济发展,成功运作了华欧国际商贸城、河口北部海防大堤等一批重大基础设施项目。

(三)执政为民,维护群众利益　始终把维护群众利益作为一切工作的根本出发点和落脚点,对农民增收、劳动就业、社会保障、困难群众救助等与群众利益息息相关的问题,坚持说了算、定了干,信守承诺,不折不扣地抓好落实。2006年,各级面向三农的投入达到1.06亿元。

附:(一)河口区委书记、副书记、常委名单

书　记:赵豪志(2006年12月离职)
郑建军(2006年12月任职)

副书记:聂建军　孙红军

常　委:郑建军　聂建军　孙红军
成希琴(女)　王树臣　盖举波
张　敏(女)　马玉钏(女)
崔文书　张成彬　候永强
孟昭亮(挂职)

(二)各乡、镇、街道党(工)委书记名单

河口街道　李寿年
新户乡　孟凡吾
太平乡　孙学诗
六合乡　朱春光
义和镇　王学春
仙河镇　张　彬
孤岛镇　薄纯新

中共广饶县委工作概况

东营市委常委、广饶县委书记　赵豪志

2006年,广饶县委坚持以邓小平理论和"三个代表"重要思想为指导,牢固树立并积极落实科学发展观,解放思想,与时俱进,抢抓机遇,艰苦创业,经济社会发展取得了显著成就,实现了"十一五"良好开局。

一、组织概况与党的建设

2006年底,广饶县共有基层党(工)委35个,党总支部94个,党支部1175个;党员

24375名，其中女党员2850名，占12%；全年共发展党员488人。县委突出三个重点，扎实推进党的建设。

（一）以提高执政能力和构建和谐社会能力为重点，大力加强领导班子和干部队伍建设 坚持超前谋划、统筹考虑，圆满完成了县乡党委换届工作，领导班子结构进一步优化，整体功能进一步增强。深入做好领导干部思想政治工作，严肃组织人事纪律，努力营造风清气正的换届环境。严格执行《干部任用条例》，科学调整配备干部，进一步树立了良好用人导向。积极开展大规模干部教育培训，组织举办各类培训班127期，干部队伍整体素质不断提高。积极稳妥地推进《公务员法》的组织实施，扎实做好公务员登记工作。认真做好乡镇和县直部门、单位领导班子及领导干部年度考核工作，科学确定考核结果，调动了干部的干事创业热情。严格执行干部任前公示和试用期制，坚持组织部门与执纪执法部门联系通报、回复组织函询和领导干部离任审计制度，认真做好干部监督电子信箱和热线电话投诉受理工作，探索建立了干部健康成长的保障机制。

（二）以巩固和增强执政基础为目标，全面加强基层组织建设 进一步深化农村党的建设"三级联创"活动，规范完善了村级事务程序化管理、村级事务"五步决策"工作法、村民代表会议、农村党员责任区、党员议事会等制度，增强了村级组织的凝聚力和战斗力。加强了村级活动场所建设，列入中央、省重点督导的24个村全面完成了建设任务。做好第十三批党建工作队的管理工作，加强了对所驻村的帮扶。认真落实《县直机关基层党支部规范化建设的若干规定》，建立健全了机关党建工作目标责任体系。加强了新型经济社会组织、街道社区党建工作，开展了党建工作示范社区和示范企业创建活动，扩大了党的组织覆盖和工作覆盖。

（三）以保持党的先进性为核心，大力加强党员队伍建设 各级党组织按照"真正成为群众满意工程"的要求，围绕"抓教育、做表率、创佳绩"这一主线，认真做好第一、二批先进性教育活动的巩固提高工作，突出建设社会主义新农村这个主题，扎实开展了第三批先进性教育活动。全县各级党组织精心安排，广大党员积极参与，教育活动取得丰硕成果，党员群众对整个教育活动的满意率达到99.99%。严格落实"两推一公示"、组织委员列席会议等制度，切实做好了发展党员工作。继续实施党员干部"素质教育工程"，组织举办学历进修班，提高了农村党员干部整体素质。坚持"建、管、学、用"并举，扎实做好了党员干部现代远程教育工作。

二、主要工作与成绩

2006年，全县实现生产总值199.1亿元，同比增长25.5%；完成地方财政收入7.8亿元，增长37.5%；全社会固定资产投资102亿元，增长30.1%；城镇居民人均可支配收入12755元，增长14.1%；农民人均纯收入5380元，增长12%。经济社会综合发展水平连续进入全国百强县和全省30强，并跨入全国最具投资潜力中小城市百强县、县域经济基本竞争力百强县、最具竞争力百强县、和谐中小城市示范县。先后获得全国科技进步先进县、新型农村合作医疗试点工作先进县、粮食生产先进县，全省教育工作示范县等多项省级以上荣誉称号。

（一）坚定不移发展工业 坚持走新型工业化道路，加快主导产业、骨干企业和名牌产品的培育。努力推进"三个一批"，全年工业固定资产投入达到86亿元，规模以上工业企业发展到135家，新增44家，实现增加值125.8亿元、利税54.5亿元，分别增长41.1%和76.7%；3家企业入闱中国企业500强，5家企业入闱中国制造业500强，8家企业入闱中国最大企业竞争力500强。高新技术产业快速发展，培植省级以上高新技术企业7家，培育省以上品牌14个，高新技术产业占规模以上工业总量的60.5%。坚持以企业为主体，引进来、走出去相结合，不断创新招商方式，扩大对外贸易渠道，引进外来固定资产投资15亿元，实际利用外资2602万美元，增长58%；完成进出口总额8.8亿美元，其中出口5亿美元，比上年增长36.5%。

（二）扎实推进社会主义新农村建设 坚持抓龙头、带基地、连农户，大力扶持发展农业农村经济。现代农业建设取得新进展，优质粮食、蔬菜、棉花标准化生产基地发展到76.5万亩，市级以上重点龙头企业达到22家，县、乡、村各类农村新型合作经济组织发展到52个，进一步完善了农业产业化格局。认真落实各项支农惠民政策，全面加大对"三农"的基础性投入，先后实施了三干节水改造、武家大沟综合整理等多项重点工程，进一步改善了农村生产生活条件。深入落实新农村建设"五新六好"的总体思路，制定实施了新农村建设规划和方案，新农村示范区、示范村、农民新型集中居住区创建工作初见成效。

（三）全力繁荣商贸流通业 服务业发展加快，实现了各类市场的集中布局、划行归市，广饶义乌小商品批发市场、乐园商贸广场、超越五金灯具建材市场繁荣发展。建设乡镇超市8处、村级放心店132处、农村社区综合服务中心4处，城乡现代商品流通服务体系不断完善。大力发展工业物流，重点培育了华泰直通场站、保税仓库等一批综合性物流平台和华星物流、圣源物流等一批专业化物流企业。2006年，全县社会消费品零售总额达到22.2亿元，增长16%。

（四）加快城市和基础设施建设 成功实施了东区基础配套、城中村拆迁、城区道路美化亮化、阳光花苑小区建设、孙武湖景观绿化等一批重点工程，顺利建成了红旗路淄河大桥、兴广铁路广饶段主体工程等一批重点基础设施项目，城市规模、功能和品位得到进一步提升。深入开展"整治广饶大地，共建美好家园"环境综合整治，集中进行环境整治和路域绿化，加快推进"生态广饶"建设，全县林木覆盖率达到23.5%。

（五）着力促进社会和谐稳定 不断优化教育布局，整合教育资源，扩建了广饶一中，基本完成了县城区中小学整合工作,教育教学水平有了新提高。积极完善县乡村卫生服务网络,加强重点卫生院和社区服务机构建设,群众医疗健康条件进一步改善。文化体育事业蓬勃发展,成功举办了第二届中国广饶·孙子国际文化节和首届农民文化艺术节。积极实施有线电视普及工程,有线电视通村率达到100%。广泛开展社会主义荣辱观教育,信用广饶、文明城市、小康文明村创建活动富有成效。坚持以稳定促和谐,从强化基层基础、强化责任制落实、强化工作机制建设入手,大力加强“平安广饶”建设,有力维护了政治安定、社会稳定和生产安全。

三、创新与经验

(一)实施“四个一批”,加快社会主义新农村建设 在加快农村产业发展的基础上,着力从建设模式、运作方式、运行机制等方面深入探索,全面推进社会主义新农村建设。突出抓了“四个一批”,即:依托城镇聚集一批、依托企业带动一批、依托重点村转化一批、依托创建活动提升一批,不断推动农村环境面貌、基础配套水平和群众生活质量同步提高。2006年,全县整体搬迁城中村2个,启动建设农民新型集中居住区11处,总建筑面积34万平方米,建成后可集中安置农民2800多户;探索建立西水磨村等“村企合一”型新农村8个、市级小康文明村50个、县级新农村建设示范村17个。

(二)密切银企关系,加速经济发展 以争创全国金融生态安全区为载体,大力加强诚信广饶、信用金融建设。每年都组织召开银企座谈会,加强银行与企业间的交流与合作。积极落实金融部门帮扶中小企业制度,明确重点项目主办银行,保证了重大项目建设资金。积极发挥中小企业互助担保协会的作用,2006年为县内中小企业贷款36笔7250万元,有效缓解了中小企业融资难问题。2006年底,县内各金融机构存款余额达到110.9亿元,贷款余额达到177.9亿元,新增贷款44亿元,有力推动了地方经济发展。

附:(一)广饶县委书记、副书记、常委名单

书　记:徐春福(2006年12月离职)
　　　　赵豪志(2006年12月任职)
副书记:田和友　栾庆恩
常　委:赵豪志　田和友　栾庆恩　李廷华
　　　　贾瑞霭(女)　丁卫东　杨成学
　　　　燕振诚　韩克光　梁润生　高　卫

(二)各乡、镇、办事处党(工)委书记

广饶镇	任炳松
大王镇	燕振诚
稻庄镇	燕景广
丁庄镇	杨同贤
石村镇	宋景夏
李鹊镇	李维忠
花官乡	古金钊
西刘桥乡	燕东军
大码头乡	李迎雪
陈官乡	李九智
城区办事处	孙玉香(女)
县经济开发区	李建民

中共垦利县委工作概况

垦利县委书记　陈泽浦

一、组织概况与党的建设

2006年底,垦利县共有党(工)委21个,其中乡镇党委7个,机关党委4个,企业党委5个,派出工委5个;党支部(总支)661个,其中农村党支部328个;党员12257名,其中女党员1731名。一年来,县委以加强执政能力建设和先进性建设为重点,全面加强党的建设。

(一)大力加强党的思想政治建设 认真贯彻党的十六届三中、四中、五中、六中全会精神,突出全面落实科学发展观和加快构建和谐社会,加大对各级领导干部的教育培训力度。县委党校举办各类培训班10期,培训学员1000余名;指导各基层党委举办各类培训班100余期,培训党员8000余人次。扎实开展保持共产党员先进性教育活动,群众满意率达99.99%。

(二)大力加强各级领导班子和干部队伍建设 认真贯彻《党政领导干部选拔任用工作条例》,突出选拔使用想干事、会干事、能成事的干部,干部队伍结构进一步优化。2006年末,全县35岁以下的科级干部93人,占15.6%;女干部90人,占15.1%;大专以上文化程度的554人,占92.6%。圆满完成了乡镇党委换届工作,新一届乡镇党委班子成员平均年龄37岁,较上届下降3.4岁。

(三)大力加强党的基层组织建设 深化和拓展“三级联创”活动,在农村党员中推行了“设定一个岗位,实行‘两条线’评议考核,分三个考核等次管理”为内容的“一二三”管理制度。出台了加强社区、非公有制企业党建工作的意见,社区居委会全部建立了党支部,规模以上非公有制企业全部建立了党组织,在非公有制企业发展党员21名。

(四)大力加强党风廉政建设 认真落实党风廉政建设责任制,严格实行责任追究、离任审计、廉政谈话和领导干部重大事项报告等制度。狠抓建设工程招投标、政府采购、经营性土地使用权出让等制度落实,教育、制度、监督并重的惩治和预防腐败体系更加完善,党风政风进一步好转。

二、主要工作与成绩

2006年,县委团结带领全县干部群众,按照构建和谐社会的要求,牢固树立和认真落实科学发展观,突出抓好重点工程、重点项目和为民办的十件实事工程,迎难奋进,扎实苦干,实现了"十一五"良好开局。全年实现地方生产总值101.7亿元,比上年增长26.8%;实现境内财政总收入9.2亿元,增长44.8%,其中地方财政收入3.81亿元,增长36.9%;完成全社会固定资产投资63.7亿元,增长30.4%;城镇居民人均可支配收入、农民人均纯收入分别达到13006元和5001元,分别增加2306元和541元。万元GDP综合能耗下降5.9%,城镇登记失业率1.89%,人口自然增长率1.09‰。

(一)突出培植骨干企业和支柱产业,在推进新型工业化上实现了新突破 坚持招商引资与现有企业规模规模、高新技术产业与一般加工制造业、培植大企业与扶持中小企业三个"两手抓",突出抓好总投资35亿元的19个重点项目,以加大投入为突破口,工业经济发展的速度、质量、效益全面提升。新增规模以上工业企业34家,达到102家,实现销售收入291.7亿元,利税38.6亿元,同比分别增长67.6%和80.1%;经济效益综合指数达到486.5%,比上年初提高103.1个百分点;年销售收入亿元以上的企业达到22家,万得福、新发等一批成长型企业迅速发展壮大。进一步深化产学研结合,加快以企业为主体的技术创新体系和公共研发创业平台建设,新增省级以上高新技术企业2家,达到20家,新创省级名牌产品9个,达到19个。围绕重点发展的八大主导产业,着力培植支柱产业,加快发展配套项目,初步形成了石油化工、纺织服装、橡胶轮胎、机械加工等一批实力强、聚集度高的产业集群。

(二)突出改进招商方式、增强招商成效,在提高对外开放水平上实现了新突破 坚持企业招商、以商招商、委托招商等多种形式,突出抓好专业招商和产业招商。成功引进实施了帝纱纺织、国能生物发电等一批大项目,形成了新的经济增长点。园区经济迅速发展,县经济开发区、胜坨工业园等重点板块基础设施进一步配套完善,实现了全县90%以上的工业产值,项目承载力明显增强,成为对外开放的重要窗口和招商引资的主阵地。引导和扶持企业加大国际市场开拓力度,大力培植出口骨干企业和出口主导产品,外贸出口突破1亿美元,达到10489万美元,增长37.2%;实际利用外资1353万美元,增长99%。

(三)突出增加农民收入和改善生产生活,在加快建设社会主义新农村上实现了新突破 在搞好土地资源开发和常规农业结构调整的同时,加快建设全省水产、畜牧大县强县。重点扶持养殖大户、养殖小区和名优品种繁育推广,水产、畜牧两大产业优势更加突出。水产精养、半精养面积达到20万亩,海珍品养殖实现重大突破,大闸蟹等一批农副产品成功注册了黄河口品牌;扩建、新建畜牧规模养殖小区32个,全县水产、畜牧两大产业占农业总产值的比重达到65%。继续实行财政贴息等激励政策,新增规模以上农业龙头企业6家,达到18家,万得福、蓝田、海盈等农业龙头企业迅速发展壮大,辐射带动能力显著增强。大力加强农业农村基础设施建设,实施农业开发、土地整理项目7个,建成了小岛河渔港和红光渔港北港,农业生产条件进一步改善。村庄规划建设步伐加快,新争创市级小康文明村32个,达到72个,村容村貌有了较大改观。

(四)突出规划编制和宣传推介,在加快黄河口旅游开发上实现了新突破 高起点推进全县旅游发展总体规划和重点景区规划编制,加大道路等基础设施建设力度,建成开放了一批景区景点,开发了一批特色旅游产品。积极融入环渤海旅游圈和全省旅游体系,精心策划包装,加大推介力度,黄河口南线成为全省重点开发的八条旅游线路之一,黄河入海口景观被评为全省十大魅力景区之一。做好以节促游的文章,运用市场机制成功举办了首届中国·垦利黄河口文化旅游节,提升了垦利和黄河口的知名度与美誉度。

(五)突出加快县城新区建设,在提高城市规划建设管理水平上实现了新突破 立足于建设东营中心城市的北城区,加快建设现代化绿色生态城市。成立了规划评审委员会,建立城乡规划专家联审制度,对县城总体规划和重点区域详细规划进行修编,提升了规划设计的层次和水平。2006年实施城建及基础设施重点工程30项,总投资达22亿元,县城新区规模快速膨胀,东区功能明显提升,西区改造进展顺利。突出做好"水"和"绿"的文章,实施了民丰湖二期和环城水系一期工程,建成了溢馨公园,对新兴路等城区骨干道路进行了高标准绿化,城市环境面貌明显改善,形象品位显著提升。实施精细化管理,城市管理水平有了较大提高。

(六)突出解决事关群众切身利益的实际问题,在加快构建"和谐垦利"上实现了新突破 健全完善了以"五保五救助"为重点的社会保障体系,全年县财政用于抚恤、社会救济和社会保障的资金达到3276万元,用于扶持"三农"的资金达到5521万元,同比分别增长36%和113.9%。科技、教育、文化、卫生等各项事业健康发展。城乡供水一体化等年初承诺为民办的实事工程全部高标准完成,群众生产生活明显改善。深入推进平安建设,社会大局持续稳定,城乡群众安居乐业。

三、创新与经验

(一)坚持在加快发展中落实科学发展观,不断完善符合垦利实际的发展路子 致力于又好又快发展,努力做好上级精神与垦利实际的结合文章,创造性地开展工作。实施"五大战略"和突出抓好"一带二业三线"及两大环境建设这一符合垦利实际的发展路子不断得到完善，并一以贯之、毫不动摇地狠抓落实。

(二)坚持群众利益高于一切，把群众是否得到更多实惠作为评价工作的最高标准 始终把维护好、实现好、发展好群众根本利益，作为一切工作的出发点和落脚点，既千方百计干好事关发展的大事，又尽心竭力办好事关群众切身利益的实事；既努力保持经济的快速增长，又下大气力改善群众的生产生活，让广大群众充分享受到改革发展的成果。

(三)坚持上下同心，团结一致，凝聚干事创业的强大合力 几大班子团结，干部群众同心同德，全县上下同心协力，始终保持了干事创业、加快发展的浓厚氛围和一心干事、敬业奉献的清风正气。

(四)坚持迎难奋进，拼搏进取，始终保持奋发有为的创业激情 面对艰难繁重的发展任务，全县广大党员群众审时度势，积极应对，扎实苦干，办成了一些牵动全局、影响长远的大事、新事和难事，实现了一个又一个新突破。

(五)坚持大处着眼，细处入手，集中精力抓落实 抓住事关发展的关键环节和牵动全局的重点方面，把工作目标具体到一项项重点工程、重点工作中，落实到一个个重点项目上，从县委常委到普通党员干部，人人肩上有担子；不论在职在位的领导干部，还是退下来的老同志，都把精力放在一线，确保了各项决策目标的落实。

附：(一)垦利县委书记、副书记、常委名单

书　记：陈泽浦

副书记：田治颖　韩利学

常　委：陈泽浦　田治颖　韩利学　李在忠　阎继方　张葆春　陈景新　邵红双(女)　林先贵　刘占文　付兆钦　郭玉良(挂职)

(二)各乡、镇、办事处、社区党(工)委书记名单

垦利镇　高加夫

胜坨镇　陈卫奎

永安镇　刘金忠

黄河口镇　孟泽群

郝家镇　于泮义

董集乡　杨同起

西宋乡　周天奎

红光办事处　盖乃高

垦东办事处　翟向军

社区管委会　商　岩(女)

中共利津县委工作概况

利津县委书记　王秀华

2006年，利津县委团结带领全县各级党组织和广大党员干部群众，坚持以科学发展观统领全局，认真贯彻落实市委、市政府"突破利津"战略，全力推进"二次创业"、"二次跨越"，开拓创新，拼搏奋进，实现了经济社会的快速健康发展。

一、组织概况与党的建设

全县共有基层党(工)委19个，其中乡镇党委9个；党总支15个，基层党支部807个；党员15969名，其中女党员1860名，少数民族党员8名。县委始终以加强党的建设为重点，不断提高执政能力和领导水平，为全县经济社会发展提供了坚强的组织保障。

(一)深入开展保持共产党员先进性教育活动 高标准完成了第三批保持共产党员先进性教育活动，建立健全了"党员经常受教育、群众长期得实惠"的长效机制，整个教育活动党员群众满意率达到99.8%。

(二)切实加强干部队伍和基层组织建设 认真贯彻《党政领导干部选拔任用工作条例》，选拔任用了一批政绩突出、年富力强的好干部。加强对干部的教育培训和实践锻炼，从县内企业抽调14名干部到青岛企业进行挂职锻炼。深入开展农村基层组织建设"三级联创"活动，搞好农村党员干部现代远程教育。不断加强和改进城市社区、新型经济社会组织中的党建工作，提高了党的工作的覆盖面和有效性。

(三)积极推进党的作风建设和反腐倡廉工作 教育引导广大党员干部更新观念，改进作风，形成了干事创业的良好氛围。探索建立了保障干部队伍健康成长机制。教育各级干部牢记"两个务必"，严格执行"五个不许"。严格执行党风廉政建设责任制，深入开展纠风专项治理，增强监督实效。积极推动源头治理，严格执行建筑工程招投标、经营性土地使用权出让、政府采购、产权交易制度，对重点工程实行"一个工程、两个方案"制度，有效预防了违法违纪现象的发生。

(四)健全完善工作运行机制 健全完善决策目标、执行责任、考核监督"三个体系"，坚持民主集中制，完善重大决策的规则和程序，推进决策的科学化和民主化；将各项目标任务量化分解，责任到人，形成了一级抓一级、层层抓落实的执行责任体系。

(五)着力加强县委班子建设 始终把思想政治建设放在首位,在思想上政治上行动上同党中央和省、市委保持高度一致。严格贯彻执行民主集中制,完善民主生活会制度,加强理论学习,提高了领导班子解决自身问题的能力。大力弘扬求真务实作风,严格遵守党的各项纪律和规定,自觉接受监督。带头管住管好自己的家属、子女和身边工作人员,为全县广大党员干部做出了表率。

二、主要工作与成绩

2006年,全县实现生产总值66.4亿元,同比增长26%;实现财政总收入4.31亿元,其中地方财政收入2.07亿元,分别增长74.7%和36.6%;完成固定资产投资35.1亿元,增长27.8%;城镇居民人均可支配收入12054元,增长21.1%;农民人均纯收入4931元,增长11.6%。党的建设、精神文明建设和各项社会事业也都呈现出和谐发展的崭新局面。

(一)把"工业强县"战略放在重中之重的位置,实施重点突破 在发展布局上,重点抓好"利陈经济带"、利津经济开发区建设,打造加快县域经济发展的龙头。利津经济开发区新上工业项目12个,完成投资5.4亿元。在工作重点上,投资31.3亿元,重点发展大项目,集中精力实施了利华益集团重油深加工、三阳公司高支精梳纱倍捻等69个工业项目。利华益集团资产达到60亿元,实现销售收入82.7亿元,利税4.2亿元,被评为中国优秀企业。"凤凰城"商标被认定为中国驰名商标。全县规模以上工业企业增加20家、达到107家,实现销售收入180亿元、增长57.7%,利税13.2亿元、增长76.1%。在工作推进上,充分调动一切积极因素。大力发展民营经济,成立了东营市规模最大、实力最强的信用担保机构—— 津源担保公司,为中小企业融资搭建了平台。

(二)以增加农民收入为重点,扎实推进社会主义新农村建设 按照中央、省、市关于加快社会主义新农村建设的部署要求,统筹规划,全面推进。大力发展现代农业,新增畜牧养殖小区69个、海淡水养殖面积2000亩、蔬菜基地面积2.4万亩,棉花种植面积达到51万亩、连续3年位列全国棉花生产百强县、人均种植面积居全省第一。多措并举扶持农业龙头企业加快发展,重点新建、扩建了丰泽园、博大、绿洲蔬菜等12个农业龙头项目。搞好农业基础设施和重点工程建设,重点实施了13.6万亩土地开发、整理工程,完成了104个村的村庄绿化。不断完善社会化服务体系,培训农民3.1万余人次,转移农村劳动力1.2万人,完成了49万亩的耕地测土配方施肥工程。加强动物疫病防控体系建设,防灾抗灾等工作有序进行,确保了全年农业大丰收。科学规划,分类指导,稳步推进,结合小康文明村创建工作,集中力量抓重点,抓典型,培植了毛坨村、枣园村等一批有创新、有特色的社会主义新农村示范村。

(三)加强城市规划建设管理,提高承载能力 高投入、请高手,高水平完成了县城区18平方公里控制性详规,陈庄中心镇详规覆盖率达到90%以上,其他小城镇详规覆盖率达到70%以上,村庄规划编制完成356个,300人以上村庄规划全部完成。高标准建设,津苑小区建设、津五路绿化和环城水系绿化等全部按计划完成了施工任务。实施了辛河路陈庄段改线续建工程,新建和改造农村公路169.5公里,进一步完善了交通网络。深入开展城乡环境集中整治活动,推行城市管理综合执法,提高了城市文明程度,为经济社会发展创造了良好环境。

(四)大力发展开放型经济,发展活力进一步增强 扎实推进招商引资工作,运用好专业招商、企业载体招商、产业招商、资源招商等有效形式,千方百计扩大招商引资,提高招商引资实效。2006年引进投产、在建项目274个,到位外来固定资产投资10.5亿元。在引进来的同时,引导企业大力开拓国际市场,积极扩大对外贸易。2006年完成进出口总额16573万美元,其中出口9000万美元,分别增长54.8%和24.5%。油地结合向深层次、宽领域发展,建立了牢固深厚的工农友谊,胜利油田在"难动用区块"开发和全县基础设施建设等方面给予了大力支持。

(五)坚持统筹兼顾,积极构建社会主义和谐社会 尽心竭力为群众解难题、办实事,完善"五保五救助"体系,"两个确保"保持100%,城镇登记失业率控制在1.8%以内。大力加强精神文明建设,广泛开展社会主义荣辱观教育,深入推进小康文明村创建活动,35个市级、40个县级小康文明村达到了创建指导标准。完善科技创新与推广体系,全县高新技术产业产值占规模以上工业总产值的比重达到了15%。加大教育投入,"以县为主"教育管理体制初步落实。深化卫生事业改革,城乡居民健康保障水平进一步提高。加强社会治安综合治理,扎实推进"平安利津"建设,深入开展打黑除恶惩霸治痞专项斗争,全面实施信访工作"网底工程",毫不放松地抓好安全生产,确保了社会政治持续稳定。认真搞好环境综合治理,严格落实人口与计划生育政策,深入开展土地市场治理整顿,促进了人与自然的和谐发展。国防教育、民兵预备役、双拥共建、文化、体育等各项社会事业都有了新的发展。

三、创新与经验

(一)科学定位,丰富和完善发展思路 在发展战略上,提出了实施"二次创业"、实现"二次跨越"和东部促强突破陈庄、西部扶弱突破明集等举措。在发展布局上,着力打造工业经济、高效生态农业、海洋经济"三大经济板块"。在奋斗目标上,提出了"三年解困、五年变强"和"两个翻番"的目标,力争通过3—5年的努力,实现农业大县向农业强县、工业弱县向工业强县、财政穷县向财政宽裕县的转变。

(二)迎难而上,加快发展 面对欠发达的实际,面对发展中的难题和挑战,不退缩、不回避,扭住发展主题,集中精力抓重点、抓关键、抓落实,经济发展的速度越来越快,质量越来越高,后劲越来越足。

(三)以人为本,为民谋利 始终把一切工作的出发点、落脚点放在维护群众利益、增进群众福祉上,尽心竭力为群众办实事、做好事,有效改善了群众生产生活条件,得到了群众的信任和拥护。

(四)统筹兼顾,协调发展 工作中,坚持两手抓、两手硬,既注重发展速度,又注重发展质量;既重视物质文明建设,又高度重视党的建设和精神文明建设;正确把握改革的力度、发展的速度和社会可承受的程度,稳妥处理各方面的利益关系,推动了经济社会的又好又快发展。

(五)凝心聚力,团结奋进 始终高扬团结奋进的旗帜,县委总揽全局,各大班子步调一致,各级各部门密切协作,广大党员干部队伍高度团结,团结的氛围空前浓厚,形成了全县上下以大局为重,各级各部门尽职尽责,党员群众一心一意干事创业,社会各界倾力支持、广泛参与的生动局面。

附:(一)利津县委书记、副书记、常委名单

书　记:王秀华

副书记:李延成　胡永亮

常　委:王秀华　李延成　胡永亮　燕浩林　李　燕(女)　陈永民　尚胜波　张文亭　王新俊　赵寿亭　李道明　张建民(挂职)

(二)各乡、镇、城区党(工)委书记名单

利津镇　贾学坤
北宋镇　王俊生
盐窝镇　陈志峰
陈庄镇　宋学华
汀罗镇　李俊德
明集乡　宫长庆
虎滩乡　崔文凯
北岭乡　李月英(女)
刁口乡　王乃全
城区管委会　张光照

烟　台　市

中共芝罘区委工作概况

烟台市委常委、芝罘区委书记　刘延林

2006年,芝罘区委在上级党委的正确领导下,坚持以邓小平理论和“三个代表”重要思想为指导,全面贯彻和认真落实科学发展观,解放思想加压奋进,凝心聚力和谐发展,全区经济社会呈现出又好又快的发展态势,全面实现了“十一五”良好开局。

一、组织概况与党的建设

芝罘区委辖党委36个,党工委17个,党总支58个,党支部921个。全区共有党员22461名。

2006年,芝罘区委坚持不懈加强和改进党的建设,为经济社会发展提供了强有力的组织保证。

(一)圆满完成第三批保持共产党员先进性教育活动 收到了党员受教育、群众得实惠的效果,群众满意率达到99%以上。探索了“党员活动总站”、“网上党校”等新措施,经验做法在中央先进性教育活动调研组来烟调研座谈会上进行了典型交流;中共中央政治局常委、中纪委书记吴官正视察了我区的卧龙园区党员活动总站和奇南社区,对我区的先进性教育工作给予了充分肯定。

(二)社区党建工作取得新进展 研究制定了关于加强和改进社区党建工作的意见,建立“社区党建台账”,新建6处党员服务活动中心,6个社区党总支,22个街巷、楼宇党支部,98个城市街道和社区远程教育站点。

(三)非公党建开创新局面 依托街道商会党组织抓好非公经济组织党建,新建非公经济组织党组织294个,选派党建工作指导员479名,同时探索建立了“送学一线法”、“轮值主席制”和发展党员“六步工作法”,发展“两新”组织党员110多名。

(四)深入开展党建工作示范单位创建活动 全市基层党建工作示范单位检查验收暨观摩会议在我区召开,全区已有7个基层党组织被评为“全市党建工作示范单位”,25个社区被评为“区级党建示范社区”,占社区总数的37.3%,15个单位被评为“区级基层党建示范单位”。

二、主要工作与成绩

(一)经济实现又好又快发展 发展质量进一步优化,2006年,全区完成GDP124.6亿元,增长18.3%;地方财政收入7.1亿元，增长34.2%，地方财政收入中税收收入的比重提高到87%，万元GDP能耗比上年降低6%，全区城镇居民人均可支配收入达到14374元，农民人均纯收入达到7050元，分别增长15.4%和13.7%。“服务业强区”战略深入实施，商贸流通、金融服务等七大行业全面发展，三次产业比重由上年的1.7:39.4:58.9调整为1.68:38.37:59.95，服务业提供税收占财政收入的比重提高到51%。

(二)对内对外开放取得突破 APEC科技工业园、卧龙经济园区进入省级开发区行列。2006年全区合同利用外资6.2亿美元，增长28.2%；实际利用外商直接投资1.95亿美元，增长11.9%；利用内资26.8亿元；外贸进出口总额8亿美元，增长26.1%，其中外贸出口5.4亿美元，增长26.9%。与韩国蔚山中区缔结了友好城区关系。

(三)城市化进程不断加快 青年南路、通世南路建设快速推进，完成了幸福区片改造前期筹备工作，旧城旧居改造开工面积达172万平方米，顺利通过了国家卫生城市复审。83%的社区综合用房达到“三个一百”标准，新型社区服务网络初步形成，被评为“全省和谐社区建设示范区”。完成了61个城郊居民区规划编制，“3+1”联手共建比例全市第一。

(四)和谐社会建设深入推进 全年新增就业再就业1.03万人，其中失业职工再就业6762人。社会保险覆盖面进一步扩大，企业职工养老保险实现了自统筹以来首次收支平衡，确保了企业离退休人员养老保险金的按时足额发放。全年累计发放低保金720余万元，实现了应保尽保。“爱心捐助”综合排名全市第一。实施各类科技计划20项，申请专利743件。24所城郊学校纳入城市教育体系，结束了“一区两制”的局面。在第21届省运会上夺得45枚金牌，居全省各县市区榜首。社会福利综合服务中心、老年公寓、养老服务中心等项目扎实推进，成为全国首批养老服务社会化示范区。“平安芝罘”建设取得突破，全市城区治安防控建设现场会在我区召开，全国平安建设研讨培训班观摩了芝罘现场，荣获“平安山东建设先进区”。

三、创新与经验

(一)加强干部队伍和机关建设，营造风正气顺心齐劲足的干事氛围 坚持把解决思想认识和作风干劲问题作为做好各项工作的突破口，集中抓教育、抓引导、抓整顿，引导全区上下把思想和行动统一、理顺到干事创业、加快发展上来。一是增强大局意识。教育引导广大党员干部讲政治、讲党性、讲大局，牢固树立“市区一体、共兴共荣”理念，积极主动争取领导、争取支持，为全市发展承担更多责任，贡献更大份额。二是营造干事氛围。通过召开理论学习中心组读书会暨半年工作总结会等一系列会议，组织到先进地区考察学习等措施，推动了干部思想解放；建立健全了区级领导分工制度和考核办法，修订了全区目标考核办法，努力形成正确的价值观和用人导向。三是抓好作风整顿。举办了“加强效能建设、创建责任机关”主题活动，开展了56个部门、16个窗口单位参加的万人评机关、评窗口“双评”和行风评议活动，推动了机关作风转变。

(二)全面落实科学发展观，推动经济又好又快发展 一是突出服务业主导方向。把服务业放在全市、全国、东北亚区域布局中定位和谋划，确立了“拓展生产性服务业、提升消费性服务业、完善公共性服务业”的思路，引进了沃尔玛、五星电器等名企名店，培育形成了万方大厦软件楼、天同大厦金融楼等特色商务楼宇和东方巴黎步行街、北大西精品服装街等特色街，北方温州城、阳光100城市广场、天鸿凯旋城等投资10-30亿元的大项目进展顺利，韩国韩亚银行和韩国中小企业银行的落户开创全市引进外资金融机构先河。二是抓好开放投入。开展了“百日招商”活动，组织国内外招商活动18次，新批外资项目143个，其中过500万美元项目53个，世界500强企业投资项目1个。筛选了总投资201亿元的41个重点在建项目和总投资160亿元的41个重点在谈项目，实行区级领导、责任部门、项目单位、配套资金“四位一体”责任制，促其早开工、早投产，82个重点在谈在建项目进展顺利，列入市级调度的75个过千万元项目完成投资90亿元。三是抓好财政增收。积极适应市区财税体制新形势，主动协调市财政、国税、地税部门研究税收征管问题，进一步理顺了市、区、街财税体制，推动了“两税”较快增长，财政收入无论总量、增速还是质量均达历史最好水平。

(三)把保稳定作为压倒一切的政治任务来抓，全力推进“平安芝罘”建设 一是执政理念有新境界。牢固树立“发展是第一要务、稳定是第一责任”理念，在稳定问题上倾注更多精力；牢固树立“稳定压倒一切”理念，突出平安稳定在全局工作中的重要地位；牢固树立“花钱买平安”理念，大投入换来大平安。二是财力保障有大投入。2006年投资1.42亿元，配备了44辆警用巡逻车和600辆警用自行车，建成了区、街道、基层单位三级监控中心，设置探头1308个，新建扩建派出所6处，完成了“两院”审检楼建设。三是社会治安防控有新突破。在全国率先创建“居家式、搭档式、团组式、包片式”4类126个警务室，建成率100%；组建了社区保安大队，保安队员增加到1000人，在全市率先达到“常住人口万分之十”比例；推行网格化布警，实行24小时弹性工作制，加强“边缘性”案件理论研究，有效遏制了多发性案件。2006年全区刑事发案总量、“两抢两盗”以及扒窃案件分别下降了15.8%、20.2%和60.1%。四是强化基层基础有硬措施。坚持“关口前移、重心下移、强化基层、打牢基础”的思路，以和谐理念化解矛盾纠纷，新建11个高标准街道调解中心和全省首个青少年社区事务中心。狠抓信访和安全生产工作，群众信访件次分别下降16.7%和23.5%，火灾事故下降28.9%，其他领域没有发生安全事故，群众对社会安全环境满意率达98%以上。

(四)加快推进城市化进程，提高城市建设和管理水平 一是抓好城建重点工程。围绕25项市城建重点工程成立51个配套服务小组，特别是重点抓好通世南路、青年南路和幸福区片改造三大工程，积极主动地做好工作，保障了工程顺利进展。二是加快旧城旧居改造。全年有41个旧城旧居改造项目开工,开工面积再创历史新高。三是加强城市管理。健全了区、街两级城管执法体系,成立了区城管执法大队和街道城管执法中队,增配100名城管协管员;改善环卫工人的生活待遇,提高机械化清扫率;加大了对48条市区主次干道和10个重点区域、重要路段的环境整治力度,完成了凤凰台辖区和白石西部的环境综合整治,城市环境得到显著改善。

附:(一)芝罘区委书记、副书记、常委名单

书　记:刘延林

副书记:王　中　郝祖楷

常　委:刘延林　王　中　郝祖楷　王清东　隋运升　李胜刚　张丽敏　刘建针　王进所　高君勃　王培歧

(二)各街道、园区党(工)委书记名单

APEC园区　任卫光
只楚街道　辛　杰
卧龙园区　张昌军
黄务街道　李建伟
世回尧街道　李卫国
奇山街道　冯世波
东山街道　李许林
向阳街道　徐敬德
毓璜顶街道　倪培杰
通伸街道　张澎涛
白石街道　吴之卫
凤凰台街道　孙　炜
幸福街道　于立祝
芝罘岛街道　鲍新兴

中共福山区委工作概况

福山区委书记　王曰义

2006年,福山区委以邓小平理论和“三个代表”重要思想为指导,深入贯彻党的十六大和十六届五中、六中全会精神,全面落实科学发展观,继续坚持既定的发展思路不动摇,不断加强党的建设和精神文明建设,扎实推进社会各项事业,全区经济社会发展取得令人振奋的成绩,顺利实现“十一五”发展的良好开局,被省委、省政府授予“县域经济发展先进单位”。

一、组织概况与党的建设

福山区委辖基层党(工)委21个,党总支40个,基层党支部748个。全区共有党员16964名。

2006年,福山区委认真实践“三个代表”重要思想,切实加强党的思想建设、组织建设和作风建设,为全区经济社会赶超发展提供了坚强的组织保证。

(一)圆满完成先进性教育活动的各项任务　扎实开展第三批农村党员先进性教育活动,认真做好先进性教育活动巩固提高工作,注意从理论上、制度上总结先进性教育活动的成功经验和做法,探索建立起先进性教育的长效机制,党员群众的满意率达到99.9%。

(二)进一步加强干部队伍建设　在全市率先完成了区镇两级党委换届,实现了党委班子的平稳过渡。继续举办双休日讲习班,实施大规模、高质量的干部培训,干部队伍的整体素质和执政水平明显提高。充分发挥党员干部考核评议系统的综合效用,进一步完善了横向部门与部门、干部与干部之间,纵向常委、分管区长之间分系统的局域考核体系,实行实绩考核法,营造了平等竞争、干事创业的浓厚氛围。

(三)全面加强基层党组织建设　进一步深化和拓展“双争”活动,不断夯实基层党组织建设的党员基础和党员队伍建设的群众基础。以争创远程教育示范点活动为抓手,扎实开展农村党员干部现代远程教育工作,培训党员干部1500余人。进一步加强非公有制企业和社区党建工作,开展了党员工作示范点、党员先锋岗、非公党建“八个一”活动,基层党建工作覆盖面得到进一步巩固和扩大。

(四)大力加强党的作风建设　从区级领导班子抓起,加强自身建设,实行一线工作法,落实了区级领导包帮重要工作、重点项目制度,区级领导带头靠在一线直接指挥,狠抓工作落实，带动和影响全区形成了求真务实、团结干事的浓厚氛围。全面落实党风廉政建设责任制，严格遵守“四大纪律、八项要求”、“五个不许”以及廉洁自律各项规定，集中开展专项检查治理和“万人评机关”活动，认真纠正损害群众利益的不正之风，进一步强化了对各级干部从政行为的监督约束。

二、主要工作与成绩

2006年，全区实现生产总值91.2亿元，比上年增长18.1%；完成地方财政收入4.8亿元，增长36.3%；规模以上工业增加值34.5亿元，增长40%；税收收入占地方财政收入的比重达到87%，经济运行质量明显提高。

(一)主导产业在调控中日益巩固和壮大，经济结构逐步优化，产业规模不断扩大，集聚优势更加明显　以汽车零部件为重点的先进机械制造和电子信息两大产业培植取得重大突破。全年新引进汽车零部件项目13个，累计达到75个，总投资98亿元，其中51个项目建成投产，汽车变速器、线束、冲压件和车灯四大产品集群的竞争优势日益凸显，汽车零部件产业被评为“全省十大工业产业集群”。电子信息产业培植取得重大进展，新引进电子信息类项目15个，累计达到69个，总投资168亿元，美国芯片项目正式获得国家发改委立项。两大主导产业完成规模以上工业增加值、利税占全区的比重均达到50%以上。特钢制品产业作为新兴产业初露端倪，总投资40亿元的宝钢精密钢管项目成功落户，成为全区经济快速发展新的增长优势。

(二)园区经济在开放中保持强劲的发展势头，经济规模快速膨胀，发展质量大幅提升，集约化水平显著提高　坚持基础设施与项目建设同步推进，园区经济正在由量的扩张向质的提高转变。高新区全年新落户项目51个，总投资194亿元，实现地方财政收入15500万元，各项主要经济指标均保持了40%以上的增长速度。在园区的强力带动下，全区对外开放和大项目引进建设取得突破性成果。全年新引进投资过千万美元或亿元的大项目13个，其中世界500强企业投资项目2个，累计达到10个；合同利用外资、实际利用外资、实际利用内资分别达到4.77亿美元、1.58亿美元和27.9亿元，增长36.9%、42%和15.7%；外贸进出口总额达到8.6亿美元，其中外贸出口5亿美元，分别增长49.8%和44.8%，进出口总额居全市第三位；总投资288亿元的87个重点项目开(复)工84个，完成固定资产投资90.3亿元，32个项目建成投产，形成了一批新的经济增长点。

(三)坚持以更高的标准规划和建设城市，基础设施日趋完善，城市功能更加健全，人居环境不断优化　投资1.2亿元的成龙线福山段以及永安街等8条城区道路综合改造工程全面竣工，形成了“三纵十横”的城区路网体系。南部新城区污水管网以及城区燃气、热力工程快速推进，新增供热面积40万平方米，天然气供气户数达到7000户。大力实施城市生态绿化工程，总投资1.6亿元的内夹河综合治理工程浆砌护坡全面完成；投资4000万元实施了河滨南路、福桃路绿化工程，新增绿化面积26万平方米，城市绿化覆盖率达到44%。旧城改造和房地产开发取得新的进展，新开发房地产面积56万平方米。集中开展了大规模的城市环境综合整治活动，城市面貌和城市内涵发生显著变化，正在由与中心市区的框架性对接向全面融合发展。

(四)坚持以工业化和城市化解决“三农”问题，镇街经济自主增长能力明显增强，新农村建设稳步扎实推进，农村发展和农民增收步伐进一步加快　镇域经济发展活力和自主增长能力明显增强。2006年，六处镇街地方财政收入总额达到1.36亿元，增长45.4%。全年新转移农村劳动力3500人，农民非农收入不断提高。进一步深化农业结构调整，全区奶牛存养量达到6000头，新发展大樱桃1.2万亩，大樱桃总收入达到2.14亿元。积极开展联手共建新农村活动，投入帮扶资金675万元。农村环境综合整治取得阶段性成果，农村主干道路硬化率达到80%。公共财政对农村事业的支持力度进一步加大，完成了201个村的自来水改造；实施了新型农村合作医疗制度，财政对每名农民补贴32元，全区农民参合率达到90%。

(五)注重统筹经济社会协调发展，社会各项事业全面进步，和谐社会建设取得新的成果　坚持信访稳定工作的“三个超前介入”，积极排查和解决矛盾隐患，保持了社会稳定、政治安定的良好局势。广泛开展“诚信福山”、道德促进等精神文明创建活动，被省委、省政府授予“精神文明建设先进区”称号。调整优化学校布局和教育资源，完成了投资1.6亿元的福山一中新校一期工程建设，投资2.4亿元的烟台汽车工程职业学院正在筹建。积极推进卫生事业，投资8000万元的医院综合大楼投入使用，疾病预防控制体系日趋完善。全面加强安全生产管理，安全形势持续稳定。社会保障工作得到加强，高度重视就业再就业和帮扶救助弱势群体工作，深入开展了包帮特困生、特困家庭和“爱心捐助”活动，困难群众生活得到了有效保障。

三、创新与经验

(一)坚持既定的发展思路不动摇　实践证明，“园区化带动工业化，推进城市化，加快一个融合、两个对接，建设新型工业化河滨市区”的发展思路，是一条符合福山自然、经济和社会发展实际的正确思路，符合科学发展观的要求。在这一思路的指导下，充分借助中心市区的城市资源和发展要素，基本建立起了支撑全区经济可持续发展的主导产业体系，经济社会步入了快速健康可持续发展的良性轨道。

(二)坚持对外开放不动摇　福山过去的发展在很大程度上都是对外开放的成果。2006年，我们靠更高层次、更宽领域的对外开放，在实现区域经济总量快速膨胀的同时，主导产业培植取得重大突破，经济增长方式得到有效转变。没有更好的开放就没有更好更快的发展，今后福山的发展，必须更加依靠对外开放。

(三)坚持以创新的思维谋划发展不动摇　在新的形势下，认真落实科学发展观和国家宏观调控政策，及时调整工作策略和重点,把握工作节奏,不断发掘又好又快发展的新优势。

(四)坚持站在群众立场上想问题、办事情不动摇 始终把群众利益放在首位,突出解决好群众最关心、最直接、最现实的利益问题,真正让发展成果惠及于民。大力实施为民实事工程,连续三年每年完成与群众切身利益相关的十件实事,得到了群众的认可与支持。

(五)坚持精诚团结、干事创业不动摇 在加快发展的大局中,各级干部牢记发展福山的历史使命,从区级班子到镇街部门,思想统一,胸怀大局,凝聚了强大的发展合力,形成了精诚团结、干事创业的大好局面,推动了全区经济社会更好更快发展。

附:(一)福山区委书记、副书记、常委名单

书　记:王曰义

副书记:姜中二　郝志学

常　委:王曰义　姜中二　郝志学　刘福生　黄　涛　于水泉　卫　京　揣文汇　刘来英　王建民　吴德柱

(二)各镇、街道党(工)委书记名单

清洋街道　李　忠

福新街道　李学才

高疃镇　郑　钧

门楼镇　陈善志

回里镇　于　波

张格庄镇　王德胜

中共莱山区委工作概况

莱山区委书记　段大伟

2006年,莱山区委在上级党委的正确领导下,坚持以邓小平理论和"三个代表"重要思想为指导,以科学发展观统揽全局,深入贯彻党的十六大和十六届四中、五中、六中全会精神,紧紧围绕科学发展、社会和谐、为民富民的总体目标,解放思想,抢抓机遇,各项工作都取得了新进展,全区继续保持了经济快速发展、社会事业全面进步的良好局面。

一、组织概况与党的建设

莱山区委辖基层党(工)委21个,党总支8个,党支部313个,全区共有党员8453人。

2006年,莱山区委紧紧围绕加强党的执政能力建设和先进性建设,坚持党要管党、从严治党的方针,积极探索新形势下加强党建工作的新路子,各级党组织的凝聚力、战斗力和创造力不断增强。

(一)加强党的思想政治建设 深入学习贯彻"三个代表"重要思想、科学发展观和构建和谐社会等重大理论决策,做到学懂弄通,提高理论修养和知识层次。坚持以理论指导实践,把上级指示精神融会到实际工作中。适应新形势新任务的要求,持续不断地开展解放思想、更新观念活动,坚持学赶先进、自我加压、与时俱进、争创一流,为开创各项工作新局面奠定了思想基础。

(二)加强领导班子和干部队伍建设 认真贯彻落实《干部任用条例》,坚持干部"四化方针"和德才兼备原则,把那些政治上靠得住、工作上有本事、作风上过得硬、人民群众信得过的干部选拔到最关键的岗位。按照中央和省、市委的部署,扎实开展了第三批保持共产党员先进性教育活动,进一步健全了先进性建设长效机制,广大党员的党性观念和服务意识明显增强。规范了中层干部管理权限、推荐与考察等制度,完成了全区第二轮股级干部竞争上岗工作,对中层以下干部进行了大规模轮训,进一步提高了干部队伍整体素质。继续加强干部监督工作,不断拓宽监督渠道,有效约束和规范了干部行为。

(三)加强基层党组织建设 以加强村级班子建设为重点,大力加强基层组织建设。深入开展了"村级规范化建设年"活动,制定并印发了《村级规范化制度汇编》,对村级组织的各项工作进行了规范。深入推进农村干部"素质工程",不断完善区、镇、村分级负责的教育培训工作网络,对全区村(社区)党支部书记、村(居)委会主任进行了集中教育培训。积极探索实施"村村有一名大学生工程",为村级组织建设输入了新鲜血液。

(四)加强党风廉政建设 认真贯彻中央、省、市纪委全会精神,以"勤政廉政、科学发展"教育活动为主题,严格落实述职述廉、廉政档案建设等各项制度,明确职责,加强调度。加强廉政教育,开展了不同形式的主题教育活动,增强了全区党员干部的廉洁自律意识。

二、主要工作与成绩

(一)经济综合实力进一步增强 2006年全区完成GDP80.4亿元,比上年增长20.1%;实现地方财政收入4.88亿元,增长39.3%;完成全社会固定资产投资114亿元,增长25.5%,完成社会消费品零售总额25.2亿元,增长16.7%。全年规模以上工业企业总数达到250家,新增29家,规模以上工业增加值、销售收入、利税增幅均超过了40%。

(二)对外开放实现新突破 全年新批利用外资项目159个,外资项目平均单体规模达到420万美元,引进过千万美元项目7个,比2005年增加3个;实际外商直接投资1.95亿美元,比2005年增长15.1%,引进内资25.1亿元,增长102.8%;外贸进出口总额达到7.87亿美元,增长25%,其中出口5.3亿美元,增长37.3%。

(三)城市建设和管理迈出新步伐 狠抓市区两级重点工程建设,完成了烟台国际博览中心、体育公园、成龙线公路、逛荡河整治等工程的征地、拆迁工作,保证了各项工程的顺利推进。积极推进旧村改造,完成了城区范围内36个村庄的改造规划,有33个村改造规划通过市里审批,7个项目完成土地摘牌,其中3个项目已开工建设。城市管理体制机制不断完善,城市执法机构和队伍建设得到进一步加强。继续开展城市"洁绿亮美"环境综合整治,城市人居环境质量明显提升。

(四)社会主义新农村建设全面启动 坚持以城带乡、城乡统筹的思路,加大了公共财政对农村的支持力度,全年投入新农村建设资金3900万元。完成了县乡路改造、村村通自来水和通油路、农村电网改造、辛安河南北水段综合治理和部分村引水上山工程。全区农村全部实现了通自来水、通油路,新增农村供电能力1500万千瓦时。实行城乡垃圾集中处理,将85个村居、127平方公里区域纳入集中处置范围。按照"四清四化"的要求,加大了农村村庄综合整治力度,完成路面硬化32万平方米,绿化13万平方米,农村面貌和生态环境有了较大改观。大幅度提高了农村居民最低生活保障标准和农村居民合作医疗补助标准,全区参加合作医疗居民10.2万人,参合率达到97%。

(五)科技进步、自主创新和节能降耗工作卓有成效 深入落实省、市科技大会精神,依靠科技创新推动科学发展和可持续发展,全年科技进步对经济增长的贡献率达到61%。依托中俄基地,成功举办了"中俄海洋、新材料科技论坛及项目对接活动",全年中介项目360多项。狠抓创新载体建设,创业中心二期4万平方米投入使用,引进中小科技企业29家。积极支持企业开展自主创新和技术研发,申报各类科技计划49项,申请专利180件。严格落实节能降耗、土地和环境保护政策,2006年,万元GDP能耗0.72吨标准煤,同比下降4%。

(六)和谐莱山建设取得新成就 坚持经济与社会协调发展,更加关注民生。加大了财政对教育事业的投入,全部免除了农村中小学义务教育阶段杂费和课本费。高度重视安全生产,各项控制性指标全面下降。加强精神文明和民主法制建设,深入开展了"科技、文化、法律、卫生"四下乡活动和"四季海韵"系列文化活动,城乡居民文明素质不断提高。继续开展了爱心捐助活动,对辖区困难家庭和困难学生进行了有效救助。切实抓好信访稳定工作,较好地化解了各类矛盾。大力推进"平安莱山"建设,深入开展严打整治斗争,全面加强社会治安综合治理,全区政治社会安定。广播电视、民族宗教、史志档案、群众团体、民兵预备役等工作也都取得了可喜成绩。

三、创新与经验

(一)以思想解放为先导,不断提升发展境界 坚持把上级精神与本区实际相结合,以思想的大解放带动经济社会的大发展。通过深入组织开展解放思想大讨论活动,全区上下的思想境界进一步提高,工作活力进一步增强。实践证明,只要围绕重点工作和大事要事,集中精力狠抓落实,就能够充分调动各级干部的积极性和创造性,就能够干出实效、干成一流。

(二)以跨越发展为要务,不断培植发展优势 着眼当前,放眼长远,不断挖掘新优势,实现新跨越。以招强引优为主攻方向,坚持专业招商与全民招商并用,巩固日韩市场和开拓欧美市场并重,内外资、三次产业项目并重,对外开放的规模档次、质量效益都迈上了新台阶。以城市建设、新农村建设为抓手,坚持突出重点,分类指导,以点带面,稳步推进的原则,逐步完善城市和农村综合承载能力和服务功能,城市面貌变化巨大,农村环境明显改善。以培育壮大高新技术产业为着力点,加大项目引进和扶持力度,全区高新技术产业呈现加快发展的良好态势,为经济发展提供了强力支撑。

(三)以机关建设为抓手,不断优化发展环境 围绕提高机关服务水平和行政效能,深入开展了以"转变机关作风、提高工作效率"为主题的教育整顿活动,从自身实际出发,分层次、分阶段集中查找存在的问题,有针对性地制定并落实整改措施,进一步提高了机关工作人员的综合素质,激发了干事创业的热情,在全区形成了风正气顺心齐劲足、团结和谐求实稳定,聚精会神搞建设,一心一意谋发展的浓厚氛围。

附:(一)莱山区委书记、副书记、常委名单

书　记:于常青(2007年1月离职)
段大伟(2007年1月任职)

副书记:刘洪波　季善亭

常　委:段大伟　刘洪波　季善亭　李传强
王海仁　王远杰　曲振东　黄永政
殷广春　于永良　李金涛

(二)各镇、街道、园区党(工)委书记

莱山镇	王春雷
解甲庄镇	李金涛
初家街道	王嗣强
黄海路街道	孙德刚
滨海路街道	金奎谭
经济开发区	吴军源
APEC产业园	张　翔

中共牟平区委工作概况

牟平区委书记 高 琦

2006年,牟平区委在上级党委的正确领导下,团结带领全区广大干部群众,全面落实科学发展观,开拓进取,真抓实干,推动全区经济和社会事业发展迈上了新的台阶。

一、组织概况与党的建设

牟平区委辖38个党(工)委,29个党总支,1346个党支部。全区共有党员38873名。

2006年,区委以党员先进性教育活动和区镇党委班子换届为契机,进一步加强党的建设,党的凝聚力、战斗力、创造力不断增强。

(一)进一步加强了基层党建工作 扎实开展了第三批先进性教育活动,我区实行"四个纳入"(即把非党村委会成员、村民代表、村民小组长、入党积极分子等四个方面的非党群众代表,纳入农村先进性教育活动范围)的经验被中央和省、市推广。着眼于建立党员先进性教育长效机制,积极探索实行了"网络对接法",加强流动中党员组织关系管理。扎实开展了"村级组织规范化建设年"活动,全面推行了农村财务"双代管"和无职党员"设岗定责"制度。加大了社区党建工作力度,探索推行"楼栋建支部"和"物业公司建支部"等举措,扩大了社区党建工作的覆盖面。

(二)进一步加强了干部队伍建设 高质量地完成了区、镇党委换届。坚持干事创业的用人导向,继续实行对主要领导干部公开评议制度,调整完善考核体系,有效调动了各级干部干事创业的积极性。积极推进干部人事制度改革,扎实开展了中层干部竞争上岗和公开选拔科级后备干部活动,增强了干部队伍整体活力。加大了干部培训工作力度,全年培训不同层次干部2100多人次。老干部管理服务工作不断加强,区老干部活动中心被授予山东省老干部示范活动中心荣誉称号。

(三)进一步加强了党风廉政建设 开展了廉政建设文化年活动,大力加强廉政文化建设。严格执行领导干部"三项报告"等制度,强化了领导干部廉洁自律工作。加大违纪案件的查处力度,全年共查结案件39起,给予党政纪处分39人,维护了党纪政纪的严肃性。

二、主要工作与成绩

2006年,全区实现GDP127.3亿元,同比增长17.8%;实现境内全部财政收入8.35亿元,其中地方财政收入4.16亿元,增长27.1%;完成规模以上固定资产投资82.5亿元,增长22.7%;全区销售收入过亿元企业达到40家,纳税过千万元企业达到13家,出口创汇过千万美元企业达到11家;实际利用外资1.27亿美元,增长9.4%;实际利用内资52.8亿元,增长16.8%;出口创汇4.39亿美元,增长26.2%;农民人均纯收入6235元,增长13.5%;全区各项存款余额105.9亿元;全社会消费品零售总额38.6亿元,增长16.5%。

(一)工业经济迈上了新台阶 全区规模以上工业企业实现增加值61.8亿元,同比增长31%。机械、电子、食品、轻纺和黄金五大工业主导产业,实现产值占规模以上工业企业的90%,实现利税占89%,对工业经济的贡献份额进一步提高。国家和省名牌产品达到6个,省著名商标达到10个。省级高新技术企业达到34家。我区荣获全国食品工业强区称号,恒邦集团入选2006年中国非上市民营企业成长百强。

(二)园区建设迈上了新台阶 经济开发区完成基础设施投入6000万元,新批准进区项目35个,项目总投资23亿元。沁水韩国工业园获得省里正式批准设立,全年完成基础设施投入6200万元,新引进项目31个,项目总投资14.8亿元。

(三)城市建设工作迈上了新台阶 全年共完成12项道路新建改建工程,新增路网里程24公里,新增城区绿化面积112万平方米,新安装和改造高档次路灯900多盏。开工旧城改造项目18个,总面积46万平方米。城区所有经营性土地均实行了"招拍挂"出让,政府实现纯收益2.8亿元。

(四)第三产业发展迈上了新台阶 围绕发挥"山、海、岛、泉"旅游资源优势,完成了投资4500万元的养马岛天马广场二期、投资3800万元的明珠广场、投资1亿元的高尔夫球场四星级酒店等项目建设。在养马岛天马广场成功举办了"激情广场"大家唱活动,进一步提升了对外知名度。同时,加快了商贸流通业发展,推进了15万平方米的五里头批发市场、2万平方米的永安商贸城、2万平方米的王家疃商贸城等一批大型市场建设;实施了"万村千乡市场工程",加快了农村流通体系建设。全年第三产业实现增加值40.5亿元,同比增长18.6%。

(五)新农村建设迈上了新台阶 一是农业生产有了新发展。全区新发展优质高效经济作物3万多亩,新增大型农业机械150台,畜禽饲养小区数量达到36个,规模饲养场达到1850多个,海珍品养殖面积达到3.3万亩。二是农村基础设施条件有了新改善。继续实施了村村通油路工程,启动实施了村村通自来水工程,全区农村公路硬化总里程突破900公里,通油路的村达到97.5%;通自来水的村增加到539个,普及率达到88.7%。

(六)精神文明建设和民主法制建设迈上了新台阶 深入开展了“三好村居”创建、“感动牟平,争做文明牟平人”等活动,进一步提高了全区精神文明建设水平。深入开展“平安牟平”创建,进一步增强了群众的安全感,被省委、省政府授予全省平安建设先进区称号。高度重视信访工作,有效化解了一些不稳定因素。严格落实安全生产责任制,全区没有发生重大安全生产事故。

(七)社会事业发展迈上了新台阶 成功举办了第四届国家可持续发展实验区论坛。全区共争取市以上科技立项20项,争取市以上科技支持资金1600多万元,创历史最高水平。教育质量进一步提高,全区高考本科录取万人比继续稳居全市第一,投资1亿元的新一中建设正式启动。人口和计划生育工作进一步加强,被省委、省政府授予计划生育优质服务先进区称号。高度重视环境保护,投资2500多万元,完成了18个重点污染源治理和建设项目。护林防火工作卓有成效,荣获全省护林防火先进单位称号。深入开展了社会结对帮扶、爱心捐助活动,先后筹资600多万元,用于帮扶特困群体。

三、创新与经验

(一)注重确定符合实际的发展思路 区委坚持工业立区的方针,在继续突出园区建设、民营经济、招商引资、城市建设四大工作重点的同时,根据形势的发展,又把以旅游业为重点的第三产业和新农村建设确定为全区的重点工作,形成了六大工作重点。同时,在加快赶超发展的过程中,更加注重实现速度和效益、后劲相统一,更加注重加快城市化与建设社会主义新农村相统一,更加注重经济建设与构建和谐社会相统一。

(二)注重突出工业强区的发展主题 把做大做强工业经济放在赶超发展的首位,以园区建设为载体,以招商引资为手段,以民营经济为支撑,以工业经济发展水平的提升拉动全区经济的快速发展。一是加大园区建设力度,打造工业经济的发展平台。进一步加快开发区和沁水韩国工业园基础设施建设,实行硬化、绿化、亮化同步,提高园区的配套水平,为项目落户打造高质量载体。二是加大招商引资力度,培育新的工业经济增长点。重点做到“三个注重”,即注重引进大项目、好项目,增强产业的竞争力;注重引进科技含量高、有研发能力的项目,以项目的引进带动技术和人才的引进;注重引进内销型企业,加大内资引进力度。全区新建续建投资过千万元项目125个,总投资达150亿元。其中,过亿元项目34个,总投资118亿元。三是加大发展民营经济力度,激发工业经济的发展活力。以“铺天盖地”和“顶天立地”为目标,全力扶持民营企业做大做强,全力推动全民创业。全区规模以上民营企业发展到120家。全年新增个体工商户1200户、个体工商户总数达到11290户,新增民营企业285家,民营企业总数达到2350家。

(三)注重坚持统筹协调的发展理念 在加快经济发展的同时,坚持统筹发展、协调推进。一是统筹城乡发展。在城市建设上,围绕把牟平建成烟台的近郊工业区、绿色生态区、滨海旅游区,坚持以现代化理念提升城市规划设计水平,以多渠道融资推进城市重点工程建设,以制度化手段加强城市管理,加快牟平和烟台在城市功能、城市形象上的融合。在新农村建设上,按照“生产发展、生活宽裕、乡风文明、村容整洁、管理民主”的要求,着力改善农民的生活设施和生产条件,着力美化农村环境,着力推进乡风文明和农村民主管理,着力促进农民增收。二是统筹发展社会事业。坚持以人为本,加快教育、科技、文化、卫生等社会事业的发展步伐,大力推进生态牟平、文明牟平建设,不断完善社会保障体系,千方百计解决涉及群众切身利益的热点难点问题。三是统筹抓好社会稳定。深入开展严打整治斗争,强化社会治安综合治理措施,落实安全生产责任制,保持了社会稳定。

(四)注重营造干事创业的发展合力 坚持严格工作考核促发展,以发展论英雄,凭实绩用干部,努力营造人人想事、人人干事的干事创业氛围。坚持优化发展环境促发展,对部门服务发展情况进行公开评议,深入开展“环境建设年”活动,努力为加快发展创造良好的条件。坚持落实工作责任促发展,对重点工作、重点项目,全部实行区级领导分包制度,强化工作调度,确保重点工作、重点项目的落实。

附:(一)牟平区委书记、副书记、常委名单

书　记: 高　琦　姜青山(援藏)

副书记: 李爱杰　聂德修

常　委: 高　琦　姜青山(援藏)　李爱杰　聂德修　刘天海　韩世军　王玉新　姚秀霞　林　林　聂玉文　王策铭　尹开亮

(二)各镇、街道党(工)委书记名单

鱼鸟河街道	王守江
养马岛街道	曲秀仁
玉林店镇	于泉芝(女)
宁海街道	张百华
文化街道	王锡忠
大窑镇	孙树福
姜格庄镇	王玉琪
龙泉镇	谭克良
高陵镇	孙成列
莒格庄镇	曲　雍
水道镇	李春健
武宁镇	孔庆林
观水镇	高建宝

体水平进一步提高。

(三)以开展先进性教育活动为契机,大力加强党员队伍建设 按照标准严、形式活、效果好的目标,扎实开展了第三批先进性教育活动,积极做好"回头看"、总结表彰、建章立制等成果巩固工作,全面推行党员分类量化管理,不断加强和改进农村党员干部现代远程教育工作,有效激发党员队伍整体活力。继续深化党代表大会常任制试点工作,逐步形成了以开展代表团活动为载体,以发挥党代表在闭会期间作用为重点,以制度建设为保障的工作机制,有效促进党内民主建设。

(四)以落实党风廉政建设责任制为抓手,反腐倡廉工作取得新成效 突出抓好廉政教育,党员干部廉洁从政意识进一步增强。着力抓好制约监督,党员干部从政行为进一步规范。集中开展了企业违法情况专项检查,制定出台行政效能投诉意见,执法监察、效能监察工作不断加强。大力开展治理商业贿赂专项工作,进一步加强了教育、医疗、城市拆迁等领域的纠风治乱工作。坚持深化改革,加大治本力度,从源头上预防腐败工作取得新进展。进一步健全了责任追究实施办法和协调机制,党风廉政建设责任制得到进一步落实,反腐倡廉整体合力得到进一步加强。

王格庄镇　　李　锋

中共龙口市委工作概况

龙口市委书记　李树军

2006年,龙口市委坚持以邓小平理论和"三个代表"重要思想为指导,认真贯彻党的十六大和十六届三中、四中、五中、六中全会精神,牢牢把握以科学发展观统领全局,推动全市经济和社会更好更快更稳发展这一主题,进一步强化"发展、稳定、为民"三大执政理念,突出抓好"赶超发展、和谐社会建设、以人为本、社会稳定、真抓实干"五个重点,团结带领全市广大干部群众解放思想、凝心聚力、干事创业,全市呈现出经济发展、社会稳定、人民群众安居乐业的良好局面。

一、组织概况与党的建设

龙口市委辖55个基层党(工)委,1604个党(总)支部,全市共有党员3.8万名。

2006年,市委始终坚持"党要管党、从严治党"的原则,全面落实科学发展观,着力强化党的执政能力建设和先进性建设,党的凝聚力、战斗力和创造力明显增强。

(一)以提高科学发展能力为重点,大力加强领导班子和干部队伍建设 围绕市、镇党委换届,积极完善干部选拔任用和监督管理机制,不断改进干部考察评价方法,配强配优领导干部队伍,圆满完成换届选举工作,树立了正确的选人用人导向。以制度建设为重点,不断加大干部监督工作力度,完善落实干部监督工作联席会议和干部谈心谈话、回复组织函询、诫勉等三项制度,形成了有效的预警机制。重点以十六届六中全会精神、《党章》、建设社会主义新农村等为主要内容,对全市科级干部分期分批进行政治理论和工作业务培训,切实增强了全面落实科学发展观、贯彻执行党的路线方针政策的意识和能力。

(二)以建设社会主义新农村为主题,大力加强基层组织建设 加大农村"一线工作法"落实力度,指导镇街包村干部全程参与和监督村级事务,有效促进了村级规范化建设。全面加强农村"两委"班子建设,注重搞好农村党支部书记带头人成长规律研究和实践,深入开展"村级组织规范化建设年"活动,扎实开展部门包联和后进村整治,积极推进基层党建工作示范单位创建活动,全市基层党建工作整体水平进一步提高。

二、主要工作与成绩

(一)综合实力显著提升 2006年,全市完成地区生产总值401亿元,比上年增长18.1%;实现国地税收入39.6亿元,地方财政收入16亿元,分别增长46%和33.3%。综合经济实力跃居全国百强县第16位,比上年前移了5个位次;在烟台市经济考核中连续五年位居第一,获得了"全省县域经济发展先进单位"称号。

(二)发展活力和后劲明显增强 2006年,全市工业企业实现销售收入1020亿元、利税118亿元,分别增长27.5%和28.2%;全市科技进步贡献率达到61%,高新技术产业产值占规模以上工业总产值的比重达到26.1%;民营经济增加值占经济总量比重达到82.7%;全市新举办利用外资项目60个,其中总投资1000万美元或合同外资500万美元以上的大项目44个,累计达到207个,全年完成合同外商直接投资7.3亿美元、实际外商直接投资2.25亿美元、出口创汇6.4亿美元,分别增长25.7%、16.3%和39.9%。

(三)城乡面貌明显改观 按照"东城西城相融、南山北海呼应、新区居中、组团式发展"的思路,实施了一批重点基础设施工程,拉起了现代化中等港口城市的大框架。2006年,全市公路通车里程1331公里,通车公路密度149公里/百平方公里,港口货物吞吐量2053万吨;全市森林覆盖率达到50%,城市化水平达到54.6%。

(四)人民群众得到更多实惠 2006年,全市农民人均纯收入达到6941元,城镇居民人均可支配收入达到14086元,分别增长14%和12.3%。年末,全市金融机构各项存款余额209.7亿元,比年初增加29.5亿元,其中城乡居民储蓄余额达到145.4亿元,比年初增加12.7亿元,人均2.3

万元。

(五)社会持续和谐稳定 教育、文化、环保、卫生、民政、广播电视和人口与计划生育等各项社会事业得到长足发展,社会保障和救助体系进一步完善。社会大局保持稳定,连续五年杜绝了越级集体访;群众对社会治安满意度达到98%以上;未发生一起重特大安全生产事故。

三、创新与经验

(一)强化发展理念,全力推进经济赶超 围绕调整优化经济结构布局,在加快东城、西城、南山、北海、新区"五大城市组团"融合对接的基础上,着力培植东城、西城、北部海滨、诸由观四大板块,推动强镇、强村、强企"三强"的膨胀发育,实现了城市化、工业化和现代化的协同联动发展,全市经济布局进一步优化,经济集聚度不断提升。围绕产业结构调整,坚持"稳定一产、做大二产、繁荣三产"的思路,三次产业比例调整到5.5:64.3:30.2,产业特色逐步显现。农业持续稳步发展,实施了国家农业标准化示范县等4个国家级示范项目,有效带动了农业增效和农民增收。全市农村经济总收入达到700亿元,增长21.7%。工业保持良好发展态势,以"项目建设年"为抓手,引导工业经济向突出特色、集聚规模转变,工业总量继续位居烟台各县市区首位,全市规模以上工业企业发展到339家。服务业实现了突破性发展,社会消费品零售总额79.6亿元,旅游业总收入达到19.2亿元。围绕在更广领域、更深层次推进对外开放,发挥开发区、高新技术产业园区等载体作用,突出招大引大,强化跟踪服务,孚佳科技电源、三星酒精、龙蓬铜管等一批内外资大项目、好项目相继成功落户龙口。

(二)强化稳定理念,努力构建和谐龙口 以信访"双教育、双规范"活动为抓手,不断将信访工作触角向各领域延伸,把各类矛盾隐患解决在基层、化解在萌芽状态,有效维护了正常的信访秩序。2006年,全市信访总量比上年下降了9个百分点,信访"三无村"达标率为92%,全国信访局长会议推广了龙口信访"双教育、双规范"工作经验。不断强化"严打"和综合治理工作,构筑了以人防为核心、技防为先导、物防为补充的治安防范大格局,社会局势持续平稳,全省治安防控体系建设现场会在龙口召开。狠抓安全生产责任制的落实,突出事故隐患排查和整改,强化监督监察和专项整治,确保了广大群众的生命财产安全。

(三)强化为民理念,切实解决群众"三最"问题 围绕提升群众的生活质量,深入推进了"五城联创"活动,取得阶段性成果,文明城、平安城创建首批进入省级先进,卫生城创建取得了申报国家卫生城市的资格,环保城创建达到国家"创模"指标要求,旅游城创建顺利完成,被授予"中国优秀旅游城市"称号。加大了旧城改造和集中供气、供热等基础设施建设力度,完成了28条城区街道和2条主要干线公路的拓宽改造工程,新增天然气用户1.1万户,新增集中供暖面积170万平方米。围绕推进新农村建设,着眼改善农村群众的生产生活条件,突出抓好"五通双建两免六保"和农村劳动力转移工作,农村环境面貌明显改观,农村综合生产能力、农民整体素质和富裕程度明显提高。全市631个村全部实现了村村通油路、通自来水、通有线电视、通公交车、通科普的目标;90%的村达到卫生村庄标准,70%的村达到绿色村庄标准,新增农村绿化面积234万平方米;投入5000万元,全部免除义务教育阶段学生杂费和书本费,对集体收入低于平均水平的村进行财政补助,增加农村养老、最低保障、五保户供养和新型合作医疗的补贴,农村保障水平得到显著提升。2006年2月,烟台市委在龙口召开了新农村建设动员暨小康村创建表彰会议,并观摩了龙口新农村建设现场。

附:(一)龙口市委书记、副书记、常委名单

书　记:于爱军(2007年1月离职)
　　　　李树军(2007年1月任职)
副书记:董希彬　孙为富
常　委:李树军　董希彬　孙为富　孙德奎
　　　　孙　军　李玮静　赵　刚　张学林
　　　　吕卫东　孙宝新

(二)各镇、区、街道党(工)委书记名单

龙口经济开发区	初元民
东莱街道	高景波
新嘉街道	于建春
徐福镇	姜　开
诸由观镇	吕常厚
北马镇	王文智
黄山馆镇	张大胜
东江镇	孙培键
芦头镇	刘殿兴
兰高镇	温孚恩
七甲镇	李　刚
下丁家镇	刘文生
石良镇	马吉嘉

中共莱阳市委工作概况

莱阳市委书记　于松柏

2006年，莱阳市委牢固树立和落实科学发展观，认真践行“三个代表”重要思想，坚持贯彻落实党的十六大和十六届三中、四中、五中、六中全会精神，带领全市广大干部群众，进一步解放思想，提升境界、干事创业，凝心聚力、赶超发展，开创了莱阳经济和社会各项事业新局面，全市经济社会保持了持续健康发展的良好势头，被评为全国食品工业强县，再次跻身全国县域经济基本竞争力百强县行列，在全国县域经济综合实力排名中列114位，比上年前进了15个位次。

一、组织概况与党的建设

莱阳市委辖基层党委55个，党总支54个，党支部1814个，全市共有党员50857名。

2006年，莱阳市委认真践行“三个代表”重要思想，以科学发展观统揽全局，全面加强党的思想、组织和作风建设，全市各级党组织的凝聚力、创造力和战斗力不断增强。圆满完成第三批保持共产党员先进性教育活动，深入开展了“办实事聚民心，共建新农村”主题实践活动，办理群众关心的问题2210件，举办专题技术讲座30期，开展各种下乡服务400余人次，建立了永葆党员先进性制度体系24项，经省委先进性教育活动办公室民主测评，我市先进性教育活动群众满意度达到了99.99%。大力实施领导干部“能力跃升工程”和专业技术人员“知识更新工程”，选调96名领导干部到上级党校学习培训，举办各类班次培训干部1380名，并首次将课堂搬到了先进发达地区，在苏州市委党校举办分管经济的科级干部和新农村示范村党支部书记培训班各1期，培训干部80名。坚持扩大党内民主，优化班子结构，圆满完成了市、镇党委换届工作，在市委领导班子中实行了常委分工负责制，在镇党委中实行了只设一名专职副书记的配备改革。扎实开展了“村级组织规范化建设年”活动，已有155个村庄达标，龙旺庄街道、鲁花公司两个党委被确定为烟台市委党建工作示范点，开展了以“产业建支部”为重点的农村基层党组织设置调整试点，新成立三个社区党支部。加强了远程教育资源整合工作，进一步规范了现代远程教育电视频道的运作，积极推行“远程教育+实践基地”的学用模式，在新农村建设中充分发挥了远程教育的作用。

二、主要工作与成绩

2006年，全市完成生产总值195亿元，比上年增长17.4%；实现地方财政收入65369万元，增长21%；规模以上工业销售收入426亿元，利税38亿元，分别增长42%和38.5%；社会消费品零售总额70.7亿元，增长16.5%；城乡居民储蓄余额76亿元，比年初增加9.4亿元；农民人均纯收入5815元，增长12.9%；全市万元GDP能耗0.72吨标准煤、取水量52立方米，分别下降6%、8%；各类和谐性、稳定类指标保持良好。

（一）加快产业结构调整，经济运行质量明显提高　全市一、二、三次产业比重调整到12.8:57.2:30。工业经济，大力实施了食品行业“6221”、机械行业“3210”、化工行业“3361”三大工程，三大行业销售收入占全市工业经济的比重达到89%。培育起销售收入过40亿元的企业1个、过30亿元的1个，过亿元的97个。龙大粉丝被评为中国名牌产品，新增省名牌产品5个、著名商标1个。服务业，培育起销售收入过亿元的商贸流通骨干企业5个，成交额过亿元的市场11个，顺利推动了总投资5亿元的万商大市场和投资1.6亿元的莱阳国宾酒店。农业和农村经济，增蔬菜、优果品、扩畜牧，全市蔬菜总产96万吨、果品总产25万吨，肉蛋奶总量达到25万吨。

（二）千方百计增加有效投入，经济发展后劲进一步增强　引导资金向科技含量高、附加值高、财税贡献率大的项目集聚。全年落实开工重点项目298个，一批重点项目顺利建成投产，投达产率达到60%。

（三）加大城市建设和管理力度，城市品味及功能明显提升　全年完成投入8.1亿元，开工建设了39项重点工程。完成了富山路续建、贤友中路路段和8条背街小巷的综合改造，兴建了蚬河水体景观带，新增绿化面积40万平方米。电力调度中心、广电中心、中心汽车站进行改造建设，汇龙湾、温馨佳苑等中高档住宅小区正在加紧建设，城市载体功能日臻完善，人居环境进一步改观。

（四）努力扩大对外开放，外向型经济快速发展　以产业招商、专业招商和以商引商为主要形式，组织实施了招商引资“百日会战”，坚定不移走出去，锲而不舍做工作，对外开放水平进一步提高。全市共引进内外资项目172个，实际利用市外资金28亿元；涌现出创汇过2亿美元的企业1个，过1000万美元的6个；全市出口创汇5.1亿美元，增长22.5%。

（五）扎实推进社会主义新农村建设，农村生产生活条件持续改善　积极实施了新农村建设“525”工程，扎实开展了“3+1”联手共建活动，纵深推进农业产业化、标准化、国际化，新发展各类标准化种植基地20万亩，畜牧标准化养殖场区61个，渔业工厂化养殖6万平方米，植树造林2.3万亩。新建改造各类水利工程588项，解决了183个村18.6万人的吃水问题，新增大中型农业机械1680台套，转移农村劳动力1.2万人。

(六)协调发展各项社会事业,和谐社会建设取得长足进步 完成省级以上科技成果鉴定14项,体育健儿在世界残奥会上奋夺3金,在省运会上夺得桂冠并打破世界纪录,全年安排劳动就业岗位2.2万个。积极开展文化下乡和爱心捐助、扶贫济困等活动,积极实施"民心工程"和住房解困工程,为民服务十件实事较好完成,解决了一批群众关心的热点难点问题。

(七)切实加强党的建设、精神文明建设和民主法制建设,为经济社会发展提供了坚实保障 深入开展十六届五中、六中全会精神学习教育和第三批次保持共产党员先进性教育活动。进一步完善了"莱阳先锋网"网站和远程教育频道,实现了远程教育由村到户的延伸。扎实推进"诚信莱阳"和各类精神文明创建活动,在全社会形成积极向上、健康文明的良好风气。深入开展普法活动和"严打"斗争,不断完善三级信访网络和矛盾纠纷调处机制,维护了良好的社会秩序。

三、创新与经验

(一)高点定位争一流,强化拼抢赶超的进取意识 面对区域竞争日趋激烈的严峻形势,通过外出参观学习、市内观摩对比,进一步强化全市上下的危机意识、忧患意识和责任意识,不断激励斗志,振奋精神,以争一流的标准抓发展,以创一流的标准促落实,工作定位进一步提高,抢抓机遇意识进一步增强。

(二)聚精会神搞建设,浓厚干事创业的发展氛围 把发展作为解决一切问题的根本措施,在重点项目建设、重大事件办理等过程中,先后多次召开书记办公会、现场办公会等,及时协调解决发展过程中遇到的问题和困难,对重点事项由市级领导统一调度、统一抓好落实,全市上下想干事、会干事、干成事的创业激情不断高涨,各镇街、各企业形成了你追我赶、竞相发展的局面。

(三)更新理念求突破,展现与时俱进的创新精神 立足莱阳实际,按照"工业强市、项目统领、放大优势、又好又快"的发展理念,不断突破思维定式,用科学的理念引领发展,用创新的理念推动发展。突出了食品行业"6221"、机械行业"3210"、化工行业"3361"三大工程,工业结构不断优化升级;服务业由零售为主向综合批发、由服务生活向服务生产、由传统服务向现代服务拓展。

(四)贴紧中心服务,发扬顾全大局的优良作风 深入开展了市乡两级机关作风整顿活动,健全完善了"三个体系"和重点项目联席会议制度、项目首接责任人制度等奖励约束机制,调动了全市上下围绕市委、市政府的各项工作部署,处处以大局为重,恪尽职守,忘我工作,形成了"热爱莱阳、建设莱阳"的浓厚氛围,有力保障了全市中心工作和重点事项的顺利推进。

(五)凝心聚力谋发展,增强狠抓落实的强大动力 开展了"比查议"和年度工作"回头看"活动,进一步调动了各级各部门谋发展的干劲和闯劲。推行三线督查工作法,对重点工作和重点项目定期不定期地进行督查调度,对各项工作的推进情况每月一调度、一通报,发现问题及时整改。成功举办了外向型经济培训班,提高了各级领导干部指导和参与外向型经济工作的能力。

附:(一)莱阳市委书记、副书记、常委名单

书　记:于松柏

副书记:杨国强　王宜清

常　委:于松柏　杨国强　王宜清　蔡永江　李勇军　邢学东　王天立　盛云蛟　初秀勇　于杰宁　陈海生

(二)各镇、区、街道办事处党(工)委书记名单

经济开发区	隋行波
城厢街道	赵龙海
古柳街道	崔建军
龙旺庄街道	隋行波
冯格庄街道	田　宏
沐浴店镇	王　岩
团旺镇	陶永伟
穴坊镇	孙洪明
羊郡镇	杨凤聊
姜疃镇	吕海博
万第镇	邢胜军
柏林庄镇	刘浩泉
吕格庄镇	张世健
照旺庄镇	咸国涛
山前店镇	吴言华
谭格庄镇	王建军
大夼镇	赵承业
高格庄镇	范志毅
河洛镇	孙志杰

中共莱州市委工作概况

莱州市委书记 林建宁

一、组织概况与党的建设

莱州市委辖基层党(工)委64个,党总支91个,党支部2141个。全市共有党员60752名。

2006年,莱州市委按照加强党的执政能力建设和先进性建设的要求,突出先进性教育和党委换届两个重点,围绕中心、服务大局,狠抓落实、开拓创新,各项工作取得了新成绩。

(一)扎实开展保持共产党员先进性教育活动 将先进性教育活动贯穿党建工作始终,广大干部党员群众对先进性教育活动的满意率达到99.99%。建立健全先进性建设长效机制,完善各项规章制度近万条。一批先进集体和先进个人受到省委和烟台市委隆重表彰。

(二)突出抓好领导班子和干部队伍建设 以换届为契机优化领导班子结构,顺利完成了市镇党委换届和市人大、政协会议选举组织工作。市镇党代会选举结果实现了"五个100%",工作经验得到省委组织部和烟台市委肯定。在干部队伍建设上突出教育、考核、使用三个环节,出台了"十一五"干部教育培训规划,全年完成市内培训25期、3740人次,上级调训27期、120人次。起草了"十一五"人才发展规划,加强人才工作运行机制建设。制定了《干部选拔任用工作规范》,保证了干部使用的科学性和公正性。

(三)全面推进基层党组织建设 以深化"三级联创"活动为总抓手,深入推进固本强基、党员先锋和重心下移三大工程。全面加强农村党建工作,建立了村级经费保障机制,深化了村级规范化建设。扎实开展"十百千"先锋工程创建,远程教育实现了向街道社区、涉农单位和农户家庭的延伸。深化"争星级、创五好"活动,调整理顺了改制企业党组织关系,社区和"两新"组织党建工作得到进一步加强。

(四)切实加强党风廉政建设 认真落实中央关于惩治和预防腐败工作《实施纲要》,惩防并举,注重预防,标本兼治,着力治本,推进党风廉政建设。以落实"五个不许"为主线,切实加强领导干部廉洁自律建设;坚持从严执纪,不断加大查办违法违纪案件力度;坚持纠建并举,认真解决损害基层群众利益的不正之风;深化制度改革,不断探索反腐倡廉的治本措施,全市党风廉政建设和反腐败工作保持健康发展的良好态势。

二、主要工作与成绩

(一)综合实力不断增强 全年实现地区生产总值281.5亿元,增长17.2%;国、地税收收入16.09亿元,增长30.5%;地方财政收入10.53亿元,按可比口径增长34.5%;规模以上固定资产投资143亿元,增长16.2%;金融机构各项存款余额187.5亿元,增长15.7%;城镇居民人均可支配收入12964元,增长14.9%;农民人均纯收入达到6320元,增长14%。在全国社会经济综合实力百强县和县域经济基本竞争力百强中的排序分列第67位和第37位。

(二)经济运行质量稳步提高 加快推进产业结构调整和增长方式转变,三次产业比重达到11.8:58.8:29.4。全年完成工业增加值153.4亿元,规模以上工业企业新增38家,总量达到364家,销售收入过亿元企业达到52家。农业产业结构进一步优化,优质订单粮食基地达到40万亩,农产品加工企业达到163家,被评为"全国粮食生产先进市"。服务业活力进一步增强,邮电通讯、交通运输、金融保险等行业得到较快发展,临港物流、特色旅游、商贸流通实现较大突破,消费品零售额达到82.7亿元。

(三)发展活力明显提高 大力发展民营经济,民营企业新增515家,总量达到3437家,注册资本由38亿元增加到52亿元。加大招商引资力度,全年实际利用外资1.99亿美元,增长15.7%;外贸进出口总额达到6.54亿美元,增长39.3%,其中,出口5.46亿美元,增长37.3%,进口1.08亿美元,增长50.6%。规模以上固定资产投资143亿元,增长16.2%,其中,千万元以上在建项目完成投资74.5亿元,增长19.4%。

(四)城乡面貌发生较大变化 基础设施建设取得新突破,莱州港3个5万吨级液体化工品泊位全面竣工,港口年吞吐能力提高到1500万吨;原206国道拓宽改造工程全线开工;4个风电项目、5个输变电工程和中国华电莱州电厂项目的前期工作推进顺利;实施了"三河六库联网"工程,引黄调水等一批重点水源工程正在推进。在城镇村建设中融入文化内涵,城市建成区面积扩大到34平方公里,城区人口增加到24万;镇驻地建成区面积增长34%,2个镇进入全国小城镇综合发展水平1000强,4个镇跻身全国文明村镇和国家、省级环境优美镇行列。新农村建设扎实推进,完成了全市村庄布点规划和300个村庄规划编制工作;新改造硬化农村公路213公里,通硬化路村庄达到982个;新改造增加通自来水村庄308个,通自来水村庄总数达到981个;136个村庄建成了烟台市级小康村。

(五)各项社会事业协调发展 各类教育齐头并进,普通高考综合成绩连续四年居烟台市首位。统筹城乡就业1.5万人,转移农村劳动力1.9万人。城镇基本养老保险和农村养老保险投保人数分别增加到9.75万人和27.8万人。发放城乡低保、农村优抚、五保供养等救助资金2857万元,新建扩建了14处镇街敬老院,荣获"全国民政工作先进市"称号。新型农村合作医疗参合农民总数达57.8万人，参合率达90%。全面推行计划生育感动服务，发放计生奖励扶助金314万元，被评为“全国农村部分计划生育家庭奖励扶助工作先进市”。社会治安形势进一步好转，首批跨入“平安山东建设模范市”行列。圆满完成了“前卫—206B”军事演习保障任务，被评为“全省双拥模范城市”。

三、创新与经验

2006年，莱州将上级精神与自身实际相结合，确定了“一二三六”总体工作思路。即：围绕建设繁荣和谐文明的新莱州这一目标，大力实施创新和开放两大战略，牢牢抓住事关全局的发展、稳定、队伍三件大事，着力推进基础设施、特色产业、城镇村建设、造林环保、平安创建、先进性建设六项重点工作，经济社会实现了又好又快发展。

（一）在发展上，突出“四项重点” 以“一号工程”、“双五〇工程”为抓手，着力突破基础设施、特色产业、城镇村建设、造林环保四个重点。一是加大基础设施投入，建设开放枢纽城市。重点抓好港、水、路、电等基础设施，提升发展的承载能力，努力将莱州建设成连接半岛和内陆腹地的桥头堡和枢纽站。二是坚持三次产业协调发展，建设特色产业城市。一产着力抓好“中国（莱州）种业硅谷”工程，发展现代农业；二产在抓好机电、建材、黄金及铁业、盐化工四大传统产业改造升级的同时，着力培植电力、石化等临港产业；三产重点抓好临港物流、山海旅游和会展经济。三是在城镇村建设中彰显文化底蕴，建设滨海文化城市。以文为魂推进城市建设，拉开了中等规模城市框架；镇街驻地建设重点抓好“四个一”工程；新农村建设坚持规划先行，因地制宜建设城郊村、新乡村、新山村、新渔村。四是加大造林环保力度，建设生态园林城市。坚持市镇村三级联动，一年四季常造林。市级主抓6条百里绿色长廊建设，镇村向“四荒”进军。依法实施矿业秩序治理整顿，严格控制污染性项目，大力发展循环经济。

（二）在稳定上，推进“三个平安” 围绕群众生活平安、经济秩序平安和社会局势平安，深入推进“平安莱州”建设。一是抓好群众生活平安。深入推进严打整治专项行动，重点打击“两抢两盗”多发性犯罪和流氓恶势力违法犯罪，做好预防犯罪工作。二是抓好经济秩序平安。深化“诚信莱州”建设，严厉打击各类经济犯罪、职务犯罪和破坏环境资源的犯罪，抓牢安全生产工作。三是抓好社会局势平安。全面加强基层基础建设，加快“技防市”建设步伐，综合治理社会矛盾，扎实做好信访工作。

（三）在队伍上，抓住“三个层面” 以先进性教育为总抓手，在全市上下倡树干事创业的正气和高尚文明的新风。一是领导班子层面，叫响“跟我上、向我看齐”的口号，落实发展、稳定、队伍“一岗三责”。市级领导人手一个“一号工程”，大力推行“一线工作法”。压实科级干部正职责任，完善副职“同职同考”机制。二是机关干部层面，开展机关集中教育整顿，狠抓机关文明、机关纪律和机关效率建设。给每个镇街、机关确定市内外学赶对象，建立了“一号工程”、“双五〇”工程、稳定工作、干部队伍建设四个调度机制，强化“实地看、大家评、跟踪考”三种方法，狠抓落实蔚成风气。三是社会层面，在全市评树“百面旗帜”，用典型的力量激发干事创业的活力。启动了“三德工程”建设，家庭美德重点抓一个“孝”字，职业道德建设重点抓一个“诚”字，社会公德建设重点抓一个“爱”字，正气新风进一步倡树，全社会文明程度明显提高。

附：（一）莱州市委书记、副书记、常委名单

书　记：林建宁

副书记：杨洪旭　刘巨峰

常　委：林建宁　杨洪旭　刘巨峰　孙建国　战秀云（女）　鲍跃军　王智初　尹　鹏　金显道　王　璞　黄亚林

（二）各镇、街道、区党（工）委书记名单

经济开发区	宋贤忠
城港路街道	邓殿栩
三山岛街道	张志强
文昌路街道	国树军
永安路街道	韩国功
文峰路街道	殷立军
金城镇	李光耀
朱桥镇	杨书君
平里店镇	张波涛
程郭镇	邱兆洲
驿道镇	梁振国
郭家店镇	刘　宏
柞村镇	孙万坤
夏邱镇	孙悦伟
沙河镇	张百仁
土山镇	朱振光
虎头崖镇	李　胜

中共蓬莱市委工作概况

蓬莱市委书记 刘炳国

2006年，蓬莱市坚持以邓小平理论和“三个代表”重要思想为指导，深入贯彻落实党的十六届四中、五中全会精神，以科学发展观统领全局，紧紧围绕赶超发展主旋律，解放思想，抢抓机遇，开拓创新，艰苦创业，经济及社会各项事业持续健康协调发展。

一、组织概况与党的建设

蓬莱市共有基层党(工)委61个，党总支24个，党支部1265个，党员36039人。2006年，我们坚持把党的建设放在重要位置，不断提高各级党组织的凝聚力、号召力和战斗力，为经济社会发展提供可靠的组织保障。

(一)加强党的思想建设 精心部署，扎实运作，高质量完成第三批保持共产党员先进性教育活动，巩固党的思想阵地建设，不断提高党的执政能力。在全市范围内组织巡回宣讲20多场，专题授课600多场，结成帮扶对子1300多个，各级领导班子和干部的思想政治素质明显提高。

(二)加强党的组织建设 切实加强农村基层班子和党员干部队伍建设，重点抓好“四化六十条”的贯彻落实，着力提升村级规范化建设水平；深入开展“三级联创”活动，推行村级组织规范化管理，基层组织建设得到加强；加强企业家队伍建设，扎实推进非公有制企业党建“三维管理”工作；坚持正确的用人导向，严格按《条例》办事，扩大干部工作的民主，落实群众“四权”，领导班子和领导干部的调整配备、队伍结构更加科学合理。

(三)加强党风廉政建设 严格落实党风廉政建设，建立健全教育监督、目标管理、谈话诫勉等一系列规章制度，形成了用制度规范行为、按制度办事、靠制度管人的干部监督机制，党风政风进一步好转，干部作风进一步转变，树立起党和政府的良好形象。

二、主要工作与成绩

2006年，我们坚持以科学发展观揽全局，突出“赶超发展”主旋律，开拓创新，艰苦创业，经济社会实现又好又快发展。完成地区生产总值204亿元，地方财政收入8.6亿元，固定资产投资205亿元，分别增长20%、33.2%和17%；城镇居民人均可支配收入12651元，农村居民人均纯收入6570元，分别增长12.7%和12%，在全国百强县中排名第43位。先后荣获国家环保模范城市、中国葡萄酒名城、全国节水型城市、中国食品工业强市、全国质量兴市先进市、全国农业标准化示范区建设先进市、全国文物工作先进市、全国计划生育优质服务先进市、中国水环境治理优秀范例城市和山东省县域经济发展先进单位、平安山东建设模范市、山东省人居环境奖等荣誉称号。

(一)培植壮大主导产业，经济结构进一步优化 坚持把“特色”作为县域经济的生命线，大力实施“港口立市、旅游兴市、酒业富民”的产业发展战略，重点培植临港工业、旅游、葡萄与葡萄酒、汽车及零部件加工四大主导产业，逐步形成以龙头企业为支撑、以产业链条为纽带、富有区域特色的产业发展格局。临港工业规模逐步扩大。依托两个国家一类开放港口，大力发展造船重工、能源石化等产业，国电(蓬莱)发电厂、中柏京鲁造船等一批大项目落户和投产，产业集群效应开始形成，2006年，临港工业实现销售收入46.5亿元。旅游产业中心地位更加巩固。全力打造历史文化游、滨海观光游、葡萄文化游、自然生态游四大旅游板块，顺利通过中国优秀旅游城市复核，蓬莱阁景区通过国家首批5A级旅游景区验收，全市旅游景点共接待国内外游客300万人次，综合收入24亿元。葡萄及葡萄酒产业优势更加突出，建设了18公里“葡萄长廊”，中粮长城、烟台张裕、天津王朝、华东百利等一批国内知名企业集聚抢滩，法国、意大利等国外名家也纷纷落户，全市葡萄酒企业45家，葡萄酒产能10万吨，被中国轻工业协会授予唯一的“中国葡萄酒名城”称号。汽车及零部件加工业加快升级。北方奔驰重卡项目整车下线，实现了烟台地区重型卡车生产零的突破，一汽山东汽车改装厂等一批产业链项目发展良好。至2006年末，全市三次产业结构比调整为7.5:64:28.5。

(二)内源外源外双轮驱动，发展活力持续增强 坚持借助外力，启动内力，内外并举、双轮驱动，不断增强经济发展活力。一方面，抓住对外开放不放松，进一步创新招商方式，向宽领域、多区域转变，向产业化、集群化转变，利用外资的质量和水平有了新提高。2006年新引进外资项目57个，其中过千万美元的项目9个，实现合同利用外资7.85亿美元，实际外商直接投资2.2亿美元，实际利用内资28.3亿元，分别增长24.9%、14.5%和11.3%。实现外贸进出口5.18亿美元，同比增长35.5%，其中，外贸出口3.3亿美元，同比增长32.9%。出口创汇过亿美元的企业1家，过千万美元的7家。另一方面，从骨干企业抓起，通过政府扶持、服务推动，引导民营企业不断做大做强，使民营经济成为全市经济增长的重要力量。

(三)加快推进城市化建设，发展支撑力不断提升 先后投资2亿多元，完成城市道路建设等重点工程11项，新建栾家口港2个5万吨级泊位，龙烟铁路蓬莱段、胶东调水蓬莱段、蓬水路改造等重大基础设施建设加快推进，园区全部完成路网、管网配套，项目支撑能力持续增强。全面启动高档住宅区、农民新村、旧城改造和经济适用房“四大人居板块”,完成开发面积50万平方米,新增集中供热面积200万平方米,市民居住、生活条件明显改善。加快大地绿化和城市绿化,完成荒山造林1.2万亩,全市森林绿化覆盖率达到40%,青山绿水、碧海蓝天的优美环境得以重现。

(四)高度关注民生民意,社会事业协调进步 扎实推进新农村建设,突出抓好高效果品、特色畜牧和水产养殖三大板块,优化农业产业体系,大力发展农村经济;不断扩大公共财政覆盖农村的范围,确保财政用于“三农”投入的增量逐年提高,引导金融和社会资本更多投向农业和农村,提高农村生产生活水平,加快改变农村面貌。2006年,财政涉农支出超过1亿元,农村硬化路通村率、自来水普及率和有线电视入村率分别达到90%、60%和98%。科技创新能力进一步提高,全市取得各类科技成果48项,科技贡献率达到56%。广泛开展群众性文化活动,成功举办了第七届“和平颂”国际青少年文化艺术盛典,市民素质和城市文明程度全面提升。社会保障体系进一步健全,新增就业再就业1.42万人,城镇职工社会保险参保人数达到4.6万人,农民基本养老保险参保人数达到17.3万人。“平安仙境”建设取得新成果,全面开展“打黑除恶”专项行动,加强社会治安综合治理工作,强化安全生产监督管理,健全信访调处机制,社会更加祥和、安定。

三、创新与经验

(一)坚持解放思想,树立科学的发展理念 理念是决策的先导。结合蓬莱实际,我们提出并大力推进“四个转变”:一是由就经济抓经济向经济社会协调发展转变,更加注重社会发展;二是由就发展抓发展向树立“以人为本”的发展理念转变,更加关注民生,把群众当前利益与长远利益相协调,为群众解决实际困难,使他们充分享受到发展带来的实惠;三是由开发利用资源向有序利用和保护资源转变,更加注重可持续发展;四是由单纯抓经济向推进人与自然和谐发展转变,更加注重生态建设和环境保护。在此基础上,引导各级各部门始终保持永不满足、永不懈怠的精神状态,营造浓厚的干事创业氛围。

(二)坚持特色发展,培植符合本地实际的产业体系 县域经济就是特色经济。在区域竞争日趋激烈的形势下,县域发展的根本出路就在于立足本地实际,充分发挥资源、区位和文化等优势,培植壮大符合本地实际、独具特色的产业体系,走特色发展之路。我们通过培植壮大临港工业、旅游、葡萄及葡萄酒、汽车及零部件加工四大特色主导产业,县域经济实力得到大幅提升。2006年,四大主导产业经济总量占到全市的70%以上,真正把资源优势转化为经济优势和竞争优势。

(三)坚持转变作风,营造良好的发展环境 工作目标能否早日实现,关键是看各级各部门的工作作风和落实力度。我们通过加强作风建设,建立健全《岗位目标责任制考核》等一系列规章制度,大力倡导“八个方面”的良好作风,大兴求真务实之风,把各级领导干部的主要精力集中在推动工作上,把满腔热情倾注在为民造福上,把发展业绩建立在真抓实干上。对重点工作、重点项目实行“一把手”负责制,要求党政领导“一把手”必须亲力亲为,不当传话筒、不做稻草人,在此基础上,按照责任分工,对各项目标任务进行层层分解,一级抓一级,层层抓落实。同时,以“干事创业、胸怀全局、优化服务、严肃纪律”为重点,进一步改善服务态度,提高服务效率,全面打造优质高效、宽松和谐的经济发展软环境,为实现经济社会又好又快发展提供强有力的保障。

附:(一)蓬莱市委书记、副书记、常委名单

书　记:刘树琪(2006年12月离职)
刘炳国(2006年12月任职)

副书记:张代令　宫　权

常　委:刘炳国　张代令　宫　权　杜康生
刘淑芳　于明春　李　波　方　伟
邵立波　李晓明　郑广科

(二)各镇、街道党(工)委书记名单

登州街道	刘来广
紫荆山街道	王　轶
新港街道	孙明德
蓬莱阁街道	刘振文
南王街道	吴明光
刘家沟镇	曲　波
潮水镇	张大鹏
大柳行镇	陈九全
小门家镇	邢汝膨
大辛店镇	仲　良
村里集镇	卢成栋
北沟镇	宋乐强

中共招远市委工作概况

招远市委书记 徐少宁

一、组织概况与党的建设

招远市委辖64个党(工)委,38个党总支,1460个党支部,全市共有党员42511名。

(一)切实加强党的执政能力和先进性建设 坚持把先进性教育活动作为组织工作的重中之重,按照上级统一部署,圆满完成了第三批先进性教育活动,使基层党组织的执政能力切实得到加强。坚持正确的用人导向,扎实开展了市镇两级党委换届工作,真正把政治立场坚定、工作能力强、群众信赖的优秀干部充实到领导班子,班子结构进一步优化。同时,结合保持共产党员先进性教育活动,强化对农村干部的教育培训,推行了"为民服务代理制",农村干部的工作水平逐步提升。

(二)大力加强基层组织建设 深入开展了争创"黄金搭档"活动,农村"两委"成员的工作合力明显增强;实施了"村级组织规范化建设年"活动,农村各项工作运行机制不断完善;推行了"三培两联"活动,农村基层组织的凝聚力和战斗力大为提高。实行了"基层党建工作示范单位"创建活动,全年共有4个基层党组织获得烟台市"基层党建工作示范单位"称号。认真抓好街道、社区和新型经济社会组织党建工作,建立健全了以社区党组织为核心的社区组织体系,社区党建工作覆盖面进一步扩大;按照"同步筹建,属地为主"的原则,合理设置党组织,理顺隶属关系,新型经济社会组织建设顺利推进。

(三)扎实推进党风廉政建设 举办了"勤政廉政、科学发展"主题教育和反腐倡廉大型教育展览活动,领导干部廉洁从政、干事创业的自觉性切实提高。全面推行了政务、村务、厂务公开和公共事业单位办事公开,加大了财政管理体制、干部人事制度改革力度,源头治理工作向纵深推进。认真落实党风廉政建设责任制,积极开展反腐败斗争。开展了"加强效能建设、创建责任机关"活动,发展环境得到有效改善。

二、主要工作与成绩

(一)经济发展跃上新台阶 综合经济实力显著增强,全年实现GDP245.3亿元,同比增长18.8%;完成地方财政收入9.7亿元,同比增长35.1%;在全国最新百强县市排名中跃居53位,比上年前移了6个位次。改革开放成效明显,企业改制实现历史性突破,市属企业改制面达到95%,招金矿业股份在香港成功上市;开放型经济增势强劲,完成合同外资6.8亿美元、到位外资2.1亿美元、出口创汇6.1亿美元,同比分别增长18.6%、11.5%和39.5%。经济结构调整步伐加快,三次产业比重调整为5.7:66.6:27.7;工业经济的主导作用更加明显,规模以上工业完成销售收入647.2亿元、增加值160.8亿元、利税67.8亿元,分别增长33%、28%和30.7%;三产服务业、民营经济取得长足进步,完成服务业增加值66.9亿元,实现社会消费品零售总额48.6亿元,分别增长15.6%和16.7%;农业和农村经济健康发展,实现农村经济总收入612.6亿元、粮食总产27.7万吨、农民人均纯收入6475元,分别增长13.9%、0.4%和13.4%。经济增长方式进一步转变,万元GDP能耗、COD和二氧化硫排放分别下降6.5%、11.1%和5.8%;品牌战略成果显著,新增中国驰名商标1个、中国名牌产品2个、山东著名商标3个、山东名牌产品9个,被省政府授予"品牌建设先进县"称号。

(二)城乡发展开创新局面 城市功能和品位显著提升,全年完成投资3.5亿元,城市建成区面积达到25平方公里,城市化水平达到55.8%,被评为"全国畅通工程一等(模范)管理水平城市"。新农村建设活动取得较大成效,在基础设施改造上,完成了200个村的村村通自来水工程、新解决12.7万人的饮水困难,实施了农村公路改造扫尾工程,整修村级办公场所136个、新建农民文化娱乐场所300处、硬化农村街道380公里;在大环境建设上,新增造林面积8500亩,完成各类水利工程620项,发展节水灌溉3.8万亩,扩大改善水浇地8万亩。

(三)和谐社会建设迈出新步伐 各项社会事业协调发展,社会保障水平大幅提高,共发放城乡困难群众生活保障金1250万元,改扩建敬老院12处,新增农村适龄农民养老保险人数11966人,社会保险扩面5103人,新型农村合作医疗参合率达到71%;就业再就业工作顺利推进,新增城镇就业再就业9326人,城镇登记失业率控制在1.3%以内;人才队伍建设进一步加强,引进各类专业技术人才208名;教育、卫生、计生、文化等各项事业也都取得了新成绩。社会局势平安稳定,全年信访总量同比下降53.6%,刑事发案同比下降6.12%、发案率降为万分之21.6,杜绝了重特大安全事故的发生。精神文明建设卓有成效,城乡文明程度进一步提高。

三、创新与经验

(一)立足县域发展实际,科学确定发展思路,引领经济社会又好又快发展 市委坚持以科学发展观为指导,适应新形势、新任务、新要求,从招远实际出发,确立了"围绕一个目标,突出两大主题,提升三个水平,加强四个建设"的总体工作思路,为在新起点上实现新发展奠定了良好基础。围绕"一个目标",即全市工作要突出围绕"促进财政增收,做大经济总量"这一目标来展开;突出"两大主题",即突出项目建设主题和社会和谐主题;提升"三个水平",即努力提升项目建设水平、经济结构水平和城市建设水平;加强"四个建设",即加强社会主义新农村建设、平安金都建设、文明城市建设和执政能力建设。

(二)突出项目建设主旋律,大力实施经济结构战略调整,努力提升县域经济发展水平 一是在重视项目建设数量的同时,更加重视项目建设的质量和效益。坚持把项目建设作为经济工作的主旋律,深入开展了第二个"项目建设年"活动,为经济长远发展培育了一批新的增长点。全年完成固定资产投资167亿元,增长15%,建设过千万元的重点项目112个,先后有67个项目建成投产。二是在重视黄金产业发展的同时,更加重视非金产业的发展。在做大做强黄金主业的同时,全力膨胀发展轮胎、电子、机械、食品四大非金支柱产业。黄金产业实现销售收入170.5亿元、利税19.8亿元,分别增长26.8%和39.7%;四大非金产业实现销售收入280.5亿元、利税29亿元,分别增长32.8%和36.2%。三是在重视市属经济发展的同时,更加重视镇域经济发展。继续实施"翻番再造"、"8151"工程,进一步壮大市属工业经济总量。同时,按照分类指导的原则,引导镇域立足原有基础和优势,因地制宜发展特色经济;镇(街道)完成地方财政收入2.87亿元,增长41.7%,达到历史最好水平。四是在重视传统优势产业发展的同时,更加重视新兴经济板块发展。在抓好五大主导产业的同时,倾注更多的精力推进三产服务业和民营经济发展。三产服务业,按照以旅游业为突破口拉动三产发展的思路,积极汇集人流、物流、信息流,加快了发展步伐。民营经济,以国有、集体企业改制为突破口,通过创造优惠的政策和服务环境,积极扶持民营企业发展。

(三)牢固树立以人为本理念,坚持统筹协调发展,全面推进"和谐招远"建设 一是统筹城乡发展。在城市发展上,以建设特色城市和生态城市为目标,加强城市规划、建设和管理,"金轴银线"和"一城三区"的城市发展新格局初步形成。在新农村建设上,按照"一二三"的思路,即抓住农村人居环境整治这个"切入点",突出发展农村经济和提高农民素质"两个重点",推进农村社会事业建设、农村社会保障体系建设和基层民主政治建设"三个建设",把握关键,循序渐进,努力推动新农村建设上档次、上水平。二是努力维护社会和谐稳定。筹建了市级社会矛盾调处中心,开展了信访疑难案件专项治理活动,信访工作进一步加强;大力开展基层规范化创建活动,健全防控体系,加强综合治理,治安局势持续稳定;深入开展矿业秩序专项整顿,加大事故隐患排查力度,推行安全生产标准化管理,安全生产形势进一步好转。三是更加关注民生问题。一方面,高度关心群众的生产生活。不断加大基础建设投入,加快教育、卫生等社会公益事业发展,群众的生活环境、生活质量得到进一步改善和提高;认真做好就业再就业、城乡最低生活保障、五保等工作,不断完善社会保障体系;发挥社会专项救助体系作用,帮助城乡特困群体解决了看病、住房、子女上学等实际困难。另一方面,积极关注群众的精神文化生活。以"建设文明金都,争创全省文明城市"为抓手,积极开展群众性精神文明创建和社会信用体系建设,市民的整体素质和全社会的文明程度大大提高。

附:(一)招远市委书记、副书记、常委名单

书　记:王式亮(2006年12月离职)
徐少宁(2006年12月任职)

副书记:张　伟　王光耀

常　委:徐少宁　张　伟　王光耀　林建东　陈绍广　张海波　徐林宏　孙惠琴(女)　丛臣亭　李洪智　杨　波

(二)各镇、街道党(工)委书记名单

温泉街道　栾立新
泉山街道　王晓君
罗峰街道　王建春
梦芝街道　郝永平
辛庄镇　王　鹏
蚕庄镇　丁海苹
张星镇　张广民
阜山镇　王炳波
玲珑镇　蒋金海
金岭镇　侯学博
大秦家镇　张金亮
齐山镇　杨洪瑜
夏甸镇　王宏铭
毕郭镇　赵曙光

中共栖霞市委工作概况

栖霞市委书记 王国祖

2006年,栖霞市委在上级党委的正确领导下,坚持以科学发展观统揽全局,以赶超发展、和谐发展为主旋律,以筹备好烟台县域经济现场会为契机,坚定不移地实施"一二三四五"的工作思路,纵深推进生态立市、工业强市、文化兴市和经济国际化、城市化五大战略,一心一意谋发展,凝心聚力抓落实,促进了全市经济社会的又好又快发展。

一、组织概况与党的建设

栖霞市委辖基层党(工)委31个,党总支48个,党支部1665个,全市共有党员41116人。

2006年,栖霞市委始终坚持"党要管党、从严治党"的方针,牢记党的宗旨和"两个务必",以提高党员干部执政能力为重点,以加强基层组织建设为基础,以开展党员先进性教育活动为抓手,积极探索新形势下党建工作的新思路、新办法,进一步加强和改进党的建设,为全市改革和发展注入了不竭的生机与活力。

(一)加强领导班子和干部队伍建设 深入持久地开展党员先进性教育活动,健全完善保持党员先进性长效机制,各级党组织执政能力进一步增强,党员队伍整体素质进一步提高;认真贯彻落实《干部任用条例》,树立正确的用人导向,坚持在干事创业、赶超发展的实践中锻炼干部、识别干部、选拔干部,形成了干事创业、加快发展的浓厚氛围;加大对干部的教育、管理和指导,顺利完成镇街道党(工)委换届工作。

(二)加强基层组织建设 深入开展"三级联创"和"千名干部驻村"活动,加大后进村整顿力度,规范农村财务管理,巩固了农村基层政权,维护了农村的稳定与发展;切实加强民营企业、城市社区、社会团体和中介机构等新兴组织党建工作,不断拓展党的工作覆盖面,党的执政基础更加巩固。

(三)加强党风廉政建设 深入开展党风廉政建设和反腐败斗争,大力推进惩治和预防腐败体系建设,严肃查处各种违法犯罪案件,党风、政风和社会风气进一步好转。

二、主要工作与成绩

2006年,全市完成生产总值115亿元,增长18%,首次突破百亿元大关;固定资产投资60.6亿元,增长20.1%;地方财政收入2.55亿元,同比增长25%;城乡居民储蓄余额56亿元,增长11.5%;农民人均纯收入4865元,增长13%。

(一)对外开放质量明显提高 大力实施经济国际化战略,把对外开放作为赶超发展的总抓手,拓宽思路,创新方法,形成了全方位、宽领域、多层次的开放格局。全市合同利用外资1.5亿美元,实际利用外资5500万美元,实际利用内资43亿元,分别增长30%、15.7%和23.1%。引资质量不断提高,全年共引进各类项目217个,其中投资过千万元项目99个,特别是将全国仅设立4处的台湾农民创业园之一成功争取落户,成为我市招商引资工作的最大亮点;园区经济快速发展,进园项目101个,总投资46.5亿元,单个项目平均投资额度达到4600多万元;外贸出口持续增长,新增自营进出口企业12户,总数达到76户,实现外贸出口1.67亿美元,增长21.9%。

(二)产业支撑能力明显增强 始终把解决县域经济发展结构性矛盾作为最迫切的战略任务来抓,正确处理调控与发展的关系,有效整合各种要素资源,努力构筑科学合理、特色鲜明、充满活力、可持续发展的产业经济体系。工业经济主导地位更加突出,全年工业用电量达到8.4亿千瓦时,同比增长31.3%;规模以上企业达到194户,完成工业增加值41.7亿元、销售收入142.5亿元、利税10.9亿元、利润7.9亿元,分别增长33.1%、32.7%、39%和45.2%;机械装备、医药化工、电子信息三大产业支柱和食品、黄金、水泥、服装四大产品基地的规模和实力快速提升,完成投资28.5亿元,占全市投资总额的47%,完成的主要经济指标均占规模以上工业的80%以上;名牌产品、著名商标达到19个,申请专利55项,分别增加8个和21项。农业基础地位更加巩固,严格落实中央支农惠农政策,农业产业化水平显著提高,农业综合开发成效突出,完成长岭区域成片开发8000亩、栽植葡萄5000亩,农民增收渠道进一步拓宽。第三产业日趋活跃,旅游业充满生机和活力,集温泉度假、文化民俗、自然风光、果园采摘四大旅游品牌于一体的大旅游框架初步形成,全年接待旅客35万人次,旅游业总收入突破1亿元,分别增长59%和75%;商贸物流业实现新突破,烟台百佳农产品交易中心、桃村商贸中心等6个投资过亿元大型市场建设基本完工,处于启动运作阶段。民营经济实力明显增强,新增民营企业269个,新发展个体工商户3281户,实现的增加值占GDP比重达到23%以上。循环经济效益逐步显现,投资3.8亿元、装机容量3.7万千瓦时的唐山风电场正式投入运行,年可发电7200万千瓦时,成为全省单一风电装机容量最大的风电场,当年发电2800万千瓦时,实现产值2100万元。

(三)城市综合竞争力明显提升 把打造特色城市作为加快县域经济发展的重要着力点,立足城市特色和资源优势，着眼可持续发展，全面打造现代化生态型旅游城市。“三区融合”步伐加快，旧城区改造大见成效，长春湖旅游度假区建设进展顺利，松山工业区建设充满活力，改造旧城区面积9万平方米，扩大新区面积2.8平方公里，新增城市绿地面积14万平方米；成功举办第五届中国山东栖霞苹果艺术节等一系列重大活动，生态、苹果、旅游、文化四大城市品牌愈发彰显魅力；城市基础设施建设力度加大，霞光路改造、北出口立交桥、曲桃线、刘山线、大唐线等建成通车，公务员住宅小区建设主体工程完工，城市污水处理厂投入使用，市区供水管网改造、802省道栖霞段改造、同三高速臧家庄出口、中古线、烟凤线等重点基础设施项目进展顺利。新农村建设开局良好，把生态文明村创建作为建设新农村的有效载体，组织实施了以“一图二建三改四通五化”为主要内容的创建工作。全市村村通油路率95.6%、通自来水率50.2%、通有线电视率100%；林地覆盖率46.2%。

（四）和谐社会建设成效明显 坚持在加快经济发展中促进社会和谐，在社会和谐中推进经济发展，和谐社会建设取得新成效。深入实施“文化兴市”战略，认真贯彻《公民道德实施纲要》，加强社会主义荣辱观教育，大力弘扬具有时代特征的“栖霞精神”，广泛开展各种群众性文化活动，营造出了健康向上的人文环境；牢固树立“善政亲民”理念，切实加强就业服务体系和社会保障体系建设，进一步加大弱势困难群体的救助帮扶力度，纵深推进医疗卫生体制改革；扎实推进“平安栖霞”建设，加强矛盾纠纷排查体系、治安防控体系和安全生产体系建设，信访稳定和社会治安局势良好，安全事故得到有效遏制。

三、创新与经验

（一）坚持开拓进取，始终保持昂扬向上的精神状态 把烟台县域经济现场会筹备作为重塑栖霞形象的重要契机，高目标要求、高负荷运转、高效率推进、高标准落实，确保了烟台县域经济现场会在我市成功集中观摩，得到了烟台市委、市政府的充分肯定和兄弟县市的高度评价。之后，又成功筹办了第五届苹果艺术节。全市上下在筹办“一会一节”中所表现出的那种迎难而上、知难而进和敢打硬仗、能打胜仗的精神风貌，成为我们赶超发展的力量源泉和根本保证。

（二）坚持科学发展，促进经济社会可持续发展 按照建设资源节约型、环境友好型社会的要求，通过引进培育投资规模大、拉动力强、科技含量高的大项目、大企业，发展壮大工业经济，繁荣提升服务业，加快产业结构调整和经济增长方式转变，促进了经济增长速度、质量和效益的同步提高。特别是从保证烟台水源安全的大局出发，自觉把栖霞作为烟台大市区的一个重要组成部分来对待，深入实施“生态立市”战略，加大环境建设和保护力度，为全市经济社会的持续快速发展奠定了坚实基础。

（三）坚持突出优势，着力打造特色城市 坚持把打造特色城市作为赶超发展的基础，有效整合生态、苹果、旅游、文化四大比较优势，着力打造具有独特魅力的现代化生态型旅游城市，进一步提升了城市知名度和影响力，使城市特色优势在经济发展中的品牌效应逐步显现，并越来越明显地转化为经济优势。

（四）坚持集中用力，重点突破关键性工作 正确处理好“突出重点”与“兼顾一般”、“有所为”与“有所不为”的关系，紧紧抓住事关长远的重大战略性问题，把产业支柱培育、产业带建设、经济板块打造和对外开放、特色城市建设等牢牢抓在手上，集中人力物力，强化措施、重点突破，为全市经济赶超发展增添了许多新亮点。

（五）健全完善奖惩机制，促进工作有效落实 建立完善决策目标、执行责任、考核监督三大体系，改进干部管理和考核办法，把经济社会发展任务目标的完成情况作为干部选拔任用的重要依据，切实调动和发挥干部的工作主动性和创造性；建立完善领导干部联系点制度，把事关经济发展的重点工程项目和骨干企业落实包帮制，确保推进速度和质量；充分发挥市委考核办公室职能作用，促使各项工作走上制度化、规范化轨道。

附：（一）栖霞市委书记、副书记、常委名单

书　记：王国祖

副书记：李　宁（女）　衣凤凰（援藏）　刘忠义

常　委：王国祖　李　宁（女）　衣凤凰（援藏）　刘忠义　陈兆宽　刘洪光　于培超　刘言志　周　俊　吕永坤　刘启明　崔　光

（二）各镇、街道、开发区党（工）委书记名单

苏家店镇	刘智勇
寺口镇	李晋辉
西城镇	唐功明
官道镇	谢元春
观里镇	李永杰
杨础镇	牟耀东
蛇窝泊镇	郝新福
唐家泊镇	孙尚福
桃村镇	吕永坤
庙后镇	隋　新
亭口镇	林伟功
臧家庄镇	衣海涛
松山街道	高言进
翠屏街道	鲁明义
庄园街道	孙立强
经济开发区	孙学文

中共海阳市委工作概况

海阳市委书记　王玉波

2006年,在上级党委的坚强领导下,海阳市委团结带领全市广大干部群众解放思想,开拓创新,呈现出经济稳步提高、社会局势安定、群众安居乐业的和谐发展局面。

一、组织概况与党的建设

海阳市委辖42个基层党(工)委,1376个党(总)支部。全市共有党员47006人。2006年,围绕"凝心聚力和谐发展,奋战五年再创辉煌"的奋斗目标,努力加强党的建设,为经济社会发展提供了坚强的组织保证。

(一)深入开展"双联共建"活动　全市副科级以上领导干部共联系党员5200人,联系困难群众650户,结成帮扶对子520个,提供资金援助420万元,解决各类疑难问题1600多个。

(二)加强干部队伍建设　根据《干部任用条例》要求,围绕重点工作考察干部300余人次,准确掌握了干部在关键时的表现。按照《股级干部管理工作暂行规定》,打破部门和行业界限,加大轮岗、交流力度,提高了股级干部素质。

(三)加强基层组织建设　采取下派干部挂职、外聘等形式,拓宽选人视野,选准村党支部书记。从市直部门和镇区街道选派210名干部进驻71个后进村,安排90个市直部门帮扶,促进农村发展稳定。同时,把发展党员工作的重点向农村倾斜,解决了农村党员队伍老化问题。

(四)落实干部教育工作　全年组织31批次1800人次参加省、市委党校举办的各类培训班。积极建立人才工作长效机制,出台了《关于对百名优秀人才实行重点管理的意见》。

二、主要工作与成绩

2006年,全市完成GDP119.5亿元,比上年增长15.8%;地方财政收入5.3亿元,增长29.2%;全社会固定资产投资91.6亿元,增长16.8%;城市居民人均可支配收入11317元,增长15.4%;农民人均纯收入5368元,增长14%;海阳市成为中国优秀旅游城市、国家节水型城市和全省第二个荣获"人居环境奖"的县级市,成功申办了亚洲第三届沙滩运动会。

(一)重大工程顺利推进　一是海阳核电厂筹建。完成了海防堤、厂区排水、净水站等一系列配套工程,确定了海阳核电技术线路为美国AP1000。项目现已具备开工条件,进入正式开工建设的"倒计时"。二是海阳港建设。万吨级泊位基本竣工,一类口岸开放列入国家"十一五"规划,临港产业区概念性总体规划通过专家评审,打开了海阳通向世界的海上通道。三是滨海大道建设。工程投资1.9亿元,全长21.6公里,已基本竣工。四是小孩儿口湿地公园建设。完成了一期工程总量的80%,启动了二期工程,被评为省级湿地公园,通过了国家城市湿地公园验收。

(二)新农村建设卓有成效　一是完成各类水利工程658项,改造硬化农村道路180公里,新增通自来水村庄80个,新增有线电视用户1.8万户。二是完成山滩造林和疏林地补植2750亩,开发经济林果3.34万亩,新建标准化畜禽饲养场290个、养殖小区42个。三是引进建设了宇龙海藻、美味香植物油等一批"农"字号龙头企业。四是编发了《农民致富之路》14.6万册,转移农民2000多人,提高了农民的致富能力。

(三)招商引资工作创佳绩　成功引进了中国核电设备制造、崂特啤酒、青岛生物科技、枫林新材料、青岛预应力管桩、烟台静电粉末机械等一批投资5000万元以上的大项目,全市合同外商直接投资6.65亿美元,增长16.7%;实际外商直接投资1.35亿美元,增长10.7%;实际利用内资63亿元,增长5.4%。

(四)工业经济结构日趋优化　全市规模以上固定资产投资全年完成84亿元,增长16.9%。全市规模以上工业企业达到198个,完成规模以上工业增加值38.3亿元,增长32%;实现利税14亿元、利润9亿元,分别增长44.3%和50.4%。同时,全市新增省级高新技术企业1家,高新技术产业产值达到15.6亿元,增长65.7%。

(五)第三产业发展迅速　一是旅游景区建设日新月异。启动了梦达寺建设,晋升为省级自然保护区,被命名为中国佛教名山。旅游度假区完成了"北进西扩"发展规划,新增建筑面积20万平方米。二是旅游品牌建设成效显著。以丁家夼、九岭夼为主的朱吴红樱桃民俗旅游区被评为全国农业旅游示范点,东村河被评为山东省水利风景区,成功举办了首届中国海阳国际沙雕艺术节和"同一首歌"走进海阳大型歌舞晚会。三是商贸流通业蓬勃发展。国际针织毛衫城、温州商贸城、启城建材市场等投资过亿元的专业批发市场建设进展良好,城乡市场日益活跃。全年社会消费品零售总额达到44亿元,增长16.5%。

(六)和谐海阳建设日益深入　一是财政收入结构不断优化,税收收入占地方财政收入的比重提高了7.46个百分点。二是实施了"百名人才"工程,取得科技成果25项,其中省级成果10项,开发新产品20个,申报专利102项,实施专利80项。三是实施了农村部分计划生育家庭奖励扶助制度,人口自然增长率控制在-0.17‰,成为山东省人口和计划生育优质服务先进县,荣获全国"婚育新风进万家"活动先进单位。四是深入开展了环保专项行动,实施了污染物总量控制制度。五是完善了困难学生救助体系，救助困难学生6097人次，建立了卫生监督和疾病预防控制体系，完成了《地雷战传奇》电视剧拍摄工作。六是完成了乡镇机构改革试点工作，撤销事业站所42个，精简415人，精简比例分别达50%、32%，建立了人力资源市场，引进劳动力1万多人。七是社会救助体系日益完善，救助弱势群体资金3255万元，爱心捐款567万元，双拥模范城通过了省级验收。八是建立了应急管理体制和信访三级负责制，开展普法教育，打击犯罪活动，加强安全生产监督管理，保障了群众的生命财产安全。

三、创新与经验

（一）突出重点 坚持把能牵动全市经济社会发展的核心突出出来，落实责任，一抓到底，抓出成效。经济工作突出大项目带动、民营经济、旅游经济、海洋经济，采取市委常委包重点工程的办法，做到经济工作项目化，项目工作目标化，目标任务责任化，责任分工具体化。社会稳定突出抓基础、抓萌芽，按照农村、企业、城建、涉法、涉军五条主线，分类施策，分级负责，超前化解矛盾和难点，形成和谐向上的发展氛围。党建工作突出抓农村基层组织建设、干部作风建设，实行市级领导包片、镇（街道）制度，把市委、市政府的决策和思路变为基层的共识，充分调动基层的积极性。

（二）优化环境 一是抓政策落实。弘扬"海阳精神"，树立诚信观念，把各项优惠政策不折不扣地落实到投资者身上。二是抓提速增效。在原有基础上，规范行政审批行为，减少审批项目，缩短决策和审批时限，加快行政提速，快速推进各项工作。三是抓作风建设。以党风廉政建设为抓手，倡导求真务实作风，形成想干事、能干事、干成事的浓厚氛围。重点开展了"三个一"活动。半年开展一次自查，搞好自查自纠，集中进行整改。年底进行一次评议，对重点部门和行业排出名次，在全市进行通报。全年抓出一批典型，从正反两个方面入手，对好的，大张旗鼓地表扬；对差的，毫不留情地查究。

（三）完善机制 靠严格的考核机制和正确的用人导向，激发广大干群的积极性、主动性和创造性。重点围绕干部、企业法人和群众三个层面，强化工作的导向性。干部，把政绩大小作为评判的标准，干得好、成效大、政绩突出的，重用重奖，让想干事的有机会、能干事的有舞台、干成事的有地位。企业法人，把加快发展作为评判标准，投入大、贡献突出的，给重奖、发通报、上电视，让其政治上有地位、经济上得实惠。群众，把维护环境作为评判标准，引导广大群众像珍惜家庭一样珍惜环境，像呵护眼睛一样呵护环境，让各个层面的激情都迸发出来，形成加快发展的强大合力。

（四）创新方法 在国家宏观调控持续趋紧的形势下，面对加快发展的瓶颈制约，主动出击，积极应对，集中破解土地、资金、项目三大难题。在土地利用上，作好三篇文章。一是对原有企业实施再造，上规模、增投入、优结构。二是对征而未用的土地依法收回、保证重点。三是对储备土地高标准规划、高质量招商，使土地释放出巨大的能量，既缓解土地紧缺的矛盾，又提升投资项目的质量。在资金引进上，拓宽三条途径。一是放宽视野，扩大开放，抓好域（境）外资金的引进。二是加强引导，密切联系，加大银行资金的争取力度。三是优惠政策，深挖潜力，加快民间资本的启动，把域（境）外、民资同等对待，把给外商的优惠政策惠及到内资民资，加大内资民资引进力度，最大限度地突破资金制约。在项目建设上，落实三条方针。一是活化方式，加快在建项目进度。二是蓄势待发，抓好项目储备。三是超前计划，抓好基础设施建设，为今后的大发展奠定了基础。

附：（一）海阳市委书记、副书记、常委名单

书　记：李树军（2006年12月离职）
　　　　王玉波（2006年12月任职）
副书记：邹长清　姜仕礼
常　委：王玉波　邹长清　姜仕礼　邢宗利
　　　　李英作　王永秋　杨升岩　王东锴
　　　　李元辉　邢永强　郭树波

（二）各镇、区、街道党（工）委书记名单

旅游度假区	王林亭
经济开发区	姜雪宁
碧城工业区	李恩清
东村街道	刘　杰
方圆街道	李洪波
凤城街道	邹化安
留格庄镇	李勇刚
盘石店镇	李建勇
朱吴镇	董占军
郭城镇	王同清
徐家店镇	辛宗明
发城镇	姜作慈
小纪镇	修福程
行村镇	于乔文
辛安镇	纪　刚
二十里店镇	于福元
大阎家镇	王路亮

中共长岛县委工作概况

长岛县委书记 姜清春

2006年,长岛县委在上级党委的正确领导下,坚持以邓小平理论和“三个代表”重要思想为指导,全面贯彻和认真落实科学发展观,凝心聚力,真抓实干,全县经济建设和各项社会事业继续保持良好发展势头。

一、组织概况与党的建设

长岛县委辖29个党委、3个党总支、280个党支部,共有党员5333人。

2006年,长岛县委认真实践“三个代表”重要思想,坚持不懈地加强和改进党的建设,为全县经济社会持续快速发展提供了坚强保障。

(一)加强干部队伍建设 坚持“突出实用性、强化针对性”的原则,大规模培训干部,大幅度提高干部素质,先后举办干部教育主体培训班次16期、培训干部382人,切实提高干部队伍驾驭市场经济的能力、处理复杂问题的能力、推进自主创新的能力、管理社会的能力、依法办事的能力。加强后备干部队伍建设,重视培养选拔年轻干部、女干部和党外干部。坚持党管人才,研究人才政策,不断完善选才、引才、用才机制。加强对领导班子和领导干部的监督管理,继续执行经济责任审计、重大事项报告、组织谈话、函询和诫勉等制度,激励干部干事创业。坚持民主集中制,搞好班子团结,形成讲党性、讲大局、讲原则的良好氛围。

(二)加强基层组织建设 深入开展“三级联创”、村级组织规范化建设等主题活动,推动渔村基层工作的民主化、制度化和规范化。根据不同行业、不同层次党组织的特点,有针对性地做好对党员的教育管理,使其真正发挥出先锋模范作用,成为各行各业的带头人。认真抓好党员发展工作,特别注重对渔村青年积极分子的培养,为村级班子建设积蓄后备力量。加强党员远程教育建设,根据基层实际情况和生产特点安排教学内容,不断提高渔村干部群众贯彻科学发展观的能力和构建和谐社会的能力。

(三)加强机关作风建设 切实转变机关工作作风,开展了集中教育整顿、“环境建设年”、“千人评机关”、联手共建新渔村、行风评议和效能监察等活动,建立健全了岗位目标责任考核机制,出台了股级干部管理、公务过错责任追究等规定和意见,县乡机关作风明显改进,干部精神面貌焕然一新。

二、主要工作与成绩

2006年,全县完成地区生产总值24.6亿元,比上年增长18%;乡村两级经济总收入19.7亿元,比上年增长18.2%;渔村人均纯收入7210元,比上年增长18.2%;地方财政收入5040万元,比上年增长33%;金融机构各项存款余额14.97亿元,比上年增长8.4%。7月20日,省委张高丽书记在我县领导干部座谈会上,对长岛的工作给予了“思路清、重实干、变化大”的高度评价。

(一)三次产业快速发展 渔业生产,全年实现渔业增加值4.93亿元,比上年增长27.4%。虾夷扇贝养殖发展迅猛,全县新增筏养面积6500亩,总规模达到1万亩,创历年之最;海参投入开始进入收获期,全县收获海参592吨、收入7018万元,比上年分别增长65.6%、56.3%;扇贝养殖喜获丰收,全县收获扇贝3.16万吨、收入1.74亿元,比上年分别增长15.3%、109.7%,特别是杂交栉孔扇贝养殖效益明显,放养面积达到6100亩;深水网箱养鱼实现新突破,新上网箱93个,总规模达到194个,是上年的1.9倍,养鱼717万尾,比上年增长96.7%;鲍鱼养殖重新兴起,新增底播增殖面积1800亩,超过前三年的总和。工业生产,全年完成工业增加值2.3亿元、利税5500万元,比上年分别增长35.3%、57.1%。风电开发步伐加快,全县陆上风机达到80台、总装机容量6.2万kw,成为全省最大的风力发电场。旅游业发展,全年各景区接待游客128万人次,比上年增长8%;门票收入2812万元,比上年增长12%;景区日接待游客最高峰达到4.35万人次,门票收入90.5万元,再创历史新高;旅游直接收入3.6亿元,比上年增长20%;全县第三产业增加值达到8.9亿元,比上年增长32.8%。

(二)海岛基础条件日臻完善 围绕建设中国最美海岛,贯彻经营城市的理念,着力解决长期制约海岛的供水、供暖等基础设施瓶颈,加快推进城乡建设和绿化美化。筹资1.14亿元,开工城建项目40个,开发建设总面积9.88万平方米;城市经营创下历史新高,收益达6260万元,比上年增长78%,亩收益最高达136万元;绿化美化栽植各类苗木30余万株,裸露山体造林、林地补植1000亩。在渔村,筹资890万元,完成海水淡化、道路改造、广场建设和美化亮化等基础设施项目85个,栽植各类苗木20余万株,绿化面积3.6万平方米,粉刷面积3万平方米。

(三)和谐社会建设不断加强 以文明创建为主线,扎实开展了“爱心捐助”、庆祝建党85周年、“文明楼(院)”评选、创建慈善总会和以“八荣八耻”为主要内容的社会主义荣辱观教育等活动,营造了知礼明信、健康向上、互助友爱的良好社会氛围。在“爱心捐助”活动中,全县接收捐款72.7万元,创历年之最,先后救助困难家庭430户、困难学生223名。以建设“平安长岛”为目标,深入开展“严打”整治斗争和矛盾纠纷排查调处、海上治安秩序整治、安全生产监督检查、信访百日会战、社会主义法治理念教育等一系列活动,继续保持了政治安定、社会稳定的局面。全县矛盾纠纷处结率达100%、成功率达98%，无民转刑案件，无“法轮功”和其他有害功法非法活动事件和群体性事件，安全生产事故比上年下降28.9%，火灾事故比上年下降75%，群众对治安状况满意率达到98%。

三、创新与经验

（一）不断解放思想，提升工作境界 坚持以邓小平理论和“三个代表”重要思想武装头脑，把学习贯彻“三个代表”重要思想与树立和落实科学发展观结合起来，与构建社会主义和谐社会结合起来，着力增强政治鉴别力和政治敏锐性，在思想上、政治上、行动上与党中央保持高度一致。以解决县内部分干部存在的畏难发愁、干劲松懈等问题为切入点，引导各级各部门通过全面的“回头看”和“比查议”，进一步增强科学发展、和谐发展的紧迫感、压力感，把全县上下的思想和行动统一到上级指示精神上来，统一到抓住机遇、乘势而上，站在新起点、实现新发展、开创新局面上来，有力地推动了各项工作的开展。

（二）不断完善考核用人机制，激发干部活力 重新修订了考核办法，进一步明确了考核重点、考核标准和考核程序，增强了考核工作可操作性和实效性，使各级各部门和每个干部始终保持旺盛的状态和高昂的斗志。坚持一把尺子量到底，一个标准评全体，进一步增强干部评价的科学性和工作的竞争性。县级领导干部也参与考核，按照分管部门、联系乡镇、分包重点工作的情况，排出名次，为基层干部做出表率。坚持“考以致用”，依据考核结果划定干部档次，确定奖惩范围，以考核定评价，以评价论使用，从而树立起“不论资格论贡献、不论基础论发展、不吃老本立新功、领导无功便是过”的用人导向，让广大干部充分认识到，干部的命运不仅掌握在党的手中，更掌握在自己的手中，以此激活全县干部队伍的整体活力，引导各级干部用心干好工作，用力抓好发展。

（三）始终正确处理改革发展稳定的关系，促进和谐发展 坚持以改革为动力，不断深化各项改革，为全县经济社会发展创造良好的机制、体制环境。高度重视社会稳定，坚持重心下移，抓基层，抓基础，夯实维护社会稳定的根基，做到了改革力度、发展速度和社会承受能力的统一，实现了经济社会又好又快发展。

附：（一）长岛县委书记、副书记、常委名单

书　记：于旭华（2006年12月离职）
　　　　姜清春（2006年12月任职）
副书记：张延廷　吴有进
常　委：姜清春　张延廷　吴有进　宋昌林
　　　　吴忠波　王成强　林钰涛　李才令
　　　　冷彩凌（女）　朱长富

（二）各乡镇党委书记名单

南长山镇　于洪乐
北长山乡　吴厚胜
黑山乡　李　明
砣矶镇　王立胜
大钦岛乡　张世岩
小钦岛乡　于国兴
南隍城乡　孙明和
北隍城乡　于福顺

潍　坊　市

中共奎文区委工作概况

潍坊市委常委、奎文区委书记　张小梅

一、组织概况与党的建设

奎文区辖9个街道办事处,有65个村,49个社区,总面积71平方公里,33.9万人口。全区现有街道党工委9个,基层党(工)委34个,党总支32个,党支部511个,党员11373名。

区委始终坚持把党的建设放在突出位置,为加快发展提供了有力的组织保证。强化各级党员干部的政治理论学习,坚持不懈地用"三个代表"重要思想和科学发展观、构建和谐社会等重大战略思想武装头脑,指导实践。巩固保持共产党先进性教育活动成果,进一步健全完善保持先进性长效机制,广大党员的先锋模范作用得到进一步发挥。严格执行党政领导干部选拔任用工作条例,各级班子队伍的执政能力和领导水平进一步提高。深入开展"三级联创"活动,切实加强以村党支部为核心的村级组织建设,同步推进新型经济社会组织和机关事业单位、企业、学校、社区党建工作,基层组织的创造力、凝聚力、战斗力进一步提高,党的执政基础更加坚实。不断加强和改进党的作风建设,党同人民群众的血肉联系更加密切。健全完善"三个体系",构建起了权责明确、公正透明、运转高效、执行有力的工作新机制,进一步激发了各个方面干事创业的积极性。坚持教育、制度、监督并重,持之以恒地抓好党风廉政建设和反腐败斗争,党风、政风和社会风气进一步好转。

二、主要工作与成绩

(一)坚持科学发展,经济实力显著提升　认真落实国家宏观调控政策,着力更新发展理念,转变增长方式,优化产业结构,全区经济保持了持续快速稳健增长的良好态势。2006年全区完成地区生产总值56亿元,比上年增长22.5%。财政总收入12.86亿元,其中地方财政收入6.88亿元,同比分别增长24.6%和26%。服务业成为城市经济新亮点。全区实现社会消费品零售总额31.1亿元,增长18%;实现市场交易额138亿元,增长22%。工业整体实力进一步提升。完成技改投入20.5亿元,实施技改项目84个,销售收入过亿元的企业增加到20家,高新技术企业发展到17家。规模以上工业企业(原口径)完成总产值、实现销售收入、利税、利润分别增长28.3%、23.5%、21.1%和22.6%。全区上缴税金过千万元的工商企业达到17家,对地方财政收入贡献过500万元的工商企业16家,其中潍坊钢铁集团上缴税金2.07亿元,对地方财政收入的贡献达到7038万元。

(二)坚持开拓创新,改革开放不断深化　大力推进行政管理体制改革,行政效能和行政执行力进一步提高。推进公共财政向"三农"、弱势群体和社会发展薄弱环节倾斜,财政保障能力进一步增强。统筹推进企业改革、事业单位改革和教育、文化、卫生和社区体制改革,经济社会发展活力更加充足。深入实施对外开放战略,坚定不移地把科学投入作为经济工作的"要务之要务、重点之重点、中心之中心"来抓,着力提高各类项目的质量和效益,全区新引进过5000万元的项目24个,过亿元的16个,到位市外资金29亿元,实际利用外资3650万美元,增长30.4%。外贸出口继续保持较快增长。15家企业新获自营进出口权,全区出口创汇1.3亿美元,增长46.8%。

(三)坚持建管并重,城乡面貌明显改观　把加强城市建设管理工作摆上突出位置,新建改建了5条道路,拓宽改造了7条背街小巷。房地产开发迈上新台阶,38个住宅小区先后开工建设,竣工98万平方米。旧城改造取得较快进展,"城中村"改造有序推进。实施城市管理示范工程,加大绿化、美化、亮化和环境卫生整治力度,中心城区的功能、品位、形象都有了较大提升,集聚辐射带动作用进一步增强。

(四)坚持统筹推进,社会事业全面进步　大力加强舆论宣传工作和思想道德建设,广泛开展社会主义荣辱观学习教育和群众性精神文明创建活动,公民素质和社会文明程度明显提高。全面推进和谐社区创建工作,社区建设、管理、服务水平进一步提高,我区被评为全省和谐社区建设示范区。深入实施"科教兴区"和"人才强区"战略,科技进步对经济社会发展的支撑作用进一步增强,我区被评为全国科技工作先进区。不断深化教育体制改革,加快教育布局调整重组步伐,深入实施教育解困工程,努力促进教育公平,各级各类教育迈上新台阶。积极推进卫生事业发展与改革,公共卫生和医疗服务体系不断完善,群众健康保障水平明显提高。

(五)坚持重心下移,社会政治安定有序 全面落实政务、村务、厂务、校务等各项公开制度,基层民主进一步扩大。全面落实社会治安综合治理各项措施,大力加强治安防控、矛盾纠纷排查调处两个体系建设,深入开展"严打"整治斗争和同"法轮功"邪教组织的斗争,扎实抓好安全生产,确保了全区政治安定、社会稳定。我区被省委、省政府授予"平安山东建设先进区"称号。

(六)坚持以人为本,群众生活水平稳步提高 城乡居民储蓄余额达到35亿元。城镇居民人均可支配收入1.18万元,农民人均纯收入5921元,分别增长14.8%和8.2%。消费结构不断升级,住房、汽车、旅游、健身成为新的消费热点。大力实施积极的就业政策,促进了社会充分就业。社会保障体系日趋完善,弱势群体帮扶救助制度初步建立,"两个确保一个低保"落实有力,城区居民社会保障覆盖面进一步扩大,新型农村合作医疗制度全面推开。集中力量解决了村村通柏油路、部分村庄人畜饮水等一批群众关心的实事、好事,让群众真切感受到了变化、得到了实惠。

三、创新与经验

(一)必须用科学发展观统领全局 全区上下坚持以科学发展观武装头脑、统一行动、指导实践,不断转变发展观念,创新发展模式,完善发展举措,提高发展质量。切实增强忧患意识,坚持好字当头,好中求快,强化质量意识、效益意识、统筹意识、协调意识、环保意识、节能意识、可持续发展意识,努力走速度、质量、效益相协调,消费、投资、出口相协调,人口、资源、环境相协调的具有城区特色的发展新路,推动经济社会又好又快发展。

(二)必须解放思想创新突破 紧紧把握国内外发展大势,始终站在时代的前列,坚持与时俱进,解放思想,超越自我,不断抢抓发展先机。立足形势发展要求和中心城区特点,确立了"抓住科学发展城市经济这一重心,实施商贸富区、工业强区、和谐兴区三大战略,推进经济社会又好又快发展,加快建设富裕文明和谐的现代化中心城区"的发展思路,使全区的发展方向更加清晰,目标更加明确,措施更加有力,成效更加明显。

(三)必须抓住项目拓展载体 坚持把项目建设作为实现又好又快发展的"牛鼻子",落实领导包靠、重点扶持、跟踪服务、专人盯靠等措施和"五个一"推进机制,确保引进的项目早落地、早开工、早投产、早达效。把"城中村"作为引进项目、推动发展的重要载体和潜力空间,在切实维护群众利益的前提下,加快拆迁、改造步伐,通过城中村改造,最大限度地腾出黄金地段,建设一批商务楼宇、建设一批专业市场、建设一批特色街区、建设一批服务设施,不断拓展发展空间,增创发展优势。

(四)必须优化环境凝聚合力 强化"环境就是竞争力,优化环境就是提高竞争力"的认识,把优化环境作为科学发展的生命线来抓,努力营造让投资者放心、顺心、安心的发展环境。通过大力开展区街村三级规范化建设,完善部门执法责任体系建设,切实强化机关效能监察中心、经济发展软环境投诉中心的职责,创新完善"双评"、"行风评议"、有奖举报等办法措施,搞好案件查办,简化审批程序,广泛开展"诚信奎文"、"平安奎文"创建活动,努力打造最优发展环境。大力加强党风廉政建设,树立为民务实清廉的良好形象,增强区域发展的吸引力和凝聚力。

(五)必须求真务实狠抓落实 在全区大力弘扬求真务实之风,引导各级干部深入基层、深入群众,面对面指导工作、解决难题,真正做到说实话、出实招、办实事、求实效。进一步加强"三个体系"建设,切实落实重大问题科学决策机制、全局性工作分线作战机制、重点项目分工包靠机制、发展成效督查点评机制,充分调动各个层面的积极性,确保各项工作落到实处。健全完善街道、部门千分制考核办法,着力提高考核针对性,严格兑现奖惩,形成了有效的激励约束机制。

附:(一)奎文区委书记、副书记、常委名单

书　记: 王元榜(2006年12月离职)
张小梅(2006年12月任职)

副书记: 李　辉　秦维强

常　委: 张小梅　李　辉　秦维强　孙克森
丁新杰　冯天韬　关凤云(女)
刘良嘉　侯卫平　潘岚君　高东洋

(二)各街道党工委书记名单

大虞街道	于　波
廿里堡街道	张仁科
梨园街道	王秀刚
潍州路街道	臧洪升
东关街道	李顺廷
广文街道	王万堂
北苑街道	刘四海
南苑街道	华晓梅
钢城街道	谭小平

中共潍城区委工作概况

潍城区委书记　王秀河

一、组织概况与党的建设

潍城区是潍坊市中心区之一，辖4个镇、4个街道办事处、2个开发区，共有202个行政村、66个社区居委会，总面积272.3平方公里，人口36.8万人。全区共有37个基层党委，7个党工委，72个党总支，671个党支部，党员15636人。

2006年，按照中央和省市委统一部署，以搞好先进性教育活动和区镇党委换届工作为重点，切实加强和改进党的建设。按照胡锦涛总书记"关键是取得实效"和"建设群众满意工程"的总体要求，截止到2006年6月，组织全区517个单位、14731名党员分三批开展了保持共产党员先进性教育活动。活动中，坚持抓学习宣传、领导带头、活动创新、边学边改，采取读书笔记展评、典型事迹报告会、整改方案点评等做法，精心组织，扎实推进，共整改解决各类问题9704个。深入开展"情系群众、为民服务"等主题实践活动，为群众解决实际问题6282个，凝聚了党心民心，提高了党员队伍素质。健全完善了先进性建设长效机制，制定了《党的先进性建设制度选编》，各基层党组织制定各类制度文件671个，坚决不懈地抓好整改措施落实，不断巩固和扩大先进性教育成果。加强领导班子和干部队伍建设，实行了领导班子配备改革，圆满完成了镇党委领导班子换届，优化了班子结构，换届后，镇党委班子成员具有大学以上学历的占64.3%；平均年龄36.79岁，比换届前降低1.95岁，其中35岁以下的占50%。坚持正确的用人导向，严格按《干部任用条例》选拔使用干部，共调整干部326名，其中新提拔81名优秀年轻干部。加强干部教育培训，举办培训班7期，培训干部275名，干部素质明显提高。建立完善跟踪考察、任前公示、责任追究等工作机制，加强干部监督管理，促进了干部工作的科学化、规范化。加强基层党组织和党员队伍建设，根据区域发展特点和经济社会类型，提出了"板块开发、梯次推进"和"条块结合、互动共赢"的基层党建工作思路，扎实开展"三级联创"、"星级特色社区"创评活动，深入推进"两新"组织党建工作，在"两新"组织中组建党支部17个，并做好党员发展工作，新发展党员420名，党组织的凝聚力、战斗力明显提高。

二、主要工作与成绩

2006年，我们坚持以科学发展观统领全局，认真落实中央和省、市委的一系列决策部署，年初确定了实现"一个目标、两个确保、两大突破"、构筑"三个平台"、突出"五个重点"的思路目标。"一个目标"是，实现全区经济又好又快发展；"两个确保"是，确保主要经济指标增幅高于全市平均水平，确保经济综合考核实绩超过去年；"两大突破"是，以商贸服务业为重点的固定资产投资要有大的突破，以鲁东物流中心为主的开发建设面积要有大的突破；"三个平台"是，以聚集物流业、工业为主的山东潍城经济开发区，以打造文化旅游教育体育基地为主的浮烟山开发区，以发展商贸服务业为主的中心城区；"五个重点"是，大力繁荣发展服务业、加快发展现代工业、加快开发区建设发展、建设社会主义新农村、加强城市建设和管理。按照这一思路目标，经过全区广大干部群众的共同努力，各项任务目标顺利实现，推进了全区经济社会健康快速发展。

(一)发展速度不断加快　全区完成地区生产总值62.2亿元，增长17.8%；规模工业增加值、主营业务收入、利润、利税分别增长24.7%、34.4%、39.6%和42.1%；全社会固定资产投资完成42.9亿元，增长21.6%；实际到位区外资金44.1亿元，其中外商直接投资3296万美元；出口创汇1.2亿美元，增长46.7%；地方财政收入完成4.4亿元，增长33.3%(财政体制调整后口径)；城镇居民人均可支配收入、农民人均纯收入分别达到11526元和5929元，分别增长13%和8.1%。

(二)运行质量和效益明显好转　落实宏观调控政策成效明显，固定资产投资增幅回落10.2个百分点，增长方式进一步转变。突出繁荣发展商贸服务业，一手抓建设、一手抓繁荣，现代物流、文化旅游、休闲娱乐、商务经济全面发展，新增服务业经营单位2400户，达到1.6万户，实现营业收入120亿元，增加值20.9亿元，分别增长37.9%和19.4%。大力实施"三个一批"战略，加快发展符合城市经济特点的环境友好型和轻型现代工业，全区规模企业发展到212家，生产高新技术产品的企业达到30家，省以上高新技术企业达到16家，高新技术产业产值占规模工业总产值的比重达到21.2%；新增省驰名商标1个、名牌产品4个、中华老字号1个，省以上名牌产品、著名商标达到15个。民营经济发展水平有了新提高，民营业户达到2.65万家，从业人员16.2万人，全年纳税额3.5亿元，增长28.1%。

(三)平台建设成效显著　围绕优化产业布局，推进集约发展，加快"三个平台"建设发展，载体功能越来越强，聚集效应更加突出。经济开发区完成设施投入4亿多元，进区项目达到178个，总投资额136亿元，主要经济指标占全区五分之一以上。浮烟山开发区建设全面启动，中国风筝放飞基地、山东纺织学院等14个项目入区建设，投资额达10亿元。中心城区，通过加快房地产开发、商业网点改造和盘活闲置资源，商业面积大幅增加，发展空间不断扩大，承载力、辐射力和吸引力明显增强。

(四)城乡面貌明显改观 城市建设改造步伐加快,整治改造10条背街小巷,开工建设8个商住区和16座商务楼,实施了15个城中村、老社区改造工程,全年完成拆迁30多万平方米,40多个城建重点项目相继开工或建成。加快生态潍城建设,投资2300余万元,新增绿地280万平方米。城市管理力度不断加大,城市品位越来越高。统筹城乡发展,扎实推进社会主义新农村建设,加快农村城市化、农民市民化、村庄社区化进程。大力实施"三化三带动三变"战略,引导农民进厂务工、外出打工、经商办企业,90%以上的农村劳动力得到转移。建立政府投入力度,加快农村设施建设,全区90%的村通了柏油路,80%以上的农户用上了自来水,农村生产生活条件不断改善。

(五)和谐社会建设进一步加强 大力实施科教兴区战略,组织实施市以上科技计划项目35个,申请专利213件。坚持优先发展教育,投入1700余万元实施5项校改工程,办学条件不断改善,教育教学质量稳步提高,高考本科上线人数继续保持市区第一。卫生事业健康发展,医疗卫生服务体系不断健全完善,"新农合"参合率达到92.3%。社会保障体系不断健全,覆盖面日益扩大,五项社保基金达到1.4亿元。就业工作得到加强,新增就业岗位3800多个。文化体育、计划生育、环境保护等各项事业都有了新的发展。认真解决群众最关心、最直接、最现实的利益问题,为群众解决实际问题2000多个,救助城镇低保户、农村贫困户2300户、5000余人,发放低保金380余万元,使群众共享发展成果。深入推进平安潍城建设,社会保持和谐稳定,我区被授予全省和谐社区示范区、平安山东建设先进区荣誉称号。

三、创新与经验

(一)牢固树立和落实科学发展观,加大思想解放力度

我们始终把解放思想作为克服困难、加快发展的主要动力,深入开展了以树立和落实科学发展观为主题的解放思想大讨论,引导全区上下牢牢抓住发展这个第一要务,正确理解和把握科学发展观的精神实质,正确处理"好"与"快"的关系,用新的思维看待困难和机遇,靠新的理念谋划发展。面对国家宏观调控,我们提出坚持科学发展、有保有压、有所为有所不为,引导各级干部敢干不撞车、调控不停车,做到好中求快、快中求好,又好又快发展。

(二)坚持统筹协调发展,积极构建和谐社会 认真贯彻科学发展、和谐发展的理念,更加注重节能环保,更加注重民本民生,着力解决好人民群众最关心、最直接、最现实的利益问题,和谐社会建设深入人心。2006年,事业建设投入、社会保障投入是历史上最大的,在"路水电气医学"及生态环境方面惠及群众的实事办的是最多的,平安创建、强化信访、化解矛盾的成效是最好的,改革发展成果让群众共享,各类社会关系进一步融洽。

(三)加强党的先进性建设,努力提高党的执政能力

加强党的执政能力建设,是经济建设、政治建设、文化建设、社会建设的核心,党委总揽全局、协调各方力量、形成整体合力,是又好又快发展的关键。我们坚持区级几套班子相互协调,同心聚力,共谋发展一条心,充分调动各个方面的积极性。坚持抓基层强组织,抓班子带队伍,不断巩固先进性教育成果,形成了风正气顺心齐、干事创业发展、团结和谐稳定的良好局面。

附:(一)潍城区委书记、副书记、常委名单

书　记:王秀河

副书记:张润国　王文俊

常　委:王秀河　张润国　王文俊　丁汉邦　夏　光　刘洋英　张顺涛　扈洪波　肖振胜　宋伟伟　韩德信

(二)各镇、街道、开发区党(工)委书记名单

于河镇	张建伟
符山镇	李全玉
望留镇	徐记新
军埠口镇	秦景刚
城关街道	刘　红(女)
北关街道	武法栋
西关街道	陈明森
南关街道	刘焕成
山东潍城经济开发区	高中德
潍坊鸢都湖—浮烟山综合开发区	赵宝凯

中共坊子区委工作情况

坊子区委书记　丁志伟

一、组织概况与党的建设

坊子区面积346平方公里,人口24万,共辖4个镇、4个街道,244个村(居委会)。全区共有党(工)委32个,基层党支部643个,党员13538名。

(一)全面加强领导班子和干部队伍建设 深入开展保持共产党员先进性教育活动,推行公示、承诺、观摩、示范、销号"五法"促整改,先后解决群众反映的突出问题1560多个。以镇党委换届为契机，加大优秀年轻干部选拔培养力度，进一步优化了党员干部队伍结构。加强领导班子和党员干部队伍教育培训，通过大规模培训干部、选派优秀年轻干部到经济发达地区学习锻炼、举办“坊子论坛”等形式，提高了干部队伍整体素质。加强领导班子和干部队伍作风建设，发挥各级党组织的战斗堡垒作用和党员先锋模范作用，为经济社会发展提供了坚强政治保证。

（二）着力推进基层组织建设 对全区基层组织建设情况进行专项调查，建立了全区软弱涣散村党组织情况、不健全村级班子情况和村级班子情况三本台账，进一步摸清了全区基层组织状况。以建立党员经常受教育、农民长期得实惠的长效机制为目标，深入推进“三级联创”，农村基层党组织建设进一步加强。顺利完成镇党委换届工作，全面推行党务公开和公开推选村主任助理工作，夯实了党的执政基础。组织有关镇（街道）对后进村进行重点整治，取得明显效果。加强城市社区、学校和机关等领域的党建工作，加大新经济组织和新社会组织党建工作力度，进一步扩大了党的工作覆盖面。

（三）深入开展党风廉政建设 认真落实党风廉政建设责任制，加强教育、制度、监督并重的惩治和预防腐败体系建设，积极从源头上预防腐败工作，促进了党风政风进一步好转。区委常委带头深入基层开展“三最”问题调查，广泛征求群众意见建议，解决了一批关系群众切身利益的问题，进一步密切了党群干群关系。建立“廉政档案管理信息系统”，对全区领导干部的廉政建设情况实行动态管理。各级党员领导干部带头廉洁自律，自觉践行廉政承诺，严格遵守廉洁自律的各项规定，保持了为民务实清廉的良好形象。

二、主要工作与成绩

2006年，全区完成地区生产总值48.21亿元，同比增长17.3%；完成财政总收入5.87亿元，其中地方财政收入3.03亿元，同比分别增长30.5%和26.3%；全社会固定资产投资32.4亿元，增长16.3%。

（一）经济实力不断增强 大力实施“三个一批”战略，工业经济持续健康快速发展，机械制造、纺织服装、新型建材、生活用纸、医药及食品加工、电子信息等六大支柱产业进一步发展壮大。全区规模以上工业企业实现主营业务收入122.7亿元、利税7.4亿元、利润5.56亿元，同比分别增长30.3%、56.1%和55.6%，主营业务收入过亿元的企业发展到15家，实缴税金过千万元的企业发展到10家。大力发展高新技术企业，国家级、省级高新技术企业分别发展到2家和19家。实施品牌强区战略，省名牌产品和著名商标发展到18个，欧豹牌拖拉机被评为中国名牌产品。积极开展招商引资，2006年全区共引进有到位区外资金项目384个，其中投资过亿元项目10个。重点项目建设实现新突破，福田雷沃重工大型农业装备扩产项目建成投产，恒安纸业二期、帛方纺织二期、三鹿乳业等项目进展顺利。民营经济快速发展，民营业户发展到8350户，实缴税金占全区税收的比重达到90%。对外贸易发展势头良好，完成外贸出口1.5亿美元，同比增长79.9%，增幅列全市首位。

（二）城市功能和品质进一步提升 运用市场化手段多渠道筹集资金，加大基础设施建设力度，投资2.25亿元，顺利完成了14项重点工程，城市功能进一步完善。对北海路、凤凰街、凤山路等城区主要道路实施高标准绿化提升，新增园林绿地面积36万平方米。大力发展房地产业，新增住房面积30万平方米。城中村改造实现突破性进展，总投资12亿元的双羊新城项目进展顺利，被列为国家康居示范工程。老城区开发加快推进，开工了天同绿城、新南苑商城等项目。调整理顺城市管理体制，创城工作取得阶段性成果。

（三）新农村建设稳步推进 制定实施了新农村建设实施意见和十项行动。大力发展农业龙头企业，新发展农业龙头企业20家，达到72家，其中22家列入市级重点。加快农业结构调整步伐，新增优质农产品生产基地1万亩、标准化养殖小区85处。积极发展农村二三产业，加快农村劳动力转移步伐，共培训转移农民4000多人，促进了农民增收，2006年农民人均纯收入达到5671元，增长10.1%。启动农村沼气能源建设，建成户用沼气池349个，坊安街道王松村被确定为全市中型户用沼气工程试点村。加快“村村通自来水”工程建设，解决了20个村、1.8万人的吃水问题。深入开展农村环境卫生综合整治活动，村容村貌明显改观。认真落实支农惠农政策，共兑现补贴资金700多万元。深化村居事务契约化管理，提高了民主管理水平。

（四）社会更加和谐进步 大力发展科技事业，科技、知识产权工作均获得全市实施科技进步目标责任制一等奖。节能降耗和环境保护工作成效明显，万元GDP能耗下降4.6%。教育事业快速发展，普通高考本科上线率位居市区前列。全面推行新型农村合作医疗制度，农民参合率达到85%以上。大力发展体育事业，积极开展多种形式的体育文化活动，成功举办了第五届全民运动会。认真做好人口和计划生育工作，人口自然增长率控制在6.38‰。探索推行民兵预备役法制化管理，被评为全市民兵预备役工作先进单位。进一步完善城乡社会保险体系，保障水平不断提升。2006年，共发放城乡低保金842万元、救济款480余万元。积极开展“八荣八耻”社会主义荣辱观教育，深入推进“文明坊子”建设，广泛开展“文明信用村户”等精神文明创建活动，全社会文明程度不断提高。扎实推进“平安坊子”建设，社会局势持续稳定。

三、创新与经验

（一）与时俱进创新发展思路 按照科学发展观的要求，根据形势发展变化和上级党委、政府的决策部署，紧密结合坊子实际，确立了今后几年的发展思路：围绕建设和谐文明新坊子这一总目标，明确科学发展工业经济、科学发展城市经济、建设社会主义新农村“三大发展任务”，突出工业兴区、城市建设、服务业发展、新农村建设、城南工矿区改造开发、九龙涧生态保护区建设“六项重点工作”,强化科学投入、改革创新、环境建设、责任落实“四项保障措施”,努力实现经济社会又好又快发展。通过各种形式进行了思想统一,全区上下发展思路更清晰,目标更明确,重点更突出,干劲更充足。

(二)坚定不移抓发展 坚持把发展作为第一要务,不管在什么情况下,都紧紧抓住发展不放松,把各方面干事创业的热情和干劲引导到发展上来,全力推动经济又好又快发展。在国家宏观政策趋紧的情况下,更加注重科学投入,集中优势资源,重点引进发展科技含量高、符合环保要求、对经济带动力强的大项目、好项目、高新技术项目。

(三)结合实际创造性地开展工作 积极做好上级精神与坊子实际结合的文章,找准切入点,大胆进行工作创新,以创新推动全面工作的开展。从2005年开始,探索把市场经济中的契约关系引入到村级事务管理中来,推行了村居事务契约化管理,有力地维护了农村和谐稳定发展,促进了新农村建设。该做法得到各级领导的充分肯定和媒体的广泛关注,市里在我区召开现场会进行了推广,在全国社会治安综合治理工作会议上作了书面交流,2006年10月被评为2006全面小康与新农村建设“中国十大政府创新典型”。

(四)依靠制度机制推动工作落实 按照“三个体系”要求,健全完善了各项工作制度机制。特别是落实重大决策、重点工作立项督察制度,将责任层层分解落实到单位、到个人,一级抓一级、一级对一级负责,形成了事事有人管、层层抓落实的工作局面。建立并实施“每天一提报、每周一展现、每月一研究、半年一点评、全年总考核”工作推进机制,促进了工作落实。加强对镇街、区直部门和机关工作人员三个层面的考核,制定对镇街、部门的《工作实绩综合考核办法》,严格奖惩,调动了各级干事创业的积极性。

附:(一)坊子区委书记、副书记、常委名单

书　记: 杜国忠(2006年12月离职)
丁志伟(2006年12月任职)

副书记: 马清民　张金玉

常　委: 丁志伟　马清民　张金玉
刘升勤(女)　潘振东　张洪胜
常祖领　吴洪江　高志秀(女)
郝信富　王　波

(二)各镇、街道党(工)委书记

凤凰街道　王金莲(女)
长宁街道　丛兴军
恒安街道　李　玉(女)
坊安街道　王佰刚
荆山洼镇　潘锡才
穆 村 镇　李夕勇
眉 村 镇　李光明
南 流 镇　张　波

中共寒亭区委工作概况

寒亭区委书记　李世光

2006年,寒亭区委在上级党委的坚强领导下,坚持以邓小平理论和“三个代表”重要思想为指针,以科学发展观统领全局,牢牢把握发展这个第一要务,紧紧扭住经济建设这个中心,团结带领广大党员干部群众,解放思想,干事创业,全面推进经济建设、政治建设、文化建设、社会建设和党的建设,全区上下呈现出风正气顺心齐、团结和谐稳定、人民安居乐业、经济社会既好又快发展的局面。

一、组织概况与党的建设

寒亭区辖经济开发区、海洋化工开发区和6镇2乡2街道、375个行政村、9个居委会。全区有党工委8个、党委30个、党总支80个、党支部839个,党员19299名。

牢固树立事业兴衰关键在党、关键在人的思想,坚持党要管党、从严治党,以“三个代表”重要思想为指导,以加强党的执政能力建设和先进性建设为重点,全面加强和改进党的思想、组织、作风和制度建设,为促进科学发展、构建和谐社会提供了坚强有力的政治保障和组织保证。

(一)切实加强思想政治建设 组织引导各级党员干部加强政治理论学习,坚持不懈地用“三个代表”重要思想和科学发展观、构建和谐社会等重大战略思想武装头脑,指导实践。扎实开展保持共产党员先进性教育活动,健全完善保持先进性长效机制,广大党员的先锋模范作用得到进一步发挥。在全省统一组织的先进性教育活动满意度测评中群众满意率达99.98%。

(二)着力强化基层组织建设 以“三级联创”为抓手,以开展第三批先进性教育活动为契机,围绕建设社会主义新农村这个主题,建强村级班子,壮大集体经济,加强规范化管理,进一步增强了村级班子的战斗力和凝聚力。继续做好新型经济社会组织和非公有制企业党建工作,积极开展党建工作示范社区创建活动,进一步扩大了党的组织覆盖面和工作覆盖面。通过理顺关系、健全网络、规范管理,学校、机关等党建工作得到全面加强。

(三)突出抓好领导班子和干部队伍建设 严格执行干部选拔任用《条例》,不断深化干部人事制度改革,认真落实领导干部公开选拔、任前公示、离任审计和乡镇街道党政正职任免全委会票决等制度,健全完善能者上、庸者下的用人机制,切实树立了凭政绩用干部的导向。根据领导班子年度考察情况和工作需要,对乡镇、街道和区直部门、单位的部分领导干部进行了调整,进一步优化了各级领导班子结构。坚持培养、引进、使用三抓并举,着力建好党政人才、企业经营管理人才、专业技术人才三支队伍,为经济社会发展提供了人才智力支撑。

(四)积极改进党的作风建设 深入开展"两个务必"教育、学习贯彻《党章》活动,大力推进廉政文化建设,广大党员干部的宗旨观念、群众观念有了新的增强。在区乡村三级相继组织开展了规范化建设活动,进一步激发了各个方面干事创业的积极性。持之以恒地抓好党风廉政建设和反腐败斗争。严格执行党内监督条例、纪律处分条例和领导干部廉洁自律的各项规定,推动了党风、政风和社会风气的进一步好转。

二、主要工作与成绩

(一)经济实力显著提升 2006年,全区完成地区生产总值59.8亿元,比上年增长19.8%;实现财政总收入7.8亿元,其中地方财政收入4.6亿元,分别比上年增长29.1%和36.8%。工业化进程明显加快,全区规模以上工业实现主营业务收入110.8亿元、利税11.9亿元,分别比上年增长49%和58.5%。高新技术产业产值占规模以上工业总产值的比重达到30.07%,比上年底提高2.85个百分点。"海王"工业盐等3个产品获山东名牌称号,"昱合"、"玉"牌等4件商标被评为山东省著名商标。滨海项目区开发建设取得新的突破性进展,50平方公里起步区基础设施基本配套,累计进区项目61个,计划总投资213亿元,先进制造业基地的基础框架已经形成。以专业市场建设和旅游业发展为重点的现代服务业加速推进。全区第三产业实现增加值18.3亿元,比上年增长22.5%。"三农"工作成效显著,农业产业化、国际化、现代化水平进一步提高,新农村建设开局良好。节能环保取得明显进展,可持续发展能力进一步增强。

(二)招商引资成效明显 坚定不移地把招商引资作为经济工作的"要务之要务、重点之重点、中心之中心"来抓,着力提高招商引资质量和效益,全区新引进项目236个,实际到位资金38.9亿元;续建和新引进开工投资过5000万元的项目92个,其中过亿元的41个。潍柴铸造中心、滨海石化等重大项目建设进度不断加快,朗盛工业园、海恒化学一期等重大项目相继建成投产。扎实做好对外贸易工作,全区出口创汇9000万美元,比上年增长60.5%。

(三)城乡面貌明显改观 组织实施了南部新区配套、"三街五路"和体育场综合改造、海港路后续建设管理、通亭街四大商居组团开发、"城中村"改造等城建重点工程。加强城市资产管理运营,城市资产和居民房产大幅度升值。以潍坊创建国家卫生城市为契机,不断完善机制,加强管理,市容市貌进一步改善。经过连续不断的大投入、大改造、大整治,中心城区的功能、品位、形象都有了较大提升,集聚辐射带动作用进一步增强。坚持以城带乡,着力加强小城镇和农村基础设施建设,深入开展文明生态村创建和镇村环境综合整治活动,城乡面貌发生了明显变化。

(四)社会事业全面进步 大力加强宣传舆论工作和思想道德建设,广泛开展社会主义荣辱观学习实践和群众性精神文明创建活动,公民素质和社会文明程度明显提高。深化实施"科教兴寒"战略和"人才强区"战略,科技进步对经济社会发展的支撑作用进一步增强。不断深化教育体制改革,努力促进教育公平,各级各类教育迈上新台阶。积极推进卫生事业发展与改革,公共卫生和医疗服务体系不断完善,群众健康保障水平明显提高。切实加强人口和计划生育工作,有效控制了人口数量,提高了人口素质。文化、体育、邮政通讯、广播电视等各项社会事业也都取得了新的进展。

(五)民主法制建设深入进行 大力推进普法依法治理,广大公民特别是领导干部和公务员的法律意识、法律素质明显提高。以深入推行"两公开一监督"制度为重点,全面落实政务、村务、厂务、校务等各项公开制度,基层民主进一步扩大。积极运用网络手段深化村务公开民主管理,全区375个建制村全部实现村级政务、财务网上同步公开,得到了全国村务公开民主管理领导小组的充分肯定。全面落实社会治安综合治理各项措施,大力加强治安防控、矛盾纠纷排查调处两个体系建设,深入开展"严打"整治斗争和同"法轮功"邪教组织的斗争,扎实抓好安全生产,确保了全区政治安定、社会稳定。被省委、省政府授予"平安山东建设先进县(市区)"称号。

(六)人民生活水平明显提高 坚持把富民作为强区的基础,多渠道促进城乡居民收入稳步增长。城乡居民人均储蓄达到10400元,农民人均纯收入达到5932元,均比上年增长11.7%。大力实施积极的就业政策,促进了社会充分就业。切实加强社会保障制度建设,着力解决民生问题。全区困难家庭基本实现了应保尽保,养老、失业、医疗等"五险"覆盖面不断扩大,新农合参合率达到98.34%。农村"五保"对象集中供养、70岁以上无固定收入老人定期走访慰问、农村义务教育阶段贫困家庭学生"两免一补"等保障制度进一步健全完善。大力组织实施区乡道路大修改造、引水上埠、西部乡镇治氟改水、农村中小学校舍改造和村村通柏油路、通自来水、通有线电视等"利民工程",让群众得到了实惠,感受到了变化。面对税费改革后的农村新形势,在由区财政统一拨付乡镇机关事业单位干部职工和乡村中小学教师工资、村"两委"干部固定补贴的基础上,又由区财政统一拨付村级办公和综治经费、村计生专职主任固定补贴,保证了基层政权健康运转。

三、创新与经验

(一)坚持把发展作为第一要务 始终以经济建设为中心,无论形势如何变化,不管遇到多大困难,都坚定不移地聚精会神搞建设,一心一意谋发展。

(二)坚持以科学发展观统领全局 时刻牢记以人为本这个核心,坚持统筹兼顾这个基本要求,注重统筹经济与社会、城市与农村、人与自然的和谐发展,推动了全面协调可持续发展。

(三)坚持解放思想,与时俱进 在坚定不移地贯彻落实既定工作方针的同时,不断创新发展思路,在更高起点、更高境界、更高标准上谋划发展,抢抓发展机遇,开创了发展新局面。

(四)坚持求真务实、狠抓落实 大力弘扬勤勉敬业、不计名利、无私奉献的高贵品德,坚决反对官僚主义、形式主义、极端利己主义,切实提高了工作水平,增强了工作实效。

(五)坚持开拓创新,深化改革 不断深化行政管理体制改革和企业改革改制,积极推进事业单位改革,加快财税、投资、教育、文化、卫生、粮食流通等体制改革,为又好又快发展注入了活力。正确处理改革发展稳定的关系,把改革的力度、发展的速度和社会可承受的程度统一起来,充分调动、保护、发挥好各方面的积极性,形成了推进科学发展的强大合力。

附:(一)寒亭区委书记、副书记、常委名单

书　记:李世光

副书记:陈　平　贾有余

常　委:李世光　陈　平　贾有余　蔡俊忠　李中福　韩国礼　高文庆　赵珊珊(女)　王文琦　张　文　陈　宁

(二)各开发区党组书记和乡镇、街道党(工)委书记名单

经济开发区	王文琦(党组副书记)
海洋化工开发区(央子镇)	张　文
寒亭街道	王龙堂
开元街道	李良华
固堤镇	宿光会
双杨店镇	朱金明
高里镇	史云锦(女)
河滩镇	徐建春
朱里镇	周宝勇
泊子乡	王贵祥
南孙乡	马常春

中共青州市委工作概况

青州市委书记　王立胜

一、组织概况与党的建设

青州市现辖6个街道、15个镇,1052个行政村(居)。全市共有党委88个,党工委8个(含开发区党工委),总支53个,支部1987个,党组26个,党员50463名。其中,女党员6241名,少数民族党员1145名。

2006年,市委坚持以邓小平理论和“三个代表”重要思想为指导,深入学习贯彻党的十六大和十六届六中全会精神,牢固树立和认真落实科学发展观,围绕加强党的执政能力建设和先进性建设这条主线,坚持一手抓规范、一手抓创新,大力加强领导班子和干部队伍建设、党的基层组织和党员队伍建设,各项工作不断取得新成绩,为全市经济社会又好又快发展提供了有力的组织保证。

(一)抓好领导班子建设 坚持凭实绩、按程序用干部,根据全市经济社会发展需要,加大对高学历年轻干部的选拔培养力度,12月份对全市15个镇、6个街道领导班子进行了调整,公开考选了8名大学本科以上学历的副科级干部,充实到了镇、街道领导班子。各镇和街道领导班子年龄结构和学历结构更加优化。

(二)认真搞好干部教育培训工作 全年共举办科级干部进修班3期,青年干部培训班2期,培训各级各类干部3.2万人次,其中,轮训科级干部660人,培训优秀青年干部236人。建立了“潍坊市卫星远程教育企业大学青州培训基地”,定期对企业经营管理人员进行知识更新培训,共组织集中培训19天1600多人次。

(三)扎实开展保持共产党员先进性教育活动 全市三个批次的保持共产党员先进性教育活动全部圆满结束。全市共建立联系点1004个,结成帮学对子8000多个,征求意见建议4万多条,走访慰问困难党员群众12400多人次,解决群众反映的热点、难点问题7000多个,处置不合格党员59人,教育转化党员153人,群众满意率达99.9%。

(四)组织开展“千名机关干部下乡驻村”活动 从市直部门单位选派255名、从镇(街道)选派757名干部,一村一人驻村包靠。开展驻村工作以来,驻村干部共为群众办实事1700多件,派出部门单位共投入资金280多万元,投入物资折款70多万元,有力地推动了社会主义新农村建设。

(五)认真抓好基层党建工作 农村党建工作,继续实施"村村有大学生村干部"工程,第二期大专班120人顺利开班。推行村级规范化管理,村干部工资由市财政统一发放。民营企业党建工作,继续深化落实"双百"规划,工作覆盖面不断扩大。到2006年底,全市28家100名以上职工的民营企业,全部建立了党组织,实现了100%的规划目标;41家50名以上职工的民营企业,全部发展了新党员,有党员率实现了100%目标,有30家企业建立了党组织,组建率达75%。社区党建工作,深入开展了社区党建和社区建设"双示范"社区评选活动,依托城市社区设立了10处流动党校和联络服务站。着眼于农村实用人才培养,重点实施了农村实用人才远教梯次培养工程。围绕建设社会主义新农村,扶贫包村工作效益得到有效发挥,累计投入资金和物资折款730多万元,整修道路70多公里。

(六)狠抓党风廉政建设 深入贯彻落实中央纪委七次全委精神,牢固树立社会主义荣辱观,大力弘扬"八个方面"的良好风气,认真落实党风廉政建设责任制和《廉政准则》,严格执行领导干部廉政承诺制度,全面加强领导干部作风建设,在全市上下营造了风正、气顺、心齐的发展环境。

二、主要工作与成绩

2006年,在省委、省政府和潍坊市委、市政府的正确领导下,我们带领全市上下坚持以科学发展观统领全局,突出工业振兴、城市建设与管理转型、服务业提升和社会主义新农村建设四个重点,积极推进"两城三片六大基地"(即:西部依山的老城、东部傍水的城市新区;北部发达的工业片区、南部优美的旅游片区、东北部新兴的物流片区;机械制造基地、石油化工基地、冶炼建材基地、现代物流基地、旅游休闲基地和花卉苗木基地)的城市发展总体布局,全市经济社会取得了令人振奋的成绩。全年完成地区生产总值177.6亿元,增长19.5%;地方财政收入6.46亿元,增长28.3%;城镇居民人均可支配收入9752元,农民人均纯收入5183元,分别增长7%和12%。

(一)工业振兴迈出坚实步伐 全市净增规模以上工业企业83家,达到501家,实现主营业务收入329.5亿元、利税23.6亿元,分别增长44.2%和31.6%。主营业务收入过亿元的企业达到50家,实交税金过千万元的达到21家。新增省名牌产品、著名商标4个,"云门春"商标被评为中国驰名商标。在建或续建过亿元项目达到35个,邵庄工业园建设进展顺利,中联鲁宏水泥第一条生产线竣工点火。成立7家中小企业担保公司,累计为企业担保贷款1.3亿元。民营企业发展到3360家,有11家进入潍坊市百强。

(二)城市建设与管理初见成效 城市新区规划论证、调查评估等前期工作全部完成,会展中心、体育中心启动建设。市民休闲娱乐中心、中央商务区、东夷文化生态园、南阳河综合治理、前营子和后官营旧城改造等老城区提升的六项重点工程进展顺利。成立城市建设投资开发公司、招投标管理中心,盘活存量土地2000多亩,储备土地690亩,土地招拍挂累计完成政府收益5.46亿元,实现投资回报2.75亿元。

(三)服务业发展迈上新台阶 龙兴寺重建等文化旅游项目进展顺利。以港天保税物流中心奠基开工为契机,全力推进列入山东省"十一五"服务业发展规划、占地17.5平方公里的现代物流中心建设,力争建成山东中部重要的物流中心。全年共接待中外游客280万人次,实现旅游门票收入2400万元,旅游总收入10.5亿元,分别增长20%和31%。全年完成社会消费品零售总额61.7亿元,市场交易额260亿元,分别增长16.1%和18%。

(四)社会主义新农村建设扎实推进 "两注重、四突出、一鼓励"的工作思路("两注重",即注重城乡整体布局和系统思考定位;注重因地制宜,量力而行,不搞"一刀切"。"四突出",即突出规划先行、突出比较优势、突出地域特色、突出产业拉动。"一鼓励"即鼓励结合实际大胆探索)和"五种模式"(特色农业带动型、二三产业主导型、土地整理开发型、生态家园效益型、文化旅游促进型),得到省委及潍坊市主要领导的充分肯定。新成立64家农村合作经济组织,新增销售收入过千万元的农业龙头企业16家。花博会取得圆满成功,被评为"2006年度中国十大花卉类节庆",青州市被授予"中国花木之乡"称号。

(五)和谐社会建设成效显著 就业和社会保障工作扎实有效,帮助285个"零就业"家庭实现就业,城镇登记失业率控制在3.18%以内。成立市慈善总会,募集资金200多万元。新二中投入使用,成立市职业教育中心,教育中心规划建设正式启动。深入开展城区交通、矿山开采、城市环境、专业市场等集中整治和"打黑除恶"专项行动,发展环境不断优化。全市信访总量、越级访和集体访同比分别下降30.5%、40.8%和35%,治安案件、重大刑事案件分别下降15.6%和2.1%。先后荣获"国家园林城市"、"全国老龄工作先进市",再次被评为"全国粮食生产先进县"、"全省双拥模范城",顺利通过"国家环保模范城市"技术评审和"中国优秀旅游城市"、"国家卫生城市"的复查。

三、创新与经验

(一)解放思想、转变观念是加快发展的前提 先后组织到南方先进城市和鲁西北、胶东等地考察学习,以电视直播形式召开了全市工业、城建、农村、优化环境和公安等会议,全市上下思想进一步解放,忧患、问题、责任、大局意识不断增强,发展氛围空前浓厚。

(二)各级干部干事创业、奋发有为的精神状态是加快发展的基础 牢固树立"团结、务实、创新"的理念,坚持在干事创业、加快发展中统一思想,增进团结。市级班子高度团结、坚强有力,市人大、市政协领导带头,以身作则,包靠在工作"第一线";各级各部门围绕市里工作重点,立足本职,全力配合,强力推进;广大干部职工雷厉风行、立说立行,迎难而上、扎实工作。坚持在实践中鉴别干部、锻炼干部、使用干部,树立了正确的用人导向,全市上下精神振奋、人心思进、干劲充足。

(三)广大人民群众的理解、关心、支持、实干和对青州发展的热切期望,是加快发展的根本保障 广大群众舍小家、顾大家,全民参与,积极拥护市委、市政府的决策部署。以主人翁的姿态关注青州发展,通过写信、对话等多种形式提出合理化建议,举报投诉存在的问题和弊端,形成了上下畅通的联系渠道。企业家和一线职工,积极加快企业扩张,依法纳税,回报奉献社会。青州籍在外人员和在青州工作过的人员,发挥在外联系广泛的优势,宣传青州,招商引资,成为加快青州发展的重要力量源泉。

(四)体制机制转换是加快发展的动力 积极推行书记、市长抓"总"、市委常委包"片"、副市长管"线"、人大政协领导靠"点"的领导运行机制,集中收付、集中核算、城乡统筹的财政体制,以项目考核为重点的督查考核机制,以市场化运作为核心的城建机制,发展活力明显增强。

(五)优化环境是加快发展的生命线 成立市人民办事中心,先后开展城区交通、矿山开采、城市环境、专业市场等集中整治和"打黑除恶"专项行动,发展环境不断优化。

附:(一)青州市委书记、副书记、常委名单

书 记:王立胜
副书记:孙忠礼 魏志强
常 委:王立胜 孙忠礼 魏志强 董连胜 肖好文 韩幸福 田素英 杨学昌 崔照忠 杨晓辉 李学仁

(二)各镇、街道党委书记名单

王府街道 郭桂林
益都街道 陈金平
昭德街道 刘传明
东坝街道 侯方庆
王母宫街道 任 祥
云门山街道 郭志荣
弥河镇 阎 豹
王坟镇 姚爱和
五里镇 丁爱辉
庙子镇 刘务军
邵庄镇 王万信
普通镇 王同章
东高镇 许福山
高柳镇 黄 芳
朱良镇 宋执湖
何官镇 陈同洲
口埠镇 韩其昌
东夏镇 赵华章
谭坊镇 赵明光
郑母镇 刘永福
黄楼镇 扈本溪

中共诸城市委工作概况

诸城市委书记 邹庆忠

一、组织概况与党的建设

诸城市委辖党(工)委101个,总支75个,支部2476个;共有党员64226名,其中2006年发展党员1070名。一年来,我们坚持以邓小平理论、"三个代表"重要思想和科学发展观为指导,以提高党的执政能力和先进性建设为重点,全面加强党的思想、组织和作风建设,努力建设高素质的干部队伍,为全市经济社会又好又快发展提供了坚强的组织保障。一是扎实开展以农村党员为主体的第三批先进性教育活动。全市共有1368个村(单位)、35723名党员参加第三批先进性教育活动。积极探索建立保持共产党员先进性长效机制,共建立党建长效机制1600多个,健全工作制度16700多项。在全省统一组织的群众满意测评中,我市各项测评指标均达到100%。二是大力加强领导班子和干部队伍建设。坚持注重实际和群众公认原则,着眼于班子实际需要,对乡镇(街道)和市直领导班子进行了调整充实。按照上级统一部署,积极开展市乡党委换届。换届后,全市20处乡镇党委共有148职,比上届减少29职,其中专职副书记20职,比上届减少27职;班子成员平均年龄37.12岁,比上届下降2.64岁。三是全面加强基层组织建设和党员队伍建设。深化完善产业建党工作,建立产业党员联系户制度;深入开展基层党建工作"五好"示范点创建活动,积极探索建立非公企业党组织发挥作用新机制,全面提升基层党建工作水平。四是大力推进人才工作。积极落实人才工作政策,建立潍坊市卫星远程教育企业大学诸城培训基地,完善优秀人才选拔管理工作机制,为和谐社会和新农村建设提供人才智力支持。五是加强党风廉政建设。全面落实"一岗双责",加大责任追究力度,以党风廉政建设的优异成绩,凝聚民心,推动又好又快发展。

二、主要工作与成绩

2006年,全市完成地区生产总值249亿元,比上年增长

18%;实现财政总收入20.8亿元,其中地方财政收入12.1亿元,分别增长31%和28.5%;综合发展实力跃居"全国百强县(市)"第65位,被省委省政府表彰为"县域经济发展先进单位"。

(一)突出重点,全力发展工业经济 牢牢坚持全党抓经济、重点抓工业,深入实施工业化战略,全力做强做大工业经济。2006年,全市规模以上工业企业达到489家,比上年增加69家,实现销售收入590.6亿元,利税42亿元,分别增长23.5%和26.6%。汽车、食品、纺织服装三大支柱产业集群优势日益突出,继"中国男装名城"、"山东省汽车工业产业集群"之后,又被评为"全国食品工业强县"和"山东省商用车及零部件制造业基地"。医药化工、木器家具、建筑建材、装备制造、电子信息产业快速发展。骨干企业群体不断壮大,全市有77家企业销售收入过亿元,63家利税过千万元,有9家进入国家大型工业企业行列。狠抓自主创新,全市高新技术企业达到34家,其中国家级的7家,高新技术产品生产企业达到40多家,科技进步对经济增长的贡献率达到56%。积极扩大对外开放,全市共引进各类项目600多个,引进市外资金77.3亿元,其中外商直接投资5600万美元;完成进出口总额6亿美元,其中出口5亿美元,分别增长20.9%和20.1%。品牌战略成效显著,拥有国家级品牌19件,省级品牌62件。

(二)主攻难点,扎实推进新农村建设 积极创新经营机制,聚力推进新农村建设。2006年,全市完成农村经济总收入742亿元,增长19.3%;现代农业发展步伐明显加快,新增潍坊市级以上龙头企业24家,总量达到41家;新增绿色无公害农产品6个、基地6万亩,被评为"全国农业标准化示范先进单位"。农村生产生活条件明显改善,新修改造农村油路103.6公里;一年新增通自来水村庄735个,村庄自来水普及率达到88%,比年初提高55个百分点;深入开展村容村貌集中整治活动,农村面貌有了明显改观。我市新农村建设的经验多次被列为全国县(市、区)委书记、县(市、区)长"建设社会主义新农村"专题培训班授课内容,并得到一致好评。

(三)提升亮点,大力繁荣城市经济 紧紧抓住山东半岛城市群建设和潍坊一小时城市圈建设的机遇,全面对接,配套服务,培植城市发展亮点,繁荣活跃城市经济。加强基础设施建设,高标准完成了薛馆路诸城东段、人民东路中段、城区西南东南出入口拓宽改造等10多项重点工程。加大城区绿化力度,建成区绿化覆盖率达到36.3%。加快旧城改造步伐,开工建设了一批住宅小区。高度重视环境保护,舜河污水处理厂建成运营。扎实开展"两城一市"创建工作,顺利通过全国"两灭一控"工作先进城市验收。继续深化城市环境和路域综合整治,推行了城区主次干道精细化管理,城市管理水平不断提高,被评为"全省城市综合整治先进市"。小城镇建设步伐加快,载体功能进一步增强,全市城镇化水平达到45%。城市化进程的加快,带动了现代服务业的发展。2006年,全市完成服务业增加值61亿元,实现社会消费品零售总额62.2亿元,分别增长20%和16.2%。

(四)狠抓热点,积极构建和谐社会 把解决群众最关心、最直接、最现实的利益问题作为工作的热点来抓,加快构建社会主义和谐社会。认真落实农村义务教育"两免一补"政策,资助贫困家庭学生1万余人。开工建设体育馆和游泳馆。积极推进新型农村合作医疗,农民参合率达到95.3%。城乡居民就业不断扩大,城镇登记失业率控制在1.93%;在潍坊市率先推行五项社会保险费"一票征缴",全市参保人员达到19.2万人;健全完善社会救助体系。城乡居民收入持续增加,城镇居民人均可支配收入达到11177元,农民人均纯收入6060元,分别增长7.6%和12%;城乡居民储蓄余额达到89.2亿元,增加12.3亿元。精神文明建设成果丰硕,分别荣获1个国家级、20个省级和64个潍坊市级文明单位称号。"平安诸城"建设成效显著,被省委省政府表彰为"平安山东建设模范县(市)"。安全生产措施得力,被评为"全省安全生产先进单位"。文化、广电、计生等社会事业也都实现了新的发展。

三、创新与经验

充分发挥诸城改革创新的优良传统,积极推进和谐社会综合配套改革。主要是扎实推进行政管理体制改革,完善政府社会管理和公共服务职能,加快建立法治政府、责任政府和服务政府;规范行政执法程序,完善权责明确、行为规范、监督有效、保障有力的行政执法体制;创新部门运行机制,实行工作流程再造,积极推行项目并联审批、同步办理制,建立集中、权威、便捷的投资管理服务机构;加快推进事业单位改革,激发事业单位内在活力。不断深化企业改革,充分利用我市企业改制早、产权清晰、现代企业制度框架已经建立、有利于与国际企业制度对接的优势,以股本重组为主要形式,引入战略投资者、职业经理人和先进的经营理念、企业文化,促进多种资源在骨干企业的融合。全面推进农村综合改革,配套推进乡镇机构改革、农村义务教育体制改革和财政管理体制改革;坚持农村基本经营制度,保障农民土地承包经营的各项权利,加快建立土地使用权依法流转机制;深化农村经营体制改革,积极推进农村合作化经营,全市共创建农民专业生产合作社2057个,入社农民近8万户,涉及种植、养殖、加工、服务等多个行业,成为农村经济发展的新亮点。

附:(一)诸城市委书记、副书记、常委名单

书　记:刘德成(2006年12月离职)
邹庆忠(2006年12月任职)

副书记:陈汝孝　张洪全

常　委:邹庆忠　陈汝孝　张洪全　尹凤来
刘峰梅　鞠立强　王玉邦　张福秀
鞠进增　李宏德　王金友

(二)各乡镇、街道党(工)委书记名单

密州街道　蒋德华
龙都街道　于明堂
舜王街道　赵治国
枳沟镇　张汝华
贾悦镇　李跃志
孟疃镇　柳永忠
马庄镇　赵景忠
石桥子镇　徐小柱
程戈庄镇　鞠学涛
相州镇　吴　森
郭家屯镇　陈建民
昌城镇　臧运宁
百尺河镇　齐光慧
辛兴镇　颜廷忠
瓦店镇　王金忠
林家村镇　赵　莉
桃园乡　胡善清
桃林乡　赵光福
皇华镇　刘作勋
郝戈庄镇　王　伟

中共寿光市委工作概况

寿光市委书记　刘中会

一、组织概况和党的建设

寿光市总面积2180平方公里,辖16处镇街,人口108万。现有73个党(工)委,74个基层党总支,1995个基层党支部,55107名党员,其中农村党员33026名。

(一)巩固扩大先进性教育成果 全市上下以建设群众满意工程为目标,扎实开展了先进性教育活动,研究制定了保持党的先进性长效机制100条,取得了丰硕的实践成果、制度成果和理论成果。王乐义同志被确定为全国重大典型,各大主流媒体进行了集中报道。基层组织建设进一步加强,产业建支部、“三级联创”等经验做法在全国推广。在全省率先开展了“党工共建”活动,在非公有制企业中新建党组织92个,工会组织353个,形成了党工联动、整体推进的工作格局。

(二)切实加强领导班子和干部队伍建设 以市镇党委换届为契机,进一步扩大民主,优化结构,配活配强镇党委领导班子,圆满完成市镇两级党委的换届任务。积极探索新形势下加强领导班子思想政治建设的途径和方法,提高领导水平和决策水平,增强班子的整体功能。探索建立符合科学发展观和正确政绩观要求的领导班子政绩考核评价办法,树立干事创业的用人导向,激发领导班子和领导干部工作积极性。不断深化干部人事制度改革,加大公开考选力度,充实后备干部人才库,制定并落实后备干部培养锻炼计划。

(三)努力改进党的作风建设 建立健全干部作风建设的长效机制,切实改进领导方式和工作方法。加强人品政德教育,引导各级领导干部模范实践社会主义荣辱观,严守党的各项纪律,带头遵守廉洁从政各项规定,树立为民务实清廉的良好形象。

(四)全面推进党风廉政建设 认真落实党风廉政建设责任制,狠抓了领导干部廉洁自律各项规定的落实,认真查处了一批违法违纪案件;组织进行了纠风专项治理、企业评议政府职能部门和“行风热线”上线等工作;积极推行行政审批、财政和干部人事制度三项改革,推行了土地招拍挂、建筑工程招投标等办法;加强了软环境建设,为全市的各项事业发展提供了有利的保证。

二、主要工作与成绩

2006年,全市以胡锦涛总书记视察寿光时提出的“四点殷切希望”和重要批示为动力,认真落实科学发展观,紧紧围绕省委和潍坊市委的工作部署,创新思路,团结实干,经济社会持续快速协调发展。全年完成地区生产总值268亿元,实现财政总收入24.6亿元,其中地方财政收入12.7亿元,同比分别增长16.6%、24.2%和26.2%;农民人均纯收入达到5936元,各类存款余额达到188.6亿元。连续九届跨入全国农村经济综合实力百强县(市)行列,目前列第41位,五年提升了55个位次。

(一)坚持走新型工业化道路,不断增强发展实力 按照新型工业化的要求,针对我市造纸包装、纺织服装、原料化工、机械制造等6大支柱产业中传统产业比重较大的现状,依托我市的三处博士后科研工作站,从项目策划、设备引进、科技创新等各个环节加强引导,推动企业引进新工艺、新技术、新设备等嫁接、提升传统工业,大力发展循环经济,开发高附加值、高科技含量的产品,使企业在规模膨胀中实现优化升级,逐步形成了一批具有自主知识产权和特色优势的产品体系。2006年,482家限额以上工业企业完成主营业务收入516.8亿元、利税52.8亿元、利润34亿元,同比分别增长20.6%、21.5%和20.4%。

(二)着力打造农业品牌,不断巩固发展基础 围绕发展现代农业、促进农民增收,以打造蔬菜特色品牌为重点,大力推进农业农场化、农民职工化、生产基地化、产品标准化进程,实现了农业增效和农民增收。全市蔬菜面积达到84万亩,其中被认定的无公害蔬菜面积60万亩,先后注册农产品商标128个,有97种农产品获得国家优质农产品标志,成为"全国农业标准化示范区建设先进单位"和"全国农产品质量安全工作先进单位",仅蔬菜一项,农民年人均纯收入达3500多元。大力扶持农业龙头企业,全市农业龙头企业发展到350家,带动80%以上的农民以"公司+基地带农户"等形式进入产业化经营体系,进一步提升了农业产业化水平。美国、荷兰、以色列等10多家世界知名种业公司先后在我市建立了研发基地,科技进步对农业增长的贡献率达到67%。

(三)积极发展三产服务业,不断激发发展活力 围绕发展生态旅游业,利用"蔬菜之乡"的品牌优势,努力打造以"绿色生态科技"为主题的农业生态黄金旅游线,被评为"中国优秀旅游城市"。加快发展市场流通业,建成了国内首家蔬菜电子拍卖中心,开通了全国第一家蔬菜网上交易市场,目前全市各类专业市场发展到40多处,年交易额90多亿元。大力发展现代商贸业,突出打造渤海路中心商业区,先后建成了一批大型商业网点,被商务部确定为"万村千乡"市场工程首批试点县(市)之一,麦当劳、肯德基、三联家电、苏宁电器等一批国内外知名商业巨头先后落户我市。2006年,全市完成第三产业增加值86.2亿元,同比增长16.3%。

(四)坚持城乡统筹,不断加快建设社会主义新农村 我们树立县域一体的发展理念,坚持城镇统筹、镇村统筹,以城带乡、以乡带村,协调发展,新农村建设进程不断加快。在城镇建设上,以"一个中心四个组团、一轴两翼一河两岸"为发展思路,以"五城"创建为动力,突出生态、园林、绿色、环保特色,大搞公益设施、生态绿化,建成了一批精品建筑和标志性工程,先后成为"国家园林城市"、"国家卫生城市"和"国家环保模范城市"。目前,城市绿化覆盖率达到39%,人均公共绿地面积14平方米,规划面积50平方公里、人口42万的新一轮城市总体规划已经省政府审批并付诸实施,城市化水平达到46.5%。在新农村建设上,以构建和谐村庄为突破口,突出"五化三通两改一有"等硬件建设标准,科学规划、因村制宜、分类指导,新农村建设进程不断加快。全市所有镇街道和80%以上的村庄完成了新一轮总体规划,全年投入资金7亿多元,有72个村启动了楼房村工程,所有镇街道和部分村卫生实现有偿托管,镇村面貌有了较大改观。

(五)坚持以人为本,全面构建和谐社会 深入践行以"八荣八耻"为主要内容的社会主义荣辱观教育,积极引导形成诚信友爱、和谐相处的人际关系,是山东省首批文明城市。优先发展教育事业,推动教育均衡发展,学前教育、基础教育、职业教育、高等教育等都进入了全省前列。深化农村养老保险制度改革,开展了失地农民基本生活养老保险,积极推行农村新型合作医疗,参合率达到98%。提高了最低生活保障和最低工资标准,建立了教育救助、住房救助制度,认真解决低收入群众的住房、医疗和子女上学等困难问题,对2387名农村"五保"对象实行了集中供养。深入开展"平安菜乡"创建活动,被评为"全国社会治安综合治理先进集体"。加大环境污染治理力度,建设了污水处理厂等环境治理配套设施,全力构建环境友好型、资源节约型社会,实现了可持续发展。

三、创新与经验

(一)坚持以思想的解放引领发展,敢闯敢试敢干 我们始终把解放思想作为引领发展的第一动力,深入开展解放思想大讨论活动,组织到浙江、苏南等先进地区参观学习,对照先进找差距,形成了"慢进也是退、无功就是过"的共识,营造了浓厚的发展氛围,促进了各项工作的顺利开展。

(二)必须坚持以宏伟的目标激发斗志,创新创业创优 面对激烈的区域竞争,我们始终有明确的发展目标和清晰的发展思路,不断确定新的发展标杆,适时叫响了"百强上位次,全省进前列"、"争创全国50强,建设世纪新寿光"等口号,以此激励人心,鼓舞斗志。

(三)坚持以务实的举措狠抓落实,实干苦干快干 我们把求实务实落实作为推进各项工作的有效手段,对全市中心工作实行了目标分解,对阶段性重要任务和重点项目,实行一周一调度、一月一督查,对镇街道实行一年两次大观摩,对企业实行划型动态管理,对部门实行"双评一热线",有效推动了各项工作的落实。

(四)必须坚持以为民的理念造福百姓,亲民安民富民 我们时刻牢记党的宗旨,坚持发展为了人民、发展依靠人民、发展成果与人民共享,始终把群众的安危冷暖放在心上,尤其是先进性教育活动开展以来,全市广大领导干部深入基层听民生,进村入户察民情,办好实事惠民众,树立了党和政府在群众心目中的良好形象。

附:(一)寿光市委书记、副书记、常委名单

书　记:徐振溪(2007年1月离职)
　　　　刘中会(2007年1月任职)
副书记:孙明亮　刘兴明
常　委:刘中会　孙明亮　刘兴明　杨建华
　　　　方新启　刘肖宁　朱兰玺　王惠玲
　　　　郑建民　刘永辉　李宝华

(二)各镇、街道党(工)委书记名单

圣城街道　孙成华
文家街道　崔英魁
洛城街道　崔建军
古城街道　柴寿增

孙家集街道	袁世俊
稻田镇	李铁柱
留吕镇	王安文
侯　镇	桑文军
田马镇	步砚伟
纪台镇	王　波
化龙镇	孙吉海
上口镇	汪秀丽
田柳镇	李振涛
台头镇	卜庆华
羊口镇	李华刚
营里镇	武治强

中共安丘市委工作概况

安丘市委书记　王继怀

一、组织概况与党的建设

安丘市总面积1928平方公里，现有21个镇、2个街道办事处，1388个行政村，105.2万人口；82个党(工)委，21个党组，50个党总支，2536个党支部，57783名党员。

市委坚持以邓小平理论和“三个代表”重要思想为指导，牢固树立和认真落实科学发展观，坚持党要管党，从严治党，不断加强和改进党的先进性建设。一是扎实开展保持共产党员先进性教育活动，取得了重要的实践成果、制度成果和理论成果，群众满意率达到100%。二是大力加强干部队伍建设。认真贯彻执行党的干部路线，用科学发展观的要求看干部，严格按照干部任用条例选拔任用干部。结合乡镇党委换届，在干部调整过程中，注重创新考察方式，坚持正面了解与民意调查相结合、听取汇报与现场点评相结合、了解施政成效与施政成本相结合，确保摸清摸透干部工作实绩，选准用准优秀干部，进一步优化了乡镇领导班子结构，提高了执政能力和执政水平。大力倡导胡锦涛总书记提出的八个方面的良好风气，不断加强领导干部作风建设。加大干部教育培训力度，全年共举办培训班30多期，培训干部6000多人次。三是大力加强基层组织建设。深入开展“三级联创”活动，加大后进班子整顿转化力度。抽调207名机关干部，驻进92个村，进行包靠帮扶，提高了农村基层班子的凝聚力、战斗力。四是狠抓党风廉政建设。始终坚持标本兼治、综合治理、惩防并举、注重预防的反腐倡廉战略方针，大力加强党风廉政建设，深入开展反腐败斗争。治理经济发展软环境取得明显成效，纠风和专项治理工作力度不断加大，查处违纪违法案件工作进一步深入，领导干部廉洁自律工作取得新进展，源头治理腐败工作逐步推进，为全市经济社会又好又快发展提供了坚强的政治保证。

二、主要工作与成绩

2006年，全市地区生产总值达到115亿元，同比增长14.5%；全社会固定资产投资完成92.8亿元，增长14.2%；实现地方财政收入3.4亿元，可比增长16.4%；可用财力达到5.96亿元，比上年增加1.02亿元；规模以上企业完成销售收入173.7亿元，实现利税12.6亿元，分别增长33.4%和20.3%；城乡居民储蓄余额达到65.1亿元，农民人均纯收入达到4651元。

(一)工业立市战略深入实施　全市规模以上企业发展到374家，比上年增加28家。全市工业在建项目132个，总投资55.1亿元，当年完成投资25.7亿元。有26家企业销售收入过亿元，比上年新增5家，6家企业销售收入首次突破5亿元。全市上交税金过百万元的企业达到72家，比上年增加10家，其中，过千万元的达到13家，5家企业上交税金超过2000万元。在潍坊市2006年度工业百强企业中，我市的供电公司、外贸食品、奥宝化工、柠檬生化、博莱特化纤、鲁安药业、景芝酒业、长安铁塔、山水水泥、恒安散热器10家企业名列其中，总数列潍坊各县市区第3位。名牌争创工作实现突破性进展。外贸食品公司被确定为全国出口食品农产品免验企业，“鲁丰牌”水果罐头被评为中国名牌产品；景芝酒业公司的“景阳春”商标被认定为中国驰名商标，“景芝白干”被评为中华老字号，“景芝神酿”被确定为中国芝麻香型白酒代表；奥宝复合肥、恒安散热器、三太子方便面被确定为全国免检产品，全市省级以上著名品牌达到23个。外经外贸工作成效明显。引进到位境外资金4016万美元，同比增长20%；完成出口创汇2.6亿美元，增长8.3%。

(二)新农村建设开局良好　全市有一定规模的农产品加工企业达到431家，年加工能力200万吨，创汇1.48亿美元，带动发展基地57.2万亩，辐射带动农户12.7万户。安丘大姜被审定为国家地理标志产品。全市民营业户发展到3.5万家，从业人员达到29.7万人，民营经济实现销售收入467.5亿元，利税45.4亿元，同比分别增长39.2%和45.5%。全市新增城镇就业1.1万人，新增农村劳动力转移就业5560人。完成了安孔路北段改造，实施村村通柏油路114公里，通村率达到46.3%；开工村村通自来水工程11处，受益村庄190个，受益群众13万人，通村率达到41%；新增有线电视用户2万户，通村率达到98%以上。

(三)服务业发展步伐加快　2006年，全市完成第三产业增加值33亿元，同比增长13%。商贸流通企业规模效益进一步提升,各类专业批发市场设施配套力度加大,现代物流、房地产开发等新型服务业快速发展。旅游管理机制和资源整合逐步到位,发展活力明显增强。去年全市接待游客120万人次,完成旅游业总收入1.5亿元。

(四)城市建设管理水平明显提高 生态城市建设扎实推进,汶河水利风景区被评为国家级水利风景区,大汶河国家城市湿地公园已经通过国家建设部批复。加大城区基础设施改造力度,对城区的7条主要道路进行了全面整修改造,城市功能更加完善。集中开展城乡环境综合整治,城市面貌发生新的变化。小城镇新一轮规划全面完成,基础设施日趋完善,拉动镇村经济发展的能力明显增强。

(五)和谐社会建设扎实推进 注重从细节抓起,认真解决群众最关心、最直接、最现实的利益问题。围绕解决看病难、上学难问题,积极推行新型农村合作医疗,各级财政拿出2400万元对参合农民进行补助,全市农民参合率达到90%以上;认真落实农村"两免一补"政策,大力发展教育事业,高考本专科录取人数达到7659人。围绕解决弱势群体社会保障问题,提高城镇和农村低保标准,城乡低保对象实现了应保尽保。围绕解决山区、库区困难群众的生产生活困难,加大对山区、库区的扶持力度,群众生产生活条件进一步改善。扎实推进平安安丘建设,全面落实维护稳定的各项措施,实现了政治社会持续稳定,被省委、省政府评为"平安山东"建设先进县市区。

三、创新与经验

(一)坚持解放思想、改革创新不动摇 始终坚持把解放思想、改革创新贯穿于经济社会发展全过程,制定出台一系列鼓励企业发展的政策规定,落实企业分类动态管理、领导包靠骨干企业、重点企业挂牌保护等措施,调动了企业上新创新、加快发展的积极性。严格规范查车、收费行为,严肃查处破坏软环境案件,扎实开展机关作风集中整顿活动,营造起了宽松优越的发展环境。

(二)坚持科学发展、加快发展不动摇 始终以科学发展观统领全局,牢牢抓住第一要务不放松,把贯彻上级精神与本地实际紧密结合起来,紧紧围绕实现又好又快发展这个总目标,全力推进农业大市向工业大市、传统型城市向生态旅游城市、吃饭财政向富余财政"三个跨越",努力实现工业经济、社会主义新农村、外经外贸、现代服务业、城市建设、和谐社会建设"六个突破",进一步强化科学投入、改革创新、科技进步、节能环保、优化环境、考核激励"六项保证措施",励精图治,发愤图强,在壮大县域经济实力上奋力突破,全力打造富裕安丘、生态安丘、活力安丘、和谐安丘。

(三)坚持团结和谐、真抓实干不动摇 深入开展"爱我安丘,加快发展"活动,全面掀起"群众创家业、能人办企业、干部干事业"的全民创业热潮,凝聚起万众一心、共建强市的强大合力。注重加强干部作风建设,加大工作督查落实力度,改进干部考核和工作评价办法,不断完善决策目标、执行责任、考核监督"三个体系",促进了各项决策部署的落实。市级领导班子成员带头当好团结协作、求真务实、敬业奉献、开拓创新、廉洁勤政五个表率,各级领导班子团结一心、步调一致,干部群众精神饱满、人心思上,整个社会和谐稳定、充满活力,呈现出风正、气顺、心齐、劲足的良好局面。

附:(一)安丘市委书记、副书记、常委名单

书　记:李本跃(2006年4月离职)
　　　　王继怀(2006年4月任职)
副书记:张韶华　许　华
常　委:王继怀　张韶华　许　华　王　备
　　　　陈　勇　吉树春　原　理　任海燕
　　　　王先明　侯法强　云增忠
　　　　李广庆(援藏)

(二)各镇、街道党(工)委书记名单

兴安街道　刘子庆
贾戈街道　吕子宏
景芝镇　辛慧明
黄旗堡镇　曹瑞升
凌河镇　李建芳
官庄镇　孙　钧
雹泉镇　王永刚
红沙沟镇　薛　涛
大盛镇　刘世华
庵上镇　甄树田
石堆镇　刘金山
赵戈镇　周锡玉
刘家尧镇　刘兴军
关王镇　李德亮
王家庄镇　辛文东
石埠子镇　李菊祥
临浯镇　徐效东
金冢子镇　孙洪吉
白芬子镇　李建英
管公镇　刘　超
辉渠镇　王海滨
柘山镇　鞠录安
吾山镇　曹忠诚

中共昌邑市委工作概况

昌邑市委书记　陈白峰

一、组织概况与党的建设

昌邑市市域总面积1578.7平方公里，68万人口，辖13处乡镇、2处街道，819个行政村（居）。全市共有72个党（工）委，32个党总支，1559个党支部，39193名党员，其中2006年发展党员766名。

（一）着力抓好干部队伍建设　积极开展大规模、多层次的党员干部培训活动，共培训党员干部1.8万余人次。严格执行《党政领导干部选拔任用工作条例》，健全完善干部政绩评价和考核机制，树立正确的用人导向，营造良好的政治生态。认真做好干部调整交流工作。2006年，全市共调整交流干部373人。

（二）切实加强基层组织建设　在全市确定16个村作为新农村建设示范村，组织95个市直部门和单位与相对后进村进行"一对一"结对帮扶。研究制定了《村级组织活动场所建设实施方案》，组织各乡镇（街道）进一步修订完善《包村寄宿工作考核办法》。注重依托龙头企业、产业协会、生产基地建立党组织；注重因企制宜组建非公有制企业党组织，全市符合条件的120家非公有制企业全部建立了党组织。

（三）全面推进党风廉政建设　深入落实党风廉政建设责任制，在全市党员干部中认真开展了"廉政勤政、科学发展"主题教育活动。认真落实《党内监督条例（试行）》和《实施纲要》，健全完善惩治和预防腐败体系。通过制度和法律规范权力运作，约束干部从政行为，全市党风、政风进一步好转。

二、主要工作与成绩

2006年，全市实现地区生产总值144.3亿元，同比增长19.6%；财政总收入11.19亿元，增长27%，其中地方财政收入6.05亿元，增长22.7%；农民人均纯收入5784元，增加625元；城乡居民人均储蓄12045元，增加1234元。

（一）更大力度地发展工业经济　坚定不移地实施"工业强市"战略，力促符合国家产业政策、国家鼓励发展的现有企业和新上项目做强做大。全市规模以上工业企业新增44家，总数达到352家，完成销售收入342.9亿元、利税24.26亿元、利润15.24亿元。实施投资过千万元的项目105项，昌邑石化公司进入全省工业企业50强行列。

（二）努力实现高新技术产业发展的新突破　总投资17亿元，实施高新技术项目45项，重点在超细纤维、高目镍网、塑料机械、高能锂电池、医药中间体、石油化工等产业领域实现突破。全市省级以上高新技术企业发展到14家，高新技术产业产值占规模以上工业总产值的比重达到20.2%，比2005年提高4.8个百分点。大力实施名牌战略，全市已有中国名牌产品2个，中国驰名商标1件，山东名牌产品12个，山东著名商标8件。

（三）加快推进北部沿海开发　按照鲁北开发的总体布局，加快经济建设主战场战略性北移。在东部规划建设67.5平方公里的海天项目区，在中部规划建设28平方公里的渤海明珠·昌邑水城项目，在西部规划建设10平方公里的海能项目区。2006年，总投资1.5亿元，重点实施了园区道路、电力通信、平原水库、污水处理厂等基础设施配套工程。沿海经济发展区基础设施配套面积达到30平方公里，已聚集项目28个，其中海天生物化工项目被列入省重点项目。

（四）深入挖掘民营经济的潜力和优势　按照政策扶持、园区集聚、规范管理、群体发展的思路，着力挖掘政策、产业、机制三方面的潜力，再造民营经济发展新优势。2006年，全市新增民营业户1500家，总量达到1.8万家，从业人员超过14万人；纳税额达到7.28亿元，增长39.4%，占税收总额的73.7%。纺织印染、机械制造、食品加工和盐化工、油化工等优势产业呈现出规模膨胀、链条延伸、集群发展的良好态势。被授予"纺织产业集群突出贡献奖"，被命名为"山东省机械铸造业基地"。

（五）强力推动服务业发展繁荣　突出市场培育、物流配送、社会服务、休闲娱乐四个重点，培植壮大了中百佳乐家超市、家家悦超市、利众商厦等一批骨干龙头企业和中国轻纺城钱清昌邑原料市场、石埠副食品批发市场、宏大农产品加工销售配送中心等专业市场，启动建设了新港物流、沿海物流、昌南物流等物流园区，培育发展了中介服务、信息咨询等新兴业态。2006年，社会消费品零售总额达到47.12亿元，增长16%；第三产业增加值达到33.66亿元，增长20.1%。

（六）积极稳妥地抓好新农村建设　坚持因村制宜、科学规划，各有所为、创新发展，形成市乡村三级上下联动、整体推进的工作格局。2006年，全市农业龙头企业发展到133家，标准化农产品基地发展到60万亩，转移农村劳动力2.6万人；实现农业增加值20.48亿元，增长6.1%。成功举办了第十一届中国园林花木信息交流会、2006年中国（昌邑）北方绿化苗木博览会，被命名为"全国农业旅游示范点"、"山东省生态旅游教育示范基地"、"山东省十大高效农业聚集园区"。搞好村庄规划、绿化美化和环境整治，243个村完成了新村规划编制，首批试点的16个村已实施改造。乡镇主要道路硬化率达到95.8%，通客车率达到96%，村村通柏油路率达到85%，通自来水率达到81%，通有线电视率达到75%。被省政府授予"村镇规划建设先进市"。

(七)全力打造具有集聚吸纳效应的生态化城市 按照"一个中心、三个园区、七个居住片"的规划布局,2006年总投资4亿元,重点实施了城市道路贯通、地下管网配套、潍水小区启动、潍河综合治理、污水垃圾处理厂建设、绿化美化亮化等22项重点工程,新修改造道路总长度58公里,城市建成区面积达到20平方公里,基础设施配套面积惠及区域达50平方公里以上。加快推进以八大工程、六十个建设项目为重点的生态市建设,全市林木覆盖率达到20.8%,城区绿化覆盖率41%。

(八)努力构建社会主义和谐社会 以解决人民群众最关心、最直接、最现实的利益问题为重点,统筹发展教育、卫生、人口计生等社会事业。2006年,普通高考本科一榜上线率达到37.8%,全部免除义务教育阶段农村学生和城市低保家庭学生的杂费,农村新型合作医疗覆盖面达到80%,人口自然增长率控制在2.2‰,城镇登记失业率控制在2.94%,社会保险扩面1.6万人。深入推进平安昌邑建设,加强社会治安综合治理,切实抓好信访工作,严格落实安全生产责任制。连续多年没有发生重大治安事件、重大群体性事件和重大安全事故,被评为"平安山东"建设先进市。大力推进文明昌邑、诚信昌邑建设,社会文明程度明显提高。深入开展和谐社区、和谐村庄、和谐学校、和谐企业、和谐机关、和谐家庭等基层创建活动,以基层和谐促进全市和谐。

三、创新与经验

(一)创新发展思路 从昌邑实际出发,确立了在经济形态、区域形态和城市形态上打造"三个新昌邑",人均占有水平达到潍坊市前三位,综合实力进入全省第一方阵,努力向全国百强县奋进的战略目标。工作中,紧紧围绕坚持科学发展、构建和谐昌邑"两大主题",突出工业强市、新农村建设、城市建设、服务业发展和北部沿海开发"五个重点",着力解决好科学投入、结构调整、自主创新、节能环保、改革开放"五个战略问题",在实践中取得了明显成效。

(二)把握工作关键 坚定不移地把科学投入作为推动发展的主动力和源动力,正确处理"保"与"压"的关系,坚持"突出重点、有保有压",把资金重点投向有市场、有后劲,国家鼓励发展、人民群众受益的项目和领域。把体现科学发展的约束性指标作为前置条件,不折不扣地抓好节能降耗、环境保护、集约用地、安全生产和计划生育等工作,严格限制高耗能、高污染、产能过剩项目,坚决防止低水平重复建设,进一步转变增长方式,提高质量效益。

(三)健全工作机制 进一步加强"三个体系"建设,切实落实重大问题科学决策机制、全局性工作分线作战机制、重点项目分工包靠机制和发展成效督查点评机制,充分调动各个层面的积极性,确保各项工作落到实处。

(四)提高行政效能 按照全面提速的要求,再造工作流程,加快工作节奏,提高办事效率和服务水平。积极推进项目并联审批制、告知承诺制和同步办理制,扩大网上审批范围,实行在线查询监督,进一步提高审批效率。服务手段和服务内容向重点园区和乡镇延伸,实现一门受理、并联审批。

附:(一)昌邑市委书记、副书记、常委名单

书　记:陈白峰

副书记:马跃启　张新强

常　委:陈白峰　马跃启　张新强　徐润启
周　娟(女)　石铭奎　李庆友
李　侃　亓传敬　庄　鹏　陶金先

(二)各乡、镇、街道党(工)委书记名单

都昌街道	孙孝工
奎聚街道	王传法
柳疃镇	刘介松
饮马镇	姜正峰
石埠镇	车建平
龙池镇	潘永贵
夏店镇	高敬东
卜庄镇	张天辉
围子镇	张高学
宋庄镇	赵赞江
北孟镇	张所友
岞山镇	董全波
丈岭镇	李寿岩
双台乡	夏麦香(女)
太保庄乡	赵洪军

中共高密市委工作概况

高密市委书记　吴建民

一、组织概况与党的建设

高密市版图面积1605平方公里，辖17个镇、3个街道、994个行政村(居)，人口86万。全市共有10个党工委，72个党委，86个党总支，2089个党支部，46948名党员。其中，非公有制企业中有17个党委，11个党总支，155个党支部，4396名党员。

2006年，高密市委坚持以邓小平理论、“三个代表”重要思想和科学发展观为指导，以提高党的执政能力和保持党员先进性为目标，全面加强党的思想、组织、作风和制度建设，为加快经济社会发展提供了可靠的领导和组织保证。

(一)突出抓好领导班子和干部队伍建设　把思想政治建设作为领导班子和干部队伍建设的首要任务，通过理论中心组学习、领导干部读书会等形式，切实加强思想政治教育，不断提高各级领导班子及领导干部的思想政治素质和水平。认真落实《干部任用条例》，坚持用科学发展观和正确政绩观评价使用干部，始终把握正确的用人导向，圆满完成了镇党委换届任务。扎实推进干部选拔任用制度改革，建立健全公开选拔、竞争上岗等一系列规章制度，使一批优秀青年干部走上了领导岗位，进一步优化了领导班子结构。紧扣市委中心工作，贴近实际需求，积极开展多层次、大规模的党员干部培训活动。共培训干部1.5万余人次。把作风建设作为加强干部队伍建设的切入点和突破口，坚持思想教育、实践锻炼、领导带头、制度建设等多措并举，大力弘扬用心用力、认真办事、真抓实干、攻坚破难的作风，有力地推动了干部作风转变。

(二)切实加强基层组织建设　扎实开展了村级先进性教育活动，建立完善党组织和党员保持先进性的长效机制，群众满意率达100%。进一步改进农村党组织设置方式，创新村干部选用机制，不断加强村级班子建设。实行市直部门包村扶贫、包靠新农村建设重点村，市财政每年划拨300万元为农村干部发放工作补贴，建立起村级运转保障机制。充分发挥全市20个农村党组织研究会载体作用，定期不定期开展活动，提高村干部的综合素质和服务水平。积极开展“党员家庭挂牌”、党员公开承诺服务等活动，党员先锋模范作用得到进一步发挥。加大“两新”组织党建力度，在全市符合条件的“两新”组织全部建立了党组织。机关、学校、事业等单位的党建工作也得到同步推进。

(三)全面推进党风廉政建设　从抓好决策目标、执行责任、考核监督三个重点入手，深入落实党风廉政建设责任制。坚持民主集中制原则，认真贯彻《党内监督条例》，建立完善了经济责任审计、诫勉、函询等制度，扎实开展了党风廉政集中谈话、民主评议党员、企业评议部门等活动，建立健全预防及惩治腐败体系。坚持把查处违法违纪案件作为加强党风廉政建设的关键环节，不断加大办案工作力度，促进了党风政风根本好转，提高了工作效能。

二、主要工作与成绩

2006年，坚持以邓小平理论和“三个代表”重要思想为指导，认真落实科学发展观，高举“进位争先建强市”这面旗帜，解放思想、真抓实干、攻坚破难、开拓奋进，圆满完成了各项目标任务，推动高密在进位争先建强市征程上取得重要进展。

(一)宏观经济形势良好，综合经济实力进一步增强　全市完成地区生产总值158.1亿元，增长19.9%；实现财政总收入13.8亿元，增长39%，其中地方财政收入7.1亿元，增长33%，开发区、密水、醴泉和夏庄4个镇街实现了境内税收总收入过亿元；全市实际利用外资53.3亿元，其中利用境外资金5359万美元；外贸进出口总额完成6.4亿美元，增长23.1%。

(二)工业经济总量进一步扩张，质量效益有所提高　全市规模以上工业实现销售收入356.7亿元，增长40.9%；实现利税29.2亿元，增长47.7%；利润18.8亿元，增长44.3%。工业用电量达到14.9亿千瓦时，增长26%。规模以上企业达到524家，新增64家；实交税金过百万元的企业达到109家，新增41家，过千万元的企业13家，新增5家；孚日集团、菲达公司、银鹰化纤、大昌纺织等4家企业进入国家大型工业企业行列；纺织服装业被评为全省十大产业集群之一。有280多家企业增资扩产，全市固定资产投资完成109亿元。

(三)基础设施建设得到加强，城市功能和环境形象进一步提升　以政府性资金做引子，吸引社会资金用于城乡基础设施建设。实施旧城改造项目33个，完成城市拆迁38.5万平方米，开发商住面积110多万平方米，交付使用66万平方米。完成城市绿化185万平方米，城区绿化覆盖率达到36%。投资1.2亿元建成了第二工业污水处理厂和排污管网，日污水处理达到了8.5万吨；投资2.2亿元实施胶河、小康河、北胶新河三河治理，其中投资1.6亿元的小康河综合治理工程顺利竣工，进一步提升了城市品位，改善了人居环境。

(四)城乡统筹协调发展，居民享受到更多的发展成果　坚持城市支持乡村、工业反哺农业，全面落实党的农村政策，认真办好惠及农民群众的十件实事，新农村建设实现了良好开局。农民人均纯收入5422元，比上年增加542元；城乡居民储蓄余额达到64.1亿元，比年初增加7.8亿元。教育、计生、卫生、科技等社会事业都有新的发展。

2006年工作的突出特点是城乡之间、经济与社会之间、人与自然之间统筹和谐发展。由公众评出的“小康河综合改造工程竣工;北部六镇20.2万人次上安全水;孚日集团成功上市,'孚日'牌毛巾系列产品荣获我市第一个'驰名商标';实现高中教育城区化,青岛科技大学环海学院落户高密;全市新型农村合作医疗参合率达到90%以上,被列为全省试点县;高密茂腔、扑灰年画列为首批国家非物质文化遗产保护项目;胶河治理城区段10公里全面竣工;慈善总会成立并募集善款800万元;北平路竣工通车,全年新建镇村道路280公里;我市在全国县域经济基本竞争力评价中列118位,比去年提升29个位次"等2006"和谐高密"十个亮点,就是全市上下推进科学发展、构建和谐社会的重要见证。

三、创新与经验

(一)认真落实科学发展观,积极推进统筹协调发展 坚持发展是政绩、稳定也是政绩,招商引资上项目是政绩、兴办社会事业也是政绩,引进大项目是政绩、解决困难企业、搞活现有企业也是政绩,增加投资是政绩、化解债务也是政绩,正确把握经济内部、城乡之间、经济社会之间、人与自然之间的关系,推动城乡统筹发展、经济社会协调发展、人与自然和谐发展,发展的稳定性、协调性和可持续性不断增强。

(二)以进位争先建强市凝心聚力,努力振兴高密经济 针对高密经济总量不足的主要矛盾,始终高举进位争先建强市这面旗帜,把富民作为第一导向、把发展作为第一要务、把和谐作为第一追求、把创新作为第一动力,努力推动高密经济社会又好又快发展。坚定不移地实施工业立市、工业强市战略,坚持把借势青岛作为招商引资的主渠道,把"一个中心、三个板块"作为经济建设的主战场。广大党员干部一条心、一股劲,一心一意谋发展,形成了人心思上、人心思干、人心思进的良好局面。

(三)坚持以人为本,努力维护和发展人民群众利益 坚持发展依靠人民,发展为了人民,发展成果由人民共享。始终把群众利益作为最高利益,既注重维护群众的当前利益,又注重发展长远利益,不因发展多数人的长远利益而牺牲少数人的眼前利益,从而广泛赢得了民心。我们带着感情、责任、追求,努力干事、创业、为民,得到了人民群众的拥护和支持。

(四)以作风建设为重点,改进和加强党的建设 始终把作风建设作为加强党的建设的切入点和突破口,大力弘扬用心用力、认真办事、真抓实干、攻坚破难的作风,努力培养干事创业的党员干部队伍。坚持把作风建设的着力点放在抓落实上,注意发挥市委总揽全局、协调各方的领导核心作用,建立完善了以市委为核心,几大班子领导共同抓落实的工作机制。作风实,事业兴。有了一个好的党风,有了一支干事创业的党员干部队伍,才能够开创工作的新局面。

附:(一)高密市委书记、副书记、常委名单

书　记:吴建民

副书记:赵志远　顾建华

常　委:吴建民　赵志远　顾建华　杜洪君　李葆东　万　丽　胡　立　李连成　周德春　李庆华　孙晓非

(二)各镇、街道党(工)委书记名单

朝阳街道　刘松青
密水街道　王庆波
醴泉街道　石寿林
柏城镇　邵春生
姚哥庄镇　颜　政
河崖镇　王保功
夏庄镇　栗祥成
姜庄镇　岳国彬
仁和镇　薛维明
大牟家镇　栾仁霞(女)
周戈庄镇　沈建树
康庄镇　王旭东
阚家镇　刘新国
双羊镇　田绍传
井沟镇　李希金
呼家庄镇　吴兴安
注沟镇　韩寿英(女)
柴沟镇　马训利
拒城河镇　杜钦德
李家营镇　李宗福

中共临朐县委工作概况

临朐县委书记　刘建国

一、组织概况与党的建设

临朐县总面积1834平方公里,山区、丘陵面积占87.3%,辖16处乡镇、2个街道,937个行政村,85万人。全县共设党组织1969个,其中基层党(工)委68个,建制村党组织903个;现有党员43339名,其中农村党员32331名。

2006年以来,县委深入贯彻落实党的十六届五中、六中全会精神，以科学发展观统领全局，以加强党的执政能力建设和先进性建设为重点，全面推进党的建设新的伟大工程，全县各级党组织的创造力、凝聚力、战斗力进一步提高。

（一）大力加强先进性建设 按照中央统一部署，扎实开展了以农村党员为主体的第三批先进性教育活动，认真组织庆祝建党85周年系列活动，建立健全保持先进性长效机制，把党员长期受教育、永葆先进性落到实处，广大党员的思想觉悟明显提高，党群干群关系进一步改善。在全省统一组织的群众满意度测评中，满意率达到99.99%。

（二）全面加强基层组织建设 深入开展"三级联创"和"五好党员"创评活动，圆满完成乡镇党委换届工作，积极探索产业建支部、支部抓协会的工作模式，认真推行村级事务契约化管理，搞好村级活动场所建设，加强农村、企业、机关、学校、新经济组织和新社会组织党的建设，发展党员904名，177家非公有制经济组织建立了党组织，基层组织建设水平有了新的提高。认真落实《党政领导干部选拔任用工作条例》，坚持"四化"方针和德才兼备原则，加强各级领导班子和干部队伍建设，树立正确的用人导向，形成了干事创业、加快发展的浓厚氛围。

（三）进一步加强党风廉政建设 坚持党要管党、从严治党的方针，建立健全教育、制度、监督并重的惩治和预防腐败体系，严格落实党风廉政建设责任制，深入开展反腐败斗争，认真抓好领导干部廉洁自律、执纪办案和行业作风工作，从源头上预防和治理腐败，促进了党风政风的进一步好转。

二、主要工作与成绩

2006年，全县实现地区生产总值80.9亿元，同比增长9.3%；完成全社会固定资产投资64.9亿元，其中规模以上投资63.2亿元，分别增长16.9%和17.5%；实现地方财政收入2.16亿元，同口径增长21.2%；农民人均纯收入4546元，增长13.2%。

（一）发展特色和竞争优势日益显现 "两大集群"快速发展，全县铝型材、不锈钢生产企业分别发展到28家和9家，带动关联配套业户700余家，吸纳从业人员2万余人，成为江北最大的铝型材生产集散中心和较大的不锈钢生产集散地，被评为"山东省十大特色产业集群"和"县域经济十大产业聚集园区"。"三大基地"不断壮大，大棚果总面积发展到3.8万亩，成为全省重要的大棚果生产基地县；奶牛存栏达到3.6万头，被评为"全国牛奶生产50强县"；输出劳务10万人次，其中境外输出1120人，被确定为"全省外派劳务输出基地县"、劳动和社会保障部重点支持县。认真组织实施《临朐生态县建设规划》，大搞植树造林、水土治理，大力发展循环经济，加强污染防治，严格环境保护，"生态临朐"亮点初步显现，被命名为国家级生态示范区和全省生态县建设示范县。

（二）发展后劲不断增强 坚持不懈招商引资，千方百计扩大开放，新办成到位资金项目470个，其中过亿元项目24个；外商直接投资3620万美元，出口创汇8800万美元，分别增长32.9%和7%。大力实施"三个一批"战略，规模以上工业企业达到294家；实现主营业务收入140亿元、利税7.2亿元、利润4亿元，分别增长35.8%、26.2%和25.6%；民营经济注册资金达到18亿元，上缴税金占全县总税收的比重达到80.6%。狠抓自主创新、节能降耗和环境保护，省级以上高新技术企业达到20家，获得国家免检产品2个，山东名牌产品8个，省著名商标7件；先后关闭小矿点30余座，小化工、小屠宰企业50余家，万元GDP能耗同比下降4.5个百分点。

（三）城市化进程明显加快 坚持高起点规划设计，高标准建设管理，加快推进城市建设，县城建成区面积达到22.6平方公里，城市化水平达到40%。累计投资5.6亿元完成"两区"基础设施建设、房地产开发等一批重点工程。积极推进城市基础设施向乡村延伸、管理向乡镇延伸，认真组织实施相对集中行政处罚权延伸试点工作，城乡环境综合整治取得初步成效。同时，大力发展以现代物流业、旅游业和文化产业为重点的服务业，第三产业增加值达到23.5亿元，同比增长10.2%。

（四）新农村建设开局良好 以发展农村经济、增加农民收入为核心，调整优化农业内部结构，大力发展农业龙头企业和农村合作经济组织，积极推进农业产业化、标准化、国际化，全县获得认证的优质农产品基地达到38.6万亩，农业龙头企业发展到216家，其中市级以上17家。以户用沼气建设、村村通自来水工程为切入点，加快推进农业生产方式、农民生活方式和农村生态环境改变，解决了241个村、18万口人的吃水困难，自来水通村率达到68%；农村沼气用户达到2.7万户，被确定为全省沼气建设试点县。大力实施通路、通有线电视等"村村通"工程，柏油路通村率达到67.1%，有线电视通村、入户率分别达到88%、42.8%。

（五）和谐社会建设扎实推进 深入实施"科教兴临"战略，新取得市级以上科技成果10项、专利125件；全面推进素质教育，提高教育水平，高考文理一榜上线3058人，居全市第二位。大力发展文化、卫生、体育等事业，新型农村合作医疗参合村、户分别达到100%和70.9%。狠抓人口和计划生育工作，稳定低生育水平，被授予全省"计划生育优质服务先进县"荣誉称号。努力扩大就业再就业，健全完善社会保障体系，维护人民群众的根本利益。以铁的手腕和铁的纪律治理优化软环境，深入开展"双评"活动，严肃查处"三乱"行为，营造了良好的发展氛围。

三、创新与经验

（一）坚持在解放思想中统一思想，破除障碍加快发展 把解放思想、更新观念作为推动发展的首要环节，不断破除陈旧观念的束缚，强化危机意识、机遇意识、赶超意识，切实把握和用好一系列重要发展机遇，在解放思想中统一思想，靠发展解决前进中的矛盾和问题，为加快发展提供了强大思想动力。

（二）坚持以经济建设为中心，创新思路科学发展 深刻把握经济发展规律,抓住经济基础尤其是工业经济薄弱的主要矛盾,大力实施“工业立县”战略,以招商引资为总抓手,加快推进工业化,以工业化带动城市化,以龙头企业建设带动农业“三化”,以现代物流业带动第三产业发展,突出“工业经济、城市经济和新农村建设”三个重点,着力培植发展特色和竞争优势,转变增长方式,提高发展质量,促进了持续快速健康发展。

(三)坚持以人为本,统筹兼顾协调发展 着眼于实现好、维护好、发展好人民群众的根本利益,正确处理改革发展稳定的关系,大力加强“平安临朐”、“文明临朐”、“和谐临朐”建设,治理优化发展环境,认真解决群众最关心、最直接、最现实的利益问题,让改革发展的成果更多地惠及群众,赢得了广大人民群众的支持。

(四)坚持调动一切积极因素,凝心聚力推动发展 县委充分发挥总揽全局、协调各方的领导核心作用,几大班子各负其责、密切配合,形成了发展合力。建立健全决策目标、执行责任、考核监督三个体系,靠制度、机制推进工作落实,调动方方面面的积极性,营造了干事创业、加快发展的浓厚氛围。

附:(一)临朐县委书记、副书记、常委名单

书　记:钟耕民(2006年12月离职)
刘建国(2006年12月任职)

副书记:肖明胜　张增顺

常　委:刘建国　肖明胜　张增顺　王晋成　赵绪春　李兰祥　毅修湖　赵永娟(女)　卫清涛　杨锡栋　刘世海

(二)各乡镇、街道党(工)委书记名单

城关街道	郎会祥
东城街道	杨锡栋(兼)
纸坊镇	周世彬
五井镇	王明阳
杨善镇	尹　健
冶源镇	王立杰
石家河乡	史炳忠
寺头镇	李德伟
九山镇	叶东生
辛寨镇	孙启军
七贤镇	刘瑞永
蒋峪镇	刘建昌
大关镇	白文玉
柳山镇	陈　军
卧龙镇	谭宝良
营子镇	郭宝花(女)
上林镇	王成德
龙岗镇	沈明新

中共昌乐县委工作概况

昌乐县委书记　王树华

一、组织概况与党的建设

昌乐县总面积1101平方公里,辖16个镇(街道),892个行政村,60万人口。共有54个基层党委,1564个基层党支部(总支),32216名党员。

2006年,县委坚持以邓小平理论、“三个代表”重要思想和科学发展观为指导,深入学习贯彻党的十六大和十六届四中、五中、六中全会精神,以加强党的执政能力建设和先进性建设为重点,全面推进党的建设新的伟大工程,为推进经济社会发展提供了坚强保障。

(一)大力加强党的先进性建设 把搞好先进性教育活动作为党建工作的头等大事,继续巩固提高第一、二批先进性教育活动成果,扎实开展第三批先进性教育活动,达到了“提高党员素质、加强基层组织、服务人民群众、促进各项工作”的目的,在全省组织的群众满意度测评中,满意率达到100%,真正使教育活动成为“群众满意工程”。

(二)突出抓好领导班子和干部队伍建设 坚持配干事业的班子、用干事业的干部,大力选拔“政治上靠得住、工作上有本事、作风上过得硬、群众信得过”的干部,形成了干事创业的用人导向和工作导向。顺利完成了县、镇党委换届,领导班子职数进一步精简,结构得到优化,素质明显提高。认真抓好大规模培训干部工作,积极探索“异地培训”、“借脑培训”等培训模式,共培训各级干部1.2万人次。

(三)高度重视基层党组织建设 不断深化“三级联创”活动,深入开展农村党员干部“双带”活动,大力加强农村基层组织现代体系建设,积极探索农村和谐互动工作模式和“产业建支部”新路子,农村基层党组织的创造力、凝聚力和战斗力进一步增强。扎实推进企业、社区、学校、非公有制经济组织等党组织建设,党的组织覆盖、工作覆盖和活动覆盖不断扩大。

(四)全面推进党风廉政建设 深入开展“为民、务实、清廉”教育,认真解决作风方面存在的突出问题,广大党员干部的宗旨观念、群众观念明显增强,党群干群关系更加密切。层层落实党风廉政建设责任制,认真落实"四靠"措施,构建了教育、制度、监督并重的惩治和预防腐败体系,促进了党风政风的进一步好转。

二、主要工作与成绩

2006年,全县完成地区生产总值83.5亿元,增长13.3%;实现财政总收入7.17亿元,地方财政收入4.2亿元,分别增长18.8%和21.3%;在岗职工平均工资增长10.1%,城乡居民储蓄余额比年初增加4.8亿元。被评为全国科技进步先进县、中国魅力名县、中国珠宝玉石首饰特色产业基地和"平安山东"建设模范县。

(一)全力推进县域经济又好又快发展 集中力量抓好"大高外"项目引进建设,共引进项目203个,到位资金36亿元,其中过亿元的项目23个,外资项目19个,30万吨煤焦油、20万吨牛卡白板纸、10万吨柠檬酸等一批大项目相继建成投产,发挥效益。深入开展以"人人有技能、个个有岗位、家家有产业"为目标的全民创业活动,大力发展民营经济,民营企业发展到11120家,注册资金达36.1亿元,上缴税金占到全县税收总额的70.6%。加快推进现有企业规模膨胀,规模企业发展到264家,销售收入过亿元的企业达到20家,乐港、振兴焦化、矿机等5家企业迅速崛起,进入全国大型工业企业行列。大力培植优势产业和名牌产品,初步形成了煤化工、涂料化工、煤炭综采设备、造纸包装、食品加工等一批优势产业链,形成了珠宝、乐器、拖拉机、拉链及织带等一批特色产业集群;乐煤牌矿用单体液压支柱等8个产品被评为省以上名牌产品和著名商标。加快培育发展高新技术产业,省级以上高新技术企业发展到14家,高新技术产业产值占工业总产值的比重达到16.2%。大力发展服务业,规划建设了宝石城扩建、古火山群旅游开发、寿阳山森林公园、温泉大酒店等一批旅游和休闲娱乐重点项目,全县服务业增加值同比增长14.1%。

(二)扎实搞好新农村建设 坚持把发展农村经济、增加农民收入作为新农村建设的核心,深入实施"三化三带动三变"战略,坚持"农内"增收狠抓现代农业建设,"农外"增收狠抓二、三产业发展和农村劳动力转移,全方位拓宽农民增收渠道和空间,农民人均纯收入达到5022元,增长10.1%。大力推进基础设施向农村延伸、公共服务向农村覆盖、城市文明向农村辐射,加快路、水、电等"村村通"工程建设,农村生产生活条件进一步改善。扎实开展镇村环境综合整治和文明生态村镇创建活动,镇村面貌明显改观。

(三)全面加强城市规划建设和管理 牢固树立抓城建也是抓发展的观念,加大城市规划、建设、管理力度,推动了城市规模膨胀、功能完善和品位提升,城市化水平达到40.3%。面向国际招标,对城市总体规划进行了调整修编,完成了寿阳山旅游度假区、新昌路街景、丹河桂河滨水景观带规划和一批城建重点项目设计,城区详规覆盖率达到了90%。按照"收缩战线、集中突破,组团发展、打造亮点"的思路,开工建设了以新昌路、方山路、大沂路、宝通街、新城街、中央商务区"三路两街一区"六大重点工程,完成城建总投入9.5亿元,新建各类建筑104万平方米,新修改造城区道路11.2公里,铺设供排水等各类地下管线88.2公里,新安装路灯675盏,新增绿化面积22万平方米;建设了小丹河综合治理、集中供热、集中供气等工程,改善了人居环境。扎实开展城区环境集中整治,实现了寿阳山区域封山禁采,拔掉了城区污染严重的小烟囱,加大了城市管理执法力度,城区面貌和运行秩序进一步改善。

(四)努力构建和谐昌乐 认真落实三项基本国策,计划生育、土地及资源管理、环境保护工作上了新水平,被确定为全国农村小康环保行动试点县。大力实施"科教兴县"战略,科技、教育、卫生、文化、体育等事业全面发展,普通高考本科上线万人比连续九年居全市第一,新型农村合作医疗覆盖率达到98.2%。健全完善多层次的社会保障体系和弱势群体帮扶救助长效机制,社会保障覆盖面不断扩大,保障水平不断提高。扎实推进民主法制建设,不断深化基层民主管理、民主监督和公开办事制度,有效保障了群众的民主权利。深入推进"平安昌乐"建设,认真做好信访工作,积极调处化解各类矛盾纠纷,不断加强社会治安综合治理,维护了社会政治持续稳定。深入推进"文明昌乐"、"诚信昌乐"等创建活动,大力开展公民思想道德素质教育和社会主义荣辱观教育,城乡文明程度明显提高。

三、创新与经验

(一)坚持抓重点、抓关键,以重点突破带动全面发展 突出抓好招商引资、民营经济、做大做强现有企业三大重点,集中培植产业优势和品牌优势两大亮点,加快培育高新技术产业和服务业两个新增长点,推动了县域经济总量扩张和质量提升。

(二)坚持科学发展,实现"好"与"快"相统一 认真落实科学发展观,坚定不移地贯彻执行国家宏观调控政策,着力做大有质量的规模,提高有效益的速度,努力在"好"的前提下实现"快"。同时,高度重视节能降耗、环境保护等工作,增强了经济社会发展的稳定性、协调性。

(三)坚持转变作风,求实务实抓落实 大力弘扬求真务实精神,引导各级干部说实话、谋实策、干实事、求实效,努力创造经得起实践、群众和历史检验的政绩。牢固树立"赢在执行"理念,依靠刚性化的执行机制和重奖重罚的考核奖惩机制,调动各方面抓落实的积极性,形成了干事创业的强大合力。

(四)坚持以人为本,推进和谐发展 牢固树立发展为了群众、发展依靠群众、发展成果由群众共享的执政理念,高度重视民本民生,大力发展各项社会事业,努力维护社会公平正义,着力解决群众最关心、最直接、最现实的利益问题,形成了思想统一,团结和谐,齐心合力干事业、谋发展的良好局面。

附:(一)昌乐县委书记、副书记、常委名单

书　记:花兆贤(2006年12月离职)
王树华(2006年12月任职)
边　峰(援藏)

副书记:曹晓楠(女)　宋均圻

常　委:王树华　边　峰(援藏)　曹晓楠(女)　宋均圻　周保进　张建伟　王　勇　肖建华　刘效伟　高登友　刘建成　贾来友

(二)各镇、街道党(工)委书记名单

城关街道　王好田
宝城街道　郭焕昌
朱刘街道　孙修炜
城南街道　丁进全
尧沟镇　崔德军
北岩镇　刘咏梅(女)
五图镇　钟　杰
乔官镇　张正民
马宋镇　葛凤杰
崔家庄镇　李　鹏
阿陀镇　高立德
朱汉镇　张永华(女)
唐吾镇　郭曙光
高崖镇　刘贵学
红河镇　亓文诺
白塔镇　崔永新

济　宁　市

中共市中区委工作概况

市中区委书记　秦传滨

一、组织概况与党的建设

市中区委下设27个党(工)委,其中街道党工委8个,党组28个、党总支31个、基层党支部515个,共有党员9739名。2006年,围绕加强党的先进性建设和执政能力建设,主要抓了以下工作。

(一)加强区委班子自身建设　坚持区委理论中心组学习制度,认真学习邓小平理论和"三个代表"重要思想,进一步树立和落实科学发展观,自觉在政治上、思想上、行动上同党中央保持高度一致,坚决贯彻落实中央和省、市委的各项工作部署,确保政令畅通。以科学发展观为指导,不断深化对中区发展方向、发展优势、发展定位的认识,突出招商引资、项目建设、三产发展、培植骨干企业等工作重点,走出了一条具有中区特色的发展之路。

(二)加强干部队伍和基层组织建设　严格执行《干部任用条例》,坚持用实绩评价班子、使用干部,树立正确的用人导向,较好地调动了广大干部的工作积极性。积极推进干部人事制度改革,公开竞争选拔了9名事业单位领导干部。分层次分类别抓好干部教育,举办了新任职干部培训班、中青年干部等培训班。巩固扩大先进性教育活动成果,大力实施"党员先锋工程",深入开展争创"五星级党组织、五星级党员"活动和"面对面心贴心"活动,逐步建立健全了党员和基层党组织保持先进性的长效机制。加强基层组织建设,创新组织设置,组建了全市第一家区域性社区党委;创新管理模式,探索实行了社区党建"网格化"管理;拓展工作领域,新型经济社会组织的党建工作、流动党员管理工作取得新进展。做好老干部工作,被授予全省老干部工作先进单位。

(三)加强党风廉政建设　认真贯彻执行《实施纲要》,严格落实党风廉政建设责任制。深入开展"访贫促廉"、"以案警廉"教育活动,促进党员干部廉洁自律。大力推进廉政文化建设,实施廉政文化"进社区、进机关、进学校、进家庭、进企业"工程,全省廉政文化建设座谈会推广了我区的经验。继续开展"双评"活动,坚决纠正行业和部门不正之风,解决了一批损害群众利益的突出问题,对个别违纪违法党员干部进行了查办。

二、主要工作与成绩

2006年,在市委的正确领导下,区委区政府团结带领广大干部群众,坚持以科学发展观统领全局,按照"谋突破、

求创新、增亮点、创精品”的工作要求,克难攻坚,狠抓落实,“十一五”开局之年的各项工作取得显著成绩。

(一)经济发展跨上新台阶 紧紧抓住项目建设、服务业发展、骨干企业壮大等重点工作,在连年保持较快发展的基础上,全区经济又跨上新台阶。2006年,全区生产总值达到32.51亿元,增长20%;地方财政收入实现2.37亿元,增长25.3%。举全区之力招商引资扩大开放,全年共引进项目396个,实际到位资金20.2亿元,其中亿元以上项目2个。实际利用外资完成1061万美元,列全市第4位。重点项目建设取得明显成效,全区投资500万元以上的重点项目112个,完成投资24.3亿元,增长19%。规模以上固定资产投资36.6亿元,增长20.4%。大力发展总部经济、楼宇经济、物流业、文化产业等现代服务业,改造提升餐饮、零售、批发市场等传统服务业,加快房地产业发展,启动了“城中村”改造工程,2006年完成三产增加值19.59亿元,增长21.1%,二、三产业比重调整为39:61,经济结构进一步优化。在资金、技术、信息等方面,加大扶持骨干企业力度,规模以上企业达到90家,市级以上高新技术企业达到34家,2006年高新技术产业产值增长29.4%,占规模以上工业总产值的42.8%,产业优势进一步凸显。

(二)精神文明建设取得新进步 坚持以提高居民素质为核心,高度重视思想道德建设,积极推进各项社会事业,为加快发展营造了良好的社会氛围。创新举办了首届“邻居节”,广大居民积极参与,以“相识、相知、相助,团结、文明、和谐”为主题,组织开展了“结和睦邻居、建友善楼宇、创文明社区”等系列活动,营造了文明和谐的社区氛围。在国家商标总局注册了“运河之都·济宁中区”品牌,举办了“中国运河之都”高层文化论坛、“运河之都”形象大使比赛等活动,扩大了中区的知名度和影响力。教育、科技、卫生等各项事业取得新成绩,被授予全国“计划生育优质服务先进区”、“社区红十字服务示范区”,通过全省双拥模范区的验收。

(三)民生保障水平又有新提高 坚持以人为本,高度关注民生,创新举措,尽心尽力解决关系群众切身利益的实际问题。认真做好就业工作,新增就业人员5534人,提前超额完成市下达的就业任务。最低生活保障标准提高到210元/月,2006年保障4824户、12594人,发放保障金1602万元,实现了动态管理下的应保尽保。建立了新型合作医疗制度,积极发展慈善事业,广泛开展社会救助活动,帮助群众解决上学、就医、住房等实际困难。发放了机关事业单位人员规范津贴,2006年城区居民人均可支配收入达到12100元。16个居村完成集体资产股份制改革,居村民利益有了可靠保障。

(四)平安建设取得新进展 牢记维护稳定第一责任,把稳定工作放在突出位置,狠抓各项工作措施的落实,有力维护了城区大局的持续稳定。建立了集中处理信访突出问题及群体性事件联席会议制度,在各街道建立了稳定工作办公室,健全了居村基层调解组织,加强矛盾纠纷的排查调处,加大解决实际问题的力度,一批信访积案得到妥善解决。继续保持对刑事犯罪的高压态势,组织开展了打黑除恶等专项斗争,加强社区巡防队伍建设,广泛推行以电子监控、联网报警为重点的技防措施,治安防控体系逐步完善,刑事发案下降,群众的安全感进一步增强。严格落实安全生产责任制,加强重点场所安全管理,杜绝了重大安全事故的发生。

三、创新与经验

去年以来,为缓解居民看病难、看病贵的问题,我区积极探索建立居民基本医疗保障制度,初步建立起以大病统筹为主要内容的城市居民基本医疗保障制度体系。2006年,两个试点街道办事处新型合作医疗制度参合居民12273人,筹资总额67.5万元,全年制度受益316人,补偿医疗费用63.7万元,人均补偿2015.8元,补偿水平35.8%,达到15000元封顶线的8人,减轻了参合患病群众的经济负担。我们的主要做法是:

(一)建立健全组织体系 成立了由区长任主任,有关部门负责人为成员的新型合作医疗管理委员会,设立了全额事业单位的常设管理经办机构,经费纳入区财政预算,各街道也成立了相应的组织机构,实现了城市居民基本医疗保障机构、人员、职能、经费四到位。筹建了计算机信息管理网络系统,实时监控参合住院病人检查、治疗、用药等信息,保证了基金安全运行和参合住院病人的及时补偿。

(二)科学制定补偿方案 居民基本医疗保障制度的关键是科学合理的补偿方案。为制定出符合实际的补偿方案,组织实施了城区4个街道14个社区居委16366户、47460人的居民基础信息抽样调查,获得了调查人群年龄构成、就业状况、隶属关系及疾病发生、医疗消费水平、参保意愿等大量真实可靠的基础资料,据此进行了大病统筹补偿测算,制定了科学合理的筹资、补偿机制。

(三)严格基金管理使用 在基金管理和使用方面,坚持以收定支、收支平衡和公开、公平、公正的原则,做到专款专用、专户储存。区财政局设有单独的基金专户,区新合办设专门的支出专户,根据基金预算和支出情况,定期向财政局提交基金使用申请,经审核后拨付。同时,将基金收支使用情况及补偿信息,每月定期在各街道居村进行公示,接受社会和群众监督,让参保居民充分享有知情权和监督权,切实做到取信于民。

(四)完善制度配套措施 在建立居民基本医疗保障制度的同时,进一步完善配套政策。一是就医优惠政策。参合群众在定点医院就医,可享受门诊检查、治疗费用10~15%的减免优惠。二是医疗救助政策。对参加合作医疗获得补偿后,个人费用较高、影响基本生活的低保居民,由民政部门或红十字会给予一次性大病医疗救助。

附:(一)市中区委书记、副书记、常委名单

书　记:刘明远(2007年1月离职)
　　　　秦传滨(2007年1月任职)

副书记:秦存华　程福华

常　委:秦传滨　秦存华　程福华　高守节　夏乾旺(回族)　侯圣军　蔡可强　刘奉军　车莉莉(女)　徐西胜　曹　广

(二)各街道党工委书记名单

越河街道　苏东元

阜桥街道　董洪波

古槐街道　刁允强

济阳街道　张武顺

金城街道　陈　军

南苑街道　张为民

仙营街道　闫春雷

观音阁街道　时均林

中共任城区委工作概况

任城区委书记　孔维民

2006年,全区各级党政组织团结带领广大党员干部和群众,以邓小平理论和“三个代表”重要思想为指导,认真落实科学发展观,坚决贯彻宏观调控政策,积极主动应对各种挑战,坚持不懈推进科学发展,各方面工作都取得了新的进展,全区始终保持了经济快速发展、事业全面进步、社会和谐稳定的良好局面。

一、组织概况与党的建设

任城区委下设24个基层党委,其中镇党委9个,街道党工委2个;共有89个党总支,976个党支部;村级党支部528个,村支部成员1521名。全区党员27575名,其中农村党员17070名。

(一)思想作风建设情况　坚持把思想政治建设放在首位,在思想上、政治上、行动上始终与党中央保持高度一致。圆满完成了保持共产党员先进性教育活动,初步建立了党员经常受教育、群众长期得实惠的长效机制。认真抓好各级党组织和党员干部理论学习,加强区委常委理论学习,完善民主生活会制度,领导科学发展的能力进一步提高。党的十六届六中全会召开后,及时制定下发《通知》,对六中全会精神进行宣传贯彻。

(二)基层组织建设情况　深入开展“三级联创”活动和基层组织规范化建设活动,大力加强基层组织和干部队伍建设,继续选派千名机关干部驻村蹲点,农村基层组织建设进一步加强。新型经济社会组织党建工作取得新进展,建立了组织部门与工商、民政等部门信息通报制度,党建工作覆盖面不断扩大。截至2006年底,全区80家规模以上企业建立了党组织,2006年在新型经济社会组织中发展党员54名,占发展党员总数的9.1%。农村党员干部现代远程教育建点率达到100%。

(三)党员干部队伍建设情况　严格落实《党政领导干部选拔任用工作条例》,深化干部人事制度改革,调整优化镇街和部分区直部门领导班子,公开考选一批科级干部,圆满完成了区镇党委换届工作,领导班子建设得到新加强。坚持大规模培训干部,先后举办了科局级干部培训班、青年干部培训班、农村干部中专班等一系列教育培训活动,党员队伍的整体素质明显提高。

(四)党风廉政建设情况　严格落实党风廉政建设责任制,建立健全教育、制度、监督并重的惩治和预防腐败体系,大力推进党风廉政建设和反腐败斗争。深入开展“为民、务实、清廉”主题教育活动,着力加强了廉政文化建设。大力开展“双评”活动,集中查处了各类违纪违法案件和行业不正之风,发展环境不断优化。强化领导干部廉洁自律,区委班子和各级领导干部带头作出廉政承诺、述职述廉,接受群众监督。区纪委监察局被评为全国纪检监察工作先进集体。

二、主要工作与成绩

2006年,全区生产总值完成114.3亿元,增长17.3%;财政总收入达到9.3亿元,增长26.32%,其中地方财政收入5.2亿元,增长25.03%;全社会固定资产投资47.06亿元,增长18.6%;农民人均纯收入达到4952元,增长9.2%。

(一)新农村建设开局良好　按照市新农村建设“321”示范工程的要求,加大城乡统筹力度,加快建设城郊型新农村。深入推进农业结构调整,特色基地规模不断壮大,连续三年荣获全市农业“五大产业体系”建设第一名,李营苗木、南张甜叶菊、喻屯甜瓜跨入全市十大农业特色基地行列。农业增加值中林牧渔业的比重上升到32%。龙头企业发展到106家,合作经济组织达到98个。农村基础设施不断完善,新增通自来水的行政村139个,新建沼气池2650个,农村公路总里程达到780公里,实现了村村通油路目标。种粮直补等各项支农惠农政策全部执行到位,足额发放1905万元。深入开展环境卫生综合整治,加强了对镇(街道)驻地和城市出入口的规划建设和管理,实施绿化、美化、亮化工程,村镇面貌不断改善。

(二)新型工业化扎实推进　深入实施工业强区战略,集中力量培植煤电化工、机械制造、新型建材、食品加工、生物医药等五大产业集群。规模以上投资完成45.6亿元，规模以上工业企业达到207家，完成增加值48.4亿元，利税20.8亿元，分别增长36.3%、30.38%；实现高新技术产业产值53.2亿元，增长60%。重点培植壮大煤电化工产业和机械制造产业。煤电化工企业达到39家，煤电化工基地已具雏形。机械制造企业达到46家，山推机械、博特精密丝杠等骨干企业聚优成势。大力发展园区经济，任城经济开发区和廿里铺、安居、李营等7个经济服务区的配套设施更加完善，新上了一批骨干企业，承载能力进一步增强，经济聚集程度进一步提高。举全区之力招商引资，全年新引进项目232个，竣工投产129个。新批办三资企业6家，合同利用外资2559万美元，实际利用外资600万美元；外贸出口总额8400万美元，比上年增长35%。民营企业发展到2380家。

（三）现代服务业蓬勃发展 依托区位、交通、资源优势，积极发展第三产业，实现增加值37.1亿元，增长19%，占地区生产总值的比重达到31.4%。投资5000万元建设了薛口建材大市场。投资4000万元的金宇商贸城三期扩建工程完工，总营业面积达到16.8万平方米，被评为"山东省十大专业商品交易市场"、"山东省规范化文明诚信市场"。大力实施"万村千乡"市场工程，在全区建立了70个便民超市。上海联华超市济宁加盟店、天力农资公司被国家商务部列为市场工程建设试点。来自商贸物流业、交通运输业、房地产业的税收超过1亿元。投资3500多万元，进一步完善了北湖景区基础设施，提升了北湖旅游的吸引力和承载力。

（四）社会事业全面进步 大力开展思想道德建设，深入开展"文明小康村"、"文明生态村"等群众性文明创建活动，"文明任城"建设进一步加强。深入推进"平安任城"建设，不断强化信访、矛盾排查调处工作，深入开展严打整治斗争，扎实推进农村平安警务战略，增配了20辆巡防车，增设了警务室，有效维护了大局的持续稳定。认真落实安全生产责任制，全区未发生重大安全事故。大力实施"科教兴区"战略，科技对经济增长的贡献率达到53%。教育实现了基础建设和教学质量双突破，"两免一补"政策全面落实，获得全市年度教育发展第一名。全面推行新型农村合作医疗制度，参合率达到80%。积极应对第四次人口出生高峰，计划生育基层基础工作更加扎实。养老、失业、医疗、工伤、生育保险覆盖面进一步扩大，社会保障体制和救助机制不断完善。城乡一体化进程加快，济北新区开发建设和旧村改造启动，唐口、长沟等小城镇建设进一步加强。文化、体育、广播、电视、老龄、档案、双拥等各项社会事业都取得了新的成绩。

三、创新与经验

（一）坚持把解放思想摆在首位 积极组织开展各种形式的解放思想活动，深入开展了解放思想大讨论和"三学三创"活动，不断推进观念、机制和工作创新，在解放思想中抢抓机遇，在创新观念中完善发展思路，在超越自我中提升发展境界，把宏观调控变成了发展机遇，推动了经济社会的大发展。

（二）坚持以科学发展观统领全局 科学发展是最大的政治。始终坚持以发展为重、以富民为先，紧紧围绕科学发展这个主题，聚精会神搞建设，一心一意谋发展，用发展的办法解决前进中的矛盾和问题，用创新的思路培育发展新优势，改革建设事业不断推向前进。

（三）坚持正确处理改革发展稳定的关系 坚持以发展促稳定，以稳定保和谐，在稳定中推进改革和发展，推进和谐任城建设，积极推行了村级月报、农村财务代理制、平安警务室等行之有效的制度，实施了系列民心工程，干部群众享受到更多的发展成果，始终保持了全区社会政治的和谐稳定。

（四）坚持营造干事创业的浓厚氛围 坚持正确的用人导向，不断健全完善三个体系，凭实绩用干部，以发展论英雄，充分调动全区上上下下、方方面面的积极性和主动性；坚持团结一致干事业，以常委班子的团结带动几大班子的团结，促进全区上下的团结，形成了一条心、一股劲，齐心协力谋发展的强大合力。

附：（一）任城区委书记、副书记、常委名单

书　记： 刘成文（2006年12月离职）
孔维民（2006年12月任职）

副书记： 赵东升　岳秀银（女）

常　委： 孔维民　赵东升　岳秀银（女）
温伟宁（回）　张言申　郭庆林
申万民　杜庆节　董义栋　卯金涛
汪金厚

（二）各镇、街道党（工）委书记名单

喻屯镇 刘恒志
唐口镇 苏士革
安居镇 李晓彤
许庄街镇 郗忠骏
石桥镇 臧建设
接庄镇 张成俊
三贾街道 田根来
李营镇 田成柱
廿里铺镇 陈守勤
长沟镇 张秀池
南张镇 姚兴勇

中共兖州市委工作概况

兖州市委书记　江　成

一、组织概况与党的建设

兖州市地处鲁西南平原，总面积651平方公里，耕地60万亩，辖10镇2个街道办事处，人口60万人。共有党委48个，党总支135个，党支部1240个，党员29246人。2006年，兖州市委坚持以邓小平理论和"三个代表"重要思想为指导，以加强党的执政能力建设和先进性建设为重点，全面推进党的思想、组织、作风和制度建设，各级党组织的创造力、凝聚力和战斗力不断增强，为经济社会发展提供了坚强有力的组织保障。

(一)加强思想政治建设　健全完善党委理论学习中心组制度和党员干部学习制度，坚持用邓小平理论和"三个代表"重要思想武装各级干部头脑，加强对十六届六中全会精神和落实科学发展观、构建和谐社会等重大战略思想的学习，不断增强政治敏锐性和鉴别力，始终坚定理想信念，保持政治上的清醒和坚定，自觉在思想上、政治上、行动上与党中央保持高度一致。

(二)加强基层组织建设　不断创新基层党组织设置模式，新兖镇小马青、大马青、官庄村和银河集团"三村一企"联合组建了新马青党委，带动了农民致富，实现了"村企双赢"。"三级联创"活动不断深入，村级"两委"班子建设进一步加强，"一人兼"比例达到91.6%，交叉任职比例达到81.2%。深入开展了部门包村干部驻村、企事业单位结对帮扶新农村建设工作，取得阶段性成效。建立了新型经济社会组织党建工作台账制度，理顺了企业党组织关系。建成了覆盖全市农村的党员干部远程教育网络。

(三)加强领导班子和干部队伍建设　严格按照中央和省、市委部署要求，认真执行《干部任用条例》和换届工作的有关规定，圆满完成了镇街党委班子调整和换届工作，选好配强各级领导班子。实施"三个一批"工程，公开考选了8名非中共党员领导干部，选调了20名应届优秀大学毕业生，择优选拔了一批年轻干部，增强了干部队伍活力。以提高执政能力和领导水平为重点，扎实推进干部培训，全市共培训各级各类干部1万多人次。

(四)加强党风廉政建设　严格落实党风廉政建设责任制，健全完善了教育、制度、监督并重的惩治和预防腐败体系，保证领导干部廉洁从政。认真执行两个《条例》和中央、省市委有关领导干部廉洁自律的各项规定，抓好领导干部廉洁自律工作。扎实推进廉政文化建设，引导广大干部牢记"两个务必"，加强党性修养，转变工作作风，筑牢拒腐防变的思想道德防线。加大案件查办力度，坚决纠正部门和行业不正之风，营造了规范有序的发展环境。

二、主要工作与成绩

2006年，兖州市委坚持以"三个代表"重要思想和科学发展观为指导，认真贯彻上级党委的各项决策部署，解放思想，干事创业，比学赶超，真抓实干，实现了经济社会快速协调健康发展。全市地区生产总值达到205.9亿元，比上年增长18.2%；总体财政收入23.8亿元，增长24.9%，其中地方财政收入12亿元，增长24.9%。在2006年9月份国家统计局公布的全国百强县市排名中列第48位，在山东省进入全国百强的22个县市中排第9位。

(一)工业经济快速发展　牢固坚持"工业立市、民营强市、开放兴市"不动摇，围绕造纸包装、煤电化工、橡胶化工、机械制造、食品加工、生物医药、电子信息七大产业集群，培植骨干企业，扩张规模总量，迅速壮大工业经济整体实力。骨干企业不断发展壮大，太阳纸业在深圳成功挂牌上市；银河集团竞争力不断提升；国际焦化顺利投产，将中国炼焦技术向前推进20年。一批中小企业发展速度加快，质量、效益不断提高，全市规模以上企业发展到184家，利税过千万元的23家，其中过亿元的4家，2006年实现销售收入249.6亿元、利税42.4亿元，分别增长27.2%、31.8%。民营经济发展势头强劲，有6家进入济宁市民营企业10强，2006年上缴税金13.3亿元，增长46.3%。

(二)外经外贸实现突破　充分发挥交通、资源、产业等方面优势，举全市之力招商引资，在更高领域、更高层次上扩大开放，对外开放招商引资取得历史性突破，5家世界500强企业来兖投资合作，一批高大外项目相继签约和竣工投产。2006年全市实际利用外资1亿美元，比上年增长35.9%；完成进出口总额5亿美元，其中自营出口1.1亿美元，增长57.4%。被评为"全省外经贸工作先进市"。

(三)城乡面貌显著改善　新城区开发快速推进，基本搭建起"五纵五横"的城市路网，行政办公中心、市民文化广场建成使用，维多利亚花园等完成开发面积40万平方米，初步展现出现代化城市风貌。东城区综合改造力度加大，实施了城市主干道改造和20条小街巷整修，少陵公园改建为开放式公园、原市委机关大院改造为公共绿地，城区绿化水平进一步提高。基础设施不断完善，实现了城市公交进社区，开展了城区交通秩序综合整治，城市面貌大为改观。大力推进镇村建设，"村企合一"等五种村庄改造模式成为全省全国典型，高标准建设了新马青乐园、太阳花园等一批新村，进一步改善了农村居住环境。

(四)新农村建设扎实推进　大力发展农业产业化经营。重点培植产业化龙头企业，带动农业增效、农民增收，全市规模以上农业龙头企业达到40家，其中销售收入过亿元的10家，带动建设了林纸、畜牧、粮油等10条产业链和一大批规模种养基地。加快推进农业现代化进程。实施科技入户工程，促进了现代农业实用技术的推广应用。农业设施装备水平进一步提升，全市农机总动力达到52万千瓦。优质、高效、生态农业快速发展，获得"全国粮食生产标兵县"荣誉称号。农业结构进一步优化，粮经作物种植比例接近55:45，建设了万亩水果型黄瓜、6000亩山药等十几个特色种植基地。市财政列支60万元，启动实施了新型农民培训工程，提高了农民综合素质和外出务工的能力。

(五)人民生活水平不断提高　坚持以人为本，高度关注民生，认真做好就业再就业工作，全市新增城镇就业8452人，其中下岗失业人员再就业5100人。城镇居民人均可支配收入达到10098元，增长11%；农民人均纯收入5628元，增长11.7%。城乡低保救助水平大幅提高，社会保险覆盖面进一步扩大，新型农村合作医疗参保率达到98%。社区"四室一站"建设得到加强，市老年福利服务中心投入使用，被评为"全省和谐社区建设模范市"。谷村贫水区集中供水工程建成通水，解决了近万名群众常年吃高氟水问题。市财政用于社会保障和抚恤救济的资金达到1.3亿元，比上年增长19.5%。

(六)社会更加文明和谐　按照城乡统筹、全面发展的要求，大力加强社会事业和精神文明建设。广泛开展"八荣八耻"社会主义荣辱观教育，深入推进"十星级文明户"等精神文明创建活动，农村文明一条街建成率达到100%。积极实施"科教兴市"战略，高新技术产业产值占规模以上工业总产值的比重达到38.8%。不断加大教育投入，在全省率先实行了全免费义务教育，高考本科升学率和万人比居济宁市第一名。卫生事业较快发展，公共卫生设施得到加强。全面落实"平安兖州"建设的各项措施，高度重视信访稳定工作，大力开展安全生产专项检查，狠抓社会治安综合治理，人民群众安全感进一步增强，社会政治秩序持续稳定。被评为"平安山东建设模范市"。

三、创新与经验

(一)坚持以开拓创新的理念引领发展　坚持"工业立市、民营强市、开放兴市"不动摇，贯彻解放思想、实事求是的思想路线，引导广大党员干部勇于实践，大胆探索，创新思维方式和工作方式，不断突破各种瓶颈制约，形成了符合兖州实际、富有兖州特色的发展路子。

(二)坚持以干事创业的氛围激励发展　多次组织各级干部到发达地区学习经验找差距，动员全市上下凝心聚力谋发展，极大地激发了民间活力和创业激情，在全市形成了解放思想干事创业比学赶超加快发展的浓厚氛围。

(三)坚持以宽松优越的环境保障发展　全力营造团结奋进的人文环境、稳定和谐的社会环境、诚信法治的市场环境、务实高效的服务环境、积极向上的舆论环境，树立了开放创业发展的良好形象。

(四)坚持以严格高效的机制促进发展　坚持重激励、硬约束、严考核，层层分解任务，落实责任，加强督查调度，严格兑现奖惩，领导带头抓发展，人人身上有担子，推进了各项工作扎实有效开展。

(五)坚持以团结协作的传统保证发展　市级几大班子团结一致，各级各部门、党内党外、全市上下团结奋进，心往一处想，劲往一处使，形成了凝心聚力抓发展的强大合力。

(六)坚持以求真务实的作风推动发展　引导各级保持奋发有为的精神状态，树立争先创优的雄心壮志，干一流工作，创一流业绩，对已明确的思路和措施扭住不放，对看准的事情一抓到底，确保了各项任务目标落到实处。

附：(一)兖州市委书记、副书记、常委名单

书　记：韩　军(2006年12月离职)
　　　　江　成(2006年12月任职)
副书记：张胜明　陈　方
常　委：江　成　张胜明　陈　方　张玉华
　　　　于立武　李志红(女)　范继珍
　　　　张世龙　焦绪奎　刘继芳　陈秋生

(二)各镇、街道党委书记名单

鼓楼街道　代　超
永安街道　唐　军
新兖镇　刘继芳
谷村镇　山桂岭
漕河镇　刘全忠
大安镇　乔瑞花(女)
小孟镇　韩春恒
新驿镇　颜丙华
颜店镇　黄国强
兴隆庄镇　张　玕

中共曲阜市委工作概况

曲阜市委书记 朱庆安

2006年,曲阜市坚持以科学发展观统揽全局,解放思想、干事创业,全市经济社会呈现出快速健康发展的势头。全年实现地区生产总值149.5亿元,完成财政总收入10.69亿元,地方财政收入6.75亿元,农民人均纯收入达到4800元,分别增长17.2%、28.1%、20%和8.7%;县域经济基本竞争力跃居全国第94位。

一、组织概况与党的建设

曲阜市现有基层党(工)委43个,党组21个,党总支130个,党支部1263个。共有党员33625人,其中预备党员564人;男党员28902人,女党员4723人;汉族党员33514人,少数民族党员111人。

2006年,曲阜市坚持用邓小平理论和"三个代表"重要思想武装广大干部群众,认真组织学习了十六大以来党的重大理论创新成果。注重加强班子自身建设,坚持和完善理论学习制度,切实抓好了党委中心组学习。加强干部队伍建设,加大对各级领导班子和干部队伍的教育、培养、管理和监督力度,圆满完成了市乡党委换届工作。扎实推进基层组织建设,深化农村"三级联创"活动,完善了党组织领导下的充满活力的村民自治机制,加强和改进了企业、城市社区和新经济组织、新社会组织党建工作。认真落实决策目标、执行责任、考核监督"三个体系",改进和完善对经济工作和各项工作的考核。坚持标本兼治、综合治理、惩防并举、注重预防的方针,继续推进惩治和预防腐败体系建设。深入开展反腐倡廉教育,促进领导干部严格执行廉洁从政各项规定,坚决查办违纪违法案件,促使党风政风进一步好转。

二、主要工作与成绩

(一)工业经济发展上新水平 坚定不移地实施"新型工业强市"战略,把工作重点放在培植主导产业、壮大骨干企业、增强自主创新能力上来。2006年全市规模以上工业企业发展到160家,实现主营业务收入107.1亿元、利税14.3亿元、利润8.28亿元,分别增长42.3%、61.6%和66.4%。着力提高骨干企业经济运行质量,加快发展机电汽配、电缆电源、煤电化工、纺织服装、食品加工和建筑建材等"六大产业集群"。推动产业产品结构优化升级,初步形成了产业结构优化、规模效益突出、竞争优势明显、发展后劲充足的新型工业体系。

(二)园区经济和招商引资有新提高 牢固树立"经营园区"理念。市经济开发区充分发挥海关保税仓库作用,大力发展"三来一补"和进出口业务,进一步提高了园区经济的外向度。市工业园依托圣城热电,大力发展相关产业,加快了圣城科技创业园、纺织工业园等项目建设。积极调整招商策略,重点引进一批科技含量高、经济效益好、产业关联度大的带动性项目。2006年,实现合同利用外资1.67亿美元,实际利用外资5164万美元;签订招商引资项目115个,实际到位资金25亿元。完成出口7014万美元,增长35.7%。

(三)文化产业发展有新进展 大力实施"旅游兴市"战略,全力打造曲阜旅游品牌。曲阜展览馆、状元文化博物馆建成开馆;尼山孔庙和书院列入全国重点文物保护单位,祭孔大典成为国家非物质文化遗产。顺利通过中国优秀旅游城市复核,明故城(三孔)景区创建成为国家首批5A级景区。2006年接待中外游客550万人次,实现门票收入1.28亿元,旅游社会总收入达到17亿元,分别增长19.6%、25.8%和30.8%。

(四)城乡面貌发生新变化 坚持"古朴、典雅、大气、现代、人本"的原则,深化完善城市总体规划,加快村镇整体规划编制,加大明故城区改造力度,推进新城区孔子研究院二期、大沂河综合治理等工程建设。坚持"建管并举,重在管理"的方针,大力提升城市管理水平。高度重视小城镇建设,按照"统筹规划、合理布局、因地制宜、突出特色"的原则,集中抓了中心镇、重点村、历史文化名村的乡村规划,使之在社会主义新农村建设中发挥了独特作用。

(五)新农村建设开局良好 坚持工业反哺农业、城市支持农村和多予少取放活方针,以市场为导向,大力调整农业产业结构,形成了"山区林果平原菜,城郊花卉苗木带"的格局。大力发展民营经济和农村二三产业,积极扶持农业龙头企业发展。积极扶持发展各类专业合作经济组织,农业的组织化程度和产业化水平不断提高。积极实施了"五通、五化、两改、两有"工程,加强村容村貌综合整治,农村生产生活条件和整体面貌不断改善。

(六)经济社会更加和谐 坚持不懈推进"文明曲阜"建设,市民素质和城市文明程度不断提升。持之以恒抓好"平安曲阜"建设,积极稳妥地做好矛盾化解工作。健全社会治安防控机制,坚决杜绝重大恶性治安案件的发生。加强和落实各项安全生产措施,防止重特大安全事故的发生。健全维护社会稳定责任机制,确保了全市社会政治稳定。社会保障体系不断完善,企业养老保险、失业保险参保率分别达到95%和92%,农村"五保"老人集中供养率达95%;新型农村合作医疗参合率达到94.6%。科技、教育、文化、卫生、计划生育等社会事业全面进步。

三、创新与经验

（一）紧紧抓住建设现代化经济强市不放，加快工业经济发展 大力实施"新型工业强市"战略，做强现有企业，盘活存量资产，努力构建工业发展新优势，加快推进全市新型工业化进程。围绕优势产业发展，突出抓好产业集聚，延伸拓展产业链，大力引进建设产业配套企业。突出园区特色发展，确定园区主导产业，加强企业协作与联动，提高入园企业开工率、投产率和达产达标率。抓好圣城热电、天安矿业等工业企业盈利增效，促进生产和效益始终保持较高的增长水平。加强对企业管理者的教育培训和管理，着力提升企业家队伍建设水平。

（二）紧紧抓住建设国际著名旅游胜地不放，加速文化旅游服务业发展 坚持把旅游业作为主导产业来培育，高起点编制好旅游发展总体规划，优化整合旅游资源，精心包装景区景点，逐步把曲阜建设成为国际著名文化旅游胜地。加强与省内及周边县市旅游的联合协作，积极拓展国内外客源市场，加强旅游服务设施建设，建立大型游客集散中心。抓好旅游纪念品和文物复仿制品的研制开发，扶持发展文艺演出、节庆会展等优势产业，最大限度地把文化资源优势转化为经济发展优势。

（三）紧紧抓住招商引资和项目建设不放，增强跨越发展实力 把招商引资和项目建设摆在更加突出的位置，抓住国际资本和沿海发达地区产业梯度转移的重大机遇，进一步加大招商引资工作力度。健全招商引资机制，创新招商引资方式，突出招商引资重点。重点围绕机电汽配、电缆电源、生物医药等产业和城市建设、旅游开发，瞄准日韩、港澳台、长三角、珠三角地区招商引资。坚持基础设施项目、产业项目、社会事业项目一起抓，大、中、小项目一起上，通过狠抓项目建设推动经济社会跨越发展。大力推进天博工业园、活塞三期、华能科技、环保设备等重点项目建设。

（四）紧紧抓住发展现代农业不放，建设社会主义新农村 围绕林果、蔬菜、畜牧等三大农业产业链建设，大力调整农业产业结构，积极发展书院大蒜、时庄牛蒡、吴村林果、南辛大葱等特色农业和生态农业。扶持壮大恒达食品、嘉禾油脂、圣美框木等农业龙头企业，积极引导农村各类专业大户、技术示范户、农产品营销大户组建各种专业合作组织。搞好农民转移就业和创业培训，大力发展劳务经济。以搞好农业综合开发和农村"水电路气医学"为重点，加强农村公共设施建设，促进农村生态环境的改善和村容村貌的整治。

（五）紧紧抓住建设国家历史文化名城不放，推进城市化进程 坚持"古朴、典雅、大气、现代、人本"原则，做好城市规划修编工作，以规划提升城市整体价值，以规划来指导城市全面发展。依托新区基础设施等资源，重点规划建设京沪高铁曲阜站片区和以济宁学院、曲师大职教学院等为主体的文化教育产业区。推进城中村改造建设步伐，完善城市功能，提升城市档次，形成曲阜独特城市风貌。加大综合执法力度，强化城市管理，逐步建立完善管理的长效机制。

（六）紧紧抓住环境建设不放，服务经济发展 深化效能建设，健全完善效能监督机制。加大对各项政策落实的督促和监督力度。大力加强领导干部和机关作风建设，全面提高工作效率和执行力。严格落实党风廉政建设责任制，把反腐倡廉工作融入经济建设、政治建设、文化建设、社会建设和党的建设之中。全面落实相关政策，积极扶助"4050"人员和零就业家庭就业。进一步完善社会保障制度，强化对农村社会保障的支持。大力推进农村新型合作医疗制度，探索建立城乡居民全覆盖的大病救助机制。扎实推进"平安曲阜"建设，依法严厉打击各种违法犯罪行为，增强群众的安全感。建立完善群众工作的有效机制，预防和及时化解群体性、突发性事件。严格落实安全生产各项措施，保障人民群众生命财产安全。

附：（一）曲阜市委书记、副书记、常委名单

书　记：张术平（2006年12月离职）
朱庆安（2006年12月任职）

副书记：刘　森　郭庆海

常　委：朱庆安　刘　森　郭庆海
李　玲（女）　杨凤东　李维生
甄海江　陈鲁起　孔令玉　王　骁
王志泉

（二）各乡镇、街道党（工）委书记名单

鲁城街道	刘秀广
书院街道	蒋怀民
王庄乡	刘砚秋
董庄乡	丁卫东
吴村镇	孔祥芝（女）
姚村镇	王天祥
时庄镇	赵　磊
陵城镇	陈振全
小雪镇	艾　国
息陬乡	孔庆国
南辛镇	宋振东
防山乡	韦良杰

中共泗水县委工作概况

泗水县委书记 田志锋

一、组织概况与党的建设

2006年底,泗水县共有基层党委28个,其中乡镇党委11个,街道党工委2个,县直党委12个,企业党委3个。共有党组7个,党总支88个,党支部1056个,其中农村党支部572个,社区党支部20个,企业党支部131个,机关党支部333个。共有党员26626名,其中农村党员14098名,企业党员1342名,机关党员11186名。2006年,县委按照“三个代表”要求,坚持以改革的精神加强党的建设,为经济社会又好又快发展提供了有力的组织保证。

(一)加强思想作风建设 始终把思想政治建设放在首位,进一步健全完善了县委理论中心组学习制度,举办了一系列读书会、理论研讨会和专题辅导。深入开展党员干部教育,圆满完成了保持共产党员先进性教育任务,建立健全了保持基层党组织和党员先进性的长效机制。发挥县委党校主阵地作用,扎实推进大规模干部培训工作,举办各类培训班20期、培训学员1500多名。指导各基层党委举办各类培训班100余期、培训党员1万多人。

(二)加强基层组织建设 以“三级联创”为总抓手,深入开展“五个好”创建活动。全县“五个好”乡镇党委发展到11个,“五个好”党支部发展到339个;坚持分类指导,对符合条件的129家新型经济社会组织建立了党组织;加强机关和事业单位党的建设,办事效率和服务质量进一步提高。

(三)加强党员干部队伍建设 坚持“围绕发展配班子,选好干部促发展”的思路,结合乡镇党委换届,及时对部分县直部门和乡镇领导班子进行了调整充实,共调整干部397名,班子结构进一步优化。全面推行了选拔任用干部公示制、聘任制和试用制,认真执行领导干部函询、诫勉、谈心谈话和任前、任中、离任审计制,干部监督管理逐步制度化、规范化。

(四)加强党风廉政建设 严格落实党风廉政建设责任制,层层签订责任书,形成了自上而下的责任网络体系。深入开展反腐倡廉警示教育,注重从源头上治理腐败。扎实做好领导干部廉洁自律工作,所有县级领导、乡镇(街道)及县直部门主要负责人都作出了“廉政承诺”。

二、主要工作与成绩

2006年,全县地方生产总值达到57.66亿元,比上年增长17.2%;财政总收入完成2.99亿元,增长22.9%,其中地方财政收入1.54亿元,增长30.62%;城镇居民人均可支配收入7965元,增长29.6%;农民人均纯收入4000元,增长9.6%;城乡居民存款余额23.74亿元,增长17.1%。

(一)工业经济支撑力显著增强 骨干企业进一步发展壮大,全县利税过千万元的企业达到5家。规模以上企业新增44家、达到139家,完成主营业务收入63.85亿元,比上年增长42.55%;实现利税7.7亿元,增长72.32%;实现利润5.29亿元,增长86.43%;实施技改项目110项、投入8.2亿元,增长42%。

(二)招商引资和对外开放成效显著 全年共引进各类项目218个,实际到位资金15.6亿元,引进过亿元的项目2个、千万元以上的56个。实际利用外资1017万美元,增长101.4%。对外贸易创历史新高,进出口总额完成14476万美元,增长6.9%,自营出口11092万美元,增长12.2%。新增外派劳务714人,居全市第一。

(三)新农村建设稳步推进 坚持用抓工业的理念抓农业,实施了297个市县种养基地项目。全县高效农业发展到30万亩,获得了3个绿色食品认证、9个无公害农产品认证,林木覆盖率达到27.4%,畜牧业产值占农业总产值的39.96%。自来水普及率达49.3%,全县60多个村、1400多户建起了沼气池。对30个中心村实施了规划编制,实施了农村新型合作医疗试点、农村大病医疗救助,对贫困生学杂费进行了减免,对五保户进行集中供养,农村各项公益事业取得积极进展。

(四)生态旅游业迅速发展 把生态旅游业作为第三产业发展的龙头和新的经济增长点,着力打造“中国泉乡·生态泗水”品牌。全年累计投入1.2亿元,实施了圣源度假村、宋家沟生态园、西侯幽谷等生态旅游项目,初步形成了“自然景观、人文景观、观光农业”三位一体的生态旅游格局。全年共接待县外游客24万人次,实现旅游社会总收入4800万元。安山寺景区被批准为全国AA级旅游区,西侯幽谷旅游综合开发项目被列为省级重点旅游项目,圣公山旅游开发项目被列入市级重点旅游项目。

(五)城市面貌取得新改观 完成城市基础设施投入3000多万元,西城新区水、电、路、通讯等基础设施更加完善,科技文化中心、政务中心、农信大厦、新城区小学等一批城建项目进展顺利。投资1.3亿元的热电厂、投资2000万元的燃气项目已投入使用。一批“绿亮清”工程相继实施,投资420万元对县城15条道路和城市出入口进行绿化,投资400多万元完成7条主要道路的亮化任务。

(六)社会事业全面发展 “平安泗水”建设取得明显成效,2006年被授予“平安济宁”建设先进县。高度重视信访工作,认真做好矛盾排查调处,各级调解中心和调解委员会得到调整充实。狠抓社会保障体系建设,就业再就业工作成效明显,新增就业6520人。深入开展精神文明建设"三创"活动,68个村达到文明生态村标准。土地、环保、人口和计划生育等事业都有了新发展。

三、创新与经验

(一)实施项目带动战略,推动经济社会又好又快发展 组织实施了一批工业项目、一批农业项目、一批城乡建设项目、一批生态旅游项目和一批民心工程项目。通过项目的实施,带动和促进了全县各项工作的开展。通过砸死责任,明确了部门、乡镇项目建设的任务目标,抓住了全县工作的中心和重点;通过督查调度,推进项目建设,促进各项工作按计划分类有序实施;通过项目实施,增强了部门、乡镇的服务意识,提高了办事效率,带动了机关作风转变,优化了发展环境;通过年终对项目的考核奖惩,有效激发了广大干部干事创业的积极性,在全县上下形成了加快发展的浓厚氛围。

(二)坚持三位一体,增强城市对县域发展的带动支撑活力 坚持以城促工。加大经济开发区基础设施建设投入力度,累计投资达6亿多元,实现了"六通一平",初步形成了五大产业集聚发展的空间布局,成为要素集中、优势突出、竞争力强的聚集发展板块;坚持以城带商。通过招商引资,引进房地产开发项目,建设商业住房,带动了餐饮、超市、物流等服务业的发展;坚持以城促农。充分利用开发区内农业龙头企业的辐射带动作用,拉动第一产业的发展。同时,抓住新城开发的机遇,加大新区内村庄整治改造力度,为全县新农村建设起到了示范带动作用。

(三)建立健全激励约束机制,激发村级班子干事创业活力 积极探索建立保证村级班子正常运转的机制,全面推行农村党支部书记岗位补贴和风险基金制度,对村级招待费实行限额承包制度。在部分乡镇进行试点,实行村干部工资由镇财政统一发放,增强了岗位吸引力,增强了党组织的凝聚力,激发了村干部干事创业的活力,促进了农村经济发展。同时,县委研究决定,将利用三年时间逐步解决农村干部报酬问题。

(四)坚持运用经济手段,解决发展过程中的资金瓶颈问题 积极采取经营城市解决城建资金不足,先后对招待所地段、原农场地段进行了招拍挂,取得的收益又全部用于城市基础设施建设,形成了良性发展格局。在新农村建设过程中,采取多元化投入方式,加强农村基础设施建设。通过西侯幽谷生态旅游项目开发,投资4700万元,实施了中兴路北延拓宽工程和山内水坝建设;通过政府引导、群众参与、市场运作、企业管理方式,实施连村供水,解决了自来水工程建设经费和运行管理问题;实施了部分水利设施产权制度改革,有效激发和调动了民间资金参与水利建设的积极性。

附:(一)泗水县委书记、副书记、常委名单

书　记: 田志锋

副书记: 王宝海　孟昭振　赵广方

常　委: 田志锋　王宝海　孟昭振　赵广方　许修航　刘庆恩　丰家雷　时爱东　高鸿雁　刘宜星　李艳华　张林成

(二)各乡、镇、街道党委书记名单

泗河街道　王庆昆
济河街道　龙　泉
泉林镇　彭金光
星村镇　杜宏伟
柘沟镇　程国栋
杨柳镇　崔庆海
中册镇　许振成
苗馆镇　刘　涛
金庄镇　梁　伟
泗张镇　张凡旭
高峪乡　任兰志
圣水峪乡　龙万华(乡长,主持工作)
大黄沟乡　赵业红

中共邹城市委工作概况

邹城市委书记　刘仲本

2006年,邹城市委坚持以邓小平理论和"三个代表"重要思想为指导,牢固树立和全面落实科学发展观,解放思想,开拓创新,扎实工作,全市经济社会保持了良好发展势头,实现了"十一五"规划良好开局。全年全市地区生产总值完成316.46亿元,同比增长18.4%;财政总收入实现51.47亿元,增长21.4%;地方财政收入15.46亿元,增长18.4%;规模以上工业增加值达到175.3亿元,实现利税79.4亿元,分别增长21.6%和32.2%;万元GDP能耗下降5%;社会消费品零售总额75.5亿元,增长18.6%;城镇居民人均可支配收入12243元,增长13%;农民人均纯收入5198元,增长11.8%。先后荣获全国质量兴市先进市、全国科技工作先进市、全国社会文化先进市、全国计划生育科技工作先进市、全省农业产业化工作先进市等荣誉称号。

一、组织概况与党的建设

邹城市委下辖54个基层党(工)委,其中14个镇党委,30个市直党委,4个社区党委,3个街道党工委,3个市直党工委,全市共设183个党总支、184个党支部,其中建制村党支部866个;共有党员45364名,其中农村党员30850名。

(一)强化基层组织和干部队伍建设 深入开展先进性教育活动,健全完善长效机制,群众满意率达到99.9%。以争创全省农村基层组织建设先进市为目标,研究制定了《邹城市2006—2010年党的基层组织建设规划》,大力实施"一村发展一名新党员"、"一村一名大学生"、"农村优秀实用人才带动"三项工程,扎实推进"三级联创"、"五型机关"创建、企业"双争双比"、社区"共住共建"、新型经济社会组织"五衔接双带动两覆盖"五项活动,圆满完成了镇党委换届工作。公开考选副科级年轻干部13名,选聘镇长(主任)助理18名,公开考选大中专毕业生100名到村任职。

(二)强化党的作风建设和反腐败工作 研究制定《关于进一步转变干部作风的若干规定》,深入开展"转变作风年"活动。全面落实党风廉政建设责任制,着力建立教育制度监督并重的预防和惩治腐败体系。大力开展廉政文化进机关、进社区、进家庭、进学校、进企业、进农村"六进"活动,创建廉政文化建设示范点。成立市招投标管理委员会、招投标管理办公室,健全完善政府采购、工程招投标、经营性土地使用权招标挂牌出让等制度,扎实推进治理商业贿赂专项工作。改革市镇财政管理体制,全面实施"镇财镇用市监管"和"村财村用镇监管"。加大案件查办力度,立查各类违纪案件121起,处分党员158人,挽回经济损失296万元。

(三)强化"三个体系"建设 严格执行《关于建立和完善决策目标执行责任考核监督体系的意见》,形成职责明确、执行有力、奖惩分明的运行机制。对招商引资、外经外贸、民营经济、财政收入等硬性指标,实行月通报、季调度、半年初评、年底总评。对招商引资、项目建设情况及时调度。把考核结果与班子建设、干部使用、评先树优结合起来,进一步激发各级干事创业的积极性和创造性。

二、主要工作与成绩

(一)大力推进区域经济一体化,加快资源型经济结构转型 充分发挥市区域经济统筹发展研究协调委员会及办公室的作用,加强地企合作研究,推进地企全方位联合融合。围绕经济结构调整,一手抓煤电产业链条的延伸和拉长,一手抓后续接替产业的发展,全力推进煤化工、电力及载能工业"两大基地"和新材料、机械制造、生物工程、食品加工"四大产业集群"建设。投资87亿元的邹县电厂四期工程建成投产,总投资130亿元、一期投资22.17亿元的国宏化工项目进展顺利,投资4.2亿元的热电联产项目建成运营,总投资8.8亿元的宏河30万吨新闻纸竣工投产,投资37亿元的山东里能东北特钢前期工程全面展开,投资5.4亿元的泰山玻纤三期工程、投资1.2亿元的12万吨淀粉葡萄糖项目开工建设。

(二)大力推进扩大开放招商引资,培植新的经济增长点 研究制定了《邹城市"十一五"成长型企业发展计划》,加快培植规模企业群体。制定了《关于进一步优化发展环境的暂行规定》、《征用土地地面附着物补偿标准暂行规定》,深入开展优化发展环境集中整治活动。高标准制订了邹城经济开发区发展规划,理顺管理体制和运行机制。"两大园区"累计入园(区)项目155个,总投资249亿元。全市实际利用市外国内资金53.48亿元,增长11.9%;实际利用外资1.11亿美元,增长141.7%;外贸出口2.05亿美元,增长19.6%;民营经济上缴税金8.5亿元,增长45.4%;规模工业企业发展到203家,新增54家。

(三)大力推进文化旅游产业发展,提升现代服务业发展水平 实施文化名市建设"十大工程",改革理顺了文物旅游管理体制和运行机制,举办了"儒学全球论坛(2006)——孟子思想的当代价值"国际学术研讨会,巩固中国优秀旅游城市创建成果,正在编制旅游业发展总体规划和近期修建性规划。加速发展商贸物流业,突出抓好义乌商贸城、东方圣都副食商城、千泉装饰城等大型商贸物流项目建设。

(四)大力推进现代城市建设,打造经济社会发展优良载体 按照建设"国家历史文化名城、山水园林生态城市"的发展定位和"东西两翼展开,全面向北发展,实现与曲阜和中华文化标志城全面对接"的发展思路及目标,重点实施"东西两翼展开",即在城区东部,尽快启动南沙河流域综合整治、孟子公园、政务文化中心等重点工程建设,加快规划面积15平方公里的东城区建设步伐。在城区西部,大力发展二、三产业,打造经济发展的产业带和聚集区。在城区中部,实施了旧城改造工程。加大城市基础设施建设力度,实施了城市地下"五大管网"建设、城区道路改造、居民集中供热、大型无害化垃圾处理厂建设等重点工程。积极推进104国道城南段拓宽改造、京福高速公路峄山出口连接线以及104国道至荒王陵、孟林、田黄段公路建设。成立了市规划局和城市管理行政执法局,形成了规划、建设、管理相辅相成、相互促进、三位一体的城市发展格局。

(五)大力推进新农村建设,统筹城乡协调发展 制定了新农村建设实施意见和"十大工程"实施方案,全面展开新农村建设各项工作。成立了领导小组及办公室,抽调了242名干部进驻80个村指导帮扶新农村建设。加大资金扶持,各项投入达4亿多元。大力发展现代农业,重点培植农业龙头企业,销售收入500万元以上发展到57家,济宁市级16家、省级1家。加强农村劳动力培训,转移农村劳动力13.37万人。积极推进镇村规划建设,全市13个镇、324个村完成了规划编制。着力实施农村"一池三改四通"工程,建成秸秆气化站3个,大型沼气池12个,完成"一池三改"8000户;通硬化路、自来水、有线电视的村分别达到92.4%、91%和90%,基本实现村村通客车。大力推进农村社会事业发展,实施了5个镇、100个村"农村卫生基础设施改造”和“农村文化基础设施标准化”工程。

(六)大力推进和谐社会建设,促进经济社会全面协调发展 大力实施教育优先发展战略,认真落实以县为主的教育管理体制,实现了城乡教师工资统筹,市技工学校申报济宁市第二高级技工学校通过验收,省级规范化学校达到16所。大力实施科技强市战略,省级工程技术研究中心发展到3家,省级高新技术企业20家、国家级1家。全面推行新型农村合作医疗制度,群众参合率达到83%。切实做好人口和计划生育工作,稳定了人口低生育水平。落实就业再就业的各项优惠政策,新增城镇就业1.6万人,解决公益性岗位1410个。建成了2.1万平方米的高标准老年福利中心,五保户集中供养率达到71%。完成了7万平方米的经济适用房建设,入住困难群众780户。深入开展“平安邹城”建设,全力抓好信访和安全生产工作。规范完善政务公开、厂务公开、村务公开制度,深化民情恳谈和镇村规范化建设。

三、创新与经验

(一)必须始终坚持解放思想、创新思路 组织市级领导班子成员和镇街、部门主要负责人赴苏沪浙先进地区考察学习,深入开展“三学三创”集中教育活动,掀起了新一轮思想解放热潮。结合邹城实际,进一步明确和细化了区域经济发展、城市建设、新农村建设、党的建设等重点工作思路。

(二)必须始终坚持科学发展、理性发展 大力推进区域经济一体化,加快资源型经济结构转型。正确处理好城乡发展、区域发展、经济社会发展的关系,积极探索解决东西部发展不平衡的路子,切实加强资源利用、生态环境保护以及采煤塌陷地综合治理等工作。

(三)必须始终坚持立党为公、执政为民 高度重视和维护人民群众最现实、最关心、最直接的利益,正确处理好群众当前利益与长远利益的关系,健全完善社会保障体系,不断扩大社会保障覆盖面,努力实现人民群众共享改革发展的成果。

(四)必须始终坚持求真务实、真抓实干 深入开展“五型”机关创建、“转变作风年”等活动,继续开展了部门包村干部驻村工作,实行了领导干部包保大项目制度,转变工作作风,改进工作方式,抓好各项工作落实。

附:(一)邹城市委书记、副书记、常委名单

书　记:刘仲本

副书记:侯晓滨　贺　民

常　委:刘仲本　侯晓滨　贺　民　籍　峰
朱运华　周生宏　李景鹏　姚振西
徐茂江　杜厚廷　王永玲(女)

(二)各镇、街道党(工)委书记名单

峄山镇　李　晔
看庄镇　王福成
香城镇　田素文
张庄镇　田慎华
城前镇　陈　伟
田黄镇　秦玉祥
大束镇　贾祥猛
中心店镇　秦贞红
北宿镇　刘守新
唐村镇　牛永和
太平镇　郑长生
平阳寺镇　孙海运
郭里镇　史传龙
石墙镇　刘晓林
钢山街道　苗存奎
千泉街道　倪学贵
凫山街道　康建国

中共微山县委工作概况

微山县委书记　罗心光

2006年,微山县坚持以邓小平理论和“三个代表”重要思想为指导,以科学发展观统领经济社会发展全局,解放思想,干事创业,全县经济社会发展取得了新的成绩。全县完成地区生产总值135.01亿元,同比增长17.8%;财政总收入、地方财政收入分别达到14.79亿元、6.01亿元,分别增长16.4%、28.4%。全社会固定资产投资完成38.5亿元,比上年增长17.5%;城镇居民人均可支配收入10553.7元,同比增长13.1%;农民人均纯收入4455元,增长11.3%。全县社会政治和谐稳定,干部群众精神状态良好,各项工作扎实有效推进,呈现出人心思上、政通人和、风清气正、创新发展的良好局面。

一、组织概况与党的建设

中共微山县委下设基层党委32个,其中乡镇(街道)党(工)委15个,县直党委12个,企业党委5个;共有党总支148个,党支部1302个,其中村党组织523个;全县共有党员25196名,其中农村党员12394名,2006年新发展党员635名。一年来,中共微山县委以加强先进性建设和执政能力建设为重点,全面推进党的思想、组织、作风和制度建设,增强各级领导干部的决策力、理解力、执行力和创造力,不断提高执政能力和领导水平。

(一)深入开展先进性教育活动 2005年1月以来,全县分三批在1342个基层党组织、2.4万名党员中,开展了保持共产党员先进性教育活动。活动紧紧抓住学习实践“三个代表”重要思想这个主线,牢牢把握“取得实效”和“成为群众满意工程”的要求,突出重点、强化措施,创新载体、全面推进,取得明显成效,实现了“党员受教育、群众得利益”的既定目标。积极探索建立保持党员和基层党组织先进性的长效机制,全县95%以上的党员填写了党员承诺书。

(二)大力加强领导班子和基层组织建设 落实大规模培训干部的任务,全年举办领导干部培训班6期、参训干部350人,培训农村党组织书记585人。坚持科学设计、简化指标、易于比较、注重实效的原则,制定了《关于建立和完善全县党政机关领导班子、领导干部综合考核体系的实施意见》,把科学考核的结果作为选拔使用和奖惩的重要依据,健全完善激励约束机制,充分调动广大干部干事创业的积极性和创造性。加强基层组织建设,深入开展“三级联创”活动和基层组织规范化建设活动,全面实施“强基福民”、“双强双富”工程和强村带动战略和“先锋工程”。全县13个乡镇圆满完成党委换届任务,受到市委的充分肯定。

(三)坚持不懈抓好反腐倡廉工作 深入落实党风廉政建设责任制,建立健全教育、制度、监督并重的惩治和预防腐败体系。大力开展廉政文化进机关、进社区、进家庭、进学校、进企业、进农村“六进”活动,召开了反腐倡廉警示教育大会,筑牢拒腐防变的思想道德防线。按照中央和省、市委统一部署,扎实推进治理商业贿赂和清理整顿违规建购干部职工住房专项工作。积极推行国库集中支付改革,加强领导干部经济责任审计工作,出台了《微山县开展效能革命创新发展环境二十条规定》,以优良的环境保证和促进又好又快发展。

二、主要工作与成绩

(一)经济结构调整步伐加快 三次产业结构比例调整为12.6:49.4:38.0。突出发展农村经济致富农民,着力拉长“五大产业链条”。全年粮食总产32.4万吨。林牧渔业占第一产业增加值比重达到74.9%。全县水产养殖面积32.4万亩。林业六大工程全面完成,林木覆盖率达到23%。农产品加工龙头企业发展到72家,农业标准化生产基地发展到6处,4.8万亩。突出工业支撑带动县域经济的作用,着力培植“五大支柱产业”。煤电化工、渔湖产品加工、生物医药、食品酿造、船舶制造业进一步发展壮大,36个重点建设项目进展顺利,焦电工业园、热电联产、弘兴工业园、宏信食品等一批项目相继竣工投产,规模以上工业企业发展到164家,比年初增加49家,工业增加值完成63.79亿元,实现利税30.1亿元,分别增长20.0%、37.5%。高新技术企业达到19家,高新技术产业产值占规模以上工业总产值的比重达9.97%。认真落实国家宏观调控措施,全面清理新开工项目,投资结构得到优化。突出服务业就业富民的主渠道作用,旅游、商贸、物流及新兴服务业蓬勃发展。

(二)“三大亮点”培植彰显成效 认真落实招商引资目标责任制和考核奖惩制,赴西安、杭州、张家港、广州、新疆等地开展了招商引资和产品推介活动,成功举办了第13届微山湖荷花节暨经贸洽谈会。全年引进各类项目135个,实际到位市外资金18.4亿元,完成外贸自营出口2535万美元。规划320KW、一期工程投资50亿元的华润微山湖电厂被省政府确定为省长联系外资项目,正在国家发改委核准。大力开展民营经济“十佳百强”竞赛和“三强”带动战略,形成了具有微山特色的渔湖产品加工、船舶制造及运输服务三大产业群体,其中船舶制造已入选“山东省十大产业集群”,渔湖产品加工和水陆运输被评为全省“十大产业聚集区”。全县民营经济户数发展到3.7万户,营业收入105亿元,上缴税金2.8亿元,分别增长15.0%、40%、33.5%。充分发挥“中国荷都、北方水乡、铁道游击队故乡”品牌优势,加大“红色旅游”、“生态旅游”宣传促销和基础设施建设力度,微山湖被评为“中国优秀旅游目的地”。全年接待游客48万人次,实现旅游社会收入4.4亿元。

(三)城乡面貌大为改善 按照“现代化湖滨生态旅游城市”的形象定位和“两轴三带、五区两团”的发展思路,编制完成了县城总体规划、概念性规划和控制性规划,新增城市详规面积4.12平方公里,城市详规覆盖率提高到75%。投资3亿元实施了城市“双环水系”、东风路、镇中街、戚城街、金源路和商业街改造,微驪路、北环路、薛微路绿化亮化,小新河、老运河综合治理等重点工程,城区主要街道人行道硬化率达到95%以上。开展了争创省级园林城市活动,建设了新河景点绿化带、商业街绿化隔离带,城区绿化面积突破40万平方米。成立了城市管理行政执法局,开展了城市环境综合整治,市容市貌明显改观,顺利通过了省级卫生城的复核验收。县污水处理厂建成并投入运行,热力供暖工程建设进展顺利。220KV输变电工程建成投入运行,制约发展的电力瓶颈彻底解决。加大了对农村和农业基础设施建设投入力度,基本实现了村村通油路、通客车目标,自来水村庄普及率达到69%,“一池三改”生态家园完成7600户,实施农田水利工程120余项。加强南水北调污染防治力度,国家级生态示范区、省级自然保护区、微山湖生态功能保护区建设进展顺利,微山湖人工湿地面积扩大到3.6万亩。

(四)社会事业协调发展 加快推进“科教兴县”步伐。大力实施教育优先发展战略,2006年被评为“全市教育工作先进县”。科技成果数量、专利申请量不断增长,高新技术企业发展到18家。实施了“广播电视村村通”工程和文化信息资源共享工程。新型农村合作医疗试点工作进展顺利,参合农民13.97万人,占试点乡镇总人口的90.6%。广泛开展全民健身活动，竞技体育水平有了新的提高，在21届省运会取得了优异成绩，成功举办了全国重点体校射箭锦标赛。加大社会保障和社会救助力度，继续做好“两个确保”，搞好“三条保障线”衔接，实现了动态管理下的应保尽保、应助尽助。实施农村扶老福利工程，投入1300多万元对全县农村敬老院进行了改建。

（五）精神文明和民主法制建设进一步加强　全面落实《公民道德建设实施纲要》，深入开展以“八荣八耻”为主要内容的社会主义荣辱观教育，积极引导形成诚信友爱、和谐相处的人际关系。深入开展“三学三创”教育活动，“三个代表”重要思想和科学发展观深入人心，保持共产党员先进性教育活动成为群众满意工程，荣获全省理论学习中心组学习先进县称号。

三、创新与经验

（一）坚定不移地把又好又快发展作为第一要务　认真贯彻落实国家宏观调控政策，用科学发展观指导发展理念、发展战略、发展模式，立足微山县情，不断创新完善发展思路，确立了“全面奔小康、建设新微山”的发展目标，先后就生态微山、和谐微山、平安微山等重大决策做出部署，努力在加快发展中落实科学发展观，在干事创业中提高执政能力，用心把握、用心工作、用心落实，真正做到了发展快、矛盾少、效果好。

（二）坚定不移地把和谐稳定作为第一追求　突出以人为本，兼顾各方利益，把改革的力度、发展的速度和社会可承受程度统一起来，着力解决影响社会和谐稳定的突出矛盾，确保湖区、矿区、边区安定有序。积极预防化解社会矛盾，认真做好信访工作，妥善处理群体性事件。组建了南四湖管理行政执法局，开展湖区秩序集中整治，严惩湖区“三乱”、渔业“三害”和非法采砂行为。强化社会治安综合治理，建立健全“打防控”一体化的治安防范网络和工作机制，全面实施村居“三三”平安工程，全县96%以上的村居达到平安村居建设标准。积极开展“四联四促”活动，进一步完善了与周边县市区的长期稳定协作机制，鲁苏边界地区安定和谐局面初步形成，全国创建平安边界现场会在微山召开，典型经验在全国推广。“文明共建、企地共赢”的新型地矿关系得到进一步巩固和加强。先后被评为平安山东建设模范县、全省“四五”普法依法治理先进县、全省信访工作先进单位。

（三）坚定不移地把作风建设作为做好工作的第一保证　开展机关作风和行政效能建设活动，从县几大班子领导干部做起，坚持“树一流目标、干一流工作、创一流业绩”，保持良好的精神状态，坚持求真务实的工作态度，弘扬真抓实干的工作作风，引导全县各级各部门向中心集中、向重点集中、向难点集中、向一线集中，坚持围绕又好又快发展而倍加努力，在实干中改进和检验工作作风，全县上下形成了一心一意抓发展、上下联动抓落实的良好氛围。

附：（一）微山县委书记、副书记、常委名单

书　记：孔维民（2006年12月离职）
罗心光（2006年12月任职）

副书记：程大志　周光全

常　委：罗心光　程大志　周光全　随善健　韩瑞平　赵培玉　李洪文　蔡成全　刘　军　李　楠　蔡同芝（女）

（二）各乡镇、街道党（工）委书记名单

韩庄镇	马　刚
微山岛乡	黄运诚
昭阳街道	郭允言
夏镇街道	张长宏
傅村镇	李德珍
韩城镇	管洪祥
留庄镇	刘　剑
两城乡	李振万
鲁桥镇	盛　波
马坡乡	陈夫靖
南阳镇	韩汝爱
张楼乡	王兴平
西平乡	宗　雷
赵庙乡	杨友华
高楼乡	马汉柱

中共鱼台县委工作概况

鱼台县委书记　石爱作

2006年，鱼台县委坚持以邓小平理论和“三个代表”重要思想为指导，深入贯彻落实党的十六大和十六届五中、六中全会精神，以科学发展观统领经济社会发展全局，高扬解放思想、干事创业、加快发展主旋律，坚持推进工业立县战略，坚持“全党抓经济、重点抓工业、关键抓项目”，坚持举全县之力扩大开放招商引资发展民营经济，着力构建和谐鱼台，全面加强党的建设，有力推进经济社会又好又快发展，实现了“十一五”良好开局。全县呈现

出经济快速发展、事业全面进步、社会和谐稳定、人民安居乐业的良好局面。

一、组织概况与党的建设

鱼台县委共辖23个基层党委,其中10个乡(镇)党委,11个部门、事业党委,2个企业党委;99个党总支,888个党支部;全县共有党员21033名,其中农村党员11754名。

(一)加强党的先进性建设 严格按照中央和省、市委要求,紧紧抓住建设新农村主题,精心谋划部署,加强督促指导,扎实开展第三批先进性教育活动,巩固扩大先进性教育活动成果,有效解决了一些影响改革发展稳定的突出问题和涉及群众切身利益的实际问题,使先进性教育活动真正成为群众满意工程。

(二)加强党的农村基层组织建设 进一步深化"三级联创"活动,基层组织建设水平不断提高。继续深化部门包村干部驻村工作,在市选派38名市直机关干部包驻13个村的同时,选派286名县乡机关干部包驻88个村,结对帮扶新农村建设。积极探索远程教育服务新农村建设的新模式,大力实施终端站点上网工程,深入发展"示范站点"的创建活动,努力推进站点规范化建设。

(三)加强领导班子和干部队伍建设 加强领导,严格程序,精心组织,圆满完成县乡党委换届工作,优化了领导班子结构,提升了整体功能和活力。重视培养选拔年轻干部、女干部工作,结合换届,选拔了27名优秀年轻干部、女干部。扎实推进干部教育培训工作。2006年县委党校共举办各类培训班21期,培训各级各类干部1440人次。不断深化干部监督和干部人事制度改革,切实加强农村实用人才工作。

(四)加强党风廉政建设 认真贯彻落实"四项纪律,八项要求"和"十个不准"的廉政纪律,认真落实党风廉政建设责任制,加强对党员干部特别是领导干部作风的监督检查。积极开展社会主义荣辱观教育和学习《党章》活动;大力开展廉政文化建设,召开了"廉政文化建设"为主题的交流会,举办了反腐倡廉片展和廉政文艺演出。

二、主要工作与成绩

2006年,全县地区生产总值完成62亿元,同比增长19.7%;地方财政收入完成1.45亿元,同比增长50%;农民人均纯收入达到4550元,增长10.1%;人口自然增长率为4.15‰。

(一)工业立县战略有效实施 坚持推进工业立县战略,着力构建"235"工业发展格局,工业经济迈上一个新台阶。工业经济质量效益明显提高。规模以上工业增加值完成16.3亿元,同比增长41.9%;利税完成5.4亿元,同比增长41.1%;规模以上企业达到120家,比年初增加18家。重点项目建设进程加快。全年新上投资500万元以上的项目102个,完成投资13.6亿元,同比增长23.8%。一批生产性项目如金威化工、凤竹纺织、宏达洗煤等相继建成;一批大项目如宏达20万吨甲醇、明圣实业大蒜素、矿用防爆泵及防爆变压器等正在建设。园区经济发展势头强劲。县经济开发区已经省政府批准设立为省级开发区,规划建设面积300公顷。目前入园项目20个,总投资3.6亿元,有16家企业建成投产;鹿洼工业园区入园项目14个,总投资12亿元,已有11个项目建成投产;湖西工业园区入园项目6个,总投资18亿元,已投入7亿元,有3个项目建成投产。

(二)新农村建设扎实推进 农业结构逐步优化。围绕五大产业体系建设,调整优化农业结构,扩大经济作物种植规模,提高农产品质量,大蒜、洋葱、棉花、瓜菜、水稻等主导产业收益较好。林业、畜禽、水产业加快发展。全县林业总面积9.8万亩,林木覆盖率18%,三禽饲养量达到482万只,水产养殖面积10.6万亩,其中名特优面积7万亩。农业标准化建设实现新突破,全县新建一处国家级洋葱生产基地、四处省级大蒜标准化生产基地、两处省级水产品无公害生产基地。农产品市场化建设步伐加快。全县交易市场46处,其中年交易额超亿元的3个,3.3万人从事农副产品运销服务;新建产业化专业合作社8家,各类合作经济组织109个,农民经纪人队伍3000余人;龙头企业83家,其中省级龙头企业1家、市级龙头企业7家;全县农村劳动力转移近10万人次,有4000多辆大型货车长年在外地搞运输,带车打工成为鱼台劳动力转移的一大特色。社会主义新农村建设取得良好开局。村村通自来水工程全面启动,"一池三改"生态家园建设顺利实施,新农合试点工作稳步推进,全县农村10.5万人纳入试点范围,运行良好。

(三)招商引资外经外贸势头强劲 坚持借助外力拓展发展空间,依靠招商引资增强发展后劲,经济发展的外向度明显提升。对外贸易实现新突破。全县外贸出口完成2600美元,同比增长30%;自营进出口企业扩大到28家。招商引资取得新成效。全年新上投资500万元以上的引资项目62个,完成投资14亿元,同比增长20%;实际利用外资219万美元;外派劳务人员116人。民营经济取得新成绩。全县民营业户达到18238户,增长9.2%;注册资金15.1亿元,增长16.8%;从业人员11万人,增长12.6%;完成增加值21.1亿元,增长28.4%。

(四)城市化进程明显加快 投资680万元完成西环路建设,鱼台县城区基本形成环状交通网络;对城区骨干道路进行全面罩面和配套设施建设;投资1800万元建筑面积1.2万平方米的县行政办公中心已竣工;投资1500万元建筑面积8500平方米的县人民医院门诊大楼已投入使用;投资840万元营业面积1万平方米的正中商城已竣工开业;投资230万元完成西支河公园二期工程;采用BOT运作方式投资5940万元的污水处理厂全面展开;总投资1.5亿元建筑面积11万平方米的湖西矿井住宅小区、投资5000万元的名仕嘉园住宅小区已开工建设;大力实施城市"绿亮清"工程,加大城市环境综合整治,城市面貌明显改善。公路建设步伐加快。投资1900万元的东丰线,投资830万元的皮李线,投资720万元的武张线等三条公路已竣工。

(五)各项社会事业协调发展　科技兴县步伐加快,实施科技发展计划142项,推广实用技术50项,引进农业新品种26个,取得科技成果122项。文化事业繁荣进步,以反邪教为题材的大型现代戏《桃花岭》在全省成功演出;电视剧《闵子骞》由中央电视台在鱼台开机拍摄,现已制作完成。教育事业健康发展,办学条件得到改善,教育教学质量有所提高。计划生育工作取得明显成效,积极推行农村计划生育管理体制改革试点工作,被授予全省"计划生育优质服务县"称号。"平安建设"扎实推进,被授予全省"平安建设先进县"称号。信访工作效果明显,连续三年获全市一等奖。党史工作迈上新台阶。广播电视、档案、民兵预备役等工作都取得新成绩。

三、创新与经验

(一)始终坚持解放思想,开拓创新不动摇　要把鱼台的事情办好,必须坚持解放思想、与时俱进、开拓创新,始终把解放思想贯穿改革发展实践过程,在解放思想中开辟新路,在开拓创新中谋求发展。

(二)始终坚持抓住机遇,科学发展不动摇　要把鱼台的事情办好,必须坚持科学发展,把发展作为第一要务,无论遇到任何复杂形势和困难局面都要抓住机遇不放松,坚持科学发展不动摇。

(三)始终坚持理论联系实际,求真务实不动摇　理论联系实际是马克思主义学风的根本要求。搞好理论联系实际,完整准确把握科学理论是前提,全面深入了解实际是基础,找准理论与实际的结合点是桥梁。具体一点说,就是要吃透书本,在学习领会中转化;摸清现实,在实践探索中转化;形成主见,在总结创新中转化。坚持理论联系实际,找准切入点,求真务实干事创业。

附:(一)鱼台县委书记、副书记、常委名单

书　记:温杭东(2007年1月离职)
石爱作(2007年1月任职)

副书记:许　可　杜西平

常　委:石爱作　许　可　杜西平　张宪常
刘召见　王福岱　郭亚莲(女)
张本立　陈广斌　张彦生　杨力新

(二)各乡镇党委书记名单

老砦乡　姚念举
谷亭镇　鉴保奎
唐马乡　侯西虎
王鲁镇　岳彩璋
张黄镇　林长运
清河镇　张书银
罗屯乡　王卫星
李阁镇　孔凡勇
鱼城镇　王若强
王庙镇　强同晔

中共金乡县委工作概况

金乡县委书记　曹景群

金乡县地处鲁西南平原腹地,辖9镇4乡和1个省级经济开发区,总面积886平方公里,耕地面积77.8万亩,总人口61.1万人,651个行政村,8个居委会,是驰名中外的大蒜之乡、圆葱之乡和金谷之乡,是国家级生态示范区、山东省农业产业化经营先进县和农民增收先进县。一年来,在省、市委的正确领导下,全县上下坚持以解放思想为先导,以跨越式发展为主题,突出项目建设、招商引资、城建交通、农业产业化和财源建设五项重点,强化社会稳定、发展环境、干部队伍三大保障,采取一系列超常规、跨越式发展措施,有力推动了经济社会又好又快发展。2006年,全县地区生产总值实现70.9亿元,全社会固定资产投资完成24.1亿元,地方财政收入实现1.36亿元,农民人均纯收入达到4769元。

一、组织概况与党的建设

金乡县委下设28个基层党(工)委,有13处乡镇党委,基层党总支部97个,基层党支部1226个(其中农村党支部659个),党员26092名。一年来,以提高党的执政能力和保持党的先进性为目标,全面加强党的建设,不断增强党组织的创造力、凝聚力和战斗力,为加快发展、振兴金乡提供了坚强的政治和组织保证。

(一)加强党的先进性建设,激发与时俱进的思想活力　坚持用发展着的马克思主义指导新的实践,把学习邓小平理论、"三个代表"重要思想和科学发展观不断引向深入。坚持理论联系实际的良好学风,不断提高各级领导干部的理解力、决策力、执行力和创造力。充分运用保持共产党员先进性教育活动的成功经验,建立健全广大党员"长期受教育、永葆先进性"的长效机制,不断增强党员队伍的生机与活力。

(二)加强领导班子和干部队伍建设,提高执政水平和领导能力　坚持讲党性、讲政治、顾大局、识大体,认真执行民主集中制的各项规定,发挥党委总揽全局、协调各方的领导核心作用。注重加强党内团结特别是领导班子的团结,共同营造风清、气顺、心齐的政治局面。严肃干部工作纪律,加大公开选拔领导干部的工作力度,用好的作风选人,选作风好的人。不断优化各级领导班子结构,增强班子的整体功能与合力。

(三)加强党的基层组织建设,巩固党的执政地位和群众基础 深入开展"三级联创"活动,争创全省农村基层组织建设先进县。广泛开展"支部抓产业、党员创实业、群众富家业"活动,充分发挥党组织和党员的带头、引领作用。加强村级组织活动场所建设,逐步提高基层干部的基本待遇。加强新型经济组织、机关、学校等党建工作,进一步扩大党的工作覆盖面。积极探索党员管理制度化、规范化、科学化的新路子,保持党员队伍的先进性和纯洁性。

(四)加强党风廉政建设,营造群众满意的党风政风 深入开展反腐倡廉教育,教育广大党员干部始终保持高尚的情操。认真落实党内监督各项制度,严格执行诫勉、谈话和领导干部述职述廉报告个人有关事项等方面的规定。加大社会监督力度,逐步形成多层次、全方位的监督网络。大力支持纪检监察机关的工作,加大反腐倡廉工作力度,严肃查处违法违纪案件,切实纠正部门和行业不正之风。

(五)加强党的作风建设,树立党员干部的良好形象 认真贯彻落实中纪委七次全会精神 切实抓好领导干部作风建设,促进领导干部思想作风、学风、工作作风、领导作风、生活作风进一步转变。深入开展调查研究,切实关注民生,真心为群众办实事解难事。准确把握新形势下群众工作的特点和规律,提高做好群众工作水平。大力推进机关效能建设,提高机关办事效率。严肃查处破坏发展环境的行为,促进领导干部工作作风进一步转变。

二、主要工作与成绩

(一)突出重点,强化基础,扎实推进新农村建设 新农村建设取得新突破。巩固发展新型农村合作医疗成果,全面完成乡镇卫生院改造,村卫生室达到标准化要求;全县"村村通自来水"通村率100%,入户率90%,40.2万人用上了自来水;农村公路发展到1030公里,通村率达到97.8%。农业标准化生产取得新突破。全县农业标准化基地达到45万亩,无公害基地19.6万亩,金乡大蒜产业被山东大学经济研究中心评为山东省十大产业集群之一。农业产业化经营取得新突破。全县农副产品贮藏、加工企业发展到500多家,具有自营进出口权的企业84家,省、市级龙头企业13家,恒温库发展到1000余门,贮藏能力达到70万吨,大蒜深加工能力达到50万吨,总交易额达100亿元,我县已成为国内最大的大蒜流通中心、价格形成中心、储藏中心和加工中心,被命为国家级农副产品加工示范基地。耕亩效益取得新突破。复种指数达到270%,粮经比例达到1:9,间套复种达到70余万亩,全年农民人均现金收入达8000元。

(二)培育优势,增强后劲,强力推进工业强县进程 把项目建设作为立县之本,狠抓工业大项目建设,逐步建立了以花园煤矿、肖云寺煤矿、金曼克集团、金樱公司为支撑的县域经济骨干企业群体。花园煤矿累计完成基建投资3亿元;金桥煤矿压煤搬迁顺利实施;金樱纺织技改扩产项目基本完成,新增2万纱锭、150台布机项目正积极实施;金曼克工业园开发研制的110KV级油浸式大型变压器,使园区年工业总产值达到6亿元以上;德华化工有限公司计划投资10亿元,规划论证年产18万吨合成氨、30万吨尿素项目,使之成为鲁西南最大的化工生产企业。经济开发区利用被批准为省级开发区的优势,大力推进基础设施建设,提升开发区的招商引资平台功能。

(三)扩大开放,招商引资,积极发展外向型经济 全县各级把招商引资摆到工作的首要位置,主要领导作为招商引资第一责任人,亲自参与项目的洽谈和重要事项的协调。大力开展以商招商、以贸促商、网上促销、网上洽谈、联系千家企业等活动,引导国内外企业来我县投资创业。全年实际引进县外国内资金15.76亿元,实际利用外资581万美元,向国外输出劳务60名。在人民大会堂成功举办中国金乡有机大蒜暨大蒜产业论坛,大蒜、圆葱等农产品出口世界120多个国家和地区,全年出口总额达到1.9亿美元。

(四)规划引领,建管并举,大力提升城市化水平 按照城市"东拓西纳、北融南控"发展战略,修编城市控制性详规。全年投资3亿多元新修(改建)国道、省道及县乡干线道路340公里。105国道金乡段升级达标工程和金司路城区段重点改造工程顺利完成,打造了道路建设的新亮点;东外环、北外环、文峰路向东的延伸、文化路向北的延伸及共青团路向北的延伸等工程,构建了畅通有序的城区道路框架。严格城建审批程序,实行规范有序建设,加快城市小区开发和旧城改造进度。同时,建立健全城市环境长效保障机制,加大市容市貌整治力度,彻底改变脏乱差状况。

(五)培植财源,强化征管,努力提高财力保障水平 提高大蒜工业、大蒜贸易对财政的贡献率,着力培植财源。加强城市资产经营、土地经营、房地产交易等经济活动的管理,积极挖掘潜在财源。创新税收征管机制,大力推行社会综合治税,严肃查处涉税案件,有效防止偷税、漏税行为的发生。强化预算约束机制,合理运筹资金,优化支出结构。加大县乡财政综合改革力度,最大限度地发挥了财政资金的使用效益。

(六)统筹兼顾,协调发展,不断促进和谐社会建设 积极开展"五五"普法教育,不断提高干部群众法制观念和法律素质。努力提高平安创建水平,全力维护社会稳定。高度重视安全生产,预防重特大安全事故的发生。健全困难群众专项救助制度,认真解决困难家庭看病难和子女上学难问题,切实提高社会保障水平。"普九"成果得到巩固和提高,全县省级规范化学校达到5处,市级规范化学校达到22处。逐步健全三级医疗卫生服务和医疗救助体系,全县3处乡镇开展了新型农村合作医疗制度市级试点工作,参合户数达3万户,参合率90.2%,全年为7054名参保农民报销医疗费37.6万元。

三、创新与经验

必须始终坚持解放思想、实事求是、与时俱进的思想路线 围绕引导好、保护好、发挥好全县广大干部群众干事创业的积极性，我们坚持在干事创业中解放思想，在解放思想中开辟新路，在开拓创新中谋求发展，并结合实际进行大胆探索和实践，认真解决制约县域发展的突出矛盾和问题。

必须始终把加快发展作为第一要务 在任何时候、任何情况下都要坚持经济建设中心不动摇，咬定加快发展不放松，用发展的办法解决前进中的问题，用发展的成果克服前进中的困难。

必须正确处理改革发展稳定的关系 以积极的稳定理念，化解社会矛盾，理顺民众情绪，在稳定中推进改革与发展，在推进改革与发展中保持社会大局的稳定。

必须坚持以人为本的执政理念 把解决事关群众切身利益的实际问题和群众普遍关心的热点难点问题，作为做好各项工作的出发点和落脚点，一心一意为群众办实事、办好事，切实把群众利益实现好、维护好、发展好。

必须营造干事创业的良好环境 坚持以发展论英雄，靠事业聚人心，强化患难与共、同舟共济意识，弘扬艰苦创业、无私奉献精神，树立破难攻坚、真抓实干作风，创造上下一心、团结一致、共兴伟业的良好局面。

附：(一)金乡县委书记、副书记、常委名单

书　记：曹景群

副书记：李逢记　陆亚东

常　委：曹景群　李逢记　陆亚东　付元琦
田冠军　刘东升　安国华　李金礼
钟秀芳(女)　唐庆华　曹广州

(二)各乡镇党委书记名单

金乡镇	王允东
鱼山镇	张先臣
马庙镇	岳耀寅
羊山镇	王庆峰
胡集镇	张思宝
卜集乡	胡本冠(女)
高河乡	周建军
化雨乡	白占德
肖云镇	童方明
司马镇	张化峰
兴隆乡	李金平
王丕镇	韩文生
鸡黍镇	葛现标

中共嘉祥县委工作概况

嘉祥县委书记　贺永红

2006年，嘉祥县委以"三个代表"重要思想和科学发展观为指导，认真贯彻落实党的十六大和十六届五中、六中全会精神，按照"新世纪嘉祥面临新机遇、发展进入关键期"的总体判断和"站在新起点，实现新发展"的总体要求，坚持建设"工业强县、林牧大县、生态型文化旅游城市"的发展定位，围绕落实"综合实力增强、财政收入增长、城乡居民增收、社会就业增加"四项任务，抓好重点项目和园区建设、新农村建设、招商引资、民营经济、生态旅游等重点工作，着力构建平安、文明、诚信、和谐嘉祥，全县继续保持了经济发展、事业进步，社会稳定、政通人和的好局面。

一、组织概况与党的建设

嘉祥县共有基层党委38个(其中二级党委8个)，党总支102个，支部1309个，党员30469名，其中农村党员23000名，女党员3624名。2006年，县委按照"党要管党，从严治党"的要求，以党的执政能力建设和先进性建设为重点，全面加强党的思想、组织、作风和制度建设，为经济社会发展提供了强有力的组织保证。

(一)紧紧抓住党委换届这一重点，加强领导班子和干部队伍建设 严格按照中央和省、市委规定要求，扎实做好党的十七大、省第九次党代会代表候选人酝酿推荐工作，圆满召开了县第十二次党代会，成功选出了新一届县委领导班子。加大干部人事制度改革力度，公推考选了乡镇副科级年轻干部，圆满完成了乡镇党委换届工作。积极推进干部教育培训工作，全年共培训各级各类干部1万余人次。

(二)集中抓好先进性教育活动，整体推进党的基层组织和党员队伍建设 围绕提高执政能力，高标准、高质量地抓好第三批先进性教育活动，巩固扩大教育成果，制定出台了一系列制度文件，初步建立了"党员受教育、群众得实惠"的长效机制。深入开展"三级联创"活动，积极推进基层党组织设置创新、农村党员星级化管理等农村党建"1+X"制度体系建设，对97个上级重点帮扶的村着手建设村级组织活动场所，为2400余名在职村干部及时发放了固定补贴，确保了村级组织正常高效运转。农村党员干部科技知识培训"十、百、万"工程和"一村一名大学生"计划等工作也取得了新进展。

(三)加强和改进党风廉政和机关作风建设 深入开展"为民、务实、清廉"教育活动,加大对违纪违法案件的查处力度。组织对党政机关事业单位违规建购干部职工住房问题进行了集中清理,查纠违规资金30余万元。立查各类违纪违法案件120起,其中立查万元以上经济案件和科级领导干部案件7起,给予党纪政纪处分113人,为国家挽回经济损失70余万元。狠抓纠正各行业不正之风,对教育收费管理和使用情况开展了执法检查,涉及违规违纪资金327万元;组织集中招标采购药品1001万元,让利患者180万元;加强对落实农村税费改革政策情况的监督,落实减轻农民负担700余万元。

二、主要工作与经验

(一)经济平稳较快增长,发展质量进一步提高 全年地区生产总值完成88.6亿元,比上年增长17.3%。地方财政收入2.55亿元,按可比口径增长42.8%。三次产业比由上年的17.1:54.9:28调整为14.7:56:29.3。全社会固定资产投资完成33.5亿元,实施投资500万元以上的重点项目281个,其中新河电厂一期工程、东洋碳素等投资过亿元的项目相继竣工投产,神力索具、鸿盛彩印等一批成长性较好的项目正在加紧建设。"三大园区"的投资带动和产业集聚效应日益凸显。全年新增规模以上企业38家,利税过千万元的企业达到16家,梁宝寺能源有限公司成为我县首家税收过亿元的企业。高新技术产业产值占规模以上工业产值的比重提高到19.3%。民营经济快速发展,上缴税金增长47.7%,占全县工商各税收入的比重达到86%。年末金融机构存、贷款余额分别比年初增加7.97亿元、6.43亿元。万元生产总值能耗下降4.5%,5家重点用能企业完成了省、市下达的控制指标。严格执行环境影响评价和"三同时"制度,落实了对水污染企业的深化治理措施,完成了热电厂脱硫改造任务。对外开放进一步扩大,成功举办了2006中国·嘉祥石雕艺术节、手套贸易洽谈会,实际利用外资和外贸进出口总额分别增长33.3%、26.9%。

(二)新农村建设起步扎实,城市基础设施不断完善 全部取消了农业税,落实了粮食直补等支农惠农政策。农业结构调整稳步推进,9处无公害瓜菜生产基地通过省级认证,9个蔬菜品种被农业部认定为无公害农产品。新植树木754万株,绿化荒山9000余亩,建成绿色村庄140个,其中省级绿化示范村3个。新建农村连锁配送服务站93处。204个行政村编制实施了村庄规划。"一池三改"户发展到10000余户。消除农村校舍危房1.3万平方米。升级改造农村公路153公里,农村自来水入户率提高到85%,通有线电视的行政村达到412个。新型农村合作医疗农民参合率达到97.5%,报销补偿金额1363万元。新一轮城市建设拉开框架,新城区建设顺利推进,机场路建成通车,石雕艺术公园一期工程投入使用,嘉祥大酒店、孔庄小区、教育第二小区建设基本完成,柏山新村等"城中村"改造工程快速推进。污水处理厂二期工程进展顺利,顺利通过省级卫生城复核验收。

(三)人民生活持续改善,社会事业实现新的发展 城镇新增就业5300余人,转移农村劳动力10万多人,城镇居民人均可支配收入、农民人均纯收入分别增长19.3%、12.1%。提高了城乡最低生活保障标准,社会保险覆盖面不断扩大。完成了乡镇敬老院改造,农村五保老人纳入财政供养。成立了慈善总会,建立了残疾人救助基金、大病医疗救助基金、临时性社会救助基金,开展了社会捐赠活动。承担国家和省级科技计划7项,取得各类科技成果36项。教育教学质量进一步提高,高考本科一榜上线人数、万人比、升学率均居全市第一。曾庙被列为第六批国家级重点文物保护单位,鲁西南吹鼓乐、山东梆子等分别入选国家和省级非物质文化遗产名录。

三、创新与经验

(一)不断创新完善符合嘉祥实际的发展思路 县委坚持以科学发展观统领全局,根据中央宏观调控政策和省、市委的工作要求,提出了把握"一个基调"、加快"两个融合"、突出"三大建设"、实现"一个目标"的总体要求,并相继采取一系列大动作、大举措,环环紧扣不间断地推动发展。工作中,坚持以解放思想为先导,面对新一轮的发展热潮,结合市委"三学三创"教育活动,开展了"站在新起点、实现新发展,我们怎么办"大讨论,引导广大党员干部牢固树立"六种观念",以新的思想解放打开发展新通道,开创发展新局面。去年6月份在全省县域经济发展现场会议上,受到省委、省政府的隆重表彰奖励。省委副书记、省长韩寓群等领导多次来嘉祥检查指导,使全县上下备受鼓舞,干事创业的激情越来越高。

(二)不断巩固和发展团结稳定和谐的社会局面 县委坚持以人为本的执政理念,高度关注民生民情,实施以"一池三改"、下岗职工再就业,中小学危房改造、提高城乡低保救助标准等为重点的系列"民心工程",集中解决群众反映的热点难点问题。正确处理改革发展稳定的关系,深化平安嘉祥创建活动,巩固完善乡镇维护稳定中心、平安夜会、信访听证会、信访直通车、县长热线等做法,初步形成有效化解社会矛盾纠纷的长效机制,被评为"全省平安建设先进县"。

(三)坚持靠良好的机制推进工作落实 县委着眼于提高领导水平和执行能力,坚持在实践中充实、完善和提高"三个体系"。在决策目标上,坚持民主集中制,建立健全由领导、专家与群众相结合的决策机制,完善重大决策的规则和程序,推进决策的科学化和民主化。在执行责任上,实行县委常委包片,政府副县长抓线,人大、政协领导联系重点项目的办法。形成了主体清晰、责任明确,一级抓一级,层层抓落实的执行责任体系。在考核监督上,坚持在干中考核考察,把阶段性考核与经常性考核结合起来,抓住主要指标,反映主要工作,真正考出增量,考出变化,考出作风,考出好的精神状态。

附:(一)嘉祥县委书记、副书记、常委名单

书　记:周　洪(2006年4月离职)
贺永红(女)(2006年4月任职)

副书记:李长胜　赵士斌

常　委:贺永红(女)　李长胜　赵士斌
张华岳　董　波　王贤明　刘继慧
汲进梅(女)　马　平　薛超文

(二)各乡、镇党委书记名单

嘉祥镇　国洪恩
马集乡　姜守清
金屯镇　高宝宽
满硐乡　姜训周
纸坊镇　姜玉彬
仲山乡　董兴春
卧龙山镇　高恩来
孟姑集乡　王德凯
老僧堂乡　吕心愿
黄垓乡　高明双
梁宝寺镇　陈兴成
大张楼镇　韩海涛
马村镇　许东宝
万张乡　孙善坤
疃里镇　薛建民

中共汶上县委工作概况

汶上县委书记　周桂萍

2006年,汶上县委在省、市委的正确领导下,始终坚持以邓小平理论和"三个代表"重要思想为指导,以科学发展观总揽全局,围绕"一三六"总体工作思路,全面推进"经济强县、文化名县、生态优县"建设,全县呈现出经济快速增长、事业全面进步、社会安定和谐的良好局面。

一、组织概况与党的建设

汶上县委下辖基层党委34个,其中乡镇党委14个,部门、企事业党委20个,136个党总支,1200个党支部,全县共有党员30912名,其中农村党员17054名。

(一)提升执政理念,加强思想政治建设　按照上级统一部署,深入开展了第三批保持共产党员先进性教育和"三学三创"教育活动,扎实开展了结对帮扶、"做党的忠诚卫士,当群众的贴心人"等主题实践活动。坚持"服务中心、突出重点、分类培训、全面提高"的原则,不断强化干部教育培训工作。全年共举办各类培训班次39期,培训干部4800余人次。

(二)夯实执政基础,加强基层组织和干部队伍建设　深入开展"三级联创"活动,积极推进村级规范化建设,截至2006年底,全县共命名表彰"五个好"村党支部343个。实施部门包村干部驻村工作,市县乡三级干部共包驻167个村,结对帮扶新农村建设。稳妥推进"党组织带协会"和致富示范活动,全县建立了各类农村专业协会112个,覆盖423个行政村。严格按照中央和省、市委部署要求,认真执行《党政领导干部选拔任用工作条例》,圆满完成了县、乡党委换届工作。面向全县公开选拔了14名副科级年轻干部,充实到乡镇党政领导班子。

(三)提高执政效能,加强机关作风建设　坚持实行会议审批和"无会周"制度,建立完善县乡领导干部联系乡镇、村、企业和包重点工作、重点项目制度,严格落实目标责任制,实行"一项工作、一套班子、一个规划、一套实施办法"的管理制度,对重点工作进行分解立项,层层落实,责任到人,并跟踪奖惩,一抓到底。

(四)维护执政形象,加强党风廉政建设　认真落实党风廉政建设领导体制和工作机制,进一步完善了党风廉政建设责任制网络。深入开展反腐败斗争,实行了办案目标责任制、领导包案制、督查责任制、责任追究制、考核奖惩制"五项制度",加大查办案件工作力度,严厉查处违法违纪案件。

二、主要工作与成绩

2006年,全县完成地区生产总值71.28亿元,比上年增长17.5%,其中第一产业增加值15.14亿元、增长7.3%,第二产业增加值34.49亿元、增长22.8%,第三产业增加值21.65亿元、增长17.1%,三次产业比例达到21.2∶48.4∶30.4;地方财政收入实现2亿元,可比增长50%,增幅全市第一;全社会固定资产投资完成24.3亿元;社会消费品零售总额24亿元,增长17.5%;城乡居民储蓄存款余额32.29亿元,比年初增加4.88亿元;城镇居民人均可支配收入达到7966元,农民人均纯收入4266元,分别增长25%、11.7%;人口自然增长率控制在5.5‰以内。

(一)坚持以大项目建设为支撑,争创产业发展新优势　坚持走新型工业化道路,按照大项目——产业链——产业集群——产业基地的发展思路,着力打造煤电化工、机械电子、纺织服装、新型建材、农副产品加工五大产业基地。阳城煤矿、北汇玻璃、蓝资建材、韩泰石化、利生面业等牵

动全局的重点项目建成投产,蒙牛现代牧场、李官集铁矿、海纳食品服装加工、金成迪尔机械、诺斯曼电源等投资过亿元的项目已开工建设,义能煤矿、张保庄铁矿、阳城煤矿资源综合利用电厂等项目取得较大进展。全县规模以上工业企业达到150家,比上年增加41家,其中利税过千万元企业5家。全年新开工‘123”工程(即每个乡镇新上2000万元以上的项目1个、1000万元以上的2个、500万元以上的3个)项目216个,其中投资2000万元以上的42个。招商引资实际到位国内资金16.8亿元;实际利用外资703万美元,增长65.4%;实现外贸出口2524万美元,增长25.2%。汶上经济开发区被批准为省级经济开发区,有13家规模以上企业正式投产,经济效益和土地集约利用水平明显提高。

(二)坚持以规划建设为重点,争创城市发展新优势 健全完善了城市规划体系,确立了“儒释圣地、花园水城”的城市发展定位。城区形成了二环四纵五横的交通体系,面积由20平方公里扩大到40平方公里。启动了污水处理厂二期工程,完成了汽车新站主体和联民购物广场一期工程建设,实施了城区道路改扩建、“三片水”改造工程和绿化、美化、亮化,城区新增绿化面积16万平方米,顺利通过了省级卫生城复验,再次被评为全省城乡环境综合整治先进县。中都佛苑旅游区大雄宝殿基本竣工,太子灵踪文化节影响不断扩大,景区年接待游客达50万人次。

(三)坚持以建设社会主义新农村为方向,打造三农工作新优势 围绕培育拉长畜禽、瓜菜、林果、棉花、劳务经济五大产业链,不断提升农业产业化水平,增加农业综合效益。2006年,全县瓜菜面积达到25万亩、经济林1.3万亩、丰产林1万亩,新建规模养殖场76处、养殖小区28处。积极实施“一池三改”生态家园和生态种养工程,加快村庄“五化”环境建设,全县建成沼气池1.2万个,完成“一池三改”9224户。在实现村村通油路基础上,提前实现了村村通自来水目标,使全县95%的农村人口吃上了安全卫生的自来水,村村通有线电视工程普及率达到83%。全面推行了新型农村合作医疗制度,农民参合率达到87.1%。“万村千乡市场工程”被商务部列为全国试点县并已改造发展农家连锁店568家。深化拓展“文明一条街”和“文明生态村”、“文明小康村”创建活动,建设文明生态村106个、文明小康村40个,有3个乡镇被评为省级环境优美乡镇。

(四)坚持以构建和谐社会为目标,打造协调发展新优势 积极实施城区动态监控体系和乡村巡防网络建设,在全省率先开通了农村无线遥控报警系统,被省委、省政府评为“平安建设先进县”。健全完善解决信访问题的长效机制,加强乡镇调解中心建设。加大科技创新力度,扎实推进科技特派员示范工程,全县高新技术产业产值达到10.2亿元。加强农村卫生和公共卫生体系建设,顺利完成了4处中心卫生院改造。建立了中小学危房改造、教师补充长效机制,全面完成了职业教育中心一期工程和教育信息网一期工程,较好地落实了“两免一补”政策。重视关心社会弱势群体,城乡低保基本实现应保尽保,进一步提高了农村低保、城市低保和困难群众救济资金标准。坚持实施可持续发展战略,不断加强资源节约生产管理,万元GDP能耗、电耗、取水量分别下降2.3、5.4、7.8个百分点。

三、创新与经验

(一)始终坚持与时俱进,用科学发展观指导富民强县的新实践 紧密联系新情况、新形势、新任务,深刻领会上级指示精神,适时作出符合本地实际、体现群众意愿的正确决策,增强做好各项工作的预见性、创造性。

(二)牢牢把握第一要务,用发展的办法解决前进中的新问题 始终保持科学发展、跨越发展、和谐发展的势头,坚持发展为先、发展为上、发展为重,以发展的实际成效促进观念的更新、作风的转变和能力的提升,在发展中探索解决问题的新途径、新举措。

(三)强力推进改革开放,用更大的胆识和魄力打开新局面 坚持以思想的大解放拓展改革开放的大视野,坚决冲破一切困扰发展的体制性障碍,不断健全制度、规范体制、搞活机制,构筑吸纳先进生产要素的大平台、大通道。

(四)倍加珍惜平安稳定的社会局面,用和谐之策营造有利于发展的新氛围 不断健全民主法制,大力提倡公平正义,适度调整利益关系,重视关心弱势群体,积极改善民生环境,努力形成促进科学发展的好风气、好环境。

(五)切实加强和改善党的领导,用党的建设的新成果推动经济社会的新发展 坚持以党的执政能力建设为重点,以党的建设为根本,以主题教育和实践活动为载体,全面加强领导班子和干部队伍的思想、组织、作风、制度建设和党风廉政建设,不断提高各级党组织的凝聚力、战斗力。

附:(一)汶上县委书记、副书记、常委名单

书　记:张开朗(2006年12月离职)
周桂萍(女,2006年12月任职)

副书记:孙　琪　刘章箭

常　委:周桂萍(女)　孙　琪　刘章箭
刘永献　柳景武　何锡明　张玉强
刘　强　彭照辉　闫　永　胡桂生

(二)各乡、镇党委书记名单

汶上镇　孔德修
南站镇　林望山
康驿镇　宋令义
南旺镇　郭和亮
刘楼乡　林　宏
次丘镇　张彦辉
寅寺镇　杜庆东

郭楼镇　林　鸿
郭仓乡　王克柱
杨店乡　袁文霞(女)
军屯乡　崔建华
白石乡　赵恩昌
苑庄镇　何彦民
义桥乡　李　杰

中共梁山县委工作概况

梁山县委书记　商建设

一、组织概况与党的建设

中共梁山县委下辖33个党(工)委,其中乡镇党委14个、县直党政事业单位党(工)委12个、企业党委5个、开发区工委1个、村企合一二级党委1个。有党总支44个、党支部1297个,其中农村党支部687个。共有党员32259名。

(一)扎实开展先进性教育活动长效机制建设　按照"提高党员素质,加强基层组织,服务人民群众,促进各项工作"的总要求,继续深入开展形式多样的主题实践活动,坚持实行保持党员先进性承诺制,大力推行机关规范化建设"3+X体系",使党员长期受教育,永葆先进性。

(二)切实加强干部队伍建设　严格执行《干部任用条例》和《干部人事制度改革纲要》,以县乡党委换届为契机,大胆使用素质较高、政绩突出、善谋实干、群众拥护的领导干部,积极推进干部人事制度改革,公开考选部分乡镇副科级领导干部取得圆满成功。

(三)着力加强组织建设　县委围绕选好配强各级领导班子,精心组织,周密运作,县乡两级党委换届圆满完成,进一步优化了县乡两级领导班子。深入开展"三级联创"活动,积极推行村级规范化管理,治理整顿后进村班子和积极实行农村无职党员设岗定责。

(四)狠抓党风廉政建设　坚持标本兼治、综合治理、惩防并举、注重预防,初步建立起预防和惩治腐败体系。认真落实中央"四项纪律八项要求"和市委"十个不许"的廉政纪律,对全县领导干部进行警示教育。积极从源头上预防和治理腐败,认真落实党风廉政建设责任制和领导干部报告廉洁从政情况、廉政谈话、民主评廉、述职述廉制度,严格对领导干部的管理和监督,下大气力整顿部门和行业不正之风,取得明显成效。

二、主要工作与成绩

2006年,梁山县委坚持以"三个代表"重要思想为指导,以科学发展观统揽全局,牢牢把握发展第一要务、富民第一目标,紧紧围绕"解放思想,干事创业,奋力赶超,实现又好又快发展"这一基调,全力抓好"发展民营,壮大工贸,调整农业,开发旅游,提升城建"五大任务,着力突出"招商引资,优化环境,用心落实"三个关键,团结带领全县干部群众顽强拼搏,艰苦创业,促进了县域经济的快速发展。2006年,全县地区生产总值完成79.96亿元,比2005年增长18.8%;固定资产投资完成27.7亿元,增长21.3%,地方财政收入完成1.41亿元,增长20%;社会消费品零售总额实现24.45亿元,增长17.4%。

(一)坚持工业立县战略,切实壮大工业经济实力　始终突出"工业立县"这条主线,坚持建设大项目、发展大产业、培植大企业三大战略工程,创新经营机制,推进产业升级,促进工业经济速度与效益的同步增长。2006年全县限额以上工业完成增加值26.7亿元,实现主营业务收入105亿元,分别增长28.3%和34.5%。坚定不移地实施"重点项目带动战略",以重点项目建设为支撑和突破口,带动了整个经济快速发展。目前,专用汽车、纺织服装、医药化工、农副产品加工等几大重点产业产值占全县工业总产值的比重达到85%以上,其中专用汽车制造及零部件生产厂家发展到81家,先后有13家企业进入国家汽车产品公告,形成了年产专用汽车10万辆、配件150万件(套)的生产能力,成为全国最大的专用汽车产业集群。规模企业培植有新突破,全县规模以上企业发展到162家,比2005年增加28家。高新技术产业发展迅速,全国转基因动物山东基地、山东省医用可吸收生物材料研究中心、山东省体内植入材料研究中心等国家和省级技术研究机构落户梁山,体细胞克隆等9项科技成果达到世界前沿水平,创出5个"山东省名牌产品"和5件"山东省著名商标"。全县高新技术企业发展到40家,高新技术产业产值占规模以上工业总产值的比重达到30%。

(二)大力发展民营经济,培植新的经济增长点　坚持把民营经济作为梁山最大的后发优势和最具活力的增长点,积极实施大办民营工业、发展高新产业、提升传统产业、盘活困难企业的发展方略,全县民营经济快速发展。2006年,全县民营业户发展到2.3万户,民营企业发展到722家,资产总额过1000万元的75家、过5000万元的15家、过亿元的5家。民营经济上缴税金1.21亿元,占全县地方财政收入的比重达到86%。目前已基本形成了经济开发区、金三角工业区、韩商投资兴业园等项目聚集度高、发展前景好的"三大经济板块"。

(三)大力发展农村经济,切实增加农民收入　坚持把"三农"问题摆到突出位置,用工业理念经营农业,通过采取调整农业结构、培植龙头企业、发展农副产品精深加工、组织劳务输出等措施,提高农民收入。2006年全县大蒜、大棚菜、中药材等高效经济作物面积大幅度增加,林牧渔业产值占农业增加值的比重提高到47%,以臻嘉食品、科龙畜牧等56家县级以上农业龙头企业带起特色种养基地157处,农业产业化进程加快。努力拓宽农民增收渠道,积极发展农村二、三产业,吸纳农民进入民营企业和小城镇创业就业,大规模实施农村劳动力转移,非农产业收入占农民人均纯收入的比重达到65%以上。

(四)全力扩大对外开放,拓宽招商新渠道 切实把招商引资作为加快县域经济发展的第一推动力,大力实施“走出去、引进来”战略,借助外力,激活内力,促进全县经济加快发展。2006年以来,全县共引进县外投资项目235个,到位县外资金12.7亿元。大力发展外向型经济,努力扩大出口创汇,目前全县自营进出口企业发展到30家,外商投资企业发展到15家,全县实际利用外资、自营出口分别增长34.4%和32.5%,被确定为“全省外派劳务基地县”。

(五)大力发展基础设施,塑造城市新形象 把城市作为代表地区形象的最大品牌,大胆尝试社会融资、民间垫资、以地养城、以城建城等经营城市的新路子。2006年以来先后融资1.5亿元进行城市综合开发,供水、供热、排污、绿化、亮化、美化等市政配套设施进一步完善,完成了凤山公园及一批骨干道路改造,开工建设了城市污水处理厂和垃圾处理厂,新城区开发建设开始启动,城市化水平达到45%。高标准完成济菏高速公路连接线、济梁公路、220国道梁山段等国道、省道60公里,县乡和乡村道路900余公里。

(六)大力发展社会事业,切实关注民生 广泛开展了文明创建活动,全县获市级以上文明单位45个、文明村镇9个;积极完善社会保障体系,千方百计扩大就业,全县养老、失业、医疗和工伤保险参保人数合计达到10.6万人,城镇就业再就业率达到97%,困难群众生活得到较好保障。着力加快发展农村公共事业,农村教师工资实现了全县统筹;新型农村合作医疗试点乡镇农民参合率达到90%以上,缓解了农民“看病难”的问题。新农村建设取得良好开端,实现了村村通油路、通客车,自来水普及率、有线电视覆盖率分别达到65.2%和40%以上。努力维护社会稳定,狠抓社会治安综合治理,加强安全生产监督管理,全年没有发生一起有重大影响的刑事、治安案件,没有发生一起重大安全事故。

三、创新与经验

(一)始终坚持以解放思想为先导,更新发展理念,创新发展思路,打破常规创造性地开展工作。坚持把发展作为第一要务,把科学发展作为根本原则,把重点项目建设作为实现跨越发展的突破口,坚持用创新精神培植发展新优势,千方百计壮大县域经济实力。

(二)始终坚持统筹兼顾的原则,促进物质文明、政治文明、精神文明和社会文明协调发展和共同进步。坚持把人民群众利益放在首位,努力实现好、维护好、发展好最广大人民群众的利益,让人民群众共享改革发展成果。坚持稳定压倒一切的方针,为改革发展创造良好社会环境。

(三)始终坚持加强和改进党的建设,以保持党的先进性提高执政能力,以深化“三个体系”建设推动工作落实,以实绩实效赢得人民群众拥护,以良好的党风政风营造风清气正的社会环境,为促进梁山发展提供坚强保证。

附:(一)梁山县委记、副书记、常委名单

书　记:商建设

副书记:陈国华　冯　冲

常　委:商建设　陈国华　冯　冲　贾存球　玄志祥　王宏伟　冉　舸　樊庆显　魏明凯　秦延信　刘志强

(二)各乡镇党委书记名单

梁山镇	王才力
马营乡	楚宪海
寿张集乡	杨其勇
小安山镇	张广斌
馆驿镇	李保江
韩岗镇	李兆岚
韩垓镇	孙长雨
徐集镇	梁开平
拳铺镇	田福岭
大路口乡	袁东成
小路口镇	李　朋
赵堌堆乡	刘志刚
黑虎庙乡	郭建华
杨营镇	刘超波

泰 安 市

中共泰山区委工作概况

泰山区委书记 张志华

一、组织概况与党的建设

泰山区是泰安市市委、市政府驻地，辖5个街道办事处、2个镇，126个行政村、68个社区。总人口63.37万人，其中农业人口12.51万人，非农业人口50.86万人；共有基层党组织697个，其中党委34个，党总支60个，党支部603个，党员19448名。

（一）切实加强干部队伍建设 一是扎实推进大规模干部培训工作。以区委党校为主阵地，先后举办村（社区）党支部书记培训班、招商引资培训班、中青年干部培训班、商务英语和韩国语培训班等主体班次，进一步提高了全区干部队伍整体素质。开设了领导干部“周末课堂”，利用周末时间，对全区副科级以上干部进行轮训，探索出了一条加强干部经常性教育的新途径。二是认真做好领导班子调整配备工作。坚持“注重政绩、群众公认、适才适位、相对稳定”的方针，配齐配强了各级领导班子。制定出台《关于做好培养选拔少数民族干部和党外干部的意见》，进一步规范了全区少数民族干部和党外干部培养选拔工作。三是加大干部监督工作力度。成立由离退休干部、人大代表、政协委员、党外干部等人员组成的干部监督联络员队伍，制定下发《干部监督工作部内分工协作暂行规定》等文件，落实干部监督联席会议制度，推动了干部监督工作的扎实开展。

（二）切实加强基层组织建设 注重抓好基层班子建设，配齐配强基层党支部书记，面向社会公开选拔了30名优秀青年人才充实到村（社区），进一步夯实了基层基础。“七一”期间，东孙村党支部被省委表彰为全省先进基层党组织，迎暄社区党支部书记张美菊同志被中组部表彰为全国优秀党务工作者。扎实开展“为民服务代理制”试点工作，增强了基层组织的凝聚力、战斗力，其经验在全市予以推广。

（三）切实加强党风廉政建设 区委一班人牢记“两个务必”，坚持执政为民，严格执行中央“八个坚持、八个反对”和“五个绝对不允许”的要求，在全区倡树八个方面良好风气，以班子的实际行动带动了党风、政风的好转。加大查办案件力度，解决了一批群众反映强烈的突出问题，有力维护了社会稳定。对教育收费、医药购销、公路“三乱”等项工作进行了专项治理，切实维护了群众切身利益。在加大源头预防和治理腐败力度的同时，认真落实民主生活会制度、廉政谈话制度和干部离任审计制度，有效防止了各类腐败现象的发生。

（四）切实加强作风建设 改进领导决策方式，重大决策始终坚持以人为本，充分考虑基层和群众利益，注意听取方方面面的意见，严格按规范程序进行决策，确保了决策的民主化、科学化。切实转变作风，倡树“敢谋大事、不惧困难、唯旗是夺、躬行实为”四种风气，全区上下呈现出政通人和、人心思上的良好局面。加大督查力度，不间断强力推进，务求实效，扎扎实实地把各项工作任务落到实处。

二、主要工作与成绩

2006年，全区上下坚持以邓小平理论和“三个代表”重要思想为指导，牢固树立科学发展观，真抓实干，开拓进取，全区经济保持了良好发展势头，精神文明建设、民主法制建设和党的建设迈出新步伐，各项社会事业也都取得了新成就。

（一）全区经济实现既快又好发展 2006年实现生产总值78.95亿元，增长16%；实现地方财政收入4.89亿元，增长30.04%。规模以上工业完成增加值30.7亿元，占生产总值的比重达38.3%。大项目建设成效显著，开工建设了泰开电气、康平纳、东城热电等一批重点项目，全区发展后劲进一步增强。服务业发展不断加快，实现增加值25.63亿元，增长16.3%。新农村建设起步良好，2006年区财政拨付100万元作为新农村建设启动资金，加快城乡统筹发展，促进农业增效，农民增收。

（二）群众切身利益得到充分保障 城镇居民人均可支配收入由7369元增加到11966元，农民人均纯收入由3569元增加到5104元。社会保障、就业再就业、农村新型合作医疗等工作进一步加强，失地农民生产生活得到保障，企业职工权益得到有效维护，城乡困难群众救助水平有了新提高。强化基层基础设施建设，村村通油路、通公共汽车、通自来水工程全面完成。大力开展环境综合整治，城乡面貌明显改观。

(三)精神文明建设取得新成效 广泛开展文明城市、文明村镇、文明行业等群众性精神文明创建活动,以社会主义荣辱观引领社会新风尚,推动"文明泰山区"建设取得新成效,泰山区连续六届被评为"全省精神文明建设工作先进区"。

(四)社会政治稳定 坚持工作重心下移、责任下移、措施前移,综合采取政治、经济和法律等方面措施,努力把问题解决在基层,化解在萌芽状态。狠抓社会治安综合治理,严厉打击各类影响经济发展和社会稳定的黑恶势力、邪教组织和严重刑事犯罪活动,不断增强群众的安全感,2006年,泰山区被省委、省政府评为"平安山东建设模范区"。大力发展民族经济和教育,促进全区各民族团结和睦,被评为"全省民族工作先进区"。加强安全生产监督工作,积极开展安全生产专项整治和检查,确保了人民群众生命财产安全。

(五)形成了团结协调的良好氛围 区各大班子不断改进思维方式、领导方式和决策方式,讲实话、办实事、求实效,抓协调、促进度,抓督查、重考核,独立负责、步调一致地开展工作,形成了团结协调、干事创业的强大合力。

三、创新与经验

(一)确定发展思路 区委、区政府始终坚持以发展为主题,凝心聚力、勤奋实干,努力实现全区经济社会发展的新跨越,进一步确定了"一二三四"的发展思路,即:一个目标:就是把"富民强区"作为第一目标,努力促进全区地方财政收入快速增长。通过卓有成效的工作,在未来五年内,全区地方财政收入在全省的排名年均前进3-5个位次。两大重点:就是从泰山区的实际出发,狠抓泰山工业园区建设和商贸流通业开发。力争通过几年的努力,使泰山工业园区向国内一流园区迈进;通过开发、整合、提高,真正使商贸流通业成为全区经济发展新跨越的重要主导产业。三项工作:就是全力抓好招商引资、工业扩规、商贸提档三个事关全局的着力点,以此把全区经济发展推向一个新阶段。四项制度:就是在全区建立起抓重点项目、抓招商引资的责任制度、调度制度、服务制度、考核制度,靠制度改进工作作风、督导工作落实、促进工作发展,努力在全区上下营造大干的氛围、激发大干的热情、形成快上的局面。

(二)把握四条原则 具体工作中,切实把握四条原则:1.以科学发展观为指导。引导全区上下以科学发展观为指导,追求又好又快,好中求快,严格按照有关政策办事,正确处理好加快发展与自主创新、节能降耗、环境保护的关系,把科学发展观体现在社会发展、改革开放的方方面面。2.以加快发展为中心。牢牢把握加快发展这一中心工作不放松,着力解决经济社会发展中的突出矛盾和问题,千方百计加快发展。3.以大项目建设为重点。坚持抓发展就是抓项目,把抓项目作为经济工作的重中之重,集中精力,靠上攻关,力求在大项目建设上取得新突破。4.以和谐发展为保证。把民生问题作为全区所有工作的出发点和落脚点,每年确定10件关系群众切身利益的实事,全心全意为群众排忧解难,真正取信于民。牢固树立"泰山区稳则泰城稳、全市稳"的思想,围绕"抓大事、干成事、不出事"的总体要求,全力维护社会稳定。

(三)强化四化管理 为加快实现全区经济社会发展新跨越的目标,我们以责任制为总抓手,对各项工作严格实行"项目化、指标化、责任化"管理。一是强化领导责任。区大班子领导及处镇、部门主要负责同志每人认领一个在建大项目和一个招商引资项目,逐人定项目、定指标、定时限、定责任,并实行落地明示制,把经济发展的责任具体量化到每个同志肩上,促进工作落实。二是强化定期调度。对重点项目、招商引资进展情况实行单月小调度、双月大调度制度,采取现场调度、会议调度等形式,让区级领导干部和处镇、部门正职定期汇报形象进度,督促各级带头实干、加快发展。三是强化示范带动。要求各处镇、区直各部门都立足本职抓出1-2个有规模、有档次、有影响的"亮点",并实行"亮点"工作审报制,通过示范带动,促进全区面上工作的顺利开展。四是强化考核奖惩。在各级干部中实行"赛马制",坚持在经济发展一线识别干部、提拔干才,重用想干事、能干事、干成事、不出事的干部。对做出突出贡献的大胆奖励,对工作平平、停滞不前以及无招商引资和项目推进实绩的干部不提拔重用,切实做到奖优罚劣,在全区形成你追我赶、奋力争先、力争上游的良好氛围,确保全区经济社会每年都有一个大的发展。

附:(一)泰山区委书记、副书记、常委名单

书　记:陈　刚(2007年1月离职)
　　　　张志华(2007年1月任职)
副书记:张书盈　赵　斌
常　委:张志华　张书盈　赵　斌　肖和元
　　　　王成金　李殿勤　梁久军　王志亮
　　　　陈庆业　苏宝菊(女)　赵书刚

(二)各街道、镇党(工)委书记名单

岱庙街道	王德玉
财源街道	苏庆华
泰前街道	周　民
上高街道	韩荣泉
徐家楼街道	闫　敏(女)
省庄镇	邹　斌
邱家店镇	徐宗才

中共岱岳区委工作概况

岱岳区委书记 张 斌

一、组织概况与党的建设

岱岳区下设党委41个,其中区直党委24个,乡镇党委、街道党工委17个;设党组11个,党总支165个,党支部1433个;全区共有建制村653个,社区居委会26个,其中,社区党委2个,村党委2个,村党总支12个,村党支部648个;党员45766人,其中,农民党员26036人,非公有经济单位党员3743人,新的社会阶层党员1379人,女性党员6245人。

2006年,区委认真履行管党职责,大力加强党的思想、组织、作风和制度建设,不断增强各级党组织的执政能力和领导水平。

(一)加强区委自身建设 区委一班人坚持讲政治、顾大局,自觉在思想上、政治上、行动上同党中央和省、市委保持高度一致。带头加强学习,在实践中增强新本领,执政能力明显提高。带头坚持党的民主集中制,领导班子凝聚力和战斗力进一步增强。

(二)加强基层组织建设 高度重视村级班子建设,建立健全"预警防瘫"机制,注重培养选拔"两高三带"型干部,推行后备干部"三推双考"制度,村级组织建设水平进一步提高。探索完善保持先进性长效机制,实行"三定双联"制度,明确党员先进性标准和不合格表现,严格落实党性分析和民主评议十二步规程,先进性教育成果得到进一步巩固。

(三)加强干部选拔使用 坚持"四化"方针和德才兼备原则,注重选配"品行端正、能力强、有事业心、干成事"的干部。坚持逢进必考,实行公开选拔,公开选拔了17名优秀年轻干部,招考了80名教师、40名乡镇基层干部。在乡镇党委换届中,坚持标准,严格程序,领导班子结构进一步优化,党委委员大专以上学历的占97.1%。

(四)加强思想政治教育 推行干部培训计划审批、点名调训和领导干部政治理论考试等制度,充分发挥远程教育平台作用,突出"管学用"重点,建立区、乡远程教育培训基地,认真开展"五个好"接收站点创建活动,有力地促进了农民党员整体素质的稳步提高。

(五)加强党风廉政建设 深入开展廉政文化"六进"活动,严肃查处违法违纪案件,去年查处违纪案件94起,党政纪处理93人,营造了风清气正、干事创业的良好政治环境。

二、主要工作与成绩

一年来,区委认真贯彻执行党的路线方针政策,全面落实科学发展观,围绕"工业立区、振兴岱岳、强区富民"战略目标,牢牢把握发展第一要务,努力做到加快发展、科学发展,协调推进党的建设、精神文明建设、政治文明建设及各项社会事业发展,实现了全区经济社会平稳较快协调发展。2006年,实现本区生产总值80.49亿元,同比增长12%;三次产业比例调整为30.3:47.5:22.2。

(一)工业经济快速增长 突出发展工业经济,机械电子、新型建材、精细化工、纺织服装、农副产品加工五大主导产业规模不断扩大,以高科技环保型、资源开发加工型和节能降耗循环型为特征的新型工业体系初步形成。规模工业企业达到180家,比上年增加17家;实现规模工业增加值21.7亿元、利税6.5亿元,同比分别增长27%、74.6%。

(二)三产服务业有了新进展 从完善和提升城镇功能入手,着力培育壮大商贸物流业和特色旅游业,光彩大市场、银座商城东湖店、泰山家园、天马顶旅游度假村、王子狩猎场等项目先后建成运营或正在加快建设,三产服务业规模不断扩大,档次和效益明显提升。实现社会消费品零售总额44.2亿元,增长16%。旅游景区景点发展到11处,旅游接待人数和收入分别增长15%、21%。

(三)招商引资实现新突破 坚持把招商引资作为促进经济发展的第一动力和经济工作的重中之首抓紧抓牢,成功引进了欣诺型钢、泰德重工、养加加果汁、银座城市广场、岱银新宇纺织等一批大项目、好项目。招商引资实际到位资金50.6亿元,增长34.2%,其中新引进项目220个,实际到位资金23亿元,增长31%;合同利用外资、实际利用外资分别增长59.6%、59.5%。

(四)财源建设呈现新局面 坚持开源节流并举,在壮大支柱财源的基础上,着力培植新兴财源和后续财源,狠抓税收征管,强化支出管理,财政收支结构进一步优化。完成地方财政收入26026万元,同口径同比增长14.1%,其中税收收入比重提高到71.7%。同时,在积极争取中央、省、市财政各类转移支付和项目开发建设资金等方面实现重大突破,有效缓解了全区财政压力。

(五)新农村建设取得新成效 按照"因地制宜、科学规划、分类指导、扎实推进"原则,制定实施新农村建设五年规划,壮大农业龙头企业和龙头市场,实施"十村示范、百村提升"和"村村通"、"村村富"工程,推行区级领导干部帮扶困难村和区乡机关干部挂职包村制度,着力为农民办好十件实事,新农村建设初见成效。农民人均纯收入增长6%,农业综合开发项目投资增长26%,沿汶河群众安全饮水工程全部完成,自来水普及率达到84.6%,新建农村户用沼气池3860个,新增市外劳务输出2.27万人,"村村通油路"工程完成96%。

(六)各项事业协调发展 坚持经济社会统筹发展,以"环境建设年"活动为总抓手,不断加强民主法制、精神文明和社会事业建设,政务环境、政策环境和社会环境进一步优化,“平安岱岳”建设成果进一步巩固,干部群众的法制观念和文明意识明显增强,各种遗留问题正在得到逐步化解,科技创新能力和教育质量不断提高,农村合作医疗等各项社会事业协调推进。高考上线人数连续四年保持全市前列,新型农村合作医疗参合率达到85%,城镇新增就业人数增长120%,城镇登记失业率控制在3.5%以内。

三、创新与经验

(一)丰富完善科学发展思路 认真落实科学发展观、正确政绩观和国家宏观调控政策,在继续加大招商引资、项目建设力度,加快工业和服务业发展步伐的同时,更加注重自主创新、节能降耗和环境保护,把规范经济秩序、发展社会事业、优化发展环境、维护社会稳定、关心群众利益、统筹城乡发展等摆上重要位置,指导经济社会发展的思路进一步得到丰富和完善。

(二)积极转变经济增长方式 严格按照市场准入政策引进建设项目,认真督导引进项目完善立项和环评等报建手续,扎实推进节约集约用地,积极鼓励企业采用新技术、新工艺、新设备。特别是泰山·泰安大汶口石膏工业园,按照“科技先导、资源支撑、深度拓展”的指导思想,逐步从单一的石膏开采拓展到石膏粉、石膏板加工及岩盐化工、热电等领域,形成“资源－产品－废弃物－再生资源”式的循环经济发展模式,资源循环利用水平显著提高。

(三)不断加快企业改革改制 引导企业积极开展管理创新活动,引进企业经理人和管理人员,优化法人治理结构,加快建立现代企业制度。积极引进先进经验,结合实际,大胆创新,形成了岱银山口跟进管理等独特管理模式。实施名牌战略,新培植了“天普牌”太阳能、“金塔王牌”水泥、“鲁枰牌”银杏茶等新品牌。深入开展企业改制,金鸡毛巾厂、棉麻公司等企业改制遗留问题得到集中处理,12个单位的改制工作稳步推进。

(四)探索建立基层组织建设长效机制 实施“强基固本”工程,探索实行村班子“星级化”管理制度,把农村党组织建立在产业链点上,夯实了农村党建的基础。实施“双示范”工程,建立社区党建工作联席会议制度,完善社区党建目标责任体系,社区党建工作形成强大合力。实施“先锋”工程,完善党员干部教育培训和管理监督机制,加大先进典型培树和宣传力度,党员干部队伍整体素质普遍提高。实施“凝聚力”工程,狠抓新经济社会党组织组建、党员队伍建设、党建工作帮扶、示范带动和党组织作用发挥,“两新”组织党建工作取得新成效。

(五)深入推进行政审批制度改革 全面清理规范行政审批事项,强力推行集中审批进大厅,进一步规范审批程序,完善监督机制,强化服务意识,提高办事效率,初步建立起行为规范、运转协调、公正透明、廉洁高效的行政审批工作机制。同时,进一步转变政府职能,加强机关作风建设;认真清理规范各项政策性规定,严格执行国家政策规定;深入开展“平安岱岳”创建活动,认真做好信访稳定和安全生产工作,全区发展环境进一步优化。

附:(一)岱岳区委书记、副书记、常委名单

书　记:张　斌

副书记:王永征　苗丰平

常　委:张　斌　王永征　苗丰平　张京洲　黄正玉　刘兆泉　黄东葵　宋海林　孙洪英　尚汶静　李效军

(二)各乡镇、街道党(工)委书记名单

粥店街道	张宗起
天平街道	刘　琳
山口镇	张　军
大汶口镇	孙启印
黄前镇	孙凤海
下港乡	于学军
祝阳镇	李　侠
范　镇	袁义明
角峪镇	吴　民
化马湾乡	赵永生
徂徕镇	李振华
良庄镇	李道明
房村镇	张广闻
马庄镇	金　飞
满庄镇	杨荣和
夏张镇	韩正文
道朗镇	敬成龙

中共新泰市委工作概况

新泰市委书记　辛显明

新泰市面积1946平方公里，人口136.2万，辖20个乡镇办事处，1个省级经济技术开发区，917个村居。2006年，新泰市委坚持以科学发展观统揽全局，紧紧围绕建设经济强市目标，团结带领全市各级党组织和广大干部群众，拼搏奋斗，扎实苦干，各项工作都取得了显著成绩。全市实现生产总值284亿元，同比增长22.1%；境内财政总收入达到33亿元，同比增长41.7%，其中地方财政收入13.1亿元，同比增长30.1%。2006年新泰首次跨入了全国百强县行列，居第68位；在全国县域经济基本竞争力百强中居第38位；被评为全国首届和谐中小城市示范县市，列第31位。在2005年全省县域经济社会发展综合考核中，新泰居30强前5名；被评为全省十强竞争力县市，居第3位。

一、组织概况与党的建设

全市共有党员59738名，其中在岗职工党员22634名，农村党员31136名；设72个党委，其中机关事业单位党委28个，乡镇办事处党委20个，村级党委8个，企业党委15个；设党总支195个，党支部2104个。

2006年，市委以执政能力建设和先进性建设为根本，全面推进党的建设，为干事创业、加快发展提供了坚强的政治保障。

（一）着力抓好市委班子自身建设　市委高度重视思想政治建设，切实加强对邓小平理论、“三个代表”重要思想、科学发展观、构建和谐社会、建设社会主义新农村等重大战略思想的学习教育，在思想上、政治上、行动上与党中央保持高度一致，确保了上级党委的各项决策部署在新泰区域内得到了不折不扣地贯彻落实。

（二）切实加强干部队伍和基层组织建设　以“三级联创”活动为载体，大力推进“强基富村”工程，基层党组织的凝聚力、战斗力、创造力明显增强，党员干部队伍的整体素质明显提高，全市55%的乡镇党委和62%的村党组织达到了“五个好”创建标准。大力弘扬干事创业精神，坚持在发展中考察、识别、选用干部，培养造就了一支想干事、会干事、干成事的高素质干部队伍。

（三）高度重视党风廉政建设　以党风廉政建设责任制为总抓手，切实抓好领导干部廉洁自律、查办违法违纪案件和纠正行业部门不正之风三项工作任务的落实，积极推进廉政文化建设，推进制度创新，建立健全了教育、制度、监督并重的惩治和预防腐败体系，有效遏制了腐败问题的发生。省、泰安市多次召开现场会议，推广经验做法。

二、主要工作与成绩

（一）突出工业主导地位，打牢经济持续跨越发展的强力支撑　进一步强化项目、投资对资源整合、结构调整、产业集聚的载体作用及龙头带动作用，按照突出重点、有保有压的方针，加快推进符合国家产业政策和要求的大项目建设，着力培植壮大煤电化、电缆电线、精细化工、新型建材、机械纺织五大主导产业。2006年全市规模以上工业完成增加值172.4亿元，实现销售收入481.3亿元，利税68.8亿元，同比分别增长了26.9%、27%和35.9%，全市销售收入过亿元的企业达到82家，利税过千万元的企业达到127家。

（二）加快城市和园区建设，增强对区域发展的集聚辐射功能　把城市作为区域发展的龙头，作为聚集生产要素、吸引外来投资的重要载体来抓，加强城市规划、建设和管理，有力地增强了对经济社会发展的承载力和辐射带动力。精心打造生态型、现代化山水园林城市，重点实施了城市基础设施及道路、绿化、亮化、净化、旧村改造工程。城市建成区面积达到56平方公里，建成区人口达到45万人，城区绿化覆盖率达到43.5%，城中旧村改造率达到75%以上。按照“工业园区化、园区城市化、城市产业化”的发展思路，加快“一区九园”建设。市开发区建成区面积达到19平方公里，进区项目179个，被评为全省县域经济十大规模企业聚集园区，列第一位。9个乡镇民营经济聚集区共完成开发面积16.5平方公里，进区项目582个。坚持以贸兴城，大力发展现代服务业。总投资23亿元，兴建了鲁中五金商贸城、平阳国际商业中心、银座商城、荣峰国际大酒店等一批商贸物流项目和酒店餐饮项目。莲花山旅游开发已完成投资3.1亿元，建成了省内短线游的热点景区，被评为全省十大最具竞争力景区。

（三）加强自主创新、节能降耗和环境保护，切实转变经济增长方式　大力推进科技创新，全市高新技术企业发展到118家，其中国家级4家，省级38家，规模以上高新技术企业86家，2006年高新技术产业产值占规模以上工业总产值的比重达到27.5%。严格落实节能降耗和污染减排目标责任制，突出抓好煤炭、电力、化工、建材等重点行业和60户重点企业的节能降耗，深入开展了创建国家环保模范城市活动，全市万元GDP能耗、电耗、耗水量等主要指标下降幅度均高于全省、泰安市平均水平，“创城”的30项指标已有26项达到要求。

（四）扎实推进新农村建设，促进城乡统筹协调发展　把新农村建设作为统筹城乡经济社会发展的总抓手，大力实施工业化、城镇化、农业产业化“三化”带动，城乡一体发展的路子。把发展现代农业作为首要任务，重点培植了蔬菜、畜牧、林果花卉、食用菌、桑蚕五大主导产业,全市规模以上农业龙头企业达到68家。从解决好群众最关心、最直接、最现实的利益问题入手,加强农村路、水、电、气、医、学、社会保障等基础设施和公益事业建设,2006年市乡财政对"三农"的投入达到5.44亿元,全面完成了农村中小学危房改造和布局调整,基本普及了高中段教育,高考成绩连续十年保持全省前列;全面实现了村村通油路、通客车,90%的行政村通上了自来水,95%的农民参加了新型农村合作医疗,高标准新建、改造了20处乡镇敬老院,80%的农村"五保"人员得到了集中供养。

三、创新与经验

(一)牢固树立和认真落实科学发展观,坚定不移地加快发展 始终把发展尤其是经济发展作为强市富民的第一要务,用建设经济强市目标凝聚全市上下的智慧和力量,以经济的持续跨越发展支撑和保障统筹发展、和谐发展,全市经济实力显著增强,统筹发展的能力不断提高,赢得了改革发展稳定的大好局面。

(二)把实现经济跨越发展的突破口和落脚点放在工业立市、工业强市上 提出并确立了"重点是工业、关键是项目、支撑在投入、根本在效益"的经济发展思路,按照项目—项目群—产业—产业群的发展模式,集中力量新上一批符合国家产业政策、环保节能政策、能够持续提供税源、扩大就业的大项目、好项目,推动经济加速发展,调整优化工业结构。

(三)始终把城市和园区建设作为区域经济发展的龙头和载体来抓 按照"工业园区化、园区城市化、城市产业化"的思路,大力推进城市和园区建设,有效聚集了各种资源和生产要素,培植和带动起了二三产业的快速发展,有力地增强了对经济社会发展的承载力和辐射带动力。

(四)大力实施"县域经济民营化、民营经济特色化、特色经济产业化"发展战略 放手放胆放开发展民营经济,民营经济实缴税金12.4亿元,对地方财政的贡献率达到70%以上,形成了起重机械、精细化工、新型建材等在全国、全省具有一定知名度和竞争力的特色产业。

(五)倍加珍惜团结、倍加维护稳定,努力营造风正气顺心齐劲足的良好环境 市委把营造良好的工作环境作为履行职责的重要内容,作为干事创业、加快发展的重要保障。高度重视和加强市委常委班子、市几套班子、新老干部、上下级的团结,以领导班子、领导干部的团结带动方方面面的团结。高度重视和加强社会稳定工作,抓基层、打基础,注重从源头上、根本上解决问题,实现了"不出事、快发展"。

(六)始终把求真务实、真抓实干作为工作的着力点来抓 市委在全市干部队伍中大力营造"拼上豁上、真抓实干,唯先必争、唯旗必夺,干上去光荣,干不上去可耻"的浓厚氛围,并反复强调县乡村基层干部的主要职责就是抓执行、抓落实、抓具体问题的解决。各级领导干部尤其是主要负责同志扑下身子,带头拼搏实干,从而带起了队伍,带动了全市上下、方方面面的力量干事创业。

附:(一)新泰市委书记、副书记、常委名单

书　记:辛显明

副书记:孙丰刚　张道民　张成伟　孙庆华　任广军(挂职)　林志强(挂职)　丁翊强(援疆)

常　委:辛显明　孙丰刚　张道民　张成伟　孙庆华　任广军(挂职)　林志强(挂职)　丁翊强(援疆)　苗丰平　白建新　赵敬利　田志云　董靖华　王志翔　周凤芹(挂职)　张德臣

(二)各乡、镇、街道党(工)委书记名单

青云街道办事处	陈星涛
新汶办事处	成　刚
翟　镇	李同彬
泉沟镇	臧志强
羊流镇	马守元
果都镇	曹兴水
西张庄镇	万传宜
天宝镇	郭信波
楼德镇	毛成军
禹村镇	王延彪
宫里镇	王振湖
谷里镇	林铁军
小协镇	夏　昕
刘杜镇	刘登亮
岳家庄乡	张伟贞
石莱镇	李东泉
放城镇	苏宝菊
东都镇	王作东
汶南镇	赵文坡
龙廷镇	姜立华

中共肥城市委工作概况

肥城市委书记 张瑞东

一、组织概况与党的建设

肥城市总面积1277平方公里，辖14个乡镇、办事处和1个省级高新技术产业开发区，607个行政村，96.5万人。全市有57个基层党(工)委，1764个总党支、支部，党员48080名；其中新型经济社会组织中总党支、支部724个，党员8362名。

2006年，在省委和泰安市委的坚强领导下，在省、市有关部门的支持帮助下，以加强执政能力和先进性建设为主线，全面加强党的建设，为“建设世上桃源、构建和谐肥城”提供了坚强组织保证。

(一)坚持把理论武装放在首位，大规模培训干部 认真贯彻《干部教育培训工作条例(试行)》，发挥市乡党校主阵地作用，大规模培训干部8112人次，其中农村党支部书记全部轮训一遍，广大干部的素质能力显著提高。

(二)以加强思想政治建设和提高领导能力为重点，大力加强领导班子和干部队伍建设 贯彻党管干部、党管人才方针，抓牢思想观念、制度建设两个关键，加强党政干部、村支部书记、企业家、专业人才“四支队伍”建设。坚持正确选人用人导向，顺利完成了乡镇党委换届。认真落实“一法、一纲要、三条例和十一个法规性文件”，全面推进干部人事制度改革，推行了干部署名推荐制、考察责任制、重点考察预告制等，增强了干部选拔工作的准确性和透明度。深入实施“人才强市”战略，1人被评为省有突出贡献中青年专家，10人被评为肥城市首席技师。

(三)深化党建“系统提升工程”，大力加强基层组织和党员队伍建设 拓展“三级联创”活动，夯实党的执政基础。石横镇党委被评为全国先进基层党组织。深化农村党建“递进培养工程”，“两委”干部中致富能手占92.1%。机关党建“动力工程”深入推进，服务水平和办事效率明显提高。企业党建“凝聚工程”卓有成效，“七比七看”活动被省党建研究会推广。社区党建逐步加强，成效明显。推广了党性评析会、不合格党员认定处置案审制等措施，建立远程教育课件点播系统，开展“弘扬先进性、建好新农村”活动，激发了广大党员的责任意识，形成了推进发展的强大合力。

二、主要工作与成绩

全市经济社会发展取得显著成就，是综合实力提升最快、城乡面貌变化最大、社会建设成效最好、群众得到实惠最多的时期之一。

(一)综合实力跃上台阶 2006年完成生产总值244.5亿元，是2002年的2.23倍，年均增长22.2%；地方财政收入10.3亿元，是2002年的2.3倍，年均增长23%。跨入全国综合实力百强，名列86位，三年提升57个位次；跃入中国中小城市综合实力百强，名列75位；全国县域基本竞争力百强中列63位。

(二)群众生活得到改善 城镇居民人均可支配收入和农民人均纯收入分别达到11061元和5251元，比2002年增加4864元、2012元。城乡居民储蓄余额84.9亿元，人均比2002年增加3388元。

(三)质量效益显著提高 规模以上工业主营业务收入、利税、利润达到381亿元、41.5亿元和19.5亿元，分别是2002年的5倍、6.2倍、8.2倍。新增有机菜2.1万亩，总面积14.3万亩，成为全国最大有机菜种植和加工出口基地。有机菜、肥城桃、“两菜一粮”、干鲜果品、用材林“五个10万亩”规模扩大。粮油、蔬菜、果品、畜禽、木材“五个加工体系”配套成龙。新增规模农业龙头企业13家，总数63家。社会消费品零售总额67.9亿元，是2002年的1.98倍。

(四)发展后劲不断增大 市乡工商企业改制全部完成，盘活资产32亿元。新上投资2000万元以上项目197个，完成工业投入107.5亿元。投资25亿元的2×30万千瓦发电机组2007年“双投”，年增地方收益4000万元，2×100万千瓦机组列为国电重点投资项目，目前正在加紧做好前期各项工作；投资20亿元的泰聊铁路列入省政府建设计划；投资8亿元的21.5万亩高产示范田建设、20万亩中低产田改造、5万亩塌陷地开发3个土地项目全面实施。

(五)各项工作全面进步 加强党的建设、精神文明建设和民主法制建设。平安肥城、诚信肥城、效能肥城、文明肥城创建成效明显。道德评议会、鲜花送文明活动被中组部、中宣部列入党员干部现代远程教育教材和公民道德典型范例。先后被评为全国新农村建设明星市和计划生育优质服务、“万村千乡”市场工程先进市，全省民营经济、农业产业化、农民增收、就业再就业、公路建设、农村饮水解困、农田水利建设先进市，全省首批农村基层组织建设、精神文明建设、创建文明城市、平安山东建设、信访工作先进市和全省国土资源执法、双拥工作模范市。

三、创新与经验

(一)持续解放思想，更新发展理念 牢牢把握科学发展，增强政治坚定性；立足实际率先发展，发挥积极主动性；全面协调和谐发展，体现内在规律性，以“三个发展”感召群众、凝聚力量。确立“2010年率先基本建成全面小康”的近期目标和“建设世上桃源、构建和谐肥城”的远景目标，赋予

"富庶之乡、秀美之地、文明之域、和谐之城"的时代内涵。以总体规划和专项规划为指导,确保了产业结构的科学布局和资源要素的合理配置、转型升级。

(二)加大招商投入,增强经济实力 突出资源招商、产业招商、专业队伍招商和企业主体招商,着力引进科技含量高、资源消耗少、环境污染小、产业链条长、对地方贡献大的项目。2006年引进各类新上项目436个,到位资金76.3亿元,实际利用外资1.2亿美元,分别增长19.1%、61.6%;进出口总额2.5亿美元,出口1.66亿美元,分别增长22.5%、38.4%。

(三)突出工业强市,提升竞争能力 改造提升传统产业。能源电力、冶金机械、精细化工、新型建材、纺织服装、食品加工六大产业完成投入86亿元,占全市工业投入的80%,主营业务收入和利税占全市规模工业的94.1%和91.6%。主营业务收入过亿和利税过千万的企业71家和72家,2家进入省工业200强、8家进入泰安工业30强。新增国家名牌2个、省名牌3个,阿斯德化工成为"山东省十大影响力品牌"之一。甲酸、纤维素、工程驱动桥、锚杆钢筋等产品占据国内国际较大市场。突出打造板块经济。高新区通过了国家发改委首批审核,落地过亿元项目21个。石横镇被联合国工发组织确定为中国"中小城镇可持续发展国际示范项目"。汶边板块精细化工、机械加工、石膏产业蓬勃兴起。高度重视节能环保。新上项目环评及"三同时"执行率均达100%;工业废水和烟尘排放达标率100%和98.1%。做执行土地政策和节约集约用地"两个模范",铺开土地整理项目55个,新增耕地2019亩。发展循环经济,企业利用固体废渣上升10%;万元GDP能耗下降5%;省级资源综合利用企业20家。科技对经济增长的贡献率达到57.2%,高新技术产业产值比重提高2.24%。

(四)加快城市建设,发挥"龙头"作用 按照省政府批准的城市规划,以创建园林城市为抓手,以"显山、露水,见城、透绿,赏花、品桃"为特色,高标准建设管理城市。城区规划面积达到38.3平方公里,人口20.6万人,成为省级园林城市。完成龙山河公园、白云山公园、康王河湿地公园等10个绿化美化工程。城市功能环境的改善带动了三产服务业升级。建成四星级酒店1家,超万平方米超市10家;互联网用户3.5万户。成功举办了第六届桃花旅游节。

(五)统筹城乡发展,扎实建设新农村 发展农村经济。乡镇级财政收入达到3.4亿元,同比增长48.1%。农民收入中非农收入占60%以上。86%的村有集体收入项目,年收入过百万的22个。搞好城镇建设。14个乡镇完成新一轮规划,6个乡镇成为省级环境优美乡镇,王瓜店镇成为全国环境优美乡镇;176个城中村、镇中村、压煤搬迁村和基础较好村加快改造。建好路、水、林、教育医疗、社会保障、社会服务"六网"。四年投资12.06亿元新建改造公路1516.1公里,提前5年实现了"五纵五横"路网规划,达到了乡镇通二级路、村村通等级路,行政村通客车率100%;农村饮水工程全面竣工,70万农民吃上了卫生水;新植树木1046万株,四年植树4000多万株,森林覆盖率30.7%;教育教学质量提升,高考成绩实现突破,一榜上线达4238人,上线万人比列泰安市第一位;农村常住人口新型合作医疗参合率99%,受益60.7万人次;完善农村保障机制,适龄农民养老保险参保率67.4%;乡镇建立行政审批代理中心;乡村设立了300多家放心店。统筹协调全面发展,人民群众得到了实惠。全市呈现出风正气顺心齐、团结和谐稳定、奋力共谋发展的良好局面。

附:(一)肥城市委书记、副书记、常委名单

书　记:张瑞东

副书记:单传海　刘钦海

常　委:张瑞东　单传海　刘钦海　何敬鹏
韩志强　田志云(女)
赵　宏(女)　赵燕军　王新民
李华民　陈继勤(挂职)
班福忠(挂职)

(二)各乡镇、街道办事处党委书记名单

新城街道办事处	邹家强
老城镇	蔡莉霞(女)
潮泉镇	辛　涛
王瓜店镇	侯庆洋
湖屯镇	尚晓兵
石横镇	杜玉江
桃园镇	韩立新
王庄镇	李向东
仪阳乡	于京山
安临站镇	王爱新(女)
孙伯镇	李福杰
安驾庄镇	王志勇
边院镇	王　华
汶阳镇	宁洪法

中共宁阳县委工作概况

宁阳县委书记 刘卫东

一、组织概况与党的建设

宁阳县共有53个基层党委,123个党总支部,1438个党支部,41798名党员,其中,乡镇党委12个,行政村(社区)党支部561个,农村(社区)党员29709名。

(一)切实加强领导班子和干部队伍建设 严格落实班子配备改革要求,乡镇党委换届工作取得圆满成功;推行乡局级领导班子和领导干部绩效考核制度,对排名三、四类的领导班子和领导干部分别进行了调整、谈话;实施"企业人才补源"工程和企业高管人才素质提升计划,成立宁阳县青年企业经营管理者协会;实施"高层次人才健康保障工程",激发了各类人才服务经济建设的热情。

(二)切实加强基层组织建设 深入实施村级集体经济"培强扶弱递进"工程,目前,全县566个村(社区)中,已有564个集体经济收入达到3万元以上;认真搞好村级活动场所建设,县财政和县管党费配套投入资金137.82万元,为40个无办公场所的村全部新建了办公场所。健全完善了农村党支部书记星级化管理和养老保险制度,探索推行了以"规范村级工作运行程序、规范农村干部执政行为"为主要内容的"双规范"制度。扎实推进远程教育工作,建立了"四联一共"、"四校合一"运行机制和"1+4"学用模式,建成省级规范化站点3个、市级5个。

(三)切实加强党的先进性建设 全县71家规模以上非公有制企业全部建立起党组织,党员作用得到较好发挥;落实农村党员"先进性档案"管理制度和民主评议制度,全县共评议出适应支部1414个,评出优秀党员7122人。

二、主要工作与成绩

2006年,宁阳县认真实践"三个代表"重要思想,牢固树立、认真落实科学发展观和正确的政绩观、群众观,按照"四三二一"的总体思路要求,围绕"五个不动摇、五个大突破"的目标任务,继续坚持把招商引资作为经济工作的重中之首,工业经济作为重中之重,同时大力发展民营经济、农村经济和城镇载体建设,抓机遇促发展,抓调整促增长,抓统筹促协调,全县经济社会始终保持了又好又快发展的态势。全县实现生产总值99.38亿元,地方财政收入3.6亿元,分别增长18.8%、30.3%;在岗职工平均工资11011元,农民人均纯收入4048元,居民储蓄存款余额39.5亿元,分别增长12.3%、9.4%、17.9%。新型农村合作医疗、农民合作组织发展和劳务输出作为三大"宁阳模式"在全国推广。省政府把宁阳确定为全省解决"水电路医学"问题工作突出的十个典型县之一。先后荣获全国新型农村合作医疗先进试点县、全国劳务输出先进单位、全国优质粮食基地县、平安山东建设先进县、全省双拥模范县、全省粮食生产先进县、全省计划生育协会先进县、全省党员教育工作先进县、全省统战工作先进单位、全省信访工作先进县、全省科普示范县、全市维护社会稳定工作先进县、全市经济工作先进县市区等殊荣。

(一)坚持把招商引资作为经济工作的重中之首不动摇,在合理开发利用资源、拉长产业链和利用外资上实现了大的突破 大力实施产业招商和分区域蹲点定向招商,突出抓好对上争取和利用外资,招商引资的规模、质量和效益明显提升。2006年,全县招商引资到位资金41.3亿元,增长35.7%,累计引进各类项目392个,其中过亿元大项目21个;对上争取资金4.2亿元,实现了比2005年翻番的目标;合同利用外资1.71亿美元,实际利用外资8854万美元,分别增长123%、80.4%。

(二)坚持工业经济重中之重的地位不动摇,在上大项目、好项目,加速壮大骨干企业、产业集群、培植利税大户上实现了大的突破 2006年,全县新上、续建投资1000万元以上项目234个,5000万元以上的114个,过亿元的41个。围绕化工、煤炭、汽车配件、轻纺、建材、农副产品加工六大主导产业,纵抓产业链条延伸,横抓群体聚集膨胀,六大主导产业实现销售收入、利税、利润分别占全县工业的82.3%、82.7%和83.2%,主导地位进一步凸显。全县规模以上工业企业达到183家,销售收入过亿元的企业22家,利税过千万元的企业25家;工业销售收入首次超百亿元大关,达到111.2亿元,增长56.6%。全县有67家企业被认定为市以上高新技术企业,高新技术产品达到117个。

(三)坚持"九高"要求、全面提升城乡建设水平不动摇,在完善功能、创新机制上实现了大的突破 围绕争创全省生态园林城市目标,加大"经营城市"力度,创新管理机制,增强城市功能。城市详细规划覆盖率达到80%以上。投资9亿元开工建设了七贤路、金阳大街、建设路、文化街、弘盛现代城、阳光景园小区等"五路、七区、两河、两网、一场"17项重点工程,是历年来城市建设开工项目最多、涵盖面最广、投资规模最大、面貌变化最明显的一年。目前,县城建成区面积达到16.96平方公里;园林绿化、人均公共绿地、城市住宅面积、道路长度分别达到180万平方米、6.8平方米、256万平方米、53.5公里。各乡镇、村容貌都发生了很大变化,生活环境明显改善。

(四)坚持大力发展民营经济不动摇,在启动千家万户搞民营、迅速增加规模以上企业上实现了大的突破 扎实开展"民营经济服务年"活动,深入推进"扶优递进"工程,一手抓"铺天盖地",一手抓"顶天立地"。2006年,全县民营经济总户数突破万户,从业人员13.6万人,注册资金10.2亿元;民营经济完成增加值64.41亿元,占全县生产总值的比重达到64.8%,分别增长33.1%、7.5%;实缴税金4.39亿元,增长37.3%,占国、地两税的比重达到78%,提高6.5%,总量、增幅分别列全市六个县市区第3位和第2位;规模以上民营企业总数达到169家,年纳税过500万元的9家,其中过1000万元的7家。

(五)坚持农业在国民经济中的基础地位不动摇,在建设社会主义新农村、增加农民收入和发展壮大乡村集体经济上实现了大的突破 在2个乡镇、20个村列入市"一县十镇百村"新农村建设试点的基础上,又筛选6个班子强、集体经济实力雄厚、发展后劲足的村着力培植,带动了全县新农村建设的扎实开展。农业结构调整步伐加快,产业化水平不断提高。2006年,21个品种获得省级无公害农产品认证,面积62.4万多亩;奶牛存栏2.01万头;蔬菜专业村达到57个,养殖专业村240个,农副产品加工专业村36个,桑蚕专业村76个。年销售收入过500万元的农业龙头企业达到15家,带动农户4.85万户。大力实施"培强扶弱递进"工程,培植壮大乡村财源。年集体收入过10万元的村达到256个。把劳务输出和发展合作组织作为农民增收的有效措施来抓,在外农民工16万人,累计有6万多人回乡创业。农民合作组织达到278个。

三、创新与经验

(一)实现又好又快发展必须始终认真抓好发展这个党执政兴国的"第一要务" 我们始终坚持把对上负责和对人民群众负责高度统一,坚决在思想上政治上行动上与党中央和省、市委保持高度一致,紧密结合实际创造性地开展工作。咬定发展不放松,一切力量聚合于发展,一切工作服务于发展,用加快发展的奋斗目标鼓舞士气,用加快发展的实际成果坚定信心。

(二)实现又好又快发展必须牢记并实践好"经济是最大的政治"、"稳定压倒一切"这两句话 我们始终坚持发展是政绩、稳定也是政绩,正确处理改革发展稳定的关系,正确处理各种利益矛盾,以稳定保发展,以发展促稳定,在前进的道路上干得更好更实、赶得更快更近、走得更宽更稳。

(三)实现又好又快发展必须坚持"三个文明"一起抓 我们始终坚持正确处理物质文明、政治文明和精神文明的关系,努力做到"三个文明"相互协调、相互促进、和谐发展、齐头并进,在解放思想、加快发展中凝聚了人心,统一了思想,团结了各方面的力量,在全县营造了风正气顺心齐、团结和谐稳定、求实开拓创新的喜人环境和局面。

(四)实现又好又快发展必须坚持"四项建设"协调推进 科学发展不是经济建设的单兵突进,而是涵盖了经济、社会、政治、文化建设的整体协调。始终坚持以经济建设为中心,全面推进"四项建设",实现了经济社会同步发展,速度质量并重提高,城乡区域互动协调,人口资源环境良性循环,在良性互动中谋求了科学发展、社会全面进步。

附:(一)宁阳县委书记、副书记、常委名单

县委书记:刘卫东

县委副书记:尹晓民 董世武

县委常委:刘卫东 尹晓民 董世武 徐鑫 王骞 朱立辉 张庆峰 苗明峻 李为群 史书超 肖玉果

(二)各乡镇党委书记名单

乡镇	党委书记
宁阳镇	王耀辉
泗店镇	董峰
东疏镇	张涛
鹤山乡	石玉奎
伏山镇	刘明
堽城镇	刘景涛
蒋集镇	侯卫国
磁窑镇	王国强
华丰镇	柳齐鲁
东庄乡	董骞
葛石镇	马新华
乡饮乡	桑逢杰

中共东平县委工作概况

东平县委书记 朱永强

一、组织概况与党的建设

东平县有基层党委51个,基层党支部1497个,党员38798人。2006年,在上级党委的正确领导下,县委坚持以"三个代表"重要思想和十六届五中、六中全会精神为指导,以科学发展观统领全局,以加强执政能力建设和先进性建设为重点,解放思想,创新思路,全面加强和改进党的建设,为经济社会发展提供了强有力的组织保证。

(一)加强领导班子和干部队伍建设 先后举办"建设

社会主义新农村”研讨班和“学党章”、“树立社会主义荣辱观”等报告会，邀请国内一流专家教授授课，提高了领导干部整体素质。深化“一学两争”活动，形成了创新发展，争创一流的局面。圆满完成了乡镇党委换届工作，启用了一批学历层次较高的优秀年轻干部。乡镇党委班子成员平均年龄34.5岁；第一学历全日制本科的39名，占35.5%。强化干部监督制度建设，县委组织部被中组部确定为干部监督工作联系点。

（二）推进“双强”农村党支部书记队伍建设 开展以“学先进，争‘双强’，做建设社会主义新农村带头人”为主要内容的“学争做”活动，对“十佳”、优秀“双强”农村党支部书记进行表彰奖励，提高了农村党支部书记素质，激发了干事创业的热情。同时，完成了149个村级组织办公和活动场所建设。

（三）探索“人才强村”的基层组织建设新路子 建立乡土人才库，成立乡土人才协会，为乡土人才发挥作用搭建了平台。截至2006年底，全县乡土人才新上项目1925个，有1210名优秀乡土人才被发展入党，751名优秀乡土人才党员进入村“两委”班子，其中240名特别优秀的被选举为村党支部书记。乡土人才队伍建设的经验做法得到中组部的推广。

（四）加强党员队伍先进性建设和教育管理 实施“万名党员培训工程”，对党员进行分类培训，共培训党员10000多名。强化入党积极分子培训，对800余名入党积极分子进行了分期集中培训。深化“党日”活动、“共产党员示范街”、“五型机关”创建活动，推动了党的活动经常化、制度化。加强非公有制企业党组织组建工作，全县有134家规模以上非公有制企业建立了党组织。

（五）扎实做好远程教育工作 建成“四网一频道”（省组织系统专网、东平党建网、内部办公网、东平组织系统专网，“东平党建”电视频道），拓宽了党建平台。开展“十好站点”创建活动，建成省级规范化站点2个，市级规范化站点5个。加强电教工作，参评的纪录片、电教片获全省二等奖和全市一等奖。

二、主要工作与成绩

全年完成生产总值90.2亿元，同比增长20.7%；全社会固定资产投资51亿元，增长20.3%；地方财政收入3.1亿元，同口径增长30%；社会消费品零售总额27.7亿元，增长16.6%；农民人均纯收入达到3596元，增长14.2%。各项社会事业快速发展，精神文明与民主法制建设深入推进。

（一）工业实现新跨越 始终把工业作为立县之本、强县之基，通过改革改制、招商引资、技改扩规，着力打造矿产开发、亚麻纺织、化工、造纸、机械制造、农副产品加工六大主导产业，搭建工业发展主框架，实现了工业经济扩总量、上水平、增效益，做出了工业经济的规模、实力和后劲。全县16家改制企业均实现扩产扩规、增量增效。全年引进项目646个，到位资金51.9亿元，增长43.6%。引进建设了总投资均达到10亿元的九州钢业、兆宇钢业，先后开发了金牛铁矿、宏达铁矿、建龙铁矿，实现了钢铁产业和地矿资源开发的历史性突破。引进新上了泽生秸秆发酵乙醇、国信生物蛋白等一批高新技术企业，实现了高新技术产业从无到有的跨越。实施了瑞星化工、东岳橡胶、九鑫工具等一批技改扩规项目，骨干企业规模快速膨胀，效益持续攀升。县工业园区被批准为省级工业园区。全县规模以上工业企业达到166家，销售收入过亿元的企业达到15家，分别比上年增加17家和5家；规模以上工业企业实现增加值29亿元、主营业务收入112.4亿元、利税9.9亿元、利润6.8亿元，同比分别增长29.4%、54.1%、47.1%、46%。

（二）新农村建设深入推进 把新农村建设作为“三农”工作的总抓手，坚持点上抓示范，面上抓提高，以点带面，分类推进。编制了全县新农村建设规划，突出抓好3个试点乡镇、70个试点村建设，实现了新农村建设的良好开局。围绕培植乡村主导财源，以项目建设为突破口，坚持镇村联动，倡导全民创业。全年镇村新上项目206个，总投资12.4亿元，培植了财源税源，乡镇财政结构得到优化。积极推进农业结构调整，加快农业产业化进程，农业龙头企业达到105家。劳务经济发展迅速，农业科技入户示范工程取得明显成效。党的各项支农惠农政策得到全面落实。

（三）三产服务业蓬勃兴起 坚持政府主导、市场运作，着力培植以旅游业为龙头的第三产业。编制了旅游发展总体规划，实施了重点景区基础设施建设，吸引香港梁氏集团投资1.5亿元开发建设东平湖聚义岛、山寨、水寨等项目。举办了首届东平水浒文化旅游节、罗贯中与《三国演义》、《水浒传》国际学术研讨会，扩大了东平影响，提高了东平旅游知名度，旅游的经济社会效益初步显现。对31家流通企业进行了彻底改制，盘活闲置资产2.3亿元，实现资产收益5017万元，把商贸流通业推向一个新的起点。

（四）城乡基础设施得到加强 围绕建设“蓝天、碧水、青山”绿色家园，加大城乡基础设施和城镇开发建设力度，城乡环境不断优化。修编完善了县城总体规划，开发建设了人民医院门诊楼、杭州花园二期、东平迎宾馆等一批精品工程，实施了城市道路、污水处理、管网改造、环境综合整治等一批重点城建项目，打造了城市亮点，完善了城市功能，城市承载能力明显增强。县城建成区面积扩大到15平方公里，人口发展到11万人。大力实施农村“五通”工程，99%的村实现了通公路、通客车、通电话，70%的村通上自来水，299个村通上了有线电视。

（五）和谐社会建设取得新进展 深入推进“平安和谐东平”建设，扎实开展严打斗争和专项整治活动，妥善处置和化解人民内部矛盾，扎实做好安全生产工作，实现了“三无两确保”目，被评为全省平安建设先进县和全省安全生产工作先进县，加强社会主义荣辱观教育，开展“文明诚信东平”创建活动，连续三届被评为全省精神文明建设先进县，东平镇李范村被评为全国创建文明村镇工作先进村。大力发展科技、教育、文化、卫生等各项社会事业。人口和计划生育工作连年获得全市一等奖,被评为全省计划生育优质服务先进县。

三、创新与经验

(一)坚持行之有效的工作思路 在发展实践中,探索总结出了符合东平实际的发展思路和工作措施,并毫不动摇地坚持下去。在奋斗目标上,始终坚持以建设经济强县目标凝聚人心、引领发展;在工作摆布上,坚持以科学发展观统领全局,突出发展第一要务,统筹推进经济、政治、文化和社会建设;在工作推进方式上,坚持用创新的思维、改革的办法、市场的手段破解发展瓶颈,积极争取上力、借助外力、启动内力,加快经济社会发展。

(二)坚持工业强县不动摇 始终把工业放在县域经济发展的主导地位,大力实施工业强县战略。坚持走新型工业化道路,持之以恒地抓项目、带产业、促发展,培植主导产业,做大工业总量,做出了工业经济的实力和形象,对全县经济的支撑力和带动力明显增强。

(三)坚持经济结构调整这条主线 进一步加大结构调整力度,实现三次产业协调发展;坚持统筹城乡发展,逐步改善城乡二元结构状况;既重投入,又重产出,不断提高产出比例,优化投入产出结构,实现经营效益的最大化;大力实施"科教兴县"战略,不断增强自主创新能力,加快建设创新型社会;坚持发展与保护环境并重,严格新上项目的环境准入,有效控制环境污染和生态破坏,加快建设资源节约型、环境友好型社会。

(四)坚持以人为本、关注民主 始终把人民群众的根本利益放在首位,更加关注民生、重视民生、保障民生、改善民生,让发展成果惠及人民群众。从群众最关心、最直接、最现实的利益问题入手,坚持每年研究确定并办好一批实事,切实让群众感受到发展带来的新变化,促进社会更加和谐。

附:(一)东平县委书记、副书记、常委名单

书　记:朱永强
副书记:陈湘安　张成伟　石云峰(挂职)
常　委:朱永强　陈湘安　张成伟　石云峰(挂职)　刘祥涛　刘思宏　吴爱军(挂职)　吴国庆　张昭印　郭冬云　徐永涛　王长勇　鞠立强(挂职)

(二)各乡镇党委书记名单

州城镇	靳兆宏
东平镇	陈　锋
接山乡	张立国
大羊乡	吴同春
梯门乡	赵华明
老湖镇	蔚大华
旧县乡	董少宏
斑鸠店镇	戴先锋
银山镇	刘景倩
戴庙乡	臧玉海
商老庄乡	魏宏程
新湖乡	瞿　军
沙河站镇	牛之春
彭集镇	李生广

威　海　市

中共环翠区委工作概况

环翠区委书记　王学文

威海市环翠区现辖6个镇、3个街道办事处、190个行政村、71个居委会，面积450平方公里，人口32.8万，海岸线长88公里。2006年，在省委、市委的正确领导下，环翠区委坚持以党的十六大和十六届四中、五中、六中全会精神为指导，牢固树立落实科学发展观，全面贯彻国家宏观调控政策，在解放思想中拼抢机遇，在创新进取中破解难题，全区经济社会呈现出快速健康发展的良好态势。2006年，完成生产总值142.5亿元，增长15.8%；全社会消费品零售总额46.9亿元，增长15.3%；地方财政收入12.76亿元，增长22.44%。党的建设、精神文明建设和社会建设也都取得了新的成绩。

一、组织概况与党的建设

环翠区现有党(工)委54个，党总支41个，党支部824个，党员20234名。一年来，区委围绕推进党的先进性和执政能力建设，着力加强党员干部教育管理，不断增强各级党组织的凝聚力和战斗力，有效推进了党建工作向纵深发展。

(一)积极探索保持党的先进性长效机制　在巩固第一、二批先进性教育活动成果的基础上，通过党校培训、参观学习及远程教学的方式，精心组织了第三批先进性教育活动，探索形成了保持党的先进性长效机制，进一步巩固扩大了先进性教育活动成果，群众满意率达100%。

(二)大力加强干部队伍建设　充分发挥"网上学校"、"干部业校"、"双休日学校"的作用，进一步强化对领导干部的教育培训，有效提高了各级干部的领导水平和驾驭能力。按照"减少职数、改善结构、交叉任职、提高效能"的原则，顺利完成了镇(街道)党委换届工作。

(三)狠抓基层组织建设　以"三级联创"工作为载体，以农村干部任期目标管理为抓手，以农村无职党员设岗定责为依托，进一步完善了"四位一体"的考核评价体系。探索开展了"支部四进"活动，狠抓城市社区和"两新"组织党的建设，全年新建基层党组织39个，进一步扩大了党的工作覆盖面。

(四)积极推进机关作风建设　引导各级各部门牢固树立部门就是服务、领导就是服务的意识，积极为基层和群众提供快捷周到的服务。健全完善了领导基层联系点和包重点项目等制度，鼓励和支持各级干部深入基层，深入群众，现场办公，解决实际问题。广泛开展了"两联一帮"活动，组织65个区直部门联系贫困村，113名领导干部帮扶贫困户，各级各部门先后投入资金261万元，有效地帮助群众解决了实际困难。

(五)全面深化党风廉政建设　认真贯彻中央及省委、市委关于反腐倡廉工作的重大决策和部署，狠抓党风廉政建设责任制的落实，着力构建教育、制约、监督并重的惩治和预防腐败体系。强化源头治理，积极推行了行政审批制度、"收支两条线"制度、投资体制和干部人事制度改革，进一步规范了经营性土地使用权招拍挂工作。认真抓好专项清理和纠风工作，加大举报受理和案件查处力度，有力地促进了党风政风持续好转。

二、主要工作与成绩

2006年，区委认真贯彻中央和省委、市委的部署，按照"实施一大战略，落实三个定位，实现三个目标"的工作思路，团结带领全区干部群众，坚定信心，振奋精神，攻坚克难，加压奋进，以工业化带动城市化，不断优化经济布局，调整经济结构，提高发展质量，推动了经济社会又好又快发展。

(一)加大项目建设力度，培植了一批新的增长点　年初规划了60个重点项目，总投资308.5亿元，当年计划投资97.4亿元。为加快重点项目建设，进一步建立健全了领导干部包项目责任制，成立了区重点项目调度办公室，狠抓工作协调调度，确保了项目建设顺利推进，为区域经济发展蓄足了后劲。

(二)加大政策扶持力度，提升了工业经济素质　深入实施"工业强区"战略，出台了加快企业膨胀促进工业发展的意见，确定了26家重点企业，在政策、资金和服务等方面给予重点扶持，有效调动了企业发展积极性，工业经济呈现出良好发展态势。全区限额以上工业完成销售收入244.7亿元，利税22.1亿元，分别增长24.5%和18.3%，工业用电量达到6.59亿度，增长36.5%。

(三)加大招商引资力度,提高了开放层次和水平 积极抢抓国际资本转移和国内南资北上的有利机遇,充实了驻韩办事处力量,设立了驻东莞办事处,加强与国内外企业协会的衔接沟通,开展了形式多样、富有成效的招商推介活动,增强了招商引资的针对性和实效性。全年共引进内外资项目226个,实际利用外资2.2亿美元、内资45.6亿元,同比分别增长20.2%和20%。进一步优化出口产品结构,大力开拓国际市场。完成进出口总额13.5亿美元,增长27.1%;其中出口9.7亿美元,增长30.2%。

(四)加大"做活城区"力度,促进了现代服务业发展 以烟台振华收购华联集团国有股权为契机,充分发挥城区优势,狠抓资源整合和新型物流业态培植,进一步活跃了城区市场。积极推进环海旅游线、海上观光线以及温泉度假村、仙姑顶、里口山等旅游景点开发建设,打造了一批新的旅游品牌。广泛开展楼宇招商工作,引进了12个过千万元的楼宇项目。

(五)加大环境建设力度,增强了项目承载能力 全年投入17.4亿元,修(改)建道路27条、硬化125.2公里,新增绿化面积91万平方米、植树383.5万株,铺设给排水管道、供热管道、供气管道760.9公里,路灯1521盏。以"突破桥头"为抓手,启动了桥头项目区建设,实施了张村、羊亭园区拓展工程,进一步整合园区资源,提高了项目承载能力。狠抓环境整治,顺利通过了国家卫生城复审,6个镇全部被命名为"国家级环境优美乡镇"。

(六)加大办实事力度,推进了社会主义新农村建设 在落实上级支农惠农政策的基础上,以发展农村经济为着力点,以为农民办实事为切入点,以提高农民素质和生活水平为落脚点,不断加快新农村建设步伐。全年完成"三农"财政支出9728万元,在全省率先实现了自来水、有线电视村村通,在5个镇的驻地、61个有条件的村引入了城市环卫管理机制,将39个条件成熟的村(居)纳入旧村改造计划,完成拆迁1269户,开工47万平方米,竣工27.9万平方米。农民人均纯收入7366元,同比增长11.8%。

(七)加大和谐社会建设力度,推动了社会事业全面进步 完成了城里中学、桥头中心小学的迁建工作,在全市率先完成中小学布局调整,荣获全国"科学教育试验区"、"科研教改先进实验基地"等5个国家级荣誉称号。积极推进社会保障体系建设,不断扩大社会保障覆盖面,深入开展"爱心助学"、残疾人康复工程等一系列活动。全区城镇职工养老、医疗保险参保率达100%,农村养老保险适龄人口参保率达72%,新型农村合作医疗参合率达98.5%、行政村覆盖率达100%,符合条件的405户701人全部纳入了农村最低生活保障体系,被评为全国"民政工作先进区"。成功举办了第33届"5.23"歌咏会、第16届周末广场纳凉晚会,组织参加了2006年中韩(威海)文化艺术交流展暨首届民间艺术大赛,广场纳凉晚会被评为"山东省社会文化活动知名品牌"。

三、创新与经验

(一)积极转变增长方式 出台奖励政策,设立发展基金,鼓励企业开展技术创新和新产品开发,狠抓节能降耗和清洁生产,不断优化经济结构,提高发展质量。全年完成技术创新投入2.9亿元,开发新产品145项,新增1家省级、3家市级企业技术开发中心,32个项目列入省技术创新计划。万元GDP能耗降低4.5%,取水量降低3%。

(二)不断深化各项改革 继续推进产权制度改革,完成了华联集团国有股转让工作,改制企业规范化运作水平有了新的提高。加快企业上市步伐,积极推进广泰空港公司和工友集团上市工作,为企业发展注入新的动力。

(三)着力盘活闲置资源 按照"科学配置、集约利用"的原则,坚持开发与节约并重,对现有资源进行综合考虑,整体盘活,促进集约利用。全年盘活闲置楼宇11.2万平方米,盘活闲置土地270多亩。

(四)切实加强社会管理 针对城区规模不断扩大、退休职工纳入社区管理的实际,以打造文明和谐的新社区为目标,成立了区、街、居三级社区服务组织,进一步完善了服务功能,荣获全省"和谐社区建设示范单位"称号。在全市率先启动了镇级治安防控体系建设,成立了市区社会保安巡逻队伍,投资近千万元,在4个镇推广安装了镇级警务监控系统,有效提高了基层治安防范水平,增强了群众安全感。

附:(一)环翠区委书记、副书记、常委名单

书　记:王学文

副书记:于海远　刘德柏

常　委:王学文　于海远　刘德柏　王　清　刘光辉　王子明　江　山　王福欣　李　刚　连业礼　姜文秋

(二)各镇、街道办事处党委书记名单

张村镇	江　山
孙家疃镇	车学辉
温泉镇	原永敬
草庙子镇	张向阳
羊亭镇	邹建勇
桥头镇	刘玉波
竹岛街道办事处	胡广建
鲸园街道办事处	周洪亮
环翠楼街道办事处	梁　皓

中共文登市委工作概况

文登市委书记　王　亮

一、组织概况与党的建设

截止到2006年底,文登市共有基层党委84个,党总支31个,党支部2000个,党员52780名。

(一)深入开展保持共产党员先进性教育活动 在巩固扩大第一批、二批先进性教育活动成果的同时,扎实推进第三批先进性教育活动,农村党员参学率达到95%以上,群众满意率达到97.9%。积极探索建立保持党员先进性的长效机制,完善了一系列制度,取得了重要的实践成果和制度成果。

(二)加强基层组织建设和干部队伍建设 深入开展"三级联创"和农村现代远程教育活动,加强农村干部任期目标和农村党支部书记星级考核管理,加大包村扶贫工作力度,进一步增强了基层党组织的凝聚力和战斗力。加强民营、外资企业等新型组织党建工作,新建"两新"组织党支部49个,扩大了党组织的覆盖面。进一步深化干部人事制度改革,严格执行《党政领导干部选拔任用工作条例》,完善了竞争上岗、任前公示、诫勉谈话等制度,加强干部培训,圆满完成了镇党委换届工作,进一步增强了干部队伍的活力。完善了决策目标、执行责任、考核监督"三个体系",激发了各级干事创业的积极性。

(三)扎实抓好党风廉政建设 认真贯彻中央关于反腐倡廉工作的决策和部署,把学习党章、遵守党章、贯彻党章、维护党章作为一项重大任务来抓。认真履行党风廉政建设责任制,建立了廉政谈话、廉政述职、经济责任审计、重大事项报告等制度,形成了教育、制度、监督并重的惩治和预防腐败体系。扎实开展纠风和专项治理,认真组织开展治理商业贿赂工作,切实纠正损害群众利益的不正之风,全市保持了良好的党风、政风和社会风气。

二、主要工作与成绩

(一)突出重点,加快推进新型工业化建设 把发展工业摆到事关文登兴衰的高度来抓,深入实施工业强市战略。一是培植"顶天立地"的骨干企业。制定了一系列鼓励企业做大做强的政策措施,骨干企业呈现出争先恐后、裂变式扩张的良好势头。二是发展铺天盖地的群体经济。成立了11个产业招商办公室,加大产业招商力度,重点突破汽车及零部件、家纺两大产业集群,大力发展机械工具、电子通信、食品医药三大优势产业,取得了明显成效。三是营造工业发展环境的"崭新天地"。制定了优化发展环境的十条规定,加强民主评议,对部门服务发展的情况一季度一评议,现场打分、现场公布结果,促进了机关效能的提高,发展环境明显优化。

(二)抓住关键,增创又好又快发展的新优势 一是着力打造城区和南海两大经济板块。城区经济板块,目前已形成了以10大特色项目区为节点的环城经济带,成为全市经济发展的主力板块。南海经济板块的规划建设正全面展开,一批产业带动力强的大项目引进实施,成为文登新一轮大发展的强势增长极。二是大力发展服务业。先后引进了利群物流、工艺家纺城、韩国之窗、家家悦交易中心等10多个大型商贸物流项目及中国小球夏训基地、汤泊温泉旅游度假区、雹山湖旅游度假村等一批旅游大项目,有力地促进了服务业的发展。三是加快城市建设。启动了城市新中心区建设,实施了文昌路、202省道文登段等路网建设改造,威乳高速、机场路、309国道、世纪大道等绿色通道建设以及热电厂、污水处理厂等一批重点工程,城市的承载力和辐射带动力明显增强。四是狠抓对外开放。积极承接国际国内资本转移,全面加大招商引资力度,为加快发展积蓄后劲。

(三)围绕"三农",扎实推进社会主义新农村建设 按照中央提出的"二十字"目标要求,制定了《文登市"十一五"期间社会主义新农村建设规划》。坚持把富裕农民放在首位,大力发展现代农业,推进农业产业化经营,全市新增西洋参等中药材1.2万亩、毛皮动物400万只、奶牛2800头,成为全国最大的毛皮动物养殖基地和西洋参三大主产区之一。引进建设了德正乳业、家家悦农副产品加工交易中心、果蔬配送中心等10多个投资过千万的农产品加工项目,促进了农业增效,农民增收,成为全国优势农产品产业带建设示范市。积极落实各项支农惠农政策,加大对农村的扶持力度,向农民发放粮食、农机、综合直补等各类补贴3200多万元,提供村村通自来水补贴2000多万元,改造中低产田1.9万亩,被评为全国农田水利建设先进市。

(四)统筹兼顾,全面推进和谐社会建设 一是高度重视民生民利。组织实施了新建改建敬老院、小街小巷整治等30多个便民利民项目,改造硬化农村公路110公里,为338个村新通了自来水,全市基本实现了村村通硬化路、村村通自来水、村村通客车、村村通有线电视,人民群众从发展中得到了更多实惠。二是完善社会保障和救助体系。进一步健全失业保险和城乡低保两条保障线,城镇职工五项保险覆盖面均达到98%以上,新型农村合作医疗参合率达到95.7%,实现了城乡医疗保障体系无缝覆盖。对3800名低保对象、所有五保对象实现了应保尽保。全部免除了农村义务教育阶段学生杂费,落实了贫困家庭学生"两免一补"政策,加大对社会弱势群体的救助力度,发放各类救助款1000多万元。三是全面推进平安文登建设。加强社会治安综合治理，严厉打击各种违法犯罪，及时化解各类矛盾，被评为山东省平安建设先进市。四是繁荣发展各项社会事业。大力实施科教兴文战略，取得重大科技成果12项，申请专利290件，新创了11个省以上名牌产品和著名商标，被评为全国质量兴市先进市。加强人口和计划生育工作，农村独生子女父母奖励费和部分计划生育家庭奖励扶助金由财政统一发放。加强生态市和节约型社会建设，11个镇被授予全国环境优美镇，被评为山东省节水型城市。

三、创新与经验

(一)始终坚持解放思想，以思想的大解放推动经济社会大发展 结合保持共产党员先进教育活动，在全市坚持不懈地开展解放思想活动，着力消除制约发展的各种思想障碍，不断强化机遇意识、危机意识和创新意识，引导各级用市场经济手段抓经济、抓发展，用发展的方法解决前进中的问题，用创新的思路实现又好又快发展，广大干部群众的思想观念、思维方式、工作思路发生了根本性的变化。

(二)始终坚持以科学发展观为指导，不断创新又好又快发展的思路 立足文登实际，不断深化对科学发展观的认识和理解，积极探索又好又快发展的新思路、新措施，进一步明确了经济建设以发展工业为根本的指导思想，形成了突出推进新型工业化、社会主义新农村、社会主义和谐社会"三大建设"，抓好项目和财税"两个关键"，弘扬文登学精神的"三二一"工作思路，有力地推动经济社会又好又快发展。

(三)始终坚持改革开放，全面激发了经济社会发展的活力 坚定不移地推进各项改革，在经济社会发展的各个领域以及领导体制、工作机制等方面开展了一系列创新，有效地激发了内部活力；狠抓招商引资和大项目建设，借助外力增添了发展后劲。

(四)始终坚持和谐发展，全力推进和谐文登建设 坚持以人为本，千方百计为群众办实事，积极有效地化解各类矛盾，促进了人民群众安居乐业、社会和谐稳定；大力弘扬自强不息、和谐向上的新时期文登学精神，激发了全市上下团结一心谋发展、奋发有为创一流的高昂热情和干劲。

附：(一)文登市委书记、副书记、常委名单

书　记：王　亮

副书记：王廷琦

常　委：王　亮　王廷琦　马端兴　侯文全　姜　猛　郝　芳　张继争(挂职)　张海军　邹大勇

(二)各镇、街道办事处党(工)委书记名单

龙山路街道 毕卫刚

天福路街道 周　华

环山路街道 姜进军

文登营镇 郑　阳

大水泊镇 李文勋

张家产镇 王炳刚

高村镇 王志勇

泽库镇 鞠晨日

侯家镇 邓志坚

宋村镇 黄峻峰

泽头镇 梅延良

小观镇 刘昌松

葛家镇 杨宏勇

米山镇 董晓阳(主持工作)

界石镇 江先才

汪疃镇 吴加友

苘山镇 徐　明

中共荣成市委工作概况

荣成市委书记　汤光运

一、组织概况与党的建设

到2006年底，全市共有党委100个，总支48个，支部2039个，正式党员56689人，预备党员812人，女性党员8011人，少数民族党员19人。

(一)紧扣科学发展，强化领导班子和干部队伍建设 完善了干部试用期、公开竞争、考察预告、任职公示、交流轮岗、反馈谈话和引咎辞职等制度，从制度上防止和克服用人上的不正之风。顺利完成22个镇街党委换届工作，年龄结构和女干部配备比例全部达到上级要求。探索建立干部星级考核管理体系，把平时与定期、定性与定量考核结合起来，准确客观地评价每一位干部的德才表现和工作实绩。建立起全方位、立体式培训机制，共举办干部培训班近百期，培训干部8000多人次。

(二)坚持务求实效，严密组织开展先进性教育活动 按照"取得实效"和"成为群众满意工程"的要求，组织全市党员分三批参加了先进性教育活动，达到了"提高党员素质、加强基层组织、服务人民群众、促进各项工作"的目的。创新开展了"四个重温"、"班子强起来、党员红起来、群众富起来”等20多项主题实践活动，使整个教育活动更加贴近实际、富有成效。

（三）严把三个关口，扎实推进农村干部目标管理 继续把农村干部目标管理作为农村基层党建工作的主抓手，在目标的制定、落实、考核上下功夫，增强各镇街做好目标管理工作的责任感和压力感。按照目标考核结果，共为2000多名农村干部发放财政补贴资金308万元，极大地激发了农村干部干事创业的激情。

（四）整合教育资源，着力提升农村党员综合素质 按照“建出高标准，管出高水平，学出新素质，用出高效益”的目标要求，全面提升农村党员干部现代远程教育软硬件档次，推进农村信息化网络建设，国家信息产业部专题召开现场会，推广我市经验。

（五）突出帮扶重点，加快落后村庄脱贫致富步伐 结合建设社会主义新农村启动了第六轮市直部门、企事业单位包村工作。不断更新农村干部选拔任用观念，将“双高双强”作为选拔任用农村干部的根本标准，通过下派、内选、外联等措施，先后选派79名机关干部到农村任支部书记；选拔141名政治素质较高的私营业主和企业骨干担任农村支部书记，340多名个体业户和退伍军人等进入农村班子，为农村基层组织建设增添了新的活力。

二、主要工作与成绩

2006年，市委、市政府坚持以邓小平理论和“三个代表”重要思想为指导，以科学发展观统领全局，以党的先进性建设为动力，团结和带领全市广大党员干部群众，加快实施“五个三”战略，经济社会各项事业实现了又快又好发展。2006年全年完成GDP415亿元，比上年增长16%；财政总收入31.45亿元、地方财政收入18.2亿元，分别增长27%和30.1%；；进出口总值14.7亿美元，增长24.5%；城镇居民人均可支配收入13500元，农民人均纯收入7376元，分别增长15.6%和12.6%。百强县位次跃升到第13位。

（一）调整优化产业结构，提升发展质量 以三大产业为主导的现代制造业全线推进，造船业构筑起以马兰湾、马山湾、俚岛湾、石岛湾、靖海湾为主体的五大板块，三年内产能可达150万载重吨；依托华泰圣达菲投产和成山1000万套高性能子午胎项目，汽车产业形成了100多家整车配套的产业链条；围绕打造海洋食品基地，实施总投资30亿的29个大项目，发展起以好当家、泰祥等品牌为支撑的500家标准食品企业，三大产业占规模以上工业比重达到80%。以港区联动为重点的临港产业迅速扩张，各类园区引进项目600多个，吸引投资400多亿元，形成了纵贯千里的临港产业走廊。以物流旅游为支撑的现代服务业加速崛起，成功打造起成山头、法华院等一批旅游亮点，拓展了服务业发展的新空间。

（二）科学应对宏观调控，转变增长方式 及时确立提升三个门槛、严格划分四区、坚持五个带动的全新发展理念，加快推进增长方式向集约化、创新型、可持续方向转变。通过提升园区准入、投资效益和资源配置三个门槛，引进了一批投资规模大、财政贡献率高、综合实力强的项目。全市园区累计入驻项目300多个，其中过亿元项目40多个。通过严格划分优化开发、重点开发、限制开发和禁止开发四类功能区，明确了建设资源节约型、环境友好型社会的导向，健全完善资源占用补偿等保护机制，万元GDP能耗、水耗和污染物排放低于全国平均水平30%以上。通过坚持产业、园区、企业、人才和市场五个带动，形成了一批具有较强竞争力的关键技术、专业园区、骨干企业、创新人才和知名品牌，有效提升了全社会的自主创新能力。

（三）关注人民群众利益，构建和谐社会 引导各级坚持干部带头、政策倾斜、机制推动、载体引导多措并举，将发展成果最大限度惠及人民群众。投入2000多万元建立春风行动长效机制，惠及700多个村企、2.5万群众。投资1000多万免除农村义务教育学杂费，投资3000多万改扩建了22处农村敬老院、30处卫生室，投资4000多万元完成了自来水村村通工程，成为全省首批实现村村通自来水的县市。建立健全产业发展、公益设施等九大支农惠农体系，出台失地农民和非农城镇居民养老、医疗政策，提高农村合作医疗筹资补偿标准，有效保障了各类群体生活和发展的需要。连续启动了一大批便民利民工程，高标准完成1500多项城乡环境综合整治任务，城市化率提高到52%。

三、创新与经验

（一）创新思想观念，不断追求更高的发展目标 组织开展了以“突破现实自我、追求更大作为”为主题的新一轮思想解放活动，确立了十一五期间“五个三”目标定位。一是确保三个高于，经济社会主要指标增幅高于全国前10强平均水平，经济社会主要指标增幅高于全省前30强平均水平，人均经济社会主要指标高于学赶对象江阴。二是实现三个翻番，GDP增长实现翻番，达到800亿以上，财政总收入、地方财政收入翻两番，分别达到100亿和50亿，社会总投入五年累计突破1500亿，比前三年翻一番半。三是扩张三个方阵，全力打造百亿产业、百亿村企、百亿镇区三个方阵。即三大主导产业销售收入突破2000亿；培植5家百亿企业、10家50亿企业、30家10亿企业，200家亿元企业；经济开发区和石岛管理区工业销售收入突破500亿。四是建设三个基地。构筑起以三星造船为龙头的国际修造船基地，以30万吨深水码头为基础的能源石化基地，以两个一类开放港为枢纽的现代物流基地，形成纵贯千里海岸的临港产业隆起带。五是推进三个统筹。以建设社会主义新农村为主线，统筹城乡经济发展，统筹城乡基础设施，统筹城乡社会保障，努力把荣成建设成为富足、文明、和谐的首善之区。

（二）紧贴区域实际，不断开发更足的发展潜能 一是实施工业强市战略，锻造新的发展支撑，集中培植最具优势的造船及零部件、汽车及零部件、食品深加工三大产业集群，推进荣成由资源型渔业大市向制造型工业强市进行战略转型。二是加速对接国际经济,拓展新的发展空间。把对外开放作为区域攀高跨越的第一动力,坚持重点区域、重点企业、重点项目统揽齐抓,强势推进。三是着眼蓄足后劲,打造新的发展板块。着眼于荣成的持续发展,全力打造骨干群体、临港经济和旅游经济三大板块。

(三)坚持统筹兼顾,不断凝聚更大的发展合力　一是突出经济与社会的和谐。把社会事业与经济建设统筹谋划,在强力推进工业强市的同时,更加注重城市功能完善;在调整产业结构的同时,更加注重人才支撑;在紧抓大项目建设的同时,更加注重生态保护。二是突出城市与农村的和谐。坚持以新农村建设为总抓手,因地制宜探索强村富民之路,对弱小村庄,实施强弱兼并;对资产闲置村庄,大搞加工贸易;对滨海特色渔村,做足做活民俗旅游文章;对园区周边农村,参与基础设施维护和企业后勤保障。三是突出强势群体与弱势群体的和谐。建立健全了从就业到养老、从低保到劳保、从教育到医疗、从失地农民补偿到下岗职工培训一系列保障救助政策,加紧实施油路、自来水、宽带、数字电视、市场五个"村村通"工程。

(四)强化队伍建设,不断锻造更强的发展支撑　坚持以先进性教育为主题,全力抓好干部队伍建设。坚持用制度激励约束干部,建立健全一线分包、工作倒排、考核奖惩和任期承诺机制,树立了"有为才有位、发展论英雄"的用人导向;坚持一手抓案件查办,一手抓廉政教育和制度建设,从源头上筑牢拒腐防线。

附:(一)荣成市委书记、副书记、常委名单

书　记:汤光运

副书记:王　强　毕复安

常　委:汤光运　王　强　毕复安　宋厚永　毕建康　王秉伟　战大海　车长驰　林红玉　毕兴全　张瑞英

(二)各镇、街道党委书记名单

港西镇	周承凯
成山镇	许夕宁
人和镇	王洪晓
虎山镇	张　涛
港湾街道	钱栋强
俚岛镇	梁　栋
桃园街道	毕大好
崂山街道	王惠全
滕家镇	张少武
夏庄镇	李永军
崖西镇	刘忠敬
大疃镇	李新安
上庄镇	陈夕明
斥山街道	汤新光
王连街道	孙胜清
东山街道	王杰训
崖头街道	张万军
寻山街道	许德刚
城西街道	高明丰
荫子镇	张世礼
埠柳镇	孙茂云
宁津街道	张宏璞

中共乳山市委工作概况

乳山市委书记　付广照

一、组织概况与党的建设

乳山市位于胶东半岛东南部,人口57.4万,面积1668平方公里,辖14个镇、1个街道办事处、2个省级开发区,共601个行政村。截止2006年底,市委辖68个基层党委、37个党总支、1413个党支部,共有党员43037名,每百人中有党员7.4名,其中大专以上学历占16.3%,35岁以下占11.2%,女党员占12.5%。

2006年,乳山市委认真贯彻党的十六届六中全会精神,以提高执政能力和保持先进性为目标,解放思想,创新思路,大力推进党的思想、组织、作风建设,有力地发挥了领导核心和战斗堡垒作用。

(一)先进性教育活动成效显著　坚持以建设群众满意工程为目标,突出社会主义新农村建设这一主题,扎实开展第三批先进性教育活动,开展了市、镇、村"三级联动、共创'六新'"主题实践活动,203个重点项目、近万件群众关注的急事难事得到较好落实,群众满意率近百分之百。

(二)干部人事制度改革不断深化　在提名、考察和选拔等环节进一步扩大民主,采取"定位公推"方式选拔领导干部37名,结合镇党委换届,公开选拔10名副科级年轻干部到镇任职,对政法系统32个职位实行竞争上岗。进一步加大干部监督力度,实行审计、问责、透视、巡视监督,对53个单位的主要负责人进行了任中审计和离任审计,对镇、市直部门党政正职履职情况进行"公评公议"。

(三)基层党组织建设实现突破　农村党的建设"三级联创"活动不断深化,对不团结、不干事、群众意见大的班子进行了及时调整，为25个村选配了“双高双强”支部书记。远程教育工作不断拓展，全市601个站点基本实现了宽带上网，推行远程教育双项积分考核办法，利用远教平台，探索实行了村级财务、政务市、镇、村、户四级公开。为3000多名老党员、生活困难党员发放补贴和慰问金250多万元，为农村干部发放星级奖励和补贴176万元，使老党员和村干部切实感受到党的关怀和温暖。

二、主要工作与成绩

2006年，是乳山市经济社会又好又快发展的一年，实现了“十一五”发展的良好开局。主要体现为“三个突破”、“三个突出”。三个突破：一是在全国综合发展百强县的位次实现新突破，进入全国百强中游行列。二是区域财政总收入突破12亿元，地方财政收入达到8.9亿元，地方财政收入占GDP、税收占地方财政收入、“两税”占地方财政收入的比重分别提高了0.3、2和2.6个百分点。三是金融投贷增量、增幅均实现新突破，新增存款17.5亿元，增长22.5%，新增贷款13.8亿元，增长34.7%，创全市历史新高。三个突出：一是工业经济的主导地位进一步突出，全市工业技改财务支出72亿元，增长28%，规模以上工业企业增加值、销售收入、利税增幅均在20%以上，鑫山冶金公司年纳税额再次超过1亿元。二是旅游业的龙头带动作用进一步突出，开工了总投资60多亿元的6个旅游大项目，旅游业后发优势明显，发展势头强劲。三是以环境改善为重点的新农村建设成效进一步突出，以市镇两级示范村为抓手，农村基础设施逐步完善，农民收入稳步增加，百姓得到了越来越多的实惠。

三、创新与经验

2006年，乳山市以科学发展观为指导，正确处理数量与质量、速度与效益的关系，奋力推进全市经济社会又好又快发展。

(一)强化质量意识，重抓项目建设　把项目作为推进又好又快发展的重点，把宏观调控作为优化项目结构、提升传统产业的有利机遇，适度提高招商“门槛”，做到重引项更重选项、重引资更重增资，不断优化项目质量、加快项目进度，全年新开工、开业投资过500万元项目264个，其中过亿元项目10个，有99个项目实现了当年开工、当年投产。特别是按照“工业发展组团化、产业发展集约化、招商引资聚集化”的思路，提高单位面积土地投资密度和容积率，集中打造环城工业隆起带，促进了土地的集中利用和项目的集聚发展。加快推进事关乳山长远发展的能源、港口项目建设，核电站完成股份公司组建并进入实质运作，乳山口港建设工程正式批复，风力发电项目已进入开工前准备阶段。

(二)强化创新意识，转变增长方式　把提高企业自主创新能力作为工业发展的根本，坚持政策扶大、技改壮大、退城进大、重组促大、创牌成大“五大并举”，加快企业科技创新、管理创新和品牌创新，不断壮大骨干企业、延长产业链条、培植工业集群。一年来，共拿出7000万元资金支持企业自主创新、节能降耗，被重点扶持的30家骨干企业纳税占全市工业纳税总额的76%，其中6家企业税收实现翻番、6家企业税收增幅超过50%，实施了海润丝业、富豪集团、恒裕食品等企业的技改扩规工作，有11家企业进入破产程序，盘活低效闲置资产1.2亿元。

(三)强化优化意识，调整产业结构　抢抓全省打造沿海旅游圈、威海建设千公里幸福海岸线的机遇，把旅游业作为发展现代服务业的龙头，把握“节点城市——承接城市——目的地城市”的发展走势，按照“一轴两带五区多节点”的规划布局，坚持“政府规划、企业为主、市场运作、多元开发”的原则，集中抓好大项目建设，大乳山休闲旅游度假区和岠嵎山风景区部分景区对外开放。同时，以建设胶东半岛重点物流节点城市为目标，加快各类物流企业、专业市场、商贸中心建设，开工了总投资近50亿元的3个物流项目，三产的贡献份额不断提高，三次产业的比例达到9.9:60.8:29.3。

(四)强化环境意识，创树形象品牌　在硬环境建设上，按照“一城两区”的城市规划，由以基础设施建设、功能完善为主向以提升城市品位、打造精品城市为主转变，全年实施了东出口改造、城区与银金大道对接、北环路东拓等外延拓展工程，实施了城市广场、公园改造和标志性雕塑建设等内涵提升工程，有11个镇获得全国环境优美乡镇称号；开工了投资2.5亿元的12项便民利民城建工程和技校新校、武装训练基地等城建重点工程，投资1亿元的市医院病房大楼投入使用，特别是完成了银滩旅游度假区新城区的路网贯通、河道改造、广场建设和绿化升级，新上了热电、污水处理、管道燃气等基础配套工程。在软环境建设上，结合开展“环境提升年”活动，对行政乱收费进行了集中清理，对弹性比较大的收费制定了刚性标准；倡树“在位不干也是不廉”的廉政观和“干而无绩就是失职”的勤政观，建立了机关事业单位工作人员80条行政问责制；在各镇(街道)建立了便民利民服务中心、对32个具有行政审批事项的部门科室职能进行了整合理顺，进一步提高了行政效能和服务质量。

(五)强化和谐意识，推进统筹发展　在全市倡树“稳定是形象、稳定是效益、稳定是生产力”的稳定观，“还账是政绩，解决历史问题也是发展”的政绩观和“群众利益无小事”的群众观，落实了贫困学生“两免一补”、提前取消农业税和农村义务教育阶段学生杂费、提高农村合作医疗补助标准和报销比例、农村独生子女奖励、粮食直补等惠民政策，全市城镇职工养老、医疗、失业、生育、工伤保险覆盖面均达到95%以上，全市刑事案件、治安案件、信访案件持续下降。特别是按照培植新产业、打造新环境、培育新农民、推进新民主的“四新”思路，全面启动新农村建设，建立起了发展、推进、联建、惠民、管理、督导六项长效机制，在62个市镇示范村的带动下，全市基本实现村村通油路、通客车、通电话、通自来水，农民的资本性、工资性收入占人均纯收入的比重达到75%。

附:(一)乳山市委书记、副书记、常委名单

书　记:赵熙殿(2006 年 12 月离职)
付广照(2006 年 12 月任职)

副书记:李洪义　高书良

常　委:付广照　李洪义　高书良　隋建波
兰胜强　杨万友　尹玉翠(女)
马　泽　宋修骞　林乐成　张　刚

(二)各镇、街道党(工)委书记名单

城区街道办　隋同鹏
夏村镇　战国生
乳山口镇　矫伟宏
海阳所镇　段　鹏
白沙滩镇　姜林凯
大孤山镇　姜云志
徐家镇　王　伟
南黄镇　刘　利
冯家镇　李亚华
下初镇　焉　涛
午极镇　冯　民
育黎镇　于留洋
诸往镇　潘高峰
崖子镇　刘玉刚
乳山寨镇　冯夕勇

日　照　市

中共东港区委工作概况

日照市委常委、东港区委书记　张永霞

日照市东港区是日照市的驻地区、中心区。全区现辖 3 个街道、7 个镇,549 个村(居),54 个社区,陆域面积 1030 平方公里,耕地面积 42.6 万亩,海岸线 57 公里,总人口 65.85 万,其中农业人口 43.5 万。

一、组织概况与党的建设

全区共有 1159 个党组织,其中 26 个党委,64 个党总支部,1069 个党支部。其中区直党委 9 个,镇街道党委 10 个,党组织关系隶属区直机关工委的二级党委 2 个,非公有制经济党委 1 个,村级党委 4 个。共有 31523 名党员,其中农村党员 20292 名,女党员 4254 名;35 岁以下的 5958 人,建国前入党的 1409 人。

坚持以邓小平理论和"三个代表"重要思想为指导,全面落实科学发展观,切实加强党的执政能力建设和先进性建设。认真抓好党员先进性建设,顺利完成了第三批党员先进性教育活动,党群干群关系进一步融洽,在省委组织的满意度测评中,党员群众满意度达到 99.98%。先后制定出台一系列文件规定,初步形成了保持共产党员先进性的长效机制。进一步加强领导班子和干部队伍建设,对镇街道和区直部门领导干部进行了适应性调整。圆满完成镇街道党委换届工作,班子结构进一步优化,整体素质明显提高。扎实开展干部教育工作,按照产业布局和经济发展重点,集中培训村党支部书记 295 名,举办村两委成员培训班 12 期,培训农村干部 2000 余人次。切实加强基层组织建设,开展了"基层组织建设推进年"活动,共整顿后进班子 37 个。大力加强廉政文化建设,深入开展廉政教育活动,建立健全教育、制度、监督并重的党风廉政建设惩治和预防腐败体系,在各级各部门实行了廉洁勤政责任制和问责制,着力增强了全社会的反腐倡廉意识。

二、主要工作与成绩

2006 年,东港区委坚持以科学发展观统领全局,认真贯彻落实中央和省、市委的一系列重大决策部署,主动适应新形势,用心把握、用心落实,推进了全区经济社会又好又快发展。全年实现生产总值 154.9 亿元、地方财政收入 6.86 亿元、农民人均纯收入 4609 元,比上年分别增长 17.8%、34.9%、11.7%,完成规模以上工业总产值 108.9 亿元,增长 36.8%,三产比例由上年的 10.7:38.6:50.7 调整为 9.6:40.1:50.3。

(一)突出招商引资的核心地位,构筑产业发展新格局

把招商引资作为全区工作的重中之重,不断完善以全民招商为基础、专业招商为重点的招商机制,并严格落实领导包保推进重点项目制度,形成了目标明确、措施到位、任务到岗、责任到人的工作格局。同时,进一步加强对招商引资落地项目的管理,对新开工项目进行了全面的清理整顿,推

进了招商引资的深入开展。2006年,全区实现到位资金67.13亿元,新招引计划投资过亿元的项目27个,一批较大项目的开工建设,为东港今后发展奠定了基础。

(二)不断完善发展载体,推动工业经济快速发展 进一步提高了高新区和镇级产业基地的配套水平,高标准制定产业布局规划,加强路、水、电和绿化、美化、亮化等基础设施建设,初步搭建起功能完备、布局合理、适宜创业、竞争力强的招商引资平台。坚持把发展工业作为结构调整的重点,把做大现有骨干企业作为膨胀工业总量、推动跨越发展的重要措施,通过抓骨干、强龙头,抓民营、扩总量,抓品牌、拓市场,抓节能、增效益,努力提高企业的竞争力和贡献率,使工业经济保持了快速发展的良好势头。全区规模以上工业企业达到134家,实现规模工业增加值31亿元,实现利税6.1亿元。企业品牌建设取得新突破。全区新增"山东名牌"4个、"山东服务名牌"2个,华伟纺织、惠艺抽纱、华泰食品3家企业被评为"山东省成长型中小企业",信伟粮油被评为"山东省食品行业30强"。

(三)着力抓好特色经济,增创经济发展新优势 旅游经济蓬勃发展。对沿海资源实施保护性开发,高起点抓好太阳城海滨旅游度假区、刘家湾赶海园等重点景区的规划建设,加快沿海民俗旅游村的改造提升,进一步提升民俗旅游的档次和质量,积极推进刘家湾赶海园、龙门崮、桥子山风景区等旅游项目,大力发展旅游关联产业,旅游市场管理日趋规范,旅游业发展水平不断提升。2006年,全区各项旅游经济指标一直保持高位增长,共接待国内外游客1003万人次,同比增长26.9%;实现旅游总收入35.28亿元,同比增长35.4%;门票收入3065万元,同比增长31.9 %。

(四)积极服务城市发展,大力发展城市经济 始终坚持"市区一体,依市兴区"的理念,坚持在服务城市中壮大自己。积极推进旧城、旧村改造,扎实开展城乡环境综合整治和违法建设清理整顿活动,两城、河山、涛雒、西湖通过了省级环境优美乡镇验收。认真搞好社区建设,已建成城市社区54个,同时推进了户籍、计划生育、社会治安等工作的社区属地化管理。全力抓好"双创"工作,为日照市顺利通过国家卫生城市和国家环保模范城市验收做出了积极贡献,被市委、市政府表彰为创模、创卫工作先进集体。现代物流业稳步发展。南方家园项目中央商城、独立商铺如期竣工,二期工程已开工建设;临港物流园区各项配套建设扎实推进,招商工作进展良好。商贸经济繁荣活跃,楼宇经济开始起步,服务型、享受型消费亮点增多。兴业王府大街、金阳农贸中心等一批新型商业设施投入运行,舒斯贝尔新天地、灯塔广场商务写字楼、贵和商厦、辉煌国际海港城等重点工程进展顺利。

(五)高度重视"三农"工作,稳步推进新农村建设 认真贯彻落实中央和省、市部署,以发展农业生产、增加农民收入为核心,启动了社会主义新农村建设。坚持规划先行,完成了全区新农村建设总体规划编制工作。启动了30个试点村的新农村建设,开展了镇村环境综合整治,村容村貌有了明显改善。农业结构调整迈出新步伐,城郊型农业得到快速发展。全年共实现粮食总产16.45万吨,新发展高效经济作物4万亩;新增水产工厂化养殖面积2.2万平方米、海水养殖面积8300亩,被确定为全国海域管理百强示范区、全省渔业科技入户示范区;农业产业化、标准化水平有了新提高,新发展农业龙头企业15家,建立农业生产示范基地15处,培育绿色农业品牌6个。加强农业基础设施建设,全年共开工各类水利工程401处。广泛开展了荒山绿化、雨季造林,共完成成片造林1万余亩,新增农田林网面积1.5万亩,农村生产生活环境有了明显改善。

(六)坚持以人为本,力促社会和谐 认真实施农村劳动力转移培训"阳光工程",共培训农民6850人,实现劳动力转移就业1.5万人。按政策提高了企业退休、退职人员的工资,平均每人每月增发退休金168元。建立了农村居民最低生活保障、城乡大病医疗救助制度,提高了城市"低保"和社会特困群众救助标准,为近8000人提供了最低生活保障。加快实施"村村通自来水"工程,累计完成投资3270万元,新增受益人口9万余人。抓好"村村通道路"扫尾工程,完成硬化道路34条、62公里。认真落实各项农村政策,稳妥推进大中型水库移民后期扶持工作,扎实做好粮食"直补"、农机具购置补贴、渔用燃油价格补贴等工作,全面取消了农业税,使农民切实享受到改革发展的成果。进一步加大教育投入,顺利完成了义务教育"六三"学制改革,考录90名大中专毕业生充实农村小学教师队伍。新型农村合作医疗第三周期农民人口参合率达到87.5%。积极平抑第四次人口出生高峰,全区人口自然增长率、出生率保持了较低水平。采取市场化运作的方式,承办了日照市全民健身月暨健康公仆活动启动仪式、日照市城市社区运动会,举办了区首届农民运动会等体育活动,获得全国城市体育先进社区荣誉称号。深入开展平安创建活动,加强社会治安综合治理,扎实做信访工作,狠抓道路交通、危险化学品、烟花爆竹等八个重点领域的安全生产,被评为全省渔业安全生产先进单位、全市安全生产先进单位,创建为全省平安建设先进区。

三、创新与经验

(一)创新工作运行机制 围绕完善决策目标、执行责任、考核监督三个体系建设,不断创新工作机制。依托有关部门,整合力量,组成了五个专业招商局,成立了项目预审、大项目推进、软环境建设和考核监督四个办公室,严格落实国家宏观调控政策,严把项目预审关,加大项目引进、开工、建设的推进力度。对确定的全区33项重点工程、重点项目,建立了专业化推进机制、定期化督查机制和规范化管理机制,确保了重点工程、重点项目任务的完成。

(二)创新推进落实机制 大力弘扬知难而进、狠抓具体、讲求实效的工作作风,靠落实推进工作,深入开展了"百日攻坚"和"无会季"活动,突出重点,集中精力抓落实;以科学发展观为指导,认真贯彻落实中央和省、市委的一系列决策部署,对新开工项目进行了全面的清理整顿,项目质量、效益得到同步提升;制定出台一系列激励发展、推进落实的制度规定,通过严格的绩效考核,调动方方面面的积极性,实现了经济社会的稳定持续快速发展。

(三)创新发展措施　切实加强软环境建设,建立了软环境督导办公室。进一步简化行政审批,真正做到急事急办、特事特办,为投资者提供高效、便捷的服务。落实软环境建设台账制度,实行"一岗双责"责任制,强化监督查处,促进了项目落地、投产、达效。正确处理发展与稳定的关系,高度重视信访稳定工作,从严、从快打击破坏经济秩序的行为,确保社会稳定。切实履行好驻地区职责,积极做好生态环境保护工作。大力推行文明信用工程建设,实施了新农村建设示范工程、农村文明连片创建工程和城镇环境综合整治工程,积极打造"诚信东港"、"文明东港"。

附:(一)东港区委书记、副书记、常委名单

书　记:刘西良(2006年5月离职)
　　　　张永霞(女,2006年5月任职)

副书记:郑加贵　解学文

常　委:张永霞(女)　郑加贵　解学文
　　　　牟善海　王均波　窦更勤　张　涛
　　　　王汉日　毛维岗　高挺华　朱传勉

(二)各镇、街道党委书记名单

日照街道　白建民
石臼街道　焦安勇
秦楼街道　迟玉国
两城镇　刘森林
河山镇　申淑清(女)
涛雒镇　张玉栋
南湖镇　宋昱桦
陈疃镇　宋　波
三庄镇　崔久军
西湖镇　王海滨

中共五莲县委工作概况

五莲县委书记　崔　亮

五莲县辖12处乡镇,632个行政村(居),总人口51万,总面积1500平方公里。2006年,五莲县在省委、市委的正确领导下,坚持以"三个代表"重要思想为指导,以科学发展观统领全局,按照"立足新起点、抓住新机遇、实现新跨越"的部署,深入实施"三大战略",不断解放思想,开拓创新,真抓实干,推进了全县经济和社会各项事业持续快速健康发展。五莲县荣获全国绿化先进集体、民政工作先进县、科普惠农兴村先进单位、国家农业标准化示范区、平安山东建设模范县、全省信访工作先进单位等60多项省以上荣誉称号。

一、组织概况与党的建设

五莲县共有党(工)委50个,党组27个,党总支41个,党支部1249个,党员38123名,其中农村党员21693名。

(一)突出主题,扎实开展第三批保持共产党员先进性教育活动　一是活化形式,保证教育活动质量。采取分类施教、"菜单式"培训、"送学下乡"等方式,组织开展党员"夜谈"、"三评一考"和"一村一策"召开组织生活会等活动,全县共有634个党组织、23147名党员(其中627个村级党组织、23069名党员)参加了第三批先进性教育活动,共评出农村优秀党员3547名、合格党员19504名、基本合格党员18名。二是丰富载体,增强教育活动实效。开展农村党员"五带头"、流动党员"回报乡亲"、创办农村党员合作社和致富示范小区等主题实践活动,全县流动党员共为家乡提供致富信息568条,牵线搭桥招引外地资金7500万元,办企业96个,引领2.1万名群众在家门口实现就业。三是完善机制,巩固教育活动成果。探索建立保持党员先进性长效机制,建立健全对农村无职党员"设岗定责"、农村党员人本关怀、集中推荐农村入党积极分子等制度,为全县8630名农村无职党员设岗定责,为600名70岁以上老党员每月发放生活补助,为810名老党员进行免费查体,对100名贫困党员实施救济,把1800名入党积极分子基本情况输入信息库,增强了党组织的向心力和凝聚力,巩固了教育活动成果。

(二)完善机制,加强领导班子和干部队伍建设　一是围绕促进干事创业,调优配强领导班子。本着县委"人品好、有本事、能干事、干成事"的选人用人方针和"严格程序、尊重民意、通盘考虑、合理配置"的原则,对乡镇和部分县直部门领导班子进行了调整充实,提拔64人,交流76人,面向社会公开考选副科级乡镇领导干部7人。二是围绕提高行政能力,强化干部教育培训。组织开展"每周读一篇好文章、每季度组织一次学习交流、每半年学一本好书、每年深入基层搞一次调研"为主要内容的在职干部学习"四个一"活动,积极实施"一把手"异地培训战略,先后分6批组织党政领导干部、骨干企业负责人、专业技术人才216人到中央党校、国家行政学院、苏州农村干部学院进行培训,选派41人次参加省市以上调训。三是围绕提供智力保证,加强人才队伍建设。大力实施人才强县战略,组织五征、丹纳赫等6家企业多次参加全省毕业生就业招聘会,引进急需毕业生156人,联系聘请德国专家定期来莲技术指导。

(三)夯实基础,强化基层组织建设 一是实行"立体式"帮扶,增强村级班子发展经济的能力。大力实施以"经济强村帮联弱村,共建新农村;富裕党员帮联贫困群众,共建小康户"为主要内容的"双联共建"活动和以"选拔政治素质高、群众威信高、致富能力强、带领群众实现共同富裕能力强的优秀人才进村两委班子"为主要内容的"双高双强"战略,全县共结成帮联村163对,帮联户3117对,农村两委成员中"经济能人"或"致富能手"的比例比上届提高了12个百分点。抓村支部班子建设和农村干部培训,调整村支部班子23个,选派20名村支部书记到苏州农村干部学院学习,对1761名农村干部进行了岗位培训。全县28个后进村班子全部转化,"五个好"村党组织达到395个,占村党组织总数的63%。二是创新活动载体,推进企业党建工作。积极开展"党建带工建、建立健全党组织和工会组织"为主要内容的"一带双建"活动和企业无职党员"四优先五带头"活动,新建非公企业党组织11个,新确立乡镇非公企业党建工作示范点12处。三是完善"管学用"机制,深化农村党员干部远程教育。开展"争创规范化站点、争做优秀远教管理员、课件制作联络员"活动,建立农村党员干部远程教育专项基金,创建市、县规范化站点22个,13人被评为市级优秀站点管理员,成立130人的课件制作联络员队伍,全年上报播发电视新闻300余条、发表图文稿件200余条,为省远教平台提供课件80余分钟,其中有两条被省远教中心采用,一条参加了全省优秀课件展播;五莲县"支部+远教+协会"运作模式在全省远程教育经验交流会上推广交流,被中组部选入向十七大献礼工作汇报片。

二、主要工作与成绩

全年生产总值、地方财政收入、农民人均纯收入、规模以上固定资产投资分别达到77亿元、1.85亿元、4480元、14.69亿元,同比分别增长17.5%、32.2%、12%和55%。

(一)坚定不移地实施"工业强县"战略,工业经济快速发展 以建设加工制造业强县为目标,坚持不懈地抓大产业、大企业、大项目,培植产业龙头,拉长产业链条,推进产业集聚,打造亿元企业群、百亿产业群、千万项目群。全县实施过千万元的新上和技改项目61项,完成投入9.69亿元,其中有20项被列为市百项重点工业项目。全县规模以上企业170家,比上年新增31家,销售收入过亿元的企业达到18家,利税过千万元的企业达到13家。规模以上工业销售收入、增加值、利税分别达到137.2亿元、29.5亿元、8亿元,分别比上年增长30%、29.7%和30%。

(二)以发展壮大镇域经济为龙头,农业农村经济稳步发展 坚持强镇抓加快、弱镇抓突破,以城带乡、工农联动,培植镇域特色板块经济,初步构筑起了东部加工贸易区、中部城市经济区、南部石材建材区、西部汽车配件区和北部生态食品加工区五个经济板块,一批产业特色鲜明的经济强镇快速崛起。全年乡镇新增农产品龙头加工企业13家,总数达到109家,其中市级以上龙头企业7家,带动发展基地30万亩;7个乡镇境内财政收入过千万元。

(三)着力突破三产,服务业实现快速发展 坚持二三产业联动互进,以工业化、城市化带动服务业繁荣发展。全年实现第三产业增加值23亿元,同比增长16%。星级宾馆扩建、港源物流、铁路物流中心、"万村千乡"等重点工程建设快速推进。生态旅游业蓬勃发展,全年旅游业直接收入同比增长30%以上。

(四)全力招商引资,对外开放实现重大突破 先后组织赴国内外招商活动30多次,洽谈推进大项目40多个,邀请接待境外大型考察团4次,小型投资考察团200余次;围绕四大产业和龙头企业引进项目369个,投资总额46亿元,到位资金31亿元,占新引进项目到位资金的63.7%。全年招商引资实际利用外资1232万美元、内资49亿元,同比分别93.7%、63%;完成进出口总值9532万美元、加工贸易额2937万美元,同比分别增长13%和20.8%。

(五)加大资金投入,基础设施建设实现较大突破 把山东五莲工业园区开发建设作为"一号工程",投资6000余万元高标准完成了"七纵五横"近20公里的园区路网建设,拉起了园区发展的大框架。狠抓334省道东段改造工程的立项争取及前期准备工作;投资800余万元完成了牛西路、管库路等县乡道路硬化工程;投资9340万元规划建设两处污水处理厂,第一污水处理厂已投入运营;建设完善城市供排水系统,对城区2条道路的路灯和多条道路的路面进行了改造、硬化、绿化,新增城区道路2万平方米。

三、创新与经验

(一)开展职能化管理,提升机关执行力 以改进机关工作作风,提升机关执行力为核心,以深化机关"六定一规范"为主要内容,以加强制度建设、严格考核奖惩为主抓手,在县直单位、乡镇党政机关和部门站所、规模以上企业后勤机关,组织开展了"深化机关职能化管理、提升机关执行力"活动,县里成立职能化管理工作督导组,在电视台开设"机关效能伴我行"栏目,同时配合开展了"争创五个好基层党组织、党员"、"双帮双联、携手共建"、"知荣明耻、从我做起"

等主题实践活动，全县机关服务意识、工作效率明显提高，机关作风、工作环境大为改观。

(二)建立维护社会稳定长效机制，促进社会局势和谐稳定　严格落实平安建设责任制，深化完善以基层基础为重点的“网底工程”，全县98%的村(居)建立起治保、民调、巡逻、普法、帮教“五位一体”的综治办，建立起110、119、122三台合一的指挥体系，探索实施了领导干部信访问题责任追究办法和“三线九制”工作法，实施了办信工作“三见面”和群众来信“绿色邮政”、“阳光办信”等制度，形成了统一领导、部门协调、各负其责、齐抓共管的大信访工作格局和矛盾纠纷排查调处体系，全县社会局势和谐稳定。

(三)落实“四位一体”工作机制，加大大项目争引力度　对千万元以上项目，实行县级领导成员、招引单位、项目单位、职能部门“四位一体”包靠责任制，由县级领导牵头对项目招引、落地、生产各个环节存在的困难和出现的问题，及时排查调度，及时协调解决。

附：(一)五莲县委书记、副书记、常委名单

书　记：崔　亮

副书记：王　勇　杜江涛

常　委：崔　亮　王　勇　杜江涛　侯佃晓　郝善双　曹春霞　秦　杰　滕厚军　马学生　朱贵友　李希广

(二)各乡镇党委书记名单

洪凝镇　杜树厚

街头镇　李　瑛

于里镇　李业兵

许孟镇　赵百顺

潮河镇　冯志法

汪湖镇　丁传明

叩官镇　陈乐增

中至镇　冯启强

高泽镇　孙志国

石场乡　郑　娟

户部乡　郑昭伟

松柏乡　林世刚

中共莒县县委工作概况

莒县县委书记　刘兆亮

一、组织概况与党的建设

莒县辖21处乡镇，1260个村，110万人。2006年，全县共有党组34个，基层党委43个，党总支222个，党支部2127个，党员55421人。县委坚持抓班子、带队伍，以创新的精神加强党的建设，基层组织和干部队伍的执政能力进一步提高。

(一)扎实开展先进性教育活动　全县第三批党员先进性教育活动组织严密，扎实推进，三个批次集中教育活动群众满意率达到99.99%。适应农村党员队伍建设的新形势，探索实行的集中民主公开推荐入党积极分子制度，被省委先进性教育活动领导小组予以转发，在全省推广。

(二)大力加强基层组织和干部队伍建设　选好配强县直部门、乡镇领导班子，实现年龄梯次配备和能力互补，结构更趋合理，领导发展的能力进一步增强。轮训全县各级各类干部8200多人次。积极开展了“基层组织建设集中活动月”活动。创新推行农村基层组织建设“双百工程”和“双定双联”责任制，培育红旗村45个，整顿转化后进班子85个。《人民日报》华东版报道了我县有关做法。强化非公有制企业党建工作，符合条件的152家非公有制企业全部建立了党组织。

(三)狠抓党风廉政建设　大力推进党风廉政建设和惩防体系建设，强化党风廉政建设责任制的落实，探索实施了个案首接负责制、协作办案制、乡案县审制三项制度。扎实开展“勤政廉政、科学发展”教育活动、“廉政文化润莒州”活动；加强和改进民主评议工作，狠抓纠风专项治理，积极维护群众利益；严肃查处各类违法违纪案件，促进了良好党风政风的形成。

二、主要工作与成绩

全县经济社会实现了又好又快发展。2006年，全县生产总值达到105.8亿元，同比(下同)增长16.9%；地方财政收入2.2亿元，增长32.9%；农民人均纯收入4505元，增长11.5%；社会消费品零售总额完成36.8亿元，增长15.6%；金融机构存、贷款余额分别达到68.3亿元和39亿元，分别增长19%和12.7%。

(一)工业经济发展实现新跨越　规模以上工业企业持

续高幅增长。达到301家，新增166家，工业产值、销售收入双双突破百亿元，增加值、利税、利润分别增长57%、93.4%和118.5%。特色产业和骨干企业群体迅速壮大。建材、食品、服装、塑料、化工五大产业完成产值、利税，占全县工业的比重分别提高10个和7个百分点，塑料产业基地被评为山东省十大产业聚集区；销售收入过亿元的企业达23家，利税过千万元的企业19家，分别新增8家和12家。工业园区发展空间进一步拓宽。县工业园区被省政府批准为“省级开发区”，累计进园项目120个，已开工和投产项目89个，实现产值22.9亿元、税收5400万元，分别增长118%和54%。临港工业配套基地定位逐步明确，功能不断完善。工业经济增长方式逐步转变。实施质量兴县、名牌带动、科技兴企，积极推行清洁生产、促进节能降耗，万元生产总值综合能耗下降5%。

（二）新农村建设呈现新面貌 镇域工业经济快速发展。7处乡镇引进了过亿元的大项目，6处乡镇填补了规模以上工业企业空白，乡镇规模以上工业企业发展到282家，实现翻番增长。工商税收占乡镇财政收入比重达到91.8%。农业综合生产能力进一步增强。粮食总产48.9万吨，增长8.3%。农业标准化生产基地达20万亩，烤烟、蚕茧产量连续多年位居全省县级前列。省、市级农业龙头企业发展到16家。畜牧业生产规模不断扩大，发展规模养殖户1.5万户、养殖专业村372处。被评为“山东省食用菌星火科技示范县”、“山东省中药现代化科技产业示范县”。新农村建设开局良好。认真实施《莒县新农村建设规划纲要》，突出抓好2处试点乡镇和34个试点村。投入2.07亿元发展农村社会事业。其中，新增村村通硬化公路194.5公里，村村通有线电视受益村962个、发展有线电视用户9.2万户，村村通自来水工程新增受益村庄321个、群众25.6万人，均居全市首位；全省山丘区集中供水现场会在莒县召开；被列为“山东省沼气建设项目试点县”；新型农村合作医疗参合农民85万人，参合率93.7%，被评为“全省新型农村合作医疗试点工作先进县”。

（三）对外开放取得新突破 项目建设成效显著。共落实招商引资项目987个，到位资金36.7亿元，增长27.5%。其中过千万元项目137个，过亿元项目8个。外商直接投资1104万美元，增长116.5%。招商项目对财政贡献率达51.6%，提高20.6个百分点。对外贸易再创新高。多渠道参加系列大型经贸洽谈活动，以半岛城市群为重点的国内区域经济合作成效明显。对外交往由日、韩及东南亚地区，扩大到港澳和欧美地区。新增有自营进出口权的企业38家；外贸进出口总额、自营出口分别达2.1亿美元和1.3亿美元，增长60.2%和77.7%。

（四）服务业发展增创新优势 改革进展顺利。国有商贸流通企业改制进入收尾阶段。国有粮食购销企业改制基本完成，顺利通过省、市检查验收。通过深化企业改革，加强市场监管，规范市场秩序，激发了流通企业的生机与活力。结构逐步优化。流通企业品牌效应日益凸显，交通运输、餐饮仓储等传统服务业平稳发展，金融、保险和房地产等产业占服务业的比重不断上升。邮政服务“三农”工作走在全省前列，“万村千乡”市场工程建设拉动作用明显，初步形成了“以城区店为龙头、乡镇店为骨干、村级店为基础”的农村现代流通网络。旅游业发展提速。编制完成了旅游发展总体规划，出台了加快旅游业发展的意见；成功举办了第四届“浮来山福寿文化节”，开幕式在中央电视台播出；市场化开发马鬐山一期工程正在建设。被评为“中国旅游名县”。

（五）城镇面貌再树新形象 重点工程建设进展顺利。206国道城南至夏庄高速公路出入口段拓宽改造、莒安路阎庄至洛河段改线拓宽硬化工程竣工通车；山东路南北出入口整治基本完成。莒州博物馆已经开工建设，沭河公园建设工程前期筹备工作已经就绪。完成城区道路硬化面积1.5万平方米，新增绿化面积15万平方米。城市污水收集率72.2%，全部达标排放。旧村改造稳妥推进。完成城区村庄改造规划编制面积3.1平方公里，开发安置房7.7万平方米；完成旧村改造212个村，782个村正在推进。小城镇建设效果明显。部分小城镇设施日益完善、特色更加突出，新农村建设市级试点招贤镇驻地变化显著，城阳镇成为日照市首处“全国环境优美乡镇”，夏庄镇被评为“山东省绿化示范镇”，7处乡镇被评为“省级环境优美乡镇”。

（六）和谐社会建设迈出新步伐 “平安莒县”创建长效机制初步确立。深入开展“严打”整治工作，严格落实维护稳定责任制和责任追究制，全面推进社会治安综合治理。坚持依法治访，建立信访承诺制、信访听证制等长效机制，持续实现信访总量、越级上访、重复信访和集体上访“四个下降”，我县创造的信访工作经验被国家信访局命名为“日照模式”在全国推广。认真开展重点领域安全生产专项整治活动，安全生产形势持续稳定。切实解决关系群众利益的问题。认真实施城镇和农村居民最低生活保障制度，稳妥完成大中型水库移民核定登记工作，全面落实农村贫困家庭学生和城市低保家庭义务教育阶段学生“两免一补”政策。社会事业协调发展。教育教学质量稳步提高，高考本科进线人数名列全市首位；城区、农村、外出务工人员分类施治的人口和计划生育工作长效管理机制，被省、市推广。被列为“全国实施农村小康环保行动计划试点县”、“国家级基本农田保护区示范区”；被评为“全国防震减灾工作先进单位”和“全省民政工作先进县”、“全省残疾人工作先进县”、“全省‘四五’普法依法治理工作先进县”。

三、创新与经验

（一）必须牢牢抓住科学发展这个第一要务 正确把握“沿海欠发达”这个基本县情，始终坚持少说多干、夯实基础、聚焦发展，努力用改革的思路、创新的措施、发展的办法解决前进中的问题，视差距为潜力，变压力为动力，咬定科学发展不放松、百折不挠抓落实，全力加快经济发展，壮大经济综合实力，为解决各种矛盾、促进社会和谐提供坚实的物质基础。

(二)必须勇于和善于抢抓机遇 面对国家宏观调控趋紧和各地竞相发展的新形势,始终坚持正确以科学发展观为统领,用心领会、用心把握政策 科学分析经济发展的新动向和竞争的新趋势,超前谋划、主动出击,变宏观趋紧为黄金机遇,攻克难关、务求突破,化矛盾制约为顺畅和谐。

(三)必须坚持以人为本、凝聚民心 始终把维护人民群众的根本利益作为一切工作的出发点和落脚点,关心群众、爱护群众,最大限度地让人民群众共享改革发展成果,切实把人民群众的积极性引导好、保护好、发挥好。正确处理改革、发展、稳定的关系,营造团结的人文环境、和谐的政策环境、稳定的社会环境,在全县上下营造风正气顺心齐劲足的浓厚氛围,凝聚起加快莒县发展的强大合力。

(四)必须坚持建好班子、锤炼队伍 全面加强党的建设,永葆党的先进性,把各级党组织建设成为富有创造力、凝聚力和战斗力的坚强堡垒。树立以发展论英雄、凭实绩用干部的正确导向,激励党员干部勇于负责、善于创新,既勤奋干事、又保持廉洁,以过硬的作风和良好的形象感召基层、带动群众,在全县上下形成人心思进、争先创优的良好局面。

附:(一)莒县县委书记、副书记、常委名单

书　记:王　斌(2007 年 1 月离职)
　　　　刘兆亮(2007 年 1 月任职)
副书记:刘守亮　范宇新
常　委:刘兆亮　刘守亮　范宇新　孙运锋
　　　　崔久成　战玉现　王洪彩(女)
　　　　秦玉贺　王金玉　李家琛　唐　涛

(二)各乡镇党委书记名单

城阳镇	匡立福
刘家官庄镇	郭维金
夏庄镇	侯月映
小店镇	刘维军
长岭镇	邹方民
中楼镇	王兴展
寨里河乡	罗振华
龙山镇	冯世武
陵阳镇	齐立东
店子集镇	纪同坤
峤山镇	马先务
桑园乡	贯高仟
招贤镇	王文果
东莞镇	于华忠
库山乡	仇道萍(女)
碁山镇	赵理国
安庄镇	王全栋
果庄乡	徐雨田
洛河镇	王　磊
阎庄镇	钱建德
浮来山镇	李观军

中共岚山区委工作概况

日照市岚山区委书记　高　杰

一、组织概况与党的建设

岚山区辖 9 个乡镇街道,417 个村居,有基层党组织 796 个,党员 23900 名。一年来,区委坚持"围绕发展抓党建,抓好党建促发展"的工作思路,以党的先进性建设为主线,以班子建设为龙头,以两支队伍建设为基础,不断解放思想,拓展思路,创新举措,切实增强了基层党组织的凝聚力、创造力、战斗力,为全区经济社会和谐跨越发展提供了坚强组织保证。

(一)以群众满意为目标,保持共产党员先进性教育活动取得实效 深入开展了第三批先进性教育活动,党员群众对教育活动的满意率达 99.98%。探索创新的立体督导机制、"七个一"工作机制,推出的"农村支部书记先进典型薄自双",得到了省委、市委督导组的肯定。制定出台了《关于加强全区党的先进性长效机制建设工作的意见》和建立村民监事会、无职党员"设岗定责"、党内关怀服务等长效机制文件,初步构建了保持共产党员先进性的长效机制。

(二)以开展"三级联创"活动为主线,基层党组织的凝聚力、创造力、战斗力得到增强 实施了《农村基层组织建设工作目标管理考核实施意见》,完善了区镇村三级联动抓党建的工作机制。深入开展"一联三包"活动,不断提升村级组织建设水平。加强远程教育站点建设,启动了远程教育"上网直通车"工程。提高民主管理、服务发展的工作水平,完善推广"三定两查工作法"、"为民服务绿色通道"等做法,基层党组织的战斗堡垒作用不断加强。

(三)以党委换届为契机,领导班子和干部队伍建设进一步加强 以党委换届为契机,对区直和乡镇街道领导班子进行了调整充实,树立了良好的用人导向。加强干部培训,整合教学资源,创新培训机制,丰富培训内容,逐步完善述学、考学、评学制度,不断提高领导干部科学发展的能力、执政为民的能力。重视对“一把手”的教育管理，努力提高“一把手”驾驭全局的能力和水平。

二、主要工作与成绩

2006年，在市委、市政府的正确领导下，全区上下牢固树立和认真落实科学发展观，按照“又好又快”的发展要求，凝心聚力、狠抓落实，经济社会保持了良好发展势头。全年完成地区生产总值85.43亿元，同比增长19.2%，地方财政收入3.95亿元、增长103.5%，社会消费品零售总额19.24亿元、增长16%，金融机构各项贷款余额43.38亿元、增长25.4%，农民人均纯收入5001元、增长12.5%。

(一)新型工业化建设步伐加快 临港工业快速发展。深入实施“工业强区”战略，全年完成规模以上工业总产值177.2亿元、增长25.4%，实现利润22.4亿元、利税28.7亿元，分别增长213%、182%，1家企业销售收入过百亿元，18家企业销售收入过亿元，10家企业利润过千万元。聚力提高项目建设承载能力，加快临港工业聚集带规划建设，完善道路、水、电等基础设施配套，进一步拓宽了临港工业发展空间。继续坚持港口带动战略，聚力加快岚山港通用泊位、岚北港区和岚桥专用码头建设，搞好岚坪铁路日钢专线建设，港口、铁路承载能力进一步增强。全年港口完成吞吐量2660.9万吨、增长30.6%，铁路运量817万吨、增长15.6%。二是招商引资工作取得新成效。坚持把扩大开放和招商引资作为加快经济发展的重中之重。创新招商引资机制，建立了“区级领导带头、定期现场调度、定期督查通报”相结合的招商引资推进机制，保证了项目顺利推进。全年共引进项目624个、增长53.9%，到位区外资金95.6亿元、增长104.7%。积极发展进出口贸易，外向型经济日益活跃。全年完成货物进出口总值12.8亿美元，增长85.8%，实际利用外资1925万美元。有自营出口实绩的企业发展到26家，海外企业发展到10家。三木集团被评为全国乡镇企业实施“走出去”战略先进企业。三是民营经济发展更加活跃。继续坚持政策引导、服务促进，走“大企兴工”之路，加快骨干民营企业的升级改造。全力培育水产加工、绳网加工、茶叶加工等特色民营经济板块。全区个体工商户发展到1.5万户，民营企业发展到850家，民营经济完成增加值64.5亿元、增长33%，上交税金2.18亿元、增长60.7%。名牌战略取得新成效，昌华牌鱼糜制品被评为中国名牌产品，三木牌家具等4个产品被评为山东名牌产品。自主创新能力得到加强，有8家企业被认定为省级高新技术企业。

(二)城市现代化建设实现新突破 认真落实市委、市政府“城市建设突破岚山”的要求，全年完成城建总投资1.66亿元，城市建成区扩展到20平方公里。一是在“双城一区”总体规划指导下，进一步围绕“四区”布局，加快了城市总体规划和临港产业发展规划的修编工作，城市详规覆盖率达到86%。二是加快城市基础设施建设。南沿海路岚山段竣工通车。加快“城中村”改造步伐，环翠小区、秦海小区、童海小区等安居工程进展顺利。城区供水、供热管网体系升级改造顺利进行，垃圾填埋场、污水处理厂等工程积极推进，城市配套功能不断完善。三是切实加强城市管理。组建了城市建设投资公司，日照市建设市场交易中心岚山分中心挂牌运营，搭起了城市建设市场化投融资的新平台；扎实开展城市环境卫生综合整治，积极参与国家卫生城市创建，城市面貌得到较大改观。

(三)社会主义新农村建设扎实推进 以发展农村经济、增加农民收入为核心，扎实推进社会主义新农村建设。在市新农村建设示范镇巨峰镇、黄墩镇建立了试点帮扶制度，23个区直部门建立起44个帮扶示范点。农业结构调整成效明显，茶、菜、桑、板栗等特色经济作物收入占种植业总收入的62.1%；水产业保持良好发展势头，全年实现水产品产量30.8万吨、产值14.7亿元；农业产业化有新发展，茶叶加工企业发展到244家，各类农业龙头企业发展到370家，岚山鲜活水产城被确定为“全国菜篮子工程定点市场”，安东卫海货城获全国十大水产品批发市场称号。“为民工程”顺利推进，自来水通村率达到93%，有线电视通村率达到90%；青赵线、日夏线和341省道改造工程竣工通车；小型水库除险加固工程顺利完成；岚山渔港主体码头已经建成。岚山被评为全省农田水利建设先进区。

(四)和谐社会建设取得新进步 按照构建社会主义和谐社会的目标，加大经济社会统筹发展的力度，各项社会事业健康发展。一是加强教育教学管理和改革工作。投资4800万元，完成年度中小学布局调整和“六三”学制改革任务；设立了学校危房改造基金、贫困生救助基金。二是扎实推动医疗卫生事业改革。深入开展新型农村合作医疗试点，全区参合农民达到32.35万人，参合率91.68%；加强区镇村三级卫生网络一体化管理，在全市率先推行城市社区卫生服务工作。三是完善社会保障体系建设。扩大了城市最低生活保障范围，实现了应保尽保。启动农村居民最低生活保障制度，试点示范工作已经完成。岚山被确定为全省20个县级统筹城乡就业试点城市之一。四是计划生育工作不断进步，被省委、省政府授予计划生育优质服务先进区荣誉称号。五是深入开展双拥共建活动，被评为全省双拥模范城。六是稳定工作保持好局面。依法治区、“平安岚山”建设深入推进，社会治安综合整治进一步加强；严格落实“一岗双责”和属地管理责任制，及时妥善化解矛盾纠纷，保证了发展大局稳定。信访信息网络建设走在全市前列，全国信访信息“三位一体”现场会在岚山召开。岚山被评为2006年度全省平安建设先进区县。切实抓好安全生产监管工作，连续多年实现安全生产无重大事故。

三、创新与经验

(一)深入落实科学发展观，不断完善发展思路 按照科学发展观的要求，确定了大力实施“港口立区、工业强区、开放兴区、民营富区”四大战略，努力做好“临港工业、海洋产业、现代农业、商贸物流”四篇文章，全力加快“新型工业化、城市现代化、社会主义新农村、和谐社会”四大建设的发展思路,努力以新理念指导新发展,以新目标引领新跨越,推动经济社会又好又快发展。

(二)提升发展标杆,积极推动跨越发展　深入落实国家宏观调控政策,努力从政策中寻求发展机遇,在准确把握形势的基础上,提出了跻身全省三十强、冲刺全国百强、构建和谐新岚山的总目标,确定开展项目建设推进年、作风建设加强年、组织建设提升年、城市建设突破年"四个年"活动,确立了"全党抓经济、突出抓工业、重点抓项目、领导带头抓"的工作思路,努力推动工作落实,实现跨越发展。

(三)坚持求真务实,不断创新工作机制　围绕项目建设等重点,研究创新了抓落实的机制,确保各项工作的推进落实。在项目推进上,进一步完善领导包重点项目责任制,严格实行一个项目、一位领导、一套班子、一抓到底的"四个一"机制;探索建立和谐的保障机制,形成和谐的企地关系,处理好政府、企业、村居、群众等各方面的利益关系。按照"三个体系"建设的要求,加大工作督查力度,建立了镇办、部门台账式督查月通报制度和大项目建设定期督查通报制度,确保区委的各项工作有决策、有部署、有督查、有反馈,把各项工作都落到实处。进一步修订完善了区目标管理绩效考核办法,突出了对招商引资、项目推进、工业发展、民营经济、财源建设等发展实绩的考核。

附:(一)岚山区委书记、副书记、常委名单

书　记:孙承金(2007 年 1 月离职)
　　　　高　杰(2007 年 1 月任职)
副书记:徐淑利　王泽光
常　委:高　杰　徐淑利　王泽光　庄会海
　　　　徐中伟　王立莹　孟凡香　刘国田
　　　　邱玉德　郭晓民　孟　青

(二)各乡镇、街道党委书记名单

岚山头街道　王圣波
安东卫街道　张家增
虎山镇　乔永前
碑廓镇　庄光勤
黄墩镇　幕德东
后村镇　王进远
高兴镇　范彩英
巨峰镇　张玉新
前三岛乡　王圣波

莱　芜　市

中共莱城区委工作概况

莱城区委书记　郑金启

一、组织概况与党的建设

莱城区共有 14 个乡镇(街道),768 个行政村(居委会),人口 88.6 万,面积 1622 平方公里,现有基层党(工)委 31 个,党总支 100 个,党支部 1405 个,党员 38510 名。

2006 年,区委紧紧围绕科学发展、和谐发展、跨越发展这个主题,以加强执政能力建设和党的先进性建设为主线,全面加强各级领导班子和干部队伍建设,各级党组织的凝聚力、战斗力和创造力进一步增强。

(一)扎实开展了保持共产党员先进性教育活动　在认真落实好党委理论中心组学习制度和党员干部学习制度的基础上,按照中央和省委、市委的部署要求,深入扎实开展了保持共产党员先进性教育活动,健全完善了党员干部经常性教育、服务群众的长效机制,取得了实实在在的效果。

(二)加强领导班子和干部队伍建设　坚持"重人品、重实绩"的用人导向,严格按照《干部任用条例》,精心组织了区、乡党委换届工作,选拔任用了一批政治上靠得住、工作上有本事、作风上过得硬的干部。坚持和完善民主推荐、民主评议、考察预告、任前公示等制度,促进了干部工作的科学化、规范化和制度化。

(三)加强基层组织建设　深入组织开展"三级联创"活动,扎实推进"富民强村"、"双培双强"、"促强扶弱"、"利民连心"四大工程,从区乡抽调 256 名同志由副局级以上干部带队,对 37 个强村和 52 个弱村进行了重点帮促,取得了明显成效。继续实行经济薄弱村主职干部工资统筹发放和办公经费补助政策,调动了农村干部工作的积极性。重视加强新型经济社会组织党建工作,全区 67 处非公有制经济组织建立了党组织。认真抓好农村党员干部现代远程教育工作，建立远程教育站点752个，坚持以村为校，以房干村为基地，以新农村建设为专题对农村干部进行轮训，农村干部整体素质明显提升。

（四）加强作风建设 引导广大干部树立正确的人生观、价值观和政绩观，全力为民办实事、解难事、办好事。大力弘扬求真务实、真抓实干的工作作风，靠实干推动工作落实。大力加强党风廉政建设，严格贯彻执行领导干部廉洁自律的各项规定和党风廉政建设责任制，进一步纠正部门行业不正之风，加大监督和违法违纪案件查处力度，促进了党风政风的进一步好转。

二、主要工作与成绩

2006年，在省委、市委的正确领导下，区委团结带领全区广大干部群众，认真落实上级一系列指示精神，解放思想，开拓创新，干事创业，狠抓落实，全区经济和各项社会事业保持了持续快速健康发展的好势头。全区实现地区生产总值166.4亿元，增长16%；完成全社会固定资产投资90亿元，增长30%；财政总收入84003万元，同口径增长55.7%，其中地方财政收入37920万元，同口径增长57.3%；城镇居民人均可支配收入11588元，农民人均纯收入5174元，分别增长7.4%和10.9%；三次产业比调整为9.6:56:34.4；万元GDP能耗比2005年下降4.5个百分点。具体工作中，主要抓了以下几个方面：

（一）加快实施"工业立区"战略 按照省委、省政府抓好"三个一批"和市委、市政府发展"产业集群"的战略部署，突出抓好钢铁、轻纺、化工三大主导产业和规模以上企业发展。全区新增规模以上企业37家，总数达到130家，实现销售收入114亿元、利税9.7亿元，均增长40%以上。销售收入过亿元、利税过千万元的企业21家，比2005年增加4家。19家重点调度企业实现销售收入91亿元、利税7.5亿元，分别增长40%和41%。新认定省级以上著名商标和名牌产品4个。突出抓好莱城工业区建设，全年完成项目投资6.78亿元，完成工业销售收入15.5亿元、利税1.47亿元，分别增长55.9%、41.4%和43.7%。

（二）大力发展开放型经济 坚持把招商引资作为加快发展的突破口，突出抓了领导带头招商、专业蹲点招商、推介招商和"大高外"项目引进工作，建立了600多人的招商队伍，派出蹲点招商人员135人，举办各类招商推介会60多次。完成招商引资任务20.1亿元，增长20.3%；引进外方投资过5000万元的项目16个。千方百计扩大加工贸易出口和利用外资，全区完成进出口贸易总额4亿美元，其中出口完成2.8亿美元，分别增长20%和25%；实际利用外资4160万美元；新发展拥有自营进出口权企业16家，新批三资企业19家。

（三）扎实推进新农村建设 按照中央"20字"方针、省委提出的"路水电气医学"及市委、市政府关于推进城乡一体化发展的总体要求，坚持把新农村建设作为"三农"工作的总抓手。"三辣一麻"（生姜、大蒜、大葱、花椒）特色农业有了新的发展，农业标准化生产、林果业、畜牧业、农田水利基本建设都实现了新突破。全区新发展具有一定规模的加工企业26家，新建千吨以上恒温库28座，总数分别发展到305家和225座，加工储藏能力达到91万吨。新转移农村劳动力2万人，有组织的市外劳务输出6920人。全区村镇总体规划全面完成，村庄布点规划总体框架基本完成，完成村庄建设规划85个，覆盖面达到50%以上。加大基础设施建设力度，投资3.6亿元，完成各类小城镇建设工程246项，所承担的城市建设重点工程基本完成；投资3300万元完成地方道路建设307公里；投资8754万元完成321个村通自来水工程，全区通自来水的村庄达到70%。

（四）加快发展民营经济 按照"点面结合、引育并举、培植骨干、扩张总量"的思路，加大了服务扶持力度。全区新发展个体工商户3075户，新增私营企业835家，实现民营经济增加值85.4亿元、税收3.5亿元，分别增长20%和60.6%；新发展投资50万元以上的民营大户350户，纳税过30万元的民营企业发展到139家，分别增加20户和60家。五是加快推进服务业发展。坚持把服务业作为产业升级的重点，研究制定了具体意见，加快了发展步伐。全区服务业实现增加值57.3亿元，占全区地区生产总值的34.4%。特别是把旅游业作为新兴重要产业来抓，全区实现旅游收入3.7亿元，增长35%。在抓好经济建设的同时，大力加强精神文明建设，加快发展科教文卫体及计划生育等各项事业，努力推进经济社会和谐发展。

三、创新与经验

（一）靠改革增强发展动力 坚持以市场化为方向，不断加大企业、农村、社会事业、党政机构等各项改革力度，发展动力不断增强。比如在企业改革上，牢牢把握企业产权这个关键，按照"彻底改、改彻底"的要求，对企业进行了改制，壮大了一些好企业、好项目，企业生产效益明显提高。比如在农业上，积极搞好农业资源和设施的市场化运作，农村发展活力进一步增强。

（二）靠政策激发创业活力 在认真贯彻落实好省、市一系列鼓励发展政策的基础上，先后在工业发展、招商引资、民营经济发展、工业区建设、新农村建设、服务业发展等方面研究制定相关政策，凝聚了发展力量，调动了各级干事创业、加快发展的积极性。

（三）靠机制调动干部积极性 围绕中心和重点工作，不断完善落实了决策目标、执行责任、监督考核三个体系和公开公平公正的选人用人机制，调动和发挥了各个层次的积极性。坚持重激励、强约束、严考核，不断修订完善考核奖惩办法，对乡镇（街道）及区直各部门实行千分制考核，让工作突出的单位和个人，政治上光荣，经济上得到实惠。

（四）靠市场解决发展中的难题 比如，围绕解决山区乡镇发展难问题，打破行政区域界限，鼓励不适宜发展工业项目的山区乡镇和城内发展第二产业受限制的凤城办事处，到莱城工业区建设工业园，为他们拓展了发展空间，搭建了发展平台。再比如,围绕解决经济小区建设、小城镇建设、河道治理等方面资金不足问题,积极探索招商引资、经营土地、举债建设等市场化运作的路子,收到了较好的效果。

(五)靠典型推动面上工作开展　坚持把典型带动作为重要的工作方法来抓。比如在新农村建设上,实施了“一镇五十村示范建设工程”,促进了面上新农村建设的开展。

(六)靠服务营造发展环境　在进一步加强各级服务机构建设,提高工作效率和服务质量的基础上,对一些重点企业、重点项目、重要的经济增长点,都由区各大班子领导牵头,一个项目成立一个工作服务班子,真正靠上帮助解决发展中的困难和问题,促进项目尽快建成投产,促进企业尽快做大做强,进一步优化了发展环境。

(七)靠稳定保障社会和谐　以“平安莱城”建设为总抓手,深入开展“严打”斗争,加强安全生产专项整治,狠抓信访稳定工作,信访总量同比下降15%,其中集体越级上访下降22%,为全区经济发展创造了稳定和谐的社会环境。

附:(一)莱城区委书记、副书记、常委名单

书　记: 朱胜运(2006年12月离职)
郑金启(2007年1月任职)

副书记: 胡文朴　郑德庆

常　委: 郑金启　胡文朴　郑德庆　李维运
葛敬彪　亓　峰　高立峰　许常勇
吕廷祥　金宗义　李乾实

(二)各乡镇、街道党委书记名单

凤城街道	李明顺
张家洼街道	雷印高
口　镇	赵　波
羊里镇	魏广明
方下镇	司加忠
牛泉镇	亓　勇
高庄街道	张凌云
苗山镇	桑红军
和庄乡	王国勤
茶业口镇	刘彬华
雪野镇	秦昌民
大王庄镇	赵春培
寨里镇	张明会
杨庄镇	杨　军

中共钢城区委工作概况

钢城区委书记　李乃俊

一、组织概况与党的建设

钢城区总面积521平方公里,辖4个镇、1个街道,232个村居,人口29.1万。全区共有基层党委13个,党总支30个,党支部460个,党员11619名。2006年,区委以加强党的先进性建设和执政能力建设为抓手,以开展“三级联创”活动为主线,全面加强和改进党的建设,为全区经济社会又好又快发展提供了有力的组织保障。

(一)思想政治建设成效显著　坚持用科学理论武装广大党员干部,特别是按照办成“群众满意工程”的要求,紧紧围绕新农村建设这个主题,认真抓好第三批先进性教育活动,并积极抓好先进性教育活动回访复查工作,建立完善了党员分类管理积分考核、为民服务代理制等一系列长效机制,累计为群众办好事、解难题3700多件(次),群众满意度达到99.7%。

(二)领导班子和干部队伍建设不断加强　严格执行《干部选拔任用条例》,认真做好领导班子配备和干部调整工作,特别是严格按照规定的程序和步骤,精心组织,科学安排,扎实做好区级党委换届考察和镇(街道)党委换届工作,各级党委班子的年龄、素质、知识结构进一步优化。同时,继续坚持在发展一线培养、锻炼、选拔干部,形成了良好的用人导向。

(三)基层组织的凝聚力和战斗力不断增强　不断深化“三级联创”和“百千万”农民致富行动,排出了30个区级党建示范点和20个市级党建示范点,推行了农村党员分类管理积分考核办法,坚持用“双带双强”标准选人,并认真落实农村班子考核、干部报酬补助、养老保险等制度,激发了农村干部的创业积极性。同时,扎实做好新型经济社会组织和社区党建工作。

(四)党风廉政建设深入推进　认真落实党风廉政建设责任制,严格落实“四大纪律、八项要求”、“五个不许”等制度,树立了为民、务实、清廉的良好形象。

二、主要工作与成绩

2006年,区委坚持以科学发展观统揽全局,团结带领全区广大干部群众,解放思想,创新实干,全区经济社会实现快速健康协调发展。全区生产总值完成128.4亿元，增长18.2%；地方财政收入完成3.59亿元，增长74.7%，增幅列全省第6位，总量列全省第80位，在全省县（市、区）排名中前移22个位次；固定资产投资完成23.82亿元，增长40.2%；农民人均纯收入达到5310元，增长11.45%。

（一）突出发展第一要务，经济强区建设扎实推进 坚定不移地把发展作为第一要务，紧紧抓住工业经济、民营经济、招商引资、开发区建设等重点工作不放松，推动全区经济又好又快发展。工业经济快速发展，规模以上工业企业由39家增加到61家，实现产值39.58亿元、利税3.78亿元，分别增长40.3%、22.7%。民营经济发展势头强劲，新发展私营企业449家，实现税收2.1亿元，增长40.2%。服务业发展步伐加快，社会消费品零售总额完成20.8亿元，增长18%。招商引资取得新突破，实际到位外来资金23.68亿元，累计形成固定资产17.76亿元，引进投资过千万元的项目42个。融入省会城市群经济圈工作取得积极进展，与济南市历城区结为友好区。经济开发区建设进展顺利，在高起点编制规划的同时，投资9000多万元，加快了莱钢连接线等基础设施建设，并储备了一大批项目。2006年，钢城区被表彰为全省县域经济发展先进单位。

（二）企地合作更加广泛深入，共建双赢局面不断发展 坚持把服务莱钢作为最重要的职责，全面加强企地沟通协调，形成了思想合心、决策合谋、工作合拍、发展合力的良好格局。全力服务莱钢重点项目建设，共有10多名区级干部带队、300多名机关干部参加的6套服务协调班子，靠在莱钢重点工程一线，认真协调解决项目建设中的问题，确保了工程的顺利建设。坚持企地联手，全面加快城乡道路、牟汶河综合治理、园林绿化等基础设施建设，为莱钢发展创造了良好环境。同时，依托莱钢大力发展"配套经济"，全区钢铁深加工能力达到180万吨，新材料生产能力达到10.7万吨，物流配送能力达到1400万吨，销售钢材310万吨。

（三）城乡建设快速推进，城乡一体化进程明显加快 按照建设精品城市的要求，组织编制了10多项修建性详细规划；全力加快基础设施建设，新修改造城市道路10条20公里，建设了自来水厂、污水处理厂等配套设施；城中村改造取得突破性进展；积极开展"双创一巩固"活动，城市面貌显著改观。新农村建设扎实推进，5个镇（街道）、开发区地方财政收入均突破1000万元，其中3个镇（街道）突破2000万元；加快镇村规划建设，完成了九龙家园修建性详细规划和45个村的村庄规划，狠抓了4个区级示范村和13个镇级示范村建设；大力实施劳动力转移"五个一"工程，新转移农村劳动力5000多人。

（四）社会事业协调发展，和谐社会建设扎实推进 牢固树立以人为本的执政理念，大力发展社会各项事业，做到了发展成果让全体人民共享。科技创新体系不断完善，科技研发能力不断增强。教育教学质量不断提高，认真落实"两免一补"政策，免除贫困学生费用52万元。新型农村合作医疗进一步完善，农村覆盖率达到100%。社会救助和保障体系进一步健全，发放城乡低保和五保供养等保障金167.1万元。计生工作继续保持全省领先水平。文化体育、统计审计、人事劳动、民兵预备役等各项工作也都取得新成绩。

（五）环境建设、精神文明建设、党的建设全面加强 深入开展平安建设，大力加强社会治安综合治理，认真开展严打整治活动；高度重视信访工作，认真排查和调处各类矛盾纠纷，促进了全区政治安定、社会稳定，我区被评为平安山东建设模范区。扎实开展精神文明创建活动，群众文明素质不断提高。大力加强党的先进性建设和执政能力建设，培养了一支想干事、会干事的干部队伍。区各大班子领导带头走向发展最前沿，靠前指挥，一线落实，发挥了表率带动作用。广大党员干部坚持在发展一线转变作风、提高本领、增长才干，营造了人人争先、创新实干、共谋发展的浓厚氛围。

三、创新与经验

一年来，全区经济社会实现了持续快速健康发展，主要得益于以下几点：

（一）坚持用科学的思路引领发展 按照市委市政府透视莱芜、环视莱芜、俯视莱芜的要求，积极转变观念，调整思路，坚持用全新的眼光和视角来审视钢城，组织开展了"审视自我、创新实干、谋求突破"主题教育及"站在新起点、实现新发展"大讨论活动，进一步认清了区情，找准了发展优势，提升了思想境界。同时，围绕加快推进城市化、发展配套经济、新农村建设等重点工作，组织开展了6个方面的专题调研，理清了发展思路，用较高的目标定位激发了各级加快发展的积极性。

（二）坚持走好依托莱钢求发展的特色路子 立足于莱钢实施由大到强战略性转移的新形势，按照服务理念再强化、服务水平再提高、服务领域再拓展的要求，进一步强化了"真诚服务、共建双赢"的企地共建理念，进一步健全完善了优化服务、政策支持、企地协调等长效机制，为莱钢发展创造优良环境、提供一切便利条件。在服务支持莱钢的同时，大力实施大企业带动战略，紧紧围绕莱钢原辅材料供应、产品精深加工、物流配送三个产业链条，推进产业招商、企地联手招商，实现了错位发展、优势互补。坚持企地设施共建、事业共兴、平安共创，进一步拓展了共建领域，促进了企地共建双赢。

（三）坚持以调整促发展 把国家宏观调控作为结构调整的机遇，坚决关停土小企业，引导现有企业优化产品结构，提高自主创新能力，转变经济增长方式。加快调整优化产业结构，在做优做强钢铁主业的同时，大力发展非钢产业和三产服务业，引进了一批大型三产服务业项目，经济发展的协调性和稳定性不断增强。

（四）坚持把改革创新作为加快发展的根本动力 坚持以解放思想为先导，用改革的思路研究问题，用市场化的办法解决问题，以开展"工作创新奖"评选活动为契机，引导各级在工作思路、机制体制、方式方法等方面不断创新。在企地共建上，健全完善了“服务、合作、共建”三大机制，提高了共建水平；在城市建设管理上，加快推进环卫等公用事业市场化改革，采取集体投资、市场开发的方式推进城中村改造；在新农村建设上，坚持走“以工业化带动城市化，以城市化推动城乡一体化”的钢城特色的发展路子，并探索实行了“飞地经济”等农民增收模式，加快了农民变工人、变股民步伐；在平安建设上，坚持企地平安联创、治安联防、问题联治、纠纷联调，不断深化“零案民营企业”创建活动，进一步增强了经济社会发展活力。

(五)坚持抓稳定促和谐，创造良好的发展环境　牢固树立“发展是第一要务，稳定是第一责任”的观念，大力加强平安钢城建设，为加快发展创造了稳定的社会环境。狠抓环境保护和生态建设，可持续发展能力不断增强。坚持以人为本的执政理念，注重统筹发展各项社会事业，在群众就业、保障以及行路、吃水、上学、就医等方面都采取了一系列措施，并认真抓好为民办的10件实事，切实让群众享受到了发展成果。

附：(一)钢城区委书记、副书记、常委名单

书　记：张作平(2006年12月离职)
李乃俊(2007年1月任职)

副书记：栾　健　武树华

常　委：李乃俊　栾　健　武树华　毕占明　王纪青　谭金海　亓　群　刘　真　张海波　李官珊　张　勇

(二)各镇、街道办事处党委书记名单

艾山街道　吕宝泉
颜庄镇　卞良彪
黄庄镇　王爱华
里辛镇　孙晓河
辛庄镇　任启民

临　沂　市

中共兰山区委工作概况

兰山区委书记　李沂明

一、组织概况与党的建设

兰山区共有基层党委32个、基层党总支169个，党支部1380个，党员32795名。

(一)干部队伍得到加强　以提高干部素质和能力为主线，先后选调了38名不同层次的干部到省、市委党校学习。举办科级干部培训班、新任职青年干部培训班等共13期，培训干部783人次，提高了全区干部队伍整体素质和能力。

(二)干部管理得到强化　依据对街道、区直部门领导班子和领导干部的年度考核及动态考察结果，严格按照《条例》和有关程序，对部分班子及成员进行调整，加大了干部监督和科级干部公开选拔工作力度。

(三)基层组织建设深入开展　以升级进档管理工作为抓手，大力加强农村基层组织建设；以创建“五个好”企业党组织为活动为载体，全面提升企业党建工作水平；进一步做好社区党建工作。

(四)党员管理工作迈上新台阶　认真做好流动党员管理和民主评议党员工作，加大对不合格党员的处置力度，加强农村党员干部现代远程教育，认真落实发展党员“五制管理”和失误责任追究制度，保持了党员队伍的先进性。

(五)建立共产党员先进性教育长效机制　严格按照中央和省、市委的统一部署要求，扎实开展了三批教育活动，先后迎接中央、省、市领导检查50余次，活动效果得到了各级领导的充分肯定。开展了先进性教育活动群众满意度测评工作，很满意、满意率达到100%。积极征求各类意见和建议，及时总结经验，研究出台了关于保持共产党员先进性长效机制的规范指导性文件。

二、主要工作与成绩

牢固树立和落实科学发展观，在解放思想中统一思想，在干事创业中用心落实，扎实推进了经济社会全面协调发展。2006年完成GDP255.18亿元，增长18.2%；财政总收入达到14.25亿元，其中地方财政收入8.05亿元，分别增长19.9%和14.9%；农民人均纯收入4995元，增长14.1%，各项主要经济指标居全市第一位。荣获“全国科技工作先进区”、“全国法制宣传教育先进区”、“全省县域经济发展先进单位”、“全省防范和处理邪教工作先进单位”、“山东省教育工作示范县(市、区)”等荣誉称号。

(一)工业经济不断壮大 大力实施“工业强区”战略，以“三个一批”为总抓手，以科技创新为动力，以“五个转变、五个提高”为手段，促进企业和产业做大做强。积极引导企业转变经济增长方式，努力做好节能降耗、自主创新和环境保护文章，着力提高经济运行质量，节能设备投入7000余万元，提高节能效益20%。坚持集约发展工业，以临沂工业园和金锣科技园为平台，积极引导企业入园生产，临沂工业园协议利用资金21亿元，实际到位资金8亿元，形成了服装加工、机械制造、新型建材和印刷业等产业集群。板材业发展迅速，在华东人造板50强企业中，兰山占据20强。积极争创“全国优质人造板生产基地”，集中整治了散乱小和污染严重的板材企业，成功举办了首届中国(临沂)人造板国际贸易洽谈会，现场签约23个项目，合同金额9.96亿元。积极打造知名品牌，2006年新增山东名牌6个、山东著名商标1个，全区共有国家名牌产品2个、国家免检产品3个、山东名牌产品15个。全区412家规模以上企业实现产值476亿元，增长35%，其中产值过亿元的企业48家，利税过千万元的企业34家。

(二)城市建设日新月异 突出抓好重点项目建设、旧城旧村改造和环境综合整治，城市环境进一步优化，城市面貌焕然一新。加大旧城旧村改造力度。2006年完成拆迁面积350万平方米，新建住宅楼354栋278万平方米。积极打造滨河生态水城。集中力量开展了涑河综合治理一期拆迁工作；圆满完成陷泥河、青龙河治理工作。加快道路建设步伐。全长13.3公里的祊河滨河大道已建成通车；全长17公里的沂蒙路北延、7.32万立方米的路基和道路硬化工程已完成，全区完成道路建设面积270万平方米。加大了环境综合整治力度，城市出入口、主干道环境明显改观，滨河大道景观带生态特色凸显。以沂蒙路拓宽北延、北外环、西外环为框架的道路基础设施建设顺利推进，城市的承载力不断增强，整个城市日新月异，广大市民信心倍增，展现了“天蓝、地绿、水清、路畅、灯明、商兴”的新形象。

(三)市场改造提升成效显著 紧紧围绕打造“中国现代商贸城”、“中国物流名区”的目标定位，努力建设产地型、外向型、展贸型和旅游购物型市场。加快改造提升。投资12亿元新建市场，建筑面积达80多万平方米，文化用品、澳龙服装、香江机电和板材、化工市场一期建成开业，家电厨卫城、汽摩配城实施整体搬迁运营，申科数码、中侨商品、华强家居主体工程全面招商，小商品城、兰田物流、凯歌文化城开工建设。进一步规范了经营管理。制定实施了《临沂商城市场管理办法》，理顺市场管理体制，加强市场经营管理，有效防止了重复建设、交叉经营和恶意竞争；成功举办了临沂商城市场经理培训班，提高了市场经理的管理能力和管理水平。大力实施了引商兴工。制定了《关于鼓励市场经营大户兴办加工业的意见》和《关于培育发展外向型市场的意见》等政策措施，引导市场经营大户到工业园区投资兴办加工业，临沂工业园区引进的企业有80%来自市场经营大户，地产品占有率进一步提高。打响商城品牌。出台优惠政策，吸引中国驰名商标、世界名牌产品进驻批发市场，提升商品档次和市场品位。高水平建设了市场发展史展馆，全方位展示商文化和市场发展历程。2006年批发市场成交额456亿元，同比增长7.5%。

(四)新农村建设扎实推进 按照中央20字要求，坚持工业反哺农业、城市支持农村和“多予少取放活”的方针，大力推进新农村建设。抓好农村新经济。注重发展城郊型新农业，形成了5万亩优质果品和2万亩无公害高效瓜菜和一批生态、垂钓基地。推进农业产业化经营，新增区级以上农业产业化龙头企业16家，农村合作经济组织达到514家。抓好农村基础设施建设。加大投资，实现了硬化路、有线电视、公交车和科普村村通。总结推广“打破村庄界限、实施合村并点、推行社区管理、集约节约土地”的做法，对50个村、16个居住小区进行了规划设计，新建农民住宅楼212栋130万平方米。抓好村镇环境综合整治，全区50%以上的村村容村貌有了新改观。抓好劳动者素质提高。积极实施“绿色证书”、农村远程教育培训和“阳光工程”，转移培训农村劳动力5543人，就业率98%以上，农民人均纯收入5036元，增长15%，农民收入来自二、三产业的比重达到88.6%。健全完善了村务公开、民主管理制度，使村级工作逐步走上了规范化、制度化建设轨道。

(五)以人为本保障社会和谐稳定 围绕创建全市最安定区，深入推进“平安兰山”建设，不断提高人民群众的社会安全感。以八项秩序集中整治和12个系统行业创建为抓手，广泛开展了声势浩大的整治行动，维护了良好的社会秩序。突出抓好信访稳定工作，对群体性、突发性事件，迅速行动，及时处理，创新实施了“一庭两所三结合”的调解工作模式，努力化解各类矛盾。全面落实安全生产责任制，努力消除安全隐患。2006年全区刑事发案同比下降11%，群体性事件同比下降52%；信访总量下降31.2%，实现社会持续稳定。积极探索社会保障工作的新路子，在土地征用和城市拆迁中建立了“补偿、安置、开发”三位一体的社会保障新机制；努力扩大基本养老和失业保险覆盖面，高度关注职工生产生活和困难群众，努力扩大基本养老和失业保险覆盖面，目前全区参加各类社会保险84218人，累计发放社会保险费1.85亿元。

三、创新与经验

(一)把握关键明思路 坚持以思想的大解放谋求经济的大发展，在解放思想中统一了思想、明确了发展思路：充分发挥兰山区的区位优势、商贸优势、文化优势，紧紧围绕“争先进位创百强”这一目标，用心落实“好”与“快”两个要求，积极搞好“中国物流名区、全国经济强区、人居环境佳区”三区建设，努力打造“中国商贸物流基地、中国优质人造板研发生产流通基地、中国有色金属回收加工研发基地、中国食品研发加工流通基地”四大产业基地，继续实施“依城兴区、工业强区、商贸富区、开放活区、和谐立区”五大战略，突出抓好“重点项目、工业经济、市场提升、扩大开放、新农村建设、和谐社会”六项重点工作，努力建设富裕、平安、文明、生态、开放、活力的和谐新兰山。

(二)突出重点抓发展 在实践中不断提高工作的预见性，加强工作的针对性，始终坚持抓主要矛盾和矛盾的主要方面，善于抓工作的关键环节，坚持集中精力抓大事，突出重点抓关键。在经济工作中突出城市建设、工业经济、招商引资三项重点，大力培植园区经济、现代物流、高新技术三个亮点，毫不动摇，毫不放松，连续推动，用心落实，取得了良好的效果。

(三)团结协作求实效 不断健全完善决策目标、执行责任、考核监督三个体系建设，严格落实工作目标责任制，对工作指标进行层层分解，对各镇街道、区直部门加强考核监督，对机关作风加强了效能督查，形成了一套推动工作开展的保证机制，形成了广大干部群众求实务实抓落实，干事创业谋发展的浓厚氛围，形成了全区上下心往一处想，劲往一处使，共同抓落实的强大合力，保证了任务目标的顺利完成。

附：(一)兰山区委书记、副书记、常委名单

书　记：左沛廷(2006 年 12 月离职)
李沂明(2006 年 12 月任职)

副书记：耿学伟　谢华东

常　委：李沂明　耿学伟　谢华东　张佃虎
刘士平　孙百迎　张洪岭　王全慧
顾文明　王全生　包　华

(二)各镇、街道党(工)委书记名单

兰山街道	刘爱友
银雀山街道	冯学敏
金雀山街道	韩庆典
南坊街道	包　华
白沙埠镇	赵国芳
枣沟头镇	纪丙坤
半程镇	路步强
李官镇	桑立杰
义堂镇	陈　伟
朱保镇	张红卫
马厂湖镇	刘士礼

中共罗庄区委工作概况

罗庄区委书记　王行华

临沂市罗庄区是 1994 年 12 月设立的县级行政区，现辖 8 个街道，79 个行政村、54 个社区，总面积 360 平方公里，人口 42 万。近年来，全区上下坚持以科学发展观为指导，实现了经济社会又好又快发展。2006 年，全区完成地方生产总值 122 亿元，增长 19.3%；实现区域财政总收入 17.3 亿元，增长 49.1%；完成社会固定资产总投资 43 亿元，增长 16%；城镇居民人均可支配收入达到 12355 元，增长 14%；农民人均纯收入达到 4218 元，增长 14.2%。

一、组织概况与党的建设

罗庄区现有党员 16238 名，党(工)委 27 个，党总支 58 个，党支部 595 个。2006 年，全区以增强党的执政能力为主线，以保持共产党员先进性教育活动为载体，全面推进了干部队伍和基层组织建设。

(一)以第三批先进性教育活动为载体，建立保持党员先进性的长效机制 在巩固扩大第一、二批先进性教育活动成果的同时，扎实开展了第三批先进性教育活动，整改问题 28738 个，结成帮扶对子 412 个，带动群众新上致富项目 127 个，群众满意度达 99.97%。以贯彻落实中央、省委长效机制文件精神为重点，组织党员集中深入学习和座谈讨论，通过改进教育机制、完善组织管理机制、建立绩效评估机制、健全激励机制，努力完善“长期受教育、永葆先进性”长效机制。

(二)以提高执政能力为主线，大力加强干部队伍建设 按照“政治坚定、求真务实、开拓进取、勤政廉政、团结协调”的要求，认真做好了全区各级领导班子和领导干部的考察调整工作，努力把各级领导班子建设成为朝气蓬勃、奋发有为的坚强领导集体。严格按照《罗庄区公务员登记工作实施办法》规定，积极稳妥地进行了所负责的“六类”机关的公务员登记工作。强化干部监督工作，实施拟提拔干部任前档案审核制度，加大审计监督力度，先后对 42 名干部任期经济责任、计划生育管理责任等进行审计，有效防止了干部“带病提拔”、“带病上岗”。

(三)以深化“三级联创”活动为总抓手，不断加强基层组织建设 围绕建设社会主义新农村，扎实开展了农村党的建设“三级联创”活动，认真实施“一村一名大学生”工程，稳步推进“千村帮扶”和“百村示范”工作，建立落实为民服务综合大院建设和为民服务代理制，组织开展村居无职党员“设岗定责、公开承诺、争优创星”活动，健全完善村级运转保障机制，积极推进街道社区、非公经济组织等领域党的建设，党的基层组织得到进一步加强。稳步推进农村党员干部现代远程教育星级站点的创建工作，组织成立“远程教育专家服务团”，实施开展“送政策、送法律、送信息、送技术、送文化、送卫生进村入户”活动，促进了社会主义新农村建设。

二、主要工作与成绩

（一）坚持“工贸强区”，壮大经济实力 把工业经济作为“强区之本”，坚持以集聚发展为重点，高标准建设北区工业园和华盛江泉工业园，促进区域资源整合，形成了冶金、陶瓷、化工、食品、电力、纺织、机械铸造、木业加工八大支柱产业，规模以上企业达254家，产值过亿元的企业达36家，规模以上工业完成总产值323亿元，增长27%。坚持以持续发展为目标，加快经济增长方式转变，大力发展循环经济，引导钢铁、焦化、化工等行业向终端产品延伸，促进能源节约利用，经济效益明显提高，全区万元GDP能耗下降达4.6%；依托现代物流，大力发展服务业，建设陶瓷、花卉、粮油等专业批发市场9处，发展汽车销售公司11家、4S店46个。

（二）坚持“开放活区”，增强发展后劲 坚持扩大对外开放，全区形成了以机电产品为龙头，纺织、陶瓷等为主体的出口产品体系。坚持招大商、选强项，发挥区域特色、产业特点、资源集中等优势，以产业配套、项目合作为重点，积极引进科技含量高、增长后劲强、产业链条长的龙头带动型项目，促成了耐火材料厂与世界500强法国圣戈班的合作。探索采用上市融资、股权转让、借用外债等引资手段，有久泰化工、罗欣药业等2家企业在境外成功上市。2006年，全区利用外资突破1亿美元，完成进出口总额2.99亿美元，其中自营出口创汇2亿美元，境外总投资达到3000多万美元。

（三）坚持“城建亮区”，提升城市形象 大力实施“北接、南展、西扩、东进”战略，邀请著名城市规划专家进行规划，完成了城区标志性建筑、标志性区域和城市景观的设计，南环路建设和滨河大道景观建设等工程进展顺利，将城市规模由20平方公里拉开到68平方公里。围绕全市“三城同创”，搞好双月湖广场改造、蒙山大道南段绿化等工程，城市形象得到进一步提升。组建成立城市资产经营有限公司，逐步形成“政企（事）分开、管养分离、政府主导、企业经营、市场运作”的城市建设与管理新机制。目前，罗庄新城区已建成面积30多平方公里，绿地面积580多万平方米，绿地率达到40%，人均公共绿地面积15平方米，城市化水平达到52%。

（四）坚持“三农稳区”，实现富农安民 把造福百姓、惠泽群众作为推进和谐社会的切入点，从群众最关心的20件实事入手，加快了新农村建设步伐。积极调整产业结构，大力实施“奶牛富民”工程，奶牛存栏量达到1.2万头，80%以上村居均有集体收入，全区资产500万元以上的农字号龙头企业达到14家、其中省级2家。加强农村基础设施建设，在全市率先完成“村村通自来水”工程；区内主要街道硬化的村居达80%以上，亮化率达60%；所有街道、村居（社区）全部建立起便民服务大厅和为民服务代理室。加大农村社会保障力度，近2万农民参加农村养老保险，133个村居（社区）近80%的农民参加新型农村合作医疗，受益人口达8万多人。

（五）坚持“和谐兴区”，建设小康社会 强力度地推进污染整治，在巩固大气污染治理成果的基础上，加大水污染整治力度，对陷泥河等重点河域实施清淤治理，投资近亿元的污水处理厂已建成运营。突出解决民生问题，清理拖欠农民工工资192万元，累计走访优抚对象和困难群众1800多户、4000多人，发放慰问金140万元、临时救济款30余万元。扎实开展保持共产党员先进性教育活动，严格落实党风廉政建设责任制，深入实施精神文明“六个工程”活动，扎实推进“平安罗庄”建设，连续被省委、省政府授予“平安山东建设模范区”、“全省信访工作先进单位”、“全省安全生产先进单位”等称号。加快社会事业发展，先后获得“全国科技进步先进区”、“山东省教育工作示范区”、“山东省计划生育优质服务先进区”等称号。

三、创新与经验

（一）体制改革步伐加快 扎实推进公共财政体制改革，坚持“整体规划、分步实施、先易后难、逐步推开”的原则，在搞好区水务局、区行管局、区统计局、区卫生局四个单位试点工作的基础上，全面推行国库集中支付，累计完成直接支付资金1.59亿元。稳步推进城市经营体制改革，按照“产权明晰、权责明确、政企分开、管理科学”的要求，对城镇供水、供气、供热、公交等事关公共安全和社会稳定的行业，积极稳妥地引入了市场机制，实施特许经营；对基础设施维护、园林绿化养护、环境卫生保洁等市场机制可以调节的行业，全面推向市场。深化城市投融资体制改革，充分发挥城市资产经营有限公司这个平台，全年融资1.4亿元，实际拨付城建资金9994万元；积极引入BOT、TOT、经营权转让等投融资方式，筹集社会资金近1亿元建设了污水处理厂及主要管网。

（二）科技进步成果显著 一是完善创新机制。制定《关于进一步加快全区重点企业技术中心建设的意见》和《罗庄区区级企业技术中心认定办法》，健全完善科技投入机制，推动了全区技术进步。目前全区拥有科技型民营企业56家、专业研发机构72家、市级以上技术开发中心13家，4项专利技术荣获中国国际专利与名牌博览会金奖。二是壮大高新产业。依托久泰化工、耐火材料、罗欣药业等高新企业，培植形成了“新材料”、“精细化工”、“生物制药”等六大高新技术产业。全区累计发展省级以上高新技术企业达到23家,其中国家级3家。三是加速技术进步。2006年,全区转化科研成果11项,新产品产值率达12.6%。市耐火材料厂的锆质系列耐火材料达到国际领先水平;久泰化工成为全球工艺最先进、产量最大的二甲醚生产基地;盛能集团的奶牛胚胎移植工程公司成为全国知名奶牛胚胎移植基地。

(三)创新管理迈上台阶 不断提高管理水平,2006年全区通过ISO9000系列认证企业累计达到78家,新认定"山东省著名商标"3个("华盛中天"、"罗欣"、"江泉"),累计达到8个;累计发展中国名牌产品3个(三德、艳阳天、银凤),山东名牌产品13个,山东省服务名牌1个(立晨物流公司);新认定"国家免检产品"1个("天地"牌瓷砖),累计达到4个。加快上市融资步伐,全区上市公司累计达到5家,累计融资近40亿元;华盛中天、新光集团、海宇集团等企业已经进入上市辅导期。

附:(一)罗庄区委书记、副书记、常委名单

书　记:李　峰(2007年1月离职)
王行华(2007年1月任职)

副书记:姜玉鹏　王奎玉

常　委:王行华　姜玉鹏　王奎玉　王皓玉
魏九成　吴昌力　赵志德　赵建民
张立春　王发菊　钟呈春

(二)各街道党工委书记名单

罗庄街道　江　伟
付庄街道　密长诚
盛庄街道　李吉宝
册山街道　张连胜
高都街道　李建成
罗西街道　宋耀强
双月湖街道　杨跃峰
汤庄街道　侯　嵘

中共河东区委工作概况

河东区委书记　刘占仁

一、组织概况与党的建设

临沂市河东区现有23个基层党(工)委,749个党支部(总支),19680名党员。一年来,河东区委坚持以邓小平理论和"三个代表"重要思想为指导,以科学发展观统领经济社会发展全局,以保持共产党员先进性教育活动为动力,紧紧围绕改革发展稳定的大局,突出加强党的执政能力建设这条主线,全面加强了党的建设。

(一)严格标准,扎实有效地开展第三批保持共产党员先进性教育活动 以建设"群众满意工程"为目标,突出实践"三个代表"重要思想这一主题,突出贯彻落实科学发展观这一要求,突出取得实效这一关键,坚持"群众标准"和"实践标准",创新活动形式,严把方向关、组织关、质量关、群众满意关,坚持做到学习培训有效果、分析评议有标准、整改提高有方向、各项工作有规范,让群众切实看到教育活动带来的新进展、新变化、新气象。全区共有366个基层党组织、13190名党员参加了第三批先进性教育活动。教育活动中,区委常委带头参加,认真学习,广泛征求各方面的意见,深入分析评议,区委班子自身建设得到了进一步加强。同时,区委坚持把广大基层党组织和党员在先进性教育活动中激发出来的动力和热情,积极引导到干事创业、加快发展上来,推动了全区经济社会又好又快发展。

(二)夯实基础,切实加强党的基层组织建设 以开展农村党建"三级联创"为总抓手,以"强素质、增活力、树形象、促发展"为主题,在探索创新、深化落实上下功夫,不断提升全区基层党建工作的整体水平。围绕"五个好"的目标要求,深入扎实地抓好村级班子建设。围绕推进村级工作"四化",重点抓了"四大民主"、"三支队伍"、"两项公开"、"一个章程"的落实,开展了"民主议政日"活动,继续推行了农村财务"四代理"、"四统一",村级工作规范化建设明显增强。在全区各乡镇、街道建立了为民服务中心或服务大厅,推行了为民服务代理制。扎实开展了新农村建设"双五"帮扶工程和"小康示范村"活动,努力为群众办实事办好事。严把"五关",扎实做好村级组织活动场所建设工作。新型经济社会组织党建工作、机关和社区党建工作等新领域党建取得了新的进展。

（三）从严治党，深入开展党风廉政建设和反腐败斗争 严格落实党风廉政建设责任制，进一步完善了领导干部廉洁自律的各项规定，区委常委和各级领导干部带头公开向社会作出廉政承诺，自觉践诺，接受全区广大干部群众的监督。同时，按照工作分工，实行一岗双责，抓好分工部门的党风廉政建设工作。全区各级纪检监察机关认真查处群众信访举报案件，2006年共立案查处各类违纪案件50起，处分50人。

二、主要工作与成绩

（一）发展速度不断加快，综合实力明显增强 全区完成地方生产总值68.2亿元，增长15.9%。全社会固定资产投资32.86亿元，增长11%。完成财政总收入4.37亿元，其中地方财政收入1.87亿元，分别增长24.85%和25.57%。社会消费品零售总额完成18.95亿元，同比增长13.87%。城镇居民人均可支配收入10772元，农民人均纯收入4027元，分别增长18%和12.78%。全区金融机构存款余额59.53亿元，比年初增加0.78亿元；储蓄存款余额44.06亿元，比年初增加2.51亿元；金融机构贷款余额53.91亿元，比年初增加4.77亿元。

（二）三次产业协调发展，经济结构趋于优化 三次产业比达到11.82:55.44:32.74，第一产业完成增加值8.06亿元，增长7.9%。全区农业产业化龙头企业发展到131家，其中省级2家、市级19家，农村专业合作组织发展到408家。第二产业完成增加值37.81亿元，增长17.1%。全区初步形成了食品加工、五金机械、纺织服装、轻工工艺四大优势产业，规模以上工业实现增加值13.61亿元，增长28.49%；实现工业总产值53.79亿元，增长33.4%；实现利税2.96亿元，利润1.68亿元，分别增长40.55%和42.15%。规模以上企业发展到168家，11家企业通过ISO9000质量体系认证，国家级高新技术企业发展到4家，省级11家，规模以上高新技术产业实现产值13.27亿元，占规模以上工业总产值的24.67%。第三产业完成增加值22.33亿元，增长16.7%。全年实现市场成交额38.04亿元，其中五金钢材市场成交额25.68亿元。投资1亿元的国际影视城一期工程正式对外开放，完成了新四军军部旧址纪念馆工程建设，并对外开放。

（三）基础设施建设加快，城乡面貌明显改善 以“三城联创”为契机，强力推进城市建设，全年完成城市建设总投资3.54亿元，增长59%。完成了滨河景观公园等一批城市建设重点工程，自来水厂已投入使用，污水处理厂、燃气工程已开工，城市综合功能日趋完善。实施了6个乡镇、街道驻地和48个行政村规划修编，其中2个乡镇、街道驻地规划和24个行政村规划已经上级审批。完成小城镇建设面积1.5万平方米，整修村镇道路10万平方米。

（四）对外开放步伐加快，发展活力明显增强 全年引进区外项目293个，实际利用外资28.3亿元人民币，增长25.7%；实际利用境外资金1162万美元，其中外商直接投资1019万美元，增长40.6%。全年实现进出口总额1.34亿美元，其中自营出口创汇1.22亿美元，分别增长44.1%和38.8%。投资3000万元，启动了4平方公里的工业园区二期工程，完成了“三横两纵”路网及配套管网建设。工业园区新签约项目26个，有18个项目投产或达产，实现产值3.6亿元，利税1200万元。被临沂市委、市政府授予招商引资先进县区、对外贸易工作先进县区、利用外资工作先进县区、对外经济技术合作先进县区。

（五）社会事业全面发展，政治社会稳定和谐 一是平安稳定的局面更加巩固。坚持重心下移，工作下移，抓基层打基础，打防控管，多措并举，扎实推进了“平安河东”建设，全区政治安定、社会稳定、人民安居乐业，被省委、省政府命名为“平安山东建设先进区”。二是民生问题不断解决。全年城镇新增就业再就业3860人，城镇登记失业率为2.9%。培训农村劳动力1.4万人，转移输出1.87万人。农村参加养老保险人数达到1.84万人，企业养老保险扩面2603人、医疗保险扩面4878人。5个乡镇、街道18.77万人参加了新农合，参合率80.06%。发放“两免一补”资金78万元，受益贫困学生3300多人。完成村村通自来水284个村，有线电视村村通工程全部完成，万村千乡市场工程列入国家商务部示范县区。三是精神文明建设更加深入。积极开展了各类群众性精神文明创建活动，城乡文明水平大幅度提高。深入开展了“三城联创”工作，为临沂市顺利通过国家环保模范城市、省级卫生城市和园林城市验收做出了积极贡献。四是资源节约型和生态友好型社会扎实推进。加大环境污染治理力度，城区空气优良天数达358天。积极推进农村建设用地减少和城镇建设用地增加挂钩试点工作，新增挂钩周转指标68.6公顷。五是经济社会各项事业发展更加协调。全年组织申报、实施市级以上科技项目21项，其中国家级2项、省级4项，专利持有量达到280项。全面完成计划生育目标任务，人口自然增长率为5.02‰，顺利通过了“全省计划生育优质服务先进区”的复核验收。教育和人才工作进一步加强，卫生、文化、体育等社会事业也取得了较快发展。

三、创新与经验

一年来，区委在推进经济社会又好又快发展的实践中，初步积累了一些经验，主要是：

（一）必须坚持解放思想，创新发展思路 坚持把河东的发展置于临沂市发展的大格局，坚持用“打造与河西相对应的‘半壁江山’”的理念发展河东、建设河东，提出了“全党抓经济，重点抓工业，首要抓项目，突出抓招商”的工作思路，大力实施“城市化推进、工业化带动、外向型扩张、服务业突破、新农村提升”五大战略，把全区上下的思想统一到想发展、谋发展、抓发展上来，形成了思想统一、目标统一、步调统一的良好局面。

（二）必须坚持执政为民，致力民生民富 始终把群众利益作为一切工作的出发点和落脚点，恪守为民之责、常思安民之策、落实富民之举,以实际行动树立起党和政府在人民群众中的良好形象,密切了党群关系,有效激发了群众支持发展、参与发展、加快发展的内在动力。

(三)必须坚持团结务实,激情干事创业　引导全区广大党员干部坚持从党的事业出发,从河东的发展出发,顾全大局,珍视团结,始终做到思想同心、目标同向、工作同步。

(四)必须坚持总揽全局,提高执政能力　坚持发挥区委总揽全局、协调各方的领导核心作用,充分发挥各方积极性、主动性。建立完善"三个体系",实行分线工作,强化对重点工作的组织程度、推进速度、督查力度和考核硬度,从制度上保证了各项决策的顺利实施。

附:(一)河东区委书记、副书记、常委名单

书　记:付　伟(2006年12月离职)
　　　　刘占仁(2006年12月任职)

副书记:刘淑秀　李　民

常　委:刘占仁　刘淑秀　李　民　陈　霖
　　　　刘克祥　曹守勤　曹德玉　刘艳芬
　　　　郑凡节　李有祥　朱佩清

(二)各乡镇、街道党(工)委书记名单

九曲街道　管继斗
重沟镇　李英国
凤凰岭街道　陈　孚
汤河镇　蒋飞鸿
太平街道　刘思勤
相公街道　尤作贵
八湖镇　刘　博
郑旺镇　管佃如
刘店子乡　魏元涛
汤头街道　许贵鸣

中共郯城县委工作概况

郯城县委书记　李明开

一、组织概况与党的建设

郯城县辖17个乡镇,674个行政村,98万人;共有基层党委31个,党支部1444个,党员36282名,其中新型经济社会组织建立党委6家、党支部79家、党员2343名。

2006年,全县各级坚持以邓小平理论和"三个代表"重要思想为指导,按照党要管党、从严治党的方针,全面加强和改进党的建设,提高了领导水平和执政能力。一是圆满完成保持共产党员先进性教育活动。全县第三批先进性教育活动顺利结束,党员群众对先进性教育活动的满意率达到99.99%。二是切实抓好领导班子和干部队伍建设。认真贯彻《干部任用条例》,调整充实了乡镇和部分县直部门领导班子。根据上级统一部署,周密安排,精心组织,圆满完成了乡镇党委换届工作。三是大力加强基层组织建设。组织开展了新农村建设"百村帮扶"工作,抽调309名干部进驻100个村进行帮扶,整顿软弱涣散村班子5个,投入扶持资金280万元,帮助新上项目52个;在全市率先开展了村级党建工作示范点创建活动,完成了91个村级组织活动场所建设;全面推行为民服务代理制,投资160多万元,在17个乡镇全部建立了为民服务大厅,674个行政村全部设立了便民服务代理点,配备村级为民服务代理员1300余名。四是深入推进党风廉政建设。高度重视反腐倡廉工作,严格落实党风廉政建设责任制,全力构筑教育、制度、监督并重的惩治和预防腐败体系。进一步加大案件查处力度,共查处党员干部违纪违法案件76起、处理党员干部79人。

二、主要工作与成绩

全年实现生产总值121.2亿元,增长15.9%;全社会固定资产投资55亿元,增长20%;社会消费品零售总额42亿元,增长16.5%;地方财政收入3.52亿元,增长11.5%;城镇居民人均可支配收入9025元,增长15.4%;农民人均纯收入4126元,增长11.8%。

(一)项目建设和工业经济积极推进　规模以上工业企业实现产值126.2亿元、同比增长33.1%,利税15.8亿元、增长39.6%,利润9.4亿元、增长45.6%。全年共引进招商项目187个,合同利用县外资金28亿元、同比增长35%,实际利用县外资金增长52%；累计完成工业投入27亿元，新上投资过500万元的项目145个，其中过3000万元的22个、过亿元的6个；新增国家免检产品4个，省级名牌产品和著名商标达到9个。郯城经济开发区被批准为省级开发区，全年有13个入驻项目开工建设，总投资12.7亿元。

(二)新农村建设取得较大进展 全年粮食总产66万吨，被评为"全国粮食生产先进县标兵"。新增银杏绿化覆盖面积2.3万亩、杞柳种植面积9500亩。畜牧养殖小区达到135个，养殖大户发展到7000余家。县级以上农业龙头企业发展到51家，其中省级2家、市级21家；新发展农民专业合作组织275个、总数达到1030个，受益农民12万人。投资6262万元，开工建设水利工程992项；投资1560万元，改造中低产田2.6万亩；投资3000余万元，改造农村公路95.6公里。村村通自来水工程开工101处、受益村庄320个、受益人口34.5万人；建设沼气池2600个；有线电视通村率100%，入户率40%；在全省率先实现了科技信息村村通。

(三)对外开放水平稳步提高 实现进出口总额8629万美元、自营出口创汇5239万美元、加工贸易1300万美元，同比分别增长36.3%、13.4%、267%；新增外贸经营企业25家、总数达到118家，其中有出口实绩的企业达到57家、比上年增加12家；实际利用境外资金1250万美元，增长30%。

(四)城乡面貌有了新的变化 完成了经济开发区、人民广场、火车站广场、郯子公园、文化商业区等重点区域的规划设计和各乡镇驻地总体规划以及20个示范村、80个重点村的详细规划编制。完成了北外环改造西延等10个城建重点工程和205国道郯南段改造等3个基础设施重点工程。城区新增绿化面积37.6万平方米，新安装路灯436杆。政府实现土地收益8231万元。大力加强村镇建设，深入开展鲁苏边界环境综合整治活动，村镇面貌发生了较大变化。

(五)稳定和谐的局面不断巩固 严厉打击各种刑事犯罪活动，共破获各类刑事案件2990起，抓获各类犯罪嫌疑人1344名，摧毁犯罪团伙123个，抓获团伙成员367名。正确处理人民内部矛盾，坚持"敏感时期重抓稳控、平常时期重在解决问题"的方针，变上访为下访，认真做好信访稳控和化解工作，全县信访总量、集体访、到市以上越级访分别下降8.9%、15%和7.6%。深入开展了安全生产专项整治活动，安全生产四项指标全面下降，没有发生重特大安全责任事故。

(六)社会事业全面发展 扎实做好劳动和社会保障工作，新增城镇就业再就业7011人，城镇失业登记率控制在3%以内；转移农村劳动力17万人、其中有组织输出2.1万人；新增民营企业参保3003人、医疗保险3628人，新型农村合作医疗参合人数8.2万人；共征缴各类社会保险金1.66亿元。认真落实各项支农惠农政策，向农民发放粮食直补、良种补贴、农机具补贴、生产资料补贴2890万元；为9945名农村义务教育贫困学生减免费用305万元。认真贯彻落实《兵役法》，积极开展双拥活动，被评为"省级双拥模范县"。毫不放松计划生育工作，合法生育率达到98.5%。下大力气抓了节能降耗、自主创新和环境保护，万元GDP能耗1.26吨标准煤、同比下降4.6%；高新技术企业产值占规模以上工业产值的23.6%，银杏企业研发中心建设被列入省自主创新重大专项计划；依法取缔、关停各类土小企业18家，拆除实心粘土砖厂54家，环境质量明显好转，空气质量优良天数达97%以上，水环境质量达到全省领先水平。

三、创新与经验

(一)坚持以科学发展观为指导，突出又好又快发展 坚持把科学发展观贯彻落实到经济社会发展的各个环节，认真做好上级精神和郯城实际的结合文章，确立了突出工业项目、"三农"工作、园区经济、外经外贸、文化服务、城镇建设"六个重点"，强化体制机制、和谐社会和执政能力建设"三个保证"的工作思路，统筹兼顾，狠抓关键，注重落实，努力促进经济社会又好又快发展。特别是针对郯城经济总量小、结构不合理、发展后劲不足的实际，把抓投入、上项目摆在经济工作的首要位置，提出"全党抓经济，重点抓工业，首要抓项目，突出抓招商"的口号，深入开展"项目建设年"、"招商引资年"活动，努力追求不含水分的发展，群众得实惠的发展，社会和谐的发展。

(二)坚持解放思想，创新发展观念 深入开展了解放思想大讨论，重点解决发展观念不新、目标定位不高、精神状态不好、大局意识不强、工作作风不实等五个方面的突出问题，并组织县乡领导干部到邳州、费县、滕州、沂源、沂水等5个县市进行考察学习，找出差距，确立目标，形成了人心思干、人心思上的浓厚氛围。坚持以改革促发展，完成了峰山水泥厂、新型建材总厂、原县啤酒厂等企业改制工作；调整了开发区行政区划和内部机构，赋予开发区县级管理权限；成立了城市国有资产运营公司，拓宽了城市建设融资渠道；建成并成功运转了政务大厅，为企业和投资者提供了优质、便捷、高效服务。

(三)坚持真抓实干，强势推进重点工作 注重在工作中鼓实劲、办实事、求实效，大力加强"三个体系"建设，不断改进年度工作考核办法，形成了重激励、硬约束、严考核的工作机制。特别是对招商引资、项目建设、城镇建设等重点工作，严格按照"三个体系"建设的要求，分解任务，明确责任，强化考核，抓好任务落实。

(四)坚持以人为本，切实维护群众根本利益 认真落实党在农村的各项政策，深入开展了减轻农民负担和农村土地承包集中整治活动，突出解决农村建房收费、机动地超标等问题。高度重视社会保险金征缴工作，征缴清欠金额创近年来最高，使拖欠问题得到初步有效的解决。深入开展了"打黑除恶"、"打霸治痞"专项斗争，公捕公判一批，劳动教养一批，通缉一批在逃犯罪分子，促进了社会治安状况的好转，增强了广大群众的安全感。严肃查处教育乱收费、公路“三乱”、医药购销和医疗服务中的不正之风,坚决纠正损害群众利益的行为。

(五)坚持加强执政能力建设,营造干事创业的良好环境　坚持正确的用人导向,结合乡镇党委换届,调整充实了乡镇领导班子,按民主程序大范围推荐领导班子成员,公道公正地提拔、重用、考选了一批想干事、能干事、会干事、年富力强的优秀干部,在全县上下产生了很好的反响。大力加强干部作风建设,重点解决乡镇干部“走读”、县直机关干部纪律松弛、自由散漫等问题,使党员干部的作风进一步改进。不断加强领导班子之间、领导干部之间、上下级之间以及方方面面的团结,全县上下心往一处想、劲往一处使,形成了风正气顺心齐、团结和谐稳定的良好局面。

附:(一)郯城县委书记、副书记、常委名单

书　记:李明开

副书记:郑连胜　朱崇宝

常　委:李明开　郑连胜　朱崇宝　谭运举　吴向东　杨增花　孙钦刚　姚龙彪　刘松田　张向群　王　鑫

(二)各乡镇党委书记名单

郯城镇	张洪军
马头镇	张信国
李庄镇	商祥海
褚墩镇	徐勤彬
重坊镇	杨从军
黄山镇	李晓法
杨集镇	李怀杰
庙山镇	周继迎
高峰头镇	王玉露
沙墩镇	孙宗田
港上镇	王建彬
胜利乡	刘长波
泉源乡	李　晗
新村乡	张　琳
花园乡	毛贵川
红花乡	胡广东
归昌乡	孟进华

中共苍山县委工作概况

苍山县委书记　张闻宇

一、组织概况与党的建设

苍山县现有21个乡镇,1056个行政村,120万人口,下辖38个党委、217个党总支、1834个党支部,共有党员44157名,其中农村党员35642名。

2006年,苍山县委按照“三个代表”的要求,以加强党的执政能力建设和先进性建设为主线,按照“典型引路,重点突破,整体推进”的工作思路,强化措施,狠抓落实,取得了较好成效,为全县改革、发展、稳定提供了有力的组织保证。

(一)党的建设得到全面加强　按照中央和省、市委的部署要求,深入扎实地开展了党员先进性教育活动,达到了“党员受教育,群众得实惠”的目的。进一步加强了基层组织建设。顺利完成了县、乡镇党委换届,进一步树立了正确的用人导向,激发了广大党员干部干事创业的活力。抽调千名机关干部,对129个后进村进行集中整治,共调整充实村“两委”干部312人,110多个后进村面貌发生了较大变化。认真组织实施了新农村建设“千村帮扶”和“百村示范”活动,示范村的辐射带动作用明显增强。进一步健全完善村务公开民主管理制度,全面推行了村务公开“五个规范”和“四监管一扎口”制度,村级民主政治建设不断完善。

(二)全面加强领导班子和干部队伍建设　严格执行《干部任用条例》,对乡镇和县直部门的领导班子和成员分别进行了调整理顺。积极推进干部人事制度改革,在全县范围内公开考选一批女干部,安排到乡镇任职;以县乡党校为主阵地,以电化教育、远程教育网络为依托,举办了党政领导干部、农村党支部书记等各类培训班8期,全年培训副科级以上领导干部1100名,农村党支部书记1018名,基层干部和各类乡土人才6800余名。

(三)狠抓了党风廉政建设和反腐败斗争　不断创新教育活动载体,加强党风党纪教育,干部的廉洁勤政意识明显增强。2006年,全县纪检监察机关共立查案件110起,为国家挽回经济损失184.91万元;处分党员干部114人,其中副科级以上领导干部7人,给予撤销党内职务以上处分63人。通过坚持不懈地抓党风廉政建设,党员干部的执政能力有了大的提高,党风政风和整个社会风气有了明显好转,形成了风正、气顺、心齐、干事创业的良好氛围。

二、主要工作与成绩

2006年,全县各级各部门以科学发展观统领经济社会发展全局,紧紧围绕“奋战三年实现三个翻番”的奋斗目标,进一步解放思想、抢抓机遇,突出重点、扎实工作,全县经济和社会各项事业呈现出良好的发展势头。全年完成地区生产总值119.6亿元,增长17.1%;全社会固定资产投资43.6亿元,增长44%;社会消费品零售总额42亿元,增长16.6%;地方财政收入2.26亿元,增长18.6%;农民人均纯收入3980元,增长17%。

(一)工业经济发展有了较大突破 以“突破工业经济、实现跨越发展”为主线,大力实施“一二三四战略”,全县规模以上工业企业达到117家,完成总产值69.2亿元,实现增加值22.4亿元,分别增长36.8%和31.4%。骨干企业支撑拉动作用明显。震元纸业、神大集团、金信皮革、荣庆集团、天发生化等10家企业实现销售收入过亿元,65家企业实现销售收入过千万元。“项目推进年”活动成效显著。27个投资过千万元的工业项目完成投资7.9亿元,其中“十大重点工业项目”完成投资5.9亿元。聚晶微粉大规格地板砖、江元水泥一期、丽晶玻璃等项目相继竣工投产,翔地管材、金信皮革三期、中钢集团铁矿综合开发、宝华肥业等将陆续投产达产。园区建设步伐加快。苍山经济开发区被列为省级经济开发区,顺利完成了区划调整,基础设施进一步完善;东部民营工业园完成了泉重路改造,增强了园区承载力;西部矿产开采加工区经过治理整顿,矿产资源开发秩序持续好转。民营经济蓬勃发展。全县私营企业和个体工商户分别发展到2558家和34244户,民营企业完成营业收入145亿元,增长26%,实现利税13.8亿元,增长16%。

(二)对外开放工作取得新成效 全年共实施招商项目267个,实际到位县外资金19.7亿元,增长11.9%。完成进出口总额5330万美元,其中外贸出口5002万美元,分别增长31%、35%;实际利用外资1468万美元,增长15%。

(三)新农村建设取得新的成绩 进一步调整优化了农业内部结构,全县粮经比例达到5.5:4.5。全年粮食收获面积155.2万亩,总产58.4万吨;蔬菜复种面积达到100万亩,其中标准化生产基地80万亩。“苍山大蒜”地理标志产品保护获批准,被评为“中国果菜无公害十强县”、“山东省县域经济十大高效农业聚集园区”。扎实推进新农村建设,规划实施了“两点、两线”的新农村示范点建设,涌现出了卞庄镇代村、兴明乡曹湾等一批新农村示范典型。全县户用沼气发展到4600户,开工各类水利工程460处,村村通自来水工程已解决190个村庄22万人的饮水困难。全县省、市农业产业化龙头企业发展到26家,农村专业合作组织发展到1200家。

(四)第三产业不断提升壮大 荣庆物流、鲁南蔬菜产业有限公司等骨干物流企业进一步发展壮大,鲁南蔬菜批发市场等三大交易市场完成蔬菜交易额18.2亿元,增长21.6%。围绕“万村千乡”市场工程建设,大力发展连锁配送经营,全县农资连锁店发展到436家,社区综合服务中心15处。旅游业发展开始破题,兰陵古镇、文峰山、灵峰寺等景点的规划开发进展顺利。金融保险、信息产业、中介服务等新兴服务业有了新的发展。

(五)城市和交通道路建设有了大的突破 县城建设,累计投资4.8亿元,重点抓了“十大工程”和房地产“三大组团”建设。小城镇建设,有7个乡镇、600个村庄完成了规划编制。郯薛路(苍山段)、泉重路改建、村村通硬化路、老油路升级改造、通达工程等260公里县乡公路改造工程已全部完工。

三、创新与经验

(一)以科学发展观为统领,明确工作思路和目标 县委、县政府以科学发展观统领经济社会发展全局,解放思想,更新观念,提出了“奋战三年实现三个翻番”的奋斗目标,确立了“工业经济搞突破,各项工作上台阶”的工作思路,认真组织实施项目建设年活动,大力开展招商引资,全力以赴抓好重点项目,认真落实保障措施,促进各项工作整体上水平。

(二)以平安苍山建设为抓手,全力维护了平安稳定的大好局面 集中开展了“严打整治”活动,社会治安状况明显好转,群众对社会治安状况的满意率达到96.9%。高度重视信访工作,开通了县委书记、县长热线电话,建立了县级领导轮流预约公开接访制度,进一步畅通了信访渠道。

(三)坚持以人为本,全力推进文明和谐苍山建设 大力加强了精神文明建设。深入开展了“八荣八耻”学习教育和“争创文明苍山县、争做文明苍山人”活动,涌现出了在全国引起强烈反响的刘明芳等先进典型,评选出“苍山十大新闻人物”,树立了苍山及苍山人的良好形象。大力实施“科教兴县”战略。科技创新能力进一步增强,切实加强了教育基础设施建设,顺利通过了省政府“两基”复查验收。坚持不懈地推进计划生育工作。全县合法生育率96.1%,晚育率77.7%,出生人口性别比达到109.8,顺利通过了省、市考核验收,计划生育工作逐步走向经常化、规范化轨道。高度关注民生。扎实推进就业再就业工作,社会保障覆盖面进一步扩大,最低生活保障制度和社会救助制度得到有效落实。

(四)狠抓督查落实,有力地推动了各项工作的开展 对重点项目建设、招商引资、园区建设、城市建设等重点工作,细化量化任务指标,严格落实领导责任。对重点工作,成立跟踪督查组,旬调度、月通报、季检查、半年一评比,全年搞总评,严格考核,兑现奖惩,促进了各项工作措施的落实。

附:(一)苍山县委书记、副书记、常委名单

书　记:张闻宇

副书记:王晓军　谭庆功　高贵金(挂职)

马远新(挂职)

常　委:张闻宇　王晓军　谭庆功
高贵金(挂职)　颜廷湘
马远新(挂职)　王精华
方　伟(挂职)　张秀玲　薛　峰
申延军　刘连栋　董世武　刘茜堂

(二)各乡镇党委书记名单

卞庄镇　宋庆华
兰陵镇　陈玉春
神山镇　徐安军
尚岩镇　赵家合
长城镇　王永学
层山镇　卞彦林
沂堂镇　陈一伟
二庙乡　吴付岭
鲁城乡　赵　明
下村乡　周东峰
贾庄乡　刘　坤
大仲村镇　王立武
向城镇　宋中东
磨山镇　王景亮
车辋镇　杨振广
庄坞镇　王胜永
南桥镇　邢希峰
新兴镇　李玉伟
兴明乡　张宽祥
矿坑乡　段培庆
三合乡　陈建新

中共沂水县委工作概况

沂水县委书记　付　伟

一、组织概况与党的建设

沂水县辖19个乡镇，1040个行政村，110.9万人，总面积2434.8平方公里。现有基层党委39个，党支部1719个，党员52912人，其中建国前老党员2784人。

2006年，县委按照“紧扣中心，服务大局，整体提升，重点突破”的思路，不断加强党的执政能力建设和先进性建设，各级党组织的战斗力、凝聚力进一步增强。一是保持共产党员先进性教育活动取得明显成效。认真做好第一、二批先进性教育活动成果巩固提高工作，扎实开展了第三批先进性教育活动;健全完善了保持基层党组织和党员先进性长效机制。二是领导班子和干部队伍建设得到进一步加强。完善了干部考察评价体系，对推荐使用干部，实行了推荐干部署名和责任追究制。顺利完成了乡镇党委换届选举工作，精简领导职数、扩大交叉任职等各项要求得到全面落实。切实抓好了大规模培训干部工作，先后培训各级干部1.2万余人次。三是基层组织建设工作开创了新局面。强力推进新农村建设“双百”工程，取得初步成效。县乡两级共向帮扶村投入帮扶资金610.87万元，投物折款365.12万元，新上项目568个。建立健全农村党员设岗定责、分类评价体系，全县60岁以下的农村党员做到了人人有岗位、个个有职责，在新农村建设中较好地发挥了先锋模范作用。四是全县党风政风进一步好转。严格落实党风廉政建设责任制，加强惩防体系建设，切实落实领导干部廉洁自律各项规定，加大了案件查办力度。狠抓了作风转变，全县上下形成了求真务实抓落实的良好风气。

二、主要工作与成绩

全县坚持以科学发展观统领全局，解放思想，抢抓机遇，锐意进取，扎实工作，全县经济社会呈现了又好又快发展的态势，实现了“十一五”规划的良好开局。全年实现生产总值139.6亿元，同比增长17.8%。地方财政收入4.4亿元，按可比口径增长13.2%。金融机构各项存款余额76.5亿元，贷款余额37.2亿元，分别增长12%和12.8%。农民人均纯收入4112元，增长15.8%。

(一)经济结构调整迈出新步伐　三次产业结构调整为

13.4:52.2:34.4。农业结构调整、农业产业化经营加速推进。畜牧业振兴、经济林果开发、高效经济作物种植、造林绿化"四大工程"取得较大进展。新发展畜禽养殖示范场区10个、养殖小区100个、养殖大户3000户;新栽植名优特经济林果3.8万亩,果品总产3.8亿公斤;高效经济作物面积发展到80万亩,农产品标准化生产基地达到55万亩,绿色食品和无公害农产品品牌46个;新发展杨树丰产林、防护林5.1万亩,封山育林10.8万亩,森林覆盖率达到31.2%。农业龙头企业达到480家,农民专业合作经济组织发展到1956个,入社农户14.8万户。工业总量不断扩大,结构进一步优化。规模以上工业企业发展到195户,实现增加值41.4亿元、利税9.9亿元,分别增长23.7%和34.6%。大力实施"双十"企业工程,骨干企业带动作用进一步增强,18户企业实现利税过千万元,其中3户过亿元。工业项目投资力度加大,共实施过50万元项目223个,总投资24.7亿元。企业自主创新能力进一步提升,现有国家级企业技术中心1家、省级2家、市级3家,省级高新技术企业8家,鲁洲食品集团技术开发中心被列入全省首批具有自主知识产权的重点企业技术中心;"中国驰名商标"、"山东名牌产品"、"山东省著名商标"分别达到2个、11个和15个,数量居全市前列。食品工业强县地位进一步巩固,被评为"全国食品工业强县十大特色县"。

(二)新农村建设开局良好 确立了100个社会主义新农村示范村和12个重点示范村,突出抓了"清五堆、抓五改、治五乱",农村环境逐步改善。"村村通"自来水工程全面启动,已完工109处。农村公路改造完成119.7公里,建设大中桥梁43座。农村户用沼气已建成示范村56个,示范户5400户。新型农村合作医疗农民参保率达到93.9%。支农惠农政策得到落实,各级财政支农资金达2.4亿元;"十万农户致富工程"累计发放贷款13.6亿元,其中贴息贷款5.8亿元;发放粮食直补等资金1146万元。旧村改造完成拆迁18.3万平方米,新增建设用地300余亩。

(三)"三大亮点"增势强劲 招商引资取得新突破。共引进县外资金项目410个,合同利用县外资金35.5亿元,实际到位23.8亿元;合同利用境外资金1878.4万美元,实际到位1565.3万美元,增长24.3%。新发展自营进出口权企业14家,累计达到101家,实现进出口总额2.1亿美元,其中出口1.45亿美元。工业园被正式批准为省级经济开发区,累计引进过千万元项目24个,总投资规模36.7亿元,已完成投资16.4亿元,区内企业完成总产值7.4亿元。二期总体规划已编制完成并通过论证。民营经济发展活力增强,个体工商户和民营企业累计分别达到10572户和1423家。旅游服务业继续保持强劲势头。接待游客270万人次,实现门票收入1亿元,旅游总收入14亿元。先后被评为"山东省十大(特色)产业集群"、"中国优秀旅游目的地",成功举办了"全国新兴旅游景区可持续发展战略研讨会"。

(四)基础设施建设力度加大 完成了新一轮城市总体规划修编,将沂水定位为沂蒙山区北部工贸旅游型次中心城市和现代山水生态中心城市,城市规划体系进一步完善。完成了无害化垃圾处理场选址和污水处理厂改制。固定电话、小灵通用户发展到22.8万户,移动电话用户17.9万户。交通公路建设步伐加快,青(岛)莱(芜)高速公路完成投资9亿元,路基工程基本竣工。农业"项目带动"战略深入实施,各类农业重点项目投资达2亿元,面上完成农田水利基本建设投资1.4亿元,新建水利工程7100处。

(五)各项改革进一步深化 农村综合改革扎实推进,稳定完善了土地制度。企业改革继续深化,鲁洲生物科技公司在新加坡成功上市,成为全县第一家上市企业。严格执行财政预算,公开公平税负,扎实推进了"乡财乡用县管"改革。金融服务进一步搞活,金融机构与企业达成贷款意向14亿元,到位10亿元;新成立担保公司1家。用人制度改革迈出新步伐,事业单位新进人员实行了公开招聘。国土资源管理体制改革不断深入,经营性用地全部实行了招拍挂。

(六)和谐社会建设扎实推进 以创建全国文明城市为目标,深入开展群众性精神文明创建活动,城乡文明水平有了新的提高。"科教兴县"战略深入实施,被评为"全省科技特派员工作先进县"。农村义务教育"两免一补"政策全面落实,共资助贫困家庭学生资金161万元;高考本科首榜进线4337人,高考成绩连续七年居全市第一。就业形势稳定,城镇登记失业率控制在3.5%以内;有组织输出农村劳动力3.3万人。社会保障事业扎实推进,社会保险金发放率达100%。低保工作进一步加强,基本实现应保尽保。疾病预防控制和传染病救治"两个体系"建设已投入资金204万元。深入开展环境保护综合整治,环境质量明显改善,被国家环保总局列为"全国实施农村小康环保行动计划试点县"。大力推进"平安沂水"建设,社会稳定形势更加巩固。

三、创新与经验

(一)坚持解放思想不放松,牢牢把握发展的主动权 坚持把解放思想、更新观念贯穿经济社会发展的全过程,着力消除制约发展的各种思想障碍、体制障碍,牢固树立抢抓机遇的发展精神、克难而进的拼搏精神、勇担风险的唯实精神,不断解放和发展生产力,以思想的大解放推动经济社会的大发展。

(二)以科学发展观为指导,确定符合县情实际的发展路子 立足实际,按照科学发展、和谐发展、可持续发展的要求,坚持继承与创新相结合,确立了"以结构调整为主线,大力实施'农工结合、工业带动'战略、'培植招商引资、民营经济、旅游服务业三大亮点'战略和城镇化战略"的发展思路。

(三)突出工作重点,抓关键求突破促全局 坚持加快发展不动摇,切实突出"双十"企业培植、重点项目建设、招商引资、新农村建设、旅游服务业发展以及社会稳定等重点工作,扎实推进,力求突破,取得了抓关键促全局的良好效果。

(四)保持奋发有为的精神状态,树立真抓实干的工作作风 始终保持强烈的事业心、责任感,努力做到发展途中不畏难,前进路上不退缩,以敢打必胜的信心、高昂饱满的热情、坚忍顽强的斗志、雷厉风行的作风,勇于攻坚克难,善于真抓实干,实现了在竞争中奋起,在挑战中前进,在创新中突破。

(五)加强党的建设,打造政令畅通、上下一致的政治生态 紧紧围绕改革发展稳定这个大局,以事业凝聚人心,以制度规范行为,以真诚增强互信,以县委班子的团结带动和促进了全县上下的团结,营造团结和谐稳定、风正气顺心齐、想干会干干好的浓厚氛围,形成了同心同德搞建设、一心一意谋发展的强大合力。

附:(一)沂水县委书记、副书记、常委名单

书　记: 刘　晓(2007年1月离职)
付　伟(2007年1月任职)

副书记: 王玉华　刘宗海

常　委: 付　伟　王玉华　刘宗海　高永胜
程守田　王成峰　杨原田　张道胜
田兆广　王永浩　李　军

(二)各乡镇党委书记名单

乡镇	书记
沂水镇	陈海龙
马站镇	刘永吉
圈里乡	何发江
龙家圈乡	郑　磊
夏蔚镇	李振现
院东头乡	戚树启
四十里堡镇	李志刚
道托乡	曹传海
杨庄镇	刘全波
沙沟镇	徐立峰
黄山铺镇	夏同波
高庄镇	曹宝军
姚店子镇	刘柱平
高桥镇	刘京福
富官庄乡	曹光巍
诸葛镇	徐在铭
崔家峪镇	郭忠友
泉庄乡	张德博
许家湖镇	孙焕铸

中共沂南县委工作概况

沂南县委书记　马　崑

一、组织概况与党的建设

沂南县总面积1774平方公里,辖17个乡镇,600个行政村,91万人。现有基层党组织1307个,其中基层党委32个,党总支19个,党支部1256个。共有党员46534人。

2006年,沂南县委以加强党的执政能力建设和先进性建设为主线,牢固树立科学发展观和正确政绩观,大力加强基层党组织和干部队伍建设,各级党组织的创造力、凝聚力和战斗力不断增强。

(一)思想政治建设提高到新水平 坚持把思想政治建设放在党的建设的首位。认真做好了第一、二批先进性教育活动的巩固提高工作,扎实开展了第三批先进性教育活动,广大党员干部的思想作风明显转变,工作效率和服务水平明显提高。在全县农村开展了"说村史、讲党史、话发展"主题实践活动,激发了广大农村党员群众建设新农村的热情,提高了贯彻落实科学发展观的自觉性和主动性。

(二)领导班子和干部队伍建设得到新加强 严格按照党的法规和工作程序,完成了县乡党委换届。积极推进干部人事制度改革。开展了《公务员法》的学习、宣传和公务员登记;在全市率先公开选拔30岁以下的干部到乡镇党委任职。落实大规模培训干部的要求,建立干部培训档案,实施农村党员干部教育培训联络员制度,提高了党员干部队伍的整体素质。

(三)基层组织和党员队伍建设迈上新台阶 建立健全了先进性建设的长效机制,理顺了基层党委管理关系和设置原则。17个乡镇全部建起了为民服务大厅,村村设立了为民服务代理员。坚持"抓两头带中间",对后进村班子实行备案管理、重点整顿、限时解决,树立了一批有影响的先进群体,依汶镇后峪子村党支部成为全市唯一受中组部表彰的"全国先进基层党组织"。规范了机关事业单位和社区党建工作,深化了"党工共建"活动,扩大了非公有制企业党工组织的覆盖面。创新发展党员工作,实行发展党员"票推积分法",全县消除了三年以上不发展党员的村。

(四)党风廉政建设取得新成效 按照"落实、聚焦、突破"的要求,加强"三个体系"建设,大力弘扬求真务实、狠抓落实的工作作风。强化教育预防,认真开展"十廉"教育活动,领导干部廉洁自律意识进一步增强。扎实开展"惩防体系建设推进年”活动，惩防体系建设稳步推进。深入开展“行风评议”工作，坚决纠正损害群众利益的部门和行业不正之风，营造了政治清明、政风清廉、政通人和的社会环境。

二、主要工作与成绩

2006年，在中央和省、市委的正确领导下，在对口帮扶单位的支持帮助下，县委、县政府团结带领全县广大干部群众，以科学发展观统领经济社会发展全局，励精图治，拼搏进取，全县呈现出经济快速发展、社会和谐进步的良好局面。全县完成地区生产总值81.88亿元，同比增长17.2%；实现地方财政收入2.05亿元，同口径比增长19.7%；农民人均纯收入3960元，同比增长14.1%。

(一)社会主义新农村建设扎实推进 以发展农村经济和增加农民收入为重点，认真落实各项支农惠农政策，“三农”工作取得新成效。积极发展现代农业，农业内部结构进一步优化，培植壮大了蔬菜、畜牧、林果、烤烟、桑蚕、花生等六大主导产业。全县畜禽规模化养殖比重达到70%以上，肉蛋奶总产量达16万吨；新发展高效蔬菜大棚5000亩，改造升级蔬菜大棚1万亩，蔬菜种植面积达60万亩。开展了“十万农户致富工程”和“劳务输出工程”，累计发放贴息助农贷款11.99亿元，全县市级以上农业产业化龙头企业发展到10家，转移农村劳动力13.1万人。实施新农村建设“550”示范工程，加快农村路、水、电、气、医、学等基础设施建设，农村生产生活条件得到进一步改善。完成“村村通”硬化路1060公里，实现了村村通客车；完成了203个村的人畜饮水解困工程，解决了30万人的吃水问题；实施了“村村通有线广播电视工程”；完成了“万村千乡”工程一期200个农家店的建设任务。切实做好减轻农民负担工作，及时兑现粮食直补、农资补贴、良种补贴、义务教育“两免一补”等各项惠农政策，全县农民受益2288万元。

(二)工业经济支撑带动能力明显增强 大力实施“工业强县”战略，依托资源和产业优势，大力发展集群经济，培植壮大主导产业，引进龙头企业、核心项目和关键技术，带动发展下游项目和配套企业，全力打造“一城三基地”(电动车城，空心砖机生产基地、优质硅砂生产基地和食品生产基地)，初步形成了具有较强市场竞争力的特色产业集群板块。县经济开发区投入2400万元完成了三期工程建设，入园企业达到47家。澳柯玛集团、投资3.8亿元的中建材石英砂、投资6亿元的东方庄园葡萄酒等一批国字号企业、行业龙头企业纷纷落户沂南。工业经济运行质量明显提高，规模以上企业达到145家，同比增加15家。2006年，全县规模以上工业企业完成总产值50.07亿元，同比增长35.3%；实现利税3.37亿元，同比增长38.5%。

(三)改革开放取得突破性进展 把招商引资作为加快发展的“一号工程”来抓，推进产业集群和招商方式改革，成立了石英砂、水泥、电动车、蔬菜等四个专业招商办公室，产业链条不断拉长，招商引资成效显著。全县共引进县外投资项目382个，实际到位资金25.18亿元。流通体制改革步伐加快，全县粮食流通体制和国有粮食购销企业改革基本完成，商贸、供销企业破产重组成效明显，共化解企业债务近亿元，盘活资产1.5亿元。沂蒙轴承有限公司在新加坡成功上市，实现了县内企业海外融资零的突破。2006年，全县实现进出口总额5166万美元，其中出口4176万美元，同比增长40%。文化旅游产业获得长足发展，编制完成了全县旅游发展具体规划，“四区一带”开发建设步伐加快，成功举办了“2006中国·沂南诸葛亮故里旅游发展论坛”，进一步提升了沂南外部形象和知名度。

(四)城市化进程明显加快 高起点编制完成了县城新一轮总体规划，加快了老城区改造和新城区开发建设步伐，全力建设“新特美”县城。2006年，完成基础设施总投资1.2亿元。对历山路、澳柯玛大道等县城主要干道进行了综合改造；开工建设了汉城、电力花园小区、污水处理厂等一批重点工程；总投资2.6亿元的阳都温泉度假景区、占地8.22公顷的府前商住休闲中心、投资8000万元的青少年科技活动中心等重点工程正在建设。胶新铁路、迎宾大道、高界路、火车站接线工程建成通车，对205国道、东红公路沂南段进行了大修改造，形成了“三高一铁”的大交通格局。

(五)社会各项事业和谐健康发展 坚持协调发展、和谐发展。社会保障体系逐步完善，全县共有4.2万人纳入养老保险体系，1.6万人纳入最低生活保障体系。2006年全县一榜本科进线2224人，比2005年增加461人；高中办学规模进一步扩大，年招生人数达到8600人，提前实现了普高目标。新型农村合作医疗试点工作全面铺开，全县参合率达到87.41%。认真落实农村计划生育家庭奖励扶助制度，全县人口自然增长率为4.67‰，继续维持低生育水平，积极争创全国计划生育优质服务先进县。民主法制建设和精神文明建设得到进一步加强，深入开展了“平安沂南”和“文明沂南”创建活动，努力打造“诚实守信”沂南人这一品牌。

三、创新与经验

(一)坚持以思想观念的更新引领发展，营造干事创业的浓厚氛围 始终把解放思想摆在突出位置，通过开展解放思想大讨论活动，引导广大干部群众跳出沂南看沂南，对照先进找差距，树立吃大苦、干大事、创大业的意识，大力弘扬敢想、敢闯、敢试、敢干的精神，活化了内生机制，激发了内生动力，加速了发展进程。实践使我们体会到，只要通过解放思想这面鲜红的旗帜，把广大干部群众的心思和精力凝聚到加快发展上来，就没有解决不了的问题，没有克服不了的困难，事业就会无往而不胜。

(二)坚持以奋进的目标激发斗志，保持争先进位的精神状态 面对欠发达的现实，面对周边县区咄咄逼人的发展态势，我们敢于坚持高目标追求、高速度发展、高强度推进不动摇，把压力转化成埋头苦干、“比学赶超”的动力，不断提升发展的“标杆”，形成了攀高比强、进位争先、竞相发展的生动局面。实践证明，勇于自加压力、敢于争创一流是一笔宝贵精神财富,只有大力弘扬并不断升华这种精神,始终保持那么一股拼搏进取的劲头、干事创业的激情、昂然向上的精神状态,才能抓住新机遇、迎接新挑战、战胜新困难,不断开创各项工作的新局面。

(三)坚持求真务实抓落实,形成强力推进工作的良好机制 我们坚持把求真务实抓落实作为推进各项工作的有效手段,作为落实科学发展观的基本要求,不管形势发生怎样的变化,困难有多大,始终咬住发展不放松,一个事一个事的抓,一个问题一个问题的解决,一个环节一个环节的推进,取得了实实在在的成效。实践告诉我们,只有牢牢抓住发展这个第一要务不动摇,做到"实干不争论、苦干不张扬、快干不落空",才能以抓落实的"快"来保证发展速度的"快",以抓落实的"好"来保证发展质量的"好"。

(四)坚持执政为民,努力实现好、维护好、发展好最广大人民群众的根本利益 我们始终坚持"以人为本"的发展理念,坚持发展为了人民,发展依靠人民,发展成果由人民共享,始终把群众的安危冷暖放在心上,时刻注意群众生产、群众利益、群众情绪,审慎对待群众敏感的问题,努力为群众办实事、办好事,树立了党和政府在群众心目中的良好形象。实践证明,群众的信任和支持是事业立于不败之地的根本保证,只有把决策和群众的需求合起拍来,大力发展经济,富裕百姓,充分维护好、实现好、发展好人民群众的根本利益,才能形成万众一心谋发展的强大合力,事业才会兴旺发达。

附:(一)沂南县委书记、副书记、常委名单

书　记:马　崑

副书记:徐　峰　李枝叶　张文新(挂职)

常　委:马　崑　徐　峰　李枝叶　张文新(挂职)　公维禹　赵晓晖　王伟庆　鞠艳峰　刘春波　陈维超　庞明庆(挂职)　张爱花　高立华　朱　辉(挂职)

(二)各乡镇党委书记名单

乡镇	书记
界湖镇	王富余
依汶镇	刘元浩
马牧池乡	杨恕森
岸堤镇	赵方禄
孙祖镇	刘长安
双堠镇	贺作海
青驼镇	刘希军
张庄镇	刘元录
砖埠镇	辛中锋
葛沟镇	李发俭
杨家坡镇	马洪春
大庄镇	王尚昇
辛集镇	张安学
苏村镇	任立军
蒲汪镇	吴恩坤
湖头镇	杨玉环
铜井镇	黄树田

中共平邑县委工作概况

平邑县委书记　王林山

2006年,平邑县委坚持以邓小平理论和"三个代表"重要思想为指导,牢固树立和全面落实科学发展观,抢抓机遇,自我加压,团结奋斗,开拓创新,经济和社会各项事业实现又好又快发展。

一、组织概况与党的建设

平邑县共有38个党(工)委、38个党组、42个党总支、1527个党支部,40256名党员。2006年,平邑县委以激发创新活力为目标,大力加强党的建设,党的执政能力进一步提高。

(一)扎实开展第三批党员先进性教育活动 在广大农村党员干部中深入开展了"六个讨论、六个反思"活动。全县各级共查找问题1.9万个,已整改1.5万个,制定长效机制文件20多个。继续深入抓好先进性教育活动巩固扩大整改成果工作,成效明显,群众满意度较高。

(二)大力加强基层组织建设 深入开展"三级联创"活动,加大"百村帮扶"、"百村示范"工程的实施力度,实施"四个培养"工程,推行党务公开、无职党员"设岗定责"制度,先后选派优秀年轻干部进村任职,进一步提高企业党建工作水平,新发展党员811名,党的基层组织战斗力明显增强。

(三)抓好领导班子建设 严格执行《党政领导干部选拔任用工作条例》,着力抓好干部的培养、考察、选拔、任用、监督工作。3月份,对部分乡镇党政正职、县直部门正职和正科级领导干部进行了调整,调整共涉及干部63人。顺利完成了乡镇党委换届工作,共选举产生新一届乡镇党委委员124人,其中党委书记16人、副书记32人;选举产生纪委委员60人,其中纪委书记16人。结合乡镇党委换届,对人大、政府班子也进行了调整,共配备专职人大主席、副主席

16人，配备非党副乡镇长13人。

（四）加强党风廉政建设 着力构建自律、防范、惩戒机制，制定了《关于健全完善反腐倡廉"大宣教"工作格局的意见》、《关于在全县深入开展"十廉活动"的实施方案》。严厉查处各类违法违纪案件，共立查案件126件，处分党员140人，起到了较好的警示作用。

二、主要工作与成绩

（一）着力构建"富强"平邑，经济实现又好又快发展 2006年，全县地区生产总值达到114.6亿元，同比增长16%；全社会固定资产投资46.7亿元，增长12%；财政总收入6亿元，增长19%，其中地方财政收入2.9亿元，增长26%。一是工业实现速度效益双增长。全县完成工业总产值156亿元、增加值48.9亿元，分别增长17.8%、19.8%。规模以上工业企业实现销售收入106.9亿元、利税10.3亿元、利润6.1亿元，分别增长18.9%、17.7%、12.1%。实现自营进出口总额5924万美元，增长51.9%，其中自营出口5679万美元，增长55.7%。大项目建设有了突破，投资1.8亿元的森美木业高档密度板项目已开工建设，投资1.5亿元的澳联包装项目、投资2亿元的裕锦针织高档无缝内衣项目和投资4亿元的生物质发电项目已奠基。二是新农村建设扎实推进。大力发展现代农业，建成了37万亩金银花、42万亩果品、35万亩瓜菜基地，畜牧业产值达到12.4亿元。共有30万亩农产品生产基地获得无公害、标准化认证。农副产品加工企业达到146家，其中规模以上企业76家，60%的大宗农产品得到就地加工增值。农民人均纯收入4017元，增长12.8%。认真落实各项支农惠农措施，不断加大对"三农"的投入。共开工各类农田水利基本建设工程项目540项，完成投资1.35亿元。投资3600万元，完成127.2公里的农村公路建设。三是服务业快速发展。初步形成了以蒙山长寿游为龙头，融自然博物馆科普文化游、九间棚生态农业游、黄金地质公园工业游为一体的大旅游格局。平邑蒙山被评为"中国县域旅游品牌景区百强"，天宇自然博物馆被评为国家3A级旅游区和中国古生物科普研究教育基地，金矿地质公园被评为全国工业旅游示范点，平邑县被评为"2006年山东县域旅游品牌十强县"、"全国县域旅游品牌百强县"。2006年，全县接待游客207.8万人次，旅游总收入11.2亿元。旅游业有力拉动了服务业的发展，2006年，社会消费品零售总额达39.8亿元，增长16%。四是城市化进程加快。投资9000万元，实施了县城14条道路建设改造和绿化整治等工程，开展了兴水河、府前渠清淤和博物馆周边环境整治，制定实施了县城绿化规划，县城面貌不断改观，人居环境质量改善。大力加强小城镇建设，初步形成了工业主导型、农副产品加工型、畜牧养殖型等现代城镇发展体系。镇域经济发展迅速，平邑、地方、保太、仲村四个镇税收过千万元。

（二）着力构建"文明"平邑，社会各项事业全面协调发展 深入开展了"弘扬九间棚精神，站在新起点实现新跨越"解放思想大讨论活动。在巩固市级文明城市创建成果的基础上，启动了省级文明城市创建工作。全县涌现了41个市级文明单位，5个市级文明机关，17个市级文明村镇，7个省级文明单位、3个省级文明村镇、文明机关。科教兴县工作成效显著，科技对经济增长的贡献率达到52%，被评为"山东省中药现代化科技产业示范县"。义务教育经费改革稳步推进，教育质量不断提高。公共卫生体系进一步完善，医药、食品卫生安全专项治理成效明显，疾病防控能力不断增强。在全市率先实现"村村通"有线电视。人口增长得到有效控制，2006年被中宣部、国家人口计生委等12部委评为全市唯一的"全国婚育新风进万家"活动先进县。环保执法力度不断加大，环境质量保持优良，森林覆盖率达到31.5%。土地管理水平进一步提高，投资1亿多元进行土地开发，新增耕地3万亩，被评为"全国土地执法模范县"。妇女、儿童、老年人、残疾人权益得到保障，民族、宗教、文化、体育等社会各项事业迈出新步伐。

（三）着力构建"和谐平邑"，社会稳定局面良好 以平安创建活动为抓手，深入开展了打黑除恶集中行动、打击黄赌毒违法犯罪、整治娱乐服务场所、严打整治"蓝天行动"等一系列专项斗争，刑事案件同比下降16.7%。严格落实信访责任制，着力解决群众反映的问题，规范信访秩序。全县信访起数、人数分别下降19%、21%。深入开展危险化学品、烟花爆竹、工贸企业安全等重点领域的专项整治，安全生产态势平稳。

三、创新与经验

认真落实中央宏观调控政策，大力实施"工业强县"战略，扎实开展了"有效投入年"活动。

（一）一以贯之抓投入 把加大有效投入作为经济工作的重中之重，完成工业技改投入15.49亿元，同比增长34%。重点抓了"一区两城一带"建设。经济开发区，2006年有总投资6亿元的12个项目落户，项目总数达到45个，其中过亿元的8个，现有12个项目已建成投产，全部项目投产后可实现产值40亿元，利税4亿元，出口创汇1亿多美元，安置就业1万多人；国际石材城，规划面积7平方公里，正在进行供水、供电、道路等基础设施建设，已有20多家石材企业入城；地方罐头城，规划面积3.5平方公里，已发展果品加工企业95家，其中规模企业31家，年生产罐头40万吨，创产值16.8亿元，利税2.1亿元，出口创汇4000万美元，被中国罐头协会命名为"中国罐头第一镇"；石膏工业带，沿保太、柏林、卞桥、资邱一线，集中发展石膏开采和石膏板、石膏粉加工业。目前，开采加工企业达到了75家，年开采石膏300万吨，加工石膏粉160万吨，纸面石膏板2亿平方米，产值16亿多元，利税1.9亿元。

（二）一鼓作气抓项目 各级各部门牢固树立"项目兴县"意识，严格落实招商引资责任制，按照"盯住、靠上、抓牢、办成"的要求，在谈项目促签约，签约项目促开工，开工项目促投产，投产项目促增资，力争洽谈一个、引进一个、见效一个。2006年，全县引进外来投资项目353个，合同利用外资39.89亿元,实际利用外资27.36亿元。

(三)一丝不苟抓细节 为确保项目的顺利实施,各级各部门既重视抓好项目的招引,更重视促成项目的落实,确保了在落实优化环境的承诺上一丝不苟,在落实优惠政策上一丝不苟,在对企业服务到位讲诚信上一丝不苟。同时,各有关部门按照《固定资产投资强度考核办法》,加强对项目建设的监管力度,对没有或不履行合同要求的项目,依法依合同进行违约处罚。

(四)一竿子到底抓落实 实行领导干部和部门包项目责任制,建立了横到底、纵到边的责任体系。加大了对乡镇、部门和各企业的检查考核力度,并将有效投入作为一项重要内容,严格落实奖惩措施,对做得好的大张旗鼓地进行表彰奖励。2006年度,有40家先进企业、62个招商引资先进单位、148名招商引资先进个人受到了县委、县政府表彰奖励。

附:(一)平邑县委书记、副书记、常委名单

书　记:王林山

副书记:陈一兵　解红日　唐元岫(挂职)

常　委:王林山　陈一兵　解红日　唐元岫(挂职)　李献荣　李维生(挂职)　李丙成(挂职)　李中经　麻建东　王丽云　卢兆荣　刘仕江　陈金怀　张明安

(二)各乡镇党委书记名单

平邑镇　张　鑫
仲村镇　邱春力
武台镇　王剑锋
保太镇　晏　伟
柏林镇　彭志军
卞桥镇　王　忠
资邱乡　燕　峰
地方镇　王江华
铜石镇　刘玉华
温水镇　赵仁峰
流峪镇　王文军
郑城镇　沙振霄
魏庄乡　华　强
白彦镇　宋　健
临涧镇　杨路迎
丰阳镇　杜纪奇

中共费县县委工作概况

临沂市委常委、费县县委书记　尹长友

一、组织概况与党的建设

费县总面积1893平方公里,辖18个乡镇,565个行政村,92万人。现有42个基层党委,1196个党支部,38519名党员。

2006年,县委突出抓好党的思想、组织和作风建设,全县各级党组织的凝聚力和战斗力明显提高。

(一)全面加强思想政治建设 始终把解放思想、更新观念作为推动县域经济超常规、跨越式发展的关键措施,引导全县广大干部群众牢固树立敢想敢试敢闯的思想观念,努力营造干事创业、奋力赶超的浓厚氛围。深入开展以"跨越发展、争创一流"为主题的解放思想大讨论活动,以思想的大解放推动各项工作的大发展。

(二)着力加强党的先进性建设 创新学习教育、管理监督、联系群众和流动党员管理机制,大力推行无职党员设岗定责,全县参与设岗定责的农村无职党员11800人。大力开展了"固垒兴县"工程,提高了基层党组织的凝聚力、战斗力。深入开展"争当民情联络员"活动,全县共有县、乡民情联络员1562人。认真抓好企业党建、"两新"组织党建和社区党建工作,共有64个企业党组织达到了"五个好"企业党组织的标准,全部社区和161个民营企业都建立了党组织。

(三)大力加强领导班子和干部队伍建设 积极加强干部队伍建设,认真贯彻执行《干部任用条例》,实行了领导干部署名推荐干部责任制、干部考察工作责任制、特殊岗位干部聘用制等制度,营造了公平、公开、公正选拔任用干部的良好氛围。以干部监督联席会议制度、主要领导干部离任审计和任中审计为重点,加强了对领导干部的日常监督。

(四)积极加强党风廉政建设 深入开展"学党章、守纪律、干事业、当模范"活动,深化"廉洁勤政从我做起"、"争当廉洁守门员"和"争当廉洁监督员"活动,进一步完善了反腐倡廉大宣教工作格局。着力优化发展环境,"行风热线"共受理各类咨询投诉电话178个,群众反映的问题全部得到解决,群众满意率达到90%。扎实开展了纠风专项治理,共清理取消违规收费项目11项,取消违规行政审批项目200余项。加大查办违纪案件力度,全县纪检监察机关共立案97件,挽回经济损失291万元。

二、主要工作与成绩

2006年,全县各级认真贯彻党的十六届六中全会精神,坚持以科学发展观统领全局,围绕“五个三”的工作思路,深入实施“七个强力推进、七个全面提升”,全县经济社会跨入了又好又快的发展轨道。全县实现GDP123.8亿元,同比增长21.8%;实现地方财政收入3.01亿元,增长30.3%;完成固定资产投资77.2亿元,增长41.4%;城镇居民人均可支配收入9056元,增长13.5%,农民人均纯收入4080元,增长15.9%。

(一)“新乡村建设工程”稳步推进 农业生产全面进步。全县粮食总面积达到101.6万亩,总产达到38万吨,瓜菜总产129.9万吨,果品总产28.7万吨。认真组织实施“振兴畜牧业计划”和“万头奶牛进基地工程”,全县生猪存栏达到27.46万头,羊存栏37.75万只,牛存栏4万头,畜牧业占农业总产值的比重达到37%。加强农村基础设施配套建设,完成了256个村的“村村通自来水”和431个村的“村村通有线电视”工程,建设村村通道路1596公里。开展了以“五清五化”为主要内容的“整洁文明家园”创建活动,较好地改善了农村人居环境。农民组织化程度不断提高。全县已发展各类农村合作经济组织2100个,各类职业学校达到60处,劳务中介机构发展到30多家,县外转移农村劳动力10万人。

(二)工业经济大幅提升 加快医药化工城、能源建材城和木业家具城建设,全县规模以上企业达到248家,完成工业增加值38.3亿元,增长32.5%;实现利税12.4亿元,增长56.9%。国电费县电厂一期工程1号机组比计划提前3个月并网发电,2号机组即将发电。围绕创建全国优质板材基地核心区目标,全面提升费县经济开发区东区和5个木材加工小区的建设水平,全县板材加工业户达到8000多家,年加工木材1300万立方米,产值达到180亿元。开发区建设步伐加快,共引进项目101个,年产值95亿元,出口创汇8375万美元。民营经济快速发展,全县民营业户达到3.2万家,民营企业增加值达到105亿元,上缴税金3亿元。

(三)第三产业快速发展 突出抓了以费县石林、大青山红色旅游和“农家乐”旅游为代表的特色旅游业,全年共接待游客60万人次,实现旅游总收入4亿元。指动石景区被评为国家3A级旅游区。商贸流通业繁荣有序,全年完成社会消费品零售总额30亿元,增长15%。金融服务业稳步发展,年底金融机构各项存贷款余额分别达到49.2亿元、52.2亿元,分别增长23.5%和68.4%。

(四)招商引资凸显亮点 全年共落实招商引资项目329个,引进过亿元的项目5个,过5000万元的项目16个,合同利用县外资金52.6亿元。山东银光科技在新加坡交易所成功上市,融资9440万元。投资1.5亿元的青岛理工大学费县校区正式招生。新时代药业公司三期工程建设进展顺利。正义纺织集团投资1.5亿元的二期工程已开工建设。外经贸发展质量和水平显著提高,全年实际利用外资1796万美元,增长26.8%;自营进出口总额达到1.3亿美元,增长30.3%。

(五)城乡面貌明显改观 按城市道路框架和要求对327国道费县段进行亮化、绿化,打通了祊河右岸防护大堤与滨河大道的连接,建立了“半小时经济和生活圈”。完善了城市功能,对县城第二轮城市总体规划进行修编,确定了“一轴、两带、一城、两区”的城市布局结构。污水处理厂已完成主体工程,完成了临沂滨河奇石园基础工程。深入实施“民心工程”,打通6条断头路,改造2条道路,硬化7.6万平方米。实施亮化、美化、绿化工程,安装路灯1000余盏,主要道路实施了楼体霓虹灯亮化,完成了15处景点的绿化工作,新增绿地面积13万平方米。

(六)社会事业协调发展 严格落实人口目标责任制,全年人口出生率为9.95‰,自然增长率为4.59‰。全面启动全省农村义务教育经费保障机制改革联系点县工作,全年共为94182名农村义务教育阶段贫困学生免除杂费1140万元,为7707名贫困学生免费提供教科书价值96万元,对2240名贫困住宿生补助生活费67万元。积极推行新型农村合作医疗,参合率达到93%以上。认真实施人畜饮水解困工程,解决了204个村14万人的吃水困难。大力实施百万农户致富工程,共向46820户发放致富贷款11.59亿元,其中发放贴息贷款6167万元。积极推进社会保障工作,全县医疗保险、失业保险和企业养老保险参保人数分别达到3.1万人、3万人和2.7万人,国有企业、集体企业和党政事业单位离退休职工的养老金社会化发放率达到100%。深入开展了“珍惜过去光荣、创造今日辉煌”活动,激发了广大退役人员创业的热情,得到中央和军委领导的重视。

三、创新与经验

(一)始终坚持解放思想,开拓创新 县委把理念的创新和观念的更新作为富民强县的先导,深入开展解放思想大讨论活动,以思想的大解放,引领经济的大发展。全县上下把加快发展作为主旋律,积极应对新挑战,以创新的观念审时度势,抢抓机遇,推动了经济社会的又好又快发展。

(二)始终坚持以人为本,执政为民 县委坚持把对上级负责和对人民群众负责相统一,把实现好、维护好、发展好人民群众的根本利益作为一切工作的出发点和落脚点,尽职尽力为人民群众解难事、办实事、做好事,形成了干事创业的强大合力,激发了广大人民群众建设费县的热情。

(三)始终坚持统筹兼顾,整体推进 在加快经济发展的同时,县委十分重视加强精神文明建设和民主法制建设,统筹城乡协调发展,保护生态环境,搞好节能降耗和土地集约利用,推动社会全面进步,为改革和发展提供了持久的动力和强大的支撑。

(四)始终坚持党的领导,凝心聚力 坚持加强和改善党的领导,不断增强党的创造力、凝聚力和战斗力,各级党组织充分发挥领导核心作用和战斗堡垒作用,广大党员干部充分发挥先锋模范作用,在全县上下形成了心齐劲足气顺的良好局面，为全县经济社会跨越发展提供了坚强保证。

附：(一)费县县委书记、副书记、常委名单

书　记：尹长友

副书记：杜昌伟　祖旭东　隋建波(挂职)　王志田(挂职)

常　委：尹长友　杜昌伟　祖旭东　隋建波(挂职)　王志田(挂职)　高振凯　杨　光　刘　飞　江　波　姜　宁　盛建伟　王希慧(挂职)　陈海玲　宋福亭

(二)各乡镇党委书记名单

费城镇　刘清晨
朱田镇　李国华
梁邱镇　谭忠诚
石井镇　王献德
新庄镇　米兴法
芍药山乡　寻明胜
马庄镇　孙百亮
刘庄镇　高利广
探沂镇　朱玉祥
新桥镇　田　园
汪沟镇　李富奎
方城镇　周俊献
胡阳镇　魏云广
薛庄镇　李福金
南张庄乡　曹明远
大田庄乡　王法友
上冶镇　王全平
城北乡　周传文

中共蒙阴县委工作概况

蒙阴县委书记　张广敬

蒙阴县地处沂蒙山区腹地，总面积1605平方公里，辖11个乡镇、460个行政村、53万人口。2006年，在中央和省、市委的正确领导下，蒙阴县委忠诚执行党的路线方针政策，努力实践“三个代表”重要思想，坚持和落实科学发展观，团结带领全县人民，开拓创新，埋头苦干，经济建设和各项事业取得了新成绩，全县上下保持了经济快速发展，社会和谐稳定，人民安居乐业的良好局面。

一、组织概况与党的建设

目前，全县有基层党组织1046个，其中党(工)委35个，党总支18个，党支部997个，共有党员26001名。2006年，蒙阴县委按照党要管党、从严治党的要求，突出抓好党员和干部队伍建设，有力地保障了全县经济的持续、快速、健康发展。围绕提高党组织的战斗力，切实加强党的执政能力和先进性建设，为经济社会发展提供了组织保障。召开了县第十二次党代会，顺利选举产生新一届县委和纪委班子，确定了未来五年的发展大计。对乡镇和部分县直部门班子进行调整，圆满完成了乡镇党委换届。各级班子思路清晰、坚强有力，凝聚力、战斗力大为增强。进一步完善考核体系，建立激励机制，调动了各级干部干事创业的积极性。大力加强农村基层组织建设，统筹解决村级活动场所、办公经费和工资发放问题，普遍推行了“四监管”制度，保证了基层组织正常运转。严格执行两个《条例》，落实党风廉政建设责任制，认真抓好纠风治乱工作，全县党风政风进一步好转。

二、主要工作与成绩

(一)经济实现快速增长　以新农村建设为总抓手，加快农业结构调整，全县优质果品发展到100万亩，总产11亿公斤，销售顺利；继续扩大畜牧养殖规模，成为“国家长毛兔养殖标准化示范区”。紧紧抓住工业强县这个根本不动摇，工业总量迅速膨胀，全县规模企业达到134家，比2002年增加92家，实现产值65亿元，是2002年的3.9倍；利税过百万元的企业达到88家，增加76家，过千万元的企业6家，增加3家；我县成为“全省纺织服装产业基地县”。新银麦啤酒公司实现利税突破亿元大关，银麦品牌成为“中国驰名商标”。棉纺织公司克服市场波动影响,保持了稳定发展。民营经济实力显著壮大,纳税10万元以上的民营企业达到145家,比上年增加39家。积极开展招商引资和外经贸工作,去年引进外来投资项目167个,合同利用外资32.4亿元,实际到位18.6亿元,签约项目开工率100%。县经济开发区成为省级开发区,2006年引进的香港益彩染化、兴业机械、大和纺织等6个过亿元的项目陆续建成,园区企业实现产值10亿元、利税8000万元,相当于2002年全县工业规模的60%。聘请全国一流专家,完成了蒙山、孟良崮提升规划,完善了旅游服务设施,去年接待游客230万人次,门票收入3792万元,实现旅游总收入8亿元,继续保持全市领先地位。深化国合流通企业改革,健全农村流通体系。大力推行综合治税,积极争取上级政策,我县被列为全国财政扶持县、革命老区扶持县和粮食主产县,财政改革走在全市前列,理财水平进一步提高,保障了改革建设和事业发展的需要。

(二)重点建设扎实推进 把项目建设作为发展的关键环节,紧紧围绕工业、农业、城建、交通等重点工作,调集相关部门和单位,集中力量搞攻坚,取得了突破重点、带动全局的良好效果。2006年,全县共实施500万元以上的项目157个,完成投资额18.4亿元。把县城建设作为各项建设的重头戏,投资1.6亿元,实施了新修顺河路、西环路、汶溪公园治理、新建污水处理厂等五项重点工程,使县城四环相连,形成了新的发展框架,大大提升了城市功能、品位和承载能力。县城建成区达到30多平方公里,常住人口12.6万人,绿化率达到35%,初步成为文明秀丽的山水生态城。突出抓好重点工业项目,全县共实施技术改造项目175个,完成投资13亿元,同比增长43%,项目数量和投资额均创历史新高。积极实施农业综合开发、扶贫开发、造林绿化、流域治理项目,农村呈现出山清水秀、林茂粮丰的喜人局面。大力加强公路交通建设,全县新修农村公路114公里,成为“全省农村公路改造先进县”。

(三)群众得到更多实惠 积极推进经济社会协调发展,用心办好惠及群众的实事,各级干部赢得了广大群众的认可和拥护。加大投入,持续改善农村生产生活条件,在村村通硬化路的基础上,70%的村通上了自来水,30%的农户用上了沼气生态能源,20户以上的自然村全部看上了有线电视,成为“全国广播电视村村通先进集体”。全面取消农业税,认真落实各种支农补贴;完成了库区移民登记工作。实施标准化学校建设,开创了农村寄宿制教育的新路子。全面推开新型农村合作医疗,参合农民达到90%以上。积极扩大社保覆盖面,城镇医疗保险人数突破3万人,增长57%。认真落实优抚安置政策,顺利通过“全省双拥模范县”检查验收,被列为全国优抚对象医疗保障试点县。

(四)社会保持和谐稳定 健全严打整治、治安防控、矛盾调处“三个体系”,积极化解各类矛盾,我县成为全省、全市最安定的地区,被省委、省政府表彰为“全省平安建设先进县”。切实加强计划生育工作,综合考核继续保持全市先进水平。繁荣发展文化体育事业,积极开展了精神文明创建和“美在农家”活动。严格控制行政事业收费,严厉打击霸痞黑恶势力,严肃查处破坏软环境的行为,经济环境得到进一步优化。加强生态建设和环境保护,积极稳妥地实施了岸堤水库网箱清理。同时,统筹做好新闻宣传、老干部、武装、统战、工会、群团、史志、档案、统计等各项工作,和谐稳定的局面得到进一步巩固。

三、创新与经验

(一)坚持立足县情,完善工作思路 县委始终坚持上级要求与蒙阴县情有机统一,从全局高度谋划发展。年初,立足我县连续几年经济社会发展比较快的实际,提出了“三坚持,五打造”的目标要求。也就是继续坚持已有的工作思路,全力打造“美丽富饶的农村、文明秀丽的山城、优良开放的环境、安定和谐的社会、充满活力的县域经济”。实践证明,这一思路目标得到了广大党员干部群众的认同,迅速形成了共识,为做好全年经济工作奠定了坚实的基础。

(二)坚持总揽全局,突出工作重点 坚持一手抓机制、抓队伍,调动各个方面的积极性;一手抓中心、抓重点,集中力量搞攻坚。对工业、招商、建设、农村、稳定等重点工作,成立专门领导小组,大班子领导同志带领部门,齐心协力打总体战。对阶段性、突击性工作,调集相关部门和乡镇,集中力量办大事,一举完成了城市重大工程、岸堤水库网箱清理等艰巨任务。完善了目标责任制考核体系,科学评价乡镇、部门和企业的业绩,有力地促进了工作开展。

(三)坚持主攻园区,做强工业经济 始终把主攻工业、突破园区放在优先发展的战略位置,毫不动摇地强化主攻工业的组织领导和政策推动,毫不动摇地把开发区作为主攻工业的主阵地,毫不动摇地把引进大项目作为主攻工业的总抓手,工业经济发展明显加快。特别是举全县之力,成功打造了经济开发区这个平台,实现了历史性突破。

(四)坚持解放思想,大胆改革创新 县委坚持在解放思想中求发展,积极组织各级干部“走出去”,启迪思想找差距,增强了发展的紧迫感和压力感。鼓励干部冲破妨碍发展的陈旧观念,革除影响发展的条条框框,扫除体制机制性障碍,使工作更好地体现时代性,把握规律性,富有创造性。坚定不移地实施开放战略,把招商引资视为生命线,致力营造发展环境,吸引了一批重要外商、重大项目落户蒙阴。

(五)坚持富民优先,重视社会和谐 县委牢固树立立党为公、执政为民的思想,努力做好关系群众切身利益的就业再就业、扶贫济困、教育卫生工作,及时处理群众来信来访,真心为群众解难事、办实事,促进了改革的平稳推进、矛盾的逐步化解、发展的不断加速。

(六)坚持从严治党,加强党的建设 不断创新党员干部教育管理机制,完善党的工作制度,形成全方位加强党建的工作格局。既注意从整体上加强党的思想、组织、作风建设,又注意重点加强基层组织和干部队伍建设,切实增强了各级党组织的创造力、凝聚力、战斗力。

附:(一)蒙阴县委书记、副书记、常委名单

书　记:张广敬

副书记:丰程秀　贾孝武

常　委:张广敬　丰程秀　贾孝武　伊永航　李思超　李友成　巩明文　刘桂民　王士新　彭　波　张庆启

(二)各乡镇党委书记名单

蒙阴镇　马英祥
联城乡　许方华
常路镇　公茂栋
高都镇　李再成
野店镇　房新宇
岱崮镇　李秀福
坦埠镇　孙令杰
旧寨乡　崔宏伟
桃墟镇　刘元德
界牌镇　李卫东
垛庄镇　胡守东

中共莒南县委工作概况

莒南县委书记　丁善余

莒南县位于鲁东南苏鲁交界处,总面积1752平方公里,其中山丘面积占79%,平原面积占21%,耕地面积109万亩,现辖18个乡镇,759个村居,99万人口。

一、组织概况与党的建设

莒南县共有党组织1700个,其中党(工)委36个,党总支35个,党支部1660个。共有党员55035人,其中,建国前老党员4111人。

(一)提高执政能力,全面加强领导班子和干部队伍建设　大力实施领导班子和干部队伍经常性考察,对县直部分单位、部分乡镇的领导班子和领导干部进行了适当调整。积极稳妥地完成了县、乡党委换届工作,公开考选了14名30岁以下副乡级领导干部。深化干部人事制度改革,对全县乡镇科员级以下公务员队伍进行了统一调配。加大干部培训力度,完成了县级干部进修班、科级干部进修班、女干部培训班等12个班次、38人的调训任务,举办各类培训班9个班次,培训干部2480余人次。

(二)夯实基层基础,加强党的基层组织和党员队伍建设　认真搞好村级组织建设。全县共调整村班子18个,充实村班子成员26名,并对102个村级组织无活动场所或活动场所较差的村进行了集中整治。认真做好社区党建和"两新"组织党建工作,积极抓好非公有制企业党建示范点建设,扩大了党的工作覆盖面。大力实施"村企"共建工程,成立了3个"村企共建"党总支。深入推进"百村帮扶"和"百村示范"工程,引导示范村与帮扶村结成"双联共建"对子,开展合作项目50多个,增加村级收入200多万元。扎实开展保持共产党员先进性教育活动,全县共有779个党组织、35618名党员参加了第三批先进性教育活动,群众测评满意率达到了99.9%。

(三)筑牢思想防线,加强党风廉政建设　加强领导干部廉洁自律工作,严格执行两个《条例》、"四大纪律、八项要求"和"五个不许"的规定,县委常委和县乡领导干部带头公开向社会作出廉政承诺。加大了对违纪违法案件查办力度,连续四年开展了行风评议工作,在全县形成了廉洁勤政、干事创业的良好氛围。大力实施"惩治和预防腐败体系制度建设推进年"活动,初步构筑起教育、制度和监督并重的惩治和预防腐败体系。

二、主要工作与成绩

2006年,在省、市委的正确领导下,全县各级坚持以科学发展观统揽全局,认真贯彻落实十六大和十六届四中、五中、六中全会精神,坚持把发展作为第一要务,解放思想,干事创业,开创了各项工作的新局面。全县共完成生产总值113亿元,增长18.3%;完成全社会固定资产投资44亿元,增长18.5%;规模以上工业企业完成增加值26.2亿元,增长21%,实现利税7.89亿元、利润5.3亿元,分别增长32.7%和30.9%;完成地方财政收入3.002亿元,增长20.6%;农民人均纯收入达到3982元,增长11.8%。我县先后成为全国农田水利建设先进县、全国计划生育优质服务先进县、全国食品工业强县及全省县域旅游品牌十强县、平安山东建设先进县。全国供销合作总社和山东省政府举办了"供销合作社与新农村建设暨莒南经验高层论坛",全省农田水利基本建设、全市规范行政审批暨县级政务大厅建设、平安校园建设、劳动保障现场会先后在我县召开。

三、创新与经验

认真贯彻落实科学发展观,结合莒南实际,着眼于又好又快发展的要求,提出了"双超双跨,建设强县"的奋斗目标,紧紧围绕"四为主"方针,集中力量实施农业产业化、结构调整、园区经济、招商引资、城镇建设、和谐发展"六路并进",努力推动"由农业生产基地县向加工流通大县,由工业小县向工业大县,由出口创汇大县向招商引资大县,由城乡二元结构县向城乡统筹发展县，由欠发达县向经济强县"跨越，构建资源节约型、环境友好型社会，努力建设富强文明和谐美丽的新莒南。

（一）坚持统筹城乡，新农村建设再上新台阶 全县粮食总产达到40万吨，增长5.7%。新发展各类优质杂果2万亩、茶叶8000亩、板栗6500亩、杞柳6000亩、瓜菜13万亩、完成造林5.5万亩，实现肉蛋奶总产13.6万吨，烤烟面积达到1.5万亩，桑蚕生产跃居全省第一。农业产业化进程不断加快。实施了国家级"绿色农业示范工程"和10个农业科技项目，新发展国家级绿色食品生产基地20万亩，标准化生产基地12万亩；新增市级重点产业化龙头企业12家，龙头企业总数居全市第一；发展农民专业合作组织328家，总数达到1500多家。农业投入不断加大。争取了总投资3.75亿元的国家级基本农田保护示范区土地整理项目，高标准完成二期省扶贫开发、三期世行贷款项目和8个市级以上土地开发整理项目，第六期农业综合开发工作顺利通过了国家验收。完成土地整理项目投资1747万元，补充耕地230公顷。建设各类水利工程930处，新增节水灌溉面积1万亩。积极推进"百万农户致富"工程，累计发放致富贷款28.9亿元。大力实施"六通两保一改"工程，全县99%的村通了油路、客车，70%的村通了自来水，有线电视通村率达到100%，提前一年实现村村通有线电视目标；收缴基本养老保险费1.33亿元，新增就业再就业9100多人。扎实开展国家级新型农村合作医疗试点工作，参合农民达到70.99万人，参合率达到88.8%。认真落实各项惠农政策，全面取消农业税，减轻农民负担1600多万元。实施"沂蒙惠农一卡通"工程，兑付粮食、良种、农机具、柴油化肥补贴1598万元，21万户农民受益。

（二）坚持工业强县，结构调整实现新突破 扎实开展"项目建设年"活动。累计完成投入16亿元，新上、续建500万元以上项目109个，其中过千万元的37个，过5000万元的8个，过亿元的5个。县经济开发区被评审为省级经济开发区。全县新增规模以上企业59家，总数达到192家；实现规模以上企业增加值27亿元，增长25%；利税7.89亿元，增长30%。19家企业工业总产值过亿元，其中1家过10亿元；12家企业利税过千万，其中1家过2.5亿元。大力发展民营经济。全县私营企业总数达到1697家，注册资金19亿元，个体工商户总数达到1.5万户，注册资金3.6亿元，继续保持全市领先。增长方式明显转变。全县万元GDP能耗、规模以上万元工业增加值能耗均比2005年下降4.5%；全县省级以上高新技术产业发展到9家，高新技术产业产值和利税分别增长31.06%和3.48%。

（三）坚持发展服务业，旅游经济得到新发展 编制完成了全县旅游产业发展总体规划和天佛佛教文化苑控制性详细规划，开工建设了投资1.5亿元的马鬐山旅游开发项目。省政府旧址顺利通过国家AAA级旅游区验收，天佛、马鬐山旅游区被评为"最具旅游潜力景地"，我县荣获"全省旅游十强县"称号。成功举办了第二届樱桃节和首届沂蒙绿茶节，承办了"2006中国乡村游"临沂启动仪式。全年接待游客70.6万人次，实现旅游总收入4.58亿元，分别增长27.3%和21.5%。深入推进新"十百千"工程，发展专业合作经济组织50个，农村社区服务中心48处。我县被评为"全国万村千乡市场工程示范县"和"全国供销系统综合改革先进县，全国供销合作社改革与新农村建设暨莒南经验高层论坛在全国推广"莒南经验"。

（四）坚持对外开放，招商引资取得新成果 成功举办了一系列大型招商活动，全年共引进项目703个，竣工548个，实际利用县外资金34亿元，增长43%；新批利用境外资金项目5个，实际利用境外资金1679万美元。外贸出口呈现出恢复性增长的好势头。全年完成自营进出口总额2.07亿美元，增长13.7%；其中出口1.87亿美元，增长16.9%。全县进出口企业总数达到248家，其中A类以上出口企业11家。

（五）坚持基础先行，城乡面貌发生新变化 积极搞好镇村规划建设。编制完成了新一轮县城总体规划和17个小城镇、50%村庄的建设规划。启动旧城改造工程。全面完成西一路拆迁和城区内4个村居的一期改造工程，新建经济适用房4万平方米。完成西五路、淮海东路等路段配套工程，东外环、北外环、西五路立交桥竣工通车，初步形成了八纵九横的城区交通网络。实施城乡环境综合整治。龙王河、鸡龙河综合治理初见成效，全县出境水质实现达标。县城集中供热普及率接近50%，天然气普及率达到10%。开展"三清四改五化"，新发展户用沼气4117户，总数达到3.2万户。加快鲁苏边界省际公路和农村公路改造。投资1.3亿元的莒新路南段、莒阿路北段拓宽改造建成通车，莒新路岚济路口至鲁苏界路面大中桥主体工程已基本完工。新修农村公路52.1公里，完成老油路改造68公里，开工建设大中桥梁44座。

附：（一）莒南县委书记、副书记、常委名单

书　记： 陈相珍（2007年1月离职）
丁善余（2007年1月任职）

副书记： 庄光海　王可田（挂职）　刘贤军

常　委： 丁善余　庄光海　王可田（挂职）
刘贤军　张体法　赵西平　隽新阳
聂相仕　武传成　孙　利　张俊春
全志刚

（二）各乡镇党委书记名单

十字路镇　孟庆礼
大店镇　杨自军
坪上镇　赵树敏
板泉镇　赵立新
壮岗镇　陈　平

文疃镇	史兰伦
朱芦镇	吴业新
坊前镇	冯兆胜
相邸镇	王晓东
洙边镇	张作品
汀水镇	胡顺昌
团林镇	张俊春(女)
玉宾镇	陈淑田
岭泉镇	李洪谦
石莲子镇	陈庆金
涝坡镇	刘　飞
道口乡	张振群
相沟乡	赵　军

中共临沭县委工作概况

临沭县委书记　孙丰刚

一、组织概况与党的建设

临沭县辖12个乡镇,300个行政村街,63万人口,总面积1038平方公里。有27个基层党委,30972名党员,其中12个乡镇党委,288个农村党支部,农村党员18169名。

2006年,全县各级以"三级联创"为总抓手,以健全党的先进性长效机制为目标,党的建设取得了新成效。

(一)加强思想政治建设,干部理论素养逐步提高　坚持"群众标准"和"实践标准",扎实开展了第三批保持共产党员先进性教育活动,达到了"提高党员素质,加强基层组织,服务人民群众,促进各项工作"的目的。广泛开展党的十六届五中、六中全会精神和科学发展观宣传教育,大规模培训干部,统一了各级的思想,全县广大干部群众始终保持了加快发展的昂扬斗志和跨越进位的坚定信念。

(二)狠抓领导班子建设,干部队伍素质显著增强　深入贯彻落实《干部任用条例》,对乡镇和部分县直部门领导班子进行了调整充实,顺利完成乡镇党委换届工作,各级领导班子建设进一步加强。健全完善了热岗公推、任前公示、干部试用、经济责任审计、离任审计等制度,深入开展领导干部选拔任用全程记实试点工作,扩大了用人上的民主,加强了对干部使用的监督。坚持"以实绩看德才、凭德才用干部",不断改进完善考核办法,客观公正地评价每一位领导干部,在全县形成了勤政为民、踏实苦干的浓厚风气。

(三)强化基层组织建设,执政基础更加坚实　进一步健全完善农村基层组织建设常抓不懈的工作机制,党的基层组织和党员队伍建设的整体水平全面提升。以基层组织建设"三级联创"为总抓手,深入开展示范村和村级组织活动场所建设,扎实推进"百村整治帮扶"和"双培双带百千万"工程,基层党组织的凝聚力和战斗力明显增强。

(四)加强党风廉政建设,廉洁自律工作不断强化　深入推进惩防腐败体系建设,党风廉政建设责任制得到全面落实。深入开展"十廉活动",党员干部廉洁自律工作不断强化。建立完善廉政档案、廉政谈话、函询谈话制度,实行科级领导干部述职述廉,强化了对领导干部的监督。切实加大案件查办力度,深入开展纠正行业不正之风和"民主评议行风"活动,开通了行风热线,党风政风和社会风气明显好转。

二、主要工作与成绩

全县各级以科学发展观统领全局,紧紧围绕"奋力跨越争进位,富民强县快发展"的奋斗目标,解放思想,攻坚破难,埋头苦干,取得了经济快速健康发展、各项事业全面进步、社会形势持续安定、人民群众安居乐业、党的执政能力和先进性建设全面加强的好成绩,实现了"十一五"的良好开局。全年生产总值、地方财政收入、农民人均纯收入分别增长18.1%、28.6%、13.8%。荣获全国民政工作先进县、全省教育工作示范县、全省实施名牌战略先进县、平安山东建设模范县、全省"四五"普法依法治理先进县等荣誉称号。

(一)突出重点项目建设,努力扩张工业经济总量　把投入作为加快发展的发动机,扎实推进"工业兴县、品牌强县"战略,大力培植"三个一批",千方百计做大做强骨干企业,壮大产业集群,化工、复合肥、机械、柳制品、钢材加工等主导产业进一步发展壮大,工业在国民经济中的主导地位日益突出。全县规模以上工业企业发展到169家,销售收入、利税分别增长28.9%、33.2%,其中4家企业产销突破15亿元。复合肥产业在荣获"争创全国优质化肥生产基地先进县"的基础上,又被国家科技部和联合国工业发展组织中国投资促进处分别授予"国家火炬计划复合肥产业基地"和"绿色肥料产业基地"称号。常林集团"沭河"牌手扶拖拉机被评为中国名牌产品。

(二)注重统筹发展,加快推进城乡一体化进程　把加快城市化作为经济发展的龙头,编制了市政基础设施详细规划,建设改造了牛腿沟东岸道路、常林大街东段等6条道路,完成了北外环、兴大街绿化工程,实施了城市污水处理厂、管道燃气、循环水供暖等工程,城区绿化覆盖率达33%。深入开展城乡环境集中整治、鲁苏边界综合治理,荣获"临沂市城乡环境综合整治先进县"称号。积极把城市文明向农村延伸,加快推进新农村建设。实施了龙窝灌区五期节水改造、玉山夹山等4个土地整理和农业综合开发项目。狠抓农村道路改造延伸,全县便捷畅通的交通网络初步形成。在全市率先实现了村村通有线电视,自来水普及率达82%;大力推广农村清洁能源,户用沼气池发展到3.65万个,农村生产生活条件明显改善。

(三)纵深推进改革开放,努力提高对外开放水平 不断加大招商引资力度,全年实际到位县外资金22.4亿元;实际利用外资803万美元,增长141.6%。外贸出口较快增长,完成自营进出口1.69亿美元,增长27.3%,其中出口突破1亿美元。经济开发区被批准为省级经济开发区,为县域经济发展打造了坚实平台。扎实推进农村综合改革,取消了农业税,各种支农补贴全部落实到位,县乡财政管理体制逐步规范。事业单位改革进一步深化,乡镇卫生院完成上划管理,新型农村合作医疗乡镇试点工作进展顺利。国有粮食购销企业改革基本完成,财政、投资、价格体制以及科技、文化等领域的改革取得明显成效。

(四)大力发展社会事业,着力构建和谐社会 深入开展精神文明建设"三级联创"、全民健身、广场文化节等活动,扎实推进"文明临沭"建设。大力实施科教兴县战略。认真抓好节能降耗、环境保护,严格保护耕地,不断提高计划生育优质服务水平。积极扩大城乡就业,社会保障功能不断完善,企业职工养老保险金滚存结余继续保持全市前列。积极开展拥军优属和征兵工作,保持连续45年无责任退兵全国记录。深入推进"平安临沭"建设,全面加强社会治安综合治理,进一步完善城乡防控体系,高度重视信访工作,加大安全生产监督力度,全县始终保持稳定安全的良好形势。

三、创新与经验

一年来,全县各级牢牢抓住第一要务,创新发展理念、思路和工作方法,积累了许多经验。

(一)坚持解放思想,营造加快发展的浓厚氛围 牢固树立和认真落实科学发展观,注重把中央的路线方针政策、省市决策部署和先进地区的经验与临沭实际相结合,在解放思想中统一思想,在提高认识中统一认识。积极开展解放思想大讨论活动,着力消除制约发展的思想障碍和体制障碍;组织全县领导骨干和企业家到先进地区考察学习,开阔视野,汲取经验,充分激发发展动力,牢牢把握发展主动权。

(二)坚持突出重点,以重点突破带动全局工作 在强化统筹的基础上,注重抓主要矛盾,强力攻坚,重点突破,推动全局。如在工业化方面,突出抓项目、抓园区、抓招商;在新农村建设方面,突出抓基础投入改善农村发展条件,抓结构调整提高农业综合生产能力,抓劳动力转移增加农民收入;在城市化方面,突出抓规划拓展发展空间,抓基础设施完善城市功能,抓综合整治改善人居环境,等等。

(三)坚持统筹兼顾,促进经济社会协调发展 把科学发展观贯穿于经济社会发展全过程,既狠抓经济建设不动摇,又注重统筹经济社会发展、城乡发展、人与自然和谐发展。妥善处理改革、发展、稳定的关系,把发展的速度、改革的力度同社会的可承受程度有机结合起来,积极化解各种不稳定、不和谐因素,努力建设平安临沭、文明临沭、生态临沭、和谐临沭,实现全面协调可持续发展。

(四)坚持执政为民,切实维护群众根本利益 牢记党的宗旨,坚持立党为公、执政为民,全面落实各项惠民政策,深入开展"百村整治帮扶"、农户致富工程等,千方百计增加群众收入;高度重视解决困难群众生产生活,积极救助弱势群体,在城市拆迁、企业改制等关系群众切身利益的问题上,最大限度地维护群众利益,赢得人民群众的大力支持。

(五)坚持狠抓落实,凝聚干事创业的强大合力 以"三个体系"建设为总抓手,不断强化推动工作落实的刚性机制。实行分线分事责任制,对重点工作建立以指挥部为主体的执行责任体系。注重支持人大、政府、政协按照职能开展工作,鼓励人大、政协投身经济建设一线。注重加强机关作风建设,严格规范权力运行,不断提高服务效能。

附:(一)临沭县委书记、副书记、常委名单

书　记: 赵启全(2006年12月离职)
孙丰刚(2006年12月任职)

副书记: 张　凯　江玉龙

常　委: 孙丰刚　张　凯　江玉龙　马祥营
胡　勇　胡玉清　钟　华　王良成
徐　钧　姜自棠　周东升

(二)各乡镇党委书记名单

临沭镇　王新端
郑山镇　高希华
大兴镇　彭修峰
蛟龙镇　廉　政
青云镇　杨瑜玲
白旄镇　葛龙江
南古镇　卢丙德
曹庄镇　王德军
石门镇　王峰立
店头镇　李守彬
玉山镇　武玉芹
朱仓乡　贾中波

德　州　市

中共德城区委工作概况

德城区委书记　刘兆祝

一、组织概况与党的建设

德城区地处鲁西北,冀鲁两省交界处,是德州市委、市政府所在地,全市政治、经济、文化和交通中心。全区总面积227平方公里,总人口37.47万。辖2个镇、4个街道办事处。全区有基层党委17个,党支部(总支)457个,党员10386名。

2006年,区委团结带领全区各级党组织和广大党员干部群众,高举邓小平理论和"三个代表"重要思想伟大旗帜,深入贯彻落实党的十六大和十六届五中、六中全会精神,深入开展先进性、荣辱观、警示教育,大力加强党的思想、组织、作风建设,坚定不移地推进党风廉政建设,党员干部的思想政治素质进一步提高,各级党组织的创造力、凝聚力、战斗力逐渐增强。

(一)先进性教育任务圆满完成　在总结前两批先进性教育活动成功经验的基础上,本着"标准更高、要求更严、效果更好"的要求,进行了第三批教育活动。整个活动查找问题980个,制定整改措施1200条。对整个先进性教育活动进行了全面总结,建立起"学习培训、联系群众、能力提升、激励约束、党员评议、权力保障"五项党员永葆先进性的长效机制。

(二)基层组织建设全面加强　按照民主双推、两级预审、四级考核、全程公示的机制,探索出一条党员发展的新路子。以开展"四观三年"为重点,加强机关作风建设,机关工作效能进一步提高。以实施四项工程为重点,加强村居支部建设。对村居党员干部实行星级化管理,在农村基层组织开展"五化"工程,社区组织开展"双示范工程"和"楼宇党建工程",在全区所有村、居实施"四日、四员"工程。通过一系列"强基"工程的实施,明显提高了农村、社区基层党组织的凝聚力和战斗力。

(三)干部队伍干事创业能力全面提升　以作风正派、干事创业为标准,树立正确的选人用人导向。结合镇街换届,选拔任用了一批想干事、会干事、能干事、干成事的干部充实各级各部门领导岗位。加强干部队伍管理。坚持对干部的经常性考核,完善落实公开选拔、竞争上岗制度,推行考察预告、任前公示、正职票决、离任审计等制度。以"一岗四责"为总抓手,严格对各单位领导班子的工作调度和考核奖惩。通过充实调整和强化管理,各级领导班子和整个干部队伍的知识结构、能力结构得到明显优化,干事创业氛围更加浓厚。

(四)党风廉政建设进一步强化　从区委做起,带头做出廉政承诺,带头执行廉洁自律各项规定,带头落实党风廉政建设责任制。深入开展现场警示教育、廉政文化"六进"(机关、社区、企业、学校、农村、家庭)活动,进一步完善了党风廉政建设的教育、监督、惩处、保护机制。认真落实"八个方面良好风气"的要求,倡导树立高尚、过硬的思想作风、领导作风、工作作风和生活作风,营造正气氛围。

二、主要工作与成绩

2006年,在市委、市政府的坚强领导下,我们紧紧围绕"厚德强城善区"这一历史使命,高扬"以干强区"主旋律,大力实施"二三二"战略,倾力培植工业、服务业两大支柱,着力打造北部制造业、中部服务业、南部现代农业三大板块,强力提升天衢、新华两大园区承载能力,实现了经济和社会事业又好又快发展,"十一五"规划开局良好。全区实现GDP74.73亿元,同比增长20.3%;地方财政收入3.07亿元,增长29.66%;规模以上固定资产投资39.6亿元,增长16.6%;农民人均纯收入4639元,城镇居民人均可支配收入10257元,分别增长16.3%和13.3%。经济在保持较快发展的同时,结构进一步优化,三次产业比例调整为4:49:47。

(一)"天字号"工程成效显著　招商引资:全年签约、落地1500万元以上的项目34个,总投资19亿元。投资1300万美元的韩国富电电子、1.5亿元的奕新电子、400万美元的沃森制衣等项目竣工投产,投资2亿元的希望集团10万吨预培阳极、1亿美元的台湾裕隆服装加工项目成功落户。外贸出口:出口额在全市率先突破1亿美元,达到1.01亿美元,实现翻番,受到市委、市政府的表彰。民营经济:新增私营企业200家,个体工商户5000户,注册资金5.5亿元,实现营业收入302亿元,上缴税金3.7亿元,分别增长37%和53%。重点项目:投资2000万元以上的在建工业项目28

个，过亿元的7个，完成投资11.5亿元。

(二)“三个一批”升级提档 中国太阳城、中央空调城两大品牌、IT光电、机械制造、纺织服装、轻工食品四大产业迅速壮大。新增规模以上企业31家，累计达到141家，销售收入过亿元的企业达到16家，利税过千万元的35家。国家、省级名牌17个，其中中国驰名商标2个、中国名牌3个。

(三)新农村建设步伐加快 经济发展：无公害蔬菜面积达3.8万亩，种养小区15处，“农字号”龙头企业32家，专业市场25处，农合组织32个。民心工程：编制了《新农村建设规划》，127个村全部实现村内道路硬化，自来水、有线电视入户率、宽带入村率分别达到95%、98%和30%。新建、改建4处镇街敬老院，五保对象集中供养率达到80%，全省敬老院建设现场观摩会参观了我区现场。改建、扩建15个村办公活动场所。新型能源利用：常王、头百户、后仓、大史4处秸秆气化站建成投入使用。教育培训：面向社会招考55名教师充实农村教育一线，整合阳光培训、远程教育等资源，培训农民1万人，转移7000人。

(四)服务业繁荣发展 运达物流园、中泰国际大酒店、东方宾馆等开业运营；天河中央空调配件城、金茂源物流、鑫融果品物流等项目建设进展顺利；国家棉花储备库、化肥储备物流中心等已经落位。黄河涯万亩桃园申报国家级森林公园。全区消费品零售总额30.6亿元，集市贸易成交额133亿元，分别比去年增长16%和29%。

(五)社会事业整体推进 大力开展和谐社会建设，工作亮点不断涌现。民政工作以社区建设和扶贫济困为重点，成效显著，连续两届保持全国先进，省级“双拥模范城”实现“三连冠”，被评为全国社区服务示范区、全省和谐社区建设示范区。社会稳定局面进一步巩固，实现重大刑事案件、重大群体性事件和重大安全责任事故三个杜绝，荣获首批“平安山东”建设模范区和全省安全生产先进区。科教事业稳步发展，高新技术企业达到27家。建成3处国家、省级工程技术中心，申请专利220件，荣获全国科技进步先进区、全省专利工作先进区。努力提高公共卫生服务水平，农村新型合作医疗参合率达到95%，保持了“全省计划生育优质服务先进区”称号。文化体育事业繁荣活跃，多次举办社区文化节，保持了“全国体育工作先进区”称号。一年来，全区共有21个单位荣获国家级荣誉称号，67个单位获省级荣誉称号。

三、创新与经验

(一)创造性贯彻中央和上级党委的决策部署，走有德城特色的和谐发展之路 立足区情和发展现状，区委适时提出了实现“三个率先”(全面小康、城市化、现代化)、壮大“三个中心”(德州的政治、经济、文化中心)的奋斗目标，确立了培植两大支柱、打造三大板块、提升两个工业园承载能力的“二三二”经济发展战略，进一步明确了经济社会发展的任务目标。在招商引资上，在全民动员的基础上，确立了重点引进大、高、名、外的工作思路，坚决杜绝高能耗、高污染项目的进入。在保持经济又好又快的同时，努力改善民生，注重提升公共事业的品位和水平，解决群众关心的热点问题和切身利益问题，不断推进社会和谐发展。

(二)立足市区一体的基本区情，做好做足服务大局的文章 德城作为德州市委、市政府驻地，拥有资源共享的优势，要把这个优势变为德城发展的助力，必须以搞好服务为前提。区委确立了“服务大局，加快发展”的主题，要求全区各级把服务大局作为基本职责，不断拓宽服务领域，提升服务标准，主动作为，加强沟通。一年来，全区在社区服务、公益建设、公众安全等方面投入了巨大财力和精力，完成了一批重点工程，赢得了广大市民和上级部门的充分肯定，也为我区发展进一步改善了外部环境。

(三)坚持事业第一、正气主导、以干强区，凝聚创业、创新、创优的强大合力 从完善落实制度入手，注重营造干事创业的良好氛围。区委制定了《区委议事规则》、《公务员行为规范实施细则》、《机关效能责任追究办法》，在全区深入开展了“四观三年”(荣辱观、发展观、执政观、政绩观，作风建设年、优质服务年、工作落实年)活动；实行本职业务、招商引资、争取支持、平安建设“四位一体”责任制，明确提出凡是为发展出力、为大局服务、为全区争光的有功人员，都竭尽所能、毫不含糊、毫不吝啬、毫不保留地表彰重奖。年终，经过严格考核，重奖了一批招商引资功臣，提拔重用了一批做出突出贡献的干部。通过制度建设、严考重奖，全区上下充分营造了一种“凝神、聚力、鼓劲”和“事业为先、工作至上、干字当头”的浓厚氛围。

(四)抓住事关全局的重点和关键，奋力推进工作落实 按照突破重点、整体推进的工作思路，确定了经济和社会发展的重点。经济建设，突出招商引资、项目建设、园区建设、外经外贸和民营经济。社会事业，突出社区建设、平安创建、社会保障和新农村建设。党的建设，突出作风转变、能力提升、激励约束和廉政建设。通过重点工作的突破，带动经济和社会发展整体水平的提高。

附：(一)德城区委书记、副书记、常委名单

书　记：刘兆祝

副书记：王德第　闫书德

常　委：刘兆祝　王德第　闫书德　王少坤　曲　锋　隋　力(女)　王宗胜　李建强　董金生　樊廷雷　马爱民

(二)各镇、街道办事处党委书记名单

黄河涯镇	王玉东
二屯镇	张景义
天衢街道办事处	曲　锋(兼)
新华街道办事处	朱冬松

新湖街道办事处 李德山

东地街道办事处 魏皎然

中共禹城市委工作概况

禹城市委书记 黄金忠

一、组织概况与党的建设

禹城市位于山东省西北部,版图面积990平方公里,人口50万,耕地80万亩,辖7镇3乡1个街道办事处。拥有国家命名的"中国功能糖城"、"国家生物技术产业基地"和山东省禹城高新技术产业开发区"三大城市品牌",建有一所全日制普通高校。全市有33个基层党委、41个党总支、1447个党支部、26193名党员。

(一)扎实开展先进性教育活动,提高党员素质能力 扎实开展了第三批保持共产党员先进性教育活动,全市960个农村基层党组织和5个市委部门共17457名党员参加了教育活动。活动中,各级都成立领导小组,精心制定实施方案,市乡派出督导组、指导员,加强工作指导,确保了活动质量。活动期间,共制定涉及农民切身利益的整改措施201条,为群众办事1120余件,得到了群众的认可,取得了实实在在的效果。2006年3月22日,我市代表德州市接受了中央巡视组的检查。

(二)强化基层组织建设,扩大党的群众基础 深化以创建"五个好"村党支部和乡镇站所、"五个好"乡镇党委和市直部门、农村基层组织建设先进市为主要内容的农村党的建设"三级联创"活动,深化农村干部星级化管理,推行农村财务公开、民主理财,把星级化管理延伸到每名党员,提高了农村基层组织建设整体水平。加强企业、社区、机关党建工作,健全对流动党员、离退休党员的管理,扩大党员的覆盖面。全市受省委表彰的先进基层党组织1个,优秀共产党员1名;德州市委表彰的先进基层党组织5个,优秀共产党员5名,优秀党务工作者2名。

(三)强化领导班子和干部队伍建设,塑造为民务实清廉形象 坚持民主集中制、班子成员分工负责制,营造了"和而不同、活而有序"的工作环境和氛围。把"顾全大局、找准位置、恪尽职守、遵守纪律"作为评价和使用干部的重要标准,把真干事、干真事、干成事的干部选拔充实到各级领导班子,顺利完成了乡镇党委换届工作,减少了班子职数,优化了班子结构。加强干部培训工作,对278名副科级及以下干部进行了培训,选调14批32名县处级和科级干部到上级党校和培训中心培训。加强党员干部尤其是领导干部的理想信念、权力观教育和革命传统、党纪条规、示范和警示教育,严格执行党风廉政建设责任制,纠正部门、行业不正之风,塑造了为民务实清廉的形象。

二、主要工作与成绩

2006年,我们在上级党委、政府的坚强领导下,坚持以科学发展观统领全局,用心落实中央和省市一系列指示精神,全市经济社会发展保持了快速健康、科学和谐的好局面。全年实现GDP102亿元,财政总收入5.3亿元;出口创汇突破1亿元美元;各项存款余额达到40亿元;农民人均纯收入4400元。先后荣获国家级和省级荣誉称号67项,连续四年囊括德州市年度考核所有奖项一等奖。

(一)坚持走新型工业化道路,工业主导地位更加突出 一是培强骨干企业,财源支柱竞相崛起。坚持"谁有潜力扶持谁,谁能做大扶持谁",新增规模以上企业51家,规模企业总数达到248家。贺友集团列全国纤维板制造业第1名,通裕集团列全国模具制造业第1名、锻造及粉末冶金行业排头兵。龙力、福田、保龄宝雄居全国淀粉糖行业20强。贺友、保龄宝进入全国制造业500强,保龄宝、通裕、禹王入围山东企业200强。二是发展高新技术,产业集群优势凸显。建成省级以上企业技术中心9家,国家级高新企业5家,省级22家,高新技术产值占规模以上工业产值的比重达到36%,一批国家内有位置、国际有影响的特色产业迅速聚集壮大,成为全国最大的功能糖产业基地、密度板生产基地、羊绒精纺半精纺基地、大豆蛋白生产基地、大口径管模生产基地,高新区荣获"山东省县域经济十大规模企业聚集园区"称号,功能糖产业被列入"十一五"全省重点发展的十大高新产业。三是实施品牌战略,经济效益连年攀升。21家企业通过国际质量管理认证,5家通过国际环境管理认证,7家通过食品安全管理认证;创建中国名牌1个、国家免检产品2种,山东名牌产品10种、山东著名商标8件,"福田"牌木糖醇被列为山东省重点培育和发展的出口名牌。全市年销售收入过亿元的企业达到31家。被评为全省实施"质量兴市、名牌战略先进市"。四是培育循环经济,增长方式明显转变。被确定为全省循环经济示范市。

(二)强力推进开放、民营,经济发展活力明显增强 一是推进招商引资,广泛借助外力。树立科学、理性、务实的理念,围绕企业外引内联抓招商,围绕高新区"二次创业"抓招商,围绕乡镇财政增收抓招商,靠政策调动积极性,靠体制激发能动性,引进建设了一批高、大、名、外企业。二是加快发展民营,激活发展内力。民营经济增加值占GDP、上缴税金占地方财政收入、新增就业占全部城镇就业"三个比重"均超过80%。

(三)倾力强化"三农"工作,新农村建设开局良好 深入贯彻中央1号文件精神和新农村建设"二十字"方针要求，大力发展现代农业，稳定粮棉生产，加快发展蔬菜、林果、花卉等特色农业，建成省级农业产业化龙头企业4家、德州市级11家，畜牧产值占农业总产值的比重达到54%，林木覆盖率达到43%。全面实施农业综合开发、村村通油路、通客车、通黄河水、通有线电视、通自来水、通沼气、村内道路硬化等为民工程，使群众走上平坦路、喝上洁净水、住上称心房、用上卫生厕、使上清洁能源、看上有线电视。首批176个新农村建设示范村建设取得明显成效，探索创造了环城新农村建设新模式。三是落实支农惠农政策。建立市、乡、农户三级减负档案；实行了“一个不变、一兑现、二确保、三承担”的乡镇财政体制，即乡镇财政体制一定三年不变，上级转移支付资金等政策全部兑现，市财政确保乡镇工资正常发放和办公经费及时到位，承担村支书工资、优抚资金和计生费用。

(四)加快推进城市化进程，商贸流通繁荣活跃 统筹规划城市建设和服务业发展，建设精品工程，融入省会经济圈、建设济南卫星城。城市建成区面积32平方公里，绿化覆盖率36.5%，城镇化率38%；实现了集中供水、供暖、供天然气；城区大型商业网点营业面积35万平方米。建成鲁西北规模最大、档次最高的禹城商城，服务业增加值占GDP的比重达到36%；农村社区服务中心建设新模式，作为经验在全省推广。

(五)践行以人为本执政理念，和谐禹城建设成效显著 大力实施“科教兴禹”和人才强市战略，承担国家火炬计划10项，中国专利授权62项，科技进步对经济增长的贡献率达到55%。加大卫生事业投入，完善城乡医疗卫生设施，新型农村合作医疗覆盖率达到93%。人口与计生工作保持了低生育水平。城镇养老保险发放率100%，实施乡镇敬老院改扩建工程，集中供养率大幅提高，全省敬老院建设现场会在我市召开。深化平安建设，强化安全生产，全市连续5年未发生任何重特大安全事故。

三、创新与经验

我们充分发挥党委的领导核心作用，抓全局、把方向，抓班子、带队伍，抓稳定、保平安，抓发展、促和谐。

(一)坚持以德治市，树立良好风尚 把以德治市作为和谐建设的基础工程，深入开展“八荣八耻”荣辱观教育和“感动禹城”十佳人物、十佳孝子、十佳好媳妇、十佳好婆婆、十佳五好家庭“五个十”和双十佳公仆、双十佳功勋委员、双十佳干警三个“双十佳”评选活动，在全市塑造了“尊老敬贤、孝敬父母、关爱家庭、友爱互助”的良好风尚。

(二)整顿机关作风，塑造新风正气 开展“干部作风建设年”活动，大力整顿机关作风，营造了求真务实、团结拼搏、清正廉洁、为民奉献的新风正气。开展“察民情、听民意、解民忧”活动，把每月1号定为全市党政干部走访日，2号为各级人大代表、政协委员走访日，3号为市乡党委、政府公开接访日，4号、5号市乡召开党政联席会议研究解决群众反映的问题，15号为全市党员活动日，20为全市团员活动日，市乡干部和党团员深入基层，走访群众，扶贫帮困，构建起和谐的党群干群关系。

(三)创新管理机制，激发干部活动 遵循科学、简化、公开、实用的原则，健全完善目标管理考核办法，引导和鼓励干部鼓实劲、出实招、创实绩、求实效。对乡镇实行综合排名制，对企业实行投入、纳税、养老金缴纳“三线”排名制，对部门强化动态管理制，对村级充实延伸星级管理制。使各级干部工作有标准，考核有制度，激发工作积极性。

(四)坚持任人唯贤，确保工作落实 把道德品质和工作政绩作为重要依据，既重品行、听民意，又重实绩、看能力，在干事创业、科学发展的实践中，准确识别干部，公正评价干部，公道使用干部，推动各级干部传承弘扬“开拓创新、团结实干、为民奉献”的大禹精神，只争朝夕干事业，雷厉风行抓落实，做到团结得更紧、工作得更实、发展得更好、前进的更快，真正创造让群众信得过、经得住历史检验的政绩。

附：(一)禹城市委书记、副书记、党委名单

书　记：陈永华(2006年12月离职)
　　　　黄金忠(2006年12月任职)

副书记：闫剑波　何连生

常　委：黄金忠　闫剑波　何连生　李玉梅
　　　　林春元　纪书华　刘东顺　张志芳
　　　　付少柱　王　建　宋世忠

(二)各乡、镇、街道党委书记名单

市中街道	王宝峰
房寺镇	李守学
辛店镇	陈璞翌
梁家镇	王新花
伦　镇	王立波
辛寨镇	陈宪军
张庄镇	刘　辉
安仁镇	张广臣
莒　镇	陈　毓
十里望	王建国
李屯乡	于　浩

中共乐陵市委工作概况

乐陵市委书记　杨光来

一、组织概况与党的建设

(一)组织概况　乐陵市辖8镇4乡4个街道办事处,1088个行政村,总人口65万,其中城镇人口9.6万,总面积1237平方公里,耕地面积102万亩。现有基层党(工)委33个,党组25个,党总支6个,党支部1457个,其中农村党支部1098个;党员24095名,其中女党员3085名,35岁以下的6201名,大专以上学历的3849名。

(二)党的建设　2006年,乐陵市委认真贯彻"三个代表"重要思想、党的十六大和十六届五中、六中全会精神,大力加强党的建设,党的凝聚力和战斗力进一步提高。抓好党员干部教育培训,全年共举办各类培训班82期,理论讲座11场,累计培训各级各类干部6000多人次。进一步推进干部制度改革,完善民主测评、民主评议、民主推荐等制度;扎实开展农村基层组织"三级联创"活动,全面推行农村党支部星级化管理,全市有518个村基本达标,涌现出126个先进集体和147名先进个人。全年共发展党员592名,其中农村党员267名,培养入党积极分子2792名。认真做好非公有制经济组织党建工作,建立"乐陵市企业专业技术人才库",成立非公有制经济组织党支部218个。认真落实党风廉政建设责任制,提高依法行政水平,从源头上预防和治理腐败,促进全市良好党风、政风的形成。

二、主要工作与成绩

2006年,在省委、市委的正确领导下,乐陵市委坚持以邓小平理论和"三个代表"重要思想为指导,以科学发展观统揽全局,团结带领全市广大党员干部群众,解放思想,抢抓机遇,奋力赶超,攻坚破难,在"十一五"开局之年,经济建设和社会发展均取得了历史性突破。全年完成生产总值81.5亿元,同比增长17.6%,实现财政总收入2.91亿元,同口径增长16.5%;全社会存款余额41.4亿元,比年初增加5.06亿元;社会消费品零售总额实现27.5亿元,增长15.9%。农民人均纯收入4194元,增长10.7%,增幅创5年来最高。

(一)工业经济强势增长,民营企业迸发新活力　全市新增规模以上企业27家,规模以上工业销售收入114.5亿元、增加值32亿元、利税13.7亿元,分别增长24.7%、27.9%和30.1%,再创历史新高。民营经济实现营业收入290亿元,上缴税金1.37亿元,分别增长22%和23.9%。乡镇区域经济园区初具规模,寨头堡乡被评为"山东省帆布名乡",富硒金丝小枣、调味品、体育器材等特色产业优势更加明显。脱毒马铃薯繁育中心、星光糖业工业园、热超导材料工业园、调味食品工业园等重点项目进展顺利。

(二)经济结构明显优化,质量效益实现新突破　三次产业比例调整为16.6:53.2:30.2,"二三一"产业次序更加稳固;高新技术产业实现产值20.75亿元,占工业总产值的17.6%。经济效益综合指数达到217.33%,同比提高10个百分点;节能降耗、环境保护工作在德州市各县市区名列前茅,万元GDP耗煤量、取水量分别比德州市平均水平低0.4吨和0.1吨;50万亩枣林游览区被评为国家AA级旅游景区,希森商贸城、水景购物公园等大型商贸物流项目投入运营,德州次区域中心的地位更加突出。外经外贸工作实现新的突破,新增自营进出口权企业15家,总数达64家;实现出口创汇5312万美元,增长20%,实际利用外资814万美元,增长30.7%,分别列德州市各县市区第三位和第四位。

(三)品牌建设硕果累累,城市形象得到新提升　泰山集团获得"中国驰名商标"、"中国名牌产品"、"国家免检产品"3项殊荣,金麒麟集团汽车刹车片被评为"中国名牌产品"和"山东省出口名牌产品",国强集团"国强"图形商标获得中国门窗配件行业唯一"中国驰名商标","洁能"、"浩天"、"鲁西黄牛"等6件商标和产品被认定为省级名牌,全市知名品牌达23件,其中国家级7件,省级16件,总量位居德州市县市区第一位。华乐、鸿通成为德州市仅有的2家省农业发展银行"最佳信贷诚信企业",市电业公司被评为"国家县级一流供电企业"。一系列知名品牌的获得,大大提高了乐陵市的知名度和整体形象。

(四)工业农业良性互动,新农村建设取得新成效　坚持统筹城乡经济社会发展,逐步建立工农协调发展的机制,全面发展农村经济。围绕调味品、红枣、粮油加工等优势产业,依托希森三和、飞达调味品等龙头企业,大力推进农业产业化经营。2006年,粮食、棉花、小枣等主要农作物产量均创历史新高。新农村建设工作高位推进,梁锥希森新村被列入"全国100个新农村建设示范村",胡锦涛总书记、回良玉副总理先后对"希森模式"作出重要批示,黄夹镇东树村、朱集镇小常村等一批新农村建设示范村粗具雏形。村村通公路、通客车、通有线电视率达到100%,有线电视、自来水、电话入户率分别达到40%、68%和80%。新型农村合作医疗制度惠及2万多名群众。

(五)基础设施建设步伐加快,城乡面貌发生新变化　城乡规划建设管理和经营工作迈上新台阶,城市建设步伐不断加快,城市功能不断完善。完成了10个乡镇驻地的规划,启动了新东环、新南环、新西环总体规划,新增城区面积18平方公里,8公里长的新西环路建设进展顺利。经济开发区升格为省级经济开发区,在城区框架内规划了13平方公里的高新技术产业园。全面启动了城市美化、绿化、净化、亮化工程,开工建设了杨安镇水库,完成了振兴路、兴隆南大街、湖滨路等城区主干道的综合改造,探头店、占道经营等城市“顽疾”得到彻底根治,城乡面貌焕然一新。

(六)各项工作齐头并进,社会事业取得新进展 坚持“三个文明”一起抓,组织开展了“树立文明意识,养成文明习惯,创建文明城市,构建和谐乐陵”主题教育活动,深入开展了文明机关、文明行业、文明小区、文明村镇创建活动,涌现出市级文明村54个,梁锥希森新村被命名为“全国文明村”。社会救助体系进一步健全,全年共征缴社会养老保险金2270万元,完成全年任务的119%,失业保险参保人数达11120人,完成全年任务的110%,社会保险“一票征缴”的做法在全省推广;深入开展各类社会捐助活动,乡镇敬老院建设任务全面完成。教育事业健康发展,高考一榜上线510人,贫困生“两免一补”救助制度和义务教育课桌凳更新制度得到全面落实,农村中小学危房改造工作成绩显著,实验教学普及县工程得到省、德州市好评。医疗体制改革步伐加快,乡村卫生服务管理一体化率达到100%,计划生育工作取得全省第一名的好成绩。出台了优化发展环境“十项制度”、“十不准规定”,投资项目全程代理服务等政策和制度,安全生产形势稳定,社会治安状况明显好转,科技、文化、广播电视、新闻出版、外事侨务、双拥共建等各项事业均有新的进展。

三、创新与经验

(一)解放思想,更新观念 坚持以科学发展观统揽全局,引导树立市场意识、忧患意识、机遇意识和赶超意识,把解放思想与完善政策、改革体制与创新机制、改进作风与激励干事紧密结合,有力地促进了思想的解放和观念的更新,为加快发展奠定了坚实的思想基础。

(二)抓牢中心,突出重点 紧紧扭住经济建设这个中心不动摇,高扬“超常发展、跨越前进”主旋律,围绕“三个过百亿”的奋斗目标,大力实施“工业立市、产业强市、商贸兴市、强农富民”的发展战略,明确了发展高科技、创名牌和外向型工作,培植十大支柱产业强市富民,实施振兴乐陵十大工程,做好改善民生十件实事等行之有效的思路措施,真抓实干,在加快发展中逐步完善提高。

(三)创新思路,突破难点 用改革的思路、创新的思维和市场经济的办法,不断研究新情况、探索新问题,解决新矛盾、实现新突破。2006年,在骨干企业扩张、品牌建设、新农村建设和构建和谐社会等重点工作中,用新思路、新举措解决问题。实践证明,这些思路和举措符合科学发展观的要求和乐陵实际,切实可行,行之有效。

(四)统筹兼顾,促进和谐 在重视经济指标的同时,始终关注社会指标、人文指标。注重统筹城乡共同发展,实施了十大民心工程;坚持工作重心下移,认真开展矛盾纠纷排查调处,落实市级领导公开接访等措施,有效地化解了大量矛盾纠纷;开展普法教育,加强社会治安综合治理,积极开展严打整治斗争,优化了经济发展环境,经济社会实现了和谐发展。

(五)改进作风,狠抓落实 开展“转变作风年”活动,在全市各级干部中,强化创新、实干、奉献、守纪四种意识,不断深入完善岗位目标责任制,不断提高干部队伍素质;建立健全科学合理的考核奖惩制度,充分调动单位部门干事创业的积极性;加大督查调度力度。对一般工作做到一月一调度、一季一通报,对重点工作实行一周一调度、一月一通报,确保各项工作健康顺利开展。

附:(一)乐陵市委书记、副书记、常委名单

书　记:杨光来

副书记:孙起生　王爱民

常　委:杨光来　孙起生　王爱民　齐永军　解　伟　张殿为　张庆忠　王洪霞　高兴玉　刘世昌　王海林

(二)各乡镇、街道党(工)委书记名单

市中街道　潘风雷
郭家街道　刘呈辉
云红街道　李向东
胡家街道　苏东侠
朱集镇　钟云生
黄夹镇　刘德杰
丁坞镇　顾法胜
化楼镇　杨和平
孔　镇　刘恩和
杨安镇　王　强
郑店镇　宋登山
花园镇　韩金岭
西段乡　张玉柱
寨头堡乡　康之胜
铁营乡　王秀章
大孙乡　吴　峰

中共宁津县委工作概况

宁津县委书记 许绍华

宁津县地处鲁西北，与河北省的吴桥、东光、南皮三县接壤，是山东的“北大门”。全县面积833平方公里，辖9镇2乡1个开发区1个办事处，全县人口45.6万，耕地73万亩。

一、组织概况与党的建设

(一)组织概况 宁津县共有基层党(工)委23个，其中乡镇党委11个，机关党委4个，企业党委5个。基层党总支和党支部共1157个，其中党总支8个；党支部1149个，包括县直单位162个，行政村856个，乡镇直机关及非公有制企业131个(非公有制企业64个)。全县共有党员19755人，其中，农村党员13075人，县直机关党员4127人，乡镇(区、办)直党员2553人。

(二)党的建设 大力加强县委常委会自身建设，不断完善民主生活会制度；充分发挥县委的核心作用，支持人大及其常委会依法履行职能，支持政府在一线放手开展工作，支持政协机关切实发挥作用，形成了团结共事、开拓干事的良好氛围；坚持不懈地抓好农村基层组织建设，深化了村党支部书记规范化管理和其他党员干部级次化管理，农村党支部书记工资全部实现了由县财政统一按时发放，稳定了基层干部队伍，充分调动了工作积极性，基层民主政治建设进一步加强；连续三年开展了“机关作风建设年”活动，推动各项工作向“四化”(制度化、程序化、标准化、规范化)方向发展；加强干部队伍建设，实行的“一测、二考、三推荐、四比较、五坚持”工作法，在全省得到推广；严格落实党风廉政建设责任制，认真贯彻执行两个《条例》，党风廉政建设上到新水平。

二、主要工作与成绩

2006年，全县实现GDP84.5亿元，比2002年翻了一番；境内财政总收入2.78亿元，工商税收2.08亿元，比2002年增长1.16倍，国税收入10036万元，比2002年增长2.53倍；全县规模以上企业达到264家，列全市第2位；城镇居民可支配收入10262元，农民人均纯收入4411元，列德州市第2位；至今年3月底，全县城乡居民储蓄存款余额达到41亿元，人均9000元，总量及人均均居德州市各县市第1位。

(一)大力发展县域经济，奠定和谐基础 面对日益趋紧的宏观环境，县委认真贯彻中央、省、市的大政方针，推动经济社会逐步转入了科学和谐发展的轨道。一是民营经济、招商引资发展迅猛。着力培植强企业、强产业、强园区、名品牌。重点培植了永兴化工公司等40家财源骨干企业，规模以上企业达到264家，继续保持了全市前列位置。家具、纺织机械、工艺毯、汽车零部件、电子衡器等特色产业的整体素质和竞争实力明显提升，特别是家具产业发展势头迅猛，特色产业聚集区建设成效显著，县经济开发区被评为省级开发区。创出了天雁制粉、兴华家具2个全国免检产品和兴强家具等3个省级名牌产品。通过成功举办首届中国宁津国际家具节，“中国桌椅之乡”的品牌进一步叫响。外经外贸工作有了新突破，今年以来全县共引进资金8.6亿元，合同利用外资184万美元；有自营出口权的企业达到74家，有出口实绩的30家，两项指标均列全市第一位，共完成自营出口2723万美元，同比增长22.7%。二是大项目建设实现历史性突破。永兴化工公司形成了年产10万吨甲醇、6000吨三聚氰胺、30万吨尿素的能力，企业总资产比2002年增长3倍多；又一春生化公司乙醇生产能力达到20万吨，列全国同行业第5位，全省第1位，结束了宁津群山少峰的历史。三是服务业发展势头良好。家居博览中心、钢材市场等竣工投入运营，小商品城、商贸城、星级酒店等已经完成规划设计；蔬菜、粮食、辣椒等农副产品专业市场迅速膨胀，全县年交易额过亿元的专业市场达到23处。引进建设了苏果等名店大店；在县城规划了“三大名吃”旗舰店，“长官包子”、“大柳面”被评为“山东名小吃”。大力挖掘旅游资源，12平方公里的惠宁湖农业生态观光区已进入规划设计程序。四是农业经济稳步发展。粮经面积比例达到3:7。以生猪、奶牛为重点，规模饲养率达到50%，市级以上农业产业化龙头企业达到11家，农村合作经济组织运作机制不断完善。不折不扣地落实农村税费改革和各项惠农政策，农民负担进一步减轻，农民人均纯收入连续四年保持了两位数增长。

(二)统筹城乡发展，打造和谐环境 一是城镇建设步伐加快。对城区总体规划进行了修编，将县城规划为旧城区、新城区、开发区和生态观光区，规划总面积达到了70平方公里；完善了城区道路交通网络，以阳光大街、正阳路为轴心的精品大道粗具雏形；城中村改造探索出一条新路子，试点村工作进展顺利；加大城市管理执法力度，集中开展综合环境整治，城市面貌有了较大改观；同时，实施乡镇驻地带动工程，开展了以绿化、亮化、硬化、净化为重点的驻地改貌工作，大力推进基础设施建设，乡镇驻地面貌明显改善，辐射带动能力显著增强。二是新农村建设率先启动。我们抢抓机遇，深入调查研究，及时召开动员大会，出台配套文件，全面加强了镇村规划建设与管理，努力促进集体增收，建立长效机制，为新农村建设持续健康开展打下了坚实的工作基础。“四型村建设”、“八区”规划、“八所”建设、户居“六改”、“三清两整”等工程扎实顺利推进，沼气池建设走在了全市前列，农村面貌焕然一新。三是全面加强基础设施建设。"八通一水"已经实现了"六通一水",特别是千万立方米水库的竣工蓄水,保障了37万人民的饮水安全。村内通公路、村村通自来水工程快速推进,农村生产生活环境和人民群众的生活质量显著改善。

(三)发展社会事业,促进全面和谐 教育事业蓬勃发展,中考成绩连续三年名列全市第一位,高考本科上线人数连年创历史新高。新型农村合作医疗覆盖率达到了97.6%。"三大基本国策"得到全面落实,治污力度不断加大,土地管理保持了全国先进,计划生育优质服务县创建工作顺利通过省里的检查验收。社会保障体系不断完善,养老和医疗保险金发放实现了一分不欠、一人不少、一天不拖,连续10年实现了企业养老保险金当期收支平衡、略有结余,无一例因养老金问题引发的越级上访。完善了"1+3"特困群体救助机制,弱势群体的生产生活得到了有效保障。成立了县文学艺术界联合会,广泛开展精神文明创建活动,全县的文化氛围日益浓厚。

三、创新与经验

(一)围绕全面建设小康社会,调整创新工作思路 县委班子在总结2005年工作的基础上,结合宁津实际,对全县经济社会发展中存在的问题和不足进行了剖析,对发展思路进行了完善:以科学发展观为指导,以构建和谐社会的目标统领全局,全面落实"1466"的工作思路和"三个三"的工作战略,紧紧围绕调整经济结构和提高综合效益这一主线,突出财源建设、产业聚集区建设和城镇村建设"三大重点",大力实施"三个一批",强力推进民营经济和招商引资两大"天字号"工程,加快推进农业现代化、新型工业化、经济国际化、城乡一体化和产业信息化进程,加快经济增长方式转变,推进节约型社会建设,努力提高经济综合竞争力。

(二)科学决策,明确发展目标和发展方向 以培植"三强一名"为重点,全力建设工业大县、制造业强县和品牌名县。以项目建设为核心,全面加大工业投入,做大做强财源骨干企业;发挥好"中国桌椅之乡"、"中国工艺毯之乡"的优势,改造提升木器加工等传统特色产业;积极发展精密机械等高新技术产业,使工业经济增长的科技贡献率达到50%以上;加快工业区域布局调整,形成"一片、五线、十块、三百点"的强产业聚集区;培植名品牌,突出家具、工艺毯、纺织机械等优势产业和产品,努力争取全国驰名、国家免检、山东著名等商标和品牌命名,提升企业和宁津的品牌形象,让"宁津制造"、"宁津创造"享誉全国、全球。

(三)进一步强化、完善考核工作 把考核工作既作为推动工作的一个重要手段,又作为一项课题来研究。考核办、有关考核部门坚持边实践、边研究,从四个方面入手,不断完善考核工作的任务目标体系、评判标准体系、认定办法体系、奖惩政策体系,使考核办法更加科学严谨,考核程序更加缜密透明,考核结果更加客观公正。同时,搞好考核结果的使用,树立凭工作实绩、凭考核结果用人的导向,建立起长效激励机制。

附:(一)宁津县委书记、副书记、常委名单

书　记:许绍华

副书记:景文新　张　磊

常　委:许绍华　景文新　张　磊　高建设　张千华　马灿军　武恩智　刘延利　刘有武　刘　芳

(二)各乡镇、开发区、办事处党委书记名单

宁津镇	许书旺
柴胡店镇	王建华
时集镇	方东亮
杜集镇	刘凤录
长官镇	赵作勇
刘营伍乡	周国绪
大柳镇	郑文生
相衙镇	张广远
张大庄乡	杨建华
保店镇	杨　龙
大曹镇	周培文
银河经济技术开发区	薛　勇
城区办事处	赵国章

中共齐河县委工作概况

齐河县委书记　翟长生

2006年,齐河县委以科学发展观统揽全局,积极带领全县党员干部群众励精图治,团结拼搏,三个文明建设取得丰硕成果,实现了"十一五"良好开局。

一、组织概况与党的建设

全县共有25个基层党委,其中乡镇党委14个;党组38个,党总支148个,党支部1532个,其中农村党支部1010个。有党员29434名,其中预备党员596名。

一年来,县委坚持立党为公、执政为民的方针,着眼提高各级党组织的战斗力、凝聚力,全面加强党的建设。

(一)加强思想建设 认真组织学习邓小平理论、“三个代表”重要思想和科学发展观的新理论。县委理论中心组被省委宣传部授予“县级先进理论中心组”。坚持“认真、扎实、科学、有效”的方针,深入开展了第三批保持共产党员先进性教育活动,办实事2万多件,建立现代远程教育站点976个。

(二)加强组织建设 对全县89个正科级以上单位的1000余名科级干部进行了年度考核。精心组织了县十二次党代会的换届准备工作,乡镇党委普遍进行了换届选举,党委班子副职由原来的4人精简为2人。认真开展农村基层组织建设“三级联创”活动,扎实推进农村党员星级化管理,被评为全市推行星级化管理工作一类县。积极搞好村级组织活动场所建设,第一批已完成11个村。切实抓好非公有制企业党建工作,全县建立党组织的非公有制企业达到53家,并为52家企业配备了党建指导员、联络员。

(三)加强党风廉政建设 深入推进廉政文化建设,开展了“万民同唱廉政歌”、“廉政书画展”、“廉政电影展映”和“两个务必”、“为民、务实、清廉”等警示教育活动。大力整顿不正之风,重点对医药购销、教辅材料征订等领域进行了治理。查处各类案件86起,挽回经济损失61万元。

二、主要工作与成绩

(一)经济在科学发展中平稳较快增长 全县完成国内生产总值101亿元,增长19.8%;完成财政收入8.48亿元,增长33.3%,其中地方财政收入4.9亿元,增长15.6%;国税收入4.43亿元,增长81.6%;城镇居民人均可支配收入8232元,增长12%;农民人均纯收入4403元,增长15.5%。(1)工业经济:全县新上投资3000万元以上的工业项目22个,其中16个竣工投产,培植起了10个税收过千万元的企业,其中过2亿元的1个,过亿元的1个。全县规模以上企业达到205家,比2002年增加125家。投资13亿元的莱钢永锋钢铁有限公司技改配套工程,顺利通过国务院检查验收组的检查,达到了年产200万吨铁、230万吨钢、230万吨材的生产能力,实现销售收入32.5亿元、利税4.4亿元。总投资12.6亿元的山东金能煤炭气化项目,年销售收入将突破10亿元,税收超过6000万元。全县规模以上工业企业完成增加值41.3亿元、销售收入127.7亿元、利税18.5亿元,分别增长40%;完成工业用电量8.84亿千瓦时,增长14.8%。(2)农业经济:全县农业形成了“林粮棉菜桑,菌药牧工商”十大产业格局。新建农田林网7万亩,村屯植树335万株,获得“全国绿化模范县”称号。大力发展林业经济,共发展林菜、林草间作6.5万亩,新建林木加工项目380多个。食用菌栽培面积400万平方米,产值超亿元,被列为全省林菌间作特色示范县,表白寺镇获全国“小蘑菇新农村”活动重点示范乡镇。新增桑园面积6000余亩,蔬菜总面积稳定在30万亩。畜牧产值占农业总产值的比重达到45.6%,被评为“全省发展畜牧合作经济先进集体”。水产总面积发展到10.1万亩,被评为“全省科技兴渔先进集体”。全县农机总动力达到150万千瓦,机耕率和机播率均达90%,机收率达65%。不折不扣地落实粮食直补、良种补贴、大型农机具补贴等惠农政策,全县农民共减轻负担1707万元。是年6月,中国林业经济论坛首届年会“林业与县域经济发展研讨会”在我县召开;7月,获得了“全省生态县建设示范县”称号;9月,被评为“全国农田水利基本建设先进县”。(3)第三产业:全县完成市场建设投入14.2亿元,实现市场交易额63.5亿元,分别增长36%、21%;实现社会消费品零售总额16.3亿元,增长39%。省重点建设项目—山东齐齐发大市场成功举办了“中国山东齐齐发国际纺织城产品展销会”,进驻业户400多家。引进了排名世界500强企业第39位的中石油集团投资6亿元的储油库项目,实现了引进世界500强企业零的突破。大力实施“万村千乡”市场工程,新建改造乡村农家店689家。率先完成了国有粮食企业改革,被省粮食局推荐为“全国粮食执法工作先进县”。

(二)城乡在统筹发展中一体化步伐加快 全力推进城乡一体化进程,全县城镇化水平达到30%,比2000年提高10个百分点。在基础设施建设上,投资3亿多元,实施了安康工程、城区绿化、背街小巷治理、齐南路建设、晏黄路升级改造等14项重点基建工程,共无震荡拆迁房屋5.1万平方米,城区面积扩大到26.5平方公里,城市的活力、魅力、承载力不断增强。加强城区绿化,投资1100多万元,实施了沁园、迎宾路、齐鲁大街中段等九项绿化工程,绿化面积48万平方米。在新农村建设上,县乡两级财政先后投入8000万元用于新农村建设,使175个村庄通了自来水,受益农民11.6万人。97%的行政村通上了柏油路,50个新农村建设示范村的主街道全部实现硬化;1012个行政村全部通了有线电视,入户率达到35%;新建沼气池923个。对乡镇敬老院进行了集中改扩建,五保老人集中供养率达60%。

(三)社会在协调发展中持续保持稳定 坚持把营造良好的政治社会环境作为加快发展的重要保障来抓,大力加强和谐社会建设。一是政治文明建设扎实推进。统筹协调好县委、人大、政府、政协、人民团体和其他各方面的关系,充分发挥工青妇等群众团体的桥梁和纽带作用,形成了工作合力。健全完善了村党组织领导下的村民自治制度。开展了普法教育。全面推行政务、厂务公开,基层民主政治建设进一步加强。二是社会持续保持稳定。充分发挥四级治安联防体系作用,严厉打击各种违法犯罪活动。严格落实信访工作领导责任制、信访突出问题联席会议制度,妥善解决群众反映的各种问题。6月份,全市信访工作经验交流会在我县召开。推行领导干部“一岗双责”,加强安全生产,被评为全省社会稳定工作先进县。三是社会事业全面进步。科技对经济增长的贡献率达到51%,高新技术产品增加值占工业增加值的比重达到21%。教育事业全面发展,全县农村中小学新建维修校舍7000多平方米。高考本科一榜上线1152人,夺得全市各县市“三连冠”。县职业中专被确立为中央职业教育示范性数控技术实训基地。加快推进新型农村合作医疗工作,农民参合率达84.6%,为8万多人次报销医药费621万元。社会救助体系不断完善,近7000名低保对象得到救助。补发了1996—2000年企业退休人员工资1200多万元,彻底解决了历史遗留问题。率先为企业退休人员调整退休待遇,增发企业养老金646万元。各项社会保险费征缴首次突破亿元。体育事业蓬勃发展,被评为全省体育工作先进单位。加强军民共建,顺利通过了全省双拥模范县评审验收。

(四)文化建设在和谐发展中空前繁荣　发展壮大文艺创作队伍,四个专业协会会员人数发展到800多人,全年在市级以上刊物发表各类作品200多篇。组织文化作品参加了省首届文博会,展品数量占到德州展区的三分之一。编写了文化齐河系列丛书并举行了首发式,举办了文化齐河建设成果展。组织了《人民文学》创作采风团齐河行、"黄河明珠·绿色齐河"大型文艺晚会等活动。开展了农村、社区、企业等文化服务活动,组织文化下乡、下基层活动18次,丰富了群众的文化生活。深入开展精神文明创建活动,对省、市级文明单位进行了考核和评定,总结推广了8个省级文明单位的经验,编拍了"十五"期间全县精神文明建设成就专题片。

三、创新与经验

(一)坚持科学发展,在宏观调中抢抓发展机遇　面对中央提出科学发展观和宏观调控的新形势,县委采取各种形式,教育引导各级充分认识科学发展的内涵和实质,全面正确积极地理解宏观调控,把宏观调控作为加快发展的重大机遇,充分发挥欠发达地区后发优势,以良好的精神状态和果断有力的措施,抢抓机遇,加快发展。是年全县共引进项目101个,到位资金32亿元,增强了发展后劲。

(二)坚持求真务实,在解放思想中统一思想　不断赋予解放思想新的内涵,向解放思想要出路、要办法、要干劲。进一步强化危机意识,对照先进找差距,居安思危加压力,奋勇赶超求突破,千方百计快发展。进一步破除"满小旧怕"的思想障碍,科学、冷静、客观地认识差距,发扬知耻后勇、时不我待的精神,站在高起点,攀登新目标,全县上下形成了一心一意抓经济、凝神聚力谋发展的良好局面。

(三)坚持城乡统筹,加快新农村建设步伐　通过采取培植农业主导产业,狠抓农业龙头企业建设、策划引进新上项目、落实农村改革政策、强化农村基础设施建设等措施,抓好试点,培植典型,不断推进新农村建设,涌现出了晏城镇桑园赵村、祝阿镇石门高村、焦庙镇东李楼村、潘店镇西腰村等一批新农村建设典型。

(四)坚持协调发展,努力构建和谐社会　正确处理改革发展稳定的关系,在加快经济发展的同时,大力发展各项社会事业,加强精神文明和民主法制建设,把发展的成果更多的惠及全县人民群众,努力构建民主法制、公平正义、诚信友爱、充满活力、安定有序、人与自然和谐相处的社会主义和谐社会,促进了社会全面进步。

附:(一)齐河县委书记、副书记、常委名单

书　记:李凤臣(2006年12月离职)
　　　　翟长生(2006年12月任职)
副书记:魏洪祥　邵清泽
常　委:翟长生　魏洪祥　邵清泽　赵常祥
　　　　王圣华　董立新　董庆新　李方庆
　　　　赵晓静(女)　冯胜国　杜朝生

(二)各乡、镇党委书记名单

晏城镇　李志诚
潘店镇　郑　明
表白寺镇　官　浩
仁里集镇　张长利
安头乡　李殿东
马集乡　苏宜良
宣章屯镇　李建民
赵官镇　王士勇
大黄乡　李彬彬(女)
胡官屯镇　陈　勇
华店乡　谢德安
焦庙镇　房文忠
刘桥乡　郭庆泉
祝阿镇　李旭照

中共陵县县委工作概况

陵县县委书记　李世民

陵县面积1213平方公里,耕地100万亩,辖9镇3乡1个经济开发区,989个行政村,人口56.9万,其中农业人口45万。

一、组织概况与党的建设

陵县共有28个党委(其中乡镇党委12个)、99个党总支、1387个党支部、21896名党员。党的建设方面主要抓了四个方面:

(一)以增强干部队伍活力为重点,加强领导班子和干部队伍建设 按照“优化结构、增强活力、加强教育、强化监督”的指导思想,大力加强领导班子和干部队伍建设,对县直部门领导班子进行了调整,对新上任领导班子成员进行了轮训,加强了领导班子思想政治建设,提高了干部队伍的整体素质。

(二)以夯实基层基础为重点 加强基层组织建设 圆满完成了乡镇党委换届工作,一批政治素质高、德才兼备、熟悉经济工作的年轻干部被选拔进了新一届党委领导班子;以“三级联创”为抓手,按照“抓基层、打基础、抓典型、带全局、抓特色、树精品”的工作思路,加强基层组织建设;进一步规范、完善了全县农村党员干部星级化管理工作,星级化管理和激励作用更加明显。

(三)以建设群众满意工程为重点,扎实开展第三批先进性教育活动 认真开展了第三批先进性教育活动,全县996个党组织、11741名党员参加了活动,在全省统一组织的群众满意度测评中,群众满意率达到100%。

(四)健全完善制度,加强党风廉政建设 严格落实党风廉政建设责任制,实行责任追究、年度审计等制度;建立、健全了教育、制度、监督并重的惩治和预防腐败体系,从源头上铲除滋生腐败的土壤;全面推行政务公开和“社会服务承诺”制度,经济环境进一步优化。

二、主要工作与成绩

(一)经济总量跃上新台阶 民营经济、招商引资两大“天字号”工程的引领作用持续增强,经济发展的速度、质量、效益同步提升。一是国民经济保持较快增长。生产总值达到83.75亿元,增长17.6%;财政总收入达3.17亿元,其中地方财政收入1.87亿元,分别增长26.9%和15.3%;社会消费品零售总额26亿元,增长16%;农民人均纯收入4245元,增长11.6%。二是外向型经济再创新高。全年联系引进项目183个,到位资金56.8亿元,同比增长39.9%,荣获“德州市招商引资先进单位”荣誉称号;完成自营出口2014万美元,同比增长28.4%,增幅居全市第二;实际利用外资871万美元,居德州市第三。三是民营经济持续发展。全县民营业户达到1.95万户,比年初增加3500户,私营企业2100家,比年初增加290家,民营经济发展列德州市第二位。

(二)园区建设迈上新水平 把开发区作为经济工作的主战场,全省县域经济现场会、全市科技工作现场会先后对县经济开发区进行了现场观摩,实施了开发区综合改造提升工程,全面提升了园区硬化、亮化、绿化、美化、净化水平。全年累计投资6000多万元,完成了迎宾街、扶丰街、兴国街北延,北辰路、安泰路东延等道路新建任务;对迎宾街、扶丰街、陵州路、财源路、武佑街等主干道路进行了绿化改造;对园区及企业内外环境进行了综合整治。开发区的框架结构更加完善,承载能力进一步增强,环境品牌更加响亮,带动作用更加明显,全县90%的重点项目在园区建设,一大批骨干企业在园区崛起,实现了集约、集聚、科学、和谐发展。

(三)工业发展实现新突破 全年完成工业投入45.6亿元,为历年之最;投资过千万元的项目47个,过亿元项目16个,居德州市前列;全年新增贷款余额11.3亿元,比2005年翻一番,列德州市第一。中茂圣源10万吨林浆、华茂科技6万吨谷氨酸、谷神生物1.5万吨大豆分离蛋白及动力配套、普利森二期扩建及科研办公大楼、绿源化工硫磺制酸及余热发电二期、嘉华家居、泰力纺织机械、钧力汽车部件等项目竣工投产;新加坡澳通工业园、华茂谷氨酸二期、谷神四期10万吨浓缩蛋白、中昊民防、恒隆气体等项目进展顺利,这些项目的开工建设,进一步壮大了骨干企业群体,全县工业总量得到迅速扩张,2006年完成工业增加值36.5亿元,同比增长20.9%;规模以上工业实现销售收入120亿元,利税16.2亿元,同比分别增长23.1%和28.6%。科技创新与品牌建设实现新突破,新增省级高新技术企业3家、科技研发中心2处;新增国家免检产品1个,山东名牌3个,总数列德州市第三。

(四)城乡面貌发生新变化 改造新建了陵州路中段、唐城路西段道路,实施了唐城路中段、西段拆迁改貌工程,建设了扶丰街、农业局桥,城市电网改造、天然气管道铺设基本完成,县污水处理厂实现正常运行,新水厂、水库建设前期筹备进展顺利;深入开展了城市环境综合整治活动,城区乱贴乱画、乱设摊点、店外经营、占道经营等不良现象得到有效治理,城市形象焕然一新;服务业发展实现新突破,县乡各类超市、专卖店、连锁店、直销店发展到400多家,各类综合、专业市场100处,形成了县乡统筹、城镇互动的发展格局,荣获“德州市服务业发展先进单位”荣誉称号。

(五)农村经济开创新局面 落实粮食补贴、小麦良种补贴、柴油化肥补贴、大型农机具补贴、畜牧良种补贴等政策性惠农资金2760万元;农业结构调整成效显著,荣获“全国棉花生产百强县”、“全省粮食生产先进县”称号,存栏奶牛1.5万头,居德州市首位,植树400万株,林木覆盖率达到了34%,荣获“全省林业生产先进县”称号。农村生产生活条件进一步改善,改造建设了249省道、前宋路、邓义路北段道路,完成了村村通油路扫尾工程,全县99%的村庄通上了柏油路;新建大中型桥梁23座,建设总数列德州市首位;清淤治理沟渠110条,引蓄黄河水2.8亿立方米;全县422个村用上了自来水,受益人口达19万人。新农村建设稳步推进,新居改造、沼气入户、道路硬化、环境整治、文体活动大院建设等试点工程全面启动,农村面貌发生较大变化。

(六)社会事业取得新进展 被列为全省3个“全国科技富民强县专项行动计划县”之一,实施了“科普宣传栏”村村通工程,科技对经济增长的贡献率达到了47%。新建了郑寨中学、土桥中学,糜镇中心小学,开发区菜园小学、普利森小学等7处农村中小学,新建校舍面积2万多平方米,大大改善了农村义务教育办学条件,全县农村学校全部达到了二类以上标准,城区学校达到了一类标准。义渡、宋家、滋镇、边镇、郑寨5处乡镇中心卫生院设备配套全面完成,农村医疗机构服务条件大大改善。宋家、义渡新型农村合作医疗试点取得成功，为在全县开展新型农村合作医疗，改善农民就医条件，积累了经验。作为全省七个试点县之一，实行了"农村部分计划生育家庭奖励扶助"政策，荣获"全省计划生育优质服务先进县"称号。兴建了农村有线电视网，实现了村村通有线电视，入户率达到75%，被授予全市有线电视户户通"达标单位"。改造建设了基层派出所、法庭，充实了乡镇治安队伍，集中开展了春季严打斗争和夏季、冬季治安整治行动，"平安建设"取得重大进展，被评为"全省平安建设先进县"。全年征缴养老保险金2560万元，确保了离退休金的及时社会化发放和国家增资政策的落实。落实城乡最低生活保障线制度，共发放低保金71.3万元；建设改造了糜镇、滋镇、郑寨等11处乡镇敬老院，为五保老人创造了舒适的生活环境；开展慈善救助活动，发放救助金31.8万元。坚持集中接访制度，及时处理群众来信来访，创造了稳定和谐的经济社会发展环境。

三、创新与经验

(一)强化制度创新，狠抓工作落实 健全完善了决策目标、执行责任、考核监督"三大体系"，对任何一项工作，做到任务责任落实，督促检查落实，考核奖惩落实，环环相扣，一抓到底。在招商引资上，实行一月一调度，一季度一通报，半年一张榜，年底考核奖惩；在工业项目建设上，年初将排出的全县30个重点建设项目全部落实到分管领导、部门与单位负责人，实行一月一调度，项目建设中遇到问题，随时召开现场办公会解决。

(二)强化思路创新，拓展发展空间 努力探索新办法，创造性地推进经济社会事业跨越发展。在全县经济发展布局上，提出县城西扩、对接德州的发展战略，并实施了德州市南环与陵县南环连接、两湖旅游区与京福高速公路连接等一批重大工程，实现了德州市区、陵县开发区、两湖旅游区、老城区的有机合拢，极大地拓展了今后发展的战略空间；在全县工业发展布局上，提出了培强10大行业龙头、壮大百家亿元企业群体、发展万户大户经济的梯次发展战略，既有效地促进了工业的迅速发展，又搞活了全县经济。

(三)求真务实，力求实效 工作中力戒官僚主义、形式主义，2006年各类会议、文件减少30%，最大限度地腾出时间和精力抓调查研究，抓工作落实；认真实践"三个代表"，把实现和维护人民群众的根本利益作为工作的出发点，不搞"政绩工程"和"形象工程"，县委、县政府机关仍住在70年代的旧楼房，县中心广场规划8年坚持不动工兴建，把挤出来的资金用以兴建中小学校、村村通油路、村村通自来水工程等与人民群众切身利益密切相关的实事，受到了人民群众的称赞。

(四)团结协作，苦干实干 全县上下思想高度统一，行动高度一致，广大干部群众齐心协力，艰苦奋斗，扎实工作，形成了加快发展的强大合力。

附：(一)陵县县委书记、副书记、常委名单

书　记：李希信(2006年12月离职)
　　　　李世民(2006年12月任职)

副书记：马俊昀　冯如胜

常　委：李世民　马俊昀　冯如胜　王英胜　马文喜　朱秀彦　孙　路　张法利　于凤祥　刘在军　朱洪瑞

(二)各乡、镇、办事处党委书记名单

安德办事处	李玉升
陵城镇	李爱民
丁庄乡	麻树人
糜　镇	张登福
前孙镇	郭　磊
于集乡	刘传银
义渡口乡	王兆忠
徽王庄镇	侯　军
滋　镇	罗爱东
宋家镇	李德仁
神头镇	孙剑锋
边临镇	孔　亮
郑家寨镇	陈学军

中共临邑县委工作概况

临邑县委书记　玄祖香

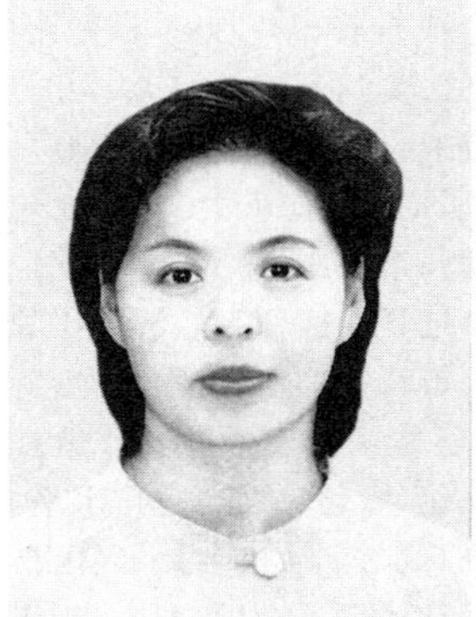

2006年，在省、市委的正确领导下，临邑县委始终以加快发展为主题，以科学发展观为统领，坚持走科学发展、和谐发展之路，解放思想，干事创业，经济社会事业实现了快速健康协调发展。

一、组织概况与党的建设

临邑县现有27个基层党委，其中乡镇党委9个、街道党委3个、县直机关党委8个、企业党委6个、村级党委1个，1264个基层党支部，党员21343名，其中农村党支部826个，农村党员12028名。

(一)加强思想政治建设 始终把思想政治建设放在党

建工作的首要位置,坚持县委理论中心组读书会学习制度,用邓小平理论、“三个代表”重要思想和科学发展观武装党员干部的头脑,大力加强干部教育培训工作,增强了广大党员干部立党为公、执政为民的积极性、主动性和自觉性,为干事创业、加快发展奠定了良好的思想基础。

(二)加强基层组织建设 扎实开展农村党员先进性教育、“三级联创”、争当“双带模范”活动和农村干部党员星级化管理工作,实行了县领导包乡联村制度和民营企业驻村帮扶制,选派千名干部深入开展驻村工作,农村基层组织的凝聚力、战斗力明显增强。进一步加强党员发展教育管理工作,积极推进农村远程教育规范化建设,促进了党员先锋模范作用的发挥。加大了非公有制企业党建工作,全县具有3名以上党员的82家非公有制企业全部建立了党组织。

(三)加强领导班子和干部队伍建设 圆满完成了乡镇党委换届工作。认真贯彻《干部选拔任用工作条例》,按照“四化”方针和德才兼备原则,调整充实了乡镇(街道)、部分县直部门领导班子,进一步优化了领导班子结构。大力加强干部作风建设和干部实绩考核工作,深入开展党风廉政建设,增强了党员干部廉洁奉公、执政为民的意识,在全县形成了真抓实干、务求实效,秉公用权、廉洁从政的浓厚氛围。

二、主要工作与成绩

2006年,全县GDP突破100亿元,增长17.5%;全社会固定资产投资61.2亿元,增长23.8%;实现财政总收入8.3亿元,其中地方财政收入5亿元,分别增长32.5%和18.9%;职工平均工资13260元、农民人均纯收入4284元,分别增长10.2%和11%。

(一)项目建设高潮迭起,工业实力明显增强 全县新上各类项目128个,其中工业项目112个,过亿元的23个。骨干企业加速膨胀,实施了恒源石化30万吨柴油加氢、桦阳塑业、天安化工扩建等技改项目;金德工业园、索通碳素、福润禽业、六和希望等一批重点项目先后开工建设并投产运营。新增规模以上工业企业54家,达到227家,9家跻身全市百强,规模以上工业增加值42亿元、利税20.1亿元,分别增长35%和30%。恒源石化集团上缴税金2.16亿元,居全市第一位。产业支撑更加有力,化工、食品、建材、造纸、纺织等主导产业完成销售收入120亿元,利税16.1亿元,分别增长23.5%和12.3%。创牌工作取得新进展,豪斯玻璃跨入全省著名商标行列,全县省级著名商标、名牌产品达到6个。

(二)两大“天字号”工程强力推进,对外开放步伐加快 先后赴韩国、俄罗斯、香港和国内10多个城市进行招商,成功举办了元宵灯会、槐花节、德洽会等招商活动,取得了丰硕成果。俄罗斯苏瓦公司投资3000万美元的碳素、香港晨淋投资1000万美元的泓淋电子、北京瑞博龙投资4800万元的有机单体、山东育翰生物科技投资5000万元的生物保健等一批“大高外”项目先后落户临邑。全县共引进、续建项目136个,总投资38亿元,其中客商投资19.5亿元。民营经济活力增强,总户数达到1.6万户,其中私营企业1944家;实现销售收入290亿元,上缴税金4.1亿元,分别增长20.9%和43.6%。利税超千万元的民营企业达到35家,6家跻身全市50强。外经外贸迈上新台阶,新批外商投资企业5家,出口创汇企业达到18家,实际利用外资979万美元,自营出口达4371万美元。

(三)商贸兴县战略稳步实施,服务业繁荣兴旺 传统服务业加速膨胀,年销售额过亿元的市场达到18处。“万村千乡”市场工程完成投入1300万元,新建3处配送中心、18处乡级超市、216家村级农家店,走在了全市前列。交通、保险、通信等现代服务业全面发展,旅游、房地产等新兴服务业崭露头角,以计划生育进社区为突破口,社区服务业已经启动。实现社会消费品零售总额30.4亿元,增长15.8%。

(四)农业基础地位更加巩固,新农村建设开局良好 六大产业链条拉动作用初步显现,以六和为龙头的肉鸭孵化、养殖产业链,以浙江村为龙头的蛋鸭养殖、蛋品加工、销售产业链,以金锣为龙头的生猪繁育、饲养、宰杀产业链,以峰宇面粉等为龙头的优质小麦种植、加工、销售产业链,以160多家木材加工企业为龙头的树木种植、加工产业链,以临南蔬菜大市场和奇力等为龙头的蔬菜种植、运销、加工产业链,带动农民人均增收350元。畜牧业持续健康发展,新增各类养殖小区100个,达到460个,连续三年居全市第一。大旱之年粮食大丰收,被评为全国粮食生产先进县。水利工程建设扎实有效,成为全省农田水利基本建设先进县。全部取消农业税,严格落实粮食、粮种、农机、农资等各项惠农政策。新农村建设扎实推进,完成178个村的规划、184个村的街道硬化任务,新增村村通、村内通油路86公里,建设大中型桥梁25座;新建沼气池4800多个,村级办公文化大院100个;通自来水村庄达83%,有线电视入户率60%。

(五)基础设施建设得到加强,城镇化步伐明显加快 规划的龙头作用更为突出,聘请省规划设计院高标准完成南部新区4.1平方公里的控制性详规,加大了城市道路、居民小区、供热、供排水、供气、垃圾污水处理等基础设施建设力度,提升了城市承载能力。加快城市经营步伐,设立了土地储备交易中心,完善了土地经营机制。不断加大城市管理力度,提升了城市形象和品位。

(六)社会事业全面发展,和谐社会扎实推进 农村劳动力“阳光工程”培训转移5000人。农村合作医疗人均基金由23元增加到40元,农民参合率达98.5%。投资2.5亿元的新一中全面竣工并投入使用;全面完成敬老院改造任务,成为全市敬老院建设先进县。城乡社会救助和保障体系进一步完善,被评为全省城市医疗救助制度示范县和全国农村医疗救助工作示范县。全力维护油区秩序,油地关系更加密切,油地合作达到新水平。“平安临邑”建设扎实推进,被评为平安山东建设模范县。人口与计划生育工作得到加强,晚婚率进一步提高。加大环境监测和治理力度,环境质量明显改善,临南、德平、孟寺分别跨入省市环境优美乡镇行列。大力发展文体事业,“一勾勾”剧种被列为国家非物质文化遗产,新世纪广场连续四次被评为全省优秀文化广场。积极开展双拥共建,连续两次被评为全省双拥模范县。民族事业全面进步,宗教事务管理进一步加强,610办公室被评为全省防范和处理邪教工作先进单位。

三、创新与经验

(一)必须做好结合文章,创造性地开展工作 既要坚定不移地贯彻中央和省、市委的重大决策部署,在思想、政治和行动上与上级党委保持高度一致,又要从临邑的实际出发,把上级的路线、方针、政策和要求与临邑的实际结合起来,走好自己的发展路子,善于创造性地开展各项工作。

(二)必须牢牢把握发展第一要务,一心一意谋发展 要始终坚持以经济建设为中心,坚持用发展的办法解决前进中的困难和问题,各项工作要以发展为最高原则,各项工作成果以发展为检验标准,时刻做到谋发展、促发展、快发展。

(三)必须善于调动各方面的积极性,充分发挥集体领导的作用 要发展,就必须有坚强的领导集体,就必须善于和充分发挥几大班子的集体领导作用,做到坚持集体领导和个人分工相结合,做到互相配合、互相支持、互相补充,切实加强几大班子的沟通和协调,形成心往一处想,劲往一处使,齐心协力抓工作的强大合力。

(四)必须正确处理改革、发展、稳定的关系,保持经济社会协调有序发展 发展是目的,发展是动力,稳定是前提。既咬定发展不放松,又坚持稳定压倒一切,在社会稳定中推进改革发展,在改革发展中维护社会稳定。

附:(一)临邑县委书记、副书记、常委名单

书　记:杨　军(2006年12月离职)
　　　　玄祖香(女,2006年12月任职)
副书记:刘长民　周玉刚
常　委:玄祖香(女)　刘长民　周玉刚
　　　　邓荣良　徐安国　韩富东　赵　华
　　　　李文豪　王　琥　郭永胜　王　胜

(二)各乡镇、街道党委书记名单

恒源街道　李多江
邢侗街道　马衍金
临盘街道　孟祥胜
临邑镇　马军权
德平镇　张林春
临南镇　刘兰波
林子镇　王建华
兴隆镇　邢甲亮
孟寺镇　安文照
翟家乡　李希河
理合乡　董　峰
宿安乡　王凤海

中共平原县委工作概况

平原县委书记　董绍辉

一、组织概况与党的建设

平原县现有基层党委27个,其中乡镇(街区)党委13个;基层党支部1251个,其中农村党支部867个;党员23273名,其中农村党员13362名;2006年发展党员392名。2006年,我们坚持以“三个代表”重要思想为指导,牢固树立和落实科学发展观,紧紧围绕加强执政能力建设这条主线,大力加强党的建设,为全县经济社会又好又快发展提供了坚强的组织保障。

(一)思想政治建设实现新提高 坚持用邓小平理论、“三个代表”重要思想和科学发展观武装各级领导班子和领导干部,进一步坚定理想信念,始终保持政治上的清醒和坚定。扎实开展保持共产党员先进性教育活动,在完成各项“规定动作”的基础上,创造性地提出了把先进性教育与开展“看发展、比贡献”活动、推进小康村建设、完善延伸星级化管理机制、“建文明城市(村庄)、做文明市民(村民)”活动相结合等四个结合,实现了教育活动与各项工作两促进、双丰收。

(二)基层党组织战斗堡垒作用显著增强 一是狠抓星级化管理机制延伸。结合先进性教育活动,把农村干部、党员星级化管理机制向县直部门、乡镇机关进行延伸,开展了创建星级支部和争当星级党员活动,探索了一套使干部党员长期受教育、永葆先进性的长效机制,县乡村三级干部、党员全部纳入了规范化、制度化、程序化管理。二是加强党员干部教育培训。发挥县、乡党校主阵地作用,对县乡村干部进行系统培训。去年共举办培训班45期,县直科股级以上干部、乡镇机关干部和农村支部书记、村委会主任全部轮训了一遍。三是圆满完成乡镇党委换届。推行了乡镇党政班子交叉任职,精简了领导干部职数,营造出了风正气顺、干事创业的浓厚氛围。四是扎实开展干部驻村工作。抽调

1038名县乡干部组成869个驻村工作组,真蹲实驻,带领群众发家致富奔小康。

(三)党风廉政建设取得新成效 认真贯彻落实党风廉政建设责任制,层层签订了党风廉政建设责任状,严格实行责任追究、离任审计、述职述廉、民主评议等一系列制度,从源头上有效预防和治理腐败。定期组织各级干部观看廉政警示教育片,积极开展廉政文化"六进"活动,弘扬"八荣八耻"社会主义荣辱观,做到警钟长鸣、防患于未然。

二、主要工作与成绩

2006年,我们坚持以科学发展观统揽全局,解放思想、干事创业,实现了"发展速度与质量、经济与社会、城市与农村"三个同步推进,经济社会发展跃上了一个新的平台。全年实现GDP89亿元,同比增长22.7%;完成地方财政收入2.71亿元,同比增长21%;工业用电量14亿千瓦时,同比增长31.7%;农民人均纯收入4200元,同比增长10.5%;城乡居民储蓄余额33.9亿元,同比增长14.13%。在全省县域经济发展现场会上,受到了省委、省政府的表彰奖励。

(一)坚持走实工业强县之路,在培植骨干、优化结构上实现了新突破 始终把工业作为立县之本、强县之基,坚持以培植"三个一批"为重点,大力实施产业集聚战略、骨干膨胀战略,使全县工业经济步入了快速健康发展的轨道。2006年,全县共新建、续建投资500万元以上的工业项目128个,完成工业投入36.4亿元。德齐龙36万吨氨醇二期工程、照东方年产50万吨工业板纸二期工程等一批大项目竣工投产。全县规模以上企业达到145家,新增36家,实现销售收入120亿元、利税16.5亿元,同比分别增长34.8%和32%;利税过亿元的达4家、过5000万元的达6家。全县化工能力达到了140万吨,造纸、酒水饮品、粮食深加工能力分别达到了100万吨。大力引进、培育高新技术企业,以新东力制膜、中抗制药、博泰减速机为主的新型材料、生物制药、机电一体化等一批新兴产业迅速崛起,全县的工业结构、产业层次实现了质的飞跃。深入实施"蓝天碧水行动"计划,大力推进工业节能降耗、清洁生产。2006年,共争取实施了3个节能节水国债项目,总投资3.9亿元。全县万元工业产值能耗下降为3.5吨标煤、耗水量下降为35立方,分别比年初下降了12.1%、6.8%,主要污染物排放全部控制在省标以内。

(二)坚持抓牢两大"天字号"工程,在招大引强、民营扩量上实现了新突破 始终把招商引资、民营经济两大"天字号"工程放在突出位置,创新举措、狠抓落实,培植了一大批新的经济增长点。在招商引资上,突出抓好产业集群招商、重点区域招商、骨干企业招商,招商引资实现了新突破。2006年,全县共引进项目108个,合同利用资金31.87亿元,实际到位资金9.58亿元,合同利用外资1600万美元,实际利用外资1350万美元,比上年增长141.9%。被列入全省十大台资项目的晋德高档五金件项目建设顺利,坚石新型建材、博泰减速机等一批过亿元的项目竣工投产。在民营经济上,坚持特色产业推动、民营骨干拉动,并采取每月召开一次民营经济发展现场调度会,制订出台了村庄发展民营经济税金30%返还的奖励政策,进一步加快民营经济二次创业步伐。2006年,全县民营经济从业人员达到7.9万人,民营总量达到160亿元,民营经济销售收入300亿元。

(三)坚持扎实推进新农村建设,在农民增收、农村改貌上实现了新突破 坚持以小康村创建为载体,按照中央建设新农村的"20字方针"要求,完善了创建规划和年度计划,分解了创建任务,落实了创建措施,全县形成了120个示范村基本成型、400个过渡村迅速推进、其他村庄全面启动的创建格局。大力推行农业产业化进程,积极培植了福源淀粉、登海种业等30余家龙头企业,带动蔬菜、制种、生猪、奶牛、养鸭等八大特色产业迅速发展。深入开展"送文明新风进千家万户"、"评选十星级文明户"等活动,催放了广大群众致富奔康热情。积极改善村居环境,全县100%的村庄实现了村村通油路,累计新修农村公路1440.5公里;90%的村庄建设了围村林,全县林木覆盖率达到39.5%以上;789个村庄实现了街道硬化、亮化,新建标准化沼气池3000多个。

(四)坚持加快城镇建设进程,在提升形象、繁荣商贸上实现了新突破 按照"县城东扩北跨、开发区与新城区相连"的总体规划,大力实施城市化带动战略,着力提升城市对发展的承载力、拉动力。投资2.5亿元实施了新城区三国文化广场、开发区路网等十大城市建设工程,城市功能进一步完善。积极建设现代化商贸城、特色商业街和连锁店、专卖店,华联、三联等全国知名连锁店超市落户平原。深入开展"建文明城市、做文明市民"活动,居民爱城护城意识明显增强。2006年,我县被评为省级规范化管理城市,城市形象更加靓丽。

(五)坚持统筹社会事业建设,在社会和谐、群众满意上实现了新突破 始终把社会事业发展放在构建和谐平原的突出位置,让发展的成果更多地惠及广大人民群众。积极推进"初中进城"工程,去年,全县85%的初中学生实现了进城就读。进一步提升小学教育水平,每个乡镇都建设了一处规范化、寄宿制小学。规范完善了各乡镇卫生院和445处农村卫生室建设,全面推行了新型农民合作医疗,全县32.4万人参加了新农合,参合率达88.5%,受益群众达24万人次,报销补偿总额达708.7万元。扩大保障覆盖面,全年发放养老等社保资金8326万元。全面落实三条保障线制度,完善社会救助体系,为近5000名城市低保和农村特困对象发放定补200多万元。县、乡投资1180万元建设了12处高标准规范化敬老院,农村五保户集中供养率达到90%以上。

三、创新与经验

(一)创新思路谋发展 面对宏观调控、科学发展的新形势,县委在认真分析县情后认为,平原要彻底摆脱欠发达局面,实现超常跨越发展,必须牢牢抓住发展这个第一要务,用发展破解前进中的困难,用发展凝聚人心、鼓舞干劲。在统一思想认识的基础上,提出了"实现GDP、工业经济总量、限额工业销售收入三个过百亿,为十一五规划开好局、起好步"的工作目标。实践证明,这一思路和举措符合科学发展的要求和平原实际,找到了一条欠发达地区加快发展、谋求跨越的成功之路。

(二)创新方法求突破 坚持把抓重点工作作为实现突破的关键,把工作的着力点和突破口放在了重点项目、重点工程建设上,健全目标责任制、包靠责任制等推进机制,全力帮扶,攻坚克难,先后开工建设了德齐龙36万吨氨醇二期工程、照东方年产50万吨工业板纸二期工程、晋德高档五金件项目等一批投资过亿元的工业项目;运用市场化手段,多渠道筹措资金,投资2.5亿元,先后实施了新城区三国文化广场、城市污水处理厂、开发区路网等十大城市建设工程,打造了加快发展的宽广平台。通过重点项目、重点工程的大突破,带动了全县整体工作上台阶、上水平。

(三)创新机制抓落实 按照"三个体系"建设的要求,继续把完善制度机制作为抓落实的关键和着力点。健全目标责任制,将每一项工作任务、目标要求都层层分解,落实责任,使人人肩上有担子、个个身上有压力。在激励约束上,确立了"以发展论成败、以实绩论英雄"的用人导向,建立了科学严谨的考评体系,组建了专门的考核办公室,让能干事、干成事的有地位,让不干事、耽误事的没市场。在检查督导上,借鉴中央、省巡视制度,成立了重点工作督导组,定期对各乡镇党委、政府和各职能部门工作进展情况进行督导和检查,以此促进各项重点工作的落实。

附:(一)平原县委书记、副书记、常委名单

书　记:李文勇(2006年12月离职)
董绍辉(2006年12月任职)

副书记:马善军　李安义　戴智全(挂职)
袁希君(挂职)

常　委:董绍辉　马善军　李安义
戴智全(挂职)　袁希君(挂职)
马传治　杨　杰　赵明国　刘凤江
肖文昌　李　超　闫秀丽(女)
王希凯(挂职)　王炳照(挂职)

(二)各乡镇(街区)党委书记名单

开发区	孙传华
龙门街道办事处	周　亮
桃园街道办事处	张传军
王凤楼镇	李　恩
恩城镇	杜文陆
王杲铺镇	李光泽
张华镇	刘　军
前曹镇	任善义
腰站镇	李元红
王庙镇	杨传智
王打卦乡	李文明
坊子乡	曲学文
三唐乡	曹　伟

中共武城县委工作概况

武城县委书记　邓光亮

一、组织概况与党的建设

武城县共有20个基层党委,23个党总支,698个基层党支部,16340名党员。其中乡镇党委8个,街道党委1个,农村党支部393个,农村党员9154名。

(一)着力加强领导班子和干部队伍建设 大力推进领导班子配备改革,圆满完成乡镇街党委换届选举工作,精减干部职数55人。选派120名县直干部进驻41个示范村帮扶新农村建设。大规模开展干部培训活动,全年举办各类培训班16期,参训1358人次。实施"人才兴县"战略,引进118名优秀高校毕业生落户武城。

(二)全面加强党员队伍建设 巩固第一、二批保持共产党员先进性教育活动成果,在机关党组织中,探索推行"党员政治生日"制度。扎实开展农村保持共产党员先进性教育活动,实施"农村党员干部素质升级工程",充分利用375个农村党员干部现代远程教育站点和20处县乡科技示范服务基地,加强科技知识培训,并在山东农业大学成功举办农村党支部书记培训班,培训50人。坚持向三年以上不发展党员村、向非公有制企业、向高知识群体三个"倾斜",全年发展党员319名。

(三)切实加强基层组织建设 探索综合治理后进村长效机制,14个后进村得到转化升级。全面推行星级化管理和无职党员设岗定责,大力加强村级班子建设,"双强"型人才在村"两委"班子中的比例达85%以上。建立各级非公有制企业党建示范点9个,向275家非公有制企业派驻了党建指导员,规模以上非公有制企业党组织组建率达

100%,为全县经济发展提供了有力的组织保障。

(四)切实加强党风廉政建设 按照中央和省市委部署,坚持标本兼治、惩防并举,加强党风廉政建设和反腐败工作,深入开展"解放思想促发展"大讨论活动,切实解决了各种妨碍发展、影响和谐的矛盾和问题。

二、主要工作和成绩

2006年,全县上下紧紧围绕省委"一二三四五六"的工作思路,坚持科学发展第一、拼抢机遇第一、强化执行第一、维护稳定第一等"四个第一"的工作理念,紧紧围绕"发展条件、两大'天字号'工程、社会主义新农村建设、和谐社会建设"等"四个跨越"的工作重点,创新进位,拼搏争先,全县经济社会始终保持高速增长、高位运行。全县实现GDP78.32亿元,同比增长19.5%。完成地方财政收入1.59亿元,增长35.6%。城镇居民可支配收入达到7137元,增长10.4%。农民人均纯收入达到4218元,增长11.2%。

(一)经济结构调整实现新突破 全县经济三次产业比调整为11.4:59.7:28.9,发展结构日趋优化。工业经济强势推进,2006年全县新增规模以上工业企业119家,总数达308家,增量、总量均居全市首位;规模以上工业企业实现销售收入110.5亿元,工业增加值34亿元,利税15.5亿元,分别增长38.2%、40.1%和47.2%。高新技术产业产值占规模以上工业产值的比重达38%,居全市首位。"龙禧"牌地毯荣获"中国名牌","奥宇"牌电动车、摩托车及配件荣获"中国知名品牌","利达农科"牌农地膜被评为国家免检产品。"古贝春"酒被国务院事务管理局指定为专用酒,被评为"中国白酒工业十大区域优势品牌"和"中国著名品牌"。新农村建设扎实推进,各类标准化生产基地发展到15万亩,农村经济合作组织达到205个,市级以上农业龙头企业发展到18家,被列为"全国棉花生产百强县"、"全国优质棉生产示范基地县"、"全国科技农业信息入户示范县"、"全国县域村镇体系规划编制试点县"。服务业发展繁荣活跃,全县专卖连锁超市发展到136家,各类专业市场42处,其中年交易额过亿元的7处。中国武城辣椒城被评为"山东省农产品加工示范基地"、"山东省标准化农产品批发市场"和"全国100家最具有影响力的市场"之一。服务业重点招商项目——联华购物中心投入使用。2006年,全县实现社会消费品零售总额22.3亿元,增长16.6%。

(二)两大"天字号"工程实现新突破 对外开放成绩显著,全年共引进项目126个,到位资金25.5亿元,自营出口1394万美元;实际利用外资2913万美元,增长248%,总量和增幅均居全市首位。中南集团在新加坡证券交易所主板上市,实现我县企业上市、全市境外上市和民企上市零的突破,此事被评为"2006年德州十大新闻"之一。民营经济增势强劲,2006年全县民营业户达1.74万户;注册资金24.4亿元,增长7.6%;实现营业收入291亿元,增长34.6%;上缴税金1.17亿元,增长41%。突出抓好"一大龙头、三大基地"建设,民营企业集聚度不断提高。县经济开发区晋升为省级开发区。民营信息化建设工作扎实有效,被评为"山东省民营信息化建设先进县"。

(三)城乡建设实现新突破 积极开展省级园林城市创建活动,完成投资1.4亿元,新增硬化面积6.7万平方米、绿化面积35万平方米,城市绿化覆盖率上升到28%,人均公共绿地面积达到6平方米。大力抓好基础设施建设,城区天然气工程开始供气,成为全市唯一用上"西气东输"天然气的县市。城区改水工程投入使用,饮用水质达到国家一级标准。升平广场建成启用,规模、档次居全市前列。德商一级公路提前一年通车。所有村庄全部实现公路、客车、自来水、电话、宽带网、有线电视等"六通",是全市第一个整建制实现村村通自来水的县。小城镇建设不断推进,鲁权屯镇被评为"全国小城镇建设先进单位",滕庄镇被评为"中国最具投资潜力城镇"和"山东省十大名镇"。

(四)和谐武城建设实现新突破 教育事业稳步推进,高考本科上线人数连续18年居全市各县市首位。卫生事业发展迅速,疾病预防控制、传染病救助体系进一步完善;新型农村合作医疗全面推进,被列为"全省新型农村合作医疗试点县",参合率达到85.32%。人口和计生工作不断加强,跨入全市先进行列;人口文化大院建设经验在全国推广,被评为"全国新农村新家庭建设示范县"和"全省流动人口计划生育管理服务工作先进县"。社会保障工作扎实推进,社会保险覆盖面稳步扩大,新型社会救助体系逐步建立。文化保护工作成绩突出,"花杠舞"、"运河船工号子"被列入山东省首批省级非物质文化遗产名录。环保、土地和节能降耗等工作成效明显,可持续发展能力不断增强。"平安武城"建设深入开展,连续3年保持"平安山东建设先进县"称号。

三、创新与经验

(一)以思想解放创新发展理念 始终坚持把解放思想贯穿经济社会发展全过程,提出科学发展第一、拼抢机遇第一、强化执行第一、维护稳定第一等"四个第一"的工作理念和实现发展条件、两大"天字号"工程、社会主义新农村建设、和谐社会建设等"四个跨越"的工作重点,成为我县经济发展、社会进步的行动纲领,推动了社会各项事业的长足发展。

(二)以改革开放增强发展后劲 始终坚持把改革开放作为解决问题、推进发展的关键举措,大力引进外资,积极推动企业改革,成功实现了中南集团境外上市,引进了一大批牵动能力强、发展前景好的项目,办成了许多长久以来没有办成的事情。

(三)以重点突破带动发展全局 始终坚持抓重点带全盘的工作举措。2006年,正是抓住了招商引资、民营经济、新农村建设、发展环境等影响全局的重点工作和关键环节,才使我县的发展基础更加坚实,竞争优势更加明显。

(四)以为民举措夯实发展基础 始终坚持"为民、务实、和谐"的执政理念,把群众呼声作为决策和施政的第一信号,全力推进惠民"十件实事",让人民群众共享发展成果,鼓舞了士气,促进了发展,赢得了群众的信赖和拥护。

(五)以团结协作形成发展合力　县委领导班子带头讲大局、讲团结、各负其责,密切配合,全县上下的凝聚力和战斗力得到极大提高。广大干部群众紧紧围绕全县的目标任务,顾全大局,人人争先创优,个个不甘落后,形成了强大的发展合力。

附:(一)武城县委书记、副书记、常委名单

书　记:邓光亮

副书记:王立来　樊兆杰　候复东(挂职)

常　委:邓光亮　王立来　樊兆杰　候复东(挂职)　徐　光　周成玉　郭洪霞(女)　王洪林　王英华　田素英(女,挂职)　王志强　陈建军

(二)各乡镇、街道党委书记名单

鲁权屯镇　丰文茂

滕庄镇　田志清

老城镇　许振忠

武城镇　孙丰勇

郝王庄镇　郑昕阳

甲马营乡　沙淑红(女)

李家户乡　王德兴

杨庄乡　李文军

广运街道　贾宝华

中共夏津县委工作概况

夏津县委书记　杨同军

夏津县地处鲁西北平原,西距京九铁路20公里,东距京沪铁路30公里,北至北京350公里,308国道、315省道、青银高速公路、德商公路和国家南水北调东线工程穿境而过。全县总面积871.9平方公里,耕地面积83万亩,辖10镇2乡2个街道办事处1个开发区,507个行政村,总人口50万。夏津县盛产棉花,是全国优质棉生产基地县和棉花出口基地县,全国棉花百强县,素有"银夏津"之美誉。

2006年,县委在中央和省、市委的正确领导下,以科学发展观为指导,深入贯彻党的十六大和十六届五中、六中全会精神,突出发展第一要务,经济社会继续保持了良好发展态势。全县完成GDP80亿元,同比增长19.6%;财政总收入3.06亿元,其中地方财政收入1.37亿元,同比分别增长35.9%和15.4%;全县规模以上工业企业达到237家,实现销售收入115.4亿元,增加值34.2亿元,利税15.4亿元,同比分别增长31.5%、29.2%和20.3%;全县总用电量8.1亿千瓦时,其中工业用电量5亿千瓦时,同比分别增长22.7%和31.7%;规模以上固定资产投资46.2亿元,同比增长18%;城乡居民储蓄余额24亿元,同比增长8.5%;干部职工平均工资1.11万元,农民人均纯收入4160元,同比分别增长2.9%和10.6%。

一、组织概况与党的建设

夏津县共有29个党委(其中乡镇、街道办事处党委14个)、17个党总支、861个党支部、23469名党员。2006年,围绕党的建设,重点抓了三方面的工作。

(一)圆满完成了保持共产党员先进性教育活动　在2005年圆满完成第一、第二批活动任务的基础上,2006年进一步加大工作力度,投入足够精力和时间,在务求实效上下功夫,在分类指导上做文章,真正达到了让党员受教育、让群众得实惠的目的。据统计,保持共产党员先进性教育活动开展以来,相继走访慰问老党员和困难党员1299人,走访慰问群众6845户,慰问钱物价值170多万元,解决群众生产生活困难3800多件,群众真正得到了实惠。

(二)大力加强党的建设,基层政权更加巩固　以实施第三批党员先进性教育活动为契机,进一步规范完善农村干部、党员星级化管理制度,通过实行乡镇党委政府成员包村责任制,对后进村进行帮扶,并建立村干部目标管理考核档案,极大地增强了农村基层党组织的战斗力。扎实做好党委换届工作,通过对乡镇党政领导班子及副科级干部测评、全额定向推荐新一届党委领导班子人选和民主推荐正副科级干部三项内容,最大限度的向社会征求意见,参加测评推荐人员达2100多人,是历年来最多的一次。全县14个乡镇(街道)同时进行了换届选举,圆满完成了乡镇党委换届任务。

(三)认真开展机关干部思想作风纪律集中整顿活动　为进一步巩固和扩大保持共产党员先进性教育活动成果,更好的促进全县经济社会各项事业的发展,在县直部门、乡镇(街道)开展为期一个月的机关干部思想作风纪律集中整顿。通过动员发动、学习教育、查摆问题、整改提高四个阶段,全县机关干部整体面貌焕然一新,实干意识、纪律意识、服务意识、进取意识明显增强,干部队伍呈现出积极努力、昂扬向上的精神状态,取得了良好的效果。

二、主要工作与成绩

(一)优势产业逐步升级　针对国家宏观调控等经济政

策的变化,结合夏津发展实际,由追求经济效益转向经济、社会效益并重的发展新战略,县域经济竞争力得到了很大提升。棉纺织业新增纺纱能力40万锭,总规模超过220万纱锭,纯棉纺能力居全国第二位。继2005年被评为山东省十大产业集群后,2006年又被评为山东省高效农业聚集园区,产业品牌效应初步形成;面粉年加工能力达到180万吨,总体规模和单体能力均居全省第一位,被中国食品工业协会评为国家级食品加工强县;植物油年加工能力达到170万吨,位居全省第一,全年围绕三大产业的投资占到全部新增投入的80%以上。

(二)民营经济提档升级,招商引资成效显著 民营经济继续坚持"大中小,高中低一起上",引导更多的农民走出黄土地,最大限度调动一切积极因素,推动民营经济扩面增量,推进民营企业提档升级,全县民营经济业户达1.3万户,从业人员6.1万人,注册资金15.9亿元,上缴税金1.5亿元,同比分别增长0.8%、9.5%、9.6%、45.7%。招商引资工作中,注重把夏津的产业优势、民营优势及越来越明显的区位交通优势放大,形成了夏津的特色品牌,集中开展了"百日招商"活动,取得了明显成效,一批大项目、好项目相继落户夏津。2006年,全县共引进新建和扩建招商项目193个,总投资45.5亿元,客商到位资金28.3亿元。

(三)注重城乡统筹,新农村建设全面铺开 按照上级的总体部署,结合夏津实际,新农村建设全面展开,取得了初步成效,农村经济快速发展,农村基础设施更加完善,群众出行更加方便。加快沼气池普及,群众用上了清洁能源,农民的生产生活条件明显改善。集中开展了"村庄环境整治突击月"活动,以清理垃圾、清理柴草、清理杂物为重点,95%的村做到了"三清",村容村貌有了较大改观。

(四)加强环境建设,优化发展平台 加快县乡公路建设步伐,完成公路改造工程106公里。城区整体框架全部打通,总投资2560万元的东外环工程已开工建设,平原水库建设进展顺利。投资4261万元推进村村通自来水工程,铺设管道68.53万米,普及率达到75.79%,解决了30.87万人的吃水问题。投资1000万元的新汽车站建设已完成主体工程。投资5600万元的热电二期已经并网发电,全县经济发展的承载能力进一步加强。

(五)扎实推进平安建设,社会更加和谐稳定 深入开展"平安夏津"建设活动,全社会的治安形势平稳。信访工作变堵为疏,扭转了工作的被动局面。不断加大易燃易爆行业的安全生产检查,消除了安全隐患。在保持社会稳定的同时,高度重视科教文卫等社会事业的发展,新型农村合作医疗试点进展顺利,社会公共服务和社会保障水平大幅提升。

三、创新与经验

(一)培植壮大新兴产业 在棉纺织、面粉、植物油三大主导产业快速发展的同时,一些新兴产业悄然崛起,并形成了一定规模和竞争力。以郑保屯为代表的羊绒行业梳绒机达到2000多台,年加工羊绒8000吨;机械配件行业遍及全县,年加工能力达200多万套;以苏留庄镇为中心的木材加工业,年加工、购销木材18万立方,等等。这些产业的迅速成长,既加快了群众致富步伐,又促进了县域产业的健康发展。

(二)深入开展"百千万"工程 根据我县产业发展实际,在全县实施了"百村千企万户"工程,加大织布机、针织机、缝纫机、梳绒机以及工艺加工品、木材加工品、机械加工品、食品"四机四品"入户,在龙头企业和行业协会的带动下,形成了"一乡(镇)一业,一村一品"的生产格局,转移农村劳动力23000多人,辐射带动农民4万多人,二、三产业收入成为农民的主要收入来源。

(三)开展"经济环境建设年"活动 为提升环境建设工作层次,进一步打造"环境品牌",在全县扎实开展了"经济环境建设年"、"三个百日"、规范部门检查收费行为专项行动和以"廉政勤政、科学发展"为主题的廉政教育等系列活动,加强机关效能考评和民主评议行风,转变部门工作作风,机关干部队伍作风明显好转,发展环境得到进一步优化。

附:(一)夏津县委书记、副书记、常委名单

书　记: 麻然华(2006年12月离职)
杨同军(2006年12月任职)

副书记: 侯有喜　张安民

常　委: 杨同军　侯有喜　张安民　石　敏
尚　毅　张泽淬　张长臣　刘国亭
于吉军　迟桂龙　杨旭博

(二)各乡镇、街道党委书记名单

银城街道	张　勇
北城街道	韩富江
开发区	莫　军
南城镇	贾永跃
东李镇	刘长军
苏留庄镇	杨卫东
新盛店镇	孙兴顺
郑保屯镇	杨淑华
白马湖镇	刘之荣
雷集镇	都培华
宋楼镇	鞠庆岭
香赵庄镇	王跃华
双庙镇	任崇岭
田庄乡	史维田
渡口驿乡	滕际东

中共庆云县委工作概况

庆云县委书记　董立新

2006年,庆云县委牢牢把握发展这个第一要务,始终扭住事关庆云长远发展的重点工作不放松,团结带领30万人民,抢抓机遇,开拓创新,促进全县经济和各项社会事业又好又快发展。

一、组织概况与党的建设

庆云县现有16个基层党(工)委,其中,乡镇(街道)党委9个,县直部门党(工)委7个;党总支8个,党支部574个,其中农村支部381个;共有党员12536名,其中农村党员7305名。2006年,全县党的建设紧紧围绕加强党的执政能力建设和先进性建设这条主线,全面贯彻落实科学发展观,立足全县工作大局,进一步解放思想,干事创业,求真务实,开拓进取,扎实推进各项工作,为全县经济社会又好又快发展奠定了坚实的基础。

(一)按照"夯实第一批,巩固第二批,抓好第三批"的工作思路,圆满完成了先进性教育活动的各项任务　把保持共产党员先进性教育活动作为一项严肃的政治任务和重点工作来抓,严格按照中央和省、市委的指示精神和部署要求,坚持分类指导,强化组织领导和舆论宣传,落实整改措施,建立长效机制,使查找问题的整改率达到了96%,群众满意率达到了99.31%,真正使先进性教育活动成为了群众满意工程,得到了省、市委的充分肯定和通报表扬。全县各级党组织的凝聚力、战斗力和创造力明显增强,广大党员干部的整体素质明显提高,其中有38个基层党组织和71名党员干部分别受到省、市、县委的表彰。

(二)以县乡党委换届为契机,进一步加强了领导班子和干部队伍建设　按照省、市委要求,精心组织、周密部署,认真做好县、乡党委换届的筹备和组织工作。在乡镇党委换届工作中,严格按照市委提出的"大稳定,小调整"的原则,严格控制领导职数、注意完善领导班子结构,选拔了一批德才兼备、政绩突出、群众公认的优秀干部充实进乡镇领导班子,减少乡镇党委副书记20职,优化了乡镇领导班子的年龄和文化结构。配合市委考察组顺利完成了县委常委班子的换届考察,成功组织召开了县第十一次党代会,选举产生了新一届县委和纪委。完成了十七大、省九次党代会代表候选人初步人选的推荐和市党代会代表的推选工作。

(三)以深化"三级联创"活动为主线,进一步加强了基层组织建设和党员队伍建设　进一步完善了农村干部规范化管理体系,实行了以"定编制、定岗位、定报酬,县财政统筹村干部工资"为主要内容的"三定一统筹"制度,在全市率先实现了村干部报酬由县级财政统筹。对农村干部党员实行了星级化管理,共为1011名农村干部和6323名农村无职党员评定了星级。建立了非公有制企业党建工作情况台账,加强了规模以上非公企业党建工作,基本实现了"50人以上企业有党员,100人以上有党组织"的目标要求。扎实做好农村党员干部现代远程教育工作,积极创建各级远程教育规范化站点,全县上报并建设省级示范点3个,市级示范点5个,县级示范点18个。认真做好发展党员和老党员、困难党员走访慰问工作,全年共发展党员208名,走访慰问老党员、困难党员1000多名,发放慰问品、慰问金价值70多万元。

二、主要工作与成绩

2006年,全县上下以科学发展观总领全局,按照"商贸兴城、工业立县、枣牧富民"的总体思路,居弱图强,负重奋起,推动经济社会持续健康发展,打造了一个拥有实力、彰显魅力、充满活力、和谐有序的新庆云。

(一)实力剧增,保持了一个好中又快的发展速度　主要经济指标继续保持30%以上的增速;2006年有8项主要经济指标增幅列全市第一位,两税收入首次突破亿元大关,同比增长36.2%;城镇居民人均可支配收入和农民人均收入分别增收600元和420元。在全市落实科学发展观现场观摩综合考核中列第5位,人均总量列全省第75位,分别跨入全市、全省中等发展行列。发展速度连续三年走在全省30个重点扶持县前列,县域经济基本竞争力连续六年在全国保持逐年跃升,庆云步入有史以来发展速度最快、质量最好、人民群众得实惠最多的黄金期。

(二)魅力提升,城乡面貌发生了翻天覆地的变化　2006年,城区框架面积发展到30平方公里、人口达到8.5万人,初步形成了城区、市场区、开发区"三位一体"和"六纵连十横、一环绕全城"的城市新格局,"以水为脉、以绿为主、以人为本、以商为魂"的城市特色日益鲜明。重点启动建设了新华路景观大道、北海公园、小西湖公园、市民广场等一批精品工程,城区新增绿化面积32万平方米。以新农村建设为契机,以"三清、四改、五化"为切入点,全县381个村庄全部完成规划,新修乡村油路32公里,新增通水村庄58个,全县森林覆盖率达到38%,城乡面貌大为改善、焕然一新,人民群众的生产生活条件实现了质的提升。

(三)活力迸发,办成了一批大事、难事,打造了一批亮点、兴奋点　庆云经济开发区正式升格为省级开发区;中澳扶贫模式入选国际扶贫中心教材,董事长张洪波当选为"中国农村十大致富带头人";世界第二大物流企业万隆华宇成功加盟庆云物流中心,第五届"庆博会"规模、档次、成果较往届实现质的提升,庆云市场换代升级迈出了坚实、可喜的一步;专业市场与观光旅游开始互促互动,"市场购物、佛寺梵音、枣园观光"成为吸引各地人员纷至沓来的重要品牌;从滨洲引水工程竣工通水,220千伏变电站投入使用,"双线引黄"和"双电源供电"在庆云成为现实;中央十大新闻媒体来庆云集中采风,《农民日报》以整版篇幅对"庆云现象"进行解读;2006年6月庆云被列为全省县域经济现场会议观摩现场,7月13日山东省委书记张高丽同志专程来庆云视察,去年下半年先后有100多个县市来庆云参观学习,全市、全省、社会各界开始以新的眼光打量庆云、审视庆云、关注庆云,庆云也因此而真正提升了人气、汇聚了财气、扩大了名气、长了庆云人的志气。

(四)潜力无限,开创了生机盎然、和谐有序的发展局面 2006年全县完成固定资产投入50亿元,新增规模以上工业企业57家、完成增加值高于全市22个百分点,中澳、鼎力等8大骨干企业用电量占到工业用电总量的一半以上,工业经济占GDP的比重达到43.4%,为全县经济的持续跨越发展奠定了基础、积蓄了后劲。以建设"平安庆云、诚信庆云、和谐庆云"为目标,高度关注民生民意,努力夯实基层基础,着力营造了知商、重商、亲商、为商的浓厚氛围;大力实施了村村通自来水、村内通油路、通有线电视、电话、宽带、沼气池建设、新型农村合作医疗、初中教育进城等八大民心工程,社会事业全面进步,社会秩序持续稳定。伴随着经济的强劲增长,全县干部群众对加快发展、崛起振兴的信心十足,践行"团结实干、创新奉献"的庆云精神更加自觉,人人思奋进、个个谋发展,全县上下思想统一,步调一致,精神焕发,热情高涨,形成了风正、气顺、心齐、劲足、干事、创业的良好局面。

三、创新与经验

(一)坚持解放思想,创新思路 从突破思想禁锢入手,引导广大干部用多元思维、逆向思维、发散思维来破解前进中的矛盾和问题。立足庆云人口少、总量小、基础差的实际和"五年三步走、经济翻两番"的目标,主动融入环渤海经济圈。面对复杂多变的宏观环境,始终保持"路在人走、业在人创、事在人为"的创业气魄,以创新的思维打破僵局,以发展的办法解决问题。

(二)坚持齐抓共管,真抓实干 健全完善"三个体系"建设,六个委员会积极推进工作,大力倡导求真务实和雷厉风行的工作作风,县级领导率先垂范,引领各级分工包扶到重点项目,做到工作指挥在一线、问题解决在一线,把"发展是硬道理"硬在具体项目上、硬在领导责任上、硬在督查考核上,突出重点环节狠抓落实,大力度、快速度地推进各项工作。

(三)坚持以人为本,维护民利 始终坚持牢固树立"发展为了人民、发展依靠人民、发展的成果由人民共享"的民本意识,通过驻村包扶、结对帮扶、县级领导公开接访、实施民心工程等多种形式,倾听群众呼声,解决群众难题,以亲民爱民的实际行动来凝聚跨越发展的人和之力。

(四)坚持从严治党,夯基固本 始终坚持"立党为公、执政为民"的宗旨,深入开展先进性教育、三级联创、星级化管理等活动,坚持把优秀干部推向经济建设主战场,坚持在实践中锤炼提高干部,从而增强了各级党组织和干部队伍的创造力、凝聚力和战斗力。始终坚持一手抓发展、一手抓稳定,深入推进"平安建设",大力夯实基层基础,从而营造了安定和谐的社会局面。始终坚持政治文明、精神文明和物质文明同步规划、同步部署、同步考核,使"三个文明"有机结合、相辅相成、相得益彰。

附:(一)庆云县委书记、副书记、常委名单

书　记:翟长生(2006年12月离职)
董立新(2006年12月任职)

副书记:刘长青　周同恩　孙庆斌(挂职)
马文国(挂职)

常　委:董立新　刘长青　周同恩
孙庆斌(挂职)　马文国(挂职)
贺洪昌　乔方红　王密荣　孙九鹏
高丽霞(女)　高秀鹏
杜振波(挂职)　侯立勇(挂职)
张宝明　李　勇

(二)各乡镇、街道党委书记名单

渤海路街道	郭士强
庆云镇	毕志国
常家镇	亓新立
尚堂镇	张风辉
崔口镇	郭　宏
徐元子乡	李维利
严务乡	张万里
东辛店乡	王　勇
中丁乡	乔云刚

聊 城 市

中共东昌府区委工作概况

东昌府区委书记 蔡同民

一、组织概况与党的建设

东昌府区是聊城市市委、市政府驻地，辖8镇2乡8街道办事处及省级嘉明经济开发区、凤凰工业园。共有党(工)委36个，党总支162个，党支部1659个，其中农村党支部858个，党员34019名，其中农村党员15577名。2006年，区委大力加强党的思想、组织、作风建设，着力提高党的执政能力，为全区改革发展稳定提供了坚强有力的组织保证。

(一)基层组织建设 确定2006年为“党的基层组织建设年”，深入开展“三级联创”活动。积极探索建立保持党组织和党员队伍先进性的长效机制。完善“联村自治”新模式，组建联村123个，联村比例达38%。规范村务公开和村级党支部书记星级化管理工作，对五星级村支部书记予以奖励。扎实做好远程教育网络建设和管理工作，积极实施“千人培训”计划，分期分批对农村后备人才进行培训。巩固和加强学校、社区、“两新”组织党建工作，进一步扩大基层党建工作的覆盖面。

(二)党风廉政建设 认真学习贯彻中纪委七次全会精神，大力倡导八个方面的良好风气，党风廉政建设和反腐败工作卓有成效。建立了联席会议制度，建立健全教育、制度、监督并重的惩治和预防腐败体系。积极开展廉政教育、警示教育和法纪教育活动，组织全区1000多名党员干部开展了“勤政廉政，科学发展”主题教育活动，促进领导干部廉洁自律。实行乡镇、村两级主要负责人“双述双评”制度，探索建立农村反腐倡廉的长效机制。认真办好“清风监督热线”，信访举报和投诉受理工作扎实有效。贯彻从严治党方针，加大案件查办和审理力度。积极开展创建“五型”机关活动，机关干部的精神状态、工作作风进一步好转。

(三)领导班子和干部队伍建设 严格执行《干部任用条例》，对乡镇和区直部门的领导班子和成员分别进行了调整。认真抓好党委中心组理论学习，改进学习方法，增强学习效果。按照《东昌府区大规模培训干部的实施意见》，分批培训各级党员干部3400余人。坚持经常性考察制度，考核领导班子127个，科级干部877人。各级领导班子和党员干部思想政治素质、执政能力明显增强。

二、主要工作与成绩

2006年，全区上下坚持以邓小平理论和“三个代表”重要思想为指导，认真贯彻落实科学发展观和构建社会主义和谐社会重大战略思想，紧紧围绕“强农固本、工业立区、三产兴区、科教强区”的工作思路和发展目标，解放思想，干事创业，经济和社会各项事业持续快速协调健康发展。

(一)国民经济快速健康发展 2006年全区经济实力明显增强，产业结构进一步优化，多项指标创历史最高水平。全区生产总值完成78.8亿元，比上年(下同)增长17.3%，其中一、二、三产业增加值分别增长5%、22.9%和19.4%，三次产业比例调整到19.4:41.7:38.9，二、三产业比重提高3.4个百分点。全区可用财力达7.5亿元，地方财政收入完成3.3亿元，分别增长27.7%和20.1%。城乡居民储蓄余额达125亿元，各项贷款余额达137亿元，分别增长10.49%和3.12%。

(二)社会主义新农村建设取得明显成效 高度重视“三农”工作，扎实推进新农村建设，促进了农业发展、农民增收。2006年全区粮食总产量达66万吨，创历史最高水平。蔬菜、林果等产业的主导地位更加突出，农业产业化经营水平进一步提高。蔬菜播种面积达70万亩，新增国家级绿色和无公害农产品10个，荣获“全国无公害农产品生产示范基地县(市区)”称号；新造林1.6万亩，林木覆盖率达26%。劳务经济蓬勃发展，截止2006年底，全区在外务工人员达19.9万人，年创收10亿元。农民人均收入达到3814元，增长15.6%。农村基础设施建设进一步加强。村村通油路率达到99.8%，村村通客车率达98.5%，村村通自来水率达90%以上。村镇面貌发生明显变化。全区农村14个乡镇、办事处完成了总体规划编制，230个村庄完成了建设规划编制。投资7870万元，完成小城镇拆迁面积7万平方米，建设面积9.1万平方米。农村社会事业快速发展。投资600万元，对10个乡镇卫生院进行改造。投资530万元，新建改建2处中心敬老院，新增集中供养五保对象660人。认真抓好各项惠农政策的落实，全面取消农业税，共发放粮食直补和良种、农机、农资补贴资金2952万元，农民群众得到了更多实惠。

(三)工业经济增势强劲 坚定不移地实施"工业立区"战略,工业经济快速健康发展,新型工业体系初步形成。2006年,全区规模以上工业企业达到234户,实现主营业务收入84.56亿元、利税6.29亿元,分别增长57.88%和72.71%。主营业务收入过亿元的企业达15户,利税过千万元的企业达12户,重点骨干企业已成为工业经济发展的重要拉动力量。高新技术产业产值占规模以上企业产值的比重达到26%。

(四)民营经济快速发展 坚持把发展民营经济作为富民强区的战略举措来抓,民营经济发展速度明显加快,规模迅速膨胀。2006年,实现营业收入275亿元、增加值65亿元、利税23.1亿元,分别增长49.7%、49.8%和69.1%。民营经济集约程度明显提高,地位和作用进一步凸显。民营企业从业人数占全区农村劳动力总数的40%左右,所提供的税收占区乡两级财政收入的70%以上,成为全区财政收入的主要来源。

(五)服务业繁荣发展 市场档次和服务功能明显提高。投资3亿元,对汽车产业园、农机产品大市场、站北农贸市场等11处市场实施了扩建改造,新增营业面积44万平方米。2006年,全区市场成交额完成175亿元,增长21%,其中年成交额超亿元的市场达到19处。现代物流业迅速兴起,新型业态不断涌现,金融、保险等现代服务业和晚间经济蓬勃发展。旅游业健康发展,"江北水城"对外吸引力不断增强。全年接待游客人数300万人次,旅游业综合收入达到6.9亿元,增长27.8%。2006年,服务业实现总税收5亿元,形成地方税收2.1亿元,占地方财政总收入的64.6%。

(六)招商引资成果丰硕 招商渠道进一步拓宽,招商引资质量和实效进一步提高。2006年,全区共引进投产、在建项目295个,总投资87.3亿元,到位资金31.6亿元。嘉明经济开发区和凤凰工业园基础设施进一步完善,招商载体作用明显增强。两园区新增企业42家,总数达200家,实现主营业务收入38.1亿元、利税2.9亿元,分别增长27%和26%。外经贸工作实现新突破,新批外商投资企业5家,出口创汇实现2369万美元,增长68.6%,为经济发展注入了新的生机和活力。

(七)和谐社会建设取得新进展 坚持"科教强区"战略,教育、科技、卫生等事业全面发展。2006年,全区高考本科录取2562人,连续十年位居全市第一。全面落实"两免一补"政策,积极开展"一助一"帮扶活动,筹资307万元设立贫困学生专项救助资金,累计救助贫困学生4796人。投资3957万元,新建改建城乡校舍2.89万平方米,教学条件明显改善。大力实施科技特派员工程,推广应用农业新技术、新成果50余项,科技进步对经济增长的贡献率达48.9%。切实加强疾病预防控制和传染病救治体系建设,禽流感等传染病的预防工作扎实有效。新型农村合作医疗制度全面铺开,农民参合率达85.07%。就业和再就业工作有效推进,新增城镇就业1.4万人,其中下岗失业再就业人员4506人,城镇登记失业率控制在3.1%以内。人口与计划生育事业成绩显著,被评为"省级计划生育优质服务先进区"。大力开展"平安东昌"建设,强化信访工作,社会治安和安全生产形势平稳,被评为"2006年平安山东建设模范区"。国防动员、预备役建设和双拥工作迈上新台阶,体育、环保、文化等各项事业都取得新成绩。

三、创新与经验

(一)坚持以科学发展观统揽全局,努力实现又好又快发展 坚持把发展作为执政兴区的第一要务,牢固树立又好又快科学发展的理念,着力在"快"上做文章,努力在"好"上下工夫。在保持经济快速增长的同时,注重优化结构,切实提高质量效益;注重打基础、增后劲,着眼长远发展;注重经济建设与人口、资源、环境相协调,努力把经济和社会发展转入科学发展的轨道。

(二)坚持以人为本,切实维护群众利益 坚持立党为公、执政为民,把维护和发展群众利益作为一切工作的出发点和落脚点。着力实施就业再就业、新型农村合作医疗、校舍改造建设等项工作。切实解决了一批关系群众切身利益的实际问题,使人民群众得到了更多实惠。

(三)坚持依法行政,加强民主法制建设 坚持和完善人民代表大会制度、共产党领导的多党合作和政治协商制度,巩固壮大最广泛的爱国统一战线,充分发挥工会、妇联、共青团等人民团体的作用。扎实推进基层民主建设,完善党组织领导下的村民自治和居民自治,保证人民依法行使民主权利。积极推进村务公开、政务公开和厂务公开,依法保障公民的知情权、监督权。加强社会法律服务,完善法律援助制度,为弱势群体提供有效的法律帮助。

(四)加强"三个体系"建设,狠抓工作落实 大力倡导求真务实之风,不断加强和完善决策目标、执行责任、考核监督三个体系建设,突出新农村建设、工业经济、民营经济、招商引资等重点工作,把发展目标任务细化量化、层层分解,任务到岗、责任到人,全面推行千分制目标考核,重激励、强约束、严考核,极大地激发了广大干部群众干事创业、加快发展的积极性。

附:(一)东昌府区委书记、副书记、常委名单

书　记:蔡同民(回)

副书记:李小平　朱加云

常　委:蔡同民(回)　李小平　朱加云　毕黎明　王奎龙　李　静(女)　王　华　张晓平　吴润昌　苗慧清　马　骏

(二)各乡、镇、街道党委书记名单

古楼街道　李　苇

柳园街道　　路立民
新区街道　　苗洪军
湖西街道　　冯贺成
凤凰街道　　赵化玉(女)
闫寺街道　　刘瑞峰
北城街道　　李清瑞
道口铺街道　王仰利
梁水镇镇　　王怀福
斗虎屯镇　　郭振明
堂邑镇　　　宋存志
侯营镇　　　张振河
沙镇镇　　　何庆国
郑家镇　　　李玉堂
张炉集镇　　王　章
于集镇　　　张昭江
朱老庄乡　　贾秀云(女)
许营乡　　　田庆敏

中共临清市委工作概况

临清市委书记　李吉增

一、组织概况与党的建设

临清市现辖9镇3乡4个城区街道办事处,600个村居,总人口72万。全市共有党委44个,其中市直及驻临单位党委28个,乡镇办事处党委16个;党支部1252个,其中村居党支部600个;正式党员31286名,其中农村党员15030人。2006年,全市新发展党员601名。

2006年,临清市委按照"围绕发展抓党建、抓好党建促发展"的指导思想,以巩固先进性教育活动成果为总抓手,以加强执政能力建设为重点,全面加强党的建设,各级党组织的创造力、凝聚力和战斗力进一步增强,为经济社会的又好又快发展提供了坚强的组织保障。

(一)健全保持党员先进性的长效机制　完善党员经常受教育长效机制。坚持把党章、胡锦涛总书记"七一"讲话等作为重要学习内容,不断提高党员领导干部的政治理论水平;依托市乡两级党校和远程教育网络,全方位教育培训党员干部,全年共举办党员干部培训班125期,培训党员干部2.5万人次,有效地提高了党员干部队伍的整体素质。完善联系和服务群众长效机制。建立各级领导干部调查研究联系点制度,开通"市长热线"、"组织部长公开电话"等,拓宽了倾听民情的渠道。强化党建工作责任制。通过加强领导,强化责任,完善工作机制,全市形成了一级抓一级、层层抓落实、齐抓共管党建工作的良好局面。

(二)全面提升基层党建工作水平　在农村党建方面,不断丰富"三级联创"活动内涵,大力实施村党支部书记科技特派员"双兼任"、产业型"联村自治"、"百千进村入户"等工程,村级党组织带领群众致富的本领明显提高。在非公有制企业党建方面,广泛开展"双向进入"活动,实现企业领导骨干与党组织领导成员最大限度的交叉,稳固了民营企业的政治基础,党组织的政治优势得到较好发挥。在市直机关党建方面,以作风建设为重点,扎实开展"双满意"活动,机关党组织和党员干部的示范表率作用得到进一步发挥。在社区党建方面,以服务社区居民为重点,规范党组织设置,强化管理功能,提高了服务本领。

(三)深入开展党风廉政建设　在领导干部的监督管理上,坚持关口前移,将对领导干部的日常监督与经济责任审计有效结合,对离任的、同一职位年满三年的、群众有反映的单位主要负责人实行"三个必审",并把审计结果存入个人档案,作为干部使用的重要依据。严格执行党风廉政建设责任制,严肃查处违法违纪案件,保持党的纯洁性,党的事业不断推向前进。

二、主要工作与成绩

2006年,临清市坚持以邓小平理论和"三个代表"重要思想为指导,按照"励精图治打造运河名城,团结实干构建和谐临清"的总体要求,解放思想,开拓进取,经济和社会事业保持了良好的发展势头。全市生产总值实现116亿元,同比增长18%;财政总收入7.56亿元,地方财政收入3.61亿元,分别增长23.7%和20.5%;全社会固定资产投资完成55.6亿元,增长30.2%,其中工业投入完成48.6亿元,增长38.7%;城镇居民人均可支配收入达到8337元,增长15.1%;农民人均纯收入3960元,增长14.8%。在经济快速健康发展的同时,社会事业同步推进,精神文明建设、和谐社会建设不断加强,全市上下和谐稳定,人民群众安居乐业。2006年,临清市被授予"全国'四五'普法先进县(市)"、"平安山东建设模范县(市)"、"山东省计划生育优质服务先进县(市)"等多项省级以上荣誉称号。

(一)工业经济健康快速发展　坚定不移地实施"工业强市"战略,工业总量不断扩大,效益大幅提高。骨干企业的支撑带动作用显著增强。全市规模以上工业企业达到251家,同比增加104家;实现主营业务收入250.6亿元、利税27亿元、利润16.53亿元,增幅均在41%以上。项目建设取得重大突破。新上过千万元项目79个,其中过亿元项目10个。企业自主创新能力进一步增强。2006年,高新技术企业总产值达到65亿元,增长55.3%,占规模以上企业工业产值的比重达到25.8%。截至2006年底,临清市已经拥有中国名牌产品1个,国家免检产品1个,省名牌产品13个,省著名商标8个。民营经济发展势头强劲。轴承、棉纺织和农机制造三大特色产业快速膨胀。全年民营经济税收完成4.97亿元,同比增长30.2%,乡均增收710.9万元。继2005年临清市被命名为"中国轴承之乡"、轴承加工业被评为"山东省十大(工业)产业集群"之后,2006年临清市又被命名为"山东省纺织服装产业基地"。

(二)新农村建设扎实推进 全市农业总产值完成22.05亿元,同比增长3.27%。农业产业化水平进一步提高。蔬菜面积扩大到28万亩,优质经济林面积达到8.5万亩,规模养殖小区达到280个。各类经济合作组织发展到85个,全市已有省级龙头企业2家、聊城市级龙头企业11家。完善农村基础设施,实现了村村通自来水、通柏油路、通客车。小城镇建设和示范村建设取得新进展。

(三)现代服务业发展态势良好 全市大型专业批发市场发展到10处,档次明显提高,功能日臻完善。烟店轴承市场已发展成为全国最大的轴承专业批发市场。交通运输、仓储配送、信息网络等功能配套的现代物流体系逐步建立。依托"千年古县"、"运河名城"的品牌优势,充分挖掘运河文化底蕴,打造特色文化旅游业,搞好旅游资源整合和市场深度开发,实现了人文、自然、生态、美食、休闲的有机融合。

(四)城市化进程进一步加快 建成了运河文化广场、临清剧院,对济津河进行了综合治理,有力地提升了城市品位。新建、改造城区和工业园区道路6条,城区交通条件明显改善。完善了热力管网、天然气管网和城区电网,全市供热、供气、供电能力明显提高。2006年,新建商住小区40万平方米,新增绿化面积25万平方米,绿化覆盖率达到37%,城市化水平达到36.4%。

(五)改革开放取得新成绩 工业企业和商流企业改制工作基本完成。财政国库集中支付改革全面启动并且运转良好。大力开展招商引资。全年共签订招商引资实际到位资金20.8亿元,同比增长23.8%。外经贸工作持续保持了较快的发展势头。全年外贸出口达到2.01亿美元,同比增长38.65%,在聊城市八县(市、区)率先突破2亿美元大关。

(六)和谐社会建设迈出新步伐 社会保障体系进一步完善。城市居民纳入低保人数8750人;农村特困群众救助人数达到了5290人。就业再就业取得明显成效。2006年全市新增城镇就业1.2万人,城镇登记失业率控制在2.1%以内。教育事业全面发展,高考录取人数和质量实现了新突破。深入开展了计划生育优质服务"三级联创"活动,人口与计划生育工作水平明显提高。新型农村合作医疗制度日趋完善,2006年全市参保人数达到38.2万人,受益群众28.2万人次。"平安临清"建设扎实推进,在全国率先推开了城市社区治安保险和农村契约式保险联防,促进了经济社会健康持续发展。

三、创新与经验

(一)坚持解放思想,与时俱进 我们通过外出参观学习、市内观摩等活动,对比先进县市区,查找问题和不足,增强了危机感、压力感和紧迫感。深入开展思想大解放活动,引导各级更新观念,创新思路,用发展的办法解决前进中的困难和问题,全市上下干事创业的氛围更加浓厚,加快发展的积极性空前高涨。

(二)坚持科学发展,统筹兼顾 以科学发展观统领全局,既狠抓经济建设不动摇,加快促进新型工业、现代农业、现代服务业等发展,保持了经济的强劲增势;又注重统筹经济社会发展、城乡发展,积极建设"和谐临清"、"平安临清"、"文明临清",全面推进了经济社会协调发展。

(三)坚持真抓实干,务求实效 认真落实决策目标、执行责任、考核监督"三个体系",用制度确保了各项工作落到实处。通过切实改进工作作风,广大党员干部进一步把心思凝聚到干事业上,把精力集中到办实事上,把功夫下到抓落实上,把本领用在促发展上,实现了经济社会又好又快发展。

附:(一)临清市委书记、副书记、常委名单

书　记:李吉增

副书记:韩更大　王建鹏

常　委:李吉增　韩更大　王建鹏　王广华　张连臣　高　峰　任永胜　汪保远　祁学兰　李汝山　穆相生

(二)各乡镇、办事处党委书记名单

唐园镇	秦荣菊
烟店镇	刘明峰
潘庄镇	王建民
八岔路镇	王晓壮
尚店乡	郭春光
刘垓子镇	罗荣福
戴湾乡	淳悦忠
魏湾镇	兴　川
康庄镇	贾玉华
金郝庄乡	孙玉璞
老赵庄镇	赵维波
松林镇	杨庆山
新华办事处	韩　青
青年办事处	李衍博
先锋办事处	徐宝福
大辛庄办事处	李之强

中共冠县县委工作概况

冠县县委书记 刘 强

一、组织概况与党的建设

冠县辖17个乡镇,754个行政村,74万人口,面积1152平方公里。有27个基层党委,1217个支部;党员31563名,其中农村党员19523名。2006年共发展党员511名。

一年来,县委坚持以邓小平理论和“三个代表”重要思想为指导,认真贯彻执行党的十六大、十六届三中、四中、五中、六中全会精神,牢固树立科学发展观和正确政绩观,以提高党的执政能力和保持党的先进性为重点,大力加强党的基层组织建设、领导班子和干部队伍建设,为全县的经济发展、社会和谐提供了强有力的组织保证。

(一)扎实开展第三批保持共产党员先进性教育活动 上半年,在巩固和扩大第一、二批先进性教育活动成果的同时,围绕建设社会主义新农村这一主题,按照创建群众满意工程的要求,开展了第三批先进性教育活动,广大党员干部对共产党员的先进性有了更加深刻的理解,思想政治素质明显提高,农村基层党组织民主决策和民主管理等制度进一步规范和完善,党群、干群关系更加密切,农村基层党组织的战斗力明显增强,人民群众对全县第三批教育活动的满意度达99%以上,达到了预期目的。

(二)进一步强化领导班子和干部队伍建设 2006年4月,组织全县17名乡镇党委书记、3名县直部门副职分两批到浙江、江苏的全国百强县进行了为期3个月的挂职锻炼。5月份,以社会主义新农村建设、农村基层组织建设等为主要内容,对全县850余名农村党支部书记和村委会主任分两批进行了轮训。全年共培训各级干部8500人次。按照省、市委的统一部署,有计划、有步骤地进行了乡镇党委换届。乡镇党委班子职数得到精简,年龄结构得到优化,文化水平得到提高,乡镇班子的凝聚力、战斗力明显增强。

(三)全面加强党的基层组织建设 从4月份开始,集中6个月的时间,在全县组织实施了“百村集中整顿”活动。通过县直部门帮扶、干部包村,强村、强企带动,乡镇工作组驻村整顿三项措施,对全县筛选出的100个后进贫困村进行集中整顿帮扶。全县“联村自治”工作不断向深度、广度发展,目前全县运转较好的联村有82个,涉及225个村庄,占全县行政村总数的36.5%。

(四)进一步加强党风廉政建设 坚持标本兼治、综合治理、惩防并举、注重预防的方针,不断健全和完善教育、制度、监督并重的惩治和预防腐败体系。全面落实党风廉政建设责任制,进一步加大监督力度,健全领导干部任期审计、离任审计制度,完善领导班子和领导干部考察反馈、谈话诫勉制度。把党内监督同人大依法监督、政协民主监督、群众监督、舆论监督、社会监督结合起来,形成监督合力,推动了反腐倡廉工作的开展。

二、主要工作与成绩

2006年,在上级党委、政府的正确领导下,县委、县政府带领全县人民,坚持以科学发展观统领全局,大力弘扬“团结实干、改革创新、立志图强、争先进位”的冠县精神,按照“13547”的工作思路,聚精会神搞建设,一心一意谋发展,全县经济快速发展,社会事业全面进步,人民生活明显改善,“十一五”规划实现良好开局。全县生产总值完成74.38亿元,比上年增长17.5%;境内财政收入完成2.98亿元,增长42.6%,地方一般预算收入1.29亿元,增长29.5%;农民人均纯收入3841元,增长15.2%;城乡居民储蓄余额34.13亿元,较年初增加3.26亿元。

(一)优质高效投入持续增长 规模以上固定资产投资完成27.5亿元,增长27%。其中,工业投入完成24.5亿元,同比增长27.1%,实施重点工业项目29个,其中投资过亿元的9个,过千万元的16个。冠星集团15万锭高档精梳纱、新瑞燃料乙醇、恒通薄板等14个项目已经投产;冠洲集团30万吨镀铝锌硅、30万吨热处理板、20万吨彩涂板等12个项目进展顺利。第三产业、基础设施投入取得新突破,天沐江北水城温泉度假村一期工程、冠州梨园一期工程建成使用,实现了全县村村通自来水。

(二)经济结构进一步优化 三次产业结构调整为27:48.4:24.6,二、三产业呈现快速增长的良好势头,所占比重提高3.4个百分点。新增规模以上企业29户、销售收入过亿元的企业12户、利税过千万元的企业7户,规模以上工业企业主要指标增长60%以上。冠星集团进入“中国企业集团竞争力500强”,“冠星”牌棉纱、“冠洲”牌彩涂板被评为山东省名牌产品。民营经济销售收入、利税分别增长37.9%和37.6%。着力把旅游业和交通运输业培植为服务业的主导产业。我县当选“2006山东县域旅游品牌十强”,马颊河度假村被评为“2006山东最具竞争力十大景区”,马颊河度假村、冠州梨园风景区被评为3A级风景区。鲁西北地委旧址修缮一期工程建成使用,成功举办了山东·冠县首届梨园文化观光周和第三次全国武训精神研讨会。

(三)新农村建设扎实推进 全面完成了“34327”工程,林果、畜牧、蔬菜、油料四大主导产业进一步发展壮大。24个农业科技示范园和70个典型村带动作用进一步增强。农业产业化水平进一步提高,新增5家市级龙头企业。“冠丰”牌玉米良种被评为“中国名牌产品”,冠县鸭梨被评定为“国家地理标志产品”。不断加大农村义务教育经费投入,全面完成农村中心中小学项目学校建设。进一步规范农村卫生组织一体化管理,改扩建乡镇卫生院7处、农村社区卫生服务站38处。

(四)改革开放迈出新步伐 粮食流通体制和流通企业改革改制工作平稳顺利完成。招商引资取得明显成效,全县共引进各类项目196个,实际到位资金20亿元,同比增长67%。英田车辆、亚世纺织等一批投资规模大、行业带动力强的大项目、好项目落户冠县。外经贸工作实现新突破,完成进出口总额3359万美元,其中进口1539万美元,出口1820万美元,增长333%。

(五)社会事业全面进步 城市化水平进一步提高。人口控制计划圆满完成,被评为全国人口文化先进县。社会保险覆盖范围进一步扩大。全年征缴各类社会保险费5827.3万元,发放各类社会保险金6003.2万元,"两个确保"和"一个低保"得到较好落实。新建中心敬老院2处,全县供养五保老人2364人。狠抓就业和再就业工作,新增城镇就业再就业人员8997人,新增劳务输出28895人。认真落实社会治安综合治理各项措施,完善信访工作长效机制,全面落实安全生产责任制,确保了社会安全和谐稳定。

三、创新与经验

(一)必须坚持解放思想 要始终坚持以解放思想为先导,摆脱传统的思维定式,突破各种思想障碍,打破条条框框束缚,革除影响发展的体制弊端,在解放思想中统一思想,在开阔眼界中拓宽思路,在观念更新中谋求突破。

(二)必须坚持科学发展 要坚持以科学发展观统领经济社会发展全局,紧紧抓住第一要务不放松,致力加快发展不动摇,抢抓一切有利时机,利用一切有利条件,调动一切有利因素,努力推动经济社会实现跨越发展。要切实把科学发展观落实到经济社会发展的各个环节,更加注重发展的质量效益,更加注重发展的科学协调,更加注重发展的持续永久,在好中求快,在快中求好,努力实现又好又快发展。

(三)必须坚持改革创新 要向改革要活力、靠创新出动力,在改革中找出路,在创新中谋发展。要加大改革力度,不断清除一些体制性和机制性的障碍,为经济社会发展注入新的动力。要加大创新力度,坚持把科技进步和自主创新作为调整经济结构、转变增长方式的关键环节来抓,不断提升技术水平和竞争能力。

(四)必须坚持团结实干 团结是事业顺利发展的前提和基础。团结出凝聚力,团结出战斗力,团结出生产力。各级都要倍加顾全大局,倍加珍视团结,倍加维护稳定,做到思想高度统一,步调高度一致,力量高度集中,形成加快发展的"大合唱"和"最强音"。

(五)必须坚持狠抓落实 要大兴求真务实之风,脚踏实地,埋头苦干,善于在工作一线找到主要矛盾、抓住关键环节、解决实际问题,着力在克服困难、解决问题、化解矛盾中推进事业进程。

附:(一)冠县县委书记、副书记、常委名单

书　记:刘　强

副书记:洪玉振　张树奎　张茂国(挂职)

常　委:刘　强　洪玉振　张树奎　张茂国(挂职)　李宝林　张琳　杨建华(挂职)　矫　健(挂职)　王绍军　任尚显　闫冬梅(女)　盛耀光　陈洪刚　韩金芳

(二)各乡镇党委书记名单

冠城镇　郭保敬
斜店乡　朱玉宇
东古城镇　张海清(主持工作)
北馆陶镇　曹加岭
万善乡　王洪忠
清水镇　宋占广
店子乡　沙元峰
兰沃乡　曲泽根
甘官屯乡　卢振龙
柳林镇　张汝胜
范寨乡　孟建新
辛集乡　许国英
定远寨乡　雷传波
贾　镇　郭建朝
桑阿镇　张忠强
烟庄乡　张　峰
梁堂乡　耿增军

中共莘县县委工作概况

莘县县委书记 赵庆忠

一、组织概况与党的建设

莘县现有基层党委39个，党总支41个，党支部1730个，党员43031人。其中，乡镇党委22个，农村党支部1152个，农村党员26364人。

2006年，莘县县委高举邓小平理论和“三个代表”重要思想伟大旗帜，坚持以科学发展观统领全局，大力加强党的建设，提高了执政能力和水平，增强了全县各级党组织的凝聚力、创造力和战斗力，为建设富强民主文明和谐的社会主义新莘县提供了坚强的组织保证。

(一)切实加强党的基层组织建设和党员队伍建设 圆满完成第三批保持共产党员先进性教育活动，建立健全了保持党的先进性长效机制。扎实开展了农村基层党建“创新机制”活动，坚持上下联动，下派县乡机关干部蹲驻村级，查实情，解难题，谋发展，促和谐，着力加强农村制度建设，普遍推行村级“一会两组三项制度”，“五项规范”制度在全市推广，被省评为基层党建创新课题奖。全县村级事务管理进一步走向规范化、科学化。加强了机关、学校、企业党组织建设，切实加强党员经常性教育，改进流动党员管理工作，创新了城乡一体的党员动态管理机制。

(二)积极抓好领导班子和干部队伍建设 创新领导干部选拔任用机制，顺利完成了乡镇党委换届选举工作。全县乡镇党委专职副书记22职，比上届减少28职，乡镇党委班子成员结构更加合理。加大干部培训力度，重点加强了全县党政领导干部、中青年后备干部、企业管理干部的培训，全面提高了各级干部的整体素质。“三大体系”建设进一步健全，各级领导班子决策科学、监督有力、落实有效，党的执政能力进一步增强。

(三)深入开展党风廉政建设和反腐败工作 认真落实党风廉政建设责任制，党风廉政建设和反腐败工作深入推进，加大行政机关效能监察力度，坚持从严治党、从严治政。下大力气纠正行业和部门不正之风，对一些典型案件及时进行查处，维护了党纪的严肃性。

二、主要工作与成绩

2006年，全县上下认真贯彻落实中央和省、市一系列重大决策部署，狠抓发展第一要务，同心同德，扎实苦干，全县经济社会实现了又好又快发展。全县生产总值完成96.7亿元，比上年增长17.3%；地方财政收入完成1.55亿元，增长18.2%；可用财力达到6.44亿元。规模以上固定资产投资完成26.9亿元，增长26.7%。社会消费品零售总额38.9亿元，增长16.5%。农民人均纯收入3878元，增长15.2%；城镇居民人均可支配收入7560元，增长8%。

(一)农业和农村经济取得新成绩 紧紧围绕“农民增收、农业增效、农村发展”这个目标，实施“一基五新”工程，抓好农村“十通”。农业总产值完成25.1亿元，增长20.7%。粮食总产量达到13.1亿斤，再创历史新高，被评为“全国粮食生产先进县”。瓜菜菌种植面积79万亩，增加5万亩。畜牧业产值达到14.4亿元。全年共植树500万株，新建完善农田林网25万亩。绿色无公害农产品品种22个，种植面积40万亩。新建国家级农业标准化示范基地1处、省级3处。新增市级农业产业化龙头企业7家，总数达13家。农村经济合作组织发展到68个，在国内30多个大中城市设立了农产品直供直销点。新增外出务工人员2.7万人，总数突破20万人。全面落实各项支农惠农政策，落实粮食、良种、大型农机具、农资四项补贴资金3651万元。

(二)工业和民营经济取得新突破 坚定不移地实行民营经济一把手工程，加大招商引资、固定资产投资、工商税收考核力度，民营经济特别是民营工业取得新成绩。规模以上工业企业达到119家，比上年增加36家；完成增加值30.5亿元、利税10.5亿元，分别增长34.7%、58.9%。民营经济完成税收2.17亿元，增长18%，乡均增加200万元。引进投产在建项目218个，实际到位资金26亿元，增长31.3%。实际利用外资1060万美元，出口创汇2496万美元，分别增长47.6%和7.7%。省级高新技术企业6家，高新技术产业产值占规模以上工业总产值的比重达到21.4%。

(三)城镇化水平进一步提高 按照“三高”标准，认真组织实施城镇精品工程建设，进一步完善基础设施，城镇居民生活环境有了新改善。全县城镇化水平达到32%。县城详规覆盖率达到78%。18个乡镇和30%的村庄完成了新农村建设规划编制。实施了燕塔修复工程，完成了徒骇河公园一期工程。建设了莘县会堂，改建了迎宾大酒店。新修了新华路北段，完善了政府街、新华路、振兴街、北环路配套设施。加大环境综合整治力度，实施硬化绿化美化亮化工程。实现了村村通油路的目标，80%的村通了自来水，60%的村通了有线电视。全县村镇建设投资完成1.5亿元。服务业繁荣发展，旅游业取得初步成效。实施“万村千乡”市场工程，标准化农资店、农家店达到396个。

(四)各项社会事业全面进步 优先发展教育事业，基础教育不断巩固，高考本科一榜上线人数连续7年居全市首位。高中阶段教育普及率达到85%以上。职业教育发展加快，办学规模和效益不断扩大。高度重视科技工作，实施科技特派员工程走在全市前列，科技进步贡献率达到49.1%。加强公共卫生“两个体系”建设，县医院传染病分院投入使用。改建乡镇卫生院7所。新型农村合作医疗试点工作成效显著。高度重视人口和计划生育工作,各项指标均保持在正常范围内。民兵预备役和双拥共建富有成效,荣获"山东省双拥模范县"。广播电视事业快速发展,县广播电台荣获省广播电台集体记者一等奖,实现了"十九连冠"。扎实推进精神文明创建活动,组织开展了一系列文化宣传活动,文化事业健康发展,丰富了群众文化生活。加强社会主义荣辱观教育,形成了健康向上的良好社会风气。

(五)和谐莘县建设扎实推进 全面落实就业再就业扶持政策,全年新增城镇就业8360人,城镇登记失业率控制在3.34%以内。社会保障体系和社会救助体系进一步完善,"两个确保"得到较好落实。优抚安置、救灾扶贫力度进一步加大,城区中心敬老院建设基本完工,被评为"山东省民政工作先进县"。积极抓好普法教育,健全村民自治机制,基层民主进一步扩大。充分利用"县长公开电话"、"信访绿色通道"、"社情专报"等形式,开通了社情民意直通车。深入推进"平安莘县"建设,社会治安综合治理进一步加强,信访量明显降低。狠抓安全生产责任制,没有发生重大安全事故。加强生态县建设,生态环境进一步改善。

三、创新与经验

(一)必须始终坚持把解放思想放在首位 把解放思想贯穿于经济社会发展的全过程,每年突出一个主题,在解放思想中统一思想,在转变观念中更新观念,以全新理念引领发展,激发了全县上下干事创业的积极性,加快发展的氛围空前高涨。

(二)必须始终坚持以科学发展观统领全局 根据形势发展的要求,立足县情,科学定位,及时确定阶段性发展目标,不断丰富发展内涵。坚持以"双招双引"为总抓手,突破工业、优化农业、推进城镇化、统筹发展社会事业,实现了又好又快发展。

(三)必须始终坚持求真务实的工作作风 紧密结合莘县改革、发展、稳定的实际,注重实践,崇尚实干,把工作的着力点放在加快发展上,抓住重点,把握关键,明确责任,狠抓落实,以扎实的工作,开创了工作的新局面。

(四)必须始终坚持营造团结和谐的良好氛围 县几大班子之间、新老干部之间、上下级之间重团结,识大体、顾大局、讲原则、比贡献。全县上下团结和谐,思想统一,步调一致,始终保持了风正气顺心齐劲足的良好局面。

(五)必须始终坚持推进党的先进性建设 围绕经济、政治、文化和社会建设,建立健全党员长期受教育、永葆先进性的长效机制,以党的先进性锤炼党员干部队伍,不断增强各级党组织的凝聚力、战斗力,充分发挥共产党员的先锋模范作用,为又好又快发展提供了强有力的政治保障。

附:(一)莘县县委书记、副书记、常委名单

书　记:赵庆忠

副书记:王　勇　刘国强　许庆豪(挂职)

常　委:赵庆忠　王　勇　刘国强　许庆豪(挂职)　伦　炜　张国洲　宋景润　张俊之　丁洁清(女)　温振峰　石汝强　左庆琦　钱　城(挂职)

(二)各办事处、乡镇党委书记名单

城关办事处	郭武举
马西办事处	张彦民
朝城办事处	桂洪朝
樱桃园办事处	杨发军
莘城镇	李玉华
莘亭镇	孟庆才
河店镇	胡庆民
燕店镇	李明锋
俎店乡	张生居
董杜庄镇	延铁堂
大王寨乡	黄广泛
魏庄乡	虞守勤
王奉镇	申存福
张鲁镇	宋忠祥
朝城镇	冯子峰
徐庄乡	陈庆锋
妹冢镇	宋建忠
张寨乡	于豪胜
十八里铺镇	张红升
樱桃园镇	魏晨清
古城镇	王业军
观城镇	王成杰
古云镇	石汝强
大张家镇	贾相云
王庄集乡	陈明月
柿子园乡	薛炳奎

中共阳谷县委工作概况

阳谷县委书记 关 华

一、组织概况与党的建设

阳谷县共有32个党委(包括县委)、61个党总支、1422个党支部;其中乡镇党委18个,农村总支1个、支部843个;共有党员32808名,其中农村党员24166;2006年发展党员564名。

(一)进一步完善保持共产党员先进性长效机制 按照中央和省、市委的部署要求,建立了以党员"五个好"为主要内容的党员日常教育管理长效机制,以"三级联创"、村级管理"五项规范"、"联村自治"、村负责人与科技特派员交叉任职为主要内容的基层组织建设长效机制,以党员联系农户及下岗职工、结对帮扶为主要内容的帮扶困难群众长效机制,并制订了针对性、实效性、可操作性强的落实措施,确保了长效机制真正落实到加强基层组织建设上,落实到党员队伍素质提高上,落实到密切党群干群关系上。

(二)深入开展了党风廉政建设和反腐败斗争 制订了关于转变干部作风的"十条规定",在全县党员干部中深入开展了"为民、务实、清廉"教育活动。认真落实"一岗双责",领导干部廉洁自律不断加强。扎实开展好专项治理活动,严肃查处加重农民负担案件,严格规范治理行业乱收费行为,深入纠正各种不正之风,经济发展环境大为改善。

(三)建立完善了科学决策、工作落实、绩效考核三大体系 根据省、市委关于建立和完善"三个体系"建设的意见,县委、县政府制定了《县级领导干部责任目标体系》。同时,不断改革目标考核制度,坚持述职考评与民意测评相结合,坚持政绩考评监督与政绩考评结果相结合,防止了考评结果运用与干部选拔任用和奖励脱节,充分调动了全县各级的积极性。

二、主要工作与成绩

2006年,阳谷县紧紧围绕建设"经济强县,文化大县"的发展目标,认真贯彻落实科学发展观,以县城迁址千年为契机,相继开展了"经济建设年"、"城市建设年"、"文化建设年"等一系列活动,全县经济社会保持了和谐发展的良好势头。2006年,全县生产总值完成88.31亿元,同比增长18.2%。

(一)突出项目建设,工业化进程增势强劲 始终坚持"工业立县"不动摇,立足大项目建设,加大工业投入,延长产业链条,形成产业群体,促进了工业经济的快速发展。2006年,规模以上工业企业实现增加值44亿元,利税14.73亿元,分别增长26%、54.61%。一是重点项目建设进展较快。2006年共实施重点工业项目18个,总投资84.33亿元,完成投资39.3亿元。济钢集团阳谷景阳冈冷轧薄板有限公司年产100万吨冷轧薄板二期后整理项目、齐鲁电缆有限公司的电力电缆及电缆附件开发项目等相继竣工投产。省重点工业项目祥光铜业年产40万吨阴极铜项目进展顺利,目前已完成投资30亿元,2007年将建成投产。二是"三个亮点"成效显著。2006年共引进项目145个,县外资金22亿元,增长20%。合同利用外资5064万美元,实际利用外资4556万美元,完成进出口总值1.09亿美元,其中出口6474万美元,增长60.9%。全县自营进出口企业发展到52家,有进出口实绩的企业达到27家。民营企业完成增加值60.8亿元,平均每个乡(镇、街道)增加370.3万元。高新技术产业发展迅速,新批省级高新技术企业3家,高新技术企业产值占规模以上工业企业产值的比重达到25.97%。

(二)注重拓展开发,城市品位明显提升 新一轮《阳谷县城市总体规划》已经市政府正式批准,"东扩北展"的城市大框架已经拉开。坚持城市在拓展中加大开发的力度,实施了城市建设"十大工程"。其中谷山路改造、中心街建设等六项工程相继竣工,南环沟、紫石街等开发工程进展顺利,城市功能不断增强。大力实施了城市"亮化、绿化、净化"三化工程,城区主要街道临街高层建筑全部亮化,城区街道实行全天候保洁,新增城区绿地25万平方米,城市绿化率达到35%以上。积极推进城市管理行政综合执法,城市管理水平明显提高。

以城市建设为龙头,大力开发景阳冈、狮子楼、海会寺、迷魂阵等旅游资源,旅游产业不断壮大,2006年共接待游客32万人次,旅游总收入达到7500万元。同时,以市场建设为龙头,流通业建设步伐稳步发展。2006年实现社会消费品零售额31.9亿元,同比增长15.34%。

(三)立足农民增收,新农村建设稳步推进 坚持在农业增效、农民增收中加快转移农民,着力推进农民非农化进程。2006年,全县农业增加值达到19.32亿元,比上年增长5.9%;农民人均纯收入达到3817元,比上年增长14.28%;粮食总产达到54.36万吨;新增蔬菜面积2万亩。积极实施"大畜牧"战略,规模饲养场发展到5000多处,出栏猪、牛、羊、家禽分别达到45.6万头、5.5万头、48.6万只、4333万只。2006年全县规模以上农业龙头企业达到32家,一大批农产品加工龙头企业迅速崛起。劳务输出成效显著。目前,我县在外务工人员达到19.8万人。同时,充分发挥全省"涉外劳务输出基地县"的优势,积极向国外输出农村劳力,累计外派劳务已达1448人。

按照"二十字方针"的要求,我们制定了新农村建设的实施意见,明确了目标任务,并确定了36个村作为建设试点。2006年9月份在我县召开了"中国－阳谷建设社会主义新农村研讨会",邀请了中央和省市的专家学者前来研讨,极大推进了我县的新农村建设步伐。

(四)坚持以人为本,和谐社会建设取得新成效 切实维护群众利益。认真落实就业再就业政策,2006年城镇登记失业率控制在3.4%以内。全面启动了机关事业养老保险,城市低保实现应保尽保。积极开展农村常年特困救助工作,发放常年特困救助金77.4万元。筹资900万元新建中心敬老院2处,全县集中供养率达到50%以上。村村通自来水工程进展顺利,30万群众用上了洁净卫生的自来水。村村通油路达到98.1%,村村通客车率达到了98%以上。认真落实"两免一补"政策,建立了贫困生救助机制,新建了7处农村中小学,改建中小学校舍1.26万平方米。

着力打造"平安阳谷"。在农村全面推行了治安承包责任制,在城区全面实行了单位保安化。高度重视信访工作,建立了信息畅通、排查细致、调处有力的矛盾纠纷排查调处机制,尽可能地把各种矛盾纠纷消化在基层。认真落实了安全生产"一岗双责",确保了全县不出现恶性安全事故。

全面建设"文明阳谷"。制定了《阳谷县"文化大县"建设实施纲要》,在全县开展了落实《公民道德建设实施纲要》为重点的思想道德建设。加大了教育改革力度,教育资源整合实现新突破。进一步健全突发公共卫生事件应急体系、疾病预防控制体系,县医院、县妇幼保健站搬迁建设顺利,新建了3处乡镇卫生院、39所农村卫生社区服务站,启动了张秋镇农村合作医疗试点。"文化大县"建设取得新进展。2006年是阳谷县城迁址1000年,我们组织开展了"千年颂歌"大型庆祝活动等一系列的文化活动。2006年上半年成立了蚩尤文化研究会,10月份邀请全国各地专家学者在阳谷召开了"山东－阳谷蚩尤文化研讨会"。通过大量的史料和权威学者的论证,阳谷县十五里元镇的皇姑冢就是蚩尤墓,我们正以此为切入点,继续深挖历史文化内涵,发展壮大文化产业。

三、创新与经验

(一)必须坚持正确的发展方向和思路 阳谷县始终坚持实施"工业立县"战略不动摇,坚持不懈地培育特色产业、增创发展优势。实践证明,我们的发展思路既符合上级精神,又切合阳谷实际,也得到了广大干部群众的一致认可和拥护。

(二)必须不断提升理性执政水平 对于涉及全县大局的一系列重大决策,坚持做到充分协商讨论,广泛听取各方面意见和建议,使县委的决策更加科学化、民主化。在处理改革、发展和稳定的关系时,全面考虑到改革的力度、发展的速度和群众的可承受程度,最大限度地维护下岗职工和失地农民的利益,实现了在积极稳妥中推进改革与发展。

(三)必须坚持创造性地开展工作 以解放思想为前提,以深化改革为主旋律,做到上级有要求的改革任务认真落实,上级没有要求的,只要符合全县人民根本利益,就积极探索、大胆实践。改革出活力、创新增动力,只有把创新作为加快发展的不竭动力源泉,才能不断开创各项工作的新局面。

(四)必须认真践行正确的政绩观 阳谷县始终坚持以人为本的政绩观,在加快工业强县的同时,时刻把安民、富民作为最终目标。积极倡导各级领导干部和广大党员深入基层、深入群众,坚持为群众办实事,突出抓好就业、收入、等热点、难点问题,努力使广大群众都能在发展中得到更多实惠。

(五)必须以良好的作风保证工作落实 我们始终把狠抓落实贯穿于各个阶段、各个环节,真正把抓落实的成效作为检验干部的基本标准,在全县上下树立起了拼搏进取、真抓实干的工作导向。

附:(一)阳谷县委书记、副书记、常委名单

书　记:关　华

副书记:丁东明

常　委:关　华　丁东明　李柏林　孙　峰　白立新　周素霞　吴黎明　刘同玉　崔新厚　朱丙立

(二)各乡镇、街道党委书记名单

博济桥街道	崔福臻
侨润街道	朱丙林
狮子楼街道	朱宪龙
阎楼镇	袁广斌
阿城镇	张宪峰
七级镇	王　勇
安乐镇	魏庆银
郭屯乡	肖德刚
定水镇	宋茂印
石佛镇	张子明
大布乡	白志宏
西湖乡	张景伟
高庙王乡	徐道平
金斗营乡	李贻贵
李台镇	谭福清
寿张镇	王庆森
十五里元镇	苗祝庆
张秋镇	韩金芳

中共东阿县委工作概况

东阿县委书记　张旋宇

一、组织概况与党的建设

东阿县现有22个党委，28个党总支，892个党支部，其中乡(镇)、街道办事处、工业园区党委12个，农村党支部559个。共有党员21290名，其中2006年发展党员458名。

2006年，东阿县委以“三个代表”重要思想为指导，认真贯彻落实党的十六大和十六届五中、六中全会精神，大力加强和改善党的领导，不断增强各级党组织的凝聚力和战斗力，为全县经济社会又好又快发展提供了坚强有力的组织保证。

(一)认真搞好保持共产党员先进性教育活动　在第三批村级党员先进性教育活动中，针对农村特点，精心设计方案，切实加强督导，做到了活动范围全覆盖、学习内容全渗透、有效时间全利用。狠抓保持先进性的长效机制建设，全面落实中央和省委10个长效机制文件，在全县推广了党员义务承诺、农村无职党员设岗定责等制度，切实巩固了先进性教育活动成果。

(二)加强各级领导班子和干部队伍建设　组织各级干部加强政治理论学习，不断提高贯彻执行党的路线、方针、政策的自觉性和坚定性；坚持正确的用人导向，认真执行《党政领导干部选拔任用工作条例》，圆满完成了乡镇党委换届工作；加强以民主集中制为主要内容的制度建设，进一步增强了各级领导班子的凝聚力和战斗力；大力开展干部教育培训工作，举办各类培训班71期，培训干部5207人次；加强党风廉政建设，保持了干部队伍勤政廉政的良好形象。

(三)大力加强基层党组织建设　对全县46个后进村进行帮扶和整顿，调整充实农村干部65人；扎实推进村务公开、民主管理，促进了农村稳定；新发展农村党员360名，壮大了农村党员队伍；积极推动“联村自治”工作向纵深发展，逐步完善内部管理措施，提高工作合力，增强了基层党组织的工作活力。

二、主要工作与成绩

2006年，东阿县按照科学发展观和构建社会主义和谐社会的要求，抢抓机遇，开拓创新，克服困难，真抓实干，国民经济和社会事业保持了快速健康协调发展的良好势头。2006年6月，被评为“全省县域经济发展先进单位”，受到省委、省政府奖励表彰。

(一)坚持又好又快发展，经济总量得到较快增长　狠抓发展第一要务，努力调整优化经济结构，总体实力进一步增强。全县生产总值完成64.88亿元，增长17.5%。三次产业比例为15.1:64.3:20.6，二、三产业比重比上年提高了1.69个百分点；地方财政收入完成1.65亿元，增长26.8%；社会消费品零售总额达到18.4亿元，增长16.5%；城镇居民人均可支配收入、农民人均纯收入达到7046元、3895元，分别增长17.1%、15.2%。

(二)着力抓好“三农”工作，新农村建设开局良好　统筹城乡经济社会发展，改善农村生产生活条件，加快传统农业向现代农业转变。全部取消了农业税及附加，兑现了粮食直补、农资补贴、良种补贴等惠农资金2145万元；被列为全省“支农资金整合试点县”和全国“农业综合开发支持新农村建设示范区”，实施了鱼山生态农业旅游区、沉沙池综合开发区、桑蚕特色农业园等“两区一园”项目建设；全年粮食总产9.2亿斤，创历史新高。新发展速生林12万亩，新增养殖小区30处，新增无公害基地7处。市级涉农龙头企业15家；全年实现农林牧渔业总产值17.1亿元，增长7.3%。

(三)坚持“工业立县”不动摇，工业运行质量明显提高　全县规模以上企业新增13家，达到96家。实现销售收入82.9亿元、利税10.4亿元、利润6.8亿元，分别增长45.1%、49.4%、54.3%；大力发展化工、建材、机械、医药等主导产业，东昌集团、东阿钢球、鲁西化工、金华钢铁、蓝威化工等10户骨干企业带动作用明显；推进重点项目建设，续建、新建投资过千万元的项目33个。东阿钢球30亿粒扩产、鲁西化工40万吨尿素、酒厂5万吨食用酒精、恒嘉纺织3万纱锭精纺项目等已投产或即将竣工。

(四)大力发展民营经济，发展活力不断增强　通过政策支持、典型引导、优化环境，进一步激发民间创业活力。培植壮大钢球制造、阿胶制品、木材加工等民营特色产业集群，民营企业新增150家，达到980家，实现销售收入127.2亿元；把招商引资作为总抓手，狠抓产业链招商、园区招商、小团组招商和“百日集中招商”活动，引进投产、在建项目195个；被批准为“山东省外派劳务基地县”，外派劳务服务中心正式运行；抓好园区建设，县工业园区被省政府批准为省级开发区和省级重点循环经济园区。

(五)加快生态园林城市建设步伐，城乡环境进一步优化　加强城市规划、建设和管理，“曹植公园及北关新村”被省政府授予“山东人居环境范例奖”；以曙光街环境综合整治为重点，实施亮化、绿化、美化工程，城市绿化覆盖率达到38%；扎实推进生态环境保护与建设工作，全县林木覆盖率达到47%，平原绿化工作在全国领先，被命名为“中国喜鹊之乡”。创建省级环境优美乡镇6个、市级生态示范乡镇4个，顺利通过了国家级生态示范区验收。

(六)坚持以人为本,努力把发展成果惠及广大群众 认真落实就业再就业扶持政策,城镇新增就业7200人,下岗失业人员再就业2606人,新转移农村劳动力1万人;加强培训,提高农民技能素质,农村劳动力转移培训和中等职业技术教育取得新成效,人力资源市场建成使用;养老、医疗、失业等各项社会保险实现扩面8497人,收缴基金9974万元;采取社会捐助、财政专项救助等方式,初步建立了覆盖弱势群体的救助体系,其中孤儿救助和贫困劳模救助在全省率先启动。全县"两免一补"政策资助困难家庭学生4100人。

(七)统筹社会事业发展,和谐东阿建设取得新成绩 全面实施科技特派员工程,第二批55名科技人员走到一线服务;高考本科一次上线1592人,比上年增长15%,万人比居全市第二位;医疗卫生事业稳步发展,完成了4处乡镇卫生院改扩建和31处农村社区卫生服务站建设任务,新型农村合作医疗参合率达到87%;全县低生育水平保持稳定,人口自然增长率控制在3.6‰以内;编制完成了旅游发展总体规划,成功举办了首届"鱼山梵呗文化节"和"中国喜鹊之乡"系列文化活动,"鱼山呗"、"阿胶"被批准为省级非物质文化遗产;创办了《东阿时讯》、《东阿文艺》等文化载体;"平安东阿"建设扎实推进,社会治安和安全生产保持稳定。

三、创新与经验

(一)解放思想,创新发展思路 以科学发展观统领经济社会发展全局,坚持发展这个第一要务,坚持统筹协调这个根本,努力实现又好又快发展。在工业方面,以园区建设为载体,培植主导产业,壮大骨干企业;在新农村建设方面,大力发展现代农业,进行全面规划,搞好示范试点;在三产方面,以提升档次为突破口,增强服务功能,完善基础设施;在社会事业方面,坚持以人为本,促进社会全面进步。

(二)和谐发展,创新工作模式 在加快经济发展的同时,更加注重科技进步和环境保护,更加注重社会事业发展,更加注重帮扶困难群众。通过控制污染物排放、改造落后工艺、创建国家级生态示范区等"控、改、创"三措并举,促进人与自然和谐相处;通过发展科技教育、医疗卫生、文化旅游、计划生育等"四位"一体,推动人与社会全面发展;通过对特困家庭、贫困学生、大病患者、孤儿、贫困劳模、残疾人等"八助"覆盖,实现改革发展成果由人民群众共享。

(三)转变职能,创新工作机制 以"群众满意、企业满意、基层满意"为标准,深入开展机关作风建设活动。在全县推广机关学习培训制、政务公开制、服务限时制、服务延伸制、廉政监督制等"五项制度",努力构建机关作风建设的长效机制。通过转变政府职能推动机关作风大转变、工作效率大提高、政府形象大提升,以机关作风的根本改善,促进党群、干群关系进一步融洽,促进全县软环境进一步改善,在全县形成了安定团结、共谋发展的良好局面。

附:(一)东阿县委书记、副书记、常委名单

书　记:张传玄(2007年1月离职)
张旋宇(2007年1月任职)

副书记:霍高原　田中俊　廉　波(挂职)
杨万邦(挂职)

常　委:张旋宇　霍高原　田中俊
廉　波(挂职)　杨万邦(挂职)
王子章　颜　善　刘吉星　高清浩
申　强　李艳秋(女)　张玉星
于凤贵　陈文祥(挂职)

(二)各乡镇、街道党委书记名单

铜城街道　李存河
新城街道　王玉涛
顾官屯镇　邵良臣(主持工作)
姜楼镇　王德勇
刘集镇　姚炳辉
大桥镇　题宗国(主持工作)
牛角店镇　孙　涛
高集镇　李　超
姚寨镇　王广峰
单庄乡　刘光波
陈集乡　汝继新

中共茌平县委工作概况

茌平县委书记　任晓旺

一、组织概况与党的建设

茌平县委辖30个党委,27个党总支,1257个党支部,共有党员31455名。2006年发展党员594名。2006年,在上级正确领导和深切关怀下,我们坚持以"三个代表"重要思想为指导,全面落实科学发展观,大力加强领导班子、党员干部队伍和人才队伍建设,努力为实现"团结实干建设铝城枣乡、科学发展跨入全国百强"的奋斗目标提供坚强的组织保证。

**(一)以加强党的执政能力为目标,认真开展先进性教

育活动 组织指导16个乡镇、街道办事处的818个村及县纪委、县委组织部、宣传部、机关工委等4个党政机关，共834个党组织，20589名党员，扎实开展了第三批先进性教育活动。建立健全了党员培养管理机制、党员进取机制、党员服务群众机制和民主管理机制。

(二)以"三级联创"活动为抓手，加强村级班子建设 年初，从17个县直部门抽调51名同志，对后进薄弱村进行了重点整顿。从58个有帮促能力的县直单位抽调机关干部指导58个有代表性村的新农村建设。在县委党校举办了四期农村党支部书记培训班。对全县810名村级终端接收站点管理员进行了集中培训。评选表彰了101名"张国忠式的村党支部书记"和"先进村党支部书记"。按照"积极稳妥"的方针，采取"以大联小、以强带弱"等形式，组建了73个联村，涉及行政村167个。制定了《茌平县村级补助资金管理暂行办法》，实行"村财村乡共管"，确保了村干部补贴足额及时发放。

(三)以提升干部队伍整体素质为目的，加强干部和人才队伍建设 举办了各级各类培训班15期，培训干部797人，建立了学习培训电子档案。先后选送31名科级以上干部参加中央党校、国家行政学院及省、市委党校举办的各类培训班。对领导干部进行了任中经济责任审计和任期年度审计，建立了领导干部任期经济责任审计台账。圆满完成了县乡党委换届工作。推荐选拔了32名市级乡村优秀科技人才，建立了茌平农村乡土人才库。

二、主要工作与成绩

2006年，我们以科学发展观统领全局，全面落实国家宏观调控政策，围绕"团结实干建设铝城枣乡、科学发展跨入全国百强"工作思路和奋斗目标，扎实工作，开拓进取，国民经济和社会各项事业取得了显著效果，获得了"全省农田水利建设先进县"、"全省双拥模范县"、"全省党员教育工作先进县"等荣誉称号；经济工作综合考核、工业经济、城市建设、招商引资、民营经济居全市考核第一名。

(一)综合实力明显增强，县域经济跨越发展 2006年，全县生产总值98.9亿元，比上年增长24.2%；一、二、三产业比重达到19:65:16，经济结构进一步优化；财政总收入17亿元，增长163.6%，地方财政收入5亿元，增长113%，各项财政增幅列全省县市区首位；地方财政收入占GDP、税收占财政收入的比重，分别提高1.9和2.8个百分点。金融机构存款余额60.7亿元、贷款余额59.6亿元，分别增加9.9亿元和14亿元。社会消费品零售总额25.1亿元，增长17.8%。

(二)突破重点项目建设，工业经济迅猛发展 大力实施"工业强县"战略，全年完成工业投入41亿元，重点实施了20个过亿的重点工业项目，其中七个项目已竣工投产。信发集团、齐鲁味精、金号织业、华鲁制药等骨干企业支撑作用日益突出，初步形成了铝及其加工、密度板及其加工、味精、纺织、制药等五大产业链条。大力实施名牌战略，新增中国名牌产品1个、省级名牌产品5个、国家免检产品6个。2006年，全县规模以上工业销售收入210.2亿元、利润19.3亿元、利税32.5亿元，分别比上年增长68.3%、79.7%和85.6%。

(三)新农村建设扎实推进，农业和农村经济稳步发展 枣乡建设初具规模，新植枣树388万株，密植枣园面积7万亩。瓜菜、食用菌、林果、水产、畜牧、桑蚕六大主导产业稳步发展，无公害农产品达到26个、生产基地20万亩，多种经营总收入达到18.7亿元。认真落实支农惠农政策，全面取消了农业税，各项涉农补贴资金全部及时到位，农村"水、电、路、医、学"等基础设施建设进一步加强。农村基层组织建设和科技特派员工程成效显著，2006年全面帮扶和整顿了46个后进村，农村生产力水平进一步提高。乡镇总体规划与村庄建设规划已全面展开，村镇环境综合整治成效明显。

(四)民营经济强势发展，对外开放成效显著 密度板、铝材加工、棉纺、汽车配件、农副产品加工等民营经济群体快速扩张，民营企业参与商贸流通，带动了第三产业迅速崛起，全年民营经济实现税收7.8亿元，增长106%，六大园区初具规模，入园企业达到286家。招商引资取得较大成绩，2006年引进项目69个，实际到位资金23.4亿元。对外贸易不断拓展，特别是骨干企业的外向度有了显著提高，全年实际利用外资606万美元，进出口总值1.7亿美元。

(五)城乡建设协调发展，城市功能明显提高 完成投入4亿元，组织实施了804省道茌平段拓宽改造、枣乡街、外环路拓宽改造、城区绿化和茌中河改造等十大工程。2006年，新增城区道路55公里、绿化面积100万平方米，路灯安装40公里，地下水管道铺设26公里，供热和天然气工程开始实施，城市功能不断完善，城市品位不断提升。以中心镇建设为重点的小城镇建设步伐正在加快，农村电网改造、电话县建设等都取得了较大成绩。开通城乡公交客车线路37条，班车67辆，实现了城乡公交一体化。

(六)社会各项事业全面提升 精神文明创建活动丰富多彩，文明建设取得新的成绩。"平安茌平"建设取得明显成效，人民群众的安全感进一步增强。创新素质教育发展新模式，杜郎口中学课堂教学改革已成为全省乃至全国的亮点。建设农村社区卫生服务站21处，城乡医疗水平不断提高，新型农村合作医疗参保率达到90%以上。城市底保和农村救助工作不断完善，生态县建设、计划生育、文化体育、统一战线等各项事业都有了新的进步。

三、创新与经验

(一)解放思想是实现县域经济跨越发展的基础和前提 在县域经济发展过程中，谁思想解放得快，谁就发展的快；谁思想不解放或者跟不上，谁就可能在竞争中落后。科学发展观和和谐社会的提出，不仅为解放思想注入了新的内涵，更为解放思想提出了新的更高要求，思想不解放、观念不更新，就跟不上时代的步伐。工作中，我们把加快工业发展作为提升县域经济整体竞争力的根本举措，紧紧抓住工业发展不放松,突出工业的支柱作用,不断解放思想,更新理念,工业经济保持了健康快速发展的强劲态势。我们立足骨干企业和优势产品,不断强化投入、连续投入,加快建设速度,抢占先机,好中求快,快中求胜,确立了铝产业在我县工业发展中的主导地位。

(二)产业集群发展是县域工业快速发展的必由之路 按照省委、省政府提出的主导产业、骨干企业、知名品牌"三个一批"的发展战略,按照"发挥优势,创造特色,培植产业集群"的战略构想,以打造"东方铝城"为主导方向,围绕打造安全产业链条,依托信发、齐鲁、金号、华鲁等四大集团的资源、产品优势,母体裂变,前延后伸、配套平衡,形成了特色明显、潜力巨大的铝、密度板、味精、纺织、制药五大产业集群。五大产业相辅相成,优势互补,实现了物序科学流动、能源集约利用,为企业持续、健康发展铺垫了坚实的基础。

(三)转换机制是突破资金制约的现实抉择 按照资本运作市场化、投资主体多元化的思路,积极引导企业明晰产权关系,建立现代企业制度,形成了以企业为主体、政府引导、社会参与、多元投入、市场运作的融资机制。一方面,不断加大银企合作力度,我们多次邀请金融部门来在平现场考察企业发展情况,了解企业信用度、发展现状及前景,争取金融机构的支持。另一方面,积极到国内、国外两个市场拓宽融资渠道,靠外力的强势介入确保骨干企业的资金投入。近年来,鲁能集团、希望集团等一批大企业、大集团来在平投资建设,累计引进项目 659 个,实际到位资金 84.1 亿元,招商引资连续五年在聊城市名列第一。同时,积极探索企业运行机制,培养企业自身造血功能,提高企业资本运作和抗风险能力。

(四)把握环境、高效服务是县域经济快速发展的重要保障 一是坚持"一把手"抓工业不动摇。特别是新建重点项目,都由县委书记、县长任总指挥,并明确一名或几名县级干部常驻建设工地,现场协调,全程服务,做到了工地建在哪里、领导人的办公桌就搬到哪里、工作就做到哪里。二是创造最优的发展环境,让企业家把想干的事干成。根据工业发展的需要,积极改善发展环境,为企业发展搞好配套服务,解决实际困难和问题。三是开展村企共建,打造最好的治安环境。我们把村企捆绑为利益共同体,既维护了企业的正常生产秩序,又保障了农民获得最大实惠,形成企业、村民共谋发展的良好氛围。

附:(一)在平县委书记、副书记、常委名单

书　记: 侯　军(2006 年 12 月离职)
任晓旺(2006 年 12 月任职)

副书记: 王伟华　许泽英

常　委: 任晓旺　王伟华　许泽英　白文儒
许兰岭　徐　莹　徐文华　韩德振
于永生　路绪剑　景志国

(二)各乡镇、街道党(工)委书记名单

信发街道	王　琦
振兴街道	王传峰
博平镇	刘艾新
乐平镇	秦生春
冯屯镇	李　恩
菜屯镇	杨国华
杜郎口镇	李学忠
韩屯镇	贾国峰
广平乡	曲　军
韩集乡	商同顺
温陈乡	范兆强
胡屯乡	孙大兴
肖庄乡	李宝光
贾寨乡	胡振同
洪屯乡	李　光
杨屯乡	李一功

中共高唐县委工作概况

高唐县委书记　孙兰雨

一、组织概况与党的建设

高唐县共有 30 个党委、55 个党总支、1085 个党支部,其中乡镇(街道)党委 12 个,农村党总支 1 个,党支部 637 个;党员 29227 名,其中农村党员 22333 名,全年发展党员 591 名。

2006 年,高唐县委以保持共产党员先进性教育活动为契机,以提高党的执政能力为重点,全面加强党的建设,各级党组织的创造力、凝聚力和战斗力进一步提高。

(一)提升执政理念,加强思想政治建设 坚持把思想政治建设摆在更加突出的位置,深入学习党的十六大和十六届三中、四中、五中、六中全会精神,用邓小平理论和"三个代表"重要思想武装党员干部的头脑。以县委党校为主阵地,综合运用集中调训、远程教育、知识竞赛、在职自学等多种形式,切实抓好各级党组织和党员干部的理论学习,重点抓好科级以上干部特别是新提拔任用干部的教育培训,

不断提高广大干部特别是领导干部的领导能力、知识水平和业务素质。

(二)夯实执政基础,加强基层组织建设 深入扎实开展保持共产党员先进性教育活动,从解决事关人民群众切身利益的现实问题入手,大力推行党员义务承诺制,开展“万名党员为群众承诺万件事”活动,全县2万名农村党员,为群众承诺办理义务服务事项32581件。圆满完成三个批次的先进性教育活动,群众满意率达到99.9%,中央巡视组和省、市委督导组给予了充分肯定。深入开展新一轮“三级联创”活动,在全县开展“百村集中整顿”,选派100个工作组进驻后进村。积极稳妥地进行“联村自治”试点工作,精简村级干部177名。实施“一村一名大学生”工程。开展创建100个基层党建工作示范点活动,基层党组织战斗力明显增强。

(三)改进执政作风,加强党风廉政建设 认真落实《建立健全教育、制度、监督并重的惩治和预防腐败体系实施纲要》,严格执行领导干部廉洁自律和党风廉政建设责任制,全面贯彻《领导干部选拔任用条例》,倡导以工作为立身之本的用人导向,坚持县乡领导干部述职述廉制度,深入开展“廉洁奉公、执政为民”教育活动,切实解决在行使权力、勤政为民、廉洁自律方面存在的突出问题,在全县党员领导干部中树立起了正确的权力观、政绩观和地位观。

二、主要工作与成绩

2006年,全县上下高举邓小平理论和“三个代表”重要思想伟大旗帜,以科学发展观统领全局,解放思想,抢抓机遇,干事创业,全县经济持续、快速、健康发展,各项社会事业全面进步,“十一五”规划实现了良好开局。全年实现生产总值122亿元,同比增长17.8%;财政总收入10.7亿元,增长19.3%;地方财政收入5.07亿元,增长27.6%;全社会固定资产投资42.5亿元,增长13.2%;城镇居民人均可支配收入9469元,增长15.3%;农民人均纯收入4377元,增长14.1%;人口自然增长率4.3‰;万元GDP能耗1.35吨标煤。高唐县跻身山东省县市竞争力十强,名列第六位。

(一)坚持工业立县,打造百亿产业,努力壮大工业经济实力 大力实施工业带动战略,以项目建设为载体,不断加大工业投入,着力培植运输机械、林浆纸、农副产品加工、纺织服装加工、电力能源及相关产业等五大产业集群。全年共实施1000万元以上的工业重点项目59个,完成投资24.7亿元。大力实施名牌战略,积极开发具有自主知识产权的产品,创造了时风、泉林、蓝山等一批知名品牌。时风单缸发动机和时风大中型拖拉机被命名为“中国名牌”,“泉林”、“蓝山”等14个品牌被评为“山东名牌”。2006年,全县规模以上工业企业实现销售收入317.4元、利税23.3亿元、利润18亿元,同比分别增长38.9%、38.9%和41.3%。

(二)坚持以工促农,破解“三农”问题,努力建设社会主义新农村 按照中央新农村建设“20字方针”,大力实施“1288工程”,即在全县选择12个样板村、88个示范村,作为新农村建设试点村,以此为切入点,推进全县新农村建设。依托蓝山集团、澳士达牧业公司等农副产品生产加工骨干企业,培植起了畜牧、蔬菜、经济林、棉花四大主导产业,带动各类标准化生产基地47万亩,农村经济合作组织78个,有45%的农户进入农业产业化经营,参与农业产业化经营的农民达到10万多人。实施了农村劳动力转移“四个一批”工程,即通过骨干企业直接就业一批、发展民营经济转移一批、加快城市建设吸纳一批、外出务工经商输出一批,实现了农民增收由主要依靠土地转向主要依靠非农行业,累计转移农村劳动力11.5万人,农民增收53%来自非农产业。

(三)坚持因势利导,重点突破,努力做大做强服务业 一是做“活”商贸流通业。以全国“万村千乡”市场试点县为契机,大力推进连锁经营、超市下乡工程,加快农村流通网络建设,形成县乡村三级上下贯通的流通体系。二是做“优”特色旅游业。积极整合旅游资源,做活“水文化、水浒文化、生态文化、书画文化”相结合的旅游大文章。鱼丘湖景区被批准为国家3A级旅游景区。三是做“亮”现代会展经济。成功举办了李苦禅艺术馆开馆暨首届中国(高唐)书画艺术博览会,大大地提高了高唐在全国的知名度和美誉度,推动了全县房地产、旅游、书画等服务业快速发展。2006年,全县实现社会消费品零售总额28.2亿元,同比增长16.8%。

(四)坚持突出特色,实施精品工程,努力打造中国书画艺术名城 按照打造中国书画艺术名城的发展定位,以中国北方最大的县级城内湖——鱼丘湖为中心,突出“绿荫、碧水、书画”三大特色,深入挖掘历史文化内涵,围绕鱼丘湖古城区、双海湖新城区和经济技术开发区进行了较大规模的城市开发建设,积极推进以环城新河连接鱼丘湖、双海湖、南王新湖、大张新湖为主体的“一河连四湖”工程,形成了城中有湖、湖中有城、城湖一色、绿美结合的园林式、生态型、现代化中国书画艺术名城。2006年投入城建资金6.59亿元,县城建成区面积达到23平方公里,城市化水平达到40.2%,城市绿化覆盖率达到39.5%。

(五)坚持改革开放,培植“三个亮点”,努力激发高唐发展活力 一是大力发展民营经济。着力培植双龙养殖、智德纺织等18家工业第二梯队企业,积极扶持以赵寨子大理石平板、三十里铺棉花加工、琉寺建筑模板为代表的乡镇民营企业集群,形成了民营经济集聚发展的新格局。2006年,全县民营经济完成50万元以上固定资产投资26亿元。二是加快对外开放步伐。依托时风、奥克特、双龙等骨干企业,大力发展对外贸易,推动高唐企业加快走向国际市场。2006年,全县实际利用外资2256万美元,出口创汇9806万美元,同比分别增长12%和83%。共引进外来投资项目286个,到位资金17.6亿元,同比增长14.6%。三是积极发展高新技术。坚持用高新技术改造、嫁接传统产业,重点培育环保型发动机、高档纸及纸制品等高新技术产品,增强企业核心竞争力。2006年,全县完成高新技术产值44.3亿元,占规模以上工业企业总产值的14.1%。

(六)坚持以人为本,推进全面发展,努力构建和谐高唐 投资4亿多元,实现了村村通油路、通客车目标,启动了村村通有线电视工程、村村通自来水工程,全面推开了新型农村合作医疗工作,新建了9幢乡镇卫生院门诊楼、第二人民医院门诊病房楼、21幢中小学教学实验楼,新建扩建敬老院12处,有效解决了群众关心的通路、饮水、就医、校改等实际问题。建立健全了养老保险、基本医疗保险、失业保险等五大保险体系和以最低生活保障、五保供养、法律救助等十大救助制度为主的社会救助体系,实现了应保尽保。同时,积极开展了"五城同创"工作,即创建全国文明城市、全国双拥模范城市、国家卫生城、国家环保模范城市和省级园林城市,努力构建和谐社会。

三、创新与经验

一年来,我们把解放思想、更新观念作为加快发展的关键措施,不断创新思路,创新方法,创造性的开展工作,有力地推动了全县经济社会的快速健康发展。

(一)大力推进各项改革,激发发展活力 扎实做好党代表常任制试点、农村党员干部现代远程教育试点工作,提高了全县党员干部的政治素质和工作能力,被评为全省基层组织建设先进县。泉林、热电等骨干企业建立起规范的法人治理结构,商贸流通、粮食加工、物资供应、粮食购销等企业改制成效明显,财政体制、行政审批等各项改革全面推进,大大激发了全县经济社会发展的活力和动力。

(二)立足县域工作实际,狠抓工作落实 大力倡导以工作为立身之本,坚持求真务实、真抓实干,把抓落实作为第一基本功。全县各级各单位上下联动,着眼于高唐经济和社会事业发展大局,讲协调、讲协助、讲配合,形成了团结共事、齐心抓落实的强大合力。强化制度建设,建立健全抓落实的约束机制,推动了全县各项工作落到实处,见到成效。

(三)完善"三个体系"建设,加大考核奖惩力度 不断加强"决策目标、执行责任、考核监督"三个体系建设,成立工作岗位目标考核部门,将各项任务层层分解落实,加强检查调度,严格考核奖惩,促进了全县经济社会又好又快发展。

附:(一)高唐县县委书记、副书记、常委名单

书　记:孙兰雨

副书记:张乐天　孔红伟

常　委:孙兰雨　张乐天　孔红伟　刘东昌　刘　萍(女)　常书彦　郭新华　李丙成　张学宏　何　华　聂　磊

(二)各乡镇、街道党委书记名单

鱼丘湖街道	孙海清
人和街道	广焕东
汇鑫街道	张德印
梁村镇	梁立奎
固河镇	徐启静
清平镇	王哲俊
尹集镇	陈登银
琉寺镇	徐　林
卅里铺镇	闫功祥
姜店乡	韩子民
杨屯乡	刘　莹
赵寨子乡	于永峻

滨 州 市

中共滨城区委工作概况

滨州市委常委、滨城区委书记 王文禄

滨州市滨城区现有人口52.3万，版图面积853平方公里，辖12个乡镇办事处，756个行政村（居）。2006年，滨城区委在上级党委的正确领导下，团结带领全区人民，以科学发展观统领全局，按照"大开放、大投入、大发展"的工作定位，坚持"以工为纲、以工促商、以工带农"，"中间抓商贸、周边搞开发"和"家家办公司、人人干企业"总体工作思路，团结协作、拼搏实干，全区综合经济实力持续提升，"三个文明"建设协调发展，社会和谐稳定，人民安居乐业。

一、组织概况与党的建设

滨城区现有34个党委，40个党组，1361个党支部，党员24080名。其中，新型经济组织党委7个，党支部62个，党员1317人，2006年发展党员92人；新型社会组织党支部55个，党员571人，2006年发展党员31人。

（一）保持共产党员先进性长效机制进一步健全 以强化党员意识、增强党员能力为重点，健全完善了党员学习培训制度；以保障党员权利、加强民主监督为重点，健全完善了党内民主和组织生活制度；以搭建党员发挥作用的实践平台为重点，健全完善了党员联系群众、服务群众、党建示范点等制度；以狠抓制度落实为重点，健全完善了党建工作督导检查制度。

（二）深入开展"民主议政日"活动 继续实行领导干部包联责任制，区级领导每月参加各自联系村居的议政日活动；强化督导考核，每月抽调20多名工作人员，对各乡镇办活动开展情况进行督导，有效促进了议政日活动的扎实开展。2006年为群众解决发展难题2938件，办实事2065件。

（三）认真组织党委换届，做好各级党代会代表推选工作 圆满完成乡镇党委和区委换届工作，一大批优秀干部充实到新班子中，领导干部综合素质有了新的提高。圆满完成出席中央、省、市、区四级党代会代表推选工作。

（四）全面做好远程教育站点的管理与使用工作 一是构建规范化管理长效工作机制，成立了四级阶梯式的远程教育管理机构。二是提高远程教育学用成果的转化率。建立远程教育专项培训班，组织学习25场次，参加人数达2250余人。三是认真落实站点维护经费。安排23万元用于经济薄弱村站点维护和有线数据接收卡的安装。四是努力做到各项工作整体推进。2006年，共举办培训2.8万场次，培训党员群众43万人次；带领群众种植蔬菜12000亩，种植冬枣15万亩。

二、主要工作与成绩

2006年，滨城区实现生产总值115亿元，同比增长19.7%；三次产业结构调整为7.7:55.8:36.5；地方财政收入10.54亿元，其中区级5.5亿元，分别增长33.08%、34.07%；规模以上工业企业实现增加值51亿元，增长35.6%，利税14.5亿元，增长16%；实现社会消费品零售总额45.6亿元，增长16.5%；城镇居民人均可支配收入1.17万元，农民人均纯收入4418元，分别增长14%、15.5%；人口自然增长率5.24‰，各项年度任务目标圆满完成。

（一）工业经济实力持续增强 坚持"以工为纲"，深入开展企业"三上"活动，工业经济整体实力进一步提升。安琪酵母1.2万吨鲜酵母、中通钢管一期工程、愉悦家纺二期工程等23个项目全部完工，全年完成工业投入30.82亿元。各类工业园区发展到13个，滨州工业园区成为省级开发区。实施产业链延伸项目363个，新增民营企业1392家；新增规模以上工业企业28家，达到170家。实施名牌战略，"良友"商标被认定为省著名商标，"亚光"商标成为中国驰名商标，并被评为全国毛巾行业最有价值商标第一名。愉悦家纺装饰、亚光毛巾等系列产品荣获"中国免检产品"称号。

（二）现代服务业快速提升 现代服务业发展迅速，65个投资过千万元的商贸开发项目全面开工，累计完成投资47.8亿元。新增各类服务机构70余家。7条特色街、13处专业市场正式命名。以秦皇台、中海、三河湖、蒲园、裕华冬枣园为主的生态旅游形成综合产业体系，全年接待游客160万人次。成功举办"中国（滨州）城市现代服务业发展博览会"，进一步提升了滨城知名度。

（三）新农村建设扎实推进 新农村建设24件实事全部完成，改造农村公路184公里，实现农村公交客车路路通;建成"一池三改"户用沼气池1100个;转移农村劳动力3.5万人。林木覆盖率达到25.7%,荣获"全省绿化先进县(区)"称号。全区重点农业龙头企业发展到63家。688个村(居)实现了集中供水,通村率达95.8%,荣获"全国农田水利建设先进(县)区"称号。全部取消农业税及其附加。

(四)城市基础设施日益完善 城市基础设施建设加快推进,全年累计投资5.2亿元,修建道路30条,总长104.5公里。东区新二中投入使用,创业大厦、广电大厦等重点工程主体完工。滨港铁路一期工程建设任务全面完成。铺设道路排水管线35公里,新增绿化面积6万平方米。

(五)招商引资和外经贸工作取得新成绩 突出专业招商队伍主体作用,围绕世界和中国"双500强"及"胡润500富"企业组织开展定向招商"攀高亲"活动。全年累计引进区外项目532个。第五届全市银企合作促进会签订协议合同资金89.5亿元,比上届增长61%。企业外向度不断提高,全年完成社会出口交货值47.93亿元,增长48.2%;自营进出口累计完成2.62亿美元,增长68.8%。

(六)资源节约、环境保护工作成效明显 万元GDP能耗下降5%、电耗下降5%、取水量下降8%,工业用水重复利用率提高3.99%。实施"蓝天碧水"工程,五家重点排污企业完成搬迁。城市污水处理厂新增污水日处理能力4万吨。企业新增工业废水处理能力1.3万吨,化学需氧量排放量削减180余吨。

(七)社会事业全面进步 全年新增市以上企业研发机构5家、省级高新技术企业7家、民营科技企业11家,实现高新技术产业产值21.9亿元。申请专利125件。新增就业再就业5800人。敬老院集中供养率达到71%;发放救助金100余万元。为6364名低保群众发放低保金464.05万元,实现应保尽保。农村中小学教师工资全部纳入区级财政预算;新创省级规范化学校4处,达到15处。建成农村社区卫生服务站108处,覆盖率达100%;新型农村合作医疗参合率达到93.81%。有线电视入户率达到87.6%。平安建设卓有成效,被省委、省政府表彰为"平安山东建设模范县(区)"。

三、创新与经验

(一)夯实基础抓基层 大力实施"双基工程"、"民主议政日"等活动,探索建立了"三级联包"活动的长效机制,培养选树了一批站得住、推得开的先进典型。按照"强化基础抓组建、健全制度抓规范、发挥作用抓载体、示范带动抓典型"的思路,民营企业党建工作的实效性得到增强。

(二)放宽思路抓队伍 不断深化干部人事制度改革,坚持干部政绩明细化、具体化、项目化的工作方针和"凡进必考、逢提必争,成事重用、误事惩处"的干部选拔任用机制,真正把人品好、有本事、作风硬的人重用起来,不断把讲民主、讲团结、讲责任,有政治观念、经济头脑、奉献精神,有思想境界、工作水平、领导才能的干部充实进各级领导班子。

(三)严明纪律树形象 认真贯彻执行两个《条例》,加大教育、监督和查处力度,建立健全惩治和预防机制,从源头上预防和遏制了腐败现象的发生。牢记"两个务必",各级领导干部认真落实党风廉政建设责任制,拒腐防变能力得到增强,树立起了为民、务实、清廉的新风正气。

(四)创新方式抓考核 坚持领导干部包产业重点项目和重点工作责任制、招商引资建设责任立牌明示制、人大联合接访制、乡镇办主要负责人每月固定接访制、全员维护稳定责任制、联合接访"三三"制等各项制度,建立健全具有较强操作性的工作运行机制,推动了各项工作的制度化进程。

附:(一)滨城区委书记、副书记、常委名单

书　记:胡炳山(2006年12月离职)
　　　　王文禄(2006年12月任职)
副书记:赵建明　蔺新河
常　委:王文禄　赵建明　蔺新河
　　　　史惠芳(女)　周克宏　张英锋
　　　　王忠亭　刘春国　齐学峰　聂泉刚
　　　　王全庆

(二)各乡、镇、办事处党(工)委书记名单

梁才办　蔡宝芹(女)
市中办　宋志刚
市西办　刘晓兵
北镇办　郑振亮
市东办　于尊彦
彭李办　于秀章
滨北办　李建汉
小营办　王树林
旧镇镇　聂　林
堡集镇　吕全贵
尚集乡　刘伟忠
秦皇台乡　王　成

中共惠民县委工作概况

滨州市委常委、惠民县委书记　何思清

2006年,惠民县委在上级党委、政府的坚强领导下,团结带领全县各级党组织和广大人民群众,高举邓小平理论和"三个代表"重要思想伟大旗帜,认真贯彻落实党的十六大和五中、六中全会精神,以科学发展观统领全局,宵衣旰食干事业,凝心聚力谋发展,三个文明建设都取得了新的进步。

一、组织概况与党的建设

惠民县版图面积1357平方公里,辖10镇4乡1个经济开发区,1282个行政村,63万人口。现有党委44个,其中乡镇党委14个,县直机关及企事业党委30个,有112个党总支,1867个党支部,28932名党员,其中农村党员21186名,县直机关及企事业单位党员7746名。非公有制经济组织党委2个,有31个党支部,396名党员。

(一)双向突破,夯实基层党建基础　坚持一手抓后进班子整治,一手抓典型示范村培养,以"三级联创"活动为载体,新创建"五个好"乡镇党委7个,"五个好"村党支部161个。研究出台了《关于加强新形势下村级组织建设的意见》、《"双基工程"典型示范点创建指南》,创建农村示范点31个,创建乡镇站所示范点10个,创建企业示范点9个。

(二)以民为本,提高基层党建水平　依托"民主议政日"活动,将每月5日作为"为民办事服务日",着力建设服务型基层党组织和党员干部。积极探索"支部+远教+协会"远程教育管理工作模式,新创建"五星级"远程教育示范站点6个,全县"市级五星级站点"达到14个。全面启动村级组织活动场所建设,129个完成主体建设工程。

(三)深化改革,改善领导班子和领导干部结构　注重将干事创业作为选人用人的标准,侧重干部队伍的年轻化、知识化建设。县乡换届圆满结束,乡镇党委班子平均年龄由40.2岁降至36.8岁,配备30岁以下干部17名,女干部19名,全日制大学本科学历干部15名,进一步优化了乡镇领导班子结构。

(四)从严治党,党风廉政建设不断深入　实施廉政文化进机关、进学校、进家庭、进企业、进农村"五进工程",开展"勤政廉政、科学发展"、"社会主义荣辱观"、"党章学习月"等主题教育活动,构建了反腐倡廉"大宣教"格局。坚持纠建并举,切实解决群众反映的突出问题。创新办案思路,坚持从严整治,全年立案查处各类违纪案件82件,结案82件,结案率100%。

二、主要工作与成绩

2006年,紧紧围绕"突破2006,赶超2007"的阶段性奋斗目标,抢抓省市帮扶机遇,启动内力,借助外力,负重奋进,苦干实干,经济发展速度明显加快,运行质量显著提高。全县GDP同比增长18.2%,地方财政收入同口径增长54.9%,税收收入占地方财政收入的比重达到88%,城镇居民可支配收入达到8208元,增长14%;农民人均纯收入达4114元,增长11.9%。2006年11月,省委书记张高丽亲临视察,对惠民的发展给予充分肯定。

(一)工业兴县步伐加快　县经济开发区被批准为省级经济开发区,并有42个项目入驻,22个项目建成投产。华润公司气流纺整合、基德公司精梳纱、明达油棉一期工程、盟威集团惠民工业园18条成品活塞生产线等项目建成投产,好世界纺织公司15万锭精梳纱和光明热电新上二号炉项目进展顺利。开展了"百家企业上台阶"活动,工业投入增长140%。全县规模以上工业企业达到149家,规模以上工业增加值等主要指标增幅均在50%以上,民营企业实交税金1.38亿元,同比增长62.7%。

(二)招商引资实现突破　严格执行国家政策,坚持扩大引资规模与提高招商质量并举。全年办成利用外资项目289个,其中过亿元项目12个,实际利用境外资金259万美元;完成进出口总值1412万美元,其中出口706万美元。省市重点帮扶工作,在省国土资源厅、肥城市、高密市和29个市直部门的大力帮助下,共引进落实项目53个。

(三)新农村建设稳健起步　坚持以工业化思维谋划农业,新增市级农业龙头企业5家,全县市级以上农业龙头企业达到13家。年交易额5000万元以上的农产品批发市场达到5家,6万多农民在家门口实现了就业。惠民县被列为国家级农业标准化示范县,有2个产品被国家农业部认定为有机农产品,全国转基因抗虫杂交棉制种现场观摩会在我县召开。引导农民改灶、改厕、改水,全县沼气用户达到了2000余户。"绿色惠民"建设初见成效,林木覆盖率达到28%,比2005年提高了3.4个百分点。广泛开展以送信息、科技、文化、卫生、法律为主要内容的"五进农家"活动,文明之风吹遍城乡。

(四)现代服务业加快发展　成功举办了第四届国际孙子文化旅游节,武圣园建成开放,孙子标准像通过专家论证,确定了孙子诞辰日,孙子故里知名度大幅度提升。胡集书会被评定为国家级非物质文化遗产,河南张泥塑、清河镇木版年画、东路梆子被评定为省级非物质文化遗产。全县游客人数和旅游业收入分别增长178%、75%。

(五)城乡面貌变化明显　惠青黄河大桥、大济路改线工程建成通车,孟家水库扩容蓄水,孙武黄河大桥正在积极筹建中。污水处理厂、鲁北大街、东护城河公园、南护城河疏浚治理、东关大街、故园南广场、工业路改造进展顺利。

历史文化名城建设全面启动,宋城墙、护城河、海子群着手保护开发。

(六)和谐社会建设扎实推进 深入开展平安惠民建设,社会稳定工作跨入全市先进行列,被省委、省政府评为"平安山东"建设先进县。修建乡村公路120公里,改造大中型危桥10座,建成3处乡镇客运站。对县职教中心进行改扩建,建成青少年活动中心。建成希望小学4处,改造中小学危房8586平方米。在第21届省运会上,获得3枚金牌。启动了新型农村合作医疗制度试点,改造卫生院6处,魏集镇被评定为省级卫生镇。314个村13万人用上了安全放心的自来水,城区集中供热面积达到了80万平方米,农村"五保"人员集中供养率达到了70%,城镇职工实现了应保尽保。

三、创新与经验

(一)解放思想,实事求是,探索跨越发展之路 坚持把解放思想、更新观念贯穿各项工作的全过程,同时,不唯书、不唯上、只唯实,从本地实际出发,探索出了一条符合惠民县情、与时俱进的发展路子,即认真落实科学发展观,紧紧围绕"跨入全省县域经济第二方阵,彻底甩掉欠发达帽子"的宏伟目标,大力实施"工业兴县、三产活县、三农稳县、环境立县"四大战略,加快构筑"一区(开发区)一城(历史文化名城)一带(220国道沿线复合型经济带)"三大支撑,扎实推进社会主义新农村建设,努力构建和谐社会,全面加强和改善党的领导,建设和谐富裕文明新惠民。全县上下凝心聚力,居弱图强,经济和社会发展开始走上赶超跨越的快车道。

(二)以人为本,关注民生,全力维护人民群众的根本利益 按照科学发展观的要求,实施了"四心"工程,即始终坚持加快发展聚民心,通过发展解决问题,凝心聚力;坚持以人为本赢民心,尊重群众意愿,听取群众呼声,把职工利益放在企业改革改制的首位,把农民利益放在农村工作的首位,把群众困难放在党委政府工作的首位,保障了农民群众的合法权益;坚持完善机制安民心,发展稳定两手抓、两手硬,加强乡镇调解中心建设,构筑大稳定工作机制的做法,被省市转发推广。"六个一"信访工作经验,得到中央信访联席办充分肯定;坚持夯实基础顺民心,抓基层,打基础,全县上下政通人和,风正气顺心齐。

(三)增强责任心,提高执行力,狠抓工作落实 围绕健全完善"三个体系",创新领导机制,对全年重点工作,明确责任人和完成时限,通过新闻媒体向社会公布,定期督导通报。建立了十大重点工作领导小组制度,县几套班子成员绑在一起领任务,定责任,受奖罚。建立了大事+实事制度,各部门全年都办好3件大事和10件实事,全县上下形成了齐心协力抓发展的强大合力。

附:(一)惠民县委书记、副书记、常委名单

书　记:何思清

副书记:王　瑜　康永彬　赵培金(挂职)

常　委:何思清　王　瑜　康永彬　赵培金(挂职)　高月华　尚鸿鸣　宫会亮　张宝亮　李　勇　杨立梅(女)　班福忠　赵燕军(挂职)　刘明伦(挂职)　庄乾玉

(二)各乡镇党委书记名单

孙武镇　王　忠
何坊乡　王　骥
石庙镇　张福生
桑落墅镇　乔福民
麻店镇　杨新国
淄角镇　王振刚
皂户李乡　李延民
辛店乡　宋全利
胡集镇　路灿新
魏集镇　魏桂芳(女)
清河镇　卢召俊
李庄镇　田洪健
姜楼镇　马克英
大年陈乡　周增宝

中共阳信县委工作概况

阳信县委书记　尚龙江

一、组织概况与党的建设

阳信县辖6镇3乡,854个行政村,人口43万。下设18个基层党委,其中乡镇党委9个,县直党委9个;91个党总支,1162个党支部,全县共有党员17987人。

(一)以县乡党委换届为契机,切实加强干部队伍建设 认真做好县乡党委换届工作,对各乡镇、县直部门领导班子进行了调整,一批德才兼备、群众公认、综合能力强的干部优先得到提拔重用;认真抓好县委换届的各项组织筹备工作,搞好县党代表的推荐、考察与选举,为县第十一次党代会的顺利召开奠定了基础。按照中央大规模培训干部要求,先后举办了科级干部进修班、新任科级干部培训班、优秀中青年干部培训班、组工干部培训班,并以县乡党校为主阵地,重视加强对农村党员干部的教育培训,各级干部队伍整体素质得到了进一步提高。

(二)全面深化“双基工程”,不断夯实基层基础 按照“抓两头、促中间”的工作思路,实行后进村班子整治销号制,为全县854个行政村建立了基层组织电子台账,对后进村纳入重点管理,全县共整治后进村93个。进一步修订完善了《农村基层组织建设考核办法》,将农村基层组织建设与乡镇主要领导和分管领导的政绩挂钩,对基层组织建设实行半年考核、年终总评。深入开展“民主议政日”活动,每村确定一名乡镇干部包村督导,使“民主议政日”活动有实际内容、有工作记录,保障了农民群众的知情权、决策权、参与权、监督权,促进了全县农村的发展和稳定。坚持不懈地抓好远程教育“学、管、用”工作,采取“专家辅导、基地示范、网上教学”三种远程教育方式,共举办科技讲座53场次。

(三)扎实开展先进性教育活动,健全党建长效机制 深入开展第三批先进性教育活动,认真抓好四个长效机制文件的贯彻落实,保证和巩固了先进性教育成果,群众满意率达到了99.6%。以推广“农村党员承诺制”和大规模培训党员为切入点,切实抓好《关于做好党员联系群众和服务群众的工作意见》和《关于加强党员经常性教育的意见》的贯彻落实。同时,建立党委(党组)书记就基层党建工作向上级党委进行述职制度,进一步明确了各级党委和有关部门抓农村基层组织建设的责任。

(四)重视干部队伍作风建设,强化干部监督管理 进一步健全完善了党委中心组理论学习制度,认真抓好各级领导班子民主生活会制度的落实,不断提高民主生活会质量。坚持以正面教育为主、以预防为主、以事前监督为主,把干部监督贯穿于干部培养、选拔、任用、管理的各个环节,逐步形成了党内监督、法律监督、群众监督、舆论监督相结合的监督体系。认真实行了对领导干部的任前、任中、离任三位一体的审计监督。先后对19名领导干部进行了离任审计。设立“12380”干部监督举报电话,有效防范了干部选拔任用工作的不正之风。

二、主要工作与成绩

(一)经济运行态势良好,发展后劲明显增强 2006年全县财政总收入实现1.97亿元,增长60%;地方财政收入增长50%;规模以上工业企业完成增加值、销售收入、利税分别增长66%、55%和54%;高新技术产值增长70%。全县规模企业达到了113家、新增14家。先后引进了滨阳燃化、诺瑞织品、数字机顶盒、甜高粱制燃料乙醇、生物柴油等一批科技含量高的项目,中粮集团、维多集团、bp集团等世界500强企业先后牵手阳信,为阳信打造“全国生物质能源示范县”提供了强力支撑。特别是由滨化集团为主固定资产投资15亿元的滨阳燃化项目,三期工程全部投产达产后,销售收入可达200亿元、利税20亿元,将对阳信彻底摆脱长期欠发达局面起到决定性作用。

(二)载体建设日趋完善,城市框架正在拉开 举全县之力不断加快以“一区一街两城、四环两高一铁”为重点的基础设施建设步伐。人工业区项目已达35个,其中投产项目19个,预期项目总投资36.3亿元。鲁北大街示范段基础设施及相关配套工程已经完成,电子工业城和肉牛加工贸易城水、电、路、讯等基础设施已基本配套完毕,一批项目已经签订人园协议。

(三)“十进村”行动深入人心,新农村建设扎实推进 以“十进村”行动为总抓手,不断加快新农村建设步伐。全县有线电视实现了村村通,10万元以上项目、柏油路、自来水、新型农村合作医疗人村率分别达到66%、77.5%、82.8%和100%。中央和省、市各级政研部门、新闻媒体对我县开展的“十进村”行动进行了深入报道,中组部批准将“十进村”行动做法作为典型案例进入了中央党校和中国浦东干部学院的课堂。

(四)社会事业协调发展,精神文明建设成效显著 高考本科一榜上线率连续5年居全市第一,万人比连续3年居全市第一。优秀教师王玉贵被授予全国“模范教师”荣誉称号,并被评为全国四大“师德标兵”之一,教师节期间19家中央主流媒体作了集中报道。拉平了县乡工资,调动了乡镇工作人员的积极性。社会救助制度不断规范完善,对农村2625人、城镇3149人实施了低保救济。大力实施“就业再就业工程”,全县新增就业再就业3510人,转移农村劳动力5600余人。

(五)帮扶对接成效明显,大而好的项目先后落地 省广电局、招远市、福山区主动帮助阳信融通资金、招商安商以及搞好产业对接,先后引进玲珑化工、肉牛加工等8个项目,总投资额达3000多万元,提供无偿资金200余万元,为全县加快发展注入了新的活力。滨州市级领导和各市直帮扶部门共为阳信县争取到位无偿补助资金6505万元,发放各类贷款9000万元,帮助引进工业项目23个、总投资7.08亿元。

(六)和谐局面不断巩固,民族团结跃上新台阶 以建设“和谐阳信”为目标,深入开展“严打”整治、“民主议政日”和“联合大接访”等活动,及时化解各类不稳定因素,县委、县政府被省委、省政府授予“民族团结进步模范集体”、“平安建设先进县”和“四五普法依法治理先进集体”荣誉称号。总结并运用“6字方针”和“32字工作法”积极预防和妥善处置群体性事件的做法,被中央政策研究室以《简报》形式提报中央领导参阅。新华社刊发了我县加强民族团结、规范宗教管理的作法,中央有关领导和省主要负责同志先后作出批示推广。2006年11月,全省民族工作经验交流会议在滨州召开。

三、创新与经验

(一)始终坚持在解放思想中统一思想 针对阳信当前

加快发展的新形势、新任务,深入开展解放思想大讨论活动,提升境界、凝聚力量。继续秉承“以人为本、超时谋划、创造优势、协作共赢”的和谐理念,把全县上下的思想统一到“倍加珍惜来之不易的和谐局面”上来,统一到“用发展的办法解决前进中的问题,用市场的手段解决发展中的问题”上来,统一到“以推进大项目建设引领县域经济大跨越”上来,统一到“千方百计解决群众最直接、最现实、最关心的利益问题”上来,通过思想的大解放推动工作的大落实。

(二)始终坚持既定的工作思路不动摇 按照中央和省、市部署,结合我县实际,集思广益,认真谋划,确定了“‘一体两翼’抓发展,‘十进农村’活‘三农’,‘三区一街’靓城市,科教统筹兴事业,‘五指并拢’促稳定,‘五管齐下’强党建”的总体思路以及“全党抓经济,重点抓工业,突出抓项目,根本抓投入,关键抓环境,核心抓财税”的经济工作指导思想,并以一贯之地坚持,全县上下思路更加清晰,重点更加突出,想经济、议发展、求跨越的意识进一步增强。

(三)始终坚持工作机制的不断创新 按照“公、廉、勤、能、实”的为政理念,狠抓党的思想、组织、作风、制度和执政能力建设。进一步健全完善“三大体系”,深化“三级联创”和“双基工程”,实行县级干部“六个一”责任制、机关干部“一线工作责任制”,全面推行“星级化管理”,着力加强以党支部为核心的村级组织建设。实行重点项目月调度、月通报制度,把重点工作、重点项目细化明确到每位县级干部、乡镇党政一把手以及牵头单位和具体责任人,激发调动了广大干部群众干事创业的积极性、主动性、创造性。

附:(一)阳信县委书记、副书记、常委名单

书　记:尚龙江

副书记:林国华　马福祥

常　委:尚龙江　林国华　马福祥　焦本强　李云峰　王占峰　范伟华　臧　伟　言家水　李荣舜　吕德祥

(二)各乡镇党委书记名单

阳信镇	闫福利
劳店乡	魏国青
商店镇	李秀坡
河流镇	王文奎
翟王镇	鲍永翔
温店镇	杨德江
洋湖乡	劳宏伟
水落坡乡	李海峰
流坡坞镇	郑景华

中共无棣县委工作概况

无棣县委书记　李维东

2006年,无棣县委在上级党委的正确领导下,团结带领全县各级党组织和广大党员干部,坚持以科学发展观统领全局,进一步解放思想,创新实干,超越发展,全县物质文明、政治文明和精神文明建设取得全面进步。

一、组织概况与党的建设

无棣县现有基层党委31个(其中乡镇党委11个),党组42个,党总支90个,党支部1037个,党员19412名。新型经济组织中党组织27个,其中党委2个,党支部27个,党员1192名。一年来,县委以提高执政能力为重点,全面加强党的思想、组织、作风建设,党的创造力、凝聚力和战斗力明显增强。

(一)加强教育,提高党员干部素质 以“三个代表”重要思想和科学发展观为主线,突出抓好理论学习,深入开展保持共产党员先进性、“勤政廉政、科学发展”和社会主义荣辱观等一系列教育活动,组织全县各级党员干部县内参观增强信心,外出学习感受差距,进一步解放了思想,坚定了超越发展的紧迫感和责任感。着力提高党员干部贯彻落实科学发展观的能力、驾驭全局的能力、处理利益关系的能力和创新务实的能力,把党的思想建设的成果落实到加快发展上,体现在造福群众上。

(二)科学用人,激发干事创业活力 认真落实《党政领导干部选拔任用工作条例》,按照“三性”、“五力”、“六事”要求,在经济工作第一线锻炼干部、培养干部、发现干部,充分调动了各级干事创业的积极性。完成了乡镇党委换届工作,各级班子结构进一步优化,干劲明显增强。对工作突出的重奖重用,激励先进,鞭策后进,营造了深厚的发展氛围。

(三)打牢基础,增强基层班子凝聚力、战斗力 高度重视基层、基础工作,深入开展“三级联创”活动,以实施“双基工程”为抓手,以“五个好”乡镇党委、“六个好”农村党支部为标准,加强对乡镇考核,切实加强农村基层班子建设。充分运用和发挥农村党员干部现代远程教育网络作用,加强农村党员干部教育培训力度。扎实开展“民主议政日”活动,推行村务公开,加强农村财务管理,基层党组织凝聚力、战斗力明显增强。

(四)从严治党,树立党员干部良好形象 建立健全惩治和预防腐败体系,加强教育使之不想为,完善制度使之不能为,强化监督使之不敢为。坚持民主集中制原则,推进县委和各级班子民主决策、科学决策。着力提高工作效率,改进工作作风,强化宗旨观念,树立了党员干部良好形象。

二、主要工作与成绩

2006年,县委团结带领全县人民,牢抓省对口帮扶机遇,借势突破,造势发展,全县经济社会保持了超越发展的强劲势头。2006年,全县实现国内生产总值84.8亿元,地方财政收入4.8亿元,农民人均纯收入4058元,全社会规模以上固定资产投资75.3亿元,同比分别增长20.9%、40.1%、15.7%和37.3%。新华社、省委组织部、省委政研室先后总结无棣发展的经验,被誉为"全省实施'促强扶弱'战略的成功范例"。2006年全省县域经济现场会议首站来无棣观摩,无棣再次被省委、省政府授予"全省县域经济发展先进单位"。省委书记张高丽同志三次对无棣的工作做出重要批示,张高丽、韩寓群等省领导来无棣视察工作,都给予了充分肯定。

(一)工业经济快速膨胀 深入推进工业强县战略,坚持不懈地抓投入、抓招商、抓项目,全力打造生态电源、化工、海盐和循环经济四大基地,加快推进五大工业园区建设,工业经济实现了快速增长和跨越发展。鲁北国家级生态工业园区固定资产达110亿元,2006年建设了总投资110多亿元的10个项目,山东无棣工业园区被省发改委核准为省级开发区。2006年全县新增规模以上企业41家;全县规模以上企业实现销售收入163.1亿元、利税17亿元、利润14.6亿元,同比分别增长58.9%、33.9%和31.1%。

(二)基础支撑坚实有力 "北带"的引擎作用不断增强,沿海防潮堤全线闭合,"两闸一路"工程全面完工。渤海大桥、滨港供水工程和套尔河大桥前期工作进展顺利,"五位一体"、"五路并进"建设万吨级滨州港,2.5公里引堤工程完工,与西导堤实现顺利合拢,津汕、威乌两条高速公路2007年底建成通车,滨太高速公路和黄大铁路即将开工,交通大框架初步显现。六大园区投资大、标准高。

(三)结构调整步伐加快 实施了"四电"和粉煤灰综合利用、甜高粱制燃料醇等一批高新技术项目和造船等新型产业。2006年,全县实现高新技术产业产值17.3亿元,同比增长76.7%,增幅居滨州市第一位。鲁北生态工业园区被确定为全国首批循环经济试点,载入国家"十一五"规划,鲁北海洋化工、鲁北循环经济模式、2×30万千瓦生态电厂和滨州港建设被纳入全省2006年及"十一五"期间发展的重点。实施了滨医附院、商贸步行街、文化中心等现代服务设施建设和冯安邦纪念馆、吴式芬故居、大觉寺等文化旅游设施修缮和重建,金融保险和房地产开发实现较大突破。

(四)和谐建设全面推进 注重让全社会共享发展成果,实施了农村敬老院改造和乡镇卫生院改造、农村寄宿制学校建设、九年一贯制学校和职业学校新建、农村危桥改造及饮用水水质改良等工程,对农村义务教育阶段贫困家庭学生实行了"两免一补",全县城乡低保和职工医疗保险实现了应保尽保,干部职工工资得到较大幅度提高,建立了农村部分计划生育家庭奖励扶助制度,农村新型合作医疗实现了全面覆盖,全年新增就业再就业5250人。大力实施"乡镇振兴计划"和"百村行动",建设了一批新农村建设的示范村。以平安无棣建设为抓手,加强社会治安综合治理,认真做好信访工作,始终保持了平稳的社会秩序。

三、创新与经验

(一)解放思想,发展境界不断提升 县委坚持以解放思想为先导,在解放思想中统一思想,在统一思想中提升境界,坚持以先进性教育活动为动力,深入开展解放思想大讨论活动,多次组织党员领导干部到发达地区参观学习,使全县上下在思想上与时俱进,在工作上不断追求,在发展上永不停步,在新的起点上实现新超越。

(二)拓宽思路,发展速度不断加快 着眼于又好又快发展,我们坚持以科学发展观统揽全局,在坚持既定思路的基础上,不断创新完善发展思路。从"五大"、"六区一带"规划建设,到"发展循环经济、建设生态无棣",从打好"三张牌"、打造"四大基地"到"四个重心"、"四个首位"、"六个更加注重",不断把全县的发展推向更高层次。牢牢把握国际国内产业转移、国家宏观调控、天津滨海新区开发等重大机遇,充分发挥北部沿海地区非耕地多、滩涂资源丰富等优势,把发展的重点定在北部沿海,优势放在区位、资源和循环经济上,为超越发展拓展了空间。

(三)创新机制,发展合力不断增强 县委强化决策执行,健全"三个体系",实行战时状态,开展危机教育,强力推进工作落实。注重强化领导干部责任,发挥表率作用,2006年县里确定的80项重点工作和100项重大项目,全部落实了县级领导、责任部门,实行严格督查考核奖惩;对重大工程实行指挥部、项目组体制,县级领导干部全部工作在工程第一线;把招商引资作为全县第一位的工作来抓,所有县级干部带头有针对性外出招商,并与乡镇、部门干部一同考核、通报、奖惩。各级干部带着感情、责任、追求干事业,发扬"苦干加拼命"精神,"五加二"、"白加黑",创新创造,扎实工作,取得了一个又一个成功。

(四)市场运作,发展动力不断加大 注重以市场运作的手段解决发展中的问题,在引进造船项目过程中,我们以市场换工厂,已有4家造船企业落户滨州港西港经济园区,两艘5000吨级轮船成功下水。在死河、潮河节制闸建设上,采取出让河道使用权的方式,调动了企业的积极性,政府不出钱或少出钱,基础设施建设项目快速推进。注重借势突破、造势发展,以全省县域经济发展现场会议来无棣观摩为契机,以观摩促进度、促建设,迅速掀起发展高潮。一年对乡镇两次观摩,激发干劲,促进发展。

附:(一)无棣县委书记、副书记、常委名单

书　记:刘星泰(2006年12月离职)
　　　　李维东(2006年12月任职)

副书记:李恩波 蒋平华(挂职) 吕迎春
常 委:李维东 李恩波 蒋平华(挂职) 吕迎春 佘洪烈 宋成琴 王景辉 初秀勇(挂职) 铁金福 李忠祥 刘 峰 王振祥 安 伟 王本明(挂职)

(二)各乡镇党委书记名单

佘家巷乡 唐志强
车镇乡 宋树春
马山子镇 郭树龙
埕口镇 张令峰
柳堡乡 吕维铎
西小王乡 丁伟华
碣石山镇 张恩传
水湾镇 刘景和
小泊头镇 王殿和
无棣镇 田发元
信阳乡 邢呈军

中共沾化县委工作概况

沾化县委书记 蔡国华

一、组织概况与党的建设

沾化县现有基层党委26个,党组41个,党总支23个,党支部741个,党员18106名,其中女党员2172名,非公有制企业党委1个,党总支部5个,党支部16个,党员292人。按照“三个代表”的要求,围绕发展抓党建,抓好党建促发展,全面加强和改进党的建设,全县各级党组织的创造力、凝聚力和战斗力不断增强。

(一)加强思想政治建设 深入开展先进性学习教育活动,加深对“三个代表”重要思想、科学发展观、构建和谐社会等科学理论的理解,努力提高党员干部思想政治素质。创造性地开展了“拨亮万盏灯,树起百面旗”和“七个大兴、八个带头”等实践活动,积极主动为群众解决问题2660个。先进性教育活动总体评价群众满意率达到99.92%。

(二)加强领导班子和干部队伍建设 坚持“四化”方针和德才兼备原则,严格按照《条例》规定,顺利完成县、乡党委换届,领导班子结构得到优化,35岁以下领导干部比例达到38%,大专以上学历的达到84%。采取干部轮训、高等院校进修、挂职等形式,培训干部1200人次,干部队伍素质得到提高。

(三)加强基层组织建设 完善县级领导干部乡村联系点和县直部门包乡联村制度,大力实施双基工程、党员致富工程,深入开展三级联创、民主议政日、“百千万”活动,全县40%以上的村党支部和50%以上的乡镇党委达到“五好”标准。认真抓好农村党员干部现代远程教育和后进村整顿工作,高度重视非公有制经济党建工作,各级党组织的凝聚力、战斗力、创新力、执行力明显提升。

(四)加强党风廉政建设 坚持从严治党、从严治政,狠抓各级领导班子和领导干部的廉政建设,全县副科级以上领导干部全部建立廉政档案。继续执行“县委统一领导,部门各司其职、齐抓共管,共同预防职务犯罪”的工作机制,扎实推进反腐倡廉工作,2006年共查办各类案件50起,给予党纪政纪处分21人,挽回经济损失33.34万元。

二、主要工作与成绩

2006年,全县实现GDP70亿元,同比增长29.62%;地方财政收入达到2.2亿元,按可比口径同比增长68.8%;城镇居民人均可支配收入、农民人均纯收入分别达到11250元、4420元,同比分别增长12.7%、18.6%。

(一)实施“工业强县”战略,工业水平显著提升 强力推进“1999”工程,培植壮大电力、油盐化工、生态纸业、食品加工、皮革工业和高新技术六大骨干产业。2006年全县规模以上工业企业达到103家,完成工业增加值21.6亿元,同比增长77.1%。高新技术产业。钻石DA40飞机投入批量生产,开启了我省通用航空产业发展新纪元;科凌环保电动车项目,一期工程正式投产,可年产电动车1万辆;美东树脂项目年产环氧树脂3000吨。盐及盐化工业,重点发展海洋化工、氯碱化工和精细化工业。滨州海洋化工项目,一期投资20亿元,设计规模为50万吨原盐/年+20万吨烧碱/年+25万吨PVC/年,2006年7月份开工。海明化工二期扩建项目,投资近2亿元,7000吨水合肼、3万吨隔膜烧碱、1000吨丁腈项目已建成投产。明珠集团10万吨烧碱项目,一期投资1.33亿元,2006年底开始试生产。皮革加工业,依托生态治污模式和先进的加工工艺,全力打造“生态皮业之都”,全县皮革加工企业达到88家。电力工业,着力发展风电清洁能源。国华风电项目、鲁能风电项目已经省发改委核准;华能风电项目,可行性研究、设备选型工作有序开展。鲁能2×660MW项目,列为省“十一五”电力发展规划重点项目。食品加工业,形成枣制品、肉食制品和海产品三大门类,枣制品企业超过30家,产品市场份额占到全国70%以上。

(二)走“特色富民”之路,新农村建设步伐加快 沾化冬枣、棉花、畜牧、水产四大特色产业产值占农业总产值比重达到80%以上。沾化成为全国首批绿色农业示范区和全省出口农产品绿卡行动计划实施单位。2006年沾化冬枣成功入选“中国名牌农产品”,总产超过5亿斤,农民人均冬枣收入5000元。继续巩固无疫病区建设成果,成为山东省无公害肉牛产地。大力实施海洋农牧化工程,水产养殖面积达到42万亩。大力推广IPM项目技术,棉花年产量突破8.5万吨。新农村建设试点工作深入推进,14个村列入全市首批新农村建设试点村。

(三)大力发展生态旅游业,第三产业异军突起 发挥沾化特色优势,精心打造“城、航、海、农”特色旅游品牌。“东方地中海”旅游项目正式启动,冬枣生态旅游区成为山东省农业旅游示范点,航空体验游正式开通。沾化冬枣、海产品、皮革、木材四大专业市场初具规模,全县仓储、餐饮、流通企业达到近400家。组建沾化县国有资产运营总公司,良性资本运作220亿元国有资产。

(四)扎实推进招商引资,激发全民创业活力 组织开展“千名干部下江南”活动,安排千名县乡村干部到南方挂职招商。2006年引进项目288个,实际到位资金67.63亿元。研究出台“全民创业27条”,鼓励机关干部带头创业,引导城乡群众人人上项目、家家办企业。全县436名机关干部离岗创业;民营业户达到3.2万户,实缴税金1.79亿元。

(五)加快基础设施建设,构筑良好发展平台 新区开发全面启动,“两横三纵”道路、行政审批中心、龙居水岸等工程开工建设,地方特产展览中心建成投用。六大园区基础设施、滨港铁路、威乌津汕高速沾化段、滨州港东港、220KV输变电等工程建设进展顺利,富国港改建工程、沾化火车站工程正式启动,海天大道全线贯通,沿海防潮大堤衬砌、县城南外环东延、东滨路改造、机场扩建、清风湖等工程竣工投用。全县陆海空立体式大交通框架基本搭起,承载经济发展的能力显著提高。

(六)统筹兼顾,全面发展各项社会事业 中小学布局调整全省名列前茅。新农合试点工作正式启动,县乡村三级医疗预防保健网得到巩固。计生基层基础工作得到加强,成为全省计划生育优质服务先进县。沾化渔鼓戏被列入省非物质文化遗产名录。乡镇敬老院建设快速推进,集中供养率达到70%以上。扎实推进平安建设,“四位一体”信访工作经验在全省、全国推广。全县实现了村村通自来水、通电、通柏油路、通电话、通宽带、通有线电视。环保、国土、广电等事业实现协调发展。

三、创新与经验

(一)解放思想,创新思路 坚持把解放思想贯穿于工作全过程,深入开展“千名干部下江南”活动,安排各级干部到先进地区感受氛围、启迪思路。立足沾化实际,确立了“苦干实干谋求超越,全力加速沾化崛起”的工作定位,明确提出了“六六四三二三”发展思路,举全县之力打造“中国冬枣之乡、通用航空名城、绿色盐化基地、生态皮业之都、沾化渔鼓戏发源地”五张“县域名片”,确保2008年综合实力跨入全省“第一方阵”。

(二)完善机制,凝聚合力 严格落实工作目标责任制,将各项工作任务,细化分解,落实到人,建立起主体清晰、责任明确、权责统一的工作体系。牢固树立“几大班子就是一个班子”的思想,发挥县级班子团体作战优势,做到思想上合心,言论上合拍,行动上合力,形成了精诚团结谋发展的良好局面。同时,突出完善重点工作督查机制,对重点工作逐项分解,制定方案,半月一调度,一月一通报,一季一总结,半年一观摩;完善经常性考察机制,坚持以实绩评价干部,加大思想政治素质、完成工作任务、维护社会稳定、处置重大事件、党风廉政建设等方面的考核力度;完善奖惩激励机制,加大奖惩力度,考核结果与评先树优、提拔使用挂钩。

(三)放开放活,全民创业 坚持“非禁即入”和“政府创造环境,全民发展经济”理念,出台“全民创业27条”,思想上放开,政策上放宽,措施上放活,环境上创优,激励全县上下找准定位、真抓实干,形成了“干部带头创业、群众勤劳致富、企业追求发展、机关高效服务”的局面。

附:(一)沾化县委书记、副书记、常委名单

书　记:蔡国华

副书记:耿　涛　纪思彬

常　委:蔡国华　耿　涛　纪思彬　郭增禄　王信峰　颜炳华　周胜利　贾善银　李　岩(女)　李晓光　高树先

(二)各乡镇、办事处党(工)委书记名单

富国镇	张树彬
冯家镇	杨俊福
下洼镇	季景华
古城镇	吕明涛
大高镇	李兴华
黄升乡	房　斌
泊头镇	巴明华
利国乡	商立波
下河乡	崔洪凤
滨海乡	郭丰青
海防办事处	吕景春

中共博兴县委工作概况

博兴县委书记 初建波

一、组织概况与党的建设

博兴县委辖38个党委、34个党组、86个党总支、971个党支部，24481名党员。2006年，县委高举邓小平理论伟大旗帜，全面贯彻党的十六大、十六届三中、四中、五中、六中全会精神，大力加强领导班子、干部队伍、基层党组织和党员队伍建设，各级党组织创造力、凝聚力和战斗力显著增强。

(一)圆满完成党员先进性教育活动 按照上级的统一部署，上半年继续扎实开展并圆满完成先进性教育活动，取得显著成效。在教育活动中，全县各级干部建立联系点550多个，结成帮扶对子1500多对，建立党员联系户4.8万户。通过测评，整个活动的满意率达到99.92%。

(二)切实加强领导班子和干部队伍建设 严格执行干部选拔任用工作条例，健全党政领导干部选拔任用工作制度，积极推进干部任职制度改革，重奖重用干事创业的干部，公开选拔和大胆使用优秀年轻干部，顺利完成县、镇党委换届工作。建立健全干部教育培训体系，认真实施“每村一名大学生计划”和“一村一能人”计划，积极打造创业型村级班子。

(三)切实加强基层组织建设 以创建“五个好”党组织为目标，深入开展“三级联创”和“民主议政日”活动，加强村级规范化建设，推进农村基层民主政治建设；认真做好“集中整顿、长期帮扶”工作，大力开展包村联户活动，对35个村进行集中帮扶，加快后进村转化；企业、社区和非公有制经济组织的党建工作不断拓展，我县被命名为“全省首批基层组织建设先进县”。

(四)扎实推进党风廉政建设 严格执行党风廉政建设各项规定，全面落实党风廉政建设责任制，坚持预防为主，积极推进关口前移，重视源头治理；加大监督监察力度，每月组织一次行风评议活动，对群众关心的热点、焦点问题进行现场解答；完善工作机制，规范行政行为，严格依法行政；认真执行两个《条例》，加强警示教育，严肃党纪法规，查处腐败案件，严格责任追究，以党风廉政建设的实际成果树立了党委良好形象。

二、主要工作与成绩

2006年，全县上下以邓小平理论和“三个代表”重要思想为指导，以科学发展观统揽全局，突出发展第一要务，真抓实干，开拓创新，全县经济社会事业保持了持续快速健康发展的良好势头。全县实现生产总值105.6亿元，同比增长16.6%；地方财政收入5.7亿元，增长30%；全社会固定资产投资达到75亿元；城镇居民人均可支配收入11500元，农民人均纯收入4665元，分别增长12.7%、14.8%。

(一)农村经济全面发展，“三农”工作有序推进 全年粮食总产40万吨，棉花总产38万担。实施打渔张灌区续建配套节水改造等工程，新增蓄水能力695万立方米。完成合格造林2.6万亩，森林覆盖率达到24%。樱桃谷鸭出栏1500万只；建成标准化蔬菜示范区4.6万亩；无公害对虾养殖面积发展到2万亩。新增市级重点农业龙头企业2家，规模以上农业龙头企业达到58家。我县被列为国家测土配方施肥补贴项目县。全面落实支农惠农政策，兑付粮食直补和化肥柴油补贴1250万元，为农民购置大中型农机具补贴资金238万元。加强农民负担预算管理，农民负担同比下降16.9%。

(二)工业经济持续膨胀，发展后劲显著增强 新建、续建投资过千万元项目86个，其中过亿元项目28个。全县规模以上工业企业达到157家，其中销售收入过亿元的23家、利税过千万元的14家，规模以上工业增加值、利税、利润分别增长20%以上。21家市政府重点调度的企业所实现的销售收入、利税和利润均占全县工业企业相关指标的80%以上。注重发展高新技术和现代服务业。新增省级企业技术中心、国家免检产品、国家驰名商标各1个，山东名牌产品6个。省级以上高新技术企业发展到9家，高新技术产业产值占规模以上企业总产值的比重达到8.1%。以发展大物流为重点，建成兼营三方物流的较大型物流中心2家，京博物流中心被列为全省重点物流配送企业。

(三)对外开放不断扩大，民营经济快速发展 大力加强外经外贸工作，不断改进和强化招商引资。全年引进招商项目462个，实际利用县外资金40亿元，其中实际利用境外资金1543万美元，增长39%；新增自营进出口企业13家，完成进出口总值2.7亿美元，增长18.4%，其中自营出口8632万美元，增长84.6%。放手发展民营经济。全县民营业户发展到3.5万户，其中私营企业3800余家，民营经济实缴税金增长29.5%。兴福澳博厨具商城建成并投入运营，板材综合交易中心、北京华联装饰材料城等重点工程进展顺利，与山东理工大学联合创办厨具研发中心，成功举办了首届中国博兴国际厨具节。

(四)城市建设稳步推进，城乡面貌焕然一新 编制完成803省道博兴段改造规划、城东工业区和县经济开发区控制性详规、旧城区改造及城中村规划等。全面完成10个镇新一轮城镇总体规划，22个社会主义新农村规划试点已编制完成。完成滨博大道、博城五路东延伸、博城三路西延等配套工程，建成城东工业区"二纵三横"五条道路。县城建成区面积扩大到21平方公里。城乡环境面貌明显改观，初步解决了803省道多年遗留的拆迁问题。实施省道新博路县城至京博段改建工程，改造县乡村公路170公里。圆满完成承担的滨州铁路施工任务。

(五)社会事业全面发展，和谐进程步伐加快 科、教、文、卫、体等社会事业又有新进展，荣获"全国民政工作先进县"、"全省双拥模范县"称号。被列为新型农村合作医疗工作省级试点，参合率达91%，居全市第一。新增就业再就业4600人。教育教学质量稳步提高，农村中小学现代远程教育工作走在全省前列，职业技术学校晋升为市第二高级技校。农村饮水安全工程扎实推进，解决了107个村、7.4万人的吃水难问题。成功举办第四届"中国滨州·博兴小戏艺术暨董永文化旅游节"。平安建设卓有成效，我县获得"全国平安家庭创建活动先进县"、"全省平安山东建设先进县"、"全省平安山东建设模范县"称号。

三、创新与经验

(一)坚持解放思想、实事求是，不断创新工作思路 我们把解放思想置于万事之先，坚持把党的理论、路线、方针、政策与博兴的具体实际相结合，以开放的视野确定符合博兴实际的发展思路、措施，不断推进经济社会各个领域的体制机制创新，激发全县上下奋发有为、科学作为的活力和潜能。

(二)坚持以经济建设为中心，牢牢把握工作主动权 我们以科学发展观总揽全局，主动适应国家宏观调控新形势，积极应对各种新挑战，抢抓机遇，敢想敢干，努力转变增长方式，不失时机地推进各项战略举措和重点工作，使全县各项主要经济指标稳步跃升。

(三)坚持立党为公、执政为民，努力维护群众利益 我们牢固确立以人为本的发展理念，把群众的根本利益作为一切工作的出发点，始终把改革的力度、发展的速度和群众可承受的程度统一起来，尊重民意，集中民智，依靠民力，力求让更多的群众共享改革开放的成果，实现发展经济与为民、利民、惠民的高度统一，促进社会和谐进步。

(四)坚持"三个文明"一起抓，促进统筹协调发展 面对新的形势和任务，我们把政治文明与物质文明、精神文明一起作为建设小康社会的重要内容，同步部署、同步检查、同步考核，统筹协调，整体推进，促进了全县经济社会的全面协调可持续发展，也进一步激活了我们对党的执政规律、社会主义建设规律和人类社会发展规律的认识。

(五)坚持不断加强和改进党的领导，凝聚干事创业的强大合力 始终坚持总揽全局、协调各方的工作方针，切实加强党的思想、组织、作风和制度建设，不断改进领导方式和工作方法，充分发挥各级党委的领导核心作用、基层党组织的战斗堡垒作用和广大党员的先锋模范作用，在全县上下形成了围绕发展、服务发展、加快发展的良好局面。

附：(一)博兴县委书记、副书记、常委名单

书　记：王文禄(2006年12月离职)
　　　　初建波(2006年12月任职)
副书记：李家良　王明柱
常　委：初建波　李家良　王明柱　姚和民
　　　　张光卫　栾兴刚　鲁宝国　邹炳泉
　　　　满学先　谷玉玲　王如奎

(二)各镇党委书记名单

博兴镇　卢跃林
曹王镇　郝　波
兴福镇　庞长印
陈户镇　赵秀民
湖滨镇　李国义
店子镇　刘方太
吕艺镇　胡云江
庞家镇　王新厂
纯化镇　许连村
乔庄镇　韩　浩

中共邹平县委工作概况

邹平县委书记　魏克田

2006年，邹平县委以"三个代表"重要思想为指导，以科学发展观统领全局，解放思想，干事创业，开拓创新，科学发展，实现经济社会持续健康快速发展。完成地区生产总值275.4亿元，增长33.3%；实现地方财政收入14.02亿元，增长39.7%；城镇居民人均可支配收入11845元，农民人均纯收入5226元，分别增长11.5%和17%。全国综合实力百强县、全国县域经济基本竞争力百强县排名分居第84位、第55位，分别上升5个和7个位次；全国中小城市综合实力100强、全国中小城市最具投资潜力100强分别居第19位和第6位。地方财政收入在全省30个经济强县中总量第六、增幅第一。

一、组织概况与党的建设

邹平县现有基层党委31个，党总支147个，党支部

1693个,党员35644名。其中,新型经济社会组织中党委3个,党总支3个,党支部112个,党员2673个。

(一)保持共产党员先进性教育活动圆满成功 认真开展第三批次保持共产党员先进性教育活动,走访慰问老党员老干部1643人、困难群众4003户,解决群众生产生活难题1926件,群众满意率达99.63%,达到了"干部受教育、群众得实惠"的目的。深化先进性教育活动成果,制定出台了7个关于建立保持共产党员先进性长效机制的文件。

(二)大力加强各级领导班子和干部队伍建设 坚持以发展着的马克思主义武装头脑,树立正确的世界观、人生观、价值观,始终保持政治上的清醒与坚定。进一步完善党委内部议事规则和决策机制,健全党内情况通报、重大决策征求意见、重大事项公示等制度。严格落实党风廉政建设责任制,健全完善教育、制度、监督并重的惩治和预防腐败体系。扎实开展全省县委换届考察试点工作和乡镇党委换届工作,全县13个镇党委顺利换届,文化、年龄、性别和专业结构明显改善。扎实开展大规模培训干部工作,共培训干部27342人次。

(三)不断强化基层党组织建设 进一步完善以"三级联创"、"双基工程"、"民主议政日"活动为主的农村基层党建工作体系,对农村基层组织建设实行单独考核。开展农村党员"设岗定责、创优争星"活动,2万多名党员有了自己的岗位。投资1000余万元为200个村建设村级活动场所。全面完成远程教育终端站点软件升级工作。魏桥创业集团党委被中央和省委表彰为先进基层党组织,西王集团董事长王勇被省委表彰为优秀共产党员。新发展党员850名,其中一线党员79%,35岁以下青年和科研、农村、企业的75%,妇女25%。

二、主要工作与成绩

(一)突出工业结构优化升级,努力建设先进制造业强县 大力实施工业强县战略,以结构调整为抓手,以改造传统产业和大力发展高新技术产业为重点,以全面节能降耗为保障,加快推进新型工业化进程。实现规模以上工业总产值718亿元、增加值195.4亿元、利税75亿元,同比分别增长35%、28%和44%。新增省级以上高新技术企业4家,总数达32家,实现高新技术产业产值79亿元,增长37%;万元GDP能耗下降3.5%,工业用水重复利用率达50%,每公顷建设用地产出GDP160万元;完成社会出口92亿元,其中自营出口10.5亿美元,同比分别增长18.7%和22.4%;新增国家免检产品4个、中国名牌产品1个、中国驰名商标1件,山东名牌产品、著名商标分别达到16个、12件。被表彰为全国食品工业强县和全省县域经济发展先进县。

(二)坚持富民优先,扎实推进新农村建设 围绕我县"八新一好"总目标,以发展农村生产力为中心,以增加农民收入为目的,以解决实际问题为切入点,全面推进新农村建设。全年完成"三农"投入2亿元,产业化龙头企业发展到52家,专业合作经济组织发展到78家,转移农村劳动力3.9万人。实施"小康示范"百村带动工程,完成示范村建设项目177个,西王村被树为省新农村建设示范村,东尉村成为全国敬老养老模范村和生态富民家园工程典型村。

(三)大力发展第三产业,培育新的经济增长板块 以市场、餐饮、物流、房地产、旅游五大产业为重点,以金融、保险、信息、咨询等现代服务业为支撑,全力打造现代综合服务业体系。全年实现第三产业增加值47亿元、社会消费品零售总额45亿元,同比分别增长19.2%和16%。齐明建材城等"八大市场"先后投入使用,总投资23亿元的国际物流园完成评审,实现旅游综合收入6.7亿元。

(四)加快推进城市化进程,努力建设鲁中中等城市 按照"城市核心区、南部旅游度假区、东部现代工业区、北部特色工业区、一河两湖生态区"五区合一的县城总体布局,编制完成《城市空间发展控制性规划》,开工城建项目55个,完成投入14.3亿元,县城建成区面积45平方公里、人口34万人,城市化水平达到54%。小城镇建设实施"百件实事"108项,完成投入8.9亿元,魏桥镇被评为全国小城镇建设示范镇,韩店镇跨入全国千强镇。

(五)坚持以人为本,加快构建和谐社会 深入开展平安邹平建设,认真落实"四位一体"村镇工作规范化建设和"四民主、两公开"、"民主议政日"活动等制度规范,扎实开展综治工作规范年活动和严打集中整治活动,全县社会更加和谐稳定。大力推进文明邹平建设,积极开展"邹平精神"大讨论活动和"八荣八耻"荣辱观教育,深入开展"三学"活动,加快推进二次创业的氛围更加浓厚。扎实推进"民心工程",2006年新增城镇就业6987人,社会养老、医疗和失业、工伤参保人数分别达到26.02万人、4.35万人和6.5万人,农村合作医疗参合率达88.5%,实现村村通客车、户户通有线电视,自来水普及率达到90%以上,敬老院集中供养率达80%以上,建成农村社区综合服务中心50处。

三、创新与经验

(一)坚持创新思路,创造性推进改革和发展 以科学发展观为指导,严格执行国家宏观调控政策,采取了一系列重要举措,主要有:抓工业强县促跨越,抓高新技术提质量,抓第三产业增活力,抓节能降耗增后劲,抓城乡互动促协调,抓为民谋利促和谐,有力地推动了经济社会又好又快发展。

(二)坚持解放思想,为推动发展提供强大动力源泉 深入开展"三学"活动,坚决破除"满、难、低、慢"四大思想障碍,有效克服了宏观、微观带来的种种困难和矛盾,为发展提供了强大精神动力和智力支持。

(三)坚持以人为本,调动全社会积极性和创造性 始终坚持把维护群众利益放在首位,突出抓好教育、医疗、就业、保障等与群众利益相关的各项工作,切实让广大群众共享经济增长成果,使经济增长促进社会和谐。

(四)坚持队伍建设,凝聚干事创业强大合力 坚持不懈地加强各级班子和干部队伍建设,以先进性建设为主题,以提高执政能力为核心，以作风建设为保证，大力弘扬实干精神，健全完善"三个体系"，形成了全县上下齐抓共管、促进工作、科学发展的强大合力。

(五)坚持优化环境，提高发展的综合竞争力 把创新优化环境作为立县之本，扎实推进平安邹平、文明邹平、诚信邹平、生态邹平建设，全面推行机关工作规范化建设，深入开展"行风评议"和"下评上"等活动，发展"洼地"效应日益显现。

附：(一)邹平县委书记、副书记、常委名单

书　记：魏克田

副书记：王传民　杨万邦

常　委：魏克田　王传民　杨万邦　赵怀臣　张兆杰　张金梅　丁　锋　高立东　邱希敏　滕永利　张宝武

(二)各镇、街道党委书记名单

魏桥镇	王　飞
长山镇	孙利华
西董镇	唐作义
好生镇	乔　铭
临池镇	刘德胜
焦桥镇	李守国
韩店镇	马庆玉
青阳镇	张玉斌
九户镇	单纪亮
孙　镇	杨元家
明集镇	刘　峰
台子镇	牛希亮
码头镇	王永照
黛溪街道	张宝武
黄山街道	李汝伟
高新街道	李　明

菏　泽　市

中共牡丹区委工作概况

牡丹区委书记　尹玉明

一、组织概况与党的建设

牡丹区委辖基层党委53个，基层党支部1344个，全区共有党员38200名。2006年，牡丹区委坚持以邓小平理论和"三个代表"重要思想为指导，认真落实科学发展观，以推进党的先进性建设为动力，大力加强党的建设，各级党组织的凝聚力、战斗力不断增强。

(一)精心组织，扎实开展第三批保持共产党员先进性教育活动 按照中央的部署和要求，切实加强领导，强化措施，精心组织，全区共有17个乡镇办事处，613个基层党组织，参加了第三批先进性教育活动，参学党员18444名。以"走进群众、贴近群众、服务群众、构建和谐牡丹区"为主题，全区走访慰问农村困难党员586名，困难群众2985户，发放救助金78万余元，食用油3648桶，面粉5986袋，棉被1309条。对反映的723个问题全部落实了整改措施，并建立健全了保持共产党员先进性的长效机制，使先进性教育活动真正成为群众满意工程。

(二)学用结合，大力加强党的执政能力建设 坚持党委理论学习中心组学习制度和党员干部学习制度，通过多种方式开展理论学习教育活动，努力提高明辨是非、把握全局的能力，始终保持了各级领导班子和领导干部政治上的清醒与坚定。加强民主集中制建设，健全完善党内生活制度，确保了各级领导班子高效协调运转。

(三)牢记宗旨，强化基层组织建设 以深化"三级联创"为总抓手，突出抓了乡村班子建设和社区创建工作；大力抓好企业、新型经济组织中党的建设；积极探索在行业协会建立党的组织，充分发挥了基层组织在经济社会发展中的战斗堡垒作用。加强外出务工党员教育管理，其中"牡丹区把党支部建在天津外资企业"的经验在全省推广。对社区进行了远程教育设备统一安装，全区远程教育覆盖率达到100%。出台了农村基层组织千分制考核评估实施细则和远程教育考核评估办法，加大了对农村基层组织的检查考核力度，有力推进了基层党建工作再上新水平。

**(四)树立正确用人导向，狠抓领导班子和干部队伍建

设 坚持凭实绩用干部,把实绩突出、能打硬仗的干部选拔到领导岗位。按照上级“建立新的领导体制和工作机制”的要求,圆满完成了乡镇办事处党委班子换届,改革完善了基层党委的领导方式,实行了委员分工负责制,精简了领导职数,优化了班子年龄、性别、知识结构,强化了党委职能,班子精神面貌焕然一新,战斗力明显增强。

(五)深入开展反腐败斗争,加强党风廉政建设 认真贯彻中纪委第七次全会精神,对照胡锦涛总书记提出的八个方面良好风气的要求,在全区深入开展了作风整顿活动。积极探索党内监督、法律监督、民主监督和群众监督等相结合的有效监督机制,狠抓了党员领导干部廉洁自律、纠正部门和行业不正之风,健全了教育、制度、监督并重的惩治和预防腐败体系。切实提高了党员干部的自律意识,规范了从政行为,密切了党群干群关系。

二、主要工作与成绩

2006年全区完成生产总值64.6亿元,增长16.8%,地方财政收入3.4亿元,增长41.3%;全社会固定资产投资61.8亿元,增长22.7%;城镇居民可支配收入8100元,农民人均纯收入3498元,分别增长11%和11.6%。

(一)不断优化产业结构,经济运行质量明显提高 三次产业比调整到27:38:35,二三产业在生产总值中的比重达到73%,提高了3个百分点。工业经济效益快速增长,全区规模以上企业发展到120家,完成增加值15.5亿元,实现销售收入60亿元,利税4.35亿元,分别增长31.8%、45%和31%。第三产业全面发展,实现社会消费品零售总额44.4亿元,集市贸易成交额110亿元,分别增长16.4%和37.5%。农业产业化经营成效显著,全区绿色无公害农产品生产基地面积发展到38万亩,瓜菜种植面积达到65万亩,有林地面积39.8万亩,畜禽存养量790万头(只)。

(二)投资规模持续增加,发展后劲进一步增强 新签约招商引资项目247个,全年合同引进区外资金203.8亿元,实际到位48.3亿元;完成外商直接投资811万美元,实现进出口总值1.18亿美元。新增民营企业400家,个体私营业户4168户,民营经济完成工业增加值达到24亿元。规模以上在建项目达到726个,其中千万元以上207个,亿元以上38个。累计完成全社会固定资产投资61.8亿元,其中生产经营性投资49.6亿元,分别增长22.7%和24%。

(三)基础设施建设顺利实施,城乡面貌明显改善 已签约和在建市场开发和住宅小区项目36个,合同投资161.5亿元,完成投资18.83亿元。配合实施了德商高速建设和刘民路、丰东路、327国道拓宽改造,完成了西安路、北外环路等六大市政工程建设,开展了争创“十个绿化达标社区,百条绿化达标街巷,千家庭院绿化示范户”为主题的社会绿化活动,建设林荫广场、街头绿地15处,新增绿地11.9万平方米,城区绿化覆盖率达到34.2%。以“外向型工业园、现代化新城区”为目标,牡丹工业园区建设进一步配套完善,实现了“七通一平”和绿化美化亮化。以实施“四四四一”工程为切入点的新农村建设取得明显成效,安装有线电视行政村146个,治理区内主要河道12条,新打配套机井700眼,新改厕35819座,建设沼气池1359座,村村通柏油路率达93.6%,新建联片供水工程10处,农村生产生活条件进一步改善。

(四)各项事业全面发展,社会更加和谐稳定 坚持三个文明一起抓,扎实推进和谐社会建设。大力实施“科教兴区”战略,成功举办了首届科技项目洽谈会,组织实施各类科技项目29项,14项科技成果获市级以上奖励,省级以上高新技术企业发展到12家;改造农村中小学危房1.7万平方米,教学条件和教育质量进一步提高;加大环境保护、安全生产、国土管理力度,97%以上的水污染企业完成限期治理任务,河流出境断面水质明显好转;在全市率先成立了安全生产应急救援指挥中心,区政府被授予全省安全生产工作先进单位;人口自然增长率控制在6‰以下,荣获全省计生服务工作先进县(区);“平安牡丹区”建设成效显著,刑事案件、治安案件发案率明显下降,区检察院被省委、省政府授予“人民满意政法单位”;建立了城市医疗救助和农村大病救助制度,新型农村合作医疗参合率达到89.53%,受益农民39.7万余人次;就业再就业和社会保障体系更加完善,新增城镇就业1.46万人,劳务输出17万人次,创收10亿元;社会保险待遇得到及时足额落实,城镇最低生活保障实现了应保尽保,荣获全省民政工作先进县(区)、“双拥模范城“等光荣称号。同时,农机推广、普法教育等工作获得国家和省奖励26项。

三、创新与经验

(一)创新发展思路 始终把发展作为最大的政治,坚持全面发展,科学发展。牢固树立招商引资、发展民营经济“天字号”工程观念,坚持“工业立区”、“三产强区”不动摇,积极实施“园区带动、重点带动、外向带动”三大战略,并有效解决了经济发展中的一些困难和问题。

(二)转变增长方式 狠抓企业技术创新,开发了一批拥有自主知识产权的高科技产品,提升了企业竞争力,促进了产业优化升级。在大力招商引资的同时,高度重视节能降耗、环境保护和生态建设,多种途径盘活存量土地、筹集发展资金,促进了经济的又好又快发展。

(三)完善干部管理 大力解放思想,通过外出参观学习先进地区经验,促进了干部思想观念和作风转变,增强了加快发展的紧迫感、危机感和责任感。强化三个体系建设,通过不断修订完善目标责任、考核监督、奖惩兑现三位一体的经济实绩考核办法,激发了干部内部活力。坚持正确的用人导向,严格按照《党员干部选拔任用条例》办事,以发展论英雄、凭政绩用干部,激发了各级干部干事创业的积极性。

(四)深化事业改革 坚持把人民群众利益放在首位,大力推进配套改革,保障发展成果由人民群众共享。不断加快医疗体制改革、教育制度改革、人事制度改革、财政体制改革、就业和社会保障制度改革，促进了各项社会事业的协调发展。

附：(一)牡丹区委书记、副书记、常委名单

书　记：尹玉明

副书记：丁志刚　张洪昌

常　委：尹玉明　丁志刚　张洪昌　李书京　崔明山　练建军　邓　露　孟凡荣　李殿彬　李永辉　孙树平

(二)各乡镇、办事处党委书记名单

东城办事处　范茂林
西城办事处　马喜荣
南城办事处　从保安
北城办事处　李永辉
牡丹办事处　陈卫国
万福办事处　季士峰
何楼办事处　赵孔灵
沙土镇　王西胜
皇镇乡　刘广珍
安兴镇　刘　伟
胡集乡　李学昌
都司镇　杜建民
小留镇　尹祥海
李村镇　王烨华
高庄镇　尹庆良
吴店镇　李殿彬
吕陵镇　郑玉生
马岭岗镇　陈效存
王浩屯镇　兰昌华
大黄集镇　尘　锋
黄罡镇　陈新海

中共曹县县委工作概况

曹县县委书记　傅清卿

一、组织概况与党的建设

全县共有党员 50106 名，其中公有经济单位党员 14141 名，非公有经济单位党员 1498 名；农民党员 29103 名，离退休党员 3505 名，其他 1859 名；基层党组织 1989 个，其中党委 34 个，党总支 35 个，党支部 1920 个。辖 24 处乡镇、3 个街道办事处、2 处省级经济开发区、1186 个行政村(居)。

(一)以增强党组织凝聚力和战斗力为核心，狠抓基层组织建设　以“三级联创”活动为总抓手，深入开展“设岗评星”、“双培双带”活动，扎实推进新型经济组织党建工作，基层党组织凝聚力、战斗力明显提升。探索推行村级班子防瘫“动态管理”机制，得到中央先进性教育巡回组充分肯定。郭庄村、崔河村党支部分别荣获“全国先进基层党组织”、“全省先进基层党组织”，百隆公司荣获“全省新型经济社会组织党建工作示范点”。

(二)以提升自身素质为重点，狠抓干部队伍建设　强化干部培训，积极开展“半月一讲、每月一讲”，着力构建保持共产党员先进性长效机制，荣获“全省党员教育工作先进县”。坚持正确的用人导向，完善公开选拔、竞争上岗、任前公示等制度，以发展论英雄、凭实绩用干部，在一线培养干部、在一线使用干部、在一线发现干部、在一线提拔干部，广大干部的工作积极性、主动性空前高涨。

(三)以密切党同人民群众的血肉联系为出发点，狠抓作风建设　按照胡锦涛总书记“树立八个方面良好风气”的要求，实行领导干部基层联系点制度，包骨干企业、包重点项目、包重大工程。全面推行“5 + 2”、“白加黑”工作法，坚持说实话、报实数、干实事、求实效。健全完善目标责任考核、观摩调度、末位淘汰等机制，广大干部责任感、压力感明显增强。

(四)以树立党员干部良好形象为目标，狠抓党风廉政建设　严格落实党风廉政建设责任制，落实领导干部“一岗双责”，推行廉洁自律“十不准”和“一票否决”制度，县委常委带头签订廉政承诺书。加强对领导班子特别是主要领导干部的监督，严肃查处各类违规违纪案件，坚决纠正损害群众利益的不正之风。制定了《在全县领导干部中实行“谢绝家访”的意见》、《加强公务小轿车购置、管理的通知》，在市委、市政府规定的配车标准上,逐级下调5万元。对全县党政事业单位公务车辆进行了全面清查,对超标违规小汽车公开拍卖,赢得了民心,树立了形象。

二、主要工作与成绩

2006年,曹县县委坚持以科学发展观统领全局,认真贯彻中央精神和省市委部署,紧紧围绕"一二三四五"的总体思路,万众一心、负重奋进、创新自强、跨越争先,开创了经济社会又好又快发展的新局面。

(一)国民经济快速增长,综合实力明显提升 2006年,全县完成生产总值67.3亿元,同比增长17.16%;固定资产投资57.3亿元,增长22.6%;地方财政收入2.7亿元,增长68.6%;农民人均纯收入3404元,增长12.8%;金融机构各项存款余额47.7亿元,比年初增加8.5亿元。在2006年度全市经济工作实绩考核中位居第三名,被授予"全市经济工作先进县区"。林木、食品、畜牧三大特色产业基本形成,"四乡"品牌优势日益显现,荣获"全市农业农村工作先进县"。有进出口经营资格的企业达189家,新增21家,完成进出口总值1.82亿美元。三次产业比调整到33.1:45.6:21.3,经济运行的内在质量明显提高。

(二)工业化进程加速推进,发展后劲明显增强 深入开展全民招商、千人招商、专业招商、会展招商,招商领域不断拓宽,招商质量日益提高。去年以来,到我县考察的客商达600多个团体5000多人,比近三年的总和还要多;落地项目819个,其中过3000万元的项目137个。一批骨干项目相继建成,投资千万元以上项目累计达到780个,经济发展后劲明显增强。抢抓青岛帮扶机遇,举全县之力、集上下之智建设经济开发区,一举进入省级工业园行列;基础设施建设累计投入4.38亿元,载体功能日益完善,基本达到"五通一平";入区企业62家,2006年实现销售收入17.68亿元、税收1.2亿元,聚集效应初步显现。规模以上工业企业达到162家,完成增加值21.7亿元、销售收入84.4亿元、利税6.59亿元,分别增长33.53%、47.61%和54.03%;销售收入过亿元的企业达到16家,纳税过百万元的企业38家,荣获"全市工业经济运行第一名"。

(三)城乡面貌变化巨大,人居环境明显改善 坚持高起点规划,聘请美国赫林景观公司对新城区中心区域进行了规划设计,聘请上海建境模型公司设计制作了600平方米的城市规划沙盘模型,新一轮城市总体规划被省政府正式批准实施。经省政府批准撤销曹城镇,设立曹城、磐石、青菏三个街道办事处,为加速城镇化进程打造了新的平台。坚持高效益经营,实施"大树进城"、"拆墙透绿"、"美化亮化"三大工程,一批重点工程正在快速建设。拓宽改造青菏北路、富民大道、鸭绿江路等5条骨干道路,新建故道路、青邵路等9条县乡道路,总里程达198公里,基本实现村村通油路、村村通客车。成立综合执法局,改革城市环卫管理体制,集中整治占路经营、乱停乱放和环境卫生,城市面貌明显好转。深入实施"四四四一"工程,社会主义新农村建设扎实推进,群众生产生活环境明显改善。

(四)社会事业协调发展,和谐社会建设积极推进 一是社会稳定局面不断巩固。高度重视信访工作,坚持县领导包案制、县领导公开接访和"五长"联合接访制度,全面推行基层"1126"工作规范,信访工作整体水平明显提高。实施"千万平安"工程,组建平安支队,始终保持严打高压态势,刑事案件、可防性案件、暴力犯罪案件同比分别下降65%、67%和63%,荣获"全省平安建设先进县"。狠抓安全生产,不断加大对重点领域和行业专项整治力度,确保了人民生命财产安全。二是社会保障体系进一步完善。深入实施脱贫致富"3211"工程,机关干部与1万余户特困群众结成帮扶对子,累计帮扶钱、物500余万元;健全完善社会保障体系,3033户城镇困难群众、2099户农村困难群众纳入了低保范围;组建慈善总会,开展"爱心献孤残孩子"活动,筹募资金619万元,资助贫困失学儿童完成学业、贫困大学生继续深造,荣获"全省扶贫扶困先进单位"。三是社会事业全面进步。深入开展群众性精神文明创建活动,社会文明程度普遍提高。深化教育体制改革,调整中小学布局,全面引入竞聘上岗机制,教育教学质量明显提高。探索建立计划生育"3335"工作规范和"4+1"村民自治机制,荣获"全省流动人口计生管理服务先进县"。深入开展军民共建活动,荣获"全省民兵预备役先进单位"、"全省双拥模范县"。民族宗教工作不断加强,荣获"全省民族团结进步模范集体"。今天的曹县,以社会和谐稳定、人民安居乐业、充满生机活力的崭新形象,站在了一个新的更高的起点上。

三、创新与经验

(一)坚持在解放思想中统一思想,营造加快发展的浓厚氛围 我们坚持把上级精神与曹县实际有机结合,科学分析判断形势,牢牢把握发展方向,层层解放思想、统一思想,全县上下齐心协力、步调一致,人心思齐、人心思进、人心思上,加快发展的热情空前高涨,集中展示了"万众一心、负重奋进、创新自强、跨越争先"的曹县精神。

(二)坚持在工作实践中创新创优,开创加快发展的崭新局面 面对各种考验,我们从容应对,积极化解,多渠道争取政策,全方位寻求突破,发展的理念更加坚定,发展的目标更加明确,发展的成效更加显著。全县上下以创新的观念审时度势,以创新的勇气化解矛盾,不断实践探索、创新创优,形成了"遇第一就争,见红旗就扛"的共识,赢得了发展的加速度。

(三)坚持在干事创业中锤炼作风,夯实加快发展的队伍基础 我们坚持从舆论导向上引领实干,从选人用人上推崇实干,从制度设计上监督实干,各级领导班子和广大党员干部不畏难、不叫苦、不退缩,锤炼了"只为成功想办法,不为失败找理由"的作风,抓项目、抓富民、抓落实的本领明显提高。

(四)坚持在党的建设中凝聚合力,构筑加快发展的组织保障 我们高度重视各级领导班子建设,全面加强纪检和组织、宣传、统战、政法等工作，增强了推进工作的整体合力。在工作方法上，坚持民主集中制，规范完善决策程序，提高决策水平，为加快发展提供组织保证；在工作重点上，集中精力抓全局、抓关键、抓大事，切实发挥总揽全局、协调各方的核心作用；在示范带动上，县委常委以身作则、率先垂范，促进了全县党员干部队伍的作风建设。

附：(一)曹县县委书记、副书记、常委名单

书　记：傅清卿

副书记：周铁伦　程传政　臧仁峰(挂职)

常　委：傅清卿　周铁伦　程传政　臧仁峰(挂职)　康　兵　李允贵　王　东　栾怀刚　梁惠民　韩红岗　马士宝　李吉来(挂职)　孙海山(挂职)　李贵福

(二)各乡镇、办事处党委书记、县经济开发区党工委书记

县经济开发区　康　兵(兼)
青菏办事处　王建华
曹城镇办事处　赵广雷
磐石办事处　王东风
倪集乡　曾庆联
砖庙镇　袁培杰(主持工作)
韩集镇　仝麦全
常乐集乡　曾　涛
桃源集镇　丁建平
庄寨镇　郭　峰
魏湾镇　王世安(主持工作)
楼庄乡　刘存华
郑庄乡　孟凡珠
邵庄镇　陈衍磊
朱洪庙乡　师祥体
梁堤头镇　孟庆亮
仵楼乡　张庆学
闫店楼镇　付守训(主持工作)
大集乡　袁朝晖
安蔡楼镇　王西岭
孙老家镇　王方中
青固集镇　朱　峰
苏集镇　王学忠
侯集回族镇　李发志
王集镇　姬长收
古营集镇　宋广振
普连集镇　李宇雷
青岗集乡　张贵民(主持工作)

中共定陶县委工作概况

定陶县委书记　王彤宇

一、组织概况与党的建设

定陶县辖7镇4乡，362个行政村，6个社区，总面积846平方公里，总人口61万人。现有基层党组织878个，其中乡镇党委11个，工委10个，农村党支部362个；现有党员26994人，其中在职党员24690人，女党员3349人，少数民族党员430人。

2006年，县委坚持以邓小平理论、“三个代表”重要思想和党的十六大、十六届三中、四中、五中、六中全会精神为指导，紧紧围绕加强党的执政能力建设和先进性建设，积极创新工作方式，实现了党的建设的新发展。

(一)以加强党的执政能力建设和先进性建设为主线，切实加强党的基层组织建设　围绕打造群众满意工程，在全县326个党支部中开展了第三批保持共产党员先进性教育活动，基层党组织的战斗力和凝聚力明显提高。“三级联创”“设岗评星”、“为民服务代理制”等经验得到上级肯定和推广。“部门包村、建设新农村”、基层组织活动场所建设、“万名党员学党章”活动等成效显著，远程教育管学用水平明显提高。

(二)以健全机制为重点，努力提高党的领导班子和干部队伍工作能力　创新领导班子和领导干部考核机制，强化对干部的日常监督与管理，突出抓好干部教育培训。按照《条例》要求和经济实绩考核结果，选好配强各级领导班子。稳妥完成11个乡镇党委班子换届选举。“新提拔干部到村蹲点制度”被省委组织部门推广。

(三)以巩固党的执政基础为根本，切实按照“八个方面的良好风气”要求抓好党风廉政建设　组织开展学习贯彻党章、社会主义荣辱观和干部纪律作风整顿活动。狠抓领导干部廉洁自律各项规定落实，先后出台了《关于对全县科级单位中层以上干部进行廉政谈话的暂行规定》等几个规范性文件，认真抓好领导干部个人重大事项申报、公务小汽车管理等。加大执纪办案力度，严肃查处了一批违法违纪案件，警示教育作用明显。强力推进“行风政风建设年”活动，一批群众反映强烈的突出问题得到有效解决。

二、主要工作与成绩

2006年,县委、县政府紧紧围绕加快发展这一主题,积极创新领导方式和工作方式,坚持解放思想、健全制度、科学规划、突出重点"四个轮子一起转",通过各种积极因素的叠加,经济社会实现了持续健康快速发展。全年实现GDP 36.86亿元,同比增长17.42%。完成规模以上固定资产投资32.17亿元,增长21.35%;规模以上工业完成增加值8.66亿元,增长33.62%;实现销售收入33.7亿元,增长46.3%;实现利税2.44亿元,增长66.83%。三次产业比调整为39.1:41.5:19.4,二三产业比重提高4个百分点。完成财政总收入25830万元,增长41.45%,其中地方财政收入14561万元,增长52%。农民人均收入达到3512元,增长12.5%。实现社会消费品零售总额18.17亿元,增长16.5%。实际利用外资910万美元,增长154%。完成进出口总值2423万美元,增长52%;实际利用外资910万美元,增长154%;城乡居民储蓄余额22.35亿元,较年初增加3.58亿元。

(一)工业化进程明显加快 坚持把扩大投资作为拉动经济增长的驱动力,把项目建设作为聚集资金、技术、人才的有效载体,全力加快工业化进程。2006年,全县共签约招商项目274个,合同利用县外资金63.8亿元,开工建设项目253个,其中投资过千万元的项目74个,过亿元的项目6个,实际到位资金25亿元。家纺产业迅速发展壮大。家纺工业园完成投资7亿元。投资总额达10亿元的艺达家纺二期工程已开工建设。2006年,家纺产业实现销售收入6.32亿元,利税3510万元,分别增长131.44%、466.13%。以鲁花、利德尔为龙头的食品产业发展迅速,投资100万元以上的食品加工企业发展到80家,资产达8.7亿元。全县规模以上企业发展到66家,有8家被纳入市60强企业。

(二)"六区一体"联动发展的城建大格局初步形成 始终把加快城市化作为拉动经济社会发展的重要手段,着力推进"六区一体"联动发展。制定了总规划面积达116平方公里的发展规划,坚持工业化、城市化、市场化同步推进的原则,着力抓好落实。仿山旅游区,总投资2.6亿元,一期工程已完成投资3800万元;县工业开发区已经整体东移,建成"四纵六横"的道路网;家纺工业园建设规模迅速扩大,初步形成了2公里长的家纺工业长廊;老城区改造的东城新村和双星嘉园两个小区建设进展顺利,客货运中心已开工建设;新城区建设已开始启动;定陶(烟台)工业园,已完成基础设施投资5200万元,有24个项目入园。陈集、冉固、张湾等中心镇建设初具规模。全县逐步形成产业互补,园区联动,基础设施与城市建设齐头并进的发展大格局。

(三)新农村建设扎实推进 全面落实了惠农支农政策,共落实各类补贴资金2469万元。粮食总产达到40.2万吨,再创历史新高。蔬菜面积达40万亩,其中保护地面积25万亩,无公害标准化生产基地15.5万亩。4个农产品通过农业部无公害产地及产品认证。畜禽存养量674万头(只),规模饲养量达到35%以上;森林覆盖率提高到29.5%。全县建成或在建投资200万元以上的农产品加工企业35个。板块经济持续发展。新发展特色产业加工户1342家。农业专业合作社发展到14家,初步形成了裘皮加工、条柳编加工、粉皮粉条加工、肉鸭养殖加工等10个特色板块经济群体。以实施"四四四一"工程为重点,扎实推进新农村建设。全县新建沼气池2230个,新建、改建厕所2.6万座,自来水入户1.8万户,受益人口6.4万人;铺设"村村通"柏油路153公里,自然村通油路率达到90%,新建或改建乡镇客运站7处。积极组织实施"新农合"试点县工作,农民参合率达85.97%。被国家商务部批准为第二批实施"万村千乡"市场建设工程试点县,新建、改造标准农资"农家店"64个。

(四)社会事业全面和谐发展 科技兴县步伐加快,科技对经济增长的贡献率达到41%。各类教育全面发展,新建校舍3.4万平方米,建成2处省级规范化学校,9处市级规范化学校,县职教中心被命名为国家级重点职校。新增城镇就业6380人,养老保险参保人数净增1702人、医疗保险新增参保2954人,城镇低保、农村困难群众救济救助制度进一步完善。文体事业日益繁荣,两夹弦、陶朱公传说、定陶皮影被列入山东省非物质文化遗产名录。"平安定陶"建设不断深入,"四五"普法成效明显。被评为平安山东建设模范县。扎实开展"文明定陶"创建活动,涌现出国家级文明单位1个,省级文明单位9个。大力推行计划生育优质服务,稳定低生育水平,被评为全省计划生育优质服务先进县。同时,还被命名为全国村民自治模范县、全省双拥模范县和全省土地执法模范县等。

三、创新与经验

(一)注重在解放思想中统一思想 年初,我们先后7次组织有关人员到市内外学习考察,开阔视野,增强动力。针对党员干部在思想观念、目标任务、干部作风、责任要求、精神状态、措施办法等方面存在的问题,找症结、找差距,进行深刻反思,在解放思想中统一思想,在审时度势中把握机遇,不断增强加快发展的信心和决心。

(二)注重在健全机制中真抓实干 致力于充分调动全县上下的积极性和主动性,先后制定出台了一系列制度、办法,建立了一整套科学完整的工作推进机制,有效克服了一些体制性、机制性障碍。特别在固定资产投资考核中,对投资100万元以上的生产性项目,按照"考真、考准"的原则,实行了"一月一考核、一月一公布、一月一奖惩"的办法,并将考核结果与干部使用挂钩,形成以实绩考核为核心的评估机制和以奖惩兑现为导向的激励机制,真正做到用制度考核人、约束人、激励人,激发了广大干部群众干事创业的内在动力,促进了干部作风转变。

(三)注重在科学规划中打造平台 着眼于定陶的长远发展、科学发展、快速发展,在原有规划的基础上,编制了控制区域面积达116平方公里的经济发展整体规划,按照城市化、工业化、市场化同步推进的思路，把仿山旅游区、家纺工业园、县工业开发区、北部新城区、老城区、定陶(烟台)工业园等紧密结合起来，构筑起“六区一体”联动发展的大格局，为经济社会发展搭建起良好的载体和平台。

(四)注重在突出重点中稳步推进 整合领导力量和人力资源，推行复式工作法，把定陶(烟台)工业园、家纺工业园、新城区建设、新农村建设、平安建设等列为十项重点工作，实行责任制，明确分工，落实到人，坚持10天一调度、一会诊，及时编发简报，通报进展情况，有力地促进了各项工作的顺利开展。

附：(一)定陶县委书记、副书记、常委名单

书　记：王彤宇

副书记：陶体华　牟　强(挂职)　安圣兵(挂职)　栾　波(挂职)　陈宝华

常　委：王彤宇　陶体华　牟　强(挂职)　安圣兵(挂职)　栾　波(挂职)　陈宝华　乔海顺　刘守文　张继争　闫　凌　周福举　乔方臣　李　颖(女)　李玉文

(二)各乡镇党委书记名单

定陶镇	田同修
冉固镇	刘传龙
杜堂乡	陈尔桥
南王店乡	杨文涛
陈集镇	李俊英
张湾镇	杨汝增
孟海镇	张国胜
半堤乡	李广根
仿山乡	李　颖
马集镇	陈承杰
黄店镇	游福泉

中共成武县委工作概况

成武县委书记　杨晓玲

一、组织概况与党的建设

成武县辖10镇2乡、1个省级工业园区，468个行政村，人口64.7万，总面积988.1平方公里。现有基层党委22个，党总支49个，党支部992个，其中乡镇和工业园区党委13个，企业党委5个，农村党支部468个。党员28036名，其中农村党员14913名。

(一)先进性教育活动取得新成果 深入开展了“三个代表”重要思想和保持共产党员先进性教育活动，提高了广大党员干部的政治素质和党性修养。组织实施了以农民减负增收、帮助就业、权益维护、扶贫济困、尊老助残、文化娱乐、强身健体、城乡饮水、美化环境、防灾减灾为主要内容的十项“惠民工程”，解决热点难点问题12876个，办好事实事22257件。建立健全40余项长效机制，举办各种理论知识和业务技能培训班28期，群众满意率达97.91%。

(二)领导班子和干部队伍建设有了新突破 严格执行《干部选拔任用条例》，配齐、配顺、配强各级领导班子。按照上级党委的统一部署，圆满完成了乡镇党委换届工作，精简副书记38人，11名年轻干部进入乡镇领导班子，12名乡镇党委副书记提任乡人大主席，交流调整县直单位一把手12人，各级班子的结构得到进一步优化。积极推进干部人事制度改革，完善科学的用人机制，共有125名干部通过竞争上岗走上领导岗位。坚持凭政绩用干部，首次运用《综合考核评价试行办法》考察考核干部，极大地调动了党员干部干事创业的积极性。组织开展了大规模干部培训活动，举办各级各类专题培训班32个，培训干部7200人次，全县科级以上干部培训完成五年计划的79%。

(三)基层党组织建设创出新特色 认真开展了“三级联创”活动，组织开展了村级党建示范点活动、农村党员“设岗评星”活动和“三个一”活动，在全县初步确定了10个党建工作示范村，调整充实村党支部成员26名。加强了对村党支部书记的培训，组织近百名农村党支部书记赴先进地区参观学习，建成24处村级组织活动场所，举办农村学员培训班52期，培训农民党员2.3万人次。积极探索卸任村干部管理工作，并进行了成功试点。

(四)党风廉政建设有了新加强 认真贯彻落实党风廉

政建设责任制,强化党风廉政教育,大力加强廉政文化建设,广泛开展了廉政文化进机关、进社区、进企业、进农村、进校园、进家庭活动,倡导以廉为荣、以贪为耻的社会新风尚。严格执行领导干部廉洁自律各项规定,严厉查处违法违纪案件,认真纠正损害群众利益、破坏经济发展环境的部门和行业不正之风,从源头上预防和治理腐败,党风、政风、行风建设取得显著成效。

二、主要工作与成绩

坚持以科学发展观总揽全局,按照上级党委、政府的整体工作部署,紧紧围绕"加快工业化、建设新农村、营造好环境"的总体工作思路,抢抓"突破菏泽,对口帮扶"机遇,突出重点、强化措施、狠抓落实,实现了经济快速发展和社会全面进步。

(一)县域经济持续快速发展,综合实力明显提高 全县实现生产总值42.7亿元,完成社会固定资产投资35.4亿元,社会消费品零售总额17.6亿元,农民人均纯收入3549元,同比分别增长16.1%、22%、17.6%和13%;地方财政收入17966万元,可比增长44.1%;产业结构明显优化,三次产业比调整到34.4∶50.4∶15.8。工业化进程进一步加快,全县规模以上企业达到81家,完成工业增加值14.5亿元,实现利税4.2亿元;骨干企业快速膨胀,达驰电气跻身全国同行业前4强,达驰产品荣获"中国名牌"和"国家免检"两项殊荣。招商引资成效显著,全县引进投资300万元以上招商项目118个,总投资42.7亿元,实际到位资金20.6亿元。农业经济结构进一步优化,畜禽存栏量401.5万头(只),新增片林3.3万亩,大蒜面积达到35万亩,蔬菜、畜牧、林业三大主导产业格局更加明显。新农村建设开局良好,"四四四一"工程扎实推进,改造农村公路127公里,改水10处,改建生态卫生厕所8630个,新建沼气池720座,培训农民3万人次,完成了20个试点村的规划。

(二)各项改革稳步推进,发展活力不断增强 县属工业企业改革深入推进,明晰产权,完善法人治理结构,初步建立起现代企业制度。农村综合配套改革进展顺利,各项支农惠农政策得到有效落实,累计发放补贴资金2800万元。社会事业改革逐步深入,对县中医院及部分乡镇卫生院进行了产权制度改革,成立了疾病预防控制中心和卫生监督所,新型农村合作医疗试点工作稳步推进;整合教育资源,完成了乡镇中小学合校并点和教师定编定岗。财政综合改革扎实有效,建立健全会计集中核算管理体制,完善政府采购管理办法,全面实行了乡镇财务报账制。环卫体制改革顺利完成,基本建立起城市卫生管理监督保障机制。

(三)基础设施建设成效显著,发展环境更加优化 完成了县城新一轮总体规划,加快了基础设施建设步伐,对县城主要路段进行了新修和改造,开工建设了总面积16万平方米的10处居民小区和两个大型购物中心,污水处理厂已试运行,污水管网正在铺设,部分街道完成了弱电入地工程。加大了工业园区的建设力度,全长22公里的"四纵六横"主干道路框架已经形成,4.2平方公里的起步区基本实现了"七通一平",园区新建成企业29家,续建和在建项目19个,累计完成总投资33.8亿元。县城发展环境进一步优化,深入开展行风评议活动,全面推行职能部门服务公开承诺,建立健全环境治理工作机制,"三难五乱"现象和涉路、涉企投诉明显减少,亲商、安商、护商的氛围日渐浓厚。

(四)社会事业发展进程加快,群众生活得到改善 实施科教兴成和人才强县战略取得明显成效,省级以上高新技术企业达到5家。进一步巩固"普九"成果,不断加大教育基础设施投入力度,努力改善办学条件,素质教育全面推进,职业教育得到新的发展。积极开展了城乡文化活动和全民健身活动,群众性文化体育事业得到加强。加强医疗卫生事业,城乡医疗条件得到较大改善,社会保障覆盖面逐步扩大,保障体系不断完善。强化基层基础工作,继续稳定低生育水平,连续三年保持了"全省优质服务先进县"称号。环境保护工作不断加强,重点污染源得到有效治理,生态县建设扎实推进。土地资源得到有效保护,耕地总量保持了动态平衡。

(五)精神文明和民主法制建设扎实推进,社会稳定和谐 大力加强"文明成武"建设,以"八荣八耻"宣传教育为契机,深入开展了文明城市、文明村镇、文明行业等多种形式的文明创建活动,促进了三个文明的协调发展。大力加强"诚信成武"建设,全县人民的诚信意识不断增强。"平安成武"建设稳步推进,深入开展了社会治安综合治理和严打整治斗争,加强了信访工作和矛盾排查调处网络建设,上访总量一直在全市处于较低位次,有力地促进了社会的和谐稳定。

三、创新与经验

(一)以经济建设为中心,以加快发展为第一要务,是我们必须坚持的根本指导思想 始终坚持以经济建设为中心不动摇,始终把发展作为全县工作的大局和主题,始终坚持用发展的办法解决前进中的一切矛盾和问题,在全县上下形成了强大的发展合力。

(二)坚定不移地实施"工业立县"战略,狠抓项目建设、骨干企业膨胀和招商引资是突破赶超的关键 通过大上项目、上大项目,促使骨干企业快速膨胀,初步形成了具有支撑作用的骨干财源。扩大开放,多方引资,广借外力,使县域经济的发展潜力和后劲明显增强。

(三)创新机制,强化措施,是开创各项工作新局面的不竭动力 不断加强"三个体系"建设,建立健全体现科学发展观要求的考核评价体系和工作落实机制,靠积极有效地激励约束机制,调动和激发全县上下各个方面的积极性和创造性,促进了各项工作的深入开展。

(四)转变作风,真抓实干,是加快发展的根本保障 在全县上下大力营造"说干就干,干就干好,狠抓落实,务求实效"的新风气,对每项工作任务都有部署、有检查、有督促,使各级各部门自觉形成了勤抓落实、善抓落实、持之以恒抓落实的良好工作局面。

附：（一）成武县委书记、副书记、常委名单

书　记：付守明（2006 年 12 月离职）
　　　　杨晓玲（2006 年 12 月任职）
副书记：鲁志成　姜守民　刘学敏（挂职）
常　委：杨晓玲　鲁志成　姜守民
　　　　刘学敏（挂职）　张善甲　李　斌
　　　　史长华　孙迁国　马崇峰　周长革
　　　　朱文亭　王继民（挂职）
　　　　崔佃发（挂职）　孙洪涛

（二）各乡、镇、工业园区党委书记名单

成武镇　王培力
九女集镇　徐显成
天宫庙镇　刘爱中
孙寺镇　陈居祥
苟村集镇　周长会
白浮图镇　王元斌
张楼乡　冯艳丽
大田集镇　翟东民
党集乡　李春生
南鲁集镇　单　翔
汶上集镇　宋宪青
伯乐集镇　邵明杰
工业园区　郭　刚

中共单县县委工作概况

单县县委书记　王永江

2006 年，我县抢抓"突破菏泽"战略机遇，认真贯彻落实科学发展观，坚持"全党抓经济，重点抓工业，突出抓招商，大力抓环境"的指导思想和"四个突破、四个重点"的工作思路，进一步强化措施，抓住关键，经济社会保持了和谐快速健康发展。

一、组织概况与党的建设

截至 2006 年底，单县共有基层党委 29 个，总支 41 个，党支部 1175 个，党员 42352 人，其中农村党员 25014 人。一年来，县委以加强党的执政能力建设为重点，全面加强党的思想、组织、作风建设，党的创造力、凝聚力、战斗力明显增强。

（一）深入开展先进性教育活动　认真贯彻中央和省市关于开展保持共产党员先进性教育活动的各项部署以及胡锦涛总书记视察山东时的重要讲话精神，结合第三批保持共产党员先进性教育活动，深入开展了"全民创业"、"设岗评星"和综合示范村创建活动，受到省市领导的充分肯定。认真总结先进性教育活动取得的经验成果，建立健全长效机制，党员干部思想政治素质不断提高。

（二）大力加强领导班子和干部队伍建设　认真开展"四五"工程建设，不断提高干部队伍的整体素质。严格执行《条例》，健全党政领导干部选拔任用工作制度，坚持"以发展论英雄，凭实绩用干部"的用人机制不动摇，把岗位目标责任制完成情况与经济实绩考核作为选人用人的重要依据，重用干事创业的干部，惩戒工作被动落后的干部，增强了干部压力，激发了工作动力，干事创业的氛围日益浓厚。

（三）狠抓党员干部作风整顿和党风廉政建设　深入开展机关作风整顿活动，不断提高党员干部干事创业的积极性。全面落实党风廉政建设责任制，狠刹党员干部婚丧事大操大办、大吃大喝、乡镇干部"走读"等不正之风，加大大案要案查处力度，党风政风得到明显好转。

二、主要工作与成绩

2006 年，县委坚持把发展作为第一要务，牢固树立和落实科学发展观，聚精会神搞建设，一心一意谋发展，县域综合经济实力明显增强。全县实现地区生产总值 64.9 亿元，比上年增长 16.9%；50 万元以上固定资产投资达到55.8 亿元，增长 22.7%；地方财政收入完成 2.62 亿元，可比增长 58.7%；进出口总额达到 4600 万美元，增长 45.3%；社会消费品零售总额达到 34 亿元，增长 16.2%；农民人均纯收入达到 3444 元，增长 12.6%。

（一）工业兴县迈出新步伐　按照"一个重点，三个主导，三个板块"的工业发展思路，大力实施"富民强县·十百千万"工程，全县规模以上工业企业由 2005 年底的 93 家增加到 123 家，完成工业增加值 14.5 亿元，实现销售收入 55 亿元，利税 5.3 亿元，分别比上年增长 35%、46.9% 和 58.6%。全力促进造纸、医药化工、农副产品加工等主导产业加快发展，三个产业实现工业增加值、利税分别占规模以上工业企业总量的 75.1% 和 76.4%。化工有限公司橡胶助剂项目、天元纸业 3150 纸机项目和湖西轴承汽车零部件项目等一批投资过亿元项目建成投产，骨干企业膨胀步伐加快，对财政支撑作用明显增强。

（二）招商引资再创新业绩　坚持把招商引资、扩大投入作为经济工作的重中之重，层层分解任务，强化调度考核，全民招商的氛围日益浓厚。不断完善招商机制，创新招商方式，强力推行县乡领导 AB 角制度、"二分之一"工作法，认真落实县委常委分工负责抓大项目建设责任制，组织

开展四次项目集中签约活动,取得较好成效。全年共落实招商引资项目346个,新增在建投资过千万元的项目123个,过亿元的项目9个,利用县外资金44.6亿元,形成固定资产36.2亿元。

(三)开发区建设实现新突破 坚持举全县之力推进开发区建设,东沟河以东10平方公里基本实现"五通一平",6万平方米的标准厂房建设基本完工,开发区对项目的吸引力和承载功能明显增强。强化乡镇和县直重点部门支持开发区项目建设的责任,实行县级领导分片包干抓项目建设责任制,项目建设进度进一步加快。突出发展纺织服装、医药化工、农副产品加工三大优势产业,产业集群初步形成。全年新增入区项目40个,其中投资过3000万元项目28个,过亿元项目5个,投资过3亿元的国能生物发电、泰信纺织项目正式投产,鲁纱纺织、裕源纺织、广源果蔬等一批过亿元项目正在抓紧建设。开发区完成生产总值12亿元,销售收入22亿元,工商税收6800万元。

(四)城市建设呈现新面貌 初步编制完成护城河内圈片区部分控制性详细规划,完成5个乡镇总体规划,城镇规划水平进一步提高。实施了引黄入城、供水厂建设等六项城建重点工程,城区主要街道基本实现绿化、亮化、美化,基础设施滞后的局面得到较大扭转。加快房地产开发步伐,时代花园、锦绣·名门花园、金龙花园等5处新房地产开发项目开工建设,新增建筑面积28万平方米,人居环境明显优化。强化行政执法职能,建立城市环境综合整治长效机制,城区面貌明显改观。

(五)农村经济得到新发展 以农业产业化为目标,狠抓农业结构调整,大蒜、芦笋、山药三个经济板块面积逐步扩大,分别达到15万亩、8万亩和5万亩;积极培育壮大农副产品加工龙头企业,全县规模以上农副产品加工企业达到60家,实现增加值7亿元,同比增长62.9%。大力实施"阳光工程",全年培训农村劳动力1万多人,农村劳动力转移渠道进一步拓宽。认真搞好新型农村合作医疗试点工作,全面实施"四四四一"工程,新农村建设扎实推进。

(六)服务业发展实现新提高 大力加强以湖西文化物资交流市场为龙头的市场体系建设,全县基本形成了湖西文化物资交流市场、西郊蔬菜批发市场和鲁南商贸城等市场群体,四省八县结合部区域性县域商贸物流中心建设粗具雏形。进一步加强城区早夜市和农贸市场建设管理,推动了餐饮业规范化经营。积极推进旅游业发展步伐,大力发展以红色旅游、黄河故道绿色生态游为重点的旅游业,促进了人流、物流、信息流向单县聚集,服务业逐步繁荣兴旺。

(七)和谐社会建设有了新进步 一是精神文明建设不断加强。认真开展了"万家文明户"创建活动,城乡居民整体素质不断提高,形成了文明、健康、向上的社会风尚。二是社会政治保持了稳定局面。全面加强三级信访网络建设,坚持县级领导到乡镇公开接访、信访工作联席会议、县级领导包重点信访案件等制度,积极开展矛盾纠纷排查调处和非正常上访集中整治活动,夯实了基层基础,各类上访明显减少。切实强化社会治安综合治理和农村基层防控网络建设,组织开展了一系列声势浩大的严打整治斗争,"平安单县"建设取得明显效果。高度重视安全生产,有效预防了重特大安全事故的发生。三是人口与计划生育工作迈上新台阶。不断创新工作机制,提高服务质量,扎实推进人口与计划生育工作深入开展。2006年,我县被授予"山东省计划生育优质服务先进县"荣誉称号,人口自然增长率控制在4.4‰以内。

三、创新与经验

(一)必须高点定位,坚持既定的发展思路不动摇 2006年,县委牢牢把握经济建设这个中心,继续坚持"全党抓经济,重点抓工业,突出抓招商,大力抓环境"的指导思想和"四个突破、四个重点"的发展思路,高点定位,自我加压,突出赶超主题,围绕"经济三年翻番"目标,先后实施了工业发展和城市建设的双"十百千万"工程、新农村建设的"四四四一"工程,开展了"大项目建设年"活动和"全民创业"活动,加快了全县农业产业化、工业化和城市化进程。提出了"建设四省八县区域性县域商贸物流中心"的发展目标,促进了服务业加快发展。实践证明,这些思路具有很强的针对性和指导性,极大地激发了全县上下赶超发展的斗志。

(二)必须严格考核奖惩,进一步加大抓落实的工作力度 实行县委常委分工负责抓落实制度和重点工作、重点项目月调度、季述职、现场观摩制度,将重点工作分解落实到每个县委常委和人大、政府、政协领导成员,并将任务目标细化、量化,分解到有关部门和乡镇,形成了层层负责、环环相扣的落实机制,有力地促进了各项任务目标的顺利完成。切实加大考核奖惩力度,主要是加大对大项目建设、工商税收等方面的考核权重,真正把考核结果与干部的提拔、重用、奖惩紧密挂钩,进一步增强了全县各级抓落实、促发展的积极性和主动性。

(三)必须凝心聚力,努力营造团结和谐稳定的良好环境 大力加强"四个班子、四个队伍"建设,着力培养干事创业的领导班子和干部队伍,在全县营造了团结和谐稳定、风正气顺心齐、想干敢干会干的浓厚氛围。全县各级领导班子精诚团结,同心同德,营造了思想统一、行动一致、相互促进、团结协作、共谋发展的良好局面。坚持正确处理改革发展稳定的关系,着力解决影响社会稳定的突出矛盾和问题。大力开展优化经济发展环境活动,形成了一切围绕发展、一切服务发展,共同推动工作开展的强大合力,增添了加快发展的动力,保障了经济建设顺利进行和干部群众安居乐业。

(四)必须奋发有为,始终保持良好的精神状态 在国家宏观经济政策适度调整的新形势下,面对繁重的发展任务和各地竞相赶超的逼人态势,正视发展中的各种困难,全县各级干部特别是领导干部带头抢抓机遇,攻坚克难,积极应对,在困难中求突破,在探索中谋发展,始终保持了良好的精神状态和高昂的斗志,有力地促进了全县各项工作的顺利开展。

附:(一)单县县委书记、副书记、常委名单

书　记: 朱培吉(2007 年 1 月离职)
王永江(2007 年 1 月任职)

副书记: 王忠想　谷瑞灵　王智永(挂职)

常　委: 王永江　王忠想　谷瑞灵
王智永(挂职)　刘照进　孟繁文
王桂荣(女)　罗衍宽　张福龙
李　军　赵　刚(挂职)
于成璞(挂职)　李少华(女)
黄福常

(二)各乡镇党委书记名单

单城镇 王占华
谢集乡 秦林春
莱河镇 周在宇
郭村镇 邓合勇
高老家乡 王玉成
曹庄乡 赵福泉
浮岗镇 程振宇
高韦庄镇 袁丽霞(女)
黄岗镇 侯亮平
蔡堂镇 司昌民
朱集镇 陈世兴
杨楼镇 常　华
龙王庙镇 王　敏
孙溜镇 时圣才
李田楼乡 瞿孝坤
终兴镇 黄正光
张集镇 郑合强
时楼镇 石永睿
徐寨镇 田　民
李新庄镇 黄银亮

中共巨野县委工作概况

巨野县委书记　刘贞坚

一、组织概况与党的建设

巨野县现设 30 处基层党(工)委,其中镇党委 16 处、经济技术开发区党工委 1 处,企业党委 5 处,县直行政事业单位党(工)委 8 处;基层党支部 1494 个,其中党总支 43 个,农村党支部 880 个。拥有党员 33009 名,其中农民党员 19148 名。

2006 年,我们坚持以邓小平理论和“三个代表”重要思想为指导,以加强党的执政能力和先进性建设为主线,紧紧围绕省市委工作部署,党建工作取得了新的成绩。

(一)切实加强领导班子和干部队伍建设　加大干部人事制度改革力度,公开选拔了 2 名镇长和 17 名镇长助理。积极稳妥地推进《公务员法》实施工作,稳步有序地开展了公务员登记。致力于建立健全决策目标、执行责任、监督考核三大体系,把考核结果作为任用干部的重要依据,凭实绩用干部。圆满完成了镇党委换届,实现了班子年龄梯次配备合理,领导发展的能力进一步增强。加大青年干部培养力度,建立了青年后备干部信息库。干部调整交流工作力度进一步加大,提拔、重用 124 人,交流、轮岗任职 113 人。培训干部工作进展顺利,共举办各类培训班、研讨班 86 期。

(二)加强党的基层组织建设　按照中央和省市委部署,扎实开展第三批保持共产党员先进性教育活动。围绕探索建立保持共产党员先进性的长效机制,在农村无职党员中广泛开展了“设岗评星”活动。村级干部队伍管理实现新突破,出台了《巨野县关于加强村级干部队伍建设的意见》、《巨野县关于村级干部工资发放管理暂行办法》等系列文件。建立农村党支部书记带头干事创业的激励机制,颁布了《关于设立优秀农村党支部书记奖励基金的实施意见》,每年县财政拨款 10 万元,表彰 100 名带头干事创业的优秀农村党支部书记。进一步丰富“三级联创”活动内容,切实搞好农村党员干部现代远程教育,促进了农村基层班子的全面转化升级。在新型经济和社会组织中建立党组织 138 个,党员总数 1400 人。

(三)狠抓党风廉政建设　紧紧围绕经济建设,以建立健全惩治和预防腐败体系为主线,以解决群众关心的热点难点问题为重点,以严格执纪为着力点,以优化环境为切入点,不断健全“一把手”负总责的领导体制,切实加强党风廉政建设。将党风廉政建设工作任务量化分解，落实到有关部门。对责任落实情况严格考核，严格责任追究。实行了领导干部重大事项报告制度，狠刹了公款吃喝玩乐、乘坐“超标车”等不正之风。立案查处了一批违纪干部，大力推进廉政文化建设，严厉查处商业贿赂，进一步加大从源头上治理和预防腐败的力度。

二、主要工作与成绩

一年来，我们坚持以经济建设为中心，以科学发展观统领经济社会发展全局，以大项目建设为核心，围绕省委、省政府提出的“三三一一”目标，突出“三大重点”，加快“三大进程”，全县经济和社会各项事业迈出新步伐。2006年，巨野县被评为“全省县域经济发展先进单位”、“全国投资潜力中小城市百强”、“平安山东建设模范县”。

（一）国民经济实现新突破 全县完成生产总值53.61亿元，比上年增长16.6%，其中一二三产业分别增长6.4%、24.6%和17.1%，三次产业比调整到32.2:47.3:20.5；全社会固定资产投资完成54.6亿元，增长22.9%；地方财政收入完成2.2亿元，按可比口径增长47.6%；完成进出口6400万美元，增长33.4%，实际利用外资502万美元，增长9.1%；社会消费品零售总额达到27亿元，增长16%；金融机构各项存款余额46亿元，各项贷款余额51亿元，比年初分别增加4.6亿元和6.3亿元；城镇居民可支配收入达到7477元，农民人均纯收入达到3515元，比上年分别增长13.8%和12.7%。

（二）项目建设取得新成就 全年实施规模以上固定资产投资项目408个，累计完成投资额54.6亿元。其中，投资过千万元的项目78个，投资过亿元的项目12个。投资2.2亿元的山水水泥、投资1.5亿元的恒巨工业园、投资1.5亿元的齐鲁东大、投资1.2亿元的建安水泥、投资5000万元的晨农天然产物等项目已建成投产，投资34.5亿元的龙固矿井等项目正在抓紧建设。特别是围绕加快煤化产业发展，重点运作了100万吨二甲醚、220万吨焦化等一批煤化工项目，规划建设了田桥煤化工基地，初步拉开了煤炭资源综合开发利用的基本框架。

（三）工业建设迈出新步伐 规模以上工业完成增加值16.8亿元，增长31.9%；实现销售收入65.1亿元，增长39.7%；实现利税3.6亿元，增长35.5%；工业经济综合指数达到205%，提高15个百分点。大力实施“名牌”带动战略，“花冠”被评为“中国驰名商标”；通过重组改造等手段，启动盘活了医疗器械、巨富钢业、麒麟针织、鲁奇皮革等多家停产半停产企业；规模以上工业企业发展到128家，骨干企业的支撑带动作用明显增强。

（四）农村经济再上新台阶 粮棉喜获丰收，总产分别达到33.7万吨和6.9万吨，分别增长4.7%和10.8%；种植业结构继续优化，蔬菜等高效作物面积发展到42万亩，粮经比例调整到4:6；畜牧生产稳中有升，主要畜禽品种养殖量继续增加；林业生产发展较快，速生丰产林基地不断扩大；产业化经营步伐加快，市级以上龙头企业发展到9家，农村合作经济组织发展到23个，农产品标准化生产基地发展到10万亩；劳务输出规模扩大，外出务工人员达到13万人；新农村建设开局良好，30个试点村初见成效，“四四四一”工程全面推进，完成村庄规划编制190个，整修农村道路230公里，建设沼气池360座。

（五）城市建设呈现新面貌 大力实施城建“三六九”工程，编制完成了新城区控制性详规、城区绿地水系规划和古诚详规，开工建设了商务中心、丽天大酒店、洙水河公园、客货运输中心、紫薇广场、新华苑、金都小区、丽景苑经济适用房等一批城建项目，启动实施了花冠路西延、青年路西延、文化路南段改造、招商街北段配套等一批重点工程，建成完工了环城路、农贸大市场、污水处理厂、城市燃气主管网、麒麟园群雕和东环岛等一批基础设施。坚持建管并重，狠抓了城乡环境综合整治，组织实施了一批绿化、净化、亮化、美化工程，使城市形象有了很大提升。同时，狠抓了城乡交通基础设施建设，相继完成了巨鄄路、巨金路、青龙路、巨田路的改建及5座大中型危桥的改造，完成“村村通”扫尾工程80公里。

（六）社会事业得到新发展 完成市级以上科技成果10项，开发新技术产品12个，科技贡献率达到49%以上；改造农村中小学危房2.1万平方米，高考本科录取突破千人大关，教学条件和教育质量进一步提高；新增城镇就业9816人，登记失业率降低到3.6%；征缴各类保费1.1亿元，确保了基本养老保险金的按时足额发放；5处乡镇卫生院改貌工作基本完成，新型农村合作医疗试点工作进展顺利，群众就医条件明显改善；麒麟传说、孔楼杂技被列入省级非物质文化遗产保护名录；圆满完成年度人口责任目标，人口自然增长率控制在4‰以内；广播电视、民族宗教、妇女儿童、外事侨务、档案管理、人防、气象、史志、老龄、残疾人等项事业都有新的发展。

三、创新与经验

（一）坚持与时俱进，创新工作思路 新一届县委班子结合巨野实际，创造性地提出了经济社会发展的总体思路：坚持工业兴县不动摇，以建设21世纪新兴能源生态城为目标，以加快发展为主线，以招商引资为总抓手，以构建煤化工、纺织服装、建材、食品加工四大产业聚集区，培植壮大骨干企业，增强企业自主创新能力，建设社会主义新农村为重点，调整经济结构，转变增长方式，坚定不移地走工业化与城市化互动发展之路，统筹城乡与可持续发展协调并进之路，以人为本、和谐发展之路，努力实现经济社会发展的新突破。

（二）坚持协调发展，突出工作重点 坚持抓重点、抓关键、抓主要矛盾，始终把工业化、城市化作为统揽全局、推动经济社会发展的两大主导战略抓住不放。狠抓招商引资、大项目建设和工业建设，加快工业化进程；狠抓县城各类园区和基础设施建设，加快城市化进程，带动各项工作全面提高。

(三)坚持狠抓落实,完善工作机制 县里成立了四大主导产业发展领导小组,由县委书记、县长、县人大主任、县政协主席分别任组长,相关职能部门的主要负责人为成员;成立了大项目推进领导小组,由县委书记任组长,县长任副组长,实行县级领导包市重点工业企业项目、市重点服务业项目、县重点工业项目、县重点城建项目制度,具体负责四类项目的洽谈、落地建设和服务协调。县委、县政府两个督查室和县考核办每月底对重点项目进展情况进行专门督查。县委、县政府对各镇区、部门和重点企业的工作进度坚持每月一调度,在此基础上,一季度组织一次现场观摩,当场打分,排出名次,并在新闻媒体上公布。县级领导干部招商引资和包重点项目任务完成情况,定期向县委全委会和常委会汇报,半年向全县领导干部脱稿述职。

附:(一)巨野县委书记、副书记、常委名单

书　记:王长松(2006年12月离职)
　　　　刘贞坚(2006年12月任职)
副书记:刘传谨　崔学民　王在新(挂职)
常　委:刘贞坚　刘传谨　崔学民
　　　　王在新(挂职)　张　震　李　峰
　　　　张西民　张红旗　张广立　孟令选
　　　　杨学锋　陈元旺　姚振西(挂职)
　　　　于钦德(挂职)

(二)各镇区党委书记名单

县经济技术开发区	燕　华
巨野镇	陶永立
田庄镇	徐长飞
麒麟镇	马素珍
田桥镇	陈宜民
龙固镇	肖继民
太平镇	解德湘
柳林镇	孙学兵
万丰镇	郭良印
营里镇	张洪安
章缝镇	高恒运
大义镇	于　良
董官屯镇	谢新平
大谢集镇	刘培廷
陶庙镇	陈广恩
独山镇	张卫东
核桃园镇	李　玮

中共郓城县委工作概况

郓城县委书记　刘国生

一、组织概况与党的建设

全县共有27个基层党委,54个党总支,1646个党支部,43894名党员。其中,乡镇党委21个,农村党支部1029个、农民党员25132名,新型经济社会组织有17个党总支、127个党支部、2602名党员。

2006年,我们坚持以“三个代表”重要思想和科学发展观为指导,以提高党的执政能力和领导水平为重点,紧紧围绕全县经济社会发展大局,全面加强党的思想、组织、作风建设,不断增强了党组织的号召力、凝聚力和战斗力。

(一)扎实开展了第三批保持共产党员先进性教育活动 坚持精心组织抓学习、严格程序抓评议、力说力行抓整改、建立机制抓提高,深入扎实地开展了全县第三批保持共产党员先进性教育活动,高标准、高质量地完成了教育活动的各项任务。通过积极开展“真情暖百姓”、“农村党员设岗评星”、“永葆党员先进性”等活动,有效地解决了群众关注的一些热点难点问题,进一步密切了党群、干群关系,激发了广大党员干部群众干事创业的积极性。

(二)全面加强了各级领导班子和干部队伍建设 坚持凭实绩用干部,加大了对干部实绩考核工作的力度,极大地调动了广大干部干事创业的积极性,树立了正确的用人导向。严格按照《干部任用条例》和换届工作规定的方法步骤,大力推进领导班子配备改革,圆满完成了乡镇党委换届工作。进一步扩大了干部培训规模,提高了培训层次和质量,进一步增强了干部队伍综合素质。

(三)大力加强了基层党组织和党员队伍建设 认真落实了基层组织建设工作责任,狠抓了乡镇党委班子建设和干部作风教育整顿。认真开展“三级联创”活动,制定了符合实际的《农村党建“三级联创”活动管理规范》、《村级规范化管理实施细则》和《农村党支部书记管理暂行办法》等制度。扎实搞好村级组织活动场所建设,2006年完成84个村的新建和改扩建任务。加强党员管理,特别是对企业改制后身份转换党员、流动党员进行了广泛调查,为流动党员建立了档案。严把发展党员关,全年共发展党员820名,进一步优化了党员队伍结构,新发展党员质量明显提高。党员干部现代远程教育实现了新突破,精心制作了高质量课件,加强了管理员队伍建设,进一步加快了村级站点互联网安装进度。适时举办了各种类型农村干部培训班132期、培训干部2947人次。

(四)切实加强了党风廉政建设 以落实党风廉政建设责任制为总抓手,以建立健全惩防体系为主线,以解决群众关心的热点难点问题为重点,扎实开展"勤政廉政、科学发展"、学习贯彻党章和社会主义荣辱观教育等活动,大力加强警示教育和廉政文化建设,继续坚持领导干部重大事项报告制度、任前谈话制度、经济责任审计制度、诫勉谈话等行之有效的监督约束机制,切实做到廉政建设"关口"前移,促进了领导干部廉洁自律;认真查处党员干部违纪违法案件,全年纪检监察机关共立查各类党员违纪违法案件146起,给予党政纪处分146人,起到了较大的震慑作用;下大力纠风治乱,很好地治理了擅自加重农民负担、中小学乱收费、企业污染、建筑市场土地市场清理等群众反映强烈的问题,切实维护了人民群众的切身利益。

二、主要工作与成绩

2006年,全县各级在上级党委、政府的正确领导下,以"三个代表"重要思想和科学发展观为指导,按照县委、县政府确定的"一二三四"的发展思路,解放思想,抢抓机遇,扎实苦干,推动了全县经济社会又好又快发展,实现了"十一五"良好开局。全县实现生产总值69.14亿元,可比增长16.32%;完成50万元以上固定资产投资56.52亿元,同比增长16.1%;地方财政收入3.6亿元,可比增长38.5%;农民人均纯收入3504元,同比增长12.38%;供电量10.13亿千瓦时,同比增长30%,其中工副业用电量6.25亿千瓦时,增长38%;年末全县金融机构各项存款余额62.5亿元,城乡居民储蓄余额52.3亿元,分别比年初增加7亿元和7.2亿元。工业经济开始步入良性发展轨道,2006年规模以上工业增加值19.2亿元、利税4.72亿元,同比分别增长32.5%和77.86%。棉纺织、木材加工、畜产品加工三大优势产业和搪瓷、钢球、酒类包装三个特色产业规模迅速膨胀,2006年全县棉纺织业新增80万纱锭,10月份郓城被授予"中国日用搪瓷产品生产基地"称号。四对矿井建设进展加快,彭庄煤矿成为全市第一家试生产矿井,总装机容量520万千瓦的两个大型坑口电厂已报国家和省有关部门核准。农村经济稳步发展,农业产业化规模不断壮大,新农村建设扎实推进。服务业发展迈出新步伐,水浒旅游开发全面启动,商贸流通进一步活跃。城市建设力度加大,临城路东段道路拓宽、东门街南段开发和污水处理厂等重点新建工程已经建成或正在建设。园区建设取得重大进展,原有3.5平方公里起步区和4平方公里新区实现了"七通一平",被评为山东省最具投资价值的园区。交通、水利、电力、通信等各项基础设施日益完善,经济发展环境明显优化。同时,精神文明建设进一步加强,教育、科技、文化、卫生等社会事业全面进步,社会稳定局面更加巩固,和谐社会建设取得显著成效。

三、创新与经验

(一)必须真正凝聚发展合力 结合深入贯彻落实省、市一系列重要会议精神,我们始终坚持不懈地狠抓了全县上下的思想解放和观念更新,积极鼓励各级干部带头从事民营经济,广泛开展大学习、大参观活动,在抓好经常性督促检查的同时每年两次组织开展项目建设观摩评比,加大经济工作实绩考核和奖惩力度,大大激发了各级发展经济的积极性,营造出了一心一意抓经济、凝心聚力促发展的浓厚氛围,真正形成了加快发展的强大合力。

(二)必须强力发展特色块状经济 我们依托当地资源优势和产业基础,举全县之力继续培植壮大了棉纺织、木材加工、畜产品加工三个优势产业和搪瓷、钢球加工、酒类包装三个特色产业,形成了明显的规模优势,各个产业在全省乃至全国同行业中逐步有了一定位置和影响,特色块状经济格局初步显现,不断实现了县域经济发展的新突破。

(三)必须全力保持社会稳定 牢固树立"发展是政绩,稳定也是政绩"的观念,用心研究、精心抓好稳定工作。坚持依法行政,在拆迁、安置、补偿等问题上不折不扣地执行上级政策;认真抓好信访工作,健全和完善处置群体性事件信息预警、组织指挥、预案运作等体系,依法及时合理地化解了各类社会矛盾;强化社会治安综合治理,深入开展严打整治斗争,切实维护了人民群众的生命财产安全;层层落实安全生产责任制,认真组织了各项安全生产检查和专项整治,全县安全生产总体形势平稳,为全县经济社会又好又快发展提供了有力保障。

(四)必须转变作风狠抓落实 我们认真落实并不断完善决策目标、执行责任、考核监督三个体系,以完善的决策目标引领发展,以明晰的执行责任推进落实,以严格的考核监督激发活力,逐步健全了工作落实机制。深入进行狠抓落实的教育,扎实开展干部作风集中教育整顿,严格实行责任追究,真正在全县形成了勤抓落实、善抓落实、坚持不懈抓落实的良好局面。

附:(一)郓城县委书记、副书记、常委名单

书　记:刘国生

副书记:万存周　王尊亮　李洪吉(挂职)

常　委:刘国生　万存周　王尊亮
李洪吉(挂职)　张耀忠(回族)
孙彦军　马国强　王广岱　李国珍
袁红兵　王秉伟(挂职)
傅国普(挂职)　李艳丽(女)
杨　涌

(二)各乡镇党委书记名单

郓城镇　张　平

双桥乡　王秀忠
武安镇　吕端方
黄安镇　杨　涌
唐庙乡　孙兴忠
郭屯镇　郭良伟
南赵楼乡　张　防
随官屯镇　符中太
丁里长镇　孙兆同
张营镇　任仰年
黄堆集乡　智建国
杨庄集镇　周传国
程屯镇　侯殿修
潘渡镇　陈　勇
侯咽集镇　韩海臣
黄集乡　谭新同
李集乡　张洪伟
玉皇庙镇　刘寅华
张鲁集乡　陈修社
水堡乡　周玉华
陈坡乡　刘运伟

中共鄄城县委工作概况

鄄城县委书记　任仲义

一、组织概况与党的建设

鄄城县总面积1032平方公里，辖10镇6乡，435个行政村，人口79.2万。基层党委23个，党支部870个，党员32225名。

2006年，我们坚持以"三个代表"重要思想为指导，以提高党的执政能力和领导水平为重点，认真贯彻和落实科学发展观，紧紧围绕全县经济发展大局，全面加强党的思想、组织、作风建设，不断增强党的号召力、凝聚力和战斗力。

(一)切实加强思想作风建设　按照中央和省市委的统一部署，扎实开展了保持共产党员先进性教育活动，圆满完成了各项工作任务。始终坚持群众路线，把维护和实现人民群众的根本利益作为一切工作的出发点和落脚点，牢固树立"立党为公、执政为民"的理念，坚持一切从实际出发，大力发扬求真务实的工作作风，把党的路线、方针、政策落到实处，竭力为群众办实事、谋利益。

(二)切实加强干部队伍建设　全面贯彻干部队伍"四化"方针和德才兼备的原则，坚持《干部任用条例》和"八用八不用"标准，树立了正确的用人导向。按照"三个体系"建设要求，完善考核指标、改进考核办法、严格兑现奖惩，促进了干部作风明显转变。

(三)切实加强基层组织建设　积极探索新形势下基层党组织建设的途径和方法，积极开展"五好乡镇党委"、"五好村党支部"创建活动，加强以村党支部为核心的村级组织配套建设。同时加强机关、企业、新型社会经济组织等党组织的建设，不断优化党员队伍结构，提高党员队伍素质，增强党的基层组织的战斗力和凝聚力。

(四)切实加强党风廉政建设　坚持标本兼治、综合治理、惩防并举、注重预防的方针，积极推进党风廉政建设和反腐败斗争，着力解决群众反映强烈的突出问题。深入开展理想信念、党风党纪和从政道德教育，加强廉政文化建设。建立健全党风廉政建设和廉洁自律的各项规章制度，进一步强化对权力的监督制约。认真落实党风廉政建设责任制，严格"第一责任人"的责任，狠抓纠风治乱工作，加大案件查办力度。

二、主要工作和成绩

2006年以来，鄄城县以科学发展观为统领，牢牢抓住山东省委、省政府"突破菏泽"战略，特别是东部强市和省直部门结对帮扶的重大机遇，立足鄄城实际，扎实苦干、拼搏进取，有力地推动了全县经济社会又好又快发展。全县完成生产总值40.8亿元，比上年增长16.5%；实现地方财政收入17300万元，增长41.1%；社会消费品零售总额23亿元，增长21%；农民人均纯收入3403元，增长13%。

(一)经济运行质量取得新的突破　结构调整取得成效，三次产业比由2005年的42:34:24调整到38:37:25，二三产业比重提高了4个百分点。工业运行质量明显提高，全县规模以上工业企业新增36家，总数达到98家，完成增加值、销售收入、利税同比分别增长34%、30%和70%。骨干企业不断壮大，带动作用显著增强，有9家骨干企业跻身全市纳税百强企业行列。

(二)招商引资和大项目建设取得新的突破　把招商引资和项目建设作为加快发展的根本出路，放在重中之重的位置来抓。将2006年确定为全县"大项目建设年"，坚持全局工作的中心围绕大项目展开，招商引资的重点围绕大项目进行，人员力量的布局围绕大项目安排，基础设施的建设围绕大项目配套。2006年，全县认定招商引资项目360个，到位资金35.5亿元，比上年增长37.7%；投资过千万元的在建项目68个，过亿元的项目16个，其中投资4.2亿元的二十二万锭精梳纱、投资1.2亿元的二氯异氰尿酸钾、投资1.2亿元的雪中笑羽绒服、投资1.6亿元的青岛普莱特电器、投资1.2亿元的舜王城科技示范园一期工程等一批大型项目正在加紧建设,有的已开二生产。

(三)老企业资产重组取得新的突破 下大力抓好县属老企业改制,采取县级领导联系、主管部门协调、工作组进驻企业等切实有效的措施,全面推进长期停产企业的依法破产、资产重组。累计盘活存量资产3.5亿元,吸引客商投资4亿元。县酒精厂、洗衣粉厂、鲁西制药厂、味精厂等停产企业相继实现购并重组,重新焕发了生机。老企业的盘活,不仅增强了工业实力,而且有效地维护了职工利益,促进了社会稳定。

(四)基础设施建设取得历史性突破 县经济开发区已被批准为省级开发区,目前,16平方公里的规划区内已初步形成"三纵四横一环"的路网格局,重点项目规划区实现"五通一平"。按照经营城市的理念,用市场经济的办法建设管理城市,2006年以来,已建成和正在建设的西环、北环、东环、鄄七路、九路、十路、十一路以及人民路贯通工程等城市道路全长33公里;占地25公顷的历山公园全面开工;完成农村公路和干线公路改造项目52个,总里程158.2公里,其中农村公路改造项目完成市分配目标的235%;投资9.2亿元的黄河公路大桥项目已开工奠基,投资1亿元的巨鄄公路鄄城段正在建设,2007年上半年可建成通车,促进发展的基础条件明显改善。

(五)社会形势和谐稳定 坚持发展是第一要务、稳定是第一责任,扎实推进"平安鄄城"建设。认真做好信访工作,大力加强社会治安综合治理,深入开展严打集中活动,维护了社会政治安定。高度重视信访工作,严格落实信访工作领导责任制、责任追究制和双向承诺制,积极预防和妥善处理群体性事件,把不稳定因素化解在基层、内部和萌芽状态。坚持精神文明重在建设的方针,大力加强宣传思想工作,深入开展了一系列文明创建活动。全面实施素质教育,进一步优化教育布局,不断改善办学条件,教学质量明显提升。高度重视群众身体健康和生命安全,切实加强基层卫生基础建设,医疗、保健、防疫体系逐步完善。加大了科技推广力度,科技进步对经济增长的贡献率达到40%以上。毫不放松地抓紧抓好计生工作,人口增长得到有效控制。强化安全生产,认真落实安全生产目标责任制,积极开展安全生产大检查,杜绝了重特大安全事故的发生。

三、创新与经验

(一)立足实际,选准发展路子 坚定不移地实施工业兴县战略,坚持"全党抓经济、重点抓工业、突出抓招商、集中抓项目"的工作思路,明确大项目建设的责任,提高招商引资的质量,下大力抓好现有项目的落实和工业园区的建设,一批大项目、好项目落户鄄城。实践证明,这一发展思路决策正确,符合实际,得到了全县上下的广泛认可,达成了共识,工作成效十分显著。

(二)优化环境,保障经济建设 环境事关大局,事关发展,事关成败。工作中牢固树立环境观念,敢于触及一些部门的切身利益,使"狠"劲、出"实"招、施"重"手,严厉打击妨碍经济发展的一切因素,建立和完善了齐抓共管的责任机制、纠建并举的预防机制、社会参与的监督机制、着眼治本的工作机制、严格分明的奖惩机制,形成了一套具有较强操作性和约束力的完整机制。

(三)维护稳定,促进社会和谐 在加快经济发展的同时,把民生问题摆在更加突出的位置,推进教育、卫生等社会事业全面进步。创新工作机制和工作方法,逐步建立起顺畅的民意沟通机制、有效的矛盾调处机制、便民利民的服务机制。围绕"平安鄄城"建设,全面落实信访和社会治安综合治理的各项措施,重视对多发性治安问题的治理,群众对社会治安的满意度不断提高。

(四)落实责任,强化考核奖惩 建立"一把手"抓督查制度,完善目标责任制,把任务细化量化,层层分解,责任到人,同时加大责任考核和奖惩力度,力促各级干部把精力集中到办实事上来,把功夫下到抓落实上来,推动了各项工作的快速健康发展。

附:(一)鄄城县委书记、副书记、常委名单

书　记:任仲义

副书记:王有杰　朱瑞军　张伯福(挂职)

常　委:任仲义　王有杰　朱瑞军　张伯福(挂职)　史同立　吴　振　李长山　李建刚　王保华　谢忠良　刘福斌(挂职)　岳国峰(挂职)　田中原　霍德欣

(二)各乡镇党委书记名单

乡镇	书记
鄄城镇	陈文增
旧城镇	王建华
红船镇	程洪涛
闫什镇	王福增
什集镇	王麦方
吉山镇	李保东
李进士堂镇	杨　彬
董口镇	郭兆路
临卜镇	钱贵爱
彭楼镇	张　晖
引马乡	霍德欣
左营乡	张圣生
大埝乡	侯贵华
凤凰乡	周生林
郑营乡	陈安柱
富春乡	王景义

中共东明县委工作概况

东明县委书记 岳 滨

一、组织概况与党的建设

全县面积1369平方公里，辖7镇6乡、1个省级经济技术开发区。共有24个基层党委，44个党总支，980个党支部，29565名党员，其中农村党支部413个，农村党员15058名。一年来，坚持以“三个代表”重要思想为指导，以提高党的执政能力和领导水平为重点，全面加强党的建设，党的执政能力明显增强。

(一)扎实开展了保持共产党员先进性教育活动 精心组织，周密安排，扎实开展了第三批先进性教育活动、巩固扩大成果和“回头看”活动，着力建立健全了长效机制，达到了“提高党员素质、加强基层组织、服务人民群众、促进各项工作”的目的。

(二)狠抓了基层组织建设 加大后进村整顿力度，配齐配强村级班子，农村基层党组织的战斗力和凝聚力明显提高。全面加强教学辅导队伍、技术保障队伍建设，农村党员干部远程教育发挥了良好作用。大力加强村级组织活动场所建设，有效解决了部分村“办公无场所、活动无场地”的问题。

(三)狠抓了干部队伍建设 按照《干部任用条例》和“八用八不用”标准，对乡镇和部分县直部门232名干部进行了调整充实，干部队伍结构进一步优化。按照“三个体系”建设的要求，完善了考核指标、改进了考核办法、严格兑现奖惩，全县干部干事创业的积极性得到明显提高。

(四)狠抓了党风廉政建设 全面落实党风廉政建设责任制，严格执行“一控三定”，积极开展专项清理工作，加大执纪办案查办力度，认真纠正行业和部门不正之风，党风政风明显好转。

二、主要工作与成绩

2006年以来，我们始终坚持以科学发展观为统领，紧紧围绕“东明率先突破”战略目标，大力实施以石油化工为龙头，农副产品加工和服务业为两翼的带动战略，强化农业，膨胀工业，突破第三产业，开拓创新，真抓实干，实现了经济和社会各项事业又好又快发展。全县地区生产总值达到57.7亿元，同比增长19.4%；地方财政收入3.1亿元，增长48.8%；农民人均纯收入3520元，增长13.1%。

(一)工业经济增势强劲，工业化进程明显加快 坚持“工业强县”战略不动摇，立足石油化工和农副产品加工两大支柱产业，盘活存量，膨胀总量，提升质量，全面推进工业化进程，实现了全县工业经济的跨越式发展。2006年，全县规模以上工业实现增加值28.9亿元，增长30%；销售收入109.9亿元，增长44.7%；利税6.6亿元，增长43.4%；工业在GDP中的比重达到58.8%，规模以上工业经济总量和运行质量稳居全市第一。特别是石化集团、玉皇化工、洪业化工、五得利面粉等一批骨干企业，生产规模迅速壮大，产业链条进一步拉长，部分已发展成为全省、全国乃至亚洲同行业最大，有力带动了我县工业经济的健康快速发展，极大推动了全县工业化进程。

(二)项目建设进展顺利，固定资产投资取得较大突破 紧紧围绕做大主导产业，做强骨干企业，拉长产业链条，实施产业招商、项目招商，以大招商促大投入，以大投入促大发展，全县投资保持了强劲的增长势头。2006年，全县实施规模以上项目456个，其中，投资过千万元的项目141个，过亿元的项目12个。石化集团投资4.6亿元的100万吨延迟焦化等项目相继竣工投产；投资6.25亿元的15万吨离子膜烧碱等项目正在紧张施工。这些项目投入规模大，科技含量高，带动能力强，完全符合国家产业政策，全部经过省和国家发改部门审批，为东明又好又快发展奠定了坚实基础。

(三)农村经济协调发展，新农村建设成效明显 坚持把“三农”工作放在重要位置，加大措施，全力推进，促进了农村经济的协调发展。全县粮食总产达到4.7亿公斤，创历史新高；经济作物面积达到120万亩，西瓜种植面积达40万亩，成功举办了首届“中国东明西瓜节”；林牧渔业快速发展，林木蓄积量172万立方米，年末大牲畜存栏5.5万头，名优水产养殖面积4.4万亩；劳务经济迅速壮大，外出务工达15万人，年创收11.5亿元，成为农民增收的重要来源。以实施“四四四一”工程为总抓手，扎实开展了社会主义新农村建设试点工作，全县新建成沼气池1200处，改厕1.2万座，完成了55个村6万人的改水工作，农村面貌有了很大改观。

(四)城市建设全面提速，载体功能更加完善 坚持高起点规划，高标准建设，高水平管理，纵深推进，协调运作，城市建设不断迈上新台阶。2006年，聘请清华大学专家对新一轮城市总体规划进行了修编，并完成了城区详细规划，形成了布局合理、规划科学的功能分区；完成了投资1.3亿元绍兴商贸城、原106国道农贸市场、三八路街改造等重点开发部位的规划设计；投资3.32亿元重点组织实施了17大工程项目，部分工程已顺利完工，投资1.25亿元的污水处理厂投入使用，投资1.2亿元的国际大酒店等正在紧张施工。城市基础设施建设和管理水平明显提高，城市载体功能进一步完善，整体形象和居住环境大为改观。

(五)社会事业全面进步，和谐东明建设迈出新步伐

坚持把发展经济和造福百姓统一起来,使不同群体的利益得以统筹兼顾,让全体人民都能享受到改革发展的成果,促进了经济社会的协调发展。党的农村惠民政策全面落实,农民生产积极性得到提高;“村村通柏油路”工程基本完成,农民行路难问题得到较好解决;新型农村合作医疗覆盖面进一步扩大,全县参合率达到94%;贫困学生“两免一补”政策得到落实,义务教育得到加强;弱势群体生活救助体系和社会保障体系逐步完善,群众生活保障问题得到有效解决;城镇就业再就业工作取得新突破,城镇居民收入水平和生活质量日益提高。积极开展“平安东明”建设,强化社会治安综合治理,高度重视信访工作,形成了社会和谐稳定、群众安居乐业的良好局面。

三、创新与经验

(一)始终坚持符合县情的发展战略,是经济建设富有成效的关键所在 按照科学发展观要求,强化“率先突破”的意识,创造性地把上级精神、发达地区经验与东明实际紧密结合起来,深入研究事关东明科学发展、跨越发展的重大问题,积极适应国家宏观政策调整带来的新变化,适时制定、调整发展思路并坚决落实这些战略举措,有效破解发展难题,抢抓了发展的先机。实践证明,只要我们坚持解放思想、实事求是,走顺应时代潮流、切合东明实际的发展之路,就能始终牢牢把握发展的主动权。

(二)始终坚持让全体人民共享改革发展的成果,是全部工作的根本目的 在加快经济发展的同时,坚持不懈地抓好富民工程、民心工程,真心实意为群众办实事、办好事,真正让群众从发展中得到了实惠,这是实现整个社会和谐共进的根本和基础。实践证明,只要我们坚持以人为本的执政理念,始终把人民群众的利益放在首位,就能赢得广大群众的支持和拥护,筑牢加快发展的群众基础,我们的事业就会无往而不胜。

(三)始终保持昂扬向上的精神状态,是做好一切工作的不竭动力 坚持把调动干部群众的积极性放在重要位置,以宏伟的目标鼓舞人,以正确的舆论引导人,以积极的政策激励人,调动了广大干部的工作热情,人心思上、人心思变、人心思干的正气日益上升,全县上下掀起了拼抢赶超、真抓实干的热潮,形成了干事创业、加快发展的强大精神动力。实践证明,只要我们始终保持一种昂扬向上、积极进取的精神状态,把广大干部群众的创业激情保护好、引导好、发挥好,就一定能把我们的事业不断推向前进。

(四)始终坚持矢志不渝抓落实,是各项事业不断取得突破的重要保障 按照“三个体系”建设的要求,建立完善了科学有效的决策目标、执行责任、考核监督工作机制,有效地解决了“干与不干一个样,干多干少一个样”的问题,增强了全县各级抓落实的主动性和责任感,使每项工作都做到了有布置、有检查、有奖惩,促进了各项决策部署的有效落实。实践证明,只要我们有一个求真务实、脚踏实地的工作作风,有一个矢志不渝、狠抓落实的良好机制,就一定能够经受考验,战胜困难,早日实现建设繁荣和谐新东明的伟大目标。

(五)始终坚持推进党的建设新的伟大工程,是又好又快发展的根本保证 以先进性教育活动为契机,把加强党的执政能力建设放在十分重要的位置,认真解决存在的突出问题,不断增强基层党组织和党员干部的创造力、凝聚力和战斗力,党的建设得到全面加强。实践证明,只要充分发挥各级党组织的战斗堡垒作用,充分发挥广大党员的先锋模范作用,形成心齐气顺、共谋发展的良好氛围,就能战胜各种矛盾和困难,不断开创经济社会发展的新局面。

附:(一)东明县委书记、副书记、常委名单

书　记:岳　滨

副书记:刘　鲁　闫传银　杨福礼(挂职)

常　委:岳　滨　刘　鲁　闫传银　杨福礼(挂职)　马长安　王卫东　谭相海　蔡维超　张文汇　童培友　钟明伟　张留印　刘忠远(挂职)　杨　华(挂职)

(二)各乡镇党委书记名单

城关镇	王海林
东明集镇	温仁龙
刘楼镇	游德华
大屯镇	彭异彩
陆圈镇	王永利
三春集镇	王伯昌
马头镇	杨　军
武胜桥乡	牛明光
小井乡	司　霖
沙沃乡	王洪恩
长兴集乡	徐克君
焦园乡	辛同军
菜园集乡	彭金俭

高校党委工作概况

山东大学党委工作概况

山东省人大常委会副主任、
山东大学党委书记　朱正昌

2006年山东大学党委以邓小平理论和"三个代表"重要思想为指导，全面落实科学发展观，深入学习贯彻中央、教育部和山东省委、省政府一系列重大战略决策以及学校第十二次党代会精神，紧紧围绕创建国内外知名的高水平研究型大学这一奋斗目标，巩固扩大先进性教育活动成果，全面加强党建和思想政治工作，推动学校各项事业长足发展，为国家和山东经济社会发展做出了积极贡献。

一、组织概况

学校党委下设3个校区党工委，威海分校党委，45个基层党委(党总支、直属党支部)，729个基层党支部；有中共党员13372人，其中正式党员11015人；教职工党员4281人；学生党员6991人，其中研究生党员4271人，本专科学生党员2720人；离退休教职工党员1815人；其他285人。

二、主要工作与成绩

(一)巩固扩大先进性教育活动成果，全面加强党建和思想政治工作　1.认真学习贯彻全国全省高校党建工作会议精神，全面落实学校第十二次党代会提出的各项任务，巩固和深化先进性教育活动成果，科学制定《山东大学2006—2010年党的建设工作规划纲要》，为实现学校"十一五"事业发展目标提供坚强的政治、思想、组织和人才保证。

2.加强了领导班子的思想政治建设、组织建设和作风建设，完成了中层领导班子届中调整工作，加大了干部培训力度，加强了党风廉政建设，领导班子和干部队伍的思想政治素质、理论政策水平得到进一步提高。

3.创新基层党组织的活动方式，实现党组织活动项目化管理，搭建党员网上教育管理平台，进一步建立健全了保持共产党员先进性、保持基层党组织先进性、关心党员服务群众、加强党风廉政建设的长效机制。化学与化工学院党委被中央组织部和山东省委分别授予"全国先进基层党组织"和"全省先进基层党组织"荣誉称号。

4.继续贯彻落实中央16号文件精神，切实加强大学生思想政治教育工作。结合学校实际，加强和改进了形势与政策课教育，完善了家庭经济困难学生资助体系，加强了学生公寓文化建设，学生辅导员队伍职业化、专家化建设经验在全国高校产生了重大反响，逐步构建起凸显山东大学特色的人格培育体系，即以学生思想政治教育为核心性工作，寓教育于引导之中；以学生发展指导为主体性工作，寓指导于辅导之中；以学生事务管理为基础性工作，寓管理于服务之中的工作格局。

5.围绕学校中心工作，以"内聚人心，外树形象"为宗旨，解读"三个转变"，加强舆论阵地建设，选树先进典型，有针对性地开展形势政策教育，加强对外宣传策划，为学校改革发展稳定创造良好的舆论环境。

6.成功召开一届四次教代会、第15次团代会、第29次学代会和第11次研代会，加强了统战、离退休、群团工作，调动了各方面的积极性，推动了学校各项工作顺利开展。

(二)发挥党委领导核心作用，推动学校工作又好又快发展　1.中共山东大学第十二届委员会第二次全体会议审议通过了《山东大学2006—2010年党的建设工作规划纲要》和《山东大学"十一五"事业发展规划》，明确了学校建设和发展的指导思想、总体目标、重点工作和保障措施，为实现学校又好又快发展提供了战略性保障。

2.注重加强学科与科研组织的顶层设计,科研实力实现整体攀升。作为主持单位承担国家"973"重大基础研究项目和在国际顶尖学术刊物《Science》发表论文均实现了零的突破,学校"十五""211 工程"学科建设项目顺利通过国家验收。

3.具有山大特色的创新人才培养体系逐步形成。以巩固本科教学工作水平评估成果为重点,大力推进"本科教育创新计划"。积极推进以"两个导师、三种经历"为主要内容的开放式研究生培养模式,全面实施研究生教育创新计划。成功承办了第五届"挑战杯"中国大学生创业计划竞赛,为学生培养创新意识、提高创新能力创造良好环境。

4.师资队伍体系建设更加完善,组织实施"高层次创造性人才计划",积极推进青年教师"三种经历"计划,积聚高层次人才的能力不断增强,长江学者、杰出青年基金获得者、泰山学者等杰出人才数量明显增多。

5.对外合作与交流日趋活跃。国际合作科研经费大幅增加,海外孔子学院建设卓有成效。以山东大学首届校董会成立为标志,开创了国内合作与服务地方工作的新局面。

6.关注师生切身利益,积极构建和谐校园。加强平安校园建设,为师生健康成长创造安全稳定的优良环境。启动了大学文化建设二期工程,形成了体现社会主义核心价值体系的积极向上的校园文化氛围。

三、创新与经验

(一)坚持和完善了党委领导下的校长负责制,充分发挥了党委统揽全局的领导核心作用,为学校改革发展稳定提供了政治、思想和组织保障。

(二)进一步凸显了科学发展观的指导地位,努力做到"三个注重":注重优化结构、控制规模、提高质量,注重突出优势、凝练特色、构筑高峰,注重提高效益、拓展空间、增强后劲,实现了学校又好又快的发展。

(三)注重了管理创新,努力做到"三个转变":在工作水准上,向适应新时期全面创建国内外知名高水平大学的要求转变;在发展模式上,向全面协调可持续发展轨道转变;在管理方式上,向适应规模大、校区多、综合型高水平大学的管理要求转变。

附:党委成员名单

书　记:朱正昌

副书记:尹　薇　刘　珂　李建军　方宏建

常　委:朱正昌　尹　薇　刘　珂　李建军　方宏建　展　涛　王琪珑　樊丽明　张永兵　娄红祥　张　运　陈　炎

中国海洋大学党委工作概况

中国海洋大学党委书记　冯瑞龙

一、组织概况

中国海洋大学是一所以海洋和水产学科为显著特色的教育部直属重点综合性大学,是国家"985 工程"和"211 工程"重点建设高校之一,是国务院学位委员会首批批准的具有博士、硕士、学士学位授予权的单位。学校现有两院院士 8 人,"长江学者奖励计划"特聘教授 6 人、讲座教授 5 人,博士生导师 217 人,教授、副教授 710 人。至 2006 年底,有在册各类学生 24400 余人,其中博士、硕士研究生 5115 人、本科生 11691 人、留学生 1200 人、继续教育生 5901 人。

学校党委下设机关工委 1 个,分党委 2 个、党总支(直属党支部)27 个,党支部 261 个,其中本、专科生党支部 70 个,研究生党支部 85 个。学校有教职员工 2477 人,其中党员 1257 人,占 50.7%。在 1230 名教师中,有党员 575 人,占 46.7%。学生党员 3584 人,占学生(本科生、研究生)总数的 20.9%,其中研究生党员 2115 人,占研究生数的 41.5%;本科生党员 1469 人,占本科生数的 12.2%。

二、主要工作与成绩

(一)高水平特色大学建设迈出坚实步伐　编制实施《中国海洋大学教育事业"十一五"发展规划》;"十五""211 工程"通过验收,"985 工程"二期建设稳步推进;青岛海洋科学与技术国家实验室建设启动;教育部与国家海洋局共建的中国海洋发展研究中心建在海大;"人才工程"成效显著;以 3 个文科和 2 个理工博士点申报成功为标志,学科建设取得重要进展;本科教学迎评建设稳步推进;科技工作全面丰收;服务地方建设行动计划初见成效;国际合作与交流成果丰硕;崂山校区一期工程完工启用;支撑保障体系日益完善。

(二)校、院理论学习中心组带头加强政治理论学习,开展学习贯彻党的十六大及十六届四中、五中、六中全会精神,加强党的先进性建设,用科学发展观和建设和谐社会思想武装师生头脑　利用课堂教学主渠道,学习《江泽民文选》、推进邓小平理论和"三个代表"重要思想"三进"工作;开展建党 85 周年和长征胜利 70 周年纪念活动;全面推进"五五普法"。

（三）加强党的组织、干部队伍和领导班子建设　完成部分基层组织合并、改选换届；完善中层领导班子和领导干部考核办法；举办2期科级干部培训班；制定《党政管理干部在职攻读学位管理规定》、《关于进一步做好学生党员发展工作的若干规定》；举办16期入党积极分子培训班，培训入党积极分子1967人，发展党员1102人，预备党员转正1140人。

（四）加强和改进大学生思想政治教育工作　制定《关于辅导员队伍建设的有关规定》；连续第18次获全国大学生科技文化卫生"三下乡"社会实践活动先进单位；获51项省级以上大学生竞赛奖；针对不同年级开展阶段性主题教育；获"青岛市大学生思想政治教育工作先进集体"；加强研究生学术规范和学术道德教育；海鸥剧社荣膺"全国高校学生社团标兵"，获全国高校校园文化建设成果一等奖；"海之子"网站获全国高校"十佳思政类网站"，获"中国大学生在线"网站频道共建杰出贡献奖和"第二届全国大学生暑期影像大赛"优秀组织奖；国防生担任军训教官，完成新生军事训练任务，获山东省教育厅学生军训工作检查评估优秀；开展系列学生心理健康教育活动。

（五）创新宣传思想工作　《人民日报》等各类媒体共刊发我校稿件269篇；中央电视台多个栏目对我校作专题宣传；出版校报40期，发行21万份，连续第4次被评为山东省优秀级报纸；"观海听涛"网站获全国高校十佳新闻网站；圆满完成青岛高校思想政治教育研究会成立20周年系列纪念活动。

（六）努力构建惩治和预防腐败体系　对党员干部深入开展党纪政纪和从政道德教育；制定《关于贯彻落实〈建立健全教育、制度、监督并重的惩治和预防腐败体系实施纲要〉的具体办法》；加强对招生、招标采购等关键环节的监察；成立治理商业贿赂专项工作领导小组；做好纪检信访举报工作。

（七）推进学校民主政治建设　召开两次教职工代表大会，完成教代会换届，修订《教职工代表大会提案工作暂行办法》；获山东省统一战线工作先进集体；支持离退休老同志发挥作用，维护老同志正当权益；召开第十次工会代表大会，完成工会换届，通过《工会工作暂行规定》；出资16万元为全校教职工健康查体；为困难教职工发放补助10万元；实施《教职工医疗互助计划》，发放医疗互助金5万元、医疗困难补助金3万元；召开第二次妇女代表大会，建设25个基层组织。

（八）确保三校区平安稳定　做好学校国家安全、网络与信息安全和治安综合治理工作；构建点线面相、人防物防技防相结合的全方位校园治安防范体系，获"平安校园"称号和平安山东建设先进单位。

三、创新与经验

成功地进行科级及以下干部管理体制的改革和选聘工作。制定并实施《新一轮科级及其以下干部选聘实施办法》。通过选聘，一是强化岗位，淡化身份，按需设岗，按岗聘用，由身份管理逐步向岗位管理过渡。二是实行双向选择、择优聘用，扩大中层单位用人自主权，初步做到选人、用人与管人相结合，实现管理重心下移。三是打破干部领导职务终身制，初步做到能上能下、能进能出，促进干部合理流动。四是保持干部队伍相对稳定和工作连续性。五是领导职务系列与非领导职务系列并行，较好地化解矛盾，理清科级干部任职条件，理顺后勤、产业系统科级及以下干部的管理体制。新一轮干部选聘工作的顺利完成为下一步真正意义的聘任制奠定基础。

附：党委成员名单

书　记：冯瑞龙

副书记：李耀臻　刘贵聚　张　静（女）

委　员：冯瑞龙　李耀臻　刘贵聚　张　静（女）
吴德星　于宜法　于志刚　董双林

中国石油大学（华东）党委工作概况

中国石油大学（华东）党委书记　郑其绪

一、组织概况

中国石油大学（华东）是教育部直属全国重点大学，是国家"211工程"重点建设的高校，是建有研究生院的56所高校之一。中国石油大学（华东）是教育部和四大石油石化企业集团（中国石油天然气集团公司、中国石油化工集团公司、中国海洋石油总公司、中国中化集团公司）、教育部和山东省人民政府共建的普通高等学校。全日制在校本科生20000余人，研究生3000余人，函授在籍生15000人。学校现有专任教师近1400人，其中教授、副教授547人。两院院士4人（含外聘院士2人），博士生导师100人，硕士生导师526人。学校现有5个国家重点学科，4个博士后流动站，4个博士学位授权一级学科，32个博士点，99个硕士点，11个工程硕士授权领域，57个本科专业。截至2006年6月，全校党员总数已达7500余人，其中学生党员5580人。在校本科生党员比例已达20.7%，研究生党员比例已达51.4%。

二、主要工作与成绩

(一)狠抓教育教学,人才培养质量得到保证 生源质量再创新高。2006年招收本科生5000名,第一志愿录取率超过94%,70%的省市第一志愿录取率达100%,全日制本科生规模达到20368人。研究生招生规模进一步扩大,共录取博士生、硕士生1108人,生源质量高于往年,录取工程硕士、高校教师489人,各类在读研究生总数达到5500人,其中全日制学历研究生3312人。

教育教学工作不断加强,人才培养质量得到保证。2006年共建成3个省级品牌专业,7门省级精品课程,20门校级精品课程。全年立项教材共180部,其中国家级规划教材16部,公开出版教材23部。毕业生就业工作取得突出成绩。2006年学校各类毕业生总体就业率达到91.71%,其中本科生就业率为93.13%,研究生就业率为97.32%,高职生就业率为86.12%,有617名毕业生志愿到西部工作。

(二)圆满完成"十五""211工程"建设,学科水平进一步提高 教育部批准学校实施"油气资源勘探开发与转化创新平台"建设项目,国家给予专项重点支持。"211工程"二期建设顺利通过国家验收,形成了十大标志性成果,学科优势更加突出,学科结构更加优化 七大学科群和两大公共服务体系建设取得明显成效,促进了学校总体学科水平和综合办学实力的提升。学校专项投入、与国际一流大学知名专家合作成立的生物工程与技术中心通过一年的建设初见成效。

(三)承担重大科研项目数量大幅增加,科技创新能力进一步增强 2006年共争取和落实上级重点、重大科研项目184项,其中国家级项目43项,省部级基金项目43项。在争取国家重大科研项目方面取得突破,获得"863"专项11项、参与承担"863"重大、重点项目13项,参与承担"973"项目6项,新增国家自然科学基金项目10项,其中重大研究计划项目1项。签订横向科研合同450项,其中超百万元项目14项。全年科研经费到位超过1.2亿元,获省部级科技成果奖励40余项,申请职务专利39项,获授权专利22项,其中发明专利21项。全年被SCIE、EI、ISTP收录高水平论文300余篇。

(四)加强师资队伍建设,师资水平得到较大提高 全年新增教师134人,外聘院士1人,聘任兼职教授45人,1人当选国家"863"海洋技术领域专家,实现了学校在国家层面高级专家方面新的突破,1人当选"中国石油应用基础研究重点领域首席专家",1人进入国家"新世纪百千万人才工程",2人当选"山东省有突出贡献的中青年专家",1人获"霍英东青年教师奖",1人当选"山东高校十大优秀教师"。

(五)积极开展国内外合作与交流,发展空间得到有效拓展 召开中国石油大学第二届理事会第四次理事长扩大会议,与10家石油石化企业新签署全面合作协议,召开了学校董事会一届二次会议,10家单位成为新董事单位,与22家西部企事业单位成功举办石油石化企业合作研讨会。积极开展国际合作办学,与英国联合培养油藏管理硕士项目进展顺利,与阿塞拜疆联合开展"2+2"模式石油工程本科培养项目。

三、创新与经验

学校党委坚持用"三个代表"重要思想和科学发展观统领和指导学校工作,大力深化各项改革,使得各种机制日益完善:一是改革人才工作机制,规范人才引进程序,落实人才引进政策,强化学院人事管理职能,扩大教学院部用人自主权,保证人才引进的数量和质量;二是财务工作坚持开源增收节支,调整财务管理体制,完善管理职能,提高核算质量,强化预算管理,加强收入管理,全年实现了收支平衡;三是进一步加强和规范土地、公用房资产的科学管理,严格大型仪器设备的采购和验收;四是进一步完善招标程序,规范招标过程,加强招标管理和监督;五是后勤管理和服务协调配合,管理水平和服务质量进一步提高。六是校办产业规范化建设和企业改制工作稳步推进。

附:党委成员名单

书　记:郑其绪
副书记:纪效田　李兆敏
常　委:郑其绪　山红红(女)　纪效田　李兆敏　仝兴华　孙海峰　王瑞和　查　明　刘华东

哈尔滨工业大学(威海)党委工作概况

哈尔滨工业大学
(威海)党委书记 李绍滨

一、组织概况

哈尔滨工业大学(威海)是有着85年发展历史的全国著名重点高校哈尔滨工业大学的三大校区之一,学校设有12个院(系)教学部,现有工学、理学、经济学、管理学、文学等五个学科门类,共计32个专业,硕士研究生二级学科点11个。现有普通高等教育全日制本科在校生9251人,硕士研究生473人,博士研究生40人。成人教育学生2029人,留学生14人。正式职工675人,其中教授(含正高)58人,副教授(含副高)130人,在威海校区工作的校本部双基地教师58人(其中教授53人,副教授5人,院士7人、博导14人、教学带头人1人)。学校党委下设党委办公室、组织部、宣传统战部、学生工作部、纪检监察办公室和安全保卫部等,有6个基层党委,2个党总支,2个直属党支部,其中教职工党员343人,现有学生党员1098人。

二、主要工作和成绩

2006年学校党委以"三个代表"重要思想为指导,坚持科学发展观,认真贯彻党的十六大和十六届六中全会精神,认真贯彻落实第十四次全国、全省高校党建工作会议精神,学校的各项事业在各级党委的正确领导和支持下取得了长足的发展。

(一)充分发挥党委的领导作用,牢牢把握学校建设发展的正确方向,精心打造全校师生昂扬向上的精神状态

首先,在2006年新学期伊始,学校党委在全校党组织和全体党员中深入地开展了"认真学习党章、自觉遵守党章、切实贯彻党章、坚决维护党章"的活动,同时党委和各基层党委定期举行中心组理论学习活动。开展这些学习活动和保持共产党员先进性教育长效机制的继续落实,保证了马克思主义在学校意识形态领域的指导权和主动权。

其次,紧紧抓住2006年学校两课的教学和实习、学校党委党校培训、学生社团活动和暑期社会实践活动等事项或环节,从理论和社会实践两个层面深入进行中国特色社会主义共同理想教育。例如两课教育实习,将所有开课学生安排到烟台龙口参观考察南山集团,让广大学生亲身感受建设中国特色社会主义的巨大成就。邀请诸如"两弹一星"功勋科学家、嫦娥工程总设计师孙家栋院士、"神五""神六"CZ-2F运载火箭总指挥黄春平教授、解放军总参二部高级专家、我校兼职教授孙锦云来校讲学作报告;此外我们还连年开展向我国高级知识分子的楷模、中国科学院院士马祖光教授学习活动,大力地对师生进行民族精神和时代精神教育。

(二)充分发挥党委领导作用,全面推进学校各项事业持续快速健康发展

1.以评促建,全面提高教育教学质量,顺利通过了教育部本科教学评估。2006年12月教育部本科教学水平评估,我们7项一级指标中的19个二级指标全是A,44个观测点有42个A,2个B,以优秀的成绩成功地通过了教育部专家组的考核。

2.稳定招生规模,提高生源质量。通过进一步加强对外宣传,加强与全国重点高中的联系,有效保证了2006年新生生源质量在2005年的基础上有所提高。24个招生省市中,除浙江省外,23个省市一志愿上线率超过100%,600分以上近50%,录取平均分高出同批控制线40分以上的省市有7个,纵向对比"十五"期间,我校的社会认可度、生源质量每年均有大幅度提高。

3.切实加强领导班子和干部队伍建设。加强对中层干部的培训和教育管理,组织对全体处级干部的考核。贯彻落实"十一五"师资队伍建设规划,引进高层次人才、拔尖学科带头人、科研团队,2006年接收的毕业生中,博士6人,硕士32人,调入26人中,博士9人,硕士7人,教授7人,副高职5人。

4.坚持以学科建设为重点,科研实力与水平稳步提升。2006年,成功申报山东省重点学科三个:车辆工程、材料加工工程、计算机应用技术,成立了复合材料研究所和中意膜技术中心,同时山东省生物信息工程技术研究中心也获批准。组织申报各类计划项目58项,其中获山东省基金资助2项,获山东省中青年科学家奖励基金资助2项,获山东省重大科技攻关计划1项,山东省科技攻关计划6项,获国防预研基金资助1项,获航天支撑基金资助1项,航天基金资助1项,获国家自然科学基金资助1项,共15项,相当于"十五"期间的总量。

三、创新与经验

2006年的工作使我们体会到,提高高等教育质量,人才培养是核心,本科教学是关键,坚持党的领导是根本,完善机制是途径。在今后一段时期内,学校党委将以"加强共建、提升内涵、盘活资源、科学发展"为工作思路,以科学发展观为指导,正确处理改革、发展、稳定的关系,以内涵求发展,以质量求生存,为学校的进一步发展把好脉、掌好舵。

附：党委成员名单

书　　记：李绍滨
常务副书记：唐安阳
副　书　记：王建文
委　　员：李绍滨　唐安阳　梁景凯
　　　　　王建文　付石友　钟诗胜
　　　　　高学敏　蔡　琳　马家辰

山东农业大学党委工作概况

山东农业大学党委书记　盖国强

一、组织概况

截至2006年底，在校本专科生27187人、研究生2525人。教职员工2665人，专任教师1549人，教授254人，副教授628人，其中，中国科学院院士3人、中国工程院院士2人，入选国家“百千万人才工程”专家6人，国家有突出贡献的中青年专家4人，国家级教学名师1人，享受政府特贴人员82人。共有21个基层党委、2个工委、2个直属党总支，189个党支部，党员4793人，其中教职工党员1100人、学生党员3693人。

二、主要工作与成绩

（一）百年校庆活动成功举办　按照“热烈、开放、务实、俭朴”和“活动为体、文化为魂，求实创新、突出特色”的原则成功举办了百年校庆活动。通过百年校庆，全面回顾百年发展历程，总结百年办学特色，提升办学理念，传承百年文化，搞好校友联谊，加强了学校与社会的互动，有力地促进了学校的大学文化建设，大大地增强了学校的凝聚力、向心力和社会影响力。

（二）教育教学质量不断提高　全面深化课程建设。英语专业顺利通过教育部专家组评估。组织7个项目申报“山东省高等学校骨干学科教学实验中心建设工程”。40种主编教材分别列入农业部、教育部规划。3个专业分别评为山东省省级品牌专业、特色专业。学生的实践能力、创业能力、创新精神不断增强，综合素质不断提高。

（三）学科与队伍建设不断强化　17个项目入选山东省“十一五”高教强省行动计划省级重点建设项目。作物生物学实验室申报国家重点实验室，顺利通过科技部专家组的现场考察、实验室答辩和终审；1个创新团队入选教育部2006年度“长江学者和创新团队发展计划”；顺利完成了新一轮专业技术职务聘任、职员聘任和“1512工程”遴选工作。1名教师当选国家级教学名师，1名教师当选山东省教学名师，新增3个“泰山学者”特聘教授岗位。

（四）科技创新能力不断增强　全年立项科研经费6418万元，到位科研经费5064万元。新上各级各类项目280余项，其中国家级项目88项；获得各级各类科技奖励20项，其中，获国家科技进步二等奖1项；获专利权10项、植物新品种权1项，审定新品种4个。新上3个省级工程技术研究中心，成立城乡风景园林研究院，启动了农业微生物学重点实验室等3个学校重点实验室建设工作。发表科技论文1066篇，被SCI、EI、ISTP收录178篇。

（五）学生教育管理水平不断提高　实行首席辅导员制，更加重视发挥学生的自我教育、自我管理、自我服务作用，学生的思想教育、心理健康教育、规范化管理、学风建设得到全面加强，校园文化活动内容更加丰富，与教育教学结合更加紧密。全年共招收全日制学生7322人，其中博士研究生92人，硕士研究生518人，本科生6363人，办学规模稳步扩大。

（六）党建与思想政治工作不断加强　党的思想、组织、作风建设得到进一步加强，思想政治工作的针对性、实效性更加突出，教授委员会制度运行良好，校园气氛更加活跃，师德建设不断加强，校地、军学共建活动更加深入。进一步规范了经济实体的经营管理、图书教材和医药等大宗物资的购销、招投标及招生、考试等重点工作的监督检查，促进了学校的党风廉政建设。学校被省委高校工委命名为“平安校园”，被山东省总工会授予“教代会优秀星”称号，被中共山东省委、山东省人民政府表彰为平安山东建设先进集体。

三、创新与经验

（一）创新百年校庆思路，促进大学文化建设　在全国高校中创新思路举办百年校庆，坚持做到“六不”，即不开庆祝大会，不邀请领导，不邀请嘉宾，不发任何礼品，不搞形式主义和铺张浪费，不影响正常的教学和工作秩序，集中人力、物力、财力和精力，加大教学科研投入，改善办学条件，提高教育质量、办学水平和办学效益，促进校风、学风和大学文化建设，为学校的全面协调可持续发展奠定了良好的思想基础和社会环境。

（二）加强创新平台与创新团队建设，提升学校核心竞争力　为强化学校内涵发展，全面提高教育质量、办学水平与综合实力，在年内召开的学校科技创新大会上，决定投入1亿元，其中7000万元用于创新平台建设，3000万元用于创新团队建设，不断增强创新能力，提高师资与学科水平，提升学校核心竞争力。按照“压缩非教学科研经费，增加教学科研经费”和“将经营资产转化为教学科研资产”的思路，调整经费支出结构,保证教学科研经费投入的持续增长,并将建筑面积3000平方米的印刷厂和4000平方米的招待所改建为重点实验室用房,为创新团队与创新平台建设提供了良好的物质条件保障。

(三)积极构建和谐校园,推进学校科学发展　以学校又好又快发展为目的,以加强大学文化建设、提高学校文化品位为途径,以形成共同的价值追求和思想道德规范为基础,以民主法制教育为保障,坚持全面建设、全员参与、循序渐进的方针,积极推进和谐校园建设。调整校内分配,稳步提高教职工收入水平,教职工对改革的认同感和参与度不断提高,积极性、主动性和创造性明显增强,促进了学校的科学发展。学校在2007年中国大学排行榜中名列第73位,综合实力与核心竞争力继续增强,初步实现了科学发展的良性循环。

附:党委成员名单

书　记:盖国强

副书记:于留成　周　林

常　委:盖国强　于留成　周　林　张敬合　董树亭　张宪省　姚来昌　董新胜

山东师范大学党委工作概况

山东师范大学党委书记　宫志峰

一、组织概况

山东师范大学成立于1950年,是山东省重点大学。学校分校本部、长清校区两个校区办学,占地面积3000多亩,建筑面积近100万平方米。设有24个学院。拥有3个博士后科研流动站,2个博士学位授权一级学科,29个博士点,122个硕士点,全日制在校生31500多人,其中博士、硕士研究生3000多人。

学校党委下设29个党总支,4个直属党支部。全校共有基层党支部245个,党员5297人,其中在职教职工党员1445人,学生党员3181人。

二、主要工作与成绩

2006年,学校以邓小平理论和"三个代表"重要思想为指导,进一步树立和落实科学发展观,各项工作扎实推进,收到了显著成效。

(一)认真学习贯彻党的十六届六中全会和中央、省委一系列重要指示精神,积极推进学校工作重心由外延发展向内涵提升转移,实现了平稳、健康、和谐发展　省委书记张高丽等省领导同志来校视察工作,对学校的建设和发展给予充分肯定。

(二)切实加强党的建设　成功召开了学校第六次党代会,在实现党内政治生活正常化、规范化方面迈出重要步伐。顺利完成了中层领导班子和中层领导干部集中换届调整工作,进一步形成了激励干部干事创业的用人导向。学校作为省属高校代表出席了全国第十五次高校党建工作会议。

(三)积极推进校区布局调整,办学资源配置更加优化　北校区、东校区土地置换工作取得实质性进展。新校区各项管理工作不断创新,更加规范有序。

(四)教育教学质量稳步提高　召开了学校教学工作会议,本科教学水平评估评建工作全面展开。学科专业结构进一步优化,教学改革不断深入。在第七届全省优秀硕士论文评选中,学校获奖论文数量居全省首位。

(五)科研工作取得重大进展　全年共承担各类课题200项,其中省部级以上项目111项。获得省级以上科研奖励35项,继2001年获得一项国家科技进步二等奖实现重要突破后,又获得一项国家科技进步二等奖。"精细化学品清洁生产教育部工程研究中心"在学校设立,填补了全国师范院校的空白。

(六)人才队伍建设得到进一步加强　师资队伍的学历、年龄、学缘结构更加合理,整体素质和水平明显提高。有1人入选教育部"新世纪优秀人才支持计划"。新增2个"泰山学者"岗位。又有1名教师荣获"国家级教学名师"称号。3名教师分别获得"第二届山东省教学名师"、"山东省十大优秀教师"、"山东省十大杰出青年"称号。

(七)重点学科、重点实验室建设取得重要突破　17个学科被评为省级重点学科,5个实验室被评为省级重点实验室,4个研究基地被确定为省级人文社会科学研究基地。有7个实验室入选全省高校骨干学科实验中心建设工程。逆境植物实验室通过山东省重点实验室评估,获得重点资助。

(八)国际交流取得新进展　与北美高校合作培养本科生及教师交流项目全面启动。中韩合作国际商学院获准正式招生。

(九)后勤保障和财务工作进一步加强　龙泉山庄教职工宿舍区二期工程交付使用。学校以优异成绩通过全省高校"平安校园"检查评估。

(十)大学生思想政治教育扎实深入　切实加强辅导员队伍建设,有1名同志被评为"山东高校十佳辅导员"。学生代表队获第五届海峡两岸大学生辩论赛亚军。学校以优秀成绩通过全省共青团工作规范化建设评估,连续17年被评为全国大学生社会实践先进单位。中央督查组来校检查工作，对我校加强大学生思想政治教育的工作成绩及经验做法给予充分肯定。

三、创新与经验

（一）必须紧紧抓住发展这个第一要务，用科学发展观统领全局 发展是硬道理，加快发展是学校工作永恒的主题。必须坚定地贯彻面向现代化、面向世界、面向未来的教育思想，用发展和改革的办法解决前进中的问题。

（二）必须坚持在解放思想中统一思想，在克服困难中开拓前进 解放思想是学校各项事业不断前进的内在动力，统一思想是推进学校科学发展的重要前提。只有坚持在解放思想中统一思想，才能顺应高等教育发展的大趋势，掌握学校发展的主动权。只有奋斗目标明确，勇于战胜困难，才能抓住机遇、抢得先机、乘势而上。

（三）必须始终坚持群众路线，全心全意依靠广大师生员工 群众路线是党的根本工作路线和生命线。广大师生员工是学校发展的力量源泉。要坚持以人为本，改进工作作风，充分调动教职工的积极性、主动性和创造性，凝神聚力，齐心协力，形成推进发展的强大合力。

（四）必须加强舆论引导，营造干事创业的良好氛围 正确的舆论导向和良好的校园氛围，是维护稳定、推进发展的重要条件。必须充分认识加强舆论引导、坚持正确舆论导向的极端重要性，同心同德干事业、一心一意谋发展。

（五）必须不断加强党的建设，为学校改革发展提供强有力的组织保证 学校工作千头万绪，抓好党建是前提，是关键。加强党的自身建设，永葆党的先进性，不断提高领导水平和执政能力，是实践“三个代表”重要思想，落实科学发展观，推进学校改革发展，维护学校稳定的重要保证。

附：党委成员名单

书　记：宫志峰

副书记：赵彦修　李荣升　向来生

常　委：宫志峰　赵彦修　李荣升　向来生　张庆刚　戚万学　于　涛　钟读仁　唐　波　王少华　初乐娟（女）

烟台大学党委工作概况

烟台大学党委书记　韩向利

一、组织概况

烟台大学占地3200亩，已建成校舍面积80万平方米。设有18个学院和2个系，1个体育教学部，有49个本科专业，涵盖文、理、工、法、农、医、经济、管理、教育9个学科门类，有2个一级学科硕士点，52个二级学科硕士点和1个法律硕士专业学位点。目前包括本专科生、硕士研究生、留学生在内的全日制学生2.4万余人，另有成人高等教育学生5000人。

学校党委下设5个二级党委、15个党总支，全校共有基层党支部108个，其中8个直属党支部。党员2837人，在职教职工党员1019人，离退休职工党员277人，学生党员1541人。

二、主要工作与成绩

（一）坚持教学中心地位，教学水平进一步提升 我们召开了2006年度教学工作会议，总结本科教学评估整改工作，继续强化教学质量监控体系。启动新一轮教学名师和首席教师评选，开展品牌特色专业、优秀课程、精品课程评审，1人被评为山东省教学名师，1个专业被评为省级特色专业，2门省级精品课程；3项教材选题入选“十一五”国家级教材规划；2个项目入选中国高教学会“十一五”教育科研规划课题。大学生科研创新能力不断增强，8篇论文获省优秀学士学位论文奖；获全国大学生数学建模竞赛二等奖2项，省一等奖1项、二等奖5项；获省大学生电子设计大赛一等奖3项、二等奖8项，省大学生机电产品创新设计大赛一等奖2项、二等奖2项，全国大学生嵌入式系统设计大赛三等奖1项，获全国大学生建筑设计竞赛优秀奖1项。研究生教育质量稳步提高，获准省研究生教育创新计划项目5项；获省研究生优秀创新成果二等奖1项、三等奖2项；获第5届中国DSP大奖赛“创新奖”；1名教师获“山东省优秀研究生指导教师”称号；1篇论文获省优秀硕士学位论文；法律硕士教育受到全国法律硕士专业学位指导委员会表彰。

（二）科研能力明显增强，科研项目和获奖层次实现新提升 国家“十五”科技攻关计划项目课题“高性能皮革材料研发及产业化”，顺利通过国家科技部和轻工业联合会验收,实现了完成国家重大课题的新突破。新上国家"973"项目、"863"项目、国家自然科学基金项目、国家社科基金项目、科技部 APEC 创新基金项目等国家级项目 12 个,新上省部级项目 48 项。新上各级各类纵向项目 92 个,2 项成果获第四届中国高校人文社科优秀成果三等奖;《民法》获第二届全国法学教材与科研成果一等奖;《中国古代和亲通史》一书被选入代表国家级社科研究水平的《国家社科基金成果文库》;2 项成果获优秀社科成果二等奖、4 项获三等奖;4 项成果获省自然科学一、二等奖和省技术发明二等奖。2006 年获省部级以上科研成果奖 15 项。"丁烯提浓技术"研发在石油化工领域不断延伸和拓宽,年度签约研究经费超过 400 万元;横向课题"M2 项目模具研制"经费达 225 万元;2006 年全校科研到位经费总数达 1700 余万元。继"九五"之后,2006 年又获"十五"全国科技管理先进团队称号。

(三)建立适应内涵发展的内部管理机制和运行机制 在充分发动的基础上,全面推行二级管理体制改革。出台了《岗位聘任与津贴制度暂行办法》、《关于加强校内财务管理的规定》等 20 余个配套文件;在全校进行定岗定编定责,按照科学设岗、竞争上岗、院系实行学科归属制、机关实行岗位责任制的框架,进行管理体制和分配机制的改革,实施公开竞争选拔处级领导干部工作,初步建立起学校宏观调控、院系相对独立、责权利相统一的校、院系两级管理体制;深化后勤体制改革,组建成立后勤集团,通过了 ISO9001 质量管理体系认证。

三、创新与经验

(一)把学科建设作为内涵提升之首 召开"学科暨队伍建设工作会议",在层层发动,强力推动下,强化建设取得新成果。2006 年获批"十一五"高教强省行动计划省级重点学科 5 个,重点实验室 5 个、人文社会科学研究基地 1 个;民商法学科获批 2006 年度"泰山学者"岗位。

(二)贯彻落实全国、省科技大会精神,主动对接,对外合作服务地方全线推进 先后与烟台 13 个县市区、威海部分市区和航天 513 所、中科院烟台海岸带可持续发展研究所签合作协议,并与地方企业开展实质性合作。

(三)抓班子,带队伍,加强党建思想政治工作和廉政建设 出台《进一步加强党建工作的意见》,党委、纪委坚持中心组学习制度,坚持民主集中制,加强自身建设。以处级干部队伍建设为重点,举办全校处级干部培训班。在健全并落实保持共产党员先进性教育长效机制基础上,进一步明确对广大党员教育的目标,增强思想政治工作的针对性和实效性,为学校改革和发展提供了坚强的思想保障和干部队伍保障。

附:党委成员名单

书　记:韩向利

副书记:郭明瑞　于文书

常　委:韩向利　郭明瑞　于文书　崔明德　韩晓玲(女)　房绍坤　王吉法　郭善利

青岛大学党委工作概况

青岛大学党委书记　徐建培

一、组织概况

青岛大学是省属重点综合性大学。现有 23 个学院,3 个教学部,80 个本科专业,涵盖 10 个学科门类。拥有 9 个博士点,114 个硕士点。有院士 3 人,外聘院士 7 人,拥有高级专业技术职务的 1321 人。有全日制本专科学生 31161 人,博士、硕士研究生 2304 人,留学生近 600 人。下设 7 个党委、54 个党总支、330 个党支部。有党员 6131 名,正式党员 4975 名。其中,在岗教职工党员 2706 名,离退休教职工党员 802 名,学生党员 2605 名。

二、主要工作与成绩

(一)党的建设进一步加强 开展了先进性教育活动"回头看",巩固深化了先进性教育活动成果。修订了《关于加强党政领导班子建设的意见》,坚持党委领导下的校长负责制,党委在改革发展中发挥了领导核心作用。加强"三个体系"建设,提高了管理水平和领导学校发展的能力。抓党委(党总支)中心组理论学习,落实学校《"十一五"干部教育培训规划》,举办了 2 期校部机关科级干部培训班和 1 期党委(党总支)书记学习研讨班,干部的思想理论水平不断提高。加强党员的教育管理,开展"创先争优"、民主评议党员等主题教育活动,广大党员在改革发展中发挥了先锋模范作用。做好发展党员工作,培训预备党员和入党积极分子 6600 人次。宣传思想工作的吸引力感召力不断增强,凝聚了人心,树立了学校良好形象。以社会主义荣辱观教育为主题,广泛发动,全员参与,精神文明创建活动更加深入。落实党风廉政建设责任制,党风廉政建设得到进一步加强。大力开展"平安校园"创建活动,顺利通过全省"平安校园"建设检查评估,被评为山东省"平安校园"。

(二)大学生思想政治教育取得明显实效 落实全国、全省辅导员工作会议精神,加强辅导员队伍建设,辅导员队伍结构更加合理,整体素质明显提高。整合学校思想政治理论课资源，加强了学科、课程和师资队伍建设，课堂教学主渠道作用得到充分发挥。以学生成长成才为中心，加强大学生事务与发展中心建设，完善学生服务体系，深化了大学生思想政治教育成果。学校被评为“青岛市大学生思想政治教育工作先进单位”、“全国大学生心理健康教育工作先进单位”。

(三)办学实力进一步增强　推进新一轮学科调整，优化学科布局，学科综合实力逐步增强。新增3个博士点、21个硕士点和4个工程硕士领域，工商管理硕士和法律硕士专业学位通过初审。获批16个省级重点学科、6个省级重点实验室和1个省级强化建设重点人文社科研究基地。科研立项有了新突破，获国家“863”项目3项、国家自然科学基金资助项目25项、省部级奖励37项。整合公共实验教学资源，建成7个基础课实验教学中心，电工电子实验教学中心被批准为国家级基础实验教学示范中心，获批财政部与地方共建工程训练中心1个，省部共建国家重点实验室培育基地顺利通过国家科技部验收，4个本科专业被评为山东省特色专业。完善特聘教授人才工程，加大人才引进和培养力度，师资队伍建设得到加强。实施《青岛大学服务青岛行动计划》，服务地方经济社会发展的能力进一步提升。以重点项目为纽带，推进国际交流与合作，完成学生赴美国际教育培训团、教师赴美教学培训团派遣工作，派出师生135名。获批设立了国家华文教育基地。强化后勤、校办产业和医疗集团管理，服务保障能力不断增强。

(四)本科教学评建工作成效显著　扎实做好本科教学评建工作，通过以评促建，深化了教学改革，人才培养体系更加完善；健全了教学质量监控体系，提高了教学质量，顺利通过教育部本科教学工作水平评估。被批准为国家大学生文化素质教育基地，1门课程被评为国家级精品课程，25部教材入选国家级规划教材选题，实现了国家级教育基地、国家级精品课程、国家级优秀教材奖零的突破。人才培养质量不断提高，学生在全国数学建模竞赛、全国大学生电子设计大赛、“挑战杯”创业计划大赛等比赛中多次获奖。获省优秀博士、硕士学位论文各1篇，5项成果获省研究生优秀科技创新成果二、三等奖。毕业生总体就业率继续保持在90%以上。

三、创新与经验

坚持规划引导发展　在总结“十五”规划的基础上，组织干部师生认真研讨，制定了学校“十一五”改革与发展总体规划和四个专项规划，进一步理清了思路，明确了未来五年的战略发展目标和任务。这些规划的逐步实施，对于引导学校建设与发展起到了积极的作用。

坚持高质量、有重点发展　学校把全面提高人才培养质量、重点建设特色优势学科作为两个发展重点，坚持在规模、结构、质量、效益协调发展的前提下，走“高质量、有重点”的发展道路。这一战略思路，符合学校定位和发展需要，得到师生员工广泛认可，实施效果明显，学科建设水平和人才培养质量不断提高，综合办学实力不断增强。

坚持和谐发展　着力分析把握学校发展中存在的各类矛盾，妥善处置改革发展面临的困难问题，正确处理长远目标与阶段性发展、内涵发展与外延发展、全面发展与重点建设、改革发展与保持稳定、事业发展与群众得实惠等五个方面关系，和谐青大建设取得显著成效。

附：党委成员名单

书　记：徐建培

副书记：夏临华　刘蕴秋(女)　谢德新

常　委：徐建培　夏临华　刘蕴秋(女)
谢德新　谢俊霞(女)　曲效文
王大文　汪黎明　赵先星
邵　彬　徐宏力　张铁柱

曲阜师范大学党委工作概况

曲阜师范大学党委书记　荆兆勋

一、组织概况

曲阜师范大学现有1个独立学院，29个院(系)，28个研究所，55个本科专业，6个博士点，77个硕士点。教职工2220人，专任教师1302人，其中教授199人，副教授261人，国家有突出贡献中青年专家2人，山东省有突出贡献的中青年专家5人，山东省专业技术拔尖人才11人，山东省高校中青年学术骨干学科带头人培养对象40人，享受政府特殊津贴26人。现有普通本专科生25543人，博士、硕士研究生1834人。全校下设31个党总支，145个党支部。现有党员3697名，其中在岗职工党员1154名，学生党员2155名，离退休教工党员335名。

二、主要工作与成绩

(一)扎实推进党的先进性建设和执政能力建设，全面提升党委的领导能力和治校水平　1.认真组织全校师生员工学习贯彻十六届五中、六中全会和全国、全省高校党建工作会议精神，坚持党委理论中心组学习和干部培训制度，把学习活动与推动学校各项工作相结合，不断提高各级领导干部的理论水平。2.抓好组织和干部队伍建设，做好干部任职届满的调整任用工作，强化干部岗前培训。根据工作需要，成立了8个院系、部处党总支，调整了145个党支部，党的基层组织更加健全。3. 贯彻落实党委领导下的校长负责制，制定实施了《党委工作制度》和《行政工作规则》，重点对党委的领导职责、工作原则、议事范围和程序，以及校长职责、校长办公会议制度、行政工作实施和反馈等内容作了明确和规范，为提高党委的决策水平和工作效率提供了制度保障。4.认真贯彻党风廉政责任制，按照“八个坚持、八个反对”的要求，不断加强党风廉政建设。

(二)以推进学分制实施为抓手，深化教学管理改革，全面提升教学质量 修订完善了《曲阜师范大学学分制实施意见》，积极构建多方向、多模式、多层次的专业培养计划和相应的课程模式，加快向学分制的人才培养模式过渡；清查教学行政用房，打破院系间教学资源壁垒，实现课程、师资、设施的优化配置。教学工作成绩显著，数学和应用数学专业被确定为全省首批品牌专业建设点，公共事业管理（体育）被确定为全省首批特色专业建设点，物理化学和古代汉语被评为省级精品课程，2人被评为山东省教学名师，应届毕业生考博和考研率一直稳定在全省前列。

(三)以学科建设为龙头，推进科研管理创新，学术实力明显增强 以出精品、上层次、鼓励原创性成果为导向，推动科研管理创新，修订《科研奖励办法》和《科技开发与科技服务管理办法》，提高了科研奖励门槛，加大科技开发力度，积极推动学术高地建设，组建高质量的学术团队。在科研的立项、经费和获奖方面不断取得新的突破：共争取国家级项目15项（国家社科基金4项，国家自然科学基金5项，全国教育规划项目5项，《中华大典》立项1项），省部级项目44项；共争取科研经费842万元，其中，获得横向科研经费362万元；共获得厅局级以上奖励83项，省部级以上奖励14项。学科建设成果丰硕：共有中共党史等18个项目入选全省“十一五”高教强省行动计划重点建设项目，其中省重点学科14个，重点实验室3个，人文社会科学研究基地1个。

(四)实施“161”人才工程，人才队伍建设步入一个新阶段 人才是兴校之本，是办好大学的第一资源，学校通过多项措施，形成合力，强化人才队伍建设。完成了关键岗、重点岗的任期考核工作，实施了“161”人才工程，一期共遴选聘任第一层次人才2人，第二层次人才39人，第三层次人才33人，同时，新增泰山学者岗位2个，搭建了有利于优秀人才脱颖而出的成长平台，建设了一批富有潜力和活力的学术创新团队，人才队伍建设呈现了生机勃勃、健康发展的良好态势。

三、创新与经验

(一)抓好各个层面的理论学习，形成促发展、促稳定、促改革的强大动力 坚持党委理论中心组学习、处级干部暑期集中学习和全校师生日常学习三级理论学习制度，特别是在费县革命老区组织了领导班子暑期读书班，集中学习了《江泽民文选》，研讨了“十一五”发展规划，取得了很好的效果，持久深入的理论学习为学校发展提供了强大的精神动力。

(二)抓好制度建设，强化规范管理，科学治校、民主治校的能力显著增强 坚持和完善党委领导下的校长负责制，推进学校制度建设，强化规范化管理。以《党委工作制度》和《行政工作规则》为基础，重新修订完善了各项管理制度，明确了各部门岗位职责，理顺管理秩序，提高工作效率，推进各项事业的健康发展。

(三)抓好民心工程，积极化解矛盾，大力推进和谐校园建设 关注民生问题，积极推进和谐校园建设，抓好清理违规住房、无房户住房分配等几项民心工程，顺应了民心，化解了矛盾，得到了教职工的衷心拥护。实行领导接访日制度，举办各类座谈会，积极畅通民主渠道，推进民主治校进程，营造出和谐团结的氛围，推动了学校又好又快发展。

附：党委成员名单

书　记：宋焕新（2007年3月离职）
　　　　荆兆勋（2007年3月任职）
副书记：任廷琦　夏耀明　刘新生
常　委：荆兆勋　任廷琦　夏耀明　刘新生
　　　　傅永聚　谢安庆　孙文亮　马东骅
　　　　康淑敏（女）　　扈庆学

山东中医药大学党委工作概况

山东中医药大学党委书记　孙增良

山东中医药大学是省属重点院校，也是全国建校较早的高等中医药院校，曾列为全国8所重点建设的中医药院校之一，目前是山东省唯一一所独立设置的医药科大学。

一、组织概况

2006年，学校设有13个学院，有2所直属附属医院，教职医护员工3403人，其中终身教授1名，教授、主任医师250名，副教授、副主任医师499名，博士生导师59人，硕士生导师229人，特聘4名院士为荣誉教授。在校全日制本专科生9493人，研究生1084人，留学生及港澳台学生293人。学校党委下设13个党总支、1个机关工委和2个附属医院党委，147个党支部，共有教职工党员1532人，占职工总数的46%；学生党员1275

人，占学生总数的12%。

二、主要工作与成绩

学校以邓小平理论和“三个代表”重要思想为指导，以科学发展观统领全局，深入贯彻十六届六中全会精神，全面贯彻学校第三次党代会精神，加快推进两大再创业工程，促进了学校又好又快发展，各项事业取得了丰硕成果，办学规模进一步扩大，办学条件进一步改善，办学水平进一步提升，办学活力和效益进一步增强。2006年全年工作主要成绩概括而言，就是取得了“六大新进展、三大新突破”。

“六大新进展”：党建和思想政治工作有新进展，进一步巩固扩大了先进性建设成果，学校各级党组织的战斗力不断增强，群团建设进一步加强，以优秀成绩通过全省高校共青团规范化建设评估；新校区建设取得新进展，二期开工建设的33个单体中有30个通过主体验收，验收优良率达到90%，3个单体获得“结构杯”，6个工地分别获得省级和市级文明工地，交付使用的单体全部实现水电暖正常运转，6000余名学生顺利入住，教学生活秩序井然；教学和评建工作有新进展，教学实验中心全部搬迁并在新校区正常开课，以学分制为切入点全面深化教学内容和课程体系、教学方法和教学手段的改革，首届传统中医班开班，《中医基础理论》被评为国家级精品课程，中医学被评为省级品牌专业，中药学、针灸推拿学被评为省级特色专业，新增《中药鉴定学》为省级精品课程，建成99门网络课程，评建工作全面展开，完成阶段性任务，国际教育和继续教育稳步发展；师资队伍建设有新进展，以泰山学者为龙头，带动学术团队建设，形成了结构合理、优势明显、后劲十足的学术组团，大力推进了“1361”骨干教师队伍建设工程；和谐大学建设有新进展，大力推进人事、财务制度等各项改革，努力构建“平安校园”、“节约型校园”，完善激励机制，调整完善了教学机构，营造了和谐团结、干事创业的良好氛围，形成了做大做强、又好又快发展的良好态势；两所直属附属医院建设有新进展，办院能力不断增强，医教研协调发展，进一步提高了临床教学水平。

“三大新突破”：科技工作取得新突破，1项成果获国家科技进步二等奖，1项成果获山东省科技进步一等奖，首次承担国家“973”计划项目和牵头主持国家科技支撑计划项目，重点实验室增加到4个，新增2个人文社科基地、2个山东省工程技术中心，科研经费超过2千万元，实现了第二次翻番；学科专业建设取得新突破，省级重点学科增加到9个，新增2个泰山学者岗位学科，新增6个本科专业，学科组群更趋合理；学位点建设实现新突破，新增2个博士学位授权一级学科和6个二级学科博士点，新增5个硕士学位授权一级学科和7个二级学科硕士点，使现有博士授权点达15个，硕士授权点达26个。

三、创新与经验

以发展统一思想，认真贯彻落实科学发展观 牢牢抓住发展的主题，是贯彻落实“三个代表”重要思想和构建和谐社会的关键，以发展统一班子的认识，促进班子的团结；以发展统一全校师生员工的思想，解决发展中的各类矛盾。以科学发展观统领工作全局，统筹规模质量结构效益、内涵与外延建设、近期与中长期发展目标等各方面关系，不断推进学校的全面、协调和可持续发展。

坚持党政一个目标，不断提高办学效益 坚持和完善党委领导下的校长负责制，以民主集中制的建设为核心，规范和理顺党委领导下的校长负责制的各种关系，严格工作程序，实现制度创新，加强了科学决策、科学管理和民主监督“三个体系”建设，驾驭全局工作的能力和科学决策能力逐步增强。大力推进科学管理、依法治校，转变各级领导干部作风，努力推进工作创新，坚持党政一个目标，杜绝“两张皮”，确立了学校党政一个目标、重大问题一个会议研究的制度，提高了办事效率。

突出特色求生存，形成优势谋发展 坚持解放思想，理顺办学定位和办学思路，全面实施“教学立校、科研兴校、人才强校”基本办学方略。坚持“五个面向”办学，面向国际，大力发展国际教育；面向社会，突出服务社会的理念，人才培养与市场有效对接；面向基层，扩大就业和人才智力服务领域；面向未来，注重可持续发展能力的培育；面向学术发展，抓好教学和科研工作。不断凝练办学特色，明确发展方向，牢固树立质量意识，狠抓内涵建设，着力抓好品牌专业、特色专业建设；巩固和培育优势学科，以国家级重点学科和泰山学者岗位建设为龙头，带动师资队伍和学术团队建设，全面促进学校又好又快发展。

附：党委成员名单

书　记：孙增良

副书记：周丽敏（女）　徐承萍

委　员：孙增良　周丽敏（女）　徐承萍　吴富东　欧阳兵　郭伟星　姜少华　高　毅

山东科技大学党委工作概况

山东科技大学党委书记 刘向信

一、组织概况

山东科技大学党委下设2个校区党委、1个机关工委、18个分党委、3个党总支、260个党支部，在岗教职工党员1565人，离退休教职工党员468人，学生党员3244人。

二、主要工作与成绩

（一）党的建设全面加强，思想政治工作富有成效 一是召开了第二次党代会，选举产生新一届党委和纪委，总结提炼了五种科大精神。二是加强党的思想建设，深入学习贯彻十六届六中全会精神和省委有关会议精神，坚持党委中心组学习制度，举办了暑期干部学习班。三是加强党的组织建设，做好干部选拔任用和党员发展工作。四是加强党的作风建设，进一步推进党务、校务公开，坚持党委信访接待制度。五是加强领导素质建设。六是加强思想教育工作，积极发挥"两课"的主渠道作用和学校媒体的舆论阵地作用，坚持师德教育，发挥校园文化的育人功能。《山东科大报》再获省优秀级报纸称号，大学生文明礼仪宣讲演示团被评为"全国百优社团"。

（二）财务紧张的状况有所缓解，基本办学条件和教职工待遇有所改善 通过扩大规模，优化结构，拓宽融资渠道，全年实现总收入47517万元，比2005年增长近5千万元，缓解了财务困难。增强节约意识，优化支出结构，提高资金使用效益。努力提高教职工收入，教职工人均收入比去年增长8150元。

（三）内外环境不断优化，学校软实力不断增强 成功举办了55周年校庆。对外交流与合作日趋活跃，第五届海峡两岸大学生研习营活动被评为省最佳对台交流项目。倡导树立和谐境界，和谐校园建设稳步推进。召开了二届三次教代会，通过了学校"十一五"发展规划，勾勒了学校发展的蓝图。成立民主管理监督委员会，推进了民主建设进程。建成校园监控系统，"平安校园"建设顺利通过上级专家组验收。注重解决师生实际问题，在教职工待遇、子女上学、两地分居、住房等方面采取实际措施，努力解决他们的后顾之忧。校工会获得全国教科文卫体系统"模范职工之家"称号。通过勤工助学、助学贷款、医疗保险、减免学费、绿色通道、爱心捐助等活动，努力解决贫困学生的困难。

（四）教学、科研齐头并进，内涵建设得到加强 深化教学改革，完善教学质量保障体系，实施"质量工程"，开展迎接本科教学水平评估。新增省级精品课程2门、山东省品牌专业2个、山东省特色专业1个。研究生规模稳步增长。我校在全国高校系列大赛中均取得了优异成绩。生源质量和毕业生质量受到社会肯定，一次就业率同比均在省属高校前列。科研立项数量和层次提升，纵横项计划合同经费13499.3万元，实到经费9488.7万元。共获得奖励83项，其中国家级奖励1项，省部级奖励28项。矿山灾害预防控制教育部重点实验室建设工作进展顺利；教育部工程研究中心申报成功；山东省"十一五"重点建设项目获批20个，其中强化建设重点项目获批8个。

（五）各项工作有序推进，整体水平不断提高 "一体两翼"的办学格局进一步明确。逐步实施"三结合"工程，优化人才培养氛围。人才队伍建设得到加强，"泰山学者"设岗岗位由3个学科增加到5个学科；1人被评选为"新世纪百千万人才工程"国家级人选，2人获"国务院政府特贴专家"荣誉称号；积极落实"新光工程"；引进接收博士后、博士等高层次人才57人。大学科技园被省科技厅、教育厅列为省级大学科技园。

三、创新与经验

（一）加强领导素质建设 在干部中倡导树立"一种境界"（不以亲疏、好恶评价干部、处理问题，做到公平、公正，一视同仁），处理好两个关系（党政关系、正副职关系），做到"三个注意五个结合"（注意不以个人和权力群体的利益为圆心画圆；注意决策符合尽可能多的人的利益；注意解决少数人乃至个人的合理诉求。把哲学的高度、历史的经验、理工的严谨、文学的想象、实践的与时俱进结合起来），树立四种意识（学习意识、大局意识、严谨意识、完美意识），追求五个层次（干事、创业、育人、建章、树风），促进了领导素质的提高。

（二）建立长效机制，为学校工作提供坚实的思想和政治保障 建立学校领导班子和干部队伍建设的长效机制，提高办学治校水平和驾驭学校改革发展的能力，确保干部队伍"政治上靠得住，业务上有本事，作风上过得硬"。建立党的基层组织建设的长效机制，增强基层党组织的创造力、凝聚力和战斗力。建立党员学习教育与监督管理的长效机制，加强对党员的监督管理，推进党内民主建设。通过倡导、培养、检查、督促、评比等手段，不断增强党员发挥先锋模范作用的自觉性。

（三）关心教职工利益，加强和谐校园建设 在师生员工中倡导树立和谐境界，营造和谐人生。制订《山东科技大学建设和谐校园的意见》，推进和谐校园建设。始终坚持最大限度地实现好、维护好、发展好教职工的根本利益，把关心教职工利益作为落实"三个代表"重要思想、"以人为本"、"科学发展观"、"构建和谐校园"的出发点、落脚点。教育各级领导干部牢固树立服务意识，增强群众观念；注重建设和谐领导班子，实施科学规范管理；注意加强教代会制度建设，创新工作方法，推进民主办学；充分发挥工会组织的桥梁、纽带作用；全心全意依靠广大教职工，推进学校又好又快发展。

（四）加强人文学科建设，努力提升办学水平 按照建设高水平山东科技大学的需要，优化人文学科结构，加大对人文学科的支持力度，加强文理结合，丰富人文底蕴。

附：党委成员名单

书　记：刘向信

副书记：王春秋　李武修　吕灵昌　李曙光

常　委：刘向信　王春秋　李武修　吕灵昌　李曙光　张云生　靳奉祥　陈维健　李道刚　刘新民　王志刚　张士强

济南大学党委工作概况

济南大学党委书记　范跃进

一、组织概况

济南大学是省属综合性大学，以本科教育为主，具有学士、硕士学位授予权，面向全国招生和就业。学校设有20个学院、2个教学中心；硕士学位点一级学科4个，二级学科41个，涵盖文、理、工、法、管、经、史和教育等8大学科门类。全日制在校生32307人，成人教育在册学员12000余人。现有在职教职工2369人，其中正高职187人、副高职596人。党委下设办公室、组织部、宣传部、统战部、学工部和保卫部；有26个分党委，343个党支部；有党员5671人，其中教职工党员1895人，学生党员3776人。

二、主要工作和成绩

一年来，学校党委认真贯彻党的十六大和十六届六中全会精神，进一步巩固和扩大先进性教育活动成果，全面加强党建和思想政治工作，以科学发展观为统领，团结奋斗，开拓创新，推动学校各项工作取得了新进展，为全面落实《济南大学“十一五”改革与发展规划》打下了坚实的基础。

切实加强领导班子和干部队伍建设。校党委坚持理论中心组学习，不断加强自身建设，出台了《济南大学党委常委关于加强自身建设的整改意见》，着力提高执政能力。加强对处级干部的教育管理，组织对全体处级干部的考核，举办第七期处级干部培训班，对部分处科级干部进行提拔调整。认真贯彻落实省党建工作会议精神，进一步加强党建工作。努力创新教育形式，在全校党员中开展了“学习党章、遵守党章、贯彻党章、维护党章”主题教育活动，在全校处级和处级以上党员领导干部中开展了“勤政廉政、科学发展”教育活动，组织了“红色之旅——革命圣地行”活动。开通“济南大学学生党建网站”，召开大学生党建工作专题研讨会，举办学生党建工作培训班。培训入党积极分子5784人，发展党员2354人。认真学习贯彻胡锦涛给孟二冬女儿的回信精神，深入开展师德师风教育活动，首次评选表彰了十大师德标兵。积极推进依法治校工作，出台处级干部问责办法，开展治理商业贿赂专项工作，加强监督工作力度，严肃查处违纪现象，党风廉政建设不断深入。

深入开展教学工作，不断加强学科建设和科研工作。学校党委多次专题研究本科教学评建工作，教学评建工作稳步推进。进一步强化课程建设和专业建设，深化实践教学改革力度，加大教学改革投入，召开2006年教学工作会议，组织听课月活动。目前我校获得国家级教改立项1项，1门课程被评为国家级精品课程，3种教材入选国家规划教材出版计划。计算机应用技术、先进建筑材料实验室等9个项目入选省“十一五”高教强省行动计划重点建设项目，材料学学科获得泰山学者岗位。新建2个省级工程中心和3个产学研基地，研究生教育和学位点建设得到加强。获国家自然科学和社会科学基金资助项目、国家“十一五”支撑项目、国家“863”计划项目等国家级立项12项。获省技术发明和省科学技术进步一等奖各1项，省科技进步二等奖2项，部级科技奖励二等奖3项，省社科优秀成果奖二等奖1项。成功举办2006年国际智能系统设计与应用学术会议，与地方建立科技战略合作关系，加速科技成果向现实生产力转化。

内部管理及其他工作全面深化。调整人才引进政策，聘请中科院薛其坤院士为我校材料学院名誉院长，引进有突出贡献中青年专家1人，博士44人；首次实行各推荐单位副教授评审等额初推，评聘正高职20人，副高职39人。《光明日报》以《济南大学“两条腿”人才战略的启示》为题对我校人才工作进行了报道。《济南大学“十一五”改革与发展规划》在二届二次教代会上审议通过。加强内部管理体制改革，强化“三个体系”建设，出台《济南大学关于管理重心下移的若干意见》。实施“校园卡”工程，新图书馆全面投入使用，完成了部分教学与实验室改造工程和专家公寓楼的前期手续。加强后勤管理与改革，利用合同能源方式进行节能技术改造，推出了以“阳光饮食”等为重点的后勤建设工程。切实加强财务管理，积极筹措办学经费，保证了财务的正常运行。

另外，学生工作、招生就业工作扎实开展，召开了第一次校团代会和二级团代会，以优异的成绩通过山东省高校共青团规范化建设评估。顺利通过全省高校“平安校园”检查，荣获2006年度山东省消防管理标准化建设先进单位，省委省政府授予我校"平安山东"建设先进单位称号。国际学术交流与合作、外宣工作、档案工作、保密和国家安全、校友会、统战、工会、妇委会、图书馆、离退休、校医院、计划生育等各方面的工作都取得了新的成绩。

三、创新与经验

一年的工作使我们体会到,加快新形势下高等教育的改革与发展,必须坚持党的领导,坚持党委领导下的校长负责制。要切实发扬民主,不断加强干部队伍建设,紧紧依靠广大师生员工,积极倡导良好风气,努力营造干事创业的良好氛围。

一年的工作使我们体会到,加快新形势下高等教育的改革与发展,必须坚持走以内涵发展为主的道路。要以科学发展观为指导,正确处理规模、结构、质量、效益的关系,正确对待发展中遇到的困难、挫折和各种矛盾问题,以内涵求发展,以质量求生存。

一年的工作使我们体会到,加快新形势下高等教育的改革与发展,必须坚持走改革创新的道路。校党委结合形势发展的需要和学校的实际,切实加强宏观调控,坚持管理重心下移,不断深化内部管理体制改革,走出了一条改革之路、创新之路,促进了学校各方面工作的全面发展。

附:党委成员名单

书　记:李现成(2007年2月离职)
范跃进(2007年2月任职)

副书记:程　新　李　军　张金丽

常　委:范跃进　程　新　李　军　张金丽
党明德　韩　宏　胡世伟　杨　波
蔡先金　车　滨　刘迎春

青岛科技大学党委工作概况

青岛科技大学党委书记　高　青

一、组织概况

青岛科技大学是一所以理工为主,理、工、文、经、管、医、法等协调发展的多科性大学。学校党委下设党委办公室、组织部、宣传部、统战部、学生工作部、武装部、党校等部门;设有24个党总支,186个基层党支部。截至2006年底,全校共有党员3204人,其中,正式党员2087人,在职教职工党员1043人,占职工总数的52.15%,离退休教职工党员330人,学生党员1831人,占在校生总数的7.96%。

二、主要工作与成绩

2006年,在上级党委和政府的正确领导下,学校高举邓小平理论和"三个代表"重要思想伟大旗帜,全面贯彻党的十六大和十六届五中、六中全会精神,树立和落实科学发展观,践行社会主义荣辱观,解放思想、实事求是,以本科教学水平评估工作为中心,推进教学研究型名牌大学建设步伐,不断开创学校工作新局面。

(一)加强党的建设,改善党的领导　按照中央保持共产党员先进性长效机制有关文件要求,学校在广大党员中深入开展以"立足本岗位,保持先进性"为内容的主题实践活动,引导广大党员把保持党员先进性的标准要求落实到日常岗位工作中,使党性在岗位实践中闪光。

为使先进性教育活动成功做法制度化、典型经验系统化,学校编印了《青岛科技大学先进性教育活动材料汇编》。按照"政治坚定、求真务实、开拓创新、廉洁勤政、团结协作"的要求,以处级以上领导干部为重点,组织干部认真学习十六届六中全会精神。举办寒暑假处级干部培训班,提高干部的政治理论素质,推进学习型政党建设,进一步加强党的执政能力建设和党的先进性建设。

按照"集体领导、民主集中、个别酝酿、会议决定"的原则,制定了《青岛科技大学学院(部)党政领导干部职责及工作规则暂行规定(试行)》,进一步明确了学院(部)党政领导干部工作职责,完善了学院(部)党政领导人员分工合作与协调配合的运行机制。

按照"班子健全、组织有力、活动经常、作用明显"的要求,切实加强党支部思想政治建设、组织建设、作风建设和制度建设。重点抓了支部学习、支部日志、党员学习笔记、党员民主评议、"三会一课"、主题实践活动等制度的落实。组织开展了"立足本岗位,保持先进性"主题实践活动和优秀"党日活动"评选,充分发挥党支部的战斗堡垒作用。

(二)贯彻落实科学发展观,促进学校各项事业的发展

1.教学工作突出精品、特色建设。评出10个校级品牌专业与特色专业,其中化学工程与工艺专业获得山东省品牌建设专业,应用化学和高分子材料与工程专业获得山东省特色建设专业。3门课程获得山东省精品课程。《理论力学》荣获国家精品课程,基础化学原理等6部教材获教育部"十一五"国家规划教材立项,全年共出版教材近20部。

2.科研工作再创新高。2006年科研立项195项,其中国家自然科学基金等国家级项目28项,科研经费近5000万元。共鉴定、结题和验收科研项目32项,其中达到国际领先、国际先进水平9项。专利授权29项,其中发明专利23项,实用新型专利6项。

3.师资队伍建设层次不断提高。2006年,学校共引进博士、博士后71人,硕士95人,其中海外留学人员15人,引进包括天津市海河学者陈夫山在内的教授13人。现有专任教师1363人,高级职务的占专任教师总数的50.1%,博士、硕士学位的占61.63%。

4.学科建设获得突破。"橡塑材料与工程"教育部重点实验室建设工作顺利通过教育部专家组验收,正式挂牌成立。这是山东省省属高校的第一个教育部重点实验室,也是我国唯一一个以橡塑材料与工程为研究方向的教育部重点实验室。组织了山东省"十一五"重点建设项目申报工作,获评8个重点学科(3个强化)、4个重点实验室(1个强化)。在第二批泰山学者建设工程岗位评审工作中,获批化工工程机械和应用化学学科2个泰山学者岗。

5.招生就业工作成果喜人。2006年招生6066人,21个省、市、自治区理科第一志愿上线数均超过招生计划数,其中15个省市区的招生录取最低成绩超过了当地本科二批分数线50分以上,尤其是山东省的文科生源位居山东省属高校首位。山东省的专科招生再创新高,文理科招生录取的最低成绩分别超出山东省专科分数线44分和45分,已经超过山东省本科二批分数线。2006年毕业生就业率达到94.53%,位居山东省高校前列。

三、创新与经验

(一)正确认识校情,注重内涵建设 校情是制定学校改革发展政策的客观依据,是学校一切工作的出发点和落脚点。能否全面、客观地把握校情是能否保证学校各项工作健康顺利发展的关键所在。高等学校的根本任务是培养社会主义建设者和接班人。随着学校办学规模的不断扩大、办学条件的不断提高,如何提升学校办学内涵,提高教育教学质量成为当务之急。我们充分认识到了这一点,以学科和师资队伍建设为核心不断提升学校办学内涵。

(二)重视人才队伍建设,积极实施"人才强校"战略 学校建设,人才为本。有一流的人才,才会有一流的学科;有一流的学科,才会有一流的学校。学校在广揽人才的同时,加大了对已有人才的培养力度。在全校范围内营造一种鼓励人才干事业,支持人才干成事业,帮助人才干好事业的良好氛围,充分调动了广大教职工的积极性,形成了事业发展的合力,为学校的可持续发展奠定了坚实的基础。

(三)正确处理改革、发展和稳定的关系 改革是动力,发展是关键,稳定是基础。坚持把改革的力度、发展的速度和学校的承受程度结合起来,在改革和发展中促进学校的稳定,在稳定中推进学校的改革和发展。

附:党委成员名单

书　记:高　青

副书记:马连湘　苏同岭　王瑞芳　韩兆会

常　委:高　青　马连湘　苏同岭　王瑞芳　韩兆会　王文哲　罗公利　徐学增　李庆领

聊城大学党委工作概况

聊城大学党委书记　程玉海

一、组织概况

聊城大学现占地3167亩,校舍建筑面积110余万平方米,教学仪器设备总值1.74亿元,图书馆藏书213万册。设有25个学院、3个基础教学部,76个全日制本专科专业,45个硕士学位点。全日制在校生28000余人,其中硕士研究生530余人。学校现有党总支(分党委)34个、党支部198个;现有党员2962名、其中在职教职工党员1082名、离退休党员223名,学生党员1657名;2006年发展党员1459名。

二、主要工作与成绩

2006年是全面实施我校"十一五"建设与发展规划的开局年,也是我校的"迎评促建"和"内涵建设"年。学校党委认真贯彻落实科学发展观和省委的一系列重大决策部署,认真加强党的先进性建设,解放思想,抢抓机遇,干事创业,通过推进学校"迎评促建"工作,大力加强内涵建设,各项工作取得了显著成绩。

(一)深入贯彻落实科学发展观,推进学校发展战略的调整 重点抓了四项工作。一是2006年初,学校党委在2005年底学校发展战略调整的基础上,进一步深化我校发展战略的转变,宣布2006年为我校"全面内涵建设年";二是通过举办博士教授学习班、新提拔干部培训班等各种形式,在全校开展内涵建设大讨论,把内涵建设的内容明确概括为"龙头、核心、生命线、六个方面工作";三是2006年9月1日的党委常委会研究决定:结束我校这一时期大规模基本建设,学校转入基础设施建设,基本建设转入完善阶段;四是把全面推进内涵发展与迎接教育部本科教学工作水平评估紧密结合起来,以教学评估为内涵建设的载体和主要内容,让二者相互促进,相辅相成。

(二)以迎接教育部本科教学工作水平评估为契机,以评促建,重在建设,全面推进学校工作 为迎接2007年的教育部本科教学工作水平评估,一年来,学校党委自觉把其作为工作中心和内涵建设的载体,通过扎实有效的以评促建工作,全面推动了内涵建设。一是按照教育部本科教学工作水平评估指标体系,全面加强教学基本建设,进一步深化教学改革,巩固和强化教学工作中心地位,教育教学质量和人才培养质量不断提高。2006年,我校2个专业成为省级特色专业,3门课程成为省级精品课程,2部教材获国家级教材规划立项,3项教改项目获省级教学改革立项,4位教师的课件在第六届全国多媒体课件大赛中获奖,10名本科生毕业论文被评为"山东省优秀学士学位论文"。二是继续加大人才引进和师资培训力度,人才高地建设取得新进展。2006年,学校圆满完成了以博士为主的"百名高层次人才"引进计划,定向培养博士13人,送出培养攻读博士23人,10人进博士后流动站;2位教师分别被评为"山东省十大优秀教师"、"山东省高等学校教学名师"。三是以学科建设为龙头,狠抓科研管理和科研组织工作,学科建设和科研学术水平取得了新突破。2006年,我校分析化学学科获得"泰山学者"特聘教授岗位;获批13项国家级科研项目,10个"十一五"省级重点学科、实验室和人文社科基地,41项省部级科研课题;获各类优秀科研成果奖42项,其中"第四届中国高校人文社会科学研究优秀成果奖"2项,"教育部提名国家科学技术奖"1项,各级别项目立项数和获奖数均创学校历史新高。应用成果研究有28个项目在6个领域收到了良好成效。四是继续保持年4000万元的教学科研装备投入,不断提高装备管理水平和使用效益。到2006年底,学校教学科研仪器设备总值已达1.74亿元;整合并进行实验室规范化建设,新建了一批学生实习实训基地。五是围绕建设节约型校园和构建科学管理体系,进一步深化第六轮后勤社会化改革。2006年,后勤服务产业集团实现产值1.53亿元,利润2580万元。

(三)巩固和深化先进性教育活动成果,大力加强党的先进性建设 一年来,学校党委按照"围绕发展抓党建,抓好党建促发展"的工作思路,深入贯彻党的十六届六中全会和全国、全省高校党建工作会议精神,不断巩固和深化先进性教育活动成果,大力加强和改进党建与思想政治工作。一是认真落实《聊城大学党委领导班子先进性教育活动整改方案》,积极探索加强党的先进性建设的长效机制。二是大力加强大学生思想政治教育工作,全面落实学生工作的6大工程和13项重点工作。校团委先后获得"山东省大中专学生志愿者暑期三下乡社会实践活动先进单位"、"2006年度山东省大学生志愿服务西部计划实施工作优秀组织单位"等多项荣誉称号。三是认真贯彻中纪委和省委关于加强党风廉政建设的要求和规定,重点做好了反商业贿赂工作,圆满完成了省纪委西片高校纪委书记会议的筹备和各项会务工作。2006年,学校被省委高校工委和教育厅评为"山东省教育纪检监察工作先进集体"。四是大力加强校园治安综合治理工作,从源头上消除了各种不稳定因素,努力建设"和谐聊大"。2006年底,被山东省人民政府授予"平安山东建设先进单位"。

三、创新与经验

1. 以科学发展观为统领,审时度势,找准定位,先行一步,认真谋划学校科学发展,适时调整学校发展战略,使学校走上了全面协调可持续发展的良性轨道。

2. 牢牢把握安全稳定压倒一切的工作方针,坚持在源头治理上下功夫,在完善长效机制上下功夫,在推进依法办学和民主办学上下功夫,在大力改善师生员工生活条件上下功夫,着力提高化解矛盾的能力,提高领导驾驭稳定工作的能力,努力创建和谐校园。

附:党委成员名单

书　记: 程玉海

副书记: 王昌松　张桓

常　委: 程玉海　王昌松　张　桓　董泉增　冯　健　李军生　张贵桥　李　喆　徐传光

山东理工大学党委工作概况

山东理工大学党委书记　郝光珍

一、组织概况

山东理工大学是一所以理工为主的多科性大学，全日制在校生32000余人，教职工2700余人，专任教师近1750人，其中，教授196人，副教授491人。截至2006年底，全校设有38个党总支，下设197个党支部，共有中共党员3157人，其中在职教职工党员1342人，学生党员1496人，离退休教工党员319人。

二、主要工作与成绩

（一）全面深化教育教学改革，人才培养质量显著提高 坚持“质量立校”，完善按文、理大类招生模式，深化学分制改革，构建“知识、能力、素质”三位一体的人才培养体系。本科教学评建工作扎实推进；承办了教育部“精品课程建设工作高级研修班”，“画法几何及工程制图”被评为国家级精品课程，“材料力学”、“数控技术与数控机床”被评为省级精品课程；“车辆工程”专业被评为省级特色专业；18部教材入选全国“十一五”国家级教材规划。实施大学生研究创新训练计划，学生培养质量明显提升：首次组队参加第七届中国智能机器人大赛机器人足球比赛获得全国冠军；在全国大学生数学建模竞赛中获国家一等奖2项、二等奖1项；在第五届“挑战杯”创业计划竞赛中获全国铜奖1项、省级奖励11项；在全省大学生电子设计竞赛、机电产品创新设计大赛、数控技能大赛等活动中获一等奖6项、二等奖9项；在大学生艺术竞赛、英语竞赛等活动中，获得包括全国特等奖、一等奖在内的奖励达到150多人次。

（二）扎实推进“科研强校”战略，学科建设和科研工作取得重要突破 全面落实学校“十一五”学科建设规划，学科建设成效显著，科研奖励获得重大突破。省级重点学科和重点实验室由原来的6个增加到10个，省级工程技术研究中心由原来的6个增加到10个。年内获得国家863、国家自然科学基金、国家社科基金等省部级及以上科研立项87项，获科研经费2285万元。发表论文1917篇，其中核心期刊1136篇；出版著作68部；申请专利近60项。获得科研奖励94项，其中国家科技发明二等奖1项。积极实施《服务山东制造业强省建设行动计划》，搭建产学研联合和科技开发平台，拓展服务空间，获得横向课题160项，合同经费额达1582万元。广泛开展学术交流与合作，邀请多名院士等国内外专家学者来校举办学术报告会282场，学术氛围日益浓厚。

（三）干部人事制度改革逐步深化，人才队伍建设成效显著 实施“人才兴校”战略，按照“汇聚人才、培育团队、成就大师”的师资队伍建设方针，坚持“培养、引进、聘用”并举，加大教师引进、培养和聘任工作力度，年内引进博士、教授40人，硕士149人；在校教师考取定向博士研究生24人，17名定向培养博士回校工作。深化干部人事制度改革，顺利完成第二次全员聘任工作，年内聘任教授34人，副教授20人；聘任处级干部229人，科级干部267人；新增国家“新世纪百千万人才工程”国家人选1人，享受国务院特殊津贴专家1人，山东省有突出贡献的中青年专家1人；农业机械化工程学科获得“泰山学者”特聘教授岗位。

（四）大学生思想政治教育不断加强，工作运行机制全面创新 坚持“育人为本，德育为先”，积极拓展大学生思想政治教育工作新途径。推进学生思想政治教育进网络，我校成为e－class的全国首批使用单位，“青春在线”网站“三个代表”栏目被评为中国大学生在线年度频道共建杰出贡献奖。积极探索学分制条件下学生教育管理新模式，出台了《关于学生辅导员队伍职业化建设的实施意见》，推动辅导员队伍职业化建设；加强大学生事务中心建设，学生服务体系日趋完善，服务点累计接待学生5万人次，年内为2581名学生申请国家助学贷款1149.75万元，发放奖学金560万元；创新大学生社会实践活动，新建“学士后流动站”等基地30余处，有26名毕业生成为第四批服务西部志愿者，我校荣获省“大学生志愿服务西部计划实施工作优秀组织单位”，校团委荣膺山东省“五四红旗团委”荣誉称号。

（五）先进性教育成果进一步巩固，党的建设得到全面加强 继续完善保持党的先进性长效机制，党组织建设得到加强，党员发展、教育管理等工作日益规范，党内争先创优和主题实践活动经常化。按照“三个体系”要求，通过第二次干部聘任，推进了干部由身份管理向岗位管理的转变。加强干部培训工作，坚持脱产学习和业余自学、理论学习和业务培训、国内培训和国外培训相结合，提高干部的领导能力和业务素质。加强党性、党风、党纪教育，干部队伍作风建设不断加强。和谐校园建设进展顺利，在“平安校园”建设评估中获得优秀成绩，被中宣部、司法部评为“全国法制宣传教育先进单位”。

三、创新与经验

2006年，在省委、省政府的正确领导下，校党委团结带领广大师生员工，认真落实校第一次党代会确定的“一二三四”总体工作思路，实现了学校事业“十一五”的良好开局。我们深刻体会到，用科学发展观作指导，根据学校实际科学定位，明确发展方向和工作重点，锐意改革，勇于创新，是促进事业健康发展的根本保证和不竭动力。我们按照年初学校党委扩大会上确定的“打好一个基础，抓好两条主线，实现三个目标"的工作思路和要求，着力夯实大学文化建设这一基础，使学校真正形成一种健康和谐的文化氛围，建立科学高效的工作体制和运行机制，营造人人奋发有为的成长成才环境；以深化教育教学改革、加强学科建设和科研工作为主线，围绕"知识、能力、素质"三位一体的人才培养目标，创新人才培养途径，努力形成人才培养特色；全面落实《服务山东制造业强省建设行动计划》，积极参与山东制造业强省建设，在服务区域经济社会发展需要中，提高科学研究水平。学校学科建设、科学研究、人才培养和服务社会的能力不断增强，在建设高水平大学进程中保持了科学持续、又好又快的发展势头。

附：党委成员名单

书　记：范跃进(2007年2月离职)
　　　　都光珍(2007年2月任职)

副书记：张宗新　张新义

常　委：都光珍　张宗新　张新义　贺连春
　　　　张元利　王学真　谭秀森　杜瑞成
　　　　张宇声　姚　德

青岛理工大学党委工作概况

青岛理工大学党委书记　耿喜华

一、组织概况

青岛理工大学是一所以工为主，理工结合，土木建筑、环境能源、机械制造学科特色突出，理工经管文法协调发展，科学教育与人文教育相结合的多科性大学。学校设有17个教学院部，2个博士点，33个硕士点，53个本科专业；各类在校学生2万余人。截止到2006年底，我校有党员2991名，其中在岗教职工党员955人，离退休党员232人，学生党员1804人。学校共有26个党总支，132个党支部。

二、主要工作与成绩

(一)胜利召开第四次党代会，切实加强了各级领导班子建设　2006年6月学校胜利召开第四次党代会，选举产生新一届党委、纪委领导班子。学校党委高度重视加强领导班子自身建设。统一思想，提高认识，确定工作努力方向，把党委切实建设成为"顾大局、讲团结、求发展、谋大事"的领导集体，增强了领导班子的凝聚力、战斗力，在实践中善于运用新思路、新举措解决改革发展过程中遇到的各种困难。学校党委注意抓好中层领导班子建设，认真组织开展中层干部培训工作，要求中层干部认清形势，提高素质，强化能力，做好领导工作。

(二)认真抓好保持共产党员先进性教育长效机制建设及整改工作　将长效机制建设与学校党委、行政工作紧密结合，细化分解了具体任务，提出明确要求和时间表，狠抓了任务落实。在暑假中层领导干部工作会议进行中期工作检查，年底结合干部考核工作，按照党委要求的整改计划进行检查，取得较好效果。

(三)积极推进"三个体系"建设，加强各项制度的执行力度　学校党委印发《青岛理工大学决策执行监督工作规则》，组织干部培训班听取《加强"三个体系"建设是做好高校各项工作有效的制度保障》等专题讲座，规范了议事、决策、考核程序，避免了随意性，使学校的工作沿着高效有序的方向发展，达到既定目标。

(四)高度重视党风廉政建设，坚持制度创新，加大治本力度　学校党委把党风廉政建设作为思想政治建设的重要方面，认真落实党风廉政建设责任制，加大了对学校一些可能滋生腐败的重点环节的监督力度。领导干部年终述职述廉、离任经济责任审计、专题民主生活会、招投标行为监督、基本建设管理、资金管理监督、招生监察、接待工作管理等党风廉政建设规章制度及措施不断得到健全完善和认真落实。与青岛市检察院联合成立治理商业贿赂领导小组，邀请检察院同志来校对科级以上干部进行专题讲座。

(五)以科学发展观为统领，学校各项事业取得新的发展　1.本科教学评建工作扎实开展。学校成立评建工作领导小组、评建办公室和专项工作组，建立一级抓一级、任务到人、责任到人评建工作机制，扎实完成评建各项任务。2.学科建设水平稳步上升。2006年学校科技大会确立构建国家节能冶金装备工程中心、大学建筑科技园学科创新平台。经过努力，国家节能冶金装备工程中心申报进入实质阶段，环理工大学2800亩建筑科技产业园区正积极开展前期论证、规划。2006年有10个省级重点学科、实验室顺利通过专家组评审，省级重点学科、实验室、工程技术研究中心达到18个。3.师资水平不断提高。结构工程、机械设计及理论学科获得"泰山学者"岗位。与海尔集团联合建立海尔—理工博士后工作站研发基地，聘用海尔—理工"泰山学者"1名。全年引进博士、硕士101人，有34名教师在职取得博士、硕士学位。4.在省教育厅领导、支持下，弘扬"饮水思源"精神，建设费县校区。校区规划占地1500亩。一期工程占地500亩，校舍建筑面积78951平方米，2006年7月底全部完工。2006年首开建筑工程技术、道桥工程技术、工程管理和工程造价4个高职专业，计划并录取新生500人，最低分503，超出济南、青岛专科一批录取线9分，最高录取分数达到537分。5.招生就业工作成绩斐然。2006年共录取6246名大学生,本科一批最高录取分数663分,二批次录取分数超过资格线44分,达到573分;在外省招生中,有14个省的录取分数或平均录取分数超过当地的重点线。积极为学生就业提供指导与服务,就业质量与就业率有所提高,2006届毕业生一次就业率达到97.02%。

三、创新与经验

(一)充分发挥党在学校的领导核心作用,是我们事业成功的根本保证 学校党委应总揽全局,协调各方,切实履行好把方向、抓大事、用干部、带队伍、加强党建"五项职责",不断提高贯彻科学发展观、驾驭全局、处理利益关系、务实创新等能力,加强党风廉政建设,保持同群众的密切联系,保持党的先进性。

(二)寻求内涵发展的新突破,是增强学校核心竞争力的必然选择 牢固树立并落实"质量立校、学科强校、队伍兴校、开放荣校、环境益校"五种信念,不断深化教育教学改革,重视学科建设,推进科技创新,加快实施人才战略,开展积极有效的国际交流与合作,构建浓郁的大学文化氛围。

(三)真抓实干是学校的优良传统和宝贵精神财富 "真抓"就是抓住机遇争取跨越式发展。面对形势逼人的局面,不断增强紧迫感和危机感,不仅要善于捕捉机遇,更要学会创造机遇,赢得主动、抢占先机。"实干"就是求真务实,狠抓落实,以实实在在的工作,求得实实在在的效果。

(四)稳定是学校加快改革和发展的前提 多年来,在处置各种突发事件和维护学校稳定中,全校党员、干部、师生员工经受了考验和锻炼。在实现学校新跨越过程中,要把改革的力度、发展速度和师生员工可承受程度统一起来,把不断改善师生员工的学习、生活条件作为处理改革发展稳定关系的重要结合点,努力保持和谐、文明、稳定的校园环境。

附:党委成员名单

书　记:耿喜华

副书记:仪垂杰　赵怀明　杨向荣　刘龙海

常　委:耿喜华　仪垂杰　赵怀明　杨向荣　张光兴　胡培基　刘龙海　张　健　李　东　李国华

山东建筑大学党委工作概况

山东建筑大学党委书记　薛允洲

一、组织概况

山东建筑大学是一所以土木建筑类专业为特色,工、理、管、文、法、农等多学科协调发展的省属高等院校。学校校园占地2400余亩,拥有42个本科专业、31个硕士学位授权点,全日制在校生近2.1万人。现有专任教师1252人,其中教授144人,副教授383人。学校党委下设23个党总支(直属党支部)、219个党支部。截至2006年底,共有党员3920名,其中学生党员2533人。

二、主要工作与成绩

(一)不断巩固扩大先进性教育成果 2006年初,学校党委按照中央和省委的安排部署,在巩固扩大先进性教育活动整改成果的基础上,扎实做好先进性教育"回头看"工作,全面检查和梳理整改措施落实情况和实际效果,重点解决了一系列热点、难点问题,得到了广大师生的普遍认可。认真总结教育活动中形成的好做法和经验,进一步健全规范党建工作制度,党员"长期受教育、永葆先进性"的长效机制基本形成。

(二)政治理论学习和思想政治工作不断深化 坚持校、院(部)两级理论中心组学习制度,发扬理论联系实际的优良学风,不断丰富内容,拓展阵地,更新方式,认真开展了科学发展观、构建社会主义和谐社会、社会主义荣辱观等专题的学习和教育。紧紧围绕学校中心工作,深入开展教职工经常性的思想政治工作,广大干部职工的全局意识和组织观念不断增强。坚持正确的舆论导向,拓展宣传渠道,加大宣传力度,先后在中央电视台、光明日报、中国教育报等媒体刊发报道300余篇,为学校的建设和发展营造了良好的舆论环境。2006年,我校先后在全省暑期书记(校长)理论研讨会、大学校长德育论坛、省高校党建工作会议上做典型发言,得到了上级领导的高度评价。

(三)领导班子和干部队伍建设进一步加强 认真贯彻民主集中制和党委领导下的校长负责制,充分发挥党委在学校改革发展中的领导核心作用。不断完善干部综合考核评价指标体系,强化经常性工作实绩考核和任期目标管理。本着按需施教、注重实效的原则,有针对性地举办处级干部培训班,干部队伍的业务素质和实际工作能力不断提高。

目前,学校各级领导班子和广大干部正以饱满的工作热情、务实创新的工作作风、认真负责的工作态度投入到教学、科研和管理等各项工作中。

(四)基层组织和党员队伍建设明显增强 充分发挥基层党组织在改革发展、教学科研、管理服务中的政治核心和战斗堡垒作用,紧密结合学校实际,在全校党员中深入开展了"学习党章,践行党章"主题教育和"最佳党日"评选活动,党组织的群众基础进一步巩固,凝聚力和战斗力明显增强。严格党员发展标准,全年共发展党员1851名,队伍不断壮大,结构明显改善。2006年,学校有5名同志被授予"山东省高校优秀共产党员"荣誉称号,材料学院党总支被评为山东省先进基层党组织。

(五)党风廉政建设更加深入 认真贯彻中纪委六次全会和省纪委七次会议精神,针对新形势下高校党风廉政建设面临的新情况、新课题,从建设一支清正廉洁、干事创业的干部队伍入手,以构建教育、制度、监督并重的惩防体系为重点,不断完善党风廉政建设领导体制和工作机制。积极推进校务公开,对校直机关落实党风廉政建设责任制情况进行了全面检查,加大干部离任经济责任审计和重点部门、关键环节的全过程监督监管力度,坚持大宗物资采购招投标制度,有效预防和杜绝了腐败现象的发生。

(六)贯彻落实科学发展观,学校各项工作取得新的成绩 2006年2月14日教育部正式批准我校更名为"山东建筑大学",实现了学校发展的历史性跨越;隆重举行建校50周年暨挂牌庆典活动,为凝聚建大精神、提升办学理念、扩大社会影响、促进学校发展起到了积极的推动作用;紧紧围绕本科教学工作水平评估,不断强化教学中心地位,加强教学管理,深化教学改革,评估各项准备工作整体推进;积极组织国家级和省级精品课程申报,2门课程被评为2006年省级精品课程,其中《公共建筑设计原理与设计》被评为国家级精品课程,填补了学校课程建设国家级奖项的空白;坚持以学科建设为龙头,在"十一五"省级重点学科评审中新增7个省级重点学科和3个重点实验室;继续加强学科规划与建设,"城市规划与设计学科"被省委、省政府批准设立"泰山学者"岗位,成为山东省该学科唯一特设岗位;积极推进产学研结合,全面启动实施《山东建筑大学服务山东建设事业行动方案》,各项科研攻关工作顺利展开,学校办学影响力和知名度明显提升;深入学习贯彻中央16号文件精神,不断加强大学生思想政治教育和管理,学生创新和实践能力进一步提高;顺利进行和平校区和济王校区土地置换,有效缓解了学校办学资金紧张的压力。此外,新校区教工住宅建设取得突破性进展,以优异成绩通过全省"平安校园"和高校共青团规范化建设检查评估,学校各项事业整体推进,正向着建设高水平、多科性大学的目标一步步坚实迈进。

三、创新与经验

(一)牢固树立科学发展观,把加快发展、科学发展作为学校各项工作的第一要务 学校不断挖掘自身发展的优势和潜力,发现机遇,把握机遇,不仅成功更名为"山东建筑大学"、顺利进行土地置换等工作,在重点建设和申报硕士点等工作中也取得了显著成绩,学校综合实力和社会影响力明显提升。

(二)坚持以人为本是学校各项事业发展的出发点和立足点 学校始终坚持"办学以教师为本,教学以学生为本",时刻关心和维护师生员工的切身利益,及时了解和解决教职工热点、难点问题,充分调动教职工工作和学生学习的积极性,全校师生员工团结一心、振奋精神、开拓进取,有力地推动了学校的建设和发展。

(三)加强党建与思想政治工作是学校事业发展的有力保障 全校各级党组织不断加强党的思想、组织和作风建设,政治核心和战斗堡垒作用明显增强,为学校的改革和发展奠定了坚实的思想与组织基础。

附:党委成员名单

书　记:薛允洲

副书记:王崇杰　卜令元　张书明

委　员:薛允洲　王崇杰　卜令元　张书明　沙凯逊　范素华(女)　鹿晓阳　张　宁　韩　锋

鲁东大学党委工作概况

鲁东大学党委书记　刘建东

一、组织概况

鲁东大学原名烟台师范学院,创建于1958年,2006年2月和4月,经教育部和山东省人民政府批准,改为现名。学校设有21个学院,3个教学部,53个本科专业,34个硕士点。全日制普通本专科生22163人,硕士研究生395人,在职攻读教育硕士学位研究生111人,继续教育在校生12100多人,现有教职工1798人,其中专任教师1067人,教授141人、副教授286人,博士168人、硕士495人。学校党委下设24个党总支、117个党支部,共有党员2026名,其中教工党员1047名、学生党员979名。

二、主要工作与成绩

2006年是实施"十一五"规划的开局之年，也是全面建设综合性大学的起步之年，学校实现了又好又快发展。

(一)理论武装工作扎实有效 深入开展了社会主义荣辱观教育活动，通过改进课堂教学、加大宣传教育、召开座谈会、举办文化艺术活动等多种形式，实现了"八荣八耻"教育入眼、入耳、入脑、入心的目标。深入学习贯彻了十六届六中全会精神，使师生员工深刻理解构建社会主义和谐社会、和谐校园的重要意义，增强了机遇意识、发展意识和大局意识。积极改进大学生思想政治教育，通过"抓活动、抓实践、抓骨干、抓社团、抓网络"等手段，努力推进"新三进"工作，掀起政治学习热潮；结合纪念建党85周年、长征70周年，精心组织开展了系列主题教育活动，进一步夯实了青年学生的理想信念基础。

(二)组织建设取得新的成效 深入开展了先进性教育巩固和扩大整改成果及"回头看"工作，在认真落实整改任务和整改责任的基础上，从五个方面制定完善相关制度29项，把先进性教育活动中行之有效的做法和成功经验用制度的形式固定下来，使党组织建设和党员教育管理走上了制度化、规范化的轨道。研究制订了《鲁东大学基层党组织换届选举工作实施细则》，组织指导任届期满的1个党总支、53个党支部进行了换届选举。严格执行《党政领导干部选拔任用工作条例》，年内提拔调整科处级干部81人次。坚持标准条件，积极慎重地做好发展党员工作，先后培训入党积极分子3453人，发展党员897人。

(三)教学科研工作再上新台阶 汉语言文字学科、原子与分子物理实验室等6个学科、实验室被确定为"十一五"省级重点学科、实验室；新增生物科学等3个省级特色专业，另有省级精品课程9门；化学、物理等6个教学实验中心被批准成为省级立项建设的骨干学科教学实验中心；新增教育部人文社科研究课题1项、中国高等教育学会"十一五"教育科学研究规划课题2项；普通本科应届毕业生考研录取率达36.7%。新承担各级各类课题60余项，其中国家级9项、省部级20项；发表学术论文1400余篇，其中被SCI、EI、ISTP收录91篇；出版学术著作40余部；鉴定成果3项，获得实用新型专利5项；获得各级各类科研奖励75项。

(四)迎评促建工作稳步推进 以迎接教育部本科教学工作水平评估为契机，全面改善办学条件。大力实施人才强校战略，引进博士55人、硕士120人，其中教授4人、副教授12人。开工建设建筑面积13万平方米，其中竣工4万多平方米。投入资金2365万元，新增仪器设备2091台(件)。启动骨干学科教学实验中心建设工程，获得省财政专项资助达2000万元以上。投入资金650万元，购置图书13万册、电子图书58万种，订阅中外文报刊4000多种。

(五)成功举办了揭牌庆典 10月19日，隆重举办了鲁东大学揭牌庆典，姜春云、迟浩田、韩寓群、张保庆等国家、省部领导人及120多所国内外高校发来了贺信，王军民副省长亲临现场并作重要讲话，700余名中外嘉宾、校友与全校师生欢聚一堂、共庆盛典。《光明日报》、中央教育电视台等20余家媒体予以宣传报道，提升了学校的知名度和影响力。

三、创新与经验

(一)理清学校发展思路 科学制定了学校"十一五"发展规划及学科专业建设、师资队伍建设和校园建设等3个子规划，进一步理清了未来五年的发展思路。即，紧紧围绕一个目标(建设特色鲜明的综合性大学)，深化四项改革(办学体制改革、教育教学改革、干部人事制度改革、后勤管理改革)，实施五大工程(教育质量工程、学科建设工程、科技创新工程、管理创优工程、党建工程)，实现六大突破(人才培养质量、学科与学位点建设、科学研究水平、师资队伍建设、教学科研装备水平、生态化和人性化校园建设)。

(二)突出抓好大学文化建设 研究制订了《关于进一步加强校园文化建设的意见》，以提炼鲁大精神、塑造鲁大形象为核心，以加强精神文化、制度文化、环境文化建设为重点，精心打造人文校园、数字校园和绿色校园，全面提升文化氛围和文化品位，为大学生的成长成才创造了良好的文化环境。

(三)狠抓节约型学校建设工作 2006年9月，隆重召开了建设节约型学校动员大会，对建设节约型学校工作进行了全面部署；2006年12月，又召开了水电管理工作会议，积极推进水电管理改革。通过上述措施，广大师生的节约意识明显增强，建设节约型学校工作初见成效。

附：党委成员名单

书　记：刘建东

副书记：李清山　刘凤鸣　乔万敏

委　员：刘建东　李清山　刘凤鸣　乔万敏　冯金信　王　庆　柳新华

青岛农业大学党委工作概况

青岛农业大学党委书记　周学宝

一、组织概况

学校党委下设23个党总支、2个直属党支部和108个党支部，共有党员2377人。其中，教工党员942人，学生党员1254人。

二、主要工作与成绩

一年来，学校党委以邓小平理论和“三个代表”重要思想为指导，坚持以科学发展观统领全局，以“三件大事”为总抓手，不断解放思想，深化改革，强化管理，扎实工作，胜利完成了“十一五”开局之年的各项工作任务。

(一)科学制定了“十一五”发展规划　在总结“十五”工作的基础上，结合学校实际，着眼长远发展，科学编制了“十一五”发展战略规划，为学校的发展勾画出了新的蓝图。

(二)更改校名获得圆满成功　成功地组织和接受了教育部高校设置评议委员会专家组的考察评估。根据《高等教育法》和《普通本科学校设置暂行规定》的有关规定以及全国高等学校设置评议委员会五届一次会议的评议结果，教育部同意莱阳农学院更名为青岛农业大学。

(三)教学工作得到全面加强　以迎接教育部本科教学工作水平评估为契机，加强了对教学工作的监控力度，修订完善并严格执行了教学管理制度，保证了教学质量的稳步提高。2006年全校毕业生就业率为91.86%。

(四)学科和实验室建设卓有成效　5个学科被列为山东省“十一五”省级重点学科；3个实验室被列为山东省“十一五”省级重点实验室；其中“动物遗传育种与繁殖学科”被列为山东省“十一五”省级强化建设重点学科。2006年学校新增列4个一级学科硕士点，11个二级学科硕士点。

(五)师资队伍建设取得新的成绩　出台了一系列引进、稳定高层次人才政策。目前全校专任教师中具有硕士以上学位的教师占72.9%；专任教师中副高级以上职称的占35%，教师队伍的学历、职称结构明显改善。动物遗传育种与繁殖学科被省政府设为“泰山学者”岗位。

(六)科技工作有了新的突破　2006年共有68项科研课题被列入各级政府的资助计划，其中国家级课题22项，省部级课题31项。“机械化挖掘收获技术研发与示范”项目被列为“十一五”国家科技支撑计划重点项目，实现了科研项目申报的重大突破。在2006年科研奖励评审中，有2项成果获得山东省技术发明二等奖；2项成果获山东省科技进步二等奖。新型农用杀菌剂“仿生安”开发生产权以600万元转让，玉米杂交品种“莱农14号”省内生产经营许可权以42万元转让。

(七)学校管理水平不断提高　深入开展了“节约型”校园建设活动，有效降低了办学成本，提高了办学效益。启用了网上校务信息系统，提高了工作效率。不断深化后勤服务改革，提高了服务质量。

(八)党建和思想政治工作扎实有效　深入学习邓小平理论和“三个代表”重要思想，学习党中央提出的科学发展观和构建社会主义和谐社会等一系列重大战略思想，用马克思主义中国化的最新成果武装党员和师生员工头脑。认真开展了保持共产党员先进性教育“回头看”活动，建立了行之有效的保持党员先进性长效机制。成功召开了第二次党代会，选举产生了新的党委和纪委领导班子，明确了今后几年的主要目标和任务。全面启动了大学文化建设，确定了新的校训和校风主题词。加强了“和谐校园”和“平安校园”建设，努力营造了团结和谐稳定、风正气顺心齐的良好氛围。

三、创新与经验

(一)必须坚持以科学发展观统领全局　一年来，我们坚持以科学发展观统领全局，实现了学校的全面、协调、可持续发展。实践证明，只有按照科学发展观的要求，合理统筹招生、培养、就业的关系，统筹速度、规模、结构、质量和效益的关系，统筹教学、科研、社会服务的关系，才能实现学校的又好又快发展。

(二)必须不断加强领导班子和干部队伍建设　一年来，我们坚持把领导班子和干部队伍建设作为学校发展的关键来抓，不断提高了治校办学能力。实践证明，只有建设好各级领导班子和干部队伍，形成强大的凝聚力和战斗力，才能带领师生员工不断把学校的各项事业推向前进。

(三)必须坚持科学的工作思路　一年来，学校始终坚持以“‘三件大事’为总抓手，以教学工作为中心，以学科建设为主线，以师资队伍建设为关键，以提高人才培养质量为根本”的工作思路，实现了学校又好又快的发展。实践证明，这一工作思路完全符合学校的实际。

(四)必须切实加强“和谐校园”建设　一年来，我们按照党中央和省委、省政府的要求，深入开展了“和谐校园”建设，保持了学校团结和谐的良好势头。实践证明，只有大力加强“和谐校园”建设，最大限度增加校园和谐因素，努力减少不和谐因素，才能不断促进学校稳定快速发展。

(五)必须大力弘扬“莱农精神”　学校在长期的发展过程中，经过一代又一代莱农人的精心培育，形成了十分宝贵的莱农精神。这就是“自强不息、艰苦创业”的奋斗精神，“与时俱进、开拓进取”的创新精神，“爱岗敬业、争创一流”的奉献精神，“莱农发展、我在其中”的主人翁精神，“宽容和谐、团结互助”的友爱精神。学校发展完全得益于这种精神。在今后的发展历程中,只有坚持弘扬这种精神,才能够克服各种困难,创造出莱农更加美好的明天。

附:党委成员名单

书　记:周学宝

副书记:李宝笃　刁新华　张铭锦

委　员:周学宝　李宝笃　刁新华　张铭锦　戴洪义　宋希云　刘军国　刘国秋(女)　王　伟　李欣章

山东经济学院党委工作概况

山东经济学院党委书记　张体勤

一、组织概况

我校党委下设20个党总支,112个党支部,共有党员2818名。现有教职工1299人,其中教授125人,副教授286人。在校本、专科生20300人,研究生586人,成人教育在学人数8292人。设有14个教学院部、40个本科专业、5个双学士学位专业;有3个硕士学位授权一级学科、22个硕士学位授权点和MBA教育学位授权点。

二、主要工作与成绩

(一)党的建设、思想政治工作继续加强　我校进一步巩固和深化保持共产党员先进性教育活动的成果,全面加强党建和思想政治工作,基层党组织的战斗力和凝聚力明显增强。广大党员干部务实清廉,想干事、会干事、干成事、善共事,既干事又干净。纪检监察、组织、宣传、统战、离退休、安全保卫、工会、妇委会、共青团等各项工作取得可喜成绩。七一前夕表彰了先进基层党组织、优秀党务工作者和优秀党员。

(二)本科教学工作水平评估取得优秀成绩　全校师生员工牢固树立"机遇意识、责任意识、一流意识、大局意识和奉献意识",严格按照教育部规定的标准要求,全方位深入开展迎评工作。在2006年12月10日至15日教育部专家组进校考察评估中,取得了优秀成绩。

(三)新校区建成投入使用,办学条件显著改善　明水新校区一期工程按期竣工交付使用,从根本上解决了制约学校发展的瓶颈问题,确保了2006级5000名新生开学入住。新校区运行平稳,教学、管理井然有序。校本部图书馆、逸夫教学楼竣工,建成了大学生综合服务中心等一些基础设施,同时改造了四号教学楼,新增校舍面积达25万平方米。

(四)学科专业建设和科研工作取得新突破　新增2个省级重点学科,总量达到6个。"数字媒体实验室"被评定为省级重点实验室,"山东省经济理论与政策研究基地"被评定为省级强化建设项目。省社科规划办在我校设立了"山东省人才发展研究中心"和"山东省人才发展研究基地"。省委、省政府批准在我校设立了企业管理学科"泰山学者"特聘教授岗位。会计学、国际贸易专业分别被评定为省级品牌专业、特色专业。申报成功国家级课题10项、省部级课题82项;获得国家级奖励两项,实现了国家级科研获奖零的突破;年度科研经费总额达到1065万元。评选了学科建设和科研工作先进单位,表彰了10名科研工作先进个人。

(五)人才工程建设取得显著成绩　泰山学者特聘教授岗位落户我校。高层次人才引进取得新进展,全年引进26名博士研究生。表彰了首届8名教学名师和10名教学能手。新增硕士生导师34名。4名教授被兄弟院校聘为兼职博导。教师中具有博士学位的95人,在读博士123人。

(六)内部管理体制改革逐步深化,和谐校园建设取得新进展　审计、计划财务处、后勤、对外交流与合作、资产管理等各项工作稳步运行。图书资料进一步充实丰富。对办学历史进行了追溯认定,加强了与校友和社会各界的联系。在集思广益、充分征求意见的基础上,对校园道路和景点重新命名,特别是确定了"克明峻德,格物致知"的新校训和新校标,为学校发展增添了新的精神动力。

(七)积极推进对外合作与交流　全年共接待美国、德国等28个团组,出访40人次,新签署合作协议15项,选派18名管理干部前往美国圣荷西州立大学进行培训。在多年来举办中澳班的基础上,新举办的中新班、中德班首次招生,并且新增了本科层次合作项目,报考人数积极踊跃,社会反映良好。

三、创新与经验

(一)认真贯彻民主集中制,落实党委领导下的校长负责制　按照上级要求,探索建立科学的沟通机制、决策机制、协调机制和互信互赖机制,努力建设团结和谐、干事创业、求真务实、清正廉洁的领导班子,取得了显著成效。工作做法与经验在2006年全省高校党委书记、校长暑期研讨班上作典型发言,《中国高等教育》(2006年第24期)予以刊登。

(二)大学生思想政治教育体系进一步完善　认真落实中央16号文件,结合学科特点和大学生实际,继续推进大学生思想政治教育,深入持久开展诚信教育和开放式教育,初步形成了办学特色和教育品牌。相关理论文章在《高教领导参考》、《理论学习》等刊登。《山东经济学院荣辱观教育“七进”》在光明日报刊登，并荣获2006年度山东高校“十佳新闻”。

（三）办学理念进一步丰富，内涵建设持续加强 一是通过教学评估，凝聚了人心，激发了干劲，检验了队伍，积累了经验，“学校与师生员工共同发展”的山经信念深入人心。在此基础上深入总结了广大师生员工在本科教学水平评估工作中树立的五种意识，体现的四种精神，形成的四种作风和达到的五种境界，进一步丰富发展了我校办学的精神财富。

二是总结提炼了“突出诚信教育，实施313成才工程，推进开放式办学，促进学生成长成才”的办学特色，这一人才培养新模式，不仅得到评估专家的充分肯定，而且得到师生员工的高度认同。

三是以加强环境建设，构建和谐校园为切入点，提出并实施了创新办学理念，营造和谐的精神环境；加强硬件建设，建设和谐的物质环境；倡导宽容风气，发展和谐的学术环境；坚持科学管理，形成和谐的制度环境；实行开放办学，构建和谐的社会环境。既深化了和谐校园建设的理论研究，又取得了显著的实践成效。

附：党委成员名单

书　记：张体勤

副书记：郝书辰　刘清乐　牟思伦

委　员：张体勤　郝书辰　刘清乐　牟思伦　王乃静　聂炳华　尹燕玲（女）　张东超　崔友平

山东轻工业学院党委工作概况

山东轻工业学院党委书记　闫秉科

一、组织概况

山东轻工业学院是一所以工为主、轻工特色鲜明，工、理、文、经、管、法等多学科协调发展的省属高等院校，学校现有14个二级学院，1个教学部，39个研究所（研究中心），46个本科专业，7个省级重点学科（重点实验室），19个硕士点。全日制在校生17000余人，教职工1400余人。学校党委下设党总支部（含分党委、直属党支部）21个，基层党支部134个，共有党员2366人。

二、主要工作与成绩

（一）党的建设不断加强 努力健全保持共产党员先进性长效机制，切实加强党的基层组织建设和队伍建设。按照“事事有回音、件件有着落”的要求，切实落实先进性教育活动整改方案，形成长效机制。重新调整基层党支部的设置，加大了在学生班级中建立党支部的力度。加大干部教育培训力度，提高干部理论素养和工作水平，强化管理与考核，加强干部队伍建设。坚持党员标准，认真做好党员发展工作。全年共发展教工党员29人，学生党员1055人，截止2006年底，在校学生党员比例达到8.2%。

深化党风廉政宣传教育。成立由纪委、组织部、宣传部负责人组成的教育活动办公室，深入开展了“勤政廉政，科学发展”教育活动。积极开展预防职务犯罪宣传教育活动，增强广大党员干部特别是领导干部的防范意识，提高拒腐防变的能力。

（二）思想政治工作卓有成效 系统学习十六届六中全会精神以及胡锦涛在纪念建党85周年大会上的讲话等重要文件，深入开展社会主义荣辱观教育、公德教育和民主法制教育。牢固树立“育人为本，德育为先”的观念，切实加强和改进大学生思想政治教育，完善大学生思想动态监测体系，加强对弱势群体的关注和关心。大力加强师德师风建设，积极引导广大师生员工关心、支持学校的改革和发展，不怕困难、无私奉献、不甘人后、干事创业、建设高水平工业大学的良好氛围初步形成。

（三）科学发展、和谐发展，学校各项事业取得长足进步 新校区建设工程如期交付使用，整体搬迁工作顺利完成。克服种种困难，完成244958平方米的单体建筑和附属配套建筑，新校区建设工程如期交付使用，成功实现了老校区置换，顺利完成了学校整体搬迁新校区的艰巨任务，彻底解决了困扰我校办学的瓶颈问题。

以迎接教育部教学水平评估为契机，以内涵建设为重点，全面提升教育教学质量。不断改革教学管理体制，进一步完善质量监控与保障体系。大力加强专业及课程建设，2个专业被批准为省级特色专业建设点，2门课程获省级精品课程称号。不断加强实验实习基地建设，学生综合素质与创新能力不断提高，在学生课外科技竞赛中，共获省级及以上奖励15项。

学科建设取得新突破，科研工作再上新台阶。10月，我校制浆造纸科学与技术实验室被批准为山东省重点实验室，并被列入强化建设行列。12月，玻璃与陶瓷材料实验室、轻工装备先进制造与测控技术实验室被批准为省级重点实验室，其中玻璃与陶瓷材料实验室被列为省级强化建设重点实验室。新增工程硕士授予领域1个。科研经费突破3100万元，科研获奖33项。其中，与青啤集团、华泰集团联合申报的两项成果获国家科技进步二等奖；获省自然科学三等奖1项，省技术发明二等奖2项；省科技进步二等奖4项，三等奖1项；省高校优秀科研成果一等奖1项，二等奖 1 项,三等奖 7 项。取得专利权 3 项。

大力实施"人才强校"战略,师资队伍建设取得明显成效。进一步完善师资综合培养机制,积极做好人才培养、引进和使用工作。全年共引进博士 25 人、硕士 66 人,双聘院士 1 名。争取"泰山学者"岗位 1 个,海内外招聘工作正在进行。送培博士 14 名,硕士 26 名,选送国内外合作研究(博士后研究)5 名,其他形式业务培训进修 23 人次。学校入选新世纪百千万人才工程国家级人选 1 名,入选国务院政府特殊津贴专家 1 名,入选"山东省突出贡献中青年专家"2 名。

(四)高度重视安全稳定工作,努力构建平安校园、和谐校园 切实加强校园治安综合治理,努力营造和谐稳定的校园环境。大力强化内部治安防控体系建设,逐级落实治安责任制,突出重点,落实人防、技防、物防等各项具体措施,加大对学生的安全教育宣传力度,努力为师生打造一个和谐、稳定、有序的学习、工作、生活环境。

三、创新与经验

(一)必须紧紧围绕学校的中心工作,保证党委在学校各项事业中的领导核心地位,充分发挥党总支的政治核心作用、党支部的战斗堡垒作用和党员的先锋模范作用,切实加强党建和思想政治工作,形成保持共产党员先进性的长效机制,营造干事创业的良好氛围。这是推动学校进一步发展的强有力的组织保障和思想保障。

(二)必须牢牢把握发展这一主题,加快建设,科学发展。围绕建设国内知名高水平工业大学的目标,大力发扬"不怕困难、无私奉献、不甘人后"的精神,正确处理内涵发展与外延发展的关系,正确处理规模、质量、结构、效益的关系,正确处理改革、发展、稳定的关系。这是推动学校进一步发展的根本。

(三)必须牢牢把握正确的舆论导向,坚持稳定压倒一切的方针,努力营造和谐稳定的校园环境。以社会主义核心价值体系为根本,大力加强和谐校园、文明校园、平安校园建设,这是推动学校进一步发展的基础。

附:党委成员名单

书　记:闫秉科

副书记:陈嘉川　刘韶华(女)　舒永庆

委　员:闫秉科　陈嘉川　刘韶华(女)　舒永庆　秦梦华　傅东良　匡维武　王西奎

山东财政学院党委工作概况

山东财政学院党委书记　袁一堂

一、组织概况

山东财政学院现有 14 个二级学院,35 个本科专业,覆盖经、管、文、法、理、工六大学科门类,有 6 个山东省重点学科,22 个硕士学位授权点,并拥有 MBA 专业学位授予权和开展同等学力人员申请硕士学位工作资格。现有专任教师 706 人,全日制在校生 11000 多人,其中研究生 449 人;各类继续教育学生 8000 人。

学校党委下设 19 个党总支,174 个党支部。共有教职工 1315 人,其中党员 832 人,占 63.3%。学生党员为 1696 人,占在校生的 15.5%。2006 年共发展党员 1095 名,其中教工党员 26 名,学生党员 1069 名。

二、主要工作与成绩

2006 年,学校党委在上级党委的领导下,团结带领广大师生员工,全面贯彻落实党的十六大、十六届五中、六中全会精神,树立科学发展观和正确政绩观,大力实施"学科立校、人才强校、开放兴校、依法治校"四大战略,学校各项工作取得了新的成效。

(一)认真学习贯彻"三个代表"重要思想和党的十六届五中、六中全会精神,不断加强领导班子思想政治建设和执政能力建设 一是深入开展先进性教育活动"回头看",不断提高领导班子和党员干部的思想政治素质。二是认真学习贯彻党的十六届五中、六中全会精神,用科学的理论武装头脑、指导工作。三是认真贯彻执行民主集中制,提高领导班子的议事决策能力。四是深入开展调查研究,切实加强党风廉政建设。

(二)用科学发展观统领各项工作,促进学校快速健康发展 1.学校"十一五"发展规划开局良好。学校围绕一个目标、两大重点、三大任务、四大战略、五项改革、六大突破的规划目标,认真组织实施,并取得良好开局。重点学科建设取得新突破,新增国际贸易学、管理科学与工程两个省级重点学科,使省级重点学科达到 6 个,且财政学、企业管理被列为强化建设学科,财政学学科被山东省委、省政府批准为"泰山学者"岗位,"山东省公共财政与社会保障研究基地"被列为山东省社科规划研究基地;应用经济学和工商管理两个一级学科获得硕士学位授予权,新增二级学科硕士学位授权点12个，使二级学科硕士学位授权点增至22个；新增本科专业5个，本科专业总数增至35个；引进教师78人，教师中硕士以上学位人数达到了71.7%，学历结构、学缘结构得到了进一步优化；完成了部分基础设施的装修、改造及校园网升级改造等工程，新建了部分体育活动场所，投入1300多万元购置教学设备和图书资料，办学条件得到了进一步优化。“十一五”规划的良好开局，为全面完成规划的任务奠定了坚实基础。

2.教学科研工作取得优异成绩。学校党委按照“以评促改、以评促建、以评促管、评建结合、重在建设”的评建原则，组织动员全校师生深入学习研究高等教育发展规律和先进的教育理念，进一步明确了办学指导思想和办学思路，重新审视和确立了学校定位和发展目标。教学管理、教学改革、学生工作得到进一步加强和完善。科学研究水平和成果质量有了较大提高，共有70余项课题立项，获得省部级、省教育厅奖励26项。10月29日－11月3日学校接受了教育部本科教学工作水平评估，受到教育部专家组的充分肯定。

3.新校区建设取得重要进展。6月19日我校新校区建设被山东省发展和改革委员会正式批准立项；取得新校区一期用地指标300亩，为新校区依法开工建设创造了条件。

4.庆祝建校20周年活动圆满成功。2006年11月18日，学校成功举行了庆祝建校20周年活动。通过校庆活动，进一步增强了全校师生员工的凝聚力、向心力，扩大了学校在国内外的影响。

5.保持了学校的和谐稳定。按照建设平安校园、和谐校园的要求，加强了人防、技防措施和校园管理，为师生办实事，创造了平安和谐的校园环境，在全省高校和谐平安校园建设检查评估中取得了优异成绩。

6.国际交流与合作渠道进一步拓宽。在巩固原有国际交流合作关系的基础上，又与加拿大里贾纳大学建立了正式友好校际交流关系，与加拿大达尔豪斯大学就本科“2＋2”合作项目签订了合作办学协议书。共接待来访团组18个，共75人次；举办了“全球化时代中的中国对外投资与跨国公司”国际学术研讨会；苏格兰财政及公共服务改革部部长的来访，推进了山东省与苏格兰地区的交流与合作。我校友好院校英国龙比亚大学校长琼·斯特林格教授获得“山东省荣誉公民”称号。

三、创新与经验

(一)树立科学发展观，保持学校持续健康快速发展 学校认真学习十六届五中、六中全会精神，紧密结合学校实际贯彻落实科学发展观，明确提出“大力发展内涵，稳步发展外延”的发展思路，量力而行建设新校区，把学校资金主要用于内涵发展，加强学科建设，提高教育质量，有力地调动了全校师生员工的积极性，为学校全面、协调、可持续发展打下了坚实的基础。

(二)创办高水平大学，必须切实加强大学文化建设 创办高水平大学，必须增强大学文化建设的意识。一年来，大力弘扬现代大学精神，对大学文化进行大讨论，为高水平大学建设奠定坚实的思想文化基础。对校园环境进行了整治，加强了校园内的文化设施建设，营造了浓厚的文化氛围。将大学文化建设纳入学校整体素质教育工程，开展丰富多彩的文化素质教育活动，推动大学文化建设向纵深发展。

附：党委成员名单

书　记：袁一堂

副书记：黄　琦(女)　董维杰　张建玲(女)

委　员：袁一堂　黄　琦(女)　董维杰　张建玲(女)　刘兴云　聂培尧　王玉华　綦好东　胡文波

泰山医学院党委工作概况

泰山医学院党委书记　王家富

一、组织概况

泰山医学院是省属普通高等院校，现有教职工1439人，其中专任教师983人，13名院士受聘为我校教授。有14个教学院、部、系，28个本科专业，16个硕士学位授权点，在校全日制普通本专科生20082人，研究生350人。

学校党委下设1个分党委(附院党委)，22个党总支，196个党支部，共有党员3246名，其中在岗教职工党员1044(含附院362)名，离退休教职工党员253(含附院47)名，学生党员1949名。

二、主要工作与成绩

(一)突出重点狠抓落实，评建工作取得优异成绩 学校党委坚持“以评促建，以评促改，以评促管，评建结合，重在建设”方针，精心组织，周密部署，狠抓落实，2006年11月顺利通过了教育部本科教学工作水平评估，得到教育部评估专家组的高度评价。通过评建，学校的办学指导思想更加明确，教学中心地位更加巩固，教学基本条件显著改善，教学基本建设成效显著，教育教学质量明显提高，全校上下凝聚力显著增强。

(二)以评估为动力，推进学校教学、科研工作 坚持规模、质量、结构和效益相统一,努力提高教育教学质量和科研水平。2006年,学校招收硕士研究生136人、普通本专科生4235人。62名硕士研究生、3305名普通本专科学生顺利毕业,毕业生年底就业率达95%以上。招收成人教育本专科生4357人,建立健全了成人教育质量监管和保障体系。召开年度实践教学工作会议,加强带教培训,推进见习、实习规范化,新增2家非直属附院、3家实践教学医院和9处实习基地。新增3个本科专业,药理学、影像医学与核医学、脑微循环实验室学科被列为山东省"十一五"省级重点建设项目。66项课题获上级立项,15项成果获上级奖励。

(三)深化内涵建设,提高管理能力和服务水平 推进现代大学管理体制建设,加快管理科学化进程。健全制度,加强督导,大力推进民主治校和依法治校。加强人力资源管理,全年共引进硕士以上学历人员83人,扎实做好各级各类人才的培养、使用与管理工作。加强财务管理,进一步规范财务运用。强化国有资产管理,提高资产使用效益。认真做好招标投标和物资设备采购、合同、干部离任等方面的审计工作。加强图书、网络、对外交流等工作,新增电子图书26万册,开通网上校园电视台,规范电子阅览室管理,加强外籍教师、外国留学生管理及赴国外留学人员选拔工作,积极开展对外交流与合作,提高开放办学水平。落实校园建设规划,继续推进新校区建设。加强后勤管理,降耗增效,推进节约型校园建设。

(四)加强党的建设和思想政治工作,为学校发展提供有力保证 校党委按照把好方向、抓好大事、出好思路、管好干部的要求,创造性开展工作,党委的领导核心作用得到充分发挥。校领导班子坚持党委理论中心组学习制度,通过理论学习武装头脑,指导实践,推动工作。重视抓好党员干部的政治学习,通过开展"学党章,促评建"主题教育等活动,增强了党员干部的政治意识、责任意识和贯彻党的路线方针政策的自觉性、坚定性。进一步加强干部队伍和党的基层组织建设。建立和调整了12个党总支,总支、支部建立健全了组织生活制度,较好地发挥党总支、党支部的政治核心和战斗堡垒作用。优化党员干部队伍的年龄和学历结构,强化了党员干部队伍建设。做好组织发展工作,培训入党积极分子2730名,发展党员1166名。认真学习贯彻全省教育系统纪检监察工作会议精神,加强党风廉政建设,较好地弘扬了党的优良传统和作风。

(五)坚持和谐建校,不断提高特色鲜明的多科性大学建设水平 认真贯彻中央16号文件,进一步加强和改进大学生思想政治教育。创建了山东高校首家医德教育研究基地。加强大学文化建设,开展了一系列主题教育、科技文化展演、青春创业和素质拓展、青年志愿者活动,取得了突出成效。形成了以"登攀"为主要特征的泰医精神、"日新至善"的校风、"业精德馨、诲人不倦"的优良校风和"勤奋严谨、学而不厌"的优良学风。中央督查组对我校贯彻落实中央16号文件、加强和改进大学生思想政治教育,培养造就德智体美全面发展的复合型、实用型高素质人才给予高度评价。加强教育,强化"三防","平安校园"建设活动深入推进。认真做好统战、工会、妇委会、老干部等工作,共同营造了安全、文明、和谐、稳定的校园环境。学校顺利通过了"省级文明单位"复审、"平安校园"创建活动验收,荣获省、市各类荣誉称号10余项。

三、创新与体验

总结一年来的工作,我们认为,党委的坚强领导是实现学校又好又快发展的关键;全校上下精诚团结艰苦奋斗是实现学校又好又快发展的根本;广大师生员工爱岗敬业甘于奉献是实现学校又好又快的保证;勇于"登攀"泰医精神是实现学校又好又快发展的强大精神动力。

附:党委成员名单

书　记: 王家富

副书记: 郭爱英　孙永华

委　员: 王家富　郭爱英　孙永华　白　波　付朝广　王庆宝　张成利　李国庆

滨州医学院党委工作概况

滨州医学院党委书记　石增立

一、组织概况

滨州医学院是省属普通高等学校,有滨州、烟台两个校区,现设有9个院(系)、14个本科专业、12个硕士学位点、6个省级重点学科,全日制在校生规模13800余人。

学校党委下设分党委3个,党总支9个,党支部56个。截至2006年底,全校党员1457名(含直属附属医院),其中离退休教职工党员124人,在岗教职工党员636人,学生党员674名。

二、主要工作与成绩

(一)本科教学评建工作取得显著成效 学校按照教育部本科教学工作水平评估的标准要求,始终坚持全面贯彻"以评促建、以评促改、以评促管、评建结合、重在建设"的方针,不断深化教育教学改革、加强师资队伍建设、改善教育教学条件,整体办学水平得到明显提高。2006年12月24日至29日,教育部专家组对学校本科教学工作水平进行了全面考察,对我校教学及各项工作取得的成绩给予高度评价。

(二)师资队伍建设进一步加强 坚持培养、引进和聘用并举,不断加强师资队伍建设。加大高学历人才引进力度,全年录用博士12人、硕士72人。对在职的各级各类教师进行重点培训,教师队伍整体素质、教学水平得到提高。

(三)学科专业建设和科研工作水平进一步提高 认真做好重点学科建设和管理,省级重点学科达到6个;积极打造品牌专业和特色专业;加强精品课程建设;加强学位点和新上专业建设。加强科研管理工作,立项国家自然基金资助课题1项、省部级课题8项、省教育厅计划课题8项;获省科技进步三等奖1项、教育厅成果奖5项。

(四)校内改革进一步深化 设立基础学院、临床学院,深化校、系两级管理体制改革;继续推进学分制改革;深化课程体系和教学内容改革;召开实践教学工作会议,深化实践教学改革;调整基础实验室设置,设立临床技能实训中心,强化学生实践能力训练;设立教学质量监控中心,初步形成覆盖教学工作全过程的教学质量监控体系。

(五)教育教学质量进一步巩固 健全教学管理规章制度,促进了教学管理的制度化、规范化、科学化;加强实践教学基地建设与管理;召开研究生教育工作会议,加强研究生教育培养工作;对60所成人教育教学基地进行教学评估,成人教育教学质量稳步提高。

(六)办学基本条件进一步改善 烟台校区图书馆、新学生公寓、后勤综合服务楼、塑胶体育场,滨州校区临床技能实训中心、实验动物中心建设完成并投入使用;各学科专业实验室、8所非直属附属医院临床技能实训室的新建、扩建、更新和升级工作全面完成;加强图书文献资料建设,全年新增纸质图书18.3万册,图书馆数字资源和网络虚拟资源建设进一步加强。

(七)大学生思想政治教育进一步强化 以主题教育活动为主线,全面加强学生思想政治工作;实施本科生导师制;大力倡导学生服务工作人性化,设立大学生"12345"服务热线;加强毕业生就业指导工作;成立学生资助管理中心,加大贫困学生资助工作力度;积极开展心理健康教育工作。

(八)对外交流与合作进一步拓展 坚持开放办学,对外交流合作取得新进展。与4所国外大学建立友好校际关系,与韩国加图立大学、延世大学齿科学院的友好合作取得实质性进展。

(九)党的建设和思想政治工作进一步加强 认真组织开展巩固扩大先进性教育成果和"回头看"工作,建立健全保持共产党员先进性的长效机制;加强党的基层组织建设;开展"学习党章、遵守党章、贯彻党章、维护党章"活动。举办两期入党积极分子培训班,全年发展党员391人;加强领导班子和干部队伍建设,选拔任用了8名处级领导干部,通过竞争上岗方式选任了11名团总支书记、副书记;加大领导干部反腐倡廉教育力度,建立健全反腐败、反商业贿赂的各项规章制度和运行机制,对重点工作实施全过程监督;加强宣传舆论工作;校史展馆建成开馆,总结和凝炼了滨医精神,彰显办学特色,为学校可持续发展注入了精神动力;加强统一战线、群团和老干部工作,全面推进和谐校园建设。

三、创新与经验

(一)坚持全面贯彻落实科学发展观 校党委坚持以科学发展观为统领,用发展目标凝心聚力,用创新思路推进工作,正确处理学校发展中的各方面重大关系,切实做到统筹兼顾,科学规划,思路清晰,重点突出,管理科学,使学校进入了和谐发展的新阶段。

(二)全面加强领导干部作风建设 认真贯彻民主集中制和党委领导下的校长负责制,创新、完善领导决策程序,充分发挥领导班子整体合力。保持与广大群众的密切联系,民主管理不断推进。加强对各级领导班子和领导干部的培养、培训和经常性考察,确保选人用人质量。坚持推行目标管理责任制,把目标任务完成情况作为干部选拔任用和奖惩的重要依据。重视培养、提拔优秀年轻干部,建立了一支充满生机与活力的、与高水平大学要求相适应的干部队伍。

(三)以评促建、重在建设,扎实推进教学评建工作 客观总结历史成绩,认真分析当前任务,科学谋划未来发展,不断强化全员教育质量意识。坚持深入学习、统一思想、创新措施、分步推进、全员参与、强化建设的工作思路,扎实开展评建工作,取得显著效果,受到教育部专家组高度评价。

附:党委成员名单

书　记:石增立

副书记:袁俊平　唐　军

委　员:石增立　袁俊平　唐　军　张培功　李一鸣　李克祥　马爱武　岳卫国

潍坊医学院党委工作概况

潍坊医学院党委书记　程清钧

一、组织概况

潍坊医学院是省属普通高等学校，始建于1951年。现设本科专业16个，二级学科硕士点24个，"泰山学者"设岗学科1个，"十一五"省级重点学科（实验室）5个。全日制本专科学生13709人，研究生564人。

学校党委下设1个分党委，8个党总支，党支部90个，共有党员1503名，其中在职教职工党员739名（含附属医院），学生党员607名。

二、主要工作与成绩

（一）继续深入开展保持共产党员先进性教育活动，不断加强党建和思想政治工作　继续开展保持共产党员先进性教育活动。我们开展了巩固和扩大整改成果和回头看工作，深入开展学习《党章》活动，建立健全和落实了保持共产党员先进性长效机制，各级党组织的创造力、凝聚力和战斗力进一步增强，广大党员、干部干事创业的积极性、主动性和创造性进一步发挥，有力地促进了学校的建设和发展。

扎实推进党建工作和思想政治工作。我们根据学校实际，调整设置了19个党总支（党委），充实配齐了各党总支班子和党支部班子，基层组织建设得到进一步加强。对部分部门的领导班子和有关科级岗位进行了调整充实，干部队伍结构更加优化、更加富有生机和活力。继续推进以人为本思想在大学生教育与管理工作中的应用，加强和改进"两课"教学，全面推进了"三个代表"重要思想的"三进"工作，切实加强了大学生思想政治工作。加强职工思想政治工作，出台了《关于进一步加强和改进师德师风建设的意见》。在广泛深入讨论的基础上，确定了校训和校风，推进了校园文化建设和舆论宣传工作。

全面加强党委领导班子自身建设，努力提高执政能力。一是坚持党委中心组学习制度。深入学习贯彻"三个代表"重要思想和十六届六中全会精神，认真树立和落实科学发展观、社会主义荣辱观，全力营造以人为本、和谐发展的氛围。二是建设干事创业的领导集体，努力提高执政能力。党委坚持总揽全局，协调各方，坚持民主集中制和党委领导下的院长负责制，注重充分发挥领导班子集体的作用。通过分析高等教育发展形势和学校办学实际，制订了学校"十一五"建设与发展规划，提出了下一步发展的指导思想、目标定位和发展思路。三是狠抓党风廉政建设。认真贯彻落实《实施纲要》，立足学校实际，构建惩防体系，认真落实党风廉政建设责任制。四是切实转变工作作风，认真解决学校发展和师生关心的热点、难点问题。

（二）坚持以科学发展观统领全局，全面推进和谐校园建设　一是抓住中心任务，确保教学评建工作扎实推进。党委紧紧抓住迎接教育部本科教学评估这一事关学校生存和发展的中心任务不放松，通过分析形势，进一步明确了评建工作思路，提出了"争先创优"的评建目标，将评建工作和日常工作有机结合起来，扎扎实实搞好各项建设，评建工作取得明显成效。

二是努力解决制约学校发展的关键问题，全力加快新校区建设。在土地政策紧缩的不利情况下，党委坚持抓住新校区建设这一制约学校发展的关键问题不放松，努力做好各项工作，积极争取上级部门的理解和支持，完成了新校区建设一二期工程用地的批复工作；还完成了新校区总体规划调整、单体设计等准备工作。2006年底，新校区奠基并正式开工建设。

三是围绕中心促工作，教学、科研、医疗等取得新成绩。我们召开了全院教学工作会议，出台了一系列文件，加强了教学工作规范化建设。推进品牌特色专业及精品课程建设，有2个专业被确定为省级特色专业，3门课程被确定为省级精品课程。启动了新一轮教学大纲的修订和完善工作，强化了专业、课程建设与改革。面向全国18个省市招收新生2600人，全日制在校生达13000余人。采取切实措施，进一步强化教学质量，促进了教风和学风明显好转。召开了实践教学工作会议和评建工作动员会，全面规范了实践教学工作，推进了实践教学评建工作深入开展。召开了全院学生工作会议，努力构建全方位育人体系，促进大学生全面发展。强化重点建设，1个学科被确定为"泰山学者"设岗学科，5个学科、实验室被确定为省"十一五"重点建设项目。获得国家自然科学基金、国家重点实验室开放课题、省自然科学基金等课题51项；获省科技进步二等奖1项，其他奖励41项。落实"高教强省"行动计划，出台了相关规定，获得省级研究生创新计划项目3项，有1名学生获省研究生优秀创新成果奖。积极推进对外交流与合作，留学生教育取得新成绩。加强了对附属医院的领导和管理，医疗质量和服务水平不断提高，经济效益和社会效益明显提高。

三、创新与经验

一是坚持解放思想、更新观念，集思广益谋划发展。党委围绕树立和落实科学发展观，促进学校科学发展这个主题，组织师生对学校"十一五"建设与发展规划、办学定位、指导思想、校风校训等进行了广泛的讨论，集思广益，统一认识，凝聚了人心和力量。二是坚持围绕中心工作，抓住关键环节推动发展。党委紧紧围绕教学评建这个中心，抓住新校区建设这个关键问题，坚持统筹兼顾，科学安排，全面推进各项工作和事业发展；坚持以人为本，注重党建和思想政治工作，为学校发展提供有力的思想、政治和组织保证；建立严格的目标管理责任制和考核体系，狠抓工作措施落实。

附：党委成员名单

书　记：程清钧

副书记：于富华　王海亭　谭保斌

委　员：程清钧　于富华　王海亭　谭保斌　王敬春　秦玉明　王　滨　张潍华　孙宏伟

济宁医学院党委工作概况

济宁医学院党委书记　刘长清

一、组织概况

济宁医学院为山东省省属本科高等医学院校。学校拥有两个校区，设8个院系和2个教学部，下设65个教研室、16个综合实验室。学校现有8所附属医院(其中1所为直属、7所为双重管理)、90多个实践教学基地和26个大学生社会实践活动基地，可供教学和实习的床位1.5万余张。学校以本科教育为主，兼有研究生教育、专科教育、成人教育及现代远程教育。全日制在校生14024人，成人教育在校生1888人。学校现有在职教职工1057人。党委下设办公室、组织部、宣传部、统战部、学工部和武装部；建有15个党总支、1个分党委和64个党支部；共有党员1609人，其中教职工党员573人，学生党员1036人。

二、主要工作和成绩

一年来，学院坚持以邓小平理论和"三个代表"重要思想为指导，深入学习贯彻党的十六大和十六届三中、四中、五中、六中全会精神，牢固树立和全面落实科学发展观，以迎接教育部本科教学水平评估为契机，努力改善办学条件，全面提高办学水平，不断增加办学效益，学院各项工作在新的起点上实现了又好又快地发展。我们健全完善了保持共产党员先进性长效机制，认真组织党员处级干部填写了党员承诺书，确保了党员承诺制工作深入扎实开展。开展了党章"五个一"专题教育活动，进一步提高了党员学习贯彻党章、永葆先进性的自觉性。向全院处以上干部发放了第二批全国干部培训教材，先后安排学习了四个保持共产党员先进性长效机制文件和《社会主义荣辱观教育读本》，十六届六中全会召开后，及时组织学习了《关于构建社会主义和谐社会若干重大问题的决定》和《构建社会主义和谐社会学习读本》等。通过学习和讨论，广大党员干部进一步从整体上把握了"三个代表"重要思想的科学体系，更加牢固树立了科学发展观和正确的政绩观，全面领会了十六届六中全会的精神实质，党员干部的思想政治素质得到进一步提高。

按照"公开、平等、竞争、择优"的原则，严格按照《党政领导干部选拔任用条例》，我们对全院部分中层部门的处级岗位进行充实调整，实行竞争上岗，经过个人报名、资格审查、群众推荐、组织考察等程序，共提拔正处级干部1人，副处级干部3人；平职调整正处级干部2人，副处级干部3人，按照《党政领导班子后备干部工作规定》，建立了学院和附属医院院级后备干部队伍，进一步改善了处级干部的年龄和学历结构。按照"坚持标准、保证质量、改善结构、慎重发展"的方针，切实做好发展新党员工作。

认真学习贯彻落实中纪委六次全会和省纪委七次全会精神，深入贯彻《建立健全教育、制度、监督并重的惩治和预防腐败体系实施纲要》，坚持标本兼治、综合治理、惩防并举、注重预防的战略方针，坚持抓住制权、管钱、用人等关键环节，不断创新工作思路，完善工作机制，狠抓工作落实。按照结构合理、配置科学、程序严密、互相制约的要求，积极构建廉洁高效的权力运行机制、竞争择优的用人机制、民主公开和严密有效的监督机制，切实增强了党员干部的责任意识、服务意识、规范意识和廉洁自律意识。加大了对人、财、物各个环节的监察力度，保持了党的纯洁性。

在充实加强校园管理队伍的基础上，强化"技防"建设，先后投资12.6万元对我院32路电视监控进行了维修改造，使学校的"技防"设备对重点要害部位的覆盖率达到90%，及时遏制了一批突发应急事件。2006年，学校被省委高校工委授予"山东省平安校园"荣誉称号。加强了校园绿化美化工作，提高了校园绿化美化工作水平，2006年被济宁市评为"创建园林城市先进单位"。加强社区管理，建设"文明社区"，2006年学校宿舍家属区被济宁市市委组织部、市民政局评为"济宁社区共建先进单位"。

三、创新与经验

一年来学校的发展实践，加深我们了对关系学校建设、发展全局的一些根本性问题的认识：

(一)必须坚持解放思想，与时俱进，深化改革，加快发展　注意分析不断变化的外部形势，把握学校发展的内在要求，以思想的解放和观念的创新推动改革的进一步深化，以改革的不断深化推进学校各项工作继续向前发展。实践证明，发展是学校工作的第一要务，发展也是解决学校各种困难和问题的关键，我们学校的发展就是在观念的创新中不断深化改革,在改革中不断前进的。

(二)必须坚持走内涵发展为主,注重质量,强化特色,提高水平的强校之路 面对高等教育发展的战略机遇期,面对高校间日益激烈的办学竞争,我们必须按照"巩固、深化、提高、发展"的新要求,紧密结合学校的实际,聚精会神抓建设,一心一意谋发展,以过硬的教育教学质量、鲜明的办学特色、一流的学术研究水平,把济宁医学院建成一所特色鲜明、省内一流的教学研究型医药科技大学。

(三)必须坚持以人为本的办学理念 把人才培养放在学校一切工作的首位,突出"育人"的根本任务;把人力资源摆在一切办学资源的首位,突出教师的办学主体地位和教学主导作用。在实现学校改革发展目标的同时,努力为每个学生和教职工个人的事业发展和价值实现提供更大的空间。

附:党委成员名单

书　记: 刘长清

副书记: 王学春　姜继玉　刘学景

委　员: 刘长清　王学春　姜继玉　刘学景　秦清芝　杨志寅　武广华　高哲学　温杭东

山东艺术学院党委工作概况

山东艺术学院党委书记　柳文敏

一、组织概况

至2006年底,学院设有12个二级学院,现有本、专科专业(含方向)60个,具有艺术学硕士学位一级学科授予权,下设音乐学、美术学、艺术学、艺术设计学、戏剧戏曲学、舞蹈学、电影学、广播电视学8个硕士学位点,为全国首批"艺术硕士专业学位"(MFA)试点单位及授予同等学力人员申请硕士学位单位。美术学、艺术学为省级重点学科,文化产业为省级人文社科研究基地。现有教职工798人,在职高级职称人员228人。在校学生8617人,其中普通本专科生7012人,研究生316人,外国留学生9人,台湾学生3人,成人高职学生1277人。有共产党员966人,其中在职教职工党员432人,离退休党员199人,学生党员335人。现有党总支14个,党支部44个。

二、主要工作与成绩

(一)全面加强和改进党的建设 加强了党组织和干部队伍建设。举办了第二期处级干部学习培训班和科级干部培训班,取得了良好效果。认真做好党员发展工作,本年度共发展党员243人。加强了宣传工作。积极参加2006山东(国际)文化产业博览会,承办全省高校纪念长征胜利70周年等一系列大型文艺演出活动。召开了全院纪委监察工作会议,加强了对领导班子和干部廉洁自律行为的规范监督。认真贯彻有关规定要求,对全院中层领导班子和处科级干部进行了任期届满考核。进一步完善干部竞争上岗、择优任用办法,顺利完成了中层领导班子换届和处科级干部调整工作。学院干部队伍的年龄、学历和专业知识结构得到了明显改善和进一步优化。

(二)坚持以评促建,不断加强本科教学工作 结合学院实际,进一步完善了迎接教育部本科教学评估工作领导体制和运行机制,坚持以评促建,以评促改,狠抓教育教学质量的提高。制定出了"十一五"学科专业发展规划。我院承担的省级教学改革试点专业与课程,顺利结项。2006年申请到省级教改项目3项,有3部教材入选"十一五"国家级教材规划选题。举办全国综合性艺术院校第十二次协作交流会,加强了院校间的沟通学习和交流协作。加强了与澳大利亚、韩国大学的合作办学工作,与台湾艺术大学、美国圣塔莫尼卡大学建立了友好校际关系。

(三)科研工作取得新进展 2006年,我院科研工作成绩显著。获准立项国家级教育规划项目1项;省部级科研项目9项;省厅级项目16项。获得国家教育部高校人文社科三等奖1项、省社科一等奖1项、三等奖1项;省教育厅哲学社会科学奖7项;省文化厅艺术科学奖57项。邀请有关学科领域的著名专家来校,举行了一系列高水平的专题讲座。

(四)艺术实践和创作取得丰硕成果 学院成立了专门的管理机构,完善了艺术实践工作的运行机制,先后组织了专业成绩优秀学生汇报展演、中青年教师汇报演出、艺术节等院级艺术实践活动。积极参加全省文化建设,与省广播电视局合作筹建"山东青年广播电视乐团",与济南市西区建设指挥部、长清区人民政府等签订对西部新城五区进行总体文化建设规划与工程建设的合作意向书。

(五)其他工作得到进一步加强,取得新进展 按照人才队伍建设规划,加大考察和接收工作力度,积极引进高水平、高学历专业技术人才,引进、接收硕士研究生61名、博士研究生2名。推荐选送32人在职攻读硕士、博士学位。人才队伍结构、层次得到较大提升和优化。新校区建设一期工程按期完工,二期工程也正紧张有序的施工建设。院党委高度重视新校区搬迁工作,制定了切实可行的工作方案,5680名学生按期入住新校区。学生管理工作坚持以学生为本的思想,加强学生管理队伍建设,举办了学生工作干部培训班,开展丰富多彩的校园文化和社团活动,营造出有利学生成长的良好氛围和环境。后勤工作切实保障了教学科研需要。保卫部门狠抓校园综合治理,初步建立起了适应两个校区的安防体系。2006 年我院被省委高校工委评为"平安校园"建设先进单位。

三、创新与经验

(一)牢牢把握学院工作的主题,加快建设,科学发展 发展是学院工作的头等大事,必须始终突出这个主题。学院牢固树立和落实科学发展观,坚持用发展的目标凝聚人心,用发展的办法解决前进中的问题,正确处理教学与科研的关系,规模、质量、结构、效益的关系,改革、发展与稳定的关系,加快建设,科学发展。

(二)牢牢把握学院工作的关键,加强党建,促进发展 紧紧围绕学院工作的中心,保证党委在学院各项事业中的领导核心地位,充分发挥基层党组织的政治核心作用,切实加强党建和思想政治工作,提供强有力的组织和思想保障,促进发展。

(三)牢牢把握学院工作的基础,加深联系,共谋发展 人才是学院发展的基础和希望,学院始终坚持以人为本,建立联系专家制度,从师生员工的切身利益出发,为人才的成长创造良好的条件和环境,充分调动和发挥全院教职工的积极性、创造性,从而增强了亲和力和凝聚力,进一步统一思想,明确目标,鼓舞干劲,共谋发展。

附:党委成员名单

书　记: 柳文敏

副书记: 张志民　朱德强　刘致兴

委　员: 柳文敏　张志民　朱德强　刘致兴　胡德定　郭跃进(女)　江奔东　刘大力　王力克

山东工艺美术学院党委工作概况

山东工艺美术学院党委书记　于茂阳

一、组织概况

山东工艺美术学院是目前国内唯一一所独立建制的工艺美术学院。学校现有两个校区,占地面积 920 亩,建筑面积 21 万平方米。设 10 个二级学院,1 个公共课教学部,16 个本科专业,51 个专业方向。全日制在校生 6680 人,其中本科 6124 人,专科 556 人。教职工 625 人,专任教师 481 人。

党委由 7 名委员组成,下设 15 个党总支、38 党支部,共有 742 名党员,其中在职教职工党员 277 人,离退休党员 65 人,学生党员 400 人。

二、主要工作与成绩

2006 年,学校党委高举邓小平理论伟大旗帜,以"三个代表"重要思想和科学发展观为指导,遵循"以教学为中心,以教师为主导,以学生为主体"的办学思想和"科学精神、人文素养、艺术创新、技术能力"的人才培养理念,解放思想、实事求是、开拓进取、求真务实,全面推进各项事业的持续健康快速发展。

(一)党的建设和思想政治工作不断加强　深入学习党的十六届六中全会精神,扎实开展保持共产党员先进性和社会主义荣辱观教育,根据学校实际,认真思考构建和谐校园的有关问题,进一步增强党员特别是领导干部的宏观决策能力、开拓创新能力、组织管理能力和拒腐防变能力,为学校发展提供坚强的理论支持和组织保障。通过多形式、多渠道对广大党员进行勤政廉政教育,签订 2006 年度党风廉政建设责任书,学校各级领导廉洁自律进一步加强。

(二)坚持以教学为中心,"申硕"取得圆满成功　学校以"教学管理年"和迎接本科教学水平评估为契机,进一步强化教学的中心地位。新增编辑出版学、城市规划 2 个本科专业;成功举办 2006 届毕业设计作品展;全面启动本科教学建设与评估工作。2006 年 1 月 25 日,国务院学位委员会批准学校为硕士学位授予单位,艺术学、美术学和设计艺术学三个学科同时成为授权学科。申报硕士学位授予单位成功,填补了学校研究生教育的空白,实现了学校发展史上里程碑式的重要突破。

(三)学校主体迁入长清新校区,办学条件空前改善

2006年8月5日至10日，学校顺利实现主体搬迁至长清新校区。新校区占地830余亩，极大地拓展了学校的办学空间。在党委的领导下，符合新校区实际的各项规章制度和管理措施相继制订，确保了学校整体搬迁后各项工作的正常运作。学校主体迁入长清新校区，全面提升了学校的办学规模和办学层次，是学校发展史上的重要飞跃。

(四)坚持以学生为主体，招生工作成绩突出　学校2006年专业招生考试推出大量创新举措，如接受考生集体报名、考生自主选择考试时间、媒体抽题等，进一步增加了专业考试的透明度，省内报考考生近20000名，创省内艺术院校之最。以此事件为素材的新闻摄影作品入围"CCTV图片新闻年度评选"活动，成为2006年具有影响力的事件，体现了学校教学质量和美誉度不断提高。

(五)坚持开放式办学，对外交流与合作积极推进　积极开展国际学术访问，先后有来自9个国家和地区的120余人次的专家来校进行学术访问　分别与韩国庆北大学、英国杜伦大学、日本岩手大学、意大利文化艺术中心、美国俄勒冈大学、法国南特设计学院等院校签署了合作协议；选派7个代表团与韩国庆云大学、日本东京造型大学、意大利米兰理工大学等院校进行学术交流。

(六)成功承办学术活动，赢得广泛社会赞誉　6月16日至18日，学校积极参与山东(国际)文化产业博览会，为博览会创作会徽、吉祥娃"山东大嫚"、孔子标准像，并承办国际动漫艺术展、中国工艺美术大师展、"奥马尔当代艺术·潘鲁生彩墨艺术展"等活动，为山东省文化创意产业发展做出贡献。9月13日，"山东省文化创意产业研发基地"落户我校，为学校在文化创意产业领域的发展提供了平台。9月25日，中国(济南)当代国际摄影双年展暨首届世界大学生摄影艺术展在学校开幕，来自世界各国的著名摄影艺术家参加开幕式，提高了学校的社会影响力。

三、创新与经验

(一)构建和谐校园，注重内涵发展　学校党委以科学发展观为指导，坚持可持续发展的理念，走质量型、创新型、特色型内涵发展之路，办学重心逐步实现由外延、内涵发展并举转变为以内涵发展为主。学校发展目标定位为：学科特色鲜明、专业优势突出、综合办学实力坚实的高水平设计艺术大学。

(二)以学校整体搬迁为契机，启动新型的教学模式和管理运行模式　学校以整体搬迁新校区为契机，进一步深化教学改革，拓宽人才培养渠道，教学模式逐步由师传生授的传统模式转变为以项目教学、课题教学、假期课堂等形式的多元教学模式。构建新的管理格局，坚定不移地推进教学、科研、学生管理三个领域的工作重心下移，使二级学院逐步成为管理主体。

(三)以教学工作水平评估为契机，全面加强教学建设　2007年学校将进行本科教学工作水平评估，学校党委高度重视，多次召开党委会进行研究部署，全面启动了本科教学评估工作。按照"以评促改、以评促建、以评促管、评建结合、重在建设"的二十字方针，全面加强教学建设，提高教育教学质量和办学水平，力争以优异成绩通过评估。

附：党委成员名单

书　记：于茂阳

副书记：潘鲁生　郭兆志　李世平(兼纪委书记)

委　员：于茂阳　潘鲁生　郭兆志　李世平　王秀存　刁在祥　张云龙

山东体育学院党委工作概况

山东体育学院党委书记　张洪涛

一、组织概况

山东体育学院始建于1958年，1962年暂时停办，1978年经教育部批准复建，是山东省唯一的一所普通高等体育院校。党委由9名委员组成，下设22个党总支、90个党支部，共1123名党员。其中，在职教职工党员681名(占60.64%)，离退教职工党员251名，学生党员168名，运动员党员36名。

二、主要工作与成绩

2006年，我院以邓小平理论和"三个代表"重要思想为指导，以科学发展观为统领，认真贯彻党的十六届五中、六中全会精神，积极推进学院建设发展，取得了新的成绩。

(一)深入开展本科教学评建工作，稳步提高人才培养质量　我院高度重视教育部本科教学评估工作，将其列为全年工作的重中之重，动员全院师生员工，积极落实评建工作各项任务。2006年12月17日—22日，教育部高等学校本科教学工作水平评估专家组一行9人，对我院进行了为期一周的考察评估。通过考察评估，专家组对我院本科教学工作所取得的成绩给予了充分肯定。一是办学理念与办学思想先进，办学思路明确。二是办学模式先进，教学效果好，学生素质高。三是教学与训练成绩突出。四是教学管理规范。五是办学条件好。另外，专家组认为我院在长期办学实践中，高度重视高水平竞技体育人才的培养，尤其是实行"三合一"办学模式以来，教学、训练、科研结合更加紧密，形成了鲜明的办学特色。通过本科教学的各项评建工作，充分调动了师生员工的积极性和主动性，增强了凝聚力和战斗力，进一步理清了办学思路，明确了办学指导思想，加强了师资队伍和教学基本建设，改善了办学条件，强化了教学管理，深化了教学改革，全面提高了教育教学质量和办学效益。

(二)不断更新思想观念，推进学院科学发展 人才队伍不断壮大。制定和实施优惠政策，继续重视人才引进和培养工作。2006年引进博士1名、硕士28名，培养博士3名、硕士6名，送出攻读博士学位教师2名、硕士10名。

干部调整工作顺利。按照计划，对2003年任职的处科级干部进行了民主测评和民主推荐。从学院发展和干部队伍实际出发，坚持干部"四化"方针和德才兼备原则，充分考虑处级班子的年龄、学历、职称结构和协调程度，充分考虑岗位需要和干部的基本素质与工作能力，顺利完成了处科级干部的调整配备工作。

办学规模继续扩大。通过扩大宣传，积极工作，圆满完成了2006年的招生计划，共招生2784名，其中研究生32名、本科生1699名、五年制专科生659名、中专生106名、函授生288名。目前共有全日制在校生11222名。

济南新校区和"体育嘉苑"建设进展顺利。2006年12月7日，国土资源部顺利批准了第十一届全运会省建比赛场及其配套设施(即我院济南新校本部)1000余亩的建设用地。济南新校本部的征地和地上建筑设计已经结束，2007年上半年动工兴建。截至2006年底，"体育嘉苑"工程建设任务基本完成，2007年上半年可交付使用，广大教职工的住房条件将因此而大大改善。

竞技体育成绩突出。一年来共有46人次参加了国际比赛，共获2枚金牌、2枚银牌。在亚洲锦标赛中，共获得9枚金牌。在全国最高水平比赛中，共获得14枚金牌、26枚银牌、23枚铜牌。在多哈亚运会上我省运动员取得了历史最好成绩，共获21枚金牌、10枚银牌和7枚铜牌，其中，我院获9枚金牌、6枚银牌、5枚铜牌，做出了重大贡献。

科研取得丰硕成果。2006年，共完成各级课题立项45项。其中省部级7项、厅局级16项、院级22项。共获得科研成果奖励4项，其中省科技进步三等奖2项、国家体育总局软科学三等奖1项、省教育厅优秀科研成果三等奖1项。

毕业生就业率进一步提高。健全了系部责任制，责任到系，责任到人；转变毕业生就业观念，增强了社会适应性和就业竞争力；组织多种形式的校园小型招聘会，充分利用网络进行宣传服务，采取多种形式做好毕业生推介工作。通过努力，2006年我院毕业生一次性就业率提高到88.2%。

(三)不断加强思想政治理论学习，提高思想认识水平 为抓好全院学习教育活动，我们采取了积极的措施：一是认真抓好党委中心组和教职工政治理论学习计划的制定和落实工作，把学习教育纳入经常化、制度化的轨道，保证学习质量。二是重视处级干部的集中培训，举办了2期处级干部政治理论学习班。三是注意做好结合的文章，把思想政治理论教育同形势政策教育、普法教育、校园文化建设和平安校园、和谐校园建设结合，同本科教学评建工作结合，同校风、教风、学风建设结合，提高了教育活动的针对性、实效性。通过一系列的学习教育活动，广大师生员工对"三个代表"重要思想、科学发展观和构建社会主义和谐社会的内涵及意义有了更深刻的认识，进一步增强了责任感和使命感，为实现学校的全面、协调、可持续发展提供了重要保证。

三、创新与经验

(一)坚持把发展作为第一要务 以"三个代表"重要思想为指导，以科学发展观统领全局，指导学院的建设和发展。紧紧抓住我省举办2009年第十一届全运会的契机，搞好济南新校区的定点、规划和建设工作；抓住本科教学工作水平评估的机会，加强内涵发展，促进教育教学质量的全面提高。

(二)坚持把提高质量作为生命线 营造"人人重视质量，人人关心质量"的良好氛围，以质量促教学，以质量促训练，以质量促科研，实现学院的全面、协调、可持续发展。

附：党委成员名单

书　记：张洪涛
副书记：叶国雄　郑仲孝　潘耀滨
委　员：张洪涛　叶国雄　郑仲孝　潘耀滨
　　　　韩　冬　谷忠德　葛新发　王　毅

山东工商学院党委工作概况

山东工商学院党委书记　毕宪顺

一、组织概况

山东工商学院，原名中国煤炭经济学院，2003年2月经教育部批准更为现名。学校党委下设20个党总支，3个直属党支部。全校共有党支部79个，党员1682人，其中教职工党员627人，学生党员1055人。

二、主要工作与成绩

2006年，是我校实施"十一五"规划的开局之年，是在新的历史起点上推进建设山东高水平财经大学的重要一年。学校党委站在新的起点上，召开了招远工作会议，全面树立和落实科学发展观，统一思想，振奋精神，开拓进取，扎实工作，实现了"十一五"起好步，开好局，圆满完成了各项工作任务，取得了令人欣慰的成绩。

（一）教学科研成绩显著 召开了第九次教学工作会议。工程管理、统计学2个专业被评为首批山东省高等学校特色专业。行政法学、操作系统2门课程被评为省级精品课程，使我校省级精品课程达到了7门。《操作系统原理与实训教程》、《管理信息系统》2部教材入选国家级规划教材，《OracleDBA核心技术解析》入选"国家信息技术紧缺人才培养工程系列"指定教材。新增了旅游管理、物业管理、资产评估、保险、自动化、电子信息科学与技术6个本科专业。科研立项数量和到位经费均有突破，科研成果水平和获奖层次有较大提高，具有突破性的获得了4年一次的中国高校人文社科优秀成果三等奖2项。管理科学与工程、企业管理、产业经济学、宪法学与行政法学4个省级重点学科和煤炭产业发展与创新人文社会科学研究基地获批山东省"十一五"高教强省重点建设项目。

（二）办学实力不断增强 2006年在校生达到17578人，在校生规模增长接近9%。生源结构进一步优化，生源质量全面提高，2006年毕业生总就业率保持了平稳的态势。师资队伍建设再上新的台阶。修订完善了《山东工商学院引进人才暂行规定》，加大了高水平人才引进的力度，师资队伍结构进一步改善。完成了第三批"125人才工程"学科带头人的评选工作。1人获山东省有突出贡献中青年专家称号，1人当选第二届山东省高等学校教学名师。新增建筑面积79855m^2，基本满足了学校教学和师生学习生活的需要。

（三）人才培养质量稳步提高 完成了2006年全校教学计划的修订工作，首次从2006级新生开始，在部分学院试点按院（部）二级学科大类培养模式。我校学生获第五届"挑战杯"大赛全国银奖，全国英语演讲比赛二等奖，山东省大学生电子设计竞赛一、二等奖，5篇论文获省优秀学士学位论文，有1173志愿者参加了省第21届运动会开幕式演出，14人志愿服务西部。

（四）和谐校园建设成效显著 顺利通过了省高校工委组织的德育工作评估、平安校园建设评估、省老干局组织的离退休干部和省共青团规范化建设工作评估，四个评估全部获得了优秀。召开了三届二次双代会，讨论通过了《山东工商学院关于进一步加强和改进师德建设的意见》。积极为师生办好事，解难事，开通了天然气管道，改善了教职工的生活学习环境。

（五）党的建设与思想政治工作不断改进和加强 继续开展先进性教育活动。开展了学党章、找差距，树立社会主义荣辱观，纪念建党85周年和长征胜利70周年知识竞赛等教育活动，全面提高了师生员工的思想政治觉悟和贯彻党的教育方针的自觉性，促进了各项工作的顺利开展。加强党的组织建设和党员队伍建设。召开了共青团第一次代表大会，印发了党总支委员会换届选举的暂行办法，完成了任期届满党总支（直属支部）的换届选举工作。继续做好发展党员工作。通过主动谈心、结对子联系培养等措施，加强了在高知群体中发展党员力度。

三、创新与经验

（一）以干部队伍建设为重点，不断提升党员干部的执教兴校能力和水平 领导班子和干部队伍的水平直接决定着学校的发展水平。学校党委大力提高干部队伍思想政治素质和办学治校能力，加强团队建设，印发了《山东工商学院处科级干部选拔任用工作实施办法》等文件，召开了全院科级以上干部大会，举办了"十六届六中全会精神学习班"，推出了干部教育培训"百人工程"，推进了干部队伍规范化建设，使学校领导班子在学校建设事业中发挥领导核心作用，干部队伍成为学校工作运转的中枢和决策落实的组织者、推动者，切实保证了学校事业又好又快地发展。

（二）全面推进"学科立校、人才强校、特色兴校"三大战略，不断促进学校办学水平 学校党委以人为本，解放思想，创新理念，积极顺应中国高等教育发展的大趋势，积极探索和尊重中国高等教育发展规律，立足自身建设实际，坚持走内涵发展为主，注重质量，强化特色，使学校发展充满生机与活力。学校始终坚持特色兴校，发挥重点学科优势，初步形成了以管理学科见强，煤炭经济研究见优，半岛经济研究见长的办学特色，为学校的可持续发展奠定了坚实的思想基础和根本保证。学校始终把人力资源摆在一切办学资源的首位。把人才培养作为办学的根本任务，突出教师在办学中的主体地位。积极推进"125人才工程"建设，全面加强师资科研队伍建设，在全校形成了干事创业的良好氛围。

（三）继承和弘扬"山商"精神，是学校发展又好又快的不竭动力 山东工商学院在二十多年的发展历程中，形成了"惟平惟准、近知近仁"的校训，形成了"艰苦奋斗、自立自强，锐意改革、开拓创新，用心干事、争创一流，学生中心、教师主体"的"山商"精神。这是学校发展20多年来形成的宝贵精神财富，是学校发展壮大的精神动力，在学校发展的每一关键时刻，这种精神都鼓舞着山东工商学院师生员工以学校发展大业为重，以奉献为荣，不断进取、不懈追求。

附：党委成员名单

书　记：毕宪顺

副书记：刘全顺　杜文华（女）　郭金创

委　员：毕宪顺　刘全顺　杜文华（女）　郭金创　霍林中　武延田　盛国军　隋松智　孙祥斌

山东交通学院党委工作概况

山东交通学院党委书记 谭晓防

一、组织概况

山东交通学院是一所面向全国招生，培养应用型本科人才的多科性普通高等学校。学校现有16个院系部，63个本专科专业，全日制在校生15000余人，教职员工1200余人，其中教授、副教授296人。学校党委下设21个党总支、直属党支部，共有党员1276名，其中教职工党员481人、离退休党员120人、学生党员675人。

二、主要工作与成绩

（一）加强党的建设和思想政治工作、德育工作，为学校改革、发展、稳定提供了有力的保证 围绕中心抓党建，抓好党建促发展。进一步巩固先进性教育活动成果，积极探索保持先进性长效机制，增强了党组织的创造力、凝聚力和战斗力。学校领导班子切实加强自身建设，制定并落实《党委领导下的校长负责制实施细则》，进一步完善党委决策程序，较好地发挥了党委总揽全局的领导核心作用。加强干部队伍建设，按照“公开、公正、透明、择优”原则，完成竞争上岗公开选拔处级干部工作，5名正处级干部和16名副处级干部顺利上岗；举办了为期一个月的全校干部教师理论学习班。切实加强改进对党员的教育管理和发展党员工作，严格党的组织生活，发挥党员的先锋模范作用；举办了三期入党积极分子培训班，培训入党积极分子1694人；发展预备党员491人，转正党员286人。坚持育人为本、德育为先，思想政治工作、德育工作不断创新，把德育工作融入教学、科研、管理和后勤服务的每一个环节，完善全员、全过程、全方位育人格局。充分发挥教代会民主决策、民主管理的职能和作用，成功召开了第六届教职工暨工会会员代表大会，顺利通过省委高校工委、省教育厅、省教育工会组织的教代会工作评估，并被评为“优秀单位”。加强党风廉政建设，教育广大党员干部用党章和党纪政纪规范行为，制定实施《重要专项工作监督监察实施办法》，切实抓好党风廉政建设责任制的落实，推行校务公开、“阳光工程”，杜绝了不正之风和腐败现象的发生。

（二）深化改革，科学管理，加强建设，学校教育教学质量、科研水平和办学效益不断提高 制定实施了学校“十一五”发展规划并成功举办了建校50周年庆祝活动，进一步明确了办学定位、发展目标和主要任务，确定重点实施“四个跨越”工程，着实构建“三个平台”。招生和就业工作成为新亮点，完成各类招生计划4050人，招生范围扩大到26个省市，五个批次的招生一志愿上线率均为100%；职业技术教育和成人教育在册学生突破万人；2006届毕业生初次就业率达89%，再创新高，航海类毕业生供需比例达1:2.5。学科、专业建设不断加强，“道路与铁道工程”被确定为省级重点学科，“汽车运用技术实验室”被确定为省级重点实验室，《汽车保险与理赔》被确定为山东省精品课程。顺利通过财政部组织的中央与地方共建基础实验室——“电子信息与智能交通实验室、现代制造技术实验室”的评估。人才引进培养力度不断加大，引进博士、硕士研究生80余名，聘请工程院院士、客座教授5人，先后组织了赴加拿大、俄罗斯、日本等国共计35人次的考察培训进修任务。科学研究取得丰硕成果，召开了首届科技创新工作会议，落实“科技跨越工程”，教师发表学术论文429篇，其中被国际三大检索系统SCI、EI和ISTP收录17篇、中文核心期刊论文171篇。素质教育不断推进，加强了学校专职辅导员队伍建设。学校管理进一步规范，切实加强机关工作作风建设和节约型校园的建设；研究制定了《关于海运学院管理体制和运行模式的意见》，同时船员教育和培训质量体系顺利通过国家海事局审核；加强财务管理和审计监督，学校整体经济运行状况良好，国有固定资产总值、教职工人均收入均有增长；对外交流与合作渠道继续拓宽，接待外国团体、派出人员培训进修均取得良好成绩。办学条件进一步改善，坚持按需建设长清校区，资金保障较好，经过近三年的努力已初具规模，进入了良好的运行状态。学校积极推进后勤社会化改革，提高服务水平和服务质量，在省教育厅“标准化食堂”评估中获得“优秀”的成绩。校办产业加大产业结构的调整力度，校办产业效益稳步增长，2006年上缴学校利润较2005年增长14%。

三、创新与经验

（一）坚持社会主义办学方向 以科学发展观统领学校全局，善于结合学校实际，深入贯彻党的路线、方针和政策，落实中央、省委的决策和部署，认真履行人才培养、科学研究和社会服务职能。

（二）坚持创新观念 以观念为先导，积极借鉴国内外高校先进的办学理念和经验，结合学校的优势和特色，加强本科教育的研究和探索，创新大学办学理念，以观念创新推进制度创新、工作创新。

（三）坚持以发展为主题 把发展作为第一要务，注重内涵发展，不断挖掘办学潜力，优化教育资源，加强队伍建设，完善基础设施，提高教育教学水平和人才培养质量，实现学校规模、结构、质量、效益相协调的可持续发展。

（四）坚持以人为本、服务社会 把培养合格的社会主义建设者和接班人作为根本任务，坚持“以学生为中心，以教师为主体”，全面加强素质教育，坚持产学研相结合的道路,主动面向市场,积极服务社会。

附:党委成员名单

书　记:王裕荣(2006年5月离职)
　　　　谭晓防(2006年5月任职)

副书记:冯晋祥　张祖斌

委　员:谭晓防　冯晋祥　张祖斌　唐　勇
　　　　徐晓红　单淑芬　顾一中　张　诚

临沂师范学院党委工作概况

临沂师范学院党委书记　徐同文

一、组织概况

临沂师范学院是山东省管理的全日制本科普通高等学校,位于临沂市区,现5个校区办学,占地4000余亩。学校创建于1941年5月沂蒙革命根据地时期,办学60多年来,培养革命和建设人才15万余人。学校现开设58个本科专业、63个专科专业,全日制在校生数34308人,教职工2034人,其中专任教师1435人(博士、硕士学位人员846人,副高级以上专业技术人员500余人)。根据省发展与改革委员会2006年统计数据,办学规模列省属高校第一位。

学校党委委员9人,其中书记1人、副书记3人。党委下设办公室、组织部、宣传部、统战部、党校、学生工作部等部门和18个基层党委、11个党总支、215个党支部,共有党员3236人,其中教职工党员1469人,学生党员1767人。

二、主要工作与成绩

一年来,根据省委工作部署,学校党委带领全校干部师生以科学发展观为指导,围绕创建高质量品牌大学的奋斗目标,积极开展体制创新,提高办学质量和效益,推动学校各项事业实现了又好又快发展。

(一)创新党建与思想政治工作　上半年组织开展保持共产党员先进性教育"回头看"活动,"七一"前夕召开专题民主生活会和组织生活会,进一步落实整改方案和整改措施。9月召开历时13天的两级党建与思想政治工作会议,分基层党组织建设、学生教育与管理等五个专题开展研讨,各单位确定了今后三年党建工作目标任务。11月中旬至12月开展了"争做大学建设者"宣讲教育活动,听讲3万余人次。加强"惩防体系"建设,贯彻落实中央《实施纲要》,落实党风廉政建设责任制,3月召开第三次纪委全委会议,9月召开廉政勤政教育工作专题会议,开展各种廉政勤政教育30余次(期)、监督审计300余次。通过创新思路和形式,巩固了保持共产党员先进性的长效机制。

(二)实施"开放办学与特色建设年"　组织开展了以树立大学经营理念为核心的第四次观念更新大讨论和以国际化办学为主要内容的第五次观念更新大讨论,9月成功举办大学经营国际论坛,研讨"经营大学"的理论和实践。开展国际互访34次,派出16名教师赴英进行国际化培训。按照"从出口往回找"的理念开展人才培养模式改革,全面展开按要素建设大学新课程工程,大力推进围绕学生学习需求配置教学资源,全年完成5000万元教学仪器和1000万元图书采购,保持了教学资源建设的持续增长。实践"为沂蒙服务"的办学宗旨,评选首届"服务沂蒙首席专家"22名。

(三)开展以扁平化管理为核心的第三轮体制创新,构建民主治校体系　建立了委员会审议和决策机制,进一步健全党委会、院长办公会、校务委员会等校级委员会,成立学生教育与管理委员会、课程及学习资源建设委员会等八个管理业务委员会和四个学部委员会,各委员会在校务决策与运行中发挥辅助审议、决策、组织运行的功能。在运行机制和岗位管理上,实施效率优先的扁平化管理模式,根据"因事设岗"的原则,按照事业发展目标和任务流程,确立了"上下不重复、左右不交叉"的岗位职责任务指标体系,实行了合同契约管理并全面实施项目任务书及第一责任人制度,设置教学学术、管理服务和业务项目三类岗位,形成全校清晰的事业、项目、指标体系,为建立现代大学制度奠定了基础。7至8月完成了第三任期(2006—2009)全员竞聘上岗工作。

(四)制定"十一五"规划体系　完成制定"十一五"事业发展规划,针对2006—2010年期间事业发展提出的量化要求和战略措施,组织相关部门编制12个专项计划、三年任期发展计划、国际化与社会合作服务三年发展计划及实施方案,"十一五"规划体系初步成型。

(五)加强学生教育与管理,建设平安、和谐校园　贯彻"变学生管理为学习管理、变管理学生为服务学生"的指导思想,组织开展系列社会实践、科技学术活动,筹资561万元奖励10826名优秀学子,组织十佳学子巡回报告会、"骄子论坛"。积极开展就业服务,举办两次供需见面会,本科初次就业率为85.35%,专科初次就业率为76.40%。加强校园综合治理,获全省高校"平安校园"荣誉称号。

(六)举行65周年校庆　4月—5月集中开展了65周年校庆系列活动,5月12日隆重举行了庆祝大会,全方位展示了学校的办学历史和办学成就。

(七)积极推进新校区建设　在临沂市委、市政府的主持下,年内完成两老校区土地挂牌出让,交付使用学生公寓65000m^2,逐步启动二期工程建设。启动教职工住宅建设,完成490亩建设用地摘牌。

三、创新与经验

扁平化管理体制是适应高校提升办学效益的必然选择。随着高等教育大众化时代的到来和高等学校提高教育产品服务职能的转变，高校在内部管理体制上必须实现变革。扁平化的管理体制使学校在内部管理结构上改变了长期以来带有明显计划经济特征的政府化高校管理模式，在运行中体现出决策的集中性和民主性、管理运行的程序性和简约性、岗位职责的具体性和项目性、监督考核的科学性和可操作性，减少了中间管理层次，提高了工作效率和服务质量，降低了运行成本，代表了高校内部管理体制改革的方向。

附：党委成员名单

书　记：徐同文

副书记：韩延明　胡文娟　石立岩

委　员：徐同文　韩延明　胡文娟　石立岩　杨树祥　谢亚非　李培江　姜同松

德州学院党委工作概况

德州学院党委书记　任运河

一、组织概况

德州学院是经国家教育部批准建立的综合性普通本科院校。学院现有45个本科专业，教职工1361人，其中，教授59人，副教授282人，在校学生18933人。学院下设20个党总支和48个党支部，教职工党员596人，占教职工总数的43.8%；学生党员518人，占在校生总数的3.19%。

二、主要工作和成绩

（一）顺利通过了教育部本科教学工作水平评估　我院贯彻“以评促改、以评促建、以评促管、评建结合、重在建设”的方针，在全院形成了人人重视评建、人人参与评建、人人为评建做贡献的生动局面。通过两年多的不懈努力，逐步完善了管理制度，改善了办学条件，凝聚了全院人心，促进了学校本科教育教学的改革和教学质量的不断提高。11月5日至10日，我院顺利通过了教育部本科教学工作水平评估专家组的评估。通过评估，进一步明确了办学的指导思想和办学思路，深化了教学改革和教学管理，提高了教学质量。进一步锻炼和形成了“艰苦奋斗、自强不息、励志育人、服务基层”的办学特色。

（二）实施人才强校战略，进一步加强了干部、教师队伍建设　院党委高度重视人才工作，坚持改革创新，建立充满生机和活力的人才工作新机制。先后选拔调整处级干部27人，科级干部41人。制定完善了《德州学院政治辅导员工作条例》，在硕士研究生中择优选拔了政治辅导员10名，在市委选调生中选拔了具有3年以上实践经验的政治辅导员8名，使专兼职辅导员达到了54人。建立了一支政治素质好、业务水平高、专兼结合、精干高效的学生思想政治工作队伍。

进一步加强了师资队伍建设。先后出台了稳定、培养、吸引和用好人才的政策措施，努力搭建人尽其才、人尽其用的平台。今年又有9人攻读博士学位，52人攻读硕士学位。派出3人做国内访问学者。组织了117名青年教师参加岗前培训，择优录取名牌高校博士、硕士研究生68人，造就了一支思想水平高，素质优良，结构合理的教师队伍。

（三）学校科研实力不断增强，“三项重点建设”有了新的突破　继续大力推进“三项重点建设”工作，评选出第二届德州学院学科带头人6名，中青年学术骨干6名。新成立研究所14个。生物物理实验室被确定为山东省重点实验室（筹建），这在我院办学历史上是一个突破。被SCI/EI收入的论文41篇，我院教师共申报各级各类课题76项，已获得立项32项。其中，国家自然科学基金1项，省社科项目2项，省自然科学基金2项，省教育厅课题6项，山东省艺术科学重点课题6项，直接服务于地方经济建设和社会发展的横向课题2项。获山东省社会科学优秀成果奖2项，山东省软科学优秀成果奖1项，山东省高校优秀科研成果奖7项，山东省文化艺术科学优秀成果奖15项，德州市社会科学优秀成果奖69项。服装系的艺术设计作品在中国服装设计师协会举办的比赛中获得童装设计铜奖。《德州学院学报》在全国同类院校学术期刊排名2006年跃居前12名。

（四）树立了“以人为本”的思想，提高了为师生服务的水平　坚持“以生为本”的思想，加强了思想政治工作体系、社会实践和实习基地建设，全方位加强了思想政治教育。进一步完善了学生生活保障体系，有325名贫困生获励志奖学金，有563名学生享受每月150元生活补贴。为贫困生提供勤工助学岗位848个，为2006级的南方籍115名困难学生捐赠了过冬棉衣，为1751名同学办理国家助学贷款765万元。大力做好学生就业指导工作，成功地举办了三次大型毕业生供需见面会、小型招聘会20余次。2006届毕业生就业率达到86.55%。我们把改善优化学校环境和关心师生生活作为大事来抓，在市委、市政府的大力支持下，实施了门前美化、亮化和校园绿化工程，新增绿化面积

13620平方米，治理了学校东侧排污沟，总计投资3500万元。对教职工老宿舍区的供水、供电和供暖系统进行了彻底改造，方便了师生生活。安排离退休人员和在职教职工进行了查体，建立健全了师生健康档案。

开展了“平安校园”创建活动 顺利通过了山东省高校“平安校园”建设评估，为师生的工作、生活和学习创造了良好的环境。

(五)大力加强党的执政能力建设，为学院的健康、快速发展提供了保障 建立健全保持共产党员先进性长效机制。进一步建立健全理论学习教育机制，联系和服务师生机制，党内民主生活机制。大力发扬艰苦奋斗，求真务实的作风，深入开展社会主义荣辱观的教育，在市委、市政府开展的“八荣八耻”廉政歌曲大赛中，我院荣获全市一等奖。

院党委高度重视发展党员工作，加大了在优秀知识分子和青年学生中发展党员的力度 先后发展了40名教职工、205名学生光荣入党。2006年在校生学生党员518人，占在校学生总数的3.19%。

进一步落实廉政建设责任制，加大了对重点领域的监管，认真开展了治理商业贿赂专项工作，进一步规范了各级领导干部的从政行为，提高了拒腐防变的能力。

三、创新与经验

一是贯彻落实科学发展观，推动学校办学的规模、质量、结构、效益协调发展，全面提高办学水平。二是以制度规范教学，以科研促进教学，以经费保障教学，以后勤服务教学，营造了全方位全过程服务教学的良好氛围。三是进一步凝炼和形成“艰苦创业、自强不息、励志育人、服务基层”的办学特色。四是坚持以执政能力建设为根本，全面推进党的建设新的伟大工程，把加强党的建设作为推进学校事业发展的根本保证。

附：党委成员名单

书　记：金清云(2007年2月离职)
　　　　任运河(2007年2月任职)

副书记：贺金玉

委　员：任运河　贺金玉　王凤良　荆学松
　　　　季桂起　巩建阁　李章泉　孙海滨

潍坊学院党委工作概况

潍坊学院党委书记　李庆芝

一、组织概况

潍坊学院是经教育部批准组建的一所全日制综合性普通本科院校，具有56年建校历史。现有23个教学院系部，41个本科专业，教职工1700余人，专任教师1146人，高级职称人员448人。全日制普通在校生19459人。党委下设24个党总支，4个直属党支部。党总支下设46个教工党支部，18个学生党支部；共有党员1871人，其中在职教职工党员919人，学生党员758人，离退休教职工党员194人。

二、主要工作与成绩

(一)以巩固保持共产党员先进性教育成果为重点，加强了党建和思想政治工作 认真组织开展了党员先进性教育活动巩固与扩大整改成果、学习贯彻党章、建立长效机制等工作。严格落实整改内容、时限、目标要求和具体责任人。制定了《关于健全完善党员“长期受教育，永葆先进性”长效机制的意见》。学院被省委宣传部评为“党员教育工作先进单位”，历史文化与旅游学院党总支被评为“山东省先进基层党组织”，组织部党支部被评为“山东高校先进基层党组织”。

加强干部队伍建设。8月，院党委采取竞争上岗的形式，调整配备了中层班子和400多名处、科级干部。干部队伍的学历、年龄、职称结构进一步优化，生机和活力进一步增强。

注重领导班子自身建设。坚持党委中心组学习制度。按照“两个务必”、“八个坚持，八个反对”要求，不断查找作风建设中存在的问题。不断完善党委领导下的院长负责制，依法治校，认真执行集体领导、民主集中、个别酝酿、会议决定的基本制度；自觉维护领导班子的团结，做到思想上合心、行动上合拍、工作上合力。

认真落实了党风廉政建设责任制，加大了警示预防教育。认真执行《廉政准则》和中央、省委关于领导干部廉洁自律的各项规定，在组织人事、基建招标、招生考试、物资设备购置等方面和环节，加大政策透明度和监督检查力度。

(二)以迎接教育部本科教学工作水平评估工作为契机，全力做好各项工作 迎接教育部本科教学工作水平评估是2006年工作的重中之重，全院上下思想统一，积极投入到迎评促建工作中。

1.教学管理日趋规范，教学质量稳步提高。加强了课堂教学管理，修订了人才培养方案，加强了实践教学基地建设，规范了教师管理，教学管理更加制度化、规范化。加大了教学基本条件建设力度，藏书总量达256万册，新建教学实验室18个、多媒体教室66个。

2.科研工作取得新突破。王广起博士的《公用事业的市场运营与政府规制研究》、台夕市博士的《新型碱土金属配合物的合成、结构表征及其对植物光合作用影响机理的研究》项目，分别获得2006年国家社会科学和自然科学基金立项，实现了在国家级科研立项新的突破。制定了学院《“十一五”科研规划》。

3.师资队伍建设进一步加强。与90余名硕士、博士签订引进协议。选拔产生了第二届学科带头人11名、学术骨干36名、中青年骨干123名，形成新的学术梯队。组织实施了第二轮全员聘任工作。

4.在拓展办学模式方面迈出新步伐。与青岛科技大学签订校际合作协议，两校在教学、科研、管理、人才培养、师资等多方面进行了实质性对接。与法国南特大学合作开展了1+x赴法留学法语培训项目。

5.创新学生教育管理模式。组织出版《大学生思想道德建设三字经》，被教育部高等教育教学评估中心网站全文刊登。成功举办了“2006全省重点中学校长座谈会”，出台奖励优秀新生的政策。毕业生就业率95%，在全省同类院校中名列前茅。

6.后勤保障工作成效显著。进一步强化后勤管理，完成了教职工活动中心、专家公寓等工程。加大财务管理工作力度，拓展融资渠道。推进节约型学校建设，5月被授予“山东省节水型单位”称号，省政府在学院召开了节水现场会。

7.10月16日，成功举办了55周年校庆庆典活动。整个校庆庆典盛况空前、隆重热烈、影响巨大、意义深远。进一步树立了学院良好形象，优化了外部环境。

三、创新与经验

(一)把提高教育质量作为党委工作的落脚点，更好地促进教育事业不断发展进步 紧紧围绕提高教学质量，不断加强党的思想、组织和作风建设，充分发挥党组织的核心领导作用和战斗堡垒作用，全面规划教学质量建设任务，在准备迎接教育部本科教学评估中不断提高学院建设水平。

(二)把人才队伍建设始终摆在质量建设的关键位置，全面落实人才兴校战略 大力实施人才兴校战略，按照“2115”人才工程规划，积极引进高层次人才，鼓励教师在职攻读学位，为学院发展提供人才保障。

(三)把教学基本条件建设作为提高教学质量的基础，努力提高建设层次 坚持把教学、试验设备及各项教学指标作为长远发展的硬指标、提高办学层次的高指标。聚全院之心、集全院之智、举全院之力，完善各项教学条件，为学院上层次、上台阶奠定了坚实的基础。

附：党委成员名单：

书　记：李庆芝

副书记：王守伦　牛钟顺　鞠献利

委　员：李庆芝　王守伦　牛钟顺　鞠献利　王慧汉　冯滨鲁　李宗步　王清明　丁子信

泰山学院党委工作概况

泰山学院党委书记　田德全

一、组织概况

泰山学院是经教育部批准设立的一所本科层次的全日制普通高等学校。学校现有19个教学单位，42个本科专业，34个专科专业。全日制在校生人数1.7万人，成人教育在籍学员人数4120人。现有教职工1102人，其中专任教师736人，具有高级职称的教师332人，具有博士、硕士学位者315人。有省级教学名师、中青年学术骨干及各类专业技术拔尖人才14人。学校党委下设党总支23个，党支部32个。全校共有党员2096人，其中在职教职工党员579人，学生党员1284人，离退休教职工党员233人。

二、主要工作与成绩

(一)思想政治教育活动卓有成效 利用多种形式组织党员干部、师生员工加强思想政治教育和理论学习，重点学习了十六届六中全会精神、科学发展观、社会主义荣辱观、《江泽民文选》以及全国、全省党建工作会议精神，提高了思想政治素质、理论素养和政策水平。成功举办了暑期党委理论学习中心组读书会，确定了“三步走”发展战略，明确了“服务地方、扬长避短、整体提升、特色发展”的办学思路，为学校改革发展稳定提供了坚实的思想保证。

(二)干部队伍建设和人才队伍建设成绩突出 认真贯彻《党政领导干部选拔任用工作条例》，结合学校实际，制定实施了领导干部选拔任用工作实施细则和考核工作暂行办法，完善了干部目标管理、绩效考核制度和激励约束机制，注重在学校建设和发展的实践中考察、识别和使用干部。

先后对47名任职试用期满的处级干部进行了考核,并调整充实了10名中层干部。进一步优化了干部队伍的年龄、学历和职称结构,提高了干部队伍的整体素质和履行岗位职责的能力。人才引进和稳定工作进一步加强,有46名博(硕)士研究生来校工作,有18名博(硕)士学成返校工作,有25名著名专家、学者担任我校兼职教授,其中,院士1名、博导17名。3名同志被评为市第七批专业技术拔尖人才,1名教师被评为省级教学名师,实现了我校省级教学名师的突破;1名教师荣膺十大"泰安市突出贡献人才奖";1名青年教师荣获"山东省十佳大学外语青年教师教学能手"称号。

(三)基层党组织建设和党员队伍建设不断创新 积极构建保持共产党员先进性长效机制,加强了学生党支部建设,以庆祝建党85周年为契机,组织召开民主生活会,广泛开展"学党章、温党史、颂党恩"活动,涌现出市级以上先进基层党组织3个,市级以上优秀党员和优秀党务工作者5名。按照学校《2004—2006年党员发展规划》、《大学生党员发展细则》和《党员发展工作流程》,提高了学生党员发展比例,同时做好在青年教师、青年学术骨干中发展党员工作,全年共发展党员970人,其中学生951人。充分发挥系级业余党校的教育主阵地作用,培训入党积极分子1327人。

(四)党风廉政建设不断深入 坚持教育、制度、监督并重,全面落实党风廉政建设责任制,组织签订了新一轮党风廉政建设责任书,开展了领导干部述职述廉活动,建立健全了副科级以上干部廉政档案。注重加强纪检、监察工作,认真做好信访案件的查办工作,对干部任用、招生考试、人才引进、工程招投标、物资采购、图书教材采购等进行全程监督和效能监察,严肃查处干部违纪,有效防范了腐败现象的发生,保证了各项工作的健康顺利进行。

(五)德育工作和精神文明建设取得显著成效 积极开展主题教育活动,进一步巩固德育阵地,充实德育内容,拓宽德育渠道,增强德育实效,积极构建全方位育人、全过程育人、全员育人的"三全"育人格局。以系级德育评估为抓手,进一步完善了"校系两级、以系为主"的管理体制。积极开展形式多样的群众性精神文明创建活动,进一步巩固、深化和扩大省级"文明校园"和"文明单位"创建工作成果。在第五届"挑战杯"全国大学生创业计划大赛中,我校获得山东省特等奖和全国银奖。在全国"奥运舵手"选拔赛中,我校学生进入全国二十强。学校团委获得了山东省"五四红旗团委"称号,学校被命名为山东省"平安校园",并再次获得了"全国大学生暑期'三下乡'社会实践活动先进单位"称号。在2004年荣获山东省"文明单位"称号的基础上,连续第二年通过了省级文明单位的复查。

三、创新与经验

(一)必须以科学发展观统领全局,加强领导班子作风建设和干部队伍建设,为学校又好又快发展提供组织保证 按照科学发展观和构建社会主义和谐社会的要求,进一步完善党委领导下的校长负责制,坚持民主集中制原则,加强理论武装和作风建设,优化选人用人机制,不断提高领导班子成员和广大干部的思想政治素质、业务水平和构建和谐校园的能力,确保党的路线、方针、政策在高校的贯彻执行。

(二)必须坚持"特色发展、服务地方"的办学思路 特色发展是学校赖以生存的基础,是形成办学优势和办学品牌的重要举措。要把自身的资源优势和地方经济社会发展有机结合,积极争取地方党委政府的支持,在学校与地方的互动中形成优势特色。

(三)必须解放思想,抢抓机遇,干事创业 坚持以思想大解放促进学校大发展,牢固树立机遇意识,积极适应全国高等教育发展的新形势,在改革与发展一系列重大机遇面前,不失时机,果断决策,赢得主动,促进学校全面、协调、可持续发展。

(四)必须大力发扬敢于争先、敢创一流的精神 在学校建设发展任务十分繁重的情况下,广大教职工团结一心,顾全大局,始终保持奋发有为、昂扬向上的精神状态,取得了文明校园、平安校园、节约型校园、和谐校园建设的丰硕成果,保持了学校良好的对外形象和声誉。

附:党委成员名单

书　记:高儒林(2006年6月离职)
田德全(2006年6月任职)

副书记:马春林　韩兴印

委　员:田德全　马春林　韩兴印　刘克宽
韩兆东　张建东　武文山　高德海
王雷亭

枣庄学院党委工作概况

枣庄学院党委书记、院长　张良成

一、组织概况

枣庄学院是经教育部批准建立的全日制综合性普通本科院校。学院现有14个系，28个本科专业，33个专科专业，涉及文学、理学、法学、工学、管理学、教育学、历史学七大学科门类。学院现有教职工788人，专任教师450人，高级职称教师182人，具有硕士以上学位教师308人，在校生11000人。学院党委下设19个基层党总支，1个机关工委。全院共有党员990人，其中在岗教职工党员451人，离退休教职工党员94人，学生党员445人。

二、主要工作与成绩

（一）围绕学院中心任务，扎实推进党建与思想政治工作　一是院党委高度重视自身建设和执政能力的提高，不断加强理论学习，根据班子成员自身特点和工作需要合理分工，班子成员团结协作，开拓创新，保证了学院工作顺利进行。二是按照"三个体系"建设的要求，修订完善了系、部门工作考核和处、科级干部考核办法，认真做好考核工作。强化干部教育培训，定期举办干部培训班，选派17名处级干部到国内外学习。三是进一步加强党内监督、行政监督、群众监督和舆论监督，认真落实党风廉政建设责任制，大力实施阳光工程。建立健全领导干部述职述廉制度，严格落实各项规定。四是召开学院第一次党代会，认真总结学院组建以来院党委和纪委的工作，选举产生了新一届院党委和纪委班子，确立今后一个时期特别是"十一五"学院发展的目标和任务，动员和团结全院党员和师生员工，解放思想，干事创业，全面加快学院的建设和发展。

（二）深化改革，科学管理，学校教育教学质量、科研水平和办学效益不断提高　一是随着学校的不断发展，在校生已突破万人，招生范围也由山东省扩展到全国13个省。加大教学工作力度，启动了首批品牌专业、特色专业和精品课程建设，确定了4个校级品牌专业和特色专业予以重点建设，1个专业被省教育厅评为省级特色专业，1门课程被评为省级精品课程，2项课题获得省级教改立项。二是成立墨子研究院，新建14个系级研究所。"课程与教学论"被确定为"十一五"省级重点学科。设立了40万元的科研基金、15万元的优秀学术著作出版基金、10万元的教育教学研究基金和20万元的博士科研启动基金。本年，有19项成果获省市级奖励，35项课题在厅局级及以上立项，科研获奖和立项层次均创历史新高。三是实施学科带头人引进、培养工程，中青年教师硕士化工程和中青年学术骨干培养工程，特聘教授9名，引进硕导1名、硕士49名，6名博士学成归来，选派33名骨干教师外出进修提高，安排110名教师攻读硕士、博士学位，师资队伍得到充实和加强。四是投入800多万元购置教学科研仪器设备，仪器设备值已达5300多万元，生均超过5000元，较好的满足了教学科研的需要。

（三）坚持管理体制改革，和谐校园建设不断深化　一是按照"效率优先、兼顾公平"的原则，在津贴分配上向教学一线倾斜，向关键岗位和优秀人才倾斜。强化服务意识，开展了服务月建设活动。按照"小机关、多实体"后勤模式，稳步推进后勤社会化改革。完善民主管理体制，认真执行校务公开。严格财经纪律，加强财务预算和管理。坚持对项目招标、经济活动的全过程监督和经济责任审计，提高了工作透明度。实行院系两级管理、以系为主的管理体制，扩大系一级的办学自主权，调动各系的积极性、主动性和创造性。二是确立了"兼爱、尚贤、博物、戴行"为校训，以校训教育引领全体师生。坚持"三公"原则，营建"三宽"环境，倡导"三善"风气，提倡"三化"关系，大力弘扬学院精神，在全院形成一家人、一条心、一股劲，风正气顺、干事创业的良好氛围。三是根据校园突发事件工作预案和《安全工作暂行条例》，层层落实安全责任，组织全院消防演习，全面落实各项防范措施，被省高工委、省教育厅授予"平安校园"称号。

（四）坚持以学生为本，学生的教育、管理和服务工作不断加强　一是根据中央16号文件精神，进一步加强了学生的教育管理和服务工作。深化"两课"教学改革，加强学生思想政治教育和德育工作的新"三进"工作。全面实施素质教育，构建学生张扬个性，发挥特长的环境和平台。服务西部计划实施工作连续3年被团省委表彰；暑期'三下乡'社会实践活动13次获国家表彰。二是开展了教职工党员与困难学生"一帮一结对子献爱心"活动，建立了"奖、贷、助、补、减"具有我院特色的助学体系。争取社会和企业资助建立了100万元的优秀特困生奖励基金，制定了《特困生学费减免办法》，为经济困难学生完成学业、成长成才提供了保障。三是出台了一系列制度，建立了辅导员队伍选聘、管理、培养、发展的长效机制。16名应届硕士毕业生的加入为建设一支高素质学生辅导员队伍奠定了坚实的基础。

三、创新与经验

（一）大力弘扬"学院精神"，真抓实干，开拓创新　在长期的办学实践中，学校积淀并形成了"学院精神"，即艰苦奋斗的创业精神、敢为人先的拼搏精神、爱校如家的主人精神、求同存异的团结精神和令行禁止的忠诚精神。这是学校宝贵的精神财富，在激励全院师生员工艰苦奋斗、干事创业，促进学校持续、快速、协调发展方面具有重要的现实指导意义。

（二）增强忧患意识和质量意识，围绕教学中心工作，强化内涵建设 立足高等教育改革发展大局，把教育教学质量作为学院生存与发展的生命线，确立了教学工作的中心地位、教学质量的首要地位、教学改革的核心地位和教学投入的优先地位，使教学工作做到领导、政策、经费、管理、服务五落实。同时进一步加强学科专业、师资队伍和教学条件建设，推进学院各项事业再上新台阶。

附：党委成员名单

书　记：王建荣（2007 年 2 月离职）
　　　　张良成（2007 年 2 月任职）

副书记：胡小林

委　员：张良成　胡小林　曹胜强　曾宪明
　　　　高庆喜　李进京　颜世昌

滨州学院党委工作概况

滨州学院党委书记　程竹坤

一、组织概况

滨州学院是一所全日制综合性普通本科院校，设有 21 个系（院），26 个本科专业，普通在校生 14180 人；教职工 1134 人，专任教师 701 人，其中具有高级职称的 295 人，具有博士、硕士学位的 262 人。学校党委下设 21 个党总支、24 个直属党支部；党总支下设 3 个学生党支部；共有党员 832 人，其中在职教职工党员 539 人，学生党员 166 人，离退休教职工党员 127 人。

二、主要工作与成绩

（一）坚持科学发展观，发展思路日益清晰 校党委以解放思想为先导，转变发展观念，从战略高度谋划学校发展。2006 年 6 月召开了第一次党代会，科学分析了学校发展面临的形势，进一步明确了办学定位、“三步走”发展战略和“十一五”时期的奋斗目标、主要任务。根据党代会精神，制定了《滨州学院“十一五”事业发展规划》；围绕滨州市“十一五”期间经济社会发展，制定了《滨州学院服务滨州行动计划（2006—2010）》，在科技、咨询、人才、文化等方面，为地方提供服务与支持。

（二）坚持教学中心地位，人才培养质量不断提高 建立了责任目标、运行管理、人才培养、日常教学支持、监督考核、教学保障等六大体系的教学全面质量管理体系，搭建了课堂教学、实践教学、素质拓展三大平台，教学质量稳步提升。当年新上 6 个本科专业，新增 2 个省级重点学科、1 个省级特色专业、2 门省级精品课程；在全国大学生数学建模和电子设计大赛中，荣获国家二等奖 1 项，省一等奖 3 项、二等奖 3 项；组织开展了本科教学自查活动，实现了评估工作经常化、制度化和迎评工作自然化、常态化；严格“四率”考核，专升本率、就业率、新生报到率分别比去年提高 2%、10%、8%。

（三）坚持品牌兴校，特色办学实现较大突破 坚持以服务求支持、以贡献求关心、以作为求地位，精心打造飞行技术、孙子研究、黄河三角洲生态和文化研究四大品牌。按照强基固本、以奇制胜的思路，组建了飞行学院，成为全国第一家培养飞行员的地方普通高校。发挥孙子故里优势，开设了孙子兵法概论选修课，举办了孙子兵法与企业发展战略高级研修班。积极开展黄河三角洲生态和文化研究，新增省级重点实验室 1 个、省级人文社科研究基地 1 个，成为全省首家绿色大学示范学校。当年争取到国家级课题 2 项、省部级课题 7 项；获省部级优秀科研成果奖 6 项；被 SCI、EI 收录论文 14 篇。

（四）坚持人才强校，师资结构发生很大变化 实行不求所有、但求所用的柔性人才政策，六管齐下实施人才强校工程。当年新聘院士 2 名、民航总局副局长和 20 多名知名学者、厅级以上行政领导，担任学校的荣誉院长、顾问或客座教授；聘任 985、211 工程大学博导教授 23 名作兼职教授，讲授本科专业主干课程；聘请 9 名外国文教专家来校任教；引进博士生 2 名、硕士 87 名，具有博士、硕士学位的教师比例达 37.4%；实施教师素质提升工程，70 名教师在职攻读博士、硕士学位，教师队伍整体素质显著提高。

（五）坚持制度建设，管理服务水平大幅提升 坚持“五不出台”，严格规范程序，建立健全了 6 大体系 230 余项规章制度。按照“三个体系”的要求，坚持制定学年党政工作要点，校领导每周一次碰头会，纪委每月进行一次效能检查，中层干部每月上报一次工作完成情况，每学期召开重点工作落实情况交流会，完善工作落实机制，严格督查考核。加大改革力度，出台校内津贴分配办法；改进饮食服务中心管理办法，三个食堂被评为全省高校标准化食堂；完成了印刷厂产权制度改革，防止了国有资产流失；理顺校医院管理体制，提高了医疗服务水平。坚持走市场化运作的路子，采取 BOT 模式进行学苑小区沿街楼等项目的开发建设，新增校舍 4 万余平方米。牢固树立过紧日子的思想，倡导全校师生广泛开展“五个一”活动，全面建设节约型学校。

（六）坚持创新思路，党建和思想政治工作卓有成效 按照省委的要求，学校第一次党代会选举产生了新一届党委和纪委班子；坚持正确用人导向，调整选拔了部分领导干部，举办了两期副科级以上干部培训班，评选表彰了十佳处级干部和十佳科级干部。狠抓学生党建工作，初步实现了一年级有党员、二年级有党小组、三年级有党支部的目标。狠抓党的作风建设，积极弘扬八个方面的优良风气，坚持校系两级“五联系”制度，以党风带动和促进校风、教风和学风。注重加强和改进大学生思想政治教育，坚持年年为师生办实事制度，寓思想教育于丰富多彩的校园文化活动中；建立了大学生心理健康教育三级网络和“教育活动、指导咨询、危机干预”三位一体的教育模式，培养学生健全的人格；积极创建实践基地，开展三下乡、四进社区等活动，受到省委宣传部、高校工委、团省委的表彰。当年荣获全国四五普法教育先进单位、全省普法依法治理先进单位、全省高校平安校园、省级花园式单位称号。

三、创新与经验

一年来，学校事业获得了较快发展，党委深刻体会到：必须坚持与时俱进更新思想观念，善于用改革、创新与发展的办法解决前进中的困难和问题，促进学校科学发展、跨越发展；必须坚持走特色办学之路，突出围绕服务地方创特色，狠抓教学质量，以质量求生存，以特色促发展，不断增强办学实力；必须坚持走群众路线，紧紧依靠广大师生员工办学，善于挖掘广大师生的聪明才智，充分尊重和发挥其积极性、创造性；必须坚持时刻不忘校园安全稳定，健全和完善校园安全稳定领导责任制和突发事件预警、应急事件处理、“校地警共建”机制，不断提高平安和谐文明校园建设水平。

附：党委成员名单

书　记：程竹坤

副书记：纪洪波　刘文烈

委　员：程竹坤　纪洪波　刘文烈　孙宪喜　杨洪章　王保民　张业赏

菏泽学院党委工作概况

菏泽学院党委书记　韩广洁

一、组织概况

菏泽学院是2004年5月经教育部批准建立的菏泽市唯一的综合性本科高等院校。现有中共党员1256人，其中在职教工党员731人，离退休教工党员215人，学生党员310人。目前，全校共有26个党总支、65个党支部，形成了健全的组织网络。

二、主要工作与成绩

（一）完善各项制度，规范工作管理　我们先后出台规范化制度文件200多个，为学校的健康发展提供了制度依据。贯彻学校首届党代会精神，召开了学校党建工作会议、“平安校园”建设工作会议、科研工作会议、国有资产管理工作会议、宣传工作会议等专题会议，进一步规范了各项工作管理，先后被评为省级文明单位、花园式单位、山东省高校平安校园。

（二）加强队伍建设，提高师资水平　加大人才引进力度，2006年引进硕士研究生84名、博士研究生4名。学校具有硕士以上学位人员达到282名，其中博士13名。2006年，1名同志荣获山东省第二届高校教学名师奖，1名同志被评为山东省优秀青年知识分子标兵。

（三）结合地方实际，加强专业建设　结合地方经济社会发展需要，进一步调整优化专业结构，专业、课程建设有了新的突破。理论物理专业被批准为山东省“十一五”省级重点学科，生物教育专业被评为省级特色专业，文艺理论和人体组织解剖学被评为省级精品课程。

（四）加大投入力度，改善办学条件　2006年4月，市委、市政府将蒋震高等工业学校价值400多万元的教学设备移交我校，学校仪器设备总值达到5500余万元。加强基础设施建设，完成了4栋共3.6万平方米的学生公寓建设，建筑面积12000平方米的理工楼近期将投入使用。3栋学生公寓被评为省标准化高校学生公寓，又有3个学生食堂被评为省级标准化食堂。

（五）开展主题讨论，明确发展方向　组织开展了“特色、质量、创新”主题讨论活动，进一步明确了工作目标和努力方向，即按照学校“353”三步走发展战略和“十一五”发展规划的目标要求，坚持以科学发展观为指导，以“团结、稳定、和谐、发展”为主旨，努力建设平安校园、文明校园、和谐校园,为实现学校快速发展奠定坚实基础。

(六)提高办学质量,加快内涵发展 以教学为中心,进一步加强教学管理和教学质量监控,确保了教育质量。加大科研奖励支持力度,取得了一系列高质量学术成果。2006年,学校获省级优秀科研成果奖13项,评出校级优秀科研成果奖22项。6项课题获准省级立项,36项课题获准校级立项。评出首批重点学科7个、重点实验室3个。

(七)做好招生就业工作,扩大社会影响 2006年普通本专科共报到新生5431人,全日制在校生突破1.6万人。继续教育、职业教育、远程教育在籍学生超过1万人。2007年招生范围将扩大到22个省、自治区。出台了《关于加强就业工作的意见》等文件,2006年毕业生就业率继续在全省同类院校中名列前茅,毕业生初次就业率达到89.27%。

(八)建设二期工程,谋划长远发展 为进一步完善办学条件,确保长远发展,学校积极推动市委、市政府将菏泽学院二期工程列入了《菏泽市国民经济和社会发展第十一个五年规划纲要》。二期工程建成后,校本部总占地面积将达到112.96公顷,建筑总面积71.71万平方米,容纳在校生23500人。

(九)实施开放办学,加强合作交流 先后组织了近30个考察组分别到中国矿业大学等高校、香港震雄集团等企业及菏泽部分县区进行考察,在师资培训、专家聘请、课题立项、科技开发等方面达成了合作意向。与新疆阿勒泰市合作办学,支援了西部教育事业,拓展了办学领域。

三、创新与经验

(一)加强班子建设,提高党委驾驭全局的能力 通过对"三个代表"重要思想、社会主义荣辱观、十六届六中全会精神、落实科学发展观、构建社会主义和谐社会理论的学习贯彻,提高了党委班子在高校中的执政能力和执政水平,发挥了党委总揽全局的领导核心作用。

(二)加强廉政建设,确保党员干部的清正廉洁 认真学习中央颁布的《建立健全教育、制度、监督并重的惩治和预防腐败体系实施纲要》,从学校实际出发,积极构建党风廉政建设的长效机制。要求领导干部要始终坚持"两个务必",牢固树立正确的权力观、名利观和政绩观,树立廉洁自律意识。

(三)加强民主管理,营造和谐稳定的发展氛围 召开了一届一次教代会暨工代会,充分发挥了教职员工在民主决策和民主管理中的重要作用,学校顺利通过了全省高校教代会工作评估。召开了一届一次团代会,凝聚了广大团员青年的力量。

(四)坚持以人为本,强化思想政治教育,提高大学生教育管理水平 贯彻落实中央16号文件精神,召开辅导员队伍建设工作会议,进一步加强了辅导员队伍建设。以校园文化活动为载体,加强大学生思想政治教育。切实抓好勤工助学工作,落实助学贷款工作措施,助学贷款工作保持了全省先进水平。

附:党委成员名单

书　记:韩广洁

副书记:郁章玉　霍保银

委　员:韩广洁　郁章玉　霍保银　刘从连　王宗科　朱保华　于福存　刘春华(女)

山东政法学院党委工作概况

山东政法学院党委书记　张士昌

一、组织概况

山东政法学院创建于1955年7月,是山东省唯一以法学为特色的全日制高等院校。学院现有教职工617人,其中教授、副教授142人,博士、硕士174人,享受国务院特殊津贴者3人,8名博士、硕士研究生导师。现有全日制在校生9500人。

学院党委下设机关党委1个,党总支7个,党支部47个,其中在岗教职工党支部26个,离退休党支部3个,学生党支部18个。学院共有党员891人,其中在岗教职工党员380人,离退休党员102人,学生党员409人。

二、主要工作与成绩

(一)团结一心,扎实工作,筹建山东政法学院工作圆满成功 2005年2月,教育部发展规划司和山东省人民政府先后批准,在山东省政法管理干部学院基础上筹建山东政法学院(筹建期两年)。在省委、省政府的正确领导和大力支持下,学院党委带领全体师生员工,以筹建山东政法学院为目标,全面推进各项工作发展,学院的办学层次、办学条件和办学水平不断提高。2006年12月27日,顺利通过了全国高等学校设置评议委员会专家组的考察评估。2007年1月29日,在哈尔滨召开的全国高等学校设置评议会议上山东政法学院获全票通过,教育部2007年3月16日下发《教育部关于同意在山东省政法管理干部学院基础上正式设立山东政法学院的通知》(教发函[2007]38号),正式批准成立山东政法学院,至此,筹建山东政法学院工作取得了圆满成功。

(二)更新理念,理顺机制,形成了团结干事的新局面 由成人高校向普通高校转变,学院面临的任务十分艰巨。

学院党委解放思想，实事求是，深入基层调查研究，先后提出了“以学科建设为龙头，以教师为主体，以学生为中心”的办学理念，“围绕发展抓党建，抓好党建促发展”的党建工作方针，重新修订了《党委会议事规则》，制定了《关于实行党委领导下校长负责制的实施细则》和《院长办公会议事规则》，对学院党委成员工作分工进行了调整。通过上述工作措施的实施，进一步明确和理顺了学院党政领导的工作职责和运行机制，提高了决策的科学化、民主化水平，为实现学院的规范管理、依法治校奠定了良好基础。为更好的凝聚人心、团结力量，学院党委提出了“团结、干事、和谐、快乐”的工作理念，充分调动了大家的工作事业心和积极性，形成了风正、心齐、团结、干事的新局面。

(三)加强先进性教育，党建工作成效显著 学院党委认真组织中心组的理论学习，坚持开好民主生活会。按照中央《关于加强党员经常性教育的意见》，在全院开展了保持共产党员先进性教育“回头看”活动，推动了长效机制建设。在高校工委开展的“一先两优”评选活动中，学院一个党总支、一名党务工作者和一名共产党员受到表彰。

认真贯彻落实中纪委六次全会、省纪委七次全会精神，制定实施了一系列党风廉政建设的文件和措施，组织了处级以上党员领导干部“勤政廉政、科学发展”教育活动，开展了商业贿赂专项治理工作，党风廉政建设得到有效加强。院纪委获高校工委和省教育厅纪检组表彰，被授予“先进集体”称号，一名专职纪检干部获“先进个人”称号。

(四)以科学发展观统领全局，推进学院各项事业的发展 学院制定了《关于加强内涵发展的实施意见》，推动教学工作不断取得新的突破。《经济法原理与实务》课程被评为省级精品课程，并被推荐参评国家级精品课程。积极组织申报教改项目和专业建设项目，获得山东省大学英语教改立项项目1项，法律事务(经济)专业被山东省教育厅授予省级特色专业。教材建设取得重大突破，我院教师主编的《中国法制史》被教育部确定为国家“十一五”规划教材。与山东省监狱管理局签署了联合办学协议，组建了山东政法学院警官分院，设置了监狱学专业，并将于2007年开始招收普通本科学生。

学院制定了《学科和专业建设十年规划》，大力加强学科建设和科研工作。全年获得教育部科研项目1项，获得教育厅科研项目3项，获得省社科规划办重点项目8项。科研成果获得各级各类奖项丰富。全年获得省社科优秀成果三等奖一项，教育厅人文社科优秀成果二等奖1项、三等奖2项；获得省法学会优秀成果一等奖2项、二等奖2项、三等奖1项。

坚持“以学生为中心”的理念，学生管理工作富有成效。学院开展了社会主义荣辱观教育，加强了大学生心理咨询服务工作。积极做好学生就业指导工作，截至到11月份学院专科毕业生就业率达87.3%。积极做好贫困生资助工作，为贫困学生办理助学贷款208.225万元，全年发放各种各类奖学金、助学金达44.87万元。组织参加了全国大学生英语竞赛活动，3名同学获甲级一等奖，7名同学获甲级二等奖，14名同学获甲级三等奖。组织参加了山东省第十二届大学生运动会，游泳项目获团体总分铜牌的优异成绩。

校园文化建设不断加强，成功召开了校园文化理论研讨会，通过了学院第一个校园文化发展纲要，参会论文汇编成《大学文化论》一书出版发行。

三、创新与经验

(一)坚决贯彻执行党委领导下的校长负责制 党政领导明确职责，合理分工，民主管理，科学决策，不断增强党委班子的凝聚力、战斗力，将党委班子建设成一个团结和谐的事业团队，不断开创学院改革发展的新局面。

(二)坚持“勤奋好学、学以致用” 认真组织理论学习，以中心发言人进行专题报告的方式，围绕学院建设发展，深入研讨高校发展中的重大理论问题、高教政策和发展战略，为更好的谋划学院发展、推动学院建设提供科学的理论依据。

附：党委成员名单

书　记：张士昌
副书记：李玉福　魏金陵　李光宝
委　员：张士昌　李玉福　魏金陵　李光宝
张卫华　周　伟　宋云峰　徐文谋

山东教育学院党委工作概况

山东教育学院党委书记　周桂珍

一、组织概况

山东教育学院是一所以教师教育为办学特色的省属成人本科师范院校，是山东省教育行政干部、中小学校长、教师继续教育培训的重要基地。现设置党委办公室、组织部、宣传统战部、离退休工作处等部门。设有16个党总支，共有党员610人，其中在职教职工党员286人，离退休党员106人，学生党员218人。

二、主要工作与成绩

(一)党的建设与思想政治工作深入开展 以“三个代

表”重要思想为指导，以科学发展观为统领，积极搞好党委中心组和全院的政治理论学习。认真学习领会《江泽民文选》，贯彻落实科学发展观和社会主义荣辱观，开展了社会主义荣辱观和“勤政廉政、科学发展”教育活动，进一步树立和坚持了全面、协调、可持续发展的理念及执政为民、勤政廉洁的思想。德育与校园文化建设活动也取得了进一步进展。

认真总结开展保持共产党员先进性教育活动的好经验、好做法，进一步加强整改，在营造长效机制上下功夫，开展了“回头看”活动和党员群众满意度测评活动，促进了党建工作的深入开展。圆满完成了基层党组织换届工作，基层党组织设置更加科学合理，工作更加高效协调。为筹备好学院2007年即将召开的党建工作会议，深入开展了党建工作调研活动，认真做好党建工作经验总结、理论研究和培训工作。

为进一步统一思想认识，倡导和谐理念，营造和谐氛围，为实现学院改制为普通本科高校和跨越式发展提供强大的精神动力、智力支持和思想保证，党委提出了“抓党建、创和谐、保稳定、促发展”的指导原则，从2006年12月份开始在全院党员、干部、师生中组织开展将历时一年的“全面落实科学发展观、努力构建和谐教院”宣传教育活动，目前已取得明显的阶段性成果。

(二)领导班子、干部队伍、民主政治建设成效显著　周密部署，科学谋划，精心组织，认真开展了三年一次的处级领导班子、处科级干部考核换届工作。针对新班子、新队伍的实际情况，进一步加大了对干部的培训力度，加强了干部培训的日常化和针对性，扩大了培训范围，增加了培训时间，强化了培训效果，促进了处级领导班子、处科级干部队伍凝聚力、战斗力和整体素质的明显增强。

认真贯彻党委领导下的校长负责制，不断加强民主政治建设。认真深入地学习了《山东省高等学校实行党委领导下的校长负责制的实施办法(试行)》，深刻理解并贯彻落实党委领导下的校长负责制，提出了“加强学习、坚持制度，民主集中、科学决策，严以律己、团结协作，与时俱进、创新发展”的指导方针，民主政治建设不断深入，营造了团结和谐稳定的良好发展环境。

成功召开了五届一次教代会、四届一次工代会，完善民主决策机制。在若干重大决策上，认真听取各方面的意见建议，不断提高了学院领导班子和领导干部科学决策、民主决策的能力和水平。深入研究讨论事关学院发展的若干重大问题，全面总结了学院“十五”建设与发展的成绩与经验，讨论通过了学院“十一五”建设与发展规划，提出了“十一五”建设与发展的指导思想、总体目标、具体目标和保障措施，规划了学院未来发展的美好蓝图。

(三)着眼于学院事业的跨越式发展，认真抓好新校区建设立项、向普通本科院校转制调研论证两项重点工作，以点带面，各项工作全面推进　认真做好章丘新校区建设开工前的各项准备工作和向普通本科高校改制调研论证工作。成立章丘新校区建设和改制工作领导与工作班子，加强了对章丘新校区建设和改制工作的领导。完成新校区建设总体规划设计和单体设计，工程建设前期准备工作基本就绪。基本拟定《山东教育学院改制为普通本科高校的论证报告》，为进一步做好转制的各项工作奠定了良好基础。

坚持以点带面，各项工作全面推进。师资队伍学历结构、年龄结构、学缘结构得到优化。省级高职教育示范专业、省级精品课程建设取得重要突破。学生教育管理更加科学规范。师训干训、继续教育、远程网络教育不断创新，中外合作办学取得积极进展。财务管理更加严格规范，后勤、物资设备管理与服务水平进一步提高。被授予“山东省平安校园”称号。

三、创新与经验

(一)必须始终坚持围绕学院的中心工作开展党建工作　要以科学发展观为指导，紧紧抓住发展第一要务，把师生的思想统一到学院的改革发展上来。要坚持与时俱进，开拓创新，研究新情况，解决新问题，不断加强党的先进性建设和执政能力建设，健全完善党建工作的长效机制。

(二)必须始终坚持党的群众路线，保持与群众的密切联系　要坚持立党为公、执政为民，从群众中来、到群众中去，联系群众、心系群众、服务群众，想群众之所想、办群众之所需，真心实意为群众谋利益，充分调动广大师生员工投身学院建设与发展的主动性、积极性和创造性。

(三)必须始终正确处理改革、发展和稳定的关系　改革是动力，发展是目的，稳定是前提。必须努力营造团结和谐稳定的发展环境，以和谐稳定保障改革发展，以改革发展促进和谐稳定。要坚持以人为本的教育理念，把改革的力度、发展的速度和师生的可承受度辩证地统一起来。

(四)必须始终发扬艰苦奋斗、戒骄戒躁的优良传统　要牢固坚持“两个务必”，深入贯彻社会主义荣誉观，认真落实党风廉政建设责任制和胡锦涛总书记关于加强领导干部作风建设“八个方面”的要求，进一步焕发蓬勃朝气、昂扬锐气和浩然正气，扎实工作、共谋发展。

附：党委成员名单

书　记：周桂珍(女)

副书记：李清民　刘殿毅

委　员：周桂珍(女)　李清民　刘殿毅　徐以铭　陈立江　牟树勋

山东广播电视大学党委工作概况

山东广播电视大学党委书记　王秀娟

一、组织概况

山东广播电视大学是以现代信息技术为主要手段，采用广播、电视、文字和音像教材、计算机网络等多种媒体，面向全省进行现代远程开放教育的高等学校。目前已形成了由省电大、22所市级电大、79所县级电大、799个教学点组成的覆盖全省城乡的远程教育网络，组成了统筹规划、分级办学、分级管理的现代远程开放教育教学系统，举办本科、专科、中专层次学历教育和多种形式的非学历教育、继续教育和岗位培训，形成了多层次、多规格、多功能、多种形式办学，学历教育与非学历教育协调发展的教育格局。办学27年来共培养本、专科毕业生26万多人，中专毕业生11万多人，各种非学历教育295万人次。全省电大现有教职工5279人，兼任教师404人。其中专任教师2848人，具有高级职称的771人。

山东广播电视大学校本部是省校办学实体，下设直属学院、继续教育学院、职业技术学院、计算机与通信学院、外语学院、经济管理学院、文法学院。

学校党委班子成员共7人。学校党委下设7个党总支，23个党支部，共有党员262人，其中在职党员170人，离退休党员50人，学生党员42人。

二、主要工作与成绩

（一）注重政治理论学习，不断加强思想建设　党委中心学习组能认真学习党的各项路线、方针、政策，坚持正确的政治方向，努力实践"三个代表"重要思想。采取集中学习、专题讨论、辅导讲座等多种形式，活跃了学习气氛，增强了学习效果，增强了实践"三个代表"重要思想，落实科学发展观，加快电大改革与发展的自觉性与坚定性。

（二）加强了党委自身建设　狠抓《学校党委关于进一步加强自身建设的意见》的落实，班子的思想建设、组织建设和作风建设取得了明显的成效。党委总揽全局，坚持正确的发展观和政绩观，坚持民主集中制原则，坚持和完善党委领导下的校长负责制，抓大事，议大事。党委班子以身作则，严格要求，求真务实，说实话、办实事，团结协作，干事创业。党委的战斗力、凝聚力有了明显的增强。

（三）切实加强了基层党组织的工作力度　对原有的党总支和基层党支部进行了调整健全，增加了机关党总支部（直属党支部），新建了1个基层党支部。完成了70名学生新党员的发展工作。

（四）加强了干部队伍建设　制定了《学校机构调整和人员编制方案》，周密安排、精心组织，科学民主、选人用人，通过"定位公推"和"公开选拔"等形式，选拔任命了19名处级干部。选派2名副处级领导干部参加了全省高校中层干部进修班，1名科级干部参加省直党校脱产学习。

（五）狠抓党风廉政建设　在学校党员领导干部中开展了"勤政廉政、科学发展"的教育活动，认真落实校党委关于"领导干部廉洁自律九不准"的规定。对新提拔的干部进行了任前廉政谈话，重点抓好处以上干部党风廉政建设责任的落实工作，坚持"一岗双责"，将责任制落到实处。

（六）实施了办公自动化，提高了办公效率　加强了舆论宣传工作，努力营造积极健康的校园文化。积极开展对外宣传，扩大了学校的知名度，树立了良好的社会形象。突出远程教育特色，不断提高办刊、办报质量和水平，办好《山东电大报》、《山东电大学报》。

（七）积极创建"平安校园"及和谐电大　成立了保卫处，补充了人员，加强了力量。5月顺利通过了省高校"平安校园 "检查评估小组的检查评估。加强了学校的内部管理和门卫管理，制定了校园"110"值班管理制度，加强了消防安全教育，确保了校园安全稳定。

（八）电大事业有了新发展　全力做好开放教育试点工作，5月12日至16日，教育部评估专家组对我校进行了实地考察，充分肯定了我校推进试点项目的工作进展。全省电大开放教育招生突破3.1万人，招生人数和增长幅度列全国44所省级电大前5名，进入全国招生先进行列。普通班招生争取到挂靠独立招生办学，全省独立建制的电大共招生录取6500人，注册5126人。"一村一名大学生计划"招生2784人，三二连读录取新生612人，武警学院招生3870人，新成立的消防学院首次招生489人，成人大专招生366人，职业中专、成人中专招生552人，电视中专招生5707人，与普通高校合作网络教育招生1438人。校本部高职招生录取1372人，注册1045人。专升本录取1601人，占报考录取率32.2%，占毕业生录取率22.03%。全省英特尔未来教育培训7200人。保险代理人考试笔考80290人，机考4100多人。计算机等级考核87877人次。全省电大事业呈现出持续、稳定、协调发展的良好态势。

三、创新与经验

第一，坚持用"三个代表"重要思想、十六大精神和十六届五中、六中全会精神统领全局，是促进学校事业发展的灵魂。

第二，坚持和落实科学发展观，坚持科学发展，和谐发展，正确处理好规模、结构、质量、效益之间的关系，是促进学校事业发展的关键。

第三，坚持党的群众路线，充分调动全校教职工的积极性、创造性，是促进学校发展的基础。

附：党委成员名单

书　记：王秀娟

副书记：王卫东　刘步俊

委　员：王秀娟　王卫东　刘步俊　薛伟平　刘方惠　陈　骥　周子健

山东行政学院、山东省经济管理干部学院党委工作概况

山东行政学院、山东省经济管理干部学院党委书记　孙　矩

一、组织概况

山东行政学院、山东省经济管理干部学院是一所既承担高、中级公务员和经济管理干部培训任务，又培养高专高职和成人本专科学历教育人才的综合性管理学院。现有教职工 470 人，其中在职职工 376 人。截至 2006 年 12 月 31 日，学院党员总数为 484 人，其中教职工党员 340 人，学生党员 144 人。设有 9 个党总支，42 个党支部，其中有 19 个直属党支部，6 个学生党支部。

二、主要工作和成绩

（一）巩固先进性教育成果，切实加强党的建设　精心抓好各层次的政治理论学习，努力提高干部职工的思想政治素质。注重长效机制建设，扎扎实实做好先进性教育的巩固提高工作。抓好党委中心组学习，认真贯彻党委领导下的院长负责制，坚持院领导接待日等制度。通过深入开展商业贿赂专项治理等项工作，抓好领导干部的廉洁自律教育和党员的党性、党风及“八荣八耻”教育。积极探索新形势下基层党组织发挥作用的方式和机制，严格做好党员发展及教育管理工作。结合庆祝建党 85 周年，开展了党内先优评比等多项活动。

积极引导教职工参与民主管理，组织召开了第三届教职工代表大会第三次会议，专题讨论并通过学院《2006 年—2010 年建设与发展规划》。院工会、共青团、学生会等群团组织充分发挥桥梁纽带作用，广泛开展了形式多样的精神文明创建活动。

（二）注重抓好内涵发展，加强和改进教学等项工作　成功组织召开了教学工作大会，总结了党代会以来的教学工作，提出了今后一段时期加强教学管理，提高人才培养质量的新思路、新举措。研究制定了学院《2006 年—2010 年学科专业建设规划》，新设 6 个专科（高职）专业，国际贸易专业被评为省级特色专业；将跨校学分互认本科“3 + 1”办学模式调整为“2 + 2”模式，在修订的教学计划中加入了学分要求；建立了教学信息员制度。录取专科（高职）新生 2743 人，毕业学生 1673 人。录取成人教育新生 3644 人，毕业成人教育学生 4600 人。图书馆全年上架新书 17000 册，装订上架报刊 1200 册。

（三）争创特色，扩大影响，扎实做好干部培训工作　公务员培训，共举办 17 期培训班，培训学员千余人，年培训规模高于“十五”期间峰值数。注重贴近党和政府中心工作设计培训班次；增强课程设置的科学性和适用性；更新培训理念，积极进行了教学改革，收到了很好的效果。工商管理培训，共举办 15 期培训班，培训学员 1200 余人。注重发挥品牌效应，以企业中高层工商管理培训为核心，开展了企业经营管理能力培训、卓越中层管理者技能培训等各类型、各层次的培训。连续第四年被省经贸委评为“山东省企业教育培训先进单位”。

（四）重视师资队伍建设，科研及学术交流工作不断加强　坚持引进与培养并重原则，着力打造一支满足教学培训需要的师资队伍。引进充实硕士以上学位教师 30 余人，举办了中青年教师讲课大赛和优秀多媒体课件评选等活动，组织教师参加第二届全国计算机课件评比并荣获三等奖。

以课题研究为载体，推动科研工作上水平、上档次。立项省部级课题 7 项，厅级课题 1 项，结项国家级课题 1 项，省部级课题 5 项，厅局级课题 1 项。其中，承担的国家行政学院重大课题“加强城市基层组织建设问题研究”子课题科研报告，在《决策咨询与参考》上刊发并由国家领导人传阅。院党建与政治体制改革研究中心牵头举办了庆祝建党 85 周年学术研讨会，挂靠我院的山东县域经济研究会牵头发起举办了山东省首届财富论坛、县域产业聚集园区理论研讨会等等，为扩大学术交流、服务经济社会发展做出了应有努力，在社会上引起较大反响。

（五）求生存，谋发展，努力改善办学条件　2006 年 5 月下旬，省委常委、常务副省长林廷生同志主持召开了院务委员会会议，研究确定了经干院更改校名、筹备转为普通本科院校，行政学院举办研究生教育等事关长远发展的重大事项，明确了我院下一步发展方向。根据这次会议精神，学院着手进行了相应的准备工作。

新校区主体总工程量完成了近三分之二，半数以上单体建筑封顶，为下一步入住打下了良好的基础。11 月份，公务员培训楼顺利竣工并通过了质检站验收。

（六）加强管理与改革，内部办学环境得以优化　重新修订、完善了 130 余项规章制度。人事工资制度改革按上

级要求积极稳妥进行。进一步健全"统一领导、集中管理"的财务运行体制,坚持开源节流。爱国卫生工作通过了省级卫生先进单位验收。完善了集中管理的资产工作新体制和良好的工作运行机制,顺利通过省教育厅、省财政厅组织的固定资产管理工作检查验收,被评为优秀等次。全面落实安全工作责任制,制定了学院社会治安类突发事件应急预案,建立了领导值班带班制度等。

三、创新与经验

一是必须坚持贯彻落实科学发展观,紧抓发展不放松。

二是要弘扬积极健康、昂扬向上的精神风貌。

三是要倍加珍惜、维护学院改革发展的大局、团结稳定的大局。

四是最大限度地调动、发挥广大教职员工的积极性和创造性。

附:党委成员名单

书　记:孙　矩

副书记:马殿平　王建国　高焕喜

委　员:孙　矩　马殿平　王建国　高焕喜　王宜韧　赵　丽　朱光明　刘增营　刘少杰

山东省农业管理干部学院党委工作概况

山东省农业管理干部学院党委书记　魏昌启

一、组织概况

山东省农业管理干部学院是全省唯一独立设置的农业成人高校,前身是1971年6月组建的山东省"五七"干部学校(1976年1月由济南迁至齐河县"五七"农场,改称山东省省级机关"五七"干部学校)。1979年4月经山东省委组织部批准,改建为山东省农林干部学校。1983年10月,经山东省人民政府批准,国家教委备案,改建为山东省农业管理干部学院。1991年,学院由齐河迁回济南。现有济南和齐河两处校区。学院现有专兼职教师542人,其中专任教师375人,专任教师中拥有副高级以上职称110人,博士6人,硕士87人。

中共山东省农业管理干部学院委员会下设机关党委1个,总支部13个、分支部45个、直属支部15个,共有党员428人。

二、主要工作与成绩

2006年以来,学院党委大力贯彻党的教育方针和科学发展观,坚持社会主义办学方向,紧紧围绕省委省政府的工作部署,以建设社会主义新农村为契机,积极适应干部队伍建设的要求和经济社会发展对人才的需求,扩大招生规模,深化教学改革和内部管理体制改革。2006年,学院共设有11个教学系部,37个高职专业、16个成人专科专业和12个成人本科专业。学院高职教育计划招生3300人,录取3157人,在校生达到8000人;成人高等教育本专科共录取3147人,在校生达到5100余人。干部教育,共举办各级各类培训班12期,累计培训510人,其中县处级农业领导干部培训班6期,培训270人。

进一步加强师资建设,重点从社会上引进、聘用一批具有高级职称人才来院任教,充实了教学工作队伍。校区建设上,重点加强济北校区建设,全年顺利完成工程建设面积5.8万平方米,并在9月初投入使用,入住学生3050人。与此同时,抓好水电暖、运动场等配套硬件设施建设,为教职员工的工作、学习、生活创造了良好条件,取得了显著成绩。

科研工作方面。2006年我院共获得上级科研主管部门课题立项14项,其中省自然科学基金1项,获基金资助5万元;省星火计划1项;省教育厅课题7项;省教育科学规划课题2项,省职成教规划课题3项。

一年来,学院党委在邓小平理论、"三个代表"重要思想的指导下,按照科学发展观、构建和谐社会的要求,努力加强党建工作。

在认真总结先进性教育活动成功经验的基础上,重点围绕党建工作中的重大问题推进党的先进性建设和执政能力建设。坚持用党最新的理论创新成果武装广大党员头脑、指导实践工作;并紧密结合高校党建工作特点,把传授知识与理论宣传相结合,把系统教学与实践育人相结合,使广大青年学生在潜移默化中受教育,在日常实践活动中体验人生价值、感悟社会责任。进一步健全党的组织网络,切实抓好基层党组织建设和党员发展工作。一年来,共发展学生党员172人,教工党员22人,预备党员转正65名,配备了12名兼职组织员,为党组织增添了新的力量。重视加强党建理论研究工作,积极鼓励教师和党务工作人员开展党建理论研究,为党建工作做出贡献。学院党委的领导核心作用和各级党组织的创造力、凝聚力、战斗力得以不断提高,为学院发展提供了坚强的政治保证。

在党风廉政建设方面,2006年,院党委认真贯彻落实《关于落实〈建立健全教育、制度、监督并重的惩治和预防腐败体系实施纲要〉的具体意见》和省委高校工委、省教育厅《关于做好教育系统开展治理商业贿赂专项工作的通知》文件精神,党委成员带头廉洁自律,认真抓好党风廉政教育工作，进一步提高了广大党员干部廉洁自律的自觉性和拒腐防变的能力。

三、创新与经验

学院党委坚持以科学发展观为指导，立足构建"和谐校园"、"平安校园"，按照"务实、深入、民主、创新"的工作方针，坚持外延发展和内涵发展相结合，在扩大学院发展规模，深化内部改革的同时，不断加强思想政治工作和校园文化建设。针对职业教育和新时期高等教育的特点，以开展社会主义荣辱观教育和纪念长征胜利70周年活动为契机，在学生当中大力弘扬爱国主义精神、艰苦朴素精神，培养了学生高尚的道德情操和思想政治觉悟。继续贯彻落实师生为本、发展为要、质量为先、特色兴校的办学理念，师德建设、校风建设和教风建设取得良好成效，"学院、教师、学生三者一家"的育人、管理体系更加完善。同时加强校园网络建设，搞好校园文化网上宣传教育工作，真正把大学生思想政治教育贯穿于实际工作的各个环节之中，在师生间建立起了感情和信息的沟通渠道，培养学生学知识、用知识的意识和能力，进一步推动了学院人才培养工作和"和谐校园"的建设。

附：党委成员名单

书　记：魏昌启

副书记：董忠堂　曲云宏

委　员：魏昌启　董忠堂　曲云宏　侯锦世
温传富　王向军　李允祥　林松柏

山东省工会管理干部学院党委工作概况

山东省工会管理干部学院党委书记　何莲阁

一、组织概况

山东省工会管理干部学院是以高等专科教育为主，兼有成人本、专科教育、工会干部培训和中外合作办学等多种职能的高等院校，创建于1933年。学院设有13个教学部系、处室和6个党总支、22个党支部，党员362人。学院开设高职教学专业29个，成人本科教学专业7个，成人专科教学专业12个。在校生8228人。

二、主要工作与成绩

2006年，学院在省委和省政府的正确领导下，以党的十六届五中、六中全会精神为指导，用科学发展观统领工作全局，积极开展"深化改革、强化管理、发挥作用、提高水平"系列活动，各项工作稳步推进。

（一）深入学习党的创新理论成果，为加快学院发展提供了有力的思想保证　学院党委始终把理论学习放在首位，认真坚持了党委中心组学习制度、教职工学习日制度和"三进"制度，通过学原著、读原文、听报告等形式，深入学习了邓小平理论、"三个代表"重要思想、科学发展观和党的十六届五中、六中全会精神。通过学习，广大党员干部、师生的理论水平进一步提高，在工作中运用先进理论指导实践的能力进一步加强，学院各项工作进一步发展，尤其是院党委按照科学发展观的要求，制定出了指导思想明确，发展目标科学，工作重点突出，符合学院实际的"十一五"规划，增强了学院发展的动力。

（二）深化教学改革，提高办学水平，为实现学院快速发展打下了坚实的基础　在院党委的领导下，教学部门统一思想，转变观念，全面提高了办学水平。一是招生就业工作稳步发展。2006年共招生3175人，录取平均分达到历史最高水平；首次突破山东，面向全国6个省招生；顺利完成了就业计划。二是专业建设成效显著。2006年我院公共关系专业（公共关系与文秘方向）被评为山东省高等学校特色专业，申报新增了四个专业。三是师资结构得到优化。本年引进硕士研究生6人，评聘教授4名，副教授1名。四是人才培养质量进一步提高。2006年我院专升本在全省同类院校中名列前茅；学生在全国、全省比赛中有3幅作品获学生组最高奖，1幅作品获铜奖，8幅作品获优秀奖，1名学生获山东省"挑战杯"青年志愿者演讲大赛一等奖。11月24日，教育部高等学校高职高专艺术设计类专业教学指导委员会山东分会第一次筹备会议及山东省部分高校艺术设计专业基础课课程教学研讨会在我院召开，充分展示了我院艺术教学在全省的优势地位。五是科研为教学服务的水平不断提高。两项省级科研课题已顺利结题，学报《工会论坛》质量显著提高。六是干部培训取得可喜成绩。2006年我院被全国总工会授予"全国工会干部教育培训工作先进集体"，全年共举办各类培训班35期，培训、轮训各类干部近两千人次，派出教师讲课67人次，听课人数近7000人次。七是合作办学进一步发展。与法国克来蒙费朗第一大学的合作取得了实质性进展，双方合作举办应用法语专业；组织了两次ACCA山东考区的考试。

（三）强化内部管理，提高服务水平，为学院中心工作提供支撑和保障　各管理部门把增强服务意识和提高工作质量作为重点，有效地促进了管理效率、管理质量和管理水平的提高。一是扎实推进西校区的管理、使用和建设。西校区的管理办法逐步到位，规章制度逐步健全，管理体系逐步规范，外部联系和周边环境更加和谐，两栋学生宿舍楼的建设也已启动。二是努力促进学生成长成才。制定了《加强学生思想教育工作的实施意见》,积极开展了社会主义荣辱观系列教育活动,提高了学生的综合素质。三是积极营造良好的校园氛围。先后完成各项维修任务1000多项,调整学生宿舍500多间,安装床铺2000多张,购置新生用品20000多件,保证了新生顺利入住;积极推进节约型校园建设,坚持依法理财,规范财务管理,广大教职工的节约意识进一步增强,使有限的资金发挥了最大的效益;先后开展了"安全月"活动和多次安全检查,顺利通过了省委高校工委组织的平安校园评估。

(四)建立完善长效机制,进一步巩固和发展了保持共产党员先进性教育活动成果,为加快学院发展提供组织保障 保持共产党员先进性是一项长期的战略任务,院党委高度重视,建立健全长效机制,积极把先进性教育活动成果转化为促进学院发展的动力和解决自身问题的能力,学院领导班子和干部队伍建设进一步加强,广大党员永葆先进性的自觉性进一步提高,党员队伍和党组织建设进一步完善,党风廉政建设进一步巩固。

三、创新与经验

2006年在院党委的正确领导下,学院发展取得了较好的成绩,我们的主要体会:一是必须以深化改革为动力,积极探索学院发展的有效途径;二是必须以强化管理为依托,提升教职工的凝聚力和战斗力;三是必须以发挥作用为保障,激发各部门的潜力和活力;四是必须以提高水平为目的,增强学院发展的后劲,力争把我院事业做强、做大、做好。

附:党委成员名单

书　记:何莲阁

副书记:曹广东

委　员:何莲阁　阎庆国　曹广东　荀方杰　李本宽　梁守兰　艾思同　安立志　杨西国

山东省青年管理干部学院党委工作概况

山东省青年管理干部学院
党委书记　张光峰

一、组织概况

山东省青年管理干部学院下辖16个处(部、室)和12个教学系、部,共有教职工614人,专任教师371人,其中教授38人,副教授91人,有博士学位的5人、硕士学位的138人,在读博士3人、硕士40人;驻校外籍教师10人。院党委下设10个党总支、36个党支部,共有党员435名,其中,教职工党员282名,学生党员132名,离退休干部职工党员21名。

二、主要工作与成绩

(一)积极创建本科院校 为适应高等教育发展的需要,实现招生规模、培养层次、管理机制等方面的根本性转变,充分发挥现有教育资源的作用,确保可持续发展,2005年学院提出了创建普通本科院校的战略目标。为实现这一目标,一年来,学院党委带领全体教职员工,认真组织开展了迎接山东省、国家高校设置评议委员会专家组来校检查评估的各项准备工作。完善基本设施建设,6号学生公寓建成并投入使用,图书馆、第二食堂和标准化体育运动场开工建设;拟定了"十一五"发展规划,明确创建普通本科院校的发展思路和办学定位;认真准备《山东省青年管理干部学院关于改建山东青年学院的论证报告》、《学科专业建设规划》等十余种迎评材料。8月29日至30日,山东省高等学校设置评议委员会专家对学院的办学情况进行了全面考察评审,一致认为学院基本具备改建普通本科院校的条件,同意改建为普通本科高校。山东省政府将学院列为"十一五"期间重点升本院校之一上报国家教育部。

(二)进一步强化教学中心地位 坚持以创建为动力,加强专业、学科建设和师资队伍建设,加大设施设备投入,建立健全教学质量监控体系,规范教学管理,深化教学改革,确保了教学水平和育人质量的不断提高。对教学部门进行了结构性调整,新成立政法系、管理科学系、工艺美术系和体育部,撤销原社会工作系、工商管理系和基础课教学部,使各教学系专业特点更加突出,系科结构更加适合教学需要。加强学科专业建设，有4门课程被团中央命名为全国青年院校精品课程，1门被评为省级精品课程，13门课程被评为校级精品课程，舞蹈专业被省教育厅评定为“山东省高等学校特色专业”。专升本考试取得好成绩，2004级普通专科（高职）应届毕业生中有435名同学分别被省内有关本科院校录取，并囊括全省计算机专业考试总分前十名中的第一、二、三、四、八名，录取比例高于全省院校平均水平。

（三）团干部培训实现了历史性跨越　顺利通过了团中央组织的全国团干部教育培训基地评估专家组的考评，被团中央命名为“全国团干部教育培训基地”，举办了两期山西、河南、安徽、湖北、湖南、江西六省的县（区）团委书记培训班，为新疆、内蒙古、四川、贵州等省举办团队干部委培班4期。配合国家商务部、团中央，成功地举办了来自巴勒斯坦、苏丹、伊拉克、叙利亚、摩洛哥和也门等六个阿拉伯国家的青年政治家研修学习班。全年共组织校内各类培训班28期，培训团干部1300人。为中央直属企业、本省各地市（区）、临近省份协办培训班19期，培训学员1620人。

（四）科研工作成果显著　有12项科研课题经省级主管部门评审批准立项，其中有5项课题为省级重点课题；有5项课题被团中央批准立项，其中重点资助课题1项，是学院成立以来获得课题立项最多的一年。共取得科研成果221项，其中有5项省级重点研究课题顺利通过鉴定，完成团中央重点课题1项。发表研究报告20篇，论文174篇，主编参编著作19部，其他成果和作品8篇（幅）。获山东省文化艺术科学优秀成果一等奖1项、二等奖3项、三等奖1项，获山东省教育厅人文社会科学优秀成果二等奖1项、三等奖2项，获中国青少年研究学会等省级以上学会优秀成果12项。举办了“第二届东北亚环球经营国际研讨会”、“全国高职成高学报联络中心2006年年会暨编辑学学术研讨会”和“2006年度全省高校心理健康教育学术年会”。

（五）巩固扩大先进性教育活动成果，进一步加强党的建设　狠抓党员理论学习，组织全体党员认真学习党的十六届六中全会精神、胡锦涛在庆祝建党85周年和纪念红军长征胜利70周年大会上的重要讲话，扎实开展了树立“八荣八耻”社会主义荣辱观和“学习党章、遵守党章、贯彻党章、维护党章”等教育学习活动；深入开展“学习王乐义、做合格党员干部”为主题的学习活动，组织党总支、直属党支部书记及处以上干部到寿光市三元朱村参观学习；开展纪念建党85周年演讲比赛、书画摄影展和党建研究论文征集活动。及时成立和充实调整3个党总支、12个基层党支部，组织了4次党总支、直属党支部书记和党务工作者业务培训，提高了基层党务工作者的业务水平和工作能力。进一步完善基层党的工作制度，认真开展创建“五好”支部和争当“五好”党员活动，认真做好党员培训和发展工作，基层党组织的战斗堡垒作用和党员的先锋模范作用进一步增强。加强对各级干部的选拔和任用考核，杜绝了选人用人上的不正之风；严格落实党风廉政建设的制度规定，党风廉政建设得到进一步加强。

三、创新与经验

认清形势，明确责任，适时确定学院发展建设的新目标，以新的发展战略统一全体教职工的思想，是不断适应高等教育发展的新形势，加快学院发展，促进整体建设水平上层次上台阶的巨大动力；坚持青年干部院校的特点，充分发挥团属院校的政治优势，重视提高学生的政治素质和职业道德修养，不断加强大学生思想政治教育工作，做好党的最新理论成果进教材、进课堂、进学生头脑工作，是确保培养合格人才的重要基础；重视加强党的建设和干部队伍建设，建立一支政治过硬、领导能力强、作风正派的干部队伍，充分发挥基层党组织的战斗堡垒作用和党员队伍的先锋模范作用，是确保以教学为中心的各项任务圆满完成的组织保证。

附：党委成员名单

书　记：陈　伟（2006年9月离职）
张光峰（2006年9月任职）

副书记：尹　方（女）　赵熙山

委　员：张光峰　尹　方（女）　赵熙山
刘先义　李长文　周晓波　化　旭
吴裕根

中华女子学院山东分院党委工作概况

中华女子学院山东分院
党委书记　胡升秀

一、组织概况

中华女子学院山东分院是由原国家教委和山东省人民政府批准的，由全国妇联和山东省人民政府领导的，按正厅级建制配备的，以高职高专教育为主，兼有成人专科、本科学历教育以及妇女干部岗位培训和中外合作办学的女子高等院校。总占地面积1156.5亩，现有建筑面积21.78万平方米。学院现有教职工679人，专任教师408人，其中教授、副教授125人，占30.64%；具有硕士以上学位者174人，占专任教师总数的42.65%。同时还拥有一支稳定的、高质量的外聘教师队伍。学院设有9系1部2

院3所2中心等教学和研究机构。开设34个本、专科教育专业，全日制在校生7251人，妇女干部培训及其他培训1363人。

学院党委下设党总支11个，党支部36个，教职工党员占教职工总数的74.5%，教师党员占教师总数的41.5%，学生党员占学生总数的6.8%。

二、主要工作与成绩

2006年，在院党委的正确领导下，按照落实科学发展观和构建和谐社会的要求，学院各项事业取得了较快发展。《社区工作》和《学前儿童健康教育》被省教育厅评为山东省"精品课程"。在全国数学建模大赛中我院学生荣获国家二等奖、山东省赛区一等奖。齐鲁国际培训学院被中国教育部教育科学研究所培训中心授予"中国品牌培训机构50强"称号。在由齐鲁晚报及大众日报共同主办的"2006山东教育总评榜"活动中，齐鲁国际培训学院及山东好媛出国留学服务中心一举获得"最具公信力奖"、"最具影响力奖"及"最具成长力奖"三个奖项。

(一)以加强党风廉政建设为重点，进一步推进党的建设和思想政治工作　学院于6月份胜利召开了第二次党代表会，选举产生了新一届党委领导班子。党委班子坚持定期召开党委民主生活会，并做到会前广泛征求意见，注重整改，不走过场。完善了廉政建设规章制度，逐级签署了廉政建设责任制。加强了对"关键岗位"和"重大决策"的监督。注重加强基层党组织建设，本年度共发展党员293人，其中一线教师14人，学生党员279人，培训入党积极分子1000余人，合格率达到90%。

(二)全院总动员，努力创建普通本科院校——山东女子学院　2006年，院党委审时度势，以创新型思维把创建山东女子学院作为重点工作提上了议事日程。全院上下按照整体推进、强化质量的工作思路，高效率、高质量地完成了大量繁重而卓有成效的基础性工作，学院的办学条件得到了较大的改善，教学基础设施和师资队伍建设基本符合了本科教育的办学条件，全方位提升了学院的综合办学实力。

(三)积极推进干部人事制度改革，师资队伍建设明显加强　围绕人才培养和学科建设，调整充实了部分处级领导岗位，加快高学历、高职称人才的引进力度，本年度新接收人员中，硕士、博士、副高职称以上者占75%。修改制订了外来务工人员管理办法，重视当地失地农民的安置、培训工作，受到了济南市西区指挥部表扬。

(四)坚持"以人为本"的理念，注重内涵发展，学院各项事业取得了较快发展　2006年，学院紧紧围绕不断提高人才培养质量的根本要求，强化教学管理，制订并不断完善了《关于构建和完善教学质量监控体系的若干意见》等90余项教学管理文件，积极推进课程建设，有效地构建了国家级、省级、院级精品课程建设体系。积极探索订单式人才培养模式的路子，充分发挥学院服务社会的重要功能。不断完善科研制度，科研水平进一步提高。2006年获省社科规划办立项课题4项，山东省教育科学"十一五"规划立项课题5项，山东省教育厅人文社科立项课题6项；获山东省社科二等奖1项，山东省教育厅人文社科三等奖1项。加强大学生的思想政治工作。大力开展了以"八荣八耻"为主要内容的社会主义思想道德建设。加强了就业工作的信息化和网络化发展，本年度毕业生一次性就业率达到了91.70%，位于同类学校前列。进一步建立和完善了适应高素质妇女干部队伍需要的教育培训机制以及更能发挥妇女就业潜力的职业技能培训机制。积极开展中菲家政培训合作项目，与万家盛世公司合作开展家政培训项目已取得良好开端；承担了全省的育婴师鉴定工作。中外合作办学工作有了新进展。与澳大利亚启思蒙政府理工学院合作举办了会计专业(专科)双文凭项目并顺利完成了招生计划，山东好媛出国留学服务中心与澳大利亚著名的留学教育机构ACAE签署协议，成为其在山东的唯一办事处。学院注重服务育人，不断加强各项保障能力，形成了稳定和谐、风正气顺的校园气氛。

三、创新与经验

(一)解放思想，实事求是，确立正确的改革发展新思路　树立正确的办学指导思想，明确办学定位，贯彻落实科学发展观，科学确定不同时期的发展目标。主动适应省高等教育快速发展的新形势，立足于推动女性高等教育的快速发展，为经济建设、社会发展和妇女事业发展培养大批优秀女性人才。

(二)坚持质量立校、特色兴校、人才强校战略　坚持不断探索女性高等教育的新路子，形成了特有的女性教育特色，即：培养具有"四自"精神、创新精神和实践能力，具有责任意识，德智体美全面发展的应用型女性人才。实践证明，女性特色教育是一种创新教育、成功教育。

(三)坚持依靠广大教职工的积极性和创造性，调动各个方面的积极性、创造性　在实现学院全面协调可持续发展的进程中，我院广大教职员工充分发挥主人翁作用，在各自的岗位上始终发扬团结求实、进取创新的精神，表现出了与学院共荣辱和苦干加巧干的勇气和风采，为学院的改革和发展做出了重要贡献。

附：党委成员名单

书　记：胡升秀(女)

副书记：孙秀丽(女)　王光芝(女)

委　员：胡升秀(女)　孙秀丽(女)
王光芝(女)　常立学
王淑霞(女)　林玉贵
宋兆静(女)　尹桂瓒

企业党建

企业党委工作概况

胜利石油管理局党委工作概况

胜利石油管理局党委书记　郭长玉

2006年，胜利石油管理局党委以"三个代表"重要思想、党的十六大、十六届五中、六中全会和中央经济工作会议精神为指针，在中石化集团公司党组和山东省委的正确领导下，以科学发展观为指导，适时进行战略调整，突出主营和核心业务，不断加大勘探力度，努力提高开发水平，积极培育新的经济增长点，油田整体发展水平和核心竞争力得到全面提升，主要生产经营指标再创历史新高。胜利油田全年生产原油2741.5万吨，生产天然气8.1亿立方米；全年实现总收入1139亿元，其中分公司实现总收入835亿元，实现企业增加值665亿元，实现税费324亿元；管理局实现总收入304亿元，实现企业增加值100亿元，实现税费35亿元。

一、坚持以科学发展观统揽全局，科学运筹油田的生产经营工作

牢固树立油气资源是油田生存之基、发展之本、效益之源的思想，坚持油气勘探重中之重的地位不动摇。以寻找经济储量，提高储量的可动用程度为突破，科学部署，精心运作，实现了老区与新区、石油与天然气储量的协调增长，油田资源储量序列趋于合理，资源勘探能力持续提高。全年新增预测石油地质储量1.23亿吨，新增控制石油地质储量1.06亿吨，新增探明石油地质储量0.91亿吨，新发现了胜利油田第74个油田——新北油田，连续4年实现控制、预测储量过亿吨。

坚持储量、产量、投资、成本、效益"五统一"的原则，正确处理当前与长远的关系，按照"断块、低渗透、海上三大调整，稠油、三采两大接替"战略部署，继续组织实施良性开采战略。突出勘探与开发、油藏与工程的结合，产能建设规模有效扩大，着力实施"科技兴油"战略，大力实施停产井治理、水井大修治理、水井专项治理、水质专项治理"四大工程"，老油田稳产基础更加稳固，油田开发指标进一步好转，连续10年实现储采平衡。

坚持推进管理局经济产业结构优化升级、做精做强主营业务，努力提高管理局的创效实力和市场竞争力。积极实施产业结构调整，优化资源配置，盘活资产，挖掘潜力，钻井、作业、物探、测井、录井、油建等主营业务都取得了长足发展。外闯市场快速发展，共有23家二级单位的715支队伍，进入国内26省市和伊朗、埃及等14个国家以及国内反承包市场。"四大创新创效工程"进展顺利。燃料结构调整二期工程取得阶段性成果，电厂三期工程前期准备工作基本完成，网电钻机改造工作迈出实质性步伐，原油改质工程工作全面启动。

二、坚持深化改革与加强管理并重，不断提高油田整体经济运行质量

坚持双轮驱动，在集中精力抓好改革的同时，聚精会神

地抓好管理。改革中,正视改革难度,注重实施方案的科学性和协调性,统筹兼顾,整体部署,分步实施,持续稳定规范地推进了改制分流、对外投资和多种经营清理整顿、内部结构调整、职务消费和福利制度等多项改革任务。创新油藏经营运行机制,建立产量结构评价体系。全面实行预算管理,设立了"ERP、内控、资金流、考核"等四条防线。成本管理坚持由控制成本向增加有效投入、降低成本转变,将成本管理重心向生产过程控制转移,确保了生产投入。对作业、用电、新区产能建设、三次采油、天然气、燃料结构调整等实行项目组管理,收效显著。以"节水、节地、节燃料、节材料费、节管理费"为内容的"五节"活动深入开展,见到良好效果。以安全生产为主要内容的岗位责任制大检查深入开展,安全基础不断强化,安康文化渐入人心,职工安全意识日益增强。大力压减管理性费用,勤俭办企业工作初见成效。

三、坚持加强党的建设和人才队伍建设,为油田持续稳定发展提供强大的组织保证和人才支撑

扎实开展"思想作风建设深化年"活动。在全油田深入开展了"五个专题教育"和"负责任"教育;广泛组织"党员干部有正气才更有力量大讨论"活动,层层制订了"有正气"标准。开展专项资金和井下作业市场专项监察,有效遏制了"戴帽资金"、"虚假合同"、"作业市场乱准入"等违规现象。建立健全并出台了胜利油田党员领导干部思想作风建设和群众工作"双十"制度、廉洁自律三项承诺制度、职务消费改革十项纪律等一系列制度,形成了对领导干部从业行为的全方位规范和约束。搭建了"三联系"、"三亲情"等党员干部联系群众的平台,探索建立了群众利益表达、党群干群沟通、扶贫救困、预警预防等多项群众工作长效机制。

以创新的精神抓好创新基层党组织建设。坚持"三同步"原则,加强生产工作一线、各类经济实体、新建单位、改制企业的党组织建设,确保基层党组织"无缝隙"健全完善。对打破行政建制、抽调人员组建项目组的,将支部建在"项目"上;对居住分散、参加组织活动不便的非在职党员,实行以居住楼栋为单元建立党支部或党小组的模式,同时建立了在职党员与协解人员及家属党员专人联系制度,结成专人联系对子7019对。继续深入组织开展党员责任区、党员先锋岗等活动,党组织的战斗堡垒作用和党员的先锋模范作用得到很好发挥。全年新建二级党委4个、三级党委(总支)15个、党支部103个。调训党支部书记300余名,新发展党员2650名。截至2006年底,全油田共有二级单位党委77个、三级单位党委350个、党总支283个、党支部5095个、党小组10455个,共有党员86975名。

加强"三支队伍"建设,为改革发展提供了人才保证和智力支持。加大了干部调整、培养力度,各级领导班子的年龄结构和知识结构进一步优化。处、科级干部中40岁以下、全日制大学以上学历、高级职称的比例,连续三年持续提升。加强专业技术人才和专家队伍建设。引进高校毕业生804人,其中博士11人、硕士181人;设置了油田资深首席高级专家、首席高级专家和高级专家,并评聘油田资深首席高级专家1人、首席高级专家3人、高级专家30人。加强人才培养力度,全年举办各类培训120多个班次,培训人员6万多人。

四、坚持发挥思想政治工作"生命线"作用,充分激发和调动广大干部职工干事创业的积极性、创造性

突出基层文化建设,推动胜利文化纵深发展。通过强化"百年创新、百年胜利"共同愿景的宣传,增强了广大干部职工对推动油田发展、建设百年胜利的文化认同和坚定信心。突出胜利文化的执行落地,培养和选树了"家文化"和"钻头文化"等基层文化建设品牌,胜利文化走进了中央党校课堂。坚持抓好基层建设,基层建设全方位覆盖、全过程管理、全员参与的格局基本形成。全年涌现出675个优秀队、287个行业一强、281个名牌队和30个基层建设标杆队;涌现出227个中石化金银牌队、星级站所,占中石化上游企业基层单位获奖总数的36.8%。

坚持把稳定工作放到与油田改革发展等量齐观的位置,决策中将稳定工作和改革发展、生产经营任务同考虑、同部署、同考核。集中研究解决油田特殊群体存在的困难,本着群众能受益、企业能承受、政策能许可的原则,实施了一系列救助、教育、预警、惩治等措施。协调地方政府加大油区严打整治力度,强化治安防控体系建设,加强社会治安综合治理,油区治安秩序明显好转。深入开展"三联系"活动,联系基层单位2347个,协解职工5761人,家属8516人,内退职工2573人。坚持不懈地抓好同"法轮功"反动政治组织的斗争,为和谐油田建设奠定了基础。扎实推进精神文明创建。通过组织开展全民体育大会、文艺晚会、文学艺术创作、电影下基层进社区等文体活动,有效促进了安定团结、祥和文明、和谐稳定环境的形成。

五、坚持抓好党风廉政建设,努力树立廉洁高效、勤政为民的良好形象

坚持关口前移,认真抓好党风廉政教育工作。充分发挥油田党校党风廉政教育基地和山东省鲁中监狱警示教育基地的主阵地作用,全年有1.3万名党员干部接受教育;在全局组织观看《石化反腐警示录》、《忏悔录》等电教片。继续深化"双争"主题教育活动,完善日常监督考核和年度评比机制,评选处级干部先进带头人91名、先进机关处室6个,科级干部先进带头人1145名、二级机关先进部门312个。承办了中央企业廉洁文化建设研讨暨观摩会议,油田廉洁文化建设的做法和经验,受到与会领导与代表的高度评价。大力开展廉政承诺,局处两级党委层层签订了承诺书。高度重视惩防腐败体系制度建设,48项有关制度已落实责任部门,惩防腐败制度体系已具雏形。

坚持标本兼治、严格落实党员干部监督制度。认真落实领导干部廉洁承诺、报告个人重大事项、述学述职述廉、干部廉洁谈话、诫勉谈话等制度,促进各级领导干部廉洁自律,主动接受监督。对新提处级干部开展了晋职及廉政教育。严格依纪依法办案,全年查办大案48件、要案11件,处分78人。严肃选人用人纪律,严格用人标准,杜绝选人用人上的腐败。一年来,油田各级领导班子和领导干部队伍的廉洁自律意识得到了提高,职工群众信访举报数量大幅下降,举报领导干部廉洁问题的信访件明显减少。

六、坚持以人为本做好群众工作,切实维护职工群众的切身利益

重视在决策中体现民意,维护职工群众的长远利益和根本利益。坚持重大事项都要征求基层干部群众意见,经职代会或职代会代表团长联席会议讨论通过后再作决断。大力推进和规范厂务公开工作,保障职工群众对生产经营、深化改革等重大事项的知情权、参与权和监督权。健全完善了维护职工群众民主权利的工作机制、党群干群沟通机制、群众工作考评机制等五项机制,出台了加强群众工作十项制度。

重视为职工群众办实事、办好事,维护职工群众的切身利益。投入资金进一步加强了城区和居民小区城镇改造及城市绿化,对5个外围小区进行了回迁,绿地面积进一步增加;加大了油田水网和净化站系统改造,饮用水标准得到提高;天然气管网改造进展顺利,方便了居民生活;"五位一体"防控体系建设逐步推进,职工群众生产生活环境安全得到改善。针对特殊群体存在的实际困难,先后实施了门诊医疗、大病救助、困难救助、协解人员再就业等一系列救助帮扶措施。2006年累计支付帮扶资金754万元,送温暖基金116万元,互助互济基金205万元,医疗救助金933万元,19464名协解人员实现了再就业,再就业率达95.7%。

附:胜利石油管理局党委书记、副书记、常委名单

书　记:王立新(2007年3月离职)
　　　　郭长玉(2007年3月任职)
副书记:王立新(2007年3月任职)
　　　　李玉卿　李忠华
常　委:王立新　郭长玉　刘中云　李玉卿
　　　　李忠华　赵金洲

齐鲁石化公司党委工作概况

齐鲁石化公司党委书记　席秀海

2006年是齐鲁公司改革发展取得重要成就的一年。一年来,公司党委在山东省委和中石化集团公司党组的正确领导下,认真贯彻党的十六届六中全会精神,全面落实科学发展观,不断加强和改进企业党建工作,紧紧围绕"节约"主题,动员广大干部职工,强化管理,厉行节约,狠抓节能降耗和降本减费,较好地完成了各项目标任务,生产经营质量和经济效益又有新提高;杜绝了重大安全环保事故的发生,实现了安全生产"六连冠";企业改革继续深化,改制分流、清理整顿等工作稳步推进。

一年来,公司党委重点抓了以下三项主要工作:

一、认真落实科学发展观,倡导节约理念,促进了企业又快又好发展

2006年,我们围绕科学发展,动员广大干部职工倡导节约理念,搞好优化挖潜,促进了"三基"工作的加强,促进了安全生产,促进了效益的提高,保证了全年生产经营目标的完成。全年炼油加工量达到1040万吨,同比增加18万吨,再度刷新历史纪录;生产乙烯83.88万吨,同比增加1.36万吨,单套乙烯年产量位列中石化第一;热电发电38.2亿度,同比增加6.3亿度;聚氯乙烯、烧碱、丁辛醇、丁苯橡胶等产品产量位居国内同行业之首。全年实现销售收入675亿元,同比增长17%;上缴税金25.66亿元,同比增长12.2%;在炼油政策性亏损10.8亿元的情况下,实现利润16.22亿元,在中石化直属炼化企业中排名第二。公司非上市部分实现了扭亏为盈,盈利达到8000万元。

年初,公司党委针对繁重的生产经营任务,在全公司集中开展了"倡导节约理念,促进有效发展"宣传教育实践活动,坚持把"节约"作为一种必须长期坚持的工作理念,采取多种形式,分层次、有重点地抓好全员宣传教育,引导广大干部职工更加关注企业生产经营,积极开动脑筋,创新工作,优化生产操作,大力节约挖潜。同时,重视发挥厉行节约先进典型的示范激励作用,坚持深入基层一线、贴近百姓情感,不断做深、做新、做活典型宣传工作,集中宣传报道了300多位各级劳模风采和基层职工的事迹,增强了职工从身边做起、从本职本岗入手厉行节约的自觉性,营造了崇俭抑奢的良好氛围。

节约优化取得明显成效。通过多用煤发蒸汽、改善燃料结构等措施，锅炉燃油用量同比减少14.52万吨，增效2.18亿元；工艺加热炉等重点耗能设备同比节能8.88万吨标油，增效2.22亿元；进口原油同比降低采购成本1.78亿元；通过优化石脑油采购降本增效4650万元；通过增引天然气，制氢用石脑油同比减少9776吨，增效3800万元；通过强化资金管理和整体优化，财务费用同比降低3887万元。

节水减排、环保治理工作力度不断加大。与2005年相比，全年取水量减少1013万吨，降低12%；废水排放量减少530万吨，降低16%；COD排放量减少529吨，降低17.4%。污水处理装置实现了达标排放，烧碱装置率先实现了工业废水零排放，在环保方面发挥了国有企业的龙头带动作用。

同时，各级工会组织按照公司党委的统一部署，以“学习、节约、创新”为主题，不断深化“创争”工作，与“三基”工作紧密结合，深入开展劳动竞赛、“我与企业双平安”和事故隐患、职业危害项目排查整改活动，动员广大职工为节约增效建功立业，促进了企业生产装置的本质安全，公司荣获了2006年度中石化集团公司安全生产先进单位称号。

二、强化为民意识，让职工群众共享改革发展成果

在山东省委和中石化党组的关心、支持下，公司班子在推进改革、促进发展的过程中，坚持以人为本，在政策能容纳、企业能承受的前提下，尽可能地为职工群众办实事、办好事，使改革发展成果惠及到了各个群体。

通过深化改革，设立了首席专家、技能大师，实施了对骨干人才的特薪制度，完善了职工薪酬分配序列，拴心留人机制收到了实效。

职工收入连续三年实现了稳步增长，生活质量不断提高，与三年前相比，在职职工的收入增长了38%，离退休职工的收入增长了40%。

加大了对社区、文教以及公共设施的投入力度，与职工物质文化生活密切相关的基础设施得以改善。据统计，公司近三年来累计投入2.8亿元，其中社区投入8400万元，社区环境和公共设施大为改观；辖区道路投入7000万元，基本完成了主要干道的整修；通勤车辆投入2516万元，在用车辆更新率达到67%；食堂投入906万元，配备了11台厢式送餐车，有10个食堂达到了省食品卫生管理A级标准；启动了专网通讯交换机的升级改造，调整了职工住宅电话的资费标准。

坚持“真困难，真帮扶”的原则，广泛开展“送温暖”和“帮扶”活动。成立了特困帮扶中心，修订了特困帮扶资金管理规定，公司领导带头捐款募集资金，加大了对困难群体的帮扶救助力度。2006年，职工医疗互助会为6375人次提供了190万元互助金；396人领取安康互助金62万元；26名患大病职工得到近8万元的救助；女职工特殊疾病互助会为41人提供了18万元的资助；为40名困难职工子女上大学，救助8万余元。节日期间，两级工会组织走访慰问、救济各类困难人员6500余人次，共投入资金236万元。

三年来扶贫济困和走访慰问达到32128人次，发放慰问救助金1370万元。

认真做好“低保”工作，年内为207户家庭共497人，申领发放低保金68万余元。另外，480名特类岗位职工、1234名一类岗位职工参加了接害岗位疗养。与此同时，我们还修订、完善、争取到了一系列涉及不同群体的优惠政策，让广大职工群众共享了企业改革发展成果。

三、以领导班子和基层建设为重点，加强和改进企业党建工作

公司党委认真落实中央和山东省委关于保持党员先进性长效机制文件精神，不断完善保持共产党员先进性机制，在认真总结2005年先进性教育工作经验的基础上，制定了《关于加强和改进企业党建工作的意见》和《关于进一步加强和改进党员教育管理工作的指导意见》，完善了企业党建、党员教育管理以及发展党员工作程序，形成了党员教育管理的配套制度。

进一步健全完善了基层党组织。结合机构调整，指导基层单位进行了党委、纪委的换届选举。同时，加强了改革改制过程中党组织和党员队伍建设，理顺了离退休管理体制，建立了公司离退休人员管理中心党委和纪委，完善了流动党员基础管理台账，实现了季报制度，进一步强化了非在职党员的教育管理。

围绕企业中心工作，积极推进深化“支部创新，党员创效”活动，组织广大党员积极创新创优创效，提升了党建工作的“经济含量”和“技术含量”。全年有9个基层党委受到国资委、山东省和集团公司表彰。

加强了党务政工干部的培训。围绕使各级党员干部既要成为优秀的企业经营管理者，又要成为政治上合格的党员领导干部的目标要求，坚持一个班次突出一个主题，先后举办了党委书记研讨班、各单位党委（党群）工作部部长培训班、新任党支部书记培训班，172人次参加了培训和研讨，进一步提高了各级党员领导干部的综合素质和解决实际问题能力。

认真做好党员发展工作。按照“把党员培养成生产骨干，把生产骨干培养成党员”的要求，坚持发展党员向工作和生产一线倾斜，向专业技术人员和工作骨干倾斜，2006年发展新党员419名，其中大专以上文化程度的261人，占62.3%；35岁以下上的223人，占53.2%。工作和生产一线299名，占71.4%，党员的质量和素质明显提高。新党员刘炳鹏同志从1995年大学毕业就一直扎根生产一线，刻苦钻研业务，不断优化工艺操作，成长为技术标兵，2006年被公司聘为首席技能大师，并荣获了全国五一劳动奖章。

大力加强党风廉政建设。推进了教育、制度、监督并重的惩防体系建设，完善了干部监督联席会和反腐倡廉“大宣教”联席会制度，结合纪念建党85周年，开展了以“树正气、倡廉风”为主题的文艺演出、书画展等廉洁文化活动。

正确处理改革发展稳定的关系，坚持把思想教育与解决实际问题有机结合，重点解决了历史遗留的劳动家属问题，缓解了一些突出尖锐的群体性矛盾，及时消除了部分不稳定苗头，实现了生产、生活和工作秩序的稳定。

大力加强了企业文化建设，以“知荣辱、创文明、求和谐”为主题的“文明小广场”等喜闻乐见、富有实效的活动走进了社区、走进了职工群众当中。

坚持把建设“政治素质好、经营业绩好、团结协作好、作风形象好”的领导班子作为一项主要任务，大力加强领导班子自身建设。从完善学习制度入手，加强中心组学习、个人自学、脱产进修、定期交流和“述学、评学、督学”相结合的学习机制建设，班子成员理论指导实践、推动工作的能力明显增强。加强中层管理人员的管理与考核，制定了中层管理人员暂行规定和薪酬、兼职等管理制度，全面实施了业绩考核，通过党政交叉任职、兼任职务、轮岗交流等措施，优化了班子机构，促进了干部成长。两级领导班子认真贯彻民主集中制原则，坚持按制度办事，严格遵守议事规则和决策程序，班子成员相互补台，加强团结，遇事随时沟通，开诚布公地开展批评与自我批评，营造了纪律严明、宽松和谐的工作氛围。重视加强干部作风建设，大力加强社会主义荣辱观和学党章教育，引导广大干部认清肩负的使命和责任，忠诚党的事业和企业，做到知荣明耻，清廉自守，求真务实，勤俭奋斗。目前在企业里，从各级领导到基层职工，大家在不同的岗位上，都把心思和智慧用在了干好工作上，涌现出了一批敬业爱岗、默默奉献的先进模范。正是这种对岗位、对企业、对事业的真挚情感，成就了企业今天的业绩。

新的一年，我们要在山东省委和中石化集团公司党组的正确领导下，牢牢把握科学发展、社会和谐、关注民生这个主题，大力加强领导班子和领导干部的作风建设，努力做到“为民、务实、清廉”，团结带领全体职工，厉行节约，严细管理，不断促进企业的持续有效和谐发展。

附：齐鲁石化公司党委书记、副书记、常委名单

书　记：席秀海

副书记：王洪亮　刘长新

常　委：席秀海　张瑞生　王树德　王洪亮　刘长新　吴　耘　翟丕沐

莱钢集团有限公司党委工作概况

莱钢集团有限公司党委书记　姜开文

中共莱钢集团有限公司委员会（简称莱钢党委）隶属中共山东省委领导，设常务委员会。2006 年末，莱钢党委下属 1 个工委、34 个二级党委，辖总支 44 个、支部 721 个，党员 13905 人，其中在职党员 8800 人。莱钢党委下设办公室、组织部、宣传部、统战部、党校等机构。纪律检查委员会在省纪委和莱钢党委双重领导下工作，工会、共青团等群众组织在党委的领导下开展工作，武装部、保卫部、离退休职工管理服务部等部门实行党政共管。莱钢的党群机构全部与工作性质相近的行政管理部门合署办公。

2006 年是莱钢登上千万吨钢大台阶、跻身全国十大钢之后，贯彻落实科学发展观、实施“十一五”发展新战略、由做大转向做强的起步年，各级党群组织紧紧围绕中心任务，有效开展工作，发挥政治优势，为各项任务目标的完成提供了强大的政治保障、精神动力和智力支持，有力地促进了全集团三个文明建设的协调发展。全年全集团实现销售收入 443.66 亿元，利税 43 亿元，其中利润 22.36 亿元，同比分别增长 12.5%、33%和 35%，利润增幅高于行业 5 个百分点。经营性现金净流入 37.33 亿元，比上年增加 38.54 亿元，是近年来实现净增长最大的年份。生产钢 1079 万吨，生铁 1009 万吨，坯材 1070 万吨，同比分别增长 4.4%、31.8%和 2%。完成国际贸易总量 1486 万吨，进出口贸易总额 16.2 亿美元，其中出口金属总量 142 万吨，创汇 5.87 亿美元，莱钢成为国内最大的 H 型钢和螺纹钢出口企业。莱钢党委被评为山东省先进基层党组织和全国先进基层党组织、全国企业文化建设优秀单位。

年初，集团公司系统总结了“十五”期间跨越式发展的基本经验，深入研究登上千万吨钢大台阶后如何实现更好更快发展的重大课题，确立了把工作重心转到“做强”上的阶段性战略转移发展思路。各级党组织紧紧围绕这一发展思路，加强干部职工的思想教育，引导职工充分认识莱钢由“做大”到“做强”的深远意义，正确认识面临的形势任务，从而进一步统一了全集团各级领导班子及广大干部职工的思想和意志，促进了由生产导向型向市场导向型思想观念的转变，增强了广大干部职工做强莱钢的信心，为各项工作的开展奠定了坚实的思想基础。

适应莱钢做强的需要，按照加强党的先进性建设的要求，持续加强党的思想建设、组织建设和作风建设。在思想建设方面，坚持理论武装，组织各级领导干部和广大党员认真学习《江泽民文选》、胡锦涛总书记关于树立科学发展观及社会主义荣辱观的重要讲话，深入贯彻落实党的十六届六中全会精神，增强了各级领导班子和广大党员的政治意识、责任意识、大局意识和改革创新意识。在组织建设方面，按照中央及省委的要求，下发了《关于加强党员经常性教育的意见》、《关于做好党员联系和服务职工群众工作的意见》、《关于加强和改进流动党员管理工作的意见》，并制定了相关的推进和保证措施，进一步完善了保持党员先进性教育的长效机制，促进了党的基层组织建设和党员队伍建设，保证了党委的政治核心作用、党支部的战斗堡垒作用及党员先锋模范作用的充分发挥。先进性教育活动群众满意度测评结果显示，职工群众对各级党组织和党员发挥先进性作用的很满意、满意及比较满意率合计达到99.96%。深入推进"四好"领导班子创建活动，认真做好各级干部的培养考察和调整工作，提高了干部队伍的整体素质，为三个文明建设提供了强有力的组织保证。在作风建设方面，进一步加强党风廉政建设，各单位健全完善了教育、制度、监督并重的惩治和预防腐败体系及廉政效能管理体系，充分发挥了廉政效能体系的作用。大力加强廉政文化建设，形成了浓厚的廉政文化氛围。坚持党风廉政建设责任制、廉政承诺、领导干部重大事项报告、述职述廉等制度，全年各级领导干部及重要岗位工作人员述职述廉1942人(次)，共有123名领导干部和管理人员主动登记上交现金、有价证券和礼品折价17.9万元。信访举报量与上年同比降低22%。深入开展治理商业贿赂专项工作，针对容易发生商业贿赂的单位、部门和重要管理环节，有重点地抓好制度的完善，防止商业贿赂问题的发生。

围绕生产经营建设和改革发展等工作，不断创新思想政治工作，为各项任务目标的实现提供了强有力的思想保证和精神动力。加强对广大干部职工的思想政治教育，以邓小平理论、"三个代表"重要思想和科学发展观、社会主义荣辱观、和谐建设思想武装头脑，统一思想，指导工作和行动，促使广大干部和职工群众的思想政治素质、道德水平不断提升。深入开展"优化结构上水平，降本增效我争先"主题系列活动，通过形势任务教育、"主题系列活动汇谈共享"、每季度评先树优等活动，并在报纸、电视上开设"降本增效争先台"栏目，推动了主题系列活动的有效开展，促进了降本增效等各项任务目标的完成。

加强文明莱钢、和谐企业建设。坚持以社会主义荣辱观教育为重点，通过每季度评选感动莱钢"十大好人好事"、"双十佳"评选和"明亮窗口行动"等活动，在全公司全面开展了和谐企业建设，进一步深化了文明莱钢创建工作，形成了倡文明、树新风、重和谐，促发展，建设"文明莱钢"、"和谐企业"的浓厚氛围。通过创建学习型党组织和开展群众性文体活动，进一步增强了党组织和企业的活力。

始终坚持全心全意依靠职工办企业的方针，切实维护职工合法权益，认真执行职工代表大会制度，不断深化厂务公开，保证了职工对企业重大决策和重大事项的知情权和参与权。维护职工具体利益，关注职工的成长和发展。坚持抓好职工培训，并通过开展"优化结构、降本增效"主题夺杯竞赛和承办"莱钢杯"第三届全国钢铁行业职业技能竞赛，引导职工学技术、提技能、当能手，提高了职工的技术水平和管理能力。有计划地组织部分领导骨干参加英语脱产培训，以适应莱钢的发展，切实关心职工生活，帮助职工解决实际问题，2006年全集团筹集资金96.19万元走访慰问劳动模范、救助困难职工和上大学困难的职工子女；为379名患大病职工支付救助金198.38万元，为226名困难职工办理了城市居民最低生活保障金，保证了弱势群体的基本生活，体现了莱钢大家庭的温暖。

以"平安建设"为载体，全面加强稳定工作，为企业生产经营建设和改革发展创造了稳定的治安环境和良好的发展环境。莱钢平安建设经验作为典型在全国平安建设座谈会上介绍后，引起了广泛关注和强烈反响。深入开展"五五"普法教育，对处、科级领导干部进行法制培训，全面提高干部职工的法律意识。加强治安保卫队伍建设，增强治安保卫力量，提高治安保卫队伍的整体素质，不断健全"五位一体"治安防范体系，充分发挥各方面积极因素，加强生产区、生活区的治安保卫工作，创造了良好的治安环境。加大信访民调工作力度，及时化解各类矛盾，正确处理企地关系，健全完善企地共建共管机制，为企业发展创造了和谐的环境。

附：莱钢党委书记、副书记、常委名单

书　记：姜开文

副书记：李名岷　宋兰祥　赵茂祥

常　委：姜开文　李名岷　宋兰祥　赵茂祥　田克宁　魏佑山　赵雁彬　崔宪池　魏兴文

济南铁路局党委工作概况

济南铁路局党委书记　柴铁民

2006年是实施铁路"十一五"发展规划的开局之年，也是济南铁路局改革发展取得重大突破、创造历史新业绩的一年。一年来，全局各级党组织坚持以科学发展观为统领，认真贯彻落实山东省委、铁道部党组的一系列部署和决策，融入全局中心，发挥政治优势，提升服务保证作用，为确保全局整体工作持续健康发展做了大量富有成效的工作。

一、科学理论武装在统一思想、指导实践、推动工作中发挥了重要作用

坚持用党的理论创新成果武装党员、教育职工、推动工作。运用党委中心组、党校培训、理论研讨、职工政校等形式和载体，组织广大党员、干部和职工群众深入学习十六大以来党中央提出的一系列重大战略思想，学习胡锦涛总书记出席青藏铁路通车庆祝大会和考察青藏铁路时的重要讲话，开展了先进性建设理论研讨和铁路"十一五"发展规划专题学习研讨。局党委中心组先后组织了12次集中学习研讨，举办干部政治理论、岗位能力培训班256期，培训干部16501人。开展"回顾发展成就，展望美好前景"的主题教育，集中宣传铁路改革发展的标志性成就和主要奋斗目标，坚定了干部职工推进铁路改革发展的信心。紧密结合改革发展的重点难点问题，在全局深入开展了"学理论、转观念、促发展"实践活动，各级干部围绕规范安全管理、内涵挖潜增效、加快辅业发展等重点工作加强调查研究，提高了理论指导实践的能力，推动了全局各项工作的创新发展。

二、思想政治工作在确保安全、促进发展、维护稳定中展示了优势和作为

坚持"融入中心、服务大局"的指导思想，围绕实现全年安全奋斗目标，紧紧抓住落实干部安全管理责任制、强化职工安全责任心这一关键，持续开展了安全发展理念教育、安全警示教育、安全法制教育和季节性安全教育。结合开展安全"大检查、大反思"活动，深入查找政治工作不适应安全生产的问题，有针对性地开展了忧患意识和责任意识教育，夺取了安全生产3000天的历史最好成绩。围绕完成运输经营任务，大力加强经营形势教育，深入宣传"大运输"的思想，层层传递增运增收、节支增收的责任与压力，全局上下较好地形成抓经营一盘棋、创效益一条心、谋发展一股劲的生动局面，主要运输经营指标均创历史最好水平。围绕生产力布局微调、辅业重组整合等基础性改革，始终把维护稳定作为重大政治责任，各级党组织广泛宣传推进运输生产力布局微调的重要意义和目的、要求，宣传我局加快辅业发展的战略决策，及时化解干部职工的思想疑虑，妥善解决改革中实际问题，保证了改革的顺利推进。同时，充分发挥基层站段与公安、政法部门的积极性，合力推进"平安铁路"建设，48%的基层单位达到了"平安铁路"创建目标，全局始终保持了和谐发展的治安环境。

三、领导班子和干部队伍建设在推进生产力布局微调中全面加强

坚持把加强领导班子建设作为党的建设的关键来抓，局党委制定下发了《关于深化"四好领导班子"创建活动的意见》，赋予创建工作新的内涵，各单位细化创建措施，落实创建责任，提高了创建质量和层次，实现了创建目标。认真贯彻《铁路企业领导干部选拔任用工作规定》，确立了"想事、干事、成事"的用人导向，结合生产力布局微调、部分站段建制升格，对35个运输站段领导班子全面进行了考核。提拔和交流领导干部947人次，一批中青年干部走上领导岗位，领导班子的年龄、专业和知识结构进一步优化。加快推进人才强局战略，组织力量对全局经营管理、专业技术人才队伍进行了专题调研，积极做好人才队伍建设的目标规划工作，选拔推荐部级以上优秀专业技术人才13名，开展了"首席工程师"制试点，激励广大专业技术人员发挥专长、展示才华。不断深化干部作风建设，修订完善了《安全管理失职责任追究办法》，先后对17名领导干部进行了责任追究。在路局机关深入开展了作风建设集中学习教育活动，提高了机关干部服务基层、服务一线的主动性和自觉性。

四、基层党组织的创造力、凝聚力和战斗力在改进创新中进一步增强

积极落实加强和改进党建工作的各项任务，路局机关党群机构由24个精简为12个，工作人员由131人减少为81人，减幅分别为50%和38%；运输站段编制党群定员829人，占全局党群总定编的72%，提高17%，基本达到了上精下实、加强一线的目的。按照一职多能、精干高效的要求，在路局机关党群干部中开展了运输业务知识培训，优化了政工干部的知识结构。紧紧抓住京沪、胶济提速安全标准线建设这一事关全局的重点任务，在两大干线广泛开展了创建"安全屏障"工程示范线活动，并适应决战90天、打好攻坚战的需要，及时把创建活动向陇海、京九两大干线拓展，涌现出许多"党员优质设备"、"党员示范区段"，有力地推动了大提速准备工作的扎实深入开展。针对电气化铁路开通运营和新技术、新设备广泛应用的现实需要，在全局深入实施"双培"强兵战略，提升了党员队伍的技术业务能力，

全局共有732名党员成为生产骨干,1313名生产骨干加入党组织,占发展党员总数的95%。针对生产班组规模扩大、现场作业控制、班组建设管理日益突出的实际,在23个站段的136个生产班组进行了建立党支部试点工作,较好地解决了党内活动难开展、制度难落实等问题。在全局实行了兼职党支部书记津贴制度,调动了广大兼职党支部书记的积极性。认真总结和运用先进性教育活动的成功经验,着力加强先进性长效机制建设,实现了"以制度巩固成果、以机制扩大成效"的目标。深化党风廉政建设和反腐败斗争,加强领导干部廉洁自律的思想教育,以查办领导干部和"六管"人员违纪违法案件为重点,加大查办案件力度,共立查案件91件,挽回经济损失1188万元。路局纪委荣获全路先进纪检监察集体称号。

五、各级组织的优势和作用在服务大局中充分展现

各级党组织加强对工会、共青团组织的领导,支持工团组织独立自主地开展工作。各级工会组织紧扣中心工作,突出维护职能,推进民主管理,深入开展群众性的劳动竞赛和技术创新活动,调动和发挥了职工群众的主人翁作用。路局荣获全国"安康杯竞赛优胜企业"称号。全面落实"三不让"承诺,筹集专项资金6360万元,为困难职工发放生活补助1598.4万元,对636名困难职工子女、2890名患病职工进行了帮扶和救助,路局工会荣获"全国工会帮扶中心先进集体"称号。各级团组织以青年成才创效为重点,广泛开展青春立功、青年志愿者、青年文明号创建等活动,发挥了生力军和突击队作用。深入开展社会主义荣辱观教育,全局精神文明建设成效显著,路局被授予全国法制宣传教育先进单位,继续保持"全国精神文明建设先进单位"称号。与此同时,全局军交战备、国防教育取得了较好成绩,离退休管理、报社、电视台、信访、统战、政法办、关心下一代等部门也都结合实际,突出特色,开展工作,为推动全局改革发展稳定做出了积极贡献。

附:济南铁路局党委书记、副书记、常委名单

书　记:王孔秀(2006年6月离职)
　　　　柴铁民(2006年6月任职)
副书记:陈　功　王　辉　刘日平
常　委:柴铁民　陈　功　王　辉　刘日平
　　　　郭吉光　夏恩鹏　翟世刚

企业党建典型

转变工作重心　增强工作实效　努力开创企业党建工作新局面

究矿集团有限公司党委书记　耿加怀

2006年,兖矿集团党委认真贯彻党的十六届五中、六中全会精神和省委、省国资委党委关于加强企业党建工作的一系列会议指示精神,落实科学发展观,紧紧围绕"42301578"奋斗目标,以党委工作责任制和创新工作实践为总抓手,转变工作重心,增强工作实效,促进企业又好又快发展,实现了"十一五"良好开局。全年完成销售收入313.11亿元,同比增长18.51%;实现利润总额32.70亿元,同比增长5.23%;上缴税金40.56亿元,同比增长18.94%。截至2006年末,资产总额519.41亿元,同比增长74.32亿元,国有资产保值增值率111.40%。

一、加强理论学习和形势任务教育,夯实企业又好又快发展的思想基础

坚持三级党委中心组学习制度,把集中学习与个人自学、"走出去"与"请进来"、办班培训与专题辅导相结合,创新学习形式,增强学习实效。邀请中央党校教授作专题辅导报告,组织3万多名干部职工收看,提升了理论教育影响力。集团公司37名领导人员参加南开大学EMBA兖矿班学习取得硕士学位。开展党章"五个一"专题教育和社会主义荣辱观教育巡回展览,展出7场次,8万多名职工、家属和师生现场观看,营造了"扬荣弃耻,和谐发展"的新风尚。举办科学发展观、构建和谐社会等学习报告会、理论培训班130多期,培训党员干部6000余人次。

二、落实党委工作责任制和创新工作实践，党建工作更加务实有效

坚持“围绕经济抓党建，进入管理起作用”，制定2006年党委工作责任制和创新工作实践实施意见，细化、量化9项43款考核内容和标准，把安全生产、经营管理、环保节能等指标纳入考核范围，形成“责任明确、创新实践、党政同步、考核兑现”的党委工作体系。发挥党委政治核心作用，积极参与企业重大问题决策，依照《公司法》修订党委常委会、董事局、经理层和监事会议事规则，完善决策目标、执行责任、考核监督三个体系。认真贯彻省委组织部、省国资委党委开展“四好”领导班子创建活动部署，完善创建意见和考评办法，细化标准，量化指标，加大动态管理、责任考核和奖惩力度。集团公司领导班子被中组部、国务院国资委授予“全国国企创建‘四好’班子先进集体”。坚持党管干部和党管人才原则，加强干部教育培养、监督管理和选拔任用，认真抓好经营管理、专业技术、高技能“三支人才队伍”建设，完善人才考核、绩效评价、激励约束制度，发放优秀技术技能人才津贴600多万元。

三、加大源头预防和治理腐败力度，党风建设和反腐倡廉工作取得新成效

认真贯彻中纪委六次、省纪委七次全会和中纪委在青岛召开的部分大型企业负责人座谈会精神，制定《建立健全教育、制度、监督并重的惩治和预防腐败体系实施办法》，从源头上预防和治理腐败力度逐步加大。加强廉政文化建设，开展“廉洁从业”主题教育，举办法制报告会、效能监察培训班，组织“廉洁杯”文艺作品征集活动，“廉业之声”文艺晚会反响良好，被省纪委、省监察厅命名为“齐鲁正气歌”艺术团。推进“制度落实年”活动，《规范对外担保、赞助规定》、《工程建设项目自行招标监督管理办法》、《办公用品管理办法》等规定得到较好落实。围绕安全生产、物资采购、煤炭销售、工程建设、投资管理以及职工群众反映强烈的问题，实施效能监察78项。加强治理商业贿赂工作，组织医疗设备采购、规范建筑市场秩序专项检查，查出问题167条，提出建议49项。狠抓纠风专项治理，69个矿处单位、部门和620多名副处级以上干部进行自查自纠，处理私设“小金库”和克扣职工工资奖金的基层区队干部11人次。严肃查处违纪案件，全年受理群众来信来访282件次，处结率100%，查办案件28起，党政纪处分50人，挽回直接经济损失12.52万元。在中纪委召开的部分大型企业负责人座谈会上介绍了加强党风廉政机制制度建设的做法，《中国纪检监察报》头版刊发。

四、坚持以人为本，加强企业文化和精神文明建设，企业凝聚力不断增强

加强安全文化、管理文化、廉洁文化和美德文化建设，初步形成“四位一体”企业文化建设体系。加强安全文化建设，“兴隆鼎”、“三为六预”安全文化通过中煤政研会专家组评审。协办第三届中国企业文化论坛，参加省文博会企业文化风采展，被确定为全省企业文化示范单位。扎实推进学习型企业创建工作，荣获“全国企业培训工作先进单位”、“第二届中国企业教育百强”和“山东省学习型组织标兵单位”称号。承办省、市第二届职工职业技能大赛车工比赛，并均获团体总分第一名。扎实开展群众性精神文明创建活动，深化“树献送”救助工作，向117名特困学生、孤寡老人发放救助金20.5万元。组织全民健身、民间艺术表演、老年书画展、“矿区和谐、家庭和睦、友善互助、平安幸福”万人签字仪式和庆祝建党85周年、纪念红军长征胜利70周年、庆祝建国57周年系列活动。协办“兖矿杯·寻找感动中国的矿工”活动，有4名职工入围。5家单位荣获和保持省级文明单位，13家单位荣获和保持市级文明单位称号。

五、落实党的依靠方针，民主管理和群众工作活跃扎实

加强职工民主管理，召开三届四次职代会，10多项重大决策和涉及职工切身利益的问题提交职代会讨论审议，职工群众知情权、参与权得到较好维护。推行ISO9000厂务公开民主管理质量体系，公开质量和职工满意度不断提高，被推荐为全国厂务公开民主管理先进单位。广泛开展群众性合理化建议、技术革新、技术协作、发明创造等经济技术创新竞赛活动，全公司职工共提合理化建议17381条，采纳实施16192条。推进“青工技能振兴计划”，被授予全国青工技能振兴计划示范单位。加强扶贫帮困工作，走访慰问困难职工、离退休人员、工病亡遗属、困难残疾人、大病职工8106人次，发放救济金、慰问金212.59万元；开展“金秋助学”、领导干部与困难职工结对帮扶活动，帮扶230多人次，资助780名困难职工子女上学，资助金额106.87万元。关心离退休人员生活，为离休人员和建国前老工人增加了养老待遇，公司离退中心被评为全国老干部先进集体。

六、围绕中心，把握大局，整体工作实现协调发展

加强安全基础管理工作，区队班组建设、“双基”建设和“两型三化”企业建设扎实推进，煤炭生产百万吨死亡率0.159，保持国内领先水平。主辅分离辅业改制和唐村煤矿关闭破产工作积极稳妥推进，中小学分离移交工作已做好充分准备，信息、医疗系统完成资源整合。提高企业自主创新能力，取得重大科技成果36项，其中21项达到国际先进水平，获省部级以上奖励45项。煤化工承担的3个国家“十五”“863”项目全部完成，4项核心技术列入国家“十一五”“863”计划。落实信访稳定责任制，超前排查和预防不稳定因素，越级上访、集体上访明显下降。加强社会治安综合治理，严厉打击违法犯罪活动，矿区保持和谐稳定局面。企业社会形象得到提升，煤业公司荣获“亚太国际质量管理奖”，兖矿“峄山”牌尿素被授予“中国名牌产品”，全国国有重点

煤矿安全基础管理工作座谈会、国有企业自主创新与发展暨“兖矿实践”高层理论研讨会、省管企业负责人暨自主创新经验交流现场会在集团公司成功召开。

站在新起点 实现新跨越

济南钢铁集团总公司党委书记 李长顺

2006年，济钢党委坚持以邓小平理论和“三个代表”重要思想为指导，深入贯彻党的十六大以来的路线方针政策，全面贯彻落实科学发展观，着力发展循环经济，着力推进体制机制创新，着力建设平安、文明、和谐济钢，公司物质文明、政治文明、精神文明建设都取得了新的成果。全年生产钢1124.4万吨、铁952万吨、钢材1092.5万吨；实现销售收入443亿元、利税44亿元、利润21.8亿元；出口钢铁产品158万吨，创汇6.6亿美元，进出口贸易总额14.7亿美元。“济钢牌锅炉压力容器用钢板”荣获2006年中国名牌称号，锅炉容器钢板市场占有率保持全国第一，造船板市场占有率在全国冶金企业排名第5位。济钢品牌荣获2006年世界市场中国（钢铁）十大年度品牌称号。

一、站在新起点、实现新发展，以科学发展观统揽全局，正确决策，准确把握战略方向

济钢党委坚持经济效益、环境效益的协调统一，根据发展形势适时提出了“2006年要成为济钢历史上效益最好、环境最美的一年”的奋斗目标，明确了“效益最好取决于质量、品种、成本；环境最美取决于循环经济”的思路，激励干部职工紧紧围绕提高质量、扩大品种、降低成本、发展循环经济，解放思想，转变观念，树立“一切皆可能”的必胜信念，充分发挥主动性和创造性，挖掘潜能，创新工作，实现了经济效益与环境效益双赢。

二、保持和发展党的先进性，着力加强党的思想、组织、作风建设

抓好两级党委中心组学习，密切联系工作实际，精心组织，发挥示范带动作用。充分利用“三会一课”、党校培训、举办理论讲座、个人自学等多种方式，组织广大党员系统学习，系统思考。注重发扬理论联系实际的学风，寓学习于推动工作、加快发展和造福职工之中，解决了一系列困扰发展的矛盾和瓶颈，确保了济钢的科学发展、和谐发展。继续推进“双向进入、交叉任职”，发挥党组织参与重大问题决策的作用。制定实施基层党委工作考核办法，对各基层党委工作实施量化考核，促进了基层党委工作的规范化、制度化。深入推进“三高两先一创”活动，召开活动成果发布会，发挥典型的辐射带动作用。开展以“学习党章，增强党性，争做表率”为主题的民主评议评选活动。完善党员发展机制，严格党员准入机制和不合格党员的淘汰机制，保持了党员队伍的先进性、纯洁性。坚持从严治党，牢记“两个务必”，认真执行“八个坚持、八个反对”，始终保持作风上的先进性。深入开展党风廉政建设和反腐败斗争，建立健全教育、制度、监督并重的惩治和预防腐败体系。扎实推进治理商业贿赂专项工作，对380名中层干部落实党风廉政建设责任制情况进行了自查登记，先后有17人次上交礼品、礼金价值73万多元。加强对权力运行的制约和监督，层层签订党风廉政建设责任书。加大查办案件工作力度，严肃查处党员领导干部贪污受贿、侵害企业和职工利益的违纪违法案件，立案24起，涉及63人，已结案19起，有56人受到党纪、政纪处分。通过查办信访案件，避免和挽回经济损失448万元。不断强化措施推进效能监察工作，确立效能监察项目94个，避免和挽回经济损失7812万元。

三、提高治企能力，着力加强领导班子和干部队伍建设

大力加强领导班子的思想政治建设。扎实开展以“提高五种能力，争创四好班子”为主题的学习教育活动，领导班子和干部队伍的思想作风、精神状态发生了深刻变化，学习创新能力、驾驭市场和快速反应能力、应对复杂局面能力、整合利用资源和能源能力以及科学治企、民主治企、依法治企能力进一步提升，有力推动了结构调整、品种开发、提高质量、开拓市场等各项工作。不断改革和完善领导干部管理机制，制定了《济钢2006—2010年中层经营管理人才战略规划》，明确了经营管理者队伍的总量、结构、素质和绩效目标。健全科学的考核评价体系，创新考核方式，改进考核内容，量化考核标准，先后对全公司54个单位和部门的领导班子和385名中层领导干部进行了年度考核评价。完善干部交流机制，扩大交流范围，调整任免中层领导干部涉及63个单位、110人次，改善了领导班子结构，增强了干部队伍的活力。拓宽干部培训渠道，采取专题讲座、外出培训等方式，增强教育培训的系统性、实用性和开放性。深入开展“四好”领导班子创建和优秀经营管理者评选活动，注重实效，及时总结新经验，建立完善相关制度。

四、构建文明济钢、和谐济钢，着力调动积极因素，激发创造活力

紧密结合贯彻落实胡锦涛总书记“八荣八耻”的社会主义荣辱观，制定实施《员工行为规范》，深入开展以“知荣辱，

树新风，争做文明济钢人”为主题的实践活动，涌现出了一大批公而忘私、助人为乐的先进典型和感人事迹，进一步丰富发展了“可尊，可信，共创，共赢”核心价值观的内涵。开展形势任务教育，以多种形式广泛宣传“十五”经验和“十一五”发展战略，开展“质量品种在我心中，精准高效在我手中”主题教育活动，形成了只为成功想办法，不为失败找借口，为企业发展拼搏奉献、献计献策的浓厚氛围。不断改进思想政治工作方式，建立舆情汇集和分析机制，把握职工思想脉搏，了解职工的思想动向，增强了思想政治工作的针对性和有效性。工会、共青团、武装保卫、统战、科协以及生活后勤、离退休职工工作等围绕中心，服务大局，各司其职，积极创新，形成了共同建设和谐济钢的生动局面。近万名职工参与和谐企业的专项调查，认为当前济钢和谐、比较和谐的占96%。坚持科学决策、民主决策，在决策酝酿、决策形成、决策实施的各个环节充分发扬民主，倾听职工群众的意见和呼声，切实保障职工群众的知情权、参与权、表达权、监督权。完善公开机制，深化厂务公开，利用OA网络平台，公开重要决策和工作进展情况。对各单位的厂务公开工作进行监督检查，公开通报检查结果。加强职工代表大会制度建设，坚持职工代表视察制度，举办职工代表培训班，提高了代表参政议政能力。坚持广开言路，定期举办各类座谈会、恳谈会、问卷调查、职工思想状况调查等活动，多方听取职工群众对加强企业管理的意见和建议，促进了企业管理的不断加强。切实保障职工的学习权、教育权、发展权，促进职工自身全面发展。深入开展“创建学习型组织，争做知识型职工”活动，为职工提升素质搭建平台。创新培养机制，因材施教，通过实施高层次人才培养工程、“人才充电”工程、“1+1”培养工程、技能提升工程，全年举办各类培训班890多个，培训职工5.3万人次。不断完善“人才三线开发动态管理机制”，规范对“十百千”人才的考核，开展首席技师和技术能手评选活动，对优秀技能人才进行了表彰奖励。总公司荣获国家技能人才培育突出贡献奖。大力营造“鼓励创新，允许失误，宽容失败”的良好环境，培养造就创新人才，提升自主创新能力。深入开展合理化建议、技术革新、发明创造等多种形式的群众性经济技术创新活动。为职工创造良好的生产生活环境，加大环境保护力度，烟尘、粉尘大幅度削减，空气质量明显改善。

突出抓好四个重点
提高党建工作水平

山东省农村信用社联合社
党委书记　宋文瑄

山东省农村信用社联合社成立于2004年5月，具体承担着对全省农村信用社的管理和服务职责。三年来，在省委、省政府的正确领导下，在省国资委党委的具体指导下，省联社党委坚持以邓小平理论和“三个代表”重要思想为指导，深入贯彻党的十六大和十六届三中、四中、五中、六中全会精神，牢固树立科学发展观，围绕全省经济工作重点和争创一流金融机构的奋斗目标，突出抓好四个方面的重点，全面推进党的思想、组织、制度建设，切实发挥好党组织的战斗堡垒作用和党员的先锋模范带头作用，有力地推动了全省农村信用社的改革与发展。截至2006年末，全省各项存款余额3433亿元，较年初增加499亿元，各项贷款余额2699亿元，增加377亿元，存贷款余额和增加额在全省各家金融机构中均居第一位；农业贷款余额达1778亿元，比年初增加285亿元，新增农业贷款占全省各金融机构的95%以上，农业贷款余额、新增额等连续多年位居全国同行业首位，实现了经济效益和社会效益的双丰收，为全省经济社会发展和社会主义新农村建设做出了积极贡献。被省委组织部、省国资委党委命名为全省国有企业创建“四好”领导班子先进集体，被评为全省思想政治工作优秀企业。党委书记宋文瑄同志被授予富民兴鲁劳动奖章，并被推选为省第九次党代会代表候选人。

一、以落实责任制为重点，加强基层党组织建设

省联社党委辖属省联社机关党委和14个办事处党委，青岛、潍坊、莱芜市联社及各县（市、区）联社、农村信用社党的关系隶属于地方党委管理。省联社党委指导办事处、市联社在加强对当地农村信用社行业管理的同时，明确了各级党组织的工作职责，建立健全了党建工作目标责任制，会同各级地方党委加强了对市、县（市、区）联社、农村合作银行党建工作指导，并将各办事处、市联社党委指导基层党建工作情况列为主要责任目标之一，作为各党委班子成员年度述职考核的重要内容，增强了农村信用社各级领导班子

抓好基层党建工作的责任感。研究制定了《省联社机关党建制度办法汇编》,健全了省联社党委运行规则、理事会运行规则、主任办公会运行规则等,明确了工作职责和议事范围,较好地发挥党在全省农村信用社改革发展中的领导核心作用。充分利用全省农村信用社办公自动化网络《党建工作》页面,对党建工作中的典型经验、学习心得、学习资料和活动开展情况,及时进行发布,实现了党建工作信息交流方式的创新。

二、以创建活动为重点,提高基层党建工作水平

为建立保持共产党员先进性的长效机制,省联社党委制定下发了关于创建"四好"领导班子、"五个好"基层党组织和"五个好"党员等活动的实施意见,围绕农村信用社改革发展要求,明确了指导思想、创建内容、目标和总体规划,确定了第一责任人,做到认识、制度、措施、领导"四个到位",组织开展了深入细致的创建活动。2006年,全省有16个"四好"领导班子、6个"五个好"基层党组织、39名"五个好"党员受到省联社党委表彰。兰山合作银行被省委授予全省先进基层党组织荣誉称号,胜利合作银行东城支行被授予国家级青年文明号,张效节等6名同志荣获富民兴鲁劳动奖章,郑爱华同志被评为山东省十大杰出青年。据不完全统计,全省共有80余家单位、30余名个人被授予市级以上荣誉称号。

三、以教育管理为重点,增强党员队伍素质

加强党员思想教育,通过举办培训班、上党课、举行报告会、专题研讨会等形式,组织和指导各级党组织和全体党员坚持不懈地学习马列主义、毛泽东思想、邓小平理论和"三个代表"重要思想,省联社及各办事处的党员每年参加所在党组织集体教育活动时间累计不少于12天;市联社、县(市、区)联社、农村合作银行及基层农村信用社的党员累计不少于当地党委规定时间。在省联社机关、各办事处建立了周六学习制度,要求每月第一个星期六都要集中半天进行学习,科学安排好学习内容,并将学习时间、学习方式以制度的形式固定下来。先后组织开展了学习贯彻胡锦涛总书记关于树立社会主义荣辱观的重要讲话精神、以学习贯彻《党章》为主题的"五个一"活动、学习《胡锦涛总书记在中国共产党成立85周年暨总结保持共产党员先进性教育活动大会上的重要讲话》、学习《江泽民文选》和党的十六届六中全会精神等专题学习活动,研究制定了学习配档表,专门刻录了《十六大〈党章〉电视教材》,编印《政治理论学习参考资料》和《党的十六届六中全会精神学习参考资料》,发放到各党支部,组织党员广泛开展学习讨论,推动省联社机关和各办事处党员思想作风建设。

为做好省联社机关的党员发展工作,增强党员队伍的生机和活力,提高党员队伍的整体素质,根据《党章》和发展党员的工作细则,结合省联社机关实际,研究制定了发展党员工作规划,提出了"确保发展党员质量、重点发展业务技术骨干、改善党员队伍结构、保持党员队伍的合理分布和适度规模,使发展党员工作取得突破性进展"总体要求。并重点向业务技术骨干倾斜,向一线工作人员倾斜,确保党员队伍的年轻化、知识化、专业化,调动了员工入党的积极性,两年来共有41名同志向党组织递交了入党申请书,有50名同志列为入党积极分子。各党支部健全了对入党积极分子进行培养的制度,多次组织入党积极分子参加党员学习活动,提高政治素质和党性观念,两年来共发展党员21名。

四、以主题实践为重点,加强党的作风建设

要求广大党员牢固树立群众观点,切实做好改进领导作风、工作作风和联系服务群众工作。一是建立了省联社领导联系点制度,每个领导成员都确定1个基层联系点,全年到基层调研和指导工作时间不低于2个月,到联系点调研时间不低于1周。省联社机关及各办事处党支部定点帮扶经营困难的基层信用社,深入帮助分析解决经营中的困难和问题。二是结合农村信用社改革发展实际,组织党员立足岗位深入开展了主题实践活动,因地制宜地开展了"党员先锋岗"、"讲奉献、比贡献"和"创先争优"等活动,提高了基层党组织的凝聚力、战斗力,发挥了党员的先锋模范作用。三是认真开展党员设岗定责活动,组织党员结合业务分工和工作岗位,设立党员岗,明确有关职责,组织党员开展好与困难村、困难群众结对扶贫活动、送资金、送文化、送科技下乡等便民利民活动和各类公益活动。两年来,全省农村信用社员工共捐款1055万元设立银光助学基金,为贫困地区捐献衣物4.7万件。四是关心员工疾苦,有针对性地加强思想政治工作。特别是在内部劳动用工、薪酬分配改革等事关员工切身利益的工作中,注意认真倾听员工呼声,了解员工意愿,科学合理地制定改革方案,稳妥慎重地操作,维护好绝大多数员工的利益。两年来,省联社及各办事处已多次召开了"春节返乡人员座谈会"、"三八妇女节座谈会"、"大学生座谈会",了解工作生活情况,广泛征求员工意见,交流思想感受,为做好员工思想工作奠定了基础。五是加强了党风廉政建设,省联社制定了《山东省农村信用社党风廉政建设意见》、《领导人员廉洁从业暂行规定》等制度,层层签订廉政建设责任状,通过严格的监督检查抓好落实。同时,运用典型案例、以案说法等形式开展了警示教育,增强了党员干部和广大员工的廉洁意识、法律意识,规范了从业行为。

抓住关键点　找准着力点　共建闪光点　以党建工作创新引领企业又好又快发展

枣庄矿业集团公司党委书记　江　卫

枣庄矿业(集团)有限责任公司是一个具有百年开采历史的老矿区。其前身为1878年创办的山东中兴矿局,当时为中国近代三大煤矿之一,1956年成立枣庄矿务局,1998年改制为枣庄矿业(集团)有限责任公司。现已发展成为一个集煤炭生产、加工、机械制造、煤化工、发电、建筑建材、铁路运输、地质勘探、生物工程、医疗、教学等于一体的大型企业集团。现有在册员工73956人、离退休人员38199人。党员18648人,其中离退休党员6183人。集团公司党委下属二级单位设38个党委,862个基层党支部(总支)。

近年来,矿区各级党组织认真贯彻落实党的十六大和十六届五中、六中全会精神,按照科学发展观的要求,坚持"围绕中心,服务大局"的党建工作指导思想,大力加强党的先进性建设,充分发挥党组织的政治核心作用、党支部的战斗堡垒作用和广大党员的先锋模范作用,团结奋进,创新超越,推动了枣矿集团又好又快发展。2006年,实现总收入170.8亿元,上缴税费21.88亿元,实现利润10.38亿元,职工人均收入突破3万元,创出历史最高水平。荣列全国500强第190位、中国纳税200佳107位、中国煤炭100强第9位。在管理创新、科技创新及企业文化建设方面都取得了突出成果,被中宣部、国务院国资委等部门评为全国九大典范企业之一。

一、抓住关键点,着力提高各级班子领导科学发展的能力

(一)坚持抓好干部队伍政治理论学习　利用党委中心组学习、举办培训班和个人自学相结合等方式,组织各级班子成员学习党的十六届五中、六中全会精神、学习《江泽民文选》和胡锦涛同志的一系列重要论述,统一各级领导班子的思想。邀请有关专家学者授课,举办讲座。2006年,举办矿处级干部短期培训班7期,培训干部486人次,进一步提高了各级班子成员和广大干部的政治素质、业务素质。

(二)扎实开展"五好"班子创建　在改进和发展"创先争优"活动的同时,制定了《关于开展"五好"领导班子创建活动的意见》,量化了考核标准,强化了检查评比,收到了明显成效。

(三)严肃选人用人制度　坚持凭政绩用人,真正让想干事的干部有机会,能干事的干部有舞台,会干事的干部有地位,引导各级干部把心思用在踏踏实实干事创业上。在去年集团公司机关"三定"工作中,采取竞争上岗的办法选聘公司机关的各级管理人员,有9名科级干部通过竞聘走上了副处级领导岗位。

二、找准着力点,为大集团战略的实施营造良好环境

(一)持续开展"解放思想、更新观念"宣传教育,营造干事创业的浓厚氛围　先后两次开展了解放思想大讨论活动,组织矿区领导干部到南方开放发达地区和省内先进兄弟单位参观学习,组织演讲团到矿区巡回演讲,引导广大员工主动查找思想观念、精神状态方面存在的问题,摒弃与市场经济不相适应的旧思想、旧观念和畏难发愁、等靠要的思想,着力强化开放意识、市场意识、竞争意识、机遇意识、创新意识。随着企业在各方面出现的巨大变化,又开展了反骄破满、艰苦创业和"全省工交学枣矿,枣矿怎么办"的大讨论,引导大家为实施大集团战略,大力营造精心谋事、潜心干事、自我超越、干事创业的浓厚氛围。扎实开展了以"回顾与展望、提升员工素质、科学发展观"为主要内容的形势任务教育,引导员工展望企业未来发展前景,激发抢抓机遇、干事创业的热情。认真组织学习党的十六届五中全会精神以及上级有关建设和谐社会、发展循环经济、建设资源节约型、环境友好型企业的要求。大力实施"员工素质登高工程",全面强化员工素质教育,有效地推进了员工知识更新、观念更新和管理创新。

(二)大力开展安全文化建设,推动安全形势持续稳定好转　围绕安全生产,切实解决安全生产中人的不安全因素和物的不安全状态。根据不断发展变化的安全形势,有针对性地进行了安全理念的提炼和导入。结合树立社会主义荣辱观,提出了以"十荣十耻"为主要内容的安全荣辱观,丰富了安全文化的内涵。利用班前礼仪、安全文化长廊、工作面安全理念栏等形式,广泛进行理念灌输,使各种人性化、亲情化的安全理念融入员工心中,着力培养本质安全人,有效地促进了本质安全型矿井建设。

(三)加强党风廉政建设,倡塑廉洁从业新风　突出形象化、直观性,集中开展了正确利益观教育活动,强化了各级领导干部的安全从业意识、增强了拒腐防变能力。积极推进制度创新。重新修订了党风廉政建设责任制,突出责任分解、责任考核和责任追究三个环节,层层横向签订了党风廉政建设责任书。建立了内部市场监督检查制度,规范了招投标管理。出台了党风廉政建设巡视制度,着力加强对驻外公司的监督,保证了战略开发与干部监督同步拓展。加大了自查办案的力度。采取下案上办、联合办案、派人督

办等方法，及时对重要案件进行指导、协调和督促，加强了办案力量。2006年，共立查案件79起，为企业挽回经济损失366万元。

（四）扎实有效地做好信访和关心职工生活的工作，促进和谐稳定 坚持把维护安全稳定工作作为一项重要的政治任务，狠抓各项措施的落实。集团公司与各单位签订了《维护稳定工作责任状》，制定了《稳定工作风险抵押奖罚规定》和《信访工作责任追究暂行规定》，实行了信访稳定与机关有关部门年薪制挂钩考核、风险抵押等有效办法，加大对单位党政一把手的考核力度，提高了各级领导干部对信访工作的重视程度。坚持把解决员工思想问题与解决实际问题相结合。划拨专款建立了"困难职工帮扶中心"，积极开展了对弱势群体的救助工作。通过行政拨款、工会注入自留经费和发动职工捐款，筹集资金800余万元。针对9个方面的困难群体，分别制定了9个救助办法，对他们实行定期帮扶、定期救助。2006年，共发放城镇最低生活保障金364.52万元，大病救助、走访慰问金340万元，使困难群众深切感受到了党组织的关怀和企业大家庭的温暖。

三、共建闪光点，在深化提升"三三三"管理文化品牌中发挥领导核心作用

创造培育了以"三基"（基础、基层、基本功）、"三化"（市场化、精细化、准军事化）、"三个亮点"（质量标准化、企业文化、环境面貌综合治理）为主要内容的"三三三"管理文化品牌。围绕强化管理，深入开展思想政治工作，加强正面引导，统一员工思想，提升管理效能。为深化提升"三三三"管理文化品牌，制定出台了《关于实施迈向企业文化管理新阶段的意见》，形成了企业文化建设的新思路，在完善体系、创新方法、丰富内容、拓展空间等方面提出了明确要求。对"三基"、"三化"、"三个亮点"之间的内在联系以及各自的内涵，从理论层面进行了科学阐释和界定，增强了"三三三"管理的科学性和实践性。调研推广了基层单位在实践中创造的"岗位价值流程再造和编码管理"、"手指口述法"、"自主管理"等一批文化创新成果，引导矿区管理由"制约+自觉"向"自觉+制约"转变。实施行为规范提升。在"三基"上，突出提升员工的基本技能素质；在"三化"上，重点抓了准军事化管理的深化，全面推行了职级工衔管理；在"三个亮点"建设上，着力在长效机制建设上下功夫，建立了"三个亮点"动态督察机制，采取日常检查与集中督察相结合的方式，严格督导考核，推动了"三个亮点"建设工程向全方位覆盖、动态达标迈进。

认真落实长效机制 全面加强党建工作

淄博矿业集团有限公司党委书记 马厚亮

2006年，集团党委以落实保持党组织和共产党员先进性长效机制为总抓手，紧紧围绕企业改革发展和生产经营中心，全面加强党建工作，有力地促进了党组织政治核心作用、战斗堡垒作用和党员先锋模范作用的发挥，巩固和扩大了先进性教育活动成果，保障了企业的持续健康和谐发展。全年生产原煤1251万吨，同比增长174万吨；实现销售收入80亿元，同比增长7%；资产总额达到115亿元，同比增长9%；在省外新获煤炭资源量近20亿吨，集团继续位列全国企业500强和全国煤炭百强企业，被授予"全国AAA级信用企业"，荣获"全国企业文化优秀奖"和"全省企业文化建设示范单位"称号，实现了"十一五"规划目标的良好开局。主要做到了"五个强化"：

一、强化保持先进性的意识

精心组织参与了中央先进性教育活动办公室在淄博市组织的群众满意度测评试点，推进了群众满意工程建设。围绕制定一个深化整改方案、开展一次"回头看"、通报一次整改情况、征求一次群众意见、解决一批突出问题、召开一次组织生活会、进行一次集中宣传等"七个一"，认真开展了先进性教育"深化整改月"活动。组织"保持共产党员先进性教育活动与党的先进性建设"理论研讨，征集到有一定价值的论文98篇，大会交流论文10篇，对50篇获奖论文作者进行了表彰，集中展示了研讨成果。深入学习和贯彻党章，在全体党员中开展了"学党章，增强党性，当先锋、争创一流"主题教育与实践活动，增强了广大党员的党章意识和政治、法纪、权力、道德约束力。广泛开展了建党85周年庆祝活动和红军长征胜利70周年纪念活动，使立党为公、谋利群众，置身企业弘扬长征精神，成为各级组织和广大党员的自觉行动。把为职工群众"办实事"作为体现各级组织和党员干部先进性，促进和谐矿区建设的新内涵，围绕改善工作条件、生活环境，丰富精神文化等办了200多件实事，先后救助困难职工3622户，发放救助金、低保金等340.54万元。

二、强化党的先进理论武装

始终把提高思想政治素质放在“四好”领导班子建设以及争创“五个好”党组织和“五个好”党员的第一位，不断用党的先进理论武装各级领导班子和党员干部。以党委理论学习中心组每月一次集体学习为引领，采取业余自学、专家讲学、典型引学、讨论促学，以及系统培训、实地考察等多种形式和方法，深入学习了邓小平理论和“三个代表”重要思想，以及科学发展观、构建社会主义和谐社会、加强党的先进性建设等重大战略思想，举办了《江泽民文选》读书会和党的十六届六中全会精神学习会。两级党委共举办政治理论学习培训班49期，培训党员5250人，集团公司党委分5期对387名基层党支部书记进行了培训。在坚持党课教育的同时，积极探索和实行党员一天一读、一周一学、一月一讲、一季一查、一年一评“五个一”的学习方法，各层类党员的学习基本达到了“五有”，即有笔记、有心得、有检查、有效果、有总结，普通党员的学习笔记最多达到2万字。抓好老干部中党员的学习，坚持了学习安排、交流、检查与其它基层党支部“三同时”，确保他们离职不离党、退休不褪色，永葆共产党员先进性。在开展社会主义荣辱观教育中，广大老干部积极响应号召，努力做好落实“八荣八耻”内容、唱响“八荣八耻”歌曲、摆自己身边的“荣辱事”、选树好一个典型、写好一封给晚辈的家信、做一件好事等“六件事”，仅集团公司机关老干部党总支就组织200多名党员给子女发出了400多封期望信。

三、强化党员先进性的发挥

不断健全党的组织和为党组织注入新生力量，新建1个二级党委、2个直属党支部和28个基层党支部，调整充实党支部班子成员155名，发展党员237名，推动了党建工作与经济工作的同步发展。采取重温《廉政从业规定》、“四大纪律八项要求”，进行廉政谈话，印发廉政公开信，签订廉政公约等方法，集中开展了第11个“党风廉政教育月”；制定实施了《建立健全教育、制度、监督并重的惩治和预防腐败体系实施纲要》“实施细则”，强化了党风廉政建设责任制的落实；以“勤政廉政、科学发展”教育为主线，广泛开展了正面教育和正反两方面的典型教育，各级党政主要领导为党员干部上廉政党课193场次。围绕中心，创新载体，引导广大党员在多种形式的“创先争优”活动中起作用、受教育，锤炼先进性品质。特别是通过开展“身份亮出来、技能显出来、作用看出来、形象树起来”为主要内容的“争做党的形象代表”主题实践活动，以及党员挂标志牌上岗，党员安全责任区，党员“服务群众日”、“义务丰献日”，党员与职工“结对子”，党员干一流工作、创最佳成绩等配套活动，推动了“双五个好”争创活动的深入发展和先进性长效机制的落实，涌现出了以40个先进党支部、100名优秀共产党员为代表的一大批典型群体。

四、强化以党建带动工会、共青团建设

把做好新形势下的工会工作和共青团工作作为党的建设的重要组成部分，切实加强对工团组织的领导和工作指导，大力推进以党建带工建、带团建。各级工会组织把握企业党政工作重心，全面履行职能，在“三个文明”建设中发挥了积极作用。筹备召开首届五次职工代表大会，审议行政工作报告、集体合同履行情况报告等10多项内容，评议了集团公司领导班子和干部，促进了民主管理、民主决策和“四好”领导班子建设。针对新招用8554名井下合同制工人的实际，认真做好新工人入会工作，入会率达到100%。积极推进职工队伍建设，努力提升整体素质，所开展的“百岗千人”技能大比武，共组织竞赛130多场次，158个工种岗位的5860余名职工参加了竞赛，达到了岗位全覆盖、参与全员性。各级共青团组织通过青工队伍及思想状况专题调研，从摸清底数、分类建档、理顺机构入手，进一步加强了团的组织建设。采取主题教育、结对帮教、专题讨论、上门走访、家企联动、典型引导、活动激励、制度约束等多种形式和方法，构建起了加强青工教育管理的新体系。集团党委专门召开了青工教育经验交流会议，对公司成立四年来的青工教育工作和共青团工作进行了全面总结，提出了今后一个时期的重点任务，有力地推动了团组织的工作和提升青工队伍素质的工作。各级工会、共青团组织始终把参与煤矿安全管理作为一项经常性重点工作来抓，坚持推行了工会会员安全“群监岗”和共青团员安全“青监岗”制度，共设立“群监岗”623个、“青监岗”167个，并切实发挥了作用。

五、强化党组织的整体工作

在加强思想政治领域的各项工作，为企业改革发展稳定提供有力保障的同时，认真研究制定了从10个方面充分发挥党组织在安全生产中重要作用的《意见》；坚持“以人为本、理念铸魂、精细管理、环境刷新”的总目标，以职工行为养成为基本方法，主抓了企业文化建设，有效提升了企业的管理水平。每季一次实施了对二级单位党组织整体工作的考核评价，考评内容主要包括“日常党建思想政治工作、年度季度重点工作、工作创新与发展、党委书记自身工作、作用发挥与工作实绩”等5个方面。在具体方法上：一是综合考评，对经常性工作和季度重点工作落实情况进行检查，核实相关记录；二是资料考评，对基层党支部经常性工作和季度重点工作落实情况进行检查，核实相关记录；三是答卷考评，通过对机关人员、基层管理人员，以及基层党员、团员、工人等分组进行答卷测评，多层次印证党组织工作的实效；四是实地考评，通过察看办公和学习地点、职工培训中心及运行情况、地面工广环境、职工行为养成、学习教育氛围、阵地建设及使用情况等，多角度印证党组织工作的实效。通过实施考核评价，保证了党组织工作时时有人抓、有人做，有检查、有结果，促进党组织工作形成了竞争态势，推动了先进性“长效机制”的高效落实。

党组织的战斗力是增强企业核心竞争力的直接动力

中国重型汽车集团有限公司
党委书记 马纯济

国有企业的党组织怎样发挥政治核心作用,为企业的改革稳定发展提供坚强的政治保证和组织保证?这是党的执政能力的重要内容,也是一个很值得探讨的课题。中国重型汽车集团有限公司党委用六年来企业发展的成功实践,交出了一份优秀答卷。

中国重型汽车集团有限公司是中国最早生产重型汽车的企业,曾为我国重型汽车工业的发展做出了贡献。从1996年底开始陷于困境,亏损近百亿元,濒临破产的边缘。2001年1月18日,按照国务院决定,在省委、省政府、市委、市政府的高度重视和关心支持下,中国重汽实施改革重组,从此掀开了企业发展史上新的一页。

改革重组六年来,中国重汽不仅实现了起死回生的历史性转折,而且步入健康快速发展的轨道。创新形成了产品的"四个平台",9大系列产品,2600多个车型,成为国内驱动形式和吨位覆盖最全的重型汽车生产企业。申请专利达到700多项,位居全国汽车行业之首。自行开发的拥有自主知识产权的HOWO系列重卡,代表了国内重型汽车的先进水平,2005年投放市场当年产销就达到了一万辆。中国重汽的年产销量从2000年的3800辆上升到2006年的60673辆,销售收入从20亿元上升到210亿元;出口整车6000辆,创汇2亿美元,牢牢占据了中国重卡行业的龙头地位。六年来共实现国有资产增加额60.34亿元,其中靠自身的发展和积累,实现资产增加额31.07亿元,占资产增加总额的51.5%。

总结中国重汽改革发展过程,我们得出三点重要结论:一是企业党组织的创造力、战斗力、凝聚力,就是企业最核心的竞争力。二是党员队伍集中了企业的优秀人才,他们是企业发展的先锋队,它的作用是不可替代的。三是国有企业党组织对企业的决策能力、驾驭能力,也是党的执政能力的重要组成部分,最终体现在企业能否稳定、健康、和谐发展上 。

一、中国重汽有一个好的班长,一个好的领导班子,建立了一个能充分发挥党组织政治核心作用的机制

中国重汽高度重视班子自身建设,制定了《集团公司领导班子思想政治建设制度》、《领导干部廉洁自律几项具体规定》等一系列加强领导班子自身建设的措施。公司党委每年都要集中一周的时间,举办读书班,学习中央的指示精神,结合公司发展实际,交流思想、交流工作,交流心得,研究集团公司新一年的目标任务,提出集团公司发展战略。每个重要阶段党委都要认认真真分析企业面临的竞争格局和企业内部动态,提出切实可行的措施建议,提交董事会决策,经理班子组织实施。通过完善机制,切实保证企业党组织的思想政治领导与政治核心地位作用,这是中国重汽的一个重要特点。中国重汽实行党委领导班子成员、董事会班子成员、公司经理班子成员,"双向进入,交叉任职",在研究企业发展、重大战略决策、企业党建工作上避免了"两个中心"、"两张皮"的现象。2006年"七一"前夕,中国重型汽车集团有限公司党委被中组部评为全国先进基层党组织。

二、越是关键时刻,越要加强党的建设,充分发挥党组织的战斗力。

2002年,在减员分流五万人的过程中,中国重汽精心组织制定了一系列措施:一是理顺了公司党委职能部门,按照"精干高效"原则进一步调整充实了职能和人员,明确了职责,为抓好公司党建工作打下了坚实的基础。二是以适应改革和发展为目的,用创新的思维逐步建立了齐抓共管的"大政工"格局和思想政治工作网络,确保了开展党建工作信息渠道的畅通。我们在减员中对劳动模范、双职工、残疾人等各类人员,制定了19项特殊的政策;补足了退养退休职工的工资;在省市领导支持下,千方百计筹措资金,补交了拖欠多年的养老保险金,使数千名退休职工纳入社会统筹,解决了老有所养的后顾之忧。"人员减少了,党组织的作用不能减少""党员从工作岗位下岗,但党员的党性观念不能下岗",传动轴厂十几名党员职工识大体顾大局,响应号召,主动要求内部退养。离开岗位那天,他们组织起来擦干净与自己朝夕相处的机器设备,清理好工作环境,以义务劳动的形式过了次组织生活,向自己工作了几十年的工厂告别。就这样,经过党组织艰苦细致的工作,一年多时间五万人分流,实现平稳过渡,并迅速恢复了生产经营。

三、一个党员一面旗,党员的先锋模范作用就是党的凝聚力和感召力

党委以各项工作任务的完成和党建工作取得的实际效果作为检验党组织工作成效的重要标准,把基层单位的生产经营工作任务与支部各项责任目标有机结合,纳入到"先锋号工程"活动中来。把党内先锋号工程,作为党建工作与经济工作相结合的有效形式,渗透到企业生产经营工作中

各个环节，要求党员“平常时刻看出来，关键时刻站出来，危急时刻豁出来”。2001年以来，共完成先锋号工程325项，取得经济效益8600多万元。随着先锋号工程活动实施方案的不断完善，使这项党内活动纳入了正常轨道，实现了经常化、制度化、规范化。在开展“先锋号工程”的同时，公司党委及各级党组织运用多种形式，不断深化“创先争优”竞赛活动，开展的流动红旗竞赛、党员先锋岗、示范岗，党员岗位承诺等主题实践活动，都有声有色，在深化“创先争优”竞赛，促进企业发展方面取得了显著效果。

中国重汽党委提出优秀的人才就在党内，优秀人才应当进入到党内。在质量攻关、技术进步、自主创新、专利申报、节约增效等工作中，党员优秀人才的参与率达到了90%以上，党组织既是培养优秀人才大熔炉，也是优秀人才施展本领的大平台。为加强人才队伍建设，中国重汽党委大力实施“十百千人才工程”，(即利用两年的时间培养几十名高级管理拔尖人才、几百名专业人才、几千名技术能手)同时，建立了集团内部科技专家选拔和评聘制度，带动整个技术队伍和管理队伍建设。

四、充分发挥党的宣传工作和思想政治工作的独特优势

中国重汽党委牢牢把握职工关心的热点和焦点问题，摸清职工的思想脉搏，把思想工作做到职工的家中，解惑释疑，化解矛盾，并且有针对性地提出各个阶段思想工作的目标任务。在改革重组之初的困难面前，党委提出“企业大发展小困难，小发展大困难，不发展最困难，只有坚持发展，才能解决发展中的困难和问题”，教育引导干部职工，增强战胜困难的信心。当企业进入发展阶段，党委又及时提出“企业发展不仅仅是指标的增长，更重要的是核心竞争力的提高和机制的转换”。针对一些干部职工小成即满、小富即安的思想，为了教育职工树立危机感和紧迫感，党委又用“不断地否定昨天，科学地安排今天，勇敢地创新明天”的企业座右铭，开拓职工的思想境界，始终保持积极向上的工作热情。并通过开展一系列的企业文化创新活动，把思想政治工作和企业文化建设有机地结合起来，把企业文化建设和生产经营紧密联系起来，培育和树立“认真负责、科学务实、改革创新、锐意进取”的企业精神，形成了“用人品打造精品，用精品奉献社会”的企业价值观营造出适合企业长远发展和有利于职工成长的良好环境。

五、党组织心系职工，落实满意工程，切实解决职工的实际困难

在企业发展的同时，广大职工的工资收入和切身利益不断得到改善提高。为改善职工就餐环境，新建食堂六所、改造食堂两间，招标引进快餐服务单位21个，新建职工车棚两所，新建职工更衣橱860多个，调整班车150多车次，方便了职工上下班乘坐。集资新建职工住宅92417万平方米，有802户职工已搬入新居，第二期职工集资建房正在实施中，届时将解决932户职工的住房问题。对于涉及职工切身利益的一系列改革，广大职工反映，企业贴近了市场，党组织贴近了群众。

中国重汽党组织在企业的改革重组发展中、在确保国有资产保值增值和创建中国重型汽车民族品牌中发挥了重要的推动和保障作用。

精雕群众满意工程 打造特色党建品牌

青岛公交集团公司党委书记　王占龙

青岛公交集团是一个国有大型企业，承担着市内客运任务，年客运量6.5亿人次，总行驶里程1.69亿公里。集团公司所属29个营运生产及多种经营单位，现有基层党委9个、直属党总支2个、直属党支部9个、基层党支部67个，党员2132人。

在企业深化改革发展的过程中，公交集团公司党委坚持围绕生产经营抓党建、抓好党建促发展，坚持“抓基础、强素质、创品牌、促发展”的党建工作思路，坚持“服务群众、奉献社会”的核心理念，以“群众满意”为出发点和落脚点，精雕群众满意工程，创新党建工作载体，打造特色党建品牌。

一、坚强的战斗堡垒　改革发展的带头人

“群雁高飞头雁领”。公交集团公司党委以创建“四好”(政治素质好、经营业绩好、团结协作好、作风形象好)领导班子为目标，紧跟上级党组织部署，加强领导班子建设，使党组织成为核心，成为坚强的战斗堡垒，成为改革发展的领头人。

集团公司三级党组织年初都制定了中心组学习计划，坚持理论学习中心组制度，除系统地学习邓小平理论和“三个代表”重要思想外，研读了科学发展观、构建和谐社会理论和企业管理知识，做到学以致用，并确保学习中人员、制度、时间、措施“四到位”。领导班子成员结合分工，经常性地深入基层联系点进行调查研究，解决实际问题。

2006年11月，集团公司20个直属单位党组织按照预定程序，分别召开了党员大会，选举产生了新一届委员会，同时新成立了2个直属党委、2个直属党总支、9个直属党支部。结合集团公司所属二级公司生产机构和资产的撤并、整合，为加强干部队伍的监督管理，集团公司党

委对全体中层干部进行了一次普遍考察，并重新对113名两级干部予以调整和聘任。同时，还对直属单位的领导班子成员进行了民主评议，对个别标准不高、党员意识淡薄、作用发挥不好的党员领导干部及时进行了警示和帮助。

集团公司党委抓实作风建设，抓好《国有企业领导人员廉洁从业若干规定(试行)》、《山东省实施〈关于领导干部报告个人重大事项的规定〉办法(试行)》等文件的贯彻落实，认真开展商业贿赂专项治理工作，严格大宗物资采购招投标程序，加强领导干部廉洁从业教育。同时，从制度层面上将好的经验、做法固定下来，编印了《党员领导干部廉洁自律材料汇编》手册，439名领导干部人手一册，加强了廉政教育；在保持共产党员先进性教育活动结束后，对党建制度进行了整理、修订，汇编成《青岛公交集团公司保持共产党员先进性长效机制制度》；并将中央和省市保持共产党员先进性长效机制的制度汇编成册，发到每一个党支部，用以指导"回头看"活动的深入开展。

二、过硬的党员队伍　独具特色的党建品牌

集团公司党委认识到：没有一支敢打硬仗的党员队伍就没有争创一流企业的组织保证。为此，集团公司党委始终把党员队伍建设作为硬指标，不断探索创新党员先进性建设。

各级党组织在发展新党员时，严格把关，加强对入党积极分子的教育培训，确保新党员的质量。同时，积极组织各种业务培训，不断提高党员的业务素质，让党员成为业务骨干和劳模；注意发现职工群众中思想上进、政治素质好的积极分子，通过引导帮助，努力把业务骨干和劳模培养成党员，集团公司内部已经形成"尖子中选优、优中树标兵"的良性互动机制。

为了激励党员发挥先锋模范作用，各级党组织积极搭建平台，让党员展示自己的风采，并将在日常工作中脱颖而出的优秀党员、先进典型的事迹集中汇编成《我是共产党员》、《日新巴士党旗红》等企业文化丛书，用来教育身边党员，激励更多的党员争做品牌党员、争创党员品牌。到2006年，集团公司有市级劳动模范58人、省级劳模7人、全国劳模3人，他们都是党员中的优秀代表，在生产工作中发挥着"火车头"作用，成为企业闪光的名片和品牌。

各基层单位在工作中持久开展党员责任区、党员示范岗、党员先锋车载体活动，锤炼党员的先进性，使广大党员真正做到"平时看得出、困难面前站得出、关键时刻冲得上"。在"急、难、险、重"任务面前，广大党员冲锋在前，前赴后继，无所畏惧；在夏、冬营运季节里，广大党员战严寒、斗酷暑，顶着烈日、冒着雪花，以旺盛的工作热情，精神饱满地奋战在车厢、站头、车间。

创"党员品牌"，做"品牌党员"。多年的实践工作中，集团公司党委注重党建品牌建设，逐步培植并推出了一批群众认可、示范性强的好做法。如"党小组建在线上"、"五必访"、"五个必到一线"、"服务群众、奉献社会"、"年度党建工作亮点"等等多年的老传统、好经验已成为党建工作中斑斓的色彩，成为党建工作靓丽的品牌。集团公司党委根据大部分党员处在生产第一线、上下班时间不集中、点多面广、流动分散的特点，在有党员的公交线路上都建立了党小组，截至2006年底，线路党小组建立了113个。集团公司各级党员领导干部中有一个老传统：常年坚持"五必访"(即：职工生病住院必访、逢红白喜事必访、遇天灾人祸必访、不明原因缺勤必访、情绪出现不稳定必访)、"五个必到一线"(即：节庆假日必到一线、重大活动必到一线、恶劣天气必到一线、突发事件必到一线、征求意见必到一线)。集团公司党委每年年末都要从三级党组织中评选出年度党建工作十大亮点和最佳举措，在集团范围内进行学习推广，产生了很好的反响。"服务群众、奉献社会"则是集团公司三级党组织的核心理念，一直指导着广大党员干部为群众办实事。

三、服务群众　奉献社会　让群众满意

集团公司党委将"服务群众、奉献社会"定位为各级党组织的核心理念，围绕这一理念为职工、为群众、为乘客做好事、办实事、解难事。

集团公司党委开展形式多样、主题鲜明的实践活动，为职工群众解决实际问题，让群众得到实惠、从中受益。4月份，集团公司在万余名职工中开展"迎奥运、抓管理、促服务、争当岗位能手"劳动竞赛，出台了服务承诺12个方面的内容，提出"让政府放心、让市民满意"的近期目标。每年"七一"前夕开展如"党在我心中"、"我为党旗添光彩"主题活动，扎扎实实地帮助群众解决困难。2006年"七一"以"党旗在召唤"为主题，各级党组织开展了党员奉献日、走访慰问等系列活动144项，为群众提供咨询服务241人次，解难事957件次，参与者达15200人次。此外，各基层党组织对特困党员排查摸底、建档，并进行重点走访、帮困，全年共发放慰问救助金255930元，发动职工爱心捐款129792元，救助帮扶职工2373名。

集团公司党委还面向社会，努力提高司乘人员的整体素质，开展争创"迎奥运文明示范窗口"活动，不断提高公交的服务水平。2006年，公交职工拾金不昧1498人次，拾到现金和存折金额1322482元，拾到乘客遗失物品659件，收到表扬信54封，表扬留言1669条。同时，举行"万名市民评公交"、"走进公交、关注生活"等活动，了解市民乘车需求，倾听乘客的意见与建议，并对征求到的意见进行梳理和归纳，制定整改措施。2006年，共调整优化线路29条，调延营运时间线路12条，增设调整站点49处。

公交集团党委秉承"服务群众、奉献社会"的服务理念和"让每一位乘客满意"的服务标准，以争先创优为主线，带领广大党员、职工不断强化服务意识，提升服务理念，严格服务规范，搞好服务管理，增强服务能力，向争创全国一流公交企业目标迈进，在发展创新、管理创新、

技术创新、制度创新上见成效，全面实现公交企业又好又快发展。

抓党建促发展 加快建设世界鲁阳

山东鲁阳股份有限公司
党委书记 鹿成滨

山东鲁阳股份有限公司始建于1984年，是目前亚洲规模最大的陶瓷纤维生产厂家、国际三大耐火产品制造基地之一。公司现有总资产8亿元，员工2182人，党委下设总支1个，直属党支部12个，党员198名。自1996年至今，公司产值、产量、收入、利润等四项指标连续12年在全国同行业中列首位。公司先后取得专利技术42项，科技成果28项，其中有21项填补国内空白；生产的产品共计9大类、100余个品种，国内市场占有率30%以上，出口世界50多个国家和地区。公司先后被评为山东省高新技术企业、国家重点高新技术企业、国家新材料产业化骨干企业，2005年，"鲁阳"牌商标被国家工商行政管理总局认定为"中国驰名商标"。2006年陶瓷纤维毯产品被国家技术质量监督检验总局授予"国家产品免检"，2006年11月30日，公司首次公开发行股票并成功上市，本年实现销售收入5.3亿元、利税1.3亿元。

一、支部建在"连"上，找准企业发展和党建工作的结合点、着力点

公司党委根据地域分布和一线单元工作的实际，在营销大区、办事处、生产分厂等基层单位建立了党支部，并选调优秀党员担任单元行政负责人和党支部书记。根据各单元经济指标，确定党建工作的重点内容和考核标准。一是从各一线单元的经济指标出发，安排部署党建工作，使党建工作目标明确，重点突出，运转正常，有效地服务于经济工作；二是在制定党建工作目标考核责任制时，公司党委把能否完成经济指标作为考核党支部的主要标准。实行了党员工作责任制，党委把责任落实到支部，支部再把任务分解到每名党员，层层鉴订责任书。为确保实效，公司党委建立了党员考核管理档案，设计了党员职责考评卡和工作交流信息反馈卡，定期对党员进行考核，并将考核结果作为评议党员的重要依据。通过层层建立责任制，使每一个单元都成为公司一座坚强的堡垒，带领引导员工敬业爱岗，履行承诺，为客户提供了优质的服务，在业界和市场上赢得了良好的口碑，建造起鲁阳品牌的信誉大厦，公司被中钢集团邢台机械轧辊有限公司评为"优秀供应商"，被济南钢铁集团总公司评为"三星级供应商"。华东区党支部在开展党建活动中，大力开展"党员冲锋陷阵，争区域第一，夺红旗"活动，使党的先进性在市场开发和项目工程中得到充分体现，2006年，华东区实现销售收入过亿元，成为公司销售工作的"主力军"。

二、充分发挥党员在创新工作上的骨干作用，使每个党小组都成为企业创新的主体

公司党委要求党员在生活上不能搞特殊，但在业绩贡献上、创新工作上必须搞特殊，必须高于群众。以之为指导，各基层党支部因势利导，建立了以党小组为主体、以党员为骨干的创新单元，通过党员的模范带头和党组织的政治保障，有力地推动了创新工作的开展，涌现出了一大批具有攻坚克难、真抓实干的党员创新实践者。据统计，公司获得科技成果的28项科技创新项目中，有80%以上的创新来自党员，使党员真正成为掌握运用新技术、新工艺的带头人。

三、把好入党关，使每一名党员成为体现党的先进性的一面旗帜

公司党委严格按照《党章》要求，明确提出了"从源头抓起，从培养抓起"的工作思路，并根据企业实际，确定了推荐入党积极分子、重点培养对象的总体要求和指导原则，总的要求是"重点培养、特色发展、保证质量"；指导原则是"以业务骨干为主，以知识分子为主，以青年干部为主"，通过把好入党关，夯实了党建工作的基石。党委不定期召开各基层党支部书记汇报会，听取拟选人员的工作评价和现实表现，然后根据综合评价情况，确定培养对象。建立了推荐责任制，按照"谁举荐、谁负责"的要求，把新发展党员质量作为考核基层党支部和党支部书记的重要指标。通过入党审查、评价机制和推荐责任制，既夯实了基层党支部使用人、培养人的责任，也激发了广大工人的工作积极性。近三年，公司党委新发展党员15名，全部来自业务骨干、知识分子与青年干部，他们的加入为公司特别是为一线基层组织补充了新鲜血液，使各基层组织迸发出更加旺盛的活力。

四、建立"听证会"制度，发挥党组织的监督作用

公司以党委为主体，吸收群团组织负责人参加，组成了公司生产经营工作听证会，每半年举办一次联席听证会，主要听取企业负责人、重要部室、单元负责人的工作述职，并根据述职报告进行现场评分、现场提问、现场答辩、现场提出整改意见，结合群众评价，汇编成《工作指导意见书》，帮

助述职单位明晰工作现状，进一步提升工作业绩。听证会所作出的评价与企业年终激励机制挂钩，采取“累计积分，上游奖励，末尾警告”的措施，对连续两年评价末尾的负责人，提出免职建议。实施“听证会”制度，为企业党政工团参与生产经营开辟了一条新的途径，充分发挥了党组织的监督作用。

五、热心公益事业，不断提升公司形象

企业的发展离不开社会的支持，回报社会，是企业的责任和义务。近年来，公司党委积极响应当地政府号召，大力实施了工业反哺农业、回报社会活动，筹资2000多万元，建设大型果菜交易市场1处，解决了40多个村庄果菜销售难问题，促进了农民增收；每年拿出10万元，解决1个自然村的校舍改造，截至目前，已完成了9个贫困村的校舍改造，使3000多名学生有了窗明几净的校舍；安置农村富余劳动力1500余名，接纳复员退伍军人近200名；全额资助50部科技电影在100余个村庄放映，提高了农民的素质；关注弱势群体，吸纳49名残疾人就业，其中一名因能力突出，已走上了公司副总裁的位置；公司党委捐款100万元设立了“鲁阳奖学金”，目前已解决了20名品学兼优的贫困生的上学难问题；资助当地政府1000余万元，修建了县城南环路，缓解了县城的交通压力。公司对社会的责任感也获取了社会的“反哺”，许多群众以子女能够在鲁阳公司工作为荣，用他们的话讲：鲁阳公司是一家正气、有爱心的企业，孩子在这种环境下成长，我们感到十分放心。

鲁阳党委将进一步发挥自身的政治优势，为“建设百年陶纤企业，争创世界知名品牌”的宏伟目标提供不竭的动力支持，让鲁阳成为世界的鲁阳，引领世界陶瓷纤维行业的发展潮流。

充分发挥企业党组织的政治核心作用

山东泉兴矿业集团党委书记　赵　立

山东泉兴矿业集团为枣庄市直国有控股大型企业，主要控股或参股泉兴矿业、大业矿业、泉兴水泥、泉兴置业、泉兴港务、兴鲁贸易、泉兴银桥光电缆、泉兴生物能源开发等8家公司，主导产业年生产原煤85万吨，水泥200万吨；企业总资产10亿元，员工4200人。集团党委下设4个党总支、4个直属党支部、27个基层党支部，党员589人。

近几年来，泉兴集团党委坚持“关口前移、重心下移、凝心聚力、推动发展、促进和谐”的指导思想，把“突出一个重点，深化两项工程，搞好两项建设”作为强力推进企业基层党建工作的总体思路，为建设“管理高效率、经营高效益、科技高水平、队伍高素质”的一流企业提供了强大动力和智力支撑，三大文明建设取得了丰硕的成果，先后获得“富民兴鲁劳动奖状”、“山东省精神文明单位”、“山东省思想政治工作优秀企业”、“山东省职业道德建设优秀企业”等荣誉称号。去年11月又成为全省荣获“省级企业文化创新成果奖”的二十家企业之一。

一、“突出一个重点”，即突出抓好基层组织和党员队伍建设这个重点

近年来，泉兴集团党委以塑造一流队伍为出发点，不断加强和改进基层组织和党员干部队伍建设。在基层组织建设中，泉兴集团党委既注重组织形式的建立，更注重组织建立的效果，只要企业发展到哪里，就把党组织建到哪里。自2003年以来，新建党总支3个，党支部16个，新增党小组26个。另外对各级党组织因工作调整而造成缺员的，或作用发挥不好的，都及时予以调整充实，最大限度地激发基层党组织的活力，促进党支部战斗堡垒作用和党员先锋模范作用的充分发挥。

在党员发展上，坚持“两推一公示”、民主集中公开推荐入党积极分子等制度，严格标准，严把入口，成熟一个，发展一个。另外，特别注重在一线员工中发展党员，培养入党积极分子。2005、2006年度累计发展新党员69人，入党积极分子106人，不断壮大了党员及入党积极分子队伍。为使每一位党员都能成为一面旗帜，我们坚持党员干部述职述廉、党内民主生活会、党员民主评议制度，在集团及各党总

支建立基层党校，基层支部建有党员活动室，每年分期分批对党员及入党积极分子全面进行轮训。按照武装头脑、指导实践、推动工作的要求，坚持周一政治理论学习日、周四干部政治理论学习例会和集团党委、公司党总支中心组理论学习制度，把学习贯彻“三个代表”重要思想及科学发展观不断引向深入。同时通过深入开展党员先进性“回头看”以及树立正确的权力观、地位观、利益观教育活动，增强了全体党员和各级班子的整体素质。大兴公司通防科副科长、集团模范共产党员刘崇祥曾是一位对越自卫还击战中荣立战功的英雄，退伍来矿工作后，退伍不退色，在困难面前勇往直前，特别在一次突发的矿井煤层自燃事故抢险中，连续20多个小时奋战在灭火第一线。由于长期接触高浓度一氧化碳，不幸中毒，但他白天治疗，晚上仍坚持带领工人下井救灾，在七天的抢险中平均每天工作10个小时以上。我们对他的事迹及时进行了大力宣传，使党的先进性进一步展现，党组织的凝聚力和向心力进一步增强。

二、“深化两项工程”，即深化党务工作目标管理和民心工程

近几年来，泉兴集团党委紧紧围绕经济建设这个中心，本着易于操作、注重实效的原则，不断深化党务工作目标管理工程，设置了党务工作管理目标奖，严格考核奖罚兑现。为体现公开透明的原则，增加各单位间的交流、学习的机会，在每月的验收中实行党总支、基层支部书记互查制度。为使党务工作更好地服从服务于经济建设这个中心，焕发出更强的生命力，我们结合企业实际，大力开展了“争先创优”、“四保一争”、“形象塑造工程”等活动，月月评比“和谐班组”，季季进行“品牌员工”、“优秀党员”自下而上的推选活动，同时根据每月的党务目标管理考核情况评出季度“先进党总支”、“优秀党支部”。在给予物质奖励的同时，矿务公开栏内设置光荣榜，对各项荣誉的获得者进行表彰，从而极大地调动了基层组织开展工作的积极性，同时也充分发掘出了员工中蕴藏的潜能，有力地推进了企业三个文明建设。

民心向背是事业成败的决定因素。为此，多年来，我们始终坚持以人为本的思想不动摇，把实施民心工程作为各项工作的基础，坚持不懈地把企业的温暖送到了千家万户，形成了节日走访制度化、困难救助经常化、扶贫济困多元化、保险互助社会化，每年发放的慰问金、慰问品都在数百万元以上。今年我们又在全市煤炭系统率先实行了对下井员工下井费、班中餐、夜班费“三项津贴”补助。据统计，对下井员工实行的“三项津贴”补助，每年集团将为此增加支出1900余万元。三项津贴的实行，员工最高月收入可增加近800元，从而充分调动了他们的生产积极性，稳定了一线员工队伍。目前两矿出现了员工向采煤、掘进回流的可喜局面，有力地促进了集团整体工作的开展。在基层，党员干部想员工之所想、急员工之所急，千方百计为员工办实事、办好事也已蔚然成风。其中，大兴公司党总支在员工普遍关心的热点问题工资分配上进行了大胆改革，全力向采掘一线倾斜，机关后勤管理干部收入下调了10%，而员工收入却上升了15%。员工看在眼里、记在心里，生产的积极性空前高涨。在矿井地质条件越来越复杂的不利情况下，不仅保证了安全，降低了消耗，而且月月超额完成生产任务。

三、“搞好两项建设”，即搞好党风廉政建设和企业文化建设

加强党风廉政建设是党建工作的一项主要内容。近几年来，泉兴集团党委为使“每一位党员都成为一面旗帜，每一个小组就是一块阵地、每一个支部就是一个堡垒”，制定并完善企业党风廉政建设实施意见，建立每月召开一次廉政专题工作会议、每季开展一次党风廉政自查活动、每月组织一次廉政专题学习例会制度，逐级签订党风廉政建设责任状，组织全体干部逐级签订廉政自律保证书，建立健全党员干部包保体系，认真贯彻落实中央和省、市委关于党员干部廉洁自律的各项规定，每逢重大节日，制定下发文件、召开专题会议，严把关口，警钟长鸣，严禁各级党员干部及配偶、子女违反规定收受现金、有价证券和支付凭证，坚决制止奢侈浪费之风，严禁用公款相互宴请、大吃大喝、进行高消费娱乐活动等奢侈享乐、铺张浪费行为。大力推行“禁酒令”，加大监督管理力度，确保安全生产和各项工作有序进行。同时要求党员干部带头改进作风，关心员工群众疾苦，密切同基层员工群众的联系，减少接待应酬，把精力和时间放到安全生产和帮助基层帮助群众解决实际问题上，放到各项工作的落实上。带头严格自律，带头不收“红包”，带头不送“红包”，积极开展“进万家门，知万家情，解万家难”活动，以实际行动做到不收“红包”收情谊，不送“红包”送温暖，从而赢得了广大员工群众的真心拥护。

为积极探索深化企业党建及思想政治工作与推进企业现代化管理相结合的新思路、新方法、新途径，近几年来，泉兴集团党委秉承着企业文化就是凝聚力，企业文化就是核心竞争力的理念，通过对企业传统文化的整合、提炼、创新，构建了独具特色的“泉兴文化”。按照“理念渗透、行为养成、环境塑造、管理推进”四个方面大力加强企业文化建设。在理念宣灌渗透上，把泉兴文化编制成册，发到每一位员工手中，同时利用广播、电视、网络、板报、宣传栏等教育阵地及各类会议、学习日有计划、有组织地进行学习。在此基础上，全力打造企业文化长廊，建设企业文化“五个一”工程，完善企业形象识别系统，增强了员工对企业的荣誉感、认同感和自豪感。在员工行为规范上，注重制度约束的刚性管理与人性化引导的柔性教育相结合，制定了员工6S基本行为规范和禁忌及惩戒标准，全面推行了以人为本精细控制管理和准军事化管理。同时从员工的居住环境、工作条件、精神面貌、生活水准等方面入手，积极实施“绿亮清美”工程，实现了生产环境安全化、生活环境舒适化、办公环境优美化的目标，丰富了企业文化内涵。通过企业文化建设，提

升了企业的整体形象，塑造了一支具有行动军事化、工作标准化、学习快乐化、作风严谨化、管理精细化、举止文明化的高素质员工队伍。

总之，泉兴集团党委通过大力加强党建工作，使党员的先锋模范带头作用充分展现，党组织的创造力、凝聚力、战斗力明显增强，有力地推进了企业三大文明建设持续协调健康发展。

围绕发展抓党建　抓好党建促发展

东营网通公司党委书记　魏德胜

近年来，东营网通公司党委认真贯彻落实科学发展观，紧紧围绕经济社会发展的新要求，积极探索企业党建工作的新路子，立足发展抓党建，结合企业特点抓党建，使党建工作开拓创新、充满活力、扎实推进、卓有成效，有力促进了企业发展。公司已发展成为东营市网络覆盖范围最广、规模容量最大的基础通信运营企业，固定资产达到十几亿元，年上缴税金2000多万元，主要经济指标位居全省各市榜首。先后获得全国先进基层党组织、全国文明单位、全国厂务公开工作先进单位、全国精神文明建设工作先进单位、国家级诚信单位、山东省先进基层党组织、山东省服务业先进单位、山东省实施送温暖工程先进单位、山东省思想政治工作优秀企业、山东省质量管理优秀企业、山东省爱国拥军模范单位、东营市综合考核先进单位集体二等功等多项国家和省、市级荣誉称号。

一、服务大局谋发展，强化责任抓党建

企业的发展与全市的经济社会发展紧密相连，公司党委树立强化中心意识、大局意识、发展意识和责任意识，并作为加强党建工作的重要内容。一是强化中心意识。始终把围绕中心、服务大局作为企业一切工作的出发点和落脚点，引导党员干部紧紧围绕中心工作，千方百计做好通信保障，确保了“全市经济发展到哪里，招商引资开展到哪里，通信服务就保障到哪里”承诺的落实。二是强化大局意识。围绕全市经济的快速发展和黄河三角洲的开发建设，在主动服务上下功夫，不断加大通信网络的升级改造力度。累计争取上级投资数亿元用于小灵通网络优化、宽带城域网扩容及固定电话网络智能化改造，全面提升现有网络的支撑能力，充分满足社会各界日益增长的通信需求。三是强化发展意识。积极落实以信息化带动工业化和农业化的战略决策，对全市重点单位、行业和大的工程项目，全面实施和落实了党员领导干部首席客户经理制，主动帮助社会各界和广大人民群众利用先进的通信技术和信息网络资源迅速形成新的生产力。组织实施了全市村村通互联网工程，成为全国第一家实现村村通互联网的地市，使信息成为奔小康的有力“助推剂”。四是强化责任意识。积极引导广大党员和全体员工为群众做好事、办实事、解难事，以实际行动，在全社会倡导扶贫济困的良好风气。五是健全机制，完善规章制度。健全了党委参与决策机制，在组织设置上，实行党组织与经营管理层交叉任职、双向进入；在工作目标上，实行党建工作与业务工作同等责任、同步落实；在重大决策上，实行党组织与经营管理层共同研究、各负其责，使党组织的政治核心作用得到了充分发挥。建立健全了党委中心组学习、”三会一课”、党员学习教育、党员领导干部民主生活会，党委成员包扶县区分公司等一系列规章制度，党组织生活逐步走上了经常化、系统化和规范化的轨道，党员的先锋模范作用在生产经营各个环节得到了充分体现。

二、打造品牌树形象，创新服务促党建

结合保持共产党员先进性教育活动和”解放思想、改进作风、全面落实科学发展观”教育活动，始终把服务作为企业的”生命线”工程来抓，从维护人民群众的切身利益出发，全面实施品牌战略，锐意进取，不断创新，树立品牌服务，大力推进企业文化建设。

在企业改革发展的进程中，党员干部始终走在服务创新的最前面。设立了“党员服务示范岗”、“党员先锋岗”，实施落实了党员领导干部首席客户经理制，引导党员干部把加强党性锻炼与为企业改革发展做贡献结合起来，出现了重大任务必定有党员带头，重大项目、活动必定有党员在起主导作用的局面。不断探索新形势下服务工作的新思路、新做法，提出以品牌制胜、“以诚做事，以信经营，以情动人，情传万家”的服务理念，树立“今天的服务就是明天的市场”的观念，真诚服务，主动服务，在“特”、“新”上大做文章，为网通品牌增光添彩。在全国率先推出了“首问负责制”，自我加压，向社会推出了“装机48小时、修机5小时”服务承诺，比省公司公布的服务时限分别缩短了1个工作日和31小时，大大提高了工作实效，各项创新服务工作均走在了全省乃至全国同行业的前端，打造出了一个优秀的服务品牌，在社会上树立了可亲、可信、可敬的公众形象，得到了社会各界的一致认可。充分发挥自身的网络、人才、技术等资源优势，积极争取上级投资近亿元，采用先进建设理念，开发搭建了初期能承载2万个、终期可承载10万个监控点的网络视频监控系统平台，为市财政节省了数亿元的投资，为全市构建了一个网络化、智能化、立体化的“平安东营”防控体系。

三、依靠员工办企业，和谐发展兴党建

员工是企业的主体，员工的思想作风和精神面貌是企业发展的制胜法宝。全心全意依靠员工办企业，是公司党委多年来一贯坚持的原则。公司党委在加强领导班子建设、提升党组织凝聚力的同时，积极为广大员工发展搭建舞台。

广泛开展征求合理化建议活动，得到全体员工的积极响应和广泛参与，几年来共有300多条建议被采纳。深入推行厂务公开民主管理，不断扩大员工的知情权、参与权和监督权"三权"建设，坚持每年为员工办十件实事，有力地调动了员工的工作热情和积极性，进一步增强了企业的凝聚力，密切了党群干群关系。公司上下呈现出团结向上、和谐一致的良好局面，被评为全省全国厂务公开工作先进单位，被授予"全国模范职工之家"称号，中国网通集团在东营召开现场会，向全国推广经验做法。公司党委成员经常深入群众，了解、关心群众疾苦，想群众之所想，急群众之所急。通过自建、外购等方式使已婚员工分到了满意的住房。公司党委领导亲自联系、落实了全市最好的幼儿园、小学和中学，解决了员工子女入托、入学这一大难题，解除了员工的后顾之忧。建立了员工生日手册，在生日当天给他们送上鲜花和蛋糕，送上企业的温暖和领导的关怀。这种"情感式管理"模式，让广大员工在企业中始终有一种如沐春风的感觉。在思想上、情感上把员工当成自己的亲人、企业的主人，提高了员工的自豪感、荣誉感和成就感，使员工切实感受到我们这个大家庭的温暖。企业与员工建立起了亲密无间的关系，"我靠企业生存、企业靠我发展"的观念已深植于每个员工的心中，大家齐心协力、风雨同舟，众志成城，共创未来。

四、回报社会促和谐，爱心奉献强党建

深入贯彻"围绕中心、服务大局、奉献社会"的理念，在自身发展的同时，不断强化广大党员干部的责任意识，把服务群众、回报社会作为党员干部义不容辞的责任和义务。

公司先后出资上千万元，发动广大党员干部和员工个人捐款数百万元，相继实施了"爱心工程"、"助学工程"、"双拥工程"和"希望工程"等回报社会和人民的活动。为革命功臣、60岁以上老人、残疾人、下岗工人、教师、驻军驻警单位、贫困村群众等单位和个人免费安装电话、宽带近2万部。为下岗职工提供了近千个就业岗位，资助300多名特困员工子女上大学，结对救助了100余名失学儿童和特困学生。投资数百万元为扶贫村修建了柏油路、养殖场、蔬菜大棚，改造供水设施，解决了村民多项生产生活问题。公司党委组织开展了"四个一"主题教育活动，即公司党委帮扶一个贫困村，每个党支部帮扶一个贫困户，每名中层干部帮扶一个贫困生，为贫困村建设一个信息服务站。利用自身的优势，通过互联网，让富民、惠民政策和致富信息走进千家万户，帮助农民群众尽快实现科技致富和信息致富。

加强党的建设是确保企业健康快速发展的根本保证。面对新的形势和任务，公司党委将进一步巩固扩大先进性教育活动成果，坚持不懈地抓好党的建设，不断提高党建工作水平，充分发挥党组织的战斗堡垒作用和党员的先锋模范作用，为企业快速健康发展提供坚实的政治保障，为实现全市经济社会的跨越发展做出新的更大的贡献。

求真务实　创新发展
努力开创企业党建工作新局面

山东百年电力发展股份有限公司
党委书记　徐国荣

山东百年电力发展股份有限公司，前身为山东龙口发电厂，是全国第一个国家和地方集资兴建的大型坑口电厂，山东电网骨干电厂。2000年10月，在省内率先完成"厂网分开"改制试点，成立山东百年电力发展股份有限公司。公司现有六台机组，总容量110万千瓦，职工总数2407人。公司党委下设1个党总支、28个党支部，共有党员807人，其中在职党员620人。

多年来，公司党委始终坚持以邓小平理论、"三个代表"重要思想和科学发展观为指导，坚持融入中心、服务大局、求真务实、创新发展，大力加强党建、思想政治工作和精神文明建设，保持了公司生产稳定和职工队伍稳定，促进了安全生产、经营管理和企业发展等各项工作，为推动经济社会又好又快发展作出了积极的贡献。公司先后荣获全国精神文明建设工作先进单位、中国企业管理优秀单位、全国环境优美工厂和花园式单位、山东省先进基层党组织、山东省文明单位、山东省文明诚信百佳企业、山东省资源节约先进单位、山东省富民兴鲁劳动奖状、山东省思想政治工作优秀企业等称号。

一、加强党的先进性建设，着力打造奋发有为的坚强团队

公司党委始终把加强党的先进性建设作为首要任务来抓，适应改革发展要求，紧密结合公司实际，注重制度、机制和载体创新，不断加强公司党建工作。扎实开展保持共产党员先进性教育活动，制定了《关于建设学习型党组织的意见》、《关于开展争创"五个好"党组织、争当"五个好"党员的意见》和《党支部工作考核办法(试行)》，从学习、工作和监

督检查等三个方面，建立了保持共产党员先进性长效机制。加强党政班子思想建设和作风建设，制定了《关于加强领导班子建设的意见》，完善了《党委工作条例》、《党委工作制度》和《党委中心组学习制度》，形成了一个团结和谐、奋发有为的领导班子。加强支部建设，完善了《党支部工作条例》、《基层党支部工作制度》，建立政工例会、党支部书记例会等制度，党支部战斗堡垒作用进一步增强。坚持党管干部的原则，加强对各级干部的教育管理和监督，推行任前公示、任期制和民主评议干部管理制度，增强了全体干部的责任意识和干事创业意识。加强党风廉政建设，与龙口市人民检察院共建了"预防职务犯罪协作网络"，开展了治理商业贿赂专项活动，每年与各支部和部门签订"党风廉政建设责任书"，保持了党员干部队伍的纯洁性。大力实施"凝聚工程"，增强了党组织的向心力和凝聚力。大力实施"旗帜工程"，广大共产党员在生产经营、抢险救灾、稳定工作、公益事业等各方面率先垂范，成为推动公司改革发展稳定的中坚力量。近3年来，公司共涌现出优秀共产党员191名，评选优秀领导干部、劳动模范61名，其中52名是党员。大力实施"素质工程"，向全体职工发出了"争做学习型、创新型、奉献型职工"的倡议，加强教育培训和职业训练，建立了网络教育平台、电视课堂和培训基地，党员干部职工的思想素质、专业理论和技术水平不断提高，在国家、省市组织的各类技能竞赛中屡创佳绩，有14名职工获得烟台市级及以上五一劳动奖章，1人荣获烟台市首席技师、4人获得烟台市有突出贡献技师称号，电气分场和汽机本体班分别被授予烟台市五一劳动奖状和全国五一劳动奖状，展现出公司职工队伍良好风采。

二、发挥党员先锋模范作用，全力推进公司又好又快发展

公司党委始终坚持融入中心抓党建，抓好党建促生产的工作原则，深入发动、团结和带领广大党员干部职工，全力推进公司生产经营、改革发展，建设资源节约型和环境友好型企业。1996年，全部完成三期工程建设任务，公司进入百万大厂行列。从2000年开始，先后对六台机组进行了通流部分改造和增容改造，机组出力增加了10%，总装机容量达到110万千瓦。公司控股建设的蓬莱热电公司已建成投产，四期1×60万千瓦超临界机组扩建工程、风力发电等项目前期工作正在进行，公司呈现出十分良好的发展前景。建成投运了一、三期干除灰工程和污水处理工程，年减排干灰30万吨，废水排放率下降了67.5%。实施了粉煤灰综合利用，不但减少了污染，而且变废为宝，增加了公司效益。开工建设了烟气脱硫工程，三期工程烟气脱硫工程预计在2007年上半年投运。围绕生产经营、改革发展中心工作，大力开展"争创'五个好'党支部"、"争当'五个好'党员"和"党员示范岗(区)"创建等活动，充分发挥了党支部战斗堡垒作用和党员的先锋模范作用。在机组大修工作中，开展了"党员精品工程"主题实践活动，自2000年，共创出58项"党员精品工程"。广大共产党员积极践行党员先进性要求，立足本职当旗帜、作表率，积极投身到科技创新、合理化建议、精细化管理、同业对标和创一流等工作中去，公司机组的安全、经济、技术指标、自动化水平和文明生产水平不断改善和提高，其中，机组真空严密性、补水率等技术指标创出国内同类机组领先水平，在中电联组织的火电机组竞赛中屡获殊荣。同比2003年，公司供电煤耗降低了11.4克/千瓦时，厂用电率下降了0.23%，三年累计节约标准煤13.2万吨，节电3634万千瓦时；在煤炭价格大幅上涨、运营成本不断增加的情况下，保持了公司效益稳定。截止到2006年底，公司累计发电992.6亿千瓦时，实现利税48.1亿元；实现连续安全生产2993天，创国内同类机组先进水平。

三、全面推进两个文明建设，努力构建和谐企业

公司党委始终坚持两个文明一起抓，认真贯彻落实《公民道德建设实施纲要》，学习实践"八荣八耻"社会主义荣辱观，加强"三德"教育和法制纪律教育，制定了《关于开展创建全国精神文明建设工作先进单位的意见》，全体职工讨论通过了《职工文明公约》和《职工行为"十不十讲五树"规定》，印发了《文明办公管理规定》，深入开展文明单位、绿色社区、文明家庭系列创建活动。2005年10月，公司荣获全国精神文明建设工作先进单位光荣称号。积极开展"党员奉献日"和青年志愿者服务等活动，广大党团员和职工热心参与帮扶救助、爱心捐助等社会公益事业，公司多次被上级授予"爱心捐助先进集体"，公司团委荣获山东省希望工程圆梦行动优秀组织单位称号。加强思想政治工作，始终把"关心职工、激励职工"作为思想政治工作的出发点，把维护队伍稳定、促进职工发展作为思想政治工作的落脚点。落实思想政治工作"一岗双责"责任制，构建大政工格局，严格落实领导干部定点联系制度和职工思想动态分析制度，坚持抓超前、抓预防、抓苗头，准确把握职工思想脉搏，着力解决职工关心的热点、难点问题，保持了职工队伍稳定。加强企业文化建设，制定了《企业文化建设实施纲要》，开展了企业文化审计工作，深入挖掘敢为人先、善打能赢的优秀传统，着力培育诚信、责任、和谐的核心价值观，倡导企业与职工共命运、同发展和关爱企业就是关爱自己的理念，促进了人与人、职工与企业、企业与社会和谐共赢。2005年，公司企业文化建设工作获得山东省企业文化年会一等奖。坚持全心全意依靠职工办企业的方针，开展了和谐劳动关系创建，2006年，公司首批获得烟台市AAA级劳动关系和谐企业。充分发挥职工自主管理的主动性和积极性，组建了球类、棋牌、书画、文艺等10多个职工文体业余协会，丰富活跃了职工文化生活，促进了职工自动自发意识的养成。创刊了《百年电力》报，建设了公司网站、政工网站、闭路电视等媒体，发挥宣传工作优势，营造了团结奋进、积极向上、和谐发展的氛围。加大对外宣传力度，每年在市级以上新闻媒体发稿50多篇，树立了公司良好的社会形象。

创新党建工作
推动企业又好又快发展

福田雷沃国际重工股份有限公司
党委书记　王金富

福田雷沃国际重工股份有限公司是一家以大型产业装备为主导业务，以工程机械、农业装备、车辆三大业务为主体，拥有员工近万人的大型股份制企业，总资产30亿元，产品出口86个国家和地区。2006年实现销售收入85.4亿元，跨入“中国企业500强”、“中国制造业200强”、“中国工业企业核心竞争力100强”行列。主导产品被评为“中国名牌”和“最具市场竞争力品牌”称号。福田雷沃谷神收获机械连续7年行业领先，市场占有率超过80%；福田雷沃欧豹连续4年居行业首位，成为中国名牌。

近年来，公司党委坚持以邓小平理论、“三个代表”重要思想和科学发展观为指导，紧紧围绕企业发展，创新党建工作方式，扎实有效地开展工作，为企业又好又快发展提供了保障和支撑。

一、创新思想政治工作，用先进理念和先进思想武装头脑

（一）狠抓领导班子学习　公司党委坚持月度学习制，集中学习党和国家重大方针政策，在思想上、行动上始终与党中央保持高度一致。同时，组织党委成员参加了MBA学习班，分批赴国外考察学习先进的企业管理和文化建设经验，使党委一班人始终保持思想领先，始终站在时代前沿，充分发挥好党委的思想导向作用，为企业健康发展提供思想保障。

（二）加强企业新文化建设　在全体员工中，着力推进以“培养开放式思维、培养竞争意识、培养积极心态、培养务实作风、培养协作精神、培养危机观念”六个培养为主的新文化建设。开放式思维，就是要求员工开阔视野，看到、学习别人的长处，弥补自己的不足；培养积极心态，就是要求员工积极进取，敢于去承担责任，在工作中施展自己的才能；培养竞争意识，就是让员工懂得物竞天择，适者生存的道理，敢于向优秀者挑战，敢于向极限挑战；培养协作精神，就是培养员工的团队意识，避免本位主义，提高团队的协作能力；培养务实作风，就是培养踏踏实实干工作的精神，身体力行，把一切工作都做到实处；培养危机意识，就是培养员工的忧患意识，增强紧迫感、压力感，不断进取。企业文化建设获得良好效果，先后荣获“中国优秀企业形象单位”、“山东省企业文化建设示范单位”、“山东省机械行业十大企业文化建设先进单位”和“山东省文明单位”等荣誉称号。

（三）注重典型引导　企业内部传播是统一员工思想、提高企业凝聚力的有效途径。公司党委近年来创立了《福田雷沃重工报》、《雷沃人》两种内部刊物，传播先进经验和先进典型，使员工的思想观念达成了共识。如我们在与农业部联合开展的为全国农民提供“三夏”信息服务活动中，对每年在服务中涌现出来的先进事迹和先进典型进行广泛传播，既为员工树立了榜样，也拉近了企业与用户的距离，提高了品牌价值，增强了企业的竞争力。

二、创新组织建设工作，提升党组织的战斗力

（一）坚持正确政策　企业发展方向和发展目标的设定至关重要。公司党委建立了党政联席会议制度，对关系企业发展方向和发展目标的重大事项，都要在党政联席会议上讨论决策。对干部的选拔任命，也要在党政联席会议上研究通过，有效地保证了公司干部选拔任用的公开、公平、公正，确保了企业中长期战略目标的正确性，使企业始终沿着正确的方向健康快速发展。

（二）建立健全制度　为使党组织先进性和战斗力得到持续提升，公司党委建立完善了党委例会制，对组织建设中发现的薄弱环节，实施项目管理制。对党委例会设立的项目，按照时间节点进行调度，有效地推动了党建工作的蓬勃发展。各党总支和基层党支部，也健全了例会制和项目管理制，使公司党建工作在各个层面得到了规范和加强。

（三）深入开展“双培双带”活动　“双培”，即实施双向培养，就是共产党员对技术能手、岗位能手、业务能手进行政治培养，将其尽快吸收到党员队伍中来；技术能手、岗位能手对党员进行技术和业务培养，使党员尽快成为技术能手、业务能手和岗位能手。“双带”，即发挥党员的模范带头作用、辐射带动作用，进一步提升企业人才队伍建设水平。该活动开展以来，有40名业务骨干被发展为党员，同时营造了学习技术的良好氛围。2006年，企业评出工人技师268名，优秀设计师234名，优秀服务师126名，带动了员工队伍整体素质的提升。

三、创新作风建设，努力建设和谐企业

（一）加强领导干部廉政建设　公司自成立以来，业务每年都以50%以上的速度增长，每年进出的资金上百亿元。公司党委清醒地认识到，如果不抓好预防工作，难免有人会栽跟头。因此，公司纪律检查委员会重点抓了廉政制度建设，做到预防为主，防患于未然。先后建立了《廉洁教育制度》、《供应商定期交流制度》、《经销商定期交流制度》、

《供应商、经销商满意度调查制度》、《有奖举报制度》、《廉政责任制度》等一系列规章制度，有效增强了与供应商、经销商的沟通交流，使一些不良现象能够及早发现，避免了违法现象的发生。坚持把廉洁教育制度化，以正面引导为主，利用多种形式，强化教育培训，聘请市纪委的同志经常到企业讲正反两面的典型事例，做到警钟长鸣，干部的廉洁自律意识明显增强。注意发挥社会监督的作用。在营销、采购、质检等环节设立廉洁监督信息员，信息员定期向纪委汇报情况，提高了关键环节业务的透明度和公开性，有效防止了违纪违规现象发生。

(二)努力创造和谐的经营环境 为企业创造和谐的经营环境，是企业党委的一项神圣的职责，是重中之重。在内部环境建设方面，党委责成工会和团委定期进行员工满意度问卷调查，调查内容包括工作和生活的方方面面。每次调查，都要写出调查报告，及时发现工作中的薄弱环节，对员工满意度低的工作进行改善或加强。设立了工会主席接待日，完善与员工沟通交流渠道。员工对企业的满意度多年来一直保持在80%以上，员工对企业的忠诚度不断上升。在外部环境建设方面，重点加强经销商和供应商的满意度建设。多年来，我们始终坚持进行供应商和经销商满意度调查，根据调查情况对经销政策和采购政策及时进行调整，与合作伙伴始终保持了和谐相处的融洽关系。

(三)全身心地为企业干部职工服务 多年来，公司党委一直坚持以人为本的经营理念，营造了和谐的内外部环境，为企业赢得了健康发展的前提条件。在人文环境建设方面，积极参与和支持地方政府组织的各类活动。2006年，"五一"劳动节与市总工会共同举办了书画展，"十一"国庆节与区政府在广场举办了国庆节文艺晚会。以为员工办实事、办好事为出发点，工会、团委定期组织丰富多彩的活动，体现党委对员工的关心和关爱。先后组织了430名单身员工，参加市总工会、团市委举办的"相约9.9情定鸢都"相亲大会，组织了7次联谊会，为青年员工架起了友谊的桥梁。积极创造条件，为11户全国招聘人才、300余名2006年应届大学毕业生安置了住房，为4000名员工提供了住宿服务，为生产经营提供了保障。组织员工团购住房500套，为员工减少购房支出数百万元，及时为430余名员工和家属办理了户籍迁移手续，为673名员工办理身份证和暂住证，解除了他们的后顾之忧。

创新工作机制
提升企业党建工作水平

新汶矿业集团翟镇煤矿党委书记　于洪冰

新汶矿业集团翟镇煤矿是一个以煤业为主，多种产业共同发展的大型现代化矿井，现有职工5863人，矿党委下设党总支4个，党支部40个，其中民营单位党支部16个，党员773名。近几年来，矿党委积极探索创新，把企业质量管理认证的理念引入党建工作，运用系统的观点构建党建工作质量管理体系，实现了党建工作的规范化、制度化，提高了企业党建工作水平，促进了企业健康持续发展。

一、创新理念，把质量认证的思路引入企业党建工作

近年来，为适应企业发展需要，提高党建工作水平，翟镇煤矿一直试图探索建立一套严格的规定和程序，实现党建工作的规范化、制度化，增强工作的有效性。但这些规定和程序，往往只限于某一个方面、某一个环节，不够系统和完善。2000年以来，为不断拓展国内外市场，翟镇煤矿推行了ISO9000质量管理体系。该体系是世界通用的质量管理标准，其核心是通过设置质量目标、规划各部门的职责任务和各个生产环节的工作流程，对企业生产和管理过程进行控制，以提高企业管理水平和产品质量。质量管理体系的推行，有效地促进了企业发展，也使矿党委深受启发：一个好的结果是由一个有效的控制过程产生的，过程的好坏决定了结果的优劣。党建工作的最终结果是一种"精神产品"，同生产经营工作一样也可以进行标准化管理。基于这一认识，翟镇煤矿突破思想禁区，大胆探索创新，创造性地将质量管理体系引入党建工作中，编制了《党建工作程序手册》，初步形成了较为完整的党建工作质量管理体系。其主要内容是：把"提升党建和思想政治工作水平，为企业的改革发展提供强有力的组织保证"，作为党建工作质量管理体系的总目标，区分矿党委、职能部门、党支部三个层次，将整个党建工作分为"制定任务目标"、"明确工作程序"、"严格落实责任"、"实行精细化考核"四大过程，并针对党建工作的具体内容，制定了《矿党委议事程序》、《组织发展程序》等28个程序文件，从而为企业开展党建工作搭建了新的平台，促进了企业党建工作的规范化、制度化。

二、抓住关键，扎实推进党建工作规范化管理

党建工作质量管理体系是一个涉及方方面面的系统工程。具体实施中，翟镇煤矿坚持规范运作，重点把握好了四个关键环节。

(一)科学制定任务目标 建立健全目标体系，是实施党建工作程序控制的首要环节。为此，翟镇煤矿在总目标之下，明确了党建工作的三大目标，即：按照干部“四化”标准建设高素质的管理者队伍，实现基层领导班子的优化配置，充分发挥党委的政治核心作用；按照制度化、规范化要求，把基层党支部建设成为坚强的战斗堡垒；按照“三个代表”要求，增强党员的先进性意识，使广大党员不断实践先进性要求、树立先进性形象，带出一支体现时代要求的“四有”职工队伍。在三大目标之下，进一步细化分解，分别明确了党委、党支部、党员队伍建设的16个具体目标。在此基础上，层层推行目标管理，明确数量指标和质量要求，形成了比较完善的党务工作目标管理体系，真正把软任务变成了硬指标。

(二)细化党务工作程序 程序是认证理念的核心，只有细化工作程序，才能保证任务目标的落实。翟镇煤矿分矿党委、职能部门、党支部三个层次，针对其不同的职责任务，逐一细化工作程序、工作步骤，设计了党建文件控制、工作记录控制、有关过程控制等一系列程序文件，形成了责任明确、环环相扣、循环提升的工作格局。在矿党委工作程序方面，依据党委职责任务，将党委会、政工例会、党支部工作信息反馈、主题活动设计等作为控制内容，制定了14个程序。如，为保证党委发挥政治核心作用、科学参与决策，专门制定了《做好重大问题、重要人事任免、重大投资项目、大额度资金使用工作控制程序》，明确重大问题均由党政联席会议研究决定，并规定了8项具体程序，有效防止了决策失误，增强了企业的竞争力。在职能部门程序上，将工会、团委、党群工作部的具体职能作为控制内容，制定了民主评议、内部审核等8个程序，保证了工作规范有序和管理目标的落实。发展党员工作时间跨度大、环节多，以往经常出现标准要求不严、程序不规范的现象。为此，翟镇煤矿在组织发展控制程序中，详细规定了6个部门的相关职责和40多个具体环节。执行这一程序以来，全矿新发展党员96名，没有出现任何问题，保证了发展党员工作质量。在党支部工作程序方面，把各党支部的班子建设、队伍建设、生产经营、精神文明等目标任务，全部程序化，将任务分解落实到党小组、到党员。

(三)严格落实工作责任 落实责任是确保实现任务目标的关键。为此，对每一项工作、每一个活动或每一项制度，翟镇煤矿都按逻辑顺序明确执行中的每个细节，并把相关职责、权限落实到部门和人员。具体做到“八明确”，即明确应做的事情，具体的实施者，实施的时间，在何处实施，具体实施办法，所采用的手段以及引用的文件，如何进行控制，应保留的记录，特殊情况的处理方式等。如召开领导班子民主生活会，程序文件中规定：党委负责组织召开会议，纪委负责征求意见和建议，党群工作部负责会前调研、会务筹备、会议记录，基层党支部负责本单位信息的收集和上报。这样，由于程序严格、责任到位，保证了领导班子民主生活会制度的有效落实。

(四)实行精细化考核 考核是实施程序化管理的最后环节，也是确保实效的根本环节。翟镇煤矿按照“细化、量化、科学化”的要求，把程序的目标、责任、过程分解为具体指标，使每一项工作都能够用具体的分值衡量效果，从而使党建工作的总任务得到具体量化。在此基础上，矿党委成立专门的考核小组，采取不定期抽查与一月一检查、一季一考核、半年一总结的形式，对各党支部和各部门进行检查考核，对发现的问题和执行走样的项目，及时加以改进完善，并建立绩效档案，把考核结果与经济责任制考核相结合，严格兑现奖惩。去年以来，奖励先进党支部49个(次)，兑现奖金4万多元，对21个落后党支部罚款9000多元，并对14名党支部书记进行了组织调整。

三、主要成效

实施党建工作质量管理体系虽然时间不长，但已收到明显成效。

(一)提升了党建工作水平 建立和实行党建工作质量管理体系，更加注重工作整体性和一致性，克服了党建工作中随意性强的弊端，提高了工作质量和水平。连续两年来，发展党员、换届选举、组织处置等政策性很强的工作，由于有了严格的遵循，都开展得既稳妥又扎实，没有出现任何问题或纰漏，保证了工作质量和效果。

(二)提高了党务工作者素质 对于党务工作者来讲，每执行一次程序文件，就是一次比较系统的党务工作知识培训。通过党建工作程序化管理，党务工作者既提高了工作效率、工作质量，又提高了业务素质和创新能力。两年来，翟镇煤矿党务工作者在集团公司以上报刊发表党建理论文章30多篇，有两个党建课题分别获得集团公司管理创新成果特等奖、一等奖，并得到中央组织部和省委组织部有关领导的认可。

(三)党组织和党员作用得到较好发挥 党建工作质量管理体系的实施，实现了党建工作的规范化，促进了党组织政治核心作用和党员先锋模范作用的发挥。开拓工区党支部围绕高产目标，把改革、生产经营、精神文明建设任务层层分解，认真开展“一个党员一面旗，各项工作争第一”活动，使党员成为企业生产经营和科技创新的骨干，使该队始终保持着集团公司安全高掘区队的荣誉称号。

(四)促进了企业健康持续发展 通过建立党建工作质量管理体系，促使党建工作与企业质量管理接轨，与企业生产经营高度融合，为企业发展提供了强有力的组织保证。目前翟镇煤矿已实现安全生产1600多天，创出安全生产最高水平。矿井先后获得了“全国煤炭行业企业文化示范

矿”、“全国煤炭系统文明煤矿”、“省管企业先进基层党组织”、“省级思想政治工作优秀企业”、“山东省 AAA 特级诚信企业”等荣誉称号。

打造坚强堡垒　助推企业腾飞

华隆(乳山)食品工业有限公司
党委书记　刘芳友

华隆(乳山)食品工业有限公司成立于 1993 年,现有职工 1000 多人,党员 82 名,固定资产 2.1 亿元。多年来,公司党委一直以服务企业发展壮大为己任,立足企业自身特点,不断探索民营企业党组织发挥作用的有效途径,真正达到了“为企业所需要、为业主所理解、为党员所欢迎、为员工所拥护”。2006 年,公司实现销售收入 2.68 亿元,出口交货值 2.39 亿元,实现利税 3134 万元。公司党委被授予威海市新型经济社会组织党建工作示范点,公司董事长兼总经理刘芳友先后荣获威海市发展经济创业功臣、山东省优秀共产党员、全国乡镇企业家等荣誉称号。

一、发挥核心作用,做企业发展的“主心骨”

参与企业决策和经营管理,既是企业党组织发挥政治核心作用的重要表现,又是促进企业决策科学化、民主化,推动企业良性发展的关键。在参与企业重大决策上,公司党委善于从生产经营的具体事务中跳出来,站在全局的高度、政治的高度观察和处理问题。2003 年,针对公司生产形势很火,当年实现销售收入过亿元,一些干部职工由此产生了一些满足松懈情绪的情况,公司党委居安思危,冷静分析企业发展现状和趋势,根据国家土地政策的变化,及时向公司董事会提出了“树立长远观念,提早建设标准厂房,进一步扩大企业生产规模”的建议,被董事会采纳。2004 年,公司投入资金 1500 万元,建起占地 6000 平方米的标准厂房,新厂房刚建起不久就接到大批订单,生产能力增加了 1000 吨,每年为公司增加效益 500 万元。在参与企业经营管理上,公司党委坚持始终围绕企业发展重点,发挥组织领导作用,改进和提升企业经营管理水平。2005 年,日本一大型公司准备在中国选定 3 家企业作为其专门的花生产品供货公司,对产品的质量提出了很高的要求,但由于华隆公司职工大多来自农村,卫生习惯较差,素质相对不高,难以达到日本公司对产品质量管理的要求。为抓住这一开拓日本市场大好机会,公司党委根据日方公司对产品的质量要求,结合日方公司提出的“5S”管理方法,协助公司制定了《质量手册》,对产品加工过程的每一道工序,每一个工作岗位都提出了严格的质量标准和考核办法,发到职工手中,利用班前班后的时间,由党员干部带领职工集体学习,规范了内部管理,强化了质量意识,提高了产品质量,使公司顺利通过质量认证,如愿成为日方在中国指定的三家供货厂家之一,有力提升了企业国际市场知名度。

二、发挥先锋作用,做企业生产的“领头雁”

企业党组织能否真正发挥战斗堡垒作用,推动企业的快速发展,赢得业主信任和支持,根本在于能否发挥党员干部先锋模范作用,形成企业内部团结向上、积极进取的强大合力。一方面充分调动广大党员职工在平常工作中的积极主动性,促进企业更好发展。公司党委在广大职工中开展了争当技术标兵和岗位明星、创建文明车间及“我为企业献计献策”等活动,一大批党员在各自岗位上以身作则,尽心尽职,带头学技术、攻难关,带头讲奉献、当标兵,为其他职工树立了榜样。老党员王丛江,以厂为家,根据多年从事冷藏工作的实践经验,总结出勤检查、勤记录、勤维护等一套行之有效的方法,每年为公司在仓储方面节约资金近百万元。油炸车间主任、共产党员罗代文,白天深入一线,虚心向老师傅请教,晚上在办公室潜心研究,改进加工工艺,迅速成为企业技术开发方面的带头人,由他组织实施的改进油炸红衣花生生产工艺,较好地解决了油炸红衣花生脱皮率高的难题,使新产品脱皮率降低 3%,每月为公司增效近 10 万元。另一方面充分发挥党员领导干部在艰难险重情况下的带头作用,鼓舞广大职工信心和干劲。2004 年初,公司开始筹备在国外上市,根据证券部门的要求,必须在规定时间内向其提供国际会计标准的财务报告以及其他财务方面的信息。在不了解国际会计的有关标准,又没有这方面申报材料编写经验的情况下,公司总经理刘芳友带领有关人员,边查资料边写报告,加班加点连轴转,克服了大量困难,终于在一个周的时间内保质保量地完成了财务报告及有关报表的整理、申报工作,保证了公司按期顺利上市,成为威海市第一家上市的民营企业。2005 年,公司设备动力车间因电路故障起火,时值风大火急,如果坐等消防救援,很可能贻误时机,使上百万元的设备毁于一旦。在拨打火警电话的同时,共产党员、公司副总经理欧志国带领党员职工,不顾个人安危,率先冲入车间抢救生产设备,为公司挽回经济损失 300 多万元。目前,公司中层干部中绝大部分都是党员,而在生产、技术、营销、设备等关键岗位、重要班组也都活跃着党员的身影,党员成为企业发展的中坚力量。

三、发挥组织作用，做企业职工的“贴心人”

职工是企业发展的主体，维护和发展好广大职工的权益，既是党的宗旨的根本体现，也是企业持续健康发展的必然要求。公司党委坚持想职工所想，尽其所能，为职工创造良好的工作和生活环境，不断增强职工对企业归属感。一是大力丰富职工精神文化生活。公司党委结合工作实际，提炼出“只争朝夕、超越自我”的企业精神，并组织有关人员编写了旨在宣传企业文化和企业管理的《员工行为规范手册》，组织职工认真学习，达到了鼓舞职工士气，提升企业经营和价值理念的良好效果。每年还利用“五一”、“七一”、“十一”等时间，组织职工开展拔河、赛跑、篮球、唱歌等丰富多彩的文体活动，丰富职工业余文化生活，增进彼此之间的感情，拉近相互之间的距离，提高公司的凝聚力。二是大幅改善职工生产生活条件。在公司党委的协调下，几年来，公司先后投入100多万元，为职工办理了养老、医疗、失业、工伤、生育等各种保险，解除了他们的后顾之忧；投资260万元，建起了2160多平方米的职工宿舍和980平方米的职工食堂，为职工的生产车间安装了空调暖气，新购一辆大巴车用于接送职工上下班。针对夏天车间气温较高这一实际，公司党委还建议公司每天为车间一线员工提供绿茶、绿豆水等消暑饮料，这种人性化的做法受到职工的广泛好评，极大地调动和激发了广大职工的生产干劲和工作热情。如今华隆公司职工队伍稳定，讲团结、比奉献，以厂为家，乐于奉献已蔚然成风。三是大力倡树企业责任奉献精神。吃水不忘掘井人。公司自成立以来，一直勇担社会责任，自觉回报社会。早在1998年，当长江和松花江流域的洪水威胁着人民的生命财产安全时，也正是公司新建车间和引进国外生产线的关键时期，在自身资金拮据的情况下，公司总经理刘芳友主动向灾区捐款10万元，树立了企业爱心责任的良好形象。为支持教育事业发展，公司投资10万元与乳山市第二实验小学联合创办了“乳山华隆少儿特长学校”。2003年3月，职工刘洋患股骨头坏死急需手术治疗，但近十万元的医疗费让其不堪重负，在了解这一情况后，公司党委组织企业党员和职工为其捐款近3万元，使其得以顺利做完手术。在2005年全国工商联组织的送温暖、献爱心捐赠慰问活动中，公司一次性向河北省滦平县捐助价值42万元的物资。据初步统计，自公司成立以来，累计在各种扶贫救助活动中捐款达400多万元。

加强和改进党建工作
促进企业健康发展

山东泰钢集团董事长、党委书记　王守东

山东泰山钢铁集团是一家国家大型钢铁联合企业，现有职工7800人，其中党员1360名，设基层党委1个，党总支2个，党支部32个。多年来，泰钢党委始终坚持党的领导，按照十六大提出的“围绕中心，服务大局，拓宽领域，强化功能，扩大党的工作覆盖面，不断提高党组织的创造力、凝聚力和战斗力”的要求，围绕“改革、发展、稳定”的大局，不断探索新思路、新行动来适应新形势，采取有力措施，以发展的眼光、改革的思路、创新的精神，把党建工作和生产经营中心工作紧密结合起来，充分发挥了党组织的政治核心作用和党员干部的先锋模范作用，促进了企业的健康发展，取得了显著成效，多年被评为省级思想政治工作优秀企业、省级先进基层党组织。

一、加强党组织自身建设，凸显党支部的战斗堡垒作用和党员的先锋模范作用，为企业的改革发展提供组织保证

在泰钢有一个著名的“四个轮子”说，即“党的领导，思想政治工作，企业管理，科技进步”。“党的领导、思想政治工作”是前轮、方向轮；“企业管理、科技进步”是后轮，是驱动轮。1984年，泰钢从一片废墟上崛起，不断发展壮大，正是得益于坚持党的领导和强有力的思想政治工作，得益于充分发挥了党组织的政治核心作用。

（一）以企业生产经营为中心，突出党建工作实效性 泰钢党委一直致力于提高党的战斗力，始终把树立共产党员的良好形象、发挥党员先锋模范作用作为加快企业发展、解决生产经营中一系列问题的重要环节。根据企业经济发展和实际工作的需要以及人员变动等情况，及时重新调整和划分基层党的组织，使其成为组织健全、思想统一、作风端正、纪律严明、制度落实、能够带领职工群众完成上级党组织交给的各项任务的战斗堡垒。基层党组织的主要领导，包括专职政工干部，都积极参与处理和解决经济工作中的难点和重点问题。我们提倡身教重于言教，书记不能只管开会学习，不能空洞说教，而要以身作则，亲自去干，带头去干。坚持把党的工作和思想政治工作与经济工作一起来抓，相互渗透，相互促进，共同提高，使企业党建与企业发展

实现了良性互动。

(二)以先进典型引路为示范,体现党建工作先进性 集团党委注重发现、挖掘、推广优秀党员的先进事迹,充分发挥模范党员的导向作用。如党委政治部开展了"月推一党员典型"活动,通过各种媒体大张旗鼓地宣传典型,形成讲表率、比贡献、争进步的良好氛围。2005年8月份开始,我集团针对职工队伍中存在的问题,开展了轰轰烈烈的"忆、比、查、思、干"活动,党委组织了动员报告,聘请了2名离退休老党员作报告,老党员现身说法,用自己的亲身经历和感受使广大党员和职工受到了一次深刻的再教育。年底的总结表彰大会,一批批优秀党员和先模人物脱颖而出,成为广大职工学习的榜样。2006年3月,集团公司党委总结了3名优秀党员的先进事迹,举办了先进模范人物事迹报告会,在全公司巡回演讲20余场次,5000多名干部职工听取了报告,在广大干部职工中产生了深刻的影响。

(三)以系列主题活动为载体,加强党建工作针对性 面对新时期环境、任务、内容、对象都发生很大变化的情况,集团党委合理安排,统筹兼顾,指导各支部结合本部门本单位生产经营工作实际,发挥党组织自身的优势,立足党员岗位特点和业务特长,紧贴社会和群众需要,多渠道、多形式地开展党员主题活动,不断丰富党建工作内容,搭建工作"新平台",切实提高党组织的凝聚力、战斗力和吸引力。为加强党员教育管理,促进党员自律,提高队伍整体素质,集团党委发起签订"党员责任书"活动。责任书一式二份,由党支部同党员签订,党员本人一份,支部留存一份,政治部监督考核,并同经济责任制挂钩。在各党支部和广大党员中开展争创"党员先锋岗"和"红旗责任区"活动,逐步形成各具特色的工作局面。一系列活动的开展丰富了党员教育活动载体,做到了虚实结合,使党员教育活动由抽象到具体,做到看得见、摸得着、有实效。

同时,根据思想观念、思维方式及信息传播方式的新变化,拓展阵地,丰富内容,改进方式,利用好集团公司的"一报(报纸)、一刊(杂志)、一站(广播站)、一台(电视台)一校(党校)、一会(思想政治工作研究会)"等宣传阵地,运用党员电教、网站等现代化教育手段,增强吸引力,增强了党员参与活动的积极性和主动性,形成新形势下党员经常受教育的良好机制。

二、大力加强思想政治工作和精神文明建设,打造一支高素质的干部职工队伍,为企业的健康快速发展创造条件

在泰钢,加强思想教育,是一种传统,也是一种制度。我们始终坚持人的工作第一,政治工作第一,思想工作第一,活的思想第一的原则,并创造性地提出了做好思想政治工作的"五条标准",准确把握思想政治工作的原则、目标和方法步骤,把职工关心的热点问题作为思想政治工作的着重点,围绕发展做好思想疏导工作。不断为提高员工素质加油充电,把市场经济的重利益、重实惠的原则与思想政治工作重理想、重信念的价值趋向有机结合,倡导"五讲四美四热爱",使"爱家、爱岗、爱国、爱党"的"四热爱"精神深入人心,教育广大党员带头牢固树立企业靠我发展、我靠企业生存的观念,亮出党员风采,创造万众一心谋发展,千斤重担大家挑的良好发展氛围,带领广大职工聚精会神干工作、立足岗位创佳绩。

泰钢党委十分注重加强领导班子建设,从领导班子做起,严格自律,精诚团结,始终保持坚强的党性原则和无私奉献精神,在政治上要坚持原则,在经济上要两袖清风,凡是要求下属做到的自己必须做到,要求下属不做的自己坚决不做,我们倡导把"心里有杆秤,脑子里有根弦,不论干什么事都离不开大码"作为自己的行为准则,在事业上开拓进取,在工作上艰苦奋斗,在生活上廉洁自律。桃李不言,下自成蹊。1988年以来泰钢没有一个刑事犯罪的,没有一封人民来信,没有一个群众上访,呈现出一派安定祥和,健康欢乐的发展景象,做到了人心不乱、队伍不散、发展不慢。

三、企业党建工作与时俱进,不断创新

在企业改革发展过程中,我们针对企业管理创新、技术创新的特点,坚持思想创新、实践创新、与时俱进,努力探索适应现代企业制度要求的党建工作新机制,实现党建工作在转变中适应、在改进中加强、在继承中创新。

首先调整工作思路。根据时代发展的要求,我们注重解放思想,与时俱进,不断创新,正确处理好"核心"和"中心"的关系,加大各级党组织参与经济工作的力度,充分发挥党组织的政治核心和保证监督作用。把思想政治工作与经营管理的责任落实到干部身上,实行行政干部有做思想政治工作的责任,党群干部有抓经营管理的任务,把党组织的政治核心作用有机融合、渗透到企业的决策、监督、执行中,实现经营管理与思想政治工作同步部署、同步检查、同步指导、同步考核,以新思路积极参与企业重大问题决策,为企业的改革发展把关定向。我集团党政工团各级组织凝聚各方力量,充分发挥各自优势,以举办各种竞赛活动为载体,推进在产品质量、技术改造和管理上不断创新,并积极主动地承担生产经营中的急、难、险、重任务;同时企业媒体全方位宣传生产经营技改工作,充分发挥了舆论的正确导向功能。

其次转变工作方法。在党组织的活动方式上,我们因时因地因人制宜,灵活多样,在活动内容上,通过新的构思、开发新的题材、组织新的专题、力求体现时代特色,贴近职工生活。从不同侧面、不同角度,通过对活动内涵的深刻揭示,给党员以知识的教育、心灵的震撼、精神的激励和思想的启迪。

纵览20多年泰钢改革发展壮大的整个历程,坚持"党的领导",始终是企业改革发展的重要核心,是所有政治优势在企业的集中体现者和承担者。泰钢已经发展成为一个团结奋进、开拓创新的战斗集体,各条战线上都出现了一批忠于职守、敢于牺牲、心系群众、奋发进取的典型和模范党

员，一个党员就是一面旗帜，他们在不同的岗位上发挥着越来越重要的作用。

铸造名牌的战斗堡垒

山东新银麦啤酒股份有限公司
党委书记　赵久标

山东新银麦啤酒股份有限公司党委现有党委成员4人，其中书记1人，党委委员3人，下设机关支部、销售支部、生产支部和财供支部，共有党员160人。公司现有职工1280人、总资产5.1亿元，生产线8条、年生产能力40万吨，是全国唯一一家港方独资的大型啤酒企业。2006年完成啤酒产销量26万吨、实现销售收入6.6亿元、利税1.4亿元，银麦品牌价值已达5.34亿元，被评为"中国啤酒工业十佳企业"，"银麦啤酒"被评为"中国驰名商标"、"山东省十大影响力品牌"。公司党委多年来始终坚持"围绕生产经营抓党建，抓好企业党建促发展"的工作思路，大力加强企业党的建设，先后多次被省、市、县表彰为先进基层党组织。

一、创新发展，铸造品牌

公司党委一贯把员工的知识创新作为头等大事来抓，注重加强对公司员工的党的路线方针政策教育、现代市场经济知识特别是对企业自主创新和名牌战略知识的系列教育，大大激发了广大员工的创业热情和工作积极性，推进了公司的技术创新能力和研发水平。去年以来，公司党委引导干部职工坚持以市场为导向，紧盯市场需求，与高等院校和科研机构合作，相继研发出了"黄金澳麦"、"一麦纯生""冰麦""原生态"、"麦香"等30多种、50多个系列清爽型啤酒新工艺和新产品，提高了产品的市场竞争力。分两步实施"10万吨技术改造工程"，一期工程投资2800万元，全部采用德国、丹麦、美国等世界一流的技术装备和检验设施，达到"生产自动控制，操作误差为零，质量100%合格"的要求，为提升产品质量和银麦品牌形象打下了坚实的基础。

管理出效益，管理出名牌。公司党委注重管理创新，根据市场的变化，建立了以消费者为基础的终端网络，加速行销整合，倡导文化营销，掌控终端，突出高端，精打细算，精耕细作，强化"高端、终端市场"的开发和维护，在渠道建设、客户管理、客户服务等每一个环节做精做细，实行门对门、面对面服务，不断开拓更多的新市场。目前，银麦中高档产品的直销率已达到80%以上，银麦啤酒产销量连连飙升。同时，注重推进现代企业制度建设，建立健全各项管理制度，全员推行了"聘任上岗、德才定位，凭贡献拿报酬、凭劳动论收入"的人力管理办法，实施了具有本企业特色的"倒逼成本管理法"，严格考核奖惩，使全体员工的工作效率和质量不断提高；在不断借鉴和推行国际先进的管理模式，获得ISO9000系列标准质量体系和产品质量"双认证"的基础上，又在全省率先通过了QS食品质量安全认证。成功引进国外先进的6S管理技术，实现了"月月有活动，天天有行动，时时有效果"的目标。

品牌是企业的生命，是企业参与国内外市场竞争的锐利武器，是立足于不败之地的强力支撑。为此，公司党委牢固树立"品牌就是核心竞争力，没有品牌的竞争是无力的竞争，没有品牌的企业是危险的企业，没有品牌的市场是脆弱的市场"的理念，多次聘请深圳、上海等知名策划公司，建立了CIS企业形象系统，规范、整合企业及产品的有关标识、包装、广告宣传、促销物品等识别设计。成立了宣传和广告制作中心，广泛宣传银麦品牌，提高了企业及产品的知名度，使银麦啤酒成为家喻户晓的知名品牌。

二、构建和谐，凝心聚力

公司党委一班人坚定地以马克思主义和党的路线、方针、政策为指导，坚持以坚强有力的思想政治工作统领全局，不遗余力地建钢班子、铁队伍。强化人本管理，保证管理、科技、生产、营销与改革工作健康运行、快速推进。公司确立了政治工作的生命线地位，紧紧围绕做精做强企业、做大做美品牌，建立科学的工作运行机制，形成党组织核心领导、行政强有力指挥、工青妇勇当助手的新格局。

公司党委结合开展创建"五个好"企业党组织和第二批党员先进性教育活动，在全体党员中开展了以争创党员先锋岗为主要内容的"展现党员风采，构建和谐银麦"的主题实践活动，设置"党员先锋岗"52处，其中驻外"党员先锋岗"25处。根据市场营销员的工作实际，在驻外党员业务员中开展了"炼就营销本领，站好营销岗位，扩张营销市场，争创和谐业务员"活动，使驻外党组织和业务员的战斗堡垒作用和先锋模范作用得到有效发挥。大力实施了质量零缺陷、物资占用零库存、服务客户零距离的"三零工程"，"服务，从客户的需求开始"成为银麦人永远的信仰和追求。

积极推进"和谐银麦"建设，投资兴建了银麦住宅小区，实施了"人才楼"安居工程，使"银麦是我家，我是银麦人"的观念深入人心，主人翁意识不断增强。通过广泛开展职业道德教育，形成了良好的职业道德规范和员工行为规范。公司先后组建歌舞团、军乐队、篮球队、门球队、足球队、书画协会等，使职工天天能锻炼，月月有活动，节日有比赛。通过开展送文化下乡、"银麦文化艺术节"、"银麦杯乒乓球比赛"、"6S知识竞赛"等活动，共为社会演出100多场次，还为社会各类公益活动捐款达50多万元。在上述活动中既丰富了员工的业余文化生活，又使广大职工实践了理想和道德信念，思想境界不断提高，同时提升了企业的知名度和产品美誉度。

夯实基础，争创“五好”

公司党委适应市场迅猛发展的需要，及时调整党组织设置，不断创新党员教育活动的内容和方式，做到“市场开拓到哪里，党组织就组建到哪里”。对长期在外从事啤酒营销的党员业务员，公司党委按照“区域分布、相对集中、就近组建”的原则，以办事处为依托，把党组织建在营销链上。凡具有3名以上党员的单独设立党小组，不足3名、暂时不具备建立党小组条件的办事处，按照“地域相邻、易于管理、利于活动”的原则，联合组建党小组。办事处主任是党员的，一般兼任党小组长，条件不具备的，由公司党委和营销部党支部从党员骨干中择优担任。同时，公司党委注重把那些政治素质好、懂市场会经营、营销业绩突出的业务员吸纳为入党积极分子和后备干部，对符合条件的及时发展为预备党员，对优秀的党员选配到支部书记或办事处主管岗位上。“一个党小组一面旗，一名党员一盏灯”。逐步建立起了一支政治上靠得住、工作上有本事、作风上过得硬的党员营销队伍，为市场的拓展注入了强大活力。

“党员走到哪里，教育就开展到哪里”。公司党委坚持“全覆盖、求实效、促发展”的原则，搞好党员经常性教育，在确定教育目标上，要求驻外党员做到“四个牢记”，即牢记党员称号、牢记宗旨观念、牢记党的纪律、牢记企业发展，始终按照党员先进性标准严格要求自己。在选择教育内容上，突出抓好《公司法》、现代市场营销知识等重要内容，使他们既学理论武装头脑，又学技能增长本领，做到思想政治素质和市场开拓能力“双提高”。在把握教育方式方法上，重点采取公司党委领导现场指导、电话传真调度、电子邮件、寄送学习材料、调阅学习笔记等形式，及时了解每个驻外党小组和党员的学习情况。同时，利用每月底驻外办事处和营销人员集中返公司汇报市场开拓情况的机会，对党员业务员加吃“营养餐”，进行补课和专题辅导，使每名党员思想不落伍、知识不落后。

“党员走到哪里，制度就管理到哪里”。公司党委为确保每个党员参加正常的党的活动，经常性受教育，结合创建“五个好”企业党组织和党员先进性教育活动，本着“小型、分散、业余、灵活”的原则，进一步建立落实了班前班后“10分钟党课”、“党员夜校”、民主生活会、党员活动日等日常性工作制度和以参与企业重大决策为主的党政工联席会议制度，制定实施了党员目标管理考核细则，采取群众民主考评与组织日常考核相结合的方法，每半年对各党支部和党员的实施情况进行一次全面考核。对达到标准的党支部，予以表扬，并鼓励其再接再厉，再创佳绩；对未达到标准的党支部，及时指出不足，并提出具体意见，限期整改。凡党员个人考核得分90分以上的给予奖励，低于60分的列为不合格党员，由党支部进行帮扶，促其达标。特别是对长期在外从事营销的党员业务员，公司党委落实了建档立卡制度，实行了定期汇报和分工联系制度。驻外党员业务员每月向营销部党支部书面汇报一次思想、工作、学习等方面情况。公司党委和营销部党支部成员还分别与驻外党员业务员结成对子，定期走访、联系了解党员在外情况。通过一系列制度推动，做到了驻外党员“人行千里有人管，教育管理不断线”，保证了企业重大决策中有党的观念、企业管理层中有党的身影、企业职工利益中有党的温暖。

抓好企业党建　引领经济发展

山东保龄宝公司党委书记　刘宗利

山东保龄宝生物技术有限公司创建于1997年，是以生物工程为主导的“国家级重点高新技术企业”、中国制造业企业500强、全国淀粉糖行业20强、山东省企业（集团）200强。现有员工660人，其中党员104人。经上级批准，2001年设立党的基层委员会，党委下设8个支部，1个党建办公室。公司党委紧紧围绕企业中心工作，把党的建设作为解放和发展生产力的重要内容，壮大队伍、健全组织，提升素质、增强本领，突出党员、干部先锋模范作用，有力地促进了企业的快速健康发展。

一是按照“政治素质好、经营业绩好、团结协作好、作风形象好”的要求，积极创建“四好”班子，牢固树立正确的权力观、政绩观和科学发展观。2005年，班子成员分别就人力资源、运营机制调整、构建和谐企业、加快保龄宝功能糖产业园建设等内容进行了专题调研，分析了现状、找到了问题，提出了改进意见，为公司“十一五”发展规划的形成奠定了基础。党委书记刘宗利同志以身作则、率先垂范，其他党委成员也都严格要求自己，用自己的人格魅力在群众中树立起较高的威信。党委成员立足于批评与自我批评，做到了思想上高度统一，行动上密切配合，增强了凝聚力和向心力，形成了推进企业发展的强大合力。

二是锻造一支敢打、能打硬仗的员工队伍，重担有人挑、难题有人解。各党支部紧跟政治、经济形势，及时组织全体党员认真学习时事政治和党的先进理论，努力提高广大党员的思想觉悟和综合素质。春节、“五一”、“十一”长假期间，已经成为广大党员干部和骨干员工进行思想交流、业务学习和技能培训的最佳时机。党支部围绕企业的中心工作，重点研究党组织和党员先进性的体现，广泛开展“党员示范岗”活动。坚持“让党员成为骨干，让骨干成为党员”的原则，认真做好新党员发展工作。几年来，公司发展党员或经党委批准转正的党员达 36 人，都成为企业的中坚力量，使党员真正成为奔跑的旗帜。

三是把思想政治工作视为一切工作的生命线。坚持全面、全员、全方位开展思想政治工作，重心下移、中心前移，深入车间、深入班组、深入到员工中去，将思想政治工作贯穿到经济工作的各个环节，抓住典型，解剖麻雀，统一全体员工的思想认识。公司党委对广大党员提出四项要求，即：耐得住寂寞、经得住诱惑；洞察思想动态，解决观念问题；结合工作特点，实施结对帮扶；帮群众解困难，与群众交朋友。自 2004 年起，党员领导干部分别与各部门结成对子，开展“一帮一”活动，使部门的工作得到了很大程度的加强，形成了“学先进、比赶超”的浓厚氛围。

四是坚持实行党政领导班子交叉任职，充分发挥公司党委的政治核心作用、董事会的科学决策和经理层的管理优势。面临重大决策时，从党、政、工各方面给予充分考虑、深入调查研究，广泛听取全体党员和员工的意见，形成正式决议。党政班子成员紧密团结，相互配合，互相沟通，围绕公司经济建设这个中心，求大同、存小异，一旦形成决议，坚决服从执行。在党委的号召下，全体科研人员艰苦攻关，两项科研成果迅速转化为现实生产力，其中发酵法生产谷氨酰胺属国内首创，赤藓糖醇的工业化生产为国内首家，增强了企业的核心竞争力。以新党员、大学生为主研发的谷氨酰胺、赤藓糖醇已被国家五部委认定为“国家级重点新产品”，目前，新产品销售已占据总销售额的 60% 以上，企业经济效益逐年增长，呈现出勃勃生机。

在长期的工作中，我们体会到，企业党建的生命力在于与工作实践的紧密结合。党组织结合党员素质提升、企业文化建设和任务目标的完成开展工作，促进企业与员工的共同发展，做到了基层党建和企业发展两促进、两不误。10 年间，保龄宝公司产能扩大了近 50 倍，“保龄宝”已成为全国同行业的第一品牌。

强化党的建设
发挥政治核心作用
促进时风集团又好又快发展

山东时风(集团)有限责任公司
党委副书记　刘成强

时风集团成立于 1993 年，总占地 3200 余亩，总资产 36 亿元，员工 30000 人，国家特大型企业。主导产品为农业机械、汽车、发动机、轮胎、热电等。山东时风(集团)有限责任公司下设三轮汽车、轻卡汽车、轮胎、热电四大产业工业园，拥有五个合资子公司，六个专业生产厂，设有博士后科研工作站和国家级企业技术中心，通过 ISO9001 国际质量体系认证和 OHSMS18000 职业健康安全管理体系认证。现已形成年产农用汽车 120 万辆、发动机 120 万台、拖拉机 30 万台、轻卡汽车 5 万辆、轮胎 660 万套的生产能力，是全国最大的农用汽车生产基地。2006 年，实现营销收入 141.6 亿元，增长 21.9%；利税 6.88 亿元，增长 22.3%；出口创汇 5300 万美元，增长 105%。三轮汽车、低速货车、拖拉机和发动机产销量稳居全国同行业第一。农用汽车产销量连续十年实现全国同行业第一，经济效益连续十二年实现全国同行业第一。

时风集团是全国机械行业企业文化建设先进单位，机械工业现代化管理企业，时风商标是“中国驰名商标”，时风单缸发动机、时风大中型拖拉机是“中国名牌产品”、“国家免检产品”，时风集团先后荣获“全国五一劳动奖状”、“全国守合同重信用企业”、“山东省百强企业”等荣誉称号，连续十一年被评为山东省“思想政治工作优秀企业”，连续十九年保持“省级文明单位”称号，公司政研会被评为“全国机械行业优秀政研会”，时风集团党委多次被评为“山东省先进基层党组织”。

一、领导重视，一岗两责，为企业发展提供坚强组织保障

时风集团党委成立于 1999 年 12 月，现有党员 472 名，下设 12 个支部、50 个党小组。按照《党章》和《中华人民共和国公司法》有关规定，合理设置党组织，积极为党组织开展活动提供经费支持。公司党委认真探索党务工作和经济工作相结合的新路子，全面推行“一岗两责”机制。时风集

团厂区分散、党员多、岗位各不相同，党委坚持“干部交叉任职，工作相互渗透，目标共同提高”的原则，强调“时风的干部既要懂管理，更要会做党务，不抓党务工作的干部不是好干部，干不好党务的领导不是好领导”。公司党委会、董事会和经理层成员交叉任职，党委设有专职副书记2名，负责党务工作，党支部书记兼任分厂厂长，党小组组长兼任部门、车间负责人，党员基本身处关键岗位，肩负双重职责。党委坚持将党务工作纳入整体工作范围内，一起部署、一起检查、一起考核，做到了认识到位、措施到位、工作到位，形成了一级管一级、一级带一级、一级为一级负责，建立了抓到支部、抓到党员、抓到积极分子的党建工作长效发展机制，为企业持续发展提供了强大的组织保障。

二、准确定位，明确方向，增强党务工作主动性

时风集团党委成立八年来始终坚持“解放思想，实事求是，与时俱进，勇于创新”的原则，每年年初制定《时风集团党委年度工作要点》，统领指导全年党务工作；开展“党员活动日”，提供不同形式的社会服务，树立党员队伍的良好形象；坚持发挥整体优势，号召党员干部选准位置、进入角色，自觉地将党务工作融合于具体工作中去，主动积极地开展工作，使党务工作始终服务于生产经营大局，渗透到时风发展的全过程。

党委书记、董事长刘义发同志和党委副书记、总经理刘成强同志坚持创新、坚持学习，坚持用先进的理论统一思想，指导实践，带领班子成员自觉遵守理论学习中心组的学习制度，和广大党员经常性地学习马列主义、毛泽东思想、邓小平理论和“三个代表”重要思想，全面提升了班子成员和党务工作者的整体素质。董事长、总经理还精选典型案例、典型文章在每天晨会上带领大家进行学习，了解时政，反察自省，教育引导班子成员、党员干部保持与时俱进，不断提升素质。

三、完善党建工作制度，搭建活动平台，永葆党员先进性

时风集团党建工作责任制主要概括为“四四六”要求，即坚持四条主要原则，达到四个主要目标，强化六条工作措施，按照“一个党员就是一面旗帜”的奋斗目标，提高党组织的执政能力和党员的执行力。

（一）加强党员教育活动阵地建设　为进一步健全党的基层组织生活，完善时风集团党建工作制度，公司党委高档次、高标准、高要求，进一步健全和完善了各支部党员活动室，在时风热电中心、时风三厂等厂区新设党员活动室，对汽车厂党支部、总装厂党支部、工业园党支部的党员活动室进行规范、完善，为搞好党员教育创造良好环境。

（二）完善党员先进性教育长效机制　2004年8月—11月，时风集团作为全市保持共产党员先进性教育活动试点单位，在全体党员中广泛开展了保持共产党员先进性教育活动，圆满完成了各阶段任务并顺利通过市委工作组验收。为了进一步巩固先进性教育成果，扎实开展党员先进性教育活动“回头看”工作，将党员“五好”教育作为一个长效机制和长期任务抓紧抓好。为了强化教育效果，增强教育的针对性，根据形势的变化和企业的实际情况，不断修订党员“五好”标准，由“树立好思想、发扬好作风、掌握好本领、创造好业绩、发扬好作用”改为“政治素质好、管理创新好、团结协作好、作风形象好、经营业绩好”，并把每一项具体化，使广大党员对标准更明确，对职责更清楚，执行上更具有可操作性。

（三）求真务实，抓好党员学习教育　各党支部结合工作实际，灵活掌握学习形式，采取集体学习和个人自学相结合，注重提高学习效果，并要求全体党员从国家的角度，重点是增强“党章、党员、先进、奉献”四种意识；从个人的角度，重点是提倡“主动、创新、攻坚、奉献”四种精神；从企业的角度，重点是增强“责任、机遇、市场、节约、创新、发展”六种意识。以此，加强对党章原文的学习和理解，做好“结合”文章，把学习党章同学习邓小平理论和“三个代表”重要思想紧密结合起来，同学习党的十六大会议精神紧密结合起来，对于重要内容、重要篇章进行了认真学、反复学，并组织全体党员参加了省委举办的“学习党章、保持共产党员先进性知识竞赛”和市县举办的“党员学习党章考试”等活动，整体测试成绩优秀。

（四）落实党风廉政建设责任制　为抓好党员干部队伍建设，公司党委、纪委多次下发加强廉政建设的文件，制定了《时风集团开展治理商业贿赂专项工作实施方案》，成立了时风集团治理商业贿赂领导小组，建立了严格的领导责任制和有效的工作机制。在开展学习贯彻胡锦涛总书记关于社会主义荣辱观和在领导干部中大力倡导八个方面的良好风气重要讲话中，我们要求党员干部熟记“八荣八耻”和八种良好风气，在工作和生活中身体力行，并针对学习情况进行书面测试和个人抽查，在全公司通报学习测试情况。

（五）履行党员义务，规范党员管理　认真履行党员对党组织应尽的义务，按时、足额上缴党费这是党员的一项义务。各党支部将主动缴纳党费和组织派人收缴党费区别开来，并作为党员教育管理的重要内容，作为民主评议党员工作的重要依据。2006年5月份，经核实、修改、确认，时风党委认真整理472名党员的基本信息，健全党员档案，同时收取党员照片，按要求认真填写党员证，使党员管理工作实现信息化、规范化、准确化。为保持党员队伍的与时俱进，真正做到将业绩突出、创新意识强、入党愿望强烈的骨干吸收到党内来，近三年公司党委先后新纳26名党员，为党组织增添了新生力量。

四、依托企业文化，丰富工作载体，打造坚强战斗团队

用文化统一思想，凝聚人心，增强员工的团队精神，是时风集团党建工作的特色。“务实、求严、文明、优化”的时

风精神是时风文化的精髓；建设“中国驰名，世界著名”运输机械集团是时风集团全体员工的共同价值理念；“同行业的最高标准是时风的最低要求”，说明标准的提高永无止境；“没有办不成的事，只有办不成事的人”，教育员工做“品质优良、充满活力、勇往直前”的时风优秀员工；“今天工作不努力，明天努力找工作”，是要求员工充分发挥个人主观能动性，追求无止境，工作超一流。编写了《半杯水》、《理发》、《洗盘子》、《对话》、《哥仑布立蛋》等52则寓言故事，要求员工树立“创名牌、争第一”、“认真做事只能把事情做对，用心做事才能把事情做好”、“认真、诚信第一”、“戒浮躁、走正道”等理念，激励党员将全部精力倾注到工作岗位上，用自己的真诚和辛勤劳动生产制造用户满意的产品，塑造时风品牌的信誉，使时风品牌真正成为国内外市场上叫得响、立得住、不褪色的市场金牌。

抓党建　增内力　促发展

山东省阳信瑞鑫集团有限公司
党总支书记　任金海

阳信瑞鑫集团是一家集地毯、电子、纺织、餐饮、教育等行业的大型民营企业，近年来，坚持围绕发展抓党建，抓好党建促发展，实现了经济效益、组织建设的“双丰收”。2006年，集团公司已拥有5个子公司，22个分厂，职工1.2万人，总资产2.2亿元，出口总值3.8亿元，上缴税金1300多万元，实现社会效益1亿多元。集团公司党支部2000年3月就升格为党总支，现下辖5个党支部，68名党员。先后被评为“中国优秀企业”、“全国出口创汇先进企业”、“山东省先进民营企业”，跻身中国民营企业500强（列112位）。

一、坚持党建和企业发展同步，充分发挥党组织在企业中核心领导力

瑞鑫集团改制前，企业总资产仅有几十万元，职工300多人，党员不足10人。改制后，集团公司高度重视党建工作，努力探索党组织在非公有制经济组织中发挥作用的途径和方式，实现了党建和企业的同步发展。

（一）处理好党组织与企业的关系　作为民营企业的党组织，党总支一班人创新思路，加大措施，把党的活动纳入企业决策、经营、管理的全过程，使党的组织活动与企业发展融为一体，实现二者的和谐统一。集团公司实行双向交叉任职，董事会成员既是企业决策者，同时又是企业党组织的负责人。多年来，集团公司党组织注重发挥政治优势，努力服务企业发展，做到服务不干预，到位不越位，在企业重大问题决策中当好企业的参谋助手。我国加入WTO后，公司董事会制定了“大规模、多投入、高科技、集团化”的发展目标，党总支在多方论证、广泛调研的基础上，及时向董事会提出了“一业为主，多元经营”、“两条腿走路”的建议，很快被集团董事会采纳。2002年集团公司投资1500万元成立了金鑫电子有限公司，2003年又投资3000万元建立了阳信鑫瑞染织有限公司，使公司走上了多元化发展的道路。

（二）改进党组织的活动方式　在活动方式上，公司党组织坚持“实”、“跟”、“避”的工作原则。“实”就是根据党的中心工作和企业生产需要组织活动，提高党的工作的实效性。“跟”就是紧跟董事会的决策部署，开展好党组织活动。“避”就是党内的组织活动尽量避开企业的生产经营时间，充分利用休息日、工作闲暇时间开展好活动。

（三）发挥好党组织的作用　公司党组织根据民营企业发展的实际和特点，紧紧围绕服从服务于企业的生产经营，在服务中体现和发挥好党组织的政治领导核心作用。1998年地毯行业形势看好，企业订单很多，但企业受坯布短缺的制约，急需上马新的坯布生产厂，但是银行紧缩银根，贷款困难，新建厂还急需大量的技术工人。在这关键时期，党组织迅速召开了会议，将情况通报后，广大党员想企业之所想，急企业之所急，在短短几天内，筹集资金280万元，招收工人120人，帮企业顺利渡过了难关。坯布生产厂当年竣工，当年投产，当年实现效益100万元。

二、坚持塑造企业文化寓于党建之中，努力增强企业的市场竞争力

近几年来，随着瑞鑫集团的不断发展壮大，集团党总支坚持以人为本的管理理念，时刻注意打造自己的企业文化，使集团的发展走上了科学化、规范化的道路，提高和增强了企业的核心凝聚力和市场竞争力。

（一）注重员工教育培训，努力增强研发力量　公司党总支把提高职工和管理人员的素质作为党建工作的重要内容，每年定期邀请专家教授到企业授课，向广大员工讲授现代企业管理、WTO、ISO质量认证体系等相关知识，员工的质量意识得到进一步增强；每年选派中层领导、关键技术岗位人员到大专院校进行学习培训，以提高他们的企业管理能力和水平。同时，公司还十分重视技术人才的引进，先后从全国各大专院校引进大中专生72人，科研力量显著增强，企业产品做到了生产一代、研制一代、储备一代，国际市场份额不断攀升，企业出口交货值每年递增25.2%以上。

（二）营造奋发向上的企业文化　公司党总支把思想政治工作与企业文化建设相融合，在集团内部营造了团结和谐、奋发向上的企业文化。每年举办两次“技术大比武”，评选出“十佳岗位技术能手”；设立“技术创新奖”，对生产工艺

中作出革新的实施重奖；每年评选“十佳厂劳模”，企业出资组织其外出参观旅游；为解决员工子女入学难的问题，投资130余万元，建立起了高标准的幼儿园，解除了员工的后顾之忧；投资30万元，建起职工俱乐部，组织职工开展丰富多彩的文化生活；投资10万元组建了“瑞鑫文艺宣传队”，深入到各个分厂进行慰问演出，极大地满足了职工的业余文化需求；投资8万元办起了《瑞鑫简报》，使广大职工有了畅所欲言的阵地。这些活动的开展，调动了广大职工的工作积极性，增强了企业的生机和活力，形成了“团结、拼搏、求实、创新”的“瑞鑫精神”。

三、坚持发挥党员先锋模范作用，不断扩大党组织在企业的影响力

在实际工作中，公司党总支把“四先”、“三高”作为发挥党员先锋模范作用的主要内容。“四先”即科学管理知识党员先培训，先进操作技术党员先掌握，岗位工作规范党员先做到，解决急难险重任务党员先行动；“三高”即要求党员思想觉悟高于群众，业务技能高于群众，工作成绩高于群众。为了充分发挥党员的先锋模范作用，集团公司党总支要求党员做到“四个带头”：带头宣传、贯彻执行党的对外开放政策，努力与外商搞好合作；带头学习先进技术和管理方法，在生产和经营中起到骨干作用；带头搞好精神文明建设，积极开展“党员形象在岗位”、“我为党旗添光彩”、“班组大比武”、“争创优秀车间”等文明创建活动；带头做好职工的思想政治工作，比贡献，比干劲，比提高，党员们都立足本职很好地发挥了先锋模范作用。截至2006年，瑞鑫集团的共产党员全部被选拔安排在了关键岗位上，22个分厂有20名分厂长是党员，管理人员中有58人是党员，占40%以上。通过党组织扎实有效的工作，在企业内部逐渐形成了在一线工作干得好的，优先纳新；入党后有管理才能的，优先提拔为中层管理人员；中层干得好的，让其政治上有荣誉，经济上得实惠的政治导向。在瑞鑫，“党员”成为一种崇高的荣誉和广大员工的最高追求。今年以来，已先后有100余人向党组织递交了入党申请书。自2000年以来，公司先后发展党员35名，党员队伍不断壮大，党员队伍结构进一步改善，党组织在企业的影响力和号召力明显增强。

加强党建工作　服务和谐社会

菏泽供电公司党委书记　张学俊

菏泽供电公司为山东电力集团公司直属的大型国有企业，担负着菏泽全市电力供应与服务和电网建设管理的任务。企业现有在职职工751人，其中党员299人。党委下设2个党总支，20个党支部。2006年以来，在菏泽市委、市政府和山东电力集团公司党委的正确领导下，公司上下坚持以科学发展观为指导，抓发展、抓队伍、抓管理、创一流，各项工作全面迈上了新的台阶，企业党建、思想政治工作和精神文明建设取得可喜成绩，连续20年保持了“山东省文明单位”称号，继续保持了“全国五一劳动奖状”、“全国职工职业道德建设先进单位”、“全国青年文明号”等称号，并荣获了全国“安康杯”竞赛优胜企业、“山东省思想政治工作先进单位”、“山东省学习型组织标兵单位”等荣誉称号。

一、抓党建凝心聚力，促企业和谐发展

坚持“两手抓，两手都要硬”的方针，围绕公司生产经营的中心任务，加强党建及精神文明建设，在促进企业和谐发展的实践中，充分体现了企业党组织的地位和作用。

（一）加强企业党建工作　坚持民主集中制原则，认真落实《党委议事规则及决策程序》等管理制度，充分发挥了党委的政治核心作用。加强党的基层组织建设，狠抓保持共产党员先进性长效机制建设，建立党员考评制度，并通过观看教育片、举办“学党章知识竞赛”、歌咏比赛等形式，引导广大党员坚定理想信念，提高党性修养，永葆先进性。

（二）加强党风廉政建设　制订了《党风廉政建设责任制和惩防腐败体系建设检查考评细则》，细化评分标准，加大考核力度。开展了治理商业贿赂专项工作和查处“嫌疑腐败”、预防职务犯罪专项治理活动，对不正当交易行为进行了自查自纠。加大效能监察力度，严格执行制度规定，促进了企业规范化管理水平的提高。加强审计监督，认真开展财务审计、多产经营状况审计、工程审计、干部任期经济责任审计等各类审计工作，维护了企业的经济利益。深化廉洁文化建设，组织了廉洁文化建设调研，召开了廉洁文化建设研讨会，组织了“知荣明耻——我身边的廉洁故事”征文、廉洁文化书法绘画、手机短信、动漫等系列作品征集活动，开展了“四进”活动，荣获了山东电力集团公司“纪检监

察先进单位”称号。

（三）深入开展“爱心活动”，实施“平安工程” 在职工中广泛开展“爱心”理念和“平安”理念教育，组织了员工签名、宣誓、青年突击队授旗仪式 开辟专栏，发放“爱心·平安”宣传手册、举行“爱心·平安”有奖征文、知识竞赛、主题演讲等活动，进行了充分宣传和发动。在集团公司组织的“爱心·平安”演讲比赛中荣获二等奖。围绕“五个关爱”的主题，编写了《幸福一家人·平安全家福》文化手册，组织职工家属到生产现场参观慰问，促进了相互之间的关爱与和谐。积极奉献爱心、关爱社会，组织了《国家电网公司社会责任报告》赠阅暨“爱心·平安”大型宣传活动，开展了“爱心宣传进校园”、“希望工程认亲”、“爱心一日捐”、“真情献客户、爱心保平安”等活动，为促进和谐社会建设做出了积极贡献。

（四）加强企业民主建设 坚持全心全意依靠职工办企业，引导职工为公司两个文明建设贡献聪明才智，充分发挥职工的主人翁精神，弘扬了“企业以员工为本、员工以企业为本”的和谐文化，有效促进了和谐企业建设。深化厂务公开制度，完善职代会制度，定期召开职代会。在企业重大决策和涉及职工利益的问题上，都充分听取职工的意见。职工代表定期巡视企业，了解企业发展状况，监督财务运行，提高了执行企业决策的透明度。开展合理化建议活动，加强建议征集、处理、落实的闭环管理，做到了条条有落实，件件有回音，调动了职工参与合理化建议活动的热情和积极性，荣获了全省“合理化建议和技术改进活动先进集体”称号，连续两年通过全省“优秀星级职代会”复查。

（五）加强思想政治及稳定工作 强化思想政治教育，结合纪念建党85周年暨红军长征胜利70周年，举办了知识竞赛、歌咏比赛和“知荣明耻、廉政勤俭”征文活动，引导职工敬业爱岗，积极向上，倡导职工自觉践行社会主义荣辱观。进一步加强和完善了职工文化活动阵地建设，每年开展职工运动会、职工文化节，提高了职工的生活品位，增强了企业的向心力和凝聚力。

二、讲诚信服务社会，重承诺坚守责任

在促进企业和谐发展的同时，公司坚持服务于党和政府的工作大局、服务于发电企业、服务于电力客户、服务于社会发展“四个服务”的宗旨和使命，积极履行社会责任，加强行风建设及优质服务工作，为促进社会和谐做出了积极的贡献。

（一）完善“彩虹工程”常态运行机制 将“彩虹工程”纳入整体工作计划，与生产经营工作同部署、同检查、同考核。制定了《深化“彩虹工程”优质服务工作考核评价办法》、《关于违反“三个十条”及行风建设有关规定处罚暂行规定》等一系列文件，使行风建设及优质服务工作有明确目标，有组织领导，有落实措施，有制度规范，有检查考核，促进了“彩虹工程”常态运行机制的完善。

（二）加大了服务宣传力度 在对内宣传方面，采取主题学习教育、大讨论、正反典型等形式，形成了有力的舆论导向和思想保证体系。对外宣传方面，坚持向社会宣传“彩虹工程”的新举措、新成效，提高“彩虹工程”服务品牌的知名度和美誉度，提升企业形象。结合国际牡丹花会和全国林交会，组织集中宣传活动，在牡丹园、会展中心等人员比较集中的地段设置供电服务宣传站点，收到了良好的效果。全面推广使用统一的“国家电网”服务品牌及VI标识，建立了整体统一的服务形象。

（三）夯实了营销服务基础 集约整合营销资源，提高了营销服务现代化、信息化水平。导入电力生产调度的概念和做法，编制《供电服务调度规程》，将客户中心建成了供电服务的调度指挥中心，提高了落实供电服务要求的刚性。结合营销技术支持系统建设，对营销服务机构进行整合，优化服务流程，建设组织合理、运转高效的“集约型、服务型”营销管理新体系，建立健全营销全过程管理制度，统一工作标准，统一工作流程，统一行为规范，统一监督考核。

（四）规范了服务行为 不断规范服务行为，做到有诺必践。充分发挥95598客服系统和053095598供电服务信息台的作用，提高客户用电需求信息在供用电双方的对称水平。做到用电咨询、紧急服务、报装接电、投诉举报等业务通过MIS系统及时传送到有关部门进行处理，及时反馈给客户，并对处理情况全过程监督。加强故障报修管理，积极推行带点作业和“零点检修”。加强重点项目、重要工程、重要活动和重要客户保障用电管理，加强与政府计划、招商等部门的沟通和联系，密切关注招商引资项目，坚持特事特办，对重点规模用电客户搞好全方位用电跟踪服务。积极推广银行代扣代交业务、邮政储蓄代扣代交农村电费业务，开发了电费票据自助打印系统，为客户交费提供了方便。规范和完善了调度信息披露制度，严肃“三公”调度工作纪律，定期召开网厂联席会议，建立了外部监督机制，提高了调度管理水平。

（五）加强了服务监督 定期向市委、市政府和有关部门汇报工作，邀请人大代表、政协委员视察工作，并通过召开客户关系委员会会议、走访客户、电话回访等形式，深入了解客户的需求和意见，不断改进服务工作。积极接受社会监督和媒体监督，加大内部监督力度，不定期开展明察暗访，对查出的问题及时通报，限期整改。

通过加强优质服务工作，为促进和谐社会建设做出的积极贡献，得到了社会各界的一致好评。在2006年全市行风测评活动中，市公司和8个县公司均获得公共服务行业第一名。

农 村 党 建

构筑基层组织堡垒 推进空港城建设

济南市历城区遥墙镇党委书记　张书才

遥墙镇位于济南市历城区东北部，距市区16公里，面积93.6平方公里，辖59个行政村，总人口50821人。2006年，遥墙以“三个代表”重要思想和科学发展观为指导，依托济南国际机场和济南临港经济开发区，狠抓招商引资，大力发展临空经济，全镇综合实力显著增强。全年国民生产总值达11.98亿元；农民人均纯收入6493.50元；地方财政收入5330.6万元。全镇已入驻企业100余家，总投资30亿元，产业涉及机械、化工、医药、电子、农产品深加工等领域。遥墙镇荣获“全国重点镇”，“省级优美乡镇”、“先进基层党组织”、“平安济南建设先进单位”等荣誉称号。

一、完善机制，夯实党建基础

遥墙镇始终践行“三个代表”重要思想，深化先进性教育活动，按照“围绕发展抓党建，抓好党建促发展”的要求，从健全组织体系入手，狠抓基层党组织建设，着力提高农村党员干部素质，使农村党的事业充满了生命力和活力。

（一）抓核心，切实加强班子建设　遥墙镇围绕打造“廉洁高效”党委班子目标，通过开展社会主义荣辱观教育，每周一次进行党委中心理论组学习，提高了党委班子成员的执政能力。通过举办村支部书记学习班，聘请专家、领导讲学授课等形式，加强村支部书记教育，提高党员干部领导人民致富能力。针对少数村支部班子软弱现状，调整了部分村支部班子，充分发挥了村级党支部战斗堡垒作用。针对驻地私营企业多的现状，积极在企业中建立党支部，发展新社会阶层党员，增强了党的阶级基础，扩大了党的群众基础。

（二）抓根本，切实加强作风建设　从强化机关干部学习制度入手，提升机关干部综合素质和业务能力，提高为民办事的水平。通过开展“十佳机关干部、十佳部门、十佳党支部书记”评比活动，树立了年度十佳典型，强化了效能建设。通过对重点工作每周一督察，促进了工作开展，完善了全镇管理体制，形成了各部门学、比、赶、超的良好局面。

（三）抓保障，切实加强队伍建设　认真贯彻执行《党政干部选拔任用条例》，坚持以贡献论英雄、凭实绩用干部，树立重实干、重实绩、重实效的用人导向，真正把那些政治上靠得住、工作上有本事、作风上过得硬、人民群众信得过的高素质干部选拔到领导岗位上来。积极贯彻省、市、区关于乡镇机构改革的精神，顺利完成了全镇事业干部改革。

二、狠抓发展，打造实力遥墙

加强农村基层党建，目的是促进农村繁荣，推动新农村建设不断深化。为此，遥墙镇深入贯彻落实科学发展观，狠抓“发展”这个第一要务，结合本镇实际，走出了一条空港特色经济发展路子。

（一）“工业强镇”，依托优势促发展　一是依托区位优势，以“大、高、外”项目引进为重点，完善招商引资政策，加强对企业的扶持力度，促进了项目的引进和工业经济的腾飞。2006年引进了采埃孚商用车转向机（山东）有限公司、台湾橡胶集团（济南）实业有限公司等44家企业，实际利用内资20亿元，利用外资513万美元，出口创汇703万美元，完成工业销售收入26亿元，工业利税4亿元。二是确立了重点发展临空物流业和服务业的思路。以扶持机场物流中心为重点，吸引核心竞争力强的物流企业落户遥墙，实现了临空物流在规模、档次上大的突破；以商贸规划为指导，培育超市、专卖店等传统服务业，引进商务中介、银行保险等现代服务业，培育新的经济增长点。2006 年共发展私营企业 21 家，发展个体工商户 920 户。

(二)“环境立镇”，塑造优美发展新环境 环境是经济可持续发展的重要保障，遥墙镇坚持以环境优美为主题，完善城镇功能平台，开启了空港城镇建设的新篇章。从规划入手，投资 380 万元，高标准编制了《空港地区控制性详细规划》，确立了绿色生态空港城的发展理念。从建设做起，投资 8720 万元，新建了总长 7 公里的温泉路、分洪河路和临港南路。从整治突破，编制了《环境优美乡镇规划》，突出“拆、清、刷、绿、挡”和“门前五包”，强化环境卫生综合整治，塑造了空港城镇新面貌。

(三)“农业稳镇”，建设特色新农村 遥墙镇结合城市化战略，走都市农业路子，依托“北国水乡”优势，丰富万亩荷塘特色，促进近郊旅游业的发展。走产业化路子，依托维维集团等龙头企业，加强千亩万头奶牛基地建设，做大做强奶产品深加工。走品牌化路子，完善玫瑰基地建设，打造济南玫瑰鲜切花第一镇。

三、突出民生，构建和谐遥墙

(一)办实事，赢得民心 农村党建工作必须在办实事中感化农民。遥墙镇坚持兴民盼、解民难、分民忧，针对农村基础设施滞后现状，加大资金投入，改善农村基础设施。投资 2000 万元，全面完成了集中供水工程，基本上解决了全镇人民和驻地企事业单位的吃水问题。投资 580 万元，硬化道路 10 万平方米，推动户户通工作深入开展，解决农民出行问题。投资 1000 万元建设了遥墙中学学生宿舍楼，启动了中学综合楼建设，提高了全镇教育设施质量和水平。财政支付 39 万元，大力推进了农村新型合作医疗工作，使 4.37 万农民受益，覆盖率达到 96%。财政支付 54 万元，扎实开展了农村低保、城镇低保和慈善救助，使民政优抚工作进一步加强。

(二)创文明，凝聚民心 农村党建工作必须用文明来塑造农民。遥墙镇创新精神文明活动开展形式，通过举办消夏晚会、元宵灯会，开展“十星级文明户”、“好媳妇”、“好婆婆”等评选活动，倡导“八荣八耻”思想道德教育，提升农民思想道德水平；提高文明生态村镇建设标准，推动沼气池、太阳能等新能源使用，改变农村现代生活方式；创新党员先进性教育深化机制，利用远程教育网络体系、农民夜校、党员活动室等平台，进行党的理论教育、农业科技教育、法律知识教育，提高了农民知识水平。

全面加强党的建设
为建设新农村提供坚强组织保证

章丘市相公庄镇党委书记　焦卫星

章丘市相公庄镇总面积 86 平方公里，辖 57 个行政村，人口 6.5 万。现有党员 2431 人，下设村党委 1 个，党总支 10 个，党支部 85 个。近年来，镇党委紧紧围绕新农村和和谐社会建设，按照“五个好”乡镇党委的目标要求，强班子、带队伍、搞服务、促和谐，提高了农村基层组织建设水平，促进了经济社会事业的发展。2006 年全镇完成各项税收 5510 万元，地方财政收入 1429 万元，分别增长 36% 和 28%，农民人均收入达到 6725 元。2006 年被授予“济南市先进基层党组织”等荣誉称号。

一、强自身，充分发挥乡镇党委的龙头作用

2006 年 9 月，圆满完成镇党委换届，班子结构进一步优化，35 岁以下 4 人，大学文化 3 人，大专文化 6 人。工作实践中，镇党委严格执行《民主议事规则》和《重大问题决策程序》，坚持党委中心理论组学习和机关周五学习日制度，不断提高党员干部队伍整体素质和能力水平。建立分线工作责任制，把工业、引进引办、新农村建设、社会稳定等 8 个方面的工作任务落实到每个成员身上，按照全方位目标管理工作要求，严格考核，奖优罚劣，激发了班子成员干事创业激情。

二、抓基础，把村党支部建成坚强战斗堡垒

一个好的带头人、一支好队伍是村级班子建设的关键。多年来，镇党委注重抓好村级班子建设，培养造就了一支作风过硬、能干事、会干事的干部队伍。对班子凝聚力、战斗力不强的及时进行调整。目前，全镇村“两委”成员中，45 岁以下的占 60%，高中以上文化程度的占 85%，致富能手占 75%，村支部书记、主任“一人兼”达到 91.2%，两委班子交叉任职达到 87.6%。实行领导干部包后进村和党建特派员制度，开展镇直机关支部与村支部结对帮扶共建活动。实行村干部结构工资制，年终量化考核兑现奖惩。同时实行村干部退养制度，对任职 10 年以上的村支部书记，经考核合格的统一办理养老保险。先后投资 100 多万元，帮助

河庄、辛家、时家等10个村新建村委，有力推动了村级工作的开展。

三、带队伍，教育农村党员干部永葆先进性

利用镇党校、57处远程教育站点，认真抓好农村党员干部的教育培训，每月3次组织农村党员干部收看致富信息和实用技术。加强流动党员管理，摸清底子，建立台账，为流动党员发放了流动党员活动证。推行“两推一公示”制度，认真把好发展党员入口关。抓好党费收缴、使用和管理。同时把先进性教育活动中制定的《关于加强和改进党的基层组织建设的意见》、《关于切实加强对党建工作领导和督查的意见》等7项长效机制，进行修改完善，形成正式文件，印发各支部。各支部根据实际，制定相应文件，使之成为经常之举、长效之策。镇党委专门下发《关于健全完善无职党员设岗定责制度的意见》，开展党员示范户“联户、联富、联文明”活动，指导各村组织广大党员走上了经济发展、科技示范、环境卫生、治安巡查、文明新风等岗位，激发了党员干部服务群众的责任感和积极性。

四、搞服务，树立勤政为民的好形象

一是实行为民服务代理制，镇政府设立服务大厅，村村建立为民服务室，村干部人人都是代办员。2006年为群众提供项目审批、证照办理等各类服务2432件。二是建立群众工作联席会议制度。明确召集人职责，定期召开联席会议，切实为群众解决生产生活中的实际困难。三是广泛征求群众意见。通过专题调研、设立意见箱、开通热线电话等形式，畅通信息渠道，共征求各类意见建议30余条。对排查出的问题和不稳定因素，设立工作办理台账，明确责任人和整改期限，使问题解决真正落到实处。四是实心实意为群众办实事。近三年来，在市委、市政府的大力支持下，先后投资3000多万元，实施村村通硬化路和自来水工程，升级改造中小学7处、卫生院所16处，新建农村文体广场和文化大院32处，高标准的敬老中心1处，受到群众好评。

五、促和谐，扎实抓好农村基层民主政治建设

一是规范村“两委”工作运行。建立落实《村级重大问题民主议事规则》，村里的重大事情，经村党组织提出方案、村“两委”成员酝酿、征求党员意见、村民会议决策、村级组织实施5个步骤进行，形成了规范有序、民主协调的工作运行机制。二是狠抓农村财务监管。镇政府成立记账中心，每月15日，各村统一公开村务、财务。由镇纪委牵头，联合审计站、财政所等部门对各村财务进行年度审计，加大监管力度，发现问题及时处理。三是完善村民自我管理机制。指导各村健全《村民自治章程》，建立红白理事会、民事调委会、治安巡逻队等五支队伍，大到土地调整、小到婚丧嫁娶，都有章可循、有人来管。十九郎村的民事调委会，由村里的老党员、老干部、老退伍军人、老退休工人和有威望的老人组成，人称“五老”调解会，村民之间许多难以调和的矛盾，一经他们出面全都迎刃而解，这个村成为远近有名的平安稳定村。四是实行领导信访接待日制度。镇党委书记、镇长定期接待群众来访，对群众反映的问题，明确责任，挂牌督办，限期解决。2006年共接待群众来信来访115人次，98%的问题都得到了有效解决，受到群众好评。

真抓实干谋发展
知荣明耻树新风

平阴县孝直村党总支书记　殷景玉

近年来，平阴县孝直村党总支一班人团结带领全村党员群众，初步走出了一条强村富民、建设社会主义新农村的路子。孝直村先后荣获全国创建精神文明先进单位、全国先进基层党组织、全国文明村等荣誉称号。2006年，全村实现工农业总产值2.4亿元，工业利税2500多万元，村集体收入700万元。

一、筑牢堡垒，带好队伍，凝心聚力兴孝直

孝直村过去是个穷村乱村。1985年殷景玉担任村党支部书记后，针对过去有些村干部存在的问题，明确提出，没有正义感，不能扶正压邪的；没有做事愿望的；做事顾头不顾尾的；不能管理一方的；近水楼台先得月的干部不能用。同时，坚持涉及群众利益的重大事项都交由村民代表会议或村民大会投票表决，实施过程和执行结果全程监督。每年结合工作总结，通过述职、测评等方法，对党总支成员和党员干部目标责任制落实、贯彻强村富民政策、班子自身建设、党员先锋模范作用发挥等情况进行考核，让全体党员和群众代表进行评判。

多年来，孝直村党总支始终把加强党员队伍建设放在党组织工作的首位，健全了“三会一课”、民主监督、评议党员、党员联户等制度，对党员的教育管理常抓不懈。在先进性教育活动中，党总支一班人带头学、带头讲、带头议、带头改，围绕“平阴突破我率先，孝直兴衰我有责”的主题开展了“三上三下”大讨论，明确了党员“十条”标准，教育引导党员真正成为农民致富的带头人、执行政策的明白人、社会稳定的维护人、文明新风的倡导人、村容村貌的管护人。

随着各项建设逐步走上正轨，人才问题成为制约发展

的瓶颈。为此，孝直村制定了一系列优惠政策，对工程技术、企业管理、营销等急需人才，给予高薪报酬，技术入股；引进的人才均可享受本村人才楼住房一套，并在子女入托、上学、就业等方面解决他们的后顾之忧。近年来先后引进各类技术人员67人，有效地促进了村集体经济的稳定发展。

二、以工突破，促农兴商，推动孝直村的科学发展

孝直村原来“乱”，根子就在“穷”。为此，村党组织确立了“工业强村、促农兴商、统筹发展”的思路。1987年，动员群众通过自愿入股、义务工转股份等形式，建起了第一个村办企业砖厂。紧接着实行多种形式股份制、分配制和经济联合体，使村办企业经历了从无到有、滚动发展、做大做强三个发展阶段，实现了“年年上台阶，三年翻一番”。以汇九集团为依托，大力发展机械加工业，多个村办企业被一汽、二汽、重汽等国内大型企业指定为配套厂家；齿轮厂生产的高品质摩托车气缸体一举打开日本市场，成为全县第一家产值过亿元的村办企业。

在富裕起来的同时，又按照科学发展观的要求，统筹规划了全村的发展。首先，实施以工补农，大力推进农业产业结构调整。坚持每年从村集体收入中拿出25%的资金用于农业的投入。先后投资1200多万元，使全村4000多亩农田实现了水利化、林网化、机械化。其次，制定优惠政策，发展个体私营经济。采用统一补贴的方式，鼓励引导村民务工经商。目前，个体私营业户已达到400多家，年收入在5万元以上的占62%，出现了一批几十万元的富裕户。第三，抓好新村规划建设，提高群众生活质量。把新村建设规划为“生活、娱乐、经贸、教育”四个功能区，投资1000多万元对25条街道进行了硬化、绿化、亮化，建起了高标准的中心幼儿园、小学教学楼、村级图书室，成立了民间艺术表演队和全市第一家村级老年人大学。现在，孝直村已有70%的农户住上了楼房，家家看上了闭路电视，安上了虚拟电话，用上了秸秆气，过上了与城里人一样的现代文明生活。

三、知荣明耻，弘扬正气，倡树文明新风

孝直村积极探索用制度引导和规范人们行为的办法，把精神文明建设的软指标变成硬任务。对“五好家庭”评选办法、评选条件、表彰形式进行了大胆改革。比如在表彰形式上，实行“五好家庭”奖金转股份，每年按效益情况分红。村里先后拿出175万元作为奖励基金，有900多户成为“五好家庭”，村里好人好事层出不穷。五年来全村各类公益事业捐款达350多万元。

为培育孝直文化，倡树文明新风，在村中心建起了占地46000平方米的文化广场和三座标志性建筑。中间是“孝任”铜像，弘扬孝直人“孝顺直实”的传统美德；左面是“奉献厅”，把好人好事拍成照片或制作连环画，让群众参观受教育；右面是“正义厅”，引导村民树立正气。同时，将爱党爱国、尊老爱幼等文明新风编成40多首朗朗上口、易于记诵的四字歌诀，制成展牌竖在广场周边，让村民随时随地接受教育和熏陶。

2006年，孝直村加强社会主义荣辱观教育，提出了“建美丽的孝直村，做幸福的孝直人”的目标，开展了“谁为村增光，谁为村遮光”讲评活动，动员“企业家家创名牌、商店个个创招牌、村民人人创品牌”，并在村自办电视节目上开设“道德法制”专栏，进行公开演讲、点评，让群众明白什么是社会主义荣辱观，荣辱观在孝直村的具体体现是什么，倡导以支持孝直村发展为荣，以影响孝直村发展为耻；以能为别人和村里做好事为荣，以损害别人和村集体利益为耻的良好风尚。

夯实基础　创新机制
扎实推进党的建设再上新台阶

胶州市南关街道党工委书记　兰振明

南关街道办事处位于胶州市新城区，辖31个村1个居委会，总面积33.7平方公里，3.6万人，是“三里河原始文化遗址”所在地，国内外著名“胶州大白菜”的原产地，清代大书画家、扬州八怪之一高凤翰先生的故乡。全处共有58个基层党支部（总支），1914名党员。近年来，办事处党工委始终坚持以“三个代表”重要思想为指导，以加强处、村班子建设和党员干部队伍建设为重点，转变观念、强化职能，为新农村建设提供了坚强有力的组织保证。2006年全处完成地方财政收入9613万元，固定资产投资26亿元，农民人均纯收入达7663元，先后被评为青岛市先进基层党组织、青岛市平安建设先进单位、青岛市外贸出口十强镇、省级文明单位、省级村务公开示范镇等荣誉称号。

一、抓基层、打基础，为全处经济社会发展提供组织保证

（一）积极抓好党工委自身建设　进一步完善党工委工作职责，深入推行政务公开，凡是涉及重大决策、干部任免、项目招标等重大事项都实行办事原则、程序、结果“三公开”；坚持完善党工委每月二次情况通报会和每季度一次支部书记情况通报会制度，督促工作落实，接受党员群众监

督；进一步落实好“蹲点调研”制度，班子成员每人每年到村庄蹲点调研不少于三个月，广泛开展了访贫问暖、访贤问能、访民问计“三访谈”活动和基层谈心，并记好“民情日记”，切实解决好群众关心的热点难点问题。

（二）积极抓好村级组织建设 突出抓好先进村的升华提高和后进村的整顿转化，通过“抓两头带中间”，选拔“政治素质高，群众威信高，带头致富能力强，带领群众共同致富能力强”的“双高双强”型优秀人才进入村级领导班子，确保村两委成员有文化、懂经营、会管理、群众威信高。目前全处31个村的三职干部中40%达到了大专以上学历；全处31个村庄中有3个村连续多年跻身胶州市“十强村庄”行列，20个村位居胶州市综合经济实力前百名，全处31个村庄已无一个三类班子。

（三）积极开展主题实践活动 南关地处胶州市新城区，为支持配合新城区建设，党工委开展了“新城区建设我受益，我为新城区做贡献”的思想大讨论，进一步提高了干部群众的思想政治素质；组织实施了以“知民心访百户、暖民心助百户、顺民心富百户”为主要内容的“三心三百”工程，抓住新城区建设的机遇进行大开放，大开发，实施了新城区带动、工业园拉动、强村促动、全处联动的“四动”战略，找准强村富民兴处的发展思路。

二、抓队伍、强素质，为全处经济社会发展提供人才保证

（一）严格村干部队伍管理 加大对村干部队伍的跟踪管理考核力度，办事处党工委建立了同村支部书记、村干部座谈的制度。每周日的上午为“村干部沟通日”，党工委对当前形势、工作重点及存在的问题进行通报，对一些思想问题进行开诚布公的沟通交流，同时办事处为每一名村级党员干部建立了跟踪考核档案，细化考核目标，严格考核办法，加强对村干部的日常管理监督。

（二）严格党员队伍管理 深入开展“学党章、学宪法、学经济”为内容的“三学”电化教育活动，处党校每月至少组织两次农村党员学习培训，使全处党员受训率达到95%以上。在全处无职党员中开展了设岗定责工作，对上岗党员赋予四项职权，即村内事务建议权、重大事务参与决策权、对上岗党员考评监督权、履行岗位职责自主权；明确四项义务，即宣传党的方针政策的义务、热情服务群众的义务、向党组织反映群众意见的义务、认真履行岗位职责的义务。

（三）严格后备干部队伍管理 通过党员推荐，群众推荐、组织推荐等形式，把各类优秀分子充实到后备干部人才库中，健全档案记录，保证后备干部小村至少有2名，大村至少有4名，支部书记候选人每村有1名，并组织他们到市委党校集中培训和开展多种形式的继续教育，建立起了一支素质优良，充满活力的200人左右的农村后备干部队伍。

三、抓立制、重长效，为全处经济社会发展提供制度保证

（一）建立坚强有力的领导机制 党工委成立由党工委书记任组长的党建工作领导小组，下设办公室，党工委副书记兼任办公室主任。建立驻村员制度，每村安排1—2名工作人员，重点村庄党工委主要领导带队，进村入户进行宣传指导，积极参与村庄决策、管理，监督村务、财务，当好基层组织的“监督员”、“联络员”、“指导员”，服务新农村建设。

（二）建立严格有效的考核机制 党工委坚持每周一调度交流、每半月一巡查监督，对全处各村的重点工作、重点项目进行及时监督检查，积极解决各村遇到的困难和问题。把党的建设工作贯穿于全处三个文明建设始终，制定出台配套奖励措施，创新做法在年终考核中予以奖励。

（三）建立理好财、用好权的监督机制 加强党员干部勤政、优政、廉政教育，抓好财务委托代理、村务公开、资产、资源台账管理、工程招投标等制度的落实；严格规范资金使用程序，建立非生产性开支、重大物品购买制度，制定各村招待费、燃修费、通讯费限额，对超标村庄，下发《整改通知书》，责令任期内的书记、主任、文书按5:3:2比例限期交纳超标款项。党工委建立支部书记述职报告制度，每年召开一次农村党支部书记述职大会，各村支部书记就一年来的工作情况，特别是“三级联创”活动情况在大会上进行述职，奖优罚劣。

与时俱进求发展 求真务实拓新路

胶南市泊里镇河北村党支部书记 祝梅合

胶南市泊里镇河北村是镇驻地村，全村532户，1600口人，村“两委”成员4人，70名党员。近年来，我们在上级党委的正确领导下，团结带领全村党员干部群众，坚持以科学发展观为指导，抢抓胶南市委、市政府“突破泊里”发展战略和董家口基地开发建设的机遇，充分挖掘自身资源优势，按照建设社会主义新农村的目标要求，求真务实，开拓创新，闯出了一条“二产兴村、三产富民”的新路子。2006年，实现村集体总收入213万元，农民人均纯收入6760元。村党支部分别被山东省委和青岛市委授予“先进基层党组织”称号。

一、实施“三项”带动战略，加快发展富民经济

一是商贸拉动战略。引进青岛中泽集团，建成了营业面积4000平方米的购物超市，年实现收入80万元。引导30多户农民沿街开发建设了6万多平方米的4层以上商贸楼，培植起了新的经济增长点，全村90%以上的村民在镇驻地有门头房，全村年收入超过10万元的农户占到60%以上。

二是工业促动战略。抓住市委、市政府“突破泊里”战略快速推进的机遇，利用镇驻地的闲置土地，规划了工业小区。2006年入驻项目34个，其中过千万美元的外资项目3个，过8000万元的项目2个，建成厂房面积34万平方米，13家企业建成投产，用工3000多人。

三是“能人”带动战略。规划了占地100亩的标准化农业园，吸引了30多名“能人”进园从事规模养殖、种植。在这些“能人”的带动下，全村80%没有二、三产业项目的农民在农业园里发展高效农业，年实现增收300万元。

二、抓好“三项”建设，构建和谐新农村

一是整治村庄环境。按照镇党委、政府的统一部署和要求，对主街道和背街小巷的卫生死角进行了集中清理，并建立了保持村庄村貌卫生整洁的长效机制。

二是实施旧村改造。为解决符合建房条件又无法建房的农民实际困难，本着节约土地的原则，按照镇驻地总体规划，利用村集体建设用地，规划了占地50亩的农民住宅小区，建成农民经济适用房，以成本价向符合建房条件的无房户出售，推进实施村居改造工程。

三是发展社会事业。加大对道路、水电等基础设施配套建设力度，村自来水普及率达100%。建成了集便民服务、农民教育、文化娱乐为一体的建筑面积5000平方米综合公共服务中心。村集体每年拿出20多万元，为60岁以上的老年人发放优待金，集体负担为群众办理农村合作医疗，提高了村民的社会福利待遇。

三、加强自身建设，夯实发展基础

一是加强学习。结合开展保持共产党员先进性教育活动，加强学习和党性锻炼，积极开展批评与自我批评，健全和完善了党员“长期受教育、永葆先进性”的长效机制。

二是强化制度建设。严格按照“四权”决策程序处理村级一切事务，推出村务公开让群众说了算、让群众“把关”的办法，并对群众所提问题及时公布、公开，积极有效地解决群众关心的“热点”、“难点”问题。形成了一套系统完善、规范有效的制度体系，推进基层党组织和党员队伍建设制度化、规范化、科学化，永葆党组织和党员的先进性。

三是强化监督。凡是要求群众做到的事，村党支部一班人首先带头做到。特别是在干部亲属与集体利益或者与邻里之间发生矛盾的时候，坚持置身于党员群众的监督之下，严格要求，不接受村民的任何宴请。对群众关心的一些热点问题，党支部一班人不搞特殊，不利用权力谋取任何私利，在群众中树立了良好威信，构建起了新型和谐的党群干群关系。村“两委”成员连续三届全部高票当选，无一人落选；连续20年无上访；连续15年被评为胶南市“社会治安综合治理先进单位”。

村企互动
扎实推进新农村建设

莱西市沽河街道后庄扶村
党支部书记　王希科

莱西市沽河街道后庄扶村位于莱西市西部新区，全村共有658户，2268人。2006年，村集体经济收入达到11.2亿元，实现利税4200万元，农民人均纯收入10050元。先后获得“山东省农村工作先进单位”、“青岛市十佳文明村庄”称号，是青岛市首批小康示范村之一。

一、培植壮大九联集团，奠定新农村建设基础

九联集团是在后庄扶村办养鸡场基础上发展起来的。1995年，后庄扶村养鸡场改制为股份制企业，成为莱西市第一个实现股份制改造的村办企业。成功的改制，极大地激活了企业的发展活力，从此，九联集团步入了发展的快车道。在企业发展过程中，村庄千方百计在用电、用水、用地等各方面给予大力支持。在村集体帮助下，经过十几年的膨胀发展，2006年，九联集团发展成为拥有总资产7亿元、9个子公司、7800多名员工的国家农字号大型龙头企业，销售收入达到24亿元，先后获得“国家重点龙头企业”、“全国农副产品深加工示范基地”等称号，生产的“速冻调理禽肉熟食品”获得“中国名牌”。

二、实行村企合一，建设和谐新农村

为实现共同发展，共同富裕，村党支部确立了“村企合一”的发展模式，实现了村民变股民、农民变工人、村庄变城市三个方面的重大转变。同时企业投入大量资金，进行了村庄基础设施建设、旧村改造和生态建设等一系列村庄发展工程，进一步加快了村庄发展，使村庄步入了“有人管事、有章理事、有钱办事”的快速发展轨道，增强了基层党组织

的向心力、凝聚力和战斗力，形成了民心顺、事业兴的良好局面，为村庄的跨越式发展和企业的膨胀裂变打下了坚实的基础。

实行"村企合一"的发展模式后，后庄扶村先后投入2000多万元用于本村公益事业建设，村里实现了"六有"目标。一是居者有股。整合土地资源，由九联集团统一经营，按股分红，村庄95%以上的村民是企业的股东。二是劳者有工。全村80%的劳动力在企业就工，人均月收入在1000元以上。三是住者有屋。全面实施旧村改造，已建公寓楼12栋，迁入农户268户，2008年底，全部村民都将住进楼房。四是难者有帮。实施福利政策，村里每年拿出20万元分别用于中小学生杂费和扶贫基金。五是老者有养。全村287名老人每月均可领到50元现金和50元的米面肉菜等。六是少者有教。对九年义务教育杂费全部由集体负责，对考入重点大学、本科、大专、中专的分别补助5000、3000、2000、1000元，每年拿出40万元为村学校教师加发奖金。

三、坚持科学发展，推进农村城镇化

（一）建设九联工业园，打造经济平台。为加快九联集团的裂变速度，更好地发挥龙头企业聚集、带动作用，即规划利用8年时间投入35亿元，建设九联新产业工业园，逐步向其他行业扩展，使销售收入达到100亿元以上。工业园建成后将增加社会就业1.5万人，增加地方财政收入2亿元，实现村庄和企业的第二次飞跃式发展。2006年12月，一期配套的集中供热工程建成试运行。园区内已经引进了投资8000万元的青岛盛圆食品、投资3000万元的青岛方圆食品包装、投资600万美元的青岛康联兽药和总投资2.8亿元的海广食品。项目的引进和投产，为村庄的发展打造了宽阔的经济平台。

（二）加快融入城区步伐，提升村庄区位优势。为尽快融入城区，加快村庄城镇化进程，2003年九联集团党委投资1500万元，实施了上海路西延工程，建设了九联大桥，使后庄扶村与市政府的距离变成3公里，比原来绕道进城缩短了一半路程，形成了村庄发展的区位优势，实现了村庄与城区的有效对接。

（三）注重村庄生态建设。后庄扶村东有大沽河，西有长广河，北有大小埠山，利用这些地理资源优势，村党支部加大了对山、水的开发利用，已累计发展大田造林500亩；投资200万元对大小埠山实施了高标准绿化；对长广河进行综合治理，疏通、拓宽、取直、绿化，建设6处总面积300亩的人工湖；建成了拦蓄水达到350亩的大沽河下游的拦水坝工程。一系列生态工程的实施，使后庄扶村成为了山水相映、环境优美的生态型村庄。

坚持和谐发展　建设繁荣新村

淄博市淄川区罗村镇南韩村党委书记
李　学

罗村镇南韩村地处淄川区东北部，西靠省道湖南路，北邻张店区，东接临淄区边河乡。全村人口2300人，土地1200亩，1997年经淄博市委批准建立了村级党委，下设五个支部，共有党员80名。近年来，该村坚持以邓小平理论和"三个代表"重要思想为指导，认真贯彻科学发展观，紧紧围绕经济建设、旧村改造这一工作主线，以和谐农村建设为重点，努力建设繁荣南韩、平安南韩，走出了一条社会主义新农村建设的新路子。2006年，全村实现销售收入6.3亿元，上缴国家税金2100万元，人均收入达到7500元，连续五年被授予淄博市经济强村、市级文明单位、五好示范村和先进基层党委等荣誉称号。

一、加快经济发展，夯实和谐发展的物质保障

发展是硬道理。近年来，南韩村始终把发展经济作为工作的重中之重，把发展的切入点放在产业结构调整上，把发展的重点放在骨干企业的做大做强上，把奋斗目标放在壮大村级经济，增加村民收入上。一是突出抓好龙头企业发展。原村办企业鲁中水泥厂年生产能力仅为20万吨，改制后成立淄博鲁中水泥有限公司，通过分期分批实施大规模技术改造和改建扩建，现年生产能力达到130万吨，一跃跨入全省水泥行业50强，被省、市授予"重合同、守信用"单位和"花园式单位"等称号，成为山东省名牌企业、淄博市百强企业，生产的"重山"牌水泥被评为省免检产品。二是多业并举拓宽经济发展空间。鲁中水泥有限公司投资1.9亿元，年发电能力1.5万千瓦的热电厂项目一期工程，投资3.5亿元的6万吨无水氟化盐项目，南韩化工投资6000万元的氢氧化铝项目相继竣工投产。三是大力发展个体私营经济。在加快工业企业发展的同时，采取大、中、小企业齐头并进的发展模式，投资150万元建设梅花鹿养殖场一处；积极开发传统地方名吃南韩豆腐干，通过党员带头传授手艺，带动村民从事豆腐干加工，扩大了生产规模；依托工业企业发展，积极为村民从事个体运输、食品加工、餐饮服务、家庭养殖提供便利条件，拓宽了村民的就业渠道，增加了农民收入。

二、实施旧村改造，展现和谐发展的崭新面貌

村级经济的壮大和村民生活的富足，促使南韩村迅速开始了新村建设规划的实施。按照“合理布局、加快建设、完善配套、整体推进”的总体思路，突出搞好新村建设，努力营造优美、舒适的人居环境。近年来，累计投资3000余万元用于新村规划、道路建设和环境绿化，建成四层住宅楼30幢、两层住宅楼70幢，全村90%以上的居民住上了宽敞明亮的楼房。同时，村里为每户村民补助5000—7000元，配套完善了水、电、暖、闭路电视、宽带网“五通”，实现了农村生活城市化。2006年，新建4层居民楼7幢，2层老年公寓6幢，基本完成了旧村改造。在抓好旧村改造的同时，同步配套完善公共基础设施和休闲文化娱乐设施，投资1000余万元建设了宽22米、长3500米的新村外环路，改善了村民的出行条件；投资150万元建设了集休闲娱乐、体育健身、游览观赏于一体的新村中心公园，进一步提高了村民的生活质量，丰富了村民的精神文化生活。

三、规范村级管理，筑牢和谐发展的组织基础

一是抓好村级党组织建设。坚持把村级班子建设放在工作首位，着力发挥党支部的基层战斗堡垒作用。村两委一班人始终把群众的冷暖记在心上，想群众之所想，急群众之所急，处处体现了以人为本的新理念。二是扎实开展保持共产党员先进性教育活动。创新活动形式，突出教育实效，注重发挥好广大农村党员在发展经济、勤劳致富、倡导文明、促进和谐等方面的示范带头作用。三是加强民主制度建设。认真落实村务公开、民主监督、村民(村民代表)会议、村账镇管等一系列制度措施，重大决策由村民集体决定，有效约束了村干部行为，调动了村民参与村级事务的积极性。四是坚持不懈为群众办实事、办好事。重视村民教育，对出国留学生、升入大学本科及专科的分别奖励1500元、1200元和1000元，为在外学习的中学生每人每年提供200元交通补助。关爱老年人生活，对55岁、65岁和70岁以上的村民每人每月分别补助50元、100元和120元，60岁以上的孤寡老人安排到村敬老院生活。积极开展扶危济困献爱心活动，对因天灾人祸或常年患病造成的特困家庭，每年给予300—1000元的生活困难补助；每逢重大节日，两委成员都到全村老人和烈军属、复退军人家中进行走访慰问。

四、倡导文明乡风，增添和谐发展的精神动力

充分发挥共青团、妇联、治保会、民兵连、调委会、红白理事会等村级配套组织的作用，各负其责，协调配合，取得了明显成效。在村里，关心集体、尊老爱幼、邻里和睦、遵纪守法、崇尚文明已蔚然成风，做到了喜事新办、丧事从简，广大村民的文明意识明显增强。深入实施普法宣传教育，促进农村民主法制建设，全力维护农村社会稳定。积极探索民事调解工作新模式，在重点企业建设工会组织和民事调解组织，建立民事纠纷调解预警机制，通过村民小组长、纠纷信息员、治安信息员进行定期排查，掌握苗头性问题，实现了信息快报、限时调解、依法调处，真正将纠纷消化在本村，隐患解决在基层。加强社会治安综合治理，努力建设平安南韩。村里建立健全了机动巡逻、单位联防、邻里看护、流动查控四级防范网络，使全村实现了治安秩序稳定、防范机制完善、基层组织健全、村庄环境优美、社会风气良好的可喜局面，全村连续十几年没有发生一起刑事犯罪案件，没有发生一起上访事件，没有发生一起重大矛盾纠纷和迷信活动。

夯实农村党建基础　打造“工业重镇、经济强镇、新型城镇”

淄博市博山区八陡镇党委书记　徐继明

八陡镇地处淄博市博山区东南部，是博山区的近郊工业重镇。全镇现辖17个村，22个居委会，人口4.1万。全镇设46个党支部(总支、党委)，共有党员1418人。近年来，镇党委狠抓党的建设，紧紧围绕建设“工业重镇、经济强镇、新型城镇”的工作目标，解放思想，干事创业，全镇经济实现了新的跨越，城乡面貌发生了新的改观，新农村建设取得了新的进展，各项社会事业迈上了新的台阶，广大群众得到了新实惠。2006年，全镇完成工业产值75.6亿元，出口创汇完成3700万美元，财政收入完成2593万元，农民人均纯收入达6639元。先后荣获国家级出口基地镇、省级文明镇、市级经济强镇、市级发展乡镇企业明星镇和市级“五好”乡镇党委等荣誉称号。

一、切实加强党委自身建设，增强凝聚力和战斗力

讲学习，全面提高党委成员的理论功底和执政水平，建起了一支以科学发展观和正确的政绩观统领各项工作的坚强领导班子。讲团结，努力营造融洽、和谐的干事创业环境，建起了一个有凝聚力和战斗力的坚强集体。讲实干，狠抓工作落实，建起了一支适应市场经济发展需要的干部队伍。讲奉献，在全镇范围内开展了“树‘三观’比奉献”等主题实践活动，建起了一支立足岗位，无私奉献，时时处处起

先锋模范带头作用的党员队伍。

二、健全组织，强化教育，不断提高村级班子整体素质和能力

农村基层组织建设不断加强。全力抓好了农村基层组织建设“三级联创”工作，实施了强基工程。全镇17个村的“两委”成员交叉任职达86.21%以上，村书记、主任一人兼达88.24%，后备干部全部达到一职一备的要求。按照区委《关于进一步加强农村基层组织建设的意见》要求，制订完善了“十项”制度，对进入全区30强的村，实行重点管理，对其他村实行党政领导挂包，认真负责，促进各村和基层单位全面进步。健全完善了党支部议事规则、“三会一课”制度、民主生活会制度等各项工作制度，班子规范化建设不断加强，村级班子成员素质和能力不断加强。11个村党组织被区委表彰为“五个好”村党组织，增福村党委被省、市、区委表彰为先进基层党组织。

村级班子健康有序运行。制订并完善了《村规民约》，健全完善了村党支部和村委会议事规则和决策程序，全面实施村务财务公开，在全镇17个村中全面推行村级财务专业化管理，成立了镇农村财务代理中心，实行“村账镇管”制度，达到了“给干部一个清白，给群众一个明白”的要求。推行目标管理、监督考核和奖惩激励三个办法，促进干部规范化管理。强化村干部学习《农村基层组织建设十项制度》力度，积极拓宽学习内容、创新学习方式。坚持定期调度和经常入村相结合，对一些苗头性问题，及时掌握处理。认真抓好村级党员干部远程教育，全镇17个村远程教育设备按照要求规范运行，并有专人管理，定期播放收看，发挥了积极作用。

三、严格程序，精心组织，保持共产党员先进性教育活动取得丰硕成果

按照“党员长期受教育、群众长期得实惠”的目标要求，精心组织，认真部署，严格标准，抓好落实，全镇17个村、12个企业、事业单位党组织按照要求参加了保持共产党员先进性教育活动。1247名党员按照要求全部接受了学习教育，达到了“提高党员素质、加强基层组织、服务人民群众、促进各项工作”的目标。狠抓党员先进性长效机制建设，健全完善学习制度、党员“十带头”制度、党员责任区制度等，严格执行争先创优制度、党支部任期目标责任制和年度目标责任制、党委议事规则和议事制度、民主集中会制度、三会一课制度，逐步建立起了服务大局、服务基层、服务群众长效机制。

四、以新农村建设为总抓手，促进经济社会又好又快发展

一是新模式。经济发展模式和农民居住模式有了新变化。以宏马集团为龙头的汽车零配件工业园区、以黑玻为龙头的玻璃器皿工业园区、以福泰为龙头的新型陶瓷工业园区等三大园区建设初具规模，园区辐射带动了全镇经济实现产业化、规模化、效益最大化，三大工业园区经济贡献量占到全镇经济总量的53%以上。在居住模式上，各村通过规划建设，政策扶持，引导村民向居住小区集中。2006年，全镇开工建设旧村改造工程8个，新建住宅楼18幢，商业街1条。文姜路经济带、向阳小区、中心花园小区、杏园小区、凤凰岭小区的建设初具规模，全镇城市化建设格局基本形成，农民居住逐步向生活小区集中。二是新环境。注重搞好绿化、美化、亮化。抓好了植树造林，全镇森林覆盖率达到52%以上。抓好了南过境路、外环路和文姜路沿线环境综合整治。实施文姜路环境综合整治，城镇管理日趋规范。三是新风气。注重加强文化建设，推动乡风文明，营造健康向上的社会风气，全镇有区级文明单位29家，市级文明单位6家，省级文明村1家，居民文明水准普遍提高。四是新秩序。深入开展党员“十带头”活动。大力加强社会治安综合治理，“一村一警”工作初见成效。妥善解决信访问题，及时化解矛盾纠纷，“平安八陡”建设得到加强，各项社会事业得到全面发展。五是新探索。发扬先富帮后富，共奔富裕路的高尚风格。相对富裕起来的八陡人民，热情接纳偏远山区的农村剩余劳动力前来就业致富，增福村成功接纳了池上镇雁门村15户共60人的劳动力转移工程，走出了一条新农村建设的好路子。

不断加强党组织建设
推动社会主义新农村建设

淄博市高新区卫固镇傅山村党委书记　彭荣均

淄博市傅山村，位于淄博高新区东北部，现常住人口5300人，暂住人口和流动人口8000多人，总占地面积近6平方公里。傅山村党委下设20个基层党支部，党员269名。20多年前，傅山村还是一个远近闻名的穷村庄，全年集体收入仅十几万元，人均收入不足100元。改革开放以后，傅山村党组织一班人认真贯彻执行党在农村的一系列路线、方针、政策，不断加强党组织建设，充分发挥党组织的战斗堡垒作用和党员的先锋模范带头作用，落实科学发展观，用人的积极因素弥补了环境因素的先天不足，一跃发展成为远近闻名的文明富裕村。2006年傅山集团固定资产已经达到50亿元，完成销售收入80亿元，向国家

纳税1.5亿元,村民人均纯收入突破一万元,连续多年保持了山东省"先进基层党组织"、"文明单位"、"文明村"、"小康先进村"等多项荣誉,被授予"全国先进基层党组织"、"全国模范村民委员会"、"全国模范人民调解委员会"荣誉称号。傅山集团经济总量连续两年保持全市第六位,进入了全国制造企业500强行列。

一、加强组织建设 调动人的积极性

傅山村坐落在山东省三大抗日武装起义根据地之一的黑铁山脚下,是著名的革命老区。在长期的革命斗争中,勤劳勇敢的傅山村人为党的事业做出了巨大贡献。但由于所处位置偏远,直到上个世纪八十年代,仍然靠单一的粮食生产作为经济来源,傅山村一直处于落后状态。

"承认落后,不甘心落后!"是当时我们党支部(已于1991年5月升格为党总支,1994年9月升为村党委)一班人立下的发展誓言。当年的傅山村,没有资金,没有资源,远离城区,交通不便,发展经济的条件一样也不具备。有的只是100多名党员和4600多名勤劳善良的村民,村大人多是傅山村的基本优势。我们党支部一班人经过反复研究,最终达成一致共识:团结就是力量,只要全村上下团结一致,就一定能战胜困难,实现脱贫致富。围绕这种信念,我们积极加强党组织建设,开展党员、干部思想教育活动。我们要求全体党员、干部,一要讲团结,二要讲奉献,三要以身作则,带头艰苦创业,四要做到吃苦在前,享受在后,五要与群众同甘苦,不以权谋私,任何党员、干部及其亲属不得搞特权。身教重于言教,在计划生育、村庄改造等农村诸多棘手问题上,党员、干部都经受住了考验,没有人违反规定。在推行联产承包责任制的过程中,我们坚持"宜分则分,宜统则统"的办法,保护群众利益,没有让本来就极其脆弱的集体经济一分钱流失,实行了以为群众生产服务为目的的"耕地、播种、收割、脱粒、灌溉、管理"六统一,为群众生产解决了一家一户难以解决的问题,得到了群众的广泛支持。经过不断地加强党组织建设,在傅山村形成了一支团结奉献、拼搏向上、一心为群众谋利益的领导班子和一支自觉起模范带头作用的党员队伍。傅山村经济与社会各项事业迎来了发展的大好局面。

二、退一进二 合力扶工

当年傅山村为了带领群众脱贫致富,曾调整农业种植结构,粮油改水果,蔬菜进大棚。虽然取得一定成果,但始终没有能够走出黄土地,没有真正摆脱贫困。严酷的现实让傅山村党支部一班人认识到:退一进二,才是致富经。逐步退出第一产业,积极发展第二产业。办企业,没有资金,就一分一分地攒;没有技术,千方百计地借用人才;没有项目,创造条件上项目。就这样滚雪球似的,天下第一店酒厂、富博集团公司、傅山热电厂、傅山钢铁厂、傅山矿业公司、傅山铁路货运中心等数十家大大小小的企业,在傅山相继崛起。

三、科教兴村 实施人才战略

从上世纪八十年代初起,我们就认识到农村要发展,没有人才不行。从那时起,我们每年拿出集体收入的一部分用于发展教育,投入最多的时候能占到村集体收入的50%。一是采用委托培养的方式,先后派出180多名青年学生到上海、北京、天津等地的50多所大中专院校学习。学成归来的学生已经成为我们经济建设的栋梁。二是投入资金发展基础教育。我们宁可不建村里的办公设施,也要优先发展基础教育。曾经有记者在《淄博日报》发过一组傅山村办教育的照片和我们的办公室对比,一边是窗明几净的幼儿园教室,一边是我们村里又黑又小的办公室,下面的文字说明是:来到傅山村,最好的房子是村上的幼儿园,最差的房子是彭书记的办公室。经过几年的努力,傅山村的基础教育教学环境、师资水平、教学质量都显著改善,被国家教委定为全国农村四个联系点之一,多次受到省市主管部门的表彰奖励。三是不断开展职业教育。每年我们都要组织职工开展各种技术培训,职工的文化、技术水平显著提高。教育的发展为企业的发展奠定了基础。

四、借助外力优化产业结构

实践让我们认识到,要真正实现跨越式快速发展,单靠自己的力量滚雪球式地发展不行,必须开放搞活,招商引资,借用外力发展壮大自己。几年来,傅山村加大招商引资工作力度,先后合资建成了齐林傅山钢铁公司、淄博傅山焦化有限公司,引进了东华水泥、银龙钢铁股份有限公司、同和化纤有限公司、钨钼材料有限公司等十几家集体和民营企业,为傅山经济发展注入了新的活力,成为傅山集团经济新的增长点。

五、发展循环经济 打造经济航母

傅山集团公司在发展过程中,始终坚持扬长避短,发挥优势,提高产业综合利用能力,发展循环经济。无论是自己投资还是引资办企业,首先考虑的是能否发挥自己的产业优势。遵循这个原则,最近几年所有独资、合资建成的企业之间、与原有企业之间基本形成了良性循环链条,彼此能源循环利用、彼此产品互相关联,能源、钢铁、化纤、物流、食品和房地产,共同构成了傅山集团的"循环产业链"。就拿傅山热电厂来说,它为炼铁、炼钢、炼焦、制管、化纤等用电大户提供稳定可靠价格低廉的电力,为化工、化纤、酿造、食品等企业提供蒸汽,为这些企业降低产品成本,提高市场竞争能力创造了得天独厚的条件。同时炼钢、炼铁、炼焦产生的煤气,现在全部收集输送到热电厂用于发电。这不仅大大缓解了近几年电煤供应不足的巨大压力,减少了热电厂锅炉运行中的多道工序,节约了大量人力物力,减少了设备、能源损耗,降低了发电成本,更重要的是变废为宝,减少了电厂自身及周边企业的烟尘和垃圾排放。2005年底傅山村引进资金2亿元建成了200万吨水泥项目,以炉渣、煤灰、钢渣、水渣、矿渣等工业垃圾为原料,降低了其自身的生产成本,同时也解决了傅山集团自己难以解决环境污染难题。2006年傅山村投资2000多万元,建成了三星级水平的傅山度假村,启动了傅山村房地产开发产业和旅游产业。目前,傅山集团的企业相互依存,共同发展,形成了主导产业突出,多产业并举的格局,进入了一个良性循环快速发展时期。

六、经济发展为社会主义新农村建设提供强大引擎

随着傅山集体经济的不断壮大,各项社会事业得到同步快速发展。近年来傅山村先后建起了傅山医院、傅山中学、傅山小学、傅山幼儿园、傅山敬老院、傅山公园、傅山文化中心、傅山体育竞技中心、老年活动中心等公用设施,先后投资5000余万元对村庄实施了规划改造建设,村内街道全部硬化美化绿化,村民人均住房面积超过了50平方米,城市化进程不断加快,村民居住和生活环境显著改善。加大卫生保健投入资金,连续20年为村民补助加入合作医疗,有效地解决了群众看病难问题和因病返贫问题;从2000年起,为全部企业职工加入了社会养老保险;连续15年为老党员、老年人发放生活补助金。

傅山村能够从一个贫穷落后村,一跃发展成为文明富裕村,并且发展势头历久不衰,除了党的好政策外,主要原因:一是我们通过加强党的组织建设,形成了一个团结务实,乐于奉献的领导班子和一支识大体顾大局,自觉起模范带头作用的党员队伍;二是我们实施了科教兴村和人才发展战略,为我们企业持续健康发展提供了强有力的智力支持;三是我们走了一条资源综合利用的循环经济之路。在今后的工作中,我们将继续总结经验,发挥优势,扬长避短,加快发展,进一步提高经济运行质量,提高为群众服务水平,为建设文明、富裕、民主的社会主义新农村做出我们应有的贡献。

产业联建党总支　做大产业带民富

枣庄市山亭区冯卯镇党委书记　宋振华

山亭区冯卯镇南赵庄村共有村民2630人,党员56名,由原南赵庄、西岩下、水山3个行政村合并而成。2006年8月,为适应新农村建设需要,镇党委以创新农村党组织设置为突破口,建立了以南赵庄村为中心的产业联合党总支,有力促进了农村主导产业发展,取得良好效果。

一、创建"统一协调—支部联动—党员互动"产业发展运作模式

产业联合党总支是以产业经济发展比较迅猛、产业比较集中的南赵庄村为依托,打破地域范围,联合周边西岩下和水山两个村,按照产业和党员分布特点,调整原有村级党组织设置方式组建而成。主要职能是围绕促进地方优势产业发展,统一协调,多方联动,把加强党员教育管理与开展主导产业技术交流、产品销售、规范经营等结合起来,实行党员分类管理,推进主导产业发展。主要通过三种形式来开展工作:一是每月召开一次支部书记会议。总结上月党建工作开展和产业经济发展情况,安排部署本月工作重点,协调解决出现的新情况、新问题。二是每月8、18、28日召开党员会议。通报支部工作,听取党员意见建议,商议解决生产经营中出现的各种问题,学习、推广各种产业技术。三是党总支每年初、半年和年终分别召开一次党员大会,主要是总结半年或一年来的工作,讨论制定下一阶段工作计划等。

二、建立"产业联合党总支—产业党支部—党员"产业发展组织体系

产业联合党总支由镇党委直接领导,其组成人员从优秀党员中经过"两推一选"产生。产业联合党总支部根据产业不同,设置池田藕党支部、采石运输党支部、流动党员党支部和综合党支部四个党支部。(1)池田藕党支部。主要由从事池田藕种植、销售、加工的党员组成。侧重于提高池田藕的标准化技术、产业化水平和农产品的附加值,做好池田藕有关信息的搜集,增强党员共同致富意识,提高党员的带富能力。(2)采石运输党支部。主要由从事石材开采、运输、销售的党员组成。侧重于教育党员增强协作配合意识和安全意识,提高规模效应,发挥整体合力,扩大经济效益。

定期举办安全知识培训，提供资金扶持，及时搜集和发布有关信息，协调统一出售石材。(3)流动党员党支部。主要由在外经商、不定居的外来流动人员、上级下派等人员中的党员组成。侧重于加强与流动党员的联系，通报党总支、本党支部的情况，听取流动党员的思想、工作等汇报。(4)综合党支部。主要由不能归属于上述三个支部的党员组成。侧重于提高党员的致富能力，鼓励党员敢于突破传统农业生产的思路，提高科技应用能力，积极发展多元化经营，尽快提高致富本领。

三、构建“对口指导—滚动发展—树标激励”产业发展保障机制

产业联合党总支建立健全并认真落实三项制度：一是选派党建指导员。镇党委从党委班子成员中选派一名政治素质高、责任心强、熟悉党建工作的同志担任党总支党建指导员，从相关涉农部门中选派4名了解农村工作、业务水平较高、奉献意识较强的同志分别担任各党支部的党建指导员。党建指导员负责联络协调各支部之间的工作，指导开展党建工作，提供政策咨询、技术指导等。二是帮带滚动发展。实行总支带支部、支部带党员、党员带农户的帮带模式。总支帮助支部搞好产业发展规划，拓展产业领域，实现滚动联合发展；支部联系帮带3至5户思维活跃、产业规模较大的党员，帮带推广新项目、新技术，将其培养成为致富示范典型；每个党员分别联系1名生产经营潜力较大的农户和1名生活困难、致富无门的贫困户，扶持发展优势产业，壮大生产规模，帮助贫困户尽快掌握致富技术，走上创业脱贫之路。三是评先树优激励。把各党支部工作开展情况纳入农村基层党组织和村干部考核体系，开展“五个好”党组织创建活动，对作用发挥较大、成效突出的党支部，优先推荐参加区、镇表彰；对表现优秀的党员，优先推荐评先树优，特别突出的，优先提拔重用。

通过组建产业联合党总支，打破了基层党组织按地域设置的传统模式，适应了农村发展需要，促进了农村经济社会发展。一是促进了产业迅速发展。产业联合党总支以产业链为依托，积极发挥作用，整合各方资源，充分调动了方方面面的积极性，有力加快了产业发展步伐，初步形成了规模经济。截止到2006年底，池田藕种植基地已发展到900余亩，并注册了“仙玉莲”商标，通过国家级“绿色食品”认证，产品远销安徽、湖北、甘肃等九省市，销售收入达960万元；全村从事采石运输人员400多人，销售收入达600万元。与此同时，村民人均收入也有大幅增长，去年全村人均收入比前年增长1600元，增幅30%。二是搭建了党员发挥先锋模范作用的新平台。党员通过发挥产业联合党总支的信息、技术等资源优势，带动群众发展特色产业经济，既增加了农民收入，又充分展现了自身的先进性。三是增强了党组织的凝聚力。南赵庄村把党组织建在产业链上，有效提高了党组织增加集体收入、带领群众致富、处理复杂矛盾问题的能力，进一步增强了党组织的凝聚力、战斗力、向心力。仅去年一年，就有47人向党组织递交了入党申请书。

发挥党支部核心作用
加快村居经济的持续快速发展

枣庄市峄城区吴林街道大桥居
党支部书记　孙守义

大桥居，位于峄城区吴林办事处西南部5公里处，共有258户，958人，现有中共党员31人，党小组4个。近几年来，居党支部一班人团结带领群众，艰苦创业，积极发展蔬菜生产和民营经济，使一个原来贫穷混乱的大桥居走上了富裕之路。2006年，年创产值8000多万元，集体收益120多万元，居民人均纯收入突破8200多元。先后被市委、市政府命名为全市蔬菜生产专业村、全市经济百强村、全市民营经济突出贡献村，党支部也被山东省委命名为“先进基层党组织”。

一、率先垂范，围绕富裕群众抓发展

“万事开头难”。新一任班子上任后，遇到的第一件事就是区、乡要求建大棚。大桥虽然有种植蔬菜的传统，但由于品种单一，效益不好，群众积极性不高。于是，“两委”一班人分头做群众的工作，并要求党员干部带头，每人至少建一个。同时制定了“三年免交承包金，建一个棚提供2000元的贷款”等优惠政策。为了解决群众蔬菜浇水难问题，“两委”干部多方筹措资金10万元，打了3眼深水井，修了5000多米的防渗渠。为了解决群众种植、管理技术等难题，村“两委”一方面带领一些文化水平比较高的居民到苍山、寿光等地拜师请教；另一方面请蔬菜专家来大桥举办培训班，现场手把手指导。功夫不负苦心人，当年群众大棚蔬菜获得了大丰收，每户收入都在万元以上。

随着蔬菜产业化的发展，为了解决销售这一“瓶颈”难题，“两委”一班人多次召集群众代表，认真研究解决群众卖菜难的问题。首先，利用村前(峄金公路两侧)空闲地搭起了简易棚，形成了马路小批发市场，就地实现批发销售；其次，发动党员带头多方联系客户，把群众产出的蔬菜瓜果推向外地大市场。由于及时念好了市场经，使群众的蔬菜没有出现积压现象，形成了大桥批发市场的雏形，初步实现了规模化经营。

二、以菜兴业，围绕建设"强村"抓发展

随着蔬菜生产面积不断扩大，小马路市场很快不能适应发展需要，于是居委会决定建一个具有一定规模的综合果品蔬菜批发市场。经过全居上下的共同努力，大桥居硬化了水泥场地(包括停车场)1.8万平方米，建设高标准商贸服务楼26座，建成了南北长800米、宽50米，可容纳100多个摊位的峄城南郊综合果品蔬菜批发市场，为增加群众收入，壮大集体经济，安排剩余劳力搭建了长期的服务平台。

"栽下梧桐树，引来金凤凰"。"两委"一班人又分头到沈阳、大连、广东和上海察看行情，同时又联系了68个客商来大桥市场交易，使市场不断繁荣兴旺。同时，积极开展招商引资，引进珠海客商投资600万元，新上了集恒温、冷藏、住宿、饮食服务于一体的果蔬贮藏有限公司，激活了淡季市场。2006年大桥居党支部通过开展大招商，在年初引进了100万元的小型水力发电站，已建成投入运营；通过友好洽谈，青岛客商投资200万元在大桥市场建立物流中心。目前，大桥市场拥有1000多个固定客商，辐射100多个大中城市。

大桥市场的建设，有力地推动了集体经济的发展，仅此一项，自2001年以来，每年集体经济收入可达100余万元。在发展经济的同时，大桥居按照"生产发展、生活宽裕、乡风文明、村容整洁、管理民主"的要求，以创建市级文明生态村为契机，坚持从实际出发，尊重农民意愿，扎实稳步推进新农村建设。近几年来，大桥居先后投资160多万元改变村容村貌。一是由蔬菜协会会员共同出资60万元硬化了村内街巷道路，实现户户通，并安装路灯100多盏，栽植花卉树木1.5万余株，新打深水井1眼，更新自来水管道3500米，确保全村村民24小时都能吃上安全洁净的自来水。二是积极实施了"五保"，即确保劳动力有工做、确保孩子有书读、确保患病有钱医、确保生活能温饱、确保人人有房住。全体村民共享"三免"，即：自来水费免、有线电视费免、农村合作医疗基金免。三是丰富村民们的业余文化生活，建起了篮球场、图书室、老人娱乐室等文化娱乐活动场所。

三、因势利导，围绕加快"三产"抓发展

近几年来，大桥居党支部一班人在抓好壮大集体经济的同时，因势利导，不断加快第三产业的发展。大桥蔬菜批发市场的壮大与繁荣，带动了市场餐饮、运输、商业、包装材料供应、机械加工、维修业等服务业的发展，安置农村剩余劳动力和城区下岗工人就业达1000多人。仅在大白菜收购期间，每天的包装工就达到300多人，每人一天就收入20元，三个月下来全居累计收入就达100多万元，加上从事运销蔬菜的专业户，户平均收入达2万元。目前，大桥蔬菜批发市场已有配货站2个，商店13家，饭店8家，汽车维修2家，加油站1处，公用电话10处。

固本强基，任重道远，大桥居"两委"一班人正积极带领群众以稳健的步伐，沿着"真抓实干促发展，争创鲁南第一村"的目标，不断开拓创新，为构建和谐社会、推进社会主义新农村建设做出更大贡献。

走村企合一之路　构建和谐新农村

东营市河口区六合乡广河村党支部书记
巴树村

广河村位于河口城区，是典型的城中村。全村116户，446口人，暂住流动人口1500余人。近几年，村党支部不断加强自身建设，努力提高凝聚力和战斗力，积极发挥基层党组织的核心作用，带领群众立足区位优势，勤奋务实，锐意创新，走出了一条以企兴村的路子。全村人均纯收入过万元，集体资产积累达到2000余万元。村党支部被东营市委授予"五好党支部"。

一、解放思想，勇于创新，探索加快经济发展新途径

党支部始终把发展经济，增加群众收入作为工作的重中之重，坚持解放思想、更新观念，带领群众积极探索城中村发展的新路子。村经济实现了快速、跨越发展，群众收入大幅度提高。

广河村的发展大体经历了两个阶段。1998年以前，村民以几亩薄地为生，增收困难，村集体也负债累累。党支部通过多次开会讨论、外出参观，决定借助区位优势，发展城郊经济，引导群众由单纯的农业生产向房屋租赁、汽车出租、建筑劳务等行业转移。党支部一班人登门入户宣传引导，并积极为群众协调贷款、办理手续，鼓起了群众发展非农产业的信心。到1999年，仅以上三项全村年人均增收1500余元。发展城郊经济让村民初步富裕，但房屋租赁、汽车出租、建筑劳务等行业均有饱和期，在长远发展上有其局限性。就如何抓住机遇，实现广河经济的跨越发展，党支部组织村委会、村民代表进行了深入研究，确定了"招商引资，以企兴村"的发展思路，得到了全村群众的一致支持。支部一班人南下北上寻找项目，千方百计寻求支援，银河棉业、永强水泥两个企业相继落户广河。之后，又采取股份制形式，组建了广河棉油公司、广河精细化工公司，村民及村集体在四个企业均持有股份。几个企业的相继建成投产，安置了富余劳动力，锻

炼了村企班子队伍，增加了村级收入。为进一步拓展发展空间，党支部针对本村实际，带领群众大力实施城中村改造工程，拆除旧建筑4100平方米，动迁16户，按规划新建商品房12000平方米，在海盛路东侧形成了一条商贸经济带，规划建设了河口汽配城，广河村经济结构更加合理，村庄形象得以提升，拓宽了增收渠道，增加了集体积累。

二、实施改制，村企合一，提高村级管理水平

随着经济发展步伐加快，原有村级管理模式受到冲击。村党支部积极学习借鉴外地先进经验，决定实施村级集体资产改制。

改制过程中，认真履行监督职能，严防集体资产流失，在严格程序清产核资的基础上，对集体所有的资产逐一分类登记造册，并请中介机构按照有关法律规定，对现有集体资产进行评估审计，明确划分为经营性资产、公益性资产、资源性资产三类。将可量化的资产按村委会占45%、全体村民占55%的比例量化分配，全体村民持资入股，成为股民。注册成立了东营市广河科贸有限公司，健全了董事会、监事会、股东大会等公司机构，实行现代化企业管理。由公司向享受分配人员出具集体资产记名分配证书，作为收益分配的凭证，年终从当年净收入中提取法定盈余后，董事会提出分配方案，经股东大会讨论通过后予以分配。改制后资产量化到人，解决了集体资产的虚化问题，提高了收益分配的可操作性和合理性，村民成为集体经济发展的直接受益者。通过成立公司，设立董事会、监事会，提高了群众的参与程度，集体资产的决策投入、运作管理更加规范，避免了体制性风险，促进了集体资产的良性发展，现广河科贸公司已拥有资产1800万元。同时，实行企业化运作，提高了村务透明度，减少了干群矛盾，堵塞了管理漏洞。

三、建设新村，完善保障，改善群众生活条件

为推进社会主义新农村建设，党支部带领群众实施了新村建设，不断完善农村保障，加强精神文明建设，促进了全村“三个文明”的协调进步。

为彻底改变村庄面貌，在老村以南规划了广河新村。为加快新村建设，制定了村集体负责统一配套、为村民每人补贴5000元等优惠政策，党员带头搬迁。在新村规划区，新建了办公楼、老年公寓、综合服务楼、广场绿地等设施，完成了水、电、路、暖、讯等配套设施建设。组建了党员义务清洁队，保持了新村小区卫生。到2006年，新村已建成别墅75栋150户，完成了基础设施配套。不断提高群众福利水平，对幼儿入托实行补助，老年公寓由村里派专人进行管理，年满60周岁老人，每月每人交纳50元生活费，就可入住，不足部分由村委会负担。深入开展“十星级文明户”、“文明新风户”及“好媳妇、好婆婆、好妯娌”等评选活动，大力实施“文明信用工程”，在全村倡树文明信用之风，积极倡导健康文明的生活方式。建成文明诚信一条街和文化广场，安装文明警示牌，设置阅报栏、公开栏，在文化广场安装健身器材，建设篮球场、羽毛球场，成为村民劳作之余健身休闲的好去处。

四、加强自身建设，提高战斗力和凝聚力

村党支部不断加强自身建设，努力提高在农村基层组织及群众中的凝聚力和号召力，党员们也都立足本职、甘于奉献，勇当管理明白人、发展带头人。坚持解放思想，更新观念。村党支部十分注重发展观念的更新，多次组织党员到发展快的地区参观学习，党员的整体素质和驾驭发展的能力不断提高。村党支部成员均担任村内企业的主要负责人，多名党员在企业中任中层以上职务。加强党员队伍建设，重点加强对无职党员的管理，设立经济发展、村务监督、村庄规划等岗位，签订责任状，分类考核，接受群众监督，使党员普遍增强了宗旨观念和发展意识，先锋模范作用得以充分发挥。加强制度建设，结合“三级联创”，健全完善了“三会一课”、联系群众、党风廉政、发展党员、民主评议、目标管理等制度，并严格落实，得到了群众的一致好评。

不断增强基层组织的自我发展能力

广饶县广饶镇党委书记 任炳松

随着农村改革不断深入，农业产业化、农村工业化和城镇化进程不断加快，农村基层组织建设呈现出村干部年龄素质老化，村级经济薄弱，干部待遇偏低，农村党员、干部“双带”作用和党的核心作用发挥不明显等突出问题。面对农村基层组织的新形势、新特点，广饶镇党委按照围绕经济抓党建，抓好党建促经济的工作思路，积极寻找党建工作新载体，探索农村经济发展新路子，不断增强农村基层党组织的凝聚力和战斗力。

一、把握一个出发点，创新农村党建载体

近年来，广饶镇探索推广了村务“双向决策”工作法、“支部＋协会”、“双争双带”、“党员公开承诺制”等一系列做法，实现了素质强村、科技兴村、民主管村、制度建村的目标，提高了村级党组织领导农村经济发展的能力和水平，增强了村级党组织的凝聚力和战斗力，在全镇形成一批基层

组织战斗力强、党员作用发挥好、经济发展速度快的典型示范村。同时,我们镇每年重点扶持、培育工业企业型、农产品加工型、商贸服务型、产业化龙头型等不同类型的经济发展快、基层组织建设好的"经济强村",推动农村党建向纵深推进,以点带面,促进了全镇农村经济和党建工作全面发展。镇党委被县委评为"基层组织建设工作先进乡镇",被市委评为"五个好乡镇党委"和"先进基层党组织"。

二、找准一个切入点,提高"村官"素质

在选配村级"两委"班子时,以"三个代表"重要思想为指导,按照"靠得住、有本事"的要求,打破行业、身份、地域界限,多形式、宽领域、全方位的公开选拔,大胆启用政治好、人年轻、有文化、懂经营、善管理、能农能工能商的农村"能人",重点在党员种养大户、乡村企业业主、大中专毕业生和外出打工青年中选拔,在党员干部中培养致富能人,在致富能人中培养党员干部。同时实施大规模培训,定期对村支书、主任进行短期培训和"乡村管理专业"学历教育培训,不断提高"村官"素质。培训突出增强致富能力和发展经济能力这个重点,根据村干部的特点,组织外出学习,切实增强实际工作能力,提高发展经济和为民服务的本领,使村干部真正成为发展经济的行家里手、增收致富的"领头雁",做到"能人"当政、"强人"治村。

三、立足一个落脚点,建设小康农村

紧紧抓住建设小康农村这一根本,结合实际,适时确立了"强根固本、拓展改造、增二活三、和谐全面"的工作思路,坚持以科学发展观总揽全局,创新发展思路,创新工作举措,全镇上下形成了迎难而上、你追我赶、奋发争先、争创一流的齐抓共管农村党建工作和经济发展新局面。

1. 农村经济发展步伐明显加快。2006年实现生产总值28.2亿元,同比增长62.2%。其中,农业增加值实现2.84亿元,同比增长16.1%,工业增加值实现18.43亿元,同比增长85.7%;第三产业增加值实现6.9亿元,同比增长38.2%。全年实现地方财政收入3162万元,同比增长26.6%;农民人均纯收入5880元,同比增长13.2%;转移农村劳动力10642人,比上年增加3464人。

2. 基础设施建设不断完善。2006年投资300万元,实施了西部一万亩中低产田改造项目,新打机井80眼,新建生产桥9座,维修生产路25000米,农业生产条件得到较大改善;投资500万元修建了5条乡村柏油路,改善了农村交通条件;积极推广户用沼气池建设,建成沼气池600余个;投资900万元实施了城乡集中供水工程,使农村群众喝上了自来水;组织实施了生态绿化工程,植树13.21万株,造林面积2230.3亩,林木覆盖率达到25.2%,改善了农村生产生活条件。

3. 村级组织凝聚力、战斗力明显提高。村务"双向决策"工作法的实施,使村务由单纯的事后公开向事前、事中、事后的全方位公开转变,使群众的决策权、参与权、监督权融入到村务执行的全过程,实现了由"为民做主"向"由民做主"转变,达到了"双向交流、共同决策"的目的。农村基层组织充分听取群众的意见建议,利用群众的智慧和力量,坚持民主、科学决策,齐心协力选择适合本村实际的发展路子,为农村经济的发展营造良好条件。同时,制定扶持和激励政策,用"以奖代补"的方式由镇财政奖励典型村"三职"干部,提高村干部待遇,增强村干部职位的吸引力,较好改变了村干部队伍结构不合理的状况。目前,全镇村"两委"成员268人,书记、主任"一人兼"和"两委"成员交叉任职比例分别达61%和91%,平均年龄43岁,支部书记年龄最小的32岁;高中(中专)以上文化程度占72%,村村配备3-5名后备干部。

4. 农村党员干部的"双带"作用明显增强。在开展"双争双带"活动中,通过"百家专业大户齐奔产业化经营"活动和"一帮一"、"结对子"等形式,把一大批农村"能人"培养成了农村经济发展的带头人和村级班子的领导骨干。如西十里村党支部书记张士民,以前在一企业任采购员,把其列入后备干部后,毅然放弃优厚的经济待遇,回村当起了"村官"。他投资200万元,建起了蔬菜加工厂,年纯利润达20万元,还吸收了40名村民在企业务工。在他的带动下,周边村庄建起了8处蔬菜加工厂,形成了10000亩胡萝卜种植基地。杨庙村支部书记刘晓东带领群众发展无公害蔬菜种植,建设无公害蔬菜基地6000多亩。前安王村在主任孙东海的带领下,家家户户从事糖果加工,产品畅销全国各地。

抓党建 促发展
引领群众走村企双赢之路

烟台市牟平区大窑镇尹宋周村
党委书记 张家强

牟平区大窑镇尹宋周村位于城区东部,共490户,1160口人,耕地1200亩。全村现有党员71人,党委领导班子5人,下设4个党支部。2006年,村党委以"三个代表"重要思想和科学发展观为指导,围绕经济抓党建,抓好党建促发展,带领全村党员干部群众走出了一条工业强村、文明兴村之路,较好地体现了党的先进性。全村经济总收入达到2.3亿元,人均纯收入6080元。先后被评为"全国造林绿化千佳村"、烟台市先进基层党组织、烟台市先

进基层党组织建设示范单位。

一、抓班子带队伍，在提高党组织的凝聚力、战斗力中体现先进性

一是注重抓好领导班子建设。始终把班子建设放在第一位，选准配强班子成员，注重狠抓作风建设，班子成员带头执行村规民约，带头严把“三关”（口关、手关、权力关），不搞特殊，不谋私利。良好的作风使班子成员不但得到了党员的拥护，而且赢得了群众支持。目前5名班子成员全部在村委会兼职，党委书记兼任村委主任，党委委员和村委委员交叉任职率100%。二是注重抓好党员队伍管理。结合开展保持共产党员先进性教育活动，着力解决农村无职党员教育管理难、作用发挥难的问题，在全区率先开展了无职党员“设岗定责”和党员量化管理活动。确定了“法律政策宣传岗、文明新风示范岗、计划生育服务岗、民间纠纷调节岗、社会治安维护岗、村务公开监督岗、村情民意反馈岗、共同富裕带头岗”等8个岗位，全村47名无职党员根据本人情况申报适合自己的岗位，经党员大会通过后张榜公示，接受群众监督，形成了有职党员根据职责分工履行好职责，无职党员根据所选岗位要求履行好职责的各司其职、各负其责的局面。三是注重抓好工作机制完善。结合“三级联创”和争创“五个好”农村党组织活动，健全完善村务管理机制。村党委发扬民主作风，实行民主选举、民主决策、民主监督、民主管理。对村里重大事项进行决策时，先由班子成员拿出初步意见，再交党员、村民代表集体讨论决定。全面推行村务公开和财务公开，对村办企业发展、集体财产使用、大额资金支出、公益事业筹办等事项，都及时公开，保证群众的知情权、参与权、决策权和监督权。强化制度建设，先后出台了党员学习成长计划、党建工作责任制、“五个好”党支部工作目标、党员目标管理责任制、村两委联席会议制度、村级代表会议制度，确定每月15日为党员活动日，坚持定期学习，推动党员的学习教育活动走向制度化、规范化。

二、实行强企立村的发展战略，在加快农村经济发展中体现先进性

一是科学规划发展目标。村党委结合旧村改造和新农村建设的需要，请山东省城乡规划设计院为村里的发展做了统一规划，制定了科学合理的近期和长远发展目标，做到适度集中、统一规划、节约用地、环境美化，为全村的长远发展、科学发展打下了坚实基础。二是积极推进农业改革。村党委带领全村群众对传统农业进行了大刀阔斧地改革，全面实行规模经营、专业化管理，提高了农业效益。同时，一大批农民从土地中解脱出来，被充实到各个村办企业，为企业的发展提供了人力支持。三是大力发展村办企业。先后创建了大展纸业有限公司、恒茂化工有限公司等一批村办企业，解决了全村劳动力的就业、再就业问题，取得了良好的经济效益。大展纸业有限公司经过二十多年的发展，已经成为全村的支柱产业，进入烟台市百强民营企业行列，2006年完成产量11万余吨，消耗各类废纸14万吨，实现销售收入2.2亿元，上缴税金2187万元。

在加快企业发展的同时，村党委始终坚持绿色发展，把加强环保作为企业的“生命工程”来抓。先后投资800多万元用于环保工程，其中投资300万元对整个污水处理系统进行技术改造，新上了一套由华南理工大学造纸与污染控制工程研究中心开发的“HWP高效废水处理设备”，大幅度提高了废水循环回用率，并解决了以往污泥难处理的问题，实现了变废为宝、节约资源的目标。

三、坚持协调发展，在构建和谐村庄中体现先进性

主要在三个方面下功夫：一是在优化群众居住环境上下功夫。村党委始终注重加强村里的基础设施建设和环境整治，先后投资40万元，对村内两条主要干道进行了硬化，投资30万元，为全村老百姓通上了自来水。二是在丰富群众文化生活上下功夫。建成了面积120平方米的党员活动室，桌椅配套齐备，装有空调机2台，配有电视机、影碟机、电脑等教育设施，并设有图书阅览广角，购置各种学习材料、图书等达5000册以上，可满足全村党员干部的培训、学习需要。建成了一处占地面积为2000平方米，集休闲、娱乐、健身于一体的文化广场，并专项投资25万元购置了健身娱乐器材。广场建成后，多次邀请市文化局、区吕剧团到村进行演出。同时，村里还组织了文化演出队，自编自演了近年来区、镇、村涌现出的先进典型人物事迹，深受广大村民的喜爱和欢迎。三是在改善群众福利待遇上下功夫。村里每年为村民免费提供面粉、液化气、取暖用煤和电费补贴，每人达到1200元；对全村男60周岁以上、女55周岁以上的老人，每年发放养老金和各种福利3200元；村里还拨出专款为每名村民投入了新型农村医疗合作保险。目前，全村经济发展，治安稳定，党员干部群众心齐、气顺、劲足，形成了团结、和谐、实干的良好氛围。

狠抓四个关键 促进基层组织健康发展

莱州市夏邱镇党委书记 孙悦伟

莱州市夏邱镇辖49个行政村,3.7万人,流动人口2万余人,各类个体私营企业2000余家,其中石材类企业1200余家。共有基层党组织66个(辖一个村级党委、两个总支),党员2043名,其中农村基层党组织49个,企业党组织6个,农村党员1717名,流动党员43名。2006年,镇党委从自身特点出发,狠抓农村班子、农村党员、企业党组织和流动党员四个关键,全镇基层组织得到健康有序发展,经济社会呈现出又好又快的发展态势,获得了"全国小城镇综合发展水平1000强"荣誉称号。

一、突出经济能人治村,选准配强基层班子

根据上级要求,在选准配强基层班子方面,结合本镇实际,重点推选经济能人进入农村"两委"班子。主要坚持了三项原则:一是坚持村内无人村外选的原则。对村内确无合格人选的村庄,做通本村在外办企业、做生意党员的工作,将其组织关系转回村庄参与选举。二是坚持党内无人党外选的原则。在村内外的党员中,确无合适人选担任村党组织负责人的,将非党员中的经济能人推选进村委班子,加紧培养纳新,再进行适应性调整,让其担任党组织负责人。三是坚持因村制宜、因人制宜的原则。对个别无合适党组织负责人的村庄,实行了村级工作村委主任负责制,并安排一名党支部副书记主持党组织工作。在三项原则的指导下,一大批群众基础好、懂经营、会管理的经济能人进入村级班子,93%的村党支部书记、村委主任和90%的村"两委"成员拥有自己的个体私营企业,达到致富能力强、带富能力强的标准。

把经济能人选进农村"两委"班子,要实现他们由治厂到治村的转变。突出抓了两方面:一方面加强培训教育。在经济能人进入村级班子后,采取聘请领导教师讲授、镇内外先进典型传授、到先进地区和村庄实地感受等方式,强化对他们的培训教育。另一方面进行结对帮扶。不仅在资金、项目、人才、基础设施建设和劳动力方面进行了结对帮扶,更重要的是在思想观念、发展意识、工作方法、管理艺术等方面互相学习、共同提高。

二、突出农村党员教育,增强村级组织凝聚力

在建设新农村、构建和谐社会的进程中,充分发挥农村党组织的战斗堡垒作用和农村党员的先锋模范作用。一是实施双培双带工程。就是把经济能人培养成党员,把党员培养成经济能人,经济能人带动党员致富,党员经济能人带领村民共同致富。先后考察了50名非党经济能人进行培养,已有20名培养成熟,被党组织纳新为中共预备党员。二是实施先进性教育工程。结合各村庄实际,有针对性地开展先进性教育活动。经济发达的村庄,围绕实现经济跨越发展、再上新台阶等方面开展教育活动;经济欠发达的村庄,围绕强化发展意识、增加农民收入等方面开展教育活动;班子薄弱的村庄,围绕端正党风、增强战斗力等方面开展教育活动。初步建立了以教育管理、激励约束为重点的保持农村党员先进性建设的长效机制。三是实施农村无职党员"设岗定责、量化管理"工程。对农村无职党员分类设岗、明确职责、量化管理,有效解决了党组织管理无职党员缺少"抓手"、农村无职党员发挥作用缺乏"平台"的问题。

三、突出民营企业党组织建设,抓好党建促发展

在民营企业建立党支部,有利于保证民营企业的社会主义方向,有利于发挥企业党员的先锋模范作用,促进企业的发展。一是及时设置党组织。根据企业的规模、发展状况、党员人数等方面情况适时考虑民营企业党组织设置问题。做到成熟一个建立一个,建立一个巩固一个。目前,共设置民营企业党组织6个,其中党支部5个,联合支部1个。二是选好党组织负责人。党委认真考察筛选好党组织班子的"一把手",选用思想作风正、党性观念强、业务能力棒、协调能力好、综合素质高的同志担任党组织负责人。三是严格组织生活。对建立党组织的民营企业,建立健全党内生活制度,保证了党内活动的正常开展。

四、突出流动党员管理,实现基层党建无缝覆盖

全镇共有流动党员43名,其中流出27名,流入16名,占农村党员总数的2.5%。为进一步加强和规范流动党员管理,镇党委积极探索,努力在管好管活上下功夫,基本实现了基层组织建设无缝覆盖。一是实行跟踪管理。各基层支部对所有流动党员建立档案,设立专门台账,全面掌握动态。支部委员对本支部的流动党员实行包干制,每人包干联系几人,从而形成党支部一组织委员一联系人一流动党员的管理链。二是建立健全工作制度。建立登记、谈话、思想汇报、补过组织生活、党组织间的联系等工作制度,进一步规范了流动党员的管理。三是建立流动党员管理站。设立流动党员管理站,定期组织各种学习培训,加强流动党员的日常管理工作。四是开展有针对性活动。在流动党员中

开展"我为家乡发展献一计"、"我为家乡添光彩"、"做一名家乡招商引资的联络员"等系列活动,搭建了流动党员发挥作用的平台。通过外出流动党员的牵线搭桥,引进项目6个,引进资金共计6000余万元。

抓党建促发展 努力建设社会主义新渔村

长岛县南长山镇连城村党支部书记 刘新贵

长岛县连城村是一个以海珍品增养殖和滨海旅游为主导产业的海岛渔村,现有85户,222人,党员23名。近年来,我们以争创"五个好"党支部为总抓手,着眼于建设富裕、民主、文明的社会主义新渔村,不断加强基层组织建设,密切党群、干群关系,有力促进了经济发展和社会稳定,推动了全村"三个文明"建设的健康发展。2006年,全村实现经济总收入3200万元,人均纯收入2.8万元,先后被烟台市委、市政府授予"小康示范村"、"先进基层党组织"称号,被省委、省政府授予"全省民主法治示范村"称号。

一、内强素质,外树形象,提升党员队伍的战斗力

近年来,连城村党支部始终紧紧抓住党员队伍建设和班子自身建设,以先进性教育活动为契机,认真组织,周密安排,党员干部队伍整体素质有了明显的提高。在日常的学习中,党支部制定了详细的实施方案,印制了学习配档表,有效地解决了学什么、怎么学、学好什么的问题。在学习过程中,严格程序,严格要求,严格检查,坚持从班子成员抓起,带头学习,带头宣讲,带头记好笔记,发挥了较好的表率作用。同时,发挥党员活动室主阵地作用,充分利用远程教育设备进行政治理论、渔养知识等多学科教育,增强了学习教育的效果。在开展民主生活会和组织生活会的过程中,与"我承诺、我作为"主题实践活动相结合,相互谈心,沟通思想,查摆问题,改进提高,取得较好效果。围绕各项工作的落实,研究制定了村"两委"班子成员岗位目标考核办法,并与年终奖惩兑现,将考核办法在村务公开栏内公示,接受群众的监督。在多年的工作实践中,我们坚持民主决策、民主公开、取信于民。着力加强村级组织规范化建设,完善村务监督管理和财务管理规程,健全村务公开制度,把知情权、议事权、监督权交给群众,增加了工作的透明度,做到村里的事由村民做主,从根本上解决了群众反响强烈的热点、疑点、难点问题。同时,修改完善了《村规民约》7章29条,对党员干部在村级发展中要尽到什么责任、达到什么标准作了详细的规定,并全面落实了承诺书,使全体党员进一步明确了自己工作的方向,党支部的战斗力得到进一步提升。

二、因地制宜,科学发展,提升党组织的创造力

近年来,我们以落实科学发展观为契机,紧密结合渔村实际,积极探索渔村经济发展的新路子。依托自然资源优势,投入100多万元在全县率先建成了村级景区—望福礁公园,带动了第三产业的发展,全村"渔家乐"业户由过去的4户发展到现在的12户,从业人数达50多人,拥有床位150张,年接待游客2000多人次,实现直接收入15万多元。大力发展海珍品增养殖业。为鼓励群众加快自我投入、自我发展,发动党员带头,确权海区1000多亩,组织30多户村民自筹资金组成股份制公司,公司化经营适应了市场要求,取得了良好的经营效益,年实现收入500多万元。我们还通过积极对外招商引资,对1600多亩滩涂海域进行了合资合作开发,建设育保苗厂房3000多立方水体。目前,全村每年底播海参大苗400万个,海参存养量达1000多万个,年收入100多万元。同时,以村级公司为依托,加大海参精深加工力度,以即食海参为主导的海参系列产品已销往40多个大中城市,逐步形成了生态化、科技型产供销链条,渔村经济步入发展的快车道。

三、优化环境,关心群众,提升加快发展的合力

"村富我强,崇尚文明,团结进取,共建和谐"是连城村多年来形成的村庄精神。近年来,我们以创建花园式村庄为契机,以环境陶冶情操,以文化提升素质,实施渔民向市民转变工程,不断提高整体素质,形成发展的整体合力。在旧村改造进程中,村党支部将"和谐、美满、福地"等浓厚文化底蕴渗透其中,积极推进花园式公寓化新村建设。自2001年开始,已累计投资1000余万元进行旧村改造,已拆除旧房10000多平方米,新建村民公寓楼8000多平方米,60多户村民喜迁新居。为丰富群众的业余文化生活,还投资20多万元建设文体活动室、老年人活动中心,每到晚上,各场所灯火通明,村民学习娱乐,各得其所。每逢节日干部群众还自编自演,同台演出,寓教于乐,不仅丰富了群众文化生活,也为弘扬村庄精神提供了载体,使群众在潜移默化中得到提高。同时,我们注重将发展的成果惠及群众,积极为群众办实事、办好事,使群众得到实实在在的实惠,投资60多万元,改造自来水系统、硬化街道、美化绿化,全体村民享受每人每年1000多元的水、电、液化气、闭路电视及子女上学等方面补贴,路不拾遗,夜不闭户,连续40多年未发生治安、刑事案件和群众上访事件,家家户户关爱赡养老人,形成了文明、淳朴、向上的良好村风。

发挥村党支部战斗堡垒作用 加快建设社会主义新农村

寿光市三元朱村党支部书记　王乐义

寿光市三元朱村现有215户、800口人，党员31名。近年来，在村党支部的带领下，三元朱村广大干部群众解放思想，团结实干，努力建设社会主义新农村，实现了全村经济社会又好又快发展。2006年，全村实现经济总收入3560万元，人均纯收入10300元，银行储蓄余额1800万元，村集体固定资产2600万元，被评为“中国特色经济村”、“全国科普先进村”和“省级文明村”，被确定为“全国社会主义新农村建设示范村”。

一、立足科技兴农，把群众领上致富路

创业伊始，村党支部书记王乐义带领支部成员三下东北拜师学艺，冒着风险在责任田里进行“冬暖式”蔬菜大棚试验，为群众开辟了一条前景广阔的致富之路。之后，村党支部一班人不但把新技术在全市推广，而且远赴新疆、陕西、辽宁、云南等20多个省、市、自治区传授种植技术，无偿将成功经验传播到全国各地，掀起了一场“白色革命”。

针对近年来出现的蔬菜生产过程中遇到的病虫害频发、蔬菜产量和品质下降等问题，村党支部大力推行标准化生产，发展无公害蔬菜和有机蔬菜，努力提高蔬菜科技含量，打好蔬菜品牌，做活蔬菜文章。一是优化农业产业结构，发展现代农业。2006年村两委在现有大棚基础上，调整土地450亩，新建高标准大棚119个，新建大棚全部采用现代化的种植方式、名优新特品种、自动化装置，全面提升科技含量，增加农民收入。二是开发旅游资源，发展观光农业。充分发挥区位、知名度等优势，将村庄游融入到全市的旅游规划中，把农业生产、农艺展示、农产品加工和生态农业观光有机结合，做活了旅游产业，拓展了群众收入渠道。三是做大“乐义”品牌，发展高新技术产业。村两委投资100多万元建立了集科研推广、物资服务、科普培训于一体的科技大楼，试验新品种、新技术。规划了高新技术产业片区，发展以新农作物研发、培育及农副产品精细加工为主的无污染的高新技术产业项目。目前已连村发展无公害蔬菜基地2万亩，产品均达A级、AA级标准，“乐义”牌无公害蔬菜远销国内外，有8家涉农企业注册了“乐义”商标，从根本上解决了农业生产的低效问题。

二、立足改善群众生活环境，加快新村建设

按照中央20字方针要求，结合村里实际，稳步推进了社会主义新农村建设。目前，三元朱村已成为全国社会主义新农村建设的示范点之一，也是山东省唯一的省部共建示范点。

村党支部按照“高起点规划、高标准建设、高效能管理”的原则，加快新村建设，拟定“二轴(即贯穿村庄东西、南北两条发展轴线)、二线(即贯穿村庄南北的两条绿化、小品、步行道生态景观线)、五片区(即公共设施中心片区、高新技术产业片区、农作物种植展示片区和两个居住生活片区)”的村庄规划方案，使新村向北延伸，节约土地57亩，预计总投资8500多万元。目前81栋别墅楼已全部竣工，老年公寓和幼儿园已建成使用，绿地游园工程也已基本完工。

三、立足提高农民素质，加快培养新型农民和实用人才

村党支部立足蔬菜产业发展的最前沿，加大科技培训力度，坚持理论联系实际，多措并举，培养更多的新型农民和实用人才。一是加强村民集中学习。以远程教育为载体，结合先进性教育活动，村两委组织干部群众认真学习党在农村现行的方针政策、法律法规和科普知识，提高干部群众的法规、科技素质。二是办好实践课堂。建立了80亩大棚种植示范基地，聘请专家、教授实践教学，党员干部模范带头，培育新品种，实践新技术。三是外出学习先进经验。有针对性地组织本村技术骨干外出学习先进技术和管理经验，引导开拓思路，掌握新信息、学习新技术。四是举办培训班。以科技服务站为阵地，定期举办培训班，自2006年4月至今，共培训本村科技人员250人，培训外省青年农民3000人；充分发挥乐义国际农业科技培训中心的作用，加强对外技术交流与合作。五是拓宽技术传播渠道。目前，三元朱村在外地传授技术的农民中有3人被聘为科技副县长，27人被聘为科技副乡(镇)长。到2006年底，三元朱村向外省市派驻技术员2000多人次，推动了全国蔬菜生产的现代化步伐。

四、立足构建和谐村庄，不断提高村党支部的战斗力凝聚力

一是加强班子建设。按照“双推一选”程序，搞好村级班子建设，努力把群众拥护、大家公认，带领群众致富能力强的人员选进村两委班子，把党员培养成致富带头人，把致富带头人培养成党员，为全村经济和社会发展提供了坚强的组织保证。二是创新工作机制。实行村两委成员责任目标“四到位”，即职责到位、服务到位、考核到位、奖惩到位，建立起共识共谋、共荣共耻、立足自身、负重加压的工作机制。三是规范村级管理。充分发挥党支部的战斗堡垒作用，进一步完善村务公开和民主议事制度。在财务公开、村务公开的基础上，每周召开一次党员、村民代表议事会，对

村里的重大事项进行表决,不断完善自律机制,增强村级服务功能。四是营造良好氛围。组织开展"和谐农家"评选和"富裕、文明、法制、卫生"四进农家等活动,创建"六好"(组织领导好,经济发展好,基础设施建设好,人居环境整治好,社会事业发展好,民风淳朴治安好)村庄,着力倡导健康文明的生活方式,提高农民的思想道德素质。五是发扬优良作风。村两委不断加强农村基层党风建设,切实维护农民利益,不折不扣地落实各项惠农政策,帮助群众解决生产生活中的难事、急事,一步一个脚印地把新农村建设的各项任务落到实处。

充分发挥战斗堡垒作用 加快新农村建设步伐

安丘市凌河镇大路村党支部书记　李志明

大路村现有512户,1809口人,党员46名。近年来,我们党支部从自身建设入手,充分发挥战斗堡垒作用和党员先锋模范作用,带领全村群众凝心聚力、大干快上,促进了经济和各项事业快速发展,加快了新农村建设步伐。2006年,全村经济总收入达到1.65亿元,农民人均纯收入6699元。我村被评为山东省"文明村"、"山东省民主法制示范村",连续17年被评为"潍坊市级文明单位",村党支部也被授予"潍坊市先进基层党组织"、"潍坊市党员远程教育示范基地"称号。

一、公正勤廉当村官

村党支部一班人约法三章:树正气,功名利禄不贪;走正道,歪风邪气不沾;做正人,大小便宜不图。工作中做到"三不脱离":上不脱离领导,下不脱离群众,工作不脱离实际。对村里重要事务和热点、难点问题,都在广泛征求群众意见的基础上,提出意见,召开"两个议事会"和村民代表会议讨论表决。对群众关心的政务、财务问题,严格执行规定。同时,要求干部凡是村集体决定办的事,都要先行一步,为群众做出表率。村里建小学,干部率先捐款,在干部的影响带动下,仅3天全村就筹资5万多元。

二、发展经济促增收

村党支部坚持多管齐下,多措并举,全力发展一二三产业,带领群众发家致富。目前,全村80%以上的农户用上了电冰箱、洗衣机、微波炉等家用电器,部分家庭还安装了空调,村民购买的轿车、农用车达到400多辆。一是立足实际抓调整,让土地效益高起来。在大力调整优化产业结构的基础上,根据国际市场需求,派人到日本、东南亚等地区考察学习农产品种植、管理和加工仓储等技术,组织引导群众按国际标准种植出口蔬菜,建起远近闻名的出口蔬菜种植基地。探索出的"西瓜大棚套大姜"种植模式,获潍坊市"星火计划"二等奖。同时,立足村情,制定开发建设"两路一山、两河一滩"的总体规划,岭地上发展冬枣300亩、大桃200亩,村北400亩河滩全部栽植了防护林,取得了很好的生态效益和经济效益。二是因势利导办企业,让群众尽快富起来。投资300多万元,建起了漂液厂、福利纸箱厂、蔬菜加工厂等一批村办企业。后来,又成功进行了改制。积极鼓励能人办企业,吸引外地企业到村里落户。目前,全村企业已达28家,年产值1.2亿元,利税1000万元,每年为村集体增加积累80多万元。三是发挥优势搞三产,让群众收入多起来。充分发挥地处镇区、流动人口多、交通便利的优势,重点发展餐饮服务、商品批发、维修加工等三产项目。全村个体工商户现已发展到78家,年实现利税400多万元。

三、搞好规划整村容

先后投资250多万元,硬化了村内大街小巷,主街两侧安装路灯98盏,栽植绿化树1.5万多株。并组织农户在庭前院内栽植葡萄、柿子等效益型林果,形成了独具特色的庭院经济,既美化了环境,又增加了群众收入。2006年,村里仅出售街道两侧的樱花树、百日红大苗就收入20多万元。集中清理"三大堆",进行改灶改厕,彻底治理脏乱差,村容村貌整洁美观。2006年以来,潍坊市、安丘市先后6次在这里召开新农村建设现场会、"创绿色家园、建富裕新村"等现场会。结合新农村建设,村里对生产生活布局作了进一步规划完善,确立了开发建设功能别墅区、平房住宅区、休闲娱乐区、生产服务区、工业加工区、高效农业区、凤凰山产业园和史沟河风景带等"六区一园一带"新目标。努力通过多方投入,分期建设,打造环境优雅、生活舒适、风光秀美的新大路。目前,"樱花园住宅小区"已开工建设,首栋居民楼主体已完工。

四、办好实事赢民心

村党支部把新农村建设和和谐创建结合起来,大力为村民办实事办好事,赢得了村民的一致好评。多方筹集资金50万元,在村北史沟河上新建两座大桥,方便了群众出行;投资17万元为村民安装了自来水,建起了文化大院和老年人活动中心,配备了象棋、扑克等娱乐设施和相关的报刊书籍;结合党员远程教育,筹资30万元新上了20台微机,配套完善了村里的科普学校和高标准特许播放室;投资20万元建设了健身公园,为村民休闲提供了良好场所。同时,积极开展"帮困扶贫献爱心"活动,逢年过节对村里70

岁以上的老人发放节日慰问金，为贫困户、五保户发放救助款。每年发放的困难补助款都在2万元以上。村里还投资30多万元建起了高标准的学校和幼儿园，并设立了奖教奖学基金，对考上大学或研究生的，每人奖励500—2000元。近几年，全村每年发放的奖教奖学金都在3万元以上。自恢复高考以来，村里已有378名学生考入大中专院校，成为远近闻名的"状元村"，《人民日报》曾以《探秘"状元村"》为题予以报道。

加强基层组织建设
为新农村建设提供有力保证

临朐县九山镇党委书记　叶东生

临朐县九山镇位于县城西南部，总面积254平方公里，辖64个行政村，5.17万口人，共有75个党(总)支部，2109名党员。近年来，镇党委坚持以"三个代表"重要思想和科学发展观为指导，以深化"三级联创"活动为总抓手，大力加强基层党组织建设，为实现镇域经济社会又好又快发展，加快推进新农村建设提供了有力的组织保证。先后多次被潍坊市委、临朐县委授予"先进基层党组织"、"文明乡镇"等荣誉称号。

一、加强自身建设，把镇党委建成新农村建设的龙头

(一)抓好领导班子建设，以好的党风带出好的民风　一是坚持民主议事。为进一步落实党员群众的参与权、知情权，在全镇选聘了28名党性观念强、群众威信高的老党员、老干部，成立了议政委员会，定期建言献策，参与讨论制定涉及群众切身利益的有关重大决策，增强了议事的民主化、规范化。二是坚持科学决策。对事关全镇经济社会发展的重大决策，做到"四个统一"，即重要任务统一意见，重大事项统一研究，重要问题统一看法，重点工作统一行动，做到了决策科学，执行有力。三是强化监督考核。镇党委对干部实行目标化管理，年初把年度工作目标分解量化，逐项定出评分标准，落实到人。考核结果直接与干部的工资报酬相挂钩，作为干部评先树优、提拔任用的重要依据。建立健全干部谈话诫勉、责任追究、廉洁自律等规章制度，从制度上加强了对干部的规范和约束。

(二)坚持创业为民，夯实经济发展基础　坚持以经济建设为中心，立足实际，带领群众大规模治山、治水，栽树、植果。先后治理荒山12.6万亩，配套水利设施1860处，夯实了农业发展的基础。适应市场需求，大力调整农业结构，全镇果品发展到了7.5万亩，成为群众发家致富的支柱产业。大力开展"办实事、聚民心"活动，硬化了24条、总长50多公里的镇村道路，完成了16个村的人畜吃水工程，方便了群众的生产生活，赢得了一致好评。

(三)改进工作方式方法，密切党群干群关系　针对新形势下农村工作面临的新情况、新问题，大胆探索、勇于实践，实行了以党员示范带动、干群恳谈沟通、重大事项公开、干群双向约束、难题综合整治为主要内容的农村工作"五法"经验，这一经验在潍坊市进行了交流推广。在全县率先实行了农村会计聘任委派制，对农村会计进行公开考聘，择优录用，异村任职；在全镇开通了以"一线、一箱、一栏、一簿、一章"为载体的"民情热线"，设立了书记、镇长公开电话、公开信箱，制定了公开接待制度，架起了了解民情民意的通道。

二、加强班子建设，把村级组织建成新农村建设的坚强堡垒

(一)选好配强带头人　在选人标准上，坚持德才兼备，但不求全责备；选人渠道上，坚持以村内为主，但不唯村内；打破用人上的地域框框，采取兼任、回请、下派等方式大力从村外选干部；选拔方式上，不拘一格，大胆创新，在坚持党委或党员推荐、党员选举的基础上，积极推广"两推一选"办法，选拔农村党支部成员，按照"有政治头脑，有为民意识，有经济意识，有办事能力"四项标准，真正把那些符合"三个代表"重要思想要求、党委和群众信得过、能带领群众致富的优秀党员选拔为村党支部书记。

(二)理顺村"两委"关系　制定和完善了农村党支部、村委会工作规范，实行村党支部定期听取村委会工作汇报、党支部村委会联席会议、村两委干部交叉兼职等一系列制度，巩固党支部在农村工作的领导地位。加强对村两委干部的教育管理，明确村两委干部责任，摆正位置，确保不出问题。

(三)抓好后进班子治理整顿　每年年初，对全镇党(总)支部班子进行梳理排队，按照"促强扶弱带中间"的工作思路，对后进班子逐一列出单子，制定整改方案，及时调整充实人员，不让一个班子掉队，确保工作不断档，全镇一盘棋，收到了较好的效果。

三、加强队伍建设，把党员干部队伍培育成为新农村建设的先锋

(一)加强教育培训　工作中突出"三抓"：一是抓好政治理论培训。针对党员干部的思想和工作实际，采取灵活多样的形式，突出抓好邓小平理论、"三个代表"重要思想和科学发展观以及理想信念等方面的教育培训，始终保持思想上的先进性。二是抓好实用技术培训，始终保持能力上

的先进性。每年都聘请山农大等高等院校的专家教授现场指导，定期举办果品技术培训班，大多数党员干部都掌握2—3门应用技术，成为“明白人”，提高了带领群众发展经济的能力。三是抓好工作方式方法培训。以农村工作“五法”为突破口，教育引导广大党员干部学会新形势下的工作方式和方法，增强市场观念、群众观念和法律观念，促进农村经济健康快速发展。

（二）强化管理督促 一是明确目标责任。村党支部与党员签订《五个好党员创评责任书》，要求党员干部在发展经济、精神文明建设和履行公民义务等方面带好头，严格考核，年底评选表彰。二是建立健全监督约束机制。围绕党员干部的工作范围和职责，建立党员干部廉洁自律守则、农村党员干部谈话诫勉制度、干群双向约束制度、定期审计制度等，真正使农村党员干部在日常工作中办事有制度、时时有约束、处处有规范。三是加大不合格党员处置力度。坚持日常教育与组织处理相结合，落实民主评议党员干部制度，疏通“出口”，对那些不发挥模范作用的党员干部，及时作出组织处理，保持党员队伍的纯洁性。

（三）实行典型带动 工作中抓点带面，依靠典型引路，推进整体工作上水平。每年年底，对各条战线涌现出的党员致富典型、科技带头人、工作标兵等，进行隆重表彰奖励，弘扬先进，鞭策后进，在群众中树起了镇村干部苦干实干的良好形象。

强班子 重特色 谋发展 建设社会主义新农村

泗水县泗河街道办事处
西涧沟村党支部书记 李秀芳

泗水县泗河街道西涧沟村位于泗水县西城区，北临泗河，南靠327国道外环路，全村共442户，1760人，耕地1780亩，48名党员。近年来，村党支部一班人团结带领广大群众抢抓机遇，开拓进取，扎实苦干，取得了丰硕的成果。2006年村庄实现集体收入150余万元，人均纯收入4600余元，是济宁市新农村建设示范村。村党支部先后被授予济宁“五个好村党支部”、省“百强村党支部”；西涧沟村被授予省市“平安建设先进单位”等多项荣誉称号。村党支部书记李秀芳被评为省优秀共产党员。

强班子

建设新农村，群众是主体，党员干部是关键。为此，我们时刻把两委班子及党员队伍建设作为一项重要工程来抓，从不松懈。以创建学习型党支部为切入点，进一步建立健全了支部成员、党员学习制度，组织党员学理论、学业务、学经济、学管理，不断增强广大党员政治觉悟和带头致富能力。按照“班长抓班子、班子带队伍、队伍促发展”的工作思路，制定了《党支部工作制度》《党支部工作目标管理责任制》，同时认真执行党的组织生活的各项规定，不断提高党内组织生活质量，充分尊重党员的民主政治权利，实行民主议事和党内监督制度。在重大决策上，坚持集体研究，科学决策。村党支部还明确要求领导班子成员要以身作则，率先垂范，凡是村民不赞成的坚决不干，要求村民、党员做到的村两委班子成员要首先做到，做到以自身的良好形象取信于民。开展了“设岗定责”，为无职党员提供“想作为、争作为、有作为”的宽广平台，鼓励他们在这些岗位上为群众多办实事、好事。

建设和完善宣传栏、村务公开栏、科普村村通园地等设施，并不断更新内容，确保了群众能够及时了解政策法规、致富信息和科普知识。制定了操作性强并符合村情、民情的《村规民约》、《村卫生管理制度》、《文明农户和五好家庭评选标准》等，成立了集治保、调解、巡逻、普法、帮教五位一体的社会治安综合治理办公室，建立完善了各项规章制度，有效地维护了村内治安秩序的稳定，村庄十几年来未发生一起刑事案件。

重特色

建设和谐新农村，产业支撑是关键。为增加集体收入，支部一班人动了不少脑子，想了不少办法，但收效甚微。1994年初，在青岛苗木花卉博览会上，专家介绍银杏浑身是宝，发展银杏种植前景广阔，效益看好，引起了两委成员极大兴趣。回来后，向村民反复介绍种植银杏的好处，不厌其烦地做宣传说服工作。又组织干部到临沂郯城、徐州邳州等地进行参观、考察，还请来省银杏协会专家上课，统一干部群众思想，坚定了走靠发展银杏致富的路子。

1994年3月中旬，我们多方筹集30万元资金，到临沂郯城买来银杏种，先期育苗100亩，当年获利5万元，第二年通过销售苗、叶，收入12万元，第三年收入34万元。1997年，为实现规模效益，经5次支部村委联席会、三次党员会、二次村民大会表决，“反租倒包”群众的土地，合理规划，陆续扩大银杏种植面积，并相继发展采叶园、采穗园、密植结果园。

经过十多年的拼搏，银杏产业不断发展壮大，到目前已发展成为集采叶、售苗、密植结果为一体的银杏园1040亩，苗木存有量达340余万株。据专家估算，现银杏园苗木总价值超过6000万元，仅苗木和银杏叶每年收入就达100余万元，银杏园也被誉为“天然氧吧”和“绿色银行”，并先后被授予“全国优质林业工程”、“全国‘三八’绿色优质工程”，已成为人们休闲、游乐的理想场所。

现在银杏园实行企业化管理，配备管理技术和销售服务人员45名。为扩大销售，他们打奥运牌，与北京奥筹委签订20万株的银杏苗销售合同，还在青岛设立了泗水银杏销售代办处。为搞好银杏产品深层开发，银杏园还与山东永春堂科技有限公司合作，生产化妆保健品，推进银杏开发向纵深发展。

谋　发　展

村两委以完善配套设施为基础，积极引导农民发展高效农业。近年来，村里在实现户户通自来水、通有线电视的基础上，又先后投资100余万元用于农田水利设施建设。铺修田间道路2000余米，打通竹节沟、修筑水渠4000余米，打井60余眼，为发展高效农业奠定了坚实基础。去年，我们种植早春大、中棚西瓜和大棚蔬菜600余亩，产值达500余万元，有效地增加了群众收入。

我村被确定为济宁市新农村建设示范村以来，村两委科学谋划、尊重民意，多方筹集资金800余万元，进一步完善村庄基础设施建设，村庄面貌和村民生产生活条件得到明显改善。截至目前，我村在2006年硬化路面4000米的基础上，今年又硬化大街小巷62条、共计9000余米，全面实现了“户户通”水泥道路。内部设施完善、建筑面积300余平方米的浴池、理发店和进村牌坊已修建完毕。旧村改造一期工程，20套布局合理、设施配套齐全的二层小康楼和440平方米的购物超市、300平方米的合作医疗卫生室、200平方米的体育健身房、400余平方米能同时容纳200人就餐的村食堂、200平方米的科技阅览室都已完成主体建设，现正进行内部装修。一个生机勃勃、富裕和谐的新农村正展现在人们面前。

建立长效机制　提高服务水平

邹城市北宿镇党委书记　刘守新

北宿镇位于邹城市西郊，辖45个行政村，社会人口10万人，党员2261人。镇域内有兖矿集团北宿煤矿、南屯煤矿和济宁市落陵煤矿，是典型的矿区镇。2006年，全镇完成社会生产总值42.6亿元，镇级地方财政收入完成5130.5万元，农民人均纯收入5839元。在多年的经济社会发展中，镇党委始终把加强执政能力建设，提高服务水平放在党建工作首位，强化措施，大胆实践，从人民群众的实际需要出发，立足健全完善规范有序的长效机制，制定实施了《北宿镇镇级工作规范》。

一、规范决策程序，杜绝决策随意性

乡镇党委工作直接面对农民群众，每一项决策都涉及到千家万户的利益，也直接影响党和政府在农民群众中的威信。对此，镇党委从议事决策范围、决策目标确定、方案评估论证、决议形成等方面进行了严格规范，并明确规定了“四个不决策”，即：没有充分调查研究不决策，没有决策咨询意见不决策，没有经过充分论证不决策，重大事项没有两个以上备选方案不决策，切实减少和避免了决策失误及盲目决策。同时，通过公开、透明、民主决策，也达到了宣传群众、统一思想、凝聚力量的作用。如在电影院改超市这件事上，镇党委、政府提出意见后，少数干部群众持有异议，认为电影院是我镇文明建设的窗口，也曾经为我镇争得了荣誉，应予以保留。但是，绝大部分干部群众认为在当前电视全面普及、网络等各项传媒已走进农村的情况下，电影院的作用大大弱化，长期闲置造成集体资产浪费，赞同将电影院改为超市。针对两种不同意见，镇党委、政府召开了方方面面的座谈会，提交镇人代会表决通过后，及时向持反对意见的少数干部群众进行了情况通报，也使他们在认识上有了转变，最终达成了共识。融资2600万元启动建设了文化商贸中心，已于2006年底交付使用，提高了广大群众的物质文化生活水平。

二、严格执行责任，防止人浮于事

乡镇工作头绪多、任务重、人手少，特别是遇到急难险重的工作时，如果职责不清、任务不明，往往造成推诿扯皮、顾此失彼、效率低下，甚至可能误事、坏事。针对这一实际，

镇党委把党的建设、经济建设、计划生育、社会稳定和精神文明建设等重点工作，进行分解量化，层层落实到具体责任部门和责任人员，并实行了严格的包保责任制。副科级以上干部包部门，部门负责人包具体工作，一包到底，明确完成时限、工作标准、奖惩规定等，实现了事事有人管、事事有人干、人人有事干、人人想干事的良好局面。如在招商引资工作上，变过去由经贸委单打一招商，为镇机关全员招商，将招商引资任务目标分解到镇直部门，实行了招商引资首问负责制、定期通报制，一季一通报、半年一考核、年终兑现奖惩，在全镇上下形成了齐抓共管、共谋招商的合力，促进了招商引资工作的有效开展。2006年全镇共引进招商项目16个，合同引资4.09亿元，到位资金2.11亿元，完成社会固定资产投资10.1亿元，民营企业发展到155家，规模工业企业达到20家，民营经济上缴税金9416万元，实现产值35.6亿元。

三、强化考核监督，激励干事创业

由于乡镇机关部分岗位专业性太强，工作人员流动较慢，加之有些工作又需要农民群众的直接配合，当遇到群众不理解、不支持，或有较大阻力时，极易挫伤工作热情。为充分调动全员工作的积极性，防止干好干孬一个样、干与不干一个样，切实保护创业者、重用有功者，建立健全了镇机关党员干部经常性考核制度，成立了专门的考核办公室，实行平时考核与定期考核相结合，单项业务考核与综合评价考核相结合，领导评议考核与群众评议考核相结合，镇级评议考核与上级业务部门评议考核相结合的考核评价体系，考核结果与职务晋升、评先树优直接挂钩，激发了干部职工干事创业的热情。自工作规范实施以来，全镇迟到早退的少了，加班加点工作的多了；上班串岗闲聊的少了，坚守岗位、认真工作的多了；工作被动应付、推诿扯皮的少了，积极主动、尽职尽责的多了，机关工作作风发生了根本转变，工作效率明显提高，形成了干事创业、竞相争先的良好局面。

2006年，北宿镇在保持"中国乡镇之星"、"全国文明镇"等荣誉的基础上又被评为"全国环境优美镇"、"全国村务公开民主管理先进镇"、"全国小城镇综合发展水平千强镇"、"山东省先进基层党组织"、"山东省平安建设先进单位"、"济宁市经济强乡镇"。

站在新起点　实现新跨越
扎实推进新农村建设

汶上县郭仓乡党委书记　王克柱

近年来，我们郭仓乡遵循"求实求是，求真求新"的原则，把"尊重客观规律，尊重本地实际，尊重群众意愿"作为做好农村工作的基本原则，善于用新思维、新方式、新机制推动各项工作的开展，实现了经济社会各项事业健康快速发展。

一、长远规划，量力实施，节约土地，改善人居

围绕建设"生产发展，生活宽裕，村容整洁，乡风文明，管理民主"社会主义新农村的要求，我们制订了《关于加速推进"十一五"期间新农村建设的实施方案》。按照"1+9"模式(即1个中心城镇和9个现代化新型居民区)，将乡驻地与生活区、配套工业合并建设高品位强镇，完成105国道景观大道建设，实施了"美、绿、亮、硬"工程，安装太阳能路灯360盏，建设公共娱乐场所3处，安装垃圾箱200个，建设高标准公厕2处。

二、生态理念，绿色背景，更新方式，变废为宝

一是实施"一池三改"沼气入万户工程。至2006年底，全乡建设沼气池5850户，"一池三改"5200户。2006年4月20日，全市"一池三改"生态家园现场会在郭仓乡召开。二是实施"生态家园富民"工程。利用沼渣、沼液，发展庭院经济，已发展2600余户。三是实施"畜一沼一菜/棚/果/粮"生态工程。推广"一栏畜，一口池，一片菜"种养模式，建设循环经济基地，已发展韭菜、大蒜、甘蓝等基地22处，面积1万亩。完成了20余种农产品的绿色认证和有机认证，其中韭菜、山药被认定为"山东省无公害农产品"。四是实施沼气发电工程。采用"猪一沼一电一肥一菜"生态循环模式，建成了发电量35万千瓦时的沼气发电厂1处。五是实施秸秆综合利用工程。投资3.1亿元的秸秆发电厂，一期工程150亩征地工作已经完成。六是建设农业新技术园区。按照"畜一沼一柴一藕"模式，投资400万元，建设了占地300亩的秸秆鱼藕立体种养基地。七是实施绿色大背景工程。植树120万株，营造了5000亩的森林，改造农田林网2000亩。

三、优化环境，拉动产业，重视量变，促进飞跃

一是树立“环境也是生产力”的意识，进一步完善基础设施，为招商引资、民营经济的发展搭建良好的平台。深入开展作风建设年活动，全面推行服务承诺制，强力推进“平安郭仓”建设，严厉打击各类犯罪案件，不断优化经济发展软环境。

二是坚持“一村一品”、“一户一业”的理念，把劳动密集型、来料加工型“零”风险家庭创业项目作为强乡富民的重要举措来抓。引进了发制品加工、足球缝制、成衣裳加工、电子元件加工等47个富民项目，初步实现了村村有项目，户户有钱赚，全乡近万名劳动力足不出户便成为创业的主体，全乡年增收过亿元。

三是进一步培植主导产业，大力招商引资发展民营经济。投资2.69亿元的汶上蒙牛现代牧场有限公司、投资3.1亿元的国能汶上生物发电有限公司、投资3.68亿元的汶上富全矿业有限公司和投资5000万美元的兴昌肉牛加工等项目进展顺利，成为了郭仓乡的主导产业和支柱产业。同时，培植了祥远机械、洁威化工、兰来纺织、建筑建材、地毯加工、华君运输、兴仓物流等产业，不断为全乡经济发展注入新的活力。

四、创新制度，激励机制，广泛参与，提高时效

出台了《关于“442”人事制度改革的实施意见》、《关于深化“442”配置人力资源实行月考核制度的意见》、《关于进一步加强管区力量建设的意见》等文件，采取竞争上岗、组织推荐、群众评议方式，加强了一线工作力量。采取委任、考选、挂职等方式，配齐配强村级班子，全乡上下形成了“心往一处想、劲往一处使、一心一意谋发展、聚精会神搞建设”的局面。

建立以扩大基层民主为主要内容的村级民主建设机制，充分发挥老党员、离退休老干部、老年人、老职工、老模范的作用，成立了以“五老”为主体的新农村建设理事会。实施村民自治契约化管理，把健康向上的生活方式、清洁卫生的生活习惯、文明和谐的社会新风契约化、规范化、制度化，培养群众的公德、公共、义务和社会意识，使卫生清洁长效化、文明新风制度化、公共义务契约化，村风村貌都有了根本改变。

五、文化进村、教育先行，以人为本，倡树新风

狠抓农村文化阵地建设，推进文化治愚步伐，实施“村村有图书室、户户有报刊、家家有藏书”工程。开展了以“文明新风进农家，致富技能进农家，民主法制进农家，健康生活进农家，婚育新风进农家”的文明新风进万家活动，在全乡形成了文明立家、以德治家、科技兴家的良好局面。充分挖掘民间艺术，培植、扶持、引导、组建了8支老年艺术团，在全乡33个行政村各建设文化大院或文化娱乐广场1处，采取用身边话说身边事等群众喜闻乐见的形式，积极引导村民移风易俗，除旧布新；成立文化信息传媒中心，每半月发行一期《新郭仓》简报，宣传国家政策，党委、政府的工作及在建设社会主义新农村中涌现出的典型事件，并利用无线广播进行宣传报道，鼓励先进，鞭策后进。

落实“设岗定责、目标管理”制度在建设新农村中发挥党员作用

泰安市岱岳区天平街道大陡山村党支部书记
苏庆亮

天平街道大陡山村地处泰山脚下，天平湖上游，三面环山、一面临水，全村1189人，党支部成员5人，党员45名，土地总面积4500亩。2006年全村实现经济收入4200万元，农民人均纯收入4500元。村党支部多次被评为市、区先进基层党组织，村党支部书记苏庆亮同志荣获山东省绿化奖章、山东省十大杰出青年农民称号。

为了充分发挥农村党员的先锋模范作用，打破单纯按行政隶属、居住区域对农村党员进行管理的陈旧模式，解决新形势下农村党员教育管理难、开展活动难、评价奖惩难等问题，村党支部于2004年对全村党员实行了“设岗定责、目标管理”制度。一是因村制宜，科学划定党小组。按照从属行业、技术专长、年龄结构等，将全村45名党员划分为6个党小组：致富共富党小组、思想政治党小组、公共事务党小组、村务监督党小组、流动党小组、老年党小组，党小组活动的针对性、实效性明显增强。二是结合党员实际，合理确定岗位。在科学划定党小组的基础上，根据本村实际和每个党员的特点，村党支部设定了农业技术指导、社会治安维护、企业经营管理、民事纠纷调解、营销服务等23个岗位，确保每个党员都能最大限度地发挥作用。三是结合岗位特点，确定岗位职责。按照“职责到组、任务到岗、量化到事、考核到人”的要求，由村支部与党员逐一签订目标责任书，切实让每名党员感觉到肩上有担子、有压力，增强了工作的主动性。

为保证这一制度落到实处、发挥作用、见到实效，村党支部采取了以下配套措施。一是支部关心爱护尊重党员。

帮助党员解决自身困难,让党员特别是困难、老、弱党员有活干、有收入。确定适合党员自身条件的岗位,调动党员的积极性,把党员团结在支部周围。二是支部成员起带头作用。支部成员既联系党小组,又有自己的党员岗位,认真履行双重作用,影响带动全体心甘情愿做好本岗位的工作。三是签订党员岗位责任书。根据不同岗位,确定每个岗位的目标任务,与每个党员签订责任书,使大家都能明确自己的任务和责任。四是统一佩带党员上岗证。正式公开亮牌,增强党员意识,自觉接受群众和社会的监督。五是定期组织学习。严格实行集体学习制度,每年组织党员外出到华西村、南街村等先进单位参观学习,增强了加快发展的决心和信心。六是实行民主评议制度。每年"七一"前夕组织党员民主评议活动,党员述职,党员群众测评。年终组织考核,让联系户考评党员,对评出的优秀党员隆重表彰并给予物质奖励。

通过重新划定党小组、合理定岗,每个党员都能找到合适的岗位,增强了党员发挥作用的内在动力,促进了各项事业的快速发展。首先,为村支部加强党员队伍建设提供了抓手。"设岗定责、目标管理"制度把每名党员都安排到了具体岗位上,与岗位职责落实情况一对照,其现实表现就一目了然,既便于党支部实施有效管理,又能让每名党员心服口服。其次,为党员作用发挥提供了载体。原先村里的各项事务只有村两委抓,党员很少顾及,这一制度使每名党员明确了职责,不仅能名正言顺地去做,而且不得不做。第三,党员的先锋模范作用得到了充分发挥。在建设环湖路大陡桥时,刚做完阑尾炎手术的支部书记冒着大雨潜入两米多深湖水打开排水闸阀放水,又带领党员在水中清淤两天。去年正月初二扫雪、7月茶园义务拔草、10月山场收花生、腊月25扫大街等党员集体活动,广大党员都无一人请假,为群众做出了榜样。第四,有力地促进了经济发展。自2004年以来,在广大党员的带动下,依靠集体的力量,大陡山村先后绿化荒山1000多亩,发展苗圃460亩,引水上山,在山上建起了2座观赏厅,硬化环山路15公里,引进了京福高速公路服务区和泰山极顶天方茶社等5个项目,扶持发展了建筑公司、筛网厂、预制件厂等民营企业10家、个体经营户68家,林业产业总产值达860万元,年销售收入120多万元,民营企业上交税金21万元,从业人员达到500多人。花卉苗木已成为村集体第一大支柱产业,生态旅游服务业也成为一新兴产业。2006年,集体经营性纯收入70多万元。

集体经济的不断壮大,使村民的经济收入和福利待遇不断提高,物质文化生活水平逐步提升。目前,全村农户有20家住上别墅,18户买了汽车,80%拥有摩托车,100%安装了电话,80%有了移动电话。村民都能享受医疗补助、子女上幼儿园、小学免费,老年人每月领生活补助费。村里建起了高标准的党员活动室和文化广场,成立了60人的高跷队、故事队,开展了好媳妇、好婆婆、文明户评选等活动。全村经济发展、社会和谐、老有所养、壮有所用、幼有所教,村民安居乐业,遵纪守法,尊老爱幼蔚然成风。今年,村党支部又确定了"打造泰山脚下民俗、生态、休闲第一村"的目标,聘请山农大园林规划设计院对新农村建设进行了整体规划,开始向更高的目标迈进。

建章立制　以制治村
推进村级工作规范化

肥城市新城街道办事处
孙庄村党委书记　李怀珠

孙庄村共570户,1800人,耕地面积560亩,村集体企业6处,工业项目区2处,区内落户招商引资项目32个。村党委下设四个支部,共产党员106名。2006年全村经济总收入2.5亿元,村集体收入800万元,农民人均纯收入6925元,村公共积累5300万元。近年来,孙庄村在新城街道党工委、办事处的正确领导下,为有效解决新形势下农村工作中出现的新矛盾、新问题,相信群众,依靠群众,积极探索民主法制化管理的新路子。通过建立落实村民议事组织,依法建章立制等措施,实现了党的领导和村民自治的有机结合,促进了全村的稳定和经济的快速发展。

一、完善村民议事制度,让群众当家作主

实行村民议事是实施民主改革、推进农村事务民主管理的核心内容。为实现民主法制化管理,突出抓了四点:一是让群众自己选出村民代表。按居住区域,每15户划分一个小组,采用投票方式,每小组推选出1名政治觉悟高、有参政议政能力的村民代表,组成了33人的村民议事会,由村党委书记任会长,并推选出一名德高望重的老党员担任常务副会长。二是坚持大家事大家议。凡是村内重大事项和重要决策,包括征用土地、经济承包、财务收支、村庄规划、新上项目、年终决算、发展目标等,都要经过村民议事会讨论通过,然后付诸实施。三是议事充分体现村民意愿。村"两委"把所议事项书面提交村民议事会,议事会分别征求村民意见、组织酝酿讨论,多数通过的事项,由村"两委"组织实施,违背群众意愿的事项坚决不办。四是固定议事场所和时间。村里专门设立了议事场所,原则规定每季度召开一次议事会。若有重大事项可随时召开,每次活动都记录存档。在新农村规划,拆迁改造、通街、修路等难度较

大的工作中,由于政策合实情、顺民意,变成了干部群众的自觉行动。

二、实行政务公开,让群众明明白白

政务公开是消除干部群众之间的隔阂,沟通联系的重要渠道。为了让群众知道村里要做什么,怎么做,结果如何,将财务收支、统筹提留、项目承包、资产处置、招商引资、干部待遇、树先评优,星级文明户评比等群众比较关注的事项,全部登在村务公开栏上,公开办事标准、办事程序和办事结果。每月的3—5号是定期"公开日",急事随时公开。通过政务公开,消除了群众的疑虑和误解,密切了党群关系,提高了村党委的号召力及执政能力。

三、完善村规民约,让群众自我管理

在符合国家大法的基础上,修订完善了《孙庄村民自治章程》。该章程共7章27条,对村民的权力义务、公共秩序、社会治安、邻里关系、婚姻家庭、尊老爱幼、精神文明等作了明确的规定,有效地解决了许多法律管不着的家庭纠纷、道德标准等多方面问题。如赡养老人,按照章程,子女养老的钱粮,由村民代表代收代转,半年一次张榜公布。这样做激发了子女的孝心,倡导了尊老养老的良好风气。

四、建立监督考核机制,让干部自觉规范行为

在加强党员干部教育的基础上,建立了一套行之有效的干部监督机制。一是强化群众监督。在村主要街道设立了意见箱,由12名觉悟高的群众代表管理,每周开箱一次,将意见报请村民代表议事会。二是落实了民主评议干部制度。组织村民代表,每半年对所有村干部进行一次民主测评,并把评议结果向群众公开,记入干部档案,作为评先树优、考核奖惩的重要依据,对连续三次评议不称职的干部报请街道党工委予以调整或撤免。在最近一次评议中,干部优秀率达到90%以上。三是严格考核。把落实民主法制化建设措施明确分工,责任到人,纳入干部的年度工作目标。同时,村里规定:村民议事会负责对干部每月进行一次检查记分考核。考核结果与工资挂钩,当月奖惩兑现。这套机制有效地约束规范了干部的行为,调动了干部的工作积极性,确保民主法制化建设各项措施真正落到了实处。

几年来,孙庄村紧紧依靠群众和发动群众,加强了民主法制化建设,促进了村的和谐发展,村级各项工作走在了肥城农村的前列。全村2/3的户住上了农民公寓,村民购置小轿车30多辆。孙庄村对60岁以上老人实行每人每月60—80元的养老补助金;对40岁以上党龄的老党员每月40—50元生活补助金。对高中以上学生实行300—1000元的奖学金制度。对全村近千名35—59岁的村民实行个人缴100元、集体补助300元的社会养老保险制度,对被征地农民实行每年每亩500元的征地补助金制度。这些政策的实施,促进了经济发展和社会稳定。全村上下形成了政通人和、奋发向上的大好局面。2000年以来,孙庄村连续五年被泰安市、肥城市授予文明单位,被省委、省政府授予省级文明单位、省级安全文明单位、山东农村精神文明示范点等荣誉称号,2006年被评为"全国民主法制示范村"和"泰安市先进基层党组织"。

选准发展路子　实现强村富民

东平县彭集镇前郑海村党支部书记　郑金元

东平县彭集镇前郑海村共有1263人,耕地面积1369亩。近年来,村党支部带领全村党员群众,立足实际,因村制宜,走出了一条强村富民的新路子。2006年,全村经济总收入520万元,村集体积累120万元,人均纯收入4200元。先后被评为"省级卫生村"、"省村镇建设示范村"、"省级文明村"、"新农村建设示范村"等荣誉称号,连续多年被评为"市级文明村"。

一、面向市场,选准强村富民新路子

坚持"只有民富,才有村强;只有村强,才能民安"的发展理念,明确提出了项目兴村的新路子。一是调整农业结构,发展特色农业。前郑海村地处平原,发展种植业优势明显。新一届村党支部认为,要实现民富村强的目标,必须在土地上做文章,瞄准市场,调优品种。经过一番考察调研,把目标放在了花生、圆葱种植上。为得到群众认同,支部成员带头搞结构调整试点。为打开销路,村支部一班人南下北上、东拓西进,足迹踏遍了大半个中国。目前,全村已经形成了1300亩花生、400亩圆葱的种植规模,产品畅销国内外。二是延伸产业链条,抓好产品深加工。为扩大生产规模,实现连锁效应,拉动全村经济发展,村里采取股份制的形式筹资50多万元,创办大型花生精选厂,促进花生加工增值。同时,采取担保贷款等形式,引导花生种植大户兴办花生加工,从事花生运销。在支部的带动下,目前,全村花生加工业户达70多户,专门从事花生加工、运输的人员达800多人,每户年收入均2万元以上。三是招商引资,借力发展。为改变村内企业分散生产的状况,吸引外商来村建厂,村里投资100多万元,把闲置荒地进行精心规划整理,建成占地60多亩的工业小区,区内全部实现"三通一化",即通电、通水、通电话,场地硬化。村集体对小区实行集中管理、适当收费,帮助企业解决各种困难,搞好生产经营。为调动企业进入小区的积极性,规定凡进入小区生产的户

村里给予一定补助。目前，东平县东旭彩印厂、东平县金达木业有限公司、东平县俏佳人瓜子厂等5个外资项目先后入驻小区，吸纳本村富余劳动力120余人。2006年，仅租赁费一项，村集体增收8万多元，实现了村集体和群众的双受益。

二、抓好“两支队伍”，夯实经济发展基础

狠抓了村党支部自身和乡土人才两支队伍建设，为村集体经济发展和群众增收提供了坚强的组织保证和充足的智力支持。一是抓好村党支部队伍自身建设，为农村经济发展提供保障。党支部一班人带头学习农村政策法规、农业技术和市场营销知识，不仅掌握了熟练的农业技术，而且学会了企业经营管理，掌握了市场行情，增强了发展经济的本领。村党支部提出了“搞好种植业结构调整，实现强村富民”的口号，并把突破口定位在花生和圆葱种植上，努力建设花生、圆葱专业村。为让群众从种植业上走出来，村支部一班人还带头办项目，投资30万元建起了花生加工厂，年创收10多万元；创办板材加工厂，解决60多名劳动力就业，每年每人收入达5000多元。二是抓好乡土人才队伍建设，带动农村经济发展。实施“双优双培”工程，把乡土人才中的优秀分子培养成党员，把优秀乡土人才党员培养成村干部，调动党员干部带头发展经济的积极性。建立乡土人才库，成立致富服务中心，积极引导乡土人才联系贫困户和重点户，向他们传授致富经验，提供致富信息、技术和资金等方面的支持，帮助贫困户尽快脱贫致富。目前，全村已有150多名党员和乡土人才与100多个贫困户、重点户结成帮扶对子，为他们提供致富信息720多条，帮助解决生产生活中的困难和问题260多件。

三、发展公益事业，让群众得到更大实惠

村党支部一班人始终坚持把为群众办实事、办好事作为工作的出发点和落脚点，不断加大公益事业投入，大力兴办了一批民心工程。一是加强基础设施建设。投资300多万元，加强“路、水、电、学”等基础设施建设。建设了村综合大楼、村民文化广场和村办小学；村内主要街道和环村路进行了硬化、亮化；实施了通自来水、有线电视、电话和卫生厕所改造工程，入户率分别达到100%、90%、95%和70%，改善了村民生产生活环境。二是深入开展精神文明创建活动。开展“好媳妇、好婆婆”、“文明诚信村”评选和“平安幸福家庭”创建活动，营造爱国守法、尊老爱幼、文明诚信、健康向上的浓厚氛围。三是完善新农村建设规划。聘请市规划设计院对村庄建设进行了高标准规划。村“两委”班子成员带头拆除影响规划的房院，确保了村庄规划工作的顺利进行。

强化核心促中心 加快建设和谐新农村

荣成市俚岛镇党委书记 梁 栋

俚岛镇辖71个行政村、7个居委会，3.8万人，3300名党员。近年来，镇党委根据建设社会主义新农村与构建和谐社会的要求，坚持狠抓党的建设这个核心，推动经济建设这个中心，有效地推进了农村和谐社会发展步伐。2006年，全镇完成地方财政收入1978万元，农村经济总收入53.7亿元，农民人均纯收入5807元，连续多年获得威海市先进基层党组织等称号。

一、强化核心，高昂“龙头”，夯实基础

（一）启动活力，树立样子 镇党委是农村基层组织建设的“龙头”。只有把自身建设得坚强有力，才能实施对农村工作的有效领导。为此，俚岛镇党委有针对性地采取了一系列措施：**（一）目标考核引发活力** 每年初，先由镇党委、政府确定总体工作思路，再由班子成员与分管站室商议，提出各自工作领域的具体赶超目标和落实措施，并逐一进行公开承诺，半年组织一次公开述职，年底对照承诺“收账”，业绩考核结果与干部的推荐重用、奖金待遇挂钩。去年，班子成员分包的52个项目全都如期完工，普通干部践诺率达97%。二是公开竞争促发活力。对招商引资、大项目建设等重点工作，实行竞争上岗、双向选择，使干部的潜能得到了激发和释放。三是修身固本激发活力。在严格落实驻镇值班和廉洁从政制度的同时，狠抓干部素质的提高。坚持每周二、五晚上集体学习两小时的制度雷打不动，使干部政治上明方向，业务上长见识，工作上成内行。

（二）强弱同抓，力促协调 针对村班子沿海强、内陆弱的实际，坚持强村抓规范促膨胀，弱村抓活力促转化。对强村，完善了经济分析会、经济责任审计、党建联系点等制度，加大监管力度。去年对13个强村的重大经济活动进行专项审计，纠正违规资金200多万元。对弱村，内抓选人，外抓监管。采取“内选、外调、下派”等形式，选拔18名“双高双强”型干部充实进去，增强班子的战斗力。

（三）严爱相济，通“经”活“络” 坚持教育管理从严、生活待遇从优，促使农村党员干部热情干事、奋发创业。在日常教育上，创新运用“关键词导学法”，将党员干部应知应会的基本知识缩编成“口袋书”，为他们充实头脑、增长本领提

供载体。在干部管理上，狠抓任期目标责任制落实，安排5名得力干部，成立考核办公室，严格按照考核结果兑现奖惩，让干好的有动力，干孬的有压力。在待遇分配上，每年筹集50多万元补贴干部工资，2006年全镇农村干部平均工资达1.5万元；连续担任村正职6年以上的，年满60周岁享受退休待遇。

二、紧促中心，补齐“短腿”，均衡发展

（一）以镇带村 确立了“抓住新农村建设这条主线，打造造船工业、旅游度假、水产品加工三大亮点，实现园区建设、城镇建设、对外开放三大突破，促进政治文明和精神文明两个提升，奋战三年跻身全国乡镇前500强”的发展思路和奋斗目标，实施了园区抓项目、企业抓投入、农村抓配套的工作措施，效果明显。园区先后引进三星造船、伽耶造船、三丰生物等20多个投资过千万元的内外资大项目，带动农村新上海带加工、网绳加工等配套加工企业120多个，增收3000多万元。

（二）以渔补农 着眼于城市带动农村、工业反哺农业，发挥渔工企业在资金、人才、信息等方面的优势，实现与新农村建设的有机对接。组织10强渔工企业与10个弱村结成帮扶对子，投入30多万元，实现了村村通自来水；引导企业进村建农副产品供给和零部件加工基地30多个，提供就业岗位3000多个；发动企业捐款180多万元，建成了投资300万元、占地15亩、建筑面积2800平方米的高标准敬老院。

（三）以强促弱 围绕促进农村各种要素优化组合，先后引导8个强村强企兼并联合了15个弱村。去年，又本着“尊重历史渊源、尊重群众意愿”的原则，把镇驻地周边5个村合并成一个社区，设立社区党支部，实行合署办公。社区党支部成立后，整体优势日益显现，原来因各村利益分配问题而一直无法实施的旧村改造工程迅速启动，目前已拆除旧房43户，首期1.5万平方米住宅楼主体已经完工。

三、凝聚民心，健全机制，推进和谐

（一）优化服务机制 投资50万元设立了便民服务中心，开展限时、代理、预约等服务，年受理办结各类服务事项12000多件次，群众满意率100%。开展“机关干部驻村助企联心”活动，先后帮助引进项目8个，提供致富信息400多条，赢得了基层干部群众的好评。

（二）深化民主机制 坚持镇村联动，实行“党务、镇务、村务、财务”四个公开。凡涉及镇村经济社会全局的事项，都实行党代表、人大代表、村民代表集体讨论，进行民主决策；凡涉及群众切身利益的事项，都实行民主听证，广泛听取群众意见；凡属群众普遍关心的热点问题，都实行“阳光操作”，从过程到结果全方位公开。

（三）强化保障机制 每年投入100多万元，开展多种形式的扶危济困活动，并发动全镇机关干部每人联系一名困难群众，党委班子成员和企业负责人每人联系一名贫困学生，进行结对帮扶。出台了农村社会养老保障补贴、失地失海农民补偿等政策，农村新型合作医疗、适龄人口养老保险参保率分别达到了100%和72%；每年“三大节”还出资100多万元为全镇每名群众分发6斤鱼。先后投入1000多万元改造农村中小学校舍和村级卫生室，扶持13个村居建设文化广场，实现了油路、自来水、宽带网“三个村村通”。

民主治村凝人心　设岗定责促和谐

乳山市南黄镇高家屯村党支部书记　李永清

乳山市南黄镇高家屯村有330户，990口人，58名党员。近年来，村党支部充分发动和依靠党员群众，坚持大家的事大家议、大家管、大家干，群策群力，共谋发展，赢得了党心民心，促进了农村和谐发展。2006年，全村经济总收入达1339万元，农民人均纯收入6071元，先后被威海和乳山两级市委授予“先进基层党组织”称号。

一、坚持大家的事大家议，事事让群众说了算

高家屯村族多姓杂，过去宗派矛盾突出，干群关系紧张，治安秩序混乱。最严重的时候，一夜之间发生了20多起火灾，400多棵果树被砍。从表面上看是宗族派性影响、群众之间个人恩怨所致，但实质上是由于干部决策不民主、办事不公道，引发了群众不满情绪造成的。既然群众有意见，就得让群众拿主张。2001年换届，新一届班子上任后，便吸取以往的教训，顺着群众的心思办事，注重发扬民主，变过去的“一言堂”为“众言堂”，事事都集思广益，让党员群众发表意见。当时，村拿固定工资、补贴的就有15个人，集体负担大，群众反映强烈，历届支部也都想裁减，但由于个个都和村干部沾亲带故，怎么裁、叫谁下，心里没有数。最后，党支部决定把这件事直接提交到党员和村民代表会议上，支部只提议题，不设框子、不定调子，裁多少、怎么裁都让党员群众来决定。经过大家讨论、评议，最后以无记名投票的方式，现场确定了8名被精简对象。由于过程公开，党员群众集体裁决，裁下去的和留下来的都心服口服。这件事的妥善解决，既坚定了村党支部的办事方式，也无形中为村里以后的各项决策立下了个规矩，就是：凡村里重大决策和涉及群众切身利益的事情，都必须事先征求党员群众的意见，经党员和村民代表会议表决通过后方可实施。2002年，考虑村里的道不好走，就提交了一个整修大街的议题，

讨论时有党员提出,有钱得花在刀刃上,现在修路还不是那么急,要紧的是解决好果园浇水难的问题。这一建议得到了多数党员的赞同,大家说的对,村党支部就虚心采纳。会后,将准备修街的资金全部用于水利建设,打了3眼大口井,修了5座平塘,使全村果园水浇地面积达到80%以上,赢得了党员群众的一致好评。现在,村党支部每年主持召开的各类决策议事会都在20次以上,每次与会党员群众都在七八十人。党员群众气顺心齐劲足,村里的各项工作推行起来也省事多了。

二、坚持大家的事大家管,让党员人人身上有目标

农村杂事多,事事都得有人管。光靠几个干部喊不行,关键是要发挥好党员的骨干作用。为此,村党支部针对村里部分党员存在的无职轻飘飘、作用不明显等问题,从2002年起,探索实行了无职党员设岗定责,使全村党员人人有岗位、有责任、有事干,为他们参与村级事务管理,发挥先锋模范作用搭建舞台。在确定岗位时,村党支部注意根据党员个人特点,适当进行安排。如,有两个党员爱挑毛病,事事都看着不顺眼,支部就把他俩安排在民意收集岗上,每次开会先让他们提意见,反映的是民意,大家接受,不是民意,党员群众就会提出批评,既充分发挥了他们的作用,又帮助他们去掉了一些偏见。又如,以前村里柴草、松林起火不断,党员高炳顺责任心强,支部就把他安排在护林防火岗上,从他上了岗就再也没有发生过一起火灾。这项工作推行了一段时间后,发现由于对岗位职责定得比较粗,细化量化不够,结果年终考核缺少依据,少数党员有岗无岗一个样,干好干坏一个样,一定程度上影响了党员履行职责的积极性。为此,去年村党支部根据每个党员自身特长,采取支部荐岗、自我认岗、公开承诺、定期督促、量化考核、党员述职、民主评议等办法,对每个党员实行了目标管理。这种做法与过去相比,对党员的要求更具体,更便于考核,因而极大地调动了党员上岗践诺的积极性。高家屯村是果业大村,全村80%以上村民有果园,果农最担心发生病虫害。党员高胜竹果树种植经验丰富,技术水平高,是群众公认的"土秀才"。实行目标管理后,他主动认领了科技示范岗,承诺无偿为群众提供技术服务,并与果农结成互助对子,帮助包治果树病虫害。去年下半年,他在巡查果园时,发现部分果树叶面呈现异常,就及时指导果农科学救治,消除了病虫害,仅此一项就为果农避免经济损失50多万元。

三、坚持大家的事大家干,党员干部时时处处带头走在前

农村的事,是"村看村、户看户,群众看党员、党员看干部",只要党员干部带头干,什么事情都好办。前几年,我们村由于果树品种过于单一,效益一直不理想。针对这一问题,村支部提出以发展苹果为主,其他果品为辅的"一主多辅"发展思路。但很多群众怕风险,不敢干,缺技术,不会干。为此,支部成员带头种,发动党员一起种,还从果树站请专家到田间地头现场讲解,传授技术。支部委员高炳初身体一直不太好,管理原来的果园都有些吃力,为了给群众做出榜样,也咬牙上了5亩新品种。在党员干部的带动下,不到两年时间,村里就发展加州啤梨、梨枣等新品种500多亩。品种改良了,技术服务也得跟上。为了给群众提供更多的信息、技术和服务,村党支部又把一些经验丰富、技术过硬的党员组织起来,分成了4个科技推广小组,对全村果园从前期管理到施肥喷药进行统一技术指导。去年以来,党员先后为果农进行技术指导30多次,采用新技术10多种,收集传递致富信息1000多条。在带领群众致富上党员处处带头,在为群众办实事好事上更是一马当先。过去,高家屯村没有一条像样的进村路,群众出行十分不便。2005年,村里决定架桥修路。为节省资金,在家的党员主动出义务工,轮流上阵,外出务工的党员纷纷出资出物。党员带头出钱出力,群众也都尽心尽力。靠着这样一股合力、一种拼劲,硬是挤在汛期到来之前修完了一座宽8米、长36米的水泥桥,一条宽13米、长1500米的水泥路,为集体节省资金10多万元。

抓班子带队伍
建设富裕文明的新农村

莒县城阳镇岳家村党总支书记　许传江

莒县城阳镇岳家村西靠莒县县城,东临沭河,全村525户,1560口人,500亩耕地。多年来,岳家村"两委"紧紧围绕强村富民、建设社会主义新农村的目标,时时处处把群众的愿望和要求作为一切工作的出发点和落脚点,坚持抓党建促发展,抓班子带队伍,团结带领群众开拓进取,艰苦创业,一心一意为群众办实事,把一个贫穷落后的村庄建成了富裕文明的新农村。2006年,岳家村完成工农业总产值1.66亿元,实现利税620万元,农民人均纯收入达到6600元。先后荣获"全国文明村"、"全国创建文明村镇工作先进村"、"全国小康建设明星村"和"省级文明村"、"省先进基层党组织"、"省村镇建设明星村"、"省美在家庭示范村"等荣誉称号。

一、加强组织建设,提高服务能力

岳家村党总支下设五个党支部,党员80名。近年来,岳家村党总支坚持以党建为抓手,不断提高班子服务群众、

服务经济发展的能力。抓党员干部素质的提高，建立健全了各项规章制度，严格约束和规范党员干部行为；利用党员之家、电教室、远程教育中心等阵地对干部进行培训、教育，提高政治水平、决策能力和带领群众致富的本领。同时，注重加强对党员干部的思想教育，做好思想政治工作，教育班子成员牢固树立集体观念和为民意识，心里时刻想着群众，不打个人"小算盘"，增强班子的凝聚力和战斗力。抓工作作风的转变，积极实施党员干部"双定双联"责任制，面对面为群众排忧解难。去年，共落实80余户帮扶对子，党员干部及时靠上对帮扶户进行随帮随访，帮助帮扶对象找信息、上项目、增收入。抓工作方式的创新，在工作中坚持做思想政治工作，对个别有意见的群众耐心说服教育，多加引导。同时，扎实推进村级工作规程，对群众关心的宅基地划分、道路拓通拆迁等工作制订详细的操作规程，征求群众意见，避免和减少了工作失误，做到了公开、公平、公正。

二、加快经济发展，实现强村富民

该村把发展作为第一要务，千方百计加快经济发展，实现了强村富民的目标。以调整优化农业结构为重点，增加农民收入。坚持以市场为导向，进一步调整优化农业内部结构，积极引导群众发展优质高效农业。通过引进人才、引进技术，全村建起了食用菌、西瓜、板栗、花卉、畜禽饲养等示范基地，发展经济作物面积800亩。专门规划了养殖、加工小区各一处，并制定优惠政策，引导经济能人进小区经营，共发展养殖户160户，不仅带动了一批养殖和加工专业户，全村每年还能收取土地承包费和租赁费10万余元。以发展村办工业为重点，加快集体经济积累。岳家村根据地处城郊的优势，着力发展集体工业。到2006年底，全村企业已发展到9处，从业人员860人，每年可为村里增加100多万元的集体收入。积极招商引资、借力发展，先后引进外资3500多万元，建起了裕华服装、诚凯制衣、编织包装、骨科医院等项目，吸纳劳动力500多人。同时，先后投资3000万元，建起占地300多亩、配套齐全的校舍一处，与其他学校合作，办起了莒县职业技术教育中心，为村集体年增加收入100多万元。以发展副业为主，开辟群众增收渠道。积极引导群众搞家庭副业项目，到去年底，全村共发展豆腐专业户179户，面食加工户70多户，拖拉机运输户近百户，实现了家家有项目，户户有收入。

三、发展社会事业，建设文明新村

近年来，随着村集体经济的不断发展和群众生活水平的不断提高，岳家村从创建平安村(街)、改善人居环境、提高群众素质入手，以开展文明创建活动为载体，加快建设文明新农村，让群众过上富裕、文明、健康的生活。以建设平安村街为抓手，狠抓了社会治安综合治理。村里设立了违法违纪检举箱，成立了治安巡逻队，实行全天24小时义务巡逻，为群众创造了一个安定的生活环境。目前，村里连续8年无重大刑事、治安案件，连续18年无群众上访，全村无一人修炼"法轮功"，社会治安呈现出前所未有的良好局面。改善生活环境方面，用三年时间，完成了旧村改造，节约土地80余亩，新盖标准房537栋，拓宽15米宽主街2条、10米宽的副街5条，村里所有的街巷实现了绿化、硬化、亮化、美化。家家户户吃上自来水，看上了有线电视。建成学校两处，医院一处，公园三处。从2000年开始，建设新型居民小区，目前村里年轻人已经全部住上了楼房。计划2009年完成全村居民住房楼房化改造，并完成建设幼儿园、老年活动中心、综合服务区的配套设施。对全村60岁以上的老人实行集体供养，每人每月发放100元钱、30斤面粉，每季度组织一次健康查体；对考上大中专的学生每人奖励1000—3000元钱。提高村民文明素质方面，先后投资250万元配套完善了村文化大院，丰富了群众的业余生活。利用农民业校、党员之家等阵地和党员远程教育设施，聘请专家和技术人员对群众进行培训，并为群众订了150份山东科技报。目前全村已有400余人接受过专门培训，40人已获得农函大结业证书。开展了"八荣八耻"教育活动、"五星级"文明户评选活动和"好媳妇"、"好婆婆"、"美在家庭"等一系列争创活动，提高文明素质，倡树文明新风。目前，岳家村呈现出经济发展、群众富足、乡风文明、社会安定的良好局面。

发挥优势　率先发展
加快新农村建设步伐

日照市岚山区童海路党委书记　王世昌

童海路居共有1160户，3800口人，188名党员。近年来，在上级党委的正确领导下，居党委按照社会主义新农村建设要求，抓班子、带队伍，充分发挥党组织的战斗堡垒作用和共产党员的先锋模范作用，促进了全居各项事业的发展。2006年全居实现各业总收入10.98亿元，人均纯收入6200元，集体积累1.6亿元。居党委先后被授予"全国先进基层党组织"，"全国创建文明村镇工作先进单位"等荣誉称号。

一、发挥港口优势，率先建设社会主义新农村

积极探索带民致富的有效途径，是新农村建设重要任务，也是发挥基层党组织领导核心作用的有效途径。多年来，日照市岚山区童海路党委立足沿海渔村的区位优势，先后发展了32艘大马力钢质渔轮，建起了5座冷藏加工厂及

渔港等18家企业，带来了良好的经济效益，童海路也一跃成为全市经济强村，居民人均纯收入居全市前列。但随着渔业资源衰退，企业效益下滑，持续发展难度加大。如何在建设社会主义新农村中保持率先发展，增加居民收入，提高生活水平，已成居党委一班人深刻思考的问题。此时，全国沿海港口掀起了新一轮开发建设热潮，居党委审时度势，决定把转产的重点投向港口建设，大力发展港口经济。但因受资金制约，已投资2000多万元的童海渔港被迫停工。单靠自身力量举步维艰，最好的出路是通过市场运作方式，融资发展。经多方考察，选定以石化产品生产经营为主产业的泰安鲁润公司为合作伙伴。

童海集团以码头出资，联合其他三家法人单位正式创立了山东童海港业股份有限公司，童海通过出让部分渔港所有权，筹集了发展资金5000万元，使搁浅的码头按期竣工、投入运营，保持了全居经济的快速发展。随后，童海路进一步加快了港口建设步伐，现已建成5000吨级泊位二个，建成了18万立方油罐群和铁路专用线及配套设施，港口功能不断完善，吞吐量、经营收入大幅增长。2006年实现销售收入7.6亿元，利税4600万元。为进一步提高运营能力，2006年4月又开工建设二期扩建工程，计划投资3.6亿元建万吨泊位5个，通货能力680万吨，年销售收入50亿，利税过亿元。

在充分发挥港口优势的同时，注重发展多元化经济，大力发展渔业、水产品加工业、物流运输和服务业。通过调整产业结构，童海路彻底实现了由过去以渔业为主向港口经营为主，渔工商及服务业多元化经营的根本转变，走在了全市新农村建设的前列。

二、切实为群众办实事，改善居民生产生活条件

村居富有了，应该让群众得到发展带来的好处，解决群众关注的问题，让居民过上富裕文明的幸福生活。几年来集体投资700余万元通街、通水、通电，实现了街道的硬化、亮化、绿化。加快旧村改造步伐，一期工程投资2600多万元建成13栋五层的公寓楼，建筑面积21000平方米，使260户居民搬进了楼房。2006年又规划建设了两个居民小区，新建五层公寓楼13栋，建筑面积5万平方米，可安置居民300户，届时将实现居民楼房化。投资180万元，建成了20000平方米的绿地和4000平方米的文化广场，居民居住条件有了明显改善。

为改善优化办学条件，投资300万元，建起了四层高标准小学教学楼，配备了音、体、美设施齐全的现代教学楼；鼓励教师参加各类业务进修，并由集体承担费用；每年拿出5万元对教师进行评先树优表彰奖励。投资50万元，建起了村居文化大院，宣传先进文化，开展健康的文体活动，满足了群众精神文化需求，进一步改善了村风民风。

扎实做好居民生活保障工作。自1995年起，集体对60岁以上老人每人每月发放40—60元福利金；2004年起，上调至160—220元，其他居民每人每月发放福利金60元；学生书费全由集体支付，仅这几项集体每年支出近400万元。此外，为全居居民办理了养老保险和新型农村合作医疗，真正做到了老有所养，病有所医，无生活后顾之忧。

三、切实加强自身建设，做新农村建设的领路人

人们常说，村看村，户看户，群众看党员，党员看干部。童海路党委正是从"打铁先得自身硬"的观点出发，切实加强自身建设，充分发挥模范带头作用。两委班子成员每天早上5点例行早会，汇总情况，研究、部署工作，会后班子成员分头行动，各负其责，确保在早饭前完成额外的工作任务，又不耽误早8点正常上班。重要的工作，都由班子成员分工负责，不允许有失误，不允许拖拉，不允许有"半拉子"工程，出了问题，严格追究责任，赢得了居民的信赖和支持。

为加强党员教育管理工作，童海路根据行业分工越来越细的特点，按行业分布设立渔业、工贸、居民、机关等六个支部，做到经济组织发展到哪里，党组织就建到哪里，党员教育活动就开展到哪里。渔业捕捞党支部将党小组建在船上，针对渔业生产特点，每船安装一个学习箱，将学习材料发放到船上，做到生产、学习两不误；利用每年7、8月份休渔养海季节，对渔民党员进行集中培训，重点开展特色理论、党章、市场经济知识和渔业科技知识的学习教育，提高了他们带领群众致富的本领。居党委与每个党支部、党支部与每一名党员均签订了年度目标管理卡，将有关内容进行量化分解，实行百分考核，考核分数作为年终民主评议党员及评先树优的重要依据。还实行了企业党员联职工，渔船党员联渔民，商贸党员联个体户责任制，密切了党群干群关系，巩固了党在基层的执政基础。

夯实基础 促进发展

莱芜市莱城区口镇西街村
党委书记 杨全成

莱芜市莱城区口镇西街村党委成立于1995年5月，其前身是口镇西街党支部。现有党员158名，下设8个党支部，16个经济实体，2006年实现产值2.1亿元，上缴国家税金404.6万元，利润800万元，全村经济总收入3.92亿元，人均纯收入6200元。多年来，西街村党委坚持"围绕经济抓党建，抓好党建促经济"的指导思想，积极探索新形势下的党建工作，促进了全村经济的发展。

一、强化班子建设，构筑坚强的战斗堡垒

(一)加强班子自身建设 党委进一步明确了分工，书记分管全面工作，侧重抓经济，1名副书记分管农业日常工作，其他成员抓企业发展，形成了"围绕中心，分工明确，相互协作，职责到位"的管理体系。调整了基层党支部的设置，建立了8个党支部，有6个支部建在了工厂里。党委注重选拔培养年富力强、有文化、有能力的党员进入支部班子，充分发挥他们的才能。

(二)全面落实"四民主一公开"制度 重大问题决策，召开全体党员、村民代表、村民议事会会议，广泛征求群众的意见。加强财务管理，各类承包合同指标、期限、兑现情况及时公开，村里的收入、支出情况每月公开一次，每年年底把一年来的收支、农民负担等重大问题，通过《致村民的一封信》向村民公开，让群众监督。

(三)严格执行党的"三会一课"制度 采取多种形式，加强党员的实用技术和职业技能培训，有效地提高了广大党员的政治思想觉悟，党员队伍素质不断提高，党组织的威信不断提高。

(四)落实党员联系户制度 通过党员与群众的一对一帮扶，许多农户脱贫致富。近几年，共有12户村民通过结对子逐渐富裕起来。

二、强化中心意识，大力发展经济

(一)大力发展工业企业，不断壮大集体经济 一是膨胀规模，做大做强工业企业。村办企业从无到有，从小到大，先后建起了16处经济实体，2006年西街村固定资产达到1.2亿元，流动资金8000万元，实现产值2.1亿元，实现利税1200万元，上缴税金404.6万元，从业人员达到1300人，受到市委市政府的表彰奖励。二是加大招商引资力度。依托现有企业和区位优势，靠大联强，采取与外商合作、独资等形式，借势发展，不断增强企业发展后劲。2006年先后与玉林集团、内蒙古包头市兆远高新技术有限公司签订合同，新建了饲料加工厂和肥料厂，两个企业投产后年可完成产值2.6亿元，安排100人就业。三是大力扶持民营经济发展。不断加大基础设施投入，实现了路通、水通、电通，从办理手续等各个方面为业主提供全方位服务。占地300亩的民营经济园和商业一条街已初具规模，形成了机械加工、建筑安装、路桥施工、化工、冶炼、稀土合金、木器加工、养殖、肉食制品、饮食服务等经济群体。目前，全村个体私营业户达到了180户。与1985年相比，全村经济总收入增长了136倍，企业产值增长316倍，人均收入增长15倍，累计缴纳税金2800多万元。全村经济呈现出蓬勃发展的势头。

(二)搞好以工补农和产业结构调整，不断增加农民收入 村里先后拿出600万元投资农业，打机井40眼，垒砌渠道4200米，建成了田成方、路成网、树成行、旱能浇、涝能排的高产稳产田，新建变电室4座，架设输电线路2万米，修通生产路6条5000米，其中水泥硬化4000米，提高了农业的生产效率。税费改革后每亩补助农民50元耕种费。很多农户由原来单一的种植粮食作物，调整为种植经济作物，收入成倍增长。仅生姜、大蒜种植一项，每年就增加收入100多万元。

三、强化宗旨意识，构建和谐西街

(一)加快新农村建设步伐，提高群众生活水平 本着"统一规划、全面布局、综合开发、配套建设"的原则，旧村改造与新村规划同时进行，先后动员群众拆迁旧房800余间，投资2120万元，建别墅式居民区2处，40栋楼房。居民区内户户安装了太阳能热水器，实现了通水、通电、通有线电视"三通"。截至目前，全村已有400多户住进了宽敞明亮的楼房，手机、洗衣机、电冰箱普及率达80%以上，微机已达150台，汽车125辆。2007年，党委计划投资1400万元建设第三生活区，高起点设计、高标准建造的五层居民楼三栋，建筑面积13000平方米，设施完善，环境幽雅，10月份可交付使用。同时，完善居民区内的供水、供电、道路、排污管网等配套设施，群众生活条件不断改善。

(二)注重精神文明建设，倡导文明新风 村里投资100多万元，建起了村文化大院；投资10万余元，购买了演出服装、乐器和演出道具，利用农闲和节假日，演出狮子舞、龙灯、花船、秧歌等节目；建起了乒乓球室和篮球场，成立了篮球队，定期组织比赛。我们还经常对群众进行政策、科技、文化、法律、道德教育，开展"优秀党员"、"十佳文明户"等评先创优活动，群众的业余生活得到充实和丰富，精神面貌焕然一新。近年来，西街村没有发生一起刑事案件，没有发生集体上访和越级上访，社会安定，村民安居乐业，多次被评为市级文明单位。1997年6月被评为"山东省先进基层党组织"，

1998年10月，被评为“省级文明单位”，2006年6月又被评为“山东省先进基层党组织”和“全国先进基层党组织”。

抓党建促发展
建设和谐富裕新农村

临沂市兰山区华夏村党支部书记　陈文启

临沂市兰山区义堂镇华夏村位于兰山区、费县交界处，耕地面积1005亩，全村420户，1480人，党员48人。我村先后获得市“基层组织建设先进单位”、“省级文明村镇”、“山东省村民自治模范村民委员会”等荣誉称号。近年来，华夏村立足实际，围绕“抓稳定，促和谐，提高水平，突出特色，加快发展”的工作思路，以建成“现代化，科技化，生态化，自然化，园林化”为总目标，以党建促发展，推动基层党建工作的深入开展，为经济社会各项事业又好又快发展提供了有力的政治保障。

一、强化党员干部教育学习，夯实促进发展的思想基础

加强党员干部思想教育，进一步增强村级党组织凝聚力、战斗力。党支部定期通过党员“三会一课”等形式，组织党员干部认真学习“三个代表”重要思想，党的路线方针政策，教育党员干部牢固树立为人民群众服务，扎扎实实为百姓做好事、办实事的意识。建立健全党员干部学习制度。我村出资5万元，完善了村远程教育设施，增强了党员干部学习的自觉性，形成了学习的长效机制。以学习党员先进性教育长效机制文件为契机，认真解决党员服务承诺事项的落实，进一步巩固学习教育活动成果。认真倾听群众意见，自觉接受群众监督，积极开展民主评议村干部和党员活动、党内批评与自我批评，落实各项整改措施，使党员干部时刻保持先进性，认真做好组织宣传群众工作，促进了各项事业的发展。

二、强化村级班子建设，夯实促进发展的组织基础

打造一支强有力的领导班子，是一切工作的基础和保障。首先，领导班子成员牢固树立立党为公，执政为民的思想，时刻把群众的利益放在首位。在具体工作中，村干部以身作则，廉洁自律，不以权谋私，困难任务要先干部后党员再群众；好处实惠要先群众后党员再干部。党员干部以自己的模范行为去影响带动群众。其次，加强民主集中制建设，团结一班人心往一处想，劲往一处使，班子内部明确分工，人人有事做，人人有压力，围绕村里的中心工作抓大事、谋要事，各管一块、各尽其责，在班子内形成互相支持、互相谅解、团结奋斗的工作氛围。第三，在村党支部领导下，坚持两委成员联席会议制度，每周一次例会回顾总结上周工作，布置本周任务，讨论研究群众关心的热点难点问题，所有事情实行民主表决，避免一言堂，减少工作失误。良好的工作运行机制和严格的规章规范保证了村两委永保凝聚力和战斗力，使村里的各项工作得以顺利开展。

三、加强村级组织规范化建设，夯实促进发展的群众基础

健全严格有效的约束机制，引导党员参政议政，搭建党员服务群众的平台，是进一步密切党群干群关系，永葆党组织战斗力和先进性的重要措施。在党员中推行设岗定责承诺制度，设定党建工作、经济发展、维护稳定等岗位，明确责任，措施到人，激发全村党员创优争先的热情，发挥党员的模范带头作用，推进村庄工作开展。实行政务公开，健全四支队伍，坚持民主决策，落实民主监督，把村内大小事情向群众交实底、亮真相，每月9日准时公开，如果群众有要求随时公开，只要群众想知道的就彻底公开，对群众有疑惑的问题即时解答。坚持民主理财，严格村财务支出，民主理财小组严格把关，把钱花在明处，把事办到实处。

四、发挥村级党组织的核心作用，实现经济社会又好又快发展

一是围绕生产发展、生活富裕，加快村级经济发展。认真指导企业更新换代，培植高科技无污染的企业，抓大去小，做大做强主导产业，实现龙头企业典型带动。同时，抢抓机遇，积极推行产业结构调整，充分利用紧靠祊河自然优势，实施千亩荒滩开发，努力打造集种植、养殖、观光、休闲于一体的绿色生态旅游区。前期投入资金300余万元，完成园区规划、水电配置和龙兴塔等基础建设。目前“华夏休闲度假村”已完成整体规划，正在建设中。2006年全村完成总产值2.6亿元，村民人均收入8000元，创办以化工、建材和板材加工为主导产业的个体私营企业80余家。二是围绕村容整洁、乡风文明，加快农村各项事业发展。加大对村内各项公益事业的投入，使基础设施和各项配套建设更趋合理和完善，投资3800万元实施旧村改造，建小康楼360栋，投资600万元完成村内街道“五化”（硬化、绿化、亮化、美化、净化）。硬化面积达10万余平方米，投入100万元建设达1万平方米的绿地广场，配备球场和各类健身器材20余套（种），投入100余万元建设教学楼和水电暖配套齐全的

老年公寓，完成自来水和有线电视安装。从1995年开始，对老年人实行生活补助，独生子女户享受到多项优惠政策。深化村级文明和法制建设管理，建起文化大院，小康电子书屋，乒乓球室等。投资近10万元安装电视监控设备，实行人防、技防相结合，强化治安防范，优化了健康稳定和谐的发展环境。以开展精神文明建设为依托，积极开展"美在农家"活动，加强家庭道德文化建设，引导村民"科技兴家"、"勤劳富家"，同心同德奔小康，取得良好的社会效益，得到了广大群众的支持与拥护。

实现发展新跨越　全面建设新农村

临沂市河东区刘团村党委书记　邵长学

河东区相公街道刘团村，现有1320口人，480亩耕地。刘团村是山东省第一个电气化村，沂蒙山区第一个村民居住别墅化村，第一个有线电视、电话直拨的普及村，被授予过全国先进基层党组织等荣誉称号。近两年来，我们村党委不满足已取得的成绩和荣誉，紧紧围绕新农村建设，团结带领全村干部群众，进一步解放思想，锐意进取，实现了村域经济发展的新跨越。2006年，全村实现工农业总产值8.5亿元，利税8000万元，农民人均纯收入11000元，被评为全国文明村镇、山东省村镇建设明星村、全市新农村建设示范村。

一、确立"五新"思路，谋划长远发展

围绕建设社会主义新农村的20字目标，村党委研究确立了"经济发展要有新势头、村民生活水平要有新提升、村居文明要有新风尚、生活环境要有新面貌、民主管理要有新进展"的发展新思路。开展了以"解放思想，加快发展"为主要内容的教育活动，组织村干部和党员群众代表到广东等发达地区参观学习，找差距，查不足，进一步强化发展意识、竞争意识。通过召开村民大会等形式，教育引导村民摒弃"小富即安，小进即满"的小农意识和惰性意识，树立"富而思进，拼搏进取"的思想观念。在此基础上，邀请专家帮助制定了刘团村发展、建设远景规划和三年规划。

二、加强企业管理，争取快速发展

突出抓了刘团村的经济支撑——蒙凌工程机械集团公司的管理，努力做大做强企业。一是加大了技改投入。投入7000万元对铸造厂实施技改并整体搬迁，新上了消失模、改性水玻璃等技改项目。生产的"蒙凌"牌建筑扣件获科学进步二等奖和国家重点新产品称号；研究开发的变速箱体获国家专利，填补了国内空白，被国家科技部列为国家火炬计划项目；生产的"蒙凌"牌装载机被国家技术监督局鉴定为一等品。二是完善了用人机制。高薪引进市内外科技人才16名，其中德国专家一名。投入600万元，为外来人才、职工建起了公寓和食堂。同时，选送6名技术骨干、15名优秀职工到大、中专院校进行专业技术学习。目前，公司共有大专以上学历人员、各类技术人员500多人。三是实行了企业改制。于去年底对企业进行了股份制改造，集团中层以上干部联合成立了一家投资管理公司，购买了25%的股份，村集体持有36.5%的股份，村民按人口分配得到31%的股份，对外销售7.5%股份。改制后的蒙凌集团资产达到2.4亿元，职工1800人，其中吸纳本村劳动力680人，占全村劳动力的98%。目前公司已发展成为集科研、铸造、机械加工、装配为一体的现代化大型企业，年创产值8亿元。

三、坚持整体推进，实现和谐发展

重点抓了"四个建设"：一是抓了村班子和党员队伍建设。结合先进性教育活动，开展了民主评议村干部、党员活动，完善了村干部廉洁自律、集中学习、党员设岗定责等制度，实行了村干部和党员公开承诺、联系群众制度，每个村干部、党员都划分了责任区、确定了联系户。还在老干部中开展了"我为刘团献余热"活动，在团员中开展了"青春立功"活动。二是抓了民主政治建设。健全完善了为民服务代理，村务、厂务、党务公开等制度，坚持每月召开一次民主议事会。村里的大事小事一律先交"四支队伍"讨论商量，重大事项交村民代表表决。在村里、企业里设置了5个建议箱，广泛征求群众、职工的意见。同时规定，只要建议合理，就奖励200元现金。三是抓了基础设施建设。以环境建设的"美化、绿化、亮化、硬化、净化"为目标，在家家住上别墅式二层楼、普及了电气化的基础上，村里投入260万元硬化了两条街道，安装了路灯，实现了街道硬化、亮化。专门成立了环卫队，打扫村内卫生。建起了公园、文化娱乐中心和星级酒店。四是抓了精神文明建设。常年开展群众喜闻乐见的文艺活动，坚持每月组织一次篮球比赛，重大节日组织文艺演出。建立了党员远教室、村民图书室、阅览室，率先在全区实现了科普村。每年拿出专项资金，开展"十星级文明户"、"好媳妇、好婆婆"等评选活动。同时，建立完善了社会保障体系。村里的孩子免费入学就读，考上大学的给予奖励、补助。投入500万元为全村25岁以上50岁以下的村民购买了养老保险。村民男年满55岁、女年满50岁后，每月领取200元的养老金；年满80岁以上，每月领取300元养老金；鳏寡孤独老人的吃穿住等费用全部由集体

承担。村里还专门配备了车辆，每年春秋两季组织老人到外地旅游。村民每年享受两次免费健康查体，特殊病灾户享受集体资助治疗。

四、发挥示范作用，促进共同发展

积极发挥示范带动作用，从物力、财力、人力等方面，加大对周边村庄的支持力度，促进快速发展。与本街道李团村结成帮扶对子，投入10多万元帮助李团村新修了一条水泥路，新建了一座加油站，仅加油站这一项，就使李团村集体年增收10万元。搞好示范带动，每年接待区内外参观学习人员1万多人次；每年到周边乡村、县区做经验介绍，义务讲课30多次。义务帮助周边村庄培训企业技术人员20多人次，去年以来有12名经刘团村培训的工人到周边企业担任了技术员、生产厂长，吸纳了周边农村劳动力400多人就业。

抓党建　促发展
建设和谐富裕文明村

苍山县卞庄镇代村党支部书记　王传喜

我们村地处城乡结合部，全村有842户，3159人，2600亩土地。近年来，我们村在上级党委政府的正确领导下，狠抓班子建设，强队伍，树表率，发挥区位优势，坚持科学发展，走出了一条和谐富民之路。2007年村集体纯收入800万元，村民人均纯收入6300元。几年来先后被评为“市级优秀党支部”、“市小康建设示范村”、“省级文明村镇”、“省级沼气利用示范村”、“省级绿化示范村”、“省级先进治保会”、“省级先进妇代会”、“全国文明村镇创建工作先进村镇”、“全国生态家园富民行动示范点”等荣誉称号。

一、强班子，树立干部良好形象

我们加强对党员干部的教育和管理，规定每月农历初十晚上为党员干部固定学习时间，每到固定活动日，党员干部都自觉集中到村办公室学习党的路线方针政策和法律科技知识等。通过坚持学习，党员干部的整体素质和工作能力不断提高，工作起来也感到有目标、有方向，少走了不少弯路。同时，我们实行了党员干部设岗定责分片联系户制度，广泛了解群众对村里工作的意见和建议，化解热点难点问题，及时为村民提供服务和帮助。村两委在各项工作安排上，做到有计划、有部署、有检查，有奖惩，在工作任务的落实上，明确分工，责任到人，严格工作目标考核。在小汶河治理、创办农业科技示范园、小康楼建设等工程项目实施中，党员干部都冲在前面，加班加点，任劳任怨，不多拿一分报酬，工作好孬让群众评判，用实际行动树立了良好的形象，赢得了广大群众的理解和支持。

二、建制度，推行村级规范化管理

村党支部制定了党支部考勤制度、值班制度、会议制度、述职制度、民主评议制度和村务、财务公开等多项制度。村里选举产生了村民代表会、党员议事会、民主理财小组“三支队伍”，并在认真执行镇“四监管”制度的基础上，实行了以“一会、一栏、一纸、一单”为主要内容的村级规范化管理制度。“一会”就是每月至少召开一次全体党员会或村民代表会，对村里的项目建设、土地承包等重大事项，通过层层召开会议，讨论研究决定，把决策权真正交给群众；“一栏”就是村务、财务公开栏，每月10日按时把群众关心的村务、财务情况张榜公布；“一纸”就是明白纸，把每一项政策、每一项规定、每一项村内大事都通过发放明白纸的方式向群众讲细、讲明；“一单”就是村民往来对账单，每年年底向群众发放一张对账单，把每户一年中应交的款项、应领取的报酬等一一填写，让群众清清楚楚。通过一系列制度的实施，拆掉了干部与群众之间的“篱笆墙”，架起了干部与群众间的“连心桥”，融洽了党群干群关系。

三、谋发展，增强服务功能

党支部认为，要想村班子有凝聚力，关键是为群众谋发展，增强为群众的服务能力。为此，我们适应新形势的要求，着力发展富民工程。

(一)因势利导，实施创“绿色生态家园”工程　我们村部分农户从70年代起就一直使用沼气，但由于种种原因一直未能大范围推广。2002年春，我们组织20余名村干部和群众代表赴国家农业部生态农业示范点——河北省临漳县考察学习，在充分学习借鉴临漳先进经验的基础上，在农业能源部门的指导帮助下，我们村实施了创“绿色生态家园”的富民工程，以农户庭院为载体，以沼气为纽带，大力发展庭院养殖和种植，改善村民居住环境，增加群众收入。为了调动群众发展户用沼气的积极性，村里制定了优惠政策，规定每建一个沼气池，村集体补助现金300元，并为群众免费提供技术指导。目前，全村沼气用户已有300余户，栽植庭院经济作物4000余棵，每年出栏生猪6000头，户均增收3000至5000元，全村每年可增绿色收入100余万元。并对大田农业进行了“五园一带”(花卉、果品园、蔬菜园、瓜果园和观光带)改造规划，在小汶河旁栽植垂柳300棵，行道绿化10000米，在街道旁栽种了冬青、月季、广玉兰等绿化苗木，达到了四季有花、四季常青，安装了路灯150盏，使村内主要街道全部达到了绿化、硬化、美化、净化的标准。我们村农户房前屋后青枝绿叶，村容村貌整洁卫生，群众也增加了收入，得到了实惠。

(二)科学规划，建设绿色农业科技示范园 村两委通过广泛征求村民意见，按照生态、观光、高效、示范的原则，规划了一处占地3000亩的绿色农业科技示范园区(租用县渔场400亩)，分别划分为种植区、养殖区、农畜产品深加工区、生态庭院区4个示范区。目前，200亩花卉园和100亩优质果品园建设已初具规模，效益可观；生态示范养猪场去年投入运营，存栏各类良种生猪达到3000余头，年盈利80余万元；我们村与盛能乳业有限公司联合规划设计的存栏1000头的大型奶牛场已破土动工，近期一期工程即可竣工。

(三)立足区位优势，着力招商引资 我们村地处城郊，具有发展民营经济得天独厚的条件。我们提出了"全面抓招商，重点求突破"的发展思路。实行招商项目责任制，党员干部带头抓招商。我们村累计招商引资1亿余元，引进个体工商户200多家落地经营，先后建起了贵华大酒店、宝得利家具有限公司、诚信中学新校、鲁南农资批发市场等4个投资过500万元的项目。其中，投资6000余万元建设的三星级大酒店——贵华大酒店结束了全县无星级涉外酒店的历史，经营状况良好。民营经济的迅猛发展，解决了500余名剩余劳动力的就业问题，每年可增加收入300多万元。

坚持执政为民　加强党的建设
推动梁锥希森新村和谐发展

乐陵市黄夹镇梁锥希森新村
党支部书记　张红霞

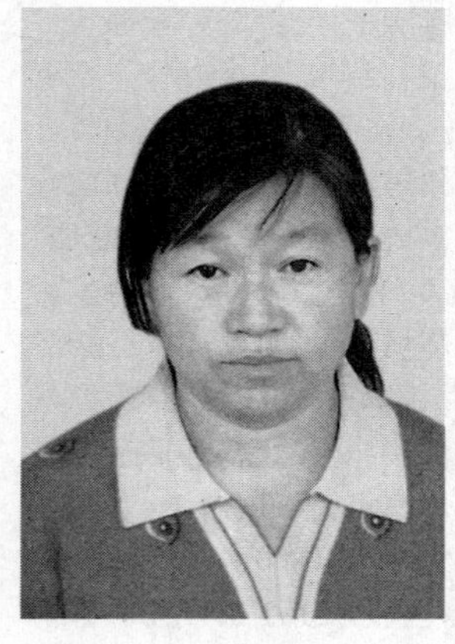

乐陵市黄夹镇梁锥希森新村共有96户、415口人，支部成员3人，党员13名。新村是本村农民企业家梁希森先生自2001年2月至2002年1月投资4200万元仿照北京玫瑰园的一些特点建成，共占地136亩。近年来，村党支部坚持以邓小平理论、"三个代表"重要思想和科学发展观为指导，按照社会主义新农村建设的总体要求，促进经济发展、群众富裕，通过制定各项制度和开展各类评比活动，保证村务、财务公开，促进乡风文明、管理民主。先后获得"全国文明村"、"全国工农业旅游示范点"、德州市"小康村"、乐陵市"五个好"村支部等荣誉称号。

一、加强班子建设，增强党组织的战斗力和凝聚力

"要创一流业绩，先塑一流干部"。多年来，村党支部一直把班子建设放在首要位置来抓，努力发挥党组织的战斗堡垒作用和党员的先锋模范作用。一是加强思想政治建设。深入开展学习型党委建设活动，健全了村党支部成员每周二次、党员每月一次的学习制度，强调记笔记、写心得。扎实开展保持共产党员先进性教育活动，按照上级的统一要求，结合工作实际，广泛宣传，全面发动，认真组织，有序推进，确保教育、学习活动落到实处，收到实效。二是加强自身队伍建设。坚持公正、公平、公开的原则，在村党组织中全面实行"两推一选"和公示制度，把党性强、讲团结、坚持原则、艰苦朴素、作风正派、有魄力和实际工作经验、热心为群众办实事的致富带头人推荐到村领导班子中来，从而使村党组织的战斗力、凝聚力得到了空前加强。三是加强各项制度建设。村党支部建立健全了村民代表大会制度、村务、财务公开制度及各种岗位用人公开制度，同时，建立了红白理事会，在全村范围内，红白事都统一标准，喜事新办，丧事简办，受到群众的好评。四是加强党员队伍建设。充分运用保持共产党员先进性教育活动有利时机，加强对党员的培训和教育，提高党员素质，加强党员队伍建设，切实转变工作作风和提高党员队伍素质，做到让"党员长期受教育"。思想建设、班子自身建设、制度建设和党员队伍建设等一系列活动的开展，使班子成员党性原则进一步增强，知识水平不断提高，带领群众加快发展的决心更大，同时也得到了群众的拥护和爱戴。

二、加强经济发展，推进富民强村步伐

"只有不断增加农民收入，壮大集体经济实力，才能为社会主义新农村建设提供不竭动力"，这是村党支部在多年的实际工作中经验的总结。2002年1月，村党支部积极协调该村农民企业家梁希森充分挖掘自身优势和当地资源，投资4亿元建设了占地2000亩的希森三和集团，这是一家集鲁西黄牛养殖繁育、屠宰加工、生物制品、蚯蚓养殖加工、饲料肥料加工、再生资源利用、生态养殖、餐饮娱乐、旅游观光于一体的大型农业产业化龙头企业。村党支部以集约、节约利用土地为手段，让村民以土地入股的形式成为公司的股东，并积极引导村民与公司发展同患难、共赢利，使其成为真正的公司主人，实现了"农民市民化、农业产业化、农村城市化，农民离土不离乡，失地不失利"的愿望。2006年，村集体以原有老宅基入股三和集团，年收入在25万元左右，人均年收入11000元以上。

三、加强精神文明建设，建设和谐的社会主义新农村

近年来，村党支部一直把"村容整洁，管理民主，乡风文

明”作为追求的目标，加强精神文明创建工作，营造布局合理、美观舒适、和谐稳定的村居环境。一是村容村貌日渐整洁。先后投资200多万元购置了高标准的观赏性植物、果树和各类花草进行绿化，街道两侧，别墅之间都留有高标准的绿化带，新村中间修建了花园和广场，并成立了村卫生清扫保洁队，专职负责新村街道卫生和花草树木的整修。二是管理民主已现雏形。充分发挥村民调解小组的作用，及时调解村内纠纷，在全村树起了“我为村里做贡献、我为社会尽职责”的新风尚。积极开展深入细致的思想政治工作，引导广大群众树立正确的理想信念和世界观、人生观、价值观，认真贯彻落实《公民道德建设实施纲要》，“八荣八耻”的公民基本道德规范人人皆知，人人皆行。加强民兵队伍建设，以基干民兵为主体的巡逻队，昼夜执勤，有效遏制了黄、赌及盗窃事件的发生。三是乡风文明日益兴起。开设了村民图书阅览室和娱乐室，投资3万多元购置了600多册科技图书和先进的文艺器材，成立了由20多名村民组成的文艺宣传队。每年开展“文明家庭”、“好媳妇”、“好婆婆”、“致富能手”等评选活动，形成了烈军属、五保户皆有所养，群众尊老爱幼的良好村风。目前，全村群众在党支部的带领下，人心思上，干劲迸发，一个现代化的新农村正初现雏形。

建设和谐新农村
打造幸福仁义店

陵县边临镇仁义店村党支部书记　王玉春

仁义店村南依314国道，全村135户，405口人，1285亩耕地。近年来，村党支部一班人以争创“五个好”党支部为目标，千方百计让群众过上好日子。2006年，仁义店村被德州市委、市政府确定为新农村建设示范村，村党支部被评为全省先进基层党组织，村党支部书记王玉春同志被德州市委誉为“农村党支部书记的一面旗帜。”

一、加强村党组织建设，开创农村党建新局面

在抓基层组织建设中，仁义店村党支部始终按照“三个代表”重要思想，以“五个好”要求加强自身建设，统一思想，形成共识，转变作风，制定和完善各种职责和制度，发挥了群团组织的职能作用，为农村“三个文明”建设当好“带头兵”。村党支部“一班人”，想群众之所想，急群众之所急，谋群众之所需，他们在群众面前许下诺言：“民有所呼、我有所应，不把老百姓要求办的事办好，就不是一个称职的共产党员”。农闲时节、下雨阴天，就组织党员收看远教节目，开展学习讨论，征求大家意见，不断改进工作。特别是开展保持共产党员先进性教育活动以来，支部14名党员互帮互学，坚持写笔记、谈体会，认真开展批评和自我批评，有两名党员因病不能参加集中活动，就安排专人到家给他们补课。从教育效果看，党员的党性觉悟明显提高。村党支部还根据每个党员的实际情况，为他们设岗定责，搭建起党员发挥作用的平台。党员时书峰主动要求负责集贸市场的卫生，每逢散集后就清扫垃圾，受到群众的好评。支部书记王玉春同志带头与五保户时俊山结成帮扶对子，隔三差五的去看看，逢年过节送点东西，让老人感到党的温暖。当然，真正让群众服气的是干部“干净”，村里政务公开，财务透明，来人招待大都由支部书记王玉春个人掏钱。所有这些，就是把广大群众团结在党支部周围的“法宝”，同时也开创了农村党组织建设的新局面。

二、促进农民增收，带领群众走向共同富裕

为了把经济搞上去，村党支部一班人不断解放思想，围绕增加农民收入，在搞好服务的同时，瞄准市场，拓宽渠道，想方设法不让一户村民在致富路上掉队。

一是调整种植结构，增效。前几年，该村针对本村地多的实际情况，引导群众调整种植结构，种过菜、种过棉、育过种，去年又栽了500余亩的速生杨，定期邀请市、县专业技术人员到村传授技术，同样的种地，效益要比其他村高；二是建起工业小区，兴企。2000年，该村建成边临镇第一处村级工业小区，引进了印刷厂、预制厂、木业加工等项目，经过几年的发展，入园企业已达到14家。其中，由村支部书记王玉春创办的“德州倍利来商贸公司”，年产值450万元，产品远销丹麦、美国、马来西亚等地。2006年又投资1000万元新上的毛衣编织厂，实现了当年投产达产，解决了300多名劳力就业。三是建起集贸市场，兴商。2002年春，在仁义店村前街立起了二、七大集，不仅有效地解决了村民买难卖难的问题，而且引来了客商，增上了门店，活跃了农村经济。到2006年底，村内有饭店2家，各类商店、门市部21家，个体工商户60多家，他们在家门口经营，天天有收入，还不耽误农活。村民时广军身体不好，村党支部动员他加工珍珠琪，效益很好，不到一年就脱了贫。

三、建设和谐农村，让群众过上幸福生活

在上级党委的正确领导和大力支持下，仁义店村正扎实推进新农村建设，并取得了阶段性成果，广大干部群众的精神面貌发生了巨大变化。到2006年底，仁义店村的基础设施一应俱全，村村通公路4.8公里，进村路面和村内大街全部实现了硬化、亮化和绿化，喝上了自来水，看上了有线

电视,电话普及率达到了93.5%;农业生产条件得到进一步改善,沟渠、路、桥、林网配套,打机井23眼,实现了旱能浇,涝能排;全村共有大型联合收割机6台套,家家户户都有拖拉机、三轮车等中、小型农机,农业机械化水平明显提高。2006年,又投资40多万元,修了一座桥,硬化了工业区中心大街,重新装修了文化大院,购买了种、养、加工等实用技术、文化艺术、卫生保健等方面的书籍,建起了图书室、阅览室;购置了乒乓球桌等健身器材,办起了活动室,广大群众交口称赞。同时,启动了新村建设,县建设局为该村编制了村庄建设规划,把村庄规划为工业区、商业区和住宅区三大区域,统一设计了二层住宅楼,村庄建设的框架基本形成,新村建设正在启动。农民素质得到了提高,该村党支部在加强农民群众的科技和实用技能培训的同时,组织群众建起了宣传队,开展丰富多彩的文艺活动,引导农民知荣辱、明是非、辨美丑。

几年来,仁义店村党支部注重发挥党组织战斗堡垒和党员先锋模范作用,使党支部成为全村"三个文明"建设的核心,全村党建工作和其他各项事业迈出了一大步。2006年,农民人均收入达到4000元,村集体经济也实现了重大突破,村容村貌得到了很大改善,村民文明程度不断提高。

和谐花开张法古

临邑县临邑镇张法古村
党支部书记　钟丙月

临邑县临邑镇张法古村有人口756人,耕地1036亩,党员21人。多年来,该村党支部一班人团结实干,奋勇争先,带领全村党员群众创造了连续7年村民收入高于全县平均水平;连续9年没有上访事件发生;连续10余年没有刑事案件的好成绩。2006年7月,村党支部荣获了"山东省优秀基层党组织"荣誉称号。

一、学科学　用技术　科技致富甜民心

为解决群众反映最多的致富无门、党支部带领群众致富能力不强等问题,我们在全县率先安装了农村党员干部现代远程教育接收装置,定期对村里的党员干部、致富能手进行培训,一批"双带模范"、"致富状元"成为村民学习追赶的"明星"。村里还连续多年订阅《农村大众》、《农业知识》等报刊,茶余饭后读书看报已成为该村村民的一种时尚。群众通过读书看报从中了解到了国内外大事,学到了致富的科技知识。村民张加生在《农业科技报》上获悉养殖肉食狗前景广阔,效益可观,于是投资5000元引进了肉食狗,按照报刊上介绍的技术要点养殖,当年赢利8000元,在全村掀起了一股养殖热。去年以来,在村党支部的带领下,村里又新上了占地10亩、存栏1000头生猪的养殖场和存栏量达10000只肉鸡的养鸡场。其中,仅养殖生猪一项,年可实现纯收入50余万元。我们还利用开办科技夜校,向群众传播科学文化知识,提高群众的科技文化素质,每年从学校和上级有关部门聘请专家、指导员,定期向群众传授各种文化、法律和科技知识。通过学习培训,群众的科技文化素质明显提高,科学种田、科技致富的思想意识不断增强,学科技、用科技蔚然成风。村民张延民通过上科技夜校掌握了樱桃西红柿的种植管理技术。他种植的大棚樱桃西红柿比一般西红柿每棚多收入五千余元。目前,全村已形成蔬菜种植、畜牧和特种养殖、机械加工、面粉加工、糕点加工等多业齐发的良好发展格局,全村90%以上的农户有了致富项目。去年,村人均纯收入达到4500元,高出全县人均纯收入200多元。

二、讲民主　重民意　村务公开顺民心

知情权是村民基本的民主权利。只有及时公开村务、财务,自觉接受群众监督,才能取信于民。为此,我们始终把民主制度建设和法制教育进家入户作为一件大事来抓。无论大事小情都经村民代表会讨论决定,充分发扬民主;各项开支经民主理财小组审批后方可入账,不搞"暗箱"操作,消除了干群之间的猜疑,密切了干群关系,消除了不安定因素。我们村地处油区,油田赔偿款是引起油田村干群矛盾的直接因素。为防止因油田赔偿款问题引发误解,造成矛盾,我们对油田赔偿款实行"阳光操作",在各项油田赔偿款还未划拨到位前,就召开村民代表会议讨论赔偿款使用问题,根据村民代表的意见认真制定分配方案,并通过公开栏及时向群众公开。油田赔偿款到位后,及时按分配方案兑现给群众,从而消除了群众的疑虑。

为提高村民的法律意识,预防各类违法犯罪行为的发生,我们还积极开展法制教育进家入户活动,对农民普遍进行了《土地法》、《民事诉讼法》、《治安条例》等国家法律、法规的培训,群众受训面达到90%以上。在此基础上,为每户都培养了一个法律"明白人"。通过开展法律进万家,既维护了群众自身权益,又促进了社会稳定,也增强了广大干部群众依法办事的能力,多年来该村没有发生一起上访案件和民事、刑事案件。

三、移旧俗　树新风　淳朴村风醉民心

良好的村风、民风是做好各项工作的基础,也是衡量一个村庄文明富裕程度的标尺。为树立一种淳朴和睦、勤俭持家的良好村风,我村连年都开展评选"五好家庭"、"十星级文明户"、"好媳妇"、"好婆婆"、"好妯娌"等文明创建活

动。近几年来，全村共评选出五好家庭24户，十星级文明户22户，好媳妇、好婆婆、好妯娌54人。每年都召开全体村民会，对评选出的五好家庭、十星级文明户、好媳妇、好婆婆、好妯娌进行表彰，并为她们披红戴花。我村的好媳妇季晓红精心侍候卧病在床的婆婆十几年如一日的事迹，一时在全县传为佳话。

为避免婚丧嫁娶大操大办，我们成立了红白理事会。红白理事会本着“新事新办，厉行节约”的原则，把结婚操办由以前的三天改为现在的两天，并规定不准大摆酒席，不招待庄乡。白事一律实行火化，不雇吹鼓手，一切从简。仅此一项，便可为当事人节省开支2000—5000元，受到了广大村民的欢迎。目前我村正在筹建祠堂，准备对骨灰实行集中存放。这样，不但可以减轻当事人的经济负担，也可以少占用耕地，同时对于树立良好的村风、民风也将起到更好的促进作用。

在除陋习的同时，我们还把弘扬优良传统作为一项重要内容，在全村大力发扬尊老、敬老的传统美德。村“两委”为全村70岁以上的老人和65岁以上的老党员每人发一个补助证，凭证每人每月可领到10元养老金。同时，村里的面粉厂每年无偿给每位村民加工小麦500斤。每年春节，村里还给每人分发10元钱的过节费，给烈军属贴对子。

发挥党员先进性作用
加快新农村建设步伐

聊城市东昌府区堂邑镇刘庄村
党支部书记　刘　耀

堂邑镇刘庄村共有130户，560人，21名党员，是一个依托集体经济发展起来的新型农村，村办企业—新星集团下设果蔬恒温库、蔬菜脱水厂、玛钢厂、速冻厂、食品厂等8个子企业，集团固定资产8600万元。2006年，全村实现工农业总收入2.1亿元，实现利税980万元，出口创汇580万美元，村民人均纯收入10000元。我村先后被评为“山东省村镇建设明星村”、“中国特色经济村”，“省级文明村”，荣获山东省首届“人居环境奖”；村办企业被评为“省系统级先进企业”、“省农业产业化重点龙头企业”等荣誉称号，并在去年11月份被农业部评为“全国乡镇企业走出去战略先进单位”。

一、抓好干部队伍建设这个关键，提高党员干部综合素质

我们认真开展了“让群众放心、让村民高兴”活动，努力把党支部建设成为带领村民走共同富裕道路的坚强队伍。在实践中，主要是把握三个环节，搞好干部队伍建设这个关键。一是按照“五好”党支部和“模范村委会”标准，加强村党支部、村委会的建设，制订了村干部十项制度，即政治学习、廉洁奉公、经济管理、民主生活会、依法行政、现场办公、扶贫帮困、群众监督评议、岗位责任制等，以此规范村干部的行为；二是提高工作效率，并规定村干部做到“三不”，即不进娱乐场所、不酗酒、不赌博，树立村干部一心一意抓经济、争发展的良好形象。在工作实践中，村两委成员，尤其是村支部书记，坚持以身作则，真抓实干，务实开拓，带头奉献，争做各方面的表率；带领和组织党员、干部积极工作；哪里有问题，党员干部就出现在哪里。党员干部的勤奋努力，为群众树立了榜样，密切了党群、干群关系。三是着力提高党员干部素质，认真学习党章以及各种法律、法规和市场经济理论。两委成员每年进区、镇党校轮训一次；组织村干部参加市、区有关部门举办的社会主义市场经济理论知识、法律、法规等讲座的学习。去年以来，已举办各类培训11班次，受教育党员干部63人次，使党员干部增长了知识，拓宽了视野，增强了驾驭市场经济的能力。

二、坚持以人为本，大力实施党群“凝聚力工程”

发扬党的优良传统，村支部事事处处关心群众，想村民之所想，急村民之所急，密切了党群、干群关系。一是建立群众联系户工作制度。每个党员就近联系6户村民家庭，经常与群众联系、谈心，了解他们的疾苦。村建立健全了党员电话值班、接待日等制度，使村民随时随地能够与党员干部进行沟通交流。这些做法，使党支部能经常地、及时地了解民情民意，及时为群众排愁解难。二是注重为民谋利益。在发展集体经济的同时，致力于多为群众办实事、办好事，努力提高村民的生活水平和生活质量，使村民得到更多的实惠。几年来，先后投入200多万元，用于水、电、路、通讯等基础设施建设，使刘庄村成为名副其实的“电话村、有线电视村、自来水村、秸秆气化村、温泉村”，成为远近有名的富裕村，成为市区两级新农村建设示范村，初步完成了由农村向城镇化的过渡。三是特事特办，重点照顾有困难的村民。对全村重病人、孤寡老人、残疾人、外来人，进行重点照顾，由村干部分户负责，在生产生活上为他们排忧解难。

三、抓好制度建设这个重点，用现代文明塑造新型农民

一是建立教育培训制度，不断提高干部、村民素质。我们村利用村民学校这个精神文明建设的重要基地，逐步建立起对村民教育培训制度，开展社会公德、家庭伦理道德教

育和科学文化知识培训。先后开设了文明村民、依法治村条例培训，农村卫生知识讨论、农业知识、焊接技术等培训班30多期，全村有360多人参加了各类培训。通过培训，118人获得了各种专业技术证书。目前，村民学政治、学文化、学技术蔚然成风，社会风气也更加文明健康。被评上“十星级文明户”的占全村总户数的97%，村里无一例刑事案件，民事纠纷也大大减少，无一例超计划生育，精神文明建设收到了实效，被命名为省级文明村。二是重视依法治村，建立群众自我教育、自我管理、自我服务的约束机制。认真坚持村民代表大会制度，每季度至少举行一次会议，并明确了村民代表大会的十项职能。村的生产计划、生产设施的投资，村里各种重大事项都由村民代表讨论决定。仅2006年，村民代表就提案20多条，民主采纳了12条，其中有新村绿化、温泉管网、文化设施等。村民高兴地说：“过去是干部说了算，现在是村民自己做主”。同时，根据国家的法律和法规，结合该村实际，修改制定了新《村规民约》，共10章79条，包含村公共事务和公益事业、经济发展的组织、生产的协调、集体土地和财务管理等6个方面的内容，成为村民自主管理村务的重要手段，成为干部、群众的行为规范，决定村内政务的准则。

新农村建设的擎旗手

高唐县尹集镇桃园新村
党支部书记　唐丹云

尹集镇桃园新村辖4个村民小组，村两委干部6人，党员66人，总人口1173人，耕地2038亩。桃园新村是由温庄、唐东、唐西三个村联村自治组建的新村，意为桃园三结义。新村成立以来，立足党建求发展，狠抓村级班子建设，建立健全制度，明确工作思路，探索出了一条强村富民之路。2006年实现集体经济收入5万元，农民人均纯收入4500元。先后被市县授予“三级联创”活动先进单位，基层组织建设先进单位，社会治安综合治理安全文明村庄等荣誉称号。2006年被县委、县政府确定为新农村建设示范村。

一、强化班子，健全制度，形成合力

联村自治以前，唐东、唐西两村财务管理较乱，遗留问题多，干群关系紧张，村两委班子屡建屡瘫，是全镇有名的坠脚村。温庄村两委战斗力强，群众威信高，发展思路清晰，各项工作一直在全镇名列前茅。针对这种情况，2004年按照县委、县政府联村自治的要求，镇党委、政府结合三个村的实际，制定了“政府引导、以强带弱、共同发展”的联村自治方案，同时结合村党支部、村委会换届，依法选举产生了桃园新村第一届村党支部、村委会。新的村两委，首先面对的是如何治理唐东、唐西两村的软、散、瘫，如何凝聚民心，取得群众的信赖和支持。经过村两委的反复研究，总结唐东、唐西的教训，借鉴原温庄村的管理经验，加强了村级五项规范建设，讨论制定了财务、用工、干部报酬等一系列管理办法。规定每月召开一次民主理财听证会，召集村组干部、民主理财小组成员、党员、群众代表，公开当月财务收支情况、用工情况，接受群众监督，群众对不明白的收支项目可以当场咨询，由村组财务管理人员当场作出解释，解释不清的项目民主理财小组不准入账报销。同时为了充分发挥党员干部的模范带头作用，规定每年的元月1日、4月8日(新村成立日)，7月1日、10月1日为党员干部定期活动日，支部汇报工作，党员干部逐个述职，增加了工作透明度，改善了党群、干群关系，激活了党员干部活力，提升了基层组织建设水平。一些难点、热点问题得到妥善处理，调整了原唐西村十七年没有调整过的土地，化解了原唐东村多年来遗留下来的村级债务。

二、多业并举，拓宽渠道，增加群众和集体收入

群众富不富，关键在支部。村两委在党员干部中开展了“依靠土地种什么，离开土地干什么”的大讨论，动员干部群众出主意想办法，发展集体经济，增加农民收入。一是加快农业产业结构调整步伐。组织群众到产业结构调整搞得好的朱庄、唐洼、王花园等村参观学习，邀请大棚状元来村里现身说法，激发群众种棚积极性。目前，全村累计发展大棚67个，棚均年收入12000余元，成为农民发家致富的主导产业。二是招引项目，发展民营经济。充分发挥南邻聊禹路、西邻两唐路、东靠县棉花二厂、西邻镇工业园优势，动员群众招资金、引项目，发展民营经济。先后发展工商业户30多家，引进棉纺织加工企业2家，建材企业1家，吸纳本村80余名群众进厂打工。同时，鼓励群众外出务工，尽可能提供务工路费和信息，通过不断努力，每年冬闲季节有近六成的青年农民外出打工，涉及农副产品加工、棉花贩运等行业，年均带回资金200余万元。三是盘活集体资产，增加集体收入。我村在县棉花二厂西、聊禹路北有块闲地，部分村干部主张卖掉，村支部经认真考察，说服干部、群众，由村里出资盖起了一处包括5间门头房的独院，租赁给外地经商的客户，每年征收6000元的租金，增加了集体收入。村北有一片40亩沙荒地，由于水浇条件不好，效益一直不高。村里积极与尹集砖窑厂联系，租赁给窑厂晾晒砖坯，一亩地承包费460元，每年增加集体收入18400元。桃园村成立后，及时规划，在满足村两委办公用房的基础上，将闲置

的办公用房租赁给一家民营企业，每年租赁费3200元。

三、出实招、办实事，群众得实惠

集体收入增加了，农民富了，对生产、生活质量的要求也更高了。为满足群众生产生活需求，投资20多万元开挖沟渠2700米，新打机井32眼，改善了群众生产、生活条件。同时针对柴草门前堆、厕所门前建、牲畜门前栓、鸡猪满街跑现象，开展了"精神文明一条街"创建活动，铺设了环村路、穿村路，安装了路灯，实行了门前三包，栽植塔松、垂柳1000余株，实现了街道的美化、亮化、绿化，结合新农村建设，依托聊禹路拓宽，在聊禹路北侧新建商住楼75间，改善了群众生活居住环境。为营造积极健康向上的新风尚，我们村还开展了以争做十星级文明户、五好家庭为主要内容的移风易俗活动，倡导红事新办、白事简办、优生优育、计划生育、团结互爱的社会主义新风尚，对20余户孤寡老人、烈军属，村集体每年供给600斤小麦、150斤玉米、50斤小杂米、24斤油、30元衣服费，每月20元零花钱，促进了全村社会的和谐发展。

完善机制促发展 建设和谐新农村

沾化县下洼镇东平村党支部书记　王荣凯

下洼镇东平村现有298户、745人，党员25人，村"两委"成员3人。全村1130亩耕地全部为冬枣密植园，被誉为"中国冬枣第一村"。近年来，村党支部在上级党委、政府的正确领导下，以加强班子建设为总抓手，大力发展特色产业，全面推进社会主义新农村建设，群众生活水平逐年提高。2006年，全村实现经济收入800余万元，村民人均纯收入达到1.05万元，先后被评为"全市双基工程先进单位"、"全市百强村(居)"、"全市民主法制示范村"、"市级文明村"、"省精神文明建设文明村"、"省计划生育协会先进集体"、"全市社会治安综合治理先进单位"。

一、强班子带队伍，为经济社会发展提供坚强保障

村党支部始终把班子建设作为加快发展的关键来抓，通过完善机制，进一步增强了党支部的坚强领导核心作用。一是不断加强自身建设。建立健全了形式灵活、内容丰富的日常学习制度，以制度的形式明确了村"两委"班子的权限，理顺了村"两委"关系，增进了班子团结，提高了班子的凝聚力和战斗力。二是落实党员先进性长效机制。探索建立了流动党员教育管理、党员目标责任管理机制等一系列制度，保障了党员先进性教育活动常抓不懈。三是实行党员设岗定责。强化党员联系户制度，划分党员责任区，每名党员联系户10—15户群众；结合实际，为全体党员设立了旧村改造迁占岗、街道绿化美化岗、旅游景区建设岗、治安巡逻岗、纠纷调解岗等10多个岗位，实现了每名党员肩上有担子，人人工作有目标；实行为民服务代理制度，设立党员为民服务代理点，无偿为困难群众提供力所能及的服务，并将代理服务情况向党支部每月一汇报。

二、抓结构调整，以特色产业带动经济发展

村党支部始终把经济发展放在首位，立足区位、资源和产业优势，加大结构调整力度，为各项事业的发展打牢了经济基础。一是做强沾化冬枣产业。大力推广无公害标准化生产，走出了一条"靠规模要效益，靠质量树品牌，靠品牌拓市场"的冬枣产业发展路子，被县镇两级确定为"沾化冬枣标准化生产示范基地"。为提升冬枣产业化、组织化水平，村党支部发起成立了冬枣协会，积极与知名龙头企业联姻，同滨州裕华公司签订了长期合作合同，形成了"企业+协会+基地+农户"的产业化发展格局。2006年，全村生产优质冬枣400万斤，创产值1000多万元，被县委、县政府评为"全县冬枣标准化生产先进村"。二是做大生态旅游产业。先后投资50多万元开发整合优质冬枣园，精心培育13处冬枣采摘园，修建了游园通道、观枣桥、钓鱼台、"泛舟秦口河"、"农家乐"等新景点，吸引游人住农家院、吃农家饭、听农家戏，年均接待游园采摘游客5万多人次。2005年10月，以东平村冬枣旅游采摘园为主体的沾化冬枣生态旅游景区被国家旅游局评为"AAA级旅游景区"。2006年10月又被评为全省农业旅游示范点。三是做活民营经济。为激发全民创业热情，村党支部研究制定了10项优惠政策，鼓励村民在东滨路两侧建起商贸小区。2006年，农资销售、餐饮、机动车修配、冬枣保鲜储存等多个项目落户小区，实现营业收入300万元。同时，围绕冬枣产业，积极开展特色招商，先后引进县外资金1000多万元，项目涉及冬枣保鲜、冬枣深加工等多个领域。投资300万元的捻线厂和投资170万元的海产品批发及冬枣深加工项目已经竣工投产。

三、力促"三个文明"，推动社会主义新农村建设

在抓班子带队伍、加快经济发展的同时，村党支部把精神文明建设、推动村民自治与新农村建设有机结合起来，促进了经济社会和谐发展。一是加强精神文明建设。创新开展"十星级文明户"创建活动，广泛开展社会公德教育、现代文明教育和移风易俗教育活动，全村95%以上的农户被评

为"星级文明户"。投资4万元建起了党员电教活动室和图书室,投资2万余元建起了计划生育宣传一条街和精神文明建设一条街。二是加强基础设施建设。制定了新村建设规划,坚持从治理脏、乱、差入手,规范民居建设,加强环境整治。大力实施"三化三清"工程,去年投资12万元对村内所有街道进行了绿化,投资32万元铺设了村内"两横一纵"地下排水管道,投资2.6万元建设花池一座。目前,村"两委"班子正在积极筹备,计划投资30万元建设办公楼、安装新路灯、完成自来水入户改造工程、修建水冲式厕所。三是加强村民自治建设。建立健全了《村民自治章程》、《村规民约》、《村民议事会制度》、《村民会议制度》、《村委会任期目标及工作计划》等一系列制度;深入开展"民主议政日"活动,设置了高标准的村务公开栏,对群众关心的热点、难点问题及时、全面公开。

争创"五好"党支部 加快建设新农村

博兴县博兴镇椒园村党支部书记 杨玉民

椒园村现有660户、2300人、党员80名。近年来,椒园村深入开展"三级联创"活动,将争创"五个好"村支部与建设新农村紧密结合,努力建设工业化、市民化、城镇化、和谐化、法治化的新椒园。2006年,全村人均纯收入达8500元。先后被授予省级"先进基层党组织"、"文明村"和市级"文明单位"称号。

一、选准壮大集体经济好路子,实现生产发展

按照"发挥城郊区位优势,工业兴村壮大经济,带动实现全面发展"的思路,在充分调研的基础上,筹资3000多万元兴建了城东大市场,建成了木材、竹器加工批发市场,钢材、铝材批发市场,车辆物流中心,农用车交易中心等六个专业市场,成为鲁北最大的农村工业和商贸流通交易业园区,其中,城东大市场规模达3800多亩,年销售额达3亿多元。先达化工公司、万达工艺品有限公司、中日合资东丽纺织有限公司等40余家企业落户市场。依托大市场的带动,餐饮、汽车修配、出租、旅店、劳务输出等第三产业迅猛发展,农业的主导地位已被第二、三产业所取代,农村的城镇化率明显提高。2006年,全村民营业户发展到300户,占总户数的40%;运输户达380户,占总户数的57.5%,全村实现固定资产达8000余万元、年产值1.5亿元、利税近千万元。

二、建设自富带富能力强的好队伍,实现生活宽裕

一是强化创业意识。村"两委"成员和群团组织负责人均拥有1—2个致富项目,党员或党员户带头发展个体私营项目。对政治素质高、创业有成的青年,优先推荐为入党积极分子或后备干部。全村80%以上的党员户成为致富示范户,9名入党积极分子和5名后备干部全部成为农业产业化或个体经济带头人。二是强化技能培训。通过参加党校轮训、现场观摩、聘请专家讲座、现代远程教育等方式,对党员干部进行市场经济知识、实用技术等方面的培训,引领党员干部"调整产业结构先试一步、发展多种经营先干一步、跑市场闯市场先走一步",为广大群众做出示范。三是实行党员联户制度。根据党员致富项目和农户特点,组织每名党员联系帮扶5—10户群众。在党员干部的带动下,全村家家有项目、户户有存款,真正实现了生活宽裕的目标。

三、创建城镇化发展好业绩,实现村容整洁

在生产发展、壮大集体经济的基础上,狠抓小康业绩建设。坚持规划先行,聘请市、县规划局完善《椒园村新农村建设规划》。投入300万元对村内街巷全部硬化,并配套路灯、封闭式下水道和道路绿化带。大力整治村容村貌,以"三无"(无乱搭乱建、无乱堆乱放、无畜禽乱跑)、"四化"(硬化、净化、绿化、亮化)为目标,对柴堆、粪堆、垃圾堆进行整治,积极探索农村环境卫生、公共事务管理的长效机制。每年从集体收入中出资进行村道路、给排水、垃圾处理、架设有线电视线路、铺设宽带网络等基础设施建设与配套;聘用15名年富力强的村民担任"保洁员",负责主要街道的卫生。全村街巷全部实现硬化、绿化、亮化,户户通上自来水,有线电视、电话安装率达到100%,生产、生活和生态环境彻底改善。

四、完善规范化管理好机制,实现管理民主、村风文明

一是完善村务公开制度。始终坚持开展"民主议政日"活动,大事小事与群众商量。大到村里投资修路、架电,小到维修路灯、给哪家救助,召开村民代表议事会决定,一些重要事项召开村民大会,做到"事前议事民主化、事中决策科学化、事后监督规范化",保障村民的知情权、决策权、参与权、监督权。由村民选举产生的民主理财小组,定期核查村里的财务收支情况,每月5日在公开栏公布一次。二是健全自我管理机制。坚持依法治村和以德治村相结合,制定《依法治村章程》和《以德治村公约》,将村级管理工作纳

入法制化、规范化轨道。建立并发挥村调委会、红白理事会、计生协会、治安巡逻队等群众组织的作用，引导群众自我管理、自我服务，形成村民广泛参与、管理规范有序的工作机制。多年来，全村未发生一起刑事案件和越级上访事件。三是完善精神文明创建机制。坚持物质文明和精神文明一起抓，努力建设“文明椒园”。将村小学并入县乐安实验学校，使300余名学生接受名校教育，全村学龄段儿童入学率达到100%，中考和高考年年都有好成绩。大力推进农村合作医疗，个人缴纳部分全部由村里承担，防止群众因病致贫。开辟健身场所，购置健身器材，使群众拥有休闲、娱乐、健身场地。在街道两侧制作法律法规、村规民约、科学知识和卫生保健等宣传专栏，让村民在耳濡目染中得到教育提高。广泛开展“尊老敬老”等评选活动，让群众在争创活动中实现自我教育、自我提高。

推进基层组织建设
夯实新农村建设基础

邹平县魏桥镇党委书记　王　飞

2006年，魏桥镇把基层组织建设列入党委“一号工程”，深入开展“三级联创”活动，大力实施“双基”工程，不断巩固党的执政基础，推动社会主义新农村建设扎实开展。实现工业总产值230亿元，财政总收入1.7亿元，其中地方财政收入5640万元，农民人均纯收入5560元，城镇化率达到56%，被评为“山东省十大名镇”和“全国小城镇建设示范镇”。

一、抓队伍，发挥党员先锋模范作用

坚持把队伍建设放在农村基层组织建设的首要位置，培养选拔“双高双强”型党员，为新农村建设提供强有力的人才保障。一是选好村支书。建立长期有效的农村党支部选拔机制，注重从农村致富带头人、退伍军人、回乡青年和外出务工人员中优先选拔，使他们成为新农村建设的带头人。通过在全镇普遍推行“两推一选”制度，将一批会干事、能干事、干成事的党员干部推上了支部书记的位子。2006年，全镇调整任用12名村党支部书记，45岁以下的达60%，高中文化程度以上的达51.9%。二是用好村干部。将农村工作分解为基层组织建设、民主法制建设、经济建设、社会治安综合治理、精神文明建设、计划生育、中心工作等内容，建立健全了村干部任期目标和年度目标考核奖惩、村民代表岗位职责、民主评议党员和村民代表等制度。对村干部、党员的职责任务作了明确规定，村支部、村委会按照职责分工将目标分解到每个岗位和个人，形成人人肩上有担子、有压力、有动力，各司其职、各负其责的农村工作目标体系。三是管好“当家人”。在全面完成连村会计考选聘用的基础上，建立起了农村会计教育管理、培训考核、待遇奖惩的长效机制，全镇29名连村会计均达到高中(中专)以上文化程度，平均年龄29.5岁，从根本上解决了农村会计年龄老化、素质不高、关系复杂等弊端和问题。2006年，全镇涉及农村财务问题的来信来访同比下降了38%。

二、强班子，发挥基层组织战斗堡垒作用

按照“促先进、推中间、拉后进”的工作思路，对不同类型的村级班子，进行分类施治，具体指导，提高凝聚力、战斗力、向心力。一是促先进。加强了先进村班子的教育、管理、督导，使其在全镇农村工作中切实发挥排头兵的示范作用。实行分层次的农村干部教育和管理方法，对先进村班子尤其是班子的主要领导进行党的基本知识、为民服务意识、带领群众致富本领的教育，对出现滑坡倾向的村下派干部督促召开村两委成员和党员会议，进行反复引导教育，严要求、高标准，压担子、加任务。全镇有1个村集体经济收入超过400万元，超过50万元的村达到8个。二是推中间。针对中间村基础较好但又安于现状的问题，对中间村班子坚持加强外力、启动内力，通过组织外出参观、培训教育，引导其提高境界、大胆工作；建立完善竞争激励机制和管理制度，激发班子成员积极性和创造力，促其上进，力争上游。全镇有8个中间村晋升为先进村，3个村有了工业企业，5个村发展起了特色农业。三是拉后进。把后进班子转化作为农村班子建设的重中之重，从机关干部中挑选了12名农村工作经验丰富、处事能力强、办事公道、头脑灵活、路子广的干部组成工作组，进驻全镇6个“三类村”进行包扶。镇党委与包扶干部签订责任书，实行抽调人员与原单位脱钩，集中精力抓后进班子转化，使“三类”班子减少到了2个，有2个村跨入了先进村行列。

三、建机制，促进长效管理

一是扎实开展“民主议政日”活动。坚持每月5日的“民主议政日”活动，实行“六会议事”，即村级事务要经过支委会、村委会、“两委”联席会、党员大会、村民代表会、村民会议决策。实行镇党委成员包责任区、机关干部分包82个村制度，包村干部及时填写上报“民主议政日”活动申报表和反馈表，全程参加所包村的“民主议政日”活动，充分发挥指导、组织、监督作用，确保活动程序规范、内容合理、决策有效、公开全面，避免走过场。二是不断完善矛盾纠纷排查调处机制。在深入细致进行矛盾排查的基础上，认真搞好《农村干部群众征求意见表》、《农村干部群众矛盾排查调处表》的填写，及时掌握农村工作中存在的问题。整合政法口

力量实行合署办公，整合综治、信访、司法等部门力量，加强协调，跟踪处理，极大地提高了处事能力和效率，化解矛盾16起，促进了农村社会稳定。三是严格规范村务公开制度。对全镇所有村村务公开全部实行“六统一”，即公开的内容、形式、程序、标准、时间、材料统一要求。由村党支部提交党员会议和村民代表会议讨论通过，由村书记、主任签字后，每月在村务公开栏内进行公开。同时，每半年向群众发放一次明白纸，接受群众质询，减少群众疑问，基本杜绝了因村务、财务不公开问题引发的群众上访问题。

挖潜聚能显实力
卸任定责创佳绩

成武县苟村集镇苟村集行政村
党支部书记　祝庆民

成武县苟村集镇苟村集行政村共有4个自然村，22个村民小组，4500人口，123名党员，历届卸任村干部24人，其中党员有23人。近年来，我们加强了对卸任村干部的规范管理工作，想方设法发挥他们的作用，为村里的稳定、和谐和发展做出了贡献。我们的做法主要是：

一、诚心诚意表尊重，让他们心情舒畅不卸劲

卸任村干部在农村发展的各个阶段都付出了辛勤劳动，做出了很大贡献。虽然卸任了，但他们仍然是村里稳定和发展的重要力量，是村里的宝贵财富，理所当然地应该给予他们关怀和温暖。为此，村党支部首先统一思想认识，要求每位班子成员必须从自身做起，接待他们要热情，为他们办事要热心，做他们的工作要耐心。其次，每次传达上级会议和文件精神，或组织村干部学习时，都邀请卸任干部们参加，共同学习领会。三是定期向他们通报村务、财务工作情况，一些临时性的紧急工作随时给他们通报。四是实行大事旁听征询制度，在村里“一事一议”，或进行其他村级重大事务决策时，都要首先征求卸任干部的意见建议，并请他们列席有关会议。五是建立了与卸任干部谈心制度。通过这些做法，给他们创造了良好的工作和生活氛围，让他们感到村干部没有把他们当“外人”，从而化解了隔阂，拉近了距离，激发了热情。

二、尽心尽力办实事，让他们倍感温馨有干劲

针对卸任村干部实际情况，我们认真研究，决定除了在感情上尊重他们，给他们创造良好的心境，更重要的是多给他们办实事做好事，多给他们解决实际问题，多为他们排忧解难。

一是生活上关心。对生活困难的，特别是因突发事件造成家庭困难的，村党支部尽最大能力帮助解决，让他们充分感受到党组织的关心和温暖。如去年临近春节，一名卸任村干部的儿子在某建设工地出了车祸，村党支部积极协调，及时争取到保险公司1万多元的保险赔偿金，使他非常感动，表示要大力协助村里工作，在各项工作中做出表率。

二是生产上扶持。为了让卸任村干部成为村里的致富带头人，村“两委”一班人给予他们大力扶持，积极组织他们参加技术培训，掌握先进技术。在发展示范基地、优良品种推广时，优先安排他们，增加了他们的收入。对卸任村干部带头致富，搞企业、上项目的，给予大力支持，帮助跑资金、学技术、请人才。牛王庙自然村卸任村干部王敬亭联合刘经雨建设规模养殖场。村支部帮助跑贷款，动员群众参股，筹资20万元，建起了规模育雏鸡场，带动了周围群众搞起了蛋鸡养殖，其中有10个养殖大户，年户均收入3万多元。

三是定期上门慰问。每逢传统节日，村支部都组织现任村干部上门走访、慰问卸任干部。对生病、住院的卸任村干部由村主要负责人亲自上门看望，并送上慰问品或慰问金。

三、想方设法搭“平台”，让他们发挥作用多做贡献

村干部卸任后，一般都有一种失落感，得给他们找事干，让他们在干事业当中找回自我，丰富充实自己。因此，要积极为他们搭建“平台”，为他们发挥作用提供载体。一是村里成立卸任干部联谊会，从他们当中选举推出会长、副会长，建立了章程，订立了学习制度、考核制度和奖惩制度，把他们统一组织起来，纳入村党支部的统一管理。每季度组织一次大的活动，平时有急事随时召集，为村里重大事项的决策提供意见，当好参谋。同时，建立卸任村干部档案，对他们的任职时间、任职年限、工作政绩、卸任后帮助村里开展工作的情况都一一记入档案。对他们实行半年一考核，年终一评比，将考核情况记入档案，好的表扬奖励，表现差的批评教育。镇党委政府每年对发挥作用好的予以表彰一次，在表彰大会上给他们披红戴花，颁发荣誉证书，并给予一定的物质奖励，以鼓励他们离岗不离责，卸任不卸担，继续做贡献。二是开展“设岗定责”活动。从村里的实际出发，本着因事、因需因人设岗，发挥特长的原则，设立了党的建设、生产发展、生活服务、村容管理、民主监督、扶贫帮困、新风建设、普法宣传、民情恳谈、诚信和谐等十个岗位，每人至少一个岗位。通过定岗定责，充分发挥他们的特长，使他

们积极参与村级事务的管理与监督。还有一些卸任村干部当选为村民代表、党小组长，村支部下设的11个党小组，其中7个党小组长是由卸任村干部担任的。三是关键时刻把卸任村干部推上一线，发挥其带头作用。如在第二次土地调整时，有几个村民小组长因工作难度太大，撂挑子不干了，在村党支部的大力支持下，卸任干部邵洪德、赵德祥挺身而出，带领本组村民，利用自己的威望、经验，较好地解决了问题，同时还化解了架电、打井等前期积累下来的矛盾，帮了村"两委"干部的大忙。通过变"包袱"为"财富"，发挥卸任村干部的作用，有效地化解了矛盾，提高了办事效率，密切了干群关系，促进了农村和谐稳定发展。几年来，村里没发生一起恶性事件，也没有一起越级集体上访事件。

在"设岗评星"活动中展现农村党员的先进性

单县浮岗镇李汩坊行政村
党支部书记　李存轩

单县浮岗镇李油坊行政村辖5个自然村，1652人，耕地1856亩，党员42名，村党支部成员5人。自2005年9月份以来，村党支部在市、县两级组织部门的指导和乡镇党委的直接领导下，立足于建立保持农村党员先进性长效机制，积极探索农村党员教育管理的新路子，深入开展了农村党员"设岗评星"活动，使广大农村无职党员由无职变有职，由无责变有责，由无为变有为，提高了党员素质，增强了党组织的战斗力，促进了新农村建设的顺利开展。

村党支部在对每个自然村党员的年龄、文化、政治素质、能力特长、经济发展及发挥作用的情况以及广大党员、群众关心的热点难点问题进行详细的调研的基础上，有针对性地组织开展"设岗评星"活动，为无职党员搭建发挥作用的新平台。

（一）设岗明责，确定职数　结合实际，设置了新农村建设和行为规范两大类10个岗位：即生产发展岗、生活服务岗、新风建设岗、村容管理岗、民主监督岗、党建工作岗、扶贫帮困岗、普法宣传岗、民情恳谈岗、诚信和谐岗。每个岗位都明确了具体的职责要求。每个岗位需多少职数，由村党支部根据调查摸底、群众反映的情况而定。对群众集中反映的热点、难点问题，对照岗位职责多设置岗位职数，一岗多人，确保了岗位职责设置的针对性和有效性。

（二）申报选岗、支部定岗　设岗情况通过召开党员大会和村民大会进行通报公开，由党员自愿申报与群众民主推荐相结合，按照公开、平等、择优的原则进行。视党员能力、水平、特长，鼓励党员上新农村建设类的5个岗。最后，村支部参照党员申报、民主推荐和党员实际情况，集体研究确定上岗人选、人数，有能力的年轻党员和原担任过村干部的党员安排到任务比较繁重的5个岗位挑重担。上岗人选确定后，由村党支部与上岗党员签订《无职党员履行岗位职责》责任书。

（三）加强管理，督促履岗　实行"一月一碰头、半年一初评、年终一总评"。"每月一碰头"指村党支部每月召开一次支委会，对上岗党员履行职责情况进行沟通，做到对党员上岗履行职责情况心中有底；"半年一初评"指每半年由村党支部召开党员和村民代表大会，先由上岗党员向党员和村民代表述职，之后由党员和村民代表对每位上岗党员进行评议，肯定成绩，指出不足，对存在的问题，要求上岗党员限期进行整改。"年终一总评"指年终由村党支部召开党员和村民代表大会对上岗党员进行民意测评。村党支部在村内显著位置设立"上岗党员发挥作用情况反馈意见箱"，接受群众监督。

（四）按岗设星，评选定星　一是界定评星内容。按岗设星，一岗一星。岗与星的名称、内容对应。二是明确评星条件。各岗的职责内容即是党员获得各星的评比条件。能否得星、得几颗星主要考察上岗履责情况和对各岗、星规定的遵守、执行情况。三是制定评星标准。把每颗星的具体内容进行细化、量化，赋予分值，每颗星10分，其中上岗履责3分，督促无职党员尽量上岗。并区别不同类型党员，确定不同最低上星分值：现任村干部党员9分、原村干部党员和青年党员8分、外出打工党员和年老体弱党员7分。结合"年终一总评"，评星每年一次。四是严格评星程序。分党员自评、党员互评、群众参评、支部初评、结果公示、支部评定、党委审查、激励奖惩8个具体步骤。获得5颗星以上的党员，即为合格党员；获得8颗星以上的党员，可评为优秀党员。并制作"星级党员"牌匾，挂在党员家的大门上。对素质好、有培养前途的年轻党员，可以优先考虑作为村级后备干部或集体经济组织的负责人。同时，对评星实行动态管理，优者增，差者减。对获得4星以下的党员，本人要写出整改报告，明确整改措施和时限，支部指定专人靠上帮扶。

为进一步推动"设岗评星"活动的深入开展，从2006年春节后开始，村党支部实行了党员"履责践诺制"，即把无职党员的岗位职责细化到具体的任务指标，具体的实事。大到组织修路修桥，小到调解邻里纠纷，都是群众关心的热点问题。每位无职党员在支部的指导下，都明确了2件以上自己履责期间要做的具体事项，并通过村民大会公开承诺，接受党员、群众监督。践诺制实行一年多来，全村无职党员共为村民办实事好事110件，件件办到了群众的心坎上。

李油坊村“设岗评星”活动开展以来，已经取得了明显的效果，显示出了顽强的活力。一是村支部班子活起来了。活动开展前，村各项工作支部书记一人挑，党员村干部定责后，千斤重担大家担，支部成员各负其责，班子成员的积极性和创造性得到充分发挥。二是无职党员动起来了。通过开展活动，真正解决了无职党员“无权管事、无岗办事、无法理事”的问题。三是促进新农村建设的顺利开展。活动开展以来，全村新增个体、联合体木材加工企业19家，新发展蚕桑面积500亩，新增养殖专业户51户，新建卫生厕所180座。村庄的街道干净了，庭院整洁了，全村党员、干部的精神面貌发生了深刻变化，建设社会主义新农村的强大合力已初步形成。

促进农村特色经济快速发展

郓城县彭楼镇前牟村
党支部书记　牟善政

近年来，彭楼镇前牟村党支部集中群众智慧，坚持用市场化理念不断完善统分结合的经营机制，以家庭养鸡为支柱产业，在短短三年的时间内，这个仅有120户的村大力发展养鸡事业，总量就超过15万只，仅此一项，人均年增收入3000多元，成为全市乃至全省有名的小康村。走进前牟行政村，处处让人感受到扑面而来的和谐新风。群众说：“我们一个村就是一个家，支部啥事都办到俺心坎里，所以支部指向哪里，我们就跟向哪里”。2006年，村党支部被市委评为“先进基层党组织”，并被县委授予“农村红旗党支部”称号。

一、市场化运作，群众性组织，养鸡协会，前牟村党支部的“策源地”

推动农村经济发展，增加农民收入，必然要求提高农民的组织化程度，为群众搞好全方位、系列化服务。这既为农村基层党组织充分发挥作用带来了挑战，又为推进农村和谐提供了舞台。2000年，在村党支部的倡议下，前牟村成立了养鸡协会，会长由原村支部书记牟乃平担任，吸收村党员干部和养鸡专业户为会员，现共有会员59名。协会重点搞好五项服务：一是信息服务。及时掌握市场供求情况，为群众提供可靠信息，最大限度地避免盲目生产。二是技术服务。定期举办养鸡技术培训班，同时，选出几名有文化、头脑灵活的青年人到外地学习新的养殖技术。三是物资服务。组织专门人员统一购置鸡苗和养鸡设备，在饲料和疫苗供应上，统一进料、统一结算。四是销售服务。成立了集贸市场，多方联系客商来村收购，与客商保持经常性联系。同时，组织专人向外运输销售，对销售人员实行销售收入提成，激发他们的积极性。五是维权服务。努力维护养殖户的权益，出面帮助解决一家一户办不了的事，如帮助养殖户同一家生产不合格药品厂家交涉，最终讨回了10000元的赔款。村里的重大决策都先征求协会的意见，讨论后通过，并在协会监督下落实。决策一旦生效，协会会员带头执行，增强了村党支部的凝聚力和战斗力。

二、支部帮党员，党员带群众，帮带活动，前牟村党支部的“助推器”

实施帮带、共同致富，是强化宗旨观念、践行“三个代表”的必然要求，是党组织向心力和党员先进性的具体体现，也是农村经济发展和社会稳定的助推器。三年前的前牟村，养鸡户不到10户，养鸡总量不过2万只。养鸡业的迅速膨胀离不开村党支部的引导和协会的帮带。一方面，支部通过协会帮党员。该村党员牟善哲1994年打算建养鸡厂，村党支部在场地、技术、资金等方面给予了最大限度的支持，仅一个月的时间，投资3万元的养鸡厂投入生产。在他的带动下，该村党员牟善奎、牟善政养鸡厂也相继建成投产。该村党支部把这三户作为全村发展养鸡业的典型，先后为他们贷款12万元，并积极提供技术支持，他们养的鸡生长快，发病率低，产蛋率高，连续二年效益均在3万元以上。活生生的事实使群众看到了希望，受到了启发鼓舞，提高了认识，迸发出了养鸡的热情，养鸡业得到迅速发展。另一方面，党员带群众。以前，村民牟善忠一家六口人，三间破瓦房，没有什么经济收入，该村党员、协会会员牟善哲主动与他结成帮扶对子，一次性无偿借给他启动资金2万元，并帮助他建好鸡舍，购进了4000只良种蛋鸡苗，同时将技术毫无保留地传授给了他。由于牟善忠肯钻研，会管理，当年纯收入就达5万多元。目前，全村共结成这样的帮扶对子30余个，已有20多户贫困户彻底摆脱了贫困。

三、全方位宣传，经常性教育，高音喇叭，前牟村党支部的“连心桥”

前牟村富了，但村支部清醒地认识到，不能富了“口袋”、穷了“脑袋”，必须在发展经济的同时，倡树文明新风，构建和谐社会。党支部十几年如一日，采取多种形式对群众进行经常性教育，其中最有代表性的就是喇叭宣传，坚持每周至少讲三次。并且只要喇叭一响，大部分群众都驻足认真收听，唯恐漏听一句话，没有收听到的群众也积极询问讲话内容。村高音喇叭的主讲人是退休多年的原村党支部书记牟乃平，每月只领17元的工资，可他工作热情不减，主动承担在村高音喇叭上宣传政策的义务，坚持群众最需要什么，他就宣传什么，群众中存有什么不好的现象，他就公开提出批评。由于他讲的事事句句都在理儿,难怪群众都喜欢听。

前牟村党支部引导群众组建了协会,协会帮助会员实现了养鸡利益的最大化,使更多的群众走上了致富路。群众信服协会,拥护党支部的领导核心地位,该村各项工作都取得了很大的成绩。多年来,前牟村没有一起违法生育现象,没有出现过一例刑事案件,更没有一次群众集体上访事件的发生。邻里互帮互助,家庭和睦相处,村里新风扑面,处处呈现出一派安定祥和的景象。

社 区 党 建

高扬党旗
携手共建和谐社区

济南市历下区文化东路街道中创开元
山庄社区党支部书记　李　冲

历下区文化东路街道中创开元山庄社区位于风景秀丽的千佛山脚下，三面环山，环境优美，被誉为人居魅力小区。社区现有居民1480户、4600余人，其中党员74名。社区党支部一班人紧紧围绕建设和谐社区的目标，以服务群众为重点，以精神文明建设为抓手，不断创新社区党建工作，实现了党对城市高档封闭社区工作的有效领导。社区先后被授予全国社区服务示范社区、国家级交通安全社区、山东省社区建设示范社区、山东省和谐示范社区、全省先进文化社区、济南市先进基层党组织、济南市文明社区、济南市居民满意社区等30余项荣誉称号。

一、凝聚各方力量，打造和谐社区的"魂"

社区党支部从高档封闭社区的特点出发，注重调动各个方面的积极性，创新社区管理模式，完善社区工作理念，加强社区工作者队伍建设，努力打造和谐社区的"魂"。

（一）建立"四位一体"的社区管理模式　中创开元山庄建成之初，社区党支部和居委会没有建立，社区服务工作非常薄弱，给居民的工作和生活带来很大不便。为加强党的基层组织建设，妥善解决社区存在的各类问题，2002年10月，中创开元山庄率先在全市高档封闭小区建立了党支部，并组织居民依法选举产生了社区居委会，健全了社区工作的组织网络。党支部成立后充分发挥领导核心作用，制定了党支部、居委会、物业公司、居民四方代表例会制度、联合办公制度和居民评议制度，建立了以党支部为领导层、居民代表会议为决策层、居委会为执行层、物业公司为服务层"四位一体"的社区管理模式，形成了各司其职、各负其责，共同推进和谐社区建设的工作新格局。

（二）形成独具特色的社区理念　党支部成立后，秉承"以人为本，心系居民，服务群众"的工作宗旨，确定了"十让"的工作目标，即"让党员的作用发挥起来，让陌生人熟悉起来，让老年人愉快健康起来，让儿女的精神轻松起来，让方便居民的服务多起来，让社区志愿者多起来，让志愿奉献者光荣起来，让社区的文化丰富起来，让信息化小区建立起来，让小区文明发扬起来"。在创建和谐社区的过程中，党支部提出了"爱党爱国爱社区，亲情友情邻里情"、"互识、互知、互动、互帮、互爱"、"小手拉大手，小家连大家"、"做有钱人，更做文明人"、"千金买房、万金买邻"等社区理念，培养以和为真、以和为善、以和为美、以和为贵的共识，潜移默化于居民的行为中，提高了居民对社区的归属感和认同感，增强了社区的凝聚力和向心力。

（三）建设一支高素质的社区工作者队伍　党支部成立伊始，文化东路街道党工委积极协调，聘请综合素质高、工作能力强的中创软件集团党委副书记李冲兼任社区党支部书记。在选好社区当家人的同时，通过面向社会公开招考，选聘了三名具有大专以上学历的年轻人从事社区工作，并聘请社区片警担任社区居委会副主任，组建了一支充满活力、素质优良的社区工作者队伍。为加强自身建设，党支部在班子成员中建立了集体学习、民主决策、民主评议三项制度，建立了规范的活动室，配备了"两机一室"等设备，定期组织学习党的知识和社区管理知识，不断提高综合素质。

二、拓宽服务渠道，深化服务内容

社区党支部坚持以居民需求为导向，以服务群众为重点，充分调动物业公司和社区党员的积极性，共同搞好社区服务工作，不断提高了服务水平和质量。

（一）充分发挥社区党支部在服务群众中的作用 社区先后建立了老年活动站、卫生站、家政站、心理疏导站、计生指导站、居民代办站等八大站，为居民提供生活配送、婚育培训、扶老托幼等服务。依托社区局域网，建立了社区网站，向居民发布信息、宣传法律法规和政策，并开展网上办公、互动交流等服务项目，使传统的“串百家门，知百家情”跨越到了“网连百家门，网牵百家情”。

（二）充分发挥物业公司在社区服务中的作用 社区党支部多方进行协调，在社区成立了由老党员、居民代表、社区民警和物业公司代表参加的居民理事会，建立了沟通、对话的平台，进一步缓解和消除了居民和物业公司之间的矛盾。在党支部的努力下，物业公司和居民之间的关系越来越融洽，物业公司的工作越来越好做，过去居民拖欠物业管理费的现象比较多，现在物业管理费收缴率达到了95%以上。物业公司在做好分内工作的同时，也充分发挥自身优势，主动出钱出力，支持社区建设。

（三）充分发挥社区党员在服务群众中的作用 社区党支部在加强党员教育管理的同时，明确要求社区党员在日常工作和生活中做到“五带五心”，即带头遵纪守法，让群众称心；带头维护治安，让群众安心；带头倡导文明，让群众开心；带头美化环境，让群众赏心；带头互相帮助，让群众暖心。党支部建立了“党员联系册”，对社区党员的基本情况分门别类进行了登记，并根据党员的特长，在社区在职党员和离退休党员中设立了文体活动、安全巡逻、环境卫生、法律咨询等“十大岗”，通过党员义务奉献日、党员活动日、模范党员交流日等形式，为党员发挥作用提供了舞台，树立了党员的良好形象。

三、加强精神文明建设，形成和谐的人际关系

社区党支部以融洽居民关系、提高居民素质为着力点，通过组织开展丰富多彩的精神文明创建活动，引导社区居民关心社区发展、参与社区建设，形成了各方齐心协力共建和谐社区的良好局面。

（一）开展丰富多彩的文体活动 社区建立了文体活动室、居民学校、文化广场，组织开展棋牌、台球、网球比赛、消夏晚会、知识讲座等各种活动。还把有文艺特长的居民聚拢在一起，成立了“夕阳红艺术团”、“戏迷俱乐部”等群众团体，邀请专业老师设计、排练节目。在社区党支部的精心策划下，植树、外出游览、运动会、节日庆典、“春之声”演唱会、电影消夏晚会、春节联欢会等，一年到头活动不断，精彩纷呈。丰富多彩的文体活动陶冶了居民的情操，营造了浓厚的社区文化氛围，满足了不同层次居民的文化需求，吸引越来越多的居民走出家门，走进社区这个大家庭，使社区像磁场一样把居民紧紧地聚集在一起。

（二）大力开展社区志愿者活动 在社区党支部的积极引导下，社区居民越来越把社区当成自己的家，积极投身社区公益事业中，志愿参与社区建设。党支部在社区精心挑选31名群众威望高、热心公益事业、有责任感的居民担任片区长、楼长，成立了以社区离退休党员为骨干的党员义工队伍，建立了计生志愿者、安全协管员、绿化美化队等各类志愿者队伍，义务为居民服务。社区各类志愿者队伍和社区工作者队伍一道，成为社区建设的重要力量，使社区形成了大事有人抓，小事有人管的良好局面。

（三）营造和谐的社区氛围 社区定期召开居委会、居民和物业公司代表参加的“我们都是一家人”座谈会，并邀请保洁员、保安员、维修员来参加，感谢他们对社区建设做出的贡献，倾听大家的心声，了解彼此的困难，为创建和谐社区建言献策。针对社区富人较多，夫妻感情压力大的现状，党支部开展了“相约星期四，说说心里事”活动，帮助居民化解烦恼。社区先后评选出“和谐家庭”8户，社区居民李健一家还被授予全国“五好文明家庭”荣誉称号。社区每年都举办“邻里节”、“百家宴”、“中秋赏月”等活动，把四方八邻组织在一起参加活动，让他们欣赏着自编自演的节目，品尝着自己烹制的菜肴，体味着温馨的邻居情。如今，走在社区中，即使是相互不认识的居民，也会微笑着点头打招呼，邻里之间的感情更是亲密无间。有的居民出远门时，放心地把钥匙交给邻居保管，社区中“我为人人、人人为我”的文明和谐氛围日益浓厚。

开拓创新抓党建
凝心聚力促和谐

青岛市四方区洛阳路街道海琴社区
党委书记 夏玉波

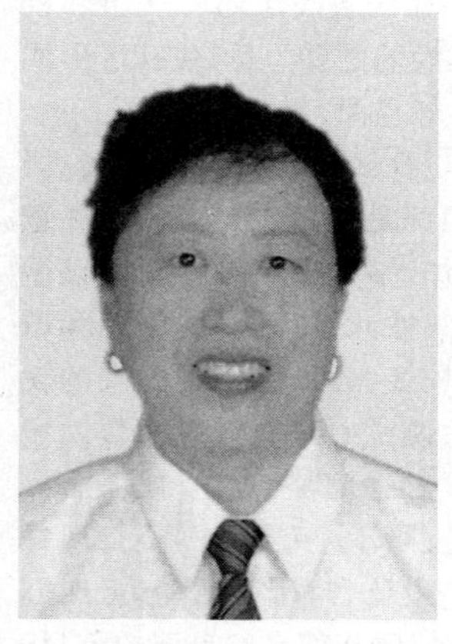

海琴社区位于青岛市四方区北部洛阳路街道办事处辖区内,面积0.89平方公里,共有56个楼座,3200户,10200人。海琴社区党委下设8个党支部,25个党小组,共有直管党员454人。近年来,海琴社区党委坚持以邓小平理论和"三个代表"重要思想为指导,不断探索社区党建工作新思路、新方法,逐步形成了以社区党委为核心,以党员队伍为主体,以服务社区居民为重点内容的立体式、多元化的社区党建工作新格局,收到了"小规模大文章、小资源大服务、小单元大作用、小活动大团结"的良好效果,牢牢巩固了和谐社会建设的最前沿。先后荣获山东省先进基层党组织、青岛市基层党建示范点、青岛市文明单位等荣誉称号,社区的多项工作也先后被中央电视台、《中国社区教育》、《青岛日报》、青岛市电视台等媒体予以报道,省、市、区各级领导先后到海琴社区检查调研党建工作并给予高度评价。

一、坚持与时俱进,加强组织建设,靠班子的精诚团结带动社区不断进步

社区党委探索了"学习带动、工作推动、监督促动""三动"工作法,以此作为全面抓好班子建设的有力抓手,不断增强基层党组织的核心凝聚力。

(一)学习带动,练就领先本领 认真落实班子成员中心组学习制度,将学习作为推动社区党委自身建设的有力保障,并积极创新党员集中学习和党员日常教育的方法,将《海琴社区报》作为组织党员学习交流、加强党员素质教育的新阵地,在每月1日、15日的党员学习日上采用"轮流主讲制",把学习、议事、交流讨论有机结合起来,加强了对党员的教育。

(二)合力推动,铸就坚强堡垒 班子上下牢固树立了团结出战斗力,团结出工作业绩的意识,创建全国文明城市期间,社区党委一班人顶烈日、冒酷暑,积极投身到创建文明城市的劳动中,三个多月没休息,由于班子的精诚团结,最终以优异的成绩迎接了入户调查任务,得到了全国文明办城调队员的一致好评,为青岛市创城工作做出了积极贡献。

(三)监督促动,塑造满意形象 严格执行民主集中制,自觉加强对班子建设的全方位监督。在充分发挥党内民主的基础上,认真听取同志们的意见和建议,切实做到民主集中、集体领导、个别酝酿、会议决定。定期召开民主生活会,开展批评与自我批评。在全区范围内开展的民评民、民评官、民评政的"三评"活动中受到群众好评。

二、坚持因地制宜,丰富活动载体,靠服务群众、打造精品树立起社区党建品牌

(一)探索创建"楼组党建"的党组织先锋品牌 社区党委把居民楼组作为发挥党员先锋模范作用的重要阵地。按照区委的统一部署,2005年12月,社区党委率先在3个楼座党支部开展"楼组党建"工作试点,2006年在社区推广了这一做法,社区共建立楼院党支部8个,单元党小组35个,按照"便于党组织管理、便于党员参加组织生活"的原则,将单元党小组作为党组织最基本的活动单元,以"双学"、"三亮"、"四带"、"五联"、"六员"为抓手,组织开展了"小巷论坛"、"楼道心得交流角"、"客厅组织生活会"和"党员先锋楼"等形式多样的"楼组党建"活动,将每个党员的教育管理纳入更小的网格,为每个党员"量身定做"既符合党员先进性标准又体现党员特色的党员教育管理新模式。各楼座党员根据自己能力大小,还纷纷签订了承诺书,如党员徐云庆承诺"居民想照相,就找我"等,激励党员自觉为群众服务,党员们积极行动起来,自发组成了"方针政策讲解员、先进文化传播员、扶贫济困服务员、文体队伍组织员、教育儿童辅导员、邻里纠纷调解员、社区治安巡逻员、社区绿地养护员"社区志愿者"八大员"队伍,带头参与社区建设,仅去年以来,就开展各类文化宣传活动745次,组织各类义务劳动160多次,化解民事纠纷187起,接受居民服务求助1000余次,为群众办好事实事550余件,为社区文化、卫生、稳定等工作做出了积极贡献。

(二)精心打造"一管三带一联"党员先锋品牌 随着社区党员数量不断激增、党员成分日益复杂,社区党员"管理难、教育难、作用发挥难"的问题日益突出。社区从党员管理基础工作抓起,创建了以"管好自己、带好家庭、带好邻居、带好楼院、联好户"为主要内容的"一管三带一联"党建品牌,让每名社区党员首先管好自己,说话办事让群众服气,进一步带好自己的家庭,由家庭延伸到邻居、楼道、社区,联系好困难群众,践行党的宗旨。在"联好户"活动中,社区党委把党员按照"身体健康,能够参加社区活动"、"年轻与退休后在外打工"、"老弱行动不方便"分为A、B、C三类,动员A类党员全部行动起来,每人至少联一户,然后发动群众联户,在社区形成了一名党员联一户、多名党员联一户、一个党小组联一户、一个支部联一户等多种联户方式,帮助居民解决实际困难。活动开展以来,已有党员120多人次向社区60户特困户、3户孤老户、7户残疾人家庭伸出

了援助之手，走访谈心60多户，累计捐款8000余元。

（三）积极培育“365党员工作室”党建服务品牌 针对居民普遍反映的“平时上班没空办事，休息办事又不上班”的问题，社区党委在全市率先创立了以党员活动室为依托的“365党员工作室”，提出了“有事慢慢说，有我天天在”的服务宗旨，积极打造“365党员工作室”党建服务品牌，制定了相应的“365党员工作室”制度、“八上门”、“六必访”的标准，发动党员节假日来到社区为民服务，发挥党员的先锋模范作用，将社区服务工作真正落到了实处，做到了细处，实现了“海琴社区服务无空白”的目标。多年来，到工作室办事的人流不断，“值班室”、“谈心室”给党员和居民创造了面对面谈心、沟通、零距离服务的氛围。同时，党员们在接访谈心的同时，不辞辛苦“走出去，重点入户”，对社区所掌握的重点家庭和人员进行走访，协调解决问题。“365党员工作室”启动至今，已处理社区事务数百件，谈心745人次，调解邻里纠纷87起，排忧解难204件次，受到广大居民的一致好评。

三、坚持以民为本，讲究务求实效，靠干实事、解民忧赢得群众的拥护与爱戴

（一）千方百计解决“就业难”问题 近年来，社区党委高度重视对下岗失业人员的帮扶工作，在洛阳路劳动保障中心的协助下解决公益性岗位40余人，帮助下岗、失业人员实现再就业、非正规劳动就业累计达160人次，发动党员群众为困难家庭捐款捐物7万余元，真正把党的关怀和组织的温暖送到每一名群众的心坎上，受到群众的一致称赞。

（二）大力开展丰富多彩的社区文化生活 社区党委适时组建了海琴艺术团，下设秧歌队、舞蹈队、锣鼓队等多支文体队伍。开展了“奥运英语进楼院”、“生活连着你我他”、“党员队员手拉手、队旗伴着党旗飘”、“老党员给新队员佩戴红领巾”等系列主题教育活动，社区文化、家庭文化、楼院文化丰富多彩，在社区中形成一种浓厚的文化氛围，越来越多的居民走出家庭，走进社区大课堂。

（三）全方位加强居民健康服务 社区党委组织党员成立“义诊服务队”，举办健康教育讲座和计生、科普知识讲座6期，在海琴广场义务为260名居民测量血压，诊断日常疾病，为百姓身体健康提供咨询服务。及时发放儿童免疫接种通知，对育龄妇女积极进行优生优育、避孕节育、生殖保健，坚持送避孕药具和计生宣传袋上门服务，做到了计生工作制度措施三落实。

（四）精心打造优美整洁社区环境 海琴社区56个楼座基本上都是八十年代初建的老房子，不但楼旧，乱堆乱放现象也很普遍。近年来，社区党委先后组织人员150多人次，对管区主次干道、大街小巷居民楼院的卫生进行了拉网式的彻底清理整治，清除建筑垃圾、混合垃圾80吨，清除卫生死角5处，清除非法小广告200余条，粉刷居民楼院10座，为居民营造了优美整洁、和谐有序的生活环境。

在科学发展中激发党建活力

淄博市周村区永安街道灯塔社区
党委书记 刘荣喜

周村区永安街街道灯塔社区常住人口960户，4226人，其中回族330户，1320人，是周村区唯一的民族社区。社区党委下辖6个支部，共有党员115名。二十多年来，社区党员和广大群众在社区党委书记、主任刘荣喜同志的带领下，走出了一条民族团结、振兴经济的和谐发展之路，实现了党建带发展、发展促党建的良好局面。

一、始终高度重视和加强社区党建工作

社区党委充分认识到进一步加强和改进社区党的建设工作，是加强城市基层基础工作，增强党组织战斗力、凝聚力，巩固党的执政基础的迫切需要，是新形势下加强城市党的群众工作，密切党和群众血肉联系的客观要求。为此，社区党组织统一思想，强化认识，将社区党建工作列入重要议事日程，作为基层党建工作的重点来抓。结合实际，按照“五个好”的目标要求，建立健全社区党建工作责任制，确定责任目标和落实措施；及时研究社区党建工作的新情况、新问题，不断提高社区党建工作的整体水平，努力建立起与城市化进程相适应的社区党建工作的新机制，开创了社区党建的新局面。

二、切实发挥党建工作的最佳整体效能

（一）加强党委班子自身建设，强化领导核心作用 为做好社区的党建工作，社区党委从“三个关键环节”出发加强自身建设。一是抓学习。社区党委成员不断改进理论学习的内容和方法，提高班子成员的政策理论水平及工作能力水平。二是抓制度。从班子成员的思想、作风、纪律、工作抓起，用制度规范班子成员的思想、言行，增强班子的领导核心作用和执政能力。三是抓作风。“不勤难以成事业，不廉难以聚人心”，社区党委为增强凝聚力，转变工作作风，将原社区的三部办公轿车全部公开拍卖，又相继采取精简人员、取消公款报销话费等多项措施，拉近了党委同党员的距离。同时党委实行成员分片挂包各支部，全方位指导、服务、协调各项工作，做到“五个确保”：确保党的路线、方针、政策在各支部的落实；确保社区的中心工作顺利完成；确保党员的思想、工作、作风方面不出问题；确保居民关心的热

点难点问题能及时得到解决;确保社区的民族团结和稳定。

(二)加强基层党员队伍建设,夯实党建工作基础 党员是社区建设的骨干,发挥好社区内100余名党员的作用,共同为社区建设贡献力量,是社区党建工作的重要职责。社区党委为此采取了三项措施:一是加强阵地建设,强化对社区党员的教育。以社区党员活动室、党员现代远程教育为基础,分支部、分层次对社区党员进行理论、法规、技术等知识培训。在先进性教育活动中组织党员集中开展了各项学习活动,党员参学率达100%。通过学习坚定了辖区广大党员的理想信念,增强了党性原则,提高了党员素质,牢固树立了全心全意为人民服务的宗旨。二是开展组织活动,引导党员参与社区管理。在党建工作中我们以"三会一课"为基本要求坚持和完善党的组织生活,按时召开党员大会,组织党员开展学习和讨论活动。在2006年5月份召开的一次党员大会上几名党员提到:"楼区车辆乱停乱放比较严重,既影响交通,又影响安全,建议建设一处社区停车场。"社区党委在收到这一建议后,立即召开党委会议进行研究,最终决定在楼区东北角建设社区停车中心,两个月后,1500平方米的高标准社区停车中心建成投入使用,赢得了辖区群众的一致好评。为了对广大党员进行爱党爱国教育,社区党委先后开展了"党员富民示范岗"、重温入党誓词、广场文化展演等多种活动,为党员在不同行业充分发挥先锋模范作用奠定了坚实基础。三是实行"亲情式"管理。社区党委对100余名党员的职业、年龄、文化程度、家庭住址、现在工作单位等基本情况进行了分类归档,还对年老体弱、生活不能自理、无书写能力、长期在外、关系未理顺等党员进行了摸底调查,详细地掌握了党员的基本情况,制定了社区党员领导干部结对子制度和学习活动日制度,在保证每一名党员都与党组织保持联系的前提下,让党员经常听到党的声音,从政治上、思想上、行动上与党组织保持高度一致。

三、不断拓展社区党建工作新领域

(一)勇于创新,实行社区卫生管理党员责任制 为了落实保持共产党员先进性教育活动的长效机制,不断增强社区党组织的创造力、凝聚力、战斗力,2006年5月社区党委实行社区环境卫生党员责任制,以支部为单位进行了卫生管理的责任分解,制定了规章和考评办法,对每名党员都分配相应的卫生责任区域,并设立了群众监督牌,供群众监督。此项工作极大地调动了社区党员参与社区管理、服务群众的积极性,把发挥党员的先锋模范作用同社区建设紧密结合起来,密切了党员同群众的联系。在广大党员的带动下,社区群众的"主人翁"意识有了很大提高,为创造优美的社区环境打下了一个坚实的基础。

(二)服务经济发展,建立企业党组织 2000年为了及时有效地推行经济体制改革,实现经济第二次腾飞,灯塔社区对原村办企业,进行了所有制改革,成立了多家股份合作制企业。2002年,灯塔社区又建成了民营工业园,在此落户的轻纺、轻工、食品加工、家具等民营企业达20余家。面对民营经济的快速发展,社区党委首先考虑的就是对他们如何进行更好的引导和服务,为此党委成立了社区企业支部,把行业协会与建立支部结合起来。企业支部是社区党委与企业党员之间相互联系的纽带,是各民营企业之间发展互助的桥梁,更是帮助社区群众创业的坚强后盾。近三年来,由企业支部牵线扶持建立的民营企业10余家,其中规模以上民营企业3家,逐渐形成了以纺织为主的产业集群。目前社区共有股份制企业18家,私营企业135家,社会总产值6亿元,利税4000万元。

四、取得的显著成效

加强党建工作是为了更好地促进社区经济和各项社会事业又好又快发展。社区党委紧紧围绕"建设温馨社区"这一中心,不断完善社区环境,投资300万元,建成了总面积16800平方米,集健身、服务、休闲等为一体的灯塔公园文明小区。社区在文化教育、社会福利事业上的投入也是逐年增加。目前全村学龄儿童入学率达到100%,村内残疾人员全部进入福利企业,60岁以上的老人每年由村委补助900余元,每年春节,社区都出资10多万元,为居民发放过节物品。为鼓励社区多出人才、快出人才,党委启用了奖学金制度,规定学生上大学一次奖励2000元,调动了回汉学生升学深造的积极性,仅2006年就有30名学生考入了大学。为帮助特困户和重病户,社区制定了特困补助和重病救助制度,以更加人性化的方式,帮助每位遇到困难的居民。

"民族事情无小事"是社区党委在处理民族工作时的一贯原则,为了保障回族群众的信教活动的正常开展,社区投资80万元对清真寺进行了重新建设,并聘请了阿訇,提高了宗教活动的水平,也增强了回族群众对党的信任和感激,同时,民族园的建成为回、汉群众的交流与互助增加了机会,形成了回、汉群众团结一致,并肩奋斗的良好局面。

由于社区回汉群众团结,经济发展迅速,灯塔社区先后两次被国务院授予全国"民族团结进步模范村",先后两次被省政府授予"全省民族团结进步先进集体"荣誉称号,是省级文明示范社区、省级绿色社区。社区党委书记、主任刘荣喜同志先后当选为八届、十届全国人大代表,被评为"全国优秀党务工作者"和"全国民族团结进步模范个人"。

实施分类管理
共建和谐社区

枣庄市市中区中心街街道
党委书记 龚广奇

枣庄市市中区中心街街道位于商业繁华的枣庄老城区，面积4.68平方公里，辖15个社区，常住居民4.2万人。党委下设23个党支部，社区直管党员292名，其中离职待岗党员57名，流动党员32名。近年来，随着市场经济的发展，社会组织形式和就业岗位、就业形式呈现多样化，大量“单位人”向“社会人”转变，对社区党建工作提出了新的考验。对此，我们立足实际，积极探索，大胆创新，走出了一条“党员管理分层分类、作用发挥各显其能”的新路子，切实发挥了党员在和谐社区建设上的先锋模范作用。

一、实行集中管理，开展温情服务，让离职待岗、流动党员找回信心

由于中心街街道地处枣庄的老城区，亦属于商贸中心，服务业比较繁荣，加之原有一部分国有企业破产或进行重组，因此离职待岗、流动党员较多，部分党员找不到党组织，有些生活困难的党员对党产生了怨言，认为他们被党组织抛弃了，对社会安定造成了不稳定因素。为此，街道党委投资70万元成立了离职待岗、流动党员管理服务中心，实行集中管理，并根据他们的需要开展温情服务，使他们处处感受到党组织的温暖，促使他们自愿回到党组织的怀抱，接受党的教育，发挥党员的先锋作用。

针对流动党员远离家乡，身处外地创业比较辛苦，渴望帮助和理解的实际，成立流动党员党支部，在流动人员比较集中的商城社区内建起了流动党员活动中心，购置图书，订阅报纸杂志，配备文体活动器材等，为流动党员参加组织活动、接受教育、读书看报和文体健身活动提供了良好的场所。统一印制写实簿，由每位党员详细记录自己参加党的组织生活、发挥先锋模范作用、参加社会活动情况及对党组织要说的心里话或意见、建议等。党支部每季度将党员写实簿收回，针对党员记录的内容进行总结分析，对党员的表现做出评价，肯定成绩，指出缺点，明确改进方向。同时坚持每周四与工商、计生、民政等部门联合办公，协助流动党员办理有关工商注册、场所租赁、户口迁移、供水、供电、组织关系接转等有关手续，及时解决流动党员反映的困难和问题，让他们实实在在感到党组织才是他们温暖的“家”。几年来，服务中心先后为24名流动党员解决了孩子入托、入学难的实际问题，帮助19名流动党员解决了资金、经营场所、用水、用电等方面的实际困难。

针对离职待岗党员大多年龄偏大，缺少技术，再就业相对困难的情况，服务中心通过联合辖区内专业技术学校，定期组织他们学习培训，提供更多的求职经验和信息，树立他们再就业的信心。目前，有近30名离职待岗党员在组织帮助下，重新找到了就业岗位，解决了他们的燃眉之急。同时，为把党员的旗帜树起来，推出了把党员身份亮出来的“挂牌经营”活动。服务中心为每个党员统一制作了“党员经营户”标志牌，一方面提醒党员经营户时刻以一名党员的标准要求自身守法、诚信经营，做好模范带头作用，另一方面增进了顾客对他们的信任，增加经营收入。目前，辖区内已有50家经营户挂上了牌子，党员经营户成为公开诚信承诺、带头杜绝假冒伪劣、模范遵守商业道德的一面旗帜。

二、推行双重管理，履行双重职责，让在职党员增强热心

为使在职党员“八小时内有单位管，八小时外有社区管”，让他们时刻牢记自己的身份和责任，充分发挥党员的先锋模范作用，各社区党支部和在职党员所在单位党组织齐心协力，共同加强对在职党员的服务与管理。一是建立了街企党建协调工作委员会，15个社区设立了分会，街道每季度，社区每月召开会议，通报情况，研究问题，协调工作。党建协调委员会增强了驻街单位的共驻共建意识，促进了资源共享。在社区建办公用房时，很多驻街单位出钱出物，支援社区搞基建，帮助街道解决资金困难。二是建立在职党员社区登记制度。在职党员单位党组织向社区党支部介绍在职党员的特长，各支部则在每个在职党员的家门上贴上“党员之家”的标牌，并根据每个在职党员的特点和才能，为他们提供发挥带头作用的平台。三是联合在职党员单位实行评先树优进社区制度。每半年，各社区党支部把在职党员在社区活动的情况和表现反馈给所在单位的党组织一次，为他们在单位中评优、评先和晋升提供参考材料。通过双重管理，极大调动了在职党员参与社区建设的积极性。有文艺特长的党员带头组建了文化艺术表演队，大大丰富了居民群众的业余生活。有家电维修技术的带头组织了维修队，为居民群众进行义务服务等等。特别是在2003年抗击非典期间，广大在职党员纷纷深入社区，不顾个人安危，协助做好宣传、摸排、消毒等工作，消除了居民群众的恐慌心理，维护了社会安定。

三、实施四化管理，健全组织体系，让“两新”组织党员拥有归心

随着市场经济的发展，党员进入新经济组织和新社会组织中工作的越来越多，而这些组织党的工作覆盖面较低。为此，街道党委加大力度，扩大党建工作覆盖面。首先在两新组织中进行摸查，掌握辖区内社会团体、非公有制企业单位和社会中介组织的党员情况，建立党员台账，积极协助符合条件的企业建立党组织。对暂不具备条件的企业，街道党委就选派党建督导员，具体指导开展党建工作。其次，街道党委根据“两新”组织党员的活动性大，工作节奏紧的特点，适时采取“学习考核学分化、组织活动多样化、扶危解困及时化、主题实践全员化”的“四化式服务与管理”，确保党的组织生活正常进行，增强了他们的归属感。党员如外出，党组织要求其以电话、传真或书面形式汇报情况和思想。对“两新”组织中的党员生活或工作中遇到的困难，街道党委总是竭尽全力帮助解决。为了帮助民营企业绿源公司能够争取到农业部的项目，街道党委书记亲自进京，多方努力，目前，从国家农业部基地引进的人参果开发项目在技术上已经获得成功，部分产品已得到国家权威机构的绿色认证，并且打入了国际市场，受到客商的广泛赞誉。目前，这个公司仅安排下岗职工就达30余人。

四、实行属地管理，量身设岗定责，让离退休党员满怀雄心

街道党委考虑到离退休党员中不少人年老体弱，和他们对“老有所乐、老有所为”的渴望，把他们划在离生活区较近的社区党支部或党小组开展活动。组织形式多样的娱乐健身活动，提高他们的生活质量。对其中身体较差的老党员，注重关心和服务；对长期不能过组织生活的党员，服务中心人员经常上门看望和慰问。并根据每个党员的特点和身体状况，尽量安排一些合适的岗位，满足他们发挥“余热”的雄心。目前，有300多名老党员加入到环境卫生督查员、义务治安联防员、民事纠纷调解员、政策宣传员、廉政监督员、政治辅导员、社情民意联络员等队伍，常年活跃在社区里，成为流动在社区最鲜艳的旗帜。

夯实党建基础 打造温馨家园

东营市东营区辛店街道福兴社区
党支部书记　李长青

东营区辛店街道福兴社区是一个典型的混合型社区，辖区内既有地方单位，也有油田企业，面积1.25平方公里，辖区内有15个市、区直企事业单位，12个居民小区，常住人口5686人，流动暂住人口1860人，在职党员565人，社区居民党员115人。近几年来，福兴社区党支部在实施社区党建过程中，坚持以人为本，服务居民，多方联动，激发社区党员、居民群众、社区单位参与社区建设的积极性，夯实了社区党建的基础。社区先后被评为区级“五星级”社区、党建示范社区、市级“十佳文明社区”、“全省实施星光计划先进单位”、省级“巾帼社区服务示范岗”等。

一、夯实基础，打造党员的凝聚之家

采取四种方式加强了对社区党员的教育管理。一是对流动党员进行“协管”，制定社区流动党员管理制度，建立流动党员档案，努力做到“三知”：知去向、知现状、知思想，积极动员他们参加社区支部的活动。二是动员居住在社区的党员把组织关系转入社区，并做好居住在社区的待岗毕业大学生党员、复退军人党员、分流下岗失业党员组织关系的转接工作。三是对组织关系留在原单位的退休干部职工党员实行社区和单位“共管”，社区党支部委派专人与退休职工党员进行定期联系，建立“退休干部职工党员联系册”，通过个别谈话、家庭走访、电话、书信等联系方式，全面掌握退休干部职工党员在思想、工作和生活方面的情况，并征求他们对社区建设的建议和意见。四是积极探索党员教育培训的有效途径，以党员活动室为基地，加强党员教育培训工作。结合先进性教育、队伍建设年等活动，组织开展了“党徽闪耀”、“佩带党徽走千家”和“如何争当先锋，为社区建设作贡献”系列活动，调动了社区党员干部的工作积极性，增强了服务意识。积极开展党员“一帮一”活动，帮助26名下岗职工联系到了新的就业单位，与困难户结成对子，定期到联系户家里走访慰问，与他们交心谈心，帮助解决生活困难。

二、以人为本,构建居民的贴心之家

社区是密切党群关系的桥梁和纽带。为使广大居民群众相信党组织、依靠党组织,社区的每一位党员干部努力贴近居民,从为居民办好每一件小事做起,为居民解难事、办实事、做好事,做居民的贴心人,用党心凝聚民心,做到有情必知,有求必应,有难必帮。一是做到有情必知。社区党支部制定了有情必知的必访、必问、必记的"三必"工作标准。"必访"是指党支部要做到对新迁居民家庭必访、支持社区工作的领导必访。规定每个社区干部每月必须走访50户居民家庭,同时做好笔记。通过访,不但随时了解居民的实际情况,而且沟通联络了感情,还可以及时帮助解决居民的实际问题。"必问"是指社区干部要经常通过同居民谈心聊天、问寒问暖,做社区的有心人,倾听社区的党员和居民群众要求什么?关心什么?随时掌握社区的工作动态,做到"每月户籍变动情况必问,遇到共建单位必问,碰到社区帮扶对象必问,70岁以上老人情况必问,再就业上岗人员情况必问。"必记"是社区干部要注意收集、记录整理、分析社区的各种工作情况,做到"下岗待业情况必记,困难家庭情况必记,解难设想措施必记,居民互助服务必记,走访家庭情况必记",使党支部工作有基础、有条理、说得清、做得明。二是做到有求必应。为满足居民日常生活的需求,社区党支部想方设法,认真规划和建设社区便民、利民设施,设立和开展为民服务的项目。先后办起了老年人活动室、再就业服务中心等公益设施,基本形成"小修小补不出社区、一般咨询不出社区"的为民服务新格局,不断扩大社区居民群众的受益面。福兴社区下岗工人较多,我们主动加强与各方面的联系,将下岗工人的基本情况逐一登记,建立资料,同时根据他们的需求为他们联系工作。去年,有栋楼的居民由于物业管理不善,造成很长时间用不上水,居民意见很大,想集体上访。社区得知后,与修缮公司进行沟通,及时解决了居民用水,维护了社区稳定。三是做到有难必帮。社区的许多事是小事,也是大事。这些小事做好了,也就是为社会作出贡献。为此,社区开展了以党员为主体的社区志愿者活动,加强与驻区单位党团组织联系,成立了由145人组成的党员志愿者队伍,到老年公寓、困难户、残疾人家庭为居民提供服务,解决了他们的生活问题。同时充分发挥在职党员和社区现有困难家庭结成帮困对子,经常到他们家中走访慰问,帮助他们解决实际困难,使社区真正实现了"不让一个老人受屈,不让一个穷孩子辍学,不让一个贫困家庭挨饿,不让一个下岗职工失去生计"的目标。

三、建立机制,垒筑群众的服务之家

随着社区工作体制、思路的更新,服务功能的不断完善,社区的工作任务越来越重,工作要求越来越高,单纯依靠社区干部几个人的工作已经不能适应新时期社区工作的发展要求。于是,福兴社区党支部一班人边学习、边实践、边探索,以"四个双向"为抓手,切实加强社区党员的队伍建设,发挥好他们在社区建设中的作用。一是双向认识。社区工作是一项综合性的繁琐工作,大事是大,小事也大,这些大大小小的家事、杂事维系着每家每户。党支部的几个人再热心,再尽力,只能是杯水车薪,要靠居民大家热心,齐心,才能势众力强。党员的先锋模范作用发挥了,把群众带动起来,社区的事就好办了。基于这样的认识,他们分头到社区党员家庭及党员所在单位宣传社区工作的重要性,恳切地希望得到大家的理解、支持和配合,使这些党员和党员所在单位都认识到,社区的居住环境、生活质量、文明程度提高了,得益的首先是居民自己。同样居民群众的身心健康了、心情舒畅了,就会更加努力地工作,尽心尽责,得益的是社会,是单位本身。二是双向联系。党员队伍管理好了,就有战斗力;管理不好,就缺乏战斗力。为此,社区把这些同志的情况登记造册,向每位在职党员发放一本《报到证》和"四卡",上面有党员在社区参加各种活动和社区的日常表现记录栏等等。由此建立了在职党员所属单位党组织和社区党员支部双向联系的渠道,规范了社区在职党员的管理。同时在社区设有公示栏,公布社区党员的情况,每名党员佩带一枚党徽,党员们走进社区,就能自然产生一种荣誉感,更有一种责任感,促进在职党员做"全天候"党员,在八小时以外也能自觉发挥共产党员的模范带头作用。三是双向服务。党支部组织、发动社区党员参与社区的管理,建设和服务。社区党支部一班人以真心换人心,努力做好社区党员的服务工作,为党员发挥模范带头作用创造条件。在日常生活中为他们排忧解难,关心他们子女入托、上学、就业,帮助他们请家教、请保姆、请医生、请钟点工,从而与他们建立了感情,沟通了思想,大大激发了他们和他们单位的领导回报社区的积极性。于是这些单位有人出人,有力出力,有钱出钱,为社区改造建设、创造文明社区和安全社区做出了贡献。社区还特别尊重老党员参与社区活动的积极性,每次拟订社区的工作目标,召开社区议事会时,都要请一些同志当"内参",定期向他们汇报社区各项工作的进展情况,不失时机地让这些同志在社区这块精神文明的天地里找到自已第二个舞台,党支部努力为他们"唱好戏、搭好台"。四是双向反馈。党支部与在职党员所在单位的党组织对党员的情况进行双向反馈,实行单位—家庭—社区"一条龙"的考核机制,单位里要评先进、发展党员等都习惯先到社区党支部听取意见。党支部也把在职党员在社区中的先进事迹、好人好事及时向所在单位党组织反馈,并且及时在社区内进行宣传表彰,收到了较好的社会效果。

打造载体　丰富形式
促进社区党建和谐发展

烟台卧龙经济园区党工委书记　张昌军

烟台卧龙经济园区地处芝罘区南部，规划总面积23平方公里，辖区有6个居委会，职工、居民3.3万余人。党工委下设党（总）支部22个，共有党员623名。多年来，园区党工委借鉴现代区域经济发展理论，从“建、管、学、用”四个环节入手，探索实践了依托党员活动总站加强社区党员教育管理的新途径，经验做法在新华社、人民日报等媒体进行了报道。2006年4月，中共中央政治局常委、中央纪委书记吴官正同志到园区活动总站视察党员教育工作，中组部组织局的有关领导先后两次到园区活动站视察，园区基层党建工作得到充分肯定。

一、打造载体，高标准建立党员活动总站

抓好载体建设是做好社区党建工作的基础。随着园区经济社会发展，非公企业数量激增，企业内党员分布散、流动快，许多党员成了“断了线的风筝”，长期游离于党组织之外，管理难到位，教育难见效，活动难开展，作用难发挥。为解决好这些问题，园区党工委结合社区实际，从打造载体入手，更新观念，加大投入，改变过去单纯的“一支部一活动室”格局，建立起以党员活动总站为依托、各社区分站为基础的党员教育网络体系。先后投入120多万元配备了高级音响和放映设备，开通了卫星课堂；购买了投影仪、微机等教育设备，开通了党员远程教育系统、因特网和企业服务热线；购置订阅各类书籍、杂志、报刊5000余册，订购报纸杂志30多种；配备各种健身器材20多台套；搜集整理党史资料13600余字，图片90多幅，通过电视滚动播出、刊版上墙等方式，对党员实行面对面的宣传。同时，各社区在总站的领导下，及时开通北京时代光华管理培训学院的常年卫星课堂，分别设立了党员干部现代远程教育站点，定期开展经营管理、实用技术等教育培训，既提高了教育质量和培训水平，又使活动站的服务功能得到有效“扩容”，真正为社区党员打造了一个硬件配置高、学习资料全的高标准教育、活动平台。

二、丰富形式，开通党员教育“直通车”

载体是基础，活用是关键。为使广大党员愿意来、喜欢来活动站参加教育活动，园区党工委抓住“管”、“用”两个关键环节，大胆创新管理方式，精心设计活动内容，不断增强对党员的吸引力，真正把党员教育活动区域化的党建理念变成了现实。

（一）创新活动方式　一是改进服务形式。为方便党员进站活动，各社区设计了“党员直通卡”，开通“党员活动直通车”。不论组织关系是否在社区，只要在社区工作、居住，持有党员身份证明，就为其办理直通卡，免费进站活动。各社区党支部分别选派2名政治素质较高、责任心强的同志担任管理员，从上午8:30至晚上9:00对外开放，党员可根据自己的时间灵活安排活动，实现了党员教育培训随时化。二是合理设置计划。按照“年度有规划，季度有计划，月月有主题”的原则，建立活动“菜单”，与远程教育、卫星课堂的播放计划一并发放到每名党员手中，党员可以按需选择学习。三是拓展活动范围，在教育对象上，向普通群众和青年工人延伸；在功能上，向流动党员维权解困、居民就业培训指导等方面延伸，使活动站的服务范围得到有效扩展。目前，前来活动的党员群众已超过13000人次。四是完善考核管理，积极探索对党员学习实行“学分制”管理，以党支部为单位，对党员学习时间、笔记撰写、心得交流、知识测试、理论成果等5项内容进行量化打分，并作为党员年终评议的重要内容，有效激发了广大党员的学习热情。

（二）丰富活动内容　为提高活动站的吸引力，各社区分站坚持以人为本，根据党员实际，在多层面征求意见的基础上，设计了就业培训、劳动保障、读书阅览、思想交流、休闲娱乐等丰富多彩的活动内容，卫星课堂全天候开放，并做到了活动时间、内容、形式“三预告”，党员可根据自身需要，自由选择。党支部贴近社区流动党员实际，依托活动总站组织开展了设岗定责、争创党员先锋岗、我为社区建言献策、“三心”关爱工程、乒乓球比赛、卧龙杯篮球联赛、趣味运动会、庆“七一”文艺汇演、迎国庆书法、摄影、剪纸展览等主题实践活动，大大激发了广大党员的学习热情，营造了浓厚的教育活动氛围，增强了教育活动效果。党员们既可以提高技能、浏览信息，又可以沟通思想、解惑释疑、休闲娱乐，极大满足了党员多样化、个性化的教育需求，使活动站成为真正意义上的“党员活动之家”。各党员活动站自成立以来，已先后组织市场营销、企业管理、外语、实用技术等各类培训40场次，培训人员1750多人次，举办乒乓球比赛、消夏晚会等各类活动30多场次，参加活动达25000多人次，使社区党员、干部的经营管理水平、竞争意识和综合素质得到全面提高。

（三）规范日常管理　为最大限度发挥活动站的作用，各社区先后建立完善了图书借阅、电教播放、党员政治学习日等多项制度，建立健全了党内信息管理数据库，对党员进

站活动情况进行统计，全面掌握党员进站参加各类活动的时间和内容，并定期向党员所在党组织进行反馈，同时要求相关党组织填写意见反馈卡，提出意见建议，作为下步开展活动的参考，实现了活动站与相关党组织间的“双向反馈”和良性互动。

三、双重关怀，让流动党员真正以园区为“家”

针对园区内流动党员整体素质比较低、自我保护和维权意识差、处于弱势地位的实际，园区党工委高度重视流动党员党建工作，坚持在政治上关心他们、生活上照顾他们，让他们切实感受到党的关怀与温暖。

（一）在政治上，不离不弃，一视同仁 一是在抓紧建立非公有制企业党组织的基础上，开展以“回家”为主题的“组织找党员、党员找组织”系列活动，对社区内的企业进行“拉网式”调查摸底，摸清流动党员底子。二是针对部分流动党员存在“党员在非公企业不受欢迎，党员身份不愿公开”的错误认识，各社区利用人才管理的优势，要求社区企业对流动党员实行“招工优先录用、培训优先安排、提拔优先考虑”的“三优先”，使流动党员主动亮出身份，参加到正常的党组织活动中来。三是积极探索流动党员身份确认的有效途径。印制调查函，主动与流入、流出地党组织联系，对未转组织关系，身份不够明确的流动党员逐一发函核查，使全部流动党员的身份得到确认，积极帮助流动党员理顺组织关系，组织他们及时参加活动。同时，积极做好流动人员中优秀分子的教育培养，对表现突出的优先发展入党，并鼓励企业大胆使用。截至目前共确定入党积极分子130余名，发展党员6名，有5名党员走上企业中层岗位或成为业务骨干。

（二）在生活上，急其所急，助其所盼 以党员活动站为平台，坚持“两手抓”。一手抓宣传。配合市、区劳动保障部门和工会组织，开展以《合同法》、《劳动法》为主题的法律咨询活动，定期深入企业进行用工稽查，及时了解权益维护情况，争取做到早宣传、早了解、早解决，为广大流动党员搭起了一座“维权台”。近两年来，各社区先后组织法律咨询、用工检查等各类活动40余场次，为10余名流动党员追回了拖欠或克扣的工资计8万多元。一手抓济困。各社区协调辖区单位在落户、就医、孩子入学等问题上手续给予简化，费用给予适当减免，尽一切可能给这些流动党员提供各种便利条件，免除其后顾之忧。目前已先后帮助57名流动党员解决了子女入学问题。在积极开展“心连心”包帮扶困活动中，鼓励园区内企业慷慨解囊，扶危济困，使困难党员切实感受到党和社会的温暖，让园区真正成为流动党员的“家”。

发挥党建核心作用 努力创建和谐社区

潍坊市奎文区东关街道奎文门社区
党总支书记 李春荣

奎文门社区地处市区繁华地段，面积0.45平方公里，居民3513户，8430人，社区党总支下设党支部2个，直管党员49人，社区党员228人。近年来，社区党总支坚持以邓小平理论、“三个代表”重要思想和科学发展观为指导，立足实际，开拓创新，不断加强社区党员管理，深化长效机制建设，优化社区生活环境，促进了社区的和谐发展，先后荣获“山东省社区建设示范社区”、“山东省文明单位”、“潍坊市优秀基层党组织”、“奎文区党建示范社区”等荣誉称号。

一、创新思路，强化党员管理

为适应城市管理和基层党建工作的新要求，党总支积极转变观念，开拓思路，夯实组织工作基础，加强党员日常管理，发挥党员模范作用，扎实推进社区党建工作。

（一）完善组织机构，健全党员管理网络 奎文门社区直管党员大部分为离退休人员，并且居住分散，构成复杂，管理难度大，在社区工作中的作用发挥不明显。针对这种情况，居委会经过广泛调查研究，充分论证，对社区党组织设置进行了进一步完善，居委会党支部经上级党委批准调整为党总支，社区党员按照“便于管理、便于服务、便于开展工作”的原则，划分为两个党支部，实现了对社区党员的无缝覆盖。同时，党总支联合辖区规模大、层次高、影响面广的单位党组织建立了社区党建联席会议制度，定期研究社区党的建设，联合开展形式多样的党建活动，调动了辖区单位党组织参与社区党建工作的积极性。

（二）创新载体，强化社区党员管理 随着企业改革和人员流动性的增强，越来越多的党员涌入社区。针对社区党员构成复杂的实际情况，社区党总支经过充分调查摸底，科学分类，将社区党员分为在职党员、直管党员、流动党员等类型，建立起以“在职党员管理站、流动党员联络站、直管党员活动站、社区党建工作站和社区党员之家”为内容的社区党员“四站一家”，并以此为载体，制定实施了在职党员双重管理、直管党员动态管理和流动党员双向管理制度，对社区党员实施分类管理，有效提高了管理效率。同时，党总支还坚持管理与服务相结合，对困难党员进行不定期走访慰问，为贫困党员捐赠面粉、食用油等生活用品，帮助下岗失业党员实现再就业，使社区党员感受到党组织的关怀，激发了党员在社区参加组织活动的积极性。

（三）彰显先进，开展主题实践活动 为充分发挥党员先锋模范作用，增强社区党组织的凝聚力和战斗力，党总支结合辖区实际，积极开展了“亮身份、做贡献、树形象”、“社区十大员”等贴近社区实际的主题活动，走访慰问辖区内家庭生活困难、身体残疾的老党员5名，为38户特困家庭发放粮、油等生活用品，让广大群众得到了实惠，密切了党与群众的血肉关系。同时，充分发挥社区基层党组织的主导作用，不断加强与辖区单位党组织的横向联系，通过开展形式新颖的单位共建、军民共建和校居共建活动，广泛吸收单位在职党员共同参与社区工作，既提高了共建活动的质量和水平，又实现了社区基层党组织向驻区单位党组织和党员的有效延伸，真正营造了“社区一家人”的良好氛围。

二、永葆先进，深化机制建设

为实现社区党组织和党员教育管理的经常化、规范化、制度化，党总支以制度建设为核心，深化党员教育管理的机制建设，使党员长期受教育、永葆先进性。

（一）健全社区党建工作制度 党总支每年年初都制定党建目标责任书，对全年党建工作进行细化、分解，明确工作目标和工作时限。制定完善了党建工作责任制、党组织议事制度、“三会一课”制度、民主评议党员等制度，在社区推行社区党务、居务公开制度，自觉接受党员和居民群众的监督。严格执行社区党总支议事规则、重大事项报告制度、社区党总支与居委会联席会议制度，至少每月召开一次社区两委班子联席会，决策社区重大事项。

（二）构建党员教育培训机制 社区按照建设学习型党组织的要求，制定学习规划，每季度规定具体学习篇目和内容，以邓小平理论、“三个代表”重要思想和科学发展观为重点学习内容。同时，结合社区党员实际，开展社区建设、职业技能、生活保健等知识的学习，增强学习的吸引力和生动性。针对社区离退休、下岗失业和流动党员实际，采取了集中学习、送学上门、结对帮学等灵活多样的形式，方便了党员接受教育。居委会还投资1万多元安装了党员远程教育系统，提高了教育的现代化水平。在坚持原有“三会一课”制度、日常业务学习制度、专题培训制度的基础上，制定完善了党员远程教育、实名签到、考评激励等制度，保证了学习质量。

（三）完善联系服务群众机制 为在社区群众中树立党员良好形象，党总支建立起社区党组织联系党员、党员联系户制度，每名党组织成员和普通党员采取“一帮一”、“多帮一”等方式，联系1—3名生活困难、下岗失业、年老体弱的党员或群众，针对所联系党员群众存在的问题和困难，提供思想帮扶、政策宣讲、经济帮扶、技术帮扶与信息帮扶等具体措施，扎实开展帮扶工作。同时，党总支建立完善了党员志愿活动制度，通过开展离退休党员“余热工程”、辖区单位在职党员“志愿工程”、下岗职工党员“双带工程”和流动服务行业党员“示范工程”，为党员发挥先锋模范作用提供了平台，形成了党员力所能及、争先奉献、服务社区和居民的长效机制。今年以来，各党支部和广大党员共联系困难党员和群众8名，帮助办理低保、解决就业等实事70多件，使困难党员和群众得到了实惠。

三、抓好三个创建，打造宜居社区

针对奎文门小区建成时间久、基础设施不完善、社区“三乱”现象严重等问题，党总支把打造适宜居住生活空间作为提升社区形象、推进社区和谐的一项重要举措，努力建设整洁、安全、文明的现代化社区。

（一）创建服务贴心社区 党总支积极适应发展需要，在市、区两级的大力支持下，建成400多平方米的集社区管理、居民服务、休闲娱乐于一体的现代化社区服务中心，提升了居委会形象，增强了服务功能。针对辖区困难居民、孤寡老人、下岗失业人员“三多”现状，居委会定期开展排查，及时将符合条件的100多名困难居民纳入城市低保范围。2004年1月，向上级部门积极争取，将全市首家“阳光爱心”超市设在了社区内，现已向548名困难居民发放大量面粉、食用油、衣物等日常生活用品。在上级劳动部门的支持下，在全市率先开展了“零失业”社区创建活动，积极开发治安保卫、公共设施维护等公益性岗位和家电维修、卫生保洁等服务性岗位，为30多名下岗失业人员找到了工作岗位。居委会还投资10万元为社区内的老年人和残疾人安装了单键呼叫系统，当遇到困难时，只要轻轻按键，社区服务人员就会上门根据他们的需求，提供家电维修、代购物品、卫生清扫等全方位服务，大大方便了他们的生活。

（二）创建出入平安社区 针对社区地处市区繁华地段，社区内租赁房屋、流动人口相对较多的实际情况，党总支把居民居住安全作为首要任务来抓，积极争取辖区单位的支持，投资23.8万元对小区实行全方位封闭，建起治安传达室3处，制定了《“三车”出入管理规定》、《社区出租房屋管理规定》等社区治安管理制度，对外来车辆进行登记，居民“三车”持证出入。对小区内的暂住人员进行登记备案，随时检查，动态管理，提高了治安管理水平。居委会在全区较早安装了社区数字化监控系统，对小区实行全天候、全覆盖、全方位实时监控。社区干部、居民楼组长和单位联防队员组成的24人的社区巡逻队伍，每天对社区进行不间断的安全巡逻，与监控系统密切配合，随时处理突发事件。今年以来，社区多次举办法律知识宣传和讲座，倡导社区居民遵纪守法，并健全由居民楼长组成的治安信息网络，随时了解社区动态，定时通报治安信息，及时调解居民间矛盾纠纷，有效维护了社区稳定。

（三）创建整洁文明社区 党总支积极争取公安、城管等部门支持，组织社区干部群众成立社区环境整治工作队，对小区内204户居民厦子、8栋居民楼前后的堆积物进行了彻底清理，在小区内实施了道路硬化、小区绿化、花园美化的"三化工程"。2005年，社区率先进行了旧小区改造试点，争取市区资金500多万元，进行社区综合改造整治。为进一步引导居民树立健康文明向上的生活方式，党总支在社区道路两侧建立起200平方米的"社区党建、文明道德教育、文化健康教育和治安防范"四大宣传长廊。争取上级民政部门支持，投资20万元创建了社区户外文化活动广场，配备了健身器械，增设了图书阅览、书法绘画等活动设施。充分发挥社区文化资源丰富的优势，组建了26人的奎星艺术团，围绕和谐社区建设主题，开展"夕阳红"文艺汇演、家庭才艺展示比赛、"社区邻居节"等全方位、多层次的群众参与性强的文化活动10多次，丰富居民业余文化生活，营造出健康向上的人文环境。

立足实际　大胆实践
努力开创社区党建新局面

济宁市市中区金城街道
党工委书记　陈　军

近年来，济宁市中区金城街道党工委适应城市化进程加快的新形势，认真贯彻落实"三个代表"重要思想，紧紧围绕"建设经济强街道，打造和谐新金城"的总体思路，坚持把社区党建工作紧紧抓在手上，创造性地开展社区党建工作，社区党建工作呈现出良好的发展势头，促进了街道经济和社会事业的全面进步。街道各项经济指标连续三年均在全区前列。2006年，街道实现财政收入4606.9万元，为全区的经济发展和社会进步做出了新的贡献，被评为区级文明机关。

一、立足街道实际，积极探索社区党建工作新途径

由于金城街道下辖的18个居村中，有12个是村改的社区，3个行政村和3个新建社区，社区建设起步比较晚。针对这个实际，街道党工委本着以点带面，整体推进的总体思路，在工作中注意把握"三个原则"，处理好"两个关系"：一是循序渐进的原则。采取因地制宜、分类指导、以点带面、有序推进的工作方式，推动社区党建工作从局部成效扩展成为整体成效。二是共同参与的原则。为充分发挥驻社区单位党组织参与社区党建的积极性，各社区采取健全组织、强化协调、开展活动、优化服务等方式，不断增强驻社区单位参与社区工作的积极性，扩大社区党建工作的覆盖面。三是开拓创新原则。积极研究探索党在城市社区工作中的组织方式和领导方式，努力通过载体创新、内容创新、机制创新来构建社区党建工作的新格局。

在具体工作中，街道党工委注意处理好"两个关系"：一是处理好社区党建与社区建设的关系。坚持对社区建设和社区党建同步部署、同步安排、同步推进，保证了社区党建工作的顺利开展。二是处理好"条"与"块"的关系。通过建立社区党建工作联络小组，建立党建联络员、社区党建工作指导员等方式，充分调动驻社区单位参与社区党建的积极性，变条块分割为条块互动，做到社区教育联手、社区党建联抓、社区治安联防、社区卫生联管、社区资源联用，形成了抓社区党建的同向合力。

二、配强社区班子，为做好社区党建工作提供坚强的组织保证

街道党工委紧紧围绕"政治上靠得住，发展上有本事，人民群众信得过"的要求，在选人用人上，坚持"两推一选"，选好配强社区领导班子。在第八届居村"两委"换届过程中，大力推行"两推一选"和交叉任职，通过教育引导，使一部分"想干事、能干事、会干事、干成事"的优秀同志走上领导岗位。18个社区（村）共有"两委"成员109人，交叉任职率达到72.3%，具有高中以上文化程度的81人，妇女干部26人，"两委"班子成员职数相对减少，平均年龄明显下降，队伍结构更加合理，班子的战斗力明显加强。在选优配强居村"两委"班子成员的基础上，街道党工委加大了对居村主要负责人的监督管理，严格落实责任制，抓好奖惩兑现。为调动广大居村干部的积极性，解决他们的后顾之忧，街道党工委根据区委下发的《济宁市市中区居村干部补贴发放管理暂行规定》文件精神，制定了《居村干部补贴发放管理暂行办法》，对居村干部的补贴发放标准等方面作了明确规定，同时，保证资金按时发放到位。

三、深化教育管理，努力提高社区党建工作质量和水平

（一）强化阵地建设，推进社区党建工作走上规范化　街道党工委在重视抓好社区党组织班子建设的同时，结合社区建设的特点，指导各社区党组织建立健全了年度目标责任制、议事规则和决策程序，以及"三会一课"、流动党员管理、离退休党员活动、政治学习、民主生活会、发展党员、党员联户、民主评议党员、党员谈心制度等各项制度，强化了社区党组织的制度建设，严格按照制度办事，社区党组织的阵地建设基本达到了"三会一课"规范、活动记录规范的要求，使社区党建工作更加规范化、科学化。

（二）改进管理模式，实行"五管并举"　即对所属党员"直管"，通过"三会一课"、电化教育、党员先锋岗等形式，增强党员的党性意识和组织纪律观念；对流动党员进行"托

管”,通过流动党员管理服务站、设立流动党员咨询服务电话等,为流动党员安“家”落“户”,使他们能够过上正常的组织生活;对大中专毕业生、退伍转业军人、企业改制后解除劳动关系、离退休干部职工党员“接管”;对新型经济社会组织的党员实行街企“联管”;对在职党员进行“协管”。通过改进管理模式,有力地促进了社区党建资源的整合。

(三)改进活动方式,充分发挥党组织的战斗堡垒作用和党员的先锋模范作用 为搞好社区服务,扩大社区党建工作的影响力,街道党工委和各社区党组织本着“为民、便民、利民”的原则,着力在求真务实、优质服务上下功夫。深入开展“面对面、心贴心”活动和创建“学习型社区党组织”活动,完善“党员服务日”活动,充分利用党员学习日、“社区讲坛”等形式,组织党员学习、交流,使党员经常性教育更富有成效。坚持和完善“党员责任区”、“党员联户制度”和“党员帮带”制度、无职党员“设岗定责”制度,组建志愿者服务队,选拔民情信息员,积极开展便民利民活动,定期搜集群众的意见和建议,及时为群众排忧解难,赢得了广大居村群众的好评,使党群干群关系进一步融洽。组织各社区党组织和广大党员积极开展争创“五星级党组织、五星级党员”活动,在2006年全区先进性教育活动总结表彰大会上,全街道共有2个基层党组织被评为“五星级党组织”,2个党员志愿者服务队被评为“优秀党员志愿者服务队”,1名同志被评为“十佳居村书记”,6名同志被评为“五星级党员”,1个社区被评为“社区党建示范点”。

四、拓宽工作思路,开创社区党建工作新局面

(一)积极推行住社区党员“双重管理”制度 为进一步扩大党建工作的覆盖面,保持共产党员先进性,发挥社区党员先锋模范作用,街道党工委改变传统党建理念,变“小党建”为“大党建”,积极推行了住社区党员“双重管理”制度,实现了由重点抓街道、社区直管党员向住社区所有党员延伸。凡是在城市社区居住的各级机关、企事业单位和各类新型经济社会组织中的共产党员接受基组织关系所在单位党组织的教育管理外,还要接受本人所居住社区党组织的监督管理。在街道、社区、楼寓建立健全了三级组织监督网络。街道设立了住社区党员管理协调工作联席会议,社区建立了住社区党员管理联络办公室,楼寓建立了住社区党员联络小组。通过实行“双向联系、双向反馈、双向服务”制度,组织广大住社区党员积极参与社区建设,确保了党员时刻置于党组织的监督管理之下,保持先进性,履行党员义务,发挥先锋模范作用,受到了广大群众的好评。在2006年的“七、一”前夕,街道党工委召开了住社区优秀党员表彰大会,对17名住社区优秀共产党员进行了表彰,颁发了荣誉证书。洸河社区被市委组织部授予“住社区党员‘双重管理’示范点”。

(二)建立社区党建指导员制度 面对新形势新任务,结合社区建设实际,街道党工委有针对性地在部分城市社区和落后居村中派驻党建指导员,努力提高对基层党组织的指导和服务水平,增强基层党组织的战斗力,进一步扩大了党的工作在城市社区的覆盖面和影响力,为推进社区建设提供了坚强的组织保证,取得了较好的效果。如草桥社区党建指导组在协助社区“两委”抓好社区党支部、居委会班子的思想和作风建设,使之始终保持旺盛的战斗力的同时,积极指导社区与辖区企业开展共驻共建活动,走出一条居企共建的新路子。洸河社区党建指导组积极指导社区党支部开展驻社区党员“双重管理”工作,协调驻社区有关单位参与社区建设,组织住社区党员开展“驻社区党员星期六活动日”和“党员奉献日”活动,受到广大居民群众的好评。

落实为民服务代理制构建和谐社区

新泰市青云街道银河社区
党委书记 曹秉进

新泰市青云街道银河社区位于新泰城区西部,辖区内有企事业单位29个,居民8919人。银河社区原为蔡家庄村,2003年适应城市发展需要,村改居为银河社区。2005年6月成立银河社区党委,下设2个党总支,4个党支部,党员105人。社区党委坚持立党为公、执政为民,自2006年4月起积极探索实施为民服务代理制,方便了社区群众,进一步密切了党群关系,促进了和谐社区建设。社区内群众安居乐业,治安秩序井然,经济和社会各项事业蓬勃发展。2006年社区实现经济总收入3.6亿元,集体经济纯收入达到1160万元,人均纯收入达8600元。社区先后获得了全国学习型家庭创建示范社区、省文明社区、平安泰安建设先进单位等荣誉称号。

一、建立机构,搭建服务载体

社区党委在调查中了解到,“办事难”是居民反映的突出问题,能不能变“群众跑”为“干部跑”,实行“为民服务代理制”,群众打心眼里拥护赞成。为此,社区专门成立了为民服务代理站工作领导小组,由社区党委书记兼居委会主任曹秉进任组长,社区党委副书记兼纪委书记张宗霞任副组长,3名社区干部任成员;挑选出了4名政治素质高、综合能力强、服务态度好的女同志担任代理员。投资6万元,对原社区服务中心进行改造,建成了银河社区为民服务代

理站。

站内配置了大型电子屏幕、热线电话、微机等办公设备,制订了为民服务代理项目、为民服务工作组织网络图、为民服务代理员行为规范、为民服务代理站工作制度,并做成版面上墙公开,同时公开责任单位、具体负责人、申报人权利、监督投诉渠道等,整个代理服务工作始终做到公开透明,让群众放心,接受群众监督。用制度明确职责,靠制度规范行为,按制度考核奖惩,推进为民服务代理工作规范化、制度化。

为确保服务质量,组织代理员参加了办事处举办的培训班,使代理员熟悉代理操作程序,熟悉代理业务知识,建立健全《为民服务指南》、《为民服务办件登记表》、《承诺件通知书》、《补办件通知书》等服务档案;把为民服务代理的程序、内容印制了明白纸,下发到户,并利用宣传栏、黑板报等形式广泛开展为民代理服务宣传,让群众了解办什么、怎么办,建立代理项目回访记录,每月至少回访3名办事群众,从而搭建起了高水平为民服务的有效载体。"有事情先到代办站,遇麻烦先找代理员",逐渐成为社区群众的习惯。

二、代理服务,满足群众需求

以为民、便民、利民、亲民为宗旨,以群众利益无小事为服务理念,不断拓展为民服务代理内容,做到群众有什么需求,社区为民代理服务站就提供什么代理服务。目前,已开展的服务代理项目共有四个大类七个窗口49个项目。

(一)行政审批办证类 为居民代办房产证、规划许可证、土地使用证、身份证、落户口、开办企业证照、党员关系转移证明等。例如:社区居民曹××打算在银河东路自己的商住楼门头房开家商店,急需办理营业执照、税务登记证及卫生许可证等手续,但不知道上哪里办手续。社区为民代理服务站知道这一情况后,帮助联系有关单位、填表、准备材料,一周内就办好了所有手续。

(二)代缴费用类 为居民代缴水费、电费、取暖费等。

(三)信息咨询类 如:发布劳动就业招工信息,为居民代为联系就业单位,协助签订劳动合同;发布科技致富信息,帮助联系供求门路;提供法律咨询,进行法律援助等。一年来,共发布劳动就业信息100多条,成功地为30多名下岗职工、居民找到了工作。

(四)救助救济类 如,社区居民曹××夫妇40多岁,儿子20多岁,一家三口都无正式职业,生活十分困难。社区为民代理服务站通过努力,将曹××安排到银河市场作管理员,月收入510元;将曹××媳妇安排到社区卫生清洁队,月收入400元;将曹××的儿子安排到社区作保安员,月收入540元。一家的年收入达到了20000多元,救了一个家庭。

开设的窗口有:民政窗口、计划生育和户籍管理窗口、劳动和社会保障窗口、全民创业代办咨询窗口、法律咨询援助窗口、城市建设窗口、国土管理窗口等7个,每个窗口都有具体的代理服务内容,都有专人负责。

代理服务程序是:需要代理服务的居民,向社区为民服务代理站提出代理服务申请,递交有关材料,由社区为民服务代理站代理员受理、登记、分类,按照社区理事程序,由社区"两委"干部负责办理;社区解决不了的,由社区代理员携带申请人的相关材料到办事处为民服务代理大厅办理。办事处为民服务代理大厅能当场办理的,当场办结;当场不能办结的,承诺在规定时限内办结;办事处为民服务代理大厅解决不了的,由办事处为民服务代理大厅代理员携带有关材料到市为民代理服务中心办理。市为民服务代理中心能当场办理的,当场办结;当场不能办结的,承诺在规定时限内办结。

在具体工作中,对大到辖区内企业证件办理,小到群众自来水管道维修,只要群众打个电话,我们马上安排专人负责落实处理。所有服务,均不附带任何条件,不加收任何费用。为民代理服务站如需用车,社区保证需要。快捷、方便、无偿,受到群众好评。

三、强化监督,保证服务效果

为确保把为民服务代理工作落到实处,实行社区"两委"成员带班制度,社区"两委"成员轮流值班,协调解决社区能够自主办理的事项,安排专人到办事处为民服务代理大厅办理群众的代办事项。健全完善了首问负责、服务承诺等各项工作制度,使代理员有章可依、按章办事。加强对代理员的监督,建立了监督意见箱,设立了监督电话,居民可以通过意见箱和监督电话,反映代理员的工作情况;同时,注重加强社会监督,定期邀请社区内的个体工商业户、居民代表和老党员、老干部召开座谈会,征求他们的意见和建议。

从2006年4月以来,先后受理和办理代理事项1185件次,其中,为群众代办证件办理类918次,咨询服务类171起,为群众提供致富就业信息100多条,调解邻里纠纷17起,办结率达到100%,群众满意率达到100%。

创新组织设置 建立楼宇支部 努力扩大社区党建工作覆盖面

威海市环翠区鲸园街道办事处
党委书记 周洪亮

威海市环翠区鲸园街道办事处共有城市社区居委会14个,社区党员1461人,其中离退休、下岗人员中的党员及流动党员655人。为解决城市社区党组织党员人数多、活动场地小、集中活动难开展、党员教育难落实的问题,街道办事处党委以开展先进性教育活动为契机,探索创新了组织设置形式,积极推进"支部进楼宇",先后建立楼宇支部26个,管理社区党员880多名,有效扩大了社区党的工作覆盖面,探索出了一条社区党员教育管理的新路子。

一、化整为零,合理设置楼宇党支部

社区党组织设置的调整优化,有利于扩大党的工作的覆盖面,增强党的工作的针对性和有效性。2005年,本照"便于管理、易于活动"的原则,街道办事处党委打破了"一居一支"的传统组织设置模式,根据党员分布及数量,以一个或几个相邻楼宇为单位设立若干楼宇党支部,每个支部人数一般控制在10—30人。原社区党支部改建为党总支,负责对楼宇党支部的管理。在实施过程中,探索出了"四步走"的组建方式:一是搞好调查摸底。街道办事处党委抽调精干力量,组成专门班子,到社区内进行广泛宣传,发放党员服务手册,开展"党员找组织,组织找党员"活动,对社区组织状况及党员的数量、从事生产经营情况、年龄文化结构、思想状况等情况,逐一进行排查,重点排查外出务工党员情况,分门别类,登记造册,建立信息数据库,切实做到底子清、情况明。通过调查,做到了"三清",即思想状况清、交纳党费底数清、参加活动情况清。二是制定初步方案。街道办事处党委主要领导和分管领导,对有党员身份的老同志逐一上门进行沟通、征求意见,先后3次召开街道办事处党委会议专题研究楼宇党支部筹建工作,在此基础上,制定了《鲸园街道办事处社区楼宇党支部筹建方案》。由社区党支部根据党员分布情况,初步确定设立楼宇支部的数量和每个楼宇支部党员的分配基数。同时从党员骨干中,确定楼宇支部委员候选人的初步人选,上报街道办事处党委审核。三是认真组织考察。由街道办事处党委组成专门考察组深入社区,广泛听取党员群众对设置楼宇党支部的意见建议,并按有关程序对楼宇支部委员候选人初步人选进行讨论、审核、考察,征求候选人初步人选所在单位党内外群众和有关方面的意见,并以适当的方式进行公示。四是适时成立楼宇支部。对成立支部条件比较成熟的楼宇,按照《党章》和《中国共产党基层组织选举工作暂行条例》的规定,由街道办事处党委组织召开社区党员大会,公布楼宇党支部设置方案,正式成立楼宇党支部。以楼宇党支部为单位选举产生支部成员,由街道办事处党委审批后公布。

二、健全机制,规范管理楼宇党支部

基层组织的先进性与否和作用发挥的强弱,很大程度上取决于管理机制的创新与规范程度。为规范楼宇党支部的管理,街道办事处党委结合社区和楼宇特点,突出抓好三个环节,探索建立了党员教育管理各项运行机制。一是建立激励约束机制。街道办事处党委制定并下发了《关于进一步加强楼宇党支部建设的意见》,对楼宇党支部如何加强党员教育管理、如何开展民主评议、如何强化民主监督等工作做出了明确规定,并建立了督导制度,将检查结果作为衡量支部建设的重要依据,与楼宇干部的选拔任用相结合。同时,要求各社区党总支重视楼宇党支部的地位与作用,在开展党员活动、组织党员培训、年终评先选优时,根据管理权限进行充分考虑,并规定楼宇党支部书记与社区其他党组织书记享有相同的政治待遇,做到同培训、同考核、同奖惩。二是建立经费保障机制。针对楼宇党支部经费来源不足的实际,街道办事处党委采取"街道财政拨付一点、有关单位支持一点、党支部自筹一点"的方式,按照"组织有所报酬、活动有所保障"和"权随责走、费随事转"的原则,为楼宇党支部解决好活动经费问题,并根据管理党员人数的多少,为楼宇党支部成员发放数额不等的误工补贴,保证他们参与工作的积极性。截至2006年底,26个楼宇党支部工作经费达到24万元,其中街道办事处拨款12万元,共建资助8.5万元,楼宇党支部自筹3.5万元,支部成员报酬人均3076元。三是建立资源整合机制。街道办事处党委鼓励楼宇党支部在充分利用社区党总支现有教育资源的基础上,积极在街心公园、健身广场、楼前楼后、凉亭等场所开辟活动点,就近就便开展小范围的集中学习教育活动。此外,根据楼宇党员从业特点,街道办事处党委还创新了宣讲辅导、拟题讨论、实地观摩以及寓教于乐等四种户外集中学习形式,极大地提高了楼宇党员学习兴趣。截至目前,街道辖区内共建立户外活动点32个,先后组织户外宣讲、座谈、参观等活动60多场次,吸引党员群众4000多人,有效缓解了社区活动场所紧张的矛盾,提高了党员参学率和学习效果,真正做到了"活动有人管,场地有落实,时间有保障"。

三、创新载体,激活楼宇党支部工作活力

创新楼宇党支部活动载体,应着眼于推进社区建设、充

分发挥党组织和党员的作用，把楼宇党建工作融和、渗透到化解社会矛盾、维护社会稳定工作之中，努力建立新型的社区组织关系。为此，街道办事处党委以建设“文明社区、和谐社区”为目标，充分利用“楼宇党支部”这一平台，组织各楼宇支部开展了丰富多彩的主题实践活动，有力地推动了和谐社区建设。一是开展“一个楼栋一家人”活动。各楼宇党支部组织党员群众积极穿针引线，引导楼宇居民利用节假日通过聚餐、联谊等形式相互往来，互帮互助，建立和睦的邻里关系；发动居民走出楼栋，自娱自乐，在文体活动中增进感情，建立和谐的人际关系。退休干部党员夏文叶针对所住楼栋居民交往少、活动少的实际，主动请缨，组织开展“纳凉演讲会”、“家庭艺术展”、‘家庭趣味运动会”等文体活动，把楼宇党支部变成了团结凝聚社区群众的“磁石”。二是开展“党员志愿服务日”活动。各社区不断扩大以共产党员为骨干的志愿者队伍，为辖区居民提供义务服务。北仓社区7个楼宇支部分别成立了党员志愿服务队，每周六、周日为楼栋孤寡老人及困难群众送粮、油、煤气等生活用品；义务打扫楼道、清除垃圾、修整绿地、疏通下水道等。先进性教育活动开展以来，共为群众办实事、好事300多件，受到了群众的一致好评。三是开展“卫生监督暖人心”活动。每个楼宇支部在各责任区内挑选政治素质好、文化素质高、热爱社区工作的党员同志担任义务监督员，负责监督检查辖区内的商店、饭店、诊所、旅店等场所的卫生安全，为居民创造了一个“吃得安心、医得放心、住得舒心”的安全、健康、和谐的生活空间。三是“党员身边零犯罪”活动。每个楼宇支部都把所辖楼栋做为责任区，并为每名党员确定3—5户联系对象，确保责任区及联系对象无犯罪现象、无治安案件。楼宇党员通过发放宣传材料、面对面座谈等形式，向联系对象普及预防犯罪知识，提高心理防范水平。此外，每个楼宇支部都组建了巡逻小分队、看门望锁队等，加强小区治安防范；做好刑释解教人员帮教工作，引导他们痛改前非、重新做人。两年来，26个楼宇支部共为社区居民发放宣传材料33000多份，建立了社区服务志愿者、便民服务小组、邻里互助小组、民事调解小组、义务治安巡逻小组等服务队伍50余支，对辖区的特等残疾人、五保户、烈军属，进行定时、定责帮扶服务，帮教刑释解教人员12名，受到社区居民的一致好评。

“楼宇党支部”的设置，适应了社区党建工作的特点，有力推进了社区先进性教育活动深入开展，受到了广大党员群众的普遍欢迎。鲸园街道办事处党委成立“楼宇支部”后，不仅膨胀了党组织的“根系”，使一批素质高的党员走上支部领导岗位，而且充分调动起了他们的主观能动性，让党员为群众办实事更具体、更深入。

和谐风来满园春
由乱到治奔小康

莱芜市钢城区黄庄镇西冶社区
党支部书记　王元富

西冶社区现有598户、1308口人，74名党员。近年来，该社区认真落实科学发展观，以争创“五个好”社区党支部、推动和谐社区建设为抓手，坚持围绕经济抓党建、抓好党建促发展的目标不动摇，切实加强党支部和党员的先进性建设，实现了由大乱到大治、有大治到大发展的变迁，推动了社区经济和各项社会事业的跨越发展。2006年居集体经济纯收入达到110万元，居民人均纯收入7994元。社区党支部先后被授予莱芜市“先进基层党组织”、区“五个好”党支部等荣誉称号。

一、发挥党支部核心作用，切实加强社区班子建设

西冶社区地处莱钢腹地，钢都大街、友谊大街贯穿东西，交通便利，地理位置优越，是钢城区最繁华的地带。然而，这个占尽天时地利的村庄，由于前几年财务管理混乱、党支部软弱涣散等原因，以致造成居民到区赴市上访，成为远近闻名的乱摊子，居民走的是“断头路”，用的是“高价电”，捧着“金饭碗”没饭吃。为实现由乱到治的转变，2005年8月，黄庄镇党委对社区党支部班子进行了调整，时任宏强企业集团物业公司经理的王元富被居民一致推选为社区党支部书记。上任伊始，王元富就把加强“两委”班子自身建设、构筑坚强堡垒作为工作的突破口，狠抓社区规范化建设，取得了明显成效。一是加强学习、提高党员干部素质。党支部班子采取集中培训、个人自学、外出参观、讨论交流、现代远程教育等方式，组织党员认真参加保持共产党员先进性教育活动，学习政治理论、现代科技、市场经济、法律法规等知识，提高了党员干部的创业本领和工作能力。二是创新活动载体，统一居民的思想。社区党支部先后组织开展了“西冶大发展、党员怎么办”大讨论活动和社会主义荣辱观等一系列居民教育活动，引导社区居民看周围村居发展变化，进行算账对比，统一了居民的思想，增强了保稳定、促和谐、抓发展的信心和决心，形成了干群一心建设和谐文明新社区的强大合力。三是加强制度建设，推进社区规范

化管理。该社区把制度建设作为根本性措施来抓，建立健全了“党支部任期目标责任制”、“四民主一公开”、“党员为民服务代理制”为主要内容的长效机制，巩固扩大了保持共产党员先进性教育活动成果，推进了社区规范化建设。尤其是对居民反映强烈的财务问题，推行了“4+3”工作法，即社区所有重大开支必须经过党支部会、社区“两委”会、党员大会和居民代表会议四个会议通过，实行社区主要负责人、经办人、社区理财小组三笔会签，并把社区财务委托镇农村财务管理中心集中管理，对社区开支一个月张榜公布一次，堵塞了财务管理漏洞，给了居民一个明白。

二、实施“富民强居”工程，大力发展社区经济

思路决定出路。该社区党支部紧紧围绕紧靠莱钢的区位优势，抓住莱钢“十五”技改做大做强的机遇，确立了“实施旧村改造、实现富民强居”的工作思路，科学规划出了“三纵三横五小区”的总体框架。三纵三横即修建总长4000米的三条南北走向的道路和总长5200米的东西走向道路；“五小区”即以社区居民居住的金升小区、以商业为主的金贸小区和金兴小区，以公益设施为主的金岭小区和商居为主的金都小区。为推动旧村改造工程的顺利实施，社区两委班子研究制定了以民为本的拆迁政策，坚持运用市场化的办法，根据居民现有收入水平，提供各种户型的住宅，供居民选择，享受建筑成本价，确保户户住上居民楼。同时，按照户均预留6米路段的标准，建设了沿街商业用房，集体投资，以成本价出售给居民，产权归居民所有，确保户户都有沿街商居楼。由于政策到位，该社区利用10个月的时间，拆迁398户、7万平方米的平房，期间未出现一起群众上访事件，创造了钢城区拆迁史的奇迹。目前，该社区以修建贯通道路5200米，完成2.8万平方米的居民住宅楼和商居楼7栋。并通过招商引资，借助外力求发展，引进了总投资1.5亿元、21层高的钢城金茂购物广场，辐射带动个体工商和三产服务业的发展，现已发展个体工商户53户，从业人员324人，户均年收入达3万多元，增加居集体经济收入60多万元。

三、以民为本搞服务，构建文明社区

集体经济实力的增强，为优化社区环境、为民服务提供了有力的物质支撑。该社区牢固树立为民服务的宗旨意识，心为民系，难为民解，着力解决居民关心的热点难点问题，大力加强基础设施建设和精神文明建设，建成了一个和谐文明的新型社区。

“西冶社区刚起步，致富不忘王元富；咱们书记品德优，户户建成沿街楼。月月来把房租收，幸福生活不用愁；社区老少齐称赞，都夸书记真好汉。大胆改革不怕难，旧貌正在换新颜。”；“王元富书记有作为，要让西冶快腾飞；誓改过去旧模样，利村利民得实惠；上任时间近两年，成绩干了一大堆；共产党员显本色，村史发展有丰碑。”这是社区居民刁保岐的诗，表达了社区居民对社区党支部，特别是对支部书记王元富的赞誉。为让居民享受到发展成果，社区党支部对拆迁的金盛小区和金水路进行了统一规划，用30天就贯通了长1000米、宽36米的金水路主干道，解决了20多年来阻碍西冶发展的“卡脖子路”。道路修好后，仅用4个月，就新建沿街楼43户、7800多平方米。2006年，修建了金岭大街、育才路、金盛街，在金盛小区新建5栋商住楼，168户拆迁户回迁，并对全居的水、电、闭路电视线路进行了统一整改，彻底解决了10多年来困扰居民的“三网”、“三乱”问题。从2005年起，党支部对全居218名65岁以上老年人的生活补助由原来每月45元提高到每月180元。投资近300万元，建设了老年公寓、社区文化大院等惠民工程，开展了“创建文明社区”、“学习新知识，掌握新技能，建设新社居，争做新居民”等群众喜闻乐见的活动，引导居民知荣明耻，整个社区呈现出生活富裕、居风文明、居容整洁、安居乐业的喜人景象。

强化社区党建
促进和谐发展

临沂市罗庄区罗庄街道沈泉庄社区
党委书记　于孝燕

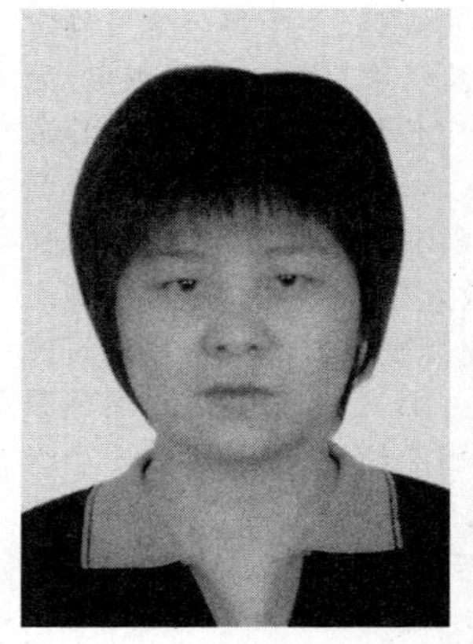

沈泉庄社区现有400户，人口1600人。沈泉庄社区党委是1997年1月经罗庄区委批准成立的临沂市第一个村级党委，下设9个党支部，党员146人。近年来，沈泉庄社区党委牢固树立科学发展观，以创建“五个好”社区党组织为载体，不断强化社区党建工作，积极发展循环经济，大力推进和谐社区建设，实现了农村城市化、农民工人化、农业产业化、工业现代化、贸易国际化，成为社会主义新农村建设的一面旗帜。沈泉庄先后荣获“全国模范村民委员会”、“全国创建文明村镇工作先进单位”和“全省先进基层党组织”等荣誉称号。2006年，社区所属的江泉工业园实现销售收入126亿元，利税总额7.1亿元，上缴综合税金6亿元，实现出口创汇4028万美元。

一、创新工作机制，激发社区党建活力

沈泉庄社区党委立足社区实际，以增强社区党组织的创造力和凝聚力为重点，以农村党的建设“三级联创”活动为抓手，创新思路，完善机制，夯实基础，着力提高社区党建

工作水平。

（一）强化领导，确保党建工作"抓得住" 沈泉庄社区党委成立了党建工作领导小组，明确第一责任人、具体责任人和直接责任人的职责，定期研究和解决社区党建工作中的新情况新问题。进一步完善责任制，把社区党建工作的建设目标、职责、任务，层层分解，实行目标责任管理，形成了齐抓共管的格局。

（二）扎实开展保持共产党员先进性教育活动 2006年初，按照省、市、区委要求，沈泉庄社区党委积极创新学习载体，采取多种形式和手段，组织全体党员深入开展保持共产党员先进性教育活动，通过学习教育、查摆整改，促使全体党员强化了宗旨意识，增强了实践"三个代表"重要思想的自觉性、主动性。积极组织党员开展了"当初入党为什么"、"今后为党做什么"、"将来为党留什么"和"知荣辱、明是非、树新风、促和谐"大讨论活动，开展了"知荣明耻做榜样，勤劳致富做模范"的道德实践活动和"坚持'十带头'，永葆先进性，大力促进社会主义新农村建设"活动，深化了"党员进社区，为党旗增辉"、"立足家庭、立足楼院、立足社区、争做好党员"等主题实践活动，进一步增强了社区党组织的凝聚力、号召力。

（三）加大党员干部培训教育力度，开展"设岗定责"活动 为不断加大社区党员干部培训力度，在培训内容上，侧重于政治理论、政策法规、党建知识、业务知识、工作方法和管理技术；在培训方式上，采取个人自学与集中辅导相结合、学习理论与座谈交流相结合的办法，先后举办党的基本理论、方针政策、市场经济等主题培训班13期，进一步强化了理论武装。同时，积极组织社区无职党员开展"设岗定责、公开承诺、争先创星"活动，本着"因需设岗、因事设岗、因人选岗"的原则，为无职党员设定了政策法律宣传岗、治安民事调解岗等10个岗位，让其根据自身条件，认领合适的岗位，向群众公开承诺事项达120余件，自觉接受群众监督和评议，党委定期进行评星挂星，星级党员比例不断增加。

（四）建章立制保长效，夯实社区党建之"基" 全面坚持"三会一课"制度，建立健全民主决策、民主监督、党建工作协调、党员教育管理、党员联系群众、《"五个好社区党支部"创建标准》、《社区党支部工作职责》等制度。积极推行党务公开，把党组织活动内容及时公开，接受群众监督。同时，完善《社区党建工作考核办法》，把社区党建与社区服务挂钩，把考核结果与福利待遇挂钩，有效地促进了社区党委自身建设、社区经济、社区管理、为民服务等各项工作的落实。

二、突出第一要务，大力发展循环经济

近年来，沈泉庄社区党委咬住发展不放松，抢抓机遇，改革创新，不断追加投入，使集体经济实现了由量的积累到质的飞跃。目前，占地9000亩的江泉工业园已初具规模，拥有自主知识产权的国家级集团和五家外资企业，成为临沂市罗庄区新兴的工业园区。园区内的华盛江泉集团下属9个子公司，含一个控股上市公司，已连续五年入选全国500强企业。

在大力发展工业经济的同时，沈泉庄社区党委牢固树立科学发展观，大力发展资源节约的循环经济，对新上企业全部采用新型环保技术，对烟尘、悬浮物等有害、有毒物进行有效处理，循环经济由"概念"、"口号"变为实际行动，使经济发展真正步入良性循环的快车道，每年循环经济带来的新增效益均在6亿元以上。

沈泉庄社区党委不断完善链条工程、碧水工程和沼气工程，产业之间形成了循环产业链条，实现了能源的综合利用。链条工程：建成投产的热电、电解铝、钢铁、焦化、油脂化工5大项目，均采用国内最先进的环保型设备，各产业之间互为能源，互为原料，相互支撑，协调发展，分别形成以油脂—饲料—养殖—肉制品加工为主的农产品系列加工产业链、以热电—焦化—钢铁—煤气—建陶等为主的基础产业与加工业产业链，通过综合循环利用，既治理污染，又节约资源，提高产品质量，形成新的资源优势。碧水工程：投资4000多万元对所属养殖场、肉联厂、火腿肠加工厂和生化厂等6个单位的污水进行治理，污水处理厂日处理污水保持在18000立方米，污水全部实现达标排放，达标排放的水可实现二次循环利用。沼气工程：在建设污水处理厂的同时，逐步完善了沼气站，将江泉养殖场内的猪粪、猪尿进行达标处理，并形成日产沼气2800立方米的能力。通过环保治理，不仅可维护生态，满足村民及员工的生活用气，还可把处理过的沼液用来发展无公害蔬菜，年创效益在100万元以上。

三、构建和谐社区，共享幸福美好生活

社区是社会的细胞，社区和谐是社会和谐的基础。近年来，沈泉庄社区党委以实现最广大人民群众的根本利益为出发点，以提高群众生活质量、提高居民综合素质、提高城市文明程度为方向，全面深化社区各项工作，努力建设和谐社区，为构建社会主义和谐社会打下了坚实的基础。

（一）注重建设，优化环境，夯实和谐社区的物质基础 沈泉庄社区坚持把社区环境建设作为构筑和谐社区的物质基础来抓，以"生态型家园"建设为载体，积极开展"文明社区"创建活动，对居民楼实行统一规划、统一设计、统一施工、统一装饰，共建居民别墅楼536座（套）；先后投资2000多万元，对社区及其江泉工业园重新进行了硬化、绿化、亮化、美化，硬化道路7.6万平方米，安装路灯368盏，种植草坪8万平方米，建成占地4万平方米的文化广场，不断提高了居民生活质量，增强了居民环保意识，构建起环境优美、景色怡人的花园式社区。

（二）加强基层民主政治建设，健全和完善社区管理体制和工作运行机制，夯实和谐社区的群众基础 沈泉庄社区从制度建设入手，先后修订和完善了《社区居民自治章程》、《社区议事规则》等文件，建立和完善了居民公约，建立

健全了民情恳谈会、事务协调会、工作听证会、成效评议会和党务政务公开等制度，积极推进民主决策、民主管理、民主监督，坚持实行居务公开制度，建立居务公开栏，定期将社区的财务管理情况、工作目标、职责、服务项目、办事程序、社区警务、好人好事等向居民公开，自觉接受居民群众的监督，增强了社区居民自治意识和参与意识。同时，积极围绕“三个体系”建设，不断深化社区干部任期目标承诺和践诺奖惩制度，实行“定诺、承诺、践诺、考诺、兑诺”为主要内容的“五步绩效考核法”，建立村干部实绩档案，极大地调动了社区干部干事创业、为民服务的积极性。

（三）整合资源，强化服务，夯实构建和谐社区的社会基础　沈泉庄社区与沈泉庄派出所密切配合，专门成立调解委员会，积极开展平安社区创建活动，采取技防、人防等措施，为居民生活及园区经济建设保驾护航。与此同时，沈泉庄社区党委充分发挥自身优势，先后投资5000多万元建成了老年公寓和华盛教育中心，对社区居民的独生子女、双女户全部免费入托，居民子女考入大学专科的补助5000元，大学本科的补助10000元；对工业园区的厂长、经理、专家、工程技术人员的子女全部享受免费入托，为广大居民和员工解除了后顾之忧，使社区居民实现了老有所养、幼有所教。

把社区党建建在居民的心中

德州市德城区新华办事处辛庄社区
党支部书记　于化岭

新华街道办事处辛庄社区位于德州市德城区城区南部，是一个由村改居的社区。辖区面积0.8平方公里，共有居民2657户，8502人；社区两委班子交叉任职共3人，其中党支部3人，居委会3人，社区共有党员25人。

近年来，社区党支部以先进性教育活动为契机，以争创“五个好党支部”和“五个好党员”为目标，以党员干部星级化管理为切入点，以社区服务为龙头，把党建工作的立足点放在发挥党支部的战斗堡垒作用和党员的先锋模范作用上，放在上为政府分忧、下为百姓解难上。党支部在社区开展了“让党旗在社区飘扬，让党员在岗位闪光”的主题实践活动，深受群众欢迎，得到上级肯定。先进性教育开花结果，提升了社区的全面工作，党支部的战斗堡垒作用得到加强，党员的先锋模范作用得到发挥。党支部采取各种措施，进一步健全完善了“三会一课”、民主生活会、党员联系户、勤政廉政建设等制度，使党建的长效机制得到落实，从而形成了抓好党建促社区，建好社区促党建的良好氛围，多次受到中央、省、市、区领导的好评。

2005年11月全省构建和谐社会、创建文明社区现场会在德州召开，与会人员对辛庄社区进行了考察指导，对我们社区的工作给予高度评价，并被评为“全省文化进社区先进单位”。几年来，辛庄社区多次被评为省、市、区文明单位、精神文明先进社区，迎接中央、省、市、区各级领导的检查指导近百次。党支部书记于化岭荣获五星级党支部书记、德城区十佳好公仆等荣誉称号。

一、为民办事架桥梁，社区党建聚民心

通过先进性教育活动和多年的实践，党支部一班人深刻认识到，社区是城区的重要细胞，社区党建的核心就是为民办实事，通过为民办实事凝聚民心，从而架起党和群众的连心桥，送去党和政府的温暖，只有这样才能政通人和，才能赢得群众的拥护。

为了充分发挥党组织的作用，我们在抓好党员联系户上狠下功夫，并取得了卓有成效的效果。我们把25名党员登记造册，全部建立了党员联系户，帮助居民脱贫致富，深入居民户中，帮助居民群众解决实际困难。几年来，社区党组织为102户社区困难户办理了最低生活保障，救助外来人员128人。通过多种经营安置下岗职工30多人，通过人力资源部安置就业512人，劳务输出1200多人。一方有难、八方支援，社区党员带动居民对特困居民献爱心、捐款物，解燃眉之急。如居民王海亮、张传深等身患癌症，党组织发动和带动群众为其捐款3万多元，社区居委会为他们救助6千元。为24名特困大学生每人每年救助1千到3千元。党组织想居民所想、急居民所急，不管谁家有了困难，都会出现党员的身影。群众都说：“党支部和党员时刻把群众的事情放在心里，有了党组织，我们就有了主心骨。”

二、社区服务上水平，辛庄就是大家庭

社区服务是一项利国利民、居民受益得实惠的阳光工程，是开启社区工作的金钥匙，是沟通和联系居民的纽带，也是社区各项工作的核心。社区党支部以服务为抓手，通过服务工作拉近了党和群众的关系，增强了党群、干群关系。

为了更好地服务居民，2004年初，社区党支部多方筹资400多万元，建起了总面积3600平方米的社区服务综合楼，综合楼内设“三站、三室、一校、一场所”，集社区办公、居民娱乐、社区医疗保健、老年公寓、社区警务等多种设施于一体，是全市规模最大、标准最高、服务功能最全的样板社区服务综合楼。在此基础上组建了服务队伍，完善了服务网络，拓展了服务内容，提升了服务水平，社区建立了党员联系户队伍、社区服务队伍、志愿者队伍、巾帼英雄队伍、学雷锋送温暖队伍等五支队伍，实现了社区服务的组织保障。

为活跃社区文化、营造和谐向上的氛围和文化娱乐氛围，社区投资10多万元建成了2800平方米的文化广场，组建了社区秧歌队、文化宣传队等文艺队伍，开展文艺汇演、消夏晚会、文体比赛等文化活动。鼓励和引导居民群众自编自演群众喜闻乐见的节目，说身边人、唱身边事，歌颂社区的好人好事和社区的新风尚、新气象，营造了健康向上的气氛，弘扬了正气，倡导了新风，社区排练的老年大秧歌，多次在市、区汇演中获奖。

三、社区治安促和谐，人心稳定树正气

社区是城市的重要组成部分，社区安则城市安，社区稳则城市稳，辛庄社区党支部以创建平安社区、和谐社区为切入点，把促进社区平安建设做为重中之重来抓。

过去的辛庄社区是矛盾多、民心散、脏乱差社区，是以上访人员进京上省、堵市委的门、拦省委领导的车出了名的老大难社区，新的社区班子调整伊始，支部就确立了立党为公、执政为民、建强班子、治理乱差的总体思路，并立下军令状，三年打好翻身仗。社区干部从自身做起，转变作风，重塑形象，工作上率先垂范让群众服、生活上廉洁自律让群众敬，作风上求真务实让群众信。支部首先对社区财务管理进行了改革，在社区建立了财务公开栏，由居民推选代表，建立了民主理财小组，公开社区所有账目，给群众一个明白帐。同时建立了居民代表会议制度，实现了民主管理、民主决策、民主理财、民主监督，社区的所有大事都由居民协商决定，并公开接受群众的监督。为了让社区治安落到实处，社区建立了社区警务室和社区治安巡逻队，从而使辛庄社区近几年来未发生重大刑事案件和违法乱纪现象。

通过抓社区党建，辛庄的社区建设水平有了大幅度提高，居民的生活环境有了很大程度改善，社区呈现了“五多五少”的可喜局面，即党员主动发挥作用的多了，无所作为的少了；热爱社区的多了，牢骚抱怨的少了；参加社区活动的多了，打架斗殴、酗酒赌博的少了；助人为乐的多了，损人利己的少了；邻里团结的多了，纠纷闹事的少了。辛庄社区已成为居民群众安居乐业的天堂和乐园。

立足服务　抓党建
开拓创新　促和谐

聊城市东昌府区古楼街道湖北社区
党总支书记　杜长霞

湖北社区成立于2003年6月，位于风光秀丽的东昌湖畔。面积1.2平方公里，人口2.15万人，设有7个党支部，17个居民小组；7个党员服务站，1个流动党员服务站；自管党员153人，流动党员43人，拥有三支党员志愿者队伍共计1000余人（在职党员志愿者、离退休党员志愿者、青年党员志愿者）。社区党总支在区委和街道党委的正确领导下，带领社区一班人以党建为龙头，立足社区服务，认真学习“三个代表”重要思想、十六大及十六届五中、六中全会精神，牢固树立科学发展观，本着“三贴近”原则，创新活动载体，发挥辖区每位党员在社区建设中的先锋模范作用，精心打造“和谐社区”品牌，社区各项工作都走在了全区35个社区的前列，曾30余次代表社区接受中央、省、市、区对社区各项工作的检查，受到各级领导的好评。同时得到省市区各级电台及报刊等媒体的关注和报道，2005年8月2日，中央电视台《新闻联播》对湖北社区的党建工作予以报道。

一、重学习，强素质，增强党组织的战斗力和凝聚力

社区成立之初，我们就把社区定位在“为人民服务”上。为不断提升服务水平，我们借助“社区党校”和“远程教育”这两个学习平台，加强了对社区工作人员，特别是社区党员的学习和培训。每年年初，社区都根据上级党委的学习部署，结合社区实际，制定详细周密的学习计划，定于每周五为社区机关党员和7个支部党支部书记和主任的集中学习时间，在统一思想，统一认识的前提下，各支部再组织本支部党员学习。对流出的党员，由“流动党员服务站”及时通过电话或邮件的方式，将支部近况和学习内容通知本人；对流入的党员，依据居住区域，及时编入各党小组，就近参加组织生活，确保党员学习管理无空白点。

通过全体党员进一步用政治理论武装了头脑，加深了对党的认识和为人民服务的决心，提高了自身的综合素质，增强了服务意识，树立了社区形象，从而增强了社区党员干部队伍的战斗力和凝聚力。

二、务实效，重实践，创新活动载体，争当党员示范岗

通过开展不同形式的“创先争优”主题实践活动，调动每位党员的积极性，充分发挥他们的聪明才智，使他们自发地、主动地参与到社区建设中来。

（一）在自管党员中开展“四学四看四争”活动 在机关在职党员中广泛开展“四学四看四争”活动，即比学习，看谁业务本领高，争做学习标兵；比作风，看谁服务态度好，争做人民公仆；比思想，看谁道德情操优，争做文明职工；比绩效，看谁工作业绩佳，争做单位先锋。党员之间相互学习，相互评比，比学习、比思想、比服务、比绩效，时时处处以一名优秀共产党员的标准严格要求自己，在评比中查找自己的不足，在评比中相互促进，相互提高，争当社区服务的“党员示范岗”。在党员中营造了一个良好的你追我赶，赶超先进的健康、积极向上的浓厚的学习氛围。

（二）积极开展“共驻共建”活动 为发挥社区资源共享优势，通过“双联双管”活动与辖区单位签订了“共驻共建”协议，成立了“社区协调理事会”，每年两次举办“党建联系会”，与驻区单位共商社区建设大计。同时为单位在职党员建立了“在职党员信息库”，结合各个党员的自身技能和喜好将其编入各个志愿者队伍，将在职党员的八小时之外参与社区活动情况登记到人手一册的“党员活动手册”上。区工商局与湖北小区12名贫困户建立了帮扶对子；去年夏天，与市公安局联合举办了“军民同乐，共建和谐家园”的消夏文艺晚会。

（三）在离退休、失业无职党员中开展“设岗定责”活动 为发挥离退休老党员的“传、帮、带”作用，我们在老党员中开展了“八大员”活动：即政策法规的宣传员、邻里矛盾的调解员、独居老人的监护员、社区治安的巡逻员、安全稳定的协管员、关心下一代的辅导员、社区绿地的养护员、社区建设的信息员。湖北小区的156名离退休党员志愿者，成立了治安协管委员会、星光文艺协会、业主委员会、党支部委员会、志愿者协会等“五会”管理网络。为小区30栋楼选派了楼长、党员指导员、单元代表，建起了自上而下的党员管理网络，为每一个热衷于社会公益事业，愿为小区无私奉献的党员，找到了适合自己的义务服务岗位。老党员开展“自己动手，美化家园”活动，在小区义务植树种花，多方筹措资金把原来的垃圾坑，建成了占地400平方米，设有12种健身器材及集休闲、健身、娱乐于一体的“颐乐园”健身广场，使小区由原来的“脏、乱、差”变成了今天的治安稳定、邻里和谐、环境优美的小区大家园。

加强小区治安管理，实行“三道防线保平安”（门岗、区内巡逻、楼户防护）的小区居民自治的治安新举措，使湖北小区由综合治理的“黄”牌警告，成为综合治理先进小区。自小区成立支部以来，共打击非法传销45起，清理传销人员累计1000余人，调解邻里纠纷74起，帮扶困难家庭23家，安排就业46人。

（四）建立两处青年教育基地，加强青年党员的素质教育 为帮助青少年树立正确的价值观、人生观，确定自己人生奋斗目标，湖北社区建立了“志愿者服务基地”和“湖北小区时政教育基地”，定期组织青年党员志愿者开展义务服务活动。如辖区的“迪欧咖啡”的服务员，大都是来自全国各地的青少年，他们主动加入到社区“博爱大使”志愿服务队伍中来，定期对鳏寡孤独、老弱病残的弱势群体走访慰问，开展义务服务活动。2007年春节，15名老人在迪欧咖啡与青年志愿者们度过了一个欢乐愉快的春节。

在针对不同党员开展的主题实践活动中，社区设立了“党员示范岗”，对表现突出的党员，经过大家无记名投票，票数最多的，社区党总支对其授予“党员示范岗”的光荣称号。

三、以人为本，构建和谐社区

为让居民及时了解社区近期的工作动态，增加社区服务的透明度，更好地促进社区各项工作的开展，社区实施了周四“接待日制度”、“民主评议制度”、“党务、政务公开制度”等一系列制度。为广大居民参与社区议事，提升社区服务水平开通绿色通道。

树立以人为本的理念，切实解决居民关心的热点难点问题。硬化小街小巷16条，粉刷墙面10万平方米，义务植树1300余棵，举办文艺表演活动30余场，安置下岗、失业人员59人，为3000余户居民建立了“健康医疗档案”，在居民中开展文明户、文明楼、文明家庭、文明婆媳的评选活动，为居民营造了一个环境优美、安乐祥和的人居环境。

建核心　聚民心　抓中心
不断提高社区党建新水平

滨州市滨城区彭李街道黄河社区
党总支书记　王玉芳

彭李街道办黄河社区始建于2004年9月，东起滨城区渤海十一路西至渤海十八路，南起黄河二路北至黄河七路，面积12平方公里，地处滨州新区，是滨州市委、市政府所在地。辖区内有行政企事业单位19个，总人口5281人，党员2463人，其中在职党员2088人，离退休党员375人，下岗失业党员7人；社区工作人员8名，党员3名，预备党员2名。自社区成立以来，黄河社区党支部解放思想，与时俱进，开拓创新，在做好社区党建工作同时，大力推进

社区工作全面开展，先后被省委、省政府表彰为“山东省省级绿色社区”、“山东省科普示范社区”、“全省文化先进社区”和“全省优秀健身活动站点”等。

一、建核心，不断加强社区党组织自身建设

把建立机构、完善制度作为社区党支部建设的核心，建立协调机制，形成了资源共享、共驻共建的社区党建工作格局。

(一)健全组织 建立党建工作领导小组、党员议事会、联系会等组织，对辖区单位的党员进行登记造册，分类管理；划分为4个责任区，每个责任区具体负责辖区单位党员活动情况，形成了以社区党支部为龙头、社区党建工作联席会成员单位为骨干、辖区党支部共同参与的社区党建组织网络。

(二)建章立制 建立党支部“三会一课”制度，党员示范岗制度、监督制度、评比制度、学习教育制度、联系户制度和流动党员管理制度等制度，重点制定实施党员“十带头、一树立”制度。

(三)发挥党员先锋模范作用 制定了有职党员守岗尽责制度和无职党员设岗定责制度，与无职党员签订责任书，发挥党员的先进模范作用。社区党员带头完成上级交办的各项任务，带头学习政治理论及业务知识，带头参加科技培训，掌握1—2门实用技术；每位党员就近联系1—2户群众，帮助联系户解决生产、工作、生活中的困难。

(四)成立党员志愿者服务队 充分发挥党员联系作用，驻社区党员经常向社区党支部提出一些关于社区党建、卫生管理、治安防控的建议，并亲自帮助社区到自己所住楼房收缴卫生管理费，帮助社区建立治安防控体系。

(五)定期开展社区“民主议政日”活动 每月5日召集社区工作人员和党员志愿者服务队代表，就每月重大活动和重要工作进行探讨，听取社区工作人员及党员志愿者服务队的意见和建议，2006年解决实际问题20多个。

二、聚民心，扎实推进和谐社区建设

黄河社区党支部把构建文明、和谐、安全、舒适、优美的社区生活环境作为追求目标，通过凝聚驻社区单位广大居民搞好社区建设的智慧和力量，改善居民生活环境，丰富居民生活内容，促进和谐社区创建活动的顺利开展。

(一)争创“绿色社区” 发挥社区党支部的共建、协调作用，与辖区各单位签订《责任书》，严格按“院围五包、门前五包”要求，每月进行检查督导，对发现的问题及时加以整改。同时，定做了废旧电池、污染物品专用回收箱，杜绝了有害污染源的传播。在争创全省第一批“绿色社区”活动中，顺利通过省环保局、省文明办的检查验收。

(二)争创“文化社区” 开展全民健身运动，建立了健身广场、老年活动室、党员电教室，购置了娱乐和体育健身器械，协调成立了乒乓球、书画、秧歌队等13支文体队伍并举办了系列比赛。先后组织开展了书画、秧歌、乒乓球等10余个项目的比赛，社区秧歌队在全市秧歌比赛中获得“一等奖”。2006年，以建党85周年为契机，邀请了社区内多名退休老干部，举办了黄河社区“庆祝建党85周年暨红军长征胜利70周年”书画展。

(三)创建“平安社区” 与辖区各单位签订了《责任书》，协助各单位建立了治安巡逻队，社区本身成立了调解委员会等组织，聘请法律顾问，及时为居民提供法律咨询服务。特别是设立黄河社区警务室以来，通过立足社区，依托社区，共同承担起了预防犯罪、维护治安的任务，形成了以社区为主体的预防与控制网络。针对新建社区的特点，督促各单位、小区强化门卫工程，组建各种形式的高标准技防、物防设施，做到自防自治，同时在社区内开展形式多样的防范宣传教育，提高群众的防范意识和自防能力，建立楼院长信息员队伍，有效实施社区治安动态监控。自社区成立以来，未发生一起重大恶性案件。

(四)创建“学习型社区” 在丽景新园居民小区建立了高标准的学习教育场所，制订了具体的学习计划，及时向广大居民宣传科学技术、法律法规、计划生育、卫生保健等知识，加强公民思想道德教育和青少年思想道德教育。为满足居民阅读图书的需求，依托滨州学院、实验学校、北镇中学的图书室，向广大居民借阅图书，丰富了居民的文化知识，提高了广大居民的文化素质和思想道德素质。

(五)创建“自治型社区” 在工作中，及时了解居民意见，努力培植社区共建格局，制订了《黄河社区居民公约》，建立健全了各项规章制度，对每季度的工作进行公开，接受居民的监督，每半年召开一次居民大会，让社区居民参与到社区的管理与服务中来。

三、抓中心，积极开展便民服务

黄河社区党支部落实“一岗双责”，创新服务载体，将开展形式多样的便民利民活动作为社区的中心工作，坚持“民思我想，民需我办，民困我帮，民忧我解”的服务宗旨，为社区居民提供全方位的服务。

(一)全面做好各项基础工作 编制了“黄河社区辖区单位表”、“实有人口居住状况登记表”、“服务业重点行业法人单位摸底表”、“‘民困我帮、民求我应’服务热线登记表”、“黄河社区居民技能工作清查登记表”、“黄河社区辖区单位‘院围五包’情况表”和“分类党员登记表”等，将入驻单位名称、地址、电话、负责人、党员名册、下岗失业人员等明细信息登记造册并录入微机，摸清社区工作底数，为提供社区服务打下了可靠的基础。

(二)开展“配套工程进社区”活动 针对黄河社区作为新建城区，远离老城区，配套设施不健全的实际，积极与邮政、电力、液化气、自来水厂等单位党支部联系，邀请他们落户社区办公，并免费为其提供办公场所。

(三)建立社区服务站 为更好地为广大居民提供服务，成立了社区服务站，根据分片情况配备党员联系人。服务站把下岗、失业人员就业作为重点，建立了就业服务热线电话和用工信息板，随时了解求职人员和用工单位的信息，并为其登记造册，针对每个人的特长和用工单位的需求，及

时进行沟通联系，先后为8名下岗、失业人员联系就业单位，为60多户居民解决就业难、生活难、子女上学难等问题；开展家政、法律、中介、户籍等服务，为84名60岁以上的老年人办理了老年优待证，介绍保姆3人；为丰富社区居民菜篮子，与业主委员会、物业公司联合呼吁在黄河七路建立了早市，极大地方便了居民。

(四)提供医疗保健服务 依托市直机关门诊及时向居民宣传普及医疗保健、生殖保健及传染病、常见病的预防和治疗知识，为辖区3200名学生接种了麻疹、麻腮、流脑疫苗；便民药店为社区283名离退休老同志免费开展了远红外自动医疗保健查体服务。通过服务，居民达到了无病早预防、有病早治疗、小病不出社区。

(五)开展"廉政文化进社区"活动 2006年，开展了以廉政文化建设"四进"(进社区、进单位、进学校、进家庭)为主题的"廉政文化进社区"活动，先后制作了宣传栏、宣传牌、名言警句、宣传长廊等，受到市纪检委领导的重视和好评，并作为社区文化建设的典型予以推广。

加强基层党建工作
建设文明和谐社区

菏泽市牡丹区北城办事处艺苑
社区党支部书记 王保金

艺苑社区位于菏泽市区青年北路与大学路交叉地段，面积100万平方米，辖区共7个单位，总人口3399人。近年来，社区党支部在办事处党委和上级部门领导下，支部一班人以党的十六大精神为指导，认真贯彻落实"三个代表"重要思想，解放思想、开拓创新，充分发挥社区党组织的战斗堡垒作用和党员的先锋模范作用；坚持以人为本，贯彻落实科学发展观，把确保群众的根本利益作为出发点和落脚点，积极为居民办实事，办好事，身体力行"三个代表"，永葆共产党员先进性，推动了艺苑社区"三个文明"建设快速发展。

一、加强班子建设，增强基层堡垒战斗力

(一)加强班子团结 班子团结才能出战斗力，也才能把握时机推动社区的发展。几年来，艺苑社区党支部班子成员树立强烈的团结意识，坚持言行一致，与人为善，大事讲原则，小事讲风格，使整个班子拧成一股绳，形成一盘棋。按时召开支委会，支部大会，形成了互相信任、互相尊重、互相帮助、互相支持的工作氛围。

(二)坚持和完善民主集中制 充分发挥社区居民理事会和居民代表的作用，在做出关系集体利益的重大决策前总要召开大会，经多次集体讨论通过。班子成员积极为社区的发展献计献策，形成了民主、活跃的集体氛围。

(三)注意优化班子结构 在年龄、文化、专业等方面力求合理搭配，性格、气质、经历等方面力求形成互补，使支委会成为党支部的坚强领导核心。认真做好支部班子的传帮带，为支部培养接班人。近年来，社区先后有两名高中以上文化程度，年富力强的同志充实到了社区。

(四)加大软硬件设施建设，健全各种服务网络 社区投资10多万元进行基础设施建设，改善办公条件，购置了彩电、影碟机、微机等电教设备，成立了社区服务活动站，配备了健身器材，设立了居民活动室、阅览室、职业介绍所、物业管理服务公司等服务窗口。形成了集就业、维修、救助、医疗为一体的社区服务网络。在社区内建立了由居民代表、楼长、片警、驻区单位代表为骨干的社区事务管理网络，不断创新工作机制，完善工作措施，规范各项规章制度，严格依章办事，为全面开展工作提供了保障。

二、加强党员思想教育，增强党员党性观念

从支部成立起，艺苑社区党支部就把自身建设作为发展的关键，把建设坚强有力、求真务实的战斗集体当作目标，以便更好地为社区群众服务。坚持学习制度，组织党员干部认真学习十六届三中、四中、五中、六中全会精神和上级领导同志的重要讲话精神，进行深入领会。通过教育工作的深入开展，广大党员干部的政治思想水平和工作业务能力有了很大提高，社区党员中出现了许多依靠实用技术带领群众发家致富的典型。在日常生活中，支部严格按照上级组织部门的要求定期召开支部会议，进行政治学习和组织生活，完善各项制度，使各项工作开展的井然有序。去年"七一"前夕，我们组织党员到冀鲁豫边区纪念馆进行了学习，重温了入党誓词，畅谈了心中感想，用特殊的形式向党和祖国表达了深切的热爱之情，使党员们的思想再一次受到了洗礼。

三、拓展社区党建工作新领域，增强社区党建工作的活力

2003年11月，村改社区后，特别是党建工作属地管理以来，党支部结合实际，坚持与时俱进的精神，在拓展社区党建工作内容方面做了积极努力，根据党员的不同类型，充分发挥先锋作用，艺苑社区党支部，结合社区实际，建立健全各项制度，完善各项工作机制，规范党员活动行为，使社区党员的学习、活动等制度化、经常化，同时努力为社区发展创造良好环境，研究制定社区发展规划，积极探索适应社会主义市场经济体制的管理模式和实现社区服务化的有效途径，把社区党建与社区管理和社区服务结合起来，与帮助下岗失业人员实现再就业结合起来，与带领居民共同致富

结合起来,努力走出切合实际的社区发展路子。在实行“在职党员进社区”活动中,党支部对社区内的在职党员进行了细致的摸底,并开展了党员交流会、党员示范岗、丰碑在基层等多种形式的活动,教育广大在职党员“八小时之内做先锋,八小时之外做模范”,真正使社区“大家治、大家管、大家受益”,营造了社区团结向上的良好氛围。大家集思广益,依靠广大社区群众,学习其他先进地市社区党建工作的先进经验,为社区党建工作注入了新的活力。

四、充分发挥先锋模范作用,增加居民致富奔小康的动力

群众富不富,关键在支部。社区支部一班人抓住地处城区这一优势,立足实际,借助外力,通过搞城市房地产开发,发展二、三产业不断壮大社区集体经济,增加居民收入,带领居民走发家致富之路。几年来,社区集体经济由当初几千元资产发展到现在拥有500万元的集体固定资产。居民收入由原来的几百元增加到年收入4500多元。社区党支部充分发挥紧靠菏泽学院的地理优势,引导居民大力发展第三产业,经济的发展,居民收入的提高,使艺苑社区成为我市远近闻名的“小康”社区。

五、充分发挥党组织基层堡垒作用,努力为社区居民排忧解难

为民办实事的多少,是衡量党组织基层堡垒作用发挥好坏的尺度。近年来,社区支部一直把建设社区、服务社区、稳定社区、为居民排忧解难作为基层组织的主要任务,把为社区居民办实事,办好事当成他们工作的立足点。分内工作抢着干,分外的工作主动干,心中装着群众的要求和需要。工作中充分发挥社区居民与政府间的桥梁和纽带作用,及时解决居民的困难,只要是居民群众反映的问题,要求帮助解决的事,支部能办的立即办,不能办的,给他们讲清道理说明缘由,从不推辞,不回避,想办法去解决居民反映的热点难点问题。为了改善社区环境我们多方筹集资金18万元,整治翻修了4条背街巷的破损路,并修建了高标准的下水道,方便了居民的生产和生活。

六、加强精神文明建设,丰富居民的文化生活

为了给党员居民营造一个干净、宁静、舒心的学习和娱乐场所,社区投资100余万元新建了社区服务中心,总建筑面积达2800平方米,并在上级党委和部门的大力支持下,配备了电教设备、健身器材、书籍报刊等。我们调动各方面的积极性,组成了老年太极拳队、夕阳红队和秧歌队,在喜闻乐见的娱乐形式中宣传党的政策,居民的参与意识明显提高。

艺苑社区党支部一班人的辛勤耕耘,赢得了上级领导和居民群众的好评,党支部和社区连续多年被市、区委授予“先进党支部”和“创建文明社区先进单位”荣誉称号。下步工作中,我们将统一思想,强化措施,争取使社区各项工作再上一个新台阶。

机 关 党 建

以构建和谐机关为目标
不断加强机关党的先进性建设

省人大常委会机关党委书记　姜明文

2006年，省人大常委会机关党建工作，在机关党组和省直机关党工委的坚强领导下，坚持以邓小平理论、“三个代表”重要思想、科学发展观和和谐社会理念为指导，紧紧围绕人大常委会和机关党组的工作思路，以构建和谐机关为目标，以深化“三大工程”活动为途径，扎实推进党的思想、组织、作风和制度建设，机关始终保持团结务实，严谨高效，和谐发展的大好局面，为省人大及其常委会各项工作提供了强有力的思想保障和优质服务，受到了常委会领导同志的充分肯定，机关在连续9年荣获省直“文明机关”荣誉称号的基础上，又被省精神文明建设委员会评为“省级文明机关”。

一、先进性教育活动不断深化

结合人大机关实际，认真贯彻落实中央《关于加强党员经常性教育的意见》等四个保持共产党员先进性长效机制文件，组织开展了保持共产党员先进性教育活动群众满意度测评工作，群众满意度达到100%。学习贯彻党章“五个一”专题教育，社会主义荣辱观教育，廉政勤政、科学发展观教育和“党员在本职岗位上保持共产党员先进性实践活动”的大讨论，制定印发了争创“五个好”基层党组织、“五个好”党员活动实施方案和考核细则，组织机关党员干部到“山青世界”开展奉献日义务植树活动。在省先进性教育领导小组和大众日报组织的“学习党章，保持共产党员先进性知识竞赛活动”中获得组织奖。精心组织了推选出席党的十七大和省九次党代会代表工作。

二、理论武装工作成效显著

制定了2006年机关党组理论学习中心组学习安排计划，下发了学习贯彻党的十六届六中全会和省八届十三次全会精神意见、学习贯彻胡锦涛总书记“七一”重要讲话和学习《江泽民文选》的通知。党员干部写读书笔记、心得体会均在20000字以上。积极开展党建调研活动，一年来共收到调研文章60余篇，其中《深入开展“三大工程”，不断加强机关党的先进性建设》等两篇论文，分别被省党建研究会机关专委会评为一、三等奖，机关党委被评为“机关党建调研工作先进单位”。

三、基层组织建设不断加强

严格党的组织生活制度，认真落实“三会一课”、民主评议党员、组织生活会等项制度，两级党组成员自觉参加双重组织生活。常委会副主任、党组副书记邵桂芳带头为机关科级以上党员干部上党课。在邵桂芳副主任带动下，年内有29名处级以上领导干部为所在支部上党课44次，听课人数达15170人次。及时下发了2006年党建工作要点、民主评议党员安排意见、基层组织换届选举通知等文件，结合干部调整，适时改选和调整充实部分党支部。宣扬了已故徐甡同志将10000元人民币作为“最后一次党费”交给党组织的先进事迹。机关党委被省直机关工委评为“机关党建宣传报道先进单位”。

四、精神文明建设长足发展

在连续9年被评为省直“文明机关”的基础上，制定了争创“省级文明机关”的规划和措施，认真抓了《公民道德建设实施纲要》和《国家公务员行为规范》的落实，持续开展社会主义荣辱观教育，在省直机关工委组织的纪念建党85周年和长征胜利70周年文艺汇演中，选送的魔术、配乐诗朗诵分获一、三等奖，机关党委获组织奖。在省直机关工委组织的“做表率、谋发展、促和谐”职业道德成果展上，精心制作的《发展民主，健全法制，促进和谐》六块展板和《发展社会主义民主，健全社会主义法制》电视专题片被评为一等奖。两个家庭被省直机关妇工委授予2003—2005年度“五好文明家庭”荣誉称号。

五、思想政治工作及时有效

坚持“一岗三责”、思想分析、谈心交流、“三到位”和思想政治工作责任制等项制度，针对机关分调住房、供暖制度改革、信访局组建、干部调整等时机，及时有效地做好思想政治工作，保证了机关各项工作的顺利进行。表彰了6个“先进党支部”、6个“文明处室”、4个“先进单位”，41名“优秀党员”，宣扬了受全国、全省表彰的办公厅、离退休干部党支部的先进事迹。组织干部职工观看了电影《生死牛玉儒》、《圆明园》和省建设节约型社会成果展暨节能技术产品博览会。加强了对防范“法轮功”等邪教组织侵蚀和创建“四无”机关的组织领导和防范措施，继办公区、一二宿舍、要害部位安装监控设备之后，今年又为三宿舍安装了监控设备，被省直机关610办公室评为“‘四无’先进集体”。普法参考率达98%，考试平均成绩97.6分。模范执行计划生育政策，被历下区评为“计划生育工作先进单位”。

六、党风廉政建设明显进步

机关各级党组织始终把反腐倡廉工作作为加强自身建设的一项重要内容来抓，强化领导干部的从政意识，坚持构筑拒腐防变的思想道德防线。一是坚持正面教育。二是防范关口前移。建立了纪检组与机关处级以上干部谈话提醒制度。三是用制度规范行为。针对机关实际，先后制定了《关于构建教育制度监督并重的惩治和预防腐败体系实施意见》、《关于党风廉政建设责任制考核办法》，多年来，机关从未发生重大违纪案件，机关纪委连年被省委省直机关纪工委评为“先进纪检组织”。

七、服务保障工作成绩突出

按照省人大常委会“一个围绕、三个坚持、四个观念、五个重点”的工作思路，认真做好立法、监督等方面的服务工作。认真组织立法听证会，6月9日将《山东省城市房屋拆迁条例(草案)》在省人大立法网站和《大众日报》上全文登载，公开征求公民意见。年内完成制定、修改、废止、批准地方法规27件。在监督方面，认真组织实施了节能法、节能条例及资源节约情况的视察、执法检查、调研16次，听取了省政府关于社会主义新农村建设专项工作汇报。处理人民来信、来访和全国人大转交办信访件22173人次件。在代表工作方面，精心组织、周密计划、狠抓落实，圆满完成了省十届人大四次会议、全省人大工作会议和全省人大宣传工作会议、7次常委会、14次主任会议和山东代表团出席全国人代会的各项服务工作，有效地保证了常委会工作的正常运行。

八、“三大工程”活动成效明显

机关自2003年开展创建“三型机关”和实施“一把手”、“暖心工程”活动以来，紧密结合机关特点和社会形势的发展，形式上不断创新，内容上不断扩展。今年，为干部职工办好事、解难题37件。春节期间，由领导干部带队分10路走访慰问了130户离退休老干部及其遗属，给32名困难职工发放21400元救济款，并为全体干部职工办理了医疗补充保险。结合老人节，精心组织了老年运动会。组织发动党员干部和职工，踊跃参加“慈心一日捐”、“送温暖，献爱心”等捐赠活动，年内两次捐赠现金96230元，捐赠人数比去年增长3.1%，捐赠数额比去年增长56.8%。不断改善、美化办公生活设施和环境，为172户机关干部职工改善了住房条件。“三大工程”被省委省直机关工委授予“机关党建工作创新奖”。

九、和谐机关建设不断发展

从11月下旬开始，在机关组织开展了历时两个月的“贯彻六中全会精神，深化省人大和谐机关建设”大讨论，采取分组、联组、媒体讨论和大会交流的形式，人人参与，个个发言。并在《人民权利报》、《山东人大工作》杂志、《山东人大信息网》和机关《情况反映》等新闻媒体开辟了大讨论专栏。各媒体共收到学习体会、好人好事、意见建议、言论消息等各类稿件100余件，发表25件。通过大讨论，从领导同志到一般干部，从普通党员到一般群众，大家在头脑中形成了和谐理念，在工作中贯穿了和谐精神，在思想上建立了和谐思维，在日常生活中养成了和谐习惯。从我做起，从现在做起，从点滴小事做起，已经成为大家践行和谐理念的自觉行动。一个崇尚和谐，追求和谐，促进和谐，共建和谐，维护和谐，共同营造和谐机关的良好氛围基本形成。

十、群团组织作用充分发挥

工青妇群团组织在机关党委领导下，根据各自的职能和特点，积极主动地开展工作，充分发挥了桥梁纽带作用。机关工会举办了新春联欢会、庆“五一”球类、棋类比赛，活跃了机关文体生活。参加了省直机关工会工委组织的42式太极拳和广播操展演活动，并获得“优秀表演奖”和“组织奖”。机关团委开展了“爱心图书室”捐赠、向团员青年送一本好书、纪念济南“五三惨案”青年志愿者等活动，使团员青年受到了良好的革命传统教育和爱国主义教育。精心组织了普通话测试工作，测试成绩均在三级甲等以上。机关妇委会认真组织机关72名妇女查体、“爱心献春蕾”等系列活动。

扎扎实实抓好机关党建工作
为办公厅履行职能提供有力支撑

省政府办公厅主任、机关党委书记　张万青

2006年，在省直机关党工委和省政府办公厅党组的领导下，办公厅机关党建工作坚持以科学发展观为统领，紧紧围绕中心任务，着力加强思想政治建设、基层组织建设、文明机关建设，为办公厅履行职能提供了重要支撑。办公厅首次被评为省级文明机关，机关党委被评为全省机关党建调研工作先进单位和省直机关宣传报道先进单位，在全省机关党(工)委书记会上介绍了经验。

一、各级领导重视支持机关党建工作

各位省长都非常重视办公厅机关党建工作，带头参加厅机关的学习教育和文体活动。厅党组建立了主要领导亲自抓，分管领导靠上抓，协管领导具体抓，其他党组成员各负其责、密切配合的机关党建领导和工作机制，提出了“明确‘一个目标’、搞好‘三项服务’、强化‘五种意识’、做好‘六个表率’”的整体工作思路和用心抓好党建工作、用心抓好各项工作落实、用心当好支部书记的具体要求。同时，厅党组为创建文明机关工作、举办大型活动和购买学习材料提供支持和经费保障，有力促进了机关党建工作。

二、持之以恒地用中国化的马克思主义武装党员头脑

我们始终把加强机关思想政治建设放在首位，不断强化“理论武装”工作。年初制定了理论学习计划，持之以恒地抓了邓小平理论、“三个代表”重要思想、科学发展观等马克思主义中国化的最新理论成果教育和中央及省委、省政府一系列重要会议、文件精神学习。在积极组织党员干部参加党校学习的基础上，坚持每年举办一期处以上干部脱产理论学习班，坚持每年编辑一册党员干部理论学习体会文章集，坚持每季度组织一次理论辅导报告，坚持每月组织两个半天理论学习，坚持每年组织一次应知应会知识考核，坚持每年举办一次读书笔记展览，坚持每年“五一”、“十一”上班后举行一次升国旗爱国教育。对党章、社会主义荣辱观、《江泽民文选》、胡锦涛总书记“七一”重要讲话、十六届六中全会精神等内容的学习，都及时作了安排部署，提出明确要求。一是集中5天时间，厅党组理论学习中心组带处长专题学习了党章，认真学习了胡锦涛总书记在中央纪委第六次全体会议上的重要讲话，认真研读了《人民日报》学习党章系列谈；二是围绕学习贯彻社会主义荣辱观，组织开展了“学党章、知荣辱、作表率”演讲会；三是举办了两期厅党组理论中心组带处以上干部党的十六届六中全会精神学习班，140余名厅、处级干部参加了学习；四是将机关党员干部撰写的170余篇学习体会文章编辑成册；五是遴选党的理论创新成果、重大战略决策和山东经济社会发展的有关数据编印成应知应会知识手册，发至人手一本；六是先后邀请张洪修、田建国、魏恩政等专家教授，作了学党章、牢固树立社会主义荣辱观、构建社会主义和谐社会等专题辅导报告，增强了思想政治工作的针对性和实效性。

三、在基层党组织建设工作中狠抓长效机制落实

先进性教育活动结束后，我们认真总结办公厅先进性教育活动成功经验，制定了《关于加强自身建设的意见》、《关于加强机关思想政治建设的意见》、《关于加强学习提高服务能力的意见》、《关于健全完善党员“长期受教育、永葆先进性”长效机制的意见》和《关于构建机关制度教育监督并重的惩防腐败体系的具体意见》，2006年又制定了《关于开展学习、贯彻、维护、落实党章，争创“五个好党支部”、“五个好党员”活动的意见》、《办公厅党员干部六项纪律》和《办公厅机关工作人员职业道德规范》。这8个文件都作为加强机关党的先进性建设的长效机制以厅党组名义印发。同时还修订完善了机关党建工作责任制、工作规则等8项具体工作制度，基本形成了办公厅机关党的先进性建设的制度体系。在此基础上，机关党委狠抓了这些制度的落实。一是根据工作需要，及时建立1个党总支、4个党支部，调整增补了11个党总支、支部成员，研究发展了10名预备党员；二是严格党的组织生活，在厅党组民主生活会召开前，会同有关处室代厅党组广泛征求了意见，会后及时向省委、省纪委报告了会议情况；三是运用以会代训方式培训基层党支部书记和委员，强化机关党建直接责任人抓“三会一课”等组织制度落实的作用；四是切实加强机关党建研究，我们撰写的《为政之要　重在落实》的调研文章被评为全省机关党建调研优秀论文一等奖，《长效机制之长期落实》等论文在报纸杂志上登载。五是围绕创新开展党课实践活动，组织两批先进党员赴延安进行爱国主义、革命传统和延安精神教育，组织干部职工代表到寿光组织开展了以“考察新农村　树立新风尚”为主题的党课实践活动，并请“全国优秀共产党员”王乐义介绍加强党的先进性建设经验；六是强化对党员的教育和管理，认真做好党员统计和党费收缴工作，深入开展争创“五个好”活动，促进了基层党组织和党员在业务工作中更好地发挥作用。

四、大力开展省级文明机关创建工作

2006年是省级文明机关申报年。年初厅党组明确提

出争创省级文明机关的工作目标，上上下下对此高度重视，创建工作更加扎实深入。一是及时调整建立了以党组主要领导为组长、各处室单位负责人为成员的文明机关创建工作领导小组，办公室设在机关党委。领导小组高度重视，办公室主动工作，各处室单位和干部职工热情参与，形成了上下联动、齐抓共建的良好局面；二是按照省直文明委统一部署，组织参加了“里能杯”省直文明机关、文明单位乒乓球联谊赛，获优秀组织奖和精神文明代表队称号；三是积极引导党员干部牢固树立解放思想、实事求是、立党为公、执政为民、服务人民、联系群众、立足本职、敬业奉献的观念，坚持不懈地抓机关作风建设，在思想作风、工作作风、文风等方面都有了进一步转变和提高；四是充分发挥工青妇组织作用，先后组织开展了“慈善一日捐”现场捐赠、厅机关纪念长征胜利70周年暨庆国庆文艺演出、义务植树、“和谐社会与青年责任”大讨论等活动，积极参加省直职业道德建设成果展并获组织奖，在东平县中心小学创建了“山东省人民政府办公厅‘爱心图书室’”，实施了适合机关特点的职工健康计划，活跃了机关文体生活；五是编辑印发《机关党委工作专报》49期，及时通报文明机关创建情况，交流创建经验。六是严格对照《山东省文明单位建设管理条例》，认真搞好自查和申报工作，省直文明委考核组给予充分肯定，打出了100分，以并列第一的高票推荐上报为省级文明机关。

五、用机关党建成果为办公厅履行职能提供有力支撑

厅党组把机关党建工作始终放在全省经济社会发展的主战场上去谋划，放在全省改革发展稳定的大背景下去思考和把握，把完成中心任务的实效作为检验机关党建工作的首要标准，紧紧围绕省委、省政府的工作大局和办公厅的中心任务，开展工作，发挥作用。机关党委按照省直机关工委和厅党组的要求，积极履行职责，在完成办公厅各项任务中充分发挥了协助和监督作用。各总支、支部的凝聚力、战斗力不断增强，在完成各项任务中，充分发挥了战斗堡垒作用。机关广大党员自觉践行“三个代表”重要思想和先进性标准，发挥了先锋模范作用。同时，我们还注重发挥老干部、老党员的传帮带作用。这些都为办公厅履行工作职能提供了强有力的政治保障、精神动力和智力支持。2006年，办公厅在协助省政府领导抓落实国家宏观调控政策、构建社会主义和谐社会、繁荣发展服务业、创建节约型社会、建设创新型省份、建设社会主义新农村等重点工作中，组织各类会议和重要活动1800多次，参与制定出台重要政策性文件120多件，起草领导讲话稿、会议纪要等重要文字材料1200多件。针对全省经济社会发展中的重要情况和“热点”、“难点”问题，多次组织重大调研活动，提交调研报告20多篇，编辑各类信息734期，为省委、省政府领导了解情况、把握全局、科学决策、抓好落实提供了优质、高效服务。

增强党建工作活力
推动政协事业实现新发展

省政协秘书长、办公厅党组书记、
机关党委书记　毕泗生

2006年，省政协机关党的工作坚持以邓小平理论和“三个代表”重要思想为指导，全面落实科学发展观，按照“围绕中心、虚功实做、突出重点、形成特色”的工作思路，以作风建设为重点，以巩固发展文明创建成果为抓手，积极建设学习型、创新型、服务型、节约型、和谐型“五型”机关，着力打造以文辅政、协调谋划、信息耳目、委员服务、联谊交友、后勤保障“六大优势”，全面提高机关党的工作和机关建设整体水平，努力把省政协机关建设成为政协委员之家、各界人士之家、基层政协之家，为推动省政协工作在新起点上实现新发展作出了积极贡献。

一、加强思想政治建设，确保政协工作正确的政治方向

我们坚持用马克思主义中国化的最新成果武装党员，用中国特色社会主义共同理想教育党员，用以爱国主义为核心的民族精神和以改革创新为核心的时代精神教育党员，用以“八荣八耻”为主要内容的社会主义荣辱观教育党员。组织党员深入学习十六大以来以胡锦涛同志为总书记的党中央提出的牢固树立和全面落实科学发展观、构建社会主义和谐社会、加强党的执政能力建设等一系列重大战略思想，学习《党章》、学习《江泽民文选》、学习《中共中央关于加强人民政协工作的意见》，举办了两次学习交流大会，先后邀请8位专家学者作了专题学习讲座。在学习中，我们紧密结合政协机关工作实际，深入思考开展工作的新思路、新举措，努力把理论学习的成果转化为谋划工作的思路、改进工作的措施和创造性开展工作的本领。我们还注重深入扎实地做好思想政治工作。深入开展了谈心活动，主动帮助干部职工解决工作生活中遇到的实际问题和困难，既坚持人性化，做到动之以情、施之以爱，又坚持个性化，“一把钥匙开一把锁”，使思想政治工作更加具有影响力和感染力。通过潜移默化、春风化雨、润物无声的思想政治工作，努力营造了团结进取、干事创业的工作氛围。

二、加强作风建设，增强政协事业发展的创造活力

为中心工作服务是机关党建工作的基本职责，我们坚持把加强机关党建工作与创造性地做好政协工作紧密结合起来，通过加强作风建设，为推动政协事业创新发展增添创造活力。一是努力实现工作方式的“五个转变”。即克服被动的工作方式，向主动的工作方式转变；克服粗放的工作方式，向精细的工作方式转变；克服随意性的工作方式，向规范化的工作方式转变；克服守成的工作方式，向创新的工作方式转变；克服封闭的工作方式，向开放的工作方式转变。二是在机关大力弘扬“六种作风”。即勤奋学习之风、开拓创新之风、严谨务实之风、团结协作之风、艰苦奋斗之风、争先创优之风。三是切实改进会风、文风和工作作风。在机关大力倡导开准备充分、内容充实、主题鲜明、简短高效之会，倡导撰写重点突出、言之有物、有的放矢、切实管用的调研报告和会议材料，倡导眼睛向下、迈开双脚、深入基层、深入群众，搞好调研视察等各种活动。通过作风建设，提高了机关办文办会办事的能力和水平，为省政协履行职能提供了有力保障。

三、加强制度建设，提高机关工作规范化水平

制度具有长期性、稳定性、根本性。省政协机关坚持以制度创新为突破口，强化制度建设，使机关党建工作和业务工作逐步纳入制度化、规范化的轨道。一是抓好先进性长效机制建设。认真贯彻落实中央四个长效机制文件，积极探索新形势下广大党员长期受教育、永葆先进性的长效工作机制。制定了《关于学习贯彻中央四个长效机制文件的意见》，修订完善了《关于进一步加强机关党建工作的意见》、《关于省政协机关共产党员长期受教育、永葆先进性的意见》等制度性文件。这些长效机制的建立，为机关党组织在推动政协事业发展中更好地发挥战斗堡垒作用，提供了制度保障。二是抓好日常组织生活制度的建设。修订完善了《关于加强机关党支部建设的实施办法》，对于党员的管理教育、思想政治工作、落实“三会一课”组织生活制度、领导责任等做了明确的规定。三是抓好“三个体系”建设。按照“想干、会干、干好”的要求，把党务工作与业务工作有机融合在决策目标、执行责任、考核监督“三个体系”建设之中，建立了规范可行的工作程序和良好的工作运行机制，做到了年度有计划，季度有安排，每周有调度，年终有考评，形成了目标明确、运转协调、规范高效的工作局面。

四、加强廉政建设，树立政协机关良好形象

党风廉政建设是党的执政能力建设和先进性建设的重要内容。省政协机关认真贯彻落实中央、省委关于党风廉政建设的各项规定，时刻保持思想上的警醒，紧紧把廉政工作抓紧抓好。一是认真组织全体党员学习贯彻中纪委六次和省纪委七次会议精神。制定了《关于2006年省政协机关党风廉政建设和反腐败工作实施意见》，进一步明确了2006年度廉政工作任务、工作措施和责任分工。二是认真落实党风廉政责任制。坚持谁主管谁负责，谁主办谁负责的原则，把反腐倡廉工作分解到各项业务工作中，形成了齐抓共管、责任到人、层层监督的局面。三是根据上级纪检组织要求，认真开展了治理商业贿赂专项工作。通过深入开展党风廉政建设和反腐败工作，机关党员干部职工进一步增强了遵纪守法、廉洁自律的自觉性，保持了廉洁勤政的良好形象。省政协机关党风廉政建设得到了社会各界的好评。

五、加强基层组织建设，夯实机关党建基础工程

基层党组织是党的战斗力的基础。我们着力在创新思路、创新载体、创新体制上下功夫，进一步激发基层组织的活力，以党的建设带动机关建设，以党内和谐推动机关和谐，以党员作用影响和带动广大干部职工，进一步增强了党支部的凝聚力、创造力和战斗力。一是切实提高总支、支部书记履行“一岗双责”的工作能力。组织了总支、支部书记培训班，举办了专题讲座并到市中区国防教育基地实地接受了教育。二是举办了总支、支部组织委员和党小组长培训班，年内新发展了10名党员。三是加强党员干部队伍建设。进一步加大了机关干部的学习、培训、教育和选拔使用工作力度，先后选派25名机关干部参加了全国政协、省委党校举办的各类脱产培训学习，提拔重用了8名厅级领导干部，调整任用了部分科处级干部。四是狠抓业务建设。注重培养机关干部“张口能讲”、“提笔能写”、“有事能办”、“无事能思”四种能力，开展了“应知应会”教育培训活动。

六、加强文明机关建设，努力营造团结和谐的机关氛围

机关党建工作的活力在于开展丰富多彩的活动。我们注重通过开展各种扎实有效的工作和活动，增强机关的亲和力、凝聚力和创造活力。一是开展了丰富多彩的文化生活。积极参加省直机关纪念建党85周年和长征胜利70周年文艺汇演，并获得组织奖；积极参加爱心助学活动，在贫困地区小学捐建了两个“爱心图书室”；认真组织了“慈心一日捐”活动；积极组织青年志愿者参加“情系母亲河、捐植纪念树”活动，并被评为先进单位；成功举办了全省政协乒乓球友谊赛、职工子女才艺展演、迎新春联欢会等一系列文体活动。二是积极搭建文明创建活动的平台。办公厅拿出专项资金，进一步加强了机关图书阅览室和文化活动室建设，并在政协网站上增加了机关文明建设方面的内容。三是深入开展精神文明创建活动。制定了《关于省政协机关2006年精神文明建设工作的意见》，继续深入开展了文明机关、文明处室创建活动，营造了风正、气顺、心齐、劲足、绩优的工作局面。2006年，省政协机关在连续4年被评为“省直文明机关”的基础上，被评为“省级文明机关”。

大力加强正规化建设
努力提高机关党建工作水平

省公安厅政治部主任　王兆玉

2006年，省公安厅以邓小平理论和“三个代表”重要思想为指导，以科学发展观为统领，紧紧围绕省委工作大局，以加强党的执政能力建设和先进性建设为重点，以建设高素质的党员干部队伍为关键，以加强党的基层组织建设为基础，采取切实有力措施，大力推进机关党的正规化建设，取得了明显成效。厅机关被评为省级文明机关，直属机关党委分别被中央和省委授予全国、全省“先进基层党组织”荣誉称号。

一、加强领导，明确目标，把正规化作为机关党建的主线贯穿始终

加强正规化建设，对公安队伍实行统一、规范、严格管理，既是公安机关的性质、任务和工作特点所决定的，也是提高公安队伍整体素质和战斗力，确保严格、公正、文明执法的重要前提。公安队伍实现正规化，机关党建工作必须率先规范。对此，厅党委高度重视，多次召开党委会研究机关党的正规化建设问题，并明确提出厅机关正规化建设要贯彻“一条方针”，即始终贯彻依法从严治警的方针；抓好“两个切入点”，即从最基本的行为准则抓起，从一线实战单位和基层窗口单位抓起；突出“三个重点”，即规范教育训练强素质、规范执法执勤促公正、规范内务管理树形象；落实“四项工作要求”，即“条块结合、上下互动，抓好示范、统筹全局，重点突破、整体推进，严格考核、兑现奖惩”；确保实现“五个方面明显进步”，即：在建立完善公安队伍组织机构、教育训练、内务管理、执法执勤、监督制约、警务保障规范体系方面取得明显进步；在按照纪律部队要求，对队伍管理、纪律作风、民警行为举止“统一规范、整齐划一、令行禁止”上取得明显进步；在规范执法行为、促进执法公正，解决群众反映突出的问题上取得明显进步；在发扬山东公安精神，展示公安队伍崭新风貌上取得明显进步；在提高工作效率、提高执法水平、提高队伍战斗力上取得明显进步。

二、认真贯彻落实《党和国家基层组织工作条例》，不断规范机关党的思想、组织、作风建设

（一）认真组织开展专项教育活动，不断加强机关理论武装工作　坚持每周两个半天集中学习和处以上干警每年不少于12000字，科以下不少于8000字的读书笔记制度，不断完善考勤、补课和考试制度。突出抓好专题学习和集中培训，增强学习效果。年内，重点抓了《党章》、胡锦涛同志“七一”重要讲话、党的十六届六中全会精神的学习和社会主义荣辱观、社会主义法治理念两项大的教育活动。全年共筹集资金20余万元，为党员干警购置有关学习资料5000余册。同时，以公安厅直属机关党委获得全国、全省先进基层党组织为契机，组织开展了“珍惜荣誉，再接再厉，再创辉煌”大讨论活动，各级党组织对照标准，查找不足，制定整改措施，有力地促进了机关党建工作的开展。

（二）规范机构设置和党内生活，进一步完善组织建设　组织、指导有关单位做好换届、改选和增补委员工作。年内，厅机关7个党委、4个总支、76个支部全部完成换届，组织机构和委员设置健全而完善，为机关党建各项工作的落实打下了坚实基础。认真组织开展争创“五个好”党组织和“五个好”党员活动，充分发挥了党组织的战斗堡垒作用和党员的先锋模范作用。同时，厅党委先后4次举办了中心组理论学习会议，起到了较好的示范带动作用。严格程序，周密部署，圆满完成了党的十七大和省第九次党代会代表候选人初步人选的推荐工作。

（三）以整治突出问题为突破口，大力加强了机关党风廉政和作风建设　针对先进性教育和大接访中发现的突出问题，集中开展了纪律作风和党风廉政建设教育活动，教育全体党员干警严格执行“五个不许”、“十个严禁”和“五条禁令”。7月份组织厅机关296名处以上干部赴省监狱，听取了两名服刑人员的忏悔演讲，接受了一次深刻的警示教育。以提高行政效能为重点，对厅机关车管所、出入境管理局等窗口单位进行检查，进一步推行警务公开，转变服务态度，提高办事效率，树立了厅机关的良好形象。

三、不断完善目标责任体系，确保机关党建持续、健康、深入发展

（一）明确要求，制定正规化建设标准规范体系　年初，制定了《2006年厅机关正规化建设工作实施方案》，对正规化建设进行了总体规划和部署，把各项党建工作任务量化分解，明确责任，设定分值，统一纳入正规化建设综合考评方案中。目前，省厅已制定下发了9个基层窗口单位的正规化建设规范和标准，对基层窗口单位正规化建设标准化、规范化提出了明确要求。同时，进一步明确了内务管理规范化建设要求，统一制作了门牌标识、办公桌标牌和上岗证，较好地落实了公安部关于上班时间统一着警服的要求。

（二）加强宣传，营造浓厚工作氛围　省厅开辟了正规

化建设专刊，在公安网上设立了正规化建设专栏。各单位也相应在网站和政工简报上设立了专栏，及时刊登关于加强正规化建设的指示精神和工作部署，总结推广在正规化建设中的各类典型。同时，充分利用各种新闻媒体，向社会大力宣传公安机关所展现出来的新气象、新风貌，进一步树立公安机关的良好形象，为公安工作营造了良好的舆论氛围。

（三）严格考核，确保各项措施落实到位 把正规化建设综合考评与争创“五个好”活动相结合，坚持半年一自查，一年一考核，年终根据分数评定等级，根据等级兑现奖惩，确保各项措施落到实处。年度先进党组织、优秀党员的评选，分别按照对单位和民警的考核成绩自高到低产生。凡被确定为不达标单位的，主要负责同志要写出剖析材料，限期进行整改。这些奖励与惩罚相结合的措施，有效调动了大家的积极性，激发了队伍活力。

四、充分发挥群团优势，不断拓宽机关党建正规化建设的广度和深度

充分发挥群团组织的桥梁作用，积极组织开展适合各自特点的活动，大力加强厅机关精神文明建设。机关工会组织开展了“慈心一日捐”和为困难职工捐助活动，共捐助资金50余万元；认真组织参加了省直机关职业道德成果展、广播操汇演、乒乓球比赛等活动，均取得了较好名次。机关团委积极参与“爱心图书室”捐助活动，在梁山县建立了“山东省公安厅爱心图书室”；积极开展文明争创活动，新创建青年文明号集体1个。妇委组织参加了“三八世纪林”植树活动，植树200多棵。同时，认真抓好警营文化建设。结合纪念建党85周年，组织举办了厅机关首届警察文化艺术节，举办了书画摄影展览、诗歌散文创作比赛等系列活动，陶冶了干警情操，活跃了机关气氛。

通过加强正规化建设，厅机关各级党组织的凝聚力、战斗力不断增强，广大党员的先锋模范作用得到充分发挥，厅机关形成了干事创业、心齐劲足的良好局面，带动全省各项公安工作和队伍建设取得了新发展。2006年，山东公安机关的工作实现了“六降四升”：刑事发案总量下降，全省刑事立案总量同比下降6.75%；治安案件下降，受理治安案件起数下降9.6%；群体性治安事件下降，起数和参与人数同比分别下降34.1%和36.2%；治安灾害事故下降，交通、火灾事故四项指标全面下降，两项合计死亡同比减少759人；进京上访下降，山东省群众进京到部上访量位居全国第26位；队伍违法违纪人数连续6年下降，警风警纪进一步好转。与此同时，打击能力提升，破获刑事案件比上年提升5.3%；抓获各类违法犯罪分子数、提请批捕和劳教数分别提升28.6%、5.9%和64.1%；获取情报信息的能力提升，依靠基础工作提供线索或直接破案的比例达到破案总数的70%以上；群众安全感提升，据统计，群众对全省社会治安的满意率达到96%，同比上升了0.6个百分点。经中央有关部门考核评估，我省社会治安是全国最稳定的省份之一。

加强理论武装 切实转变作风 提高机关党建工作对中心工作的保障能力

省国土资源厅直属机关党委书记 周莲英

2006年，省国土资源厅直属机关党委以科学发展观为统领，紧紧围绕严格执行国家土地调控政策，保护资源与保障发展并重，积极服务于山东经济又好又快发展这个大局，开展党建工作，为国土资源管理工作上台阶上水平提供了可靠的组织保证和政治保证。

一、在加强理论学习上下功夫，提高党员干部思想理论修养

不断加强理论学习，用马克思主义中国化的最新成果武装头脑、指导实践，是厅直属机关全体党员干部切实履行职责的保证，是新形势下推动国土资源工作的现实需要。因此，我们始终把加强思想理论学习放在党建工作的首位，多措并举，提高了广大党员干部的政治理论水平，增强了政治责任感和政治敏锐性，坚定了政治信念。一是突出学习重点。组织广大党员干部深入学习“三个代表”重要思想和党的十六大及十六届四中、五中、六中全会精神，学习科学发展观、构建社会主义和谐社会、建设社会主义新农村、加强领导干部作风建设、社会主义“荣辱观”等马克思主义中国化的最新成果，学习新《党章》、《江泽民文选》，努力使全体党员干部在思想理论上做到与时俱进，并用于指导实际工作。二是坚持学习制度。严格执行以厅党组中心组学习为龙头、以处以上干部学习为重点、以各党支部日常学习为基础的学习制度，健全督促检查制度，保证学习效果。三是创新学习形式。通过厅领导上党课、录像辅导、举办英模人物报告会、知识竞赛、专题讲座等多种形式，把自学和集体学习有机结合起来，营造浓厚的学习氛围，建设“学习型机关”。四是做到理论联系实际。紧密结合全省国土资源工作实际，不断提高党员干部的理论素养和战略思维，善于谋大局、抓大事，以科学发展观为统领，认真贯彻落实国家土地调控政策，为我省经济又好又快发展做出贡献。

二、在加强基层组织建设上下功夫，保持党组织和党员队伍的先进性

抓好基层组织建设是加强党的建设，保持党的先进性的基础。为此，我们注重了基层组织建设。一是抓好机关党委和机关各党支部的换届选举，搞好基层班子建设。召开了中共山东省国土资源厅直属机关党员代表大会，选举产生新一届厅直属机关党委和机关各党支部班子，健全了机关党委和党支部各项工作制度，从组织上保证了机关党建工作的正常开展。二是规范机关和直属单位党的建设工作。相继出台了《中共山东省国土资源厅党组关于加强厅机关和直属事业单位党的建设的若干意见》和《山东省国土资源厅直属事业单位党组织建设工作暂行规定》，对党建工作各项原则、主要任务、各项工作、机构设置、党费管理、党务干部的配备都作出了明确规定和要求。专门制发了《党支部工作手册》，建立健全了党支部工作规章制度，促进基层组织建设逐步走上制度化和规范化轨道。三是提高党建工作能力。通过举办培训班、召开座谈会交流经验等形式，增强党务干部尤其是党支部书记"一岗双责"、"两手抓"的能力。严格按照"坚持标准，保证质量，改善结构，慎重发展"的方针，做好党员发展对象的培养、教育、考察、培训和审批工作，厅组建以来，先后选送了 68 名党员发展对象参加省直机关培训班学习，发展新党员 68 名，为党组织注入了新的生机和活力。四是积极开展创先争优活动。积极培养和选树先进典型，发挥榜样示范作用，引导基层党组织和广大党员争创先进党组织和优秀共产党员，发挥党组织和党员在各项工作中的先锋模范作用。自开展创先争优活动以来，厅党组表彰先进基层党组织 22 个、优秀共产党员 102 名、优秀党务工作者 14 名。

三、在加强机关作风建设上下功夫，提高创建"文明机关"水平

我厅依法行使土地、矿产等自然资源和测绘的行政审批、处置、确认、登记、发证以及行政执法等职责，责任重大。加强厅机关作风建设，培养造就一支政治强、业务精、作风正的党员干部队伍，对于做好国土资源管理工作尤为重要。一是深入开展"完善体制提高素质"活动，通过举办各种类型培训班，加强对机关干部的政治、业务培训，提高依法行政、文明服务水平。二是大力推进政务公开，提高行政工作透明度。依据行政许可法，将省厅所有审批事项依法进行梳理规范，编制了行政许可审批流程图，全部进入厅政务大厅规范运作，一个窗口对外，避免了管理相对人和服务对象在办公楼内跑审批现象。我厅与省监察厅联合起草了《山东省国有土地使用权招标拍卖挂牌出让监督规程》，建立和完善了房地产开发土地供应情况的统计和信息披露制度，广泛接受社会监督。我厅连续 4 年被省直机关文明办授予省直"文明机关"称号。三是充分发挥工会、共青团、妇委会的桥梁和纽带作用，加强职工职业道德建设。组织广大职工开展"劳动竞赛"、"送温暖"、建"职工之家"、"爱心图书室"、"巾帼建功"和创建"青年文明号"等活动，激发广大职工的劳动热情和民主参与意识。举办厅系统"国土资源杯篮球比赛"、全省国土资源系统书画展、卡拉 OK 歌手大奖赛，组织全省国土资源系统文艺会演，厅机关暨 17 个市局的精彩节目在山东电视台综艺频道播出，活跃了职工文化生活，营造了团结、和谐、奋进的文化氛围。响应上级号召，组织党员和干部职工积极参加向灾区捐款捐物、慈善一日捐等，充分体现了一方有难、八方支援的人道主义精神和奉献精神。

四、在强化党风廉政建设上下功夫，维护国土资源部门良好形象

党风廉政建设是党的建设的重要组成部分，国土资源管理是高风险的行业，我们非常重视厅机关的党风廉政建设，维护国土资源部门良好形象。一是以学习贯彻党章和开展社会主义荣辱观教育为主线，以党员领导干部为重点，深入开展了党风廉政教育。通过邀请全国优秀检察官、聊城市东昌府区副检察长白云同志到省厅机关作报告，组织观看专题教育片《忏悔录》，到省第一监狱进行警示教育等形式多样的廉政文化活动，使广大党员干部进一步加深了立党为公、执政为民的认识，努力形成以廉为荣，以贪为耻的良好风尚，廉洁从政的自觉性普遍提高。二是强化监督制约，确保行政权力的正确行使。认真执行党内监督条例，进一步落实党员干部报告个人有关事项、民主生活会、述职述廉等制度，加强对党风廉政建设责任制执行情况的监督检查。对土地审批、采矿许可证的发放等审批事项，严格执行内部会审、集体决策制度，实行"阳光操作"，有效防止了不廉洁问题的发生。三是立足国土资源实际，扎实开展治理商业贿赂工作。把土地出让、矿业权出让、土地和矿业权评估、项目发包等四个方面作为治理的重点，在全系统进行严格排查和自查自纠。在开展专项治理工作中，各级国土资源部门认真查处违纪违法案件，坚持纠建并举，共对 773 个单位、152 个重点环节、291 个重点岗位、916 名重点人员进行了调查摸底。针对查摆出的问题和工作中的薄弱环节，分析存在问题深层次的原因，有针对性地采取措施，完善制度，搞好整改，建立长效机制，制定整改措施 252 条，完善规章制度 165 项，新建规章制度 78 个，取得较好成效。

机关党的建设任重道远，在今后的工作中，我们将与时俱进、开拓创新、围绕中心、服务大局、完善体制、提高素质、全面加强党的思想、组织、作风和制度建设，充分发挥党支部的战斗堡垒、党员的先锋模范作用，确保国土资源中心任务的完成，为我省经济又好又快发展做出积极贡献。

巩固和发展先进性教育成果
全面加强机关党的建设

省卫生厅直属机关党委书记　包文辉

2006年，省卫生厅直属机关党委坚持以邓小平理论和“三个代表”重要思想为指导，树立和落实科学发展观，围绕卫生工作中心任务，着眼巩固和发展先进性教育成果，全面加强直属机关党的建设，深入开展精神文明创建活动，各项工作取得新成绩，为促进卫生事业又好又快发展提供了坚强的思想、组织和政治保证，我厅连续四年被授予省级文明机关荣誉称号。

一、强化理论武装，提高党员干部的思想觉悟和政治素质

坚持把理论武装作为加强党建工作的首要任务，丰富学习内容，拓展学习载体，活跃学习形式，增强学习效果。把用科学发展观武装党员特别是党员领导干部的头脑作为一项重要任务进行认真部署，制定了详细的学习计划。下发了学习贯彻党的十六届六中全会的通知等6个开展学习活动的通知。组织五次党组理论中心组学习，举办了卫生厅多年来范围最大的一次党组理论学习中心组读书会，研究分析涉及卫生改革与发展的重大问题，进一步统一了卫生系统各级领导干部的思想，增强加快卫生改革与发展的信心和决心。王天瑞厅长为干部职工讲授了学习党章，勤政廉政，科学发展观为主题的党课，收到良好的效果。领导干部的示范作用带动了广大干部职工的学习热情，各级党组织全面落实中心组学习制度、三会一课制度、职工政治学习等制度，通过看录像、专家辅导、领导干部讲党课、写读书心得、开展党章基本知识竞赛等形式，组织干部职工认真学习理论，深化思想认识，指导工作实践。

二、落实先进性教育长效机制，规范和加强机关党建工作

坚持巩固和发展先进性教育成果，认真抓好保持共产党员先进性长效机制的落实。厅党组转发了中共中央办公厅《关于加强党员经常性教育的意见》等4个保持共产党员先进性长效机制的文件，结合实际，把各项要求落实到实处。一是加强对党委换届选举的督导。专门下发文件，对各级党组织换届改选提出明确要求。省胸科医院等5个单位分别召开党员大会进行了换届选举。各单位换届改选都严格按照党章的规定和程序，精心组织，周密安排，细致操作，保障了党员的民主权利，增强了党组织的凝聚力和战斗力。二是坚持民主生活会制度。厅党组按照规定召开民主生活会，得到有关部门领导肯定；厅领导亲自带队组成督导组，加强对直属单位民主生活会的指导，各单位党组织按照规定的内容和程序，精心组织民主生活会，取得良好效果。三是积极开展争创“五个好”基层党组织和“五个好”党员活动。下发了开展争创活动的实施意见作出全面部署和安排，各单位党组织都制定了活动实施方案，把“五个好”活动纳入党建工作目标，切实加强领导，完善措施，精心组织，使活动开展得扎实有效。“七·一”前夕，通报表彰了26个先进党支部，90名优秀共产党员，25名模范党支部书记和18名优秀党务工作者。四是认真开展学习贯彻党章“五个一”专题教育活动。厅直各级党组织全面宣传发动，精心安排部署，认真组织党章专题学习、党员奉献日、组织生活会和党章知识竞赛等五个一活动，结合实际组织党员到革命传统教育基地学习考察，使学习教育内容更加丰富，形式更加活泼，成效更加明显。积极参加省直机关“爱心图书室”捐助活动，共捐书11000多本，厅机关等单位分别冠名三个爱心图书室，我厅荣获省直机关“爱心助学示范单位”荣誉称号。五是做好党员发展工作。加强对入党积极分子进行教育培养，全年发展新党员42名，使党员队伍不断充实新鲜血液。

三、牢固树立社会主义荣辱观，深入开展文明行业创建活动

按照抓机关，带行业的思路，以社会主义荣辱观为指导，全面加强行业精神文明建设。下发了《关于继续深入开展创建文明行业活动的通知》，要求全省卫生系统深入开展以解决群众“看病难、看病贵”为重点，以“一满意、四规范”为主要内容的文明行业、文明单位创建活动，推行文明行业创建活动“五个一工程”。加强了对厅直单位创建文明单位活动的经常性管理的督导检查，13个厅直单位中创建2个省级文明单位，8个省直机关文明单位。在认真考核的基础上，对2004—2005年度全省卫生系统文明行业创建活动先进集体、文明单位和诚信建设先进单位进行了表彰。认真组织了全国健康卫士楷模先进事迹报告团华东分团济南、青岛专场报告会；组织了山东省健康卫士楷模先进事迹巡回报告团，分赴淄博、潍坊、滨州、东营等市进行巡回报告，引起强烈反响。深入开展创建“五型”机关活动，把任务目标分解到有关处室，全厅上下齐抓共管，同心协力，规范和简化办事程序，大力整顿工作作风，营造了风气正、作风好、环境优的良好氛围，我厅再次被命名为2006年度省级文明机关。在全省开展为特困农民参加“新农合”募捐活动，机关干部职工当场捐助现金3万多元。开展“送温暖，献爱心”募捐活动，共捐助现金20.68万元，衣物1126件。加大宣传工作力度，机关党委被省直工委评为2006年度机

关党建宣传报道先进单位。

四、发挥群团组织优势，促进和谐卫生建设

充分发挥群团组织密切联系群众的桥梁和纽带作用，支持和指导群团组织按照法律和章程的规定，独立自主开展活动。医务工会狠抓基层职代会制度建设，积极推行院务公开，山东卫生系统院务公开工作走在全国卫生行业前列。直属机关团委认真开展团员意识教育活动，分别被团省委和团工委表彰为增强团员意识教育活动先进单位和先进集体。与《山东卫生》杂志联合举办热点栏目“齐鲁卫生新生代”，宣传优秀青年和青年集体的先进事迹。直属机关团委2006年被团省委命名为山东省“五四红旗团委”。

五、发挥党员先进性作用，认真解决群众看病难、看病贵问题

厅党组把认真解决群众看病难、看病贵问题，作为卫生系统党员永葆先进性、群众长期得实惠的根本任务，坚持办实事，求实效，巩固和发展先进性教育成果，努力当好人民健康的忠诚卫士。一是加强农村卫生服务体系建设，加快推进新型农村合作医疗试点工作。省财政投入1500万元专项经费，在完成了经济欠发达县30所乡镇卫生院改造建设任务的基础上，又安排1.8亿元，启动了“360工程”，到2007年底完成360所重点乡镇中心卫生院整修业务用房、配置必需设备、培训技术骨干的任务，提高农村卫生服务能力。乡镇卫生院建设“1127工程”顺利启动，各级政府安排专项经费改造乡村卫生机构，收到良好社会效益。省级新农合试点县已达到88个，参合农民占全省农村人口总数的67%，2007年将基本建立起覆盖全省的新农合制度。二是严格行业监管，有效控制医药费用不合理增长。颁布实施了县级以上医疗机构开展无节假日手术、推行辅助检查相互认可制度、临床用药监控公示、合理配置使用医用高质耗材等八项措施；在二级以上综合医院推行单病种限价收费，收费水平下降10%—30%；全省717所县及以上医院实行药品集中招标采购，严格执行药品招标合同和加成政策，药价平均降幅17%，药品收入占医院总收入的比重由2001年的52.47%降至2006年的48.2%，医药费用过快增长的势头得到有效遏制。三是大力开展惠民医疗服务，努力为城乡困难群体排忧解难。制定实施《关于在全省开展惠民医疗服务的意见》，二级以上医院普遍设立惠民门诊、惠民病房(病床)，对城乡弱势群众实行六免两减政策。全省共开设惠民门诊1.1万个，减免费用1.8亿元，212万人次受益。四是推进城乡医疗救助体系建设。出台《关于做好特困患者医疗救治工作的意见》，把未参加城镇基本医疗保险的城市低保对象和农村五保户、低保户中的患者列入医疗救治对象，实行属地管理、分级负责，由各地新农合和城市社区卫生服务综合协调领导组织，协调解决当地出现的特困患者救治困难问题，从而使看病难、看病贵问题得到一定缓解。

加强机关党建工作，促进全院事业快速发展

山东省医学科学院机关党委书记　初奎臣

一年来，院党委高度重视党建工作，坚持从实际出发，紧紧围绕全院中心工作，注重发挥党建思想政治工作的优势，全面加强党的思想、组织、作风和制度建设，使广大党员干部职工的思想觉悟和政治素质有了显著提高，从而有力地保障了全院各项工作任务的完成。

一、以求真务实的精神，抓好理论教育

年内我们根据中央、省委有关理论学习的总体部署及全院事业发展的实际，先后起草下发了一系列加强学习教育的文件，如《关于我院2006年理论学习安排的意见》等，同时配合理论学习统一购买了教材和光盘。在学习形式上，即保持好的传统的方式方法，又结合新形势对学习教育的形式加以改进，由此，突显出了学习教育的实效。

(一)分层次、有重点地抓好党员领导干部的学习 抓全院理论学习，关键是要抓好领导干部的学习教育；抓领导干部的学习教育，关键是抓好落实，力求取得实效。首先，抓好院党委理论中心组学习不放松。我们编制了“院党委理论学习中心组学习配档表”，详细地部署了全年理论学习任务，使领导干部能在处理好工学关系的基础上抓好学习，从而确保了学习的实效。其次，重点抓好院处以上领导干部的学习。针对领导干部工作忙的特点，采取在认真自学的基础上，写出学习体会，然后进行集中交流。第三，学习理论，重在指导实践。我们坚持以“读书会”的形式，使处以上领导干部能坐下来集中精力学习。同时还结合每年院工作重点，提出研讨专题，在读书会上交流，使其达到了在学习中交流，在交流中提高。今年我们以学习、贯彻邓小平理论和“三个代表”重要思想及科学发展观为契机，继续举办了院党委理论学习中心组(扩大)读书会，在深入学习理论的基础上，集中讨论修改了我院“十一五”事业发展总体规划，读书会上进一步统一了思想，增强机遇意识、危机意识、创新意识，并为做好今后工作，理清了思路。

(二)形式多样，力求理论教育取得实效 首先，在学党

章,促进五个一活动中,我们举办了“学党章知识竞赛”活动。院属驻济11个单位组队参加。活动中领导干部带头参赛,其中5个基层党组织一把手亲自参赛。此次活动既是对党员学习掌握党章知识的一次检验,也是教育党员自觉做到学习党章,遵守党章,贯彻党章,维护党章的有效形式。其次,加强了党务干部培训工作。针对党务干部年轻化,对党组织管理工作程序不熟的现象,加大了对基层党务干部的培训力度。年内举办了全院党委、支部书记,党务、纪检干部培训班。培训班上学习了中央保持共产党员先进性长效机制文件;邀请省委党校的教授作了专题辅导报告;讲解了发展党员工作程序。第三,重大纪念日,举办大型纪念活动。在纪念建党85周年暨长征胜利70周年,我们以党的光辉历程和伟大的长征精神来教育广大干部职工,举行了全院大型文艺汇演,以鲜明主题、生动内容、富有激情的节目,大大地激发了医科院人求真务实、开拓进取的工作热情。

二、以落实《条例》为契机,加强党的基层组织建设

党的基层组织是贯彻“三个代表”重要思想的组织者、推动者和实践者。一年来,为进一步强化基层支部各项功能,不断增强生机和活力,我们认真组织落实了《中共山东省委关于贯彻〈中国共产党党和国家机关基层组织工作条例〉实施意见》和我院《党务工作管理办法》,使全院党的组织建设纳入了制度化、规范化管理的良性轨道。

(一)进行了基层党组织换届工作 年内我们按照党章的要求,对全院24个直属基层党委、支部的情况进行了全面的调研摸底,对任职届满的党委、支部,需要换届的基本情况全面分析有针对性地提出了基层党组织的换届计划。在此基础上,按计划,分层次的对院属4个基层党委和9个党支部进行了换届改选工作。

(二)加强了对党费的收缴、使用和管理工作 年内我们按照中组部和省委组织部的要求,加强了对党费收缴的管理,修订下发了《山东省医学科学院党费收缴、管理和使用暂行办法》,进一步明确了上缴党费的比例,完善了上缴程序。按照中组部《关于进一步加强和改进离退休党支部建设工作的意见》的要求,进一步加强离退休支部的建设,我们将上缴党费的50%下拨到离退休支部,要求设立专门账户,专人管理,在党费的使用中严格了程序。该项工作的及时到位,极大地支持了离退休支部的工作。

(三)根据《中国共产党发展党员工作细则》,按照“坚持标准,保证质量,改善结构,慎重发展”的方针,积极慎重地做好发展党员工作 工作中我们根据科研单位高学历知识性人才多的特点,把发展的重点放在了科研一线的高级知识分子和专业技术人员中,注重发现并培养科研一线的人员。2006年发展的新党员,具有专业技术职务的占全年新发展党员总数的85%,科研一线党员队伍得到了扩大,由此也极大地调动了工作在科研一线干部职工的积极性,从而推动了全院各项事业的快速发展。

三、以爱心和谐为主题,大力加强三个文明建设

今年我们在文明单位创建工作中突出了“以爱心和谐”的主题创建活动,使创建工作更加丰富多彩和具有亲和力。

(一)加强对文明单位的管理与交流 加强了对3个“省级文明单位”和7个“省直文明单位”的动态管理,及时总结好的经验和做法,在院属单位间进行学习交流,互相促进,从而使精神文明创建工作得以健康发展。

(二)开展了以献爱心为主题的社会捐助活动 在省“慈心一日捐”活动、省红十字会组织的省卫生系统开展的支援特困农民的新型农村合作医疗募捐活动、全省开展的以“送温暖、献爱心”为主题的社会捐助活动中,我们精心组织、周密部署、广泛宣传、深入发动,全院广大党员干部职工充分发扬扶贫济困、乐善好施的传统美德,积极响应,踊跃参加,慷慨解囊、无私奉献,全院共捐款224718.72元,捐赠御寒棉衣、棉被1335件。年底被省红十字会和省卫生厅授予“支持新农合募捐工作先进集体”荣誉称号,并在省红十字会第七次会员代表大会上受到表彰。

(三)发挥医疗优势,奏响和谐凯歌 我们在学党章,促进五个一活动中,注重发挥科研医疗优势,开展多项亲民利民,共建和谐社会的活动,如:与新闻媒体联合,开展了“义诊活动进社区”、“送医送药进农村”等活动。活动现场著名的专家为社区和农村的群众义诊,活动结束后在新闻媒体分头进行了报道,此项活动在广大群众中引起了较好的反响。

四、以群团组织为桥梁纽带,共建文明机关

多年来,我们重视加强群团工作,注意发挥群团组织的作用,注重在增强广大干部职工的凝聚力上下功夫。

(一)加强工会工作 认真贯彻落实省总《关于加强基层工会建设充分发挥工会作用的意见》,加强基层工会的规范化建设,年内对2个基层工会组织进行了换届选举及补选工作。

(二)积极开展“送温暖”活动 为职工群众办实事、办好事,坚持对困难职工进行生活救助,坚持对生病及生活困难职工看望走访制度。定期组织职工健康查体并及时反馈信息,做到有病早发现早治疗,促进了职工的健康保健。

(三)开展多种形式的活动,增强职工的凝聚力 组织参加了工委开展的《做表率、谋发展、促和谐、省直机关职业道德建设成果展》的活动,集中展现了我院广大职工在职业道德建设方面的精神风貌。组织了多种形式的娱乐活动,通过这些活动的开展,进一步密切了干群关系,增强了干部职工的凝聚力,为全院的精神文明建设奠定了坚实的基础。

(四)扎实有效的做好团的工作 开展增强团员意识主题教育活动,在推进团建创新,促进基层团建工作中,院团

委被团中央授予“全国五四红旗团委”荣誉称号。在“青年文明号”创建活动中，在原有5个省级“青年文明号”集体和2个省直机关“青年文明号”集体的基础上，省医科院附属医院正骨科又被省直机关团工委授予“省直机关青年文明号”荣誉称号。在第三届山东省省直机关十大杰出青年评选活动中，我院1名同志被评为“省直机关十大杰出青年”。

2006年我们在省委和省直机关工委的领导下，在加强机关党建工作中取得了一定成绩，今后将不断研究新形势下加强党建工作的新路子，为构建文明和谐机关做出新的更大的贡献。

全面加强机关党的建设 努力推动国税事业和谐发展

省国税局机关党委书记 李录温

2006年，山东省国税局机关坚持以邓小平理论和“三个代表”重要思想为指导，认真贯彻落实党的十六大和十六届四中、五中、六中全会精神，树立和落实科学发展观，坚持以组织税收收入为中心，以文明创建活动为载体，全面加强机关建设，各项工作都取得了较好的成绩，实现了“十一五”时期国税工作的良好开局。全省国税系统全年共组织税收收入1840.6亿元，同比增长28.6%，增收409.7亿元，收入规模和增幅双创历史新高，为支持山东经济社会快速、健康、协调发展做出了积极贡献。省局机关连续10年被评为省直文明机关，连续4年被评为省级文明机关。

一、加强政治理论学习，提高干部队伍素质

(一)发挥中心组的表率作用 建立健全理论中心组学习制度，积极改进学习形式和方法，将学习讨论与提高思想认识、研究部署工作紧密结合起来，促进工作的开展，为机关的学习起到良好的示范作用。

(二)强化读书班的导向作用 由省局机关处级以上领导干部和各市局局长参加，对重点学习内容和理论专题辅导，做好结合文章，指导国税工作。

(三)丰富学习形式 一是开展春训教育活动。利用春节后刚上班的一段时间，集中组织干部职工学习上级有关文件、会议精神，整顿机关作风纪律，细化全年工作任务，为做好全年工作打下坚实的思想基础。二是搞好专题培训。突出抓好党章、《江泽民文选》、十六届六中全会精神等重要文件和精神的学习培训。举办各类辅导讲座7次，知识竞赛3次。处级以上干部参加理论学习培训率达到100%。三是开辟网上教育。在省局网站上开辟了“学习《江泽民文选》”、“保持共产党员先进性教育”、“预防职务犯罪”等十几个学习活动专栏，大力宣传党的路线方针政策和上级的部署要求，引导启发大家学习讨论、深入思考，学习体会都在局机关《政工简报》上刊登，加强了学习和交流，收到良好的学习效果。

(四)加强业务培训 举办专门业务和知识更新培训、业务骨干培训等各类培训班16期，分岗位、分层次对机关干部职工进行专业培训。局机关先后有80多人次参加培训学习，其中局级干部7人。组织“税收与宏观调控”高层论坛、举办国内经济发展形势分析讲座、《依法行政的若干问题》辅导报告，组织各处室积极开展业务辅导讲座和工作交流，提高了干部职工的整体素质和工作技能。

二、扎实开展争创活动，大力推进党的建设

(一)强化组织领导 局党组高度重视争创“五个好”基层党组织和“五个好”党员活动，专门听取机关党委的汇报，提出明确要求。机关党委把“五个好”争创活动纳入党建工作的总体规划，研究制定了《关于局机关开展争创“五个好”基层党组织和“五个好”党员活动的实施方案》。各支部将争创活动列入加强支部建设的长效机制，各党支部书记既是争创活动的直接责任人，又是争创活动的第一带头人，进一步强化领导责任，带动争创活动的顺利开展。

(二)正确把握原则 一是坚持围绕中心的原则。确定争创活动首先要紧紧围绕税收工作这个中心任务来开展，要有利于促进局机关的各项工作，努力做到争创活动与税收工作的有机结合、整体推进。二是坚持围绕文明创建主线的原则。我们把争创活动作为文明创建的有效载体和手段，有力推动文明创建活动的深入开展。三是坚持分类指导的原则。各支部和党员干部从实际出发，制定切实可行的目标和措施，在结合上做文章，在特色上找出路，不搞“一刀切”。四是坚持注重实效的原则。坚持把促进经济发展、服务人民群众作为争创活动的落脚点，用税收丰硕的成果反映争创活动的成效，使活动效果落实到具体的行动上，体现在具体的工作中。

(三)丰富活动载体 一是开展学党章“五个一”活动，增强全体党员贯彻执行党章的自觉性和坚定性。二是开展以“八荣八耻”为主要内容的社会主义荣辱观学习教育活动，组织观看警示教育片《忏悔录》和《王怀忠的两面人生》，组织参加全省国税系统“知荣明耻，从我做起”演讲比赛，影响和带动大家形成积极向上、符合社会主义荣辱观要求的良好环境。三是紧紧围绕纪念日开展活动。“三八”妇女节组织机关妇女同志参观工厂，体验生活，接受艰苦奋斗教育。“五四”青年节组织机关团员青年和入党积极分子参观任长霞先进事迹展览，深刻领会“长霞精神”的深刻内涵。“七一”建党

节放映影片《生死托付》,组织新党员面对党旗庄严宣誓,坚定理想信念,激发党员的光荣感、使命感和责任感。四是开展"结穷亲、解民忧、受教育、促发展"活动。组织开展"慈心一日捐"活动,全局干部职工共捐款34150元。开展"爱心图书室"捐助活动,向菏泽市定陶县孟海镇东张庄国税希望小学捐献图书1000余册。机关服务中心党支部还主动帮扶困难职工,支部党员和入党积极分子自发为困难职工捐款,用实际行动践行了社会主义荣辱观和党的先进性。五是积极开展机关文体活动。举办机关春季运动会,开展省局机关乒乓球联赛,加强机关图书室建设,活跃了干部的业余文化生活。我局积极创新机关党建工作的做法得到了省直工委的充分肯定,获"机关党建工作创新奖"。

三、加强机关作风建设,促进社会和谐发展

(一)深化政务公开 在机关和系统广泛实施"阳光工程",做到阳光执法、阳光行政。一是在内部,通过有关会议和公告栏、内部网站等形式,将人事管理中的人员录用、干部选拔任用、干部奖惩等重要事项和重点环节的运行情况适时进行公布,增强行政执法透明度。二是在外部,面向社会和纳税人实行文明办税"八公开",在全省开通12366公开热线,坚决纠正损害纳税人利益的行为,切实解决广大纳税人反映强烈的热点、难点问题。三是召开纳税服务恳谈会,邀请人大代表、政协委员和新闻界人士参加,向社会公开国税部门开展纳税服务及相关工作情况,征求社会各界对国税部门纳税服务工作的意见和建议。四是省局领导亲自参加省纠风办和省广播电台联合开办的"阳光政务热线"直播活动,现场解答纳税咨询和提问,及时研究解决纳税人反映的问题,巩固和提升了国税部门良好的社会形象。

(二)优化纳税服务 一是进一步完善全省国税系统信息网站。构建了集税收政策宣传发布、政务公开、纳税人权益维护、纳税咨询辅导、网上办税等于一体的山东国税纳税服务平台和电子政务平台,进一步方便了税企沟通和纳税人办理涉税事宜。二是创新服务体系,丰富服务内容。深入开展上门服务、预约服务、提醒服务、延伸服务等"心贴心、面对面"服务;开辟"绿色纳税通道"、推行"同城办税",完善"一窗式"管理,实行"一窗一机一人"模式,为纳税人提供高水平、高效率、高质量的服务。三是年初向纳税人和社会各界发出专门征求意见的公开信,公开新一年的服务承诺,不断提升纳税服务的层次和水平。四是开展税收宣传月、"纳税服务齐鲁行、万名党员送税法"等系列活动,让纳税人真切享受到效率和文明,受到纳税人和社会各界的广泛好评。

(三)深入基层调查研究指导工作 一是局党组从自身做起,大力倡导"三实"、"三不"、"三戒"的工作作风,号召全系统广大干部说实话、办实事、察实情,不摆花架子、不弄虚作假、不做表面文章,戒官僚主义、戒形式主义、戒自由主义。二是省局、市局都建立了领导干部联系点制度,领导干部分片包干,深入基层调研,加强工作指导,切实帮助基层解决实际困难,形成了"摸实情、说真话、办实事、求实效"的良好调研风气。三是开展全省国税系统宏观税负调查分析工作。共调查分析纳税人52.19万户,查补税款66.85亿元,如计算增值税抵顶留抵税额和应纳税所得弥补亏损,共增加税收75亿元。谢旭人、张高丽、韩寓群等总局和省领导都给予了充分肯定。四是加强新形势下机关党建调研工作,撰写党建调研论文3篇,并在全省机关加强党的先进性建设理论研讨会上做了交流发言,荣获全省机关党建调研工作先进单位光荣称号。

改革和创新

创新工作载体　搭建基础平台
积极开展党员义工服务进社区活动

济南市市中区委常委、组织部长　王　壮

为做好新形势下的群众工作，努力推进和谐社区建设，我们积极探索社区党员教育管理的新途径，大力开展党员义工服务进社区活动，扎实为群众办实事、办好事，密切了党群干群关系。目前，全区建立了9200余名党员参加的党员义工队伍360余支。

一、理清思路，周密部署，夯实党员义工服务的组织基础

（一）适应形势发展，创新工作思路　为适应社区群众物质文化需求在内容、范围、形式、层次上的多元化发展，我们在深入调查研究和借鉴外地经验的基础上，结合实际，提出了以群众需求为导向，以亮身份、树形象、起作用、促和谐为主题，坚持开展党员义工服务与加强基层组织建设、发挥党员先锋模范作用和帮助群众解决实际问题相结合，发动社区党员、机关党员、企业党员、大中专院校学生党员广泛参与，努力更新搭建社区党员服务基层、服务社会、服务群众的平台的党员义工服务进社区活动思路，变一时、一事的帮困式服务为全方位、多角度的经常式服务，切实增强社区服务的针对性和实效性。

（二）建立组织网络，夯实工作基础　我们采取自下而上、分级组建的形式构建了社区党员义工四级组织网络。区里成立社区党员义工领导小组，办公室设在组织部，主要负责抓好全区社区党员义工活动开展的指导、协调、督导和考核工作；各街道党工委成立社区党员义工服务中心，主要负责抓好党员义工队伍的管理、教育、培训，并为各社区服务站（队）提供必要的物质保障；各社区党总支成立社区党员义工服务站，主要抓好党员义工的招募、登记，并根据党员义工的特长和专业，成立不同类型的党员义工服务队，组织开展好各项社区党员义工活动；各社区网络党支部成立社区党员义工服务点。目前，全区共成立社区党员义工服务中心13个，服务站67个，服务点275个。

（三）广泛宣传发动，壮大义工队伍　为了把各领域、各层面的党员吸纳到社区党员义工队伍中来，各级党组织充分利用舆论宣传工具，广泛宣传党员义工服务活动的宗旨、目的和意义，使更多的党员接受义工服务、认同义工服务、参与义工服务。在招募党员义工过程中我们始终坚持面向社区，把社区自管党员和流动党员吸纳进来；面向企业，把“两新”组织中的优秀党员吸纳进来；面向社会，把在职党员和大中专院校学生党员吸纳进来。目前区直机关、社区单位在职党员3200余名、大中专院校学生党员900余名已参与到这项活动中来。

二、突出重点，把握关键，提高党员义工服务能力和水平

（一）贴近群众需求，实现服务内容多元化　各社区党员义工组织坚持以群众需求为导向，通过上门走访、开通服务热线、发放党员义工服务卡等方式，摸清居民群众需求，建立了《群众需求登记簿》，并根据党员义工特长、技能和专业，实现了党员义工服务项目与群众需求的有机对接。目前，全区已开展了包括以完善社区服务功能为目标的社区文化、教育、卫生、家政、环保、治安等服务；以关注社会困难群体为重点的助学助老、助病、助困等长期服务；以医疗咨询、法律援助、就业指导为主要内容的热线、信箱、互联网在线服务；以参与各项公益活动为主要内容的团体性义工服务活动等党

员义工服务项目30余个,满足了社区群众的多样化需求。

(二)拓宽服务渠道,实现服务形式多样化 我们根据服务对象的实际情况和需求特点,建立了四种服务形式。上门式服务:针对社区的老弱病残等弱势群体的服务需求,党员义工在社区党员义工组织的统一安排下,主动到社区群众家中提供服务;零点式服务:社区群众可以根据党员义工的特长、爱好和意愿,选择服务项目和服务人员提供定点服务;日常式服务:打破节假日、休息日界限,连续为社区群众提供义务服务。如泺源街道普利街社区由社区退休党员义工组成的夕阳红治安巡逻队每天在社区义务巡逻,改变了过去治安环境差的状况,维护了社区稳定,该社区连续两年被区里评为"平安社区";代理式服务:党员义工依托社区服务中心(站)、社区为民代理服务大厅(室)等阵地,为社区群众提供优质、高效、便捷的代理服务。截至目前,全区党员义工队伍共为社区群众提供各类服务咨询12000余人(次),解决群众难题4200余件。

(三)实施资源共享,实现服务对象社会化 各社区党员义工服务中心、服务站对已登记党员义工进行分类后,将其个人资料全部录入微机实行"户口式"管理,建立了完备的社区党员义工服务信息资源库,并实现了区、街、居三级联网和视频对话。区社区党员义工管理办公室在市中党建网站上开辟了社区党员义工活动专栏,及时将党员义工动态、服务信息等通过网络进行发布,各社区群众可以通过区、街、居三级网络和视频平台直接登记服务需求、查询服务信息,实现了党员义工和社区群众之间"一对一、一对多、多对一"的"点对点"服务,大大提高了社区党员义工服务的效率和水平。

三、健全制度,规范运作,确保党员义工服务的长期效果

(一)健全管理机制 一是社区党员义工服务认证制度。区里下发统一的党员义工活动登记表和党员义工服务记录手册,如实填写服务内容、服务小时数和服务对象等情况,建立起党员义工活动档案,并以此作为义工星级评定和优秀党员义工评选的主要依据。二是社区党员义工培训制度。各社区党员义工组织采用集中和分散、团体和个人相结合的形式对党员义工进行岗前和服务中的不定期培训。截至目前,全区各社区党员义工组织共举办各类培训班160余次,培训党员义工6500余人次。三是社区党员义工活动交流制度。区党员义工管理办公室每季度召开一次由各社区党员义工服务中心负责人、党员义工代表、社区单位和社区群众代表参加的工作会议,交流活动开展情况。每一社区党员义工服务中心(站)确定一名联络员,建立联络员制度,做到上情下达,下情上传,及时宣传推广好的做法和先进典型。

(二)完善保障机制 一是建立物质帮助机制。各级社区党员义工组织共为党员义工提供维修器材、音像器材、电脑、图书等物品8000余件,保证了党员义工活动的正常开展。二是建立财力支持机制。截至目前,全区各级社区党员义工组织已投入资金500余万元用于开展各类党员义工活动。三是建立资源整合机制。各社区将社区服务中心、社区党校、社区居民学校、星光老年之家、青少年活动室、外来务工培训基地等活动阵地免费提供给党员义工服务队使用。同时,还积极协调驻区单位、学校将部分活动设施、场地向党员义工开放。目前,已有社区单位、学校的300余处活动场所向党员义工免费开放。

(三)推行激励机制 我们制定了《市中区党员义工星级管理办法》,明确了党员义工的权利、义务和行为规范要求,确定了星级评选标准,党员义工每年服务时间累计满40小时定为一星级,累计满80小时晋升为二星级,累计满160小时晋升为三星级,累计满300小时晋升为四星级,累计满500小时晋升为五星级。区委、街道党工委每两年对优秀党员义工进行评选表彰,并给予一定的物质奖励。对优秀党员义工中的下岗失业,并具有就业能力的,由区劳动保障部门和各街道社区服务中心优先推荐就业。对优秀党员义工中的生活困难党员由民政部门给予重点帮扶。同时,我们坚持执行《在职党员社区表现反馈制度》,把区直机关单位在职党员参与党员义工活动表现情况作为评先评优和提拔使用的重要依据,纳入干部考核的重要内容,从制度上解决了对党员八小时之外教育管理的难题,增强了单位和社区党组织对在职党员"双重管理"的效果。

探索实施"一心三元"社区管理体制构建民主文明和谐社区

济南市槐荫区中大槐树街道
党工委书记 朱庆胜

槐荫区中大槐树街道棚户区多,老居民多,所辖社区相对开放,背街小巷遍布其间,居民构成及其居住环境相对复杂,管理难度大。近年来,街道党工委坚持从实际出发,以突出党组织领导下的居民自治为核心,探索并实施了"一个核心、三元互动"的社区管理新体制,强化了居民的自主管理和民主监督意识,有力地促进了文明和谐社区建设。

一、坚持以人为本,促进居民自治

为切实解决居民参与不足和居民自治流于形式、决策监

督虚化等问题,中大槐树街道党工委在深入调研、广泛论证的基础上,探索实施了“一个核心、三元互动”社区管理新体制。即以落实社区党组织领导下的居民自治为核心,以促进居民的民主决策、民主管理、民主监督为突破,积极实施“居民议事会、社区居委会、居民监事会”三会分设。其运作机制是,由社区议事会成员根据社区成员提出的问题,制定解决问题的意见和建议,经社区党支部讨论后,由社区议事会进行讨论研究,经表决形成决议。社区议事会做出的决定交由社区居委会落实执行,并及时向议事会报告落实情况。社区监事会负责监督社区议事会的决策和社区居委会执行决策情况,监督社区居委会的日常工作,并及时向社区居民报告,将居民意见及时反馈给社区议事会和社区居委会。

(一)强化领导核心,引导和保障居民自治 社区党组织是社区建设和管理的领导核心。为充分发挥其领导、组织和动员居民群众参与社区事务、实现社区自治的作用,街道党工委积极加强社区党组织建设,在社区党支部建立了指导、谈心、自律、监管“八字管理法”和学习、组织生活、联系群众、为民解困、检查评比、逐级汇报“六项工作制度”;组建了以党员骨干为主体的社区党员金点子议事会,全过程参与社区事务的决策、执行和监督;将社区党支部成员推荐、充实到“三会”当中,负责协调配合,保障了居民自治的贯彻落实;发挥党员模范带头作用,梳理了花木养护、公共设施管理等社区奉献岗位,采取招标认领等方式,动员社区党员带头义务承包,担负起了建设美好家园的责任。通过发挥社区党支部的组织、领导、监督作用,协调社区组织的利益冲突,引导和规范居民自治,社区管理实现了良性运转。

(二)建立居民议事会,让居民自主决策 自主决策是居民自治的本质要求和具体体现。街道党工委引导各社区成立了居民议事会,作为社区的决策层,负责社区日常事务的决策,行使社区事务的议事和决策权。为保障议事决策的科学性,在议事会人员组成、决策原则、议事程序、日常调研、民意反馈等方面,制定了周一、周四例会等制度。通过近年来的实践,居民议事会在解决居民自治虚化,集中民智、科学决策,体现居民自治原则等方面取得了显著成效。一是议事会受命于民,决策更具权威性;二是集中民智,决策更具科学性;三是反映民意,决策更具约束性;四是维护民利,决策更具稳定性。社区议事会不仅人员少,形式灵活,能够针对社区出现的问题及时决策,而且议事会成员除社区居民以外还有人大代表、政协委员、政府工作人员、驻地单位代表以及片区民警等,从而使居民议事会决策更科学更高效,不仅具有代表面广的优势,还有运作灵活、高效、科学的特点。

(三)规范社区居委会,让居民自主管理 为切实保障居民的民主自治权利,通过实施“三会分设”,将社区居委会的决策、监督职能剥离出来,使社区居委会成为了居民自主决策的执行机构和社区事务的管理组织。其职责是走群众路线,依靠群众、发动群众来实现居民自治。如裕园社区的棚户区综合整治、民生渠道畅通等,都是在社区议事会做出决策后,依靠居民群众抓好落实的。建立“公用基金”,解决社区花坛脏乱差问题;联合招聘传达员,解决开放社区的楼院安全问题等等,都是根据居民的建议在实践中创出的新办法。

(四)设立居民监事会,让居民自主监督 实现居民自治既要民主科学地制定符合社区民意的决策,也要坚定不移地按照民意的决策执行,更要监督保障民意决策的落实。为了强化群众监督,街道党工委在裕园社区成立了居民监事会。其成员由社区成员大会和社区成员代表会议推选和授权,代表社区居民行使民主监督权力,对社区事务、居民议事会决策和居委会工作进行经常性监督、检查,是社区自治的监督层。成立社区监事会使居民监督主体更加明晰,解决了监督虚化的问题,有利于集中精力监督,做到监督有力。有利于吸引更多居民参与社区自治,使社区群众参与率进一步提升。

二、规范运作,社区建设管理水平明显提高

新型社区管理体制在和谐社区建设中产生了较明显的效果,有效地扩大了社区居民参与社区建设管理的深度和广度,社区的自治功能得到了进一步增强,社区服务功能得到进一步加强,社区面貌得到进一步改善。

(一)理顺了社区管理体制 传统意义上的社区居委会,集决策、管理、监督于一身,包揽了社区的全部事务,造成了社区居民民主决策、民主管理和民主监督的虚化,甚至代“居民自治”为“居委会自治”。实行“三会分设”,强化了民主决策和民主监督作用,解决了社区管理的薄弱环节,规范了社区管理体制和运行机制,使居民自治和民主管理真正落到了实处。强化居民参与决策,使社区的各项工作更加切合实际、科学合理,符合居民群众的愿望、要求;强化民主监督,不仅强化了工作的落实,提高了工作效率,保证了社区管理体制的有效运转,也进一步畅通了居委会与居民群众的沟通渠道,促进了社区建设与发展。

(二)深化了基层民主 搞好居民自治,落实居民参与,是推进基层民主的主要途径。实行“三会分设”,从体制、机制上为居民参与社区建设提供了保障,使广大居民在参与中扩大了知情权,真正了解了社区的情况,关心社区发展,参与社区建设,进而增强了对社区的认同感和归属感,更加支持社区工作,服从社区管理,调动了大家关心、支持和参与的积极性和主动性。在社区居委会引导、支持下建立起了阳光温暖超市、星光服务社、老党员巡逻队等服务队伍,使社区居民的自我管理、互助服务提高到了新的水平,实现了社区群众“行主人权、干主人事、尽主人责、享主人乐”的目标。

(三)促进了社区和谐 社区工作的标准就是让居民满意。只有社区事务决策的更科学,事务处理的更符合居民利益,居民才会对社区工作满意。实行“三会分设”,使社区成员共同参与社区事务,实现了社区各要素由分散状态到完整综合体的整合,增强了社区成员的认同感和归属感,提

升了社区的凝聚力；使社区工作更符合居民群众的愿望和要求，促进了社区环境的改善。围绕群众满意，街道党工委按照“让陌生的人能够交流、让忙碌的人享受轻松、让疲惫的人获得健康、让困难的人受到关爱、让诚信的人得到实惠”的目标，开通了“阳光民声热线”，启动了“阳光温暖超市”，搭建了“阳光就业中心”，营造了“阳光生活环境”，把弱势群体相对集中的片区建成了文明和谐社区。裕园社区根据居民群众的要求和建议，针对群众反映集中的道路不平、路灯不亮、环境不美等问题，拆除了乱搭乱建设置，整修了街巷路面，铺设了排水设施，建起了花坛绿地，安装了路灯；利用零星空地设置了石桌、石凳，建起了邻里角、亲情角和邻里公园；改造了公厕，增设垃圾桶，改善了居住环境。昔日脏乱差的公共角落，如今成为了健康、文明、和谐的公共休闲场所，棚户区群众的居住环境得到了明显改善，安居乐业、文明和谐的氛围日趋浓厚。

从管理走向服务 以服务促进和谐

青岛市市南区江苏路社区
党工委书记　董天庆

2004年5月，市南区江苏路街道办事处在全国率先告别沿袭近50年街道管理体制，取而代之成立了“政府主导、自治组织及社区单位参与”的新型社区公共管理服务体制—江苏路社区公务服务委员会（以下简称社区委）。改制三年来，社区委党工委始终奉行“群众需求，就是奋斗的目标；群众满意，就是检验的标尺”这一宗旨，群众满意度逐年递增，工作业绩得到上级领导、社区群众和社会各界的普遍认可。

一、创新体制，催化工作重心由管理向服务转移

（一）运行机制由重程序向重结果转变　社区委改变传统运行模式，一切工作围绕群众是否能得实惠展开。一是减少中间环节，将内设机构改为一部一中心，即党群工作部和社区服务中心，党群部统领内部协调和党建事务，服务中心统一受理便民事务，相互职责分明。二是合理设置窗口，将人口与健康、救助与福利、安全与司法等群众事务全部在一个中心受理，实行一门式办公。三是规范服务流程，将工作程序、办理时限、服务承诺等一一公示，群众办事程序明、结果清。四是注重办事成效，实行责任倒查、争吵追究、效能评估和满意度测评等多种约束机制，有效提高工作效率和工作质量。

（二）监督机制由重内部向重外部转变　社区委把知情权、监督权交给群众，发挥监督应有的功能。制定了社区委《关于进一步密切联系居民群众的意见》，把与群众交朋友作为一项规范性、制度性工作长期坚持；实施了“以监督促服务、以服务促建设”工程，把为民办实事放到监督管理的“窗口”；坚持了群众监督回复制度，对群众反映较集中的问题实行专题回复，对反映的一般问题实行定期回复，对敏感问题实行个案回复，做到件件有回音。

（三）考评机制由重定期向重日常转变　一是定期考核变日常考评，实行“日清、周结、月累”制度，使考评从静态发展到动态；二是上级考核变群众考评，加大群众评议的比重，注重倾听群众的意见；三是被动考核变主动考评，在服务大厅设立群众监督评议台，给前来办事、咨询的群众发放评议卡，即时对“窗口”的服务质量、服务态度实行评议。

二、突破瓶颈，激活服务重点由对上向对下切换

（一）对症下药，在攻克难点上求实效　开展“与民交友活动”，在情感上搭建党和政府与群众之间的连心桥。领导班子成员每年定期到居民家中走访，帮助居民解决实际生活困难，对居民提出的意见、建议定期反馈，对群众最关心、最直接、最现实的利益问题实行多领域、全方位、广覆盖的服务。在上级领导和有关部门的大力支持下，经多方努力，终于彻底解决了某处居民楼院久拖20年的“如厕难”问题。

（二）关注民生，在突破热点上展方略　社区委地处青岛市老城区，群众居住条件十分简陋，如何改善成为群众关注的一大热点。龙口路20号，居住着160多户居民，房屋年久失修。对此，社区委领导反复呼吁，多方奔跑，数次协调市、区人大代表和政协委员调研视察，引起市领导的高度关注，年底，龙口路20号拆迁作为市政府为民办实事的重点项目正式启动。针对辖区山多楼旧没有双气问题，社区委投资10余万元，在居民区内设立便民服务站，解决了居民存放煤、柴的困难，保持了楼道整洁。筹集资金安装了3212米楼梯扶手和2654个楼道照明灯。开展了“洁楼净院”工程，先后投入20余万元，招聘“4045”人员担任楼院保洁员，实行自清自管、分治联营的模式，使楼院卫生始终有人抓、有人管。

（三）立体联动，在彰显亮点上论成败　在体制改革中，社区委破除习惯势力的束缚，积极进行有益的尝试。首先，上下联动，在社区党建工作中取得突破。在居委会推行党建工作试点，聘请熟悉党务工作的老同志任党建顾问，发挥其在社区的影响力，取得实效。其次，内外联合，在应对突

发事件中取得突破。制定社区防灾应急预案，进行消防知识讲座、演练，开展防地震、防海啸、防洪涝、防毒气及防流行性疾病等公共安全知识的宣传，通过了国家民政部减灾中心专家组的评估验收。第三，军地联手，在保障社区安全中取得突破。成立军警民治安联防队，昼夜在大街小巷、居民楼院巡逻，有效遏制和打击了违法犯罪，确保社区的持续稳定。

三、拓宽渠道，汇聚服务模式由单一向综合提升

（一）夯实服务理念，角色互换，从跟着"奖杯"走到围着"口碑"转 改制后，社区委把眼光盯着群众，重点在三个方面实现转变：一是开展如何"做一名群众好朋友"、"干一件群众称心事"大讨论，让机关人员自觉从公务员走向服务员，增强了机关人员的责任心、事业心。二是把百姓视为父母，把服务视为己任，对群众实际困难实行分工包干，对群众不满问题实行倒查追究，对群众反映集中问题实行综合会诊，从机制上促进了机关人员服务意识的转变。三是推行首问负责制、争吵追究制、一站服务等多种形式，提升机关人员协调、处理、解决和应变各种问题的能力，使群众满意成为机关人员的最高追求、群众"口碑"成为机关人员的最高"奖杯"。

（三）强化服务功能，优胜劣汰，从跟着"感觉"走到围着"实际"转 一方面对服务项目实行科学分类，明确社区党建、文化、教育、医疗、卫生、安全、社会救助、就业保障、居家养老和人口健康等10大类别，确立服务职责、程序、时限和承诺，全部实行"阳光"。另一方面对服务内容开展调研，摸清群众实际需求，有针对性地实施服务。及时与劳动保障部门联系，在社区开办家电维修、汽车修理、美容美发、插花茶艺、烹饪烹调、健康保健、家政服务等技能培训，有近千人通过技能培训走上就业岗位，有56名享受城市低保人员先后通过培训重新就业，走上了自食其力的道路。

四、构筑和谐，加速服务效能由量变向质变递进

（一）明确主导地位，激发群众参与意识 社区委在全市成立首家社区文化教育发展协会，用喜闻乐见、雅俗共赏的形式为群众服务，用居民身边人、身边事来宣传，走出一条"社区搭台，文教唱戏；以民为本，拓展服务"的特色之路。开通全国文化资源远程网络，建立社区文化长廊、图书室、阅览室、文体活动室、社区大课堂，形成社区文化"十分钟"休闲圈、读书圈、健身圈和学习圈，为社区文化的普及提供了沃土。目前，社区委文教义工达700多人，他们长年活跃在社区，为居民提供义务服务。

（二）推动民主进程，创新民主议事模式 一是不搞"家长制"，把决策权交给群众。江苏路、登州路31座老楼旧院进行修缮，社区委逐个楼院召开"旧楼改造你来说"专题议事会，收集居民的意见、建议，做了大量的调解工作，保障了修缮工作的顺利进行。二是不搞"单相思"，遇事问计于民。总结推广专题性、决策性、综合性、回复性四种居民议事会模式，相继就养犬成患、院内乱停车、施工扰民等影响群众生活的实际问题在居民中召开会议，充分尊重民意，赢得民心。三是不搞"一言堂"，随时听取民声。在居民楼院设立"民意信箱"，聘请"民意代表"，开通"民意热线"，随时听取群众意见，定期反映群众的呼声，调动了居民参与社区建设的积极性，营造了"民意随时表达、民情快速传递、民需及时解决、民主无处不在"的浓厚氛围。

（三）实施双向互动，营造社区和谐氛围 2006年初，开展"和睦楼院"创建工作，先后投入30余万元，清理楼院违章建筑，粉刷楼道、院墙，安装铁门、报箱；制作文明用语张贴上墙。建立了楼院协管会，倡导"互敬、互谅、互让、互帮"的新风，开展"说邻里情、赞文明事、唱楼院歌、做高尚人"活动。省市领导对这项工作给予了高度评价，召开了青岛市城区和谐楼院建设现场经验交流会，使"和睦楼院"建设产生了较大的社会影响。

建设充满活力的滨海特色城镇

青岛市崂山区沙子口街道
党工委书记　王清源

沙子口街道地处青岛市区和崂山风景区的结合部，背依崂山群峰千仞，拥黄海碧波万顷，为进出崂山的南大门，总面积108.27平方公里，辖39个社区，287个居民小组，1.8万户，总人口5.9万人。工业基础雄厚，现主要工业产品有50余种，其中规模较大的、效益较高的行业有电线电缆、玻璃、化工、塑钢、纺织、建材、饮料、啤酒、水产加工等，产有青岛啤酒、华东葡萄酒、崂山啤酒、崂特啤酒、东尼葡萄酒、崂山矿泉水、崂山茶、金钩海米、鲅鱼、灵芝孢子粉等。域内有三横二纵一级公路，滨海大道、沿海旅游线路贯穿境内，建有供热站、污水处理厂各一座，现有流清河、大石村、大河东水库等数座，库容量1130万立方米，供水管道与市区相连接，基础设施齐备。

近年来，在崂山区委、区政府的正确领导下，沙子口街道党工委、办事处坚持以"三个代表"重要思想为指导，以科学发展观统领经济社会发展全局，以建设旅游名镇、滨海靓城、魅力东部为主要目标，拼搏创新，干事创业，实现了"十一五"的良好开局。2006年地方财政收入完成1.3亿元，增

长25%;农民人均纯收入7560元,增长17.2%,转移农村劳动力和新实现就业2900人;实际利用内资2.1亿元;合同利用外资1041万美元;出口创汇9566万美元;全社会固定资产投资8.55亿元;规模以上企业总产值增幅20%以上,利润总额增幅18%以上,街道的综合经济实力不断增强,连续二年入选全国千强镇行列,荣获山东省文明单位、山东省和谐示范街道和青岛市优秀基层党组织称号,并连续11年保持全国军民共建先进单位、双拥模范镇、青岛市平安街道称号。我们的主要做法是:

一、坚持以转变经济增长方式为主线,通过调整优化经济结构,在自主创新、品牌创建、节能降耗、项目建设、旅游经济、富民经济等方面走出了新路子

一是以高新技术推进自主创新。围绕提升电线电缆、玻璃、建筑材料等街道特色产业的核心竞争力,积极引导企业推进产品创新、工艺革新、设备更新,培育形成了一批具有自主知识产权的核心技术和关键技术,一批有技术含量、有市场、有品牌的高新技术产品。2006年,完成了总投资8000余万元的耐热铝合金导线等技术改造项目,为企业发展注入了新的生机和活力。汉缆集团研发的高科技含量电缆首次打开了国际市场,并成为全国同行业第三、超高压电缆全国第一的企业集团。二是以政策激励推动品牌创建。街道制定出台了《关于进一步扶持本土企业发展的奖励办法》,鼓励、扶持并帮助企业参与国家、省、市的品牌培育。汉缆集团被评为"2006山东省机械工业十大自主创新品牌企业",崂玻公司的"L"牌玻璃瓶被评为青岛市著名商标。三是以革新生产工艺推进节能降耗。围绕"工业'三废'资源化处理",重点抓了骨干企业的节能改造,实施了扎铜杆等多项新技术,崂玻公司被确定为省循环经济试点单位。四是以招商引资推动项目建设。通过建设用地挖潜、集中清理闲置厂房,盘活闲置厂房1.5万平方米,引进了注册总额9500万元的一批项目。五是以节庆活动推动旅游经济发展。通过筹备策划"2006年沙子口山海休闲游"活动,整合包装了一批具有沙子口特色的旅游产品,大力塑造和拓展沙子口"旅游名镇,度假胜地"的品牌形象。"鲅鱼之礼"等一系列沙子口特色海产品、农产品相继推出,家庭旅馆产业发展和运行态势良好。

二、坚持以改善居住环境为目的,通过规划修编、旧村改造、基础设施建设和城市管理,在城市化建设方面走出了新路子

一是加快总体规划的审批,以旧村改造推动街道城市化建设。沙子口总体规划成果已上报市有关部门,沙子口中心渔港、高新区拓展区规划编制工作也已开展,石湾、中崂和北崂社区的居民安置区进展顺利。二是坚持项目建设为中心,加快推进城市化进程。污水管网、滨海大道、李宅路改建、辽阳东路延伸段一期已顺利完工;进村道路、自来水改造、水库修复、河道治理等一批项目有效推进,进一步完善了城市配套功能。三是切实加强社会卫生综合治理。出台了《垃圾袋装化实施意见》和《社区环卫队伍考核办法》,进一步规范工作流程,明确工作措施,明确考核奖惩,分批、分片开展垃圾袋装化试点工作,狠抓前海一线和重要区域的环境整治,推进农村改厕工作,城区形象有了新的改善。小河东、西麦窑、大石头等社区被评为区级"环境卫生示范社区"。

三、坚持以社区规范化、机关规范化建设为手段,通过制度规范和工作流程再造,在提高执政能力和维护社会稳定方面走出了新路子

一是加强以"三项制度"为核心的社区规范化建设。以强化民主管理、民主监督、民主决策为重点,从六个方面制定了全街道统一的社区规范化管理制度,逐村落实和考评,并组织了半年三项制度建设大检查、年底述职评议考核,使各社区逐步走上了稳定发展的轨道。街道财务公开、民主管理工作经验在青岛市经验交流会上进行了总结推广。沙子口等7个社区在全街道率先完成了社区集体资产管理体制改革工作,积累了宝贵经验。二是实行了社区干部双向承诺、两极报告制度。社区党支部、居委会向街道、向党员大会和居民代表会议集中承诺、报告工作,进一步增强社区干部的责任感和事业心,形成了比学赶超的工作氛围。三是建立完善民主评议制。采取居民代表评议、党内评议、组织考察等形式,使社区组织、社区干部处于较为广泛的评议监督之下。四是创新社区工作目标责任制。制定并落实了《2006年社区目标责任管理考核办法》,坚持一居一册,侧重考核工作、物质文明建设、党的建设和精神文明建设,并进行了量化细化,责任到人,做到责权利相统一,业绩和待遇紧密挂钩,激发调动社区干部干事创业的积极性。五是坚持治理源头,狠抓党风廉政建设。按照严格教育、严格管理、严格监督的要求,建立和完善教育监督惩处并重机制,认真落实"一岗双责"和党风廉政建设和反腐败各项规章制度,深入开展了治理商业贿赂专项活动,以良好的党风政风带动社会风气的转变。

四、坚持以构建和谐社会为主题,通过精神文明建设、文化建设和民主法制建设,在构建和谐社会方面走出了新路子

一是通过建立完善了精神文明建设奖励机制,推动了"三优一做"、文明社区、文明单位和军民共建等创建活动的深入开展。二是抓好文化建设,开展丰富多彩的群众性文化活动。今年新建9处社区文化活动中心,新组建锣鼓队、长鼓舞队等群众文化队伍,其中小河东社区被评为省级文化先进社区和省级和谐示范社区;组织开展了第一届街道居民职工运动会和第一届沙子口之夏居民文化艺术月活动,有5个社区举办了居民纳凉晚会,丰富和活跃了群众文

化体育生活。三是抓好"平安沙子口"建设,全力维护社会稳定。坚持抓预防,抓苗头,抓案件的查处,妥善处理好群众关心的热点难点问题,确保信访安全。坚持严打、严防、严控,始终保持对各类刑事犯罪的高压态势,有效地维护了社会稳定。四是以提高人民生活水平为宗旨,推进各项社会事业的发展。加大了对教育事业的资金投入,完成了汉河教育区等项目建设。街道大病统筹、医疗保险工作稳步推进,沙子口卫生院门诊楼已完工,新建了街道便民服务大厅和3家社区劳动保障服务站,提高了社会化服务水平。计划生育、民兵预备役、环保、群团、档案等工作也都齐头并进,卓有成效,为街道的全面和谐发展奠定了坚实的基础。

坚持改革求创新 立足实际促发展

淄博市建设委员会党委书记　张可君

近几年,淄博市建委牢固树立和落实科学发展观,坚持城乡统筹,以人为本,高起点规划,高标准建设,高效能管理,将工作的重点放在如何改善生态环境、提升城市形象、完善城市功能上来,在制度建设、城市发展理念和发展重点、科技进步等方面不断有新进展。

一、坚持制度创新,加强干部队伍建设,强化服务意识

推进城市建设,制度创新是关键。我们结合巩固和扩大先进性教育活动成果,以提高执政能力为重点,进一步健全完善以民主集中制为核心的集体领导、民主决策、责任落实等各项制度。坚持集体领导、民主集中、个别酝酿、会议决定的原则,进一步规范了重大问题决策的规则程序。坚持和完善领导干部联系点制度,党委成员经常深入基层,帮助解决困难和问题。我们加强了干部人才队伍建设。制定了全市建委系统"十一五"人才规划,建立了人才工作目标考核制度。大力加强对系统各级干部的业务培训,促进知识更新,提高创新能力。大力实施流动党员"安家工程",进一步深化和完善党员量化管理工作。深入开展了"优质服务年"和"三满意"活动,出台了"立即办、主动办、上门办、公开办"为主要内容的"四办"工作法和首问责任制,大大提高了机关办事效率和服务水平。同时,精简合并办事程序和审批事项,积极为基层解决各类实际问题。规范了系统内业务培训,出台了《市建委系统业务培训工作管理规定》,对系统各类业务培训,规定年初由各单位提报培训计划,建委严格审批,统筹安排,统一组织,统一管理,有效地避免了多头培训、乱收费问题。实行了综合执法大检查制度,对必须进行的各类检查,由各执法单位组成联合检查组,实行综合检查,有效地避免了各执法单位多头检查、重复检查而给基层带来的麻烦。另外,我们还出台了《市建委工作规则》、《调查研究工作方案》等规章制度,进一步规范了机关办事程序,提高了机关行政效能和服务质量。建委机关继续保持了省级文明机关称号,系统共有8个单位党组织和120余名同志分别受到国家、省、市级表彰奖励。

二、坚持业务创新,积极稳妥地推动城市建设各项事业健康发展

市建委认真执行国家为加强宏观调控而实施的一系列政策,面对新形势,分析新问题,研究新思路,坚持以人为本,用心做事,扎实工作,各项工作都取得了新的成绩。

(一)突出重点,以人为本,大力加强基础设施建设 近几年,淄博市更新发展理念,突出以人为本,把城市建设的重点放在如何完善提升城市功能上,切实解决市民百姓的切身利益,实实在在为群众办实事。为此,我们实施了中心城区排水管网建设。2006年共安排城建资金1.21亿元用于对中心城区排水管网实行雨污分流改造。重点推进了城市生活垃圾处理厂建设。2006年3月19日,市政府与杭州锦江集团签署了淄博垃圾焚烧发电厂建设合作合同。该工程日处理1000吨,投资2.5亿元,采用BOT的投资方式,预计2007年5月试运行。加快了城市污水处理厂建设。高新区污水处理厂总投资1.7亿元人民币,由光大水务(淄博)有限公司采用BOT方式投资建设。至此,我市现有城市污水处理厂10座,日处理能力52.5万吨。

(二)科学规划,合理定位,努力推进城市绿化建设 近几年,围绕建设绿色城市的目标要求,按照"中心凸显、十字展开、组团发展"城市发展格局,依托道路建设了张辛路、张周路、张博路、张桓路、309国道、胶王路等6条绿色通道;在城市外围,对济青高速公路和滨博高速公路在我市的11处出入口进行了高水平绿化,绿化面积145公顷;在城区内建设了一批总量适宜、分布合理的公共绿地,完成了淄博人民公园、高新区火炬公园、桓台少海公园、沂源沂河源公园等一批精品园建设,其中淄博人民公园荣获建设部评发的"中国人居环境范例奖"。全市建成国家重点风景名胜区1处,省级风景名胜区4处,市级风景名胜区6处,规划总面积413.9平方公里,占全市市域面积的6.97%。2005年,我市被建设部命名为国家园林城市。截至2006年底,全市城市绿化覆盖率达到39.5%,绿地率达到33.5%,人均公共绿地达到12.4平方米。

(三)坚持城乡统筹,和谐发展,扎实推进新农村建设 为建设和谐淄博,我们一方面是进一步提升城市功能,发挥

城市的吸纳、辐射、带动作用。另一方面也高度重视小城镇和农村建设,努力实施城乡协调发展战略,促进城乡资源配置一体化和产业发展的一体化。全面启动了新一轮村镇规划修编。仅2006年就投资30万元用于三个县的乡镇总体规划修编以及三个县200余个村庄的建设规划修编工作。深入开展"三下乡、五服务"活动。为沂源县的6个村庄免费提供了规划、设计、测量、施工、培训等技术服务和技术支援,并向有关乡镇、村免费发放了全市小城镇优秀住宅设计方案。围绕实现村容整洁目标,在有条件的镇、村推行垃圾"户净、村收、镇集、区(县)处理"模式,按照"设施配套、功能齐全、环境整洁、管理规范"的要求,积极推进生态乡镇、生态村建设,努力实现村庄道路硬化,环境净化、绿化、美化,创造良好的人居环境。

(四)整顿规范建筑市场和房地产市场,提高建设经济运行质量 为规范全市房地产市场,淄博市出台了《淄博市房地产开发项目配套预存款管理规定》、《淄博市商品房现售备案管理办法》、《淄博市房地产开发项目手册管理办法》等一系列规范性文件,进一步加强了项目配套、商品房现售及开发项目的动态监管。开展了住宅产业化工作,2006年我市新申报3个项目顺利通过建设部性能认定预审,2个项目顺利通过性能认定中期检查;我市首个项目顺利通过国家康居示范工程设计方案审查,实现了康居示范工作的突破。2003年底在全省率先设立"民工工资保证金"制度,此项制度的出台,有效地解决了拖欠农民工工资问题,切实保障了农民工的权益。为从根本上解决建筑市场各方主体市场地位严重不对等问题,在全省率先以市长令的形式出台了《淄博市建筑市场管理若干规定》,此规定提供了以保证支付担保为主要手段的遏制工程款拖欠的法规依据,解决了劳务企业双重纳税问题,强化了对业主和中介组织的监管。仅2006年,淄博市就创出鲁班奖工程1项,国优工程2项,泰山杯工程9项,装饰装修泰山杯工程4项,科技示范工程13项;申报技术创新奖6项;申报省级施工工法27项。4家施工总承包企业成功晋升特级资质,在做大做强做优建筑业方面实现了新突破。

三、坚持科技创新,因势利导,大力发展循环经济

近几年来,我市新型墙体材料科研、生产、应用、推广得到快速发展。针对我市煤矸石存量大、质量好(塑性指数高、含碳量高)等特点,开发研制完成了节能型煤矸石模数多孔砖,填补了国内空白。另外,我市还成功地开发研制完成了煤矸石空心砖,粉煤灰蒸压砖、黄河泥沙砖等以及各种砌块和各类轻质板材,逐步形成了以"节能型煤矸石模数多孔砖"为主,砖、块、板相配套,高、中、低相结合的新型墙材的生产供应体系。为解决节能型煤矸石模数多孔砖大面积的推广应用问题,我们及时编制了节能型煤矸石模数多孔砖有关的设计、施工、验收等应用技术标准以及节能型煤矸石模数多孔砖的烧结工艺方法、砌筑工法和推广应用程序法,并在此基础上编制完成了《节能型煤矸石模数多孔砖生产与应用技术研究》(2002年分别获得了省、市"科技进步二等奖")。另外,我们还研制完成了粉煤灰砌块应用研究、黄河淤泥沙制砖技术研究、生态透水砖生产工艺研究、煤矸石多孔砖集中配筋砌体结构技术研究、混凝土多孔砖应用技术研究等多项重大课题,填补了多项省内或国家空白。

提升自主创新能力
建设创新型企业

山东科汇电气股份有限公司董事长　徐丙垠

山东科汇电气股份有限公司的前身是1991年创立的民办淄博科汇电力仪器研究所,1998年改制成立规范化的股份公司。与美国Hathaway(现Qualitrol)公司合资成立的山东科汇电力自动化公司,从事电力监测与自动化设备的开发、生产、销售和工程服务;与淄博牵引电机公司合资成立的汇海电力电子设备有限公司,主要从事开关磁阻电机调速系统的研发、生产、销售与工程服务,建有配电系统模拟试验室、电力监测试验室等大型研发、试验场所。设有济南研发中心、英国科汇分公司,在西安、成都、深圳、上海以及美国西雅图设有办事处。公司现有员工300余人,其中本科以上学历人员占70%以上。公司是山东省科技厅认定的高新技术企业和山东省信息产业厅2002年表彰的十大优秀软件企业之一,现拥有净资产4000多万元,2006年实现销售收入1.1亿元,利税2500万元。

一、以技术为核心,不断提高自主创新能力

自主创新能力是企业竞争力的核心,是企业做大做强,实现可持续发展的迫切要求。作为高新技术企业,我们坚持推出具有自主知识产权的领先产品,积极占领并保持市场竞争的制高点,掌握主动,树立品牌,创造超额利润,努力推动企业健康持续发展。

(一)突出抓好技术创新 技术创新是企业发展的生命线。成立伊始,公司就高度重视企业的技术创新体系建设,坚持以企业研发中心为核心,逐步建立了一支从董事长徐丙垠博士为代表的技术创新队伍,构建起了鼓励各层次技术创新的创新体系。大力实施"小巨人战略",着力在研发高端技术产品上下功夫,研发生产的电力线路故障监测设

备、配电自动化设备、铁路电力调度自动化设备，技术达到国际领先水平，国内市场占有率第一，并实现了出口。人民日报、中央电视台、光明日报、大众日报等各大媒体报道了科汇的电缆故障测试仪，称我们国家的电缆故障测试技术进入了智能化时代，赶上了世界先进水平。目前，公司的电缆故障测试仪器已发展到第三代，国内市场占有率达到60%以上，并远销南非、南亚、澳大利亚等国家地区。

（二）坚持以市场为导向 企业作为市场竞争的主体，必须以市场为导向，提高自主创新能力，提供具有市场竞争力、用户满意的产品。为此，科汇公司在深入市场调研分析的基础上，进一步细分市场，突出以客户为本，利用现代微电子与计算机技术在国内率先研制出数字式电缆故障测试仪。该仪器具有精确、安全、可靠、操作方便的优点，解决了长期以来困扰供电部门与工矿企业的电缆故障查找难题，被现场人员亲切誉为电缆故障的“神探”。

（三）加大与驻地院校、科研院所的合作 公司先后和多所高校、院所建立了良好合作关系，提高了企业研发的持续能力。与淄博牵引电机公司、山东理工大学合作开发的1～132kW系列开关磁阻电动机调速系统，具有节能效果显著、启动电流小、起动转矩大、结构坚固等优点，通过中国工程院院士姚福生、卢秉恒，清华大学教授李发海等参加的专家鉴定，被认为是电气传动技术的重大突破。产品在新华药厂、张店煤矿、青岛益友锻压设备公司等单位应用，节电率在20%～40%，被驱动系统的性能显著提高，深受用户欢迎。

二、以人才为本，加强自主创新平台建设

科学技术是第一生产力，人才是自主创新的第一资源。一个公司有高层次科技人才加盟，是难以估量的资产投入。我们大力实施人才战略，构建创新平台。

（一）积极引进优秀人才 坚持每年派专人到西安、济南、合肥、沈阳、武汉等地的大专院校参加毕业生招聘会议，每年招聘本科以上的优秀毕业生近20人。为了更好地在毕业生中宣传科汇公司，我们在西安交通大学、山东大学、山东理工大学设立了科汇奖学金，每年派人到学校，在颁发奖学金的同时介绍公司的经营情况和发展前景。一系列优惠政策，吸引了一大批优秀的专业技术人才加盟科汇。公司现有的300余名员工中本科以上学历的员工达到70%以上，其中博士5名，硕士与工程硕士40多名。

（二）切实抓好人才培训工作 做好新技术培训工作，定期邀请国内外专家到公司举办技术讲座，进行技术研讨。积极派员到国外参加学术活动与培训，已有10名技术人员到英国、美国、意大利等地学习考察。积极鼓励员工在职深造，有9名员工在西安交大、清华大学、山东大学、合肥工业大学等带薪脱产深造，获得硕士或博士学位。2001年公司投资近百万元与西安交通大学签订了联合培养工程硕士的协议，在公司举办了工程硕士教学班，23名学员已经完成了学习课程进入毕业课题设计阶段；2006年，与山东大学联合举办工程硕士、MBA教学班，分别有22名、32名员工参加了培训，为企业发展准备了后备力量，增添了发展后劲。

（三）打造优质的科研平台 在济南建立了山东科汇研发中心，充分利用省城优势，吸引、聚集人才，为持续不断自主创新提供保障。同时，依托研发中心开展自主创新，积极引进高等院校、科研院所的科研成果进行消化吸收、改造创新后投入生产应用。2006年底，省科技厅批准，公司组建了山东省开关磁阻电机调速工程技术研究中心，抓住国家推广节能降耗的机遇，加快开关磁阻电机项目的发展，打造开关磁阻电机生产基地。公司承担的国家科技部“开关磁阻风力发电机”国际合作项目，目前已经开发出产品样机，进入测试阶段。

三、以制度为保障，建立健全鼓励自主创新的体制机制

良好的制度与文化是创新产生的重要条件。

（一）健全完善投入保障机制 企业自主创新能力的提高是一个滚动发展过程，必须坚持不懈，常创常新，而有效的投入是推动创新的源泉。多年来，科汇公司高度重视技术投入，不断调整支出结构，逐步提高科研经费占公司销售收入的比例，坚持每年在新产品开发上的投入占整个销售收入的10%以上，构建起了有力的技术投入保障体系。先后成功开发了架空输电线路故障测距系统、电力系统GPS同步时钟、配电网自动化监控终端、铁路电力调度自动化系统等高科技产品。这些产品都是在世界上独创或者是国内最早推出的，在市场上收到了“先入为主”的效果，市场占有率都处于国内领先地位。由于科汇产品在行业上的影响，科汇科研人员多次受邀参加国家标准的制定工作。

（二）健全完善奖励激励机制 公司制定了科技进步奖励管理条例，将骨干科研人员纳入员工持股计划，除将个人的经济利益与公司的发展紧密地结合在一起外，还使一些高层次人才从公司的发展中感到自己事业的成功和自我价值的实现，把技术创新和发展企业作为自己毕生的事业。公司还设立了专利申请奖、技术创新奖，对为新产品开发做出贡献的科研人员予以重奖。这些措施极大调动了员工进行自主创新的积极性。目前公司拥有专利37项，为公司持续健康发展提供了可靠保障。

（三）塑造优秀企业文化 一个好的企业文化氛围建立后，可为企业的创新和发展提供源源不断的精神动力。公司领导高度重视企业文化建设，开展了一系列企业文化建设活动。通过对新进厂员工进行企业情况教育，引导员工与企业同呼吸、共命运，增强归属感；通过成立党总支，充分发挥共产党员在工作中的模范带头作用，为公司的发展做出了贡献，成为原山东省委书记张高丽同志的非公有制企业党建工作联系点；通过广泛开展“管理再造，文化创新”座谈活动，进一步增强员工的创新意识，引导文化认同，进而建造命运共同体。经过多年的宣传倡导和精心塑造，科汇的企业文化理念得到了强化和提升，“用户至上、平等交流、

敬业爱岗、求实创新”的企业核心价值观和“敬业、协作、创新、求精”的企业精神得到了员工的广泛认同和追求，并成为引导、激励员工的精神目标。

加强和改进典型宣传工作为枣庄又好又快发展提供强大的精神动力

枣庄市委常委、宣传部长 周杰华

近年来，枣庄市委宣传部高度重视典型宣传工作，始终把做好典型宣传工作作为加强和改进思想政治工作、推动经济社会全面发展的重要内容，紧扣时代脉搏，立足枣庄实际，深入挖掘，精心培养，积极选树，推出了任士淦、甘连喜、夏纪龙、刘伟、郑显军等先模人物，大宗村、东谷面粉厂、柴里煤矿等先进集体和文明生态村创建、“代理妈妈”活动、农村普法“两个一”工程等先进经验，在全省、全国产生了重大影响，在全社会形成了人人学先进、人人崇尚先进、人人争当先进的良好社会风尚，为建设富裕、文明、和谐的新枣庄增添了强有力的精神动力。

一、加强领导，健全机制，夯实典型宣传工作基础

牢牢把握典型宣传的政治性、政策性和导向性，建立了由党委统一领导、宣传部门牵头组织、各部门共同参与的领导体制和工作机制，做到上下联动、左右配合，充分调动社会各界方方面面的力量，在全社会形成了关心、支持和主动参与典型宣传的浓厚氛围。

（一）建立典型宣传工作联席会议制度 联席会议由宣传、纪检、组织、政研部门和政府有关部门及群众团体、新闻单位共同组成。成立了由市委常委、宣传部长任组长，有关部门分管领导同志任副组长的联席会议领导小组。定期召开联席会议，及时通报全市典型宣传工作思路、工作计划和重大典型宣传情况，研究一个时期或阶段典型宣传工作中涉及政策性、全局性的问题，就有关典型宣传工作事项进行沟通协商，并对重大典型进行考察、核实。

（二）制定工作意见 制定下发了《关于进一步加强和改进典型宣传工作的意见》，进一步明确了指导思想和工作目标，健全了长效机制，规范了宣传程序，突出了宣传重点，逐步使典型宣传工作步入规范化、制度化和科学化的轨道，为先进典型的脱颖而出创造了条件。

（三）建立典型储备库 要求各区（市）和典型宣传工作联席会议成员单位，自下而上通过民主推荐、组织考察等程序，把那些时代气息浓郁、事迹过硬、生命力强、有培养前途的典型挖掘推荐上来，经过分门别类的进行梳理，纳入全市典型储备库，努力建设典型宣传“培养一批、储备一批、宣传一批”的良性循环机制，做到了典型宣传工作长流水、不断线，为保证典型宣传工作的连续性打下了坚实基础。

二、围绕中心，服务大局，开创典型宣传工作新局面

始终坚持围绕党委政府的中心工作，在不同时期，紧扣形势需要选树不同典型加以引导，不断开创典型宣传工作新局面。

（一）坚持围绕中心，形成党委政府工作的推动力 始终注重典型宣传同党和政府中心工作、同重大方针政策的配套衔接，对经济社会发展的示范作用和导向作用。围绕社会主义新农村建设，认真收集、整理、总结近年来开展农业和农村工作的先进经验，以大力实施农业产业化、专业化、标准化和转移农村劳动力为内容的“三化一转移”战略，以百个经济强村竞赛活动、百个经济薄弱村帮扶转化和百个文明生态村创建为主要内容的“三百工程”，以强乡镇、强园区、强村居、强企业为主参与的“四强”竞赛活动以及农村普法“为每村培养一名具有法律大专学历的村干部，为每户培养一个法律明白人”的“两个一”工程等先进经验，得到了中央有关部委和省委的高度重视。2006年5月，全国新农村建设研讨会在枣庄市召开，为切实做好典型宣传工作，在研讨会召开前，抽调专门人员，集中1个月的时间，认真搜集整理各类典型事迹材料30余个约3万余字，有力地宣传了枣庄新农村建设的先进经验。

（二）坚持与时俱进，保持典型宣传工作的连续性 始终注重挖掘典型的新内涵，推动典型在实践中不断发展，永葆先进性。在对宗成乐的宣传中，十几年来，不断挖掘宣传的新视角，使之不断丰满、不断完善。最初，宗成乐先后作为优秀乡镇企业家、优秀共产党员进行宣传，党的十六大召开前，作为忠实实践“三个代表”的先进典型，展开了新一轮的宣传。2005年4月30日，宗成乐被国务院授予“全国劳动模范”荣誉称号，受到了党和国家领导人的亲切接见，2006年，又以工业兴村的带头人推荐他参加了山东省十大新闻人物评选活动，每次对他的宣传都赋予了新的时代内涵。通过锲而不舍地不断挖掘，使宗成乐这个老典型常推常新。

（三）坚持“三贴近”，扩大典型宣传工作的群众基础 在工作中始终坚持以人为本，尊重人民群众的首创精神，尊重人们的心理习惯，把要表达的主张和受众接受的程度结合起来，把体现党的意志和反映人民心声结合起来，运用群众熟悉的语言和群众喜闻乐见的方式搞好典型宣传，努力做到典型宣传的科学性、艺术性和规律性相统一。

三、突出重点，注重实效，提高典型宣传工作水平

典型宣传工作涉及面广、关联度大，是一项牵动全局的社会系统工程。为进一步提高典型宣传工作水平，枣庄市重点抓住三个关键环节，着力加强典型宣传规范化建设，取得了明显成效。

（一）整合资源，形成典型宣传工作的强大合力 先进典型一经确定，就调动一切手段，整合各种宣传资源，采取多种措施，形成典型宣传的强大合力和宣传声势。枣庄日报、市电台、电视台等主要媒体，统一开设专栏，进行集中宣传。坚持新闻宣传和社会宣传、理论宣传、文艺宣传相结合，充分运用报告会、座谈会、研讨会等形式，不断扩大典型宣传的影响力、吸引力、感召力。高度重视互联网正面宣传作用，利用网上评论、对话、跟帖等多种形式，形成网上典型宣传平台。在对“代理妈妈”活动的宣传中，首先利用报纸、广播、电视等新闻媒体，集中版面，集中时段大力营造人人支持、参与、争当“代理妈妈”的良好舆论氛围。其后充分发挥妇联的牵头作用，先后组织开展了“情系儿童，共享母爱”、“高尚之爱”、“千名代理妈妈爱心大使送温暖”等活动50余次。“代理妈妈”活动先后被列为全市精神文明建设的十件大事之一，先进性教育活动“六件实事”和“十件实事”之一，使“代理妈妈”活动深入人心。建立了全国第一家专门救助未成年人的网站——“代理妈妈”网站，引起了全国众多新闻媒体和社会各界热心人士的关注，来自全国各地甚至法国、菲律宾、澳大利亚等国的热心人加入了“代理妈妈”队伍。截至2006年，全市“代理妈妈”已达21000余人，使13000名困难儿童得到救助。“代理妈妈”活动现已成为全市党政干部实践“三个代表”的有效载体和精神文明建设的重要内容。

（二）区分层次，形成典型宣传工作的规模化效应 具体工作中，根据典型宣传工作的特点和规律，将先进典型划分为三个层次：对经济社会发展全局或某一领域有重大影响的重大典型；对经济社会发展某一方面或某一个社会层面有较大影响的重要典型；对某一方面工作或社会某一群体有较大影响的一般典型。针对不同类别的典型，按照典型的影响力和干部群众的关注度，确定不同的宣传侧重点，界定宣传的层次、推广范围和宣传方式，努力使各级各类先进典型发挥出应有的作用。

（三）突出重点，增强典型宣传工作的针对性 紧紧围绕党委、政府的中心工作，适应不同时期、不同阶段形势任务的要求，科学合理地开展典型宣传工作。通过开展典型宣传，运用鲜活生动的典型来加强思想政治工作，倡导鲜明的主流价值取向，引导广大干群始终保持昂扬向上的精神状态，形成共同的思想基础、精神追求，为全市经济社会全面协调可持续发展创造和谐的环境。对优秀军转干部郑显军的宣传，最初将其定位为下岗职工再就业的典型，并进行了适度宣传，经过进一步的调研，结合当时企业军转干部工作出现的一些实际情况，将其重新定位为新时期军转干部的楷模，在全市进行了广泛宣传，并积极向省委宣传部进行了推荐，很快被确定为全省的典型进行集中宣传，对引导广大干部群众特别是军转干部转变就业观念，促进社会稳定发挥了很好的作用。

大力实施2131工程 全面推进新农村建设

枣庄市文化局党委书记 孙桂俭

近年来，枣庄市文化局坚持把实施农村电影“2131工程”作为各级党委、政府的“民心工程”，老百姓的“利益工程”和电影事业的“振兴工程”来抓，积极探索，大胆创新，全面实现了一村一月放映一场电影的目标，为运用电影放映工作服务“三农”，推进社会主义新农村建设创出了新路子。

一、实施“2131工程”巩固了党在农村的文化阵地

枣庄市把实施“2131工程”作为搞好农村基层文化建设的突破口，从组织领导、资金支持、队伍建设和激励机制四个方面入手，推动“2131工程”不断深入实施，有效解决了农民看电影难的问题，丰富了农民群众的精神文化生活，巩固了党在农村的文化阵地。

（一）加强领导，为“2131工程”顺利实施提供组织保障 该工程各级党委政府高度重视，写入了2006年市政府工作报告，并把工程落实情况纳入了政府督查项目。组建了由市委、纪检、宣传、发改委、财政、文化等部门主要负责人为成员的枣庄市农村电影“2131工程”领导小组，制定实施了《关于实施“2131工程”加强农村电影发行放映工作的意见》，各区（市）、乡镇也成立了领导小组，保证对农村电影“2131工程”的组织领导。

（二）加大投入，为“2131工程”深入实施提供资金支持 建立了专项资金财政补贴制度。结合市情提出了三级财政支付的办法，列入市、区（市）、乡镇三级财政年度预算，规定农村专项补贴资金由市、区（市）财政部门设专户管理，差额部分由市财政补贴。制定了《枣庄市农村电影专项补贴资金管理暂行办法》和《关于购买农村电影放映设备补贴办法》，对专项补贴资金的补助范围、放映设备采购方式、补贴对象、补贴标准、结算方式、设立放映设备更新基金等事项

都作了规定，保证了影片、设备的正常更新和放映活动的正常开展。各区（市）制定了更加优惠的政策，通过发放放映补贴、购置设备补贴、配备交通工具等方式，为"2131工程"提供各种保障。

（三）加强网络建设，打造高素质的农村电影放映队伍 市文化局制定了《农村电影队伍组建及管理办法》，依托市、区（市）电影公司、乡（镇）文化站（中心）网络，充分发挥现有电影放映技术人员的骨干作用，组建了66支新型农村放映队伍，补充聘用了一批35周岁以下、具有中专以上文化程度和一定宣传绘画功底的新放映队员，在全市形成了以市电影公司为龙头，以区（市）电影公司为中心，以农村电影队为主体的农村电影发行放映网络。市电影公司成立了农村电影"2131工程"服务中心，邀请省电影公司专业人员举办了三期放映员培训班，对130名放映队员全部进行了培训，不断提高放映人员的业务素质和技术水平，保证放映质量。

（四）强化激励机制，充分调动农村电影工作者的积极性 加大督查力度，市委、市政府领导带领相关单位的负责同志，深入到各区（市）督查资金落实情况和放映合同的执行情况，了解电影队的放映质量、服务质量、宣传质量，倾听农民的呼声和要求。制定奖惩措施，根据年中和全年考核情况，及时对成绩突出的单位、个人予以表彰奖励。2006年9月，召开了全市农村电影工作会议，表彰奖励了"2005年度农村电影'2131工程'先进集体"40个，"2005年度农村电影'2131工程'优秀电影队"16支，对69名同志分别记二等功、三等功和嘉奖，激发了各区（市）相关单位进一步搞好"2131工程"的决心和工作热情，调动了广大农村电影工作者的积极性，全市呈现出区区争先进、队队拼第一、人人比技术的良好形势。

二、实施"2131工程"丰富了农民群众的精神文化生活

当前，由于农村文化基础设施薄弱，农民消费水平比较低，使市场经济条件下的电影放映企业步履艰难，农村电影事业日趋萎靡。枣庄市在"2131"工程实施过程中不断探索，大胆创新，使农村电影放映重新恢复了红红火火的局面，为农村生产、生活提供了丰富的精神食粮。

（一）更新改造放映设施设备，提高电影放映质量，为农民群众提供更好的服务 加大资金支持和政策扶持，明确财政专项补贴资金的补助范围，并严格限定不得挪作他用。建立影片更新保障措施，确保每年度"2131工程"新购故事片不少于167个拷贝，科教影片不少于100部，由全市统一调配使用。建立放映设备更新保障机制，区（市）专资专户按每个放映队每年储存1440元的放映设备更新基金，由市统一采购放映设备，每套补贴专项资金2000元。

（二）把改革作为解决问题的关键，创新发展模式，建立多种所有制形式的放映队伍 提倡区（市）电影公司办直属队，鼓励个体带资办队，组建了66支没有编制、没有固定月薪，只领取实际放映场次补贴的新型农村放映队伍，真正建立了多劳多得的收入分配机制，放映队伍日益活跃。

（三）紧紧围绕党和政府的中心工作，切实服务"三农"，不断扩大农村电影覆盖面和影响力 2003年全市农村仅放映了1900场电影，到2006年，全年实现放映故事片27969场，科教片11134场，自制幻灯放映8522场，2004年实施"2131工程"以来，农民看电影约888.1万人次，全面实现了一村一月放映一场电影的目标，有的村达到了每月看两场以上电影。农村电影放映市场逐渐复苏，逐步向良性循环的方向发展，农村看电影就像过年一样的景象重又出现。

三、实施"2131工程"为农村精神文明建设提供了有效载体

枣庄市实施农村电影"2131工程"三年多来，取得了显著成效，有力地提高了广大农民群众的思想道德素质、科学文化素质和致富能力，为提高农村文明程度，建设社会主义新农村创造了有效途径。

（一）"2131工程"成为提高农民文明素质的好载体 在一些边远或贫困的农村地区，农民精神文化生活还较为贫乏，法轮功、封建迷信、赌博等一些不健康的活动仍然存在。"2131工程"以寓教于乐的方式，将防火、防盗、美德、法律教育等知识插入播放过程，使群众在潜移默化中受到教育，有力地改善了农村社会风尚。市中区齐村镇放映农村电影后，封建迷信、赌博等违法现象基本消失，该镇农民纷纷拜师学艺，组建农村文艺业余表演队，经常开展一些踩高跷、跑旱船之类的农民文化活动，得到各乡镇厂矿、企业的大力支持，镇村风貌有了极大改善。该镇放映队员刘永中同志被评为全国农村电影先进个人。

（二）"2131工程"成为宣传党的方针政策的好手段 农村电影利用电影幻灯、录音等形式，充分发挥第三媒体的作用，将全市开展的保持共产党员先进性教育、社会主义新农村建设、文明生态村创建、社会治安综合治理、法律知识、计划生育普及等方面的党的方针政策制作成幻灯、录音，在影片放映前（后）播放，代替以往片前播放的歌曲、戏曲等，提高了宣传效果。

（三）"2131工程"成为科技文化进农家的好窗口 农村电影科教影片的放映区域性强，对口对路、易学易懂，让农民在家门口就能免费学到科教文化知识，对于农民群众科学种植、养殖、致富奔小康发挥了积极作用。台儿庄区农村放映队根据区域性和季节性，因地制宜为农民放映科教影片，对邳庄镇、运河办事处水田种植区的农民放映《水稻栽培》、《水产养殖新技术》类影片；对张山子镇等山区，重点放映《果树栽培》、《病虫害防治技术》方面的影片；对马兰镇、泥沟镇等蔬菜种植区的农民，重点放映"蔬菜、蘑菇种植知识"方面的科教片，取得良好效果。张山子镇的黄邱、赵圩子、张庄村农民看了科教片《秋延迟西瓜》、《甜桃管理技术》等影片后，积极发展西瓜、甜蜜桃种植栽培业，黄邱、赵圩子

村去年秋西瓜种植面积发展到2000亩，张庄村的甜蜜桃栽培由350亩扩大到500亩，仅这项农民人均纯收入就达2000余元。滕州市界河镇盛产优质马铃薯，全国马铃薯种植现场会曾在此召开。马铃薯品种特性退化、产量低、病虫害多等问题始终困扰着农民致富和该镇经济发展。电影公司及时调配最新马铃薯栽培科教片在该镇各村集中放映，并将市场行情和最新信息制作成幻灯片，随时在影片放映时播放。仅此一项，就为该镇农民增收1个亿。

创新机制 狠抓落实
全力推进公安队伍正规化建设

利津县公安局党委书记 王炳芳

利津县公安局现有民警254人，内设机构11个，基层派出所11个，辖区总面积1665.6平方公里，常住人口30万。近年来，利津县公安局党委在县委、县政府和市局党委的正确领导下，精心组织，周密部署，强化措施，狠抓落实，全力推进公安队伍正规化建设，深入开展严打整治斗争，进一步强化打、防、控体系建设，为维护全县社会治安秩序的持续稳定做出了积极的贡献，先后被授予“全省优秀公安局”、“全国优秀公安局”、“全省先进基层党组织”、“省级文明机关”、“全省执法为民先进集体”、“全省集中处理群众信访问题先进集体”、“利津人民卫士”、“平安山东建设先进基层单位”等荣誉称号；利津县看守所连续10年被评为“全国一级看守所”，被公安部记集体一等功，被省公安厅推荐为“授予国务院荣誉称号单位”。

一、坚持“五个到位”，全面启动正规化建设

（一）组织领导到位 县委、县政府和市局对利津县局公安队伍正规化建设工作高度重视，主要领导及分管领导多次调研指导，帮助解决具体问题，有力推动了正规化建设的进展。局党委紧密结合队伍建设实际，成立专门领导小组和工作推进办公室，制定《2005—2008年队伍正规化建设实施意见》，确定了“两步走”的战略目标，理清了工作思路，增强了开展正规化建设的紧迫感和使命感。

（二）思想认识到位 局党委多次召开专题会议，认真学习公安部、省厅和市局领导的重要讲话，并编印《公安队伍正规化建设制度文件汇编》下发全局各单位和民警学习，组织民警到济南等地考察学习，使全体民警的思想统一，认识到位，为正规化建设奠定了思想基础。

（三）责任落实到位 制定《2005—2008年队伍正规化建设责任书》，对各项工作任务进行了细化分解，做到牵头领导、责任单位和完成时限“三明确”，将正规化建设工作责任落实到人，形成了责任明确、你追我赶、齐抓共管的运行机制。

（四）经费保障到位 加大资金投入，开通道路电视监控系统、“三台合一”接处警系统、GPRS卫星定位系统和350兆警用集群寻呼系统四大功能系统，建成触摸式报警系统、电视电话会议系统、治安卡口和电子警察系统、旅馆业信息管理系统，设立警务工作站、治安检查站和治安卡点，并整合交警、巡警和派出所警力，初步建立起了布局合理、反应灵敏、运转协调的治安防控网络。

（五）指导考核到位 选择确定工作基础较好、有一定代表性的基层单位作为先行示范单位，集中力量，探索创新，积累了经验。组织各警种、各单位到示范单位现场观摩，相互学习交流，组织专项督察，提高了全员参与的积极性。同时，局党委将正规化建设列入年度综合考核，建立了党委班子成员联系基层单位制度，有针对性地加强监督和指导，促进了正规化建设的顺利开展。

二、选准“五个着力点”，全力推动正规化建设向纵深发展

（一）以提高民警素质为着力点，推进教育培训正规化 成立人民警察培训学校，立足于实战，建立健全了各项规章制度，统一培训内容和考试考核标准，推行轮训轮值、业务科室联系指导基层所队、网上练兵等四项教育训练长效机制，先后举办6期警务实战培训班，对全体民警进行了轮训，队伍综合素质大大提高。

（二）以规范执法为着力点，推进执法工作正规化 制定出台了执法执勤“三大规范”：规范执法主体和执法资格，认真落实执法资格认证升级考核制度；规范执法行为，深入开展执法检查和执法考评；规范执法程序，制定了《案件办理监督制度》、《案件办理反馈制度》和《错案追究制度》，并建立了执法档案，形成了激励与制约并存、防范与惩处并重的运行机制，确保了执法的公开、公正。

（三）以精细化管理为着力点，推进内务管理正规化 着力抓了“五个统一”：统一规章制度，制定实行了领导班子晨会制度、局机关民警早点名制度和工作日着装等制度，从局领导到一般民警共同遵守；统一办公秩序，统一配备衣物专柜，制定办公物品摆放标准，内务管理达到了规范整洁，整齐划一；统一警用车辆和派出所外观标识，派出所全部完成了办公楼和“一厅五室”、“五小工程”建设；统一各种簿册，制作了12种工作簿册下发到各单位，规范了各项执法活动；统一规范言行，广泛开展行为礼仪教育活动，制定《民警日常行为规范》，加大检查力度，确保各项措施落到实处。通过抓警容风纪，规范了内务管理，进一步树立了公安民警

良好的形象。

(四)以从严治警为着力点,推进监督制约正规化 对规章制度进行了修订完善,编印了《长效机制建设规章制度汇编》一书,建立健全了三大机制。第一,责任追究机制。制定了领导干部一岗双责暂行规定、执法责任制度、关于追究民警执法过错责任的规定、派出所工作责任倒查暂行规定,进一步明确了每个岗位的执法责任,并落实到每个执法主体。第二,考核奖惩机制。进一步完善了执法质量评议考核制度、案件法律审核制度,促进民警自觉严格公正执法。第三,监督制约机制。实行了以警示教育谈话制度、不合格民警评选制度、违纪民警停职学习规定为主体的内部监督机制。聘请了135名特邀执法监督员,每半年开展一次"开门评警"活动,自觉接受社会各界的监督。

(五)以从优待警为着力点,推进警务保障正规化 在落实政治待遇方面,派出所长全部提拔担任了乡镇党委副书记,全局副科级以上干部占到了民警总数的31.2%。在住房方面,先后建设民警宿舍楼六栋,解决了民警的住房问题,解除了民警的后顾之忧。在生活方面,民警及主要亲属患病住院,党委班子成员必须到医院看望,凡重大节日,局班子成员到离、退休民警家中走访,认真解决他们生活中的困难。通过落实从优待警的各项措施,凝聚了警心,激发了活力,为队伍正规化建设提供了强大精神动力。

三、搞好"五个结合",促进各项工作和队伍建设

(一)与严打整治斗争相结合,保持了全县社会治安秩序的持续稳定 随着正规化建设的不断推进,队伍整体素质有了显著提高,战斗力明显增强。在严打斗争中,各部门密切配合,团结协作,全面展示了队伍正规化建设的成果。2006年,全县共发生各类刑事案件290起,破获现案203起、隐积案96起,查处治安案件240起;抓获各类违法犯罪嫌疑人652人;摧毁犯罪团伙17个,抓获团伙成员68人,维护了全县社会治安秩序持续稳定的大好局面。

(二)与治安防控体系建设相结合,发现、控制违法犯罪的能力显著提高 通过有效整合社会资源,运用人防、物防、技防三种手段,建设街面防控、社区(村庄)防控、单位内部防控三张网络,初步建立起了布局合理、覆盖严密、动静结合、协调高效的点线面结合的治安防控体系。2006年,全县刑事案件、治安案件发案率分别下降了8.2%、15.6%。

(三)与"三基建设"相结合,借势发展,同步推进 努力改革警力资源配置模式和机构设置模式,对县局机关进行了精简合并,由原来的24个机构合并为11个,机关人员占全局总警力的7.9%,基层一线实战单位警力达到92.1%,基层派出所民警达到全局的41.1%。推行农村社区警务,在全县42个中心村庄设立42个警民联系点,实行了民警管区包片制度,把警民联系点建成村民"家门口的派出所",确保了社会治安稳定。

(四)与社会主义法治理念教育相结合,民警执法的程序意识、证据意识进一步增强 从细节入手,抓住关键环节,纠正民警在执法过程中的不规范行为,加大对整改工作的监督力度,增强了办案民警严格公正执法的意识,执法质量考评连续五年全市优秀。

(五)与荣辱观教育相结合,进一步密切了警民关系 全局民警立足本职,在服务质量上下功夫,热情为群众办实事、办好事。2006年以来,共为群众做好事、解决疑难问题120余件(次),为特困学生、特困户、下岗职工捐款35000余元。在帮扶利津镇三里村建设小康文明村工作中,积极协调,诚心相助,以实际行动赢得了群众的广泛赞誉。

坚持科学发展 构建和谐社会 努力开创龙口经济和社会发展新局面

龙口市委书记 李树军

2006年,在上级党委、政府的正确领导下,龙口市牢固树立科学发展观,不断强化"发展、稳定、为民"的执政理念,团结带领全市干部群众,解放思想,与时俱进,真抓实干,全市经济和社会呈现出良好的发展态势。2006年全市完成地区生产总值401亿元,比上年增长18.1%,一二三产比例调整到5.5:64.3:30.2;实现国地税收入39.6亿元,其中地方财政收入16亿元,分别增长46%和33.3%;全社会固定资产投资240亿元,增长20%;实际外商直接投资2.25亿美元,出口创汇6.4亿美元,分别增长16.3%和39.9%;综合实力跃居全国百强县第16位,比上年前移了5个位次,在烟台市经济工作考核中连续5年位居第一;先后获得"全省县域经济发展先进单位"、"平安山东建设模范市"、"中国优秀旅游城市"等荣誉称号。

一、坚持又好又快发展,全面增强县域经济综合竞争力

(一)培育大企业、膨胀大产业,打造赶超发展的强力支撑 围绕"三强"板块的培植壮大,积极扶持、鼓励和引导强镇、强村、强企加快裂变速度,重点实施了南山60万吨氧化铝、20万吨铝板带箔、鑫龙高科束状超细纤维革续建等162个投资3000万元以上的大项目、好项目,培育出一批新的经济增长点。2006年,全市销售收入过亿元的企业90户,

纳税过千万元的企业19户，最高的南山集团达到4.2亿元；年地方财政收入过2000万元的镇（区、街）5个；农村集体经济总收入过千万元的村89个。围绕六大产业集群的膨胀发育，把产品创新、技术创新和管理创新作为突破重点，着力发展壮大能源、铝制品、汽车零部件、纺织皮革、化工建材和食品等六大产业，引导其走集群化发展的路子。2006年，六大产业集群的销售收入和利税占全市工业总量的比例均达到70%以上。

（二）实施大开放、构筑大载体，不断提升区域经济活力 一方面，大力实施经济国际化战略。充分发挥龙口经济开发区和高新技术产业园区的招商优势，重点瞄准日韩、东南亚、欧美等国家和地区，积极承接发达国家和地区产业转移，先后引进了滨港化工、三星酒精、龙蓬铜管等一批内外资大项目、好项目。截至2006年 已有20多个国家和地区的客商在龙口投资，累计举办各类合资合作项目848个，实际外商直接投资16.4亿美元，年出口创汇过1000万美元的企业达到15家。另一方面，加快推进城市化步伐。按照“东城西城相融、南山北海呼应、新区居中、组团式发展”的城市建设思路，集中力量抓好新区建设、北部海滨开发，迅速拉起城市发展的大框架，城市化水平达到54.6%。同时，狠抓“五网一港”建设，即路网、电网、水网、气网、热网和龙口港建设，先后实施了县乡公路改造、铁路进港线、南水北调、新区水厂、集中供气供热和港口泊位建设等一批重点项目，城市基础设施对经济发展的支撑作用进一步增强。

（三）打造新亮点、培植新优势，全面增强可持续发展后劲 围绕推进科技创新，在充分发挥好省级生产力促进中心、高新技术创业服务中心和市政府科技顾问团作用的基础上，加快完善自主创新体系，重点膨胀拥有自主知识产权、掌握关键技术的骨干企业规模和高新技术产业规模。到2006年，全市拥有省级以上高新技术企业57家，其中国家级高新技术企业6家。围绕发展循环经济，先后实施了油页岩及粉煤灰综合利用、发电机组脱硫改造、风力发电、污水处理等项目，实现了经济效益和环境效益的统一。全市开展清洁生产和资源综合利用企业达到39家，年综合利用固体废弃物161万吨。围绕发展现代服务业，全面强化政策扶持和规划引导，重力发展现代物流、商贸流通和旅游等产业，实现了新的突破。2006年，全市实现社会消费品零售总额79.6亿元，旅游业总收入19.2亿元，分别增长18.6%和15%；港口货物吞吐量达到2053万吨。

二、坚持稳定压倒一切，努力营造和谐的社会环境

（一）围绕促进干群和谐，建立完善信访工作长效机制 在深入开展信访“双教育、双规范”活动的基础上，把教育规范的范围向企业、学校、社区、村庄等领域延伸，将教育规范的内容向依法行政、民主管理、利益诉求等方面拓展，建立起源头信息预防、矛盾纠纷排查、联合接访、案件综合调处等长效机制，推动信访工作步入规范化、制度化轨道。2006年，全国信访局长会议推广了龙口信访“双教育、双规范”的工作经验。

（二）围绕保障群众生命财产安全，狠抓安全生产监管和社会治安综合治理等工作 健全了市、镇、村、企四级安全监管组织，层层卡实责任，深入开展安全生产专项整治，切实消除安全生产隐患，确保了全市安全生产形势持续好转。深入开展严打整治斗争，加快人防、物防、技防相结合的治安防控体系建设，构建起“大调处、大防控、大平安、大稳定”的治安防控新格局。

（三）围绕提升群众素质，全面推进精神文明和民主法制建设 狠抓《公民道德建设实施纲要》和社会主义荣辱观的宣传教育，广泛开展群众性精神文明创建、未成年人思想道德建设和爱心捐助、扶困助残、青年志愿者等道德实践活动，在全社会营造了健康向上、互帮互助、济贫扶弱的浓厚氛围。2006年末，全市共涌现出烟台市级文明单位94个，省级文明单位27个，国家级文明单位2个。同时，扎实开展以“五五”普法为重点的法制宣传教育，大力推进依法治市，群众法律意识和法制观念进一步增强。

三、坚持以人为本，切实让群众共享发展成果

（一）着眼改善城市居民生活环境、提高生活质量，全面推进旧城改造和“五城联创”活动 重点抓好城市道路和旧住宅区的改造，全面推进东西两城区供热、供气、排水、环卫、绿化等配套设施建设，城市面貌得到显著改善。全市新增供热面积170万平方米，新增天然气用户1.1万户。本着既重拿“金牌”，更重视让群众在创建过程中长期得实惠的原则，继续推进以创建中国优秀旅游城市、国家卫生城市、国家环保模范城市、全省全国文明城市和全省全国平安城市为主要内容的“五城联创”活动，取得阶段性成果。旅游城创建获得“中国优秀旅游城市”称号，卫生城创建通过了省爱卫会专家的调研检查，取得了申报国家卫生城市的资格，环保城创建达到国家“创模”指标要求，文明城创建首批进入全省文明城市行列，平安城创建获得“平安山东建设模范市”称号。围绕改善城市生态质量，集中实施了黄水河和西城区污水管网改造、矫家河和绛水河综合治理、垃圾中转站建设等环保系统工程，城市环境质量明显改善。按照“封山、植园，搞好三沿三环”的思路，全面加大绿化工作力度，扎实推进山区、农田林网、沿河沿路沿海及城市绿化，新增绿化面积381万平方米，全市森林覆盖率达到50%。

（二）着眼改善农民生产生活条件和农村环境，加快推进新农村建设 围绕促进农民增收，重点发展标准农业、绿色农业和高效创汇农业，农业生产综合效益显著提升，全市农产品深加工企业发展到210家，直接带动农产品基地20多万亩、农民5万多户。按照“转移农民、减少农民、富裕农民”的思路，积极引导农民向二、三产业转移，向城镇转移。2006年，共转移农村富余劳动力5000多人，非农产业收入对农民增收的贡献率达到90%以上。认真落实中央减轻

农民负担规定，严格兑现落实上级有关补助政策，共向农民发放补助资金607万元。在此基础上，全面实施了“五通双建两免六保”工程，使全市631个村全部实现了村村通油路、通自来水、通公交车、通有线电视、通科普的“五通”目标，90%的村达到卫生村庄标准，70%的村达到绿色村庄标准；市财政投入5000多万元，全部免除义务教育阶段学生杂费和书本费，并对集体收入低于平均水平的村进行补助，增加了农村养老、新型合作医疗、低保、五保供养的补贴。

（三）着眼解决群众“三最”问题，扎实开展为民办实事活动 结合第三批先进性教育活动的开展，从群众最关心、最直接、最现实的利益问题入手，开展了“知民情、解民忧，让群众满意”活动，全市筛选确定了2244件群众所急所盼、看得见摸得着的实事，作为年度工作重点，明确责任，狠抓落实，全部按进度要求兑现。

坚持科学发展 建设和谐招远 在新起点上实现经济社会新发展

招远市委书记 徐少宁

2006年，我们按照省委“一二三四五六”的工作思路和市委又好又快、赶超发展、走在前面的目标要求，深入贯彻落实科学发展观，围绕“地方财政收入过10亿，确保两年翻一番”的目标，全力提升项目建设水平、经济结构水平、城乡发展水平和社会和谐水平“四个水平”，全面打造区域经济发展的助推力、支撑力、承载力和保障力，促进了经济社会持续健康快速发展。全年实现GDP 245.3亿元，同比增长18.8%；完成地方财政收入9.688亿元，同口径增长35.1%。在各项预期性指标良好增长的同时，万元GDP能耗、二氧化硫和COD排放等控制性指标稳步下降，党的建设、精神文明建设和民主法制建设进一步加强，社会各项事业不断进步，人民生活水平不断提高。在2005年度全国综合实力百强县评比中位居第53位。

一、努力提升项目建设水平，打造县域经济又好又快发展的助推力

坚持把项目建设作为经济工作的主旋律，按照“更加注重项目的规模和档次，更加注重项目的质量和效益，更加注重项目的投达产速度和项目存活率”原则，深入开展了第二个“项目建设年”活动，项目的数量、规模和质量均创历史最好水平，为县域经济又好又快发展奠定了坚实基础。全年共完成固定资产投资167亿元，增长15%，纳入市级调度的过千万元项目112个，总投资75亿元，分别增长29.5%和44%，有67个项目完工投产。在项目建设的实现途径上，坚持内外并重，一手抓借助外力，一手抓启动内力：借助外力，就是坚定不移地推进对外开放，进一步加大招商引资力度，引进和新建一批大项目、好项目。工作中，按照产业招商的模式，立足于新出台的产业规划，以各个产业的龙头骨干企业为招商载体，千方百计挂大靠强、招高引优，对外开放取得了显著成效。全年共完成合同外资6.8亿美元、实际外资2.1亿美元、出口创汇6.1亿美元，同比分别增长18.6%、11.5%和39.5%。启动内力，就是依靠膨胀骨干企业、提高科技创新和节能降耗能力，发展、提升现有项目的规模、质量和效益。在现有企业膨胀方面，以市属工业“二次创业、三年翻番”为目标，以“8151”工程为主线，不断加大对橡胶集团、招金集团、中矿金业、金宝电子等一批骨干龙头企业的扶持力度。同时，鼓励和引导各镇（街、区）结合实际确立了各自的龙头骨干企业，培养了一批能够有力支撑地方发展的“小巨人”。2006年，全市销售收入过10亿元企业达到5户，其中招金集团、玲珑橡胶分别达到71亿元和64亿元；财政贡献过200万元以上的企业达到83户，过千万元的达到20户。在科技创新方面，以招金、国大、鲁鑫贵金属、金宝电子、膜天等企业为依托，不断提高自主创新能力，在黄金深加工、轮胎制造、机械制造、电子材料等领域，研发了一批新技术、新成果，并分化派生出了一批高科技新项目，实现了项目总体水平的跃升。2006年，全市高新技术产业实现产值202亿元、增长56%，占规模以上工业产值的比重达到31.5%，电子信息材料产业基地成功申报为烟台市第一家国家火炬计划产业基地。在节能降耗方面，引导企业不断加大节能科技攻关和节能改造力度，大力发展循环经济。2006年，全市万元GDP能耗、COD和二氧化硫排放分别下降6.5%、11.1%和5.8%，被烟台市列为循环经济试点城市。

二、努力提升经济结构水平，打造县域经济又好又快发展的支撑力

按照“三个招远”协调发展的思路，全方位挖掘和发挥自身优势，加快推进经济结构战略调整，为县域经济又好又快发展打造了有力支撑。一是发挥黄金资源优势，进一步壮大黄金产业。按照“拉长一个产业链，实现四个可持续”的思路，不断加大上游深部探矿和境外资源扩张、中游多元素回收提取、下游黄金精深加工工作力度，黄金生产继续保持了稳步发展的良好势头。全年完成自产黄金73.3万两、加工107.8万两，分别增长4.3%和15.2%，实现销售收入170.5亿元、利税19.8亿元，分别增长26.8%和39.7%；招金矿业在香港成功上市，开创了我市企业上市融资的先河。二是发挥黄金融资优势，加快膨胀非金产业。引导黄金企业充分发挥信誉度高的优势，加大融资力度，并利用多年来

积累的雄厚资金，加快“地下经济”向“地面经济”的转型步伐；同时，倾注全力发展轮胎橡胶、电子信息、机械制造、食品加工四大非金支柱产业，促进了四大产业的迅速崛起。2006年，四大非金产业共实现销售收入280.5亿元、利税29亿元，分别增长32.8%和36.2%。三是发挥旅游资源优势，提升繁荣三产服务业。针对招远旅游资源丰富，但群众观念较为保守、人气相对不足的特点，提出了以旅游业为突破口拉动整个三产发展的工作思路，通过整合辖区内的旅游资源，大力发展“金色旅游”，以人流的聚集促进了三产服务业的繁荣。2006年，完成服务业增加值66.9亿元，实现社会消费品零售总额48.6亿元，分别增长15.6%和16.7%。四是发挥民间资本优势，大力发展民营经济。立足于培育经济发展后发优势，积极完善鼓励民营经济发展的政策措施，积极引导民营企业开展招商引资和技术改造，充分利用民营经济工业园这一有力平台，吸引强镇、强村和个体大户到园区投资兴业、发展项目，全市民营经济发展取得新的突破。2006年，乡镇企业及民营经济实现销售收入430.8亿元、利税51.4亿元，分别增长35.5%和52.2%。

三、努力提升城市化和新农村建设水平，打造县域经济又好又快发展的承载力

围绕提升城市功能和城市形象，修订完成了新一轮城市规划，“金轴银线”和“一城三区”的城市发展新框架初步形成；积极推进城市基础设施和重点项目建设，全年完成投资3.5亿元，金泉河综合治理、温泉路改造初具规模，体育中心、污水处理场扩建、新垃圾处理场、城区自来水二期、城市出入口绿化、统管小区改造等工程顺利推进。城市建成区面积达到25平方公里，城市化水平达到55.8%，被评为“全国畅通工程一等(模范)管理水平城市”，全国仅有两个县级市入选。围绕社会主义新农村建设，深入实施农业产业结构调整，加大农村基础设施投入力度，有力地促进了农业发展、农民增收和农村整体面貌改观。2006年，全市实现农村经济总收入612.6亿元、粮食总产27.7万吨、农民人均纯收入6475元，分别增长13.9%、0.4%和13.4%；完成200个村的村村通自来水工程，新解决12.7万人的饮水困难；实施了农村公路改造扫尾工程；完成投资5000万元，硬化农村街道380公里，新增造林8500亩；整修村级办公场所136个，新建农民文化娱乐场所300处、10万多平方米。

四、努力提升社会和谐水平，打造县域经济又好又快发展的保障力

牢固树立以人为本理念，坚持为群众办实事、解难题、求实效，社会和谐程度明显提高，为县域经济高速、持续发展提供了坚强保障。一是统筹社会事业发展。社会保障和救助工作取得新进展，农村五保、城乡低保标准进一步提高，农村适龄农民养老保险人数新增11966人，社会保险扩面5103人，新型农村合作医疗参合率达到71%，新增城镇就业再就业9326人。积极实施校舍危房改造、乡镇卫生院改造、计生技术服务站改造等工程，教育、卫生、计生基础设施建设进一步加强。二是努力维护社会稳定。进一步加大信访工作力度，筹建了市级社会矛盾调处中心，开展了“信访疑难案件专项治理活动”，依法规范了信访工作秩序，全年共结服积压疑难信访案件82起，信访总量同比下降53.6%。狠抓社会治安基层基础规范化建设，进一步健全治安防控体系，确保了全市治安局势持续稳定，全年刑事发案同比下降6.12%，发案率降为万分之21.6。深入开展矿业秩序专项整顿，加大事故隐患排查力度，完善应急救援和指挥系统，全市安全生产形势进一步好转。三是大力加强精神文明建设。围绕打造“文明金都”和“诚信招远”，加大农村精神文明建设和社会信用体系建设力度，全市城乡文明程度明显提高。

深化改革　创新发展
打造教育核心竞争力

潍坊市教育局党委书记　张国华

2006年，我们以邓小平理论和“三个代表”重要思想为指导，以科学发展观统领教育工作全局，不断加大改革力度，强化工作措施，积极发展民办教育，加快发展职业教育，全面推行素质教育，努力打造各级各类教育的核心竞争力，开创了全市教育工作的新局面。全市普通高考领先优势进一步扩大，本科上线人数突破3.7万人，继续位居全省前列。潍坊被教育部、中宣部、人事部、社科院、团中央等五部门确定为全国素质教育先进典型。国务委员陈至立、教育部部长周济、副部长陈小娅及省长韩寓群专程来潍考察教育工作，并给予充分肯定；全国有28个省市的163个教育考察团来潍坊考察交流。新华社、《人民日报》、《中国青年报》、《中国教育报》等介绍潍坊教育经验的文章达50多篇。

一、积极发展民办教育，不断扩增优质教育资源

发挥独特的政策优势和教育品牌优势，通过多种形式和途径，推进办学体制改革，拓宽办学渠道，有力地推动了全市民办教育的发展，努力培植教育新的增长点。2006年，全市教育系统利用社会资金超过10亿元，民办中小学达到105处，在校生突破15.2万人，占全日制中小学在校生总数

的12.6%；民办幼儿园达1426处；各类民办培训机构共730处。潍坊科技职业学院成为全省规模最大的民办高校之一。在扩大规模的同时不断加强对民办学校的规范管理，取缔了21家不规范培训机构，对22所办学不规范的民办学校进行了限期整顿，维护了广大家长和学生的权益。

二、加快发展职业教育，着力增强教育服务经济的能力

重点解决了制约职教发展的职业教育规划、专项资金投入、师资队伍建设、就业准入制度等突出问题。投入3000万元在市区重点建设了海洋化工等8个专业实训基地，在全国居于先进水平；建成小实训点1000多个，改善了学生的实习实训条件。各县市职业教育中心“2431”工程（即中心占地200亩，校舍占地面积4万平方米，在校生3000人，实验实训设备价值1000万元以上）进展顺利，中职布局调整计划取得阶段性成果，潍坊科技职业学院、潍坊工商职业学院实现高职与中职一体化办学。教学改革不断深化，对20多个骨干类专业实行了课程改革，专业设置得到初步调整，办学特色逐渐凸显，职业学校人才培养与企业需求实现了对接；逐步推行学分制管理，大力推广实践教学，启动职业学校校长挂职和专职教师顶岗计划，推动了深层次的校企合作。2006年，全市高职院校达到11所，在校生突破21万人，学生就业率达到90%，以高等职业教育为特色的教育文化产业基地开始形成。

三、全面推行素质教育，努力提高学生的创造力

（一）调整教学关系 坚持尊重学生，尊重教育规律，以实施新课程改革为抓手，大力调整教学关系，积极构建“自主·互助·学习”型课堂，向课堂教学要质量、要效益，新课程改革走在全国前列。

（二）进行多领域创新改革，成效明显 在12个县市区全面推行中考改革；启动“有效管理和得力领导”战略研究行动，“三大纪律与八项改变”得到较好落实；“亲子共成长”家庭教育普及活动全面展开，受益家长20余万人次；实行“快乐大课间”推广行动，学生每天健身一小时得到保障；实施学生“五个一”成长工程，青少年思想道德建设扎实推进；深入开展重大教育教学问题行动研究，构建“基于问题解决、致力创新共享”工作机制，涌现出400余项教学成果政府奖。

（三）推行审批注册制度，建立合格幼儿园媒体公告机制 举办了全市首届幼儿园发展论坛暨幼儿园课程改革与建设研讨会，学前教育管理水平和保教质量得到提高，“小学化”倾向得到有效遏制。

2006年，全市素质教育成绩显著，普通高考的各项指标继续稳居全省前列；在第七届全国中小学生电脑制作活动暨电脑机器人竞赛中，潍坊市电脑机器人竞赛项目获奖数占全国五分之一，电脑制作活动比赛获一等奖数占全国六分之一；潍坊七中手球队实现全国中学生手球联赛六连冠，潍坊一中男篮获得全国中学生篮球邀请赛冠军。

四、加大投入力度，促进城乡教育均衡发展

（一）实施“十大教育惠民工程” 着眼于解决群众最关心、最直接、最现实的利益问题，推动和谐社会建设，实施了“十大教育惠民工程”，并在全省推广。其中的农村免费义务教育工程，全省只有潍坊由市级财政全部承担了本应由市县两级分担的农村义务教育保障经费，共计投入7961万元，惠及68万名农村中小学生。

（二）落实教师待遇，提高了教师工资水平 “以县为主”管理体制进一步落实，已有10个县市区的教师工资完全上收到县财政统一发放，农村教师工资每月人均达到1411元，比2005年增加246元；全市农村初中和小学预算内生均公用经费分别达到93元和73元，增幅较大。我市寿光率先实现城乡教师编制和工资标准、城乡学校学生公用经费标准双统一。

（三）加快改造农村中小学危房 市财政每年拨款1000万元，作为奖励性资金，建立农村中小学危房改造长效机制；新一轮“农村百所薄弱小学改造工程”进展较快，改造学校危房5.5万平方米，2006年全市改造学校危房完成投资2980.8万元。

（四）进一步优化市区基础教育资源 市区初、高中办学实现分离，“农村高中进城”战略成效显著，已有80.5%的高中生在城区接受优质教育；“市区中小学解困工程”取得阶段性成果，有7个项目完成改造建设，惠及学生2万余名，城区又开工新建2所全日制学校，城区“上学难”开始缓解；“城乡教育共同体”、对口支教等做法逐步在全市推广。

（五）以教育信息化促进均衡化，形成“数字教育”品牌 目前，全市中小学配备计算机达到13.5万台，实现每10人1机；建成3425个多媒体投影教室；1341处学校实现“校校通”工程，占学校总数的55%；完全小学以上学校全部开设了信息技术课程，信息技术教育基本普及。

五、实施“人才兴教”战略，提高教师队伍整体素质

（一）加大教师培训力度 充分发挥4家市级教师教育培训机构的作用，实行了资格认证准入、菜单式选择、强化行政监管的模式，开设了职业道德、计算机技能、基础教育新课程、英语能力等专业，建立了“培训单位与学员双向选择，市场化运行”的新机制，搭建起了教师培训的新平台，扩大了优秀教师群体。2006年，先后举办校长培训班10期，培训校长3000余人；举办教师培训班21期，培训教师7000余人。此外，还择优选拔了30名英语教师到境外培训，效果良好。

（二）积极开展教师学历提高教育 全市小学、初中、高中教师的学历达标率分别为99%、92%和73%。

(三)加大优秀本科毕业生的引进力度 推行“农村小学校校新进一名大学生计划”,到农村小学支教任教的达538人,完成引进大学生计划的小学已达到农村小学总数的47%。“百名外教进校园”工程成效明显,引进外籍教师138人。

(四)推进“中小学校长培训工程” 大力实施《市区校长三年培训规划》,推进“中小学校长提高培训工程”,打造教育专家队伍,两次组织市区中小学校长150人到上海师资培训中心进行培训,承办了全国“更新教育观念”报告会,邀请唐盛昌、窦桂梅等全国知名校长来潍作了专题报告。

六、创新完善制度机制,全面激发教育活力

(一)全面深化校长职级制度 为627名校长确定了职级,同时结合职级管理,大力推行校长任期制和交流制,鼓励校长到农村学校和薄弱学校干事创业,市直学校校长轮岗面超过了70%,县市区也达到了20%。教师聘用合同制进展顺利,已在全市85%的教职工中推开,同时成立了教育人才就业服务中心,对落聘人员进行了妥善安置。

(二)完善激励机制,大力开展评先树优活动 组织了首届“潍坊名师”评选活动,对获选的30名教师,每人补助科研津贴3万元;表彰了十佳、百优班主任,1名班主任入选山东省十大教育创新人物。

(三)坚持依法治教,不断提高行政效率 聘任潍坊市第二届督学,引入社会中介机构参与督导评估,强化督导功能;根据全市行政区划和学校分布,推行教育督导责任区制度,每个责任区分别由市、县两级督学组成督导团队,实现了全市学校规范办学行为的无缝隙覆盖。

认真落实科学发展观 构建富强和谐新高密

高密市委书记 吴建民

高密位于潍坊市的东端,与青岛市接壤。版图面积1605平方公里,辖17个镇、3个街道、994个行政村(居),人口86万。2006年,在上级党委的正确领导下,我们坚持以邓小平理论和“三个代表”重要思想为指导,认真落实科学发展观,解放思想、开拓奋进,真抓实干、攻坚破难,全力推动经济社会发展,取得了明显成效。全市完成地区生产总值158.1亿元,增长19.9%;实现财政总收入13.8亿元,增长39%,其中地方财政收入7.1亿元,增长33%;规模以上工业实现销售收入356.7亿元、增长40.9%,实现利税29.2亿元、增长47.7%,其中利润18.8亿元、增长44.3%;完成全社会固定资产投资109亿元;城乡居民储蓄余额达到63.7亿元,比年初增加8亿元。政治建设、文化建设、社会建设和党的建设整体推进,各项事业全面发展。

一、坚持统筹兼顾,积极推进协调发展

正确把握经济内部、城乡之间、经济社会之间、人与自然之间的关系,推动城乡统筹发展、经济社会协调发展、人与自然和谐发展。在推进城乡统筹发展上,把社会主义新农村建设作为一项长期的根本任务来抓,坚持走以城市带动乡村、以工业拉动农业的路子,以增加农民收入为着眼点,以推动县域经济发展为着力点,紧扣农民增收、村增积累、乡镇增财和新村庄、新农民、新设施、新风尚、新制度的“三增五新”奋斗目标,落实好农业产业化、县域范围内的工业化、城镇化和改善农民生产生活条件、改进农村民主管理方式的“三化两改”工作思路,注意发挥好政府主导、农民主体、企业带动、社会参与的“四个作用”,根据群众的意愿和要求,决定近年内办好“十件实事”,以增强农民群众建设新农村的信心。市财政筹措资金近600万元,统一为农村主要干部发放工作补贴,调动起了农村干部干事创业的积极性;投资4500万元的农村安全饮用水工程已经竣工,北部6个镇、20万人喝上了“安全水”,2007年将解决西部6镇25万人的饮用安全水问题。在统筹经济社会发展上,把教育摆上优先发展的位置,投资1.3亿元建设了凤城中学,实现了高中教育城区化;投资6.5亿元开工建设青岛科技大学环海学院和职业技术学院,实现由基础教育向高等教育跨越,由普通教育向职业教育拓展,教育工作走在了全省乃至全国的前列。全面推行新型农村合作医疗制度,全市参合农民达60多万人,参合率达90%以上,被确定为全省新农合试点市。计生工作,先后成功为全国计生新机制建设现场会、全省计生协会工作现场会提供了现场。农村科技、文化、体育等社会事业也有了长足发展。在统筹人与自然和谐发展上,从加强环境保护入手,投资1.2亿元建成了第二工业污水处理厂和排污管网,日污水处理达到了8.5万吨;投资2.2亿元实施胶河、小康河、北胶新河三河治理,其中投资1.6亿元的小康河综合治理工程已顺利竣工,进一步提升了城市品位,改善了人居环境。小康河综合改造工程竣工、北部六镇20.2万人喝上安全水、孚日集团成功上市等被公众评为2006“和谐高密”十大亮点。

二、以进位争先建强市凝心聚力,努力振兴高密经济

针对高密经济总量不足的主要矛盾,始终高举进位争先建强市这面旗帜,把富民作为第一导向、把发展作为第一要务、把和谐作为第一追求、把创新作为第一动力,以此统一思想,凝心聚力,加快发展。

(一)大力培植具有地方特色的主导产业,加快工业立市、工业强市步伐 始终坚持工业立市、工业强市战略不动摇,坚定不移地走集群发展的路子,积极培植纺织服装、机械制造、食品加工、木器加工四大产业和皮件、五金、制鞋、玩具四小商品。特别把纺织服装业作为重点来培育,从完善产业链条抓起,加快规模扩张,产值占全市工业经济的比重达到50%以上,产业规模位居全省第二位,进入了全省十大产业集群。充分发挥群众商品意识强的传统优势,鼓励全民创业,各类企业发展到3880多家,其中规模以上企业524家。集中有限的要素资源扶优扶强,实交税金过千万元的企业达到13家,孚日集团、菲达公司、银鹰化纤、大昌纺织等4家企业进入全国大型工业企业行列,孚日集团2006年成功上市,并荣获"省政府产品质量奖"、孚日牌毛巾成为"中国驰名商标",预计2007年可实现销售收入50亿元、出口创汇2.8亿美元、利税5亿元。

(二)坚持利用好借势青岛这个招商引资的主渠道,切实加快招商引资步伐 高密与青岛有着地缘、人缘等方面的优势,为此,我们把借势青岛作为一个重要课题,明确提出,不仅要主动接受青岛的辐射,还要积极承接青岛的产业转移;不仅要当好青岛的大后方,还要争取进入青岛的主战场;不仅要搞好与青岛大企业的配套,还要吸引他们过来投资办项目;不仅要把青岛地区的项目和资金引过来,更重要的是以青岛为跳板,打"青岛牌",唱"国际歌",把日韩港台和欧美等境外资金项目吸引过来。按照这一思路,认真落实了道路、机制、信息等对接措施,加快推进企业招商、产业招商、专业招商和环境招商,取得了明显成效。2006年,全市共引进项目506个,实际利用市外资金53.3亿元,境外资金5359万美元。招商引资的快速发展,有力地促进了对外贸易的增长,2006年完成外贸进出口总额6.4亿美元,增长23.1%,其中出口4.88亿美元,增长31.7%。

三、坚持以人为本,努力维护和发展人民群众利益

坚持发展依靠人民,发展为了人民,发展成果由人民共享。始终把群众利益作为最高利益,既注重维护群众的当前利益,又注重发展长远利益,不因发展多数人的长远利益而牺牲少数人的眼前利益,特别在城市拆迁改造、土地征用和企业改制中,坚持依法、有偿、有情操作,努力使人民群众的既有利益不受侵害,困难群体的基本利益得到保障,三年来,先后对3588户城市拆迁居民进行了货币或住房安置,对搬迁、破产、困难企业的4278名职工进行了妥善安置,分流安置和再就业率达90%以上,赢得了广大群众的理解和支持。坚守失地农民、下岗失业职工、孤残人员等困难群体有饭吃、有衣穿、有房住的"三有"底线,不断完善社会保障体系和社会救助体系,提高了城乡最低生活保障标准和农村"五保"供养水平,2006年底,全社会保险投保人数达到27.6万人,享受低保和特困救助人员达7700人,实现了应保尽保。正确处理改革发展稳定的关系,扎实推进"平安高密"建设,确保了全市政治安定、社会稳定。

四、以作风建设为重点,改进和加强党的建设

作风实,事业兴。现在的干部年轻有文化,能力水平都不低,但是不是真抓实干,效果大不一样。工作中,我们始终坚持把作风建设作为加强党的建设的切入点和突破口,大力弘扬用心用力、认真办事、真抓实干、攻坚破难的作风,努力培养干事创业的党员干部队伍。坚持把作风建设的着力点放在抓落实上,进一步健全完善了工作督查、工作推进、考核奖惩等五大机制,特别注意发挥市委总揽全局、协调各方的领导核心作用,建立了以市委为核心、几大班子领导共同抓落实的工作推进机制,有力地推动了工作落实。为使各级干部进一步转变作风,在组织好每年一度的"机关作风建设集中月"活动的同时,专门召开了全市群众工作会议,引导各级干部牢固树立一切为了群众、一切依靠群众的执政理念,切实做好新形势下的群众工作,为科学发展奠定坚实的群众基础。

实施惠民医疗服务工程
逐步缓解人民群众
看病难看病贵问题

济宁市卫生局党委书记　王汝才

2006年,济宁市认真贯彻落实科学发展观,按照构建社会主义和谐社会的要求,把妥善解决群众看病就医问题作为执政为民的大事,大力实施惠民医疗服务工程,建立健全社会医疗保障体系,严格规范政府行政监管,逐步缓解群众看病难、看病贵的问题,得到了老百姓的真心拥护和支持。

一、大力实施惠民医疗服务工程,真正使群众得到实惠

按照全省统一部署和要求,结合济宁卫生工作实际,2006年,济宁市深入开展了惠民医疗服务工程、健康快车2006济宁光明行、单病种限价收费等一系列惠民医疗服务活动,有效缓解了群众看病难、看病贵的问题。全市共设立惠民医疗服务机构86家、惠民病床1180张,完成惠民医疗服务门诊9万余人次、住院4300余人次, 为群众减免医疗

费用4100万元。中央政治局委员、中组部部长贺国强充分肯定了济宁医学院附属医院的单病种限价工作;中央电视台、山东电视台等新闻媒体报道了济宁市的惠民医疗服务做法。工作中,主要做到了“三个到位”:

(一)组织领导到位 济宁市委、市政府高度重视此项工作,市委常委会、市政府常务会议专题研究开展惠民医疗服务活动的具体措施;市委、市政府在全市开展了向济宁医学院附属医院学习的活动,专门召开会议推广该院的单病种限价收费做法,并将“健康快车2006济宁光明行”活动列入为民办的十件实事之一;市委、市政府主要领导多次深入基层,及时了解活动情况,帮助解决实际问题。各县(市、区)党委政府精心组织,周密安排,做了大量卓有成效的工作,为全市开展惠民医疗服务活动奠定了坚实基础。

(二)部门配合到位 全市各级卫生部门成立专门机构,制定实施方案,强化督导检查,确保了各项惠民服务活动的顺利实施;全市各级财政、民政、工会、劳动等部门,认真履行职责,加强协调配合,形成工作合力。如,在“城区困难群众惠民医疗服务”活动中,卫生、民政、工会部门密切协作,仅用了两个月的时间,城区1万多名特困居民就顺利拿到了“惠民医疗服务卡”,先后减免医疗费用261万元;在“健康快车2006济宁光明行”活动中,卫生、财政、民政、残联、城建等部门通力合作,不到1个月的时间,高标准、高效率地完成了列车停靠、后勤供应、发动摸底、病人筛选、配套病房等一系列繁琐复杂的工作,为顺利完成1020名贫困白内障患者的免费复明手术提供了有力保障,受到了卫生部领导和社会群众的较高评价。

(三)措施落实到位 全市各级医疗机构积极克服政府财政补偿不能及时到位等困难,在保证合理收益的基础上,不折不扣地落实各项惠民医疗服务政策,全市所有二级以上医疗机构全部设立了惠民病床(病房),实行了单病种限价收费和辅助检查项目相互认可制度,规范实施了合理临床诊疗路径,限价病种均超过了20种,降价幅度平均达到30%,进一步降低了群众的医药费用。同时,各医疗机构结合自身实际,实施了多项惠民医疗服务措施。济宁市第一人民医院成立了100张床位的惠民病房,设立了100万元的贫困患者救助基金,先后开展了八次大型惠民义诊活动,义诊患者2.4万余人次,减免医疗费用114万元。

二、建立健全社会医疗保障体系,不断提高群众健康水平

济宁市紧紧抓住卫生事业发展的有利时机,在全市加快建立新型农村合作医疗和困难群众医疗救助制度,大力加强公共卫生、农村卫生、社区卫生服务体系建设。2006年,在全市全面推开新型农村合作医疗试点工作,筹资标准提高到每人40元,参合率达到83%,为127.38万人次报销费用5748.41万元。嘉祥县坚持政府主导,探索出了经济欠发达县成功开展新农合工作的新路子,受到上级领导的充分肯定,卫生部高强部长对此专门作出批示“嘉祥的经验值得推广”。坚持“有限政府、无限社会”的原则,充分发挥各级红会、民政部门作用,广泛动员社会力量,深入开展了“农村医疗救助”、“困难群众大病救助”等活动,先后救助城乡困难群众4000余人、资金445万元。社区卫生服务体系日趋完善,城区居民覆盖率超过80%。建成启用了1.8万平方米的疾病预防控制大楼和7000平方米的血站大楼,硬件设施、实验室装备均达到先进水平。圆满完成36处重点乡镇中心卫生院建设任务。群众基本医疗卫生条件明显改善,社会医疗保障水平不断提高。工作中,主要抓了三个方面:

(一)明确重点 济宁市各级政府把卫生事业发展重心进一步转到加强卫生监管、公共卫生和基本医疗服务职能,优先保障群众基本医疗服务需求上来;转到发展公共卫生、农村卫生、社区卫生,加快建立基本卫生保健制度和医疗保障体系上来。

(二)加强扶持 各级政府财政优先保证新型农村合作医疗、农村医疗机构基础建设、公共卫生等重点卫生工作的资金、人员需求。2006年,全市卫生财政投入达到2.67亿元,比上年增长了33%,是历年来政府投入最多的一年;特别是六个经济欠发达县在“吃饭财政”的情况下,及时调整财政支出结构,卫生事业投入达到7441万元,比上年增长了142%。全市共落实新农合经办机构人员编制95名、办公经费445.6万元。确保了卫生工作“有钱办事、有人办事”。

(三)强化考核 济宁市委、市政府将新型农村合作医疗、重点卫生院建设等工作列入对各县(市、区)党委政府年度考核范围;先后召开了新农合工作现场会、新农村建设卫生工作现场会、城市社区卫生工作会等会议;市政府与各县(市、区)政府签订了重点卫生工作目标责任书,两次下发督查专件,督办落实重点卫生工作,有力地推进了卫生事业发展。

三、严格规范政府行政监管,为群众提供安全低廉的医疗服务

严格履行监管职能,净化医疗服务市场,保证医疗服务安全,遏制医药费用不合理增长。全市各级卫生部门紧紧抓住“质量、费用、服务”三个重点,不断加大政府行政监管力度,实施了一系列有效措施:

(一)严格规范药品招标行为 坚持“政府组织、企业参与、规范实施、透明运作”的原则,对全市所有38家二级以上医疗机构,不分行业类别和隶属关系,统一由市药品招标采购领导小组组织竞标招标、合同签订,严格监督合同履行,药品价格得到进一步降低。2006年,全市医疗机构招标药品采购金额达到2.8亿元,占用药总金额的87%,让利患者3000余万元。

(二)严格规范医疗服务行为 从2005年起,在全市深入开展了医疗服务质量和价格考评公示活动,对全市18家二级以上综合医疗机构的服务质量、合理用药、费用控制、

惠民服务、卫生支农等工作，每年集中两次进行考核，实行量化赋分、统一排序、通报结果，在新闻媒体上及时公示考核情况，使医疗机构自觉接受社会监督，改进服务质量。不断加大医疗市场秩序监管力度。市卫生、司法部门联合成立了医患关系维权协会，充分发挥医患之外第三方的作用，成功调处了49起医疗纠纷，实现了医患双方放心满意，保证了结果客观公正，防范了纠纷矛盾升级。市综治、公安、卫生、司法四部门联合出台了《关于维护医疗机构正常医疗秩序的通告》，制定了10项严厉打击"医闹"行为的具体措施，有力地维护了正常有序的医疗服务秩序。深入开展了打击非法行医专项整治、食品卫生放心工程等活动，全市共查处违法案件492件，取缔非法行医机构164家、非法食品经营加工业户52家，吊销《医疗机构执业许可证书》19家、《执业医师证书》24人、《食品卫生许可证》13个，切实保障了群众的医疗食品卫生安全。

(三)严格规范医疗收费行为 在全市各级特别是二级以上医疗机构统一实施了住院费用一日清单、医疗服务药品价格公示、大处方公示、收费固化管理等措施，有效预防了不合理用药等现象；在门诊大厅设立了价格公示牌、滚动电子屏和导医咨询台，使患者及时了解服务项目、收费标准、科室分布、坐诊专家等情况，进一步方便群众看病就医。

以科学发展观为统领 开创全市航运现代化建设新局面

济宁市航运局党委书记　李大友

2006年，济宁市航运管理局以党的十六大和十六届六中全会精神为指导，以科学发展观为统领，进一步解放思想，干事创业，立足新起点，争创新优势，实现新发展，开创了全市航运现代化建设新局面，为全市经济社会的发展做出了应有的贡献。

一、港航生产连创新高

2006年，全市各级航运管理部门抢抓机遇，走出去，请进来，精心组织货源，合理调度船舶，积极采取便民服务措施，努力提高工作效率，港航生产连创新高。截至年底，全市水路运输货运量突破3000万吨，货运周转量突破200亿吨公里，分别比上年增长23.2%和29.8%，再次实现了济宁航运的历史跨越。全市港航生产形势大好，成为引领全市经济社会发展的亮点之一，得到各级党委政府的充分肯定，新闻媒体纷纷报道，社会各界积极关注。全国政协副主席周铁农、陈奎元，原省委书记、省人大常委会主任张高丽，省政协副主席谢玉堂，市委书记、市人大常委会主任孙守刚等领导人先后多次视察济宁航运，并做出重要指示，促进了济宁航运各项工作的顺利开展。

二、水路运输市场规范有序

紧紧围绕营造良好的水运市场环境，努力推动清理整顿水运市场秩序工作向纵深发展。加强了对水上旅游船舶的管理力度，多次与有关县市区政府和水上交通主管部门进行协调，对旅游船舶全部实行了公司化经营，对强化管理、保证旅客生命财产安全起到了积极的促进作用。继续开展港口建设经营秩序整顿工作，严禁违法建港和乱搭乱建装卸点，严格港口经营许可制度，严厉查处不正当竞争行为。在此基础上，对辖区内港口经营企业逐一进行排查摸底，按照"一港一档"的原则，对全市79家港口经营企业建立了企业档案，为港口正规化管理奠定了基础。切实加强企业经营资质管理，以企业年审和开业审批为突破口，继续开展水路运输市场秩序整顿工作，严把市场准入关，严禁不符合经营资质条件的企业和船舶进入水运市场，并完善市场退出机制，依法取缔"三无"船舶，严厉打击"黑船"违法经营。2006年，全市新增水运企业22家，使全市水运企业达到104家。积极推进水路运输结构优化调整，强力推进船型标准化工程，限期淘汰老旧小船舶，促进船舶更新换代，努力提高船舶经济效益和安全系数，全年共新增船舶938艘，注销船舶284艘。全面完成了挂桨机船拆解改造任务，累计改造挂桨机船213艘，市航运局被交通部授予京杭运河船型标准化工作先进单位。强化危化品运输管理，对载运危险货物的船舶及港口作业区，加大监控力度，强化现场检查，把好船舶载运危化货物进出口审核关，确保了危化品作业运输万无一失。加强了船舶检验和修造业务管理，按照京杭运河船型标准化推进方案的要求，海事、船检、运管进一步完善船舶建造审批登记手续，实行联合办公，严格把关，杜绝了不合格及非标准化船舶进入水运市场。进一步加强了航道管理，多次联合地方政府和有关部门开展联合行动，并加大航道巡查频率，对航道管护范围内的打沙船、渔网、网箔、沉船等碍航物进行清除。根据济宁辖区航道实际，制定了航道管理与养护的长效机制，同时，对航标等助航设施加强养护，建立了航标养护管理制度，保证了航道安全畅通。两船闸严格各项管理规定和操作规范，在湖区水位较高、泄洪频繁、船舶通过量加大的情况下，强化管理，合理调度，保证了安全畅通。韩庄二线船闸通过ISO9000质量管理体系认证，实现了船闸管理的制度化、标准化和规范化，既提高了管理水平，同时也为下一步提高全局行业管理水平奠定了基础。

三、港航基础设施建设进展顺利

微山二线船闸的建设,是省交通厅2006年重点水运项目,也是济宁市重点工程之一。为尽快完成施工任务,早日发挥投资效益,市航运局参与施工的广大工程技术人员努力克服水位高、渗水量大等困难,积极组织科技攻关,及时解决工程施工中遇到的困难,保证了工程的顺利进行。截至2006年底,船闸主体、启闭机房、闸门制作、上下游引航道开挖等主体工程已经完成,公路桥及管理区建设基本完成,累计完成投资1.25亿元。南阳岛陆岛工程:两城陆岛工程已基本竣工,东渡口码头工程也已开工建设。京杭运河济宁至东平湖段三级航道北延工程已确定与南水北调东线工程同步实施。

四、水上交通安全形势持续稳定

首先,进一步强化源头管理。对新造船舶严格检验,不符合安全营运条件的船舶坚决不准下水,严禁不合格船舶进入水运市场,把好安全生产的第一道关口;规范船舶签证行为,严格签证程序,严把签证关,在大风、大雾等恶劣天气条件下,坚决不予放行,保证了船舶安全航行。其次,加强了船员培训工作。全年举办船员培训班11期,培训船员710人次,严把船员资质关、培训关和考试关,提高了船员的操作技能,增强了船员安全意识。第三,狠抓了安全活动的组织落实。组织开展了百日安全专项整治、三客一危船舶专项整治、安全生产月、安全警示月以及旅游船、浮桥、危险品船整治等安全生产专项活动,提高了全社会的水上交通安全意识。第四,切实加强了安全检查。重点加强了对南四湖客运航线、客渡码头、渡口渡船、旅游船和梁山境内黄河浮桥的安全检查,落实了安全生产责任制,整改了安全隐患,杜绝了事故的发生。特别是对湖区学生渡运工作,市航运局会同微山县政府和乡镇,制定了"定人、定时、定船"的学生渡运安全防范措施,明确了乡镇、学校、海事、航管部门的责任,完善了学生渡运管理系统,保证了学生的渡运安全。在黄河调水调沙期间,在监督黄河浮桥拆解后,为防止"三无"船舶私自渡运,多次派出执法人员进行现场监督检查,严密监控,并与河南省濮阳市地方海事局联合制定了《两市交界水域安全监督管理实施方案》,为保证水上交通安全打下了坚实的基础。

五、水路交通规费应征不漏

为保证国家规费的应征不漏,市航运局进一步强化征管措施,严格落实征收责任制,健全完善各项规章制度,强化实船丈量收费和签证回头看制度,加强源头管理,严厉打击长装短办等偷漏规费行为。各征管单位从全市航运事业发展的大局出发,积极采取措施,文明执法,热情服务,大力宣传国家规费征收政策,积极为广大船民和业户提供方便,促进了规费征收工作的开展,使全市的规费征收工作再创新水平。同时,航运系统各单位进一步加强财务管理,强化规章制度建设,严肃财经纪律,严格执行收支两条线制度,所征规费及时上缴省、市财政,财务管理工作逐步走上规范化轨道。

六、企业改制稳步进行

建立了领导班子成员和机关科室联系企业制度,多次召开所属企业负责人会议,传达贯彻上级关于加快企业改制改革的文件精神,统一思想认识。在此基础上,多次组织人员深入各企业调查研究,现场办公,指导各企业因企制宜,制定改革方案,突出重点,整体推进,促进了企业改制工作的顺利进行。各航运企业抓住2007年水情好、南方煤炭需求量大的有利时机,认真抓好企业正常的生产经营和管理,把改革和发展有机结合起来,以改革促生产、以生产促稳定,走出去,请进来,积极组织货源,航运企业经济效益得到明显提高,保持了职工队伍的稳定。

七、成功承办建国以来全省首次地方海事演练

2006年11月21日,全省地方海事演练在微山湖水域举行,来自济宁、枣庄、临沂、菏泽、德州、泰安等地方海事局及济宁市航运部门700余人参加了此次演练活动。整个演练分为地面检阅海事队伍、水上救助演练、海巡艇编队受阅三个阶段进行。直接参演人员共计300余人,出动海事执法车辆16辆,参演船舶25艘。此次演练是山东有史以来首次最大规模的地方海事演练。作为山东航运史上的一件大事,此次演练对于检验全省航运系统水上救援组织水平,提高执法队伍素质,都具有非常重要的意义和作用,取得了良好的效果,展示了地方海事队伍的良好形象,扩大了济宁航运的社会影响,极大地促进了全省水上交通安全形势的持续稳定。

泰安市泰山区构建城市党员服务网络探索建立党内关怀服务机制

泰安市泰山区委常委、组织部长 苏宝菊

泰山区现有5个街道、64个社区，辖区人口46万，社区党员25100余名。近年来，该区以探索建立党内关怀服务机制，激发党员保持先进性的内动力为重点，通过加强城市党员服务网络建设，探索出一条寓管理于服务之中，靠服务关心凝聚党员的新路子，收到明显成效。

一、找准突破口，探索新形势下加强城市党员教育管理的新途径

近年来，随着城市化进程的加快，城市党员队伍出现了一些新情况，呈现出一些新特点。一是数量增加，结构复杂化。据统计，2000年以前，泰山区辖区内自管党员总数不到2000名，推行社会化管理后，到2006年底社区党员总数增加到25000多名。这其中，外来务工经商的流动党员、新经济社会组织从业党员、离退休干部职工和下岗失业职工中的党员等占了很大比例，加大了党员教育管理难度。二是自主性强，活动分散化。党员流动的自主性、随意性、频繁性越来越强，职业、住所经常变动，社会活动更加多变、分散，导致部分领域党员身份隐性化。三是思想活跃，观念多元化。随着各方面利益关系的调整，城市党员生存状态出现了变化，价值取向趋于复杂，部分党员党性意识弱化，对党组织的归属感淡化，等等。如何适应这些新情况新问题，加强和改进城市党员教育管理，成为一个亟待研究解决的新课题。

对此，泰山区组织力量进行了深入调查研究。通过认真分析，区委一班人认识到，新形势下的党员队伍建设必须创新思路，转变理念，将服务作为切入点，寓管理于服务之中，让党员从党组织的真诚服务中感受到党的温暖，从而自觉亮明党员身份，主动接受党组织管理，积极发挥先锋模范作用。基于以上认识，泰山区把构建城市党员服务网络，关心服务党员作为工作突破口，制定出台《关于加强社区党员服务网络建设的意见》，召开会议进行动员部署，并采取区级领导班子成员联系社区、定期督查通报等措施，推动工作落实。

二、从实际出发，着力为党员办实事、搞服务

适应城市党员不同需求，设置组织关系接转、受理党员求助、帮扶困难党员等6大类20多个服务项目，努力为党员提供全方位服务，满足多样化需求。

（一）开展组织关系接转服务，让每名党员都能及时找到“家” 区委制定下发关于进一步调整完善城市社区基层党组织设置的《意见》，采取支部建在社区、建在楼院、建在市场、建在“两新”组织等多种形式，及时组建和调整社区党组织，为接转党员组织关系创造条件。泰前街道嘉德社区建立流动党员党支部，为8名流动党员接转了组织关系。岱庙街道迎暄社区党支部主动与有关方面联系协商，将泰安航天特种车有限公司的44名离退休干部职工中的党员和原劲邦鞋业公司的12名下岗失业职工中的党员组织关系全部转入社区党组织。去年以来，全区新建社区流动党员党支部3个，楼道党支部21个，市场党支部19个，“两新”组织党组织72个，先后帮助1300余名党员接转了组织关系。

（二）开展政策法规和文体服务，满足城市党员关心时政和健身娱乐的需求 各街道和社区采取设置阅报栏、发放明白纸等形式，使党员不断加深对党的方针政策的理解。社区远程教育播放站、图书阅览室和党员活动室等场所，免费向党员开放，党员根据需要，可随时到社区查阅致富信息和借阅图书资料等。为增强党内政策法规的透明度，岱庙街道在街道党建网站设置政策法规、党建问答、党建论坛等11个栏目，党员登录网站，就可以浏览党建动态，查阅法规文件，深受党员喜爱。

（三）开展再就业服务，帮助下岗失业人员中的党员实现再就业 按照“围绕就业搞服务，立足服务促就业”的工作思路，大力实施党员再就业工程。各社区结合完善社区服务体系，为下岗失业人员中的党员创造就业岗位。岱庙街道市场社区将沿街门头全部以低价向社区党员出租、出售，创造就业岗位2000多个，使130多名城市下岗失业人员中的党员实现再就业。元宝社区充分发挥驻地商贸企业密集、就业岗位多的优势，主动协调争取，先后安置下岗失业人员中的党员36名。近两年来，在街道、社区党组织的支持帮助下，全区260多名下岗失业人员中的党员拥有了自己的经营项目，1200多名城市下岗失业人员中的党员实现了再就业。

（四）开展帮扶救助服务，为生活困难党员送去组织关怀 对生活困难的党员，街道、社区党组织实行分类帮扶救助。符合低保政策的，街道、社区党组织主动上门服务，仅去年以来，全区就为56户生活困难党员家庭申办了城市居民最低生活保障。同时，该区在区、街道两级机关党员中，广泛开展“连心送温暖”活动，先后安排580多名机关干部与生活困难党员结成帮扶对子，及时帮助他们解决各类实

际困难。去年以来，全区各级累计发放21万元救助金，帮助514名生活困难党员渡过难关，为特困党员子女上学减免学杂费30余万元，免费查体250人次。

三、强化工作措施，确保服务效果

适应城市发展要求，突出服务网络建设、制度规范、资源整合三项重点，健全保障机制，夯实工作基础，努力提高服务党员的质量和效果。

(一)健全三级网络，打造服务平台　区里成立党员服务办公室，建立城市党员信息管理系统，开通"1890党员服务热线"，负责全区党员服务工作的规划、协调、组织和指导；在街道成立党员服务中心，在社区成立党员服务站，配备专兼职工作人员，承担接转组织关系、提供党务咨询、受理党员求助、加强党员培训、帮扶困难党员等职责。目前，城区3个街道、37个社区，分别建起了党员服务中心和党员服务站，为服务城市党员搭起了平台。

(二)健全各项制度，促进工作规范　三级党员服务机构按照"话语暖心、待人诚心、服务热心、工作细心、办事真心"的要求，建立健全以受理登记、首问负责、限时办结为重点的工作运行制度，以服务承诺、工作规范、责任追究为重点的人员管理制度，以督查投诉、考核评议、社会监督为重点的监督考核制度3大类16项工作制度，促进了服务党员工作的制度化、规范化和程序化。

(三)整合社区资源，增强服务功能　采取整合现有资源改造、协调开发单位改建、争取驻地单位支持等措施，搞好社区办公和活动场所建设，解决街道党员服务中心和社区党员服务站的办公场所问题。去年以来，全区共筹资300多万元，协调开发单位和驻区单位支持，新建、扩建社区办公和活动场所17处，使社区办公和综合服务用房平均面积达到160平方米。社区办公经费列入财政预算，按照"三个三分之一"的原则，市、区、街道三级分别负担三分之一。区委下发关于落实社区干部补贴待遇的《意见》，规定社区干部每月补贴不少于500元，并统一办理养老、医疗保险，调动了社区干部的工作积极性。

以服务为重点，靠服务促进党员教育管理，党组织有了抓手，党员乐于接受，显示出旺盛的生命力。通过设身处地为党员办实事、解难事、做好事，增强了城市党员对党组织的依附感，广大党员纷纷到街道、社区党组织亮明身份，转递组织关系。通过为党员接转组织关系，使原来大批组织关系没有着落的城市党员，在党员服务中心、服务站找到了"家"，过上了正常的组织生活，处在了党组织有效管理监督之下。党组织关心党员，激发了城市党员发挥作用的内动力，广大城市党员积极参与到争创"党建示范社区、党员示范岗"活动中，全区86%的城市党员认领了示范服务岗位，先后有151名表现突出的党员被区委和街道党工委授予"党员示范岗"称号。广大城市党员先锋模范作用的发挥，促进了和谐社区建设。

深入实施村级工作"双规范"
大力提高村级党组织执政能力

宁阳县宁阳镇党委书记　王耀辉

去年以来，宁阳镇在认真落实县委制定的村级工作"双规范"制度基础上，结合实际，深化拓展，细化各项要求，提出了村级工作"四规范"要求，进一步规范了村级工作程序和村干部执政行为，促进了村级党组织执政能力提高。先后被授予"泰安市先进基层党组织"、"省级卫生镇"、"全国村务公开民主管理先进乡镇"等称号。

一、提高认识，坚持把落实"双规范"要求作为加强基层组织建设的基础性工作来抓

我镇地处县城区，各种新情况、新问题层出不穷，特别是随着城市化进程的加快，房屋拆迁、道路改造、土地征用等工作都需要村级组织配合抓落实，客观上要求加强村级组织建设，提高村干部依法执政、科学执政能力。2004年底村"两委"换届后，一批新成员进入了村"两委"班子，面对错综复杂的工作局面，出现了"新干部不会干，老干部凭经验"的问题，再加上村干部"一人兼"比例的提高，容易出现"一言堂"现象等等，迫切需要加强村干部的教育管理，规范村级工作和村干部行为。为此，镇党委相继制定出台了一系列加强村级组织建设的规定，促进了村级工作水平的提高。县委"双规范"文件下发后，镇党委立即召开动员会进行传达学习，并成立工作领导小组，建立培训、督导、考核等工作机制，强力推进，狠抓落实。

二、强化措施，创造性地抓好"双规范"要求的落实

(一)拓展深化　结合我们镇各村(居)实际，把县委"双规范"制度内容拓展深化为"四规范"，进一步增强了制度的可操作性。(1)规范村组干部职数。对村组干部实行定编定岗，不经镇委批准，任何村(居)不准擅自增加村组干部；(2)规范村级工作制度。总结推广庙东村的经验做法，在全镇41个村(居)统一建立了学习、考勤、卫生、招待、季度通报、重大事项报告、集体财务审计等7项制度，规范村级日常管理；(3)规范村干部工作行为。坚持以为民、便民、利民为工作原则，对村级各项事务的办理严格执行"双规范"制

度规定,重大事项决策全部通过召开村民大会或村民代表大会作出决定,充分尊重村民的民主权利,进一步扩大了基层民主;(4)规范工作程序。统一印制了村民(代表)会议记录簿、党员议事会记录簿、群众议事会记录簿、民主理财记录簿、村务公开监督记录簿、村级重大事项汇报单、村级季度工作通报单等"五簿两单",规范了议事程序,提高了工作效率。

(二)强化培训 在镇党校举办由村"两委"干部参加的"四规范"知识培训班,使其熟知"四规范"内容,提高贯彻落实的自觉性;对镇督导组成员、经管、土地、林业、农办等部门工作人员和管理区会计辅导员等分别进行培训,提高督查落实水平。并通过组织镇村干部外出参观学习、听取先进单位的经验介绍等,进一步提高了贯彻落实"四规范"要求的责任感和紧迫感。

(三)培树典型 每个管理区确定2—3个典型村重点培植,组织召开座谈会,集思广益,完善推进措施办法。镇里定期召开由管理区书记、村(居)支部书记、组织委员参加的"四规范"工作现场会,推广了杨庄、围子、沙岭、徐马高、川寺、庙东等6个典型村的经验,推动了全镇"四规范"工作的深入落实。

(四)部门联动 对"四规范"工作中的六大类十三项内容,实行由经管、土地、农办、林业、民政等部门归口负责、上下联动,各部门根据各自职责范围,负责抓好对村干部的培训、指导和督查。

(五)严格奖惩 镇委组成督导组,坚持一月一检查、一季一小结、半年一考核,年终进行总结表彰。平时坚持明察暗访相结合,发现问题及时解决。对落实不力的村(居),通报批评,限期整改;凡因操作不规范引发矛盾和问题的,将视情况给予通报批评、"一票否决"等处理。

三、取得的明显成效

(一)促进了村干部工作水平的提高 沙岭村党支部书记陈怀亮,严格按照村级重大事务决策、村民代表会议等程序操作,把决策权、监督权交给村民,科学制定了新村建设规划,各项建设进展顺利,该村被确定为"泰安市社会主义新农村建设示范村"。

(二)促进了农村社会的和谐稳定 村干部办理各项村务,严格按规定程序操作,公开透明,消除了群众疑虑,密切了干群关系。李楼村过去群众之间、干群之间经常发生矛盾,新一届村"两委"在宅基地审批、集体资产发包、重大村务决策等方面严格按规定程序操作,使各类矛盾逐步化解。据统计,实行"四规范"以来,全镇因村级事务引发的信访案件比原来下降了78%。

(三)促进了农村各项工作的开展 各村(居)紧紧围绕新农村建设,干事创业,加快发展,经济社会呈现出又好又快发展的良好局面。去年以来,全镇41个村(居)中,集体经济收入100万元以上的达到7个,50—100万元的2个,10—50万元的14个,其余村全部达到3万元以上;全镇村级共引进各类项目66个,其中邢庄社区引进的山东晟阳制药项目总投资达1.5亿元。

创新思路 强化管理
建立农村干部队伍建设长效机制

威海经济技术开发区党工委组织部长 崔 炜

近年来,威海经济技术开发区立足实际,创新思路,从强化对农村干部的教育、管理、激励和约束入手,充分调动广大农村干部干事创业的积极性和主动性,为社会主义新农村建设提供坚强的组织保证。

一、创新培训机制,提高农村干部素质和能力

(一)在培训内容上,坚持"三贴近" 一是贴近发展形势选内容。按照新农村"二十字"方针要求,围绕发展经济、促进致富增收、维护社会稳定、深化民主管理等方面来设计培训内容,体现时代性。二是贴近实际选内容。针对开发区城市化进程加快,城乡、乡村发展差距逐步拉大等实际,把城乡统筹、三产联动、招商引资、旧村改造、和谐发展等作为培训的基本要求和内容,增强针对性。三是贴近农村干部需求选内容。实行"菜单式"选学,通过广泛调研找准"供"与"需"的结合点,本着"干什么、学什么,缺什么、补什么"的原则,安排"一号文件解读"、"新农村规划建设"、"农业结构调整"、"农村法制教育"等内容,确保所学对路、解渴、管用,突出实效性。

(二)在培训形式上,突出"三结合" 一是走出去与请进来相结合。积极推广"现场观摩+专家讲座+典型交流"的培训模式。先后组织农村干部到南山集团、华西村、莱阳濯村、寿光三元朱村、淄博傅山村等地参观考察,开阔视野。定期邀请高校、党校的有关专家学者和其他市区优秀的农村干部传经送宝,让基层干部面对面接受新知识、新思想和新观念。二是短期培训与长期培训相结合。短期培训主要是组织农村干部到高校、党校集中封闭培训,同时,将每年的农村工作会议与农村干部培训融合,以会代训。长期培训则充分发挥远程教育的作用,健全远程教育"管、学、用"机制和管理员的培训机制,定期对村"两委"成员进行专题培训。三是干部培训与企业对接相结合。一方面,聘请有关农字号龙头企业技术人员讲解农副产品的需求及有关生产栽培技术;另一方面,组织参训人员到企业生产车间品尝

产品、参观考察，打造农副产品的产业链，为龙头企业、农户和基地对接搭建了桥梁。

(三)在培训资源上，做好“三依托” 一是依托高校院所，充分利用高校的科研、技术和师资力量，组织农村党组织书记、主任到莱阳农学院等高校进行农产品出口与产业化、农村生态环境保护等专题培训，提高综合素质和能力。二是依托市委党校，充分利用党校这一主阵地的教育资源加强对农村党组织书记、村委会主任、妇女主任、远程教育管理员的经常性培训。三是依托区、镇(办事处)、村三级培训网络，分层次对村党组织书记、村委会主任和农村后备干部进行专题培训，建立健全了梯次培训体系，增强了农村干部谋发展、保稳定、促和谐的能力。

(四)在培训管理上，注重“三强化” 一是强化档案管理。针对农村干部的不同情况，分门别类地进行登记造册，同时对每名农村干部的自然情况、参加培训的内容、培训表现等情况进行详细记录，立卷归档，为实施监督考核提供了依据。二是强化镇级管理。集中培训实行封闭式管理，严肃培训考勤纪律。各镇、街道办事处党委书记、政工书记、组织委员全程参与培训，与农村干部一起参观考察，一起讨论交流，共同研究探讨，共同学习提高。三是强化计划管理。每年年初将全区农村书记、主任、会计、妇女主任、后备干部等农村有关人员的培训统一纳入计划，制订方案，拨出专款，列入考核，使培训工作经常化、系统化、制度化、规范化。

二、建立约束机制，规范农村干部行为

(一)建立规范农村干部经济行为机制 一是推行农村财务托管。从农村财务管理这个群众最关心、农村干部最易出问题的环节出发，在全区推行了农村财务托管工作，在94个村全部实行了村帐镇(处)管，规范开支审批程序，每月定期公开。杜绝了农村干部乱花钱、违规处置集体资产等各种不良现象，给群众一个明白，还干部一个清白。二是推广《农村集体合同管理办法》，对农村所有合同的范围、条款、原则、规范化要求、合同的严肃性、变更程序、移交手续、责任追究等八大项作了详细规定，把农村各项经营行为以合同的形式置入法律监督之下，保证了农村干部经济活动的规范有序，维护了农村经济社会的发展和稳定。

(二)建立农村干部考察工作机制 创新实施“动员部署、公开述职、民主测评、个别谈话”农村干部四步考察法，每年结合民主评议党员和工作总结组织各镇、街道办事处对农村“两委”干部进行一次全面考察，将考察结果与村干部待遇挂钩，并通过村务公开栏向群众公示。落实了广大群众的监督权、知情权和评议权，增强了党员群众民主意识和参与村级事务管理意识，更有效地激励、督促和约束了农村干部，起到了激励先进、鞭策后进、规范管理的作用。

(三)建立农村班子升级建设工作机制 结合农村班子考察和目标管理考核，将全区94个村班子分成三类，按照“一类班子促一把、二类班子推一把、三类班子拉一把”的工作思路，分类施治，加强指导，加大农村干部队伍建设和整顿力度，提高农村班子的凝聚力和战斗力。对一类班子引导认清形势，明确更高的目标，实现更大的进步；对二类班子采取教育、帮扶、激励等措施，树立班子的发展意识、创业意识、创新意识，解决思想认识问题和发展思路问题；对三类班子通过落实工作责任制、选派工作组、加大机关干部包村力量等措施，进行综合整治，让其早日步入正轨。

(四)建立农村干部“能上能下”机制 将机关事业单位领导干部的“能上能下”机制延伸到农村干部身上，完善劝退、罢免程序，对考核不达标、考察不称职或群众意见较大的农村干部及时采取相应措施，“黄牌”警告、诫勉谈话或按有关规定予以调整，先后对32名农村干部进行了诫勉谈话，对5名村干部进行了劝退。同时，对各村推荐的后备干部，通过阵地培训、结对帮带、压担子锻炼等形式，储备农村干部队伍建设的后备人才，并通过适当机会把他们推上领导岗位，做到“上”有能人，“上”能服人，“下”有机制，“下”能服气。

三、创新激励机制，引导农村干部干事创业

(一)实施物质激励，统一补贴标准 制定了《关于规范全区农村“两委”干部误工补贴的有关规定》，改单纯由农村负担村干部工资为区、镇(办事处)、村共同负担。将误工补贴分为三部分：基础工作补贴，由区财政根据村规模和管辖户数每年拿出40万元进行补贴，由镇、街道办事处统筹发放；目标管理考核补贴，分为日常工作考核补贴和经济工作考核补贴。目标管理补贴由镇、街道办事处根据农村干部任期目标管理考核情况，出资和筹资发放。经济工作考核补贴则依据各村经济发展总量或增长幅度确定，由村出资，经镇、街道办事处核定审批后统一发放；特殊贡献奖，对在招商引资等方面有特殊贡献的农村干部，视其贡献大小由区和镇、街道办事处审核后确定标准，进行奖励。

(二)实行政治激励，提高社会地位 充分利用报刊、电视台、电台、远程教育网络等各种宣传手段，大力弘扬农村干部队伍中的先进典型，通过树立典型，鼓励先进，激励后进，在农村干部中掀起学、比、赶、超的创业热潮。每年年终召开全区农村工作会议，对工作突出的农村干部进行隆重表彰，努力提高农村干部的政治待遇和社会地位。

(三)实行离职补助，建立保障机制 对离职农村党支部书记、村委会主任实行生活补助，免除后顾之忧。享受补助的对象分为4个档次，以任职两届为起点，增加一届提高一档，每个档次分别享受在职村书记、主任当年基础工资的30%、40%、50%和60%。对虽符合享受补助条件，但在职期间或离职后，不能自觉履行职责，完成工作不力或不能与党组织保持一致造成较坏影响的，视情况降低补助比例或免去相应补助。

农村基层信访工作之“日照模式”

日照市信访局局长　安伯利

近年来，日照市信访局在市委、市政府的正确领导下，认真践行科学发展观，按照构建社会主义和谐社会的总体要求，坚持关口前移、重心下移，确立了“少发生、事解决、法到位、情到位”的工作思路，积极探索建立起以“公开承诺、公开村务、公开听证、公开规程”为抓手的基层信访工作长效机制，把基层信访工作纳入靠公开承诺畅通信访渠道、靠公开村务实现关口前移、靠公开听证妥善解决问题、靠公开规程规范基层工作的良性运行轨道，实现了信访工作由被动应付向主动预防转变，由滞后处理到超前化解转变，由单纯治标向标本兼治转变，进一步密切了党群干群关系，维护了全市政治社会稳定，促进了全市跨越发展。在第六次全国信访工作会议上，市委书记李兆前同志作为全国唯一的地级市代表作了典型发言。国务院有关领导对此给予充分肯定，省委、市委主要领导同志分别作出重要批示，要求认真学习推广日照经验。中宣部将日照做法列入全国加强和改进信访工作的经验，要求主要媒体进行重点宣传推广。中央电视台、《人民日报》、《法制日报》等多家新闻媒体先后作了专题报道。国家信访局印发了《农村基层信访工作之“日照模式”》的通知(国信发[2006]22号文件)，向全国推广日照的经验和做法。

“日照模式”内涵丰富，实践性强，比较系统地回答了新形势下农村基层信访工作应该怎么看、怎么办的重大课题，概括起来就是“四公开”：

一、公开承诺、登门兑现——乡镇党委、政府职能实现了由管理型向服务型转变

“有问题找我，解决不好告我。”这是基层党委、政府公开向群众的承诺，是扭转农村基层信访工作被动局面的突破口。

(一)倡导“三个推定”理念，树立正确看待和处理信访问题的新观念　看待群众诉求要做“三个推定”，即对群众上访首先做“有理推定”，对引发群众上访原因首先做干部“有过推定”，对解决群众上访问题首先做“有解推定”；干部处理信访问题要体现“三种本事”，即有问题解决不了是没本事，解决好了是有本事，不发生问题才是真本事。思维方式的转变，使各级干部在对待信访问题上，认识进一步提高，态度进一步端正，责任进一步增强，为做好信访工作打牢了思想基础。

(二)畅通“三上三下”渠道，密切党和政府与群众的联系沟通　首先，畅通让群众走上来、让电话打上来、让信件寄上来的“三上”渠道。在各乡镇开通信访热线电话，党政领导班子成员名片发给来访群众，联系电话24小时开通；全市开通群众来信“绿色邮政”，镇、村设立“党委书记信箱”，让群众免费把信寄上来。其次，畅通把“卡”发下去、把人派下去、把“车”开下去“三下”渠道。定期向群众发放工作《征求意见卡》、《便民联系卡》；在农村集体办公日，机关干部全部到所包村会同村“两委”集中研究处理各类问题；有条件的乡镇配备了“信访直通车”，在第一时间到村与群众见面，对群众反映的问题进行认真调查处理。

(三)规范“三步走”程序，确保信访承诺事项严格兑现　一是与信访人签订《双向承诺书》，限期处结；信访人承诺在办理期限内不得越级上访、不得有过激行为。二是及时研究处结。各乡镇将各项公开承诺事项全部记入台账，对需要进一步采取措施的填写督办单，落实跟踪督查措施。三是当面兑现承诺结案后，处理机关必须在规定时限内逐一登门回访，兑现承诺。通过推行信访公开承诺，提高了乡镇党委、政府的公信力，促进了乡镇党委、政府职能由管理型向服务型转变

二、公开村务、强化监督——让群众心里亮堂，让干部干净清白

坚持把财务监管的民主公开原则拓展到村务管理的方方面面，建立起覆盖范围广、监管措施严、约束力强的村务管理体系，最大限度地避免和减少因财务管理混乱、经济利益不清而引发矛盾。

(一)什么问题群众反映强烈就着重公开什么　各村将村务公开监督小组、民主理财小组和党员议事会、村民代表议事会四个村级配套组织整合为村务参议监督委员会，对村“两委”各项工作进行全程监督，并及时向群众公开。实行村务大事村民公决，经90%以上的户同意方可做出决定。加强对村公章的监管，在确保权限不变的前提下，由乡镇党委统一监管使用党支部、村委会、村财务三块公章。

(二)什么地方容易出漏洞就着重监管什么　各乡镇都成立了财务监管中心，对农村发生的每笔账目，全部纳入事前审核把关、事中监督检查、事后审计公开程序。村会计由乡镇财务监管中心公开招考，会计人员与各村实行双向选择，具体履行财务报账员职责，镇财务监管中心对村会计进行定期考核、末位淘汰。对财务审计责任实行终身负责制，财务公开实行责任追究制，谁出了问题就追究谁的责任。

(三)什么问题群众不清楚就着重宣传什么　乡镇财务监管中心每月组织一次村级财务集中审计，并将审计结果在镇、村公开栏张榜公布；每半年将各村财务收支明细情况汇编成册，印发至每个村民。将常规性公开引向群众点题公开，原来是公开什么群众就看什么，现在变为群众想看什

么就公开什么。定期召开村民质询会,对政务、财务公开中存在的模糊问题及没有涉及的事项,由村民向干部提出质询,村干部当场答复或以其他形式给予答复。

三、公开听证、有情调处——打造干群平等对话、化解矛盾的平台

坚持把"法到位、情到位"贯穿处理信访问题始终、把公开听证作为处理复杂疑难信访问题的有效手段。

(一)加强矛盾纠纷排查调处,强化"民间调解" 建立健全了市、区县、乡镇、工作片、村五级矛盾纠纷排查调处网络,加大排查密度,确保各种矛盾纠纷无遗漏、全控制。各镇、村都设立了人民调解委员会,对小的矛盾和纠纷,镇、村调解委员会成员及时介入,依法依程序进行调解,签订调解协议书,确保把矛盾问题化解于萌芽,解决在本地。

(二)对复杂疑难信访事项 举行"信访听证" 在全市53个乡镇全部建起了信访听证室,对复杂疑难信访问题、社会影响面大的信访问题以及涉及多个部门、处理意见不一致的案卷,将信访当事人、涉及部门负责人召集到一起举行信访听证,并邀请人大代表、党员群众代表、司法公证人员参加,各自发表见解,研究解决办法,实现对问题的有效解决。

(三)对信访老户和涉法涉诉信访问题,注重"有情调处" 对没有法律政策依据但确实存在生活困难的,注重"有情调处",想办法尽量解决其困难。对实在没有政策依据解决问题、又不服听证、上访不止的,由主要领导牵头负责,成立包帮小组,实行"三人一组",给他们以人文关怀,想方设法做思想政治工作,促其思想转化。

四、公开规程、阳光操作——规范干部工作行为,广泛接受群众监督

公开工作规程,规范村级各项工作,真正让干部会干事、干成事、不出事。

(一)公开村级工作操作规程 在各乡镇、村都制定完善村级规范化管理操作规程,并向社会公开,真正让干部群众全面了解掌握农村工作的各项工作程序和操作办法,促进村级事务管理的制度化、规范化,便于接受干部群众监督,切实解决群众反映农村干部"无章理事"的问题。

(二)公开难点热点问题操作规程 对群众关注的热点和难点问题,全部制定详细的操作规程,并全过程向群众公开,增强工作的针对性和实用性;逐一制定了具体的操作办法和疑难解答,并向群众公开,做到有法可依,有章可循,彻底打消群众疑虑。

(三)公开干部工作行为规程 制定并向群众公开镇村干部工作行为规程,强化群众对干部工作行为的监督,督促村干部依法按程序办事。

深入开展无职党员设岗定责活动,全面发挥农村党员先锋模范作用

莱芜市莱城区张家洼街道党委书记 雷印高

张家洼街道党委积极探索充分发挥基层农村党员先锋模范作用的新路子,积极组织实施了以"党员是先锋,岗位显本领"为主题的农村无职党员"设岗定责"活动,切实发挥农村党支部的战斗堡垒作用和农民党员的先锋模范作用。农村党员成为党支部的好帮手,带领群众发展致富的领头雁,保持农村稳定的中坚力量,增强了农村党组织的凝聚力、战斗力和创造力。

一、做到三个到位,确保设岗定责工作顺利开展

(一)组织到位 为使农村无职党员设岗定责工作做实、做好,街道党委成立了设岗定责工作领导小组,制定了具体的实施方案,明确了党委书记是第一责任人,各村支部书记为直接责任人,指定了专人负责日常工作,责任到人。

(二)措施到位 为了使设岗定责工作落到实处,不走过场,街道党委把无职党员设岗定责工作摆在了重要议事日程,列入了党建目标责任制进行考核,领导小组经常深入村、组指导检查设岗定责工作,一经发现问题,就地进行解决。同时,党委从财政中拿出了3万元专项活动经费,统一举办上岗党员岗前培训班27期、印制各种资料1.5万余份。统一制作无职党员"设岗定责"公示栏60张,并建立了履行岗位职责记实薄,及时记录上岗党员的活动情况。

(三)宣传到位 召开了全体党员参加的动员会,通过广播、板报和标语等对设岗定责的目的、意义等进行大张旗鼓的宣传。全处共悬挂横幅108幅,张贴标语260多条,办宣传专栏10期,为设岗定责工作的开展起到了良好的舆论导向作用。

二、把好三个环节,防止设岗定责工作流于形式

(一)把好岗位设置关 在开展设岗定责工作前,由党政领导带队,以村为单位深入党员群众家中,谈心交友,摸清了党员的年龄、文化、能力素质、家庭情况以及思想状况,

并按其个人特长分类登记造册,为合理设置党员岗位提供了依据。在岗位设置上,按照“按需设岗,因事设岗,以岗定责,责任到人”的原则,共设置9个岗位。

(二)把好党员上岗关 在上岗前,党支部的对岗位名称、职数、职责及时进行公布,无职党员自愿申报适合自己的岗位1—3个后,召开党员大会,由党员相互推荐岗位,最后由党支部根据党员本人申请、党员推荐,最后对每名有能力履行职责的无职党员确定出最适合的岗位1—2个。并向社会公布和介绍每个上岗党员的岗位情况,以便接受社会群众的监督。通过采取党员自荐、党员互荐、组织确定相结合的办法,全处55个行政村共有1500名农村无职党员分别在9个岗位上建功立业,带领群众勤劳致富。

(三)把好党员考核关 所有无职党员上岗后都与党支部签订责任状,每半年向全体党员和群众代表述职,汇报自己上岗履职情况。村党支部适时跟踪考察了解他们的上岗表现情况,并记录在册,作为年终考核评分依据。对照上岗党员平时表现和考评标准进行民主评议党员,对作用发挥突出,岗位职责履行好的党员,及时给予表彰奖励;对作用发挥一般,甚至不发挥作用的党员,在抓好教育引导的基础上,责令限期整改,形成了优胜劣汰的良性机制。

三、做到三个结合,增强设岗定责工作实效性

(一)与争先创优活动相结合 我们积极引导上岗党员深入学习实践“三个代表”重要思想,以争创“五个好党员”为契机,号召他们以与时俱进、奋发有为的精神状态,围绕全面建设小康社会的奋斗目标,在各自的岗位上踏实工作、建功立业。在上岗党员之间营造了比、学、赶、超氛围,形成了你追我赶、争作贡献、争当“标兵”的生动局面。

(二)与“双培双强”工程相结合 设岗定责中全处共有120名无职党员被确定为村组后备干部。同时,加大了在农村一线优秀青年中发展党员的力度。共有150名积极向党组织靠拢、懂技术、会管理、善经营、有一定专长的入党积极分子和社会其他方面的优秀分子列为培养对象,并将他们推荐到合适的岗位上跟班锻炼,60名条件成熟的已经发展成为党员,较好地改善了农村党员结构,为党组织输送了新鲜血液。

(三)与解决当前重点、难点、热点问题相结合 党员上岗后,积极与党组织联系就反映出的重点、难点、热点问题进行分析,共同找出解决办法。以前在群众中经常听到“党员不党员,只差两毛钱”的说法,现在的张家洼街道办事处的党员群众经常说的一句话是“党员上了岗,就是不一样”。任家洼村38岁的共产党员任绪鹏,是一个年轻的养鸡大户,在支部开展的“设岗定责”活动中,他踊跃选择了经济发展岗和扶贫帮困岗,在岗位上,他感觉到了这是他发挥作用的舞台,凭借10多年养鸡的钻研掌握的技术,帮助8户群众克服了鸡瘟防治、饲料选择等方面的问题,在短短的三个月内,他通过技术帮扶、资金扶持、信息交流等办法,帮助3户困难户上了养殖项目,帮助他们走上了脱贫致富之路。白龙店村69岁的老党员张洪山,自从上了村容管理岗后,他的干劲更大了,不仅搞好自己院里院外的卫生,还主动配合党支部搞好整个村庄的卫生工作,起到带头和监督作用。按他的话说:以前对周围群众看不惯的做法、习惯,总想说说,但怕说闲话,现在好了,可以理直气壮地出面了,在他的带动下,亮化街道、美好环境成为全村党员群众的共同行动。

实践表明,设岗定责为农村无职党员发挥作用创造了一个良好的外部环境,搭建起了新时期农村党员先进性教育与实践的新构架,为广大农村党员实践“三个代表”提供了一个全新的平台,探索了一条新途径。具体表现为以下四个方面:一是创设了农村无职党员实践“三个代表”的新载体。设岗定责,用岗位的形式把实践“三个代表”进行量化、细化,改变了党员不愿参事、不便理事、不会做事的现状,确实是建设一支符合“三个代表”要求的党员队伍的具体实践活动。二是增创了农村无职党员教育管理的新机制。设岗定责,实现了党员责、权、利三者的有机统一,无职党员“无职有位、上岗有为”,使党员的教育管理有了强有力的依托,有了便于考核的内容和手段,形成了在村党支部领导下“看得见,摸得着,操作性强”的党员自我教育、自我管理、自我提高的新机制。三是构筑了促进农村改革、发展、稳定的新支点。设岗定责把广大无职党员推向农村改革、发展、稳定的第一线,成为党的路线、方针、政策的宣传队,为群众做好事、办实事的服务队,发展农村经济的带头人,调和干群矛盾的“缓冲器”。基层干部有了这个好帮手,从繁杂的事务中解脱出来,集中精力抓大事、谋发展、搞服务,从而为农村基层干部领导方式和工作方法实现新的转变创造了有利条件。四是找到了增强农村发展党员工作时代性和针对性的新标。设岗定责,使农村基层党组织发展党员思路更加清晰,目标更加明确。根据岗位职数和职责情况,可以做到心中有数,使发展党员工作因有了新的参照系而更趋科学合理。

改革合并村运行机制
构建新型农村社区

莒南县相沟乡三义口农村
社区党总支书记 张定农

莒南县相沟乡三义口农村社区共有2300户，6060口人，面积10余平方公里。近年来，我们在上级党委政府的领导下，以建设社会主义新农村为目标，以“联系凝聚党员，服务关爱群众”为宗旨，借鉴城市社区管理的经验，整合资源，积极探索村庄合并后新的运行机制，构建新型农村社区，使党组织的凝聚力、创造力和战斗力进一步增强，有力地推动了社会主义新农村建设。2006年，三义口农村社区共实现总收入3396万元，社区集体收入90余万元，农民人均纯收入3956元。

一、适应形势发展需要，将城市社区管理理念引入合并村管理

2004年10月，我们按照上级行政村规模调整的要求，将原三义口工作区所属的张家三义口、杨家三义口、王家三义口等6个村合并为1个行政村。新合并的三义口村尽管整体实力明显提升，社会秩序安定，经济发展良好，整体运行平稳，但同时，也不可避免地显现出一些矛盾和问题：一是村两委成员由合并前的32名减少到9名，村干部职数的减少，出现了小村并大后党组织力量不足的问题。二是村庄合并后，原有村干部降格使用，个别新班子成员思想产生消极情绪，出现了“不愿管”的现象。三是最主要的是合并村后的党组织仍旧按照原有村组设置，已不适应当前农业产业化经营、农民经济合作组织不断涌现的新形势。针对上述问题，村两委通过外出参观考察、召开会议、入户座谈等形式，及时了解把握党员群众的“脉搏”，经反复讨论，确定借鉴城市社区建设理念，从创新组织架构入手，大胆改革村级行政体制结构，重新调整党组织设置模式，划小运行单位，形成一套群众自治组织架构和党组织架构平行运作、交叉作用的简明高效的运行机制。循着这一思路，我们于2006初建起了全县第一个农村社区——三义口农村社区。

二、支部领建协会 协会服务社区，积极构建合并村党建新模式

（一）总支领建协会 针对党员队伍壮大的实际，在报经上级党委批准将原来的村党支部升格为社区党总支后，我们按照“党领办、民为主、党管、民受益”的原则，采取党支部领建、商企共建、行业联建、能人牵头建等多种形式，先后组建了老年、巾帼创业、青春创业、计生服务、平安创建、企业家、文体、消费者权益保障、养殖、经纪人、花生良种、交通物流、商会等13个服务协会，每个协会由100至300个不等的农户参加。同时，加强了协会规范化管理，建立起台账管理制度、工作人员岗位职责、卫生管理制度等一整套科学规范的管理制度。为确保协会之间交流、协调，党总支协调成立了协会联谊会，逐步建立起横向到边、纵向到底、相互关联、相互包容的社区网络化管理新格局。

（二）支部建在协会 为增强农村党员能富会富、带领群众致富的能力，依据党员职业特点和居住分布情况，我们按照地域相近、产业趋同、规模适度的原则，成立了青年、老年、妇女、平安创建、农业、商会、经纪人和社区服务区8个协会党支部，把社区221名党员都纳入了各协会组织中去，每个党支部有10~30名党员，并挑选有“双带”能力的原党支部成员、优秀农村党员担任党支部书记。同时，对协会中的致富能手、带头人作为入党积极分子进行重点培养、优先考察。这样，既强化了党组织对农村党员的管理，又增强了党组织在群众中的吸引力、凝聚力。

（三）党员服务协会 新成立的行业协会实行理事会管理模式，每个协会设会长1人，副会长1人，理事2至4人。会长、副会长、理事会成员由所在协会会员中直选产生。我们注重发挥党员服务协会的作用，要求党员在协会中以帮民、利民、富民为己任，牢固树立宗旨意识，积极当好农村政策的宣传员、农民发家致富的信息员、发展经济的服务员、传授技术的指导员和拓宽农副产品市场的销售员。通过党员与群众面对面的交流，手拉手的帮扶，使社区全体党员在知民情中改进了工作作风，在排民忧中化解了矛盾，在帮民富中促进了发展，在为民服务中加强和改进了党群干群关系，提高了党员干部素质。

（四）构建新型社区 按照“一街、三区”的建设思路，我们对社区建设重新进行了整体规划，确定实施了商贸主街建设、新型住宅小区建设、旧村改造、饮水、平安社区建设五项重点工程。先后铺设地下饮水管道20公里，解决2000多户居民饮水问题，打通拓宽了一条4公里的东西大街，新修路边排水渠2000米，社区形成了“两纵两横”井字形交通格局，主要街道全部实现了硬化、美化、亮化、绿化。结合社区建设实际，一是实行街道化管理。根据社区居民自然聚居的特点，按街道划分设立了10个居民小区，每个居民小区设置主要负责人和计划生育责任人、治安保卫责任人各1名，具体负责居民小区内的日常事务管理。二是建立系列化服务体系。设立了500平方米的综合便民服务中心，建立了社区党组织办公室、协会之家、党建图书室和党员谈心室等活动场所，设置了治安警务区、信息中心，建起了日用百货超市、农资超市、餐饮服务中心等40多个门类齐全的服务机构。三是实行规范化制度管理。严格落实“一规

范两挂图”，即《村级工作规范》、《村务重大事项工作程序挂图》、《村务公开工作挂图》，把推进决策民主作为构建“和谐社区”的重要保证。结合实际，研究制定了“三会”制度，即民主议事会制度、公共事务协调会制度和重大事务听证会制度，定期不定期地组织“三支队伍”成员，就年度或阶段目标、任务完成情况进行评议；对社会性事务和矛盾冲突进行协调；对事关群众切身利益的重大事务进行听证，把民主决策权交给社区群众，坚持用制度管理，按程序办事，逐步实现了社区工作民主化、公开化、程序化、制度化。

三、发挥社区职能作用，多方为民提供服务

加强农村社区建设的最终目标是服务群众，发展经济，促进和谐，让群众得到实实在在的好处。去年以来，我们坚持“建、管、用”并重的方针，在不断强化社区组织基础设施建设，营造一流服务平台的同时，十分注重发挥社区的服务职能。

（一）充分发挥党员在经济建设中的“绑带”作用，增强党组织向心力 为发挥社区党员在思想认识、信息传递、技术应用等方面的示范引导和带动作用，党支部在党员培训、上党课等组织活动中，注重把学政策理论和学产业管理结合起来，把党性教育和生产技能培训穿插进行，进一步增强党员在社区经济建设中的桥梁纽带作用。根据社区党员职业特点，我们实行了协会党员“双联共富 1+4”帮扶制，即协会中的每一个党员负责培植一个文明户、带动一个中间户、帮扶一个困难户、转化一个特困户。并把向非党员农户宣传政策、做好示范和技术服务列为党员考评的重要内容。目前，已有近百名党员与农户结成了“双联共富”对子。

（二）充分发挥协会的载体服务作用，促进经济发展 协会是组织农民进入市场的有效载体，我们把民营业主、产业大户、经营能人及有“双带”能力的党员等农村先进群体都吸纳到社区，分布到协会，充分整合人力、经济和信息资源，强化了协会在人才开发、技术指导、销售业务中的载体功能。各协会成立之后，依照各自行业特点，积极为会员介绍最新的产品信息，在购种、管理、技术服务等方面提供技术支持。社区花生协会积极协调与省花生研究所达成育种协议，引进推行了“七统一分”育种模式、双色花生覆膜等种植技术，“花育 22、19”等优良品种，并签订回收良种合同，社区花生育种面积由过去不到1000亩增加到5000亩，平均亩产 350 公斤，年外拨花生优良品种 175 万公斤，总收入 900 万元，我们社区也一举成为“山东省花生良种培育第一村”。生猪协会依托三义仔猪市场，不断扩大生猪外运渠道。目前，已培育生猪经纪人 30 多名，发展生猪运销专业户 80 户，年外运生猪 10 万头。

（三）充分发挥社区功能区的便民作用，方便群众生产生活 社区便民服务中心与乡派出所、卫生院、计生委等职能单位建立联系，定期定点安排人员到社区内驻点值勤，开展职业介绍、婚姻中介、生殖保健、法律咨询、帮办各种证件等一系列便民利民服务活动，及时解决居民生产、生活中遇到的各种困难和问题。文体协会、老年协会依托社区活动场所举办各种文化娱乐活动，活跃社区文化生活，积极满足群众文化生活需求。2006 年，老年协会积极协助法律服务部门为社区老人办理赡养公证书近百件，有效维护了老年人的合法权益。我们还积极利用社区农村党员干部现代远程教育网络、党员示范基地，把“绿色证书培训工程”、“青年农民科技培训工程”、“新农村实用人才培训工程”等培训班直接办在社区里，使有文化、懂技术、会经营的新型农民培训工作步入经常化轨道。2006 年，共举办专题培训班 5 期，培训 2000 人次。

郑山镇村企共建优势互补实现双赢

临沭县郑山镇党委书记　高希华

郑山镇现有 24 个行政村，4.2 万人。镇域内有企业 127 家，其中规模以上企业 28 家。泉井村、丰岭村、金堂街、大韩庄村等六个村街处于县经济开发区规划范围内，这些村企按照“强化工农联动、工业反哺农业、农业支持工业”的思路，通过资金、技术、土地、劳动力等多方面全方位的“联姻”，积极探索“村企共建、互利双赢”的新路子。在企业的帮扶带动下，丰岭村被授予全国“民主法制建设示范村”，有 2 个村被命名为省级“文明生态建设示范村”，同时，通过土地流转和示范基地建设，促进了企业的经济和社会效益。目前全镇已有 17 家企业与 20 多个自然村结成共建对子，初步形成了“结对谋发展、携手创和谐”的特色鲜明的新农村建设格局。

一、基础设施共建，优化群众生活和经济发展环境

郑山镇结合城乡环境综合整治，促进村企联合，共同加强村街及其周边基础设施建设，提升环境档次。规模企业作为结对村街的“基础设施和环境建设顾问”，通过资金投入、规划指导和共同出工等措施，帮助村街搞好硬化、亮化、绿化和信息化。今年以来，全镇规模以上企业普遍为结对帮扶村街的基础设施完善了“一池四改五化”建设，实现了沼气建设和改厨、改厕、改圈、改水；实现了村内外道路硬化、村庄绿化、美化、亮化和通讯现代化。据统计，镇规模以上企业共在帮扶村的“一池四改五化”方面投资达 100 多万

元，促进了村街的发展。同时，结对村街也积极为企业发展提供良好的社会环境，积极维护村街稳定，自觉宣传企业形象。大韩庄村的部分村民由于在某些问题和企业产生矛盾，村委会积极进行沟通与协调，成为了企业和村民之间“化干戈为玉帛”的桥梁，消除了村民和企业的矛盾，促进了企业的发展。结对双方通过共建，有效促进了结对村群众生活环境的发展，同时也提高了结对企业的社会声誉，进一步改善了结对企业的发展环境，村企结对共建新农村取得了初步成效。

二、经济共建，拓展企业经营和村级积累渠道

村企双方按照平等自愿、互惠互利的原则，发挥各自优势，围绕经济建设，增加集体积累和农民收入。结对村街从企业中聘请了“经济顾问”，帮助村“两委”理清村级经济、社会事业发展思路，为建设社会主义新农村献计献策。目前企业为结对村献计献策12条，扶持村街成立村办企业6家，有效地促进了村集体经济的壮大。同时部分企业借助乡村广阔的地域，把生产基地建在乡村，进一步拉长了产业链条；部分企业主动为村企提供管理经验，培训生产和技术人员，促进了企业效益的提高。原本与海子村就有着良好关系的晴朗工艺品有限公司自结对后，村里在接纳了企业投资项目的基础上，正在进一步协商共同投资办厂的事宜。同时，企业为村里安置了100多名剩余劳动力，增加了村民的非农收入。

涉农企业在农村建立农业示范基地，联系带动农户，提供技术指导。同时，示范基地建设改善了农业生产的水利基础设施，使田间地头成为企业生产的“最适宜实验室”和“第一车间”，建立了企业与农户之间利益共享、风险共担、互利共赢的新型合作关系，加快推进了现代农业的发展。山东美艺工艺品有限公司与山东久远肥料有限公司强强联合，在杨沙埠湖培育优质杞柳生产基地，企业为种植大户定期提供生产和施肥的技术指导，种植基地按期向企业提供优质原材料，并向肥料公司提供肥料使用的效果参数，实现了增加农民收入和提升企业经营效果的“双赢”。

三、人才共建，创新技术人才和新型农民培养方式

人才匮乏是目前制约企业和村街发展的共性问题，郑山镇把人才培养特别是复合型人才培养纳入到村企共建活动中，党委、政府明确提出人才共建目标，企业领导要了解农村、了解农业、了解农民，掌握既会抓企业，又会帮农村的基本功；村“两委”干部既要懂农村工作，又要懂市场经济，懂企业管理。定期有计划选派企业干部和村“两委”干部相互交流培训，目前已经选派培训15批次，村企双方已分别为对方培养经营管理人员、致富带头人52名和24名。郑山镇杨沙埠村党支部书记蔡学启，利用在企业接受培训，又做过管理人员的工作经验，筹资兴建了村街福利纸箱厂，接纳了16名社会残疾人员到厂务工，影响和带动了该村经济的发展。

郑山镇在村企共建中最大程度地帮助村民转变思想观念，拓宽就业渠道，提高就业能力和致富能力。在鼓励企业上规模的同时，注重解决好失地农民的生产生活问题，以优先使用失地农民作为企业征地的重要条件，协调企业与征地村农户签定用工、帮扶等协议。同时，对企业吸收被征地村农民就业达到一定比例的，给予企业减免一定费用等优惠，保证农民“不种田能务工”、“不卖粮有收入”。目前，全镇规模以上企业共吸收农民3000多人，到征地企业打工的农民平均年收入近万元，最高的达2万元以上，有效地促进了周边村的农民脱贫致富。山东金宝诚管业有限公司近年来不断扩大经营规模，在征用土地期间，提前为失地农民进行岗前培训，扩建以后优先安排他们到用人车间工作，解决了村民的后顾之忧；通过牵头成立行业协会等措施，积极扶持失地农民成立了经济组织，帮助他们与企业需求搞配套生产，保障失地农民的收入增长。目前全镇已有柳编工艺品、家禽运销和农业种植、养殖等各类协会17个，失地农民通过与企业的互惠共建，依靠提供劳动力或专业技术实现致富，逐步由村民向城镇居民转变。

四、组织共建，夯实企业和村街基层组织建设

在郑山有13个规模以上企业建立了党支部，40多家有流动党员的企业挂靠村支部，将企业的党建工作纳入村里的党建总体规划，着重在企业员工中发展党员并规范管理。郑山镇大胆探索，将成功企业的管理与基层组织建设相结合，通过举办农村“两委”成员培训班，定期集中对村街的“两委”成员进行企业管理理念培训。采取“深进去、走出去”的方式，组织村“两委”成员深入企业内部，体验企业管理；组织村“两委”负责人到外地参观考察，学习发达地区和外地知名企业的管理机制、发展意识。通过企业管理理念培训，促进村“两委”干部形成了求真务实的工作作风，转变了管理理念，为基层组织建设提供了强有力的智力支持。企业为农村“两委”干部培训提供了办班资金，并派出优秀企业管理人才到培训班讲课，既充实了村干部的经济发展管理知识，又激发了党员群众的凝心聚力促发展的热情。

五、文化共建，打造和谐发展氛围

企业做好村街的“文明顾问”，大力弘扬社会新风，广泛开展新农村建设知识、农村法制、精神文明等宣传教育活动，共同搞好村街文化、企业文化和家庭文化，加强和谐村企建设，优化创业环境。组建了3支以企业命名、村企共同参与的文艺团队，利用农闲和节假期间表演群众喜闻乐见的小节目；组织村企开展篮球赛、歌咏比赛和乒乓球赛等系列文体活动，促进文化交流，增进感情。卡特重工有限公司组织结对村党员参观企业，通过讲解创业史，激发了党员干事创业的热情，企业还与结对村党支部联合定期对职工和

村民进行科学文化知识、实用技术、经济管理等培训,收到了良好效果。

郑山镇充分发挥典型示范作用,根据不同的企业、不同的村街发展水平,树立各种形式的村企合作模式,加大政策扶持力度,发动企业参与新农村建设,村企共建经济、文化、组织、环境,共育人才,共同维护社会稳定,促进了村集体经济和企业发展,增加了农民收入,推进了新农村建设进程。

建立党员“政治生日”制度 探索加强党员教育管理的新路子

武城县委常委、组织部长　郭洪霞

武城县在开展第一批先进性教育活动中,总结基层党组织的经验做法,在机关事业单位党组织中建立了《党员政治生日制度》,找到了一条加强党员教育管理、永葆共产党员先进性的新路子。

一、动因

机关事业单位党员是党的政策和县委决策的重要执行者,是带领全县人民建设“特而强、富而美、和谐文明”新武城的骨干力量。党员素质高低和作用发挥好坏,直接体现了党的执政能力,事关全县发展稳定大局,影响党在人民群众中的形象。2005年5月份,我们在对全县党员队伍状况进行调查时发现,个别基层单位对党员的教育管理严重滞后,重业务技能培训,轻政治理论学习;重行政管理,轻党组织管理,致使部分党员党性观念不强,党员意识淡化,组织纪律观念松弛,先锋模范作用发挥不突出,有的甚至不如一般群众。这些问题的存在,严重影响了党员的先进性作用发挥,削弱了基层党组织的创造力、凝聚力和战斗力。面对当前繁重的发展和稳定任务,面对群众日益增长的物质文化需求,如何卓有成效地加强党员队伍建设,进一步激发他们干事创业的热情,充分发挥先锋模范作用,永葆共产党员的先进性,是摆在我们面前的一项重大课题。经过深入调查分析,我们认为,必须对传统的党员教育管理模式进行大胆改革和创新,改变以往党的组织生活形式内容单一、针对性和吸引力不强、效果不明显的状况。2005年6月份,我们在总结县国税局党支部集中过党员政治生日做法的基础上,制定下发了文件,在全县机关事业单位党组织中全面推行党员政治生日制度。

二、主要做法

党员政治生日制度,即以党员的入党时间为党员的“政治生日”,每月确定一天,为本月入党的党员集中过政治生日。通过开展一系列的教育活动,达到部分党员过“生日”,全体党员受教育的目的。

(一)健全档案,强化管理 以党支部为单位,对每名党员的入党日期按月排序,登记造册。按照一人一档的原则,建立党员政治生日档案,对党员在政治生日会上的思想工作小结、党组织提出的目标任务和评议结果等整理存档。在确定党员政治生日上,坚持因地制宜的原则。即由党支部对同月入党的党员,在当月选定一天作为其政治生日。党员人数较少的单位还可按季度确定,党员人数多的单位还可以党小组为单位组织,不搞一刀切。确定政治生日后,由党支部提前10天通知本人。

(二)严格程序,规范操作 在确定党员政治生日后,召开党员政治生日会议,全体党员和入党积极分子参加,时间半天。党员过政治生日,严格按照“六步走”的程序进行。一是个人汇报思想工作。过政治生日的党员向全体党员汇报一年来的思想、学习和工作情况,重点对照先进找不足,对照党章要求和党员标准找差距,同时明确努力方向,进行表态发言。二是开展考核测评。由全体党员和入党积极分子对过政治生日党员进行综合考核测评,根据其一年来的思想、工作表现,按“优秀、称职、不称职”三个等次进行无记名投票测评。测评票由党支部会后汇总并封存。三是开展批评教育。首先由党支部书记代表党支部向党员祝贺生日,对党员一年来的工作进行客观评价,提出努力方向。然后由其他党员对过生日党员提出意见建议,帮助其查找思想工作中存在的问题,达到交流思想、促进工作的目的。四是重温入党誓词。全体党员面对党旗重温入党誓词。五是赠送纪念品。党支部书记代表党支部向过生日党员赠送政治理论书籍或笔记本等纪念品,并在扉页提出希望寄语,进一步增强党员的荣誉感。六是集中学习交流。采取支部书记领学与党员自学相结合,对党章、重大方针政策及党的理论知识进行系统学习,了解重大时事政治,交流心得体会,进一步提高党员的政治理论素养。

(三)创新形式,深化效果 基层党组织在召开党员政治生日会议的基础上,创新活动载体,深化扩展教育效果。党员政治生日会议后两天内,党支部对过政治生日党员考核测评结果进行汇总。支部成员对过生日党员采取个别谈心的方式反馈考核测评结果。对不称职票占1/4以上的,党支部与其共同分析存在的问题及原因,并实行支部成员“1+1”帮扶。县国税局还在党员政治生日前后一周内,采取外出参观、观看电教片、请专家讲座等形式进行革命传统、爱国主义和形势教育。县交通局党委将年老体弱、不能参加会议的老党员集中到每年“七一”过政治生日,通过走访慰问、解决生活困难,让他们感受到党组织的关怀和温暖。县教育局党委规定,党员过政治生日时不能到会的,必须提前书面向支部大会作出说明,并在下次其他党员过政治生日时"补课"。对连续两次未到会者,取消其年终评先树优资格,并予以通报批评。

三、初步效果

(一)强化了对党员的经常性教育 建立党员政治生日制度,使党员大会每月召开一次 全体党员在一起学习、交流,特别是过生日党员谈工作、谈思想、接受监督评议,达到了经常受教育的目的。同时,党员政治生日制度融"三会一课"、民主评议党员、民主生活会等多种组织生活形式于一体,增强了活泼性、灵活性和实效性,为党员过好组织生活找到了有效的抓手和载体。

(二)增强了党员的党性意识 党员通过经常性地参加自己和其他党员的庆祝政治生日会议,反复重温入党誓词,系统学习党章,认真查摆问题,虚心听取意见建议,在反省自身、吸纳建议的过程中进一步增强了党性观念,强化了党员意识,转变了工作作风,工作效率显著提高,机关面貌焕然一新。群众普遍感受到,党员整体面貌出现了"三多":提前上班的多了;学政策学业务的多了;勤奋工作的多了。

(三)党员作用进一步得到发挥 党员政治生日会议上,过生日党员要接受党员群众的无记名投票测评,面对面听取党支部及党员群众的意见建议,随时接受党组织对自己的跟踪考察,促使党员更加自觉地规范自己的言行举止,促进了党员先锋模范作用的发挥。县行政审批服务中心实行党员挂牌上岗,门难进、脸难看的衙门作风得到根本扭转,服务态度明显转变。在2006年"两城"创建和城乡绿化美化一体化工作中,全县党员主动捐款40余万元,4000多名党员走到林业生产一线,义务植树2万多株,树立了新时期党员的良好形象。

(四)党内基层民主氛围更加浓厚 在组织党员过政治生日时,单位领导班子成员均以普通党员的身份参与,尤其是"一把手"带头提意见,带头汇报工作,带头自我批评,带头接受监督,充分调动起全体党员开展批评与自我批评的积极性,畅通了上下级之间、同级之间的交流、沟通和监督渠道。党员之间通过党员政治生日会这个载体,运用批评与自我批评这个武器,互相提醒、互相勉励,把党员思想、工作中出现的苗头性问题及时消除在萌芽状态,使党内出现了相互监督、坦诚相待、团结互助、和谐融洽的良好风气,促进了党内民主制度的落实。

立足市场抓党建　建管结合促发展

庆云县委常委、组织部长　贺洪昌

近年来,庆云县把专业批发市场建设作为振兴庆云经济的突破口、起跳点,先后建成大型专业批发市场23处,市场总面积168万平方米,共吸纳个体工商户8000户,从业人员4万人,其中党员200余名,2006年交易额202.8亿元。庆云市场群跻身全省八大现代专业批发市场之列。在市场规模快速膨胀的同时,我们积极探索加强市场党建工作的新途径,坚持市场建设与党的建设互融互促、协调发展。

一、及时跟进抓组建,消除党建工作的空白点

在庆云专业批发市场建设初期,市场党员呈现数量少、流动性强、相对分散、身份隐蔽的特点,"口袋党员"较多。为尽快扭转这种分散游离的局面,庆云县委积极顺应市场发展要求,从抓好市场党组织的组建入手,按照"成熟一个组建一个"的指导思想,采取单建、联合、挂靠、分期组建等多种形式,在符合条件的市场中陆续建立了党组织,实现了党组织在市场中的无缝覆盖。截至目前,全县共建立市场党组织9个,其中党委1个,党总支1个,党支部7个。同时,通过开展"党工共建"、"党团共建"等活动,建立了核心明确、配套齐全、运转协调的市场领导体系和组织网络。

二、突出重点抓管理,突破市场党建的薄弱点

我们从市场党建的薄弱点入手,突出重点、科学切入,实现了对市场党员的有序管理。

(一)区别情况抓理顺 市场党组织通过入驻登记、定期排查等形式,动态掌握党员底数,并区别情况,抓好组织关系的接转理顺。尤其是对于外来党员,本着"引导和自愿"的原则动员其将党员组织关系转入市场党组织;对暂时不能转移组织关系的流动党员,在确认其党员身份后,实行"双重"管理,确保不漏管。几年来,共有130名党员的组织关系转到了市场党组织,其中外地客商党员52名。在抓好党员组织关系接转工作的同时,他们还采取属地管理、行业管理和挂靠管理相结合的形式,积极抓好党组织隶属关系的理顺工作。

(二)明确标准抓规范 在全面推行以“有班子、有牌子、有档案、有制度、有阵地、有活动、有效果”为主要内容的“七个有”标准化管理的基础上,2003年以来启动了以“好班子、好队伍、好制度、好作风、好业绩”为主要内容的“五好工程”,使市场党建的品位和档次进一步提升。尤其是在支部班子选配上,打破地域、身份等条框限制,突出思想政治素质这一硬性标准,不拘一格选贤任能。现在有两处专业批发市场党组织的负责人分别由一名外商党员和一名农民身份的本地业户党员担任。

(三)倾斜政策抓纳新 在发展党员工作中积极向市场这一新的经济领域倾斜。本着“积极审慎、个别择优”的原则,不分内外地,只要守法经营、表现优秀,都纳入培养视野。2003年以来共有16名客商光荣地加入了中国共产党,入党积极分子队伍已达150人。

三、更新观念抓服务,找准促进市场发展的切入点

市场党组织牢固树立管理就是服务的理念,通过为广大经营商户提供信息传播、司法援助、资金协调、扩大经营等各种服务,增强党组织的凝聚力和向心力,把党组织办成“党员之家”、“客商之家”。近两年来,各市场党组织共调解各种纠纷100多起,为业户追回货款20多万元,协调、担保贷款500多万元,组织外出参观考察10余次4000多人次,先后举办报告会12场次,组织各类座谈会50多次,为入驻商户提供房屋租赁、办理证照、子女入学等各种服务1700多件次。热情周到的服务和无微不至的关怀让广大党员客商感受到了党组织的浓浓亲情和家的温暖,更加坚定了扎根庆云投资兴业的信心。

四、注重实效抓载体,选准发挥作用的结合点

我们把凝聚人心、激发活力、提高效益作为新形势下市场党建工作的出发点和落脚点,开展了一系列“为市场所支持、为业户所欢迎”的创建活动,使市场党组织的政治核心作用和党员的先锋模范作用得到充分发挥。通过开展党员挂牌经营和“四好党员”门店评选活动,使诚信守法、文明经商的良好风气在各市场蔚然成风,“党员门店”成为质量和信誉的象征。“党员责任区”活动的开展使党员经营业户的先模作用得到有效发挥,市场经营业户的安全生产意识明显增强,市场卫生状况明显改善,经营秩序更趋规范。“党员联系门店”活动开展以来,已有100多名党员与500个业户建立了经营帮扶对子。广大党员经营业户在“招商引资年”活动中采取“以商招商”的形式,共引进商户160多家,引资1.8亿元,引进高科技项目21个。另外,广大党员业户还为市场管委会提各种意见、建议3100多条,对加强和规范市场起到了有力的促进作用。为丰富经营业户的业余生活,近两年来市场党组织先后组织广场晚会、卡拉OK演唱会等大型文娱活动60多场次,极大地活跃了市场经营气氛,架起了党员与群众之间的“连心桥”。

庆云专业批发市场党建工作走在了全市的前列。2002年有2家市场党组织被评为“德州市百家非公有制企业党建示范单位”;2004年庆云县抓市场党建的做法被德州市委组织部以文件的形式在全市组织系统转发,《山东组工通讯》以《突出关键环节,认真做好市场党员管理工作》为题刊登了庆云抓市场党建的具体做法,省委组织部新型办主任李绍增同志亲临庆云调研,对庆云的市场党建工作给予了很高的评价。

实行“联村自治”促进共同发展

冠县东古城镇马园联村党总支书记 田洪勋

东古城镇马园联村地处冠县西部,属黄河故道沙区。为更好地适应市场经济和基层民主政治发展的新形势,统筹区域性村庄协调发展,提升村民自治水平,加快构建和谐农村,全面推进小康社会进程。2005年3月由田马园、王马园、温马园、胡马园、李才5个行政村,在征得全体村民同意的基础上,自愿组成联村,定名为马园联村。总人口4675人,耕地面积11248亩,党员123名。联村党总支7人,联村委员会25人。联村成立以来,在市委、县委和镇党委的领导和指导下,在全国劳动模范、联村党总支书记田洪勋同志的带领下,联村党总支、联村委员会以实现好、维护好、发展好群众利益为出发点,以共同发展为目标,坚持民主治村、合力富村、文明建村,认真履行联村职能,充分发挥联村作用,实现了联村经济社会协调发展。主要做法是:

一、民主治村,完善规范管理运行机制

马园联村在工作中坚持平等协商、互惠互利、为民谋利的原则,走民主管理模式,建立健全了联村管理制度。一是制定《马园“联村自治”章程》,对“联村自治”的组织机构、目标任务、职责要求等内容进行了明确,交由各村村民代表大会表决通过。由于充分尊重了群众意愿,《章程》得到了联村群众的一致拥护。根据自治章程,又制定了联村党总支、联村委员会职责分工、联村联席会议制度等一系列规章,做到了依章联村、以制治村,“联村自治”规范运行。二是实行“三线一协会”工作制度。建立经济发展、组织建设、精神文明建设三条工作线和一个果品协会,明确专人,设岗定责,

并通过村务公开栏，向联村群众公开每位联村干部职责和服务范围，更好地把干部置于群众的监督之下。三是实行“三议一公开”议事制度。为保证联村群众的共同利益，在涉及联村发展规划上，联村干部先共同商议，拿出初步思路，围绕“如何干，如何发动群众干，收益如何分配”等细节反复协商，达到干部满意。之后，由各村“两委”组织召开全体党员和村民代表会议进行讨论，对党员、群众提出的好意见和建议及时采纳。最后，在各村公开栏中进行公示，让群众了解联村的工作动态。整个过程民主、公开、透明，顺应民意，深得人心。三是实行“一述双测”评议制度。根据实际情况，充实调整村党支部班子，努力把那些能力强、素质高、懂经营、会管理，具有开创精神的人选进班子。为了加强对村干部的管理和监督，建立了集体经济管理制度、村务公开制度、干部廉洁自律制度、村民代表评议制度等一系列规章制度。围绕联村干部工作作风和工作实绩，年终召开联村总结会，开展述职测评。每位联村干部从自己一年来为群众办了哪些事，取得的成效等方面，公开向党员群众进行述职，由党员、群众就干部日常表现和工作成绩满意度进行“双测”。对民主评议较差的，令其退出联村班子，由群众公认能干事的该村干部补进，做到“能者上，庸者让”，联村内部建立了能上能下的激励机制，提高了干部的工作热情。在每年的评议会上，联村工作都能得到了群众的认可，联村班子成员全部高票通过评议。

二、合力富村，坚持走共同富裕之路

（一）整合村级资源 田马园村原有村民245户，1100人，耕地面积4000亩，其中沙荒地2500亩。以生产名、优、特、稀林果享誉省内外。2006年，全村集体积累达到1500万元，人均纯收入1.2万元。全村1/5以上的家庭住上了楼房，有线电视普及率100%，电话普及率达80%以上。该村先后被评为全国林业千佳村 省科学普及示范村，省、市、县小康明星村。村党支部先后被省委、市委、县委授予先进基层党组织荣誉称号，村支部书记田洪勋同志多次当选省、市、县人大代表，系全国劳动模范。近年来，田马园村因土地资源有限，发展空间接近饱和，进一步扩大规模受到了限制。联村中其他几个村土地、劳动力资源丰富，但少技术，没市场，资源得不到充分利用，农民增收比较缓慢，群众要求实现富裕的愿望比较迫切。马园联村的建立，彻底解决了这一问题，使技术、土地、市场、劳动力等资源得到有效整合，扩大了发展空间，融合了技术力量，实现了互惠互利，达到了“共赢”、“多赢”。

（二）强化服务功能 为实现联村快速发展，真正让群众得到实惠，联村利用田马园技术、管理的优势，对果园实行“五统一”，即统一建园、统一果园基础设施建设、统一管理、统一商标、统一销售，为王马园、温马园、胡马园三个村建立起2000亩大樱桃生产基地。田马园还调集技术骨干，成立起专门的技术服务队伍，深入到各村，为联村群众搞好产前、产中、产后服务。联村不定期聘请泰安农科专家，针对果树生长期，适时举办专题科技讲座，并组织联村120多名群众代表赴烟台参观，学习外地的先进技术，增强了群众的科学技能，提高了联村群众的生产积极性。

（三）着力打造区域优势 为把马园联村建成鲁西“名、优、稀、特”林果最大生产者销售基地，尽快打造新的发展优势，马园联村积极协调周边村庄搞好生产规划，帮助周边村庄平整土地6000亩，建起名优果园40处，新上大樱桃1万亩，优质果棚470个。村里投资100多万元，修筑了5公里柏油路，建起了占地近150亩的水果批发市场，解决了周边村庄水果销售难问题。同时，还建设了储量200吨的恒温库两座，不仅为本村储备水果，还腾出200吨库存容为周围村庄代储水果，支持周边村的发展。

三、文明建村，打牢建设社会主义新农村的基础

实行“联村自治”，使原来一个村办不了、办不好的事得到了解决，促进了村级政治文明、精神文明建设。马园联村围绕十六届五中全会提出的建设“生产发展、生活宽裕、乡风文明、村容整洁、民主管理”社会主义新农村的目标要求，提出了“五好共创、文明共建”的工作目标。利用田马园创建省先进基层党组织的经验和优势，积极开展创建“五好”党支部和“五好”党员活动。通过学习劳模精神，激发了党员干部身先士卒，甘于奉献的热情；利用田马园党员干部科技示范培训基地，加大对联村党员的培训力度，提高了党员干部的“双带”本领；利用田马园良好的经营模式，发展壮大村集体经济实力，进一步提升了为群众服务的水平，围绕争创“文明、优美、和谐”新村，制定规划，要求联村群众遵纪守法，破除陋习，做文明人，说文明话，办文明事，树文明之风。在联村统一开展“十星级文明户”、“好媳妇”、“好婆婆”等评选活动。为实现联村环境美化，马园联村着手联村新村规划建设，联村办公楼已经竣工，联村村内路面全部硬化，联村敬老院、卫生院、幼儿园、文化活动中心等项工作正在积极筹备。马园联村的建立，实现了“三个文明”协调发展。今后，联村将进一步发挥自身优势，聚精会神抓共建，一心一意谋发展，把“联村自治”真正建设成为群众满意工程，实现群众的共同富裕，为建设社会主义新农村做出积极的贡献。

推行"四制一化"管理模式 激发干部党员干事创业热情

莘县大张家镇党委书记 贾相云

莘县大张家镇辖47个行政村,4.1万人,耕地5.1万亩,面积58平方公里。有46个农村党支部,6个机关党支部,3个民营企业党支部,共有党员1616名。近年来,我镇为进一步巩固扩大先进性教育活动成果,建立健全保持农村基层党组织先进性的长效机制,从创新干部党员管理机制入手,全面实行科级干部绩效调岗制、中层干部择优聘任制、一般干部竞争上岗制、全体干部目标考核制、全员实行合同化管理的"四制一化"管理模式,切实转变了干部党员作风,激发了干部党员的工作热情和创新活力,形成了争先恐后忙实干、凝心聚力促发展、团结奋进求创新的浓厚氛围,开创了全镇农村工作的新局面。2006年,被山东省委授予省先进基层党组织。

一、突出工作实绩,对科级干部实行绩效调岗制

(一)明确考核内容 全体科级干部实行百分制目标考核管理。目标内容主要有四项:分管工作、镇中心工作、基层评议、镇党委书记和镇长意见。其中,分管工作实绩占50分,镇中心工作占20分(经济目标占10分、其它临时性指定工作占10分),基层评议占10分,镇党委书记、镇长意见占20分。

(二)严格兑现考核结果 根据目标任务,由镇目标办采取集中考核和平时考核相结合的办法进行考核,半年初评、年终总评。得分在90分以上的为优秀,奖励现金2000元,并作为本年度优秀公务员人选;连续两年以上被评为优秀者,增加分管工作,作为优先提拔重用人选向上级主管部门推荐。得分在60分以上70分以下(含70分)者,由镇党委、政府负责同志与其谈话,本人写出自查报告,查找落后原因,制定改进措施;得分在60分以下者,下年度不再安排分管工作,只享受科级工资待遇,是镇党委、政府班子成员的,建议县委调离出大张家镇。

二、注重工作能力,对中层干部实行择优聘任制

为确保有能力的干部脱颖而出,对管区书记和站所负责人,实行择优聘任制。

(一)确定聘任范围 镇党委、政府对管理权限范围内的7个管区书记和17个站所长(主任)直接进行聘任。对农经站、司法所、国土所3个由县业务部门任命的站所长提出建议聘任人选。

(二)择优聘任 首先,采取"两推一结合"的办法进行初选。即:由镇机关干部、镇直部门负责人、村支部书记民主推荐,镇科级干部署名推荐,结合工作实绩及镇党委书记、镇长意见等程序百分制推荐出所有中层干部初步人选。然后,对照职位,由镇目标办制定出具体目标;对自愿接受职位目标的初步人选,由镇党委按票决制投票表决,得票多的为被聘对象。最后,对所聘人员实行年度集中聘任,聘任期为一年;依照所聘站所性质分别由镇党委书记、镇长、政工书记分别签发聘书。管区书记得分在800分、站所负责人得分在80分以上者,镇党委将其定为下年度聘任人选,业绩特别突出,予以提拔重用;目标总分分别低于800分和80分的,下年度将不再安排担任该项职务。

三、推行双向选择,对一般干部实行竞争上岗制

(一)双向选择,择优上岗 管区第一书记、站所长(主任)以下的一般机关干部职工,根据自身工作能力和实际工作情况,选择比较适合自己的工作岗位1至3个;管区第一书记、站所长(主任)按照镇确定编制人数、结合一般干部职工的工作岗位意愿,挑选本管区、站所的工作人员。如确无合适人选可暂空缺,一个月后再参加缺职竞选。

(二)落选待岗,动态管理 未能上岗人员,参加镇临时指派工作,一个月后,参加缺职竞选,仍未被选中的为本年度待岗对象,每月只发放最低生活费300元。在待岗期间,如能引进固定资产投入200万元以上的工业项目,除补发待岗期间的全部工资外,并聘任为镇招商局副局长。完不成镇及站所确定的年度目标任务,且目标得分在60分以下的一般干部职工,下年度不得参加竞争上岗,直接待岗。

四、强化目标管理,对全体机关干部实行目标考核制

(一)建立健全考核机制 我镇专门成立了专门的目标办公室,出台了《关于镇机关干部实行目标管理的实施意见》,对科级干部、中层站所长、一般干部党员的目标考核,由镇目标办组织人员统一实施。

(二)明确考核办法 实行季度考核、半年通报、年度汇总兑现目标奖惩;阶段性工作随时进行考核,考核成绩按比例计入个人年度考核总成绩。个人年度目标得分90分以上为优秀,并作为评先树优、提拔重用的重要依据;60分以下年度直接待岗处理,每月只发放300元最低生活费。

五、明确工作责任，对全体干部党员实行合同化管理

（一）明确工作责任 为确保‘科级干部绩效调岗制、中层干部择优聘任制、一般干部竞争上岗制、全体干部目标考核制”等干部管理机制的落实和全年工作目标任务的实现，我镇对11名科级干部、7名管区第一书记、22名站所长等40名中层以上机关干部党员的年度工作目标，实行全员合同化管理。结合科级干部、管区和站所的工作职能，从实际出发，根据中层以上机关干部工作承诺，制定年度工作目标合同。

（二）签订工作目标合同 工作目标合同明确了双方的权力、责任及义务。作为甲方的大张家镇党委、政府应尽的义务是，为中层以上机关干部提供便利的工作生活条件，创造良好的工作环境，为其择优配备工作人员；作为乙方的中层以上机关干部应尽的义务是，完成双方协商的荣誉、位次、任务三项指标。合同书经县公证处现场公证，有效期为一年。同时，各管区书记、站所长（主任）与一般干部党员也签订年度工作目标合同，全镇干部党员全部实行合同化管理。

“四制一化”管理模式推行以来，我镇以此为契机，把这项工作作为总揽全镇各项工作的总抓手，配套联动，狠抓落实，取得了显著成效。一是健全了干部党员管理体制。从健全体制入手，形成了一种“能者上、平者让、庸者下”的干部党员动态管理体制，消除了“干多干少一个样，干好干差一个样，干与不干一个样”的不良现象，为干事创业，拼搏进取的干部党员提供了一个发展的平台。全镇形成了一心一意谋发展，聚精会神搞建设的强大合力。二是激发了干部党员干事创业的热情。“四制一化”的实施，解决了部分干部党员思想上进取心不强，行动上目标不明确，工作上压力不够等问题，使全镇广大干部党员心中有盼头、工作有干头、进步有奔头，跨越发展的积极性和责任感进一步增强，特别是一般干部和党员无职应有责、无位应有为的意识得到了强化。广大干部党员形成了‘想干事、会干事、干成事、不出事、好共事”良好风气，各项工作由原来的“不推不动”变成了“积极主动”，干部党员的先锋模范作用得到了充分发挥，干事创业的热情全面迸发。“四制一化”制度实施以来，全镇每月平均收集招商引资信息40余条，达成项目意项15个，落地项目1个，完成招商引资2500余万元。三是促进了全镇经济社会又好又快发展。“四制一化”制度实施使全镇干部党员精神面貌焕然一新，工作干劲倍增，创业激情高涨，极大地促进了全镇经济社会又好又快发展。目前，全镇各项工作正在扎实开展，社会主义新农村建设稳步推进，以拓建环城路、建设中心广场为主的小城镇综合开发全面启动，农村基层党建“和谐共建”活动已拉开序幕，一个朝气蓬勃、活力四射、和谐发展的新大张家镇正朝着全面实现小康社会的目标前进。

创新机制　夯实基础
全力打造和谐稳定的发展环境

惠民县信访局党支部书记　卞如新

近年来，惠民县信访局以科学发展观为指导，以落实《信访条例》为主线，大力畅通信访渠道，规范信访秩序，认真解决群众合理诉求，将大量矛盾解决在了基层和萌芽状态，既有效维护了群众的合法利益，又促进了社会和谐稳定。2006年，全县信访总量同比下降15%，未发生县以上集体访，被县委、县政府授予创建信访工作“三无”县先进单位，并记集体三等功。惠民县被市委、市政府授予全市信访工作“三无”县，被省委、省政府授予平安山东建设先进县、2004—2006年度全省信访工作先进单位。工作实践中，县信访局从本地欠发达实际出发，探索建立了“六个一”信访工作机制，受到中央信访联席会议督导组的充分肯定。

一、坚持强化领导，实施“一把手工程”

定期研究分析信访情况，开展调查研究，及时向县委、县政府提出完善政策、改进工作的建议，充分发挥参谋作用。在信访部门建议、协调下，惠民县各级各部门将信访工作作为“一把手工程”，每月定期研究信访工作，并坚持把信访贯穿于各项工作中。制定出台了《进一步加强信访工作的意见》，切实强化信访工作责任制，严格实行信访工作“一票否决”，严格兑现奖惩。年初，县委、县政府主要领导分别与14个乡镇、35个县直部门党政“一把手”签订《信访目标管理责任书》，并多次召开县委常委会，听取信访部门汇报，研究信访工作。县信访稳定领导小组也先后8次召开小组全体成员会议，明确工作重点，分解工作任务。年底，县里拿出13万元，重奖本年度信访工作先进单位和先进个人。

二、坚持整合资源，实行“一条龙调处”

为切实解决好群众信访问题，真正把问题解决在基层，惠民县切实加强了县乡两个中心建设。在县级，投资50多万元，建设县人民群众来访联合接待中心，设立接待服务大厅，组织县人大、信访、公安、检察、法院、民政、国土、劳动、农业等16个机关和部门联合接访。在乡镇，以信访办为依托，整合司法、派出所、法庭、民政、土管等13个乡镇站所工作力量，建起乡镇信访联合调解中心，由党委一名副书记任

主任，信访助理为副主任，对来访群众实行“一站式”服务，对信访问题实行“一条龙”调处。从领导层和工作层两个层面，加强了信访工作网络建设，实行县级领导包乡镇和县直部门，乡镇科级干部包办事处，乡镇一般干部包村，县直单位科级干部包重点企业制度。每个乡镇、每个县直单位都明确一名副科级以上干部主管信访工作，县直单位设立专职或兼职信访干部，开展信访工作，乡镇信访办最少配备2—3名专职干部，办事处一级设立一名信访网长，村一级设立兼职信访调解员，形成了层层有人抓、事事有人管的格局。2006年，全县共排查各类矛盾纠纷1307起，调处成功率99%，做到了小事不出村、大事不出乡、难事不出县。

三、坚持领导包案，处理“一竿子到底”

对上级交办和本县排查出的重点信访案件，由县信访局提出建议方案，严格落实副县级领导干部包案制度，坚持“一个问题、一名县级领导、一个班子、一套方案、一抓到底”，分包的县级领导干部深入到信访人家中做工作，抛开过去定型的认识，重新与信访人见面，重新审视问题症结，重新拿出处理意见，使每个案件得到依法、及时、就地解决，解决了一大批信访积案。全年共召开各类案件协调会66次，走访信访群众180多人次，做到了包案一起，处理一起，结服一起。2006年按照“一竿子到底”的包案处理方法，省市交办的20起非涉法类重点信访案件结案率和结服率均达到100%，实现了“案结事了”，群众心服口服。

四、坚持完善机制，落实“一揽子责任”

为推进信访责任制的落实，县信访局完善信访系列工作制度方案，提报县委、县政府研究，制定下发了《关于进一步完善信访工作制度的通知》，就场所建设、队伍体系建设、排查调处、联合接访、领导包案、信访听证、信息化建设等16个方面进行了进一步明确和细化，提高了工作可操作性。严格按照《信访条例》等有关规定，加大对办案人员、管理人员的责任追究力度，对信访案件处置不力的公开通报批评。实行警示通报，对重复访、越级访等7个方面的信访问题实行《警示卡制度》，督促责任单位集中处结信访问题。同时，对重点信访案件实行日通报、周调度，2006年共下发通报28份，召开重点案件调度会20次。实施严格奖惩，县信访局制定了《全县信访工作千分制考核标准》方案，经研究以县委办文件下发，将信访工作细化量化为6项24条，对各乡镇、县直各单位信访工作每季度进行千分制考核，年度考核成绩记入单位主要负责人干部档案，作为干部选拔任用的依据之一。对连续2年信访综合考评排名后2位的，对年内发生信访突出问题和群体性事件，造成严重负面影响的单位，实行一票否决。

五、坚持预防为主，夯实“一个基础”

始终把预防矛盾纠纷发生，放在信访稳定工作的首位，根据排查和群众反映的问题，分类排队，追根求源，标本兼治，不断夯实基层基础工作。根据来访热点问题和信访部门建议，推行了乡财县管、村财乡管改革，村村设立了政务、财务和涉农价格收费公示栏，减少了“暗箱操作”问题发生。推行农村会计委派制，实现了农村财务管理的规范化、制度化。针对农村土地承包合同纠纷问题，成立了土地承包合同纠纷仲裁庭。为超前防范和妥善化解非正常上访问题，县信访局指导各级各部门认真落实每月排查、汇总、调度和重点敏感时期“日排查、零报告”制度。2006年共排查调处信访不稳定因素56件，做到了矛盾早发现、情况早掌握，措施早制定、工作早介入、问题早解决，把许多矛盾消除在了初发阶段。

六、坚持和谐发展，突出“一个保障”

社会要稳定，发展是保障。惠民县始终坚持把落实科学发展观，构建和谐社会作为做好信访工作的治本之策。2006年以来围绕发展主题，居弱图强，迎难而上，发展速度明显加快，发展质量逐步提高，主要指标增幅始终保持全市前三位。坚持“以人为本”，把维护好、实现好、发展好广大人民群众的根本利益作为一切工作的出发点和落脚点，努力让人民群众得到更多的实惠。工作中突出抓好“三个坚持”。坚持把维护职工利益放在企业改革改制的首位。督促企业按时交纳各种社会保险，履行应承担的社会责任，切实保障职工的合法权益。全县15家企业改革改制顺利推进，没有一起职工上访。坚持把维护农民利益放在农村工作的首位。在重点工程建设中，依法行政，按政策办事，切实保障了农民群众的合法利益，实现了农民群众零上访。全面落实各项支农惠农政策，严厉查处增加农民负担的行为。同时，注重教育与法治相结合，严厉打击违法分子，引导群众既讲权利，又讲义务。坚持把解决群众实际困难放在党委政府工作的首位。在财政比较困难的情况下，多方筹资，加大投入，路、桥、水等基础设施条件明显改善，农村五保对象集中供养率达到了70%以上，城镇职工基本实现了应保尽保。全县上下在发展变化中坚定了信心、得到了实惠，在凝心聚力谋发展中增强了党委、政府的公信力、向心力、号召力。

创建政务服务品牌
打造高效服务型机关

滨州市经济开发区工委副书记　崔其忠

自2001年成立以来，滨州经济开发区抢抓机遇，干事创业，迎难奋进，负重爬坡，全区呈现出政通人和、跨越发展的良好态势。为进一步创造更加优良的发展环境，引导广大干部职工立足岗位，敬业奉献，自2006年3月份以来，滨州经济开发区在全区各级各部门开展了创建“快、高、优”（快节奏、高效率、优服务）政务服务品牌活动，有力促进了机关效能和服务质量、服务水平的提高。

一、明确目标要求，找准创建工作重点

加强机关效能建设，创建“快、高、优”政务服务品牌，是推动经济社会发展的“基础工程”，是优化经济发展软环境的“关键工程”，也是政务服务的一个重要创新，对于改革创新机关工作模式，转变工作作风，提升服务质量和办事效率，打造机关干部团队，实现经济社会协调、快速、全面发展，具有十分重要的意义。创建“快、高、优”政务服务品牌要求各部门要紧紧围绕创建“高绩效机关”为重点，以创“‘快、高、优’型办公室”、“‘快、高、优’型先锋岗”、“‘快、高、优’型示范窗”为主要内容，强化宗旨意识，明确责任要求，提高创新能力，用品牌的理念、意识和标准来强化服务意识，改进服务方式，丰富服务内容，规范服务程序，提高服务效能。

二、完善方法步骤，扎实开展创建活动

（一）搞好宣传发动　“快、高、优”是指工作中要做到“快节奏、高效率、优服务”。“快节奏”是指各部门要建立工作快速反应机制，做到反应快、执行快、解决问题快，干工作不等不靠；“高效率”是指各部门要实行工作限时办结制，做到立说立行、快干会干、雷厉风行；“优服务”指各部门要实行首问负责制、服务承诺制、岗位责任制，对入区企业、人民群众及来办事人员做到服务热情、及时周到。各部门单位采取多种形式和手段，广泛深入地宣传创建“快、高、优”政务服务品牌活动的目的、意义和要求，统一思想，明确任务，切实把服务品牌创建活动作为提高机关效能效率建设的长效机制，摆到重要议事日程，营造全社会自觉践行、相互监督的良好创建氛围，使创建活动深入人心。

（二）制定创建标准　各单位坚持以科学发展观为统领，牢固树立服务品牌意识，在全区创建“快、高、优”政务服务品牌的主题下，根据自身核心业务工作，研究确定本单位服务品牌的具体名称。围绕岗位责任制、服务承诺制、首问负责制、限时办结制、行政过错责任追究制等制度建设，对岗位职责、工作规程和岗位责任做出全面、明确的要求。进一步完善面向社会承诺的服务内容、服务程序、服务标准、承诺时限和违诺责任。创建过程做到：建立高标准的服务规范，有完善的管理体系和服务保障机制，服务符合规范要求；所提供的服务在本部门或社会上具有明显的示范导向作用；所提供的服务得到服务对象的普遍认可，社会知名度和美誉度高。各部门单位制定了明确、详细、具体的工作标准和实施细则。

（三）完善反馈机制　在区工委的统一指导下，各部门单位结合工作实际，积极开展各种主题实践活动，创新活动载体，精心打造品牌，不断丰富创建内涵。区工委建立健全了创建工作监督反馈制度，面向社会开通投诉电话和电子投诉信箱，建立健全客商投诉快速反应机制，并在有关部门设立意见箱。同时，聘请部分机关、企业及群众代表，分别担任“服务品牌创建活动社会监督员”，定期召开情况通报会，对于发现的机关服务问题及时整改。创建过程中及时进行阶段性总结，广泛听取社会各界的意见和建议，不断创新创建标准及方案，增强活动的可操作性。2007年初，针对前期创建活动中存在的不足，区工委进一步健全了实施细则和督查制度，强化措施，加强领导，确保了创建活动科学、规范、有序的开展。

（四）推广表彰先进　区工委成立了由有关部门、群团组织、社会团体、入区企业的代表组成的“快、高、优”政务服务品牌评估团，坚持公开、公平、公正的原则，定期对各单位的服务品牌创建活动进行评价，对创建活动先进单位和个人进行大张旗鼓的表彰，不断扩大创建活动的影响力和实效性。2006年7月，区工委召开了全区“快、高、优”政务服务品牌创建经验交流会，全区涌现出了一大批创建典型，如区办公室进一步明确了责任分工，坚持“以人为本、以德为先、以诚相待、以严律人”的管理理念，叫响“强素质、亮窗口、争先进、创一流”的口号，树立了“举止得体、文明礼貌、待人热情、办事干练”的良好形象；区国税局将创建活动与提高服务质量相结合，以“如何提高服务质量，全心全意为纳税户服务”为题，强化了“限时服务制、首问负责制”等服务措施，将服务职责量化到岗、到人，这些都有力地推动了各项工作的开展，取得了较好的效果。2006年3至12月份，区工委通过发放民意测评表、征求意见函、集中评价等方式对各单位创建情况组织了四次阶段性测评，并把测评结果与年终评先树优结合起来，极大地调动了各单位创建的积极性，有效促进了机关服务效能的提高。

三、提高机关效能，营造优良发展环境

扎实搞创建，“品牌”结硕果。开展创建“快、高、优”政

务服务品牌活动一年来,全区机关服务效能迅速提高,工作作风明显转变,为全区经济社会跨越发展、和谐发展营造了良好的环境。

(一)凝心聚力,振奋精神,干部思想境界进一步得到提升 通过完善"快、高、优"政务服务品牌创建活动实施细则,建立健全创建活动的督查和反馈机制,全区广大干部职工进一步明确了工作目标要求,主动提高工作标准,增强了加快发展的危机感、紧迫感和责任感,提升了思想境界,"学先进、找差距、树雄心、争突破"在全区机关蔚然成风,使"自我突破、全面赶超"成为每一名开发区人的工作常态,全区上下呈现出解放思想、拼搏实干、攻坚克难、勇争一流的良好精神状态。

(二)转变作风,干事创业,机关服务效能得到进一步提高 通过一年多的扎实创建活动,全区机关工作作风有了很大转变,服务效能有了很大提高,全区上下形成了勤政为民、真抓实干、雷厉风行、迎难而上、纪律严明的良好风气。"快、高、优"成为每一个单位,每一名开发区人实实在在的工作标准,成为每一名机关工作人员的自觉行动,也成为评价单位成绩和干部政绩的重要依据。在这样良好的创建氛围影响下,"懒、拖"的现象不见了,全区广大机关人员求真务实、锐意进取、勤于思考、雷厉风行,对工作不推诿、不怠慢、不摆架子,对问题不推、不拒、不压,坚持"以诚信为基础,以效率为前提,以双赢为目的",大力发扬"特别能吃苦、特别能干事、特别能执行"的精神,把工作重点和主要精力用在抓招商、抓项目、抓环境、抓稳定、抓发展上,在理解中执行,在执行中理解,做到在快中争主动、谋发展、求跨越,树立了务实高效的良好形象。

(三)求真务实,赶超跨越,发展环境得到进一步优化 各部门单位把创建活动与自身工作紧密结合起来,各项业务工作有了长足进步。经济发展局的"五个怎么办、实干创一流"、规划建设局的"精准无误、公开公正、廉洁高效"、公用事业管理局的"绿色服务快车"、地税分局的"高、快、优"阳光办税、供电营业部的"爱心彩虹"等服务品牌各具行业特色,创建活动深入人心,成效明显,赢得了服务对象及社会各界的广泛赞誉,优化了发展环境,为促进全区经济社会又好又快的发展奠定了坚实的基础。

坚持以科学发展观统领全局
推动菏泽公路事业又好又快发展

菏泽市公路管理局党委书记　李怀堂

2006年,在上级党委、政府和省交通厅、厅公路局的正确领导和大力支持下,全市公路系统广大干部职工坚持以邓小平理论和"三个代表"重要思想为指导,以科学发展观统领全局,开拓创新,团结拼搏,攻坚破难,真抓实干,各项工作均取得了显著成绩,推动了全市公路事业健康和谐发展,实现了"十一五"公路发展的良好开局。市局在保持"省级文明单位"的基础上,2006年又先后荣获"全国安康杯竞赛活动先进单位"、"全省交通行业精神文明建设工作先进单位"和"全省公路系统"十五"创建文明行业工作先进单位",被省委宣传部授予"全省先进县级党委理论学习中心组",被市政府荣记干线公路建设二等功一次,被省总工会授予"富民兴鲁劳动奖状"。目前,全系统已有12个省级文明单位,1个国家级青年文明号,5个省级青年文明号,12个市级青年文明号。

一、以科学发展观统领全局,公路工作取得显著成绩

(一)公路工程建设实现新突破 去年共开工工程建设项目22项,总里程290公里,完成工程投资共计9.06亿元,是近年来通车项目和里程最多的一年。经省公路检测中心鉴定,已完工项目全部达到优良级标准,质量合格率达100%。工程总公司、设计院、监理公司等单位在完成市内工程任务的同时,积极抢占市外建设市场,其中工程总公司中标5.4亿元的市外工程量,监理公司中标承担了183.5公里的市外工程监理任务,均取得了较好的经济和社会效益。

(二)公路规费征收实现新辉煌 2006年以来,我们进一步加强公路规费征收管理,积极协调有关部门开展联合执法,依法处置逃漏规费行为,外挂车辆和大吨小标车辆得到有效治理。去年汽车养路费征收额增长率为16.11%,居全省增幅第三名;路桥通行费征收额增长率为19.22%。胜利实现了年初确定的任务目标,成为历史上最好的年份。

(三)公路养护又上新台阶 以创建105国道文明样板路为主线,积极实施"五大养护工程"和"养护365"行动,养护管理的制度化、规范化和标准化建设得到全面加强。全

年共完成养护投资1.07亿元,加固改造危桥7座,及时抢修水毁,消除不安全因素,确保了公路安全畅通。特别是105国道文明样板路创建工作得到才利民副省长的充分肯定,并顺利通过交通部的检查验收。

(四)公路路政管理和治超工作取得新成效 加大路巡力度,依法查处路政事案,严格涉路工程审批,维护路产路权。充分发挥GPS卫星定位系统、96660路政服务电话及路政服务大厅的作用,路政办案效率及应对突发事件的处理能力进一步提高。加强超限运输治理,超限超载态势得到有效遏制。2006年共查处路政事案746起,结案率达100%,拆除违章建筑2340平方米。

(五)公路产业开发取得新发展 以公路为依托,积极培育产业开发项目,努力增效创收,目前全系统产业开发项目已达110多个,盈利2100万元。通过招商引资,一批工业项目已落地公路工业园并投产。

二、紧紧抓住发展这个第一要务,不断创新工作思路

一年来,我们始终紧扣发展主题,将发展理念贯穿于公路各项工作中。

(一)以工程建设促发展 我们认真按照科学发展观的要求,始终坚持"以人为本"的工作宗旨,无论是从施工方法和施工流程的优化,还是从现场施工的组织和调度,都努力体现公路建设与人、车和周边环境的和谐统一。特别是在327国道城区段建设中,在保证工程质量的前提下,为加快工程进度,我们在对主车道实施封闭施工管理的同时,充分利用慢车道保障一般车辆、行人的通行。充分考虑周边企业、单位的承受能力和沿线人民群众的生产生活,减少施工噪音和污染,1最大可能地方便沿线企业及人民群众生产和出行,从而最大限度地体现社会效益。

(二)以规费征收保发展 在公路规费征收工作中,我们严格征收政策,坚持依法征费,完善征收网络,强化增收措施,努力提高实征率,确保应征不漏。为我市公路事业的发展提供了强大的资金保障。

(三)以产业开发谋发展 我们充分依托行业优势和公路工业园区建设,加大产业开发力度,瞄准大、高、外项目,推进跨行业经营,我局产业开发项目形成了多元化、规模化、集约型格局,不仅发展壮大了公路行业内部实力,而且解决了部分富余人员的就业问题。

三、加大力度,确保构建和谐公路系统工作顺利进行

近年来,我局始终坚持把"构建和谐公路系统,促进公路事业发展"的理念贯穿于各项公路工作中,有力地推动了构建和谐公路的进程。

(一)以管理创造和谐 为进一步转变机关作风,提高工作效率和工作质量,我们大力开展机关效能建设活动,在系统内部形成了行为规范、运转协调、公正透明、廉洁高效的管理体制和运行机制,机关的工作质量和服务水平得到不断提高,营造了奋发向上、干事创业的良好氛围。

(二)以稳定促进和谐 行业稳定是行业和谐的重要前提与基础。我们全面深化工会维权机制建设,协调好劳资关系,搞好基层民主管理,积极化解矛盾纠纷,维护好广大职工的政治、经济、文化利益。着重抓好加强安全生产管理,建立安全生产事故责任追究机制,从根本上遏制了特大安全生产事故的发生,促进了家庭和谐、单位稳定。

(三)以党风廉政建设保障和谐 我们着重建立健全了符合公路建、养、征、管各项工作需要的惩治与预防腐败体系,着力构建不愿腐败的自律机制、不易腐败的防范机制、不能腐败的监督机制、不敢腐败的惩处机制,为和谐公路建设提供了有力的政治保证。

四、塑造新品牌,精心打造公路文明行业创建活动新亮点

(一)塑造诚信品牌 在创建活动中,我们积极实施品牌带动战略,努力提升创建文明行业的档次和品位。着力建设一批诚信品牌工程,承诺一批诚信服务项目,推出了一批诚信服务窗口,把96660公路路政服务电话建设成为了展示公路诚信服务形象的亮点。高标准、高起点抓好收费站、路政服务大厅,通过设立宣传栏、群众举报箱、热线举报电话等各种形式大力推行政务公开,践行服务承诺,教育收费、路政执法人员牢固树立"有难必帮、有错必纠、有诺必践"的服务理念,大大提高了公路行业的公信力,提升了公路文明诚信的品牌形象。

(二)塑造文化品牌 我们按照"山东公路与时代同步,与文明同行"的要求,首先抓好了公路文化载体建设。公路作为人流、物流的重要载体,社会交往的纽带,其等级标准、视觉景观、管理水平,都鲜明地反映了公路文化的发展程度。在创建工作中,我们根据公路工作的实际,以105国道创建国家级文明样板路为契机,有重点、有计划地在国省道干线公路养护工作中推行GBM工程,在基层窗口服务单位积极推行设施标准化、环境美化和管理规范化建设,把每一项公路设施都变成传播公路文化的载体。其次,是抓好公路文化内涵挖掘。近年来,我们不断总结、提炼在创建工作中形成的创建理念,在全局逐步培育了以"默默无闻、无私奉献"为主题的"铺路石"精神,以"团结奋进、求实创新"为主题的菏泽公路精神,并汇总编印了《菏泽公路文化手册》,将行业理念、行业精神、职业道德、规章制度规范确立,让每个公路职工都能够充分了解,明确掌握,增强了公路职工创建行为文化的自觉性。

(三)塑造服务品牌 公路直接服务于社会,服务于人民。人民群众对公路行业的要求已经从公路不光建得好、养得好,而且更要管理服务得好。这就要求我们不断提高公路适应经济和社会发展的能力,充分发挥公路服务社会的功能,靠优质服务赢得效益,树立形象。在创建工作中,我们牢固树立"以人为本、以车为本"的服务理念,突出抓好

以路政、养护、管理、规费征收为重点的各项服务工作,改善服务环境,提高服务质量。在高速公路管理工作中,坚持以“人车为本,畅安舒美,优质服务,和谐公路”为出发点,将各项服务全面纳入到质量和职业健康安全管理体系之中,努力实现公路服务的人性化、亲情化和温馨化,打造了菏泽公路以人为本、服务社会的崭新形象。

搞好机关党建 创新工作机制 推进卫生事业又好又快发展

菏泽市卫生局党委书记 赵和平

卫生工作是一项事关民生,涉及人民群众身体健康及生命安全的重要工作,是促进社会协调发展与进步,构建和谐社会的重要保证,是提升党的执政能力,密切党群干群关系的桥梁和纽带。近年来,菏泽市卫生局党委围绕省委“突破菏泽”战略和市委、市政府提出的“四四四一”工程和加快新农村建设的整体思路,始终坚持以邓小平理论和“三个代表”重要思想为指导,以科学发展观统揽卫生工作全局,努力构建和谐卫生系统。以“一切为人民群众健康”服务,为社会进步和经济发展服务为出发点和落脚点,采取切实有效措施,狠抓机关党的建设,不断创新工作机制,努力维护和增进人民健康,大力推进社会主义新农村建设,取得了显著成绩,受到了群众的好评,得到了各级领导的充分肯定。成绩的取得,主要得益于以下五个方面:

一、“龙头”带动不放松

卫生系统党建工作面广量大,我市现有各级各类医疗卫生机构7081个,其中公立医疗卫生机构279个,民营医院52个,乡村卫生室6750个;共有工作人员35915人,其中卫生技术人员19902人,乡村医生11535人。市卫生局党委认为:经过几次大的政治活动,虽然普遍建立了长效机制,规章成了册,制度上了墙,但使其真正发挥作用,还必须靠上去劳心费神去抓。为此,局党委达成了共识:机关党建工作是基础,抓党建工作不能放松,以党建工作推动机关业务开展,局党委是全市卫生系统党组织的龙头,“龙头”摆,“龙身”、“龙尾”皆动。立足于以身作则、率先垂范,狠抓班子自身建设,定期召开民主生活会,班子成员真诚坦言,交换认识,沟通思想,大兴和谐之风。机关党员活动、局属单位党组织负责人思想工作交流已逐步形成制度。每周两个半天的学习,党员都踊跃参加,局属单位一季度一交流的机会,每个基层党组织和党员都很珍惜。

二、以人为本求活力

党员是党组织的细胞。每个党员健康茁壮,党组织就有战斗力,就有后劲和活力,就有动力。为使构建和谐卫生的主张变为广大医务工作者的自觉行动,不厌其烦地宣传教育,做深入细致的思想工作。一是讲责任感。医务工作者只有把维护好、实现好、发展好人民群众的健康权益放到第一位,并为之努力奋斗,才能胜任本职工作。二是讲医德。主要是进行医德医风教育。三是讲服务质量。特别强调,医院坚持以人为本,就是以病人为中心,时刻把病人的冷暖安危挂在心上。这三个讲,始终贯穿各种党员教育活动中,收到较好成效。

三、巧搭平台收实效

开展机关党建工作,好的方式方法,能收到事半功倍的效果。实践和经验使局党委认识到:有活动才有活力。局党委研究决定,从建设卫生文化入手,大力开展卫生文化活动。

(一)万名医务工作者“三夏”支农活动 05、06连续两年,在“三夏”大忙季节,采取市、县、乡、村四级医疗机构联动的方式,组织1000多支小分队,1万多名医务工作者,进村入户,为群众免费义诊,送医送药,开展健康咨询、防病治病宣传,缓解群众三夏期间看病难问题。该项活动的开展达到了“卫生搭桥梁,群众得实惠,政府树形象”的目的。

(二)丰富多彩的文体活动 举办了全市卫生系统春季运动会,广大医务工作者的凝聚力、向心力,集体主义和荣誉感大为增强;05、06连续两年,利用5.12国际护士节之机,举办大型文艺演出,充分展示白衣天使英姿;05年度的大型电视演出,被选送到省电视台播出,社会反响良好;06年元旦,组织各医疗单位创作、学唱院歌,在此基础上举行歌咏比赛,广大医务工作者在潜移默化中升华白衣天使的高尚情操。

(三)卓有成效的能力建设 卫生局党委突出抓了两个方面的工作,一是让大家先当先生,后当学生,努力提高整体素质。所有中层干部,结合全市卫生工作实际和自身业务实际,自己撰写讲课提纲,自己制作课件,登课堂,当老师,为全体机关人员讲课。二是建立“一日一题学法”日志制度。自2004年起统一格式印制笔记本,人手一册,将所有卫生法规细化分解,列成题目,每天一题,半年一查,促使同志们学习,培养学习意识。

四、虚实结合重治本

在开展机关党建工作中,局党委一班人深刻体会到:大道理要大讲,具体事要做实,二者不可偏废,要紧密结合起来,才能收到最佳效果。2006年,在全国范围内开展了六个行业为重点的商业贿赂专项治理工作，卫生行业名列其中。开始，局党委多次开会研究，并深入各医疗机构卫生调查研究，形成了具有菏泽特点的工作思路。总的做法是虚实结合、注重实效。务虚，就是狠抓灌输；务实，就是抓具体事。在活动开始阶段，按照"打雷、布云、立即刹车"的原则，将上级开展这项工作的重要性、必要性，原则和政策界限，反复讲，硬性灌，并编写了致全市医务工作者的一封公开信，在媒体广为宣传。同时，加强正面教育，以先进典型促进行风建设。2006年8月，与市人事局联合评选表彰全市20名卫生行风建设标兵，并从中选5名优秀代表组成报告团，在全市各县区进行巡回报告，直接受教育者达1万多人。在此基础上，组织开展了一系列的工作，一是讲明上级的有关政策界限，给大家改过自新的机会。二是举办重点岗位、重点环节、重点人员学习班，请纪检、监察干部进行警示教育，效果明显。

五、抓点带面促全局

菏泽市卫生工作不仅在全省整体落后，在市里也属后进状态。怎样扭转这一被动局面，争创一流工作，为菏泽争光？整体推进不现实，力求单项突破有可能。局党委多次开会，广泛征求意见，最终确定思路：不求整体先进，力争单项冠军，使某项工作跨入全省、乃至全国先进行列。突破口就选择农村改厕。之所以选择农村改厕为突破口，其一，是因为卫生工作的方针是预防为主，农村肠道传染病80%是由于粪便污染引起的。将厕所改造，切断了疾病传染源，使农民少生病、晚生病、甚至不生病，就能很大程度上缓解看病贵、看病难问题。是保护人民群众健康权益的治本措施。其二，是因为十六届五中、六中全会提出建设社会主义新农村、构建和谐社会。我们抓旧厕改造正是事关新农村建设的具体工作，厕所虽小，事涉民生，抓农村改厕，适应新农村建设大气候。其三，是因为旧厕改造，群众易接受，便于推广。鉴于此，局党委以破釜沉舟之志，横下一条心，坚决在这方面求突破、创一流，以此带动整个卫生工作的开展。市委、市政府在肯定这一工作思路的同时，把农村改厕纳入到各级党委、政府的重点工作，使改厕这项造福人民的工作在全市很快推开，并取得明显成效。省政府分管卫生工作的王军民副省长两次批示，要求在全省推广菏泽农村改厕的经验。2006年7月18日，全省农村改厕现场会在菏泽召开。10月28日，菏泽市以农村改厕为突破口，进行新农村建设的成功实践，被第二届中国全面小康论坛组委会推选为"中国十大政府创新典型"，在2007年元月召开的全省卫生工作会议上，菏泽市"找准改厕突破口，共建和谐新农村"的做法，在会议做了交流和发言，在全省卫生系统引起强烈反响。目前，全市新农合工作全面覆盖；乡镇卫生院建设进一步加强，整体能力增加；农村卫生室规范化建设全部完成，进一步方便了群众就医；结防、艾滋病防治工作走在全省前列；无偿献血工作跨入全国先进行列。整个卫生工作呈现良好的发展势头。

加快电网发展 创建和谐企业

山东电力集团公司副总经理 钱 平

构建社会主义和谐社会，是我们党从中国特色社会主义事业总体布局和全面建设小康社会全局出发提出的重大战略任务。山东电力集团公司党委贯彻落实国家电网公司关于创建和谐企业的工作部署，把推进企业实现又好又快发展，积极创建和谐企业作为公司各项工作的中心，加快电网建设，积极服务全省经济社会发展大局。

近年来，公司清醒的认识和分析面临的形势，确立了正确的发展战略。"十一五"时期，是山东电力集团公司发展的重要战略机遇期，集团公司党委确立了率先在国家电网公司系统初步建成"一强三优"（电网坚强、资产优良、服务优质、业绩优秀）现代公司的发展战略目标。适应这一目标要求，集团公司党委提出，创建和谐企业，要坚持以党的十六届六中全会精神和全国"两会"精神为指导，全面落实科学发展观，以"营造和谐、共促发展"为主题，着力解决公司和电网发展中存在的主要矛盾和突出问题，以发展巩固和谐，以改革促进和谐，以创新推动和谐，以稳定保证和谐，以文化孕育和谐，建设具有时代特征、符合社会主义和谐社会要求的和谐企业，促进企业与员工、与行业、与社会共同发展，为全省经济社会发展提供坚强的电力供应。

一、在和谐中求发展，以发展促和谐，壮大创建和谐企业的物质基础

建设"一强三优"现代公司的过程，就是创建和谐企业的过程。树立和谐发展的理念，就要把发展作为第一要务，推进电网发展方式转变，确保"十一五"末在国家电网公司系统率先初步建成"一强三优"现代公司。从2004年起，公司实施电网建设连续三年"双过千"工程，每年投资近100亿元，建设220千伏及以上变电容量和线路分别突破1000万千伏安和1000公里，三年共投产220千伏及以上变电容量3456万千伏安、线路5052公里。2006年，建成投产220千伏及以上变电容量1428万千伏安、线路1739.4公里。山东电网500千伏西电东送通道由2回增加到5回，500千伏主网架基本形成，220千伏电网进一步加强，输电能力大幅度提高，有效满足了全省用电增长和电源送出的需要。"十

一五”期间，山东电网建设计划总投资616亿元。

安全生产是创建和谐企业的基础。公司牢固树立风险意识和忧患意识，实施安全生产全过程管理。强化安全生产的超前管理和超前防范，加强对电网安全规律和机理的研究，强化应急机制建设，开展企业安全风险评估，完善应急预案，建立安全生产预控机制。坚持“谁主管、谁负责”的原则，强化各级安全生产责任制。深入持久地开展反事故斗争，着力解决影响安全生产的突出问题，筑牢创建和谐企业安全基础。截至2007年一季度，公司实现安全生产2859天。“十一五”期间，公司安全生产主要指标将达到或接近国际先进水平。

二、深化优质服务，促进企业与社会协调发展，营造创建和谐企业的良好社会基础

加强优质服务工作，既是公司健康发展的内在要求，也是构建和谐社会的必然要求。从2000年开始，集团公司在全系统实施了“彩虹工程”。严格落实供电服务十项承诺、员工服务行为“十个不准”，建立“彩虹工程”常态运行机制。全省各市、县供电公司连续多年在当地行风评比中取得优异成绩。新的形势下，公司把实践“四个服务”（“服务党和国家工作大局、服务电力客户、服务发电企业、服务经济社会发展”）的企业宗旨作为深化“彩虹工程”的抓手，不断提高优质服务水平，积极履行社会责任。2006年，面对暴雪、雷雨、大风等恶劣天气的袭击，集团公司组织烟台、威海、临沂供电公司等单位全力以赴抗灾抢险，及时恢复供电。2007年，公司以“真情彩虹、和谐山东”为主题，认真开展“优质服务年”活动。依法治企、诚信经营，加强企业自律，以高品质的服务赢得客户信任和支持。坚持“三公调度”，规范信息发布，建立公开透明、开放有序的电力市场交易平台，构建和谐网厂关系。加大工作力度，改善公共关系，建立向政府汇报沟通和向社会披露信息制度，自觉接受政府监督和社会监督。按照国家电网公司的统一部署，积极开展“国家电网”品牌的推广和应用工作。积极履行社会责任，树立“诚信、负责、开放、进取”的良好公司形象。

三、坚持以人为本，建设和谐员工队伍，筑牢和谐企业的群众基础

紧紧依靠职工办企业，把维护员工的根本利益作为各项工作的出发点和落脚点，统筹协调利益关系，构建规范有序、公正合理、和谐稳定的劳动关系，建设和谐员工队伍；加强企业民主管理和民主监督，认真落实职代会和厂务公开制度，维护职工的主人翁地位和合法权益。继续推进人才强企战略，落实员工培训计划，加强经营管理、专业技术、操作技能三支队伍建设，深化“111人才工程”，提高员工队伍整体素质，促进员工全面发展；重视并做好深化改革中的稳定工作，使员工理解改革、支持改革，确保改革顺利进行。关心离退休职工生活，切实帮助解决实际困难；加强职业卫生工作，关心员工身心健康。以和谐发展为主题，开展多种形式的创建活动，营造“企业关爱员工、员工忠诚企业、人企和谐共赢”的良好氛围，形成公司各级组织之间、部门之间、上下级之间和谐相处，团结一心干事业、齐心协力谋发展的良好局面。

四、建设和谐文化，弘扬企业精神，为创建和谐企业提供有力的文化支撑

把建设和谐文化作为创建和谐企业的重要内容，认真开展社会主义核心价值体系教育，树立以“八荣八耻”为主要内容的社会主义荣辱观，加强员工思想道德建设，严格执行《国家电网公司员工守则》，构筑创建和谐企业的思想道德体系。推进企业文化再造，加强安全文化、服务文化、廉洁文化和绩效文化建设，建立具有时代特色和鲜明个性的企业文化体系。大力弘扬“努力超越，追求卓越”的企业精神，积极培育“以人为本、忠诚企业、奉献社会”的企业文化，不断深化“爱心活动·平安工程”，牢固树立“爱心·平安·和谐”理念，增强和谐意识，营造和谐氛围，形成公司奋发向上的精神力量和团结和睦的精神纽带。

五、加强研究，完善制度，构建和谐企业的载体

创建和谐企业是一项长期的战略任务，要研究建立创建工作机制，明确分工，加强协调指导，形成党委统一领导、党政工团齐抓共管的工作格局，形成创建合力。深入研究创建工作的规律和特点，做到系统策划、分步实施，突出重点、扎实推进。工作中要坚持正确的舆论导向，大力开展社会主义和谐社会宣传教育，引导广大员工积极投身和谐企业创建工作。通过举办专题报告、征文，开展专题论坛和研讨等活动，推进和谐企业理论研究，组织开展和谐班组、和谐车间、和谐家庭等系列创建活动，不断丰富和创新创建工作内容。创建和谐企业，要充分发挥党的政治优势。各级党组织要深入企业实际，认真查找不和谐因素，研究解决存在的突出问题。广大党员要从自身做起，率先垂范，身体力行，以实际行动积极为创建和谐企业做贡献。

六、大力加强总部作风建设，充分发挥公司总部在创建和谐企业中的重要作用

作风建设是总部长抓不懈的任务。我们把作风建设作为深化总部“三个中心”（战略决策中心、管理调控中心、电网调度中心），创建和谐企业的总抓手，深入推进，不断提高。总部加强思想作风建设，认真学习党的十六届六中全会精神、全国“两会”精神及党的方针、路线、政策，教育总部职工认清公司面临的形势和任务、承担的重大政治责任、社会责任和经济责任，顾全大局，增强责任感和使命感。坚持我党理论联系实际的优良学风，把学习的成果和体会转化为谋划工作的思路、促进工作的措施、总揽全局的本领，特别是要转化为创建和谐企业、建设“一强三优”现代公司的

能力。加强学习型组织建设，开展“努力超越、追求卓越”企业精神的学习教育，倡导“以人为本、忠诚企业、奉献社会”的企业文化，鼓励总部员工立足本职，在学习中进步，在实践中成材。认真落实“权威、负责、迅速”的工作要求，增强效率意识和责任意识，改进会风文风，切实加强工作作风建设。狠抓责任落实、责任考核、责任追究三个环节，巩固商业贿赂专项治理成果，全面落实党风廉政责任制，为加快企业发展，创建和谐企业提供坚强的组织保证，发挥好总部的带头作用。

光荣榜

全省县域经济发展先进单位名单

一、奖励表彰单位（18个）

淄博市临淄区	济南市历城区	龙口市	胶南市	新泰市	寿光市
东阿县	无棣县	平原县	嘉祥县	巨野县	枣庄市峄城区
青岛市崂山区	青岛市黄岛区	临沂市兰山区	青岛市城阳区	烟台市福山区	莱芜市钢城区

二、表扬单位（20个）

荣成市	文登市	胶州市	即墨市	邹城市	平度市
莱州市	蓬莱市	招远市	邹平县	淄博市淄川区	桓台县
淄博市周村区	章丘市	乳山市	兖州市	诸城市	莱西市
广饶县	滕州市				

山东省民兵预备役政治工作先进单位、先进个人名单

一、山东省民兵预备役政治工作先进单位（23个）

威海军分区政治部
淄博军分区政治部
日照军分区政治部
胶南市人武部
临沭县人武部
费县人武部
潍坊市坊子区人武部
德州市德城区人武部
金乡县人武部
莘县人武部
菏泽市牡丹区人武部
滕州市人武部
泰安预备役高炮团
山东陆军预备役步兵第七十六师二二八团
济南钢铁集团武装部
济南市天桥区洛口街道办事处
龙口市徐福镇武装部

胶州市营海镇武装部
乐陵市黄夹镇武装部
滨州市滨城区彭李街道办事处武装部
东营市东营区黄河街道办事处武装部
山东陆军预备役后勤保障旅修理一营
莱钢股份有限公司炼钢厂

二、山东省民兵预备役政治工作先进个人(37名)

齐秀生　烟台市委副书记
陈先运　章丘市委书记、市人武部党委第一书记、济南预备役高炮团第一政委
吴淑玲(女)青岛市四方区区委书记、区人武部党委第一书记
王元榜　潍坊市奎文区委书记、区人武部党委第一书记
孔维民　微山县委书记、县人武部党委第一书记
关　华　阳谷县委书记、县人武部党委第一书记
张立春　临沂市罗庄区人武部政委
滕永利　邹平县人武部政委
崔文书　东营市河口区人武部政委
迟松林　莱州市人武部政工科科长
赵希全　莒县人武部政工科科长
夏先锋　新泰市人武部政工科科长
刘秋洋　山东陆军预备役炮兵师秘书群联科正营职干事
刘　兵　烟台港集团武装部部长
丛晨日　烟台市人事局军转办主任、山东陆军预备役步兵第七十六师政治部干部科预任正营职干事
管元江　胶州市政府办公室主任、山东陆军预备役高炮师三团一营预任教导员
刘积学　即墨市普东镇党委书记、57高炮一营预任副营长
逄卫民　青岛市李沧区李村街道办事处武装部部长
李宝强　济南市长清区文昌街道办事处武装部部长
刘光辉　威海市环翠区张村镇党委书记、民兵营教导员
孙永胜　沂水县姚店子镇司法所科员、基干民兵
张清涛　昌邑市丈岭镇武装部部长
郎会祥　临朐县城关街道党工委书记、民兵营教导员
李松叶　陵县丁庄乡党委书记、民兵营教导员
魏中华　济宁市“战友之家”人力资源有限公司董事长、山东陆军预备役炮兵师自动化站预任助理工程师
张　玕　兖州市兴隆庄镇党委书记、民兵营教导员
谢业龙　邹城市城前镇武装部部长
侯玉胜　淄博市张店区科苑街道办事处武装部部长
郭宝庆　沂源县南麻镇党委书记、预备役工兵团政治处预任副主任
董　骞　宁阳县东庄乡党委书记、民兵营教导员
徐庆玲　惠民县魏集镇武装部部长
李连锋　聊城市东昌府区堂邑镇武装部部长
梁远献　菏泽市天香毛纺织有限公司武装部副部长
张素华(女)成武县张楼乡党委书记、民兵营教导员
郝　勇　枣庄市山亭区店子镇武装部部长
王明先　枣庄市台儿庄区马兰屯镇党委书记、民兵营教导员
亓德兴　胜利油田武装部副部长、胜利油田民兵应急大队大队长

山东省先进基层党组织名单
（共200个）

济南市（14个）

章丘市宁家埠镇向高村党总支
中国重型汽车集团有限公司党委
济南市公安局交警支队党委
济阳县崔寨镇党委
商河县委玉皇庙街道工委
历下区人民检察院机关党委
槐荫区委振兴街街道工委
天桥区委北园街道工委
历城区西营镇黑峪村党支部
长清区委崮云湖街道工委
济南市社会福利院党支部
济南二机床集团有限公司党委
力诺集团有限责任公司党委
济南炼油厂党委

青岛市（19个）

海尔集团公司党委
城阳区城阳街道城阳村社区党委
平度市南村镇党委
胶州市阜安街道胜利村党总支
胶南市泊里镇河北村党支部
莱西市人民医院党总支
即墨市供电公司党委
市南区珠海路街道汕头路社区党委
市北区人民法院机关党总支
四方区洛阳路街道海琴社区党委
李沧区虎山路街道馨苑社区党支部
崂山区王哥庄街道港西社区党总支
黄岛区委薛家岛街道工委
中国电子科技集团第22研究所青岛分所党委
青岛市12319服务热线管理中心党支部
青岛海信电器股份有限公司党委
青岛纺联集团一棉有限公司细纱车间党总支
青岛市公安局装备财务处党总支
青岛市城阳国家税务局党委

淄博市（10个）

淄博市高新技术产业开发区卫固镇傅山村党委
张店区园林绿化管理局党总支
博山区八陡镇增福村党委
周村区委丝绸路街道工委
临淄区凤凰镇党委
山东博汇集团有限公司党委
淄博市原山林场党委
淄博市消防支队党委
山东玻璃集团党委
山东铝业公司党委

枣庄市（7个）

滕州市张汪镇大宗村党总支
薛城区张范镇党委
山亭区城头镇党委
市中区中心街街道党员服务中心党总支
山东丰源煤电股份有限公司党委
台儿庄区运河街道党委
枣庄矿业集团公司田陈煤矿党委

东营市（4个）

山东省通信公司东营市分公司党委
东营区黄河路街道东赵社区党委
垦利县胜坨镇党委
利津县汀罗镇毛坨村党支部

烟台市（16个）

龙口市东江镇南山村党委
烟台供电公司党委
烟台国际机场集团有限公司党委
烟台三站批发交易市场党委
芝罘区只楚街道只楚居民区党委
福山区门楼镇卫家疃村党总支
莱山区解甲庄镇孔辛头村党支部
牟平区委文化街道工委
海阳市委经济开发区工委
莱阳市龙旺庄街道党委
栖霞市桃村镇党委
蓬莱市委旅游度假区工委
长岛县北隍城乡山后村党支部

山东招金集团有限公司党委
莱州市第一中学党委
烟台万利达实业发展总公司党委

潍坊市(17个)

寿光市孙家集街道三元朱村党支部
安丘市人民检察院机关党支部
潍城区委北关街道工委
山东海化集团有限公司党委
青州卷烟厂党委
奎文区广文街道李家庄村党委
寒亭区实验中学党支部
山东新郎希努尔集团股份有限公司党委
高密市柏城镇柏城村党总支
昌邑市柳疃镇党委
昌乐县红河镇党委
临朐县供电公司党委
潍坊市国家税务局机关党委
华电潍坊发电有限公司党委
山东省益都卫生学校党委
潍坊市建筑工程管理局党总支
潍坊学院历史文化与旅游学院党总支

济宁市(16个)

济宁医学院附属医院党委
邹城市北宿镇西故村党支部
兖州市新兖镇小马青村党总支
山东如意科技集团有限公司党委
鱼台县鱼城镇卜桥村党支部
微山县渔业综合管委会党委
市中区越河街道古路沟社区党支部
济宁高新技术产业开发区王因镇党委
济宁市商业银行党委
泗水县泉林镇党委
金乡县人民医院党委
任城区廿里铺镇党委
曲阜师范大学体育科学学院党总支
曲阜市委文化遗产管委会工委
济宁市民政局机关党总支
兖州煤业股份有限公司党委

泰安市(11个)

肥城市石横镇常委
泰山区省庄镇东孙村党支部
岱岳区满庄镇满庄北村党支部
新泰市新汶街道党委
宁阳县华丰镇党委
东平县交通局党委
新汶矿业集团公司孙村煤矿党委
泰安市委办公室机关党委
泰山学院附属中学党总支
泰开电气集团有限公司党委
山东农业大学农学院党委

威海市(7个)

西霞口集团有限公司党委
山东省艺达有限公司党委
威海鑫山冶金有限公司党委
环翠区张村镇党委
威海市金猴集团有限责任公司党委
威海魏桥科技工业园有限公司党委
威高集团有限公司党委

日照市(6个)

日照港(集团)有限公司党委
日照市规划建设委员会党委
日照市委大学科技园工委办公室党支部
日照经济开发区北京路街道党委
岚山区巨峰镇党委
莒县城阳镇岳家村党总支

莱芜市(2个)

莱城区口镇西街村党委
钢城区颜庄镇疃里村党总支

临沂市(14个)

沂南县依汶镇后峪子村党支部
山东临沂兰山农村合作银行党委
罗庄区沈泉庄社区党委
河东区人民检察院党总支
郯城县胜利乡党委
苍山县向城镇党委
莒南县坪上镇党委
沂水县沂水镇党委
山东银麦啤酒股份有限公司党委
平邑县地方镇九间棚村党总支

费县新桥镇东朱汪村党支部
沂南县供电公司党委
临沭县郑山镇党委
临沂市地方税务局机关党委

德州市(11个)

德城区新湖街道北园社区党支部
德州市公安局经济开发区分局党委
禹城市委高新技术产业开发区工委
乐陵市黄夹镇梁锥希森新村党支部
齐河县晏城镇党委
宁津县时集镇党委
陵县边临镇仁义店村党支部
临邑县临邑镇张法古村党支部
山东德齐龙化工集团有限公司党委
武城县第二中学党支部
庆云县庆云镇党委

聊城市(10个)

聊城供电公司党委
东昌府区凤凰街道党委
茌平县冯屯镇小杨屯村党总支
临清市先锋路街道党委
莘县大张家镇党委
冠县斜店乡前社庄村党总支
阳谷县张秋镇党委
东阿县铜城街道耿庄联村党总支
高唐县供电公司党委
聊城大学政法学院党总支

滨州市(9个)

山东魏桥创业集团有限公司党委
山东滨化集团有限责任公司党委
山东鲁北企业集团总公司党委
滨城区滨北街道党委
阳信县河流镇党委
博兴县博兴镇椒园村党支部
滨州市公路管理局党委
山东省北镇中学党委
无棣县公安局车镇派出所党支部

菏泽市(10个)

曹县王集镇郭庄村党支部
牡丹区东城街道仓房社区党总支
定陶县仿山乡姚庄村党支部
山东达驰电气股份有限公司党委
单县浮岗镇党委
巨野县田桥镇王土墩村党支部
郓城县南赵楼乡党委
鄄城县红船镇霍庄村党支部
菏泽市经济开发区岳程街道许楼村党支部
菏泽市中级人民法院机关党委

省委省直机关工委(5个)

山东省公安厅直属机关党委
青岛海关技术处党支部
山东省监狱管理局聊城监狱党委
山东送变电工程公司党委
山东省审计厅金融审计处党支部

省委高校工委(3个)

山东大学化学与化工学院党委
山东建筑大学材料科学与工程学院党总支
山东科技大学机械电子工程学院党委

省国资委(1个)

山东省高速公路集团有限公司德州管理处鲁冀收费站党支部

胜利石油管理局(5个)

胜利石油管理局海洋采油厂党委
胜利石油管理局测井公司党委
胜利石油管理局电力管理总公司南区供电公司党委
胜利石油管理局井下作业三公司作业519队党支部
胜利石油管理局油气集输总厂输油分厂东营原油库党支部

齐鲁石化公司(1个)

中国石化齐鲁股份有限公司塑料厂党委

莱芜钢铁集团有限公司党委(1个)

莱芜钢铁集团有限公司党委

济南铁路局(1个)

济南铁路局济南站党委

山东省优秀共产党员名单
（共100名）

济南市（7名）

刘振华（女）济南市皮肤病防治院院长助理、住院部主任

贾广顺 济南钢铁集团总公司第一炼铁厂炉前总技师、高级技师

吴　倩（女）济南公交总公司二公司四队党支部副书记

李际华 章丘市曹范镇林业站站长

李洪振 济南市公安局交警支队历下区大队科员

卢爱章 济南市城肥清运管理二处清洁四队四班班长

王玉华 历城区东风街道七里河社区党总支书记、居委会主任

青岛市（9名）

许振超 青岛前湾集装码头有限责任公司党支部书记、桥吊队队长

周　勇 南车四方机车车辆股份有限公司首席制造师、高级电工技师

陈玉兰（女）青岛即发集团控股有限公司党委书记、董事长

占美丽（女）青岛市固体废弃物处置公司小涧西垃圾综合处置场党支部副书记、总工程师

陈常乐 青岛碱业股份有限公司仪表车间高级技师

李　骅 青岛市国家安全局三处副处长

葛相安 中国水产科学研究院黄海水产研究所副所长

李殿毅 青岛育才中学高级教师

王希芬（女）市北区北仲路街道北仲二路社区党委书记

淄博市（5名）

李振华 沂源县实验中学原校长

张建宏 山东东岳化工股份有限公司党委书记、董事长

鹿奉俊 淄博高新技术产业开发区人民法院党组书记、院长

柴　山 山东理工大学交通与车辆工程学院教授

苏加刚 淄矿集团公司岭子煤矿矿业公司综掘队党支部书记

枣庄市（3名）

李汝统 薛城区司法局陶庄司法所所长

郑金明 市中区孟庄镇峨山口村党支部书记

彭香玲（女）滕州市公共汽车公司乘务员

东营市（1名）

巴树村 河口区六合乡广河村党支部书记、村委会主任

烟台市（8名）

冷彩凌（女）长岛县北隍城乡党委书记

朱敏英（女）烟台氨纶股份有限公司总经理

孙成列 牟平区高陵镇党委书记

杨慈田 海阳电业集团公司党委副书记、总经理

闫升波 莱阳市公安局刑警大队副大队长

张永顺 龙口市交通局党委书记、局长

王永选 中矿金业股份有限公司总经理、北截金矿党委书记

王成湛 莱州市城港路街道朱家村党支部书记、村委会主任

潍坊市（9名）

刘坤洲 山东坤洲药业有限公司党支部书记、董事长

陈洪国 山东晨鸣纸业集团股份有限公司党委副书记、董事长

郭占鳌 昌邑市石埠镇司法所所长

秦贞福 临朐县奶牛协会会长、高产奶牛养殖场场长

蒋加平 诸城市委组织部副部长

宫德胜 高密市广播电视局党委副书记、局长

陈永林 安丘汶瑞机械制造有限公司总经理
刘德贤 昌乐县公安局党委委员、副局长、刑警大队大队长
曹红旗 潍坊第一中学党委书记、校长

济宁市(8名)

司传平 济宁医学院科研处处长、教授
张文菊(女)济宁第一人民医院心内科护士长
谢立亭 市中区阜桥街道牌坊街社区老党员
杜宝云(女)邹城市看庄镇计划生育服务站站长
孔　军 济宁市供电公司电气设备分公司党支部书记
孙计爽 兖州集团南屯煤矿综采办公室主任
胡桂花(女)梁山华宇集团董事长
黄　涛 济宁市公安局巡警支队二大队副大队长

泰安市(5名)

张志法 泰山玻璃纤维股份有限公司党委书记、董事长
李合仁 岱岳区下港乡木营村党支部书记
王奎新 新泰市公安局副局长兼刑警大队大队长
宫传平 东平县农业局局长
梁振溪 肥城矿业集团查庄煤矿党委书记

威海市(4名)

丁玉华 三角集团有限公司党委书记、董事长、总裁
王培桓 山东家家悦超市有限公司董事长、总经理
唐传勤 好当家集团有限公司党委书记、董事长、总裁
杨机勇 威海经济技术开发区凤林街道凤林村党委书记、村委会主任，威海凤林集团公司总经理

日照市(3名)

姜卫东 山东五征集团有限公司党委书记、董事长
袁洪刚 日照市茶叶试验研究站站长
路奎江 东港区日照街道后楼村党支部书记

莱芜市(1名)

于爱农 莱芜市地方税务局纳税服务中心主任

临沂市(9名)

郑晓廷 山东省平邑归来庄金矿党委书记、矿长
王景连 山东金升有色集团有限公司党总支书记、董事长
郑福建 罗庄区教育局党委书记、局长
王维顺 河东区郑旺镇沭河村党支部书记
于慎让 郯城县供电公司党委书记、经理
高继富 苍山县兴明乡曹湾村党支部书记
房　明 莒南县供电公司党委委员、经理
王桂存 蒙阴县蒙山国家森林公园管理局工会主任
蔡士荣(女)费县薛庄镇青山峪村党支部副书记

德州市(5名)

张云华 德州市中医院党委书记、院长
程少博 山东龙力生物科技有限公司党委书记、董事长、总经理
张海辉 夏津县宋楼镇党委书记
任廷水 宁津县柴胡店镇崔杨村党支部书记
刘　放 山东金石集团有限公司化验室主任

聊城市(6名)

李昆仑(女)冠县定远寨乡法庭庭长
刘庆安 阳谷县安丘镇刘庙村党总支书记
刘凤梅(女)东昌府区古楼街道湖北社区党总支书记
吕章义 莘县公安局监管大队大队长
徐　霞(女)聊城经济开发区政治工作部主任
刘占海 临清市彩虹集团党委书记

滨州市(3名)

张　群 博兴县国税局兴福分局党支部书记、局长
王　勇 邹平县韩店镇西王村党委书记、山东西王集团有限公司董事长
吕长俊 滨州医学院附属医院党委副书记、院长

菏泽市(5名)

马学琳　牡丹区南城街道马堤口社区党支部书记
王德运　定陶县供电公司党委委员、经理
侯振祥　山东大恒种子有限公司董事长
李新民　山东四君子酒业有限公司党委书记、董事长、总经理
王金书　东明县武胜桥乡玉皇庙村党支部书记

省委省直机关工委(2名)

杜　丽(女)山东省竞技体育学校运动员
李汝忠　山东省农科院棉花研究中心党委副书记、纪委书记

省委高校工委(1名)

张灿玾　山东中医药大学博士生导师

省国资委(1名)

李　鹰　山东省鲁信投资控股集团有限公司青岛汇泉海洋科技开发有限公司总经理

胜利石油管理局(2名)

国　梁　胜利石油管理局河口采油厂采油四矿党委书记
宋文革　胜利石油管理局胜利石油化工建设有限责任公司五分公司高级工人技师

齐鲁石化公司(1名)

冯文益　齐鲁石化公司社区管理部环卫队队长

莱芜钢铁集团有限公司(1名)

左炳伟　莱芜钢铁股份有限公司炼钢厂4#转炉车间党支部书记、总炉长

济南铁路局(1名)

韩长虎　济南铁路局济南西机务段运用科工程师

山东省优秀党务工作者名单(共50名)

济南市(4名)

殷景玉　平阴县孝直镇孝直村党总支书记、村委会主任
于　红(女,回族)市中区委泺源街道工委书记
王洪忠　济南市中级人民法院机关党委副书记
王绪仁　章丘日月化工有限公司党委书记、董事长、总经理

青岛市(4名)

杨世景　胶州市营海镇党委副书记、纪委书记
杨家喜　市南区委香港中路街道工委书记
王　舟　青岛纺联集团六棉有限公司党委书记
丁　林　中国海洋大学党委组织部副部长、党校教务处主任

淄博市(3名)

刘荣喜(回族)周村区永安街街道灯塔社区党委书记
董秀江　淄川区委组织部副部长
李美霞(女)高青县赵店镇党委委员

枣庄市(2名)

李雪晶(女)枣庄市妇联副主席、党组成员
张树国　山亭区建设局党委书记、局长

东营市(1名)

燕振诚　广饶县委常委、大王镇党委书记

烟台市(3名)

常建富　栖霞市桃村镇国路夼村党总支书记、村委会主任
赵光宗　芝罘区幸福街道商会党委书记
赵龙海　莱阳市城厢街道党委书记

潍坊市(3名)

陈金平　青州市委益都街道工委书记
宋立军　潍坊市委组织部组织科科长

桑文军　　寿光市侯镇党委书记

济宁市(3名)

庞保勤　　嘉祥县第一中学党委书记
王允国　　汶上县委组织员办公室主任
胡衍祥　　济宁市市直综合系统机关党委专职副书记

泰安市(3名)

张美菊(女)泰山区岱庙街道迎暄社区党支部书记、居委会主任
韩运来　　宁阳县远程教育中心主任
江　平　　泰安市委市直机关工委副书记

威海市(2名)

李国徽　　乳山市徐家镇党委书记
苑圣慧　　环翠区羊亭镇党委书记

日照市(1名)

朱春彦　　莒县县委组织员办公室副主任

莱芜市(1名)

周光学　　莱城区牛泉镇党委书记

临沂市(3名)

刘家合　　临沭县白旄镇党委书记
刘　莹(女)沂水县圈里乡党委组织委员兼信访办公室主任
汲　洪　　临沂市纪委常委、监察局副局长

德州市(2名)

杨振峰　　山东华鲁恒升集团有限公司党委书记、山东华鲁恒升化工股份有限公司总经理
张金武　　平原县委组织部副部长

聊城市(2名)

赵衍路　　高唐县姜店乡坟台村党支部书记
许焕荣(女)聊城市委市直机关工委书记

滨州市(2名)

曹子敏　　滨州职业学院党委副书记、副院长
张绪兰(女)山东亚光纺织集团党委副书记、常务副总经理

菏泽市(3名)

刘庆喜　　东明县长兴集乡党委书记
赵德荣(女)曹县百隆纺织有限公司党委书记、副总经理
杨运臣　　郓城县纪委办公室主任、监察局副局长

省委省直机关工委(2名)

任延堂　　山东检验检疫局机关党委专职副书记、政工处处长
黄树棣　　山东省国税局机关党委专职副书记

省委高校工委(1名)

邹坤苹(女)山东艺术学院党委组织部副部长

省国资委(1名)

徐东芬(女)山东省商业集团总公司纪委副书记、工会副主席、政工部部长

胜利石油管理局(1名)

齐长兴　　胜利石油管理局现河采油厂党委书记

齐鲁石化公司(1名)

任英民　　中国石化股份有限公司齐鲁分公司胜利炼油厂党委书记

莱芜钢铁集团有限公司(1名)

宋兰祥　　莱芜钢铁集团有限公司党委副书记、董事

济南铁路局(1名)

刘　洪　　济南铁路局青岛客运段党委书记

优秀共产党员王乐义、孟红伟、周正、孙永胜事迹简介

王乐义同志先进事迹

王乐义，男，山东省寿光市人，自1978年起担任寿光市孙集镇三元朱村党支部书记至今。近30年来，他时刻牢记党的全心全意为人民服务的宗旨，团结带领全村党员干部群众，艰苦奋斗，开拓进取，使三元朱村由过去的贫困村发展成为全国闻名的科技村、富裕村、文明村。村党支部连续多年被省、市、县委评为先进基层党组织，王乐义同志先后被评为全国劳动模范、全国农村学习"三个代表"重要思想基层干部标兵、全国优秀共产党员，并光荣当选为党的十五大、十六大代表。王乐义同志是全省广大农村基层党员干部的典型代表，是建设社会主义新农村的带头人，是"三个代表"重要思想的忠实实践者。为了深入学习贯彻胡锦涛总书记视察山东重要讲话精神，推进党的先进性建设，努力建设社会主义新农村，促进全省又快又好发展，省委决定在全省农村基层党组织和广大农村党员干部中，广泛开展向王乐义同志学习的活动。省委要求，广大农村党员干部要以王乐义同志为榜样，学习他对党忠诚坚定的理想信念，学习他敢为人先争创一流的进取精神，学习他无私奉献共同致富的崇高品德，学习他矢志不移埋头苦干的扎实作风，学习他严于律己清正廉洁的党性原则，对照先进找差距，进一步提高贯彻"三个代表"重要思想和党在农村各项方针政策的能力，提高带领群众落实科学发展观、依靠科技发展经济的能力，提高带头致富、带领群众共同致富的能力，提高普及先进文化、促进农民全面发展的能力，提高倡导现代生活方式、建设和谐社会的能力，提高依法办事、按章理事的能力，切实把先进性教育活动建成群众满意工程，始终保持共产党员的先进性。

孟红伟同志先进事迹

孟红伟，女，汉族，1967年7月出生，山东长清人，1985年11月参加工作，1994年7月加入中国共产党，现任济南市长清区人民检察院反渎职侵权局综合科科长，曾被省委、省政府表彰为"人民满意政法干警"并记一等功。孟红伟同志参加工作以来，特别是从事检察工作21年来，勤勉敬业、公正执法，清正廉洁，无私奉献，在平凡的岗位上做出了突出业绩，用实际行动忠实实践了"三个代表"重要思想，树立了新时期共产党员和检察干部的良好形象，赢得了社会各界和人民群众的普遍赞誉。孟红伟同志是新时期党员干部的优秀代表，是广大党员干部学习的好榜样。为表彰先进、弘扬正气，省委授予孟红伟同志"山东省优秀共产党员"荣誉称号。省委号召，全省各级党组织和广大党员干部要以孟红伟同志为榜样，学习她政治坚定、执法为民的崇高品格，学习她迎难而上、自强不息的拼搏精神，学习她爱岗敬业、公正廉洁的高尚品德，学习她一心为民、服务群众的公仆情怀，解放思想，与时俱进，开拓创新，扎实工作，为全面建设小康社会，建设"大而强、富而美"的社会主义新山东做出新贡献。

周正同志先进事迹

周正，男，汉族，1948年11月生于江苏省阜宁县，1968年3月入伍，1969年9月加入中国共产党，1991年转业到青岛海关，先后担任助理调研员、机关工会副主席、培训基地主任兼培训教育处处长，1999年1月任青岛海关缉私局政委，2003年10月任青岛海关党组成员、副关长兼缉私局党组书记、局长。2005年7月9日，因积劳成疾医治无效，不幸逝世，年仅56岁。周正同志参加工作37年特别是到海关工作14年中，多次受到表彰，先后被评为“山东省省直机关孔繁森式的人民公仆”、“山东省省直机关优秀共产党员”、“全国海关系统先进工作者”，以实际行动体现了一名共产党员的先进性，树立了新时期党员领导干部的光辉形象，是忠实践行“三个代表”重要思想的优秀代表，为全省广大党员干部作出了榜样。2006年4月，省委决定追授周正同志“山东省优秀共产党员”荣誉称号。省委要求，全省各级各部门要开展向周正同志学习的活动，学习他忠于党、忠于人民的坚强党性，牢记党的宗旨，坚定理想信念，以实际行动践行共产党员的崇高誓言；学习他对党的事业高度负责的忘我精神，无私奉献，扎实工作，在平凡的岗位上做出突出成绩；学习他勇担重任、开拓进取的拼搏精神，干一行、爱一行、钻一行，始终保持与时俱进、奋发有为的精神状态；学习他公道正派、清正廉洁的高尚品质，牢记“两个务必”，艰苦奋斗、勤政廉政，始终保持新时期共产党人的政治本色。

孙永胜同志先进事迹

孙永胜，男，现年35岁，中共党员。沂水县沂水镇人，退伍军人，现为沂水县姚店子镇司法所助理员、民兵应急分队队员。1993年12月，孙永胜退伍后被沂水县公安局城里派出所聘为治安联防队员，1997年1月考入姚店子镇司法所工作。退伍后，他一心扑在社会治安和司法工作上，爱岗敬业、恪尽职守，心系群众、无私奉献，多次见义勇为光荣负伤，身上留下了17处伤疤，其中面颈部有9处伤痕，右手小指肌腱断裂，2节失去功能，留下了右耳神经性中度耳聋的后遗症。孙永胜同志的先进事迹在军内外引起了强烈反响。为进一步激发广大党员干部群众、退伍军人和民兵预备役人员自觉践行社会主义荣辱观，弘扬正气，营造良好的社会风尚，推进“平安山东”建设，省委决定，在全省广泛开展向孙永胜同志学习的决定。省委要求，广大党员干部群众、复转军人和民兵预备役人员要学习孙永胜同志牢记宗旨、爱党为民的崇高思想，忠于职守、临危不惧的优秀品质，爱岗敬业、无私奉献的进取精神和居安思危、投身国防的使命意识，牢固树立正确的世界观、人生观和价值观，进一步强化职责意识和使命意识，爱岗敬业，恪尽职守，求真务实，开拓创新，为建设“平安山东”、“和谐山东”，推进全省经济社会又好又快发展做出新的更大的贡献。

山东省党组织发展统计资料

2006年山东省党员和基层党组织一览表

单位名称	基层党委	基层党总支	基层党支部	建立党组织的非公有制经济组织	党员总数	新发展党员	职工中的党员	非公有制经济组织中的党员	机关干部中的党员
总　计	10238	14436	232528	15823	5597910	159580	2178265	384041	314536
济南市	828	1409	16439	638	376358	8618	155325	18013	27756
青岛市	1262	1441	22973	2420	581314	16134	239064	50869	35288
淄博市	674	898	11884	1138	275776	6755	118910	31442	17443
枣庄市	369	745	8226	469	187168	5591	86251	9562	10990
东营市	168	217	4377	351	86795	2304	36350	7292	7620
烟台市	802	847	18290	1942	490291	14064	173854	42420	25227
潍坊市	936	873	21222	1827	512606	12576	189589	49732	25984
济宁市	607	1591	17919	1097	425367	9742	172647	27307	22881
泰安市	554	1148	12127	1036	341235	10145	138327	30629	14494
威海市	458	250	7965	1148	208498	4612	85759	29761	10499
日照市	247	479	6610	445	178727	4708	58087	13139	7986
莱芜市	99	181	2693	148	70929	1432	25877	3657	3667
临沂市	571	650	17284	1290	487478	11519	154878	22146	21424
德州市	396	489	13635	695	259936	6033	96110	14414	18476
聊城市	329	828	11856	349	284074	7030	97491	9365	14879
滨州市	290	742	10027	398	192110	5111	63937	9925	11021
菏泽市	316	524	12410	362	353336	6992	119653	10351	21829
省直机关工委	553	328	5438	10	88765	2837	58317	1183	16950
省委高校工委	127	298	3345	0	57178	19048	18561	87	
省国资委	136	115	1138	19	19046	803	13711	995	64
胜利油田管理局	428	283	5095	0	86975	2601	55326		
齐鲁石化公司	51	56	854	41	20043	419	11441	1752	
莱钢集团有限公司	37	44	721		13905	506	8800		58

2006年山东省党员基本情况一览表

项目			党员数	在岗职工	项目			党员数	在岗职工
甲			A	B	甲			A	B
总计		1	5597910	2178265	入党时间	1945年9月3日至1949年9月	13	132972	5
	预备党员	2	164727	80911		1949年10月至1966年4月	14	606847	16916
	女	3	878417	403031		1966年5月至1976年10月	15	1066968	200460
	少数民族	4	30590	14298		1976年11月至1992年9月	16	1646516	732844
	台湾省籍	5	38	21		1992年10月及以后	17	2117625	1228040
年龄	35岁及以下	6	1263436	735346	学历	研究生	18	44917	39849
	36岁至45岁	7	1396382	815400		大学本科	19	634201	537572
	46岁至54岁	8	1209117	508051		大学专科	20	825236	641858
	55岁至59岁	9	624019	117472		中专	21	681157	395945
	60岁及以上	10	1104956	1996		高中	22	1007559	348690
入党时间	1937年7月6日及以前	11	47			初中及以下	23	2404840	214351
	1937年7月7日至1945年9月2日	12	26935						

2006 年山东省党员职业情况一览表

项目			党员数
甲			A
总计		1	5597910
一、在岗职工		2	2178265
公有经济单位	合计	3	1794224
	工人(营业员、服务员)	4	510684
	企事业单位管理人员专业技术人员	5	969004
	机关干部	6	314536
非公有经济单位	合计	7	384041
	工人(营业员、服务员)	8	212385
	企业和民办非企业单位管理人员、专业技术人员	9	171656

项目		党员数
甲		A
二、农牧渔民	10	2282111
农民	11	2133600
三、军人、武警	12	3514
四、学生	13	73089
研究生	14	14464
大学本、专科学生	15	52862
五、离、退休(退职)人员	16	779670
六、其他	17	281261

项目			党员数
乙			B
新的社会阶层	合计	1	69034
	民营科技企业技术人员	2	5809
	受聘于外资企业管理技术人员	3	5342
	个体劳动者	4	43518
	城镇个体劳动者	5	13830
	私营企业主	6	7859
	民营科技企业创业人员	7	1027
	中介组织从业人员	8	2591
	自由职业人员	9	3915

补充资料：中央驻地方单位的机关干部中党员 21484 名。　　省驻地方单位的机关干部中党员 18187 名。

2006年山东省农村党员情况一览表

项目			总数	女	建制村党员	建制村支部（总支部、党委）委员	书记	从事农牧渔业生产	务工经商	其他
甲			A	B	C	D	E	F	G	H
总计		1	2843564	292143	2258549	228876	79896	1926641	171124	745799
年龄	35岁及以下	2	570105	70375	395096	37275	8958	328364	57119	184622
	36岁至45岁	3	662100	74292	505184	95858	36133	433934	56492	171674
	46岁至54岁	4	627661	58652	516635	69344	26360	462637	37079	127945
	55岁至59岁	5	363210	37190	303285	22106	7070	277001	13478	72731
	60岁及以上	6	620488	51634	538349	4293	1375	424705	6956	188827
入党时间	1937年7月6日及以前	7	12	2	10					12
	1937年7月7日至1945年9月2日	8	19632	3990	17597			9765		9867
	1945年9月3日至1949年9月	9	96258	15969	87814	170	40	53559	382	42317
	1949年10月至1966年4月	10	387917	36652	335056	10201	2417	280579	9311	98027
	1966年5月至1976年10月	11	668120	56331	573986	43719	14665	507589	28911	131620
	1976年11月至1992年9月	12	771992	60843	603437	87905	33754	529854	54839	187299
	1992年10月及以后	13	899633	118356	640649	86881	29020	545295	77681	276657
学历	大专及以上	14	250545	37891	47131	13322	8023	34824	12503	203218
	中专	15	264737	45080	116008	25108	10361	88045	22236	154456
	高中	16	537781	57382	432826	83390	30483	357277	53953	126551
	初中及以下	17	1790501	151790	1662584	107056	31029	1446495	82432	261574

补充资料：建制村支部（总支部、党委）委员（D1栏）中有女性10853名；书记（E1栏）中有女性817名。

2006年山东省公有经济控制的企业法人单位建立党的基层组织情况一览表

项目		总数		大中型	国有经济控制	国有独资企业	国有独资公司	港澳台商投资	外商投资	集体经济控制	集体企业	港澳台商投资	外商投资
甲			A	B	C	D	E	F	G	H	I	J	K
单位数		1	17143	1194	9977	5255	884	50	130	7166	5502	10	39
已建立	建立党委的	2	2068	1004	1709	877	231	10	29	359	276	4	4
	建立总支部的	3	1028	144	684	380	70	5	8	344	280	1	1
	建立支部的	4	12719	46	7248	3810	555	33	91	5471	4251	2	19
未建立	应建尚未建立党组织的	5	60		28	12				32	23		
	建立党小组的	6	38		27	11				11	2		
	仅有个别党员的	7	739		215	80	13	1	1	524	408	1	13
	没有党员的	8	529		93	66	15	1	1	436	264	2	2
补充资料	在岗职工	9	2951527	1503895	2213181	1134570	350489	15331	32685	738346	559650	5269	7874
	党员	10	611500	305544	484161	264128	64532	3093	5357	127339	89254	355	568
	在岗职工中的工人	11	2126295	1090021	1598052	803723	269601	9770	24520	528243	397934	2965	6517
	党员	12	298473	139122	228586	122223	30250	1032	2574	69887	45669	49	241

2006年山东省非公有经济控制的企业法人单位和个体工商户建立党的基层组织情况一览表

	项目		总数	大中型	民营科技企业	从业50人至99人	从业100人及以上	私有经济控制	私营独资	港澳台商投资	外商投资	港澳台商经济控制	港澳台商独资	外商经济控制	外商独资	个体工商户	城镇个体工商户
	甲		A	B	C	D	E	F	G	H	I	J	K	L	M	N	O
	单位数	1	141203	1796	2200	11541	8166	134834	74318	425	2666	696	359	5673	3258	1254031	575968
已建立	建立党委的	2	1177	574	85	34	750	1142	280	11	27	11	8	24	11		
已建立	建立总支部的	3	812	176	38	64	462	802	255	24	15	4	1	6	2	—	—
已建立	建立支部的	4	13834	1029	813	3144	4446	13403	6668	54	209	56	14	375	257	—	—
未建立	应建尚未建立党组织的	5	498		18	89	64	478	292	1	1			20	7	16	2
未建立	建立党小组的	6	223			32	16	217	180		1			6	1	10	1
未建立	仅有个别党员的	7	17811	15	439	2934	1060	16718	9859	85	329	197	98	896	461	62366	24425
未建立	没有党员的	8	107071	2	807	5276	1384	102291	56964	250	2085	428	238	4352	2520	1191649	551541
补充资料	在岗职工(从业人员)	9	5856698	1382856	423671	737675	2611370	5289275	2658172	42324	222938	93153	68799	474270	344683	2708279	1242250
补充资料	党员	10	371039	96948	25783	34355	145632	359768	114790	2456	7569	1957	1246	9314	5335	103674	45899
补充资料	在岗职工中的工人(从业人员)	11	4503551	1083837	323675	537926	2009529	4044050	2030710	33903	168987	82540	60057	376961	252752	1452393	659399
补充资料	党员	12	164791	51193	12688	17868	78273	159122	59452	1333	3584	1216	864	4453	2639	31113	10841
补充资料	(1)私营企业建立联合支部298个;(2)港澳台商投资企业建立联合支部10个;(3)外商投资企业建立联合支部20个。																

2006年山东省事业和民办非企业法人单位建立党的基层组织情况一览表

项目			事业单位总数	新闻出版	广播影视	文化艺术	体育	卫生	科学研究	普通高等学校	中等学校	小学校	民办非企业单位总数
甲			A	B	C	D	E	F	G	H	I	J	K
	单位数	1	32004	138	497	746	169	3309	645	88	4246	7513	10377
已建立	建立党委的	2	1326	19	24	9	2	191	79	88	228		27
已建立	建立总支部的	3	1733	11	45	35	10	195	51		395	70	31
已建立	建立支部的	4	23769	101	372	660	145	2863	505		3526	4299	876
未建立	应建尚未建立党组织的	5	780	2	10	7	3	15	3		33	391	70
未建立	建立党小组的	6	557		8	6	3	10	3		26	274	45
未建立	仅有个别党员的	7	3945	5	44	34	9	45	6		64	2502	1877
未建立	没有党员的	8	451		2	1			1			251	7496
补充资料	在岗职工	9	1976751	10418	27579	24185	5670	313839	32956	95067	506331	356218	111164
补充资料	党员	10	712981	5260	12574	10876	2558	90900	14531	47901	146892	94327	13002
补充资料	在岗专业技术人员	11	1315473	5844	18398	14728	3030	247667	21382	70512	394886	271105	60595
补充资料	党员	12	466502	3642	9435	6930	1491	73342	10494	36327	118347	72212	8661
补充资料	35岁及以下在岗专业技术人员	13	595154	2582	7642	5135	1282	109205	8272	32452	192937	118429	32400
补充资料	党员	14	171525	1410	3371	2091	571	24056	3529	16216	45723	25384	3794

2006年山东省国家机关、政党机关和社会团体法人单位建立党的基层组织情况一览表

项目		序号	总数	国家机关	政党机关	社会团体	人民团体机关
甲			A	B	C	D	E
单位数		1	14537	9789	1867	1931	950
已建立	建立党委的	2	760	647	91	2	20
	建立总支部的	3	1542	1378	119	2	43
	建立支部的	4	10427	7761	1657	138	871
未建立	应建尚未建立党组织的	5	18			18	
	建立党小组的	6	18			18	
	仅有个别党员的	7	529	1		516	12
	没有党员的	8	1261	2		1255	4
补充资料	机关在岗职工	9	768582	683131	72361	—	13090
	党员	10	469743	417370	42866	—	9507
	机关干部	11	390081	345947	36131	—	8003
	党员	12	314536	276227	31233	—	7076
	县(处)级及以上机关干部	13	39025	30482	7124	—	1419
	党员	14	37685	29531	6800	—	1354

附录： 2006年山东省主要经济指标一览表

指标名称	单位	2006年	比上年增长(%)
年末总人口	万人	9309	0.7
地区生产总值	亿元	22077.36	14.8
第一产业	亿元	2138.90	5.2
第二产业	亿元	12751.20	16.7
#工业增加值	亿元	11555.99	17.4
第三产业	亿元	7187.26	14.5
地区生产总值构成			
第一产业	%	9.7	
第二产业	%	57.7	
第三产业	%	32.6	
人均地区生产总值	元	23794	14.0
规模以上工业增加值	亿元	11493.87	23.6
高新技术产业产值占规模以上工业的比重	%	26.19	+2.1个百分点
规模以上工业利税总额	亿元	4270.76	23.7
规模以上工业利润总额	亿元	2632.58	21.6
全社会投资完成额	亿元	11136.06	19.6
社会消费品零售额	亿元	7122.55	16.3
进出口总值	亿美元	952.88	23.9
进口总值	亿美元	366.41	19.6
出口总值	亿美元	586.47	26.8
实际利用外资	亿美元	102.10	
地方财政一般预算收入	亿元	1356.25	26.4
地方财政支出	亿元	1833.44	25.0
金融机构存款余额	亿元	19633.99	比年初增加2764.83亿元
#居民储蓄存款余额	亿元	10358.03	比年初增加1323.67亿元
金融机构贷款余额	亿元	15709.60	比年初增加2505.70亿元
城镇居民人均年可支配收入	元	12192.24	13.5
城镇居民人均年消费性支出	元	8468.40	13.6
农民人均纯收入	元	4368.33	11.1
农民人均生活消费支出	元	3143.80	14.9
在岗职工平均工资	元	19228	15.7

2006 年全省各市主要经济指标一览表(一)

地　区	地区生产总值(亿元)	生产总值比上年增长(%)	三次产业结构比	地方财政收入占 GDP 的比重(%)	地税收入占地方财政收入的比重(%)	粮食产量(万吨)	肉类总产量(万吨)	规模以上工业增加值(亿元)	规模以上工业利税总额(亿元)	规模以上工业利润总额(亿元)
济南市	2185.09	15.7	6.6:45.9:47.5	5.88	72.99	267.91	42.95	838.96	237.73	120.04
青岛市	3206.58	15.7	5.7:52.3:42.0	7.05	63.18	303.93	84.26	1496.81	377.59	183.49
淄博市	1645.16	15.8	3.8:65.6:30.6	4.91	59.14	143.51	15.12	1020.49	338.22	189.98
枣庄市	759.95	16.4	9.0:63.5:27.5	4.87	72.33	179.76	23.95	392.86	171.87	93.68
东营市	1450.31	17.0	3.7:80.7:15.6	3.32	82.20	76.73	21.46	1153.52	771.61	543.88
烟台市	2405.75	17.0	9.0:60.8:30.2	4.67	63.39	234.66	43.83	1517.26	519.79	387.66
潍坊市	1720.88	16.5	12.3:58.1:29.6	5.15	61.11	433.18	119.65	881.95	275.22	173.02
济宁市	1456.09	16.5	12.8:55.2:32.0	5.60	76.47	395.14	75.35	658.35	266.98	167.20
泰安市	1018.18	16.5	11.4:56.2:32.4	5.08	49.51	273.13	41.11	478.60	161.96	87.98
威海市	1368.53	15.9	8.5:62.1:29.4	5.12	52.36	96.34	11.04	774.20	206.08	138.12
日照市	505.87	16.9	14.6:49.7:35.7	4.10	63.57	105.18	16.12	196.49	60.32	40.78
莱芜市	291.98	16.2	6.7:65.9:27.4	6.60	66.99	26.69	5.86	173.79	67.90	35.02
临沂市	1404.86	16.3	12.7:52.0:35.3	4.15	56.40	412.29	62.68	541.03	159.43	101.67
德州市	1003.38	16.4	14.0:55.8:30.2	3.56	57.71	527.43	59.17	459.85	197.11	111.00
聊城市	841.33	17.3	16.5:58.5:25.0	4.00	61.19	423.87	49.79	410.51	145.00	92.37
滨州市	833.67	17.5	11.7:61.7:26.6	5.41	56.33	258.25	32.06	452.57	158.82	90.86
菏泽市	539.60	17.1	30.9:45.9:23.2	5.57	61.86	479.14	55.81	179.82	41.62	21.29

2006年全省各市主要经济指标一览表(二)

地　区	社会消费品零售总额(亿元)	进出口总值(亿美元)	出口总值(亿美元)	进口总值(亿美元)	实际利用外商直接投资(亿美元)	地方财政一般预算收入(亿元)	地方财政支出(亿元)	居民储蓄存款余额(亿元)	人均GDP(元)	城镇居民人均可支配收入(元)	农民人均纯收入(元)
济南市	939.34	43.89	24.39	19.50	4.03	128.44	146.98	1182.57	36394	15340.16	5479.99
青岛市	1006.67	390.82	234.33	156.50	36.63	225.99	236.79	1567.62	38892	15328.25	6545.88
淄博市	499.81	37.60	25.09	12.52	3.70	80.70	101.05	725.30	37039	13794.47	5640.54
枣庄市	204.42	4.74	4.16	0.58	1.03	37.00	51.50	260.57	21045	11020.21	4687.30
东营市	173.53	18.80	11.21	7.59	1.39	48.10	61.86	426.08	74048	16741.90	5157.13
烟台市	697.96	150.77	87.99	62.78	20.89	112.42	143.69	1129.69	37075	14374.37	6072.48
潍坊市	573.64	51.86	38.58	13.28	5.62	88.55	114.93	913.02	19677	11845.99	5507.80
济宁市	499.60	23.45	14.99	8.45	3.14	81.55	114.03	648.38	18563	12111.10	4590.77
泰安市	318.21	9.85	6.88	2.98	0.75	51.69	78.06	467.61	18872	11966.40	4641.80
威海市	331.21	95.15	60.11	35.04	13.05	70.11	88.28	524.59	54860	13974.97	6841.59
日照市	145.06	39.15	18.38	20.77	1.36	20.76	32.67	214.22	18718	11040.48	4645.09
莱芜市	94.50	12.23	9.74	2.49	1.06	19.26	28.24	157.05	23430	11587.76	5200.51
临沂市	554.71	22.79	16.78	6.01	3.35	58.27	99.17	671.07	14400	12355.14	4083.40
德州市	328.26	8.27	6.32	1.95	1.00	35.73	63.60	422.90	18071	10256.95	4279.42
聊城市	271.80	9.95	6.11	3.85	0.69	33.64	59.98	402.84	15347	10474.35	3947.73
滨州市	208.57	27.03	15.83	11.20	1.59	45.12	64.67	273.15	22398	11725.51	4370.48
菏泽市	275.25	6.52	5.59	0.93	0.71	30.04	69.25	371.29	6652	8136.60	3480.25

后　记

一、本卷记述了2006年度山东省各级党组织的工作情况和基本经验。共开设中共山东省委工作概况、政治纲要、大事记、省委各部门及工青妇工作概况、党风和党纪、武装工作、党建论坛、执政论坛、市委工作概况、县(市、区)委工作概况、高校党委工作概况、企业党建、农村党建、社区党建、机关党建、改革和创新、光荣榜、山东省党组织发展统计资料等18个部类。本卷政治纲要、县(市、区)委工作概况、企业党建、光荣榜等部类划分为栏目、分目、条目三个层次,其他部类皆为栏目、分目两个层次。

二、中共山东省第九次党代表大会的胜利召开,是我省的一大盛事。本卷特载专栏特别刊登了中共山东省委书记李建国在中共山东省第九次代表大会上所作的题为《科学发展和谐发展率先发展,在新起点上实现富民强省的新跨越》的工作报告和九届省委、省纪委组成人员名单。

三、"中共山东省委工作概况"、"政治纲要"、"大事记"、"光荣榜"、"山东省党组织发展统计资料"、"附录"等,由中共山东省委办公厅、组织部、政策研究室、党史研究室、省统计局提供。部分稿件由《中共山东年鉴》编辑部撰写。农村党建、社区党建、改革和创新部类的典型由各市委推荐,机关党建典型由省委省直机关工委推荐,企业党建典型由各市委和省国资委党委推荐。

四、本卷稿件附录中领导成员名单,除"第一责任人"变更的已注明离、任职时间外,其他成员原则上以截稿日(2007年4月20日)在职为准。本卷所采用的数据资料截至2006年12月31日。稿件附录中的人名、地名排序,均按来稿刊登。

五、本卷刊登的中央领导人在山东活动的照片均在《大众日报》公开发表。照片由大众日报社孙京涛同志负责组织,訾秉会、汤序民同志拍摄,在此对他们表示谢意。

六、本卷编审工作中,承蒙黄河出版社大力支持,在此表示感谢。

编　者

2007年7月30日